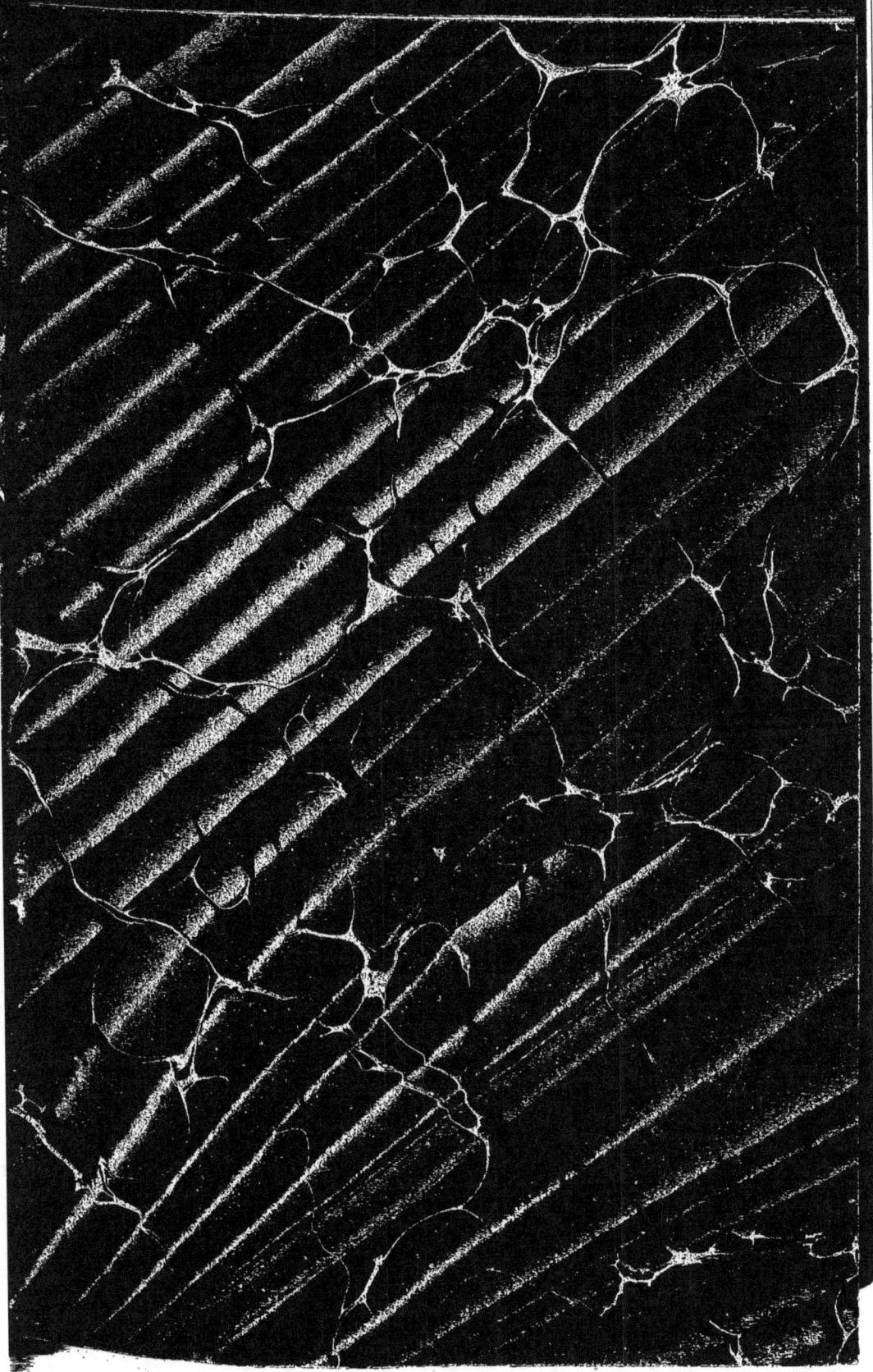

PANTHÉON LITTÉRAIRE.

LITTÉRATURE FRANÇAISE.

HISTOIRE.

PANTHÉON LITTÉRAIRE

CHOIX DE CHRONIQUES ET MÉMOIRES

RELATIFS A L'HISTOIRE DE FRANCE

ORLÉANS, IMPRIMERIE DE G. JACOB, CLOÎTRE SAINT-ÉTIENNE, 4.

NÉGOCIATIONS DIPLOMATIQUES

ET POLITIQUES

DU

PRÉSIDENT JEANNIN

(1598-1620)

AVEC NOTICE BIOGRAPHIQUE

PAR J.-A.-C. BUCHON

ORLÉANS

H. HERLUISON, LIBRAIRE-ÉDITEUR

17, RUE JEANNE-D'ARC, 17

—

1875

A

M. LE COMTE DE RUMIGNY,

AMBASSADEUR DE FRANCE A TURIN.

Mon cher Comte,

Dans toutes les circonstances où vous avez été appelé à agir et à parler au nom de votre pays, vos actes et vos paroles ont fait foi de votre habileté non moins que de cette rigide probité qui donne tant d'autorité à l'homme public. Formé au travail dans le cabinet de l'empereur Napoléon, qui voulait une étude obstinée et savait la diriger, vous êtes resté constamment fidèle à vos nouveaux devoirs sans jamais trahir ni renier vos anciens souvenirs. Ce sens droit, ce cœur honnête, ce caractère à la fois facile dans les choses ordinaires de la vie et ferme dans les circonstances importantes, cette simplicité de mœurs, et cette absence complète de toute autre ambition que celle d'être utile, vous ont assuré l'estime de tous ceux qui vous connaissent.

J'aime à vous donner ce témoignage public de ma haute estime et de ma profonde affection, en vous offrant la dédicace des *Négociations du président Jeannin* qui s'est signalé dans son temps par quelques-unes des qualités que je me plais, ainsi que tous ceux qui vous connaissent, à proclamer en vous.

VOTRE PLUS DÉVOUÉ SERVITEUR ET AMI,
J. A. C. BUCHON.

Paris, 10 juin 1838.

NOTICE LITTÉRAIRE.

PIERRE JEANNIN,

NÉ A AUTUN EN 1540. — MORT EN 1622.

« On ne saurait, dit le cardinal de Richelieu [1] en parlant de la mort du président Jeannin, dire assez de louanges de ce bonhomme; mais il faut faire comme les cosmographes qui dépeignent, dans leurs cartes, les régions tout entières par un seul trait de plume. Jamais il n'embrassa plus d'affaires qu'il n'en pouvait expédier, ne ressemblant pas aux estomacs avides qui, pour se charger de trop de viandes, ne les digèrent pas et les rendent, et le plus souvent telles qu'elles ont été prises. Jamais il ne flatta son maître; s'est toujours plus étudié à servir qu'à plaire; ne mêla jamais ses intérêts parmi les affaires publiques. Ce prud'homme était déjà d'un siècle moins corrompu que le nôtre, où sa vertu n'a pas été estimée selon son prix. Il fut le premier de sa maison, laquelle (s'il eût eu des enfants semblables à lui) il eût été glorieux à la France qu'elle n'eût jamais fini. »

Tallemant des Reaux, qui a réuni sur les hommes et les choses de son temps un grand nombre d'anecdotes fort hasardées et presque toutes dénigrantes, se montre cependant assez favorable à Jeannin.

« Le président Jeannin, dit-il [2], étoit fils d'un tanneur d'Autun en Bourgogne. Ce tanneur avoit quelque chose et il l'envoya étudier à Paris. Jeannin fut fort débauché à Paris. Retourné en Bourgogne, il se marie avec la fille d'un médecin de Semur, qui avoit du bien honnêtement. M. de Guise tué, M. de Mayenne, gouverneur de Bourgogne, prend les armes. Jeannin se donna à lui et le servit très-utilement en ses affaires. Henri IV, maître de Paris, va à Laon; Jeannin y étoit : on vint à parlementer, on ne put s'accorder. Le roi lui cria que s'il entroit dans Laon il le feroit pendre. Jeannin, de dessus le rempart, lui répondit : « Vous n'y en-« trerez pas que je ne sois mort, et après je ne me « soucie guère de ce que vous ferez. »

« M. de Mayenne ayant fait la paix, Jeannin se retira en Bourgogne, pour y vivre, dans une maison qu'il avoit acquise, en un lieu fort rude; sa raison étoit que ses amis l'iroient volontiers chercher là, et qu'il n'avoit que faire des autres gens. Henri IV l'envoya quérir, et lui manda que s'il avoit bien servi un petit prince, il serviroit bien un grand roi. Il fut envoyé en Espagne pour le traité de paix; et au retour, le roi lui donna une charge de président au mortier, à Dijon; voilà pourquoi on l'a toujours appelé depuis le *président Jeannin*. Il vendit cette charge, et en maria sa fille à Castille, receveur du clergé, à qui la princesse de Conti avoit fait quitter la marchandise : il tenoit les *Trois Visages* dans la rue Saint-Denis. Il falloit que ce fût un galant homme; on dit qu'il mena un coche tout plein de ses voisins aux Pays-Bas à ses dépens, et qu'il fit si bien en achat de marchandises, qu'il eut dix mille livres de bon de son voyage. Il faisoit tout chez la princesse de Conti. Jeannin donna à sa fille environ dix mille écus; le plus gros mariage de Paris, en ce temps-là, étoit de soixante mille livres. La folie des Castille depuis cela a été grande, avec leur vision de venir d'un bâtard de Castille; et ils ne sauroient nommer leur bisaïeul, ni dire qui il étoit.

« Le président fut ensuite envoyé en Flandre; et après la mort de Henri IV, il fut fait surintendant des finances pour la première fois. Barbin le fut après. M. de Luynes y remit le président, à qui succéda M. de Schomberg, et le bonhomme se retira en Bourgogne, où il s'amusa à bâtir [1].

« Il avoit un fils qui n'étoit qu'un fripon. Ce fils et un nommé La Fayolle se tuèrent tous deux en duel pour une nommée La Mauzelay, dont ils étoient amoureux. Le président, voyant cela, manda sa fille, qui étoit en Suisse avec son mari, qui y étoit ambassadeur, et il lui donna tout son bien, à condition que l'aîné de ses enfans s'appelleroit Jeannin. Ce bien n'étoit pas trop grand.

« Ce bonhomme a bâti et rebâti je ne sais combien de fois ses maisons; cependant elles ne sont pas mal entendues pour le temps.

« Il y a un gros volume de ses négociations; c'étoit un grand personnage.

« Il fit faire son tombeau dans la même église où

---

[1] Mémoires, à l'année 1629.
[2] T. II, p. 354, de l'édition Levavasseur.

[1] Le château de Montjeu.

est celui de son père avec son inscription de tanneur; ils sont l'un tout contre l'autre.

«Il a bâti Chaillot; il a témoigné de la légèreté en ses bâtimens, car il a fait faire et défaire bien des fois une même chose.

«Il renvoya à la reine-mère une assez grande somme qu'elle lui avoit envoyée, et lui manda: que durant la minorité de son fils elle ne pouvoit disposer de rien.»

Le caractère de Jeannin était comme on voit apprécié d'une manière également favorable par les hommes graves et par les hommes frivoles de son époque. Les siècles qui ont suivi ont confirmé cette opinion, et l'habileté comme la probité de Jeannin sont encore des vertus dont la réunion est proposée comme un exemple si rarement imité. Un jeune écrivain du pays de Jeannin, M. Louis Fosset, mort il y a une quinzaine d'années, à l'âge de vingt-six ans, a laissé sur son compatriote Jeannin une notice dont le style est peut-être un peu trop tendu, mais dont les pensées sont élevées et les appréciations pleines de justesse.

«Avant le règne resplendissant de Louis XIV, dit-il, aucun temps ne fut plus fécond en hommes éminents dans toutes les carrières de la vie civile, que l'intervalle signalé par nos guerres de religion. Des magistrats intègres et courageux élèvent leur figure imposante au milieu de ces élémens de désordres; un nombreux cortége d'hommes d'état semble sortir de dessous terre. Parmi eux, prend sa place au premier rang un homme que l'on n'a point assez célébré, qui, né sans aïeux, s'est créé lui-même, a imprimé sa sagesse aux œuvres politiques les plus importantes de ce temps, et les revendique comme ses titres de gloire, à qui ses ennemis n'ont pu refuser leur vénération, et qui a consacré au bien public une existence remplie par soixante ans de travaux assidus : je viens de désigner le président Jeannin.

«Autun, qui n'est plus aujourd'hui que l'ombre méconnaissable d'une cité qui se glorifiait d'être après Marseille la plus florissante des Gaules, fut le berceau de Pierre Jeannin. Son nom seul annonce une extraction plébéienne; il était né en effet dans cette classe moyenne qui fait la force principale des États et où circulaient déjà les lumières, avant même d'éclairer les classes supérieures de la société. Obscurément utile dans les fonctions d'une magistrature inférieure, dédaigné de la fortune, mais riche de l'estime de ses concitoyens, tel était le père de Jeannin. Plus ambitieux pour l'avancement de ses fils (le ciel lui en avait donné deux), qu'il ne l'avait été pour le sien propre, il voulut leur transmettre, avec l'héritage de sa probité, les moyens de s'acheminer aux honneurs. L'élévation des familles était alors graduelle; ce n'était pas sans efforts que l'on passait de l'état rivé à l'état public, et il fallait épuiser les nombreuses filières d'une vie de travail avant de parvenir aux postes éminens, objet de tant de passions envieuses et remuantes. Les exemples étaient rares d'hommes assez favorisés pour franchir brusquement les barrières qui arrêtaient l'essor de l'ambition; mais elles étaient toutes l'ouvrage des mœurs, et le silence de la loi, qui ne prononçait l'exclusion de personne, tenait éveillées toutes les espérances. Deux voies plus promptes pour les réaliser s'ouvraient devant les aspirants, toutes les deux légitimes, toutes les deux indiquées par l'honneur : la carrière des lois et celle de l'Église. Jeannin fit choix de la première, son frère embrassa la seconde. L'avenir prouva en faveur de la préférence donnée à la magistrature, ou plutôt il fit connaître que la nature n'avait pas accordé aux deux frères la même mesure de capacité.

«Les études prenaient alors un caractère plus sérieux, une tendance plus philosophique, la jurisprudence surtout avait fait un pas immense. Les jurisconsultes allumaient leur génie au flambeau des lois romaines, une incroyable avidité de savoir leur faisait entreprendre des travaux dont le souvenir seul effraye notre frivolité; tout ce que l'esprit a de pénétration, le jugement d'étendue, le raisonnement de vigueur et de justesse, ils le faisaient servir à éclairer les obscurités de la science, à creuser dans ses profondeurs, à coordonner ses élémens, à simplifier les principes, à en déduire les conséquences les plus éloignées, à développer les motifs qui avaient présidé à leur rédaction, enfin à s'élever à des vues générales et importantes, et quelquefois à présenter des idées de réformes dictées par la sagesse. Les livres qu'ils nous ont laissés sont encore de solides monumens de leurs facultés transcendantes. Entre eux se distinguait Cujas, auquel la renommée n'opposait qu'un rival parmi ses contemporains, ce rival était Dumoulin, immortel pour avoir semé quelques principes lumineux dans les ténèbres des coutumes qui régissaient nos pères, et pour avoir introduit quelquefois l'harmonie entre leurs dispositions discordantes. Cujas rendait à Bourges les oracles du droit: l'Europe, tributaire de sa célébrité, lui envoyait de toutes parts des élèves. Jeannin ne pouvait choisir un autre maître, il vint grossir la foule des auditeurs avides de cueillir les fruits d'un admirable enseignement. Cujas réunissait à ses qualités éminentes une tendre bienveillance pour la jeunesse qu'il instruisait. Il aperçut les précieuses dispositions dont la nature avait doué Jeannin, il les regarda comme un dépôt qu'il ne devait pas laisser déperir entre ses mains, admit celui qui les possédait au nombre de ses disciples les plus chéris, et lui prodigua les soins d'un père.

«Le jeune Autunois parut d'abord avec éclat au barreau de Dijon. Il eut le bonheur de faire à tendre sa voix pour la première fois en faveur de sa ville natale. Châlons disputait à Autun le droit de préséance aux états de la province; Jeannin retraça dans une plaidoirie animée tous les titres qui assuraient à cette dernière ville la prérogative honorifique qu'elle réclamait, fortifia sa cause des traits que lui fournit une érudition choisie, et, par une progression habilement ménagée de raisonnements et de faits, enleva, au milieu des applaudissements, un arrêt qui confirmait des prétentions, si bien défendues. On rapporte qu'un riche particulier, témoin de ce glorieux début, désira s'honorer de l'alliance du jeune orateur, en l'adoptant pour gendre. Il se rendit auprès de lui, et, après l'avoir félicité sur son succès, il le pria de lui apprendre en quoi consistait sa fortune. — « Ma fortune et « mon bien, les voilà, » répondit Jeannin en portant les mains à sa tête, et montrant les livres que contenaient ses tablettes. Le grand sens de ces paroles, assez semblables au propos que la Grèce a prêté à l'un de ses sages, ne fut pas compris par l'opulent bourgeois; il n'insista pas davantage, et se retira peu satisfait.

« Cependant la réputation de Jeannin croissait tous les jours, et avec elle il jetait les fondements de son élévation future. Son éloquence était mâle, serrée, dégagée de superfluités. Sa physionomie pleine de dignité, sa voix retentissante, ses gestes véhéments, le caractère d'autorité dont toute sa personne était empreinte, ajoutaient singulièrement à la noblesse de ses discours et à la certitude des triomphes qu'ils obtenaient. Ceux qui l'ont vu combattre dans l'arène judiciaire lui ont rendu ce témoignage, qu'il eût égalé les grands modèles de Rome et d'Athènes, s'il se fût exercé plus longtemps dans les luttes du barreau. Nous sentons tout ce qu'il y a d'exagéré dans cette admiration contemporaine. Sans doute nos constitutions modernes ont bien limité la carrière ouverte au génie de l'éloquence; nos tribunaux, livrés presque exclusivement aux débats d'un misérable intérêt et à une continuelle représentation de scènes vulgaires jouées par des acteurs obscurs, disparaissent devant les grandes proportions du forum antique, où se présentaient quelquefois, comme clients, des rois et même des nations; mais en faisant la part des temps, des institutions et des mœurs, on ne peut s'empêcher de reconnaître que Jeannin montra un talent supérieur, qu'il fut étranger aux bizarreries et à l'affectation pédantesque si contagieuses à l'époque où il fut jeté, que ses écrits, particulièrement remarquables par une haute raison, sont exempts de mauvais goût et n'ont contracté d'autre rouille que celle qu'a imprimée le temps à la langue dont il s'est servi.

« Jeannin continuait à s'illustrer dans la profession d'avocat, lorsque les états jetèrent les yeux sur lui pour s'aider de ses conseils dans les affaires de la province. Une occasion solennelle lui fut offerte de se signaler dans ses nouvelles fonctions.

« Lorsque, après la funeste journée de la Saint-Barthélemy, arrivèrent dans toutes les provinces des ordres qui demandaient de nouvelles victimes, des voix généreuses s'élevèrent aussitôt contre ces fureurs fanatiques, et firent entendre les protestations énergiques d'une âme indignée de l'assassinat. La postérité a répété avec amour le nom des hommes qui eurent horreur de se rendre les instruments du crime, et dont le courage détourna des malheurs qui menaçaient de se prolonger : parmi ces amis de l'humanité, elle n'a point oublié Jeannin. Si les scènes atroces qui avaient souillé Paris furent épargnées à la Bourgogne, c'est à lui que la reconnaissance en est due. Déjà le gouverneur, le comte de Charny, avait reçu l'invitation de suivre l'exemple des proscriptions; déjà Charles IX l'avait fait informer de ses vœux cruels, et telle est la honte dont le crime est couvert à ses propres yeux, qu'il n'avait osé charger ses émissaires secrets d'instructions écrites. Jeannin s'empare du prétexte que lui offre cette mission dénuée de preuves; sa prudence n'impute point au souverain cette odieuse démarche; il fait craindre des surprises faites à la majesté royale; il est d'avis que c'est le cas d'appliquer la belle loi de Théodose, qui défend à tous gouverneurs d'obéir aux volontés impériales contraires à l'ordre et à la justice, avant d'avoir attendu pendant trente jours de nouveaux ordres émanés du trône. Heureuse pensée, qui sauve le respect dû au prince au moment même où ses erreurs sont repoussées et son autorité suspendue! Avis salutaire, qui prévient de grandes calamités par la seule temporisation, et qui n'a pas compté en vain sur un repentir! En effet, deux jours se sont à peine écoulés, qu'une lettre du roi annonce que les événements dont on a gémi n'ont été qu'un mouvement tumultuaire excité par les Guises, et dont eux seuls doivent supporter la responsabilité. Cette déclaration n'a point fasciné les yeux de la postérité, et ne lui a point dérobé de plus grands coupables.

« Jeannin avait éprouvé la bienveillance de Charles IX; Henri III la lui continua, et voulut le récompenser de ses services par une charge de conseiller au parlement, que, simple avocat, il avait éclairé si souvent, et dont il obtint depuis la présidence. Ce prince, dans ses inconcevables langueurs, ne demandait qu'à vivre en paix avec les protestants. Cette neutralité révolta les catholiques; ils se crurent trahis par le roi, et bientôt la Ligue étendit sa confédération redoutable jusqu'aux extrémités du royaume.

« Jeannin était poussé dans le rang des ligueurs par la ferveur de son zèle religieux; mais ce zèle était tempéré par une prudence à toute épreuve. Les âmes fortes de cette époque avaient eu un choix à faire entre le symbole simplifié des réformateurs et l'intégrité des dogmes conservés par l'Église romaine : les unes avaient embrassé les principes propagés par les premiers comme un heureux développement de la raison ; les autres, en s'attachant aux traditions reçues, avaient cru jeter l'ancre dans la mer sans rives des spéculations humaines. Mais leur sagesse s'accordait à rester neutre sur la pente des passions, différant en ce point, que les premières invoquaient la tolérance comme un droit, et que les autres étaient disposées à y consentir comme à un sacrifice fait à la concorde. Ces derniers sentiments étaient ceux de Jeannin. Il apportait en outre dans sa cause une grande connaissance des hommes, une dextérité qui agissait d'autant plus sûrement sur les esprits qu'elle s'apercevait moins, une pénétration supérieure, un patriotisme éloigné de tous calculs personnels. Il lui fut donné d'exercer une grande influence : nous verrons combien elle fut salutaire.

« Les suffrages de ses concitoyens le portèrent aux états de Blois, et il vit les Guises s'agiter pour faire déclarer la guerre aux protestants contre la volonté prononcée du monarque. Nommé l'un des orateurs du tiers état, il se fit entendre le premier, en vertu de la prérogative de sa province. Il s'efforça de combattre la résolution des factieux, exprima fortement ses craintes, et fut d'avis qu'il convenait de suivre les moyens ordinaires employés par l'Église pour ramener dans son sein ses enfants égarés. Les représentants de sept provinces sur douze se rangèrent à son opinion ; mais il fut donné au sentiment contraire de prévaloir par une manœuvre illégitime. L'orateur désigné pour porter définitivement la parole au nom du tiers état substitua, par une lâche prévarication, le vœu de la minorité à celui qui avait obtenu la prépondérance des voix. La fraude commise par cet infidèle organe fit paraître d'accord les trois ordres assemblés, et le signal de la guerre fut donné comme le résultat de leurs communes délibérations.

« Le président Jeannin, éconduit dans cette première tentative, redoubla ses efforts auprès du duc de Mayenne, frère des Guises, qui gouvernait la Bourgogne, et dont il possédait la confiance, pour l'empêcher de courir aveuglément aux armes. Les Guises, voilant leurs vues ambitieuses du prétexte des intérêts de la religion, commencèrent des levées de soldats. Mayenne, qui jusqu'ici s'était appliqué avec soin à se concilier les bonnes grâces de Charles IX et de Henri III, qui récemment encore avait donné à ce dernier une preuve d'attachement en le suivant au fond de la Pologne, hésitait entre son roi et les princes de son sang. Cédant enfin aux instigations de ses frères, il ouvrit son cœur à Jeannin et réclama ses conseils. Le président épuisa les ressources de sa logique la plus pressante pour le détourner d'une résolution hasardeuse. Mayenne fut ébranlé, et l'envoya en toute hâte au chef de sa maison pour essayer sur lui ses prudentes représentations. Le duc de Guise était à cheval, lorsqu'il fut joint par le négociateur ; il l'écouta d'abord avec attention, ensuite avec inquiétude ; son esprit parut livré à une fluctuation de sentiments pénibles ; sortant enfin de sa perplexité : « Ces raisons sont bonnes, répondit-il « brusquement, mais elles viennent trop tard ; il est « plus périlleux de se retirer que de passer outre. » Et il s'enfonça tête baissée dans ses projets.

« Cependant un double assassinat changea bientôt les chefs des deux partis adverses. Au timide Henri III succéda le brave et résolu Henri de Navarre ; l'intrépide et populaire duc de Guise fut remplacé par le duc de Mayenne, que le meurtre de son frère et l'effervescence parisienne jetèrent plutôt que ses inclinations personnelles à la tête des passions de la Ligue. Jeannin, que le sort et des causes irrésistibles précipitaient dans un mouvement que son choix eût repoussé et que désavouait son jugement, plaignit Mayenne et crut devoir néanmoins rester attaché à sa fortune, pour lui servir de guide et prévenir les fautes capitales auxquelles il pouvait se laisser entraîner.

« Le président Jeannin devint dans ces circonstances la providence de Mayenne ; il réveilla son indolence, aiguillonna son courage, éclaira ses déterminations, et lui rappela constamment sa dignité lorsqu'il était prêt à l'oublier. Il traversa par son activité les succès de Henri ; et lorsque son parti désespérait, ses fécondes conceptions créaient de nouvelles ressources.

« Après les journées d'Arques et d'Ivry, la Ligue fut réduite aux abois et sentit l'impossibilité de réparer par ses seules forces les désastres qu'elle avait essuyés. Jeannin fut envoyé en Espagne pour ouvrir la main avare de Philippe et le sommer de réaliser les espérances qu'il avait données aux catholiques français. Le Tibère espagnol se montra plus exigeant en devenant plus nécessaire ; il laissa percer un rayon de ses ambitieuses pensées. Il avait fait, disait-il, assez de sacrifices pour la cause de la religion ; il était temps que la France récompensât par sa reconnaissance la protection désintéressée dont elle lui était redevable : quant à lui, il ne demandait rien que l'affermissement de la foi ; mais cet objet ne pouvait être solidement rempli que le jour où l'infante, née de son mariage avec la fille aînée de Henri II, recevrait la couronne de France et couperait les dernières têtes de l'hydre de l'hérésie. Déjà, la carte du royaume à la main, il en désignait des villes comme sa conquête, et présentait l'adroit négociateur. Celui-ci, ménageant un appui dont sa cause ne pouvait se passer, feignit d'entrer dans le sens de ses paroles ; seulement il lui fit envisager des obstacles dont triompherait le temps, lui persuada de différer l'exécution de ses projets pour le mieux assurer, et lui arracha les secours d'hommes et les subsides dont il avait besoin. Le soupçonneux monarque, complétement dupe de la patriotique dissimulation du président, fit reluire son or à ses yeux, et se flatta de le compter parmi les menetrs dont les voix mercenaires lui étaient vendues; mais Jeannin repoussa ses offres avec une vertueuse indignation, et, les mains pures des présents de l'étranger, il préféra de recourir à ses amis pour subvenir aux frais d'une représentation obligée dont ses biens modiques ne pouvaient suffisamment supporter les charges.

«Ce voyage en Espagne fut un des monuments diplomatiques les plus remarquables du seizième siècle; il dessilla les yeux du président sur la conduite machiavélique de la cour de Madrid; il avait passé les Pyrénées avec le désir de la paix, il les repassa encore plus empressé de la conclure. Depuis cette époque, il ne cessa d'exhorter Mayenne à négocier avec le roi.

«Le *parti des Seize*, soudoyé par l'Espagne, recevait l'impulsion secrète de ses agents; et son fanatisme ne connaissait point de bornes. Il dominait par ses avis extrêmes le grand conseil de la Ligue, où Mayenne avait fait entrer ses partisans les plus dévoués et les plus habiles, parmi lesquels Jeannin tenait le premier rang; Jeannin avertit le duc que sa sûreté était compromise, et il lui prouva qu'un coup de vigueur était commandé par une nécessité urgente. Mayenne, persuadé par ses conseils, décima les factieux, intimida leurs imitateurs, et l'opinion publique, désabusée et reconnaissante, applaudit à sa fermeté.

«Telle était la situation de la France que, déchirée au dedans par ses propres enfants, elle avait à craindre au dehors de nouvelles blessures. Le duc de Savoie, actif, entreprenant, d'une ambition démesurée, convoitait ses dépouilles; habile à profiter des dissensions civiles, se confiant plus dans ses intrigues que dans la puissance de ses armes, il s'était fait reconnaître comme un protecteur par la Provence séduite. Marseille, cette importante gardienne de la Méditerranée, restait encore à soumettre. Il s'y introduit plein d'espoir, distribue les rôles à ses créatures, flatte la multitude par la perspective des immunités dont elle jouira sous ses auspices. Mais Jeannin veille à la conservation de la cité. Le corps municipal s'assemble à sa voix; le vertueux magistrat expose les vues qui font agir l'étranger, découvre aux citoyens les illusions dont on les berce sous le nom de priviléges, les fait rougir de la légèreté avec laquelle ils ont cédé à de vaines promesses, ouvre leurs yeux sur les suggestions qui les ont entraînés, et les rappelle avec chaleur à leurs devoirs. Le duc, auquel tant de fermeté impose, n'ose tenter aucun effort; bientôt il craint de voir tourner contre lui une émeute qu'il s'est cru le maître de diriger, et il abandonne précipitamment ces murs qui ne le verront plus. Cette action de Jeannin, qui avait maintenu l'indépendance d'une portion considérable du royaume, lui acquit de nouveaux droits à la considération de son parti, et le souvenir n'en fut pas perdu lorsque, fatigué des discordes civiles, il se retirait en sa maison encore tout mouillé de l'orage.

«Les états s'assemblèrent à Paris dans l'année 1593. Comme si le trône eût été vacant, on s'agita pour nommer un roi et faire subir aux lois fondamentales de la monarchie les modifications que les circonstances semblaient indiquer. O honte, ô opprobre pour la nation! Elle vit les envoyés de l'Espagne, siégeant sur les fleurs de lis au milieu de ses députés, intimer hautement les désirs ambitieux de leur maître. L'or du Mexique et du Pérou appuyait ces prétentions insolites, et des bouches mercenaires se rendirent les organes de l'étranger. Mais les sentiments français commençaient à prévaloir contre la corruption. Le parlement, avec la même énergie qu'il avait résisté aux conjurations des pervers, protesta contre toute atteinte qui serait portée aux maximes constitutives de l'État. De toutes parts perçait le désir des voies conciliatrices. Le légat de la cour de Rome, accoutumé à un langage en opposition avec son ministère de paix, épuisa en vain sa véhémence pour éterniser le feu de la discorde. Les officiers catholiques que le roi comptait dans son armée adressèrent de nouvelles propositions à l'assemblée des états. Jeannin les soutint de tout le poids de son suffrage, de toute la force de son éloquence, et les fit prendre en considération. De longues conférences entamées à Surène achevèrent de dompter l'animosité des partis. Henri IV enleva tous les prétextes à la malveillance en se soumettant au joug de la foi, et rentrant solennellement dans le sein de la communion romaine. Paris lui ouvrit ses portes, et les provinces attendirent l'instant de le saluer comme un libérateur.

«Un repentir tardif poursuivait Mayenne à Châlons, la seule place importante qui lui obéît encore en Bourgogne. Il sentait, après tant d'entreprises infructueuses, combien il valait mieux d'être un sujet honoré de son roi que l'instrument d'un ennemi dédaigneux; mais il ne pouvait concevoir que le roi de France renonçât à venger les injures du Béarnais. Jeannin, qui avait modéré ses desseins ambitieux, lui offrit ses conseils dans sa disgrâce, et lui apprit à ne point désespérer d'une clémence sans bornes. Henri, en effet, n'eut pas plutôt expulsé à Fontaine-Française les restes de l'étranger, qu'il fit venir le sage magistrat pour nouer une négociation avec lui. Frappé de l'accueil dont il fut honoré, Jeannin témoigna sa surprise : «Est-il possible, s'écria-«t-il, que Votre Majesté adresse des paroles si obli-«geantes à un vieux ligueur comme moi?» — «Mon-«sieur le président, répondit le roi, j'ai toujours «couru après les gens de bien et je m'en suis bien «trouvé.» Le résultat de cette entrevue fut extrêmement heureux pour Mayenne. Henri ne balança point à mettre une générosité inouïe dans le pardon qu'il accordait à un adversaire désormais impuissant; il consentit à n'être reconnu par Mayenne qu'après que le saint-siège aurait prononcé son absolution, lui accorda plusieurs places en garantie, le déchargea de toutes poursuites relatives au meurtre du dernier roi, et, voulant étendre le bienfait de cette amnistie, déclara nonseulement que les particuliers et les communautés ne seraient point inquiétés à l'avenir pour les faits qui touchaient aux derniers troubles, mais que les édits, les jugements et les arrêts par lesquels ils auraient déjà été atteints, demeureraient sans effet et révoqués de tout point.

«Jeannin avait donné trop de preuves de désintéressement pour rien stipuler à son propre avantage; mais il ne fut pas oublié. Le roi paya les dettes qu'il avait été obligé de contracter au plus haut degré de son crédit; il le nomma premier président du parlement de Bourgogne, ajoutant : que son intention était qu'il jouît seulement des honneurs et des émoluments de cette charge, afin de se fixer auprès de lui; enfin il l'admit à son conseil et le pria de l'aider de toute son expérience. Jeannin se montra-t-il confondu de se voir préférer à tant d'anciens serviteurs dont la fidélité n'a souffert aucune éclipse : «Celui qui a été fidèle à un «duc ne peut manquer de l'être à un roi :» telle est la réponse qu'il reçoit d'un prince héritier des vertus chevaleresques et bien digne d'apprécier la loyauté qui brilla dans un autre camp que le sien.

«Le voilà transporté dans le tourbillon d'une cour où les grands seigneurs apportaient leurs habitudes guerrières et le dédain des travaux de la paix. Il sut y conserver l'attitude d'un homme libre, ayant la conscience de sa supériorité. Un prince crut l'intimider un jour et le faire rougir en l'interrogeant sur sa naissance; il répondit : «Je suis «le fils de mes vertus.» Le respect qu'il inspirait par ses lumières lui assura bientôt un puissant ascendant parmi les grands. S'il survenait entre eux quelques démêlés, on recourait volontiers à son arbitrage. Son intervention était tour à tour caractérisée par la vivacité et la douceur; il y imprimait toute l'autorité de sa raison, et rarement on le voyait échouer dans le rapprochement des esprits.

S'il arrivait de ces affaires fâcheuses que tout le monde redoute, aux déplaisirs desquelles chacun cherche à se soustraire, c'était lui que l'on en chargeait, et sa véracité, sa franchise, forçaient les hommes les plus intraitables à céder à ses représentations. C'est ainsi qu'il dompta l'humeur altière du maréchal de Biron, et le fit consentir à voir son roi qu'il avait offensé. Fidèle au culte de l'amitié, il se montra scrupuleux observateur des procédés qu'elle commande aux âmes délicates; il refusa la dépouille d'un ami auquel on avait enlevé les sceaux de l'État.

«Henri IV avait pour lui une familiarité affectueuse, et aimait à multiplier, en présence des courtisans, les témoignages de son estime. Un jour qu'il se trouvait à Fontainebleau, il commanda qu'on l'avertît de l'arrivée du président, courut à sa rencontre, l'embrassa avec tendresse et le présentant à la reine : «Vous voyez, lui dit-il, «un des plus affectionnés à mon service, le plus ca-«pable de servir l'État; et s'il arrive que Dieu dis-«pose de moi, je vous prie de vous reposer sur sa «fidélité et sur la passion que je sais qu'il a pour «le bien de mon peuple.» Cette recommandation ne fut pas perdue, et la reine s'en souvint lorsque la régence tomba entre ses mains.

«Henri aimait le mouvement des combats, et, selon ses expressions, «jamais il n'était mieux que le «cul sur la selle;» il était néanmoins également infatigable dans le cabinet et mettait son esprit vif et pénétrant en contact avec l'habileté de ses ministres. Il s'instruisait dans leurs entretiens, échangeait ses vues contre les leurs, jugeait leurs plans ou en substituait d'opposés. «Jeannin, disait-il en «le comparant à Villeroi et à Sillery son chancelier, «Jeannin pense toujours bien, ne me cache rien de «ce qu'il pense et me le dit sans me flatter.» Un autre jour, se plaignant de l'indiscrétion de ses ministres, il prit Jeannin par la main : — «Je ré-«ponds du *bonhomme* ; c'est à vous autres à vous «examiner.» — Jeannin traité de bonhomme par le bon roi! quelle expression peindrait mieux l'excellence de son âme?

«Souvent les circonstances les plus légères révèlent le caractère des hommes et mettent en évidence en quoi diffèrent leurs manières de sentir. Henri, curieux de livrer à l'appréciation des courtisans ses principaux ministres, fit appeler successivement Villeroi, Jeannin et Sully. «Que vous sem-«ble, leur dit-il, de cette poutre qui menace ruine?» —«Il n'y a qu'à en mettre une autre,» répondit le premier sans lever les yeux. — Jeannin examina la poutre avec attention : «Je ne vois pas, dit-il, «où elle pèche; mais il convient de consulter les «gens de l'art et de se décider d'après leur avis.» —Sully arrive, jette un coup d'œil rapide, puis regardant le roi fixement : « Qui vous a pu donner «cette terreur? Elle durera plus que vous et moi.» D'après d'aussi petits indices, on pouvait connaître l'esprit décisif du premier, la prudente circonspection et les habitudes réfléchies du second, le jugement tranchant et le génie *prime-sautier* du troisième.

«Il n'y eut sous ce règne aucune opération politique de quelque importance à laquelle Jeannin n'eût pas de part; il apportait toujours avec joie le tribut de ses lumières et de sa sagesse. Henri pouvait bien dire de lui avec la même justesse qu'il le disait de l'un de ses meilleurs guerriers, «je le pré- «sente avec succès à mes amis et à mes ennemis.» Ce fut Jeannin qui fit sentir les avantages d'une paix qui permettrait de réparer les brèches faites à la prospérité publique et de forger de nouvelles armes contre les ennemis invétérés de la France : le traité de Vervins amena cet heureux résultat. Le duc de Savoie avait puisé dans les revers de la France une insolence excessive, demeurée jusque-là impunie; il s'était emparé du marquisat de Saluces, contrée d'une médiocre étendue au delà des monts, mais qui était pour nos armées la clef de l'Italie. Le roi fut obligé de châtier par la force l'usurpation d'un prince qui prétendait rester le gardien exclusif des Alpes; pendant qu'il guerroyait, Jeannin mêla les négociations à ses triomphes, para les adroites insinuations des commissaires envoyés par le duc, écarta tous leurs artifices, leur dicta des conditions, et obtint une province fertile en échange d'un pays peu productif et difficile à conserver. Lorsque le roi s'interposa entre l'empire d'Allemagne et la république de Venise, divisés au sujet du Frioul, et qu'il offrit derechef sa médiation entre la même république et le cabinet de Madrid, la coopération de Jeannin fut sensible et fit disparaître tous les obstacles. Bienfaisante prérogative qu'exerçait un seul homme, en dissipant les nuages amassés par le croisement des intérêts et l'inévitable rivalité des nations!

«Vers le même temps Jeannin reçut une mission qui n'était pas moins selon son cœur. Accompagné de trois collègues qui lui avaient été adjoints, il ouvrit à Châtellerault des conférences avec les députés du parti protestant. La liberté de conscience fut scellée par un accord sincère; la majorité promit de respecter une croyance qui n'était pas la sienne, et abjura le tyrannique dessein de troubler l'asile de la pensée; elle fit plus, elle souffrit que les dissidents jouissent de la publicité de leur culte et les admit à une sorte d'égalité dans les emplois civils.

«Jeannin, vieilli déjà, mais non lassé par l'âge, était loin encore, à l'époque où nous sommes arrivés, d'avoir rempli son illustre carrière. Le plus bel épisode de sa vie politique est son ambassade en Hollande. Un demi-siècle s'était écoulé depuis que cette contrée, s'insurgeant contre un gouvernement infracteur de ses priviléges, oppresseur de son culte et de son industrie, avait secoué la domination espagnole et placé sa liberté sous la garantie d'un lien fédératif. Chacune des sept provinces maritimes contiguës à la Flandre avait conservé son organisation intérieure, ses droits et ses usages particuliers, et un corps politique suprême, composé d'éléments locaux, s'élevait au-dessus de toutes ces associations partielles, et réglait les intérêts de l'universalité. Pendant quarante ans, les peuples de ces provinces avaient lutté sans relâche pour leur indépendance, et cette longue succession de guerres avait cimenté leur prospérité. Instruits du secret de leurs forces par les flottes redoutables dont ils couvraient les mers, encouragés par l'essor de leur industrie, enrichis par les expéditions lointaines inspirées par un génie aventureux, entraînés par la ferveur de l'esprit de la réforme, ils étaient dans la crise de leur développement, et, chaque jour, de nouveaux succès, en consolidant leurs intérêts récents, irritaient de plus en plus leurs passions et élargissaient les barrières qui les séparaient de la métropole. Henri IV, satisfait de se venger sur l'Espagne des efforts qu'elle avait faits pour embraser, pour bouleverser la France, s'était réuni à l'Angleterre pour protéger de son or et de ses soldats le berceau de la nouvelle république, et, par une généreuse réciprocité, il avait été secouru par elle dans sa détresse. Mais la paix de Vervins, en lui donnant l'Espagne pour alliée, vint ralentir ses relations actives avec les sept provinces unies; il prit l'engagement de ne rien faire pour elles au delà du remboursement des sommes dont il leur était redevable. Il se renfermait religieusement dans cette étroite neutralité, lorsque l'Espagne, en excitant la révolte de Biron et réchauffant en France les ferments de la guerre civile, souleva son indignation et le dégagea de la foi des traités. Il se déclara dès lors ouvertement en faveur de ceux que la cour de Madrid appelait des rebelles.

«Cette cour cependant, fatiguée d'une résistance opiniâtre où s'engloutissaient ses trésors et l'élite de ses armées, résolut de proposer une paix pendant laquelle il lui serait facile de réparer ses pertes et d'affaiblir par des agitations intérieures adroitement fomentées les sujets qui s'étaient détachés de son joug. Ceux-ci, soupçonnant un piége, ne se prêtèrent qu'avec répugnance aux préliminaires d'un accommodement, et informèrent de l'ouverture des conférences les deux rois leurs protecteurs. Henri fit choix de Jeannin pour leur servir de conseil et les tenir en garde contre les projets astucieux de leurs ennemis. Le roi d'Angleterre, dont les intérêts étaient presque les mêmes, intervint également par ses ambassadeurs.

«Jeannin trouva les conjonctures extrêmement délicates. L'Espagne compliquant la négociation de réserves, de restrictions subtiles, paraissait nourrir des arrière-pensées. Maurice de Nassau, défenseur de la liberté des sept provinces, rêvait l'usurpation de la souveraineté de sa patrie, et s'opposait avec chaleur à la fin d'une guerre qui perpétuait son pouvoir. Bien différentes étaient les vues de Barneveld, l'oracle de l'assemblée des États confédérés; passionné pour la liberté publique, il la voyait avec douleur menacée dans son enfance par la famille même qui l'avait fondée; les ouvertures de l'Espagne lui avaient paru en harmonie avec les intérêts de ses concitoyens, et il soupirait après la paix qui lui permettrait de perfectionner les institutions de son pays et d'assurer la stabilité de son gouvernement. Jeannin appuya de tout son ascendant les intentions patriotiques de Barneveld. Il sut néanmoins ne pas s'aliéner la confiance de Maurice, et lui persuada d'attendre avec la modération convenable les délibérations des États généraux.

«Les propositions de l'Espagne furent débattues successivement dans le conseil de chaque province et dans l'assemblée générale qui décidait tout. Cette marche graduelle nécessitait des lenteurs inévitables et engendrait des difficultés sans nombre. Le roi d'Angleterre prétendait que tout se traitât sous sa médiation exclusive. Jeannin pénétra les ministres anglais et soutint avec éclat la dignité de son souverain. On eût dit, en voyant sa vigilance et son activité, que les intérêts mis en discussion étaient concentrés en lui seul. Les états généraux tentèrent de profiter de leur situation pour faire à la France des demandes exorbitantes; il repoussa cette exigence avec hauteur. Il s'attacha surtout à persuader les personnages influents et à maîtriser leurs esprits. Les adhérents de Maurice, les villes les plus considérables et le corps des commerçants qui exploitaient les richesses des Indes, réclamaient avec véhémence contre les conférences tenues avec des ennemis humiliés. Les têtes ardentes ne gardèrent aucun ménagement dans leurs discours; l'impatience de la presse atteignit les représentants mêmes des rois qui s'interposaient en amis de la cause hollandaise. Leurs intentions furent soupçonnées, leur caractère fut calomnié. Ces déclamations furent revêtues de ces formes violentes qui font impression sur la multitude, toujours voisine de l'exagération et plus capable de l'entraînement des sentiments énergiques que du sang-froid de la raison qui s'éclaire par l'examen. Jeannin composa une réfutation animée de ces libelles et la fit circuler avec profusion. Lorsque les mêmes allégations se reproduisaient dans les assemblées, il les foudroyait par son éloquence et l'autorité de son jugement : athlète infatigable, il ne laissait pas respirer ses adversaires, faisait plier leur audace, et lorsqu'ils commençaient à chanceler, leur portait d'inévitables coups. Terrible dans la chaleur de la discussion, il descendait avec art aux tempéraments qui pouvaient produire l'harmonie des opinions opposées. Une ligue définitive qu'il conclut enfin au nom de son souverain avec les états généraux des sept provinces, contraignit les ministres espagnols à reconnaître la médiation du roi de France, et dès ce moment Jeannin devint le régulateur de négociations. Par ses soins assidus, des concessions réciproques furent arrachées aux parties contractantes; leur opiniâtreté acheva d'expirer, lorsque le président, pour ménager leur orgueil et leurs prétentions respectives, ne leur offrit plus que la perspective d'une trêve. Mémorable exemple de la puissance des mots sur les masses comme sur les individus! Jeannin détermina les conditions de cette trêve, de manière qu'elles fussent équivalentes aux solides avantages d'une paix. Après deux ans de conférences laborieuses, elle fut signée dans les murs d'Anvers (en 1609), sous les auspices et la garantie du roi très-chrétien, et il fut stipulé qu'elle durerait douze années.

«Cet événement retentit dans toute l'Europe aux cris de l'allégresse publique. Jeannin remporta tout l'honneur de cette œuvre de sagesse, et cependant il l'avait accompli au milieu de personnages non moins éminents en mérite qu'en dignité. Barneveld publiait qu'il n'était jamais sorti de sa présence sans se sentir meilleur et plus instruit. Grotius et Bentivoglio, l'un et l'autre acteurs dans ces grands événements, et qui devaient les décrire sur le modèle des anciens, lui destinèrent dans leur histoire une place imposante. Les Hollandais le respectaient comme un oracle. Ils s'assemblaient à son passage, ils le montraient à leurs enfants. Chacun voulait l'avoir vu et conserver son image. Il excita, en un mot, dans un peuple flegmatique, un enthousiasme égal à celui que produisit plus près de nos jours le Socrate de l'Amérique, Benjamin Francklin, au milieu de notre nation vive, ardente et enivrée de l'aspect de la gloire.

«Jeannin, dans les circonstances épineuses auxquelles il venait de mettre un terme, avait fait connaître toutes les ressources qu'un diplomate exercé peut puiser, non dans cet art qu'on fait consister à tromper les autres et qui souvent conduit à se tromper soi-même, mais dans cette science vraiment politique qui place les peuples dans les rapports les plus naturels, par conséquent dans leur état le plus stable. Il rendit à la France en particulier un éclatant service en lui donnant un allié dévoué dans une république déjà puissante, et en soulageant le trésor public des subsides considérables qui le chargeaient auparavant. La cour d'Espagne, les archiducs qui gouvernaient la Flandre, et les états généraux des Provinces-Unies, leur donnèrent des témoignages unanimes de leur satisfaction. Maurice de Nassau lui-même, procédant à un partage de famille, voulut qu'il présidât à toutes les opérations. La lettre que les états généraux adressèrent à Henri IV pour le féliciter du choix de son ministre est trop honorable pour ce dernier, et porte trop l'empreinte de la simplicité républicaine, pour que je la passe sous silence. « Nous remercions V. M. de nous avoir « envoyé un tel personnage, qui nous a laissé beau« coup de témoignages de sa très-grande expé« rience, de son jugement, de sa prudence et de « sa bonne conduite ès grandes affaires, et qui « par sa magnanimité et singulière dextérité a sur« monté toute sorte de difficultés qui se sont of« fertes : tellement que tous gens de bien ont con« tentement de lui et de ses actions, louent et « remercient de bon cœur V. M. particulièrement « de ce bienfait, comme nous faisons de ses lettres « et de sa garantie. »

« Jeannin a lui-même recueilli les monuments de sa célèbre ambassade. C'est dans ses dépêches qu'on peut apprendre sous combien de faces se présentent les choses, quels leviers font mouvoir les hommes, quelle part la prudence obtient dans leurs destinées. On y admire avec quelle justesse de vues il considère un gouvernement fédératif comme celui de la Hollande ; avec quelle noblesse, quelle solidité, quelle élévation il prend la parole dans des assemblées composées de membres éclairés, et discute les intérêts les plus importants ; on aime à revenir surtout sur ses deux belles harangues où il recommande les catholiques à la loyauté des représentants de la Hollande. Richelieu relisait sans cesse ces Mémoires du président Jeannin dans sa retraite d'Avignon ; il les regardait comme une des plus fortes, des plus profitables études pour l'homme d'État. Ils ont mérité d'être comptés parmi les livres classiques des négociateurs et d'être mis à côté des lettres du cardinal d'Ossat.

« Henri IV, après avoir affermi la naissante république des Provinces-Unies, méditait de changer la situation de l'Europe et d'asseoir l'ordre politique sur de nouvelles bases. Résolu de ne s'avancer dans aucune entreprise sans l'avis du président Jeannin, il l'invitait en riant à se pourvoir d'une bonne haquenée pour l'accompagner dans tous ses voyages. Mais une fin tragique arrêta le cours de ses projets, et il succomba comme son prédécesseur sous une main que le fanatisme avait armée. La mort de cet excellent prince excita les regrets même des étrangers ; plusieurs d'entre ses serviteurs survécurent à peine à sa perte, les autres traînèrent de longues années dans le deuil. Jeannin, pour tromper sa douleur, ressaisit sa plume jusqu'ici trop exclusivement consacrée à de continuelles négociations, et reprit le dessein, vingt fois interrompu, de retracer dans un récit fidèle les traits du père de la patrie. Il ne se proposait point la tâche de l'historien qui dans les événements ne considère que les masses et dont la touche large peint rapidement les hommes et les choses : il voulait dessiner un portrait où tout doit être reproduit, jusqu'aux rides. On ne saurait assez regretter qu'il n'ait pas exécuté son entreprise, et qu'il ne soit resté de son travail qu'une préface pleine de noblesse et de discernement. Si le temps n'eût manqué à ses désirs, nous compterions dans notre littérature un ouvrage remarquable de plus ; et il faudrait le placer entre les Mémoires intéressants de Sully et la grande histoire du véridique de Thou. Qui mieux que lui pouvait remplir le plan qu'il avait conçu ? Ministre infatigable de son roi, honoré de son amitié, dépositaire de ses secrètes pensées, associé aux plus grands travaux de son règne, qui pouvait plus que lui « réunir dans un « cadre complet les faits les plus mémorables de « Henri IV, séparant de la confusion des choses « avenues en son temps ce qui est vraiment sien, « pour avoir été fait et exécuté par ses mains et « avec son propre péril, et exploité sous ses auspi« ces par son avis, autorité et commandement, « afin de faire voir à la postérité en un seul amas et « recueil tant de belles et grandes actions par les« quelles Dieu s'est servi de lui pour garantir son « royaume de ruine, et le remettre au plus floris« sant état qu'il eût été depuis plusieurs siècles, « lui donnant la force et le courage, la prudence « et bonheur pour vaincre, conquérir et dissiper « des factions si puissantes qu'elles sembloient ne « devoir craindre que le ciel ; et quand il a été vic« torieux et au-dessus des périls, la bonté et la clé« mence pour lui faire oublier ses injures et acquérir « encore par bienfaits ce qui était déjà sien ? »

« Doué d'une mémoire singulièrement heureuse, orné de connaissances étendues, le président Jeannin aurait encore rempli ses loisirs par les jouissances de l'étude, si les graves occupations du service public lui en eussent laissé de plus nombreux. Il formait avec le président de Thou, avec d'Ossat et le cardinal Du Perron, réputé l'homme le plus discret de ce temps, un conseil littéraire où le roi venait se délasser du fardeau des affaires, et goûter le charme d'une conversation où l'érudition revêtait des formes élégantes, où la solidité se mariait à la politesse du langage. Jeannin était trop pénétré de ce qu'il devait à la culture de son esprit pour négliger ceux qui cherchent à agrandir l'empire des lumières et qui maintiennent le culte des arts consolateurs de la vie. Il honorait les savants et les hommes de lettres, et leur prêtait une protection particulière. Tous les ans il se plaisait à réunir à un banquet solennel ceux dont le mérite se recommandait le plus à la renommée; avare d'un temps qui lui paraissait trop précieux, il les dispensait des visites dont on fatigue les personnages en crédit, et les invitait à faire de leurs moments un emploi plus utile. Il entretenait un commerce de lettres avec plusieurs de ses doctes contemporains; il avait connu Scaliger et Juste-Lipse en Hollande; il fixa en France Casaubon, helléniste consommé, et encouragea les savants travaux typographiques des deux Étienne. Lorsque les clameurs des théologiens, du parlement et de l'université, poursuivirent le livre où Charron reproduisait dans un cadre plus méthodique la philosophie que Montaigne avait exposée avec un abandon aimable et comme en se jouant, il ne souffrit pas qu'on flétrît le disciple après avoir laissé le maître discourir en paix; il se saisit de l'examen de cet ouvrage, qui ne recélait aucun élément dangereux, se convainquit de l'utilité de sa doctrine, et, en imposant à des censeurs absurdes par de mystérieuses paroles, il leur déclara qu'il fallait permettre la vente du livre comme d'un livre d'État. Charron échappa par cette décision aux inquisiteurs de la Sorbonne, et pour la première fois ils lâchèrent leur proie.

«Le forfait qui enleva Henri IV à l'amour de son peuple ne nuisit point au crédit du président Jeannin. Marie de Médicis, élevée à la régence, avait trop entendu vanter sa sagesse et ses talents pour ne les point appliquer à son administration. Les moments étaient difficiles et propres à intimider des esprits trempés moins fortement. Mais Jeannin ne crut pas que l'instant fût arrivé où l'homme de bien est averti de fuir les honneurs et de s'isoler dans la retraite. Toute considération fléchissait à ses yeux devant le dévouement à la chose publique. Il donna un bien rare exemple de cette grandeur de caractère et de cette fermeté stoïque de l'homme d'État, le jour où, apprenant la mort d'un fils, unique héritier de son nom, il présida néanmoins le conseil, et sut renfermer dans son cœur les douloureuses émotions du père.

«Il s'opposa de tout son pouvoir aux maximes nouvelles qui tendaient à changer la politique du dernier roi. La double alliance que la maison régnante contracta avec le sang d'Autriche trouva en lui une constante désapprobation. Il ne cessa d'exhorter Louis XIII à conserver la paix avec les protestants, et ne s'appliqua pas moins à contenir ces derniers dans le devoir. Il existe de lui une lettre pleine de force où il répond victorieusement à toutes les plaintes élevées par le duc de Bouillon l'un de leurs chefs. Son avis adopté dans le conseil relativement à la guerre de Bohême démontre la confiance que les étrangers eux-mêmes mettaient dans ses cheveux blancs. Un des derniers actes de sa vie politique, absorbée par tant de travaux bienfaisants, fut consacré à la concorde: il essaya toutes les voies de persuasion pour rétablir l'harmonie entre la reine mère et son fils.

«Je n'ai point encore parlé de l'administration des finances qui lui attira l'animadversion de Sully. Il est triste d'avoir à prononcer entre deux grands hommes, d'être renfermé dans l'alternative de ne justifier l'un qu'en versant le blâme sur son adversaire. Cependant l'équité sollicite un examen impartial des faits, et la mémoire du président n'a point à en souffrir. Jeannin, en acceptant la surintendance des finances, en exerça les fonctions en commun avec le garde des sceaux, pour éviter l'envie et la médisance qui s'attachent si volontiers à ceux que l'on soupçonne de jeter les fondements de leur fortune privée en conduisant le char de la fortune publique. Il livra sans crainte aux états de 1614 les éléments de sa comptabilité. Il porta dans sa gestion tout le soin, toute la diligence et l'intégrité désirables en un homme de bien, et ne démentit jamais un caractère exempt d'avarice et de corruption. Lorsque l'âge eut aggravé ses infirmités, il offrit sa démission, et la médiocrité de ses biens attesta la pureté de sa conduite.

«Il faut l'entendre parler de lui-même avec une naïveté que Plutarque n'eût pas manqué de reproduire. «En mettant tous les bienfaits de nos rois «ensemble, j'ai bien grande occasion de me louer «de leur bonté et libéralité, et de dire que ma mai-«son seroit bien meilleure en commodités et riches-«ses que je ne la laisserai en sortant de ce mon-«de, si j'avois eu soin de les employer en bonnes ac-«quisitions au lieu de les consumer en bâtimens su-«perflus et de grandes dépenses, dont je ne puis «alléguer aucune excuse, sinon que j'ai suivi mon «inclination, et que je m'y fusse aussi bien laissé «aller quand Dieu m'eût donné plusieurs enfans «que quand je n'ai eu qu'une seule fille. Ce défaut «doit être excusable, attendu qu'en toute autre «chose j'ai été fort modeste et du tout exempt de «vanité, et que laissant à ma fille moins de bien, «je lui laisse plus d'honneur, et des biens auxquels «Dieu mettra sa bénédiction, puisqu'ils ont été ac-«quis loyalement et sans corruption.» Ne croit-on pas lire un fragment d'une lettre écrite par le grand chancelier L'Hôpital dans sa retraite de Vignay, lorsqu'à l'exemple des vieux Romains, il cultivait ses champs héréditaires?

«La mort vint frapper Jeannin à ce faîte élevé où l'avait porté son génie. Le fils du tanneur d'Autun, l'indigent avocat dijonnais, devenu député aux états de Blois, premier président au second parlement du royaume, conseiller et ministre plénipotentiaire d'Henri IV, surintendant des finances de l'État, laisse à la Bourgogne, sa patrie, un des plus grands noms qui illustrent ses annales. Les armes parlantes qu'il s'était choisies, selon l'usage du temps, sont un curieux symbole de sa fortune et de son génie. Il portait d'azur à un croissant d'argent surmonté d'une flamme d'or. Il mourut le 31 d'octobre 1622, à l'âge de quatre-vingt-deux ans.

«Son corps fut inhumé dans l'église cathédrale d'Autun, sous la chapelle consacrée à la sépulture de sa famille. On déposa son cœur dans l'église de Chagny. Pierre de Castille, son gendre, et Charlotte Jeannin, sa fille unique, firent mettre à son tombeau cette épitaphe, où sa vie est résumée :

PETRUS JEANNINUS HIC JACET, BURGUNDIÆ SENATUS PRÆSES, QUI MOX AB HENRICO IV, FRANCIÆ ET NAVARRÆ REGE, AD INTERIORA IMPERII ARCANA ADMISSUS, TANTA FIDE ENITUIT, UT BELLA ET PAX NISI VALIDIS VIRI CONSILIIS A FORTISSIMO PRINCIPE SANCIRENTUR. DEMUM SUB LUDOVICO XIII, REGE IMPUBERE, CUM MARIA MATER RERUM POTIRETUR, LARGITIONUM COMITIVÆ PRÆFECTUS, ÆRARII MUNUS EXPLEVIT ABSTINENTISSIME.
VIXIT ANNOS 82 ; OBIIT PRID. KAL. NOV. ANN. CHRISTI 1622.

Les *Négociations du président Jeannin* ont été publiées, pour la première fois, à Paris, en 1656, en 1 vol. in-folio, par son petit-fils Nicolas de Castille. L'édition de Leyde, en 4 vol. in-12, 1696, n'est qu'une réimpression du texte de Nicolas de Castille; il en est de même de l'édition de Paris, 1819, 3 vol. in-8. Les *Négociations de Jeannin* ont été insérées par M. Petitot dans la deuxième série de sa collection. Il en a revu le texte sur un manuscrit plus complet de la Bibliothèque du roi qui lui a fourni les moyens de combler une lacune essentielle dans l'année 1607. J'ai suivi exactement le texte de l'édition Petitot.

Il est bon, avant de lire la correspondance de Jeannin, de parcourir les explications données dans la page qui suit.

Paris, 1er juin 1838.

J. A. C. BUCHON.

EXPLICATION

DE PLUSIEURS NOMS ET MOTS INTERPOSÉS ÈS LETTRES ET RESCRIPTIONS FAITES TANT PAR LE ROI QUE SES MINISTRES, DURANT LA NÉGOCIATION DE M. LE PRÉSIDENT JEANNIN POUR LES AFFAIRES DES PAYS-BAS, DEPUIS L'ANNÉE 1607 JUSQUES EN 1610.

La France.	Le Bouton.	L'ambassadeur d'Espagne près les Archiducs.	Patrocle.
Le Roi.	Le maître du Bouton, le mari de la Rose, le père du Blanc, le père du Rouge, le père du Gris.	Ministres d'Espagne.	Gens de la jument.
		L'infante.	Le grand cheval.
		Angleterre.	Le Verger.
Sa Majesté.	Le Sergent, le père de l'OEillet, le Bouton, le maître de l'Espérance, le maître de Pompée, le maître du Sycomore.	Roi d'Angleterre.	Le Fruit, le mari de la Pomme, le Verger, le père de la Poire.
		Anglois.	Les Asperges.
		Le prince de Galles.	La Poire.
Les François.	Les gens du Bouton.	Le comte de Salsbery.	La Framboise.
Monseigneur le prince de Condé.	Le Vert.	Ministres d'Angleterre.	Les Pensées.
M. de Villeroy.	L'Espérance.	Les Archiducs.	La Buglose, le mari de Marguerite.
M. de Vic.	Pélopidas.	Le sieur Verreiken.	Simon.
M. le président Jeannin.	Le Sycomore.	Le sieur Richardot.	Thadée.
M. de Buzanval.	La Ramée; le collége de la Tanche.	Le duc de Savoie.	Le Serpent.
		Rome.	Le Livre.
M. de Russy.	L'Écorce.	Messieurs les Etats.	Les Antes, les gens de la Fleur.
M. de La Boderie.	L'Épine.		
M. de Berny.	Jean.	M. le prince Maurice.	L'Orme, la Fleur.
Ministres du Roi.	Recors.	M. le comte Guillaume.	L'Aune.
Gens.	Ses semblables.	Le sieur Barneveld.	Le Charme.
L'Empire.	Le Bal.	Le sieur Aërsens père.	Le Troëne.
L'Empereur.	Le Brave.	Le sieur Aërsens fils.	Le Mûrier blanc.
Princes d'Allemagne.	Gens du pourpoint.	Le prince Henri.	La Tige.
Le comte palatin.	Comtois.	La princesse d'Orange.	Le Tillot, la mère de la Tige-Laulnette.
Le roi d'Espagne.	Le Poulain, le mari de l'Étalon.		
		Les Grisons.	Le bourg de l'Espinasse.
Le marquis de Spinola.	Luc.	Traité de paix.	Pabula.
Don Diego d'Ibarra.	Olibrius.	La ligue défensive avec les Etats.	Le Fare.

LES NÉGOCIATIONS
DU
PRÉSIDENT JEANNIN.

Sommaire de la négociation faite avec messieurs les États-généraux des Provinces-Unies des Pays-Bas.

Au même temps que le Roi fit la paix avec le roi d'Espagne [1], Sa Majesté désiroit aussi qu'elle se fît avec la feue reine d'Angleterre, avec laquelle il étoit conjoint d'amitié, d'alliance et d'intérêt; il l'en pria et sollicita plusieurs fois. A quoi le roi d'Espagne étoit assez disposé de sa part; mais elle le refusa toujours, estimant n'y avoir apparence que ledit roi d'Espagne se voulût soumettre aux conditions que Sa Majesté disoit lui être très-agréables. Elle fit aussi le même devoir pour procurer une bonne paix, et qui eût de la sûreté aux Provinces-Unies, et y insista bien long-temps, jusqu'à refuser souvent toutes sortes de conditions, même celles avec lesquelles elle traita depuis. Mais il ne fut pas possible d'y induire le roi d'Espagne, qui se promettoit de les remettre bientôt en son obéissance par les armes, avec la vive force, quand ils seroient destitués du secours d'un si grand prince. Eux aussi ne vouloient recevoir aucune condition de paix qui les fît retourner en leur ancienne sujétion. La reine d'Angleterre les fortifioit en ce refus, par l'offre de son secours, et la promesse qu'elle leur faisoit de ne traiter jamais sans eux; ce que son successeur fit toutefois depuis, à la mode des souverains, qui suivent plutôt leur intérêt et celui de leurs sujets, que les obligations et promesses qu'ils ont faites à leurs amis. Par cette paix, conclue à Vervins, entre le Roi et le roi d'Espagne, pour eux, leurs royaumes, pays et sujets, Sa Majesté n'étoit obligée de faire aucun mal aux Provinces-Unies; aussi

[1] La paix qui fut conclue à Vervins le 2 mai 1598, entre le roi de France et le roi d'Espagne.

n'y eût-elle voulu consentir, mais bien de ne leur donner aucune assistance, ce qu'elle promit, exceptant toutefois en paroles expresses, lorsqu'elle jura l'observation de ladite paix, qu'elle entendoit leur rendre par année tout l'argent qu'ils lui avoient prêté en sa grande nécessité, jugeant bien que ce paiement leur serviroit d'un bon et assuré secours. Il se contint aussi en ces termes quelques années, ne leur donnant autre assistance, sinon qu'il recherchoit toujours les moyens d'induire le roi d'Espagne à leur offrir quelques raisonnables conditions de paix. Mais, au lieu de pouvoir espérer ce bien, il reconnut bientôt que ledit roi faisoit des pratiques dans son royaume, pour faire soulever ses sujets, y ayant induit le maréchal de Biron; l'entreprise et conspiration duquel très-périlleuse, si on lui eût donné le loisir de l'exécuter, étant découverte fort heureusement, et étouffée par sa mort, fit prendre d'autres conseils à Sa Majesté, qui se résolut dès lors d'assister du sien et ouvertement lesdites Provinces-Unies, se joignit à cet effet avec le roi d'Angleterre, pour ensemblement leur donner un si bon secours, que les Provinces se pussent conserver et garantir de la sujétion d'Espagne, comme il est avenu, ayant enfin les archiducs et ministres du roi d'Espagne, après avoir reconnu qu'ils ne pouvoient plus espérer bonne issue de cette guerre par les armes, et le succès d'une victoire absolue, mis en avant par quelques menées et pratiques sourdes, continuées assez long-temps à l'endroit d'aucuns particuliers desdites Provinces, des ouvertures de paix qui furent fort volontiers écoutées d'entrée, par ceux qui étoient las de guerre, attendu même qu'elles étoient si avantageuses, en ce qu'on leur souffroit de traiter avec eux en qualité et comme les tenant pour Etats et pays libres, ce qui leur sembloit être l'effet entier d'une victoire absolue.

Sur lesquelles propositions communiquées pour lors à peu de gens, à savoir à M. le prince Maurice, à son cousin le comte Guillaume, au sieur de Barneveld et à quelques autres, en petit nombre avec eux, puis en l'assemblée des Provinces, résolution y fut prise d'entrer en quelque conférence avec les députés des archiducs, et d'en donner avis tant en France qu'en Angleterre, dont Sa Majesté avertie envoya vers eux de sa part le sieur Jeannin, conseiller en son conseil d'Etat, et avec lui le sieur Buzanval, ayant servi Sa Majesté dès long-temps esdits pays; et pour lui succéder en la charge d'agent ordinaire, le sieur de Russy, pour aider amplement à leur procurer ce repos, ou bien pour empêcher qu'ils ne fussent trompés, au cas que telles ouvertures leur eussent été faites à dessein pour les diviser, faire des pratiques parmi eux, et enfin les assujétir, au lieu de les rendre libres, comme c'étoit l'opinion de ceux qui pensoient être les plus clairvoyans dans leur Etat, et y avoit grande apparence de le croire ainsi. Au moyen de quoi les autres, qui en faisoient faux jugement, murmuroient sourdement contre ceux-ci, et disoient qu'ils avoient été pratiqués et corrompus par les menées et l'argent d'Espagne; ou bien que le trop grand désir de sortir d'une guerre qui avoit duré un si long-temps, les empêchoit de considérer plusieurs inconvéniens et dangers qu'ils devoient craindre d'une paix feinte et recherchée, pour les assujétir et châtier. Et cette appréhension ou les intérêts de ceux qui aimoient mieux la guerre que la paix, fut presque cause de les diviser, et apporta tant de longueur et d'incertitude ès conférences qui furent faites sur ce sujet, que, sans l'assistance des ministres des deux rois qui travailloient incessamment pour les tenir unis, et leur faire prendre les résolutions qui étoient conformes à l'avis du plus grand nombre, lesquelles sembloient aussi leur devoir être plus utiles, ils se fussent perdus parmi cette confusion, incertitude et diversité d'avis, nonobstant la sagesse et conduite d'aucuns particuliers affectionnés au repos, lesquels, ayant grande créance parmi le peuple, essayoient avec patience, industrie et raisons qui tomboient sous le sens commun d'un chacun, de les persuader tous à suivre leur opinion.

Entre lesquelles celles-ci étoient les principales: que la guerre qui avoit duré sans intermission plus de quarante ans, les avoit tellement affoiblis et épuisé leurs bourses, qu'il n'y avoit plus moyen de trouver chez eux ni chez autrui, avec leur crédit, le fonds requis pour soutenir et continuer la guerre; et de l'espérer par le moyen du secours volontaire des princes et intéressés en leur conservation, et qui s'étoient toujours montrés leurs amis, on y avoit déjà trouvé et reconnu du refroidissement, et qu'ils se lassoient de mettre si long-temps la main à la bourse, sans en tirer aucun profit; ayant le roi de la Grande-Bretagne déclaré et protesté plusieurs fois, tant au roi de France qu'aux Etats, qu'il n'y vouloit plus rien contribuer, et l'autre, notoirement le plus puissant, et qui le pouvoit mieux faire, déclaré aussi qu'il ne vouloit se charger seul du faix de cette guerre. Et quand même ils voudroient contribuer tous deux, comme du passé, ou quelque peu davantage, qui étoit le mieux qu'on pouvoit espérer de leur libéralité, cette assistance ne leur serviroit sinon que pour les faire languir et durer quelque temps, toujours en crainte d'une prochaine ruine, et sans espérance de se pouvoir accroître par les armes. Autre chose seroit si les deux rois vouloient entreprendre la guerre ouvertement avec eux, en joignant leurs forces ensemble, pour ôter entièrement au roy d'Espagne les Pays-Bas, avec lesquels il tenoit en soupçon tous ses voisins, et faisoit tous les jours des entreprises et desseins sur eux. Mais, en ayant été requis et priés souventefois, ils en avoient toujours fait refus, et donné assez à connoître qu'ils ne vouloient provoquer les armes d'un si puissant ennemi pour les affaires d'autrui, quoique leurs forces, jointes ensemble, fussent plus que suffisantes pour en espérer tout bon succès, montrant vouloir préférer le repos de leurs sujets aux douteux et incertains événemens de la guerre. Puis ils n'étoient en si grande confiance de l'amitié l'un de l'autre, qu'ils se pussent promettre un partage égal et raisonnable de leurs conquêtes, et moins encore souffrir que l'un s'accrût et eût tout, l'autre ne prenant part qu'à la dépense et aux périls. Ceux-ci considéroient encore que, quiconque dépend d'autrui et n'a les principaux moyens de satisfaire entre ses mains, il est toujours en danger de se perdre; joint que les conditions avec lesquelles les archiducs offroient de traiter, tant en leurs noms qu'au nom du roi d'Espagne, étoient si avantageuses que la victoire absolue ne leur eût pu apporter un plus grand loyer que celui qu'on leur offroit dès à présent, à savoir, de demeurer libres et maîtres absolus de tout ce qu'ils tiennent. Ainsi ne voyoient aucune occasion de douter en l'acceptation de telles et si avantageuses conditions; attendu même que les deux rois le leur conseilloient et offroient de se rendre garans du traité qui seroit fait, lesquels pour être fort puissans, et avoir les forces et moyens pour les secourir plus près d'eux que celles du roi d'Espagne n'étoient pour les assaillir, ils y voyoient une assurée protection.

Mais les autres, qui ne pouvoient approuver ce traité, alléguoient au contraire que les offres des Espagnols, spécieuses en apparence, n'étoient que pour les tromper, n'étant vraisemblable qu'un si grand prince, et une nation si ambitieuse, et qui aspire à la monarchie de la chrétienté (quoiqu'avec une vaine présomption plutôt qu'avec vrais et solides fondemens), voulût jamais consentir à un traité si honteux que celui qu'on leur offroit; lequel feroit connoître leur foiblesse lâche et mauvaise conduite, défauts qui sont bientôt suivis de mépris, et d'autres plus grands dangers et inconvéniens. Que la guerre avoit plutôt accru que diminué leur pays, étant la plupart des villes mieux peuplées et plus riches à présent qu'elles n'étoient devant la guerre. Que le fonds et revenu avec lequel ils l'ont faite et continuée si long-temps, provenoit de la guerre même, et devoit tarir et cesser aussitôt qu'elle finiroit, sans que pourtant la dépense vienne à diminuer, sinon de bien peu, attendu les grandes garnisons qu'il faudra entretenir, si on veut conserver toutes les places que les Etats tiennent, lesquelles sont presque autant frontières l'une que l'autre, ainsi qu'en peuvent mieux juger ceux qui savent la situation du pays. Et ce qui étoit encore pis, on devoit craindre que la nécessité et le danger des ennemis, qui a servi de lien pour tenir les Provinces-Unies ensemble durant la guerre, venant à se dissoudre par la paix; que les secrètes émulations, jalousies et inimitiés qui sont dès long-temps entre les particuliers, les villes et provinces entières, plutôt cachées et dissimulées durant le péril qu'éteintes et assoupies, ne se renouvellent en cette apparence de sûreté publique avec plus de véhémence et fureur, et par ce moyen soient enfin cause non seulement de les séparer d'intention et d'intérêts, mais de les ruiner du tout. Que leur force et richesse, qui consistent principalement en la navigation, au trafic et grand nombre de pilotes, mariniers et matelots fort expérimentés en guerre navale, s'évanouira dès-lors qu'ils ne seront plus employés chez eux, et reviendra le profit de cette perte aux Espagnols, qui ont des moyens de leur donner de la besogne, et de les acheter chèrement d'entrée, pour les affriander à ce gain et leur faire quitter la demeure et l'affection qu'ils ont à leur pays. Que le trafic d'Espagne, que l'on dit être le plus profitable, et celui qui seul peut suffire pour les employer tous, cache en soi un très-grand danger; car il peut donner moyen à l'Espagnol de se saisir, en un seul jour, de tous leurs navires, pilotes et denrées; et, avec cette surprise, de les appauvrir, affoiblir et ruiner, y ayant grande occasion de croire que cette facilité de le faire lui en fera bientôt venir la volonté, et qu'il estimera la perfidie pour châtier la rébellion de leurs anciens sujets, plutôt louable et digne de prudence que sujette à blâme comme tromperie, lors même que la vengeance se trouvera accompagnée d'un si grand profit.

Ces raisons n'étant pas seulement mises en avant ès délibérations publiques, mais semées par écrits et libelles dans toutes les villes avec des accusations contre ceux qui se rendoient auteurs ou adhérens à l'opinion contraire, les ministres des deux rois n'étoient pas même exempts de ce soupçon, ni leurs maîtres non plus. Ce qui l'accroissoit encore davantage, étoit qu'au même temps le sieur dom Pedro de Tolède, seigneur de qualité entre les grands d'Espagne, auroit été envoyé en France pour rechercher l'amitié du Roi, et l'inviter d'aider à cette paix, ayant pareille recherche été faite aussi par les ambassadeurs extraordinaires vers le roi de la Grande-Bretagne. Le chef et auteur de cette opinion, pour faire rejeter la paix et la trêve à quelque condition qu'on la pût offrir, étoit le prince Maurice, l'autorité duquel est grande dans le pays, tant à cause de la réputation et mémoire du prince d'Orange son père, que par ses propres mérites, et l'expérience qu'il a donnée de sa grande valeur et sage conduite au maniement des armes. Lequel disoit et publioit partout en paroles et écrits, que les propositions faites par l'Espagnol, belles en apparence, étoient en effet des piéges et embûches pour les surprendre, diviser et ruiner. Et cette délibération, assistée de si bonnes et fortes raisons d'une part et d'autre, tenoit en suspens le jugement des plus sages, et de ceux même qui étoient les plus amateurs de la patrie. Les vœux et désirs de tous les gens de guerre étoient joints avec ledit prince Maurice, et y avoit raison de croire, s'il eût voulu prendre les armes pour faire suivre son opinion, qu'il eût été assisté de la plupart d'entre eux, et que quelques villes de diverses provinces, et la Zélande entière, se fussent portées à ce même conseil. A quoi il semble que les marchands, lesquels ont mis leur argent en la compagnie des Indes d'Orient, qui sont en grand nombre, et puissans en autorité et crédit dans les villes de Hollande et Zélande, eussent très-volontiers adhéré. Puis la haine contre l'Espagnol et les ruses dont cette maison a accoutumé d'user pour venger ses injures, mettoit de si grands soupçons parmi eux, que les espérances des plus assurés étoient comme réduites au désespoir, si la sagesse, l'industrie et la patience de ceux qui jugèrent le repos nécessaire à leur pays, ensemble l'autorité, conduite et dextérité des ministres des deux rois, ne se fût jointe aux conseils qui tendoient au repos, pour leur en faire prendre la résolution. Sur laquelle encore, après avoir franchi cette première barrière, plusieurs autres grandes difficultés se rencontrèrent ; disant lors la plupart d'entre eux qu'ils étoient contens de recevoir une bonne paix, mais non la trêve. Or l'Espagnol refusoit le premier, et condescendoit seulement à l'autre. Il fallut donc disputer sur les conditions d'icelle, entre lesquelles la première qui eut de la difficulté, fut l'exercice de la religion en faveur des catholiques, que les archiducs demandoient lorsqu'on parloit de la paix, y ayant toujours été favorisés et assistés par les ambassadeurs du Roi, mieux que par les catholiques du pays, quoiqu'en grand nombre,

lesquels dissimuloient sagement leur désir sans l'oser manifester, crainte d'en corrompre et perdre l'espérance, s'ils se joignoient à la demande des archiducs, que les ambassadeurs du roi de la Grande-Bretagne contredisoient ouvertement et avec même ardeur que les ministres et députés de toutes les provinces et villes en général : à quoi étoient aussi contraintes de céder celles même où le nombre des catholiques pouvoit égaler et en quelque endroit surmonter ceux de l'autre religion, à cause des clameurs que faisoient tous les autres ; disant qu'on ne pouvoit accorder ledit exercice, sans introduire l'Espagnol parmi eux, et leur faire perdre la liberté qu'ils avoient acquise avec tant de dépense et de péril, ayant la rumeur été si grande à cette occasion, que si on eût voulu insister davantage à obtenir ledit exercice par traité, tout eût été rompu au même instant. Ainsi les députés des archiducs furent contraints de s'en départir du tout, et les ambassadeurs du Roi de suivre la foi et l'espérance qui leur fut lors donnée par aucuns de ceux qui avoient plus de part au maniement des affaires d'y pourvoir après le traité, selon que la sûreté publique de leur pays leur pourroit permettre.

Il y eut aussi grande difficulté à convenir de l'article concernant la liberté et souveraineté : car les Provinces-Unies la demandoient avec expression si grande, que non-seulement ils sembloient rechercher de la sûreté pour eux et leur postérité, mais aussi d'en rejeter la honte sur la tête de leurs adversaires ; et, au contraire, ceux-ci vouloient laisser les marques de l'ancienne sujétion, et concevoir l'expression de cette prétendue liberté par des mots si ambigus, qu'ils pussent dire quelque jour, l'opportunité et l'avantage s'en offrant, que leur liberté devoit expirer au même temps que la trêve viendroit à finir. Et là-dessus plusieurs pratiques furent faites, et écrits semés parmi le peuple ardent à la conservation de la liberté, pour leur dissuader la trêve. Auxquels écrits les ambassadeurs des deux rois firent aussi réponse, tant de bouche en l'assemblée générale des États, que par écrits présentés au même lieu, afin que les députés qui y assistoient les pussent voir et envoyer aux villes qui les avoient députés, pour les y faire aussi voir et considérer. Cette difficulté ayant été surmontée, il en restoit encore assez d'autres qui n'étoient de moindre poids, lesquelles il falloit contenter les Provinces-Unies, ou ne rien espérer du traité, et même craindre pis, à cause de la diversité des opinions qui pouvoient mettre de la division parmi eux. C'étoit le commerce des Indes d'Orient refusé plusieurs fois, et enfin consenti à regret par le roi d'Espagne durant la trève, et sans hostilité. Suivant après le commerce de la rivière, que les archiducs demandoient être libre et ouvert du tout, sans contraindre les marchands et navires arrivant en Zélande d'y décharger et changer de vaisseaux et navires, selon que la province de Zélande le requéroit instamment, sans se vouloir laisser vaincre aux suffrages des autres provinces, qui sembloient y vouloir consentir, ni aux persuasions des deux rois qui les exhortoient de se départir de cette demande; n'y ayant eu autre moyen, pour arrêter cette dispute, que d'en remettre le jugement à une conférence après le traité, de laquelle on pourroit espérer meilleur succès, en ajoutant néanmoins au traité, encore qu'on n'en pût demeurer d'accord, que la trève ne laisseroit de tenir et de continuer.

Plusieurs autres articles y furent encore délaissés indécis avec celui-ci, dont on ne fût jamais demeuré d'accord qui les eût voulu presser, ayant été jugé prudemment qu'il les valoit mieux remettre à cette conférence, en laquelle on devoit espérer que les esprits seroient moins passionnés. Et à la vérité, qui se fût voulu opiniâtrer pour lors, on eût plutôt trouvé la rupture que la conclusion de la trève, qui fut enfin, après plusieurs grandes disputes, même sur ce qui concernoit la restitution des biens requis par le prince d'Espinoy, conclue, arrêtée, signée et publiée pour douze années, à Anvers, le 9 avril 1609, avec grands applaudissemens et réjouissances publiques, quoiqu'elle ne fût du tout entière en ce qui touchoit à l'intérêt particulier de cette grande ville, pour ce que la rivière n'étoit ouverte et rendue libre pour y faire venir droit, et sans décharger les vaisseaux de la mer. Cette action parachevée, les ambassadeurs des deux rois furent encore priés de vouloir retourner au lieu de La Haye, pour conférer avec les députés des Etats-généraux sur l'affermissement de ce repos, comme ils firent. Et lors ceux du Roi firent une remontrance sérieuse, entre autres choses, et la donnèrent par écrit, pour essayer d'obtenir en faveur des catholiques l'exercice de leur religion, qui fut reçue par eux comme un devoir auquel ils reconnoissoient bien Sa Majesté être obligée. Mais les députés des provinces estimèrent devoir différer la résolution de cette affaire en autre temps, disant la plupart d'entre eux cet exercice ne pouvoir être introduit et autorisé par la loi publique, sans mettre en danger leur état, et les plus modérés, qu'il la valoit mieux souffrir et dissimuler en faveur de leurs compatriotes, et pour le respect qui étoit dû à un si grand roi qui les en prioit, pourvu qu'il fût comme secret et non en grandes assemblées, et en y ajoutant aussi les cautions et sûretés qui étoient contenues en la demande qui leur en étoit faite. Et par effet, sans autre ordonnance ni décret, les magistrats, en plusieurs endroits, commencèrent dès-lors de se montrer plus doux envers les catholiques, et y ont continué depuis, et d'autres ne laissèrent d'user de même rigueur que du passé en quelques autres lieux.

Pouvoir donné par le Roi aux sieurs Jeannin, de Buzanval et de Russy, pour la négociation des affaires des Provinces-Unies.

Henri, par la grâce de Dieu, roi de France et de Navarre, à tous ceux qui ces présentes lettres verront, salut. C'est l'office et le vrai devoir d'un roi très-chrétien, équitable et prudent, que de promouvoir et favoriser de tout son pouvoir l'exaltation de la gloire de Dieu et l'établissement d'une félicité publique, tant pour les peuples et sujets qui sont sous sa domination et puissance, que pour toute la république chrétienne; de quoi nous avons pris peine, depuis notre avénement à cette notre très-chrétienne, noble et auguste couronne, de nous acquitter soigneusement, guidés et fortifiés par la céleste main du Tout-Puissant. Ayant toujours non-seulement embrassé cordialement et sincèrement toutes les occasions qui se sont présentées dedans et dehors notre royaume, de bien faire au public autant à l'avantage et utilité des autres princes et potentats nos bons voisins, alliés et confédérés, qu'au bénéfice de nos affaires et sujets: mais aussi généreusement méprisé les causes qui nous ont été données, et les moyens et pouvoirs que nous avons eus d'en user autrement, tant a été grand le pouvoir qu'à eu sur nous ce louable et vraiment royal désir de préférer l'avancement et propagation de l'honneur et service de Dieu, et la conservation de la tranquillité publique à toutes autres considérations particulières; et soit aussi que nous ayons été requis de la part de nos très-chers et bons amis les sieurs Etats des Provinces-Unies des Pays-Bas, de les assister de notre conseil, intervention et faveur ainsi qu'ils y ont aussi requis notre très-cher et très-aimé bon frère, cousin et ancien allié le roi de la Grande-Bretagne, et autres leurs alliés et confédérés, au traité de paix ou de trêve à longues années qu'ils sont en termes de contracter, et faire avec nos très-chers et très-aimés bons frères et cousins les archiducs de Flandre; savoir faisons que nous, persévérant au même désir que nous avons toujours eu de favoriser toutes bonnes œuvres et actions qui peuvent apporter contentement, repos et utilité aux susdites Provinces et Etats, comme à tous nos autres alliés et confédérés et bons voisins, meus de la bienveillance que nous leur portons, et pareillement de l'intérêt que nous et notre royaume pouvons avoir auxdits traités, et en la suite et conséquence d'iceux ; à plein confiant de la probité, loyauté, prud'homie, prudence et expérience en la direction des affaires publiques, des personnes de nos amés et féaux conseillers en notre conseil d'Etat, les sieurs Jeannin et de Buzanval, et le sieur de Russy notre conseiller, par nous nommé et commis pour résider auprès desdits sieurs les Etats pour nos affaires et service : pour ces causes, avons commis, ordonnés et députés, commettons, ordonnons et députons par ces présentes, et leur avons donné et donnons plein pouvoir, autorité, et commission et mandement spécial d'intervenir et comparoitre en notre nom, conjointement avec les députés de notre susdit bon frère, cousin et ancien allié le roi de la Grande-Bretagne, et ceux des autres rois et princes qui y seront appelés et s'y trouveront, ou bien séparément, en telle forme et manière qu'ils jugeront être nécessaire en la négociation et conclusion du susdit accord de paix finale ou trêve à longues années, qui sera traité et géré ainsi que dit est entre nosdits frères et cousins les archiducs de Flandre, et lesdits sieurs les Etats des Provinces-Unies des Pays-Bas, par leurs commissaires ou députés, ou par l'une d'icelles. Et pour ce faire, déclarer, proposer et promettre, pour faciliter, avancer, résoudre et assurer les articles et conventions de la susdite paix ou trêve, au gré, contentement et sûreté desdites parties, ou de celle qui les en requerra et interpellera en la forme qu'ils jugeront être convenable à notre personne et dignité, pareillement nous donnons, par cesdites présentes, puissance entière auxdits sieurs Jeannin, de Buzanval et de Russy de traiter, résoudre et arrêter, tant avec les députés de notre susdit bon frère, cousin et ancien allié le roi de la Grande-Bretagne, et avec ceux des autres rois, princes et potentats qui interviendront au susdit traité, qui se fera entre lesdits archiducs de Flandre et les Etats desdites Provinces-Unies, tout ce qui sera requis et nécessaire, tant pour mutuellement et conjointement favoriser et assurer le susdit accord, que pour le bien commun et le particulier avantage aussi de nos affaires et service de nos royaumes, pays et sujets, tout ainsi que nous-mêmes ferions et faire pourrions si présens en personne y étions ; jaçoit[1] qu'il y eût chose qui requit mandement plus spécial qu'il n'est contenu en cesdites présentes, par lesquelles nous promettons en bonne foi et parole de roi, et sous obligation et hypothèque de tous et chacun nos biens présens et à venir, avoir agréable, tenir ferme et stable à toujours, tout ce que par nosdits députés, ensemble, ou les deux d'iceux en l'absence du troisième,

[1] *Jaçoit que* : quoique.

sera fait et promis, accordé et convenu, et icelui observer, accomplir et entretenir de point en point, et faire observer et exécuter, garder et entretenir inviolablement sans l'enfreindre. En témoin de quoi nous avons signé ces présentes de notre main, et à icelles fait mettre et apposer notre scel.

Donné à Monceaux, le quatrième jour d'août, l'an de grâce 1607, et de notre règne le dix-neuvième. Signé, HENRI.

Et sur le repli, *par le Roi*, BRULART, et scellé sur double queue du grand scel de cire jaune.

Pouvoir aux sieurs Jeannin et de Russy, pour continuer la négociation des affaires des Provinces-Unies, en conséquence du précédent pouvoir, étant le sieur de Buzanval décédé.

Henri, par la grâce de Dieu, roi de France et de Navarre, à tous ceux qui ces présentes lettres verront, salut. Ayant ci-devant, par nos lettres-patentes du 4 d'août dernier, commis et député les sieurs Jeannin et de Buzanval, conseillers en notre conseil d'Etat, et le sieur de Russy, gentilhomme ordinaire de notre chambre, pour, en notre nom, assister au traité de paix que nos très-chers et bons alliés les sieurs Etats des Provinces-Unies des Pays-Bas étoient en volonté de faire avec nos très-chers et très-amés frères les archiducs de Flandre, y intervenir s'ils en étoient requis par lesdites parties, ou l'une d'icelles, soit avec les députés de notre très-cher et très-amé bon frère, cousin et ancien allié le roi de la Grande-Bretagne, ou séparément, et y procéder selon qu'il est contenu plus particulièrement esdites lettres-patentes, depuis lequel temps ledit sieur de Buzanval seroit décédé, au moyen de quoi on pourroit prétendre ledit pouvoir être inutile, d'autant que les trois étoient nommés conjointement par icelui, et n'étoit dit que les deux pourroient procéder à l'exécution de leurs charges et commission en l'absence ou à la mort survenant du tiers ; à ces causes, nous, à plein confiant de l'intégrité et suffisance desdits sieurs Jeannin et de Russy, et de l'affection qu'ils ont au bien de notre service, avons déclaré et déclarons par ces présentes que voulons et entendons qu'ils procèdent à l'exécution de ce qui est contenu en ladite commission, tout ainsi que s'ils étoient nommés seuls par icelle ; promettant en foi et parole de roi ratifier et approuver tout ce que par eux sera fait ès choses susdites, comme s'il avoit été fait par nous-mêmes en personne ; car tel est notre plaisir. En témoin de quoi nous avons fait mettre notre scel à cesdites présentes.

Donné à Paris, le septième jour d'octobre, l'an de grâce 1607, et de notre règne le dix-neuvième. Signé HENRI.

Et sur le repli, *par le Roi*, BRULART. Et scellé sur double queue du grand scel en cire jaune.

Autre pouvoir auxdits sieurs Jeannin et de Russy, pour traiter et conclure une ligne défensive avec les Etats-généraux des Provinces-Unies.

Henri, par la grâce de Dieu, roi de France et de Navarre, à tous ceux qui ces présentes lettres verront, salut. Tout ainsi que nous avons ci-devant désiré et désirons encore, comme Roi très-chrétien, promouvoir et favoriser de tout notre pouvoir la paix et concorde des Pays-Bas, pour affermir et assurer celle de la chrétienté à la gloire de Dieu et au bien général d'icelle, et qu'avons pour avancer un si bon œuvre, à l'instante prière de nos très-chers et bons amis les Etats des Provinces-Unies desdits pays, envoyé pieça vers eux, commis et député nos âmés et féaux maître Pierre Jeannin, chevalier et conseiller en notre conseil d'Etat, et le sieur de Russy, aussi notre conseiller résident par delà pour notre service; pareillement le soin paternel et royal que nous avons du bien de notre royaume nous oblige de pourvoir et obvier qu'en ce qui sera traité, convenu et accordé pour remettre lesdits pays en repos, il ne soit rien fait et géré qui puisse nuire et préjudicier à nous, nos royaumes, pays et sujets, ni même à nos très-chers et anciens amis, alliés et confédérés intéressés avec nous, comme nous sommes avec eux en la commune et réciproque conservation et prospérité de nos couronnes, pays et sujets; et, d'autant que nous prévoyons et estimons, pour ce faire sûrement comme il convient, qu'il sera peut-être nécessaire, non-seulement de rafraichir les anciens traités et articles d'alliances et confédérations ci-devant faits par les rois nos prédécesseurs, ou par nous avec nosdits voisins et alliés, mais aussi d'en dresser et accorder de nouveaux, soit par forme d'ampliation desdits traités et articles précédens ou autrement, selon que les occasions le requerront, tant avec notre très-cher et très-amé bon frère, cousin et ancien allié le roi de la Grande-Bretagne, nos très-chers et bons amis les susdits Etats desdites Provinces-Unies des Pays-Bas, qu'avec les autres rois, princes, potentats, républiques et villes qui se présenteront, savoir faisons que, nous confiant entièrement de la probité, fidélité et suffisance desdits sieurs Jeannin et de Russy, nos susdits conseillers et députés, comme nous leur avons donné pouvoir et autorité d'intervenir en notre nom au susdit traité de paix desdits pays, pour le faciliter et assurer, mus desdites considérations, avons iceux sieurs Jeannin et de Russy, commis et ordonné et donnons plein-pouvoir et entière autorité, commission et mandement spécial, de conférer, traiter, résoudre et accorder tels articles et conventions qu'ils jugeront être nécessaires pour le bien et avantage de nos couronnes et affaires, soit par confirmation ou ampliation desdits traités et articles d'alliance ci-devant faits et contractés par nosdits prédécesseurs et nous, ou d'accords nouveaux et non encore faits, tant avec les députés de notredit très-cher frère, cousin et ancien allié le roi de la Grande-Bretagne, étant de présent auxdits Pays-Bas, lesdits Etats desdites Provinces-Unies d'iceux, et les députés et procureurs des autres rois, princes, potentats, républiques et villes, qui auront suffisant pouvoir de ce faire, soit conjointement ou ensemblement avec tous les commissaires et députés desdits rois, Etats, princes, potentats, républiques et villes, ou séparément et par avec tels d'iceux qu'il sera par lesdits sieurs Jeannin et de Russy jugé expédient, pour former, dresser et accorder avec eux une bonne et parfaite alliance, confédération, ligue et société pour la mutuelle et réciproque défense, garde et conservation de nosdits royaumes, pays et sujets, contre tous ceux qui ci-après, directement ou indirectement, voudroient attenter et entreprendre quelque chose contre nos personnes, royaumes, pays et sujets, et même suborner et émouvoir nosdits sujets contre nos autorités souveraines, ou, en quelque autre sorte et manière que ce soit, nous endommager et préjudicier, tant durant nos règne et vie qu'après notre trépas, contre nos légitimes successeurs et héritiers.

Et pour ce faire, déclarer, proposer, accepter et promettre en notre nom tout ce qu'il conviendra et sera nécessaire de déclarer, proposer, et promettre, pour faciliter, avancer et conclure la susdite alliance, confédération, ligue et société défensive avec lesdites Provinces et Etats ensemblement ou séparément, ainsi qu'il étoit dit ci-dessus, en la forme qu'ils jugeront la meilleure, plus utile, sûre et convenable pour avoir lieu et être exécuté, soit que la paix desdits Pays-Bas s'ensuive ou non, tout ainsi que nous-mêmes ferions et faire pourrions si présens en personnes y étions, jaçoit qu'il y eût chose qui requît mandement plus spécial qu'il n'est contenu en cesdites présentes; par lesquelles nous promettons, en bonne foi et parole de roi, et sous l'obligation et hypothèque de tous et chacuns nos biens présens et à venir, avoir pour agréable, tenir ferme et stable à toujours tout ce que, par nosdits deux députés ensemble, ou l'un deux, en cas de maladie et absence de l'autre, sera fait, promis et convenu, et le faire observer et accomplir de point en point, exécuter, entretenir et garder inviolablement sans l'enfreindre. En témoin de quoi nous avons signé ces présentes de notre main, et à icelles fait mettre et apposer notre scel.

Donné à Fontainebleau le vingt-quatrième jour de novembre l'an de grace mil six cent sept, et de notre règne le dix-neuvième. Signé HENRI.

Et sur le repli, *par le Roi*, BRULART. Et scellé sur double queue du grand scel de cire jaune.

Instruction aux sieurs Jeannin et de Buzanval, allant pour le service du Roi aux Pays-Bas.

Plusieurs causes et raisons justes et nécessaires ont mû ci-devant le roi, et de présent l'obligent encore d'avoir soin des Provinces-Unies des Pays-Bas, et leur aider à maintenir et conserver leur liberté, puissance et forme de gouvernement, Sa Majesté ayant reçu des Provinces en ses nécessités plus grandes une très-fidèle et utile assistance, pour avoir souvent exposé les armes par terre et par mer pour la servir, par préférence à leurs propres affaires. De quoi, combien qu'elles aient souvent tiré plus de profit que d'incommodité, néanmoins Sa Majesté s'en ressent, et leur en sait le gré que méritent les bons effets qu'elle en a reçus. A quoi a-t-elle mis peine de s'en revancher par tous les meilleurs et convenables moyens que l'opportunité et condition de ses affaires avec sa réputation lui ont pu permettre depuis la paix de Vervins; ayant, pour ce faire, souvent redoublé et augmenté le secours qu'elle leur a départi, à proportion et mesure non-seulement de l'accroissement de pouvoir et des moyens que la paix lui a portés, mais du besoin qu'il a reconnu qu'ils en avoient, et qu'elle s'est aperçue du refroidissement de leurs autres voisins et alliés en leur endroit; à quoi faire Sadite Majesté n'a non plus épargné le sang de ses propres sujets, sa bourse et ses munitions royales, que son nom, sa réputation et ses conseils. Aussi n'a-t-elle été moins déplaisante et ressentie que les provinces mêmes, des mauvaises rencontres et disgrâces qui leur sont arrivées, qu'éjouie de leurs bonnes et heureuses aventures, ayant par toutes ses paroles et actions témoigné, à eux et à tous autres, affectionner la prospérité à l'égal de celle de son royaume. Dont

tain et notoire à tous que les ennemis desdites Provinces, après s'en être plaints ouvertement, ont recherché tous les moyens de se ressentir et venger, jusques à suborner et corrompre, par voies illicites, ses propres sujets et serviteurs contre sa personne et sa couronne, et à lui susciter des ennemis de toutes parts, le corps général de la France n'ayant pu être purgé nettement et parfaitement des mauvaises humeurs et dispositions intérieures que la qualité et longueur des guerres intestines y avoient engendrées, sitôt que Sa Majesté ait pu sûrement s'engager à un ressentiment plus grand et relevé contre les auteurs desdites séductions, que n'ont été les remèdes qu'elle y a appliqués. Et comme c'est chose qui n'a été véritablement reconnue et sue de tous telle qu'elle a été, plusieurs, par ignorance ou par malice, ont interprété cette sienne tolérance et cunctation comme si Sa Majesté l'avoit pratiquée par art pour trop chérir les douceurs de la paix, fuir une juste guerre, et même se contenter de faire durer celle desdites Provinces-Unies : qui est une détraction et calomnie qui sera jugée très-grossière par tous ceux qui l'éplucheront et considéreront sainement et au vrai la magnanimité, franchise et bonne foi qui reluit aux actions de Sadite Majesté, de sorte qu'elle ne devroit être admise en considération quelconque.

Toutefois Sadite Majesté a su qu'elle a été quelquefois répandue et débitée aux dites Provinces, non moins malicieusement qu'industrieusement, pour la jeter en défiance de sa droite intention, faire moins priser le mérite de son assistance, et les désespérer de leur salut par le moyen d'icelle.

Pareillement, Sadite Majesté a su avoir été supposé et donné à entendre auxdits sieurs les Etats-généraux, sur les deux derniers voyages qu'a faits audit pays le sieur d'Aërssens, leur député résidant auprès d'elle, qu'elle aspiroit à la souveraineté desdites Provinces, et au renversement et forme de leur gouvernement, jusqu'à leur persuader que Sadite Majesté avoit délibéré de discontinuer ou retrancher son secours ordinaire, exprès pour les contraindre, par nécessité, d'acquiescer à son désir : qui est une fausseté et malice dont Sadite Majesté a été à bon droit si indignée et émue, qu'elle a soudain, après l'avoir entendue, pris résolution d'envoyer vers lesdits sieurs les Etats personnages exprès pour s'en justifier et les éclaircir, sans attendre que ledit sieur d'Aërssens lui a dit lesdits sieurs les Etats avoir proposé d'envoyer vers elle, sur les nouveautés et occurrences survenues auxdits pays.

Et comme Sadite Majesté a fait élection des sieurs Jeannin et de Buzanval, conseillers en son conseil d'Etat, pour lui faire ce service, se confiant entièrement en leur affection, loyauté et suffisance par elle éprouvée très-heureusement, et à son entier contentement en plusieurs signalées occasions, elle a ordonné le présent mémoire être dressé et leur être délivré pour servir de témoignage de ses intentions et commandemens, et non pour leur prescrire aucune loi réglée en ce qu'ils auront à exécuter.

Car Sadite Majesté entend et juge, ainsi qu'il est nécessaire, qu'ils se conduiront selon l'information et connoissance qu'ils prendront sur les lieux, de l'état présent de leurs affaires, et de la disposition et volonté en laquelle ils trouveront le général desdites Provinces, et ceux qui les gouvernent ; de quoi Sadite Majesté veut donc se remettre du tout à leur prudence et loyauté.

Joint que ledit sieur de Buzanval est pleinement informé de tout ce qui a été proposé et géré au nom de Sa Majesté avec lesdits sieurs Etats devant et depuis la paix de Vervins : il sait aussi quels ont été les secours que Sa Majesté leur a départis ; avec quelle liberté, franchise et bienveillance elle s'y est portée, sans jamais avoir pour cela recherché ni désiré d'eux aucune reconnoissance ou condition préjudiciable à leur liberté, ni à leurdit gouvernement, ni même autre assurance du remboursement à l'avenir des grandes sommes de deniers que Sa Majesté leur a fait fournir, qu'une pièce et simple reconnoissance de la réception d'icelles, avec promesse d'en tenir compte, Sadite Majesté s'étant contentée, pour tous intérêts, et pour la sûreté de ses deniers, de se revancher des plaisirs qu'elle a reçus en ses urgentes affaires ; et de voir leurs armes prospérer avec son aide, de laquelle elle a augmenté les effets, avec ses vœux favorables, aussi volontiers en bonne que mauvaise fortune ; ce qu'elle n'a onques fait refus de continuer. Pareillement Sadite Majesté n'a perdu aucune occasion de provinces rechercher et presser les autres rois et princes ses voisins, qu'elle a estimés intéressés en la cause desdites, de les assister et favoriser à son imitation, afin de les fortifier davantage. Et quand elle a reconnu ne pouvoir les y engager selon son désir, tant s'en faut qu'elle ait révoqué ou diminué son secours, qu'elle l'a souvent fait payer par avance pour mieux les accommoder. Toutes lesquelles choses, comme infinies autres que ledit sieur de Buzanval a négociées par son commandement, en leur faveur, durant sa longue résidence audit pays, seront donc représentées mieux par lui qu'elles ne peuvent être déduites par le présent mémoire.

Mais il est nécessaire que lesdits sieurs Jeannin et de Buzanval soient informés par icelui, des causes et motifs des deux derniers voyages faits auxdits pays par ledit sieur d'Aërssens, l'un au mois de février de l'année dernière, et l'autre en celui de janvier de la présente, d'autant que Sa Majesté a su, contre son expectation, que l'on s'en est servi pour mettre lesdits Etats en ombrage de sa bonne volonté, et en doute de la continuation de son assistance, avec moins de respect et avec plus de malice que les signalées preuves reçues d'icelle et les grandes obligations qu'ils en ont à Sa Majesté ne méritoient, pour couvrir et favoriser les ouvertures nouvelles auxquelles les auteurs d'un tel déguisement ont engagé lesdites provinces.

Il est certain que Sadite Majesté a souvent fait paroître être très-déplaisante du mauvais succès de leurs affaires en ces deux dernières années, nonobstant l'accroissement de son assistance, et les belles espérances qu'on lui avoit données de leur part, et les raisons que Sadite Majesté estimoit avoir d'en attendre les effets tout contraires.

Dont transportée d'affection et de regret, elle s'est plainte souvent audit sieur d'Aërssens et auxdits sieurs les Etats mêmes, par ledit sieur de Buzanval, voyant que son argent, ses munitions et le sang de ses sujets qui passoient journellement au service desdites provinces, leur apportoient si peu de profit, et néanmoins incommodoient ses affaires, et surchargeoient Sadite Majesté et ses actions d'envie et de reproches.

Prévoyant, s'ils ne donnoient meilleur ordre à leur conduite, que la fin en seroit malheureuse, et peut-être irréparable pour eux et leurs amis : sur quoi Sadite Majesté auroit trouvé bon que ledit sieur d'Aërssens entreprit de passer audit pays, pour leur représenter à bouche le jugement que Sadite Majesté faisoit de leurs affaires, et l'appréhension qu'elle avoit d'un plus grand malheur, voyant que les avertissemens et conseils qu'elle leur avoit donnés par autre voie, leur avoient peu servi.

A quoi elle se résolut d'autant plus volontiers qu'elle fut avertie que lesdits sieurs les Etats étoient lors recherchés et conseillés, de la part du roi de la Grande-Bretagne, d'entendre par son entremise à un accord avec les archiducs, et qu'il offroit d'être caution de l'observation d'icelui; et pour ce faire, il avoit été fait audit roy, et par lui auxdits Etats, des propositions spécieuses et plausibles, par un secrétaire que l'ambassadeur dudit roi résident en Espagne, avoit dépêché vers lui; de quoi lesdits sieurs les Etats ne faisoient rien savoir à Sadite Majesté.

Au moyen de quoi elle permit audit sieur d'Aërsens de les aller trouver, et le chargea de savoir et lui rapporter leur volonté sur trois points.

S'ils pouvoient d'eux-mêmes et avec les aides qu'ils tireroient lors de leurs voisins, se maintenir en l'état qu'ils étoient.

Quelle étoit leur inclination à la paix; quels moyens d'y parvenir, et si en cela ils avoient besoin de l'entremise de Sa Majesté, tant pour la faciliter que pour la rendre plus assurée.

Et finalement si Sadite Majesté vouloit faire la guerre au roi d'Espagne, quels avantages ils entendoient lui faire, qu'elle assistance, par mer et par terre, en hommes et deniers, il en tireroit, et si, se jetant entre les bras de Sadite Majesté, ils consentiroient que l'exercice de la religion catholique fût permis audit pays.

Mais ledit d'Aërsens, à son retour, ne rapporta autre chose, sinon qu'il n'avoit osé s'en découvrir auxdits Etats, ni même aux principaux du pays qui gouvernoient les affaires, d'autant qu'on leur avoit proposé des partis plus avantageux de la part du roi de la Grande-Bretagne.

Il trouva Sadite Majesté en Champagne et allant à Sédan, laquelle fut peu édifiée dudit rapport, et commença dès-lors à reconnoître et juger que l'on se défioit d'elle, et qu'on lui déguisoit la vérité des intentions et affaires desdits sieurs les Etats.

Néanmoins, continuant de préférer leur bien à la juste cause de ce soupçon, après avoir donné la paix à M. le duc de Bouillon[1], au traité de laquelle Sa Majesté voulut que ledit sieur d'Aërsens intervînt, elle ne laissa de les secourir d'argent, et de leur envoyer une partie des gens de guerre qu'elle avoit assemblés pour le siège de Sédan; comme elle eût peut-être fait son armée entière, laquelle étoit très-forte de cavalerie et de gens de pied, et suivie d'un royal équipage d'artillerie, si ledit sieur d'Aërsens lui eût rapporté sujet d'être content des délibérations desdits Etats.

Depuis, Sadite Majesté voyant qu'en l'année dernière les armes desdits Etats n'avoient été plus heureuses qu'en la précédente, nonobstant la continuation et augmentation dudit secours, elle déclara de rechef audit sieur

[1] Le duc de Bouillon, quoique redevable à Henri IV de son mariage avec l'héritière de Sédan, ayant cherché à soulever, en 1605, les protestans, le roi marcha contre lui à la tête de ses troupes. Le duc s'humilie, livre Sédan à Henri IV, qui, satisfait de sa soumission, lui rendit cette ville au bout d'un mois.

d'Aërsens le déplaisir et mécontentement qu'elle en avoit, se plaignant du peu de compte qu'ils faisoient de ses conseils, et du peu de profit qu'ils tiroient de sondit secours; ajoutant qu'elle ne pouvoit supporter que tant d'efforts qu'elle faisoit journellement en leur faveur (par lesquels elle offensoit ses voisins et incommodoit ses propres affaires, et exposoit la vie de ses sujets) fussent non-seulement vains et infructueux auxdits Etats et à elle, mais quasi dommageables.

Ce qu'elle fit aussi remontrer et dire auxdits Etats par ledit sieur de Buzanval, en les exhortant et admonestant de pourvoir, par autre voie que par l'ordinaire, à leurs affaires pour l'année précédente, d'autant qu'elle estimoit que leurs ennemis redoubleroient de leur côté leurs efforts pour pousser la bonne fortune qui les avoit favorisés les deux précédentes; leur ayant fait proposer à cette fin d'envoyer vers elle des députés bien instruits de leurs intentions, et des moyens qu'ils avoient de continuer la guerre, comme de toutes leurs autres affaires, et accompagnés d'un pouvoir suffisant pour traiter et conclure avec Sa Majesté toutes choses requises pour leur bien.

Mais au lieu d'y satisfaire, lesdits sieurs se sont contentés de prier ledit sieur de Buzanval (auquel Sa Majesté avoit permis de revenir en France auprès de sa personne) de représenter à Sadite Majesté leurs nécessités, et, sans lui parler de l'envoi desdits députés, ni de la recherche de la paix commencée par les archiducs, la requérir d'augmenter son secours d'un million de livres par an, pour faire jusqu'à trois millions, et en outre leur en faire avancer dès à présent six cent mille sur ladite somme, sans quoi ils déclaroient et même protestoient ne pouvoir subsister.

Combien que Sadite Majesté fût déjà avertie de plusieurs endroits des propositions de ladite paix, de quoi, véritablement, Sadite Majesté ne fut moins offensée qu'émerveillée, s'étant persuadée que les effets que lesdits sieurs avoient tirés de sa bienveillance, les obligeoient à plus de confiance, de respect et devoir en son endroit; ce que Sadite Majesté ayant dit audit sieur d'Aërsens, il s'offre de nouveau de passer de rechef auxdits pays, jugeant qu'il n'étoit raisonnable de presser Sadite Majesté plus avant dudit secours, si elle n'étoit au moins assurée qu'ils ne feroient aucun traité et accord avec lesdits archiducs sans son consentement, et qu'elle ne fût assurée d'être secondée par les autres rois et princes intéressés en la cause à la protection de leur pouvoir. Sur cela Sadite Majesté approuve ledit voyage, et ledit sieurs d'Aërsens met en avant et de lui-même se charge de proposer auxdits Etats les mêmes articles du précédent voyage, rapporter sur iceux la volonté desdits sieurs, comme sur quelques particularités que le temps avoit requis y être ajoutées, sur tout donne espérance à Sadite Majesté de rapporter un acte authentique de sa susdite promesse, de ne faire aucun accord sans lesu et le consentement de Sadite Majesté, reconnoissant et avouant n'être juste ni de la dignité de Sadite Majesté et de la sûreté de son service, qu'elle continuât davantage lesdits secours sans la susdite obligation, néanmoins, sur ce qui avoit été remontré à Sadite Majesté par le sieur de Buzanval, elle accorde la susdite avance de six cent mille livres, et promet audit sieur d'Aërsens qu'elle sera fournie et envoyée trois semaines après; ce qui a été effectué.

Toutefois Sadite Majesté est avertie, au retour dudit

sieur d'Aërsens, que les articles proposés par lui ont été représentés en l'assemblée générale desdits Etats, en son nom, et comme procédant d'elle, et que l'on avoit pris sujet sur cela de persuader auxdits Etats que Sa Majesté prétendoit à la domination et souveraineté desdites Provinces, même à conditions contraires et préjudiciables à leur gouvernement et à la sûreté d'icelui.

Davantage, que Sadite Majesté avoit déclaré audit sieur d'Aërsens qu'elle ne vouloit plus secourir lesdits sieurs, afin de les forcer et contraindre par la nécessité de son assistance de se donner et mettre tout à fait sous sa domination et à sa discrétion.

Quand bien Sadite Majesté les secourroit, qu'elle ne le feroit à l'avenir qu'à demi, exprès pour nourrir et faire durer la guerre, pour, après s'y être consommés, les nécessiter de changer leur liberté en servitude sous son obéissance, et se prévaloir de l'avantage de leurs oppressions, déjà devenues trop insupportables.

Qui sont toutes inventions controuvées et proposées malignement et à dessein, pour décrier les bonnes et sincères intentions de Sadite Majesté, et favoriser la négociation de la paix et de la trève, commencée et déjà fort avancée.

Pour cela Sadite Majesté n'a laissé de leur faire avancer lesdits six cent mille livres, ainsi qu'il avoit promis audit sieur d'Aërsens ; qui est un témoignage suffisant pour convaincre la malice des auteurs desdites calomnies.

Mais lesdits sieurs les Etats n'ont fait conscience ni difficulté de les accepter, et en même temps conclurent une cessation d'armes de huit mois, sans avoir attendu son avis sur icelle : chose si contraire à l'espérance que ledit sieur d'Aërsens avoit donnée à Sa Majesté, partant d'auprès d'elle qu'elle veut que lesdits sieurs Jeannin et de Buzanval s'en plaignent en l'assemblée des Etats, à leur arrivée audit pays, comme cause principale de leur légation ; en leur déclarant toutefois que l'intention de Sadite Majesté n'est pas pour les détourner et les divertir de conclure ladite cessation d'armes, quand bien elle ne le seroit à leur arrivée vers eux, mais afin qu'ils soient éclaircis de la vérité de ses loyales intentions, pour reconnoître et avérer la fausseté et malice des auteurs de telles impressions et impostures ; leur déclarant, à la suite de ce propos, que Sadite Majesté n'a jamais eu autre but et dessein, comme elle n'a encore de présent, que de favoriser de tout son pouvoir leur bien, liberté et prospérité, et, pour ce faire, embrasser avec eux les moyens qui seront par eux jugés les meilleurs et salutaires, tant par la voie des armes que par celle d'un bon accord, les assurant que ce ne seront ceux qui lui seront les plus agréables ; n'approuvant moins qu'eux-mêmes l'avantage qu'ils prétendent gagner pour la justification plus grande de leurs armes et l'établissement de leur gouvernement à l'avenir, par la déclaration et reconnoissance qui leur a été offerte et accordée par lesdits archiducs de les tenir pour gens libres sur lesquels ils ne prétendent rien, spécialement quand elle sera ratifiée par le roi d'Espagne, comme il leur a été permis, jaçoit qu'il y ait cause et matière suffisante de douter que ladite déclaration leur soit confirmée, faisant et contractant une paix finale, comme elle leur a été accordée en faisant ladite cessation.

Car, encore que les fondemens de leur union, bâtis sur la nécessité de conserver leurs vies et priviléges, aient été jugés justes par leurs vrais amis, et par les prospérités et faveurs que Dieu leur a départies, tellement que ceux qui ont depuis commencé avec eux et les ont assistés, l'aient fait sans aucun scrupule pour ce regard, néanmoins Sadite Majesté reconnoît avec eux, que la susdite déclaration et approbation desdits archiducs étant ratifiée dudit roi d'Espagne, sera honorable et utile auxdits sieurs, et agréable à leurs amis et alliés, par toutes bonnes considérations, ainsi que lesdits sieurs Jeannin et de Buzanval leur diront l'être à Sadite Majesté ; pourvu qu'ils ne s'y fient tellement qu'ils omettent, à pourvoir d'ailleurs à l'établissement et sûreté de leur Etat, tant pour le présent que pour l'avenir, ainsi qu'il convient pour la vraie et réelle manutention de leurs libertés et puissances.

Et tout ainsi qu'ils ont acquis ce point avec toutes les autres félicités que le ciel leur a élargies, depuis qu'ils ont levé les armes pour la seule fermeté et constance de leur union et concorde, Sadite Majesté veut qu'il leur soit dit par lesdits sieurs qu'ils doivent y persister plus constamment et soigneusement que jamais, soit qu'ils embrassent ou rentrent en guerre après ladite cessation ; car de là dépend immédiatement le salut et la prospérité de leur Etat, la conservation de leurs vies et fortunes publiques et privées, et non en la susdite déclaration et reconnoissance de la souveraineté, ni aux traités qui ont été et seront ci-après faits avec eux.

A l'effet de quoi il sera dorénavant plus nécessaire qu'il ne leur a encore été, que chacun préfère la cause publique à la sienne particulière ; qu'ils avisent d'établir et former un si bon ordre en leur gouvernement, qu'ils obvient à tous inconvéniens intérieurs et extérieurs, et particulièrement qu'ils s'appuient et fortifient du plus grand nombre d'amis et alliés qu'ils pourront, et qu'ils les intéressent et engagent avec eux à leur conservation : de quoi ils seront avertis au nom de Sa Majesté par lesdits sieurs Jeannin et de Buzanval ; leur déclarant sur cela qu'ils recevront toujours de Sadite Majesté, pour ce regard, les conseils et assistance d'un vrai et cordial ami et bon voisin ; lequel reconnoît véritablement avoir intérêt que leur état prospère, quelque parti qu'ils prennent.

Et néanmoins Sa Majesté veut qu'ils sachent que Dieu a fait la grâce à Sadite Majesté de remettre son royaume, avec ses affaires et sa réputation, en un être si heureux et florissant, que, comme il n'y a aujourd'hui roi, prince ou potentat en la chrétienté qui n'ait autant de besoin de son amitié qu'elle peut avoir de celle des autres, aussi Sa Majesté est très-assurée de pouvoir vivre en paix avec eux, voire l'estreindre et assurer davantage comme bon lui semblera, ou bien tailler autant de besogne par les armes à qui entreprendra de lui en donner, qu'elle en recevra de leur part.

Afin qu'ils croient que ce n'est point tant par nécessité que par inclination et prudence que Sadite Majesté a favorisé ci-devant lesdits Etats, et qu'elle en affectionne encore à présent la conservation ; qui est une impression que Sadite Majesté désire que lesdits sieurs Jeannin et Buzanval s'étudient d'effacer des esprits desdits Etats, d'autant qu'elle a su qu'aucuns d'eux font fondement sur icelle ; que souvent ils font tout autre jugement du soin que Sadite Majesté a d'eux, et de l'assistance qu'ils en reçoivent, que sa bonne volonté et l'état présent des affaires publiques requièrent ; donc pour les confirmer toujours davantage en cette véritable opinion, Sadite Majesté entend que lesdits sieurs Jeannin et de Buzanval fassent entendre auxdits sieurs les Etats en corps, et en particulier à M. le prince Maurice et aux principaux du pays, que Sadite Majesté les a envoyés vers eux pour, après les avoir éclaircis des choses susdites, leur déclarer et faire connoître, par toutes sortes d'effets dignes d'elle, qu'elle sera toujours très-aise et prête de les assister aux conseils et résolutions qu'ils prendront pour le bien et la conservation de leur Etat, autant par la voie de la paix que par celle de la guerre.

Car toutes choses lui sont pour ce regard indifférentes pourvu qu'elles leur soient utile, et qu'ils puissent, en l'élection qu'ils feront, trouver sûreté qui les contente, et soit suffisante pour, en conservant leur union, maintenir leur république en la réputation, liberté et puissance qu'ils ont acquises par leur vertu et générosité, et par l'aide de leurs vrais amis et alliés.

Or, lesdits sieurs Jeannin et de Buzanval mettront peine de découvrir, le plus promptement et le plus certainement qu'ils pourront, les inclinations et dispositions, tant du général desdits Etats que des particuliers qui y ont puissance, pour les seconder et fortifier des conseils et de l'autorité de Sadite Majesté, comme ils jugeront le devoir faire pour leur propre bien; ayant toujours pour prétexte principal et préalable d'employer vivement le nom de Sa Majesté, pour les rendre et tenir tous bien unis et conjoints en l'exécution et poursuite du parti et conseil qu'ils éliront, et se résoudront de suivre; car en ce point consiste, par préférence à tous autres (ainsi qu'il a été dit), leur sûreté, félicité et conservation présente et future, tant publique que particulière.

Et, d'autant que Sadite Majesté estime que lesdits sieurs Jeannin et de Buzanval les trouveront jouissant de ladite cessation d'armes faite pour huit mois, puisque ledit sieur d'Aërsens lui a rapporté qu'elle avoit été arrêtée lorsqu'il est parti du pays, ils leur diront que Sadite Majesté n'a rien à leur conseiller sur icelle, étant chose faite, sinon qu'ils doivent bien prendre garde, et veiller, durant le temps d'icelle, que leur concorde et union ne soit entamée par les menées et artifices de leurs ennemis, ou par les jalousies ou envies auxquelles sont sujets ceux desquels la condition est égale, quand la nécessité qui les tenoit liés et conjoints est passée, ou qu'ils ont conçu quelque espoir de soulagement ou d'amélioration de fortune, pour un changement non éprouvé.

C'est pourquoi Sadite Majesté a opinion, si lesdits sieurs veulent tendre à la paix finale, laquelle elle juge plus utile et sûre pour eux et pour leurs alliés qu'une trève de longue durée, dont le choix leur a été donné, que le plus tôt qu'ils pourront la conclure sera le meilleur pour eux, de crainte qu'un dilayement ne défavorise leurs prétentions, tant pour la connoissance et créance que leurs adversaires pourront prendre parmi eux par la liberté et faveur de ladite cessation d'armes, que par les autres moyens qu'ils pourront y employer.

Joint qu'il est vraisemblable que le désir et projet que les Espagnols avoient fait de se prévaloir en Italie de la guerre qu'ils avoient allumée entre le pape et la république de Venise [1], peut avoir servi à les induire plus vo-

[1] En 1606, un différend s'étant élevé entre le pape Paul V et la république de Venise, la guerre alloit s'ensuivre: Henri IV fut choisi pour médiateur et termina ce différend.

lontiers audit accord, reconnoissant ne pouvoir fournir aux frais d'icelle, continuant en même temps celle de Flandre.

De sorte que cette occasion leur étant maintenant échappée par l'accommodement dudit différend naguère avenu par l'entremise et autorité de Sa Majesté, laquelle s'y est employée avec très-grande prudence, et pour causes très-importantes et urgentes au public, il y a sujet d'attendre quelque changement ou refroidissement de leur part, principalement du côté d'Espagne; car il est certain que tous lesdits Espagnols désapprouvent ladite paix aux conditions de la susdite déclaration de souveraineté.

Davantage ce n'est la coutume desdits Espagnols de séparer et licencier des forces qu'ils ont une fois assemblées sans les employer.

C'est encore moins leur coutume de céder ou quitter une possession, telle qu'est la souveraineté desdites provinces, comme ils s'en départent maintenant, sans grandes occasions ou arrière-pensées et espérance d'en retirer des avantages équivalens.

C'est pourquoi lesdits sieurs Jeannin et de Buzanval admonesteront lesdits sieurs Etats d'ouvrir les yeux en cet endroit, et en ce faisant, donner tel ordre à leurs affaires qu'ils obvient aux pertes et inconvéniens qui peuvent arriver d'une dissimulation ou d'un dessein couvert à leur dommage.

Surquoi Sadite Majesté ne peut leur prescrire ni départir d'ici aucun conseil certain, ignorant comme elle fait leurs forces et moyens, et l'union de leurs délibérations, et pareillement l'état qu'ils peuvent faire de l'aide de leurs voisins durant le temps de ladite cessation d'armes.

Aussi est-il raisonnable, voire nécessaire, que Sadite Majesté en soit pleinement et au vrai éclaircie, devant qu'elle puisse y engager sa parole, et déclarer ce qu'elle y contribuera.

Joint qu'il est encore plus raisonnable et nécessaire que Sa Majesté soit préalablement assurée, autrement qu'elle n'a été jusqu'à présent, de l'intention desdits sieurs sur le fait de ladite paix; savoir est, qu'ils ne la traiteront ni concluront sans elle et son consentement, afin qu'il ne lui en avienne comme de ladite cessation qu'ils ont conclue, d'une main, sans son avis, et n'ont laissé en même temps de prendre de l'autre les deniers six cent mille livres que Sadite Majesté leur avoit fait fournir contre l'espérance de Sadite Majesté, et celle que ledit sieur d'Aërsens lui avoit donnée partant d'auprès d'elle.

Outre cela il faut considérer que lesdits Etats ne consumeroient guères moins d'argent à se garder durant ladite cessation, et ne seront aussi moins chargés de frais qu'en pleine guerre, principalement s'il faut qu'ils maintiennent leurs forces de terre et de mer en l'état qu'elles sont, ainsi qu'il semble à Sadite Majesté qu'ils doivent faire pour obvier à toutes surprises, et conserver leurs affaires en réputation.

Pour ces considérations, Sadite Majesté conclut derechef qu'il seroit expédient d'avancer le traité d'une paix finale, en cas que lesdits Etats veuillent préférer ce parti aux autres, que d'attendre que les cinq mois dedans lesquels ils ont promis de déclarer leur délibération soient expirés.

Il convient semblablement aviser si l'on veut attendre,

devant que d'y entrer, la ratification susdite du roi d'Espagne, tant de ladite déclaration de souveraineté que de ladite cessation, puisqu'elle leur a été promise par lesdits archiducs, pour rendre ce titre plus parfait ; et partant plus utile : de quoi lesdits sieurs Jeannin et de Buzanval leur diront que Sadite Majesté se remet à leur jugement.

Comme elle a fait aussi l'élection et proposition des conditions avec lesquelles ils auront à faire ladite paix pour la rendre sûre et utile à eux et à leurs alliés, pour le présent et pour l'avenir, néanmoins Sadite Majesté a donné charge auxdits sieurs Jeannin et de Buzanval de leur dire, avec sa liberté et franchise accoutumée, qu'il lui semble qu'ils ne doivent oublier de demander, et s'il est possible d'obtenir, que tous les gens de guerre de la nation espagnole qui sont auxdits Pays-Bas, en vident ;

Que le nombre des autres étrangers qui y demeurent soit réglé ;

Que les citadelles construites à cause de la guerre civile depuis quarante ans, soient abattues et ouvertes.

Régler aussi les daces et maltôtes, et les autres impositions qui devront être levées après ladite paix, de part et d'autre.

Assurer, par un échange réciproque de leurs places, l'entrée et conservation des provinces qui sont de leur union, le mieux et plus avantageusement qu'ils pourront.

Ce sont les points principaux qu'il semble à Sadite Majesté qu'ils doivent mettre peine d'obtenir desdits archiducs, auxquels ils pourront ajouter encore ceux qu'ils jugeront nécessaires.

Quant à ceux qui dépendent d'eux, Sadite Majesté est d'avis qu'ils doivent commencer par réformer et restreindre la forme et l'ordre de leur gouvernement et administration publique, afin que leur conduite ne dépende de tant de têtes, et ne soit sujette à tant d'opinions diverses, comme elle a été ci-devant.

Qu'ils assurent et augmentent l'autorité de M. le prince Maurice et des sieurs de la maison de Nassau, comme ceux desquels l'assistance ne leur sera moins utile et nécessaire en paix qu'en guerre.

Qu'ils règlent le commerce d'Espagne par un tel ordre, que jamais il n'avienne que leurs navires et marchandises tombent à la merci des Espagnols toutes ensemble.

Qu'ils ne quittent la navigation des Indes, et plutôt qu'ils en usent à leurs périls et fortunes comme les François le pratiquent avec lesdits Espagnols.

Qu'ils assurent un fonds certain et suffisant sur eux-mêmes pour payer leurs gens de guerre de terre et de mer, afin de ne dépendre pour ce regard que d'eux-mêmes.

Et néanmoins aient égard, en ce faisant, de soulager, tant qu'ils pourront, leurs bourgeois et bons marchands habitués audit pays, afin qu'ils n'aient occasion de s'absenter et retirer ailleurs.

Qu'ils aient égard aussi à donner quelque consolation à ceux qui font profession de la religion catholique audit pays, que Sa Majesté a entendu être en très-grand nombre, à ce qu'ils n'aient sujet de monopoler et conspirer contre l'état qu'ils auront établi.

Toutefois lesdits sieurs Jeannin et de Buzanval s'abstiendront de faire mention du susdit article, s'ils aperçoivent qu'il doive à présent être mal reçu.

Qu'ils fassent et constituent des lois très-rigoureuses et sévères contre tous ceux qui, à l'avenir, conspireront contre leur Etat, et qu'ils les fassent exactement observer.

Davantage, ils doivent désirer, et s'il est possible obtenir, que leurs voisins alliés interviennent en ladite paix, et partant qu'ils y soient conviés, pour être fidéjusseurs et garans de l'observation des choses qui seront accordées.

En quoi lesdits sieurs Jeannin et de Buzanval leur déclareront que Sadite Majesté ne leur déniera son nom et assistance, non plus qu'elle a fait aux autres occasions qu'ils l'ont recherchée.

Néanmoins ils prendront garde à ne faire telle offre qu'en tant qu'ils reconnoîtront qu'elle sera bien reçue, afin de ménager la dignité de Sadite Majesté, et ne donner ombrage à personne, considérant s'il sera plus à propos d'attendre qu'ils en requièrent Sadite Majesté que d'en faire l'ouverture.

Voilà, quant au parti de la paix, ce que Sadite Majesté a estimé devoir faire représenter auxdits sieurs les Etats; à quoi lesdits sieurs Jeannin et de Buzanval ajouteront encore tout ce qu'ils connoîtront, étant sur les lieux, être propre et utile à l'effet d'icelle.

Pour le regard de la reprise et continuation de la guerre, devant ou après l'expiration de ladite cessation d'armes, Sadite Majesté dit qu'il est très-périlleux de s'y engager, si toutes lesdites provinces, et ceux qui ont autorité et pouvoir en icelles, ne sont bien résolus et unis de l'entreprendre, et y contribuer la première constance et fermeté avec leurs personnes et moyens aussi courageusement et gaiement qu'ils ont fait ci-devant.

Car, si bien unis ils n'ont pu prospérer et terminer la guerre à leur avantage et contentement, s'ils y entrent discordans ou contre le désir et l'avis de leurs peuples, ils s'en trouveront très-mal, d'autant que les affectionnés à ce parti seront traversés par les autres, et seront trop foibles seuls pour en soutenir le faix et l'envie; principalement s'il avient que leurs premiers exploits ne prospèrent; car chacun alors reprochera aux auteurs de ce conseil les incommodités et pertes publiques et privées.

Il convient aussi examiner et bien vérifier devant, si lesdites provinces pourront seules fournir aux dépenses de ladite guerre, et semblablement s'éclaircir et assurer de la volonté et aide de leur voisin pour ce regard.

A quoi il est vraisemblable qu'ils y rencontreront des difficultés plus grandes qu'ils n'ont fait ci-devant, à cause de la méfiance que l'on aura prise de leur foi, fondée sur ladite cessation d'armes qu'ils ont contractée sans y avoir appelé leursdits alliés et voisins, et spécialement ceux qui n'épargnoient rien à les secourir, ainsi qu'a fait Sadite Majesté, laquelle ne sera d'ailleurs conseillée de supporter seule l'aide qui leur est nécessaire.

C'est pourquoi elle a toujours désiré et recherché que les autres rois, intéressés autant ou plus qu'elle en la conservation desdits Etats, y contribuassent, comme elle sera très-aise encore à présent qu'ils fassent à la proportion de leur puissance, tant Sadite Majesté est éloignée de la prétention ambitieuse que l'on lui a imputée, de vouloir se prévaloir de la nécessité desdites Provinces.

Au moyen de quoi, avenant que les conseils et délibérations desdits Etats inclinent au parti susdit de la guerre, lesdits sieurs Jeannin et de Buzanval leur déclareront que Sadite Majesté trouve bon qu'ils reçoivent en leur société et confédération tels des autres rois, princes et potentats qui offriront d'y entrer, et les assureront qu'elle employera librement son nom, crédit et autorité envers eux, avec son exemple pour les inviter et faire résoudre.

Mais il sera tout besoin d'avancer cette recherche, et fermer au plus tôt la susdite confédération pour en pouvoir être fortifiés et assistés au temps du renouvellement de ladite guerre.

Étant certain que ceux qui l'entreprendront y rencontreront plusieurs difficultés qu'ils auront peine de surmonter, chacun voudra assurer l'argent qu'il y emploiera, et pourvoir aux accidens et périls qu'il encourra, y ayant peu de princes et républiques qui aient volonté de hasarder leur réputation et Etats avec leurs moyens, seulement pour bien faire à leurs amis, et sans en tirer quelque utilité particulière, ou être du moins assurés du remboursement de leurs deniers, comme Sa Majesté a fait, même considérant le peu de respect que l'on lui a porté, et que l'on a permis, en faisant ladite cessation et pour la colorer, que ses droits et sincères intentions aient été calomniées en une assemblée générale.

Néanmoins lesdits sieurs Jeannin et de Buzanval déclareront auxdits sieurs les Etats, audit prince Maurice, et à tous ceux que besoin sera, que Sadite Majesté continuera très-volontiers à fournir et contribuer à leur secours tout ce que l'on peut honnêtement attendre d'elle, et des moyens qui en dépendent, si elle connoit qu'ils soient tous bien déterminés de reprendre et continuer la guerre, qu'ils aient moyen et volonté de la soutenir et fournir aux frais d'icelle, comme il convient, et que leurs autres amis et alliés accordent de les y vouloir soulager à la proportion susdite, après toutefois que lesdits sieurs les Etats lui auront envoyé la susdite promesse de ne faire ci-après aucun accord avec lesdits archiducs, Espagnols ni autres sans son su et consentement.

Item qu'ils renouvellent et contractent avec elle une bonne alliance et confédération, par laquelle Sadite Majesté soit assurée de l'assistance par mer et par terre qu'elle tirera d'eux, au cas que ledit roi d'Espagne, et lesdits archiducs avec leurs partisans, lui ouvrent la guerre, ou que Sa Majesté prenne résolution de la leur commencer.

Davantage, Sadite Majesté estime nécessaire, pour la plus grande sûreté et caution de la persévérance et foi desdits sieurs les Etats à la continuation de ladite guerre en laquelle ils auront engagé leursdits alliés, qu'ils fassent jurer et promettre aux magistrats de leurs villes et provinces, à mesure qu'ils changeront et seront reçus en leurs charges, de n'entendre ci-après à aucun traité ou accord avec lesdits archiducs et Espagnols, sous quelques prétextes que ce soit, sans le consentement commun et unanime de toutes lesdites Provinces-Unies assemblées en corps, et desdits rois et princes étrangers confédérés.

A quoi il faudra pareillement obliger et faire entrer particulièrement ledit prince Maurice, tant en qualité de chef, capitaine et gouverneur général des forces et armées desdits Etats, qu'en son propre et privé nom, ensemble les autres princes de sa maison avec les principaux conseillers et officiers desdits Etats.

Et quand Sadite Majesté sera avertie par lesdits sieurs Jeannin et de Buzanval que lesdits sieurs les Etats seront disposés et résolus d'embrasser et prendre le susdit parti de la guerre en la forme susdite, et, pour ce faire, traiter dès à présent une confédération avec elle, elle leur enverra un pouvoir authentique pour ce faire, avec une instruction bien particulière de ses intentions, qu'elle réglera et mesurera au pied de la raison; leur faisant savoir lors quelle somme de deniers Sadite Majesté voudra contribuer par année, et leur ordonnera sa volonté sur toutes les parties et articles dudit traité, afin de le conclure et terminer à l'honneur et avantage desdits sieurs les Etats, et de tous ceux qui entreront en cette société.

Quoi attendant, lesdits sieurs Jeannin et de Buzanval leur diront ce que Sadite Majesté a avisé de faire en leur faveur, pour leur aider à soutenir et conserver la réputation de leurs armes durant ladite cessation d'armes.

Outre cela, Sadite Majesté a commandé aux chefs de guerre françois qui sont à leur service, qui sont par deçà, de retourner audit pays, pour continuer à les servir aux occasions qui se présenteront, comme ils ont fait en temps de guerre.

Elle favorisera aussi les recrues et levées qu'ils ont ordonnées, et ne se lassera jamais de leur témoigner par bons effets sa bienveillance accoutumée.

Et si lesdits sieurs Jeannin et de Buzanval trouvent lesdites Provinces si diversées et discordantes sur le choix des parties de la paix ou de la guerre, et ne puissent, par toutes les raisons, remontrances et prières qu'ils leur feront, les rejoindre et se réunir et accorder en leur dessein, à quoi ils emploieront toutes sortes de moyens et efforts qui dépendront d'eux et de l'autorité de Sadite Majesté, ils s'informeront exactement des moyens et pouvoirs des uns et des autres, pour en avertir Sadite Majesté en diligence, avec ce qu'ils jugeront qu'elle devra faire pour fortifier celui desdites parties qui sera le plus puissant.

Car il semble que ce doit être celui auquel il faudra s'attacher pour contraindre l'autre de céder, et par ce moyen en prévenir et empêcher une division impétueuse et irrémédiable, laquelle seroit cause de la totale ruine des uns et des autres.

C'est pourquoi Sadite Majesté permet, dès à présent, auxdits sieurs Jeannin et de Buzanval, s'ils connoissent que cette maladie soit à sa crise, tellement qu'il soit besoin d'y remédier promptement, et devant qu'ils puissent recevoir les commandemens de Sadite Majesté sur lesdits avis, qu'ils fassent pour ce regard, par prévention, tous les devoirs et offices en son nom qu'ils jugeront être requis, ayant Sadite Majesté confiance en leur prudence et loyauté, qu'ils useront de cette liberté et permission avec discrétion et jugement, pour n'engager le nom et la parole de Sadite Majesté que comme il convient à sa dignité et au bien de ses affaires.

Sadite Majesté veut aussi qu'ils favorisent et fortifient, tant qu'ils pourront, ledit prince Maurice et ceux de sa maison, en tout ce qui se passera et résoudra, comme ceux de la foi et affection desquels Sadite Majesté peut, par raison et intérêt, faire plus grand état que des autres.

Néanmoins ils auront égard, ce faisant, de préférer la cause publique à la particulière, celle-ci ne pouvant subsister l'autre succombant; de quoi Sadite Majesté se promet que ledit prince se rendra toujours capable.

Ils mettront peine pareillement de retenir le sieur de Barneveld dans l'affection qu'il a toujours montré porter à la cause publique, et au particulier contentement et service de Sadite Majesté, comme choses qui sont si conjointes et liées ensemble, que l'on ne peut procurer l'une que l'on n'avance l'autre.

Ils feront pareils offices envers le sieur d'Aërsens, greffier desdits Etats, et tous les autres qu'ils connoitront avoir pouvoir et autorité audit pays, en les informant de bonnes intentions de Sadite Majesté.

Laquelle pour ce faire leur a fait bailler des lettres de créance adressantes auxdits Etats en général, et en particulier audit prince Maurice et aux autres comte de Nassau, auxdits de Barneveld et d'Aërsens, avec trois ou quatre autres en blanc, qu'ils rempliront étant sur les lieux.

Davantage, lesdits sieurs Jeannin et de Buzanval mettront peine d'apprendre et découvrir les inclinations et délibérations du roi de la Grande Bretagne sur le choix desdits deux partis, de la guerre ou de la paix; les conseils qui auront été donnés de sa part auxdits Etats, et les offres qu'il leur aura fait faire, le sieur de La Boderie ayant écrit à Sadite Majesté, qu'il s'est laissé entendre n'approuver ladite cessation d'armes. Mais Sadite Majesté a opinion, si ledit avis est véritable, qu'il le suit plus par mécontentement de n'en avoir été l'entremetteur, comme il s'y attendoit, que pour d'autres considérations.

Toutefois, si lesdits sieurs Jeannin et de Buzanval sont recherchés par le résident dudit roi audit pays de se joindre ensemble aux occasions qui s'offriront, ils lui feront connoitre avoir commandement du Roi de ce faire, sur l'assurance que Sadite Majesté a que ledit Roi entend préférer l'utilité desdites Provinces et la manutention du gouvernement présent d'icelles, leur liberté et autorité, comme Sadite Majesté prétend faire de son côté, à toute considération particulière.

Ils s'enquerront de la résolution que prendront lesdits Etats en cas de paix, touchant les places otagères que gardent les Anglois, et quel traité et accord ils feront pour ce regard avec ledit Roi, pour en avertir Sadite Majesté.

Laquelle permet semblablement auxdits sieurs Jeannin et de Buzanval d'entrer en conférence avec les députés et gens desdits archiducs qui iront audit pays s'ils en sont recherchés, et de leur faire connoitre, si les choses se disposent à la paix, que Sadite Majesté sera toujours très-aise de leur aider à la résoudre au bien et contentement mutuel des parties, et même d'étreindre et entretenir avec lesdits archiducs une fraternelle et sincère correspondance et alliance pour le bien commun de leurs Etats; de quoi, s'il est fait quelque ouverture, ils avertiront soigneusement Sadite Majesté comme de toutes autres occurrences.

Sadite Majesté a commandé être baillé auxdits sieurs Jeannin et de Buzanval un état des deniers qu'elle a fait fournir auxdits Etats, depuis la paix de Vervins, avec les copies de leurs quittances et récépissés, pour s'en servir, étant sur les lieux, comme ils jugeront devoir faire pour le service de Sadite Majesté, soit de vérifier et arrêter le compte de ce dont ils demeurent redevables à Sa Majesté, d'obtenir et retirer d'eux une promesse d'en faire quelque jour la restitution et le remboursement par années, et à plusieurs paiemens, lesquels, en ce cas, ils abrégeront le plus qu'ils pourront, ou autrement en user ainsi qu'ils verront être à faire pour le bien de son service, lequel Sadite Majesté dépose et confie totalement à leur fidélité et prudence.

Fait à Fontainebleau, le vingt-deuxième jour d'avril 1607.

HENRI.

Et plus bas, BRULART.

SECONDE INSTRUCTION.

Articles proposés pour le renvoi en Hollande du sieur Jeannin, conseiller du Roi en son conseil d'État.

Et la déclaration de la volonté du Roi sur lesdits articles.

I.

Si ce n'est pas toujours l'intention du Roi de préférer la paix à la trêve à longues années, et les deux au renouvellement des armes, comme aussi d'éviter, autant qu'on pourra, la trêve pour un an ou deux, comme le plus dangereux inconvénient de tous les autres.

C'est l'intention du Roi de préférer ladite paix à la trêve à longues années, et les deux au renouvellement des armes; et d'éviter, par tous moyens, la prolongation de la trêve, pour un an ou deux, comme le plus dommageable parti. A cette fin sera déclaré aux Etats, au cas de ladite prolongation sans l'avis de Sa Majesté, qu'il ne leur sera continué par elle aucun secours d'argent, et, s'il est possible, sera tiré promesse d'eux par écrit, devant l'expiration de la dernière qu'ils ont faite, qu'ils ne la continueront sans son consentement.

II.

Et que les Etats se départent plutôt du commerce des Indes que de rompre à cette occasion; qu'ils en fassent aussi autant de tous les autres articles qui pourront tomber en dispute, pourvu que la souveraineté et tout ce qu'ils tiennent de présent leur demeure.

Le Roi approuve entièrement ledit article.

III.

Comme on aura à se gouverner pour le fait de la religion, au cas que les Espagnols insistent au rétablissement d'icelle par traité.

Sa Majesté veut être fait en son nom toutes sortes de devoirs et offices convenables envers lesdits Etats en faveur de ladite religion; et si lesdits Espagnols insistent que le rétablissement en soit accordé par le traité qu'ils feront avec eux, Sa Majesté entend qu'ils soient conseillés et priés de le consentir plutôt que de rompre.

IV.

Si la souveraineté leur est refusée par le roi d'Espagne, du moins qu'il la veuille modifier ou tirer l'affaire en longueur sans déclarer son intention, ce que les Etats doivent faire.

Lesdits Etats ne doivent, en cas de la paix, aucunement consentir que l'article de la souveraineté, tel qu'il leur a été accordé, soit modifié; et si lesdits Espagnols tirent l'affaire en longueur, sans déclarer sur ce leur intention, lesdits Etats doivent avoir recours à leurs amis, alliés et confédérés, pour aviser avec eux à pourvoir à leurs affaires par autre voie que celle de ladite paix.

V.

Et pour ce qu'il semble qu'ils seront contraints, avenant ce refus ou qu'on use de longueur, de rompre tout traité, sinon de prendre temps pour se rassembler avec les députés des archiducs vers la fin de la trêve, pour essayer encore de renouer leur traité, ou bien d'accepter une trêve pour l'année prochaine, qui, sans doute, leur sera présentée par les députés des archiducs avant qu'ils se retirent; ce que Sa Majesté trouve bon qu'ils fassent, étant certain qu'ils désireront en avoir son avis, et qu'il sera de très-grand poids pour les disposer à le suivre, soit de gré, pour la grande opinion qu'ils ont de sa prudence et bonne affection envers eux, ou par nécessité, pour ce que, sans son appui et assistance, ils ne peuvent faire la guerre ni se conserver en paix.

Au cas dudit refus ou de ladite remise, Sadite Majesté est d'avis que lesdits Etats rompent pour le présent la conférence, et que les députés des archiducs soient renvoyés, et, néanmoins, approuve qu'ils prennent temps pour rassembler dans le mois d'octobre, tant pour essayer de renouer ledit traité que pour justifier davantage la résolution qu'il faudra qu'ils prennent; toutefois Sa Majesté aura à plaisir qu'ils se portent à ce conseil d'eux-mêmes.

VI.

Au cas que toute espérance de paix soit perdue, quel secours il plaît à Sa Majesté qu'on leur offre de sa part; et si ce n'est pas son intention de le faire, encore que le roi de la Grande-Bretagne n'y veuille contribuer.

Lesdits Etats seront assurés en termes généraux que Sadite Majesté, audit cas, leur continuera son assistance, sans les abandonner non plus qu'elle a fait du passé, et est contente que cette déclaration leur soit faite sans faire mention du roi d'Angleterre; mais Sa Majesté n'entend que ladite assurance leur soit donnée, sinon au cas que lesdits Etats rompent ledit traité par son avis.

VII.

S'il est besoin de les assurer de cette assistance et secours en particulier même avant la rupture de la paix, pour éviter qu'ils ne fassent une trêve pour l'année prochaine, ce qu'il lui plaît qu'on fasse.

Il est nécessaire que lesdits Etats soient éclaircis de la délibération de leurs autres alliés sur ledit secours, et que Sa Majesté sache aussi au vrai leur recette et dépense pour la guerre devant qu'elle spécifie le secours qu'elle leur donnera.

VIII.

S'il n'est pas à propos de leur faire sentir au même temps de la rupture, que Sa Majesté n'entend continuer son secours et s'engager aux périls et dépenses d'une longue guerre, sans en tirer quelque fruit, du moins sans avoir assurance du remboursement, et de différer néanmoins à se découvrir de ce qu'on peut désirer de plus, jusqu'à ce que les volontés de ceux qui ont l'autorité et le moyen d'y aider aient été préparés et disposés.

Il est raisonnable que lesdits Etats déclarent leur intention sur le présent article, devant que Sa Majesté s'engage au secours particulier qu'elle ordonnera, se remettant Sa Majesté pour ce regard du temps qu'il faudra s'en découvrir au jugement dudit sieur Jeannin.

IX.

En cas qu'ils veuillent casser partie de leurs gens de guerre, si on les doit laisser faire sans s'en mêler, ou pour l'empêcher leur offrir quelque secours à présent, et quel.

Sa Majesté estime ne devoir s'opposer au licenciement desdits gens de guerre pour ne s'engager à les secourir d'une plus grande somme d'argent qu'elle a fait état leur donner cette année. Mais si avec les quatre cent mille livres qu'elle leur envoie présentement, sa promesse de les secourir encore dedans icelle de la somme de . . . . , l'on peut les divertir dudit licenciement, Sadite Majesté trouvera bon que son nom y soit employé.

X.

Ce qu'il lui plaît employer pour pratiquer et rendre enclins à son service ceux qui lui seront nommés.

Sa Majesté est contente d'employer à l'effet susdit la somme de . . . . , laquelle sera envoyée audit sieur Jeannin par l'adresse et voie qu'il mandera, au premier avis qu'il donnera à Sa Majesté qu'il sera nécessaire de le faire pour en confier la distribution à sa fidélité.

XI.

S'il lui plaît pas offrir états et appointemens au prince Maurice et comte Guillaume, et déclarer aussi ce qu'elle voudrait faire pour eux, au cas qu'avec leur aide et assistance Sa Majesté puisse devenir maître de leur état, comme en semblable pour le sieur de Barneveld son fils.

Sera accordé, en cas de paix ou de trêve à longues années, au prince Maurice, dix mille livres de pension par an, et aux deux autres à chacun quatre mille. Davantage, Sa Majesté permet audit sieur Jeannin, pour l'effet mentionné au présent article, de promettre auxdits sieurs et à tous autres, en son nom, telle gratification ou pension qu'il jugera nécessaire.

Au reste, si lesdits Etats, ne faisant la paix, conviennent d'une trêve à longues années, Sa Majesté entend que le dernier traité qu'elle a fait avec eux pour ladite paix ait lieu pour ladite trêve, et que les déclarations en soient faites en la forme et au temps qu'il sera jugé à propos.

Fait à Paris, le sixième jour d'août 1608. HENRI.
Et plus bas, BRULART.

Instruction baillée à M. de Preaux, allant trouver les archiducs.

Monsieur de Preaux allant trouver les archiducs de la part des députés des rois Très-Chrétien et de la Grande-Bretagne, leur fera entendre notre soin et désir à procurer envers les Etats que la trève soit reçue suivant notre projet, dont M. le président Richardot a eu copie avant son départ de ce lieu, et les difficultés qu'il y a de joindre toutes les provinces à y consentir.

Et, encore qu'il n'y ait à présent que la Zélande seule qui y contredise ouvertement avec deux villes en Hollande, les autres villes de la même province qui l'approuvent y apportent néanmoins trois difficultés : La première sur le point de la *liberté*, qu'ils demandent être mieux éclairci, et qu'on y ajoute les mots *pour toujours*, ou du moins qu'on ôte ce mot *comme*, et qu'on se contente de dire qu'on traite avec eux en qualité et les tenant pour Etats libres ; la seconde est au temps que la trève doit durer, qu'ils demandent au lieu de dix ans pour quinze, et au moins pour douze ; la troisième est au temps de trois mois, que le roi d'Espagne demande lui être accordé pour déclarer s'il sera par hostilité ou de gré à gré, ou bien, le choix en être fait au même temps qu'on traitera, afin qu'ils ne demeurent en incertitude.

Quant au premier point concernant la liberté, c'est celui sur lequel ils s'arrêtent tous, et leur opiniâtreté y est si grande, que sans la menace des deux rois de les abandonner du tout, s'ils ne se contentent de l'article ainsi qu'il est mis, ils eussent insisté précisément à obtenir ces mots *pour toujours*, du moins à faire ôter le mot de *comme*, à quoi ils s'obstinent encore à présent sans s'en vouloir départir, quoique leur ayant dit que n'en ferions aucune poursuite, comme en effet ce n'est notre intention d'en presser davantage leurs altesses, pour avoir assez reconnu qu'il ne leur est permis de passer plus avant du côté d'Espagne, aussi que l'affaire n'est plus en état de rentrer en nouvelles longueurs, mais de la conclure ou rompre.

Pour ce regard du temps de la trève, ils se fondent sur la première trève faite avec leurs altesses, laquelle contient expressément que la longueur de la trève sera de douze, quinze ou vingt ans, au choix des Etats ; ainsi qu'elle ne peut être moindre de douze, à quoi ils insistent et nous jugeons aussi raisonnable de leur donner quelque contentement en cet endroit, dont nous supplions très-humblement leurs altesses.

Et sur le troisième, concernant le commerce des Indes, puisque leurs altesses ont eu assez de temps pour savoir la volonté du roi d'Espagne, semble qu'on ne peut refuser de faire déclaration, lors du traité, si sera de gré à gré ou par hostilité, sans le remettre en incertitude, et qu'il est encore plus expédient pour tous, tant pour rendre la trève plus ferme, que pour venir plus aisément à une bonne paix qui soit de gré à gré qu'autrement.

Leur fera pareillement entendre les bruits qui courent ici, que plusieurs tiennent pour certains, à savoir, que le roi d'Espagne ne veut être nommé en ce traité, ni consentir que les archiducs l'obligent en vertu de sa procuration, dont les plus affectionnés au repos se refroidissent, et entrent en soupçon qu'on les veut tromper, puisque nous les avons assurés du contraire en pleine assemblée d'Etats sur les lettres que ledit sieur président nous a écrites, sans quoi ils eussent aussi rejeté dès lors l'ouverture et le projet de trève qui leur avoit été présenté.

Aussi ne pouvons-nous croire que tels bruits soient véritables, et soutenons toujours que leurs altesses accompliront de bonne foi ce qui a été promis en leurs noms ; et s'il avenoit autrement, toute notre poursuite seroit vaine et inutile, pour ce que les Etats croient que leur principale sûreté dépend de l'obligation du roi d'Espagne, et ne peuvent espérer, si ledit sieur roi refuse à présent d'être nommé en ce traité, encore qu'il en ait été prié et requis très-instamment et dès long-temps par leurs altesses, qu'il le veuille non plus ratifier après qu'il sera fait. Ledit sieur de Preaux les suppliera donc très-humblement de nous vouloir éclaircir de la vérité de ce que dessus, sans nous laisser en aucune incertitude, afin que si cela étoit, nous ne perdions plus le temps en ce lieu, mais retournions vers les rois nos maîtres, sans entreprendre de persuader les Etats à faire chose que nous jugeons du tout impossible, prévoyant même que ce refus, s'il étoit fait, les rendroit plus unis et animés à la guerre que jamais, et tout ainsi que la rupture avenant de leur côté, leur cause en fût devenue plus odieuse et injuste ; au contraire, si c'est par le manquement de cette obligation promise dès la première trève, et répétée puis peu de temps, leur défense en sera plus juste.

Leur dira encore que si quelques-uns, pour être mal informés de l'intention des Etats, leur donnent d'autres impressions ou espérances qu'ils les trompent, par ainsi n'y doivent ajouter foi aucune, mais plutôt à ceux qui sont ministres de deux grands princes, lesquels désirent avec grande affection le parachèvement de ce bon œuvre et ont déjà fait ce qu'ils ont pu pour gagner les états d'y afin parvenir.

Qu'ils ne s'arrêtent non plus aux espérances qu'on leur pourroit donner qu'aucunes provinces sont tant désireuses du repos, que si on rentre en guerre elles seront pour se séparer des autres. Car ils ont tous cette prudence imprimée dans leurs esprits, que le salut commun de tous dépend de leur union, et la jugent si nécessaire pour se conserver, que les six provinces qui désirent la trève se laisseront plutôt vaincre à la Zélande seule qui la rejette, que de consentir à ce repos avec leur désunion. Aussi ont-ils, pour cette raison, différé à se résoudre jusqu'au retour des députés de cette province, lesquels sont allés en leur pays conférer de nouveau sur cette affaire, et retourner avec pleine instruction pour délibérer et résoudre tout ce qui sera jugé plus utile pour le bien commun, ayant mieux aimé leur rendre ce respect pour les fléchir et persuader de la Zélande seule passer outre sans eux, pour ce que cela n'eût servi qu'à les en aigrir et offenser.

Cette même considération sera cause que pour les joindre à l'avis commun, les autres provinces déféreront beaucoup à ce qui sera mis en avant par eux pour obtenir des conditions plus avantageuses, et déjà y a des personnes d'autorité qui leur en donnent le conseil en cas qu'ils ne puissent tant gagner sur eux que de les faire demeurer en leur première résolution, à quoi ils tendent. Prétendant que par les lois de leur Etat ou province seule peut empêcher tout traité de paix ou de trève avec leurs ennemis, et qu'en ce cas leurs résolutions ne doivent passer à la pluralité, comme à la vérité cette loi est certaine, et a été faite pour avoir lieu perpétuellement lorsqu'ils étoient en leur plus grande haine et animosité.

Quant à l'ouverture qui nous a été faite par M. le président Richardot, lorsqu'il étoit encore ici, d'une trève pour vingt ans, de laquelle il nous a aussi écrit depuis son départ, que nous voyons leurs volontés aucunement disposées pour la recevoir, chacun étant si las et ennuyé de la longueur de ce traité qu'ils en veulent voir la fin, et le conclure ou n'y plus penser. Or, une nouvelle proposition leur sembleroit devoir servir de matière pour rentrer en d'autres longueurs et incertitudes; le temps pourroit bien aussi être cause d'y faire survenir des difficultés qu'on ne prévoit, au lieu qu'à présent tout est très-bien disposé pour en sortir. Ainsi notre avis est qu'on doit s'en abstenir, et achever cette œuvre sur le projet communiqué, sans prendre autre conseil, si on désire en avoir bonne issue; car, encore que reconnoissions des personnes sages en ce lieu, lesquelles auroient bien agréable cette ouverture, et qu'en faisions aussi le même jugement, personne toutefois d'entre eux ne l'oseroit proposer, et si l'avions fait de notre part, sommes certains que n'en recevrions qu'un refus et de la honte.

Davantage, ceux qui ont toujours contredit à la trève prendroient cette occasion pour joindre toutes les provinces à leur avis, du moins les deux, à savoir la Hollande et la Zélande, de l'avis desquelles les autres ont accoutumé de dépendre; car elles sont jalouses de ce nom spécieux de liberté et souveraineté, pensent aussi l'avoir déjà acquis, et n'y a péril auquel elles ne se veuillent exposer pour le conserver. Or, ils auront sujet de leur dire qu'on les a entretenus par des offres qui n'étoient faites qu'en apparence, pour enfin les faire tomber à celles-ci, et contraindre de traiter comme sujets, non comme seigneurs de leur pays, chose si éloignée de leur intention et désir, qu'il n'y a rien qui puisse donner plus d'autorité aux ennemis de la trève que telle proposition.

Plus il faudroit aussi que cette trève fût faite avec l'autorité et consentement du roy d'Espagne, sans lequel personne ne la voudroit accepter ; et, à la suite de celle ci-devant faite, qui ne pourroit être, sans tacitement approuver la qualité de libres, encore qu'elle ne fût exprimée, nommément il seroit pareillement nécessaire de faire rentrer un chacun en son bien, sans aucune exception, puisque le temps en seroit si long. En quoi on prenoit tant d'autres difficultés et longueurs, que personne n'en voudroit ouïr parler, étant tous désireux, et résolus de sortir d'affaire par la proposition déjà faite, ou de se départir du traité, sur quoi ledit sieur insistoit du tout.

Fait à La Haye le dernier jour de novembre mil six cent huit. P. JEANNIN, ELIE DE LA PLACE, RI SPENCER, et RODOLPHE WINOOD.

Instruction particulière audit sieur de Preaux, faite par ledit sieur Jeannin.

Monsieur de Preaux ne dira autre chose à M. le président Richardot, pour la trève de vingt ans, dont ledit sieur a fait ouverture pendant qu'il étoit à La Haye, sinon ce qui est contenu en son instruction, qui tend à la faire rejeter du tout, et à leur ôter l'opinion qu'ils semblent avoir d'y pouvoir parvenir, lui remontrant toujours que ceux qui leur donnent telles espérances les trompent ou sont trompés eux-mêmes, pour n'être bien informés de la vraie intention des Etats.

Nonobstant quoi, si ledit sieur président y insiste, lui pourra demander comme il l'entend, le priera même de mettre en écrit son projet, pour me le donner en particulier à son retour, sans en faire autre communication à qui que ce soit; puis le considérera pour voir à part soi s'il est conforme à celui qui est mis ci-après, afin de lui en faire les difficultés comme de soi-même, sans toutefois lui montrer notre projet, au cas qu'il soit différent du sien, principalement en ces deux points, l'un touchant la qualité de libres, exprimée en la narration, et lorsque l'on fait mention de la première trève ; l'autre d'obliger le roi d'Espagne en vertu de procuration, et sans requérir nouveau délai pour envoyer en Espagne, dont on n'oseroit plus parler, chacun étant plus disposé ici à consentir que tout traité soit rompu, qu'à souffrir un nouveau délai qui les tienne encore en quelque incertitude de cette résolution.

Sentira après de lui, pour le regard des confiscations, quelle seroit leur intention, et s'ils n'entendoient pas que chacun rentre en ses biens durant la trève, même les héritiers de feu M. le prince d'Orange, et ceux du prince d'Epinoy, nonobstant tous traités et transactions. Il y a des demandes aussi pour la maison de feu M. le prince d'Orange, auxquelles il seroit besoin de pourvoir, et semblablement à tout ce que dessus, qui voudroit espérer quelque succès de cette ouverture.

Toutes lesquelles difficultés lui seront représentées plutôt pour le détourner d'y penser, et néanmoins découvrir leur intention pour y apporter de la facilité, et leur donner quelque espérance qu'on y puisse parvenir.

Se souviendra aussi ledit sieur de Preaux de dire à M. le président Richardot, encore que l'article des confiscations soit remis par notre projet à une conférence qu'on pourra faire après la trève, qu'il semble néanmoins expédient de le faire dès à présent, et par ce traité même, d'autant que cela apportera une grande facilité à la trève pour l'intérêt que plusieurs y ont d'un côté et d'autre, ayant été retenus ci-devant d'en faire plus grande instance à cause que M. le prince Maurice faisoit difficulté de rendre ce qu'il tient, et ce que les Etats ne vouloient lors non plus faire rendre le bien vendu par eux sur les ecclésiastiques qui demeurent ès pays des archiducs; et, maintenant l'un et l'autre, sera consenti sur la prière que leur en avons faite, qu'il y a pareillement deux difficultés du côté des archiducs, que nous les prions d'aider à surmonter, comme étant nécessaire du tout pour aider à ce bon œuvre, et mieux disposer les affections d'un chacun pour venir encore après à une bonne paix, l'une concernant les salines du comté de Bourgogne qu'on retient à M. le prince d'Orange, l'autre ce qui reste des biens de feu M. le prince d'Epinoy, et combien qu'il y ait des transactions faites là-dessus, qu'on sait bien qu'elles ne sont aucunement considérables, et que les Etats ne souffriront jamais qu'on retienne le bien aux héritiers de ceux qui les ont servis, comme étant une marque honteuse, et qui rendroit leur cause sujette à blâme envers la postérité, et

2

eux convaincus d'ingratitude pour avoir abandonné la défense et protection des seigneurs auxquels on feroit souffrir cette perte à leur occasion.

NARRÉ DUDIT PROJET.

Comme ainsi soit que les archiducs, etc., aient, dès le 24 d'avril 1607, fait une trêve et cessation d'armes pour huit mois avec les sieurs Etats-généraux des Provinces-Unies ès Pays-Bas, en qualité et comme les tenant pour être provinces et pays libres sur lesquels ils ne prétendent rien : laquelle trêve auroit depuis été continuée plusieurs fois, et jusqu'à la fin de la présente année, selon qu'il est contenu ès actes sur ce faits en intention qu'ès conférences amiables qu'ils ont ensemble par leurs députés, ils pourroient faire une bonne et perpétuelle paix, ou bien s'ils n'y pouvoient parvenir, une trêve à longues années : or est-il que, le premier leur ayant défailli à l'occasion de plusieurs grandes difficultés survenues entre eux, ils ont eu recours à ladite trêve à longues années, par l'avis des rois Très-Chrétien et de la Grande-Bretagne, lesquels s'y sont entremis pour faire cesser cette longue et périlleuse guerre qui pourroit avec le temps troubler le repos de toute la chrétienté, et à cet effet ce jourd'hui, etc.

Copie de l'instruction donnée par les archiducs à leurs députés.

Instruction pour vous, notre cousin Ambroise Spinola, marquis de Venafro, chevalier de l'ordre de la Toison d'or, des conseils d'Etat et de guerre de Sa Majesté, et mestre de camp général de ses armées, et les président Richardot, secrétaire Macicidor père, commissaire général et audiencier Verreiken, de ce qu'avez à faire en Hollande, où vous envoyons présentement pour le fait de la paix, ensuite du pouvoir que vous avons donné.

Vous savez que la ville de La Haye en Hollande est destinée et choisie pour l'assemblée qui soit à l'honneur et gloire de Dieu. Et ainsi devez-vous nous y acheminer pour y être au temps préfigé, et vous y conduire et besogner en conformité de vos instructions et selon que savez être de l'intention du Roi notredit seigneur et frère, et la nôtre.

Et comme vous y trouverez les députés des rois de France, d'Angleterre et de Danemarc, si vous vous apercevez que leur intention soit d'entretenir et être présens au traité, vous devrez doucement et honnêtement l'excuser et les en exclure, et avec termes si courtois qu'ils ne puissent s'en altérer et s'en offenser, et moins s'apercevoir qu'on ait d'eux aucune défiance ; au contraire, vous pourrez dire aux députés des Etats des Provinces-Unies que ne trouverez ni mauvais ni étrange qu'ils communiquent leurs affaires avec eux, et s'aident de leurs prudens conseils et avis, et qu'êtes sérieusement enchargés pour faire le même, pour ce que nous tenons lesdits rois pour nos bons confédérés, désireux du repos public, et affectionnés au bien de nos affaires.

Et de fait, comme vous êtes assurés que lesdits Etats leur communiqueront tout ce qui se passera et traitera, et que rien ne leur sera caché, ainsi faudra-t-il que vous montriez la même confiance avec eux, et particulièrement avec le président Jeannin, avec lequel vous devrez vous domestiquer le plus qu'il vous sera possible, lui faisant entendre que nous avons si bonne opinion de lui, que croyons fermement qu'outre le commandement qu'il en a de son Roi, il y apportera du sien et de son industrie ce qu'il pourra pour, entrevenant quelques difficultés au traité, les modérer et induire les parties à ce qui sera plus juste et plus équitable, et userez de même avec les députés anglois, bien qu'en termes plus généraux, nous confiant que vous vous conduirez en ce regard discrètement à leur communiquer ce que saurez ne leur être caché, de l'autre côté vous réservant toujours ce que vous jugerez être secret.

Or, venant à la substance de cette besogne, souvenez-vous que le point de la religion duquel le Roi, notre sieur et frère, et nous, avons particulier soin, plus que nul autre, sera le principal et qui devra être le premier couché au traité. Et en ce regard, vous prétendrez le libre et public exercice de notre sainte religion, et à ce que les catholiques y puissent vivre en toute sûreté, sans qu'on puisse les inquiéter, surcharger ou rudoyer plus que les autres.

Et comme apparemment ceux de là s'y rendront difficiles, vous leur représenterez qu'ayant si libéralement accordé ce que le monde jugera nous être si dommageable, ils n'auroient pas raison de nous refuser ce que plutôt leur réussira à utilité qu'à préjudice, et où nous ne sommes mus que du zèle qu'avons à l'honneur de Dieu, n'y prétendant que l'acquit et décharge de nos consciences, et non aucun profit particulier.

Qu'ils sont prudens assez pour considérer que ce sera le bien de leur Etat, pource que par là ils retiendront une infinité de gens et de ménages, s'ils peuvent y vivre et y servir Dieu en assurance, qui, autrement, se retireront et viendront à nous ; et par là s'accroîtra notre peuple et le leur se diminuera, et qu'en la grandeur et multitude du peuple consiste une bonne partie de la félicité et prospérité d'un Etat.

Et où pour penser vous divertir, ils diroient le même leur devoir être accordé et permis en nos pays, vous répondrez qu'il y a trop à dire de l'un à l'autre, que ce qu'ils demandent est nouveau, et nous ce qui étoit notre et dont l'un nous a privés ; que les catholiques sont leurs frères, leurs parens, leurs amis, leurs patriotes, et que ce seroit chose par trop cruelle de leur refuser cette consolation.

Sur ce particulier ferez toutes les instances qui vous seront humainement possibles, et pour l'avancer vous adresserez au président Jeannin, remontrant que ce point n'importe moins au Roi son maître qu'à nous ; et que comme Rome et tous les princes catholiques et ledit sieur Roi même nous condamneroient si nous le faisions autrement, aussi lesdits princes et tous les catholiques et le pape même, se plaindroient de lui si le contraire avenoit, pour ce qu'ils savent que cela est en sa main, et que lesdits Etats ne lui refuseront s'ils l'y voient porté, qu'il embrasse ce fait chaudement.

Et en tous cas, selon que les verrez disposés à modérer et limiter cet exercice, prenez temps pour nous en avertir avant que rien conclure, afin que nous puissions nous résoudre et vous mander notre volonté, et n'oubliez la lettre de l'évêque d'Anvers, pour vous en prévaloir en ce que pourrez.

Au fait de libres, puisque vous savez ce qu'avons col-

...enti, vous ne serez scrupuleux à leur clausuler à leur contentement, et sans faire ni dire chose qui puisse les mettre en opinion que voulions contrevenir à la déclaration que leur en avons donnée et qu'entendons ponctuellement accomplir.

Leur consentant le trafic d'Espagne, que pourrez faire en la même forme qu'aux François et Anglois, ils devront absolument renoncer à celui des Indes-orientales et occidentales, et s'obliger à châtier ceux des leurs qui s'hardiront d'entreprendre ce voyage, comme infracteurs de la paix et ennemis du repos public, soit qu'en personnes ou par les leurs ils fassent ce voyage, soit qu'ils soient associés à autres d'autre nation, sous quelque couleur ou prétexte que ce soit.

En traitant du trafic d'Espagne, se devra aussi traiter celui d'ici, et ores qu'apparemment ils le voudront en tout à leur avantage, se devront-ils en tout événement donner libre passage, et sans rien payer, aux barques et navires qui de droit voudront venir à nous, de quelque part que ce soit, et à ceux qui de nous voudront aller ailleurs; et en tout cas ils ne pourront exiger que les anciens droits et gabelles qui se payoient avant la guerre, sans prétendre ni droit de convoi, ni licences, qu'il semble se devoir abolir d'une part et d'autre.

Vous souviendra aussi, traitant de notre commerce, de mettre en avant qu'il faut aviser et concerter sur un même pied des priviléges qu'on donnera à la nation anglaise, pour les faire égaux d'une part et d'autre, pour ce qu'autrement l'une partie seroit intéressée, et possible deux à la longue.

Le fait des biens des deux côtés se devra traiter et procurer de pénétrer comme ils l'entendent; et s'ils inclinoient en ce que la restitution s'en fasse aux particuliers de chacun parti, pour en jouir dès le jour de la conclusion du traité, sans rien prétendre aux fruits et revenus passés, ores qu'ils ne soient levés ni perçus, et pour comprendre les biens aliénés par voie de justice, pour payement des dettes du propriétaire, ni semblablement ceux donnés en mercède, si vous voyez qu'eux inclinent, et que notre parti n'y soit intéressé; et se rendra lesdits propriétaires que lesdits biens auroient à vil prix, s'ils ne pourroient les reprendre en payant aux acheteurs et le prix et les méliorations utiles et nécessaires.

De là se viendra aux biens de l'Église, où apparemment aura plus de difficulté, en quoi toutefois vous devez insister et employer ledit sieur Jeannin, comme au point de la religion, et pour le moins devrez vous obtenir restitution et plénière jouissance aux États et autres ecclésiastiques d'ici, des biens qu'ils ont par-delà et partie par-delà, pour la nourriture et entretenement des prêtres et religieux qui devront y servir les catholiques, et faire l'exercice de notre religion.

Après viendra ce qui nous touche en particulier: et en premier lieu vous leur demanderez quelle reconnoissance ou récompense ils veulent nous faire, au lieu des États et subsides que nous perdrons par cette renonciation, et si l'on ne peut rien obtenir, pour le moins devront-ils laisser la jouissance de nos biens, comme rentes, seigneuries particulières et fonds de terre, n'étant raisonnable que soyons de pire condition que moindre d'eux ou de nos sujets, auxquels se conserve la jouissance de leurs biens pour l'avenir.

Aussi sont les tonlieux, domaine, et y a la même raison qu'au précédent, pour ce qu'ils ne concernent la souveraineté, comme nous voyons plusieurs particuliers les lever et y succéder comme à patrimoine de leurs devanciers; et toutefois ils ne voudroient nous permettre en leurs pays et sous leur juridiction, il seroit raisonnable qu'en récompense ils nous donnassent quelque somme par an, en quoi il n'y aura rien de souveraineté.

Après se devra traiter des limites pour la séparation de ce que nous tenons d'avec ce que nous leur quittons, et ne seroit pas peu si nous pouvions les avoir tels que la nature nous séparât, comme du côté de Flandre, la mer et le Brabant, et Gueldres le Rhin, et le Wahal, et qu'ainsi ils nous laissassent nette la Flandre, et accordassent Bergues sur le Zoom, Gertruydenbergue, Breda, Heusden, Grave et Nimègue, et nous à eux les forts du Rhin et les villes de Lingen, Oldenseel et Grool.

Et ores que la partie ne soit du tout égale, si pourra l'on leur remontrer que le beaucoup que nous leur quittons mérite bien qu'ils fassent quelque chose pour nous, et ores qu'ils pourroient réparer pour Gertrudembergue et Heusden, qu'ils prétendent et ont toujours prétendu être Hollande et non Brabant, il est la raison bien différente au regard de Bergues sur le Zoom et Breda, qui appartiennent à des seigneurs particuliers, auxquels elles se doivent rendre s'il y a restitution de biens d'une part et d'autre, et sommes contens que promettiez que n'y mettrons aucunes garnisons, ains en lairons paisiblement jouir les princes d'Orange et marquis de Bergues, comme de leurs propres et particuliers patrimoines; et de même vous devra souvenir de l'Isloo, qui est un particulier, et on démolira et aplanira la forteresse, comme vous consentirez le même des forts que tenons sur la rivière d'Anvers.

S'ils repartent en ce de Nimègue, du moins insistez pour Grave, avec offre de n'y mettre garnison, s'ils veulent faire de même de Nimègue.

Et enfin pour tant plus faciliter cette besogne, vous pourrez leur offrir que serons contens de rendre Rhinberg à l'électeur de Cologne, et par là nous priver du tout du passage du Rhin, que vous saurez bien en caresser; mais surtout que la Flandre nous demeure entière, qui est ce qui nous importe le plus.

Aussi traiterez-vous du fait de leur monnoie pour l'égaler et réduire au même pied que la nôtre, pour ce qu'autrement le trafic ne peut aller comme il doit, n'y empêcher qu'il n'y ait de la confusion.

Tous ces points éclaircis, arrêtés et conclus, conviendra que doucement entriez en une autre matière, et représentiez par les plus doux termes que pourrez, et comme de vous même, que notre corps uni ensemble étoit battant pour se maintenir et défendre contre qui l'eût voulu offenser; mais séparé et démembré comme il s'en va être, il n'y a point de doute qu'il sera tellement affoibli, que ni eux ne seront battans sans nous, ni nous sans eux, contre qui nous voudra assaillir, et que par cela nous et eux devrions sérieusement penser aux moyens de notre incolumité, pour non être exposés à la volonté et ambition de tels qui ne nous voudroient pas de bien les requériez qu'ils veuillent penser à eux et à nous, et après l'avoir bien considéré vous mettre en avant ce qu'ils jugeront utile pour la patrie commune.

S'ils ne dient rien, vous leur déclarerez ne vouloir

prétendre ni parler de souveraineté, quoique limitée et restreinte, parce que l'ayant une fois laissée, et avalé ce morceau, nos pensemens en sont du tout éloignés : mais s'ils y pensent bien, possible trouveront-ils convenir nous prendre pour protecteurs, puisqu'ils n'en peuvent avoir tant à leur avantage que nous. Et sur ce point pourrez communiquer avec les députés qu'entendons seront là de la part du comte Palatin, et possible avec la participation de quelques autres princes électeurs ou autres de l'empire, pour voir s'ils voudront vous aider en cette prétention, sur laquelle vous insisterez et procurerez l'obtenir s'il étoit possible, en quelque forme que ce soit en droit, sur laquelle vous ne serez scrupuleux, pourvu que le nom se puisse obtenir.

Et où ils ne voudroient entendre, pour le moins que l'on fasse une amitié ferme pour être amis d'amis et ennemis d'ennemis, non pour offenser autrui, ains pour se défendre et aider l'un à l'autre au cas de quelque invasion étrangère; et que de vrai nous courons grand danger, si par une étroite liaison nous ne nous relions ensemble pour avoir soin les uns des autres; mais touchez si doucement cette corde, que les François et Anglois en étant avertis, ne soupçonnent qu'ayons dessein et volonté de leur nuire : bien pourrez-vous doucement leur insinuer que notre parti sera toujours plus assuré que le leur, et que l'appui d'Espagne nous sera plus ferme et solide que celui qu'eux prendront ailleurs; et s'ils n'y veulent entendre, au moins que nous nous promettions de nous offenser l'un l'autre, ni donner assistance de gens, de munitions de guerre, d'argent de conseil ou autrement, à qui nous voudroit faire mal, avec promesse de châtier, comme infracteurs de la foi publique, ceux chacun de son parti qui s'avanceront d'aider et servir les ennemis de l'autre parti, et en ceci devrez-vous insister du tout.

Le point des gens de guerre étrangers est assez clair : et orès qu'apparemment les François et Anglois insisteront, afin qu'ils en demandent la sortie, si faudra-t-il leur couper court, et leur montrer que sommes mieux fondés à les retenir qu'eux à se servir de François, Anglois, Ecossois et autres semblables.

N'oubliez le mémoire qui vous a été mis en main de la part du comte d'Emden, pour l'aider et favoriser en tout ce que pourrez

Comme aussi vous ferez ès affaires que les députés du duc de Cleves vous communiqueront, et surtout que ne perdions rien du droit qui nous peut appartenir sur aucunes places dudit duc, soit par voie de retraite ou autrement.

Semblablement recevrez-vous quelques mémoriaux de la part de l'électeur de Cologne pour le favoriser en son état, en ce qui se pourra, et le même ferez-vous endroit autres princes voisins s'ils vous en requièrent.

Et, au surplus, vous ne faudrez de nous donner par le plus souvent que pourrez du progrès de votre négociation et de tout ce qui s'y passera, pour, au cas de besoin, vous y donner les ordres que trouverons convenir.

Fait à Bruxelles, le seizième jour de janvier 1608.
Paraphé, ALBERT[1] et ISABELLE[2].

[1] Albert d'Autriche, gouverneur, puis souverain des Pays-Bas, sixième fils de Maximilien II, empereur.
[2] Claire-Eugénie-Isabelle, fille du troisième lit de Philippe II, roi d'Espagne, et d'Elisabeth de France.

Instruction donnée à M. de Preaux allant trouver le Roi.

Monsieur de Preaux fera entendre au Roi le contentement qu'ont messieurs les Etats, et l'obligation qu'ils reconnoissent avoir à Sa Majesté, pour le soin et la peine qu'il lui a plu prendre pour les mettre en repos.

Qu'ils sont tous fort bien remis ensemble, et désirent de conserver leur Etat en toute liberté et souveraineté, sans se jamais remettre en l'obéissance des archiducs ni du roi d'Espagne.

Et encore que ci-devant M. le prince Maurice, et ceux qui ont toujours rejeté la trève, aient eu soupçon contre aucuns de ceux qui ont plus de pouvoir au maniement de l'Etat, si sont-ils à présent éclaircis que le grand désir qu'ils ont eu d'aider à mettre leur pays en repos, n'a été à mauvaise intention, ni pour les faire retourner à leur ancienne sujétion, mais pour ce qu'ils le jugeoient utile pour leur pays. Ainsi les inimitiés qu'ils avoient les uns contre les autres à cette occasion sont fort diminuées: le prince Maurice même sent mieux du sieur Barneveld qu'il ne faisoit, et se tient obligé à lui de la condition dont il a usé ès dernières actions, concernant son bien particulier et celui de sa maison ; et peut-on espérer que le sieur Barneveld, quoique d'un naturel assez peu respectueux et trop élevé pour sa condition, se soumettra à l'autre plus qu'il n'a fait, et que le prince Maurice aussi, se dépouillant de toute inimitié, et oubliant les mécontentemens passés, se réconciliera avec lui, en sorte que le sieur Barneveld puisse prendre assurance de son amitié. Ce que le président Jeannin juge du tout nécessaire ; autrement, s'ils demeurent en mauvaise intelligence, il est plus à craindre que l'autorité du prince en diminue, que d'espérer qu'il prenne avantage sur l'autre.

Et, toutefois, il y a beaucoup de raisons qui doivent convier Sa Majesté à fortifier l'autorité du prince Maurice, dont on lui a ci-devant écrit, et ledit sieur de Preaux est fort bien instruit pour les lui représenter de rechef.

Fera aussi entendre à Sa Majesté que le sieur président Jeannin s'en retourne à La Haye, en intention de n'y demeurer que huit ou dix jours au plus, ayant été prié de le faire par le prince Maurice, ensemble par les députés de l'assemblée générale qui sont à Bergues sur Zoom, comme aussi par les députés qui sont ici, principalement pour deux choses, l'une afin de pourvoir aux contributions requises pour l'entretenement des gens de guerre tant que la trève durera, à quoi les Provinces ont toujours témoigné qu'elles sont disposées ; mais l'autorité de Sa Majesté servira beaucoup pour leur persuader, et faire cesser quelques difficultés qui sont entre eux à cette occasion; l'autre, qui peut avoir plus de difficulté, est d'établir un conseil d'Etat avec pouvoir de traiter et résoudre de toutes les affaires des États, décider souverainement les différends de province à province, et de ville à ville, exécuter les délibérations des États-généraux, et faire employer la force s'il est besoin, pour contraindre ceux qui n'y voudroient obéir, et généralement lui donner pouvoir de rapporter le corps entier de l'Etat au maniement et administration des affaires publiques, comme souverain magistrat, pour ordonner et disposer de tout ; sinon qu'il soit question de faire alliances avec les princes étrangers;

nouvelle, trève ou paix, ou bien de faire quelques extraordinaires levées et impositions sur le peuple, qui sont cas lesquels doivent être réservés à l'assemblée générale de toutes les provinces.

Ce conseil d'État, avec le pouvoir susdit, semble du tout nécessaire, d'autant qu'il n'y a à présent aucun lien qui conjoigne les provinces ensemble, ni aucun magistrat qui ait soin du général; mais toutes les provinces à part, et les villes même en chacune province font un corps séparé qui a tout pouvoir et droit de souveraineté, en sorte qu'on peut dire cette république être composée d'autant de souverainetés qu'il y a de villes, ayant droit de suffrages en l'assemblée générale, dont le nombre est très-grand; d'où avient qu'à toutes occasions, et même pour affaires de peu d'importance, on est contraint d'assembler les États-généraux. Ce qui ne peut être fait qu'à grands frais, avec beaucoup de longueur et confusion pour le grand nombre de personnes qui y assistent, qui est aussi cause que tout ce qu'on y traite est public et su d'un chacun, dont plusieurs grands inconvéniens arrivent : au lieu que ce conseil bien établi, et autorisé de douze ou quinze personnes au plus, bien choisies, les uniroit tous ensemble, et pourvoiroit aux affaires de l'État avec plus de jugement et maturité, attendu qu'on y pourroit mettre les plus expérimentés et capables, ce qui n'est pas de l'assemblée générale, où la plupart ne sont que simples marchands sans expérience ni connoissance d'affaires.

On entend que M. le prince Maurice soit chef de ce conseil, qu'il y soit assisté de M. le comte Guillaume, et de M. le comte Henry, tous trois à vie et sans changement, et que pour les autres conseillers, on les change de trois en trois ans, afin que l'espérance que chacun aura d'y pouvoir parvenir à son tour rende l'établissement et le pouvoir plus facile et plus tolérable.

Ce qui doit donner plus d'empêchement à l'exécution de ce dessein, quoique très-utile pour cet État, c'est que M. Barneveld, lequel est avocat et premier conseiller de Hollande, n'en peut être, d'autant que les conseillers qui entrent en icelui conseil sont tenus prêter serment de n'avoir soin que des Provinces-Unies, et d'oublier l'intérêt de la province qui les y aura nommés; et au contraire celui qui est l'avocat de Hollande jure d'oublier tout pour assister sa province. Et, encore qu'on puisse mettre en avant que, pour la grande connoissance que ledit sieur Barneveld a des affaires de son pays, il doit être dispensé et reçu audit conseil sans tirer à conséquence, il est à craindre qu'il en fasse difficulté lui-même, pource que ce conseil autorisé, ainsi qu'il a été dit ci-dessus, les États ne s'assembleront plus seul qui fera tout, auquel ledit sieur de Barneveld n'ayant que sa voix, et des compagnons en pareille charge, qui pourront débattre ses avis et les faire rejeter souvent, il souffrira une grande diminution en son autorité; car à présent, et lorsque les États-généraux sont assemblés, toutes les provinces défèrent beaucoup, et suivent ordinairement l'avis de celle de Hollande, en laquelle lui, par industrie et la créance qu'il s'est acquise dès long-temps, peut tout. C'est pourquoi le président Jeannin pense qu'il seroit bon, pour lui donner contentement, de le nommer et qualifier du titre de président audit conseil et garde du sceI général des Provinces-Unies, et mettre son frère, qui est capable, et d'un esprit beaucoup plus doux et modéré que le sien, en la charge d'avocat de Hollande, et de tout ce que dessus en a déjà discouru avec le prince Maurice qu'on y peut faire condescendre. On rendroit aussi cet office de président à vie en sa personne, et de ceux qui auront pareille charge après lui, comme est à présent celui de trésorier général, qui donne entrée au conseil d'État à celui qui en est pourvu pendant sa vie, au lieu que les autres conseillers n'y sont que pour trois ans.

Si l'établissement de ce conseil a quelque longueur et difficulté, comme il y en aura sans doute, le président Jeannin se contentera d'en donner les mémoires, et d'en conférer derechef avec le prince Maurice, puis, avec ledit sieur de Barneveld, d'y préparer quelques autres des principaux, sans attendre la résolution que M. de Russy pourra poursuivre.

Ce que dessus est pour le gouvernement de l'État, et afin qu'il soit mieux régi et conduit; mais, pour le service particulier de Sa Majesté, il est besoin de savoir quelle est son intention. On sait bien en premier lieu que c'est de fortifier autant qu'on pourra l'autorité de M. le prince Maurice, et des particuliers qu'on sait être les plus ennemis de la domination d'Espagne, et d'y acquérir et entretenir des serviteurs, lesquels aient soin, et soient obligés de faire souvenir les États des bienfaits et mérite de Sa Majesté envers eux, ce qu'on ne peut faire qu'en y employant chacun an quelque argent pour les intéresser et affectionner; car, quand il n'y a que le corps d'une république obligé en général, ils se désobligent bien souvent de leurs dettes par ingratitudes, mais les particuliers intéressés étant gens de créance et capacité sont très-utiles pour servir; et, en cet état, on le juge nécessaire, d'autant qu'on a bien reconnu qu'ils sont pour recevoir les commodités et avantages qu'on leur voudra faire.

Et ce qui doit plus convier Sa Majesté à y penser, est qu'il est vraisemblable le roi d'Espagne, lequel a fait un traité que plusieurs tiennent lui être honteux, n'y avoir été induit, outre la nécessité qu'on met pour une principale cause, en y joignant aussi la crainte qu'il a eue de l'assistance et secours de Sa Majesté, sinon pour avoir espéré ou plutôt s'être promis qu'il pourroit faire quelques pratiques parmi eux, en y épanchant chacun an quelque notable somme pour les changer et faire retourner d'où ils sont sortis.

Or, il n'y a point de meilleur moyen entre la bonne et sage conduite de l'état en général, sinon que Sa Majesté oblige les serviteurs pour s'opposer à telles pratiques et corruptions, en quoi un écu venant d'elle servira pour les conserver et rendre affectionnés à sa couronne, plus que cent du roi d'Espagne pour les attirer à lui.

S'étant acquis des serviteurs, et dressé des pratiques durant quelque temps, si Sa Majesté désire quelque chose de plus, il s'en faudra lors découvrir, et y a grande espérance d'en venir à bout, pourvu que le prince Maurice et Barneveld demeurent en bonne intelligence, en sorte qu'on se puisse servir de tous les deux ensemble.

Car, quant au prince Maurice, le président Jeannin en a conféré ouvertement avec lui et l'y a trouvé du tout disposé, ainsi que ledit sieur de Preaux, qui en est très-bien instruit, le fera entendre particulièrement à Sa Majesté; et pour Barneveld, il lui a promis et donné toute assurance de demeurer serviteur de Sa Majesté, d'aider à maintenir l'État en affection et devoir envers elle, d'empêcher de tout son pouvoir qu'il ne retourne en l'obéissance du roi d'Espagne, et s'il leur prend volonté de changer leur gouvernement, et, au lieu d'une république, en faire une principauté, de préférer le Roi à tout autre prince, comme étant le plus puissant pour les secourir, et celui qui s'est montré le plus affectionné, et qui les a aussi le plus en général et lui en particulier; et, sur ce sujet, le président Jeannin s'en éclaircira encore davantage avec lui avant son départ de ce pays.

Ledit sieur de Preaux se souviendra de lui dire aussi ce qu'il seroit à propos d'employer chacun an en cette affaire, par l'avis de qui et comment il s'y faudra conduire.

Saura son intention pour l'entretennement de deux régimens, et si elle veut qu'ils soient payés par les mains de ses officiers, ou bien donner l'argent aux Etats pour les payer, et se contenter d'y mettre un commissaire pour faire le paiement, les états y ayant un contrôleur; ce que les Etats désirent en cet endroit, et leurs raisons.

La prière qu'ils lui font, comme fait aussi M. le prince Maurice, pour l'entretennement des deux compagnies de cavalerie de messieurs de Villebon et du Meix.

Lui remontrer combien il importe que les Etats demeurent armés jusques après le temps, dans lequel le roi d'Espagne doit donner sa ratification, dont plusieurs estiment que ledit sieur roi fera difficulté ou refus absolu, aussi à cause des mouvemens qu'on craint en Clèves; et néanmoins est certain que les Etats, pour se décharger de dépense, licencieront partie de leurs troupes dès le lendemain de la publication de la trève ou peu de jours après, sinon que Sa Majesté leur accorde les entretenir durant ledit temps.

Dira aussi Sa Majesté ce qu'il aura appris de Clèves par M. le prince Maurice, et ce que l'on lui en a dit peu avant son départ.

Ce qui s'est passé touchant le fait du marchand d'Amsterdam, et ce qu'on peut faire pour les entreprises et voyages des Indes, si Sa Majesté y veut penser à bon escient.

Fait à Anvers, ce 11 d'avril 1609. P. JEANNIN.

Dernière instruction apportée de la cour par M. de Preaux.

Le Roi a été très-aise d'entendre du sieur de Preaux que les sieurs des Etats reconnoissent et ressentent, comme ils doivent, l'obligation qu'ils lui ont de la bonne aide et faveur qu'ils ont reçue de Sa Majesté pour obtenir le repos qu'ils ont désiré, et surtout qu'ils soient bien réunis ensemble, et délibérés de conserver leur État en toute liberté et souveraineté, sans jamais se soumettre aux archiducs ni au roi d'Espagne, et pareillement que lesdits Etats soient bien éclairés et assurés des intentions et fins les uns des autres, tant en ce qui s'est passé qu'en ce qu'il convient faire ci-après pour cet effet; à quoi Sa Majesté désire qu'ils soient confortés et maintenus par ses serviteurs avec soin et diligence.

Surtout ils entretiendront en bonne amitié et intelligence le prince Maurice et le sieur de Barneveld, comme les deux principaux pilliers de l'État, lesquels demeurant entiers et fermes en ce devoir, maintiendront aussi le corps d'icelui en prospérité et réputation dedans et dehors.

Le sieur Jeannin fera donc au nom de Sa Majesté toutes sortes d'offices nécessaires envers l'un et l'autre pour assurer leur union et amitié, Sa Majesté lui permettant et donnant pouvoir de remontrer, promettre et accorder pour cet effet à l'un et autre, en son nom, tout ce qu'il jugera à propos pour étreindre et assurer le bien de leurdite union, tant pour le présent que pour l'avenir.

Et, combien qu'ils aient tenu divers chemins et suivi divers avis pour bien faire à leur pays, néanmoins Sadite Majesté a si bonne opinion de leur prud'homie, par les preuves signalées qu'ils en ont rendues, qu'elle croit fermement qu'ils conspireront maintenant ensemble à faire bien à l'État par les moyens que la trève leur en donne, sans se contredire et contrepointer comme ils ont fait devant qu'elle fût signée, et est requis qu'ils fassent, s'ils en veulent profiter pour le public et pour leur particulier.

Étant certain que la sûreté de leurs personnes et fortunes dépend entièrement de la conservation de la souveraineté et liberté de leur pays, à cause de la créance et puissance qu'ils y ont acquise, laquelle sera toujours suspecte et insupportable à ceux qui y prétendent droit, avenant qu'ils fussent réintégrés en iceux par leur moyen ou par autre. Quoi étant, ils sont d'autant plus obligés à se départir de tous intérêts privés qui peuvent apporter dommage au public, qui est le conseil général que Sa Majesté leur veut être donné de sa part, se remettant à ses serviteurs de leur particulariser ce qu'il est expédient qu'ils fassent pour nouer et assurer davantage le susdit lien de leur amitié, ayant égard toutefois à la qualité et puissance de l'un et de l'autre.

Ledit sieur de Preaux dira audit sieur Jeannin que ladite Majesté désire fort de le revoir près d'elle, pour elle-même lui dire le contentement qu'elle a du service signalé qu'il lui a fait en cette occasion, et reconnoître en sa personne le gré qu'elle lui en sait; de quoi cependant il l'assurera de sa part. Néanmoins, elle craint grandement, s'il part du pays devant que l'on ait pourvu au fait des contributions, et à l'établissement du conseil qu'il a fait proposer à Sa Majesté par ledit sieur de Preaux, comme il convient, que cela n'engendre des contentions et autres accidens entre ces peuples, qui seront toujours fomentées par les ennemis de leur liberté, qui rendent cette trève, qu'ils ont tant recherchée et pour laquelle Sa Majesté a tant pris de peine pour eux, plus onéreuse que profitable.

Au moyen de quoi Sa Majesté désire que ledit sieur Jeannin fasse qu'ils résolvent ces deux points devant qu'il parte.

Toutefois, s'il voit que cela ne puisse être fait sitôt après la proposition qu'il leur en aura faite, pour les raisons que ledit de Preaux a représentées à Sa Majesté, ledit sieur Jeannin en avertira Sa Majesté en diligence par courrier exprès, qu'il accompagnera de son avis sur ce qu'il aura reconnu appartenir à ce fait depuis son retour à La Haye, et Sadite Majesté lui mandera sur cela sa volonté.

En tout cas sera-t-il à propos, s'il faut qu'il parte devant cette provision, qu'il leur laisse espérance que Sa Majesté le renverra vers eux, pour derechef les assister de son conseil et de l'affection qu'elle leur porte, après qu'ils auront reçu la ratification d'Espagne, et que leurs députés seront retournés de leurs provinces et villes avec pouvoir de fondre cette cloche tant importante à la conservation de leur État.

Sa Majesté entend que ledit sieur Jeannin partant du pays, que le sieur de Russy y demeure, pour suppléer et pourvoir à tout ce qui s'offrira, suivant les conseils et résolutions que ledit sieur Jeannin et lui auront pris par ensemble devant que se séparer.

Mais le roi se remet à eux du conseil qu'ils auront à donner auxdits Etats sur le point des contributions, et déjà ils n'ont accordé les difficultés que ledit sieur de Preaux lui a fait entendre s'y rencontrer; se persuadant qu'il sera facile audit sieur Jeannin d'y pourvoir, puisque ceux de Zélande, desquels procède la principale difficulté, ont déclaré qu'ils s'en remettent au jugement dudit sieur Jeannin.

Mais Sa Majesté juge être du tout nécessaire d'établir le susdit conseil pour les raisons très-pertinentes que ledit sieur de Preaux lui a exposées, approuvant la forme d'icelui, et le pouvoir que ledit sieur Jeannin est d'avis que l'on lui donne, comme ce qu'il a proposé pour y autoriser le prince Maurice et sa suite, et contenter aussi le sieur Barneveld, Sa Majesté n'ayant trouvé à changer à ladite ouverture; partant ledit sieur Jeannin en poursuivra l'effet le plus chaudement qu'il pourra, et employera le nom de Sa Majesté autant qu'il sera nécessaire.

Sa Majesté continue à vouloir fortifier le prince Maurice par tous moyens possibles et convenables pour les mêmes raisons, représentées aussi par ledit sieur de Preaux; néanmoins, il le faut faire avec telle discrétion, que l'on ne fasse cabrer le sieur Barneveld, et que l'on ne lui donne sujet de dresser une partie à part.

Le Roi approuve que le traité de garantie de la trève soit passé suivant le projet que lui a présenté ledit sieur de Preaux, que Sa Majesté a bien considéré; et si les Anglois font difficulté de se joindre à Sa Majesté en icelui et veulent traiter à part, ledit sieur Jeannin ne laissera de le passer pour Sa Majesté à part et sans eux en ladite forme, la compagnie desdits Anglois lui étant indifférente pour ce regard.

Mais il semble être à propos que l'acte qui explique les affaires des Indes soit passé et signé ensemble par les députés de Sa Majesté et du roi de la Grande-Bretagne avec ceux des Etats, en la forme qu'il a été dressé par ledit sieur Jeannin pour les raisons qui résultent d'icelui; de quoi Sa Majesté estime que lesdits Anglois ne feront difficulté, étant engagés comme ils sont.

C'est l'intention de Sa Majesté d'entretenir et soldoyer, au service desdits Etats, quatre mille hommes de pied, durant les deux premières années de ladite trève, ainsi qu'il leur avoit été promis par elle en cas de paix, quand on a contracté avec eux pour la garantie.

Que lesdits quatre mille hommes soient commandés par les sieurs de Châtillon et de Bethune en qualité qu'ils ont eue jusqu'à présent.

Que les enseignes soient composées, à savoir celles des colonels ou mestres-de-camp, de deux cents hommes, et les autres de cent hommes chacune.

Mais veut que lesdits colonels ou mestres-de-camp, et les capitaines desdites compagnies, prennent commission d'elle, pour exercer en son nom lesdites charges auxquelles elle entend continuer et entretenir les mêmes capitaines et officiers qui les exercent à présent, sans y rien changer, sinon qu'il fût nécessaire de ce faire pour causes particulières; auquel cas Sa Majesté en étant avertie y pourvoira; et d'autant qu'en ce faisant il manquera une enseigne du nombre de celles dont devra être rempli le régiment commandé par le sieur de Bethune, Sa Majesté a avisé d'en donner la charge au sieur de Hauterive, frère dudit sieur de Preaux, qui a eu l'honneur d'être nourri en sa chambre, se promettant qu'il s'en acquittera dignement; de quoi lesdits sieurs Jeannin et de Russy avertiront ledit prince Maurice, et lesdits Etats et ledit sieur de Bethune.

Sa Majesté avoit délibéré faire le paiement desdites compagnies par ses officiers comme elle a ci-devant mandé auxdits sieurs Jeannin et de Russy. Néanmoins, pour les raisons qui lui ont été remontrées sur cela, par ledit sieur de Preaux, de la part dudit sieur Jeannin, en faveur et pour le contentement desdits Etats, elle est contente de faire délivrer auxdits Etats six cents mille livres par an payables à deux termes égaux, pour faire ledit paiement par leurs officiers, à la charge que lesdits deniers ne seront divertis ni employés à autre effet qu'au paiement desdits quatre mille hommes françois: de quoi Sadite Majesté entend qu'il soit retiré d'eux une déclaration et promesse particulière.

Mais, Sadite Majesté entend que lesdites montres desdites compagnies soient faites pardevant un commissaire qu'elle députera et ordonnera pour cet effet, approuvant qu'il soit assisté d'un contrôleur commis par lesdits Etats.

Et pour le regard du serment que lesdits colonels ou mestres-de-camp, capitaines, officiers et soldats d'icelles auront à faire, Sa Majesté entend qu'il soit porté par icelui, qu'étant entretenues et ordonnées par elle pour servir par delà, ils promettent et jurent de bien et fidèlement servir lesdits Etats envers tous et contre tous en la forme qu'ils ont ci-devant fait, présupposant qu'il n'a rien contenu ci-devant qui soit contraire et préjudiciable à sa couronne et service.

Et d'autant qu'il a été remontré à Sadite Majesté, par ledit sieur de Preaux, que lesdits sieurs Etats ont besoin et désirent d'être assistés présentement de trois cent mille livres pour payer lesdites compagnies, Sa Majesté, qui a toujours désiré s'accommoder à leurs nécessités et affaires, autant que les siennes l'ont pu permettre, *a ordonné* que ladite somme leur sera présentement envoyée, et fera fournir le parfait desdites six cent mille livres, dedans la fin des six premiers mois de l'année, que ledit paiement aura commencé, dont on conviendra ci-après.

Et d'autant que ledit sieur de Preaux a donné à Sa Majesté quelque espérance qu'en accordant auxdits Etats le maniement desdits deniers, ledit sieur Jeannin pourroit les disposer à retenir et soldoyer, encore les compagnies de chevau-légers des sieurs de Villebon et du Meix, les réduisant à cinquante hommes chacune, il dira audit sieur Jeannin que Sa Majesté aura à plaisir qu'il fasse cet office et obtienne ledit entretennement pour le mérite desdits capitaines.

Il sera besoin que lesdits Etats soient avertis d'envoyer un navire à Dieppe, pour charger ladite partie de trois cent mille livres, laquelle sera portée et mise ès mains de l'ambassadeur ordinaire de Sa Majesté résidant par delà, qui a charge d'en retirer les récépissés nécessaires, et les envoyer à M. le duc de Sully en la forme accoutumée.

C'est l'intention de Sa Majesté et le soin qu'elle veut avoir de conserver, voire accroître à l'avenir, autant qu'il lui sera possible, la créance et autorité que l'assistance qu'elle a donnée auxdits Etats et sa bienveillance lui ont acquises ci-devant parmi eux, tant pour avoir moyen de continuer à leur bien faire, et rendre ses conseils mieux reçus d'eux, que pour le bien et avantage que son royaume en peut aussi recevoir, et les autres bonnes raisons, espérances et considérations que ledit sieur Jeannin lui a fait représenter par ledit sieur de Preaux.

Pour ce faire, Sadite Majesté a avisé d'employer par delà la somme de cent mille livres en pensions et bienfaits pour être départis par ledit sieur Jeannin, soit par forme de pension annuelle, ou par forme de don gratuit à ceux qu'il jugera dignes de telle gratification, et avoir pouvoir de servir Sadite Majesté.

Au moyen de quoi ledit sieur Jeannin pourra, en vertu du présent mémoire qui est signé de sa main et contresigné par son commandement, promettre et accorder dès à présent, et devant qu'il parte du pays, lesdites pensions et bienfaits jusqu'à la concurrence de ladite somme, en la forme qu'il jugera la meilleure, Sa Majesté s'en remettant entièrement à sa prudence et loyauté.

Seulement il saura que Sa Majesté a loué et approuvé le projet que ledit sieur de Preaux lui a rapporté, qu'il a déjà fait pour le regard de la qualité et condition des personnes sur lesquelles il a jeté les yeux pour cet effet, qu'il conviendra traiter et favoriser selon le mérite et pouvoir d'icelles, entre lesquelles il semble à Sadite Majesté que l'on ne doit omettre à faire une offre au prince Maurice par forme de pension ou de don qui soit digne de lui, quand bien on sauroit qu'il n'en devrait l'accepter, afin de lui témoigner de plus en plus l'estime que Sa Majesté fait de lui. L'on juge qu'elle ne peut être moindre de trente mille livres; toutefois Sadite Majesté le remet au jugement dudit sieur Jeannin, comme elle fait tout ce qui concerne l'entière distribution desdits deniers, à laquelle ledit sieur de Barneveld doit avoir part digne de son mérite, comme ledit sieur de Preaux a été chargé de dire audit sieur Jeannin plus particulièrement.

Ladite somme de cent mille livres sera envoyée par delà à deux termes, avec les autres deniers que Sa Majesté fait état d'y dépendre pour la solde desdits gens de guerre, pour être mise ès mains de celui que ledit sieur Jeannin jugera propre pour en faire la distribution, suivant ce qu'il aura arrêté, afin que toutes choses soient maniées secrètement et fidèlement, comme il convient en cas semblables.

Il sera à propos aussi que ledit sieur Jeannin mette peine, devant qu'il parte, de s'assurer de plus en plus du vouloir dudit prince Maurice en faveur de Sa Majesté, en cas que l'on soit contraint ou que l'on juge qu'il soit nécessaire de changer quelque chose en la forme dudit gouvernement desdites provinces.

Non que ce soit chose dont Sa Majesté veuille maintenant avancer la proposition, ni faire paroître affection et connoître; car il sait trop bien qu'il importe grandement d'y être retenu pour la suite que cela pourroit avoir; mais aussi ne veut-il pas omettre à préparer et faciliter, de son côté, ce qui peut aider à faire réussir ce dessein, afin de n'en perdre l'occasion si quelque jour elle s'offre, pour ne tomber au reproche que mériteroit de recevoir de la postérité celui qui, par faute de prévoyance et de soin, auroit laissé perdre un tel avantage.

Partant, puisque le président Jeannin a commencé à s'en ouvrir au prince Maurice, et qu'il l'y a trouvé assez disposé, il pourra encore en discourir avec lui à son départ, et rapporter son avis sur le tout, qui sera très-bien reçu de Sadite Majesté.

Laquelle, néanmoins, veut que lui et tous autres sachent et croient ne prétendre ni vouloir pousser ce dessein pour aucune sorte de considération particulière au préjudice du public.

Partant, ledit sieur Jeannin aura égard de ne rien dire ni faire pour ce regard, qui puisse donner à ceux du pays, ni aux voisins, aucun ombrage ni jalousie de la sincérité de son intention.

Sadite Majesté approuvant que le président Jeannin parle de ces choses au sieur de Barneveld par forme de condition, ainsi qu'il a commencé, sans, pour le présent, s'élargir davantage s'il ne lui donne sujet de le faire, dont Sadite Majesté se remet à la discrétion et prudence dudit sieur Jeannin.

Le désir de Sadite Majesté a toujours été d'introduire en son royaume la navigation aux Indes, pour s'en prévaloir comme tous ses voisins. C'est pourquoi elle veut que ledit sieur Jeannin parle aux marchands et capitaines de navires de delà qui ont accoutumé de faire ladite navigation, pour savoir d'eux si après ladite trêve ils voudront se retirer en France, à quelles conditions ils entendroient le faire, et les lieux plus propres auxquels ils demanderoient qu'il leur fût permis d'établir ce commerce et armement.

Car plusieurs ont opinion que la compagnie et société que les marchands ont dressée par delà pour exercer ladite navigation des Indes orientales, ne durera après ladite trêve, pour le petit profit qu'ils y trouveront, au regard des périls qu'ils courront et des avances qu'ils y feront, à cause qu'ils ne pourront plus se prévaloir des prises sur les Espagnols et Portugois, qu'ils souloient faire durant la guerre, auxquelles consistoit leur principal gain.

C'est pourquoi Sadite Majesté estime qu'aucuns desdits marchands ou capitaines de navires, qui ont ci-devant tiré tel profit desdits voyages, seront peut-être bien aises de se retirer en ce royaume pour les pouvoir continuer avec la même liberté qu'ils ont fait ci-devant, comme il leur pourroit être permis par Sa Majesté, aux conditions dont on conviendroit avec eux; Sadite Majesté ne faisant point de doute que plusieurs marchands et capitaines de navires et autres François n'entrent en société avec eux pour le même effet, y étant poussés et autorisés de Sadite Majesté, comme ils seront.

Partant ledit sieur Jeannin sondera sur cela la volonté et disposition desdits marchands et capitaines de delà, et mettra peine de les attirer au désir de Sa Majesté, qu'elle a exposé de sa propre bouche audit de Preaux pour lui rapporter plus particulièrement.

Si lesdits sieurs Etats prennent résolution d'envoyer vers Sa Majesté personnages de qualité, pour la remercier de la peine qu'elle a prise pour eux en cette trêve, elle aura bien agréable que cette charge soit donnée au comte Guillaume de Nassau, et qu'il soit accompagné du sieur de Maldrée, pour la confiance qu'a en eux M. le prince Maurice; et pourroit-on en ce cas envoyer en Angleterre le comte Henri, accompagné d'un autre. Toutefois si telle élection ou légation engendroit jalousie à d'autres, qui fût préjudiciable, il faudroit la changer ou s'en abstenir du tout. De quoi Sadite Majesté se remet au meilleur avis dudit sieur Jeannin.

Mais il seroit expédient de changer et révoquer bientôt le sieur d'Aërsens, pour les raisons qui ont été dites audit sieur de Preaux; car sa conduite passée donne très-mauvaise opinion de la future, et semble qu'en quelque endroit qu'il réside, il ne pourra jamais faire tant de mal qu'il en fait où il est à présent, à cause des connoissances et intelligences qu'il y a acquises, même avec ceux de sa religion : toutefois c'est chose qu'il faut conduire avec discrétion, ainsi qu'il a été dit audit sieur de Preaux, pour le faire entendre audit sieur Jeannin, et non à autre.

Il faut considérer aussi s'il ne sera point à propos, composant le conseil que l'on prétend établir pour régir les affaires publiques, de faire instance et obtenir que l'ambassadeur de Sa Majesté, qui résidera par delà, y ait entrée, comme toujours a eu celui d'Angleterre, afin de montrer à tout le monde la confiance qu'ils ont en Sa Majesté, comme ils y sont obligés par le nombre des bienfaits qu'ils ont reçus d'elle, et les preuves signalées qu'ils ont faites de son affection et bienveillance, estimant n'être honnête et bienséant que l'Anglois y soit admis, et que le François en soit exclus, après ce qui s'est passé, et mettant en considération encore les faveurs et assistances qu'ils doivent recevoir ci-après de Sadite Majesté; laquelle a commandé audit sieur Jeannin, pour y avoir tel égard et en user ainsi qu'il connoîtra être de la dignité et du service de Sadite Majesté.

Fait à Fontainebleau, le vingt-cinquième jour d'avril 1609.
HENRI.

Et plus bas, DE NEUFVILLE.

LETTRE de M. de Villeroy[1] à M. le président Jeannin, sur le sujet de la négociation, du 23 avril 1607.

Monsieur, nous vous envoyons la dépêche du Roi pour votre voyage de Hollande; elle est composée de plusieurs pièces, et y trouverez le mémoire que je vous lus la veille de votre partement. Il ne contient que des paroles dont vous n'avez besoin, aussi ne servira-t-il que de record et souvenance; car le Roi entend que vous tiriez de vous-même la principale instruction de ce que vous aurez à faire en ce voyage, comme de ce que Sa Majesté vous a déclaré de sa bouche. J'ai mis dedans ce paquet les deux mémoires que M. d'Aërsens nous laissa écrits de sa main aux deux derniers voyages qu'il a faits en Hollande, desquels on a tant fait de bruit, et les ai accompagnés de l'instruction rapportée par ledit sieur d'Aërsens, avec les doubles des actes de la cessation d'armes et de la ratification d'icelle, qui doivent être délivrés par les archiducs et les sieurs des Etats, afin de mieux entendre le susdit mémoire. Mais ledit sieur d'Aërsens ne doit savoir, s'il vous plaît, que je vous aie envoyé lesdites copies, et principalement celle de son instruction susdite. Vous ferez plaisir au Roi de partir au plus tôt; car il ne prendra aucun conseil sur les affaires desdits Etats, qu'il n'ait eu avis par vous de l'état auquel vous les avez trouvés. Ledit mémoire ne fait mention de la somme que Sa Majesté vous a permis d'accorder, pour aider à porter les frais que lesdits Etats seront contraints de faire pour maintenir leurs forces durant ladite cessation; car il me semble que cela ne doit être su que de vous, combien que je ne doute point que messieurs de Buzanval et d'Aërsens n'en découvrent la vérité, auquel cas vous devez aviser comme vous en userez pour conserver votre bonne intelligence avec eux. M. de Sully ne partira que demain, et vous envoirons M. de Buzanval sitôt qu'il sera arrivé. Je le remettrai à vous touchant votre dépêche, lui disant que je vous l'ai envoyée, sans lui spécifier ledit secours d'argent, ni lui découvrir les commandemens que le Roi vous a faits de sa bouche, sur la préférence des partis de la guerre ou de la paix. Je vous envoie outre cela un gergon et un chiffre, que vous enfermerez, s'il vous plaît, sous la clef, principalement ledit gergon, duquel il faudra que nous nous servions nous-mêmes, sans le conférer à d'autres. Nous vous tiendrons avertis de tout ce qui surviendra, et je le ferai aussi, s'il vous plaît, des services que vous désirez de moi, afin que je mette peine d'y satisfaire, comme je vous supplie de croire que je ferai très-fidèlement. Je prie Dieu, monsieur, qu'il vous conserve en bonne santé, et me recommande très-affectueusement à votre bonne grâce.

De Fontainebleau, ce vingt-troisième jour d'avril 1607. DE NEUFVILLE.

Autre LETTRE de M. de Villeroy à M. le président Jeannin, du 26 avril 1607.

Monsieur, vous ayant envoyé un si ample mémoire, qu'est celui que vous avez reçu, je n'estimois pas que vous eussiez besoin du petit abrégé que vous m'avez demandé par votre dernière; mais, puisque vous le voulez avoir, je vous l'envoie, à la charge, s'il vous plaît, que vous en userez à vostre discrétion, comme de tout le demeurant

---

[1] Nicolas de Neufville, secrétaire d'État, commença à exercer cette charge en 1567, à vingt-quatre ans, sous Charles IX, et continua sous les rois Henri III, Henri IV et Louis XIII. Il mourut à Rouen en 1617.

que nous vous avons envoyé. Vous aurez aussi ci-joint l'ordonnance pour votre voyage, que j'estimois que vous auriez retirée de M. de Puisieux, devant votre partement, et crois que M. de Buzanval sera porteur de la présente, car il a pris congé du Roi, et doit aller au gît à Melun, pour se rendre demain à Paris de bonne heure, et résoudre avec vous le jour que vous partirez; se réjouissant et consolant grandement d'aller en votre compagnie, sans laquelle il proteste et veut que nous sachions que difficilement il eût entrepris ce voyage. J'écris présentement à M. d'Aërsens, afin de l'entretenir en son affection accoutumée, et qu'il n'interprète à défiance et jalousie de lui, si nous ne le pressons à présent d'aller avec vous en Hollande, estimant que c'est son bien et avantage que de suivre ce conseil pour le présent. M. de Buzanval dit que vous recouvrerez aisément un prêtre pour vous dire la messe dedans le pays même, sans en mener un d'ici; toutefois si vous désirez en mener un avec vous, que vous le pouvez faire; car l'exercice de notre religion ne vous sera empêché ni dénié, comparoissant par-delà pour le service, et comme représentant Sa Majesté : au moyen de quoi usez-en ainsi que vous jugerez être pour le mieux. Je me remets à M. de Buzanval à vous dire le surplus, pour prier Dieu, monsieur, qu'il vous conserve en bonne santé; et me recommande très-affectueusement à votre bonne grâce.

De Fontainebleau ce 26 d'avril 1607.

DE NEUFVILLE.

M. de Villeroy audit sieur président, du 28 avril 1607.

Monsieur, je vous envoie, par le commandement du Roi, deux lettres de M. d'Aërsens, que j'ai reçues aujourd'hui, afin que vous sachiez ce qu'il nous mande, encore que nous estimions qu'il vous en aura autant dit qu'il nous en a écrit. Il ne saura, s'il vous plaît, que je vous ai envoyé lesdites lettres. Vous aurez aussi l'extrait d'une autre, que M. du Vic a tiré du sieur de Sailly, résidant à Calais pour les affaires des États des Provinces-Unies, par lequel vous verrez comme il dépeint ledit sieur d'Aërsens. Le Roi ajoute peu de foi aux avis et écrits dudit de Sailly; car il connoît sa passion et son esprit. Toutefois il a voulu que cettui-ci vous fût envoyé, afin que vous soyez informé de tout, pour faire votre profit.

Surtout Sa Majesté vous prie de partir de Paris lundi, et avancer votre voyage tant qu'il vous sera possible. J'en écris autant à M. de Buzanval, et pouvez mieux juger combien il est nécessaire que vous fassiez tous deux ce service à Sa Majesté.

Elle m'a fait répondre audit sieur d'Aërsens qu'elle vous fait ce commandement, et que vous porterez à ces messieurs son intention sur tout ce qu'ils peuvent espérer d'elle, pour la leur déclarer, et faire entendre, après que vous aurez reconnu à l'œil leurs délibérations et l'état de leurs affaires; ajoutant ne pouvoir croire bonnement que les deux cent mille écus desquels ils demandent qu'ils soient présentement secourus, les retiennent et divertissent d'avancer la conclusion de la paix, s'ils reconnoissent que ce soit leur bien et avantage de le faire, et qu'ils en aient envie, non plus qu'ont empêché la cessation d'armes les derniers six cent mille livres qui leur ont été fournis cette année, ni de mal interpréter les propositions que ledit sieur Aërsens avoit faites à Sa Majesté partant d'auprès d'elle pour aller vers eux.

Au demeurant, que Sa Majesté voudroit qu'il fût auprès de celui qui a besoin de confort, pour prendre des résolutions dignes de lui; que Sa Majesté reconnoît aussi que sa présence près d'elle est nécessaire; et partant je remets à lui de prendre le parti auquel il jugera pouvoir être plus utile, étant très-assuré de son affection au bien de ses affaires.

Nous avons envoyé à M. le garde des sceaux une dépêche d'Angleterre, pour vous être communiquée. Les propos que le roi dudit pays a tenus à M. de La Boderie ne conviennent avec ceux desquels a usé son député auxdits États. Mais nous ne pouvons voir clair en tout cela que par vos yeux. Nous vous prions doncques d'avancer votre voyage tant que vous pourrez, et de faire toujours état assuré, messieurs, du service de votre, etc.

A Fontainebleau, le 28 avril 1607.

DE NEUFVILLE.

Lettre du Roi à MM. le président Jeannin et de Buzanval, du 11 mai 1607.

Messieurs Jeannin et de Buzanval ayant choisi le sieur de Russi, mon conseiller et maître d'hôtel ordinaire, pour résider dorénavant en Hollande, pour mon service, je lui ai commandé de vous aller trouver, ne lui ayant fait donner, pour le guider en cette charge, autres instructions que celles que je veux qu'il prenne de vous, avant que vous retourniez dudit pays, selon la connoissance que vous aurez des affaires par les occurrences. Partant vous lui en ferez telle part que vous jugerez importer au bien de mon service, et ne le laisserez dégarni d'aucun mémoire et avis qui puisse favoriser le bien et avantage d'icelui; de quoi me remettant en vous, je ne vous en ferai la présente plus expresse, priant Dieu, messieurs Jeannin et de Buzanval, qu'il vous ait en sa sainte et digne garde.

Écrit à Fontainebleau le onzième jour de mai 1607.
HENRI.

Et plus bas, BRULART.

LETTRE *de M. de Villeroy à M. le président Jeannin, du 7 mai 1607.*

Monsieur, j'ai dit au Roi votre partement de Paris, de quoi il a été bien aise; il souhaite que vous puissiez faire votre voyage aussi sainement pour votre personne qu'heureusement pour son service. L'ambassadeur des archiducs vit hier Sa Majesté pour se conjouir de la naissance de M. d'Orléans : après cela il lui parla de la cessation d'armes faite par ses maîtres, avec intention et espérance de conclure bientôt une paix finale; des principaux articles et conditions de laquelle il voulut bien nous faire voir non-seulement qu'ils étoient déjà d'accord avec les États, mais qu'ils s'assuroient que Sa Majesté les auroit agréables; se réjouissant de ce que Sadite Majesté les auroit agréables; se réjouissant de ce que Sadite Majesté vous avoit choisi pour aller trouver lesdits États, sachant que vous aimez la paix, et se promettant que vous ferez tous bons offices en faveur d'icelle; Sa Majesté ayant bien fait paroître, par la peine qu'elle avoit prise de composer les différends d'entre le pape et les Vénitiens, combien elle avoit l'esprit aliéné de la guerre. Sa Majesté lui a répondu que véritablement elle affectionnoit et désiroit le repos de ses voisins, et même celui des archiducs, comme le sien propre, tant pour l'amitié qu'elle porte auxdites Provinces, que pour ce que la paix desdits pays pouvoit grandement servir et affermir celle de son royaume et de toute la chrestienté; mais qu'il étoit nécessaire pour y parvenir de lever les ombrages que chacun, à bon droit, avoit de l'ambition et inquiétude espagnole en délivrant d'icelle ledit pays, et donnant ordre que chacun se contint dans les bornes de ce qui lui appartient. Ce que ledit ambassadeur a mis peine de persuader à Sa Majesté être le but desdits archiducs; et néanmoins il a dit que c'étoit chose qui ne pouvoit pas s'obtenir tout à la fois, mais que l'on pourroit du commencement retirer du pays les étrangers qui étoient en campagne de part et d'autre, réservant seulement celles des citadelles qui n'étoient en grand nombre, de façon que personne n'en auroit jalousie, et avec le temps s'en déferoient. A quoi il n'a été rien répliqué par Sa Majesté, laquelle a su d'ailleurs que tous les chefs des gens de guerre de ladite nation blâment publiquement ladite paix, et que les sieurs des Pays-Bas font le semblable, pour n'avoir eu part en ce qui a été traité, dont on dit que les archiducs n'ont pris conseil que du marquis Spinola, du président Richardot, de Laudienoier, et de Manoicidor. Voilà ce que Sa Majesté m'a commandé vous écrire. Je vous recommanderai mon neveu de Préaux, vous priant de lui donner moyen de se rendre digne de servir Sa Majesté aux occasions dont vous le jugerez propre. Je salue aussi vos bonnes grâces de mes très-affectionnées recommandations, priant Dieu, monsieur, qu'il vous conserve en bonne santé.

De Fontainebleau, ce septième jour de mai 1607.
DE NEUFVILLE.

LETTRE *de M. de Villeroy à M. le président Jeannin, du 14 mai 1607.*

Monsieur, nous avons su par un des gens de M. Aërsens, qui revenoit de Hollande, qu'il vous avoit trouvé auprès de Boulogne, vendredi dernier, en bonne santé; mais comme il semble que le vent n'ait depuis servi pour votre passage, nous demeurons incertains d'icelui, jusqu'à ce que vous nous en ayez fait certains par vos lettres.

Le sieur Aërsens persiste en ses propos et instances de secours présent, ainsi qu'il faisait devant votre partement, et nous persistons en la résolution de laquelle vous avez été chargé, ne voulant débourser notre argent sur des fondemens incertains et douteux.

Mais le sieur Aërsens dit que si le président Jeannin parle, à son arrivée, que le Roi veuille favoriser le traité de paix ou de trêve, qu'indubitablement messieurs les États s'attacheront à ce parti, le préférant à tous autres; car c'est ce qu'ils désirent. C'est pourquoi le Roi est d'avis que le sieur de Buzanval et lui ne déclarent pas sitôt l'opinion du Roi sur cela, et qu'il se contente de faire parler messieurs les États, en approfondissant leurs délibérations publiques et privées, et leur faisant paroître combien il sera difficile au Roi d'être utile auxdits sieurs États, prenant le conseil susdit sans leur faire offre de leur intervention, ni être caution du marché qu'ils feront ainsi qu'il avoit été avisé.

Voilà ce que j'ai été chargé de vous écrire, sans toutefois que nous entendions brider la liberté et faculté qui vous a été donnée par votre instruction. Nous remettons le tout à votre jugement.

Le comte de Fuentes ne laisse pas, pour la paix d'Italie et la cessation d'armes des Pays-Bas, d'assembler ses forces, avec lesquelles l'on dit qu'il prétend d'attaquer et prendre la Valteline; ce qu'il ne peut faire sans violer la paix de Vervins et nous obliger à la guerre.

Le Roi se porte bien, Dieu merci, et est arrivé ce soir à Paris, pour y demeurer trois ou quatre jours, après lesquels il retournera à Fontainebleau, où nous ferons quelque séjour; puis ira, ce dit-on, à Monceaux. Je prie Dieu, monsieur, qu'il vous conserve en bonne santé, me recommandant à votre bonne grâce, et à celles de messieurs de Buzanval et de Russy.

De Conflans, ce 14 mai 1607.   De Neufville.

Lettre *du Roi, du 18 mai* 1607.

Messieurs Jeannin et de Buzanval ayant été avertis de certaines entreprises qui se doivent faire sur aucunes places frontières des côtes de mon pays de Bretagne, et que les chefs d'icelles sont entre autres, le comte de Reautonne, les Grisons de Bourg, L'Épinasse, et le gouverneur de Flessingue, même pour cet effet ils doivent envoyer les commissaires, et établir des magasins en l'île de Jersey, je vous en ai bien voulu donner avis par cette lettre, afin que vous mettiez peine d'en découvrir la vérité, et m'avertissiez au plus tôt de ce qui sera venu à votre connoissance, pour y faire pourvoir, ainsi que j'aviserai convenable et expédient pour le bien de mon service. Je prie Dieu, messieurs Jeannin et de Buzanval, qu'il vous ait en sa sainte et digne grâce.

Écrit à Paris, le dix-huitième jour de mai 1607.

Henri.
Et plus bas,   Brulart.

Lettre *de M. de Villeroy à M. le président Jeannin, dudit jour* 18 *mai* 1607.

Monsieur, le Roi désire que vous lui donniez avis de votre arrivée à La Haye le plus tôt que vous pourrez, et m'a commandé de vous envoyer la lettre du sieur d'Aërsens ci-jointe. Il vouloit envoyer un des siens par-delà, pour obtenir permission de s'y retirer, et d'être déchargé de sa commission et résidence auprès du Roi, reconnoissant, ce dit-il, que l'on a ici méfiance de lui, comme si son père et lui étoient auteurs de la paix que les sieurs traitent avec les archiducs; mais je l'en ai détourné, et c'est ce qu'il entend par la susdite lettre. Il est vrai que le Roi s'est plaint de quoi l'on s'est servi du dernier voyage qu'il a fait par-delà, pour rejeter sur Sa Majesté les causes desdits traités; mais ledit sieur d'Aërsens en soupçonne encore davantage qu'il n'en a de sujet, par où il semble qu'il cherche une querelle ou un prétexte pour se retirer. C'est le jugement que le Roi en fait; et néanmoins Sa Majesté s'y conduit de façon que ledit Aërsens ne peut ni ne doit s'en douloir, et serons attendant de vos nouvelles sans rien altérer. L'on écrit de Flandre que les principaux articles de ladite paix sont comme accordés, et parle-t-on d'un échange de terres et places que les sieurs tiennent en Flandre et Brabant, contre celles qui obéissent aux archiducs delà le Rhin. Les Espagnols publient aussi en Italie que si bien, en apparence, ils ont renoncé à la souveraineté des pays gouvernés par lesdits États, toutefois que le temps et ce qu'il produira feront paroître le contraire. Nous vous mandons toutes ces choses, afin de vous en servir en votre négociation. Celle du cardinal de Joyeuse est à présent parfaite. Le pape ayant ratifié en consistoire tout ce qu'il avoit géré à Venise, l'on verra maintenant ce que lesdits Espagnols feront des gens de guerre qu'ils avoient assemblés en Italie pour servir Sa Sainteté, lesquels sont encore sur pied. L'on dit aussi qu'ils dressent une forte armée de mer en Biscaye, laquelle doit être employée contre celle des Hollandois, et pour défendre les côtes. C'est ce que je vous puis écrire pour le présent, avec la continuation de la bonne santé de Leurs Majestés, et toute leur royale famille; que Sa Majesté va retourner à Fontainebleau, après avoir passé en cette ville quatre ou cinq jours à ouïr messieurs du conseil sur les affaires qui se présentent. Je prie Dieu, monsieur, qu'il vous conserve en bonne santé, et salue vos bonnes grâces et celles de messieurs de Buzanval et de Russy, de mes très-affectionnées recommandations.

De Paris, ce 18 mai 1607. Souscrit votre, etc.
De Neufville.

Lettre *de M. Aërsens[1] à M. de Villeroy, du* 16 *mai* 1607.

Monsieur, je vous remercie du conseil que me donnez, et m'y conformerai, attendant que les premiers avis de M. Jeannin aient justifié mes actions; car étant homme de bien, j'en attends ma consolation. Il trouvera que je n'ai jamais rien eu de cette dernière négociation, que par le coup qu'en cette action même j'ai protesté qu'on faisoit tort au Roi de s'y engager si avant à son déçu, et M. le prince Maurice, et tout l'État ensemble, le

---
[1] Aërsens, fils d'un greffier des États-généraux de Hollande, fut d'abord simple résident à la cour de France. Après la trève, il fut le premier qui eut le titre d'ambassadeur des Provinces-Unies auprès de Henri IV.

...oignera. D'autre part, je n'ai jamais rien demandé au nom du Roi. De quoi me peut-on donc blâmer? Qu'on examine la proposition que j'ai faite en public, on la trouvera conforme à l'intention de Sa Majesté, et de la fidélité de laquelle je me suis tenu à mes supérieurs. Je vous écris ceci, monsieur, afin que vous ayez ce témoignage par écrit contre moi-même si j'en ai usé autrement, et vous pouvez envoyer à M. Jeannin, pour s'en éclaircir comme il faut : car, chez nous, il y a des esprits envieux et malveillans comme ailleurs. Je crois que vous savez les grands préparatifs que le roi d'Espagne fait en Biscaye pour mettre une armée navale en mer vers la fin de juin. L'on m'en a écrit les particularités quasi incroyables, mais sachant que vous les pouvez avoir d'ailleurs, je vous baise bien humblement les mains, et suis, monsieur, votre, etc.

À Paris, ce 16 mai 1607.

FRANÇOIS D'AERSENS.

Lettre *du sieur d'Aërsens à M. le président Jeannin, du 17 mai* 1607.

Monsieur, j'ai appris du Roi et de M. de Villeroy, depuis votre départ de cette ville, qu'ils ont été avertis de Hollande et d'Allemagne, que pendant mon dernier voyage j'aurois fait de très-mauvais services à Sa Majesté, dont ils attendent l'éclaircissement par votre première dépêche, ce qui me meut de vous prier bien humblement vous en bien informer, et de ceux qui en peuvent rendre véritable témoignage; car je sais avec quel respect j'ai toujours parlé de Sa Majesté et de ses affaires, même avec quel regret j'ai supporté le cours de votre trève à son déçu. Vous connoîtrez, monsieur, que je ne me suis jamais émancipé du devoir; mais que c'est un artifice de mes ennemis pour observer les bonnes intentions et peines que je porte au bien public, et singulièrement au contentement de Sa Majesté, d'où même on a pris occasion de me juger trop François, plutôt que de me soupçonner Espagnol. M. le prince Maurice ne vous en déniera point le témoignage, et ainsi j'attends ma justification de vous comme le premier fruit de votre négociation, qui m'obligera à demeurer comme je suis votre, etc.

De Paris, ce 17 mai 1607.

FRANÇOIS D'AERSENS.

Première Lettre *de M. le président Jeannin à M. de Villeroy, du 21 mai* 1607.

Monsieur, vos lettres du 14 de ce mois, écrites à Conflans, m'ont été rendues par le maître de la poste de Calais, le 17, sur les trois heures, non en la ville de Calais, mais dans le navire, étant déjà embarqués et prêts à faire voile, sans le vice-amiral de Hollande, qui arrivoit au même temps de notre départ avec deux navires de guerre, lequel nous voulut saluer. Ça été la cause que je ne vous ai fait réponse plutôt qu'aujourd'hui en ce lieu de Flessingue, où nous arrivâmes hier 22, sur les huit heures du soir, si las et incommodés de la mer, pour y avoir toujours eu le vent contraire depuis le départ jusqu'à l'arrivée, que nous étions tous malades. Le gouverneur de ce lieu, le bourgmestre, et tous les magistrats, accompagnés d'un grand nombre des gens de la ville, nous vinrent recevoir jusqu'au port, et conduire en nos logis, avec plusieurs offres d'amitié et courtoisie, le gouverneur y ajoutant les mêmes offres comme à ministres d'un si grand Roy qui étoit ami du sien. A quoi fîmes des réponses pleines de même affection, pour lui témoigner que Sa Majesté tenoit cette amitié bien chère, et désiroit soigneusement la conserver. Il fit aussi tirer vingt pièces de canon à l'entrée de la porte. La garnison étoit le long des rues par où nous passions ; ce que je vous ai voulu écrire particulièrement, pour vous faire entendre la réception qui nous a été faite en cette ville tenue par l'Anglois.

Pour réponse à vos lettres, avant que de partir de Paris, le sieur d'Aërsens en avoit autant dit que me mandez, et répétez plusieurs fois au président Jeannin avec grande affection ; et comme désirant que son conseil fût suivi, soit qu'il jugeât à propos d'ainsi faire, ou à dessein, car le sieur de Sailly et M. de Vic m'ont dit avoir plusieurs conjectures, pour croire de lui que le traité de paix lui plaît plus que toute autre chose, quoi qu'il ait dit au Roy, à M. de Villeroy et au président Jeannin. Leurs conjectures sont, que le sieur d'Aërsens père est promoteur et entremetteur secret, avec les archiducs, pour porter les Etats à ce dessein, et que le sieur d'Aërsens fils, pour découvrir le secret d'autre côté, et faire tenir les propos qu'il juge convenir pour aller à son but, déguisé ainsi pour avoir plus de créance envers le Roi, qu'il a acquis depuis peu de temps plus de vingt-cinq mille écus de bien près Anvers. On ajoute qu'il semble avoir mal ménagé ce qu'il avoit pris charge de proposer de lui-même touchant la souveraineté des Provinces-Unies, ou bien qu'il a été trompé par ceux à qui il en a communiqué, qui s'en sont servis pour faire que la paix fût agréable aux Etats, comme si le roy n'eût autre dessein que de faire durer la guerre pour assurer son repos, non pour faire finir leurs misères. D'autre côté Sailly m'a dit qu'en se plaignant du Roi il disoit, Logatun est né pour amie de Pabula, et ne faut plus rien espérer de lui qui sembleroit être chose contraire. A ajouté encore ledit Sailly, qu'il a reçu lettres de Paris d'un qui hante en la maison dudit sieur d'Aërsens, par lesquelles on lui mande le Roi avoir dit que Barneveld étoit devenu Espagnol, et que M. le prince Maurice feroit bien de le jetter en un sac dans l'eau, et qu'il craignoit que ledit d'Aërsens pour aigrir davange ledit Barneveld, et le porter toujours à ce dessein de la paix, et à se défier du Roi, ne lui en eût donné avis. J'ai dit à Sailly que le Roi n'avoit jamais tenu ce langage de Barneveld; mais au contraire le tenoit pour fort homme de bien, courageux, et de grand jugement aux affaires, et que s'il se portoit à la paix, c'étoit par considération et prudence, non par corruption. Par ainsi que de meilleures raisons que les siennes le pourroient changer, ayant tenu tels propos audit Sailly pour le dissuader lui-même de croire ce mensonge, et de crainte aussi qu'il ne le fît savoir à Barneveld. J'ai bien reconnu que ledit Sailly a de l'inimitié contre ledit Aërsens; et quoiqu'il se montre affectionné au Roi, et ennemi de l'Espagnol, qu'il faut apporter de la considération sur ce qu'il dit.

Pour moi, mon avis est que le sieur Aërsens sert messieurs les Etats, comme il doit et selon leur désir; mais il est incertain si les messieurs feignent de vouloir la paix afin que le Roi, qu'ils estiment devoir désirer la continuation de la guerre, ouvre sa bourse, et leur donne un plus grand secours, ou bien si par effet ils tendent à la paix, et désirent en ce cas que le Roi se rende affectionné à la continuation de la guerre, avec cette démonstration ouverte qui leur serve pour en obtenir meilleures conditions de l'archiduc, et aux auteurs de la paix; aussi pour mieux persuader les peuples que le Roi veut, en effet, ce qu'on a déjà publié parmi eux pour le rendre odieux, à savoir cette guerre chez eux pour mieux jouir de son repos. Nous jugerons plus certainement à quoi ils tendent, quand nous serons sur les lieux, et aurons conféré particulièrement avec eux, notre dessein ayant toujours été de pénétrer le plus avant que nous pourrons en leur intention, avant que découvrir celle du Roi, et de parler généralement de l'assemblée de leurs députés; en sorte qu'ils soient incertains si Sa Majesté tend à la guerre ou à la paix, leur laissant seulemnt cette impression qu'il désire leur bien, sûreté, liberté et conservation du gouvernement qu'ils ont établi, et de les assister à y prendre une bonne résolution. Nous y pourrons ajouter maintenant, puisque votre lettre apporte du changement à notre instruction, quelques mots, pour les tenir plutôt en opinion que le Roi tend à la guerre; en quoi il semble néanmoins être requis d'apporter beaucoup de considération, pour ne tomber aux inconvéniens ci-dessus représentés, au cas qu'ils soient portés par effet à la paix. Nous suivrons entièrement ce qui nous est commandé, mais nous vous supplions très-humblement, si le Roi a changé en effet sa résolution, et qu'il veuille préférer la guerre à la paix, de nous en avertir, et qu'il lui plaise considérer, si n'avions autres raisons et moyens pour les y persuader que ceux qui sont contenus en notre instruction, qu'ils sont fort foibles; car on ne les assure pas même du secours accoutumé, et ils demanderont sans doute qu'on le croisse. On veut savoir ce qu'ils y veulent contribuer de leur part, comme aussi les provinces qui ont favorisé leur cause jusqu'ici. Tout cela est à la vérité raisonnable, mais mal à propos pour échauffer des gens qui sont peut-être las de la guerre, à quitter des offres qu'ils estiment avantageuses, quoique ce ne soit peut-être que pour les tromper; et c'est en quoi nous nous trouverons empêchés quand nous aurons à conférer avec ceux qu'ils députeront pour traiter avec nous : car je présuppose qu'ils magnifieront les conditions de la paix pour nous échauffer à augmenter le secours.

Nous leur représenterons les inconvéniens de

cette paix, et n'y a que trop de raisons pour persuader ceux qui aimeront leur sûreté, et ne seront prévenus d'autre passion. Mais quand ils répondront : « C'est la nécessité qui nous y fait « entendre, nous ne pouvons plus contribuer « ce que nous avons fait du passé, et le Roi ne « veut croître son secours, ni l'Anglois y appor- « ter aucune chose du sien; ainsi nous nous « attachons au mal qui semble être le moins « présent; » nous presserons là-dessus de nous ouvrir : nous soutiendrons les affaires avec raisons, esperances, et tout l'artifice qui pourra dépendre de notre industrie. Mais que Sa Majesté y prenne, s'il lui plaît, une résolution ferme et arrêtée, et qu'elle considère qu'ils demeureront offensés si on les réchauffe à la guerre, et qu'on les veuille porter après à la paix. Etant bien éclaircis de son intention, nous la suivrons sans y manquer en rien. Nous aurons encore à bien prendre garde comme l'Anglois se gouvernera en cet endroit, crainte qu'il n'ait la grâce de ce traité, s'il se fait, tant envers l'archiduc que les Etats, et nous la haine de tous les deux. Le sieur Aërsens me dit plusieurs fois, avant mon départ, si nous leur portions assurance d'un plus grand secours que les deux cent mille écus pour soutenir les affaires pendant la trêve, que nous les précipiterons du tout à la paix. J'en faisois bien ce jugement, et vous en pressai, mais vous dites qu'il falloit attendre que nous eussions reconnu l'état des affaires sur le lieu; puis, selon l'avis qu'en donnerons, que le Roi nous commanderoit sa volonté.

J'ai pris garde à ce que me mandez par votre lettre, que le comte de Fuentes continue à tenir ensemble son armée, et accroître ses forces, et qu'on fait bruit qu'il veut entreprendre sur la Valteline pour achever de fermer tous les passages d'Italie, qui seroit une rupture de paix. Sa Majesté jugera si le soupçon de cette armée et de son dessein, doit point faire tenir la résolution de la guerre ou de la paix des Etats en quelque longueur, jusqu'à ce qu'on soit mieux éclairci; car si le roi d'Espagne veut faire entreprise qui l'oblige à la guerre ouverte contre lui, il sembleroit à propos de tenter tous moyens pour faire continuer cette guerre des Pays-Bas. M. de Russy, désigné successeur en la place de M. de Buzanval, est désireux d'avoir quelque part à ce qui se passe. Il est sage et fort discret; il est besoin de commencer à l'industrie, et je tiens pour certain qu'il n'abusera point de ce qu'il en apprendra; mais c'est au Roi de nous commander là-dessus sa volonté, et nous la suivrons. Excusez-moi si, pour réponse à votre lettre, aucunement contraire à notre instruction, je me suis trop étendu; c'est pour être mieux instruits par la première dépêche que nous recevrons. Nous sommes venus jusqu'en ce lieu de Middelbourg avant que cette lettre ait pu être mise en chiffre. J'ai écrit de Calais à M. de La Boderie, afin qu'il nous donne avis souvent de ce qu'il apprendra concernant votre négociation. Le gouverneur de cette ville nous a dit que nouvelles sont venues depuis trois ou quatre jours d'Anvers, que vingt-cinq ou trente navires des Etats qui étoient allés au Détroit, ont surpris dix galions du roi d'Espagne, feignant qu'ils étoient marchands; qu'ils en ont amené trois et brûlé les autres. Si cette nouvelle est vraie, le Roi la doit savoir avant que receviez mes lettres; mais nous craignons qu'il n'en soit rien.

Je vous baise très-humblement les mains, et prie Dieu, monsieur, qu'il vous donne en parfaite santé très-longue et heureuse vie.

De Middelbourg, ce 21 mai 1607.

P. JEANNIN.

LETTRE *de M. de Villeroy à M. le président Jeannin, du 22 mai 1607.*

Monsieur, nous reçûmes hier seulement en ce lieu vos lettres écrites à Calais, depuis le 16 jusqu'au 17 de ce mois, que vous vous êtes embarqué. Nous prions Dieu que vous ayez fait bon voyage, de quoi nous espérons que vous nous aurez donné avis à votre descente, comme vous ferez à votre arrivée à La Haye, et que vous le ferez souvent du progrès de votre négociation. De quoi les archiducs et leurs conseillers font état d'être entièrement avertis par le moyen des bons amis qu'ils ont de présent au pays, dont il y a grande apparence de croire que véritablement ils ne sont mal garnis. De façon que vous devez enfourner votre dite négociation, comme si vous traitiez en la présence desdits princes ou de leurs conseillers, pour, après, vous y conduire selon les rencontres et occasions qui vous seront offertes.

Nous vous envoyons un avis que nous avons reçu d'Espagne, par lequel vous saurez la défaite de l'armée de mer que le roi dudit pays avoit envoyée au Détroit, et combien il estime cette perte, laquelle est aussi de conséquence.

Le même avis porte que le Roi n'est pas content des conventions de la cessation d'armes accordée par les archiducs; mais je doute que ce soit une feinte pour couvrir la réputation espagnole, faisant contenance de n'approuver ce que je crois que l'on n'eût jamais accordé sans leur permission. M. de de Barault m'a confirmé les mêmes avis, et M. de Berny nous mande de Flandre que chacun condamne lesdits articles, et en donne-t-on le tort au marquis Spinola et au président Richardot.

L'accord d'entre le pape et les Vénitiens a été fait, ainsi que nous vous avons écrit. Toutefois, il semble qu'il y ait des gens de part et d'autre qui recherchent les moyens de le rompre, voulant, d'un côté, irriter le pape sur l'écrit fait par les autres, duquel je vous envoie un double; et lesdits Vénitiens étant d'ailleurs, en extrême jalousie des forces que le comte de Fuentes continue d'assembler au Milanais; mais j'ai pour mon regard opinion que ces petites riotes s'évanouiront, puisque le principal est achevé: de quoi nous vous tiendrons averti, comme vous le serez par la fin de la présente de la continuation de la bonne santé de Leurs Majestés, et de tous leurs enfans. Je prie Dieu, monsieur, qu'il vous conserve en bonne santé, me recommandant très-affectueusement à votre bonne grâce.

De Fontainebleau, ce 22 de mai 1607.

Votre très-affectionné serviteur, et assuré ami,
De Neufville.

Plus bas, en la même lettre, est écrit ce qui en suit:

Monsieur, vous vîtes une lettre de M. de La Boderie devant votre partement, par laquelle il sembloit que le roi d'Angleterre et son conseil ne désiroient rien tant que se joindre à nous pour traverser et rompre les traités des Pays-Bas. A quoi ayant fait dire audit roi que Sa Majesté joindroit volontiers ses conseils aux siens pour procurer et assurer le bien des Provinces-Unies, soit pour la paix ou pour la guerre, il en a parlé depuis plus froidement beaucoup, et fait difficulté de commander à son agent résident auxdits pays, de joindre ses conseils et actions aux vôtres pour avancer l'une ou l'autre résolution; tant cette nation se défie de la nôtre, et sont irrésolus en toutes choses, principalement quand ils traitent avec nous. De quoi j'ai été chargé de vous avertir, afin que vous ne vous arrêtiez à ce que ledit député vous dira de la part dudit roi, que sur bons gages, et aussi que vous ne lui confiez vos affaires sans grande considération.

Lettre de M. de Villeroy à M. le président Jeannin, du 26 mai 1607.

Monsieur, ce porteur va par delà, recommandé du Roi à M. le prince Maurice et à M. de Châtillon, pour avoir la charge d'une compagnie de gens de pied du régiment, vacante par la mort du capitaine Suelle; en quoi Sa Majesté désire que vous le favorisiez, comme M. de Buzanval. Nous vous écrivons le plus souvent que nous pouvons, et attendons en bonne dévotion de vos bonnes nouvelles. L'on dit que si par la proposition que vous aurez faite à ces messieurs, ils se sont aperçus que le Roi balance et soit irrésolu entre la paix et la continuation de la guerre, qu'ils épouseront toujours le premier parti par préférence à l'autre, avec telle impétuosité et violence, qu'il ne sera jamais plus possible de les en détourner, quelques offres que l'on leur fasse. Mais je continue à dire et croire que s'ils se désunissent et divisent en leurs délibérations, qu'ils ne peuvent les prendre bonnes ni sûres pour eux et pour leurs amis. Il faut donc commencer par les rallier et joindre ensemble devant que s'engager en leurs affaires. Davantage il faut considérer que si nous entreprenons les induire et porter, contre leur volonté, à l'un ou à l'autre parti, qu'ils nous appelleront à garants du mal qui leur en succédera, et prétendront nous faire porter tout le faix, et peut-être encore le péril qu'il faudra y courre, en danger pour cela d'être abandonnés d'eux au fort des affaires. Les avis qui nous ont été donnés du lieutenant du comte de Fuentes nous ont été confirmés par toutes les lettres que nous avons reçues d'Italie et de Piémont depuis mes dernières, comme ceux de la défaite de l'armée navale, que l'on fait encore plus grande que je ne vous ai écrite. Leurs Majestés sont toujours ici avec toute leur maison et messieurs du conseil, et dit-on que chacun se séparera après la fête, et même que le Roi pourra tourner vers la Picardie, afin d'approcher de vous, et par ce moyen entendre plus souvent de vos nouvelles. Je prie Dieu, monsieur, qu'il vous conserve en bonne santé, et salue vos bonnes grâces, avec celles de MM. de Buzanval et de Russy, de mes très affectionnées recommandations.

De Fontainebleau, ce 26 mai 1607.

De Neufville.

Lettre *de MM. Jeannin, de Buzanval et de Russy, au Roi, du 29 mai 1607.*

Sire,

Notre arrivée en ce lieu de La Haye ne fut que le 24 de ce mois, pour ce que le vent toujours contraire depuis Calais jusqu'à Flessingue, et de Middelbourg jusqu'à Rotterdam, distant seulement de trois lieues de La Haye, nous a retardé. Nous y sommes toutefois arrivés assez à temps, n'y ayant rien de plus avancé que ce qui étoit déjà fait avant notre départ de Paris, sinon des conférences pour interpréter quelques mots de la trêve, même celui d'invasion, que l'archiduc veut entendre à tous actes d'hostilité, et obtenir, s'il lui est possible, indirectement, que la trêve soit aussi bien sur mer que sur terre; à quoi le cordelier, qui est encore à Delphe, travaille, et sous ce prétexte fait des pratiques secrètes pour porter à la paix tous ceux qu'il peut, soit par corruption ou par persuasion. Les députés des Etats de toutes les Provinces-Unies, qui sont assemblés en ce lieu, nous sont venus voir à l'instant de notre arrivée, avec démonstration qu'ils en avoient grand contentement, et se promettoient beaucoup de la bienveillance et assistance de Votre Majesté. Les villes de Zélande et Hollande, par lesquelles nous sommes passés, en ont fait autant. M. le prince Maurice vint au-devant de nous jusqu'à demi-lieue d'ici, et voulut descendre en notre logis, où il nous fit plusieurs déclarations d'affection qu'il a au service de Votre Majesté. Les députés des Etats y étant venus au même temps, interrompirent ce discours. Le lendemain matin nous le fûmes voir pour lui représenter vos lettres, et faire entendre ce que Votre Majesté nous avoit commandé, qui étoit de nous conduire par son avis en ce qu'avions à traiter avec les Etats, pour l'estime qu'elle fait de sa prudence, de son jugement, et de ce qu'elle sait personne n'avoir plus d'intérêt et d'affection à conserver l'État desdites Provinces-Unies que lui. Nous y avons encore ajouté que la guerre sembloit à Votre Majesté un remède plus assuré, pour les garantir de ruine, que la paix que l'Espagnol offroit avec des conditions spécieuses en apparence, mais en effet dangereuses, et pour les réduire en leur ancienne servitude, y ayant insisté bien fort, pour ce que nous étions déjà avertis qu'il étoit du tout porté à ce dessein. Ce qu'il nous fit aussi connoître bientôt, et que les villes de Zélande, celle d'Amsterdam en Hollande, qui est la plus puissante de toutes les villes des Provinces-Unies, en faisoient le même jugement; et quant à celles de Gueldres et Frise, elles étoient tenues par gens de guerre qui dépendoient aussi de sa volonté, et seroient contraintes de suivre ce même conseil; que la plupart des gens sages disoient bien qu'il n'y avoit aucune sûreté en la paix; mais grand nombre se laissent emporter à l'apparence des offres qu'on fait, comme si par l'issue d'une guerre, quelque longue qu'elle soit, on ne puisse mieux espérer que ce qu'on leur veut donner dès à présent. Ajoutant encore que si l'impétuosité de ceux qui courent indiscrètement à la paix n'est arrêtée, il y aura sans doute de la division en leur Etat, qu'il prévoyait bien être fort dommageable; mais que les dangers de la paix feroient oublier tout autre péril et respect à ceux qui la craignent; et que l'un des meilleurs moyens pour les retenir, est de leur faire entendre que Votre Majesté est disposée de les assister et secourir s'ils veulent continuer la guerre, mais non d'intervenir à la paix, qu'elle jugeoit devoir être cause de leur ruine.

Nous avons montré d'approuver son avis, et que nous avions eu même commandement de Votre Majesté, comme il est vrai par les lettres que M. de Villeroy a écrites au président Jeannin depuis votre départ, qui contiennent par exprès qu'ayons à y procéder ainsi, encore que notre instruction fût contraire pour ce regard. Nous lui avons seulement remontré qu'il ne semble pas à propos de faire cette déclaration si ouverte en l'assemblée générale lorsqu'y serions ouïs, mais bien en la conférence particulière des députés avec lesquels nous aurons à traiter: ce qu'il a approuvé, et sommes aussi demeurés d'accord avec lui de tout ce qu'il falloit proposer en ladite assemblée générale de la part de Votre Majesté, où nous différons de nous présenter pour deux jours, à cause de l'indisposition de M. de Buzanval qui est fort mal, afin qu'il y assiste s'il est lors en santé. Ce délai nous sert aussi pour nous instruire comme nous faisons de moment à autre. Le sieur de Barneveld étoit venu voir le sieur de Buzanval, et l'avoit aussi prié qu'il pût conférer avec le président Jeannin. Ils ont été ensemble deux bonnes heures, lui a donné vos lettres, témoigné la fiance que Votre Majesté avoit en lui, pour être bien informé qu'il désiroit le bien de leur Etat, qu'il étoit capable de juger de tout ce qui leur pouvoit apporter du bien ou du mal, et que vous aviez donné charge de nous instruire par sa bouche de l'état des affaires et de l'inclination des peuples. Il lui a discouru fort au long, montrant de ne vouloir rien cacher ni dissimuler de ce qu'il sentoit, ayant commencé par cette préface, qu'il ne haïssoit rien tant que l'Espagnol et l'archiduc; que le plus grand dommage de leur ruine, si elle arrivoit, tourneroit sans doute au préjudice de Votre Majesté, de qui le roi d'Espagne se tient plus offensé, et désire plus se venger que de tout autre; que la maison de Nassau trouveroit sa part en cette ruine, mais qu'il n'y a personne entre les particuliers, qui doive plus craindre leur vengeance et inimitié que lui; a excusé ce qui s'est passé de la trève, disant en avoir averti M. de Buzanval pour le communiquer à Votre Majesté, et qu'elle soit si nécessaire pour le mauvais état auquel sont vos affaires, les grandes dettes qui courent sur eux dont ils sont pressés, et le manquement des contributions, que, sans ce remède, leur ruine étoit fort avancée. Outre ce qu'on les avoit mis en défiance que Votre Majesté ne vouloit plus continuer son secours, mais qu'ils n'ont jamais eu intention de passer outre, sans en prendre l'avis de Votre Majesté et du roi d'Angleterre, et qu'il autant délibéré de souffrir les incommodités de la guerre, et de la conseiller à ses compatriotes qu'il fut jamais, s'il se plait à Votre Majesté prendre leur défense, et se déclarer ouvertement contre l'Espagne: hors ce moyen qu'il ne voyoit aucun remède que la paix, avec l'intervention de Votre Majesté et du roi d'Angleterre.

Et lui ayant été remontré qu'un bon secours suffiroit pour quelque temps, attendant que Votre Majesté eût préparé ce qui peut être requis pour entrer en une guerre de si grande conséquence, et que le roi d'Angleterre, qui a le même intérêt, et a témoigné le même désir à leur conservation, peut aussi être induit à prendre ce conseil; lui faisant sentir que Votre Majesté traitoit de cette affaire avec lui, et en espéroit bonne issue, pour lui relever le courage abattu par la crainte du mauvais succès de leurs affaires, il a répondu qu'ils ont de si grandes nécessités, et y a de présent telle foiblesse en leur Etat, qu'il faudroit six millions de livres chacun an au moins pour la guerre, outre ce qu'ils y pourroient mettre du leur. Ce qu'ayant été rejeté comme impossible, et qu'un tel secours pour amis et alliés, sans en espérer autre profit, étoit sans exemple, il confesse qu'il étoit véritable et que le prévoyant bien, il ne voudroit être si mal avisé de conseiller à leur Etat d'en faire instance; mais que ce qui lui sembloit le plus aisé, étoit la paix par l'intervention des deux rois, demeurant leur Etat du tout séparé d'Espagne avec les conditions qui seroient jugées convenables pour leur sûreté et pouvoir demeurer libres, et en état de servir Votre Majesté et la couronne de France, en reconnoissance des grandes obligations qu'ils lui ont.

Le président Jeannin lui a dit que Votre Majesté n'entreviendroit jamais à cette paix, jugeant bien qu'elle leur seroit dommageable, dont il s'est fort étonné, faisant connoître qu'il avoit tout autre sentiment. Il a aussi discouru de ce qui s'étoit passé, touchant les propositions faites par M. Aërsens fils, et jure qu'il n'en a oncques parlé en public, mais seulement en particulier entre trois ou quatre. Et lui étant dit que Votre Majesté avoit été bien avertie du contraire, et qu'avions appris à Middelbourg de personnes de qualité, qu'on en avoit traité avec plusieurs du conseil de Zélande, que Votre Majesté en étoit fort étonnée et offensée, et vouloit en faire connoître la vérité aux députés de l'assemblée, il a insisté du tout qu'il n'étoit point à propos de ce faire. Mais ce n'est pas l'avis de M. le prince Maurice, qui dit aussi savoir le contraire, et que ce prétexte a servi pour porter à la paix plusieurs qui n'y avoient aucune inclination, même avoit meu le roi d'Angleterre de la conseiller à l'Espagnol, et d'induire les Etats à la rechercher. Nous estimons de même qu'il est besoin d'en parler: aussi est-ce un des points de notre instruction. Le président Jeannin ne mande rien à Votre Majesté en particulier des discours qu'il a eus avec le sieur de Barneveld, pour lui persuader que la paix se sans doute la ruine de leur Etat et liberté : bien, la peux-je assurer qu'il n'a rien omis de ce qu'il a pensé pouvoir servir pour le faire entrer en cette crainte et appréhension qu'il montre bien avoir; mais il craint encore plus la guerre sans moyens grands et certains pour la soutenir. Et à ce qu'il a pu reconnoître, il est du tout porté à ce conseil, non par malice et corruption, mais avec jugement, et pour estimer qu'il ne peut mieux faire, afin qu'il ne gâte rien, et qu'il nous donne le loisir d'attendre les commandemens précis de Votre Majesté. On l'a laissé en espérance d'un traité entre Votre Majesté et le roi d'Angleterre, pour entrer en guerre ensemble contre l'Espagnol, et prié sur ce qu'il alentisse, autant qu'il pourra, l'affection précipitée de ceux qui courent à la paix, attendu même qu'ils ne sont pas encore certains si le roi d'Espagne la voudra ratifier, et s'il accordera qu'on traite d'une paix finale aux conditions qui seront nécessaires pour leur sûreté; et qu'en montrant qu'ils se préparent à la guerre avec l'appui des deux rois, ils en auront toujours de meilleures et plus avantageuses conditions, au cas qu'il soit jugé plus utile d'accepter la paix.

Il a promis de le faire très-volontiers, et qu'il considéroit bien ce qui lui a été représenté être véritable; mais qu'il nous pouvoit assurer que leurs peuples, même ceux de Hollande, qui font la moitié de leur Etat, se laissoient conduire par les plus sages, et qu'ils ne feroient rien précipitamment et mal à propos. Il a été besoin d'user de quelque artifice avec lui pour gagner temps, et prendre du loisir pour préparer toutes choses au contraire de son avis qui tend à la paix, en y employant l'autorité de M. le prince Maurice, si Votre Majesté prend ce conseil, qui seroit tout autre que ce qu'il lui avoit plu nous dire avant notre départ. Ce qui est de plus dangereux en cet Etat est la division, reconnoissant bien que ledit sieur prince Maurice est du tout porté à la guerre, et qu'il recherchera d'attirer de son côté tout ce qu'il pourra, ne jugeant pas toutefois si quelque grand secours ne retient ceux qui veulent la paix, que son parti soit le plus fort; et c'est à quoi nous nous employons, en lui représentant qu'on peut trouver dans la paix des avantages et de la grandeur pour sa maison, et pour lui-même en particulier, plus assurés de

beaucoup, si on est contraint d'y entrer, que dans la guerre trop périlleuse, et presque avec certitude de mauvais succès, s'il la falloit faire avec partie de l'Etat, l'autre s'unissant avec l'ennemi. Et au contraire, l'Etat déclaré libre par la paix et conditions bonnes et qui aient de la sûreté, il pourroit encore espérer quelque chose de plus avec le temps, appuyé de l'autorité et des moyens de Votre Majesté, qui prendra toujours plus de fiance en son amitié, qu'en celle d'un peuple léger et muable. Que Votre Majesté a bien la même opinion que lui, que la guerre auroit plus de sûreté pour leur Etat, jugeant qu'il est besoin d'y insister autant qu'on pourra, pourvu qu'on ne vienne jusqu'à la division. Il est sage, fort considéré, et semble aussi assez courageux pour oser entreprendre si l'occasion s'en présentoit; mais nous reconnoissons qu'il s'accommodera à votre volonté, y voyant de la sûreté pour lui, et quelque espoir de s'accroître, et d'être en état qu'il ne dépende absolument, comme il a fait du passé, de la légèreté et ingratitude des peuples, qui se lassent et dégoûtent aisément de ceux qui les ont bien servis.

C'est votre service, sire, d'en user ainsi; vous nous l'avez ainsi commandé, c'est un des points de notre instruction. Le sieur Barneveld a pareillement discouru au président Jeannin de ce qu'il traitoit de cordelier avec eux, pour l'ajouter à la trève, à savoir de faire révoquer tous les vaisseaux qui sont en mer sur les côtes d'Espagne, offrant pour ceux qui sont chargés de blés, afin de passer en Italie, dont le nombre est grand, toute sûreté, et que le roi d'Espagne n'entreprendroit rien contre eux. A quoi ledit sieur de Barneveld dit avoir répondu que la révocation des vaisseaux étoit déjà comme faite, pour ce que, sans autre déclaration, ils étoient sur leur retour dès le commencement de juillet ou à la fin même du mois de juin; et qu'à la vérité c'étoit l'avantage des particuliers de leur Etat, qui cherchent à vendre leurs blés en Italie, de trouver cette sûreté, au lieu que le roi d'Espagne, fort avec ses galères en la mer Méditerranée, leur pourroit porter du dommage, ayant désiré que cette offre fût acceptée et autorisée du consentement de M. le prince Maurice, lequel toutefois en a fait refus, disant que seroit en effet faire la trève aussi bien par mer que par terre, contre leur première résolution, et accoutumer ceux de ce pays à la douceur d'un profit empoisonné, qui les jetteroit du tout hors des conseils de la guerre. Toutes les provinces ne laissent pourtant de lui être contraires, et d'approuver l'avis dudit sieur Barneveld, fors la Zélande, qui seule y contredit. Nous sommes après pour empêcher que ce commencement de diversité n'apporte de la division, et de faire que la Zélande suive ce qui a été résolu par les autres, puisque aussi bien il se fera sans eux. Ledit sieur prince et de Barneveld ne sont si bien ensemble, qu'il seroit besoin pour les affaires publiques de leur Etat et votre service. Nous travaillons pour les mieux unir. Le sieur Barneveld a parlé aussi de deux cent mille écus pendant la trève, et nous assurons bien que les députés qui doivent conférer avec nous, qui sont en nombre de sept, à savoir un de chaque province, nous en feront grande instance. Il lui a été répondu que Votre Majesté ne vouloit donner aucun argent sans autorité, avec un acte de l'assemblée qu'ils ne feront aucun traité qu'avec son avis et consentement. Il en a fait difficulté, disant que l'assemblée ne le pouvoit donner sans en communiquer particulièrement à toutes les provinces, qui seroit une grande longueur, et pour chose inutile, d'autant qu'il étoit certain que leur Etat ne traiteroit jamais, sinon avec l'intervention de Votre Majesté, de laquelle seule devoit dépendre leur sûreté. Ce point est remis à la conférence de ceux avec qui nous aurons à traiter.

M. le prince Maurice sent mieux de M. Aërsens père que dudit Barneveld. Il se plaint néanmoins de M. Aërsens, qui est près de Votre Majesté, de ce qu'il a mandé à M. Barneveld qu'il savoit notre charge être de les porter à la guerre si nous pouvons, sinon que Votre Majesté entreviendroit à la paix pour leur sûreté, ayant cette lettre fort confirmé ceux qui désirent la paix à persévérer en leur opinion. Il a voulu montrer qu'il étoit soigneux et bien averti, ou qu'il avoit assez bon jugement pour deviner, par conjectures, vos intentions. L'agent d'Angleterre nous est aussi venu voir, et nous a assuré que le roi son maître se vouloit joindre et conformer aux avis de Votre Majesté, en ce qui touchait les affaires de cet Etat, soit pour la guerre, ou pour la paix, et qu'il n'estimoit pas qu'il y eût autre moyen de les garantir d'un prochain naufrage, sinon de faire la guerre ouvertement contre l'Espagne, ou la paix, avec l'intervention des deux rois; montrant toujours d'être plus enclin à ce dernier moyen, et nous représentant avec grand soin les nécessités de ce peuple, leurs dette et foiblesse. On lui a répondu qu'à la vérité la guerre, avec l'appui des deux rois, et une amitié ferme et bien établie entre eux, donneroit non-seulement de la sûreté à cet Etat, mais un assuré repos à toute la chrétienté, et délivreroit par ce moyen tous les princes et Etats de la crainte qu'ils ont de l'ambition d'Espagne. Nous eûmes aussi plusieurs autres discours sur ce même sujet. Et depuis étant allé voir ledit sieur agent, pour reconnoître l'inclination de son maître, touchant la guerre ou la paix, il rentra de soi-même sur la conjonction de Vos deux Majestés contre l'Espagne, et que cette affaire se traitant sincèrement, il en espéroit bien du côté du roi de la Grande-Bretagne. Nous en avons dit autant de l'intention de Votre Majesté, et que nous estimions qu'elle y seroit bien disposée, mais que c'étoit près desdites deux Majestés et par leurs principaux ministres qu'il falloit traiter de cette affaire; que nous pourrions bien considérer entre nous, puisqu'il y a du péril en la paix, comme il le jugeoit lui-même, et que sommes incertains si le roi d'Espagne ratifiera ce qui a été fait, ou voudra donner des conditions assurées, avec quels moyens on pourra faire et soutenir la guerre, pour en donner avis à nos maîtres, et y faire pourvoir: car étant besoin d'assister les Etats d'un plus grand secours que du passé, ainsi que nous ont dit ceux qui ont quelque connoissance de leurs affaires, il ne seroit pas raisonnable faire tomber cette dépense entière sur Votre Majesté, qui ne la pourroit ni voudroit aussi supporter. Mais s'il plaisoit au roi de la Grande-Bretagne y contribuer pour sa part, toutes choses se manieroient avec plus de réputation et d'espoir de bon succès, étant certain, s'ils prenoient après résolution ensemble de mettre les Etats en paix, que le roi d'Espagne seroit à cette occasion contraint de leur accorder des conditions beaucoup plus avantageuses: au lieu que s'il les voit abandonnés ou assistés d'un foible secours, il leur sera plus rude, et les peuples au contraire se précipiteront à la paix à telles conditions qu'il nous plaira.

qui nous a confessé que ce que lui disions étoit véritable, et qu'il estimoit que son maître ne refuseroit de contribuer à cette dépense pour sa part; ajoutant, quoi qu'on nous ait dit, qu'il faudroit croître le secours de beaucoup et de sommes immenses, si on rentre en guerre. Ce qu'il disoit, pour être bien informé des charges des Etats et des dépenses qui sont requises pour faire la guerre avec espoir de bon succès, comme ayant toujours assisté à leur conseil : et, combien qu'on ait levé chacun an, sur les Provinces-Unies, dix millions de livres, il seroit besoin de les aider au moins d'un million d'or, ou de douze cent mille écus aussi chacun an. Ce qu'étant fait, et les deux sommes bien employées, elles pourroient suffire, tant pour faire la guerre que pour supporter toutes les charges de l'Etat. Nous nous en éclaircirons en la conférence avec les députés. Ledit sieur agent a promis d'avertir le roi de la Grande-Bretagne de tout ce que dessus, et d'y faire tous les bons offices qu'il pourra; mais il nous a semblé que la paix avec l'intervention des deux rois, lui plaît toujours plus que tout autre conseil.

Le président Jeannin a vu depuis par trois fois le prince Maurice, et conféré fort particulièrement avec lui, l'excitant de prendre conseil en commun avec le corps général de l'Etat, sans se séparer, en lui montrant de rechef qu'il n'y a que du péril s'il le fait, et au contraire de la sûreté et avantage. Il s'est trouvé beaucoup mieux disposé, et a remis sa résolution entière à la venue de son cousin le comte Guillaume de Nassau, qu'il a mandé en Frise, où il est, et l'attend dans trois ou quatre jours, faisant cependant connoître qu'il se vouloit conformer du tout à la volonté et aux commandemens de Votre Majesté : bien a-t-il dit au sieur Jeannin qui estimoit que les Etats se trompoient en l'espérance qu'ils ont conçue d'obtenir du roi d'Espagne une paix finale en cette qualité d'Etats libres, sur lesquels il ne prétend aucun droit, et qu'il savoit de bonne part qu'il n'entendoit accorder, sinon une trève de douze ou quinze ans, et pratiquer cependant parmi eux, afin que, la trève expirée, il puisse recouvrer ses anciens droits de souveraineté, qu'il seroit dommageable aux Etats de traiter à ces conditions, et ne leur donneroit jamais cet avis. Il y a bien de l'apparence que l'Espagnol ai-

meroit mieux une longue trève, et les Etats aussi doivent plutôt désirer la paix pour toujours.

Nous avons été ouïs le 28, en l'assemblée des Etats où étoit M. le prince Maurice; j'envoie à Votre Majesté ce que nous y avons proposé, qui a été bien reçu, et en sont demeurés satisfaits. Ils nous ont aussi fait une réponse par la bouche de M. de Barneveld, pleine de respect, soumission et remercîment à l'endroit de Votre Majesté, reconnoissant lui devoir leur salut; ont excusé, sur les nécessités de leur Etat, ce qu'ils ont fait pour la trève, et dit qu'ils n'entendoient prendre autre résolution en leurs affaires que celle qui seroit plus agréable à Votre Majesté, et jugée par elle la plus utile et assurée pour eux et leur Etat; qu'ils députeront à cet effet quelques-uns d'entre eux pour en conférer avec nous, lesquels auroient charge de nous communiquer tout ce qui pourroit servir à notre instruction, et à nous éclaircir de l'état de leurs affaires, et des remèdes dont ils ont besoin. Le jugement que nous pouvons faire jusqu'ici de l'inclination du grand nombre des Etats est qu'ils désirent sans doute la paix, à condition de demeurer libres, et du tout hors de la sujétion d'autrui, se promettant de l'obtenir du roi d'Espagne, et toutes autres conditions requises pour leur sûreté, encore qu'ils ne soient aucunement informés de sa volonté et des conditions de ce traité, ni s'il veut faire une simple trève ou paix finale, tant leur désir à cette paix les aveugle et précipite. Bien est vrai qu'ils aimeroient encore mieux la déclaration de Votre Majesté et du roi d'Angleterre contre l'Espagne que la paix, s'assurant que cette conjonction seroit une entière sûreté pour eux et la ruine d'Espagne; mais ils ne l'osent espérer; ils joignent toujours Vos deux Majestés ensemble à ce dessein, pour ce qu'ils disent que si Votre Majesté seule entreprenoit cette guerre, que le roi d'Angleterre, craignant qu'elle ne s'accrût par la conquête d'une partie des Pays-Bas, deviendroit plutôt son ennemi que spectateur du combat, et qu'ils l'ont ainsi appris et reconnu par les propos de ses ministres.

Nous estimons aussi qu'avec un bon secours, comme de douze cent mille écus par an, selon que le sieur d'Aërsens l'a proposé, on les pourroit induire de continuer la guerre; non que ce remède leur semble si assuré que les autres, pour ce que tels secours durent, ainsi qu'ils disent, autant qu'il plaît aux princes qui les donnent; que leurs affaires les empêchent bien souvent de les continuer, et que venant à faillir les successeurs n'ont toujours la même volonté. Il est besoin, sire, de penser à ce secours, crainte que l'Espagnol ne leur veuille accorder la paix aux conditions qu'ils s'imaginent; et s'ils sont abandonnés, ou foiblement secourus, qu'ils ne reçoivent la paix à telle condition qu'on voudra, ou au contraire, leur secours étant assuré, l'Espagnol se rendra plus facile. Ce n'est pas que ne voyons bien cette dépense être trop excessive et insupportable; mais nous jugeons que montrer seulement qu'on le veut faire, sera le moyen de relever le courage à ces peuples, et d'avoir la paix. Et en effet si on ne la peut obtenir bonne et sûre, ou Votre Majesté sera contrainte de continuer cette dépense quelque temps, y faisant contribuer l'Angleterre, s'il est possible, et vous obligeant l'un envers l'autre de vous secourir contre le roi d'Espagne, pendant le temps que ce secours devra durer, ou bien, si les abandonnez, Votre Majesté aura perdu ce qu'elle a déjà employé, pour ce que le pays tombera sans doute ès mains de l'Espagnol, pour en user à sa discrétion. Quand on ne leur voudroit accorder qu'une trève à longues années, encore y pourroit-on trouver de la sûreté, pourvu qu'il veuille consentir à l'intervention des deux rois, tout ainsi que si on faisoit une paix finale, et trouver bon qu'ils soient protecteurs de cette trève, et garans envers l'un et l'autre des parties, comme les Suisses sont de la neutralité du duché et comté de Bourgogne envers les deux rois de France et d'Espagne. Car, outre ce traité avec l'Espagnol, les deux rois et les Etats en pourroient faire un séparé, par lequel Leurs Majestés promettroient certain secours aux Etats contre l'Espagne, en cas d'infraction, et les Etats à chacun d'eux, si le roi d'Espagne leur faisoit la guerre, et eux aussi de même l'un à l'autre, qui seroit comme une ligue offensive et défensive entre eux tous, contre le roi d'Espagne, pendant que ladite trève dureroit.

Votre Majesté voit qu'il y a plusieurs difficultés en cette affaire : la première et principale desquelles est, si le roi d'Espagne voudra la paix, à condition qu'il y ait de la sûreté pour les Etats, c'est-à-dire avec l'intervention de Leurs Majestés; car ce doit être leur plus grande sûreté, de laquelle toutefois nous avons entendu que le roi d'Espagne fera très-grande difficulté, et qu'il consentira encore plutôt à l'intervention d'Angleterre qu'à celle de Votre Majesté : ainsi l'avons-nous appris de M. de Barneveld, qui nous a dit toutefois que les Etats n'y consentiroient jamais autrement. Il est donc besoin, sire, pour n'être point surpris, de préparer les moyens de faire la guerre, et d'y disposer tant qu'on pourra les affections de ces peuples; car il sera toujours aisé de retourner à la paix, quand on verra des conditions assurées pour le faire; encore que M. de Villeroy ait écrit au président Jeannin, par commandement de Votre Majesté, qu'on fît connoître aux Etats que Votre Majesté ne vouloit entrevenir à la paix s'ils la faisoient, Nous n'avons pas cru qu'elle eût pourtant changé du tout sa résolution, qui est contenue en notre instruction, mais que Votre Majesté entendoit seulement qu'eussions à la cacher, et retenir en nous-mêmes, pour empêcher les Etats de courir inconsidérément à la paix. Nous y avons procédé ainsi, et étoit notre intention, avant même qu'avoir reçu ladite lettre, de suivre cette conduite jusques à ce qu'il fût temps de nous découvrir plus avant. Nous supplions néanmoins très-humblement Votre Majesté de nous éclaircir sur ce de son intention, par la première dépêche, et se souvenir, s'il lui plaît, de faire traiter soigneusement avec le roi d'Angleterre, que ses ministres et les vôtres n'aient qu'un même avis; et qu'il se porte aussi de sa part à contribuer au secours que peuvent demander les Etats, quand ce ne seroit que pour induire le roi d'Espagne à leur accorder des conditions de paix qui soient plus avantageuses, et pour la crainte et réputation de ce secours, et conjonction de Vos deux Majestés en ce dessein.

Ecrivant cette lettre, l'agent d'Angleterre nous est venu voir, et nous a dit avoir reçu de nouveau lettres de son maître, du 8 de ce mois, qui est le 18, selon notre style, par lesquelles il lui donnoit avis M. de La Boderie l'avoir averti de notre venue en ce lieu, et des causes du voyage, lui commandant derechef de conférer sincèrement avec nous de toutes concernant notre légation, et de se conformer même à nos avis. Nous faisons connoître que nous pouvons cette conjonction, donne un grand contentement, et relève fort le courage de ces peuples. Nous avons écrit à M. de La Boderie, que le prions faire savoir de ses nouvelles, pour apprendre qui pourra toucher notre charge. Ledit nous a encore dit que son maître désire que les Etats lui envoient leurs députés, et s'en aille lui-même avec eux. Si les Etats font, il nous semble qu'ils doivent rendre le respect à Votre Majesté, et envoyer aussi elle, ce qu'avenant, notre séjour n'y seroit peut-être inutile. Nous nous instruirons cependant de toutes choses, et attendrons votre commandement, soit sur l'envoi desdits députés, notre retour avec eux, ou autre charge concernant la charge qu'il a plu à Votre Majesté nous donner. Nous serons fort pressés des cent mille écus, dont les Etats ont grand besoin, étant tous les jours aux emprunts chez les Lombards. M. Barneveld nous a dit que l'assemblée générale des Etats écrira à Votre Majesté autant en substance que l'acte que Votre Majesté a demandé pourroit contenir, et qu'autrement il faudroit trois mois pour avoir les consentemens particuliers des villes et provinces, et qu'eux seroient du tout hors de doute s'ils traitoient jamais sans votre intervention et consentement; et ce qu'ils ont fait de la trève a été un remède du tout nécessaire et précipité, qu'il ne leur a donné aucun loisir de vous en avertir.

On tient ici pour certain que vingt-sept navires des Etats ont eu un combat contre onze galères du roi d'Espagne, que la mêlée a été grande; on n'en sait encore les particularités. S'il est vrai, on estime qu'il y a du changement à la résolution de la paix, et l'orgueil d'Espagne ne pourra souffrir qu'on traite avec tant d'avantage pour les Etats après avoir été battus. Le comte Guillaume de Nassau a mandé au prince Maurice que le roi d'Espagne levoit des régimens de lansquenets en Allemagne. Ledit prince craint que cette levée, avec les forces d'Italie, qu'on dit être encore ensemble, ne soient pour venir en Flandre contre les Etats, si le roi d'Espagne ne ratifie la trève, ou quand il la ratifieroit, pour, avec la terreur de ses armes, les contraindre d'accepter telles conditions qu'il voudra. Nous estimons devoir avertir Votre Majesté du devoir que fait M. de Béthune d'apprendre, des connoissances et habitudes qu'il a ici, tout ce qu'il peut pour nous instruire, et donner moyen de la mieux servir. M. de Châtillon a aussi désiré, sur le commandement que Votre Majesté lui a fait de recevoir M. de Roques pour lieutenant-colonel de son régiment, au lieu de M. Dusault, qu'eussions à l'avertir de la difficulté que font les capitaines, lesquels disent que c'est contre l'ordre, et les Etats aussi sont de même avis; mais si Votre Majesté lui donne un peu de loisir, qu'il essaiera de les disposer à ce qu'elle lui commande, étant prêt de sa part d'y rendre l'obéissance qu'il doit. Nous attendons la réponse et les commandemens de Votre Majesté sur ce que lui mandons de l'état des affaires de ce pays; et prierons Dieu, sire, qu'il lui donne très-longue vie, et tout heur et prospérité.

De La Haye, ce vingt-neuvième jour de mai 1607. P. JEANNIN, BUZANVAL et RUSSY.

LETTRE *du président Jeannin à M. de Villeroy, dudit jour 29 mai* 1607.

Monsieur, nous écrivons au Roi tout ce qu'avons pu apprendre touchant les affaires dont Sa Majesté nous a donné charge. Le plus grand nombre désire la paix. M. de Barneveld, qui a grande autorité et créance dans les Etats, et particulièrement dans la province de Hollande, qui seule fait presque la moitié des Provinces-Unies, du moins contribue autant que toutes les autres, embrasse ce conseil avec affection, et le juge nécessaire en l'état auquel ils sont réduits, non, à mon avis, par corruption, mais par prudence, et comme estimant qu'ils ne peuvent mieux faire, pourvu que les deux rois y entreviennent. Et quoique lui ayant dit que Sa Majesté n'y vouloit aucunement entrevenir, il ne le croit pas, ayant reçu lettres du sieur Aërsens, par lesquelles il lui mande que notre charge est de les porter à la guerre si nous pouvons, sinon à la paix avec l'intervention du Roi. Notre crainte est qu'il ne soit trompé, et que l'Espagnol n'ait fait ses propositions de traiter avec eux comme souverains, sur l'appréhension qu'il a eue que les Provinces-Unies vouloient reconnoître Sa Majesté, et elle se déclarer ouvertement et entrer en guerre pour leur conservation; et maintenant qu'il en est délivré et hors la guerre d'Italie, qu'il change d'avis. Le prince Maurice le croit aussi; le sieur Barneveld même commence d'en douter, et n'est sans apparence qu'il avienne ainsi.

C'est pourquoi il est nécessaire de se préparer au secours, et de traiter avec l'Angleterre pour y contribuer, crainte d'être surpris; et que l'Espagnol, qui n'a encore ratifié la trève, qui a des forces ensemble en Italie, et en lève en Allemagne jusques à sept régimens de lansquenets, ne les jette en ce pays, ou pour leur faire la guerre, rejetant la trève, ou bien montrer ses forces pour donner de la terreur, et les contraindre de recevoir la paix à telles conditions qu'il lui plaira. Vous pouvez mieux être averti de ses desseins : nous estimons que si le Roi et le roi d'Angleterre veulent que la guerre continue en ce pays, qu'ils s'y résoudront moyennant un bon secours, non moindre, à mon avis, que de douze cent mille écus, et qu'ils déféreront en tout à leur autorité et commandement, et encore plus à Sa Majesté qu'au roi d'Angleterre. M. de Barneveld nous a dit qu'ils enverront bientôt des députés en Angleterre, lesquels auront charge de passer après vers le Roi, et que c'étoit seulement afin que Leurs Majestés envoient ici des députés instruits de leur intention, soit pour la paix ou pour la guerre. Nous lui avons dit qu'il seroit plus à propos d'envoyer des députés à part au Roi, et d'autres en Angleterre, afin que le même respect soit rendu à Sa Majesté; qu'il nous mande, s'il lui plaît, bientôt son intention sur ce sujet, et s'il sera à propos qu'attendions en ce lieu leur retour, au cas qu'ils envoient lesdits députés, ou que nous allions avec eux. Il est certain que cet envoi ne sera qu'un respect et compliment sans autre fruit; vous en jugerez. Le sieur de Barneveld presse fort les douze cent mille écus; et les députés en feront sans doute autant, comme a déjà fait le prince Maurice, disant que sans cet aide les gens de guerre ne peuvent être entretenus, ni le peuple garanti de leurs désordres, car ils en ont grand besoin. On offre une lettre à Sa Majesté du corps de leurs Etats, qui contiendra en substance ce que contiendroit l'acte que Sa Majesté demande.

Nous voyons bien que l'intervention et consentement du Roi pour la paix leur est si nécessaire, qu'il n'y a d'apparence qu'ils veuillent rien faire qu'avec Sa Majesté; et néanmoins ce refus nous a déplu, et avons fait entendre à Barneveld qu'il nous mettoit en soupçon, et que ce qui s'est passé en la trève accroissoit la défiance. Il a dit que ce n'est que la longueur qu'il craint : le Roi commandera sa volonté; bien est-il certain que s'ils ont mauvaise intention, ce que ne croyons pas, cet acte ne les obligera pas davantage, et ne les empêchera pas aussi de prendre tel conseil que bon leur semblera en leurs affaires. Votre lettre nous a rendus incertains si Sa Majesté a changé de dessein de la paix avec son intervention contenue en notre instruction, ou seulement la forme de notre conduite et procédure. Eclaircissez-nous, s'il vous plaît, par les premières lettres, afin que suivions précisément ce qui nous sera commandé. Il est à propos qu'écriviez, au nom du Roi, une lettre comme de sa main, au prince Maurice, qui soit plus pressée que la première, qui ne contenoit rien davantage que celle du comte Henri et de ses deux cousins; vous y ajouterez la même créance si le jugez à propos. Nous ferons tout ce qui nous sera possible pour donner contentement à Sa Majesté, de notre négociation; et, pourvu que l'Espagnol ne se rétracte des offres qu'il a faites, ou, voulant traiter, ne rejette l'intervention du Roi, les affaires finiront par la paix, si le Roi continue en sa première résolution, ou bien il fera continuer la guerre avec de l'argent; mais je craindrois qu'enfin cette dépense grande et excessive ne fût mal employée et que l'issue ne fût pas autre, ni peut-être si bonne que celle que les Etats se promettent pouvoir obtenir dès à présent par la paix, s'ils ne sont point trompés de leurs espérances. Bien jugeons-nous que la déclaration de guerre de France et d'Angleterre, jointe aux Etats, ne pourroit avoir que tout bon succès, par ce que nous avons appris, en ce lieu, des moyens d'entreprendre sur les Indes avec les forces navales d'Angleterre et des Etats; mais ce n'est pas à nous de toucher ce dessein. Le sieur d'Aërsens a procédé sans doute sincèrement en la charge qu'il avoit prise de lui-même; mais peut-être a-t-il rendu trop commun ce qui devoit être plus secret, puisque la disposition n'étoit telle qu'il s'étoit promis. M. de Buzanval se porte mieux qu'il ne faisoit. Nous communiquons des affaires avec M. de Russy, étant nécessaire qu'il soit instruit, puisqu'il doit succéder à la charge dudit sieur de Buzanval ; aussi est-il sage et plein de discrétion pour en bien user : nous estimons que Sa Majesté l'aura agréable. Je vous baise très-humblement les mains, et suis, monsieur, votre très-humble et très-obéissant serviteur.

A La Haye, ce 29 mai 1607.

P. JEANNIN.

Première proposition faite en l'assemblée générale des Etats, le 28 mai 1607.

Messieurs, les mêmes raisons qui ont ci-devant mû le Roi très-chrétien d'avoir soin de vos affaires, et de vous assister et secourir de ses forces et moyens, sont celles qui l'ont excité de nous envoyer vers vous, sur ce que Sa Majesté a appris qu'êtes prêts de prendre une resolution de très-grande importance, de laquelle doit dépendre votre bien, liberté et sûreté, ou la ruine entière du gouvernement qu'avez établi en tant d'années, avec tant de dépenses, travaux et périls, pour acquérir cette liberté dont vous jouissez à présent.

C'est un soin qu'elle prend très-volontiers, pour ce qu'elle se souvient tous les jours que l'avez assistée en sa mauvaise fortune, et lorsque vous combattiez dans votre pays pour votre propre salut, et lui au même temps dans le sien pour conquérir le royaume qui lui appartenoit par les lois. Aussi peut-elle dire avec vérité qu'elle a depuis usé de toute la gratitude et reconnoissance que l'état et condition de ses affaires lui ont pu permettre, et a même fait plus, quand le besoin d'un grand secours l'a requis, sans craindre les menées et pratiques secrètes qu'on faisoit contre lui dans son Etat à cette occasion, qui, néanmoins, lui eussent été très-préjudiciables, si Dieu, par sa grâce, ne lui eût donné le moyen de les découvrir et rompre. En quoi elle pensoit vous avoir donné si grande assurance de sa foi et de la sincérité de son amitié, que n'en pourriez jamais douter ; mais elle s'est bien aperçue du contraire, et qu'en faisiez tout autre jugement, en ce que vous avez fait une cessation d'armes, et écouté des ouvertures d'accord sans daigner prendre son avis, ni même lui en communiquer, faisant connoître à chacun, par cette action si importante, commencée et finie sans lui, que son entremise vous y étoit suspecte, et que son nom et sa dignité ne vous étoient en aucun respect.

Elle ne peut toutefois s'imaginer d'où viennent les causes de ce soupçon, si ce n'est de quelques faux bruits et vaines propositions qu'on lui a dit avoir été mises en avant sous son nom, encore qu'elle n'en ait jamais donné aucune charge à qui que ce soit, par lesquelles on vous a voulu faire croire que Sa Majesté aspiroit à la souveraineté des Provinces-Unies, et si elle en étoit refusée qu'elle retireroit son secours, ou qu'il seroit si foible à l'avenir, qu'il serviroit plutôt pour faire durer la guerre, et par ce moyen assurer son repos et celui de ses sujets, que pour faire finir vos misères.

Ce mensonge, messieurs, lui a touché plus que vivement au cœur, et l'a plus offensé que toute autre chose ; car pour avoir fait la trève sans lui, il n'y a que le mépris et le peu de fiance qu'on a montré, dont il a reçu du déplaisir ne blâmant point l'action en soi, puisque l'avez jugée utile pour votre bien et soulagement ; et Dieu veuille qu'ainsi soit, que n'y soyez point trompés. Mais d'avoir voulu feindre que Sa Majesté cherchoit de s'accroître à vos dépens, et de faire durer votre mal, on fait tort à sa réputation, à sa bonne foi, et au désir qu'elle a toujours eu de procurer de tout son pouvoir une prompte et assurée prospérité à votre Etat.

Et c'est une des principales causes qui a fait avancer notre voyage, sans attendre la venue de vos députés que M. Aërsens lui avoit dit devoir être envoyés de votre part, crainte, si elle différoit plus long-temps, que ce mensonge, tenu pour vérité, ne fût peut-être cause de vous précipiter à quelques mauvais et dangereux conseils. Elle nous a donc donné charge de vous dire qu'elle n'a onques pensé à requérir de vous aucune chose qui fût contraire ni préjudiciable à votre liberté, et à l'état et gouvernement qu'avez établi pour vous affranchir de toute sujétion ; qu'elle vous a secouru et assisté, pour ce qu'elle avoit premièrement reçu de vous le même office d'amitié à son besoin ; qu'elle a cru avoir intérêt en la conservation de votre État, pour beaucoup de respects et considérations qui regardent le bien de son royaume, et pour ce qu'elle se promet, vous demeurant en l'état que vous êtes, c'est-à-dire, messieurs, de vous-mêmes et de votre pays, son état et le vôtre pourront encore recevoir à l'avenir, l'un de l'autre, les mêmes offices d'amitié, quand l'occasion s'en offrira.

Ce sont les vraies considérations qui l'ont mû, et les fruits que Sa Majesté a espérés et attendus de son secours, n'y ayant que trop de raisons d'État qui l'ont dû retenir et empêcher de prétendre à quelque chose de plus : et si vous voulez vous souvenir qu'elle n'a jamais ajouté aucunes conditions à son secours, qu'elle ne vous a requis de lui donner aucun gage dans votre État, ni recherché aucun profit que votre bienveillance et l'état prospère de vos affaires, vous en jugerez ainsi.

Il y a aussi peu d'apparence d'avoir dit et publié que son repos et celui de ses sujets dépendoit de cette guerre; car son royaume est, par la grâce de Dieu, si florissant, et ses sujets si enclins et affectionnés à conserver la grandeur d'icelui, sa personne et dignité, que le repos et la tranquillité s'y maintient, après Dieu, par sa conduite et les forces qui sont dans son État, sans qu'il lui soit besoin procurer du mal à ses amis, et user de cette déloyauté envers eux, trop éloignée de son naturel, pour faire jouir ses sujets de ce bonheur, que personne ne peut entreprendre de leur ôter sans hasarder et mettre en danger le sien : outre ce qu'elle sait régler toutes ses actions avec si grande modération et justice, que les princes ses voisins n'en peuvent recevoir aucune jalousie, mais plutôt reconnoître qu'elle n'a autre but et dessein que de conserver le sien, et de garantir ses amis et alliés de toute injure, violence et oppression, entre lesquels vous êtes ceux dont elle veut avoir plus de soin : au moyen de quoi Sa Majesté se promet qu'ils seront autant retenus et considérés qu'elle à ne rien entreprendre dont elle ait sujet de se ressentir. Et s'il avenoit autrement, il est toujours celui même qu'il a été du passé, prompt et disposé à supporter et mépriser toutes sortes d'incommodités, malaises et dangers, quand il sera besoin pour sa réputation, pour le bien et utilité de son royaume, ou le salut de ses amis et alliés.

Ces raisons doivent suffire pour vous persuader, messieurs, que les faux bruits qu'on a fait courir parmi vous sont sortis de l'invention et artifice de ceux qui vous ont voulu rendre suspects la foi, l'amitié, et l'assistance d'un grand Roi, pour vous séparer avec haine et mécontentement l'un de l'autre, vous affoiblir par ce moyen, et avoir meilleur marché de vous.

C'est pourquoi Sa Majesté nous a donné charge de le vous faire considérer, et de vous assurer de nouveau de la continuation de son amitié, et de son assistance et secours, et, quoiqu'elle ait eu quelque sujet d'être offensée de ce qui s'est passé en la trève sans lui, qu'il n'a pourtant rien changé ni diminué sa première affection envers votre État; mais est tant disposé qu'elle fut onques de favoriser votre bien, liberté et prospérité, et d'embrasser avec vous tous les moyens qui seront jugés par vous-mêmes les plus prompts et assurés, et les plus utiles et salutaires pour vous faire jouir de ce bonheur.

Mais elle vous prie et exhorte, comme vous ne pouvez faillir deux fois en cette délibération, sans que vous considériez bien et mûrement, sans autre passion ni dessein que du profit et intérêt public de votre État, ce qui vous doit être non en apparence, mais vraiment en effet, le plus profitable et avantageux, tant pour le présent que pour l'avenir, et surtout que n'ayez tous ensemble qu'un même avis et résolution; que les moins expérimentés, auxquels Dieu n'a donné si grand jugement et connoissance des affaires pour prévoir et juger de loin le bien et le mal des délibérations publiques, cèdent et défèrent aux autres qui sont plus capables de les bien conseiller; et que ceux-ci prennent bien garde aussi qu'en voulant donner des conseils plus sages et mieux considérés, ils ne fassent une ouverture à quelque division en leur corps, qui ne se peut conserver que par la même union, bonne intelligence, constante et généreuse vertu qui vous a maintenus, et fait prospérer jusques ici.

Il semble aussi à Sa Majesté qu'il est du tout expédient, pour votre bien et sûreté, que fassiez part de cette délibération à tous les rois et princes qui ont favorisé votre cause, et particulièrement au roi d'Angleterre, qui a montré désirer et a toujours procuré votre bien et sûlut, afin que la résolution que vous prendrez avec eux soit mieux considérée, plus autorisée, et qu'ils soient aussi plus obligés, par ce respect, à la conservation de votre Etat.

Elle vous prie encore de mieux considérer que n'avez fait du passé, que Sa Majesté est conjointe à votre Etat par tant de liens et intérêts, qu'elle ne peut être autre en votre endroit que vrai et assuré ami, si elle ne veut faire tort à soi-même et à son honneur.

S'il vous plait donc députer quelques-uns pour conférer avec nous, qui aient charge de nous instruire, et informer particulièrement de vos intentions et de l'état de vos affaires, nous vous ferons connoître que ce que nous vous avons représenté ici de la bonne et sincère volonté du Roi est très-véritable, et que vous aurez occasion d'en demeurer contens et satisfaits.

Lettre de M. de Villeroy à M. le président Jeannin, du 30 de mai 1607.

Monsieur, le Roi a été bien aise de savoir, par votre lettre du 21 de ce mois, que nous avons reçue le 28, le bon accueil que l'on vous a fait à Flessingue et à Middelbourg, et se promet que vous aurez rencontré encore plus favorable à La Haye, de quoi nous attendons des nouvelles en bonne dévotion. Les archiducs et leurs conseillers se plaignent maintenant plus haut et aigrement de votre voyage qu'ils ne faisoient du commencement, disant être bien avertis que vous avez été dépêché exprès pour rompre la cessation d'armes et empêcher leur paix; qu'ils n'ont donné occasion à Sa Majesté de défavoriser leurs affaires de cette manière, attendu qu'ils ne sont responsables des faits d'Espagne, et autres pareilles plaintes dont ils ont dit que Dieu leur fera la raison. Tels avis leur sont donnés de notre cour et de Hollande, où ils se vantent d'avoir de bons et fidèles amis. Le roi d'Espagne a ratifié ladite cessation d'armes. L'on nous mande qu'il l'a fait à regret, pour avoir trouvé les conditions d'icelle honteuses et désavantageuses pour lui; mais il espère les amander en faisant la paix pour y tenir la main. Il envoie présentement en Flandre don Diego d'Ibarra résider près des archiducs, pour assister aux traités qu'ils feront avec les Etats, et conduire la barque des affaires; vous connoissez les principaux personnages. Le conseil d'Espagne a fait partir six cent mille écus avec Baptiste Serre pour les frais de leurs gens de guerre des Pays-Bas de la présente année. Le duc de Lerme a aussi avancé et prêté audit roi deux cent mille écus pour remettre sus une nouvelle armée de mer, puissante assez pour combattre celle de Hollande, qui a, naguère, défait leurs galions et navires qui étoient au détroit de Gibraltar, ainsi que nous vous avons mandé.

Au demeurant, quoi que je vous aye écrit par mesdites lettres du 14 de ce mois, nous n'avons aucunement changé de délibération aux affaires de delà; car nous continuons à dire, si nous pouvons les porter et faire résoudre tous ensemble à la paix à conditions avantageuses et sûres pour eux et pour leurs amis, qu'il vaut mieux les y seconder et conforter, que les presser de continuer la guerre en désunion, ou nous engager davantage aux moyens de soutenir le faix. Toutefois, nous accommodant aux avis qui nous ont été donnés de ce côté-là, nous vous avons donné celui qui est porté par ladite lettre du 14, de l'usage duquel, en tous cas, nous avons entendu nous remettre du tout à vous, comme nous voulons faire encore de tous ceux que vous recevrez de nous ci-après; car, comme étant sur les lieux, vous pouvez mieux juger ce qui est plus expédient pour le service du Roi. Sa Majesté a toute confiance en vous et en ces messieurs qui vous assistent; elle entend aussi que vous en tailliez et rogniez à votre discrétion. Recevez donc cet avertissement, tant pour le présent que pour l'avenir, et vous contentez seulement de prendre garde de n'excéder la permission et faculté qui vous a été donnée en matière d'argent, d'autant que nous avons opinion que plus nous y mettrons plus nous y perdrons: vrai est, si vous voyez le contraire, que vous ne devez leur retrancher étroitement les anses de notre assistance que vous jugerez devoir leur être donnée, afin de gagner le temps, et attendre sur cela les intentions de Sa Majesté. Le comte de Fuentes a licencié ses forces, les Vénitiens ont donné passage par leur pays à ses lansquenets pour retourner en Allemagne, et a renvoyé à Naples les gens de pied qu'il en avoit levés. Il a aussi licencié sa cavalerie; il n'a encore rien entrepris contre les Grisons, et semble qu'il se contente d'y avoir semé la discorde civile, qui y est violente; mais continuant, elle fondra aussitôt sur les partisans d'Espagne et Savoie, que sur ceux de France et Venise; car l'impétuosité de ces peuples est aveugle et indiscrète. Ce sera ce que je vous écrirai par la présente, avec la continuation de la bonne santé de Leurs Majestés, priant Dieu, monsieur, qu'il vous conserve en bonne santé, et vous donne longue et heureuse vie.

De Fontainebleau, ce 30 mai 1607.

De Neufville.

Et plus bas est écrit : L'on ne parle plus aussi de l'entreprise de guerre, et nos voisins montrent avoir autant de besoin de vivre en paix, que nous y sommes disposés de notre côté.

LETTRE *de M. le président Jeannin à M. Aërsens, résident pour le service de MM. les Etats près du Roi, du premier juin 1607.*

Monsieur, avant qu'avoir vos lettres, j'avois déjà rendu ce témoignage au Roi, par notre précédente dépêche, du sentiment qu'avois de votre intégrité, et que si aviez fait ici quelques propositions de vous-même, que pensiez être utile à vos supérieurs, qu'aucuns ont depuis publiés par indiscrétion ou malice, dont l'ennemi a essayé de faire son profit, que ce n'est pas vous qui avez été cause de ce mal, mais que la faute en doit être rejetée sur autrui. Et néanmoins, que tels artifices et l'intention du Roi sont à présent bien connues d'un chacun, que les ennemis n'en peuvent espérer aucun profit ni Sa Majesté recevoir de dommage, par les lettres qu'elle nous a écrites aussi, et celles qu'ai reçues en particulier de M. de Villeroy ; je connois bien, quoiqu'on ait rapporté à Sa Majesté, qu'elle n'a pris aucune mauvaise opinion de vous, mais vous tient pour ce que vous êtes, à savoir, fidèle à vos supérieurs et maîtres, et désireux de son contentement, d'autant que, depuis le temps qu'êtes résident près d'elle, vous avez bien pu connoître qu'elle n'a autre plus grand désir que de procurer leur bien, conservation et prospérité. J'ai la même opinion de votre vertu, qui m'a été aussi confirmée par M. le prince Maurice, et serai à cette occasion, toujours désireux de vous rendre bien humble service quand j'en aurai le moyen, de même affection dont je vous baise bien humblement les mains. Et suis, monsieur, votre, etc.

De La Haye, le 1er juin 1607. P. JEANNIN.

LETTRE *de MM. Jeannin, Buzanval et Russy, au Roi, du 2 juin 1607.*

SIRE,

La dépêche qui contient notre premier avis de ce qu'avons fait en ce lieu, est partie le 30 du mois passé ; ainsi elle devra être arrivée à Votre Majesté devant la réception de celle-ci, à laquelle nous ajouterons seulement ce qu'avons appris depuis, et ferons aussi réponse aux lettres qu'elle nous a écrites du dix-septième jour dudit mois, qui nous furent rendues presque au même instant que le gentilhomme qui a porté les précédentes partit. Il n'a passé jour que n'ayons vu quelqu'un de ceux qui ont autorité et pouvoir en ce pays, pour reconnoître si l'inclination du général alloit à la paix comme nous l'avons mandé à Votre Majesté : mais il est certain que notre premier avis et jugement est véritable ; le menu peuple comme les artisans, bateliers, matelots, maîtres de navires, et avec eux quelques villes qui se sont enrichies par la guerre, et se promettent que la continuation leur sera encore profitable, comme Amsterdam, qui, par la dépouille des habitans et du commerce d'Anvers, s'est rendue la plus puissante de ce pays, désirent bien la guerre : mais tous ces peuples se laissent conduire en chaque ville par vingt-cinq, trente ou quarante de leurs principaux habitans, qui, étant lassés des charges qu'ils portent, et craignant les périls de la guerre, courent à la paix ; et ont pris cette impression qu'ils la peuvent obtenir, et demeurer maîtres de leurs pays en toute liberté et sûreté. De sorte que de sept provinces dont ce pays est composé, il y en a six, à savoir, Gueldres, Frise, Groningue, Over-yssel, Utrecht et la Hollande, qui seules portent la moitié des contributions, lesquelles sont entièrement unies en ce désir, n'y ayant que la Zélande qui y résiste ; de façon que, si l'Espagnol continue de leur offrir ce qu'il a fait, la crainte des inconvéniens qu'on leur propose, ne peut suffire pour les détourner de cette affection, quoique M. le prince Maurice, qui a du pouvoir beaucoup sur les villes tenues par garnison, fasse connoître que son inclination est au contraire ; que nous lui adhérions aussi ès conférences que nous avons avec les particuliers, suivant le commandement de Votre Majesté contenu en la lettre de M. de Villeroy, qui nous fut rendue dans le navire au départ de Calais ; montrant néanmoins que désirons leur repos et faire finir cette guerre, quand on connoîtra certainement que l'Espagnol veut la paix, avec l'intention des deux rois, et autres conditions requises pour séparer du tout cette

Espagne. Aussi estimons-nous qu'on les doit cependant tenir en crainte qu'on ne les veuille tromper, et que l'espérance de la paix ne leur a été donnée que pour les considérations contenues en nos précédentes lettres, ou bien pour ralentir leur ardeur, et les diviser, si on peut, afin qu'ils se préparent toujours à la guerre, et ne soient point surpris; car il ne sera que fort aisé de les porter à la paix quand il sera temps. Et en tout ce que dessus, nous y procédons fort retenus, pour ne mettre en soupçon les Etats que Votre Majesté ne veut leur repos, et pour accroître aussi l'inimitié du côté d'Espagne et des archiducs, et les rendre, à cette occasion, plus difficiles à recevoir l'intervention de Votre Majesté si la paix se fait, étant bien avertis que, du côté de l'archiduc, tout ce que nous faisons est su; en quoi on peut assez juger qu'il y a des amis. Nous ne pouvons encore que juger de l'intention du roi d'Espagne, et s'il continuera la guerre ou voudra la paix, y ayant des raisons et conjonctures d'une part et d'autre; et faut croire qu'il y a de grands défauts chez lui, quelque grand dessein ailleurs, ou une grande espérance de les tromper après la paix, si ayant été battu récemment dans le Détroit si près des forces de son Etat, il plie et abaisse la grandeur d'Espagne, pleine de vanité, à une paix qui lui fasse perdre ses pays. C'est pourquoi notre avis est toujours qu'en cherchant la paix, on se doit préparer à la guerre pour n'être surpris, et l'obtenir à meilleures conditions, et que ce n'est aussi le temps de les abandonner, crainte, s'ils le sont, qu'ils ne se précipitent en la sujétion de leur ancien maître, qu'ils n'y tombent même par force, avec honte et dommage. Ce n'est pas aussi leur but de continuer la guerre avec ce secours s'ils peuvent avoir la paix sûre, ou porter Vos deux Majestés à la guerre ouverte; ils y auront seulement recours en leur dernière nécessité, n'y ayant personne de ceux qui ont quelque part au maniement de leurs affaires, qui ne juge que tel remède, qui dépend du tout de la volonté d'autrui, est trop incertain, et sujet à faillir par tant d'accidents qu'ils n'estiment pas y devoir faire aucun fondement. Ce qu'ils nous ont bien fait connoître en la conférence de leurs députés qui étoient sept, à savoir un de chacune province, en laquelle ils nous ont montré que ce qu'on lève sur eux revient à près de dix millions de livres chacun an; et pour le regard des charges de leur Etat et de la guerre, qu'elles reviennent à quinze cent mille livres par mois, qui seroit par an dix-huit millions de livres, et par ainsi huit millions de plus qu'ils n'ont de fonds, faisant monter si haut le secours dont ils disent avoir besoin, afin que Votre Majesté et le roi d'Angleterre s'inclinent à la paix, pour être déchargés de cette grande dépense. Et, quoi qu'aucuns d'eux, et M. le prince Maurice, nous aient dit que douze cent mille écus suffiroient, et que M. Aërsens ait porté cette même parole de leur part comme leur avons dit, ils ne laissent de persévérer en cette demande qu'ils confessent être bien excessive, mais que leur nécessité les contraint d'implorer ce secours, n'étant possible de lever davantage sur eux, ni de faire la guerre avec espérance de se conserver à moins.

Nous en avons encore conféré avec ledit sieur prince, pour lui faire voir les articles de cette dépense, et nous dire ce qu'on en peut rabattre, lequel continue toujours en son premier avis, et que douze cent mille écus bien employés suffiront, ou au plus, pour faire la guerre avec avantage et entreprendre sur l'ennemi, quatre millions de livres. Nous ne leur faisons pourtant aucunes offres, mais remettons à en avertir Votre Majesté. Tant qu'ils auront espérance de paix, et se promettront de la pouvoir obtenir, il est certain qu'ils tiendront toujours ce langage; mais s'ils en étoient hors, ils viendroient au rabais, et se contenteroient sans doute à la somme de douze cent mille écus, et peut-être d'un million d'or et de moins. Il est vrai qu'avec moins ils ne feroient pas bien. Nous jugeons néanmoins que c'est trop, et si le roi d'Angleterre n'y contribue bien avant, que cette dépense, à la continuer quelque temps, seroit insupportable; par ainsi que la paix est le mieux, et pour eux et pour Votre Majesté, sinon qu'elle veuille employer son argent avec espoir d'en tirer quelque profit, comme il semble qu'elle pourroit faire, si Vos deux Majestés étoient en volonté de se joindre ensemble contre l'Espagnol; car il est certain que les forces navales d'Angleterre et des Etats, puissantes pour entrer malgré celles d'Espagne aux Indes occidentales, d'où vient ce fonds avec lequel l'Espagnol travaille toute la chrétienté, l'affoibliroient partout, et lui ôteroient le moyen de se défendre, tant s'en faut qu'il eût le pouvoir d'entreprendre sur ses voisins. Aussi bien il est à craindre, si Votre Majesté ne devance l'Espagnol en la recherche de cette conjonction, que lui qui en cherche les occasions, et les achetera chèrement pour s'ôter les empêchemens de votre Etat trop puissant à son gré, et qui lui sert de barrière pour arrêter tous ses desseins, préviendra Votre Majesté, et fera tout ce qu'il p..arra pour être deux ennemis ensemble contre vous, sire: au lieu que s'il y avoit ouvert..à ce conseil, lorsqu'êtes en état de faire estimer et désirer votre amitié, et craindre vos forces à qui que ce soit, vous auriez cet avantage sur lui. Ce n'est pas à nous d'entrer en ce discours, et ne le ferions aussi, n'étoit le sujet que traitons ici par le commandement de Votre Majesté, et que nous voyons bien qu'un grand secours, dont les Etats ont besoin pour se conserver par la guerre, vous apportera beaucoup de dépense, et enfin peu d'utilité aux Etats mêmes qui, au bout de quelques années, seront peut-être contraints de demander la paix à plus dures conditions.

Quant à ce qu'elle nous a mandé des entreprises d'Angleterre, dont elle a eu avis, sur la Bretagne, si elles sont vraies, il est certain que ce dessein vient d'Espagne, et que le roi d'Angleterre n'oseroit penser à vous offenser sans cet appui. Or, nous avons bien appris ici que l'agent d'Angleterre, avant notre venue, incitoit les Etats à traiter, et montroit que son maître avoit grande défiance des conseils et desseins de Votre Majesté; on tient même qu'il faisoit des offres sous main envers l'archiduc, pour lui persuader d'entendre à la paix. M. le prince Maurice nous a aussi dit que cet agent avoit écrit il y a environ un mois au lieutenant de Flessingue, nommé M. Bron, qui nous a fait beaucoup d'accueil en y passant, qu'il s'étonnoit bien fort de ce qu'il n'avoit eu plus de soin d'empêcher que les habitans de ladite ville de Flessingue, où il commande, se soient résolus avec tout le reste de la Zélande, de se jeter ès bras de Votre Majesté, et le reconnoître pour souverain. Ce sont les bruits que l'ennemi a fait épancher partout sur les propositions de M. Aërsens, jetées au sein de quelques-uns, qui n'en ont pas bien fait leur profit, afin de mettre en jalousie l'Anglois, l'exciter même à la guerre contre Votre Majesté, et précipiter aussi les Etats à la paix. Mais peu avant notre venue, à cause de ce que Votre Majesté a fait traiter en Angleterre par son ambassadeur, et depuis, nous étant ici, par les conférences que nous avons eues avec ledit agent, il est du tout changé, et nous a dit et répété plusieurs fois qu'il avoit charge de son maître de s'unir du tout avec nous. Et, par effet, nous avons continué à nous ouvrir, et communiquer ensemble avec tant de franchise et sincérité qu'à notre avis nous n'avons à présent qu'un même sentiment en la conduite des affaires de ce pays, et si ne sommes bien trompés, il y procède sincèrement. Il a aussi été bien averti que, par le propos tenu en l'assemblée de la part de Votre Majesté, elle s'est montrée du tout éloignée de rien prendre sur ces pays, qu'elle a même prié et exhorté les Etats de communiquer leurs affaires avec les ministres du roi d'Angleterre tout ainsi qu'avec nous, les deux ensemble n'ayant qu'un même conseil pour leur conservation. Les principaux de cet Etat avec qui nous conférons croient aussi maintenant que l'Anglois est du tout changé et bien avec nous, et c'est pareillement l'opinion de M. le prince Maurice et de M. de Barneveld. Nous n'osons pas ici nous découvrir du soupçon dont Votre Majesté nous a écrit; au contraire, nous désirons qu'ils croient tous que Vos deux Majestés sont bien ensemble: car, autrement, ils ne penseroient l'appui de votre assistance leur devoir être si utile, et se rendroient plus enclins à prendre une mauvaise paix.

Les sept députés qui ont conféré avec nous ont fait grande instance des deux cent mille écus pour soutenir leurs affaires pendant la trêve, et nous avons répondu que Votre Majesté ne vouloit rien donner sans avoir l'acte dont elle a déjà fait si grande instance, déduisant encore les raisons qu'elle a de leur refus. Eux continuent de dire qu'il y auroit trop de longueur à rechercher l'avis particulier des provinces, sans lequel ils ne pourroient donner cet acte, et que M. Aërsens a emporté une déclaration de leur assemblée, qui suffit, y ajoutant encore qu'ils étoient prêts même, si entroit en quelque traité avec l'Espagnol, lier avec Votre Majesté par des promesses et obligations de plus grande efficace, qui lui rendroient plus assuré témoignage de leur affection et devoir. L'un d'eux a dit davantage une raison en particulier, que si Votre Majesté se veut obliger de les secourir, pendant le temps du secours, ils s'obligent et promettront aussi de ne point traiter sans son consentement : mais on lui a répliqué que c'est Votre Majesté qui donne son argent aux siens, et qu'eux ne lui donnent rien, et que néanmoins du papier sans raison. Craignons que ce refus soit fondé sur ce qu'ils ne veulent point donner de jalousie à ceux, avec lequel aucuns d'eux sont peut-être plus joints, ou bien déjà engagés secrètement en quelque traité avec l'Espagnol, et craignent que Votre Majesté, ayant cet acte, ne leur veuille empêcher.

Le prince Maurice fait aussi grande instance pour leur faire donner cette somme, et dit qu'il n'y a autre moyen de payer les gens de guerre, ni de faire cesser les foules et désordres qui aviendront sans doute à faute de paiement. Nous n'avons rien offert, promettant seulement que nous en écririons à Votre Majesté, et y ajouterions très-volontiers notre supplication, comme nous faisons, jugeant bien qu'ils ont très-grand besoin de ce secours, et qu'il n'est pas temps maintenant de leur faire connoître qu'on veut avoir moins de soin d'eux que du passé ; car au précipice où ce refus ne pourroit apporter que du mal. Il y a eu ici de la difficulté sur l'interprétation ou plutôt ampliation de la trève, en ce qui touchoit la révocation des navires de guerre qui sont sur la côte d'Espagne. Des sept provinces, six en étoient d'accord, la Zélande seule y résistoit, et M. le prince Maurice, pour les raisons qu'avons déjà écrites à Votre Majesté, n'y vouloit aucunement consentir. Enfin la Zélande s'en est remise à nous en l'assemblée où nous étions avec tous lesdits députés, auxquels nous avons voulu faire connoître que le bonheur du combat avenu au Détroit, dont ils n'avoient eu nouvelles si assurées que par l'avis de Votre Majesté, leur devoit faire changer de résolution, et laisser leurs navires sur la côte d'Espagne pendant cet été :

mais y ayant toujours persisté, nous n'avons toutefois voulu dire notre avis sans en conférer avec ledit sieur prince, pour l'exciter (afin qu'il n'y eût aucune division en cet Etat) de trouver bon que les députés de Zélande, qui dépendent beaucoup de lui, s'accommodent à l'avis commun, puisqu'aussi bien la résolution en étoit si avancée qu'ils ne la pouvoient plus empêcher ; et si cette action se faisoit sans eux contre leur volonté, qu'on en tireroit une conséquence à l'avenir fort préjudiciable, à savoir, que toutes délibérations passeront à la pluralité, c'est-à-dire que quatre provinces obligeront les sept à faire ce qu'il leur plaira, au lieu que du passé le dissentiment d'une seule suffisoit pour empêcher toute délibération ; ayant ce remède été jugé nécessaire pour éviter la division entre eux ès résolutions qui seroient d'importance, comme est celle qu'il leur faut prendre maintenant de la guerre ou de la paix. Ledit sieur prince s'y est accordé, et nous avons bien fait sentir auxdits sieurs députés qu'il eût été plus expédient de n'entrer point en cette interprétation, sinon pour le mot d'invasion, non pour le surplus : mais que l'affaire ayant été passée si avant, nous leur donnions conseil à tous de l'approuver, les exhortant de ne se point départir à l'avenir de ce qu'ils auroient si sagement établi et observé du passé, qui est de ne rien accorder et conclure qui soit d'importance, et pour donner loi à leur Etat, sans le consentement de tous.

L'agent d'Angleterre désire toujours que les députés des Etats aillent trouver son maître, et en fait grande instance : nous avons essayé de l'en dissuader, lui remontrant qu'il faudroit envoyer de même en France, et que cette longueur seroit de grand préjudice aux affaires ; au lieu que si les députés étoient ici, où les affaires se doivent traiter avec les Etats, nous pourrions mieux délibérer, ouïr et considérer ensemble les raisons des uns et des autres, puis en donner avis à nos maîtres ; et recevoir leurs commandemens. Mais il dit que le roi d'Angleterre ne voudra changer d'avis, et persiste toujours à y faire aller lesdits députés. Les Etats trouvent notre avis bon, et promettent d'en écrire à leur agent, qui est en Angleterre. Votre Majesté nous fera, s'il lui plaît, entendre au plutôt son intention, et au cas que les Etats envoient en Angleterre, si elle ne veut pas pareillement qu'on envoie vers elle, et que nous retournions avec lesdits députés pour ne faire ici un séjour qui peut-être seroit inutile. Nous avons averti Votre Majesté, par notre précédente dépêche, qu'à notre avis M. d'Aërsens n'a rien fait malicieusement en la charge qu'il avoit eue ou prise lui-même, qu'il n'en a fait aucune proposition en l'assemblée publique, mais conféré seulement avec quelques particuliers qui l'ont publié, les uns indiscrètement, les autres par malice et à dessein; en sorte que les ennemis en ont bien su faire leur profit pour quelque temps, mais maintenant ce soupçon est effacé. M. le prince Maurice nous a aussi assuré que tant ledit d'Aërsens que son père s'étoient toujours bien comportés, et qu'il ne se défioit aucunement d'eux.

Le sieur Jeannin écrit audit sieur d'Aërsens pour répondre à la lettre qu'il a reçue de lui sur ce sujet, et l'envoie à M. de Villeroy ouverte, pour la voir et juger si elle lui doit être donnée ou non. En achevant cette lettre, M. de Barneveld est venu trouver ledit sieur Jeannin, et lui a dit qu'il étoit fort pressé par l'agent d'Angleterre, pour faire que les Etats nomment et envoient à son maître leurs députés, et qu'il voit bien qu'ils ne pouvoient plus différer sans l'offenser, ayant même appris par lettres qu'ils avoient reçu de nouveau de M. Caron, résident de leur part près le roi d'Angleterre, qu'il lui en faisoit une grande instance. Il a laissé à leur discrétion d'y aviser, jugeant bien qu'on ne les en pourroit détourner, et qu'il n'étoit pas à propos de le faire, aussi pour ne donner aucune jalousie audit agent et à son maître, mais a seulement prié ledit sieur Barneveld de faire nommer par même délibération les députés pour aller tant en France qu'en Angleterre; et, pour ce qu'il lui a dit que l'envoi desdits députés n'étoit que pour représenter à Leurs Majestés l'état de leurs affaires, et les supplier d'envoyer ici, de leur part, des députés, bien de leurs volontés et commandemens, avec lesquels ils puissent conférer, prendre avis et résoudre toutes choses, soit pour la paix ou pour la guerre, nous avons estimé qu'il seroit à propos de faire différer le départ des députés pour aller vers Votre Majesté, jusqu'à ce que nous eussions su, par la réponse à nos précédentes lettres ou à celle-ci, si elle désire que lesdits députés fassent ce voyage, puisqu'ils ne vont qu'à cette fin de la supplier d'envoyer les siens, qui sont déjà ici, et que, pour l'instruction des affaires desdits Etats, nous lui en avons mandé tout ce qu'elle en pourroit apprendre par eux; n'y ayant, comme il semble, que la seule considération du respect dû à Votre Majesté qui puisse faire désirer ledit voyage.

Ce délai toutefois n'empêchera pas, si nous avons réponse dans douze ou quinze jours, et que Votre Majesté veuille que lesdits députés l'aillent trouver, qu'ils ne partent aussitôt que ceux qui seront députés pour l'Angleterre. Encore est-il besoin que Votredite Majesté sache que l'agent d'Angleterre nous est venu voir tôt après que ledit sieur de Barneveld est sorti, disant qu'il venoit dîner avec nous pour conférer ensemble après le dîné. Lors il nous a déclaré l'instance qu'il avoit faite audit sieur de Barneveld, à ce que les Etats eussent à envoyer leurs députés à son maître, qui l'en pressoit tous les jours, lequel lui avoit promis de conférer avec nous, puis de le proposer en leur assemblée; et, lui ayant été répondu que ledit sieur de Barneveld l'avoit fait, et que nous l'aurions aussi excité de satisfaire à ce qu'il désiroit, il s'informa soigneusement de ce que nous ferions cependant, et si ne retournerions pas en France, attendu que les députés du roi son maître ne viendroient en ce lieu, comme il estimoit, plutôt qu'à la fin du mois de septembre, qui est le temps que les Etats ont pris pour déclarer au roi d'Espagne s'ils veulent traiter ou non. A quoi lui avons dit que nous ne pourrions sortir d'ici, sans en recevoir commandement de Votre Majesté, et qu'il ne nous sembloit pas aussi à propos de différer si long-temps la résolution qu'on vouloit prendre, fût pour la guerre ou pour la paix, et que la ratification d'Espagne venue, qu'on se promettoit ici devoir être envoyée bientôt, et avant même le jour accordé, il seroit temps de délibérer entre les députés des deux rois et ceux des Etats, de l'ordre, conduite et direction de cette affaire, étant certain qu'une plus longue remise ne serviroit sinon pour donner loisir aux ministres d'Espagne de corrompre et pratiquer les peuples; toutefois que nous n'étions informés sur ce de l'intention de Votre Majesté, et que l'on avertirions. Ce doute, si demeurerons ou non pendant qu'il s'en va vers son maître avec les députés des États, le met en grande peine, et montre de vouloir différer ce voyage pour quelques jours, attendant qu'ayons eu réponse, que supplions très-humblement Votre Majesté nous faire au plutôt, afin que sachions nous-mêmes ce qu'avons à faire. Bien nous semble-t-il en effet que la ratification d'Espagne venue, il est expédient s'éclaircir de ce qu'il faudra faire sans user de remise, et les États prendront volontiers, comme nous croyons, ce conseil; mais nous sommes incertains s'il sera agréable à M. le prince Maurice, qui craint la précipitation de ces peuples, et le péril d'une mauvaise paix, nous assurant toujours de son affection envers Votre Majesté, et de faire tout ce qu'il lui plaira; se promettant, si elle veut continuer la guerre, que quelque inclination qu'aient les principaux de ces peuples, qu'il y fera venir la plupart des provinces, et prendre aux autres le même conseil, crainte de division entre eux, pourvu que Votre Majesté veuille donner jusqu'à quatre millions de livres chacun an, étant cette somme nécessaire, avec ce qu'on lève sur les États, pour faire la guerre avec espoir de bon succès. Nous ne faisons point de doute de sa bonne volonté, qui mérite que Votre Majesté en ait soin, soit en guerre ou en paix, qu'il ait aussi beaucoup de pouvoir et d'autorité ici, et que plusieurs entre ces peuples n'aient plus d'inclination à la guerre qu'à la paix: mais le plus grand nombre, et ceux par lesquels ils se laissent conduire, ne soient portés à la paix, il est certain que si; et qu'il y auroit bien quelque moyen de les diviser sur cette résolution; mais non pas de leur faire trouver bonne la guerre, au cas que le roi d'Espagne leur veuille donner la paix aux conditions qu'ils se sont promises, sinon que Votre Majesté et le roi d'Angleterre fassent la guerre ouverte, qui est ce qu'ils désirent tous. C'est à elle de nous commander son intention, et nous essaierons de la faire suivre, et approuver par les uns et par les autres, et les y préparerons cependant de tout notre pouvoir.

Le cordelier qui vint hier prendre l'acte de l'ampliation de la trève, a dit au sieur d'Aërsens qu'il s'en alloit à Bruxelles, et qu'il avoit entendu qu'un paquet d'Espagne étoit arrivé à l'archiduc, où pourroit bien être la ratification promise. C'est le sieur de Barnevelt qui nous a dit cette nouvelle, qu'il nous a fait connoître qu'il en est fort joyeux, et sembloit même qu'il en sût plus qu'il n'en disoit, qui nous fait présumer qu'ils auront bientôt ladite ratification, si elle doit venir; dont les derniers propos nous ont donné plus d'opinion que nous n'avons encore eu. Si les affaires et le traité s'avancent, notre séjour peut être utile en ce lieu; si elles sont remises en longueur, il semble n'être à propos d'y demeurer, et que M. de Russy, destiné pour y résider, suffira, attendant le temps de traiter. Vous en ordonnerez, sire, et nous apporterons ce qui est de notre affection et devoir pour y rendre très humble service, et faire que soyez content de notre conduite. Priant sur ce Dieu, sire, qu'il conserve Votre Majesté en très-longue vie, avec tout heur et prospérité, tant pour elle que pour sa royale famille.

Vos très-humbles, très-obéissans et très-fidèles serviteurs et sujets.

De La Haye, ce 2 juin 1607.

P. JEANNIN, DE BUZANVAL, et DE RUSSY.

LETTRE *de M. le président Jeannin à M. de Villeroy, du 4 juin 1607.*

Monsieur, la lettre du Roi contient tout ce dont lui pouvons donner avis; en sorte que par notre précédente dépêche, qui partit le pénultième du mois passé, et celle-ci, il sera autant informé que nous de l'état des affaires de ce pays. Il est vrai que je crains que le vent, toujours contraire, ne fasse arriver ces dépêches vers Sa Majesté plus tard qu'il ne seroit de besoin, et que ne soyons aussi, à cette occasion, éclaircis assez tôt de son intention. Il est bien requis, monsieur, que nos dépêches soient tenues secrètes, afin qu'ayons plus de moyen de bien servir Sa Majesté et que la créance ne nous soit point ôtée, de persuader les uns ou les autres à suivre ce qui sera de ses volontés et commandemens, dont nous sommes aucunement douteux et incertains, à cause de la lettre que m'avez écrite, que je reçus entrant dans le navire au port de Calais, et y fis réponse à Middelbourg le 21 du mois passé, m'assurant qu'elle aura été reçue, parce que M. de Vic a accusé la réception des siennes qui étoient dans le même paquet. Nous savons aussi que tant d'occasions se présentent de changer d'avis en la conduite des affaires d'un grand royaume, qu'il n'y a rien si nécessaire que d'être averti de jour à autre des commandemens du maître. Je suis étonné de l'avis que le Roi a reçu touchant les entreprises du côté d'Angleterre, et ne me saurois persuader que ces avis soient vrais. Nous n'en avons pu découvrir autre chose ici, sinon que M. le prince Maurice tient que le roi d'Angleterre est espagnol d'inclination, sa femme aussi, et une partie de ses ministres; mais que les autres et les peuples en sont du tout ennemis, et ne crois pas qu'il y ait aucune plus étroite conjonction et dessein entre eux pour entreprendre sur autrui, ce qu'il m'a dit sans lui avoir découvert notre soupçon. Qu'il sait encore ledit roi d'Angleterre être ennemi des Etats; qu'il ne veut aucunement favoriser leur guerre, mais aider plutôt, s'il peut, à les remettre en la sujétion d'Espagne, qu'à procurer leur liberté et souveraineté; que c'est à Sa Majesté d'y prendre garde, et de lui faire remontrer, par ambassadeur exprès, l'intérêt qu'il a de les conserver, et faire qu'ils soient séparés d'Espagne, l'exciter aussi de se joindre avec elle pour faire la guerre ouvertement au roi d'Espagne, dont ledit sieur prince Maurice fait voir par ces discours tant d'utilité, et un espoir si certain de bon succès, qu'il semble n'y avoir moyen d'en douter. Il est bien nécessaire, monsieur, que soyons avertis si le soupçon de ces entreprises continue, afin que sachions comme nous avons à nous conduire avec ses ministres.

Je connois tous les jours ici que les peuples, villes et provinces entières ont beaucoup plus d'inclination à la France qu'à l'Angleterre, et estiment leur salut plus assuré par cet appui et protection que par aucun autre, qui nous fait croire que, s'ils viennent à la paix, ils ne se départiront jamais de l'intervention du Roi, dont je reçois un grand contentement, et me promets qu'avec ce moyen on se pourra affermir et lier étroitement avec eux et avec Angleterre, pendant le temps d'une longue trêve, que l'Espagnol accordera sans doute plutôt qu'une paix finale. Et pour cette trêve à longues années elle me semble aussi bonne, peut-être meilleure que la paix, pource que la trêve sera cause que les peuples auront toujours quelque défiance de l'Espagnol, lequel, après le temps de la trêve, pourra devenir leur ennemi. Par ainsi ferons moins de difficulté de contribuer à ce qui sera nécessaire pour leur conservation, que si la paix étoit du tout faite, et eux en opinion qu'ils n'auroient plus rien à craindre de ce côté-là. Vous considérerez, s'il vous plaît, cette raison. J'écris à M. d'Aërssens, et vous envoie la lettre ouverte pour la faire donner ou retenir, selon que jugerez à propos : bien me semble-t-il qu'il n'y a rien dont il puisse faire son profit contre nous, et qu'il en recevra quelque contentement. Je vous supplie très-humblement qu'ayons souvent des nouvelles du Roi et des vôtres. MM. de Buzanval, de Russy et moi vous baisons très-humblement les mains, et je suis, monsieur, votre très-humble et très-obéissant serviteur.

De La Haye, ce quatrième juin 1607.

P. JEANNIN.

LETTRE *du président Jeannin à M. de La Boderie*[1], *ambassadeur pour le Roi en Angleterre, du 4 juin 1607.*

Monsieur, nous avons chargé de vous donner avis de tout ce qui se passe ici pour l'exécution de ce qui nous a été commis par le Roi, dont nous conférons aussi souvent avec M. l'agent du roi de la Grande-Bretagne, par le même commandement que Sa Majesté nous en a fait, et le désir qu'elle a que les deux Majestés ensemble n'aient qu'un même avis et résolution ès affaires de cet Etat. Nous y avons trouvé de la division : les uns, et c'est le plus grand nombre, y sont fort enclins à la paix; les autres tiennent que l'Espagnol la présente pour les tromper, et qu'il l'avoit fait encore en un temps qu'il pensoit avoir la guerre en Italie contre les Vénitiens, et sur les bruits aussi qu'on avoit fait courir, que le Roi prétendoit

[1] Antoine Lefevre de La Boderie fut envoyé comme ambassadeur à Rome, dans les Pays-Bas et en Angleterre. Il servit utilement Henri IV, surtout dans l'affaire du maréchal de Biron, dont il découvrit les intelligences à Bruxelles. Il mourut en 1615.

souveraineté des Provinces-Unies, qui étoient [...]osées de se jeter entre ses bras; mais qu'é- [...] aujourd'hui hors le dessein de cette guerre [...] les Vénitiens, et délivré de la crainte et [...]çon que le Roi ait pensé à cette souve- [...]té, il sera aussi pour changer de conseil, [...] plus sages étoient en cette opinion, non [...] apparence, y ajoutant la perte de ses ga- [...] au Détroit, par l'armée des Hollandois, [...] été averti du côté du Roi, qui le [...] empêcher de se plier à la paix. [...] le cordelier, qui étoit ici hier pour pren- [...] de l'ampliation de la trêve, donne [...], ou plutôt assure qu'ils recevront [...] ratification bientôt. Nous travaillons [...] à réunir ces peuples, et avons bonne [...] de le faire, tant M. le prince Maurice [...] qu'eux ensemble, afin que le [...] se porte à une même résolution. [...] tous de vouloir suivre la volonté [...] pour l'assurance qu'ils ont que Sa Ma- [...] autre but et dessein que leur conser- [...] désirent aussi que le roi de la [...] Bretagne et Sa Majesté soient unis, et [...] deux ensemble qu'un même avis [...] les affaires de cet Etat. Il n'y a que [...] moyens: la conjonction des deux rois, et [...] offensive et défensive entre eux et les [...] Unies, avec déclaration de guerre [...] contre l'Espagne. J'ai vu sur ce sujet [...] qu'aviez écrites au Roi, et les dis- [...] M. le comte de Salisbury avoit eus [...] si ce moyen pouvoit réussir, il n'y [...] qu'on s'en oseroit promettre tous bons [...] succès, même entreprenant avec [...] navale d'Angleterre et des Etats sur [...] où vient le fonds duquel l'Espagnol [...] toute la chrétienté; mais j'ai crainte [...] conjonction soit désirée et espérée [...] qu'elle soit très-nécessaire pour la [...] royaumes et de ces provinces. [...] moyen est la confirmation de la [...] un secours plus grand que celui [...] donné du passé; car, à ce que nous [...] ils ont besoin de quatre millions de [...] an au moins, et le Roi ne peut ni veut [...] cette somme seul; aussi seroit-il bien [...] able que le roi de la Grande-Bretagne [...] buât pour sa part, comme ayant inté- [...] la conservation de cet Etat, autant ou plus

que nous. J'en ai parlé à l'agent d'Angleterre qui réside ici, lequel nous a montré qu'il le trouvoit juste, et qu'à son avis son maître n'en feroit aucun refus; mais il parle sans en être autrement informé. Le troisième moyen c'est la paix avec l'intervention des deux rois; mais c'est chose qui dépend du roi d'Espagne, lequel n'a encore ratifié la trêve. Ne sait-on s'il l'approuvera, et s'il voudra entendre à la paix aux conditions que les Etats la prétendent, qui est de demeurer libres, souverains, et Etat séparé d'Espagne, sans quoi elle n'auroit aucune sûreté, ni pareillement s'il voudra consentir que les deux rois entreviennent, qui est toute la subsistance et sûreté de la paix, la souveraineté en un écrit, non appuyée de l'autorité de princes qui la puissent faire garder, n'étant que du vent. C'est pourquoi jusques à ce que l'on soit mieux informé de la volonté du roi d'Espagne, quoi qu'en ait dit le cordelier, il ne faut faire aucun fondement sur cette paix. Et le premier moyen défaillant, ou étant un ouvrage de longue haleine pour le conclure, il se faut arrêter au second, qui est du secours, y penser à bon escient, et le persuader en ce que pourrez au roi de la Grande-Bretagne si vous en recevez quelque commandement du Roi, comme nous estimons que vous ferez, si déjà ne l'avez eu, à quoi on doit d'autant plus être soigneux, qu'il est certain que le roi d'Espagne tient encore son armée d'Italie ensemble et l'accroît tant qu'il peut, et fait aussi lever présentement sept régimens de lansquenets en Allemagne. M. l'agent d'Angleterre nous a dit que le roi son maître lui commandoit de faire instance avec messieurs les Etats pour lui envoyer leurs députés, et qu'il s'en aille avec eux. Si les Etats y envoient, il faudra qu'ils usent de même respect envers le Roi, qui sera beaucoup de temps perdu: et s'il plaisoit au roi de la Grande-Bretagne trouver bon d'envoyer ici ses députés, eux, les Etats et nous, instruits des volontés de nos maîtres, pourrions plus aisément prendre une bonne résolution, après avoir ouï les raisons les uns des autres, que si on les fait séparément et en divers lieux; et encore pour contenter Leurs Majestés, après que leurs députés auront été bien informés, ils leur pourront donner avis avant que conclure, pour recevoir leurs commandemens, soit pour traiter ou pour accorder du secours.

Les États approuveront bien ce conseil, et m'ont dit qu'ils en écriront présentement à M. Caron, leur agent, qui est près du roi de la Grande-Bretagne, pour y disposer Sa Majesté, s'il est possible, comme étant un moyen pour avancer et gagner temps. L'agent d'Angleterre, qui est ici, dit ne pouvoir faire autre chose qu'en écrire, et ne me semble pas qu'il l'approuve; je le sonderai encore. Il m'a dit, depuis, que son maître s'y rendroit difficile, toutefois qu'il lui en écriroit comme il faut; si jugez à propos d'y faire quelques offices, vous êtes sage pour en prendre l'opportunité. Nous n'avons point de charge du Roi en ce fait particulier; mais nous estimons que Sa Majesté l'aura agréable, et qu'il est aussi à propos d'en user ainsi pour ne perdre le temps. Et pource que sommes avertis que le roi de la Grande-Bretagne veut préoccuper les États de ces députés, et les porter sans nous au dessein qui lui plaira le plus, et étant tous ensemble, nos raisons seront pesées et considérées comme celles de ses députés. Découvrez, s'il est possible, quelle est son inclination, et s'il penche plus de côté d'Espagne que du nôtre. Le Roi désire de bonne foi qu'ils soient joints ensemble pour conserver cet État, et mieux encore, s'il est possible, pour se fortifier contre un ennemi commun. C'est fort nécessaire, pour aider à notre conduite, que vous informiez de tout ce que pourrez. Je vous baise très-humblement les mains; M. de Buzanval et de Russy en disent autant, et suis, monsieur, votre, etc.

À La Haye, ce quatrième jour de juin 1607.

P. JEANNIN.

Lettre de M. de Villeroy à M. le président Jeannin, du 7 juin 1607.

Monsieur, nous attendons de vos nouvelles en grande dévotion. L'on nous a écrit de Bruxelles que vous êtes arrivé à La Haye le 24 du passé, et que vous y avez trouvé toutes choses tournées à la paix, que vous avez été contraint de vous y ranger aussi, de quoi vos premières nous éclairciront. Quoi attendant, vous saurez comme le comte de Fuentes fait préparer des é... en Piémont, Savoie et au comté de Bourgogne, sept mille soldats napolitains et lombards, qu'il dit vouloir envoyer en Flandre. M. de Savoie en a averti le Roi. Du commencement nous avons cru que c'était une

fourbe, ou que l'on voudroit couvrir de ce prétexte quelque entreprise sur Genève ou ailleurs; mais ledit avis nous a été confirmé d'autre part, tellement que nous commençons à le croire et trouver étrange; et d'autant plus que nous savons que les archiducs licencient tous les jours quelques troupes, par où ils font assez connoître qu'ils n'ont besoin de ce renfort; à mesure qu'il avancera, nous vous en avertirons. Ce qui aide à nous faire croire que le conseil d'Espagne n'est trop content du traité fait par lesdits archiducs avec ses Provinces-Unies, et qu'il n'a intention de les quitter, comme M. de Barneveld nous a fraîchement mandé; quoi avenant, l'archiduc viendra mal-aisément à bout de son dessein, s'il n'est appuyé du Roi. À quoi il nous semble qu'il faudra aspirer, si les États veulent embrasser la paix; de quoi vous serez averti, afin d'y penser et rechercher les moyens d'entamer et promouvoir ce marché; par le moyen duquel seul on peut assurer la fortune de l'archiduc et des provinces qu'il tient comme des vrais amis des uns et des autres.

Je ne vous en dirai pas davantage pour cette fois, assuré que vous comprendrez bien par ce mot ce que je veux dire, et d'autant plus que nous en avons discouru assez devant votre partement. Nous avons su que quelques princes d'Allemagne envoient présentement un avis, c'est principalement le marquis d'Anspach et le prince d'Anhalt, à M. le prince Maurice, par homme exprès, portant le nom de Schomberg, pour une entreprise du côté d'Espagne par la voie de la mer, qui a été autrefois proposée au Roi par Lansac; de quoi on m'a commandé vous tenir averti, non pour en parler si l'on ne vous en parle, ni pour le traverser, mais afin que vous mettiez peine de découvrir le jugement qu'en fera M. le prince Maurice, et s'il en conférera avec le sieur de Barneveld. Seulement je vous dirai que nous ne croyons pas ici que cela puisse réussir et s'effectuer si facilement que l'on le propose; toutefois nous disons que nous ne devons dégoûter ni refroidir ceux qui ont envie de bien faire. C'est ce que vous aurez de moi pour le présent, en vous assurant de la bonne santé de Leurs Majestés et de la continuation de notre séjour en ce lieu, d'où nous ne faisons pas état de partir plutôt qu'à la fin de ce mois. Je prie Dieu, monsieur, qu'il vous conserve en bonne santé, et me recommande très-affectueusement à votre bonne grâce.

De Fontainebleau, le 7 juin 1607. DE NEUFVILLE.

Lettre *de MM. Jeannin, de Buzanval et de Russy, au Roi, du 9 juin 1607.*

SIRE,

Les lettres de M. de Villeroy, des vingt-sixième et pénultième du mois passé, nous ont éclairci du tout de l'intention de Votre Majesté, dont celles du 14 du même mois nous avoient fait douter, encore qu'eussions toujours quelque opinion que cet avis ne fût pas pour changer la résolution qu'elle nous avoit fait entendre lors de notre départ, mais pour nous avertir de la conduite qu'aurions à tenir, pour empêcher ces peuples de se précipiter inconsidérément à la paix. Nous y avons aussi procédé, suivant le commandement de Votre Majesté, et comme jugions être nécessaire avant même que l'avoir reçu. Elles nous apprennent encore que le roi d'Espagne a ratifié ce que l'archiduc a fait, mais avec regret. Il est donc certain que cette ratification étant apportée ici, comme elle sera bientôt, qu'on parlera de traiter, et qu'il y aura à cette occasion de grandes divisions entre eux : car, encore que les députés des provinces qui sont assemblés en ce lieu soient presque tous enclins à la paix, selon que l'avons mandé à Votre Majesté, si est-ce que M. le prince Maurice, qui n'a jamais approuvé ce conseil, se promet, mettant l'affaire en délibération en chacune province, comme il est accoutumé par l'ordre toujours gardé entre eux, que la résolution sera tout autre, par ainsi conforme à son désir, et, comme il lui semble, à l'intention de Votre Majesté, si elle est telle que lui avons fait entendre, nous disant que lesdits députés n'ont eu aucune charge pour ce regard de ceux qui les ont envoyés.

M. le comte Guillaume de Nassau, qui est de retour, et nous est venu voir à l'instant de son arrivée en ce lieu, avant qu'ayons eu moyen de les prévenir, nous a dit aussi que toutes les villes de Frise rejettent et craignent cette paix, à quelque condition que ce soit, s'assurant que les offres qu'on leur fait ne sont que pour tromper. Ledit sieur prince Maurice commence depuis quelques jours d'entrer en soupçon que Votre Majesté ne soit si affectionnée à la guerre qu'on lui a voulu faire croire, non que notre procédure lui en ait donné quelque occasion, ayant toujours fait paroître le contraire

autant qu'il nous a été possible, sans offenser trop ouvertement ceux qui étoient du tout portés à la paix, auxquels avons en quelque égard, pour nous conserver de l'autorité et de la créance sur les uns et sur les autres, qu'eussions perdues nous montrant trop passionnés ; et c'est en quoi il n'a pas été content, estimant que nous y devions apporter plus de chaleur et véhémence pour les en détourner du tout. Son soupçon est encore accru, en ce que feignant, dit-il, de vouloir persuader que Votre Majesté trouvoit plus de sûreté en la guerre qu'en la paix, on n'a pourtant offert que de l'assistance en général et rien en particulier, quoique les députés des Etats nous en eussent instamment requis, et qu'il fût nécessaire d'en user ainsi, pour leur faire quitter les conseils de la paix, si elle étoit tenue dangereuse pour eux et pour nous. Mais il n'est pas seul qui y a pris garde : l'agent d'Angleterre lui a encore dit que son maître ne désire rien tant que la guerre contre l'Espagne, et que la basse-chambre de leur parlement, qui est à dire la noblesse non qualifiée, et le tiers-état, lui avoient offert grande somme d'argent pour en supporter les frais, étant prêt d'y entrer si Votre Majesté avoit la même intention ; mais qu'elle en étoit du tout éloignée, et n'avoit autre but et dessein que de faire la paix entre les Etats et l'archiduc, pour en acquérir l'honneur et le gré de tous les deux, à l'exclusion et au préjudice même de son maître ; car, encore que tout ce qui vient de cet endroit lui soit suspect, nous ayant dit plusieurs fois que l'Anglois ne désiroit la prospérité de leur Etat, tout sert néanmoins à le confirmer en son opinion ; bien est-il vrai qu'il y procède avec telle discrétion que nous avons plutôt reconnu ce soupçon et mécontentement par conjectures, et par d'autres à qui il s'en est découvert, que par ses propos. Ce n'est aussi sans raisons qu'il nous représente souvent les inconvéniens de la paix, qui sont à la vérité si grands, qu'il y a plus d'occasion de louer sa prévoyance et son jugement que de blâmer sa crainte, attendu même qu'il ne mêle rien en tous ses discours de son intérêt et profit dont la raison veut qu'il soit touché.

Votre Majesté jugera, par nos précédentes lettres et celles-ci, combien de difficultés se doivent rencontrer en l'affaire que nous trai-

pouvoir elle nous a donné pour y remédier; car, pour faire la guerre, nous n'avons charge d'offrir aucune chose, non pas même le secours accoutumé. Or il est certain que la ratification étant venue, les Etats, avant que d'entrer en aucune délibération de ce qu'ils auront à faire, nous presseront de déclarer, comme ils ont déjà fait, la somme dont Votre Majesté les veut secourir pour faire la guerre, étant nécessaire qu'ils en soient éclaircis; pource que, si le secours est tel qu'il puisse suffire pour les conserver avec ce qu'ils lèvent sur eux, ou pourront obtenir des autres princes, ils seront plus hardis à prendre ce conseil et à rejeter la paix, au cas que les conditions n'en soient assurées et avantageuses pour eux ou pour leurs amis; ou, au contraire, étant abandonnés ou foiblement secourus, la nécessité et le désespoir les contraindront de trouver tout bon. Nous dirons bien ce que nous avons déjà fait, qu'ils doivent croire Votre Majesté n'être pas moins affectionnée envers eux qu'elle a été du passé, et que votre soin et désir à procurer leur bien et conservation croîtra plutôt qu'il ne diminuera; mais il est besoin que le roi d'Angleterre et les autres princes, qui ont montré de favoriser leur cause, y contribuent aussi, afin que le fait d'un intérêt commun, qui doit être porté par tous, ne demeure sur Votre Majesté. Outre ce, qu'il n'est pas raisonnable, avant qu'ils aient pris la résolution de faire la guerre, qu'elle offense ses voisins par l'offre d'un secours pour les divertir de la paix, si en effet c'est chose inutile, et qu'ils prennent ce conseil d'y entendre et de la préférer à la guerre; car ce ne seroit pas prudence d'offenser autrui sans en tirer profit, ni pour soi ni pour ses amis. Bien seroit-il à propos et peut-être nécessaire, s'ils étoient résolus de n'entrer en aucune conférence, de déclarer le secours qu'elle leur veut donner; mais y entrant sera assez à temps de le faire, après avoir mûrement délibéré avec les députés de Votre Majesté et des autres princes qui y auront envoyé, si lesdites conditions doivent être acceptées ou non. Ce sont les raisons que nous pouvons dire, mais nous craignons qu'elles ne soient pas bien reçues; et s'il plaisoit à Votre Majesté trouver bon qu'étant pressés, nous les assurions du moins de la continuation du secours qu'elle leur a donné du passé, y ajoutant même l'espérance de faire mieux si le roi d'Angleterre et les autres princes y apportent quelque chose de leur côté, tant pour la réputation du secours que pour le rendre plus grand, et tenir aussi l'ennemi en plus de crainte de cette union et amitié, il est certain que telles offres, comme trop éloignées du secours dont ils ont besoin, ne seront pas cause de les porter à la guerre, s'ils n'y sont contraints par une dernière nécessité, et néanmoins qu'elles serviront beaucoup pour les rendre plus affectionnés et obligés à Votre Majesté. Leur nécessité requiert bien aussi qu'il lui plaise les faire secourir et assister des deux cent mille écus durant la trêve, pour les raisons contenues en nos précédentes lettres; car, s'ils ne le sont, nous prévoyons, sire, de grands désordres et confusions parmi eux, pour n'y avoir moyen de payer les soldats. D'ailleurs, outre ce qu'ils se tiendront pour abandonnés, et mépriseront nos promesses et les espérances qu'on leur donne de votre secours à l'avenir, ainsi n'aurons pas grand pouvoir ni créance en tout ce qui se passera. Et toutefois c'est le seul fruit que Votre Majesté doit espérer du sang de ses sujets, et de tant de dépenses qu'elle a faites pour eux jusqu'ici : à savoir, de les retenir en devoir et affection envers elle, son royaume et ses sujets; les obligeant par la paix, si elle se fait, à une alliance perpétuelle, pour être assisté d'eux contre les autres forces des Pays-Bas, avec lesquelles l'Espagnol a toujours travaillé votre royaume, tout ainsi que vos prédécesseurs, sire, s'étoient autrefois servi du Portugal contre la Castille, et d'Ecosse contre l'Angleterre; les rendant, par ce moyen, autant utiles par la souvenance des bienfaits reçus, et l'appui qu'ils se promettront à l'avenir de votre Etat, que les Suisses le sont par leur alliance et conjonction avec la couronne.

C'est le désir que nous avons, sire, de mieux et plus utilement servir Votre Majesté, qui nous fait presser ce secours et craindre les inconvéniens qu'avions représentés. Nous ajouterons maintenant la conduite et l'ordre que nous estimons devoir être tenus, pour empêcher les divisions et surmonter toutes ces difficultés. C'est premièrement de rendre capable M. le prince Maurice qu'il ne se doit point montrer si éloigné de la paix qu'il fait, pour n'offenser tant de gens et presque l'Etat entier qui la désire, mais plutôt considérer que son principal appui, et l'espoir de sa maison et le sien en particulier, dépend de leur bienveillance et faveur; qu'il peut bien, par l'entremise secrète de quelques-uns de ses amis et serviteurs, faire considérer aux députés, lorsqu'ils seront assemblés, les inconvéniens de la paix, nonobstant lesquels, s'ils veulent écouter les conditions qu'on leur offre, il s'y doit accommoder, les aider même à faire qu'ils se conduisent sagement pour n'être point trompés. Et si sur les conditions il y a ouverture pour leur faire reconnoître que la paix ne peut être assurée, la prendre et s'en servir, autrement tout se fera sans lui et contre sa volonté, et cette offense le disjoindra et sa maison d'avec l'Etat, lui remontrant, quand bien il pourroit attirer quelques-uns à son opinion et les diviser, qu'il seroit trop dangereux de le faire, et que Votre Majesté n'approuveroit pas ce conseil; lui ferons même entendre que ne voudrez jamais entrer en la grande dépense qu'on requiert pour continuer la guerre, si elle voit que par la paix, avec l'intervention des deux rois, on puisse assurer leur Etat, et le séparer du tout d'Espagne; pour ce que la cause des inconvéniens qu'on propose à présent pour rejeter la paix, y sera toujours tant que la force d'Espagne sera en vigueur et prospérité. Ainsi la charge, par la longueur du temps, en deviendra du tout insupportable, tant à Votre Majesté qu'aux Etats, qui aussi bien pourroient prendre le conseil de se mettre en repos, d'ici à quelques mois ou peu d'années, non avec si grande opportunité et appui si puissant, et assuré qu'ils l'ont maintenant; et lui représenterons au contraire, bien particulièrement, les moyens et raisons qu'on a pour se promettre qu'il y aura de la sûreté en la paix, et de l'autorité et grandeur pour lui et sa maison.

Ce même discours a déjà été commencé par nous avec M. le comte Guillaume; nous en ferons autant avec M. Maldrée, auquel il a beaucoup de fiance, ayant différé de nous découvrir nos actions à présent sur l'incertitude en laquelle étions de la ratification de l'Espagne, ne jugeant pas qu'il fût besoin de le faire, si le roi d'Espagne n'approuvoit ce que l'archiduc avoit commencé. Nous avons aussi fort disposé M. de Barneveld à lui tenir, et pareillement au comte Guillaume, tous les propos qui sont nécessaires pour les persuader. Et en effet, nous reconnoissons que ledit sieur de Barneveld a très-bonne intention envers lui, et qu'il y apportera ce qu'il doit. Nous essayons aussi de faire prendre un conseil aux députés de toutes les provinces qui sont ici, lequel nous semble devoir être fort à propos pour les détourner de nous faire demande en particulier d'aucun secours utile pour empêcher qu'il n'y ait de la division en cet Etat, et faire par ce moyen qu'ils soient tous d'un même avis en toutes les provinces. C'est ce qu'ils nous prient, et de même les députés d'Angleterre, lorsqu'ils seront arrivés en ce lieu, de leur dire notre avis sur cette affaire, et s'ils doivent entrer en conférence, et entendre les conditions qu'on leur veut offrir pour la paix; car en leur conseillant de ne se point précipiter mal à propos, mais de ne point négliger aussi ni rejeter du tout les moyens de se mettre en repos, s'ils se présentent avec la sûreté et liberté de leur Etat, et leur offrant toute assistance d'avoir soin de leur salut et conservation, soit par la paix ou par la guerre, dont Leurs Majestés n'auront autre choix que celui des deux qui leur sera plus utile, il est certain que cette déclaration aura grand poids étant rapportée par les députés, lorsque chacune province sera assemblée pour délibérer sur ce sujet, et qu'elle servira beaucoup pour les porter tous d'une même voix à cette résolution. Il nous semble donc que Votre Majesté peut avec louange donner ce conseil, et qu'il est même à propos de le faire, afin qu'elle en ait le gré de deux côtés si la paix se fait; et si les Etats sont contraints de faire la guerre, pour n'avoir pu obtenir des conditions assurées, que leur haine croisse contre l'Espagnol, demeurant l'Anglois, qui aura participé à ce conseil, aussi bien obligé de contribuer à leur secours que Votre Majesté. Cette façon de procéder disposera pareillement M. le prince Maurice à s'accommoder à l'avis commun de l'Etat, avec lequel il doit demeurer inséparablement uni, voyant l'inclination de Votre Majesté, à laquelle il nous a toujours dit qu'il vouloit porter et rendre tout respect et obéissance; à quoi néanmoins il sera conduit plutôt par raison et persuasion que par autorité. Il en aviendra aussi que les Etats qui auront eu une entière liberté pour délibérer de leurs affaires avec prudence et jugement, n'auront pas sujet de se plaindre qu'ils aient été forcés à prendre autre conseil que celui qu'ils auront cru leur devoir être plus profitable, et ne pourront à cette occasion les appeler à garant des accidens de l'avenir.

Il seroit encore bien à propos, si la résolution est prise de traiter et d'écouter les conditions de paix, que, sans faire autre députation, on dresse quelques articles de l'avis des deux rois, du prince Maurice, et d'un des principaux de chaque province, pour les présenter à l'archiduc, et reconnoître s'il les voudra consentir et accorder, du moins autant qu'il sera besoin pour espérer qu'on puisse traiter, et que la conférence ne sera pas inutile; car il est à craindre autrement qu'il ne traîne et fasse durer long-temps cette conférence, et même outre le temps de la trève, pour la faire derechef prolonger, les accoutumant par ce moyen à vivre en quelque privauté, et en espérance d'une paix qui leur fasse négliger leur conservation, et donne commodité à l'Espagnol par ce loisir d'en attirer quelques-uns, les diviser, et avoir meilleur marché d'eux. Nous prévoyons bien qu'il y aura de la difficulté d'obtenir de lui qu'on procède ainsi, que les États ne permettent ni encor que sept de leurs députés aient pouvoir d'arrêter ce qui doit dépendre de tous; mais si l'archiduc en étoit d'accord, on pourroit espérer de faire cesser l'autre difficulté. Nous ne mettrons toutefois rien en avant qui puisse empêcher la paix, jugeant bien que la dépense de cette guerre déplaît à Votre Majesté, et qu'elle désire s'en décharger si faire se peut; mais elle doit être faite s'il est possible. Au cas qu'on s'aperçoive de ce dessein, elle se souviendra, s'il lui plaît, de faire toujours traiter en Angleterre, afin que Vos deux Majestés n'aient qu'un même avis. J'ai écrit par deux fois à M. de La Boderie, et lui ai donné avis de ce que j'ai pensé pouvoir servir à cette affaire, le suppliant en faire autant de sa part. On a eu avis ici que l'archiduc vouloit faire une assemblée de prélats, abbés, et autres personnes ecclésiastiques, et principaux seigneurs de son État, pour aviser avec honnête liberté à ceux de la religion prétendue réformée, pour les faire vivre sous lui avec quelque contentement et repos de leurs consciences. S'il prend ce conseil, il sera aussi bon pour lui que dangereux pour cet État, qu'il dépeupleroit d'un grand nombre de gens qui s'y sont réfugiés. S'il est vrai, Votre Majesté en sera déjà avertie. Elle nous fera, s'il lui plaît, entendre sa volonté sur tout ce que dessus au plus tôt, et cependant nous prierons Dieu, sire, qu'il maintienne Votre Majesté et sa royale famille en tout heur et prospérité.

Vos très-humbles et très-obéissans sujets et serviteurs.

P. JEANNIN, DE BUZANVAL et DE RUSSY.

À La Haye, ce neuvième jour de juin 1607.

LETTRE de M. Jeannin à M. de Villeroy, du 9 juin 1607.

Monsieur, par les lettres qu'il vous a plu m'écrire, il semble que Sa Majesté nous donne beaucoup de pouvoir, et laisse à notre affection et fidélité la conduite de ce qu'elle nous a mis en main; en quoi elle ne sera point trompée, pourvu que Dieu nous donne autant de prudence que nous avons de volonté de bien servir; mais avec ce pouvoir limité, à ne rien offrir, ni pour le présent, ni pour l'avenir, je ne sais ce qu'on doit espérer de notre voyage; je le considérois bien à notre départ; mais Sa Majesté remit à s'en résoudre sur les premiers avis qu'elle recevroit de nous. Elle est maintenant suffisamment instruite par nos précédentes lettres, et par celles que lui écrivons à présent, pour juger mûrement de ce dont il est besoin que soyons assistés pour la bien servir. L'affaire lui est de très-grande importance, soit que la paix se fasse, pour les obliger étroitement à son amitié, ou que la guerre continue, pour se résoudre à ne les laisser périr, de peur qu'étant abandonnés, leur ruine ne rende le roi d'Espagne plus puissant, et les fasse devenir ses ennemis. Ils sont aujourd'hui en l'état auquel on les peut plus obliger ou offenser; et je m'assure que Sa Majesté désire l'un et craindre l'autre, pour ne recevoir du mal au lieu du bien qu'elle leur a fait. Je prévois peux juger avec certitude qu'elle aura tout pouvoir de faire par ci eux ce qu'elle estimera plus

qu'ils reconnoissent la continuation de sa bonne volonté en leur endroit. Faites-nous donc, s'il vous plaît, donner ce moyen. Nos lettres au Roi contiennent tout et n'y peux rien ajouter.

Je sais que la conduite des grandes affaires dépend beaucoup de votre jugement, qui nous fait espérer que la résolution que prendrez près du Roi sera conforme à ce que désirons et jugeons être nécessaire pour son service. M. de Castille, mon gendre, s'en retourne à cause de son père; je lui ai donné un mot de créance touchant les deux cent mille écus; et les députés des Etats, pour, s'ils les enverront au Roi, vous jugerez, monsieur, s'il est à propos qu'il la fasse entendre à Sa Majesté, et il le fera sinon il s'en abstiendra. Je fais tout ce qu'il m'est possible pour le gentilhomme auquel le Roi a destiné la compagnie du feu capitaine de Suelles, en ai parlé à M. de Châtillon, ayant même ouvert la lettre du Roi qui s'adressoit à M. de Russy, pour en faire les poursuites que leur ai montrées, afin qu'ils reconnoissent l'affection de Sa Majesté envers lui. Ils disent que le lieutenant de la même compagnie la prétend, et dit qu'on ne la lui peut ôter sans lui faire tort. Vous serez averti au premier jour de ce qu'on aura pu faire. M. de Russy est allé à Leyden, Harlem et Amsterdam, et votre neveu, M. de Preaux, est avec lui; c'est un petit voyage de huit jours. M. de La Castille étoit aussi de la partie; mais il a été mandé pour s'en retourner à Paris. Je demeurerai perpétuellement, monsieur, votre très-humble et très-affectionné serviteur,

P. JEANNIN.

A La Haye, ce 9 juin 1607.

Lettre du Roi à MM. Jeannin, de Buzanval et de Russy, du 13 juin 1607.

Messieurs Jeannin, de Buzanval et de Russy, votre lettre du 29 du mois passé, que j'ai reçue seulement le huitième du présent, m'a pleinement et clairement informé de votre arrivée et réception par delà, et de toutes choses par vous reconnues, négociées, et exécutées jusques alors. J'ai ouï la lecture aussi de la proposition que vous, sieur Jeannin, avez faite en l'assemblée des sieurs les Etats des Pays-Bas, à laquelle vous ne m'avez rien laissé à désirer, tant en la substance qu'en la forme. Je suis marri seulement de quoi vous, sieur de Buzanval, n'avez pu, à cause de votre indisposition, vous y trouver; mais je me console qu'étant depuis amendé, vous aurez récompensé ce défaut aux autres actes et occasions qui se seront présentés. J'ai examiné et considéré soigneusement tous et chacuns les points déduits en votre dite lettre, et en celle que vous, sieur Jeannin, avez adressée au sieur de Villeroy, de laquelle j'ai semblablement voulu entendre la lecture. Vous ne pouviez vous conduire envers mon cousin le prince Maurice, et le sieur de Barneveld, plus sagement et accortement que vous avez fait, pour servir à mes intentions, lesquelles sont encore à présent telles en substance que je vous les ai déclarées et prescrites à bouche, et par votre instruction à votre départ, nonobstant ce que j'ai depuis fait écrire par ledit sieur de Villeroy à vous, sieur Jeannin, à savoir de ne leur proposer ni offrir mon entremise, pour leur aider à faire la paix, à votre arrivée au pays, pour les mêmes raisons que vous m'avez mandé, par votre dite lettre, vous avoir devant fait résoudre de suivre la même voie. Or je m'attends d'être par vos premières encore mieux éclairci des inclinations desdits sieurs; car vous avez conféré avec leurs députés et entré en matière avec eux, et partant appris d'eux leurs espérances, moyens et prétentions, tant pour faire une paix qui soit sûre pour eux et leurs amis, que pour reprendre et continuer la guerre, s'il faut y entrer pour conserver la liberté qu'ils ont acquise.

Je remarque qu'ils font leur principal fondement sur la déclaration que les archiducs ont faite par la cessation d'armes, de les tenir pour gens libres, sur lesquels ils ne prétendent rien. Véritablement c'est avec grande raison; car c'est le but auquel ils ont toujours aspiré, et pour lequel ils ont combattu très-constamment, et l'avantage que leurs vrais et sincères amis leur ont désiré et procuré; mais il est à craindre que le roi d'Espagne fasse difficulté de ratifier et passer ce point, ayant appris, par les dernières lettres que j'ai reçues d'Espagne, que son conseil y contredit et s'y oppose entièrement; et quand ils y consentiroient pour le temps de leur cessation susdite, ils ne le passeront jamais en une paix finale. C'est pourquoi aussi m'en a-t-il été donné avis que les Espagnols entendront plus volontiers à une trève à longues années de douze ou quinze ans, qu'à un accord final, pour mieux couvrir leur honte et foiblesse en délaissant ladite souveraineté, et pour pouvoir aussi avec le temps, la débattre et y rentrer. Mais j'estime que lesdits sieurs Etats ne pourroient entendre à un parti plus périlleux pour eux qu'à celui de ladite longue trève, laquelle les obligeroit à plusieurs sortes de dépenses et jalousies, dont la charge seroit très-pesante, et la pratique sujette à divers accidens et dangers, de quoi ne les garantiroient mon intervention et caution, ni celle du roi d'Angleterre, jointes ou séparées. Je dis quand nous serions dès à présent bien résolus de nous y obliger ensemble ou chacun à part, dequoi je fais pour mon regard grande difficulté, pour ne vouloir abuser lesdits sieurs, ni engager ma foi et ma couronne à une telle garantie, étant incertain des événemens; tellement que s'il avenoit infraction de part ou d'autre, je ne sais s'il me seroit lors loisible et utile d'employer mon nom contre l'autorité d'icelle; car personne ne peut répondre ni assurer de pouvoir toujours à l'avenir hasarder le sien pour autrui, à cause des accidents auxquels nous sommes sujets, et pense que lesdits sieurs trouveront en cela le roi d'Angleterre aussi retenu, circonspect et religieux que moi, étant conduit, comme j'estime qu'il est, de semblables considérations et intentions, lesquelles je vous répéterai juger si pregnantes et bien fondées, que je ne veux aucunement que vous engagiez mon entremise en la composition d'une telle trève si elle est proposée; au contraire, j'entends que vous les dissuadiez tant qu'il vous sera possible, avec les raisons, paroles et moyens que vous reconnoîtrez plus propres et efficaces.

J'ai su aussi que le roi d'Espagne et son conseil sont très-malcontens de quoi ladite cessation d'armes n'a été accordée pour la mer comme pour la terre, ayant éprouvé ce désavantage en cette dernière défaite et perte de leurs galions au détroit de Gibraltar, et au retardement de la flotte par eux dressée pour envoyer aux Indes, laquelle n'ose sortir, pour la crainte qu'elle a des vaisseaux desdits sieurs, que l'on publie, à Séville et à Saint-Lucar, être au cap de Saint-Vincent, attendant le passage des autres, ce qui les empêche merveilleusement. Outre cela, mon ambassadeur m'a écrit du dernier mois passé, de Madrid, que ledit roi a eu avis que certains vaisseaux hollandois ont surpris, saccagé et brûlé la ville de Carthagène, aux Indes; ce qui les a attristés grandement, et leur a fait désirer et rechercher si ardemment qu'ils font, l'extension de ladite cessation par la mer. Vous m'avez mandé les efforts qu'en fait le cordelier; mais je m'étonne comment le sieur de Barneveld, prudent et affectionné à sa patrie, ait favorisé cette poursuite, étant certain qu'il n'y a rien qui induise ou contraigne plutôt lesdits Espagnols à composer avec lesdits sieurs à bonnes conditions, que la continuation des incommodités qu'ils reçoivent par mer de leurs gens; de quoi s'ils peuvent une fois se rédimer à force d'argent, je sais qu'ils ne l'épargneront, ayant délibéré, s'ils peuvent gagner ce point, de retarder et prolonger tant qu'ils pourront la délivrance de la ratification du roi d'Espagne de ladite cessation, et, après, la conclusion du traité final qu'ils donnent à entendre vouloir faire.

De fait, j'ai avis certain d'Italie comme d'Espagne, qu'ils font acheminer en Flandre sept ou huit mille hommes de Napolitains, Lombards et Espagnols, de ceux que le comte de Fuentes avoit assemblés pour la guerre d'entre le pape et les Vénitiens, leurs étapes étant jà dressées en Savoie pour dix mille hommes, qui en pourroient faire cinq ou six mille effectifs, pour passer le 18 du mois de juillet prochain. Au commencement nous soupçonnions qu'ils vouloient les employer contre la ville de Genève, et crois que ce seroit bien le désir et dessein du duc de Savoie de tirer d'eux ce service en chemin faisant; mais son entreprise est à présent éventée, de façon que je ne crois pas qu'ils s'y arrêtent pour cette fois. Lesdits gens de guerre ne sauroient arriver en Flandre qu'au commencement du mois de septembre, qui est le temps qu'on devra se laisser entendre si on traitera une paix ou non, lesdits Espagnols ayant voulu faire provision et montre de ce renfort à cette occasion, pour favoriser leur négociation, et en cas de rupture, s'en avantager contre lesdits sieurs les Etats; chose qui est bien contraire et éloignée des espérances que ledit cordelier leur a données, et des déclarations qu'il leur a faites et souvent réitérées pour les endormir, que ledit roi d'Espagne emploieroit l'armée qu'il avoit fait dresser en Italie, avec les forces qu'il retireroit des Pays-Bas, contre quelques uns de ses voisins, et en tels lieux que lesdits sieurs Etats n'auroient occasion de craindre ci-après sa puissance, et se défier de sa bonne volonté. Ajoutez aux forces d'Italie les sept nouveaux régimens de lansquenets que le prince Maurice vous a dit qu'ils dressent en Allemagne, après avoir licencié quelque partie des gens de guerre qui sont en Flandre depuis ladite cessation, ce sera une juste et forte armée qu'ils auront prête audit temps, pour servir à l'un des deux effets susdits, et par ce moyen pratiquer le précepte qui veut que les grands rois traitent la main armée pour leur réputation, et pour intimider ceux auxquels ils ont affaire.

Je loue donc grandement le conseil qu'a pris le prince Maurice, de rejeter l'extension de la cessation d'armes, et la révocation de leurdite armée de mer; car l'incommodité que lesdits Espagnols en reçoivent, et la crainte qu'ils en ont, tiendra lieu en leur endroit de ce qu'ils attendent, contre lesdits Etats, de ladite montre et ostentation des forces susdites, et les contraindra d'avantager leur traité final, duquel autrement ils prolongeront exprès la conclusion, comme j'ai déjà dit, espérant mâter et ennuyer lesdits sieurs Etats, et en ce faisant les désunir et faire soumettre par pièces à consentir ce qu'ils désirent. Dom Diego d'Ibarra est parti de Madrid le 23 du mois passé, pour s'acheminer vers les archiducs, où il se doit rendre dans la fin de ce mois. Il porte la volonté et résolution du roi d'Espagne sur ladite cessation, et les autres traités qu'il entend faire avec lesdits Etats, avec une provision d'argent, que l'on dit être petite au regard de la dépense de l'entretennement et solde de leurs gens de guerre en Flandre. Aussi dit-on qu'elle est destinée plus pour gratifier et corrompre aucuns desdits Etats, que pour payer lesdits gens de guerre, auxquels ils doivent pourvoir par autre voie. Je sais que lesdits archiducs, ensemble le marquis de Spinola et le président Richardot, qui sont auteurs de ladite cessation et de la cession de ladite souveraineté seront en grande peine de la venue dudit dom Diego, connaissant et ayant éprouvé son naturel, et ayant su qu'ils n'ont approuvé en Espagne les conditions de ladite cessation, entre autres la déclaration de ladite souveraineté et l'exclusion de la mer.

Je veux que vous fassiez part de tout cet avis, non-seulement au prince Maurice et audit sieur de Barneveld, mais aussi à tous ceux desdits Etats que vous connoîtrez dignes de les entendre, afin de les mettre en considération, sachent ma franchise et bonne volonté, sans qu'elle leur soit déguisée ou cachée, comme elle a été ci-devant trop malicieusement et ingratement. Et quand je saurai au vrai et par le menu, par quels moyens ils entendent pourvoir à leurs affaires, soit pour la paix ou pour la guerre, s'il y a apparence qu'ils conservent leur union, de laquelle dépend leur félicité et sûreté, prenant l'une ou l'autre voie, ce qu'ils désirent et attendent de moi pour ce regard, entendent aussi y contribuer de leur part, avec toutes les particularités desquelles je vous ai donné charge vous informer et m'avertir par votre instruction; je vous déclarerai et commanderai après clairement mes dernières intentions. Cependant vous saurez que pour la conservation desdites provinces avec leur union et la liberté de leur gouvernement, que je ne leur refuserai mon intervention conjointement avec le roi d'Angleterre, ou séparément, pour favoriser et assurer leur repos, quand je connoîtrai pouvoir y être utile, et y employer mon nom dignement. Je ne ferai refus ni difficulté aussi, s'il faut qu'ils continuent la guerre, de continuer pareillement à les secourir d'une bonne somme de deniers, conjointement avec ledit roi d'Angleterre, s'il veut y entendre

de bonne foi. Je suis content même de porter les deux tiers de la somme qui sera convenue; comme s'ils ont besoin de trois millions de livres, j'en fournirai volontiers deux millions, ledit roi assurant le troisième; à la charge aussi qu'ils se porteront tous ensemble unanimement au parti; car ce seroit aider plutôt à les perdre tout-à-fait que de les assister, étant divisés en l'une et l'autre voie.

Partant vous avez pris bon conseil, d'avoir entrepris et commencé à essayer de remettre en bonne intelligence le prince Maurice et le sieur Barneveld, pour les réunir en un même dessein, comme les deux personnes qui ont plus de crédit et de pouvoir aux affaires desdits pays, et dont la division, si elle duroit, causeroit indubitablement la ruine desdites provinces. Au moyen de quoi vous continuerez à battre le fer jusques à ce que vous l'ayez aplani et redressé en la forme qu'il convient pour servir à l'effet qui est nécessaire, employant à cette fin mon nom et autorité envers l'un et l'autre, et spécialement envers le prince Maurice, et pour accroître sa condition et fortune avec celle de sa maison, suivant votredite instruction; car c'est principalement sur le fondement de sa vertu que j'entends bâtir la sûreté de tout ce que je prétends faire et traiter pour le bien desdites provinces, en paix ou en guerre. Et c'est pourquoi je ne puis aussi à présent accepter ni me contenter de l'offre que l'on vous a faite de me faire écrire une lettre par les Etats, qui tienne lieu de la promesse dont je vous ai commandé leur demander un acte authentique, à ce qu'ils ne fassent ci-après aucun traité ni accord avec les archiducs, ou le roi d'Espagne et autres, sans mon su et consentement; car telles lettres seront après sujettes au désaveu desdites provinces, ou à une interprétation captieuse, avenant qu'elles voulussent à l'avenir se dispenser de l'observation d'icelle, qui est un soupçon qui ne seroit jamais entré en mon âme, s'ils eussent procédé avec moi plus candidement et sincèrement qu'ils n'ont fait en faisant ladite cessation d'armes, ayant bien su et avéré qu'ils en ont commencé et continué la pratique long-temps devant que le sieur Barneveld s'en soit découvert au sieur de Buzanval, auquel, quand la première fois il a parlé de ladite cessation, ç'a été en termes qu'il lui a laissé à deviner, plutôt qu'à croire qu'ils en dussent franchir le saut, comme vous, sieur de Buzanval, savez très-bien. Et qu'ainsi ne soit, lorsqu'on vous a parlé d'icelle, vous et le sieur d'Aërsens m'avez en même temps recherché et pressé plus que devant, de la part desdits sieurs, de leur ouvrir ma grande bourse pour leur aider à soutenir leurs affaires, et eux n'ont fait conscience de recevoir d'une main mon argent, et signer de l'autre les articles de ladite cessation, et après cela me repaître encore d'une nouvelle remontrance de leurs nécessités, suivie d'une déclaration qu'ils m'ont tant dit avoir de ne passer outre à la conclusion d'une paix finale, ou sans ma participation et intervention.

Je dis donc que je me passerai bien encore de la susdite lettre qui vous a été offerte pour l'assurance de leur foi et parole; car, encore que j'aie juste sujet de m'en défier à cause du passé, après leur avoir si libéralement départi et continué si long-temps une assistance vraiment royale, j'aime mieux toutefois me contenter, pour le présent, de leur continuer, sur la confiance de la cordialité de laquelle j'ai procédé, que d'accepter la susdite lettre. Et néanmoins j'entends ne laisser pour cela de leur faire fournir les trois cent soixante-quinze mille livres, faisant ce parfait paiement du secours que je leur ai donné l'année dernière, afin qu'ils continuent à ressentir les effets de ma libéralité et bienveillance au besoin qu'ils en peuvent avoir. Mais mes affaires ne me permettent m'élargir et étendre de présent plus avant, et jusques aux six cent mille livres qu'ils ont demandées; joint qu'il faut que je vous confesse, comme à mes bons serviteurs, que je me scandalise un peu de quoi je reconnois qu'ils traitent avec moi à l'égal et au pair avec le roi d'Angleterre, tout ainsi que s'ils avoient été assistés ci-devant de lui, et étoient encore de présent, comme ils ont été et sont journellement de moi: et néanmoins chacun sait ce qui en est; car, soit pour la paix ou pour la guerre, il semble, par les langages qui vous ont été tenus, qu'ils aient délibéré de se commettre et confier à lui autant, voire plus qu'à moi; et toutefois il n'a fait pour eux autre chose durant la guerre, que de leur permettre de tirer de ses pays des gens de guerre qu'ils ont soudoyés, et de défavoriser et décrier tant qu'il a pu leurs armes et la justice d'icelles, pour les conduire par nécessité et par tous autres moyens à traiter avec leurs ennemis.

Je n'entends pas pour ce rejeter l'union du Roi avec moi en leur faveur, soit qu'ils recommencent la guerre, car je reconnois assez le bien que l'on s'en peut promettre, si ledit Roi et ses ministres y marchent aussi réellement et sincèrement que moi; mais plus j'examine les actions et le procédé dudit Roi et de ses conseillers en ces affaires, je reconnois avoir cause de me défier de sa société, ou du moins d'en attendre peu de fruit; car plus je l'ai fait sonder et ai désiré me découvrir à lui, plus il s'est montré retenu et irrésolu, soit qu'il l'ait fait par malice, ou par foiblesse, ou nonchalance, tant y a qu'il m'a payé en cette monnoie. C'est pourquoi vous devez, ce me semble, faire plus de montre que d'état des déclarations spécieuses et flatteuses de son agent, et vous garder et défier de lui comme d'un ministre qui est au guet, plus pour traverser votre négociation, que pour la favoriser. Et quand je considère que le sieur de Barneveld s'est forcé de vous faire croire que notre conjonction est aisée et nécessaire pour leurs affaires, j'estime qu'il le fait plus par dessein anglois, pour être autorisé et fortifié de son nom en ses prétentions de la paix, que pour espérer de l'engager en une correspondance réelle et certaine avec moi, si ce n'est pour promouvoir ladite paix, en laquelle je reconnois ledit sieur Barneveld si engagé, qu'il remuera toutes sortes de pierres pour y porter ses compatriotes. S'il le fait par prudence et à bonne fin plutôt que par corruption et malignité, il en est plus excusable; mais je serai bien trompé s'il n'est à la fin de ses espérances. Car je vous dis derechef que les Espagnols n'accorderont jamais ladite souveraineté, sur laquelle néanmoins toute cette négociation est fondée, encore qu'ils désirent ladite paix avec passion; mais s'attendent, quand ils auront alléché de l'espérance de la douceur d'icelle les États, qu'ils obtiendront après d'eux, par force ou par persuasion, ce qu'ils désirent, étant contens de leur accorder la liberté de la religion, et tous autres avantages qu'ils désireront d'eux, pourvu qu'ils les reconnoissent pour souverains; en quoi ils espèrent être favorisés du côté d'Angleterre, ledit roi ayant déclaré et fait dire n'approuver que les États acquièrent cette liberté souveraine à laquelle ils aspirent, pour la conséquence d'un tel exemple.

Je vous écris toutes ces choses, non pour les dire d'un plein saut et hors d'opportunité à tout le monde, et spécialement à ceux qui ne veulent prendre et croire que ce qui leur plait, mais afin que vous n'ignoriez rien de ce que je sais, et prévois de voir succéder de toutes ces affaires et poursuites. Mais je ne puis aucunement trouver bon que ces sieurs fassent passer en Angleterre les députés qu'ils disent vouloir envoyer vers moi; ce seroit signe qu'ils préfèrent son amitié à la mienne, et qu'ils lui portent plus de respect qu'à moi; ne permettez donc qu'ils en usent ainsi. Davantage, j'estime qu'il est superflu et inutile qu'ils envoient vers moi des députés, puisque je les ai prévenus, et que je vous ai envoyé vers eux pleinement instruits de mes intentions pour les leur faire entendre. Partant vous les dissuaderez de ce faire, leur disant qu'aussi bien les ayant ouïs je les renverrois à vous, et leur ferois faire ma réponse par vous. Continuez à m'écrire le plus souvent, et plus particulièrement que vous pourrez de toutes choses, et considérez que je vous ai commis une négociation, du succès de laquelle doit dépendre la direction des affaires publiques et privées, tant de mon royaume que de la république chrétienne. Étudiez-vous toujours de désabuser, tantqu'il vous sera possible, les États de l'opinion qu'ils ont eue, que je dois désirer la continuation de leur guerre pour assurer le repos de mon royaume, et qu'il faut par nécessité urgente et inévitable que j'épouse leurs affaires pour faire prospérer les miennes. Informez-vous aussi, s'il avient que les États se précipitent à la paix et quittent la trêve et les voyages des Indes, s'il y aura moyen d'attirer ceux qui s'en voudront départir, et faire qu'ils se retirent en mon royaume, pour faire continuer ce train sous le nom et accueil de la bannière de France, afin de nous prévaloir de cet avantage, lequel me seroit très-agréable, d'autant que je l'estimerois très-utile, quand ce ne seroit que pour nous fortifier par la mer, qui est un pensement et dessein que j'ai délibéré maintenant d'affectionner plus que je n'ai fait, même si lesdits États composent et renoncent à la susdite navigation des Indes. Je prie Dieu, messieurs Jeannin, de Buzanval et de Russy, qu'il vous ait en sa sainte garde.

Écrit à Fontainebleau, le 13 juin 1607.

Et plus bas, BRULART.

LETTRE *de M. de Villeroy à M. Jeannin, du 13 juin 1607.*

Monsieur, nous désirons savoir si l'on peut faire état de porter à la paix toutes les provinces avec le prince Maurice et ses adhérens, ou au contraire avec le sieur de Barneveld et les siens, devant que déclarer notre dernière résolution sur l'un ou sur l'autre parti; partant éclaircissez-nous en quand vous y verrez clair, et le pourrez faire, et nous mandez par même moyen les conditions avec lesquelles on peut parvenir à l'un ou à l'autre; ensemble les sûretés et avantages que vous y reconnoissez et devons en espérer; chose que nous estimons que vous pourrez faire, maintenant que vous aurez conféré avec les députés ordonnés pour cet effet. Surtout nous blâmons et rejetons la trêve dont fait mention votre lettre, et celle que le Roi vous écrit; pour les raisons que Sa Majesté vous mande, et qu'il vous pouvez trop mieux juger; et dit le Roi qu'il ne veut en façon aucune y intervenir, parce qu'il croit qu'il n'en peut arriver que tout mal à ses alliés et à lui-même. Il voit et juge bien que le roi d'Espagne aspirera à ladite trêve par préférence à tout autre parti; ce qui a été aussi confirmé au Roi de divers endroits nommément du côté de Flandre et d'Espagne, et nous désirons fort de savoir au vrai, au cas que le roi d'Espagne butte opiniâtrement à la trêve de longues années, si les sieurs les États avec le prince Maurice et ses adhérens s'y laisseront aller, sans avoir ni prendre autre sûreté de leur souveraineté que celle qu'ils possèdent à présent : nous disons que ce sera leur ruine entière s'ils prennent ce conseil.

Nous entendons que l'archiduc est très-mal content et en crainte de la difficulté que fait le roi d'Espagne de ratifier la cessation d'armes, reconnoissant que les gens d'Espagne ont un dessein tout contraire au sien. Nous disons sur cela qu'il faudroit trouver moyen de faire parler à l'oreille à l'archiduc, pour savoir s'il voudroit s'appuyer de la France pour achever et assurer la paix commencée avec les États, et en faisant nettoyer le pays de telles gens qui ne valent qu'à troubler le monde. Avisez-y où vous êtes; mais n'en conférez avec personne, s'il vous plaît. Peut-être que le sieur de Barneveld pourroit trouver moyen de faire porter cette parole à l'archiduc; mais il faudroit qu'il le fît de lui-même et sans que l'on s'aperçut que le Roi eût part à ce dessein, car il leur seroit suspect; même il faudroit que vous en parlassiez audit Barneveld, comme par avis procédant de votre seul jugement, où que M. Buzanval en fît l'office. Pensez donc à cet expédient, et croyez, au reste, que le conseil d'Angleterre n'a autre but que de tromper le Roi en ce qui se passe où vous êtes; et quand Barneveld fait contenance d'espérer le contraire, il trompe le monde; néanmoins je suis bien d'avis que l'on dissimule, et que l'on ne fasse paroître que l'on le découvre. Nous ne laisserons de faire traiter en Angleterre, comme nous avons commencé, même pour l'engager à contribuer son tiers de trois millions, desquels il est parlé en la lettre du Roi, afin qu'il consente à tout le moins que ledit tiers soit avancé et fourni par le Roi sur ce qu'il lui doit, car, au pis aller, je prévois que Sa Majesté s'accommodera à cela, quand il reconnoîtra ne pouvoir obtenir mieux d'Angleterre; mais il ne faut s'en déclarer qu'à l'extrémité, ce que nous remettons à votre prudence.

Nous faisons refus d'envoyer à présent les deux cent mille écus que l'on demande, parce que nous disons que ces messieurs abusent de notre facilité et libéralité, et qu'ils ne laisseront de faire pour cela leur traité sans nous, comme ils ont fait ladite cessation. Le roi s'est aussi altéré de quoi l'on le traite à l'égal du roi d'Angleterre, encore que celui-ci ait fait aux États plus de mal que de bien depuis qu'il est en Angleterre, et que l'autre en ait usé autrement, ainsi que Sa Majesté vous écrit.

Nous ne voulons aussi nous contenter de la lettre qui vous a été offerte du corps des États, et sommes d'accord néanmoins de ne laisser pour cela de faire fournir dans la fin de ce mois, à Dieppe, la partie portée par les lettres du Roi, à la charge aussi qu'ils vous promettront nous délivrer l'acte que vous avez eu charge de leur demander en forme authentique, dedans le temps que vous conviendrez avec eux. Pareillement nous faisons état, s'il faut leur paix, de leur demander une reconnoissance, et promesse de nous payer et rembourser à l'avenir, et par termes que nous accorderons, l'argent que nous aurons employé à leur secours : dequoi j'ai été chargé de vous avertir, non pour hâter d'en parler plus tôt que jugerez être opportun. Nous n'épargnerons notre intervention à la paix, si les parties nous en requièrent, et reconnoissons le pouvoir faire dignement et sûrement pour nos amis et pour nous : mais nous désirons voir clair à tout cela devant que d'y engager le nom et l'autorité de Sa Majesté, d'autant que nous craignons que le faisant autrement, les passionnés à la paix s'en servent et avantagent pour acheminer leur dessein, et que, venant après à conclure ce traité, on nous laisse en arrière avec mépris et regret, comme il aviendroit si les archiducs et le roi d'Espagne refusoient d'admettre notre intervention, et que les autres ne laissassent pour cela de passer outre.

Partant vous prendrez garde, s'il vous plaît, à ce scrupule, et, au reste, userez du pouvoir qui vous a été donné par votre instruction à votre discrétion. Nous vous envoyons une autre lettre du Roi, pour M. le prince Maurice, du contentement et de l'établissement duquel Sa Majesté désire que vous ayez tout le soin qu'il vous sera possible. J'ai dit à Sa Majesté ce témoignage que vous avez rendu du sieur Aersens, lequel lui a été très-agréable, comme a été à Sa Majesté et à tous ses serviteurs, la nouvelle de la meilleure disposition de M. de Buzanval. Le Roi a été travaillé, ou pour mieux dire, chatouillé de la goutte depuis la Pentecôte jusqu'à présent ; mais elle est maintenant fort adoucie : toutefois il garde encore le lit. Nous espérons qu'il en sortira cette semaine pour pouvoir aller à Paris au commencement de l'autre. Au demeurant, nous vivons ici à l'accoutumée, et vous prie vous souvenir de mettre en besogne mon neveu de Préaulx, quand vous jugerez qu'il sera à propos de le faire. Je prie Dieu, monsieur, qu'il vous donne une bonne santé et heureuse vie.

De Fontainebleau, le treizième jour de juin 1607.

Votre, etc., De Neufville.

Lettre du Roi, du 16 juin 1607.

Messieurs Jeannin, de Buzanval et de Russy, mon dessein n'est de persuader ces Provinces de rompre leur cessation d'armes, ni de rentrer en guerre, si elles ne reconnoissent que ce soit leur bien et avantage, et si elles ne veulent ou puissent s'y porter unanimement, et avec l'ardeur et générosité qu'elles ont ci-devant fait ; car je n'ai autre but que de leur bien faire, et à cette fin m'accommoder aux conseils et partis qu'ils jugeront plus utiles et salutaires, me voulant contenter de leur avoir fait remontrer par vous les accidents qui peuvent naître de la paix qu'ils prétendent faire, et de leur avoir fait dire aussi ce qu'il me semble qu'ils doivent et peuvent faire pour les éviter, et assurer leur État et gouvernement, avec ce que je peux faire pour eux en cas de guerre, ainsi qu'il est porté par votre instruction, et l'apprendre encore de la lettre qui sera avec la présente, laquelle étoit faite et prête à partir, quand j'ai reçu la vôtre du troisième, le 13 du présent. Je vous répéterai seulement deux choses par celles-ci : la première, que vous ne devez faire état que nous puissions engager le roi d'Angleterre à se joindre avec moi si cordialement et utilement, que ses agents le donne à entendre par delà ; et veut le sieur de Barneveld le faire accroire, en faveur et bénéfice des Provinces-Unies, soit pour la paix ou pour la guerre, mais principalement pour cette dernière, tant lui déplait et à contre cœur la liberté et puissance desdites Provinces, comme lui et ses ministres s'en sont déclarés souvent à moi-même et aux miens ; tant lui et ses conseillers se défient de nous en toutes choses, et sont jaloux de la neutralité et condition qu'ils ont épousée. De sorte que son désir est de porter lesdites Provinces à la paix, et d'être seul garant et fidéjusseur de l'observation d'icelle, pour s'autoriser et faire respecter davantage de part et d'autre, s'entendant très-bien avec les archiducs pour gagner cet avantage à notre préjudice. Et que je vous dise que j'ai occasion de croire que Barneveld est de la partie ; car il désire tant ladite paix, et s'y est engagé si avant, que comme il conçoit ou estime que j'approuve et favorise moins ce parti que ledit roi d'Angleterre, il penche aussi et s'appuie plus de son côté que du mien : mais il ne faut pas faire semblant de s'en apercevoir.

J'en userai envers ledit roi d'Angleterre, et continuerez le semblable avec son agent et tous autres, pour les bonnes raisons que vous m'avez écrites. Le second point que j'entends vous répéter, est que je prévois et reconnois que les Espagnols et avec eux les archiducs, veulent retarder et porlonger leur traité tant qu'ils pourront, pour lasser et ennuyer de cette longueur lesdites Provinces, et par ce moyen les diviser et affoiblir, afin de s'avantager aux conditions d'un accord, et obtenir d'eux qu'ils fassent une trève à longues années, au lieu d'une paix finale, afin de n'être contraints de renoncer à cette souveraineté à laquelle lesdites Provinces prétendent, quand bien les Espagnols ratifieront ce que les archiducs en ont passé par ladite cessation, dont je fais grand doute, ainsi qu'il est porté par mon autre lettre. Je vous répéterai donc que j'estime que c'est le pire parti auquel les Etats se puissent attacher que ladite trève : car ils seront contraints de demeurer armés à grands frais; ils s'endormiront en la jouissance des commodités et douceurs d'icelle; ils donneront entrée aux menées et corruptions que l'on fera avec eux; ils seront moins soigneux de former et établir à présent un gouvernement solide et propre pour conserver leur liberté; leurs armes passées et futures demeureront moins justifiées; leurs voisins ne traiteront alliance avec eux si librement qu'ils feront si par une paix finale ils sont dès à présent reconnus pour gens libres et souverains ; et leurs adversaires pourront quand ils voudront, et sera leur avantage, violer ladite trève, et ne leur manqueront prétextes de ce faire, non plus que de semer la discorde et défiance parmi leur union. C'est pourquoi je vous dis derechef ne pouvoir approuver ce parti, auquel néanmoins je prévois qu'on les réduira à la fin, s'il ne leur arrive encore pis, principalement s'ils n'avancent et abrègent leur résolution pour ladite paix ou pour la guerre; mais il n'est besoin qu'ils envoient vers moi pour savoir ma volonté, mon intervention et assistance, puisque vous la savez, et que je vous ai donné tout pouvoir de la leur départir. Je ne serai marri toutefois qu'ils envoient, si bon leur semble, en Angleterre : mais ils abrègeroient bien leurs affaires, s'ils obtenoient que ledit roi d'Angleterre envoyât ses députés vers eux, comme j'ai fait, sans attendre d'y être convié par les leurs. Toutefois je remets à eux d'en user comme ils aviseront pour le mieux.

Je sais que l'Espagne prisera grandement la révocation de leurs navires, laquelle le cordelier a obtenu. Il va toujours gagnant quelque chose de ce qu'il désire, et si les avis que j'ai d'Espagne et de Flandre sont véritables, ils n'auront pour cela la ratification et déclaration du roi d'Espagne qui leur a été promise, de quoi nous serons tôt éclaircis. Et quand elle leur sera fournie pour ladite cessation, il ne s'ensuit pas qu'elle leur soit continuée et renouvelée, traitant ladite paix, et moins pour la susdite longue trève. Je ne doute point aussi que l'Espagnol ne recherche d'unir l'Anglois avec lui contre moi, et que cettui-ci n'y entende plus volontiers qu'il ne fera le contraire, tant il est mal conseillé; mais je puis difficilement y remédier, car l'inclination dudit Anglois est toute manifeste, et plus je m'étudie de lui témoigner mon amitié, et l'engager par la représentation de son propre bien à une société étroite, il s'en recule davantage par ses déportemens et par ses paroles. Mais cela ne m'empêche pas de dormir, car je connois sa portée et la disposition générale de ses sujets. Je serois d'avis que lesdites Provinces, ayant reçu la ratification et déclaration du roi d'Espagne sur ladite cessation d'armes, pressassent les archiducs d'entrer en conférence et traité d'une paix finale, pour la résoudre au plus tôt, ou être éclaircis de leur volonté devant l'arrivée en Flandre des nouvelles forces qu'ils font venir d'Italie, de l'acheminement desquelles vous verrez la certitude par le double de la lettre du duc de Savoie, que j'ai commandé vous être envoyé : étant certain, si l'on tire cette négociation en longueur, que la condition desdites Provinces empirera grandement, à cause de leur nécessité et foiblesse, et que chacun fera difficulté d'y exposer le sien, à cause de l'incertitude du succès et de la juste défiance qu'a engendrée leur procédé en ladite cessation d'armes, que ne me doit pas diminuer le refus qu'ils font de l'acte que vous leur avez demandé, et le dire d'un desdits Etats sur ce sujet que vous m'avez présenté par votre lettre : qui sera tout ce que je vous commanderai sur icelle, remettant le surplus à ma précédente, et priant Dieu, messieurs Jeannin, de Buzanval et de Russy, qu'il vous ait en sa sainte garde.

Ecrit à Fontainebleau le seizième jour de juin 1607.

LETTRE *de M. de Villeroy à M. Jeannin, du 15 juin 1607.*

Monsieur, j'ajoute encore la présente aux autres ci-jointes, par le commandement du Roi, pour vous faire savoir, encore que nous ayons mauvaise opinion de la volonté et sincérité en notre endroit du roi d'Angleterre, que nous n'entendons néanmoins rejeter sa société, soit en la guerre ou en la paix si elle est offerte; au contraire, nous estimons que vous devez continuer à vous en découvrir et parler ouvertement au sieur Barneveld, comme à tous ceux qui affectionnent cette union, sans toutefois par trop vous fonder ou confier aux belles paroles de son agent, ni des autres qui penchent de son côté, car ils sont tous trompeurs; mais si nous rejetons ouvertement cette conjonction, l'on estimera peut-être moins notre intervention et assistance. L'archiduc et le roi d'Espagne ont sujet de la désunir, et irriter davantage le roi d'Angleterre au préjudice du Roi et leurs partisans aux Etats, qui sont ceux qui désirent passionnément la paix, lesquels nous apprenons par vos lettres excéder les autres en nombre et pouvoir, et procurer que l'intervention d'Angleterre soit préférée à celle de Sa Majesté. Nous avons ce jour d'hui mieux considéré votre dépêche dernière, sur quoi Sa Majesté a avisé vous faire savoir, par moi, qu'il croit que ces messieurs ne doivent plus être pressés ni conseillés par vous de reprendre le parti de la guerre, puisque de sept provinces dont leur corps est composé, les six sont portées à la paix, et que le prince Maurice n'a assez d'autorité et de puissance pour leur faire changer d'opinion; qu'il faudroit que la France demeurât seule chargée du secours d'argent, qui est excessif, duquel ils auroient besoin sans espérance d'en profiter, et au hasard d'être après abandonnés des Etats au fort des affaires.

Nous disons donc qu'il faut buter avec eux à la paix, y porter et avantager le prince Maurice et sa suite, tant que l'on pourra, et en presser et avancer la négociation et résolution, par les moyens que vous jugerez le plus à propos; de quoi nous remettons la direction à votre jugement, nous promettant que vous saurez bien considérer de ne leur donner jalousie de cette mutation. Ce que nous craignons est qu'en lâchant la bride en cela auxdits Etats, ils courent à ce parti précipitamment et inconsidérément, et que l'Espagnol reconnoissant leur chaleur s'en avantage. Nous nous défions aussi de la volonté du roi d'Espagne, touchant la souveraineté; car nous savons qu'il ne peut avaler ce morceau, et sur cela nous concluons qu'il élira le parti de la trêve, duquel Sa Majesté ne veut ouïr parler, pour les raisons portées par la dernière lettre que Sa Majesté vous écrit. Partant nous vous prions d'en dissuader le choix le plus que vous pourrez, et devant qu'ils s'y engagent. En quoi toutefois nous entendons que vous vous conduisiez encore avec la discrétion que vous jugerez nécessaire, s'ils se résolvoient d'élire ce parti, qu'ils aient occasion de s'en cacher du tout de vous et de nous. Et, combien que nous blâmions l'ampliation de la cessation d'armes pour les raisons que nous vous écrivons, toutefois nous louons ce conseil que vous avez pris, d'y faire résoudre la Zélande, pour les raisons que nous vous avez présentées. Mais nous désirons que la Zélande sache bien particulièrement le gré que le Roi lui sait du respect qu'elle lui a rendu, et de l'affection et confiance qu'elle a fait connoître lui porter. En quoi Sa Majesté entend et désire que vous les confortiez et échauffiez tant qu'il vous sera possible, promettant, à tous événements, de l'avantage et du contentement. Travaillez donc à ce point, s'il vous plaît, avec soin et discrétion.

Toutefois nous avons aussi pris à cœur la retraite en ce royaume des marchands et autres qui ont accoutumé et sont affriandés aux voyages des Indes, en cas que par la paix les Etats s'en départent comme a fait l'Angleterre; car notre France, comme vous savez, retenu cette faculté et liberté à nos périls et fortunes, sans que pour cela on puisse prétendre que nous contrevenions à nos traités; vous assurerez donc tous ceux qui voudront continuer cet exercice, qu'ils seront protégés de la France, et favorisés de sa bannière. L'on nous mande de Bruxelles que le cordelier y a rapporté que les gens de Hollande quitteront volontiers ladite navigation, étant assurés de celle d'Espagne, et davantage qu'ils ne se formaliseront que le roi d'Espagne retienne au pays de Flandre, et autres appartenant à l'archiduc, des forces d'Espagnols, de quoi nous savons au vrai que l'archiduc, le marquis de Spinola, et le président Richardot, se sont fort réjouis, comme ils ont fait ladite ampliation de la trêve. Prenez garde à toutes ces choses, comme à ce qu'ils feront des villes cautionnaires en cas de paix; quel avantage ils donneront au prince Maurice et aux siens; quel ordre et forme ils donneront à leur gouvernement; quelle résolution ils prendront pour assurer leurs affaires et quelle place et autorité ils entendent donner en leur traité à Sa Majesté; et si devant ou après l'avoir conclu ils entendent faire avec nous une ligue défensive et offensive, comment et à quelles conditions.

Bref, éclaircissez-nous de toutes les délibérations au fait de ladite paix; car nous inclinons maintenant à ce parti, comme au plus sûr et plus utile pour eux et pour leurs alliés, depuis qu'ils sont aux termes que vous avez représentés par vos dites lettres; mais ne parlez d'assurer ce qu'il nous doivent que quand vous jugerez qu'il sera à propos, afin de ne les faire effaroucher et cabrer à l'enfournement de cette négociation. Dom Diego d'Ibarra, que nous appellerons dorénavant Olibrius par notre jargon, arriva hier en ce lieu à près-dînée, et part aujourd'hui pour Flandre. Il est pressé. Je n'ai encore appris du Roi ce qu'il lui a dit, ayant salué Sa Majesté au nom de son roi, et conjoui de la naissance de monseigneur le duc d'Orléans. Nous avons découvert que les avertissements que l'on nous avoit donnés du roi d'Angleterre contre la France sont faux, afin que vous n'en soyez plus en peine. Mais ne vous attendez que nous secourions ces messieurs d'autre arment, que de trois cent soixante et quinze mille ires, dont il est fait mention en nos autres lettres, pour les raisons et soupçons représentés par elles, ni que nous élargissions davantage pour ire la guerre que nous vous déclarons aussi par sdites lettres, et moins que nous entreprenions ne guerre ouverte contre le roi d'Espagne, pour nettre les autres à couvert, et après dépendre de a volonté d'autrui. Je suis las d'écrire, mais je ne e serai jamais de vous honorer et servir : à tant e prie Dieu, monsieur, qu'il vous conserve en onne santé.

De Fontainebleau, le quinzième jour de juin 1607.

Votre, etc. De Neufville.

Autre LETTRE *de M. de Villeroy à M. Jeannin, du même jour* 15 *juin* 1607.

Monsieur, vous aurez encore ce petit mot de moi, pour vous dire que dom Diego d'Ibarra s'est tenu fort secret parlant au Roi ; mais quand il a su de Sa Majesté que la révocation de l'armée navale des Hollandois de la côte d'Espagne a été accordée, il a montré s'en réjouir grandement. Le roi d'Angleterre ne parle de nous ni à notre homme qui est près de lui, qu'entre les dents. Prenez garde, je vous prie, à ne faire voir le contenu des lettres particulières que je vous écris, qu'à ceux que vous jugerez bon qu'elles soient communiquées, parce qu'elles contiennent le secret des intentions du Roi, que Sa Majesté vous confie entièrement. A quoi j'ajouterai que nous nous défions un peu de la secrète correspondance qu'a en Angleterre le sieur de Barneveld, et particulièrement avec l'archiduc. Prenez-y garde donc, s'il vous plaît, et me continuez votre bonne grâce, comme étant, monsieur, votre, etc.

De Neufville.

Ce 15 juin 1607, à Fontainebleau.

LETTRE *de M. de La Boderie à M. Jeannin, du* 15 *juin* 1607.

Monsieur, j'ai appris par celle qu'il vous a plu m'écrire, du troisième de ce mois, et votre arrivée, et le commencement de votre négociation. Je ne doute point que ne trouviez de la diversité dans les esprits de ceux dont les Etats des Provinces-Unies sont composés. Les plus sages sans doute appréhendent la paix, comme celle sous laquelle il y a à infinis pièges. Les autres, qui ne regardent que les choses présentes ou prochaines, las des dépenses de la guerre, et allégés de cette espérance de liberté, y fermeront les yeux. Pour confirmer les uns et réveiller les autres, il seroit grand besoin que ce roi ici avec le nôtre, y missent la main à bon escient ; mais certes, je vois tant de foiblesse, et en l'esprit, et aux moyens de celui-ci, que je ne sais quasi que vous en promettre. Sur ce que vous me mandez que M. Caron avoit charge de faire office envers lui pour l'envoi de ses députés, je fus voir ledit sieur Caron, délibéré, au cas qu'il ne s'y disposât, de faire l'office moi-même. Je le trouvai qui étoit prêt à partir pour aller voir le comte de Salisbury, en résolution, après l'avoir vu et préparé, d'aller le lendemain voir le roi même. Cela fit que je n'estimai point m'en devoir mêler davantage, tant parce qu'en effet j'ai commandement du maître de ne les plus presser, depuis que je lui ai fait savoir la froideur dont je reconnoissois qu'ils marchoient, que parce que je juge qu'ils en parleroient beaucoup plus confidemment audit sieur Caron. Hier il me vint voir pour me faire rapport de ce qu'il en avoit retiré.

Le comte de Salisbury, du commencement, résista fort à cette proposition, disant que son roi ne pouvoit avec dignité envoyer le premier par devers ceux qui avoient montré faire si peu d'estime de lui, que de conclure une trêve, et de nouveau une telle ampliation à icelle, sans lui en avoir communiqué aucune chose, contre leur obligation et leurs promesses, et qu'il falloit qu'ils envoyassent les premiers ; et puis que, selon que son maître entendroit de leurs députés, il se résoudroit à ce qu'il auroit à faire. Sur cela, lui ayant ledit sieur Caron communiqué la lettre de M. de Barneveld, et remontré la longueur qui se passeroit en ces envois, et le péril qui étoit au retardement, il auroit enfin réduit ledit sieur comte à trouver bon que le roi son maître envoyât après que ledit sieur Vivord seroit venu, et auroit été ouï par deçà. Il croyoit qu'ayant cette parole dudit comte, il obtiendroit facilement le même du roi ; et néanmoins l'ayant été voir le lendemain, il le trouva disposé tout au contraire, et ferme en cette résolution qu'il n'enverroit point qu'auparavant messieurs des Etats n'eussent envoyé. Et la raison est non-seulement pour conserver ce qui est en cela de sa dignité, mais pour ce qu'en envoyant ce seroit se décréditer du tout avec l'Espagne, et lui faire connoître le peu de compte que lesdits sieurs des Etats font de lui, et, qui est le principal et plus fort de sa crainte, l'offenser manifestement, et lui donner trop juste sujet de se plaindre. Que pour tout ce qu'il avoit pu lui répliquer en près d'une heure d'audience qu'il avoit eue, il n'en avoit pu retirer autre chose ; de sorte que qui voudroit espérer quelque cas de lui, il falloit par nécessité que lesdits députés vinssent, et puis qu'après cela il en enverroit, et qu'il espéroit que, vous autres messieurs prenant cette patience de tant attendre, il y auroit lors moyen de faire quelque chose, non par déclaration de guerre ouverte, reconnoissant tous les jours davantage l'inclination dudit roi et ses moyens du tout éloignés de telle résolution, mais par quelque secours secret, qui, joint avec le nôtre, pourroit donner plus de commodité à messieurs les Etats de continuer eux seuls la guerre comme ils ont fait jusqu'ici, ou bien pour la sûreté que son intervention avec la nôtre pourroit apporter à la paix, si d'aventure tous vous autres messieurs, conjoints ensemble, jugiez à propos qu'elle passât outre.

Voilà en somme tout ce que ledit sieur Caron en a tiré, et sur quoi vous vous pouvez résoudre à ce que vous aurez à faire; car d'en parler après cela, non-seulement je ferois contre ce qui m'est ordonné, mais il seroit assuré de n'en remporter que du refus, lequel il faut éviter, ce me semble, tant que nous estimons la bonne, ou, pour mieux dire, meilleure intelligence d'entre ce roi et le nôtre, utile au bien de l'un et de l'autre. Si vous devrez là-dessus attendre ou non, je le remets à vos prudences; mais si une nouvelle que je viens d'avoir de M. de Berny est véritable, que non-seulement le roi d'Espagne n'ait point ratifié, ains envoyé dom Diego d'Ibarra pour prendre connoissance des affaires des Pays-Bas, et faire entendre sur icelles sa volonté, je crois, vu l'humeur et la qualité de l'instrument, qu'il faut changer de registre, et sans se plus amuser à la paix, se préparer à la guerre; et comme ce ne seroit peu gagner, si seulement nous pouvions embarquer ce roi à partie de la dépense, tant pour la suite que pour tout, j'estime que nous devons faire tout ce qui est possible pour en venir là; vous avez néanmoins vos instructions, et l'ordre de ce que vous avez à faire plus particulier, sur lequel je me remets. Les affaires de deçà sont fort embrouillées, et les finances fort courtes; néanmoins le peuple voudroit la guerre, et croit que le seul moyen par lequel le roi pourroit rétablir sa réputation avec lui, qui est sans doute fort endommagée, seroit d'en venir là. Mais si ne crois-je pas qu'il y vienne, si ce n'est qu'on l'y porte par degrés, et quasi en dépit de lui, comme le moindre secours qu'il pourroit donner à mesdits sieurs des Etats, ou si, à ce que m'a assuré le sieur Caron, et que je tiens encore d'ailleurs, le peuple s'y offre; c'en seroit un bon moyen. Qu'il s'entende avec l'Espagne à notre préjudice, ou desdits sieurs des Etats, je ne le crois point, tant s'en faut il se reconnoît, par infinis affronts qu'il en reçoit tous les jours, qu'il y est en extrême mépris, *ma chi cosi vuole cosi l'habbia*. Et à tant, après vous avoir très-humblement baisé les mains, et avec permission vôtre, à M. de Buzanval, que je loue Dieu se porter mieux, je le prierai donner à vous et à lui, monsieur, en parfaite santé très-longue vie.

A Londres, ce 15 juin 1607. Votre, etc.

La Boderie.

Lettre *de M. de Villeroy à MM. Jeannin et de Buzanval, du 17 juin 1607.*

Messieurs, M. de Castille est arrivé en ce lieu, le quinzième de ce mois, avec vos lettres du neuvième, lesquelles ont été lues au Roi en la présence de MM. de Sillery et de Sully le même jour. Et comme Sa Majesté avoit fait partir le jour précédent le maître de poste de Calais, chargé de sa réponse à vos précédentes, du 29 mai et du 4 de cedit mois, par laquelle elle vous a à plein informés de ses intentions sur tous les points que vous lui avez représentés ci-devant, Sa Majesté ne vous écrira pour cette fois; mais elle m'a ordonné vous faire savoir que vous ne pouviez vous gouverner et conduire plus sagement, ni à son contentement, que vous avez fait, tant envers le prince Maurice et comte Guillaume, que les députés avec lesquels vous avez conféré, et le sieur Barneveld. Davantage Sa Majesté loue et approuve grandement l'ordre que vous lui avez représenté par votre dite lettre, que vous avez délibéré de tenir ci-après pour rendre le prince Maurice capable du bien du pays, du sien et de sa maison en particulier, afin qu'il se résolve de bâtir et assurer sa fortune conjointement avec celle de l'Etat, avec lequel il a aussi acquis sa gloire, qui dépend de leur union en la résolution qu'ils prendront. De quoi Sa Majesté a été très-aise d'entendre que vous avez commencé d'informer M. le comte Guillaume, et avez délibéré d'en faire autant au sieur Maldrée, et particulièrement que vous avez trouvé le sieur Barneveld disposé de favoriser l'établissement dudit prince Maurice et des siens; car c'est sur leur foi et autorité que le Roi entend principalement fonder ses affaires par delà, comme il vous a été déclaré à votre départ.

Sa Majesté approuve aussi grandement le conseil que vous avez projeté de donner aux députés des Provinces, pour empêcher leur désunion : continuez à leur montrer qu'elle n'a autre but que d'embrasser avec eux le parti qu'il leur sera plus utile, faire avancer la négociation qu'elle prétend faire; car nous croyons certainement que les Espagnols la retarderont tant qu'ils pourront, pour les raisons que nous vous avons mandées par nos dernières. Nous sommes incertains aussi si le roi d'Espagne a ratifié la cessation d'armes, la déclaration faite en son nom par les archiducs, car les avis que l'on nous a donnés sont fort différens; mais vous en serez bientôt éclaircis après l'arrivée à Bruxelles de dom Diego d'Ibarra, car il porte le secret du côté d'Espagne. Nous approuvons pareillement que vous les disposiez par delà à dresser par avance les articles dont ils entendent composer la paix pour s'en éclaircir le plutôt qu'ils pourront; car nous avons opinion, quand on viendra à joindre, que l'on se trouvera bien loin du compte. Nous disons surtout que vous devez vous rendre maîtres et conducteurs principaux de toute la négociation : ce que vous obtiendrez, leur faisant paroître par vos actions, suivant votre délibération, que vous avez charge et voulez procurer et favoriser leur bien, sans affection que de celui que vous jugerez ensemble leur être plus profitable, car c'est l'intention du roi; mais nous prévoyons que vous aurez grande peine à faire joindre à ce dessein le Roi d'Angleterre, à cause de son imprudence et irrésolution, et de la malignité du comte de Salisbury et de ses semblables, et spécialement de la reine d'Angleterre. L'ambassadeur d'Angleterre a dit au sieur Aërsens, que le roi d'Angleterre n'enverra en Hollande ses députés, comme a fait le Roi, pour ne vouloir marcher dans ses ornières. C'est le même mot duquel il a usé. Il est grand ennemi de la cause des Etats. Si nous parlons de paix, les Anglois nous accusent d'en vouloir seuls profiter; et si nous prenons le parti contraire, que nous aspirons à l'Etat, que nous nous entendons pour faire le premier avec l'archiduc, et pour l'autre avec le prince Maurice et sa suite; il faut surmonter tout cela en bien faisant. Nous vous avons écrit de quelle somme d'argent et manière nous entendons secourir la Hollande en cas de guerre, et pareillement ce que nous entendons faire pour les Etats, pour maintenir leurs affaires en réputation et police durant la cessation d'armes, jusqu'à la conclusion des affaires. Nous n'avons pas délibéré nous élargir plus avant pour le présent; car nous craignons que l'on nous trompe comme l'on a fait cette dernière fois. Mais nous voyons qu'ils se réunissent comme il faut, s'ils veulent suivre les conseils que nous leur donnerez pour leur propre bien, et faire différence de l'amitié et sincérité du Roi avec celle du roi d'Angleterre; en ce cas nous nous efforcerons au mieux faire. Nous ne voulons acheter une tromperie ni leur division et perdition, non plus que leur honte. Nous avons reçu avis que les gens de guerre que l'on envoie d'Italie en Flandre passeront plus tôt le Rhône que l'on ne pensoit, étant arrivés deçà le mont Cenis, vous en serez averti à mesure qu'ils s'avanceront. L'on nous écrit de Bruxelles que l'archiduc les avoit contremandés, ce que nous ne reconnoissons jusques à présent. L'on nous mande de Bruxelles que l'on se vante d'y savoir tout ce que vous faites et dites où vous êtes, par le moyen de leurs amis, qu'ils disent être en nombre et des principaux; peut-être ne le diroient-ils s'il étoit vrai. Ils se vantent qu'ils concluront la paix à leur avantage à la barbe des ambassadeurs de Sa Majesté, et sans leur intervention et aide; c'est l'écorne que nous ne voulons acheter. L'on nous mande pareillement qu'il ne faut pas s'attendre de séparer ni disjoindre l'archiduc d'avec le roi d'Espagne, quelques avantages ou coups de fouet que l'on lui donne, tant l'archiduc est d'inclination et d'intérêt conjoint inséparablement avec l'Espagne, combien que parfois il fasse contenance du contraire, et que les siens s'en laissent entendre; partant vous y prendrez garde s'il vous plait.

Nous estimons qu'il faut mettre peine de gagner le sieur de Barneveld, pour le retirer, si faire se peut, du roi d'Angleterre. Ce qui peut-être aviendra, si on lui fait croire que nous affectionnons la chose publique pour la paix, et que l'autre a autre visée, et réunissons sur cela le prince Maurice et les siens avec lui. La mère du comte Henri parle de passer bientôt en Hollande, appelée; ainsi qu'elle a mandé au Roi, du prince Maurice et de son fils. Nous estimons qu'elle favorisera partout où elle sera le service du Roi. Les Anglois ont favorisé extraordinairement le prince de Joinville; et dit-on que le comte de Salisbury seul, avec le roi d'Angleterre, ont à plusieurs fois longuement et secrètement conféré avec lui, de quoi il n'a rien dit à M. de La Boderie : aussi le Roi en est demeuré mal édifié. Il est allé visiter la Hollande, et désirons que le président Jeannin le voie, et mette peine d'apprendre de lui les discours qu'on lui a faits en Angleterre; de quoi si on ne s'éclaircit avec lui et ne montre leur confier, il fera tort à lui et aux siens. Nous savons qu'il a mandé à l'archiduc, allant en Angleterre, que tout le monde est mal content en France, et que l'on y verra bientôt du ménage, à quoi les gens de Flandre ont pris plaisir. Nous n'avons point ouï parler que cette assemblée de prélats qui se fait en Flandre, se fasse pour autre cause que pour faire trouver bon que l'on traite avec les Provinces-Unies, sans les presser de recevoir la religion catholique. Nous n'estimons pas qu'ils soient assez sages pour prendre le conseil duquel il est fait mention en votre lettre. M. de Castille n'a vu le Roi, à cause de la goutte pour laquelle il garde encore le lit de façon qu'il est retourné à Paris pour pourvoir à ses affaires. Son frère est toujours ici poursuivant les siennes, auxquelles il est traversé comme de coutume, mais avec meilleure espérance. Je prie Dieu, monsieur, qu'il vous conserve en bonne santé.

De Fontainebleau, ce 17 juin 1607.

De Neufville.

LETTRE *de M. de Villeroy à M. Jeannin, du 17 juin* 1607.

Monsieur, je vous écrivis l'autre lettre par le commandement du Roi, et je vous salucrai par celle-ci de la continuation de mon service, en vous assurant de la convalescence de Sa Majesté, laquelle commença hier à sortir du lit, à s'appuyer sur les pieds; tellement que j'estime que nous changerons bientôt de place. Je ne veux omettre aussi à vous faire savoir que le Roi a accordé à mon fils la lieutenance générale du gouvernement de Lyonnois, vaquée par le trépas de M. de La Guische, que Dieu a appelé à soi le 14 de ce mois, Sa Majesté ayant voulu, par sa bonté, nous témoigner sa bienveillance et confiance, et nous obliger de plus en plus d'employer nos vies à son service; de quoi je m'assure que vous serez très-aise, comme je le serai toujours de vous honorer et servir d'entière affection, de laquelle je prie Dieu, etc.

LETTRE *de MM. Jeannin, Buzanval et de Russy, au Roi, du 20 juin* 1607.

Sire,

Chacun se promet ici que la ratification d'Espagne y sera bientôt, et qu'elle doit être suivie de la paix par le plus grand nombre de ceux auxquels les peuples ont donné la charge et conduite de leurs affaires. Plus ce temps approche, plus le prince Maurice se travaille pour faire connoître qu'il n'y aura jamais aucune sûreté en la paix avec l'Espagnol, à quelque condition qu'on la puisse faire. Nous avons commencé à lui parler sur ce sujet, plus ouvertement que du passé, depuis avoir reçu les dernières lettres de M. de Villeroy, qui contenoient bien expressément la déclaration de votre volonté, pource qu'en différant plus long-temps, on préparoit des divisions dans les Provinces, qu'il eût été plus difficile de faire cesser. Mais nos raisons ne lui ont semblé assez fortes pour le vaincre; celle-ci seule lui a ôté le choix de tout autre conseil : à savoir que Votre Majesté ne prendra jamais à sa charge de payer chacun an, tant que la guerre durera, la somme de quatre millions cinq cent mille livres, sans laquelle, jointe à ce que les Etats lèvent sur eux, luimême nous a dit la guerre ne pouvoir être continuée avec espoir de bon succès, et qu'il n'y avoit aucune espérance non plus que le roi d'Angleterre y voulût contribuer quelque chose du sien ; ainsi qu'il étoit du tout nécessaire de tenter cette voie d'accord, quand ce ne seroit que pour faire croire à ces peuples qu'on les veut mettre en repos si faire se peut. Car y procédant ainsi, ou la paix se fera à conditions avantageuses, et qui auront de la sûreté pour eux, ou, si l'ennemi les refuse, ils rentreront à la guerre contre lui avec plus d'ardeur et haine que jamais, et y contribueront aussi plus volontiers leurs moyens qu'à présent, qu'ils sont remplis de cette vaine espérance de pouvoir obtenir la paix en toute sûreté, et avec la conservation de leur liberté et souveraineté dont ils se flattent, et pensent avoir acquis la jouissance par le consentement même de leur ennemi, dès le jour qu'il leur en a fait les offres. Ils en deviendront encore plus affectionnés, et se sentiront plus obligés à Votre Majesté, par le soin qu'elle aura pris de les mettre en repos ; et le prince Maurice même en sera mieux avec eux pour avoir plutôt suivi l'avis commun des Etats que le sien, qui étoit néanmoins meilleur. Et ce qui doit être de grande considération envers lui est que Votre Majesté et le roi d'Angleterre auroient plus de sujet de secourir les Etats après ce refus, et de prendre même les armes pour leur conservation, avec plus de raison et justice qu'ils n'eussent eu auparavant.

« Nous répétons souvent une même chose par nos lettres, mais c'est le sujet sur lequel nous travaillons maintenant, et n'y a rien si nécessaire, pour faire cesser toutes divisions et secrètes inimitiés qui sont dans cet Etat, que d'en avoir soin continuellement, et en rendre souvent compte à Votre Majesté : la fin de tous nos discours avec lui est toujours qu'il veut dépendre de vos commandemens. Mais, pour l'y confirmer du tout, nous avons estimé qu'il falloit penser et pourvoir à bon escient à son intérêt, et le deviner par conjectures, puisqu'il ne s'en veut découvrir ; car tout ce que nous avons traité jusqu'ici ne touche qu'au public. Il peut craindre que la paix diminue son autorité, au lieu qu'il étoit nécessaire qu'il ne devienne inutile; qu'il ne perde la jouissance de quelques terres occupées sur ceux du parti contraire, la plupart de ses États et appointemens, les droits de son amirauté, ou qu'ils ne soient réduits à peu. Et, pource qu'on le tient encore plus sensible en ce qui est de son honneur et autorité qu'en ce qui touche au profit, nous avons commencé à lui faire voir qu'il y a moyen de l'en assurer par la paix, et qu'il sera nécessaire, outre le traité général auquel Votre Majesté et le roi d'Angleterre entreviendront comme garans pour le faire observer, d'en faire encore un autre en même temps, projeté néanmoins auparavant, et tenu secret aussi entre Votre Majesté, le roi d'Angleterre et les États, pour le mutuel secours qu'ils seront tenus se donner l'un à l'autre, et autres conditions convenables pour leur commune sûreté: dans lequel traité on pourra faire insérer ce qui doit toucher à l'autorité, aux charges et à l'intérêt dudit sieur prince Maurice et de sa maison, étant ce moyen très-assuré, d'autant que vos deux Majestés en seront garants comme du premier traité, et par ainsi les Etats plus obligés à l'observation, crainte, s'ils y contreviennent à son préjudice, que on ait sujet d'en faire autant contre eux, et l'obligation où elles seroient entrées en leur faveur par le même traité.

On lui a conféré comme par discours aucuns de ces articles; à savoir, qu'il demeure gouverneur perpétuel desdits pays, leur chef et capitaine général, tant pour commander aux forces qui seront mises en garnison, qu'à celles de la campagne; qu'on établisse un conseil près de lui, composé des ministres de Vos Majestés, de deux de sa maison, tels qu'il voudra choisir, et de sept personnes, une pour chaque province; qu'audit conseil soient attribuées toutes sortes d'affaires, tant celles qui concernent l'état de la guerre, les différens des provinces et des villes l'une contre l'autre, l'exécution entière des délibérations publiques, et généralement toutes choses, fors et excepté le changement des lois, les provisions des gouverneurs, le pouvoir de faire la guerre ou la paix, de lever deniers et autres de pareille ou plus grande importance, dont l'autorité et pouvoir absolu doit dépendre et appartenir à tout le corps de l'Etat, ainsi qu'il a été fait du passé; qu'il soit ainsi pourvu par le même traité à l'entretennement des forces et garnisons qui sont nécessaires pour tenir le pays en sûreté durant la paix, et aux levées et contributions qu'il faudra faire à cet effet, non pas pour un an seulement, mais pour plusieurs années, crainte, s'il falloit ordonner desdites contributions chacun an, comme on a fait du passé, que le peuple, se relâchant peu à peu, et quittant le soin de sa conservation, comme si la paix l'avoit mis en toute sûreté, ne fit difficulté de consentir auxdites levées, après la première ou seconde année, ce qui mettroit l'Etat en péril.

On y peut ajouter d'autres articles; mais ceux-ci sont les principaux pour donner quelque contentement audit sieur prince Maurice en ce qui est de sa charge et de son autorité, dont nous n'avons fait qu'un projet, sans en communiquer à personne. Il a montré de le trouver bon, mais qu'il n'en devoit rien espérer, ni de tout ce qui le peut toucher, si au même temps que la paix se fera il n'y est pourvu; que du côté de l'ennemi il avoit été assez recherché avec offre d'un million d'or et achat de grandes seigneuries en Allemagne s'il s'y vouloit retirer; ou s'il se vouloit fier de l'archiduc et s'unir à son amitié, de lui donner plus d'autorité et de pouvoir ès Provinces-Unies qu'il n'en eut onques, jusques à lui faire sentir qu'on lui quitteroit même la souveraineté: qu'il sait bien aussi ce qu'il peut dans cet Etat, et sur plusieurs bonnes places qui sont tenues par personnes qui dépendent de lui, mais qu'il n'a point seulement voulu écouter les offres de ses ennemis, et ne cherchera jamais son salut chez eux; ne fera non plus chose qui soit contre son honneur ni devoir, ni qui puisse apporter de préjudice au pays pour lequel il a pris tant de peine et couru tant de périls; et, à la fin de tous ces propos, qu'il n'aura jamais autre volonté que celle que Votre Majesté voudra qu'il ait. Nous avons réconcilié M. de Barneveld avec lui, par le moyen et avec l'aide de M. le comte Guillaume de Nasseau, qui s'y est entremis très-volontiers, les a fait parler ensemble à cœur ouvert, et mettre hors de leurs esprits tous soupçons et défiance: ce qui facilitera le moyen d'unir toutes les provinces en la résolution que Votre Majesté désire qu'elles prennent ensemble, et sans cette réconciliation il eût été très-difficile de le faire.

Ledit sieur de Barneveld a sans doute bonne intention, tant envers lui qu'envers le public, et juge aussi que la bienveillance et assistance de Votre Majesté est plus nécessaire et utile à cet Etat que toute autre chose; par ainsi qu'on se doit plier et accommoder du tout à ses commandemens et volontés, et il est celui entre tous ces peuples qui a le plus de créance et est le plus capable de les bien conseiller, même au dessein que Votre Majesté a pris, lequel est conforme à son inclination, lui désirant la paix avec ardeur, pourvu que ce soit avec la sûreté qu'il convient, et pour le bien de son pays, à quoi il tend, non à gratifier l'archiduc et l'Espagnol. Nous ne pensions pas, ceci étant bien fait et accommodé, qu'il y eût plus rien à craindre de ce côté. Ainsi il ne restera qu'à pourvoir aux difficultés qui se présenteront du côté des Espagnols, lesquelles doivent être grandes, si les bruits qu'aucuns font courir qu'ils ne désirent point la paix, sont véritables; mais il pourroit bien être qu'ils usent de cet artifice pour avoir meilleur marché des Etats qu'ils pensent la désirer, comme peuples qui courent précipitamment et avec ardeur à ce qu'ils veulent; ou bien ce n'est qu'une vanité, pour montrer qu'ils n'approuvent des conditions qui semblent indignes de leur grandeur; et s'ils le font, que c'est à la très-instante prière des archiducs, et pour favoriser leur repos, n'y ayant apparence qu'on en soit venu si avant avec l'avis même de Spinola, sans le su et commandement du roi d'Espagne; et s'il l'a voulu une fois avec mûre délibération, qu'il n'est vraisemblable qu'eux, qui font gloire d'être constans jusques à l'obstination et plus grande opiniâtreté, se soient sitôt changés, attendu qu'on ne voit aucune cause qui les ait dû porter à ce changement, si ce n'est qu'ils soient entrés en quelque défiance que l'archiduc veuille la paix pour faire retirer les forces desdits pays, en demeurer par ce moyen maître plus absolu, et se préparer contre les accidens de l'avenir.

Il seroit à désirer qu'il fût ainsi; il y faudra prendre garde soigneusement pour faire profit de toutes occurrences, même sur le sujet dont le président Jeannin a parlé autrefois à Votre Majesté, et plus particulièrement avec M. de Villeroy. Peut-être qu'ils ont aussi été avertis de ce que chacun sait à présent, et que les Etats déclarent tous les jours sans s'en celer, qu'ils n'entendent traiter, sinon avec l'intervention de Votre Majesté et du roi d'Angleterre, jugeant par là que les conditions du traité seront assurées, et qu'on ne le pourra enfreindre au préjudice des Etats, fortifiés d'un si grand appui, qu'avec péril; et, outre ce, que la conjonction de vos deux Majestés en ce traité pourroit bien être cause de quelque plus grande amitié, du moins d'une confédération contre eux pour l'entretènement d'icelui, qui leur seroit toujours préjudiciable. Es choses de l'avenir, et qui dépendent des volontés d'autrui, on n'y peut pénétrer que par conjectures: si semble-t-il qu'ils seront pour entrer en conférence, et si les choses ne sont disposées à leur désir, qu'ils tireront les affaires en longueur, essaieront de faire continuer la trêve, et enfin rompront, sinon qu'ils puissent traiter à leur avantage. Si est-il bien requis, sire, que cette paix soit bonne et sûre, ou qu'elle ne se fasse du tout, puisque votre nom et autorité y sont employés, et qu'ils ne se peuvent perdre par un mauvais traité, qu'à la honte et au blâme des rois et princes qui s'en seront mêlés. Et c'est en quoi nous prévoyons de grands inconvéniens, pource que la refusant pour n'être bonne et sûre, les Etats auront besoin de secours, et Votre Majesté est lasse de supporter cette charge.

Le roi d'Angleterre n'y veut rien mettre du sien, et ils sont foibles d'eux-mêmes. Ainsi il semble que la paix, quelque mauvaise qu'elle soit, leur doive encore être meilleure que les désordres, confusions et ruines esquelles ils tomberont sans doute par la continuation de la guerre, s'ils ne sont secourus à bon escient, et plus même que du passé, du moins un an ou deux; car ce temps donnera jugement de ce qu'il faudra faire après. C'est à elle de le considérer s'il lui plaît, et de nous éclaircir sur ce de son intention. Nous jugeons bien dès maintenant ce qu'il faudra comprendre en la paix pour la rendre bonne. Mais nous sommes incertains de ce que l'ennemi voudra accorder, et de quoi Votre Majesté trouvera bon qu'on se relâche pour l'obtenir. Il y a peu de conditions, mais elles semblent nécessaires; à savoir, qu'ils soient reconnus pour Etats libres, sur lesquels le roi d'Espagne et les archiducs ne prétendent rien; et éclaircir cet article un peu plus, s'il est

ossible, qu'il n'a été fait par la trève, sans y
nsister pour rompre; que les Espagnols sortent
les Pays-Bas, même des places si on peut; que
es garnisons soient réglées et réduites à certain
ombre de gens d'une part et d'autre; le com-
erce libre partout, même aux Indes orientales
t occidentales, du moins comme il est permis
ux François : et cet article, à ce que nous ap-
renons, s'obtiendra difficilement pour le re-
ard du commerce des Indes, et néantmoins
st bien fort utile aux États et à leurs alliés, et
oit apporter du dommage au roi d'Espagne,
ui seroit toujours contraint, à cause de cette
iberté, de faire grandes dépenses pour assu-
er les flottes qui lui viennent en Espagne. Il
ccordera encore plus volontiers, à ce qu'on
it ici, le commerce des Indes en Orient qu'en
ccident : et pour celle-ci, au cas qu'il n'y
euille consentir, on pourroit faire une com-
agnie en France, au lieu de celle qu'on com-
ençoit à Amsterdam, suivant que Votre Ma-
esté dit au président Jeannin à son départ. Il
era aussi besoin pourvoir à ce que les navires
ui iront de ces pays en Espagne, ne puissent
tre arrêtés, et n'y aura meilleure sûreté,
omme il semble, que de faire consigner quel-
ue notable somme, moitié en France, moitié en
ngleterre, ès mains de marchands solvables.
Ce sont les principaux articles, avec la resti-
ution des biens occupés, et l'échange des
laces, où l'on prévoit aussi quelques difficul-
és : tout sera considéré. C'est avant le temps
ue nous touchons à ces articles, puisqu'on est
ncore incertain si on y entrera; mais nous le
aisons, pource que la ratification venue, on
n parlera bientôt après. Et, encore que soyons
uffisamment instruits de l'intention de Votre
Majesté pour y apporter notre jugement, il
era toujours bien à propos que recevions ses
ommandemens particuliers sur ce qui se pré-
entera, dont nous donnerons avis à Votre Ma-
esté à toutes occasions. Nous attendrons aussi
éponse à trois de nos précédentes lettres,
our suivre partout ce qui nous sera commandé,
e même affection dont nous prions Dieu, sire,
u'il conserve Votre Majesté et toute sa famille
n tout heur et prospérité.

De La Haye, ce vingtième jour de juin 1607.

Votre, etc., P. JEANNIN, BUZANVAL et DE RUSSY.

LETTRE *de M. Jeannin à M. de Villeroy,
du 20 de juin 1607.*

Monsieur, notre lettre au Roi était écrite et
donnée à ce porteur, avant qu'avoir reçu la
vôtre du 7 de ce mois, qu'ai vu soudain, et y
ai fait réponse. Nous sommes en peine de ce
que Sa Majesté n'avoit encore reçu lors aucune
de nos trois dépêches; elle les aura reçues
toutes trois maintenant. Nous en attendons
aussi réponse en bonne dévotion. Ce que vous
écrivez du roi d'Espagne, qu'il n'approuve ce
que les archiducs ont fait, et ne semble être
disposé de souffrir qu'on passe outre, ont fait
courir ici les mêmes bruits; et hier le prince
Maurice me dit qu'un banquier qui hante fort
privément en la maison de Spinola, a écrit la
même chose, que ledit Spinola étoit disgracié
en Espagne à cette occasion, et le moine qui
s'en est mêlé, mandé pour y rendre compte de
ses actions. Il est bien malaisé de le croire, et
que rien ait été fait ici sans le su du roi d'Espagne, bien a-t-on quelque occasion de conjecturer qu'il envoyoit dom Diego d'Ibarra,
qu'on dit n'être pas bien avec l'archiduc, pour
le retenir et empêcher qu'il ne fasse la paix à
autres conditions que celles que le roi d'Espagne
voudra, et qu'il y a déjà peut-être quelques
semences de soupçon et de défiance. S'il est ainsi,
on en pourra faire profit selon que m'écrivez,
et qu'en avons autrefois discouru ensemble.
J'y prendrai garde soigneusement, et ne perdrai
aucune occasion qui nous puisse conduire à ce
dessein.

Le prince Maurice ne nous a encore rien
communiqué de ce dont m'écrivez, et n'ai point
appris que le gentilhomme venant d'Allemagne,
qui porte le nom de celui qui mourut au sortir
de Conflans, soit arrivé; je m'en informerai
secrètement. M. de Buzanval m'a dit qu'il le
connoissoit, étoit de ses amis, qu'il a deux
compagnies de lansquenets entretenues ici, et
qu'il est sujet et pensionnaire de M. l'électeur
palatin. Telles entreprises ne sont aisées, et ne
sais si elles seroient maintenant à propos, jusqu'à ce qu'on soit mieux éclairci si l'Espagnol
veut la paix ou non, et attendrai qu'on m'en
parle, et si on ne le fait, je me tairai selon que
mandez. Quant aux six mille Italiens qu'estimez
être envoyés en Flandre par le comte de Fuentes,

ils avoient eu cet avis ici; mais ils disent que l'archiduc et Spinola les ont contremandés. Toutefois ils n'est bien assuré s'ils passent; vous en serez avertis les premiers, et sera bon nous l'écrire. On pensoit qu'il y eût quelque rumeur à Anvers, et que les soldats de la citadelle eussent tiré des coups de canon par dessus la ville, avec menace contre les habitans, pource qu'ils montroient désirer la paix. Toutefois on a dit depuis qu'ils n'avoient tiré ces canons qu'aux champs, et que c'étoit le jour de la Fête-Dieu, à cause de cette solennité. On tient bien que la garnison de ladite citadelle est accrue de sept à huit cents soldats, et de quelque nombre aussi en la citadelle de Gand: on n'en sait la cause; mais on pense que ce pourroit être pour ce qu'on dit communément, tant près l'archiduc qu'en ce lieu, que, par la paix, les Espagnols doivent sortir desdits pays, et qu'ils se veulent fortifier dans les places comme n'ayant volonté de le faire. M. de Russy a fait un petit voyage par la Hollande, où il dit avoir trouvé ceux qui l'ont vu, peu portés à la paix, sinon quelle soit bonne et bien sûre. M. de Mancieux porte la réponse au Roi de M. de Châtillon, et le lieutenant de la compagnie du capitaine Suelles, celle de M. le prince Maurice, qui est en sa faveur, et contient les remontrances dudit sieur prince, pour faire garder l'ordre et n'ôter point l'espérance à ceux qui font leur devoir. C'est chose fort considérable: nous estimons néanmoins que ledit sieur prince se conformera à la volonté de Sa Majesté, si elle montre le désirer avec affection. Quant à M. de Châtillon, il nous a toujours dit qu'il est prêt à obéir à tout ce que Sa Majesté en voudra ordonner, sans y apporter aucune considération ni remise. C'est tout ce que je vous peux mander, et que je serai toute ma vie, monsieur, votre, etc.

A la Haye, ce 20 juin 1607.

P. JEANNIN.

LETTRE du Roi, du 26 juin 1607.

Messieurs Jeannin, de Buzanval et de Russy, par ma réponse à vos précédentes, celles du 20 de ce mois, que j'ai reçues le 24, je vous ai bien clairement et particulièrement informé de mes intentions sur toutes les propositions et demandes que vous m'avez faites par icelles, de sorte que je n'ai pas grande chose à vous commander sur cette dernière. Je vous dirai seulement qu'il semble que ces messieurs vont tous les jours augmentant la somme de laquelle ils remontrent et protestent avoir besoin pour soutenir la guerre; car, quand le sieur Aërsens revint du pays, il ne parla, comme vous savez, que d'un million d'or; depuis on demanda douze cent mille écus; et à présent vous me mandez que le prince Maurice vous a déclaré, s'ils sont secourus de moins que de quatre millions cinq cent mille livres par an, que la guerre ne peut être continuée avec espoir de bon succès. S'ils tiennent ce langage pour mieux excuser et justifier la paix qu'ils prétendent faire, ils correspondent mal à ma franchise et bonne volonté. Ils s'abusent aussi s'ils se persuadent que, par crainte de ladite paix, ou par nécessité et désir de faire durer leur guerre, j'augmente ledit secours à leur discrétion, et avec une incommodité insupportable de mes affaires. Toutefois s'ils pouvoient obtenir du roi d'Angleterre qu'il y contribue à proportion de mes offres, je mettrois peine encore de faire mieux; mais l'Anglois est si froid et en telle méfiance de tout le monde, voire de soi-même, que nous ne pouvons faire de lui l'état que je désirerois, autant pour la guerre que pour la paix, mais spécialement pour le premier, encore que le parlement d'Angleterre soit, pour ce regard, de contraire avis au conseil d'Angleterre. Or je loue grandement toute votre conduite envers le prince Maurice, le conseil que vous lui avez donné, les raisons desquelles vous l'avez accompagné, les articles dont vous lui avez fait ouverture, et même que vous avez réconcilié le sieur Barneveld avec lui, pour les bonnes et prudentes raisons que vous m'avez représentées; mais prenez garde que cette réconciliation soit entière et sans feintise, principalement du côté de Barneveld, car il est plus résolu que l'autre. Il faut craindre qu'ayant employé ledit prince à son désir, sous prétexte et espoir de procurer et obtenir ensemble les conditions de la paix que vous avez projetées, tant pour le public que pour son particulier, ledit Barneveld ne le conduise et oblige insensiblement à en recevoir, par nécessité et contrainte, d'autres moins honorables, sûres et utiles, comme seroient celles d'une trève à longues années, à laquelle je reconnois que le roi d'Espagne aspire, ainsi que je vous ai écrit; et que sur cela le prince Maurice vous reproche les conseils de paix que vous lui avez fait prendre, et que nous y demeurions aussi beffé avec lui: car je prévois, puisque le général desdites provinces incline tant au repos, qu'il sera au pouvoir de ceux qui les ont induits de leur faire franchir un saut, non prévu par eux

...tendu, quand ils seront sur le bord du précipice, auquel cas il faut que nous considérions si ils désirer que mon nom y soit engagé. Je sais que l'on dira que je dois donc pour éviter un accident les soutenir et assister maintenant ...amment, afin qu'elles ne soient contraintes ...nécessité de tomber en icelui : mais je réponds ...véritablement qu'il y a bien quelque apparence qu'étant bien secourus et maintenus, il sera difficile de leur faire accepter des conditions avantageuses ; et néanmoins j'estime, si leurs ...s'opiniâtrent, qu'enfin ils les rangeront à désir, soit par corruption, division ou autre... ; car c'est le naturel des peuples que de passer ...ement par dessus les considérations des périls ...pour sortir des présens, quand une fois ils ...las et recrus de courre ceux-ci. C'est pourquoi ...ainsi retenu en mes offres et gratifications ...eurs présentes demandes de six cent mille li... joint le refus qu'ils vous ont fait de la pro... que vous leur avez demandée de ne traiter ...moi, et l'égalité avec laquelle ils traitent avec ...d'Angleterre, ne tirant du dernier que des ...ches et des incertitudes, au lieu des effets ...reçoivent de l'autre. Ne doutez donc point ...les gens du roi d'Espagne ne retardent et pro... cette négociation tant qu'ils pourront, ...lasser les Etats et parvenir à leur but. L'ar...que s'entendra avec eux pour cela, car il espé... profiter ; se confiant encore plus d'Espagne ...gens de Hollande et de leurs associés, quel... ...ruit contraire à cela que l'on publie sous ... pour endormir les Etats et moi particu...ment. Pour à quoi remédier, le plus expédient ...d'accélérer le traité, et résoudre prompte... à la paix ou à la guerre, devant que l'affoi...ement des Etats paroisse davantage.

...présent que dom Diego est arrivé en Flandre, ...le pouvoir et l'intention du roi d'Espagne, ...duc, peut-être avec raison, presse, et le ...uis de Spinola aussi, d'entrer en matière, en ...aignant des forces que l'on fait venir d'Italie, ...nt paroître que l'on s'en défie, et que l'on ...si on veut attendre leur arrivée au pays, ...on n'a volonté d'accorder, mais plutôt de les ...endre. Nous ne devons pas laisser de toutes ...de faire prendre garde à l'archiduc, pour dé...ir s'il est mal content ou en défiance d'Espa... pour, selon cela, nous conduire envers lui. ...n perdrai l'occasion si elle se présente, comme ...ferez de votre côté, avec la discrétion et ...ence que vous savez y être requise. Au reste, ...suis point si las de supporter ma part des ...es de la guerre, que je veuille refuser de con... à y contribuer ce que l'on peut raisonnablement désirer de moi, pourvu que lesdites provinces résolvent aussi d'y rentrer avec leur première union et ardeur, et que le roi d'Angleterre s'y engage pareillement par effet à proportion, plutôt que de consentir qu'ils fassent une mauvaise paix ; aussi vous ai-je écrit jusqu'où j'entends que vous vous relâchiez pour ce regard ; tellement que je ne vous en ferai redite. Seulement vous saurez que je persiste en cette délibération ; mais peut-être ne sera-t-il expédient de donner conseil auxdits Etats d'opiniâtrer par trop la permission de la navigation des Indes, quand on verra pouvoir tomber d'accord des autres points, afin d'attirer en France les marchands qui y sont accoutumés, ainsi que je vous ai fait écrire par le sieur de Villeroy. J'approuve au reste les autres articles que vous avez projetés, et voudrois que l'archiduc les eût bien accordés, et le roi d'Espagne. Quant à vous, sieur de Buzanval, si votre indisposition continue, et qu'elle ne vous permette de demeurer plus longtemps par delà, comme je le désire et juge nécessaire pour mon service, d'affectionner tant la considération de votre personne, que je vous permets de retourner quand vous voudrez par deçà, assuré que vous n'userez de cette mienne licence, qu'autant que vous connoîtrez le bien de mes affaires le requérir, et la conservation de votre santé vous y obligera : à tant, je prie Dieu, messieurs Jeannin, de Buzanval et de Russy, qu'il vous ait en sa sainte et digne garde.

Ecrit à Fontainebleau, le 26 de juin 1607.

HENRI.

Et plus bas, BRULART.

LETTRE *de M. de Villeroy à M. Jeannin, dudit jour 26 juin 1607.*

Monsieur, je n'ai reçu votre lettre du 11 de ce mois que le 24 : c'est le même jour que le sieur de Mancieux est arrivé en ce lieu avec celles du 21. Le Roi vous a jà mandé son intention sur les affaires de delà ; il la vous réitère et confirme encore par celle que la présente accompagne. Il est certain que dom Diego d'Ibarra a été dépêché exprès par le roi d'Espagne pour brider l'archiduc, et mieux ménager les affaires au gré d'Espagne, que ne fait le marquis Spinola. Vrai est que l'ampliation de la cessation d'armes pour la mer rapatriera toutes choses ; mais je ne sais si pour cela le roi d'Espagne ratifiera ladite cessation en la forme qu'elle a été accordée ; de quoi nous serons tôt éclaircis, comme nous disons que ces messieurs doivent mettre peine de l'être le plus promptement qu'ils pourront, de ce qu'ils doivent espérer de la paix, pour les raisons que vous connoissez mieux que nous. M. de La Boderie vous aura mandé la disposition du roi d'Angleterre et du comte de Salisbury. Ce sont gens qui ont plusieurs visages et divers langages; ils se défient tant de notre France, qu'ils sont même en garde et doute d'eux-mêmes. Croyez que nous avons peine d'en faire quelque chose de bon, autant pour la paix que pour la guerre; car ils prendront toujours le contrepied de notre poursuite et délibération, autant par malice que par prudence. Prenez garde, s'il vous plaît, à ce point, sans toutefois vous en découvrir où vous êtes; car il vaut mieux qu'ils s'en aperçoivent par les propres actions du roi d'Angleterre, que par les avertissemens du Roi et des vôtres. Le principal est que les Etats ne s'y arrêtent tant qu'ils en pâtissent.

Les gens de guerre qui passent d'Italie en Flandre n'ont encore passé les monts que nous sachions. L'on nous a écrit comme à vous que les archiducs les ont contremandés, de quoi nous serons tôt faits certains, et vous en avertirons après. L'on dit que le marquis Spinola passera bientôt par ici pour aller en Espagne; s'il s'éloigne devant la conclusion du traité, elle ira fort à la longue. Le prince de Joinville eût mieux fait pour le service du Roi de passer par Bruxelles, et caresser l'archiduc tout à découvert, que d'en user suivant sa délibération; car aussi bien croira-t-on toujours qu'il aura vu l'archiduc ou ses chalands, et ceux-ci imputeront au Roi cette fuite. Mais c'en est fait ; le grand duc nous a fait dire seulement, depuis deux jours, que l'armée de mer qu'il a fait sortir cette année, composée de plus de huit mille hommes de guerre, doit exécuter une entreprise sur Cypre, avec l'intelligence des habitans, auxquels il a porté quantité d'armes; de quoi les Vénitiens ne sont contens, et dit-on qu'ils ont envoyé de ce côté-là l'armée de mer qu'ils avoient préparée pour la guerre du pape, afin de s'opposer au dessein susdit. Le Roi attendra, à mon avis, le lieutenant du capitaine Suelles, porteur des lettres de M. le comte Maurice, pour mettre en considération ses raisons, devant que de commander une recharge pour le sieur de Mancieux, dont je vous prie avertir M. de Châtillon, et que j'ai lu au Roi la lettre qu'il m'a écrite, tant sur ce sujet que celui du sieur de Rocques, qui a pris en bonne part son obéissance et ses raisons, ainsi que je lui écrirai après que Sa Majesté m'aura déclaré sa dernière volonté. Quoi attendant, il sera, s'il vous plaît, et vous assurés du service perpétuel, monsieur, de votre, etc.

De Fontainebleau, le vingt-sixième jour de juin 1607.

De Neufville.

Lettre *de MM. Jeannin, de Buzanval et de Russy, au Roi, du 27 juin* 1607.

Sire,

Avant qu'avoir reçu les lettres de Votre Majesté, qui sont des 13 et 15 de ce mois, M. de Bethune étoit prêt de partir avec les nôtres, qui sont de date précédant de trois jours seulement celles qu'il lui a plu nous écrire, qui contiennent particulièrement son intention sur nos deux premières dépêches; ce qu'elle a appris de l'intention du roi d'Espagne et du roi d'Angleterre, que le premier n'accordera jamais de faire une paix perpétuelle avec les Etats, à condition qu'il les tient pour libres, et sur lesquels il ne prétend rien, mais bien une trève à longues années; pour le roi d'Angleterre qu'on n'en doit rien espérer. Nous faisons autre jugement de ce dernier, parce que son agent le disoit avec affection, et y ajoutoit des raisons pour être cru. Il nous sembloit aussi que son affection devoit suivre son intérêt. Les bruits couroient déjà en ce lieu que le roi d'Espagne ne ratifieroit pas ce que l'archiduc a fait. Ceux qui désirent la paix et l'ont procurée sont en peine à cette occasion, et ne se la promettent plus avec tant de certitude qu'ils faisoient, mais jettent quelques propos d'une trève à longues années, que Votre Majesté rejette du tout par ses lettres, nous déclarant n'y vouloir entrevenir si elle se fait, avec commandement de la dissuader tant que nous pourrons. Nous y obéirons; mais nous la supplions très-humblement de considérer que si le roi d'Espagne ne veut accorder la paix absolue aux conditions et sûretés que les Etats demandent, et que la trève ne vous soit agréable, et faisons tant de la dissuader, qu'il ne reste plus autre moyen que de rentrer à la guerre avec vigueur et courage. Ce qui ne peut être fait sans que les Etats aient le secours dont nous avons écrit à Votre Majesté, qui est de quatre millions cinq cent mille livres, ou quatre millions au moins; à quoi le prince Maurice l'a modéré, contre la volonté des députés qui demandoient beaucoup plus, n'étant possible autrement d'espérer aucun bon succès de cette guerre, car, pour les Etats, c'est tout ce qu'ils pourront faire que de continuer leurs levées ordinaires, qui reviennent à près de dix millions de livres. M. le prince Maurice dit bien que quelques princes d'Allemagne, nommés par notre précédente lettre, pourront donner tous ensemble deux cent mille écus par an, s'il plaît à Votre Majesté ajouter son autorité et ses prières à celles des Etats qui enverront vers eux à cet effet. L'agent d'Angleterre promet que son maître y contribuera. Mais nous craignons que ces deux secours soient incertains, qu'il faille bâtir l'assurance de cette somme sur autres fondemens, et, s'ils refusent, d'y contribuer ou s'en désistent, après avoir commencé, que la charge entière ne tombe du tout sur Votre Majesté; et si elle ne la peut ou veut supporter pour autant de temps qu'ils en auront besoin, que ces provinces, au même temps qu'elles seront abandonnées, ne se perdent avec honte et dommage. Or elle nous mande bien que pour la paix elle est contente d'entrevenir, soit seule ou avec le roi d'Angleterre; mais pour le secours elle se restreint, et dit n'y vouloir contribuer que pour les deux tiers, le roi d'Angleterre s'obligeant à l'autre tiers, sans destiner encore la somme, sinon que les lettres contiennent, pour exemple, s'il faut trois millions de livres, qu'elle en donnera deux millions, le roi d'Angleterre fournissant un million. Ainsi cette offre est incertaine, et ne contient aucune obligation précise qui les puisse assurer de ce secours, qui dépend de ce que voudra faire le roi d'Angleterre, duquel toutefois on n'attend que peu ou rien.

Il est du tout nécessaire, sire, que nous vous représentions ces difficultés; car ce n'est assez de juger que la continuation de la guerre est encore meilleure que la trêve à longues années, si on n'ajoute à cet avis les moyens de la faire, sans lesquels il n'y a rien de pis pour eux que l'entreprendre. C'est chose aisée, et plus qu'elle n'étoit il y a quelque temps, de faire reprendre à ces peuples les conseils de la guerre, en leur donnant ce secours, d'autant qu'ils commencent à douter de la ratification d'Espagne, et sont entrés en soupçon qu'on les veut tromper; mais ils auront toujours recours et feront instance de la déclaration du secours avant qu'y prendre aucune résolution. Votre Majesté a du loisir d'y penser, et de nous éclaircir là-dessus de son intention. Nous ne précisons rien cependant, pource qu'il faut commencer par la paix, si elle se peut faire; et on ne peut plus tôt que la ratification ne soit venue, ou que le temps de la donner, qui expire au 24 de juillet, ne soit passé. Jusqu'alors l'Espagnol n'est point en demeure; on ne se peut plaindre de lui, ni asseoir jugement certain sur ce qui est de sa volonté, encore qu'il y ait diverses conjectures, et autant pour en douter comme pour en bien espérer. Nous ne laissons pourtant de croire, si la conduite de ces peuples est sage, qu'ils en auront bonne issue, et que l'Espagnol ayant permis à l'archiduc et à Spinola de donner commencement à cet œuvre, par un dessein prémédité de long-temps, et jugé au conseil d'Espagne, comme il est vraisemblablement nécessaire à ses affaires, ne le voudra laisser imparfait. Bien usera-t-il de toutes sortes d'artifices pour en avoir le meilleur marché qu'il pourra, en quoi il a grand avantage, en ce que ses conseils dépendent de lui seul, et sera armé, comme on prévoit, lors du traité : et ici les moindres résolutions dépendent d'un grand nombre de gens qui sont en défiance les uns des autres, et qui changent si souvent d'avis qu'il y a beaucoup de peine de les tenir ensemble, et leur faire vouloir à tous une même chose; outre qu'ils ne préparent aucunes forces, mais font connoître par leur conduite qu'ils s'attendent du tout à cette paix, quoique leurs disions qu'ils fassent toutes démonstrations au contraire, comme de faire demander permission au roi d'Angleterre, par ceux qu'ils y envoient, de lever des gens en son royaume; et à leur agent qui est en Allemagne, de publier qu'il a charge de faire levées; tenir aussi des propos aux colonels françois de deçà, qu'ils ont dessein de leur donner moyen bientôt de faire leurs crues, et de les accroître de nouvelles compagnies.

Il est bien vrai, et nous en pouvons bien assurer Votre Majesté que jusqu'à présent est demeuré ferme et arrêté en l'esprit d'eux tous, et de ceux mêmes qui sont les plus affectionnés à la paix, de n'y entendre et de la rejeter du tout, si le roi d'Espagne ne consent qu'ils demeurent libres, et quittent les droits qu'il pourroit prétendre sur eux. A quoi ils ajoutent toutes les autres conditions contenues en nos précédentes lettres, entre lesquelles est celle du commerce des Indes, tant orientales qu'occidentales, dont le sieur Barneveld a dit et répété plusieurs fois au président Jeannin qu'ils ne se départiront jamais, du moins pour l'obtenir tout ainsi que les François, qui est mieux que s'ils l'avoient de gré à gré ; car les actes d'hostilité qu'ils pourront faire par delà la ligne, en allant avec force à ce commerce, apporteront toujours de l'incommodité et de la dépense au roi d'Espagne, et presque autant que s'il étoit en guerre avec eux ; il n'y aura que de bien assurer le commerce d'Espagne, de peur qu'il ne se puisse venger là-dessus quand il voudra, mais nous n'en savons point d'autre moyen que celui qu'avons déjà mandé. Nous jugeons bien qu'il faut s'éclaircir le plutôt qu'on pourra de cette paix, pour prévenir le temps des forces qui sont envoyées en Flandre, qu'on tient néanmoins ici avoir été contremandées par l'archiduc ; mais l'on ne peut plutôt que la ratification ne soit donnée, ou le temps de le faire passer. Lors il faudra presser et chercher tous moyens de raccourcir l'affaire, dont le meilleur sera à notre avis de dresser quelques articles pour cette paix, avec l'avis du prince Maurice et de quelques particuliers des mieux entendus des Etats, en petit nombre toutefois, nous et les députés du roi d'Angleterre étant avec eux ; puis les proposer en l'assemblée des Etats-généraux de toutes les Provinces qui sont ici, et, s'il est besoin, en l'assemblée de chacune province en particulier, pour les y faire approuver et résoudre, sans qu'il soit permis à ceux qui seront députés pour traiter, d'y rien changer, ou bien qu'ils ne le puissent faire qu'avec l'avis des ministres des deux rois, du prince Maurice, et d'un de chacune province qui seront nommés et députés à cet effet. Nous y procéderons lors avec plus de prudence et célérité qu'il nous sera possible. Encore est-il besoin qu'avertissions Votre Majesté que, si cette paix ne se peut conclure comme il convient, plusieurs estimeront la trève à longues années ne devoir être rejetée, et craignons même qu'il ne soit nécessaire de s'attacher à ce conseil, quoi qu'il y ait des inconvéniens qui y ont été très-bien représentés par les lettres de Votre Majesté, au cas qu'elle ne se veuille résoudre de donner aux Etats le secours dont ils ont besoin et font instance. Et à la vérité, sire, comme ils prétendent faire cette trève, il y aura peu de différence entre la paix et la trève ; car c'est leur intention d'y mettre toutes les mêmes conditions et sûretés qu'en la paix ; sans y en omettre une seule, et de la faire aussi sur cette déclaration du roi d'Espagne et des archiducs qu'ils les tiennent pour libres et Etats sur lesquels ils ne prétendent rien sans souffrir qu'ils ajoutent aucune restriction de rentrer en leurs droits la trève finie, trop bien de leur pouvoir faire la guerre comme à ennemis, non comme leurs sujets ; cette qualité étant remise et quittée par déclaration expresse sans réserve, et par ainsi perpétuellement, qui leur donne le moyen de traiter toutes alliances et confédérations, aussi bien que par une paix.

Ce fondement donc présupposé, et les autres conditions y étant mises, il est certain que cette trève doit égaler la paix quant à la sûreté, et peut-être même que les peuples ayant plus d'occasion de se défier de ces princes, qui pourront, si bon leur semble, rentrer en guerre contre eux, la trève finie, seront encore plus soigneux de leur conservation, et contribueront plus volontiers tout ce qui sera requis pour entretenir des garnisons, et autres forces nécessaires, que s'ils étoient en une paix qui leur eût ôté du tout cette défiance. On peut dire que l'ennemi rompra la trève quand il lui sera utile ; il en fera autant de la paix s'il veut user de mauvaise foi, n'étant pas plus obligé en l'une qu'en l'autre, et trouvera toujours en Espagne parmi ceux qui sont du conseil de conscience des raisons pour défendre qu'il lui a été loisible, voire qu'il est louable de rompre la foi aux hérétiques et rebelles, qui sont les noms dont ils qualifient les Etats, contre cette infraction de foi. Ils auront aussi les mêmes sûretés que la paix, à savoir, les forces dans leurs pays, et s'il plaît à Votre Majesté joindre son intervention avec celle du roi d'Angleterre, qui sans doute la donnera plus volontiers que de l'argent pour faire la guerre, tant pour le contentement de l'Espagnol, que pour se décharger de la dépense, quant à la vôtre, sire, nous supplions très-humblement Votre Majesté prendre de bonne part si nous lui remontrons qu'elle n'en doit faire non plus de difficulté en la trève, si elle est faite comme a été dit là-dessus qu'en la paix ; et que les inconvéniens allégués par ses lettres, qu'elle ne se veut obliger, ni la couronne, à des secours et assistances qui lui pourroient être demandés en un temps qu'il ne lui seroit peut-être loisi-

utile de les donner, peuvent aussi bien en l'intervention de la paix, qui contiendra toujours les mêmes obligations qu'en celle de la trêve, et qu'ils y seront encore plus grands, d'autant que par la trêve, ils doivent n'estimant les obligations que pour certain temps, et tant qu'elle durera, au lieu que par la paix, qui est perpétuelle, elles continueront toujours. Puis les obligations de tels serments ne sont si précises, qu'il ne soit loisible à un prince de s'en décharger, sans être tenu de mauvaise foi, quand l'état de ses affaires ne lui permet de les accomplir, étant lié par devoir d'une plus étroite obligation à l'endroit de ses sujets qu'envers aucuns autres, laquelle obligation est toujours entendue, excepté en quelque traité que ce soit, encore qu'on n'en fasse aucune mention : aussi l'usage de cette pratique est si commun entre les souverains, que personne ne les blâme quand ils s'en servent. Ce n'est pas seulement pour la commodité et sûreté des Etats que nous estimons Votre Majesté devoir entrevenir à cette trêve; c'est pour son profit et l'avantage de ses sujets, car cette intervention lui donnera le moyen de les obliger à un secours certain contre l'Espagnol, au cas qu'il lui fasse la guerre durant la trêve, qui n'est pas de peu de considération, mais plutôt le seul fruit qu'elle a pu espérer de tout ce qui a été fait pour eux jusqu'ici. Ou au contraire, si Votre Majesté leur refuse son intervention à la trêve, au cas qu'ils soient réduits à cette nécessité de la faire, pour n'avoir moyen de continuer la guerre, cette dernière action en laquelle ils auront été abandonnés d'elle, leur fera oublier tous les précédens bienfaits ; et s'ils y sont assistés du roi d'Angleterre, comme ils seront, il recueillera lui seul tout le fruit et la grâce de vos dépenses, périls et labeurs, et serez tenu pour ennemi des uns et des autres.

Il y aura sans doute des divisions et disputes entre les provinces, villes et des particuliers durant la trêve, selon que Votre Majesté nous l'a très-bien représenté par ses lettres. Il est vrai, et est certain que si la guerre et la crainte d'un puissant ennemi ne les eût contraints de demeurer en bonne union jusqu'ici, qu'ils y fussent déjà entrés bien avant; mais ce mal arrivera encore plutôt pendant la paix; et lorsqu'ils ne penseront avoir plus rien à craindre, que durant la trêve, qui leur doit laisser un ennemi lorsqu'elle finira ; mais pour y remédier il faut pourvoir d'un bon conseil et bien choisi selon l'avis qu'en avons déjà donné, qui ait l'autorité et le pouvoir de décider souverainement toutes ces contentions qui sont déjà nées entre eux. Il est certain aussi que la trêve les obligera à de grandes dépenses pour se garder; mais il leur en faudra faire autant pour la paix, s'ils y veulent trouver de la sûreté. Bref, sire, nous reconnoissons bien, quelques réponses et remèdes qu'on pût mettre en avant, pour les garantir des inconvéniens qui pourront arriver à cause de la trêve, si elle se fait, qu'il y en aura toujours assez et trop de reste. Aussi ne doit-on avoir recours qu'en une dernière nécessité, lorsqu'il n'y aura fonds et moyen suffisant et certain pour faire la guerre, ou que les Etats et le roi d'Angleterre s'y opiniâtreront, de façon que soyons contraints de les suivre ou de les laisser faire sans être de la partie, qui ne nous sembleroit aucunement à propos. Nous attendrons ses commandemens et la déclaration particulière et bien précise de sa volonté pour la suivre; car, encore que par les lettres de M. de Villeroy au président Jeannin, elle semble être assez exprimée pour toutes choses, celle du quinzième que Votre Majesté nous écrit, remet néanmoins à nous déclarer sa dernière résolution, après qu'elle aura vu et considéré ce que lui en écrirons derechef, estimant que notre faute sera moindre de l'ennuyer par une fréquente répétition de même chose, qu'en voulant suivre notre jugement, nous éloigner tant soit peu de son intention. Elle a trouvé mauvais que les Etats aient accordé l'ampliation de la trêve par la mer; si avons-nous bien aussi, étant de l'opinion de M. le prince Maurice, qui la rejetoit du tout. Mais des sept provinces, les six y avoient consenti avant que fussions arrivés en ce pays, et la contradiction de la septième, qui était la Zélande, ne les eût pas empêchés de passer outre ; qui fut cause que cette province s'en étant remis à nous, après avoir tenté en vain de faire révoquer cette délibération des six provinces, nous fûmes d'avis, pour empêcher la division qui fût entrée sans doute en leurs corps à cette occasion, d'y consentir, de l'avis même du prince Maurice, mais avec cette condition que ladite ampliation n'auroit lieu, et que les navires de guerre qui étoient sur mer, du côté d'Espagne et des Indes, ne seroient révoqués que six semaines après que la ratification d'Espagne auroit été délivrée aux Etats. Ainsi on ne doit pas craindre que cette ampliation de trêve soit cause de faire retarder ladite ratification, mais plutôt elle la fera avancer, puisque le roi d'Espagne a tant d'envie de l'avoir, et juge qu'elle lui est si nécessaire.

Il n'y a point aussi de trêve par cette ampliation pour le regard des vaisseaux et gens de guerre, mais pour les vaisseaux et marchands tant seulement, comme la copie de cette ampliation envoyée à Votre Majesté en pourra faire foi. Nous avons communiqué une bonne partie de vos lettres au prince Maurice, pource qu'elles contenoient beaucoup de choses dont il pouvoit recevoir du contentement, et qu'elles lui rendoient aussi témoignage de votre bonne volonté, et au sieur Barneveld; ce qu'avons jugé être nécessaire, et en userons partout avec la discrétion requise, même pour ce qui touche l'Anglois, n'étant pas besoin qu'on sache ici tout ce qui en est; au contraire, montrerons tous que sommes bien ensemble, et nous tiendrons sur nos gardes. Quoiqu'ayons eu assez bonne opinion du passé de la sincérité de l'agent d'Angleterre, si ne lui avons rien dit qui n'ait pu être dit en public, et nous semble encore qu'il sera plutôt pour disposer son maître étant en Angleterre, où il va dans trois ou quatre jours, à se mettre bien avec Votre Majesté pour la résolution des affaires de ce pays, qu'autrement. Nous savons bien qu'il inclinera à la paix, et si Votre Majesté la désire, qu'il préférera encore la trêve à la guerre; car ledit agent nous en a déjà parlé avant qu'avoir su votre intention sur ce sujet, et nous y a trouvés contraires, plutôt avec raisons qu'avec opiniâtreté, et comme de nous-mêmes, lui disant que n'étions instruits de votre volonté pour ce regard. Il pourroit bien désirer que son maître fût seul en l'intervention, ce que toutefois n'avons point reconnu par ses propos, ni découvert en nos conférences avec ceux qui manient les affaires, encore qu'ayons été fort soigneux d'assentir et reconnoître les inclinations de ceux qui peuvent le plus, et vu assez clair pour assurer Votre Majesté qu'ils jugent et croient tous qu'il y a plus de sûreté et d'utilité votre intervention qu'en celle d'Angleterre qu'ils ne parlent de vous comme de lui, mais au contraire sentent bien de votre affection, conduite et bienfaits envers eux, et de lui. Ils reconnoissent vous avoir de grandes obligations, et savent (ledit sieur Barneveld l'ayant ainsi dit au président Jeannin en particulier) que le roi d'Angleterre n'aime aucunement leur Etat, n'approuve leurs armes, qu'il a plus d'inclination à l'Espagnol qu'à eux, mais ils sont contraints de dissimuler, craignant s'ils faisoient autrement, qu'il ne fût pour se joindre à l'Espagne contre eux. C'est la vraie cause du respect qu'ils lui rendent, en sorte que n'avons jusques ici aucune occasion de nous défier qu'ils soient pour s'assurer d'autres interventions qu'en celle de Votre Majesté, quoiqu'ayons été fort soigneux et considérés pour y prendre garde, comme userons tous les jours; étant nécessaire d'en user ainsi, à cause des fréquentes mutations qui arrivent tout à coup, et sans aucun précédent dessein et volontés de ces peuples, ce qui est cause que nos dépêches semblent quelquefois diverses ou contraires, encore que soyons tous jours demeurés constans au premier avis que vous fait de leurs affaires, après nous être bien éclaircis sur ce lieu.

Quant au sieur Barneveld, sa procédure a toujours été semblable: à savoir d'aller à la paix, sans néanmoins qu'il nous ait donné aucun sujet de se plaindre de lui, ni de croire qu'il ait mauvaise intention. Nous avons fait entendre aux Etats que vous les dispensiez d'envoyer en France, dont ils sont bien contens, enverront en Angleterre, dans six ou sept jours, deux députés seulement, et sans autre créance que pour le supplier d'envoyer ses députés instruits de son intention, avec lesquels ils puissent prendre avis et résolutions en leurs affaires. Nous les avons priés de leur donner charge de remonter le besoin qu'ils ont de son assistance, si la guerre continue, et montrer qu'ils en ont plutôt appréhension qu'espérance du contraire, ce qu'ils ont approuvé, et prié trouver bon qu'ils puissent dire au roi d'Angleterre que Votre Majesté n'est plus délibérée de continuer son secours, s'il n'y contribue de sa part, ce qui nous a semblé pareillement être bien à propos

Le président Jeannin en écrit à M. de la Boderie, afin qu'il prenne garde à ce qu'ils feront, et à la résolution que prendra le roi d'Angleterre, pour nous avertir de tout ce qu'il en aura su, comme il a déjà fait par ses lettres au sieur Jeannin, du 15 de ce mois, lesquelles continuent la même chose, en substance, que ce que Votre Majesté nous avoit écrit de l'intention du roi d'Angleterre. Nous avons bien fait connoître audit Barneveld combien Votre Majesté à mal pris le refus qu'ils ont fait de donner l'acte, et que c'est avec raison ; qu'elle a néanmoins usé de cette bonté envers eux, que de leur octroyer trois cent soixante quinze mille livres pour parfaire la moitié de l'année, n'ayant voulu achever les deux cent mille écus, qu'ils eussent pu obtenir s'ils se fussent mieux gouvernés. La vraie raison de ce refus a été, sire, qu'ils croyoient lors Votre Majesté vouloir empêcher la paix, et ils la désirent. Ils ont eu crainte aussi que le roi d'Angleterre n'entrât en quelque jalousie à cette occasion, et eût opinion, sous prétexte de cet acte, d'une plus étroite conjonction à son préjudice entre les Etats de Votre Majesté.

Nos précédentes lettres, même les deux dernières, qui n'étoient arrivées lorsqu'elle nous a écrit les siennes, satisferont et serviront de réponse à d'autres particularités dont elle a montré par ses lettres désirer d'être éclaircie. Nous nous souviendrons toujours de tenir les Etats en bonne union, sans laquelle Votre Majesté ne sauroit faire bien ; et aurons soin aussi du contentement de M. le prince Maurice, que jugeons nécessaire pour votre service, et pour conserver cette union même, qu'il peut rompre quand il voudra ; et nous semble bien qu'il le croit ainsi, et s'attend de s'en servir s'il y étoit contraint, pour se ressentir de l'ingratitude de ces peuples, et au cas qu'ils ne voulussent aider à procurer eux-mêmes son bien et avancement, et de sa maison, en ce qui doit dépendre d'eux, comme y étant tenus et obligés, à cause des grands et continuels services qu'ils en ont reçus ; et en ceci consiste peut-être la principale conduite de toutes les affaires des Etats : nous entendons pour le regard de ce qu'on peut traiter avec eux et entre eux, qui n'a rien de commun avec ce qui doit être fait avec l'ennemi. Et néanmoins tout étant bien ici, et n'ayant tous ensemble qu'une même volonté, il est certain que cette bonne disposition doit beaucoup servir à tout le surplus, ou plutôt être cause de leur faire avoir bon succès partout.

Nous nous souviendrons bien, quand il sera temps, de la compagnie pour les Indes d'occident, afin de les attirer en France, s'il est possible, au cas que le commerce, dont ils doivent faire grande instance par la paix, et se promettent de l'obtenir ou de rompre, ne leur fût toutefois accordé, et qu'il fût arrêté de conclure, nonobstant le refus qui en seroit fait.

Le sieur Barneveld nous est venu voir présentement, et nous a dit que les Etats et M. le prince Maurice avoient reçu lettres de Spinola, écrites à Bruxelles le 18 de ce mois, et du cordelier, qui sont du 20, par lesquelles ils disent l'ampliation de la trêve en ce qui est de la mer n'avoir été faite en sorte que le roi d'Espagne en puisse recevoir contentement, et être induit à approuver la paix avec les avantages que demandent les États ; car elle ne fait pas cesser les hostilités par la mer, n'y étant compris les vaisseaux des gens de guerre, mais seulement les vaisseaux marchands, et ceux qui y seront pour le trafic ; demandant à cette occasion qu'elle fût rendue générale pour tous vaisseaux, et pour les gens de guerre aussi bien que pour les marchands. Les Etats ont pris avis entre eux, en présence du prince Maurice, de ne rien ajouter à ladite trêve, mais n'ont voulu conclure sans avoir notre avis, et nous ont envoyé à cet effet M. Barneveld. Nous avons loué et approuvé leur résolution, et dit que tout ce qui pourroit être utile seroit toujours agréable à Votre Majesté. Nous avons pensé depuis qu'il n'étoit besoin d'envoyer à Votre Majesté les premières lettres qui étoient écrites avant qu'avoir reçu les siennes, et que les dernières qui répondent à tout, avec deux lettres qu'écrivons à M. de Villeroy, suffiront pour tout. Et s'il plaît à Votre Majesté ouïr M. de Béthune qui en est le porteur, et fort bien instruit de tout ce qui se passe par deçà, il vous en rendra bon compte, et fera connoître qu'il est autant capable qu'affectionné à vous rendre le service qu'il doit. Nous prions Dieu, sire, qu'il conserve Votre Majesté et toute sa famille en tout heur et prospérité.

De La Haye, ce 27 juin 1607. Vos, etc.

P. Jeannin, de Buzanval et de Russy.

LETTRE *de MM. les ambassadeurs à M. de Villeroy, du 7 juin* 1607.

Monsieur, ce nous est un grand contentement que le Roi ait bien reçu et approuvé ce qu'avons fait, comme aussi la conduite que délibérons tenir ès affaires dont il lui a plu nous donner charge, selon que nous le mandez par vos lettres qui contiennent la réponse à celles qu'avons écrites à Sa Majesté par M. de Castille. C'est tout notre soin et désir que d'y pouvoir bien faire et heureusement pour son service : l'un doit dépendre de notre industrie, diligence et fidélité ; mais il n'y a que Dieu seul qui puisse donner le bonheur et bénir nos actions : ce que nous espérons de sa grâce, puisque c'est pour un bon œuvre, et pour mettre le repos en ce pays, et par ce moyen éteindre un feu qui pourroit être cause d'embraser quelque jour toute la chrétienté. Nous y voyons et connoissons néanmoins de jour à autre plusieurs grandes difficultés, et aurions un extrême regret et déplaisir, si tout le soin et travail qu'il faut prendre pour les surmonter, conduire ces peuples au port, souffrir et mettre à couvert des soupçons, passions, et intérêts mal considérés du roi d'Angleterre, qui doit être compagnon de ce travail, et toutefois est plutôt ennemi de Sa Majesté que vrai ami, ne devoit servir que pour accommoder autrui, et faire triompher l'archiduc, qui se vante, ainsi que vous nous mandez, d'avoir la paix avantageuse malgré Sa Majesté, et sans que son intervention y soit reçue, c'est-à-dire à sa honte. Si n'avons-nous encore rien aperçu et reconnu de ce coté qui lui puisse faire espérer un tel succès, et n'y a aucune apparence que devions craindre ; car la sincérité avec laquelle nous traitons ici de la part du roi, connue et louée d'un chacun, qui semble les lier et conjoindre par une étroite obligation à désirer l'honneur et le contentement de Sa Majesté, nous donne toute autre créance de leur affection et devoir envers elle ; puis leur propre intérêt, qui va à l'avenir, lequel empêche les ingrats même d'oublier les bienfaits du passé, du moins les contraint de feindre qu'ils s'en souviennent, leur doit faire rejeter ce conseil : et si cette déloyauté et lâcheté étoit entrée ès esprits de ceux qui conduisent les affaires, ce seroit plutôt une faction de quelques particuliers qu'on pourroit dissiper et rompre, qu'un consentement légitime de tous ces peuples.

Nous aurions aussi grande occasion de nous étonner, si cela étoit vrai, que le prince Maurice, bien averti de tout ce qui se passe, assez soupçonneux de son naturel, et pour choses beaucoup moindres, n'en eût rien découvert, quoique sur quelques bruits semblables à ceux-ci, le président Jeannin soit entré en propos avec lui il y a déjà quelque temps, pour s'en éclaircir, et en a été fait autant à l'endroit du sieur Barneveld, sans lui faire connoître qu'on eût aucune défiance de lui. Il peut bien être que l'archiduc le désire, que le roi d'Angleterre a cette même affection, jaloux de tout qui peut apporter de la gloire au Roi, et de bien et commodité à son Etat ; jugeant bien aussi que où Sa Majesté entremettra son nom et son autorité, qu'il n'y aura pas grande part. Mais que les Etats se fassent et commettent leur sûreté à l'intervention seule d'un prince qui s'est toujours montré ennemi de leur cause, a tenu leurs armes pour une vraie rébellion, et fait connoître que la prospérité de l'archiduc, et peut être celle de l'Espagnol lui étoit plutôt agréable que suspecte, il est du tout sans apparence ; et s'ils s'oublioient tant, il se faudroit servir du prince Maurice, et de tous les autres qui ont quelque pouvoir dans l'Etat, pour les diviser au lieu de les unir, ou bien les unir tous, non pour leur faire du mal, mais pour les porter ensemble à la guerre, comme on pourroit bien. Sa Majesté leur voulant donner le secours dont ils ont besoin. Car cette commodité et dommage d'un argent perdu et gâté pour un an ou deux, seroit beaucoup plus tolérable, que de souffrir la honte et le dommage que la paix ainsi faite nous apporteroit, outre ce qu'il est certain que l'Espagnol, l'archiduc, l'Anglois et les Etats ne conviendront jamais ensemble en ce dessein, qu'il n'y ait quelque chose de pis en leur esprit contre Sa Majesté et son Etat, qu'on romproit par cette résolution, et seroit aisé après, en prenant du temps et du loisir, et d'y employer quelque autre meilleur remède.

Il y a des dépenses qu'on doit mépriser, et n'y en eut onques de mieux employée que celle-ci, si elle servoit à nous garantir de cet inconvénient. Le Roi est sur le théâtre ; chacun voit qu'il s'est entremis en cette action ; ainsi il faut que l'honneur lui en demeure à quelque prix que ce soit, et que la honte et le dommage tombe sur ceux qui le voudront traverser en ce bon œuvre. Si on découvre par ci-après que telles pratiques aillent avant et soient à craindre, il sera bon de tenir un peu en suspens le contentement du prince Maurice, et lui faire connoître que la faute et la longueur vient des auteurs de ce mauvais conseil. Nous pourrons aussi, après que la ratification sera venue, et qu'on voudra prendre résolution de traiter, faire dresser les articles comme nous avons mandé à Sa Majesté, lesquels contiendront bien expressément que les deux rois seront suppliés par les Etats de vouloir entrevenir à être garans du traité, et faire même déclarer aux Etats qu'ils n'y veulent entrer qu'à cette condition, insérer à cet effet au pouvoir qui sera donné aux députés pour traiter, comme étant leur principale ou plutôt entière sûreté. Nous demeurons trop long-temps sur la crainte et les remèdes d'un mal qui semble, par toutes les raisons que la prudence nous enseigne, ne pouvoir arriver. Nous essaierons aussi de prendre telle part en la conduite des affaires, que personne n'osera donner un si mauvais et dangereux conseil, ni recevoir et consentir à telles ouvertures, quand elles viendront du côté des ennemis. Nous tenons véritable ce que nous mandez, de l'inclination et étroite jonction de l'archiduc, avec l'Espagnol ; et s'il y a quelque autre secret en l'esprit de celui-ci, que le temps n'est pas venu pour s'en découvrir : lorsqu'il sera en paix et moins obligé de souffrir la sujétion d'Espagne, son intérêt le pourra conduire à d'autres desseins ; et c'est lors qu'il y faudra prendre garde, et se servir de toutes occasions pour en faire profit. Les avis qu'on vous a donnés, que l'archiduc sait tout ce que nous faisons ici, sont faux sans doute, car nous ne communiquons presque qu'avec le prince Maurice et Barneveld. Le premier montre de fuir et avoir en horreur tout ce qui plaît à l'autre, et croyons qu'il est au dedans tel qu'il nous paroît. Quant au sieur Barneveld, nous le tenons trop homme de bien, trop sage et trop affectionné à son pays tout ensemble, pour commettre une si infâme trahison ; et si nous pouvons encore y ajouter que notre conduite a été telle, et nos propos si modérés et retenus, qu'en disant qu'il y avoit plus de sûreté en la guerre qu'en la paix, qui est le pis qu'avons fait, nous nous sommes toujours abstenus de toutes médisances, et avons témoigné que désirons plutôt procurer du bien aux Etats que faire du mal à autrui. Quant à ce que vous mandez du voyage de madame la princesse d'Orange en ce pays, il sera fort à propos, et au plutôt pour l'autorité et croyance qu'elle doit avoir près de son beau-fils, du moins pour la confiance et privauté qu'il prendra avec elle, pour lui communiquer ses intentions, et nous les découvrir après, afin qu'y apportions ce qui sera requis pour son consentement et le service de Sa Majesté ; car il est si retenu avec nous qu'on ne le peut apprivoiser. Nous savons aussi qu'elle est pleine d'affection envers le Roi et entièrement françoise ; ainsi que sa venue et son séjour en ce lieu ne pourra être que fort utile. Le président Jeannin a beaucoup de déplaisir de n'avoir su plutôt ce que vous avez écrit du prince de Joinville ; il a été ici, vint dîner avec nous, parla au président Jeannin à part, et lui dit le désir qu'il avoit de se conduire à l'avenir en sorte que Sa Majesté pût avoir du contentement de ses déportemens et actions ; montra se repentir du passé, qu'il s'en alloit voir les villes de Hollande, comme il a fait, et y a été bien reçu et fétoyé comme serviteur du Roi ; doit aller après à Anvers sans passer à Bruxelles ni voir l'archiduc, pour ne donner aucune jalousie à Sa Majesté (à ce qu'il lui a dit) ; et enfin à Guise où il se promet trouver des nouvelles, qu'il espère être telles qu'il pourra retourner en France avec la bonne grâce de Sa Majesté ; et ce bonheur lui étant avenu, qu'il sera plus soigneux de la conserver et mériter qu'il n'a été du passé.

Le président Jeannin n'oublia rien pour lui remontrer sa mauvaise conduite du passé, l'exhorter de mieux faire ci-après, pour effacer et ôter de l'esprit du Roi le mécontentement qu'il en avoit, et qu'il devoit considérer que l'honneur, le soutien, la fortune de toute sa maison, et la sienne en particulier, dépendoit de ses bonnes grâces, bienfaits et avancemens qu'ils pourroient espérer de Sa Majesté, et qu'en ne leur faisant point de bien sans leur faire autre mal, c'étoit assez pour les ruiner. Il lui dit aussi qu'il ne devoit passer si près de Bruxelles, mais prendre un autre chemin qui en fût plus éloigné, pource qu'en faisant autrement, l'archiduc en demeureroit offensé, et plutôt du Roi que de lui, comme s'il lui avoit défendu de le voir. Il l'a promis ainsi, et assuré qu'il sera sage à l'avenir, le pria même d'en vouloir assurer Sa Majesté par la première dépêche qu'il feroit, et qu'il eût fait par celle qu'à portée M. de Mancieux; mais il étoit parti deux heures auparavant, après lequel le président envoya homme exprès jusqu'à Rotterdam, avec un mot de lettre qu'il vous écrivoit sur ce sujet; mais n'ayant trouvé ledit sieur de Mancieux, il donna la lettre au lieutenant de la compagnie du feu sieur de Suelles, qui s'en alloit aussi en cour. C'est ce que nous vous pouvons aussi mander, et que nous sommes, monsieur, vos très-humbles et affectionnés serviteurs, président JEANNIN, DE BUZANVAL et DE RUSSY.

De La Haye, le 27 juin 1607.

Autre LETTRE *particulière de M. Jeannin à M. de Villeroy, dudit jour 27 juin 1607.*

Monsieur, vos lettres m'ont donné plus de lumière et de connoissance de la volonté du Roi que les siennes, aussi sont-elles les plus expresses et particulières. Il préfère la paix à conditions qui aient de la sûreté; ne se promet pas néanmoins que le roi d'Espagne la veuille consentir, mais seulement une trève à longues années, que Sa Majesté rejette, et nous commande de la dissuader. Ainsi ne reste plus autre moyen que de continuer la guerre, si les avis qu'elle a eus de l'intention de l'Espagnol sont vrais, pour laquelle Sa Majesté offre deux millions de livres, à condition, et non autrement, que le roi d'Angleterre paie un million, qui sont trois millions en tout, somme qui n'est suffisante pour la faire avec espoir de bon succès, comme l'avons écrit. Et toutefois si le roi d'Angleterre ne veut rien donner, cette offre est encore comme non faite. Croyez, monsieur, si la paix ne se fait, qu'il faut des offres plus certaines et de plus grandes sommes pour porter les Etats à la continuation de la guerre, du moins pour quelque temps, attendant nouvelle occasion pour s'en décharger; ou bien leur laisser faire la trève, qu'ils embrasseront plutôt que la guerre, avec un si foible secours pour eux, encore qu'il soit trop grand pour la bourse du Roi, de laquelle on prétend le tirer pour les affaires d'autrui plutôt que pour les siennes. Nous tenterons le premier qui est la paix, et y apporterons toute la conduite qu'il nous sera possible pour la faire réussir; et si le Roi ne change d'avis pour la trève, nous continuerons ce qu'avons déjà commencé, qui est de la dissuader, et y procéderons ainsi qu'il a été fait pour la paix; en sorte qu'on connoisse que c'est sans opiniâtreté, sans dessein, et avec désir seulement de nous arrêter à tout ce qui sera plus utile pour l'Etat. Personne ne pense qu'ayons changement d'avis en ce qui a été de la paix, encore qu'au commencement nous ayons représenté les périls et dangers qu'il falloit craindre à cette occasion, et que maintenant nous n'y insistions plus avec la même vigueur que du passé, si les peuples sont sages et se montrent courageux pour ne point craindre la guerre, s'ils s'y préparent, demeurent toujours bien unis ensemble; à quoi nous travaillerons avec grand soin, si Sa Majesté fait connoître qu'elle ne les veut point abandonner, et le roi d'Angleterre y apporte la même affection, pour le moins ses ministres, et nous en faisions les démonstrations, où et quand il sera besoin.

On peut espérer que le roi d'Espagne se laissera aller à la paix, ou accordera une trève à longues années, avec les mêmes conditions et sûretés, se contentant d'avoir pourvu à la honte du traité par la seule apparence de ce mot de trève, dont en effet il tirera peut-être d'autres commodités en ses affaires qui requirent ce conseil, qui ne laissera pourtant d'être utile à ses ennemis aussi bien qu'à lui. Quand Sa Majesté a jugé que la trève devoit être rejetée, elle n'a pas cru, comme j'estime, qu'elle dût ou pût être faite de cette façon; aussi n'est ce pas la coutume d'y procéder ainsi, et n'y a doute que l'on rencontrera prou de difficultés avec l'Espagnol. Vous considérerez, s'il vous plaît, nos raisons contenues en la lettre à Sa Majesté, que je ne veux pas assurer être suffisantes pour garantir cette trève de tous inconvéniens: mais à comparaison d'une guerre qu'il faudra faire foiblement, si Sa Majesté n'y met ce qu'on demande, elle aura encore plus de sûreté et d'avantage pour elle et pour les États que la guerre; du moins les périls n'en seront si présens. L'agent d'Angleterre part demain pour aller trouver son maître. Il promet de lui persuader qu'il contribue au secours, nous l'a dit avec affection, et en a dit autant au prince Maurice, et en pleine assemblée des députés. Je crois qu'il sent ce qu'il dit; mais je ne sais pas si l'opinion de son maître sera pareille à la sienne. Nous nous défions de lui, comme étant ministre d'un prince qui n'a pas bonne intention; nous croyons toutefois qu'il juge ce conseil être utile, et par ainsi qu'il le lui fera prendre s'il peut.

Jusques ici nous avons traité ensemble, de façon que personne ne pouvoit tromper son compagnon; et néanmoins, ce qu'on a cru qu'étions du tout bien ensemble, a beaucoup servi pour aider à réunir ces provinces; car s'ils eussent pensé nos avis être divers, chacun eût cherché de l'appui pour faire suivre son opinion, et se fussent sans doute divisés. Tout ce qu'on peut craindre est que l'Anglois, étant mieux avec l'Espagnol et l'archiduc que nous, n'essaie aussi de gagner quelque créance parmi les États, pour s'avantager et être reçu seul à l'intervention, selon que l'avons écrit. Mais nous ne voyons pas qu'il y ait jusques ici aucune disposition en cet État, qui nous doive faire appréhender cet inconvénient, l'inclination générale étant plutôt de notre côté que du sien, y ajoutant la souvenance des bienfaits reçus, et que les plus sages jugent qu'ils ne peuvent trouver un appui si assuré chez lui qu'en France. M. de Barneveld m'en a aussi parlé avec tant de bonnes raisons qu'avons occasion de croire qu'il a ce sentiment. Nous n'oublions rien aussi pour le gagner et rendre affectionné; et nous semble qu'en effet il est content de la façon dont nous procédons avec lui, qui est telle, néanmoins, que, s'il n'avoit bonne volonté, il n'en sauroit faire profit au dommage de nos affaires. Il est bien vrai qu'il se veut appuyer de tous côtés, et faire tout ce qui lui est possible pour la paix qu'il désire. Nous n'avons qu'à ménager sa conduite, et faire qu'il n'aille plus avant que ce qu'il nous dit, qui est de ne la prendre si elle n'est bonne et sûre, et de la rejeter si elle est autre. C'est un homme duquel il se faut servir par nécessité, pource que c'est celui qui a le plus d'autorité, et est le plus capable de ceux qui ont quelque part aux affaires, et n'avons aucune occasion d'en sortir mal jusques ici. Je ferai avec lui l'office que désirez comme de moi-même, et sur l'occasion de quelques discours auxquels nous serons entrés fortuitement, mais je différerai encore, jusques à ce que je voie qu'il soit temps, et y apporterai la discrétion requise, de peur de gâter cette affaire, tenant pour certain qu'avant le traité fait ou rompu, on ne doit rien attendre de l'archiduc qui le puisse mettre en défiance avec l'Espagnol. Ses actions seront après moins considérées, et aura plus de moyen et de loisir de penser à ses intérêts qu'à présent qu'il est du tout en leurs mains, et ne peut rien faire que ce qu'il leur plaira.

Nous différerons aussi de parler de la reconnoissance de ce que les États ont reçu, jusques à ce qu'on soit au temps du traité de paix, pour y faire pourvoir s'il le faut, pour le regard des articles qui doivent être compris en la paix. Notre dernière dépêche, qui est du 20 de ce mois, donnée au sieur de Mancieux, en fait mention, comme aussi des ouvertures faites au prince Maurice pour son contentement. Le traité pour une ligue offensive et défensive pour les États doit être projeté secrètement avant le traité de paix, mais non pas passé et accordé, car tant de gens y doivent entrevenir de la part des États, qu'il ne pourroit être secret; et n'y a rien aussi qui puisse donner sujet au Roi de le faire légitimement, et sans rompre la paix avec l'Espagne, que le traité même de la paix auquel il sera entrevenu; n'étant vraisemblable que lesdits États veuillent ou osent refuser, après la paix conclue, de le passer, pource qu'ils auront toujours besoin de l'appui du Roi, aussi que leur traité général ne contiendra aucune obligation à leur profit, et n'en pourront avoir d'autre pour espérer secours de Sa Majesté à leur besoin, en vertu de ce traité particulier, dans lequel sera l'obligation mutuelle de l'un et de l'autre; lequel traité aura été concerté quelques jours auparavant avec le prince Maurice et Barneveld, et quelques autres de ceux qui ont part aux affaires. Quant à ce qu'il faudra comprendre en ce traité, c'est un secours que les États donneront au Roi, au cas qu'il soit en guerre contre l'Espagne et l'archiduc, de certain nombre de gens et navires; et le Roi au cas pareil, si le roi d'Espagne la leur fait. Vous nous donnerez avis, s'il vous plaît, quel devra être ce secours. Il sera très-bon d'y comprendre l'Angleterre si on peut, et savoir aussi les conditions. C'est chose qui doit venir de Sa Majesté, et la conduite et direction de nous, après avoir reçu ses commandemens.

Le sieur Barneveld nous a dit que le cordelier a été trompé, ou qu'il a avancé un mensonge, en ce qu'il a voulu faire croire que les Hollandois consentiront que les Espagnols demeurent ès Pays-Bas, et ne feront instance du commerce des Indes; à quoi ils se montrent tous très-affectionnés, et résolus de ne le point quitter s'ils ne changent d'avis. Mais pour moi je ne crois point qu'on le leur accorde jamais, étant chose qui doit être de trop grand préjudice et intérêt, même celui des Indes occidentales, s'il leur est permis comme aux François. C'est pourquoi je m'instruis dès à présent avec un conseiller de ce lieu, nommé M. Françon, qui est principal auteur de faire la compagnie pour aller à ces Indes, afin que je voie s'il y aura moyen d'en tirer quelque profit, pour m'en découvrir quand il sera temps; car qui en parleroit plus tôt il leur seroit suspect, et penseroient que nous voudrions chercher à faire profit de leur dommage. Vous mettrez sur la fin de votre lettre que Sa Majesté n'est point délibérée de faire la guerre pour autrui. Quand nous avons fait mention par nos lettres de la conjonction d'Angleterre avec Sa Majesté contre l'Espagne, nous avons cru que c'étoit chose désirable, si elle pouvoit être sincère et avec une foi entière, qu'elle lui seroit très-utile, que le profit en reviendroit au royaume plutôt qu'à autrui; mais, à la vérité, nous ne l'avons jamais espéré, et n'en eussions rien écrit, si les propos que l'agent nous avoit tenus sur ce sujet, et répété plusieurs fois conformes à ce que M. de La Boderie en avoit écrit à Sa Majesté, ne nous avoient invités de la faire; joint les moyens qu'on nous faisoit entendre ici, pour diminuer les forces du roi d'Espagne, et entreprendre sur lui. Vous aurez vu ce que je vous ai mandé touchant M. Aërsens : c'est ce qu'en ai pu apprendre en ce lieu, même du prince Maurice. Je ne laisse pourtant de demeurer en quelque soupçon, dont je me veux taire, s'il n'avient que j'en sois mieux éclairci. Il est toutefois nécessaire qu'on montre avoir fiance de lui, et qu'on ne laisse d'être retenu; car qui feroit autrement, il pourroit, en écrivant à ceux avec lesquels il peut avoir intelligence par deçà, brouiller et donner de mauvaises impressions de l'intention du maître, qui nuiroient à la conduite des affaires en ce lieu.

Je me souviens fort bien de M. de Preaux; aussitôt que nous entrerons en traité d'affaires, je l'instruirai de tout ce qui se passera, comme je fais déjà ès conférences particulières qu'ai avec lui, et il sera porteur de toutes les lettres et créance d'importance au Roi, étant désireux de lui faire service, et à tout ce qui vous appartient. Il se conduit aussi fort bien, et fait connoître en toutes ses actions qu'il est discret, modéré, et capable de bien faire tout ce dont il aura pris charge. Avant qu'eussions reçu les lettres du Roi, des 13 et 15 de ce mois, et les vôtres du 18, M. de Béthune étant désireux de s'en retourner pour quelque temps en France, et de porter nos lettres au Roi, avec créance si quelque occasion s'en offroit, nous lui avions donné une dépêche du 23 de ce mois, et prié de faire entendre à Sa Majesté le besoin que les Etats avoient de recevoir les deux cent mille écus dont ils ont fait instance si long-temps, comme aussi quelle est l'inclination de ces peuples à la paix; et néanmoins qu'avec le secours dont ils ont besoin, qu'on les pourroit faire rentrer à la guerre avec autant de vigueur que jamais. Or nous avons estimé depuis que cette dépêche du 23 seroit superflue et inutile, pource que les lettres qu'avons reçues de Sa Majesté font réponse à la plupart de ce qui y étoit contenu, et le surplus est compris en la dépêche que faisons à présent. A la vérité, ledit sieur de Béthune se conduit fort bien, est fort capable et désireux d'acquérir de l'honneur; et s'il plaît au Roi, l'entendre sur les affaires de ce pays, il lui en rendra bon compte.

M. de Colombier est fort aimé aussi en ce lieu, et a de l'honneur en sa conduite. Il m'a prié de vous faire une supplication pour un sien frère, qui est de la compagnie du capitaine Menille, neveu de M. de Sancy, à ce qu'il vous plaise, d'autant que l'enseigne de sa compagnie veut quitter sa charge, employer votre faveur envers lui pour faire donner à sondit frère cette place d'enseigne. Il reconnoît vous avoir déjà beaucoup d'obligations, et vous serez cause, monsieur, de l'avancement de ce jeune homme. Les deux frères ont de l'inclination à la vertu, et méritent qu'on ait soin d'eux. M. de Russy désire que ce qu'il faudra faire dorénavant pour l'argent des Etats et autres expéditions particulières, soit adressé à lui, et il semble raisonnable; vous y ferez pourvoir, s'il vous plaît, à son contentement. L'agent d'Angleterre est parti ce matin, il se promet tout autre chose de son maître que ne faisons; il est certain qu'il y apportera ce qu'il pourra. Je prie Dieu qu'il vous conserve, et suis, monsieur, votre très-humble et très-affectionné serviteur. P. JEANNIN.

De La Haye, ce 27 juin 1607.

Autre LETTRE *dudit sieur Jeannin à M. de Villeroy, du 3 juillet 1607.*

Monsieur, nous sommes toujours en attente de ce que les Espagnols voudront faire, incertains s'ils enverront la ratification ou non; et quand ils l'enverront, comme plusieurs se promettent ici, si elle sera en la forme qu'il convient pour assurer cet Etat de la liberté et souveraineté; et c'est de quoi chacun doute, ou plutôt croit qu'ils n'en feront rien, ainsi qu'il n'y aura point de paix, ni même de trêve à longues années; qu'ils entendent aussi bien bâtir sur ce fondement certain et perpétuel que la paix même; et n'y a doute, s'ils ne changent bien d'avis, qu'ils ne les traiteraient jamais sans autre condition, quand ils seroient abandonnés d'un chacun. Or l'on fait courir le bruit ici que dom Diego d'Ibarra, qui a le secret de la volonté du roi d'Espagne, dit que cet article ne peut être accordé qu'avec certaines modifications, c'est-à-dire en cas que l'on fasse la trêve seulement, comme c'est leur but, pour autant de temps qu'elle durera, qui ne seroit rien en effet. Hier M. le prince Maurice eut avis que la ville d'Embden avoit pensé être surprise par le comte, à l'aide d'une partie des habitans qui sont à sa dévotion; mais il en a été repoussé par la garnison des Etats, et les autres habitans joints ensemble. M. le comte Guillaume de Nassau y est allé, et mène encore quelques troupes. La ville est d'importance, forte et a un beau et bon port. On tient que le comte s'est du tout mis entre les mains des Espagnols, et qu'il en fera autant de sa place, s'il la peut recouvrer; grand nombre d'habitans le désirent, à cause du commerce d'Espagne, où on leur a retenu depuis quelques jours cinquante navires, et les veut-on priver du tout de ce commerce, s'ils ne mettent hors leur ville la garnison des Etats. Les Espagnols essaieront de l'avoir, et craignent les uns ici et les autres désirent qu'elle soit cause de rompre la trêve, ou que l'Espagnol ne prétend pouvoir faire cette entreprise sans la rompre, comme n'étant ladite ville des pays compris en icelle, qui seroit toujours ouverture de guerre, M. le prince Maurice étant en volonté de la secourir de tout ce qu'il pourra, pour ne lui laisser prendre cet avantage. L'agent d'Angleterre est parti depuis quatre ou cinq jours; deux députés des Etats l'ont suivi depuis deux jours: l'un fort affectionné à la paix, qui est le député de Dordrecht; l'autre qui est M. de Maldrée, désireux de la continuation de la guerre, est fort affectionné serviteur de M. le prince Maurice. Il y a eu quelques contentions sur les instructions que nous avons accordées; elles contiennent l'état de leurs affaires, le besoin de secours, la demande qu'ils en font, et que Sa Majesté ne les veut plus secourir s'il n'y contribue, et la supplication d'envoyer des députés.

L'agent promet beaucoup de la bonne volonté de son maître, et crois qu'il dit ce qu'il sent; mais qu'il n'obtiendra pas ce qu'il prétend. Je connois tous les jours qu'on juge ici l'intervention du Roi être nécessaire pour leur sûreté; et, encore que le sieur Barneveld m'ait dit qu'ils prétendoient faire obliger les Etats des pays qui sont en la sujétion de l'archiduc, pour l'entretennement de cette paix, au cas qu'elle se fasse, qu'ils ne laissoient de bien connoître que sans l'intervention du Roi tout lui seroit inutile. Aussi lui a été remontré que telle obligation sera toujours sans effet, étant certain que les Etats dudit pays ne feront jamais que ce que voudra leur prince, et qu'ils désireront plutôt la réunion de cet Etat aux autres provinces qui sont en la sujétion de l'archiduc, que de l'en voir séparé. S'ils ne peuvent obtenir la paix à bonnes conditions, il sera expédient de les assister pour quelque temps, crainte qu'ils ne se perdent tout à coup. Le prince

Maurice s'attend que la guerre continuera, n'omet rien pour y disposer un chacun, et nous intermettons nos poursuites envers lui, et partout; car, pour l'incertitude en laquelle nous sommes, il semble plus à propos de les faire préparer à la guerre comme nous faisons, que de leur faire parler de paix : peu de jours nous en éclairciront.

On dit que depuis l'arrivée de dom Diego, l'archiduc a envoyé, en quatre ou cinq jours, deux courriers l'un après l'autre en Espagne. La cause en est incertaine, sinon qu'on croit que c'est à cause que ses instructions ne sont conformes à son intention. M. de Buzanval et moi faisons un petit voyage de sept à huit jours, jusques à Amsterdam. M. de Russy demeure ici. Si quelque chose vient du côté de l'archiduc, nous l'avons prié de nous avertir incontinent, afin que soyons de retour le lendemain, et de nous envoyer aussi les lettres qui viendront de France. Il n'est point mal à propos de visiter les villes qui sont Leyden, Harlem et Amsterdam, qui montrent le désirer. Nous sommes aussi avertis qu'on prétend les unir ensemble contre la paix; ce n'est qu'un bruit, et ne croyons qu'elles veuillent prendre ce conseil qu'en commun et avec tout le corps de l'État. Je vous baise très-humblement les mains, comme font messieurs de Buzanval et de Russy, et suis, monsieur, votre très-humble et très-affectionné serviteur, P. JEANNIN.

De La Haye, ce 3 juillet 1607.

LETTRE du Roi, du 8 juillet 1607.

Messieurs Jeannin, de Buzanval et de Russy, vos lettres du 27 du mois passé, que j'ai reçues le 11 du présent par le sieur de Béthune, contiennent vos avis sur les commandemens que je vous avois faits par les miennes du 13 et 15 dudit mois de juin. Je les ai bien considérés et pris en très-bonne part, comme le mérite l'entière confiance et créance que j'ai en votre affection, prudence et loyauté. C'est pourquoi ayant entendu et pesé mûrement les raisons pour lesquelles il vous semble que je ne dois rejeter absolument une trêve à longues années, comme je vous avois déclaré par mes précédentes avoir volonté de faire, si ces provinces ne peuvent obtenir une paix finale aux conditions qu'elles se sont promises, j'ai trouvé bon de m'accommoder en ce point au commun besoin desdites provinces, comme je ferai toujours, tant qu'il me sera possible, à tous les conseils qu'ils embrasseront, pourvu qu'ils leur soient utiles et salutaires; car ma première et principale visée est de promouvoir et favoriser la prospérité et sûreté de leur république; au moyen de quoi, si les Espagnols refusent d'entendre à ladite paix, de laquelle toutefois il faut qu'ils continuent à faire instance par préférence à tout autre parti, suivant leurs délibérations, je suis content de les assister encore en ladite trêve, y intervenir, et leur aider à l'obtenir la plus avantageuse que faire se pourra, comme je reconnois qu'elle peut réussir telle au défaut de ladite paix, aux conditions portées par votredite lettre.

Je fais grande difficulté de croire qu'elles leur soient accordées; car si le conseil d'Espagne refuse la déclaration de la renonciation de leurs prétentions et souveraineté que les archiducs ont promise par la cessation d'armes, je n'estime pas qu'ils la passent faisant ladite trêve, ni qu'ils leur permettent la navigation des Indes en aucune manière, qu'ils approuvent et consentent aussi que j'y intervienne à part ou avec le roi d'Angleterre, en qualité de garans de l'observation de leur accord, et moins qu'ils retirent et fassent sortir les gens de guerre étrangers, et surtout les Espagnols, ou les réduisent et règlent à certain nombre, comme il a été proposé pour fondement de la sûreté publique dudit accord. Mais j'estime que lesdits Espagnols essaieront par leurs longueurs, froideurs et ruses ordinaires, et par la diversité de leurs propositions, de faire départir lesdits États desdites demandes l'une après l'autre, après les avoir bien embarqués au désir et espoir d'un repos, semer la discorde parmi eux, et les avoir dépourvus de moyens de pouvoir continuer la guerre; car ils ont déjà commencé ce train, en ce qu'ils ont traité avec eux leur première cessation d'armes, qu'ils les ont recherchés et poursuivi d'une ampliation, après laquelle ils leur en ont demandé encore une générale par terre et par mer. Et, combien que lesdits États aient refusé celle-ci, ainsi que vous m'avez écrit, néanmoins je prévois qu'à la fin il faudra qu'ils les contentent en cela, ainsi qu'ils ont fait au reste; et c'est pourquoi dom Diego d'Ibarra a été envoyé à Bruxelles, où depuis son arrivée il a bien fait paroître avoir tout pouvoir de disposer et conduire les affaires de la guerre et de la paix, par un autre ordre qu'elles n'ont été commencées par les archiducs et le marquis de Spinola, ayant voulu, à la barbe et contre la volonté de ce dernier, rétablir le régiment du comte de Bossu en faveur de dom Louis de Velasco, que le marquis Spinola avoit réformé.

Toutefois il faut attendre ce 24 de juillet, dedans lequel nous verrons s'ils fourniront la ratification et déclaration susdites.

Déjà l'on dit que ce terme ne doit expirer que le 4 d'août, parce que ladite cessation n'a commencé que ledit 4 de mai. Cependant il est bien vrai que lesdits archiducs ont contremandé et fait arrêter deçà les monts les gens de guerre que l'on avoit délibéré leur envoyer d'Italie; sur quoi le comte de Fuentes attend l'ordre d'Espagne, d'où ils publient que les galères de Gênes, conduites par Carles Doria, doivent encore rapporter dedans ce mois trois ou quatre mille Espagnols. Voilà donc mon intention, et tout ce que j'ai mis en considération sur ladite trêve à longues années, en laquelle je vous répéterai que je suis content d'entrevenir aux conditions que vous m'avez écrites au défaut de ladite paix, en la forme qui sera jugée plus honorable pour moi, et utile pour lesdites provinces. Et si le roi d'Angleterre veut faire le semblable, je ne rejetterai cette société, combien qu'il me donne tous les jours occasion par sa conduite de l'avoir suspecte; car j'ai su de nouveau qu'il a fait dire aux archiducs que j'ai recherché son union exprès pour empêcher les accords qu'ils prétendent faire avec lesdits Etats, et qu'ils refusent d'y entendre, les assurant plus que devant de son assistance en toutes choses. D'ailleurs, je découvre tous les jours quelque nouvelle pratique ou intelligence que lui ou les siens veulent dresser dans mon royaume, qui me confirme en cette défiance. Néanmoins je suis bien d'avis que nous devons pour le présent être plus diligens d'observer ses actions, que de manifester la connoissance que nous en avons, pour les raisons sagement représentées par vosdites lettres.

Quant aux moyens de continuer la guerre, je vous ai écrit comment et quelle somme j'entends et puis y contribuer; et me semble qu'il faudra voir quelles offres feront pour cela lesdits Anglois et les Allemands, et s'ils voudront y entrer à la proportion que je vous ai écrite. Il faudroit en ce cas peu ajouter à ma première offre pour parfaire la somme de quinze cent mille écus, de laquelle le prince Maurice vous a dit qu'ils ont besoin; mais c'est chose que les Etats pourront rechercher quand ils se verront désespérés de la susdite paix ou trêve à longues années, ce qu'ils pourront faire durant l'hiver; car le reste du beau temps s'écoulera et passera encore en négociation et traités. Mais je vous dirai une opinion que je me suis imaginée sur la demande desdits quatre millions cinq cent mille livres qui vous a été faite. C'est que je remarque que l'on prétend m'obliger dès à présent de porter les deux tiers de ladite somme, et par ce moyen assurer les trois millions, desquels le sieur Aërsens

m'a toujours déclaré que l'on se contenteroit, au pis aller, de trois millions six cent mille livres, et par ce moyen décharger du tout les Anglois et Allemands, et principalement les premiers, de ladite contribution, connoissant bien n'en pouvoir rien tirer. Or je vous déclare que je n'entends aucunement demeurer seul chargé de ce faix, car il seroit trop lourd et onéreux en toutes manières pour mon royaume; joint la preuve que j'ai faite, par ce qui s'est passé, du fondement que je dois faire de la foi et constance de ces peuples, et de ceux qui les gouvernent.

Je considère outre cela la difficulté qu'ils ont faite de l'acte que vous leur avez demandé, s'excusant maintenant avec des raisons qui augmentent bien plus ma juste défiance et mon mécontentement qu'elles ne me doivent satisfaire, puisqu'au lieu d'alléguer leurs formes, ainsi qu'ils ont fait à votre arrivée, ils mettent en avant maintenant qu'ils croyoient que je voulois empêcher la paix, et qu'ils ont eu crainte de donner jalousie au roi d'Angleterre; par où ils montrent bien la défiance qu'ils ont conçue de la sincérité de ma volonté et procédure en leur endroit, véritablement contre les signalées preuves qu'ils en ont reçues; et aussi qu'ils estiment avoir plus de besoin et de désir de conserver la bienveillance dudit roi d'Angleterre que la mienne. Pour toutes ces causes j'aurai bien plus agréable donc qu'ils essayent et mettent peine de faire la paix ou la trêve susdites, puisqu'ils jugent que l'une ou l'autre leur peut être salutaire, que de leur élargir et accroître mes offres pour la guerre, leurs autres alliés y procédant si resserré qu'ils font; au moins n'auront-ils sujet de soupçonner, et dire ci-après, que je prétends par icelles empêcher leur repos. Toutefois vous pourrez continuer à les assurer en général que mon assistance ne leur sera jamais déniée ni épargnée au besoin qu'ils en auront, soit en paix, trêve ou guerre. En tout cas je trouve très-bon que vous mettiez peine de découvrir leur intention sur les conditions de la ligue particulière qu'ils entendent, ou que je puis espérer de contracter avec eux, pour la commune sûreté et conservation de nos Etats, après la conclusion de ladite paix ou trêve; savoir s'ils entendent la faire offensive et défensive, et pour tous ceux qui seront nos ennemis ou amis, sans spécifier ou réserver le roi d'Espagne ni les archiducs plus que les autres; s'ils estiment que le roi d'Angleterre soit pour entrer en mêmes conditions: car pour moi je n'ai pas opinion qu'il veuille être de la partie, tant il chérit son aise, est nécessiteux, et montre vouloir conserver cette espèce de neutralité où il s'entretient.

Je dirai plus, c'est que j'ai argument de soupçonner qu'il s'alliera plus volontiers avec les Espagnols, ou du moins avec les archiducs, à mon désavantage, pour faire revivre la maison de Bourgogne, qu'avec moi et mon royaume. C'est pourquoi j'estimerois qu'il faudroit faire deux sortes d'alliances avec lesdits Etats, l'une qui fût seulement défensive, pour assurer l'exécution et entretènement des traités de paix ou de trève que feront lesdits Etats, par la commune intervention du roi d'Angleterre et de moi, en laquelle je pense qu'il ne fera aucune difficulté de se joindre. Par celle-là nous pourrions nous obliger à nous entresecourir et assister en la manière que nous conviendrions, au cas que nos royaumes et pays fussent assaillis par lesdits Espagnols et archiducs, par terre ou par mer, et pour quelque occasion que ce soit. Mais outre ladite ligue défensive, j'entendrois en contracter une particulière et secrète avec lesdits Etats, qui fût offensive pour le commun et réciproque bien de nos Etats et pays, et aux autres fins et conditions qu'aviserons convenables. Et sur quoi je désire que vous sondiez et fassiez parler le prince Maurice et le sieur de Barneveld, sous prétexte d'entendre d'eux, en cas que je leur aide à faire ladite paix ou trève, ou s'ils ne peuvent obtenir l'une ni l'autre, qu'il soit besoin que je continue à les secourir d'argent pour faire la guerre; ce qu'ils entendent faire pour moi et mes enfans, avenant que j'entre en guerre avec le roi d'Espagne et les archiducs, soit qu'eux la commencent, ou que mes affaires requièrent que ce soit moi, afin que je sache quel état je puis faire d'eux et de leurs forces par terre et par mer, en tous lesdits trois cas. Je ne vous spécifierai point par cette-ci ce que j'en voudrois tirer pour ce que j'aurai à plaisir d'en dire mon avis sur le leur. Partant vous mettrez peine de les faire ouvrir et parler les premiers sur cela : et me semble que vous leur pouvez remontrer que plus ils s'élargiront en leurs offres au cas susdits, plus ils me donneront occasion d'affectionner leur prospérité.

Je vous fais ces ouvertures pour vous informer de mes conceptions comme à mes fidèles serviteurs, avec pouvoir néanmoins de vous conduire en l'exécution, ainsi que par vos prudences vous jugerez le devoir faire. Cependant vous saurez que j'ai appris par vos lettres ce que vous avez délibéré de suivre pour enfourner et avancer ces négociations, et même celles de ladite ligue particulière. Au demeurant, j'ai fait compter et délivrer ici entre les mains du secrétaire du Maurier les trois cent soixante et quinze mille livres, desquelles j'ai trouvé bon de les secourir à présent ; de façon qu'ils sont prêts à partir, et envoyer à Dieppe, sitôt que nous saurons que les navires seront partis pour les venir charger. De quoi vous, sieur de Russy, avertirez lesdits sieurs les Etats, à ce qu'ils donnent ordre à ce qui sera requis pour cet effet en la forme accoutumée. Vous les prierez aussi de ma part de donner au sieur de Mancieux la compagnie de gens de pied du sieur de Suelles; car ayant nourri page le premier, et éprouvé sa valeur et fidélité, j'aurai à plaisir, lui ayant donné ma parole, qu'il reçoive cette charge en ma considération, comme vous direz à mon cousin le prince Maurice, en le priant de ma part d'y tenir la main ; et par même moyen faire que lesdits sieurs accordent au lieutenant dudit sieur de Suelles la réserve de la première compagnie aux régimens françois qui vaquera ci-après, puisqu'ils sont contens de son service ; à quoi vous admonesterez le sieur de Châtillon, qu'il continue à s'employer comme il a commencé, étant très-content de lui, et pareillement de ce qu'il a fait pour Rocques, assurés qu'ils seront, bien et fidèlement servis de l'un et de l'autre. Je prie Dieu, messieurs Jeannin, de Buzanval et de Russy, qu'il vous ait en sa sainte garde.

Ecrit à Paris, le huitième jour de juillet 1607.

Signé, HENRI, et plus bas, BRULART.

LETTRE *de M. de Villeroy à M. le président Jeannin, du 8 juillet 1607.*

Monsieur, enfin vos raisons en faveur de la trève nous ont vaincus : nous jugeons aussi qu'elle équipolera à une paix, étant faite aux conditions que vous avez écrites, mais nous n'estimons pas que les Etats les obtiennent telles, principalement du roi d'Espagne. C'est pourquoi nous disons qu'il faut mettre peine de s'en éclaircir au plutôt. Le moyen de parvenir au but que les Etats désirent pour ce regard, est qu'ils se montrent fermes, résolus et constans en leurs demandes, sans s'étonner, se diviser et relâcher ; car il est certain que l'Espagne a plus de besoin et d'envie de sortir d'affaire, qu'elle ne montre, et peut-être plus que les Etats, nous le savons très-bien : mais je me défie fort de la foi et correspondance du roi d'Angleterre, et plus que de la volonté de l'autre; car il est certain qu'il hait la cause des Etats, désire les assujettir à l'archiduc, et voudroit pouvoir nuire au Roi et à ce qui lui appartient. C'est le conseil que lui donne le comte de Salisbury et ses semblables. Faites donc état que ledit roi d'Angleterre s'entendra secrètement avec l'archiduc pour contraindre par nécessité et obstination les Etats de s'accommoder à sa volonté, pour contenter le roi d'Espagne, auquel à cette fin les Anglois feront jouer ce jeu, et faire le mauvais tout exprès.

Mais si lesdits Etats tiennent bon, et font contenance de vouloir plutôt tout hasarder par armes, voire se jetter tout-à-fait entre les bras du Roi, sans doute ils en sortiront à leur honneur et avantage, pourvu qu'ils ne s'entredonnent la jambe, et ne se trompent sous main les uns les autres, comme il est fort à craindre qu'ils fassent. Quant à nous, sachez que nous y marchons à la bonne foi. Nous leur souhaitons une paix ou une trève à longues années, aux conditions qu'eux-mêmes projettent, et faisons difficulté de nous élargir davantage pour la guerre exprès, afin de n'interrompre le cours des deux autres partis; joint que nous ne voulons seuls porter ce fardeau pour des gens desquels nous sommes en doute de la foi; il est toutefois très-difficile que nous tirions autre sûreté et utilité que nous avons fait ci-devant. Il est vrai que les avis que nous avons de toutes parts portent que le roi d'Espagne n'accordera jamais quatre articles, celui de la souveraineté, de la navigation des Indes, de la sortie des Espagnols des Pays-Bas, et de l'intervention de Sa Majesté. Toutefois nous savons d'ailleurs qu'il veut sortir de cette guerre à quelque prix que ce soit, n'y pouvant plus fournir.

Exhortez donc ces messieurs de tenir bon, de conserver leur union, et se montrer résolus. Ils ne peuvent recevoir mal des armes de leurs adversaires de cette année, et auront tout loisir de pourvoir à leurs affaires, si devant ils ne font leur accord. Le pis sera pour eux, que le Roi se fâchera de fouiller tous les jours à l'escarcelle, sur l'incertitude de l'avenir, comme il faudra qu'il en fasse, si cette négociation dure; car il prévoit qu'il en sera pressé. C'est pourquoi il désire que l'on hâte la besogne tant que l'on pourra. Le sieur Aërsens le sollicite journellement d'accroître le secours; il prétend jusqu'à deux cent mille écus, mais il ne l'obtiendra pas; partant ne leur en donnez espérance par-delà, qu'il ne vous soit ordonné. Cependant vous nous ferez plaisir de nous faire savoir les causes que vous avez de demeurer en quelque soupçon dudit Aërsens, lesquelles vous m'avez écrit vouloir taire s'il n'avient qu'en soyez mieux éclairci; car le Roi désire en être informé, non pour changer de conduite en son endroit, car nous connoissons qu'il ne le faut faire. Nous approuvons l'ordre que vous avez délibéré de suivre en la proposition et avancement de la ligue particulière. Vous considérerez, s'il vous plaît, ce que le Roi vous en écrit; ce sont ouvertures dont nous remettons l'exécution en votre prudence et bon avis. Ce que nous désirons est que vous les fassiez parler les premiers, pour pouvoir après nous mieux résoudre. Le Roi a toujours fort à cœur d'attirer chez soi le commerce des Indes, comme nous vous avons écrit. Toutefois il loue ce que vous avez délibéré de préparer pour cet effet devant que vous en découvrir. Nous hâterons le partement de madame la princesse d'Orange tant que nous pourrons, et vous remercie du soin que vous avez pour mon neveu de Preaux, que j'estime bien heureux d'être en votre école. Le Roi a bien pris le témoignage que vous lui avez rendu de M. de Béthune; mais il ne lui sait pas trop bon gré d'avoir si légèrement changé de religion. Je parlerai volontiers à M. de Sancy pour le frère du sieur de Colombier, afin qu'il lui fasse donner l'enseigne de la compagnie du sieur de Menillér, auquel j'en écris cependant la lettre ci-jointe, et favoriserai toujours les deux frères en la poursuite de leur fortune, puisqu'ils s'efforcent de la faire par le chemin de la vertu. Je vous présente très-affectionnées recommandations, et prie Dieu qu'il vous conserve en bonne santé. De Conflans ce huitième jour de juillet 1607.   DE NEUFVILLE.

Autre LETTRE *dudit sieur de Villeroy à MM. Jeannin et de Buzanval, dudit jour 8 juillet 1607.*

Messieurs, je vous écris que les archiducs et ceux qui les servent, se vantent qu'ils feront leur accord avec les Etats, sans Sa Majesté et son intervention, parce qu'il a été ainsi mandé à Sa Majesté. Il nous semble aussi que les archiducs avec les Espagnols le doivent désirer. Dites-moi, je vous prie, si ceux-ci s'aheurtent à cela, et qu'ils reçoivent néanmoins celle du roi d'Angleterre; lesdits Etats recommenceront-ils la guerre pour ce seul sujet? Leur donnerons-nous ce conseil; et si pour ce faire leur accorderons-nous l'argent qu'ils demandent? Je sais bien qu'il seroit plus expédient de coucher de son reste, que de souffrir et moins consentir cette partie être dressée par les autres sans nous; le contre-coup en tomberoit à la fin sur nous : à quoi il est certain que lesdits Espagnols et les archiducs seroient très-aises de pouvoir parvenir. Je crois que l'Anglois les y secondera volontiers; mais je veux espérer, si lesdits Etats se conduisent en ce traité comme ils doivent avec Sa Majesté, qu'ils rompront facilement ce coup quand on l'auroit ainsi conspiré. Je crois aussi avec vous qu'ils ont grand intérêt de ce faire, c'est pourquoi j'espère que cela n'aviendra. Néanmoins ce sera toujours bien fait d'y prendre garde de bonne heure; car j'appréhende grandement les effets qui naissent d'une nécessité inévitable, et d'une légèreté populaire : desquels deux moyens il faut faire état que lesdits Espagnols se prévaudront, s'ils peuvent, par leurs ruses et dilations ordinaires, contre lesquelles je ne vois point que lesdits Etats se munissent, ni que leurs alliés, intéressés en la cause, s'y résolvent comme il convient ; chacun s'attend ou que la nature y opère de sa vertu seule, ou que son voisin l'entreprenne, de quoi il succédera ce qui plaira à Dieu.

Il faut donc craindre que les Etats soient, par nécessité, contraints de consentir plusieurs choses contre leur volonté et leur propre sûreté. Mais quand cela aviendra, il faut faire état que le remède qui dépendra du prince Maurice sera fort foible et périlleux pour lui, et pour tous ceux qui y auront recours. J'estime avec vous que le plus expédient sera lors de les porter tous ensemble à la guerre, voire même d'y faire entrer Sa Majesté avec eux, la tête baissée, plutôt que de laisser dresser cette partie sur notre moustache. Toutefois je vous dis ceci de moi-même et sans charge, partant vous n'en ferez, s'il vous plaît, mise ni recette. Le Roi vous écrit si clairement et par le menu ses intentions, qu'il ne me reste rien à y ajouter. Sa Majesté ayant approuvé l'expédient que vous avez proposé pour obliger les députés desdits Etats de ne contracter sans son intervention, c'est aussi tout ce qui s'y peut faire. Je vis hier le ministre de l'archiduc résident près du Roi. Il semble que son maître soit mal content de notre dom Diego d'Ibarra et du roi d'Espagne, qu'il croyoit qu'ils ont délibéré de traverser et rompre la paix, et de s'opposer directement au louable dessein de l'archiduc, qui croit d'ailleurs que le Roi a le même but : mais j'ai mis peine de lui ôter cette dernière opinion. Il sait, comme tout le monde, l'argent que l'on prépare pour les Etats. Il conclut par là que l'on veut continuer à pis faire, de quoi je l'ai désabusé. De façon que j'ai opinion que le président Richardot pourra faire savoir de ses nouvelles au sieur Jeannin, principalement s'il s'aperçoit avec son patron, que cette recherche leur puisse aider à obtenir ce qu'ils poursuivent plus facilement, et à meilleures conditions: de quoi, si cela avient, il faudra que le président Jeannin profite.

Le Roi a prié madame la princesse d'Orange d'avancer son voyage, à quoi elle se prépare tant qu'elle peut. Quant au prince de Joinville, nous le mécroyons avoir dressé une partie avec le roi d'Angleterre, et le comte de Salisbury, qui nous doit être suspect, de quoi le temps et sa conduite nous feront sages. Cependant on sait bon gré au sieur Jeannin de la sage remontrance qu'il lui a faite; mais on craint qu'il en use mal. J'ai reçu la lettre que ledit sieur Jeannin m'écrivit de sa main sur ce sujet, le vingt-unième du passé. L'on nous a dit que le cordelier a fait des offres au sieur Aërsens, qui ont scandalisé les Etats, et qui ont été blâmées au pays de l'archiduc, non pour avoir passé si avant, mais pour avoir procédé peu accortement en moine. De quoi toutefois vous ne nous avez rien mandé; nous désirons tout savoir par vous : c'est pourquoi je vous prie n'omettre ci-après à nous faire part de pareilles rencontres, comme des autres occurrences; et je vous assurerai de la bonne santé de Leurs Majestés, venus en cette ville pour donner ordre à quelques affaires d'argent, et après s'acheminer du côté de Monceaux et Villers-Coterets. Je prie Dieu, messieurs, qu'il vous conserve en bonne santé.

De Conflans, ce huitième juillet 1607.

De Neufville.

Lettre *de M. de Villeroy à M. le président Jeannin, du 13 juillet 1607.*

Monsieur, ils attendent à Bruxelles le retour des courriers qu'ils ont envoyés en Espagne, depuis avoir vu dom Diego d'Ibarra, pour savoir s'ils avanceront ou retarderont leurs traités de paix; de quoi ils ne sont pour le présent moins incertains et discordans qu'ils sont en Hollande. M. de Baraut nous a écrit le vingt-quatrième et vingt-septième du mois passé, que lesdits courriers étoient passés à Lerme ou Valladolid, d'où le roi d'Espagne n'étoit encore retourné à Madrid. Mais on y disoit que ledit roi confirmeroit l'accord fait par les archiducs avec les Etats des Provinces-Unies, et même qu'ils révoqueroient ledit dom Diego, sachant qu'il est désagréable auxdits archiducs et en mauvaise intelligence avec le marquis de Spinola, de quoi nous serons bientôt éclaircis, car il faudra qu'il parle clair dans la fin de ce mois. Mais nous ne doutons point que lesdites provinces à la fin ne tirent des autres la déclaration sur laquelle elles prétendent fonder la sûreté de leur traité, et elles demeurent constantes et unies en ce propos, sans entendre aux modifications qui leur seront proposées; car il est certain que le roi d'Espagne a besoin et désir extrême de sortir d'affaires. Il faut donc que lesdites provinces soient averties de tenir ferme, et poursuivre unanimement et courageusement leur première pointe sans s'étonner. Nous disons qu'ils ont sagement fait d'avoir pourvu à la ville d'Embden, comme ils feront de la conserver à quelque prix que ce soit; et ne faut pas qu'ils craignent que les archiducs ni autres rompent pour cela la trève, principalement s'ils connoissent ne pouvoir s'emparer de ladite ville. L'instruction et charge qui a été donnée aux députés envoyés en Angleterre, est très-bonne : mais je serai bien trompé s'ils en rapportent bonne réponse, pour les raisons que nous vous avons écrites. Nous avons avis être arrivés à Gênes environ deux mille bisognes venus d'Espagne, mauvaises gens, et que les Italiens que l'on pré- tendoit faire passer en Flandre, sont à présent fort débandés. L'on parle aussi en Espagne de révoquer le comte de Fuentes du gouvernement de Milan, et d'envoyer en son lieu dom Pedro de Toledo, ores qu'il soit général des galères d'Espagne.

Au demeurant, le Roi est encore en cette ville, où l'ont retenu plusieurs propositions qui ont été faites pour racheter son domaine et bonifier ses affaires. Il se porte très-bien, Dieu merci, et sera très-aise que vous lui rendiez compte, par le menu, de ce que vous aurez appris au petit voyage que vous m'avez écrit, par votre lettre du qua- trième de ce mois, que je reçus hier après midi, que vous alliez faire. Sa Majesté prenant plaisir de savoir toutes les particularités des choses qui se passent, comme elle a été marrie que vous ne nous ayez mandé celles de ce qui est survenu en la ville d'Embden, se persuadant qu'il y aura eu de la batterie. Elle m'a commandé de vous écrire. Le sieur de Mancieux sera porteur de la présente, retournant par delà pour recevoir la commission de la compagnie du sieur de Suelles, dont Sa Ma- jesté désire qu'il soit gratifié, ainsi que nous vous avons écrit par nos dernières. En quoi Sa Majesté désire que vous continuiez à le favoriser envers M. le prince Maurice, et tous autres que besoin sera. Je prie Dieu, monsieur, qu'il vous donne santé, longue et heureuse vie.

De Paris, le treizième jour de juillet 1607.

De Neufville.

Lettre de MM. Jeannin, de Buzanval et de Russy, au Roi, du 16 juillet 1607.

Sire,

Nous avons à répondre à deux lettres qu'il a plu à Votre Majesté nous écrire, l'une du 26 du mois passé, l'autre du 8 du présent; et à lui donner aussi avis de ce que nous avons pu ap- prendre et reconnoître depuis nos dernières lettres, que M. de Béthune lui a rendues. Le président Jeannin et Buzanval étoient à Leyden, lorsque les lettres du 26 leur furent envoyées; et comme ils estimèrent, après les avoir lues, qu'ils pouvoient continuer leur voyage, qui ne devoit durer que huit jours, ils l'ont fait, et différé la réponse jusqu'à présent. Nous pou- vons donc assurer Votre Majesté qu'ès villes de Leyden, Amsterdam, Harlem, Utrecht et Dor- drecht, qui sont les principales de la basse Hol- lande, les magistrats et principaux habitans qui les ont visités, traités et presque toujours accompagnés, y sont pleins d'affection et de respect envers Votre Majesté, témoignent avoir grande souvenance de ses bienfaits, et recon- noissent aussi que leur conservation de l'avenir doit dépendre de sa protection, bienveillance et faveur, soit qu'ils aient la paix, ou soient contraints de continuer la guerre. Ils ont pa- reillement reconnu que leur inclination est à la paix, avec la liberté et souveraineté de leur pays, non autrement; en quoi ils sont tous si arrêtés, qu'ils ne souffriront jamais qu'on y ajoute aucune restriction, et est certain que sans cela tout sera rompu, et qu'ils rentreront à la guerre, avec autant ou plus de vigueur qu'ils n'ont encore fait, quand ils devroient être seuls, et sans aucune assistance. Mais pour les autres conditions dont nous avons écrit à Votre Majesté, qui sont nécessaires pour assurer cette liberté et souveraineté, ils y seront plus ou moins fermes, selon qu'ils auront plus ou moins d'espérance d'être secourus de peu ou de beaucoup : ainsi étant comme nous sommes bien éclaircis de ce que Votre Majesté y veut mettre, nous verrons ce que le roi d'Angleterre voudra faire de son côté, lorsque ses députés se- ront venus. Nous vous en avertirons encore, sire, pour recevoir vos derniers commandemens sur cette affaire, conformément auxquels don- nerons votre avis aux Etats, et essaierons de les disposer à le suivre.

On fait toujours courir divers bruits sur la ratification d'Espagne, et le plus commun est qu'il y a de l'artifice en la conduite de l'Espa- gne et des archiducs, qu'ils feignent de n'être d'accord, et que l'archiduc presse le roi d'Es- pagne d'approuver ce qu'il a fait, et de traiter la paix. L'Espagnol, au contraire, montre de la rejeter aux conditions qu'on la demande de la souveraineté, afin que l'archiduc ait plus de moyens de persuader secrètement aux entre- metteurs de cette paix pour les Etats, d'y ap- porter de la facilité de leur côté, leur promet- tant, après qu'elle sera faite, son amitié, et y ajoutant encore quelques autres attraits, pour faire qu'ils aient moins de crainte et de soupçon de l'Espagnol, et tout cela pour l'avoir à meilleur marché. Les autres estiment qu'en effet le roi d'Espagne ne veut quitter la souveraineté, sinon avec des modifications qui lui laissent de l'espérance pour y rentrer quelque jour, et le prince Maurice est de cette dernière opinion; nous ayant dit avoir eu avis de Bruxelles, par personnes de qualité, et qui le peuvent bien savoir, que le roi d'Espagne ne veut aucunement quitter cette souveraineté, au contraire étoit tant offensé de ce que l'archiduc a fait, que dom Diego sortant d'Espagne avoit emporté avec lui commandement pour faire arrêter Spinola, le président Richardot et le cordelier; mais que l'archiduc l'ayant su avant même qu'il partit d'Espagne, avoit écrit et rendu de si bonnes raisons de ce qu'il a fait, que le roi d'Espagne a depuis mandé à dom Diego d'Ibarra qu'il en sursit l'exécution, les lettres lui ayant été rendues deux jours avant son arrivée à Bruxelles; et depuis que l'archiduc a conféré avec ledit dom Diego, il a encore envoyé en Espagne dom Francisque de Padillas, au lieu du duc d'Ossune, que ses créanciers n'ont voulu laisser sortir des Pays-Bas, s'il ne leur payoit cent mille écus qu'il doit, ou donnoit bonne caution, et il n'a pu faire ni l'un ni l'autre : ledit voyage toujours à même effet, et pour faire trouver bon qu'il traite la paix aux conditions que les Etats demandent. Cette incertitude peut travailler nos esprits jusqu'à ce qu'on en soit du tout éclairci, qui sera bientôt, à savoir au 24 de ce mois, ou si l'interprétation d'aucuns a lieu, au 4 du mois prochain.

Nous pensons déjà, au cas que ladite ratification ne soit envoyée, ou qu'ils demandent nouveau délai, et cependant jour pour conférer, ou bien qu'ils l'envoient avec les modifications qui ne soient recevables, à ce qu'il faudra faire. Aucuns disent qu'il fera bon envoyer l'archiduc pour se plaindre de ce qu'il n'aura satisfait à sa promesse, et nous rejetons cet avis, qui feroit connoître un trop grand désir ou besoin de la paix. Au contraire, il nous semble qu'ils doivent prendre résolution, comme s'ils n'avoient plus autre pensement qu'aux préparatifs de la guerre, parler de recrues, de faire nouvelles levées, dont l'archiduc est déjà en alarme, sur pareils bruits qu'on a fait courir il y a quelques jours par notre avis même; puis mettre en avant la compagnie des Indes occidentales, désirée par ceux qui en ont fait l'ouverture avec plus d'ardeur qu'auparavant, même depuis la défaite avenue au Détroit, qui les comble d'espérance, et fait croire qu'ils auront toujours bon succès partout, étant certain qu'il n'y a rien que l'Espagnol appréhende tant ni qui doive servir d'un plus poignant aiguillon pour l'induire à la paix, que ce dessein. Nous y procéderons toutefois couvertement, afin que ne soyons tenus du côté d'Espagne et de l'archiduc, pour instrument de guerre plutôt que de paix. Et, pource qu'il sera besoin aussi dorénavant de rendre les ministres du roi d'Angleterre incertains de l'intention de Votre Majesté, pour ne leur donner occasion d'y contredire, puisqu'ils ont si mauvaise volonté, et qu'en se conduisant ainsi on pourra mieux épier et reconnoître leur inclination, dont avertirons quelquefois ledit sieur de Barneveld, et tantôt le prince Maurice, selon que jugerons à propos, pour ne les laisser en doute de votre résolution, lorsqu'il sera temps de les en éclaircir du tout, Votre Majesté nous représente souvent les incommodités de la longueur, et qu'il faut presser l'accord ou rompre du tout : nous le jugeons ainsi, et s'il lui plaît se ressouvenir de ce que lui avons écrit par nos précédentes lettres, elle connoîtra que c'est notre crainte, et y trouvera quelques remèdes que pensons devoir être opposés à tels artifices, dont sans doute les Espagnols useront. C'est ce que nous remontrons tous les jours au sieur Barneveld, qui approuve les moyens que mettons en avant pour s'en garantir; rien n'y sera oublié. Sire, quand nous avons mandé que trêve à longues années, aux conditions contenues en nos lettres, n'étoit à rejeter, ce n'étoit pas que fussions assurés desdites conditions ni qu'eussions aucune lumière de l'intention des ennemis pour ce regard; mais ayant senti que ceux qui désirent la paix en ce lieu, l'aimoient mieux encore que de continuer la guerre, nous nous étions voulu éclaircir avec eux à quelles conditions ils entendoient la faire, et fait même les ouvertures à cet effet, afin de leur faire considérer que cette trêve devoit être rejetée du tout, sinon au cas qu'elle se fît avec toutes lesdites conditions et sûretés, que leur montrions encore ne devoir être suffisantes pour se mettre à couvert de tous inconvéniens, et ils y avoient consenti et acquiescé, nous assurant qu'ils ne la recevroient jamais autrement.

Quant aux Espagnols et archiducs, s'ils désirent la paix, il est certain qu'ils accepteront encore plus volontiers cette trève auxdites conditions, comme moins honteuses, et qui sembleroient, du moins en apparence, leur laisser quelque espoir de retour, plutôt qu'une paix absolue. Entre ces conditions de paix ou de trève à longues années, les deux plus difficiles seront, à notre avis, l'intervention de Votre Majesté et le commerce des Indes occidentales, car pour celui de l'Orient il y en aura moins. Quant à l'intervention, ceux qui traitent les affaires nous ont toujours assuré qu'ils ne s'en départiront jamais; qu'ils jugeoient bien qu'elle leur est du tout nécessaire, et montrent de faire peu de cas de celle d'Angleterre, comme avons déjà mandé. Mais si le roi d'Espagne et les archiducs étoient si entiers et résolus que de ne vouloir admettre et recevoir aucune intervention, soit de Votre Majesté ou du roi d'Angleterre, il sembleroit encore (pourvu que les Etats demeurent libres et souverains par le traité avec eux, et qu'il n'y ait rien en icelui qui les empêche de pouvoir traiter alliance avec qui que ce soit) qu'un traité à part avec Votre Majesté et lesdits Etats pour une ligue offensive et défensive, pourroit être fait avec eux, et que lesdits Etats ne seroient pas sages de traiter autrement, et n'y a aucune apparence aussi qu'ils le veuillent faire. Si le roi d'Angleterre en vouloit être, ce seroit encore tant mieux; car ce seroit un commencement d'union avec Votre Majesté qui le rendroit plus suspect à l'Espagnol; mais nous jugeons bien qu'on ne doit rien attendre de bon de son côté, parce qu'il lui plaît nous en mander. Il y aura sans doute, soit en l'intervention, ou esdits traités de ligue offensive et défensive beaucoup de difficultés, non du côté des Etats qui y sont très-bien disposés, selon que l'avons déjà reconnu. Nous essaierons néanmoins de nous en éclaircir, et y procéderons suivant le commandement qu'elle nous fait par ses lettres, tant pour la ligue défensive qu'il faudroit insérer dans le traité de paix, en laquelle l'Anglois peut être compris, que pour l'offensive particulière et secrète, autant qu'on pourra entre Sa Majesté et les Etats. Mais les difficultés viendront de la part de l'Espagnol et des archiducs, n'étant pas vraisemblable qu'ils veuillent quitter la souveraineté, sans essayer de les obliger à quelque ligue et confédération perpétuelle avec eux, du moins de n'assister jamais pour quelque cause que ce soit leurs ennemis, s'ils ne se veulent obliger à plus, qui seroit de leur donner secours contre eux; et cette obligation sembleroit pouvoir être instamment requise pour récompense de la souveraineté qu'ils quitteront.

Le président Jeannin a déjà remué doucement ces difficultés avec le sieur de Barneveld; et lui a été remontré que si, par la paix ou trève à longues années, ils n'ont bonne et étroite confédération avec Votre Majesté, pour se donner un mutuel secours l'un à l'autre, nommément contre l'Espagnol et les archiducs, qu'il n'y a aucune sûreté pour eux, et qu'il seroit toujours au pouvoir de leurs ennemis, feintement réconciliés, de rompre la paix quand ils voudront, sans crainte que Votre Majesté, offensée d'eux en cette occasion, s'en voulût ressentir, n'y ayant rien qui l'empêche d'être dès à présent bien avec l'Espagnol et les archiducs, qui recherchent tous les jours son amitié, sinon le soin qu'elle a d'empêcher leur ruine, et d'aider à la conservation de leur liberté. Le sieur Barneveld est fort capable de ces raisons, fait ce même jugement, et dit toujours que la paix ou la trève ne peuvent être faites autrement. Pour le second point, qui est le commerce des Indes occidentales, encore que ledit Barneveld nous ait aussi dit et répété plusieurs fois qu'ils ne s'en départiront point, il n'y a aucune apparence que le roi d'Espagne l'accorde, soit en la même façon qu'il l'a fait aux François, ou autrement; car il leur laisseroit le pouvoir de faire la guerre au lieu où il craint plus qu'on l'entame et avec forces navales qui sont les meilleures et plus grandes que les Etats aient; et quant à lui, il s'ôteroit le pouvoir de leur nuire dans leur pays, et donneroit liberté et sûreté pour le commerce d'Espagne, sans lequel les Etats ne veulent pas traiter; ainsi les Etats seuls tireroient commodité de la paix, non lui. Quand nous avons pensé aux articles qui devoient rendre cette paix assurée, ceux-ci nous ont semblé nécessaires, ensemble avec les autres contenus en nos précédentes lettres; et si les principaux n'étoient accordés, que la paix seroit la ruine des États, ce que leur avons fait connoître; mais nous n'avons pas laissé de juger que l'Espagnol feroit des difficultés partout, et prendroit occasion sur chacun point de tirer en longueur le traité, et que c'étoit à nous de chercher d'accourcir, et de montrer qu'on est résolu d'avoir tout, sans traiter par le menu. Et à la vérité, qui seroit entièrement assuré du secours pour la guerre, et de la volonté et contribution d'Angleterre, ensemble des princes d'Allemagne aussi bien que de la vôtre, il faudroit plutôt rompre qu'en rien quitter; n'y ayant rien en effet en tous les articles contenus en nos précédentes lettres dont on se puisse relâcher, si ce n'est du commerce des Indes d'occident; car aussi bien les États ne le pourroient jamais faire sans se mettre en danger de perdre leurs vaisseaux, matelots et marchands qui seroient en Espagne, lorsqu'ils auroient fait quelque butin d'importance en ces Indes d'occident; y ayant bien peu d'apparence qu'on puisse tirer des Espagnols la consignation d'une grande somme, qui seroit néanmoins nécessaire, comme nous avons écrit ci-devant, pour se garantir de cet inconvénient. Mais nous espérons qu'on pourra tirer en France ce commerce, et déjà en avons fait quelques projets.

Le président Jeannin même en a eu plusieurs conférences en particulier avec M. de Franques, promoteur de ce dessein, lequel y est tout disposé, et se promet d'y induire les marchands et matelots, au cas que la paix se fasse sans cette permission; lui faisant néanmoins toujours connoître que Votre Majesté ne veut penser à cette entreprise, sinon en ce cas, et non autrement. Ledit sieur Franques dit même qu'il a tant de désir de nuire toute sa vie à l'Espagnol, que, pour mieux aider à la conduite de ce dessein, qu'il entend mieux qu'aucun autre, il viendra lui-même demeurer en France; et le président Jeannin l'a assuré qu'il recevroit tout bon traitement et avancement de Votre Majesté. Il dit aussi qu'il connoît dix ou douze personnes aussi capables et expérimentées en cette navigation, que l'amiral qui est mort au combat du Détroit, et qu'il en tirera une bonne partie avec lui. Son désir est que nous pressions cependant, et, dès aujourd'hui, que la compagnie soit faite ici pour acheminer l'affaire, soit pour le pays, si on peut obtenir ce commerce par la paix, ou pour en France, la paix se faisant sans cette condition.

M. le prince Maurice nous a dit, depuis deux jours, qu'un gentilhomme écossois, nommé Baselou, lequel a un régiment en ce pays, a vu plusieurs fois le roi d'Angleterre depuis deux mois, et a appris de lui qu'il n'approuve aucunement la paix des États avec l'Espagnol, montrant au contraire qu'il désiroit plutôt la continuation de la guerre; et néanmoins n'a trouvé bon l'avis du parlement qui la conseilloit, disant que ce n'est à eux, mais à lui et à son conseil d'État de résoudre telle affaire. Il peut être vrai que ce gentilhomme, qu'on tient avoir de l'accès et de la privauté avec le roi d'Angleterre, l'a ainsi entendu, mais ledit roi s'est peu déguisé, ou il n'est toujours ferme et arrêté en ce même propos. Le comte d'Embden a voulu surprendre la ville, à l'aide d'un bon nombre d'habitans qui sont pour lui, ainsi qu'avons déjà écrit à Votre Majesté. Le comte Guillaume de Nassau, qui en est bien près, y a envoyé deux mille hommes de pied, lesquels sont dans les faubourgs pour y entrer s'il est besoin; mais les habitans, qui sont ennemis du comte, désirent, avant que les recevoir, que les États emploient leurs forces pour chasser le comte de trois ou quatre petites places foibles qu'il tient audit pays; et ceux désirent assurer premièrement la place, craignant que le comte, qui a eu recours à l'Espagnol, ne lui donne le moyen de s'en saisir en dépit des États. Les États, avec l'avis de M. le prince Maurice, ont mandé au comte que s'il n'entretient le traité fait avec les habitans de la ville, qui est de les laisser en repos sans se déclarer leur ennemi, essayant de surprendre leur ville, et s'il ne fait rendre les vaisseaux qu'il a fait arrêter en Espagne aux habitans de ladite ville qu'il prétend être de son parti, qu'ils prendront la défense des habitans contre lui. C'est chose dont le roi d'Angleterre pourra être offensé, pource que le comte est son parent, et que le traité avoit été fait avec son entremise, et ainsi dira qu'on lui devoit ce respect de l'en avertir ant que passer outre. Ce qu'ayant fait entendre à M. le prince Maurice, il nous a répondu que le péril qui étoit présent ne leur a donner ce loisir; mais ont écrit à leurs députés qui sont en Angleterre de faire cet office. Cette ville d'Embden a un grand et fort bon port, qui nuiroit beaucoup à la navigation et au commerce des Etats, si les Espagnols s'en étoient saisis: ainsi il y a danger que l'intérêt que les uns et les autres y prétendent ne soit cause de la faire venir aux armes. Toutefois ledit sieur prince Maurice nous a dit que le roi d'Espagne n'y peut faire aucun effet pour cette année, pource que c'est un pays inondé d'eaux dès le mois de septembre; et pourvu que la ville se garde de surprise et ne se perde d'elle-même, il n'y a rien à craindre pour cette année. Qu'il est bien vrai que le frère du comte s'en est approché avec deux mille hommes de pied, et cinq cents chevaux que l'archiduc lui a donnés, s'est saisi d'un château qui dépend dudit comté, et près de deux lieues de la ville, y a mis garnison, en faisant semblant que c'est pour lui-même, et pour avoir son partage; mais on écrit qu'il est en intelligence avec le comte, et que ces forces sont pour surprendre la ville, s'ils peuvent. Le comte Guillaume de Nassau, qui est à Groningue, distant seulement de quatre lieues d'Embden, a avis du tout, y prend garde, et n'oubliera rien pour conserver ladite ville. Nous avertirons Votre Majesté de tout ce qui se passera. Elle montre toujours d'être mal satisfaite de ce que les Etats ne lui ont délivré l'acte dont ils ont été requis: c'est avec raison qu'elle en est offensée; ils n'ont toutefois mis en avant autre prétexte que la longueur, et qu'on étoit prêt de faire un traité de plus grande importance, qui les lieroit et obligeroit bien plus étroitement à Votre Majesté que cet acte. Les autres raisons contenues en nos lettres, même celles-ci, qu'ils craignoient de mettre en soupçon l'Anglois, ne viennent pas d'eux; c'est nous qui l'avons ainsi conjecturé, et il est véritable, non pour l'amitié qu'ils portent à l'Anglois, mais pource qu'ils le craignent, et sont en doute de sa foi et de son affection envers eux.

C'est aussi sans doute, sire, que M. le prince Maurice croit les Etats avoir besoin de quatre millions cinq cent mille livres pour faire la guerre, et que ce n'a été à dessein de décharger le roi d'Angleterre de sa part; car il dit que les garnisons qui sont nécessaires dans les places, consument tous leurs deniers, étant contraints de garder soixante grandes lieues de frontières, depuis l'Ecluse jusque près d'Embden, pource que le pays ne va en fond, mais s'étend en long. Ainsi toutes les villes sont autant frontières l'une que l'autre, bien peuplées, et y en a beaucoup qui d'elles-mêmes se donneroient à l'ennemi s'il n'y avoit garnison. Bien est vrai, si les Etats sont déçus de l'espérance qu'ils ont de la paix, ou trêve à longues années, qu'ils se contenteront de ce qu'ils pourront obtenir. Il est certain que M. Aërsens père avoit eu une promesse du cordelier pour recevoir quinze mille écus comptans d'un banquier, et une autre promesse sur le même banquier de trente-cinq mille écus payables après la paix faite, qui font cinquante mille écus en tout, et un diamant en valeur de six mille écus; qu'il le découvrit aussitôt au prince Maurice et au sieur Barneveld, qui lui conseillèrent de les garder sans en faire autre bruit, et qu'on aviseroit après ce qui en devroit être fait. Or, depuis huit jours, les Etats ont désiré que le tout fût mis par ledit sieur Aërsens ès mains de leur trésorier, ce qui a été fait sans bruit ni difficulté; et en cela ledit sieur Aërsens n'a rien fait dont il puisse être blâmé. Votre Majesté avoit déjà été avertie de la première action, et nous délibérions de lui donner cet avis de la dernière, encore qu'elle ne nous en ait rien mandé. Il y a déjà dix ou douze jours qu'un homme de moyens et de crédit, qui a des parens du côté de l'archiduc, lesquels sont en autorité et employés, a redit comme de lui-même, et toutefois avec notre permission, à un de ses parens, sur ce qu'il s'étoit plaint à lui que nous empêchions la paix, que l'archiduc étoit mal informé, et qu'au contraire nous y faisions tous les bons offices qu'il nous étoit possible, dont l'autre a montré être fort joyeux, et qu'il en donnera avis où il est besoin. Nous avons aussi différé jusques ici d'écrire à M. de Berny, crainte de l'embrouiller par delà, et pour ce qu'il nous sembloit qu'il ne le désiroit pas. Or nous avons pris avis de le faire maintenant, et de lui mander que nous nous en sommes abstenus, jusques à ce que l'archiduc eût eu le loisir de reconnoître par nos déportemens et actions, dont nous étions bien certains qu'il auroit été averti, que la charge qu'avons eue de Votre Majesté étoit toute autre qu'il ne pensoit, et que nous cherchions plutôt les moyens de faire finir la guerre avec conditions raisonnables, comme il est vrai en effet, que de la faire durer. Sur ce, nous prions Dieu, sire, qu'il donne à Votre Majesté, et à toute sa famille, tout heur et prospérité.

Vos très-humbles et très-obéissans sujets et serviteurs, P. Jeannin, de Buzanval et de Russy. De La Haye, ce 16 juillet 1607.

Lettre *de M. Jeannin à M. de Villeroy, du 17 juillet* 1607.

Monsieur, vous craignez la précipitation de ces peuples, et qu'ils ne reçoivent une mauvaise paix, jugeant d'eux ce qui est du commun naturel de tous les autres. Nous avions fait le même jugement d'entrée, et appréhendions bien fort ce même danger; mais maintenant je vous peux assurer que leur intention est toute autre, et qu'ils veulent la paix bonne et sûre, ou qu'ils la rejetteront du tout; étant certain que, si le roi d'Espagne fait ces difficultés sur les quatre articles dont m'avez écrit, à savoir sur la souveraineté, le commerce des Indes, l'intervention du Roi, et la sortie des Espagnols, qu'il ne faut plus penser qu'à la guerre: car le sieur Barneveld a dit présentement au président Jeannin, et en colère, que pour les trois premiers articles ils n'en quitteront jamais rien, quand ils devroient périr; et pour les peuples, il n'y a rien qui les ait fait goûter les conseils de la paix, que la douceur et friandise de ces mots de liberté et souveraineté; et s'ils y rencontrent de la difficulté, ou que l'Espagnol y veuille apporter quelque modification, il n'y aura plus de moyen de les empêcher qu'ils ne courent à la guerre, et peut-être sans considérer s'ils seront assistés ou non; car le combat du Détroit leur enfle le courage. Le prince Maurice n'oublie rien pour les mettre en défiance de l'Espagnol et de l'archiduc: puis la guerre jusqu'ici les a plutôt enrichis qu'appauvris. Tout ce qui se lève dans le pays y est consumé sans en sortir; la plupart des villes sont en assiette pour ne point craindre les périls; il n'y a que ceux dont le bien consiste en fonds qui y perdent, d'autant qu'on prend la moitié de leur revenu. Croyez donc, monsieur, s'il vous plaît, que ces peuples désirent à la vérité la paix avec ardeur, mais que c'est à la charge de l'avoir à leur mot, et non autrement; et qu'il faut aussi bien prendre garde qu'on ne rompe mal à propos, de peur que le Roi demeure chargé des dépenses de la guerre, s'il ne les veut laisser perdre, que craindre la précipitation; veiller par ce moyen également à tous les deux, et prendre conseil de moment à autre sur l'état des affaires, inclinant toujours par préférence à ce que nous savons et pourrons entendre ci-après être de l'intention du Roi, dont nous aurons toujours loisir d'être éclaircis avant de prendre une entière et dernière résolution; car je vois bien qu'il sera malaisé de le faire avant qu'ayons reconnu quelle sera la volonté du roi d'Angleterre, et les conditions avec lesquelles le roi d'Espagne voudra traiter. Il y a quelques jours que le sieur Barneveld me fit un discours, qui me mit en quelque doute, dont je fus aussitôt éclairci: c'est que, parlant des sûretés du traité, il mit en avant que l'empereur Maximilian, au mariage de sa fille Marguerite d'Autriche avec Charles VIII, lors dauphin, fils de Louis XI, lui fit insérer au traité que les princes pairs de France, parlemens et aucunes des principales villes du royaume nommées par icelui traité, s'obligeroient avec les sermens requis à l'accomplissement dudit traité, et de l'assister contre le Roi même, au cas qu'il le voulût enfreindre; ainsi qu'il seroit bon, suivant cet exemple, de faire obliger de même avec l'archiduc les principaux seigneurs et bonnes villes de son obéissance. A quoi lui ayant été répondu que telles obligations étoient ridicules et inutiles; que les sujets, quelque obligation et serment qu'il y ait, ne font jamais que ce que leur prince veut, et que Maximilian avoit été mal informé de l'état du royaume, et de l'obéissance des sujets envers leur Roi; qu'en ce fait particulier même tous les sujets de l'archiduc aimeroient mieux les voir réduits à son obéissance, et aider leur prince à le faire, que favoriser leur séparation. Il ajouta à l'instant qu'il avoit bien considéré ces raisons de lui-même, et qu'il entendoit aussi que cette obligation ne fût qu'accessoire à l'intervention du Roi sur laquelle devoit être fondé leur principal appui et sûreté, ce que les magistrats et principaux habitans qui ont parlé à nous ès villes où nous avons été nous ont pareillement dit, et n'y a doute que c'est leur résolution. Et quant aux traités entre le Roi et les Etats pour leur défense mutuelle, et pour entreprendre aussi sur autrui, nous ne sommes pas encore passés plus avant que ce qu'en mandons à Sa Majesté; mais ils nous en ont parlé si souvent, et ils sont si nécessaires, que je n'estime pas qu'ils en doivent faire aucune difficulté. Pour ce qui dépend d'eux, nous vous en éclaircirons plus particulièrement par nos premières lettres, jugeant bien que c'est auxdits traités que doit consister le fruit de notre négociation. Si je vois quelque occasion pour entamer l'affaire que savez, touchant l'archiduc, je ne la perdrai, sans rien précipiter toutefois, ni m'en découvrir mal à propos. Ce nous est un grand contentement que Sa Majesté, et vous aussi, approuve notre conduite. Quand nous serons à l'entrée du traité, et qu'aurons reconnu l'intention du roi d'Angleterre par ses ministres, nous pourrons mieux juger ce qu'on doit attendre de l'issue de cette affaire; mais avant cela tout est incertain. Faites considérer, s'il vous plaît, à Sa Majesté, le contenu en notre seconde lettre écrite depuis la première, et y pourvoir aussi, je vous en supplie très-humblement, comme étant du tout nécessaire pour son service. Le plutôt que madame la princesse d'Orange pourra venir sera le meilleur. Je suis, monsieur, votre très-humble et très-obéissant serviteur. P. JEANNIN.

A La Haye, ce 17 juillet 1607.

LETTRE *de MM. Jeannin, de Buzanval et de Russy, au Roi, du 18 juillet 1607.*

SIRE,

Depuis avoir écrit notre première lettre, le sieur de Barneveld nous est venu voir, lequel nous a fait entendre la confusion qu'il craignoit en leurs affaires, sur ce que les plus apparens et de plus grande qualité et autorité, qui leur ont prêté de fort notables sommes d'argent, demandent à présent, avec grande instance, le remboursement du sort principal, comme c'est la coutume de le faire ici, en avertissant six mois devant, ayant déjà été contraints de payer les uns par emprunts qu'ils ont faits; mais n'en peuvent faire autant à l'endroit des autres, pource que ces demandes si soudaines et pressées leur ont fait perdre tout crédit envers un chacun; même envers les marchands et autres personnes de moyens, qui croient les affaires être en mauvais état, puisque ceux qui en sont les mieux informés pressent ledit remboursement, et qui pis est n'ont aucun moyen de payer leurs soldats, puisque Votre Majesté fait refus de leur continuer son secours entier pour cette année, sur lequel ledit paiement étoit assigné. Qu'il savoit bien tels désordres être pratiqués, affectionnés et désirés par ceux qui veulent la guerre, pensant que les ennemis, qui en seront sans doute avertis bientôt, se rendront plus difficiles à leur accorder des conditions de paix qui soient avantageuses, pour l'espérance qu'ils auront d'en avoir meilleur marché; et là-dessus, qu'il sera aisé de prendre cette occasion pour faire rejeter du tout la paix et continuer la guerre. Que ce moyen est très-périlleux, et leur pourroit apporter dommage et beaucoup de ruine, si Votre Majesté, de l'appui et de l'assistance de laquelle dépendent toutes leurs affaires, n'usoit de la même libéralité envers eux pour cette année qu'elle a fait du passé; nous suppliant de lui en faire instance. Et sur ce que lui avons derechef répété le juste mécontentement de Votre Majesté, qui étoit offensée du refus que les Etats ont fait de lui donner l'acte dont ils ont été si souvent requis, après nous avoir dit les mêmes raisons qu'il avoit fait du passé, s'est découvert plus avant, et a ajouté qu'ils l'ont fait crainte de s'embrouiller avec l'Angleterre pour peu de chose, en un temps auquel il étoit aussi périlleux de le faire pour Votre Majesté même que pour eux, d'autant qu'il sait bien le roi d'Angleterre être toujours en poursuite avec le roi d'Espagne et les archiducs, afin d'avoir en mariage la fille d'Espagne pour le prince de Galles, avec leur Etat pour dot. Et, combien qu'il n'ait pas opinion que le roi d'Espagne y veuille consentir, ni agrandir l'Angleterre de cet Etat, qui seroit le rendre maître de la mer, qu'on le tient néanmoins en cette espérance pour tirer de lui tous bons offices en la conduite de cette paix qu'il tient d'un côté, et voudroit bien qu'elle fût rompue par autre que par lui, et s'il étoit possible par Votre Majesté; ne l'osant faire quant à lui pour n'offenser l'Espagnol, et ne perdre les espérances auxquelles il prétend, dont il s'est encore découvert depuis quelques jours, et a montré que ce traité lui déplaisoit comme contraire à ses desseins.

Nous ayant ledit Barneveld voulu persuader par ce discours que ce n'eût pas été prudence, sur ce précipice auquel est ledit roi d'Angleterre de faire chose qui l'eût pu jeter du tout avec l'Espagnol, suppliant Votre Majesté de prendre cette entière confiance d'eux, qu'ils désirent du tout son contentement, et être en liberté et maître d'eux-mêmes par un traité avec l'Espagnol, par le moyen duquel ils n'aient occasion d'avoir pour ennemis ensemble ces deux rois d'Espagne et d'Angleterre, et que lors ils pourront rendre un plus assuré témoignage de leur affection à Votre Majesté et à son État, ne refusant pas d'entrer en ces projets et ouvertures particulières des traités quand nous voudrons, pour la mutuelle sûreté et défense les uns des autres. Nous avons déjà appris que quelques particuliers faisoient instance pour être remboursés de ce qui leur est dû; mais nous n'estimions pas qu'ils fussent en si grand nombre, et que les personnes dont il nous a donné quelque soupçon sans les nommer, y fussent comprises. Nous sommes aussi bien avertis que le prince Maurice travaille pour faire que trois provinces, dont les deux sont Groningue et Frise, remplies de garnisons, les plus sujettes à l'invasion des ennemis, et pour la troisième, Zélande, s'opposent et empêchent, si elles peuvent, qu'on entre en traité, encore que la ratification d'Espagne vienne; se promettant que sur cette opposition les autres provinces, crainte d'une division entre elles, rejetteront les conseils de paix pour continuer la guerre. On voit ces pratiques sans les empêcher, pource que le sieur de Barneveld et d'autres nous ont dit que l'inclination de ces deux premières provinces est sans doute à la paix, et qu'elles tiendroient ouvertement ce langage, sans lesdites pratiques et la crainte de leur garnison; ainsi qu'il est meilleur de les laisser en cette opinion de guerre qu'on leur confirme tous les jours, en leur disant que l'Espagnol les veut tromper, que de les inciter à la paix, attendu l'incertitude et le doute auquel on est, si elle se pourra faire ou non, et qu'il sera toujours plus aisé de les porter de la guerre à la paix, que de faire le contraire. On ne sait pas bien si ces pratiques et la répétition des sommes dues viennent de même endroit, mais il y en a quelque soupçon.

Nous vous avons écrit, sire, ce qui s'étoit passé entre le prince Maurice et Barneveld; et à la vérité il n'y a point d'inimitié, mais bien des opinions diverses; averti aussi des langages que le président Jeannin avoit eus avec le prince Maurice et le comte Guillaume, pour donner contentement au premier, et qu'il les avoit pris de bonne part, pensant lors qu'on fût déjà à l'entrée du traité, et qu'il se dût faire sans difficulté, mais les bruits étant venus au contraire que l'Espagnol ne vouloit ratifier, qu'on ne cherchoit qu'à les tromper, et le combat du Détroit ayant enflé le courage à ces peuples, il est entré en nouvelles espérances qu'on pourroit faire continuer la guerre, et là-dessus a continué ses premières pratiques qu'on a souffertes et dissimulées, attendant qu'on sût assurément si on entreroit en traité. Il eût été plus retenu s'il nous eût voulu croire; mais ce mal nous a semblé moindre que de parler plus avant de la paix, et faire croire au roi d'Espagne et aux archiducs que ces peuples n'avoient point autre dessein que de se mettre en repos. Il est vrai, si la ratification vient, qu'on parle là-dessus de traiter, et que ces provinces s'opposent, il faudra, suivant l'ordre qui a été gardé jusques à présent, envoyer vers eux pour entendre leurs causes d'opposition, et les faire juger en l'assemblée, qui aura quelque longueur. Nous y apporterons de notre part la direction et conduite dont nous avons ci-devant écrit à Votre Majesté, qui servira beaucoup, ou plutôt fera cesser sans doute cette division, en y ajoutant le contentement du prince Maurice, auquel il sera besoin travailler lors à bon escient, et s'en résoudre du tout avec lui. C'est pourquoi nous désirons qu'il plaise à Votre Majesté lui écrire derechef une bonne lettre pleine d'affection, et qui contienne créance sur nous; et de considérer, si M. de Bethune lui apporte quelque créance de la part dudit prince, plus particulière, ou autre que ce qu'il en a dit au président Jeannin, qu'il est besoin qu'en soyons informés, et de la réponse qu'elle lui aura faite, afin que n'ayons tous ensemble, parlant des intentions de Votre Majesté, qu'un même langage.

Vous voyez, sire, combien de difficultés et contrariétés se rencontrent en cette affaire. Mais ce qui nous travaille le plus, est la crainte du roi d'Angleterre, et que ses ministres traversent notre conduite et direction en tous les conseils qu'ils voudront prendre, soit pour la paix, ou pour la guerre, n'y ayant rien que ne puissions surmonter s'ils veulent, et que ne devions craindre aussi s'ils s'opposent à tout par malignité et envie contre Votre Majesté, ou pour le désir qu'ils auront de favoriser secrètement les affaires de l'archiduc et du roi d'Espagne, sous espérance de profiter en un dessein imaginaire, qu'il fera du mal à cet Etat, à Votre Majesté, et enfin à lui-même. Si est-il périlleux de demeurer long-temps mal et en jalousie, ou plutôt inimitié avec ces deux grands princes. Et néanmoins nous voyons bien qu'il est très-difficile d'acquérir le premier, puisque son ambition nous empêche d'y trouver de la sûreté; ni pareillement l'autre, qui n'est assez prudent, ou bien aveuglé d'un désespoir qui lui eût ôté le jugement et le choix du conseil qu'il devoit prendre; mais ce n'est à nous d'entrer en ce discours.

Nous nous arrêterons à ce qui est de notre charge, et supplierons très-humblement Votre Majesté vouloir penser s'il ne seroit pas expédient de donner assurance à ces provinces de leur payer quelque notable somme dans la fin du mois de septembre, et d'achever le payement du secours accoutumé vers la fin de l'année; car, en prenant ce loisir, elle n'y pourra être trompée. Nous verrons bientôt à quoi les affaires se devront résoudre, avec quelle affection et respect envers vous les Etats procéderont, le fruit que Votre Majesté pourra espérer, soit de la paix ou de la guerre. Si vous n'avez contentement de tout ce que dessus, cette promesse sera comme non avenue, et aurez occasion de la révoquer sans blâme; si au contraire ils se conduisent selon votre intention, vous n'aurez point de regret, sire, d'avoir fait cette dépense, car elle sera très-bien employée; et dès à présent même cette promesse servira pour les remettre en crédit, et leur faire trouver de l'argent pour payer leurs soldats. Elle servira aussi d'un grand témoignage de votre bonne volonté envers eux, et nous rendra plus puissans et autorisés pour y faire suivre vos intentions. Nous n'eussions fait cette recharge en matière d'argent, après avoir reçu le commandement de Votre Majesté sur ce sujet, si n'eussions jugé que c'étoit son service et notre devoir. Nous la supplions très-humblement de la prendre en bonne part, et croire que n'avons autre but et dessein que de rendre notre travail utile, et donner contentement à Votre Majesté, que prions Dieu vouloir conserver, sire, en très-parfaite santé, très-longue et heureuse vie, avec toute sa famille.

De La Haye, ce dix-huitième jour de juillet 1607.

P. JEANNIN, DE BUZANVAL, et DE RUSSY.

LETTRE *de M. de Villeroy à M. Jeannin, du dix-neuvième jour de juillet* 1607.

Monsieur, l'on a dit au Roi que le secrétaire du marquis de Spinola, revenu ces jours passés d'Espagne en Flandre, a rapporté ordre de leur roi de rompre la cessation d'armes par la surprise des places de Grave, l'Écluse, Bréda, Berg-op-Zoom et autres, sur lesquelles ils ont dressé durant icelle des intelligences et entreprises, mais qu'ils doivent dissimuler et cacher tant qu'il sera possible leur dessein, pour mieux décevoir les Etats, jusqu'à ce qu'ils aient fait ou failli lesdites surprises. Ledit avis a été donné à Sa Majesté par personne qui fréquente avec le secrétaire d'Espagne: s'il est vrai ou faux, je n'entends l'assurer; mais nous avons estimé de ne pouvoir faillir de le vous faire savoir pour en avertir M. le prince Maurice, en attendant que le terme dedans lequel ils doivent déclarer l'intention d'Espagne sur ladite cessation d'armes, soit passé à bonne mesure. Davantage vous savez que le roi d'Angleterre a fait dire à notre maître et à ses serviteurs, par son ambassadeur, qu'il n'entend plus que Sa Majesté avance ni délivre auxdits sieurs les Etats aucun argent à rabattre sur ce qu'il prétend que Sa Majesté lui doit.

Vous pouvez juger par cette déclaration faite tout à propos ce qu'il faut attendre dudit roi au bénéfice desdites Provinces: aussi a-t-il fait dire aux archiducs, par son ambassadeur résident auprès d'eux, qu'il n'a volonté ni intérêt quelconque d'empêcher la paix qu'ils pourchassent, afin que l'on ne l'accuse des difficultés et contradictions qu'ils y rencontreront; tellement qu'ils s'en prendront à nous entièrement. Mais cela n'empêchera Sa Majesté de faire pour lesdits Etats, en paix ou en guerre, ce qu'ils doivent attendre d'un prince qui affectionne leur prospérité et conservation, comme la sienne propre. Sa Majesté est, grâces à Dieu, en bonne santé, et doit partir dans deux jours pour aller à Monceaux, où elle prendra les eaux de Pougues; et partant y séjournera quelques jours, puis retournera par cette ville à Fontainebleau, si les résolutions que vous prendrez par delà ne lui font changer d'opinion. Nous n'avons rien d'Italie ni d'ailleurs digne de vous être écrit. Les Napolitains du comte de Fuentes sont encore au Milanais, à demi-débandés, où sont arrivés de nouveau environ deux mille bisognes d'Espagne, pour remplir les garnisons ordinaires. Le sieur Aërsens dit que lesdits Etats s'attendent à la paix moins que jamais, que leurs ministres prêchent à présent tout ouvertement contre icelle, et que le parti du prince Maurice est par delà plus puissant que devant. Il assure aussi qu'ils n'accorderont jamais une trêve à longues années, quand bien on leur accorderoit l'article de la souveraineté, pour être, ainsi qu'il dit, lesdits Etats en des défiances nouvelles, dont il sera difficile de les guérir. Mais je n'ajoute à présent foi qu'à une partie du dire dudit sieur Aërsens. Je prie Dieu, monsieur, qu'il vous conserve en bonne santé.

De Conflans, ce 19 juillet 1607, De Neufville.

LETTRE *de MM Jeannin, de Buzanval et de Russy, au Roi, du* 19 *juillet* 1607.

SIRE,

Hier, qui étoit le dix-huitième de ce mois, M. le prince Maurice nous envoya la copie des lettres que le marquis Spinola lui a écrites du 16, à Bruxelles, et tôt après, M. de Barneveld, celle que le même Spinola a écrite aux Etats, dont nous envoyons les copies à Votre Majesté. C'est pour leur faire savoir que la ratification d'Espagne avoit été apportée par le secrétaire dudit Spinola, arrivé d'Espagne le même jour qu'il a écrit lesdites lettres; et que l'audiencier Verreiken étoit prêt de venir trouver les Etats pour la leur donner, et leur dire aussi quelque chose de plus pour l'acheminement de cette négociation de la part de l'archiduc, n'attendant pour ce faire qu'un passeport. Nous avons peu de temps après été voir ledit sieur prince Maurice, pour entrer en propos avec lui de ce qu'il faudroit faire sur ce sujet, et reconnoître son inclination. Il nous a dit que suivant la conclusion prise, lorsque la trêve fut faite, l'archiduc étoit tenu envoyer aux Etats copie de ladite ratification signée, et qu'à son avis il y devoit satisfaire, afin qu'elle soit considérée en l'assemblée, puis envoyée ès provinces particulières, pour délibérer si on doit entrer plus avant en traité ou non, et jusqu'à ce, qu'on ne doit ouïr aucune proposition ni ouverture de sa part qui puisse acheminer les affaires à quelque accord, et moins encore admettre en ce lieu ledit sieur de Verreiken, qui est personne bien entendue, ayant autorité et grande part au maniement des affaires, lequel pourra faire des pratiques, voir des particuliers, être vu d'eux, et demeurer long-temps parmi eux, attendu que la réponse qu'il voudra vraisemblablement emporter ne peut être faite qu'avec beaucoup de temps. Nous n'avons pas rejeté son avis, mais dit qu'il n'y auroit pas grand mal de le laisser venir pour présenter ladite ratification en l'assemblée des Etats, ouïr ce qu'il a charge de proposer là-dessus, soit en l'assemblée même, s'il le veut faire, ou à quelques particuliers qui seront députés à cet effet, qui est le mieux, puis le renvoyer le lendemain avec cette réponse qu'ils feront délibérer sur ladite ratification, et ce qu'il aura dit à leurs députés ès assemblées des provinces particulières, et après en l'assemblée générale de tous les Etats, suivant les formes qu'ils ont accoutumé de garder ès affaires d'importance, pour y prendre résolution, et en avertir l'archiduc au plutôt, du moins dans le temps qui a été pris par la trêve, à savoir le premier jour de septembre; et cependant, afin que l'attente d'un si long séjour ne lui fût ennuyeuse, qu'il s'en pourra retirer. Que si ces honnêtes paroles ne suffisent pour lui faire connoître qu'on n'a pas agréable qu'il demeure plus long-temps en ce lieu, on le lui dira à part, en sorte qu'il s'en aille: n'étant à propos à la vérité qu'un homme de cette qualité fasse plus long séjour en un lieu où on ne peut épier ses actions sans l'offenser, ni le laisser en entière liberté sans lui donner des moyens de faire des pratiques et user de corruption, qui pourroient être dommageables à l'Etat. Ledit prince Maurice a approuvé cette ouverture. Nous lui avons dit aussi qu'on ne devoit délibérer sur cette affaire, sans nous en communiquer et prendre avis;

...oi il nous a répondu qu'il estimoit bien qu'on feroit ainsi, et M. de Barneveld nous en a ...ndé autant.

Le conseil d'Etat en a délibéré l'après-dînée ... même jour 8, en présence dudit sieur prince ...aurice, et a approuvé ledit avis, selon que ... Aërsens, qui nous est venu voir exprès, et ...r commandement desdits Etats, nous l'a fait ...tendre. Ce jourd'hui dix-neuvième, l'assem-...ée générale desdits Etats en a fait autant ...ns contradiction, en sorte que le passe-port a ...é expédié et envoyé par le même trompette ...i avoit apporté lesdites lettres ; et est certain ...e ledit sieur Verreiken sera ici dans cinq ou ... jours. Encore reste-t-il quelque chose à dis-...urir aux curieux sur l'envoi de cette ratifica-...on et du personnage qui a été choisi pour ...porter, qui est l'homme d'affaires, auquel le ...cret de la négociation a pu être commis ; et ... ainsi vraisemblable qu'il prétend l'entamer, ...connoître l'inclination des Etats, conférer ...ec quelques particuliers, même ceux qui ont ...s d'autorité, promettre ou donner dès main-...nant des présens, faire des offres qui tou-...ent à leurs intérêts, pour ébranler la con-...ance des uns, et corrompre tous ceux qu'il ...urra. Mais on pense avoir pourvu à ces in-...vénien, lui donnant congé tôt, et le logeant ... maison de personne fort affidée, comme on a ...ibéré de faire, lequel aura charge de pren-...e garde à tout ce qu'il fera, puis ceux qui ...t envie de se laisser corrompre, s'il y en a ...rmi eux, ne trouveront qu'assez d'autres ...oyens. Quant à la ratification, aucuns esti-...ent qu'elle contiendra quelque restriction ou ...ause sujette à interprétation ; et que ledit ...ur Verreiken, homme capable, a été choisi ...ur la faire trouver bonne. Les autres, qu'elle ...ra pure et simple, crainte d'altérer d'entrée ...s peuples, qui en cet article sont si sensibles ...résolus d'avoir cette souveraineté absolue, ... moins en mots spécieux qui les laissent en ...te opinion, que la moindre modification suf-...oit pour les éloigner d'écouter seulement les ...ditions de paix, et qu'ils se réserveront plu-... à les faire par le traité et à la conférence ; ...à la vérité, s'ils sont bien sages ils prendront ... conseil.

Le prince Maurice dit là-dessus avoir en-... que l'archiduc, en quittant ladite sou-veraineté, doit réserver quelque prestation annuelle, comme de deux ou trois cent mille florins par an. Mais ce que nous craindrions plus, et qui est touché par nos précédentes lettres, seroit s'il prétendoit faire une alliance perpétuelle, et ligue offensive et défensive des autres provinces et Etats qui sont en sa sujétion avec ceux-ci ; car, les attachant avec lui de cette façon, il n'auroit rien ou peu perdu, pource que demeurant obligés à lui donner un secours perpétuel contre ses ennemis, son Etat n'en seroit point affoibli, ni ses forces diminuées, et Votre Majesté n'en tireroit aucun fruit. Mais ayant eu cette appréhension, il y a déjà quelque temps, le président Jeannin en communiqua avec le sieur Barneveld, lui remontrant les inconvéniens de cette ligue : à savoir que seroit le moyen de les faire abandonner par tous leurs amis, et de les laisser du tout à la discrétion et exposer à la vengeance de l'Espagnol et des archiducs. Ce qu'il montra de bien connoître, et qu'ils ne traiteront jamais avec telles conditions, au contraire entendoient faire une confédération avec Votre Majesté, pour se conserver contre leurs ennemis réconciliés, de la mauvaise foi desquels ils ne doutoient point, quand le pouvoir de l'exécuter y seroit. La venue dudit Verreiken, ce qu'il dira, et la lecture de la dite ratification, commenceront d'en donner quelque lumière. Nous avons ci-devant écrit à Votre Majesté comme nous estimions qu'il falloit procéder ne point mettre en longueur le traité, mais conclure tôt, ou rompre, que ne répéterons point ici pour ne l'ennuyer, étant délibérés de le suivre, si Votre Majesté ne nous commande de le changer. C'est aussi maintenant qu'il faut traiter avec le prince Maurice et le contenter, afin que tout demeure bien uni ; à quoi madame la princesse d'Orange nous fait faute, et sa venue prompte seroit bien à propos. Nous prions Dieu, sire, qu'il donne à Votre Majesté, en parfaite santé, très-longue et heureuse vie.

De La Haye, ce 19 juillet 1607.

Vos très-humbles et très-obéissans sujets et serviteurs,

P. JEANNIN. DE BUZANVAL, et DE RUSSY.

LETTRE *du président Jeannin à M. de Villeroy, dudit jour* 19 *juillet* 1607.

Monsieur, depuis avoir écrit au Roi, le porteur des lettres étant prêt à sortir, un trompette est venu, qui a apporté des lettres du marquis Spinola, écrites à M. le prince Maurice, et à messieurs des Etats, dont nous envoyons les copies à Sa Majesté, et lui faisons entendre par nos dernières lettres ce qui a été avisé là-dessus, ainsi que le verrez plus particulièrement, qui m'empêchera d'en faire ici aucune répétition. On reconnoît maintenant les passions de ceux qui veulent la paix, ou la craignent; le prince Maurice montre d'en être en appréhension; néanmoins il s'est fort bien conduit en la réponse qui a été faite. Il est besoin de pourvoir tôt à son contentement, à quoi madame la princesse d'Orange nous seroit fort nécessaire. Il seroit même à propos qu'il plût au Roi le gratifier de quelque bon état et pension chacun an : car puisqu'on juge nécessaire pour le bien des affaires et le service de Sa Majesté, comme il est en effet, de le fortifier en cet Etat, et y accroître son autorité et celle de sa maison, aussi est-il, en conséquence, de l'obliger, afin que son affection acquise et conservée par l'intérêt, le rende, en l'Etat où il aura pouvoir, plus enclin et dévotieux envers Sa Majesté, les siens et son royaume. Et ceci me semble d'autant plus nécessaire qu'on dit sourdement l'archiduc avoir intention de faire toutes sortes d'efforts et offres pour le gagner; et peut-être, s'il faut perdre de la souveraineté sans espoir de retour, selon que les Etats la prétendent, qu'il aimera mieux l'obliger et le faire seigneur de ce pays à quelques conditions, traités et confédérations qui lui seront avantageuses, que de la quitter aux Etats mêmes: encore qu'il n'y ait pas grande apparence que l'archiduc le doive faire, et qu'il semble d'autre côté ledit prince ne pouvoir prendre assurance de la foi et bonne volonté envers lui de l'Espagnol et des archiducs, si est-il bon de lui faire voir d'ailleurs de la sûreté, de la grandeur et du profit, afin qu'il soit mieux disposé à rejeter telles ouvertures, et toutes autres qui lui pourroient être faites contraires à l'intention et au dessein de Sa Majesté.

Nous pensons que les députés du roi d'Angleterre pourront être ici au même temps que ledit sieur Verreiken : peut-être qu'il nous viendra voir; s'il le fait, nous l'irons aussi visiter; mais nous ne commencerons pas, encore qu'on ait accoutumé d'ainsi faire quand un nouvel ambassadeur vient de la part d'un prince qui est ami, comme sont Sa Majesté et l'archiduc, pource qu'il est envoyé par un prince ennemi des Etats près desquels nous sommes; par ainsi ne peut être tenu pour ambassadeur, mais député à quelque particulier effet, et que nos peuples en pourroient prendre jalousie, si nous entremettions de nous-mêmes à faire cet office; outre ce que les qualités du Roi et de l'archiduc, qui sont trop différentes, semblent nous convier à faire ainsi. Ledit sieur Verreiken est fort marri de M. le président Richardot, et pourra désirer de parler au président Jeannin sur le sujet des propos que ledit sieur président Richardot et lui ont autrefois eus ensemble. Il s'y conduira selon l'occasion, soit pour lui donner sujet de parler, ou attendre qu'il parle de lui-même. Envoyez au plus tôt madame la princesse d'Orange, si vous désirez que sa venue soit utile. Je suis, monsieur, votre très-humble et très-obéissant serviteur. P. JEANNIN.

A La Haye, ce 19 juillet 1607.

LETTRE *de M. de La Boderie à M. Jeannin, du* 20 *juillet* 1607.

Monsieur, celle qu'il vous a plu m'écrire du 1 du passé me fut envoyée le lendemain que les députés de messieurs les Etats furent arrivés. Ils ont été un peu long-temps en leur voyage, mais ils avoient affaire aux vents et à la mer. Le principal est qu'ils se sont enfin rendus ici en bonne santé. Ils eurent leur audience du roi de la Grande-Bretagne dimanche passé, qui leur fut honorable et fort favorable, non sans beaucoup de considérations, et sans apparence de grande jalousie de la part des ministres d'Espagne et de Flandre. Leur principale demande, qui regardoit l'envoi de députés de deçà, pour, conjointement avec vous autres, messieurs, aviser à ce qui peut être plus utile à la conservation de leur Etat, soit par la paix ou par la guerre, leur fut incontinent accordée : de l'autre, dont vous me remarquez qu'ils ont aussi charge, qui est de requérir d'être assistés et secourus, au cas que le roi d'Espagne ne leur veuille donner la paix avec les sûretés et condi-

...ions qu'ils prétendent, attendu que le Roi n'est ...éliberé de continuer son secours, si ce roi aussi ...y contribue de sa part; ou ils ne s'en sont point ...ssé entendre, ou eux et ceux de deçà me le dis...mulent. Tant s'en faut, les étant allé voir, et ...ant tombés sur ce discours, ils m'ont franche...ent maintenu qu'il n'y avoit que deux moyens ...quoi ces deux rois pussent convenir avec nous ...our leur salut : celui de la paix, en l'appuyant ...e leur autorité, ou celui de la guerre, en se dé...arant ouvertement; et que d'un secours parti...ulier pour continuer la guerre tout seuls, que cela ...e les retiendroit pas d'accepter les offres qui leur ...ont faites. Ledit roi de la Grande-Bretagne, pour ...us amplement s'informer de leurs affaires, les ...envoya à son conseil, où ils furent hier ouïs. Leur ...rée fut d'excuser la promptitude dont ils s'é...ient laissés aller à conclure leur trève, sans ...voir pu en prendre avis dudit roi, avec les rai...ons qui les y avoient contraints, et prière, à la ...te, de l'envoi des députés aux mêmes fins dont ...avoient déjà supplié ledit sieur roi. La réponse ...r fut faite par le comte de Salisbury, qui, après ...avoir un peu vespérisés sur les remarques de ...r légèreté, tant en la conclusion de ladite trève ...ampliation à icelle, que sur les espérances d'une ...mination et liberté absolue, dont ils s'étoient si ...cilement laissé charmer; et après leur avoir ...anmoins protesté, tant de la part du roi son ...ttre que de tout le corps du royaume, tant de ...n et tant d'affection à leur salut, leur demanda ...ux choses : l'une si l'affaire étoit encore entière, ...ils n'étoient point obligés d'autres particulari...que celles qui apparoissoient, tant envers l'Es...gne que les archiducs; l'autre, si au cas que la ...ification d'Espagne ne vint pure et simple, sur ...qui s'est déjà contracté, s'ils feroient la paix. ...a première, ils maintinrent que tout étoit en ...entier, et qu'il n'y avoit rien sur quoi ils ne ...ssent suivre l'avis et le bon plaisir de Leurs Ma...tés. L'autre, que si ladite ratification ne venoit ...re et simple, ils ne feroient point la paix. Vrai ...t qu'ils se sentent si fort atténués, qu'ils ne sau...ent continuer la guerre tout seuls.

Sur cela leur fut répliqué que, puisque ainsi ...oit, le roi ni le conseil ne leur donneront point ...r aide et bon avis, sur la perfection de ce qui ...toit à faire, et qu'à cette fin leurs députés les ...vroient incontinent, qui avec les nôtres auroient ...arge de conduire cette affaire d'une même ha...ne, et plus étroite et mutuelle correspondance ...'il seroit possible. Que quant à la forme ou qua...é du secours qui leur devroit être donné, au cas ...'ils ne fussent conseillés d'entendre à la paix, que ...étoit chose qu'on ne leur pouvoit maintenant dire, devant dépendre de la connoissance que leurs députés, conjoints avec vous, prendroient de leurs besoin et nécessités, et de ce qu'eux et vous, tous ensemble, jugeriez être meilleur pour la cause commune et intérêt particulier d'un chacun; mais que de cela ils pouvoient être assurés que l'on ne les laisseroit point perdre. Voilà tout ce que le comte de Salisbury me vient de dire, qu'il avoit hier traité et résolu avec eux. Après demain, ils vont voir le roi à cinq ou six lieues d'ici, qui, à ce qu'on dit, les fétoiera, et là se licencieront. Je ne vous puis encore dire qui seront les députés qui iront d'ici, l'élection n'en étant faite, à ce que m'a dit ledit comte, non plus que à quoi buteront ceux qui iront, au cas que la paix n'ait lieu; m'ayant icelui comte de Salisbury juré qu'ils n'y ont encore pris aucune résolution, se remettant entièrement à la délibération qui en sera prise par vous autres, messieurs; mais qu'en tout et partout ils essaieront de s'accommoder au conseil de Sa Majesté. Il m'a bien dit que si le sien étoit suivi, l'on se proposeroit quelque fin plus généreuse, et comme il croit, plus utile que l'on n'a fait jusqu'ici; mais qu'il n'est pas seul. Quoiqu'ils fassent montre par deçà, même depuis l'arrivée du sieur Wunmonde, d'une grande franchise et confiance en nous, si ne se dépouilleront-ils jamais de leur peau, qui est toute pleine de défiance; et crois que le vrai moyen de les porter à la guerre, c'est de montrer que voulions la paix, comme au contraire. Voici une grande affaire et un grand champ pour faire paroître votre prudence et dextérité accoutumée; mais je crains qu'il soit un peu long, et que vous y ayez besoin de patience. Lesdits députés ont souffert que je les aie été voir, et ne sont encore venus séant ni ne m'en ont envoyé faire d'excuses, encore qu'à mon avis la raison du jeu le voulût. Je ne sais si pour mieux faire leurs affaires, ils estiment à propos d'en user ainsi; je vous en laisserai le jugement. Au demeurant, j'ai différé quelque temps à vous écrire, ayant reçu ordre de Sa Majesté de ne vous mander que choses bien certaines et bien avérées; et jusqu'ici je n'en vois point. Plût à Dieu encore qu'elles le pussent être davantage, comme je le supplie vous donner, monsieur, en parfaite santé, très-longue vie, en vous baisant très-humblement les mains, et, avec votre permission, à messieurs de Buzanval et de Russy.

A Londres, ce vingtième jour de juillet 1607.

Monsieur, j'ai depuis ceci appris d'un confident du comte de Salisbury que leurs députés marchent d'un pied fort douteux avec vous, parce, disent-ils, que vous avez bien montré un pouvoir fort ample et absolu, mais qu'en effet vous ne vous en êtes jamais de rien déclaré sur icelui, en remettant toujours à quand ils seront de delà, et qu'ils en apporteront un semblable; mais qu'ils auront néanmoins une instruction de ne rien conclure là-dessus, que par ce qu'il leur sera fait savoir d'ici; et à ouïr parler ledit confident, ils seroient pour se porter à la guerre, si nous le leur proposions. Mais comme vous savez mieux ce qui est de l'intention du Roi pour ce regard que je ne fais pas, vous vous y saurez trop mieux gouverner selon icelle, si Sa Majesté s'y résolvoit. Je ne verrois point de danger de leur en mettre le marché à la main si elle n'en a un point d'envie. Aussi il faut bien se garder qu'ils ne le reconnoissent; car ils seroient gens pour le faire, afin de regagner par ce moyen envers les États ce que leur froideur leur a fait perdre jusqu'à cette heure. Ma crainte est aussi qu'ils ne cherchent de nous embarquer, et quand nous nous serons déclarés et obligés à quelque chose, nous laisser là. Vrai est que traitant toujours à la charge de les avoir de la partie, en quoi que vous proposiez, s'ils ne se résolvent à ce qui sera jugé par les États plus utile à leur conservation, le tort leur en demeurera, et de là les pourra-t-on puis après tant plus aisément ranger à tel autre parti que l'on voudra. J'ai estimé vous devoir encore toucher ce mot, que vous prendrez s'il vous plaît en bonne part, et comme de celui qui derechef vous baise les mains et veut demeurer, monsieur, votre humble et très-affectionné serviteur,

La Boderie.

Lettre de M. de Berny[1] à M. Jeannin, du 26 de juillet 1607.

Monsieur, le même respect que vous dites, par la vôtre du vingtième de ce mois, vous avoir retenu de m'écrire, m'a tout de même gardé de vous donner des nouvelles de deçà, où j'ai pris peine en toutes occasions de lever et faire perdre les mauvaises impressions que l'on a prises du sujet de votre voyage, dès auparavant votre partement; lesquelles, tant s'en faut qu'elles aient cessé, ont toujours depuis augmenté par le rapport du bon père cordelier, qui est allé en Espagne; la rhétorique duquel a plus eu de force et de vertu envers ces esprits-ci, que la pure vérité que je leur ai simplement annoncée, dont les événemens rendront enfin de plus assurés témoignages. L'on attend ici ou le retour ou des nouvelles de l'audiencier Verreiken, pour faire partir le président Richardot avec le marquis d'Itaures, ou le comte d'Aremberg,

[1] Ambassadeur du roi de France auprès des archiducs.

pour aller traiter au lieu que messieurs des États aviseront pour la conclusion d'une paix, ou d'une longue trève, si faire se peut, qu'ils estiment deçà bien plus avantageuse; et dont le cordelier leur a donné toute espérance, voire assurance, comme s'il l'eût eue dans sa manche toute bâtie, n'étoit, dit-il, les traverses que l'on y donne de France dont ces gens-ci ont encore pris plus de soupçon depuis le partement de l'audiencier, qu'auparavant sans aucun fondement que de quelques avis qui leur viennent du lieu où vous êtes, où sans doute il y a bien de la corruption. Je ne manquerai, s'il se présente chose digne, de vous en donner avis par cette même voie. Monsieur, je vous baise bien humblement les mains, et suis votre bien humble et affectionné serviteur, Brulart et de Berny.

De Bruxelles, ce 26 juillet 1607.

Lettre de MM. Jeannin, de Buzanval et de Russy, au Roi, du pénultième jour de juillet 1607.

Sire,

Nous avons écrit à Votre Majesté trois lettres, des 16, 18 et 19 de ce mois, qui ont été données à mêmes personnes pour les porter, mais le vent, toujours contraire depuis, nous fait craindre qu'elle ne les reçoive que tard. L'audiencier Verreiken arriva en ce lieu le 23, sur les onze heures du soir, accompagné d'un marchand d'Anvers, qui avoit fait tous les voyages avec le moine. Il fut logé en une hôtellerie assez près du château, où son logis avoit été préparé et accommodé, visité le lendemain 24, sur les neuf heures du matin, de messieurs les États, qui y envoyèrent M. Aërsens, et ouï en pleine assemblée, à sept heures du soir le même jour. Son discours fut court, en langage flamand, respectueux envers les États, qu'il a qualifiés *nobles et puissans seigneurs*, et M. le prince Maurice, qui y assistoit, *très-illustre prince*. La substance d'icelui a été, du désir que les archiducs ont de faire finir la guerre par une bonne et sincère paix, qu'ils ont procuré et obtenu du roi d'Espagne la ratification de ce qu'ils ont fait avec eux, tant pour le premier traité de la trève que l'ampliation depuis accordée, le tout en bonne et due forme, et ainsi qu'ils la pouvoient désirer. Puis a demandé deux choses, l'une que les navires des Etats qui sont sur la côte d'Espagne fussent révoqués suivant ladite ampliation, attendu qu'ils avoient satisfait à leur promesse; l'autre, qu'il fût avisé à ce qu'il étoit besoin faire pour entrer au traité; et sur la fin s'est plaint de ce qu'on a fait imprimer et publier le traité de ladite trève, avec les déclarations y contenues, qu'on les tient pour libres, et Etats sur lesquels les archiducs ne prétendent rien; les a priés à cette occasion de voir la ratification du premier traité, qu'il leur a présenté avec l'autre, et qu'il lui soit permis de la retirer après qu'ils l'auront vue, sans qu'ils en prennent copie.

Il lui fut répondu lors que le traité de la trève étoit un écrit de telle nature qu'on le devoit publier pour le faire observer, et que c'étoit même chose de l'avoir fait par impression ou par écriture à la main; qu'ils verroient cette ratification pour en délibérer, et après lui faire entendre ce qu'ils auroient résolu. Lui sorti, elles furent lues à l'instant, et connu de tous que celle du premier traité n'étoit aucunement conforme à la promesse des archiducs, et néanmoins la délibération remise au lendemain, pource qu'il étoit fort tard. M. de Barneveld, qui nous vint voir le soir même à l'issue de l'assemblée, nous a rapporté tout ce que dessus, et fait voir les originaux des deux ratifications, dont nous envoyons les copies à Votre Majesté. La première lue et bien considérée, lui a été dit qu'il n'y avoit rien, soit au narré ou dispositif d'icelle, pour en inférer que le roi d'Espagne ait ratifié et approuvé ces qualités que les archiducs donnent aux Etats de les tenir pour libres, sur lesquels ils ne prétendent rien; au contraire, elle est restreinte, nommément à la trève et cessation d'armes. Ainsi tant s'en faut qu'il donne pareille déclaration en ce qu'il le peut toucher, tant en son nom que des successeurs rois d'Espagne, qu'il ne ratifie pas même ce que les archiducs ont fait pour ce regard pour la forme. Ce n'est qu'un simple placard en papier, signé *yo el Rey*, comme il ayant accoutumé de signer son nom ès expéditions qui touchent aux personnes ou Etats qui ne dépendent de sa sujétion; et que ces défauts en la forme et substance étoient si grands, qu'on ne les pouvoit dissimuler. Ainsi tout étant mal, il le falloit déclarer, et ouvertement montrer qu'ils sont résolus de n'entrer en aucun traité, sans avoir ladite ratification, ainsi qu'il est requis, et qu'elle a été promise; l'accepter néanmoins, et retenir pour assurance de la trève de huit mois, agréée par le roi d'Espagne, qu'ils entendent aussi agréer de leur part, en faisant déclaration expresse de la retenir pour cette seule considération, non pour s'en contenter en ce qui est du surplus, et s'il fait grande instance de la retirer, qu'on la lui doit rendre. Au regard de la révocation de leurs navires qui sont sur la côte d'Espagne, qu'ils n'y étoient obligés, puisque la ratification n'avoit été donnée en la forme promise, et n'y avoit apparence de le contenter en cet endroit, puisqu'il n'avoit rien apporté pour témoigner qu'ils aient aucune volonté à la paix.

Ledit sieur de Barneveld nous a dit qu'il approuvoit du tout notre avis, fors en ce qui étoit de la révocation de leurs navires, en quoi il nous prioit de considérer qu'ils sont sur leur retour, et ne peuvent plus faire aucun exploit avant la fin de la trève : ainsi que le roi d'Espagne n'en tirera aucun profit quand ils le feront; et au contraire leurs marchands y auront de la sûreté, pource que leurs navires qui ont mené des blés en Italie, et sont prêts de retourner, ne courront par ce moyen aucune fortune à leur retour; ce qui seroit à craindre autrement, étant certain que le roi d'Espagne a mis quelques vaisseaux ensemble pour y entreprendre, et qu'eux ne sont sur leurs gardes, ni assez forts pour se garantir de ce péril, étant séparés les uns des autres comme ils sont, et aucuns déjà retournés. Le vingt-sixième, les Etats s'assemblèrent pour aviser à la réponse qu'on devoit faire audit sieur Verreiken; à quoi ils employèrent le jour entier, sans aucune contention. Toutefois, ayant tous jugé que cette ratification ne valoit rien, et considéré, outre les raisons ci-dessus déduites, qu'en la copie du traité, au pied duquel elle est mise, les mots de la plus grande substance, comme d'être libres, et Etats sur lesquels les archiducs ne prétendent rien, avoient été omis en partie, et la clause délaissée imparfaite exprès et malicieusement, comme ils disoient, pour ne l'approuver; ainsi falloit députer vers lui un de chacune province, pour savoir s'il auroit autre chose à proposer, ou donner par écrit, afin de l'inviter à le faire sans remise, et sans apporter aucun artifice, lui remontrant qu'il traitoit avec gens qui sont ouverts, et désirent de la sincérité et simplicité en leurs traités. Et s'il répondoit n'avoir rien de plus, lui faire entendre les défauts de cette ratification, tant en la substance qu'en la forme; et que les archiducs n'ayant satisfait à leurs promesses, il se pourroit bien retirer, n'étant besoin qu'il fît plus long séjour parmi eux, puisqu'il n'avoit aucun sujet d'y demeurer davantage.

Cette réponse lui étant portée par lesdits sieurs députés, le vingt-sixième jour, sur les neuf heures du matin, il leur répéta encore plusieurs propos de la bonne volonté et intention des archiducs; et que, pour parvenir à la paix, il falloit remettre quelque chose à la grandeur d'Espagne, pour les induire à vouloir ce que les Etats désiroient et les archiducs aussi, avec autant d'affection qu'eux, d'autant que le combat du Détroit avoit aigri l'esprit du roi d'Espagne, et de ceux de son conseil, pour avoir senti le dommage de cette hostilité en un temps auquel ils estimoient qu'ils seroient recherchés par tous les bons offices et devoirs, pour induire un si grand prince à quitter le sien; qu'il ne savoit pas si les archiducs auroient par devers eux quelques autres écrits et enseignemens de la volonté du roi d'Espagne, outre ce qu'il en a présenté à messieurs des Etats; mais pour son regard qu'il n'en a aucune connoissance. Bien leur peut-il dire les archiducs être si affectionnés à la paix, et avoir obtenu un si ample pouvoir du roi d'Espagne pour la faire, qu'il ose bien promettre, puisqu'ils ne se contentent pas de la ratification apportée par lui, qu'eux tenoient bonne et valable, qu'en lui donnant la minute de cette ratification en la forme qu'ils prétendent, ils l'auront dans un mois; offrant pour sûreté de sa promesse de demeurer en ce lieu de La Haye, et avec gardes, s'ils veulent, jusqu'à ce qu'il y ait été satisfait; mais qu'il les prioit aussi de révoquer leurs navires, et de rendre ce témoignage d'amitié aux archiducs, qui lui serviront beaucoup pour aider au repos commun, et à disposer les volontés, en Espagne, à trouver bon tout ce qu'il fera pour y parvenir. Ils lui ont répondu, quant au long séjour d'un mois, qu'il n'étoit aucunement à propos, et que leurs peuples en prendroient de l'ombrage; que pour le surplus ils le feroient entendre aux Etats. Il a montré au même instant qu'il se contenteroit de sept ou huit jours pour écrire aux archiducs. Ce qu'il a appris de l'intention de messieurs les Etats, et d'avoir réponse avant son départ, désirant surtout savoir au vrai s'ils ont quelque autre déclaration du roi d'Espagne que celle qu'il leur a apportée.

Le jour même les Etats nous ont envoyé prier de leur donner une heure pour conférer avec nous; ce qu'ayant délaissé à leur choix pour telle heure qu'il leur plairoit, comme n'étant occupés à autres affaires qu'aux leurs, ils y sont venus sur les trois heures après midi, au nombre de sept, qui est un de chacune province, entre lesquels M. de Barneveld, l'un d'eux, a porté la parole, selon qu'il a accoutumé, et fait entendre tout ce que dessus; et que messieurs des Etats auxquels ils l'ont rapporté n'y ont voulu prendre aucune résolution, sans en avoir premièrement notre avis qu'il a demandé, nommément sur la révocation des navires, mettant en avant les raisons, et la commodité qui en aviendroit aux marchands, qui ont leurs navires en Italie, comme pour nous persuader de leur donner ce conseil. A quoi il fut contredit par le député de Zélande, lequel dit qu'il falloit garder la première résolution prise par les Etats, et suivant icelle ne faire ladite révocation qu'après la ratification donnée en la forme qu'il convient; qu'il étoit aussi sans apparence de gratifier l'ennemi puisqu'il n'a accompli sa promesse. Le second point a été sur le séjour de cinq ou six jours qu'il a semblé à tous ne devoir être dénié au sieur Verreiken; le troisième, s'ils lui doivent donner une minute de la ratification et déclaration en la forme qu'ils la demandent; et le dernier, pource qu'il faisoit grande instance de retirer la ratification qu'ils trouvent mauvaise, s'ils la lui doivent rendre, et cet article a semblé aussi ne recevoir grande difficulté: néanmoins, si on lui pouvoit faire trouver bon qu'elle demeure pour assurance de la trève dont elle contient la confirmation de la part du roi d'Espagne, que ce seroit le meilleur. Ne restoit donc que les deux points de la récation des navires, et de la minute de la ratification que ledit sieur Verreiken a demandée. Sur quoi, après avoir discouru quelque peu avec eux, les aurions priés nous donner loisir pour en communiquer ensemble; et pource qu'il étoit tard, que nous leur en ferions réponse le lendemain matin, s'il leur plaisoit nous envoyer quelqu'un d'entre eux pour la recevoir. Nous prîmes ce temps pour en conférer avec M. le prince Maurice, lequel, environ une heure avant la venue desdits sieurs députés, nous avoit envoyé avertir par M. de Châtillon de ce qu'ils nous devoient proposer, et fait connoître qu'il ne consentiroit jamais à la révocation desdits navires. Nous le fûmes donc voir le soir même, lequel, après avoir entendu tout ce qui s'étoit passé en cette conférence, nous dit, sans attendre notre opinion, qu'il n'étoit raisonnable de faire quelque chose au gré d'un ennemi qui n'avoit satisfait à sa promesse; aussi que la résolution de ne révoquer les navires, sinon après la ratification donnée en bonne forme, ayant été prise par l'avis de toutes les provinces, on ne la pouvoit changer sans les consulter; et si on le faisoit autrement, que deux provinces, à savoir Zélande et Frise, s'y opposeroient sans doute, et y auroit assez d'autres députés en l'assemblée qui en feroient autant. Nous lui répondîmes que nous approuvions son avis; mais qu'il se falloit garder surtout de division, et si Verreiken s'apercevoit de leurs contentions pour si peu, qu'il en sauroit bien faire son profit, et espérer quelque chose de mieux entrant au traité; que nous eussions bien désiré n'être chargés de donner notre avis sur ce fait particulier, parce qu'en le faisant suivant le sien que jugions être le meilleur, comme il est vrai en effet, nous craignions deux inconvéniens : le premier, que la plupart des provinces qui demandent la révocation des navires ne le suivent pas, qui seroit un commencement pour faire venir à mépris nos avis, et de l'entretenir comme moins prudens ou passionnés, diminuer par ce moyen l'autorité qu'ils doivent avoir pour nous rendre utiles en meilleure occasion; l'autre inconvénient, que le roi d'Espagne et les archiducs se plaignant tous les jours de ce qu'ils disent les empêchemens de la paix provenir de Votre Majesté, cet avis, qui ne peut faillir d'être su, puisqu'il sera publié en ladite assemblée, les confirmera en cette mauvaise opinion, que devrions plutôt essayer de diminuer qu'accroître; et d'autant plus, que ledit sieur Verreiken assure que cette révocation aideroit beaucoup à faciliter et disposer le roi d'Espagne à donner la ratification que les Etats demandent, sans laquelle on ne peut faire la paix; car, encore qu'il soit certain qu'il n'en fera ni plus ni moins, et que cette résolution de paix ou de guerre ne doive dépendre de ce que les Etats feront ou refuseront en cet endroit, ce prétexte toutefois servira pour persuader, et faire croire telles calomnies. A quoi les ministres de Votre Majesté sont tenus de prendre garde soigneusement pour l'en garantir, et laisser ès esprits d'un chacun l'opinion que ses bonnes intentions méritent.

Rien n'a pu contenter ledit sieur prince, sinon ce que lui avons dit, que nous nous excuserions de donner notre avis aux Etats sur cet article, en leur remontrant que nous n'étions suffisamment informés de la commodité ou incommodité que le pays pourroit recevoir du séjour ou retour desdits navires; et qu'eux, qui en avoient meilleure connoissance que nous, en sauroient aussi mieux juger; les priant et exhortant néanmoins de bien considérer ce qui seroit de la réputation des Etats, et surtout n'entrer en aucune contention ou division pour ce regard, ni pour quelque autre occasion que ce soit. Nous y ajouterons encore qu'ayant été bien avertis qu'il seroit nécessaire de mettre en délibération cette affaire dans les provinces, avant que la pouvoir résoudre en l'assemblée qui étoit de présent ici, il ne nous sembloit à propos d'en dire maintenant notre avis. Le soir même nous fîmes voir M. de Barneveld par M. de Vaudernul son beau-fils, pour le prier de se vouloir conformer en cet endroit à l'avis dudit sieur prince, qui seroit suivi sans doute de la plupart des provinces, et qu'il feroit bien induire et persuader la province de Hollande, dont il y a grand nombre de députés en ce lieu sur lesquels il a de l'autorité, d'en faire autant. Le 27, sur les huit heures du matin, ledit sieur de Barneveld et un des députés de Zélande nous vinrent trouver pour entendre notre avis, qui a été tel que dessus, avec les discours et raisons qu'avons jugés à propos pour les disposer à suivre l'avis dudit

sieur prince Maurice. Ils nous ont derechef fait instance de leur dire s'ils doivent donner la minute de la ratification dont ils ont été requis par ledit sieur Verreiken. Encore qu'il semble cela être sans difficulté, si est-ce que M. le prince Maurice le rejette du tout, et nous y en trouvons beaucoup; car si elle doit être dressée par l'avis des Etats, ils n'en demeureront aisément d'accord, pour la diversité des opinions sur la guerre ou la paix, qui induira les uns à la demander si difficile qu'elle soit refusée, et les autres à trouver tout bon. Il y a aussi de l'apparence que cette minute a été requise pour les mettre en plus grande espérance de paix, et faire qu'ils s'y attendent sans se préparer à la guerre; qu'il l'a fait aussi pour obtenir la révocation des navires avec plus de facilité; et enfin pour entrer en quelque commencement de négociation et tirer l'affaire en longueur, sur ce que le roi d'Espagne pourra faire de nouvelles difficultés, quand il aura vu dire qu'il y faut retrancher ou ajouter quelque chose, et là-dessus conférer pour en demeurer d'accord, qui est en effet ce qu'on doit craindre; ainsi qu'il seroit aussi bon de lui en donner un formulaire, sans être autrement autorisé ni mis en délibération en l'assemblée; et que s'ils veulent envoyer la ratification en Espagne, comme il convient, ils savent assez comme il la faut concevoir, et en quels termes et forme.

Lesdits sieurs députés s'en retournèrent en leur assemblée avec cette réponse, où ils conclurent, après quelque difficulté, qu'on donneroit six jours audit sieur Verreiken, lesquels commencent au 29, pour écrire et avoir réponse des archiducs. Quant à la révocation des navires, cet article fut disputé entre eux avec chaleur et contention, et a-t-on reconnu, pource que ledit sieur Verreiken a assuré la ratification comme on la demande, si la révocation des navires est faite, avec cette clause de n'envoyer nouvelle flotte durant la trêve, car c'est ainsi qu'il l'entend, et par ce moyen la trêve soit aussi bien générale par mer que par terre, que la plupart des députés se laissoient aller à l'accord, si ceux de Zélande et de Frise ne s'y fussent opposés; au moyen de quoi il est demeuré indécis, étant leur intention d'y pourvoir après les six jours expirés, soit pour l'accorder, si quelque autre écrit est envoyé par l'archiduc qui contente les Etats, ou refuser, s'il n'y a rien de plus que ce qu'il leur a déjà donné. Ceux qui le veulent contenter espèrent que dans lesdits six jours les navires retourneront, et par ainsi qu'il aura partie de ce qu'il demande. M. le prince Maurice n'a trouvé bonne cette réponse, et dit qu'elle sentoit sa timidité, comme si on craignoit d'offenser, et semble qu'il ait raison. Il est vrai aussi qu'il a été trompé en ce qu'il pensoit son opinion devoir être la plus forte, dont nous faisons conjecture qu'entre ces députés, le nombre de ceux qui veulent la paix est toujours le plus grand, ce que ledit sieur prince confesse; mais il dit que ce n'est pas ainsi dans les Provinces. Quant à la minute, ils se sont trouvés empêchés, aucuns ayant dit qu'il faudroit assembler gens de conseil et de la profession des lois pour la bien faire; les autres qu'il faudroit prier ledit sieur Verreiken de la dresser lui-même, d'autant qu'il sait mieux le style et la forme d'Espagne qu'eux, et qu'on connoîtroit aussi, en voyant ce qu'il auroit fait, s'il a bonne intention envers eux, et cette dernière opinion a été suivie. Elle nous semble toutefois impertinente. Nous avons bien trouvé quelques difficultés à la donner pour les raisons ci-dessus déduites, non à la faire, étant chose qui nous est aisée, sans emprunter l'aide d'autrui, et de la mettre secrètement ès mains de M. de Barneveld, en si bonne forme, qu'elle sera trouvée bien pour s'en aider s'ils veulent. Ledit sieur Verreiken fut prié de se trouver en l'assemblée le 28, sur les neuf heures du matin, pour ouïr ladite réponse. Il répéta ce qu'il avoit déjà dit, et assura qu'en donnant du temps à l'archiduc, il obtiendroit du roi d'Espagne cette ratification en si bonne forme qu'ils en demeureroient contens, sans montrer de vouloir mettre la main à la plume pour la faire, et sans le refuser aussi. Il est aussi besoin que Votre Majesté soit avertie comme nous nous sommes comportés envers ledit sieur Verreiken.

Le président Jeannin avoit écrit à M. de Villeroy, par un avis pris entre nous, que pour qui mettre en jalousie ces peuples, même ceux qui veulent la guerre, ni pareillement M. le prince Maurice, ils ne l'auroient voulu visiter les premiers, attendu aussi qu'il ne venoit, sinon avec lettres de Spinola, et non comme ambassadeur

rchiducs, outre ce qu'on avoit mandé d'An-
à quelqu'un de ce lieu, qu'il avoit com-
lement de son maître de ne voir personne;
t dit et répété ces mêmes propos à plu-
s, depuis son arrivée, et comme s'il l'eût
our s'excuser de voir les ministres de Vo-
Majesté, dont nous sommes bien avertis
s ont mauvaise opinion qui nous faisoit ap-
ender de le voir, et de n'être après visités
i. Toutefois, lui ayant été ouï le 24, et
au nom des archiducs ses maîtres, nous
s considéré que, s'il n'étoit point visité
out, il se pourroit plaindre d'être traité
me ministre d'un prince ennemi, ainsi qu'il
expédient de le faire par M. de Russy, qui
ordinaire, et a la charge pour résider près
essieurs les États de la part de Votre Ma-
é, pour le congratuler de sa venue, lui of-
toute courtoisie et assistance, comme mi-
re d'un prince avec lequel Votre Majesté
conjointe d'alliance et d'amitié, l'assurer du
mandement qu'elle nous a fait d'aider en
t ce que nous pourrions à la paix. Et, en-
e que sachions bien qu'on a voulu donner
impressions au contraire, que nos actions
uis que nous sommes ici, et la continuation
l'avenir, feront connoître évidemment la
érité de votre intention, et que le plus
nd soin de Votre Majesté est de procurer la
ix à tous ses voisins, jugeant bien que c'est
devoir d'un prince chrétien d'en user ainsi,
jouter que si les sieurs Jeannin et de Buzan-
l se sont abstenus de l'aller voir jusques
rs, ce n'étoit faute d'affection et de désir de
cquitter de cet office, mais pour avoir plus
moyen de servir à l'avancement d'un bien
ur lequel ils sont venus; étant certain que le
mbre de ceux qui désirent la guerre parmi ces
euples est plus grand que des autres qui veu-
nt la paix, et qu'il est besoin de procéder avec
x pour s'y conserver plus de créance et d'au-
orité, de façon qu'ils n'entrent en soupçon et
lousie que serions trop enclins et désireux de
s porter à ce qu'ils veulent fuir; et toutefois
e cela ne les empêcheroit de le visiter avant
on départ, pour lui faire les mêmes offres de
part de Votre Majesté.
Ledit sieur de Russy se chargea pareillement
e lui faire entendre ce que nous estimions de-
oir servir à l'avancement de la paix, afin que

ces bons offices lui fissent connoître notre candeur et sincérité : à savoir, que le moyen de persuader ces peuples étoit d'y procéder d'une grande franchise tout d'un coup et non par pièces. Ainsi, si les archiducs avoient quelque autre meilleure ratification, qu'ils tireroient plus de profit de la présenter plutôt que de la différer plus long-temps. Outre ce, pource qu'il faisoit si grande instance de la révocation des navires, lui remontreroit les grandes difficultés et longueurs qui se rencontreront s'il le faut faire résoudre en l'assemblée, et qu'il y pouvoit être pourvu par autres moyens plus expédiens, dont les archiducs tireroient le même contentement et profit; que déjà on y avoit pensé, et qu'on s'en apercevroit bientôt : à savoir, par le retour des navires, qui est ce que nous entendions sans l'exprimer. Et à la vérité nous sommes étonnés comme, ayant quelques amis ici, ils ne sont pas mieux avertis de ce retour, et qu'il y en a déjà trois d'arrivés ; qu'ils ne savent pareillement que les États n'ont délibéré de faire aucune nouvelle flotte pour cette année; à quoi toutefois les avons excités en particulier de tout notre pouvoir, comme étant ce qu'ils craignent le plus en Espagne, qui les induit à mendier cette révocation si abjectement, et avec démonstration d'une si grande crainte et foiblesse, qui seroit aussi plutôt cause que toute autre chose de leur persuader la paix, qu'on obtiendra mieux en leur faisant du mal qu'en les flattant. La raison de notre conseil, pour n'aller voir tous trois ensemble ledit sieur Verreiken, a été que s'il ne nous rendoit la visite, sous prétexte de cette feinte excuse qu'il a charge de ne voir personne, la honte et le mépris de n'avoir reçu de lui la visite qu'il étoit tenu de rendre seroit moindre à l'endroit d'un seul que de trois ensemble. Le président Jeannin pensoit qu'il eût été à propos de faire lui-même cette visite, pour avoir occasion de conférer avec lui sur le sujet dont le sieur de Villeroy lui a écrit, au cas qu'il eût vu l'opportunité de le faire. Toutefois il fut jugé enfin que ledit sieur de Russy, qui est ordinaire, y seroit plus propre. On le pourra voir encore ci-après s'il en est besoin, et s'il s'acquitte de son côté de ce qu'il doit. Ledit sieur de Russy qui l'a vu, et lui a dit ce que dessus, a été reçu de lui avec tous les respects et complimens accoutumés, y ajoutant ledit sieur

Verreiken que Votre Majesté, lorsqu'il passa par la France, et eut l'honneur de la voir à Fontainebleau, l'assura déjà qu'elle feroit tous bons offices pour aider à l'avancement de la paix ; que c'étoit aussi le devoir d'un grand roi et très-chrétien d'en user ainsi, et qu'il n'y avoit rien en quoi elle pût davantage obliger les archiducs ; le remercia des avis qu'il lui donnoit, promit de l'aller voir ; et toutefois quatre jours sont déjà passés depuis qu'il l'a vu sans qu'il y ait satisfait. Il feignit de n'avoir su que le président Jeannin fût en ce lieu, comme voulant dire, à notre avis, qu'il le devoit ignorer, puisqu'il ne l'avoit été voir.

Ledit sieur Verreiken eut bien fait, sortant de Bruxelles, d'en avertir M. de Berny, prendre des lettres de lui à nous, et traiter avec nous comme avec ministres d'un prince allié et ami du sien. Et peut-être qu'en montrant par fréquentes visites vers nous qu'il y a meilleure intelligence entre nos maîtres, il en eût mieux fait ses affaires, et eût mis ces peuples en appréhension de n'être si bien assistés de Votre Majesté, et par ainsi les eût rendus plus enclins à la paix. Il a été expédient pour empêcher que ces peuples ne soient trompés, que l'Espagnol ait envoyé d'entrée cette mauvaise ratification ; car elle met ses amis en défiance et fera qu'ils seront plus retenus et considérés qu'ils n'eussent été, si on leur eût présenté ce premier coup une ratification en bonne forme, qu'ils eussent sans doute très-volontiers acceptée, et passé outre à la conclusion de la paix, à quoi ils ont grande inclination, pourvu que cet article leur soit accordé sans aucune restriction ni modification. Et, à la vérité, ce fondement présupposé, avec l'intervention des deux rois, et le bon ordre qu'ils peuvent mettre parmi eux, la paix ne sauroit être mauvaise, encore que tous les articles mentionnés en nos lettres ci-devant écrites n'y soient compris. Il semble que les plus affectionnés à la paix ont espérance que ledit sieur Verreiken recevra des archiducs, au bout des six jours, quelque nouvel écrit, soit la procuration que le roi d'Espagne leur a envoyée, qu'il dit être fort ample, pour les induire à traiter là-dessus, avec promesse de faire ratifier ; ou bien lettres audit sieur Verreiken, pour assurer les Etats qu'il enverra dans certain bref temps une autre ratification en la forme requise, et l'un de ces deux pourroit bien être vrai, mais plutôt pour tromper, tirer les affaires en longueur, et par ce moyen en recueillir quelque profit, que pour espérance qu'ils aient d'obtenir et d'envoyer ladite ratification, et par ce moyen conclure une bonne paix ; car si le roi d'Espagne l'eût voulu donner, comme il appartient, il a eu assez de loisir pour s'en résoudre et le faire. Ainsi on ne doit attendre, sinon qu'elle soit déjà ès mains des archiducs, et qu'ils aient voulu avant cette première, tenter si elle seroit bien reçue, reconnoître l'inclination de ces peuples, et, prenant loisir d'un mois pour en mander un autre, gagner autant de temps, puis se servir de celle-ci : étant certain que la prudence des Espagnols consiste pour la plupart en ces députés semens, qui toutefois sont mal propres pour gagner ces peuples ici, que nous empêcherons bien d'être trompés s'ils nous veulent croire, mais la longueur du temps et les pratiques qu'on fait parmi eux nous mettent en crainte que la division n'y entre. Le sieur Barneveldt nous a dit que le sieur Verreiken, parlant en leur assemblée, a bien fort assuré que le roi d'Espagne donneroit ladite ratification en bonne forme, et, avec quelques députés en particulier, a plutôt fait difficulté en la forme, à savoir, sur ce qu'on la demande en parchemin, comme sont les chartres et patentes, et qu'il veut qu'elle soit signée Philippe, non *y° el Rey* que non en la substance, dont ledit Barneveldt et nous aussi jugeons que l'archiduc a des blancs en papier, et ne sont signés que *y° el Rey*, dont il se prétendoit servir, et ce soupçon a beaucoup d'apparence.

Il s'en va temps de penser au contentement du prince Maurice, pour à quoi travailler, nous attendons la venue du comte Guillaume de Nassau, qui a été mandé exprès, il y a déjà quelque temps, et doit arriver en ce lieu dans deux ou trois jours, lequel nous y peut beaucoup aider, comme feroit aussi madame la princesse d'Orange, si elle étoit venue. Nous avons conféré avec raison : car tant qu'il y a quelque espérance de guerre, il ne veut rien écouter, puis il n'y a point de mal de l'avoir laissé en cette humeur, pour retenir ceux qui étoient trop échauffés à la paix. Les députés d'Angleterre, qui doivent pareillement arriver dans dix ou douze jours, si ce que M. de La Boderie nous a mandé est vrai, serviront beaucoup pour aider à maintenir l'union dans cet Etat, pourvu qu'ils y apportent la même volonté que nous, et demeurions si bien conjoints ensemble, que n'ayons tous qu'un même avis ès résolutions qui se présenteront. On faisoit quelque doute s'ils y viendroient ou non, avant qu'eussions reçu les lettres de M. de La Boderie ; et étoit le plus commun avis de tous ceux qui pensent avoir quelque connoissance de l'inclination du roi d'Angleterre, qu'ils viendroient, au cas que la ratification fût envoyée, et qu'il y eût espérance de traiter, pour ne laisser prendre cet avantage à Votre Majesté d'y assister et entrevenir seul ; comme au contraire, l'espérance perdue de la ratification et du traité, ils n'y voudroient venir pour ne s'obliger aux dépenses de la guerre. C'est pourquoi on est encore en quelque incertitude, à cause de l'invalidité de la ratification, s'ils continueront en leur résolution de venir, ou s'ils temporiseront pour y voir plus clair. Toutefois M. de La Boderie et les députés mêmes des Etats assurent leur venue dans peu de jours. S'ils n'ont volonté de bien faire, nous serions mieux seuls qu'avec eux ; car nous aurions la même puissance pour faire passer le tout sans empêchement.

On en espère mieux aujourd'hui, tant par les lettres dudit sieur de La Boderie, celles de M. Caron, que des députés des Etats, lesquels mandent que l'agent d'Angleterre qui étoit ici, et a souvent conféré avec nous, selon que l'avons écrit à Votre Majesté, les a assurés que notre conduite étoit telle qu'ils la pouvoient désirer, et leur a fait changer toute leur procédure. Dieu veuille qu'il soit vrai. Nous ne laisserons toutefois d'être sur nos gardes, et de nous en défier ; car les lettres qu'ils ne s'en aperçoivent point ; président Jeannin que M. de Villeroy a écrites au contraires du tout à l'espérance que ces messieurs nous donnent, des 13 et 19 de ce mois, n'y ait de la dissimulation, et ce que M. le comte de Salisbury et autres leur en ont dit ; ou bien que leur irrésolution, légèreté, ou plutôt malignité, ne les fasse changer d'avis. Nous ferons le mieux que pourrons pour les bien entretenir, et pour faire que les Etats prennent aussi de leur côté des résolutions promptes,

fermes et qui fassent connoître qu'ils sont sans crainte et bien unis. Nous sommes assez de fois entrés en discours avec le sieur Barneveld sur les ligues, tant offensives que défensives des Etats avec Votre Majesté, son royaume et son successeur. Tout y est bien disposé, pourvu qu'il n'y ait rien au préjudice du roi d'Angleterre, à cause du traité fait par les Etats avec la feue reine d'Angleterre en l'année 1585, lorsqu'étant abandonnés d'un chacun, ils eurent recours à elle ; par lequel traité ils promettent de ne faire jamais aucune alliance avec quelque prince que ce soit, sans son su et consentement. Et, à la vérité, c'est ce traité qui les a empêchés de donner l'acte dont nous avons fait poursuite si long-temps, encore que deux ans après qu'il fut fait, ladite reine discontinuât le secours qu'elle avoit promis ; mais ils craignent toujours d'offenser ce royaume, et faut attendre, par nécessité, comme leurs députés, s'ils viennent, se conduiront pour faire poursuite desdits traités d'alliance ensemblement, ou seuls s'ils ne viennent, ou étant venus, ne se conduisent comme ils doivent, soit envers nous ou les Etats. Nous y apportons tout ce qu'on doit attendre de notre diligence et fidélité, pour faire que l'issue en soit heureuse. M. de Préaux, qui est porteur de cette lettre, et a toujours été ici depuis notre arrivée a quelque créance pour la faire entendre à Votre Majesté, et en rapporter la réponse au plutôt si elle l'a agréable. Nous la pouvons assurer qu'il s'en acquittera fort bien et fidèlement, comme étant capable de servir en une bonne affaire, lorsqu'il recevra ses commandemens. Sur ce nous prions Dieu, sire, qu'il donne à Votre Majesté en parfaite santé très-longue et heureuse vie.

De La Haye, ce pénultième jour de juillet 1607. Vos très-humbles et très-obéissans sujets et serviteurs,

P. JEANNIN, DE BUZANVAL, et DE RUSSY.

LETTRE *de M. de La Boderie à M. Jeannin, du deuxième jour d'août* 1607.

Monsieur, ce gentilhomme, présent porteur, est fils de feu M. de Sessac, beau-frère de M. de Praslain, et de lui-même fort gentil cavalier. Quand je vous ai dit cela, je ne pense point qu'il ait besoin d'autre recommandation pour le rendre favorisé de votre protection et bonne grâce. Toutefois, si ma considération peut encore ajouter quelque chose, je vous le recommande. Il vous dira des nouvelles de messieurs vos députés, et comme on les tient si fort attachés à la bonne chère qu'on leur fait ici, qu'ils ne s'en peuvent arracher. J'ai fait qu'il les a attendus deux ou trois jours pensant s'en aller avec eux. Voyant toutefois qu'ils ne savent encore quand ils partiront, il s'est délibéré de s'en aller devant. Il ne se passe jour qu'ils ne soient en festin ; toutefois ce sont plus le maire et les marchands de cette ville qui les traitent qu'autres gens ; et même une fois qu'ils ont mangé avec le roi, ce n'a pas été lui qui les a conviés ; mais, sur l'occasion d'un grand banquet qu'une confrairie de cette ville faisoit à Sa Majesté, ils y furent appelés, et néanmoins fort bien vus et caressés de lui et du reste de la troupe. Je tire de là deux conjectures : l'une, que l'on est bien aise d'obliger en leurs personnes messieurs les Etats, et soit paix ou guerre ménager leur amitié à concurrence de la nôtre ; l'autre, que l'on ne veut pourtant offenser apertement l'Espagne, en faisant rien pour eux qui ne se puisse rejeter sur autrui. Le roi les a vus deux fois, et le conseil deux fois ; et toutefois en toutes les deux ils n'ont rien fait plus qu'en une. Ce qu'ils remportent, c'est que les ambassadeurs qu'ils ont demandés les suivront incontinent, lesquels auront charge de se joindre avec vous, et d'intervenir au traité qui se fera de la paix. Que si d'un mutuel avis vous la jugez sûre et utile à leur conservation et à leur bien, on l'approuvera très-volontiers. Si aussi vous jugez le contraire, et qu'eux et vous proposiez quelques moyens pour continuer la guerre, lesdits ambassadeurs l'ayant fait savoir ici, on s'y accommodera tout de même. Ils ont fait, à ce qu'ils m'ont dit, ce qu'ils ont pu pour découvrir ce que l'on se délibéroit de faire pour eux en ce cas-là. On ne s'en est jamais voulu ouvrir, et l'excuse que l'on en a prise a été qu'ils ont dit eux-mêmes que vous n'en avez non plus rien voulu faire de votre côté. Ils veulent donc nous réduire à parler les premiers, et, sur ce que nous proposerons, prendre conseil. Maldrée de Zélande m'a dit qu'à son avis ils inclinent à la paix, et que Winood les y a disposés, poussés autant de la jalousie qu'ils ont de nous que de crainte qu'ils aient d'ailleurs, et m'a promis vous bien entretenir là-dessus. Leurs ambassadeurs ne sont pas encore nommés, et ne sais pourquoi ils tardent tant, si ce n'est qu'ils veulent gagner le premier de septembre, pour voir si l'on traitera de la paix, afin d'aider lors à la faire, et participer à ce qui en réussira de part et d'autre, ou bien, afin que si d'aventure, après l'assemblée des provinces particulièrement, qui se devra faire maintenant, on vouloit traiter de la paix, ils puissent dire n'avoir part à ce changement. On m'a assuré toutefois que le principal de leurs ambassadeurs sera nommé Spencer, beau-frère du chancelier d'Angleterre, que l'on m'a dit être habile homme, l'autre Winood. Vous les verrez, à mon avis, aller fort à tâtons, et ce dont je vous plains fort lentement ; car ils voudront sur toutes choses consulter l'oracle sans de rien vous résoudre, que premièrement ne l'ait été ici. Voilà tout ce que vous puis dire des uns et des autres. Sur quoi finissant, je vous baise bien humblement les mains, et avec votre permission, à messieurs de Buzanval et de Russy, en priant Dieu vous donner, monsieur, en parfaite santé, très-longue vie.

A Londres, le 2 août 1607.

Votre très-humble et très-affectionné serviteur,
LA BODERIE.

Lettre *du Roi à MM. Jeannin, de Buzanval et de Russy, du 4 d'août 1607.*

Messieurs Jeannin, de Buzanval et Russy, vos lettres des 16, 18 et 19 du mois passé m'ont été présentées et lues le dernier d'icelui, le porteur n'étant arrivé en ce lieu que le jour devant. J'ai été bien agréable d'apprendre par la première l'accueil qui a été fait au président Jeannin et Buzanval, aux villes qu'ils ont visitées, leur gratitude et reconnoissance des bienfaits reçus de moi, et leur inclination à la paix aux conditions qu'ils vous ont déclarées. Toutefois, je crois difficilement, avenant qu'ils rencontrent un refus, qu'ils rentrent la guerre avec autant et plus de vigueur qu'ils ont encore fait, quand ils devroient être seuls et sans aucune assistance, ainsi qu'ils vous ont dit et m'avez écrit. Or, vous aurez depuis vu l'audiencier Verreiken, avec l'agréation ou ratification qu'il a apportée par delà ; car j'ai su qu'il arriva à La Haye le 24 dudit mois, et qu'il fut ouï en l'assemblée desdits sieurs le même jour, où il ne présenta ladite déclaration, de laquelle ils ne sont demeurés contens, ne l'ayant trouvée conforme à leur expectation, ni aux promesses des archiducs, d'autant que ledit roi n'agrée que la cessation d'armes, et ce qui a été depuis traité pour les limites, sans faire aucune mention de la souveraineté, ni même nommer une fois les Etats généraux. Ç'a été le sieur Aërsens qui m'a premier donné cet avis, duquel j'attends la certitude par votre première dépêche, ne me pouvant persuader que lesdits archiducs aient fait la réflexion qu'ils ont faite de la réception de ladite déclaration, ni d'en avoir rendu porteur ledit Verrei-

étant si simple et imparfaite que la représente ledit Aërsens; ou je crois qu'il voudra suivre l'instruction et le procédé du cordelier, qui sera d'en représenter et tirer une seconde de sa poche conçue en meilleure forme, quand il s'apercevra du dégoût que cette première aura apporté à la compagnie. Ledit roi d'Espagne n'auroit aussi contremandé si légèrement qu'il a fait dom Diego d'Ibarra, s'il n'eût eu intention de ratifier les promesses desdits archiducs. En tout cas lesdits Etats doivent inférer de cette procédure que l'on n'a pas grande envie de les contenter, ni assurer leur liberté. Pour le moins doivent-ils croire que tout ce qu'en font lesdits Espagnols est à grand regret et contre leur volonté. De façon que s'ils franchissent le saut, ce sera avec dessein et espoir d'en profiter ci-après par autre voie à leurs dépens. C'est pourquoi je dis qu'ils ne peuvent penser et pourvoir trop exactement à leur sûreté.

J'approuve, pour cet effet, le conseil de ceux qui sont d'avis que, sans renvoyer vers les archiducs se plaindre de la défectuosité de ladite ratification, ils pourvoient unanimement aux préparatifs de la guerre, pour faire perdre auxdits archiducs l'espoir d'une division entre eux, laquelle ils ont peut-être attendue de leur recherche et poursuite, par les moyens que vous savez qu'ils y ont employés, et par le goût qu'ils leur ont donné de la décharge des incommodités de la guerre. J'approuve pareillement que l'on avance de dresser la compagnie des Indes occidentales; car, en tout événement, nous pourrons nous en prévaloir par delà, suivant la proposition que le président Jeannin a faite au sieur Franques, laquelle sera favorisée de moi, autant qu'il sera nécessaire. Partant vous en continuerez la pratique, toutefois avec la discrétion que vous l'avez commencée; car c'est chose que j'ai toujours très à cœur, et que j'estime très-utile pour moi et mes sujets. J'approuve semblablement votre conduite en tout ce que vous traitez par delà pour ne vous montrer aux archiducs instruments de guerre plutôt que de paix, et mieux couvrir aussi votre but aux Anglois, et ensemble conserver votre créance envers le prince Maurice et le sieur Barneveld. Et, d'autant que j'ai appris par les lettres du sieur de La Boderie, que les Anglois feront instance, par leurs députés, que vous leur représentiez le pouvoir que je vous ai donné vous envoyant par delà, comme gens qui s'étudient et s'arrêtent plus aux formes qu'à la matière et aux choses essentielles, j'ai estimé vous devoir envoyer celui que vous recevrez avec la présente, lequel néanmoins vous retiendrez à vous sans le manifester, que vous ne soyez interpellés et ne jugiez nécessaire de le montrer, car si ces traités ne doi-

vent passer plus avant, ou si les parties ne consentent que j'intervienne en iceux, dont je ne doute point que les archiducs ne fassent grande difficulté, il sera meilleur de cacher que faire voir ledit pouvoir; car il sera inutile en ce cas. Je remets le tout à votre prudence; mais si les archiducs s'opposent à mon intervention, et qu'il n'y ait moyen de la faire consentir, et qu'ils en usent de même envers les Anglois et les autres princes qui seront appelés par lesdits Etats, il faudra considérer ce que nous aurons à faire; car je prévois que lesdits Etats opiniâtreront ledit article si on ne les contente des autres: sur quoi je désire avoir clairement votre avis, estimant, pour mon regard, qu'il est nécessaire, pour mon service et pour ma réputation, et même pour la sûreté plus grande desdits Etats, que nous débattions et gagnions sur ce point, pour les raisons que vous jugez trop mieux. Mais ce seroit bien le pis, si les archiducs, quittant la souveraineté desdits pays, vouloient obliger lesdits Etats à une ligue et confédération perpétuelle, et de n'assister jamais pour quelque cause que ce soit leurs ennemis, voire même leur donner secours contre eux; car après cette promesse, je ne pourrois espérer à l'avenir desdits Etats, ni de leur amitié, aucune sorte d'assistance contre les archiducs et les Espagnols; d'autant que vraisemblablement ils ne voudroient contrevenir par un autre traité à celui qu'ils auroient fait avec les archiducs, pour ne déchoir du droit de ladite souveraineté. C'est pourquoi le président Jeannin a bien fait d'avoir commencé à remuer doucement ces difficultés avec Barneveld; car il importe à ma réputation et à mon service d'en prévoir l'événement, s'il ne peut être prévenu et empêché comme il convient: d'autant que votre présence et demeure par delà durant lesdits traités seroit plus honteuse et dommageable qu'autrement, si je devois être exclus d'icelui, et ne pourrois en particulier rien espérer desdits Etats à mon avantage. Au moyen de quoi je vous prie d'y aviser, et pourvoir d'heure, selon la fiance que j'ai en vous; n'étant, ce me semble, hors de sujet de soupçonner et craindre que lesdits Etats vous retiennent par delà, en attendant les autres députés, plus pour favoriser les affaires par la jalousie qu'ils en donnent aux archiducs, et cependant tirer de moi des commodités, ainsi qu'ils ont fait jusqu'à présent, que pour volonté constante du moyen et pouvoir qu'ils aient de se lier plus étroitement avec moi, ni me donner autre contentement que de paroles en tout ce qu'ils feront. Le refus qu'ils ont fait si constamment de ce que je leur ai fait demander pour la sûreté de leur foi, et la diversité des raisons avec lesquelles ils l'ont coloré m'a déplu, comme

8

fait l'instance et poursuite qu'ils ne délaissent pas pour cela de faire, d'être par moi secourus au besoin qu'ils disent en avoir durant cette négociation. Pour à quoi pourvoir, je désirerois que nous ; ussions être assurés, dès à présent, de ce que je dois espérer d'eux, pour m'en prévaloir en cas qu'ils fassent la paix avec les archiducs, ou une trêve à longues années, et surtout qu'ils ne s'obligeassent à la confédération susdite avec lesdits archiducs : car je crains que l'allèchement et friandise de la prétendue souveraineté ne leur fasse passer et accorder à la fin tout ce que lesdits archiducs désireront d'eux, nonobstant les promesses et espérances que le sieur Barneveld vous donne avec ses adhérens, pour l'accomplissement et exécution desquelles il lui sera facile de s'excuser et décharger, après qu'il aura tiré et obtenu desdits archiducs ce qui leur sera besoin pour arriver à son but.

Je considère bien que, suivant cette voie, lesdits États n'y trouveront avec le temps la sûreté qu'ils doivent attendre de mon intervention et d'une plus étroite alliance avec moi, et que cette raison est puissante pour leur persuader de me contenter. Mais quand d'ailleurs je me représente l'état présent de leurs affaires, la division et mauvaise intelligence qui est entre eux, leur dégoûtement et lassitude de la guerre, l'envie qu'ils ont conçue de la paix, et surtout le désir qu'ils ont d'acquérir ce titre de souveraineté, la froideur des Anglois à les secourir, et la foiblesse de leurs autres alliés à même effet, avec l'opinion que l'on leur a donnée que je ne veux les secourir puissamment comme leur besoin le requiert, ni moins ouvrir la guerre à ceux qui la leur font, voire que je désire faire durer et entretenir leurs misères, voyant que j'ai laissé perdre les occasions que j'ai eues de m'y engager honorablement et avantageusement, je dis que je dois craindre qu'ils accordent à la fin auxdits archiducs tout ce qu'ils opiniâtreront, sous prétexte de parvenir à la susdite souveraineté. Comme elle sera par leursdits traités, elle sera à leurs amis et alliés avec le temps plus dommageable qu'avantageuse, ou du moins inutile à ceux-ci, et à moi plus qu'à nul autre, puisqu'il ne leur sera loisible de s'unir avec moi, au préjudice du traité qu'ils auront fait avec les autres. Davantage, il faut faire état que le roi d'Angleterre et les siens, malins comme ils sont, auront cette visée en leur conduite; car ils seront bien aises de séparer lesdits États d'avec moi tout à fait, retenant les villes ostagères, du consentement même desdits archiducs, avec lesquels ils contracteront sous main, pour parvenir à ce but, une secrète et particulière intelligence à mon désavantage. Quoi étant, je dis que je ne puis ni dois m'obliger de faire fournir plus grande somme d'argent que celle qu'ils ont tiré de moi cette année, tant que ces incertitudes me dureront ; mêmement, voyant que les plus apparens d'entre eux et ceux qui ont plus d'autorité, se défiant du succès de leurs affaires, retirent déjà leurs deniers qu'ils ont prêtés, ainsi que vous a dit le sieur de Barneveld, auquel partant vous montrerez que, s'ils veulent tirer de moi plus grande assistance, comme il est bien raisonnable que je sois dès à présent éclairci et assuré de ce que je dois attendre et tirer d'eux à l'avenir, en cas de paix ou de guerre, mêmement pour le remboursement des grandes sommes de deniers que j'ai employés pour eux, en cas qu'ils ne puissent ou veuillent faire mieux pour mon contentement et mes affaires, suivant les ouvertures que vous en avez faites.

Au demeurant, je suis très-content de gratifier le prince Maurice d'une pension digne de ma libéralité et de son mérite, si lesdits traités réussissent, pour les bonnes raisons que vous m'avez représentées; et davantage aider à le fortifier et autoriser audit pays tant qu'il me sera possible. Vous lui en donnerez les espérances, et à moi le avis que vous jugerez être à propos; et me semble qu'il faut plus s'aider de lui que jamais, principalement pour faire passer, dès à présent, auxdits États cette particulière et secrète confédération offensive et défensive à laquelle nous aspirons sans attendre qu'ils aient conclu et parachevé celle desdits archiducs, d'autant que je crains, comme je vous ai déjà dit, qu'ils ne veuillent ou puissent, après celle-ci, s'obliger avec nous, pour les raisons susdites, lesquelles je vous prie de rechef de mettre en telle considération que le mérite l'importance d'icelles, et m'avertir de ce que vous ferez, et adviendra par delà le plus souvent et particulièrement que vous pourrez. Pour fin de la présente, vous saurez que les ligues grises desquelles s'étoient soulevées à la suscitation des partisans d'Espagne et à force d'argent distribué par le comte de Fuentes, ayant découvert que le but des Espagnols étoit de les priver de leur liberté et envahir une partie de leur pays, et nommément et intelligence desdits séditieux, et nommément de l'évêque de Coire, lequel s'étoit accordé secrètement avec ledit comte pour cet effet, ont à présent changé d'avis et de résolution, les gens de bien ayant surmonté les autres. De façon qu'ils ont fait mourir par justice deux des principaux ministres de cette sédition, dont l'un étoit baley de l'archiduc Maximilian, et tous deux pensionnaires d'Espagne; ont lacéré publiquement l'original du dernier traité fait à Milan et tout ce que lesdits séditieux avoient fait contre mon alliance et celle des Vénitiens, desquelles ils ont de nouveau fait et protesté la confirmation et observation au grand contentement et applaudissement du général desdites ligues; de quoi vous ferez part à mon cousin le prince Maurice, et à tous mes amis et bienveillans de delà. Je prie Dieu, messieurs de Jeannin, Buzanval et Russy, qu'il vous ait en sa sainte garde. Écrit à Monceaux, ce quatrième jour d'août 1607.

HENRI.

Et plus bas, BRULART.

Lettre de M. de Villeroy à M. Jeannin, du quatrième jour d'août 1607.

Monsieur, souffrez et excusez notre défiance sur la constance et fermeté de ces peuples; nous serons très-aises de nous y trouver abusés, comme vous mettez peine, par vos lettres du 17 du mois passé, de nous le prédire et faire croire, bien informés comme vous êtes de leurs intentions et moyens. Je connois bien la force de l'esprit du sieur Barneveld, de laquelle, certes, on doit faire grand état; mais si les archiducs les contentent de la souveraineté, comme je crois qu'à la fin eux et le roi d'Espagne feront, je prévois qu'ils se passeront de l'intervention du Roi, qu'ils régleront le commerce des Indes, pour le moins quitteront l'Occident, et ne s'opiniâtreront à la sortie entière des Espagnols; en quoi les Anglois les conforteront, et pour ce faire s'entendront secrètement, eux et lesdits archiducs. Car quels moyens ont lesdites provinces de recommencer et de soutenir la guerre, et moins d'espérer de sortir jamais d'icelle, ayant si forte partie, et se voyant si mal assistées? Davantage ils n'y rentreront jamais avec leur union et vigueur première, ayant commencé à goûter de l'espérance d'un repos. Je conclus donc, si on leur accorde le premier article, qu'ils n'opiniâtreront les autres; et néanmoins, s'ils ne nous comprennent en leurs traités ni intervention, et ne s'appuient de l'autorité de Sa Majesté, comme il a été proposé, je n'y vois point de sûreté pour eux digne de considération. Il y aura peu aussi à gagner pour nous, principalement si les archiducs les obligent, en quittant ladite souveraineté, à la mutuelle et étroite confédération de laquelle vous donnez avis au Roi par vos lettres; car il faut faire état, quand lesdites provinces auront obtenu une fois desdits archiducs cette apparence de souveraineté et liberté, devant que de s'obliger et lier à nous, que vous aurez grande peine après à les y faire entrer à conditions avantageuses et honorables pour nous. Ils s'excuseront lors sur la foi et parole qu'ils auront donnée aux autres, et sur la jalousie des Anglois, qui demeureront cependant nantis des places ostagères, et nous n'en rapporterons pour notre argent que des paroles. Voilà donc ma défiance que je vous prie derechef d'excuser. Le pis est qu'il est très-difficile d'y remédier et obvier aux désavantages qui en résultent; car nous ne voulons ni devons, ce me semble, nous surcharger seuls du faix de la guerre telle qu'il faudroit l'entreprendre pour cet effet. Nous sommes regardés et secondés aussi d'un très-infidèle et malicieux voisin. C'est donc un fâcheux passage, duquel il sera difficile que nous sortions nettement, si les Espagnols et les archiducs conduisent leurs affaires comme ils doivent et peuvent faire; mais j'espère quelque chose de la mauvaise intelligence et de l'imprudence de leurs conseils et affaires.

Nous avons avisé vous envoyer le pouvoir ci-joint. C'est plus pour vous donner moyen de contenter la curiosité des Anglois, que pour opinion que nous ayons que vous en deviez avoir besoin et le mettre en œuvre. S'il n'est tel qu'il convient, mandez-le-nous, il sera aussitôt réformé et renvoyé incontinent. Il a été proposé de vous en envoyer un autre particulier, pour faire cette ligue défensive et offensive, secrète avec les États, de laquelle il a été parlé. Mais nous différerons jusqu'à ce que vous le mandiez, assurés que vous ne laisserez pour cela (vous faisant fort d'icelui tout ainsi que s'il étoit en vos mains) d'en ébaucher, avancer et même conclure les conditions, si vous y pouvez disposer lesdites provinces; de quoi je doute assez. Le sieur Aërssens nous a donné l'avis de l'arrivée à La Haye de l'audiencier, de son audience, et de la défectuosité de la pièce qu'il y a apportée que le Roi vous écrit. Il continue à nous faire part plus diligemment et soigneusement que jamais de toutes choses, afin de conserver son crédit et sa confiance avec nous. Le Roi a bien pris le conseil que lui avez donné par la dernière lettre que m'avez écrite, touchant le prince Maurice, afin de le retenir à sa dévotion, en lui faisant croire qu'il trouvera de l'honneur, du bien et de la sûreté en Sa Majesté. Il vous permet donc de ménager cela avec lui le plus à l'avantage de Sa Majesté que faire se pourra. Vous avez pris bon conseil de n'avoir visité le premier ledit audiencier pour les raisons que vous m'avez écrites. Madame la princesse d'Orange continue à faire dire au Roi qu'elle partira bientôt; toutefois elle est encore à Paris, et Sa Majesté a commandé à M. de Sully, qui est parti d'ici devant hier, de la presser. Elle vouloit assurer ici la fortune du prince Henri, par des moyens qu'elle a proposés, qui n'ont été agréés du Roi, dont elle n'est trop contente. Mais ne lui ferez, s'il vous plaît, paroître ni à autre que vous en ayez connoissance; car si elle arrive par delà, je me promets qu'elle ne laissera de bien faire et suivre vos conseils. Je prie Dieu, monsieur, qu'il vous conserve en bonne santé.

De Monceaux, le quatrième jour d'août 1607.

De Neufville.

Autre LETTRE *de M. de Villeroy audit sieur Jeannin, du 5 d'août 1607.*

Monsieur, j'ai vu ce que vous m'avez écrit de votre main, touchant la réception et le maniement de l'argent que le Roi emploie par delà. Il est raisonnable, et c'est aussi l'intention de Sa Majesté de délaisser à M. de Russy ce soin et cette autorité, comme en a joui M. de Buzanval durant qu'il a servi la charge que ledit sieur de Russy exerce. Sa Majesté voulant plutôt accroître que retrancher le pouvoir d'icelle charge, les commodités qui en dépendent, et dont son prédécesseur a joui. Mais Sa Majesté ayant choisi et commis elle-même le sieur du Maurier pour recevoir et faire porter à Dieppe lesdits deniers, comme il est personne que Sa Majesté estime capable d'une plus importante vacation et charge, et dont elle se confie beaucoup, elle m'a dit vouloir qu'il y soit maintenu jusqu'à ce qu'elle l'emploie ailleurs, comme je vous assure qu'elle en a la volonté, le désir, et s'y attend aussi ledit sieur du Maurier. Pour cette cause, je suis d'avis que ledit sieur de Russy s'accommode au bon plaisir et vouloir de Sa Majesté pour ce regard, comme elle a eu bien agréable de savoir qu'il ait continué avec le sieur de Vaudernec la même correspondance dressée et commencée par ledit sieur de Buzanval. Et quand nous voudrons occuper ailleurs ledit du Maurier, ou que lui-même voudra laisser cette charge, comme je m'aperçois qu'il désire faire au plutôt, ledit sieur de Russy en sera averti pour y commettre un autre, assuré qu'il le choisira tel que Sa Majesté et M. de Sully s'en contenteront. Quant à la place du conseil, c'est chose qui ne lui peut fuir avec le temps; mais il faut qu'il en sursoie encore un peu la recherche et demande.

Il doit considérer que ledit sieur de Buzanval a servi par delà huit ou neuf ans entiers et plus, devant qu'il y soit parvenu, jaçoit qu'il ait très-dignement servi, et au grand contentement de Sa Majesté, laquelle prise grandement ceux qu'elle emploie en ses affaires, quand ils se recommandent par la longueur et le mérite de leurs services.

Non que je juge indigne de cette qualité ledit sieur de Russy dès à présent, eu égard aux autres services qu'il a faits, desquels je sais Sa Majesté être très-contente, mais parce qu'à peine a-t-il pris possession de la charge où il est de présent, et que je sais que le Roi aura plus agréable qu'il sursoie cette poursuite pour quelque temps, que s'il la pressoit davantage. Je vous prie, monsieur, lui donner ce conseil, et j'espère qu'il s'en trouvera bien. La princesse d'Orange n'a rien apporté au Roi de la part du prince Maurice qui mérite d'être mis en considération. Nous écrirons par elle audit prince, suivant votre conseil, et me semble que Sa Majesté désireroit que ledit prince Maurice se découvrît à elle plus confidemment et familièrement qu'il n'a fait jusqu'à présent, afin de pouvoir mieux le favoriser; mais j'attribue sa froideur à son naturel plus qu'à autre chose. Le Roi se défie plus de l'esprit de Barneveld que de l'autre, et croit que s'il parvient à son but, qu'il ne favorisera après les intentions ni les affaires de la France, s'appuyant du côté d'Angleterre. Il vous prie d'y prendre garde, et ne juger du tout de son courage par ses paroles; car il y a remarqué de l'industrie pour favoriser son prix fait, disant que ses effets en sa conduite ne répondent aux protestations qu'il fait de sa volonté. Comme j'écrivois la présente, l'abbé de Preaux est arrivé en ce lieu avec votre dépêche du 30 passé. Il salua Sa Majesté dès hier au soir, lui rendant compte sommairement de toutes choses, de quoi il s'est acquitté ce matin plus au long sans aucune omission, dont Sa Majesté est demeurée satisfaite. Elle l'envoie dès aujourd'hui à Paris, pour rendre le même compte à MM. de Silery et de Sully, avec lesquels nous devons en conférer à la fin de cette semaine que nous irons à Paris, pour après le renvoyer avec les intentions de Sa Majesté sur tous les points que vos lettres et lui ont représentées.

Quoi attendant, je vous dirai que nous avons fait le même jugement que vous, de ce qu'a apporté par delà Verreiken, et de ce qu'il y a dit et fait, et n'estimons pas que les archiducs puissent amender la pièce, comme il est nécessaire pour la sûreté desdites provinces, qu'ils ne l'envoient devir en Espagne; c'est pourquoi ledit Verreiken a demandé un mois de temps du commencement, et vous dirai qu'il semble que ses maîtres et lui attendent qu'à les engager à traiter devant que d'avoir délivré ladite ratification en bonne forme de la part du roi d'Espagne, espérant ou les endormir, ou peu à peu les engager à ne pouvoir plus se dédire de s'accorder. A quoi votre première dépêche quand les six jours qui lui ont été accordés seront passés, nous pourra faire voir plus clair; mais que nous avez mandé des déportemens du sieur de Barneveld et de sa conduite, ont plutôt accru la défiance qu'a de lui le Roi, que diminué, voyant qu'il va toujours gagnant chemin pour arriver à son but, auquel s'il peut une fois parvenir, nous disons derechef que vous aurez peine à tirer de lui et des autres ce que vous projetez en faveur de Sa Majesté. En quoi il sera sans doute fortifié et favorisé sous main du roi d'Angleterre et de ses ministres, sinon ouvertement, au moins secrètement et infidèlement, suivant le style du comte de Salisbury que nous avons souvent éprouvé. Quant à Verreiken, il est grossier et court en ses ruses : lui et Richardot ont si mauvaise opinion du Roi, et de ce qui en dépend, qu'ils prennent à contrepoil toutes les belles paroles qui leur sont dites, et les démonstrations de bonne volonté que l'on leur fait. C'est pourquoi ç'a été bien avisé de n'engager le sieur de Russy en l'office qui a été fait, puisque vous avez jugé à propos de le passer, étant certain qu'il auroit été rendu avec plus de franchise et de devoir que vous avez mandé qu'il n'a été, s'ils eussent été plus avisés qu'ils ne sont. Je vous en écrirai davantage par notre première dépêche, et finirai celle-ci par mes très-affectionnées recommandations à votre bonne grâce, priant Dieu, monsieur, qu'il vous conserve en bonne santé. De Monceaux, ce cinquième août, et commencée le quatrième 1607. Votre, etc. De Neufville.

Proposition faite et donnée par écrit en l'assemblée générale des Etats, par l'audiencier Verreiken[1]*, le 8 d'août 1607.*

Messieurs, suivant mon départ du 28 de juin dernier, j'ai dépêché vers Bruxelles, pour donner part à leurs altesses sérénissimes de ce que jusques alors avoit été traité. Sur quoi M. le président Richardot m'a écrit, par la sienne lettre du dernier dudit mois, que leursdites altesses avoient différé de me répondre jusques au retour du courrier; mais que cependant icelles lui avoient enchargé de m'avertir qu'elles ont été non sans marrissement esbahies d'entendre des difficultés que vos seigneuries ont mises en avant sur la forme de la ratification; et, étant icelle couchée comme elle est au pied du même écrit qui a été ici arrêté sur la cessation d'armes, et que Sa Majesté a confirmé et ratifié en tous les points, en tant que la chose lui peut toucher, il faut sainement entendre que tout y est compris, vu même que Sadite Majesté ne rejette un seul point dudit écrit; outre ce que le tout devra être encore repris, établi et corroboré par le traité principal, qui sauvera et liera entièrement la besogne. Et, combien que pour cela et plusieurs autres raisons leurs altesses auroient largement de quoi répli-

[1] Louis de Verreiken, chevalier audiencier et premier secrétaire des archiducs, plénipotentiaire auprès des Provinces-Unies, pour traiter en leur nom et au nom du roi d'Espagne.

quer, et faire toucher au doigt que ladite ratification est battante et plus que battante, toutefois, pour non contester ou retarder davantage la négociation, leursdites altesses dépêchoient courrier exprès en Espagne, pour redresser ladite agréation; commandant audit sieur président de me l'écrire, afin de le déclarer à vos seigneuries, et quand et quand insister à ce qu'elles veulent dès incontinent révoquer leur armée navale étant aux côtes d'Espagne, pour éviter qu'il n'en avienne quelque nouvel accident qui pourroit causer de l'altération entre les parties. Car, outre ce qu'à tenir lesdits bateaux davantage par delà, ne peut sinon aigrir les affaires en un temps que de part et d'autre l'on en doit ôter toutes les occasions, vos seigneuries peuvent, par leur grande discrétion, aisément considérer combien il est raisonnable et nécessaire de ne différer davantage de complaire à leurs altesses en une chose de si petit emport, et néanmoins tant désirée pour la conséquence, puisqu'en tout et partout leursdites altesses ont fait paroître tant de bonne et sincère volonté et affection; s'étant accommodées, et vous ayant accordé tout ce qu'avez désiré, le tout pour parvenir à la conclusion d'une bonne, ferme stable et honorable paix et repos de tous les pays de par deçà; les délivrant de cette longue et pernicieuse guerre qui est le but à quoi tendent et se réfèrent toutes les actions et intentions de leursdites altesses; et à l'effet desquelles il est juste que vos seigneuries aient à coopérer, les secondant de tout leur pouvoir en une si sainte œuvre, comme leurs altesses se confient que vos seigneuries feront, et les en requièrent bien instamment; et, moyennant ladite révocation des bateaux, leurs altesses m'ont donné charge de laisser ici les actes originaux de la ratification de Sadite Majesté. Verreiken.

Proposé le 8 août 1607.

Lettre *de MM. Jeannin, de Buzanval et de Russy, au Roi, du 10 août 1607.*

Sire,

Les Etats avoient donné six jours à M. Verreiken pour écrire à Bruxelles et en avoir réponse. Il n'a reçu depuis qu'une lettre de M. le président Richardot en vertu de laquelle il est entré en leur assemblée, et a dit ce qui est contenu en l'écrit dont nous envoyons la copie à Votre Majesté, où elle verra qu'il essaie de persuader la ratification par lui présentée de la part des archiducs, être bonne et suffisante. Qu'ils envoient néanmoins de nouveau en Espagne pour en obtenir une autre qui les puisse contenter, et, sans s'obliger ni promettre de la donner dans certain temps, continue sa première demande pour la révocation des navires. M. de Barneveld l'a vu, avec la permission des Etats et de M. le prince Maurice, auquel il a donné beaucoup d'espérance de cette ratification, pourvu qu'on lui accorde ce qu'il poursuit, comme étant le seul moyen par lequel il dit que les archiducs pourront persuader le roi d'Espagne. Ledit sieur de Barneveld nous l'a ainsi fait entendre, dit ce que ledit sieur Verreiken a proposé en leur assemblée, montré l'écrit original et donné la copie d'icelui: puis ajoute que messieurs les Etats désiroient avoir notre avis, avant que prendre aucune résolution, selon qu'ils nous avoient déjà fait dire lorsque cette affaire fut premièrement mise en délibération. Nous lui avons répondu qu'il sait assez quel est notre avis, et que les archiducs n'ayant point donné la ratification en bonne et due forme, selon qu'ils y étoient tenus, il n'y avoit aucune apparence de les gratifier de cette révocation qu'il seroit beaucoup plus à propos d'envoyer une nouvelle flotte que de révoquer l'autre, comme étant le vrai moyen de contraindre le roi d'Espagne à la donner; au lieu que s'il obtient dès maintenant ce qu'il prétend, ils seront hors de crainte, n'auront besoin de se mettre en dépense pour cette année, ni de chercher des pilotes et mariniers qu'ils ne peuvent recouvrer: ainsi ne penseront plus à donner cette ratification, mais se prépareront à la guerre, et ne laisseront pourtant de tenir en incertitude les Etats, avec une vaine espérance de la donner, afin qu'ils soient plus aisément surpris. Qu'ils ne peuvent aussi accorder ce qu'on leur demande, sans se départir de leur première résolution, montrer qu'ils ont crainte de leurs ennemis, comme s'ils devoient encore être leurs maîtres, ou bien un trop grand désir d'obtenir la paix à quelque condition que ce soit avec autres raisons contenues en nos précédentes lettres, dont nous ne ferions qu'ennuyer Votre Majesté les répétant ici. Lui, au contraire, étant désireux avec ardeur que cette révocation soit accordée, dit en être pressé par les villes de Hollande, lesquelles ont un grand nombre de navires en Italie, et craignent que le roi d'Espagne prenne la revanche du dernier combat, lorsqu'elles seront sur le retour; ce dommage ne pouvant tomber que sur eux, à qui presque tous lesdits navires appartiennent y ayant même une seule ville, à savoir Hornes, qui a en ladite flotte trente navires marchands à sa part. Que si on leur refuse cette grâce, qu'ils demandent instamment, dont l'ennemi ne doit tirer aucun profit, attendu que les navires sont sur leur retour et qu'on ne peut faire nouvelle flotte pour cette année, il sera difficile d'induire à l'avenir la province de Hollande de mettre en mer des navires pour faire la guerre, comme elle a fait du passé; y ajoute encore que la paix étant désirée par un grand nombre de leurs peuples, s'il avient que le roi d'Espagne ne ratifie ce que l'archiduc a fait, ils diront que c'est faute d'avoir accordé ladite révocation, encore qu'il n'en soit rien; demeurant mal contens, rentreront à la guerre et de mal volontiers, et avec moins de courage et de vigueur; au lieu qu'en accordant ladite révocation, cette faute sera du tout rejetée sur les ennemis, non sur les Etats.

Il a encore cette erreur en son esprit, outre lesdites raisons que les archiducs qui désirent la paix en obtiendront plus aisément la ratification en bonne et due forme, qui est le seul moyen pour y parvenir. Nous étions entrés en soupçon qu'il y eût quelque chose de plus secret en sa conduite; mais après nous en être mieux éclaircis, lui en avons parlé ouvertement à diverses fois, et à d'autres aussi qui ont part à tout ce qui se fait. Nous avons appris qu'il n'y a rien de mauvais, et que l'intérêt de Hollande en est la principale cause, avec l'espoir qu'il a d'avoir la ratification par ce moyen, encore que nous craignions que ce ne soit plutôt la cause de la faire différer ou refuser du tout. On nous assure toujours de toutes parts qu'il ne sera passé outre au traité qu'avec nous, par notre avis et consentement, et avec les sûretés convenables, l'intervention de Votre Majesté, et une ligne offensive et défensive séparée du traité général, quand même la ratification seroit envoyée, en telle forme qu'ils la peuvent désirer, nous ayant derechef ledit sieur de Barneveld prié de prendre cette assurance de sa foi et sincérité, et que n'y serons jamais trompés; nous ne laissons de penser aux moyens de nous en garder, pouvant dire avec vérité que nous sommes à toutes heures sur les épines, et que ne sortons jamais d'une difficulté sans en rencontrer aussitôt quelqu'autre. Quant à M. le prince Maurice, il continue toujours en son premier avis, de n'accorder audit sieur Verreiken ce qu'il demande, lequel est bon; mais il montre si évidemment de vouloir rejeter toutes les ouvertures de paix, quoique lui disions et répétions tous les jours qu'il doit apporter plus d'artifice en sa conduite, qu'il en a moins de crédit et de pouvoir envers ces peuples, lesquels reçoivent bien de bonne part, quand on leur dit qu'il ne faut point faire de paix si elle n'est bonne et sûre, mais on les met au désespoir quand on leur veut faire croire qu'ils ne peuvent jamais trouver sûreté que dans les armes. Il est besoin de le retenir, comme allant trop avant à la guerre, encore qu'il se fonde sur d'assez bonnes raisons, s'il étoit maître de la bourse d'autrui, et avoit assez de créance parmi ces peuples pour les persuader à suivre son opinion. Il en faut faire autant aussi à l'endroit de M. de Barneveld, afin que le désir qu'il a de mettre son pays en repos ne lui fasse faire quelque faute en cet endroit, encore que ce ne soit par corruption ni avec mauvais dessein: nous prenons garde à l'un et à l'autre. Nous conférons aussi souvent avec plusieurs personnes qui ont de l'autorité ici et dans les provinces, lesquelles nous peuvent aider à la conduite de ce bon œuvre; et pour mieux rejoindre ledit sieur de Barneveld avec M. le prince Maurice, nous avons derechef conféré, tant avec M. le comte Guillaume, qui est ici depuis trois jours, qu'avec eux, et mis cette affaire en bon état, autant toutefois qu'on peut faire entre personnes qui ont desseins du tout différens. Mais nous tiendrons le milieu en nous approchant plus de l'un ou de l'autre, selon qu'il sera expédient pour le bien des affaires, et pour faire suivre l'intention de Votre Majesté; empêchant toujours de tout notre pouvoir que l'inimitié n'y entre, ayant disposé à cet effet ledit prince Maurice à tenir de si bonnes paroles audit sieur de Barneveld, qu'il puisse être mis du tout hors de cette crainte, qui seroit préjudiciable, tant à lui qu'à l'Etat même et au service de Votre Majesté, et pourroit aussi être cause de le précipiter à chercher tous moyens de faire une paix telle qu'elle, pour se mettre en sûreté; étant si puissant, tant en créance que conduite envers ces peuples, qu'on doit avoir autant de soin à essayer de le gagner et entretenir, que craindre de l'offenser, si ce n'est que ce premier moyen qui est le plus facile et assuré, vienne à nous défaillir, à quoi il se faut préparer pour se servir de tout au besoin.

Nous n'avons pour notre regard donné autre avis sur cette révocation que le premier, à savoir, que nous nous en remettrions aux Etats, duquel ledit sieur prince Maurice s'étoit contenté, et nous avoit dit qu'il suffiroit que fussions neutres en cet endroit, se promettant lors de faire le surplus. Ce qui nous a encore induit à continuer en cette même résolution, est qu'il nous a semblé l'inclination des députés être trop grande pour les retenir; et s'il avenoit aussi que la révocation fût refusée par notre moyen, et la paix rompue à cette occasion, selon que Verreiken en menace, encore que ce ne soit qu'un prétexte, que fussions tenus pour auteurs de cette rupture, par ainsi Votre Majesté plus obligée à la dépense de la guerre, et le roi d'Espagne et les archiducs, aussi plus offensés d'elle, encore que cette dernière considération doive être de peu de respect, attendu que ledit sieur Verreiken n'a vu M. de Russy qui l'a visité, n'a requis notre assistance, et s'est conduit en tout et partout comme avec ministres d'un prince qu'il tient pour ennemi de ses maîtres, ayant, par ce moyen, mérité toutes sortes de mauvais offices de nous, qu'il n'a toutefois reçus, pour avoir cru que Votre Majesté n'eût approuvé cette conduite en son endroit. Etant donc en crainte que cette révocation ne fût accordée à ces peuples, toujours en attente de la ratification d'Espagne que le sieur Verreiken leur promettoit en recevant ce bienfait, combien que ce ne fût qu'avec incertitude, sans déclarer le temps et sans savoir si étant envoyée elle seroit en la forme qu'il convient, nous proposâmes à M. le prince Maurice, au cas qu'il vît ne pouvoir empêcher ladite révocation, d'y faire ajouter, s'il étoit possible, que seroit à condition que la ratification d'Espagne seroit envoyée dans un bref délai, comme d'un mois, et en la forme qu'on donneroit par écrit, puisqu'il avoit offert d'en prendre la minute des Etats; et à faute d'y satisfaire dans ledit temps, qu'il seroit en la liberté des Etats d'envoyer nouvelle flotte si bon leur sembloit; estimant nécessaire d'y procéder ainsi, afin qu'on puisse voir clair et tôt en leur intention, et être assurés du tout si on entrera au traité de paix, ou si on n'aura plus qu'à penser à la guerre, n'y ayant rien pis que de demeurer long-temps en incertitude de l'un et de l'autre, et de s'accommoder au désir des Espagnols, qui cherchent toutes les longueurs avec artifice, pour faire couler le temps de la trêve inutilement, et les contraindre encore de la renouveler, sous les mêmes espérances, ou bien de les surprendre, n'étant préparés à la guerre.

Il a reçu de bonne part cet avis, en a parlé à ses amis; nous en avons fait autant de notre part. Et enfin l'affaire mise en délibération a été conclue et arrêtée le jour d'hier, selon et en la forme que contient l'acte de ladite assemblée, dont nous envoyons copie à Votre Majesté; comme aussi copie de la ratification dressée par M. de Barneveld, approuvée par les Etats et délivrée audit sieur Verreiken. On a pris notre avis sur le tout, et lesdites minutes nous ont été communiquées avant que les arrêter. Nous étions bien d'avis de mettre un mois au lieu de six semaines, et d'y ajouter quelques clauses, à savoir en l'acte de l'assemblée, celle-ci : « Que le temps passé de six semaines, ils n'entendoient plus recevoir aucune ouverture de paix; mais seulement garder la trêve pour le temps qu'elle doit durer. » Et en la minute de la déclaration et ratification du roi d'Espagne : « Que c'est tant pour lui que pour ses successeurs rois d'Espagne et pour les droits qu'ils pourroient prétendre esdits pays et provinces, tant pour le présent que pour l'avenir. » Mais, ayant été répliqué que cela n'étoit exprimé par le traité fait avec les archiducs, et nous ayant semblé aussi que les mots généraux suffiroient, nous l'avons approuvée en la forme qu'elle est, encore qu'elle soit couchée en fort mauvais style et langage, étant bien certain que la validité ou invalidité de cet acte ne sera jamais disputée qu'avec les armes, et qu'il est assez bien pour les faire tenir libres et exempts du tout de leur ancienne sujétion, et par ce moyen les rendre capables de traiter amitiés et confédérations avec qui bon leur semblera. Encore estimons-nous que le roi d'Espagne fera grande difficulté de la passer ainsi qu'elle est, combien que ledit sieur de Verreiken, prié de se trouver en l'assemblée le même jour pour recevoir lesdits acte et minute, en ait donné beaucoup d'espérance; et lui a été dit outre ce qui est contenu esdits écrits, qu'au cas que la ratification ne leur soit délivrée dans les six semaines, ils entendent demeurer en leur liberté d'envoyer, si bon leur semble, de nouvelles flottes sur la mer, nonobstant la révocation des navires, faisant laquelle ils n'ont voulu expressément se priver de ce pouvoir, afin de se conduire selon qu'ils feroient de leur part.

Sa réponse a été fort respectueuse à l'accoutumée, et les a assurés de faire tous bons offices, afin qu'eux et les sujets des archiducs jouissent d'une bonne et heureuse paix. Or il tenu tous ces bons langages pour obtenir la révocation des navires qu'il poursuivoit avec grande instance; ou bien il se promet en effet que le roi d'Espagne accordera la ratification dont la paix ensuivra. Ces longueurs et incertitudes sont fort fâcheuses; mais Votre Majesté jugera bien qu'avons fait tout ce qu'avons pu pour abréger le temps, et voir clair en leur intention, n'ayant été en notre pouvoir de faire mieux; aussi semble-t-il que cette dernière action doit beaucoup servir pour juger bientôt et certainement ce qu'on doit attendre de la résolution du roi d'Espagne, et ensuite de la paix ou continuation de la guerre. Cependant nous demeurerons ici avec regret et déplaisir, puisqu'il n'y aura sujet de servir, si ce n'est que les députés du roi d'Angleterre viennent et qu'entrions en conférence qui puisse apporter quelque avancement aux affaires. On a eu nouvelle que les députés des Etats qui y étoient allés se devoient embarquer pour retourner le 4 de ce mois, et les députés du roi d'Angleterre partir dix jours après. Mais il est à craindre, s'ils reçoivent en Angleterre, avant leur départ, les nouvelles du délai de six semaines donné pour la ratification, qu'ils ne différent encore jusqu'à ce que ce temps soit prêt se expirer; et néanmoins leur arrivée plus tôt seroit bien désirable et nécessaire aussi, pour entrer en discours des affaires avec eux, reconnoître l'inclination de leur maître, en donner avis à Votre Majesté, et recevoir ses commandemens là-dessus; encore qu'il y ait bien apparence, s'il veut embrasser d'affection le bien des Etats, et se joindre à Votre Majesté en cet endroit, soit pour la paix ou pour la guerre, qu'il en fera traiter par son ambassadeur près d'elle, ou qu'il en communiquera à M. de la Boderie pour l'en avertir, comme étant chose qui pourroit passer plus avant que le fait particulier de notre négociation.

Nous ajouterons encore à cette lettre, que M. du Faur, sergent-major du régiment de Châtillon, nous a dit avoir vu et lu une lettre que M. de Brong, lieutenant au gouvernement de Flessingue, avoit reçue de M. de Signe, qui en est capitaine et gouverneur, par laquelle il lui mande la plainte que l'ambassadeur d'Espagne a fait au roi d'Angleterre, de ce que les députés des Etats avoient été reçus si gracieusement par lui, attendu qu'ils venoient de la part des sujets rebelles, et que ledit roi ayant répondu l'archiduc les avoir reconnus pour Etats et pays libres sur lesquels il ne prétendoit rien, et que ledit roi d'Espagne en devoit aussi faire autant, l'ambassadeur départit promptement, en colère, avec serment et se donnant au diable en corps et en âme, que son maître n'y avoit jamais pensé, et qu'il se garderoit bien de faire cette déclaration. Ladite lettre contenoit aussi le roi d'Angleterre être bien averti, encore que Votre Majesté fasse semblant de désirer la paix des Etats, qu'elle a néanmoins intention de faire tout ce qu'elle pourra pour la continuation de la guerre. C'est volontiers M. Maldrée, l'un des députés envoyés vers lui de la part des Etats, qui, désireux de les porter à la guerre, lui a fait entendre que l'inclination de Votre Majesté y étoit, comme un moyen propre pour l'exciter à prendre ce conseil : elle en pourra être mieux informée par les lettres de son ambassadeur. M. Verreiken a son congé pour partir demain. Il a dit à M. de Barneveld qu'il nous viendroit voir avant son départ; nous ne savons s'il le fera. Les Etats nous pressent pour le secours entier de cette année, à ce qu'il plaise à Votre Majesté leur continuer. Nous lui en avons déjà écrit ; elle nous commandera ce que nous devons dire, et fera réponse, s'il lui plaît, à ce que nous avons mandé par M. de Preaux. Ledit sieur Verreiken a été présentement prié, ainsi qu'achevions cette lettre, de se trouver encore en l'assemblée des Etats, pour lui faire entendre qu'ils avoient pris de mauvaise part la procédure du cordelier, lequel avoit offert de donner des présens pour penser corrompre quelques particuliers. Que ce n'étoit pas signe qu'on eût bonne intention; mais qu'ils s'assuroient tant de la prud'homie les uns des autres, que ces moyens obliques et telles indues pratiques ne serviroient d'autre chose, sinon de leur faire croire qu'on les veut tromper ; et qu'en voyant leur assemblée composée de soixante-dix personnes qui étoient encore tenues de prendre l'avis d'un grand nombre d'autres dans les provinces et villes particulières, ils pouvoient bien juger que telles pratiques et corruptions doivent être inutiles. Et néanmoins ils découvrent que quelqu'un s'y soit laissé aller, qu'ils en feront un châtiment exemplaire, à la honte de ceux qui les auront voulu corrompre; qu'ils ont avisé de lui rendre avant son départ les présens et promesses que ledit cordelier avoit donnés à l'un des leurs, lequel le révéla aussitôt, et vouloient bien qu'il sût encore que s'étant liés et unis ensemble, à cause des mauvais traitemens qu'ils avoient reçus, et des tyrannies qu'on avoit exercées contre eux du côté d'Espagne, ils étoient fermement résolus de ne se jamais séparer les uns des autres, et se conserver la liberté qu'ils avoient acquise par les armes et au péril de leurs vies. Ainsi qu'on ne devoit espérer aucune paix avec eux, si premièrement on ne leur donnoit la ratification du roi d'Espagne, suivant la minute qui lui a été délivrée, et si on ne leur accordoit aussi toutes les conditions qui sont requises et nécessaires pour leur sûreté.

C'est M. de Barneveld qui a fait entendre tout ce que dessus audit sieur Verreiken en l'assemblée desdits Etats, avec affection, bon propos et le contentement d'un chacun, selon que l'avons appris de M. le comte Guillaume de Nassau, qui nous l'est venu dire au sortir de l'assemblée : lequel a répondu qu'il blâmoit lui-même la procédure dudit cordelier, a excusé ses maîtres, assuré de leur sincérité, et d'une grande espérance de la déclaration du roi d'Espagne; mais ajoute que ce ne seroit, sinon à condition que le traité fût conclu et arrêté, et s'il ne se faisoit, que ladite déclaration seroit nulle et comme non avenue, demeurant un chacun en ses droits ; qu'il avoit assisté aux premières propositions faites pour la paix de Vervins, et que Votre Majesté, avant qu'entrer en aucun traité, avoit voulu qu'on promît de lui rendre tout ce que le roi d'Espagne avoit occupé dans son royaume; mais qu'elle s'étoit contentée que ce fût seulement au cas que la paix fût conclue et arrêtée, non autrement. A quoi lui a été répliqué qu'ils ne vouloient point de ladite ratification à condition; mais qu'elle doit être pure et simple, et que ce n'est point le roi d'Espagne qui leur donne cette liberté par sa déclaration; car ils en jouissent il y a plus de vingt-cinq ans, et sont reconnus tels par les rois et potentats de la chrétienté, et se promettent, leur cause étant juste comme elle est, qu'ils la sauront bien conserver moyennant la grâce de Dieu, et l'assistance des princes qui ont intérêt à ne souffrir leur ruine; et si cette condition y étoit apposée, qu'ils ne la voudroient recevoir, ni même ladite déclaration en langage espagnol, mais la demandoient en françois, ou bien en latin, qui est un langage général et commun à toutes les nations, sans rien changer en la substance de la minute qui lui a été donnée avec la signature, Philippe ou Philippus, non *yo el Rey*, qui ne peut être bon que pour ses sujets: cette action est très-bonne, et sert beaucoup pour ôter les soupçons, et fait connoître que ces peuples ne veulent la paix si elle n'est sûre. Ils s'y sont échauffés d'eux-mêmes et se sont ainsi animés, lorsqu'on a parlé des présens que le cordelier avoit faits, et sur ce qu'on a jeté quelques paroles sourdes que ledit sieur Verreiken en avoit voulu faire autant.

Ces propos tenus en pleine assemblée feront connoître au roi d'Espagne et aux archiducs, s'ils leur sont rapportés, que ces peuples veulent avoir leur liberté en effet, et des conditions de paix qui soient assurées. Ainsi, s'ils n'ont envie de les contenter, il est certain que la ratification ne sera pas envoyée; ou s'ils l'envoient comme elle est requise, qu'ils auront pris résolution de traiter la paix à quelque prix que ce soit. M. de Barneveld nous est aussi présentement venu voir, et fait entendre tout ce que dessus, dont il montre être fort content; mais il a ajouté une supplication bien humble envers Votre Majesté, à ce qu'il lui plaise leur continuer le secours entier de cette année, nous disant, s'ils en sont refusés, que leurs affaires iront en confusion, à cause de la grande nécessité en laquelle ils sont. Si elle avoit agréable que leur en donnions quelque assurance, et remettre l'un des paiemens au mois d'octobre, et l'autre à la fin de l'année, cette promesse les retiendroit toujours en plus de respect et devoir lorsqu'il faudroit traiter; et s'ils se conduisent bien, comme nous espérons qu'ils feront, elle n'auroit regret de les avoir assistés; sinon, et s'ils faisoient autrement, il lui seroit loisible de révoquer sa promesse. Nous prions Dieu, sire, qu'il donne à Votre Majesté en parfaite santé très-heureuse et très-longue vie.

De La Haye, ce 10 d'août 1607.

Vos très-humbles et très-obéissans sujets et serviteurs,

P. JEANNIN, DE BUZANVAL et DE RUSSY.

LETTRE *de M. le duc de Sully à M. Jeannin, du 15 août* 1607.

Monsieur, encore que j'aie reçu ci-devant plusieurs lettres de vous, si ne m'étois-je mis en peine d'y faire réponse, tant pource que la plupart ne contenoient en substance que des courtoisies et civilités, que j'aimerois mieux rendre en effets qu'en paroles, et que, quand bien il y eût eu de grands discours de l'état présent des affaires, il n'étoit à propos de vous en écrire mon avis, craignant qu'il y eût quelque chose contraire à ce qui vous seroit mandé par ceux qui ont charge de vous faire entendre les intentions du Roi. Pour mon particulier, je demeure toujours en ma première opinion, qui est que ces peuples ayant goûté la paix, sinon en effet, au moins en espérance, seront fort difficiles à rejeter dans les armes. Aussi je ne vois pas des résolutions assez fortes pour leur faire espérer de leurs amis des assistances que je juge nécessaires pour tenir en union et même volonté toutes les parties de ce corps, et faire que par les bons succès l'on empêche que quelques-uns ne se découragent au milieu de la carrière, et ne rejettent l'effet des espérances qu'ils s'étoient données. Et d'ailleurs, je n'estime pas que l'Espagne s'étant jetée comme à corps perdu dans les ouvertures apparemment honteuses à une si grande puissance, n'achève la carrière, puisque la plus grande honte en est bue, et s'arrête aux moindres difficultés, qu'ils ont bien dû prévoir avant que d'en faire la proposition; et crois, quant à moi, que ce qui y a jeté si avant les uns et les autres, que ça plutôt été sur l'espérance des fautes d'autrui à l'avenir, croyant que son compagnon les fera plus grandes, que sur la grande sûreté qu'ils aient espéré en une telle négociation. Et à la vérité l'on doit estimer que celui qui se gouvernera le mieux aura l'honneur pour lui, et rejettera la honte sur autrui. Si vous voyez qu'il y ait apparence, je vous prie vous souvenir du prince d'Espinoy mon cousin, et vous assure que je vous aime et honore de tout mon cœur, et que vous me trouverez toujours disposé à vous en rendre des preuves par toutes sortes de services que sauriez désirer de moi. Sous cette vérité, je vous baise les mains, et prie Dieu qu'il vous conserve et tienne en sa garde.

Maximilian de Béthune, duc de Sully.

Lettre *de MM. Jeannin, de Buzanval et de Russy, au Roi, du 17 août* 1607.

Sire,

La dernière dépêche de Votre Majesté nous a étonnés, pource qu'il semble qu'elle tienne le succès des affaires que traitons ici, du tout déploré, et qu'elle soit résolue de n'y plus rien mettre pour n'ajouter nouvelles pertes à celles qu'elle a déjà faites; et toutefois, nous qui sommes sur le lieu, et regardons soigneusement à toutes choses pour y servir Votre Majesté suivant ses commandemens, ne voyons encore rien qui nous doive faire appréhender ce péril.

Nous y trouvons souvent à la vérité des difficultés, et il y a peu d'affaires où il s'en rencontre plus à la fois, dont si nous donnions avis à mesure qu'elles surviennent, et qu'en apprenons quelque chose, ou que prévoyons avec conjectures fondées en raison, qu'elles pourroient arriver, ce n'est pas à dire qu'elles soient sans remède; aussi avons-nous toujours mandé à Votre Majesté, en lui découvrant le mal, les moyens dont nous entendions user pour nous en garantir, afin d'être instruits, recevant ses commandemens, si elle les approuvoit, et ce qu'aurions à faire. Il est certain qu'avec la ratification, ceux qui conduisent ces peuples embrasseront volontiers la paix, et que cette vaine imagination d'avoir acquis leur liberté et la souveraineté de leur pays aura grand pouvoir sur aucuns d'eux pour leur faire trouver tout bon; que ceux de cette condition aimeront aussi mieux une mauvaise paix, et quitter tous autres articles, l'intervention même de Votre Majesté, que de rentrer à la guerre. Mais nous pensons être bien assurés que le plus grand nombre et les plus sages ne seront de cet avis, jugeant tous au contraire qu'il n'y a sûreté qu'en votre appui et protection; et que faire la paix autrement, seroit se remettre à la discrétion de leur ennemi, qui la pourroit rompre quand il lui plairoit, eux étant abandonnés de leurs anciens amis, lesquels auroient plutôt occasion, par cette offense, de désirer leur ruine que de l'empêcher. Aussi ont-ils bien montré, par la réponse faite à M. Verreiken, publiquement et en leur assemblée, se plaignant des violences et tyrannies des Espagnols (sont les mots dont ils ont usé), que ce n'est leur intention de se commettre à leur foi.

Il est bien vrai que l'archiduc fera ce qu'il pourra pour la faire rejeter; qu'il voudra encore ajouter, s'il lui est permis, qu'ils demeureront en confédération perpétuelle avec lui et ses Etats contre qui que ce soit; mais eux, qui cherchent leur sûreté, ne seront pas si mal avisés que de suivre le conseil de leur ennemi, et de se jeter en un péril certain pour lui complaire; car, encore qu'ils puissent bien prendre quelque fiance de lui, pour être un prince modéré et éloigné de la guerre, ils savent bien qu'il dépend d'Espagne, et qu'il suivra toujours, soit par inclination ou par contrainte, tous les desseins qui viendront de cet endroit. On peut dire que le roi d'Angleterre, dont l'intervention pourroit être reçue et acceptée par les archiducs, serviroit de suffisante sûreté à ces peuples; mais ils sont bien informés, et l'ont connu par expérience, qu'il n'est assez puissant seul pour les garantir de ces inconvéniens; qu'il n'affectionne la liberté de leur Etat; et peut-être que lui-même, considérant bien son intérêt, et la charge qu'il prendroit sur soi, ne voudroit être seul en cette intervention. Nous ne laissons pourtant de craindre et considérer ce que Votre Majesté nous mande, et que si le désir de la paix étoit si avant enraciné ès esprits de ces peuples, ou qu'il y eût de la corruption et division parmi eux, qu'ils seroient pour se perdre, en méprisant toutes ces raisons et nos bons avis; et s'il avenoit ainsi, que ne serions excusables de nous y être fiés. C'est pourquoi, ayant pensé dès long-temps à ces inconvéniens, et prévu qu'ils pourroient arriver, encore que la raison et le sens commun soient au contraire, nous avons souventesfois écrit à Votre Majesté que notre intention étoit, quand la ratification seroit arrivée en bonne forme, de faire résoudre si on traitera, et les conditions du traité tout à une fois, ou bien délibérer premièrement, comme plusieurs tiennent qu'on doit faire, s'il faut traiter ou non; et c'est l'avis du prince Maurice: puis après, en cas qu'il soit dit quoi, proposer à une seule fois toutes les conditions, entre lesquelles celle de l'intervention des deux rois soit nouvellement comprise, et arrêté par devers les Etats qu'il ne sera traité autrement; dont ayant souvent conféré avec le sieur Barneveld, il l'a toujours approuvé, même depuis peu de jours, comme aussi tout ce qui peut toucher au contentement dudit prince. Pour lequel disposer à suivre l'avis commun et le conseil de la paix, s'il étoit jugé le plus utile, on avoit estimé qu'il seroit besoin de l'en assurer, avant qu'entrer en aucunes conditions du traité général, et à cet effet faire en même temps deux traités, l'un général entre les Etats et leur ennemi, auquel les deux rois entreviendroient, et l'autre particulier entre les deux rois et les Etats, pour une ligue offensive et défensive, dans lequel on comprendroit aussi tout ce qui pourroit toucher à l'autorité et contentement du prince Maurice, et de ceux de sa maison; lequel traité particulier devoit être projeté, et comme arrêté entre quelques uns des principaux de l'Etat, le prince Maurice, le comte Guillaume et nous, pour après le faire passer en même temps que le traité général seroit arrêté. Et nous étions en volonté de mettre à effet ce conseil, et de proposer entre les mêmes personnes et nous quelques expédiens pour y parvenir, lorsque vos lettres nous ont été rendues, qui nous ont encore servi de sujet pour entamer derechef cette affaire avec le sieur Barneveld, qui au même temps nous pressoit, au nom des Etats, pour l'argent dont nous avons ci-devant écrit à Votre Majesté. Elle désire donc trois choses par ses lettres:

La première, que les Etats ne puissent traiter sans son consentement et intervention, et qu'on en tire promesse et obligation d'eux avant le traité; qu'on fera aussi secrètement une ligue offensive et défensive en même temps, et pour la troisième, qu'il soit avisé et pourvu à la sûreté des deniers qu'elle a déboursés. Ces deux premiers points étoient ceux dont nous voulions conférer et traiter pour faire prendre quelque prompte résolution aux Etats; mais, avant que d'y entrer, on a représenté audit sieur Barneveld les soupçons et défiances que Votre Majesté et ses principaux ministres ont de leur conduite, fondés sur de grandes raisons; déclaré qu'elle n'étoit aucunement disposée de leur fournir argent, sans recevoir premièrement d'eux le contentement qui est dû à ses mérites et bienfaits envers leur Etat, tant sur le fait de ladite intervention que ligue, dont nous voulions bien parler avec lui en particulier, mais non en public, pource que c'étoit à eux, à quel profit devoit revenir, de nous en rechercher; et s'ils n'avisoient bientôt à nous en donner les assurances requises, que Votre Majesté nous manderoit incontinent ce qu'aurions à faire, estimant que notre plus long séjour ici lui seroit honteux, s'ils venoient à traiter, nous y étant, sans mettre en considération ce qui est dû à sa dignité et à ses mérites; et qu'elle avoit trop d'occasion de soupçonner qu'ils ne fussent pour se précipiter à une mauvaise paix, sans penser à leur sûreté même, ni à son intérêt. Il a purgé tous ces soupçons par les mêmes raisons dont nous avons souvent donné avis à Votre Majesté; nous a assuré de son affection, et de la bonne intention des Etats; et qu'en lui faisant nous mêmes des ouvertures pour proposer l'affaire, il s'assuroit qu'elle n'auroit aucune difficulté en ce qui dépendoit des Etats. Sur quoi lui a été dit, quant à l'intervention, qu'on y pourroit procéder ainsi: à savoir, d'envoyer vers nous, au nom desdits Etats, et vers les députés du roi d'Angleterre, qui sont attendus ici dans cinq ou six jours, pour nous faire entendre la confiance qu'ils ont en notre intégrité et prudence, et prier comme ministres de deux grands rois, de l'assistance et secours desquels doit dépendre leur conservation, qu'ils fassent la paix ou continuent la guerre, de nous vouloir assembler et conférer de leurs affaires, dont nous sommes fort bien instruits, pour leur donner avis de ce que jugeons en nos consciences leur devoir être plus utile; avant charge de nous assurer, de la part des Etats, qu'en reconnoissance des obligations qu'ils ont à Leurs Majestés, et pour témoigner le respect qu'ils leur veulent rendre, ils ne feront jamais aucun traité avec le roi d'Espagne ni les archiducs, sans leurs avis, consentement et intervention, et que de ce il y ait délibération aussi par écrit, dont l'acte soit délivré en bonne forme à chacun d'eux.

Nous avons estimé que pour ôter tout prétexte de soupçon et jalousie au roi d'Angleterre, et pour faciliter aussi cette affaire, qu'il étoit expédient de le joindre à Votre Majesté, ayant néanmoins dit audit Barneveld que, si les députés d'icelui roi ne venoient aussitôt qu'on se promet, il seroit raisonnable, sans les plus attendre, de le faire avec nous. Il nous a répondu et assuré que cela seroit fait sans difficulté; qu'il le proposera volontiers comme de lui-même, dès-lors que les députés d'Angleterre seroient arrivés, et s'ils retardent, quand nous voudrons; nous suppliant d'en prendre toute assurance, et qu'il faudroit que les Etats eussent perdu le sens et le jugement, s'ils traitoient jamais sans l'intervention particulière de Votre Majesté; qu'il se faisoit fort de la province de Hollande, laquelle seule oblige presque toujours les autres provinces, ès délibérations qui sont d'importance, à suivre son avis; et qu'il s'assuroit bien aussi que le prince Maurice et tout ce qui dépend de lui, y apporteroit la même volonté, et en conséquence tout le surplus, s'étonnant comme Votre Majesté étoit si mal avertie, et avoit si mauvaise opinion d'eux que d'en douter. Quant à la ligue offensive et défensive dont on lui a aussi parlé, il s'y est encore trouvé mieux disposé, et qu'on la fera avec Votre Majesté quand il lui plaira, soit avec elle seule, ou conjointement avec le roi d'Angleterre, et sans attendre le traité même si elle veut, étant chose qui leur est indifférente de la faire devant ou après; et qu'ils désiroient encore plutôt que ce fût aujourd'hui que demain, pource qu'ils en ont plus grand besoin. Nous avons toujours cru qu'il n'y auroit aucune difficulté à faire cette ligue dès à présent du côté des Etats; mais bien de la part de Votre Majesté, pource qu'elle désire qu'on la fasse secrètement, chose difficile, à cause qu'il la faut mettre en délibération ès Provinces, puis accorder et résoudre en l'assemblée générale des Etats, qui ne peut être faite sans être sue d'un chacun. Ainsi seroit rompre ouvertement avec l'Espagne et les archiducs, et obliger Votre Majesté, au cas que la guerre continue, à secourir et assister les Etats, suivant les conditions du secours dont on auroit convenu d'une part et d'autre par le traité de la ligue; au lieu qu'à présent elle n'y est tenue, sinon de gré à gré, et autant qu'il lui plaît; il est vrai qu'eux aussi entreront en la même obligation de secourir et assister Votre Majesté et son Etat contre l'Espagne et les archiducs, au cas qu'il soit assailli par eux, ou qu'il les veuille assaillir lui-même, qui sont les fruits et effets d'une ligue offensive et défensive.

On peut craindre aussi en cette ligue, avant le traité, que le roi d'Angleterre n'y veuille point entrer, pour ne s'obliger à la dépense de la guerre, se montrer trop joint et uni avec vous, sire, et par ce moyen se rendre plus suspect au roi d'Espagne et aux archiducs, que peut-être il ne désire, ce qu'il craindra moins, la paix étant conclue et arrêtée. Et toutefois il seroit bien expédient qu'il en fût comme un bon commencement pour le séparer du roi d'Espagne, et faire aussi que lui et les archiducs accordent plus volontiers la paix, par la crainte qu'ils auront de cette ligue et conjonction. En ce doute de pouvoir faire ladite ligue secrète, ledit Barneveld nous a proposé une ouverture, à savoir, de faire députer un de chacune provinces auxquels, et à M. le prince Maurice et comte Guillaume avec eux, les Etats donnent pouvoir de traiter avec les députés des deux rois, ce qui sera par eux jugé plus utile pour le bien de leur Etat, promettant de l'avoir agréable, tout ainsi que s'il avoit été fait par tout le corps de l'état ensemble. Qu'on y avoit ainsi procédé, lorsqu'on fit, en l'an 1585, le traité d'alliance avec la reine d'Angleterre, et qu'il fut tenu si secret, les députés ayant juré de ne le point révéler, qu'il ne fut jamais su, sinon quand on prit résolution de le publier. Ce moyen nous a semblé très-bon. C'est à Votre Majesté de considérer si elle doit mépriser les autres inconvéniens ci-dessus déduits, et nous commander son intention. Le soupçon du roi d'Espagne et des archiducs seroit moindre, et auroient moins d'occasion de se plaindre, si telle ligue avant le traité étoit seulement défensive, pour secourir ses Etats l'un de l'autre, vous, Sire, de certaine somme d'argent ou de gens, et les Etats avec certain nombre de gens et vaisseaux de guerre, si étiez assailli par qui que ce soit, sans spécifier lesdits princes. Est vrai qu'ils pourroient toujours dire que ce seroit une contravention ouverte, attendu qu'ils sont en guerre avec lesdits Etats, et qu'ils y étoient déjà, lorsque Votre Majesté fit la paix avec eux; et ne pourroit-on sauver cette contravention ouverte, sinon parce qu'ils ont été reconnus par l'archiduc, peuples libres, sur lesquels il ne prétend rien; et sur la ratification d'Espagne qui en contiendra autant, faisant ladite ligue de date qui fût postérieure à la réception d'icelle ratification. Puis ce que Votre Majesté a fait pour eux jusqu'ici est si connu, que la rupture est évidente à qui le voudra prendre ainsi. S'il étoit utile au roi d'Espagne de le faire, il n'y a doute qu'il s'en sauroit bien servir, et faire pis quand il pourroit. Encore seroit-il à propos, si Votre Majesté prend résolution de faire ladite ligue avant le traité de la paix, de la limiter à certain temps, comme de trois, quatre ou cinq ans, pour ne point s'obliger à un secours perpétuel, la guerre continuant, sauf de la renouveler le temps expiré, s'il y échéoit, ou la paix faite, de la rendre perpétuelle. Elle nous mandera, s'il lui plait, son intention sur le tout, et ce qu'elle veut offrir aux États en ce cas, et à quoi elle les veut obliger.

Il est bien certain, sire, que Votre Majesté étant assurée de l'intervention au traité, par le moyen ci-dessus déduit, la ligue ne peut défaillir après; car les États n'ayant autre sûreté que son appui, au cas qu'ils fassent la paix non plus qu'à la guerre, la rechercheront toujours avec grande instance et supplications. Nous prévoyons bien même qu'ils nous en presseront dès à présent, afin d'être assurés de votre secours. À quoi si le roi d'Angleterre veut être concurrent, et, par une ligue secrète, s'obliger envers Votre Majesté, lui au tiers de la dépense, et vous, sire, aux deux tiers, il semble qu'on ne la pourroit refuser, trop bien la limiter à certain temps, et qu'il seroit à propos même de le faire pour obliger le roi d'Angleterre à ce secours. Quant à l'assurance des deniers par eux reçus, il nous semble, Sire, que ce n'était encore le temps d'en parler, et qu'il suffira de le faire quand on traitera, ou qu'ils auront besoin de la continuation du secours pour faire la guerre; aussi-bien ne voyons-nous pas qu'on en puisse espérer beaucoup. Nous ne laisserons pourtant de faire tout ce qu'il nous sera possible, lors, pour les obliger au paiement en certaines années. Quoi qu'il en avienne, cet argent aura été bien employé, pourvu que ces pays demeurent séparés d'Espagne, et unis par une bonne confédération avec vous, sire, et votre État, qui est le principal profit de cet emploi, auquel il semble que nous devons plutôt penser maintenant qu'à toute autre chose.

Votre Majesté jugera par ce qui est contenu ci-dessus, et par notre précédente dépêche, que ces peuples ne sont si inconsidérés et las de la guerre, qu'ils veuillent accepter une mauvaise paix, ni oublier non plus le respect qu'ils lui doivent. Et à la vérité, nous les avons toujours reconnus pleins d'affection envers elle, et nous ont parlé si ouvertement de leur intention, qu'avons occasion d'en bien sentir. Et si ce que nous mandons est conclu et arrêté avec eux, comme nous nous promettons qu'il sera, elle aura tout sujet d'en être satisfaite et contente, et de continuer aussi au même soin qu'elle a toujours eu de leur conservation. Et, par ce moyen, sera plus aisément persuadée de les assister du même secours, pour cette année, qu'elle a fait ci-devant, comme nous l'en supplions très humblement, crainte que leurs affaires n'aillent en confusion, à cause des désordres des soldats qu'on ne peut payer d'ailleurs, pour ce que toutes les contributions des provinces ont été employées ès charges ordinaires; et ce qui s'élève en général a été aussi consommé, s'étant toujours attendus de supporter cette dépense sur la gratification dont il a plu à Votre Majesté user envers eux, qu'ils se promettent devoir être continuée cette année, attendu que la trêve ne les a déchargés que de bien peu de dépense, n'ayant osé casser une seule compagnie, crainte d'être surpris par leurs ennemis. C'est maintenant, sire, qu'il est plus besoin que jamais de conserver et ménager leur bonne volonté, pour avoir l'autorité et créance qui est requise ès choses qui se doivent passer, afin d'en tirer quelque fruit de tant de dépenses qu'avez déjà faites pour eux, que le refus de ce secours, en un temps auquel ils en ont si grand besoin, pourroit faire oublier et le prendre comme pour une déclaration expresse qu'on les veut abandonner du tout; avec ce que les désordres, pilleries et courses des soldats, faute de paiement, pourroient être cause de les mettre au désespoir, et de leur faire croire qu'ils n'ont plus autre moyen pour se garantir de tels inconvéniens, qu'une paix telle quelle. Cette supplication provient du désir que nous avons pouvoir bien servir, qu'elle prendra, s'il lui plaît, de bonne part.

Les deux députés des Etats retournés d'Angleterre nous sont venus voir, ayant au cou les chaînes d'or que le roi d'Angleterre leur a données en présent. Ils se louent du bon recueil qu'ils en ont reçu, ensemble de son conseil, de toute la cour et des peuples; ils disent qu'ils montrent tous de haïr l'Espagnol. Le roi même leur a tenu sur ce sujet plusieurs propos à diverses reprises, qui en témoignent autant. Lorsqu'il les ouït, il fit sortir tout son conseil, et personne ne demeura en la chambre que le prince de Galles, lequel se tint toujours près de la porte, où il ne pouvoit rien ouïr de ce qu'on disoit. C'est peut-être qu'il craignoit qu'aucuns de son conseil ne vinssent à rapporter à l'ambassadeur d'Espagne ce qu'ils auroient entendu, soit de lui ou d'eux. Après avoir entendu la charge desdits députés, telle que l'avons ci-devant écrit à Votre Majesté, il s'informa soigneusement s'ils n'étoient point entrés plus avant en traité avec les archiducs, que ce qu'ils lui en avoient dit, montrant en avoir eu soupçon, et qu'ils faisoient peut-être comme les filles, qui, s'étant mariées secrètement sans le su et volonté de leurs parens, demandoient l'avis après la faute faite, et s'il étoit ainsi, qu'il lui seroit honteux d'envoyer ses députés. Sur quoi ils l'auroient assuré d'être au commencement des affaires, et qu'ils n'entendoient passer outre qu'avec son avis et consentement, et celui de Votre Majesté. Lors il leur dit que deux choses l'invitoient d'avoir soin de leur conservation, la religion dont il faisoit profession, puis l'intérêt de son Etat, connoissant assez qu'il est expédient, pour le bien général de la chrétienté et la sûreté même, de les aider à diminuer la grandeur d'Espagne. Qu'il se souvenoit aussi qu'étant roi d'Ecosse il avoit reçu de l'amitié d'eux, dont il se vouloit revancher à toutes occasions, et qu'il lui étoit loisible de le faire aussi sans blâme, pource qu'il n'a aucun traité avec quelque prince que ce soit, qui l'oblige à ne les point secourir et assister, ainsi qu'il est délibéré de le faire, et de commander à ses députés de joindre leurs conseils et avis avec ceux des députés de Votre Majesté, se promettant qu'ils n'auront tous ensemble qu'un même but, qui est leur salut et conservation, soit par la paix ou par la guerre.

Puis leur demanda quelles étoient les sûretés qu'ils pensoient trouver par la paix, comme leur voulant faire connoître qu'il étoit malaisé qu'il y en eût, sans toutefois passer outre, ni s'en informer plus particulièrement : il ajouta encore que l'ambassadeur d'Espagne s'étoit plaint à lui de ce qu'il les recevoit si courtoisement, la réponse et réplique dudit sieur ambassadeur, selon que l'avons aussi ci-devant écrit à Votre Majesté. M. le comte de Salisbury et autres des principaux du conseil parlant avec eux, leur ont aussi fait sentir que si Votre Majesté se vouloit déclarer ouvertement contre le roi d'Espagne, que le roi y seroit très-bien disposé, pourvu aussi qu'on y pût prendre quelque fiance; mais que la dernière paix contre les traités faits avec la feue reine leur faisoit craindre l'avenir. C'est tout ce qu'en avons appris, et ne nous ont su dire si ledit roi étoit disposé à les mettre en paix, ou à faire continuer la guerre, estimant qu'il réservoit à se résoudre sur ce que ses députés apprendroient ici de l'état des affaires, de l'inclination de ces peuples et de l'intention de Votre Majesté, à laquelle nous prions Dieu, sire, qu'il donne tout heur et prospérité, et à sa royale famille.

Vos très-humbles et très-obéissans sujets et serviteurs, P. JEANNIN, BUZANVAL et DE RUSSY.

De La Haye, ce 17 d'août 1607.

LETTRE *de M. Jeannin à M. de Villeroy, du 17 août* 1607.

Monsieur, il est malaisé, ès choses de l'avenir et qui dépendent des volontés d'autrui, d'y trouver une si grande sûreté qu'on s'en puisse rendre garant. Vous avez de la défiance de la conduite des Etats, et particulièrement du sieur Barneveld; j'en ai eu et n'en suis encore du tout hors. Nous avons néanmoins plus d'occasion d'espérer que tout ira bien, et suivant la volonté du Roi, que de craindre le contraire. Car, encore que cette disposition soit ès esprits d'aucuns de cet Etat de désirer la paix à quelque prix que ce soit, pourvu qu'avec une ratification ils pensent avoir acquis cette imaginaire liberté et souveraineté de leurs pays qu'ils recherchent tant, les plus sages néanmoins, et avec eux le plus grand nombre, n'y courent pas si inconsidérément, et veulent la paix bonne et assurée, ou bien la rejettent; et tous estiment leur principale sûreté dépendre de l'intervention du Roi et d'une ligue offensive et défensive avec lui; y joignant bien aussi l'Angleterre, mais non avec tant d'affection et espoir qu'ils en puissent tirer un si grand fruit. Nous sommes sur le lieu, et veillons avec le plus de soin qu'il nous est possible pour pénétrer en l'intérieur de leurs intentions, et reconnoître aussi par leur conduite et actions ce qu'ils prétendent faire; mais nous en faisons ce jugement, et vous supplie très-humblement d'y vouloir ajouter plus de foi qu'à d'autres rapports qu'on peut faire à dessein, ou bien sans en avoir si suffisante et particulière information que nous. Ce n'est pas, monsieur, que soyons si téméraires que de vouloir assurer tout, jugeant bien que devons être plutôt trop que peu soupçonneux, et que ne serions pas excusables, puisqu'on se repose sur notre vigilance et conduite, si, pour nous trop fier, nous étions trompés. Ç'a toujours été notre intention, de prendre quelque assurance de l'intérêt du Roi avant qu'on fût au traité général, et d'y procéder en saison qu'il soit périlleux à ces peuples, lesquels ont besoin de l'assistance de Sa Majesté, de l'offenser et faire chose qui lui déplût, ainsi que l'avons plusieurs fois écrit, et que le verrez encore par nos lettres qu'écrivons présentement au Roi, où nous mandons particulièrement tout ce qui s'est passé avec le sieur Barneveld, et ce que prétendons faire au premier jour pour y voir clair et être plus assurés que ne sommes.

Je ne vous en répéterai rien, fors ce qui touche à l'argent, dont on nous fait toujours instance; duquel ces peuples ont à la vérité grand besoin, pour s'être assurés de payer partie des charges de cette année, peu moindres que de coutume, quoiqu'ils jouissent de la trêve, sur ce qui devoit provenir du secours du Roi; s'en étant promis la continuation aussi bien cette année, nonobstant ladite trêve, qu'ès années précédentes, attendu qu'ils n'ont cassé une seule compagnie, crainte d'être surpris, et qu'ils ont dans leurs garnisons plus de quarante mille hommes, sinon effectifs, au moins de solde, lesquels crient et demandent tous les jours leur paiement, menacent de sortir en la campagne pour y faire des courses, se rendre maîtres des villes où ils sont pour les piller, et commettre diverses violences et insolences qui mettroient sans doute ces peuples au désespoir; lesquels ne sont accoutumés de souffrir telles licences, qu'on doit plus craindre aujourd'hui sur cette incertitude de guerre ou de paix, qu'en tout autre temps, afin qu'on ait loisir de prendre conseil mûrement, non par dépit et par désespoir. Or, comme on ordonne des levées ès provinces dès le commencement de l'année, et qu'on fait aussi fonds des contributions qui se lèvent en général, tout a été consommé pour les charges ordinaires et quelques fortifications qu'on a faites d'extraordinaire en divers endroits, ayant cru ceux qui manient les affaires que le fond du secours du Roi, qu'ils tenoient pour certain et assuré, suffiroit pour parfaire le paiement des gens de guerre, lequel venant à défaillir, nous prévoyons et craignons bien les inconvéniens ci-dessus déduits, ou plutôt croyons qu'ils arriveront sans doute, s'il ne plaît à Sa Majesté les secourir. Car on ne peut sur cette incertitude de guerre et de paix, faire nouvelles levées dans les provinces, et leur crédit s'est diminué à cause de ce que nous avons ci-devant écrit, non qu'ils soient plus foibles ou incommodés, mais il y en a qui ont cherché des moyens de retirer leurs deniers, pensant que cela seroit cause de quelque confusion, que l'ennemi le sauroit, se rendroit, à cette occasion, plus difficile à donner les conditions de la paix qu'on lui demande, et par ainsi que la guerre continueroit; qui est un très-dangereux dessein, duquel ils doivent plutôt craindre toute autre chose et une mauvaise paix, que ce qu'ils prétendoient obtenir. C'est notre devoir d'en avertir Sa Majesté et de l'en supplier très-humblement, comme nous faisons par nos lettres, lui remontrant qu'après tant de dépenses faites, on ne doit épargner celle-ci, qui est nécessaire, et nous doit donner autant de créance et d'autorité pour faire passer toutes choses, suivant l'intention de Sa Majesté, que le refus nous en pourroit ôter, n'y ayant rien qui ait tant de pouvoir sur les esprits des hommes que les bienfaits présens, lors même qu'on prétend se servir de ceux qui les reçoivent.

Les deux députés des États retournés d'Agleterre me vinrent voir hier, où se trouva M. de Russy. Nous mandons au Roi tout ce qu'en avons appris; mais le jugement que faites par toutes les lettres que nous avez écrites, de l'intention du roi d'Angleterre et de ses principaux ministres, nous fait croire qu'on a usé d'artifice envers eux. Les députés dudit roi seront ici, à ce qu'on nous a dit, dans cinq ou six jours au plus tard; s'ils veulent bien faire, toutes choses passeront sans doute à notre mot : si leur intention est mauvaise, nous aurons plus de peine, et trouverons à tous propos de nouvelles difficultés, outre ce qu'avons écrit au Roi. Lesdits députés, qui sont retournés d'Angleterre, nous ont dit avoir appris qu'il y auroit quelque difficulté entre nous pour les préséances, et qu'aucuns des principaux ministres dudit roi disoient sourdement que ce ne devoit être à présent que le roi d'Angleterre a deux couronnes, comme du passé, lorsqu'il n'en avoit qu'une. Nous leur avons répondu qu'il n'y a roi en la chrétienté qui puisse débattre avec raison cette préséance avec le nôtre, et que le roi d'Espagne, qui a plusieurs couronnes, et a fait ce qu'il a pu pour obtenir cet avantage au lieu même où il a plus de crédit, qui est à Rome, y a perdu sa cause, et a été contraint de nous céder. Nous ne nous devons point trouver en lieu public où ce débat puisse arriver, sinon que les Etats nous veuillent envoyer des députés, et prier que nous nous assemblions lorsqu'ils y voudront venir; mais en ce cas ce doit être chez nous, non chez eux; et les députés des Etats y étant, prendre le plus honorable lieu : encore qu'il n'y ayant que nous et eux, nous en devons user autrement, suivant la courtoisie ordinaire; ou bien vous aviserez, pour éviter cette dispute, au cas qu'ils se rendent trop difficiles en ceci, s'il seroit point à propos de s'assembler chez M. le prince Maurice; et là encore devons-nous prendre la plus honorable place, ou pour mieux faire, quand les Etats auront à nous proposer quelque chose, qu'ils parlent à nous à part et à eux de même; et que par forme de visite, nous voyant chez les uns et les autres, nous traitions d'affaires sans autres cérémonies. Je vous supplie très-humblement de nous mander votre avis, et croire que s'ils y viennent avec cette gloire, encore que nous n'ayons envie de pointiller, que ne souffrirons aucunement qu'ils prennent tant soit peu davantage au préjudice de ce qui est dû à la dignité du Roi. Nous nous servirons des lettres patentes que vous nous avez envoyées, si en avons besoin; elles suffiront pour maintenant.

Je désire que le Roi reçoive cette dernière dépêche avant que faire réponse au mémoire qu'a emporté M. de Preaux, afin qu'étant mieux informé de l'état des affaires qu'il n'étoit peut-être auparavant il en délibère et y prenne une résolution aussi plus assurée. Nous l'attendons et obéirons à ce qu'il lui plaira nous commander, de même affection que serai toujours désireux de vous rendre très-humble service. M. de Barneveld m'est venu voir, achevant cette lettre, et m'a dit que leur agent qui est en Allemagne, leur a mandé que M. l'électeur palatin enverroit au premier jour ses députés ici, et qu'il s'en alloit vers l'électeur de Brandebourg, qui se promettoit en devoir faire autant. Je lui ai demandé si le landgrave n'y enverroit pas aussi. Il m'a dit qu'il croyoit que non, pource qu'il étoit offensé de ce que quelque cavalerie des Etats avoit fait des ravages sur aucuns de ses vassaux et sujets, n'ayant voulu recevoir les excuses qu'on lui a faites pour faire connoître le déplaisir que les Etats en ont; qu'on ne laisse toutefois de le prier d'envoyer ses députés, comme ils feront à l'endroit du duc de Wirtemberg; mais pour le regard de ces deux derniers, ils ne savent s'ils le feront, et sont bien assurés des deux premiers. Ledit sieur de Barneveld m'a dit encore qu'ils enverront au premier jour vers le roi de Danemarck à ce même effet, et qu'ils se promettent aussi qu'il enverra ses députés. Vous nous manderez, s'il vous plaît, comme nous aurons à nous conduire avec eux tous. J'estime qu'il seroit bien à propos que le duc de Wirtemberg et le landgrave y voulussent envoyer, d'autant que j'estime qu'ils sont enclins et affectionnés au service et contentement de Sa Majesté; vous aviserez s'il ne seroit pas bon de faire quelque office envers eux de la part de Sa Majesté, pour les y convier. Ledit sieur de Barneveld m'a donné copie des lettres que le roi d'Angleterre et le prince de Galles leur ont écrites; vous les considérerez, s'il vous plaît. Ayant depuis vu M. le prince Maurice, et parlé

9

aussi à part avec M. Maldrée, j'ai su que le roi d'Angleterre et ses principaux ministres ne désirent aucunement que les Etats fassent la paix avec l'Espagnol; mais qu'ils ne montrent pourtant de vouloir mettre la main à la bourse pour les secourir, et que, sans la jalousie qu'ils ont du Roi, et crainte que par l'intervention du pape la paix se fît toujours entre la France et l'Espagne, quand ils auroient commencé la guerre ensemble, ils seroient prêts d'y entrer ouvertement, mais qu'ils ne s'y peuvent fier, et que les députés du roi d'Angleterre auront charge de sonder là-dessus notre intention. Vous me mandez aussi, monsieur, que le Roi aura bien agréable de gratifier le prince Maurice d'une bonne pension. Il la mérite; nous reconnoissons tous les jours son affection envers Sa Majesté: mais je désirerois bien lui en pouvoir parler avec plus de certitude, et dire quoi. Je le ferai lorsque vous m'en aurez éclairci.

M. de Maldrée m'a dit qu'il a tenu quelques propos comme de lui-même au comte de Salisbury, pour les droits que feu M. le prince d'Orange prétendoit en cet Etat, afin que le prince Maurice fût favorisé de l'autorité et bienveillance du roi d'Angleterre; mais il ne l'a pas bien reçu, lui disant que la paix à laquelle il sembloit que les Etats aspiroient n'étoit propre à ce dessein, et que cette réponse provenoit sans doute de ce qu'ils le tiennent trop François; et que cette jalousie de ne pas vouloir ce que Sa Majesté trouve bon étoit enracinée si avant ès esprits des Anglois, qu'il craignoit qu'elle ne fût cause de gâter tout. Il m'a encore dit que ledit sieur comte de Salisbury s'est plaint de ce qu'on avoit dit en France que le roi d'Angleterre avoit donné charge à son ambassadeur de faire entendre au Roi qu'il ne vouloit plus qu'il fournît aucune chose aux Etats en son nom et sur les deniers que Sa Majesté lui doit, comme étant chose mise en avant pour gagner la bonne grâce des Etats au préjudice du roi d'Angleterre, encore qu'il n'en fût rien. Nous attendons de vos nouvelles en bonne dévotion. Je suis, monsieur, votre très-humble et très-obéissant serviteur.   P. JEANNIN.

A La Haye, ce 17 d'août 1607.

LETTRE *du Roi, du vingt-quatrième jour d'août 1607.*

Messieurs Jeannin, de Buzanval et de Russy, ayant reçu, le 14 de ce mois, votre lettre du pénultième de juillet, par l'abbé de Preaux, j'ai voulu attendre la subséquente, pour savoir que contentement l'audiencier Verreiken auroit donné aux sieurs les Etats, dedans les six jours de délai qu'ils lui avoient accordé pour renvoyer vers les archiducs, sur le rejet qu'ils avoient fait de la ratification du roi d'Espagne qu'il leur avoit portée, devant que de répondre à votredite lettre; de quoi j'ai été éclairci par la vôtre du 10, que j'ai reçue le 20 de cedit mois; et puisque lesdits Etats lui ont depuis prolongé ledit délai de six semaines, et accordé la révocation de leurs navires qui étoient sur la côte d'Espagne, je n'estime pas avoir pour le présent à vous commander grand'chose sur vosdites lettres, d'autant qu'elles ne contiennent qu'un discours de tout ce qui s'est passé par delà, depuis l'arrivée dudit audiencier, jusqu'à son départ: de quoi j'ai eu à plaisir d'être exactement informé, et suis encore plus content de tout ce que vous y avez contribué, reconnoissant que vous vous y êtes conduit très-prudemment, et que vous ne pouviez m'y servir plus dignement que vous avez fait. Enfin je crois que Barneveld vient à bout de tout ce qu'il entreprend, comme celui qui conduit cette barque comme il lui plaît, et qui devroit meshui modérer, et faire changer de procédé au prince Maurice: car ces contradictions ne lui servent qu'à lui acquérir de la honte, et diminuer son crédit et pouvoir, comme de nourrir la méfiance et discorde entre eux: à quoi je vois que vous mettez peine de remédier par tous moyens et toutefois avec mesure et discrétion telle qu'il convient. Continuez, je vous prie; car il faut craindre qu'ils prennent des conseils séparés et précipités; que Barneveld coure à la paix à bride avalée, et que l'autre recherche dedans les armes et par le moyen de ses amis quelque espèce de fortune mal fondée, qui cause la ruine de sa personne et de son avec celle du pays. Ce qui plus me met en cette appréhension, est que je remarque que ledit prince, en résistant toujours à la paix, n'a le pouvoir de l'empêcher; et toutefois il recherche encore moins les moyens d'assurer sa condition par icelle, comme celui qui se laisse seulement emporter au courant malgré lui; et si'l veut que chacun le sache, dans je ne vois pas qu'il puisse tirer aucune sorte d'honneur ni d'avantage, quoi que les choses deviennent en C'est pourquoi je dis qu'il faut qu'il médite en quelque dessein désespéré, ou qu'il ait quelque espérance secrète qui le conseille et conforte.

le moins devroit-il s'en ouvrir à moi, pour en être assisté et fortifié ; car j'ai volonté et intérêt de le conserver et les siens; vous savez le commandement que je vous en ai fait. Je veux croire que le roi d'Espagne enverra sa ratification en la forme qu'elle a été dressée par lesdits Etats, et, quand il y changera quelque chose, que lesdits Etats à la fin s'y accommoderont : car Barneveld gagnera ce point, s'il l'entreprend, comme il a fait les autres. Le sieur Aërsens s'est laissé entendre ici, puisque ledit roi d'Espagne avoit, par l'agréation qui a été présentée, donné aux archiducs la qualité de princes souverains des Pays-Bas et ensuite ratifié leur traité, qu'elle étoit suffisante pour les faire estimer libres par tous leurs voisins, desquels, sans cela, ils étoient tenus par plusieurs pour tels. Je ne pense pas que ledit Aërsens, lequel en ses autres propos se déclare et montre contraire à la paix, soit seul de tel avis. C'est pourquoi j'estime que lesdits Etats, nonobstant leurs protestations, s'accommoderont à la première ratification qui leur sera présentée. Je crois pareillement qu'ils y seront poussés de la part du roi d'Angleterre, lequel prendra toujours le contrepied du chemin que je tiendrai, ou lui et les siens changeront bien de naturel. Quoi étant, je dis qu'il faut que ledit prince Maurice avise d'heure de bâtir sa fortune dedans le parti de la paix ; car si les choses succèdent autrement, et qu'il faille recommencer la guerre, sa place lui sera toujours conservée et assurée ; et si, quand il ne se sera bandé contre ladite paix, il ne sera sujet aux reproches qui seront inévitables à ceux qui l'auront empêchée ou seulement réprouvée. Je vous écris de ce fait avec affection, pource que je vous répète qu'il est nécessaire que je conserve ledit prince, si je veux faire état ci-après de l'amitié des Etats. Davantage, je ne vois point que ceux-ci pensent à dresser entre eux un ordre de gouvernement par lequel il y ait apparence d'espérer qu'ils se maintiennent en paix comme ils ont fait en guerre. Ils ne pensent pour le présent qu'à ce seul but de la paix ; et je doute si, étant faite, ils pourront lors s'accorder de ladite forme. Que l'on semera la discorde, ou qu'elle naîtra parmi eux: c'est le profit que leurs ennemis espèrent de leur traité. Barneveld vous dit et assure, pour me contenter, que jamais ils ne feront ladite paix sans mon intervention et du roi d'Angleterre, et davantage, qu'ils feront après une secrète ligue offensive et défensive avec moi.

Considérons, je vous prie, comment ils entendent que j'intervienne en ladite paix, si les archiducs leur délivrent la ratification d'Espagne en la forme qu'ils ont demandée, et qu'ils ne trouvent bon que je m'entremette de ladite paix. Dois-je croire que les Etats refuseront sur cela cette benoîte souveraineté, en laquelle ils estiment que leur salut et repos consiste ? dois-je encore désirer qu'ils s'opiniâtrent en leur refus ? Quand bien cela dépendroit de moi, dois-je faire état aussi que ledit roi d'Angleterre leur conseille cette obstination ? J'estime plutôt que je dois croire que, sous main, il en dégoûtera les Etats aussi-bien que les archiducs pour toujours tirer avantage de mon dommage ; mais quand toutes les parties accorderoient ladite intervention, quel profit m'en reviendra-t-il ? peut-être servira-t-elle d'assurer le traité pour lesdits Etats, qui est un avantage auquel véritablement je reconnois que j'aurai bonne part, mais c'est tout aussi. Or je désire savoir comme ils entendent procéder en ce fait ; car mon intention n'est d'offrir en cette action mon entremise, ne voulant prendre le hasard d'un refus de l'une des parties ; j'en dois être requis et recherché de part et d'autre pour ma dignité et pour y être utile. Je prévois un pareil succès de la proposition de la susdite ligue offensive et défensive, encore que ledit Barneveld vous en donne toute assurance, principalement s'il attend à la résoudre qu'ils aient fait ledit accord ; car par icelui on les obligera à choses qui y répugneront entièrement, et peut-être par termes si exprès, qu'ils ne pourront y contrevenir et jouir dudit accord ; et nous ne pourrons lors honnêtement les presser au préjudice de leur foi et parole. Davantage, ils pourront toujours, quand ils voudront, s'excuser sur les traités et la jalousie d'Angleterre, comme ils ont fait par l'acte que nous leur avons demandé. Cela étant, quel honneur et profit tirerons-nous de tant de peines que je prends pour eux, des inimitiés que j'ai acquises pour leur bien faire, des deniers que j'ai employés, et de ceux qu'ils veulent encore qui j'y contribue ? Je veux croire que ledit Barneveld est poussé d'une très-bonne intention envers sa patrie, en tout ce qu'il fait et poursuit, voulant maintenant la mettre en repos, pour avoir reconnu et éprouvé ne pouvoir la sauver par la guerre. Mais il faut aussi que lui et ses semblables avouent et reconnoissent que, sans mon aide, non-seulement ils ne seroient en terme de parvenir à ce titre de liberté et souveraineté, duquel ils sont si affamés, mais qu'ils seroient peut-être réduits en une misérable servitude. Le support si signalé qu'ils ont reçu de moi méritoit certainement qu'ils eussent plus de soin de leur foi en mon endroit, et de confiance en mon amitié, qu'ils n'en ont montré, lorsqu'ils se sont disposés d'entendre à ladite paix, et qu'ils ont depuis conclu la cessation d'armes, et pareillement quand ils se sont servis de la négociation proposée par le sieur Aërsens, leur député, pour, en m'abusant et blâmant, couvrir le changement de leurs délibérations, comme vous savez qu'ils ont fait. Leurs manquemens passés à bon droit me font appréhender les futurs. Aussi seront-ils d'autant plus à craindre, qu'ils approcheront du prix fait de la paix, pour lequel ils travaillent et veulent aussi que je coopère avec eux, sans autres gages et reconnoissance que de paroles et promesses pleines d'incertitudes et de difficultés en l'exécution, continuant à me traiter à l'égal des Anglois, desquels ils n'attendent et reçoivent toutefois des effets pareils, comme vous savez que je m'en suis plaint à vous plusieurs fois, sans qu'ils se soient néanmoins mis en devoir de rechercher les moyens de me contenter. Toutes ces choses me dégoûtent grandement.

Je veux que vous sachiez et eux aussi qu'elles ne me débutent pas; mais comme ils veulent que je continue à les assister de mon autorité et de ma bourse en cette occasion, il est raisonnable aussi qu'ils se mettent en devoir de me donner occasion de faire que je puisse tirer profit et avantage de leur paix, quand ils l'auront acquise, autrement qu'en promesses, et qu'ils me guérissent de la jalousie que j'ai conçue de l'accomplissement d'icelles. Quoi faisant, assurez-les que mon assistance leur sera continuée aussi cordialement, nonobstant le passé, qu'elle a été auparavant. Voyons donc à ce que je puis espérer d'eux par le moyen de la susdite ligue, afin que je ne coure après mon esteuf, comme j'aurai fourni l'argent qu'ils me demandent, et qu'avec icelui ils auront fait leurs affaires. Je prévois qu'ils feront naître plusieurs difficultés sur cette proposition, lesquelles ils s'efforceront de réparer en redoublant leurs déclarations et promesses qu'ils vous ont déjà données libéralement de leur bonne volonté, sans y ajouter les effets, pour gagner temps, et avancer leur dessein, en attendant la susdite ratification; vous remontrant entre autres points qu'ils ne peuvent entendre à cette proposition, sans l'avis et consentement général des provinces et villes qui en dépendent. C'est pourquoi je voudrois que vous pussiez trouver moyen de faire entendre, dès cette heure, ma bonne volonté dedans lesdites provinces; car je crois qu'elle y seroit reçue plus favorablement que dedans le conseil des États, où l'on ne voit et croit que ce qu'il plaît au sieur Barneveld, par l'organe duquel ils parlent, oyent et jugent toutes choses; estimant si dedans lesdites provinces on eût su que le jeune Aërsens a été le seul auteur des propositions qu'il a portées par delà au commencement de l'année présente et de la précédente, par le moyen desquelles on a décrié malicieusement la sincérité de mes intentions, que l'on eût grandement réprouvé et blâmé cette malignité, et que l'on n'eût fait difficulté de me délivrer l'acte que j'ai depuis demandé pour être assuré de leur volonté contre tels artifices et déguisemens.

Conférez-en avec le prince Maurice, et vous conduisez selon que vous jugerez le devoir faire pour le bien de mon service, et sachez, pour conclusion, que je n'ai pour le présent volonté quelconque de continuer à bailler mon argent pour des promesses et espérances générales et incertaines, après avoir été échaudé comme j'ai été, sans que l'on se mette en devoir de l'amander. Ils se figurent toujours que je ne puis régner sans eux, et que la conservation de mon royaume dépend de la leur. Je connois mieux que nul autre les limites de cette considération, et jusqu'où elles doivent s'étendre. C'est pourquoi je ne la méprise pas, comme ils font de leur côté les raisons qui militent au contraire: tant y a que j'aime mieux courre quelque risque avec mon argent que me surcharger de honte en le répandant infructueusement. Davantage, je sais, quoi qu'ils fassent et deviennent, tant en général qu'en particulier, qu'ils auront ci-après autant ou plus de besoin de mon support et appui, que j'aurai de leur amitié et assistance, quand ce ne seroit que pour conserver cette prétendue souveraineté. Qu'ils regardent donc de me contenter s'ils veulent que je continue à les secourir, ou bien qu'ils se contentent que je les assiste de votre présence et de mon conseil, comme font leurs autres alliés, et j'attendrai comme eux l'issue de leur traité, pour y contribuer avec les autres, ce qu'ils doivent honteusement espérer d'un cordial ami, et se contentent de recevoir des autres qu'ils tiennent, respectent et traitent pour tels. Je prie Dieu, messieurs Jeannin, de Buzanval et de Russy, qu'il vous ait en sa sainte et digne garde.

Écrit à Saint-Maur-des-Fossés, le vingt-quatrième jour d'août 1607.
HENRI.

Et plus bas, BRULART.

LETTRE *de M. de Villeroy à M. Jeannin, dudit jour 24 août 1607.*

Monsieur, enfin nous ne voulons plus dépendre notre argent inutilement, si nous pouvons. Nous nous défions aussi plus que jamais de la foi et bonne volonté de ces messieurs, et même du sieur Barneveld. Nous désespérons pareillement, non de la volonté, mais de la providence et de la détermination du prince Maurice. Nous croyons que, pour obtenir de nous ce qui leur fait besoin par delà, l'on vous entretient et nourrit d'espérances et promesses vaines, et même impossibles;

d'autant que l'accomplissement d'icelles dépend non-seulement d'une bête composée de plusieurs têtes divisées en soi, affamée de repos, inconstante, et trop foible par soi et pour ses amis, pour soutenir une résolution contraire à son désir; mais aussi du bon plaisir et vouloir de ses ennemis, lesquels ne veulent s'accorder avec eux que pour les affoiblir, et après les surprendre et détruire. Tellement qu'il n'est vraisemblable qu'ils consentent jamais, s'ils n'y sont forcés extraordinairement, que les rois et princes qui peuvent les appuyer et aider à les maintenir après, en paix et en guerre, interviennent en leurs traités, ni qu'ils s'assurent pour l'avenir de leur assistance par forme de ligue et confédération ou autrement; et disons sur cela qu'il eût fallu que lesdits Etats y eussent commencé, pour fonder entrée avec leurs amis, un bon et sûr moyen de se passer dudit accord, et se conserver sans iceluy, en cas qu'ils n'eussent pu tel qu'il est nécessaire pour leur sûreté et pour contenter leursdits amis. Ils diront être chose qu'ils ont recherchée sans la pouvoir trouver, non par leur faute, mais par celle de ceux desquels ils pouvoient l'espérer, et qu'ils sont encore prêts d'entendre à cette provision si chacun y veut contribuer ce qui est nécessaire, et principalement le Roi, duquel doit dépendre leur meilleur et principal appui. Et nous disons, contre cela, que nous ne pouvons ni voulons seuls porter les frais qu'il faut; sinon que le roi d'Angleterre soit de la partie avec les princes d'Allemagne; tous lesquels néanmoins refusent d'y entrer comme il faut, et principalement ledit roi d'Angleterre.

Davantage, nous disons que depuis que lesdits Etats ont commencé à goûter de la paix, qu'ils ne feront dorénavant plus la guerre qu'à regret. De sorte qu'on ne peut plus prendre fiance de leur constance en cela; et, certes, je crois qu'il est véritable. Il faut donc prendre les choses, non comme nous désirerions qu'elles fussent, ou qu'elles devroient être, mais en l'état qu'elles sont et peuvent être. Or nous désirons d'être éclaircis et assurés de cette ligue offensive et défensive qui vous a été comme promise, s'il est possible, devant qu'ils aient contracté avec les archiducs. Le Sieur Aërsens, qui en a ouï parler par-dessus, l'accorde, ainsi qu'il vous dira; M. de Preaux dit qu'il ne faut pas s'attendre que ses maîtres y entendent, qu'ils n'aient devant reçu la réponse d'Espagne sur leur ratification, ni que ce soit le moyen de les y disposer, que de resserrer cependant notre bourse. Il fait sur cela le malcontent, et certes sans propos; il devroit se contenter d'avoir abusé du nom de Sa Majesté, et de la confiance qu'elle avoit en lui deux fois de suite aux deux derniers voyages qu'il a faits par delà. Et toutefois je suis de son avis. C'est que ces messieurs, qui vous ont refusé l'acte que vous avez demandé à votre arrivée, allégueront encore des raisons pour retarder la résolution de ladite ligue; et partant qu'il ne s'en fera rien qu'ils n'aient assuré leurs affaires. Ils s'excuseront sur le Roi, sur la communication et le consentement de leurs provinces, et sur la crainte qu'ils auront que cela nuise au dessein de la paix. Quoi faisant, comme nous n'entreprenons de les y presser et forcer plus avant, aussi la défiance que nous avons ja conçue d'eux s'augmentera, et chacun regardera de pourvoir à part à son fait. Je vous dirai sur cela et à vous seul, s'il vous plaît, qu'il y en a qui proposent que le Roi peut mieux et plus honorablement assurer ses affaires pour lui et pour ses successeurs, avec le roi d'Espagne, qu'avec les Etats et le roi d'Angleterre; d'autant qu'il est vraisemblable que les premiers iront dorénavant déclinant en toutes choses, et que les Anglois sont et seront à jamais ennemis jurés de la France. Néanmoins les plus sages désirent et conseillent que l'on ménage et conserve tant que l'on pourra lesdits Etats; avisons donc comment nous le pourrons faire. Quant à moi, je serois d'opinion, si nous ne pouvions parvenir maintenant à ladite ligue offensive, par l'opposition des Anglois ou autres, que l'on se contentât d'en dresser une défensive qui peut être compatible avec leurs contraints traités avec l'Angleterre et ceux qu'ils prétendent avec les archiducs. Il ne faut désirer de ceux que nous voulons conserver pour amis, que des conditions tolérables, et qui ne leur soient dommageables, ou que nous jugeons quasi impossibles.

Je n'ai encore conféré de ceci avec personne; car il faut conduire les affaires du monde par degrés; je le jette en votre sein pour le digérer par votre prudence, et considérer ce qui s'en doit faire pour le bien commun, et particulièrement pour celui de notre maître. A quoi j'ajouterai, avec même confiance et exception, que si, sans bâtir une ligue, nous pouvions obliger les Etats, sous prétexte de nous rendre et payer l'argent que nous leur avons prêté, de nous secourir et servir d'une certaine quantité de navires de guerre du nombre de tonneaux, pourvus de bons pilotes et matelots, d'artillerie, de munitions de guerre et de vivres, dont nous conviendrons quand nous les leur demanderions, soit que la solde fût précomptée sur leursdites dettes, en tout ou en partie, à raison de la qualité et équipage desdits vaisseaux, et du temps que nous les retiendrons, j'estime que nous nous devons contenter pour présent de tirer d'eux cette sorte d'assistance, tant pour la sûreté de nosdits deniers, en quoi on pourroit comprendre ceux desquels nous conviendrions de continuer à les secourir jusqu'à la conclusion de leur accord avec les archiducs, si nous voulions y entendre, comme pour mon regard je juge être nécessaire de faire, que pour toute autre sorte d'avantage. Car que pourroient faire les Etats pour nous, sinon nous secourir par la mer? Quand ils auront fait ledit accord, ils ne le rompront pas, ni recommenceront la guerre à poste pour nous; quand bien les archiducs nous attaqueroient ouvertement, pour obtenir d'eux une telle obligation, ils en voudroient tirer de nous d'autres à leur avantage, qui nous seroient plus onéreuses qu'utiles; mais ils ne peuvent avec raison refuser de nous payer avec le temps les deniers dont nous les avons secourus et nous sont redevables. Peuvent-ils y satisfaire plus commodément pour eux que par la voie susdite? Il y a quelques autres choses à considérer et à ajouter à cette proposition, dont nous pourrons nous aviser en y pensant et limant ce projet, duquel je vous dis derechef que je ne me suis ouvert à personne qu'à vous, que je suis incertain s'il sera bien reçu quand je le mettrai en avant. Et partant si vous jugez devoir en parler par delà, pour découvrir ce que l'on en peut espérer, je vous prie de n'y engager aucunement le nom de Sa Majesté, ni celui de ses ministres; mais le faire simplement comme de vous-même.

Ce qui me fait ainsi alambiquer mon esprit en tel cas, est que je prévois que nous ne secourrons plus d'argent lesdits Etats, si nous ne recevons d'eux quelque preuve de leur affection et foi autre que par leurs belles paroles et promesses, parce que nous y avons été échaudés, et avons aussi mauvaise opinion du succès de leurs affaires, étant disposés et composés comme ils sont de présent. Ils ont bien fait d'avoir contenté l'audiencier de la révocation de leurs navires qui étoient en la côte d'Espagne, nonobstant laquelle, et l'avis certain que nous avons su qu'ils avoient à Saint-Lucar du retour, en Hollande, desdits navires, ils n'ont laissé de sortir, et mettre en mer une armée composée de soixante navires, dont le moindre est de quatre cents tonneaux; il y en a quatorze de mille, douze et quatorze cents, accompagnés de plus de trente galères et quarante patachies bien armées, sur quoi ils ont chargé de neuf à douze mille soldats, et ont pris la route du Détroit dès le mois passé. Les uns estiment qu'ils ont fait cet effort pour réparer la honte du combat dernier dudit Détroit, assurer leur flotte occidentale, qu'ils publient être en chemin fort avancée, et leur côte, étonnée du succès du susdit combat; et d'autres veulent qu'ils ont quelque autre dessein, et même sur la Barbarie, où ils enverront et feront fondre ladite armée, maintenant qu'ils sont assurés du retour de la hollandoise; de quoi nous serons tôt éclaircis, comme nous le fûmes hier que celle que le grand duc avoit envoyée en Levant est retournée sans avoir rien fait, ayant trouvé les Turcs en Cypre sur leurs gardes. Mais il est certain que la flotte d'Espagne, destinée pour aller cette année aux Indes d'occident, est arrêtée, et ne peut plus faire le voyage, dont ils sont très-marris en Espagne, et prévoient qu'ils seront incommodés les années prochaines; car je vous assure qu'ils sont en une nécessité d'argent qui est incroyable; je dis autant les peuples que le roi. Aussi font-ils des dépenses immenses de toutes parts. La susdite armée de mer leur a coûté près de deux millions d'or à faire sortir, et leur servira de peu, puisque celle qu'ils redoutoient est retirée. Vous savez ce qu'ils dépendent et gâtent tous les jours aux Pays-Bas. Ils tiennent encore sur pied à Milan, près du comte de Fuentes, dix ou douze mille hommes, qui mangent le peuple jusqu'aux os, et consomment tous leurs deniers; et néanmoins leurs affaires vont de mal en pis. Aux Grisons, leurs pensionnaires ont été exécutés par justice, et leurs sceaux et traités, rompus publiquement, sans qu'ils fassent autre contenance de s'en ressentir qu'en démonstrations extérieures, ains recherchent le tout soit mis en négociation. Aussi publient-ils de présent qu'ils n'entretiennent lesdits gens de guerre au Milanois que pour favoriser la négociation des archiducs avec les Etats; et je vous dis que s'ils étoient contraints de faire maintenant marcher lesdits gens de guerre, il ne leur seroit possible de faire passer les monts à un tiers d'iceux, faute d'argent et de courage. Il n'y a que la friandise de la picorée qui les entretienne audit Milanois ensemble.

Vous savez aussi que ceux qui sont en Flandre sont en partie mutinés, et les autres sur le point d'y entrer, ayant manqué de promesses auxdits mutinés de Diest, et ne voyant point comparoître d'argent pour soudoyer et retenir les autres; aussi emploient-ils maintenant leurs meilleurs deniers à corrompre les uns et les autres, et à conserver la réputation de leur grandeur et vanité. Au demeurant, souvenez-vous de procurer que ceux de delà qui veulent et peuvent dresser une partie aux Indes d'occident, se retirent en France, avenant qu'ils quittent par delà ce commerce par leur accord; car c'est chose que notre maître affectionne toujours grandement, et dont il m'a expressément commandé de vous rafraîchir la mémoire, comme je ferai par la fin de la présente, de la continuation du service que vous a voué de tout temps, monsieur, votre, etc. DE NEUFVILLE.

De Conflans, le 24 d'août 1607.

Lettre de MM. Jeannin, de Buzanval et de Russy, au Roi, du 26 d'août 1607.

SIRE,

Nous ne ferions encore cette nouvelle recharge à Votre Majesté, sans la pressée et grande instance qui nous fut derechef faite le vingt-troisième de ce mois, par sept députés de messieurs des Etats, lesquels nous ont representé de leur part, comme ils avoient ci-devant fait, les inconvéniens qu'ils craignent, et la confusion en laquelle va tomber leur Etat, s'il ne plaît à Votre Majesté les faire assister du secours accoutumé, attendu qu'ils n'ont entretenu ce grand nombre de gens de pied et de cheval qu'ils ont de présent, sinon sous l'assurance de cette grâce et libéralité, laquelle venant à défaillir ils n'ont aucun moyen de remplir cette faute de fonds en l'année présente, pour les raisons ci-devant écrites : ainsi seront contraints de casser la plupart des compagnies, et même des régimens entiers, pour se décharger de ladite dépense; et bien empêchés encore, comme ils disent, de faire le paiement de ce qui est échu, y ajoutant une nouvelle charge d'environ trois cent mille florins, qu'il leur faut promptement débourser pour les navires de guerre qui sont retournés des côtes d'Espagne, non en vertu de la révocation accordée au sieur Verreiken, mais d'eux-mêmes, pource que leurs vivres étoient faillis, n'avoient argent pour en recouvrer d'autres; et que les navires, après avoir demeuré sept ou huit mois en mer, comme ont fait ceux-ci, ont besoin de séjourner en quelque port pour les raccommoder. Or il est certain qu'ils ne peuvent pratiquer ce remède de casser tant de gens de guerre en ce temps ici, et lorsqu'on traite s'il y aura paix ou guerre, sans mettre en péril leur Etat; car, après l'avoir fait, les peuples ainsi affoiblis ne penseront plus avoir autre moyen de se conserver, que de recevoir telles conditions de paix que leur ennemi voudra; et s'il y en a quelques uns d'eux qui soient corrompus, leur autorité croîtra, et auront moyen de persuader à chacun que ce conseil est nécessaire. Les gens de guerre, qui, sur l'appréhension de la paix, montreroient déjà de vouloir faire des mutineries, dont M. le prince Maurice nous a souvent avertis, tiendront tous, aussi bien ceux qu'on aura retenus que les autres qui seront cassés, qu'elle est faite, n'étant pas vraisemblable que les Etats se fussent voulu ainsi désarmer, et mettre à la merci de leurs ennemis, s'ils n'en eussent été bien assurés; et par ce moyen il y a danger que le commencement de la débauche des uns ne soit suivi de tous les autres, et qu'ès places où ils se trouveront les plus forts, ils ne commettent des infidélités au profit des ennemis, qui ne parleroient plus de paix, si quelque semblable avantage se présentoit pour eux, mais penseroient devenir maîtres du pays par cette confusion et désordre, sans autre traité.

Nous voyons encore un autre inconvénient : à savoir, que le prince Maurice, l'autorité et créance duquel n'est déjà assez forte parmi ces peuples, pour retenir ceux qui voudroient prendre inconsidérément quelques mauvais conseils, deviendra beaucoup moindre par ce licenciement. Et qui nous semble pis que tout autre, c'est qu'on publiera que le manquement du secours que Votre Majesté leur avoit promis, a été cause de tout ce mal, et sera malaisé que nos raisons, quoiqu'assez bonnes et fortes, soient néanmoins bien reçues, et tenues suffisantes pour la décharger de cette calomnie; car la vérité est bien que le paiement desdites compagnies est assigné pour la plupart sur cet argent; et, encore qu'il ne soit dû que pour autant de temps qu'il plaît à Votre Majesté, ils disent que, n'ayant été avertis de la révocation qu'elle vouloit faire, sinon depuis peu de jours, ils ne l'ont pu prévoir, ni se décharger de la dépense qui devoit être prise là-dessus. Notre réponse a été qu'ils se devoient prendre à eux-mêmes du mal qu'ils recevoient en cet endroit, ayant premièrement offensé Votre Majesté par la trève faite sans son su, puis par le refus de l'acte, dont les raisons pour s'en excuser lui avoient autant déplu, ou plus, que le refus même, et n'y avoient encore satisfait. Davantage, la trève ayant diminué leurs dépenses de quelque chose, il étoit plus raisonnable que Votre Majesté jouît de cette épargne qu'eux, auxquels le profit entier de la dépense, s'il y en a, doit retourner, non à vous, sire, qui avez toujours donné gratuitement votre secours et sans gages ni autre profit. Ils ont excusé le passé comme ils ont pu, mais assez mal, ayant seulement ajouté qu'ils se promettoient, quant à l'acte, d'en donner contentement à Votre Majesté, ne le pouvant mettre en délibération, sinon lorsque les Etats-généraux seroient assemblés, qui ne doit être qu'à la venue des députés d'Angleterre, attendus de jour à autre; et s'ils tardent plus de sept à huit jours, qu'ils ne laisseroient d'y procéder sans plus différer. Pour la ligue offensive et défensive, ils nous en pressent, et déclarent qu'ils sont prêts de la faire quand il plaira à Votre Majesté, sans y apporter aucune remise de leur part, soit qu'elle y soit seule, ou avec le roi d'Angleterre s'il y veut être compris, ainsi que l'avons déjà mandé. Nous n'y avons insisté pour le présent, nous étant contentés de montrer qu'elle l'a désirée; et néanmoins qu'il sembloit à propos d'attendre la venue desdits députés d'Angleterre. Les raisons de ce délai sont qu'avons reconnu par les propos de M. de Barneveld, ainsi que le contient notre dernière dépêche, qu'en faisant ladite ligue, ils entendent obliger Votre Majesté, pour quelques années, à une notable dépense chacun an pour la dépense de la guerre, en cas qu'elle continue; et, pendant le même temps, s'obliger aussi envers elle à la secourir et son État contre l'Espagne et les archiducs, de certain nombre de gens et de navires de guerre.

Sur quoi ayant désiré dudit sieur Barneveld une explication plus particulière, il nous a dit qu'ils pourroient offrir jusques à vingt-cinq navires de guerre au moins, et iront bien, comme il nous semble, jusques à trente, avec mille chevaux, et six mille hommes de pied entretenus à leurs dépens pendant tout le temps du secours; et sur ce qu'on lui a demandé, la paix étant faite, s'ils n'entendoient pas être obligés au même secours, encore que Votre Majesté fût déchargée du secours qu'elle devoit donner en guerre, a dit qu'oui; mais qu'il seroit raisonnable aussi qu'elle les aide pour quelque temps durant ladite paix; a montré qu'ils désireroient tant d'elle que du roi d'Angleterre, au cas qu'il y veuille être compris, un million de livres, qui seroit les deux tiers pour Votre Majesté, et le tiers pour ledit sieur roi, et à proportion elle y étant seule. A quoi lui a été répondu qu'il suffiroit d'obliger Votre Majesté, au cas que la paix se fasse, à leur donner même secours qu'eux offrent, sans s'assujétir à une pension annuelle; car le cas du secours auquel ils demeureront obligés par un tel traité n'aviendra peut-être jamais, ni l'obligation du secours de la part de Votre Majesté non plus, et néanmoins la pension seroit à charge chacun an, chose trop inégale et sans raison aussi; et qu'il faudroit plutôt qu'eux se missent en devoir, la paix faite, de lui rendre ce qu'elle a avancé pendant la guerre, que de lui demander un nouveau secours. Nous ne voyons rien pour ce regard qu'on ne puisse bien accommoder. Il est vrai que nous ne lui avons pas voulu ôter l'espérance qu'ils ne puissent tirer quelque gratification de Votre Majesté, pource que c'est l'une des causes, et peut-être la principale, qui leur fait désirer son intervention au traité de paix. Cette dépense aussi lui pourroit-être utile durant quelques années, pour se conserver de leur créance et autorité parmi eux, qui serve à leur faire établir et continuer une si bonne forme de gouvernement, qu'ils en deviennent plus utiles à eux-mêmes et à leurs amis; pendant lequel temps on pourra reconnoître par la conduite du roi d'Espagne, si étant déchargé de la dépense de cette guerre, il est pour penser à quelque dessein qui soit préjudiciable à Votre Majesté et à son État; ce qu'avenant, l'amitié de ces peuples ainsi ménagée seroit profitable au besoin.

Nous n'avons toutefois donné aucun assentiment à telles ouvertures. La plus grande difficulté demeurera donc sur le secours de la guerre au cas qu'elle continue, et à la vérité, c'est ce qu'avons plus à craindre, même si le roi d'Angleterre ne veut être compris en la ligue, pour se décharger des dépenses de la guerre: c'est pourquoi il semble être nécessaire de temporiser encore sur cet article, jusques à ce que les députés d'Angleterre soient venus, et que nous reconnoissions ce qu'ils voudront faire, pour en donner avis à Votre Majesté, et recevoir là-dessus ses commandemens. Finissant donc cette lettre par où nous avons commencé, à savoir par l'argent dont les Etats font si grande instance, et nous rendons solliciteurs, nous supplions très-humblement Votre Majesté de prendre de bonne part ce que lui en mandons, et de croire que les Etats ne peuvent rien lever sur eux d'extraordinaire pour cette année, du moins jusques à ce qu'on soit hors l'incertitude de la paix ou de la guerre, et que tous les inconvéniens ci-dessus déduits sont pour arriver, s'il ne lui plaît les assister, et leur faire fournir au plutôt moitié de ce qui reste, et le surplus à autres termes, dont l'attente lui donnera le moyen de voir clair en tout ce qui doit être fait, pour se conduire après selon qu'elle jugera plus à propos, étant certain que si elle reçoit contentement d'eux, comme nous y voyons toutes choses bien disposées, qu'on pourra tenir cette dernière dépense pour la mieux employée de toutes les autres. Nous prions Dieu, sire, qu'il maintienne Votre Majesté et sa royale famille en tout heur et prospérité.

Vos très-humbles et très-obéissans sujets et serviteurs,

P. Jeannin, de Buzanval et de Russy.

De la Haye, ce vingt-sixième jour d'août 1607.

Lettre de M. Jeannin à M. de Villeroy, du vingt-sixième jour d'août 1607.

Monsieur, je sais bien que nos lettres au Roi, qui n'ont autre sujet que de demander de l'argent, seront peu agréables; mais si on a estimé jusques ici que l'argent donné à ces peuples étoit bien employé, puisqu'il servoit à affoiblir un prince dont la puissance nous doit être suspecte, et à le tenir en une occupation qui lui faisoit consommer ses deniers, et ôtoit aussi le moyen de faire mal à autrui, il est plus besoin que jamais, pour faire finir cette dépense avec profit pour Sa Majesté, et le gré de ceux qu'on a secourus, d'y ajouter celle dont les Etats font instance, vous pouvant assurer que tous les inconvéniens contenus ès lettres qu'écrivions au Roi seront pour arriver sans ce remède; car les Etats n'ont moyen de lever aucune chose sur eux pour cette année, étant leur coutume d'ordonner des levées et contributions sur chacune province à la fin de l'année pour la suivante. Puis en l'incertitude de la paix ou de la guerre, on craint de leur donner cette nouvelle charge; au contraire, évitant les dangers qui semblent être présens à l'occasion de ladite nécessité, on peut espérer une bonne paix, qui est ce que Sa Majesté désire leur faire, ou continuer la guerre avec courage et ardeur s'ils sont secourus. Il y a toutefois plus d'apparence en la paix; et les avis qu'on a ici sont que le roi d'Espagne enverra la ratification sur la très-instante prière que les archiducs en ont faite, n'y ayant plus autre difficulté, sinon qu'il y veut ajouter cette clause qu'elle demeurera nulle, au cas que le traité de paix ne s'en ensuive. Et néanmoins les Etats disent ne le vouloir souffrir, encore qu'il soit raisonnable, le traité demeurant rompu, que chacun demeure au même état qu'il étoit auparavant. Ce que ne leur avons pas dit, attendant à nous y conduire, selon qu'il sera à propos, lorsque la difficulté se présentera, qui ne nous semble telle qu'elle puisse empêcher l'accord, s'il est pourvu aux autres conditions; en quoi je vois toutes choses bien disposées ici, quoique je vous puisse assurer que des trois qui traitons l'affaire, je suis le plus soupçonneux, et qui travaille le plus mon esprit de tout ce qui peut faire craindre quelque mauvais succès, tenant à cette occasion toujours le prince Maurice et ses amis en état de se pouvoir opposer à tous desseins contraires à l'intention de Sa Majesté; et prends garde aussi avec tant de soin aux actions et déportemens du sieur Barneveld, qu'il ne se peut déguiser sans qu'on le reconnoisse assez à temps pour y apporter les remèdes qui pourront dépendre de notre diligence et conduite, ensemble de ceux qui favorisent les affaires de Sa Majesté. Donnez-nous donc le moyen, de votre côté, de servir ici : et faites, s'il vous plaît, qu'on ne prenne pas un tel dégoût qu'on l'abandonne du tout, lorsqu'on en doit recueillir quelque profit. Nous attendons le retour de M. de Preaux.

Je suis, monsieur, votre très-humble et très-affectionné serviteur, P. Jeannin.

Le sieur Aërsens a écrit au sieur Barneveld, et M. de Buzanval a vu la lettre, qu'on avoit dit et mandé par delà des mauvaises paroles de lui, et en termes qui ne peuvent apporter que du desservice au Roi. On mande tout ce qu'écrivons, et avec couvert et figures; et enfin on nous mettra en si grand soupçon avec ceux qui peuvent ici, que n'aurons aucun moyen de servir. M. de Buzanval, qui s'est enfin résolu de s'en retourner, à mon regret, vous dira ce qu'il en sait. Je vous supplie très-humblement que ce qu'en mande à vous seul, soit secret, s'il vous plaît, crainte que ce ne soit encore pis.

A La Haye, ce vingt-sixième jour d'août 1607.

LETTRE *du Roi, du vingt-neuvième jour d'août 1607.*

Messieurs Jeannin, de Buzanval et de Russy, si la dernière dépêche que vous avez reçue de moi vous a étonnés, ainsi que vous m'avez écrit par la vôtre du 17 de ce mois, que j'ai reçue à l'heure que je voulois faire partir l'abbé de Preaux avec mes intentions sur vos deux précédentes, les avis que vous m'avez donnés par celle-ci m'ont grandement consolé, et rabattu de ma première défiance et jalousie, ayant vu le jugement que vous faites des délibérations, volontés et affaires de ces sieurs, et les assurances expresses qu'ils vous ont données de nouveau de vouloir faire le compte de mon appui et alliance que méritent les signalées preuves qu'ils en ont faites. Voulant qu'ils sachent, quand ils se conduiront en mon endroit avec confiance et affection, comme je leur ai donné sujet de ce faire, que j'aurai aussi plus de soin que jamais de leur prospérité et conservation, comme ils connoîtront par la continuation de mon assistance; mais aussi je désire et veux d'eux des effets dignes de ma franchise et candeur, et non des paroles accompagnées d'artifice et de déguisemens, tels qu'ont été ceux qu'ils ont pratiqués en mon endroit, depuis qu'ils ont prêté l'oreille aux ouvertures de la paix, comme si je devois la leur déconseiller et m'y opposer directement, fondés sur l'opinion qu'ils ont toujours eue que je m'étudiois, pour le bien de mes affaires, à plutôt nourrir leur guerre que d'en favoriser la fin à leur avantage, comme si je ne pouvois maintenir mon royaume en paix qu'en faisant durer ladite guerre. Et néanmoins, il est certain que comme je ne les ai pas embarqués en icelle, et que je me suis seulement contenté de les y assister autant qu'il m'a été loisible de le faire, aussitôt que j'ai su qu'ils espéroient pouvoir avec sûreté sortir de peine, je n'ai pas attendu qu'ils m'aient semond de leur donner conseil d'y entendre, ni qu'ils se soient mis en peine de me représenter les raisons de ce changement, comme ils ont fait envers les autres: car j'ai envoyé vers eux exprès pour les conforter en ce propos, et les assister en l'exécution d'icelui, et savez que c'est le principal commandement que je vous ai fait, vous dépêchant vers eux, lequel leur a été confirmé par votre conduite, et les conseils que vous leur avez donnés depuis votre arrivée, aux occasions qui se sont offertes, n'ayant jamais improuvé ni rejeté ladite paix, mais seulement craint leur désunion et précipitation en la recherche d'icelle, et une surprise et déception de la part de leurs ennemis, en la négociation et conclusion. Et toutefois, je n'ai pas laissé depuis de les secourir d'argent, afin de leur aider à conserver la réputation de leurs affaires en ce traité. Et si d'abordée ils m'eussent envoyé la promesse que vous leur avez demandée de ma part, de ne faire ladite paix sans moi, je ne fusse entré en défiance d'eux, combien que l'accord premier de leur cessation d'armes fait sans moi, et qu'aucuns d'eux ont publié à mon désavantage sur les voyages par delà, et les propositions dudit Aërsens leur député m'eussent donné juste sujet de me douloir et défier de leur foi; qui sera cause que je vous répéterai encore de présent, que, s'ils ne vouloient me donner autre preuve de leur bonne volonté et de l'état qu'ils vous ont déclaré faire de la mienne, et de ma protection, qu'avec ces déclarations et protestations qu'ils vous ont faites, et en représentant les langages magnifiques qu'ils ont tenus à Verreiken, se complaignant de la violence et tyrannie des Espagnols, j'en ferois peu de compte; car j'attribuerois telles démonstrations au désir et au besoin qu'ils ont de moi pour soutenir et favoriser leurs affaires, en attendant leur accord, pour se prévaloir de mon ombre en la négociation et conclusion d'icelui.

Or j'ai appris par votredite lettre qu'ils sont résolus de me contenter d'effets, me donner par leur conduite toute occasion de croire qu'ils entendent fonder la principale sûreté de leur traité et conservation sur l'appui de mon amitié; de quoi j'ai été très-aise, et serai content, pourvu que les effets s'en ensuivent tels qu'ils vous le promettent et les avez projetés avec eux. J'approuve donc l'ordre que vous entendez tenir, tant pour l'intervention au traité général de moi et du roi d'Angleterre, que pour la résolution d'une ligue particulière; et trouve bon encore que le roi d'Angleterre soit compris en l'un et en l'autre avec moi, pour les raisons que vous m'avez représentées. Mais si les députés tardent à comparoître par delà, comme j'ai quelque avis qu'ils feront jusqu'à la réception de la ratification d'Espagne, je ne puis être d'avis qu'on les attende, mais bien que lesdits sieurs les Etats fassent savoir à leur Roi qu'ils sont pressés de prendre résolution en leurs affaires, afin qu'il avance l'envoi de sesdits députés, du conseil et de la prudence desquels ils désirent être assistés; sinon le prier qu'il l'impute à faute de respect en leur endroit, s'ils avisent en leur absence à l'ordre qu'ils y doivent tenir: car après cette semonce, ils seront véritablement déchargés de tout ce qui s'en ensuivra; mais il faut prendre garde de limiter et restreindre le temps de cette semonce le plus que faire se pourra, afin qu'elle ne serve d'excuse d'une plus longue remise et prolongation, tant de la part dudit roi que desdits Etats. Cependant je serai très-aise d'être éclairci des termes avec lesquels ils entendent me comprendre en leur traité, et quel est l'avantage qu'ils s'en promettent, afin que j'en sois d'accord avec eux devant que je sois mis en jeu. Quant à la ligue particulière, après avoir pesé les raisons que vous m'avez sagement représentées par votredite lettre : l'une, qu'elle ne peut être traitée secrètement, l'autre, que la faisant offensive, le roi d'Espagne la pourroit prendre pour rupture avec lui, j'ai estimé que je dois me contenter de la faire de présent défensive seulement; car étant telle, elle ne peut être impugnée d'aucun. J'estime que le roi d'Angleterre et d'autres y entreront plus volontiers que si elle étoit offensive; car personne ne pourra justement trouver mauvais une confédération et alliance faite pour la commune et mutuelle défense de ce qui nous appartient, puisque les archiducs, souverains seigneurs des Pays-Bas, ont reconnu les Etats pour peuples libres, sur lesquels ils ne prétendent rien, ainsi qu'ils ont fait par leur cessation d'armes. Chacun peut traiter librement et s'associer avec eux. Et je ne fais pas difficulté de m'obliger à secourir lesdites provinces de ce dont je conviendrai avec elles, s'il faut qu'elles continuent la guerre ou soient ci-après assaillies, pourvu qu'ils entrent en pareille obligation avec moi en cas semblable, et qu'ils me promettent de ne faire jamais paix ni accord avec leurs ennemis sans mon su et consentement.

Je serai très-aise que le roi d'Angleterre entre en ce traité à pareille fin et aux conditions qui seront accordées entre nous, et même d'y admettre les princes d'Allemagne qui s'y offriront pour leur part. Mais il faut prendre garde comment, et admettant pour ce commencement plusieurs princes, même ledit Anglois, que la négociation dudit traité, à cause des difficultés qui y interviendront, ne consume tant de temps, que lesdits Etats pague, devant que nous ayons résolu l'autre; et que, par ce moyen, nous ne tombions en la fosse que nous entendons éviter. C'est-à-dire que lesdits Etats aient fait, avec notre aide, leurs affaires, devant que nous ayons assuré les nôtres avec eux, et que nous demeurions après cela à leur discrétion, chargés de la haine de ceux que j'aurai offensés pour leur bien faire; étant certain, si le roi d'Angleterre y étant appelé veut nous tromper par dessein ou autrement, qu'il lui sera facile d'allonger les affaires sous divers prétextes, autant qu'il le voudra faire, sans qu'on puisse honnêtement y remédier. En tout cas j'approuve l'ouverture que Barneveld vous a faite, de faire députer un de chacune province, qui, avec le prince Maurice et le comte Guillaume, traiteront ladite liguée, pour les raisons contenues en votredite lettre, combien que, nous restreignant à ladite défensive, nous devions moins craindre qu'elle soit sue, que si elle étoit offensive. Je suis bien d'avis que nous limitions le temps d'icelle, comme de quatre à cinq ans, si la guerre dure entre lesdites provinces et les archiducs; mais je voudrois qu'il fût porté par le même traité, que, s'ils font la paix ou la trêve, ladite ligue durera tant que je vivrai, et dix ou vingt ans après mon décès avec mes héritiers, afin de n'en faire à deux fois, et que nous ne soyons sujets à renouveler ledit traité pour obtenir ladite prolongation après leur accord, lequel pourroit apporter des difficultés nouvelles non prévues.

Quant au secours que nous pourrons offrir et promettre de part et d'autre en contractant, j'estime qu'il faut le distinguer en deux sortes : l'une avenant que nous soyons assaillis en même temps, et l'autre, que l'une des parties soit assaillie; car, au premier cas, nous ne pourrions nous entre-secourir si puissamment qu'en l'autre, d'autant que chacun auroit lors besoin d'entendre et pourvoir à la défense de son Etat. Et néanmoins, je serois toujours d'avis qu'étant assaillis en même temps, il fût convenu et accordé, dès à présent, de dresser lors une armée composée, d'une part et d'autre, de certain nombre de gens de guerre, de cheval et de pied, accompagnée d'un égal train d'artillerie, pour les joindre ensemble, en composer une forte armée pour être employée en tel endroit qu'il seroit par les parties jugé plus utile à la cause commune, pour tant mieux faire paroître notre union; faire aussi que les exploits d'icelle tournent plus au profit mutuel, et qu'ils soient pareillement plus dommageables à l'ennemi commun. Mais, s'il avient que l'une des parties soit seulement assaillie, en ce cas, le secours que lui devra donner son confédéré devra être plus grand, d'autant qu'il ne sera occupé en son pays. Or, en ce dernier cas, je suis content de donner le double du secours qu'ils m'offriront; comme, par exemple, s'ils accordent de m'assister de cent mille livres par mois, tant que la guerre durera, je les assisterai de deux cents par mois.

Sur lequel fondement nous pourrons après convenir, dès à présent, si ce sera en argent, en hommes ou en vaisseaux de guerre; et ensuite de cela convenir de la qualité et solde desdits gens de guerre et vaisseaux, du temps qu'ils seront entretenus, comme de la forme de leur entretènement, et qu'ils devront être commandés et exploités. Je ne vous représenterai ces choses qu'en général, remettant à les particulariser et spécifier ci-après, quand je saurai la conception et délibération desdits Etats, avec lesquels vous pourrez donc en conférer, en cas qu'ils approuvent le fondement du susdit secours, et en ébaucher l'individu, apprenant d'eux la qualité du secours qu'ils voudront tirer de moi et de celui qu'ils pourront aussi plus commodément me départir. Pour moi, j'estime qu'il me sera plus utile de le prendre d'eux en vaisseaux de guerre de trois cents tonneaux le moindre; car vous savez que c'est aujourd'hui l'armement duquel mon royaume est le plus mal garni; mais, comme je ne voudrois accroître la solde des gens de guerre qu'ils tireront de moi, en cas qu'ils m'en demandent, aussi n'entendrois-je pas qu'ils enchérissent l'équipage et armement de leursdits navires.

A cette fin, il faudroit, dès à présent, dresser un état au vrai de la forme dudit armement et de la solde d'icelui; comme desdits gens de guerre, afin qu'il ne pût être augmenté, et que chacun sache, dès à présent, quelle sera la commodité qu'il recevra dudit secours, quand il en aura besoin, et le requerra. Pareillement, il faudroit convenir du temps et lieu que ledit secours sera livré après qu'il aura été demandé, afin de n'être trompé en l'attente d'icelui. J'ajouterai à cela que je suis content, en cas que je sois assailli sans eux, de recevoir desdits Etats, outre le susdit secours, duquel nous tomberons d'accord, le paiement des deniers qu'ils me devront, en vaisseaux entretenus en la forme et au prix que nous aviserons et conviendrons ensemble, estimant que ce sera leur commodité de me payer en cette monnoie plutôt qu'en une autre. Toutefois je remets à vous à leur en faire maintenant la proposition, ou la surseoir et différer en autre temps; comme de leur proposer un autre expédient pour le remboursement de mesdits prêts, assuré que vous ne laisserez perdre l'occasion d'en faire instance, et y faire pourvoir quand vous le jugerez propre. Au demeurant, puisque lesdits sieurs les Etats montrent avoir la bonne volonté que vous m'avez représentée par votredite dernière lettre, de s'unir avec moi, s'y confier et de priser ma bienveillance et mon appui, comme le mérite l'affection que je leur porte, et le soin que j'ai toujours eu d'eux, vous leur direz que je suis content aussi de leur continuer cette année le parfait du secours en argent qu'ils ont reçu de moi la précédente, et leur fournir en deux termes, le premier dedans le mois d'octobre, et le deuxième à la fin de l'année : de quoi j'ai commandé les expéditions nécessaires, ayant suivi l'avis que vous nous avez donné par votre précédente pour le regard des termes dudit paiement, pour les mêmes raisons que vous m'avez représentées par icelles, lesquelles je me promets que vous saurez pratiquer si dextrement, que j'en recueillerai le fruit et le service que vous avez projeté, et ne permettrez que j'y sois circonvenu par artifice ou autre ruse procédant desdits Etats, je veux dire de ceux qui conduisent leurs affaires, ni même des Anglois et autres. Je ne m'arrête point aux discours que les députés desdits Etats ont rapportés d'Angleterre; car tout ce qui sort de cette boutique est si déguisé, corrompu et variable, que l'on ne peut y asseoir aucun fondement; et crois certainement, si ledit roi offre de faire la guerre, pourvu que je veuille y entrer, qu'il ne le fera que pour m'y engager, et après m'y abandonner, ou pour abuser le monde; car chacun connoît qu'il n'a volonté ni moyen de l'entreprendre : et ne doute point aussi, s'il fait telle offre, qu'il ne fasse avertir les archiducs et les Espagnols sous main, qu'il l'aura fait exprès pour rompre l'intelligence desdits Etats et de moi. Toutefois vous ne rejeterez ladite proposition s'il la fait, et en userez, ainsi qu'il est porté par ma réponse au mémoire que vous m'avez envoyé par l'abbé de Preaux, qui sera encore porteur de la présente; et vous assurerai de ma bonne disposition, comme du contentement que j'ai du bon devoir que vous faites de me servir. Je prie Dieu, messieurs Jeannin, de Buzanval et de Russy, qu'il vous ait en sa sainte garde.

Écrit à Paris, le vingt-neuvième jour d'août 1607.
HENRI.
Et plus bas, BRULART.

LETTRE *de M. de Villeroy à M. Jeannin, dudit jour* 29 *août* 1607.

Monsieur, quand nous vous représentons nos soupçons et nos craintes, nous le faisons plus pour aviser avec vous aux moyens d'y pourvoir, que pour fonder sur cela un prétexte de retirer notre épingle du jeu. Vos dernières nous ont fort contentés et remis, comme vous connoîtrez par la dernière lettre du Roi, lequel véritablement défère grandement à votre jugement. Vous trouverez donc ces derniers commandemens bien différens des premiers, dont M. de Preaux étoit chargé quand votre dernier courrier est arrivé. Toutefois, j'ai estimé devoir vous envoyer les uns et les autres, afin que vous sachiez nos mouvemens. Enfin nous nous contenterons d'une ligue défensive, pour les raisons que nous avons recueillies de vosdites lettres, et que le roi d'Angleterre soit de la partie s'il en veut être, et pareillement les princes protestans qui s'y présenteront. Mais ne vous attendez pas que nous y portions, pour le présent, le landgrave Maurice de Hessen, ni le duc de Wirtemberg. J'en sais les causes; ils y entreront quand elle sera faite, et suffira d'y engager maintenant les deux électeurs dénommés en vosdites lettres : vous verrez à quelles conditions nous désirons la faire. Je vous dirai seulement que nous ne sommes pas si attachés à icelles, que nous ne les changions s'il est besoin, et nous conseillez de le faire. Nous avons pris les termes du fournissement de nos deniers portés par la lettre du Roi, afin que nous ayons temps d'éprouver la volonté de ces messieurs devant que les débourser. Et, quoi qu'aient rapporté d'Angleterre les députés des Etats, nous ne pouvons croire que les Anglois procèdent fidèlement avec nous ; leur ambassadeur nous confirme en cette opinion par ses propos et actions. Je serai très-aise qu'il en succède autrement, comme il aviendroit, s'ils étoient bien conseillés et avoient bonne intention. Mais nous ne pouvons croire qu'ils soient si présomptueux de débattre avec vous la préséance ; s'ils le font, ce sera pour traverser les affaires. Cette question n'a jamais été constatée entre nous et eux, comme elle a été à bon droit par eux avec les Espagnols ; car les Anglois ont anciennement précédé les Castillans. Venant en vos logis, vous devez les honorer, et leur donner le premier lieu par courtoisie : mais quand ils viendront chez vous pour traiter en la présence des députés des Etats ou autres, vous ne devez céder à eux ni à autres, pour quoi que ce soit. Cette contention seroit de soi si préjudiciable à la dignité de notre maître, que vous devez éviter d'y entrer et même d'en parler si faire se peut. Vous assemblant avec eux au logis du prince Maurice ou ailleurs, vous devez prendre là plus honorable place. C'est ce que le Roi m'a commandé de vous en écrire.

Lesdits Anglois ne peuvent pas mieux conseiller aux Provinces-Unies de faire la paix, qu'en leur bourse en cas de guerre. Je ne doute point qu'ils n'aient rejeté l'ouverture qui leur a été faite en faveur du prince Maurice; car il est certain qu'ils ne l'ont jamais aimé. Mandez-moi quelle pension ou gratification vous estimez que le Roi doit accorder audit prince Maurice pour le contenter et obliger; car nous craignons d'offrir trop ou trop peu : votre avis sera bien reçu. Il est vrai que le roi d'Angleterre a fait déclarer par son ministre résidant auprès du Roi, qu'il n'entendoit plus qu'il fournît aux Etats aucuns deniers de son compte, de quoi il a voulu retirer un acte qui a été public : il a voulu que les Espagnols le sussent, et fait semblant d'être marri que les Etats en aient connoissance. Le comte de Salisbury est plein de semblables artifices. A Rome, à Venise, et partout ailleurs, les ministres d'Espagne disent hautement et clairement que leur roi ne renoncera jamais à la souveraineté des Pays-Uunis, quoi que fassent les archiducs; et s'est-on fort réjoui à Bruxelles de la révocation des navires hollandois de la côte d'Espagne, comme s'ils avoient gagné un grand avantage. L'on dit aussi que lesdits Espagnols feront durer la trêve telle qu'elle est, le plus qu'ils pourront, espérant par ce moyen miner et ennuyer lesdits Etats. L'ambassadeur des archiducs s'est plaint au Roi, en l'audience qui lui fut donnée hier, de votre allée par delà, et de la dernière voiture que nous y avons envoyée, disant que vous dissuadez la paix ouvertement, et que sans notre secours elle seroit jà faite. Voilà les termes auxquels nous sommes avec eux. Et certes je désire que les Etats ne nous donnent occasion de nous en repentir et mal trouver. Je prie Dieu, monsieur, qu'il vous conserve longuement en bonne santé.
De Paris, le vingt-neuvième jour d'août 1607.
Votre, etc., DE NEUFVILLE.

Autre LETTRE *dudit sieur de Villeroy à M. Jeannin, dudit jour 29 d'août.*

Monsieur, nous vous renvoyons M. de Preaux, après l'avoir retenu plus long-temps qu'il n'a désiré, tant il regrettoit d'être absent de vous, où il a reçu toutes sortes de courtoisies, qui l'ont obligé et les siens, et moi plus que tous, à vous honorer et servir. Toutefois je suis très-aise de quoi votre dernière dépêche l'a trouvé encore ici ; il étoit dépêché et prêt à monter à cheval quand nous l'avons reçue. Vous verrez par la dernière lettre du Roi ce qu'elle a opéré, vous ayant bien voulu, pour en mieux juger, ne laisser à vous envoyer la première, et même celle que je vous avois écrite, de laquelle vous ne ferez, s'il vous plait, mise ni recette, vous fermant et arrêtant du tout aux derniers commandemens de Sa Majesté, de laquelle vous tirerez pour les Etats tout ce que vous jugerez être à propos pour le bien public, et même pour le particulier du prince Maurice et de Barneveld, pourvu qu'ils lui donnent occasion de croire qu'ils l'aiment, se confient en lui, et désirent conserver son amitié, dont véritablement leurs dernières actions cotées par nos précédentes et par les présentes, lui avoient donné grande méfiance et ombrage. A quoi il leur sera facile de remédier, et partant se procurer du bien et de l'avantage à eux mêmes, pour le présent et pour le futur, s'ils se gouvernent en son endroit comme ils doivent. De toutes parts l'on nous mande que les Espagnols ne lâcheront la ratification en la forme qu'elle a demandée; mais je ne suis pas de cet avis. S'ils en retranchent quelque chose, ce sera de façon que les Etats ne laisseront de s'en contenter, car ils ont autant besoin de repos que lesdits Etats; de quoi nous serons tôt éclaircis, mais non sitôt certes que je le désire, afin de vous revoir auprès de nous plus promptement, encore que le service que vous faites où vous êtes vous fasse estimer comme présent. Je me recommande très-affectueusement à votre bonne grâce, et prie Dieu, monsieur, qu'il vous conserve en bonne santé.

De Paris, ce 29 août 1607.

Votre, etc., DE NEUFVILLE.

Lettre *de M. Jeannin à M. de La Boderie, du premier septembre* 1607.

Monsieur, nous avons appris, par les députés des Etats, retournés d'Angleterre, que le roi de la Grande-Bretagne a plus d'inclination à la paix qu'à la guerre. Mais comme c'est chose qui dépend autant ou plus de leurs ennemis que de lui, ni de nous, il ne s'est point expliqué s'il les voudra secourir, au cas qu'ils soient contraints de continuer la guerre. Il leur a seulement donné de bonnes paroles, témoigné que la grandeur d'Espagne lui est suspecte; et que ses députés, qu'il leur promettoit d'envoyer incontinent, avoient charge de joindre ses conseils aux nôtres, pour l'avertir de ce qu'aurions estimé ensemble devoir être plus utile pour cet Etat, et après leur mander son intention. Vous m'en avez écrit autant. Ces députés ne sont encore venus, et plusieurs estiment qu'ils attendront jusque près du temps que la ratification doit être envoyée, qui n'expirera que le vingt-deuxième du présent mois; et néanmoins leur arrivée plus tôt seroit bien nécessaire pour conférer ensemble, et prendre quelque avis sur les affaires de cet Etat, dont on eût eu loisir d'avertir les maîtres, et recevoir leurs commandemens. Cette longueur est un peu suspecte; et semble qu'ils diffèrent à dessein, comme voulant se trouver ici, si la ratification est envoyée, et par ce moyen qu'il y ait apparence de paix, afin de participer et avoir le gré de ce qui se fait; sinon n'y venir point du tout, pour ne s'obliger aux dépenses de la guerre si elle continue. On est autant incertain de cette ratification que le premier jour; et faut attendre la fin du terme pour y voir clair, demeurer cependant en ce lieu avec ennui, et presque sans occupation; ce qui ne seroit pas, si lesdits sieurs députés étoient arrivés. Si vous avez appris quelque chose des causes de cette retardation, et de la charge qu'ils ont, je vous supplie très humblement de m'en donner avis; car leur conduite en ce lieu peut apporter beaucoup de bien ou de mal. Achevant cette lettre, j'ai reçu la vôtre du 18 du mois passé, qui met la cause de cette retardation où nous la prenons. C'est à la vérité que le plus grand nombre en cet Etat, ou plutôt ceux qui y peuvent le plus, et auxquels les peuples donnent l'autorité, désirent ardemment la paix, et nous ne sommes pas éloignés de ce désir; car le Roi, lassé de cette guerre, pour laquelle continuer il juge encore qu'il faut mettre beaucoup, et affectionné au repos de ces peuples, est content d'aider à les mettre de la paix, pourvu qu'ils soient si sages que de la vouloir et accepter seulement au cas qu'elle soit bonne et sûre, et rejeter si elle est autre. C'est bien l'intention des mieux avisés de faire ainsi, et toutefois, quoiqu'ils nous le disent tous les jours, nous ne laissons pas d'en douter, et de craindre que si le roi d'Espagne consent à cette souveraineté, que tout le reste ne leur semble aisé, et qu'ils se laissent aller à des conditions qui leur feront bientôt perdre ce qu'ils pensoient avoir gagné. Nous travaillons à ce pour leur bien, et pource qu'il seroit honteux au Roi d'aider à les porter à une mauvaise et dangereuse paix. A quoi, si les députés d'Angleterre veulent procéder avec même soin, sincérité et affection que nous, il est certain que nos avis joints ensemble leur feront prendre une bonne résolution, soit de guerre ou de paix, dont le second nous seroit plus agréable que le premier, pour plusieurs raisons qui sont encore en l'esprit de Sa Majesté, dont celle-ci n'est la moindre, qu'elle ne veut être seule en ce cours. Et on nous dit que le roi d'Angleterre n'y veut rien mettre de son côté ; ce que toutefois je ne peux croire, parce qu'il est plus intéressé en la ruine de ces peuples que nous.

La venue des députés, et ce qu'apprenons d'eux, nous en éclaircira : l'affaire n'avons à traiter ensemble étant de telle nature qu'elle ne doit recevoir aucun artifice ni déguisement, c'est pourquoi ils seront bientôt informés de notre dessein, et nous du leur, s'ils suivent la conduite et forme du traité que l'affaire requiert. Il y en a d'autres esquelles chacun essaie de tromper son compagnon, et où le plus sage est celui qui se sait mieux couvrir et dissimuler ; mais c'est tout le contraire en celle-ci, où la dissimulation nuiroit à chacun. Plût à Dieu que ces deux grands rois voulussent prendre telle fiance l'un de l'autre, et avoir si bonne intelligence ensemble qu'il est besoin pour donner une bonne paix à cet Etat, et assurer le repos de toute la chrétienté. La crainte seule de leur conjonction peut être cause de ce bien, sans venir aux armes contre qui que ce soit. Je vous donnerai avis à toutes occasions de tout ce qui se passera, et serai bien aise d'être averti par même moyen de tout ce qu'apprendrez, concernant l'affaire que traitons, et de vous rendre très-humble service, quand j'en aurai le moyen, de même volonté, dont je vous baise très-humblement les mains, et suis, monsieur, votre bien humble et plus affectionné serviteur,

P. JEANNIN.

A La Haye, ce premier jour de septembre 1607.

LETTRE *de M. Jeannin à M. de Berny, dudit jour premier septembre* 1607.

Monsieur, peut-être que M. Verreiken aura mieux informé les archiducs de notre conduite et inclination pour avancer la paix, qu'ils n'étoient auparavant, au moins l'a-t-il pu connoître, non par nos seuls propos, que sais bien pouvoir être pris pour déguisemens et artifices, mais par les effets ; étant vrai et certain que notre dessein a toujours été de porter à la paix ceux qui en étoient éloignés ; et que le Roi sera très-aise de vivre en amitié avec tous ses voisins, particulièrement avec les archiducs, comme aussi de faire cesser les soupçons que la continuation des armes si près de lui donnera à chacun, desquels néanmoins il ne se peut garantir que par le moyen d'une bonne paix, dont nous avons très-bonne opinion, si la ratification du roi d'Espagne, de laquelle ledit sieur Verreiken a donné beaucoup d'assurance, est envoyée dans le temps accordé : ce que je désire de toute mon affection, afin de sortir d'ici, où nous sommes sans occupation, et avec ennui. Messieurs les députés d'Angleterre y sont attendus de jour à autre, et estime qu'ils y arriveront dans le quatrième ou cinquième de ce mois. Si vous apprenez quelque chose de cette ratification, donnez-nous en avis, s'il vous plaît ; comme aussi s'il y a de la difficulté à l'obtenir, ou bien un refus entier ; et s'ils sont mieux informés par delà de l'intention du Roi qu'ils n'étoient auparavant : ensemble ce qu'ils sentent du roi d'Angleterre, et de son inclination, soit à la paix ou à la guerre. Ces avis nous peuvent donner quelque instruction pour mieux servir Sa Majesté, et m'obligeront aussi à vous en rendre bien humble service, qui sera de même affection, dont je vous baise très-humblement les mains, et suis, monsieur, votre bien humble et très-affectionné serviteur,

P. JEANNIN.

A La Haye, ce premier jour de septembre 1607.

LETTRE *de M. de Villeroy à M. Jeannin, du 3 septembre* 1607.

Monsieur, nous avons vu le commissaire général des cordeliers, qui traite la paix par delà. Quand il alla en Espagne, il passa sans se faire connoître ; retournant, il nous a dit que le roi d'Espagne lui avoit commandé de saluer le Roi s'il rencontroit Sa Majesté en lieu sur son chemin, et l'assurer de son amitié. Sa Majesté l'a donc entretenu ce matin ; et je le vis hier au soir : toutefois j'estime qu'il fût volontiers passé sans se présenter s'il l'eût pu faire ; mais ayant su que nous l'avions découvert, il s'est mis en ce devoir. Il a assuré le Roi qu'il porte aux archiducs tout pouvoir de conclure avec les Provinces-Unies, et parole de l'approbation d'Espagne de tout ce qu'ils accorderont, ne faisant point de difficulté que l'on n'envoie la ratification que lesdites provinces ont demandée à l'audiencier ; et partant que toutes choses ne succèdent heureusement pour la tranquillité publique ; à quoi il veut que nous croyions avoir laissé le roi d'Espagne et le duc de Lerme si disposés et résolus, que le dernier lui a écrit une lettre (après être parti de la cour) par laquelle il lui donne la susdite assurance, et veut qu'il la consigne de sa part auxdites provinces, envers lesquelles il déclare qu'il sera garant de l'exécution et observation entière de ce qui sera traité avec eux. Sa Majesté lui a fait connoitre par ses propos qu'elle ne désire moins ledit accord que les archiducs mêmes, pour être prince très-chrétien, sans ambition et convoitise du bien d'autrui, dont il l'a fort remercié. Mais Sa Majesté lui a dit aussi, si elle s'aperçoit que l'on continue à se cacher et méfier d'elle et de ses serviteurs en cette action, comme l'on a commencé, tout ainsi qu'on lui donnera argument de croire que l'on prétend faire ledit traité à son préjudice, qu'aussi fera-t-elle de son côté ce qu'elle doit pour parer tels coups, et se garantir des effets d'une mauvaise volonté, ayant, grâces à Dieu, le moyen de le faire. Ce que l'autre a avoué et reconnu, ayant supplié Sa Majesté d'excuser le passé, et de croire que l'on ne passera plus avant au traité principal sans sa participation et intervention, confessant qu'elle leur est non-seulement honorable et utile, mais nécessaire; qu'il est marri de la froideur de laquelle ledit audiencier s'est conduit en votre endroit, qu'il récompensera la faute qu'il a faite, et qu'étant envoyé en Hollande, il conférera avec vous librement et fidèlement toutes choses, Sa Majesté lui ayant dit vous avoir voulu aussi employer en cette négociation, pour être catholique duquel elle a toute confiance; étant assurée que vous prendrez toujours les conseils suivant son commandement, qui seront plus utiles au repos, et favorables auxdits catholiques. Et Sa Majesté lui ayant demandé quelle consolation il entendoit apporter auxdits catholiques faisant ledit traité, il lui a répondu que c'est le point auquel il se trouve le plus perplexe et empêché, et pour lequel les archiducs auront autant et plus de besoin de l'aide et faveur de Sa Majesté; laquelle lui a donné bonne espérance, ayant appris par ses discours que lesdits archiducs ne feront difficulté d'accorder la liberté de conscience dans les pays qui leur obéissent, à tous ceux desdites provinces qui y viendront après ladite paix, si lesdits États accordent auxdits catholiques une église dedans leur pays en chacune ville, en laquelle ils puissent exercer leur religion. Ils tendront donc tous à ce but, jaçoit que d'abordée ils ne s'en découvrent, pour n'altérer les esprits du pays.

Je ne doute point, si ledit commissaire passe en Hollande, qu'il ne vous parle de cet article, et même qu'il ne se vante de ladite espérance que Sadite Majesté lui a donnée d'y être favorable; mais vous saurez bien vous conduire en cela, et en toute autre chose, de façon que ledit commissaire n'en tirera aucun avantage à notre préjudice; non que Sa Majesté ne soit bien aise de moyenner une telle consolation auxdits catholiques; toutefois elle estime qu'il faut ménager sa bonne intention avec prudence, comme elle vous prie de faire pareillement. Sadite Majesté a appris dudit commissaire qu'il n'a pas opinion que l'on obtienne tout-à-fait la sortie des gens de guerre espagnols des Pays-Bas, ni le commerce des Indes; mais il espère qu'il s'y trouvera quelque tempérament qui contentera les parties : en tout cas, il ne croit pas que lesdites provinces opiniâtrent l'un ni l'autre article. Il est très-aise de quoi l'on a accordé la révocation des navires qui étoient à la côte d'Espagne, même devant que l'on ait reçu contentement de la ratification d'Espagne, car il se promet que cela contentera fort le conseil espagnol, lequel, crainte qu'il soit armé par mer jusques au colet, redoute merveilleusement la rencontre des bateaux hollandois, à cause de leur forme de combattre. Ledit commissaire veut que nous croyions, étant ledit accord achevé, que nos rois feront de si bonnes et fortes alliances, que nos enfans auront de la paix et de l'amitié à revendre pour le reste de nos jours, de quoi il n'a été déduit, et s'en est allé avec cela. Mais il faut que vous sachiez que l'ambassadeur des archiducs, qui a présenté à Sa Majesté ledit religieux, et a toujours assisté aux discours qu'il a tenus, avoit dit à Sa Majesté, et depuis à M. le garde des sceaux, et à moi quelque jour devant, que ces messieurs se plaignoient grandement de quoi l'on vous avoit envoyé par delà, et que nous continuions à secourir d'argent lesdites provinces, disant que vous dégoûtiez lesdites provinces de la paix, et que par notre susdit secours nous faisions le semblable.

Sa Majesté lui répondit que c'est le conseil d'Espagne qui empêche et retarde artificieusement ladite paix, ne ratifiant les traités des archiducs, conformément à leurs promesses; qu'elle vouloit que ces messieurs et lui sussent qu'elle n'entend traverser ladite paix; mais qu'elle ne permettra d'icelle, l'on abuse lesdites provinces sous prétexte d'avenir ayant souvent reçu et espérant recevoir de leur toute amitié et bonne voisinance d'icelles; que c'est pourquoi elle les assiste de son conseil et de sa bourse, et qu'elle continuera tant qu'elles en auront besoin; s'être présentées plusieurs occasions de s'avantager contre les archiducs au fort de la guerre, qu'elle a méprisées, ce qui doit faire croire maintenant que chacun goûte ladite paix, et qu'elle est sur le bureau; qu'elle n'entend profiter de la rupture d'icelle; et d'autant que ledit ambassadeur disoit que lesdites provinces étoient par la grâce de Dieu si inclinées à la paix, qu'il n'avoit au pouvoir de personne de les en détourner, Sadite Majesté passa si avant, qu'elle lui dit, si elle vouloit entreprendre de le faire, qu'elle le pourroit, mais qu'elle n'en avoit aucun vouloir. Je ne sais quels effets produiront tous ces propos; mais Sa Majesté m'a commandé vous en informer, afin de vous en servir.

J'oublios à vous dire que ledit cordelier a confessé à Sa Majesté que ce que l'on avoit publié à l'arrivée du sieur Aërsens en France, que le Roi aspiroit à la domination des Provinces-Unies, avoit servi d'espérance, au roi d'Espagne et à l'archiduc, d'avancer ces traités; reconnoissant, sur la déclaration que le Roi faisoit maintenant de la sincérité de son intention, tel bruit avoir été publié exprès par les Etats pour échauffer les autres; toutefois, puisque les choses ont passé si avant, qu'il faut les terminer à la paix, comme j'espère qu'il succédera. Certes le sieur Aërsens ne vit avec moi, ni autres ministres, comme il souloit, honteux, comme je crois, du tort qu'il a fait au Roi et à sa réputation; ça dépit de quoi il lui semble qu'on ne confère avec lui si confidemment et ouvertement que de coutume. Et néanmoins je ne doute point qu'il n'ait connoissance d'une bonne partie de tout ce que le Roi dit et ordonne; car Sa Majesté et d'autres ne parlent que trop librement. Néanmoins l'on ne voit les lettres que vous écrivez, car elles sont sous ma clef, et j'en use comme je dois. Le sieur Aërsens n'a eu ce que l'on vous a écrit par M. de Preaux, en matière d'argent; mais il a fort sollicité que l'on lui envoie un pouvoir suffisant pour traiter et conclure la ligue particulière, nous ayant offert et promis de la part des Etats tout ce que vous nous avez écrit sur ce sujet et sur l'intervention; mais il ne l'a fait qu'après le partement du sieur de Preaux, d'autant qu'il n'en a reçu le commandement que par le commis du sieur du Maurier, qui est arrivé depuis le départ de l'autre, et qui ne nous a apporté de vos lettres.

Quant aux Anglois, nous les tenons toujours pour tels que nous vous les avons décrits. Les lettres de M. de La Boderie décrites sur le partement de leurs députés, nous y confirment, comme font les discours de leur ministre résidant en France, et ceux de l'ambassadeur d'Espagne près les archiducs. L'ambassadeur d'Angleterre, qui est ici, nous a fait bailler le double du pouvoir qui a été donné par son maître aux députés qu'il a envoyés en Hollande. Je vous l'envoie, afin que vous voyiez le style, encore que j'estime qu'ils n'auront failli d'en faire belle montre à leur arrivée par delà; mais souvenez-vous que nos pères les ont dépeints avec une queue, et que nous les méconnoîtrions si nous les figurions autres. M. de Preaux vous aura dit l'instance de M. Aërsens pour huit, tant Hollandois qu'Anglois, condamnés par le parlement de Rennes aux galères, pour avoir voulu saccager un navire breton, afin qu'ils fussent retenus et tirés de la chaîne. Cela a été fait, les ayant arrêtés ici en prison jusques à ce qu'ils soient justifiés, et avons mandé le procès. Ledit Aërsens avoit du commencement offert d'avancer les frais de leur conduite ici, se contentant de leur retenue en cette ville; mais, après l'avoir obtenue, il a refusé l'avance desdits frais, si on ne lui en accordoit l'entière délivrance et disposition, sans attendre ladite justification : de façon que le Roi a été condamné aux dépens; et si je crois qu'il écrira encore que l'on lui a fait tort, et à ses maîtres aussi, ayant joint en cette poursuite l'ambassadeur d'Angleterre. Mais nous suivrons en cela l'ordre de la justice, quoi qu'ils puissent dire, si vous ne nous donnez autre avis. Je prie Dieu, monsieur, qu'il vous conserve en bonne santé.

A Paris, le troisième jour de septembre 1607.

Votre, etc. De Neufville.

Lettre *de M. de Villeroy à M. Jeannin, du quatrième jour de septembre* 1607.

Monsieur, votre dépêche du 26 du mois passé arriva hier au soir, depuis avoir signé mon autre lettre, que je n'ai toutefois voulu retarder. Le Roi verra votredite lettre ce matin, et je vous ferai savoir après l'intention de Sa Majesté. Quoi attendant, je vous dirai que je ne crois pas que mon neveu ait rien dit au sieur Aërsens, qui ait dû déplaire à M. Barneveld; toutefois il vous en rendra meilleur compte; mais il est certain que ledit Aërsens n'est content du Roi, ni de ses ministres, parce qu'il n'obtient d'eux tout ce qu'il désire, et qu'il reconnoît que l'on n'est satisfait de ses actions passées et présentes. C'est pourquoi il faut prier le sieur Barneveld de n'ajouter foi entière à tous ses avis, lesquels souvent il forge au moule de sa passion, ou des bruits communs qui courent, ou bien sur les rapports d'aucuns passionnés malicieux et ignorans. Il doit s'arrêter du tout aux vôtres, fondés sur ceux que lui donnent le Roi et moi; car le reste n'est que vent et déception, qui sera ce que j'ajouterai à mon autre lettre, en attendant que le Roi ait déclaré sa volonté sur la vôtre. Ils sont toujours armés au Milanois, sous prétexte d'attendre le succès de la négociation de la paix flamande. Les Etats de Castille ont accordé à leur roi une subvention de seize ou dix-huit millions d'or en huit ans; de quoi le cordelier fera fête par delà. Mais nous savons que ledit octroi est conditionné pour acquitter les dettes royales, et non pour être employé à autre effet. Je prie Dieu, monsieur, qu'il vous conserve en bonne santé, me recommandant très-affectueusement à votre bonne grâce.

De Paris, ce quatrième jour de septembre 1607.

Votre, etc. De Neufville.

Lettre du Roi, du 5 septembre 1607.

Messieurs Jeannin, Buzanval et Russy, je vous ai écrit par l'abbé de Preaux, que je suis content de secourir encore les sieurs des États, en la présente année, de pareille somme que celle que je leur ai fait bailler, et ce à deux termes : le premier dans le mois d'octobre, et l'autre à la fin de celui de décembre, pourvu qu'ils accomplissent ce qu'ils vous ont proposé; et vous mandé par ledit abbé, de quoi comme ils auront été assurés par vous. Je veux croire qu'ils sont demeurés contens, et qu'ils se seront mis en devoir d'avancer la résolution de leur proposition, pour tant plus tôt recevoir ledit secours. Toutefois, si vous connoissez qu'il soit besoin pour mon service de les assurer de leur faire toucher ce premier terme plus tôt, je vous permets de ce faire, assuré que vous ne vous y engagerez que bien à propos, et avec bonne considération. Cependant je commanderai que l'on mette à part la partie, et que l'on en fasse la communication en la forme accoutumée; et vous ferez valoir par delà ma bonne intention ce qu'elle mérite : mais avisez aussi à tirer des effets d'eux, suivant les commandemens que je vous ai faits par mes dernières lettres, car j'ai opinion que les députés d'Angleterre rendront les choses plus difficiles qu'ils ne les favoriseront; et néanmoins j'approuve que vous ayez voulu attendre leur venue devant que de serrer et presser davantage les affaires, pour ne les ombrager, ni leur donner argument de se plaindre desdits Etats et de vous. Je vous ai aussi écrit que je me contente de faire pour le présent une ligue défensive, pour les raisons que je vous ai mandées. Vous dites, par votre lettre du 26 du mois passé, qu'ils entendent m'obliger pour quelques années à une notable somme, chacun an, pour la dépense de la guerre, en cas qu'elle continue; et pendant le même temps s'obliger pareillement envers moi à me secourir en mon royaume, contre l'Espagne et les archiducs, de certain nombre de gens et navires, de guerre, comme de vingt-cinq ou trente navires, mille chevaux, et six mille hommes de pied entretenus à leurs dépens pendant tout le temps du secours. Or je désire savoir s'ils entendent que ce secours mutuel et réciproque doive avoir lieu seulement en cas que nous ayons la guerre en même temps contre lesdits princes, ou qu'il n'y ait qu'un de nous qui soit assailli. C'est chose qu'il faut expliquer plus clairement, comme je m'assure que vous saurez bien faire quand il sera question d'écrire. Mais quant à leur continuer un secours, et n'en recevoir point d'eux en temps de paix, de part et d'autre la condition seroit, comme vous dites, trop inégale. Il seroit raisonnable, s'ils vouloient tirer assistance de moi en paix, que je la ressente aussi d'eux, auquel cas je pourrois m'accommoder à ladite proposition; comme si je leur accordois une somme d'argent, je voudrois aussi être secouru d'un nombre de navires de guerre, pour les employer à ma discrétion, lesquels navires seroient par eux entretenus, ainsi qu'il seroit convenu. Outre cela, je ne ferois difficulté encore de prendre en paiement des deniers qu'ils me doivent, quelque autre nombre de navires de même condition, pour aider à me rendre plus fort par la mer.

Partant, avisez à leur faire ces ouvertures, selon qu'ils vous donnent sujet d'y entrer : toutefois faites-le comme de vous-même, et si n'en avez reçu aucun commandement de moi; faisant qu'ils parlent et s'ouvrent le plus que faire se pourra, afin que nous puissions mieux découvrir leurs intentions, et choisir ce qui nous sera plus utile. Il n'y a que trois partis à résoudre : le premier est ce que nous ferons en temps de guerre, comme les uns pour les autres; le second, en cas qu'il n'y ait qu'une partie en guerre, et que l'autre n'y entre; et le troisième est celui de la paix commune. Faites-les donc parler sur cela, et me mandez clairement et ponctuellement ce que j'en dois attendre, et faudra que j'y contribue, soit que les Anglois entrent ou non. Et, d'autant que j'ai fait écrire par le sieur de Villeroy à vous sieur Jeannin, ce que j'ai tiré du commissaire général des cordeliers qui a passé par ici revenant d'Espagne et allant en Flandre, je ne vous en ferai redite; mais vous assurerai que vous me ferez plaisir de continuer à m'avertir de toutes occurrences, le plus souvent et particulièrement que vous pourrez. Je prie Dieu, messieurs Jeannin, Buzanval et Russy, qu'il vous ait en sa sainte garde.

Écrit à Paris, le 5 septembre 1607.

Henri

Et plus bas, Brulart.

Lettre de M. de Villeroy à M. Jeannin, dudit jour 5 septembre 1607.

Monsieur, vos lettres et vos raisons ont été bien reçues du maître, encore qu'il soit question d'argent; car il connoît votre intention, s'y confie entièrement, et sait discerner le blanc d'avec le noir ainsi que vous verrez par sa lettre, suivant laquelle je solliciterai que l'on commence dedans trois ou quatre jours à compter ce premier terme, et changer les espèces. Toutefois, ne permettez que ces messieurs l'envoient quérir que je ne vous en avertisse, afin de ne faire perdre le temps à leurs navires, joint que nous serons bien aises de voir devant quelques effets et preuves de leur bonne volonté; car je vous confesse que nous nous en défions grandement depuis leur cessation d'armes, et le refus de l'acte. Nous n'avons rien dit au sieur Aërsens de la résolution que nous avons prise touchant lesdits deniers; car nous avons voulu que le premier avis en fût donné aux Etats par le sieur Jeannin, afin que l'on lui en sache gré après le Roi plus qu'à autres. Nous savons que ledit Aërsens fait profession d'attribuer à sa diligence l'honneur de telles grâces. Nous lui avons dit seulement que ses maîtres entendront l'intention de Sa Majesté par vous, combien qu'il m'ait pressé de lui en dire davantage, comme a fait la belle-mère du prince Maurice, laquelle fait maintenant de s'acheminer bientôt par delà pour conseiller ses amis, et principalement le comte Henri, duquel elle montre être eu grande peine. Nous jugeons, comme vous, que ces messieurs ne peuvent refuser la ratification d'Espagne avec la condition de nullité, en cas que le traité de paix ne s'en ensuive, pour la raison que vous nous écrivez. Toutefois M. Aërsens assure qu'ils ne l'accepteront jamais ainsi conditionnée, quoi qu'il en arrive : mais je ne le crois pas, car quels moyens ont-ils de continuer la guerre ci-après, si le roi d'Angleterre ne les aide autrement qu'il a fait? Il en fera peut-être le semblant d'abordée, mais les effets n'y répondront jamais, car il n'en a le vouloir ni le pouvoir : c'est pourquoi les vrais amis de la France et du Roi sont d'avis de la paix. Quelques-uns veulent que nous croyons que le prince Maurice n'y consentira jamais, et qu'il couchera sa tête lorsque l'on voudra conclure ce marché, en se saisissant de tous les lieux où il pourra mettre le pied pour les défendre, jusques à ce qu'il ait assuré sa condition selon son désir. Ce seroit un conseil désespéré et périlleux au public, à lui et à sa maison. D'autres estiment le moyen du marquis Spinola. Je sais que quelques ministres d'Espagne s'en sont vantés; mais je crois que c'est une pure calomnie et mensonge. Toutefois je vous écris, tout assuré que vous en userez comme il faut. Nous avons ici un homme venu de Savoie, qui nous offre et promet, de la part du duc, des merveilles : mais nous nous défions de sa denrée, ayant éprouvé la valeur et portée d'icelle; il ne couche pas moins que de la prise du loup et du renard ensemble; ce sont vraies effronteries, qui ne sont plus de mise auprès du Roi. Je prie Dieu, monsieur, qu'il vous conserve en bonne santé.

De Conflans, ce 5 de septembre 6071. Votre, etc.

De Neufville.

Autre **lettre** dudit sieur de Villeroy, audit sieur Jeannin, dudit cinquième jour de septembre 1607.

Monsieur, je vous saluerai derechef par celle-ci, pour être de plus en plus ramentu et conservé en votre bonne grâce. Voyez à part, s'il vous plaît, mon autre lettre, afin de juger si elle doit être communiquée. M. de Russy écrit plus souvent au sieur Aërsens qu'à moi; et, parce qu'il n'est en trop bonne intelligence de tout temps avec M. de Buzanval, ledit sieur de Russy se confie en lui, et le recherche pour des intérêts privés; car je suis assuré que ledit sieur de Russy est fidèle au Roi; mais nous aimons tant l'argent en ce siècle, que l'on n'omet rien à faire pour en avoir. La princesse d'Orange montre toujours d'être mal édifiée dudit Aërsens, et veut que nous croyions qu'il continue à faire de mauvais offices au Roi. Elle verra bientôt le prince Maurice, et promet de bien servir Sa Majesté auprès de vous, qui savez bien en user. Le Roi ne parle point encore de déloger d'ici, encore qu'il s'y ennuie assez; mais il attend que les chaleurs soient diminuées. Monseigneur d'Orléans, qui a été un peu malade, se porte bien maintenant, comme font tous les autres enfans du Roi, et même monseigneur le Dauphin. Au reste, je vous prie nous faire recouvrer et envoyer un modèle de ces instrumens pour vider et jeter l'eau facilement, dont on nous a dit qu'ils usent par delà, pour nous en servir à dresser nos canaux; car nous n'en avons ici l'usage, et dit-on que cela est très-commode. Pardonnez-moi si je vous donne cette peine : c'est une passion ou maladie qui accompagne les entrepreneurs d'un ouvrage, que vous avez assez éprouvée; partant je me promets que vous en excuserez volontiers l'importunité. Le comte de Fuentes conserve toujours ensemble ses forces, lesquelles étant mal payées, ruinent le Milanois. Elles sont grandes comme de quinze ou vingt mille hommes. Il publie toujours que c'est pour servir en Flandre, en cas que l'on n'y fasse la paix. C'est pourquoi, quand les choses ne s'y disposeroient, il faut laisser venir l'hiver devant que rompre; car alors elles ne pourront plus passer, et se déferont après d'elles-mêmes. Vous recevrez ceci pour avis, et je me recommanderai très-affectueusement à votre bonne grâce; priant Dieu, monsieur, qu'il vous conserve en bonne santé.

De Paris, ce 5 septembre 1607. Votre, etc.

De Neufville.

Il a été fait une dépêche au Roi, du 3 septembre, pour lui donner avis du décès de feu M. de Buzanval; mais la minute se trouve égarée.

Lettre de MM. Jeannin et de Russy, au roi, du 11 septembre 1607.

Sire,

Nous ferons une dépêche bien ample à Votre Majesté au premier jour, pour répondre à celle que M. de Preaux nous a apportée; mais cela après avoir mieux reconnu l'intention des députés du roi d'Angleterre, et avancé les affaires touchant ce que Votre Majesté désire des Etats. Nous faisons ce mot ici à la hâte, étant averti que le sieur de Franchemont, que pensions être passé à Calais il y a cinq ou six jours, a été contraint, après avoir demeuré sur mer quatre jours, de relâcher encore à La Brille, d'où il doit partir présentement pour continuer son voyage. Lesdits sieurs députés n'ont fait aucun débat sur la préséance, mais assisté au convoi des funérailles de feu M. de Buzanval, après nous, et fait de même pour s'asseoir à la table au diné que les Etats donnèrent à toute la compagnie au retour desdites funérailles. Ils montrent de vouloir joindre du tout leurs conseils aux nôtres, et ne rien faire par commun avis, disant qu'ils ont cette charge et commandement de leur maître; nous leur en avons autant dit. Leur venue a rempli tous les gens de guerre d'une espérance que le roi de la Grande-Bretagne désire plutôt la continuation de la guerre que la paix. Les capitaines anglois l'ont ainsi dit aux nôtres, et lesdits sieurs députés même au prince Maurice. Et toutefois en deux visites, l'une chez eux et l'autre chez nous, nous avons plutôt reconnu qu'ils étoient gens de paix qu'autrement. Nous y verrons plus clair d'ici à quelques jours.

Tous les députés des Etats sont venus en ce lieu depuis hier seulement, fors ceux de Zélande, lesquels y sont attendus de jour en autre. Nous presserons lors ce que Votre Majesté désire, et n'omettrons aucune chose de notre devoir et diligence pour lui donner contentement. Le cordelier est arrivé à Bruxelles. Les bruits qu'on publie sur son retour sont qu'il a apporté la ratification comme les Etats la demandent; mais personne n'est encore venu ici de leur part pour en assurer, ou demander passe-port pour l'apporter. Nous attendons cette nouvelle en bonne dévotion, afin de faire finir tôt, s'il est possible, cette affaire, que la longueur empire plutôt qu'elle n'y fait du bien. Nous prions Dieu, sire, qu'il donne à Votre Majesté et à sa royale famille, tout heur, prospérité et contentement.

De La Haye, ce 11 septembre 1607.

Vos très-humbles et très-obéissans sujets et serviteurs, P. Jeannin et de Russy.

Lettre de M. Berny à M. Jeannin, du 16 septembre 1607.

Monsieur, je vous puis dire que ni le temps, ni les effets n'ont point fait perdre les soupçons que ces gens-ci ont pris de nous dès le commencement, que nous voulons empêcher leur paix, et que vous n'êtes delà que pour servir à cela, ainsi que vous aurez pu apprendre par la plainte que l'ambassadeur de ces princes en a faite à Sa Majesté, dont je ne doute point que vous n'ayez eu part comme il est requis. Et, encore que Sadite Majesté lui ait offert, et depuis au cordelier en passant, d'y contribuer et son autorité et sa bonne volonté, tout cela est interprété tout au contraire de la sincérité de son intention, laquelle j'ai aussi pris peine de ma part de leur faire comprendre, mais en vain; étant les esprits tellement remplis de cette première opinion, qu'il n'y a plus lieu d'y en loger d'autres. Peut-être que la fin leur fera mieux connoître ce qui est de la vérité. Je ne doute point que vous n'ayez en défiance l'avis du passage dudit cordelier, qui est retourné d'Espagne, et arrivé dès le cinq ou sixième du présent mois en cette ville, chargé de bons et amples mémoires de l'intention du roi d'Espagne pour le fait et conduite de cette négociation, avec de grandes assurances de bouche qu'il ratifiera, et fera observer de bonne foi tout ce qui sera promis par ces princes, ainsi qu'il est expressément porté par la première ratification qu'en a baillé l'audiencier Verreiken; soutenant qu'il n'est point besoin d'en fournir d'autre plus ample, qu'au préalable tout ne soit accordé et signé des deux côtés, s'offrant d'aller incontinent en Hollande faire entendre à messieurs des Etats cette bonne volonté, et passer là-dessus plus avant en traité selon la charge qu'il en avoit d'Espagne. Mais l'affaire mise en délibération, où a été représentée la réponse baillée par écrit audit sieur Verreiken par lesdits Etats, sa mission a été remise jusques à ce que l'on ait nouvelles sur la réformation de la ratification, que le marquis se promet assurément d'avoir dans la fin de ce mois; mais les Espagnols en général demeurent toujours fermes en leur première opinion, que jamais on ne ratifiera ce premier point de souveraineté, et que la première qu'il a envoyée fait assez de foi de son intention en cet endroit, et que quand bien même il le voudroit faire, ce ne sera qu'en toute extrémité. Cette dernière est l'opinion plus commune, afin de faire croire qu'il ne le fait que pour contenter ces princes en quelque sorte que ce soit. On voit bien que le conseil d'Espagne veut traîner les choses en longueur, en réservant par-devers eux la faculté de se servir du bénéfice du temps, bien assurés qu'ayant gagné l'hiver, ils pourront entretenir ce commerce jusques au printemps, tenant toujours les Etats en dépense, et leurs peuples en haleine sous l'attente d'une paix.

Quant au roi d'Angleterre, on le connoît pour si bon prince et tant amateur de paix et de repos, que l'on n'appréhende rien de ce côté-là, et que leurs ministres ne troubleront point leur fête par leurs grandes offres, étant bien aisé à juger, par le passé, que ce prince-là craint de heurter contre l'Espagne, et lui déplaire en quelque sorte. Voilà, monsieur, ce que je puis vous dire sur la vôtre du premier, que je n'ai reçue que du jour d'hier, très-marri certes du décès si soudain de M. de Buzanval, qui m'avoit écrit deux jours auparavant pour avoir un passe-port d'ici. J'écris fort souvent, et particulièrement à M. de Villeroy, tout ce qui se passe, avec excuse dès le commencement si je ne vous en puis faire part d'ici, comme je voudrois bien, de crainte que mes lettres ne soient interceptées, dont on feroit un grand bruit, encore qu'il n'y eût rien. Je m'émanciperai néanmoins quelquefois, selon les occasions, avec une singulière affection de vous rendre tout service, monsieur. Je vous baise bien humblement les mains, et suis votre bien humble et affectionné serviteur, BRULART DE BERNY.

A Bruxelles, ce seizième jour de septembre 1607.

Proposition faite par MM. les Etats aux députés du Roi, et du roi de la Grande-Bretagne, le dix-septième de septembre 1607.

Messieurs, nous tenons les Provinces-Unies très-obligées à Leurs Majestés pour toutes les royales faveurs, bénéfices, secours et assistance qu'elles ont reçues par plusieurs années d'icelles au maintiennement de la cause et liberté de ces pays; et nommément aussi, qu'il leur a plu, en cette conjoncture et présente constitution de nos affaires, de commettre par deçà vos seigneuries comme leurs ambassadeurs, pour nous assister de conseil; et de fait, notre ferme confiance est que, par la grâce de Dieu, et des conseils, assistance et intervention de Leurs Majestés, les Provinces-Unies, qui ont servi à peu près continuellement l'espace de quarante ans d'un boulevart contre la prétendue monarchie des Espagnols, seront relevées de leur grande nécessité, et dorénavant conservées et maintenues en leur liberté, tout ainsi comme devant cette sanglante guerre, par la main puissante de Dieu, assistance de Leurs Majestés, ensemble leur extraordinaire constance et bons devoirs, icelles ont été relevées et conservées de plusieurs périls, et jusqu'à présent maintenues en leurs libertés, dont nous et tous les bons habitans de ces pays (après Dieu) demeurerons toujours obligés à Leurs Majestés, leurs successeurs et royaumes. Les affaires des Provinces-Unies sont présentement en termes qu'il faut qu'elles soient relevées et conservées, ou par une vigoureuse guerre par eau et par terre, ou par un traité de paix ou trève, sur les offres et présentations à nous faites par les archiducs. Nous sommes résolus de procéder cesdits deux points avec conseil, assistance, intervention, contentement et manutention de Leurs deux Majestés, s'il plaisoit maintenant à vos seigneuries, de la part de Leurs Majestés, de traiter avec nous sur le premier point, nommément sur la conduite d'une vigoureuse guerre par eau et par terre, avec communs moyens, puissance et conseil; et à cette fin renouveler, augmenter et continuer les traités de l'an quatre-vingt-seize, ou faire une nouvelle alliance, avec promesses de ce que chacun sera tenu de faire pour l'effectuer, et de mettre ordre sur la réelle exécution d'icelle, tant par eau que par terre, pour, ce moyen, pouvoir parvenir à une heureuse fin de cette sanglante et longue guerre, au service de la chrétienté, augmentation de la très-louable réputation de Leurs Majestés, ensemble la conservation des Pays-Bas en leur liberté. Cela seroit le meilleur, et mettroit un ferme fondement, lequel indubitablement sera aussi secondé par les autres rois, potentats et républiques qui ont suspecté l'ambition espagnole. Ladite alliance arrêtée, et étant résolue, sur l'exécution d'icelle il pourra, par vos seigneuries, de la part de Leurs Majestés, avec meilleure assurance, être délibéré et conseillé si, avec un traité sur lesdites offres et présentations, cette guerre pourra être amenée à une chrétienne, honorable et assurée fin, au contentement de Leurs Majestés et service de ces pays, et nous maintenus en leur liberté. Sur lequel traité nous déclarons rondement et sincèrement que nous sommes en notre entier, hormis ce qui est publié, et dont a été fait ouverture à Leurs Majestés.

Requérons pourtant vos seigneuries qu'il leur plaise, de la part de Leurs Majestés, mûrement aviser sur l'importance et conséquence de cette affaire, et d'émouvoir Leurs Majestés à la continuation de leur soin royal pour la conservation de ces pays, Etat et liberté, comme ils jugeront, selon leur grande sagesse et débonnaireté, être nécessaire, tant par continuation de la guerre que par le traité de paix; et de nous sur le tout impartir par écrit leur bon conseil, afin d'aider icelui d'ériger les affaires à l'honneur de Dieu, le contentement et service de Leurs Majestés, ensemble le bien et conservation de ces pays, et des bons habitans d'iceux, étant ceci notre sincère et vrai désir et intention, dont nous assurons Leurs Majestés par cettes.

Ainsi délibéré et résolu en l'assemblée des seigneurs Etats-généraux des Provinces-Unies du Pays-Bas, et ordonné en être fait acte, pour être délivré auxdits seigneurs, ambassadeurs du roi très-chrétien, en forme due.

A La Haye, le dix-septième jour de septembre 1607.
N. Van Berck V.

Et plus bas, par ordonnance d'iceux seigneurs Etats-généraux.
Aerssens.

Lettre de M. de Villeroy à M. Jeannin, du 19 dudit.

Monsieur, nous avions avis par la voie de Bruxelles, du décès de feu M. de Buzanval, quand son secrétaire est arrivé avec vos lettres du 3 et 11, qui nous en a apporté la certitude, dont je vous assure que le Roi et tous ses bons serviteurs ont été très-déplaisans, et ont porté un grand regret. Sa Majesté et le public y ont aussi beaucoup perdu, comme j'ai fait en mon particulier un très-bon ami, qui est un trésor assez rare en cette saison. Sa Majesté a été consolée aucunement quand elle a su les honneurs que ces messieurs ont voulu lui rendre aux obsèques qu'ils lui ont ordonnées, vous assurant qu'elle leur en sait bon gré, comme il vous plaira leur dire, en attendant qu'elle les en fasse remercier, ainsi qu'elle fera par M. de Béthune, que nous renverrons par delà, après la réception de la dépêche que vous nous ferez sur celle que M. de Preaux vous a portée. Mais Sa Majesté a été bien aise de savoir que les Anglois vous ont cédé en la forme que vous nous avez mandée : toutefois il ne s'attend pas qu'ils suivent pour cela son conseil, quoi qu'ils protestent. Nous avons avis aussi du côté d'Espagne, qui nous apprend que le roi d'Angleterre leur promet faire merveilles en leur faveur, en l'occasion qui se présente ; en quoi chacun verra clair bientôt. Nous avons dit depuis cinq jours au sieur Aerssens ce que nous avions écrit auparavant, en matière d'argent, dont il aura averti le sieur Barneveld. M. de Berny m'écrit que le moine a rapporté tout contentement d'Espagne à l'archiduc. Mais ça été après avoir assuré le duc de Lerme, que six mois après que la paix sera faite, les Etats reprendront le parti du roi d'Espagne, ou pour le moins celui de l'archiduc, nonobstant toutes les nonobstances (ce sont les termes de sa lettre), étant assurés de leurs priviléges, dont ils se contenteront. En second lieu, qu'ils renonceront à la France et au Roi, totalement et ouvertement, et tiercement, que l'exercice de la religion catholique y sera libre comme l'autre ; mais nous ne pouvions croire que ce maître moine soit en ceci si assuré de son bâton qu'il le publie : toutefois j'ai estimé devoir vous donner ledit avis, afin que vous y preniez garde. S'il faut que ces messieurs contentent ceux de leur pays qui honorent en leurs âmes le pape, il sera meilleur et plus séant pour eux qu'ils le fassent après la paix que par icelle, d'autant que ces gens-là s'en sentiront obligés du tout aux Etats, et non à l'archiduc, ni à Spinola et consors.

Depuis le décès de feu M. de Bellièvre, nous avons perdu M. de Wloob, et croyons que M. de Maisse ne passera la nuit prochaine, tant ces flux de sang et de ventre persécutent le monde par tout le royaume. La Reine en a été fort travaillée huit jours durant, et craignons fort la durée de ce mal, à cause de sa grossesse ; mais elle n'a jamais eu fièvre, et commence à se mieux porter d'hier seulement. Quant au Roi, il se porte bien à un genou près ; mais il n'en gardera la chambre que deux jours au plus, ou bien la ville ; car on dit que nous n'en partirons de quinze jours, pour donner loisir à la Reine de se refaire. Le public perd beaucoup aussi en la mort de M. de Maisse. J'ai opinion que son appointement sera départi à MM. de Vic et de Boissise, ainsi que fut celui de M. de Calignon ; ce que MM. de Pontcarré et de Caumartin. Voilà ce que vous aurez de moi pour cette fois par la voie du porteur, que M. de Bouillon m'a dit être serviteur domestique de M. le prince Maurice ; priant Dieu, monsieur, qu'il vous conserve en bonne santé, et me recommandant très-affectueusement à votre bonne grâce.

De Paris, ce 19 septembre 1607. Votre, etc.
De Neufville.

Réponse à la proposition de MM. les Etats, ci-devant transcrite, faite par les ambassadeurs du Roi et ceux du roi de la Grande-Bretagne, le 22 de septembre 1607.

Messieurs, nous avons vu ensemble et mûrement considéré l'écrit qui nous a été donné de la part de messieurs les Etats, lequel contient leur déclaration de ne vouloir prendre aucune résolution en leurs affaires, qu'avec l'avis et contentement de nos rois. Cette reconnoissance de respect qui est dû à leur dignité et à leurs mérites envers votre Etat leur sera fort agréable, et vous en remercions dès à présent très-affectueusement, de leur part, vous assurant que ne sauriez prendre conseil de personnes qui soient plus affectionnées à la conservation de votre Etat et liberté, ni qui aient plus de jugement et d'expérience pour connoître ce qui vous doit être

, et plus de pouvoir et de moyens aussi de vous secourir et assister qu'eux.

Vous les invitez après à prendre les armes ouvertement, pour, avec les forces communes de Leurs Majestés et les vôtres, arrêter les desseins d'Espagne, qu'estimez être formidables à tous les princes et potentats de la chrétienté. Nous vous pouvons bien dire avec vérité, messieurs, que nos rois ont chacun en leurs Etats de quoi se garantir des injures et violences de qui que ce soit, et s'ils se peuvent conserver seuls et séparément, par la grâce de Dieu, et avec l'autorité et les moyens qu'ils tiennent de sa seule bonté, qu'étant bien unis ensemble, en bonne amitié et intelligence comme ils sont, il n'y a ni prince ni roi qui ne doive autant redouter leurs armes et puissance que désirer leur amitié. C'est pourquoi ils ne sont en aucune crainte, défiance, ni souci pour ce regard, mais bien de ce qui peut toucher à votre sa... qui leur est si cher, qu'il n'y a rien en leur pouvoir qu'ils n'employent volontiers, quand il sera besoin, pour vous délivrer de tout mal, injure et oppression.

Mais représentez-vous, messieurs, que tout ce que nous faisons ici est élevé sur un théâtre où chacun jette les yeux, que nos rois sont princes qui craignent Dieu, sont sages, et ont un grand soin de leur réputation. Nous avons aussi cette même opinion et sentiment de messieurs les Etats et des particuliers à qui ils commettent la conduite de leurs affaires. Jugez donc, s'il vous plaît, comme nous pourrions aujourd'hui faire ou approuver sans blâme, quelque ouverture de guerre, lorsqu'on vous offre la paix, lorsque les archiducs publient qu'ils veulent tenir et reconnoître pour Etats libres, obtenir aussi même déclaration du roi d'Espagne en votre faveur, et vous accorder les conditions requises pour vous faire jouir d'un bon et assuré repos. Considérez encore que chacun a pu voir et connoître par la suite de plusieurs actions, depuis le commencement de la trêve jusqu'à présent, qu'avez choisi ce conseil, comme le plus tant le meilleur pour le bien de votre Etat. Et tant s'en faut que l'ayons blâmé ou rejeté, qu'avons toujours déclaré, de la part de nos rois, que tout ce qui vous seroit plus utile leur seroit aussi plus agréable, qu'ils s'emploieront très-volontiers à l'avancement d'un si bon œuvre, et feroient tous bons et convenables offices pour y parvenir, quand ils en seroient requis et y pourroient valoir. Comme au contraire, s'il avenoit contre leur espérance et désir que vous ne puissiez obtenir cette paix à conditions raisonnables, assurées, et telles qu'il est requis pour la conservation de votre Etat et liberté, elles vous ont pareillement assuré de leur assistance et secours, comme nous faisons avec si grande certitude de leur sincérité et affection envers vous, que n'en devez aucunement douter, mais croire fermement que les mêmes considérations qui les ont mis du passé à prendre soin de vos affaires, les exciteront encore avec plus d'ardeur, et penseront y être plus obligés, quand ils auront vu et reconnu le devoir auquel vous serez mis pour sortir de cette guerre. Et c'est lors, et non plus tôt, qu'ils entendent conférer et s'ouvrir avec vous des moyens qu'ils voudront tenir, et de ce qu'ils estimeront devoir être fait, non pour envahir les Etats d'autrui, mais pour vous conserver et mettre en telle sûreté, que soyez hors la crainte et le danger des armes et desseins de vos ennemis. Vous avez désiré notre réponse par écrit, après vous l'avoir dite en votre assemblée générale : nous la faisons à présent, et ne craignons point qu'elle soit vue. Nos rois sont contens que leurs actions soient exposées à la lumière et au jugement d'un chacun, mais c'est chose qui ne vous peut de rien servir, et certains respects et considérations nous avoient retenus et empêchés de le faire.

Fait et donné par écrit auxdits sieurs députés des Etats, à La Haye, le 22 de septembre 1607.

LETTRE *de MM. Jeannin et de Russy, au Roi du 24 septembre 1607.*

SIRE,

Nous avons reçu en un même jour, par M. de Preaux, deux dépêches de Votre Majesté, qui sont des 24 et 29 du mois passé, puis une du cinquième du présent, que le maître de la poste de Calais nous a envoyée par homme exprès, auxquelles nous ferons réponse à la suite de cette lettre, qui commencera par ce qui s'est passé entre nous et les députés de la Grande-Bretagne, lesquels arrivèrent en ce lieu le quatrième jour de ce mois. Nous les fûmes visiter le lendemain cinquième, où ils nous tinrent beaucoup de bons propos de l'intention que ledit sieur roi avoit de favoriser les affaires des Etats, et de joindre ses conseils à ceux de Votre Majesté, nous priant que n'eussions ensemble qu'un même avis et délibérations, qu'il faudroit prendre pour leur bien et conservation, et qu'ils déféreroient toujours plus à notre jugement qu'au leur, suivant le commandement qu'ils en avoient reçu. Nous leur fîmes entendre que cette prière nous devoit être agréable, d'autant qu'avons reçu le même commandement de Votre Majesté, duquel nous nous acquitterions si fidèlement qu'ils auroient toute occasion d'en demeurer contens et de bien sentir de nos intentions; et qu'à la vérité, nous reconnoissons bien, y procédant avec cette sincérité, et sans aucun artifice d'une part et d'autre, comme nous protestons de n'y en point apporter, que c'étoit le vrai moyen de faire dépendre la conduite entière des affaires de Vos Majestés et des avis que donnerions aux Etats ; au lieu que, s'il y avoit quelque division en nos conseils et desseins, tout iroit mal ; que beaucoup de raisons nous devoient faire estimer et espérer cette conjonction de volontés et conseil; mais principalement celle-ci, que n'avez ensemble qu'un même intérêt, à savoir, de conserver ces pays en l'état qu'ils sont, et hors la sujétion d'Espagne, sans prétendre autre profit de vos dépenses et bienfaits envers eux, qu'une pareille reconnoissance de leur amitié, au besoin, contre le roi d'Espagne, au cas qu'il s'en voulût ressentir; laquelle pouvoit bien être communiquée aux deux rois ensemble, sans que la bonne volonté envers l'un soit d'aucun préjudice à l'autre, attendu qu'ils sont en amitié, et intéressés en leur mutuelle conservation et repos qui ne peut être interrompu et troublé que par un seul prince, dont la grandeur doit également être suspecte à tous les deux. Cette première visite ne fut employée qu'en ces complimens et discours généraux. Leur arrivée remplit à l'instant de leur venue tous les gens de guerre d'un espoir que la guerre devoit continuer; les Anglois ayant dit aux capitaines françois que leur roi y étoit du tout disposé, et voire, entre eux, qu'il ne tiendroit qu'à Votre Majesté que le roi d'Espagne n'eût de l'exercice pour long-temps. C'est ce qui nous fait juger tout le contraire, encore que lesdits sieurs députés en aient dit autant à M. le prince Maurice, et fait tout ce qu'ils ont pu pour découvrir de lui si l'intention de Votre Majesté étoit semblable ou non.

Le lendemain 6 fut employé aux funérailles de feu M. de Buzanval, faites fort solennellement, nous ayant assisté à ce convoi au premier et plus honorable lieu : puis au deuxième, lesdits députés d'Angleterre, qui n'ont fait aucune contenance d'avoir pensé à débattre la préséance, encore que les députés des Etats envoyés en Angleterre nous eussent dit à leur retour qu'aucuns du conseil du roi d'Angleterre les avoient assurés qu'ils le feroient. M. le prince Maurice et M. le comte Guillaume les suivoient, puis M. le comte Henri et M. de Châtillon, et deux autres seigneurs de cette même maison de Nassau. Après eux, messieurs les Etats en corps, le conseil d'Etat, puis les autres corps, l'un après l'autre, tous deux à deux, et chacun en deuil. Le même ordre fut gardé au retour, et à s'asseoir à table au dîné, qui fut fait au logis de madame la princesse d'Orange, auquel le défunt étoit décédé. Les Etats ont voulu prendre le soin, et faire la dépense desdites funérailles, où ils n'ont rien épargné, pour témoigner à Votre Majesté, ainsi qu'ils nous ont dit, le respect qu'ils lui doivent et l'obligation qu'ils ont à la mémoire du défunt, duquel ils reconnoissent avoir reçu plusieurs bons offices durant le temps qu'il a été près d'eux pour le service de Votre Majesté; dont l'avons bien voulu avertir, afin qu'elle juge s'il n'est point à propos qu'on leur fasse un mot de lettre sur ce sujet, pour montrer qu'elle leur en sait gré. Lesdits sieurs députés furent ouïs, par messieurs les Etats, le septième jour à dix heures du matin. Leur proposition fut conforme, et sur le sujet de la lettre qui leur a été écrite par ledit roi, dont nous envoyons la copie que Barneveld nous apporta l'après-dînée. Il est vrai qu'ils s'étendirent davantage sur le désir que leur maître avoit de prendre soin de leurs affaires et de les assister, sans néanmoins montrer qu'ils eussent aucune inclination à la guerre, ni volonté de mettre la main à la bourse, si elle continuoit, ayant peut-être estimé que leur offre en général devoit suffire pour témoigner leur bonne volonté, et qu'étant telle elle ne pourroit offenser personne. Ils ajoutèrent encore qu'ils avoient charge de ne rien faire, délibérer ni conclure que conjointement avec nous.

Ils nous vinrent voir le même jour sur les trois heures après-midi.

M. de Barneveld y étoit venu entre une et deux, ainsi avant eux, lequel nous fit entendre ce que dessus; et que les Etats enverroient leurs députés conjointement à eux et à nous dans trois ou quatre jours, lorsque tous les députés des provinces seroient arrivés, pour nous représenter premièrement l'obligation qu'ils ont aux deux rois, combien ils la ressentent aussi et avoient désiré que fussions en ce lieu ensemble, pour nous supplier prendre soin de leurs affaires, leur donner conseil sur la résolution qu'ils sont prêts de prendre, soit de paix ou de guerre, et de l'appuyer et autoriser de leur assistance, secours et moyens, tant en l'un qu'en l'autre: nous promettant et assurant de ne rien faire de leur part sans notre avis, consentement et intervention, puis qu'ils nous presseroient (d'autant que la paix dépend autant et plus de leur ennemi que d'eux) de leur vouloir déclarer les secours qu'ils peuvent espérer de Vos Majestés, au cas qu'ils soient contraints de demeurer en guerre, afin que selon cela ils règlent leur affection et conduite pour accepter ou rejeter ladite paix. Quant auxdits sieurs députés, ils nous firent connoître qu'ils désiroient entrer dès-lors en conférence particulière avec nous; nous priant, pource qu'en étions mieux éclaircis qu'eux, à cause de notre long séjour ici, de nous vouloir ouvrir et dire ce qu'en sentions. A quoi leur fut répondu que M. Winood, qui avoit demeuré quatre ans entiers avec eux, et participé à tous les conseils des Etats avec lequel nous en avions aussi conféré, en étoit encore mieux informé: toutefois que leur ferions volontiers entendre tout ce qui s'étoit passé depuis son départ de ce lieu pour aller en Angleterre, comme nous fîmes. Ils nous dirent lors qu'ils n'approuvoient aucunement la révocation des navires, ni la minute de la ratification qu'ils ont vue, pource qu'elle n'est assez expresse, ni en termes et style convenables pour un titre solennel, et qu'ayant été donnée de la part des Etats, elle pouvoit être mieux; mais qu'on connoissoit bien qu'ils l'avoient faite de cette façon, crainte que la donnant comme il falloit, il n'y eût eu plus de difficulté à l'obtenir et que cela ne fût cause de rompre la paix, qu'on voyoit bien être désirée par eux à quelque prix que ce soit, laquelle ils craignoient encore être déjà plus avancée qu'on ne leur disoit. Nous reconnûmes avec eux que ce qu'ils disoient de la ratification étoit vrai, et qu'on pouvoit mieux faire, l'ayant déclaré aux députés des Etats, lesquels eurent charge de nous la communiquer avant qu'elle fût donnée au sieur Verreiken; ensemble ce qui nous sembloit être défectueux en icelle. Et en avions même dressé une autre, dont la copie a ci-devant été envoyée à M. de Villeroy, laquelle ils nous prièrent leur montrer, et, après l'avoir vue et considérée, l'ont approuvée, et dit qu'elle eût été bien de cette façon.

Nous leur dîmes néanmoins que l'autre ne laissoit d'être bonne, et qu'étant ainsi accordée, elle seroit suffisante, pourvu qu'en traitant on ajoute au traité les conditions requises pour rendre la paix assurée, et qu'ils aient à l'avenir autant de force et de bonne conduite, qu'ils seront bien fondés en titre pour la défendre. Etant derechef pressés par eux de nous ouvrir les premiers, encore que la chose nous en fût assez connue, et qu'ils le faisoient pour découvrir si nous tendrions à la paix ou à la guerre, nous fûmes contraints de le faire pour ne les mettre en soupçon qu'il y eût de l'artifice en notre conduite, et pour les exciter aussi par la franchise et simplicité de nos propos, considérés et retenus toutefois autant qu'il étoit besoin, de faire le semblable de leur part; et leur dîmes que M. Winood se pourroit bien souvenir des discours qu'avions eus ensemble à diverses fois sur les affaires qui se présentent, qu'à la vérité à notre arrivée en ce lieu, craignant que ces peuples ne fussent portés, tant par leur inclination que par le soin et direction de ceux auxquels ils commettoient leurs affaires, à une mauvaise et peu assurée paix, on remontra aux députés qui nous furent envoyés de la part des Etats, au nombre de sept, à savoir un de chacune province, qu'ils devoient bien et mûrement considérer ce qu'ils feroient, afin de ne s'en point repentir, représenté même les inconvéniens et dommages de la paix, si elle étoit mal faite. Et néanmoins déclaré que Votre Majesté leur conseilleroit toujours de se mettre en repos, si l'occasion s'en offroit avec sûreté; mais que pour y parvenir ils feroient sagement d'en prendre son avis, et du roi de la Grande-Bretagne, avant que passer plus outre, et y procédant ainsi, se pourroient assurer du secours et assistance de Votre Majesté comme au contraire, s'ils ne se conduisoient avec ce respect et prudence, elle ne s'en mêleroit point. Que depuis nous avions toujours continué en cette même déclaration, sans faire chose contraire à ce premier avis, ni entrer en autres particularités, pource que l'affaire n'étoit en état pour y délibérer, fors ès conférences d'entre nous et ledit sieur Winood, esquelles nous nous étions toujours ouverts avec telle sincérité, qu'il aura pu facilement juger ce que nous sentions lors, qui étoit que la continuation de la guerre auroit plus de sûreté pour cet Etat que la paix, pourvu que les deux rois y voulussent apporter ensemble ce qui seroit requis pour la faire avec espoir de bon succès.

Mais depuis le départ dudit sieur Winood, ayant reçu les lettres de Votre Majesté, par lesquelles elle nous mandoit que l'ambassadeur du roi de la Grande-Bretagne qui résidoit près d'elle, lui avoit dénoncé et déclaré que son maître n'entendoit plus qu'on fournît aucuns deniers aux États, sur ce que la couronne de France devoit à celle d'Angleterre; et requis de ce un acte par écrit, lui semblant telle déclaration être un témoignage certain et évident que ledit sieur roi n'y vouloit plus rien mettre à l'avenir, elle nous auroit, à cette occasion, commandé bien expressément, par la même dépêche, de ne plus tendre qu'à la paix, et faire tout ce que pourrions pour y disposer les volontés d'un chacun en y apportant la discrétion et jugement requis pour l'obtenir la meilleure et plus avantageuse qu'il seroit possible pour les États, d'autant qu'elle n'avoit aucune volonté de supporter seule la dépense entière de cette guerre, ni moins de se mettre en péril d'entrer en une guerre non nécessaire, dont celle-ci pourroit être cause. Depuis lequel temps nous nous y sommes conduits plus lentement, avons moins rejeté les conseils de la paix, et aidé même à ramener ceux qui faisoient de sourdes et secrètes pratiques pour l'empêcher; bien certains qu'il seroit aisé de les y faire retourner, si ledit sieur roi, qui a autant ou plus d'intérêt à maintenir la liberté de cet État que Votre Majesté, changeoit d'avis, ou bien, s'il y persévéroit, qu'elle ne pourroit être blâmée d'assister seulement les États pour les aider à obtenir la meilleure et plus assurée paix qu'on pourroit, sans se mêler plus avant de la guerre. Qu'à la vérité, les deux rois demeurant joints et du tout unis ensemble pour conserver cet État, aussi bien par la guerre que par la paix, Votre Majesté n'eût craint la dépense, et méprisé tous autres périls et inconvéniens, bien certain que la seule appréhension de leur conjonction et amitié les eût détournés, et été cause de faire donner une bonne et assurée paix aux États, qui peut-être seront contraints d'accepter des conditions bien moins assurées à cette occasion.

Ces mêmes considérations nous avoient empêchés de contredire ouvertement à la résolution prise en l'assemblée des États pour la révocation des navires, et de rejeter aussi la minute de la ratification donnée audit sieur Verreyken au nom des États, sans nous formaliser de ce que la nôtre, communiquée secrètement à quelqu'un d'entre eux, n'avoit été reçue. Maintenant que les choses étoient encore entières, nous y pouvions délibérer, suivant l'intention de nos maîtres, et nous éclaircir ensemble de ce qui devoit être plus utile à cet État, pour essayer de les y porter, n'y ayant aucun préjugé en l'esprit de Votre Majesté qui l'empêche de prendre avec ledit sieur roi les résolutions qui seront jugées les plus utiles, soit de paix ou de guerre. Nous y avons procédé ainsi pour être avertis, tant par M. Maldrée à son retour d'Angleterre, que par M. le prince Maurice, lequel disoit l'avoir su d'un gentilhomme écossois, nommé M. Baclou, assez familier avec ledit sieur roi, qu'il voudroit bien que la paix fût rompue, pourvu que la cause de cette rupture ne fût rejetée sur lui; et qu'il le faisoit vraisemblablement pour s'exempter par ce moyen, tant de la haine des princes qui la désirent, que des dépenses et périls de la guerre, car notre discours, véritable en effet, et conforme aux commandemens de Votre Majesté, tendoit à leur faire comprendre que, si leur maître ne prend sa part de la dépense et du péril de la guerre avec Votre Majesté, elle s'en retireroit aussi. Ainsi le roi d'Espagne auroit bon marché des États, estimant qu'ils seroient plutôt induits à se découvrir s'ils avoient quelque chose de secret et caché, que si nous eussions montré Votre Majesté les vouloir secourir, soit seul ou avec ledit sieur roi. Nous avons néanmoins reconnu, par tous leurs propos en cette seconde conférence, qu'ils désirent la paix; et que feignant de ne point craindre à faire chose qui puisse déplaire au roi d'Espagne, ils cherchent plutôt à l'obliger qu'à l'offenser.

Ils nous ont bien voulu faire croire qu'ils estimoient la continuation de la guerre être plus assurée pour les États que la paix; mais qu'ils les tenoient si fort enclins à ce repos, qu'ils n'étoient plus capables de prendre autre conseil; ont aussi fait semblant d'ignorer que leur ambassadeur eût fait la susdite déclaration; et si elle est vraie, ont interprété que c'étoit seulement pour ne plus payer par les mains de Votre Majesté leur part des dépenses de la guerre, ni sur ce que la couronne de France leur doit, non pour refuser l'assistance et secours aux États que leur maître entend continuer tant qu'ils en auront besoin. Encore que cette excuse et palliation nous semblât être sans apparence, et que vraisemblablement ledit sieur roi aimera toujours mieux payer sa part du secours sur ce que Votre Majesté doit, que de le prendre en sa bourse, nous fîmes semblant de l'approuver ; et leur dîmes, si ledit sieur roi avoit encore cette volonté, qu'il étoit temps de s'en déclarer, comme le vrai et seul moyen de retenir les Etats, et empêcher qu'ils ne se précipient à cette mauvaise paix qu'ils montrent de craindre, y ayant apparence qu'avec l'assurance d'être assistés de ces deux puissans rois, qu'on les pourra changer ; mais qu'étant à présent en quelque défiance, tant à cause de ce que leur avons souvent dit que Votre Majesté ne vouloit supporter seule les dépenses de cette guerre, que pour avoir appris ce que contenoit la susdite déclaration, non toutefois de nous qui l'eussions plutôt voulu cacher que publier, on ne devoit rien attendre d'eux qui ne sentît sa timidité et foiblesse, jusqu'à ce que cette défiance leur fût ôtée ; que l'occasion pour le faire se devoit bientôt présenter, sur ce que lesdits sieurs des Etats nous ont fait dire plusieurs fois, avant la venue desdits sieurs députés, qu'incontinent après leur arrivée, ils nous prieroient ensemblement de leur vouloir donner assurance de ce secours, comme chose qu'ils prétendent être nécessaire, avant que pouvoir prendre aucune résolution, d'autant qu'en étant assurés, ils seront beaucoup plus hardis, et ne feront la paix sinon à bonnes conditions ; comme au contraire, ils accepteront toutes sortes d'ouvertures qui leur pourront donner quelque apparence de repos.

La vérité est bien, outre ce que lesdits sieurs les Etats nous avoient fait dire et répéter, il y a déjà assez long-temps, sur ce sujet, que le sieur Barneveld, le même jour et peu avant que lesdits sieurs députés nous fussent venus voir, en dit autant au président Jeannin, et que c'étoit aussi leur intention de commencer par là. Il est vrai aussi qu'au passé, quand ils nous faisoient telles demandes, nous leur répondions toujours qu'il n'étoit raisonnable que Votre Majesté fît déclaration du secours qu'elle leur voudroit donner, sinon après qu'ils seroient du tout résolus de continuer la guerre, pource que le roi d'Espagne et les archiducs auroient occasion de croire qu'elle l'eût fait pour empêcher la paix, laquelle venant à se faire, nonobstant lesdites offres, comme ils montrent d'y être disposés, elle eût attiré sur soi la haine de ces princes, sans en recevoir aucun profit, ni pour elle ni pour ses amis ; et qu'ils se devoient contenter de l'assurance que Votre Majesté leur donnoit en général de les secourir et assister, pouvant croire que la même affection et intérêt d'Etat qui l'avoit mû du passé à les secourir, continuant encore, elle ne les abandonneroit non plus. Et de cette réponse nous avons dès long-temps donné avis à Votre Majesté, qui par ses lettres nous a toujours témoigné de l'approuver : mais nous avons à présent changé d'avis, ou plutôt caché ce que nous en sentions, pour reconnoître l'inclination dudit sieur roi, et s'il avoit seulement envoyé ses députés pour assister à la paix, comme aucuns disent, non pour aider à faire la guerre, au cas que les Etats soient contraints de la continuer ; c'étoit aussi pour avoir moyen, sur ses offres de secours, de mettre en avant qu'il étoit raisonnable d'obliger pareillement les Etats envers les princes, desquels ils seroient assistés de quelque secours, au cas que le roi d'Espagne voulût faire la guerre à l'un d'eux, c'est-à-dire de faire une ligue du moins défensive.

Nous avions encore cette considération, que, montrant, ou plutôt feignant que Votre Majesté étoit disposée d'entrer en cette offre, et que le refus venoit de la part du roi de la Grande-Bretagne, les Etats auroient occasion de mieux sentir de votre affection à les secourir que de la sienne. Et outre tout ce que dessus, il est certain que l'offre d'un secours raisonnable eût beaucoup servi pour relever le courage à ces peuples, et leur faire rejeter une mauvaise paix, quand même l'offre n'eût été si grande que leur nécessité semble le requérir, pourvu qu'on l'eût accompagnée de bons propos, pour leur laisser quelque espérance de mieux au besoin. Mais lesdits sieurs députés n'y ont aucunement voulu entrer, et ont dit la même raison que faisions avant leur venue : quand telle proposition nous étoit faite, qui, à la vérité, est bonne ; mais ils nous ont trop fait connoître par tous leurs propos qu'ils ne vouloient aucunement offenser le roi d'Espagne et les archiducs, ni les mettre en soupçon qu'ils eussent été cause par telles offres de la continuation de la guerre ; et ont encore mieux exprimé cette secrète conception, lorsque, montrant d'être en peine eux-mêmes comme on pourroit retenir ces peuples, s'ils couroient avec trop de précipitation à la paix, nous leur avons dit qu'il les faudroit du moins obliger dès à présent à ne faire aucune paix ni trêve, sans l'avis et consentement des deux rois; car le sieur Winood a répondu soudainement qu'il se falloit contenter de requérir d'eux que la paix fût faite avec nos avis et consentement, présupposant déjà que l'on la doit faire, et non délibérer avec nous si on fera paix ou guerre, pour ne laisser aucun soupçon qu'ils soient envoyés ici pour assister les Etats à prendre des conseils de guerre, mais seulement de paix. Il s'est même laissé aller à nous dire qu'ils feroient bien en sorte que les archiducs nous prieroient ensemblement de les aider et assister à faire cette paix, et qu'ils s'en tiendroient obligés aux deux rois : ce que n'avons pas rejeté, mais montré de l'avoir agréable; nous demeurant toutefois en soupçon que ledit sieur roi sembloit par cette ouverture être en meilleure intelligence avec eux que nous.

La fin de notre discours a été qu'ils penseroient plus mûrement à tout ce que dessus, pour en délibérer et traiter ci-après ensemblement. Ils furent comme surpris, n'ayant cru que dussions entrer si avant en affaires, encore qu'ils nous en eussent requis et prié, mais nous le fimes exprès pour ne leur donner loisir de penser sur telles propositions, et pour découvrir, par ce moyen, plus tôt ce qui étoit de leur intention, qu'on cache bien souvent avec artifice, quand on s'est préparé aux réponses qu'on veut faire. Plusieurs jours se sont passés depuis, sans que nous nous soyons vus, eux désirant couler le temps et ne se découvrir davantage, jusqu'à ce que la ratification venue ou refusée, ils soient plus éclaircis de ce qu'on doit espérer de la paix ou de la guerre; car nous étant derechef vus les 13 et 15 de ce mois, ils sont encore demeurés plus retenus qu'en la conférence précédente; et quoiqu'ayons été longtemps ensemble, il n'y a rien qui mérite d'être ajouté au discours précédent. Les Etats s'étant assemblés au nombre de plus de quatre-vingts, les 14, 16 et 17, pour délibérer sur ce qu'ils nous devoient proposer, envoyèrent vers nous en particulier le 18, sur les dix heures du matin, neuf députés, pour nous faire entendre, par la voix de M. de Barneveld, ce qui est contenu en l'écrit qui nous fut laissé lors, après avoir été lu par M. Aërsens, duquel nous envoyons la copie à Votre Majesté. Ils nous déclarèrent aussi qu'ils s'en alloient à la sortie de notre logis trouver les députés du roi de la Grande-Bretagne pour leur en dire autant. Notre réponse fut en général qu'ils avoient assez expérimenté et reconnu avec quelle affection Votre Majesté avoit pris soin de leurs affaires, et aidé à la conservation de leur liberté; que jugeant bien à présent la longueur de la guerre leur avoir fait souffrir beaucoup de mal, et qu'un bon repos leur seroit fort nécessaire, elle aideroit très volontiers à les y mettre; et s'ils étoient contraints de continuer la guerre, qu'ils se pourroient aussi assurer qu'elle ne les abandonneroit non plus que du passé : mais que pour faire réponse particulière à ce qu'ils nous avoient dit et donné par écrit, nous désirions nous assembler avec les députés du roi de la Grande-Bretagne, sans lesquels nous avions charge de ne délibérer ni résoudre aucune chose; et qu'étions bien certains qu'ils apporteroient la même affection que nous à tout ce qui seroit de leur bien et contentement.

Lesdits sieurs députés des Etats furent trouver aussitôt ceux dudit sieur roi, auxquels ils firent ladite proposition, voulurent laisser l'écrit; mais ils firent refus de le prendre et dirent qu'ils avoient charge de ne rien écouter, délibérer ni résoudre qu'en commun avec nous, étant prêts de se trouver en notre logis pour l'entendre derechef, recevoir ledit écrit ensemblement, et y faire telle réponse qu'aviserions entre nous. Nous fûmes avertis de cette réponse par M. de Barneveld, et qu'il leur avoit dit qu'étions aussi en cette résolution de ne rien faire sans eux. Le même jour, sur les quatre heures, ladite assemblée fut faite en notre logis, les mêmes propos répétés par ledit sieur de Barneveld, l'écrit donné, un pour nous et un autre pour lesdits sieurs députés; et, la réponse faite par la voix du président Jeannin, au nom de tous, qui fut seulement de les assurer de la bonne volonté des deux rois, que nous considérerions ensemble ce qu'ils nous avoient dit et donné par écrit pour y répondre plus particulièrement. Les députés des Etats s'étant retirés, nous demeurâmes assez long-temps ensemble. Et lors les députés dudit sieur roi se mirent à discourir plus ouvertement avec nous qu'ils n'avoient encore fait; fîmes tous même jugement de cet écrit, et que ceux qui désirent la paix en ces pays avoient mis en avant cette ouverture d'inviter les deux rois à faire la guerre ouverte, sans parler du secours accoutumé, ni même d'un plus grand s'ils en avoient besoin, afin que sur le refus d'y entrer, ils eussent plus de moyen de persuader qu'il la faut faire, et préférer ce conseil à tout autre; que cette demande à deux grands rois, d'entrer en guerre ouverte pour eux, n'étoit assez considérée, et faite en saison mal opportune, puisqu'ils sont entrés si avant en traité pour essayer de se mettre en repos, et qu'il leur devoit suffire d'employer leur aide et secours, en délaissant à leur discrétion et jugement ce qu'ils estimeroient devoir être fait pour leur bien et conservation, attendu même que ce n'est eux qui les contraignent de demeurer en guerre, mais plutôt désirent aider à les mettre en repos, si on le peut faire avec leur sûreté; qu'ils ne semblent pas aussi avoir été assez prudens, d'offenser et irriter le roi d'Espagne, comme ils font par cet écrit, s'ils désirent la paix, et par le moyen d'icelle avoir le trafic en ses pays, et mettre leurs facultés aucunement à sa merci. Ils font encore connoître, par ce même écrit, qu'ils sont en état de pouvoir faire la guerre, aussi bien que de traiter la paix; qu'il n'y a rien de plus que ce qu'ils en ont publié, et que leur résolution est de n'entrer en aucun traité qu'avec l'avis, contentement, intervention et manutention des deux rois, qui est en effet l'acte que Votre Majesté a tant désiré et demandé; car ce mot contentement signifie autant, et semble avoir encore plus de force et d'efficace que celui de consentement; mais ils ont voulu suivre leur façon, et l'envelopper en d'autres propositions dont ils se fussent bien passés.

Nous pouvons toutefois assurer Votre Majesté qu'en ce grand nombre de députés, qui étoit de plus de quatre-vingts, ils ont tous fait connoître si évidemment qu'ils ne vouloient faire aucune chose sans les deux rois, et particulièrement sans Votre Majesté, que ne voyons à présent aucune occasion d'en douter. Les députés dudit sieur roi et nous avons aussi parlé ouvertement des conditions et sûretés de la paix, qui sont celles dont nous avons souvent donné avis à Votre Majesté, lesquelles ils approuvent, comme aussi l'intervention, en étant requis par les Etats, et s'il est possible par les archiducs mêmes; approuvent pareillement les ligues et confédérations d'entre nous et lesdits Etats, et d'entrer en tous ces traités avant la conclusion de la paix, au cas qu'on la puisse faire, en quoi ils se sont montrés plus francs et traitables qu'au commencement. Si c'est artifice ou non, il n'y a que la suite des affaires qui nous le puisse découvrir; mais nous avons grande occasion par leurs derniers propos d'en bien espérer. Ils ont encore dit à M. de Barneveld qu'ils avoient charge du roi leur maître de n'entrer en aucun débat avec nous sur la préséance, mais qu'ils ne feroient pas ainsi, avec ceux d'Espagne, et néanmoins qu'ils estimoient, nous déférant ce respect de venir en notre logis, que leur donnerions par courtoisie, lorsque les Etats y seroient assemblés avec nous, la même séance que faisions en particulier, quand nous y sommes seuls. A quoi lui fîmes réponse que ce seroit chose préjudiciable à la dignité de Votre Majesté, et contraire à ce qu'ils disent nous vouloir céder; car notre logis ne seroit au temps de ladite assemblée, maison privée, mais publique, choisie pour y faire un acte solennel. Par ainsi, que prendrions la première et plus honorable place comme nous avons fait, et eux l'ont souffert sans s'en formaliser, montrant de se vouloir conduire en tout et partout avec amitié et bonne intelligence.

Ayant remis au lendemain, dix-neuvième, à délibérer entre nous sur cet écrit, nous les fûmes trouver en leur logis par forme de visite, et eûmes plusieurs propos sur ce sujet, comme encore depuis en deux autres conférences faites en notre logis, où leur fîmes voir la réponse qu'avions mise par écrit, qu'ils ont approuvée; et de cette même façon a été faite et récitée de vive voix par le président Jeannin, au nom commun des deux rois, et en son logis, le 22 de ce mois, où les mêmes députés dudit sieur roi et des Etats se sont assemblés à cet effet lesquels députés des Etats ont fait grande instance de l'avoir par écrit, du moins pour en faire la lecture en leur assemblée : ce que leur avons accordé, à la charge qu'étant mise ès mains de M. de Barneveld, il nous promettoit de le rapporter à l'issue du conseil, sans en retenir aucune copie; les députés dudit sieur roi l'ayant ainsi désiré, sans vouloir aucunement consentir qu'ils en prissent copie, dont nous eussions pour notre regard fait moins de difficulté pour les engager davantage; aussi que Votre Majesté témoigne assez par d'autres actions plus importantes que d'un simple écrit, le soin qu'elle a de cet Etat. Ladite réponse ayant été lue en l'assemblée des Etats, ils en sont demeurés fort contens; mais ils ont bien jugé qu'ils nous devoient donner occasion de parler plus ouvertement, ayant le sieur Barneveld dit au président Jeannin en particulier qu'ils n'avoient pas entendu demander précisément que les deux rois fissent déclaration ouverte de guerre; bien est-il vrai qu'ils le désireroient, mais s'il ne leur plaît de le faire, qu'ils se contenteroient d'un secours raisonnable.

Ledit président Jeannin lui a répondu que l'écrit, à le bien prendre, ne pouvoit être entendu que d'une guerre ouverte, puisqu'ils mettoient à la suite de leur proposition, qu'il seroit à propos de renouveler l'alliance de l'an 1596, et de la fortifier et augmenter encore s'il étoit besoin; car cette alliance le contient en termes si exprès qu'il n'y a moyen d'en douter. En ces trois dernières conférences, entre nous et les députés dudit sieur roi, pour aviser à la réponse qu'il nous falloit faire, ils nous ont dit et déclaré plusieurs fois que leur maître n'abandonneroit jamais cet Etat, et montré qu'il entreroit plus volontiers en guerre ouverte, et qu'eux le jugeoient aussi plus à propos, que de leur donner un secours foible et lent, qui ne les fasse que consumer, sans mettre fin à la guerre, et sans que les deux rois en tirent aucun profit. Nous avons aussi considéré, encore que leur but soit de tendre à la paix sans doute, quoiqu'ils parlent de guerre ouverte, qu'ils nous ont excité néanmoins de ne faire apparoir par notre réponse qu'ayons ce désir, pour ne trop offenser ceux qui veulent la guerre, même le prince Maurice, et relever le courage aux peuples, qu'ils craignoient y être déjà trop enclins. Votre Majesté voit, par ce qui est contenu ci-dessus, ce qu'avons pu tirer et reconnoître de l'intention desdits députés, ce que les Etats ont fait pour lui donner contentement, touchant l'acte qu'elle a désiré d'eux. Et pour le regard de la ligue que prétendions faire, encore qu'ils soient en très-bonne volonté, deux difficultés se sont présentées qui nous ont contraints de la différer : l'une que les députés dudit sieur roi ont déclaré qu'ils n'y vouloient aucunement entendre, jusques à ce qu'on soit du tout assuré s'il y aura paix ou non, offrant de la fai[re] lors et à l'instant même que la ratification [vien]nue, les Etats auront pris résolution de trait[er] et si la ratification ne vient, que nous sero[ns] assez recherchés et pressés d'eux : ils en auro[nt] besoin pour le secours de guerre. Nous av[ons] donc considéré que la faisant seuls, et à p[ré]sent que les Etats la demandent et recherch[ent] pour la guerre, il seroit à craindre que, voya[nt] le secours des Etats assuré par cette ligue, [Vo]tre Majesté obligée à leur conservation, et [eux] déchargés de cette dépense, qu'ils ne fisse[nt] difficulté d'en être après, encore que les[dits] sieurs députés nous aient donné assurance d[u] contraire; et par ce moyen Votre Majes[té] ne se trouvât seule à supporter ladite charg[e;] ce qu'elle nous a mandé plusieurs fois ne v[ou]loir faire, et que si le roi de la Grande-Bretag[ne] n'y contribuoit son tiers, elle n'entendoit s'[en] mêler non plus que lui.

L'autre raison est que les Etats qui pr[opo]soient eux-mêmes cette ligue, et la jugeoi[ent] nécessaire pour être assurés de ce secours en c[as] de guerre, et pour induire aussi plus aiséme[nt] les archiducs à la paix, par la crainte d'icel[le li]gue et secours, le demandoient plus grand q[ue] les deux millions. Or Votre Majesté nous [a] mandé plusieurs fois qu'elle ne vouloit outr[e]passer pour le présent cette somme. Ce déla[y, dé]sire, ne peut être d'aucun préjudice pour la ligu[e] en cas de guerre : car ne s'en pouvant pass[er a]lors, ils accepteront ce que Votre Majesté [leur] voudra offrir, et la feront à telles conditi[ons] qu'il lui plaira; et quant à la ligue, en cas d[e] paix, nous y procéderons aussitôt que la rés[o]lution sera prise d'entrer au traité, chacun [y] étant disposé ici. Et ne doit-on aucuneme[nt] craindre que les Etats souffrent jamais que les archiducs obtiennent des conventions par l[e] traité qui les empêchent de faire lesdites ligue[s,] et que les Etats n'en fassent instance avec auc[un des] leur, pour ce que la paix ne peut avoir aucu[ne] sûreté pour eux sans cet appui. Aussi est-il v[rai] que les prince Maurice et comte Guillaume s'[é]tonnent, et disent ne pouvoir imaginer les ra[i]sons qui meuvent Votre Majesté d'en douter, [et] y ajoutent, encore qu'ils n'aient assez d'auto[rité] et pouvoir pour empêcher la paix, qu'ils n'[en] ont que trop pour assurer Votre Majesté qu'e[lle] ne sera jamais faite sans cette ligue, et désire[nt]

nient que les archiducs se voulussent formaliser pour l'empêcher, d'autant qu'ils se serviroient de ce moyen pour rompre la paix, qu'ils blâment toujours. Et le sieur de Barneveld d'autre côté, qui n'a autre but et dessein que de la faire, nous en dit autant; et demandent souvent qu'ils nous les tenons pour des fous et insensés, qui se veulent commettre du tout à la fois de leurs ennemis, et offenser leurs meilleurs amis, ou pour mieux dire le prince, qui seul a affection et pouvoir de les conserver; car les députés d'Angleterre n'ont pas depuis leur venue changé l'opinion qu'on avoit ici de tirer plutôt des paroles d'eux que de bons effets.

Nous en conférerons avec d'autres qui ont créance dans l'Etat, et reconnoissons que c'est leur avis, et qu'ils jugent tout sainement du besoin qu'ils ont de votre appui. A la vérité, nous craindrions davantage cet inconvénient, et qu'ils ne fussent pour s'accommoder à la volonté de leurs ennemis, s'ils étoient réduits à cette nécessité de ne pouvoir subsister autrement, ou s'ils étoient si ardens à chercher une mauvaise paix pour se procurer eux-mêmes la ruine de leur pays, que tout autre conseil leur déplût. Or ils sont plus puissans qu'ils ne furent jamais, se font fort de contribuer dix millions de florins chacun an, et y en a plusieurs maintenant, des plus sages, qui montrent d'appréhender les périls de la paix, et disent si le prince Maurice veut aider à retrancher les grandes et superflues dépenses qu'on a faites du passé, tant ès garnisons qu'ès fortifications, qu'ils ont assez de courage et de résolution pour continuer la guerre, étant assistés de Votre Majesté et du roi d'Angleterre, non du secours excessif tel qu'on l'a demandé au commencement, mais d'un beaucoup moindre. Nous écoutons un chacun, et apportons toute la circonspection qu'il nous est possible pour n'être point trompés, et faire que Votre Majesté soit satisfaite. Mais il nous semble honteux de rechercher ces peuples avec tant de crainte et de défiance, comme si cet État, qui ne fait que de naître, et n'a encore eu loisir de prendre racine et de s'affermir, ne devoit pas plutôt rechercher l'amitié et alliance d'un grand roi, et craindre qu'il ne s'éloigne d'eux, que lui-même être en peine et souci pour les en prier et requérir. Nous jugeons donc qu'en différant quelque temps, nous aurons la ligue que Votre Majesté désire, plus honorablement et à meilleures conditions aussi; et si elle évitera la jalousie que l'Anglois en auroit, si la faisions seuls et avant lui; et pareillement la haine du roi d'Espagne et des archiducs, qui auroient sujet de se plaindre de ce traité, comme fait pour rompre la paix, qui sans doute ne laissera de se faire, si la ratification vient, et qu'ils accordent l'intervention, y ayant assez de facilité à tout le surplus. Vous ne mettez rien en hasard y procédant ainsi, et ne faites aussi rien d'incertain et contre votre dignité; car avant la fin d'octobre, qui est le terme du premier paiement de ce qui reste du secours de cette année, dont les Etats font toujours instance, les choses seront si avancées que nous y verrons clair. Et néanmoins, quand nous serions encore lors aussi incertains de ce qui devra arriver, soit de la paix ou de la guerre, qu'à présent, il nous semble qu'y ayant autant de raisons pour espérer bon succès de cette affaire, que la résolution s'en fera au gré et contentement de Votre Majesté, et plus pour craindre le contraire, qu'il est plus à propos de hasarder le premier terme que de le refuser, pource que le refus apporteroit tant de dommage et de désordre aux affaires, et de mécontentement à ces peuples, que le mal qu'on craint avec de foibles conjectures en deviendroit presque assuré.

Nous voyons bien, sire, ce que prenons sur nous en vous donnant cet avis, et si l'événement étoit contraire à notre projet, et à l'espérance que lui donnons, qu'il y auroit sujet de nous blâmer et calomnier; mais nous nous assurons qu'elle saura bien considérer par sa prudence nos raisons et la nécessité qu'il y a de suivre ce conseil, et par ainsi juger que faisons tout ce que peuvent bons et fidèles serviteurs pour lui donner contentement, et rendre notre travail heureux, comme nous nous promettons avec l'aide de Dieu qu'il sera. Nous faisons bien notre profit, sans rien gâter toutefois du côté des archiducs, des propos qu'il a plu à Votre Majesté tenir au cordelier, n'y ayant personne qui ne loue cette franchise et générosité accompagnée de prudence; car chacun connoît par là qu'elle ne craint point de parler ouvertement de son affection à secourir les Etats. Ils se tiennent par ce moyen plus assurés de son assistance, et obligés à lui donner tout contentement. Et néanmoins les archiducs, qui ne sont qu'assez avertis de ce secours, quand Votre Majesté l'eût voulu dissimuler, ont aussi occasion de croire par cette liberté qu'il n'y a rien de pis ; et que ce qu'elle a dit de son désir à la paix, est aussi véritable que le surplus, qui sera cause peut-être qu'ils la supplieront de s'y employer, et le doivent faire aussi, s'il y a quelque prudence en leur conduite, quand ils sauront ce que les États ont fait et délibéré en ces derniers jours, et ce que vous pourrez, sire, pour y aider ou nuire. Ceux qui avoient en ce lieu si grande espérance de paix, et tenoient la ratification d'Espagne comme assurée, s'en défient bien fort à présent, craignant qu'elle ne soit pas envoyée ; car on n'en a aucunes nouvelles, encore que le dernier jour du terme fût hier, et personne n'est venu pour demander passe-port, faire excuse ou requérir nouveau délai, dont ils sont autant étonnés que le prince Maurice réjoui, lequel dit avoir eu avis de bon lieu que le cordelier fut bien vu et reçu du roi d'Espagne à son arrivée, pource qu'il promettoit beaucoup de la paix, et assuroit que la ratification envoyée suffiroit pour y parvenir ; mais que l'avis étant venu que les États en demandoient une autre plus expresse et en meilleure forme, il ne l'avoit point voulu voir depuis. Aucuns parlent de traiter avec l'archiduc s'il a procuration du roi d'Espagne, et promesse de ratifier. Plusieurs rejettent cette opinion, et le prince Maurice surtout : on nous voit si bien unis ensemble, les députés d'Angleterre et nous, et que Votre Majesté a la principale autorité en cette conduite, que les plus foibles et timides commencent à s'en fortifier et relever ; et jugeons bien que nos avis seront fort autorisés, et presque toujours suivis, pourvu que lesdits sieurs députés continuent à faire comme ils ont commencé.

Le président Jeannin a dit à Barneveld que si on n'a nouvelles de la ratification dans deux ou trois jours, il seroit fort à propos de faire paroître qu'ils sont résolus à la guerre, et de traiter avec nous et les députés de la Grande-Bretagne, pour le secours, et les ligues et alliances ; que ce seroit aussi le moyen de découvrir si on doit espérer quelque chose du roi d'Angleterre, et de l'obliger du tout à être de la partie, et de faire aussi que les archiducs, s'ils ont quelque pouvoir de traiter, s'avancent crainte de ce que pourrions faire ensemble. Il a approuvé cet avis. Nous désirons bien cet éclaircissement pour être assurés avec quelle sincérité lesdits sieurs députés d'Angleterre voudront procéder en tout ce que nous aurons à traiter par ensemble ci-après, et là-dessus régler notre conduite avec eux ; car on pourroit bien soupçonner de la dissimulation et de l'artifice en ce qu'ils nous ont dit du passé. Mais en cette action touchant le secours et les alliances, ils seront contraints d'y entrer, ou, le refusant, faire connoître qu'ils n'ont pas bonne intention, et qu'ils sont venus pour aider à faire la paix, et en avoir le gré des archiducs, non pour aider à assister les États. On est fort en peine ici de cette armée navale d'Espagne qu'on dit être sur la côte de Biscaye : aucuns disent que c'est pour venir à Embden ; mais le prince Maurice ne le craint point. On dit qu'il y a deux mille hommes des leurs, qui sont dans un faubourg de ladite ville, qui entreront quand il sera besoin, et qu'on peut accroître ce nombre de gens, quand les habitans voudront ; que la ville est forte, et faudroit un long siège. Or, dès la fin du mois d'octobre, les gelées sont grandes au port, où ladite armée se trouveroit incontinent assiégée par les forces des États, lesquels peuvent mettre en un mois une plus grande armée de mer que celle d'Espagne pour la combattre et défaire. Il ne craint point non plus les côtes de ces provinces, esquelles les navires ne peuvent entrer qu'avec très-grand péril, quand ils ôtent les marques et tonneaux qui servent aux pilotes pour reconnoître les rades esquelles il y a de la sûreté : mais bien est-il en doute qu'elle s'adresse à leurs pêcheurs, qui sont sur les côtes d'Ecosse et d'Angleterre qui sont au nombre de plus de huit cents navires, séparés et éloignés les uns des autres de près de vingt lieues. Et toutefois cette entreprise ne pourroit être faite sans violer la dernière ampliation de la trève acceptée par le roi d'Espagne, et qu'il n'y a point d'apparence aussi, si l'armée est si grande qu'on dit, qu'elle ait été dressée et mise en mer avec si grande dépense, pour faire un si petit exploit, qui néanmoins seroit fort dommageable à ces peuples.

Un autre bruit est venu, que ladite armée

étoit entrée au Détroit, et qu'elle sembloit avoir dessein contre les Vénitiens, étant jointe avec les forces qui sont au Milanois : ce soupçon nous fait aussi craindre la Provence. Le prince Maurice a envoyé des navires en mer pour découvrir et en avoir avis, au cas qu'elle soit en cette mer ici. Depuis cinq ou six jours, des marchands d'Amsterdam, retournés de Livourne, ont assuré qu'il y a eu un grand combat en l'Inde orientale, près Malaca, entre la flotte des Hollandois qui étoit allée auxdites Indes, et celle du vice-roi d'Espagne, qui réside ordinairement à Goors, et que les Espagnols ont perdu près de trois mille hommes. Ceux d'ici n'en ont point encore d'avis des leurs, et estiment que cet avis, venant du côté de leurs ennemis, doit être véritable. Finissant cette lettre, le gendre de M. de Barneveld nous est venu dire de sa part que le cordelier et le sieur Verreiken avoient écrit par un trompette aux Etats, pour les supplier de ne prendre de mauvaise part si la ratification n'avoit été ponctuellement envoyée au jour convenu, qui expira seulement le vingt-deuxième de ce mois; qu'ils l'attendoient de jour à autre, se promettoient de l'avoir bientôt, et de leur donner tout contentement. M. Aërsens nous a apporté les lettres aujourd'hui pour les voir, par lesquelles le cordelier parle plus assurément de cette ratification; et ledit sieur Verreiken, comme l'espérant seulement, et avec quelque défiance; on ne leur déniera encore cette attente. Nous prions Dieu, sire, qu'il maintienne et conserve Votre Majesté et sa royale famille en tout heur et prospérité.

Vos très-humbles et très-obéissans sujets et serviteurs,   P. Jeannin et Russy.

De la Haye, ce vingt-quatrième jour de septembre 1607.

Lettre *de M. Jeannin à M. de Villeroy, du même jour* 24 *septembre* 1607.

Monsieur, notre lettre au Roi ne sera que trop longue et confuse; mais excusez-nous s'il vous soit. J'écrivois de jour en autre ce qui se passoit, et le faisois mettre en chiffre pour l'envoyer à l'instant, si quelqu'un se fût présenté; ainsi elle s'est grossie; et sur la fin, que je pouvois faire un amas de tout pour le réduire à

peu, sans rien omettre toutefois de ce qui mérite d'être écrit, le vent s'est trouvé si à propos, que j'ai mieux aimé la faire partir de cette façon que perdre un jour ou deux. La disposition des Etats est meilleure envers Sa Majesté qu'elle ne fut jamais. Les propos qu'elle a tenus au cordelier, dont j'ai fait mon profit sans offenser personne, les ont fort contentés. Il est vrai que M. Aërsens en a plus mandé par ses lettres que n'en ai dit même touchant la religion, et que le cordelier avoit dit qu'on mettroit la ratification d'Espagne ès mains de Sa Majesté, ainsi que M. de Barneveld m'a dit. Les Etats n'estiment pas que les députés d'Angleterre aient grande volonté d'ajouter de bons effets à leurs paroles, qui sont telles que les pourrions désirer; pourvu que l'intention soit semblable, et qu'il n'y ait rien de déguisé envers eux ni envers nous, nous aurons toute occasion d'en être contens. Vous verrez la forme de l'acte, qui n'est pas comme je le demandois, le mot de contentement y ayant été mis au lieu de celui de consentement; mais il a la même force et efficace, et n'y a eu que ce seul pontille qui l'a fait changer; à savoir, qu'ils ne seroient pas peuples libres, mais dépendans de la sujétion d'autrui, s'ils étoient comme forcés et contraints par cette obligation de faire ce qui plairoit à Sa Majesté, à laquelle ils veulent bien donner ce qu'elle désire de leur plein gré, pour les bienfaits qu'ils en ont reçus, et pour en avoir besoin à l'avenir, mais non avec une contrainte si abjecte et servile; c'est ainsi qu'ils la nomment. L'intention et la volonté sont néanmoins fort bonnes; vous pouvant assurer qu'avons à présent beaucoup d'autorité et de pouvoir en la conduite des affaires, et que le sieur Barneveld est aussi entré en confiance avec moi, qui lui communique plus privément que je ne faisois du passé; aussi n'ai-je rien omis de ce que j'ai pensé le pouvoir lier et obliger à Sa Majesté.

Quant à la ligue défensive, vous verrez par nos lettres au Roi les causes qui nous ont contraints de la différer, et que ce délai ne peut être d'aucun préjudice pour les raisons y contenues. J'estime aussi qu'il n'y aura aucune difficulté sur les conditions dont vous m'avez écrit, comme de rendre le secours plus grand, s'il n'y a que l'un qui soit assailli; et moindre si les deux le sont ensemble; et sur ce pied, que le

11

Roi fournissant le double du secours, ils soient tenus au simple, soit en argent, gens ou vaisseaux, pilotes et armemens de navires. Comme aussi que cette ligue soit à la vie du Roi, et de dix ou vingt ans après sa mort; car le sieur Barneveld, avec lequel j'en ai communiqué, l'assure ainsi; puis elles sont si raisonnables, et à l'utilité commune des uns et des autres, et plus encore des Etats, qu'avons toute occasion de le croire ainsi. La difficulté sera au recouvrement de l'argent donné du passé; car on n'a fait aucun traité avec eux pour ce regard. Ils ne promirent jamais de le rendre; ils ont seulement donné des certifications qu'ils l'ont reçu pour la décharge des trésoriers qui en faisoient les paiemens, sans y ajouter aucune obligation ou promesse de le rendre; ce que la feue reine d'Angleterre stipula à son profit, et de ses successeurs quand elle promit de les secourir, par un traité qu'elle fit avec eux. Et le sieur Barneveld nous a dit aussi du vivant de M. de Buzanval, que Sa Majesté donnoit cet argent, non en intention de le retirer, mais pour les secourir secrètement, occuper les forces, et consumer les moyens du roi d'Espagne pendant trois ou quatre ans, au bout desquels elle lui avoit promis et assuré, de sa propre bouche, d'entrer ouvertement en guerre contre lui, le priant de faire en sorte que les Etats voulussent soutenir cette guerre jusques audit temps, et que la guerre qu'il feroit lors ouvertement les délivreroit de tout péril : ce que ledit sieur de Buzanval nous confirma être vrai, et nous le soutint avec ledit Barneveld; lequel y ajouta aussi que, sur cette espérance de la déclaration de Sa Majesté, il avoit fait toutes sortes d'efforts et donné avis de faire grandes levées en son pays, et a été à vrai dire presque le seul auteur de faire durer la guerre et l'animosité contre les Espagnols. J'y ferai toutefois ce que je pourrai, afin, si on ne recouvre tout, qu'on ne perde aussi tout; mais il n'est encore temps de le tenter : ce sera lorsqu'entrerons aux conditions de la ligue; car si la guerre continue, nous pourvoirons mieux à les obliger et rendre le secours avenir, et aurons plus de sujet de parler du passé; et pareillement la paix se faisant, au cas qu'ils prétendent quelque chose de Sa Majesté, comme ils feront sans doute. Et peut-être sera-t-il bon qu'on les oblige par ce moyen plus étroitement au Roi et à son Etat, en leur donnant quelque argent par forme de prêt, à la charge de le rendre et payer, soit en fourniture de vaisseaux ou autrement, ainsi que vous le proposez et désirez, pour ce qui est du passé; ou bien par forme de pension, comme aux Suisses : et à la charge néanmoins du secours en temps de paix, même d'un certain nombre de vaisseaux bien fournis et équipés chacun an, lors et quand Sa Majesté les en requerra, outre le secours mutuel en temps de guerre, auquel la ligue les obligera.

Quant à ce que vous me mandez si on pourra faire un traité avec eux pour en tirer secours à l'avenir, de certain nombre de vaisseaux bien équipés et armés, sous prétexte de rendre l'argent qu'on leur a prêté, cette ouverture est fort bonne; mais ce ne doit être qu'au cas que le roi d'Espagne et les archiducs voulussent insérer dans le traité de paix quelques conditions qui empêchassent les Etats de traiter la ligue que prétendons du moins défensive, et qu'ils fussent si mal avisés de le souffrir; car cette forme de traiter, sagement prévue, seroit plutôt un paiement de ce qu'ils doivent, qu'on pourroit diviser en plusieurs années, qu'une ligue; et néanmoins serviroit autant, sans pour le roi d'Espagne et les archiducs eussent autant sujet de s'en plaindre. Mais, ou je suis fort trompé, il ne sera besoin que nous venions à ce remède. Quant à l'intervention au traité, nous avons toujours entendu que les Etats nous en requerroient, comme ils font, et seroit bien honorable et désirable aussi que les archiducs en fissent autant; comme au contraire préjudiciable à la dignité du Roi, si nous venions nous y ingérer de nous-mêmes. Les députés d'Angleterre l'entendent ainsi, montrent de ne s'en point soucier, et ne vois aussi que Sa Majesté y ait grand intérêt, pourvu qu'en effet la ligue se fasse avec les Etats; mais sont lesdits Etats qui le désirent et demandent instamment, disant qu'ils ne feront jamais la paix autrement, et que cette intervention tiendra en plus de respect et de crainte que le roi d'Espagne et les archiducs, qui n'oseront si tôt rompre ledit traité à cause de cet appui, et que les deux rois en seront encore plus obligés à les secourir en cas d'infraction, d'autant que le traité contiendra par exprès, qu'ils s'obligeront à secourir contre celui qui enfreindra.

cette obligation pourroit aussi donner cause à la ligue entre les deux rois et les Etats, pour le secours qu'ils devroient tirer l'un de l'autre contre l'Espagne et les archiducs, où ils en seroient assaillis; mais elle n'est pas tellement attachée à ladite intervention, qu'ils ne la puissent conclure sans cela, soit entre les deux rois et les Etats, où le Roi seul avec eux, comme aussi entre les deux rois ensemble pendant certain temps : à savoir, celui du secours, si la guerre continue, pourvu que le roi d'Angleterre s'y veuille accorder en ce qui le peut toucher, comme ses députés assurent qu'il fera. Mais toutes vos lettres m'ont donné tant de soupçon de ce qui doit venir de ce côté et du comte de Salisbury, que nous en douterons toujours, jusques à ce que les effets nous assurent contre cette crainte; vous verrez ce que nous en mandons par notre lettre au Roi. Ils étoient fort retenus et couverts au commencement, ils se sont depuis élargis, et montrent maintenant de nous vouloir beaucoup déférer, et de n'avoir en tout qu'un même avis avec nous. Si crains-je que les Etats n'en tirent que de bons propos pour conserver tant qu'ils pourront leur amitié, et peu d'affection en ce qui touchera l'intérêt de Sa Majesté. Peut-être y aura-t-il de l'envie et de secrets empêchemens, n'y ayant, comme j'estime, une ouverte contradiction, n'ayant non plus de volonté de déplaire à Sa Majesté qu'au roi d'Espagne et aux archiducs.

J'ai bien considéré ce que vous me mandez du cordelier; mais puisqu'il désiroit passer sans être vu, tous les propos qu'il a mis en avant doivent venir comme de lui, non comme en ayant eu charge. Je loue toutefois bien fort la franchise et générosité dont le Roi lui a parlé; elle donnera peut-être sujet aux archiducs de procéder avec Sa Majesté autrement qu'ils n'ont fait jusqu'ici, pour reconnoître qu'ils auront plus de besoin de son autorité et assistance à faire cette paix qu'ils n'ont cru. Nous n'avons encore aucunes nouvelles de Bruxelles. On dit ici, entre les particuliers qui sont accoutumés de savoir ce qui s'y fait, qu'il a apporté un pouvoir bien ample à l'archiduc pour traiter; et que par icelui le roi d'Espagne promet de ratifier ce qu'il fera, comme aussi une ratification, mais qu'elle n'est en la forme et substance telle que les Etats la demandent; se promettant toutefois de l'avoir à la venue du secrétaire de Spinola, attendu de jour à autre. Et si celui-ci ne l'apporte, on croit que le roi d'Espagne ne la veut donner, et qu'en ce cas les archiducs seront pour faire instance qu'on traite avec eux, sous promesse de faire ratifier. Pour moi, il me semble qu'à le bien prendre il y auroit encore assez de sûreté pendant leur vie, puisqu'ils sont souverains et propriétaires des Pays-Bas tant qu'ils vivront, et qu'il suffiroit d'y ajouter un an ou deux après la mort du dernier survivant des deux, ou de l'infante seule, si l'investiture doit finir à elle, afin de donner aux Etats, et à leurs amis et alliés, temps de se préparer, au cas que le roi d'Espagne, prétendant lors l'ouverture de ses droits, voulût faire quelque effort contre eux; et pourvu que ledit traité avec les archiducs fût appuyé de l'intervention des deux rois, et d'une bonne ligue avec les Etats, qu'ils n'avoient rien à craindre. J'estime aussi que les archiducs ont si grand désir d'avoir cette paix, que si ladite ratification ne vient, ils consentiront à tout ce qu'on voudra pour l'obtenir, et que nous aurons plus de moyen de faire nos affaires, tant avec eux qu'avec ceux qui veulent la paix ici, lesquels essaieront de même à nous contenter entièrement, afin que nous y apportions de la facilité, et aidions à y disposer les autres qui désirent la guerre. C'est un discours que j'ai pensé en moi-même, sans en avoir encore jeté aucune chose au dehors pour s'en servir, au cas que l'occasion s'en présente, et que le Roi veuille plutôt la paix à telles conditions, que se soumettre aux périls et dépenses de la guerre, dont vous me manderez, s'il vous plaît, sa volonté et votre avis.

Il est besoin qu'ayons un nouveau pouvoir, parce que celui que vous nous avez envoyé est conjointement pour M. de Buzanval, M. de Russy et moi; et lui mort, cette clause n'ayant été insérée en icelui pouvoir, que les deux pourront traiter en l'absence du tiers, nous sommes à présent sans commission. Il ne faudra que le même pouvoir au nom de nous deux, ou un mot de déclaration que le Roi entend que nous usions, les deux qui restent, du même pouvoir donné ci-devant aux trois. Je vous ai envoyé la copie à cet effet. Quant au prince

Maurice, il a fort modéré sa conduite, sur ce que lui avons remontré souventefois que ce n'étoit prudence de s'opposer à une chose qu'il ne pouvoit empêcher; qu'il diminuoit son crédit en le faisant, se rendoit suspect à l'État, et ne seroit cru ci-après, quand il voudroit empêcher une mauvaise paix. M. le comte Guillaume lui a pareillement tenu le même langage. Il est bien vrai, au cas que la ratification ne vienne et qu'on voulût prendre conseil de traiter avec l'archiduc, qu'il sera pour faire toute sorte d'efforts pour l'empêcher : mais encore, crois-je qu'il se laissera vaincre à l'avis commun, à l'autorité de Sa Majesté et au conseil qu'il recevra de nous qui sommes ici de sa part. Je lui ai tenu tant de bons propos du désir que Sa Majesté a de procurer son bien, sa grandeur et de sa maison, qu'il montre de s'attacher bien fort à tout ce que nous désirons, ne voyant aussi qu'il y ait aucune apparence en ce qu'il vous a mandé de Spinola et de lui, ni qu'il y ait rien d'extraordinaire en son esprit pour brouiller en cet État; car il est d'une humeur si solitaire et retenu, qu'il ne fait rien pour acquérir la bienveillance de ces peuples, envers lesquels il pourroit beaucoup s'il s'aidoit; mais il est ainsi fait, et dit ne se pouvoir soutenir que par sa propre vertu, non par telles flatteries. Je ne lui ai encore rien dit en particulier de la pension, que je n'estime pas qu'il doive accepter, non pour craindre de s'obliger au Roi, mais pour ne se mettre en soupçon parmi les États. Bien me semble-t-il qu'étant l'offre de la part d'un grand Roi, et pour acquérir un seigneur de telle qualité, qu'elle doit être au moins de douze mille livres. Quand j'aurai su la volonté du Roi, j'en conférerai avec M. le comte Guillaume, auquel il ne cèle rien, pource qu'il est seigneur fort sage, qui peut beaucoup sur lui, et qui mériteroit bien aussi quelque témoignage de l'amitié du Roi. Je pense même que cette voie sera meilleure que de lui en faire parler par madame la princesse d'Orange. S'il est besoin, je ferai fort bien cet office moi seul : c'est chose qui doit demeurer secrète, s'il vous plaît.

Quant à ce que vous me mandez du duc de Savoie, il a du courage, de l'ambition, du mécontentement et de la haine contre l'Espagnol : et je sais d'ailleurs, l'ayant appris en mon voyage d'Espagne, par la bouche même de dom Jean de Diague, que les Espagnols l'ont aussi fort à suspect, ne s'y fient aucunement, et ne recevra jamais aucune faveur ni amitié d'eux qui le puisse lier et obliger étroitement. Ainsi, si Sa Majesté a quelque occasion de craindre la guerre contre l'Espagne, ou juge qu'il lui soit à propos d'y entrer, il me semble qu'il faut toujours plutôt cultiver et enflammer son espérance, que rejeter l'offre qu'il fait, du moins l'entretenir jusqu'à ce qu'on soit assuré de la paix ou de la guerre ici, pour prendre après conseil sur cette affaire avec plus de jugement. Car cette grande somme d'argent que les Etats de Castille doivent donner au roi d'Espagne, encore que ce ne soit qu'en huit ans, et pour acquitter dettes, me fait craindre qu'il n'avance les termes par crédit avec les marchands, et qu'il ne l'emploie à faire la guerre, peut-être même contre nous, s'il ne peut avoir la paix ici, comme nous tenant auteurs de la rupture d'icelle, encore que travaillions pour la faire, et s'il a aussi la paix, pour avoir plus de moyen, comme il croira, de nous faire du mal. On doit tout craindre de ce côté-là, tant que n'y serons d'autre façon que maintenant : et l'espérance du côté d'Angleterre est de même fort douteuse. Vous êtes sage pour considérer les remèdes, et en donner les avis. Et au pis, la prudence, valeur et bonne fortune du Roi arrêteront tous leurs mauvais desseins; aussi qu'il est si bien préparé, qu'on ne peut rien entreprendre contre lui sans péril. Et puis, si la guerre continue ici, le roi d'Espagne aura assez d'affaires. Si la paix se fait, nous serons fortifiés d'alliances avec cet État, qui sera obligé et aura intérêt à nous aider.

Je me souviens fort bien du commerce des Indes d'occident. Je vous supplie très-humblement tenir la main à ce que l'argent soit plutôt avancé que reculé; car les États ne pourront être de meilleure affection qu'ils sont, pour donner tout contentement au Roi; et la promptitude de ce secours, dont ils ont très-grand besoin, les y obligera encore davantage. J'ai reçu lettres de M. de Berny, qui me mande que les soupçons ne diminuent point aux archiducs, qu'ils croient toujours que nous faisons le plus que pouvons pour empêcher la paix; comme au contraire, ils montrent avoir toute confiance de roi de la Grande-Bretagne, tant pour son inclination envers eux, que pource qu'ils savent bien qu'il ne voudroit et n'oseroit offenser le roi d'Espagne. Si vous peux-je assurer que nous sommes fort retenus, et qu'à la réponse qu'il a fallu faire à la proposition des Etats, j'en avois dressé par écrit une beaucoup plus modérée que celle que je vous envoie, que je fis après l'autre ; et que ne pouvions assez contenter les députés d'Angleterre, qui la désiroient ferme, et tendoient plutôt à approuver la guerre que la paix, encore que pour certain leur but soit à la paix, par ce qu'en avons pu découvrir jusqu'à présent.

Je sais bien ce que vous me mandez du sieur de Russy, et étois bien instruit aussi, du vivant de M. de Buzanval, du pouvoir que le sieur Barneveld avoit sur lui, et qu'il étoit besoin de retenir à soi beaucoup de choses. J'userai de la discrétion que je dois sans offenser personne. M. de Lescalle, homme d'une rare doctrine, et connu de chacun par son nom, a trouvé un exil à Leyden, qui tourne bien fort à l'honneur de messieurs des Etats, lesquels lui donnent deux mille livres d'entretènement chacun an. Le feu roi lui avoit accordé deux mille livres de pension, dont il m'a montré le brevet. S'il plaisoit au Roi lui faire payer chacun an ladite pension, il achèveroit le reste de ses jours, qui ne peuvent être longs, car il a soixante-huit ans, avec plus de commodité, et ce bienfait très-bien employé tourneroit à l'honneur du Roi, outre ce qu'il peut servir ici, vous pouvant assurer qu'il y est fort honoré et respecté. Je vous supplie très-humblement de faire ce bon office pour lui envers Sa Majesté, dont je vous serai fort obligé avec lui. Je fais faire des modèles pour épuiser les eaux, de toutes les façons qu'ils ont ici, afin que vous choisissiez celui qui vous sera le plus propre, tenant à honneur que vous m'employiez à vous rendre service, et qu'usiez de moi comme de celui qui est, monsieur, votre très-humble et très-affectionné serviteur.

P. JEANNIN.

De La Haye, ce 24 septembre 1607.

LETTRE *de M. de Puysieux à M. Jeannin, du premier octobre* 1607.

Monsieur, il y a huit jours que M. de Villeroy est allé jouir de sa maison d'Halincourt, d'où j'estime qu'il sera de retour dans trois ou quatre. Depuis vos lettres des quatrième et onzième du passé, nous attendons en grande dévotion celles qu'elles nous promettent en réponse de celles que vous a portées M. de Preaux. Le neveu de feu M. de Buzanval s'en va par delà, pour donner ordre aux affaires du défunt, lequel je vous assure a été regretté deçà, ainsi que méritoient et sa vertu et ses services. Sa Majesté est très-contente de l'honneur que messieurs les Etats ont rendu à la mémoire récente de l'un et de l'autre, et les remercie, par la lettre qui sera ci-jointe, de ce témoignage de bonne volonté. Nous avons avis bien frais de l'accouchement de la reine d'Espagne d'un fils, que nous souhaitons être suivi d'une demi-douzaine d'autres. Ils assurent de là, et a été même dit par le secrétaire Prade, depuis que celui du marquis Spinola y est arrivé, qu'il ne falloit point attendre d'autre ratification du roi d'Espagne que la première, laquelle portoit tacitement approbation et consentement du traité des archiducs avec lesdits Etats ; mais il ne faut tenir ce langage pour résolution. Ils ont mis aussi en délibération s'il seroit du bien des affaires d'Espagne d'entreprendre sur les Grisons ; et enfin, à ce qu'on dit, arrêté que le comte de Fuentes ne tenteroit ce dessein, y ayant apporté la considération de l'intérêt de Sa Majesté et des Vénitiens. Leur armée de mer étoit départie en deux, l'une pour aller aux îles de la Tercère, pour la sûreté de la conduite de leur flotte qui doit arriver en cette saison, et leur apporter, à ce qu'ils tiennent, beaucoup de commodités, desquelles nous reconnoissons qu'ils ont tout besoin. L'autre étoit demeurée au cap de Saint-Vincent. Voilà ce que nous en avons de plus important. Le retour de ce secrétaire de Spinola fera voir clair aux résolutions que les archiducs seront conseillés de prendre en leurs négociations. Leurs Majestés continuent en très-bonne santé. Dieu a disposé de M. de Maisse depuis huit jours, après une maladie d'autant de temps, duquel vous savez que la présence et suffisance faisoit honneur au conseil du Roi. Nous venons présentement de recevoir votre dépêche du 24, laquelle, d'autant qu'elle est bonne et longue, mérite bien d'être examinée. Conservez-moi l'honneur de vos bonnes grâces, et je suis, monsieur, votre bien humble et très-affectionné serviteur.

PUYSIEUX.

De Paris, ce premier jour d'octobre 1607.

LETTRE de M. Jeannin à M. de Villeroy du 6 octobre 1607.

Monsieur, je reçus vos lettres du 19 du mois passé, le deuxième du présent. Il peut bien être que le moine a tenu les langages que me mandez, pour essayer d'obtenir ce qu'il poursuivoit en Espagne ; mais sont des songes et rêveries qu'il faut plutôt mépriser et s'en moquer que s'en soucier. Croyez, monsieur, que ces gens ici veulent être souverains par effet, et pour toujours s'ils peuvent, et qu'ils ne feront jamais aucune paix qu'à cette condition. Il est bien vrai que s'ils se conduisent mal après, qu'on les pourra tromper ; mais de se remettre en leur ancienne sujétion de gré à gré, et par un conseil prévu et prémédité, ainsi qu'écrivez, il n'y a point d'apparence. Cette grandeur et vanité est déjà entrée si avant en leurs cervelles, qu'ils se perdront plutôt pièce à pièce, que d'en rien quitter. Quant à la religion catholique, on se gardera bien de les en presser du côté des archiducs. Ils le mettront sans doute en avant par ostentation, et pour faire croire qu'il n'aura tenu à eux que cet exercice n'ait été rétabli ; mais ils penseront avoir gagné si les Etats le refusent, d'autant que, par ce moyen, plusieurs catholiques se retireront chez eux : et s'ils sont si sages que d'accorder liberté de consciences, plusieurs de la religion qui résident ici, et ont leurs commodités et parens de l'autre part, en feront aussi autant. Je n'ai pas envoyé la copie des lettres de Verreiken et du cordelier par ma dernière dépêche : car je ne l'avois encore recouvrée : je le fais maintenant, et y ajoute la réponse des Etats, que trouverez, comme j'estime, assez rude et mal bâtie ; mais c'est leur style et façon de procéder, et nous les laissons faire. Ils disent tous que, si dans dix ou douze jours la ratification ne leur est envoyée, qu'ils ne veulent plus ouïr parler de paix. Nous craignons donc maintenant qu'ils ne soient contraints par ce défaut de continuer la guerre, et le roi obligé, à cette occasion, de les secourir, s'il ne les veut laisser perdre. Déjà chacun tient que le roi d'Espagne ne la veut aucunement donner ; mais ce peu de temps suffira pour s'en éclaircir du tout. Il peut bien avoir eu autrefois la volonté de le faire, les archiducs le lui ayant persuadé, sur ce qu'ils se promettoient les Provinces-Unies leur devoir accorder en récompense d'un si grand bienfait quelque légère reconnoissance pour marque de leur ancien droit, et, outre ceci, de n'avoir jamais autres amis ni ennemis que les leurs.

Mais à présent qu'ils sont bien avertis les Etats être du tout résolus d'abolir entièrement toute sujétion, de ne se commettre plus à leur foi, et chercher leur sûreté ès ligues et confédérations qu'ils entendent faire avec les deux rois, cette paix leur est devenue suspecte, et la tiennent dangereuse en Espagne, n'espérant plus qu'ils y veulent consentir, s'ils ne s'attendent encore à d'autres espérances, comme du mauvais ordre qui sera parmi eux, des pratiques qu'ils feront, et de ce que les profits de la paix leur feront avec le temps oublier le métier de la guerre, et les rendront par ce moyen moins utiles à leurs amis, et moins redoutables à leurs ennemis. Aussi la plainte que continue de faire l'archiduc, dont M. de Berny m'a écrit de nouveau, comme si nous empêchions toujours la paix, n'est pas fondée là-dessus ; car il a assez d'amis par deçà pour être averti du contraire, et que sommes même plus modérés ès propositions qui tendent à la guerre que les Anglois ; mais c'est de ce que nous voulons cette paix autrement qu'il ne la désire, et que les ligues que prétendons faire, à quoi il voit les Etats disposés, lui déplaisent comme trop préjudiciables à son but et dessein.

Ès discours que j'ai avec le sieur Barneveld, je le presse de ne laisser écouler le temps inutilement, et lui dis qu'il doit faire connoître le plus tôt qu'il pourra, qu'il est besoin de se préparer à la guerre, de peur que les peuples, en cette attente de paix trop incertaine, ne soient surpris, aviser entre eux le fonds qu'ils peuvent faire à cet effet, et supplier, en leur déclarant le secours qu'ils en peuvent attendre, nous montrant qu'ils sont fermement résolus de ne plus penser qu'à la guerre, afin que l'excuse des Anglois (qui disent ne vouloir s'ouvrir que toute espérance de paix ne soit perdue) cesse. Je le fais pour les engager et faire dès à présent notre ligue. Ledit de Barneveld promet, si dans le temps de douze jours rien ne vient, qu'il commencera par là, se défiant plus qu'il n'avoit accoutumé ; promesse sans laquelle

..., et des conditions assurées dont ... si souvent écrit, il dit toujours qu'ils ... feront rien. Les Anglois se trouveront empêchés s'ils ne nous pressent ; car ils voudroient ... être quittes pour des paroles sans offenser personne, ni mettre la main à la bourse. Il me semble toutefois qu'à toute extrémité, ils ... plutôt que de les abandonner, de peur que Sa Majesté n'en fasse autant, et qu'ils ne tombent sous Espagne ; ce qu'ils craignent sans doute autant que nous. Bien est il certain qu'ils feront premièrement tout ce qui leur sera possible pour la paix, et qu'elle leur sera plus agréable, pourvu que cet Etat demeure libre et dégagé de l'Espagne. En quoi nous nous accordons avec eux, comme aussi en ce qui est des alliances et confédérations qu'ils approuvent maintenant et jugent raisonnables aussi bien que nous ; en sorte que jusques à présent nous n'avons occasion de nous en plaindre ; mais nous ne sommes pas encore au temps de découvrir leurs secrètes intentions.

Il me semble bien avoir reconnu, par le discours de M. Spencer, que j'ai entretenu à part à diverses fois, qu'il estime, la paix faite en ces pays, que le roi d'Espagne sera pour entreprendre quelqu'autre guerre, et veut que nous croyons que ce sera plutôt en France qu'ailleurs ; ajoutant, s'il le fait, que nous sommes assez puissans pour lui donner de l'exercice si longtemps, qu'il sera contraint de laisser un chacun en repos : ce dessein ne leur déplairoit pas. Je me suis essayé de leur persuader qu'il se gardera bien de nous attaquer, voyant notre royaume sous un roi sage, grand capitaine, craint et aimé de ses sujets ; et qu'il y a plus de raison pour croire qu'il doive penser à eux qu'à nous ; mais, s'il le faisoit, que Sa Majesté accourroit à leur défense comme à la sienne propre, et ne souffriroit jamais qu'il s'accrût à leur préjudice, d'autant que ce seroit avec le temps au sien propre, et que ces mêmes considérations devraient tomber en l'esprit du roi de la Grande-Bretagne. J'ai encore ajouté que l'Espagnol ne souffrira jamais que la paix se fasse ici, s'il a intention d'entreprendre contre eux ou contre nous, pource que les Etats jugeant bien qu'elle ne peut être assurée sans une bonne alliance avec nous, la désirent et recherchent déjà. Et nous avons aussi cette même volonté de la faire, par le moyen de laquelle les Etats demeureront obligés à nous secourir ; ainsi lui feroient autant de mal que s'ils étoient encore en guerre ouverte contre lui. Autre chose seroit s'il vouloit faire la guerre en Italie ou ailleurs, contre l'un des deux rois : car il auroit sujet de désirer lors la paix avec les Etats, pour n'avoir aucun empêchement qui pût troubler ses desseins et occuper ses forces.

Tous les discours dudit sieur Spencer n'ont passé plus avant qu'à montrer la bonne intelligence du roi son maître avec Sa Majesté, même pour sauver et conserver cet Etat. Mais lui et son compagnon fuient toujours l'occasion d'entrer aux particularités, et de s'obliger. Le temps que ces messieurs ont pris pour donner but à l'attente de la ratification nous éclaircira mieux de leurs intentions. Ils montrent d'être en quelque peine d'une nouvelle qu'ils ont eue, et que l'agent des Etats qui est en Angleterre a aussi mandé ici, que le comte de Tiron, sa femme et son fils aîné, accompagnés de dix ou douze des principaux gentilshommes d'Irlande, feignant d'aller en Angleterre pour le mariage du fils, ont fait voile en Espagne. Ce comte et les gentilshommes qui l'accompagnoient avoient toujours été comme chefs des catholiques en ladite île ; mais ceux qui s'enfuient craignent plus la peine, qu'ils ne sont en espérance d'exécuter quelque autre dessein. Puis on a avis que l'armée de mer d'Espagne est dissipée, et qu'une partie est allée aux îles Tercères au devant de leur flotte qui vient des Indes, et l'autre s'est retirée au Détroit. On parle toujours de l'armée qui est au Milanois, et la fait-on ici de vingt mille hommes. S'il est vrai, il n'y a point d'apparence qu'il fasse cette dépense sans quelque entreprise. On parle de Genève ou de Provence ; mais la saison et la difficulté de telles entreprises me fait croire que ce ne peut être ni l'un ni l'autre. S'il les réserve pour passer en Flandre, on ne peut faire la guerre plutôt qu'au mois d'avril ; c'est une dépense fort inutile, et néanmoins qui témoigne qu'il ne pense plus à la paix, et veut faire un grand effort l'année prochaine. Pour auquel s'opposer, je prévois qu'il sera aussi besoin de secourir puissamment ces provinces, ou leurs affaires iront mal ; et crains qu'à cette occasion, la guerre ouverte ne s'en ensuive contre nous et que le roi d'Espagne, ne prenne ce conseil d'y entrer, s'il peut séparer l'Anglois, à quoi vraisemblablement il tâchera de tout son pouvoir. C'est pourquoi il n'y a rien si nécessaire que de l'obliger à la défense de cet Etat, si la guerre continue, et en cas de paix aussi, tant avec les Etats qu'avec nous; et selon qu'il se conduira en cet endroit, nous jugerons avec plus de sûreté de son intention et de celle du roi d'Espagne.

Tout est fort bien disposé du côté des Etats, et ne vois rien jusqu'ici que devions craindre de leur part, pour ce qui touche au service et contentement du Roi. Je ne laisse néanmoins d'avoir du déplaisir et regret de ce que ne peux exécuter promptement ce que Sa Majesté m'a commandé, et vous peux assurer, monsieur, que le temps qui se coule inutilement m'est si ennuyeux et donne tant de chagrin, que sept ou huit mois, ou quelques jours davantage, qu'il faudra consumer en ce lieu, me vieilliront plus que six ans en France. J'ai fait le remerciment de la part de Sa Majesté, du soin que les Etats avoient eu de faire les funérailles de feu M. de Buzanval, non au corps entier, mais à sept députés qui nous étoient venus voir pour autres affaires. Il sera bon que Sa Majesté leur en écrive, et montre de leur en savoir gré. Le Roi a perdu un bon serviteur en la mort dudit sieur de Buzanval, et qui étoit capable, bien entendu et aimé en ce pays; mais il se laissoit aller du tout à ce qu'ils vouloient. Il vous honoroit aussi bien fort, et étoit votre serviteur avec raison; car vous aviez beaucoup aidé à sa fortune; et la charge en laquelle il est mort lui avoit été très-utile : est vrai que Dieu l'a pris lorsqu'il en pensoit jouir. Cet exemple doit servir à d'autres qui ont travaillé, et sont encore sans profit, de n'attendre à recueillir les fruits de leur travail, lorsqu'ils doivent plutôt penser à bien mourir qu'aux commodités de la vie: mais chacun est sage pour connoître ce qu'il doit faire ou fuir, et peu capable de prendre pour eux-mêmes les conseils qu'ils sauroient bien donner à autrui.

A l'instant de la réception de votre lettre j'écrivis à M. de Waudrencq comme à celui qui me sembloit plus propre pour faire recouvrer des rosiers, et lui en demandai la plus grande quantité qu'il pourra, comme douze douzaines de plançons. Il me fit aussitôt réponse que je m'en reposasse sur lui, et qu'il les enverroit chez vous à Paris, bien empaquetés, pour les faire tenir au Roi. Je vous ferai aussi tenir au même temps les modèles de moulins à eau dont m'avez écrit, lesquels je fais faire à Delphe. Je ne vous écrivis point avec la lettre au Roi, qui étoit du onzième du mois passé, pource que je la fis promptement et à la hâte, et averti que le sieur de Franchemont parti de huit jours auparavant étoit encore au port de la Brille, et devoit sortir à l'instant, le vent étant devenu bon. Je prie Dieu qu'il vous conserve, et suis, monsieur, votre très-humble et très-affectionné serviteur.

P. JEANNIN.

De La Haye, ce sixième jour d'octobre 1607.

LETTRE *du Roi*, *du 8 octobre* 1607.

Messieurs Jeannin et de Russy, j'ai appris par vos lettres du vingt-quatrième du mois passé, que j'ai reçues le dernier d'icelui, tous les discours et propos qui se sont passés entre vous et les députés du roi de la Grande-Bretagne, mon bon frère et cousin, en plusieurs conférences, visitations et assemblées faites entre vous, auxquelles je reconnois que vous vous êtes gouvernés très-accortement et prudemment. J'ai surtout observé le jugement que vous faites des intentions fines de leur maître, et les causes qu'ils vous ont données d'icelui; aussi les j'ai de ma part jugées très-bien fondées : d'autant avis que j'ai d'ailleurs des délibérations dudit roi, et la conduite de son ambassadeur envers moi, me confirment en la même opinion. Il faut donc que nous fassions état que ledit roi favorisera et facilitera la paix tant qu'il pourra, soit que le roi d'Espagne envoie ou refuse la ratification que lui a demandée; car il veut obliger à lui le roi d'Espagne et les archiducs, principalement les derniers, tant pour renouveler avec eux, et corresponding moyen, l'ancienne confédération et correspondance des maisons d'Angleterre et de Bourgogne, que pour la jalousie que les Anglois ont que ne profite plus qu'eux de celle des Etats des Provinces-Unies. Toutefois vous avez très-bien fait de vous être conduit avec leursdits députés comme vous avez fait, et aurai à plaisir que vous continuiez sans faire paroître, que le plus tard que vous pourrez, que vous vous défiez d'eux, mêmement à l'endroit du sieur Barneveld : car, quoi qu'il vous dise, il s'entend mieux avec eux qu'avec nous, à cause, principalement, de la jalousie qu'il a du prince Maurice, lequel il sait être aimé ou supporté de moi. Et faut croire que tout

NÉGOCIATIONS DU PRÉSIDENT JEANNIN.

que Baclou a dit en secret audit prince de l'inclination du roi d'Angleterre à la guerre, est un pur artifice pour l'abuser et couvrir la prétention dudit roi d'Angleterre.

Le seul refus que lesdits députés ont fait d'entendre à présent à l'ouverture de la ligue entre nous et lesdits Etats découvre clairement que leur but n'est d'offenser les archiducs, ni s'obliger auxdits Etats pour la guerre, ni même les encourager en fortifiant de l'espérance d'un secours commun des deux rois sur les articles où ils sont de la négociation de la paix, comme je reconnois qu'il eût été très à propos de faire pour favoriser lesdits Etats en ladite négociation, soit envers les archiducs ou d'eux-mêmes, pour, par ce moyen, avancer la résolution de ceux-là et encourager ceux-ci, non pour rompre ladite paix, mais pour l'obtenir meilleure. C'est pourquoi j'estime que vous ferez bien de faire remettre encore en avant par le sieur Barneveld, ou par les Etats, la susdite ligue, prenant argument de ce faire sur le retardement de la susdite ratification d'Espagne, du refus ou octroi de laquelle on n'a encore aucune certitude, jaçoit que j'aie avis que le secrétaire du marquis Spinola, qui a été dépêché par les archiducs pour cet effet, soit arrivé à Madrid dès le quatrième du mois passé, et qu'il en ait depuis poursuivi chaudement l'expédition; mon ambassadeur m'ayant écrit, par sa lettre du vingtième du mois passé, le secrétaire Prade avoir dit que la première ratification envoyée par son maître étoit plus que suffisante pour contenter lesdits Etats, de façon qu'elle ne seroit changée; mais souvent ils font le contraire de ce qu'ils publient. Et pour moi, j'ai opinion qu'enfin ils l'enverront telle qu'on la demande, s'ils ne découvrent que lesdits Etats ne laisseront de passer outre audit traité de paix sans cela. Je dis donc qu'il est bon de leur donner jalousie de la susdite ligue, quand bien nous devrions en retarder la conclusion, jusqu'à ce que l'on soit éclairci s'ils enverront ou non la susdite ratification; car cette démonstration les réchauffera grandement, et servira aussi à découvrir mieux les intentions desdits Anglois. Et s'ils s'excusent de ne vouloir offenser les archiducs et les Espagnols sans nécessité, et tant que l'on espérera la susdite ratification, laquelle engendrera ladite paix, l'on leur peut remontrer que les conditions de ladite ligue n'auront lieu qu'en cas de guerre, et que nous n'offenserons pas davantage lesdits princes par ce traité qui sera fait, ainsi conditionné, que nous avons fait ci-devant par les secours que nous avons départis auxdits Etats, devant même qu'ils eussent été reconnus pour peuples libres, ainsi qu'il a été fait.

Ce n'est pas que je veuille de mon côté précipiter ni avancer la susdite ligue par dessus les raisons que vous représentez par votredite lettre, principalement si les Anglois font difficulté d'y entendre maintenant; car je reconnois bien, la paix n'ayant lieu, que je n'en serai que trop sollicité; et que je ne dois entrer seul en cette danse, spécialement après le refus divulgué desdits Anglois. Mais il est certain, si ceux-ci l'entendoient bien, que la simple contenance que nous ferions à présent d'entendre audit traité serviroit d'un grand aiguillon auxdits archiducs et Espagnols pour les bâter de traiter et d'en améliorer les conventions en faveur desdits Etats, avec lesquels je remets aussi à votre jugement d'avancer ou retarder celui que nous prétendrons faire avec eux en cas de paix, pour la commune défense de nos Etats. Mais gardez-vous bien de leur faire encore connoître ni espérer que je sois pour approuver qu'ils traitent avec les archiducs, nonobstant que le roi d'Espagne refuse ladite ratification; car je prévois que les auteurs et fauteurs de ladite paix embrasseroient volontiers ce conseil, et s'en excuseroient après et déchargeroient sur nous. Ce n'est pas que je le rejette entièrement; car je dis que les choses sont en tels termes, qu'il vaut mieux que lesdits Etats traitent seulement avec lesdits archiducs que de se rembarquer à la guerre, puisque le roi d'Angleterre ne veut faire pour eux davantage qu'il a fait ci-devant. Vrai est que si le roi d'Espagne ne ratifie le traité, et les archiducs aussi, les Etats ne jouiront sûrement du commerce d'Espagne; mais ils pourront toujours poursuivre celui des Indes, et auront en ce cas plus de besoin de mon amitié et support, que, par aventure, ils n'auront si le roi d'Espagne intervient franchement et nommément audit traité, comme je crois qu'enfin il fera, quelque difficulté ou scrupule qu'il montre de présent d'en faire. Mais je ne suis content de la déclaration ou proposition que les Etats vous ont faite de bouche et baillée par écrit le dix-septième du mois passé; car en disant qu'ils ont résolu de procéder au fait de la guerre ou de la paix avec mon conseil, assistance, intervention, contentement et manutention des deux rois, ils ne s'obligent pas de ne faire le dernier sans notre consentement, comme ils ont toujours promis de faire; et suis encore plus mal édifié et satisfait de la raison qu'ils allèguent pour couvrir et excuser cette différence, ou pour mieux dire la défiance que je connois par là qu'ils continuent d'avoir de moi, que du susdit changement; de quoi toutefois je vous déclare que je me soucierois aussi peu que les Anglois, si je ne devois à présent mettre la main à la bourse non plus qu'eux. Mais je trouve bien étrange qu'ils continuent à me demander de l'argent, et qu'ils fassent difficulté de me promettre qu'ils ne traiteront sans mon consentement, comme si c'étoit une promesse qui leur fût du tout inutile, et sans condition favorable pour eux, ou s'ils avoient sujet de se défier de ma volonté en la conclusion de ladite paix, après les grandes assurances que vous leur en avez données. Véritablement ils ont tort de se comporter ainsi en mon endroit. S'ils le font pour le respect du roi d'Angleterre, je m'en plains encore davantage, car ils ne doivent nous traiter également en cas semblables, puisque je ne fais difficulté d'offenser leurs ennemis pour les assister, comme fait ledit roi, et qu'ils ne se peuvent passer de ma bourse.

J'approuve, au reste, la réponse que vous avez faite en commun aux autres chefs de leurdite proposition, et ne veux pas laisser pour tout cela de leur faire envoyer dedans ce mois le terme que je vous ai permis de leur promettre, afin de continuer à leur témoigner la sincérité et bonne volonté dont je procède envers eux : chose que je veux que vous leur fassiez valoir ce qu'elle mérite. Le sieur de Bethune sera porteur de la présente, avec laquelle vous recevrez une lettre que j'écris auxdits Etats, par laquelle je les remercie de l'honneur qu'ils ont fait aux funérailles du feu sieur de Buzanval en ma considération. De quoi vous vous expliquerez encore davantage envers eux et mon cousin le prince Maurice, auquel j'ai voulu aussi écrire de ma main celle qui sera ci-jointe, dont vous userez ainsi que vous jugerez à propos : mais je ne suis pas d'avis que je m'engage à lui offrir et accorder, dès à présent, aucune pension particulière, que je ne voie plus clair en ces affaires, et si la paix sera ou non ; mais vous pourrez lui dire que lui et les siens doivent espérer de moi toute gratification digne de leur affection en mon endroit et de leur mérite. Je désire aussi, si la paix a lieu et qu'on procède après à une réduction de gens de guerre, qu'ils retiennent le plus grand nombre de compagnies françoises que faire se pourra, principalement s'il faut que je contribue quelque chose par an à l'entretènement de ceux qu'ils conserveront, comme il semble qu'ils s'y attendent, et dont toutefois je ne suis encore d'accord et ne prétends d'être, si parce qu'ils traiteront avec vous ils ne me donnent sujet d'y entrer.

Quant à l'armée du roi d'Espagne qui est encore en mer, il n'y a apparence aucune de seulement soupçonner qu'elle tourne du côté d'Embden, ni contre lesdits Etats, et leurs pécheurs qui sont ès côtes d'Angleterre ou d'Ecosse ; car ce seroit violer leur trève, et ils ont trop grand besoin et désir de la paix. Il ne faut pas croire aussi qu'ils s'adressent aux Vénitiens, le comte de Fuentes ayant commencé de licencier les gens de guerre qui étoient au Milanois, et les Napolitains entre autres, ainsi que j'ai appris par les derniers avis venus d'Italie. L'on a cru que ladite armée, après avoir assuré la venue de leurs flottes, fondroit plutôt en Barbarie qu'ailleurs, en faveur de l'un des enfans du dernier empereur de Maroc et roi de Fez, qui sont en guerre pour la succession du père, se disant que le fils de l'aîné naguères combattu et vaincu par le troisième frère qui est le dernier, s'étant sauvé du côté de Larache, offre à présent audit roi d'Espagne de lui livrer ladite forteresse dont il est maître, s'il veut le secourir et assister contre le victorieux ; et, je ne doute point, si cela est vrai, que lesdits Espagnols n'acceptent volontiers ladite forteresse en promettant ledit secours, duquel l'effet sera après aussi tardif et lâche que de coutume. En tout cas, il me semble que la saison est bien avancée, pour pouvoir faire cette année, par la mer, audit pays ni ailleurs, des exploits correspondans à la jalousie que l'on a conçue de ladite armée, et serai avertis de ce que j'en apprendrai. Je prie Dieu, messieurs Jeannin et de Russy, qu'il vous ait en sa sainte garde.

Ecrit à Paris, le 8 d'octobre 1607.   HENRI.
Et plus bas,   BRULART.

LETTRE *de M. de Villeroy à M. Jeannin, dudit jour 8 octobre 1607.*

Monsieur, vos lettres ne peuvent être trop longues ; nous n'y trouvons rien d'inutile ni de superflu : partant continuez, s'il vous plaît, à les étendre et particulariser comme vous avez commencé. Le Roi le désire et m'a commandé vous l'écrire ; et, certes, elles lui sont très-agréables. M. Aërsens écrit quelquefois des choses qui mériteroient être supprimées. Le cordelier n'a jamais dit au Roi qu'on mettroit la ratification d'Espagne ès mains de Sa Majesté ; mais, parce que le sieur Aërsens disoit que les Etats n'entreroient jamais au traité de la paix, qu'ils ne fussent saisis de ladite ratification sous condition, le Roi lui répondit qu'il avoit toutefois appris que les Espagnols faisoient état de ne la leur délivrer qu'à la charge qu'ils la rendroient en cas de rupture de ladite paix ; ajoutant Sa Majesté, d'elle-même, que quand ils voudroient la déposer en ses mains ou du roi d'Angleterre, que lesdits Etats ne pourroient honnêtement y contredire. Par où vous colligerez que Aërsens n'a compris le dire de Sa Majesté. Quelque contenance que fassent les députés d'Angleterre, nous ne croyons pas qu'ils aient pouvoir ni vouloir de bien faire aux Etats, qu'en paroles et démonstrations extérieures, comme ils connoîtront plus clairement, quand il faudra conclure les affaires. C'est pourquoi nous avons jugé à propos d'avancer le traité de la ligue en cas de guerre, pour les raisons que le Roi vous écrit. Toutefois usez-en comme vous jugerez être pour le mieux; car le Roi trouvera bon tout ce que vous en ferez, ayant entière fiance en vous. Je n'ajouterai rien aussi à ce qu'il vous mande sur ce mot de contentement, au lieu de celui de consentement; contenu en la déclaration desdits sieurs, sinon qu'il s'est plus formalisé de l'excuse qu'ils ont alléguée que desdits mots. Toutefois cela n'empêchera le secours présent, que vous êtes d'avis que l'on leur donne; mais nous attendrons le retour de M. de Sully devant que de lâcher prise. Nous faisons état qu'il sera avec nous à Fontainebleau, où nous allons dans trois jours, environ l'onzième de ce mois. Cependant on achèvera de compter et convertir la partie, dont il reste encore à fournir environ quarante mille écus, comme m'a dit le sieur du Maurier, mais on y travaille tous les jours.

Le Roi se réjouit fort de la créance que vous avez acquise par delà; c'est le fruit qu'il s'est toujours promis de votre ministère, et souhaite que Dieu le bénisse selon votre désir et son expectation. Il est vrai que Sa Majesté dit au sieur de Barneveld, quand il vint vers elle à Nantes, l'an 1598, qu'il aideroit aux Etats à soutenir la guerre, puisqu'ils ne vouloient entendre à la paix conjointement avec Sa Majesté, laquelle les y convioit; et que ne seroit que pour trois ou quatre ans, à la fin desquels elle y entreroit avec eux. Il est vrai aussi que nous ne leur avons jamais demandé de promesses de nous rendre nos deniers, et que nous nous sommes contentés de simples certifications et récépissés; mais s'ensuit-il pour cela qu'ils doivent être entièrement déchus de la restitution d'iceux? Nous ne plaiderons jamais contre eux pour cela; mais il est raisonnable qu'ils reconnoissent aucunement nos bienfaits; et, certes, nous ne leur demanderons l'impossible. Le ménage de ce point est donc remis à votre discrétion comme le reste. Je ne vois pas le Roi éloigné d'accorder quelque secours auxdits Etats en cas de paix, à laquelle il doute plus que jamais, soit par forme de don ou d'une pension annuelle, pourvu que l'on se contente de sa part une modérée, et qu'elle en recueille aussi une utilité proportionnée et convenable, ainsi que vous la proposerez. Je n'ai point pensé d'obliger lesdits Etats, par un traité en forme de ligue, à nous rendre nos deniers, mais bien à le faire par un accord particulier, soit devant ou après qu'ils auront résolu celui des archiducs, à quoi que ce soit qu'ils s'obligent par icelui envers eux. Nous vous proposons tout ce qui nous vient à la fantaisie, non pour vous assujétir à le suivre ni exécuter, mais pour vous représenter nos conceptions et en attendre la censure de vous. Je n'ai rien à ajouter à ce que je vous ai écrit ci devant touchant notre intervention au traité, que les Etats prétendent faire avec les archiducs, approuvant votre avis sur cela, qui est de nous faire de la fête, ains attendre que l'on nous en prie, comme la dignité du Roi le requiert. Quoi qu'il ait dit au cordelier et à l'ambassadeur des archiducs de son affection à la paix, et en a fait dire par M. de Berny, ils n'ont depuis changé de style et procédé en notre endroit. Ils font contenance de ne nous entendre pas, et se promettent qu'ils feront bien leurs affaires sans nous, et connoissons aussi qu'ils espèrent plus des Anglois que de nous. Sans doute ceux-ci les grattent et flattent sous main. Et toutefois j'ai opinion qu'à la fin ils les tromperont, et nous aussi, tant qu'ils pourront.

Nous ne rejetons de traiter avec les archiducs sans ladite ratification; mais nous disons que nous devons nous garder d'en faire la première ouverture. S'il faut qu'ils prennent ce chemin, comme pour mon regard je serois bien d'avis qu'ils se résolussent plutôt que de faillir à la paix, nous devons nous faire prier plus d'une fois de le trouver bon, devant que d'y consentir, afin d'en profiter davantage. Mais nous en pourrons discourir plus particulièrement en son temps, et suffira pour le présent que vous sachiez ce que nous en sentons. Par le pouvoir que je vous ai envoyé, il est porté que les deux peuvent traiter et conclure en l'absence du troisième; toutefois j'ai estimé ne devoir laisser à vous envoyer la déclaration que vous avez demandée; mais nous n'avons approuvé d'y ajouter que l'article faisant mention du secours, parce qu'il est meilleur que ce soit chose qui soit secrète et particulière à vous, que d'être sue de ceux qui doivent voir ledit pouvoir. Le Roi a été bien aise de savoir que le prince Maurice commence à croire conseil et à se mûrir: toutefois il ne veut pas que l'on lui offre à présent une pension, il veut devant voir si nous aurons paix ou guerre; mais je le vois disposé de suivre votre avis au cas premier.

Le sieur Aërsens m'a dit que l'on parle par delà de le tirer d'ici, et commettre à un autre la charge qu'il y exerce, parce que les Anglois disent qu'il est trop partial pour la France, et qu'ils ne s'y peuvent fier. Il ajoute qu'il ne se soucie pas de la charge, mais que l'on lui fera injure si l'on se sert de ce prétexte pour le révoquer. Mettez peine, s'il vous plaît, de savoir d'où procède cela; et si c'est une intention pour se faire valoir ou une vérité. Il a opinion que le sieur Barneveld veut y employer son gendre; toutefois ne le dites, s'il vous plaît, audit Barneveld ni à autre; car cela pourroit engendrer de la discorde entre eux, qu'il faut éviter pour leur bien faire. Mandez-nous aussi s'ils ont pensé par delà à réformer l'ordre de leur gouvernement en cas de paix, comme nous avons tous jugé qu'il est nécessaire qu'ils fassent pour assurer leurs affaires, à quoi leurs amis ont quasi autant d'intérêt qu'eux-mêmes. Je n'ai pu encore rien faire pour M. de Lescalle, à cause de l'absence de M. de Sully; mais j'en aurai souvenance à son retour, et je vous avertirai de ce qui en succédera. Nous ne vous envoyons point de lettres du Roi pour messieurs les Etats sur le sujet des funérailles de feu M. de Buzanval, parce que j'ai su que son neveu en a porté, qui est parti d'ici durant un petit voyage que j'ai fait en ma maison d'Alincourt, duquel je suis retourné il y a trois jours. Je prie Dieu, monsieur, qu'il vous conserve en bonne santé.

Votre, etc.   DE NEUFVILLE.

De Paris, ce huitième jour d'octobre 1607.

LETTRE *de MM. Jeannin et de Russy, au Roi, du 16 octobre 1607.*

SIRE,

Nous avons reçu par M. de Bethune, lequel arriva en ce lieu le treizième du mois, les lettres qu'il a plu à Votre Majesté nous écrire. Le même jour et peu avant lui, un trompette envoyé par Spinola y étoit aussi venu avec lettres aux Etats et à M. le prince Maurice; lesquelles contenoient, en substance, que le roi d'Espagne avoit envoyé la ratification, demandoit passeport pour le commissaire cordelier et le sieur Verreiken, qui la devoient incontinent apporter. Il n'y a rien en ces lettres pour leur faire espérer que ladite ratification soit en la forme qu'elle a été donnée, ou qu'elle soit telle en effet qu'ils en puissent recevoir contentement; mais est mis simplement que la ratification de Sa Majesté a été envoyée: dont plusieurs conjecturent ici qu'elle ne doit être telle qu'on la prétend. Ledit passe-port a été accordé avec notre avis. Quelques-uns ont dit en leur assemblée qu'on devoit rejeter le cordelier, pource qu'il avoit essayé de corrompre des leurs; et d'autres, qu'il falloit voir la copie de la ratification, avant qu'accorder le passe-port requis; mais l'avis commun a passé au contraire. Il tarde maintenant à chacun que les affaires ne soient mises hors de cette incertitude de guerre ou de paix. Votre Majesté aura vu et connu par notre dernière dépêche ce que nous avons déjà essayé de faire, tant avec les députés d'Angleterre qu'avec le sieur de Barneveld et les autres qui manient les affaires des Etats; ce qu'elle nous commande encore à présent par ses dernières lettres de tenter, et faire s'il est possible, sans aucune remise, tant pour les ligues, offres de secours, que démonstration ouverte qu'on se prépare du tout à la guerre, comme étant tous ses moyens propres pour obtenir une paix plus avantageuse, et pour engager les Anglois, desquels les Etats craignent de ne tirer que des paroles. Mais ces députés d'Angleterre disent toujours opiniâtrement qu'ils ne se veulent point découvrir que les Etats ne soient du tout résolus à la guerre; et, quoique nous pressions là-dessus ledit Barneveld de faire prendre promptement cette résolution en leur assemblée, afin qu'ils n'aient plus d'excuses, et que leurs peuples, qui en cette incertitude ne se préparent à rien, ne soient aussi surpris; quoi nous en ayons même fait grande instance, tant à lui qu'aux sieurs de Maldrée et d'Aërsens, assemblés au logis du président Jeannin, quatre ou cinq jours avant la venue de ce trompette, néanmoins ceux qui désirent la paix craignent tant que cette résolution de guerre, si on la met de nouveau en l'esprit de ces peuples, les éloigne du tout de la paix, qu'ils ont toujours voulu couler et différer en l'attente de la ratification. Il est vrai qu'ils nous avoient tous promis lors de ladite conférence avec eux, si elle tardoit davantage, qu'ils suivroient ce conseil.

Ledit sieur Barneveld dit en particulier au président Jeannin une autre raison de ce délai, à savoir, qu'il craignoit, en pressant les Anglois qu'on ne connût ouvertement leur froideur et refus à les secourir, et que cela ne défavorisât bien fort leurs affaires, attendu même que Votre Majesté a souvent déclaré qu'elle ne veut être seule au secours de la guerre. Cette raison a bien quelque apparence; mais la vraie et principale est qu'il craint trop de perdre l'espérance de la paix, et ne peut comprendre que cela seroit plutôt cause de l'avancer que reculer. Or cette incertitude doit finir bientôt après la venue du cordelier et de Verreiken: car s'ils apportent la ratification en bonne forme, on prendra loisir d'un mois au moins, ou bien de six semaines, pour leur faire réponse si on traitera ou non, encore que la résolution sera de traiter; mais ce délai servira pour délibérer des conditions et de la forme de procéder à ce traité, pour projeter et faire nos ligues, les réglemens nécessaires pour la conduite et gouvernement de cet Etat, et ce qui sera requis pour le contentement du prince Maurice et de ceux de sa maison. Et lors les Anglois seront tenus se découvrir, et en feront moins de difficulté, pource qu'ils ne penseront pas que la paix les doive obliger à aucune dépense; si ce n'est qu'ils soient déjà secrètement liés avec les archiducs, et, par ce moyen, obligés à nous traverser pour lui plaire; dont ne voyons encore rien, mais bien croyons-nous, tout ainsi qu'ils désirent leur amitié, qu'ils craignent aussi d'offenser Votre Majesté; et quand ils le feront, nous nous promettons que les Etats ne laisseront de traiter ladite ligue avec nous. Mais la difficulté sera bien plus grande, si la ratification n'est apportée, ou n'est telle qu'il la faut, et par ainsi que les affaires tendent à la guerre. La première délibération sera lors, si on devra traiter sur quelques autres ouvertures que les députés des archiducs feront sans doute, n'étant vraisemblable qu'ils viennent ici pour finir à l'instant par la guerre; sur quoi les Etats s'en adresseront à nous pour avoir notre avis, et nous feront parler des premiers. Ce qu'ayant prévu, nous en avions écrit à Votre Majesté par notre dernière dépêche, pour recevoir là-dessus son commandement, qu'il seroit trop tard d'attendre quand on nous aura communiqué de cette affaire. Nous jugeons bien qu'il n'est pas à propos que soyons auteurs de ce conseil; mais si serons-nous contraints de dire oui ou non.

Quant aux députés d'Angleterre, ils ont déjà dit par deux fois au prince Maurice, duquel l'avons su, que si ladite ratification ne vient en la forme requise, et qu'on veuille sous quelque autre prétexte que ce soit entamer un traité avec les archiducs, qu'ils ont charge de se retirer, et qu'ils le feront. Nous estimons bien que c'est plutôt déguisement que vérité; mais s'ils tiennent ce même langage, lors il nous semble que leur devons dire, au cas que leur maître veuille être du secours pour la guerre, que nous approuvons leurs avis. Comme au contraire s'ils n'en veulent faire déclaration particulière et expresse, en sorte que les Etats se puissent assurer d'eux et de nous, qu'il faut recevoir toute ouverture pour obtenir la paix, en continuant à leur représenter que Votre Majesté ne veut supporter seule les frais de la guerre; ou bien donnerons avis ensemble aux Etats de prendre loisir d'un mois ou six semaines, pendant lequel temps, s'ils veulent consentir et accorder, comme nous sommes certains qu'ils feront, les traités et conditions nécessaires pour leur sûreté, et le contentement de Votre Majesté, nous essayerons de les faire passer outre; sinon nous serons plus retenus, et remettrons à eux de prendre conseil, pour ne nous rendre auteurs de la rupture et continuation de la guerre; ayant toujours ce but et dessein, autant que pourrons, que la paix ne se fasse sans votre contentement ni leur sûreté, ni la guerre sans l'assistance du roi d'Angleterre, et de ne donner aussi aucun conseil qui soit sujet à blâme d'une part ou d'autre.

Nous voyons bien, sire, que l'acte contenu en la proposition des Etats n'a contenté Votre Majesté, d'autant que le mot de consentement n'a été mis au lieu de contentement. Mais nous la pouvons assurer que leur intention est bonne; qu'ils sont autant obligés, par ce moyen, qu'ils eussent été par l'autre, et qu'ils continuent tous les jours à reconnoître qu'ils n'ont appui et sûreté qu'en sa bienveillance et faveur. Nous la supplions donc très-humblement que l'argent dont ils ont extrême besoin ne soit point différé, s'il lui plaît. Nous ne perdrons cependant aucune occasion de faire tout ce qu'elle nous a commandé envers eux, avec le prince Maurice et les députés du roi d'Angleterre. Ils ont ici reçu des lettres d'Anvers, par lesquelles on mande que huit grands navires que les marchands de la société des Indes orientales avoient envoyés, il y a plus d'un an, pour renforcer la flotte qui a ci-devant combattu près Malaca, sont arrivés heureusement, ont joint les autres vaisseaux, et contraint les Espagnols et Portugois de se retirer en leurs ports. On dit même qu'ils ont occupé et pris par force quelques îles ès Moluques; mais ces nouvelles ne sont encore certaines. Les mêmes marchands y envoient un autre renfort, à la fin du mois prochain, qui est de treize grands navires bien armés et équipés, lesquels sont de six à sept cents tonneaux. Nous n'écrirons maintenant que ceci par la commodité de M. de Waudrencq qui envoie en France pour l'argent; et prierons Dieu qu'il donne à Votre Majesté et à toute sa famille, sire, tout heur et prospérité.

Vos très-humbles et très-obéissans sujets et serviteurs.   P. JEANNIN et RUSSY.
De La Haye, ce seizième jour d'octobre 1607.

LETTRE *de M. Jeannin à M. de Villeroy, du même jour* 16 *d'octobre* 1607.

Monsieur, je vous ai écrit à la hâte celle-ci, par l'homme de M. Waudrencq qu'il envoie pour l'argent, dont les Etats sont fort pressés et en peine, à l'occasion de ce qu'on leur a écrit que ledit argent ne seroit délivré qu'après qu'ils auroient satisfait entièrement à ce que Sa Majesté désire d'eux, et qu'elle en étoit très-mal contente, à cause de l'acte contenu en leur proposition, qui n'est conforme à ce qu'on s'étoit promis d'eux. Je les ai assurés du contraire, et dit au sieur de Waudrencq qu'il pouvoit envoyer ses navires à Dieppe au 24 ou 25 de ce mois, et que lors l'argent y seroit sans faillir, ce délai n'ayant été pris que pour attendre la venue de M. de Sully et non pour autre raison ainsi que me l'avez mandé; et, pource qu'on le pressoit de faire avances sur cet argent de cent mille livres, outre pareille somme qu'il avoit déjà donnée, qu'il le pouvoit faire sans crainte: et je vous supplie très-humblement, monsieur, tenir la main qu'il y soit satisfait sans remise. Vous verrez ce qu'écrivons au Roi touchant la ratification. Je vous envoie la copie de la lettre de Spinola sur ce sujet, pour la considérer s'il vous plaît. Puisque Sa Majesté a agréable que j'écrive toutes particularités, et qu'elle ne s'ennuie point de la longueur de nos lettres, je continuerai comme ai commencé, estimant à la vérité qu'il est plus à propos d'ainsi faire, afin qu'étant mieux éclaircie, elle puisse aussi mieux juger de toutes choses, et commander ce qui sera de sa volonté. Notre commission portoit sur la dernière ligne d'icelle, que les deux pourroient y vaquer; mais je n'étois allé jusque-là, et tout ce qui étoit au dessus n'en faisoit aucune mention. Il est mieux que notre commission ne contienne rien des secours et des ligues, et qu'il y ait un pouvoir à part pour ce regard, lequel, comme j'estime, sera nécessaire; mais nous vous en donnerons avis plus sûrement, lorsque nous verrons par l'arrivée des députés des archiducs, et ce qu'ils apporteront et diront, où les affaires doivent finir. Ledit sieur Aërsens a cette crainte et appréhension dont m'écrivez, et est vrai que les Anglois ne sont contens de lui, et disent que c'est lui qui a mandé aux Etats que l'ambassadeur du roi d'Angleterre avoit protesté au nom que son maître ne vouloit plus rien donner pour la guerre, et que c'est un pur mensonge pour rendre ledit roi d'Angleterre odieux aux Etats. Le comte de Salisbury en a dit autant, et que c'étoit vous aussi qui usiez de cet artifice à même fin. Je sais ce que m'en avez écrit, mais vous seriez émerveillé avec quelle assurance les députés d'Angleterre le nient. Il y a long-temps que ledit Aërsens a ce soupçon, qu'on veut mettre en sa place le gendre du sieur Barneveld, et y étoit entré du vivant de M. de Buzanval, pour la grande amitié qui étoit entre eux et quelques propos qui en avoient été mis en avant dès-lors, et pource qu'il sait aussi ses déportemens et de son père n'être pas ici agréables à tous; et cette crainte qui se renouvelle souvent fait qu'il se rend plus obséquieux à l'endroit dudit Barneveld que jamais, lui écrivant beaucoup de choses dont il se passeroit bien. Nous serons retenus par deçà pour ne rien gâter, mais je vous supplie que soit de même delà. M. de Schomberg qui est ici, a montré à M. de Russy des lettres que le prince d'Anhalt lui écrit, par lesquelles il lui mande avoir avis de la cour de l'empereur que la paix ne se fera point, et qu'il le sait très-bien. Néanmoins, M. de Berny m'écrit que l'empereur doit envoyer ses députés pour assister et favoriser au traité. S'il le fait, sera sans doute pour favoriser les affaires du roi d'Espagne et des archiducs; car, encore qu'on publie qu'ils ne sont pas bien ensemble, ils s'accordent toujours quand il est question de la grandeur de leur maison. Je voudrois bien que les électeurs palatin et de Brandebourg, qui ont donné espérance d'y envoyer, en fissent autant pour favoriser les Etats; mais on n'en a à présent aucunes nouvelles. J'ai dit au sieur Barneveld, il y a plus de dix ou douze jours, qu'ils devoient faire une recharge pour les y convier derechef, et il m'a depuis dit qu'ils l'ont fait. La conduite des archiducs envers Sa Majesté, et le peu de compte qu'ils font de la rechercher, me font croire qu'ils n'espèrent point la paix, et veulent plutôt user de déguisemens et pour faire couler le temps, qu'y entrer à bon escient, à cause que l'Espagnol n'y est disposé; ou bien ils pensent être assez forts pour la faire sans nous; et ce dernier ne me semble vraisemblable, m'étant représenté tout ce qu'ils peuvent avoir de secret en eux pour parvenir à ce dessein, dont j'ai discouru dès si long-temps, et préparé des empêchemens avec ceux qui ont le pouvoir, qu'à mon avis, ils seront plutôt trompés que nous; au moins ai-je tant de raisons pour l'espérer ainsi, qu'en suis plus en repos que n'ai quelquefois été. Le pis sera, si la guerre continue, que le roi d'Angleterre ne veuille être que spectateur seulement, et si vous abandonnez les Etats, qu'ils ne se perdent, ou traitent à quelque prix que ce soit : et d'autre côté, si le Roi leur donne le secours dont ils auront besoin, qu'il ne soit en danger d'avoir la guerre ouverte avec le roi d'Espagne. Même si ledit roi peut tirer quelque assurance du roi d'Angleterre qu'il ne sera de la partie, laquelle il donnera peut-être volontiers, est vrai que les Etats seroient toujours de la partie avec nous, qui suffiroit pour ne point craindre les forces d'Espagne.

Je sais l'intention et le but du Roi; rien ne sera omis pour faire que toutes choses passent à son contentement. Si la flotte d'Espagne vient en sûreté, et si les Etats de Castille donnent cette grande somme dont m'avez écrit, de laquelle le roi d'Espagne se pourra aider, ensemble de l'argent que les marchands y ont, en faisant parti avec eux, il y a grande apparence qu'avec tant de moyens et commodités, il voudra faire quelque grande entreprise, mais vous êtes plus sage et mieux informé de toutes choses que moi, pour mépriser ce que je pourrois craindre. Madame la princesse d'Orange m'a écrit qu'ai fait différer son voyage : vous savez, monsieur, qu'ai toujours mandé le con-

traire; et à la vérité je crois qu'étant ici, elle ne fera que bien, et qu'il est à propos qu'elle y vienne. Je me gouvernerai avec le prince Maurice comme me mandez. Je lui ai tenu de si bons propos, qu'il est fort content du Roi, et fait, de son côté, comme aussi le comte Guillaume, tout ce que leur disons et désirons de l'un et de l'autre. Je prie Dieu, monsieur, qu'il vous maintienne en tout heur et prospérité.

Votre très-humble et très-affectionné serviteur.   P. JEANNIN.

De La Haye, ce seizième jour d'octobre 1607.

LETTRE *de M. de Villeroy à M. Jeannin, du vingt-deuxième jour d'octobre* 1607.

Monsieur, pour tous les propos que le Roi a tenus premièrement à l'ambassadeur des archiducs, depuis au moins, et en même temps a fait tenir à la personne même desdits archiducs, et au président Richardot, et votre modérée conduite de delà, nous ne voyons point que les Espagnols ni lesdits archiducs changent la leur en notre endroit, montrent nous avoir en plus de défiance, et n'attendre de nous aucuns effets favorables. Quoi étant, il faut aussi que nous avisions à faire nos affaires sans eux le mieux et plus sûrement et honorablement que nous pourrons, ce qui nous sera assez facile, si les Anglois et les Provinces veulent résoudre, et après effectuer de bonne foi l'union proposée : de quoi je vous prie me promettre de douter, et pricipalement des premiers, jusqu'à ce qu'ils aient franchi ce saut, comme il convient. Les Anglois font grand bruit, et montrent d'être en peine de la retraite du comte de Tiron et de sa suite, de laquelle il est fait mention en votre lettre du 6 de ce mois, que nous avons reçue le 15. Ledit comte ayant été contraint par la tourmente, depuis son partement d'Irlande, de relâcher en Normandie, auroit supplié Sa Majesté de lui permettre de passer par terre en Flandre; de quoi il auroit jugé ne pouvoir honnêtement ni raisonnablement l'éconduire, étant sorti d'un pays ami, et voulant passer en un autre, avec lequel non-seulement la France, mais aussi son Roi, vivent en paix et alliance. Deux ou trois jours après que ladite permission a été accordée, l'ambassadeur d'Angleterre auroit fait instance à Sa Majesté, non de la part de son maître, mais d'office et de soi-même, de faire arrêter en son royaume ledit comte et sa suite : dont Sa Majesté se seroit excusée, tant sur la parole qu'innocemment et ingénuement elle avoit déjà donnée audit comte, que parce que ledit ambassadeur ne lui représentoit lettres de son maître à cette fin, en la forme exprimée par nos traités. Tellement que ledit comte a passé, et est de présent en Flandre, où je ne sais comme il aura été recueilli, et si lesdits Anglois le demanderont avec la même instance que nous avons entendu qu'ils en ont parlé à l'ambassadeur d'Espagne résidant en leur pays; mais s'ils se représentent et souviennent du refus qui leur a été fait ci-devant de l'Anglois Robertoüen, chargé de la conspiration de la Fougade, lequel ils ont avalé patiemment, je crois qu'ils feront bien de s'abstenir de faire cette poursuite; car n'en recevant satisfaction, ce leur seroit une double honte, laquelle toutefois j'ai opinion qu'ils boiront toujours plus doucement par lâcheté, qu'ils ne se résoudront de l'éviter par prudence; tant ils sont nonchalans de leur honneur, et confits de leur fantaisie. De quoi le temps nous éclaircira, et vous ferai part à mesure que j'en apprendrai quelque chose; car il est nécessaire que vous soyez informé de ce succès, d'autant qu'il pourra aider à juger ce que nous pouvons espérer d'eux aux occasions qui s'offrent, ne pouvant pour mon regard changer l'avis que je vous ai donné, auquel concourent aussi tous ceux qui les connoissent le mieux, dont je vois par vos lettres que vous continuez à sagement vous méfier.

Le secrétaire du marquis Spinola, revenant d'Espagne, a passé par Paris où nous étions, sans se découvrir, ayant curieusement recherché le moyen de le faire, qui lui est réussi, par la négligence et corruption des maîtres des postes : ce qu'il faut noter et recevoir pour signe de la continuation de l'ombrage et défiance qu'il ont de nous. M. de Berny, qui nous a donné le premier avis de son passage et arrivée à Bruxelles, nous a écrit qu'il n'a apporté la ratification demandée, mais seulement certains pouvoirs bien amples et exprès du roi d'Espagne auxdits archiducs, pour conclure et terminer les affaires à leur contentement, avec promesse et parole de ratifier le tout. Mais comme ledit sieur de Berny n'en parle que par ouïr dire, nous ne nous attendons pas d'en savoir la vérité par autre que par vous; car, encore que les autres la nous déguisent et cachent, et se vantent qu'ils auront conclu et signé leur traité devant que nous ayons connoissance des articles d'icelui, néanmoins nous ne pouvons croire que ces messieurs-là nous fassent ce faux bond, considérant les assurances qu'ils vous ont données, et le tort et préjudice irréparable qu'ils feroient, tant à leur foi et réputation qu'à leurs affaires, d'en user ainsi; vous voulant bien dire, outre cela, que le Roi a conçu de votre jugement une telle créance, que comme vous avez rendu par vos lettres pleine et entière assurance de la droite et loyale intention desdits sieurs en ce qui concerne sa personne et sa couronne, elle rejette aussi tous les avis et causes de soupçon qui y contredisent. Toutefois vous nous ferez plaisir de nous éclaircir au plus tôt de la suite de ces affaires. Peut-être que le moine, s'il va par-delà, voudra leur faire accroire que le Roi a offert de s'employer envers eux en faveur des catholiques du pays; car nous avons su qu'il en a déjà fait publié quelque chose en Allemagne, pour diminuer la créance et confiance que l'on y doit avoir de la droite intention de Sa Majesté; mais croyez, comme nous vous en avons écrit, la pure vérité, et que le Roi se gardera bien de s'embarrasser en ces affaires, quand même il en seroit requis, pour ne déplaire ou nuire à ses amis, et pour des gens qui ne l'aiment guères; qui sera ce que vous répondrez sur cela, si par delà on vous en parle, ou connoissiez que vous le deviez faire. Les propos que vous a tenus Spencer du dessein d'Espagne sur la France sont sortis de l'abondance du dépit extrême qu'ont ceux de sa nation que cela a, comme vous avez bien remarqué aussi. Votre sage et véritable réponse a été louée. Le comte de Fontes a congédié les Napolitains qu'il avoit retenus, mais nous tenons qu'il reste encore en Lombardie huit à dix mille Espagnols séparés de présente garnison. Quant à leur armée navale, elle est séparée en deux, et fort diminuée, et crois qu'il se retirera du tout, soudain que le reste de la flotte de la Nouvelle-Espagne sera arrivée; car ils ont été si rudement battus au dernier combat de Gibraltar, qu'ils redoutent merveilleusement les bateaux des Hollandois, et estiment ne pouvoir être trop forts pour se garantir et défendre.

Le froid refroidit aussi l'entreprise de Barbarie, de laquelle le pape nous a bien fait parler, et assez mollement. Il en va de même de la querelle des Grisons, tant du côté des Suisses que de pourparler. Ainsi je pense qu'ils auront tout loisir de songer à leurs différends entre eux, sans qu'ils y soient interrompus des autres; mais les galères du grand duc étant retournées à la mer ont naguères fait descente en une ville de Barbarie nommée Bone qu'ils ont prise et saccagée, avec meurtre nombre ou douze cents Turcs, et de pareil nombre de prisonniers, puis se sont retirés en Toscane. L'on nous a donné avis que l'empereur fait état d'envoyer vers ces messieurs les comtes de Hauch et Ernest de Mansfeld, pour comparoître en son nom en la négociation de la paix; de quoi l'on reste nous croyions que les Espagnols ne sont contents pour ne se fier auxdits comtes. Toutefois l'empereur ne les a choisis tels qu'ils sont, sans art ou particulier, que nous ne pouvons nous persuader devoir tourner au désavantage desdits Espagnols, encore qu'ils fassent contenance de n'être pas fort contens d'eux. Toutefois vous saurez comme il a convié l'archiduc Ferdinand pour le représenter en la diète impériale, l'ayant préféré à ses frères, encore qu'il soit désagréable aux princes protestans; ce qui pourra être cause qu'ils n'y comparoîtront que par manière d'acquit, et partant que ladite diète sera inutile. Au reste, depuis le retour de M. de Sully, Sa Majesté a commandé que les deniers par vous promis auxdits sieurs les Etats soient portés par delà, ou acquittés sur leurs lettres de change; de quoi je crains fort que vous n'ayez le premier avis par moi, parce que j'ai passé en ma maison de Villeroy, et y ai demeuré deux jours en venant ici, de sorte que je n'ai pu vous écrire plus tôt qu'à présent. Mais pourvu que lesdits sieurs reçoivent le fruit de vosdites promesses et conseils, je m'assure que serez prou content, comme je le serois certes, si vous pouviez abréger les affaires de delà, afin de pouvoir revenir de deçà, où vos amis s'ennuient autant de votre absence, que vous êtes déplaisant du séjour que vous êtes contraint d'y faire. Nous attendrons donc les rosiers du sieur de Waudrenecq, et vous remercie de la souvenance que vous avez des moulins à eau, dont je vous ai fait requête. Vous assurant, par la fin de la présente, de la bonne santé de Leurs Majestés, et de toute leur royale famille, je prie Dieu, monsieur, qu'il vous conserve en bonne santé.

De Fontainebleau, ce vingt-deuxième jour d'octobre 1607.

Monsieur, comme je voulois signer la présente, nous avons su que l'on a envoyé demander à ces messieurs un passe-port pour l'audiencier et le moine; et comme nous ne doutons pas qu'il ne leur ait été envoyé, nous espérons aussi que vous nous en ferez savoir des nouvelles bientôt. Mais nous n'avons pas reçu autre éclaircissement de cette ratification, sinon que l'on dit que le secrétaire du marquis a apporté de quoi contenter ces messieurs. Je vous envoie une liste de ce que l'on publie qu'a apporté la flotte d'Espagne, par laquelle vous apprendrez qu'elle n'est si riche que les précédentes. Nous avons su aussi que les galères florentines ont été plus maltraitées à Bonne que les Florentins ne publient, car les Turcs se sont fort défendus; de façon que toute la ville n'a été prise, et toutefois plusieurs esclaves, avec perte néanmoins de deux cents hommes de plus.

Votre, etc. DE NEUFVILLE.

LETTRE *de M. Jeannin à M. de Villeroy, du vingt-quatrième jour d'octobre* 1607.

Monsieur, rien n'est survenu dont je vous puisse donner avis depuis mes dernières lettres; car le cordelier et M. Verreiken ne sont encore arrivés, combien que le trompette qui leur a porté le passe-port soit parti de ce lieu, sont déjà neuf jours : on les attend pour demain ou après-demain. Le sieur Barneveld a pressé les députés du roi d'Angleterre, depuis huit jours, de vouloir entendre dès maintenant à une ligue défensive; mais ils persistent toujours qu'il faut attendre les députés des archiducs, ouïr leur proposition, voir ce qu'ils apporteront, et la résolution qui sera prise par les Etats, soit de paix ou de guerre, pour, suivant cela, prendre conseil, montrant néanmoins d'y être bien disposés. Ledit Barneveld en a aussi parlé aux députés des provinces, leur faisant entendre qu'il étoit expédient de nous en prier, et d'y prendre résolution avant la venue même des députés des archiducs. Ils l'approuvent, et ont dit qu'il le falloit faire avant qu'entrer en aucun traité, mais non avant la venue desdits députés, qui devoit être si prompte, qu'il n'y auroit assez de loisir pour le faire : a encore été trouvé bon, si les députés d'Angleterre veulent différer, lors de le faire sans eux, leur laissant place pour y entrer dans un certain temps si bon leur semble; en quoi je ne vois aucun inconvénient, pourvu que les choses tendent à la paix : mais si c'est à la guerre, il y a la même crainte d'être seul à supporter les charges d'icelle, dont je vous ai si souvent écrit. C'est pourquoi, au premier cas, je presserai, et en l'autre j'attendrai qu'eux, qui en auront le plus grand besoin, nous pressent. Enfin, plus nous approchons de la conclusion, plus nous connoissons que les Anglois craignent d'entrer en conférence particulière avec nous, et qu'ils en veulent être quittes, s'ils peuvent, pour des paroles, encore qu'ils aient dit au sieur Barneveld, depuis peu de jours, que leur roi ne les veut laisser périr, mais que la guerre ouverte est le seul moyen de les conserver; à quoi ils s'assurent que leur maître sera moins rétif que le Roi.

Je vous écris ce mot par la commodité du sieur de Waudrenecq, qui m'en a prié pour presser l'argent, me mendant qu'il avoit déjà envoyé à Rouen, et qu'on lui a écrit que le commandement n'étoit encore fait de le délivrer. Je vous supplie très-humblement, monsieur, qu'il ne soit plus différé s'il vous plaît; car le besoin en est si grand ici, que s'il retarde encore, tout ira en confusion, et les affections de ces peuples envers le Roi, lesquels penseront qu'on les veut contraindre par cette nécessité, en amoindriront. On dit toujours que l'empereur doit envoyer une ambassade fort solennelle aux archiducs et aux Etats pour la paix; mais il n'y en a aucune certitude, ni aussi de ceux qu'on dit devoir être envoyés aux Etats de la part de quelques princes de la religion. Vous n'aurez que ce mot pour maintenant. Je prie Dieu qu'il vous maintienne, monsieur, en tout heur et prospérité.

De La Haye, ce vingt-quatrième jour d'octobre 1607.

Votre très-humble et très-affectionné serviteur, P. JEANNIN.

Propos tenus en l'assemblée des Etats par le commissaire des cordeliers[1] et le sieur Verreiken, le vingt-cinquième octobre 1607.

(LE CORDELIER PARLE.)

Nobles et puissans seigneurs, comme entre autres choses traitées entre leurs altesses et vos seigneuries en ce présent traité de paix, étoit aussi conclu que leurs altesses, en temps dû, enverroient à vos seigneuries l'agréation, et aussi consentement de Sa Majesté d'Espagne, en tant qu'icelui traité le touche, il a plu à leurs altesses de m'envoyer en personne à Sa Majesté, comme étant celui par lequel le traité de paix de leur côté étoit premièrement traité, et par ce moyen devoit avoir connoissance de ce qui s'étoit passé, combien que, selon diverses opinions et inclinations, diversement pouvoit être informé vraiment, et plus près de tout ce qui s'étoit passé instruire: ce que étant arrivé par la grâce de Dieu à Madrid, ai fait avec toute diligence et fidélité, remontrant, entre autres choses, à Sa Majesté la sincérité droite et point simulée procédure; selon mon jugement, de vos seigneuries en ce traité de paix, en outre la constitution et qualité de votre Etat, lequel presse leurs altesses en divers points, pour pouvoir une fois voir les provinces des Pays-Bas, respectivement, après une si longue et sanglante guerre, en une divine et salutaire paix, de condescendre et s'accommoder avec icelle en toute raison. Sa Majesté royale, après avoir été du tout pleinement informée, ayant singulière satisfaction, après mûre délibération, et avis de ceux de son conseil d'Etat, ce qui sert notamment aux deux parties, pour l'assurance, fermeté et durée de la paix, encore que Sa Majesté vienne à mourir, vu qu'on est mortel, autre-

[1] Le père Neyen.

ment on pourroit craindre quelques inconvéniens, [...] dépêcher et envoyer l'agréation promise. De sorte qu'[...] étant maintenant en tous ses membres accompli, [...] tant que touche le plus substantiel et principal, [...] vient conforme à l'exemplaire envoyé par vos seigneur[ies].

Et d'autant qu'à Dieu tout-puissant est notoire [...] sincère intention en ce traité de paix, je déclare ave[c] laissé Sa royale Majesté vraiment et singulièrement [...] fectionnée au traité de paix pour, par le moyen d'ice[lle,] voir délivrer les Pays-Bas des misères de la guerre; pr[o]cédant à cette fin en toute rondeur et sincérité, com[me] vos seigneuries pourront voir par la forme de l'agré[a]tion pour elle envoyée; s'expliquant soi-même, et y do[n]nant à entendre la pure et sincère intention de ses p[...] simulées procédures, rien plus en icelle, promettan[t...] plus avant s'obligeant que ce qu'effectivement en [...] entretenir et faire entretenir; ce qu'elle ne feroit, [si] elle y alloit par finesse ou tromperie, mais nue[ment] avoueroit l'agréation comme est demandé, sans au[tre] explication; mais ainsi qu'elle va à la bonne foi, ell[e] dès à cette heure déclaré sa dernière volonté, pour exp[...] ce qui pourroit être quelque jour débattu, comme v[os] seigneuries pourront voir plus amplement par icelle, q[ue] le sieur audiencier leur montrera.

Propos tenus en ladite assemblée par le sieur au-diencier Verreiken, en suite de ceux du cordelier.

Nobles et puissans seigneurs, il n'est nullement [...] besoin que je mette en avant, et récite à vos seigneur[ies] la bonne et sincère opinion et intention de leurs altess[es,] ni aussi la singulière inclination et désir qu'icelles ont, afin que ce commencé traité puisse réussir à une bonne et salutaire fin, et cette longue et sanglante guerre se changer en une assurée et heureuse paix; vu que vo[s] seigneuries mêmes ont pu juger par toutes les actions [et] procédures de leurs altesses, dès le commencement jus[qu'] à cette heure, combien libéralement, sincèrement et rondement leurs altesses se sont accommodées à [tout] ce que vos seigneuries ont demandé, et prétendu pou[r] y parvenir, n'ayant point seulement à vos seigneur[ies] accordé et fait délivrer les désirés actes d'agréati[on et] déclaration, mais aussi procuré et tenu la bonne m[ain] que Sa Majesté y est de même tant volontairement entr[é,] bien qu'au commencement n'en étoit point fait menti[on] de la part de vos seigneuries.

De sorte que, tout ainsi que mon révérend père, [...] père commissaire général a déclaré à vos seigneur[ies] ledit acte de ratification de Sa Majesté est ici par no[us] apporté, et dont nous avons fait écrire une copie auth[en]tique, laquelle, s'il plaît à vos seigneuries, pourra êtr[e] collationnée à son original. Il est bien vrai que cette ra[ti]fication n'est expédiée ni en latin ni en françoi[s] comme vos seigneuries avoient demandé, mais en esp[a]gnol, et en telle forme et style dont Sa Majesté se ser[t] et use avec tous les rois, potentats et républiques de l[a] chrétienté. Et pour vous dire la vérité, il a sembl[é] étrange qu'on voudroit faire changer à un si grand [et] puissant roi son style, comme étant contraire à tout[e] raison et équité, de tant plus que Sa Majesté est conte[nte] du style dont vos seigneuries, et chacun en son regard, se sert, espérant, par ce, que le tout sera au plein contentement de vos seigneuries. Je requiers qu'icelles veuillent considérer le tout de bon œil, et recevoir d'aussi bon cœur, comme étant les siens, et l'intention de Sa Majesté et celle de leurs altesses, fondées en toute rondeur et sincérité, comme vos seigneuries verront et trouveront toujours de plus en plus par les œuvres.

VERREIKEN.

Copie de la ratification d'Espagne, translatée d'espagnol en françois.

Dom Philippe, par la grâce de Dieu, roi de Castille, de Léon, d'Arragon, des Deux-Siciles, de Jérusalem, de Portugal, de Navarre, de Grenade, de Tolède, de Valence, de Galice, de Majorque, de Séville, de Sardaigne, de Cordoue, de Corsège, de Murcie, de Jaen, des Algarves, de Algecar, de Gibraltar, des îles de Canaries, des Indes orientales et occidentales, îles et terre-ferme de la mer Océane, archiduc d'Autriche, duc de Bourgogne, de Milan, comte de Habsbourg, de Tyrol et de Barcelone, sieur de Biscaye et de Molina, etc. Savoir faisons à tous ceux qui ces présentes lettres verront : Qu'ayant vu la déclaration, offres et présentations des sérénissimes archiducs Albert et dame Isabella Clara Eugenia, nos très-chers et très-amés frères, faites aux États-généraux des Provinces-Unies des Pays-Bas, ensemble les lettres d'obligation là-dessus, d'entre lesdits archiducs d'une part, et lesdits États d'autre, sous leurs signatures et grand scel, confirmées le 24 d'avril dernièrement passé, dont la teneur est celle qui ensuit.

Comme ainsi soit que les archiducs ont trouvé bon de faire aux États-généraux des Provinces-Unies des Pays-Bas la déclaration, offres et présentation suivantes, les archiducs n'ayant rien plus à cœur que de voir les Pays-Bas, et les bons habitans d'iceux délivrés des misères de cette guerre, déclarent par cette, avec bonne délibération, qu'ils sont contens de traiter avec les États-généraux des Provinces-Unies, en qualité, et comme les tenant pour pays, provinces et États libres, sous lesquels leurs altesses ne prétendent rien, soit par voie d'une paix perpétuelle, que par la trève et suspension d'armes pour douze, quinze ou vingt ans, au choix desdits États, le tout sur des conditions raisonnables. Entre lesquelles conditions sera aussi accordé, tant par la conclusion d'une paix perpétuelle que par la trève et suspension d'armes, que chacun demeurera avec ce qu'il tient et possède ; ne fût que par un commun consentement, autrement se pourroit accorder et conclure, pour accommoder leurs altesses et les États ensemble, les pays respectivement, par l'échange d'aucunes villes et places ; comme de même, sur l'ordre et assurance de la commune navigation, trafic et fréquentation avec ce qui en dépend, ensemble de l'intervention, agréation et maintiennement de ce qui sera conclu.

Et ayant leurs altesses mûrement considéré la constitution et état des Provinces-Unies, et voulant traiter avec icelles sincèrement et sans fraude, et laisser auxdits États du temps pour considérer et résoudre ce qui convient le plus pour le bien commun, sont contens que les personnes qu'icelles députeront pour ledit traité, naturels de ces Pays-Bas, s'assembleront avec ceux desdits États en nombre égal au temps et place à choisir par lesdits États. Et, afin que ce que dit est ci-dessus se puisse tant mieux acheminer, soit à une paix perpétuelle ou à ladite trève, sont leurs dites altesses contentes que, pour les prochains huit mois, il y ait une cessation de tous sièges ou surprises de villes et forteresses, invasions et logemens ès provinces ou quartiers, avec le bâtiment d'aucuns nouveaux forts, moyennant que lesdits États accorderont aussi de leur part ladite provisionnelle cessation, et dans les huit jours après la présentation de celles, et qu'ils feront à leurs altesses, devant le premier de septembre prochain, leur déclaration sur ledit traité principal qui leur est offert de paix, trève ou suspension d'armes, avec le temps et place à choisir eux pour cet effet.

Fait à Bruxelles, sous les signatures et cachet de leurs altesses, le 13 de mars 1607, étant parafé, RICHARDOT ; et signé, ALBERT et ISABELLA.

Et plus bas contre-signé, par ordonnance de leurs altesses, VERREIKEN, et cacheté du cachet de leurs altesses.

Et lesdits États-généraux en qualité d'États des pays et provinces libres, sur lesquels leurs altesses ne prétendent rien ; aussi ne désirant de tout leur cœur rien plus que d'entendre à une chrétienne, honorable et assurée sortie et délivrance des misères de cette guerre, après mûre délibération, et avec l'avis de son excellence et conseil d'État, ayant accepté ladite déclaration que leursdites altesses tiennent les Provinces-Unies pour pays libres, sur lesquels leurs altesses ne prétendent rien ; et pour huit mois prochainement venant, à commencer le quatrième mai de cet an, nouveau style, la cessation de tous sièges et surprises de villes ou forteresses, invasions ou logemens ès provinces ou quartiers, ensemble le bâtiment de nouveaux forts, et trouvé bon de communiquer et rapporter lesdits ultérieurs offices et présentations de leurs altesses ; et là-dessus leur déclaration devant le premier de septembre prochain ; si est que leursdites altesses d'une part, et les États-généraux des Provinces-Unies, en la qualité que dit est ci-dessus, d'autre part, ont de bonne foi promis et promettent par cettes d'entretenir et faire entretenir ladite déclaration et provisionnelle cessation ; comme aussi de réparer et faire réparer toutes les directes et indirectes contraventions d'icelles. Et promettent de plus leursdites altesses de livrer auxdits sieurs États, et dans les trois mois prochains, agréation et semblable déclaration du roi d'Espagne, pour autant qu'icelle touche à Sa Majesté, sous toutes générales et particulières renonciations et obligations. En témoin sont faites de ceci deux lettres d'une même teneur vérifiées par leurs altesses, avec leurs signatures et grand scel, ensemble avec parafes accoutumés, et la signature de leur greffier.

Fait à Bruxelles et en La Haye, le vingt-quatrième jour du mois d'avril 1607.

Au bas du côté droit étoit écrit : J'ai signé cettes comme député de leurs altesses, sous le bon plaisir d'icelles ; et signé Fr. JEAN NEYEN, commissaire général ; et du côté gauche : j'ai signé cettes comme député des sieurs États des Provinces-Unies des Pays-Bas, et signé, AERSENS.

Et d'autant que par ledit traité, lesdits sérénissimes archiducs nos frères ont promis de délivrer là-dessus nos lettres de ratification, et semblable déclaration avec toutes les générales et particulières renonciations et obligations que le cas le requiert, nous avons, après mûre délibération et avis de notre conseil, de notre certaine science et puissance royale absolue, pour l'accomplissement de ladite promesse et assurance du traité principal de la paix ou longue trève, fait et faisons, par la présente auxdits Etats, déclaration semblable à celle que nosdits frères ont faite, dont ci-dessus est fait mention, pour autant que la chose nous touche. Et principalemen, déclarons que nous sommes contens qu'en notre nom et de notre part l'on traite avec lesdits Etats en qualité, et comme tenant iceux pour pays, provinces et Etats libres, sur lesquels nous ne prétendons rien.

Aussi nous avons loué, approuvé, confirmé et ratifié, comme par la présente nous louons, approuvons, confirmons et ratifions tous et chacuns les points contenus audit traité; promettant en foi et parole de roi de les entretenir, garder et faire garder et accomplir tous entièrement et ponctuellement, comme si, dès le commencement, nous les eussions nous-mêmes déclarés, consentis et promis, et comme s'ils eussent été traités et conclus avec notre intervention et autorité; et ne ferons ni ne consentirons jamais chose au contraire; et promettons de même de réparer et faire réparer toutes directes ou indirectes contraventions d'iceux, de manière que tout ce que dessus soit de bonne foi gardé et accompli auxdits Etats. A quoi nous nous obligeons en parole de roi, avec toutes les générales et particulières renonciations et obligations qui conviennent et sont nécessaires. Aussi nous promettons que, dès incontinent que sera conclu le traité de paix ou longue trève, nous ferons faire toutes les dépêches nécessaires pour l'accomplissement et exécution de ce qui aura été traité et capitulé en plus ample forme, de sorte qu'en tout et par tout se donne pleine et entière satisfaction auxdites Provinces-Unies. Mais nous déclarons que si le traité principal de paix ou trève longue de plusieurs années, auquel se proposeront et résoudront les prétentions des ambassadeurs des deux parties, tant en matière de religion que tout le surplus, ne se conclue cette ratification devra être, et ne sera d'aucune valeur et effet, comme si oncques elle n'eût été faite, et qu'en vertu d'icelle ne sera vu que nous perdions un seul point de notre droit, ni l'acquerront ni le pourront acquérir lesdites Provinces-Unies; sinon que les choses demeureront, quant au droit des deux parties, au même point et état qu'elles sont présentement, pour pouvoir chacune d'icelles faire ce que bon lui semblera. Pour confirmation et corroboration de quoi avons fait dépêcher la présente, signée de notre main, et scellée avec notre grand scel, et contre-signée de notre secrétaire d'Etat souscrit.

Donné à Madrid, le 18 de septembre l'an 1607. *Yo el Rey.*

Et plus bas, par ordonnance du roi notre sire, et signé ANDRES DE PRADA; et scellé du grand scel de Sa Majesté en forme de placart avec un cordon de soie blanche, rouge et jaune.

Avis des ambassadeurs de France et d'Angleterre donné aux Etats, sur l'acceptation de la ratification.

Les ambassadeurs des rois Très-Chrétien et de la Grande-Bretagne, ayant été priés et requis de la part de messieurs les Etats de leur vouloir donner avis, tant sur la proposition faite en leur assemblée par les sieurs députés des archiducs, que sur la ratification du roi d'Espagne qui leur a été communiquée, ont dit et déclaré avoir charge de Leurs Majestés d'aider en tout ce qu'il leur sera possible à l'avancement de la paix; et ne peuvent donner autre conseil, sinon que ladite ratification est suffisante pour entrer en traité, et que n'y ayant rien de plus dommageable pour les sieurs des Etats, que de tenir en longueur et irrésolution ce qui doit espérer de la paix ou de la guerre, ils se doivent dès à présent, résoudre du lieu et du jour pour y procéder au plus tôt. Mais, d'autant que leur plus grande sûreté doit dépendre des conditions qui seront insérées en icelui traité, il les faut rendre si raisonnables qu'on ne les puisse justement refuser, comme aussi de la forme d'un bon gouvernement qu'ils pourront établir entre eux, avec l'appui et assistance des princes, dont ils ont requis l'alliance et amitié. Ils ne sauroient mieux ni plus sagement pourvoir à leurs affaires que de prendre ès choses susdites une prompte résolution avant qu'entrer en aucun traité, afin que cette conduite rende la paix plus ferme et durable, s'il plaît à Dieu la leur donner, et, par ce moyen, assurer les esprits de ceux qui montrent d'en avoir quelque défiance; qui sera le vrai moyen de les faire plus aisément consentir de pourvoir tous ensemble qu'une même volonté de rechercher leur sûreté et le salut commun de leur Etat.

Délibération des Etats sur l'acceptation de la ratification du roi d'Espagne.

Les Etats-généraux des Provinces-Unies des Pays-Bas ayant délibéré sur ce que par les sieurs Jean Neyen commissaire-général, et Louis Verreiken, chevalier et audiencier des sérénissimes archiducs d'Autriche, commissaire de leurs altesses, le 25 du mois, d'octobre, à leur assemblée a été proposé, et le 26 d'icelui mois délivré par écrit, ensemble sur les exhibées lettres scellées du très-puissant roi d'Espagne, et datées le 18 de septembre dernier, ont après mûre délibération déclaré et déclarent par cettes que lesdites lettres, suivant la ponctuelle démonstration faite auxdits commissaires, ne sont pas non-seulement non conformes aux promesses, au langage et style, mais aussi point quant à la forme, sceller, insertion et omission de plusieurs mots, même en ce regard que hors la dernière clausule d'icelles, à la proposition dudit sieur commissaire-général, pourroit être inséré ou prétendu annulation de la solennelle promesse y faite; étant irréfragable que lesdits sieurs roi et archiducs, avec leur conseil, savent bien que les Etats-généraux, comme étant des pays et provinces libres sur lesquelles lesdits sieurs roi et archiducs ne prétendent rien, par la grâce de Dieu tout-puissant et l'assistance de leurs alliés, savent très-bien en icelles provinces mettre et entretenir ordre en toutes choses qui touchent de la bonne constitution, bien, Etat et gouvernement ceux pays et de leurs habitans, sans qu'il puisse, au principal traité de paix ou trêve de la part desdits roi et archiducs, être proposé ou prétendu quelque chose, n'est que l'on veuille contrevenir auxdites formelles et solennelles promesses. Et, combien que partant il est considérable si sur lesdites lettres et proposition on doit venir en traité, ce néanmoins, afin de ne plus long-temps laisser retarder le proposé bon œuvre entamé pour tirer les Provinces-Unies hors de cette longue et sanglante guerre, à une chrétienne, honorable et assurée paix, les États-généraux recevront lesdites lettres, pour, autant que touche l'agréation de la promesse des archiducs et semblable déclaration du roi d'Espagne, par laquelle il est contenu qu'en son nom et de sa part on traitera de ladite paix ou trêve pour plusieurs années avec les États-généraux des Provinces-Unies, en qualité et comme iceux pour pays, provinces et États libres sur lesquels il ne prétend rien, sous toutes générales et particulières renonciations et obligations qui sont nécessaires et requises, proposer ès respectives provinces, quartiers, membres et villes d'icelles; et en dedans six semaines prochaines, feront savoir auxdits commissaires, s'il convient là-dessus entrer en traité ou point, sous expresse protestation de, ni présentement ni pour l'avenir, pouvoir accepter aucun point desdites lettres, qui directement ou indirectement, en aucune manière, pourroit être entendu ou interprété contre ladite agréation ou déclaration, ensemble les promesses des archiducs. Et en cas qu'il pourra être trouvé bon de venir en traité sur ladite agréation et déclaration, ou telles autres lettres d'agréation et semblable déclaration du roi d'Espagne, qui entre temps pourront être envoyées d'Espagne, et délivrées selon la promesse auxdits États, ont les États ferme confiance qu'il ne sera proposé ou prétendu de la part du roi d'Espagne ni desdits sieurs archiducs contre lesdites promesses, aucun point touchant la bonne constitution, bien, État ou le gouvernement des Provinces-Unies ou de leurs habitans dedans icelles Provinces, et que leurs altesses trouveront bon d'envoyer à La Haye leurs commissaires qualifiés suivant les originelles offres en dedans dix jours après la réception dudit avertissement, pleinement instruits, chargés et autorisés pour déclarer rondement leur intention, et aussi d'entendre l'intention des États, afin de faire sur le tout une courte besogne. Et en cet événement commettront aussi les États aucuns de leur côté avec semblable charge et autorisation.

Ainsi fait en l'assemblée desdits sieurs États-généraux, à La Haye, ce 2 novembre 1607.

Signé, par ordonnance des États-généraux des Provinces-Unies.

AERSSENS.

LETTRE de MM. *Jeannin et Russy, au Roi, du 27 octobre 1607.*

SIRE,

La ratification du roi d'Espagne a été apportée par le cordelier et le sieur Verreiken, qui arrivèrent en ce lieu le vingt-quatrième, sur l'entrée de la nuit. Ils furent ouïs le lendemain vingt-cinquième en l'assemblée des États, sur les onze heures du matin. Le cordelier porta la parole, et s'étendit bien fort pour leur faire connoître la sincérité et bonne intention du roi d'Espagne à désirer et vouloir la paix, et qu'outre ladite ratification de ce qui a été fait du passé, il confirmeroit et approuveroit sans doute tout ce qui seroit conclu et arrêté avec eux par les archiducs auxquels il avoit envoyé ample pouvoir de traiter, tant en leurs noms qu'au sien. Ledit sieur Verreiken parla aussi après lui sur ce même sujet; y ajouta ce qui étoit de l'intention et bonne volonté des archiducs, puis présenta la ratification en langage espagnol, qui fut vue, lue et conférée exactement avec deux traductions, l'une en françois, l'autre en flamand, que ledit sieur Verreiken leur donna à l'instant, avec la copie de celle qui étoit écrite en espagnol; lesdites copies signées par lui, retenant à soi l'original. La réponse des États fut en termes généraux, qu'ils délibéreroient tant sur leur proposition que ratification. A la sortie de ladite assemblée, ils nous envoyèrent prier de leur donner heure pour conférer le même jour avec nous et les députés d'Angleterre sur ce sujet. Ils vinrent en notre logis au nombre de sept, sur les quatre heures après midi, nous firent récit par la voix de M. de Barneveld, l'un d'iceux, de tout ce que dessus, nous montrèrent aussi la copie de ladite ratification en langage espagnol, et la traduction en françois lues et soigneusement considérées. La fin fut qu'ils nous prioient de leur vouloir donner avis de ce qu'ils auroient à faire, y ajoutèrent encore qu'ils étoient en quelque défiance que le roi d'Espagne n'eût plutôt envie de tirer artificiellement les choses en longueur, et de se préparer à la guerre pour les surprendre par cette feinte de vouloir la paix, qu'intention de la rechercher et conclure en effet, et qu'à cette occasion ils estimeroient fort à propos de faire encore à présent la ligue du moins défensive, dont ils nous avoient prié et requis par leur précédente proposition, comme un moyen propre pour l'exciter de prendre ce conseil à bon escient, ou de se défendre vigoureusement contre lui, s'ils étoient contraints de demeurer en guerre. Nous remîmes à leur faire réponse au lendemain, et ne laissâmes pourtant après leur départ de conférer quelque temps ensemble les députés d'Angleterre et nous.

Puis le lendemain 26, sur les dix heures du matin, l'avis qu'avions pris a été encore que cette ratification soit en forme de placart et en langage espagnol, signé *yo el Rey;* qu'étant en substance du tout conforme à la minute qui fut donnée audit sieur Verreiken de la part des Etats, elle étoit suffisante pour entrer en conférence et traité avec les députés des archiducs, attendu même que le roi d'Espagne promettoit encore par icelle de ratifier tout ce que les archiducs feroient avec eux, et que le plutôt seroit le meilleur, n'y ayant rien pis pour eux que de demeurer long-temps en incertitude de paix ou de guerre; mais que nous jugions aussi à propos et du tout nécessaire qu'ils aient à délibérer entre eux, et résoudre mûrement, sans aucune remise, du moins avant qu'entrer en cette conférence, de trois choses. La première, quelles doivent être les conditions de ladite paix, et les demander si raisonnables qu'on ne les puisse justement refuser, afin qu'ils s'y arrêtent et n'en quittent rien: la seconde, d'établir un bon gouvernement parmi eux; et la troisième, de faire les alliances et traités qu'eux-mêmes jugent nécessaires, et dont ils nous ont requis, pour assurer ladite paix et la rendre durable. Cette ouverture ayant été faite par nous aux députés d'Angleterre, après quelques difficultés et légères contestations sur ce qu'ils disoient qu'on se devoit contenter de dire qu'il faut traiter, fut enfin approuvée et donnée par écrit aux députés des Etats, selon la copie qu'envoyons à Votre Majesté. Nous fûmes encore en quelque dispute, lesdits sieurs députés d'Angleterre et nous, touchant la ligue requise par les Etats; car nous leur voulûmes persuader qu'il étoit expédient de la faire, et qu'on y pourroit procéder secrètement avec un certain nombre de députés; quand même elle seroit sue, qu'elle seroit plutôt cause d'avancer la paix que de la reculer; et qu'elle tiendroit pareillement en crainte le roi d'Espagne, et l'empêcheroit d'oser rien entreprendre, soit contre eux ou contre nous. Mais ils le rejetèrent pour les mêmes raisons qu'avons souvent écrites, et que seroit assez à temps de la faire après la paix rompue; et que les Etats se devoient cependant contenter de l'assurance que leur avions donnée ensemblement, que si la guerre continuoit, nos maîtres ne les abandonneroient point, mais pourvoiroient à leur assurance, fût par un secours ou autrement, en sorte qu'ils seroient hors de péril. A quoi leur fut répondu que l'avions à la vérité ainsi dit et déclaré aux députés des Etats, par notre réponse à leur précédente proposition; qu'elle avoit même été lue à leur assemblée; mais qu'ils n'en avoient rien de tout par écrit; et qu'avions même refusé de le donner; que peut-être si nous leur donnions cet acte et déclaration par écrit signée de nous pour la mettre entre les mains du prince Maurice, du sieur Barneveld ou d'Aërsens, qu'ils s'en contenteroient, en leur représentant qu'ils sont maintenant en attente, poursuite et grande espérance de paix: ainsi qu'il est mieux et plus convenable de faire une ligue entre les deux rois et les Etats pour la conservation de ladite paix, et la défense mutuelle de leurs Etats, laquelle on pourra concevoir de façon qu'on jugeroit ladite alliance et ligue avoir plutôt été faite pour exciter ceux qui rejettent ladite paix et craignent qu'elle ne soit assurée, à la désirer et trouver bonne, que pour autre considération. Ce qu'ils ont aussi montré de trouver bon.

S'ils continuent en ce propos, ils engageront aucunement leur maître, au cas que la guerre continue, et seront de la ligue pour la paix, qui est celle que nous pourchassons maintenant, que les Etats recherchent et désirent, comme ils feront sans doute en quelque temps que ce soit. Le même jour vingt-sixième, sur les quatre heures du soir, nous avons dit et donné par écrit, aux députés des Etats venus en notre logis à cet effet, la réponse susdite, dont ils se sont contentés; mais nous ont remontré qu'il y avoit une clause en ladite ratification qu'ils ne pouvoient approuver, en ce quelle faisoit mention de la religion, et qu'il sembloit le roi d'Espagne les vouloir forcer à consentir, par traité, que la religion catholique soit rétablie dans les pays; qu'étant libres et souverains, comme on les reconnoît, ce n'est à lui de s'en mêler; qu'ils prévoient cette clause devoir apporter de la difficulté, et peut-être faire rejeter du tout cette ratification. Nous leur avons remontré sur ce, qu'ils ne le devoient faire; et s'ils considéroient bien en quels termes elle est conçue, que c'est seulement une demande qu'il leur pourra faire, et qu'il n'est raisonnable qu'ils lui ferment la bouche et l'empêchent de proposer

ser ce que bon lui semblera. Mais ils ne sont pourtant obligés d'y acquiescer, et qu'à la vérité il seroit plus expédient qu'ils fassent cette grâce eux-mêmes aux catholiques pour les obliger à leur en savoir gré que de la mettre au traité, ou bien qu'ils l'accordent à la prière et remontrance que Votre Majesté nous a donné charge de leur en faire, tant pour le devoir qu'elle a comme prince catholique, et désireux de l'augmentation de la religion dont il fait profession, que pource qu'il croit ce conseil leur devoir être utile; et toutefois, pour ne donner quelque sujet de division entre eux, elle nous avoit commandé de différer à leur en parler jusques après la paix faite. Mais si cette difficulté se remuoit à présent, et qu'on voulût sur ce prétexte rejeter ladite ratification et s'abstenir de traiter, que nous avancerions le temps, et leur ferions la même remontrance dès aujourd'hui. Ils se sont encore assemblés le vingt-septième pour délibérer sur ce sujet; mais, à cause de l'importance d'icelui, ils l'ont remis, et n'en traiteront de deux ou trois jours. C'est pourquoi nous avons estimé devoir faire partir promptement cette dépêche par ce gentilhomme que M. le comte Henry envoie à madame la princesse d'Orange. Nous enverrons, après, homme exprès s'il est besoin, pour avertir Votre Majesté de tout ce qui aviendra, et de ce qu'aurons fait; aussi nous ajouterons encore à ceci, qu'ayant vu ladite ratification et ouï les députés des Etats, le président Jeannin fit prier M. le comte Guillaume de prendre la peine de venir en son logis, et l'excuser s'il n'alloit lui-même chez lui le trouver, pource que les députés d'Angleterre et nous avions résolu de voir M. le prince Maurice et lui ensemble, avant que donner notre avis aux Etats, et que ledit sieur Jeannin craignoit de les mettre en jalousie s'il y alloit seul. Y étant venu, il lui tint plusieurs propos pour persuader le prince Maurice qu'il se devoit mieux réunir avec les Etats qu'il n'avoit fait du passé, et considérer que la ratification étant bonne, il n'y avoit plus de moyen d'empêcher la paix, sinon au cas que le roi d'Espagne fît refus d'accorder les conditions qui sont requises pour la sûreté d'icelle, et qu'il y auroit plus de pouvoir en se joignant avec eux, qu'en leur contredisant.

Ledit comte Guillaume dit qu'il le croyoit ainsi, que c'étoit son opinion; mais que le prince Maurice estimoit, si nous voulions différer notre avis jusqu'à ce que les provinces eussent donné le leur, qu'il s'assuroit que aucunes d'icelles seroient d'avis de rejeter cette ratification même, à cause de la clause qui concerne la religion qui y est insérée. A quoi le président Jeannin lui répondit que cela tendroit plutôt à les diviser, et brouiller ensemble, dont l'ennemi tireroit profit, qu'à leur faire prendre un même avis de rejeter la paix, et que Votre Majesté, qui jugeoit bien telle division devoir être cause de leur ruine, nous avoit donné charge de l'empêcher de tout notre pouvoir; d'ailleurs qu'elle ne favoriseroit jamais la rupture, si elle avenoit à cause de la religion. Au contraire, elle désiroit la même chose, pour le contentement des catholiques, et adhéroit plutôt à cette demande que de s'y opposer. Bien jugeoit-elle que les Etats feroient sagement d'y pourvoir eux-mêmes et non à la réquisition du roi d'Espagne; qu'il falloit aussi considérer ladite rupture avenant à cette occasion; que le roi d'Espagne prétendoit en faire profit à Rome, et partout au préjudice de Votre Majesté, comme si elle avoit fomenté et aidé à faire ce refus, et les secourant après, qui seroit un sujet ou bien prétexte de le brouiller, du moins de le rendre odieux parmi les catholiques. Quant à différer à donner notre avis, que nous ne le pouvions faire sans blâme: car nous nous étions plaints quelquefois de ce que les Etats délibéroient, puis nous demandoient conseil par manière d'acquit, les choses n'étant plus en leur entier pour y avoir égard, et qu'ils le faisoient à présent à temps, et pour l'importance de l'affaire, afin que les provinces en étant averties y défèrent et le suivent, et soient par ce moyen tenues en union. Le comte Guillaume, qui est sage et d'un jugement sain et sans passion, confessa tout ce que dessus être vrai, l'a dit au prince Maurice, que fûmes voir ensemble, les députés d'Angleterre et nous, le même jour, lequel, après quelques légères contestations sur ce qui lui fut représenté de notre avis, montra plutôt de ne le vouloir contredire que d'être vaincu en effet. Si ne fera-t-il rien mal à propos, étant trop plein de respect envers Votre Majesté. Elle verra le surplus par la dépêche qui suivra bientôt celle-ci. Et sur ce prierons

Dieu, sire, qu'il conserve Votre Majesté et sa royale famille en tout heur et prospérité.

Vos très-humbles et très-obéissans sujets et serviteurs,   P. JEANNIN et RUSSY.

De La Haye, ce vingt-septième octobre 1607.

LETTRE *de M. Jeannin à M. de La Boderie, du pénultième octobre* 1607.

Monsieur, vous avez été long-temps sans avoir de nos nouvelles, fors ce que vous ai écrit depuis dix jours par la voie de Zélande. M. de Waudrenecq qui demeure à Rotterdam, m'a promis vous faire tenir celle-ci, et toutes autres que vous voudrai adresser fort sûrement. Je vous ai averti que messieurs les députés d'Angleterre et nous nous sommes bien accordés tant que les affaires ont été sur les discours généraux, et qu'on en a été quitte pour donner de bonnes paroles ; maintenant qu'on vient au particulier et que les Etats nous pressent pour une secrète ligue, soit pour assurer la paix au cas qu'elle se fasse, ou pour continuer la guerre si la paix est rompue, ils montrent d'accorder la première, et y apportent encore de la longueur et des remises que nous souffrirons aussi bien qu'eux, si les Etats ne nous demandoient rien cependant : mais ils sont tous les jours à demander de l'argent, dont ils ont très-grand besoin, et le Roi ne veut plus mettre la main à la bourse, si avant la paix conclue ils ne font ce traité, ayant pris ce soupçon dès long-temps que le roi d'Espagne et les archiducs voudront apposer des conditions en traitant qui ôteront aux Etats la liberté de le pouvoir faire. Je sais bien à la vérité qu'ils le désireront, et en feront poursuite; mais je suis bien assuré que les Etats, qui voyent bien que la paix ne pouvoir être assurée sans le Roi, n'y condescendront jamais. Et néanmoins, pour contenter Sa Majesté, je presse celle-ci en cas de paix. Les Etats la demandent eux-mêmes. Les députés d'Angleterre montrent de l'approuver, mais y apportent toujours quelques longueurs. Et quant à l'autre si la guerre continue, ils la rejettent du tout, et disent qu'il n'en faut parler sinon lorsque la paix sera rompue du tout, et assurent les Etats en paroles fort expresses, que leur roi ne les abandonnera point, et n'y a rien qu'il ne mette en hasard pour empêcher qu'ils ne retombent sous la puissance d'Espagne et des archiducs. Nous ne pressons non plus qu'eux cette dernière ligue, pource que nous sommes fort assurés que les Etats ne s'en peuvent passer, la rechercheront en tout temps, et qu'il y a beaucoup à penser pour le Roi avant que s'y résoudre, encore que je le voie disposé de le faire, si le roi d'Angleterre veut être de la partie, ce que je ne m'ose promettre.

Le cordelier et le sieur Verreiken sont ici dès le 24 de ce mois sur le soir. Ils ont apporté une ratification qui nous a semblé bonne et suffisante pour entrer en conférence et traité, et avons ensemblement lesdits sieurs députés d'Angleterre et nous donné cet avis à messieurs les Etats qui nous en ont priés et requis. Mais une clause mise en cette ratification, qu'elle sera nulle et comme non avenue, si les parties ne demeurent respectivement d'accord de leurs prétentions, soit pour la religion ou autres, a mis et fait naître de grandes difficultés parmi eux, non à cause de la clause entière, mais de ce mot de religion ; car ils colligent, ce qu'ils estime être vrai, que le roi d'Espagne veut faire instance, en traitant, de rétablir l'exercice de la religion catholique en cet Etat; et ils disent tous que, pour chose du monde, ils ne le souffriront, et que ce n'est à lui de s'en mêler; qu'étant libres et souverains, c'est chose qui doit entièrement dépendre d'eux.

Ceux qui désirent la continuation de la guerre ont pris cette occasion pour en joindre beaucoup avec eux. Les ministres travaillent et n'oublient rien à cet effet, pour persuader à chacun que le roi d'Espagne fait cette demande et la veut obtenir, afin d'obliger les catholiques, et faire un parti dans leur Etat pour y être quelque jour maître. Je leur dis qu'ils ne doivent pas à la vérité accorder les rétablissemens dudit exercice par traité, et à la poursuite du roi d'Espagne, mais qu'ils le doivent faire eux-mêmes, pour obliger les catholiques, ou bien à l'instance et prière du Roi, qui nous a donné charge de les en prier, mais que c'étoit notre intention de le différer jusques après la paix faite. Toutefois, s'ils vouloient rompre sur ce sujet, que nous serions contraints d'avancer le temps, et de leur faire cette remontrance dès à présent. La meilleure réponse qu'on fera maintenant aux députés des archiducs sera de demander six semaines de temps pour consulter les provinces, et savoir d'elles si elles veulent traiter sur cette ratification ou non. On ne peut encore assurer quel sera leur avis; j'estime toutefois qu'ils consentiront d'entrer en conférence et traité, avec charge et condition expresse, dont ils feront un décret, de ne rien accorder au roi d'Espagne pour le fait de la religion; et j'ai crainte que cela ne serve d'un préjugé contre nous pour la remontrance qu'avons à leur faire sur ce sujet, et prévois encore, si le roi d'Espagne s'opiniâtre là-dessus, que la paix sans doute est rompue, qui est le pis qui sauroit arriver pour le Roi, qui la désire de toute son affection, et n'a rien tant à craindre si elle se rompt, que ce soit sur cette cause ou prétexte de religion, dont le roi d'Espagne essaieroit de faire son profit aux dépens de Sa Majesté, s'il pouvoit. C'est notre soin, et à quoi nous travaillons pour empêcher l'un et l'autre. Vous voyez qu'il s'en faut beaucoup que la paix soit faite. Ces peuples ici ne tiennent aucune mesure en leur désir de paix ou de guerre, et y a beaucoup de peine à se conduire avec eux. L'empereur doit envoyer des ambassadeurs aux Etats et d'autres aux archiducs pour favoriser la paix; mais plutôt à l'avantage de ses parens (comme il est vraisemblable) que des autres. C'est ce que je vous peux mander. Je vous baise très-humblement les mains, et suis, monsieur, votre bien humble et affectionné serviteur, P. JEANNIN.

De La Haye, ce pénultième octobre 1607.

LETTRE de M. Jeannin à M. de Berny, dudit jour pénultième octobre 1607.

Monsieur, l'avis que m'aviez donné que le secrétaire de Spinola n'avoit apporté la ratification d'Espagne, nous étoit confirmé de tant d'endroits, comme aussi aux ambassadeurs du roi d'Angleterre, que nous le tenions pour véritable. Et néanmoins le père commissaire et M. Verreiken en ont apporté une qui est assez bien, fors qu'il y a un mot de la religion qui met en appréhension les Etats que le roi d'Espagne ne veuille, en traitant, les obliger à permettre l'exercice de la religion catholique; et ceux qui ne veulent la paix se servent des ministres et des consciences de quelques-uns qui pensent ne devoir souffrir cet exercice; et d'autres qu'on tient plus sages, lesquels prétendent que le roi d'Espagne veut par ce moyen faire un parti dans leur Etat, y obligeant les catholiques pour s'en servir aux occasions; en sorte que je crains que les provinces auxquelles on enverra communiquer cette ratification, ne fassent grande difficulté d'entrer en traité là-dessus. Nous ferons toutefois ce que nous pourrons pour les faire passer outre, comme nous y avons déjà commencé, et rompu les premières difficultés. Mais j'eusse bien désiré qu'on se fût contenté de parler de la religion en traitant, et non plutôt. Nous avons bien cette même charge du Roi, et favoriserons très-volontiers cette demande quand il sera temps. Je prévois bien toutefois qu'à grande peine l'accorderont-ils à l'instance et poursuite du roi d'Espagne, que nous aurons aussi beaucoup de peine de l'obtenir d'eux, et en espère peu.

Nous avons été voir les députés de leurs altesses. Cette première vue s'est passée en complimens; nous les avons assurés de la bonne intention du Roi à vouloir procurer et aider l'avancement de la paix; et par effet nous y travaillons tous les jours de tout notre pouvoir, ayant déjà donné notre avis sur ce que les Etats nous en avoient prié, et déclaré que ladite ratification nous sembloit être en bonne forme, et assez suffisante pour entrer en conférence et traité, et qu'ils devoient prendre jour et lieu avec les sieurs députés de leurs altesses pour y procéder au plus tôt; mais la constitution de leur Etat ne permet cette diligence, et faudra encore attendre l'avis des provinces, c'est-à-dire six semaines. Messieurs les députés d'Angleterre et nous n'avons toujours eu qu'un même avis, et avons procédé en toutes choses jusqu'ici en grande union, comme j'espère que ferons encore à l'avenir. J'estime que les députés de leurs altesses s'en pourront retourner dans quatre ou cinq jours, et qu'il leur seroit trop ennuyeux d'attendre ici la fin des six semaines. Si vous apprenez quelque chose qui mérite que m'en donniez avis, je vous supplie bien humblement de le faire. Je vous baise bien humblement les mains, et suis, monsieur, votre bien humble et affectionné serviteur, P. JEANNIN.

De La Haye, ce pénultième octobre 1607.

Lettre du Roi, du 3 de novembre 1607.

MM. Jeannin et de Russy, je n'ai reçu vos lettres du 16 du mois passé que le deuxième du présent. J'étois en peine de votre si long silence, de quoi je reconnois maintenant qu'il faut accuser le passage de la mer. Toutefois je comprends, d'un avis que le sieur de Vic m'a donné de la cause d'un tel retardement, qu'il a opinion qu'il ait procédé de l'artifice de celui auquel vous avez confié l'envoi de vos paquets; mais je ne le puis croire, parce que je ne remarque point qu'il ait dû en espérer et tirer avantage. Néanmoins j'ai estimé devoir vous mander son soupçon, afin que vous y preniez garde. Plus je considère la conduite des Anglois, plus j'entre en méfiance de leurs volontés, quand ils soutiennent imprudemment que leur ambassadeur ne m'a fait, et à mes ministres, la déclaration qui a été écrite au président Jeannin, touchant l'argent qui est dû au roi d'Angleterre. Il faut que ceux qui sont par delà soient bien trompés et mal informés des choses, ou soient malins et effrontés, car nous vous avons mandé la vérité : toutefois je crois que c'est sagesse que de ne s'opiniâtrer avec eux, et se contenter de profiter de leur dissimulation et effronterie. Ils n'ont volonté quelconque, en cas de guerre, de faire ce qu'ils ont dit au prince Maurice : aussi se gouvernent-ils de façon en leur pays et affaires domestiques, que nous connoissons clairement qu'ils n'ont pouvoir ni courage de prendre et effectuer un tel conseil; mais leur désir et dessein seroit de m'y engager, et en tout cas repaître les Etats de belles paroles. J'approuve et loue ce que vous avez projeté de répondre, au cas que lesdits Anglois fassent sonner cette retraite, pour les bonnes raisons que vous m'avez représentées; car je persiste en ma première délibération, à savoir, de ne porter seul les frais de la guerre, mêmement inutilement comme du passé, ni d'être auteur de la continuation de la guerre, en laquelle, quand l'Angleterre s'offrira d'entrer et contribuer sa portion, je reconnois qu'il n'y aura lieu de s'y fier, pour être foible, variable, et de très-mauvaise volonté envers la France, comme il est. Davantage, je prévois et m'attends, quand il sera question de traiter la ligue défensive avec le prince Maurice et ses partisans, soit en cas de paix ou de guerre, que lesdits Anglais feront peut-être contenance d'y vouloir entendre; mais ce ne sera que pour en traverser et empêcher la conclusion s'ils peuvent. C'est pourquoi j'estime que vous serez bien avisé de faire vos affaires à part, et vous contenter de leur garder place. Mais je doute que Barneveld et ses amis consentent de les laisser par derrière, principalement en cas de paix ou de trève à longues années,

quoi qu'ils vous disent. Or vous y voyez plus clair que nous, étant sur les lieux, et ayant sondé leurs intentions si à loisir et avant que vous ayez fait. Je veux donc me contenter de vous représenter mes craintes et jalousies, et remettre à votre jugement et prévoyance la direction et les événements de toutes choses.

Je vous ai écrit mon avis sur quelques autres ouvertures que vous avez prévu que les archiducs pourront faire aux Etats, pour ne rompre du tout le fil de la négociation de la paix, au cas qu'ils ne rapportent et fournissent la ratification d'Espagne en la forme qu'elle a été demandée et promise, partant je ne vous en ferai redite; ça été en répondant à votre lettre du sixième du mois passé. Enfin je reconnois tous les jours davantage que je dois préférer la paix à la guerre, pour la juste et bien fondée méfiance que je dois avoir du roi d'Angleterre, et pour plusieurs autres raisons qui vous sont connues communes à nous. Mais, comme vous dites très-sagement, et vous ai aussi écrit, il faut laisser proposer à d'autres telles ouvertures, et faire que nous soyons plutôt recherchés et priés de les approuver, que remarqués conseillers et auteurs d'icelle. Usez-en donc ainsi, sans faire difficulté de prendre et suivre sur-le-champ en tel cas les conseils que vous jugerez les meilleurs; car j'ai tant de fiance en votre probité et prudence, que je suis certain que vous ne consentirez ni ferez jamais rien qui ne soit à propos et utile. L'ambassadeur des archiducs, demeuré à Paris, a naguères vu le duc de Sully, auquel il dit que les archiducs ont reçu la susdite ratification en la forme demandée; mais avec charge de la garder, sans s'en dessaisir jusques après le traité, ou de protester qu'elle demeurera nulle, au cas que l'accord ne s'ensuive : condition qui semble être fondée en quelque raison. Toutefois je laisse à en délibérer et juger à ces messieurs; et me faites savoir le plus tôt et souvent que vous pourrez les progrès des affaires; car il importe grandement aux miennes et à mon contentement particulier, que j'en sois informé ponctuellement, et véritablement je ne le puis être que par vous. Je prie Dieu, messieurs Jeannin et de Russy, qu'il vous tienne en sa sainte et digne garde.

Ecrit à Fontainebleau, le troisième jour de novembre 1607.
HENRI.
Et plus bas, DE NEUFVILLE.

Lettre de M. de Villeroy à M. Jeannin, dit jour 3 de novembre 1607.

Monsieur, si ces messieurs eussent envoyé plus tôt leurs navires, ils eussent aussi trouvé et reçu plus tôt leur charge, ainsi que vous aurez appris par ma dernière, et me semble qu'ils doivent ajouter plus de foi à ce que nous vous mandons et leur dites, de la part du Roi, qu'aux avis des autres, lesquels jugent souvent de nos intentions plus par conjectures et rencontres que par la vérité ; joint que nous voulons que vous soyez les premiers à leur donner avis par delà des effets de la bonne volonté de Sa Majesté, comme il est raisonnable; aussi ne s'y est-il point trouvé à présent de défaut, et ne s'en trouvera, comme j'espère, à l'avenir à chose semblable. Admonestez-les donc, s'il vous plaît, de s'arrêter à ce que vous leur direz, et méprisez le demeurant ; et certes, notre sieur Aersens serviroit mieux les Etats s'il écrivoit par delà plus sobrement et considérément ; mais la crainte qu'il a d'être désarçonné fait qu'il met toutes pièces en œuvre, autant pour complaire et faire valoir son talent, que pour se rendre utile. Nous vous enverrons, quand vous voudrez, le pouvoir particulier, duquel dites que vous avez besoin. Les Anglois, à ce que je vois, n'ont faute de front à défendre un mensonge. Si leur comte de Salisbury étoit aussi véritable et candide que je suis, nos maîtres de part et d'autre en tireroient plusieurs grands avantages aux affaires publiques, dont ils sont privés par l'inconstance et malice de celui-là, trop éprouvée de moi. Je vous ai écrit la vérité, et sommes encore tous les jours poursuivis ardemment par l'ambassadeur d'Angleterre de reconnoître les dettes dont il est question, pour pouvoir après nous presser d'entrer au paiement ; mais nous avons délibéré de voir quel sera le succès des affaires où vous êtes, devant que répondre plus clairement, ce que je ne dis qu'à vous, car il ne faut pas, s'il vous plaît, qu'autre en ait connoissance. Nos princes d'Allemagne et ceux qui les servent jugent des affaires du monde comme les aveugles font des couleurs ; il ne faut pas s'arrêter à tout ce qu'ils mandent ou font mander. Vous jugez très-bien la volonté de l'empereur et de sa délibération : c'est bien souvent pour endormir et piper le monde qu'ils publient du malentendu entre eux ; mais il est certain qu'ils n'ont tous qu'un but, qui est d'accroître leur maison en puissance par préférence à toute autre chose. L'empereur a fait courre le bruit qu'il vouloit envoyer en Hollande les comtes de Hanau et Ernest de Mansfeld pour assister dès à présent au traité ; maintenant l'on dit qu'il a changé de conseil, les Espagnols n'ayant approuvé cette élection, pour s'être lesdits comtes, comme ils disent, toujours montrés affectionnés à la France et à la prospérité des Etats. Je commence aussi à peu espérer en cette occasion du nom et de l'assistance du comte palatin et de sa sequelle. Tous redoutent et respectent par trop ledit empereur ; ils dépendent aussi par trop des avis extravagans de leurs docteurs, qui souvent sont gagés de l'empire. Ne nous attendons donc à ces gens-là, puisqu'ils ne se remuent qu'à mesure qu'on les pousse, et défaillent aux principes de leur sûreté publique et privée. Les princes protestans travaillent maintenant à réunir les deux confessions de Luther et Calvin ; de quoi les am s qu'ils ont de deçà espèrent qu'ils viendront à bout, mais j'en doute grandement.

L'on nous a écrit de Bruxelles que ces messieurs des Etats ont de nouveau fait un édit très-rigoureux contre les catholiques de leur pays, et les exercices secrets de notre religion. Nous ne le croyons pas, puisque vous ne nous en avez rien mandé, joint qu'il nous semble qu'ils sont trop avisés et prudens pour avoir maintenant publié une telle loi ; vous nous en éclaircirez s'il vous plaît. Le comte de Tiron est de présent en Flandre avec sa suite, où il a été recueilli honorablement par le marquis Spinola en personne, du commandement des archiducs ; de quoi s'est plaint l'ambassadeur d'Angleterre résidant audit pays. Mais il lui a été répondu que c'étoit le moins qu'on pouvoit faire, que de recueillir un seigneur de cette qualité, persécuté seulement pour notre religion, n'ayant rien attenté contre son souverain depuis les derniers traités. Ledit ambassadeur a, dit-on, fulminé sur cela ; mais lui et son maître avaleront cette réception aussi doucement qu'ils ont fait ci-devant le refus honteux qui leur a été fait de la délivrance de Robert Ouën, notoirement accusé de la conjuration de la Fougade ; ce qui augmente la mauvaise opinion que l'on a du roi d'Angleterre, et donne sujet encore de croire qu'il s'entend secrètement avec l'archiduc, pour, avec le temps, nuire à notre Roi, qui toutefois n'en a la puce à l'oreille que de bonne sorte. Pour conclusion, nous jugeons les conseils de la paix plus utiles que les autres. Nous vous l'avons dit en partant, écrit et récrit continuellement depuis votre partement, et vous le réitère encore : bien entendu toutefois qu'elle soit bâtie sur les fondemens, et accompagnée des résolutions que nous avons prédites, sinon en tout, au moins en partie, telles qu'il y ait de la sûreté pour nous et nos amis, pour le présent et pour l'avenir. Il est vrai que Sa Majesté dit, il y a quelque temps, à madame la princesse d'Orange, qui faisoit contenance de vouloir avancer son allée par delà, que vous aviez mandé que vous nous feriez savoir quand il seroit temps qu'elle partît ; mais ce fut autant pour lui faire plaisir, croyant qu'elle n'étoit pas trop affectionnée à ce voyage, que pour autre occasion. Sa Majesté ne m'en dit rien alors, comme elle a fait maintenant, oyant lire votre lettre du 16 du mois passé.

Nous avons reçu en même temps, mais par autre voie, la lettre du 24, sur laquelle nous n'avons à vous donner aucun avis; car nous disons que l'on ne peut rien ajouter à ceux que vous avez délibéré de suivre. La flotte d'Espagne est arrivée riche, comme les Espagnols publient, de quatorze millions, mais j'ai vu un mémoire qui ne parle que de six à huit millions en tout. Leur armée de mer est séparée sans avoir servi qu'à faire escorte et prêter l'épaule à ladite flotte; une partie de la valeur de laquelle a été consumée en la levée et entretien de ladite armée. Celle de Lombardie n'a guères moins coûté à leur roi et à ses sujets du Milanois, et n'a été plus utile que l'autre; car l'Italie est demeurée en paix, et nos Grisons ont suivi les conseils que le Roi leur a donné, s'étant tous réunis en ce devoir. Pareillement l'on ne parle plus qu'en l'air des entreprises de Barbarie. Les seules galères de Toscane ont surpris et saccagé le château et la petite ville de Bonne au royaume d'Alger, et puis l'ont abandonnée. M. le connétable est attendu ici dedans huit jours, et M. le cardinal du Perron dedans quinze. Il étoit à Venise, lors qu'aucuns entreprirent, le cinq ou sixième du mois passé, d'assassiner en plein jour, et en la rue, le père Paule, de l'ordre de Servy, qui a écrit en faveur des Vénitiens contre l'excommunication du pape. Les entrepreneurs se sont sauvés au Ferrarois, ainsi que l'on dit. Le religieux n'en a eu que le mal, et chacun est demeuré à bon droit très-scandalisé de cette action. Au reste, Leurs Majestés sont, grâces à Dieu, en bonne santé, et ne parlent point de sortir de cette maison qu'après ce mois. Je prie Dieu, monsieur, qu'il vous conserve en bonne santé.

De Fontainebleau, ce troisième jour de novembre 1607. Votre, etc. DE NEUFVILLE.

LETTRE *de MM. Jeannin et de Russy, au Roi, du 6 novembre* 1607.

SIRE,

Nos dernières lettres finissoient à la délibération que devoient prendre messieurs les Etats sur la ratification d'Espagne. Ils se sont assemblés plusieurs fois, ont pris l'avis de leur conseil d'Etat, et arrêté en premier lieu de députer un de chacune province vers le sieur commissaire général et le sieur Verreiken, pour leur représenter les défectuosités qu'ils disent avoir trouvées en cette ratification; à savoir, de ce qu'elle est en langage espagnol en placard; qu'il y a quelque omission au récit fait du premier traité, et que par la clause mise sur la fin d'icelle, le roi d'Espagne déclare qu'il entend ladite ratification être nulle et comme non avenue, au cas qu'en traitant, les parties ne soient respectivement d'accord de leurs prétentions, tant pour la religion qu'autres. En quoi il y a deux choses contraires à ce qu'il leur a été promis par les archiducs: l'une, que ladite ratification seroit pure et simple et sans aucune condition, conformément à ce qu'ils avoient traité avec eux; l'autre, que sous ces mots de prétentions de la religion, il semble le roi d'Espagne avoir intention de leur faire quelque demande préjudiciable à la souveraineté, dont ils ont requis la reconnoissance par cette ratification désirant sur ce une explication plus particulière desdits sieurs commissaires, et de savoir s'ils avoient quelqu'autre écrit en meilleure forme, pour après, sur le rapport qu'ils feroient en leur assemblée, y prendre une entière résolution. Leur réponse a été que le roi d'Espagne trouvoit étrange qu'on le voulût contraindre de parler en autre langage que le sien, vu qu'il en use ainsi tous les jours avec les rois et princes auxquels il écrit: qu'il n'y avoit point d'omission considérable, puisque les mots qui expriment leur liberté et souveraineté y sont si bien mis, qu'ils ne peuvent être mieux. Pour la clause dont ils se plaignent que la ratification sera nulle au cas que le traité ne s'ensuive, qu'elle doit être entendue, encore qu'elle n'eût été mise et exprimée; n'y ayant apparence que ledit sieur roi et les archiducs eussent voulu quitter leurs droits, et déclarer qu'ils ne prétendent rien sur eux, sinon à condition que l'accord s'en ensuive.

Quant à ce qui est de leurs prétentions même touchant la religion, n'en pouvoient donner autre explication, sinon qu'ils entendent, lors qu'on traitera, proposer tout ce qu'ils jugeront devoir faire, et qu'eux y pourront aussi répondre, et proposer ce qu'ils voudront avec la même liberté, n'étant plus besoin de leur demander ou attendre autre explication et déclaration dudit sieur roi, sinon celle qu'il a donnée par ladite ratification, y ajoutant tous les bons propos qu'ils ont pu, pour témoigner la sincérité et bonne intention, ensemble celle des archiducs. Cette réponse ayant été depuis rapportée en l'assemblée générale, ils ont arrêté de mettre par écrit tout ce qu'ils ont dit auxdits sieurs commissaires et leur réponse, puis de nous communiquer le tout, prendre derechef notre avis, et enfin d'envoyer aux Provinces la ratification, ledit écrit et nos avis, afin qu'ils envoient leurs députés bien instruits sur tout ce que dessus, pour y prendre résolution en l'assemblée générale des Etats ; ont pris à cette occasion temps de six semaines pour s'en résoudre, et avertir les archiducs ; ajoutent qu'au cas qu'il faille traiter, qu'ils désirent que la conférence se fasse en ce lieu de La Haye. Notre dernier avis a été conforme au premier, le leur ayant derechef fait entendre, avec les raisons qui nous avoient mûs de n'avoir aucun égard aux défectuosités qu'ils ont remarquées en ladite ratification, louant et approuvant néanmoins leur soin et prudence à examiner et considérer mûrement tout ce qui peut toucher au bien et sûreté de leur Etat, pour le salut duquel nous apporterions toujours et très-volontiers la même vigilance et affection qu'eux. Ce que les provinces résoudront est encore incertain ; mais nous estimons que leur avis sera d'entrer en conférence, et que leurs députés auront charge expresse, conformément à ladite réponse, de ne souffrir qu'aucune restriction, condition ni modification, soit ajoutée à leur liberté et souveraineté. Ce qu'ils appellent restriction : si on prétend obtenir d'eux, par traité, que la religion catholique soit rétablie en leur Etat ; qu'ils ne puissent donner tel ordre que bon leur semblera à leur gouvernement, traiter alliances et confédérations comme et avec qui ils jugeront le devoir faire pour le bien de leur Etat ; et pareillement s'ils veulent choisir un prince, que les archiducs ne les pourront astreindre à le prendre en la maison d'Autriche, comme on leur a dit qu'ils prétendoient faire, étant certain qu'ils ne s'assujétiront jamais à aucune de ces conditions ; et, sans ce que nous avons fait entendre, et prié M. le comte Guillaume pour en avertir M. le prince Maurice, comme aussi M. de Barneveld, puis M. Maldrée, qu'il seroit préjudiciable à Votre Majesté que le roi d'Espagne prît sujet de rompre sur ce qui concerne la religion, ils eussent déclaré dès maintenant qu'ils ne vouloient entrer en aucun traité, sinon à cette condition qu'il n'en seroit aucunement parlé : encore y a-t-il assez de quoi en leur réponse, pour connoître qu'ils l'entendent ainsi ; car cette appréhension les a tellement changés, que si nous eussions été aussi échauffés pour leur faire prendre des conseils de guerre, qu'étions affectionnés à les mettre en repos, ils étoient prêts d'y courir, et de n'entendre plus en aucune ouverture de paix, encore que dix ou douze jours auparavant, plusieurs d'entre eux fussent d'opinion qu'on pourroit traiter avec les archiducs sans cette ratification, pourvu qu'ils promissent de faire ratifier le traité après qu'il seroit fait, tant ils tiennent peu de mesure, et sont précipités et passionnés en ce qu'ils veulent. Et à la vérité ce mot de religion a beaucoup servi pour fortifier le parti de ceux qui craignent la paix ; car il y en a plusieurs qui ont la conscience timoreuse, lesquels pensent qu'introduire l'exercice de la religion catholique soit le moyen de ruiner la leur ; et d'autres qui disent que les catholiques seront toujours affectionnés à l'Espagnol, par ainsi, qu'admettre leur exercice est lui donner le moyen de se rendre maître de leur Etat.

Il y a encore une autre considération, et peut-être la plus grande, que l'exercice public donnant moyen aux catholiques de reconnoître leur grand nombre, ils craignent qu'ils ne fassent quelque faction et desseins à leur préjudice. Nous avons des raisons au contraire qui ont été dites à quelques-uns doucement et sans les effaroucher ; mais ils n'ont point d'oreilles pour les écouter, et faut en souffrir et dissimuler. Les plus sages sont bien capables de considérer l'intérêt de Votre Majesté, pour donner ordre autant qu'ils pourront qu'on ne rompe là-dessus ; mais il y a peu d'espérance qu'ils lui donnent en effet le contentement qu'elle désire pour le rétablissement de ladite religion catholique, dont toutefois nous ne laisserons de faire remontrance, selon la charge qu'il lui a plu nous donner, soit après la paix, si elle se fait, ou bien avant, et lorsqu'on traitera, si les choses se portoient à une rupture à cette occasion, afin qu'il soit connu partout qu'elle a fait ce qu'elle a pu pour le leur persuader, et que le roi d'Espagne n'en puisse tirer aucun avantage au préjudice de Votre Majesté.

Il est vrai qu'il y faut procéder avec telle circonspection, qu'ils n'en demeurent offensés, au lieu d'être persuadés, car c'est en cette conformité de religion avec eux que l'Anglois essaie de prendre avantage sur nous. L'avis qu'avons déjà donné d'entrer en traité sur cette ratification, encore qu'eussions bien vu les difficultés qu'on y pourroit faire, que n'avons voulu remuer, ni les Anglois non plus que nous, témoigne assez notre désir à la paix, si bien connu d'un chacun, qu'il n'y a autre bruit maintenant ici, sinon que c'est nous qui la recherchons ardemment, et y voulons porter les Etats malgré qu'ils en aient. Toutes nos actions à la suite de celle-ci ne laisseront d'être semblables, selon qu'elle nous a commandé, y tenant toutefois toujours la mesure requise, pour ne donner aucun ombrage aux amis, en voulant éviter la haine de ceux qui sont déjà ennemis, et ne montrent point avoir volonté de se changer. Il n'y a eu que la seule province de Gueldre qui a été d'avis, suivant le nôtre, d'entrer dès à présent en traité, sans faire renvoi aux Provinces ; bien croyons-nous qu'il sera de grand poids pour y disposer lesdites Provinces, comme il a été envers les Etats, pour les empêcher de rejeter du tout ladite ratification.

L'avis du prince Maurice en l'assemblée a été que ladite ratification, en la forme qu'elle est conçue, le confirmoit en l'opinion qu'il en a eue dès long-temps, que l'Espagnol ne cherche qu'à les tromper ; mais qu'il se contentoit de l'avoir dit et répété plusieurs fois du passé pour témoigner son zèle envers l'Etat ; et que pour le présent il n'y vouloit ajouter autre chose, sinon qu'il se conformeroit toujours à ce que les Provinces et les Etats ordonneroient. L'avis de M. le comte a été semblable sur ce même sujet, encore que notre avis n'ait été selon le désir du prince Maurice et du comte Guillaume; si est-ce qu'étant venus voir le président Jeannin, et ayant entendu de lui nos raisons, ils les ont approuvées, et bien jugé qu'il n'eût pas été bienséant aux deux rois de se rendre auteurs de la continuation de la guerre; et s'ils l'eussent fait, qu'on les eût appelés à garant de tous les inconvéniens qui en fussent ensuivis, et prétendu qu'ils devoient à cette occasion contribuer à tous les frais d'icelle comme par obligation, au lieu qu'ils le font à présent de leur plein gré, pour l'affection qu'ils portent aux Etats ; outre ce que la plus grande difficulté ayant été mue par eux, sur ce qui touchoit à la religion catholique, Votre Majesté qui en fait profession, et désire par le devoir de sa conscience, l'avancement d'icelle, n'eût pu sans blâme conseiller la rupture sur ce point ; que peut-être aussi le roi d'Espagne n'a fait mettre ce mot de religion dans la ratification, que pour témoigner son zèle et procurer par effet ce bien aux catholiques, de faire rétablir l'exercice de ladite religion s'il peut, non pour rompre, au cas qu'il ne le puisse obtenir, et le déclarant, le blâme d'avoir conseillé la rupture en eût été plus grand ; qu'encore est-il besoin d'apporter cette prudence, s'il vouloit rompre là-dessus, de faire s'il est possible que soit sur un autre sujet, ayant apparence qu'il recherchera celui-ci pour rendre Votre Majesté odieuse, si elle vouloit secourir les Etats, la guerre venant à continuer.

Il est encore malaisé de juger quelle est l'intention dudit sieur roi au fait de ce traité ; mais, à bien considérer cette ratification, et le propos qu'a tenu le cordelier en l'assemblée des Etats, que n'avions vu lors de notre précédente dépêche, il semble bien qu'il veuille mettre en avant, lorsqu'on traitera, quelques ouvertures et conditions sur le fait de la souveraineté, et qu'il n'entend la quitter sans en recevoir quelque autre avantage et profit. Nous prévoyons aussi que ces seigneurs que l'empereur doit envoyer en ambassade ici, auront charge de proposer toutes sortes d'ouvertures, comme d'associer les Etats à l'empire ; les faire membre d'icelui, promettre de garantir la paix contre qui que ce soit qui la voudroit enfreindre, et toute autre sûreté et protection pour les empêcher de rechercher l'appui et alliance de Votre Majesté et du roi de la Grande-Bretagne ; qu'ils essaieront encore de gagner le prince Maurice par offre d'alliance avec la maison d'Autriche, d'honneurs, de bienfaits, et de tout ce qu'ils penseront pouvoir servir pour le rendre enclin à ce qu'ils désirent. Nous avons dès long-temps prévu cet artifice, et cru, quoique les archiducs et le roi d'Espagne feignent de n'être bien avec l'empereur, et n'avoir eu aucune part à l'envoi de cette ambassade, que c'est à leur poursuite, par leur intelligence, et qu'ils ne feront et diront rien que ce qu'il leur plaira. Nous ne pensons pas pourtant qu'ils obtiennent ce qu'ils prétendent, pouvant assurer Votre Majesté que son autorité se fortifie tous les jours ici; qu'ils connoissent trop combien elle leur est nécessaire, et ne feront sans doute aucun traité avec qui que ce soit sans son avis, appui et alliance: et si nous étions trompés en ce jugement, il n'y a rien en quoi on puisse par prudence s'assurer de l'avenir, car notre défiance a toujours été si grande, que nous n'avons rien omis pour nous éclaircir de toutes choses, et néanmoins avons toujours trouvé plutôt de quoi nous assurer que continuer en notre crainte. Outre ce, ils nous pressent tous les jours pour faire l'alliance, et de paix et de guerre; et quand nous rejetons celle de guerre pour le présent, ils ne laissent d'offrir l'autre, sur laquelle entrerons en conférence aussitôt qu'ils auront donné congé aux députés des archiducs, qui sera dans deux jours, et la retardation jusques à présent n'est venue d'eux, mais des Anglois, lesquels nous ont assuré qu'ils vouloient bien dès maintenant celle pour la paix, puis l'ont mis en longueur et difficulté, disant qu'il n'étoit besoin de la presser, et toujours continué à dire qu'il falloit différer celle pour la guerre, jusques après la paix rompue; ayant néanmoins offert de donner et signer l'acte dont avons ci-devant écrit par notre dernière dépêche, lequel ils ont après refusé. En quoi nous voyons pour leur regard tant de variations, qu'il y a grande occasion de s'en défier, et de ne rien croire de tout ce qu'ils diront jusques à ce qu'ils l'aient effectué. Il est vrai que le sieur Barneveld, que nous avons instruit et prié de leur faire instance comme de lui-même pour avancer cette ligue, nous a dit depuis deux jours leur en avoir parlé fort particulièrement, et en se plaignant de ce qu'à leur occasion les Etats ne pouvoient rien faire avec nous, et qu'enfin leur froideur les contraindroit de traiter avec nous sans plus s'attendre à eux, ou bien d'accepter toutes sortes de conditions de leurs ennemis. Sur quoi ils lui ont déclaré être disposés d'entrer dès à présent en cette ligue, pourvu qu'elle soit perpétuelle entre eux, Votre Majesté et cet Etat, et que soyons aussi obligés respectivement les uns envers les autres à notre mutuelle défense contre qui que ce soit, et nommément s'ils étoient troublés dans leurs Etats, soit par leurs sujets ou autres. Nous ne savons encore s'ils l'ont fait avec artifice, ou si c'est vraiment leur intention. Nous avons toutefois montré d'approuver cette ouverture; et quand le roi de la Grande-Bretagne s'en voudroit déclarer, que nous en avertirions Votre Majesté, de laquelle nous nous promettions recevoir bonne réponse.

Ledit Barneveld nous a encore dit qu'ils lui avoient demandé si notre pouvoir étoit suffisant pour entrer en tels traités, auquel nous avons aussi fait réponse qu'oui; mais que ce n'étoit chose qu'on eût accoutumé d'arrêter et conclure sans commandement exprès et particulier, estimant bien qu'ils en voudroient faire de même, comme nous l'avions déjà ci-devant connu en choses de beaucoup moindre importance: ainsi que, pour ne perdre temps, le meilleur seroit d'y commencer tôt. Il semble que la sortie du comte de Tiron leur ait donné quelque appréhension de trouble dans leur Etat. Nous mandons leurs variations à Votre Majesté, et ce qu'ils mettent en avant à présent, afin qu'elle en juge mieux et nous commande sur ce sa volonté. Après le départ du cordelier et du sieur Verreiken, nous travaillerons à tout ce que dessus, et pour aviser à ce qu'il faut faire pour établir un bon gouvernement en cet Etat, qui puisse aider à assurer la paix, si elle se fait; mais quant aux conditions d'icelle, les Etats disent ne pouvoir délibérer là-dessus avant que les provinces aient déclaré si elles veulent traiter ou non, et qu'on le fera dix ou douze jours avant qu'entrer en aucune conférence avec les archiducs, qui sera assez. Nous fûmes voir le cordelier et le sieur Verreiken, le vingt-huitième du mois passé, qui étoit le quatrième jour après leur arrivée. Nous offrîmes de les assister de tout notre pouvoir à l'avancement de l'affaire pour laquelle ils étoient venus, suivant le commandement que Votre Majesté nous en avoit fait. Ils nous ont rendu cette visite le troisième de ce mois, et nous ont vus séparément chacun chez nous. Le sieur Barneveld les avoit vus seul, de la part des Etats, le même jour, et avant qu'ils se fussent acquittés de cette visite en notre endroit, et, comme avons su depuis, leur avoit fait entendre combien notre avis avoit servi à empêcher que la ratification ne fût rejetée, et que Votre Majesté sans doute apportoit tout ce qu'elle pouvoit pour favoriser la paix, qui fut cause qu'ils nous en remercièrent l'un et l'autre, nous prièrent de continuer ces bons offices, comme dignes de ministres d'un grand Roi qui portoit le nom de Très-Chrétien ; et y ajouta le cordelier, qu'après avoir vu Votre Majesté à Paris, et entendu ce qu'il lui avoit plu déclarer sur ce sujet à un pauvre moine comme lui, il avoit toujours fait ce jugement de sa bonne intention, que le rapportant aux archiducs ils l'avoient aussi cru, mais non les autres auxquels il en avoit communiqué. Nous prîmes occasion là-dessus de vouloir entrer en propos sur les moyens de parvenir à cette paix, et de leur remontrer qu'il ne falloit aucunement toucher à ce qui étoit de leur souveraineté et gouvernement, pource qu'ils ne vouloient communiquer à autrui, non pas même à leurs amis, ce qu'ils estimoient devoir du tout dépendre d'eux, et que les y vouloir obliger par traité, étoit le vrai moyen de rompre. Qu'en ce qui touchoit la religion catholique, nous avions charge de Votre Majesté d'en poursuivre le rétablissement, et y avions déjà travaillé en particulier avec aucuns des principaux de l'Etat pour les y disposer ; mais que l'ouverture faite par la ratification leur avoit pensé donner sujet de rompre si ne les eussions retenus, y ajoutant tout ce qui pouvoit servir pour leur donner occasion de s'ouvrir ; mais ils sont toujours demeurés sur les propos généraux, le sieur Verreiken tempérant la chaleur du cordelier, qui sembloit en vouloir dire davantage. Ils ne doutent plus que Votre Majesté ne veuille la paix ; mais ils sont assurés d'autre côté que ce n'est comme ils la désirent, à cause des alliances que vous prétendez faire, dont ils ne sont ignorans.

Nous avons différé d'achever et clore cette dépêche deux jours entiers, sur une difficulté survenue, lorsqu'on pensoit donner congé aux députés des archiducs, à l'occasion de ce qu'ils ont refusé de laisser l'original de la ratification, disant n'avoir eu charge, sinon de la montrer, en donner des copies collationnées, et de la retenir jusqu'à ce que le traité fût fait et conclu, du moins jusqu'à ce qu'on soit assemblé de part et d'autre, et qu'aussi bien ladite ratification seroit inutile aux Etats, puisqu'elle devoit demeurer nulle et comme non avenue, si le traité ne s'ensuivoit ; eux prétendant, pour cette même raison, et attendu qu'elle ne leur pourroit servir, sinon au cas dudit traité, que les archiducs n'avoient intérêt de la donner, qu'ils étoient même obligés de le faire, et que, sans être garnis et assurés de cette pièce, ils n'étoient tenus de leur part d'entrer en aucun traité ; s'assurant aussi que les provinces averties, comme ils sont obligés de leur en donner avis, que ledit original a été retiré, feront difficulté d'en délibérer. Ils ont prié là-dessus qu'on permît que l'un d'eux allât vers les archiducs pour savoir leur intention. Le cordelier s'est offert à faire le voyage, et a dit qu'il seroit de retour dans six jours, ce qu'on lui a accordé. Il est vraisemblable qu'ils ont su, avant leur départ, s'ils devoient laisser l'original de ladite ratification ou non, et que ce délai est seulement demandé pour gagner temps, et savoir des archiducs s'ils voudroient dire quelque chose, dès à présent, sur la réponse des Etats, qui leur puisse donner meilleure opinion qu'ils n'ont de ce qui est venu d'Espagne. Les archiducs n'ont dû, à la vérité, faire difficulté de donner cet original : les Etats s'opiniâtrent à l'avoir : mais ceux-ci gagnent toujours, puisqu'ils allongent le temps, tiennent par ce moyen les Etats en incertitude et les empêchent de se préparer. Et du côté des Etats la difficulté est venue de ceux qui voudroient bien rompre sur ce pointille : mais ils seront trompés, étant certain que les archiducs consentiront plutôt à la donner que de rompre, et, quand ils feroient même refus, que les provinces ne laisseront de dire qu'on doit entrer en traité. Aussi seroit-il dangereux, puisque les choses sont venues si avant, de rompre avant que d'avoir donné le contentement ; et penseroient toujours, si on fût venu jusqu'aux traités, qu'on leur eût accordé des conditions raisonnables pour se mettre en paix, qui pourroit donner sujet à quelques-unes, trois principalement, savoir, Gueldre, Over-Yssel et Groningue, qui sont les plus exposées aux dangers de leurs ennemis, et désireuses, à cette occasion, de la paix, se séparer et prendre de mauvais conseil si la bonne conduite dont on usera ne leur fait connoître que la rupture du traité ne viendra du côté des Etats.

Ces six jours de délais qu'on a donnés pour

le voyage du cordelier feront perdre quinze jours de temps; car à son retour il aura quelque chose à proposer de la part des archiducs, sur quoi il faudra encore délibérer; et cependant on diffère d'entrer aux provinces. Ainsi les six semaines ne commenceront qu'au bout de ces quinze jours; et, par ce moyen, la trève sera expirée avant qu'on s'assemble pour traiter: qui nous fait craindre que les Etats ne soient surpris et contraints de se défendre avec péril, ou d'accorder encore une trève pour l'année prochaine, c'est-à-dire, si on la veut donner, qui leur fera perdre tout soin et courage de plus rentrer en guerre, et alentira pareillement l'affection de leurs amis et alliés. Ce que leur avons remontré souvent et dès long-temps; comme aussi le président Jeannin a fait présentement au sieur Barneveld, y ajoutant qu'ils ne doivent plus espérer le secours accoutumé de Votre Majesté, s'ils demeuroient ainsi inutiles et s'affoiblissoient en ne rien faisant. C'est pourquoi il leur a promis faire résoudre que, sans perdre de temps, on envoie aux provinces. Nous ne savons s'ils le feront. Votre Majesté pourra connoître, par ce qui est contenu ci-dessus, combien il est malaisé de juger si la paix se fera ou non. Le roi d'Espagne est pressé de deux choses: l'une de la crainte qu'il a que la guerre continuant, les Etats ne fassent des entreprises ès Indes d'orient et d'occident à son grand dommage, comme ils en ont sans doute le moyen s'ils en savent bien user; l'autre, que Votre Majesté et le roi de la Grande-Bretagne ne se joignent ensemble, et avec les Etats, pour leur commune défense et pour entreprendre sur lui, estimant que la continuation de la guerre sera plutôt cause de faire conclure et résoudre cette ligue, comme étant lors plus nécessaire que la paix, si elle se fait.

D'autre côté, les Etats ne veulent quitter rien de la souveraineté ni de ce qui en dépend, ni le gratifier d'aucune chose à cette occasion, avec ce qu'ils prétendent d'obtenir le trafic des Indes, du moins d'orient, faire encore les mêmes ligues que ledit sieur roi voit bien ne pouvoir empêcher. Il sera difficile de lui persuader qu'il perde ce qu'on lui demande et qu'il ne peut accorder qu'avec honte et dommage. Peut-être que la trève à longues années lui seroit moins désagréable; mais nous y voyons encore un grand empêchement, qui lui en ôtera le goût. C'est que les Etats ne l'accorderont non plus que la paix, sinon à condition qu'ils soient reconnus Etats libres sur lesquels il ne prétend rien, non-seulement pour le temps de ladite trève, mais pour toujours; afin que s'il veut renouveler la guerre, il ne le puisse plus faire, que comme contre justes ennemis, non comme contre sujets rebelles. Ce dont nous pensons pouvoir juger plus certainement, est que, si la paix se fait, sera au contentement de Votre Majesté, et c'est en quoi consiste notre soin et travail, qui sera toujours accompagné de quelque défiance, jusqu'à ce que tout soit à couvert, encore que n'ayons pour le présent aucune occasion de douter de la volonté et bonne intention des Etats, et que toutes choses y soient aussi bien disposées que le saurions désirer. Le cordelier partit hier, et Verreiken est demeuré ici attendant son retour. Nous prions Dieu, sire, qu'il donne à Votre Majesté et à sa royale famille longues années, avec tout heur et prospérité.

Vos très-humbles et très-obéissans sujets et serviteurs, P. Jeannin et Russy.

De La Haye, ce sixième jour de novembre 1607.

Lettre *de M. Jeannin à M. de Villeroy, dudit jour 6 novembre 1607.*

Monsieur, vous connoîtrez, par les lettres qu'écrivons au Roi, comme ceux qui conduisent les affaires de cet Etat sont prompts et sensibles ès choses qu'ils se sont imaginé devoir obtenir en faisant la paix, et qu'il sera très-difficile qu'on demeure d'accord, lorsqu'on viendra à traiter. Même le roi d'Espagne veut ajouter quelques conditions ou modifications en ce qui est de la souveraineté, dont ils ne peuvent seulement souffrir qu'on parle; et appellent condition tout ce qui touche au gouvernement de leur Etat, comme de les vouloir obliger à rétablir l'exercice de la religion catholique, empêcher de faire ligues et confédérations avec qui bon leur semblera, ou s'ils jugent devoir changer la forme de leur Etat, et au lieu de république en faire une principauté, et de les vouloir astreindre, comme on dit qu'on prétend faire, à prendre un prince de la maison d'Autriche; car la moindre de ces conditions rompra tout. Et néanmoins, je ne me peux persuader que le roi d'Espagne veuille absolument quitter ses droits, sans retenir et les obliger à quelque reconnoissance et devoir. Quant au premier point concernant la religion catholique, ils ont montré de l'appréhender bien fort; et crains que la prière du Roi y serve aussi peu que la demande du roi d'Espagne qui le veut obtenir par traité, étant certain que si Sa Majesté se vouloit roidir contre eux en cet endroit, ils l'auroient à suspect, et ne le tiendroient jamais pour leur vrai ami, combien qu'avant ce soupçon pris à cause de ladite ratification, j'eusse occasion d'en espérer mieux; car en ayant conféré avec Barneveld, après qu'Aërsens lui en eût donné avis et déduit nos raisons, il me sembloit aucunement persuadé, et trouvoit bon que ledit exercice fût rétabli en quelques villes où le nombre des catholiques est grand, comme à Utrecht, Harlem, Amsterdam et autres, et à certaines conditions, auxquelles je montrerai que Sa Majesté s'accommoderoit; mais l'appréhension qu'ils en ont maintenant a rendu cette affaire très difficile, et y faut apporter beaucoup de considération pour ne les point offenser.

Pour les autres conditions, nous devons plutôt fomenter et accroître leur crainte et défiance, qu'essayer à la leur ôter. Peut-être que le roi d'Espagne n'a fait mention en cette ratification du fait de la religion que pour témoigner son zèle, sans y vouloir insister; et semble que le cordelier, lorsqu'il fut député vers les Etats, l'ait fait connoître, en ce qu'il leur a dit, tout ainsi qu'il sera libre audit sieur roi de demander tout ce qu'il voudra, qu'eux aussi auront la même liberté de le refuser; par ainsi qu'on ne rompra point pour cette occasion. Mais pour les autres conditions, il y a plus à douter; car il voit bien que notre Roi et celui de la Grande-Bretagne veulent obliger cet Etat à eux, se mettre en alliance, du moins défensive, qui l'empêche de pouvoir jamais recouvrer la perte qu'il fera par ce traité; et outre ce, s'il vient ci après à avoir la guerre contre l'un d'eux, qu'ils seront obligés à la défense mutuelle l'un de l'autre. Est vrai, s'il craint la paix à cette occasion, qu'il aura peut-être plus de sujet de craindre la guerre, qui liera encore davantage cet État avec eux par le secours qu'ils lui donneront au grand besoin qu'ils en auront; et s'il a quelque dessein d'entrer en guerre contre l'un des deux rois, ce qu'il n'osera jamais entreprendre s'ils s'allient ensemble, il estimera que les Etats lui feront moins de mal étant en paix, tant pour le désir de repos qu'on prend volontiers après une longue guerre, que pour le profit du trafic d'Espagne, qu'ils ne feroient s'ils étoient en guerre. Or le moyen d'éviter ces inconvénients et néanmoins de faire la paix à son avantage seroit, s'il pouvoit, par l'intervention de l'empereur, faire que les Etats se voulussent contenter de devenir membres de l'empire, et s'assurer sur cette seule protection, en leur remontrant qu'outre la foi que l'empereur leur donneroit, tous les princes de l'empire, même les protestans, dont ils pourroient prendre plus de confiance, s'y obligeront aussi. Et c'est à mon avis la cause de l'ambassade que doit envoyer l'empereur, et la seule espérance du roi d'Espagne et des archiducs, lesquels essaieront de gagner par cette voie, s'ils peuvent, M. le prince Maurice, avec toutes sortes d'offres pour le rendre affectionné à leur dessein. C'est un conseil qu'ils avoient pris et essayé par deux fois il y a déjà long-temps, lequel sembloit lors être assez plausible à ces peuples; mais, ayant reconnu que telles propositions n'étoient mises en avant que pour les tromper, ils les rejetèrent du tout. Je ne sais même si ce ne seroit point l'intention de l'empereur d'en faire jeter quelques propos en la diète qu'on dit devoir être tenue sur la fin de ce mois, afin de tirer un consentement de tous les princes de l'empire pour la sûreté de cette paix. Ce ne sont qu'imaginations qui passent par mon esprit, lequel ne reçoit à présent autres impressions que celles qui touchent cette affaire, n'en ayant d'ailleurs aucune autre lumière ni conjecture. Mais les princes protestans qui ont montré vouloir favoriser la sûreté des Etats n'apporteront plus, à mon avis, le même soin que l'empereur, pour les porter à ce conseil qui seroit dangereux pour eux. Le Roi peut aussi faire les offices qu'il jugera être requis pour leur faire appréhender cet artifice.

J'ai parlé plusieurs fois sur ce sujet avec Barneveld, comme j'ai fait aussi avec le prince

Maurice et le comte Guillaume; mais ils s'en moquent et approuvent les raisons qu'on leur a présentées plusieurs fois; à savoir, que la maison d'Autriche tient presque toujours l'empire, est trop puissante en Allemagne, et que les princes protestans sont assez grands pour beaucoup dépendre chez eux, mais foibles pour le secours d'autrui, divisés le plus souvent en opinions et volontés, et toujours en crainte d'offenser l'empereur et la maison d'Autriche, contre laquelle ils ont accoutumé eux-mêmes de rechercher des appuis dehors, et ordinairement en France; que l'empire ne s'est pas remué quand les archiducs ont depuis peu de temps assujéti du tout à eux Cambray, et ordonné que les appellations qui souloient aller à Spire, ressortiroient à Malines, et tant d'autres exemples si publics, que chacun connoît aujourd'hui, que ce n'est plus qu'un nom vain et imaginaire, sans pouvoir ni autorité; et ces raisons sont si véritables et tellement imprimées dans leurs esprits, qu'il n'y a point d'apparence, quand ils voudroient consentir d'être faits membres de l'empire, qu'ils veulent pourtant s'abstenir de traiter avec nous et Angleterre, dont ils jugent bien que doit dépendre toute leur sûreté, et même que cette condition seroit une contrainte trop préjudiciable à la souveraineté dont ils sont si jaloux. Or, pource que c'est ici le seul moyen que le roi d'Espagne peut pratiquer et rechercher, aussi en ai-je souvent conféré avec ceux qui peuvent quelque chose dans cet Etat, il y a déjà long-temps, et même depuis peu de jours avec Barneveld, m'étant plus apprivoisé avec lui que n'étois auparavant; mais je ne vois rien à craindre: et pour nous en mettre à couvert du tout, je presse toujours autant qu'il m'est possible cette ligue pour la paix, que les Anglois ont fait différer sous divers prétextes, et maintenant montrent de la désirer, ainsi que Barneveld m'a dit depuis deux jours, et qu'il est contenu en nos lettres au Roi. Je ne sais encore si c'est artifice ou vérité, craignant toujours plus l'un que je n'espère l'autre, tant à cause des variations dont ils ont usé depuis qu'ils sont ici, qu'à cause du jugement que vous en faites, et le soupçon que la longue connoissance que vous avez de leurs procédures vous en a donné. Il est besoin toutefois que nous en soyons éclaircis bientôt. C'est pourquoi je les ferai presser par le sieur Barneveld même qui en est fort désireux, et juge cette conjonction devoir être très-utile à leur Etat. Mais si c'est à bon escient qu'ils aient volonté de traiter ladite ligue, c'est au Roi de juger ce qui lui doit être utile, à son Etat, à vous, monsieur, du conseil duquel il se sert en ses plus importantes affaires, de lui en dire votre avis, et à nous de suivre ce qui nous sera commandé.

Si ne me saurois-je tenir de vous dire que, n'étant pas bien avec le roi d'Espagne, et y ayant toujours du soupçon qu'ils ne soient pour entreprendre contre nous ou quelques-uns de nos amis et alliés, qui nous obligera, par considération d'Etat, d'entrer en mauvais ménage avec eux, cette alliance nous pourroit être utile, et qu'elle tiendroit en telle crainte l'Espagnol, qu'il n'oseroit plus penser à aucune entreprise qui nous déplût: comme au contraire, si nous continuons d'être toujours mal avec les deux, du moins sans amitié assurée, ni avec l'un ni avec l'autre, le roi d'Espagne, qui est sur les desseins de s'acroître, fera tout ce qu'il pourra pour joindre l'Anglois avec lui, et, s'il ne peut mieux, se rendra spectateur, et empêchera qu'il ne se joigne avec nous, chose qui ne lui sera malaisée, attendu l'humeur de ce prince, qui ne cherche qu'à assurer son repos; et lors nous aurons à débattre nos querelles seul à seul, et par ainsi plus foibles que si nous étions assistés de lui. Je considère encore que les deux rois s'obligeant par cette alliance à se secourir l'un l'autre, tant contre les mouvemens de dedans que contre les ennemis de dehors, c'est un moyen pour retenir ceux de la religion en devoir, crainte qu'ils n'aient pour ennemis ceux dont ils eussent pu espérer d'être secourus, et pour faire aussi que notre saint père et les catholiques dans le royaume la jugent avantageuse pour la religion catholique, et louent la prudence du Roi qui l'aura faite. Cette amitié et confédération, qu'on pourroit encore confirmer par alliances et mariages, seroit aussi par aventure cause de si bien unir ces deux royaumes et les affections des deux rois, que Sa Majesté auroit le moyen de persuader au roi d'Angleterre qu'il doit donner quelque raisonnable contentement aux catholiques, afin de se garantir de tant de conspirations qui renaissent tous les jours chez lui, et pour disposer aussi dorénavant les affections de ses sujets à lui mieux obéir, et s'aimer et souffrir entre eux, quoiqu'ils soient de différente religion. Et plût à Dieu que tous les rois et potentats, ès Etats desquels cette division est entrée et devenue puissante, voulussent prendre le même conseil, en attendant qu'avec leur pouvoir et autorité, ou plutôt avec le zèle qu'ils doivent avoir à la religion, ils puissent exciter le pape d'avoir soin de ce danger plus qu'on n'a eu du passé, et de mettre la main à bon escient à la reformation de l'Eglise, puisqu'elle est si nécessaire pour faire cesser le schisme qui croît tous les jours, et arrêter les violences dont les plus forts usent à présent partout pour contraindre les plus foibles à suivre leur religion, comme je vois bien qu'on fera ici avec un exemple fort dangereux, et qui mettra du soupçon et de la défiance partout ès esprits de ceux qui penseront avoir quelque sujet de craindre l'avenir. S'il faut entrer en quelque conférence avec les députés d'Angleterre sur ce sujet, Barneveld m'a dit qu'ils demandoient à voir notre pouvoir. Vous jugerez s'il est besoin pour les contenter d'en avoir un particulier tant pour traiter ligue avec les Etats qu'avec eux, non pour rien conclure et arrêter là-dessus; car c'est chose qui doit être représentée particulièrement à Sa Majesté pour recevoir son commandement; mais pour en conférer et mettre en avant les conditions, nous nous servirons bien du nôtre; mais vous savez qu'il n'y a rien de spécial et particulier pour ce regard, et qu'ayant affaire à gens pointilleux, ils prendront peut-être ce prétexte pour mettre l'affaire en longueur. Je sais bien que les obligations qui sortent de telles ligues et les amitiés ne sont toujours ni sincères ni durables, si les causes qui ont mû les princes d'y entrer ne continuent aussi; mais il semble bien que l'intérêt des deux rois, et de leurs Etats et sujets, provient d'une juste défiance qu'ils doivent avoir de la puissance et des desseins d'Espagne qui n'est prête de finir. Aussi ce que j'appréhende le plus en cet endroit est plutôt l'irrésolution du prince avec qui nous avons affaire, lequel craignant d'offenser celui qui peut et peut-être a volonté de lui faire mal, pense plutôt l'adoucir en le flattant et montrant de le craindre, qu'en se mettant en état de l'empêcher, et lui ôter le moyen de faire mal,

qui est toutefois un très-dangereux conseil pour lui.

Je reçus hier au soir, après notre lettre écrite au Roi, la vôtre du vingt-deuxième du mois passé, et à l'instant ayant eu à communiquer avec lesdits sieurs députés d'Angleterre, je leur fis entendre ce qui s'étoit passé pour le fait du passe-port donné au comte de Tiron pour aller en Flandre, et que Sa Majesté n'avoit encore lors eu aucun avis que ledit comte se fût absenté d'Irlande pour soupçon d'Etat. Y ajoutai les raisons contenues en vos lettres, et que l'ambassadeur du roi de la Grande-Bretagne n'en parla à Sa Majesté que trois jours après le passe-port accordé. Ils ont montré ne l'avoir su auparavant, sinon par bruit; et toutefois le sieur Barneveld, qui les avoit vus le même jour et avant qu'ils eussent su cette nouvelle de nous, me dit qu'ils en avoient eu avis d'ailleurs. Ils ne se sont point découverts s'ils le trouvent bon ou mauvais; mais Sa Majesté n'a pu faire autrement sans violer le droit des gens, et faire un acte qui eût été sujet à blâme. Vous jugerez bien, monsieur, par ce qui est contenu ci-dessus et que mandons au Roi, qu'on ne peut qu'avec beaucoup de temps voir la fin de cette affaire; que le roi d'Espagne la tirera toujours en longueur avec artifice, et les Etats, par leur façon de procéder, et la forme qu'ils ont accoutumé de tenir pour traiter d'affaires, que ne pouvons accourcir quoique désirions de le faire, et leur ayons dit souvent la longueur devoir être plutôt dommageable à eux qu'à leurs ennemis; et quand on viendra au traité, qu'il faudra aussi surmonter beaucoup de difficultés, ainsi que l'issue en sera toujours fort incertaine, jusqu'à la conclusion entière. Et, dès à présent, je vois bien si les affaires doivent avoir bon succès, qu'elles se termineront plutôt par une trêve à longues années du côté de l'Espagnol que par une paix entière; mais encore y rencontrera-t-il cette difficulté que les Etats voudront être reconnus et déclarés libres et souverains par le traité de ladite trêve, non-seulement pour le temps qu'elle devra durer, mais pour toujours; et ne crois pas qu'ils la fassent jamais à aucune condition.

Or vraisemblablement le roi d'Espagne voudra conserver ses droits, pour, la trêve expirée, leur faire la guerre comme à sujets rebelles, ainsi qu'il a fait du passé, et eux prétendront que ce ne pourra plus être, les ayant reconnus libres et quitté ses droits, sinon comme à justes ennemis. Cette difficulté seule semble même suffisante pour faire rompre tout, sinon que ledit sieur roi, qui sait bien le mal qu'il peut recevoir ès Indes, tant d'orient que d'occident, et la résolution qu'ont prise les Etats de l'attaquer par là, se rendît plus facile à l'occasion de cette crainte. Et à la vérité, ayant ouï souvent discourir ceux qui entendent telles affaires, le roi d'Espagne a grand sujet d'appréhender les armes des Etats de ces côtés-là; car ils m'ont assuré qu'ès Indes orientales, tous les rois haïssent les Espagnols et Portugois; qu'ils ont offert de se joindre aux forces des Hollandois pour aider à prendre les forts qu'ils y tiennent; et disent même qu'ils seront suffisans seuls pour l'exécuter, pourvu que lesdits Hollandois se rendent maîtres de la mer: ce que deux des principaux de la compagnie des Indes d'orient m'ont dit pouvoir faire, s'ils sont tant soit peu aidés par les Etats; y ajoutant encore que lesdits rois et principalement celui de Celneal, qui est le plus puissant de tous, offroit de leur mettre en main les forteresses qu'ils prendroient sur lesdits Portugois; et que l'ayant refusé et déclaré, qu'ils se contenteroient qu'elles soient rasées, ne recherchant pour leur regard autre assurance du trafic qu'ils vouloient faire avec eux, sinon leur amitié, et qu'on l'ôte du tout aux Portugois; que cette franchise de procéder les a tellement obligés, avec ce qu'ils achètent lesdites denrées à prix plus raisonnable que lesdits Portugois, qu'ils s'assurent de les chasser desdits pays, et leur ôter tout ce trafic et les places qu'ils y tiennent, même ès Moluques, d'où vient le principal profit des Indes, dans trois ou quatre ans.

Lesdits marchands m'ont aussi fait voir des lettres suprises, qu'un évêque de Malaca écrivoit au roi d'Espagne en langage espagnol, par lesquelles il lui représentoit les périls qu'on doit craindre des Hollandois, si on ne les détourne ou empêche de faire ces voyages et trafic. Il y en a d'autres qui discourent aussi avec grande raison et jugement pour leur faire autant de mal aux Indes d'occident. Et néanmoins, ces marchands qui sont de la compagnie des Indes d'orient disent qu'en faisant la paix; ils ne quitteront jamais ce commerce; et est certain que la ville d'Amsterdam s'y opiniâtrera fort. Tellement que je vois de toutes parts de grandes difficultés à cette paix; car, encore que plusieurs la désirent, et plus ceux qui ont la conduite des affaires que le plus grand nombre du peuple, ils ont mis en leur tête qu'on leur doit accorder tant de conditions pour la rendre assurée, qu'il n'est pas aisé de les contenter. Et là-dessus ceux qui cherchent à faire continuer la guerre se servent de toutes occasions pour les échauffer; puis il y a des villes et des particuliers qui ont de certains intérêts avec lesquels ils en reçoivent d'autres, et tiennent en quelque crainte les plus sages qui s'emploient pour avoir la paix à conditions raisonnables. Je ne laisse toutefois d'espérer, si le roi d'Espagne la veut à bon escient, qu'elle se fera avec l'autorité, persuasion et contentement des deux rois, et que peu après les plus échauffés se modéreront; ou bien si la guerre continue, qu'on n'en pourra rejeter le blâme sur nous. Ce que nous craignons le plus est la séparation de Gueldre et Over-Yssel, au cas que la paix ne se fasse; car ceux-ci la désirent ardemment et ne refuseront de leur part aucune condition pour y parvenir. C'est pourquoi il est besoin de leur faire connoître, si elle ne se fait, que la faute en doit être rejetée sur leurs ennemis. Nous serons soigneux et prendrons garde à tout, pour faire que l'issue en soit telle que Sa Majesté désire, vous pouvant assurer que l'honneur que le Roi me fait d'avoir bonne opinion de ma fidélité et de mon jugement en la conduite de cette affaire, ainsi qu'il vous a plu m'écrire, me rend craintif et défiant, et que je ne serai jamais en repos et content que je n'en voie l'issue, que prie Dieu rendre aussi heureuse que je suis désireux de demeurer monsieur, votre très-humble et très-obéissant serviteur, P. JEANNIN.

A La Haye, ce sixième novembre 1607.

LETTRE *de M. de La Boderie à M. Jeannin, du 17 novembre 1607.*

Monsieur, celle qu'il vous a plu m'écrire par la voie du sieur Waudrenecq m'est arrivée assez promptement et sûrement; de sorte que, me voulant d'ici en avant favoriser de pareille courtoisie, vous vous pourrez servir de la sienne. Quant à celle que dites m'avoir écrite par la voie de Zélande, dix jours auparavant, je ne l'ai point eue. Je me suis toujours bien douté et l'ai dès long-temps présagé en notre cour, que, tandis que les affaires que vous m'aviez mandées tendroient à la paix, vous et les députés anglois seriez bien d'accord; mais de bâtir pour cela, par ensemble, aucune ligue, je n'ai pas estimé qu'ils y consentent, tant d'un côté ils craignent l'Espagne, tant de l'autre ils se défient de nous. De sorte que si vous le voyez tirer la chose à la longue, et sans en vouloir venir à l'affirmative, ne vous en étonnez pas; car, à mon opinion, ce où vous devrez tendre pour ce regard, sera plus pour les mettre en leur tort à l'endroit de messieurs des Etats, que pour espoir d'en rien obtenir. Quant est de faire la guerre, tenez pour certain, quoiqu'ils vous disent que leur maître n'abandonnera point lesdits Etats, qu'il n'a la volonté ni les moyens de les aider; et quand bien encore il leur voudroit donner quelque aide, il tâchera toujours de le faire si secrètement que l'Espagne n'en puisse rien savoir, ni nous aussi, tant ils craignent que nous les découvrions et nous tirions de la partie. Aux autres sujets de méfiance qu'ils avoient déjà contre nous, s'est joint celui du passage du comte de Tiron par la France, auquel le Roi a donné son sauf-conduit, nonobstant toutes les instances que l'ambassadeur anglois lui a pu faire, qui est très-grande. Et, comme d'ailleurs ils sont avertis que le pape a assuré le roi d'Espagne d'avoir tiré parole du Roi notre maître, de non-seulement ne point traverser la paix des Pays-Bas, mais de la favoriser de tout son pouvoir, toutes ces choses, soient vraies ou fausses, fomentées par leur naturel ordinaire, les tiennent si séparés de nous, que s'il apparoît quelque union entre vous et leurs députés, ce ne sera, si je ne me trompe bien, qu'en M. de Russy, étant au dedans tous résolus de n'avoir aucune participation avec nous. Je crois que sur cela vous pouvez prendre vos mesures; et est la mienne volonté qu'eux et nous puissions changer de style, ou, si nous le jugeons non espérable de cette part, que nous nous sachions une fois résoudre de prendre parti ailleurs. Si vous vous souvenez de ce que nous avons autrefois dit et quasi prédit, de ce qui est pour arriver de ces affaires, vous jugerez que nos irrésolutions sont bien cause de nous en donner la peine et le souci que nous en devons avoir en cette heure. Et plût à Dieu que dès-lors on eût aussi bien incliné à la paix comme l'on fait maintenant; on eût épargné beaucoup d'argent et beaucoup d'hommes qui sont depuis consommés, et eût-on obligé des princes, qui maintenant ne nous en sauront nul gré, et acquis la gloire par toute la chrétienté d'y

avoir mis la paix, sans autre dessein que de celui d'un prince vraiment chrétien, là où maintenant tout ce que nous y contribuons sera réputé à notre particulier intérêt et à crainte du mal qui nous en pourroit venir.

Si, ne jugeant de sûreté en ladite paix, nous eussions su au moins nous résoudre à la guerre, ce fût fait il a y long-temps, et eussions eu beaucoup meilleur marché de ce qui eût pu dépendre deçà que maintenant; mais Dieu dispose des affaires du monde et des cœurs des princes comme lui semble, et faut croire que tout ce qu'il en permet est à bonne fin. Je n'ai nulles nouvelles vous dire de cette cour. Cette équipée du comte de Tiron y avoit apporté quelque émotion, laquelle, bien que du tout non apaisée, s'est néanmoins diminuée de beaucoup, depuis qu'on a su qu'il n'a voit abordé en Espagne si promptement comme on craignoit. On pourvoit aux affaires d'Irlande le mieux qu'on peut; mais comme il y a peu d'argent et peu d'hommes de commandement, ce n'est pas sans peine. On équipe aussi les navires de guerre du tout délaissés depuis la venue de ce roi. Et pour cela, et pour beaucoup d'autres nécessités urgentes on a été contraint d'emprunter douze cent mille livres sur le plus clair revenu qu'il y ait par deçà et avec beaucoup de perte. Les affaires n'y acheminent pas avec plus de prospérité que de raison, mais la façon de vivre du prince, et l'ambition particulière de ceux qui gouvernent, qui, pour se satisfaire ne voudroient pas qu'il vécût d'autre façon, en sont bien cause.

J'ai été près de deux mois attaché au lit, à cause d'une fièvre qui me vint surprendre lorsque je y pensois le moins. Cela a été cause de ce que vous avez eu si peu de mes lettres; maintenant que j'en suis délivré, Dieu merci, j'essaierai de le récompenser à l'avenir. Et cependant, après vous avoir très-humblement baisé les mains, je prierai Dieu vous donner, monsieur, en parfaite santé très longue vie.

Votre très-humble et très-affectionné serviteur,
LA BODERIE.

A Londres, ce 17 novembre 1607.

LETTRE *du Roi*, *du vingt-troisième novembre* 1607.

Messieurs Jeannin et de Russy, je suis marri que messieurs les Etats n'ont suivi le conseil que vous et les députés d'Angleterre leur avez donné sur l'acceptation de la ratification du roi d'Espagne, que les archiducs leur ont envoyée par le cordelier et l'audiencier Verreiken, ainsi que vous m'avez mandé par votre lettre du vingt-septième du mois passé, reçue seulement le quinzième du présent. Car il me semble que les considérations auxquelles ils se sont arrêtés étoient indignes des difficultés qu'ils ont formées, et d'être préférées au juste et bien fondé soupçon qu'ils vous ont au même temps déclaré avoir, que ledit roi d'Espagne désire tirer les choses artificieusement en longueur pour s'en avantager : s'il faut que la guerre continue, les surprendre, et si la négociation commencée doit durer, les diviser et suborner. J'ai appris, tant par votredite lettre que par la subséquente du sixième de ce mois, reçue le dix-septième, que vous avez fait votre possible pour leur persuader d'en user autrement. Je demeure pour ce regard satisfait du bon devoir que vous y avez fait. J'accuse plus la mauvaise intelligence et union qui est entre ceux qui gouvernent les affaires, et principalement entre le prince Maurice et Barneveld, que toute autre chose; car, comme l'un contredit à la paix et l'autre désire l'avancer, encore que j'estime que ce soit de part et d'autre à bonne fin et intention, s'il avient que l'un fomente la défiance qu'on doit avoir du procédé des Espagnols pour dégoûter leurs peuples de ladite paix, l'autre est contraint d'y acquiescer, afin de n'être sujet aux reproches, ni même à la haine qu'encourent ceux qui auront trop d'espérance et fiance en la bonne foi et aux promesses desdits Espagnols. Et, comme je sais que vous avez fait tout ce que vous avez pu par prévoyance, remontrances et prières en mon nom pour obvier à telle discorde, depuis que vous êtes par delà, conformément au très-exprès commandement que je vous en fis en partant, et vous ai réitéré par toutes mes dépêches, voyant à présent qu'il est question de fondre la cloche et entrer en matière; que tant s'en faut que vous ayez guéri cette plaie, qu'elle paroît plus vive et dangereuse que devant, c'est chose aussi qui me déplaît grandement, pour l'affection que je porte et l'intérêt que j'ai à la prospérité de ces provinces, et la juste crainte que j'ai qu'enfin cette division, qui est bien connue de leurs adversaires, soit cause durant leur négociation, ou après qu'elle sera finie, soit qu'elle réussisse ou non, de leur entière perdition; car il sera difficile que la partie ou faction qui aura succombé rentre sincèrement en l'union de l'autre, pour après épouser les affaires de la guerre ou de la paix, ainsi qu'il écherra, et sera nécessaire pour profiter de l'une ou de l'autre: tellement que je n'en puis attendre tout malheur pour eux, tant au général qu'en particulier, et à tous ceux qui s'engageront et intéresseront davantage avec eux, quoiqu'ils deviennent et résolvent, s'ils ne changent, par effet, de conseils et de conduite. Ce que je veux que vous remontriez de nouveau auxdits sieurs les Etats, et particulièrement auxdits prince Maurice et Barneveld; mais premièrement à ceux-ci, devant que d'en parler aux autres, comme à ceux que nous reconnoissons seuls causes de ce désordre, et partant y pouvoir remédier s'ils veulent s'entr'entendre, comme il faut qu'ils fassent pour leur propre bien, en prenant ensemble une résolution uniforme et semblable, pour, conjointement, en poursuivre l'exécution. Ils sont si avant engagés à la paix, qu'il est meshui impossible qu'ils s'en dédisent et départent, qu'ils n'aient éprouvé ce qu'ils en doivent espérer, quand même ils ne le feroient que pour contenter leurs peuples, les disposer de prendre plus gaiement et courageusement le fardeau de la guerre, qui est très-pesant, au cas qu'ils soient contraints d'y entrer. Davantage, leurs vrais amis jugent que le parti de la paix leur peut être plus honorable, sûr et utile, que celui de la guerre, pour infinies raisons, pourvu qu'ils puissent l'obtenir aux conditions qui ont été projetées. De façon que, si, de présent, ils la rejetoient devant qu'avoir fait cette preuve, non-seulement ils seroient blâmés d'eux, et accusés ci-après de tout le mal qui leur en arriveroit, mais aussi ils se mettroient en danger d'être abandonnés, interprétant à dureté et imprudence le refus qu'ils avoient fait d'entendre à ladite paix, étant comme ils sont dépourvus de moyens de pouvoir soutenir la guerre d'eux-mêmes. Il est donc nécessaire qu'ils s'unissent en la négociation de ladite paix, aux fins de l'avoir, s'il est possible, telle qu'elle leur est nécessaire, sans s'y traverser les uns les autres, ni tirer les choses en longueur à l'envi et par dépit; car le dilayer leur est très-préjudiciable, et leurs adversaires en profitent grandement, comme ils espèrent faire ci-après de plus en plus de la discorde qu'ils reconnoissent par leur conduite être parmi eux. Ils usent aussi de tous artifices pour retarder les affaires, sans omettre la pratique secrète de leurs corruptions ordinaires. Je conclus donc qu'ils doivent, sans s'amuser aux formalités passées, avancer le plus qu'ils pourront leur conférence avec les gens des archiducs, pour s'éclaircir de ce qu'ils doivent espérer de ladite paix. Ils ont voulu prendre six semaines, pour faire entendre à leurs provinces et voir l'état de cette affaire : ce temps ne peut plus être raccourci, puisqu'ils l'ont ainsi déclaré; mais vous les exhorterez et prierez surtout qu'ils désirent leur propre bien, et me contenter de ne retarder davantage l'ouverture de ladite conférence. Ce terme consumera celui qui reste de leur cessation d'armes; partant il sera besoin de la prolonger; ils le doivent faire pour le moins de temps que faire se pourra. L'on m'a écrit de Bruxelles que les archiducs entendent l'obtenir pour un an : si lesdits Etats l'accordent pour si long-temps, ils s'endormiront, et les nerfs de leur sûreté se relâcheront tellement, que leur réputation en diminuera grandement, comme feront leur courage et leurs forces, sans toutefois pouvoir retrancher leurs dépenses. Davantage leurs amis s'ennuieront et lasseront de les secourir, mal contens de leur conduite et incertains des événemens.

Pour mon regard, dès à présent, je vous déclare que je ne veux plus vivre et demeurer en telle incertitude et irrésolution, afin que vous leur fassiez entendre à ce qu'ils ne fassent en tel cas état de tirer ci-après de moi le secours d'argent que je leur ai continué ; même je n'ai déjà que trop éprouvé leur légèreté, je puis dire leur méconnoissance. De quoi toutefois je ne veux plus me souvenir que pour m'en servir d'enseignement à ne tomber ci-après en pareille surprise qu'a été celle en laquelle ma trop grande confiance m'a conduit, ce que je ne dis encore qu'à vous. Je désire donc et suis d'avis que lesdits Etats, étant autorisés de leurs provinces et villes, examinent et préparent d'heure les points qu'ils doivent et prétendent proposer et traiter en ladite conférence, et qu'ils en conviennent ensemble secrètement devant que s'y présenter, afin qu'ils soient trouvés unanimes, principalement aux choses qui concernent le général du pays, comme vous leur avez conseillé, avançant l'élection des personnes qu'ils voudront y employer. Mais vous avez bien fait de vous être arrêté au point de la religion, et de vous y être conduits, ainsi que vous m'avez écrit, en les dissuadant de rompre sur icelui pour les pertinentes raisons qui vous ont mus de ce faire. C'est un article scabreux et épineux en diverses manières, sur lequel je ne veux vous donner aucune charge que celle que vous avez emportée, assuré que vous ne perdrez l'occasion de m'y servir, quand vous verrez lieu de le faire, sans rien précipiter ni omettre : car, comme d'un côté j'affectionne grandement ledit point pour les raisons qui m'y obligent, d'autre part je ne veux pas par une telle proposition, faite hors de temps, altérer les cœurs et volontés de ceux du pays ; mais s'il faut que lesdits sieurs relâchent quelque chose de leur dureté et fermeté en ce point, il leur sera trop utile et à moi agréable qu'ils le fassent d'eux-mêmes ou en ma contemplation et par mon entremise, que par une transaction et contrat avec leurs adversaires, comme sagement vous leur avez remontré, et continuerez à faire, quand vous jugerez qu'il sera opportun. Pareillement ils doivent pourvoir au plus tôt à la forme qu'ils prétendent donner au gouvernement de leur république quand ils seront en paix ; car en ce point consiste principalement la sûreté de leur Etat et leur conservation. Quoi faisant, souvenez-vous de leur ramentevoir, et les prier de ma part, de donner tel lieu au prince Maurice et à ceux de sa maison, qu'ils puissent demeurer et vivre ci-après avec eux aussi honorablement, et, s'il est possible, avec plus d'autorité encore qu'ils n'ont fait ci-devant ; car il est certain qu'ils en tireront de l'utilité, et sûreté et seront, outre cela, loués de grande gratitude et reconnoissance pour les services et bienfaits qu'ils ont reçus de ladite maison, et particulièrement de la personne dudit prince, à quoi j'aurai part aussi, pour l'affection particulière que je lui porte et aux siens. Vous avez déjà pour ce regard si bien ébauché et préparé les choses, que j'espère, si ledit prince suit nos conseils, qu'il en recueillera le fruit que je lui souhaite. En quoi vous continuerez à vous fortifier du comte Guillaume, et à disposer aussi le sieur de Barneveld, lequel, comme très-sage et conduit d'une très-bonne intention envers le public, saura, comme j'espère, bien choisir et prendre les conseils plus salutaires en cela.

Quelques-uns veulent que je croie que ledit prince a l'inclination si contraire à la paix, l'estimant préjudiciable à l'Etat et à soi-même, que tant s'en faut que l'on puisse disposer et faire résoudre d'y consentir et la faciliter, qu'il a délibéré s'associer et joindre avec ceux qui sont de même avis, et dresser un parti séparé du général, en cas qu'il traite avec les archiducs pour continuer la guerre tant qu'il pourra ; se promettant et faisant fort d'être accompagné, en ce désespoir, de la Zélande et de la Frise, des villes d'Amsterdam et Rotterdam en Hollande, et de plusieurs autres qu'il tient à sa dévotion par le moyen des garnisons qui y sont établies ; qui seroit bien le plus périlleux conseil qu'il pourroit élire, tant pour lui et pour ceux qui le suivront que pour le reste du pays, et partant tout ce que pourroient souhaiter, et ce à quoi peut-être aspirent et tendent ceux qui en ont conjuré la ruine. Or je ne puis croire que ledit prince, lequel peut assurer sa fortune et sa maison très-honorablement et avantageusement par autre voie, en paix comme en guerre, recoure au parti susdit. Toutefois j'ai voulu vous faire savoir ce qui m'en a été dit, afin que vous y preniez garde et y obviez.

Je n'ai point d'avis que l'empereur ait encore dépêché par delà les comtes de Hanau et Ernest de Mansfeld. Mon secrétaire résidant à Prague m'a écrit que lesdits comtes, voyant que l'on ne parloit encore de les employer, étoient partis de ladite ville pour aller visiter leurs amis, et passer quelque temps aux champs; mais je m'attends bien que l'on les dépêchera sitôt qu'ils seront assurés du temps que la conférence commencera, afin d'y comparoître, et ne doute point que leur charge ne tende à l'effet porté par vosdites lettres, ni que tout ce qui sera proposé de la part dudit empereur ne soit concerté avec les Espagnols et archiducs; car il est certain que l'intelligence de la maison d'Espagne avec celle d'Autriche, d'Allemagne, est aussi bonne que jamais. Et quand ils font quelquefois paroître et publier le contraire, c'est pour abuser et endormir les princes de l'empire, qu'ils savent désirer leur désunion, afin de les mieux manier et porter à leur but : artifice que ledit empereur pratique encore maintenant avec les princes et électeurs protestans; de la société et assistance desquels je dis que nous ne pouvons, à cette cause, faire grand fondement, tant ils redoutent ledit empereur et aiment leurs aises. Aussi ne m'a-t-il été possible, jusqu'à présent, de les unir en un dessein pour leur propre conservation, ni de tirer d'eux aucun propos certain sur les affaires des Pays-Bas, encore que l'électeur palatin n'ait mandé qu'il fera trouver par delà ses députés pour ladite conférence, avec charge expresse de se joindre à vous, épouser et suivre vos conseils et mes intentions; de quoi, nonobstant ma défiance susdite, vous mettrez peine de profiter, selon que les occasions s'en présenteront. Tous lesdits princes ont consenti de comparoître à la diète impériale, l'archiduc Ferdinand y présidant et représentant la personne dudit empereur, lequel l'a voulu préférer à ses frères pour plaire au roi d'Espagne, et se venger de sesdits frères. A quoi nul desdits princes n'a contredit, comme ils ne font que de paroles, à tout ce que ledit empereur entreprend contre les libertés de l'empire, par où on reconnoît leur foiblesse et division. Je n'ai pas opinion que le landgrave de Hessen envoie par delà, ni le duc de Wirtemberg, encore que j'y aie souvent convié le premier, et que le dernier ait de nouveau traité quelque espèce d'alliance et correspondance avec l'électeur palatin plus étroite qu'auparavant. Ainsi je ne m'attends pas que nous recevions grand renfort ni aide desdits princes.

Toutefois vous mettrez peine d'entretenir et ménager leurs gens à l'avantage de la cause publique, et me tiendrez averti de leur procédé. Le but principal dudit empereur est de porter et rembarquer l'empire aux contributions de la guerre contre le Ture; peut-être sera-t-il parlé encore en ladite diète de ladite paix des Pays-Bas; mais autant en emportera le vent; et reconnois, par les discours que lesdits princes Maurice et Barneveld vous ont tenus sur les mérites des secours d'Allemagne,

qu'ils en jugent sainement. Il me reste à vous mander mon avis sur la ligue que les Etats ont proposée; j'approuve que vous en avanciez le traité, et vous envoie pour cet effet mes lettres de pouvoir nécessaire. Toutefois, il sera plus à propos de lui donner seulement le titre de ligue défensive; elle en sera mieux reçue, et fera-t-on moindre difficulté d'y entrer; joint que nous ne laisserons d'étendre les conventions d'icelle aussi avant que nous jugerons être nécessaire à la cause commune. Je vous ai prescrit par mes précédentes mes intentions sur ce sujet; partant je n'estime pas pour le présent devoir y rien ajouter, me réservant de vous éclaircir davantage d'icelle, à mesure que vous m'informerez de ce qui sera proposé; mais je ne puis croire, quand il sera question de joindre et serrer les affaires, que les Anglois y entrent franchement et fidèlement. Deux raisons peut-être les y convieront : la première, la jalousie qu'ils auront de mon union sans eux avec lesdits Etats; et l'autre, le nouveau sujet de dégoût et mécontentement que les archiducs leur ont donné, par l'accueil et réception qu'ils ont fait en leur pays au comte de Tiron et à sa suite. Toutefois je n'ai pas opinion que leur indignation et offense pour ce regard s'étende plus avant que les paroles. Le moyen donc de les faire danser sera peut-être la démonstration que l'on fera par delà de traiter sans eux, s'ils font les rétifs et les longs. J'ai considéré ce que nous avez écrit par vos dernières, qu'ils avoient, sur ce, dit au sieur Barneveld, ainsi qu'il vous avoit rapporté, s'ils veulent que notre société et réciproque assistance s'étende aussi bien contre nos sujets rebelles et ceux qui les suborneront et feront lever de fait, que contre les étrangers : j'y entrerai volontiers, non, grâces à Dieu, que j'estime en avoir besoin tant que je vivrai, mais tel article pourra être utile à nos enfans. Et s'il est ainsi que ledit roi de la Grande-Bretagne se défie de quelque remuement en ses royaumes, voyant que j'aurai agréable cette obligation, cela peut-être le conviera d'entendre plus volontiers à ladite ligue.

Néanmoins je continue à vous dire que je me défie plus de sa volonté et résolution que je n'en espère; joint qu'il est à présent dégarni de moyens de secourir ses alliés d'autre chose que d'hommes, de quoi vous savez que je n'ai faute. Il fait une vie par laquelle il n'amendera pas sa condition et ses affaires de long-temps, s'il ne se change; encore sera-ce beaucoup si elles n'empirent. Je crains donc que lesdits Anglois fassent démonstration de vouloir être de la partie de cette confédération, seulement pour mieux et dextrement la traverser, et enfin la renverser; car le but de ses principaux conseillers, et même de Cécil, a toujours été de faire revivre l'alliance de la maison de Bourgogne contre la France, par le moyen de leur conjonction avec les archiducs, auxquels, à cette fin, ils souhaitent la paix des Pays-Bas, et non une association entre eux qui rende leur alliance bourguignonne moins utile; à quoi vous verrez clair bientôt, si les Etats les pressent de se déclarer et parler : office qu'il sera plus à propos qu'ils fassent que vous; car sachez que les remontrances et conseils qui seront donnés auxdits Anglois par mes ministres leur seront toujours suspects. Il sera plus séant aussi que cette sollicitation et recherche soit faite par lesdits Etats que par autres pour toutes bonnes considérations. J'ai mis en considération si nous devions, dès à présent, entendre à une association avec lesdits Etats pour leur défense et conservation, au cas qu'ils ne puissent obtenir la paix aux conditions raisonnables pour maintenir leur souveraineté ou attendre la rupture de ladite paix. C'est sans doute que cette résolution favoriseroit grandement la cause desdits Etats en ce traité, s'il étoit sûr que nous l'eussions prise par avance et formé telle que chacun crût que lesdits Etats pussent (fortifiés d'icelle) défendre leur pays ou nuire à leurs ennemis en cas de guerre. Mais aussi si l'ouverture s'en fait de présent et que les Anglois refusent d'y entrer ou contribuer à leur secours, comme je ne pourrai ni devrai seul m'obliger à porter ce fardeau, ce manquement étant divulgué, comme il arrivera, défavoriseroit et empireroit grandement les affaires desdits Etats. Il faut donc que je remette à vous de pousser ou retenir cette proposition, selon que vous jugerez à l'œil qu'il sera utile de le faire. J'entends toutefois, si vous rencontrez les esprits disposés d'y entendre, que vous vous contentiez d'ébaucher l'affaire sans la conclure, que je n'en sois préalablement averti.

Quant à ladite alliance, au cas que la paix ait lieu, si lesdits Anglois font difficulté et remise d'y entrer, ne laissez d'y entendre sans eux, si lesdits Etats vous en pressent et y sont disposés, en réservant place honorable audit roi, et aussi à tous les autres princes qui voudront ci-après y entrer, afin qu'ils ne puissent se plaindre d'en avoir été exclus. J'approuve aussi que nous parachevions ce traité devant que la susdite conférence de la paix soit commencée, afin que chacun sache l'état qu'il doit faire de son voisin devant la résolution de ladite paix. Le sieur Aërsens est venu ici pour me demander de l'argent, à son accoutumée, et veut que je croie que l'on rencontrera des difficultés si grandes, quand on sera entré en traité, que l'on ne s'en accordera jamais, si lesdits Etats ou les Espagnols ne se laissent aller à des conditions très-honteuses et dommageables. Ce qu'il n'estime pas que ceux-ci fassent; mais il dit qu'il craint fort que les autres soient contraints de le faire, s'ils ne sont assurés d'heure qu'ils ne seront point abandonnés des deux rois convenablement à leur besoin en cas de guerre. Il insiste donc que nous pensions et pourvoyions à ce point par préférence à tous autres. Mais je ne veux rien ajouter à ce que dessus pour ce regard, ni à ce que je vous ai écrit ci-devant. J'ai aussi peu délibéré de mettre la main à la bourse dès à présent sur sa réquisition, le dernier argent que j'ai fourni n'étant encore à peine passé la mer. Je veux savoir devant ce que je dois me promettre desdits Etats, et être éclairci de la manière qu'ils entendent conduire les affaires de la paix. Je vois qu'ils sont très-diligens à me presser de les secourir, et peu soigneux de suivre mes conseils aux occasions d'importance qui se présentent, ainsi qu'ils ont pratiqué au rejet qu'ils ont fait de ladite ratification du roi d'Espagne, nonobstant votre avis suivant lequel ils pouvoient la recevoir et se contenter, et sur cela avancer leur conférence sans s'arrêter à leurs difficultés fondées sur des formalités qui n'importent au principal, comme fait l'avancement dudit traité, pour savoir ce que l'on en doit espérer. Vous vous défendrez donc de l'avance du secours susdit que demande ledit Aërsens; mais vous vous servirez du besoin qu'ils ont d'icelui pour avancer et mieux exécuter mes susdits commandemens; priant Dieu, messieurs Jeannin et de Russy, qu'il vous ait en sa sainte garde.

Ecrit à Fontainebleau, ce 23 de novembre 1607.

HENRI.

Et contre-signé, BRULART.

Autre LETTRE *du Roi à M. Jeannin, en particulier, dudit jour 23 de novembre 1607.*

Monsieur Jeannin, je vous fais cette lettre à part, pour vous faire savoir que je prévois, si le sieur Barneveld ne se roidit encore plus qu'il n'a fait ci-devant pour la paix, qu'ils n'y parviendront jamais; aussi se trouveront-ils sans moyen de pouvoir suffisamment soutenir ci-après la guerre. Outre cela, ils se désuniront, car toutes choses y sont portées; il n'y a que lui qui puisse obvier à ce malheur, avec l'autorité qu'il a par delà, et l'affection que je sais qu'il porte au public. Et tout ainsi que je n'ai pour mon regard autre but que de procurer et favoriser le semblable, que que l'on ait ci-devant publié, reconnoissant je puis tirer de leur seul établissement un notable avantage, dites audit Barneveld que je veux non-seulement que vous autorisiez ses conseils plus que jamais pour ladite paix, mais que je désire aussi lui témoigner par effet et aux siens, par une reconnoissance digne de son mérite, combien je prise son affection au bien de la cause publique, et particulièrement de ma couronne. Partant vous lui en ferez ouverture en mon nom, et, après que je saurai sa délibération, je vous commanderai plus particulièrement ma volonté sur cela. Cependant vous donnerez ordre que nul ait connoissance de ce propos que vous, et m'y ferez réponse au plus tôt. Je prie Dieu, monsieur Jeannin, qu'il vous ait en sa sainte garde.

Écrit à Fontainebleau, ce vingt-troisième jour de novembre 1607. HENRI.

Et contre-signé, DE NEUFVILLE.

LETTRE *de M. de Villeroy à M. Jeannin, du vingt-troisième jour de novembre 1607.*

Monsieur, le Roi est mal édifié du procédé de ces messieurs, comme vous connoîtrez par sa lettre. Il semble aussi qu'ils ne se soucient de son nom ni de son argent, que pour montrer qu'ils font peu de compte de ses conseils; car ou ils ont recours à vous après les résolutions prises, ou font le rebours de ce que vous leur conseillez, et en préfèrent d'autres aux vôtres. Il est certain que leurs divisions et partialités en sont cause. Mais telle excuse n'est recevable pour nous, et les effets leur en sont très-préjudiciables; car plus ils s'attendront à s'éclaircir de ce qu'ils espèrent de leur paix, leurs affaires empireront; et s'ils estiment que nous voulions continuer cependant de payer les ménétriers, ils s'abusent grandement; ils ne nous donnent pas grande occasion de le faire. Je l'ai dit au sieur Aërsens aussi ouvertement que je le vous écris; le Roi même ne lui en a moins dit, étant venu ici exprès pour nous demander le dernier quartier du secours de l'année présente. Il excuse leurs longueurs sur leur forme de gouvernement, et n'ose accuser leurs partialités. Mais, de quelque cause et endroit qu'elles procèdent, il nous seroit indifférent, s'il falloit que nous ne missions plus la main à la bourse, ou si nous pouvions les garantir des accidens que nous prévoyons qu'il en arrivera à eux et à leurs amis. Vous leur en avez dit assez pour leur faire comprendre notre mécontentement et intérêt; mais je ne pense pas qu'ils puissent l'amender, ni faire mieux ci-après, si le prince Maurice ne change de style; à quoi il me semble qu'il ne se dispose pas. Quoi étant, je prévois, s'il continue, qu'il sera cause de la ruine de sa maison et de sa patrie; car s'il se sépare du général, ou empêche le cours de la paix, il sera maudit de tous, et périra indubitablement, d'autant que le Roi abandonnera tout, et sera contraint de le faire pour infinies raisons. Ce que nous dirons clairement à la princesse d'Orange quand elle ira visiter le prince Maurice, ce qu'elle dit qu'elle fera bientôt, en ayant été priée par le prince Henri son fils.

Je crois fermement que le roi d'Espagne n'a fait mention en sa ratification de la religion, que pour justifier sa procédure, et qu'il ne rompra pour cela. Si les Etats eussent rompu sur ce sujet, ils l'eussent fait très-légèrement et inconsidérément; sans doute ils nous eussent contraints de retirer notre épingle du jeu, comme ils feront encore s'ils rompent sur ce point: ce que vous devez continuer à leur prédire comme vous avez bien commencé. Le Roi vous écrit si clairement son intention pour ce regard, que je n'ai rien à y ajouter. Nous avons approuvé votre avis sur la proposition que le sieur Barneveld vous a dit lui avoir été faite par les gens du roi d'Angleterre, aux fins de comprendre en la ligue que nous prétendons faire, nos sujets rebelles, comme nos ennemis étrangers. Pour cette cause, votre pouvoir en a été chargé; mais j'ai toujours opinion que les Anglois ne joindront jamais comme il faut. Toutefois je suis d'avis que nous y fassions notre devoir; car, comme vous dites très-bien, si ces deux rois étoient bien liés ensemble avec lesdites provinces, personne ne pourroit les endommager à l'avenir; mais j'ai si mauvaise opinion du roi d'Angleterre et du comte de Salisbury, que je ne puis me promettre cette union, ni moins encore l'effet d'icelle, quand bien elle seroit écrite et accordée. Je fais copier les derniers traités, et articles accordés entre le Roi et la feue reine d'Angleterre, et depuis avec le roi de la Grande-Bretagne, afin de vous les envoyer, ensemble celui que le Roi a ci-devant fait avec les Etats desdites provinces; mais comme je ne les ai pas tous ici, je ne puis y satisfaire que nous ne soyons à Paris, où j'ai laissé mes papiers, entre autres les articles que M. de Sully rapporta d'Angleterre; mais vous pourrez cependant ébaucher les affaires avec lesdits Anglois s'ils consentent d'y entrer.

Nous avons avis d'Espagne que le roi dudit pays a retenu tout l'argent que la flotte a apporté cette année, appartenant aux particuliers, que l'on publie monter en tout à huit millions, deux et demi pour le Roi, et le reste pour lesdits marchands; ce qui fait soupçonner qu'il veut exécuter quelque grand dessein cette prochaine année, car telle rétention incommode grandement lesdits marchands, et décrie le crédit dudit Roi. L'on dit que le marquis Spinola y sera fort intéressé; mais, après qu'ils auront exécuté la saisie générale sous main, ils en dispenseront qui bon leur semblera. La querelle passée entre le pape et les Vénitiens commence à se renouveler, à cause d'un attentat commis en la personne de ce frère Paule, de l'ordre de Servy, qui a défendu la cause de la république contre l'interdit. L'on a failli de l'assassiner dedans Venise à coups de dague en plein jour; et dit-on qu'aucuns des meurtriers, après avoir passé par le logis du nonce, se sont sauvés en l'Etat de l'Eglise, où ils sont encore de présent; et néanmoins le pape fait contenance de blâmer et improuver grandement ledit acte: aussi est-il très-sale et indigne du titre qu'il porte. Depuis, les Vénitiens ont banni et chassé certains prêtres de leur Etat, et quelques théatins, qui en leurs confessions ordonnoient des pénitences à leurs sujets, pource qu'ils n'avoient obéi audit interdit durant icelui, et vouloient les obliger à y obéir à l'avenir, si l'occasion s'en présentoit. De quoi il ne faut douter que le pape, animé par les Espagnols, ne se plaigne grandement; de sorte que je n'en augure rien de bon, et d'autant plus que notre crédit ne sera suffisant cette fois pour les contenir comme il a été la première. J'estime aussi que Sa Majesté ne sera conseillée de s'y engager si avant qu'elle a fait pour diverses considérations. Autres ont opinion que ledit roi d'Espagne en veut à la Barbarie, pour profiter des différends qui sont encore entre les enfans du chérif dernier décédé; mais il faut plutôt soupçonner qu'il tâchera de faire un effort aux Pays-Bas, si la paix ne s'y fait; car cette besogne lui importe plus que nulle autre, et il lui est impossible d'en entreprendre une nouvelle, celle-là étant en l'état qu'elle est. Nous voyons aussi que l'Empereur veut commencer la guerre contre le Turc: il a intimé cette diète plus pour cela que pour autre cause. Je ne doute point qu'il ne fasse faire auxdites Provinces les offres portées par vos lettres; mais je n'ai pas opinion qu'elles les acceptent, pour les raisons qui vous ont été dites. Enfin nous jugeons être nécessaire que lesdits Etats avancent leur traité, qu'ils prennent la paix s'ils peuvent l'obtenir avec sûreté, qu'ils redressent leur gouvernement et résolvent leurs alliances. Ce sont les trois points portés par le prudent avis que vous leur avez donné, auquel nous ne pouvons rien désirer que l'accomplissement d'icelui.

L'on nous a écrit de Bruxelles que le cordelier a porté avec lui provision de doublons en ce dernier voyage, ou des lettres de change. Mais il ne faut croire tout ce que l'on dit, encore que nous devions tenir pour certain qu'ils n'ometront à pratiquer cette voie tant qu'ils pourront. Le p[résident] de Chablais m'a ci-devant envoyé une ra[tifi]cation de son duc, de l'accord qu'il fit avec [...] touchant le droit d'aubaine, lorsqu'il étoit à [...] ne l'ayant trouvé du tout conforme à notre [...]ration, je la lui ai renvoyée. Vous verrez [sa ré]ponse, par laquelle il me mande qu'elle est [...] qu'il l'a promise par un écrit qu'il dit qu'il [...] laissa, dont il m'a envoyé un double qui ser[a ci-] joint. Et, parce que je n'ai vu l'original, [j'ai] quelque difficulté lui mander que le Roi est [con]tent de ladite ratification; partant vous nou[s se]courrez, s'il vous plaît, de votre avis sur cett[e] certitude. Je vous envoie une lettre que le [sieur] Jean de Nassau a écrite au Roi. Nous n'avon[s pas] estimé devoir employer le nom de Sa Majes[té en] cette recommandation sans votre avis; ça ét[é par] les mains de M. de Bouillon que nous l'avon[s re]çue: usez-en s'il vous plaît avec discrétion. [Vous] trouverez encore ici une relation venue d'Esp[agne] il y a quelques jours, de ce qui s'est passé au[x In]des de Portugal contre les Hollandois; je ne [sais si] elle est véritable; mais parce que j'ai connu par [vos] lettres que l'on en parle encore par-delà diverse[ment,] j'ai estimé la vous devoir envoyer telle qu'elle [est]. Véritablement il n'y a meilleur ni plus promp[t ni] sûr moyen d'affoiblir, voire ruiner la puiss[ance] d'Espagne, qu'en l'attaquant par les Indes [d'o]rient et d'occident; et crois avec vous que le[s Es]pagnols craignent cela plus que toute autre [chose]. Il semble aussi qu'il n'y ait nation digne ni ca[pable] de ce dessein que lesdites Provinces; mais si [elles] font la paix, la friandise et commodité du c[om]merce les en dégoûtera du tout. Ce que le Roi [le] voyant, il seroit très-aise d'attirer en France c[ette] pratique, comme je vous ai quelquefois écrit; [mais] qui voudroit y profiter, il n'y faudroit poin[t épar]gner, ni s'embarquer à demi. Nous avons [bien] goûté ce que vous m'avez écrit de votre main [tou]chant le sieur Barneveld, et m'a-t-on comm[andé de] vous faire savoir que l'on est prêt à lui of[frir et] accorder tout ce que vous nous manderez ê[tre à] propos de faire pour le rendre bon ami du Ro[i. Je] prie Dieu, monsieur, qu'il vous conserve long[ue]ment et en parfaite santé.

Votre, etc. DE NEUFVILLE.

De Fontainebleau, le vingt-troisième jou[r de] novembre 1607.

Lettre de M. de La Boderie à M. Jeannin, dudit jour 23 novembre 1607.

Monsieur, je vous dis l'autre semaine la continuation, non-seulement des défiances de deçà, mais l'augmentation que j'y reconnoissois encore plus grande, depuis le traitement qu'on a fait en France au comte de Tiron. J'en ai eu la décharge depuis, tant du roi de la Grande-Bretagne que du comte de Salisbury, qui m'ont prou fait paroître l'un et l'autre qu'ils se fussent autant sentis obligés au Roi notre maître, s'il le leur eût envoyé, ou du moins retenu, comme ils avouoient le leur être peu. Néanmoins, comme ce qu'ils savent des desseins dudit comte leur donne plus grand sujet de crainte du côté d'Espagne que jamais, ils montrent qu'ils ne veulent nullement pour cela rompre avec nous, ni désunir d'avec messieurs les Etats. Ledit sieur comte me communiqua l'instance que faisoient ces derniers à leurs députés et à vous, de faire une ligue offensive et défensive envers et contre tous, et me déclara que pour l'offensive ils n'y pouvoient venir, ne voulant que le roi d'Espagne pût dire qu'ils eussent été les premiers à défecter de leur traité; que pour la défensive, ils y entreroient très-volontiers, mais après que la paix seroit conclue, parce que lors ayant l'Espagne reconnu lesdits Etats pour provinces libres, ils ne pourroient être blâmés de se lier avec eux. Vrai est que, de peur que cette déclaration ne pût servir à ceux desdits Etats qui désirent la paix, de prétexte pour l'avancer, et y disposer davantage leurs peuples, ni même donner occasion à ceux qui la voient faire mal volontiers, de dire que ç'avoit été eux et nous qui, par l'amorce de cette ligue, les y avions principalement attirés, comme il n'y en a point déjà faute qui en murmurent, qu'ils seroient d'avis de ne la point faire qu'après la conclusion de ladite paix, me priant de vous le faire entendre, et vous accommoder à ce parti, comme ils alloient en cette conformité en faire une bonne dépêche à leurs députés. Je lui promis que je le ferois. Et, encore qu'à mon avis la seule crainte qu'ils ont d'Espagne soit plus cause de ce qu'ils ne veulent si tôt venir à ladite ligue, ni aucune déclaration lent donner, si me semble-t-il qu'on les peut contenter de cela, au cas qu'il n'y ait quelque autre subtilité cachée dessous, que je n'entends point.

Je le remets à votre prudence, me suffisant que leurs députés sachent par vous que je vous en ai écrit. Ils entendroient qu'en faisant ladite ligue, eux et les Etats convinssent du secours qu'ils auroient à se prêter l'un à l'autre; de nous à eux, ils ne m'en parlèrent point: aussi, me semblant que la proposition en doit bien aussitôt venir d'eux que de nous, comme il sera toujours bien aisé de les y amener par le moyen desdits Etats, j'ai cru n'être à propos d'engager aucunement le Roi en chose sur laquelle je ne sais point sa volonté. Vous, monsieur, qui la devez mieux savoir, y saurez aussi prendre le parti plus assuré. Sur ces discours ils me parlèrent le Roi et ledit sieur comte, de l'agréation venue d'Espagne, et me dirent que non-seulement ils la trouvoient fort défectueuse et captieuse, mais s'étonnoient extrêmement, comme vous et leurs députés avez déclaré à ceux desdits Etats qui vous en étoient venus communiquer, que vous la jugiez suffisante. Il semble par-là qu'ils entrent en soupçon que nous ne favorisions trop ladite paix; à quoi, s'il vous plaît, vous prendrez garde. C'est ce que j'ai cru vous devoir dire de plus que je vous écrivis la dernière fois. Sur quoi je vous baise très-humblement les mains, et demeure, monsieur, votre très-humble et très-affectionné serviteur,

LA BODERIE.

A Londres, ce 23 de novembre 1607.

Lettre de MM. Jeannin et de Russy au Roi, du 24 dudit mois de novembre 1607.

SIRE,

Les lettres que Votre Majesté nous a écrites, du troisième de ce mois, contiennent les réponses aux nôtres du seizième, dix-huitième et vingt-quatrième du mois passé. Elle en aura depuis reçu du vingt-sixième du même mois, et du sixième de celui-ci. Nous lui rendrons compte maintenant de tout ce qui est arrivé depuis jusqu'à présent, où elle verra qu'en s'avançant dans les affaires on y rencontre toujours des difficultés qui nous travaillent, et donnent bien souvent des soupçons, dont nous sommes toutefois à présent mieux éclaircis, et avons pensé ne l'avertir, sinon de la fin qui est meilleure, et de taire le commencement qui n'étoit tel, de peur de lui donner quelque dégoût et mécontentement. Mais, afin qu'elle puisse mieux juger de toutes choses, nos lettres contiendront une narration entière de tout ce qui s'est passé incontinent après le départ du cordelier pour aller à Bruxelles. Les Etats, avant que renvoyer les députés des provinces, mirent en délibération, en leur assemblée, la ligue et alliance pour la paix. Le sieur de Barneveld, par leur avis, en dressa un projet, puis ils nous vinrent voir, les députés d'Angleterre et nous étant ensemble, pour nous en communiquer et nous le laisser. Ledit projet n'est bien, ni en la forme, ni en la substance : mais il n'y a rien dont on ne puisse demeurer d'accord, fors d'un article qui nous a semblé étrange et déraisonnable, par lequel ils demandent, quelques années durant, trois millions de livres chacun an, pour leur aider à supporter les grandes charges auxquelles le commencement de cette paix les obligera; car ils disent qu'ils sont contraints de donner de grandes récompenses, et payer les décomptes aux gens de guerre qu'ils voudront licencier, pour éviter les désordres et mutineries qu'ils pourroient faire; entretenir pour le moins trente mille hommes de gens de pied, pour les mettre en garnison dans les villes au nombre de plus de quatre-vingts, qu'ils ne peuvent conserver autrement, pource qu'elles sont toutes également frontières, et que les archiducs, outre les garnisons qu'ils auront d'ordinaire, qui ne seront moindres que de douze à quinze mille hommes, en pourront toujours lever autant dans leur pays en quinze jours, et faire, si bon leur semble, quelque entreprise contre eux si leurs villes sont mal pourvues.

Est aussi besoin qu'ils aient quelque cavalerie, et entretiennent au moins quarante navires de guerre, dont la solde se prend pendant la guerre, comme de tout, sur le surplus de leur équipage de mer, sur l'argent qui provient des convois et licences, et la paix leur ôtera ce fonds ou le réduira à fort peu. Que les provinces et les villes en particulier doivent de grandes sommes, du paiement desquelles elles sont pressées, et seront contraintes de les acquitter incontinent après la paix faite; et pour tout ce que dessus ne peuvent avoir recours qu'à la bonté et grandeur de Vos Majestés, au service desquelles et de leurs Etats, ils entendent employer tout ce qui dépendra à jamais de leurs moyens et pouvoir, en reconnoissance des grandes obligations qu'ils leur ont. Ils connurent par la réponse que nous leur fîmes à l'instant, et depuis en avoir conféré ensemble les députés d'Angleterre et nous, que cette demande nous avoit offensé, leur ayant dit qu'il sembloit qu'ils nous voulussent faire acheter leur amitié, comme si nous en avions besoin, et qu'eux n'eussent point affaire de la nôtre. Que nous savions bien l'état auquel ils étoient, et celui auquel nous sommes; qu'ils devoient tenir à grand honneur l'amitié de Vos Majestés, et reconnoître que leur appui et sûreté entière en devoit dépendre; que nous estimions aussi la leur, et ne voulions rien omettre non plus que du passé pour la conserver; mais qu'ils ne pouvoient raisonnablement désirer, sinon le secours contre ceux qui voudroient entreprendre d'enfreindre et violer la paix, sans prétendre de nous faire contribuer aux charges ordinaires de leur Etat. Qu'on leur offroit ce secours, dont ils se devoient contenter, et que vingt mille hommes de guerre avec cette sûreté valoient mieux que cinquante mille ne l'ayant pas. Que les archiducs, pour se décharger et soulager de dépense, n'entretiendront au plus que dix mille hommes; ainsi quand ils voudroient penser à entreprendre contre eux, et faire des levées dans leur pays à cette occasion, qu'elles ne pourroient être plus grandes en peu de temps que les forces qu'ils avoient d'ordinaire; et s'ils en espèrent et veulent avoir d'Espagne, d'Italie ou d'Allemagne, que celles de France et d'Angleterre seront toujours plus tôt prêtes à leur secours, que les autres arrivées pour leur faire du mal. Qu'il n'est pas vraisemblable que le roi d'Espagne et les archiducs veulent faire la paix pour la rompre, au cas même qu'elle soit appuyée de l'autorité et alliance de Vos Majestés; car ils auroient eu meilleur marché de continuer la guerre, attendu que les Etats ne reçoivent maintenant qu'un secours foible et sans obligation; au lieu qu'après icelle alliance qui les unira ensemble, ils seront obligés à un secours certain et réel, plus grand même que celui qu'ils ont donné au passé, et outre ce, intéressés plus qu'ils n'étoient à ne les point laisser perdre, ainsi qu'à s'y mettre plus s'il est besoin.

S'ils demandent aussi gratuitement ce secours de trois millions, qui excède celui qu'on leur souloit donner pendant la guerre, et sans s'obliger à le rendre, que leur demande est du tout injuste; et si ce n'est que par prêt, ils peuvent trouver chez eux-mêmes, et la seule ville d'Amsterdam, deux ou trois millions d'or ou

mois, comme il est vrai, et qu'il est plus raisonnable recourir là, que de vouloir charger les princes, l'amitié desquels ils doivent sagement ménager et la respecter; en sorte qu'ils ne leur donnent du dégoût et leur fassent oublier le soin qu'ils ont toujours eu de leur conservation, attendu qu'elle leur peut être si utile et honorable en tant d'autres choses, que nous nous étonnions bien fort comme ils nous avoient fait cette demande, et qu'ils n'ont mieux considéré qu'il nous seroit plus utile de leur donner un écu durant la guerre qu'un sol pour faire la paix; car l'un consomme l'argent et les gens de leurs ennemis, l'autre leur donne le moyen d'en amasser. Comme au contraire, en faisant ce qu'ils demandent, on videroit la bourse de leurs amis, lesquels néanmoins, sans regarder qu'à l'intérêt, bien et repos de leur État, les ont toujours exhortés à la paix, et usé de toute la conduite qu'ils ont pu pour la persuader à ceux qui la craignent et y donnent de l'empêchement. Et pour fin, puisqu'au lieu d'apporter de la facilité à cette alliance, ils y apporteroient eux-mêmes des difficultés, il valoit mieux n'y point penser, ou bien différer jusques à ce qu'ils aient mieux considéré si elle leur doit être utile ou non. Que ce n'étoit pas aussi nous qui les en avions recherchés, mais nous étions laissés aller à l'ouverture qu'ils en avoient faite, pour leur témoigner l'amitié et le soin que Vos Majestés vouloient prendre d'eux; s'ils continuoient à procéder de cette façon avec des princes auxquels ils ont si grande obligation, ils les contraindroient de changer de volonté, et de prendre d'autres conseils, qui pourroient être autant profitables à leurs ennemis que dommageables à eux. Ces réponses furent faites par les députés d'Angleterre et nous, en diverses conférences, de même affection, et avec façon qui témoignoit notre mécontentement. Nous en dîmes autant en particulier au sieur Barneveld chez les députés d'Angleterre, où il fut prié de se trouver seul, comme il fit, et depuis chez nous. Enfin tant lesdits députés ensemble que le sieur Barneveld seul, ont montré de ne se vouloir opiniâtrer à obtenir cette demande par le traité de la ligue, mais d'y procéder par supplication et remontrance qui contiendroit leurs raisons, qu'ils se promettoient devoir être trouvées si bonnes par Vos Majestés, qu'elles y auroient égard, sinon en tout, au moins en partie; non comme y étant tenus, mais pour le soin qu'il leur plaira prendre d'eux. Barneveld y ajouta encore à part cette raison, qu'il dit n'avoir osé mettre en avant en présence des autres députés; que l'un des plus grands moyens pour induire les Provinces de contribuer à l'entretènement qui sera requis pour la paix, est que Vos Majestés s'obligent par le même traité qu'elles feront avec eux, d'y contribuer quelque portion pour les premières années, et que la plupart des provinces consentiront volontiers qu'il n'en soit rien mis par écrit au traité, et que ce secours demeure à leur discrétion; mais que les plus sages jugent qu'il est très-utile de le leur faire pour les y obliger, pourvu que Vos Majestés l'aient agréable.

Ledit sieur de Barneveld étant aussi venu voir le président Jeannin, lui en parla avec quelque aigreur, et comme montrant avoir quelque soupçon qu'il ne fût pas si enclin à désirer le contentement de Votre Majesté qu'il lui avoit promis, et qu'il étoit aussi utile pour le bien de son pays. Il s'excusa le mieux qu'il put sur les nécessités de leur État, lui répéta encore cette même raison, et qu'en procurant du bien à son pays, il y conjoindroit toujours l'intérêt et service de Votre Majesté, et qu'elle se connoîtroit par effet. Le sieur Jeannin lui fit encore voir lors un endroit de la lettre qu'elle nous a écrite il y a plus de six semaines, par lequel elle trouvoit bon, non-seulement de faire cette ligue pour la paix, mais aussi pour la guerre, si le roi de la Grande-Bretagne y vouloit entrer; le jugeant à propos pour relever le courage à leurs peuples, et leur faire connoître qu'ils seroient assistés en paix et en guerre, afin qu'ils ne fissent rien par crainte et désespoir, et pour induire leurs ennemis, par l'appréhension de cet appui, à leur accorder des conditions de paix plus avantageuses: qui étoit un témoignage d'une très-grande amitié, et qui les devoit faire souvenir, avec le secours qu'ils en reçoivent tous les jours, de la grande obligation qu'ils lui ont, puisque, outre ce qui sort de sa bourse, il méprise son propre danger et l'inimitié d'un grand Roi pour les tenir en assurée protection. Que lui-même nous avoit dit et à M. de Buzanval, et répété encore souvent depuis son décès, qu'en faisant la paix, ils auroient besoin d'être secourus d'un million de livres pour deux ou trois ans, et qu'aujourd'hui ils en demandoient trois millions. Que cet excès lui donnoit beaucoup à penser; et, n'étoit l'assurance qu'on a de sa prudhommie et de l'affection qu'il lui a toujours dit vouloir apporter à tout ce qui seroit du contentement et service de Votre Majesté, il y auroit de quoi pour entrer en mauvaise opinion de cette conduite. Tous ces propos ont été comme ci-dessus, et tels qu'à notre avis il n'y a rien de mal. M. de Barneveld avoit aussi prié les députés d'Angleterre et nous de vouloir dresser un autre projet de ladite ligue, puisque n'approuvions le sien, et le leur donner, afin qu'ils en puissent conférer ensemble : mais il nous a semblé que ne le devions faire, pource qu'ils l'eussent envoyé ès provinces; ainsi on eût cru que c'étoit nous qui recherchions cette ligue, non eux, chose qui n'est convenable à la dignité de Votre Majesté : aussi qu'il vaut mieux attendre que les députés soient assemblés derechef pour délibérer sur la paix ou la guerre, et sur le traité de cette ligue, qui sera au dixième du mois prochain, et cependant en avertir Vos Majestés à temps, afin de recevoir leurs commandemens, attendu qu'on n'y peut aussi bien résoudre aucune chose avant ledit temps; et que la presser cependant seroit une grande ardeur, qui nuiroit plutôt que de servir; qu'il seroit néanmoins bien à propos de dresser ce projet entre nous sans le communiquer aux Etats; et fut le président Jeannin prié d'y mettre la main. Ce qu'il a fait selon ce que nous l'envoyons à Votre Majesté, les députés d'Angleterre l'ayant approuvé et pris copie d'icelui pour l'envoyer de même aussi à leur roi; ne pouvant dire autre chose, par ce qu'ils font paroître de leur intention, encore que soyons soigneux d'y prendre garde, sinon qu'ils montrent en tout et partout avoir une même volonté que nous; et s'il y a quelque chose de mauvais, ils ne s'en sont point découverts jusqu'ici. Peut-être aussi que la sortie du comte de Tiron a changé leur maître. La qualité du secours de tous les côtés est en blanc audit projet, n'y ayant personne de nous qui se soit voulu avancer de s'en ouvrir : et est besoin que Votre Majesté nous mande particulièrement sa volonté là-dessus. Le sieur Barneveld seulement a su de nous, il y a déjà assez long-temps, et depuis peu de jours aussi, que fournirions le double d'eux, et que Votre Majesté pourroit désirer le secours des Etats en navires de guerre, de l'entretènement desquels, tant pour la solde des mariniers que gens de guerre, nous nous accorderions lorsqu'il faudroit faire le traité. Le cordelier étant retourné le quatorzième jour de ce mois, sur les dix heures du soir, fut vu le lendemain sur les quatre heures après midi par deux députés des Etats, dont M. de Barneveld étoit l'un. Après s'être enquis de ce qu'il avoit apporté, leur fit réponse que les archiducs consentoient qu'on leur laissât l'original de la ratification, pourvu qu'ils donnent un acte signé de leur greffier, qui contienne promesse de la rendre s'ils ne demeuroient d'accord; et que tant lui que le sieur Verreiken avoient pensé reconnoître, lorsqu'ils ont conféré avec eux, qu'ils n'en feroient aucune difficulté. Que le cordelier avoit ainsi dit aux archiducs; mais, pource qu'ils montroient à présent n'être de cet avis, qu'il s'en retourneroit plutôt vers lesdits archiducs pour essayer de l'obtenir. Les Etats nous ont fait dire par leurs députés qu'ils estimoient devoir refuser cet acte, et néanmoins permettre au cordelier d'y retourner pour les faire départir, s'il peut, de cette demande; nous priant leur donner sur ce notre avis. Les députés d'Angleterre et nous sommes entrés en soupçon de ces allées et venues du cordelier, pour chose qui ne sert de rien, et que le meilleur seroit de leur dire simplement qu'on ne juge pas raisonnable de donner l'acte requis, et que la ratification le contient assez, sans qu'ils aient besoin de cet acte séparé, lequel feroit préjudice à la validité, de l'acte des archiducs, qui est pur et simple; ainsi qu'il valoit mieux n'avoir point ladite ratification que de la recevoir avec cette condition. Nous approuvions donc leur avis pour ce regard, mais qu'il nous sembloit qu'on les devoit renvoyer tous deux et remettre à leur discrétion de remporter la ratification ou de la laisser, en leur disant seulement qu'on avertira les archiducs dans le temps qui a été pris, qui est au vingtième du mois prochain, de leur résolution; et s'ils faisoient autrement, que leurs compatriotes dans les provinces et peut-être leurs amis pourroient entrer en quelque soupçon que ces allées et venues ne fussent pour choses plus importantes et autres que celles qu'on leur diroit. Les députés d'Angleterre ont aussi montré d'en avoir autant ou plus de soupçon que nous.

La réponse desdits députés des Etats a été que, s'ils pouvoient, ils les renverroient tous deux; sinon qu'ils ne pensoient pas devoir dénier au sieur Verreiken qu'il séjourne ici six ou sept jours, attendant le retour du cordelier, nous assurant lesdits députés que cela ne retarderoit en rien leur première délibération de se résoudre du tout de ce qu'ils devroient faire pour envoyer vers les archiducs au vingtième du mois prochain. Nous n'avons rien voulu répliquer là-dessus, encore qu'ils nous en aient pressé, sinon que nous remettrions le tout à leur discrétion et bon jugement, et qu'il nous suffisoit de leur avoir dit notre avis et les raisons d'iceluy, et que c'est un acte de vraie prudence ès choses qui touchent à plusieurs, de se conduire en sorte que nul des intéressés n'en puisse prendre soupçon. Ils ont essayé de les renvoyer tous deux; mais Verreiken ayant fait grande instance d'être exempté du voyage, est demeuré, et le cordelier parti le dix-septième avec promesse de retourner dans six jours. Quand nous avons parlé avec le prince Maurice et le comte Guillaume sur le fait de la demande contenue au projet de la ligue, ils nous ont dit la délibération en avoir été faite en l'assemblé des Etats, puis ledit projet dressé par M. de Barneveld, qui le leur avoit communiqué au conseil d'Etat, où ils furent appelés pour en dire leur avis; et qu'à la vérité ledit sieur Barneveld leur en avoit parlé auparavant et montré icelui projet; que chacun audit conseil d'Etat avoit bien jugé, comme ils firent aussi de leur part, que trouverions cette demande étrange, et avec raison; mais qu'étant avantageuse à l'Etat, si on la pouvoit obtenir, ils avoient tous estimé qu'ils s'en devoient taire, et que ce seroit à nous d'y faire réponse; qu'il n'y avoit pourtant rien de mauvais caché là-dessous, et que ces peuples, qui ne sont accoutumés de traiter avec les grands princes, ne pensent pas faillir de demander beaucoup pour obtenir peu; qu'à la vérité, les Etats avoient de grandes charges ès premières années de la paix, et besoin encore lors du secours des deux rois, et que ce que les plus sages désiroient de faire comprendre au traité de la ligue ce qu'il plairoit à Vos Majestés donner, étoit avec grande raison; à savoir celle même ci-dessus déduite, qu'il n'étoit pas à propos de presser maintenant cette ligue pour la paix, de laquelle nous serions sans doute recherchés et priés quand on la voudroit traiter, n'y ayant personne dans l'Etat qui ne la juge nécessaire, et qu'elle nous seroit aussi lors accordée à meilleur marché qu'à présent : ce qui est vrai, pourvu qu'elle précède le traité de paix comme eux le désirent aussi bien que nous. A quoi nous continuerons de travailler aussitôt que les députés seront arrivés, qui sera près de vingt jours avant qu'on traite, et cependant laisseront reposer cette affaire.

Outre les raisons que le prince Maurice et le comte Guillaume nous ont dites, il est certain qu'ils ne sont pas fâchés que cette ligue soit différée, non pour y nuire à Votre Majesté et reculer son contentement, mais pource qu'ils estiment les Provinces être à présent refroidies de la paix, pour les défiances qu'elles ont prises des procédures de leurs ennemis; et que cette ligue leur donnera tant d'assurance qu'elles seront pour rentrer en leur première ardeur. Ce qu'ayant bien prévu, nous lui avons dit qu'il n'y a rien au contraire qui doive tant retarder et empêcher la paix du côté des Espagnols que cette ligue, qu'ils craignent comme un appui qui rendra la paix trop assurée pour les Etats, leur ôtera le moyen de pouvoir jamais recouvrer ledit pays, et conjoindra aussi deux grands Etats, et celui-ci ensemble pour leur mutuelle conservation, lesquels sont à présent séparés, et n'ont aucune obligation à la défense les uns des autres : chose qu'ils prévoient bien leur devoir être grandement préjudiciable. Et, à la vérité, s'il y a rien qui doive empêcher la paix, sera cette ligue. Aussi les députés des archiducs, encore qu'ils sachent bien ce que nous avons fait pour procurer la paix, ne montrent pourtant d'avoir plus de fiance en nous que du passé, et ont plus de mécontentement de ce que prétendons faire cette ligue, qu'ils ne nous savent de gré de ce que nous désirons la paix. Peut-être que Votre Majesté sera mal satisfaite de la demande des Etats et des allées et venues du cordelier. Nous la pouvons aussi assurer que nos esprits en ont été fort travaillés sept ou huit jours, et que les députés d'Angleterre n'en ont pas eu moins, leur semblant aussi bien qu'à nous qu'il y avoit sujet d'entrer en soupçon et défiance de cette conduite. Mais nous en sommes à présent mieux éclaircis, tant par les conférences particulières qu'avons eues à diverses fois avec le sieur de Barneveld, prince Maurice et comte Guillaume et d'autres, qu'avec les députés mêmes desdits Etats, et croyons qu'il n'y a rien de mauvais; et, encore que leur façon de procéder envers vous, sire, qu'ils doivent autant révérer qu'aimer leur propre salut, soit sujette à blâme, toutefois le dedans étant bon on les peut excuser.

Ce n'est aussi sans besoin qu'ils demandent quelque secours pour les deux premières années à Vos Majestés; elle nous déclarera, s'il lui plaît, son intention là-dessus. Les députés d'Angleterre, qui y ont fort résisté au commencement aussi bien que nous, et ont dit qu'ils pensoient faire assez pour les Etats de ne rien demander à présent de ce qu'on leur doit, sont maintenant comme convaincus. Nous étions entrés en doute qu'on leur eût promis secrètement de les tenir quittes de ce dont ils s'obligeoient, pource que leur roi est mal fourni d'argent; mais s'il est payé par les mains de Votre Majesté, et sur ce qu'on leur doit, et qu'on entretienne ici des gens de guerre de nos nations à proportion du secours, comme nous en sommes d'accord, ils ne sauroient pratiquer cette fraude. Nous les voyons même aucunement plus enclins à présent à la guerre qu'à la paix; nous ayant dit et répété plusieurs fois que cet Etat peut-être utile à leurs amis durant la guerre, mais qu'il le sera peu après la paix faite. Ils montrent aussi que leur maître ne fera aucune difficulté de contribuer aux frais d'icelle si elle continue, et de s'y obliger avec Votre Majesté : qui sont choses contraires à ce qu'ils nous avoient fait paroître au commencement et au jugement qu'elle fait de leur intention, lequel nous tient en grande crainte et défiance que leur conduite ne soit un pur artifice et dissimulation. Mais on n'en pourra juger certainement, sinon lorsqu'on voudra prendre les résolutions. Ils nous promettent d'être avertis de la volonté de leur maître sur toutes choses dans trois semaines, soit pour la ligue, suivant le projet qui leur en a été donné, ou pour le secours, tant de la paix que de la guerre. L'empereur a écrit des lettres aux Etats, dont nous envoyons la copie à Votre Majesté. Ce qui vient de cet endroit n'est pas de grande efficace parmi ceux qui manient cet Etat, lesquels jugent sainement de ce qu'ils en peuvent espérer ou craindre; ils ne rejettent pourtant pas cet appui, mais ne le tiennent pas aussi suffisant pour leur sûreté. On pense qu'en la diète qui se tient en ce mois, l'archiduc Ferdinand, beau-frère du roi d'Espagne, qui doit tenir la place de l'empereur, proposera quelques ouvertures pour la paix de ces pays. Sera, comme il est vraisemblable, pour favoriser les affaires du roi d'Espagne et des archiducs. Nous attendrons les commandemens de Votre Majesté sur tout ce que dessus; priant Dieu que l'issue en soit aussi heureuse que nous y travaillons de bon cœur et fidèlement, et qu'il lui plaise aussi, sire, conserver Votre Majesté et sa royale famille en tout heur et prospérité.

Vos très-humbles et très-obéissans sujets et serviteurs, P. JEANNIN et RUSSY.

A La Haye, ce vingt-quatrième jour de novembre 1607.

LETTRE *de M. Jeannin à M. de Villeroy, du 25 dudit mois de novembre 1607.*

Monsieur, je prévois bien que le Roi sera mal satisfait de la demande qu'ont faite les Etats, d'avoir trois millions par le traité de la ligue, et des allées et venues du cordelier, pour un sujet si léger que celui qu'on met en avant, que Sa Majesté pourra aussi soupçonner qu'il y ait quelque chose de pis là-dessous, attendu même que lui avons ci-devant écrit que le sieur Barneveld, conférant avec nous touchant la ligue et le secours dont les Etats pourroient supplier les deux rois, au cas que la paix se fît, n'avoit parlé que d'un million de livres chacun an, les deux ou trois premières années. Aussi vous puis-je assurer qu'ai eu l'esprit fort travaillé pour sept ou huit jours, craignant que ledit Barneveld, qui désire ardemment la paix, eût pu être reconnu ès propos qu'il avoit eus avec Verreiken, et le cordelier, qui l'a vu plusieurs fois, que cette ligue empêcheroit le roi d'Espagne et les archiducs d'y entendre, et qu'à cette occasion il eût fait cette demande pour la reculer ou rompre du tout s'il avoit besoin, sachant bien qu'elle ne seroit jamais cordée, et que ce refus lui serviroit pour en dégoûter les Etats, qui la désirent de très-grande affection, et pensent ne pouvoir rien faire qui ait de la sûreté pour eux sans cela. Mais, après m'en être mieux éclairci avec le prince Maurice, le comte Guillaume et quelques autres qui ont part aux affaires, et avoir aussi après dit comme toutes choses se sont passées en l'assemblée générale des Etats, j'ai reconnu qu'il n'y a autre dessein pour le général, sinon de tirer le plus qu'ils pourront de Leurs Majestés pour subvenir aux grandes dépenses qu'il leur faudra faire ès premières années de la paix; et quant au prince Maurice, qu'il s'est promis, cette ligue étant fort recherchée par le Roi, qu'il pourroit en tirer sinon la somme entière qu'il n'espère pas, n'y approchant cet excès, du moins quelque partie d'icelle; que cet office envers son pays le rendoit toujours plus agréable et accroîtroit son autorité, et que Sa Majesté n'en seroit pourtant offensée contre lui, quand il aideroit après à faire qu'on s'accommodât à ce qu'il lui plairoit donner. Je n'ai laissé pourtant d'en avoir eu quelques paroles assez aigres avec lui, et de lui remontrer après amiablement, avec la confiance que montrois avoir de son affection envers Sa Majesté, sur l'assurance qu'il m'en a donnée, que cette façon de procéder étoit très-mauvaise, pouvoit beaucoup nuire à son pays, à lui-même aussi, et que le Roi, qui sait les obligations qu'ils lui ont, le soin qu'il a eu de leur conservation, et combien il peut encore être utile à l'avenir, en aura un très-grand dégoût et mécontentement, voyant qu'ils prétendent tirer, comme par obligation, de lui, ce qu'il ne doit pas, au lieu de l'en rechercher avec respect et soumission, soit par forme de prêt ou d'un bienfait procédant de sa pure libéralité, et de sommes encore si excessives que la demande en est du tout déraisonnable.

J'ai aussi, pendant ce soupçon, vu à diverses fois le prince Maurice et le comte Guillaume, lesquels me sont pareillement venus voir, reconnoissant bien que j'en étois en peine; m'en suis découvert à eux, et, après que ne devois rien craindre pour ce regard, m'ont assuré même que le sieur Barneveld n'oseroit dissuader cette ligue dans l'assemblée des Etats, ni tenir aucuns propos qui en approchent, et, s'il le faisoit, qu'en seroit rejeté et haï. Je leur dis là-dessus qu'il pourroit proposer quelques autres sûretés pour les contenter, comme l'appui de l'empire et de l'empereur, ou l'alliance d'Angleterre, qui sera toujours moins suspecte au roi d'Espagne et aux archiducs que la nôtre; mais ils m'ont répliqué qu'ils connoissoient tous la foiblesse de l'empire; outre ce qu'il est toujours gouverné par la maison d'Autriche, que les princes y sont le plus souvent divisés, foibles aussi pour le secours d'autrui, et que les protestans, qui désirent la conservation de cet Etat, ne leur conseilleroient même de s'y fier; qu'ils faisoient encore plus mauvais jugement de la volonté et du pouvoir du roi d'Angleterre; m'ont davantage promis et assuré tous deux que si on vouloit entreprendre de faire cette paix autrement qu'avec le contentement, appui et alliance de Sa Majesté, ils s'y opposeroient ouvertement, l'empêcheroient par effet; que ne devions aucunement douter qu'ils ne soient assez puissans pour le faire: et je crois ce qu'ils me disent, car j'ai eu à diverses fois des paroles avec eux de l'affection de Sa Majesté envers leur maison, et du désir qu'elle a de procurer au prince Maurice toute la grandeur qu'il lui sera possible, pourvu que l'Etat s'y accorde, à l'effet de quoi elle emploieroit son autorité et ses moyens quand il seroit besoin. Leur ai aussi persuadé, autant que j'ai pu, qu'il seroit plus aisé de parvenir à ce dessein, la paix étant faite et les Etats étant connus libres et souverains, pour disposer de leur pays ainsi qu'il leur plaira, que si la guerre continuoit, comme j'estime qu'il est vrai; mais cela ne servoit aussi pour les induire plus aisément à ne point nuire au dessein que Sa Majesté a d'aider à la faire, puisque les Etats y sont disposés, comme aussi pour les lier plus étroitement avec elle, et leur faire rejeter toutes autres ouvertures et desseins qu'on leur eût pu représenter. Il est bien vrai qu'elle nous avoit aussi donné charge de chercher tous moyens pour fortifier sa maison; or il n'y a que celui-ci seul qui le puisse contenter, encore qu'il ait jusqu'à présent fait comme les rameurs, qui ne regardent jamais le lieu où ils veulent aller, ni rien pareillement qui le puisse rendre capable de bien et utilement servir que cette seule dignité: aussi ne vois-je aucun moyen qui soit bon pour prendre assurance de cet Etat, jusqu'à ce qu'il soit entre les mains d'un prince qui se tienne obligé à Sa Majesté de ce bienfait; car sont peuples muables sur lesquels le roi d'Espagne pourra toujours entreprendre par pratiques et artifices; outre ce que, la paix faite, ils ne penseront plus qu'au trafic, et pourront devenir inutiles à eux et à leurs amis; au lieu que s'ils avoient un prince, il les mettroit toujours en défiance de ce côté-là, auroit soin, pour son propre intérêt, d'entretenir vigueur militaire qui est aujourd'hui parmi eux, ès entreprises et combats de mer. Et à la vérité si l'Etat, la paix faite, et eux devenus maîtres d'eux-mêmes et de leurs pays, entroient en cette bonne volonté envers lui, comme on le peut espérer, avec sage conduite et en lui rendant affectionné le sieur Barneveld, j'estime que Sa Majesté auroit fait un bon acquêt, l'obligeant à deux choses: à savoir, de ne se marier qu'avec son contentement, et de rétablir l'exercice de la religion catholique en ce pays, sinon partout, ès endroits au moins où il est plus requis, dont on conviendroit.

Ce discours sert pour vous persuader que le prince Maurice, se sentant obligé des espérances qu'on lui a données du côté du Roi, s'opposera volontiers à tous desseins qui seront préjudiciables au service de Sa Majesté, et au sieur Barneveld même, s'il nous vouloit tromper, ce que ne crois pas, nous assurant être assez puissant en cet endroit pour se faire suivre par les Etats, combien qu'il ne soit pas pour empêcher du tout la paix au cas que le roi d'Espagne veuille accorder ce qu'ils se sont promis devoir obtenir par le traité.

J'ai bien eu quelquefois crainte que le roi d'Espagne et les archiducs, qui lui avoient fait offrir, par le cordelier, une grande alliance, de l'argent et des biens, pour l'induire à favoriser la paix, ne fussent pour prendre eux-mêmes ce conseil d'aider à l'élever à cette dignité, en l'obligeant pour ce bienfait et le mariage d'une princesse de leur maison, et qu'à présent ils n'aient encore plus le sujet d'y penser pour rompre l'alliance des deux rois avec cet Etat; dont ils sont bien avertis; car les Etats en ont délibéré en leur assemblée, et ne l'ont pas seulement requis défensive et pour la paix, mais offensive et pour la guerre, étant certain que le roi d'Espagne et les archiducs la craignent bien fort, et estimeront toujours que rien ne leur pourroit arriver de pis que cette ligue, qui conjoindra les deux royaumes de France et d'Angleterre, et les obligera à la défense mutuelle l'un de l'autre, au lieu que maintenant ils sont séparés et sans obligation de se secourir, ôtera le moyen audit sieur roi de jamais recouvrer ce pays perdu par la paix, qui lui demeureroit néanmoins s'ils avoient un appui plus foible que celui-ci. Ce qu'il faut encore ajouter à cette perte, est que ledit pays lui seroit viendroit ennemi, s'il entreprenoit quelque chose contre la France ou l'Angleterre; au lieu que si le prince Maurice en étoit fait seigneur par son moyen, il pourroit pratiquer une alliance entre les archiducs, l'Angleterre et lui, qui les sépareroit tous trois de l'alliance et amitié de France, et, en évitant cette conjonction d'eux et de cet Etat, empêcheroit que le pays ne lui fût point ennemi s'il vouloit entreprendre quelque chose contre nous; qui ne lui seroit pas un petit gain, ayant égard au mauvais état auquel sont ses affaires ici. Les Etats pourroient aussi goûter ce conseil et le recevoir comme une sûreté pour la paix, qui seroit cause de faire cesser l'inimitié d'Espagne contre eux, et de leur faire croire aussi qu'ils n'auroient plus besoin de l'amitié d'aucun autre prince.

Le sieur Barneveld pourroit de même aider à les y induire, pour se conserver la bienveillance d'un nouveau prince, de laquelle il pourroit plus espérer par cette obligation qu'il auroit acquise sur lui, que des peuples, qui sont toujours légers et ingrats, et ne peuvent souffrir qu'un particulier retienne long-temps que grande autorité parmi eux. Et quant au prince Maurice, le plus grand avantage étant pour lui, on ne devoit point douter de sa volonté; ainsi pour ce que chacun pouvoit tirer quelque contentement et profit de ce dessein, je l'ai craint quelquefois, me représentant toutes ces considérations, sans jamais m'en découvrir, ni vouloir en mander aucune chose non plus, crainte de tout gâter, en vous donnant par delà quelques mauvaises impressions fondées sur des soupçons dont la vérité est si incertaine, qu'il y a bien souvent autant de danger à les prévoir trop subtilement et y ajouter trop de foi, qu'à ne les pas voir du tout ou à les mépriser entièrement;

aussi n'y pensois-je plus du tout, d'autant que toutes choses sembloient être contraires, et le prince Maurice toujours si éloigné de la paix, si ouvertement ennemi de tout ce qui peut contenter le roi d'Espagne, comme aussi si peu satisfait du sieur de Barneveld, qu'il n'y avoit aucune apparence de se mettre en peine d'un tel dessein, jusqu'à ce que le dernier soupçon provenant de cette demande contenue au projet de la ligue, et les allées et venues du cordelier l'ont réveillé en mon esprit, et m'ont fait craindre derechef qu'ils ne fussent pour le rechercher et lui offrir, sinon tout ce que dessus, au moins quelque partie, jugeant bien qu'ils ne pourroient venir à bout de leur entreprise sans lui. Je ne laisse néanmoins de croire qu'il n'en est rien du tout, et qu'il y a tant de raisons qui le doivent dissimuler à tous, même au roi d'Espagne, plus fortes que celles ci-dessus déduites, qu'ils n'y voudroient jamais penser; car quant audit sieur roi, il est prince catholique, qui se veut conserver, avec un dessein qu'il estime servir à sa grandeur: la réputation d'être ennemi de tous ceux qui se sont séparés de l'Eglise romaine; qu'il lui seroit honteux de procurer ce bien à un prince qui a toujours été son ennemi; qu'il ne se pourroit jamais bien assurer de sa foi et de son amitié, attendu que son père a fait tuer le sien, et que ces pays demeurant en république par la paix, encore que la ligue des deux rois le puisse empêcher de les recouvrer par la force, elle ne lui ôte pas le moyen de le faire par pratiques et menées, en les obligeant, divisant et usant des artifices qui sont assez communs à ceux de sa nation: au lieu que s'il y a un prince qui y veille par son propre intérêt, il n'en doit plus rien attendre. Davantage ledit sieur roi est assuré que le pays que tient à présent l'archiduc lui doit écheoir quelque jour ou à ses successeurs rois d'Espagne, par le décès de sa sœur, qui est hors d'espérance d'avoir enfant. Or cette alliance, qu'il bâtiroit maintenant entre le roi d'Angleterre, l'archiduc, le prince Maurice et leurs Etats, lui nuiroit lorsque s'en pourroit servir l'archiduc contre lui-même, pour se maintenir en la possession des pays dont il jouit. Et, combien qu'on puisse dire que pour faire cesser cette occasion de dispute, on donneroit derechef les mêmes pays à l'archiduc, avec quelque nouveau mariage de même sang et famille, pour les retenir toujours en amitié, il est néanmoins vrai qu'en usant de ce remède, les pays ne laisseront d'être séparés d'Espagne; et c'est ce qu'ils ne veulent pas, crainte d'amoindrir leur grandeur, ayant même appris que le feu roi d'Espagne n'eût jamais donné lesdits pays à sa fille s'il n'eût su qu'elle étoit incapable d'avoir enfans.

D'autre côté, il n'y auroit pas grande sûreté en ce dessein pour les Etats ni pour le prince Maurice même, puisque le roi d'Espagne et les archiducs étant joints ensemble, comme ils sont à présent, tout leur appui et secours dépendroit du roi d'Angleterre seul, qui n'est assez puissant pour s'opposer à eux, et ne voudroit aussi souffrir aucune incommodité, ni mettre les Etats en péril à cette occasion. Il n'y a pas grande apparence non plus que les Etats veuillent si à coup quitter cette souveraineté qu'ils recherchent avec tant d'ardeur, et que le sieur Barneveld, qui n'est aimé du prince Maurice et sait l'avoir offensé, veuille se rendre auteur de cette conduite, afin d'avoir pour maître celui dont il doit craindre la grandeur. D'ailleurs le prince Maurice, qui est soupçonneux de son naturel, craindra tous ces présens qui viennent d'Espagne, et croira qu'ils sont empoisonnés, pensera aussi pouvoir parvenir à son dessein avec plus de sûreté et facilité, avec l'aide de ses amis et la bienveillance des Etats, que par la faveur de ses ennemis.

Je me suis un peu étendu sur ce discours, encore que rien ne soit sorti au dehors qui me doive faire craindre ce mal, pource que c'est à mon avis ce qui pourroit arriver de pis, et à quoi nous aurions moins de moyen de nous opposer pour le présent, et même si on intéressoit en quelque chose le roi d'Angleterre; car à tous autres desseins préjudiciables à Sadite Majesté, nous pouvons tirer du secours du prince Maurice et de plusieurs personnes dans cet Etat, qui jugent sainement et sans passion ce qui leur doit être utile ou dommageable.

Je laisserai maintenant ces imaginations, dont vous ne vous devez, ce me semble, mettre en peine, pour toucher à ce qui est du fait présent. Je vois bien que les Etats auront grand besoin du secours du roi pour les deux premières années de la paix, et que le roi d'Angleterre y mette aussi la main de son côté; ses députés en ont bien fait grande difficulté au commencement, mais ont montré après de se laisser vaincre, pourvu que ce qu'ils donneroient fût par prêts. Quinze cent mille livres, à savoir, un million pour Sa Majesté, et cinq cent mille livres de la part dudit sieur roi, suffiroient pour ce secours, à le continuer deux ans, qui seroit deux millions pour Sa Majesté. Je considère bien que cette somme est grande, et n'en ose presque donner le conseil, craignant que Sa Majesté ne le trouve pas bon; mais il semble qu'après tant d'autres dépenses, celle-ci, qui est nécessaire pour tirer quelque utilité de tout ce qu'on a fait jusqu'ici, ne doit pas être refusée, afin d'obliger davantage ces peuples de rompre tous mauvais desseins, s'il y en avoit.

Considérez ceci, s'il vous plaît, et faites, je vous supplie, qu'ayons moyen de la servir. Je ne serai point mauvais ménager de sa bourse; mais ès dernières résolutions qu'on va prendre, il est besoin que soyons préparés à tout. Cette charge sera moindre de beaucoup que celle de la guerre, et pour peu de temps. Outre ce, l'alliance que prétendons faire assurera encore mieux le repos du royaume, et empêchera plutôt le roi d'Espagne d'y entreprendre que la continuation de la guerre. Je la crains néanmoins, ne voyant encore rien de certain pour la paix, que ces peuples montrent toujours vouloir avoir à leur mot; et à la vérité, en ce qui est de la souveraineté, ils n'en sauroient rien quitter sans devenir inutiles à leurs amis. Nous prévoyons néanmoins que la plus grande difficulté du côté de leurs ennemis, sera sur les conditions qu'ils y voudront ajouter, et c'est à quoi nous avons à prendre garde pour ne souffrir qu'on y ajoute aucune condition qui soit préjudiciable à Sa Majesté.

Les députés d'Angleterre assurent que leur maître continuera pour la guerre si elle continue, nous faisant entendre qu'ils la désirent plutôt que la paix: ils se montrent au surplus en toutes choses si conjoints avec nous que ne sais qu'en juger, voyant ce que vous nous écrivez de l'intention de leur maître, de sa foiblesse, de son irrésolution et des poursuites que fait encore à présent son ambassadeur près du Roi; car, ou bien la sortie du comte de Tiron l'a changé, ou ses députés ne sont p[as] instruits de ses artifices, et s'ils le sont, [on] les doit tenir pour grands ouvriers à se dis[si]muler aussi bien que leur maître, qu'on dit être parfait en cet art, si on doit appeler dissi[mu]lation la patience de souffrir tout ou de flat[ter] ceux qui lui font mal, au lieu de s'aider [avec] prudence de l'opportunité qui se prés[ente] pour s'en ressentir : mais je ne puis croi[re le] dernier d'eux, pource qu'en observant de p[rès] toutes leurs actions, même celles qui vienn[ent] des premiers mouvemens èsquels les plus s[ages] sont bien souvent surpris, et n'ont pas le [loisir] de se servir de leur prudence et dissimulati[on,] nous n'avons rien reconnu, sinon qu'ils ne [se] veulent point séparer d'avec nous, mais pre[n]dre tous conseils en commun. Je sais bi[en] qu'on en peut user ainsi jusqu'à ce qu'il fa[ille] frapper le dernier coup, et que celui qui p[eut] avoir trompé son compagnon croit qu'il est [le] plus habile. Ce qui est vrai pour le regard [des] princes qui traitent l'un contre l'autre; ma[is] quand deux sont conjoints en une même cau[se,] et traitent ensemble contre d'autres, cet[te] finesse doit être tenue pour lâcheté et trahis[on,] encore que les hommes du temps auquel n[ous] vivons ne la nomment pas ainsi. Si ne po[u]vons-nous faire que ce que nous faisons po[ur] nous garder d'eux, et de tous autres qui n[ous] voudroient tromper, y ayant des inconvénie[nts] qu'il est plus aisé de prévoir qu'il n'est de l[es] éviter. Ils se promettent d'avoir réponse d'A[n]gleterre au plus tard dans un mois, tant po[ur] la ligue de paix sur le projet qu'avons vu [et] semble et qu'ai dressé par leur avis, que p[our] ce qu'il voudra faire aussi pour le secours [de] la guerre si elle continue. Que nous sach[ions] aussi, s'il vous plaît, ce qui sera de la volon[té] du Roi, et comme nous aurons à nous y c[on]duire; qu'ayons semblablement un po[uvoir] pour faire ladite ligue, dont la qualité du s[e]cours soit mise en général, et rapportée a[ux] instructions qui seront secrètes, afin que no[us] nous puissions régler sur le même pied d[es] autres dont vous m'avez quelquefois écri[t.] Quant aux Etats, que leur roi leur donnera [le] double du leur, et pour l'Angleterre, j'ai v[u] ès traités anciens, entre France et Angleter[re,] même du temps de François 1er et Henri [VIII,] que le secours qu'ils se promettoient l'un [à] l'autre étoit comme égal. Nous serons sur les résolutions des affaires environ le temps que pourrons recevoir réponse de tout ce que dessus. C'est pourquoi je vous supplie que soyons lors si suffisamment instruit, qu'ayons de quoi prendre conseil sur les occurrences. Verreiken, qui est demeuré ici ès deux derniers voyages du cordelier, ne nous a point vu, et quoiqu'il sache notre inclination à la paix, et que nous nous soyons offerts à les assister avec paroles d'efficace pour leur témoigner notre affection, je n'ai pas connu qu'ils s'y fient davantage; nous ne les en recherchons pas aussi pour ne donner des ombrages inutilement.

Le sieur de Barneveld m'a dit que lesdits sieurs Verreiken et le cordelier l'ont prié de faire en sorte, s'il est possible, que les Etats consentent qu'un Espagnol soit du nombre des députés en la conférence, comme étant chose que le roi d'Espagne désire. Je ne crois pas que soit pour y assister de la part dudit sieur roi; car il faudroit qu'il eût charge et pouvoir de lui : or il n'y a point d'apparence qu'il ait voulu faire ce tort aux archiducs que de leur adjoindre un autre, ni qu'il désire entrevenir non plus en ce traité, qui ne semble pas honorable pour lui, si les choses y passent comme les Etats se promettent, encore que plusieurs estiment qu'il lui sera profitable, quoi qu'il leur accorde, si ces peuples étant en paix ne sont bien sages; mais ce député y sera, comme il est vraisemblable, de la part desdits sieurs archiducs, afin que le sieur roi soit plus content de tout ce qui y sera traité; en quoi je ne vois aucune difficulté.

Je vous envoie la copie des lettres que l'empereur a écrites aux Etats. On nous a dit que la diète de l'empire se tient en ce mois, et que l'archiduc Ferdinand, beau-frère du roi d'Espagne, qui se doit trouver au nom de l'empereur, aura charge d'y faire quelques propositions pour la paix de ces pays. Vous recevrez aussi la copie du projet de la ligue donné de la part des Etats, lequel a été changé en l'article qui contenoit la demande des trois millions, par deux fois, sur les conférences qu'avons eues avec eux, et enfin couché, comme il est par moi-même avec leur consentement; au lieu qu'ils faisoient revenir la dépense entière de l'entretènement des gens de guerre, ès premières années de la paix, à neuf millions de livres, et par ainsi le tiers qu'ils supplioient aux deux rois leur accorder à trois millions de livres. Nous leur avons montré que cette dépense ne sauroit revenir qu'à quatre millions cinq cent mille livres, ou à cinq millions tout au plus en la première année et qu'on en pourroit diminuer encore quelque chose la seconde. Ce que toutefois ils n'ont pas accordé, mais dit que tout seroit vu et considéré avec les députés de Leurs Majestés pour y prendre résolution, avec leur avis; ils ont ajouté à ce projet une remontrance qu'envoyons aussi. Croyez, monsieur, que ce n'est ouvrage fait que d'avoir à traiter avec ces gens ici, et qu'il faut beaucoup de patience pour surmonter les difficultés qui se présentent de jour à autre, non qu'ils aient faute d'affection et de respect envers Sa Majesté; mais ils ne considèrent pas assez le grand besoin qu'ils ont de son appui, croient trop que leur conservation est utile à son Etat, et qu'elle en doit avoir autant de soin que s'ils étoient ses propres sujets; disant qu'ils ont la même volonté de la servir, et s'imaginent maintenant qu'ils sont assez puissans pour résister à toutes les forces d'Espagne, puis soudain craignent tout, et, en nous représentant leur nécessité, confessent que, sans l'appui de Sa Majesté, ils ne peuvent subsister ni en paix ni en guerre; mais on y est si avant, on y a déjà fait tant de dépenses, et tant de gens regardent quelle sera l'issue de cette affaire, qu'on ne doit rien omettre ni épargner, comme j'estime, pour la faire réussir à son honneur, contentement et profit. A quoi je vous peux assurer que travaille incessamment et avec autant de soin et d'affection que si c'étoit pour mon propre salut, n'y ayant aucun inconvénient qui y puisse arriver que n'aie prévu, et pour lequel éviter, je recherche et use de tous les remèdes qui peuvent dépendre de ma fidélité et diligence pour rendre mon travail utile et heureux, dont j'espère bien, nonobstant que je ne sois content de la façon de procéder de ceux qui manient les affaires ici, étant encore plus confirmé en cette opinion sur la fin de cette lettre que n'étois lorsque j'ai commencé à la vous écrire; car j'ai différé deux jours à l'achever, sur un nouveau soupçon que les députés d'Angleterre nous vinrent donner, qu'ils avoient avis de bon lieu qu'on nous trompoit; que le traité avec les archiducs se faisoit secrètement par quelques-uns; que le prince Maurice même y avoit part, et qu'il étoit déjà bien avancé, montrant d'en être fort offensé et en grande peine : qui fut cause que m'en voulant éclaircir encore en particulier avec le prince Maurice, puis avec le comte Guillaume, je les ai vus derechef séparément, et reconnu avec certitude qu'ils craignent toujours la paix; sont aussi fort disposés à suivre les volontés et commandemens de Sa Majesté, et qu'il n'y a personne dans l'Etat qui ose penser à traiter en secret ni qui soit assez puissant pour se faire suivre en telles pratiques : en sorte qu'en sommes à présent en repos et n'avons rien à craindre de leur côté. Ces derniers propos de tous les deux me font croire encore davantage que le soupçon, ou plutôt l'imagination, procédant de ma crainte dont vous ai écrit ci-dessus, est du tout sans fondement, et qu'il le faut ensevelir et cacher. Aussi, n'étoit, monsieur, que c'est à vous seul qu'ai écrit, j'eusse refait ma lettre pour ne vous en mettre en peine. Les députés d'Angleterre ont aussi désiré qu'ayons vu le prince Maurice ensemble sur ce sujet, dont ils sont aussi sortis bien satisfaits.

Nous avons encore depuis conféré ensemble par deux fois sur cette affaire, et fait ce même jugement que la paix aura de grandes difficultés sur l'article de la souveraineté, que le roi d'Espagne ne voudra accorder sans quelque modification; qu'aucuns dans cet Etat seront pour se contenter qu'on le couche dans le traité de paix ainsi qu'il est dans le traité de trêve, et que c'est aussi le plus qu'on puisse espérer du roi d'Espagne. Néanmoins lesdits députés nous ont dit qu'il étoit raisonnable et nécessaire de le coucher par le traité avec toutes les clauses requises, pour faire que les rois d'Espagne présens et à venir, ensemble les archiducs, n'y puissent jamais rien prétendre, et disent même qu'ils conseilleront de rompre s'il n'est fait ainsi. Nous n'avons pas résisté à cet avis, et, à la vérité, l'intérêt des deux rois est que les Etats soient vraiment souverains et en liberté de se pouvoir conjoindre avec leurs amis; autrement ils leur seroient inutiles. Mais nous avons ajouté après que cet article pourroit être cause de rompre la paix, et qu'ils avoient en ce cas besoin d'un secours plus grand pour faire la guerre que du passé même ès deux premières années. A quoi ils nous ont répondu qu'il étoit vrai, et que leur maître y contribueroit volontiers, pourvu que le secours fût modéré, raisonnable et bien employé, comme ils nous avoient toujours bien dit; l'avons ci-dessus déclaré et d'autrefois écrit à Sa Majesté; mais je le répète encore en cet endroit, pource qu'en suite de ce propos je leur demandai s'il leur faut donner secours. Le ferons-nous, comme du passé, sans contrat, ou bien traiterons-nous par quelque ligue ou confédération? Ils me répondirent à l'instant qu'il valoit mieux se contenter de le faire comme du passé, et qu'on ne pourroit faire un traité de ligue sans rompre du tout avec l'Espagne. A quoi leur fus répondu qu'il est vrai, mais que difficilement les Etats voudroient engager à la guerre là-dessus, et quand on ne feroit que cela pour eux, il seroit encore nécessaire d'entirer cette promesse qu'ils ne feront jamais aucun traité avec leurs ennemis, soit de paix ou de trêve, sans nous outre ce que les deux rois s'obligent l'un envers l'autre à la contribution de ce secours pour quelques années, et pource qu'il ne peut être secret, et qu'étant su par le roi d'Espagne, il pourroit prendre conseil de faire la guerre à l'un d'eux, qu'il étoit bon de penser aussi s'il ne seroit pas à propos que Leurs deux Majestés fissent une alliance défensive, et se promettre un secours mutuel au cas que l'un d'eux soit assailli par lui. Ils ont répondu que M. de Sully leur en avoit parlé en Angleterre lorsqu'il traita avec leur roi, et que cela ne fut pas résolu; et me demandant si j'avois point vu ce traité, qu'il, après avoir entendu que non, m'ont dit qu'ils l'avoient et qu'ils me l'enverroient pour le voir, comme ils ont fait; qu'ils jugeoient ces assurances et traités être raisonnables et utiles aux deux rois. Prîmes résolution, à cette occasion, de les en avertir pour être informés de leurs volontés; leur ayant déclaré que cette proposition venoit de nous-mêmes et sur l'occurrence de l'affaire que traitions, non pour en avoir reçu aucun commandement et qu'à la vérité c'est chose qui sembloit être si désirable et utile à leurs Etats qu'avions pensé leur en devoir faire l'ouverture.

Il est besoin, monsieur, que nos soupçons soient plutôt cachés que secrets, et surtout que le sieur Aërsens n'en connoisse rien; car il écrit avec des gloses qui nuisent toujours. Croyez-moi, s'il vous plaît, et qu'il est vrai. Il a assuré les Etats du dernier quartier. Je crois bien qu'il sera à propos de le donner, mais est mieux de le différer jusqu'à janvier; car on verra lors ce qu'on doit attendre de l'issue des affaires. Je prie Dieu, monsieur, qu'il vous donne en parfaite santé très-heureuse et longue vie.

Votre, etc.   P. JEANNIN.
De La Haye, ce 25 novembre 1607.

Lettre *de M. Jeannin à M. de La Boderie, dudit jour 25 novembre 1607.*

Monsieur, je vous ai écrit il y a quelques jours, et adressé mes lettres à M. de Waudrenecq à Roterdam, qui me promit de les vous faire tenir bien sûrement. Les députés des provinces doivent être assemblés en ce lieu le 10 du mois prochain, pour délibérer et résoudre s'ils traiteront ou non, et avertir dans le vingtième l'archiduc de la résolution qu'ils auront prise. Nous croyons que sera de traiter; le désirons et les y disposons aussi en tant qu'il nous est possible, suivant le commandement que le Roi nous en a fait; mais nous sommes fort incertains de ce qui en aviendra, et en-très en quelques ombrages de la conduite d'aucuns particuliers des Etats, qui à la vérité a été inconsidérée, et telle que leurs amis et alliés ont eu sujet d'en prendre soupçon. J'estime néanmoins qu'il n'y a rien de pis. Les députés du roi d'Angleterre et nous n'avons toujours eu qu'un même avis, et s'ils continuent, nous aurons occasion de bien sentir de l'intention de leur maître, quoique les lettres que M. de Villeroy m'écrit tous les jours contiennent que ne devons rien attendre de ce côté-là, et je sais qu'il en est mieux instruit que nous, et que ces députés peuvent user d'artifice jusqu'à ce qu'on veuille frapper le coup.

Les Etats nous ont fort recherché, Angleterre et nous, pour faire une ligue offensive et défensive, tant pour la paix que pour la guerre; nous n'avons toutefois voulu consentir qu'à la défensive et pour la paix : M. de Barneveld en avoit dressé le projet par l'avis et délibération des Etats; mais, pour ce qu'elle n'étoit bien, ni en la forme ni en la substance, nous l'avons différé jusqu'au temps du traité, et dressé le même projet entre nous et les députés d'Angleterre, sans le communiquer aux Etats, pour l'envoyer devant nos maîtres et recevoir là-dessus leur commandement. C'est bien moi qui l'ai dressé, mais ça a été à la prière des députés d'Angleterre et par leur avis, suivant néanmoins au plus près, en ce qu'avons estimé devoir faire le projet des Etats, même un article que M. de Barneveld m'a dit avoir mis au sien comme en ayant été requis par M. Winood, l'un des députés d'Angleterre : qui est que les rois et les Etats s'obligent respectivement au secours l'un de l'autre, non-seulement contre un ennemi étranger qui voudroit entreprendre quelque chose contre eux, mais aussi contre les mouvemens de dedans. Ils montrent que leur maître sera disposé de faire cette ligue qu'il aimeroit encore mieux la continuation de la guerre que la paix, et qu'il y contribuera sa part; si c'est feinte ou vérité, je n'y connois encore rien; mais je sais bien que seroit le bien et profit des deux royaumes, que les deux rois fussent très-bien ensemble.

Je vous supplie m'avertir de ce qu'apprendrez de l'intention dudit sieur roi; car nous en sommes ici en grande peine et doute, et craindrons tout jusqu'à ce que cet ouvrage soit parfait. Peut-être que la sortie du comte de Tiron, la réception d'icelui avec honneur en Flandre, et la crainte qu'il n'y ait du mal préparé chez lui, le rendront plus soigneux à désirer et rechercher notre amitié, et, à ce défaut, aussi d'autres qu'il a plutôt essayé jusqu'ici de flatter que de mettre en état et devoir de leur résister. J'en attendrai votre avis; et cependant M. de Russy et moi vous baisons humblement les mains, priant Dieu, monsieur, qu'il vous donne, en parfaite santé, heureuse et longue vie. Votre etc.   P. JEANNIN.
De La Haye, ce 25 novembre 1607.

Lettre *de M. de La Boderie audit sieur Jeannin, du premier de décembre 1607.*

Monsieur, je vous ai écrit par les deux ordinaires passés, tout ce que j'ai jugé digne de venir à votre connoissance, et toujours par la voie de Waudrenecq que m'avez ouverte; celle-ci la tiendra encore. Ce que j'ai à ajouter à mes précédentes, est que j'ai vu depuis le sieur Carron, duquel jai appris que, nonobstant ce que m'avoit dit le comte de Salisbury sur cette ligue dont les Etats sont promoteurs, et nonobstant les respects qu'il disoit les retenir de la vouloir contracter ni publier, que la paix ne fût résolue, icelui comte lui a déclaré qu'ils y entreroient dès maintenant, mais avec eux seulement non avec nous: ce qui se rapporte à ce que je vous ai écrit ci-devant, et dont je me suis toujours douté. Ils tâchent de conserver leur crédit avec lesdits Etats le plus qu'ils peuvent, et témoignent n'être sans beaucoup de jalousie de celui que nous y avons; mais outre cela ont si grand'peur d'offenser Espagne, qu'ils n'osent s'attacher à nous davantage. Je crois qu'ils pourroient faire plus sagement; mais ce sera le temps qui le leur apprendra.

Il y a ici nouvelles d'un nouveau décret qu'a fait le roi d'Espagne, par lequel il retient tout ce qui est venu par la dernière flotte appartenant aux marchands, qui monte, dit-on, à treize ou quatorze millions d'or, et leur baille des assignations au lieu, dont ils sont contens; ce qui ne doit être sans quelque grand dessein. Si là-dessus il fait la paix aux Pays-Bas, chacun doit penser à soi; car, encore que les siens publient que tous ses desseins sont maintenant tournés contre les infidèles, si crois-je qu'il aime trop la chrétienté pour cela. Je vous envoie une petite épigramme qui a été faite par deçà sur ladite paix, laquelle a deux ententes et peut être plus véritable à la réversion qu'au premier sens. C'est ce dont je vous puis entretenir pour ce coup, vous baisant très-humblement les mains, et demeurant, monsieur, votre, etc.
LA BODERIE.

A Londres, le 1ᵉʳ décembre 1607.

LETTRE *de MM. Jeannin et de Russy au Roi, du 2 décembre 1607.*

SIRE,

M. de La Force s'en retournant en France a désiré être porteur de nos lettres, par lesquelles nous donnons avis à Votre Majesté de tout ce qui s'est passé ici depuis notre dernière dépêche. Le cordelier, qui étoit parti pour aller à Bruxelles le 17 du mois passé, et devoit retourner six jours après, n'arriva en ce lieu que le 29, sur les cinq heures du soir; lui et le sieur Verreiken furent priés de se trouver le lendemain, à huit heures du matin, en l'assemblée des Etats, pour les informer de l'intention des archiducs; où étant allés, le cordelier leur dit qu'ils consentoient de leur donner l'original de la ratification, que ledit sieur Verreiken leur consigna par effet à l'instant; y ajouta après qu'ils désiroient d'eux cette modération de ne rien dire ou écrire dorénavant contre le roi d'Espagne qui le pût aigrir et offenser, puisqu'on étoit en voie d'un aimable accord et bonne paix, pendant lequel temps il étoit bien raisonnable de porter respect audit sieur roi; les prioient aussi trouver bon qu'un ou deux étrangers, c'est-à-dire autres que naturels des Pays-Bas, pussent assister à la conférence qui se fera pour ledit traité de paix, nonobstant que le contraire ait été accordé par le traité de trève, et qu'ils en faisoient instance pour donner ce contentement audit sieur roi, qui montroit le désirer. Les Etats nous ayant envoyé leurs députés incontinent après les avoir ouïs, pour nous faire entendre et aux députés d'Angleterre ce que dessus, et en prendre notre avis, nous leur dîmes, quant au premier point, qu'il étoit toujours bienséant et louable, pendant la guerre même, de parler avec respect des grands rois, encore qu'on prétende s'opposer à leur violence et hostilité avec les armes, et qu'à plus forte raison, le devoit-on faire lorsqu'on est sur les termes d'un traité; pour le second point, que nous nous en remettions à eux: bien me sembloit-il que c'est chose indifférente, et qu'on n'a pas accoutumé d'ôter le choix aux princes avec lesquels on traite, des personnes dont ils se voudroient servir.

Nous avons aussi su d'eux que ces étrangers, soit Espagnols ou Italiens, n'y seront pas comme députés du roi d'Espagne, mais de la part des archiducs, et qu'ils feroient réponse incontinent auxdits sieurs Verreiken et le cordelier, afin qu'ils s'en retournent, attendant le temps de la conférence. Et, par effet, ladite réponse leur ayant été faite le lendemain, ils ont même pris de partir le jour d'après, qui est celui même auquel nous écrivons cette lettre. Deux jours avant la venue du cordelier, lesdits sieurs députés d'Angleterre nous étoient venus voir au logis de M. Jeannin, où étoit M. de Barnevelt, en présence duquel ils nous firent entendre qu'ils avoient reçu lettres d'Angleterre pour réponse à l'avis donné par eux du premier voyage d'icelui cordelier et séjour du sieur

Verreiken en ce lieu, et que leur roi et tout son conseil l'avoit trouvé fort mauvais; leur mandoient qu'on les trompoit, que tels voyages, sous prétextes feints et déguisés, se faisoient en effet pour autre occasion, et qu'on n'en pouvoit que mal sentir, puisqu'on leur céloit la cause; que lesdits Etats avoient aussi fait courir le bruit que, sans les députés des deux rois, ils eussent rejeté la ratification et toute condition de paix, mais que leur ayant donné avis qu'elle étoit suffisante pour entrer en traité, ils ne l'auroient voulu faire, crainte de les offenser; qu'il étoit aussi vraisemblable tels bruits être semés avec artifice et mauvais dessein, attendu même que ceux qui manient les affaires nous avoient dit souvent et fait connoître, par leur conduite, que ce n'étoit pas leur intention de rompre là-dessus, mais plutôt de donner encore nouveau délai pour envoyer en Espagne, et attendre une autre ratification, qui nous sembloit le plus dommageable conseil qu'ils eussent pu prendre par ainsi qu'il seroit plus utile pour eux d'entrer en traité sans autre remise, afin d'avoir bientôt la paix ou se préparer à la guerre, que de demeurer plus long-temps en incertitude.

Ces propos furent tenus par M. Spencer avec véhémence et animosité, et approuvés par nous, tant pource qui regardoit le soupçon de ses voyages que les bruits qu'on fait courir de notre avis donné sur la ratification; y ajoutant seulement que cet avis étoit fondé en très-bonne raison, et s'il étoit à donner, que nous en userions encore. Ainsi que devions même tenir à gloire d'être auteurs de la paix, puisque nous avions eu charge de deux grands rois, amateurs de la tranquillité publique, de faire tous offices convenables pour y parvenir; et si on en avoit fait courir le bruit avec quelque mauvais dessein, que notre intention ne laissoit pourtant d'être bonne et louable. Le sieur Barneveld répondit à ses soupçons que M. Carron, qui étoit pour eux en Angleterre, leur en avoit autant écrit, et qu'il s'étonnoit bien fort comme tels ombrages pouvoient entrer ès esprit de ceux qui ont quelque connoissance de la constitution de leur Etat; et bientôt chacun seroit éclairci de leur sincérité, et qu'ils n'ont jamais pensé de faire chose aucune sans l'avis de ces deux rois. Quant à la ratification, qu'à la vérité ils l'eussent rejetée, sans notre avis, pource qu'elle devoit être pure et simple, et eux tirer ce profit, encore que la paix ne se fasse, d'avoir leur liberté et souveraineté du pays par la confession même de leurs ennemis; nous fit néanmoins assez connoître que les Etats n'avoient aucune volonté de rompre là-dessus, mais essayer seulement d'en avoir une autre en meilleure forme et sans condition; nous sembla même qu'ils aimeroient mieux laisser couler l'année prochaine en trêve, sur cette espérance de l'obtenir, que recevoir celle-ci. Ce que les députés d'Angleterre montrent de trouver fort mauvais, et que s'ils entroient de rechef en cette cessation d'armes, que leurs ennemis se dégoûteroient, et eux n'auroient plus que faire ici. Leur avis fut secondé du nôtre; puis M. Winood entra en dispute avec le sieur de Barneveld sur les mots contenus en ladite trêve, en vertu desquels ils prétendent avoir suffisante déclaration de leur liberté et souveraineté; soutenant que cela n'étoit rien, si par le traité de paix cet article n'est couché bien spécifiquement, et avec les renonciations requises et nécessaires. M. Spencer en dit autant, et y insista bien fort; et si cette liberté et souveraineté n'est exprimée comme il appartient, ils ne seroient pas en état de se pouvoir conserver ni d'être utiles à leurs amis. Le sieur Barneveld soutient le contraire, et que le roi d'Espagne faisant la même déclaration que les archiducs ont déjà faite, il y aura assez sans qu'il soit besoin d'autre expression, et néanmoins qu'il jugeoit à propos d'insérer à ce traité tout ce qui seroit requis pour contenter un chacun. Quant à la trêve pour l'année prochaine, il la craignoit, la tenoit dommageable aussi bien que nous, et si elle n'étoit nécessaire à l'occasion du traité, qu'il la falloit rejeter du tout; en quoi rien ne seroit fait qu'avec notre avis.

Nous mandons à Votre Majesté les particularités de toutes choses, et même la façon de procéder desdits sieurs députés d'Angleterre, qui est si contraire aux défiances qu'elle a de leur maître, et aux lettres que le président Jeannin a reçues depuis deux jours de M. de La Boderie (à quoi nous ajouterons néanmoins plus de foi qu'à leurs paroles), que serons, à cette occasion, toujours en crainte et soupçon d'eux, jusqu'à ce que tout soit fait; aussi est-il bien certain, s'ils se dissimulent, et ne sont en même opinion lorsqu'il faudra traiter par effet, qu'ils couvent et cachent quelque chose de pis; car encore que leur maître ait été conjoint du passé, en la défense des Etats, avec Votre Majesté, s'y étant même obligé par le traité que M. de Sully a fait avec lui, si est-ce que les députés nous ont dit et protesté, depuis qu'ils sont ici, de ne s'en plus mêler, se séparer et prendre des conseils à part, sans vous offenser, sire; ce qu'il craindra toujours de faire s'il n'a quelque secret traité avec Espagne et les archiducs dont toutefois leurs actions et conduite n'ont rien fait paroître jusqu'ici. Lorsqu'ils auront eu réponse sur leur dernière dépêche, qui contient tout ce que lui avons mandé de nos conférences avec eux et les Etats, on en jugera avec certitude, et non plus tôt. Est vrai qu'il seroit bien tard pour y remédier, s'ils étoient assez puissans pour troubler nos affaires ici, et les Etats mieux disposés à les contenter que nous : ce que ne croyons aucunement; ne pouvant néanmoins de notre part, soit avec eux, le prince Maurice, le sieur Barneveld et tous autres qui ont quelque pouvoir au maniement des affaires, faire autre chose que ce que faisons pour nous garantir de tous ces inconvéniens. Nous jugeons bien que le traité de la ligue dont nous avons envoyé le projet, nous eût mis du tout hors cette crainte; aussi l'avons-nous recherché et désiré il y a long-temps, autant qu'il nous a été possible, en gardant ce qui est dû à la dignité de Votre Majesté; mais diverses difficultés et empêchemens, dont nous avons donné avis selon qu'ils sont survenus, l'ont retardé. Nous ne perdrons le temps non plus ci-après, aussitôt que les députés des provinces seront arrivés et qu'aurons reçu son commandement sur ce sujet. Lesdits sieurs députés d'Angleterre nous ont encore dit avoir reçu lettres de leur ambassadeur qui est près des archiducs, par lesquelles il leur mande que Spinola pourroit bien être l'un des députés en la conférence, et que le comte de Tiron, qui a vu les archiducs, a reçu peu d'accueil d'eux et de toute la cour, fors de Spinola, qui lui en a fait beaucoup; que ledit sieur comte a écrit à leur roi des lettres pleines de respect et de soumission, pour excuser sa fuite sur la religion dont il cherche le moyen de jouir en sûreté, et sur le soupçon qu'il a eu que le vice-roi d'Irlande eût volonté de se saisir de lui à l'occasion de quelques mauvais et faux rapports qu'on avoit faits; n'ayant osé comparoir pour la haine qu'on porte aux catholiques en Angleterre, qui lui eût été le moyen de défendre son innocence; que les archiducs lui ont ordonné de se retirer, et qu'il étoit parti pour aller à Rome ou en Espagne, ne savent encore lequel des deux. Bien avoient-ils promis à sa femme, à son fils et d'autres gentilshommes de sa suite, de demeurer à Louvain, où ils sont de présent. Le prince Maurice, qui a aussi entendu que ledit sieur Spinola pourroit être député à la conférence, a montré de le trouver fort mauvais, et qu'étant puissant en crédit et moyens, il pourroit pratiquer et corrompre quelques-uns, soit gens de guerre ou autres, au préjudice de l'Etat et qu'il ne le falloit souffrir.

Les députés des Etats qui étoient allés en Danemarck sont retournés depuis trois jours, se louent bien fort du bon accueil qu'ils y ont reçu, des bons propos que le roi leur a tenus, des présens qu'il leur a faits; et disent aussi qu'il s'est fort soigneusement informé de l'état de leurs affaires; s'ils n'étoient point entrés plus avant en traité avec le roi d'Espagne que ce qu'ils en avoient dit, et quelle étoit l'inclination des députés de Votre Majesté sur la paix ou la guerre; y ajoutant encore que les Espagnols étoient accoutumés de tromper quand ils peuvent, et qu'ils y devoient bien prendre garde. Ledit sieur roi a envoyé deux députés, l'un conseiller en son conseil, l'autre un docteur qu'on dit être fort suffisant. Ils sont arrivés depuis trois ou quatre jours à Amsterdam, et sont attendus de jour à autre ici; un gentilhomme, qui est en ce lieu de la part du roi de Suède, pour essayer de lever des gens de guerre en ce pays, sur le bruit de la paix, est venu voir le président Jeannin, et lui a dit que son maître désiroit fort de traiter alliance et amitié avec Votre Majesté, et obtenir quelque permission d'elle de lever des soldats françois, dont il a parlé à M. de La Borde, qui voudroit bien être employé, si Votre Majesté l'a agréable, ne s'y étant toutefois voulu engager sans recevoir son commandement exprès là-dessus, lui ayant aussi dit qu'il ne le devoit faire autrement.

Le même gentilhomme a encore dit au président Jeannin qu'un habitant d'Amsterdam s'en alloit trouver Votre Majesté de la part dudit sieur roi de Suède, pour savoir si elle auroit agréable qu'il lui envoie des ambassadeurs, à l'effet susdit, usant de cette façon pour la crainte qu'il a que le roi de Pologne, son ennemi, ne l'ait déjà prévenu; qu'il sait bien ledit sieur roi de Pologne avoir beaucoup de fiance en l'amitié du roi d'Espagne, duquel il est beau-frère, et que son roi a cru qu'il pourroit à cette occasion espérer quelque chose de la vôtre. Le président Jeannin lui a demandé aussi comme son maître étoit avec le roi de Danemarck son voisin : à quoi il lui a répondu qu'il étoit mal, mais sans dissension ouverte. Lui a au surplus magnifié les moyens dudit roi de Suède; qu'il a en réserve grande somme d'argent amassée avec Espagne depuis dix ans, des mines d'argent, et surtout de cuivre et de fer en abondance; qu'il entretient aussi d'ordinaire plus de cent navires de guerre, dont il y en a quarante de six, sept ou huits cents tonneaux. J'ai bien ouï dire souvent à un gentilhomme qui a demeuré long-temps audit pays de Suède, que le roi de Danemarck a dessein sur ledit royaume de Suède, et recherchera tous les moyens qu'il lui sera possible pour y entreprendre. Cela fait soupçonner encore que lui et le roi d'Angleterre, déjà conjoints par étroite alliance, ne recherchent ensemble à cette occasion l'amitié du roi d'Espagne, pour s'en servir à ce dessein; mais ledit roi d'Espagne abandonnera, en ce faisant, le roi de Pologne son beau-frère; puis il doit plutôt désirer que ces deux royaumes de Suède et Danemarck soient possédés par deux rois que par un seul, et semble que Votre Majesté y ait encore plus d'intérêt pour n'accroître la puissance du roi de Danemarck, déjà conjoint avec l'Anglois. Et toutefois il semble expédient, si ledit sieur roi de Suède envoie vers elle, de tenir toutes choses en surséance jusqu'à ce que la résolution ait été prise ès affaires que traitons ici.

Quelques-uns ont reçu ici, depuis quatre ou cinq jours, des lettres d'Anvers, par lesquelles on leur mande qu'il y a eu derechef un nouveau combat de mer près Malaca, entre les Portugois, à eux joints plusieurs Indiens, et les Hollandois; que les Portugois y ont perdu neuf galions et cinq à six mille hommes, et les Hollandois, qui sont demeurés maîtres de ce combat, environ trois cents hommes et des navires, et qu'on tenoit la ville de Malaca avoir été prise après cette victoire : cette nouvelle n'est encore bien certaine. Les marchands de la compagnie des Indes d'orient font partir quatorze grands navires dans sept ou huit jours pour faire ledit voyage, qu'on dit être les mieux équipés d'artillerie, voiles matelots, soldats, et toutes choses qu'aucuns autres qui soient jamais sortis de ces pays. S'il y a rien qui excite le roi d'Espagne à donner la paix aux Etats, sera la crainte des voyages, esquels il reçoit ordinairement beaucoup de dommage, et doit craindre pis. Les sieurs Verreiken et cordelier nous sont présentement venus voir chacun en nos logis, ont pris congé de nous, nous ont mercié des bons offices que faisons pour la paix, dont ils nous ont dit être bien informés, et priés d'y continuer. Ils ne sont entrés plus avant en propos, encore qu'ayons essayé de les y mettre; c'est qu'ils veulent demeurer couverts jusqu'à la conférence, ou qu'ils ne se fient non plus en nous que du passé. Ont dit au président Jeannin en particulier, que M. le président Richardot se recommandoit à lui, qu'il seroit de la conférence, et se réjouissoit de ce qu'il auroit moyen de parler et de conférer lors avec lui. Nous prions Dieu, sire, qu'il donne à Votre Majesté et à sa royale famille une très-parfaite santé, très-heureuse et très-longue vie.

Votre, etc. P. JEANNIN et DE RUSSY.
De la Haye, ce 2 de décembre 1607.

LETTRE *de M. Jeannin à M. de Villeroy, dudit jour 2 décembre* 1607.

Monsieur, le cordelier a fait à son retour de Bruxelles un présent aux Etats de l'original de la ratification, qui les contente fort, encore que soit peu de chose. Il assure aussi partout où il passe, et ceux qu'il voit en ce lieu, qu'il tient la paix pour faite, soit qu'il sente ainsi qu'il soit vrai en effet, ou qu'on l'ait trompé lui-même. Le prince Maurice, au contraire, dit qu'elle ne se fera pas. Les mouvemens des Etats y inclinent toujours, mais s'ils ne sont trompés par ceux qui conduisent leurs affaires, ils ne l'accepteront que bonne et assurée. Nous n'avons rien à désirer ès propos des députés d'Angleterre, et ne laissons pourtant de craindre tous deux sur ce que le Roi nous en a mandé, et ce que vous, monsieur, et M. de La Boderie m'en avez écrit en particulier.

Ils montrent d'être fort soigneux de deux choses : l'une, que par le traité la souveraineté de ce pays soit quittée et remise aux Etats, précisément et en termes plus exprès qu'il n'a été fait par la trève ; l'autre, que s'il faut entrer en traité, soit pour avoir une paix entière et absolue, non une trève à longues années, disant avoir charge d'insister à ce que dessus, de conseiller ouvertement aux Etats de rompre si leurs ennemis en font refus, et même de se retirer plutôt que d'y consentir, nous ayant répété ces paroles fort souvent, et comme pour nous persuader d'en faire autant : je ne veux imaginer à quel dessein, vu que chacun croit qu'ils veulent la paix : vous nous l'avez écrit, et nous en faisons aussi le même jugement, combien qu'ils nous aient dit plusieurs fois qu'ils la veulent pource qu'ils croient ne la pouvoir empêcher. Peut-être seront-ils bien aises que prenions cet avis avec eux, pour feindre qu'ils y ont été emportés par nous, et après s'en départir pour en avoir le gré des archiducs et faire tomber la haine sur nous. Nous leur répondons, sur ces discours, qu'il faut être bien résolu d'assister les Etats d'un bon et puissant secours, si on leur veut conseiller fermement de rompre à cette occasion ; et, afin que les deux rois soient aussi assurés l'un de l'autre, et qu'ils ne s'abandonneront point, ni les Etats, au secours qui sera promis, qu'ils aient un traité par ensemble, sans lequel Sa Majesté ne s'y engagera jamais, et conseillera plutôt aux Etats de rompre pour quelque occasion que ce soit. Ils acquiescent encore à cela, et trouvent qu'il est raisonnable d'en user ainsi. S'ils vouloient faire ce traité par effet, ou si la ligue étoit faite avant le traité de paix, il y auroit quelque sûreté avec eux, mais non autrement. C'est toutefois notre intention, si ne recevons autre commandement de Sa Majesté, de nous rendre faciles à tout, et n'insister à rien qui puisse rompre la paix, quand même les archiducs ne voudroient consentir que l'article de la souveraineté soit plus expli-

qué que par la trève, pourvu qu'on puisse faire notre ligue avec les Etats, en laquelle il y aura assez de sûreté pour eux et pour nous. Et à la vérité nous eussions été hors de grande peine si elle eût pu être faite plutôt ; mais s'il vous plaît vous souvenir de ce qu'avons écrit touchant les difficultés et empêchemens qui s'y sont rencontrés, et nous ont ôté le moyen d'y parvenir.

Jusqu'ici vous jugerez, monsieur, qu'il n'a nous a été possible de faire mieux. Or tout est encore en son entier, et ne vois rien que devions craindre pour ce regard, sinon que cette seule considération empêche le roi d'Espagne de faire la paix. Le sieur de Barneveld continue tous les jours à nous assurer de son affection. Le prince et le comte Guillaume le font aussi, et suis certain qu'il n'y a point de feintise en ceux-ci. J'en espère autant de l'autre, sans ne l'oser promettre si assurément. C'est tout ce que pouvons faire que de ménager leur bonne volonté, et de ceux que reconnoissons affectionnés au service de Sa Majesté, prendre garde à ce qui se passe, lui en donner avis, recevoir ses commandemens, et faire sur les occurrences ce que jugerons devoir être utile pour ses affaires. Outre ce que l'ambassadeur d'Angleterre, qui est près des archiducs, écrit aux députés qui sont ici, que Spinola pourroit bien être l'un des députés en la conférence pour la paix, d'autres l'ont écrit d'Anvers. S'il y vient lui-même, il est certain que c'est pour traiter en effet ; et s'il y a aussi quelque secrète négociation, qu'on ne pouvoit choisir un plus puissant entremetteur, ni même plus propre pour faire des pratiques parmi les Etats ou gens de guerre. Je le craindrois en cette occasion, avec ce que j'ai appris de plusieurs qu'il est mal affectionné à la France ; car, encore que les députés n'aient jamais autre volonté que celle de leur maître, si peuvent-ils toujours beaucoup sur le choix des choses qu'on laisse à leur jugement. Le prince Maurice, qui a eu le même avis, dit qu'on doit empêcher qu'il ne vienne, pour les raisons ci-dessus déduites ; et néanmoins quelques-uns avoient cru, s'il venoit, que ce pourroit être pour traiter avec lui et chercher les moyens de lui donner contentement. Mandez-moi, je vous supplie très-humblement, ce que vous sentez de l'inclination dudit sieur Spinola envers ou contre nous. Il est d'un pays où les hommes sont subtils et fort artificiels.

Répondez-nous aussi, s'il vous plaît, particulièrement sur tous les points de nos précédentes lettres, nommément pour le regard de ce que Sa Majesté voudra donner aux Etats en faisant la ligue pour la paix; et qu'elle ne craigne point, s'il lui plaît, de me déclarer son dernier mot, dont je n'abuserai aucunement; et pareillement de ce qu'elle voudra faire pour le secours de la guerre, si la paix est rompue; et de considérer que pour relever les courages et prendre quelque avantage, il sera besoin qu'il soit plus grand ès premières années; comme aussi si elle le donnera par obligation, dont les Etats feront grande instance, ou seulement comme du passé; si elle n'entend pas aussi obliger envers elle le roi d'Angleterre, afin qu'il ne s'en puisse retirer après l'avoir une fois accordé, comme il a ci-devant fait; et s'il y a quelques articles sur lesquels Sa Majesté veut qu'on insiste précisément, quand les Etats devroient même rompre à cette occasion, soit touchant ceux dont mention est faite ci-dessus ou autres, de nous en avertir par même moyen, afin qu'au temps des résolutions, lequel approche, nous soyons instruits de son intention sur tout ce qui se présentera, soit pour la paix ou la guerre. Car, encore que sachions bien Sa Majesté désirer la paix, y pouvant parvenir, avec les conditions requises pour la sûreté des Etats, en son contentement, le contraire pourroit néanmoins arriver, et nous être pressés, en une occasion présente, de nous ouvrir sur le secours pour la guerre, dont la remise pour recevoir nouveau commandement seroit dommageable.

Les députés d'Angleterre doivent être préparés à tout, et avoir charge et pouvoir de leur maître, de déclarer son intention sur les occurrences des affaires, ainsi qu'ils m'ont dit. J'ai bien la réponse du mémoire envoyé par M. de Preaux, qui satisfait à partie de ce que dessus, mais il y a eu quelque changement depuis aux affaires, qui me fait désirer cet éclaircissement, ensemble un pouvoir selon que l'avons écrit par nos précédentes dépêches. Je serai toujours en peine et incertitude jusqu'à la fin, quoiqu'on me promette qu'elle sera bonne, pource que je sais bien que la fidélité, la diligence et la prudence même sont comptées pour rien, et ne suffisent jamais pour exempter de blâme et calomnie un bon serviteur si son travail n'est heureux, tant s'en faut qu'il lui puisse acquérir quelque grâce envers son maître. Mes vœux tendent donc à ce but de bien servir, et prie Dieu qu'il veuille favoriser notre labeur, et vous donner aussi, monsieur, en parfaite santé, heureuse et longue vie. Votre, etc.

P. Jeannin.

De La Haye, ce deuxième jour de décembre 1607.

Lettre de M. le duc de Sully à M. Jeannin, du 6 décembre 1607.

Monsieur, le Roi et nous tous avons reçu grand contentement à la lecture de vos lettres; car, encore qu'il y ait quelque chose aux procédures de ceux auxquels vous avez à négocier, qui ne soit selon notre goût, néanmoins cela nous éclaircit grandement, et nous fait juger le fondement que l'on doit faire sur telles humeurs, lesquelles, puisque vous connoissez bien, vous sauriez manier comme il faut.

A ce que je vois, les Anglois se gouvernent selon votre désir; mais ils me tromperont bien si, avant que toutes choses soient conclues, ils ne vous font voir une revirade de leur humeur. Quoi que ce soit, il faut porter ces peuples à la paix: car quand bien elle ne devroit guères durer, si en tirera-t-on toujours cet avantage qu'ils se pourront qualifier provinces libres et souveraines par juste titre, par la renonciation de leurs seigneurs, et que leurs voisins et amis les pourront assister plus ouvertement, sans qu'on leur puisse objecter qu'ils secourent les rebelles d'autrui; car aussi-bien je craindrois que si maintenant l'on rentroit à la guerre, qu'il n'arrivât quelque séparation de villes ou provinces qui composent leur Etat, ou pour le moins aliénation de plusieurs volontés. Mais si, la paix faite, ils sont contraints de revenir aux armes, à cause des menées et entreprises d'Espagne, ce sera avec plus d'animosité que jamais, par la connoissance du dessein que l'on aura eu de les circonvenir. Surtout ils doivent bien aviser quelle forme de gouvernement ils choisiront; car de prendre leur exemple sur les Suisses, ou autres peuples pareils, qui se sont mis en liberté, j'ai peur qu'ils se trompent, à cause de la différence des humeurs et situation des provinces; les uns étant gens rudes, tous formés à la guerre, et desquels le principal revenu consiste à l'éclat de leurs armes, à cause de la stérilité de leur pays et petit trafic que l'on y peut faire, n'y ayant point de mer ni de rivières, et les chemins de difficile accès pour la facilité d'icelui; tellement que toute leur sollicitude consiste à garder leur liberté et à se tenir armés, tant pour eux que pour tous autres qui ont de l'argent; et les conditions de messieurs les Etats sont toutes opposites. Si bien que s'il n'y a un, deux ou trois, ou jusqu'au nombre au-dessous de vingt, qui soient bien fort intéressés en la conservation de leur Etat et liberté, qu'ils s'occuperont tellement au trafic et à jouir de la paix et du repos, qu'il sera aisé de les attaquer, étant mal préparés.

Telles affaires mériteroient un discours plus étendu, mais vous entendez à demi mot, et puis les lettres du Roi et de M. de Villeroy vous instruiront si amplement, que les miennes ne peuvent être qu'inutiles; aussi ne les écrivois-je point principalement, et que pour vous assurer de la continuation de mon amitié et service, et vous prier de vous souvenir de frapper quelque coup pour M. le prince d'Espinoy mon cousin; car le bon office qu'il recevra en cette occasion, tant par messieurs les Etats que par vous, je l'estimerai fait à moi-même, et me semble que les témoignages d'affection que j'ai rendus et puis encore rendre pour l'avenir à messieurs les Etats méritent bien qu'ils fassent considération sur mes prières. Ce qu'espérant et d'eux et de vous, je prie le Créateur, monsieur, qu'il vous augmente ses saintes grâces et bénédictions; je vous baise les mains, et suis votre plus humble ami à vous faire service. Votre, etc.

MAXIMILIAN DE BETHUNE, DUC DE SULLY.
De Paris, ce 6 décembre 1607.

LETTRE *du Roi, du 8 décembre 1607.*

Messieurs Jeannin et de Russy, toute votre procédure et conduite sur la belle demande et proposition pour la confédération que ces sieurs prétendent faire avec moi et le roi de la Grande-Bretagne, que vous m'avez représentée par votre lettre du 26 du mois passé, que j'ai reçue du premier du présent, m'a été très-agréable; car elle a été en toutes ses parties conforme à mes intentions et fondée en raisons très-pertinentes. Je considère que plus je recherche de bien faire, en général et en particulier, auxdits sieurs, autant pour la paix que pour la guerre, sans autre considération ni acceptation que de leur prospérité et de la sûreté de leur Etat, plus ils s'imaginent que je le fais par nécessité : comme si je ne pouvois conserver mon royaume sans eux. De quoi volontiers je prendrois conseil de les désabuser une fois pour toujours, et retirerois tout-à-fait mon épingle du jeu, si je n'avois autant de soin de la cause publique que j'ai de mon intérêt particulier. Vous m'avez donc servi, selon mon désir, d'avoir rejeté leur excessive demande en matière d'argent, ar[rê]té le ressentiment que vous m'avez mandé. Pareillement je loue votre prévoyance et diligence à découvrir et renverser les desseins contraires et préjudiciables aux miens, ayant remarqué que [vous] n'omettiez rien à faire pour ce regard, comm[e] je reconnois aussi qu'il est tout besoin que [vous] fassiez, tant pour les diverses humeurs et [fins] des gens auxquels vous avez affaire, que [pour] la qualité de la matière que vous traitez. Mais [je] promets qu'enfin l'issue n'en sera que bonne et honorable pour moi, de quelque côté qu'elle pende, à la paix ou à la guerre, étant mon but tel que vous savez qu'il est, et vous en ayant confié la direction que Dieu fera prospérer s'il lui plaît, ainsi qu'il [a] fait ci-devant, par sa bonté infinie et extraordinaire, toutes mes autres actions. Je ne m'arrête à discourir et vous écrire mon avis, tant sur lesdits articles du projet de la susdite confédération dressée par lesdits sieurs les Etats, que sur la re[mon]strance qu'ils vous ont faite, dont vous m'avez envoyé des doubles; car je n'approuve aucunement le style et la forme du premier, et [s'il] s'ils veulent que j'aie égard à l'autre, qu'ils m[e] conviennent par des effets qui me contentent. Mais après avoir mûrement considéré l'écrit que [vous] avez dressé de l'avis des députés d'Angleterre et [sur] ce sujet, je l'ai trouvé très-bien en la forme et [en] la matière, et aurai à plaisir que ledit sieur roi [de] la Grande-Bretagne fasse d'icelui le même jug[e]ment; dequoi néanmoins je doute, toujours comm[e] du surplus de ses intentions; car je marque que [lui] et ses ministres, en Angleterre et ici, tiennent des langages qui ne s'accordent avec ceux de leurs députés.

Le sieur de La Boderie m'a écrit deux choses : l'une qu'ils ont trouvé mauvais que leur gens ai[ent] conseillé avec vous, auxdits sieurs les Etats, de [se] contenter de la ratification du roi d'Espagne ; l'autre, qu'ils n'entendent faire avec lesdits [sieurs] notre ligue défensive qu'après qu'ils seront tomb[és] d'accord avec les archiducs. Vous pouvez jug[er] par le premier la portée de leur conception, et p[ar] l'autre qu'ils craignent plus d'offenser le roi d'E[s]pagne et les archiducs, qu'ils n'ont désir de co[n]clure ladite ligue. Pour moi, j'estime toujours qu'il est meilleur de l'avancer que la retarder, et c'est jouer au plus sûr pour toutes les parties ; [et] là vous ferez voir auxdits Etats une sûreté paix, ce qui en facilitera l'accord selon notre désir. Nous aurons aussi la nôtre en ce que nous devons et pouvons nous promettre d'eux. De quoi nous demeurerions incertains si nous attendions à traiter, après qu'ils auront fait leurs affaires avec les archiducs, lesquels, non plus que le roi d'Espagne, ne seront mieux édifiés et satisfaits du traité que nous ferons après la paix, que de celui qui l'anticipera, joint qu'ils ont déjà, par leur suspension d'armes, reconnu les Etats pour gens libres, sur lesquels ils ne prétendent rien. Que l'avancement de notredite ligue ne doive auxdits Espagnols et archiducs retrancher aucunement les espérances et considérations qui les ont mus d'entendre audit accord, je n'en doute point; mais je les vois si avant engagés en ce traité, et si désireux de le conclure, que je n'ai pas opinion qu'ils délaissent pour cela de passer outre, mêmement si nous faisons ladite ligue, autant pour nous entresecourir et assister en cas de guerre, comme en celui de la paix, ainsi que nous projetons. Au moyen de quoi je conclus que nous devons résoudre ladite ligue et confédération plus tôt que plus tard, devant que lesdits Etats aient arrêté entièrement leur traité avec lesdits Espagnols et archiducs. Toutefois vous devez faire que les Etats en soient les requérans et principaux poursuivans, tant pour la dignité et réputation qu'il faut toujours retenir de notre côté, que pour la faire trouver meilleure à eux-mêmes, et aussi y porter plus facilement les Anglois, lesquels je prévois se rendre très-difficiles, tant par inclination que pour nous contredire. Nous devons craindre aussi, quand lesdits Anglois sauront que lesdits Etats auront parfait ledit traité avec les Espagnols et archiducs, qui traversent ladite ligue, et qu'ils s'entendent sous main avec ceux-ci pour cet effet, voire qu'ils empêchent même que je n'en fasse une à part avec les Etats, lesquels ayant lors leur compte, seront peut-être moins affectionnés et désireux d'y entendre qu'à présent, quand ce ne seroit que pour n'offenser le roi d'Angleterre ni leurs nouveaux amis. Néanmoins je remets toutes choses à votre jugement, auquel j'ai entière confiance.

Or j'ai avisé de promettre et accorder auxdits Etats, par mondit traité, de les secourir, en cas de rupture et d'infraction de celui qu'ils feront avec les archiducs en la forme portée par votredit projet, de six ou huit mille hommes de pied françois, qui seront par moi choisis, fournis et soudoyés, autant de temps que les Etats en auront besoin, pourvu, et non autrement, qu'ils s'obligent de leur part, si mon royaume est assailli, de m'assister et secourir pareillement en vaisseaux de guerre, dont le moindre sera de trois à quatre cents tonneaux, ou en argent, à mon choix, à proportion de la moitié de la dépense à laquelle reviendra mon susdit secours de six ou huit mille hommes de pied, payés suivant les appointemens et soldes ordinaires de mon royaume, portées par les Etats, dont je vous envoie des doubles. J'entends aussi que le roi d'Angleterre s'oblige, par le même traité, de donner un secours auxdits Etats, sinon égal du tout au mien, au moins approchant d'icelui, soit en hommes ou argent, ainsi qu'ils conviendront ensemble; et, s'il est moindre que le mien, que celui que les Etats nous accorderont, soit aussi proportionné à la rate de l'un et de l'autre. Et quant au mutuel et réciproque secours que le roi d'Angleterre et moi aurons à tirer l'un de l'autre, en cas de guerre, j'estime que nous devons suivre et confirmer ce qui a ci-devant été convenu entre nous, le trentième jour de juillet 1607, lorsque mon cousin, le duc de Sully, passa en Angleterre pour visiter de ma part ledit roi, et me conjouir avec lui de son heureux avénement à la couronne dudit pays, dont vous aurez ici une copie collationnée sur l'original signé de la main dudit Roi. Il sera besoin seulement de spécifier la solde qui sera donnée aux gens de guerre et aux capitaines, pilotes et mariniers des navires dont sera composé ledit secours mutuel, comme du port desdits navires, afin que tout s'accomplisse de bonne foi et sans difficulté, quand il écherra de ce faire. Mais si le roi d'Angleterre fait difficulté d'entrer, dès à présent, en ce traité de ligue défensive, sous prétexte de ne vouloir offenser lesdits Espagnols et les archiducs, et de ne vouloir contrevenir au traité dernier qu'il a fait avec eux, et partant qu'il persiste de vouloir voir devant ce qui réussira de celui desdits Etats avec ces derniers, je veux que vous ne délaissiez d'arrêter et conclure, dès à présent, la confédération avec les Etats, afin que je ne demeure davantage à la disposition des événemens, joint que j'ai grande occasion de me défier de la volonté et constance dudit roi d'Angleterre, pour la perfection de ladite ligue en la forme qu'elle doit être et que vous l'avez projetée, encore que ses députés aient fait contenance de l'approuver, mêmement quand il verra les Etats d'accord avec les archiducs. N'en remettez donc la résolution après ledit accord, si vous la pouvez anticiper, et ne laissez, pour ce que je vous mande, de faire votre possible pour y faire joindre et entrer en même temps le roi d'Angleterre; car la partie en sera toujours plus forte et estimée, quand elle sera composée de trois ensemble et sans séparation. Il sera bon de donner aux autres rois, princes, potentats, communautés et villes qui voudront y entrer, six mois de temps. Il faut aussi déclarer et spécifier par le susdit traité de ligue, au cas qu'en un même temps l'on fasse la guerre aux trois ou aux deux co-alliés ensemble, quelle sera l'assistance que nous nous entre-donnerons, comme vous verrez, par les articles dudit sieur de Sully, qu'il a été spécifié entre moi et ledit sieur roi d'Angleterre. Il me semble qu'il sera bon de prendre ce pied. Quant au partage des conquêtes sur l'ennemi commun, j'approuve ce qui en est porté par votre dit projet, comme je fais tous les autres articles d'icelui qui ne sont contredits par la précédente; mais il est nécessaire que nous sachions, devant que de conclure ledit accord, ce que l'on prétend faire des villes d'ôtage que gardent les Anglois; car s'il faut qu'elles demeurent en leurs mains, leur roi sera grandement avantagé par-dessus moi, tenant et ayant en son pouvoir deux places si importantes. Eclaircissez-moi de ce point, car je le juge digne de grande considération. A quoi j'ajouterai qu'entre plusieurs raisons qui me meuvent d'offrir et fournir auxdits Etats le secours duquel nous conviendrons plutôt en hommes qu'en argent, c'est que je ne veux pas que mon argent soit employé à entretenir lesdits Anglois ni autres gens de guerre que ceux de ma nation, et à plusieurs autres dépenses dudit pays, comme je sais qu'il a été ci-devant.

J'entends aussi, avant que les Etats s'accordent avec les archiducs et les Espagnols, s'il faut que je les secoure de quelque chose pour une ou deux années, que ce soit en hommes et non en argent, comme de trois ou quatre mille hommes, en deux ou quatre régimens à mon choix; car c'est de quoi ils auront plus de besoin pour conserver leur Etat et les garantir des entreprises et surprises que l'on y pourroit faire; ne pouvant approuver ni consentir, comme j'ai dit, que mon argent serve à autres frais et moyens à récompenser ou contenter les capitaines et autres qui seront licenciés ou retenus en service par les Etats après ledit accord. Je présuppose et entends aussi, accordant ce dernier secours pour un ou deux ans, que ledit roi d'Angleterre sera content de leur en octroyer un, sinon égal au mien, du moins approchant d'icelui, moyennant quoi il sera facile auxdits Etats de munir leurs places de forces suffisantes pour les garder de surprise, y contribuant et coopérant de leur part ce qu'ils doivent à la conservation de leur liberté et Etat; mais il faut aviser si le roi d'Angleterre accordant le susdit secours, pour ledit temps demandé, qui soit par prêt, et partant que lesdits Etats s'obligent à la restitution de l'argent qu'il y mettra, si nous devons faire pareille instance. Il me semble que j'y serai encore mieux fondé que lui, principalement s'il demeure nanti desdites places ostagères. Au moyen de quoi vous y prendrez garde et me servirez en cela le plus à mon avantage qu'il vous sera possible; vous déclarant, si lesdits Etats acceptent ladite assistance durant lesdites deux années, en hommes, telle que je la leur offre, que j'insisterai moins au remboursement que s'il falloit la fournir en deniers. Sachez aussi s'il faut, pour plus facilement engager le roi d'Angleterre audit secours pour lesdites deux années, que je fournisse en argent ma quote part, que je m'y disposerai, à la charge de le compter et rabattre sur ce qu'il prétend que je lui dois. Toutefois mettez peine de parer ce coup si faire se peut, et n'en lâchez la parole qu'à l'extrémité, et quand vous connoîtrez ne pouvoir mieux garantir.

Or, s'il avient que les Etats ne tombent d'accord avec les archiducs, et partant soient contraints de reprendre les armes et recommencer la guerre, en ce cas je suis content de les assister durant le temps que vous limiterez et conviendrez avec eux et les députés du roi d'Angleterre, le double de ce que ledit roi accordera; comme s'il y veut entrer pour cinq cent mille livres par an, j'exposerai un million, soit en gens de guerre ou en argent, à mon choix, par forme de prêt ou de don, ainsi qu'il sera convenu entre nous. Mais je ne voudrois que le roi d'Angleterre en fût quitte seulement pour des promesses, et partant que demeurasse leur engagé audit secours, comme peut-être seroit l'intention des Anglois, et, pour ce faire offrir une grande somme, que la mienne seule fût suffisante pour soulager lesdits Etats, et les contenter sans débourser et fournir la leur, et par ce moyen rejeter sur moi seul le fardeau; chose que je ne veux aucunement consentir ni endurer. Mais j'ai bien opinion que le roi d'Angleterre n'entrera qu'à l'extrémité en la susdite obligation pour la reprise et continuation de la guerre. Je pense pareillement que nous devons avoir le même but; car plus je considère lesdits sont les accidents qui peuvent naître de ladite guerre au présent et pour l'avenir, plus je remarque de péril pour lesdits Etats et ceux qui s'y engageront avec eux. Toutefois, s'ils ne peuvent obtenir de leurs adversaires des conditions de paix raisonnables et sûres, ils ne seront abandonnés de moi en leur juste guerre, non plus qu'ils ont été ci-devant, pourvu aussi que le roi d'Angleterre soit de la partie, et qu'il porte sa part du secours duquel ils auront besoin, comme il est raisonnable. Dont vous pourrez dire qu'en cas de guerre je doublerai l'offre que leur fera le roi d'Angleterre aux conditions susdites.

NÉGOCIATIONS DU PRÉSIDENT JEANNIN.

Souvenez-vous aussi du commandement que je vous ai fait pour le décompte et la reconnoissance des sommes desquelles j'ai ci-devant et jusqu'à présent secouru les Etats, afin qu'il soit pourvu à la sûreté du remboursement d'icelles, suivant ce que je vous ai ordonné en partant, et l'ouverture que je vous ai depuis faite par la dépêche que vous a portée l'abbé de Preaux. La demande est si équitable, que je me promets que lesdits sieurs y satisferont en une sorte ou autre ; pour quoi faire, je m'accommoderai toujours autant que je pourrai à l'état de leurs affaires.

Et quant à la fourniture du dernier quartier du secours de la présente année, sachez qu'il n'a été fait aucune promesse à leur député de deçà, pour l'avancer comme vous avez écrit qu'il a mandé par delà ; mais il en sera usé ainsi que je vous ai fait savoir par mes précédentes, avec déclaration et protestation. Toutefois, si lesdits Etats prolongent leurdite cessation d'armes pour un an ou pour plus de trois mois, comme l'on m'a avisé qu'ils ont fait ou délibéré de faire, non-seulement je retarderai ladite partie, mais qu'ils ne doivent s'attendre à la continuation de la même assistance pour l'année prochaine ; car je ne veux consumer mon argent en faveur d'une telle prolongation, qui ne servira qu'à les décevoir et empirer leurs affaires, comme je vous ai prédit. J'entends aussi, s'il faut rentrer en la guerre et que les Etats tirent de moi la susdite assistance, qu'ils me promettent aussi, par acte valable, de ne traiter à l'avenir paix ni trêve, ou autre accord, sans mon consentement par écrit, signé de ma main et scellé du cachet de mes armes, pour ne retomber ci-après en la même surprise en laquelle je me suis trouvé lorsqu'ils ont fait leur cessation d'armes sans moi.

Vous demandez si j'aurai agréable, au cas de guerre, de m'obliger par contrat au susdit secours desdits Etats, ou si j'entends en user comme j'ai fait ci-devant. Je vous avise que je ne refuserai ladite obligation, si elle est jugée nécessaire, et si le roi d'Angleterre y veut entrer ; car, comme je veux assister de bonne foi et sincèrement lesdits Etats, je ne ferai difficulté de leur en donner les sûretés, qui seront estimées nécessaires pour encourager et contenter leurs peuples, sachant que, comme lesdits Espagnols et archiducs sauront la vérité dudit secours, en quelque forme qu'il soit donné, le mauvais gré qu'ils nous en sauront sera toujours semblable ; joint que nous le pouvons dès à présent justifier, sur la déclaration de liberté et souveraineté que les Etats ont obtenue desdits archiducs, par le traité de ladite cessation d'armes. Toutefois, si pouvez obliger audit secours le roi d'Angleterre par autre voie que par contrat, j'aurai agréable que nous en soyons exempts ; partant je remets le tout à votre jugement ; mais je prévois, si les Etats ne modèrent leurs prétentions, et retranchent les espérances que j'entends qu'ils ont conçues de s'avantager par le traité de ladite paix avec les archiducs, qu'il sera difficile qu'elle réussisse. J'est me aussi que les archiducs aspireront plutôt à une trêve de longues années, laquelle je ne suis pas d'avis que les autres rejettent, en cas qu'ils ne puissent obtenir une paix absolue. Et quant à l'article qui concerne leur souveraineté et liberté, ils doivent faire leur possible pour l'obtenir avec toutes les clauses les plus avantageuses et honorables qu'ils pourront ; mais en cas de refus, je suis d'avis qu'ils consentent de l'avoir tel qu'il a été accordé par ladite cessation d'armes, plutôt que de rompre et rentrer en guerre, car il est suffisant assez s'ils donnent bon ordre à leur gouvernement et affaires, pour, avec le temps, justifier et assurer le droit de liberté et souveraineté, qui se fortifiera ou déchérra selon la félicité ou infélicité de leursdites affaires.

Le principal et plus essentiel point auquel ils doivent donc penser et pourvoir maintenant, est à la forme de leurdit gouvernement après ladite paix, au moyen de maintenir la réputation de leurs armes et puissance, par mer et par terre, en paix comme ils ont fait en guerre, et à se munir et fortifier d'amis, en intéressant leurs voisins à leur conservation, comme je vous ai amplement écrit par mes précédentes. Enfin le pire conseil que les Etats puissent prendre, est de retarder et allonger cette négociation pour les raisons qui sont notoires à tous. Partant, opposez-vous-y tant que vous pourrez, vous servant de ma protestation susdite sur la continuation de mon secours, ainsi que je vous ai dit ci-devant.

J'ai vu la lettre que l'empereur a écrite auxdits Etats, à laquelle j'estime qu'ils auront peu d'égard. Toutefois, comme ces peuples sont sujets à changer d'avis, vous devez continuer à observer toutes choses qui surviendront de cette part ou autre, sans rien négliger non plus que vous avez fait très prudemment et à mon contentement jusqu'à présent. A tant, je prie Dieu, messieurs Jeannin et de Russy, qu'il vous ait en sa sainte garde.

HENRI.

Et plus bas, BRULART.

Ecrit à Paris, le 8 décembre 1607.

Lettre de M. de Villeroy à M. Jeannin, dudit jour 8 décembre 1607.

Monsieur, vos lettres du vingt-sixième du mois passé ont fort contenté le Roi, pour le regard de ce qui vous concerne; mais il n'en est pas ainsi du procédé de ces messieurs, non-seulement envers lui, mais en leurs propres affaires, de quoi l'on peut accuser aucunement la constitution et forme de leur Etat et gouvernement, mais davantage la diversité et contrariété des opinions de ceux qui y régentent; de quoi il faut que leurs amis se ressentent; qui est ce qui a fâché le Roi, avec la considération du bien qu'il leur souhaite. Or, plus leurs demandes sont excessives et inciviles, moins favorablement seront elles exaucées de nous. Vous apprendrez de la lettre de Sa Majesté à quoi elle a réduit ses offres, vous faisant certain de ses volontés sur tous les points que nous avons colligés des vôtres, et me semble si clairement que vous n'avez à désirer de moi aucune chose. Nous avons trouvé votre projet bien considéré et mesuré, sans avoir rien laissé à désirer ni changer pour ce regard; mais nous avons jugé celui de ces messieurs, en la forme et en la matière, défectueux et impropre pour l'œuvre que nous prétendons parfaire : donc nous nous attacherons au vôtre; mais nous doutons s'il sera approuvé d'Angleterre, car ce sont esprits pointilleux et glorieux, qui trouvent à redire à tout ce qui ne sort d'eux, et toutefois ne font rien qui vaille. M. de La Boderie vous aura écrit les propos que le roi d'Angleterre et le comte de Salisbury lui ont tenus sur le sujet de cette ligue : croyez qu'ils en reculeront la résolution tant qu'ils pourront; et, après que la paix desdites provinces sera arrêtée, ils la reculeront de même sous prétexte toutefois, et faisant toujours démonstration d'en vouloir être. C'est pourquoi nous désirons l'avancer, et seroit même expédient d'en faire en même temps une autre pour la guerre, en faveur desdites provinces, car celles-ci serviroit à disposer davantage les archiducs à la paix, et partant passer par-dessus l'appréhension et le déplaisir qu'ils recevront de l'autre, et le dégoût qu'elle pourroit leur donner de ladite paix. Pensez-y, je vous prie; et me semble que nous devons nous arrêter au mécontentement qu'en auroient lesdits archiducs et Espagnols, car je crois que l'on ne peut rien ajouter à leur indignation pour ce regard; et si l'article de la souveraineté et liberté, accordé par la cessation d'armes, peut aucunement aider à couvrir et justifier notre action en cet endroit; mais, sans doute, les Anglois refuseront d'y entrer, car ils ont des fins toutes contraires aux nôtres. Leur ambassadeur continue à poursuivre le remboursement de leurs dettes prétendues, dont ledit sieur de Salisbury a redoublé aussi depuis peu la plainte et instance avec plus de nécessité, par mon avis, que de considération; mais nous sommes bien délibérés de voir la fin de nos négociations devant que d'y répondre plus catégoriquement. Bien vous puis-je dire que si le roi d'Angleterre veut entrer en l'une et en l'autre confédération, que nous pourrons nous accommoder à payer sa quote part avec la nôtre, en déduction et acquit desdites dettes; mais il désire plus ce remboursement pour s'en jouer que pour s'en servir. A quoi vous verrez bientôt clair, et prendrez pour signe de confirmation de ce mien soupçon, si ses gens tendent à ce retardement desdits traités.

Les propos que vous avez tenus au sieur de Barneveld et au prince Maurice et au comte Guillaume ont été bien reconnus et loués du Roi, lequel certes, voudroit pouvoir faire pour le deuxième ce que vous proposez. Partant c'est bien servir Sa Majesté de parler en ce sens audit prince Maurice et aux siens, lesquels Sa Majesté doit pour toutes bonnes considérations fortifier, élever et supporter, ce qu'elle aura très-agréable que vous fassiez, l'assurant que vous n'y avancerez rien que bien à propos. Mais je vois peu d'apparence d'appréhender maintenant la conjonction du roi d'Espagne avec le prince Maurice, lui procurant cette dignité, pour les raisons déduites par votre dite lettre.

De quelque côté que vous tourniez les affaires, vous trouverez que ce fruit n'est encore mûr ni prêt à cueillir pour ledit prince Maurice; toutefois ce seroit imprudence de l'en dégoûter ou désespérer. Par la réduction que nous faisons à présent du secours que vous avez proposé de donner pour dix ans aux Etats, vous jugerez du naturel de Sa Majesté et de ceux qui l'assistent; car lui et eux ne manquent de bonne volonté ni de connoissance de l'importance de l'affaire; mais ils estiment qu'il n'y a rien à perdre à ne dire oui du premier coup. Or, selon que messieurs les Etats dresseront leurs affaires et se conduiront à l'endroit du Roi, en ces traités, ils seront aussi favorisés et satisfaits de ce côté. Bâtissez sur ce fondement, sans toutefois vous engager à plus que ce que l'on vous permet; tout nouvel ordre, car, suivant ce chemin, ce que vous remontrerez ou conseillerez, sera mieux reçu; mais n'estimez pas que la sortie du comte de Tiron rende le roi d'Angleterre plus enclin à faire la guerre que de coutume. Cela l'a un peu ému du commencement; mais il en est maintenant revenu; car ses gens lui disent qu'il vaut mieux pour lui qu'il soit hors du pays qu'en Irlande, et qu'il y fera moins de mal. Je le crois ainsi. Ledit comte s'en va à Rome mendier sa vie, où il trouvera des esprits plus adonnés à leurs intérêts et vanité qu'à sa consolation.

Je redoute et appréhende bien plus un renouvellement de querelle entre le pape et les Vénitiens; car depuis l'attentat tenté contre ce frère Paule, les cœurs sont grandement altérés de part et d'autre; et semble que Dieu ait ordonné un scandale de ce côté-là, qui aura suite très-dangereuse en la chrétienté, dont se prévaudra sans doute le roi d'Espagne, s'il peut une fois se délivrer de la guerre des Pays-Bas, et le pape lui en donnera l'absolution volontiers pour un tel effet. Ledit roi a retenu tout l'argent de la dernière flotte qu'il avoit assigné, et a fait un décret sur le paiement de ses dettes, qui a fort alarmé tous ses créanciers et marchands, partisans, et même le marquis Spinola. Quand ses prédécesseurs vouloient exécuter quelque entreprise de conséquence, ils usoient de pareils moyens. C'est pourquoi l'on soupçonne que celui-ci a le même but; mais ceux qui savent l'état présent d'Espagne, ne font ce jugement; ils attribuent le tout à la nécessité de leurs affaires et à un désir de les ménager mieux à l'avenir, qu'ils n'ont fait ci-devant, pour mieux gaudir du repos et de la grandeur de leur empire. Ils parlent toujours toutefois d'entreprendre en Afrique, en faveur de l'un des enfans du dernier prince; mais faisons nos traités où vous êtes, et tout cela s'évanouira, sans que nous y ayons dommage ni les États non plus, s'ils nous veulent croire. Si le pouvoir que le sieur de Sainte-Catherine vous a porté n'est tel qu'il doit être, je le corrigerai, me le mandant. Vous ne pouvez déconseiller les États d'admettre un Espagnol en la conférence qui doit être tenue avec ceux du pays que l'archiduc commettra. On dit que le marquis de Spinola prendra cette place, de quoi vous serez tôt éclaircis, puisque ces messieurs ont promis de déclarer leur délibération dans le vingtième du présent. L'on nous a écrit de Bruxelles que le cordelier a porté le consentement desdits archiducs, d'abandonner l'original de la ratification espagnole auxdites Provinces sans tirer la contre-promesse qu'il avoit demandée, et qu'il a été convenu entre lesdits archiducs et États que les choses demeureront entre eux en l'état auquel elles sont, jusqu'à ce qu'autrement en soit ordonné, sans faire autre prolongation de trêve. A quoi toutefois équipole ledit accord, puisque les choses dépendront, pour ce regard, de la volonté des parties, lesquelles déclareront et prolongeront les affaires comme bon leur semblera; dont nous nous donnerons moins de peine, pourvu que l'on ne prétende toucher ci-après à notre bourse, en nous entretenant de paroles, incertitudes et irrésolutions, comme l'on a fait jusqu'à présent. Nous reconnoissons les peines et travaux que nous avons rencontrés en vos négociations pour la variété et diversité des esprits auxquels vous avez affaire, et la qualité des matières que vous traitez; mais nous espérons que vous surmonterez toutes choses, par la prudence et intégrité dont vous procédez en toutes vos actions, que nous savons vous avoir jà acquis telle créance et pouvoir par delà que votre vertu le mérite. En tous cas, nous croyons que ce que vous ne ferez pas ne le pourroit être par autre, quel qu'il soit. Au reste, je vous remercie de la continuation des faveurs que vous départez à mon neveu de Preaux, et vous prie de le mettre en besogne, et le nous envoyer par deçà quand il se présentera sujet digne de sa portée; et vous augmenterez les obligations que vous avez sur lui et sur tous les siens, particulièrement et spécialement, monsieur, sur votre très-affectionné serviteur et assuré ami.

De Neufville.

A Paris, ce huitième jour de décembre 1607.

Autre LETTRE *dudit sieur de Villeroy à M. Jeannin, dudit jour 8 décembre 1607.*

Monsieur, nous estimons qu'il suffira à présent de faire paroître que le Roi est content et prêt d'entrer en l'affaire, en cas de refus du traité de paix, sans toutefois s'y engager plus avant; car ladite contenance fortifiera le courage du prince Maurice et de ceux qui redoutent ce traité de paix, découvrira l'intention interne du roi d'Angleterre et des Anglois, et pourra favoriser ledit traité envers les archiducs, lequel appréhendera le traité du roi de France, de celui d'Angleterre et de messieurs les États contre le roi d'Espagne et sa suite. Nous tenons pour certain que les archiducs accorderont la paix, ou plutôt une trêve à longues années, le conseil d'Espagne étant résolu. Nous voyons aussi que le pape la désire et conseille, comme s'il avoit dessein après cela d'embarquer le roi d'Espagne contre le Turc ou contre les Vénitiens, desquels il se plaint plus que devant; et si je ne vois pas que ceux-ci se mettent en peine extraordinaire de le contenter.

On discourt que le fonds d'argent que prépare ledit roi doit servir à tels effets, comme à intimider les provinces confédérées, afin de favoriser lesdits archiducs en leur traité. Quant à la lettre de l'empereur auxdites provinces, encore qu'elle ne soit à présent de grande efficace envers le général, toutefois elle servira à ceux qui ne seront contens de ce qui se conclura, pour brouiller. Il semble que cette diète impériale soit encore retardée, puis que l'empereur n'y comparoîtra en personne, mais seulement l'archiduc Ferdinand; je n'ai pas opinion aussi que les électeurs s'y trouvent que par leurs députés, et partant qu'il se résolve chose d'importance hors l'empire; à quoi toutefois nous prendrons garde.

Le Roi a eu les rosiers de M. de Waudrenecq, qui lui ont été agréables. Il se porte très-bien. Il a donné à M. de Jambeville l'office de premier président de Rouen, qui a vaqué ces jours passés. L'on lui a ramentu vos services sur cette occasion : il a répondu qu'il vouloit mieux faire pour vous; et, certes, il montre d'être de jour en autre plus content de vous, et mieux reconnoître vos services et mérites. Au reste, nous vivons ici à l'accoutumée. M. de Sully a perdu son second fils, qu'on avoit accordé avec la fille de M. de Schomberg, dont il a reçu grande affection, ni plus ni moins qu'a fait M. de Bouillon de sa fille aînée, décédée à Paris d'une espèce de maladie contagieuse, depuis quatre jours. Vous devez savoir aussi que le prince de Condé se conduit assez mal envers Sa Majesté, marri de quoi il ne lui a été promis de visiter Rome. Si cela continue et que le prince ne s'amende, il en arrivera du mal en une sorte ou autre, ce que vous ne direz, s'il vous plait, à personne, et pour cause.

Je salue vos bonnes grâces de mes très-affectionnées recommandations. Je prie Dieu, monsieur, qu'il vous conserve en bonne santé.

De Paris, ce huitième jour de décembre 1607.

Votre très, etc.   De Neufville.

Lettre *de M. de La Boderie à M. Jeannin, dudit jour 8 décembre* 1607.

Monsieur, celle du vingt-cinquième novembre, que vous m'avez adressée par la voie du sieur Waudrenecq, m'est encore arrivée fort sûrement. Dieu veuille, et je l'espère, que celles que je vous ai écrites, des dix-sept et vingt-troisième du même mois, et premier décembre, aient fait le même. Si ainsi est, vous aurez été à mon opinion plus préparé à ce que vous aurez depuis reçu ou recevrez bientôt des députés anglois, sur la conclusion de cette ligue dont est question. En effet, ils ne veulent point de nous, et je ne les vois ni si beaux, ni si bons que nous nous en devions donner grand martel : que je ne crusse pourtant que notre conjonction ne fût honorable et avantageuse à l'un et à l'autre, si fais; mais elle excéderoit encore de leur côté, vu le train que prennent leurs affaires; et au partir de là, tout ce que nous y saurions contribuer ne sont que des vœux, puisque l'effet de tout cela dépend des maîtres. Ils témoignent tout ce qu'ils font ici une si grande crainte d'irriter Espagne, que cela est la seule cause de ce qu'ils traitent si mal leurs amis; et la rétribution qu'ils en auront, sera que j'ai peur qu'ils éprouveront, et possible plus tôt qu'ils ne croient, celui qu'ils craignent tant de rendre tel, et que leurs amis ne les connoîtront plus à leur commandement. Je le suis un peu étonné de voir, par la lettre, que leurs députés aient pressé le projet de cette ligue offensive entre nous tous, et la clause nommément que vous me remarquez y avoir insérée par la prière qu'en auroit faite le sieur Winood à M. de Barneveld, vu que cela est tout contraire à ce que je reconnois par deçà; mais il faut que le sieur Winood et son compagnon ne connoissent tant leur maître et ceux qui gouvernent, comme je fais, ou bien qu'ils aient fait les fins pour découvrir ce que nous voudrions. En tout cela, comme j'ai dit, je ne vois mal que pour eux; car, pourvu que nous demeurions bien avec les Etats, et s'il se peut faire et, comme il y a grande apparence, mieux qu'eux, il se trouvera finalement qu'ils auront fait les fins sans l'avoir été.

Je plaignois votre solitude par ci-devant; mais maintenant que vous allez voir tant d'ambassadeurs de toutes parts, je vous plains moins. Vrai est-il qu'il vous sera difficile d'esquiver l'importunité de quelques brindes; mais je suis bien d'opinion que vous prierez M. de Russy de vous secourir en cela, puisqu'aussi bien il est d'une frontière où l'on sait s'en escrimer. Je lui baise les mains et à vous très-humblement, et demeure, monsieur, votre très-humble et plus affectionné serviteur,

La Boderie.

A Londres, ce huitième jour de décembre 1607.

Lettre *de MM. Jeannin et de Russy au Roi, du 9 décembre* 1607.

Sire,

Le sieur de Sainte-Catherine arriva en ce lieu le troisième de ce mois, avec la réponse de Votre Majesté à nos lettres du vingt-septième d'octobre et sixième novembre. Elle aura depuis reçu celles que lui avons écrites par le sieur de Monceau, que craignons lui avoir apporté peu de contentement, pource qu'elle contient la demande excessive des Etats pour la ligue en cas de paix, et les voyages du cordelier, deux actions ensemble qui lui pouvoient donner du soupçon qu'il y eût quelque chose de

dont nous n'étions exempts, lors encore pour ne trop travailler l'esprit de Votre Majesté, nous eussions plutôt essayé de les diminuer que représenter au vrai. Or le temps nous a si bien éclaircis, qu'il ne nous en reste plus, et pouvons assurer Votre Majesté, encore que leur conduite en cet endroit n'ait été assez considérée, que l'intention n'a point été mauvaise, et que cette demande excessive est sortie de l'invention du sieur de Barneveld, qui a pensé que l'espérance de ce bienfait, joint à la ligue, uniroit plus aisément toutes les prononcées au désir de rechercher la paix, qu'aucunes rejetoient, et qu'ils ne laisseroient pourtant de se contenter à beaucoup moins.

Ce qu'il y a de fâcheux en eux tous, est qu'on ne peut faire prendre à ce corps, composé de tant de pièces, les conseils et résolutions qui sont nécessaires pour leur bien, avec la célérité que l'état de leurs affaires requiert; leur façon de procéder a des longueurs et circuits de soi-même, leurs ennemis y en apportent encore avec artifice, dont ils ne sçavent pas se garder, d'autant que ceux qui désirent la paix trop ardemment, craignent tant de rompre, qu'ils aiment mieux se laisser tromper par cette longueur que perdre l'espérance de la paix tout à coup. Et, combien que ce conseil soit le plus dangereux, nos prières et remontrances de leur intérêt et des grands inconvéniens qui peuvent arriver à cette occasion, ne sont toujours d'assez grande efficace pour les en détourner. Ce n'est pas la condition du prince Maurice qui est cause de ce mal, quoi qu'on ait dit à Votre Majesté qu'il cherche tous moyens de rompre la paix, même avec violence s'il est besoin, et en prenant les conseils désespérés, n'ayant vu aucuns mouvemens en lui qui approchent de cette fureur; au contraire, il est sage et modéré en tous ses conseils et déportemens, souffrira sans doute la paix, encore que soit à regret, ne s'y opposera point, et se conformera du tout aux résolutions des Etats et aux avis que lui donnerons. Il nous l'a dit et protesté plusieurs fois, l'a fait jusqu'ici, se contentant de dire son avis sans aucune aigreur, et avons raison de croire qu'il y continuera. Il n'est point mal non plus avec le sieur de Barneveld, lequel le respecte bien fort et confère souvent avec lui sur les affaires publiques; non que veuillons dire qu'ils soient du tout bien unis, mais assez pour ne pas craindre que leur dissension soit de quelque préjudice à l'État; et peut-être n'est-il pas nécessaire qu'ils soient mieux, afin que le prince Maurice serve toujours de contre-poids pour retenir ceux qui voudroient courir trop inconsidérément à la paix, ou penser à faire chose qui soit au préjudice du contentement et service de Votre Majesté; non que nous en ayons à présent aucun doute, mais on doit se défier de tout en la conduite d'une affaire si importante, jusqu'à ce qu'on soit à la fin. Qu'elle croie donc, s'il lui plaît, que la paix ne sera point rompue de son côté, ni par autre du côté des Etats, et que si cette rupture avient, que leurs ennemis en seront cause, non eux.

Nous craignons plus qu'ils ne soient pour consentir à la continuation de la trêve pour l'année prochaine que toute autre chose; car nous y voyons déjà quelque commencement d'inclination; et, si on n'y prend garde pour leur faire mieux employer le temps qu'ils n'ont fait du passé ni par notre faute, mais par la leur et par la tromperie de leurs ennemis, ils s'y trouveront portés par nécessité, pource que lesdits Etats, qui doivent être assemblés le dixième de ce mois, n'y seront tous pour traiter d'affaires avant le quatorze ou quinze, n'enverront le vingtième, comme ils ont promis, vers les archiducs, mais environ le vingt-cinquième seulement, pour les avertir de leur résolution, qui sera de traiter comme nous estimons; et notre avis sur la validité de la ratification servira beaucoup pour les induire à prendre ce conseil. Les archiducs, de leur côté, n'enverront aussi leurs députés, la résolution étant prise de traiter plus tôt que vers le septième ou huitième janvier; outre ce qu'ils n'ont envie de traiter à bon escient, mais de tirer la négociation en longueur, auront tant de moyens de le faire, et ceux qui craignent la rupture s'y accommoderont si volontiers, qu'il n'y a rien dont nous soyons plus en peine et conférions plus souvent que le sieur de Barneveld et les autres qui ont charge des affaires, que de ceci, pour leur en faire considérer les inconvéniens. On nous avoit même avertis qu'aucuns vouloient encore soutenir qu'on ne devoit point traiter sur la ratification envoyée d'Espagne, mais leur donner temps pour en faire venir une autre. Or nous avons tant contesté que chacun rejette maintenant cet avis. Le sieur de Barneveld sembloit avoir eu au commencement quelque inclination à cette trève, se défiant qu'ils se pussent préparer à la guerre si à coup, et se plaignant de ce que les Anglois et nous ne leur avons rien offert qu'en général. Et à la vérité, s'ils n'y pensent autrement et demeurent toujours en incertitude où ils sont attachés, à cette seule espérance de paix, la trève leur deviendra si nécessaire, qu'ils la recevront en grâce de leurs ennemis, lorsqu'ils la voudront accorder. C'est pourquoi nous les pressons tous les jours d'y travailler entre eux; et pour nous, que ferons notre devoir assez à temps et quand il sera besoin, leur ayant fait connoître, et particulièrement au sieur de Barneveld, que nous trouvons tous cette trève si mauvaise et dangereuse pour eux, que s'ils la faisoient pour plus de temps qu'il ne sera requis pour traiter, ils n'y devoient espérer aucun secours de Votre Majesté, craindre aussi d'être abandonnés de leurs autres amis et divisés entre eux-mêmes; en sorte qu'il approuve du tout notre avis, et dit qu'il lui faut traiter promptement ou rompre, alléguant lui-même aux autres les inconvéniens de cette longueur. Il vint au logis du président Jeannin, il n'y a que trois jours, où il conféra avec nous sur ce sujet assez long-temps; nous donna de nouvelles assurances de son affection envers Votre Majesté, et que les effets nous en rendroient des témoignages si suffisans et assurés qu'aurions occasion de l'en louer et de nous y fier du tout.

Les députés d'Angleterre continuent aussi à nous dire les mêmes propos que du passé, et qu'ils attendent nouvelles de leur maître, de la dépêche qu'ils ont faite sur le sujet de la nôtre, envoyée à Votre Majesté par le sieur du Monceau, qui contient en substance les discours qu'avons eus par ensemble touchant la ligue pour la paix, suivant le projet d'icelle, le secours demandé par les Etats au cas qu'elle se fasse, et celui pour la guerre, si elle continue: nous assurant encore que leur roi a agréable cette ligue entre les Etats, eux et nous. Bien étoit-il vrai qu'aucuns de son conseil estimoient qu'il seroit plus à propos de la différer jusques après la paix, pource que les Provinces-Unies ne peuvent être rendues capables de traiter, sinon lors, n'étant à présent libres pour le faire. Sur quoi leur avons répondu, puisqu'elle ne se fait sinon pour avoir lieu au cas que la paix s'en ensuive, que c'est tout autant que si elle étoit faite après la paix, et que la faisant devant, elle apporteroit cette utilité que les provinces en accepteroient plus volontiers la paix, assistées d'un si puissant appui. Mais cette raison que pensions les devoir persuader est celle-là même qui en divertit leur maître; car M. de la Boderie a écrit au président Jeannin, le dix-septième du mois passé, que le comte de Salisbury, communiquant avec lui pour ce sujet, lui fait connoître que le roi de la Grande-Bretagne, quoique très-mal satisfait de ce que Votre Majesté n'a retenu le comte de Tiron, ne se vouloit néanmoins aucunement séparer d'elle, en ce qui touche la cause des Etats, soit pour la paix ou pour la guerre, et qu'il feroit très-volontiers cette ligue; lui semblant néanmoins qu'il la falloit différer jusques après la paix, avec cette seule raison, que si on la fait plus tôt, on rendra trop évident et affecté témoignage que les deux rois se veulent rendre auteurs de la paix, dont ceux qui ne la désirent, pource qu'ils la jugent peu assurée pour les Etats, auront mauvaise opinion. Il est certain que la demande de délai, provenant de personne qui est suspecte, sera toujours prise de mauvaise part, et qu'on doit aussi craindre tout ce qui sort de cet endroit; mais on ne les y peut forcer, et semble que cette considération les pourroit bien retenir, faisant paroître, par d'autres actions, qu'ils ne sont tant portés à la paix qu'on a ci-devant cru; car ledit sieur de La Boderie écrit, par la même lettre, ledit sieur roi lui avoir encore dit qu'il s'étonnoit bien fort comme les députés de Votre Majesté et les siens auroient approuvé la ratification d'Espagne, qui étoit si défectueuse. Le sieur Aërsens a même dit à M. de Russy qu'il savoit bien ses députés avoir été fort aigrement repris par les lettres qu'il leur a écrites. Joignant donc ensemble les conjectures, il y a plus de raison de croire qu'ils craignent la paix qu'autrement; ou bien toute leur conduite n'est qu'un pur artifice et déguisement, mais à quelle fin? encore n'y voyons-nous rien quand nous parlons du secours pour la guerre si elle continue. Ils montrent de même être bien assurés que leur maître y contribuera; et si nous leur répliquons notre soupçon, à cause de la déclaration faite par l'ambassadeur dudit sieur roi, qu'ils avoient auparavant feint d'ignorer, ils répondent à présent que le sujet qui avoit mû leur maître de la faire, n'étoit pour refuser le secours, mais pour ne le plus donner par les mains d'autrui; que la qualité du secours et la somme n'étoient aussi spécifiées par le traité fait avec M. de Sully; ainsi qu'il sera au pouvoir de Votre Majesté, ce traité convenu, d'obliger leur maître à sommes infinies; qu'il l'auroit aussi fait lors pour empêcher que le secours qu'il vouloit donner ne fût su; mais qu'on avoit pris plaisir à le publier incontinent après ledit traité, plutôt pour lui nuire et le rendre odieux au roi d'Espagne, avec lequel il venoit de traiter, que pour aucune autre considération; et qu'aujourd'hui, ne se souciant plus qu'on le sache, il entend le donner par ses mains: nous assurant que son intention est telle, et que le reconnoîtrions par les premières lettres qu'ils recevroient d'Angleterre pour réponse à ce qu'ils ont écrit sur ce sujet. Nous prévoyons encore une aure difficulté à faire cette ligue avant la paix; à savoir, l'argent que demandent les Etats; car les députés d'Angleterre nous ont dit ouvertement et plus fermement depuis peu de jours, qu'ils n'avoient fait auparavant; que leur maître fera grande difficulté d'en donner pour la paix, mais non pour la guerre. Il est néanmoins certain que les Etats en feront instance, et qu'ils en ont aussi besoin pour les deux premières années, encore qu'ils soient pour se contenter de ce qu'ils pourront obtenir. Le sieur de Barneveld a dit au président Jeannin, depuis peu de jours, que le moyen d'y faire entrer les Anglois étoit de montrer qu'on en vouloit faire avec nous sans eux, qui est même ce que Votre Majesté nous a mandé par ses lettres, et qu'il le proposeroit aussitôt que les députés des provinces seroient venus, si lesdits sieurs députés d'Angleterre, après avoir reçu nouvelles de leur maître, qu'ils disent attendre de jour à autre, ne s'y disposoient eux-mêmes. Est vrai qu'il nous a prié de faire en sorte, envers Votre Majesté, qu'elle leur accorde quelque notable somme ès deux premières années, pour leur aider à supporter les charges dont nous avons déjà ci-devant écrit et en attendons sa réponse. Bien la pouvons-nous assurer qu'il n'y aura aucune difficulté en cette ligue, et qu'elle se fera, sans doute, soit avant ou après la paix; mais pour l'avancer il n'y a meilleur moyen, sinon de leur offrir quelque secours. C'est donc le plus grand et dangereux mal, et celui que craignons le plus maintenant, que celui de la continuation de la trève pour l'année prochaine, pour les mêmes raisons que Votre Majesté nous a prudemment représentées par ses lettres, bien certains que les archiducs y tendront avec autant d'ardeur que les Etats; et tous ceux qui leur veulent du bien ont sujet et raison de s'y opposer et faire tous efforts pour l'empêcher.

Quand nous serons garantis de ce danger, la rupture est le mal qu'on doit le plus craindre après, et si elle avient, sera sans doute du côté des ennemis et par leur faute et dureté; car, hors la souveraineté que les Etats prétendent absolument et sans aucune condition, ils sont pour s'accommoder à tout le surplus, et nous leur conseillerons de le faire plutôt que de rompre; mais en cet article on ne se peut relâcher de rien, autrement il n'y auroit aucune sûreté pour eux ni utilité pour leurs amis. Mais si leurs ennemis n'y veulent consentir, sinon avec des réserves dommageables à leur liberté et à leurs amis, il n'y aura plus autre remède, sinon de les conforter à reprendre leur première constance, et, avec même union, vigueur et courage, chercher leur sûreté dans les armes; leur offrir, à cet effet, assistance et secours, non plus en général, mais déclarer quel, en particulier; à quoi il est nécessaire que soyons préparés à temps: que l'offre soit telle aussi qu'elle leur puisse donner espérance de bon succès, et leur faire rejeter la trève que leurs ennemis leur pourront présenter lors, pour les faire abandonner de leurs amis, les diviser entre eux, corrompre ceux qu'ils pourront, et après en avoir meilleur marché. Et en ceci Votre Majesté considérera, s'il lui plaît, que le secours de deux millions ne sera suffisant ès deux premières années; la suppliant très-humblement nous excuser, si nous osons lui donner avis, pourec qu'on prévoit bien que si le roi d'Espagne refuse la paix, il sera pour faire un grand effort l'année prochaine, afin de leur donner de l'étonnement, prendre avantage sur eux et les contraindre d'accepter la paix à telles conditions qu'il voudra. Nous entendons bien qu'il n'est raisonnable qu'elle ne soit seule à l'offre de ce secours, que l'Anglois y contribue sa part, et s'y oblige même par traité, ou, s'il ne le veut faire, qu'en jetant ce défaut sur lui, on leur doit conseiller de s'accorder au mieux qu'ils pourront, et les y assister.

Vous n'êtes pas à délibérer, sire, si cette guerre vous touche ou non : car vous y êtes engagé si avant que ne pouvez plus laisser perdre les Etats au péril de tomber dans l'inimitié du roi d'Espagne, qui se sent offensé du secours que leur avez déjà donné, lequel aura plus de moyen de s'en venger, ceux-ci étant réduits à sa merci, que s'ils continuent à lui faire la guerre avec votre aide et assistance, au cas qu'ils ne puissent obtenir la paix bonne et assurée. On peut dire aussi que si les dépenses qu'il faudra faire pour la continuation de cette guerre sont grandes, que celles des ennemis sont infinies au regard de celles-ci, et néanmoins qu'elles serviront beaucoup pour affoiblir la puissance d'Espagne, même s'il est attaqué ès Indes, où chacun juge que les armes de ce pays le peuvent plus offenser ; joint que les Etats lui seront amis plus utiles quand ils auront les armes en main, qu'étant désarmés par la paix, comme ils seront sans doute, quelque bien faite qu'elle soit : car le repos leur fera perdre cette vigueur militaire qui est en eux ; ils ne seront plus que marchands et négociateurs, et la friandise et commodité du trafic d'Espagne, les pratiques que ce roi fera parmi eux, les bienfaits que quelques-uns en recevront, les lui rendront affectionnés ; puis il emploiera leurs navires, pilotes et marchands ès Indes même, et partout où il en aura besoin, pour les gagner du tout et les rendre siens. Les alliances et amitiés que les Hollandois avoient prises ès Indes d'orient, avec lesquels ils se promettoient d'en chasser du tout les Portugois, s'évanouiront, et seront contraints ceux qui s'étoient déclarés leurs amis, de les rechercher après cette paix, et se soumettre à tout ce qu'il leur plaira. Il y a encore plusieurs autres grandes incommodités qu'il faut plutôt cacher que représenter, puisque la paix a été choisie comme étant encore moins dommageable que la guerre. Aussi n'avons-nous mis en avant ce que dessus, sinon pour faire

connoître à Votre Majesté que son argent ne sera pas du tout mal employé s'il faut que la guerre continue par force et pour n'avoir pu obtenir la paix.

Nous nous souvenons bien, sire, qu'il est besoin d'établir quelque meilleure forme de gouvernement que celle qui est ici, pourvoir à la sûreté et contentement de M. le prince Maurice et de sa maison. Nous n'omettrons rien de tout, en ce qui peut dépendre de nous ; et, cependant, prierons Dieu, sire, qu'il lui donne et à sa royale famille une très-longue vie et tout heur et prospérité.

Vos très-humbles et très-obéissans sujets et serviteurs, P. JEANNIN et RUSSY.

De La Haye, ce neuvième jour de décembre 1607.

LETTRE *de M. Jeannin à M. de Villeroy, dudit jour 9 décembre* 1607.

Monsieur, on ne peut rien faire ici qu'avec la longueur, à mon grand regret, parce que je connois bien qu'elle est trop préjudiciable, et qu'il est du tout nécessaire que les Etats sortent bientôt de l'incertitude où ils sont, par la paix s'ils la peuvent obtenir, sinon par une rupture qui les oblige et contraigne de rentrer en guerre, dont il est meilleur qu'ils en soient résolus tôt que tard, si ce mal doit arriver ; étant bien certain que leurs ennemis savent, dès à présent, ce qu'ils doivent faire, se préparent et ne leur faut plus de temps pour en délibérer. Ainsi quand ils désirent et cherchent des longueurs, sous quelque prétexte que ce soit, ce n'est que pour les diviser, et corrompre quelques particuliers, pour les tromper tous ensemble. Vous l'écrivez sagement par vos lettres, et nous le croyons aussi. C'est donc notre devoir d'empêcher que la trêve ne soit continuée, sinon pour autant de temps qu'il sera besoin de traiter. Et, comme je reconnois l'intention de Sa Majesté être du tout à la paix, qui est aussi l'inclination des Etats, et le plus sage et utile conseil pour se garantir de plusieurs périls et inconvéniens qui pourroient avenir par la continuation de la guerre, nous y apporterons toute la facilité qu'il nous sera possible, sans contester sur aucun article qui puisse être de rupture, si ce n'est pour le regard de souveraineté, qui doit être accordée pure et sans aucune restriction ni condition; ...ment des Etats deviendroient inutiles à ... amis, et n'auroient eux-mêmes aucune ... Or il pourra arriver que le roi d'Espa-... fera beaucoup de difficulté; et par ainsi ...Etats seront contraints de rompre et se ...rer à la guerre, en quoi ils auront grand ...n de l'assistance et secours de Sa Majesté ... roi de la Grande-Bretagne, et qu'il soit ... plus grand et plus puissant pour quel-... années qu'il n'a été du passé. Donnez donc ...r, monsieur, que soyons instruits de la ... du Roi, pour ce regard par les premiè-...dépêches que recevrons; et faites considérer ...Majesté, s'il vous plaît, que le roi d'Espa-...rompant la paix sera pour faire quelque ... effort d'entrée pour contraindre ces Pro-... à recevoir telles conditions qu'il lui ..., et que cette première frayeur, s'ils sont ..., les pourra contraindre à prendre de ...reux conseils, et donner un grand avan-... à ceux qui ont toujours désiré la paix, à ... prix que ce soit, pour la faire accep-... autres à conditions iniques et déraí-...ables.

...s députés d'Angleterre disent toujours ... leur maître parlera clairement lors, et ...ribuera volontiers au secours; mais, si c'est ... ou vérité, il n'y a que les effets qui nous ... puissent assurer. Bien devons-nous empê-... que les Etats ne rompent avant que l'avoir ... à ce secours. Sa Majesté y a aussi grand ..., pour ne demeurer seule à porter ce ...; elle nous mande bien que pouvons ... ligue pour la paix sans lui, en lui lais-...place honorable pour y entrer, et que ... jalousie d'avoir commencé sera plutôt ... de l'y faire entrer. Le sieur de Barneveld ... de ce même avis, et nous promet d'y dispo-... députés quand ils seront assemblés, si ... Anglois continuent à faire les rétifs. Mais ... pas ainsi de la ligue pour la guerre; car ... on le fait sans ledit sieur roi, il en sera bien ..., et se gardera bien d'y entrer après. C'est ... quoi nous nous trouverons empêchés; car ... députés nous ont déclaré, depuis quelques ..., qu'il ne s'obligeroit jamais au secours ... guerre qu'après la rupture, et il est

trop périlleux d'attendre jusqu'alors; aussi cette façon de procéder donneroit grand soupçon, et ne saurions comment le prendre, vu que d'ailleurs ils montrent vouloir tendre à la guerre, si ce n'est que, en portant ensemblement, eux et nous, des difficultés à la paix, leur maître se promettra que, pour se séparer d'avec Sa Majesté, le roi d'Espagne recherchera son amitié, et lui pourra accorder ce qu'il prétend et recherche dès long-temps, à savoir, le mariage du prince de Galles son fils avec la fille d'Espagne, et les Provinces-Unies pour dot. Le sieur de Barneveld, qui a autrefois ouï parler de ce dessein, dit qu'il pense ledit sieur roi en avoir encore quelque espérance; peut-être aussi que le roi d'Espagne fait semblant d'y vouloir entendre de son côté pour le retenir et empêcher de se joindre du tout avec nous et les Etats. Je n'estime pas toutefois qu'il se veuille disposer en effet à lui donner sa fille, attendu la religion de son fils, ni à quitter ce pays pour en agrandir l'Angleterre.

Ces difficultés doivent encore exciter davantage Sa Majesté à désirer la paix, en laquelle, les Etats l'obtenant avec la souveraineté, je ne vois rien qui me soit avantageux pour elle et son royaume, même si avec la ligue des Etats, celle d'Angleterre y est ajoutée, dont toutefois je vois bien, par ce que m'écrivez, qu'il se faut toujours défier jusqu'à ce qu'elle soit faite. Pour le regard des Etats, ils y sont bien disposés et la feront, soit devant ou après la paix, sans doute; et, combien qu'il soit meilleur de la faire devant, si est-il requis d'y procéder avec telle discrétion qu'il semble la recherche en être plutôt faite par eux que par nous; car seroit chose indigne de la grandeur du roi de faire voir qu'on eût crainte qu'ils soient pour la refuser après la paix. Or, afin que cette volonté de la passer leur vienne, Sa Majesté nous déclarera, s'il lui plaît, au plus tôt, le secours qu'elle leur veut donner ès deux premières années de la paix; et qu'elle l'élargisse le plus qu'elle pourra, considérant que le secours ne sera que pour peu de temps, et que si l'amitié des Etats n'est du tout si utile, étant en paix, qu'elle seroit la guerre continuant, qu'elle évitera aussi d'autres dangers et inconvéniens dont cette guerre pourroit être cause. Il seroit bien désirable que les Anglois y entrent aussitôt que nous, pource que, par le projet qu'en avons fait, elle comprend aussi celle d'entre les deux rois et leurs royaumes; puis on pourroit craindre, eux n'en étant pas au commencement, que le roi d'Espagne et les archiducs prennent opinion là-dessus que ledit roi se veut séparer d'avec nous, et la recherchent à cette occasion plus soigneusement pour le joindre avec eux; mais cette considération ne me retiendra pas quand serai éclairci de ce que le roi veut donner, que ménagerai au mieux qu'il me sera possible.

Il n'est rien de tout ce qu'on a dit au Roi touchant le prince Maurice, lequel ne fait rien qui préjudicie à la paix, s'entend fort bien avec nous, et avons toute occasion de nous louer de son affection pour le service et contentement de Sa Majesté. Il ne prendra aucuns conseils désespérés ni à part, n'en soyez point en doute ni en peine; et croyez, monsieur, que si la paix est rompue, ce ne sera du côté des Etats. J'ai même fait connoître au prince Maurice qu'il pouvoit espérer plus de fortune par la paix, se conduisant bien avec les Etats et conservant l'amitié de Sa Majesté, que par la guerre: aussi a-t-il quelquefois plus craint sa conjonction trop étroite avec le sieur de Barneveld, que leur dissension, qui est fort diminuée et presque assoupie du tout, par les moyens qu'avons tenus pour lui faire connoître que seroit sa ruine, s'il faisoit autrement, aussi que Sa Majesté s'en offenseroit. Ainsi si elle n'a rien dit à madame la princesse d'Orange, quand recevrez cette lettre, il n'est pas besoin de lui en parler, et si Sa Majesté l'a fait, j'enverrai au-devant d'elle pour la prier de ne lui en point parler jusqu'à ce que je l'aie vue. S'il eût été en cette disposition, nous n'eussions pas failli d'en avertir et d'apporter tout ce qui pouvoit dépendre de nous pour y remédier; il y a de l'artifice en cet avis, de quelque côté qu'il vienne, ou ceux qui l'ont donné sont mal informés. Cette affaire se manie à tant de ressorts, qu'avons crainte de tout, jusqu'à ce que tout soit fait, principalement du côté des Anglois. Mais, comme on approche du temps des résolutions, et qu'il est nécessaire que soyons suffisamment informés de l'intention du Roi sur toutes choses, soit pour le secours de la paix en faisant la ligue, ou de celui de la guerre, si elle continue, je vous supplie très-humblement qu'avec votre diligence et prudence accoutumée, nous ayons réponse tout ce que dessus.

J'ai reçu les traités que m'avez envoyés, j'ai copie de celui fait par M. de Sully en Angleterre. Le roi d'Espagne n'a pas retenu l'argent de la flotte, que pour quelque grand dessein et crains que ce ne soit pour ce pays et pour y faire un grand effort. Est vrai que si l'archiduc y peut faire la trêve pour l'année prochaine, qu'elle lui sera encore plus avantageuse que les armes; ce désir qu'il montre avoir à la trêve nous fait croire qu'il n'a pu persuader au roi d'Espagne d'entendre à la paix. Peut-être aussi que ledit roi n'a arrêté cet argent que pour faire peur à ces peuples, et les induire à recevoir plus aisément une mauvaise paix, ou à faire la trêve qu'il peut aussi bien désirer que l'archiduc; mais il ne se faut point endormir sur des conjectures si incertaines, et craindre même qu'il ne pense aussi bien à nous faire du mal en France qu'aux Etats ici, pour le commerce des Indes, que le roi désire toujours d'attirer chez lui, si par la paix des Etats il l'obtiennent. J'en ai parlé dès long-temps à des personnes qui sont fort instruites de cette affaire et connoissent tous les marchands qui font ce trafic, lesquelles m'ont promis de s'y employer quand il sera temps, mais qu'on doit celer ce dessein pour maintenant. J'ai aussi parlé à trois bons capitaines de navires, qui ont fait les voyages, et à deux marchands de la compagnie des Indes d'orient, pour les sonder sur ce sujet. On pourra avoir marchands, navires et pilotes, faire fonds de quelque notable somme, et beaucoup de gens y entreront volontiers, pourvu que le Roi soit de la partie et y mette quelque chose sous le nom d'autrui, croyant bien qu'il ne le voudra faire au sien, et que quelques bons marchands françois y entrent aussi, afin que ceux de ces pays prennent plus de fiance que leur entreprise sera favorisée en France et qu'il y aura de la sûreté pour eux, des privilèges même, et tout ce qui sera requis pour les y attirer et conserver.

Quant à l'argent du quartier qui reste, je vous supplie très-humblement que le fassiez accorder, et néanmoins qu'on diffère avec artifice, sans qu'on s'en aperçoive, jusque vers le quinzième de janvier; car, dans ledit temps nous jugerons, presque avec certitude, comme toutes choses devront passer, et, s'il est accordé, vous nous en avertirez les premiers. L'agent des Etats qui est en Allemagne, leur a écrit que l'électeur palatin devoit envoyer ici, dans quinze jours, un nommé le docteur Colly; qu'il nomme haut-président de son conseil secret.

On n'a aucunes nouvelles du côté de l'Empereur. Le roi de Danemarck a ici deux ambassadeurs depuis trois jours, l'un est gentilhomme de qualité, étant du conseil d'Etat dudit sieur roi, l'autre un docteur auquel il se fie bien fort. Nous nous sommes vus ensemble. Ce ne sont que bonnes paroles, montrent qu'ils appréhendent la paix, en leurs premiers discours; mais ils pricront Dieu que tout succède bien aux Etats plutôt que de leur donner de l'argent. Quant à la déclaration demandée par M. le président de Charles, suivant la minute que m'avez envoyée, je pense me souvenir que le conseil vouloit restreindre la rémission du droit d'aubaine aux provinces échangées, sans s'étendre plus avant. Il faudroit voir la réponse aux articles, et si ce n'est chose pressée, remettre cette affaire à mon retour, ne me voulant dispenser d'en parler certainement sans voir pièces. Je prie Dieu, monsieur, qu'il vous donne en parfaite santé, très-heureuse et très-longue vie.

Votre très-humble et très-obéissant serviteur.
P. JEANNIN.

De La Haye, ce neuvième jour de décembre 1607.

LETTRE *de M. Jeannin à M. de La Boderie, du 10 de décembre 1607.*

Monsieur, vos deux lettres, l'une du dix-septième du mois passé, et l'autre du premier de celui-ci, m'ont été rendues sûrement par l'adresse de M. de Waudrenecq. Ne soyez aussi en peine de celles qui me furent écrites pendant une maladie, car elles m'ont été rendues il y a long-temps, et j'estime que mes lettres que dites n'avoir reçues en accusoient la réception. Puisque cette voie du sieur de Waudrenecq est sûre, nous nous en aiderons, s'il vous plaît. Je vous y écrivis aussi le vingt-quatrième du mois passé. Nous sommes encore incertains si nous aurons la paix; les Etats y sont bien disposés de leur côté, et ne tiendra à eux qu'ils ne se mettent en repos; nous y aiderons aussi volontiers. Les députés d'Angleterre nous ont témoigné bien long-temps qu'ils avoient ce même désir; mais depuis quelques jours leurs procédures et ce que m'en avez écrit m'en font douter : si ne sais-je qu'en penser, y ayant apparence qu'ils rejettent notre alliance, ainsi que me mandez, par vos dernières lettres, l'avoir appris de M. Carron, et d'autre côté craignent les Espagnols; que leur but doit être la paix, et que montrant le contraire, ils se déguisent ou bien prétendent laisser faire cette guerre par les Etats, assistés de nous, sans qu'ils s'en mêlent, ayant par ce moyen la grâce des Espagnols, nous la haine, et eux encore cette assurance et contentement que les Etats, appuyés de nous, ne se perdront point, sans toutefois qu'il leur coûte rien. S'ils ont ce dessein, ils seront trompés; car le Roi ne s'y engagera jamais seul, et conseillera plutôt aux Etats la paix telle quelle, que de le faire; et le roi d'Angleterre, qui semble mépriser notre amitié ou la rejeter avec quelque secret dessein contre nous, sera cause de tout ce mal, et peut-être aussi de faire prendre au Roi des conseils qui lui ont toujours déplu; car il est prince sage, qui saura bien juger que la raison et sûreté de son Etat requièrent que, ne pouvant être bien avec ledit sieur roi, dont il a désiré et recherché l'amitié, il en doit recevoir et accepter d'autres qu'on lui offre tous les jours, afin de n'être mal avec un chacun. Je m'étonne, à la vérité, comme ledit sieur roi, tenu pour prince judicieux, ne considère mieux son intérêt; et qu'en ce qui est de cet Etat, le Roi n'y prétend rien à son préjudice, se contente, encore qu'il y mette le plus, qu'il demeure également ami de l'un et de l'autre; et, pour le regard de leurs royaumes, qu'ils n'ont rien à démêler ensemble, pourront faire une amitié féable et certaine, qui les garantiroit de tous inconvéniens, et lui en particulier, de l'ennemi qu'il craint le plus, et pense gagner en lui montrant qu'il n'est pas bien avec nous; comme s'il n'étoit en notre pouvoir de nous servir de cet artifice avec autant ou plus d'avantage que lui. Puis, s'il croit la continuation de la guerre être utile à ces pays, et désire en effet que prenions ce conseil de les y porter, comme pense-t-il que Sa Majesté y veuille entendre à bon escient, si elle n'est du tout assurée de son amitié et du secours qu'il voudra donner? Peut-être a-t-il déjà quelque secrète amitié avec Espagne et les archiducs; et si cela est, c'est à nous de nous garder; mais il n'y a point d'apparence, s'il est vrai ce qu'on dit, que les desseins du comte de Tiron aient été fournis par le roi d'Espagne, et que lui l'ait su et découvert. Vous y prendrez garde, s'il vous plaît, et me donnerez avis de tout ce que connoîtrez être de leur inclination, afin que puisse mieux servir ici. Notre but est la paix; et tant que ledit sieur roi se conduira à la façon qu'il fait avec nous, Sa Majesté ne changera pas de résolution, mais essaiera plutôt en faisant la paix ici de l'avoir partout.

Si jugez à propos d'entrer en ces discours avec M. le comte de Salisbury, comme de vous-même, et en lui représentant l'intérêt commun des deux royaumes, je le laisse à votre prudence; vous les connoissez mieux que moi: mais il me semble que ne devons montrer d'être en souci de ce qu'ils feront; quand leur intention eût été bonne, nous eussions pu différer cette ligue dont vous ai écrit après la paix, suivant leur désir; mais, voyant leur irrésolution et le peu de fiance qu'il y a en eux, il vaut mieux passer outre si nous pouvons sans les attendre, les affaires finissant par là et avec cette ligue des Etats : encore n'y aura-t-il pas grand mal; mais elles eussent été mieux s'ils eussent voulu être non-seulement avec les Etats, mais aussi entre nous. Ce que nous craignons le plus, est que le roi d'Espagne ne veuille point la paix, par ainsi que les Etats soient contraints de faire la guerre, ou, qui pis est, d'accepter une trêve pour l'année prochaine, ne se voyant assez préparés pour faire la guerre; car cette trêve donnera loisir et moyen aux Espagnols de faire des pratiques parmi eux, de les diviser et corrompre, et peut-être aussi séparer d'avec eux quelques-uns de leurs amis et alliés. Nous les en dissuadons de tout notre pouvoir. Les députés d'Angleterre en ont fait autant, et s'ils y continuent de bonne foi, et que leur maître veuille donner secours pour la guerre, ainsi qu'ils assurent, comme notre Roi s'y offre de son côté, nous évitons le danger.

Vous jugerez bien, monsieur, la peine laquelle je suis, principalement à cause de mauvaise affection envers nous, ou irré[so-lu]tion dudit sieur Roi et de son conseil; car, cela, soit que le roi d'Espagne fît la paix [ou] guerre, tout iroit bien à l'avantage des Etats des deux royaumes. Peu de temps nous éclaircira mieux; mais je vois bien qu'il [faut] prendre toutes choses au pis. Quant au lieu [où] vous êtes, pour n'y être point trompé, écri[vez] nous, s'il vous plaît, le plus souvent que pou[rrez]. Les députés du roi de Danemarck sont ici; nous sommes vus sous bonnes paroles; [mon-]trent qu'ils désireroient plutôt la guerre q[ue] paix; mais ils n'y apportent rien que les y[eux]. Les princes protestans y doivent envoyer d[ans] peu de jours, à ce que l'agent des Etats qu[i est] en Allemagne, a mandé. On n'a pour le p[ré-]sent aucunes nouvelles si l'Empereur y env[oie]. C'est ce qu'aurez de moi pour ce coup. Je v[ous] baise très-humblement les mains, et suis, m[on-]sieur, votre bien humble et très-affectio[nné] serviteur,
P. JEA[NNIN.]

A La Haye, ce 10 décembre 1607.

LETTRE *de M. de Villeroy à M. Jeannin, [du ...] décembre 1607.*

Monsieur, depuis vous avoir dépêché le c[ourrier] Picaut, nous avons reçu des lettres de Bru[xelles] par lesquelles on nous mande qu'enfin les a[rchi-]ducs ont consenti que l'original de la ratifi[cation] d'Espagne sera laissé aux Provinces, sans [que] d'eux la contre-lettre ou promesse que l'on avoit demandée; de quoi nous espérons d'être certains par vos premières. L'on nous écrit par[eil-]lement qu'ils continuent de croire à Bruxelle[s que] vous traversez et empêchez leurs affaires, où [vous] êtes tant qu'il vous est possible : ce qu'ils dis[ent] avoir découvert et appris, premièrement par [votre] conduite, et secondement par certaines lettres [au-]tres qui sont tombées en leurs mains. C'est po[ur-]quoi je vous écris la présente lettre, afin [que] vous vérifiez sur vos registres quelles sont le[sdites] lettres, et si, par le sujet d'icelles, ils ont du[e oc-]casion de cette créance. Je ne trouve point à di[re de] celles que vous nous avez adressées; la date [et ré-]ception desquelles j'ai accusée par les mienn[es à] mesure que j'y ai répondu, ainsi que vous p[ourrez] justifier par mesdites réponses; de quoi i[l vous] plaira nous faire sages par vos premières. [Pour] moi, j'ai quelque opinion qu'ils ont tenu ce pro[pos] pour justifier leur silence en notre endroit sur négociation, que pour autre cause. Je sais quelle est celle que vous leur donnez de continuer en leurs soupçons; enfin votre présence delà leur est désagréable, parce que vous y servez le Roi fidèlement, empêchant que ces messieurs soient trompés et circonvenus, et qu'il ne rien fait au préjudice de Sa Majesté, qui est le contraire de ce qu'ils désirent, dont il faut savoir plus de gré que se mettre en peine de qui en aviendra. Avec cette occasion, je vous [prie]rai de la bonne santé de Leurs Majestés, qu'il n'est rien survenu depuis le partement du [Pic]aut qui mérite vous être écrit. Ainsi je saurai vos bonnes grâces de mes très-affectionnées commandations, et prie Dieu, monsieur, qu'il conserve en bonne santé.

De Paris, ce douzième décembre 1607.

Votre très-affectionné serviteur et assuré ami,

DE NEUFVILLE.

Lettre de MM. Jeannin et de Russy au Roy, du 21 décembre 1607.

SIRE,

Le courrier qui nous a apporté les lettres de Votre Majesté, du huitième de ce mois, arriva en ce lieu le quinzième. Elles contiennent la déclaration de sa volonté pour la ligue en cas de paix, et pour le secours aussi en cas de guerre. Nous lui avons écrit deux fois depuis lesdites lettres, auxquelles elle fait réponse, l'une par M. de La Force, et l'autre par le neveu de feu M. de Buzanval, et n'y a rien pour le présent que puissions ajouter, sinon ce qu'avons fait depuis la réception desdites lettres; car les députés des provinces, qui devoient arriver en ce lieu le dixième du mois, n'y sont venus tous que le vingtième, et nous ont dit, le prince Maurice et le sieur de Barneveld, qu'ils ne furent encore si diligens qu'à ce coup. Nous les presserons de ne plus perdre le temps. Ayant vu les députés d'Angleterre, pour leur faire entendre que Votre Majesté nous a fait réponse sur tout ce dont nous avons conféré ensemble, et qu'étions prêts d'en traiter avec eux quand ils voudroient, ils nous ont dit qu'ils attendoient aussi ladite réponse, et s'assuroient qu'elle ne pouvoit tarder deux ou trois jours, et qu'ils nous la communiqueroient aussitôt.

Nous avons pareillement vu le prince Maurice et le comte Guillaume ensemble, pour leur rendre toujours ce respect de les tenir avertis de ce qu'estimions leur devoir communiquer. Nous en avons fait autant à l'endroit du sieur de Barneveld, avec lequel nous sommes entrés plus avant en discours, pour lui faire connoître combien Votre Majesté a mal reçu la demande excessive qu'ils ont faite par le projet de leur ligue, et qu'elle ne laisse pourtant de continuer sa bonne volonté envers eux, sur l'assurance que lui avons donnée qu'ils se contenteroient de ce qu'il lui plairoit, comme ils doivent faire sans marchander, pource que, procédant autrement, elle en demeureroit plutôt offensée que persuadée. Nous ne lui avons pas aussi déclaré du secours, sinon de cette façon, que si Votre Majesté leur vouloit entretenir deux ou trois mille hommes de pied françois pour quelque temps, et que le roi de la Grande-Bretagne y voulût contribuer à proportion, ils auroient bien occasion de se louer de leur libéralité; et que plus tôt ils feroient cette ligue, pour assurer Votre Majesté de leur bonne volonté, plus elle leur seroit utile et avantageuse; et que c'étoit aussi à eux de la requérir, non à Vos Majestés de les en rechercher. Sa réponse a été telle que la saurions désirer, qu'ils y travailleront de jour à autre, en presseront même ceux d'Angleterre, leur diront que l'état de leurs affaires requiert cette célérité, et qu'ils la fassent avant que traiter avec les archiducs; et s'ils veulent différer, passeront outre sans eux, leur laissant place pour y entrer après : mais nous a priés de vouloir tant faire envers Votre Majesté, qu'elle leur accorde quatre cent mille écus chacun ès trois premières années, sans y comprendre ce qu'ils pourront tirer d'Angleterre, afin que l'affaire ait moins de longueur et plus de facilité; qu'il se défioit aucunement de l'intention des Anglois, sur ce qu'il sait leur roi être toujours en espérance du mariage de son fils avec la fille d'Espagne, et d'avoir pour dot non-seulement lesdites Provinces-Unies, mais tous les Pays-Bas, et qu'on donnera contentement ailleurs aux archiducs; qu'il y a deux ans que les Espagnols, pour le gagner et joindre du tout à eux, lui firent proposer quelques ouvertures et assurances sur ce sujet, attendant que leur fille fût en âge pour accomplir le mariage, et, pource qu'aucuns du conseil d'Espagne mirent en avant lors que seroit agrandir les hérétiques, le duc de Lerme fit réponse qu'il valoit mieux que ledit pays fût quelque peu intéressé, et demeurer en bonne amitié avec leur roi, que de le laisser perdre pour en agrandir le royaume de France: aussi que ledit roi d'Angleterre consentiroit bien de remettre la religion catholique en son royaume, moyennant ce présent, qui seroit un plus grand bien pour la religion; qu'il reconnoissoit bien de sa part ce dessein être sans apparence, par les raisons mêmes que lui avons dites à l'instant; mais que ledit roi, qui jugeoit ce mariage fort avantageux pour lui et son Etat, ne laissoit de s'en flatter sur la nouvelle espérance qu'on lui en a donnée depuis deux ou trois mois, ainsi qu'il a appris, étant vraisemblable que le roi d'Espagne les veut abuser maintenant, pour la crainte qu'il a de sa conjonction avec Votre Majesté et lesdits Etats. Les députés d'Angleterre lui ont dit aussi que depuis ce même temps leurs gens sont mieux et plus favorablement traités en Espagne qu'ils n'étoient du passé, sans lui rien dire du surplus, fors que le roi d'Espagne a mandé au comte de Tiron qu'il ne le vouloit voir en ses pays pour ne faire préjudice à l'amitié qu'il a avec leur roi; et tout cela peut servir à croître ses espérances et lui faire craindre d'offenser davantage celui qu'il ne craignoit déjà que trop. Par ainsi se défie que les Anglois ne traitent sincèrement ni avec eux ni avec nous, et qu'ils empêchent même secrètement cette ligue s'ils peuvent; qu'il avoit aussi la même défiance de ceux qui ne sont amateurs de la paix en leur Etat, et que les autres, qui la veulent et sont même désireux de donner tout contentement à Votre Majesté, seront retenus, s'il y a de la froideur ès Anglois, pour ne déplaire à un prince qui a quelque pied et des forces dans leur Etat, si l'avantage présent qu'ils en recevront ne les y échauffe et convie, attendu que ceux-ci ne rejetteront pas ouvertement ladite ligue, mais demanderont seulement qu'elle soit différée jusques après la paix; qui sera cause que les plus sages diront qu'on ne les doit point mécontenter en avançant le temps, puisque Votre Majesté pourra être rendue aussi contente en la faisant après la paix que si on la faisoit devant; nous prioit de prendre ces raisons de bonne part, et que, de son côté, il feroit tout devoir de satisfaire au plus tôt à que Votre Majesté désire; qu'il savoit bien ligue être nécessaire, et que chacun la re cheroit après la paix, n'y ayant difficulté l'avancer au cas que l'Anglois demande instance qu'elle soit différée jusqu'alors.

Nous sommes certains, sire, qu'il parlé d'affection et pour vous servir, et si grande connoissance de ce qu'il met en que nous osons bien supplier très-humble Votre Majesté de s'élargir jusqu'à un million livres par an, non durant les trois années a demandées, mais seulement pour les premières années (nous entendons pour outre ce que l'Anglois donnera), et pre cette assurance de notre fidélité et affecti son service, que nous ménagerons ce mot autant qu'il nous sera possible, sans en découvrir qu'à toute extrémité, et considér s'il lui plaît, que cette ligue est le fonde de tout ce qu'on prétend bâtir avec les qu'elle contraindra le roi d'Angleterre à se couvrir; et s'il y entre, pour la jalousie qu aura de Votre Majesté, cette alliance le r suspect au roi d'Espagne, et lui fera croire serez en meilleure intelligence ensemble n'êtes en effet. Au contraire, s'il le refuse, offensera les Etats, perdra la créance qu'il avoir en eux, et seront pour se séparer peu de son amitié. En quoi il n'y a pas gra inconvénient si la paix se fait et qu'on déc qu'il ait mauvaise volonté, dont ne pouv encore rien dire, et n'en avons autre soup que celui qui est fondé sur ce que Votre Ma nous mande ce que M. de La Boderie lui a é et au président Jeannin, qui nous fera dou de tout jusqu'à ce que les députés nous aient sa réponse et exécuté ce qu'ils ont promis; la pouvons-nous assurer de ne lui avoir mandé touchant les propos qu'ils ont eus a nous et répété plusieurs fois, qui ne soit tr véritable.

Nous avons autrefois cru, avant qu'avoir le traité entier fait en Angleterre par M. Sully, que non-seulement la ligue avec les étoit nécessaire, mais aussi entre Votre Maj et ledit roi, et de le comprendre au même tra ayant été induits à cette opinion sur ce qu députés d'Angleterre nous avoient donné cop d'icelui traité en la forme que l'envoyons,

que pour la convention concernant le secours des Etats, dont Votre Majesté devoit
supporter les deux tiers et lui le tiers; tous les
articles suivans, qui sont ceux de la ligue, n'y
sont compris. Ainsi, n'estimant pas qu'il y
eût rien de plus, avant qu'avons reçu la copie
que M. de Villeroy nous a envoyée, nous désirons et jugeons cette ligue devoir être insérée
à celle des Etats, comme nous croyons encore
qu'il sera bien à propos de la faire si on peut,
pour la réputation, et pour rendre cette alliance
et conjonction de trois, publique, et la faire
connoître à chacun, au lieu que celle d'Angleterre avec nous est à présent secrète, et lui-
même prend plaisir à la céler et nier; mais
quand il ne sera fait, ledit sieur roi ne laisse
de demeurer obligé en vertu dudit traité, s'il a
quelque soin de garder sa foi; et si ce traité ne
l'oblige, l'autre qu'on fera ne sera pas de plus
grande efficace pour l'y contraindre. Car, encore qu'il soit mis sur la fin dudit traité qu'on
en passera un authentique et solennel, lorsqu'on renouvellera l'alliance, cela n'empêchera
pas que l'écrit fait sous la signature privée dudit sieur roi, ne soit pas fait et continué l'obligation entière; mais fait seulement connoître
qu'on le vouloit lors tenir secret pour certains
respects. Pour le regard de ce que Votre Majesté
aime mieux donner le secours en gens qu'argent, les Etats s'obligeront d'entretenir des
gens de pied françois, à proportion de l'argent
qu'elle donnera, qui est en effet une même
chose; mais ils désirent plutôt avoir l'argent et
les payer par les mains de leurs officiers, parce
qu'ils estiment qu'en les payant ainsi, ils leur
seront plus d'obligation, et seront tenus à leur
rendre plus de respect et d'obéissance, outre
ce qu'ils peuvent craindre que cela n'amoindrisse
l'autorité de leur nouvelle seigneurie. Si nous
pouvons faire ce secours par forme de prêt,
nous le ferons. Du moins vous serez traité, sire,
comme le roi d'Angleterre s'il est de la partie,
et n'omettons d'ajouter au traité que si, pendant ces deux ans que Votre Majesté entretiendra lesdits gens de guerre, elle en avoit besoin pour être attaquée hostilement dans son
royaume par qui que ce soit, qu'ils seront tenus
de les renvoyer incontinent.

Quant au secours pour la guerre, si la paix
ne se fait, elle déclare par ses lettres qu'elle
entend donner le double du roi de la Grande-
Bretagne, sans définir et arrêter jusqu'à quelle
somme, sinon qu'elle se veuille rapporter à la
réponse du mémoire donné à M. de Preaux.
Or, s'il faut renouveler la guerre, il sera bien
requis, pour relever le courage à ces peuples,
et leur donner moyen de repousser l'effort que
le roi d'Espagne pourra faire à ce commencement, qu'ils soient secourus plus puissamment.
Nous n'excéderons toutefois en rien ce que dessus, sans nouveau commandement, et ferons
tout ce qu'il nous sera possible pour la paix,
afin qu'elle soit délivrée de ce souci, de cette
dépense, et des périls et inconvéniens qui suivent ordinairement les longues guerres. Nous
n'avons plus qu'à nous assurer de la volonté du
roi de la Grande-Bretagne, pour mettre l'issue
de cette affaire du tout à couvert et la rendre
heureuse : peu de jours nous en éclairciront,
dont avertirons aussitôt Votre Majesté.

Les députés nous sont présentement venus
voir, ainsi qu'écrivions cette dépêche, lesquels
nous ont dit n'avoir encore eu réponse; et, sur
ce qu'ils ont bien reconnu qu'étions en quelque
opinion contraire, nous l'ont assuré avec serment et qu'ils l'attendoient de jour à autre,
se promettant qu'elle seroit si bonne qu'aurons
occasion de croire qu'ils ont toujours procédé sincèrement et ouvertement avec nous;
sont encore entrés en propos d'eux-mêmes sur
le point de la souveraineté, et nous ont fait
voir, comme du passé, qu'ils sont plus enclins à
la guerre qu'à la paix ; nous au contraire qu'a-
vons charge de faciliter les moyens de faire la
paix, non de l'empêcher. Mais quand les deux
rois seront bien assurés de l'amitié l'un de
l'autre, par de bons traités authentiques et
faits solennellement, non secrètement comme
celui fait avec M. de Sully, tant pour la défense
des Etats que de leurs royaumes, il sera aisé de
faire que n'ayons ensemble qu'un même avis et
résolution ; et, jusqu'alors, en conseillant ce que
penserons être du bien des Etats, nous prendrons garde aussi, avec la circonspection qu'il
nous sera possible, qu'on ne vienne à une rupture, par le moyen de laquelle Votre Majesté
soit contrainte de les abandonner ou d'être
seule à les secourir, voulant fuir l'une et l'autre
également. Leur avons dit et répété souventes
fois ce même propos, et qu'il étoit temps de s'ou-

16

vrir et déclarer en particulier, puisque sommes sur le point des résolutions; autrement il ne falloit pas espérer, que, sans être unis et bien d'accord ensemble, nous pussions faire que les provinces n'aient entre elles qu'un même avis et résolution; et néanmoins cette diversité pourra être cause de les diviser, qui est le plus dangereux mal qui leur sauroit arriver.

Nous prions Dieu, sire, qu'il donne à Votre Majesté et à sa royale famille tout heur et prospérité.

Vos très-humbles et très-obéissans sujets et serviteurs, P. JEANNIN et DE RUSSY.
A La Haye, ce 21 décembre 1607.

Autre LETTRE *de MM. Jeannin et de Russy au Roi, du 21 décembre* 1607.

SIRE,

Depuis notre lettre écrite, les Etats nous ont envoyé leurs députés au logis du président Jeannin, où les députés d'Angleterre se sont trouvés. Leur proposition a été d'excuser ce qu'ils ne se sont assemblés sitôt qu'ils avoient promis, puis nous ont dit que la première chose dont ils ont délibéré en leur assemblée a été de faire la ligue avec les deux rois, sinon offensive et défensive, tant pour la guerre, suivant le projet qui nous a été ci-devant donné, au moins défensive et pour la paix; nous priant d'y vouloir entendre, dès à présent et avant qu'ils prennent aucune résolution sur le traité de paix. Les députés d'Angleterre et nous, étant retirés pour en conférer et leur faire réponse, M. Spencer a dit qu'il ne la falloit faire qu'après la paix, et que les Etats la désirent pour nous en rendre autres, et publier qu'ils ne l'eussent pas faite sans nous, comme ils ont déjà fait ci-devant quand nous avons donné avis de traiter sur la ratification venue d'Espagne; nous au contraire que tenions à gloire d'être auteurs de la paix, et que c'étoit le bien des Etats d'avancer cette ligue qui sera vraiment cause de les porter tous ensemble et avec plus de facilité à la paix, quand ils la verront assurée par le moyen de cet appui. Enfin nous ont fait de nouveaux sermens qu'ils n'avoient encore eu réponse d'Angleterre; et qu'ils nous prioient de vouloir différer quatre ou cinq jours seulement; qu'il y auroit toujours assez de loisir pour conclure et traiter cette ligue ava[nt] que les Etats aient pris résolution d'envo[yer] vers les archiducs, et qu'eux viennent au [jour] qui sera pris pour la conférence. Nous n[ous] sommes laissés vaincre, pour ne montrer tr[op] d'ardeur en cette poursuite, ne nous divi[ser] d'avec eux pour un délai de si peu de temp[s], aussi qu'il est besoin qu'ayons réponse de V[otre] Majesté sur nos lettres pour la pouvoir concl[ure] sans eux, au cas qu'ils fassent difficulté d'y e[n]trer. C'est pourquoi nous la supplions très-hu[m]blement de nous la donner sans remise, et no[us] donner pouvoir d'offrir ce que lui mand[ons] être nécessaire pour surmonter toutes diffi[cul]tés. Nous avons donc fait cette réponse aux [dé]putés des Etats, qu'avons agréable et désir[ons] comme eux cette ligue qu'ils nous demand[ent] comme la jugeant utile pour unir toutes [les] provinces en ce désir d'accepter une bonne pa[ix]; mais que messieurs les députés d'Anglet[erre] n'ayant encore eu réponse de leur roi, désire[nt] quatre ou cinq jours de délai, dans lequel tem[ps] ils se promettent de l'avoir et de nous dire le[ur] résolution; qu'ils pouvoient délibérer cependa[nt] de l'affaire principale, afin de ne plus retard[er] à donner avis aux archiducs s'ils entreroi[ent en] traité ou non, leur ayant représenté derech[ef] que la longueur leur est très-dommageable, [et] qu'ils doivent sortir au plus tôt qu'ils pour[ront] de l'incertitude en laquelle ils sont. A quoi [ils] ont répondu qu'ils y vacqueroient dès demai[n], et continueroient de jour en autre sans inte[r]mission jusqu'à ce qu'ils en soient du tout rés[o]lus. Il est certain que les Etats sont touchés [du] même désir que Votre Majesté, qu'il y a suj[et] de douter de l'intervention des Anglois, et néanmoins qu'ils montrent vouloir plutôt [la] guerre que la paix. Les députés de Danemar[k] ne sont venus à cette conférence; les Etats [ont] été exhortés de les y appeler dorénavant, [et] nous-mêmes en avons parlé les premiers, d[ont] les députés d'Angleterre nous ont su gré[; il] sera ainsi fait à l'avenir.

Les députés de l'électeur de Brandebo[urg] sont arrivés à ce soir, et ceux de l'électeur [Pala]tin y sont attendus dans quatre ou cinq jour[s]; ils tendront tous à la guerre, à ce qu'on no[us] dit; et si les archiducs ne consentent d'entr[er en] cette souveraineté absolue que les Etats prét[endent]

dent, il y a crainte que tout ne soit rompu. Le prince Maurice et le comte Guillaume nous sont venus voir au logis du président Jeannin une heure après le départ des députés des Etats et d'Angleterre. Nous leur avons dit ce qui s'est passé, mis en soupçon tant qu'avons pu de la conduite des Anglois qui les flattent de cette démontrance qu'ils font de vouloir la guerre, fait connoître que ce ne sont qu'artifices et déguisemens, et qu'en effet ils craignent le roi d'Espagne, et n'osent se joindre à notre amitié, ni secourir les Etats, pour ne lui déplaire. Aussi, en parlant de la guerre, ils ne disent jamais qu'ils veulent contribuer à la dépense d'icelle, et ne l'oseroient faire pour la même raison. Le roi d'Angleterre en effet seroit bien aise que Votre Majesté l'entreprît, en eût la haine et fût sujet aux périls et événemens d'icelle, lui en demeurant exempt. Mais elle a trop de prudence pour se laisser tromper de cette façon; que la guerre à la vérité serviroit au dessein du roi d'Angleterre, que leur avons déclaré, pourvu qu'il n'en acquît pas la mauvaise grâce du roi d'Espagne, et qu'il pût dire que c'est nous qu'en sommes cause, comme il le persuaderoit aisément si nous en supportions la dépense seule et lui n'y contribuoit rien. C'est ce que lui pouvons mander pour ce coup; priant Dieu, sire, qu'il donne à Votre Majesté et à sa royale famille tout heur et prospérité.

Vos très-humbles et très-obéissans sujets et serviteurs, P. JEANNIN et DE RUSSY.

A La Haye, ce 21 décembre 1607.

LETTRE *de M. Jeannin à M. de Villeroy, dudit jour 21 décembre* 1607.

Monsieur, les lettres du Roi et les vôtres contiennent une instruction si particulière de la volonté et intention de Sa Majesté, qu'en sommes suffisamment éclaircis. Le pouvoir aussi est fort bien et en bonne forme, et tout y a été sagement considéré. Il me semble pareillement encore qu'il ne parle sinon des traités, conventions et alliances qu'on peut faire sur le sujet de la paix qu'en vertu de cette clause insérée sur la fin d'icelui pouvoir. Soit que la paix desdits Pays-Bas s'ensuive ou non, on s'en peut servir pour faire toutes promesses, obligations, traités et alliances en cas de guerre aussi bien que de paix; mais, pour que Sa Majesté ne nous donne pouvoir d'offrir, pour la ligue présentement requise, pour assurer la paix, que le secours de trois ou quatre mille hommes de pied françois, nous la supplions très-humblement de s'élargir davantage et d'offrir ledit secours en argent. Les Etats seront bien contens d'entretenir des gens de pied françois à proportion de ce qu'on leur donnera; mais ils désirent recevoir l'argent et les faire payer par leurs officiers, pensent par ce moyen en être mieux servis, respectés et obéis d'eux, et, s'ils acceptent presque encore cette vanité en leur nouvelle seigneurie, que tout dépende d'eux : en quoi il me semble qu'on les peut contenter, puisque Sa Majesté n'aura aucun intérêt pour ce regard. Quant à la solde desdits quatre mille hommes, en les payant l'année entière à raison de douze mois, afin qu'ils se puissent mieux entretenir et ne portent aucun dommage aux habitans des lieux où ils seront mis en garnison, elle ne sauroit revenir, soit suivant les Etats de France ou ceux de ces pays, à deux cent mille écus au plus. Par les lettres qu'écrivons au Roi, nous supplions très-humblement Sa Majesté de leur vouloir accorder, deux années durant, un million de livres chacun an, et les raisons qui nous meuvent de ce faire. Croyez, monsieur, que cette affaire est sujette à tant de mauvaises rencontres et inconvéniens, qu'on ne doit regarder à ces dernières dépenses pour y mettre une heureuse fin. Qu'elle prenne, s'il lui plaît, cette assurance de notre foi et loyauté à son service, que ne voulons pas épancher son argent mal à propos pour gratifier les Etats; au contraire que ferons toute l'épargne qu'il nous sera possible, pourvu que ses affaires n'en soient point gâtées; et néanmoins que ce désir de bien faire ne sera cause de nous rendre prodigues en la distribution de son argent, étant notre intention de conduire les deux autant que pourrons, à savoir, le bon succès avec l'épargne de sa bourse, afin que notre travail soit autant agréable qu'utile.

M. de Russy a été voir M. de Barneveld seul, suivant la résolution qu'avions prise ensemble, sous prétexte de lui parler d'autres affaires. Il est aussi venu me voir, nous ayant priés, avec très-grande affection l'un et l'autre, que, pour lui donner moyen de mieux porter les affaires à la paix, selon le désir de Sa Majesté, et empêcher que les Anglois n'y nuisent, s'ils ont mauvaise volonté, dont nous sommes encore aux écoutes, il plaise à Sa Majesté leur accorder, les trois premières années de la paix, douze cent mille livres chacun an. Nous réduisons cette demande à un million, et pour deux ans seulement. Je vous supplie très-humblement de faire en sorte que le roi y consente; j'en écris à M. de Sully, et le supplie aussi d'y vouloir aider. Vous jugerez bien tous deux que cette instance si pressée est sans autre dessein que du désir qu'avons de bien servir.

Vos lettres et ce que M. de La Boderie m'a écrit du roi d'Angleterre et de ses ministres nous mettent en grand doute : bien vous peux-je assurer que tout ce qu'avons mandé touchant les conférences qu'avons eues avec ces députés, est très-véritable, et qu'ils continuent encore à nous tenir les mêmes langages. Néanmoins, le sieur de Barneveld a quelque soupçon que le roi d'Espagne ait de nouveau remis le roi d'Angleterre sur les espérances qu'il avoit eues du mariage de sa fille, pour le charger et disjoindre du tout d'avec Sa Majesté et les Etats, du moins d'avec nous, et craint qu'il soit tellement enchanté de cette imagination qu'il s'en promette quelque chose; par ainsi que cet espoir d'un côté et la crainte qu'il a toujours eue d'offenser cette grandeur d'Espagne, le retiennent et portent peut-être encore à faire pis : m'ayant toutefois juré qu'il n'en savoit rien plus avant, sur ce que m'en suis voulu soigneusement informer de lui; mais il croit, si cette poursuite se faisoit de façon qu'on lui pût persuader que c'est à bon escient, qu'il accorderoit au roi d'Espagne de remettre l'exercice de la religion catholique en son royaume, et quitter du tout notre amitié et celle des Etats; aussi s'ils ne se vouloient ployer à ce qui lui plairoit. J'en ai bien aussi la même opinion, mais il n'y a point d'apparence qu'on la veuille acheter si chèrement que lui donner par effet ce qu'il prétend, à savoir, les Pays-Bas, et que les archiducs soient pour y consentir, quelque espérance qu'on leur donne de les pourvoir ailleurs. Je craindrois bien plus l'offre de ce mariage avec les Provinces-Unies; car le roi d'Espagne ne perdroit rien en le consentant, puisqu'il est aussi bien contraint de les quitter. Les Etats penseroient s'assurer du côté d'Espagne à cause de cette alliance, et être appuyés perpétuellement des forces et moyens d'Angleterre. Et quant audit sieur roi d'Angleterre, encore lui seroit-ce assez d'avoir lesdites Provinces-Unies, combien que le reste des Pays-Bas n'y fût compris. Mais tous ces discours ne semblent que songes propres à tromper seulement des esprits hébétés et sans jugement; car telles alliances ne rendent pas les amitiés perpétuelles; et trouveroit enfin le roi d'Espagne, et ses successeurs, qu'on auroit donné beaucoup pour acquerir peu, ou plutôt qu'on auroit agrandi un prince, dont il craint déjà la puissance par mer, pour en recevoir du mal, sous espérance incertaine d'en faire à autrui, c'est-à-dire à nous, qui sommes, par la grâce de Dieu, en état de faire peur et mal à quiconque osera entreprendre de nous attaquer. Est vrai qu'il ne lui coûteroit rien de promettre le premier, et qu'il entrevoit ce profit, d'empêcher notre conjonction, et de faire peut-être avec lui quelque dessein présent dont le bon succès le garantiroit des inconvéniens de l'avenir; mais il y a trop d'empêchemens et difficultés à le promettre même, et pour l'autre qui a son exécution présente, il lui seroit périlleux de le faire. Il ne faut pas trop craindre tels desseins ni les négliger du tout; bien crois-je pour certain que si ledit sieur roi rejette notre amitié et ne se gouverne de bonne foi et comme il doit, en la cause des Etats, qui nous est commune avec lui, qu'il a quelque mauvais dessein et est du tout sans jugement, et je ne crois pas ce dernier, quoiqu'il soit craintif et peut-être irrésolu. Je ne vois encore rien aussi qui nous doive faire avoir si mauvaise opinion de lui; car ses députés montrent toujours de vouloir tendre à la guerre, qui est bien loin de ce dessein; et semble qu'ils ne rejettent la ligue avant la paix, sinon qu'elle serviroit à l'avancer et à y mieux disposer les Etats : on se doit toujours défier de tout ce côté-là. Ainsi sera à vous, monsieur, d'aviser avec votre accoutumée prudence s'il est à propos, en ce doute, de chercher, par le moyen du pape ou autrement, à diminuer les défiances que le roi d'Espagne a de nous; car il est vraisemblable que, s'il entroit en l'un de ces desseins, ce ne seroit que par désespoir, et pour ne pouvoir s'assurer de l'amitié de Sa Majesté. Nous prendrons garde soigneusement à tout ce qu'ils feront ici, avanceront cependant les affaires le plus que pourrons avec les Etats, et vous en donnerons avis de jour à autre; mais je n'ai voulu retenir davantage ce courrier, afin qu'ayons prompte réponse, que vous supplie être telle qu'elle nous donne moyen de faire ce que le Roi désire.

M. de La Borde doit partir dans cinq ou six jours, par lequel vous écrirons ce que les Etats auront résolu sur le traité de la paix et pour toutes sortes d'autres choses. J'ajouterai encore ce mot sur ce que vous me mandez que le pape et les Vénitiens sont pour venir aux armes; je ne sais comme il se peut faire, étant si sages d'une part et d'autre, qu'ils prennent de si dangereux conseils que de vouloir troubler toute la chrétienté, pour donner moyen au roi d'Espagne de s'accroître en Italie; en quoi, combien que Sa Majesté ait grand intérêt, si sera-t-elle bien empêchée d'y prendre un conseil qui soit exempt de tous les dangers et inconvéniens. Bien me semble-t-il, s'ils se pouvoient joindre ensemble, Sa Majesté et le roi d'Angleterre, qui se dit ami des Vénitiens, qu'il seroit expédient de les laisser faire; car cette guerre donneroit moyen aux deux rois d'entreprendre sur les Pays-Bas, avec avantage et profit, pendant que ledit sieur roi seroit occupé en Italie, outre ce que tel divertissement serviroit d'un grand secours aux Vénitiens, sans que le pape eût tant d'occasion de s'en plaindre, que si elle le secouroit ouvertement avec des forces envoyées en Italie à cet effet. Et quand même le roi d'Angleterre se rendroit difficile d'entrer en notre alliance, aimant mieux celle d'Espagne, dont il seroit encore rechargé avec plus de chaleur, cette guerre venant à se faire, il sembleroit néanmoins utile de prendre ce conseil, crainte qu'en étouffant cette guerre à sa naissance, comme on a déjà fait la première, le roi d'Espagne, fortifié de cet appui, ne fût pour entreprendre contre nous avec plus de facilité; au lieu que ladite guerre occuperoit toutes ses forces, et y auroit moins de péril pour nous à donner du secours à nos amis chez eux que d'en attendre d'eux chez nous. Ceci est hors de ma charge, c'est pourquoi je ne m'en dois mêler. Je suis à présent tant assuré de la bonne volonté des Etats, que nous supplions aussi très-humblement le roi de leur faire donner le dernier quartier de cette année, dont ils ont grand besoin et nous font tous les jours prière et instance.

Les députés d'Angleterre nous sont présentement venus voir, ainsi qu'achevions cette dépêche, et nous ont assuré n'avoir encore eu réponse de leur maître; y ajoutant des sermens pour nous le faire croire, sur ce qu'ils ont bien reconnu qu'avions quelque opinion du contraire, et sont derechef entrés, comme de coutume, en des propos qui font connaître qu'ils sont toujours plus enclins et désireux de la guerre que de la paix; et nous, au contraire, avons continué à leur dire que la paix est tellement avancée, qu'il y faut plutôt aider que de la reculer. Jugez, monsieur, combien cette façon de procéder est éloignée de ce qu'on en dit. Notre plus grande crainte est toujours la trêve, à quoi la longueur de ces gens ici les porte. Nous ferons, comme avons déjà fait, toutes sortes d'efforts pour l'empêcher, jugeant qu'il n'y a rien si préjudiciable à eux et à leurs amis. Je prie Dieu, monsieur, qu'il vous donne en parfaite santé, très-heureuse et longue vie.

Votre très-humble et très-obéissant serviteur,   P. JEANNIN.

De La Haye, ce vingt-unième jour de décembre 1607.

LETTRE *du Roi, du* 22 *décembre* 1607.

Messieurs Jeannin et de Russy, vous ayant instruits amplement de ma volonté sur les affaires que vous devez traiter par-delà pour mon service, par les dépêches que Sainte-Catherine et le courrier Picaut vous ont portées, il me semble qu'il ne me reste à vous faire autre commandement sur la vôtre du deuxième de ce mois, que j'ai reçue seulement le dix-huitième par le jeune La Force, ni même sur celle du neuvième, que j'ai depuis reçue par le neveu du feu sieur de Buzanval, que de vous faire savoir comme vous ferez de présent. Entrez au fond ès affaires : que vous ayez aussi à me tenir diligemment averti de toutes occurrences pour pouvoir vous départir mes commandemens à mesure que vous en aurez besoin; car vous savez qu'en tel cas il est souvent nécessaire de les changer et accommoder aux occasions qui se présentent.

Vous avez donné bon conseil aux sieurs les Etats sur les deux points desquels ils furent requis par le cordelier et Verreiken, quand ils leur ont déclaré la ratification d'Espagne.

Vous avez appris, par ma dernière, que je persiste en ma défiance première des intentions des Anglois; leurs langages sont si différens, que l'on n'y peut asseoir aucun jugement certain. Leur roi a blâmé votre approbation de la ratification, et néanmoins je rejette la prolongation de la cessation d'armes. Il ne peut trouver bon que les Etats se contentent d'obtenir, par leur accord, la clause touchant la souveraineté pareille à celle qui leur a été accordée par ladite cessation d'armes, de plutôt se résoudre à la guerre que de s'en contenter; et toutefois, je ne vois qu'il leur offre aucun secours certain en cas de guerre. Au contraire, quand on parle de cela, ou il change sur-le-champ de propos, ou il dit qu'il ne veut contrevenir au traité qu'il a fait avec le roi d'Espagne. Il a dit ci-devant que pour cette considération, il n'entendoit entrer en confédération plus étroite avec lesdits Etats, qu'après qu'ils auroient parfait leur accord avec les archiducs; et maintenant il consent d'y entendre devant; mais il déclare vouloir faire son cas à part, c'est-à-dire, sans moi. Il ajoute aussi, s'il doit secourir lesdits Etats après la paix ou durant la guerre, que ce soit par ses mains, et non plus par les miennes, comme il a été pratiqué ci-devant, afin qu'il ne soit découvert par les Espagnols, et qu'il en ait tout le gré. Pareillement, il fait dire journellement aux archiducs, par son ministre qui réside auprès d'eux, que tout ainsi que depuis son traité avec eux, il n'a secouru lesdits Etats d'un sou, aussi se gardera-t-il bien de le faire ci-après, et qu'il continuera de favoriser la paix de tout son pouvoir. Son ambassadeur résidant ici a tenu le même langage touchant la séparation d'avec moi au traité que nous prétendons faire avec les Etats et son maître; sur quoi j'ai estimé vous devoir faire savoir que je juge, par telle diversité et contrariété de langage, que lesdits Anglois ont très-mauvaise intention envers moi et mon royaume, qu'ils tendent à traverser et empêcher que je ne me lie plus étroitement avec lesdits Etats, lesquels ils voudroient, sinon jeter du tout entre les bras, ou sous l'absolue domination des archiducs, du moins détacher d'avec moi, en faisant leur susdit accord, afin de rendre son amitié, correspondance et voisinage plus nécessaire aux uns et aux autres, et par ce moyen me priver entièrement des commodités que je puis espérer desdits Etats. C'est pourquoi, s'ils continuent ainsi de faire les longs et les fins, il faut résoudre et assurer notre fait avec lesdits Etats, sans eux,

après toutefois avoir fait tout le possible pour les engager, soit pour la paix, ou pour la guerre; il me semble que vous pouvez en ceci gagner sur eux un jour avantage, en manifestant et découvrant leur malice et duplicité, comme s'ils dissuadent la paix mal à propos. Pressez-les donc de déclarer clairement et spécifiquement le secours qu'ils prétendent de donner auxdits Etats pour soutenir la guerre, offrant de ma part le double de ce qu'ils contribueront, avec conditions portées par mes précédentes; et si, au contraire, ils favorisent ladite paix, qu'ils disent ce qu'ils entendent faire pour lesdits Etats, avenant qu'elle soit faite ci-après, ou quelle aide ils entendent leur donner présentement pour conserver leur Etat les deux premières années de la paix. Ce sont les trois points sur lesquels je vous ai écrit mes intentions par mes dernières. Car les sollicitant et pressant de répondre nettement à telles propositions, vous découvrirez ce qu'ils ont dans l'estomac, et il faudra sur cela fonder après nos résolutions avec lesdits Etats; car si les Anglois fuient ma conjonction, je ne veux pas laisser pour eux de traiter avec lesdits Etats. Au moyen de quoi ne faites si difficulté d'entendre à la ligue proposée sans lesdits Anglois, même pour la paix; car je juge et reconnois avec vous plus que jamais qu'il faut faciliter ladite paix et y buter par préférence à toute autre chose. Etant donc lesdits Anglois si irrésolus, foibles, légers et infidèles en mon endroit qu'ils sont, vous ne laisserez de conclure vos traités avec lesdits Etats sans lesdits Anglois, encore que par mes autres lettres je vous aie obligé à n'offrir mon assistance auxdits Etats, sinon à condition que les Anglois y entreroient pour leur part; et pour le moins faites toutes sortes de devoirs et efforts devant que d'en venir là, pour, s'il est possible, disposer et faire résoudre lesdits Anglois d'entrer auxdits traités avec nous, étant certain que notre confédération étant composée de trois, sera plus estimée et utile à tous. Mais n'ayez pas opinion, quoi qu'on vous ait dit, que lesdits Anglois aient ni jet quelconque d'espérer au mariage de l'infante d'Espagne, et moins qu'ils obtiendront pour lesdites Provinces-Unies. Ce sont toutes imaginations qui peuvent entrer dans l'esprit desdits Anglois, mais qui ne sont effectives.

L'on doit plutôt convier que rejeter Spinola et Richardot à être de la conférence que l'on prétend faire pour ladite paix; car comme ils sont plus puissans et autorisés que les autres, ils seront plus à propos aussi pour avancer les affaires; mais comme j'ai opinion qu'il faudra que les principales résolutions viennent d'Espagne, je prévois qu'elles tireront fort à la longue, qui est le point parti auquel les choses peuvent tomber pour lesdits Etats et leurs vrais amis, et celui que j'apprehende le plus, comme je vous ai écrit par mes précédentes, avec mon intention sur cela, à savoir de ne continuer de mettre la main à la bourse l'année prochaine, comme j'ai fait celle-ci, si lesdits Etats ne me donnent sujet d'en user autrement. S'il faut que je traite sans lesdits Anglois, il sera plus besoin que jamais de savoir et considérer que deviendront les places ostagères qu'ils gardent, et que je sois éclairci au vrai du traité que les Etats feront avec eux, et pareillement ce que je pourrois espérer desdits Etats, avenant que lesdits Anglois se joignent ci-après avec les Espagnols et les archiducs pour me faire la guerre; car je dois tout craindre et attendre des uns et des autres, et prendre les choses au pis. Essayez aussi de profiter de l'invention et présence des députés des autres rois et princes qui sont par-delà, pour favoriser les bonnes résolutions, et je me conduirai envers celui de Suède selon votre bon avis. J'ai eu à plaisir d'avoir été assuré par votre dernière de la bonne intention et conduite du prince Maurice; je n'ai rien dit à la princesse d'Orange de l'avis qui m'avoit été donné de son désespoir. Je crois aussi que c'est un artifice inventé à dessein; de quoi je demeure à présent bien éclairci et en repos, louant vos considérations sur le procédé dudit prince Maurice envers le sieur de Barneveld, où à l'entière conclusion des affaires, qu'il faut donc presser et avancer tant qu'il sera possible, en évitant la prolongation de ladite cessation d'armes pour un an. Quant à la qualité et forme du secours que j'entends donner auxdits Etats, en tout cas, je vous l'ai si particulièrement écrit, que je n'y puis rien ajouter, persistant à vouloir le donner en hommes plutôt qu'en argent, pour les raisons que je vous ai écrites. Sur quoi je finirai la présente, priant Dieu, messieurs Jeannin et de Russy, qu'il vous ait en sa sainte garde.

Ecrit à Paris, le vingt-deuxième jour de décembre 1607. HENRI.

Et plus bas, BRULART.

Lettre de M. de Villeroy à M. Jeannin, dudit jour 22 décembre 1607.

Monsieur, notre défiance de la volonté des Anglois aux affaires qui se présentent, augmente journellement, ainsi que vous apprendrez de la lettre du Roi; et croyons en vérité que tout ce que leurs députés disent et font par-delà, n'est que pour décevoir et faire résoudre l'accord avec les archiducs, et après traverser et empêcher le nôtre; car ils ne veulent point que nous prenions avec ces provinces plus de crédit et d'autorité. C'est pour cela qu'ils font les bons valets, en se montrant soigneux de la souveraineté desdites provinces, et de leur procurer une paix, non une trève à longues années. Cependant ils ne parlent qu'à demi et en termes généraux, de les secourir en cas de guerre, ni de s'obliger avec nous avant qu'on viole leur traité. Ce sont des trompeurs, vrais ennemis de la France, et qui préfèrent aussi imprudemment que malignement leur haine à leur propre bien ; car ce le seroit de s'unir avec nous de bonne foi en cette action, suivant votre projet et les ouvertures qui ont été faites; mais ils ne sont pas capables de tels conseils, et si vous ne les embarquez par votre conduite, je n'espère pas qu'ils franchissent le saut avec nous. Je dis plus, s'ils le font, ils s'en dédiront bientôt, et joueront à la fausse compagnie. Toutefois, si nous pouvons les faire danser, ce sera toujours le meilleur, quand ce ne seroit que pour la réputation et pour servir d'exemple aux autres. Certes, j'estimerois qu'il y auroit plus de sûreté et d'honneur de s'unir et traiter avec l'archiduc; mais il semble que ce soit chose incompatible avec celui de Hollande, et davantage que la France ne doive ou puisse se fier d'Espagne, le monde étant composé comme il est. Or, si l'Angleterre refuse de s'unir avec le Roi en cas de paix ou de guerre, et de s'engager comme il faut envers les Etats pour rentrer au dernier parti susdit, il sera difficile que les provinces désunies se maintiennent; car l'archiduc ne pourra ni voudra seul danser ce branle. Quoi avenant, il faudra par nécessité que la Hollande reçoive de l'archiduc telle loi qu'il voudra lui imposer, et me semble que c'est le but auquel visent ensemble le roi d'Angleterre, l'archiduc et le roi d'Espagne. Ces deux derniers artificieusement, et l'autre malicieusement et impudemment, se promettent que le temps rétablira enfin l'ancienne maison de Bourgogne, de laquelle l'Angleterre a autrefois tiré de grands avantages contre la France, sans que l'Espagne y puisse à l'avenir reprendre pied : en quoi je crois certes que le roi d'Angleterre et le comte de Salisbury s'abusent grandement ; mais ils s'enivrent volontiers de cette espérance, tant ils sont transportés de haine et d'envie contre la France. Faites votre possible pour leur faire lever ce masque devant que les Hollandois et l'archiduc soient d'accord; car nous pourrons après mieux choisir et prendre notre parti.

Les Etats nous font dire par le sieur Aërsens qu'ils nous y seconderont, soutenant celui-ci que la paix ne réussira point. Il dit aussi que c'est l'opinion de son père, et que sans vos avis les provinces n'eussent jamais accepté la ratification d'Espagne en la forme qu'elle est ; et quand on lui demande ce que donc ils eussent fait, il répond qu'ils eussent contraint leurs ennemis d'en fournir une autre, ou qu'ils eussent rompu du tout cette négociation. Mais quand l'on demande sur cela avec quels moyens ils peuvent soutenir la guerre, ils répondent qu'ils s'assurent que nous ne les abandonnerons ni l'Angleterre aussi. Nous répliquons qu'ils s'assurent donc de ce dernier comme il convient, et qu'ils trouveront après leur compte de notre côté : mais tout cela n'est que discours. Vous leur avez donné un bon conseil quand vous avez été d'avis d'accepter ladite ratification, et d'entrer sur cela en conférence, quand même la paix ne devrait s'en ensuivre ; car, reconnoissant que la faute en devra être imputée à leurs ennemis, cela servira à les réunir et encourager à la guerre. Mais le principal soin qu'ils doivent avoir, et ce à quoi ils doivent plus s'étudier, est premièrement de faire parler clairement les Anglois, et tirer aussi promptement après le dernier mot des archiducs pour la paix ; et si ceux-là refusent de promettre, et ceux-ci de parler, certes, je prévois qu'eux et leurs vrais amis se trouveront bien empêchés, étant de leur côté composés comme ils sont, et du nôtre, en l'état duquel nous nous trouvons, personne ne pouvant donner conseil au Roi de prendre sur soi toute cette querelle, même après les preuves qu'il a faites de la foi et constance de ceux qui conduisent les affaires où vous êtes. De sorte que je crains que les Etats soient à la fin contraints d'entendre aux ouvertures de l'Empereur, ou s'accommoder tout-à-fait au vouloir de l'archiduc. De quoi le roi d'Angleterre sera seul cause : et je vois certes que c'est le but auquel il vise ; car de s'attendre au parti de l'infante pour le prince de Galles, il n'y a apparence quelconque de le faire ; et quand le sieur de Barneveld fait contenance d'en avoir quelque soupçon, je crois que c'est pour donner martel au président Jeannin et à ses amis. Au reste, il faut tout craindre du marquis de Spinola et du président Richardot, car ils feront tout le pis qu'ils pourront à la France, se défiant entièrement du Roi et de ses ministres, comme ceux qui estiment en avoir été échaudés. Toutefois, ils ne peuvent honnêtement ni doivent, ce me semble, être rejetés de la conférence, ainsi que Sa Majesté vous mande. Enfin, elle vous permet de traiter sans les Anglois, quand vous serez du tout désespéré de leur volonté. C'est le sujet principal de cette dépêche, n'ayant rien à y ajouter de plus à celle que le courrier Picaut vous a portée.

Il n'a été rien dit à la princesse d'Orange de l'opinion que l'on a eue du prince Maurice : elle est encore ici retenue, ce dit-elle, par le Roi ; mais je crois qu'elle appréhende bien autant le passage de la mer en cette saison.

Le Roi a pris plaisir d'entendre ce que vous m'avez écrit touchant les Indes d'orient ; il a toujours à cœur ce dessein. Un certain Espagnol écrit à M. de Vic la lettre que je vous envoie ; enquérez-vous, s'il vous plaît par-delà, s'il y est connu, et quel état on en peut faire. Quant au dernier quartier de notre secours, Sa Majesté a délibéré de l'accorder : partant vous pouvez le promettre ; et pour le regard de l'exécution, votre conseil sera suivi, espérant qu'entre-ci et le temps que vous concevez, vous pourrez voir clair aux affaires que vous traitez. Mandez-moi librement ce que vous êtes d'avis que l'on offre au sieur de Barneveld : j'en userai comme il faut, et je vous presse de cela, parce que jusques alors nous ne parlerons qu'entre nous deux. J'attendrai aussi votre retour pour réponse au président de Charlem ; et je prie Dieu qu'il vous ramène bientôt, avec le contentement et la santé que vous souhaite, monsieur, votre très-affectionné serviteur et assuré ami, DE NEUFVILLE.

A Paris, le 22 décembre 1607.

Délibération des Etats, du vingt-quatrième décembre, sur l'article de la souveraineté.

Ayant été mis en délibération sur la réponse de l'article du deuxième novembre dernier, donné aux commissaires des sérénissimes archiducs d'Autriche, par laquelle on accordera d'entrer en communication et besogne sur la présentation du traité de paix ou trève pour longues années ; ont les députés de toutes les Provinces-Unies unanimement, sincèrement et en bonne foi, promis comme ils promettent par cette, l'un et l'autre, qu'en cas de progrès dudit traité et besogne, au premier article d'icelui, devroit être mis et accordé bien clairement et expressément la qualité de Provinces-Unies, comme provinces et pays libres sur lesquels ni le roi d'Espagne ni les archiducs ne prétendent rien, et cela en la meilleure forme, sans qu'audit traité soient admis ni accordés aucuns points, aussi peu ès affaires spirituelles et d'Eglise, que séculières ou autres, contre ladite liberté ; et, en cas que de la part dudit roi ou archiducs soit persisté au contraire, que le traité sera rompu, et ledit roi et archiducs mis en leur tort, et en outre qu'en vigueur et commune puissance de toutes les Provinces-Unies, et s'il se peut impétrer aussi des rois, potentats et Etats qui favorisent leur cause, la guerre sera recommencée par l'aide de Dieu, et tout bon ordre mené à honorable et assurée fin.

Fait en La Haye, le vingt-quatrième jour de décembre 1607.

LETTRE de MM. *Jeannin et de Russy au Roi,
du 25 décembre* 1607.

SIRE,

Depuis le départ du courrier Picaut, par lequel nous avons écrit à Votre Majesté, les Etats se sont assemblés les trois jours suivans, matin et après dîner, et enfin ont résolu d'envoyer par un trompette, aux archiducs la lettre dont lui envoyons la copie, qui contient en substance qu'ils sont prêts à entrer en conférence avec leurs députés, en ce lieu de La Haye, sous les protestations et déclarations ci-devant par eux faites; consentent aussi la prolongation de la trêve pour un mois ou six semaines, et demandent que le nombre de leurs députés ne soit plus grand que de sept ou huit.

Les députés desdits Etats s'étant assemblés avec nous, ceux d'Angleterre et de Danemarck nous ont fait faire lecture de ladite lettre, disant n'y avoir voulu prendre une entière résolution sans leur avis. Nous leur avons sur ce demandé si ces mots de déclarations et protestations, dont mention est faite par ladite lettre, ne se rapportent pas à ce qu'ils ont toujours protesté et déclaré, s'ils n'entendent traiter sinon à condition que la souveraineté leur soit gardée absolument et sans aucune condition ni restriction : nous ont dit qu'oui, et que cette résolution avoit encore été prise et répétée de nouveau en leur dernière assemblée, et de ne traiter jamais autrement. Ils ont après été exhortés par nous d'envoyer ladite lettre par quelque homme de qualité, et que l'importance de l'affaire et le respect des princes auxquels ils écrivoient, le requéroient ainsi; mais ils ont répondu qu'il faudroit trop perdre de temps pour obtenir un passeport; et, quoi qu'ayons répliqué, ils ne se sont laissés vaincre, bien nous ont dit qu'ils en feront rapport à leur assemblée. Outre cette lettre que le trompette aura pour les archiducs, ils lui en doivent donner une autre pour le sieur Verreiken, par laquelle ils lui feront savoir, au cas qu'on veuille prendre un ou deux étrangers pour être du nombre des députés, selon que les archiducs avoient demandé, que ce ne soient personnes ayant des principales charges et commandement en leur armée, et ce pour en exclure le marquis Spinola, ne se souciant du choix de tous les autres. Ils se délibèrent d'envoyer cette lettre dès le lendemain de Noël, et se promettent que les députés des archiducs pourront être ici dans le dix ou douzième de janvier. Aucuns des députés de l'assemblée des Etats ont désiré et fait instance que, dès à présent, l'article pour la souveraineté fût mis par écrit et envoyé aux archiducs, avec déclaration et protestation expresse, s'ils ne la vouloient accorder de cette façon, de leur déclarer qu'ils ne veulent et n'entendent entrer en conférence, ni aucun traité avec eux; mais cette opinion n'a été suivie.

Les députés d'Angleterre, lorsque nous nous sommes assemblés pour dire notre avis sur la lecture de ladite lettre et proposition à nous faite par les députés des Etats, ont fait cette même ouverture. Mais, voyant que notre avis étoit que seroit assez à temps de s'ouvrir et faire entendre les mots qui sont requis pour exprimer cette souveraineté lors de la conférence, et que les députés de Danemarck dissimuloient aussi à dire le leur, nous avons été tous ensemble de l'avis des Etats. Nous reconnoissons que le plus grand nombre va à la paix, selon que Votre Majesté désire, et toujours à cette condition, que la souveraineté soit quittée absolument. Lesdits députés des Etats nous ont encore parlé de la ligue, et ceux d'Angleterre dit, comme de coutume, qu'ils n'ont eu nouvelles de leur maître; ce qu'estimons être vrai, mais qu'il le fait avec artifice; eux toutefois nous tiennent toujours de bonnes paroles, et se promettent que la réponse nous contentera.

Nous supplions très-humblement Votre Majesté de nous faire au plus tôt entendre sa volonté sur les lettres que le courrier Picaut a emportées, afin qu'ayons plus de sujet de presser ladite ligue; ce que ne laisserons de faire dans deux ou trois jours, encore que pensions être bien assurés qu'il n'y aura aucun dommage en la retardation, et qu'il coûtera quelque chose de plus à l'audiencier; mais cet ouvrage fait, l'esprit de Votre Majesté sera plus en repos. M. de La Borde, qui est porteur de cette lettre, s'en va trouver Votre Majesté pour lui faire entendre qu'il est fort recherché pour aller en Suède, où il désire d'être employé, si elle l'a agréable et lui permet d'y aller, espérant de l'obtenir pour ce qu'il en deviendra plus capable de lui rendre quelque jour service. Il a bon nom par deçà, craint l'oisiveté, et lui semble que la paix qu'on attend ici, et que les gens de guerre tiennent déjà pour faite, sur la crainte qu'ils en ont, ôtera le moyen à ceux de sa profession qui ont du courage de s'avancer, s'ils n'en vont chercher les occasions au loin. Il a néanmoins été retenu à ne se point engager sans son commandement suivant en cela son devoir et l'avis que lui en avons donné : il a désiré qu'en donnions avis à Votre Majesté, ce que faisons.

M. de Russy a été présentement voir le sieur de Barneveld, qui lui a dit qu'ils avoient nouvelles d'Allemagne que les princes protestans ont résolu de se joindre avec eux, soit à la paix ou la guerre, et de contribuer même aux dépenses de la guerre pour une sixième partie, comme il estime que les Anglois seront toujours irrésolus si on ne les presse, et qu'il le fera, n'y ayant rien que les Etats désirent davantage que de faire la ligue avec nous. Nous prions Dieu, sire, qu'il donne à Votre Majesté et à sa royale famille tout heur et prospérité.

Vos très-humbles et très-obéissans sujets et serviteurs,   P. Jeannin et de Russy.

De La Haye, ce jour de Noël 25 décembre 1607.

Lettre *de M. Jeannin à M. de Villeroy, dudit jour 25 décembre* 1607.

Monsieur, vos lettres du 12 ont été envoyées par le maître de la poste de Calais, en Zélande, d'où on les a fait tenir à M. de Vaudrenecq à Rotterdam, et de là ici, où les ai reçues le 22 de ce mois, cinq ou six heures après le départ du courrier Picaut. Vous me mandez que les archiducs continuent à se plaindre de ma conduite, et disent avoir surpris les lettres par lesquelles ils ont reconnu que j'empêche la paix : quant au premier, ils disent le contraire de ce qu'ils pensent par artifice, et pour excuser la conduite d'eux-mêmes en notre endroit, nous ayant toujours tenus suspects comme ennemis. Or, ils sont mal informés, si les Etats, peut-être pour obtenir plus aisément d'eux ce qu'ils désirent, le leur font accroire, ou d'autres qui, en faisant mal contre eux, veulent néanmoins acquérir la grâce d'avoir bien fait ; car depuis le commencement jusqu'à la fin je me suis toujours montré amateur de la paix : et même, sur vos premières lettres par lesquelles nous étoit commandé de la rejeter du tout, et déclarer, si les Etats la faisoient, qu'avons charge de nous retirer, et de ne les point assister, je fus si retenu et modéré, qu'on ne connut jamais que ce fût notre intention de les porter à la guerre. Depuis, les lettres du Roi et les vôtres, nous ayant toujours fait connoître que devions, suivant notre intention, tendre à la paix, nous l'avons fait avec la discrétion et comme il étoit requis pour ne nous point rendre à ceux qui vouloient la guerre, non plus qu'aux autres qui désiroient la paix, leur faire bien sentir de nous, afin de nous conserver plus d'autorité envers un chacun, et pour les conduire, par ce moyen, plus aisément à leur dessein, où il seroit besoin ; et de notre façon de procéder, vous avons de jour en jour donné avis, pour être informés si Sa Majesté l'approuveroit, ce qu'elle a fait. Nous n'avons pas même résisté à l'ampliation de la trêve, lorsqu'elle fut demandée par les archiducs, pour empêcher la division de la province de Zélande, qui vouloit lors plutôt se séparer des autres que d'y consentir. Au contraire, s'en étant remis à nous, nous les avons excités à se joindre à l'avis commun, et ne plus à la révocation des navires, dont nous nous remîmes aux Etats sans vouloir dire notre avis, quoique telle demande ne fût raisonnable, et que les Etats eussent mieux fait de renvoyer d'autres navires que de révoquer ceux-là, comme moyen propre pour induire le roi d'Espagne, qui désiroit à découvert ladite révocation, d'en donner plus tôt la ratification, comme ils étoient tenus faire par le traité de la trêve pour l'obtenir, dont Sa Majesté demeura même aucunement offensée, estimant qu'on ne l'avoit pas dû accorder. J'ai été aussi auteur de faire approuver la dernière ratification envoyée d'Espagne, et le persuadai aux députés d'Angleterre, qui en faisoient au commencement difficulté, dont ils ont été blâmés par leur maître. Vous nous avez mandé que le Roi auroit agréable de faire la ligue avec les Etats, aussi bien pour la guerre que pour la paix, pourvu que les Anglois voulussent entrer, et que Sa Majesté ne se soucieroit pas qu'elle fût sçue : mais, ayant reconnu que les Anglois en faisoient difficulté, ès conférences qu'avons eues à part avec eux, nous

nous sommes abstenus d'en parler en public; bien dis-je quelque chose en particulier au prince Maurice et au sieur de Barneveld, pour leur faire connoître la bonne volonté de Sa Majesté envers les Etats. Et, sur la demande que lesdits Etats nous faisoient de faire cette ligue défensive et offensive, même pour la guerre, et acceptions celle pour la paix, comme propre, et qui sembloit même nécessaire pour induire ces peuples au repos, leur donnant assurance qu'ils ne seroient abandonnés, mais secourus et assistés s'ils étoient contraints de continuer la guerre. Sa Majesté a aussi approuvé cette réponse. Nous avons été long-temps en crainte que quelques particuliers de cet Etat puissant, pour se faire suivre, ne voulussent faire la paix trop précipitamment, et avec des conditions qui n'eussent été assurées pour eux ni utiles pour nous; et, à cette occasion, pour les retenir, j'ai conservé tant qu'ai pu l'affection et bonne volonté envers le Roi du prince Maurice, comte Guillaume, et des autres que connoissois enclins à la guerre, diminuant peu à peu l'aigreur de leurs esprits pour leur faire goûter la paix, et néanmoins nous servir d'eux pour les opposer aux autres, s'il eût été besoin. En quoi il a fallu prier divers personnages, et s'avancer plus ou moins du côté de la paix ou de la guerre, selon les occurrences; en sorte, néanmoins, que personne n'a pu prendre autre conjecture de notre volonté, sinon que le vrai but et dessein de Sa Majesté étoit d'aider à faire la paix, pourvu qu'elle fût bonne et assurée. Aussi ai-je parlé clair, et de cette sorte avec Verreiken et le cordelier, non comme un trompeur qui eût voulu persuader qu'aiderions à l'affaire comme il leur plairoit. C'est en somme ma conduite; vous pouvant assurer, monsieur, que n'ai jamais suivi mon inclination, mais ce qui m'a été commandé; et si j'ai failli, le Roi en est cause, car nous lui avons toujours donné avis de tout ce qui s'est passé, et il nous a fait l'honneur de l'approuver; dont ai reçu plus de contentement que s'il m'eût donné quelque grande récompense, ne me souciant pas que les archiducs en sentent, et qu'ils m'en sachent bon ou mauvais gré, pourvu que mon maître en soit satisfait.

Je vous supplie donc, très-humblement, lui faire voir cette lettre, afin que Sa Majesté n'ait cette mauvaise impression de moi, qu'en le servant fidèlement, comme j'ai fait, je n'ai toutefois été assez discret et sage pour offenser ces princes dont elle désire conserver l'amitié; vous pouvant dire avec vérité qu'ai toujours eu ce respect et dessein, mais après son service et en faisant ce qui m'étoit commandé. Or, les deux ensemble, la paix et la ligue défensive avec les Etats, quoiqu'elle ne soit dommageable, sinon à ceux qui voudront faire du mal au Roi et à son Etat, ne pouvoient pas contenter l'Espagnol et les archiducs, ni la première sans l'autre Sa Majesté: C'est pourquoi j'ai recherché à faire les deux ensemble, et suis encore après à l'effectuer. Voilà, monsieur, comme je me suis conduit. Je crains, si les Anglois nous veulent tromper, qu'ils ne fassent bientôt la même plainte de moi; car je n'ai pas envie de l'être, mais bien de nous conserver en union et amitié avec eux, s'ils procèdent sincèrement et effectuent de bonne foi ce qu'ils nous ont dit, promis et assuré en toutes nos conférences. Quant aux lettres que les archiducs disent avoir surprises, je n'en crois rien. J'ai vu mon registre, lequel contient la date de toutes les lettres que vous ai écrites et ceux qui les ont portées. J'ai reçu aussi les réponses du Roi et les vôtres, et ai trouvé qu'il n'y a une seule des miennes auxquelles n'ayez répondu. Je fais mes minutes de ma main; je les fais mettre en chiffres en mon cabinet: ainsi ils n'en peuvent avoir aucune communication: et si me fie entièrement en celui qui les écrit, vous avez la même fiance aux vôtres qui déchiffrent. J'estime donc que sont des songes qu'ils mettent en avant; je n'ai écrit à aucun autre chose qui me soucie qui ait été vue. Celui à qui j'ai souvent écrit, pource qu'il a toujours usé de même diligence envers moi, a été M. de Vic, gouverneur de Calais: or, il s'est plaint quelquefois de n'avoir reçu réponse de moi à plusieurs de ses lettres, dont la cause provenoit de ce que les porteurs alloient à Dieppe au lieu de passer à Calais; peut-être que quelques-unes de ses lettres ont été perdues. Je ne ne fais point de minutes de celles-là; mais, encore que lui aie quelquefois écrit comme un homme qui craint la paix, et qui me représentoit par toutes ses lettres l'utilité de la guerre, si n'auront-ils pas vu, quand elles seroient toutes en leurs mains, qu'ayons eu charge de préférer la guerre à la paix.

J'ajouterai encore ce mot à ce que je vous ai écrit par le courrier, qu'il est vrai, comme j'estime, que les députés d'Angleterre n'ont reçu réponse de leur maître; mais qu'il l'a différée à dessein pour nous ôter le moyen de faire la ligue avant le traité des archiducs. Or, si c'est pource qu'il veut la guerre en effet, et craint que cette ligue n'excite davantage les provinces à désirer la paix, comme elle fera, ou pour quelque autre occasion, je n'en sais rien; mais il a dit cette raison à M. de La Boderie, qu'en la faisant plus tôt, seroit se rendre auteur de la paix, montrant de fuir cette réputation comme si elle lui tournoit à blâme; et ses députés nous ont dit autant. On peut conjecturer, s'il est sur les espérances du mariage dont vous ai écrit, et d'avoir pour dot cet Etat, qu'il fera tout ce qu'il pourra pour porter les Etats à la guerre, sans vouloir qu'on croie néanmoins que soit pour lui, pour n'offenser le roi d'Espagne; et se serviroit volontiers de nous et des moyens du prince Maurice; puis feindroit d'avoir été contraint de nous suivre, pour ne l'avoir pu empêcher; ne seroit après la ligue avec nous pour montrer qu'il n'y a aucune amitié; et s'il donnoit quelque chose aux Etats, seroit sous main, en secret, et sans y être obligé, pour le nier et s'en départir aussi quand il voudroit. Cet artifice, s'il en pense user, est trop grossier pour nous surprendre: il est bien vrai, si la paix est faite, qu'il est entièrement hors d'espérance de ce dessein; car, les Etats ayant obtenu la souveraineté par la paix, ne le choisiront jamais pour maître, je le sais fort bien, et qu'ils sont du tout éloignés de cette inclination; et s'ils ont jamais envie de changer leur république en principauté, qu'ils prendront un prince si foible qu'il dépende du tout d'eux, et ne soit assez puissant pour user d'un commandement absolu au préjudice de leurs franchises et priviléges; au contraire, si la guerre continue, les Etats s'en pourront aussi bien lasser dans un an ou deux, qu'ils ont déjà fait; aussi pourra bien le roi d'Espagne et lui, sous main, faire des pratiques lors pour induire les particuliers qu'il saura enclins à la paix, de trouver bon son dessein; fera le même envers le roi d'Espagne, qui sera bien aise de sortir de la guerre par ce moyen, et en perdant ce pays, qu'il ne peut aussi bien conserver, consentir qu'il soit mis ès mains d'un prince qui deviendra son ami et sera du tout séparé d'avec nous. Je ne laisse de voir beaucoup de difficultés à ceci, qu'il ne pourra jamais surmonter; mais j'estime, s'il veut la guerre, qu'il y induit par cette espérance; et néanmoins il reconnoît que nous continuons toujours d'aller à la paix; car aucuns nous ont dit qu'il ne pense pas encore qu'ayons ce désir à bon escient, et qu'il juge ne le pouvoir empêcher. Il sera pour aller plus vite que nous, afin de n'avoir la gloire et publier qu'il en est auteur. Nous y procèderons avec tout respect envers eux, autant qu'il nous sera possible, mais nous avons cru qu'il étoit bon d'en donner ce soupçon au prince Maurice, afin qu'il ne soit trompé par leurs feintes et apparences. Les 21, 22 et 23, les Etats se sont assemblés, matin et après-dînée, pour prendre résolution sur l'affaire principale, comme ils ont fait, ainsi que verrez par la lettre qu'ils écrivent aux archiducs, dont nous envoyons copie et la nôtre au Roi.

Je vous supplie très-humblement qu'ayons bientôt réponse aux lettres du courrier Picard, pour nous donner moyen de faire la ligue avant la paix. Ayant parlé, il y a trois jours, au sieur de Barneveld sur les villes ostagères que tiennent les Anglois, il m'a dit qu'ils ne les peuvent retirer qu'en les payant, et qu'ils leur doivent bien huit millions de livres; mais sont assurés qu'ils composeroient volontiers à trois ou quatre millions, au moins l'ont-ils voulu faire plusieurs fois; et n'étoit les grandes dettes dont ils sont chargés, ils le feroient incontinent après la paix; mais sera le plus tôt qu'ils pourront. Je voulus sentir si en leur prêtant partie de cet argent, pour retirer lesdites villes, ils seroient pour les consigner ès mains de Sa Majesté. A quoi il me répondit qu'ils aimeroient mieux qu'elles fussent tenues par le Roi que par les Anglois; mais s'ils en avoient quelque soupçon qu'ils n'y consentiroient jamais, et seroient même pour leur devenir ennemis, qu'ils avoient autrefois pensé de mettre ès mains de Sa Majesté l'Ecluse et Ysendick pour se décharger desdites garnisons qui y sont, et lui donner quelque assurance de leur affection; et si cela étoit mis en avant, il estimoit que les Etats y pourroient être induits; mais que, pour ne troubler la paix qu'il désire toujours ardemment, il n'en falloit parler aucunement à présent. Je lui ai aussi tenu propos des dettes du passé; mais il dit que les Etats ont toujours cru que c'étoit don et non prêt; qu'ils ne s'en sont aussi jamais obligés pour le rendre, et qu'ils ont fait de si grandes dépenses de leur côté en une guerre qu'ils prétendent avoir été cause de tenir le royaume en paix, qu'on leur en devoit plutôt donner qu'en demander; bien se veulent-ils souvenir perpétuellement de ce bienfait pour en rendre service à Sa Majesté, aux siens et à la couronne, avec laquelle ils demeureront inséparablement unis, et contribueront toujours tout ce qu'ils auront de moyens pour la conservation d'icelle. Il n'oublia pas là-dessus les promesses et assurances que le Roi lui donna à Angers, de rompre la paix avec l'Espagnol dans trois ou quatre ans. Nous ferons le mieux que pourrons pour ce regard, dont toutefois j'espère peu, mais mieux de leur amitié, s'ils donnent un bon ordre à leurs affaires. Nous différons à parler pour les raisons qu'avons ci-devant écrites.

Je suis, monsieur, votre très-humble et très-affectionné serviteur, P. JEANNIN.

De La Haye, ce 25 décembre 1607.

Autre LETTRE *dudit sieur Jeannin à M. de Villeroy, dudit jour 25 décembre* 1607.

Monsieur, depuis vous avoir écrit, le sieur de Barneveld m'est venu voir; lequel m'a apporté l'acte de leur assemblée, qui contient la foi qu'ils se sont donnée les uns aux autres de ne faire aucun traité si la souveraineté ne leur est quittée absolument, et sans aucune condition; ils ajoutent par icelui, *soit au spirituel, passé ou séculier.* Ils se fussent bien passé d'y mettre cette adjection, laquelle fait connoître qu'ils ne veulent pas qu'on leur parle de faire changement en la religion; mais ils ne tiennent point de mesure; et de blâmer les choses faites, cette répréhension les offenseroit et ne serviroit de rien. Il s'est aussi plaint à moi de ce que ceux qui veulent la guerre, disent toujours que traiter est aller en Espagne, combien qu'il soit autant résolu d'exposer sa vie pour aider à conserver la liberté commune qu'aucun autre qui soit dans l'Etat. Je l'ai consolé et exhorté de prendre courage, qu'il sera assisté de nous à toutes occasions, et, l'ouvrage fait, loué d'un chacun; et quand même tout seroit rompu, que son travail ne laissera d'être utile, en ce qu'ils auront fait connoître qu'il ne tient qu'à eux que la paix n'ait été faite. M'a encore demandé si Sa Majesté avoit point eu avis que le roi d'Espagne a remis du tout les Pays-Bas aux archiducs, se départant des conditions insérées en leur traité de mariage à son profit, et consentant qu'elles soient tenues pour nulles, afin qu'ils aient entière liberté de disposer de toutes choses ainsi qu'il leur plaira. Je lui ai dit que non, du moins que n'en avions aucun avis; lui m'a répondu en avoir entendu quelque chose, et par personne qui le pourroit savoir. Je suis aussitôt entré en opinion s'il est vrai, ce qui est difficile à croire, que le roi d'Espagne le fait pour n'avoir la honte de quitter la souveraineté desdits pays, et sous des promesses secrètes qui lui seront faites par les archiducs, qui seroit encore pour induire les provinces voisines d'aider à cette paix, puisque la jalousie de sa grandeur viendroit à cesser par ce moyen, comme aussi pour persuader aux Etats que n'ayant plus rien à traiter qu'avec les archiducs, ils n'ont plus besoin de rechercher l'alliance d'un prince pour assurer leur repos; et qu'en se donnant la foi les uns aux autres, à savoir, eux et les sujets des archiducs, de demeurer en perpétuelle confédération et amitié, et de tenir pour ennemis ceux qui voudroient violer la paix, ils n'auront plus rien à craindre. J'en ai fait sentir quelque chose au sieur de Barneveld, et quand le roi d'Espagne et les archiducs useroient de ces déguisemens, qu'ils ne laisseroient d'être toujours bien ensemble et en étroite amitié, pour se servir l'un l'autre au besoin; qu'ils le doivent aussi croire, pour n'être point trompés et s'appuyer, nonobstant ce, de l'alliance de leurs amis. Il m'a confessé qu'il est vrai, et qu'ils se garderoient bien de faire autrement, qu'il me communiqueroit aussi toujours de toutes choses avec si grande confiance, que rien ne seroit fait qu'avec mon avis, reconnoissant la grande affection de Sa Majesté envers leur Etat, et notre prud'hommie et sincérité à leur donner bon conseil. Je le vois aussi fort résolu de traiter promptement, ou de croire, si les archiducs parlent encore de renvoyer en Espagne, sur quelques difficultés qui surviendront au traité, qu'on les veut tromper; et je ne l'ai pas ôté de cette opinion, mais au contraire l'y ai conforté, pource que j'ai le même sentiment, et que si on entroit en telles longueurs, seroit le vrai chemin de faire la trève pour l'année prochaine, qui seroit un très-dangereux conseil pour eux et pour leurs amis. Il m'a aussi dit, comme il avoit fait le matin à M. de Russy, que leur agent qui est en Allemagne, leur a écrit que les électeurs palatin et de Brandebourg avoient résolu d'entrer en alliance pour les secourir et contribuer à la dépense, si la guerre continue, me priant aussi d'écrire à Sa Majesté, de laquelle doit dépendre leur principal appui, d'accroître en ce cas son secours; ce que lui ai promis faire, et assuré du tout de sa bonne volonté envers leur Etat et envers lui aussi en particulier, qu'elle reconnoît instrument très-utile pour la conduite des affaires; m'a outre demandé mon avis sur la réponse qu'ils sont tenus faire à l'empereur, que lui ai dit devoir être pleine de respect et soumission, excuser ce qu'ils ne lui ont donné avis du traité auquel ils sont prêts d'entrer, ayant cru que les archiducs, qui appartiennent de si près à Sa Majesté, lesquels en ont été les premiers auteurs, lui en auroient aussi donné avis; et que pour eux, ayant été invités d'y entrer à conditions honorables et assurées, ils eussent pensé faire chose sujette à blâme de la refuser ou user de quelque délai : mais quoi qu'il avienne, soit paix, qu'ils désirent de toute leur affection, ou continuation de la guerre, qu'ils fuiront autant qu'il leur sera possible, ils seront toujours très-enclins à lui rendre très-humble service, et auront perpétuellement mémoire du soin que Sa Majesté a pris du passé pour les mettre en repos.

M. de La Borde s'en va par-delà, pour faire trouver bon, s'il peut, au Roi son voyage en Suède; il est recherché pour servir en charge honorable, qu'il ne veut néanmoins accepter sans son commandement exprès; il vouloit partir au même temps que le courrier Picaut; mais je le priai de différer pour trois ou quatre jours, afin de porter la résolution des Etats; ce qu'il a fait volontiers. Il a désiré que je vous rende ce témoignage de lui, qui est véritable. Je prie Dieu, monsieur, qu'il vous donne, en parfaite santé, très-heureuse et longue

P. JEANNIN

De La Haye, ce vingt-cinquième jour de cembre 1607.

LETTRE *du Roi, du 23 décembre 1607.*

Messieurs Jeannin et de Russy, je reconnois langages qu'on vous a tenus sur la ligue défensive que l'on propose faire avec moi et le roi d'Angleterre, qu'ils ont toujours opinion que cette ligue et alliance m'est si nécessaire que je ne puis gagner ni conserver mon royaume sans eux, qu'ils veulent que je l'achète à poids d'or, comme s'ils pouvoient mieux s'en passer que moi. Je ne veux entrer en la connoissance ni jugement de leurs affaires; mais je sais bien que les miennes sont, grâces à Dieu, en état que je puis me passer de mes voisins, autant pour le moins qu'ils peuvent se passer de moi, et si par delà ils en jugent autrement, ils s'abusent, et sont mal informés de l'état présent de mon royaume.

J'ai cru être de la sûreté et le bien desdits que nous fissions de présent ladite ligue, je ne veux nier aussi que je n'en puisse tirer utilité. C'est pourquoi je vous ai commandé non seulement d'y entendre, mais d'y contribuer des offices dignes de moi et de l'affection que je leur porte, soit en cas de paix ou de guerre, sans marchander. Vous savez quelle est la charge que vous donnée; davantage je n'ai omis aucune sorte d'office et de devoir de bon frère et voisin envers le roi d'Angleterre, pour l'exciter et disposer d'être de la partie, afin de la fortifier, attendant ses députés comme celui qui a toujours préféré la chose publique à la particulière. Davantage, je n'ai pas pour le retardement et tergiversation desdits députés, ni pour l'incertitude avec laquelle ceux-là m'ont entretenu depuis que vous êtes par delà, de leur continuer mon secours, en mettant la main à la bourse aussi libéralement que si leurs ennemis eussent été à leurs portes et en temps de guerre. Nul autre n'a fait cela que moi; toutefois je n'ai désiré d'eux une reconnoissance ou satisfaction extraordinaire et séparée des autres. C'est à eux d'en répondre; car je vous ai adressé tous mes commandemens. J'ai véritablement été étonné lorsqu'on a parlé de ladite ligue défensive d'avancer la négociation et conclusion, avant être d'accord devant qu'ils traitent avec les archiducs, d'autant que j'ai cru qu'il étoit utile à moi et à eux plus qu'aux autres; car, comme ils auront été éclaircis et assurés par-delà de ce qu'ils peuvent espérer de nous en paix et en guerre,

mis les eussent respectés en leurs traités plus qu'ils ne feront, sachant qu'ils ne seront certains de notre appui. Ils eussent aussi traité plus hardiment et sûrement, se ressentant appuyés de nous en cas de paix et pourvus de moyens de recommencer la guerre. Ne pouvant obtenir une paix volontaire, donc ils eussent traité à cheval, c'est-à-dire avec réputation pour garder leur avantage. C'est la seule considération qui m'avoit mû à affectionner l'avancement de ladite ligue, et pour y parvenir, offrir d'y contribuer ce que je vous ai mandé. Mais maintenant les Anglois non-seulement improuvent cette anticipation, mais aussi se laissent entendre ne vouloir entrer en ladite ligue avec moi, prétendant faire leur cas à part avec lesdits Etats; sur quoi je vous ai mandé et permis, par ma dernière dépêche envoyée par Calais, de traiter donc sans eux s'ils persistoient en ce propos, sans m'être arrêté à la considération du mécontentement et reproche de la part d'Espagne et desdits archiducs, de laquelle lesdits Anglois montrent d'être retenus, tant j'ai désiré favoriser lesdits Etats, fortifier leurs courages et leur bien faire en cette occasion; mais je change maintenant de conseil, voyant qu'ils abusent ainsi de ma fidélité et bonne volonté.

Vous leur avez fait sentir que je pourrois les secourir, en cas de paix, de trois ou quatre mille hommes de pied, payés de mes deniers par mes officiers pour deux ans, afin de les soulager aucunement de la dépense qu'il leur conviendra faire pour garder leurs places après ladite paix, jusqu'à ce qu'ils aient assuré leurs affaires; au lieu de quoi ledit sieur de Barneveld demande douze cent mille livres par an durant trois ans, et semble qu'on fasse tort à leur souveraineté que de les secourir de gens de guerre qui sont payés par autres que par eux. Certainement je suis très-mal édifié de cette réponse; car cette même offre méritoit d'être reçue avec actions de grâces : elle est sans exemple en temps de paix, et jamais prince n'a secouru son voisin et allié de gens de guerre qu'il n'en ait fait le paiement par ses officiers; eux-mêmes l'ont ainsi pratiqué en mon endroit, comme ont fait tous les autres quand ils m'ont secouru; mais leur but est de se jouer de mon argent, et l'employer non à soudoyer les François, mais à en entretenir d'autres, ou peut-être payer leurs dettes. Vous estimez qu'ils se contenteront d'un million pour deux ans; sachez que je n'ai volonté quelconque de fournir ladite somme; je puis avoir celle dresser et mettre en mer, en peu de temps, bon hombre de vaisseaux ronds et de galères, pour me fortifier en l'une et en l'autre mer, sans que je dépende de la volonté de mes voisins ni d'autres que de la mienne. C'est à présent de leur armement duquel mon royaume a besoin pour me garantir de toutes entreprises; outre cela, le faisant de moi-même et sans acheter et emprunter l'aide de personne, je n'offenserai nul de mesdits voisins, comme il aviendra si je traite de présent avec lesdits Etats, principalement devant qu'ils aient acquis entièrement droit souverain auquel ils aspirent. Partant, si lesdits Anglois persistent de leur côté en la difficulté qu'ils ont faite d'entrer en ladite ligue devant que lesdits Etats aient fait ou failli leur accord avec les archiducs, et ceux-ci de se contenter de mes offres pour la paix ou pour la guerre, dites-leur que je suis content de m'accommoder au conseil et désir desdits Anglois, et à cette fin remettre notre dit traité après l'année, pour ne me séparer d'eux, encore que je connoisse bien que ceux-ci ne rechercheront cette remise que pour pouvoir après rompre avec le temps notre ligue; mais je suis conseillé d'en prendre le hasard plutôt que d'augmenter mes offres, et me charger seul de l'ennui et de la dépense de notre ligue, principalement s'il faut recommencer la guerre; de quoi néanmoins je reconnois qu'en Espagne et en Flandre ils n'ont aucune volonté, pour le peu de moyens qu'ils ont de soutenir la dépense d'icelle; tant s'en faut qu'ils tirent de leur décret avantage, qu'il les privera de tout crédit pour long-temps; et quant aux deniers qu'ils en tireront, ils les consommeront à vivre l'année prochaine, qu'ils prévoient et savent que leur flotte doit manquer, de façon qu'ils n'auront de quoi faire aux Pays-Bas l'année prochaine, les efforts qu'ils appréhendent par-delà, et qu'eux-mêmes publient pour maintenir la réputation de leur puissance. Tellement que, si lesdits Etats sont bien servis en cette négociation, ils y auront autant d'avantage que les autres; ils n'ont qu'à éviter la longueur; car elle sera affectée et recherchée par lesdits Espagnols, en espérance de profiter d'icelle en laissant ou diminuant le corps desdits Etats. Pour mon regard je m'accommoderai à tout, pourvu que je sois exempt de mettre ci-après la main à la bourse durant ces irrésolutions, comme sont les Anglois et les autres, à quoi je suis tout résolu et de m'étudier à profiter du temps, à l'exemple des autres, puisque je sais que les effets de ma franchise et bonne volonté ne servent qu'à induire ceux qui les reçoivent à me renchérir leur alliance, jaçoit qu'elle leur soit aussi nécessaire pour le moins qu'elle me peut être utile. Davantage, vous savez qu'ayant été continuellement pressé par l'ambassadeur d'Angleterre de faire payer à son maître ce qu'il prétend que je lui dois, j'ai voulu vérifier sa dette, et ai trouvé honseulement que je ne lui dois rien, mais qu'il faut compter ce que j'ai fourni pour lui auxdits Etats, en vertu du traité fait par ledit duc de Sully, qu'il m'est redevable d'une bonne somme; ce qui a été justifié sur les pièces mêmes que ledit ambassadeur a produites jusqu'à présent : de quoi j'ai commandé être dressé un état au vrai, pour vous être envoyé par le premier. Ce que je vous mande, pource qu'ayant cru ci-devant qu'il en alloit autrement, je vous ai commandé sentir et accorder par ladite ligue, de fournir sur le compte dudit roi d'Angleterre, et en déduction de la susdite dette, un tiers de la somme dont nous conviendrions secourir ensemble lesdits Etats en cas de guerre, et de tirer les deux autres tiers de ma bourse; à quoi il ne faut plus que vous m'obligiez pour ledit roi, puisque je ne lui dois rien plus. Il faut donc se contenter d'offrir pour moi les deux tiers de ce que ledit roi contribuera en la manière que je vous ai mandé par mes précédentes. Continuez à m'écrire le plus souvent que vous pourrez; quant aux deniers du dernier quartier de la présente année, l'on commencera à les compter et mettre entre les mains du sieur Aërsens, après le premier jour de l'an, et serez averti quand ils seront prêts à voiturer, à point nommé. La présente servira de réponse à la vôtre du vingt-unième, que j'ai reçue le 25 du présent par le courrier Picaut. Je prie Dieu, messieurs Jeannin et de Russy, qu'il vous ait en sa sainte garde.

Ecrit à Paris, le vingt-neuvième jour de décembre 1607.

HENRI.

Et plus bas, BRULART.

LETTRE *de M. de Villeroy à M. Jeannin, du* 29 *décembre* 1607.

Monsieur, il faut servir son maître comme il lui plaît. Vous verrez en sa lettre la résolution qu'il a prise sur la proposition du sieur de Barneveld; il dit qu'il veut accroître son crédit à ses dépens, et qu'il abuse de sa facilité, voulant lui enchérir et survendre l'anticipation du traité qu'il a montré désirer, comme il en étoit fort affamé, et qu'il n'étoit plus utile à eux qu'à nous. Ce procédé lui est très-désagréable, et pourroit le faire cabrer tout-à-fait, comme il a plusieurs fois écrit. Il dit qu'il veut, contre son naturel et sa coutume, apprendre à faire profit du temps et de la dissimulation, comme font les autres, et croit le pouvoir faire sans péril, aussi bien et peut-être mieux qu'eux : Dieu veuille conduire la barque et la fortifier de son saint Esprit en cette action. L'on dit que le roi de la Grande-Bretagne a depuis peu fait fouetter par les rues et arracher les oreilles à un ministre puritain qui avoit prêché contre les évêques, sa religion, et qu'il montre moins d'aigreur contre les catholiques que devant; toutefois il est office d'un nouveau bref que le pape a écrit aux Anglais catholiques, qui a été accompagné d'une lettre du cardinal Bellarmin, pour les exhorter à ne jurer le serment auquel ledit roi veut les astreindre. À quoi l'on dit que ledit roi doit faire répondre au premier jour. Ses actions sont si diverses que l'on ne sait quel jugement l'on en doit faire : peut-être en viendrez-vous mieux à bout où vous êtes que nous.

Au reste, monsieur, je désirerois recouvrer pour mon argent une ou deux tentes de tapisserie de quatre ou cinq cents écus la pièce, de celles que l'on m'a dit se faire et rencontrer à vendre par delà. Je vous prie de commander au sieur Sainte-Catherine, ou autre des vôtres, qu'il fasse cette diligence et ménage pour moi sans bruit, s'il vous plaît, je n'en suis pressé, et suffira que je les aie à votre retour. Toutefois, sitôt que vous me manderez qu'elles auront été achetées, je vous enverrai l'argent pour les payer; je ne ferai difficulté de prendre celles qui auront jà servi, pourvu qu'elles ne soient usées. Je vous prie de m'excuser de la peine que je vous donne. En me commandant pour votre service, et vous remerciant toujours du soin que vous avez de mon neveu, je prie Dieu, monsieur, qu'il vous conserve en bonne santé et me recommande très-affectueusement à votre bonne grâce.

Votre très-affectionné serviteur et assuré ami,

DE NEUFVILLE.

De Paris, ce 29 décembre, au soir, 1607.

Autre LETTRE *de M. de Villeroy à M. Jeannin, dudit jour* 29 *décembre* 1607.

Monsieur, il est vrai que le Roi est très-mécontent de la demande du sieur de Barneveld, et qu'il veut faire les affaires de son pays à ses dépens en abusant de sa crédulité et facilité. Le Roi dit que vous devez parler à d'autres qu'audit sieur de Barneveld, afin que sa bonne volonté soit étendue et reconnue. Je ne trouve d'empêchés que ceux qui sont en besogne comme vous. Enfin nous ne voulons accroître ni changer nos offres, et ne voulons payer nous-mêmes nos gens; nous disons que lesdits messieurs le doivent désirer si, par effet, ils veulent y employer notre argent et non ailleurs; car ce nous sera honneur et avantage qu'il soit su et vu partout que nous leur donnons ce secours ouvertement et que nous pourrons légitimement faire et

...tenus pour souverains; et c'est la cause seule ...laquelle cet ordre n'a été tenu ci-devant, ...voulu couvrir notre secours. Nous entendons ...lesdits gens de guerre qui les serviront, fassent ...ment de les bien et fidèlement servir, tout ainsi ...'ils étoient payés par leurs mains et de leurs ..., comme il a été toujours pratiqué en cas ...lable. Nous avons toujours désiré, comme nous ...ons encore, arrêter notre ligue défensive de- ...l'accord des archiducs; mais le procédé du ...de Barneveld, joint à la froideur des Anglois, ...fait changer de conseil, ainsi que le Roi vous ...rit. Partant, si vous ne pouvez disposer les Etats ...e contenter de ce que vous avez charge de leur ...order en cas de paix, il faudra remettre la ...rtie après ledit traité des archiducs fait ou failli; ...néanmoins je crains, pour mon regard, que nous ...n aurons lors si bon marché, par la malice du ...d'Angleterre et du comte de Salisbury. ...L'on dit que le prince Maurice a envoyé un A... ...is à l'un et à l'autre, qui leur a porté quelque ...role secrète contre la paix ou pour son particu... ...à votre déçu et même du sieur de Barneveld. ...de La Bodérie l'a écrit par deçà; informez-vous- ...sans le découvrir : nous faisons bien état, en ...que l'on reçoive nos offres pour la paix, que ...on nous renverroit nos gens, si nous entrions en ...rre par-deçà, ainsi que vous avez coté par vos ...lettres. Le pouvoir qui vous a été envoyé est suffi... ...ant pour traiter et résoudre tout ce qui sera par ...ous jugé nécessaire, suivant les commandemens ...u Roi, portés par ses lettres. Je vous dirai sur ...ela qu'il me semble que vous devez faire mettre ...par écrit tous les articles qui peuvent être accor... ...de entre nous et les Etats pour fonder notre ligue, ...y ajoutant aussi ceux des Anglois s'ils veulent y ...entrer, afin que nous considérions le tout ensem... ...ble ici sans nous en découvrir par parcelles, ni es... ...ayer de tirer de nous plus que ne voulons accor... ...der, devant que nous sachions au vrai l'utilité que ...pouvons faire état d'en tirer; car cette incer... ...tude augmente notre défiance et nous rend plus ...difficiles. Nous continuons à dire que nous voulons ...tifier et obliger le sieur de Barneveld; mais ...désirons sur la qualité de la gratification avoir ...re avis avant que d'en lâcher la parole, afin de ...rir trop ni trop peu. Le Roi m'a commandé de ...ous faire savoir. Nous interprétons à art. les ...ours que vous a faits ledit sieur de Barneveld, ...espérance nouvelle que le roi d'Espagne a don... ...au roi d'Angleterre. Toutefois celui-ci hait ...les François qu'il n'y a rien à quoi il n'em... ...pour leur nuire, et ne voyons pas que le ...soit capable d'éclaircir et assurer le roi d'Es... ...e de l'amitié et foi de Sa Majesté. L'on dit que

le président Richardot ira où vous êtes avec le marquis d'Ancre et Verreiken; en ce cas, vous aurez loisir d'entretenir le premier; mais il est outré contre le Roi et ses gens, que je n'ai pas opinion qu'il y ait rien à gagner avec lui. Tout ce que vous discourez par votre lettre des accidens qui menacent l'Italie, si la querelle d'entre le pape et les Vénitiens renouvelle, comme chacun en a crainte, est véritable.

Mandez-nous ce que les Etats entendent faire des villes ostagères tenues par les Anglois, et ce que nous devons espérer d'eux en reconnoissance et revanche des deniers desquels nous les avons ci-devant secourus, sans toutefois les en presser, sinon lorsque vous jugerez qu'il sera à propos de le faire. Je vous envoie ce paquet par un des gens de M. le prince d'Orange, que M. Aërsens m'a adressé allant vous trouver; vous priant m'avertir de la réception d'icelui; et je vous assurerai de la continuation de la bonne santé de Leurs Majestés et de toute leur royale maison. Je n'ai rien à ajouter à ce que le Roi vous écrit des dettes d'Angleterre, sinon que c'a été M. de Sully qui en a vérifié l'état avec l'ambassadeur; et comme celui-ci est trouvé redevable pour son maître, il n'a été moins surpris et étonné que très-déplaisant. Vous pouvez juger de quelle façon cette nation traite avec nous, par l'échantillon du traité de M. de Sully qu'ils vous ont délivré par-delà : croyez qu'ils ont une dangereuse queue pour nous. Je prie Dieu, monsieur, qu'il vous donne en santé bonne et longue vie.

Votre très-affectionné et assuré serviteur.
DE NEUFVILLE.

De Paris, le vingt-neuvième jour de décembre 1607.

LETTRE *de M. de La Bodérie à M. Jeannin, dudit jour 29 décembre 1607.*

Monsieur, mes dernières sont du huitième de ce mois; depuis je ne vous ai point écrit pour n'avoir rien reconnu qui méritât vous avertir de plus que ce qui est porté par mes précédentes. J'ai reçu cette semaine les vôtres du dixième du présent, auxquelles je vois le jugement que très-prudemment vous faites du mal qui peut également arriver aux affaires communes, par le peu d'intelligence entre notre cour et celle-ci, et l'utilité au contraire, qui reviendroit à l'une et à l'autre si cette dernière y marchoit avec plus de franchise et de sincérité. C'est chose que j'ai représentée par-deçà principalement plus d'une fois; mais la défiance qu'on témoigne y avoir de nous, ou pour mieux dire crainte qu'on a d'irriter l'Espagne, est si grande

17

que, quelques raisons qu'on puisse alléguer en faveur de ce qui serait souhaitable, elles sont étouffées par le goût que le Roi prend au repos présent où il est plongé; car il est si grand qu'il n'appréhende rien au monde que d'en sortir, et y est tellement entretenu par quelques-uns des principaux qui sont autour de lui, qu'ils lui en sont d'autant plus chers et tant mieux payés de ceux qui les poussent que les autres, qui possible seroient d'autre avis, et qui aux autres choses paroissent avoir plus d'autorité, sont contraints céder en celle-ci, de peur de déplaire et se ruiner; possible aussi que leur profession étant plus pacifique que martiale, et les commodités qu'ils en retirent plus apparentes en un temps qu'en l'autre, cela est cause, avec l'air du pays qui n'incline ni eux ni aucun des autres à nous vouloir bien, qu'ils ne s'y opiniâtrent que de bonne sorte. Tant y a qu'il ne faut point faire accroire qu'aucune considération de prudence les puisse émouvoir à se tirer volontairement de la condition où ils se trouvent, et que tandis que l'Espagne leur laissera quelque espérance de pouvoir bien vivre avec elle, comme il me semble que de part et d'autre ils en font tout le devoir, qu'il leur est impossible qu'ils fassent rien qui lui puisse déplaire, ou du moins dont ils ne se préparent l'excuse aussitôt qu'ils en feront le dessein. Le moyen qu'ils tiennent pour entrer en la ligue, dont les pressent messieurs les Etats, en est un grand témoignage. Du commencement, ils ne la vouloient faire qu'après la paix conclue, pour pouvoir dire aux Espagnols qu'ils n'y avoient consenti tant qu'ils auroient cru lesdits Etats leurs ennemis. Depuis, ayant su que nous délibérions de passer outre, et que respect ne nous retenoit point, de peur que nous ne nous acquissions par ce moyen plus d'autorité qu'eux parmi lesdits Etats, ils ont déclaré ou doivent déclarer bientôt d'y vouloir entrer, mais pour n'avoir lieu ladite ligue toutefois qu'après la paix faite; et, pour complaire auxdits Espagnols, et leur montrer qu'ils ne veulent avoir aucune intelligence avec nous qui leur donne ombrage, ils font, comme je vous ai dit ci-devant, bande à part et méprisent notre alliance. Je ne leur ai fait aucun semblant, ni de le savoir ni d'en faire compte, tant pour le commandement que j'ai d'en user ainsi en pareilles rencontres, que parce qu'en effet j'ai bien jugé que je n'y gagnerois rien, et aussi, pour dire la vérité, qu'il y aura plus à mon opinion d'avantage pour nous de traiter seuls qu'avec eux: car leur foiblesse en toutes choses étant désormais aussi reconnue et en Espagne et en Hollande, comme y étant au contraire admirée la puissance que le Roi notre maître a acquise à son royaume, notre conjonction avec lesdits Etats, séparée d'eux, fera que lesdits Etats dépendront toujours plus de nous que d'eux, et que l'Espagne même, nous voyant forcés de cette alliance, craindra plus de s'attaquer à nous qu'à eux.

Ce roi témoigne être mal satisfait desdits Etats, et tous les jours lui en sort quelque parole; depuis peu même il a dit tout haut qu'ils faisoient tout contre sa volonté, mais qu'il falloit qu'ils s'y prêtassent à lui rendre ce qu'ils lui devoient; qu'il n'est pas la plus mauvaise humeur en quoi nous devons souhaiter d'être, et suis bien d'avis que nous fassions de tous côtés ce que nous pourrons pour l'y nourrir. Il est fâché qu'ils fassent la paix, et voudroit bien qu'eux et nous eussions la guerre, et les incommodités qui en dépendent perpétuelles, et cependant aller à la chasse et faire bonne chère tout à son aise, être hors de peur des Espagnols, et pouvoir dire ce n'est moi qui vous a fait le mal, mais ce dessein est trop grossier; et m'étonne comme lui et les siens, qui s'estiment si fins, ase pu se persuader qu'il leur dût réussir longtemps. C'est chose que je n'ai guères tardé à remarquer quand j'ai été ici, et sur laquelle je loue Dieu que Sa Majesté se soit résolue de se délivrer de soin et de dépense; je plains seulement qu'il ne l'ait fait plus tôt. J'espère que ce sera le meilleur conseil qu'elle eût pu prendre, et à l'accomplissement duquel tous ses serviteurs doivent conspirer avec elle, comme je vois que vous faites très-utilement de votre côté. Je prie Dieu vous y donner tout heur jusqu'à la fin et en parfaite santé, monsieur, très-longue vie, vous baisant très-humblement les mains.

Votre très-humble et très-affectionné serviteur,

La Boderie.

A Londres, ce 29 décembre 1607.

Lettre *de M. de Villeroy à M. Jeannin, le dixième de janvier 1608.*

Monsieur, vous n'aurez lettre que de moi pour cette fois, encore que le Roi ait reçu les vôtres du mois passé, par le sieur de La Borde, arrivé seulement le huitième du présent, au soir. Ce pour vous avertir que ce jour-là l'ambassadeur de l'archiduc vit le Roi, et lui dit que, ayant appris d'un certain provincial des jésuites du pays de Flandre, qui a naguères passé par le régiment des gardes allant à Rome, que, en parlant à Sa Majesté de la paix que poursuit l'archiduc avec messieurs Provinces-Unies, il avoit trouvé Sa Majesté, non seulement disposée à favoriser un si bon œuvre, mais quasi offensée de quoi ayant découvert si intention aux gens de l'archiduc, on en fait peu de compte, il en avoit averti à l'instant ledit archiduc et ses ministres, qui lui avoient charge de voir Sa Majesté sur ce sujet, et que si plus tôt ils n'avoient fait requérir Sa Majesté de favoriser leur poursuite, c'avoit esté qu'ils avoient jusqu'à présent douté du pouvoir de messieurs les Etats, de sorte qu'ils estoient incertains s'ils entreroient en traité; mais que vous en êtes aujourd'hui éclaircis par la déclaration que les Etats en avoient faite, les archiducs prioient instamment Sa Majesté de les assister en cette occasion, de son pouvoir et crédit, et même de vous commander, et à M. de Russy, de vous joindre à ses gens, pour ensemble faire instance du rétablissement de la religion esdites provinces; ajoutant à cela plusieurs paroles choisies pour y disposer le Roi d'y faire son possible. La réponse a été qu'il avoit souvent dit fort librement audit ambassadeur son intention sur ladite matière, comme il avoit fait à plusieurs autres qui avoient passé ici, et même au cordelier; de façon que ce provincial des jésuites, auquel véritablement il l'avoit fait déclarer, n'en avoit pu dire davantage audit ambassadeur que Sa Majesté avoit fait de même; que si la raison qu'il lui représentoit pour avoir retardé l'archiduc d'en faire jusqu'à présent autre compte, étoit la seule qui l'avoit retenu, il le prenoit en bonne part, et vouloit bien croire que comme il ne vouloit aller aux noces du pape, aussi iroit-il toujours au devant de toutes les occasions qui se présenteroient de bien faire au public, et particulièrement auxdits archiducs et à sa suite, qu'il chérissoit pour plusieurs raisons générales et particulières, qui devoient l'induire à ce faire; partant qu'il vous en feroit recharge expresse; qu'il parloit de recharge, parce que c'étoit les premiers et plus exprès commandemens qu'il vous avoit faits, vous envoyant vers vous êtes, lesquels il vous avoit continués et renouvelés depuis que vous y étiez arrivé. Toutefois, qu'il ne vous ordonneroit pas de vous joindre à eux pour le fait de la religion, non par faute de zèle et d'affection, car vous abondiez en l'un et en l'autre, mais parce que vous saviez que tel office seroit mal séant et inutile esdites provinces, même ne pouviez conseiller à l'archiduc d'y entrer pour l'opiniâtrer, s'il vouloit avancer et faciliter la paix : de quoi Sadite Majesté lui a voulu même déduire les raisons, lesquelles ont été bien prises. A la suite de ce propos, ledit ambassadeur s'est fort loué de votre procédé, disant l'archiduc être bien informé du bon devoir que vous faisiez pour la paix, combien que les Anglois donnent tous les jours à entendre que tout ce que les autres font n'est que feinte, et que le Roi, en son âme, craint et traverse ce bon œuvre; mais que l'archiduc est à présent pleinement éclairci du contraire, de quoi il se ressent très-obligé à Sa Majesté.

Après ce propos, ledit ambassadeur en a mis un autre en jeu, duquel il a voulu aussi faire accroire au Roi que ledit provincial lui avoit dit avoir particulièrement fait ouverture à Sadite Majesté, qui l'avoit approuvé, qui est du mariage de madame Christine avec le prince d'Espagne, et en ce faisant les rendre successeurs de la Flandre, et de tout ce qui en dépend, après le décès de ceux qui en portent le titre, et par ce moyen séparer pour jamais ce pays-là de ceux d'Espagne, et de la puissance du roi d'Espagne. De quoi il avoit aussi averti les archiducs, lesquels avoient tellement loué et approuvé ladite ouverture, qu'ils lui avoient donné charge d'en remercier le Roi, et de savoir sur cela son intention; laquelle ils protestoient non-seulement de vouloir embrasser, mais d'en entreprendre la négociation envers le roi d'Espagne, se promettant de la faire réussir au gré et contentement des parties; ajoutant à cela plusieurs bonnes et belles paroles, pour faire estimer cette proposition et la bonne volonté de ceux de la part desquels il parloit. Le Roi a montré, par sa réponse, bien recevoir ce propos; a reconnu ledit provincial lui en avoir parlé, et comme il a ci-devant toujours volontiers entendu à semblables propositions, mû de son affection à la tranquillité publique, aussi avoir répondu de même audit provincial, et vouloir continuer encore envers ledit ambassadeur; ne pouvant sinon louer et priser la bonne intention des archiducs; mais qu'il lui sembloit qu'il appartenoit au pape de conduire et traiter ce fait, pour les raisons qui doivent l'obliger à ce faire, et l'y rendre propre et utile, ce que ledit ambassadeur a fait paroître bien recevoir et approuver. Je vous prie de faire entendre ces deux points au Cicomore[1], et non à autre, car le Roi le désire ainsi, spécialement pour le regard du dernier, afin qu'il ne soit su que de lui, ni même qu'il vous en ait été écrit, pour les raisons que vous pouvez mieux juger. Sa Majesté croit que ces langages sont pleins d'artifice pour l'endormir, et puis pour le décréditer envers les Etats; joint qu'il ne croit pas devoir espérer grande utilité de l'espérance de ce mariage, l'effet duquel dépend du temps, et ce qu'il engendrera. Toutefois, si cet ambassadeur a eu charge de lui tenir ce propos, il dit qu'il sera bien difficile que le sieur Richardot, voyant le Cicomore, ne s'en découvre à lui, ou bien n'en mette en avant quelque autre de pareille étoffe, où ledit Cicomore

---

[1] Le président Jeannin, auquel cette lettre est adressée.

pourra pénétrer plus avant en l'intention plus secrète de l'archiduc, et aussi du roi d'Espagne.

Nous désirons donc que vous prépariez ledit Cicomore à veiller, pour ce regard, ledit Richardot, sans qu'il connoisse qu'il ait su lesdits discours de l'ambassadeur, ni qu'il s'aperçoive que Sa Majesté pense à choses semblables. Il faudra que le temps et votre conversation vous donnent l'opportunité et l'occasion de parvenir à ces éclaircissemens ; de quoi nous remettons la conduite à votre prudence et fidélité. En lisant au Roi votre première lettre du 25, suivant votre désir, Sa Majesté a jugé que vous aviez conçu de l'avis que je vous avois donné par la mienne du douzième, du bruit que les archiducs faisoient courre des empêchemens que vous donniez à la paix, et de vos lettres interceptées, qu'elle y avoit ajouté quelque foi ; dont elle a été marrie pour la peine qu'elle a cru que cela vous a donnée ; mais elle désire que vous perdiez cette opinion, vous assurant que c'est chose qui n'est onques entrée en son esprit, étant bien mémorative des commandemens qu'elle vous a faits, et mieux informée de votre obéissance et loyauté en l'exécution et observation d'iceux. Je reconnois aussi véritablement que le contentement qu'elle a de vos actions augmente journellement à mesure qu'elle en est informée, tant par vos lettres que par les rapports que lui en font tous ceux qui retournent du pays ; au moyen de quoi mettez votre esprit en repos pour ce regard ; et si les Anglois se plaignent de vous, nous savons bien qu'ils en seront seuls causes, et que ce sera contre raison. Leur maître vit avec nous comme de coutume ; certes, nous avons pour le moins autant de sujets de nous en défier que d'en espérer. Dieu veuille qu'il nous trompe, comme font ceux qui parlent du mariage de leur prince, aux conditions que vous nous avez écrites ; car jamais les Espagnols ne quitteront à leurs voisins un tel morceau, duquel ils seroient par trop fortifiés. Je crois que ledit roi sera bien aise de nourrir et faire durer la guerre, pourvu qu'il n'y mette rien du sien, et qu'il y embarrasse ses voisins. Continuons de favoriser une bonne et assurée paix, nous y aurons honneur et profit.

Nous avons su les réponses de Barneveld sur les villes cautionnaires, et sur l'argent qui a été déboursé par Sa Majesté. Elle n'est contente ni de l'une ni de l'autre, et prévois que le roi d'Angleterre demeurera nanti des premières, avec quoi il conservera son pouvoir dedans le pays, et nous ne tirerons pour l'avenir que du vent et des paroles de tout ce que nous y aurons mis. Nous commençons aussi à espérer peu de fruit de la ligue qui a été proposée, depuis que nous avons vu qu'ils nous renchérissent l'avancement de la conclusion d'icelle, devant leur accord avec les archi[ducs] comme vous avez connu par la réponse que [nous] avons faite à la dépêche apportée par Picaut. N[ous] n'avons rien à vous dire sur la lettre que ces si[eurs] ont écrite aux archiducs, ni sur le résultat de [la] souveraineté, puisque c'est chose faite. Nous [n'avons] vous point ouï parler aussi de cette remise en[tre] du droit que la couronne d'Espagne s'est rés[ervé] en la cession des Pays-Bas, dont Barneveld [nous] a dit avoir pressenti quelque chose. Je crois [avec] vous que c'est par artifice ; à quoi il sera fac[ile de] pénétrer en peu de temps ; mais nous ne cro[yons] pas que ces sieurs soient si résolus, qu'ils rom[pent] la négociation qu'ils ont commencée, s'ils ne [con]çoivent que les archiducs les remettent au [roi] d'Espagne : ce sont rodomontades de peuples. N[ous] faisons peu de compte aussi des offres de l'éle[cteur] palatin, de l'électeur de Brandebourg, ni de l[eurs] semblables. Sa Majesté dit qu'elle se gardera [de se] méprendre sur icelles. Sa Majesté a approuvé [votre] avis sur la réponse à la lettre de l'empereur, [elle] ne parle plus d'envoyer en cette assemblée [les] comtes de Hanau et Ernest de Mansfeld, car [les] Espagnols ne les ont agréables. Vous avez pare[ille]ment donné bon conseil à ces messieurs, d'att[en]dre à traiter l'article de leur souveraineté e[n la] conférence, sans en rechercher la résolution [au]vant que d'y entrer. Voilà, monsieur, ce que le [Roi] m'a commandé de vous écrire ; à quoi j'ajou[te] l'assurance de la continuation de la bonne san[té de] Leurs Majestés et de mon service, en priant [Dieu,] monsieur, qu'il vous conserve en bonne sa[nté] longue et heureuse vie, me recommandant a[ussi] affectueusement à votre bonne grâce et de M[. de] Russy.

De Paris, ce dixième jour de janvier 1608.
Votre, etc. DE NEUFVILLE.

Traité de la ligue défensive faite par MM. les [am]bassadeurs du Roi, au nom de Sa Majesté, [et] MM. les Etats-généraux des Provinces-Uni[es des] Pays-Bas, le vingt-troisième jour de janvier [1608,] avec la ratification d'icelui par lesdits sieu[rs] Etats.

Les Etats-généraux des Provinces-Unies des [Pays-]Bas, à tous ceux qui ces présentes verront, salut.

Comme ainsi soit que le vingt-troisième de ce [mois de] janvier, l'an seize cent et huit, un traité d'allia[nce et] confédération ait été fait et accordé en ce lieu [de la] Haye, entre messire Pierre Jeannin, sieur de Mo[ntjeu,] chevalier, conseiller du Roi très-chrétien en son [con]seil d'Etat, et messire Hélie de La Place, sieur de [Russy,] aussi chevalier, conseiller et gentilhomme ordin[aire de] sa chambre, au nom et comme procureurs spéci[aux en] vertu des lettres de commission, pouvoir et procu[ration] ladit sieur Roi très-chrétien, du vingt-troisième jour de novembre dernier, d'une part; et les sieurs Corneille de Gent, sieur de Loenen et de Meuerswick, visiteur et juge de l'empire et de la ville de Nimègue; messire Jean d'Olden-Barneveld, chevalier, sieur de Tempel-Rodenrys et avocat d'État, garde du scel, chartres et registres de Hollande et West-Frise; messire Jacques de Maldrée, chevalier, sieur de Heyes, et premier représentant les nobles aux États et conseil de Zéelande; Nicolas de Berckt, premier conseiller de l'État de la province d'Utrecht; Ernestus d'Ailva de Herwey, grietman d'Oost-Dongerdeel; Jean Slooth, sieur de Sallictz, drossart du pays de Wollenhoo, et châtelain de la seigneurie de Cumders; et Abel Coenders de Helpen, sieur Enfaen et Cantes, au nom et comme députés et commis spécialement à ce par lesdits sieurs États-généraux, en vertu des lettres de commission et procuration, du 22 de ce mois, d'autre part, dont la teneur ensuit. Comme ainsi soit que les très-hauts, très-puissans et très-excellens princes, Henri IV, par la grâce de Dieu, roi très-chrétien de France et de Navarre, et Jacques, aussi par la grâce de Dieu, roi de la Grande-Bretagne et d'Irlande, aient ci-devant été priés et requis par leurs très-chers et bons amis MM. les États-généraux des Provinces-Unies des Pays-Bas, de les vouloir assister de leur autorité et conseil, pour mettre leur État, affligé d'une longue guerre, en quelque bon et assuré repos, pour lequel obtenir ils étoient prêts d'entrer en conférence avec très-hauts, très-puissans princes les archiducs, tant en leurs noms, que de très-haut, très-puissant et très-excellent prince le roi d'Espagne, en ce qui les peut toucher; et que pour satisfaire à leur désir, et aider à l'avancement d'un si bon œuvre, ils aient envoyé depuis long-temps au lieu de La Haye, en Hollande, près d'eux, aucuns de leurs plus spéciaux et fidèles serviteurs, conseillers en leur conseil d'État, lesquels y ont travaillé avec grand soin, et fait assez connoître par toutes leurs actions et conduite, qu'ils n'avoient rien plus à cœur que de leur procurer ce bien, en recherchant avec eux, qui étoient touchés de ce même désir en leur État, les moyens de surmonter les difficultés qui sembloient y pouvoir donner quelque empêchement. En quoi ils auroient reconnu et appris tant d'eux que des députés desdits États, avec lesquels ils sont entrés souvent en conférence sur ce sujet, que les guerres passées avoient laissé une si grande défiance ès esprits de leurs peuples, que le seul et vrai moyen de la faire cesser, et leur persuader d'embrasser tous ensemble, et d'une même volonté, les conseils qui les pouvoient faire jouir de ce bonheur, seroit qu'il plût auxdits sieurs rois se rendre garans de l'observation de la paix, et leur promettre par un traité d'alliance et de confédération, fait avec eux avant la conclusion d'icelle, de prendre leur défense contre tous princes, potentats et autres personnes quelconques qui voudroient entreprendre de l'enfreindre et violer; ayant les députés desdits sieurs les États, suivant les délibérations prises en leur assemblée générale, prié et requis instamment par plusieurs fois les députés desdits sieurs rois de les en avertir, ce qu'ils auroient fait; et Leurs Majestés, après mûre délibération sur cette affaire, consenti et accordé d'y entendre, tant pour le bien et repos desdits sieurs États que des princes avec lesquels ils avoient à traiter, dont ils désirent conserver l'alliance et amitié, ce qu'ils esti-

moient pouvoir mieux faire, la paix étant bien établie et sincèrement gardée, que si cette longue et périlleuse guerre venoit à continuer, qui pourroit être cause de troubler quelque jour, par divers accidens, le repos de plusieurs princes et États qui pensent avoir intérêt en l'événement d'icelle. Et néanmoins, étant les députés desdits sieurs rois pressés de faire et passer dès à présent ledit traité par lesdits sieurs les États, qui le jugeoient plus utile et advantageux pour eux, fait avant la paix que différé après la conclusion d'icelle, ceux dudit sieur roi de la Grande-Bretagne s'en seroient excusés, à cause de quelques difficultés concernant les affaires particulières dudit sieur roi, avenues entre eux et lesdits sieurs États ès dernières conférences qu'ils ont eues par ensemble, sur lesquelles leur étoit besoin recevoir nouveau commandement avant que pouvoir passer outre.

Nonobstant quoi lesdits sieurs les États n'auroient délaissé de continuer leur prière et instance envers les députés dudit sieur roi très-chrétien, pour les induire à faire et passer entre eux dès maintenant icelui traité, s'assurant que ledit sieur roi de la Grande-Bretagne ne feroit aucune difficulté d'y entrer après. A quoi ayant consenti, pour les considérations susdites, cejourd'hui vingt-troisième jour de janvier, l'an mil six cent huit, furent présens en leurs personnes messire Pierre Jeannin, sieur de Monjeu, chevalier, conseiller dudit sieur Roi très-chrétien en son conseil d'État et privé, et messire Hélie de La Place, sieur de Russy, aussi chevalier, conseiller et gentilhomme ordinaire de sa chambre, au nom et comme procureurs spéciaux en vertu des lettres de commission, pouvoir, et procuration dudit sieur Roi très-chrétien, du vingt-troisième jour de novembre dernier, d'une part; et les sieurs Corneille de Gent, sieur de Loenen et de la ville de Nimègue; messire Jean d'Olden-Barneveld, chevalier, sieur de Tempel-Rodenrys, avocat d'État, et garde du scel, chartres et registres de Hollande et West-Frise; messire Jacques de Maldrée, chevalier, sieur de Heynes, et premier représentant les nobles aux États et conseil de Zéelande; Nicolas de Berckt, premier conseiller de l'état de la province d'Utrecht; Ernestus d'Ailva de Herwey, grietman d'Oost-Dongerdeel; Jean Slooth, sieur de Sallictz, drossart du pays de Wollenhoo, et châtelain de la seigneurie de Cumders; et Abel Coenders de Helpen, sieur Enfaen et Cantes, au nom et comme députés et commis spécialement à ce par les États-généraux desdites Provinces assemblés à présent en ce lieu de La Haye, en vertu des lettres de commission et procuration du vingt-deuxième de ce mois, d'autre part, et ont fait par ensemble esdits noms le traité d'alliance et confédération qui ensuit.

I.

Premièrement, ledit sieur Roi très-chrétien a promis et promet assister de bonne foi lesdits sieurs les États, pour leur donner aide en ce qu'il pourra à obtenir une bonne et assurée paix, s'il plaît à Dieu la leur donner, se mettre en tout devoir de la faire garder, et les défendre eux et leur pays de toute injure, violence et invasion contre tous princes, potentats et autres personnes quelconques qui voudroient entreprendre d'enfreindre et violer ladite paix, soit directement ou indirectement, et les secourir à cet effet de dix mille hommes de pied à ses frais et dépens, pour autant de temps qu'ils en auront besoin.

II.

Et si les forces de leurs ennemis étoient si grandes, qu'il fût requis pour la conservation d'iceux de leur donner un plus grand secours, promet encore de l'accroître d'autant de gens de guerre à cheval et à pied, que ses affaires et la sûreté de ses royaumes et pays lui pourront permettre, à la charge toutefois que cet outre-plus sera par forme de prêt, aux frais et dépens desdits sieurs les Etats, pour en être remboursé, lui ou ses successeurs, après la guerre finie, et aux termes dont ils conviendront par ensemble.

III.

Et pour ce qu'il est expédient de tenter tous moyens pour faire réparer par voies amiables les attentats, si aucuns étoient faits contre, et au préjudice de la paix, avant que venir aux armes, les agresseurs seront requis et sommés de ce faire. Et s'ils refusent ou diffèrent plus de trois mois, le secours sera donné sans autre remise; n'entendant toutefois ledit sieur Roi de le retarder jusques après l'expiration de ce délai, quand les entreprises auront été faites à force ouverte par surprise de places, ou par quelque saisie générale faite par autorité publique, mais d'y accourir incontinent, et envoyer ledit secours au plus tôt qu'il pourra, après en avoir été prié et requis.

IV.

En reconnoissance de quoi, et des autres grandes faveurs et assistance que lesdits sieurs les Etats ont reçues de Sa Majesté, ils ont promis et seront tenus, si ledit sieur Roi est assailli ou troublé en ses royaumes et pays, par quelque prince et potentat que ce soit, de le secourir et assister incontinent, après qu'ils en auront été requis, de cinq mille hommes de pied, qui est la moitié du secours promis par ledit sieur Roi; et ce pour autant de temps qu'il en aura besoin, et aussi à leurs frais et dépens.

V.

Et sera à son choix de le demander en gens de guerre, ou bien en navires de guerre équipés, fournis et armés, ainsi qu'il appartient, de munitions de guerre, victuailles, pilotes, mariniers, et soldats aussi, si ledit sieur Roi le désire, lesquels navires ne pourront être moindres que de deux à trois cents tonneaux, et le prix et estimation dudit équipage et secours de mer évalué et arrêté, selon le projet contenu en un écrit particulier, signé d'une part et d'autre, et qui sera tenu pour inséré au présent traité.

VI.

Promettent aussi audit sieur Roi, au cas qu'il ait besoin d'un plus grand secours, de l'en aider et assister, soit par mer ou par terre, en gens ou navires, avec autant de soin et d'affection qu'ils reconnoissent y être tenus et obligés, sans rien épargner de ce que la sûreté de leur Etat leur pourra permettre de fournir et avancer; à la charge toutefois que lui ou ses successeurs seront pareillement tenus de les rembourser de l'outre-plus dudit secours après la guerre finie, et aux termes dont ils conviendront par ensemble.

VII.

Lesdites forces ainsi promises, et qui doivent être données d'une part et d'autre, seront employées, soit que celui qui aura demandé le secours jugera être requis, soit dans son pays pour se défendre, ou ailleurs où il sera trouvé plus utile pour sa conservation.

VIII.

S'il avient que le dit sieur Roi donne secours auxdits sieurs les Etats, ou eux à lui, l'assailli ayant reçu le secours, ne pourra faire aucun traité avec l'agresseur sans le consentement exprès de l'autre.

IX.

Le présent traité n'aura lieu qu'après la paix, et continuera dès lors, non-seulement à la vie dudit sieur Roi, mais aussi durant celle de son successeur et héritier de ses royaumes, pays, terres et seigneuries, pourvu qu'il le confirme dans l'an et jour du décès d'icelui; et ledit sieur Roi entend l'obliger autant qu'il lui est possible et que cette alliance, comme faite avec ses Etats et Couronne, soit perpétuelle.

X.

En conséquence duquel traité les sujets et habitants dudit sieur Roi et Etats vivront en bonne amitié, auront le trafic libre entre eux, et dans l'étendue des royaumes et pays l'un de l'autre, tant par mer que par terre, toutes denrées et marchandises dont le commerce n'est prohibé et défendu par les ordonnances qui ont lieu esdits Etats et pays, sans qu'ils soient tenus payer plus grands droits pour lesdites denrées et marchandises qui entreront esdits royaumes, pays et Etats, ou qui en sortiront, que ceux qui ont accoutumé d'être payés par les naturels habitans et sujets.

XI.

Lequel traité sera ratifié bien et duement par les Etats généraux de présent assemblés au lieu de La Haye, dans trois jours, et par ledit sieur Roi deux mois après, comme aussi dans pareil temps par les provinces qui ont envoyé leurs députés en ladite assemblée; et les ratifications délivrées d'une part et d'autre en bonne et due forme en même temps; et deux autres mois après les publications qui auront été faites dudit traité par tout où il appartiendra. Fait au lieu de La Haye l'an et jour susdits, signé, P. Jeannin, Hélie de La Place, Cornelis van Gent, Jean van Olden-Barneveld, J. de Maldéré, Nicolas Berkt, Ernest d'Ailva, Jean Slooth, Abel Coenders van Helpen, et cacheté de leurs respectives armes. Ont iceux sieurs Etats ledit traité ratifié, approuvé et confirmé, le ratifient, approuvent et confirment par ces cettes, promettant de le garder, entretenir et observer inviolablement, sans jamais aller ou venir au contraire directement ou indirectement, en quelque sorte et manière que ce soit, sous l'obligation et hypothèque de tous biens et revenus desdites Provinces-Unies en général et particulier, présens et à venir. En témoin de quoi lesdits sieurs Etats fait sceller ces présentes de leur grand sceau, et signer par leur greffier, le vingt-cinquième jour de janvier, l'an mil six cent huit. Signé J. de Mildrée. Et plus bas est écrit, par ordonnance d'iceux sieurs les Etats, Aersens, et scellé sur lacs de soie blanche d'un grand sceel en cire rouge, aux armes desdits sieurs Etats.

LETTRE de MM. Jeannin et de Russy au Roi, du vingt-huitième janvier 1608.

SIRE,

Depuis nos lettres du 25 du mois de décembre, que le sieur de La Borde a rendues à Votre Majesté, nous avons différé de lui écrire, en ce que avons reçu les siennes du vingt-deuxième et vingt-neuvième dudit mois; dès le treizième du présent, par le valet-de-chambre de M. de Châtillon, qui les prit à Calais, et les apporta en ce lieu; pour ce qu'il nous sembloit qu'il valloit mieux faire ainsi, que continuer toujours à lui mander des incertitudes. Or, depuis ledit vingt-cinquième du mois passé, qui est la date de nos dernières lettres, nous nous sommes continuellement employés pour faire la ligue avec messieurs les Etats, sur les offres contenues ès lettres que nous avoit apportées le courrier Picaut, essayant de les en faire contenter, encore qu'eussions supplié Votre Majesté, par deux dépêches, de nous donner pouvoir d'offrir jusques à un million de livres chacun an, ès deux premières années de la paix, s'il en eût été besoin, pour surmonter les difficultés qui se rencontroient à la faire devant la paix, tant du côté des Anglois que de ceux qui désirent la continuation de la guerre, les derniers prenant ce prétexte qu'il ne falloit pas mécontenter les Anglois; puisqu'ils ne refusoient cette ligue, mais demandoient seulement qu'elle fut différée jusques après la paix. En quoi il nous est apparu manifestement que l'intention des Etats étoit de s'accommoder dès lors à la volonté de Votre Majesté, si la crainte d'offenser les Anglois, fondée sur des considérations qui méritent plutôt excuse que blâme, ne les eût retenus. Car ils ont des places et des forts dans leur Etat, et ils sont prêts à traiter avec eux, pour ce qu'ils leur doivent; revenant à près de neuf millions de livres; dont ils se promettent obtenir rabais de la moitié, ou d'un tiers au moins; et il leur sembloit qu'ils perdroient cette espérance en leur donnant quelque mécontentement. Nous aurions donc conféré souvent sur ce sujet avec le sieur de Barneveld, comme avec celui qui conduit tous les autres, et qu'avons reconnu très-affectionné, même depuis quelque temps, à l'endroit de Votre Majesté, pour lui faire comprendre que les Etats ne devoient rien espérer d'elle, que ce qui étoit contenu ès lettres qu'avoit apportées le courrier Picaut, dont lui fîmes communication de quelques articles, lui disant que s'il jugeoit la ligue utile avant la paix, comme il nous avoit toujours déclaré, qu'on se devoit contenter desdites offres, sans prétendre rien de plus pour le présent; mais qu'étant faite, et se remettant à son bon vouloir et plaisir, ils pourroient espérer mieux. Sur quoi nous ayant promis de s'y employer d'affection, et si les Anglois n'y vouloient consentir, de disposer de tout son pouvoir les Etats pour la faire sans eux, il y travailla en sorte que leurs députés firent cette déclaration aux députés d'Angleterre, nous présens, le deuxième jour de janvier, qu'ils jugeoient cette ligue si nécessaire avant la paix, qu'ils avoient pris résolution de la faire dès lors avec celui des deux rois qui le premier y voudroit entendre; nous suppliant néanmoins d'y entrer conjointement, et que si le faisions ensemble, sans remise, ils nous en auroient très-grande obligation.

A quoi nous consentîmes de notre part, leur disant que Votre Majesté jugeoit comme eux qu'elle devoit être plus utile avant la paix, et nous commandoit à cette occasion de suivre en cela leur désir, exhortant lesdits députés d'Angleterre d'en faire autant. Ce qu'ils montrèrent prendre de bonne part, nous priant toutefois de la différer pour trois ou quatre jours seulement, dans lequel temps ils s'assureroient d'avoir réponse de leur Roi; dont les Etats et nous aurions contentement; au bout duquel temps, qui fut le sixième de janvier, les députés des Etats vinrent encore parler à eux et à nous, étant assemblés en notre logis, nous répétant toujours la même prière avec affection. Et lors, lesdits députés d'Angleterre firent entendre qu'ils avoient eu réponse de leur roi, et déclaration de sa volonté, touchant les offres qu'il entendoit faire, qu'ils proposèrent à l'instant, les magnifiant bien fort, à savoir : qu'il donneroit, en cas de paix enfreinte, vingt navires de guerre de quatre, cinq et six cents tonneaux, fournis et équipés d'artillerie et munitions de guerre, victuailles, pilotes, mariniers et soldats, le nombre desquels soldats seroit de trois mille cinq cents au moins; et pour le secours de terre, six cents chevaux et six mille hommes de pied : lesdits deux secours ensemble, mais pour six mois chacun an, et à la charge d'être remboursé de cette dépense après la guerre. Et que les Etats seroient tenus lui donner un même secours par mer à son besoin, sinon en grandeur de navires, en plus grand nombre de vaisseaux pour égaler le sien, et les deux tiers de celui de la terre. Et quant au secours pour les premières années de la paix, que leur roi en trouvoit la demande étrange, et néanmoins, si Votre Majesté en accordoit quelque chose, qu'il s'y accommoderoit aussi. Nous leur dîmes encore lors le nôtre, qui étoit de huit mille hommes de pied, et qu'elle offroit pour autant de temps que les Etats en auroient besoin, sans limitation de six mois chacun an, et sans demander aucune répétition de la dépense; qu'elle se contentoit pareillement de la moitié du secours à son besoin, pourvu que le leur fût comme le sien à leurs frais, étant commodité et soulagement à l'allié qui demande secours, de le recevoir, sans être tenu de rendre l'argent, mais seulement de s'en revancher en pareil cas, qui peut-être n'avient de long-temps, ou jamais. Nous y ajoutâmes aussi les quatre mille hommes de pied qu'elle offroit pour les deux premières années de la paix. Sur quoi les députés des Etats firent déclaration ouverte, au même instant, qu'ils estimoient plus notre secours aux conditions que l'offrions, que celui dudit sieur roi d'Angleterre, qui sembloit en apparence plus grand; et qu'ils ne pouvoient consentir au secours qui leur étoit demandé en récompense, pource qu'il n'est aucunement proportionné à leurs forces et moyens; qu'ils entendoient même nous prier de mettre celui que nous requérions d'eux au-dessous de la moitié, comme de douze portions à cinq.

Après lesquelles propositions faites d'une part et d'autre, lesdits députés d'Angleterre ajoutèrent à la leur, combien qu'ils aient chargé de faire ladite ligue dès à présent, que c'étoit néanmoins à condition, et non autrement, qu'on traiteroit par même moyen avec eux quelques affaires particulières qui sont entre les Etats et leur roi, qu'ils pouvoient achever en trois ou quatre jours, si les Etats y vouloient apporter la même diligence qu'ils feroient de leur côté, étant près d'en conférer dès le lendemain, et qu'ils n'avoient rien à leur demander qui ne fût clair et certain. Ayant pris dès lors heure au lendemain pour en traiter, et enfin, après s'être assemblés par trois jours consécutifs, le sieur de Barneveld nous rapporta qu'il n'y avoit moyen de s'accorder en peu de temps, et qu'ils entendoient traiter avec le roi d'Angleterre, et près sa personne, des choses dont lesdits députés leur avoient parlé, qui étoit pour les villes cautionnaires, qu'ils prétendent garder pour l'avenir avec plus grand nombre de gens de guerre qu'ils n'ont fait du passé; pour le commerce de leurs marchands; et touchant une nouvelle obligation qu'on leur demande de toutes les sommes qu'ils doivent, dont ils ne vouloient arrêter le compte, ni passer ladite obligation ici, pource qu'ils se promettent d'en obtenir un grand rabais dudit sieur roi, lequel ses députés ne pourroient faire. Voyant cette difficulté, et les artifices et fuite des Anglois, nous fîmes ouverture au sieur de Barneveld qu'il vaudroit mieux faire une ligue générale des deux rois avec vous qui contiendroit la promesse et obligation de secours mutuel de toutes les forces et moyens d'un chacun d'eux, et réserver d'y ajouter les particularités d'une part et d'autre après la paix faite, sans suspendre néanmoins l'effet de la ligue générale, qui demeureroit toujours en sa force, sinon en ce qu'il y seroit dérogé par la particulière qu'on feroit après; lequel approuva cet expédient, et dit qu'il en parleroit le jour même, qui fut le dixième de ce mois, aux députés d'Angleterre, comme il fit, et nous rapporta, qu'ils l'avoient, après quelques disputes, consenti, qu'il le proposeroit semblablement, le lendemain onzième, en l'assemblée des Etats : ce qu'il fit; puis nous rapporta, le douzième, qu'ils le trouveroient bon, nous priant de le dresser, comme nous fîmes treizième, et fut communiqué par nous le quatorzième aux Anglois, qui en dirent autant après l'avoir considéré à loisir. Les Etats le virent encore le même jour, qui en furent contens, et nous sembloit lors qu'il ne restoit plus qu'à traiter, suivant les formes de ladite ligue qu'en voyons à Votre Majesté. Mais le lendemain quinzième, les députés d'Angleterre, qui en avoient retenu une copie, nous vinrent voir, et nous dirent qu'ils avoient depuis mieux considéré l'article.... d'icelle ligue, auquel ils désiroient quelque petit changement, en ce qu'il contenoit que cette ligue générale demeureroit toujours en sa force et vigueur, sinon en ce qu'il y seroit dérogé par la particulière qu'on feroit après, nous priant de mettre que ladite ligue générale demeureroit en suspens, jusques à ce que la particulière fût faite; qui étoit en effet l'anéantir du tout, dont nous leur fîmes connoître qu'étions fort offensés, et qu'ils ne traitoient avec nous avec la sincérité qu'il convient entre ministres de princes qui sont unis, et embrassent la défense d'une même cause.

Sur quoi ils nous firent plusieurs protestations du contraire, avec sermens et en colère, y ajoutant cette raison qu'ils en demeuroient là et étoient contraints d'en user ainsi, pource qu'ils savent bien que, si cette ligue générale étoit faite, ils n'auroient jamais raison des Etats pour les affaires particulières qu'ils ont à traiter avec eux; ainsi, qu'ils s'étoient résolus, pour cette seule considération, de ne faire l'un sans l'autre. Et toutes les raisons que leur pûmes dire pour les changer ne servirent de rien, si bien qu'il nous fallut tenter derechef les moyens de la faire seuls, et entraînés là-dessus en nouveau discours avec le sieur de Barneveld, nous adressant toujours à celui-ci, pource qu'on ne fait rien sans lui; lequel, continuant en même affection, proposa avec ardeur en l'assemblée des Etats, le dix-septième, qu'il étoit expédient de faire ladite ligue avec nous, fût générale ou particulière, sans plus attendre les Anglois. Sur quoi les députés des Etats, en nombre de sept, nous vinrent trouver le lendemain, et traitèrent avec nous des conditions de cette ligue deux jours consécutifs, puis en firent rapport en l'assemblée des Etats, et nous prièrent de la dresser, comme nous fîmes le vingtième, la communiquant le même jour à M. de Barneveld en particulier, et de là aux Etats, qui y changèrent fort peu, et la résolurent en leur assemblée le vingt-deuxième, pour la conclure et signer d'une part et d'autre le vingt-troisième; mais la conclusion et signature en fut encore remise au vingt-cinquième, et ne fut signée que ledit jour, quoique la date soit du vingt-troisième, pource que leur délibération du vingt-deuxième contenoit qu'elle seroit passée ledit vingt-troisième jour. Or, la cause de ce délai fut sur ce que les députés d'Angleterre dirent qu'ils étoient prêts de passer la ligue générale avec nous, lesdits députés des Etats nous étant venus prier de le trouver bon. A quoi leur fîmes réponse qu'avions prévu, comme il étoit vrai, qu'ils en useroient ainsi, que savions bien qu'ils ne le faisoient que pour le remettre après la paix, et si c'étoit leur bien d'approuver cette remise qu'y consentions; mais que nous ne voulions pour le présent en faire aucune autre que celle dont nous étions demeurés d'accord par ensemble. Bien leur promettions-nous, encore qu'elle fût passée, d'en faire une autre avec eux, quand ils le voudroient, par effet, non avec dissimulation, et en ce faisant de rompre lors celle-ci, mais non plus tôt. Les difficultés qu'il y a eu d'achever cette ligue, qui nous avoit auparavant donné tant de peine, n'ont pas été grandes vers la fin en ce qui touche les Etats; car l'opportunité du traité auquel ils sont prêts d'entrer, le besoin qu'ils ont de notre assistance et de l'autorité de Votre Majesté en cette affaire, leur a fait oublier la crainte qu'ils avoient d'offenser l'Anglois, et tous autres respects et considérations autrefois mis en avant par eux. Ils ont bien toujours insisté, avec supplication et soumission, à la demande d'un million de livres pour les deux premières années de la paix; mais leur ayant dit qu'ils ne devoient espérer cela par les conditions de la ligue, qu'il falloit faire sans marchander, et que Votre Majesté y pourroit après être plus aisément disposée, en quoi leur promettions faire toutes sortes de bons offices, sans néanmoins les assurer que de quatre mille hommes de pieds sur quoi ils se remirent, touchant le dit secours à sa discrétion, n'ayant laissé pourtant de passer ledit traité sans y rien insérer desdits quatre mille hommes, ni en requérir aucune promesse de nous; disant qu'ils aimoient mieux ainsi faire et attendre ce qu'il lui plairoit en ordonner, considéré même que n'offrions ce secours de quatre mille hommes, sinon à condition qu'ils en rendroient autant, au cas où Votre Majesté fût ci-après assaillie en ses royaume et pays, outre celui auquel ils seroient obligés par la ligue. Ils nous ont aussi bien fort priés de mettre dix mille hommes de pied, au lieu de huit mille, pour le secours en cas de paix enfreinte; nous remontrant que celui des Anglois étoit beaucoup plus grand, et néanmoins que Votre Majesté avoit plus de forces et de moyens, et s'étoit toujours montrée plus affectionnée envers eux.

Ce qui fut cause, après plusieurs refus, eux continuant toujours en leur première instance, de nous y faire consentir, aussi que nous jugions ledit secours être promis en un cas, qui vraisemblablement ne doit jamais arriver, n'y ayant apparence que le roi d'Espagne veuille faire cette paix pour entreprendre de la rompre après par les armes; joint qu'en ce faisant, nous les avons obligés au secours de la moitié, dont ils faisoient très-grande difficulté, disant que seroit présomption à eux d'égaler leurs forces et moyens à la moitié des siennes; mais pour couvrir telle inégalité et les exempter de ce blâme, nous prioient mettre en l'article quatrième, qui contient l'offre de cette moitié, qu'ils le faisoient en considération des grandes faveurs et assistances qu'ils ont reçues d'elle du passé. Ce qu'on ne leur a pu refuser, encore que fussions en quelque doute ces mots être ajoutés par eux pour en induire que le secours du passé étoit gratuit; mais ils ne peuvent avoir cette signification précise ni rien qui en approche, étant certain que le prince qui donne secours à son allié au besoin, lui fait grande faveur et assistance, quoique ce soit en intention d'être remboursé, quand il attend que la guerre soit finie pour s'en faire payer, et ne demande aucuns intérêts. Nous avions aussi demandé cette moitié de secours en cinq mille hommes de gens de pied, navires ou argent, au choix de Votre Majesté; mais ayant fait difficulté d'y ajouter ces mots: *en argent*, s'ils n'avoient le même choix au secours qu'elle leur donne, on a estimé qu'il seroit mieux de les ôter que d'accorder leur demande. Nous voulions encore que les moindres navires fussent de trois à quatre cents tonneaux; mais ils nous prièrent de mettre seulement de deux à trois cents, et qu'ils ne laisseroient nous secourir des plus grands qu'ils auroient.

Ils ont aussi désiré et requis avec grande instance que l'article dixième, qui contient la permission du trafic des sujets ès pays l'un de l'autre, fût couché tel qu'il étoit par le traité d'alliance que M. de Bouillon fit avec eux en l'an 1596; et nous l'avons mis au plus tôt comme celui-là, estimant qu'il n'y a rien de contraire aux ordonnances par lesquelles les droits qu'on prend sur les denrées qui entrent au royaume ou en sortent, sont aussi bien payés par les François que par les étrangers, et néanmoins, crainte qu'il n'y eût en cela quelque préjudice aux fermes, nous avons tiré promesse d'eux, par laquelle ils en consentent la réformation, s'il est trouvé qu'ainsi soit. Nous pouvions mettre en ce traité un article qui sembloit être ordinaire, que les rois et princes qui voudront entrer en ladite ligue, y seront reçus dans un certain temps; mais nous n'avons pas jugé à propos de le faire ici; car l'obligation n'étant que pour secourir les Etats et nous, sans qu'elle soit réciproque des rois et princes qui y voudroient entrer l'un envers l'autre, cela eût été inutile, et n'eût servi que pour faire connoître qu'on désiroit assembler des ennemis contre le roi d'Espagne et les archiducs, sans néanmoins en recevoir aucun fruit; car, pour le regard des Etats, ils le sauront bien faire d'eux-mêmes, et tirer pareilles obligations des autres princes qui voudroient traiter avec eux, sans que nous nous en mêlions. Autre chose eût été, si le roi d'Angleterre eût voulu faire cette ligue conjointement et aussi bien avec Votre Majesté qu'avec les Etats, car cette clause eût, en ce cas, été nécessaire, comme nous l'avions mise au projet de la ligue que lui avons ci-devant envoyé. Aussi est-il certain que le roi de Danemarck ne fera autre chose qu'écouter, et que ses résolutions dépendront toujours des conseils d'Angleterre; et quant aux deux électeurs, quoiqu'ils soient désireux d'une bonne ligue pour la guerre, ils ne feront rien pour la paix, et n'est pas grand besoin aussi pour maintenant de les y exciter; car sera assez à temps de le faire après la paix conclue, s'il est jugé à propos. Nous n'avons non plus mis cet article en la ligue, si Votre Majesté et les Etats étoient assaillis ensemble, ce qui avoient à faire, considérant qu'elle étoit faite pour l'observation de la paix, et qu'il falloit montrer le plus qu'on pouvoit que ce n'étoit à autre dessein, aussi que, si cas advient, la raison et le soin de la commune conservation enseignera assez ce qu'on devra faire, et chacun n'y sera lors que trop disposé.

Nous mîmes encore en avant qu'il falloit faire cette ligue pour la trève à longues années aussi bien que pour la paix; mais les Etats disent que cela présupposeroit qu'ils sont disposés de recevoir ladite trève, et néanmoins plusieurs d'entre eux sont d'avis contraire. Votre Majesté verra que, par le proème de la ligue, le roi d'Angleterre y est nommé, comme si les deux rois l'eussent dû faire ensemble, les Etats l'ayant ainsi désiré pour la réputation, et afin que chacun croie que ledit sieur roi ne les a point abandonnés, et pource qu'ils s'assurent aussi qu'il y entrera bientôt; à quoi estimant qu'elle n'avoit aucun intérêt, et au contraire que cela peut servir pour lui ôter le moyen de s'en prévaloir vers les archiducs, nous l'avons consenti. Ils n'ont pas approuvé non plus qu'ayons qualifié lesdits sieurs archiducs, seigneurs souverains des Pays-Bas, dont ils jouissent à présent avec si mauvaise raison; qu'elle ne mérite pas d'être insérée ici, à savoir, qu'ils ne sont seigneurs, sinon à certaines conditions et non vrais entiers souverains. Nous vous pouvons dire avec vérité, sire, que cette ligue a rempli ce pays d'une grande joie, et qu'ils en vouloient faire des réjouissances publiques par toutes les villes de leur Etat; mais nous leur avons dit que seroit assez à temps après la paix faite. Ce ne sont plus parmi eux que loüanges de Votre Majesté, et que chacun connoît bien maintenant qu'elle n'a autre but et dessein que leur salut et conservation; n'ayant pas cette même opinion des Anglois; des artifices et difficultés desquels ils se plaignent, et le feroient plus ouvertement, n'étoit qu'ils sont retenus par les plus sages, qui jugent bien qu'ils ont encore besoin de leur bienveillance et faveur, et qu'on ne les peut mécontenter en ce temps ici sans péril. C'eût été bien le meilleur que nous eussions traité ensemble eux et nous avec les Etats; mais il n'y a eu aucun moyen de les y faire venir, et Votre Majesté ne nous commandoit de la différer après la paix, sinon au cas que les Etats ne se voulussent contenter de ses offres. Et à la vérité, en considérant le peu d'assurance qu'il y a en la foi et amitié du roi d'Angleterre, ou plutôt le soupçon qu'on doit avoir de sa mauvaise volonté, et d'autre côté qu'il est aussi malaisé de bâtir quelque amitié qui soit sincère avec l'Espagne, il semble bien qu'on ne pouvoit prendre un meilleur conseil que d'achever cette ligue, qui assure Votre Majesté des forces et de l'amitié de cet Etat. La venue du marquis de Spinola, qui doit arriver demain, donne sujet à plusieurs de discourir, et leur semble plus bonnement qu'il y vient avec résolution entière de faire la paix. Si sommes-nous en crainte que ce ne soit pas comme on la demande, et qu'il ait quelque secret dessein pour essayer de la rendre autant utile au roi d'Espagne; qu'il semble qu'elle doive être honteuse. Car si la souveraineté est quittée simplement, et sans autre obligation qui leur apporte quelque profit, l'attente du roi d'Espagne ne sera plus que sur la mauvaise conduite des Etats; et ce qu'il se promet qu'ils oublieront le métier de la guerre avec le temps et ne seront plus que marchands; sur ce qu'il les pourra pratiquer, corrompre, diviser ou gagner. Or il y a des remèdes pour se garantir de tels inconvéniens, qu'ils sauront bien pratiquer, s'ils sont sages et veulent suivre les conseils qu'on leur peut donner; ou au contraire quitter les droits pour lesquels lui et son père ont combattu si long-temps, est une action qui doit avoir sa loüange et son blâme à l'instant qu'elle sera faite; et sembleroit plus favorable et honorable à un si grand prince de la laisser faire et achever du tout aux archiducs et à ses ministres, comme s'accommodant à leur désir et à la très-instante prière qu'ils lui en ont faite, pour se mettre en repos, que d'y faire employer ledit sieur marquis, lequel ne peut être de cette partie, étant serviteur particulier et général de l'armée dudit sieur Roi, sans faire connoître à chacun que c'est lui-même qui, par nécessité et impuissance, quitte ce qu'il ne peut plus garder. C'est donc ce qui nous met en doute qu'il n'ait quelque autre dessein auquel il se veuille attacher pour en faire profit.

Ce sera à nous de prendre garde que ce ne soit au dommage de Votre Majesté, comme nous ferons avec soin et vigilance, autant qu'il nous sera possible, la ligue faite étant déjà un bon moyen de s'en garantir; car il est certain que cette république, qui est à sa naissance, pour se mettre en quelque réputation d'être d'une foi constante, afin de faire désirer et estimer son amitié, ne se départira aucunement de ce qu'elle a fait avec Votre Majesté. Par ainsi, si les Espagnols ont quelque mauvaise intention, ils seront contraints s'en départir ou s'assurer qu'ils auront ceux-ci pour ennemis, avec lesquels néanmoins ils cherchent de vivre en paix. Cette ligue empêchera, par ce même moyen, les Anglois de se joindre du tout avec l'Espagne, et les fera demeurer au moins en neutralité, craintre d'être mal avec les Etats, dont les députés publient tous les jours vouloir conserver l'amitié avec si grand soin, qu'ils mettront tout pour eux quand il sera besoin. Il semble donc que cette ligue doive assurer le repos de Votre Majesté et de son royaume, et qu'il a été bon de la faire avant la paix, pour se mettre à couvert de tous inconvéniens; elle en a toujours fait aussi ce jugement. Il est vrai que l'Anglois pourra essayer de s'en prévaloir envers les archiducs, et eux seront pour espérer davantage de son amitié à cette occasion que de celle de Votre Majesté. Mais nous essayerons de persuader à leurs ministres que la principale cause de l'avancement de la paix est cette ligue, et que ce sont les amateurs du repos en cet Etat qui l'ont désirée et poursuivie avec autant de chaleur, que ceux qui veulent la continuation de la guerre ont apporté d'ardeur pour la rompre. Que nos actions aussi à la suite de celle-ci feront mieux juger que toute autre chose l'intention de Votre Majesté avoir toujours été d'aider au repos. Le pis qui puisse arriver de cette conférence, et que nous craignons aussi le plus, est qu'on remette encore les affaires en quelque négociation et longueur, soit sous prétexte d'envoyer en Espagne ou autrement, et que les députés des archiducs tendent cependant à faire une trève de trois, quatre ou cinq ans, et, s'ils ne peuvent mieux, pour un an; car tout cela ne vaudroit rien, sinon avec cette condition que lesdits archiducs déclarent précisément, tant en leurs noms que du roi d'Espagne, qu'ils tiennent les Provinces-Unies pour Etats libres, sur lesquels ils ne prétendent rien, et en cette qualité traitent et accordent ladite trève avec eux; qui seroit bien autrement qu'il n'est contenu en la précédente trève faite avec eux, par laquelle ils ne les reconnoissent tels, sinon à l'effet seulement de traiter une paix ou trève à longues années, et non plus avant. Mais il est certain qu'ils n'accorderont jamais ladite trève de cette façon; car étant finie, ils n'auroient plus aucun sujet de recommencer la guerre. Or, la crainte que nous avons de voir finir les affaires par cette trève, est fondée sur ce que les députés des archiducs feront vraisemblablement tout ce qu'il leur sera possible pour y parvenir, d'autant qu'il n'y a rien de si utile pour eux; et nous doutons bien fort que les Etats ne soient assez sages pour se garantir de ces inconvéniens.

Déjà prévoyons-nous qu'ils se vont jeter d'eux-mêmes en ce précipice, en ce que plusieurs d'entre eux veulent qu'on demande l'article de la souveraineté et liberté, en termes beaucoup plus exprès qu'il n'est contenu en la trève faite avec les archiducs, et qu'on y insiste du tout, et à leur refus qu'on rompe; et même aucuns y ajoutent des mots peu nécessaires, qui toutefois offensent, et sont aucunement honteux à consentir, comme de ne plus prendre le titre et porter les armes desdites Provinces-Unies; car la souveraineté quittée, cela suit de soi-même sans qu'il soit besoin d'autre expression. Or les députés des archiducs auront occasion de dire là-dessus qu'ils n'ont promis sinon de les tenir et reconnoître pour Etats libres, sur lesquels ils ne prétendent rien, et d'obtenir pareille déclaration du roi d'Espagne. Le mot de souveraineté n'y est pas mêmê; mais il est vrai qu'il est inclus en celui de liberté, et en ce qu'ils déclarent ne rien prétendre sur lesdites Provinces-Unies. Demanderont donc, puisqu'ils désirent quelque chose davantage, qu'on leur donne du temps pour le faire entendre aux archiducs, et envoyer de là en Espagne; qui est, à vrai dire, un délai de trois mois, et en conséquence la trève pour cette année. Et ceux qui veulent la guerre seront peut-être aussi peu considérés, et penseront par ces délais trouver moyen d'empêcher la paix; ainsi ils aimeront mieux consentir à la trève que de voir la paix faite dès à présent. Je sais bien qu'ils diront qu'on doit seulement donner un mois ou six semaines, et aucuns d'entre eux qu'il sera bon de voir cependant si on peut demeurer d'accord des autres articles, qui seroit moindre mal; mais les choses remises à un voyage d'Espagne, quoiqu'on ait pris ce temps court, il y aura toujours moyen d'allonger, et personne ne sera d'avis de rompre, faute de donner un mois de plus, et après ce mois un autre. On pourra bien faire connoître à ceux qui sont amateurs de la paix, qu'on se doit contenter des mots contenus en la première trève, si on ne peut obtenir mieux, les mettant dans le traité en la façon qu'avons dit ci-devant, et la plupart des provinces s'y laisseront aller comme nous estimons. Mais s'il y a trop de contradiction et d'opiniâtreté ès autres, qui soit pour les diviser, ils consentiront plutôt à la nouvelle trève que de rompre, ni souffrir cette division, qui seroit cause de leur entière ruine.

Nous y donnerons de notre part tous les conseils qui pourront le plus faciliter la paix et les tenir en union; mais il nous est malaisé de prévoir ce que feront les Anglois, à cause des variétés qui sont en leur conduite. Bien nous semble-t-il qu'ils chercheront d'amadouer et flatter plutôt les archiducs que de les offenser, encore qu'ils feignent par leurs propos d'aimer mieux la guerre que la paix; mais ce n'est que dissimulation et artifice. Les Etats s'attendent et ont grand besoin du secours du dernier quartier, s'il plaît à Votre Majesté l'ordonner, et pour le premier quartier de cette année se promettent encore que, pendant les trois mois qui sont nécessaires pour savoir s'ils auront la paix ou la guerre, qu'userez de même bonté envers eux; ne l'osant espérer hors cedit temps, sur ce que nous leur avons dit souvent qu'ils ne peuvent continuer la trève pour plus longtemps, sinon à son grand déplaisir et en danger de se ruiner eux-mêmes; ainsi qu'elle ne voudroit rien mettre du sien pour aider à leur faire du mal. M. de Preaux est porteur de cette dépêche, ayant estimé que Votre Majesté auroit agréable d'entendre par lui tout ce qui s'est passé en cette affaire, dont il est fort bien instruit, s'en étant rendu soigneux, afin qu'il soit plus capable de lui faire quelque jour très-humble service ès charges esquelles il sera employé. Nous lui en avons aussi communiqué volontiers, pour avoir reconnu sa discrétion à taire ce qui ne doit être su. Nous prions Dieu, sire, qu'il donne à Votre Majesté en parfaite santé très-longue et très-heureuse vie.

Vos très-humbles et très-obéissans sujets et serviteurs,   P. JEANNIN et RUSSY.

De La Haye, ce 28 janvier 1608.

LETTRE *de M. Jeannin à M. de Villeroy, dudit jour vingt-huitième janvier* 1608.

Monsieur, les affaires ont des saisons et sont quelquefois pleines de difficultés, puis tout à coup deviennent faciles. Nous avons toujours travaillé pour faire la ligue sur les offres contenues ès lettres qu'apporta le courrier Picaut, encore qu'eussions désiré quelque plus ample pouvoir pour nous en servir au besoin; et bien nous a pris, puisque Sa Majesté ne vouloit accroître ses offres, de ce qu'avons pu achever ce qu'elle désiroit sans cela. C'est Barneveld qui a tout fait. Ainsi, que le Roi ne trouve étrange, s'il lui plaît, si je m'adresse toujours à lui, et si son nom est en tous les endroits de nos lettres : car la vérité est que tous ceux qui désirent la paix en l'assemblée générale, qui est le plus grand nombre, dépendent tellement de lui, qu'ils approuvent sa conduite et tous ses avis sans les contrôler ni autrement considérer. Or il a jugé et cru qu'il aura grand besoin de l'autorité du Roi et de nos conseils, pour achever ce qu'il a entrepris, qui est de faire la paix. Par ainsi, qu'il étoit temps de nous donner contentement ; aussi que cette ligue serviroit beaucoup pour unir toutes les provinces au dessein qu'il embrasse. Vous ne sauriez imaginer la joie et le contentement qu'ils montrent tous d'en avoir, les louanges qu'ils publient de Sa Majesté à cette occasion, et le mécontentement qu'ils ont du refus fait par les Anglois d'y entrer, ne pouvant aucunement approuver leurs excuses. Cette ligue a déjà été envoyée par toutes les provinces et communiquée aux ambassadeurs. L'Anglois essaiera sans doute de faire son profit, s'il peut, envers les ministres des archiducs, du refus qu'ils ont fait, comme si c'étoit pour leur respect; et nous, au contraire, de ce que nous y sommes entrés, par la recherche de ceux qui sont amateurs de la paix, et contre la volonté et nonobstant la contradiction des autres qui veulent la guerre. Cette ligue nous assure maintenant contre les soupçons qu'on pouvoit avoir de la conjonction des Anglois avec l'Espagne, et qu'ils seront retenus de nous faire la guerre l'un et l'autre, crainte d'avoir les Etats pour ennemis, avec lesquels l'Espagnol recherche la paix; et les ministres de l'autre publient tous les jours ici que leur maître veut mettre tout au besoin pour leur conservation. Par ainsi, l'issue de la conférence en laquelle on va entrer semble ne pouvoir plus être préjudiciable à Sa Majesté, dont j'étois auparavant en quelque doute, non pour me défier de la bonne volonté des Etats, mais que leur trop grand désir à la paix ne leur fît souffrir et recevoir quelques conditions qui ne nous vinssent à gré, et ce soupçon croissoit quand je considérois les artifices des Anglois, qu'on pouvoit prendre pour indice et présomption violente, qu'ils désiroient plutôt l'amitié du roi d'Espagne que la nôtre. Ce qui est à craindre à présent, est que ne puissions faire la paix, et que les ministres des archiducs ne cherchent quelque prétexte de tirer les affaires en longueur pour faire une nouvelle trêve; et déjà j'en vois l'occasion sur ce qu'on leur veut demander la souveraineté avec trop grande expression et avec des mots qui peuvent offenser : car ils pourront répondre, si on requiert d'eux pour ce regard autre chose que ce qui est contenu au premier traité de la trêve avec eux, qu'il faudra envoyer en Espagne. Mais les Etats sont sages ils éviteront cet inconvénient; car les mots de la première trêve couchés comme il appartient, et comme je saurai bien faire s'ils me veulent croire, seront aussi bons et significatifs que tout ce qu'ils prétendent y ajouter. J'essaie d'en rendre capables tous ceux qui ont part au maniement des affaires; mais qui veut la guerre ne peut approuver ce qui facilite la paix. Si estimé-je que nous aurons beaucoup d'autorité pour persuader un chacun, à cause de la bonne opinion qu'ils ont tous de l'affection du Roi envers cet Etat, et de sa prudence; aussi qu'il faut espérer, si les députés des archiducs viennent avec volonté et résolution d'avoir la paix, non de tromper, qu'elle se fera, du moins une trêve à longues années, à laquelle néanmoins résistent plusieurs de ceux qui désirent la paix.

Mais je suis toujours en grande défiance que le marquis Spinola n'a pas pris cette charge pour faire un présent aux Etats de la souveraineté, sans y ajouter des conditions qui puissent apporter quelque notable profit au roi d'Espagne, et fais là-dessus des discours qu'il n'est pas besoin de jeter au dehors, puisque nous sommes si près du temps pour voir ce qui en aviendra.

J'ai vu par vos lettres du dixième de ce mois, qui m'ont été rendues le vingtième, l'ouverture faite au Roi par le père provincial des jésuites, confirmée par l'ambassadeur des archiducs, et de leur commandement exprès, dont je n'ai communiqué à personne. Sa Majesté a fait fort sagement de l'approuver, et remettre à en traiter par l'entremise de notre saint père. Il est vrai que cette ouverture contient un projet de si loin, et qui est sujet à tant d'incertitude, et, quand il succéderoit bien, qui a si peu d'utilité pour le royaume, que feindre de l'approuver, ou l'avoir agréable en effet, ne nous peut apporter autre commodité, sinon qu'il servira pour entretenir les deux rois en quelque amitié, pendant qu'ils seront en cette espérance de faire alliance de leurs enfans, ou qu'ils en auront même passé les traités, s'il est jugé à propos de le faire pour prendre plus de confiance l'un de l'autre. Et cela, toutefois, ne doit pas être estimé peu; car il donnera le moyen à Sa Majesté, qui a travaillé toute sa vie, d'achever ses jours en repos, et à monseigneur le dauphin le loisir de croître pour entrer quelque jour en un royaume paisible, priant Dieu qu'il soit, tard qu'il soit, lors et quand la couronne lui écherra, capable de conduire le royaume par lui-même et par sa propre prudence; puis cela servira pour diminuer la grande recherche que le roi d'Espagne fait de l'amitié du roi d'Angleterre, qui, par ce moyen, sera plus soigneux de la nôtre, et de garder et confirmer de nouveau le traité que M. le duc de Sully a fait avec lui. Hors ces considérations, il n'y a rien pour nous en ce mariage, lequel n'ôte pas même la jalousie qu'on a de voir les Pays-Bas joints et unis avec la couronne d'Espagne, car le seigneur de ces pays sera fils ou frère du roi d'Espagne, et pourra demeurer roi lui-même, si son frère aîné mouroit sans enfans. Le mariage seroit bien plus à propos de l'infante d'Espagne avec le second fils de France, ou le troisième, qui seroit encore plus éloigné de la couronne, si Dieu en donnoit un, lui accordant pour dot, non tous les Pays-Bas, car la maison d'Autriche ne fait point de si grands présens, mais la dot même que constitua l'empereur Maximilien à sa fille Marguerite d'Autriche, lorsqu'il fit le traité de mariage d'elle avec le dauphin de France, depuis roi de France, sous le nom de Charles VIII, qui étoit les comtés d'Artois et de Bourgogne, et vaudroit mieux quitter, moyennant ce, pourvu que la cession desdits comtés fût perpétuelle, soit qu'il y eût enfans ou non, les droits du royaume de Navarre que le roi d'Espagne tient, sans autre titre que celui qu'un pape ambitieux et ennemi de la France donna, sans pouvoir ni sans raison, à Ferdinand, roi d'Aragon, dont la poursuite contre lui ou ses successeurs, toujours juste, ne peut faillir d'être utile, lorsqu'elle sera entreprise en sa saison : mais c'est chose comme j'estime plutôt à désirer qu'à espérer ; et suffira qu'évitions la guerre avec eux pour maintenant, puisque nous avons si peu de fiance en l'amitié d'Angleterre, et qu'on ne peut encore craindre pis de cet endroit. Si M. le président Richardot m'en parle, je ne montrerai pas d'en rien savoir, puisque vous me le mandez ainsi ; mais je n'oublierai rien de ce qu'estimerai à propos pour le préparer à croire que Sa Majesté est très-bien disposée à l'amitié des archiducs. Le prince Maurice et Barneveld croient toujours que les députés d'Angleterre auront, au premier jour, pouvoir pour traiter la ligue entre les deux rois et avec les Etats ; et lesdits députés nous en disent autant ; et je désire qu'il soit vrai, car cela croîtroit plutôt l'envie du roi d'Espagne d'être bien avec nous, qu'elle ne seroit cause de l'en éloigner ; n'étant aussi ladite ligue que défensive, elle ne nous ôteroit pas le moyen d'en faire une pareille avec lui.

Le Roi nous mande de faire connoître les tromperies et artifices des Anglois : elles ne sont que trop connues sans nous ; car, encore qu'ayons été modestes et respectueux pour les cacher, crainte de faire voir que nous sommes mal ensemble, leur conduite avec les Etats les a découverts du tout. C'est maintenant au Roi de se conduire avec les Etats comme il lui plaira pour le secours des deux premières années de la paix. Ils désirent toujours le million de livres, c'est-à-dire l'entrètenement d'environ six mille hommes de pied, et nous n'avons offert que quatre mille hommes, encore à condition qu'ils le rendent au besoin, avec le secours auquel ils sont obligés par la ligue. Sa Majesté se résoudra si elle veut ajouter quelque chose de plus que l'entretènement desdits quatre mille hommes, ou remettre la condition insérée en notre offre. Ils ont fort insisté d'avoir l'argent pour payer lesdits gens de guerre, et je ne vois pas qu'il y ait aucun intérêt, puisqu'ils entretiennent pour l'argent qu'on leur donnera ; ils disent l'avoir toujours fait du passé, et qu'il n'en est arrivé aucun inconvénient. Ils ont même prié et requis instamment qu'avenant le cas du secours de dix mille hommes pour la paix enfreinte, on leur donne l'argent pour les payer, dont leur avons fait refus entier, et que c'étoit contre la coutume des princes et Etats qui donnent secours les uns aux autres ; qu'eux-mêmes aussi en avoient usé autrement à l'endroit de Sa Majesté. S'il lui plaît accroître ce secours, et se laisser vaincre en ce qui sera du paiement des gens de guerre, pour lesdites deux premières années de la paix, on en aura ici du contentement. Et pour le dernier, je vois bien qu'il y a quelque profit au changement des espèces, et l'intérêt particulier emporte toujours le public. Vous m'avez mandé plusieurs fois que le Roi étoit en grande peine de ce que deviendront les villes cautionnaires. Je vous ai déjà répondu que c'est un mal nécessaire qu'il faut souffrir, pource qu'on ne le peut corriger qu'avec le temps ; et n'y a personne qui le désire avec tant de passion que les Etats, pour se délivrer des mains et des liens de si fâcheux amis. Je n'ai pressé jusqu'ici pour essayer d'assurer le remboursement des sommes que les Etats ont reçues de Sa Majesté. Nous sommes mal fondés en titre, et semble, à voir comme on y a procédé, qu'on pensoit assez faire lors d'entretenir la guerre, et feu M. de Buzanval nous l'a dit lui-même. Mais nous ferons dorénavant ce qui nous est commandé, dont, toutefois, je n'espère pas beaucoup. Le comte de Hanau doit venir ici bientôt de la part de l'empereur, à ce que m'a dit M. de Collis ; mais j'ai vu lettres d'un sien secrétaire à M. de Waudermil, gendre de Barneveld, avec lequel il a de l'amitié, par lesquelles il lui mande de la ville de Hanau même, où est à présent ledit comte, par lettres qui sont du quatorzième de ce mois, que son maître est retourné fort content devers l'empereur, qui l'a fait de son conseil et de l'empire, et lui a aussi parlé de ce voyage; mais qu'il ne lui sembloit pas que ce fût chose prompte. Dom Rodrigue, duquel vous m'avez écrit, est fort connu ici, et tenu d'un chacun pour homme qui est grand dépensier, et qui promet beaucoup, mais fait peu. On dit aussi qu'il a trompé M. le prince Maurice de plus de dix mille écus, et des marchands de ce pays qui avoient avec grands frais fait équiper une flotte pour aller aux Indes sous sa charge; ils sont ici depuis environ deux ans; car il consuma tout sans bouger de la rade. Il a depuis été en Suède, et maintenant est en Angleterre, où il ne fait ses affaires; il sera pour aller voir le roi, s'il y est tant soit peu invité. J'ai parlé à M. de Preaux pour ce qui touche Barneveld : je sais qu'il est discret pour se taire.

Il y a ici un fort honnête gentilhomme, nommé M. de Schomberg, lequel a quatre cents hommes entretenus en ce lieu; il est fort désireux d'être tenu pour serviteur du Roi. Il m'a dit qu'il avoit des obligations de près de cent mille écus qui lui sont dues par la couronne de France, comme héritier de son père, et qu'il consentira de quitter tout s'il est honoré d'une pension de cinq ou six cents écus par Sa Majesté, qu'il désire non pour le profit, la somme n'étant telle qu'elle le puisse beaucoup accommoder, mais pour être reconnu son serviteur, et en cette qualité être quelque jour employé à son service. Il a la réputation d'avoir du courage, et me semble aussi sage. Il reçoit souvent des lettres de M. le prince d'Anhalt, par lesquelles j'ai reconnu qu'il l'a en fort bonne estime; j'en écris un mot à M. le comte de Nanteuil son parent, comme il a fait aussi lui-même. Je ne m'emploie pas volontiers pour affaires d'argent, sachant bien que j'y ai mauvaise grâce et peu de pouvoir; mais quand il est bien employé, il sert mieux que tenu en réserve. J'ai pensé, monsieur, qu'il ne se pouvoit présenter une meilleure occasion d'envoyer M. de Preaux par-delà, qu'avec le traité de la ligue que Sa Majesté a montré dés[irer] avec si grande affection et non sans rai[son]. Je vous peux assurer que je regretterai [...] son absence. Il est capable d'être employé, fera toujours bien partout. C'est pourquoi [...] appartenant de si près, il mérite, monsieur, [que] vous en ayez soin. M. de Franchemont s'e[n va] avec lui; il aura besoin de votre faveur; je [vous] supplie très-humblement l'en vouloir assis[ter]. Le marquis Spinola, le président Richardot, [le] secrétaire Mancicidor, Espagnol de nation, [le] commissaire cordelier et le sieur Verrei[ken] sont attendus dans deux jours en ce lieu, s[i le] dégel ne les empêche de passer, lequel [a] cause qu'on ne peut venir de là ici, douz[e ou] quinze jours durant, et jusqu'à ce qu'il [a] reglacé de nouveau pour aller sur la glace, [ou] que le dégel entier permette d'aller par e[au]. Je prie Dieu, monsieur, qu'il vous donne [une] parfaite santé très-longue et heureuse vie.

De La Haye, ce 28 de janvier 1608.

Votre très-humble et très-obéissant ser[vi]teur,
P. JEANNIN.

LETTRE de M. de Villeroy à M. Jeannin, [du] deuxième février 1608.

Monsieur, nous sommes en très-grande peine [de] n'avoir reçu aucunes lettres de vous depuis ce[lles] du vingt-sixième de décembre apportées par [La] Borde. Nous savons que les députés d'Espag[ne et] de Flandre sont de présent arrivés à La Haye p[our] commencer leur traité, que le marquis Spino[la et] le secrétaire Mancicidor sont du nombre, [selon] la résolution que l'on a publiée que ces messi[eurs] avoient prise, et qu'ils s'y sont acheminés, i[n] *fustibus et armis*, sans avoir rien laissé au l[ong] de nécessaire et utile à leur dessein. Ils nous [ont] fait dire vouloir avoir bonne intelligence avec [nous] et en espérer assistance; et Sa Majesté aura [pour] agréable que vous leur donniez occasion de s[e] louer, autant que son service vous permettra [de le] faire, ainsi que nous vous avons écrit par [les] précédentes. J'ai su qu'ils ont mené avec eux [le] frère de la femme de M. Aërsens, greffier des Ét[ats,] s'en promettant bonne assistance, ainsi qu'il [...] de plusieurs autres du pays, et même du pr[ince] Maurice et de Barneveld. Nous avons su qu[e ils] doivent réserver à traiter le point de la religio[n le] dernier, afin de rompre sur icelui, s'ils ne reço[ivent] contentement aux autres, et au contraire ne [se] formaliser que modestement s'ils tombent d'acco[rd] autres. Nous sommes plus mal édifiés des Anglois que jamais, la reine d'Angleterre prenant ouvertement l'affirmative contre Sa Majesté, et déposant comme il lui plaît du roi d'Angleterre, comme je crois que M. de La Boderie vous aura mandé. Nous avons su que ledit roi d'Angleterre fait tenir aux archiducs, touchant ce qui se fait où vous êtes, des langages tout contraires à ceux que l'on tient de sa part aux Etats et au Roi. Ils sont malins, doubles et trompeurs, comme nous vous avons souvent écrit. Délivrez-nous le plus tôt que vous pourrez de l'incertitude et angoisse en laquelle nous vivons par faute d'avoir de vos nouvelles. Nous en accusons les gelées qui ont été ici très-rigoureuses, et ont recommencé depuis hier, mais non avec telle violence. Il nous semble que vous pourriez de présent vous aider de la voie de Flandre, en prenant passe-port des députés des archiducs, et adresser vos paquets à M. de Berny, écrivant en chiffre; car ils n'oseroient les faire détrousser, parce que nous userions de représailles sur les leurs qui vont en Espagne; peut-être aussi pourriez-vous faire passer par l'Angleterre. En quelque sorte que ce soit, faites-nous savoir de vos nouvelles au plus tôt, et vous nous ferez grand plaisir.

Cependant je vous assurerai de la continuation de la bonne santé de Leurs Majestés, et de toute la maison. Il n'y a que le pauvre M. de Montpensier qui décline à vue d'œil, au grand regret d'un chacun. M. de Savoie fit prendre prisonnier à Turin, le onzième du mois passé, M. d'Albigny, lequel fut mené à Moncalier, en la prison en laquelle il avoit si long-temps tenu madame l'amirale de Châtillon, où il est mort le 17, six jours après; les uns disent pour n'avoir voulu manger en ce temps-là qu'une pomme cuite, et les autres par faute de bon appareil, ou autrement. Son capitaine des gardes a été envoyé aux galères, ses deux secrétaires, en un cul de fosse, et toute sa famille dissipée. Roncas est toujours prisonnier, et traite-t-on contre lui assez extraordinairement, de façon que l'on a opinion que l'on lui fera faire le saut bientôt. M. de Jacob est de présent à Chambéry, commandant en Savoie sous l'autorité du duc et du prince, et ne savons encore au vrai les causes de ces mutations; mais on dit que nous en devrons être bientôt informés par ledit Jacob, qui doit venir trouver le Roi de la part dudit duc. La querelle du pape avec les Vénitiens ne va pas bien : aussi ceux-ci ont condamné sévèrement Le Badouere, qui étoit ambassadeur ici devant celui qui y réside de présent, pour avoir communiqué en secret, et sans permission, avec le nonce résidant à Venise, contre leurs lois. Il doit demeurer en prison fermée un an, être incapable de leurs conseils, et de tenir bénéfices en leur Etat, et toutefois avec défenses d'en sortir. Ce fait renouvelle les plaies de ce différend, et pourra engendrer des maux nouveaux, si Dieu n'y remédie, comme je l'en supplie de tout mon cœur, et qu'il vous conserve, monsieur, en parfaite santé, me recommandant très-affectueusement à votre bonne grâce.

Votre, etc.   De Neufville.
De Paris, ce deuxième jour de février 1608.

Lettre *de M. Jeannin à M. de La Boderie, du cinquième février* 1608.

Monsieur, depuis vos lettres du huitième du mois de décembre, je n'en ai reçu aucunes de vous, et ne vous en ai point aussi écrit depuis le 10 dudit mois, toutes choses ayant été si incertaines, même pour le regard de la ligue, dont les Etats faisoient instance à messieurs d'Angleterre et à nous, qu'il n'y a eu rien de résolu jusqu'au 15 du mois de janvier, qu'elle fut passée entre les Etats et nous, sans y comprendre le roi d'Angleterre, quoique ses députés eussent toujours fait démonstration d'y vouloir entrer, jusqu'à la veille du traité, qu'ils déclarèrent ne le pouvoir faire, si les Etats ne demeuroient, par même moyen, d'accord avec eux de quelques affaires particulières qui leur sont de très-grande importance, touchant les villes qu'ils tiennent en ce pays, le trafic de leurs marchandises, et les sommes qui leur sont dues, dont ils désireroient arrêter le compte, et convenir des termes pour l'acquittement d'icelles sommes. Or les Etats disoient ne le pouvoir faire en peu de temps, et qu'ils aimoient mieux en traiter en Angleterre près la personne du Roi, duquel ils se promettoient obtenir quelque grâce, qu'avec lesdits sieurs députés, qui sont obligés de suivre la rigueur des conventions. Au moyen de quoi, pressés par eux, nous fûmes enfin contraints, à leur instante prière et poursuite, de passer outre audit traité. La vérité est que tous ceux qui désirent la paix ici ont autant désiré et recherché l'avancement de ce traité, que les autres qui la craignent ont essayé avec toutes sortes d'efforts et artifices de l'empêcher; et vous peux assurer aussi qu'il a mis cette créance en l'esprit d'un chacun, que le Roi veut la paix à bon escient, non avec feinte et dissimulation, comme on avoit ci-devant publié, dont les Etats lui savent gré et s'en tiennent autant obligés, qu'ils sont mal satisfaits des Anglois à cette occasion. Je ne sais pas si les archiducs en feront le même jugement; mais il est bien vrai que toutes les provinces embrassent la paix, à cause de ce traité, avec plus d'affection qu'elles ne faisoient auparavant; que tout le contenu en icelui n'est aussi que pour la conservation d'icelles, et qu'il ne doit commencer d'avoir lieu, sinon dès le jour qu'elle sera faite; qu'avons encore omis sciemment plusieurs clauses qu'on a accoutumé de mettre ès traités de ligues et alliances, pour ne donner jalousie aux princes qui y peuvent avoir intérêt, et leur faire connoître qu'on n'a autre dessein que de favoriser la paix, comme c'est en effet le principal but de Sa Majesté. Nous n'avons pourtant oublié ce qui étoit requis pour la rendre utile : je vous en envoie la copie. Les députés des archiducs, qui sont messieurs le marquis de Spinola, le président Richardot, le secrétaire Mancicidor, le commissaire cordelier, et le sieur Verreiken, sont arrivés en ce lieu le premier de ce mois: nous les avons vus le lendemain sur le soir. Cette première visite s'est passée en complimens d'une part et d'autre, eux nous ayant dit qu'ils se promettoient beaucoup de notre aide et assistance pour la paix, et nous, déclaré que c'étoit notre intention d'y aider sincèrement et de bonne foi, suivant le commandement de Sa Majesté, comme nous ferons en effet. Je ne vous saurois dire encore quelle en sera l'issue; bien est-il certain que les Etats y sont très-bien disposés de leur côté; et si les archiducs quittent la souveraineté sans restriction, qu'il n'y a rien au surplus dont on ne puisse demeurer d'accord. Mais je me défie toujours que ledit sieur marquis ne soit pas venu ici pour leur faire ce présent si absolument qu'il n'en veuille retirer quelque autre profit, et s'il ne le peut obtenir, qu'il ne recherche quelque moyen de mettre l'affaire en longueur, et enfin de faire continuer la trêve pour cette année, qui est le plus dangereux conseil que les Etats sauroient prendre pour eux, et qui seroit aussi le moins agréable à Sadite Majesté. Nous essaierons de l'empêcher tant qu'il nous sera possible, et aurions bien moyen de le faire avec facilité, si les députés d'Angleterre et nous étions mieux d'accord pour leur donner conseil, sans autre considération que l'intérêt commun.

Ainsi que j'achevois cette lettre, la vôtre, 29 décembre, m'a été rendue, par laquelle reconnois qu'on ne doit rien attendre de du lieu où vous êtes, et qu'on pourroit soupçonner que la défiance qu'ils ont de provenant de leur naturelle inclination à haïr, jointe à la crainte d'Espagne, ne fût pour les exciter à faire pis, que nos recher propres pour leur faire prendre quelque leur conseil. C'est pourquoi j'ai encore plus contentement de ce que nous avons surm les grandes difficultés qui nous empêchoient faire cette ligue; car elle retiendra ledit roi de se joindre avec l'Espagne contre de peur d'avoir l'inimitié des Etats, que les publient tous les jours vouloir conserver gneusement; et le roi d'Espagne pareille qui recherche la paix avec eux, s'abst d'entreprendre sur nous, pource qu'en ce fa il les auroit derechef pour ennemis. Si suis bien d'avis que les Etats entretiennent au m qu'ils pourront ledit sieur roi d'Anglete d'autant qu'il a des places et des forces cet Etat, avec lesquelles, s'il se joignoit au d'Espagne et aux archiducs, il pourroit coup aider à leur ruine. Il nous doit suffire nous soyons mieux ici que lui, comme sommes à présent sans doute, et que les E aient loisir de composer amiablement de qu'ils lui doivent pour s'en acquitter à cer termes, et par ce moyen retirer leurs pla Sera à nous après d'essayer à les joindre étroitement à notre amitié. Je vous donn avis de ce qui aviendra ci-après. Cependant vous baise très-humblement les mains, et monsieur, votre bien humble et affectionné viteur. P. JEANNIN.

A La Haye, ce cinquième février 1608.

LETTRE *de M. de Villeroy à M. Jeannin, neuvième février* 1608.

Monsieur, je hasarde celle-ci par la voie M. de Berny, l'ambassadeur des archiducs assuré le Roi que nos paquets passeront à v rénavant sûrement par cette voie. C'est p vous faire savoir que l'abbé de Preaux arriv le quatrième de ce mois, avec vos lettres du vingt-huitième du précédent, lesquelles furent incontinent dévorées; car comme nous n'en avions reçu depuis le 26 décembre, nous en étions affamés. Nous avons approuvé et loué votre traité en la forme et en la substance, bien marris que les Anglois n'y sont entrés, mais contens de quoi vous n'avez laissé de passer outre sans eux. Nous avons passé le secours des dix mille au lieu de huit mille hommes, en cas d'infraction de paix; mais nous n'avons pas délibéré de changer celui des quatre mille durant les deux années de paix, ni la forme de les payer par nos mains, encore que nous ayons approuvé la condition à laquelle vous avez obligé par votre promesse les Etats. Celui des impôts n'a été contredit, et j'espère qu'il passera, tellement que la promesse des Etats sera inutile; de quoi nous vous éclaircirons mieux par notre ratification, qui sera sursise pour quelques jours, dedans lesquels nous pourrons avoir quelque lumière du progrès de leurs traités; dont on juge diversement, d'autant que l'on dit que le conseil d'Espagne entend que le point de la religion soit vidé par préférence aux autres, et qu'il soit opiniâtré jusques à une rupture. On a dit les archiducs avoir reçu un nouvel ordre très-exprès d'en user ainsi; de quoi vous vous serez bientôt aperçu. Les archiducs ont de nouveau fait prier Sa Majesté de favoriser leur traité, non-seulement en l'article de la religion, mais aussi en tous les autres : ce que Sa Majesté a promis vous commander, sur la protestation que leur ambassadeur lui a faite, qu'ils entendent s'y conduire entièrement par l'avis que vous leur donnerez.

Ils veulent aussi que nous croyions que l'archiduc a volonté de se mieux entendre et lier avec Sa Majesté que jamais, dont, s'il est ainsi, le président Richardot ne tardera guères à se découvrir à vous. La reine d'Angleterre a naguères fait un affront public au Roi, en la personne de M. de la Boderie, son ambassadeur, en faveur du roi d'Espagne : ç'a été en un bal. Après cela, le comte de Salisbury a bravé le ministre de l'archiduc assez indiscrètement. Ce sont tous artifices pour enfariner le monde; et semble que Sa Majesté ait délibéré de retirer d'Angleterre son ambassadeur, afin de le garantir de semblables rencontres, préférant, comme ils font aussi injustement que impudemment ou malicieusement, l'amitié d'Espagne à celle de France, parce que le premier paie mieux que le dernier. Le fait des Vénitiens avec le pape va toujours mal, et si je crois qu'il empirera, comme fait tous les jours le bon M. le duc de Montpensier, au commun regret de toute la France, tellement qu'à peine passera-t-il le mois prochain. Au demeurant, avisez s'il est à propos que vous fassiez un tour en France, si par-delà ils s'engagent à une prolongation de trève et de leur négociation qui vous en donne le loisir. Je vous prie de m'en mander votre avis par une lettre à part. Je prie Dieu, monsieur, qu'il vous conserve longuement en parfaite santé.

Votre, etc.   De Neufville.

De Paris, le neuvième jour de février 1608.

Lettre *de MM. Jeannin et de Russy au Roi, du seizième février* 1608.

Sire,

Depuis le départ de M. de Preaux, il n'y a eu moyen d'écrire à Votre Majesté, à cause des grandes gelées qui empêchoient le chemin, par terre et par mer, d'ici en Zélande; maintenant que le dégel le permet, et que ce jeune gentilhomme qui s'en va en France s'offre, nous le faisons. Les députés des archiducs arrivèrent en ce lieu le premier de ce mois, sur les quatre heures du soir; M. le prince Maurice, accompagné de M. le comte Guillaume, du comte Henri, son frère, deux autres seigneurs de sa maison, et quelques gentilshommes françois et anglois, leur fut au-devant à demi-lieue; les rues étoient si pleines pour les voir, tant de ceux de La Haye que des autres villes, qui y étoient venus exprès par curiosité, ou pour se réjouir de cette venue, qu'on n'y pouvoit passer, et a duré cette affluence et fréquence de gens devant le logis du marquis Spinola jusqu'à présent, plusieurs ayant encore, pendant ledit temps, fait effort pour entrer en son logis, et le voir. Ce que lui et ses collègues ont pris pour un témoignage que ces peuples désiroient ardemment la paix; mais ce n'étoit en effet qu'une grande curiosité qui leur est coutumière, quand des étrangers de nom, ou de la part de quelques grands princes, arrivent; car ils en firent autant à notre venue, et y continuèrent plusieurs jours. Nous fûmes voir lesdits sieurs députés le lendemain sur les quatre heures après midi, pour les saluer, et nous réjouir de leur arrivée pour un si bon œuvre que celui pour lequel ils étoient venus, y ajoutant qu'avions charge et commandement de Votre Majesté de les y assister, aider et servir en ce que nous pourrions; dont ils montrèrent être fort assurés, et qu'ils savoient bien qu'ès choses passées nous y avions déjà fait tous bons offices, dont ils nous remercièrent, et prièrent d'y continuer. Ils nous rendirent cette visite le jour d'après, avec tous bons propos et mêmes prières d'employer le pouvoir que Votre Majesté a envers les Etats pour les aider à faire la paix. Leur première conférence avec les députés des Etats s'est passée à voir les procurations d'une part et d'autre. Celle des archiducs pour leurs députés, qui contenoit pouvoir de traiter tant en leurs noms que du roi d'Espagne, a été trouvée suffisante; comme aussi l'autre dudit sieur roi auxdits sieurs archiducs, qui n'est que du dixième janvier, par laquelle il leur permet de traiter en son nom, et de substituer qui bon leur semblera à cet effet. Les mots spéciaux desdites procurations sont pour tenir et connoître les Etats-généraux libres, et déclarer qu'ils ne prétendent rien sur eux; et cela suffit avec les clauses générales qui y sont ajoutées, même la promesse de ratifier. On traitera après du point principal, à savoir de la liberté et souveraineté que les Etats avoient, en leur assemblée générale, mis par écrit entre eux, d'un commun accord; lequel fut depuis racoutré par nous, pource qu'il ne nous sembloit en bonne forme, sans toutefois rien changer en la substance. Nous lui envoyons les deux.

Lorsqu'ils en traitèrent premièrement, rien ne fut donné par écrit; mais M. de Barneveld, qui est l'un des députés, fit seulement entendre que les Etats ne vouloient entrer en aucun accord, sans être premièrement assurés qu'on traitera avec eux comme avec gens libres, qui ne dépendent que d'eux-mêmes, et sur lesquels le roi d'Espagne et les archiducs, tant pour eux que pour leurs successeurs, ne prétendent aucune chose. Ce que leur étant consenti à l'instant sans aucune difficulté, il survint un incident qui émut quelque contention entre eux : c'est que la procuration des archiducs étant sur la table, l'un des députés des Etats la prit, et, regardant le sceau au bout duquel les écussons particuliers des dix-sept provinces étoient mis, combien qu'aux titres que prenoient les archiducs les noms des Provinces-Unies ne fussent exprimés, dit hautement qu'il sembloit qu'en retenant les armes et écussons, on vouloit encore réserver quelque droit et prééminence sur eux; par ainsi qu'il étoit nécessaire d'exprimer en la déclaration de leur liberté, qu'ils ne pourroient plus s'attribuer les noms, titres et armes des Provinces-Unies, au droit desquelles ils renonçoient. A quoi M. le président Richardot fit réponse que les archiducs avoient omis sciemment, en leur procuration, les noms et titres des provinces dont ils ne jouissoient pas, mais que *et cætera*, mis sur la fin, conservoit leur droit pour le surplus; que les Etats n'avoient aucun intérêt en ce port de noms, titres et armes, quand bien leurs princes voudroient continuer de les prendre et porter, non plus que les rois de France ne reçoivent point de dommage et méprisent ce que les archiducs prennent le titre de ducs de Bourgogne, et les rois d'Angleterre celui de France; qu'ils ne pensoient pas toutefois que ce fût leur intention de le faire : mais de leur prescrire si rudement cette loi, et exprimer qu'ils ne les pourroient prendre, il étoit trop dur, et seroit les offenser sans raison, et sans qu'il en soit besoin pour la sûreté des Etats, puisque ces mots *de ne rien prétendre sur eux* signifioient tout, et les dépouilloient de tout droit et prétention. Rien ne fut arrêté en cette conférence, mais le tout remis à en délibérer. Les Etats ajoutent làdessus un mot à leur écrit pour exclure ledit sieur roi et les archiducs, du port des armes et des noms et titres (ainsi qu'il est contenu dans l'écrit qu'envoyons, qui n'est pas si bien qu'eussions désiré, puisqu'ils le vouloient mettre; mais, en faisant le traité, on peut racoutrer tout quand on est d'accord de la substance); le donnent auxdits sieurs députés, et déclarent qu'ils n'entendent point s'en départir.

M. le président Richardot étant venu voir particulièrement le sieur Jeannin, par deux fois, et nous lui ayant rendu depuis cette visite semblement, lui dîmes qu'à notre avis ils ne devoient faire aucun refus d'accorder cette demande aux Etats; car en déclarant qu'on ne prétend rien sur eux, il ne leur est pas loisible, en conséquence, de prendre le nom, les armes et titres de ce qu'ils ont quitté; que les exemples par lui allégués étoient fort différents, pource que ces princes n'avoient quitté leurs droits, mais prétendoient toujours y retourner, ou le pouvoient dire ainsi. Il répondit que c'étoit assez de quitter tout sans y ajouter cette expression, qui est injurieuse et honteuse, qu'ils n'avoient charge de le faire. Enfin, après quelques disputes, et sur ce que lui dîmes que les Etats ne s'en départiroient jamais, il se laissa vaincre, puis entra à diverses fois en une autre dispute avec nous, pour les places que les Etats tiennent en Brabant et en Flandre; nous disant qu'il n'étoit raisonnable, s'ils laissent et quittent aux Etats les droits qui leur appartiennent ès Provinces-Unies, qu'ils retiennent ces places sur eux, et aient, par ce moyen, des garnisons jusques aux portes de Bruxelles; qu'ils remettroient encore, en récompense desdites places, une ville qu'ils tiennent en Over-Yssel et Lingen, une bonne et forte place qui appartient à M. le prince Maurice; et lui étant dit qu'ils y devoient ajouter ce qu'ils tiennent au duché de Gueldre, il fit réponse qu'ils s'en garderoient bien, en paroles qui faisoient assez connoître qu'ils les vouloient conserver. En quoi nous jugeons que l'empereur et l'archiduc, qui ont quelque prétention à pays de Clèves et Juliers, ne se veulent dessaisir de ce qu'ils tiennent en Gueldre, proche et joignant lesdits pays, d'autant qu'il leur peut servir pour y entrer et entreprendre dessus. Or, étant bien assurés que les Etats rompront plutôt que de rendre les places de Brabant et Flandre, qui, à la vérité, leur sont de très-grande importance, quand même les archiducs les voudroient accepter toutes démantelées, et consentir qu'elles ne puissent être fortifiées à l'avenir, comme nous avons reconnu qu'ils feroient volontiers, traitant de cette ouverture avec ledit sieur président Richardot, nous avons, à cette occasion, essayé de lui persuader qu'il falloit remettre cette dispute de l'échange de places, après la paix faite, et prendre jour et lieu, pour le traité de paix, pour s'assembler à cet effet, lui remontrant que ceux qui craignent la paix en cet Etat, dont le nombre est toujours grand, auroient un beau sujet pour l'empêcher, sur la demande desdites places; car ils disent que le roi d'Espagne et les archiducs ne sauroient prendre par les armes en six ans; et que les ayant recouvrées par la paix, s'ils la veulent rompre après, il leur sera aisé, ces passages ouverts, d'entrer en Hollande et Zélande, et de séparer même ces deux provinces l'une de l'autre. Ce qui cessera, si on remet à traiter de cette affaire après la paix; car les esprits étant lors mieux préparés à se vouloir du bien, il seroit aussi plus aisé de s'en accorder; et s'ils ne le pouvoient faire entre eux-mêmes, qu'en agréant et priant les deux rois d'être médiateurs, on trouveroit sans doute des expédiens pour les sortir de cette affaire avec contentement. Ce que nous estimons en effet être vrai; mais ledit sieur président ne peut goûter cette remise, pource qu'ils n'entendent pas donner un échange égal pour ces places, ains mettre en considération les droits qu'ils quittent; dont après la paix on ne fera plus de compte comme de chose déjà acquise.

Nous étions en délibération de lui faire quelque autre ouverture, à savoir s'ils se contenteroient qu'il fût dit par le traité de paix que les Etats seront tenus rendre lesdites places au bout de quatre, cinq ou six ans, en les démantelant toutefois avant que d'en faire la restitution, dont les deux rois demeureroient garans, à la charge que pendant ledit temps ils les tiendroient comme villes de sûreté. Nous lui pensions aussi remontrer que, pour induire plus aisément les Etats de consentir à cette ouverture, il seroit besoin que le paiement des garnisons d'icelles fût fait des deniers des archiducs, comme de places qui seroient siennes dès le jour de la paix; mais nous nous en sommes abstenus, pource qu'eux étant demeurés d'accord avec les Etats du point de la souveraineté, au lieu de traiter de cet échange comme ils avoient auparavant délibéré, ils sont entrés sur le commerce des Indes, tant d'orient que d'occident, requérant les archiducs que les Etats s'en abstiennent du tout, et eux, au contraire, que la liberté d'y aller leur demeure entière. Surquoi il y eut grande contestation, et aperçut-on au visage du marquis qu'il étoit fort offensé de ce que les députés des Etats se montroient si obstinés à défendre cette liberté. M. le président Richardot entra aussi en colère à cette occasion, et leur dit que le roi d'Espagne ne quittera jamais les actions qu'il a sur ces pays, n'accordera non plus le commerce d'Espagne, si eux ne se départent du trafic des Indes; et que les deux ensemble qui leur étoient si avantageux, méritoient bien qu'on lui donnât ce contentement. Ils se séparèrent lors sans rien faire, et avec quelque altération. Les Etats en délibèrent maintenant; sur quoi les intéressés en ce trafic, dont le nombre est grand, pource que plusieurs qui ne sont nommés en cette société, y ont mis leur argent, font grand bruit, et ceux qui ne veulent la paix se joignent aussi à eux. Davantage, chacun juge que ce trafic leur doit apporter à l'avenir très-grande utilité, et que c'est le seul moyen d'entretenir leurs peuples en quelque vigueur militaire.

Nous envoyons à Votre Majesté un sommaire discours présenté aux États de la part du conseil des marchands sur ce sujet. On pense bien pouvoir obtenir que la compagnie des Indes continuera son trafic pour le temps qui lui reste, qui est encore de dix ans : mais ni eux ni les États ne se veulent contenter de cela : car ils disent qu'ils perdront le trafic dès le premier jour, si on sait qu'ils n'y puissent plus aller ledit temps passé; que les princes et les peuples desdits pays se retireront de leur amitié à cette occasion, et rechercheront celle des Portugois, qui seuls devront demeurer près d'eux. Nous aiderons à sortir de cette affaire au mieux qu'il nous sera possible; mais les États ont déclaré jusques ici qu'ils ne veulent recevoir aucun autre expédient, sinon qu'ils trafiquent comme ennemis par delà la ligue, tout ainsi que les François, sans pourtant rompre la paix, ou bien qu'il leur soit permis de trafiquer de gré à gré ès ports des Espagnols, en vertu de la paix, qui donne cette liberté de commerce aux alliés et amis ès terres et pays l'un de l'autre, et ès ports et havres des autres rois et princes desdits pays qui le voudroient permettre par le droit des gens, s'arrêtant opiniâtrement là-dessus; qui nous fait craindre que cette difficulté ne soit pour rompre la paix, si les uns et les autres ne remettent quelque chose de leurs prétentions. Nous avons toutefois estimé, sans attendre ce qui en aviendra, que nous devions avertir Votre Majesté de ce qui s'est passé, comme nous ferons au plutôt du surplus; priant Dieu cependant qu'il donne à Votre Majesté, sire, et à sa royale famille, tout heur, prospérité et contentement.

Vos très-humbles et très-obéissans sujets et serviteurs,   P. JEANNIN et DE RUSSY.
De La Haye, ce 16 de février 1608.

LETTRE *de M. Jeannin à M. de Villeroy, dit jour sixième février 1608.*

Monsieur, trois jours après l'arrivée des députés archiducs, M. le président Richardot accompagné de M. Verreiken, me vint voir particulier, répéta encore cette visite le lendemain, et y fut plus d'une bonne heure et demie à chaque fois, dont les députés d'Angleterre prirent jalousie, pource qu'eux l'étoient venu voir, et il ne leur avoit rendu lors cette visite, où au contraire il avoit commencé le premier chez moi; et répété encore la même chose avant que la leur rendre, ni que je me fusse aussi acquitté de ce devoir en son endroit; qui ne m'étoit pas avenu toutefois par vanité ou dessein, mais pour avoir été travaillé trois jours d'une colique graveleuse bien fort rude, qui m'ôta le moyen de le voir chez lui avant qu'il fût venu pour la seconde fois vers moi. Je vous dirai donc, monsieur, que ledit sieur président me déclara plusieurs fois qu'il prenoit une entière confiance en nous, étant déjà très-bien informé que nous aidions à la paix, que nous y avions beaucoup de pouvoir, et que les archiducs ne la pouvoient espérer que par le moyen de Sa Majesté. Je lui répondis qu'ils n'avoient pas toujours eu cette opinion, mais qu'on les avoit trompés, car notre instruction portoit de favoriser entièrement la paix, comme je lui offrois de lui faire voir quand il voudroit, afin qu'il en fût plus assuré; que toutes nos actions avoient aussi tendu à ce but, lui déclarant particulièrement ce qu'avions fait du passé, et si nous avions quelquefois dissimulé notre affection en cet endroit, pour nous conserver tant que créance auprès de ceux qui tendoient à la guerre, c'étoit avec désir de les gagner et ramener par raison, comme nous avons fait la plupart d'eux; que la dernière action, à savoir de la ligue pour la paix, recherchée et poursuivie avec aussi grande instance par ceux qui la désirent, qu'elle a été empêchée par les autres qui veulent la continuation de la guerre, étoit encore celle qui a le plus servi pour ôter à ces peuples toute défiance, et l'appréhension qu'ils ont eue dès long-temps qu'on cherchoit à les tromper et ruiner par la paix, puisqu'on ne l'avoit pu faire par la guerre, eux ayant commencé de croire, à cette occasion, qu' un tel appui la paix ne pouvoit faillir d'être bien assurée. Et, sur ce que ledit sieur président me dit qu'on lui avoit fait entendre que ladite ligue étoit aussi bien pour la guerre que pour la paix, je lui répondis qu'on l'avoit mal informé, la tirai même de ma cassette, lui en fis lecture, lui dis tout ce qui s'étoit passé sur ce sujet, et les raisons pourquoi les Anglois n'y étoient entrés avec nous, parlant toujours d'eux comme de ministres d'un prince avec lequel le nôtre est fort bien, encore qu'aie trop de conjectures pour croire qu'ils n'en usent pas ainsi. J'ai après fait entendre audit sieur président, que je n'avois failli de rapporter au Roi ce que l'archiduc me donna charge de lui dire de sa part pour la paix avec les Etats, lorsque je le fus trouver à Nieuport, il y a environ cinq ans; mais que Sa Majesté avoit découvert en ce même temps la conspiration qu'on dressa contre elle et son Etat avec le feu maréchal de Biron. Et, combien qu'elle crût tous ces desseins avoir été forgés en Espagne, sans que les archiducs y eussent aucune part; qu'étant néanmoins contraints de suivre tous les mouvemens qui viennent de cet endroit, elle estima que ce n'eût été prudence de s'employer à mettre ces pays en paix, pour donner plus de moyen au roi d'Espagne de lui en faire mal; qu'à la vérité dès ce temps-là Sa Majesté eut plus de soin des Etats qu'elle n'avoit en auparavant; car, au lieu qu'elle leur rendoit seulement à certains termes l'argent qu'ils lui avoient prêté en sa grande nécessité, ne voulant rien faire de plus, pour violer la paix elle s'élargit davantage; mais, ayant depuis jugé que la continuation de cette guerre pourroit être cause de mettre le feu par toute la chrétienté, elle auroit pris conseil de chercher les moyens de la faire finir, et commandé bien expressément, il y a plus de deux ans, à feu M. de Buzanval, qui résidoit de sa part près desdits sieurs les Etats, de les induire de tout son pouvoir à la paix; chose si notoire dans le pays, que le défunt y est encore regretté, et sa mémoire en bonne odeur à cette occasion; qu'il pouvoit donc juger par ce discours très-visible le mal, depuis la paix, être plutôt venu du côté de l'Espagne que du nôtre, et croire quand on voudra vivre avec Sa Majesté en bonne et sincère amitié, qu'elle y sera toujours très-bien disposée, même à l'endroit des archiducs, qu'elle sait n'avoir eu aucune part en toutes ces brouilleries.

Sa réponse fut pleine de bons propos, et me voulut faire sentir qu'on avoit moyen de faire des alliances pour s'assurer davantage l'un de l'autre; qu'il en avoit déjà été parlé, et qu'elles pourront être telles qu'aurons intérêt à faire que la paix avec les Etats soit avantageuse pour eux. Je louai et approuvai son discours, montrant toutefois de ne rien savoir de plus particulier, et qu'il y avoit long-temps que je n'avois reçu lettres du Roi; à savoir depuis le dernier décembre, comme il est vrai. Et lors il me dit qu'il s'assuroit que j'en saurois plus par les premières lettres, et qu'il s'en ouvriroit aussi lors davantage avec moi; que le roi d'Espagne, les archiducs, et tous leurs ministres sont catholiques, et désirent plus l'alliance des princes de cette qualité que des autres, auxquels ils n'ont recours qu'au besoin seulement, non avec élection ou affection. Nous écrivons au Roi tout ce qui s'est passé avec les députés des archiducs jusqu'à présent. C'est à bon escient que le roi d'Espagne et les archiducs veulent la paix; mais le premier veut ôter aux Etats la liberté d'aller aux Indes, tant d'orient que d'occident; et c'est aussi la seule utilité qu'il peut espérer de ce traité. Les Etats s'opiniâtrent au contraire à la retenir, du moins pour les Indes d'orient, et y aura très-grande difficulté à la leur faire quitter, pource que les deux provinces de Hollande et Zélande y ont très-grand intérêt, et demeurent fermes à ne s'en point départir. Or elles ont beaucoup de pouvoir sur les autres. Nous ferons tout ce qui nous sera possible pour y trouver des expédiens afin d'empêcher qu'on ne rompe à cette occasion. Quant aux archiducs, leur intérêt est en la restitution des places de Brabant et Flandre, sur quoi les Etats ne sont délibérés non plus de leur donner aucun contentement. Bien estimé-je, si on peut remettre cet article après la paix, qu'il y aura moyen d'en sortir mieux que maintenant. On m'a parlé de transférer ce commerce des Indes en France, et les marchands de la compagnie disent hautement que si on le leur veut ôter, ils se retireront en France ou en Angleterre pour le continuer. Ce n'est le temps de s'en découvrir; car il n'est à propos que les députés des archiducs sachent que Sa Majesté a ce dessein; ni les Etats aussi, pour ne les mettre en soupçon que l'aimions mieux pour nous que pour eux, dont ils nous sauroient très-mauvais gré. J'attendrai ce qui se passera pour faire opportunément ce qui m'a été commandé. Je prie Dieu, monsieur, qu'il vous donne en parfaite santé très-longue et heureuse vie.

Votre très-humble et très-affectionné serviteur,
P. Jeannin.

De La Haye, ce 16 février 1608.

Lettre *de M. de Villeroy audit sieur Jeannin, dudit jour seizième février 1608.*

Monsieur, vous aurez ici un duplicata de la lettre que je vous ai écrite le 9 de ce mois, et vous ai envoyée par la voie de M. de Berny, afin de vous ouvrir ce chemin pour nous faire savoir de vos nouvelles plus commodément et souvent, en vous assurant que vous ferez plaisir au Roi, si vous pouvez trouver moyen de le contenter en cela, tant il désire savoir à point nommé et ponctuellement ce qui se passe où vous êtes. Je vous envoie la présente avec la voiture du dernier quartier de l'année passée, qui n'a pu être comptée ni prête plus tôt : car vous savez que les paiements des derniers quartiers des deniers du Roi ne se font à jour préfix. J'estime que madame la princesse d'Orange passera avec cette compagnie : pour le moins a-t-elle pris congé de la cour en cette intention, et a désiré porter ce secours à ses amis; sans la rigueur de l'hiver elle fût partie plus tôt, ainsi qu'elle vous dira. Elle va résolue de se conduire pour le service du Roi et le bien de ceux qui lui appartiennent, entièrement par votre bon conseil et avis, Sa Majesté l'ayant aussi assurée que vous procurerez et favoriserez en son nom l'avantage des siens autant qu'il vous sera possible, et aurez pouvoir de le faire. Aussi est-ce certainement l'intention de Sa Majesté, ainsi qu'elle vous a souvent commandé et savez très-bien. Mais nous lui avons dit qu'il est besoin que le prince Maurice se déboutonne et confie en vous, c'est-à-dire au Roi, plus qu'il n'a fait jusqu'à présent, en prenant et épousant franchement le parti qui est jugé de tous plus utile et salutaire à la cause commune; à quoi ladite dame a promis d'employer son crédit et ses conseils sincèrement. M. de Vic nous a écrit de Calais, le huitième de ce mois, la mort soudaine du sieur de Sailly, qui résidoit en ladite ville pour le service des Etats, ainsi qu'il disoit ses adieux pour s'embarquer, mandé par eux, et nous a envoyé un projet d'avis qu'il prétendoit donner auxdits sieurs s[ur] l'ordre et la forme du gouvernement de leur Et[at] après la paix. Et, d'autant qu'il nous a mandé v[ous] en avoir fait tenir autant, je ne vous en dirai [les] particularités ; mais seulement qu'il mérite d'être considéré, car son but est bon. Il faut seulement voir si les moyens d'y arriver sont faisables, [et] seront pour contenter ceux qui y ont intérêt; [nous] aurons à plaisir que vous nous fassiez savoir ce q[ue] vous en semble, et si vous en aurez conféré avec Barneveld. En tous cas nous disons, si, en fais[ant] ladite paix, ils ne règlent et établissent leurdit gou[ver]nement autrement qu'il est, qu'ils se diviser[ont] bientôt, dont leur ruine s'ensuivra, et ne se[ra] après en pouvoir de leurs amis et alliés de les [en] garantir, comme vous avez eu charge de leur r[e]montrer.

Nous vous renverrons l'abbé de Preaux apr[ès] votre première dépêche, avec la ratification qu[e] vous avez promise, ainsi toutefois que je vous écr[is] par mon autre lettre, depuis laquelle M. de Sully, qui a voulu examiner à loisir la contrepromes[se] que vous avez tirée des Etats sur l'article des d[roits] et impositions, m'a fait entendre qu'il n'estime p[as] que les étrangers qui trafiquent en ce royaume, [ne] paient plus grandes que les François, si ce n'est [à] Brouage pour la ferme des trente-sept sous, et à Bordeaux pour la comptablie, de quoi il doit s'instruire et éclaircir davantage : car il ne fait p[as] état de consentir aucune diminution desdites impositions, pour la conséquence et que cela rom[p]roit les fermes. Au reste, vous saurez qu'il y a i[ci] un homme nommé Mathieu Coulhés, qui autrefo[is] négocioit par-delà, pour faire venir en ce royau[me] un marchand nommé Pierre Linges, qui trafiquo[it] aux Indes, et promettoit d'établir ce commerce [en] Bretagne, lequel est maintenant décédé, qui dit [y] avoir un autre marchand par-delà, nommé le[ ] Maire, qui est trop plus expérimenté auxdits voyages des Indes, et à beaucoup plus de pouvo[ir,] de connoissance et de crédit ; et suite que led[it] Linges, lequel offre de servir Sa Majesté en ce[tte] occasion, et même de la venir trouver dès à pr[é]sent, pour lui en faire les ouvertures nécessaires, desquelles il promet qu'elle recevra contentement. Mais il ne veut être découvert aucunement par-del[à] ni en ce royaume, jusqu'à ce qu'il soit d'acco[rd] avec nous des conditions, sous lesquelles il ent[end] dresser et établir ledit commerce.

Sur cela Sa Majesté n'a été d'avis qu'il vienne [à] présent par-deçà; mais qu'il trouve moyen de v[ous] voir pour vous faire sa proposition, et la résou[dre] avec vous, disant Sa Majesté qu'elle approuvera [et] tiendra pour arrêté tout ce que vous conviendr[ez] semble, ainsi qu'elle m'a commandé vous en écrire: car elle est assurée que vous ne consentirez et n'accorderez rien qu'à propos; et vous dirai qu'il me semble que vous ferez bien de m'avertir du dernier mot de ce personnage pour recevoir sur icelui les commandemens de Sa Majesté devant que de conclure aucune chose; mais à ouïr parler ce Mathieu Coulhés, il semble que nous devions tirer de ses propositions tant d'utilités et avantages que nous n'y ferons difficulté quelconque. Je vous envoie une lettre du Roi pour ledit Maire non souscrite, afin que, si notre paquet tomboit en mauvaise main, il ne soit découvert, tant il craint cela sur toutes choses. Sa Majesté a promis pour vous que vous ne le découvrirez à personne, en l'assurant qu'il peut se confier en vous comme en Sa Majesté même, au moyen de quoi je vous prie vous y conduire selon son désir. Ledit Coulhés m'a dit qu'il écrira par cette voie audit Maire, et qu'il me baillera son paquet; s'il le fait, vous l'aurez avec la présente, à laquelle je n'ajouterai que mes très-affectionnées recommandations à vos bonnes grâces. Car nous n'avons rien de nouveau d'Espagne, d'Italie, ni de Piémont et d'Angleterre, non plus que d'Allemagne, qui mérite vous être écrit. Le Roi a un peu senti la goutte depuis quatre jours; mais elle est si gracieuse qu'elle ne l'empêche de jouer ni de dormir. Nous parlons d'aller à Fontainebleau dans le vingtième de ce mois, que la Reine sera fort avancée en son neuvième mois pour faire ses couches audit lieu. Cependant Sa Majesté pourra, après Carême prenant, visiter Chantilly. M. le connétable est allé devant préparer la maison. Je prie Dieu, monsieur, vous conserver en bonne santé longue et heureuse vie.

Votre, etc.   DE NEUFVILLE.

De Conflans, ce seizième jour de février 1608.

Lettre de M. de Sully à M. Jeannin, du vingt-sixième février 1608.

Monsieur, j'ai toujours estimé la monarchie d'Espagne être du nombre de ces Etats-là, qui ont les bras et les jambes fortes et puissantes, et le cœur infiniment foible et débile; et tout au contraire notre empire françois être de ceux qui ont les extrémités destituées de puissance et de vertu, et le corps d'icelles merveilleusement fort et vigoureux: différences qui procèdent de leur situation et du naturel dont ils sont composés. [Ces considérations] m'ont toujours fait insister et conseiller, avec fermeté, qu'il falloit attaquer le cœur et les entrailles de l'Espagne, que j'estime, pour le présent, résider aux Indes orientales et occidentales, lesquelles ayant été le seul fondement de la grandeur d'Espagne, sera, par sa ruine, le bouleversement de sa rude domination, sans néanmoins devoir prétendre pour nous la conservation et possession de telles conquêtes, comme trop éloignées de nous, et, par conséquent, disproportionnées au naturel et à la cervelle des François, que je reconnois à mon grand regret n'avoir ni la persévérance ni la prévoyance requises pour telles choses, mais qui ne portent ordinairement leur vigueur, leur esprit et leur courage, qu'à la conservation de ce qui leur touche de proche en proche, et leur est incessamment présent devant les yeux, comme les expériences du passé ne l'ont que trop fait connoître: tellement que les choses qui demeurent séparées de notre corps par des terres ou des mers étrangères, ne nous seront jamais qu'à grande charge et à peu d'utilité. Tous lesquels discours ayant pu être faits par les Espagnols et par messieurs des Etats aussi bien que par moi, ont aussi pu être la cause des délibérations auxquelles ils sont tombés, et dont il s'agit maintenant.

Car les premiers se voyant attaqués dans les Indes, et les affaires disposées à augmenter cette agression plutôt qu'à la discontinuer, en s'imaginant, à cause des imprudentes propositions faites par le sieur Aërsens, sans aucune charge de nous, que nos desseins et nos espérances se portoient à la domination des Pays-Bas, et par conséquent des Indes, aussitôt ils prirent résolution de détourner ces deux périlleux orages par toutes sortes d'expédiens, quelque honteux et dommageables qu'ils puissent être, et comme sont trouvés tels d'un chacun la renonciation de la souveraineté de toutes les terres qui sont possédées par messieurs des Etats; lesquels, de leur part, croyant aussi que les ouvertures faites par ledit Aërsens, comme de lui-même, procédassent de notre résolution, et que notre amitié n'avoit pas pour but de les délivrer absolument et de les mettre en liberté de toutes façons, mais, au contraire, de les soumettre à notre domination, rendant, par ce moyen, leur sujétion plus absolue, et conséquemment plus difficile à secouer, aussi toutes leurs inclinations se porteront à convenir et accorder des choses auxquelles ils n'avoient jamais pensé auparavant. Toutes lesquelles raisons m'étant infinies fois passées et repassées par l'esprit, elles m'ont fait juger et maintenir constamment qu'il étoit impossible d'empêcher qu'ils ne se portassent à la paix, et, par conséquent, qu'il étoit à propos, si nous ne voulions ouvertement irriter et offenser les uns, et nous rendre suspects aux autres, que nous devions conformer nos conseils à la condition des temps, et à l'état présent des affaires, et suivant icelles embrasser et autoriser les conseils doux et pacifiques ; puisqu'aussi bien les généreux et magnanimes n'étoient pas de saison, et que quand ils eussent été suivis, ce n'eût été qu'à regret, tant par eux que par nous-mêmes. Car, de leur part, ils n'eussent jamais repris les armes qu'à demi, et sans être en partie divisés, et nous, de la nôtre, n'eussions pas contribué tout ce qui eût été nécessaire pour soutenir une telle débilité.

Il est donc nécessaire plus que jamais que vous continuiez vos prudens avis et conseils vers eux, sans changer de forme de procéder, et que vous persuadiez à ces peuples de ne s'arrêter pas à vouloir obtenir tous leurs désirs et toutes les conditions nécessaires pour l'entier établissement de leur domination et fondement absolu d'une république ; car jamais Etats qui aient été ne s'établirent en cette forme tout en une fois et du premier coup, mais peu à peu. Ce qui semblablement et sans doute arrivera à ceux-ci, pourvu qu'à l'entrée du gouvernement ils le sachent bien connoître eux-mêmes, et, usant de ma prudence requise, n'établissent pas une telle forme qu'elle se ruine en se créant, comme sans doute il arrivera s'ils ne sont bien sages. Et surtout faut prendre garde que par leur traité ils ne quittent pas un pouce de terre, d'autant que celui qui restitue sur-le-champ et en effet, a toujours le dommage ; car, quant aux promesses de l'avenir, ce sont papiers et paroles que le vent emporte ; et puis il est nécessaire de laisser dans les provinces voisines une saveur et un levain qui puisse engendrer aux peuples d'icelles un continuel désir de se joindre pièce à pièce à ce corps mis en état de liberté, lorsqu'ils sentiront quelque oppression de leurs princes : chose qui arrivera infailliblement, si l'on reconnoît parmi messieurs des Etats un bon ordre et un gouvernement assuré. Or, comme les Suisses ont fondé le leur par leurs tumultes, par leurs armes, et par l'âpreté et stérilité de leurs montagnes, il faut tout au contraire que messieurs des Etats s'établissent par prudence, par ordre, par or, et par la fertilité et commodité de leurs terres et de leurs mers. Que, s'ils peuvent obtenir la liberté du trafic en Espagne, il est bon, pourvu que tous leurs vaisseaux, ou la plus grande part, ne s'y rencontrent jamais en même temps, de peur que, par la rétention d'iceux, leur force ne se trouvât débilitée, et donnât sujet de les attaquer.

Quant à celui des Indes orientales et occidentales, il est à désirer qu'ils le puissent faire ; car ce seroit être en état de s'accroître soi-même, et de diminuer autrui. Mais quand l'un ou l'autre, ou tous les deux, leur seront déniés, si n'estimé-je pas que pour cela ils doivent différer de conclure le traité de paix ; car il leur sera toujours extrêmement avantageux, ne quittant rien en terre d'en tenir un titre authentique, par lequel, à la vue de tout le monde et à l'opinion de tous hommes, se puissent tenir et qualifier république libre et souveraine, et par conséquent capables de faire ouvertement et publiquement alliance et confédération avec tous princes, et notamment avec ceux qui ont intérêt à les conserver et à les empêcher que jamais ils ne retournent en la sujétion dont ils seront sortis ; ainsi, au contraire, seront tenus de favoriser leur accroissement, à la diminution de ceux qui, étant autrefois leurs seigneurs sont devenus leurs compagnons. Que s'il manque après quelque chose à souhaiter, le temps et les occasions feront naître les moyens de l'obtenir, comme nous l'avons vu pratiquer et à Venise et parmi les Suisses, qui de peu se sont accrus en la puissance où nous les voyons maintenant : car si une fois les armes et les pensées de la guerre sont tirées hors des Pays-Bas par le roi d'Espagne, la considération de l'éloignement de ces Provinces, et la souvenance des périls, frais, peines et travaux qu'il y aura rencontrés par le passé, le fera penser deux fois à s'y embarquer avec les forces convenables pour y mettre une dernière fin.

Tous ces discours auroient besoin d'être plus étendus ; mais n'étant faits que pour vous qui entendez à demi-mot, je m'en abstiendrai, et aussi qu'ils ne vous doivent assujétir à aucunes de mes raisons et conseils ; car les lettres du Roi vous peuvent servir de règle et de guide certains pour vous y conformer entièrement. Quant à l'affaire de mes cousins d'Espinoy, je vous prie de vous en souvenir comme vous m'avez promis ; et, lorsque l'on viendra à parler des échanges et jouissance des terres et seigneuries que les particuliers d'un parti ou d'autre ont dans les provinces de l'un, il sera facile de faire tomber cela à propos. Et s'il est dit que chacun rentrera dans le sien, cet article étant général, il sera pour nous, et y faut insister, si aussi les biens demeurent perdus, pour aux princes de récompenser chacun leurs partisans. Vous pouvez prier messieurs des Etats d'avoir souvenance que feu M. le prince d'Espinoy a perdu ses biens pour avoir tenu leur parti ; et, par conséquent, qu'ils sont obligés de mettre ses enfans au nombre de ceux qu'ils doivent récompenser. Tout ceci n'est dit que par forme d'avis, remettant à votre prudence et affection toute la conduite de cette affaire ; m'assurant que, comme vous avez été l'auteur du commencement de tout bien, vous voudrez être aussi celui qui y aura donné la perfection, afin qu'eux et moi vous en ayons l'obligation tout entière; laquelle reconnoissant comme je dois, vous nous trouverez toujours disposés à nous en ressentir en toutes les occasions, et moi, particulièrement, à demeurer, monsieur, votre, etc.

MAXIMILIEN DE BETHUNE, duc de Sully.

De Paris, ce 26 février 1608.

Lettre de M. de La Boderie à M. Jeannin, du vingt-septième février 1608.

Monsieur, le peu que j'ai eu à vous dire, a été cause que je suis demeuré muet si long-temps. Cependant j'ai reçu depuis quatre jours les vôtres du cinquième de ce mois, avec copie de la ligue qu'avez contractée avec messieurs les Etats, dont je vous remercie bien humblement. Déjà l'avois-je vue par le moyen de M. Carron, et m'en étois infiniment réjoui, comme de chose que je juge devoir être de tous côtés de grande réputation à Sa Majesté, et de non moindre utilité avec le temps. La nouvelle en a été reçue ici avec autant d'étonnement que de déplaisir; car, d'un côté, on ne se pouvoit persuader que nous fussions si résolus; et d'ailleurs on reconnoît bien que par ce moyen nous avons gagné le dessus avec les Etats, qui est ce qu'on craignoit le plus. Je disois toujours bien que les députés anglois seroient d'accord avec vous, jusques à ce qu'on vint à fondre la cloche. Vous l'avez éprouvé, et me réjouis que ç'ait été avec tant de gloire pour vous, et avantage pour notre maître. Depuis cela ils auront eu charge de contracter avec les Etats, quasi de la même sorte que vous. Bien ont-ils long-temps barguigné par-deçà avec ledit sieur Corron pour la quantité du secours, voulant tenir ferme sur l'égalité : néanmoins, à la fin, ils se sont réduits au pied du nôtre; sinon, possible qu'une partie de ce que nous mettons en hommes, ils le promettent en vaisseaux. Et de plus, on m'a assuré qu'ils doivent proposer une autre ligue entre eux et nous, le roi de Danemarck, les princes protestans et les Etats, pour la défense commune des uns et des autres; mais ils ont tant fait les fins, et ont si long-temps attendu qu'on les priât, que je ne sais ce qu'on en trouvera bon en notre cour, encore que pour moi j'estime-rois que, puisque nous ne pouvons trouver de sûreté ni d'avantage en l'amitié d'Espagne, nous ferions mieux de nous assurer celle-ci, sans nous arrêter sur des pointilles. Ils ont fait ces jours ici une galanterie, dont le Roi notre maître est fort offensé, et non sans cause, d'avoir reçu l'ambassadeur d'Espagne à voir un ballet qu'a fait cette Reine, contre ce que je me suis laissé entendre m'y sentir intéressé. Dès l'heure le Roi me voulut payer de dire que ce n'étoit point lui qui l'y appeloit; qu'il s'y étoit convié lui-même et en avoit prié la Reine, et au lieu de cela me voulut convier à un festin. Je fis réponse qu'il étoit le maître chez lui ou le devoit être, et refusai ledit festin, dont il fut fort courroucé. Depuis, sur l'occasion du mariage de M. d'Adinton Ramezai, celui qui lui sauva la vie en Ecosse, cette affaire s'est rhabillée; de sorte que je crois que Sa Majesté en devra demeurer satisfaite. J'ai été convié au festin public qui s'est fait pour ladite noce de la part dudit Roi, et pour l'honorer du nom du nôtre, comme le prince qui sait l'aimer le plus, et avoir reçu plus de contentement de sa salutation. Les noces de celui qui la lui a causée, avec déclaration que ce que l'ambassadeur d'Espagne s'étoit trouvé en l'autre, ç'avoit été par sa recherche et importunité contre la volonté de Sa Majesté, et sans qu'il l'en eût prié; et que par le traitement qu'il me feroit, chacun connoîtroit la différence qu'il faisoit de lui à moi; sous cette déclaration et assurance, j'acceptai de m'y trouver, et de fait, j'y ai été traité tout d'autre sorte.

Il y eut bal devant et après souper, où je fus toujours auprès dudit Roi, personnellement, ou écoutant ou parlant à lui, et avec démonstration d'une grande privauté; et la vérité est qu'en l'autre il ne dit jamais une parole audit ambassadeur. Au partir de là, je soupai au festin public de la noce, où ledit ambassadeur ne mangea qu'en une chambre privée avec un officier de la maison; et durant le souper, le roi me voulut encore favoriser de m'envoyer dire par le vicomte de l'Isle, grand chambellan de la Reine, qu'il étoit marri que la coutume d'Angleterre ne lui avoit pu permettre de se trouver à ladite table pour y boire à moi et me faire bonne chère; mais qu'il ne laissoit de faire le premier et me prioit de l'autre. A tout cela ma femme fut conviée aussi de sa part, et le soir il nous mena voir un autre ballet que dansèrent douze des principaux seigneurs de cette cour, où il nous fit encore, à ma femme et à moi, toutes les courtoisies qu'il lui fut possible, et jusques à ma fille : il se la fit approcher, et la baisa deux ou trois fois (qui ne lui est pas chose ordinaire), et voulut qu'elle dansât avec le petit duc d'Yorck son fils; en somme il n'oublia rien pour me contenter. Je les ai trouvés si hagards, quand je suis arrivé ici, si mal contens de mon prédécesseur, et si remplis de la vanité que la recherche qu'avoient faite d'eux tous les princes de la chrétienté à l'avénement dudit roi à cette couronne leur avoit fait naître, que j'ai eu beaucoup de peine à les remettre. Toutefois je les vois, ce me semble, en meilleur état; et la démonstration que nous avons faite depuis un an de ne nous soucier guères d'eux, et de pouvoir faire nos affaires sans eux, n'y a pas nui. Ils ne sont nullement encore assurés du côté d'Irlande; et pour avoir plus de moyen de se défendre de ce côté-là, s'ils y sont attaqués, ils font un emprunt d'un million de livres sur les meilleures bourses de cette ville, qui y cause beaucoup de rumeurs et de mécontentement. Leurs affaires enfin ne sont point en si bon état, qu'ils n'aient, Dieu merci, plus grand besoin de nous, que nous d'eux. C'est tout ce que je vous en puis dire pour ce coup, vous baisant les mains très-humblement, et demeurant, monsieur, votre très-humble et très-affectionné serviteur,

La Boderie.

A Londres, ce vingt-septième février 1608.

Lettre *du Roi, du vingt-septième février* 1608.

Messieurs Jeannin et de Russy, vous avez été avertis de l'arrivée ici de l'abbé de Preaux, porteur de votre dépêche du 28 du mois de janvier, par les lettres particulières que le sieur de Villeroy a écrites par mon commandement, à vous sieur Jeannin, les 9 et 16 du présent. La première vous a été envoyée par l'adresse du sieur de Berny, et l'autre accompagnée du *duplicata* de celle-là, par l'occasion du retour par-delà des navires sur lesquels les deniers du dernier quartier de l'année passée ont été chargés et envoyés. Vous aurez su par icelles quel a été le contentement que j'ai reçu du traité d'alliance et confédération que vous avez fait en mon nom avec ces sieurs, suivant mes commandemens, et pourquoi j'ai différé de vous envoyer la ratification d'icelui jusqu'à présent, ayant désiré voir auparavant quelque acheminement à celui que le roi d'Espagne et les archiducs étoient sur le point de commencer; non que j'aie eu dessein de me régler sur leur conduite, ni varier de ma première résolution, ou rien innover ou changer audit traité, mais simplement pour voir quel jugement les députés desdits princes feroient d'icelui à leur arrivée par-delà; de quoi vous m'avez éclairci par vos lettres du 16 de cedit mois, que j'ai reçues le 24, comme nous avons depuis fait celle que vous, sieur Jeannin, avez écrite de votre main audit sieur de Villeroy le 19. Je vous dirai donc en un mot, par la présente, que vous m'avez servi, en la confection dudit traité, entièrement selon mon désir et mon expectation, tant en la matière qu'en la forme et au temps que vous l'avez conclu. Aussi je vous en envoie par le même abbé de Preaux mes lettres d'approbation et ratification, accompagnées d'une particulière adressant au corps des sieurs les Etats, par laquelle j'ai voulu leur faire savoir ma satisfaction, qui leur sera exprimée plus au long par vous, en la leur délivrant, aux termes que vous jugerez plus propres et convenables, dont je me remets à vous, voire même d'en surseoir la présentation, à cause de la présence des députés des archiducs, ou autrement, selon que vous aviserez être pour le mieux. Car, comme vous m'avez servi en tout ce qui s'est passé avec tant de prudence, loyauté, et si heureusement, que j'en suis avec raison très-content, et vous en sais le gré que vous méritez, je veux aussi me confier et entièrement remettre à vous de tout ce qui reste à faire par-delà pour mon service, tant pour l'exécution dudit traité, qu'aux autres occasions qui se présenteront durant que vous y serez. Certainement j'eusse bien désiré que les Anglois fussent entrés avec nous audit traité, suivant le projet que vous en aviez fait; car il eût été plus favorable auxdits Etats sur l'entrée de la conférence avec les députés desdits archiducs. Vous y avez fait votre devoir et votre possible; mais avez encore mieux fait d'avoir passé outre sans eux, pour les raisons que vous m'avez représentées. L'on m'a écrit d'Angleterre qu'ils sont à présent marris de s'en être ainsi départis, et qu'ils ont volonté de l'amender, en suivant le chemin que vous leur avez tracé; mais j'en attendrai les effets pour le croire; surtout il faut prendre garde que ce qu'ils feront n'altère ou change ce que nous avons fait. Ils se vantent qu'ils porteront avec eux au traité qu'ils feront, le roi de Danemarck et les électeurs, et autres princes qui ont leurs députés par-delà, pour magnifier et faire plus estimer leur alliance; mais je crois, si le premier suit, que les autres prendront parti avec nous aussi volontiers qu'avec eux, en cas qu'ils veuillent bâtir leur ligue sur ce fondement de la paix, à notre imitation. A quoi vous prendrez garde; car je ne me puis promettre de la volonté et prudence desdits Anglois, qu'ils prennent en cette occasion parti avec nous, comme ils devroient faire pour notre commun avantage, s'ils étoient aussi jaloux de leur propre bien, qu'ils me donnent argument de croire l'être de ma prospérité. Toutefois je veux être plus sage qu'eux; partant, s'ils vous donnent par leur procédé sujet d'espérer de se laisser persuader d'entrer en notre union, vous en faciliterez l'effet autant que vous connoîtrez que vous le pourrez dignement faire.

Sachez aussi que l'on m'a mandé d'Angleterre que ledit roi fait état de faire couler des gens de guerre secrètement dedans les places qu'il tient par delà, pour fortifier les garnisons qui y sont, et par ce moyen mieux s'assurer d'icelles pour l'avenir, disant ne vouloir pour ce regard demeurer à la discrétion de ceux du pays et desdites places, ainsi qu'ils ont fait jusques à présent: de quoi vous avertirez ceux que vous jugerez à propos qu'ils le sachent. Le sieur Aërsens, député desdits sieurs les États, m'a requis de deux choses en me présentant leurs dernières lettres. La première de leur continuer mon assistance, du moins pour ce premier quartier de la présente année, telle que je leur ai donnée l'année passée, puisqu'ils n'ont prolongé la cessation d'armes, qui a été là seule cause pour laquelle il dit que je leur ai fait déclarer par vous que je ne leur continuerois ledit secours; et l'autre, d'augmenter celui que je leur ai accordé pour les deux premières années de la paix, pour les mêmes raisons qu'ils vous ont représentées par-delà; mais je me suis excusé de l'un et de l'autre, lui ayant dit que lesdits sieurs devoient avancer leur traité avec les archiducs, afin de sortir des grands frais qu'ils font en l'incertitude en laquelle ils vivent; que je dois aussi penser à mes affaires, et me préparer contre tous accidens, avec plus de soin et jalousie que devant, voyant le roi d'Espagne à la veille d'être déchargé de la guerre des Pays-Bas par le moyen de leur traité. Car, encore qu'il fasse contenance de vouloir vivre en paix avec moi, et qu'il en ait à l'aventure autant de besoin que nul autre, toutefois les choses d'Italie étant encore en branle, à cause de ce qui se passe entre le pape et les Vénitiens, qui n'est encore bien composé, je devois ménager et conserver mes moyens pour obvier aux inconvéniens qui pourroient naître de tels mouvemens; et d'autant plus que j'étois averti que l'on propose de faire une nouvelle ligue entre le pape, ledit roi d'Espagne et le grand-duc, sous prétexte de faire la guerre aux Turcs, laquelle ne me peut être que suspecte, même voyant que ledit roi d'Espagne commence d'armer par mer fortement aux royaumes de Naples et de Sicile; et vous dirai que j'en ai telle jalousie, que j'ai délibéré, s'ils poursuivent lesdits armemens, d'aller moi-même en Provence pour assurer cette côte, car je ne la veux laisser à la merci de mes voisins; et j'estime ce voyage si nécessaire, que si lesdits sieurs États étoient d'accord avec lesdits archiducs; et la Reine ma femme accouchée, je partirois à la même heure pour le faire: ce que vous direz auxdits sieurs, s'ils continuent à faire instance du secours du susdit quartier.

Quant à celui de quatre mille hommes pour lesdits deux ans, je n'entends aussi de l'augmenter; et me semble qu'ils doivent plutôt entendre à persuader le roi d'Angleterre de leur accorder la même assistance, qu'à me presser d'accroître la mienne. Davantage, j'entends que lesdits quatre mille hommes soient payés par mes officiers, et non par leurs mains, comme je vous ai toujours mandé, et a toujours été pratiqué en cas semblable, et même par eux en mon endroit, lorsqu'ils ont envoyé leurs gens à mon secours; car, comme je vous ai prédit, je ne veux ni n'est raisonnable que l'argent qui sort de ma bourse gratuitement, soit employé à autre usage, ni manié par autres que par mes officiers. Et s'ils craignent la dispensité du paiement desdits gens de guerre, tant en la solde qu'en la forme, avec les autres du pays, j'aurai bien agréable que cela soit réglé avec eux et par leur avis, pourvu que lesdits deniers soient toujours administrés et distribués par les mains de mes officiers, la gestion desquels ils pourront contrôler; et aime mieux me passer et les décharger du secours réciproque qu'ils ont consenti par la promesse particulière que vous en avez faite. Toutefois, si vous pouvez les faire départir du maniement desdits deniers, sans vous relâcher de ce point, je l'aurai toujours à plaisir: mais, quoi qu'il y ait, je veux que mesdits officiers aient ledit maniement, et me semble qu'ils doivent se contenter que j'aie permis jusques à présent qu'il en ait été usé autrement, chose qu'ils n'auroient jamais consenti en cas semblable; joint que je sais bien que le maniement qu'ils ont fait a apporté plus d'utilité et commodité aux particuliers qu'au public. Mais j'ai volontiers passé l'article des dix mille hommes, au lieu de huit mille que je vous avois permis de leur accorder en cas de guerre, au préjudice de la paix.

Quant à l'article du commerce, pour le regard du paiement des droits, ledit sieur de Villeroy vous a écrit la difficulté qui s'y est rencontrée. Mais elle est de si petite importance, qu'elle ne mérite pas qu'ils s'en formalisent; car il n'est question que d'une dace de trente-sept sols que les étrangers paient en Brouage et à Bordeaux pour la comptablie, qui excède de douze ou quinze sols ce que paient mesdits sujets. Ce qui a toujours été, et est encore ainsi pratiqué, et à quoi l'on ne peut pas toucher pour la conséquence; car les autres nations prétendroient pareille modération, et emprunteroient les noms et vaisseaux des sujets desdits États pour me frustrer dudit droit. Mais celui-là, ni les autres ne seront à l'avenir augmentés sur eux par-dessus ceux que paieront mes sujets, ainsi que vous leur avez promis par le dixième article dudit traité. Je me contenterai aussi que les navires desquels ils doivent m'assister, soient du port que vous avez convenu avec eux, et approuve la considération qui vous a mû de laisser place par ledit traité aux autres rois et princes qui voudroient ci-après y entrer : mais il n'est pas à propos aussi qu'ils la prennent en celui d'Angleterre, ainsi que j'ai dit ci-devant; partant vous y aviserez pareillement. Vous avez bien fait d'avoir retranché l'article du mutuel et réciproque secours, en cas que nous fussions assaillis par armes en même temps et ensemblement; car, comme vous dites, nous aurons lors tout loisir, et serons assez obligés d'en convenir et y pourvoir. Ça été prudemment fait aussi de n'avoir fait mention de la trève à longues années, et de quoi ces sieurs se sont contentés de recevoir la déclaration qui concerne leur liberté, ainsi qu'il a été couché par l'article duquel ils sont tombés d'accord, lequel je vous confesse que je n'estimois pas devoir passer si facilement qu'il est avenu. La franchise et simplicité avec lesquelles les archiducs y ont procédé véritablement témoigne et vérifie assez le désir et besoin qu'eux et les Espagnols ont d'être déchargés de la guerre desdits pays : mais aussi peut-on inférer de là qu'ils s'attendent de tirer dudit accord des profits et avantages équipolens, soit dans lesdits pays ou ailleurs. Car j'ai appris par vos dernières comment ils débattent à présent l'article de la navigation des Indes d'orient, et les langages que vous a tenus le président Richardot sur l'échange qu'ils prétendent obtenir des villes et places de Flandre et Brabant, avec votre réponse et vos raisons sur iceux. Ce sont deux points de grande conséquence; mais comme il me semble que ce premier regarde plus l'intérêt de la compagnie desdites Indes, qui est composée de marchands particuliers qui ne sont pas même tous résidens et habitués auxdits pays des Etats, que le public, aussi je l'estime moins important que l'autre; car de celui-ci dépend du tout l'union et sûreté desdites provinces après ladite paix. Au moyen de quoi je suis bien d'avis qu'ils relâchent plutôt quelque chose de ladite navigation, que d'entendre audit échange, quelque récompense et offre qu'on leur fasse; car je prévois, s'ils quittent lesdites places de Flandre et de Brabant, qu'ils doivent faire peu de compte de ce titre de liberté que l'on leur a cédé, d'autant que la conservation et l'effet d'icelle dépendra de la foi et discrétion de ceux auxquels ils les auront cédées. Je n'approuve aussi qu'elles soient démantelées, ni qu'elles demeurent auxdits Etats pour certain temps en qualité de villes de sûreté, ni même que les capitaines et gens de guerre qui les garderont soient payés des deniers desdits princes.

Abstenez-vous donc de faire aucune ouverture de ma part ni de la vôtre qui facilite ledit échange, ou autorise lesdits princes auxdites places pour le présent ni pour l'avenir, et plutôt les dissuadez d'en-

tendre audit échange que d'en faciliter l'accom[modement]; car j'estime, comme je vous ai dit, l[edit] article plus important que tous les autres, et va[ut] mieux qu'ils les contentent en icelui de la naviga[-]tion des Indes, que de souffrir qu'il soit fait bre[che] aucune à l'autre. En quoi néanmoins vous v[ous] conduirez avec telle discrétion, que les uns ni l[es] autres n'aient occasion de nous reprocher la rup[-]ture de ladite paix; car c'est moins mon intent[ion] que jamais d'être auteur d'icelle; mais je ne v[eux] aider à circonvenir ceux que j'aime et se fient [en] moi. Au reste, je suis très-content de votre co[n-]duite envers les députés desdits archiducs, et [je] serai que vous continuyez à leur donner toute [oc-]casion de se louer de vos déportemens, en favori[-]sant et facilitant en mon nom leur accord, aut[ant] que le bien de mon service vous le permet[tra,] comme je me promets que vous saurez très-b[ien] faire. J'ai su que lesdits députés réservent à p[or-]ter le point de la religion pour la fin, pour [ne] voir rompre sur icelui leur traité, s'ils ne [sont] contens des autres, et, en ce faisant, conserve[r la] réputation de laquelle ils ont toujours montré [être] jaloux, et pour émouvoir et acquérir la bienv[eil-]lance des catholiques qui résident audit pays, [les-]quels ils obligeront à eux par cette démonstrati[on,] soit que la guerre recommence ou finisse, le[ur] donnant à entendre qu'ils auront préféré le re[pos] de leurs consciences à celui du pays : chose que [je] crois qu'il sera difficile auxdits sieurs les E[tats] d'éviter : toutefois, vous en avertirez ceux [que] vous en jugerez dignes. Et si les députés des[dits] archiducs requièrent votre aide en cette circ[on-]stance, comportez-vous y si sagement, que le[s uns] n'aient sujet de publier que j'aie manqué en c[ette] occasion de zèle au rétablissement de notre r[eli-]gion audit pays, et les autres de se plaindre [que] j'ai voulu favoriser l'artifice et le dessein [de] ceux-là à leur préjudice.

Je ne vous écrirai rien par la présente du [soin] et égard que doivent avoir ces sieurs, d'ass[urer] leur république par une bonne forme de gouv[erne-]ment, telle qu'elle est nécessaire pour maint[enir] leur union et concorde; car je vois qu'ils ont [à] présent d'autre besogne taillée assez pour les oc[cu-]per, joint qu'il faut qu'ils voient s'ils s'accord[ent] avec lesdits Etats. Mais cela fait, j'estime q[ue] sera très-nécessaire qu'ils y pourvoient vive[ment] et sans intermission; de quoi vous ne perdrez [l'op-]portunité de les exhorter et presser quand ell[e se] présentera. Vous aurez aussi en recommand[ation] tout ce qui concerne mon cousin le prince Maur[ice,] suivant les commandemens que je vous ai faits [par] vos instructions, et réitérés par toutes mes dé[pê-]ches; car c'est chose que j'affectionne grande[ment,]

Vous aurez soin aussi de tous [ceux de la même maison, et favoriserez pareillement les affaires de bon cousin le prince d'Orange, pour lesquelles il a envoyé par-delà un des siens, auquel vous direz le commandement que je vous en fais. Mais évitez surtout cette prolongation de trève pour un, deux ou trois ans, à laquelle je crains fort avec vous que les parties se laissent aller à la fin, quand elles verront ne pouvoir tomber d'accord à leur contentement des conditions de la paix, comme j'ai donné charge audit abbé de Preaux vous dire, avec mes intentions sur tous les points contenus en la présente. A tant, je prie Dieu, messieurs Jeannin et de Russy, vous avoir en sa sainte garde. Écrit à Paris, le vingt-septième jour de février 1608.

HENRI.

Et plus bas, par apostille est écrit :
Messieurs Jeannin et de Russy, je veux que vous favorisiez de ma recommandation les affaires du prince d'Espinoy, ou elles en auront besoin, comme si c'étoient les miennes propres. Partant, ayez-en soin et en faites devoir, et vous me ferez service très-agréable.

HENRI.
Et plus bas,
BRULART.

LETTRE *de M. de Villeroy à M. Jeannin, dudit jour 27 février 1608.*

Monsieur, j'ai répondu à vos lettres du 28 du mois passé, par les miennes des neuf et seize du présent, qui vous ont été envoyées par les adresses que le Roi vous écrit par la sienne que la présente accompagne; et le 24 nous avons reçu les lettres des 16 et 19. Le jour devant, le sieur Aërsens et le sieur du Maurier en reçurent, le premier de ses maîtres, et l'autre du sieur Waudrenecq, par lesquelles ils donnoient avis de la résolution de l'article de la liberté, en la forme que nous apprîmes le lendemain par vosdites lettres qu'il a été accordé. Toutefois vous avez oublié à faire mettre en votre paquet les doubles de l'écrit qui en a été dressé, comme de celui qui concerne la navigation des Indes, proposé premièrement par les sieurs Etats, et depuis changé par M. Richardot; mais nous n'avons pas laissé de les voir par la communication que nous en a faite M. Aërsens. Partant vous ne devez vous en mettre en peine. J'en ai accusé votre indisposition. Le Roi est très-content des propos que vous avez tenus audit sieur Richardot pour la justification de ses intentions et actions passées et présentes, ainsi qu'il est porté par la lettre que vous m'avez adressée, et même a trouvé bon que vous lui ayez fait voir notre dernier traité, afin de le mieux éclaircir de la franchise et sincérité de Sa Majesté. Nous avons tenu le même langage à l'ambassadeur des archiducs, lequel ne prend moindre plaisir que l'autre à parler de l'alliance que je vous ai mandé avoir été proposée, se persuadant que cette considération doit mouvoir à désirer et favoriser les conventions de la paix en faveur des archiducs, ce qui m'est un peu suspect; car, je ne sais ce que nous devons espérer de cette ouverture. Mais le Roi a montré tellement la goûter, lorsque l'ambassadeur des archiducs lui en a parlé, qu'il leur est avis que Sa Majesté est très-désireuse d'entendre à ce marché; de quoi ils voudroient profiter, dès à présent, sur les occasions qui se présentent. Toutefois il leur a été dit qu'il faut que le pape en soit le médiateur, et que cela ne peut être conduit par l'entremise d'un autre. Tellement que l'on est attendant de ses nouvelles sur ce sujet, duquel il fut parlé au cardinal Barbarini quand il partit d'ici, et toutefois il n'en a encore mandé aucune chose. Il faut présumer que le pape aura voulu en écrire en Espagne devant que de s'y engager plus avant. Je ne suis pas d'avis que vous celiez davantage au sieur Richardot la connoissance que vous avez de ladite proposition; car, sans doute, il l'attribueroit à artifice, étant bien informé de ce qui en a été traité ici, et sachant la fiance que le Roi a en vous.

Je ne suis pas d'avis aussi que, parlant de ce fait au sieur Richardot, vous l'en dégoûtiez, comme, peut-être, il jugera qu'il y a assez raison de le faire, vu le peu d'utilité que la France en doit espérer. Mais il vaut mieux les laisser en cette espérance que de les en ôter, puisqu'ils ne proposent point d'autres partis, et qu'il est difficile de séparer d'Espagne l'archiduc, ni de l'assurer de la foi du Roi, lequel remet toutefois cette conduite à vous-même. Je n'ai rien à ajouter à ce que vous écrit le Roi sur les articles de la navigation des Indes, et l'échange des places de Brabant et de Flandre. Enfin nous jugeons ce dernier trop plus important que l'autre, et disons que les Etats perdront avec leur belle liberté leur pays s'ils quittent lesdites places, ce qui ne leur aviendra de ladite navigation. J'ai sur cela demandé à Sa Majesté si les archiducs opiniâtrent ledit échange, et qu'ils rompent la paix sur cela, si elle entendoit que les Etats y fussent confortés par nous et de sa part. J'ai reconnu qu'elle ne désire être auteur d'une telle rupture, tant parce qu'en effet elle ne la désire pas, la reconnoissant préjudiciable à son service, que pour n'être par ce moyen obligée à la garantie et aux charges d'icelle envers les Etats; et c'est pourquoi elle vous en écrit aux termes que vous verrez en sa lettre : de quoi j'ai estimé devoir vous avertir, afin que vous sachiez que nous ne sommes pas plus amateurs de la guerre que nous étions à votre partement. Nous croyons certainement, si lesdits Etats quittent lesdites places en tout ou en partie dès à présent, ou dans certain temps, et les Anglois retiennent aussi les cautionnaires, que ces messieurs feront naufrage dedans peu d'années contre l'écueil de leur prétendue souveraineté, sans qu'il soit après au pouvoir de la France de les garnatir; car il doit faire compte qu'à la longue les Anglois feront banqueroute à la France et auxdits Etats, ce qui n'aviendra de la privation ou d'un règlement que l'on peut faire de la susdite navigation des Indes; joint que cette compagnie des Indes peut transporter ailleurs son siége, où elle ne sera guères moins utile au général desdits Etats, que si elle est maintenue dans leur propre pays.

Le sieur Aërsens a dit à M. de Preaux qu'il choisira plutôt en ce cas d'Angleterre que la France; ce que l'on a voulu imputer à faute d'affection de sa part. Mais lui en ayant parlé depuis, j'ai reconnu qu'il redoutoit notre amirauté, la multitude de nos officiers, la sujétion des capitaines et gouverneurs de nos provinces et places, et la mauvaise foi et justice que l'on dit régner en ce royaume. A quoi je lui ai remontré qu'il sera facile de remédier au gré et contentement de ladite compagnie. Je ne sais si je l'ai persuadé; mais je sais bien que Sa Majesté affectionne la remise d'icelle en son royaume plus que je ne vous puis écrire, et s'attend bien que vous ne perdrez l'occasion de la servir en cet endroit, quand vous le jugerez à propos. Cependant elle a bien pris ce que vous lui avez remontré sur ce sujet par la fin de madite lettre. Il ne me reste plus qu'à vous parler du fait de Barneveld et de la gratification qu'il mérite. Enfin nous [ne voulons point donner d'argent comptant; car nous disons que l'on oblige les hommes par tels moyens, dont le bras est aussitôt refusé que reçu: mais nous sommes contens de donner une pension de douze mille livres par an, et la faire payer au commencement de chacune année par avance, et commencer par celle-ci, ainsi que vous dira plus particulièrement M. de Preaux: lequel vous est très-obligé avec tous ses amis, et moi plus que tous, des faveurs que vous lui départez, desquelles je ne puis assez affectueusement vous remercier, en attendant qu'il se présente occasion de m'en revancher par quelque bon service envers vous et les vôtres. C'est un jeune diable qui désire apprendre à tonner pour se rendre digne de servir; partant je vous prie de continuer à le mettre en besogne, s'étant rendu assez agréable à Sa Majesté en ce voyage dernier. Monsieur, il vous devra la meilleure partie de sa fortune, comme à celui qui premier lui aura mis les armes en main. Je prie Dieu, monsieur, qu'il vous conserve longuement en parfaite santé.

Votre, etc. De Neufville.

De Paris, ce vingt-septième jour de février 1608.

Autre LETTRE *dudit sieur de Villeroy, audit sieur Jeannin, de même date.*

Monsieur, mon neveu n'a pu être dépêché tant fait plus tôt qu'à présent; il vous dira plus de nouvelles que je ne vous en puis écrire: de façon qu'avec les lettres qu'il vous porte, tant du Roi que des particuliers, vous n'aurez faute de bonnes instructions en ce qu'il vous représentera. Le pape et les Vénitiens continuent en leurs défiances et piqueries, donc les événemens pourront succéder selon l'issue des affaires où vous êtes : c'est-à-dire, si la paix se fait, nous aurons à craindre la guerre en Italie plus que si elle ne réussit. En tout cas nous ferons sagement si nous nous préparons au pis; car je ne suis pas plus assuré de la volonté des Anglois que de celle des autres, ceux-là continuant à nous donner toute occasion de nous en défier, comme vous doit avoir mandé M. de La Boderie. Nous avons perdu en Allemagne le duc de Wittemberg, qui est décédé soudainement. C'est perte : car, encore qu'il fût d'humeur bizarre, il étoit plus résolu, il étoit maître de son conseil, et les autres en sont esclaves. Les Hongrois sont toujours en discorde avec l'empereur, insistant que cettui-ci observe la paix qu'il a faite avec les Turcs, de laquelle ils disent que dépend leur sureté, et ledit empereur est en dessein de recommencer la guerre, qui est ce qu'il poursuit, et veut faire résoudre en la diète; à quoi il semble que les protestans contrediront, mais j'ai opinion qu'ils se relâcheront à la fin. On vous envoie deux sortes de lettres du Roi pour les Etats, afin que vous choisissiez celle que vous jugerez la plus propre. La différence n'en est pas grande : je l'ai tracée en la copie de l'une d'icelles que nous vous envoyons. Je crains fort que cette négociation tire en longueur, et partant, qu'elle nous prive de votre présence plus que vos amis désirent, et moi plus que tout autre qui vous remercie derechef des faveurs que mon neveu reçoit de vous, en vous priant vous en revancher en me commandant pour votre service; car vous serez obéi d'entière affection. A tant je prie Dieu, monsieur, qu'il vous conserve en bonne santé, me recommandant bien humblement à votre bonne grâce.

Votre, etc. De Neufville.

De Paris, ce vingt-septième février 1608.

Lettre de M. Jeannin audit sieur de Villeroy, dudit jour 27 février 1608.

Monsieur, vos lettres du neuvième, écrites à Paris et envoyées à M. de Berny pour me les faire tenir, m'ont été rendues en ce lieu le vingt-unième de ce mois, de la part de M. le président Richardot. Ledit sieur de Berny les a accompagnées des siennes. Ce nous est un grand contentement que le traité fait par nous avec les Etats ait été approuvé par le Roi. Il eût été mieux si les Anglois y fussent entrés; mais vous aurez pu connoître, par nos dépêches au Roi, que nous n'avons rien omis de notre côté pour leur persuader de le faire, et que leur but et dessein étant du tout contraire, nos raisons n'ont eu aucune force en leur endroit. Nous sommes toutefois assez bien unis maintenant pour aider à la paix. Il est vrai que c'est pour gratifier les archiducs, non pour se conformer à nos opinions. Vous aurez connu, par mes lettres du dix-septième et dix-neuvième, le différend qui est avec les députés des archiducs pour le commerce des Indes d'orient, lequel continue encore; car les Etats n'ont rien voulu relâcher de leur côté, ni lesdits sieurs députés non plus, quoiqu'ils se soient assemblés plusieurs fois sur ce sujet. Le vingt-deuxième, les députés d'Angleterre, ceux de Danemarck, des princes d'Allemagne et nous, fûmes aussi assemblés avec les députés desdits sieurs Etats, qui nous en prièrent, pour nous représenter et instruire de tout ce qui s'étoit passé en leurs conférences avec les députés des archiducs; sur quoi, après les avoir ouïs, leur ayant demandé s'ils requéroient notre avis, ils nous firent réponse que non, et néanmoins qu'ils n'y prendroient aucune résolution sans nous prier de le leur donner. Or ils en étoient déjà assez informés, car, voyant que nous ne pouvions rien gagner par nos raisons et persuasions envers les députés des archiducs, nous en avions conféré avec quelques particuliers des Etats, pour les disposer d'aider à accommoder cette affaire, plutôt que de rompre, leur en remontrant les inconvéniens et dangers. Ainsi la remise dont ils usoient envers nous procédoit de ce qu'ils estimoient que les députés des archiducs se laisseroient vaincre, et, s'ils ne le faisoient, qu'il y auroit assez de temps pour, avec l'autorité de nos conseils, chercher des expédiens qui puissent empêcher cette rupture.

Or ils ont depuis reconnu qu'ils continueroient toujours en leur refus avec même obstination. Et, à la vérité, nous ne croyons pas qu'ils accordent jamais absolument cette liberté de commerce, ayant souvent déclaré que le roi d'Espagne ne quittoit ses droits que pour cette seule considération. Les Etats ont néanmoins encore différé deux jours à nous demander notre avis, nous ayant déclaré aucuns des plus sages qu'ils le faisoient, crainte que si nous proposons, dès à présent, des expédiens qui ne soient reçus, les provinces, lesquelles ne sont intéressées en ce trafic, se séparent des autres. Sur quoi, pour éviter cet inconvénient, je leur ai dit que notre avis seroit qu'il fût passé outre à d'autres articles, en attendant qu'on ait pris loisir de penser à celui-ci, d'une part et d'autre : ce que les Anglois ont approuvé. Et, à cette occasion, les particuliers, à qui j'en avois communiqué, ont tant fait que les Etats nous ont demandé cet avis. Nous nous sommes assemblés là-dessus, tous les députés desdits princes qui sont ici, et avons résolu, après quelques disputes, de leur donner ce conseil le lendemain matin, qui est le jour auquel je vous écris cette lettre. Nous manderons après à Sa Majesté ce qui en sera avenu. Bien espérons-nous que les Etats suivront notre conseil, et que les députés des archiducs ne feront aussi difficulté d'entrer en conférence sur les autres articles. Sur lesquels, si on demeure d'accord, chacun sera mieux disposé et y aura plus de moyens de faire approuver lors les expédiens qu'on pourra mettre en avant sur ce sujet.

Barneveld et les autres, qui vouloient la paix, ne sont pas changés. Bien désire-t-il avec ardeur ce commerce des Indes, du moins qu'on l'obtienne pour le temps que la compagnie doit durer, qui est encore de quatorze ans, dont, si les Etats se contentent, comme ils en auront sujet, les députés des archiducs seront pour l'accorder, s'ils ont aussi grande affection à la paix qu'ils montrent en apparence. Mais nous y voyons encore quelque difficulté du côté des Etats, lesquels demandent toujours le commerce par-delà la ligne à leurs périls, comme la France, ou bien de gré à gré général et pour toujours. Je vous supplie de nous éclaircir au

19

plus tôt de la volonté du Roi sur ce sujet; et cependant nous travaillerons de notre côté, afin de conduire, s'il est possible, les affaires à bon port, et faire que chacun quitte du sien pour s'accorder. Les députés des archiducs n'ont aucunement parlé jusqu'ici aux députés des Etats du fait de la religion, et j'estime, au cas qu'ils reçoivent quelque contentement aux autres articles, qu'ils en parleront sans s'opiniâtrer : comme, au contraire, s'ils veulent rompre, ils ne le pourront faire avec plus d'avantage pour diviser les provinces sur l'article du commerce, ni mieux aussi pour nous rendre odieux, si nous secourons les Etats, que sur celui de la religion. Je ne vois point qu'ils soient pour tirer les affaires en longueur; bien désiré-je, s'il avient autrement, d'aller trouver Sa Majesté pour lui rendre compte de tout ce qui s'est passé, et ne faudrai de vous en donner avis pour en avoir la permission. Je n'ai pu conférer en particulier avec M. le président Richardot, depuis la réception de votre dernière lettre, crainte de donner du soupçon sur le point qu'on traitoit de cette affaire. Je vous supplie très-humblement me vouloir donner avis en particulier de ce que la reine d'Angleterre a fait, dont le Roi est offensé; car quelqu'un m'a dit ici que le roi d'Angleterre a depuis réparé ce mal, et montré qu'il en avoit du déplaisir. Vous êtes sage, monsieur, pour bien considérer s'il est expédient que le Roi révoque son ambassadeur; car en le faisant, il y a danger que cela ne soit suivi de quelque chose de pis. Il seroit peut-être plus utile de leur faire prendre sourdement ce conseil de réparer l'offense, attendu même que c'est la reine qui l'a faite, dont l'inclination envers l'Espagnol est connue d'un chacun. Je prie Dieu, monsieur, qu'il vous maintienne et conserve en bonne et parfaite santé.

Votre, etc. P. JEANNIN.

De La Haye, ce vingt-septième jour de septembre 1608.

LETTRE *du Roi à M. Jeannin, du 3 mars 1608, touchant les princes de Portugal.*

Monsieur Jeannin, le feu roi de Portugal, dom Antoine, peu de temps avant sa mort, me requit, par lettre expresse, de vouloir prendre en ma protection ses deux enfans, dom Emmanuel et dom Christophe, et les assister en leurs droits et prétentions contre toutes usurpations. Depuis, il demeuré en ma cour; et, maintenant que l'on sur les termes de conclure quelque traité en lande, ledit dom Emmanuel ayant résolu de acheminer, pour essayer d'y moyenner chose touchant leurs prétentions, je vous cette lettre afin que si d'aventure l'on en parle, que vous en ayez connoissance, vous teniez main qu'ils y soient favorablement traités recommandation, laquelle j'aurai à plaisir vous employiez en cette occasion. Je prie monsieur Jeannin, qu'il vous ait en sa garde.

Ecrit à Paris, le troisième mars 1608.

HENRI.
Et au-dessous, BRULART.

LETTRE *de MM. Jeannin et de Russy du septième mars 1608.*

SIRE,

Nos dernières lettres étoient du 17 du passé, depuis lequel temps jusques à présent le sieur Jeannin a écrit deux lettres à M. Villeroy, des 19 et 27 du même mois, et nous sommes abstenus d'écrire à Votre Majesté en attendant de lui pouvoir mander quelque résolution sur l'article du commerce des Indes, agité et débattu en plusieurs conférences, néanmoins demeuré encore indécis. Les États le demandent en vertu de la paix, comme libres, de gré à gré, pour toujours, on à leurs périls, et fortunes comme les Français et Anglois, sinon par forme de trève et à certain temps, sans commettre hostilité, n'entendant pourtant, la trève finie, d'en être exclus. Bien disent-ils que si leurs marchands sont bien traités, et qu'il y ait de la sûreté pour eux au commerce d'Espagne, ils seront pour s'en désister d'eux-mêmes; mais ne veulent aucunement souffrir qu'il leur soit interdit d'y aller par traité, qui est autant en effet que de le demander pour toujours. Les archiducs au contraire l'ont refusé, encore que ce soit par voie amiable, et ne l'ont permettre non plus avec hostilité, disant qu'en faisant la paix avec eux en ces pays, ne pouvoient accorder qu'ils fussent ennemis par delà la ligue, et que cela seroit cause de troubler la paix, qu'ils désirent rendre durable et perpétuelle. Et quant à la trève, l'accorderont volontiers pour certain temps, dont on conviendra sans hostilité, et à la charge de n'y plus aller, ledit temps passé; mais non autrement. Les raisons que les Etats nous ont dites, et que nous colligeons de ceux qui entendent cette affaire, sont: que leurs habitans ont fait de grands frais pour acquérir ce commerce, ont à présent de grandes habitudes et connoissances aux Indes, par le moyen desquelles ils se promettent attirer tout le commerce à eux, l'ôter du tout aux Portugois, et faire de très-grands profits; qu'il y a plus de dix mille personnes en leur Etat qui y sont intéressées, lesquelles ont beaucoup de pouvoir dans les provinces, et seront pour y mettre de la division si on le leur veut ôter; que c'est le seul moyen d'assurer pour eux le commerce d'Espagne, étant certain que les Espagnols seront retenus de leur y donner de l'empêchement, crainte qu'ils ne s'en revanchent aux Indes; et si cette bride n'y est plus, ils pourront arrêter tout d'un coup la plupart de leurs vaisseaux, marchandises et pilotes en Espagne, et par ce moyen les désarmer et ruiner en un moment. Davantage, si ce trafic des Indes leur est ôté, ils se déferont du tout de leurs vaisseaux de guerre, ne se réservant que les navires marchands; ainsi ne penseront plus qu'au trafic d'Espagne, perdront les forces qu'ils ont en mer, qui seules leur servent de sûreté, et les font respecter et craindre, et par ainsi ne seront plus bons pour se défendre dans leur pays, ni pour servir à leurs amis de dehors; et pour fin, qu'en tirant du profit de ce commerce, ils diminueront d'autant les revenus du roi d'Espagne, avec lesquels il travaille et fait la guerre à un chacun. Les raisons des députés des archiducs sont en effet celles qui contrarient aux précédentes; mais ils mettent seulement en avant que, par tous les traités faits par les rois d'Espagne avec les plus grands rois et princes de la chrétienté, ils n'ont jamais voulu permettre ce trafic à leurs sujets; qu'au dernier traité fait avec le roi d'Angleterre, il est dit qu'ils ne pourront trafiquer sinon ès lieux où ils souloient aller avant la guerre. Or, ils prétendent que les Anglois n'alloient point aux Indes, ainsi qu'ils en sont exclus nommément et par articles exprès; disent davantage que le roi d'Angleterre même leur promit de bouche, lorsque ledit traité fut passé, que si aucuns de ses sujets y alloient, il les feroit châtier. Il est vrai que les députés d'Angleterre le nient, et donnent toute autre interprétation à l'article susdit. Pour le regard du traité de France fait à Vervins, M. le président Richardot maintient qu'il en fut parlé, et de mettre un article au traité pour le défendre; mais qu'on n'y insista, pource que n'y ayant aucuns navires armés dans le royaume, les députés du roi d'Espagne estimèrent qu'ils ne pourroient recevoir aucun dommage de cet endroit, et qu'il suffisoit de ne le point permettre. Il ajoute encore que les Portugois sont en possession, il y a plus plus de six vingts ans, d'avoir ce trafic seuls, et à l'exclusion de toutes les autres nations, et que le roi d'Espagne, quittant les droits qu'il a sur les Provinces-Unies, et leur laissant le trafic d'Espagne, méritoit bien de recevoir des Etats ce contentement de n'y être troublé; qu'il ne traite pas comme font les vaincus, qui reçoivent la loi telle qu'on leur veut donner, mais comme un grand prince qui a force moyens pour renouveler la guerre; et néanmoins il est certain, s'il n'obtient cette défense, qu'il n'y a aucun profit en la paix pour lui; car elle ne consiste en effet qu'en la souveraineté, au trafic des Indes, et à la restitution des places de Brabant et de Flandre; et les Etats veulent opiniâtrement obtenir tous les trois ensemble, à savoir la souveraineté, le commerce des Indes, et retenir lesdites places sans accommoder en aucune chose le roi d'Espagne ni les archiducs; qu'on doit aussi considérer que ce commerce ne touche qu'à aucuns particuliers, l'intérêt desquels doit être négligé pour faire bien au général de l'Etat. Nous nous sommes entremis, à diverses fois, en voyant lesdits députés des archiducs, ou étant visités par eux, même lorsque le sieur Richardot a vu le président Jeannin en particulier, de leur persuader qu'en accordant ce commerce libre sans hostilité, ils n'y avoient aucun intérêt, et que le commerce d'Espagne, bien établi par la paix, feroit sans doute cesser celui-ci sans en faire d'autre défense; qu'eux-mêmes nous avoient dit que les denrées qui coûtoient un aux Portugois, revenoient à deux et demi aux Hollandois, pource qu'ils étoient contraints de les aller acheter bien avant dans la terre, au lieu qu'on les apportoit aux Portugois, qui se sont accommodés dès long-temps dans le pays, aux ports et havres qu'ils tiennent, et par ce moyen étoient aussi à meilleur prix de beaucoup en Portugal qu'en Hollande; qu'on pouvoit donc juger, avec certitude, le profit n'étant plus en ce trafic, qu'ils le quitteroient d'eux-mêmes.

Nous savons bien aussi que les profits faits par les marchands, du passé, qui les ont pu affriander, ne provenoient pas du simple trafic, mais des prises faites sur la mer, qui devoient cesser quand le commerce seroit accordé de gré à gré. Puis il semble chose injuste, et contre le droit des gens, de leur défendre ce trafic ès lieux où ils ne trouvent rien, attendu que les rois et peuples qui y ont intérêt, le consentent; davantage que la mer pour aller aux Indes est si large, et les pays de si grande étendue, qu'il leur seroit impossible d'empêcher cette navigation et commerce à toutes les nations de la terre; et en le permettant à ceux-ci, ils les aideront à en exclure les autres, afin qu'ils en puissent jouir par ensemble avec plus de profit et d'avantage; qui seroit un moyen pour les unir et joindre en amitié, pource qu'ils n'auroient à cette occasion autre conversation et habitude par ci-après qu'avec les Espagnols et Portugois, à cause desdits commerces d'Espagne et des Indes, ce qui tourneroit plutôt au dommage des autres princes et peuples qu'au leur; et enfin, puisqu'ils avoient jugé la paix utile, comme elle devoit être en effet pour eux, d'autant que ces peuples désarmés ne leur feroient jamais mal, et au contraire leur seroient plus utiles qu'à tous autres, ils devoient considérer qu'en leur refusant ce commerce, les intéressés en icelui, et ceux qui sont contraires à la paix, joints ensemble, deviendroient sans doute les plus puissans, et contraindroient les autres de renouveler la guerre. Lesdits sieurs députés, après plusieurs discours, nous ont confessé et reconnu que l'utilité du commerce d'Espagne feroit sans doute cesser l'autre bientôt après que la paix seroit établie; mais qu'il n'y avoit aucun moyen de le persuader en Espagne, où la plupart du conseil du roi est contraire à la paix, et prendront de si mauvaise part telles difficultés, que s'ils en sont avertis on leur commandera aussitôt de se retirer; nous pouvant assurer qu'ils n'ont autre charge

pour ce regard, sinon d'accorder quelque indemnité aux marchands de la compagnie des Indes, c'est-à-dire trois, quatre ou cinq ans pour retirer et débiter leurs marchandises. Nous leur avons remontré là-dessus que cette compagnie avoit fait de grands frais, que l'État leur en avoit promis la garantie et jouissance pendant le temps qu'elle devoit durer, fût en paix ou en guerre; ainsi qu'il seroit raisonnable leur accorder ledit temps, que nous pensions n'être ci-devant que de dix ou douze ans, nous avons su depuis qu'il est de quatorze. L'ont refusé, de façon néanmoins qu'on pourroit espérer, si les Etats y vouloient conseiller qu'ils s'y laisseroient aller, ou en approcheroient bien fort. Encore leur avons-nous fait une autre ouverture, à savoir de consentir que les Etats y continuent leur trafic sans hostilité durant six ans, et qu'un an ou deux avant l'expiration de ce délai, les députés s'assemblent d'une part et d'autre en certain lieu, dont on s'accordera par le traité, pour convenir si ledit trafic devra être confirmé ou cesser; et au cas qu'ils n'en puissent demeurer d'accord, que Votre Majesté et le roi d'Angleterre soient dès à présent agréés pour médiateurs; qu'en faisant ainsi, l'issue n'en pourroit être qu'à leur contentement, pource que nous savions bien que les Anglois n'ont pas à gré que les marchands de ce pays continuent ce trafic, estimant qu'ils aideront avec le temps à les en exclure, et leurs députés nous l'ont ainsi dit; pour le regard de Votre Majesté, qu'elle diroit tant que cette paix fût bien établie, qu'elle ne feroit rien qui fût à leur préjudice.

Outre ces ouvertures, y avons encore ajouté qu'on pourroit séparer ce commerce par contrées et le restreindre à certains lieux où les Hollandois ont déjà été, esquels les Portugois ne tiennent rien; mais tout a été inutile jusqu'ici, car les Etats ne veulent aucunement souffrir défense d'y aller, après quelque temps que ce soit, et les députés des archiducs rejettent toutes ouvertures qui peuvent rendre ce trafic perpétuel. En cette diversité, les Etats ont prié les députés des rois et princes qui sont ici, de se vouloir trouver en leur assemblée par deux fois. En la première ils nous firent entendre tout ce qui s'étoit passé ès conférences faites entre eux et les députés des archiducs, sur ce qui leur fut demandé par le président Jeannin, si c'étoit pour nous en instruire seulement, ou pour prendre notre avis, ils se trouvèrent comme surpris; et, après avoir quelque peu consulté ensemble, ils firent cette réponse: Que n'ayant délibéré pour lors de rien quitter ni souffrir aucune restriction en ce commerce, ils nous prioient de trouver bon s'ils remettoient à une autre fois à nous demander notre avis, montrant avoir crainte qu'on y voulût déjà chercher quelque tempérament pour les accorder; nous promettant néanmoins de nous rendre ce respect, qu'ils ne résoudroient rien sans en avoir notre avis. Trois jours après, voyant que les députés des archiducs demeuroient fermes en leur première opinion, ils nous ont fait derechef le même récit en leur assemblée, et prié à cette fois de leur vouloir donner avis de ce qu'ils auroient à faire, y ajoutant toujours qu'ils jugeoient ce commerce des Indes si utile et si nécessaire à leur Etat, qu'ils ne le pouvoient aucunement quitter. Sur quoi, nous et les députés d'Angleterre, de Danemarck et d'Allemagne, étant retirés pour délibérer en la même chambre, puis y faire réponse à l'instant, pource que c'étoit chose traitée depuis tant de jours, qu'avions eu assez de loisir d'y penser, les députés d'Angleterre furent d'avis de différer la réponse au lendemain, et cependant de conférer ensemble.

Ce qu'ayant été fait, et nous assemblés pour en délibérer, lesdits députés nous prièrent de vouloir faire quelque ouverture sur ce sujet. Notre avis fut donc, afin de n'ennuyer Votre Majesté des longs discours d'un chacun, puisque les Etats et les archiducs n'avoient rien voulu quitter jusques alors de leurs prétentions, et sembloient n'être encore capables de recevoir les expédiens et ouvertures qu'on leur pourroit faire pour composer ce différend, que le meilleur seroit de laisser pour le présent cet article indécis, sans faire aucun préjugé contre l'un ou l'autre, et passer outre cependant aux autres articles, desquels, si on demeure d'accord, chacun sera mieux disposé de quitter et remettre quelque chose du sien pour s'accorder de celui-ci; qu'aussi bien ne voudrions-nous pas entreprendre d'y opiner précisément, soit pour leur faire quitter ce commerce qu'ils disent devoir être utile à leur Etat, ou pour les y faire opiniâtrer au péril d'une rupture, sans en avertir Votre Majesté, et recevoir d'elle son commandement, et que pendant ce loisir chacun d'eux en pourroit faire autant si bon lui sembloit; que ce ne seroit pas aussi sagement fait, de conseiller aux Etats de venir à aucune rupture pour quelque cause que ce soit, sans qu'ils aient premièrement bien considéré quels sont leurs moyens pour renouveler la guerre, et que ce délai leur seroit à propos pour y aviser et pourvoir, puisque la résolution de cet article étoit de si grande importance aux uns et aux autres, qu'on pourroit rompre à cette occasion. Notre avis fut reçu et approuvé de tous, après avoir été toutefois un peu contredit par les députés d'Allemagne; et, le lendemain matin il fut rapporté aux Etats par le président Jeannin, au nom de tous, lequel y ajouta quelque sommaire discours, pour leur faire connoître que la paix étoit nécessaire à leur Etat; qu'eux-mêmes en avoient dès long-temps fait ce jugement, et nous l'avoient ainsi dit et répété plusieurs fois; que nous étant aussi soigneusement informés du bien et du mal, de la commodité ou incommodité de la paix ou de la guerre, avions trouvé que c'étoit le plus sage conseil, les ayant toujours exhortés depuis de le suivre, et faire tout ce qui seroit requis pour y parvenir; et qu'après beaucoup de longueurs et de difficultés, ils étoient entrés en conférence avec les députés des archiducs, dont le commencement avoit été fort heureux, en ce que la liberté et souveraineté de leur pays étoit accordée par le consentement même de leurs adversaires, au lieu que ce droit dépendoit auparavant de l'événement douteux et incertain d'une longue et périlleuse guerre, qui est un avantage très-grand, et qu'on devoit plutôt tenir pour gain et loyer d'une victoire absolue, que pour article d'une paix et composition égale; que si quelque difficulté étoit avenue depuis sur le fait du commerce, il ne falloit pourtant changer la première résolution qui tendoit à la paix, pourvu qu'on la pût obtenir à conditions raisonnables et assurées; que c'étoit bien notre intention de favoriser de tout notre pouvoir tout ce qui leur seroit utile et avantageux; mais que nous les prions de considérer qu'on ne peut faire finir une guerre avec de grands et puissans princes, lesquels ont des forces et moyens pour la renouveler et continuer, s'ils n'en retirent aussi quelque commodité et profit.

Après que nous fûmes sortis de leur assemblée, ils se mirent à délibérer sur ce que nous leur avions dit, et prirent résolution conforme à notre avis : à savoir de conférer sur d'autres articles, si les députés des archiducs y vouloient consentir; et néanmoins, avant que leur en faire ouverture, qu'ils les exciteroient encore de leur accorder ce commerce, dont ils les avoient si instamment priés et requis, comme ils firent, avec déclaration expresse qu'ils ne s'en pouvoient aucunement départir. Et lors ils entrèrent encore ès mêmes disputes et contradictions sans rien avancer; puis, sur la demande de conférer des autres articles consentis par les députés des archiducs, survint derechef cette nouvelle difficulté : les Etats demandoient tous les articles à une seule fois, pour après en conférer et les résoudre l'un après l'autre, et les députés des archiducs le refusoient, disant que c'étoit contre la forme ordinaire, et qu'ils offroient de commencer par tel article qu'on voudroit, et de suivre après aux autres sans discontinuation; que s'ils les donnoient tous ensemble, il pourroit avenir, après l'avoir fait, qu'ils recevroient nouveaux commandemens de leurs maîtres pour y en ajouter d'autres, ou eux-mêmes jugeroient le devoir faire, ce qui est toujours loisible jusques à la conclusion du traité; et se séparèrent ainsi pour y penser, sans rien résoudre. Le lendemain, le président Richardot seul vint voir le président Jeannin, se plaignit à lui de cette façon de procéder : sur quoi, après plusieurs propos et raisons pour le persuader et prier de s'y accommoder, et qu'en mettant à la fin des articles, qu'ils y en pourroient ajouter d'autres si bon leur sembloit, cela ne leur nuiroit en rien, il lui dit qu'il le feroit volontiers; mais qu'il craignoit cette demande leur être faite par ceux qui désirent la guerre, afin que s'ils en mettent quelques-uns qui ne soient agréables à tous, comme, par exemple, celui de la religion dont ils sont obligés de faire mention, cela leur serve de prétexte pour rompre, le priant de lui en donner son avis. A quoi il lui répondit que nous avions aussi commandement de Votre Majesté de procurer ce bien aux catholiques, et faire tout ce qu'il nous seroit possible pour l'obtenir; mais qu'il ne le falloit espérer que par traité : bien le pourroient-ils demander pour témoigner leur affection et désir; pourvu qu'ils passent outre aux autres articles sans y insister, s'ils ne vouloient rompre. Il ajouta lors, que les Etats traitoient avec ses maîtres comme avec des princes vaincus, en quoi ils se trompoient bien fort; s'ils continuoient à leur refuser tout, et à vouloir obtenir tout de leur côté, qu'il faudroit retourner aux armes, à son grand regret; qu'il n'eût jamais cru de trouver une si grande obstination et rigueur en ces peuples, attendu qu'ils ne peuvent continuer la guerre sans l'assistance des rois qui se sont déclarés leurs amis, et que Votre Majesté a fait tant de déclarations de sa bonne volonté à faire finir la guerre, qu'ils s'en promettoient toutes sortes de bons offices, et qu'elle ne leur donnera aucune espérance de secours qui leur puisse faire rejeter la paix; qu'ils étoient aussi fort assurés de la bonne volonté du roi d'Angleterre : ainsi qu'il ne pouvoit conjecturer sur quoi étoient fondées les causes de cette fureur et obstination, nommant ainsi l'opiniâtreté dont ils usoient.

Le sieur Jeannin lui répliqua notre condition et ardeur à désirer la paix, et à faire tout ce que pouvons pour l'avancer, être si notoire à chacun, que nous en sommes devenus suspects et tombés en la haine de ceux qui veulent la guerre; ainsi il nous feroit grand tort s'il en doutoit : que Votre Majesté a aussi accoutumé de faire ce qu'elle dit et promet en chose sérieuse comme celle-ci, étant d'un naturel si ouvert et généreux, qu'elle rejette tous artifices qui sentent leur lâcheté; et peut-être y en avoit-il d'autres, dont ils n'ont cette opinion, qui n'y procèdent pas avec même candeur; qu'à la vérité, la plupart de ces peuples se soucient peu de la paix, pource que la guerre a plutôt accru que diminué leurs moyens, et par là se promettent qu'ils auront pour l'avenir même heur ou plus grande prospérité, qu'ils se devoient aider à sortir de ces grandes difficultés, ne pouvant rien accorder pour avoir la paix qui ne leur soit avantageux, attendu que ces peuples, après s'être mis en repos, seront en état dans peu d'années, de ne pouvoir faire tort à personne. D'autre côté, cette guerre étant finie, il n'y auroit plus rien qui nous mettroit en soupçon les uns des autres, et empêche que grands princes ne vivent en bonne et sincère amitié. Le sieur Richardot montra être assuré de notre bonne affection à la paix, suivant les commandemens qu'en avions reçus, jurant et protestant qu'il le croyoit ainsi, et qu'il étoit bien informé de nos déportemens et conduite en cet endroit, et pour cette raison vouloit prendre conseil de nous en toutes occasions; mais qu'il estimoit que l'opiniâtreté de ces peuples ne se laissoit aisément vaincre aux prières ni à l'autorité de qui que ce soit, ce qu'on lui confessa bien être vrai; et néanmoins qu'il n'y a prince dont ils aient encore l'autorité et amitié en plus grand respect que de Votre Majesté, et ce qu'ils ne feront pour elle, ils ne le feront pour personne; ainsi qu'à notre bonne volonté étoit encore conjoint quelque pouvoir et moyen de le servir, et que l'emploirions aussi de très-bonne affection, nous promettant bien de n'y être inutiles. Votre Majesté par ce discours peut voir qu'il n'y a encore aucune lumière pour les accorder sur cet article; si nous semble-t-il reconnoître que les uns et les autres désirent la paix, et néanmoins ne pouvons croire que le roi d'Espagne veuille accorder le commerce pour toujours, encore que ce soit sans hostilité, pour deux raisons; l'une que cet exemple convieroit les autres rois et princes d'en demander autant pour leurs sujets, ou bien de le prendre sans demander, ne pouvant souffrir qu'on accorde à ceux-ci cette liberté, et qu'elle leur soit refusée; l'autre, que les Hollandois, après qu'ils seront habitués auxdits pays, y auront pris des connoissances, et dressé des magasins en divers endroits, feront le trafic avec le temps, de la même façon que les Portugois, c'est-à-dire, au lieu qu'ils achètent tout à présent avec argent, ils l'auront par échange de denrées qu'ils porteront aux Indes, sur lesquelles ils pourront gagner aussi bien qu'eux: outre ce, pource qu'ils ont moins de gens en leurs navires, et font les voyages à moindres frais, cela diminuera d'autant le prix de leurs achats, en ajoutant même que le roi d'Espagne y prend un grand tribut, qui est de vingt ou vingt-deux pour cent, et les Etats ne prennent rien; ainsi ils auront moyen de les vendre à meilleur prix que les Portugais, et néanmoins y faire un gain raisonnable, ou bien ils contraindront le roi d'Espagne à quitter le tribut qu'il prend dessus, et de perdre le profit des Indes; ce que vraisemblablement il ne voudra pas faire. Quand on remontre ces raisons à aucuns des Etats, même à ceux qui veulent la paix, c'est ce qui leur aiguise l'appétit et désir d'y aller; et disent qu'ils savent bien que les Espagnols, après avoir longtemps contesté, l'accorderont plutôt que de rompre; et nous, au contraire, craignons, comme ils sont fort secrets en leur conduite, qu'ils ne cachent leur mécontentement; et voyant qu'il n'y aura rien pour eux en ce traité, qu'ils n'entretiennent le temps sur les pontilles que les Etats font tous les jours d'eux-mêmes mal à propos pour allonger, comme si cette longueur leur devoit être utile; et cependant avertissent leurs maîtres qu'ils n'espèrent rien de bon de cette conférence, afin qu'ils se préparent et aient plus de moyen après de les prendre au dépourvu.

Ce qui nous augmente encore ce soupçon, est qu'ils semblent bien assurés que les Anglois ne feront rien qui leur déplaise, et qu'il y a même quelques secrètes pratiques et recherches dont ils se flattent: ce que nous jugeons, outre plusieurs autres conjectures, de ce que les députés d'Angleterre, pressés par les Etats de vouloir faire la ligue pour la paix, ont dit avoir reçu commandement de leur maître de la faire, mais de ne l'obliger à leur secours, sinon en cas que la paix soit enfreinte un an après qu'elle sera publiée, et, ledit temps passé, qu'il avisera s'il le doit continuer pour les années suivantes, comme s'il prenoit cet an pour voir s'il pourra tirer quelque effet d'Espagne; dont le sieur de Barneveld a été fort étonné; et s'en plaignant à eux, ils lui ont dit qu'ils en écriroient à leur maître, et se promettoient de lui faire changer d'avis. Or, si du côté d'Espagne ils sont en espérance, ou plutôt assurés de ne recevoir aucune fâcherie, mais amitié d'Angleterre, ils estimeront que Votre Majesté, crainte de supporter seule les dépenses de cette guerre, ou de se mettre aux dangers et inconvéniens qui peuvent arriver à cette occasion, sera peut-être induite d'en faire autant; ou bien si elle fait le contraire, que la jalousie des Anglois, qui seront fâchés de lui voir prendre quelque avantage en l'amitié des Etats, pourra être cause de les faire lier plus étroitement avec eux, et de prendre d'autres desseins à notre préjudice.

Les Espagnols peuvent aussi espérer que si les Etats rompent à l'occasion de ce commerce, les provinces qui n'y seront intéressées seront pour se séparer des autres; ainsi qu'ils peuvent espérer autant de profit en s'opiniâtrant à la défense de ce commerce, que les Etats en craindre du dommage. Nous les exhortons aussi à cette occasion, non tous en général, mais les particuliers qui manient les affaires, même le sieur de Barneveld, qui commence d'appréhender et craindre les inconvéniens susdits, de se contenter de ce commerce pendant le temps que doit durer la compagnie, qui est de quatorze ans, qu'on peut nommer un siècle en affaires d'Etat; car s'ils reconnoissent pendant ledit temps qu'il leur soit fort utile, les changemens et occasions qui pourront naître avant qu'on soit au bout d'icelui leur donneront trop de sujet de le continuer. Quand ils n'obtiendront que cela, ils auront suffisamment pourvu à l'intérêt de leurs marchands, comme aussi à la sûreté du commerce d'Espagne; car quatorze ans suffiront pour leur faire juger ce qu'ils doivent attendre de la conduite des Espagnols envers eux. Ce n'est pas que nous ayons assurance que les députés des archiducs veulent accorder un si long temps, mais ils en pourront approcher; et s'ils le font, les Etats seront pour remettre plus aisément quelques années après avoir pris ce dernier avis, que si on le leur proposoit à présent. Puis il y a de la raison en cette demande, attendu qu'ils ont promis à la compagnie des Indes de les faire jouir du temps entier qu'elle doit durer, soit en paix ou en guerre.

Quant à leur faire accorder qu'ils jouissent de ce commerce pour certaines années par forme de trève, nous ne voyons aucune apparence qu'on leur veuille consentir la paix pour toujours ici, et ce trafic aux Indes, qui est l'endroit où le roi d'Espagne désire le plus la paix. Et déjà le sieur Richardot parlant au président Jeannin, lui a fait sentir, si on fait la trève aux Indes, c'est-à-dire que les Hollandois y continuent leur trafic certain temps sans hostilité, qu'ils ne feront aussi par-deçà qu'une trève pour même temps. Et, sur ce que le sieur Jeannin lui répliqua que les Etats voudront aussi bien avoir une déclaration absolue, et sans limitation de temps de leur liberté et de la souveraineté du pays, que s'ils traitoient une paix, il fit réponse promptement qu'ils leur feroient guerre, la trève étant finie, comme à ennemis qui étoit toujours une même chose. Il montra néanmoins que la paix perpétuelle leur seroit plus agréable que cette trève. Il n'y aura autre moyen de composer cette affaire, sinon par la voie de la trève partout, ou en faisant contenter les Etats, si on peut, du temps le plus long qu'on pourra obtenir pour la continuation de ce commerce, et s'il est possible jusques à ces quatorze ans qui restent de la compagnie, et que, ledit temps passé, il ne leur soit pas impérieusement défendu, par le traité général, d'y aller; mais que par un traité secret à part, ils promettent d'eux-mêmes de s'en abstenir, qui est en effet la même chose, mais en termes plus doux et plus modestes. Si ceux qui désirent la paix continuent à être les plus forts, comme il y a de l'apparence qu'ils seront enfin, ils consentiront ou à la trève en la forme susdite, ou à limiter le temps du commerce, et l'un et l'autre semblent devoir être plus utiles à cet Etat et à Votre Majesté même, que la continuation de la guerre, même à cause des grands soupçons qu'elle doit avoir de l'intention et conduite du roi d'Angleterre, les députés duquel nous dirent néanmoins il y a deux jours, qu'ils avoient reçu lettres de leur maître, par lesquelles il leur mandoit de nous faire entendre son affection et désir de confirmer les alliances que ses prédécesseurs ont eues avec la couronne de France, et de les étreindre par toutes sortes de liens qui les puissent rendre assurés de l'amitié l'un de l'autre, sans ajouter qu'ils eussent charge de faire la ligue à présent; mais qu'après la résolution de cette affaire, on y pourroit mieux aviser: qui ne sait que discours d'eux-mêmes, ou bien provenant de l'artifice de leur maître, sur les soupçons qu'ils ont que nous soyons recherchés d'entrer à quelque alliance et amitié avec l'Espagne, et que cela ne rompe leurs desseins, étant peut-être entrés en telle défiance sur ce qu'il leur semble que le sieur Richardot voyant souvent le président Jeannin, ne le fait sans occasion; et nous pensons leur devoir plutôt accroître que diminuer ces soupçons.

Notre réponse a néanmoins été qu'ils se voient assez, par ce qui s'est passé entre nous sur ce sujet, combien Votre Majesté estime cette amitié et alliance. Ils se peuvent souvenir aussi des réponses qu'ils nous ont faites, même qu'on ne devoit traiter de cette affaire ici, par ainsi qu'il en falloit laisser le soin à ceux qui en avoient charge près Leurs Majestés, et que ce nous sera assez de bien conduire ce qui nous a été commandé ; en quoi nous serons toujours disposés de prendre les conseils en commun avec eux, estimant que nous n'avons qu'un même but et dessein, qui est de procurer le bien et conservation des Etats, soit par la paix ou par la guerre. Madame la princesse d'Orange arriva en ce lieu le dernier du mois passé. Elle a été visitée par tous les ambassadeurs qui sont ici, même par ceux des archiducs, comme aussi de la part de messieurs les Etats-généraux, et particulièrement par ceux de Hollande. Elle s'y est fort bien conduite, et pouvons faire ce jugement dès aujourd'hui, que sa présence sera très-utile pour le service de Votre Majesté, nous ayant déclaré qu'elle avoit charge de ne rien faire qu'avec notre avis. Le prince Maurice insiste toujours avec ardeur pour le commerce des Indes : mais le respect de Votre Majesté, nos raisons, et, ce qu'il sait aussi bien que nous, l'inclination et la mauvaise volonté du roi d'Angleterre est cause qu'il se contient beaucoup plus qu'il ne feroit sans cela ; mais il dit toujours que le roi d'Angleterre n'oseroit entrer en aucune conjonction avec l'Espagne contre nous ; qu'en le faisant, il perdroit du tout l'amitié de cet Etat, et qu'ils trouveroient bien le moyen de sortir hors de ses liens ; que ses sujets aussi, même les Ecossois, qui n'ont pas bonne opinion de lui, seroient pour s'élever contre lui-même s'il le faisoit ; et toutefois, encore que cela ne soit pas sans raison, il ne suffit pourtant pour nous assurer du tout contre ses desseins s'il en a de mauvais, et quelque pouvoir de les exécuter. C'est à Votre Majesté d'apporter son jugement sur le tout, et nous commander, s'il lui plaît, bien expressément ce qui sera de son intention, même touchant ce commerce, afin que nous la suivions de même affection dont nous prions Dieu, sire, qu'il maintienne Votre Majesté et sa royale famille en tout heur et prospérité.

Vos très-humbles et très-obéissans sujets et serviteurs,
P. Jeannin et de Russy.

De La Haye, ce septième jour de mars 1608.

Lettre *de M. Jeannin à M. de Villeroy, dudit jour septième de mars* 1608.

Monsieur, je vous ai écrit le 27 du passé par la voie de M. de Berny, ayant donné mes lettres à M. le président Richardot, qui me promit de les lui faire tenir sûrement. On est toujours en dispute, et avec grande contention, pour le commerce des Indes, comme vous verrez par les lettres que nous écrivons au Roi : l'un veut tout, l'autre refuse tout : jusqu'ici n'y a eu moyen de les faire approcher. Si estimé-je qu'ils ont envie l'un et l'autre de la paix, et que ceux qui prétendent l'empêcher du côté des Etats, ne seront les plus forts, si les Espagnols se veulent aider. Le président Richardot m'a vu à diverses fois sur ces disputes, s'est plaint de la façon de procéder des Etats, et, après plusieurs autres propos sur ce sujet, m'a dit, s'ils continuent, qu'ils leur feront perdre l'envie de la paix, qui n'est plus désirable quand elle n'apporte aucune utilité. Il m'a semblé reconnoître que si on peut accommoder le fait des Indes, que tout s'accordera, et qu'en mettant en avant le fait de la religion, comme il m'a dit qu'ils sont obligés de faire, ils se contenteront néanmoins d'avoir témoigné leur affection. Or, quant à ce commerce, le sieur de Barneveld, qui veut toujours la paix, s'imagine qu'ils l'accorderont par forme de trève, encore que la paix soit absolue ici. En quoi j'estime qu'il se trompe, ou qu'il parle ainsi crainte d'offenser ceux de la province de Hollande, desquels il dépend, qui sont plus intéressés en ce commerce. Les langages que j'ai tenus au président Richardot m'ont, à mon avis, persuadé que le Roi est désireux de la paix, et que nous faisons tout ce qui dépend de nous, comme il est vrai, pour y parvenir, mais que ceux qui veulent la guerre, et les intéressés audit commerce, aigrissent les esprits des Etats, et qu'ils ont aussi tous reçu si peu de dommage par la guerre, que la paix leur semble moins nécessaire. Il m'a parlé derechef, et plus particulièrement, des alliances dont m'avez écrit, et fait entendre par qui elles ont été mises en avant ; que l'archiduc y étoit porté avec très-grande affection, et à l'amitié de Sa Majesté ; sur ce que Sadite Majesté a estimé qu'on devoit conduire cette affaire par le moyen du pape, qu'on approuvoit aussi ce conseil, pource que Sa Sainteté aura en affection de la faire réussir, et saura bien considérer que la conjonction de ces deux grands rois est nécessaire du tout pour le repos de la chrétienté et la conservation de l'autorité et dignité du saint-siége. Il m'a répété encore que telles alliances plaisent beaucoup plus à ses maîtres que celles des princes qui ne sont de leur religion.

Je lui ai montré que j'étois mieux informé par les dernières lettres que j'ai reçues, que je n'étois lorsqu'il me fit les premières ouvertures, et j'ai assuré que cette affaire est en très-bon état du côté du Roi, lequel étant prince catholique préférera de même telles alliances à toutes autres, pourvu qu'on y procède sincèrement; et que moi, qui suis catholique, le désirerois avec ardeur; mais que, pour y parvenir avec plus de facilité, je jugeois la paix avec les Etats du tout nécessaire, comme un moyen propre pour faire cesser tous soupçons, jalousies et intérêts d'Etat, lui remontrant qu'ils ne devoient tant insister qu'ils font à la défense du commerce des Indes, qui cessera de soi-même, sans autre interdiction, dès lors que celui d'Espagne sera bien établi et assuré; ce qu'il montre bien de croire; mais qu'il n'y a aucun moyen de le persuader en Espagne. Je vous supplie très-humblement que soyons informés au plus tôt de la volonté du Roi sur ce sujet, et s'il n'entend pas que cherchions tous moyens possibles pour composer ce différend de commerce, et de faire la paix au meilleur marché que pourrons, sans rompre pour quelque cause que ce soit, puisque la souveraineté a été accordée, même si tout ce que les Etats tiennent leur demeure, et qu'on remette l'échange des places après la paix, comme il est nécessaire si on ne veut rompre là-dessus; car les Etats y consentiront encore plus mal volontiers qu'à quitter ce commerce des Indes; pour lequel composer on peut trouver quelques expédiens: mais je vois bien, s'ils plient en celui-ci, qu'ils ne recevront aucune condition en l'autre. Si les députés d'Angleterre procédoient avec même candeur que nous, tout se passeroit beaucoup mieux pour le fait des Etats; mais je suis assuré, comme nous d'un côté essayons de persuader les députés des archiducs de remettre quelque chose de leur droit pour venir à l'accord, qu'eux, au contraire, en ce qu'ils pensent que les Etats se

pourront relâcher, conseillent aux autres de tenir bon, afin de gagner leurs bonnes grâces aux dépens de leurs amis, nous semblant reconnoître que c'est leur principal but. J'en juge ainsi par plusieurs conjectures; et s'il vous plaît de vous souvenir de ce qu'ils ont fait dès le commencement du pourparler de paix, et de tout ce qui a suivi depuis jusqu'à présent, vous serez, je m'assure, de même avis. Tout cela tend à gratifier le roi d'Espagne et les archiducs, afin de s'en prévaloir, et les mieux disposer à l'alliance qu'ils recherchent de l'infante d'Espagne pour le prince de Galles, étant bien avertis qu'il se flatte encore de cette espérance.

C'est pourquoi j'estime être très-bon que Sa Majesté continue de montrer qu'elle prend goût à l'ouverture qui lui a été faite du côté d'Espagne; car si la paix se fait ici, ils préféreront sans doute l'alliance de France à celle d'Angleterre, quand il n'y auroit autre raison que la diversité de religion; mais il y a celle-ci encore plus forte, qu'ils conservent toujours en la maison d'Espagne, par notre alliance, les pays que tient l'archiduc, l'infante venant à mourir sans enfans, au lieu que le roi d'Angleterre prétendroit, par le mariage de son fils, les joindre à la couronne d'Angleterre, qui est où songe à lui d'y penser avec cette condition. Mais si la guerre continue, je le craindrois; et il y a apparence que l'Espagnol, pour le séparer d'avec les Etats et d'avec nous, seroit prêt à lui faire quelques promesses dont il tireroit un profit présent, et le temps l'en déchargeroit. Il pourroit aussi faire approuver, du moins excuser ce conseil à Rome, en faisant entendre à Sa Sainteté, ce qu'aucuns disent déjà ici, que la reine d'Angleterre donne espérance de rendre son fils catholique, et qu'elle attend à le déclarer quand les affaires seront mieux préparées en Angleterre. Je sais bien qu'il a été parlé desdites alliances, et quand ce ne seroit que songes, que cela ne laisse de nuire aux affaires que nous traitons. Il est vrai que tout s'évanouira par la paix, que nous devons d'autant plus désirer et rechercher. J'ai vu le discours fait par feu M. de Sailly, duquel je fais même jugement que vous, encore qu'il estime qu'on puisse sur son projet ajouter, changer et corriger beaucoup de choses. J'en ai bien eu quelque idée en mon esprit il y a déjà long-temps, pendant le grand loisir qu'ai eu ici, mais il n'est encore temps de s'en découvrir. Le défunt de Sailly, quand il parle d'un chef, entendoit nommer le prince Maurice; et la paix faite, je tiens que cela bien conduit pourroit réussir s'il se vouloit aider. J'ai envoyé le sieur de Sainte-Catherine à Amsterdam pour faire venir ici le marchand dont m'écrivîtes, nommé Isaac Le Maire, afin de parler à lui suivant le commandement du Roi. J'ai retenu la lettre de Sa Majesté pour la lui donner moi-même, et lui ai seulement écrit un mot afin de le faire venir, sans lui en exprimer la cause. Bien lui ai-je envoyé la lettre du marchand, écrite en flamand.! Je n'ai même pas dit audit Sainte-Catherine la cause pourquoi je le mandois, afin que le tout soit plus secret; aussi n'est-il temps d'en parler ouvertement, crainte d'offenser les Etats, qui penseroient que nous nous rendrions faciles à leur faire quitter ce commerce, ou autrement le réduire à peu d'années, pour l'attirer tant plus tôt chez nous. Les Espagnols en seroient pareillement offensés, étant certain qu'ils ne tiendront jamais pour leurs amis les princes qui feront quelque descein sur les Indes. M. de Preaux me donne espérance par ses lettres de venir bientôt ici, dont je me réjouis bien fort. Si M. de Sully trouve qu'en l'article des impôts il faille faire quelque restriction pour ce que vous me mandez, touchant le sel de Brouage et les droits de la comptablerie de Bordeaux, il seroit meilleur, pour le bien des Etats, que la ratification soit pure et simple, et que j'en retire une promesse à part, de date postérieure à la ratification; car les Etats disent que la ratification ainsi faite leur servira beaucoup pour induire les Anglois à leur en accorder autant. Je prie Dieu, monsieur, qu'il vous donne, en parfaite santé, très-heureuse et longue vie.

Votre très-humble et très-affectionné serviteur,

P. JEANNIN.

De La Haye, ce septième jour de mars 1608.

LETTRE de MM. Jeannin et de Russy au Roi, du dixième de mars 1608.

SIRE,

Les lettres que le sieur de Monceau, parti de ce lieu le septième de ce mois, doit rendre à Votre Majesté avant qu'elle reçoive celle-ci, l'auront informé de tout ce qui s'est passé jusqu'alors. Au même temps de son départ M. de Preaux est arrivé ici avec lettres de Votre Majesté et ses commandemens. Ce nous a été un très-grand contentement d'avoir appris par lui que notre conduite touchant la ligue lui ait été agréable; aussi y avons-nous procédé avec tout le soin, fidélité et industrie qu'il nous a été possible. Deux raisons nous ont empêchés de délivrer, dès à présent, la ratification aux Etats, l'une, pource que M. Barneveld en particulier, puis les députés desdits Etats ensemble nous sont venus voir pour nous prier de faire la ligue générale, comme nous l'avions ci-devant projetée, lorsque les Anglois montrèrent d'y vouloir entrer, nous disant qu'ils y sont maintenant très-bien disposés, et qu'on feroit, par ce moyen, connoître à chacun que les deux rois sont conjoints en leur secours, qui donneroit beaucoup de réputation à leurs affaires; au lieu qu'on tient aujourd'hui le contraire, à cause du refus que le roi d'Angleterre fait d'y entrer avec nous; qu'ils éviteront aussi plusieurs difficultés qui se rencontrent à faire la ligue particulière avec eux, qu'ils ne se peuvent promettre de surmonter sans Votre Majesté, qui n'en recevra pourtant aucun dommage. Ils ont ajouté cette seconde raison, que les députés d'Angleterre étoient en espérance d'avoir bientôt charge de leur maître pour faire ladite ligue, non-seulement avec les Etats, mais aussi avec elle. Quant à la première raison, nous n'y avons eu aucun égard; car la ligue déjà faite avec les Etats est meilleure et plus assurée pour nous que la générale sans aucune expression de secours. Bien nous sembleroit-il, si les Anglois la vouloient aussi bien faire avec nous qu'avec les Etats, qu'il y auroit raison, celle-ci étant conclue et arrêtée, de rompre l'autre déjà faite, mais non plus tôt. Il est vrai que nous ne voyons rien jusqu'ici qui nous doive faire espérer ce changement en la volonté du roi d'Angleterre, encore que ses députés nous aient dit, et particulièrement M. Spencer au président Jeannin, beaucoup de bonnes paroles sur ce sujet depuis peu de jours. Toutefois, cette retardation ne nous peut de rien nuire, attendu même que nous ne sommes obligés de donner ladite ratification que dans le 26 de ce mois, et que ce délai n'a été pris que pour leur seule considération. Pour le regard des lettres de Votre Majesté aux Etats, concernant le fait de ladite ratification, nous nous y conduirons lors selon qu'il sera requis pour son service. Il sera aussi assez à temps de leur déclarer lors son intention pour les quatre mille hommes, et la restriction, tant pour les subsides qui se lèvent en Brouage sur le sel que pour la comptablerie de Bordeaux. Les difficultés d'entre les Etats et les Anglois pour leur ligue particulière, sont celles mêmes dont nous avons ci-devant donné avis à Votre Majesté ; à savoir, qu'ils ne veulent donner secours que pour un an en cas de paix enfreinte, l'ayant ainsi expliqué depuis, et mieux qu'ils ne l'avoient fait, lorsque l'avons premièrement écrit, y ajoutant qu'on s'assemblera l'an fini pour résoudre, sur la continuation d'icelui secours, des moyens d'entrer en une guerre ouverte pour leur défense commune. Ils demandent aussi pareil secours par mer que le leur, et que celui par terre soit des deux tiers ; alléguant cette raison que, s'ils ont bien accordé la moitié à Votre Majesté, eux n'étant si puissans que nous, on ne devoit faire refus de l'accroître jusqu'aux deux tiers.

Ils demandent en outre, sur leurs dettes, cent mille écus chacun an ès deux premières années, et deux cent mille écus après par an jusqu'à fin de paiement. Sur lesquelles difficultés les Etats ont requis temps pour renvoyer derechef en Angleterre, afin de faire modérer ces conditions, dont les députés d'Angleterre sont bien aises, comme nous estimions, pour montrer aux députés des archiducs les recherches des Etats, et les délais et refus qu'ils font. C'est aussi pourquoi les Etats voudroient bien retourner à cette ligue générale, pensant qu'ils auroient après meilleure composition sur les affaires particulières qu'ils ont avec eux. Lesdits députés des Etats nous ont dit aussi, en la même conférence, ce qu'ils ont traité avec les députés des archiducs en deux assemblées faites depuis le départ du sieur de Monceau ; à savoir, qu'ils ont donné l'un à l'autre les principaux articles qu'ils prétendent respectivement faire insérer et comprendre au traité de paix. Sur quoi M. le président Richardot, à la lecture de l'article treizième de ceux présentés par les Etats, demanda comme ils l'entendoient ; et après qu'ils se furent expliqués, et que c'étoit pour obliger les provinces de Brabant et Flandre à payer leurs cotes des dettes contractées pendant leur union, il fit réponse qu'on les vouloit donc faire payer les étoufs comme s'ils avoient perdu la partie, et que ce n'étoit pas leur intention. Les députés des Etats demandèrent pareillement l'explication de deux articles, l'un touchant les priviléges des Anglois, sur lequel ledit sieur président répondit, pource qu'ils avoient aussi bien des priviléges chez les archiducs que chez les Etats, qu'il étoit besoin de les régler d'une part et d'autre de même façon ; l'autre fut pour la religion, les Etats ayant déclaré, puisqu'on les reconnoissoit pour libres et souverains, qu'ils ne vouloient recevoir aucune condition sur cet article par traité, en requérant l'explication que ledit sieur président dit ne pouvoir être faite pour lors, d'autant qu'ils[1] en attendoient réponse d'Espagne, où ils avoient envoyé exprès depuis quelques jours pour s'en éclaircir. Bien les assuroient-ils qu'on ne prétendoit rien pour ce regard, qui pût être préjudiciable à leur liberté et souveraineté, ayant, comme nous estimons, ajouté ces mots crainte que ceux qui veulent la guerre prissent là-dessus occasion de rompre : aussi avoit-il appris de nous que, s'ils y insistoient formellement, ils tomberoient en ce péril. Et, à cette occasion, ils prirent ce délai pour voir ce qu'on fera sur les autres articles, et après résoudre à loisir comme ils auront à se gouverner en celui-ci ; car il n'y a que ces deux articles, le commerce des Indes et le fait de la religion, sur lesquels ils puissent rompre avec quelque avantage pour eux.

Les députés des Etats, après nous avoir fait entendre ce que dessus, touchant la conférence qu'ils avoient eue avec les Anglois et les députés des archiducs, ont ajouté à la fin de leur discours la prière ordinaire pour la continuation du secours, jusqu'à ce que la paix soit conclue, attendu qu'ils ont toujours le même nombre de gens de guerre, et qu'ils ne peuvent avoir recours qu'à la bonté de Votre Majesté, à qui ils reconnoissent devoir leur salut. Sur quoi leur a été dit par nous qu'ils se pouvoient bien souvenir des propos que leur avons tenus lorsqu'ils firent instance pour avoir le troisième

---

[1] Qu'ils : Que les députés des archiducs.

quartier, puis le dernier quartier de l'année précédente, que Votre Majesté n'entendoit leur donner aucune chose pendant la trêve, outre la demi-année précédente que Votre Majesté leur avoit fait toucher. Et enfin s'étant laissé vaincre et persuader pour leur faire fournir l'année entière, ç'avoit été à condition qu'ils ne devoient rien espérer pour l'année suivante, qui est celle où nous sommes, ni tant que la trêve dureroit, les exhortant à cette occasion, et pource que c'étoit leur profit, de conclure tôt ce qu'ils voudroient faire, fût paix ou guerre, et que nous ne lui en oserions faire aucune supplication et instance, bien assurés qu'elle ne la prendroit de bonne part; qu'il ne falloit aussi presser ses amis jusqu'à telle extrémité, et considérer qu'elle leur a déjà donné un si grand secours qu'il est sans exemple; d'ailleurs qu'elle est avertie que le roi d'Espagne arme en Espagne et en Italie, tant par mer que par terre, et qu'il y a déjà quelques semences de mouvemens en Italie; ainsi qu'il lui est nécessaire de se préparer, et avoir des moyens prompts pour se garantir de tous inconvéniens, d'aider ses amis et eux-mêmes si, la paix n'étant faite, quelque orage venoit à tomber sur leur Etat; qu'étions bien certains qu'elle ne seroit contente de leur conduite, qui a tant de circuits et longueurs, que le temps se consume inutilement, n'y ayant apparence, s'ils ne changent leur façon de procéder, qu'on puisse sortir de cette incertitude en plusieurs mois, au lieu qu'ils en pourroient voir la fin, s'ils traitoient avec l'industrie et diligence requises en affaires de pareille importance, dans un mois ou six semaines. Ils ont promis d'user de plus grande diligence à l'avenir, mais n'ont pourtant discontinué en leur instance et supplication, que nous sommes obligés de représenter, quoique le fassions avec regret, crainte qu'elle ne la prenne de mauvaise part; mais il est besoin que nous avertissions du tout. Nous prions Dieu, sire, qu'il donne à Votre Majesté et à sa royale famille tout heur et prospérité.

Vos très-humbles et très-obéissans sujets et serviteurs,   P. Jeannin et de Russy.

De La Haye, ce dixième jour de mars 1608.

Lettre *de MM. Jeannin et de Russy au Roi, du douzième de mars* 1608.

Sire,

Notre précédente lettre est du dixième de ce mois, à laquelle nous ajouterons celle-ci pour avertir Votre Majesté que les députés des Etats s'étant assemblés l'onzième avec ceux des archiducs, au lieu d'entrer en conférence sur les articles qu'ils avoient donnés l'un à l'autre, et de laisser indécis celui du commerce des Indes, selon qu'il avoit été résolu par deux précédentes délibérations, ils ont derechef demandé la résolution entière et absolue dudit commerce, et déclaré qu'ils ne pouvoient passer outre, jusqu'à ce qu'ils en fussent éclaircis, eux le prétendant toujours par forme de trêve, et pour certain temps, comme de huit ou dix ans, et, ledit temps passé, qu'on s'assemble à Bruxelles ou à Anvers, pour aviser amiablement sur la continuation ou cessation d'icelui, et les députés des archiducs consenti à ladite trêve, pourvu que, le temps d'icelle expiré, ils n'y puissent plus aller; déclarant ouvertement ne le pouvoir accorder à autre condition, au cas qu'ils peuvent avoir paix ici, ou bien qu'on fasse également, et pour même temps, tant ici que par-delà la ligue, dont les Etats font pareillement difficulté, s'opiniâtrant à obtenir la paix absolue d'un côté, et la trêve de l'autre: sur quoi les députés des archiducs se séparèrent de leur assemblée avec colère; et fit le marquis Spinola réponse à M. de Barneveld, qui lui demandoit s'ils feroient rapport à leur assemblée générale de ce qui s'étoit passé entre eux, ou si on le remettroit à une autre conférence, que chacun pourroit faire ce qu'il voudroit, et se leva là-dessus pour se retirer; mais le cordelier s'approchant de lui, après lui avoir dit un mot à l'oreille, dit aux députés des Etats, en latin et tout haut, « que la nuit donneroit conseil. » M. Maldrée en même temps, et lorsque lesdits députés se levoient de leurs places pour sortir, dit aussi ces mots en espagnol: « qui veut avoir tout perd tout. » A quoi M. le président Richardot fit soudainement réponse avec véhémence et colère: « Dites cela pour vous, et croyez qu'il vous en aviendra ainsi. » Votre Majesté voit les aigreurs et passions de ces peuples. Ce n'est pas que le plus grand nombre en l'assemblée des Etats ne soit disposé d'accepter cette ouverture, et de faire la trêve partout, plutôt que de rompre. Il y a une loi entre eux, qu'en affaires de pareille importance on ne doit rien résoudre sans le consentement de tous. Or, la province de Zélande contredit opiniâtrément à tout ; elle sera peut-être encore assistée de Frise ; et jusques ici les autres ont dissimulé sans vouloir prendre un avis formel et contraire, pource qu'on leur dit toujours que les députés des archiducs se laisseront vaincre. En quoi on les trompe, n'y ayant aucune apparence que le roi d'Espagne veuille quitter tout sans rien obtenir.

Nous ne voyons plus rien qui puisse suffire pour faire conclure cette délibération, et les faire joindre tous ensemble, que l'autorité des rois et princes qui ont leurs députés en ce lieu, même de Votre Majesté et du roi d'Angleterre, qui oblige les autres à les suivre. Et vous, sire, quand vous seriez seul, personne ne se voudroit opposer ouvertement à son avis ; c'est pourquoi nous lui envoyons exprès le sieur de Sainte-Catherine, pour être éclaircis promptement, s'il lui plaît, de sa volonté sur ce sujet, afin de la suivre, et essayer de persuader aux Etats d'en faire autant, soit pour opiniâtrer ce commerce aussi bien qu'eux, ou de prendre l'un des deux expédiens ci-dessus déclarés pour en sortir. Car, encore qu'ayons jusques ici fait connoître aux Etats que Votre Majesté n'auroit agréable qu'ils rompent à cette occasion, nous leur avons néanmoins toujours dit que n'avons aucun commandement particulier d'elle, et que nous l'attendions. Or, la longueur leur est grandement préjudiciable. La demeure des députés des archiducs en ce lieu est ce qui les fortifie plutôt à refuser ce qu'on leur demande, qu'elle ne les échauffe à le consentir. Il n'y a rien que nous ne fassions tous les jours pour admonester et persuader aux Etats de se joindre ensemble en un même avis ; et le jour d'hier en eûmes plusieurs propos avec le prince Maurice, en présence de la princesse d'Orange, lui alléguant des raisons de si grande efficace, qu'elles ne peuvent recevoir aucune réponse qui soit de mise à l'endroit de ceux qui veulent juger de cette affaire sans passion. Le marquis Spinola, pour être informé au vrai de l'intention du roi d'Espagne, a dépêché il y a déjà quinze jours un courrier vers lui, lequel montra à R[?]terdam être si pressé, qu'il prit certificat qu[?] l'avoit fait séjourner deux heures, disant q[?] y alloit de sa vie s'il ne faisoit la diligence r[?] quise. Nous craignons que les mauvaises n[?]velles qu'il portera en Espagne ne soient cau[?] de leur faire changer d'avis, et d'avoir en h[?]reur la paix autant qu'ils l'ont désirée. Votre M[?]jesté a ci-devant été informée, par nos lettres des raisons qui nous faisoient juger la trê[?] pour quelques années, comme de huit, di[?] douze ou quinze ans, devoir être autant ou p[?] utile à cet Etat et à leurs amis que la pai[?] Nous sommes encore à présent de même av[?] et qu'elle vaudra peut-être mieux de six ou se[?] ans que de plus long-temps, pour les chang[?]mens qui peuvent arriver aux affaires, lesqu[?] sont cause bien souvent que la paix désirée [?] une saison est trouvée dommageable en l'aut[?] Et ce qui nous confirme davantage en notre [?] premier, est que nous prévoyons plusieurs dif[?]cultés pouvoir traverser la paix, dont la trê[?] nous fera sortir, y ayant apparence, comb[?] qu'elle soit aussi bien rejetée à présent par [?] prince Maurice et ceux de son opinion qu[?] paix, pour l'espérance qu'ils ont, si on ne pe[?] demeurer d'accord des conditions d'icelle, qu[?] rentrera en guerre quand il n'y a qu'une trê[?] que lorsqu'on est en paix. Au contraire, el[?] nous laisse en soupçon l'un de l'autre penda[?] qu'elle dure, et les moindres offenses nou[?] jettent aux armes : ce qui est plus difficile apr[?] la paix, qui nous fait contracter des amitiés [?] habitudes qui nous convient et obligent [?] souffrir plutôt tout que de rentrer en guer[?]

Il y a déjà sept ou huit jours que les dépu[?] des archiducs ne nous sont venus voir, ni l[?] président Richardot, le sieur Jeannin en pa[?]culier, comme il souloit faire fort souvent, presque de deux ou trois jours l'un, encor[?] que ledit sieur Jeannin l'ait vu le derni[?] part, puis le marquis et lui ensemble. No[?] n'en pouvons juger l'occasion ; car ils traitoi[?] auparavant en grande confiance avec nous, [?] nos actions la leur doivent plutôt avoir accr[?] que diminuée. C'est peut-être qu'ils craign[?] que ces fréquentes visites n'aient donné d[?] l'ombrage aux députés d'Angleterre, de l'am[?]tié desquels, et des offices qu'ils en peuve[?] recevoir en secret, ils ont plus d'assurance qu[?]

de la nôtre, étant bien avertis aussi que le roi d'Angleterre, en ses propos ordinaires, décrie les affaires des Etats tant qu'il peut; qu'il leur demande de l'argent, au lieu de leur en vouloir donner pour faire la guerre; qu'il refuse ou diffère tous les jours la ligue dont les Etats le poursuivent, étant vraisemblable qu'il fait entendre aux archiducs que c'est en leur faveur, et savent au contraire que Votre Majesté a envoyé argent aux Etats depuis que nous sommes ici, et qu'on parle avec liberté en France du bien et prospérité qu'on leur désire. Notre conduite est aussi telle qu'il est requis, pour ne point tromper les Etats qui se fient en Votre Majesté. En quoi faisant, comme nous en sommes mieux avec eux, nous sommes d'autre côté moins agréables à ceux-ci, qui en sont trop bien avertis, et que Votre Majesté, plus que nul autre prince, a pouvoir d'aider à faire ou rompre la paix, même au penchant auquel sont à présent les Etats. Nous espérons aussi prendre nos mesures si justement en cet endroit, qu'ils seront contraints de confesser et reconnoître que personne n'y aura tant contribué, si elle se fait, que nous. Mais il est bien à craindre, d'autre côté, que si la guerre continue ils n'aient opinion d'y avoir reçu de nous de mauvais offices sous main, encore qu'il n'en soit rien; car le président Richardot a dit souvent audit sieur Jeannin qu'il s'étonnoit de la fureur et rudesse de ces peuples, qui, ne pouvant faire la guerre seuls, montrent toutefois de la craindre si peu; comme s'il eût voulu attribuer cette opiniâtreté à l'assurance d'un appui secret, non à la seule témérité. A quoi ceux qui veulent la guerre aident tant qu'ils peuvent; car, quoi que nous disions, ils font entendre sous main à ceux qu'ils désirent attirer à leur opinion, qu'ils ont toute assurance du secours de Votre Majesté. Ce sont inconvéniens qui sortent de la nature de la chose que nous traitons, et des passions des particuliers qui y ont intérêt et cherchent de faire incliner les résolutions à leur but : à quoi nous remédions néanmoins au mieux qu'il nous est possible, et pensons qu'enfin tels artifices seront étouffés par la vérité de notre conduite.

Nous avons ci-devant mandé à Votre Majesté que, par les discours du président Richardot au sieur Jeannin, on avoit reconnu qu'en faisant la trève, les députés des archiducs seroient pour consentir aux Etats la liberté et souveraineté pour toujours, aussi bien que la paix; mais nous sommes maintenant en quelque crainte qu'ils n'en fassent difficulté, et ne la veuillent restreindre au temps de la trève; car nous reconnoissons de jour à autre que leur demeure ici, soit à cause des pratiques qu'ils y font, ou de l'assurance qu'ils ont eue de la volonté du roi d'Angleterre, leur donne espoir de profiter autant ou plus par la rupture que par la paix ou trève; et néanmoins, sans obtenir la liberté pour toujours, les Etats rejetteront du tout la trève, et ne croyons pas aussi, non plus qu'eux, qu'elle leur fût utile autrement ni à leurs amis. On pourroit bien par la trève se contenter de mots qui offenseront moins que ceux que les Etats ont requis par la paix en la remise et cession de la souveraineté, qui ne laisseront pourtant d'être aussi significatifs que les autres qu'ils désirent : à savoir, que le roi d'Espagne et les archiducs, tant pour eux que les successeurs, déclarent qu'ils tiennent et reconnoissent les Provinces-Unies pour Etats et pays libres, sur lesquels ils ne prétendent rien, et en cette qualité traitent et accordent la trève avec eux. Or, si ce moyen de trève en la forme susdite vient à défaillir, il n'y a plus de recours qu'à la paix, en essayant de surmonter les difficultés selon qu'elles se présenteront, et nommément celle des Indes, faisant accorder les quatorze ans qui restent de la compagnie, ou contenter les Etats de moindre temps, si on ne peut gagner le tout. En quoi il y aura beaucoup de difficulté, et plutôt de leur côté, comme il nous semble, que de celui des archiducs; car nous avons affaire à tant de gens, et qui ont si peu de crainte de l'avenir, à cause des prospérités du passé, que les plus sages sont souvent contraints de suivre l'avis des plus téméraires et imprudens.

Si est ce que nous espérons beaucoup de l'autorité de Votre Majesté envers eux, et de ce que les provinces en plus grand nombre, c'est-à-dire ceux auxquels elles se fient de leurs affaires, veulent la paix, nous nous conduirons en tout suivant ses commandemens, dont nous la supplions très-humblement de nous avertir au plus tôt. Elle aura vu par notre précédente lettre quels sont les propos que le sieur Barneveld avoit tenus au président Jeannin, et M. Spencer aussi, touchant l'amitié du roi d'Angleterre avec elle; et pource que ledit Barneveld les lui répéta encore le jour d'hier, montrant d'en bien espérer, il fut avisé entre nous que M. de Russy en parleroit par occasion, et comme de lui-même, à M. Winood, y ayant des considérations sur ce sujet qu'il pouvoit mieux toucher seul que si nous étions ensemble : il a fait, selon qu'il lui écrit particulièrement, qui nous empêchera d'en rien mettre ici. Que Votre Majesté ne craigne point, en cas qu'ils concluent leur ligue avec les Etats, qu'il y ait rien à son préjudice, ni que les autres princes y entrent avec eux, car ils n'y peusent point; et le roi d'Angleterre même, crainte que le roi d'Espagne et les archiducs ne soient offensés de lui, s'il s'assembloit en sa ligue d'autres princes pour les joindre au secours des Etats et les rendre leurs ennemis, s'en abstiendra. Quant à l'échange des places, c'est assez que nous soyons instruits de sa volonté; aussi est-il certain que les Etats n'y voudront point entendre, et que tout ce qu'on pourra obtenir d'eux sera qu'ils s'accommodent sur le fait du commerce des Indes. Nous prions Dieu, sire, qu'il donne à Votre Majesté, en très-parfaite santé, très-longue et très-heureuse vie.

Vos très-humbles et très-obéissans sujets et serviteurs, P. JEANNIN et DE RUSSY.

De La Haye, ce douzième de mars 1608.

LETTRE *de M. Jeannin à M. de Villeroy, du quatorzième de mars* 1608.

Monsieur, vous verrez ce que nous écrivons au Roi sur les changemens qui arrivent ici en la conduite des affaires, à cause des passions de ceux qui veulent la guerre, lesquelles traversent continuellement les bonnes intentions des autres qui désirent la paix. Les députés des archiducs s'en trouvent étonnés, et ne savent à qui s'en prendre, estimant quelquefois que leur rudesse à traiter est fomentée de quelque secret appui; puis après croient, ce qui est véritable, que cette opiniâtreté ne vient que d'eux-mêmes et du peu d'appréhension qu'ils ont de l'avenir se fondant sur les prospérités qu'ils ont eues du passé. Ils ont discontinué à venir nous voir plus que de coutume, mais je n'en sais pas la cause; car notre affection à la paix est reconnue tous les jours de plus en plus, sans que néanmoins nous fassions chose qui soit contre le bien des Etats : ainsi en jugent les plus sages, et louent autant notre conduite que les ennemis de la paix en sont mal contens. Peut-être que les députés d'Angleterre y procèdent d'autre façon, et, par quelques témoignages secrets de leur amitié à l'endroit des archiducs, obligent davantage leurs députés; mais nous avons pour guide les commandemens du Roi, et ce qui nous semble licite pour ne pas tromper nos amis. Rien ne se fera sur l'échange des places contre ce que Sa Majesté commande, car les Etats sont si fermes et résolus, qu'ils n'auront besoin d'autre persuasion pour cet égard; et ce que nous vous en avons mandé est plutôt de l'avis d'autrui que du nôtre, rien n'ayant été dit de notre part à qui que ce soit. Quant au commerce des Indes, je n'y vois autres expédiens que ceux contenus en la lettre qu'écrivions au Roi. Celui de la trêve ici et aux Indes sera enfin le meilleur, pourvu qu'ils soient aussi bien reconnus libres que par la paix, car de l'être à temps limité, et non pour toujours, cela ne serviroit de rien. Le président Richardot, me voyant il y a dix ou douze jours, a montré de ne faire difficulté d'en traiter ainsi, néanmoins le cordelier a dit depuis deux jours contraire à quelqu'un qui a de la privauté avec lui; si ne laissé-je d'en espérer bien de leur côté, pource qu'il me semble qu'ils désirent la paix avec grande ardeur, et craignent autant de rompre que les Etats.

La trêve nous feroit éviter plusieurs difficultés qui se rencontreront à la paix, outre qu'elle sera autant ou plus utile à leur Etat et à leurs amis que la paix même; car n'étant qu'en trêve, ils seront plus enclins à contribuer pour le paiement des gens de guerre qu'il faudra tenir en garnison. Il y aura moins d'amitié entre eux et les Espagnols, et par ce moyen en auront plus de soupçon et de défiance les uns des autres. Elle sera aussi moins désagréable à M. le prince Maurice; car ils seront obligés de le rendre plus de respect et à le mieux contenter à cause du besoin qu'ils en pourront avoir, la trêve étant expirée : outre ce qu'il semblera le retour à la guerre en être plus facile qu'il ne

paix étoit faite; et cette même raison regarde aussi l'intérêt de Sa Majesté, qui pourroit bien, dans quelques années, désirer autant la guerre en ce pays qu'elle fait à présent la paix. Vous vous souviendrez, monsieur, des raisons que j'ai autrefois eues sur ce sujet, qui furent lors approuvées. Et quand ladite trève ne seroit que de six, huit ou neuf ans, elle seroit bien aussi bonne que pour un plus long temps, pource que plus elle sera longue, moins ces peuples auront soin de se tenir armés, penseront moins aussi devoir rentrer en guerre avec les Espagnols, et leur deviendront par ce moyen plus facilement amis. Il est vrai que si l'on fait cette trève, il faudra, par un nouveau traité avec les Etats, déclarer que la ligue faite aura lieu durant le temps d'icelle, et y ajouter encore qu'ils ne pourront faire la paix, sinon du gré et consentement du Roi, qui voudroit étendre la ligue et la rendre perpétuelle. On le pourroit faire aussi bien que par la paix, si les Etats sont reconnus liés pour toujours : le commandement du Roi nous prescrira ce que nous aurons à faire. Les députés d'Angleterre nous disent toujours de bonnes paroles, et montrent que leur maître veut à bon escient l'amitié de Sa Majesté, et y joindre l'alliance de leurs enfans.

Vous verrez, par la lettre de M. de Russy, les discours que M. Winood lui en a faits, et qu'il désire que M. de La Boderie tienne quelques propos à leur roi sur ce sujet. Ledit sieur de La Boderie est sage pour n'y rien gâter; et néanmoins je crains qu'il n'y ait de l'artifice, et qu'on ne veuille faire connoître et publier cette recherche, pour s'en prévaloir envers le roi d'Espagne, et obtenir plus aisément son alliance qu'il poursuit, à ce qu'on tient ici, et qu'il ne la fasse aussi sur la crainte qu'il a eue que Sa Majesté et ledit roi d'Espagne n'aient au même dessein ensemble pour le mariage de leurs enfans, se promettant de le retarder ou empêcher du tout par cet artifice. Il est vrai qu'on y peut procéder avec telle dextérité qu'on évitera tous ces inconvéniens, et feroit-on profit de cette occasion, s'il a bonne volonté; car il peut bien être de ceux-là : ainsi d'autant que cette alliance semble plus utile qu'aucune autre, on n'y doit rien négliger pour y parvenir. J'avois bien dit au sieur Barneveld, qui m'en a parlé quelquefois, que c'étoit au père du fils à faire cette recherche, et que l'honneur en étoit bien dû à la maison de France, qui est à présent en plus de respect envers tous les princes de la chrétienté qu'elle n'a été depuis plusieurs siècles. Je lui ai encore dit qu'il falloit commencer par l'amitié des princes et de leurs couronnes, et qu'on pourroit plus aisément bâtir le surplus sur ce fondement qui donneroit assurance à l'un et à l'autre qu'ils y procèdent de bonne foi. Sa Majesté y saura bien prendre une bonne résolution avec votre avis, et de ses principaux ministres. Dès le lendemain que M. de Preaux fut arrivé en ce lieu, j'envoyai le sieur de Sainte-Catherine à Amsterdam, avec une lettre que j'écrivois au sieur Isaac Le Maire pour le prier de venir ici, et que j'avois à lui communiquer quelque chose d'importance de la part du Roi, sans lui envoyer la lettre de Sa Majesté, que retins pour la lui donner moi-même à son arrivée; bien lui envoyai-je celle qu'on lui écrivoit en flamand. Il ne faillit de venir quatre jours après, désirant que sa venue fût cachée; et, à cette occasion, il me vint trouver à l'entrée de la nuit, comme aussi le lendemain de grand matin, puis s'en retourna à Amsterdam sans vouloir demeurer davantage, me disant que ceux de la compagnie des Indes savoient bien qu'il étoit affectionné à la France, versé en ce négoce des Indes, et, s'ils découvroient qu'il eût parlé à moi, que cela leur seroit très-suspect. Il fut deux heures avec moi à chaque; et, après avoir reçu les lettres du Roi avec grand respect et icelles lues, me commença à dire qu'il y a déjà long-temps qu'on lui avoit fait quelques ouvertures de la part de Sa Majesté pour ce fait, et que lui-même s'y étoit offert comme affectionné à la France, étant issu de la ville de Tournay, les habitans de laquelle ont tous la fleur de lis dans le cœur, et qu'il a aussi une si entière connoissance de ce commerce, qu'il pensoit bien y pouvoir être utile. Qu'il avoit dès-lors retenu trois de ses frères avec lui pour les joindre en cette société, lesquels demeurent à présent l'un en Portugal, l'autre en Castille, et le tiers en Italie, et sont tous trois associés avec lui pour six ans et d'autres négoces. Qu'il en avoit fait autant de quelques bons pilotes et matelots, les empêchant de prendre autre parti ailleurs, en espérance

20

de se retirer en France pour ce sujet ; mais lui ayant semblé que cette affaire étoit négligée, il avoit fait prendre parti auxdits pilotes et matelots avec la dernière flotte qui est allée aux Indes. Qu'il n'est pourtant découragé d'entendre à ce dessein, et de retirer ses frères pour y aviser ; mais qu'il est premièrement besoin de voir la résolution qu'on prendra ici, soit de paix ou de guerre. Que si par la paix la compagnie des Indes ne peut continuer son trafic, on le pourroit avoir en France. Que s'il lui est loisible de faire ledit trafic, et que ce soit sans hostilité, qu'on en peut encore faire une en France, laquelle y allant en forme de guerre fera sans doute plus de profit que l'autre, à cause des prises sur les Espagnols et Portugois. Que pour la commencer il faut du loisir à se préparer comme de deux ans, tant pour bâtir navires et former une compagnie, que pour mettre ensemble le fonds et les préparatifs et provisions requises pour faire succéder ce dessein. Que de son côté et de ses associés, il se peut faire fort de quatre navires ; à savoir, trois de cinq à six cents tonneaux et un de deux cents, équipés comme il appartiendra pour tels voyages ; qu'on en peut joindre d'autres après ce commencement, tant de ce pays que de la France, et qu'il seroit bon d'y inviter de la part de Sa Majesté les bonnes et grandes villes du royaume, afin que chacune d'icelles voulût avoir quelque capital en la compagnie, et leur administrateur, comme aussi faire construire quelques navires pour servir à ladite entreprise. Que Sa Majesté même, sous le nom de qui bon lui sembleroit ou sous le sien, aidât à faire le fonds, prenant sa part aux profits, à raison de ce qu'elle y mettroit, comme ont fait autrefois les rois de Castille et de Portugal.

Quant aux pilotes et matelots, qu'il en faut bien prendre quelques-uns des principaux ici, pource qu'ils en ont à présent plus de connoissance, mais qu'on doit tirer le plus grand nombre de la France ; d'autant que si tous les pilotes et matelots étoient de ce pays, il seroit à craindre qu'au retour d'un voyage, chacun ne se retirât chez soi avec le gain qu'il auroit fait, puis se remît à autres voyages, soit en Espagne ou ailleurs ; au lieu que les François, ayant leur demeure en France y seront toujours disposés, même avec l'autorité de Sa Majesté, qui les obligera de continuer ; m'ayant dit ledit sieur Le Maire que les matelots françois, étant accoutumés auxdits voyages, seront meilleurs encore que les leurs, pource qu'ils sont plus sobres. Il m'a parlé des ports de France, et m'a dit aussi qu'il y en a un grand nombre de bons et plus commodes pour y entrer et sortir en toute saison qu'ici ; qu'il est nécessaire que la compagnie soit libre au lieu où on la mettra, reconnoissant néanmoins l'autorité du Roi et le gouverneur qui y sera, mais que les officiers n'entreprennent rien sur leur commerce. Il a encore ajouté, au cas que la compagnie des Indes qui est ici continue par la paix, que Sa Majesté, en établissant une compagnie chez soi, fasse défenses, pour quelques années, à tous autres d'apporter les mêmes denrées dans le royaume ; autrement celle qui est en ce pays, laquelle continueroit d'y aller à l'avenir sans commettre hostilité, et, par ce moyen, ne seroit obligée d'avoir aucun équipage de guerre, et tant de gens que l'autre de France faisant les voyages à ses périls, pourroit toujours donner lesdites denrées à meilleur prix, ainsi leur attireroit tout le profit. Et sur ce que je lui remontrai deux choses ; l'une, qu'il seroit en leur pouvoir de surhausser le prix, ainsi que bon leur sembleroit, au dommage des sujets de Sa Majesté ; l'autre, qu'en la ville de Marseille plusieurs en font trafic, et qu'il ne seroit raisonnable de leur ôter, il me fit réponse, que au premier point, que le prix leur pourroit être donné par ceux que Sa Majesté commettroit, lequel il ne leur seroit loisible d'excéder ; et pour l'autre, qu'il n'entendoit le chef au commerce de Marseille ; car les marchands de ce lieu-là ne distribuent aussi bien leur trafic qu'aux provinces qui sont près d'eux, à quoi ils n'auroient aucun intérêt. Il m'a tenu plusieurs autres propos sur le sujet de ce commerce, des moyens de l'établir aux Indes, et qu'il sait, par quelques capitaines de navires et pilotes qui ont été en ces Indes d'orient, que les rois et peuples qui ont ouï parler de la grandeur du royaume de France et de la puissance des rois qui y commandent, leur ont souvent demandé s'ils n'y enverroient point d'armées pour leur aider à chasser les Portugais et Espagnols, et contracter une bonne amitié et intelligence avec eux, leur disant que les Hollandois n'étoient qu'un petit pays, et que si ce grand roi étoit de la partie, ils seroient incontinent maîtres de leurs ennemis, leur demandant souventes fois là-dessus, en leur langage, s'il avoit autant de chevaux, de gens et d'arquebuses que les Portugois. Et quand on leur disoit qu'il en avoit bien plus, ils s'en réjouissoient, et montroient de désirer leur venue. C'est ce que j'ai pu recueillir de ces discours.

J'ai aussi conféré il y a déjà plus de deux mois et encore depuis peu de jours, avec Plancius, qui est un grand cosmographe, lequel demeure à Amsterdam, et est aussi l'un de leurs ministres, homme fort versé en la connoissance des Indes, tant d'orient que d'occident, pour la communication particulière qu'il a eue avec les marchands, pilotes et mariniers qui ont fait les voyages: en sorte que le Roi ne manquera de bonne instruction quand il voudra penser à bon escient à cette entreprise, et comme il appartient pour la faire succéder, dont je ne parle néanmoins qu'en crainte, pource qu'elle est lointaine, requiert beaucoup de temps et un grand soin. Je ne m'en retournerai point sans porter avec moi de bons mémoires et instructions à cet effet, ayant prié, tant ledit Le Maire que Plancius, de me donner par écrit ce qu'ils en savent. J'entretiens aussi de longue main deux hommes de qualité en ce lieu, auxquels les marchands de la compagnie des Indes communiquent toutes leurs affaires, et s'y fient du tout, afin que si la compagnie cessoit ici, on la pût transporter en France; ce qu'ils m'ont toujours promis. M. de Schomberg connoît aussi bien particulièrement le trésorier de cette compagnie qui est Allemand, et y a beaucoup de pouvoir, qui m'a dit de même qu'il y est bien disposé; mais il ne faut plus s'attendre à ladite compagnie, étant bien certain, soit paix, trève ou guerre, qu'elle continuera son trafic, du moins pour quelques années. La plus grande difficulté sera, à mon avis, quand on voudra faire une compagnie en France, de pourvoir qu'on demeure d'accord avec les marchands hollandois, lesquels ne prendront plaisir de voir que nous entrions en leurs brisées, et, par ce moyen, diminuions leurs profits. Car, encore que par raison ils doivent toujours être nos amis et nous favoriser partout, ce que je tiens certain pour le corps de leur Etat, il y a néanmoins danger que ces marchands ne fassent le contraire, et ne s'unissent même plutôt avec les Portugois pour en chasser tous les autres qui y voudroient aller; mais il n'est encore temps de parler de cette affaire ici jusqu'à ce que leur traité soit conclu ou rompu. Outre ce, il me semble qu'on s'en doit cacher le plus qu'on pourra, jusqu'à ce qu'on veuille venir aux effets, de peur que les Espagnols n'en soient avertis, et ne préparent quelque dessein pour rompre le nôtre, soit en nous faisant la guerre s'ils peuvent séparer d'avec nous l'Angleterre et la joindre avec eux, ou bien en faisant quelque traité avec les Hollandois mêmes qui les pourroit unir en ce trafic; car les Espagnols sont si sensibles en la crainte de ce danger, qu'il n'y a rien qu'ils ne fassent pour s'en garantir. Et à la vérité, s'ils considéroient bien que ces Indes d'orient sont d'une si grande étendue qu'ils ne peuvent empêcher qu'autres qu'eux n'y abordent, ils pourroient bien y souffrir les Hollandois, leur rendant commun ce qu'ils pensoient tenir auparavant seuls, afin qu'étant conjoints en cet intérêt, ils s'unissent aussi ensemble pour en chasser tous les autres. C'est chose que je crains, ne désirant pas toutefois qu'ils soient si sages que de prendre ce conseil.

Quelqu'un m'a assuré que si les députés des archiducs ne se peuvent accorder avec les Etats, ils rompront sur l'article de la religion. Or j'ai eu cette crainte dès long-temps, et le Roi nous l'a écrit et mandé, et, cela avenant, que nous y procédions avec telle discrétion, que le zèle de Sa Majesté soit connu à procurer le bien de la religion, et néanmoins que ce soit sans faire chose qui déplaise aux Etats. J'ai bien ces considérations devant mes yeux, mais la mesure en est fort malaisée à tenir. C'étoit mon intention d'en faire quelque remontrance après la paix faite; mais si les archiducs veulent rompre sur ce sujet, il me semble qu'il n'est à propos de se taire, mais plutôt nécessaire d'avancer ladite remontrance, rendant capables quelques-uns des plus sages entre les Etats des raisons qui nous auront mus de la faire. Et puisqu'il y a du loisir, je vous supplie voir ce que j'ai délibéré de leur dire sur ce sujet, que je vous envoie pour le considérer, afin que vous m'en mandiez votre avis et le commandement du Roi ès affaires qui se présentent, où je suis obligé de prendre promptement conseil. Je m'en résous comme il plaît à Dieu me conseiller; mais je pense toujours mieux faire quand j'ai ma leçon et le commandement exprès du maître. Si j'avois à parler sur ce sujet ailleurs qu'ici, je traiterois peut-être l'affaire avec d'autres argumens et raisons que celles contenues en mon écrit; mais avec les gens auxquels nous aurons affaire, celles-là m'ont semblé les meilleures, et je le croirai si vous les approuvez par votre jugement, que j'estime comme je dois et que votre grande prudence le mérite. Priant Dieu, monsieur, qu'il vous maintienne et conserve en parfaite santé, longue et heureuse vie.

Votre très-humble et très-obéissant serviteur,
P. JEANNIN.

A La Haye, ce quatorzième jour de mars 1608.

LETTRE *de MM. Jeannin et de Russy au Roi, du quinzième de mars* 1608.

SIRE,

Notre seconde lettre étant écrite, nous avons encore différé d'un jour à envoyer le sieur de Sainte-Catherine qui en devoit être porteur, sur ce que les députés des Etats se devoient assembler le lendemain avec ceux des archiducs, afin d'ajouter ce qu'ils auroient fait. Votre Majesté saura donc par celle-ci que les Etats ont continué à demander le commerce des Indes sans hostilité, et par forme de trêve pour neuf ans, et les députés des archiducs répondu qu'ils n'avoient charge ni pouvoir de leur accorder un an seulement; mais qu'ils étoient tant désireux de la paix en leur particulier, que s'ils dressoient un acte séparé du traité général qui contienne la demande de cette trêve pour neuf ans, et qu'un an avant l'expiration d'icelle on s'assemble à Bruxelles ou à Anvers pour aviser ce qu'on fera, que l'un d'eux ira en Espagne pour persuader autant qu'il pourra qu'on accepte cette ouverture; qu'il seroit bon aussi de comprendre en icelle les amis et alliés qu'ils ont d'une part et d'autre esdites Indes d'orient, afin qu'ils soient exempts de tous actes d'hostilité pendant le temps d'icelle, et passer outre cependant aux autres articles. Les paroles des députés des archiducs furent plus douces, et proférées avec un visage joyeux et content, au lieu qu'en la précédente conférence ils en étoient sortis avec grande colère et mécontentement; et néanmoins les Etats leur avoient fait dès lors la même demande, sur laquelle, en la refusant, ils avoient toujours ajouté qu'il n'étoit pas besoin d'envoyer en Espagne sur ce sujet, pource que cela ne feroit qu'aigrir; qu'aussi bien le roi d'Espagne ne l'accorderoit jamais, et qu'ils étoient trop bien instruits pour ce regard de son intérêt.

C'est pourquoi on peut entrer en soupçon de ce soudain changement, et craindre qu'il n'y ait de l'artifice, et qu'ils n'en aient ainsi usé pour gagner temps, et avoir encore la trêve cette année. A quoi il sera plus aisé de faire incliner les Etats sur l'espérance qu'ils auront d'obtenir ce qu'ils prétendent par le retour du voyage, et de les faire consentir après un mois d'en attendre un autre, sur quelques excuses, comme celle-ci, que le roi d'Espagne ne s'est pu résoudre si promptement, ou autre semblable, à ce que le temps pour se préparer à la guerre cette année soit passé; ou bien il faut croire qu'ils ont grand désir d'avoir la paix, s'ils veulent en effet consentir à la trêve pour neuf ans aux Indes aux conditions susdites, et accorder la paix ici : car les Etats l'entendent de cette façon, et même s'il y a quelque contravention aux Indes durant la trêve, ou bien qu'icelle expirée, ils ne se puissent accorder de ce qu'il conviendra faire après, que la paix ne laisse pourtant de tenir par-deçà. Votre Majesté en saura mieux user et juger que nous. Mais si le roi d'Espagne accorde cet article selon le désir des Etats, et qu'il n'y ait rien de caché de leur côté pour rompre avec plus d'avantage, comme seroit peut-être sur le point de la religion, la paix sera fort avancée. Elle ne laissera pourtant de nous mander, s'il lui plaît, sa volonté sur le fait de la trêve des deux côtés; car peut-être le roi d'Espagne ne l'accordera qu'à cette condition, et non autrement. Lesdits sieurs députés ont encore traité du commerce entre eux ès Pays-Bas, du paiement des droits, péages, congés et licences que les Etats prétendent, puis de l'assurance du commerce d'Espagne; et rien n'a déplu pour lors aux députés des archiducs, quoiqu'il y eût des choses assez rudes, mais on dit seulement qu'il falloit mettre par écrit d'une part et d'autre leurs intentions pour en conférer ensemble au premier jour. Aussitôt qu'aurons lesdits articles, nous les lui enverrons. Ces peuples se promettent d'avoir gagné tout, et croient même que la crainte que le roi d'Espagne a eue qu'ils ne fassent une nouvelle compagnie pour aller aux Indes d'occident, dont on parle tous les jours, sera cause de leur faire accorder toutes leurs demandes. Nous le désirons comme eux, mais ne l'osons encore espérer. Nous prions Dieu, sire, qu'il donne à Votre Majesté, en parfaite santé, très-longue et très-heureuse vie.

Vos très-humbles et très-obéissans sujets et serviteurs,
P. JEANNIN et DE RUSSY.

De La Haye, ce quinzième jour de mars 1608.

Lettre de M. Jeannin à M. le duc de Sully, dudit jour quinzième de mars 1608.

Monsieur, les lettres qu'il vous a plu m'écrire contiennent un discours aussi véritable que judicieux de la différence qui est entre la force et vigueur des deux royaumes de France et d'Espagne, étant certain qu'on ne peut toucher à la moindre partie du corps de notre Etat, que sa force entière ne se trouve incontinent assemblée pour aller au-devant du péril et le repousser, pource que son mouvement et sa vigueur dépendent de lui-même, et ne lui est besoin de chercher au loin de l'appui et du secours pour conserver son être et sa grandeur, faisant chacune partie d'icelui ce que l'âme fait à l'endroit de tous les membres de notre corps, auxquels, jusques aux plus petits, elle donne vie et mouvement. Mais ce n'est pas ainsi de la grandeur d'Espagne, qui ne seroit plus grandeur si elle n'empruntoit l'abondance et les richesses qui la soutiennent et la font craindre et respecter, des moyens qui viennent des Indes, membres et extrémités si éloignés de leur corps, et par tant d'intervalles de mers et de terres, que l'un ne peut servir à l'autre sans s'exposer à infinis hasards et inconvéniens. En quoi on peut juger que les fondemens de notre grandeur ont plus de sûreté et fermeté, encore que la leur soit en apparence d'un plus grand lustre et éclat, et qu'elle ait tellement ébloui et étonné les yeux et les esprits des plus grands princes de la terre, qu'au lieu de chercher les moyens de l'amoindrir, comme ils ont pu et pourroient encore faire avec facilité, l'entamant par cette extrémité qui est l'âme de leur corps, ils ont mieux aimé, par une feinte lâcheté et nonchalance, plutôt que par une vraie crainte, souffrir qu'on leur ait interdit l'usage des élémens, c'est-à-dire de mers, terres, pays et peuples qui sont au-delà de la ligne, et font une grande partie du monde compris vulgairement sous ce nom général des Indes d'orient et d'occident, que de conserver cette liberté qui, par la nature et le droit des gens, est commune à chacun.

Les Hollandois sont presque seuls et les premiers qui ont osé entreprendre et continuer heureusement ce dessein malgré les Espagnols, apprenant aux autres princes et Etats que les richesses et le grand profit des denrées que les Espagnols et Portugois tirent des Indes n'ont point de fer pour les défendre, et que si les rois et potentats qui sont beaucoup plus puissans qu'eux vouloient suivre leur exemple, ils pourroient dépouiller en peu d'années l'Espagne de ses nerfs et ornemens. Mais leur bonheur est que ce qui semble être désiré par tous n'est embrassé de personne; et il n'y a encore à présent aucune apparence que les volontés des princes qui auroient le moyen et pouvoir d'y contribuer le plus, soient aucunement disposées d'y entendre : eux aussi de leur côté se savent bien aider, et faire tout ce qui est requis pour les détourner de telle pensée; ayant pour cette seule, du moins principale considération, pris conseil de se mettre en paix avec les Provinces-Unies, et avisé sagement de quitter une souveraineté imaginaire, que des guerres de près de quarante années, les dépenses de plusieurs millions d'or, et la perte d'un nombre infini de gens de guerre ne leur ont pu faire recouvrer, pour retenir ce précieux acquêt des Indes, et empêcher que cet ennemi ne lève bannière en mer pour servir de guide, inviter et conduire à la conquête de ce butin, les autres peuples et nations qui les peuvent fortifier en leur entreprise et dessein. Nous jugeons bien les raisons qui ont mû le roi d'Espagne à prendre ce conseil, et que ce sont celles-là mêmes qui devroient exciter les autres princes, auxquels sa grandeur est suspecte, d'y entreprendre; que peut-être l'opportunité ne se présentera de long-temps si grande qu'à présent pour leur arracher des mains ces profits et revenus des Indes avec lesquels ils tiennent en crainte un chacun. Mais le fondement d'un tel dessein seroit la conjonction de ces princes, lesquels en sont du tout éloignés, et la continuation de la guerre en ce lieu pour se servir des forces, de l'adresse et connoissance que les gens, pilotes et mariniers de ces pays y ont, lesquels n'y veulent non plus penser, comme las, recrus et épuisés par la longueur des guerres passées, qui leur ont fait désirer la paix et le repos chez eux, et se contenter d'obtenir le commerce des Indes d'orient de gré à gré.

Quand je me représente aussi le jugement que vous faites avec raison de l'humeur de notre nation, et de notre conduite ès entreprises et desseins qui sont éloignés de nous, ou qui requièrent une grande prévoyance, beaucoup de temps et un soin continuel pour les exécuter, je reconnois avec vous notre foiblesse et imperfection; que rien ne nous émeut que le présent, et que l'ouvrage qu'on ne peut commencer et faire finir tout à coup, ou en peu de temps, se perd entre nos mains, pource qu'il nous déplait au milieu de la course et dès lors que quelques difficultés non prévues se rencontrent, aussi peu constans pour continuer d'une même haleine et résolution notre premier dessein, que nous avons été soudains ou légers à l'entreprendre. C'est donc prudence d'accommoder les conseils au naturel des hommes auxquels nous avons affaire, et de considérer non-seulement ce qui est de bon et parfait en la personne du chef qui a la souveraine autorité et commandement, tel que Dieu nous l'a donné, capable de toute grande entreprise et conduite, mais aussi ce qui est de foible et de défectueux ès ministres et sujets auxquels on est contraint d'en commettre l'exécution, par la faute et imprudence desquels plus d'affaires se ruinent ordinairement que pour avoir été mal délibérées et résolues; étant bien véritable que nous nous pouvons égaler à toutes les autres nations en prudence et circonspection pour bien délibérer d'une affaire d'importance, mais que nous sommes inférieurs de beaucoup presques à toutes en la persévérance et conduite requises pour l'exécution.

Toutes ces raisons ensemble nous doivent faire prendre conseil d'accommoder par quelque expédient le fait de ce commerce, et toutes les autres difficultés qui pourroient empêcher la paix; représentant toujours aux Etats qu'il n'y a rien de pis que de rompre en l'état auquel sont leurs affaires, et à la résolution qu'a prise le roi d'Angleterre de ne plus contribuer en aucune chose à leur défense, sans lequel néanmoins Sa Majesté ne veut soutenir seule le fait de cette guerre; ainsi que la paix est du tout nécessaire, et ne peut être que bonne et assurée pour eux, pourvu que la souveraineté de toutes les places qu'ils tiennent leur demeure sans qu'ils soient obligés d'en faire échange, sinon de gré à gré, et autant qu'ils le jugeront utile. Au regard du différend pour le commerce des Indes, deux moyens ont été proposés, par l'un desquels on peut espérer d'en sortir avec le profit des Etats : le premier est que la compagnie des Indes continue son trafic pour le temps qui lui reste, lequel est encore de quatorze ans, et après s'en abstienne ; à quoi on pourroit espérer de réduire les députés des archiducs si les Etats s'en veulent contenter, du moins faire qu'ils en approchent ; l'autre, qu'on ne fasse qu'une trêve pour quelques années, comme de huit, dix ou douze ans, tant aux Indes qu'ici. Et cette ouverture semble la meilleure et plus aisée; car on éviteroit par ce moyen plusieurs difficultés qu'on doit rencontrer en faisant la paix. Cette trêve les rendra aussi plus vigilans à se conserver, fera qu'ils contribueront plus volontiers aux dépenses requises pour l'entretenement des garnisons, seront toujours en quelque crainte et soupçon des Espagnols, et, par ce moyen, y aura moins d'amitié entre eux. Et si quelque occasion survenoit ci-après, qui nous fit autant désirer la guerre en ce pays que nous y jugeons à présent la paix nécessaire, il seroit plus aisé de porter ces peuples d'une trêve à la guerre, que s'ils étoient du tout en paix, par le moyen de laquelle se tenant être en pleine sûreté, et ne pensant plus devoir rentrer en guerre, l'oisiveté et le désistement entier des armes les auroient amollis, fait devenir marchands, et rendus du tout inhabiles à la guerre. On persuadera encore plus aisément cette trêve à ceux qui veulent la guerre dans cet Etat, comme approchant plus de leur but et dessein que la paix, même à M. le prince Maurice, qui sera par même moyen en plus de respect parmi eux pour le besoin qu'ils en pourront avoir la trève finie, que si la paix étoit faite. Car, encore qu'il la rejette à présent plus que la paix, ce n'est pas qu'elle ne lui soit moins désagréable, mais pource qu'il croit qu'il y aura moins de difficulté à la faire que la paix, par ainsi qu'on sera contraint de rentrer en guerre. Il est vrai qu'il s'y conduit sagement, et défère toujours beaucoup aux avis et commandemens qui nous viennent de la part du Roi.

Il n'y a qu'une difficulté à faire cette trève, qui est de grande importance; et si on ne la peut surmonter, la trève ne vaudroit rien: c'est que les Etats ne la voudroient faire, sinon à condition qu'ils soient tenus et déclarés pour toujours Etats et pays libres, sur lesquels le roi d'Espagne et les archiducs, pour eux et leurs successeurs, ne prétendent rien, et qu'en ladite qualité on traite avec eux sans restreindre et limiter cette déclaration et reconnoissance de liberté au temps de la trève. A quoi il m'a semblé reconnoître, par les propos qu'aucuns des députés des archiducs m'ont tenus, qu'ils s'accommoderont, m'ayant l'un d'entre eux dit qu'ils leur feroient la guerre après la trève expirée, au cas qu'ils ne demeurent d'accord par une paix finale, comme à ennemis dont ils pourroient tirer le même avantage, si elle leur étoit heureuse, que s'ils la leur faisoient comme à sujets rebelles. Et combien que j'aie depuis appris qu'ils changeoient de langage, si montrent-ils avoir tant de désir à la paix, qu'ils seront pour y consentir. Si on prend le chemin de cette trève, notre ligue pour la paix ne laissera de servir, moyennant une déclaration, que ce qui a été fait entre nous ait lieu durant le temps d'icelle; en y ajoutant encore que les Etats ne pourront faire la paix, soit durant la trève ou icelle expirée, sans l'avis ou consentement de Sa Majesté. Il est si nécessaire que nous soyons éclaircis au plus tôt de la volonté du Roi, que nous envoyons ce gentilhomme exprès pour l'avertir de ce qui se passe ici, et recevoir là-dessus ses commandemens. Pour ce qui touche l'échange des places, il nous sera bien aisé de suivre votre avis et ce que le Roi nous commande par les dernières lettres qu'en avons reçues; car les Etats ne sont point délibérés de quitter un seul pouce de terre, sinon par un échange égal qui sera mieux fait après la paix et de gré à gré que maintenant. Reposez-vous aussi, s'il vous plaît, sur moi, monsieur, que personne ne sauroit avoir plus de soin que j'en ai, ni servir plus fidèlement que je ferai en l'affaire de M. le prince d'Espinoy, au cas que la paix se fasse, et que je serai toujours tel en ce que vous me commanderez, comme voulant être perpétuellement, monsieur, votre très-humble et très-obéissant serviteur,

P. Jeannin.

De La Haye, ce 15 mars 1608.

Lettre *du Roi, du dix-neuvième de mars* 1608.

Messieurs Jeannin et de Russy, j'ai mieux entendu et compris l'importance de la navigation et du commerce des Indes par vos lettres du 7 de ce mois, reçues le 13, que je n'avois fait par les précédentes. Tellement que je reconnois que les uns et les autres ont grande raison de le débattre si obstinément et vivement qu'ils font; car en ce point consiste d'une part quasi la seule et principale récompense de la cessation des droits de souveraineté, et de l'autre la sûreté du maintiennement de la république que l'on prétend établir, pour les raisons très-bien et clairement représentées en vosdites lettres et au mémoire dressé par les intéressés audit commerce du côté des Etats, que vous m'avez envoyé. Au moyen de quoi je ne sais bonnement quel conseil je dois prendre ni donner sur ce fait, ni quel office vous commander de faire en mon nom pour l'accommodement d'icelui; car, comme je veux conserver entière, si je puis, la bonne opinion publique et particulière de mon affection à la paix, que mérite la vérité et sincérité d'icelle, et pareillement l'amitié de mes voisins, je ne désire pas aussi donner sujet auxdits Etats, ni de me reprocher le déchet de leur Etat, s'il avenoit, pour avoir quitté ce commerce outre leur gré, et moins de m'appeler à garant aux charges et frais de leurs armes, si, opiniâtrant par mon conseil la conservation dudit commerce, ils étoient contraints ci-après de les reprendre et recommencer la guerre; laquelle pareillement je juge devoir être évitée par préférence à toute autre chose, tant pour leur considération que pour la mienne, pour les raisons qui m'ont mû de vous envoyer par delà, et vous commander de faciliter et favoriser leur accord, desquelles tant s'en faut que j'entende me départir que je m'y confirme davantage tous les jours, même à cause du procédé des Anglois envers nous; car vous savez qu'ils font ce qu'ils peuvent pour acquérir grâce et créance du côté d'Espagne à notre dommage. Ce qu'étant, et sans apparence de changement ou d'amélioration, je ne vois pas que lesdits Etats puissent ci-après soutenir la guerre comme il convient, ni conserver l'union de leur Etat ainsi que devant; joint qu'il ne faut pas qu'ils s'attendent que je danse seul ce branle avec eux, comme je prévois qu'il conviendroit que je fisse, lesdits Anglois les abandonnant ou ne les secourant que de paroles; d'autant que les autres rois et princes desquels ils sont à présent ou ont été assistés, ont les reins ou la volonté trop débiles pour y faire fondement.

Nous devons croire aussi que les Espagnols n'omettront rien à faire pour flatter et abuser les uns et les autres, et principalement lesdits Anglois, en les chatouillant des alliances qu'ils ont jà proposées; combien que j'aie toute occasion de croire, sans en douter aucunement, qu'ils ne donneront jamais leur fille au prince de Galles, ni même à un prince puissant qui soit autre que de leur famille, jusqu'à ce que leurs enfans en aient fait d'autres, quand bien lesdits Anglois offriroient dès à présent de changer de religion, et que le dessein seroit, pour cette raison, favorisé du pape. Et toutefois vous savez que c'est une condition plus éloignée du vraisemblable que de l'espérance de son contraire. Mais bien dois-je croire que facilement lesdits Anglois pourroient se laisser persuader d'entrer en part et société, sinon à visage découvert, du moins en secret, avec lesdits Espagnols, s'ils venoient à conspirer contre moi et ma couronne, et à me déclarer la guerre pour s'en avantager à mon dommage. D'ailleurs, je ne vois pas que je doive m'attendre à recueillir grande prérogative de la part des Etats, qui mérite que j'épouse une guerre pour eux, les choses de la chrétienté et de mon royaume étant en l'état où elles sont. Aucuns princes et potentats d'Italie, qui à bon droit redoutent la grandeur d'Espagne, s'offrent bien à présent d'entrer en quelque confédération avec moi pour la commune et mutuelle défense et conservation de nos Etats, mus de la connoissance et appréhension qu'ils ont et de son ambition et puissance, après qu'elle sera déchargée de la guerre des Pays-Bas; mais quand j'ai voulu leur faire connoître que le vrai moyen de les garantir étoit qu'ils contribuassent, dès à présent, aux frais de la manutention des Provinces-Unies, pour leur aider à faire un accord si avantageux que le roi d'Espagne et les siens ne pussent après icelui mal faire en la chrétienté, ou, ne pouvant parvenir audit accord, de soutenir la guerre, je les ai trouvés si peu capables de ce conseil, que ce seroit se tromper d'en attendre un bon effet.

Ils ont toujours opinion que je suis seul bastant de seconder et maintenir lesdites provinces, voir que j'y suis si avantagé, que je ne puis ni dois vouloir rien omettre à faire pour ce regard, pour être trop intéressé à leur conservation. De quoi j'ai néanmoins délibéré de mettre peine de les désabuser, pour, s'il est possible, leur faire prendre d'autres conseils; et comme je prévois que les traités de la paix de delà tireront en longueur, et que l'on y consommera du moins le reste de la présente année, quand ce ne seroit que les parties ne sont préparées pour la guerre, et pour le désir et besoin qu'elles ont de la paix autant les uns que les autres, il est nécessaire que lesdites provinces, et leurs confédérés et amis, avisent aux moyens de soutenir ladite guerre, et conserver l'union de leur Etat, s'il faut y rentrer, sans du tout s'endormir au doux bruit et espoir de ladite paix. Peut-être que leurs amis feront difficulté de s'en déclarer maintenant, pour les diverses raisons que vous savez qui les doivent émouvoir de ce faire en l'état présent des affaires. Il faut craindre aussi qu'elles ne rencontrent tant de froideur, que cette recherche défavorise plutôt leurs affaires qu'elle ne les confortera, principalement du côté d'Angleterre où vous savez qu'ils sont coutumiers de faire banqueroute à leurs voisins aussi imprudemment qu'infidèlement. Toutefois, il me semble être nécessaire que les Etats, pour mieux et sûrement résoudre les choses de la paix, s'éclaircissent et assurent de la volonté de leursdits voisins, pour ne bâtir sur faux fondement, et tomber en des surprises et accidens irremédiables. Je ferai toujours de mon côté ce que je dois et puis honnêtement faire pour ce regard, en la forme et aux conditions que je vous ai ci-devant écrites; de quoi je vous permets de vous déclarer à ceux qui en seront dignes, assuré que vous le ferez avec la discrétion qu'il convient, principalement tant qu'il y aura quelque espoir de composer les affaires, de quoi je commence à faire plus mauvais jugement que je n'ai encore fait, jaçoit que j'aie, dès le commencement, combattu avec tous mes conseillers celui qu'ils ont fait du bon succès dudit accord. Car je ne puis croire que les Espagnols accordent jamais auxdits Etats ledit commerce des Indes, ainsi qu'ils demandent, et qu'il semble que Barneveld se le promet; c'est-à-dire qu'ils consentent qu'ils en jouissent par forme de trêve durant les quatorze ans qui restent du temps duquel ils ont donné parole à ceux de la compagnie, sans s'eliger de s'en départir entièrement ledit terme expiré, et obtenir maintenant une paix entière du côté de deçà; car non-seulement ce seroit un trop grand et honteux signe de foiblesse du côté d'Espagne, mais un préjudice et désavantage de trop périlleuse conséquence, tant pour le présent que pour l'avenir.

J'ai bien considéré les bonnes ouvertures que vous avez faites, et votre conduite sur cela, tant avec les Etats qu'avec le président Richardot; je loue l'une et l'autre. Je ne pouvois aussi y être servi par vous plus dignement que j'ai été. Vous aurez reconnu par ma dernière dépêche, portée par l'abbé de Preaux, que je faisois moindre compte de l'article dudit commerce que de celui de l'échange des places de Flandre et Brabant. Je persiste encore en cette opinion, d'autant que je juge le péril dudit échange plus prochain que ne peut être celui de l'accommodement de l'autre. J'ajouterai encore à cela, que j'ai le même sentiment et désir de la paix que j'ai eus jusqu'à présent. Vrai est que je considère et connois mieux que je n'ai fait, le bien et le mal que les parties de part et d'autre sont pour recevoir de l'issue et composition dudit article des Indes. C'est pourquoi j'estime qu'il est à propos que nous procédions plus retenus aux conseils que nous avons à leur donner, et aux offices que nous avons à faire pour ce regard, que nous n'avions délibéré, pour les raisons susdites. En quoi néanmoins vous devez vous conduire si dextrement, que lesdites parties ne s'aperçoivent du changement. Si lesdits Etats peuvent obtenir ledit commerce pour moins de temps que lesdits quatorze ans, pourvu qu'ils ne s'obligent de le quitter icelui passé, je suis d'avis qu'ils s'y accommodent, soit par forme de trève ou de paix, à la charge d'avoir ladite paix du côté de deçà; car encore que plusieurs ne fassent pas grande différence d'une longue trève à une paix pour les provinces de deçà, toutefois ce titre de liberté et souveraineté que lesdits Etats prétendent acquérir, sera trop plus estimé de leurs voisins par celle-ci que par l'autre.

C'est pourquoi je suis d'avis qu'ils fassent leur possible pour gagner ce point, s'ils peuvent y parvenir sans du tout quitter ledit commerce; car j'estime maintenant cette navigation si importante, que je serois quasi d'opinion qu'ils acceptassent plutôt une trève de longues années de toutes parts, et avec la déclaration de ladite liberté et souveraineté durant ledit temps, que de faillir à se délivrer cette fois de la guerre, puisqu'ils ont passé si avant, et qu'ils sont si mal assurés de l'assistance de leurs voisins en cas de guerre; joint que j'appréhende fort leur division et discorde s'ils rompent. Mais je n'approuve pas, pour la même considération, le long séjour des députés des archiducs où ils sont. L'on connoîtra, au retour du courrier qu'ils ont envoyé en Espagne pour le fait dudit commerce des Indes, le parti qu'ils prendront, et ne doute point, s'ils veulent rompre, qu'ils ne le fassent sur l'article de la religion; mais j'ai quelque opinion qu'ils ne se hâteront pas de s'en déclarer, parce qu'ils n'ont rien de prêt, comme j'ai dit, pour recommencer la guerre. Ils feront donc durer la négociation; auquel cas j'estime très-dangereux que lesdits députés demeurent à La Haye, tant pource qu'ils pénètrent plus avant au conseil des Etats, et ont plus de moyens de corrompre leurs gens, que parce qu'il est difficile qu'ils ne découvrent les plus secrets traités des Etats avec leurs confédérés. Il faut donc y pourvoir, estimant que lesdits députés entretiendront et feront durer ladite négociation artificicieusement exprès, du moins pour empêcher ou apprendre lesdits traités particuliers des Etats, ou les endormir de l'espérance de ladite paix, cependant qu'ils feront et avanceront leurs préparatifs pour la guerre, afin de les surprendre: pour la même cause, peut-être eût-il été aussi bon de les prier de se retirer sur le débat dudit commerce, et attendre la résolution d'icelui, devant que de proposer les autres articles; car tout ce qui s'y avancera sera inutile, et ne servira qu'à entretenir le tapis, s'ils ne conviennent de l'autre. Ce que je vous écris toutefois plus pour vous exposer mon avis, que pour vous prescrire et ordonner de le suivre, si vous jugez qu'il soit meilleur d'en user autrement. Je vous dis donc qu'une longue trève, partout réglée comme elle doit être, sera encore plus utile auxdits Etats et au public que la guerre. Toutefois, si on peut avoir une paix entière et partout, ou pour le moins de deçà, elle sera encore meilleure et plus estimée partout.

Continuez à favoriser et faciliter celle-ci tant qu'il vous sera possible, et, si vous n'en pouvez venir à bout, ne vous opposez à la susdite longue trève partout, ains tenez la main que les parties s'y accommodent plutôt que de rentrer en guerre. Mais il faudroit en ce dernier cas rendre le dernier traité que nous avons fait avec lesdits Etats, égal et de pareille vertu pour la trève que nous l'avons fait pour ladite paix, chose qui sera désirée d'eux comme de moi. Et quant à la proposition que les députés d'Angleterre vous ont faite d'entendre à un nouveau traité d'alliance avec moi, et le traiter par-delà cependant que vous êtes ensemble, je ne suis pas d'avis que nous la rejetions, combien que nous n'ayons que trop d'occasions de nous défier de cette recherche, et de la foi et volonté dudit Roi ; car, s'ils veulent mordre à bon escient, il nous sera utile de le faire pour plusieurs raisons que je vous écrirai quand nous serons éclaircis ; si aussi ils ne veulent que nous abuser, ils ne seront pas assez fins pour en profiter. Ils soutiennent que le traité fait par mon cousin le duc de Sully avec ledit Roi est imparfait, et que les précédens faits entre nos couronnes par nos prédécesseurs, n'ayant été confirmés par nous de part et d'autre en la forme portée par iceux, demeurent nuls. Je serai bien aise aussi qu'ils soient changés, car les derniers ont été faits par mes prédécesseurs plus avantageux pour eux que pour nous ; au moyen de quoi embrassez cette proposition s'ils y persévèrent, et en facilitez l'exécution.

Vous, sieur Jeannin, pourriez faire un voyage par-deçà, pour prendre mes intentions et instructions sur cette matière et les autres qui sont sur le bureau, s'il faut que la négociation de la susdite paix tire en longueur, et que les députés des archiducs se retirent et prennent temps pour consulter avec lesdits princes. Je suis très-aise que ma cousine la princesse d'Orange soit arrivée par-delà en santé, et si à propos que sa présence y puisse être encore utile ; car je suis assuré qu'elle y contribuera toujours, en ce qui dépendra d'elle, avec toute l'affection à mon contentement et service que je puis désirer et attendre d'elle. En quoi vous lui donnerez aussi toute occasion de persévérer, en favorisant de ma part le bien et avantage de mes cousins ses beaux-fils et fils, et de toute leur maison, suivant les exprès commandemens que je vous en ai faits. Je prie Dieu, messieurs Jeannin et de Russy, qu'il vous ait en sa sainte garde.

Écrit à Paris, le dix-neuvième jour de mars 1608.

HENRI.

Et plus bas, BRULART.

LETTRE *de M. de Villeroy à M. Jeannin, du vingtième de mars* 1608.

Monsieur, j'ai reçu le 8 de ce mois, par l'adresse du sieur de Berny, vos lettres du 27 du passé, et le 13 du présent celles du 7 d'icelui, par le commis du sieur du Maurier, sur le contenu desquelles le Roi vous écrit ses intentions si particulièrement et clairement, que je n'ai rien à y ajouter, sinon qu'ayant un peu mieux considéré que nous n'avions fait la conséquence des voyages des Indes, nous serons très-aises que les Etats les conservent. Je n'ai pas opinion qu'ils en viennent à bout selon leur désir et l'instance qu'ils font. Vos lettres ne font mention que d'Orient, et le sieur Aërsens nous a dit qu'ils débattent encore ceux d'Occident, dont nous vous prions nous éclaircir, disant ledit sieur Aërsens qu'ils ne peuvent quitter ceux-ci non plus que les autres. Et quand on lui demande comment, la paix rompue, ils se conserveront leur union ébranlée par les espérances de ladite paix, je reconnois par ses réponses qu'il craint fort qu'il en mésavienne. Il ne sait aussi par quels moyens il pourront soutenir la guerre s'il faut y rentrer, sinon qu'il se promet que le Roi entreprendra leur protection encore plus ardemment qu'il n'a fait ci-devant, quand même le roi d'Angleterre les abandonneroit. Il fonde aussi une bonne partie de son espérance sur la nécessité et foiblesse du roi d'Espagne et des archiducs, c'est l'état que le sieur Aërsens fait. S'il parle franchement, et comme il l'entend non, si c'est suivant les intentions des Etats ou de lui-même, je ne le puis dire assurément quand je me représente sa conduite passée ; mais comme d'un côté je lui ai donné sujet de bien espérer de la bonne volonté du Roi, d'autre part aussi je l'ai admonesté de ne faire le susdit compte légèrement, afin de ne s'y abuser, d'autant que je reconnois que Sa Majesté est lasse de mettre la main à la bourse, comme elle a ci-devant fait, et conseille d'assurer ses affaires autrement, et par une autre forme qu'il n'a fait, voyant mêmement les Anglois vivre et se conduire comme ils font. Il demande d'être dès à présent secouru d'une pareille somme d'argent qu'a été la dernière qui a été envoyée par-delà, disant, ne pouvant avoir mieux, qu'il la recevra d'avance, et en déduction de ce qui leur a été promis de notre part pour les deux premières années de la paix ; de quoi il a été éconduit, notre intention n'étant de manger ainsi notre bled en verd, ni nous élargir par-dessus les termes de la parole que vous avez donnée pour nous. Toutefois, nous lui avons enfin déclaré que nous voulions voir le progrès et succès de la négociation qui se fait par-delà, devant que d'accorder ni refuser tout-à-fait sa demande.

Nous avons reçu par ses mains un extrait des articles qu'il dit avoir été proposés, tant par les députés des archiducs que par les Etats, après la remise de celui des Indes, dont je vous envoie une copie. Je ne vous dirai ce qu'il nous semble, mais bien que nous estimons qu'ils ont été mis en avant tels par les députés desdits archiducs, plus pour entretenir le tapis et avoir prétexte de prolonger les affaires et leur séjour où ils sont, que pour avancer matière. Sur quoi Sa Majesté vous fait savoir son avis, lequel nous croyons bien fondé, qui est que l'on doit séparer la compagnie sitôt que l'on connoîtra, après la réponse d'Espagne, que

NÉGOCIATIONS DU PRÉSIDENT JEANNIN.

sera le parti qu'ils voudront prendre sur le fait desdites Indes; non que nous soyons d'avis que les États rompent le traité si les autres ne les y contraignent, quand ce ne seroit que pour avoir loisir de se reconnoître et pourvoir à leurs affaires pour recommencer la guerre s'il faut y rentrer, laquelle nous désirons autant, voire plus que jamais, être évitée tant qu'il sera possible de le faire. L'on continue à nous entretenir de l'alliance de laquelle vous savez que le président Richardot vous a parlé ; le pape en a entretenu M. d'Alincourt, et le nonce de Sa Sainteté en a discouru depuis, de sa part, en la dernière audience que le Roi lui a donnée. Tous montrent avoir ce fait très à cœur, de quoi je ne m'étonne point, car il y a bien plus à gagner pour l'Espagne et consorts que pour la France. Mais ce que j'ai trouvé un peu étrange, est qu'ils aspiroient à faire promettre au Roi de favoriser dès à présent, en cas de paix ou de guerre, la réunion des pays possédés par les États sous la domination des archiducs, à condition que le tout retourneroit après avec le temps à l'avantage de madame Chrestienne et du mari que l'on prétend lui donner : de quoi Sa Majesté s'est un peu offensée, et certes avec raison ; car on aspire à lui faire manquer de foi envers les États sans fondement ni raison.

Toutefois, je ne suis pas d'avis que vous en disiez rien au sieur Richardot, mais que vous l'entreteniez toujours sur ce sujet, comme vous avez bien commencé. J'apprends ici que le marquis de Spinola et ses collègues prendront bientôt congé de la compagnie, sous prétexte de venir passer les fêtes de Pâques en leurs maisons, et qu'il y aura après de la peine à les rassembler et faire retourner en Hollande, et qu'ils n'entretiendront plus la pratique de la paix que par manière d'acquit, et pour abuser les États, mal satisfaits de leur dureté en toutes choses, principalement au fait des Indes, quoi avenant, il sera besoin de se disposer et résoudre au pis, à quoi nous ne prendrons pas grand plaisir. Les Vénitiens et le duc de Savoie recherchent à présent le Roi d'une alliance à pareille fin qu'a été faite la nôtre dernière avec les États, pour la conservation et défense de ce qui leur appartient ; mais j'ai opinion que le vent emportera telle ouverture, attendu le naturel des auteurs d'icelle, et aussi qu'il n'est à propos de laisser derrière, comme l'on prétend faire, le pape, car ce seroit le donner tout-à-fait à l'Espagne. Toutefois, nous pousserons cette pratique le plus avant que nous pourrons, pour découvrir les intentions et fins des parties, et, s'il est possible, en profiter. Le Roi, traitant ces jours passés avec le ministre des archiducs un peu trop confidemment, lui a fait ouverture d'engager son maître en un accord avec les États sans le roi d'Espagne, pour le bien des pays qu'il possède, et pour assurer ses affaires particulières. Il a fait contenance qu'il seroit très-aise, comme bon patriote, que cela pût s'effectuer ; mais il a reconnu que l'entreprise étoit trop difficile et périlleuse pour en bien espérer : ce que je ne vous écris que pour vous faire savoir ce qui en a été dit, de quoi vous jugerez. Je m'assure qu'il eût été peut-être à propos de s'abstenir, comme je ferai, d'allonger la présente davantage, que pour vous présenter mes très-affectionnées recommandations, et prier Dieu, monsieur, qu'il vous donne, en bonne santé, heureuse et longue vie.

Votre, etc.   DE NEUFVILLE.

De Paris, ce vingtième jour de mars 1608.

Autre LETTRE *dudit sieur de Villeroy, dudit jour vingtième de mars* 1608.

Monsieur, nous avons mauvaise opinion de l'issue de cette conférence pour la paix, de quoi nous sommes très-déplaisans ; car enfin nous la jugeons nécessaire, et la désirons plus que jamais, et prie Dieu qu'il vous fasse la grâce d'achever ce bon œuvre. L'on nous donne à entendre que ces messieurs les États fondront comme la neige au soleil s'ils quittent la navigation des Indes ; c'est pourquoi nous ne voulons absolument les conseiller de s'en départir tout-à-fait. Et toutefois l'on dit que les Espagnols rompront la paix, et même ne feront la trêve de longues années s'ils n'obtiennent ce point. Nous n'entendons aussi conforter les États à opiniâtrer, pour les raisons que le Roi vous écrit. L'on dit ici que les députés des archiducs prendront sujet de se retirer à Bruxelles pour les fêtes de Pâques, et qu'il y aura de la difficulté après à les rassembler, et qu'ils se contenteront de faire une prolongation de la cessation d'armes, pour avoir loisir de pourvoir à leurs affaires par la guerre ; car jusques à présent ils n'ont encore rien de préparé qui apparoisse.

Nous avions avis du côté d'Espagne de la prise des navires hollandois dont votre lettre fait mention ; mais nous avons su, au même temps, que la réparation en a été commandée et exécutée sur-le-champ. Le roi répond à la lettre de M. le prince Maurice ; et nous nous en allons à Fontainebleau pour les couches de la Reine. Et si lesdits députés de Flandre se retirent, peut-être sera-t-il bon que vous preniez le temps pour revenir faire un tour ici pour reconnoître notre monde, et nous mieux informer des affaires de delà. Cela doit être remis à votre bon jugement ; car étant sur les lieux vous connoîtrez mieux ce qu'il est nécessaire et à propos de faire pour le service du Roi, que vous avez accoutumé de préférer à toute autre considération. Je prie Dieu, monsieur, qu'il vous maintienne en bonne santé, et me recommande très-affectueusement à votre bonne grâce.

De Neufville.

De Paris, ce vingtième de mars 1608.

Lettre *de MM. Jeannin et de Russy au Roi, du 23 mars* 1608.

Sire,

Le lendemain du départ du sieur de Sainte-Catherine, qui fut le 17 de ce mois, les députés des archiducs et Etats s'assemblèrent, et, suivant la résolution prise en leur précédente conférence, ceux des Etats leur donnèrent l'acte pour la trève et cessation de tous actes d'hostilité ès Indes pour neuf ans, avec lequel il y avoit un écrit séparé qu'ils entendent insérer au traité de paix, lequel contient que, quoi qu'il arrive auxdites Indes, soit durant la trève ou icelle expirée, la paix ne laissera d'être perpétuelle jusqu'au tropique du Cancer. Les députés des archiducs reçurent l'un et l'autre sans rien déclarer de leur intention pour lors, fors que M. le président Richardot, prenant celui lequel contient l'article qu'on prétend insérer au traité de paix, dit qu'il n'y avoit point d'apparence de faire la trève d'un côté et la paix de l'autre; et en leur donnant l'écrit pour l'assurance du commerce d'Espagne, dont pareillement lecture fut faite au même instant, dit que les grands rois ne sont point banquiers pour consigner de l'argent, et qu'on n'a accoutumé de requérir d'eux, sinon leur foi pour toute sûreté. Puis ils se donnèrent l'un et l'autre l'écrit pour les impositions ou exemptions sur les denrées et trafic mutuel qui doit être entre eux ès Pays-Bas après la paix faite : sur lequel il y eut grande difficulté, prétendant ceux des archiducs, qu'on ne doit prendre aucuns péages et impositions sur les bateaux et navires venant de France, Espagne, Angleterre ou d'ailleurs, chargés de quelque marchandise que ce soit, lesquels passeront en Zélande pour aller à Anvers ou ès autres lieux de l'obéissance desdits sieurs archiducs, et qu'on se doit contenter de les prendre sur les marchandises et denrées qui sortiront de l'un ou de l'autre. Or, les Etats lèvent grands droits, outre ceux mêmes qu'ils levoient devant la guerre, la plupart desquels ils entendent continuer, disant qu'ils seront contraints, pour tenir la mer assurée, d'avoir toujours des navires de guerre, ainsi être raisonnable qu'ils soient aidés en cette dépense par ceux qui en recevront le profit. Ils veulent conserver les privilèges des villes de Middelbourg en Zélande, et de Dordrecht en Hollande, la première desquelles a l'étape des vins de France, et l'autre des vins du Rhin pour tous les vins qui entrent par la mer ès Pays-Bas ; et les députés des archiducs répondent que tous les péages nouveaux établis depuis la guerre doivent être abolis, et quant aux privilèges d'étapes, qu'ils ont été donnés lorsque tous les Pays-Bas appartenoient à un même seigneur ; et maintenant que la paix les doit séparer perpétuellement, les villes qui les ont obtenus ne doivent plus servir d'étapes pour les pays qui seront de l'obéissance des Etats, et être permis aux archiducs de mettre leur étape où bon leur semblera, donnant à entendre que leur intention étoit de donner ce privilége à la ville d'Anvers ; autrement, pour enrichir les villes des Etats, il faudroit dépouiller les leurs de toutes commodités. Cette assemblée se sépara sans craindre aucune résolution.

Les Etats nous avoient communiqué lesdits articles avant que de les donner, auxquels ne leur fîmes pour lors autre réponse sinon que notre désir et contentement seroient bien qu'ils pussent obtenir tout ce qu'ils demandent ; mais s'ils tombent en difficulté sur aucuns points contenus ès dits écrits et articles, comme nous prévoyons bien qu'il y en aura en nous les communiquant, et les raisons qu'on auroit proposées d'une part et d'autre, nous leur en donnerons notre avis, ainsi que nous gerons devoir faire pour leur bien et l'avancement de la paix, pour laquelle obtenir, ainsi qu'on avoit pris ce conseil comme le meilleur et plus utile, chacun devoit aider à en faciliter l'exécution. Ayant depuis lesdits sieurs les députés conféré entre eux, et en leur assemblée générale, sur les articles dudit commerce proposés de la part des archiducs, ils firent écrit qui contient quelque correction en […] des archiducs, par lequel ils s'expliquent […]vantage et déclarent qu'outre les péages an[…]ns qui se levoient avant la guerre, ils en[…]dent lever et prendre, comme ils faisoient […]dant icelle, le droit de convoi qu'ils nous […] dit être assez modéré; nous donnant cet […]emple, que pour un tonneau de vin qui […]tient quatre poinçons, on prend seulement […]ente sous, lequel droit se lève tant sur eux-[…]mes que sur leurs amis et alliés à l'entrée de […] Zélande, y en ayant un autre, nommé le […]oit de licence, qu'on prend sur les ennemis, […]quel est grand et excessif; à savoir, sur le […]ême exemple d'un tonneau de vin quatre […]us, au lieu que pour le convoi il n'y a que […]ente sous, duquel droit de licence les sujets […] archiducs seront déchargés après la paix. […]utre correction faite par eux audit écrit con[…]rne ce droit d'étape qu'ont les villes de Mid[…]elbourg et de Dordrecht, pour lequel on lève […]elques droits qui sont aussi assez modérés; […]ais ce qui est le plus servile et incommode, […] que lesdites villes prétendent que tout le […]in qui y arrive doit être déchargé et vendu ès […]ls lieux, en sorte qu'un marchand françois […]ui aura vendu du vin à quelqu'un du pays […] Brabant, ou des autres villes des Etats mê[…]es, ne l'y pourra conduire et mener, mais […]ra contraint de le vendre ès dites villes. Il se […]ourra bien garantir de l'inconvénient de cette […]ente en supposant un acheteur qui s'entende […]ec lui, mais il souffrira toujours l'autre in[…]ommodité, qui est de décharger et d'être con[…]aint de mettre ses denrées en d'autres na[…]res.

[…] A quoi il leur fut dit derechef, et à l'instant, […] le président Jeannin, sans prendre l'avis […] députés des princes qui y étoient aussi pré[…]ns, que pour avoir la paix jugée par eux et […] nous utile à leur Etat, il falloit remettre […]elque chose de la rigueur de ce droit, et s'ac[…]mmoder à l'utilité des sujets des princes avec […]quels ils traitent; que cela regardoit aussi […] sujets des autres princes qui sont leurs amis […] alliés, et qu'on avoit accoutumé d'y procé[…]er ainsi en pareils traités, réglant d'un mu[…]el consentement lesdits subsides et péages, […] sorte que de part et d'autre chacun en re[…]ive quelque soulagement. Mais leur réponse

fut qu'étant souverains, ils entendoient faire dans leur pays ce qu'ils jugeoient convenable, sans en demander l'avis et consentement des archiducs, lesquels auront la liberté d'en faire autant chez eux. Et pour le regard des priviléges des villes de Dordrecht et Middelbourg, qu'ils ne les pouvoient aucunement amoindrir. A quoi il fut encore répondu par lui-même que la condition n'étoit égale en cet endroit, pour ce que les Etats avoient le passage de la mer par lequel plusieurs denrées arrivent en Brabant, et que peu de Brabant viennent en leur pays; mais ils ne laissèrent de continuer en leur résolution, disant que les archiducs n'y feroient difficulté, et que c'étoit aussi leur intention de modérer tellement lesdits subsides, qu'eux ni leurs amis n'eussent aucune occasion de s'en plaindre, jugeant bien que s'ils faisoient autrement, seroit perdre le trafic pour leur pays, qui est néanmoins le seul moyen dont leurs habitans vivent et se peuvent enrichir; ainsi qu'on s'en devoit fier à eux. On se contenta de ce que dessus, leur faisant connoître que nous désirions autant qu'eux-mêmes la conservation de tous leurs priviléges et avantages, mais qu'il ne falloit pour peu de chose interrompre ce bon œuvre. Les députés des Etats s'assemblèrent derechef avec ceux des archiducs le 20, en laquelle conférence fut proposé, de la part des archiducs, qu'ils ne pouvoient accepter l'acte pour la trève, touchant le commerce des Indes, en la forme qui leur avoit été donnée, d'autant qu'ils demandent généralement ledit commerce au-delà du tropique du Cancer, en quoi sont aussi bien comprises les Indes d'occident que celles d'orient; et néanmoins la dispute n'a jamais été que pour les Indes d'orient, étant comme demeurés d'accord qu'ils s'abstiendroient d'aller du côté des Indes d'occident, requéroient donc qu'ils eussent à s'éclaircir là-dessus; et pour le regard des Indes d'orient, qu'il soit expressément déclaré par leur écrit qu'ils ne pourront aller ès lieux que tiennent à présent les Portugois, et où ils ont accoutumé de faire leur trafic; et si l'acte n'étoit raccommodé de cette façon, il seroit rejeté sans doute en Espagne, et toute espérance de paix perdue.

Les députés des Etats ne firent lors aucune réponse, mais remirent à en conférer en leur assemblée générale, en laquelle ils n'ont encore pris aucune résolution; mais bien estimons-nous qu'ils feront la déclaration requise pour le regard du commerce d'occident, et consentiront aussi de ne point aller ès lieux que tiennent les Portugois, sinon de leur gré et consentement, mais non ès autres où ils ont ci-devant trafiqué, avec la volonté et permission de princes et peuples, comme marchands et non comme seigneurs, à condition toutefois que les Portugois s'abstiendront pareillement de faire le trafic ès lieux que les Etats tiennent et occupent de présent, afin que l'avantage soit égal d'une part et d'autre, dont les députés des archiducs se contenteront, ainsi que nous avons appris d'eux-mêmes. Ils ne feront aussi grande instance pour la révocation des étapes de Middelbourg et de Dordrecht, et ne restera plus que la difficulté pour le droit de convoi, dont ils disent toujours ne vouloir payer aucune chose. On a proposé cet expédient de prendre ce droit, non sur les denrées en particulier, mais sur chacun navire, à raison d'un sou pour tonneau. Enfin cet article s'accommodera, et à la vérité la perception d'icelui ne nous semble juste, attendu même que les Etats le demandent pour assurer la mer de leurs côtes, et toutefois ils ne se veulent obliger à l'intérêt des prises; joint que tous leurs voisins et alliés en recevront pareil dommage que les archiducs.

Les plus opiniâtres en cet endroit sont ceux de Zélande, lesquels prennent ledit droit. Les députés desdits archiducs nous sont venus voir tous ensemble, ayant discontinué dix-sept jours après notre dernière visite, dont M. le président Richardot a fait cette excuse, que rien ne s'étoit présenté pour nous communiquer, et qu'ils le faisoient lors à l'occasion de ce commerce, nous priant de les y assister, attendu que nous y avions pareil intérêt qu'eux. Nous avons montré de recevoir cette raison pour bonne, encore qu'ayons bien su qu'ils avoient différé cette visite à cause d'un faux avis qu'on leur avoit donné qu'au fait du commerce des Indes nous nous étions déclarés fort contraires; mais ils en ont été mieux informés depuis, et semblent à présent vouloir rentrer en la même confiance. On a fait prolonger la trève jusqu'à la fin du mois de mai, pour donner loisir aux députés des archiducs d'envoyer

en Espagne, et avoir réponse sur le fait commerce des Indes. On dit que le cor[...] doit faire le voyage. Ils avoient demand[é] continuation d'icelle trève jusqu'à la fin mois de juin, en quoi on voit qu'ils affect[...] la longueur, et de là on peut prendre soup[...] qu'ils veulent seulement gagner cette an[...] Si nous semble-t-il qu'ils ont grande affe[...] à la paix, et qu'on doit faire bon juge[...] de ce qu'ils aident à raccoutrer et rendre [...] facile le contenu en cet acte, qu'on veut [...] voyer en Espagne, afin qu'il y soit mieux [...] On a même opinion, encore qu'il n'y ai[t] la trève aux Indes, qu'ils ne laisseront [...] faire la paix pour toujours de ce côté. N[...] donnerons avis à Votre Majesté de jour [...] tre de tout ce qui aviendra. Et cependant prions Dieu, sire, qu'il la maintienne e[t] royale famille en tout heur et prospérité.

Vos très-humbles et très-obéissans suje[ts] serviteurs, P. JEANNIN et DE RUSS[...]

De La Haye, ce troisième jour de mars [1608].

LETTRE de M. Jeannin à M. de Villero[y] vingt-quatrième de mars 1608.

Monsieur, le Roi verra tout ce qui [s'est] passé depuis le départ du sieur de Saint[e-]therine jusqu'à présent par notre lettre. [...] su par personne de qualité avec qui j'ai d[e l'a]mitié, laquelle voit souvent le cordelier, [qu'il] nous avoit fait de fort mauvais offices [envers] les députés des archiducs, comme si nou[s eus]sions été cause de l'opiniâtreté des Eta[ts à] vouloir retenir le commerce des Indes, e[t que] cela étoit la seule cause qui les avoit fait [diffé]rer si long-temps à nous venir voir. Et [disoit] qu'ils se fussent abstenus de voir les dép[utés] d'Angleterre aussi bien que nous, à ca[use du] même rapport, qu'ils n'en avoient néan[moins] jamais eu une si grande défiance, ayan[t eu] d'autres témoignages de l'affection de [leur] maître pour en douter, et qu'ils savoient encore qu'on les poursuivoit tous les jou[rs de] la part des Etats, pour faire une pareille [paix] que celle faite par nous; mais qu'ils n'y v[ou]loient entendre pour ne les offenser, et a[fin de] garder inviolablement le traité fait avec [le roi] d'Espagne. Or lesdits sieurs députés des [...]

ines, étant depuis mieux informés de notre conduite, nous sont venus voir tous ensemble. Nous leur avons aussi trois jours après rendu cette visite, et reconnu en leurs visages et paroles qu'ils sentoient mieux de nous, et sembloient vouloir rentrer en la même confiance que du passé.

M. le président Richardot m'a encore vu en particulier ce jour même, auquel j'ai dit ouvertement que je savois les soupçons qu'ils ont eus, dont je me plaignois à lui, pource que lui ayant parlé avec tant de franchise de l'intention du Roi à procurer la paix, et conféré aussi l'un avec l'autre en si grande confidence des liens avec lesquels on pourroit étreindre et affermir l'amitié de nos maîtres, il me sembloit qu'il me faisoit trop de tort de sentir si mal de ma prud'homie, et d'ajouter foi aux paroles qu'on leur pouvoit tenir avec artifice et dessein; étant bien certain que ceux qui veulent la guerre font courir le bruit que Sa Majesté la favorise, et est disposée de les assister de son autorité et moyens pour la continuer, estimant que cette crainte doit beaucoup servir pour en attirer d'autres à leur opinion; mais que nos actions sont telles, en public et en particulier, qu'il n'y a personne entre les députés des princes qui témoigne tant d'affection à la paix, ni qui y soit aussi utile que nous sommes: chose si notoire, que les plus désireux du repos de cet état disent la trop grande inclination de Sa Majesté et notre conduite devoir être cause que leurs conditions en seront moins avantageuses, combien que nous y procédions en effet, comme il est requis, pour faire que chacun remette du sien autant qu'il sera besoin pour aider à l'avancement de ce bon œuvre, sans user d'aucun mauvais artifice envers l'un ou l'autre. Il m'a confessé qu'on leur avoit dit quelque chose sur ce sujet en ce lieu et écrit d'ailleurs, mais qu'il ne l'avoit pas cru. Il est derechef entré ès mêmes propos qu'il m'avoit tenus du passé avec grande appréhension, et déclaré que leur plus grande espérance pour faire la paix étoit en nous; qu'il ne pouvoit cesser de se plaindre des Etats, lesquels ne veulent rien céder, et qu'enfin ils seront contraints de tout rompre pour ne faire une paix si honteuse aux princes pour lesquels ils traitent: il m'a fait entendre aussi qu'ils ne s'assujétiront jamais à payer ce convoi qu'on leur demande, et pour le regard du commerce des Indes, qu'ils feront ce qui leur sera possible pour le faire agréer au roi d'Espagne en la forme que nous le mandons à Sa Majesté; mais que de mettre un article au traité de paix, par lequel il soit dit qu'à l'occasion de ce qui adviendra aux Indes, soit pendant la trêve ou après qu'elle sera expirée, la paix ne soit point rompue, il n'est pas besoin de l'exprimer et d'en faire article; car il s'entend assez de soi-même, puisqu'elle sera perpétuelle, et le fait du commerce des Indes du tout séparé d'icelui traité, sans que l'un ait aucune dépendance de l'autre. Sur quoi lui ayant répondu que cela étoit vrai, et que, pour cette même raison, ils ne devoient faire difficulté de consentir que ledit article soit inséré au traité général, il me dit qu'ils le faisoient pour y mieux disposer le roi d'Espagne et son conseil: peut-être le font-ils avec cette seule considération; mais aussi peuvent-ils désirer qu'il y ait de l'ambiguïté en ce fait, pour prendre conseil sur les occurrences de l'avenir, et y donner une autre interprétation s'il leur est lors utile; ce qui m'auroit mû de lui répliquer encore que les Etats ne l'accorderont jamais ainsi, et qu'il vaudroit mieux ajouter cette caution qui auroit plus de sûreté pour eux au cas que, le temps de la trêve des Indes expiré, ils ne puissent convenir ensemble sur la cessation de ce commerce; qu'il sera en leur pouvoir de leur interdire, si bon leur semble, le commerce d'Espagne, sans que pourtant la paix de ces pays soit rompue; car tant de gens sont intéressés audit commerce d'Espagne, qu'il y en aura toujours cent contre un qui le préfèreront à celui des Indes. Il n'a pas rejeté cette ouverture, mais il ne s'est pas aussi départi de son premier repos. J'ai appris ceci depuis la lettre écrite à Sa Majesté, qui me fait craindre que le sieur Barneveld, lequel se promet le contraire, ne soit abusé.

Ledit sieur président m'a aussi parlé de l'échange des places, et montrer de le vouloir opiniâtrer pour celles de Brabant et de Flandre; mais je lui ai dit tant de raisons pour faire remettre cette poursuite après la paix, qu'il y a aucunement acquiescé. Et lui en disant encore autant pour le fait de la religion, dont il vouloit faire instance, et qu'il seroit meilleur que nous nous joignions ensemble après la paix faite, pour essayer d'obtenir des Etats ce qu'ils refuseront sans doute par le traité, il m'a répondu qu'il avoit grand regret d'avoir pris cette charge, qu'il a caché jusqu'ici tant qu'il a pu les indignités qu'on leur fait souffrir, craignant que leurs princes ne se changent du tout, et reprennent les armes avec autant d'aigreur qu'ils étoient désireux de les poser; mais qu'enfin ils seront contraints de s'en découvrir, quoi qu'il puisse arriver, crainte d'être blâmés; essayant de me persuader par tous ses discours que, si les Etats continuent en leur rigueur sans vouloir céder aucune chose, la guerre sera plus agréable en Espagne et chez les archiducs que la paix. Il est bien vrai qu'ils trouvent plus de difficultés qu'ils n'en avoient prévu : je ne laissé-je de croire qu'ils craignent bien fort de rompre, et que les Etats ayant cette même crainte, tout se pourra accommoder, dont néanmoins je serai en perpétuelle défiance jusqu'au bout. Sur ce, je prierai Dieu, monsieur, qu'il vous donne en parfaite santé très-longue et heureuse vie.

Votre très-humble et très-obéissant serviteur, P. JEANNIN.

De La Haye, ce vingt-quatrième jour de mars 1608.

Autre LETTRE de M. Jeannin à M. de Villeroy, du 29 mars 1608.

Monsieur, j'écris cette lettre à la hâte par le laquais de M. de Châtillon qui s'en va pardelà : c'est seulement pour accuser la réception des lettres du Roi et des vôtres, qui sont des 19 et 20 de ce mois, que je reçus avant-hier au soir; car j'ai écrit à Sa Majesté et à vous aussi, il n'y a que trois jours, par celui qui est parti pour aller à Calais y tenir le lieu du feu sieur de Sailly. Je vois bien que Sa Majesté craint plus la rupture qu'elle n'espère la paix. Sa crainte a de grandes raisons; car les Etats, quoiqu'ils désirent ardemment la paix et qu'elle soit nécessaire, veulent tout à leur mot, et est certain qu'elle ne se fera pas, ou qu'elle sera honteuse pour le roi d'Espagne. Or, lui n'ayant à présent autres ennemis que ceux-ci, on ne peut croire que l'orgueil d'Espagne soit tellement abattu, qu'ils veuillent prendre des conseils si foibles et indignes de leur grandeur : outre ce que les députés des archiducs, qui sont ici peuvent espérer que quelques provinces, lesquelles n'ont intérêt au commerce des Indes, seront pour se séparer si on vient à une rupture à cette occasion. Ils savent bien aussi que le roi d'Angleterre ne contribuera rien à la guerre si elle continue, et que Sa Majesté fera grande difficulté d'en soutenir seule les dépenses et périls; ainsi qu'ils auront meilleur marché des Etats que du passé. Je ne laisse pourtant d'en bien espérer. Mes raisons sont que lesdits sieurs députés témoignent évidemment par toutes leurs actions qu'ils craignent de rompre, et ont même essayé tant qu'ils ont pu d'accommoder l'acte pour la trêve des Indes, afin d'en faciliter l'acceptation en Espagne, se promettant que les Hollandois trouveront si peu de profit à continuer ce trafic qu'ils s'en désisteront d'eux-mêmes avant que la trêve soit expirée, et se contenteront de celui d'Espagne beaucoup plus utile, et auquel plus de gens ont part, comme il y a de l'apparence.

Ils craignent encore, quelque bonne parole que le roi d'Angleterre leur donne, qu'il ne donne secours aux Etats, si la guerre continue, et se tiennent comme assurés que Sa Majesté en fera autant; car il y a tant de personnes qui le publient à dessein, qu'en y joignant l'opiniâtreté des Etats, il y a assez pour leur donner ce soupçon, et qu'ils seront encore pour faire ensemble des alliances plus étroites qui obligeront les deux rois à les secourir plus puissamment que du passé. Et nous entretenons cette crainte avec toute l'industrie qu'il nous est possible ès conférences particulières avec le président Richardot; car sur ce qu'il m'a dit plusieurs fois que l'Anglois ne donneroit rien aux Etats, et qu'ils avoient refusé de faire une pareille alliance avec eux que la nôtre pour ne leur déplaire, quoique ce ne fût que pour la paix, je lui ai fait connoître qu'ils ont toujours contribué au secours, et même au dernier argent envoyé ici, et pour leurs députés ont déclaré en pleine assemblée des Etats, comme il est vrai, quand leur maître devroit être seul à les secourir, qu'il ne les abandonneroit jamais; que sa religion, leur voisinage et les obligations passées que la feue reine d'Angleterre avoit acquises sur eux en les secourant, lorsque chacun les avoit abandonnés, étoient des aiguillons assez poignans pour induire leur roi à ne point laisser perdre ceux avec lesquels il étoit conjoint par tant de liens et intérêts. Et quant à la ligue, qu'il ne tenoit qu'aux Etats qu'elle ne fût faite ; mais que les Anglois avoient des affaires particulières que je lui dis, lesquelles ils vouloient faire par même moyen, et avec plus d'avantage pour eux, à l'occasion de cette ligue étant la seule et vraie cause de ce délai. Pour le regard de Sa Majesté, qu'elle désire la paix, y veut aider de tout son pouvoir, mais qu'elle ne peut avec honneur et sans blâme les abandonner tant que la guerre durera, y ajoutant que, cet empêchement ôté, on pouvoit établir une bonne et assurée paix et amitié entre elle, le roi d'Espagne et les archiducs, dont je lui ai représenté tant de raisons et de commodités, qu'à mon avis il est du tout persuadé qu'elle est fort désirable, doit être utile à ses maîtres et à toute la chrétienté, et servir aussi à la sûreté et avancement de la religion catholique.

Il me semble bien aussi que les Espagnols craignent les entreprises sur les Indes, et tiennent déjà celles d'orient perdues, si les Hollandois y continuent leur trafic avec hostilité, au lieu qu'en le faisant de gré à gré, ils se promettent que le profit en sera si petit qu'ils le quitteront bientôt, et avant même que le temps de la trêve soit expiré. Et pour celles d'occident, sont bien avertis que les Etats pensent à dresser une compagnie pour y entreprendre, et leur semble que les princes amis des Provinces-Unies seront aisément induits d'être de la partie, et qu'étant joints ensemble ils y pourront faire un grand effort : puis ils espèrent de les pouvoir gagner après la paix faite par pratiques et corruptions, et, au pis aller, qu'ils seront plutôt lors marchands que gens de guerre, ainsi en état de ne pouvoir faire de mal, ni beaucoup servir à autrui. Ils peuvent encore craindre, les guerres venant à continuer, qu'ils ne se jettent par désespoir ès mains d'un prince qui soit puissant pour les conserver ; et enfin ils ont des nécessités, et sont las de dépendre leur argent sans rien profiter, en quoi ils reçoivent trop de honte et de dommage tout ensemble. Je ne doune pas ces conjectures pour raisons concluantes et nécessaires, mais il en faut attendre l'événement. Bien est-il certain que tous les députés qui sont ici la désirent bien fort ; que les archiducs ont la même affection, et que tous ensemble aideront volontiers à la faire trouver bonne en Espagne ; que les Etats aussi de leur côté, quoique violens à vouloir obtenir tout ce qu'ils demandent, seront pour en quitter quand il n'y aura autre moyen de se mettre en repos. Vous verrez l'acte qui a été dressé pour le trafic des Indes, que les députés des archiducs ont pris pour envoyer en Espagne. Je tiens, quand le roi d'Espagne en rabattra quelque chose, qu'on ne laissera de s'accorder, si les autres articles auxquels on travaillera cependant le sont ainsi, puisque la paix est jugée nécessaire. Il ne sera pas inutile d'avoir pris ce conseil pour donner loisir aux esprits de s'attiédir et rompre les pratiques de ceux qui la veulent empêcher, si grandes que lors, qu'en opiniâtrant précisément la résolution de cet article on eût sans doute rompu. C'est la vérité qu'on ne parloit au commencement que des Indes d'orient, et depuis on y a compris celles d'occident. Ils ne laisseront pourtant de se contenter des premières, encore qu'il ne soit pas déclaré spécialement par l'écrit, lequel contient bien néanmoins des mots qui le signifient assez ; car ils ne pourront aller ès havres, ports et places tenus et occupés par les Espagnols. Or ils tiennent tout aux entrées des Indes d'occident. Davantage je sais que, sous main, on les a assurés qu'on ne fera point de résistance pour les Indes d'occident, qui est ce qu'ils craignent.

Je participe à toute cette conduite secrète qui sert beaucoup à l'avancement de la paix, dont il n'est pas besoin faire bruit, et vous supplie, monsieur, de n'en rien découvrir. Je ne sais pas si le succès en sera heureux ; mais c'est ce qu'on peut faire pour conduire toutes choses au but que le Roi désire. On fait grand bruit ici de ce commerce des Indes ; et tant ceux de la société que les autres qui veulent la guerre, le magnifient comme le seul moyen pour enrichir ces Provinces et diminuer les revenus d'Espagne. Et toutefois, j'ai appris de plusieurs, entendus en ce commerce, desquels je m'en suis informé avec grand soin, qu'il sera peu profitable fait de gré à gré ; et s'il avient que les marchands y trouvent du profit, con-

21

tre l'avis de ceux-ci, et par ce moyen le veulent continuer après la trêve, que les Espagnols s'accorderont plutôt qu'ils le fassent de gré à gré qu'autrement, et qu'enfin ils seront pour se joindre ensemble ès dits lieux, afin d'en exclure toutes les autres nations. Le profit des Etats et de leurs amis seroit bien plus grand, et les Espagnols en recevroient aussi plus de dommage, si ce trafic étoit fait avec hostilité; car il seroit cause que les marchands conserveroient toujours leurs navires de guerre, dont ils n'auront plus de besoin, et s'en déferont sans doute s'il se fait sans hostilité. Les Etats s'exerceroient toujours au fait de la guerre par mer, seroient bien aises d'y recevoir les autres nations avec lesquelles ils sont en amitié, pour se fortifier d'autant contre un ennemi commun, et, par ce moyen, contraindroient le roi d'Espagne d'y faire de grandes armées, ou de perdre son revenu. Mais l'Espagnol ne le voulant accorder de cette façon, comme il ne fera jamais, et n'est raisonnable d'en faire instance, on connoîtra avec le temps que les marchands n'y seront si fort échauffés qu'à présent: c'est le jugement qu'en font les mieux entendus. Par ainsi, le premier avis de Sa Majesté, qu'il vaut mieux s'accommoder en cet article qu'en celui de l'échange des places, est fort bien considéré; et néanmoins, on ne pourroit mieux faire pour ce commerce que ce qui est contenu en l'acte très-bon en substance, quoique très-mal dressé, pourvu que le roi d'Espagne l'approuve.

Quant aux places, les plus sages en cet Etat jugent toujours qu'il faudra faire quelque échange de celles de Brabant et de Flandre, excepté l'Ecluse et Berg-op-Zoom, avec Grol, Oldensel, Linghem et autres places delà le Rhin, et que cela leur fera épargner la dépense de six mille hommes de garnison; mais nous l'empêcherons de tout notre pouvoir et remontrerons qu'il faut remettre cet échange après la paix, et, quand on le fera, retenir encore Breda et Grave, qui sont places fortes en Brabant, lesquelles appartiennent à la maison de Nassau, qu'on ne pourroit quitter sans offenser bien fort M. le prince Maurice, et mettre de la division en leur Etat; et j'estime que je le persuaderai aux uns et aux autres. Les députés d'Angleterre nous ont bien tenu de bons propos touchant l'alliance de Sa Majesté avec leur Roi; mais n'ont jamais montré d'y vouloir entendre dès à présent, et en ce lieu, quoique leur ayons souvent dit que l'occasion n'y seroit jamais si propre, et que les Etats les en sollicitent tous les jours; mais tout cela en vain, pource qu'ils n'ont pouvoir de la faire. Et c'est du côté de leur maître qu'il faut ménager sourdement l'affaire; car s'il est froid et le refuse en personne, on ne doit espérer que ses ministres y soient échauffés ici. Nous ne connoissons rien en l'intention et conduite du maître et des ministres; car, depuis quatre ou cinq jours, Carron, qui est en Angleterre pour les Etats, a écrit au sieur Barneveld, et j'ai vu la lettre en flamand, qui m'a été interprétée en françois, que le comte de Salisbury lui a fait connoître par tous ses propos que la continuation de la guerre est plus utile à cet Etat que la paix. Et néanmoins, étant allé voir leurs députés, il n'y a que deux jours, pour reconnoître s'ils avoient reçu quelques nouvelles qui les eussent changés, nous les avons trouvés autant ou plus échauffés à la paix, et en l'affection qu'ils nous ont toujours témoigné d'y vouloir gratifier les archiducs.

Les lettres du Roi nous apprennent qu'il préfère la paix à une trêve à longues années, et néanmoins que celle-ci vaut encore mieux que la guerre. Nous suivrons ses commandements partout, et nous accommoderons à l'état des affaires. Je ne désire rien tant que de faire ce petit voyage à la cour, pour donner contentement au Roi de tout ce qui s'est passé, et retourner encore mieux instruit. J'y ai aussi quelques petites affaires qui requerroient bien ma présence; mais les députés des archiducs ne parlent point de sortir d'ici, ni d'interrompre les conférences sur les affaires, et je crains de m'absenter en un temps que quelque chose se passe où je puisse servir, ayant acquis quelques habitudes particulières que je ne peux aisément résigner à autre; non que M. de Russy ne soit capable et affectionné pour faire tout en mon absence, mais il y en a qui ne se veulent communiquer à personne; et cet ouvrage m'est si cher, que j'aurois un regret perpétuel d'y défaillir, puisqu'il a plu à Sa Majesté me le commettre. Mais si j'en vois quelque occasion, je la prendrai sans attendre autre commandement, puisque je sais la volonté du maître, et que je pense même mon voyage ne devoir être inutile si je le fais. J'oubliois de répondre à ce que vos lettres contiennent, que les États devroient pourvoir à leurs affaires en cette incertitude de paix. Le Roi met en ses lettres les raisons pourquoi ils le peuvent faire. Il semble aux Provinces, quand on en parle, qu'on les veut jeter à la guerre qu'ils craignent, et croient imprudemment que ne s'y point préparer est le moyen de l'éviter; et n'y a que la nécessité seule et l'entrée de la guerre même qui les puissent rendre sages et diligens en cet endroit. Quant à leurs amis, le roi d'Angleterre dit ne vouloir déclarer quel secours il donnera, sinon quand l'espérance de paix sera du tout perdue; et qui le pressera davantage, il fera pis. Sa Majesté n'y veut entrer seule non plus, et n'est raisonnable aussi de faire telles offres lorsqu'on espère la paix. Elle donnoit un bon conseil aux princes et États d'Italie, d'aider ces Provinces pour se garantir de l'ambition d'Espagne; mais ils sont comme le roi d'Angleterre, qui désireroit bien la guerre ici s'il n'y mettoit rien.

Il me semble fort à propos d'entretenir les espérances de l'alliance proposée de la part d'Espagne, dont le président Richardot m'a fait aussi ouverture, non qu'on en puisse tirer grande utilité, mais afin que cette espérance les empêche de penser à d'autres desseins qui nous soient préjudiciables, et, en effet, qui ne pourra joindre l'Angleterre à embrasser notre amitié et alliance. Celle-ci ne doit être rejetée, trop bien le conseil honteux de favoriser les archiducs au préjudice des États, et même à notre dommage[1]. J'ai donné au prince Maurice les lettres du Roi, et fait entendre ma créance. Il a reçu le tout de bonne part, et ne fera rien contre ce que Sa Majesté désire, mais il ne se rendra jamais auteur de la paix. Je vous ai envoyé les articles que M. Aërsens vous avoit déjà donnés, mais beaucoup plus tard que lui, auquel le père les a envoyés long-temps avant qu'ils nous les ait délivrés, afin que son fils en soit le premier porteur. Je prie Dieu, monsieur, qu'il vous donne, en parfaite santé, très-heureuse et longue vie.

Votre très-humble et très-obéissant serviteur,

P. JEANNIN.

De La Haye, ce vingt-neuvième de mars 1608.

[1] Ce passage difficile à entendre est conforme au manuscrit.

LETTRE *du Roi, du dernier jour de mars* 1608.

Messieurs Jeannin et de Russy, vos lettres du 10, 12 et 15 de ce mois m'ont été présentées le vingtième d'icelui par Sainte-Catherine. J'avois déjà fait réponse aux vôtres du septième, apportées par Monceau, par laquelle vous aurez été éclaircis de mes intentions sur les principaux points de ces dernières. C'est pourquoi je n'ai davantage avancé le retour dudit Sainte-Catherine, joint que je m'attendois toujours de voir passer par ici le marquis Spinola, que ledit Sainte-Catherine m'avoit rapporté de bouche devoir être porteur en Espagne de la dernière proposition qui a été faite par-delà, pour accorder l'article du commerce des Indes. Mais, puisqu'il n'a encore comparu, j'estime que lui et ses collègues auront voulu tirer des États leur dernier mot sur les autres articles comme sur celui-ci, pour porter tout ensemble en Espagne et n'en faire à deux fois, et, en ce faisant, mettre au choix du roi dudit pays et de son conseil la paix ou la guerre. Or, quand je considère les avantages que lesdits États recevront de la première, si elle est faite aux conditions auxquelles ils ont comme fait consentir les autres, je ne puis que je ne soupçonne que les Espagnols veulent les abuser avec les espérances qu'ils leur donnent, leur faisant perdre le temps, et cependant dresser parmi eux et sur eux des parties pour les surprendre et endommager; car il me semble qu'ils passent des choses qu'ils pourroient avec raison plus débattre qu'ils ne font : aussi leurs soudains changemens de propos et de contenance du soir au lendemain, me sont grandement suspects. Mais d'ailleurs, quand je considère le gouvernement présent des affaires d'Espagne et de Flandre, et examine les divers avis que j'ai des nécessités d'argent et d'hommes qu'ils ont, et les pertes qu'ils ont faites et craignent de faire aux Indes, et les incommodités qu'ils ressentent et augmentent journellement des retardemens de leurs flottes, sur lesquelles est fondé le principal pivot de leur État, je conclus qu'ils ont plus besoin de la paix que de moyens de continuer la guerre, et qu'ils espèrent avec le temps redresser leurs affaires, pour après plus nuire auxdits États qu'ils n'ont moyen de faire de présent. Mais j'ai bien opinion, comme vous, qu'ayant tiré le dernier mot desdits États, ils en retarderont la résolution tant qu'ils pourront, pour ennuyer ou diviser lesdits États, tant à force d'argent qu'autrement, et partant qu'ils tendront à une trêve qui incommode lesdits États, et n'ennuiera pas moins leurs alliés et amis. Je dis leurs vrais amis; car ceux qui ne le sont que de mine désirent et favorisent sous main leur affoiblissement : les Anglois sont de ce nombre, auxquels je sais néanmoins qu'ils défèrent toujours beaucoup. L'on dira qu'ils en usent ainsi par prudence, et pour éviter pis et leur perte, non par affection ni espoir d'en tirer avantage. Or je ne puis trouver bon que nous nous engagions en cette ligue générale de laquelle on vous a renouvelé la proposition; car il est certain que lesdits Anglois ne tendent qu'à nous décevoir, et nous faire départir de la particulière que nous avons accordé, ainsi que vous jugez prudemment.

Je fais encore moins de compte des propos tenus par Winood au sieur de Russy, et m'étonne comme le sieur Barneveld s'y arrête. S'il le fait pour complaire aux autres, et par ce moyen les avoir plus favorables, je dis qu'il y sera trompé avec tous ceux qui auront telle espérance. En tous cas, je me garderai bien d'entendre ni faire chose qui soit indigne de moi, comme seroit l'office que ledit Winood voudroit que je fisse faire par La Boderie. Madame vaut bien monsieur, et la peine d'être demandée et courtisée. Ils ne se meuvent en cela que par jalousie et par artifice, soit qu'ils la prennent de la recherche que les Anglois font de mon alliance, ou qu'ils tendent à la leur donner. Pour cette cause, si ledit Winood ou le sieur Barneveld vous reparlent de ce fait, dites leur que vous n'avez encore reçu ma réponse sur icelui, et que vous estimez que je l'ai retardée exprès pour reconnoitre et vérifier si, en Angleterre, on y tiendra langage qui ait quelque conformité avec les leurs, qui me donnent argument d'espérer l'effet qu'ils en promettent. Vous leur direz néanmoins que vous n'en parlez que par opinions et comme de vous-mêmes, parce que je ne vous en ai rien écrit. Et si après cela, ils continuent à vous rechercher encore d'un traité général, je suis content que vous y entendiez, ou à un particulier avec lesdits Anglois, ainsi que je vous ai écrit par mes dernières, soit qu'on le propose seulement pour entretenir le tapis et la réputation de notre union, ou que l'on entende et veuille y entrer à bon escient, pourvu que cela ne préjudicie au dernier que nous avons fait avec lesdits Etats. Je vois aussi que tel est votre avis : suivez-le donc, car je l'approuve. Je serai bien aise aussi qu'ils fassent la paix du côté de deçà, et qu'ils se contentent de la trève aux Indes en la dernière forme qu'ils ont proposée, s'ils ne peuvent avoir mieux : même j'estime qu'ils doivent plutôt accepter la trève d'une part et d'autre que de rentrer en guerre, pourvu qu'ils soient par icelle reconnus pour libres sans limitation de temps, ainsi qu'il est porté par vosdites lettres; qui est ce que je puis vous écrire sur icelles, remettant le surplus à mes précédentes, et à vos meilleurs avis. Mais j'improuve, comme vous, le long séjour à La Haye des députés des archiducs : car je ne doute point qu'ils n'en profitent au dommage des Etats, si tant est qu'ils ne se retirent.

Je serai bien aise que vous, sieur Jeannin, preniez sujet de revenir par-deçà pour être informé de vous par bouche de toutes choses; mais en ce cas vous promettrez à ces sieurs que vous retournerez par-delà quand les députés desdits archiducs s'y rendront, car c'est mon intention. Mais je voudrois que vous prissiez votre chemin par Bruxelles, si vous le pouvez faire sûrement, afin de voir les archiducs, pour leur confirmer de ma part les assurances de ma bonne volonté; car je juge que ce seroit leur bien, comme le mieux, que nous fussions en bonne intelligence ensemble, principalement s'ils font la paix avec lesdits Etats, d'autant que nous pourrions lors régner en repos et sûreté, sans avoir occasion de craindre chose qui nous pût arriver de la part de nos voisins, mon intention étant de vivre en amitié avec tous, et me contenter du partage que Dieu m'a donné; je me persuade que la leur est semblable : mais je n'ai pas occasion jusques à présent de croire le semblable des Espagnols; à quoi toutefois l'on pourroit trouver des moyens de pourvoir pour l'avenir, par l'entremise même desdits princes, la bonne foi et sincérité desquels sera toujours de grande considération et efficace en mon endroit, ainsi que vous leur pourrez dire si vous les voyez; ce qu'il faut droit que vous fissiez sous prétexte d'éviter le passage de la mer, et pour vous rendre plus tôt vers moi, afin de ne donner martel aux Etats; et voudrois que vous dressassiez votre partie de façon que vous pussiez encore reprendre le même chemin quand il sera nécessaire que vous retourniez par-delà, afin de continuer la même visite et négociation avec lesdits princes, selon le sujet qu'ils nous en donneront. Mais je veux que vous sachiez mon intention être, traitant avec les archiducs, de n'entendre à aucune ouverture qui puisse, à présent et à l'avenir, nuire et préjudicier auxdits Etats, ni leur donner cause de se plaindre de ma foi et de mon amitié; car c'est sur l'observation et entretènement de l'une et de l'autre que je prétends bâtir une bonne intelligence avec les archiducs, et non autrement.

Je serois trop mal conseillé aussi de laisser le certain, au préjudice de ma foi et réputation, pour m'attacher à l'incertain, étant lesdits princes si liés aux volontés d'Espagne, qu'ils font et croient qu'ils feront tout ce qu'ils voudront : ce que je vous dis, parce que je sais que le conseil d'Espagne a ses fins toutes contraires à la concorde publique laquelle j'aspire, et à la bonne foi qui me guide de façon que je dois croire, s'il fait quelque semblant de procéder sincèrement en la recherche de mon alliance, que c'est plus pour en profiter au dommage des Etats, que pour le bien de tous. Lesdits Espagnols ne traitent pas plus fidèlement avec les Anglois; mais ceux-ci prennent pour argent comptant toutes les propositions qui les chatouillent, et avec lesquelles ils peuvent tenir leurs voisins en jalousie, et mieux conserver leur neutralité, sur laquelle ils ont jeté le principal fondement de leur grandeur et réputation. J'ai bien remarqué par vosdites lettres la discontinuation de la communication desdits députés des archiducs avec vous : je l'attribue au déplaisir qu'ils ont reçu de la dernière voiture qui a été envoyée par-delà plutôt que l'autre; car je ne doute point qu'ils n'attribuent à mon assistance la dureté de laquelle ils estiment que les Etats traitent avec eux, sans considérer quelle est la nature de ces peuples, ni la condition présente des affaires d'Espagne, que chacun reconnoît aller déclinant à vue d'œil, à cause de leur gouvernement et des pertes qu'ils font aux Indes : c'est pourquoi je dois être plus retenu et considéré à continuer ladite assistance auxdits Etats sur l'instance qu'ils en font; joint que j'estime en cela mon argent assez mal employé, d'autant que je ne vois pas que lesdits Etats m'en sachent plus de gré, puisqu'ils continuent à vivre avec les Anglois et moi quasi en égalité. Et néanmoins, j'offense en ce faisant mes autres voisins, de quoi lesdits Anglois mêmes s'avantagent encore envers eux à mon dommage. Toutefois, avisez à leur faire sur ladite demande telle réponse que vous jugerez être à propos, pourvu que vous ne m'engagiez davantage audit secours; car je serai bien aise d'en conférer avec vous, sieur Jeannin, devant que d'en résoudre. Nous pourrons voir aussi cependant quel train prendront les affaires, tant en Espagne qu'en Flandre, après la retraite desdits députés. Je n'ai sur cela fait autre réponse au sieur Aërsens, qui m'a réitéré la susdite instance en me présentant la lettre desdits Etats, sinon que je voulois y aviser à loisir, et voir aussi plus clair aux affaires qui sont sur le bureau. Je prie Dieu, messieurs Jeannin et de Russy, qu'il vous ait en sa sainte garde.

Ecrite à Fontainebleau, le dernier jour de mars 1608.

HENRI.

Et plus bas, DE NEUFVILLE.

LETTRE *de M. de Villeroy à M. Jeannin, dudit jour dernier de mars 1608.*

Monsieur, vous avez été pleinement informé des intentions du Roi par nos précédentes lettres, fraîchement par notre dernière écrite le vingtième de ce mois; c'est pourquoi nous ne nous sommes hâtés de vous renvoyer le sieur de Sainte-Catherine; car nous vous avons mandé que nous approuvons la trève aux Indes, et qu'elle soit faite aussi par-delà, plutôt que de rentrer en une nouvelle guerre. Nous persistons en cette opinion; bien entendu, toutefois, que par ladite trève les Etats soient reconnus pour libres, sur lesquels on ne prétend rien sans limitation de temps, comme le Roi vous écrit. Pour moi, je crois et ai soutenu qu'une trève faite de cette façon seroit plus propre et utile qu'une paix absolue, pour les mêmes raisons que vous touchez en votre lettre; mais chacun n'est de notre avis. Tous néanmoins concluent qu'il vaut mieux s'y ranger que de rompre, auquel cas il faudra déclarer, comme vous dites, que notre traité dernier aura lieu pour la trève comme pour la paix, et ajouter la clause marquée par votredite lettre; savoir, qu'ils ne pourront ci-après faire la paix, sinon du gré et consentement du Roi; mais il ne faut en cela ni en autre chose faire mise ni recettes des bonnes paroles des députés anglois. Aussi n'avons-nous rien d'ailleurs qui y concoure, ce qu'il faut toutefois plutôt croire que manifester. Car bien que cette nation ne doive changer de naturel ni d'affection envers la nôtre, toutefois elle pourroit être induite de ce faire avec le temps, par la considération de son utilité et sûreté. Mettons toujours le droit de notre côté, comme vous avez prudemment et dignement fait jusques à présent; mais n'outre-passons aussi ces bornes-là; ainsi que nous ferions si nous suivions le conseil que Winood a donné à M. de Russy. Son maître a autant ou plus grand besoin de nous et de notre amitié que nous avons de la sienne. Je ne sais si une plus étroite alliance nous pourroit mieux assurer de lui et des siens. En tous cas, par honneur, il touche à eux de parler les premiers : mais aussi vous pouvez assurer que l'on nous trouvera toujours bien disposés d'entendre à toutes bonnes et honnêtes ouvertures; mais croyez, je vous prie, que si les Espagnols entretiennent encore avec les Anglois la pratique d'alliance dont votre lettre fait mention, ne n'est que pour les endormir flatter et abuser, principalement tant qu'ils seront de contraire religion, et que le prince d'Espagne sera à marier, qui n'est un œuvre d'un jour. Partant ne nous mettons en peine de tels discours; ils ne sont mis en jeu de part et d'autre que pour nous donner martel, et nous est facile de leur rendre la pareille, même auxdits Anglois; car, comme les foibles et insuffisans, ils soupçonnent tout et se défient de tout : ils jugent aussi de nos intentions et ruses par les leurs.

Nous avons quelque opinion que ce porteur vous trouvera parti pour nous revenir voir, sur ce que nous avons mandé par nos dernières, si les députés des archiducs se retiroient durant ces saints jours, que Sa Majesté auroit à plaisir, en ce cas, que vous fissiez un tour par-deçà, ce que nous vous répétons encore. A l'effet de quoi nous vous envoyons une lettre pour les Etats, et vous apprendrez de celle de Sa Majesté le chemin qu'elle désireroit que vous prissiez, et les raisons de ce conseil : toutefois, elle entend que vous en usiez ainsi que vous jugerez être pour le mieux ; car il faut avoir égard de n'effaroucher nos amis en voulant assurer les autres. Le Roi a considéré les propos que vous a tenus celui que vous avez envoyé quérir à Amsterdam. Il en fait un bon jugement, mais il faut, comme il dit, voir ce qui réussira des traités qui sont sur le bureau, devant que de serrer davantage ce marché, quand ce ne seroit que pour ne l'éventer en l'état et constitution présente des affaires. Si vous venez par-deçà, vous en entretiendrez à plein Sa Majesté et en ferez leçon aux autres. Quant à la remontrance que vous avez dressée en faveur des catholiques, il nous semble qu'il faut s'y conduire premièrement selon ce que feront les députés d'Espagne, secondement selon que vous connoîtrez qu'elle sera bien reçue au pays ; car si vous découvrez que les premiers veulent s'aider de ce prétexte pour favoriser une rupture, vous ferez bien de les prévenir, après avoir sous main averti de votre dessein ceux qui en seront dignes. Si aussi les Espagnols traitent ce point modérément et ne rompent, peut-être sera-t-il bon aussi de différer la susdite remontrance jusques à ce que vous ayez vu Sa Majesté ; néanmoins, tout ce que vous ferez sera trouvé bon, comme a été tout ce que vous avez fait jusques à présent. Enfin M. de Savoie a marié ses deux filles aînées aux princes de Mantoue et de Modène. Et quand les Espagnols ont vu que, nonobstant leurs contradictions, lesdits ducs ne laissoient de passer outre, ils les ont approuvés ; ça été lorsqu'on s'y attendoit le moins, et qu'ils n'en étoient plus recherchés, ce que l'on a attribué à foiblesse et timidité plus qu'à prudence et bonne volonté. Cette victoire a un peu remis l'esprit dudit duc, qui étoit, ce dit-on, mal satisfait d'eux, et nommément du comte de Fuentes ; mais j'estime qu'il n'en deviendra que plus insolent en leur endroit, et qu'il les en méprisera davantage à l'avenir ; tant y a qu'il ne nous a encore fait savoir de ses nouvelles sur tous ces changemens qu'en termes généraux et de gazette ; mais on continue à dire que nous verrons bientôt le sieur de Jacob qui nous en apprendra davantage. Je prie Dieu, monsieur, qu'il vous conserve en bonne santé.

Votre, etc. DE NEUFVILLE.

De Fontainebleau, ce dernier mars 1608.

Autre LETTRE *dudit sieur de Villeroy audit sieur Jeannin, dudit jour dernier mars 1608, écrite de sa main.*

Monsieur, nous voulons vous voir devant que résoudre la gratification que nous ferons au sieur Barneveld ; mais nous disons que nous suivrons cela votre avis, tant pour le père que pour les enfans, l'ouverture que vous avez faite pour ceux-ci ayant été trouvée bonne. Le sieur Aërsens ne m'a point parlé, ni à autre que je sache, de la faveur que le sieur Barneveld désire être faite à son aîné, telle qu'il l'a reçue d'Angleterre ; mais cela sera fait sans difficulté et mieux encore : je fais seulement donner ordre qu'il ne soit retiré sans nous dire adieu ; peut-être reviendrez-vous à temps pour nous aider à faire ce bon office, que je juge comme vous nécessaire envers le père et les enfans. J'ai aussi peu ouï parler des propos que la princesse d'Orange vous a tenus qui touchent au prince Maurice, mais bien qu'elle avoit été retardée par le Roi sur votre conseil, de quoi elle fut lors éclaircie par moi, qui lui dis que c'étoit un mécontentement du Roi. Nous mettons si mal volontiers ici la main à la bourse, que nous n'avançons pas facilement les offres et promesses d'argent ni de pension ; mais aussi tenons-nous et exécutons fidèlement celles que nous faisons. Je vous remercie derechef du soin que vous avez de M. de Preaux ; et si vous ne revenez par-deçà, et que M. de Castille, votre gendre, veuille aller par-delà, je ferai naître l'occasion que vous désirez, d'aussi bon cœur que si c'étoit pour mon fils ; car votre contentement me sera toujours aussi cher que le mien propre. Je suis d'opinion que les députés des archiducs ont aussi changé de langage et de contenance tout à coup sur l'article du commerce, pour avoir loisir d'attendre des nouvelles d'Espagne, et n'être cependant inutiles par-delà ; et je doute fort que le conseil d'Espagne passe ledit article comme il a été formé ; de quoi lesdits députés seront éclaircis devant que vous receviez la présente, et le jugeront incontinent procéder sur l'article de la religion, car voilà un courrier qui vient d'Espagne, qui présentement arrivé à la poste, qui n'est parti de la cour que depuis cinq jours, et est fort pressé de passer. Je ne doute point qu'il ne porte la susdite réponse; mais comme il ne nous a rien apporté de M. de Barrault, je ne puis vous en apprendre davantage. Si vous connoissez que le président Richardot continue à s'éloigner de vous, je ne puis être d'avis qu'en revenant en France vous voyiez les archiducs; mais quelque parti que vous preniez, je vous puis assurer qu'il sera ici approuvé. Je me recommande très-affectueusement à votre bonne grâce, et prie Dieu, monsieur, qu'il vous conserve en la sienne très-sainte.

Votre, etc. De Neufville.

De Fontainebleau, ce dernier jour de mars 1608.

LETTRE *de MM. Jeannin et de Russy au Roi, du premier jour d'avril* 1608.

SIRE,

Le père commissaire s'en va en Espagne pour rapporter la volonté du roi catholique sur le fait du commerce des Indes, et autres difficultés que les députés des archiducs ont pu prévoir, afin qu'ils aient à son retour éclaircissement entier et certain de ce qu'ils auront à faire. On doit cependant travailler sans intermission sur les autres articles, montrant les uns et les autres que c'est leur désir d'en voir la fin le plus tôt qu'ils pourront, à quoi nous les exhorterons incessamment, même les Etats en ayant dit tant de raisons, qu'ils y sont à présent fort enclins et affectionnés. La difficulté pour le convoi continue encore: car les Etats allèguent qu'ils n'en sauroient exempter le pays des archiducs, et le lever sur eux-mêmes, sans renvoyer tout le trafic à Anvers, ni l'abolir du tout sans s'ôter le moyen d'entretenir leurs navires de guerre. On avoit proposé de le lever à l'avenir avec plus de soulagement; à savoir, sur les navires, non sur les denrées, ou bien pour cinq ou six ans seulement, et ces moyens sembloient être approuvés; mais les députés des archiducs déclarent opiniâtrement n'en rien vouloir donner du tout, particulièrement M. le président Richardot, qui y insiste avec autant d'affection que M. le marquis Spinola a fait le commerce des Indes. Ce n'est pas un article qui doive empêcher la paix, et estimons, qui ne pourra mieux faire, qu'il faut plutôt conseiller aux Etats de céder que de rompre à cette occasion.

L'échange des places sera remis après la paix.

Il y pourra encore avoir quelque difficulté pour les limites; car les Etats prétendent que non-seulement les places qu'ils tiennent en Brabant et Flandre leur doivent demeurer, mais leur territoire et juridiction, c'est-à-dire les villages qui en dépendent, et aussi bien en souveraineté que les villes, comme prenant exemple sur Breda, qui a dix-huit ou vingt villages qui sont de ladite terre et seigneurie, alléguant cette raison, que les membres doivent suivre le chef; et nous prévoyons que les archiducs les voudront restreindre à l'enclos de leurs murailles, ou à l'étendue des banlieues de chacune d'icelles places. Ce différend ne seroit aisé à composer, n'étoit qu'en Gueldres et en Over-Yssel, lesdits sieurs archiducs ont des places où ils voudront user de même droit; et cela pourra ouvrir quelque moyen, soit par compensation ou autrement, d'en sortir: à quoi nous aiderons suivant le commandement de Votre Majesté. Ce qu'étant fait, il n'y a plus rien, comme il nous semble, qui puisse ôter l'espérance de la paix, pourvu que l'article concernant le commerce des Indes soit accordé en Espagne, dont nous espérons bien puisque ledit sieur commissaire fait le voyage; car il a très-bonne intention, et s'il est fort bien instruit des raisons pour le persuader. Il sait aussi les bons offices que nous faisons pour la paix, qui sont à présent si bien connus de lui et des autres ministres des archiducs, qu'ils ne doutent plus de la bonne volonté de Votre Majesté, ni de son pouvoir en cet endroit. Il nous a dit qu'il la verroit, soit à Paris ou à Fontainebleau, et qu'il en étoit sorti si bien édifié l'autre fois qu'il la vit, qu'il auroit trop de regret d'aller vers le roi son maître sans recevoir ses commandemens. Quant au fait de la religion, le président Richardot a bien pris les raisons que le président Jeannin lui a dit pour espérer de l'obtenir plutôt se joignant avec vous après la paix, qu'en y insistant par le traité; et s'ils ne s'en veulent servir comme d'un prétexte pour rompre, il y a apparence qu'ils prendront ce conseil. Nous prions Dieu, sire, qu'il conserve Votre Majesté et sa royale famille en tout heur et prospérité.

Vos très-humbles et très-obéissans sujets et serviteurs, P. Jeannin et de Russy.

De La Haye, ce premier jour d'avril 1608.

LETTRE *de M. Jeannin à M. de Villeroy, dudit jour premier avril* 1608.

Monsieur, je vous ai écrit il n'y a que trois jours par un laquais de M. de Châtillon; je le ferai encore par un capitaine qui doit retourner en France dans trois ou quatre jours. Et maintenant je fais ce mot par le père commissaire, qui s'en va en Espagne avec très-bonne intention de faire tout ce qu'il pourra pour le commerce des Indes, qui est la principale cause de son voyage. Il est aussi bien informé de notre conduite, et sait qu'ils ont occasion de s'en louer. Il m'a assuré, me venant dire adieu, qu'il verroit le Roi. Je suis certain qu'il en sortira aussi bien édifié qu'il en fut la première fois qu'il parla à Sa Majesté; tout dépend de son voyage. Je vis le président Richardot le jour d'hier, conférai avec lui sur le sujet de la paix et de ce que le pape avoit dit au sieur d'Alincourt et depuis le Roi à M. le nonce, dont il a été fort réjoui. La créance et confidence entre nous deux est très-bonne et meilleure qu'elle ne fut jamais. Quoiqu'il y ait beaucoup de difficultés pour parvenir à la paix, si est-ce que la voyant fort désirée de deux côtés, j'en espère mieux de jour à autre, s'il n'y a rien de caché en l'esprit de ceux qui traitent ou de leurs maîtres. Il me semble qu'il faut presser pour venir à la conclusion et mettre les affaires en état, qu'au retour du sieur commissaire on puisse demeurer d'accord de tout, du moins un mois après qu'il sera venu; car la longueur, qui tient toutes choses en incertitudes, et consume les Etats en frais inutilement, leur est très-dommageable, étant certain, si elle continue, qu'ils seront contraints de licencier une partie de leurs troupes, dont la dépense leur revient à huit cent mille francs par mois; et pource qu'ils craignent que cela défavorise leurs affaires, ils sont tous les jours à nous prier, afin d'éviter cet inconvénient, de vouloir intercéder envers Sa Majesté pour les faire secourir; mais je n'ose l'entreprendre, encore que je reconnoisse bien qu'ils en ont très-grand besoin, et que leurs affaires seront pour tomber en confusion, si ce secours qu'ils demandent, soit par forme d'avance, ainsi que le sieur Aërsens m'a dit, par prêt ou autrement, est refusé; car j'ai crainte en le faisant d'être tenu pour mau*** dispensateur de la bourse du Roi.

Ainsi il me suffit de représenter les affai*** sans y ajouter ma supplication; car le R*** plus de prudence que personne, et est assi*** de si bons et fidèles ministres, qu'ils lui s*** ront bien conseiller ce qui est requis pour ach*** ver heureusement cette affaire, et obliger *** tout ces peuples à connoître qu'ils lui dev*** leur conservation. Aussi vous peux-je assur*** que son autorité y est très-grande, et, quand *** faudra prendre une résolution entière, que s*** avis aura beaucoup de pouvoir pour les fa*** incliner où elle voudra. M. le prince Mauri*** m'a dit plusieurs fois qu'il avoit entendu q*** Sa Majesté permettoit à quelques capital*** françois, qui sont en ce pays, d'aller en Suè*** et d'y mener des troupes, retenant néanm*** toujours leurs charges, et en recevant les é*** et appointemens, et que si cela se fait, le*** compagnies se déferont. Ce n'est pas à moi *** donner conseil, mais il me semble que la ca*** de l'élu roi de Suède n'est pas si favorable *** y faille envoyer des troupes avec l'autorité *** permission du Roi; il y a des choses qu'on a*** mieux dissimuler que commander. Vous aur*** au premier jour autres lettres de moi; cep*** dant je prierai Dieu, monsieur, qu'il vo*** donne en parfaite santé très-heureuse et lo*** gue vie.

Votre très-humble et très-obéissant servite***
P. JEANNIN.

De La Haye, ce premier jour d'avril 16***

LETTRE *de MM. Jeannin et de Russy au R*** le jour de Pâques* 1608.

SIRE,

Depuis le départ du cordelier, les dép*** des archiducs et des Etats ne se sont assemb*** qu'une fois, et fut traité en leur conférence *** l'échange des places, des limites et des conf*** cations d'une part et d'autre pendant la gue*** et accordé, quant à l'échange, qu'il seroit re*** après la paix, et pour les limites des places *** Brabant et de Flandre, dit, par M. le préside*** Richardot, que les Etats ne pouvoient prete*** dre autres limites que l'enclos de leurs mur*** les, et sans souveraineté, n'étant raisonna*** qu'ils s'attribuent cette autorité ès deux principales provinces des archiducs, mais leur doit suffire d'y tenir les places avec telles forces que bon leur semblera pour la sûreté de leur frontière. A quoi lui fut répondu que la souveraineté leur a déjà été accordée sur lesdites places, en ce que, par le premier article, ils sont reconnus souverains de tout ce qu'ils tiennent, et s'ils veulent restreindre les limites à l'enclos des murailles, qu'ils le consentiront, pourvu qu'il leur soit permis d'user de même droit contre eux en Over-Yssel, Zutphen et Gueldres, où ils tiennent quelques places. Mais ledit sieur président répliqua que ce n'étoit chose semblable, pource que tout leur appartenoit par succession et à titre légitime, et eux n'avoient que ce que la force leur a donné; au moyen de quoi les archiducs pouvoient dire, avec bonne raison, qu'ès provinces où ils ont encore quelque part, tout ce qui n'est occupé leur appartient. Il alléguoit aussi cette raison particulière, qu'en Gueldres ils tiennent un quartier tout entier, et par ainsi le territoire d'entre les villes dudit quartier leur doit demeurer, étant l'ordre des provinces d'iceux pays, que les villes sont attribuées à certains quartiers, sans qu'il y ait aucune confusion du territoire d'un quartier à l'autre; qu'en Zutphen, ils tiennent la ville qui est chef du quartier, et y avoit même raison de prétendre le territoire entier d'icelui en ce qui n'a été occupé; pour Over-Yssel, que ce n'est pas ainsi, mais se contentoient, pour ce regard, d'être réduits à l'enclos de leurs murailles; quant à la souveraineté, qu'ils l'avoient bien quittée ès provinces qu'ils tiennent entièrement, ou pour la plus grande part, mais non jamais entendu de leur laisser partager avec les archiducs la souveraineté de Brabant et de Flandre, comme ils feroient si les places par eux occupées ès dits pays leur demeurent en souveraineté. Cet article, quoique de grande conséquence, n'a été traité avec contention et animosité; au contraire, a semblé que chacun se vouloit aider à le composer, ayant été avisé qu'on mettroit par écrit d'une part et d'autre ce qui avoit été proposé pour ce regard. Il en fut aussi autant dit pour les confiscations dont les articles sont communs, et sera aisé de les dresser en sorte qu'on en demeure d'accord. Lesdits sieurs députés des archiducs et Etats doivent respectivement rapporter, le mardi après Pâques, ce qu'ils en auront mis par écrit, pour conférer ensemble là-dessus et voir s'ils s'en pourront accorder. Il ne fut point parlé en ladite dernière conférence du convoi, mais seulement en la précédente tenue avant le départ du cordelier, et semble aussi qu'on y veuille chercher des expédiens pour le composer, en sorte qu'à notre avis, les affaires s'avancent toujours avec espoir de bon succès pour obtenir la paix, s'il n'y a quelque chose de caché qu'on retienne du côté d'Espagne, pour rompre quand ils auront gagné le temps pour empêcher qu'ils n'aient la guerre cette année, dont ne voyons rien qui nous le doive faire conjecturer; car les députés des archiducs s'offrent à toutes occasions pour conférer et avancer la besogne, le président Richardot ayant dit au sieur Jeannin qu'ils désirent les affaires être mises en état de les pouvoir entièrement conclure lors de la venue du cordelier, et qu'ils ne sortiront point d'ici jusqu'à ce que tout soit fait ou rompu. Il est certain néanmoins que si on veut travailler incessamment, il n'y en aura pas pour quinze jours au plus; car la plupart des articles qui restent, regardent l'utilité commune, sur lesquels il n'y aura aucune difficulté ou peu. Ainsi si Votre Majesté continue en cette volonté que le président Jeannin fasse voyage vers elle, en ayant sa réponse et commandement, il s'y acheminera aussitôt, et pourra être de retour avant ou au même temps que le cordelier arrivera, jusqu'à la venue duquel les articles qui auront de la difficulté seront mis en surséance, n'y ayant apparence qu'on veuille faire autrement sans avoir entendu ce qu'il apportera d'Espagne. Aucuns étoient d'avis, même ceux qui veulent la guerre, de différer toutes choses jusqu'au retour du cordelier, alléguant cette raison, que si on s'accorde des autres articles, et qu'il ne reste que celui du commerce des Indes, pour lequel principalement il est allé vers le roi d'Espagne, qu'on sera plus facile du côté des Etats à recevoir quelque tempérament et modération sur icelui article, que si tout étoit encore en entier, comme il est vrai.

Ils vouloient aussi que les députés des archiducs eussent à se retirer jusqu'au retour du cordelier; mais on a bientôt reconnu qu'ils n'avoient aucune volonté de sortir d'ici sans achever ou rompre, qu'on les offenseroit en leur prescrivant cette loi, et que peut-être ils ne seroient si prompts à retourner; ce que les mieux affectionnés au repos, dont le nombre est toujours le plus grand, craignent, préférant la paix à toute autre chose, et, s'ils ne la peuvent obtenir, une longue trève, qui est en effet ce que Votre Majesté montre désirer par ses dernières lettres. A quoi il y a apparence aussi que les affaires se termineront, pource que les conditions de la paix pourront sembler si rudes au roi d'Espagne, qu'il pensera y avoir moins de honte et de dommage pour lui faire une trève qu'une paix perpétuelle, comme au contraire les archiducs seront pour désirer leur repos pour toujours. Or nous avons favorisé et adhéré à l'opinion de ceux qui désirent l'accélération et résolution des affaires sans perdre de temps; car si le roi d'Espagne veut la paix en effet ou une trève à longues années, il n'a que faire d'user d'artifices pour gagner le temps afin d'éviter la guerre cette année; comme, au contraire, s'il use de longueur, tout en doit être suspect: par ainsi, nous saurons tôt à quoi il se veut résoudre, même la rupture, si elle doit avenir. C'est le profit des Etats, lesquels n'ont rien à craindre pour cette année, pource qu'ils ont plus de forces dans le pays que le roi d'Espagne; et, avant qu'il en puisse faire venir de loin, le temps de faire la guerre sera passé; puis ladite rupture avenant tôt, ils pourroient faire une flotte par mer, pour rencontrer celle qui doit arriver des Indes en Espagne vers la fin du mois d'août ou au commencement de septembre, et avec peu de dépense contraindre le roi d'Espagne d'en faire beaucoup, ou mettre en danger sa flotte. Davantage, le roi d'Angleterre a toujours déclaré qu'il ne diroit jamais le secours qu'il veut donner, que le traité ne soit du tout rompu; Votre Majesté ne le veut faire non plus, crainte d'être seule au secours, avec ce qu'il ne seroit à propos que l'un et l'autre fassent des offres en un temps auquel la paix est tant avancée, qu'il y a plus de raison de l'espérer que de craindre le contraire. Les provinces sont aussi de même avis, et ne veulent entendre parler de nouvelles contributions, leur semblant que le faire est désespérer de la paix, et ne leur peut-on persuader que se préparer à la guerre soit le moyen de l'éviter. Or, plus les Etats auront de temps et de loisir pour traiter avec leurs amis et disposer les provinces à ce qui est nécessaire pour leur conservation, mieux sera pour eux, au lieu que, si les affaires traînent et demeurent en incertitude, se refroidira. La plupart des députés des vinces, qui s'ennuient déjà bien fort ici, tireront, et ne feront après les Etats faires avec tant d'avantage et de réputation.

Il y a encore une raison particulière qui fait embrasser le conseil d'avancer la fin traité, à savoir qu'on nous dit tous les qu'ils attendent de l'affection et libéralité Votre Majesté, qu'elle leur continuera le secours accoutumé jusqu'à la conclusion de la paix, tendu qu'ils ont toujours les mêmes forces que tout leur appui ne dépend que de sa sance et bonté envers eux, encore que leur ayons dit et répété si souvent le qu'ils ont trop de sujet d'en avoir autre opinion Il semble aussi à ceux qui veulent la paix, presser la résolution soit chercher rupture que différer de ouïr ce qui leur déplairoit moyen de l'éviter; comme si on ne pouvoit faire les mêmes offices pour obtenir la paix avançant la conclusion qu'en traînant les affaires en longueur. Les députés des archiducs bien assurés de notre affection, et que Majesté peut beaucoup aider à leur contentement; aussi montrent-ils d'en avoir toute foi C'est ce que nous lui pouvons mander, Dieu, sire, qu'il donne à Votre Majesté et royale famille tout heur et prospérité.

Vos très-humbles et très-obéissans serviteurs, P. JEANNIN et DE RUSSY

De La Haye, ce jour de Pâques 1608.

LETTRE de M. Jeannin à M. de Villeroy, dit jour de Pâques 1608.

Monsieur, les députés des archiducs rent tous ici, fors le cordelier qui est pour aller en Espagne, et désirent continuer la conférence sur les autres articles sans intermission, afin que tout soit prêt à lors du retour d'icelui. Les Etats disent la même volonté, et m'ont fait prier, qu'ils ont eu que je voulois faire voyage France, de m'en abstenir, attendu qu'ils encore au fort des affaires. Cela me crainte de faillir au service du Roi; si grand désir, et n'en perdrai l'occasion si elle se présente. Le président Richardot, qui a vu plusieurs fois, montre ne pouvoir croire que le roi d'Espagne veuille consentir l'article du commerce des Indes selon qu'il a été dressé, et il est aussi conçu si bigarrement, qu'on peut dire qu'il contient la guerre, la paix et la trève tout ensemble : le premier, en ce qu'on a pris un an et demi pour avertir ceux qui sont aux Indes, durant lequel temps ils pourront commettre tous actes d'hostilité; et eux avoient requis que dès le jour de la paix, tout ce qui seroit pris, étant encore en nature, fût rendu d'une part et d'autre ; ce que les Etats n'ont voulu consentir, à cause de l'empêchement des marchands de la compagnie des Indes, qui prétendent avoir fait de grands frais pour équiper leurs navires en guerre et y avoir mis un grand nombre de soldats, en espérance de recouvrer cette dépense sur les prises qu'ils pourroient faire, dont ils seroient frustrés si ce temps ne leur étoit accordé pour prendre tous avantages avec hostilité; qu'il contient aussi la paix, en ce qu'il est dit par icelui « quoi qu'il advienne aux Indes durant la trève de neuf ans, dont mention est faite par ledit article, ou icelle expirée; » qu'est autant à dire encore qu'ils y fassent la guerre et exercent tous actes d'hostilité, que la paix ne sera rompue de ce côté ; et enfin contient ladite trève de neuf ans, lui semblant qu'il eût été plus raisonnable de réduire tout à une trève, tant deçà qu'aux Indes, ou bien faire la paix pourtant, eux s'abstenant d'aller audit commerce certain temps dont on fût demeuré d'accord; ainsi craignoit qu'eux voulant avoir tout, on ne leur refuse tout en Espagne, au grand regret et déplaisir des archiducs et d'eux qui sont leurs ministres, et désirent ardemment la fin de la guerre, aussi nécessaire pour le bien et repos des Etats que de ceux qui les recherchent. Il avoit tenu ces mêmes propos, en l'assemblée des députés des Etats, le vingt-neuvième du mois passé, et ajouta tout ce qu'il put pour les exciter de modérer en quelque chose cet écrit, mais en vain pour lors. Je ne laisse pas pourtant de croire, si on étoit sur le point de rompre à cette occasion, qu'ils seroient pour y recevoir quelque modération. Il demanda pareillement qu'en l'article du traité de paix où les Etats ont mis que la paix

soit jusqu'au tropique du Cancer, et depuis, en le corrigeant ou interprétant, jusqu'à la hauteur des Canaries, que cela fût encore expliqué plus clairement; au lieu de quoi les Etats ont consenti de le mettre ainsi qu'il est couché en l'article qui contient la dernière réformation, lequel je vous ai envoyé. Il continue aussi toujours à se plaindre de la dureté et rudesse des Etats qui ne veulent rien remettre de ce qu'ils prétendent, même en ce qui est du convoi, qu'il a fort à cœur pour la commodité de la ville d'Anvers, pour le regard duquel je pensois qu'on fût presque d'accord; mais depuis, cette dispute s'est échauffée, ainsi que vous verrez par les lettres qu'avons écrites à Sa Majesté. J'espère néanmoins qu'on y pourra trouver quelques expédiens. Nous lui mandons pareillement ce qui s'est passé touchant les limites, l'échange des places et les confiscations, outre lesquels articles, il y en a peu qui soient de grande considération, et qui puissent donner sujet de rompre. Les archiducs ont bien mis en avant un article touchant le fait des princes voisins, sans s'expliquer, sous lequel ils pourroient bien comprendre quelque chose d'importance, et qui auroit de la difficulté, comme le fait de la succession de Clèves et Juliers, avenant le décès du duc, et le différend d'entre le comte d'Embden et la ville. Quant au premier, il me semble qu'on y doit entrer, mais se réserver à y prendre conseil, quand le cas écherra. Pour Ebden, le roi d'Angleterre affectionne le droit du comte, parent de sa femme, et les Etats ont grand intérêt à favoriser la ville, pource qu'elle a eu recours à eux, et que le comte a son appui du côté d'Espagne et des archiducs. Il est bien nécessaire de lui donner quelque contentement, pourvu que ce soit en sorte qu'il ne demeure point maître de la ville. Il est vrai qu'il sera très-difficile d'y tenir cette mesure; nous y aiderons de tout notre pouvoir.

Je ne vois pas qu'il y ait ici des affaires pour plus de quinze jours, si on veut travailler; et quand même tout ne seroit achevé, je pourrai faire voyage lors vers Sa Majesté, si elle a encore ce désir, et le ferai trouver bon aux Etats, les assurant que je serai de retour avant la venue du cordelier, ou au même temps de son retour, jusques auquel il est certain que rien ne se fera qui puisse être cause de rupture. Elle me commandera donc son intention. Bien me semble-t-il, s'il lui plaît que j'y aille, qu'il sera à propos que je puisse rapporter contentement aux Etats pour le secours dont ils me font tous les jours instance, et en ont aussi grand besoin. Ils m'en feront sans doute la requête avant mon départ, et je désire me conserver la créance que j'ai acquise envers eux pour y mieux servir. Vous y penserez, s'il vous plaît, et à ce que vous ai ci-devant écrit pour le sieur Barneveld; car je vois bien que, pour maintenir l'autorité du Roi dans ces pays, il est besoin, outre la bienveillance générale, d'y acquérir des serviteurs particuliers, si on veut que leur alliance et amitié, qui peut être utile à l'avenir, dure aussi long-temps que les bienfaits dont on a usé envers eux le méritent; et je me promets que s'il plaît à Sa Majesté entendre mes raisons, qu'elle les approuvera. Ce n'est pas que je ne sente bien de leur intention et affection en général, mais sont peuples qui se laissent conduire, et jugent du bien et du mal par l'avis d'autrui plutôt que par leur propre sens, M. Carron a écrit d'Angleterre qu'au premier jour les députés doivent recevoir commandement de leur maître pour passer la ligue avec les Etats, de même façon que le Roi l'a faite avec eux, fors qu'ils veulent les deux tiers du secours. Il déplaît audit Roi que soyons seuls, et cette jalousie l'y fera peut-être résoudre, et passer par-dessus la crainte qu'il a eue jusqu'ici d'offenser l'Espagne en faisant ladite ligue; mais pour celle avec Sa Majesté, ses députés ne nous en parlent point, et ledit sieur Carron n'en écrit rien non plus.

Je n'ai pas encore donné la ratification aux Etats, le sieur Barneveld ayant été d'avis de différer jusqu'à ce que les provinces l'eussent envoyée, afin que je reçoive la leur au même temps que je donnerai la nôtre; et il m'a dit que lesdites ratifications seront ici le mardi après Pâques, au retour des députés qui sont allés la plupart en leurs maisons depuis quatre jours seulement, et que le lendemain de leur arrivée, ils nous viendront trouver un de chacune province pour nous les donner. Sera assez de faire les complimens requis en cette compagnie, et leur donner aussi la ratification de Sa Majesté, sans aller en l'assemblée générale, pour ne montrer, pendant que les députés archiducs sont ici, que nous faisons trop compte de cette alliance, attendu que avons toujours dit, et voulu que chacun que Sa Majesté l'avoit plutôt faite pour la sidération des Etats, et pour favoriser la leur union et leurs affaires, que pour en profit. Je ne laisserai pourtant d'en dire qu'il convient en cette compagnie particulière pour leur faire connoître qu'on estime leur tié; car ils ont assez bonne opinion d'eux mes pour penser qu'ils méritent cette reconnaissance, en quoi je n'omettrai rien, qui se pour le présent avec eux qu'on l'y sauroit rer mieux. Je prie Dieu, monsieur, qu'il donne en parfaite santé très-longue et heureuse vie.

Votre très-humble et très-obéissant serviteur
P. JEANNIN.

De La Haye, ce jour de Pâques 1608.

LETTRE *de M. Jeannin à M. le duc de Su[...] dudit jour de Pâques* 1608.

Monsieur, on travaille toujours pour avancer la paix, mais plus lentement qu'il ne se besoin, provenant cette longueur des Etats sont contraints de faire passer tout ce qui traitent par l'avis de tant de gens, que les coup de temps se consume pour faire peu quoique l'incertitude de paix ou de guerre causée par telle longueur, leur puisse être dommageable qu'elle est ennuyeuse à amis, si la faut-il souffrir pource que c'est mal qu'on ne peut corriger. Le cordelier parti pour aller en Espagne, afin de rapporter la volonté du roi son maître sur le commerce des Indes. M. le président Richardot dit ledit sieur roi ne l'accordera jamais ainsi est contenu en l'acte que j'ai envoyé au Roi s'ils ne s'en veulent désister la trêve finie voudra réduire la paix de ce côté à une pour même temps. D'autres ont opinion se réservera seulement la liberté de leur dire le commerce d'Espagne, au cas veuillent continuer celui des Indes après trêve, se pouvant espérer que, pour un préférera ce commerce des Indes à celui gne, il y en aura cent au contraire, et par

..., sans rompre la paix, il obtiendra de gré à gré ce qu'il prétend. Quand l'un ou l'autre, les Etats changeront d'avis, ou ils ne laisseront de s'y accommoder; car ceux qui jugent la paix nécessaire sont toujours les plus puissans; et néanmoins il est malaisé d'assurer qu'il n'arrive point de changement, à cause des pratiques et menées des autres qui tendent à la guerre, auxquels il semble que les Anglois, changeant leur première affection et résolution, ont volonté d'adhérer, nous ayant tenu depuis deux jours des propos si contraires à ce qu'ils avoient accoutumé, qu'il y a sujet d'entrer en ce soupçon : nous découvrirons mieux avec le temps. Si vous peux-je bien assurer, monsieur, que l'avis qui viendra du Roi sera toujours de plus grand poids pour y faire incliner les Etats que le leur. Je ne peux encore juger s'ils se dissimulent ou s'ils ont changé d'avis par effet, ni quelle en pourroit être la cause, sinon qu'ils se promettoient plus de l'amitié du roi d'Espagne et des archiducs qu'ils n'en ont trouvé, ou bien ils ont de la jalousie de ce qu'il leur semble que les Etats font plus de compte de ce qui vient de Sa Majesté, et ont aussi plus de contentement de ses actions en leur endroit, comme encore de ce que les députés des archiducs, pour être mieux informés qu'ils n'étoient auparavant de la bonne intention et du pouvoir de Sa Majesté pour aider à faire la paix, nous recherchent plus qu'eux. Si estimé-je que ce dépit passera bientôt, et que la crainte d'offenser le roi d'Espagne et les archiducs, joint qu'ils n'ont la volonté ni le pouvoir de supporter les frais de la guerre, leur fera prendre d'autres conseils. Les particularités de tout ce qui se passe ici sont contenues ès lettres du Roi que vous verrez; c'est pourquoi, monsieur, je ne vous en ennuierai, et ajouterai seulement ce mot, que les Etats ont encore grand besoin de l'assistance de Sa Majesté, et m'en font tous les jours instance; mais je n'ose joindre ma très-humble supplication à la leur, pource que je l'ai déjà fait si souvent, que je crains d'en être importun. C'est de vous seul qu'ils peuvent espérer cette faveur envers Sa Majesté, qui saura bien considérer, quand il vous plaira lui représenter, combien il est nécessaire d'empêcher, pendant les conférences pour venir à un traité, que les affaires ne tombent en confusion, et que ces peuples soient obligés d'avoir une perpétuelle souvenance que c'est elle seule, après Dieu, qui les a conservés. Quand on a parlé des confiscations, j'ai dressé un article général dans lequel le fait de M. le prince d'Espinoy est bien expressément compris, à quoi les députés des archiducs n'ont encore répondu. J'en serai soigneux avec autant d'affection que je prie Dieu, monsieur, qu'il vous donne en parfaite santé très-longue et très-heureuse vie.

Votre très-humble et très-obéissant serviteur,

P. JEANNIN.

De La Haye, ce jour de Pâques 1608.

LETTRE *de M. le chancelier à M. Jeannin, du deuxième d'avril* 1608.

Monsieur, j'ai vu tout ce que vous avez écrit et envoyé par-deçà, qui a été bien reçu, comme tout ce qui vient de votre part. Je n'ai point manqué en toutes occasions de faire ce que je dois pour faire estimer votre mérite, et ai dit souvent que cette affaire ne pouvoit être si bien conduite par autre main que la vôtre. J'ai considéré ce que vous entendez remontrer pour le fait de la religion en quoi il ne se peut rien désirer; mais vous savez que c'est une matière délicate de laquelle il faut user avec grande discrétion, et ne suis pas d'avis de vous en déclarer, sinon que vous soyez certain que les autres en veulent faire instance, et de là prendre occasion de rupture; car autrement votre bonne intention pourroit être mal interprétée, et peut-être porter préjudice à ce grand ouvrage. Vous êtes sur les lieux, qui n'avez besoin de conseil autre que votre grande prudence; mais je le vous écris de l'abondance du cœur, tant pour l'affection que j'ai au public que pour votre particulier, que je désire servir de tout mon pouvoir et vous prie d'en faire état, et suis, monsieur, votre bien humble et affectionné serviteur.

BRULART.

A Paris, ce deuxième d'avril 1608.

LETTRE *de M. de Villeroy à M. Jeannin, du cinquième jour d'avril* 1608.

Monsieur, le sieur de Sainte-Catherine partit d'ici le dernier jour du mois passé, avec les intentions du Roi sur vos lettres apportées par lui, et le deuxième du présent, nous avons reçu par la voie de Calais celles des 23 et 24 du susdit mois dernier, sur lesquelles le Roi ne vous fera, pour le présent, aucun commandement; car nous n'avons rien à dire sur les difficultés et contestations que vous nous représentez par icelles, ni sur les discours du président Richardot. Nous vous disons seulement que nous avons opinion que la négociation de cette paix engendrera à la fin plus d'altération et de haine que de réconciliation et amitié entre les parties; car nous ne pouvons nous persuader que le conseil d'Espagne digère ni approuve jamais les articles du commerce des Indes en la forme que l'entendent messieurs des Etats. Le duc d'Ossonne, qui passa hier ici allant en Espagne, l'a dit ouvertement à Sa Majesté, ajoutant, quand celui-là et tous les autres, même celui de l'échange des places de Flandre et de Brabant qui est fort affectionné des archiducs, seroient vidés, que le point de la religion accrochera et renversera tout, si lesdits Etats ne contentent le roi d'Espagne en icelui. Il y a trois jours qu'il a passé par ici un courrier venant d'Espagne et allant en Flandre en extrême diligence, par lequel ledit roi fait savoir son vouloir sur le fait dudit commerce indien; de quoi, s'il est vrai, vous vous apercevrez bientôt par-delà. Hier au soir, il en a passé un autre qui m'a apporté des lettres de M. de Barrault, du 27 du passé, par lesquelles il nous mande qu'ils sont forts scandalisés par-delà de la dureté desdits Etats, et de leurs demandes qu'ils disent être très-déraisonnables, ajoutant qu'ils déclarent publiquement qu'ils recommenceront plus volontiers la guerre qu'ils n'accorderont ledit commerce des Indes. Toutefois, ils peuvent faire sonner aux oreilles de notre ambassadeur ces propos exprès, afin d'être portés aux oreilles desdits Etats, et que cela les modère et rende plus traitables. En tout événement, nous estimons que cette négociation traînera le reste de cette année, car les Espagnols ne sont préparés pour faire la guerre non plus que lesdits Etats; mais les premiers entretiendront les autres de l'espérance dudit traité, jusqu'à ce qu'ils soient pourvus de moyens de faire autre chose. C'est le jugement du Roi, lequel parle d'employer ce délai et temps d'incertitude à visiter les pays de Provence et Languedoc, afin d'être de retour en ces quartiers au printemps l'année prochaine. Sa Majesté m'a commandé de vous en avertir. Elle ne sait aussi si les députés des archiducs se retireront durant le voyage que fera en Espagne le cordelier, et partant, s'il vous sera loisible d'échapper et faire un tour par-deçà, ainsi qu'elle vous a écrit par ses dernières; mais nous nous assurons que vous ne prendrez ce parti que vous ne connoissiez clairement et certainement le pouvoir faire sans faire tort au service de Sa Majesté, aux affaires publiques.

Nous estimons aussi que vous devez bien considérer s'il sera à propos, pour la réputation et le bien des affaires de Sa Majesté, que vous fassiez instance de sa part auxdits Etats en faveur de la religion catholique, conjointement avec les députés des archiducs ou séparément, ou bien vous abstenir d'en parler du tout. Nous reconnoissons ce passage délicat et scabreux, principalement en cas de rupture; car il est certain que lesdits Etats rejetteront la demande que l'on leur en fera, plutôt encore et avec plus de raison que s'ils faisoient la paix. Et quelle gloire et utilité aura Sa Majesté d'avoir part à ce refus, si lesdits Etats le désiroient ainsi, afin de détourner les catholiques d'avoir obligation entière aux archiducs de cet office! Ce seroit quelque considération sans laquelle je ne puis comprendre que ce soit du service du Roi de s'en mêler; mais s'ils s'accordent des autres points, il y aura plus d'apparence de raison de le faire: si ce doit être conjointement avec les archiducs, ou à part, Sa Majesté dit qu'elle vous en défère le jugement; mais elle estime que vous pourriez sonder et assentir devant l'opinion desdits Etats, ou de ceux qui ont plus de voix en chapitre en iceux, pour vous conduire plus sûrement et utilement; car nous estimons, s'il le décide qu'ils gratifient lesdits catholiques, qu'ils le devront consentir plutôt en faveur d'aucuns leurs amis ou d'eux-mêmes, qu'à l'instance desdits archiducs, pour les raisons que vous savez trop mieux, mais afin de priver les archiducs de la gloire et de l'avantage qu'ils espèrent tirer de l'instance qu'ils prétendent faire de ce point en cas de rupture, la fonder sur icelui. Il nous semble, si lesdits Etats s'en aperçoivent, qu'ils doivent faire difficulté de déclarer leur finale intention sur icelui, que les autres articles ne soient entièrement accordés, et même signés, s'il est possible, car quand cela sera, les archiducs n'opiniâtreront celui-ci, ains se contenteront d'en avoir fait mention pour conserver leur entière réputation. Le sieur Aërssens poursuit toujours que les Etats soient assistés; mais Sa Majesté ne peut digérer cette demande, montrant n'être content de quoi l'on épargne les Anglois, et cependant que l'on a pareil soin d'eux que de Sa Majesté. Il n'a encore aussi rien ordonné pour le sieur Barneveld, quoi que je lui aie dit; mais quand M. de Sully sera auprès du Roi, nous en résoudrons. Monsieur, voilà ce que le Roi m'a commandé vous faire savoir pour la réception de vos dernières lettres, outre ce que par dessus ce qu'elle vous a écrit par ledit Sainte-Catherine; ainsi je n'y ajouterai que mes très-affecfondées recommandations, en priant Dieu, monsieur, vous conserver en bonne santé.

Votre, etc. DE NEUFVILLE.

De Fontainebleau, le cinquième jour d'avril 1608.

LETTRE *du Roi, du huitième d'avril* 1608.

Messieurs Jeannin et de Russy, le porteur de la présente, nommé Jacques Dick, docteur, nous a apporté une lettre de notre très-cher cousin Charles, élu et couronné roi de Suède, de la teneur que vous verrez par le double que nous vous envoyons, laquelle nous a été agréable; car il nous témoigne par icelle une très-bonne volonté, et nous déclare être prêt de renouveler, confirmer, voire, s'il est jugé utile, augmenter et étendre davantage les anciens traités d'alliance et confédérations que les rois nos prédécesseurs, d'heureuse mémoire, ont faits et entretenus avec les rois des Goths, et même le roi Gustave, père dudit Charles, en l'année 1559, dont vous aurez aussi un double tiré de celui que ledit docteur nous a exhibé, nous ayant déclaré que ledit roi, après qu'il aura entendu notre volonté sur sa proposition, enverra exprès ses ambassadeurs et députés en notre royaume ou ailleurs, ainsi que nous aviserons, pour l'effectuer et accomplir sincèrement. Et d'autant que nous n'avons rien qui nous soit plus recommandé et affectionné que d'embrasser et chérir les anciennes alliances et amitiés contractées par nosdits prédécesseurs avec les rois nos voisins, à l'honneur et utilité de notre couronne et de nos sujets, nous avons déclaré audit Jacques Dick que, si ledit Charles veut envoyer sesdits ambassadeurs et commissaires en notredit royaume, ou en Hollande cependant que vous y serez, avec pouvoir suffisant et tel qu'il est requis pour effectuer la susdite proposition, nous aurons à plaisir d'y entendre, comme à toutes choses qui pourront servir à l'utilité commune de nosdits sujets. Mais comme jusques à présent nous n'avons donné par nos lettres le nom et titre de roi absolu dudit pays audit Charles, que c'est chose qui n'a encore été faite aussi par aucun roi chrétien, et qu'il n'est raisonnable que nous soyons le premier à ce faire sans bonne considération, nous avons avisé de différer à répondre par cedit porteur à la susdite lettre, et lui avons dit que nous serons très-aise d'être à plein informé des choses qui ont été faites et gérées audit royaume sur le couronnement et établissement dudit Charles, afin de pouvoir prendre après cela une résolution digne de nous et de la justice de la cause de ce prince, duquel nous avons ci-devant tant désiré et affectionné la prospérité, qu'ayant été souvent recherché et prié de la part du roi de Pologne, son neveu, d'aider à composer leurs différends, nous avions volontiers entrepris ce bon œuvre. Mais les choses sont demeurées en ces termes, encore que le roi Charles nous eût fait savoir par ses lettres que l'on le trouveroit toujours disposé d'entendre à toutes bonnes ouvertures pour parvenir audit accord, d'autant que nous avons bien reconnu que nos peines et entremises produiroient difficilement les fruits que nous désirions pour le bien et repos des parties, pour des raisons qui sont venues à notre connoissance. Nous avons fait dire toutes ces choses audit docteur, afin qu'il les représente à son maître, et voulons que vous les lui répétiez.

Outre cela, nous désirons que vous examiniez et considériez diligemment par-delà la susdite proposition, vous informant et instruisant si nous devons et pouvons tirer de cette confédération les avantages et commodités pour nosdits sujets qu'aucuns s'en promettent, afin que nous fondions mieux la résolution que nous y prendrons. Et d'autant que le roi de Danemarck, et par conséquent celui de la Grande-Bretagne, né sont, comme nous entendons, en trop bonne intelligence avec ledit Charles de Suède, et que l'on dit aussi que ceux des Provinces-Unies ne désireront pas que nous contractions avec lui une plus étroite intelligence, à cause de la jalousie du commerce que nous pouvons établir par le moyen d'icelle en notre royaume, dont ils retirent de présent le profit, vous aviserez à conduire et manier ce fait avec le susdit docteur, de façon que les autres ne s'en ombragent et ne le traversent et renversent, et vous nous donnerez avis de ce qui s'y avancera; vous déclarant derechef que nous serons très-aise d'entendre à ladite ouverture, et en faciliter l'exécution et résolution, si nous voyons être le bien de notre couronne de conclure ladite confédération, et reconnoissons aussi le pouvoir faire dignement. Nous prions Dieu, messieurs Jeannin et de Russy, qu'il vous ait en sa sainte garde.

Écrite à Fontainebleau, le huitième jour d'avril 1608. HENRI.

Et plus bas, BRULART.

LETTRE *de M. de Villeroy à M. Jeannin, dudit jour huitième d'avril* 1608.

Monsieur, je vous ai écrit le cinquième de ce mois par la voie de Calais, par laquelle je vous adresse encore la présente, vous avertissant par celle-là de la réception des vôtres du passé, et je vous envoie avec celle-ci le duplicata d'une lettre que le Roi vous a écrite aujourd'hui par le docteur

Jacques Dick que le duc Charles de Suède, qui porte à présent le nom de roi dudit pays, a envoyé à Sa Majesté pour l'effet que apprendrez par ladite copie, duquel on nous dit et promet ici que la France tirera tant de sortes d'utilités et avantages, qu'il ne s'en est guère fallu que nous n'ayons passé par-dessus toutes considérations et respects pour les embrasser, et y engager le nom de notre maître à l'heure même. Toutefois Sa Majesté a enfin pris conseil d'en user et s'y conduire ainsi que vous verrez par sadite lettre. Il est certain que nous ne pouvons faire grand état de l'amitié du roi de Pologne, sur lequel ledit Charles a usurpé la couronne de Suède, à cause de son alliance avec la maison d'Autriche, qu'il a, comme vous savez, redoublée, et qu'il penche du tout de ce côté-là. Nous ne devons aussi faire mise ni recette de l'amitié de celui de Danemarck, qu'en tant que le roi de la Grande-Bretagne l'agréera; car il y est attaché entièrement à cause de sa sœur qui continue en sa mauvaise volonté contre Sa Majesté. Toutefois, il est toujours bienséant de n'offenser légèrement lesdits rois, qui sont ennemis découverts et couverts dudit Suédois, et d'autant plus qu'étant tenu pour usurpateur, sa cause est jugée de plusieurs injuste, et qu'elle fait exemple et conséquence pour tous les autres princes. Outre cela, ce Suédois a réputation d'avoir été fort rude à ceux du pays, d'en avoir fait mourir plusieurs, et d'être fort ami de ses intérêts et passions privés. Aussi est-il de contraire religion à la nôtre, et a fondé son usurpation prétendue sur le prétexte d'icelle. Davantage, j'entends que plusieurs augurent mal de sa succession, ne pouvant croire que ses enfans la recueillent paisiblement. Néanmoins toutes ces raisons et considérations ne nous garderont de contracter avec lui, si nous y connoissons de l'utilité pour le royaume et pour le service du Roi; mais s'il le faut faire étant éclairci et assuré de ladite utilité, nous devons nous y conduire en la meilleure forme que nous pourrons pour justifier ce que nous ferons.

J'ai autrefois discouru avec vous des moyens d'accorder ledit Suédois avec son neveu, ce dernier faisant rechercher le Roi de s'en entremettre, et offrant de remettre ses droits à son jugement et arbitrage : à quoi ledit Charles nous a donné occasion de croire qu'il n'avoit volonté d'entendre que pour entretenir le tapis, et en attendant qu'il fût parvenu à l'être auquel il se retrouve. Je ne pense pas qu'il soit maintenant à propos de renouveler cette pratique, de laquelle il y a deux ans pour le moins que l'on ne nous a parlé: toutefois, j'estime que ce seroit la sûreté de l'un et le repos de l'autre, s'ils accordoient leursdits différends. Ce seroit aussi l'honneur du Roi notre maître d'être auteur de ce bon œuvre; mais j'estime que nous aurions de la peine d'y disposer et rembarquer à présent les parties, car ledit Charles ne voudra mettre en doute et arbitrage ce qu'il possède et estime posséder à juste titre. Je ne pense pas aussi qu'il puisse être ému de la remontrance des intérêts et périls de ses enfans, se confiant en trop sa bonne fortune, en la foiblesse de sa partie adverse, et aimant mieux sa personne que tous sesdits enfans, ni sa patrie ensemble. D'ailleurs, le Polonais est assez opiniâtre, conseillé des jésuites qui le divertiront toujours de composer avec son oncle avec la privation entière de notre religion en Suède. Il sera trop jaloux aussi de ce titre et pouvoir de Roi duquel l'autre l'a spolié, soit qu'il veuille y rentrer et en jouir lui-même, se voyant assez malmené en Pologne, soit qu'il se contente et réduise d'en impatroniser son fils. Il me semble aussi qu'il seroit difficile de trouver un bon moyen et tempérament entre ces deux extrémités et contrariétés de volontés. La justice combat pour l'un et la force soutient l'autre; par ainsi, je pense que ce sera le plus expédient de ne renouveler cette pratique. Toutefois, je vous prie d'y penser; car si nous y faisions un nouvel effort, quand bien il ne réussiroit, il pourroit peut-être servir à justifier davantage la susdite confédération que nous prétendons faire. Cependant nous avons permis à sieur de La Borde d'aller servir le Suédois. Il prétend que l'on le nantira et garnira d'argent en abondance, et aussi qu'il ne manquera point de capitaines et de soldats qui l'y suivront : toutefois j'ai opinion que l'on trouvera du mécompte en l'un et en l'autre projet, et ai opinion qu'il en sera mauvais marchand. Je lui ai prédit, mais il répond qu'il ne s'y engagera tout-à-fait que sur bons gages. Or, nous l'avons recommandé à Dieu, et croit qu'il vous aura vu devant que vous receviez la présente.

M. de Preaux m'a dit quelque chose de ce docteur Dick, et c'est ce qui a été cause que nous nous sommes moins arrêtés à ses discours; mais il a trouvé ici des partisans, mus toutefois plus de la considération du profit que d'autre raison. Il nous a dit sur la fin qu'il étoit pressé de retourner en Suède : c'est, à mon avis, parce qu'il a su que les cuivres de ce prince, auxquels consiste son trésor, étoient arrivés en Hollande, au débit desquels il a hâte de se trouver. Voilà ce que je puis vous écrire sur ce sujet. Au reste, M. de La Boderie nous a écrit que ce n'est l'intention des Anglois de renouveler à présent nos traités, et désavouent ce que leurs députés en ont dit ou fait dire que vous êtes. Je vois que les uns et les autres continuent changer aussi souvent de propos qu'ils parlent à nous ou à nos ministres. Ils veulent que nous croyions que les Etats ont reçu leur traité pour un an, iceux ayant refusé de l'étendre plus avant pour moins offenser les Espagnols. Outre cela, ledit de La Boderie dit que nous devons faire état, si la paix flamande a lieu, que lesdits Anglois entreront avec nous en tels traités que nous voudrons, pour la crainte qu'ils auront que les armes d'Espagne leur tombent sur les bras et fondent en Irlande; de quoi je ne suis d'accord avec lui, mais si la paix n'est faite, qu'ils refuseront de s'allier et joindre plus étroitement avec lesdites Provinces et nous, se contentant que la France secoure les Etats, et que ceux-ci se maintiennent et défendent comme bon leur semblera. Or nous commençons à avoir plus mauvaise opinion de ladite paix que nous avons eue, à cause des avis que nous avons d'Espagne et de divers autres lieux qui concluent le semblable; de quoi il importe que nous soyons préavertis, afin que nous ne tombions en surprise en la conduite et résolution de nos affaires. Je prie Dieu, monsieur, qu'il vous maintienne en bonne santé, heureuse et longue vie.

Votre, etc. DE NEUFVILLE.

De Fontainebleau, ce huitième jour d'avril 1608.

Lettre de M. Jeannin à M. de La Boderie, du quatorzième d'avril 1608.

Monsieur, j'ai différé long-temps à vous écrire, désireux de vous pouvoir mander quelque résolution sur les affaires que nous traitons, mais tout y est encore fort incertain; car depuis le premier article qui concernoit la souveraineté accordée par les archiducs, ainsi qu'on le pouvoit désirer, plusieurs articles ont été proposés et disputés sans qu'on ait pris résolution sur aucun d'iceux; à savoir, de l'échange des places, des limites, de ce que chacun tient, du droit que les Etats prétendent lever sur le passage de la mer en Zélande, qu'on nomme convoi, de même après la paix faite comme ils souloient faire durant la guerre; et surtout on a disputé avec grande contention le commerce des Indes que les Etats veulent avoir pour toujours, et les députés des archiducs le refusent, sinon pour quelque bref temps, comme de quatre ou cinq ans, et ledit temps passé qu'il leur soit interdit : enfin, il a été dressé pour ce regard un écrit par les Etats, auquel ils consentent se réduire à une trève de neuf ans, que

nous jugeons néanmoins devoir plutôt être refusée en la forme qu'on la demande qu'accordée en Espagne. Le père commissaire y est allé à cet effet, et a emporté avec lui cet écrit. Son retour pourra être vers la fin du mois de mai, c'est-à-dire s'il fait diligence; car si on veut affecter quelque nouvelle longueur, il sera aisé d'en trouver l'occasion. Il est vrai que jusques ici les députés des archiducs ont plutôt montré désirer la fin de cette conférence que cherché des moyens pour la faire durer. Aussi est-il certain qu'il n'est plus besoin, ni aux uns ni aux autres, d'user de longueur pour gagner cette année; car la saison sera si avancée lorsqu'on viendra à finir, soit pour conclure ou rompre, qu'il n'y aura plus de moyen de faire la guerre jusques à l'année prochaine, quand toute espérance de paix seroit perdue, et qu'on ne voudroit même faire aucune trève le reste de l'année.

Ce qu'il y a de plus difficile en l'écrit porté en Espagne touchant le commerce des Indes, est qu'il soit seulement demandé par forme de trève durant neuf années, que c'est autant en effet que l'avoir pour toujours; car on se doit assembler deux ans avant l'expiration de cette trève pour convenir s'il devra cesser ou être continué, et quoi qui arrive aux Indes durant ledit temps de neuf ans ou icelui expiré, c'est-à-dire soit qu'on s'accorde ou non, que la paix ne laissera pourtant de subsister en ces pays. Et je crois que le roi d'Espagne voudra au contraire, si les Etats ne consentent de s'abstenir dudit commerce après la trève finie, que la paix de ce côté soit réduite à une trève pour même temps, et non plus. Or, si les Etats y voudront consentir ou non, c'est chose bien incertaine, car les avis y sont dès à présent divers; et néanmoins, il me semble reconnoître que les plus sages et le plus grand nombre aussi désirent la paix avec tant d'affection, et la jugent encore si nécessaire à leur état, qu'ils seront pour s'y accommoder, et aimeront mieux cette trève de neuf ans que de rentrer en guerre. Il est vrai qu'ils voudront qu'on traite avec eux comme avec Etats libres, sur lesquels on ne prétend rien, sans y ajouter que soit seulement pour le temps de la trève, qui est chose difficile. Je ne laisse pourtant d'espérer que les députés des archiducs seront pour y consentir, croyant être

22

autant avantageux pour leurs maîtres de faire la guerre après la trève, comme à ennemis que comme à sujets rebelles. Le Roi approuvera aussi plutôt la trève de cette façon que de rentrer en guerre. De l'accord ou refus de cet article dépend principalement l'un ou l'autre; car encore qu'il y ait de grandes difficultés ès articles ci-dessus déduits, et même pour l'échange des places, on est déjà comme d'accord qu'il faut remettre à y pourvoir après la paix, et qu'étant tous amis, ils seront mieux disposés à s'accommoder qu'à présent. On en pourra faire autant des limites des places que les Etats tiennent en Brabant et en Flandre, si on ne s'en peut accorder: quant au convoi, on pourra trouver quelques ouvertures et expédiens pour le composer. D'autres articles restent, et n'y en a un seul sur lequel on ne dispute; car quoique les Etats soient fort désireux de la paix, c'est-à-dire le plus grand nombre, et que nous favorisions ceux-ci de tout notre pouvoir, les autres, qui veulent la guerre, pointillent à toutes occasions, et recherchent avec tant de sortes d'artifices les moyens de rompre, qu'il y a grand sujet de craindre que, du côté d'Espagne et des archiducs, cette paix, qu'ils ont montré jusqu'ici désirer si ardemment, ne leur devienne enfin odieuse. Je vous eusse écrit plus souvent et plus particulièrement tout ce qui se passe, mais j'ai appris de ceux qui conduisent les affaires en ce lieu qu'ils envoient tout à M. Carron, leur agent, et que ledit sieur vous communique aussi tout, comme au ministre d'un prince qui est leur ami. C'est ce qui m'a empêché d'être plus diligent en votre endroit. Je vous dirai maintenant que les députés du roi d'Angleterre traitent avec nous comme de coutume, c'est-à-dire peu confidemment, quoiqu'ils veuillent en apparence que nous croyions le contraire pour notre regard, et les députés des archiducs, ce qui en est en effet, recherchant autant qu'ils peuvent leur amitié par belles paroles, combien qu'ils fassent moins de bons offices pour la paix que nous. Aussi vous peux-je assurer que les vérités et déguisemens sont tant connus, que, sans faire autre chose que ce qui est permis et licite, notre conduite est plus universellement approuvée et louée d'un chacun que la leur.

Je ne sais quel est leur but et dessein, pource que depuis l'arrivée des députés des archiducs ils avoient toujours couru à la paix comme à la poste, et sembloit qu'ils eussent plutôt en ce de leur faire connoître en cet endroit la bonne volonté de leur maître que de procurer du bien aux Etats; mais depuis cinq ou six jours seulement ils nous ont tenu des langages si contraires, et montrent de vouloir faire tant de difficultés ès conditions de la paix, qu'à les ouïr ils sont du tout changés. Si c'est dissimulation ou vérité, je n'en sais que dire, le temps nous l'apprendra; mais nous ne laisserons de suivre toujours notre même chemin, car c'est la volonté du Roi, lequel préfère la paix à tout autre conseil, et sent aussi très-mal de l'intention du Roi d'Angleterre envers lui et son Etat. J'estime pareillement vous devoir avertir que depuis douze ou quinze jours, M. Winood a dit à M. de Russy, et l'a exhorté de l'écrire au Roi, que son maître désire plus que jamais l'amitié et alliance de Sa Majesté, et de marier le prince de Galles avec notre fille aînée, mais qu'il seroit besoin que Sa Majesté lui en fît tenir quelques propos par vous. Ce qui m'a été mandé par nous à Sa Majesté, qui ne rejette pas cette alliance, mais estime que la recherche en doit venir d'eux, et que cet honneur est dû au père de la fille: puis on craint qu'il n'y ait de l'artifice, et que le roi d'Angleterre s'en veuille servir pour avantager ses affaires du côté d'Espagne.

Pour moi, je pensois que vous pourriez faire comme de vous-même, et seul à seul, quelque office pour reconnoître l'intention de ce prince, et en jugeois ainsi pource que, outre le propos que ledit sieur Winood a tenu à M. de Russy, il en a aussi parlé plusieurs fois à M. de Barneveld, lorsqu'il l'incitoit de la part des Etats à l'alliance commune des deux rois, qu'eux désirent avec grande affection pour la juger nécessaire à leur Etat. Toutefois ce n'est pas l'avis du maître et de ses principaux ministres, lesquels voient plus clair que moi. Vous êtes sur le lieu pour en juger et y servir avec la prudence requise pour éviter l'inconvénient que Sa Majesté craint. C'étoit aussi mon devoir de vous instruire de tout ce que dessus. Je vous supplie très-humblement me vouloir avertir, de votre part, de ce que vous jugerez pouvoir servir à l'affaire que nous traitons. Je vous baise très humblement les mains, comme fait aussi

M. de Russy, et suis, monsieur, votre bien humble et plus affectionné serviteur, P. JEANNIN.

Monsieur, depuis avoir écrit cette lettre, j'ai reconnu les députés d'Angleterre si éloignés de la bonne volonté qu'ils montrent avoir à l'alliance ci-dessus mentionnée, que je vous supplie n'en rien dire du tout, s'ils ne commencent de leur côté.

De La Haye, ce 14 avril 1608.

Lettre *du Roi, du dix-septième d'avril* 1608.

Messieurs Jeannin et de Russy, le père commissaire a passé en ce lieu le douzième de ce mois, allant en Espagne, y étant arrivé le jour précédent. Nous avons reçu par lui vos lettres du premier, et depuis celles écrites le jour de Pâques. J'ai fort entretenu ledit commissaire. Il a voulu que je crusse qu'il auroit peine à disposer le roi d'Espagne et son conseil de se contenter de l'article du commerce et de la navigation des Indes en la forme qu'il leur porte. Il m'en a dit les raisons, comme il a fait celles dont il a fait provision pour combattre et détruire les premières, et j'ai très-bien colligé de vosdites lettres les unes et les autres; et, toutes bien considérées, je trouve la matière douteuse et plus penchante du côté du refus que de l'acceptation : car, s'il est permis aux États d'exercer l'hostilité aux Indes encore un an et demi sans être sujets à réparation, il en naîtra des effets qui altéreront les cœurs des contractans, comme il sera difficile aussi qu'il n'arrive, par la navigation et rencontre des uns et des autres audit pays, au commerce qu'ils y feront par forme de trève après ledit temps. Et toutefois, ledit commissaire fait état que les trafiquans auxdites Indes, de la part desdites Provinces-Unies, y trouveront si peu d'acquêt à le continuer, et, au contraire, tant de profit et de commodité du côté d'Espagne, qu'ils quitteront d'eux-mêmes celui-là pour épouser cettui-ci, et d'autant plus que les prises et voleries seront défendues, desquelles il dit que lesdites Provinces ont tiré plus de profit que du commerce qu'elles y ont fait. Or nous verrons ce qu'ils en jugeront en Espagne; mais s'ils tiennent l'affaire en longueur, et usent de remises à renvoyer le cordelier, ce sera signe qu'ils voudront gagner le temps et couler le reste de l'année en incertitude, tant pour ce qu'ils ne sont à présent forts dans le pays assez pour y recommencer la guerre avec réputation, et qu'ils craindront sans doute que l'on n'envoie au devant de leur flotte en la saison qu'elle doit venir, que parce qu'ils seront très-aises de prolonger la demeure et le séjour de leurs gens où ils sont; car il est certain qu'ils y gagnent plus qu'ils n'y perdent.

Ledit cordelier m'a même confessé avoir donné ou fait donner, avant son départ, plus de cinquante ou soixante passe-ports ou certificats à des marchands et bateaux desdites provinces pour aller trafiquer en Espagne, où il assure qu'ils seront très-bien accueillis et traités; car il dit que le roi d'Espagne l'a ainsi ordonné et écrit aux archiducs et au marquis Spinola. Par tels moyens et autres, ils affrianderont petit à petit lesdits États, de façon qu'il y aura peine à les en tirer, et les faire résoudre à reprendre le fait de la guerre quand le conseil d'Espagne refusera ledit commerce des Indes. Mais tels peuples sont plus capables des conseils dont l'utilité est présente que des autres, comme je reconnois par le peu de compte qu'ils font de ceux que vous leur donnez de pourvoir aux moyens de soutenir la guerre s'il faut y rentrer, et d'obvier aux inconvéniens qu'ils recevront des longueurs et incertitudes de leur traité, contre lesquelles vous savez que j'ai dès long-temps protesté en déclarant que je n'entendois continuer de mettre la main à la bourse pour les secourir durant lesdites remises, d'autant que je prévoyois qu'elles seroient très-préjudiciables à eux et à leurs amis. Je sais bien que tels marchés ne peuvent être faits qu'avec le temps, les contractans étant du naturel et composés comme ils sont; mais je sais bien aussi que l'on pouvoit abréger les affaires si chacun eût préféré à son opinion particulière les considérations publiques. Or j'ai mandé à vous, sieur Jeannin, que j'eusse été très-aise de vous voir, et que vous eussiez fait un tour par-deçà, si les députés des archiducs se fussent retirés à Bruxelles les fêtes passées, comme l'ambassadeur Perquiva avoit dit ici qu'ils feroient; mais puisqu'ils n'entendent désemparer et se retirer qu'ils n'aient achevé ou rompu tout-à-fait leur traité, je n'estime à propos que vous vous en éloigniez, car je crains que votre absence ne fasse faute à mon service. Toutefois si par-delà ils avoient vidé assez tôt les articles qui sont en débat, ou les avoient mis en état qu'ils doivent demeurer pour attendre le retour du cordelier, de façon que vous eussiez loisir de passer cette carrière, et après retourner et vous rendre à temps sur les lieux quand ledit cordelier y arrivera, je serois très-aise de vous voir pour être éclairci par vous de bouche de plusieurs choses que l'on ne peut bien représenter par écrit. Toutefois je remets à votre jugement entièrement cette résolution; car je me confie tant en vous, et au soin que vous avez du bien de mon service, que vous élirez mieux le parti qui sera plus utile à mon service, que je ne le vous puis prescrire et ordonner d'ici. Je prie Dieu, messieurs Jeannin et de Russy, qu'il vous ait en sa sainte et digne garde.

Écrit à Fontainebleau, le dix-septième jour d'avril 1608.
HENRI.

Et plus bas, BRULART.

LETTRE *de M. de Villeroy à M. Jeannin, dudit jour dix-septième d'avril* 1608.

Monsieur, votre lettre du vingt-neuvième mars nous a été rendue après celles du premier, six et huitième du présent. Le cordelier étoit déjà passé, lequel a été gouverné par le Roi à toutes mains, à l'accoutumée. Ce n'a été, je vous assure, sans avoir contesté et débattu de part et d'autre avec chaleur; mais enfin Sa Majesté lui a fait beaucoup d'honneur, et il est parti très-content, et bien édifié de la bonne volonté et de la prudence de Sa Majesté. Ils ont même parlé de l'alliance nouvelle que vous savez avoir été proposée, de laquelle nous avons reconnu qu'il avoit ouï parler; mais sachez que ce ne fut jamais l'intention du Roi d'y entendre au préjudice de ses amis, il a trop de vertu et de générosité; mais je ne veux assurer le semblable par ceux qui l'ont proposé. C'est pourquoi Sa Majesté a été conseillée d'en déclarer quelque chose à l'ambassadeur des archiducs, afin que ses maîtres et tous autres ne mettent cuire sur cela. Sa Majesté a fait une gageure avec ledit cordelier sur ce qu'il affirmoit qu'il repasseroit par ici dans trois semaines ou un mois au plus tard, soutenant Sadite Majesté qu'il n'y sera de deux, et a promis lui donner les portraits de Sa Majesté, de la Reine et de monseigneur le Dauphin, s'il y arrive au temps qu'il a dit. Il s'est fort loué de vous et des bons offices que vous faites au nom de Sadite Majesté pour avancer et faciliter la paix, de quoi il a remercié Sa Majesté au nom des archiducs. Elle lui a confirmé aussi la bonne volonté qu'elle y apporte, et n'a oublié de rejeter sur les longueurs et irrésolutions d'Espagne le retardement des affaires.

Sa Majesté continue à estimer que ladite paix ne s'effectuera, et partant que la négociation en laquelle les Etats se sont embarqués sera très-dommageable à la fin, car ils les divisera s'il faut rentrer en guerre, et engendrera des effets périlleux. Après tout cela, Sa Majesté conclut qu'il faut faire la paix et non la trêve, mais qu'elle veut encore mieux accepter celle-ci que rentrer en guerre, et d'autant plus que l'on ne peut faire aucun état certain ni assuré des Anglois, avec lesquels nous n'eussions jamais songé, et moins parlé de faire traiter où vous êtes, si vous ne nous eussiez mandé en avoir été fait ouverture par eux, et en avoir été aussi recherchés par le sieur Barneveld; de quoi néanmoins il semble, par ce que vous nous en devez maintenant, qu'ils nous veulent faire poursuivans, comme s'ils n'y avoient jamais pensé. Il faut les laisser là, et n'attendre d'eux que du vent et des tromperies. Nous serons bien aises de vous voir, mais nous ne voulons vous le commander absolument, pour ne faire chose qui nous préjudicie; partant nous le remettons à votre jugement. Bien ai-je opinion, si vous faites le voyage, que vous ne vous en retournerez les mains vides. Je veux dire sans porter quelque consolation aux Etats, mais non telle que les précédentes. Toutefois je vous prie de ne vous y engager ni vous aussi, que vous ne nous ayez vus, ou que l'on le vous l'ordonne. J'ai reconnu depuis quinze jours que Sa Majesté a opinion qu'il arrivera plus de mal que de bien de cette négociation, soit paix ou guerre, qu'il n'avoit jugé ci-devant, pour la mauvaise opinion qu'elle a du gouvernement de ces peuples, et de la procédure naturelle du prince Maurice. Quelqu'un lui a prédit aussi, soit que ladite paix se fasse ou non, que l'on retrancheroit du tout après cela le pouvoir du sieur Barneveld, et de quelques autres que l'on dit en avoir abusé. Pour moi, j'ajoute peu de foi à tels discours : toutefois le Roi n'en fait pas ainsi, et partant, il conclut qu'il faut être plus retenus et circonspects en nos conseils de paix ou de guerre que devant, afin que l'on ne se prenne à Sa Majesté des événements qui naîtront de l'une ou de l'autre. Sa Majesté m'a donc commandé de vous donner cet avis, assuré que vous saurez bien le mesurer et employer à l'avantage de son honneur et service, et dit qu'il lui suffit que vous l'ayez entendu, remettant à vous d'en user ainsi que vous jugerez être pour le mieux. Je prie Dieu, monsieur, qu'il vous conserve en bonne santé.

DE NEUFVILLE.

De Fontainebleau, ce 17 avril 1608.

Autre LETTRE *de M. de Villeroy à M. Jeannin, du vingt-cinquième d'avril* 1608.

Monsieur, nos dernières sont du dix-septième de ce mois, par lesquelles nous avons répondu aux vôtres du vingt-neuvième du passé, et du premier, six et huitième du présent; nous vous les avons envoyées par la voie de Calais, comme nous faisons encore la présente, par laquelle vous saurez que la Reine notre maîtresse est accouchée ce matin, un peu après les neuf heures, d'un troisième fils, duquel elle s'est délivrée heureusement.

et au grand contentement de Leurs Majestés, et de tous leurs bons serviteurs et sujets, qui tous en louent Dieu de très-bon cœur, et le prient le faire prospérer avec les premiers à sa gloire et au bien du royaume; et je n'ai voulu différer davantage à vous faire savoir cette heureuse nouvelle, afin que vous ayez part à notre joie publique et privée, et que vous la puissiez donner à ces messieurs, à M. le prince Maurice, et aux autres amis de la France, et particulièrement à madame la princesse d'Orange, lui délivrant la lettre de Sa Majesté ci-jointe, les assurant tous que la mère et le fils sont en bonne santé. Nous avons eu avis d'Angleterre qu'il est naguères arrivé en Hollande un navire revenu des Indes d'orient, qui a apporté la vérité du siége de Malaca, et des combats de mer qui y ont été faits; de quoi nous faisons état que vos premières nous apprendront les particularités, et pareillement tout ce qui a été avancé au traité de paix depuis vosdites dernières lettres, dont chacun parle et juge diversement. Quant à nous, nous croyons que ce que font à présent les députés des archiducs où vous êtes, n'est que pour entretenir le tapis en attendant le retour du cordelier, duquel, s'ils reçoivent contentement, ils essaieront de profiter de ce qu'ils auront ébauché, sinon et qu'il rapporte une négative de la navigation desdites Indes, ils rompront sur le point de la religion, et tenons comme pour certain qu'ils mutineront et diviseront, s'ils peuvent, du corps des provinces celles qui ne sont intéressées en ladite navigation, qui sera le profit que lesdits députés recueilleront de leur long séjour où ils sont.

Le sieur Aërsens continue à demander de l'argent, et nous a nous à en excuser, disant que nous voulons voir clair à leurs délibérations devant que débourser. Toutefois, sur la dernière lettre que ledit Aërsens m'en a écrite de Paris, le vingt-troisième de ce mois, Sa Majesté a commandé lui être répondu qu'elle sera en ladite ville à la fin de ce mois, où elle résoudra ce qu'elle pourra faire quant à présent. Vous saurez qu'on nous a écrit de Milan qu'il y a en Hollande un certain homme, nommé Théodore d'Ambourg, qui fait profession d'avertir les archiducs, et un sien ami, confident du comte de Fuentes qui demeure en ladite ville de Milan, de tout ce qu'il peut apprendre des intentions et desseins desdits sieurs les Etats. Nous ne savons si l'avis est vrai, ou s'il est donné à dessein; mais nous vous le baillons pour tel que nous l'avons reçu, et en userez, s'il vous plaît, avec votre discrétion accoutumée. L'on nous veut faire croire que les Espagnols, avec les archiducs de Gratz, favorisent secrètement les conseils et résolutions de Mathias contre l'empereur pour porter ledit Mathias à la couronne impériale et à la succession des royaumes de Hongrie et de Bohême, encore que ne le veuille ledit empereur. Toutefois, nous ne pouvons bonnement nous persuader que cette partie ait été bâtie, du commencement du consentement et avis d'Espagne, et de ce qui en dépend, comme font lesdits archiducs de Gratz, mais nous estimons bien qu'ils se rangeront tous au parti dudit Mathias, s'ils s'aperçoivent qu'il prospère. Je prie Dieu, monsieur, qu'il vous conserve en bonne santé.

Votre, etc.   De Neufville.

De Fontainebleau, ce vingt-cinquième jour d'avril 1608.

Lettre *de MM. Jeannin et de Russy au Roi, du vingt-troisième d'avril 1608.*

Sire,

On a peu avancé en la conférence d'entre les Etats et les autres députés des archiducs depuis nos dernières lettres, pour l'absence de quelques députés des provinces, qui sont retournés seulement depuis sept ou huit jours, et, dès le lendemain de leur arrivée, ont continué de s'assembler entre eux, mais une seule fois avec les députés des archiducs. Bien nous assurent-ils de travailler dorénavant sans intermission, ainsi nous l'ont dit les uns et les autres. Il y a eu peine de persuader aux Etats que la diligence est requise pour leur bien, sur la crainte qu'ils avoient, si on rompoit tôt, qu'ils n'eussent encore la guerre cette année, dont néanmoins leurs ennemis ont aussi peu d'envie, et peut-être moins de commodité qu'eux. Qui eût prévu cette cessation, qui a été de près de quinze jours, le président Jeannin eût pu faire le voyage que Votre Majesté lui commandoit; mais on nous avoit assurés que chacun seroit de retour le lendemain de Pâques, pour travailler aussitôt: la permission ne lui étoit aussi donnée de faire ledit voyage, sinon au cas que les députés des archiducs fussent retournés à Bruxelles pour y passer les fêtes; ce qui n'étant pas avenu, il estimoit devoir attendre nouveau commandement. Les députés des Etats nous étant venus trouver, il y a quelques jours, pour nous donner la ratification des Provinces et recevoir la nôtre, nous leur donnâmes aussi lors les lettres de Votre Majesté qui contenoient son remercîment et l'assurance de la continuation de sa bonne volonté; et pource que cela étoit encore remis en créance sur nous, on leur dit tout ce qui pouvoit servir à leur faire considérer et reconnoître son affection et ses bienfaits envers eux. Ils furent pareillement exhortés, de la part de Votre Majesté, d'user de diligence pour venir à la fin du traité, comme aussi pour faire tout ce qui dépendoit d'eux pour obtenir une bonne paix, ayant été mus d'y ajouter cette exhortation sur ce qu'étions avertis qu'aucuns tenoient de mauvais langages, et faisoient courir de petits livrets pour la dissuader par des raisons foibles, qui toutefois ne laissent de donner bien souvent de mauvaises impressions, leur disant qu'on leur en pourroit bien opposer de bonnes, s'il étoit loisible de le faire sans préjudicier aux Etats, et découvrir beaucoup de choses qu'il faut cacher; que leurs adversaires, qui montroient la désirer, et accordoient, pour y parvenir des conditions qu'on n'eût jamais cru, avoient des raisons secrètes, qui les invitoient à prendre ce conseil, dont ils ne se découvroient à personne, et qu'eux et leurs vrais amis devoient user de même prudence retenant à dire ce qui leur pouvoit nuire s'il étoit su, et cependant faire profit de l'occasion qui se présentoit pour essayer d'obtenir une paix sûre et la plus avantageuse qu'on pourra.

Ils nous en remercièrent, et dirent aussi beaucoup de bons propos pour nous faire connoître qu'ils se souviennent tous les jours des grandes obligations qu'ils ont à Votre Majesté, et qu'ils ne peuvent avoir recours qu'à elle seule, la suppliant très-humblement leur vouloir encore continuer son assistance jusques au traité, attendu qu'ils n'ont licencié un seul homme, et que, sur le fondement de ce secours, le nombre de leurs gens a toujours été plus grand dès le temps qu'il lui a plu l'accorder; qu'ils craignent l'amoindrir sur le point de cette résolution, M. Aërsens, qui est en France, leur ayant aussi mandé qu'elle ne le jugeoit à propos, et eux-mêmes estimant périlleux de le faire en cette incertitude de paix ou de guerre; mais que leurs affaires sont si prêtes de tomber en confusion, si ce secours vient à défaillir, qu'ils seront contraints de prendre ce conseil d'amoindrir leurs garnisons pour éviter pis s'ils ne sont payés, ce qu'ils ne peuvent faire s'ils ne sont aidés: car ils ne peuvent croire pour maintenant leurs levées, et n'y a personne qui veuille prêter argent, jusques à ce qu'on voie plus d'assurance en ce qui doit avenir; y ajoutant plusieurs autres considérations avec prière de les lui représenter d'affection. Il n'est pas besoin que nous ennuyions Votre Majesté des réponses qui leur furent faites pour nous pour les exciter de chercher ce secours eux-mêmes, et se contenter de ce qu'elle a fait au passé, réservant les moyens qu'ils peuvent toujours espérer de sa bonté en une plus grande nécessité, et qu'ayant épargné les fonds qu'on souloit faire durant la guerre, le défaut destiné pouvoit servir pour suppléer à ce défaut sans se rendre si onéreux à leurs amis. Ainsi rien ne les a détournés de continuer leur prière qu'avons insérée dans cette lettre, désirans qu'il lui plaise d'y avoir quelque égard, leur accordant, sinon le secours entier de cette année, comme il n'est pas raisonnable, attendu que les Anglois n'y veulent aucunement contribuer, au moins quelque notable somme, pour leur donner moyen de couler le temps qui reste jusques au traité sans aucune confusion et désordre, comme qu'ils licencient partie de leurs troupes, parce ils feront sans doute ce secours leur venant à défaillir. Nous savons bien que cette dépense, et après tant d'autres, est à grande charge, et que la demande en est du tout déraisonnable, eux-mêmes le jugeant ainsi; mais ils en ont si grand besoin, et se montrent à présent si affectionnés à suivre les intentions de Votre Majesté, qu'ils semblent mériter le soin qu'il lui plaît prendre d'eux, outre ce que ces dernières gratifications faites au temps qu'on doit prendre résolution aux affaires, lui conserveront si bien son crédit et la réputation de ses libéralités envers la paix, que vous serez, sire, tenu seul auteur de la paix, s'il plaît à Dieu qu'elle soit faite, et de tout le bien qui leur en aviendra; car les Anglois, qui magnifient leur bonne volonté en paroles et ne donnent rien en effet, mais parlent de répéter ce qu'on leur doit, et pensent assez gratifier leurs amis d'en attendre pour quelque temps le paiement, sont à cette occasion si décriés, qu'ils ne mettroient en aucune considération leur amitié, si la prudence ne les obligeoit à prendre d'autres conseils.

Nous avons bien pris garde à ce que Votre

Majesté nous mande par ses lettres dernières, que l'Anglois s'avantage envers les archiducs de son refus, et au contraire votre libéralité leur donne sujet de vous en savoir mauvais gré; mais le président Jeannin, parlant au sieur Richardot, lui a dit que cette dépense jusques au traité servoit pour vous y conserver plus d'autorité et de créance à faire la paix, ce qu'il a pris de bonne part, comme étant bien informé qu'y faisons en effet toutes sortes de bons offices. Les Etats et les députés d'Angleterre sont depuis cinq ou six jours en conférence pour une ligue semblable à la nôtre, dont on nous a communiqué le projet que lesdits députés ont donné, lequel a le procsme et la plupart des articles semblables aux nôtres, n'y ayant rien de différent que le secours, lequel est tel que l'avons ci-devant mandé, et ce qu'ils le veulent pareil aux Etats par mer, et les deux tiers par terre. Sur quoi les Etats ont longtemps contesté pour réduire ledit secours à moitié; mais ç'a été en vain jusques ici, et seront contraints, comme nous estimons, de s'y accommoder s'ils veulent faire cette ligue. Les Anglois demandent encore, par un traité secret du même jour, l'obligation de ce qui leur est dû, revenant à environ huit millions de florins, l'assurance des paiemens à certains termes, et en outre qu'ils puissent mettre six cents hommes à Flessingue plus que la garnison qui y est, et deux cents à La Brille pour deux ans, à commencer dès le jour de la paix: ce qu'ils pouvoient bien faire d'eux-mêmes, et sans en demander la permission, en vertu des anciens traités; mais ce devoit être à leurs frais, et ils requièrent à présent que ce soit à la charge des Etats. Or cette dernière demande d'accroître ces garnisons leur déplaît autant que le paiement même dont on les veut charger, estimant que la paix devrait plutôt être cause de les faire diminuer; mais ils disent que le commerce étant libre par la paix, les Espagnols et sujets des archiducs aborderont ès dites villes tous les jours; ainsi seroient en danger de surprise si lesdites garnisons n'y étoient augmentées. Cette raison toutefois ne les contente pas, mais ils ne se peuvent plaindre que du paiement de l'augmentation auquel ils ne sont tenus s'il ne leur plaît. Or pour récompense, lesdits sieurs députés offrent de ne leur rien demander de ce qui leur est dû durant les deux ans qu'ils entretiendront cette garnison; puis ils ajoutent qu'ils prendront ce supplément du nombre des soldats anglois qui sont à leur service, auxquels aussi bien donnent-ils solde. Mais les Etats répliquent qu'ils les mettront en d'autres places frontières où il est besoin d'avoir garnison, et qu'ès dits lieux de Flessingue et de La Brielle ils seront inutiles, lesdites places n'étant qu'assez assurées avec la garnison ordinaire. Il y a encore de la contention entre eux pour ce regard, et les Etats ne le passeront qu'à regret, tant pour le paiement que pour ce qu'il leur semble cet accroissement de garnison être un témoignage de quelque défiance qui leur fait mal sentir de la volonté dudit sieur roi envers eux; aussi s'en sont-ils tellement formalisés, que lesdits sieurs députés sont comme prêts de s'en départir.

Nous avons bien considéré ce projet de ligue pour voir s'il y a rien qui soit préjudiciable à la nôtre; mais il ne s'y est rien trouvé, sinon le premier article, qui contient que tous les précédens traités faits entre l'Angleterre et les Etats demeurent confirmés. Or, d'autant que cela pouvoit avoir de l'ambiguïté, tous lesdits traités ont été vus et épluchés d'article en article, et ne s'en trouve qu'un seul, qui est l'article 21 du traité de l'an 1585, par lequel est dit que les Etats ne pourront faire aucun traité avec le roi d'Espagne, sans le su et aveu de la reine d'Angleterre, ni avec quelque prince ou potentat étranger, sans le su d'elle ou du gouverneur général qu'elle leur donnoit lors, qui étoit le comte de Leicester. Il est vrai néanmoins que cet article ne nous est d'aucun préjudice, pource que les Etats ne s'obligent en cet endroit qu'à la reine, non à ses successeurs. Puis leur obligation est bien de ne faire aucun traité avec le roi d'Espagne sans le su et aveu de la reine, qui est autant à dire sans son consentement; mais pour les autres princes et potentats étrangers, ce n'est pas ainsi, car ils ne s'obligent sinon à lui faire savoir, non à suivre sa volonté, le mot d'aveu mis au premier cas n'étant répété en celui-ci. Toutefois, nous avons dit à M. de Barneveld que, sans que nous nous en mêlions, ils devoient faire ajouter sur la fin de ladite ligue, ou en suite du premier article par lequel on confirme les traités précédens, qu'ils n'entendoient par ledit traité préjudicier au nôtre, ce qu'il nous a promis de faire. Encore nous a-t-on dit, quand les députés d'Angleterre seront d'accord de ce traité, que ce n'est pas leur intention de le passer et signer qu'ils n'aient premièrement envoyé en Angleterre pour recevoir nouveau commandement de leur roi, ou bien qu'ils le communiqueront aux députés des archiducs, afin de leur faire voir et témoigner qu'ils ne font rien au préjudice du traité fait par leur maître avec le roi d'Espagne; et pour cette considération, au compte fait avec les Etats des deniers qu'ils ont fournis, ils y comprennent seulement le secours des deux années qui précèdent ce traité avec le roi d'Espagne, et n'ont rien demandé de ce que Votre Majesté a fourni pour eux depuis, aimant mieux le perdre que de faire voir, en le répétant, qu'ils ont contrevenu à ce beau traité, ne voulant pas non plus qu'on se souvienne du traité fait avec Votre Majesté lorsque M. le duc de Sully fut en Angleterre, ni que personne sache que ledit traité est contraire à celui d'Espagne. Aussi disent-ils, pour réplique, que ce n'est qu'un projet et non un traité absolu et parfait; car, bien qu'il soit tel en effet, et n'y ait que cette seule différence, qu'il est fait sous la signature des princes pour être tenu secret, au lieu qu'on le fait ordinairement avec plus de solennité pour être publié, ils ne laissent pourtant en l'une et l'autre forme d'être de même efficace à l'endroit des princes qui sont soigneux de garder leur foi.

Trois navires retournés des Indes, et qui sont maintenant sur la côte d'Angleterre, doivent arriver ici au premier jour. Un marinier qui étoit dedans est déjà venu, lequel dit les particularités du combat avenu, il y a deux ans, entre les Portugois et les Hollandois, au détroit de Cinquapura, entre Malaca et l'île de Sumatra. La partie sembloit être fort inégale, car les Hollandois n'avoient que treize navires en tout, et douze cents hommes dedans, tant mariniers que soldats, et les Portugois quarante, entre lesquels vaisseaux il y avoit onze galions, et de sept à huit mille hommes, à savoir: deux mille cinq cents Portugois et le reste Indiens, lesquels furent tous défaits et tués, fors quelques-uns qui se sauvèrent en de petits esquifs. Neuf galions furent aussi mis à fond, et deux perdus par la tempête en se retirant. Les Hollandois ont perdu deux navires brûlés par eux-mêmes avec environ trois cents hommes qui étoient dedans, et depuis, la tempête leur en a fait perdre deux autres. Le vice-roi, qui étoit chef de l'armée des Portugois, se sauva après la défaite avec quatre ou cinq vaisseaux seulement et fort peu de gens: on ne sait pas où il alla. Malaca étoit assiégée avant ce combat et par mer et par terre, mais les Hollandois, qui étoient du côté de la mer, levèrent le siége pour aller au-devant de leurs ennemis et les combattre, et les Indiens, qui l'assiégeoient par terre, se retirèrent aussi, au moyen de quoi ladite ville ne fut prise pour lors; mais on ne sait encore ce qui aura été fait depuis. Nous avons appris que quatre navires de guerre sont partis d'Angleterre depuis quelque temps pour aller à ce voyage, et que le roi d'Angleterre a écrit en leur faveur à neuf rois desdits pays. Les dissensions entre l'empereur et l'archiduc Mathias son frère continuent; et ce qu'on pensoit au commencement n'être qu'un artifice est tenu maintenant pour vérité. Ainsi nous l'a dit M. de Collis, lequel est en ce lieu pour M. l'électeur palatin, et reçoit souvent nouvelles d'Allemagne. Il y avoit néanmoins quelque occasion de croire que cette apparence d'inimitié étoit à dessein, attendu que ledit archiduc a toujours eu plus de part à l'amitié de l'empereur que tous ses autres frères, qu'il est son héritier présomptif, et se promettoit de pouvoir être élu roi des Romains avec son autorité et faveur. M. de Roques a été reçu en la charge que Votre Majesté a commandé sans aucune difficulté. Nous prions Dieu, sire, qu'il donne à Votre Majesté et à sa royale famille, en très-parfaite santé, très-longue et très-heureuse vie.

Vos très-humbles et très-obéissans sujets et serviteurs, P. JEANNIN et DE RUSSY.

De La Haye, ce vingt-troisième jour d'avril 1608.

Autre LETTRE *de MM. Jeannin et de Russy au Roi, du vingt-septième d'avril 1608.*

SIRE,

Depuis notre lettre du vingt-troisième, écrite que nous pensions envoyer à Votre Majesté par une voie qui nous a manqué, nous y ajoutons celle-ci qui contient ce qui est avenu depuis. Les articles de la ligue entre les Anglois et les Etats nous ont été communiqués selon qu'ils en sont demeurés d'accord, en l'un desquels a été mis que ledit traité ne sera d'aucun préjudice à celui de France, ni le nôtre au leur. Les Etats pensoient que les députés d'Angleterre le dussent passer et signer au même temps, puis le faire ratifier à leur roi; mais ils ont déclaré qu'ils entendoient l'envoyer premièrement en Angleterre, et recevoir nouveau commandement avant que le passer. Ils en ont aussi voulu communiquer avec les députés des archiducs, auxquels ils ont dit que c'étoit pour mieux induire les Etats à traiter, leur donnant assurance de ce qui seroit fait; mais lesdits députés ont montré le prendre de mauvaise part, et déclaré que les Anglois ne le peuvent faire sans contrevenir au traité d'Espagne, ce qui les empêche bien fort; car ils recherchent maintenant à leur plaire en tout ce qu'ils peuvent, qui nous fait croire qu'ils ne seront si contraires à la paix qu'ils en avoient fait le semblant depuis quelques jours. Il est vrai qu'en une conduite si inégale que la leur, on ne peut juger que du présent. Ils seront pour différer cette ligue jusqu'au retour du cordelier, afin qu'ils voient plus clair en la résolution qu'on voudra prendre sur les affaires générales. En la dernière conférence entre les députés des archiducs et des Etats, qui fut avant-hier, on a parlé de nouveau des limites et de l'échange des places : le premier a toujours les mêmes difficultés que du passé; car les Etats veulent avoir en souveraineté tous les villages qui dépendent de la juridiction des villes qu'ils tiennent en Brabant et en Flandre; et les archiducs, qui prétendoient ci-devant la souveraineté même desdites villes, disant que les Etats se devoient contenter de les tenir et d'être maîtres de la force et de la juridiction, sans s'attribuer le nom de souverains en icelles, qui étoit chose imaginaire, s'en sont départis; mais pour les villages qui en dépendent, contestent toujours qu'ils ne le peuvent prétendre.

Or les Etats ont dressé un écrit là-dessus que nous envoyons à Votre Majesté, par lequel ils demandent aussi que les archiducs rendent à l'archevêque de Cologne des places qui lui appartiennent, lesquelles ils ont prises sur les Etats qui les avoient occupées les premiers sur ledit archevêque, et qu'ils démolissent pareillement quelques forts près de Meurs, disant qu'ils ne les peuvent retenir en traitant la paix sans leur donner du soupçon; et les autres répondent que le fait dudit sieur archevêque, avec lequel ils sont d'accord, ne les touche en rien, et qu'il a aussi été accordé que chacun retiendra ce qu'il possède à présent. Nous nous sommes assemblés, tous les députés des rois et princes qui sont ici, avec leursdits sieurs députés des Etats, pour attendre ce qu'ils avoient fait pour ce regard; sur quoi ils nous ont demandé notre avis à l'accoutumée. Il a été répondu, de même qu'en la précédente conférence, que tout ce qu'ils pourront obtenir pour le bien de leur Etat nous semblera toujours bon, ainsi n'étoit besoin nous demander notre avis sur les propositions, mais après qu'ils auroient disputé d'un article sans en demeurer d'accord; qu'en nous faisant entendre les raisons d'une part et d'autre seroit lors le temps de nous en requérir, et à nous de le leur donner sincèrement. Ils y procèdent néanmoins avec artifice, et afin de pouvoir dire que tout ce qu'ils proposent est approuvé par nous, et par ce moyen se couvrir contre la plainte que font les députés des archiducs, que la plupart de leurs demandes sont extraordinaires, du tout injustes et déraisonnables, et pour nous engager aussi, au cas qu'ils en soient refusés, et qu'on vienne à rompre là-dessus, à les secourir et assister comme s'ils n'avoient rien fait que par notre avis et conseil. C'est pourquoi nous en étant bien aperçus, leur avons dit et répété par deux fois que tout est bon à proposer au commencement pour essayer de l'obtenir; mais quand il y a du refus et de la contestation au contraire, chacun doit remettre quelque chose du sien pour venir au but pour lequel ils se sont assemblés, qui est d'avoir la paix. Nous prions Dieu, sire, qu'il conserve Votre Majesté en tout heur et prospérité.

Vos très-humbles et très-obéissans sujets et serviteurs, P. Jeannin et de Russy.

De La Haye, ce vingt-septième d'avril 1608.

Lettre *de M. Jeannin à M. de Villeroy, du vingt-troisième d'avril* 1608.

Monsieur, nous avons reconnu que les propos tenus à M. de Russy par M. Winood ne sont qu'artifices et déguisemens, et qu'on ne doit rien espérer du roi d'Angleterre, s'il ne se change, pource que la haine qu'il nous porte, et la jalousie qu'il a de voir la prospérité des affaires du Roi et l'affection des Etats envers lui, l'empêchent de prendre les résolutions que la raison et son intérêt lui devroient conseiller. Ses députés font ce qu'ils peuvent pour gagner la bonne grâce des députés des archiducs, et leur persuaderoient volontiers qu'ils aident bien fort à l'avancement de la paix, qu'ils y ont beaucoup de pouvoir, et, si la guerre continue, que leur maître ne donnera aucun secours aux Etats; mais je sais qu'on doute de leur bonne volonté, et qu'on tient aussi pour assuré que la guerre ou la paix ne dépend d'eux, et que Sa Majesté a la volonté et le pouvoir d'y aider mieux qu'ils n'ont. Et, à la vérité, voyant leur conduite en notre endroit, je n'obmets rien par autre, toutefois que par moi, pour les découvrir tels qu'ils sont, et nous avantager par dessus eux où il est besoin. Je vis hier le sieur Richardot au promenoir ordinaire comme par rencontre, et encore que nous nous y fussions assignés. Il fut parlé entre nous des alliances, de la paix, et où elle auroit des difficultés, de la trêve à longues années en accordant la liberté pour toujours. Il est très-bien disposé à tout, particulièrement à l'alliance, mieux encore à la paix qu'à la trêve, n'y ayant rien qu'il montre craindre davantage que la continuation de la guerre, ni désirer aussi avec plus d'affection que de voir notre Roi, celui d'Espagne et les archiducs bien ensemble; sur quoi nous avons fait plusieurs discours du bien qui en pourroit arriver à la chrétienté, à la religion et à leurs Etats, ajoutant du mien tout ce qui pouvoit servir à le persuader, en quoi je pense avoir profité. Et si, de votre côté, vous faites les mêmes offices pour faire connoître que Sa Majesté a de l'inclination à cette alliance, et que rien ne soit fait, du moins pour quelque temps, qui puisse donner mauvaise impression au contraire, je me promets qu'ils seront pour s'attacher plutôt à notre amitié qu'à celle du roi d'Angleterre, et pour quitter, du moins alentir, les poursuites qu'ils en ont faites jusqu'ici dont adviendra sans doute qu'il sera contraint de rechercher ce qu'il a méprisé; et lors vous aurez le choix, si les choses sont encore entières, de faire ce qui sera jugé pour le mieux. Bien me semble-t-il, tant que le roi d'Angleterre aura si peu d'affection envers nous, qu'on ne doit rien négliger pour être bien avec l'autre, c'est-à-dire faire les projets qui peuvent pour quelque temps assurer notre repos.

Vous serez aussi averti, monsieur, que les mêmes députés d'Angleterre nous ont tenu des propos depuis quelques jours, par lesquels ils montrent désirer plutôt la continuation de la guerre que la paix, qui est chose du tout contraire à la recherche qu'ils font de l'amitié d'Espagne et des archiducs; que M. Carron a aussi écrit au sieur de Barneveld que le comte de Salisbury disoit ouvertement la paix devoir être la ruine des Etats; que les principaux conseillers, même ceux qu'on sait affectionnés au roi d'Espagne, et qu'on soupçonne en recevoir pension, tiennent les mêmes langages; et néanmoins, quand on leur parle de secours, ils répondent, à l'accoutumée, qu'ils déclareront leur volonté après qu'on sera hors des termes de paix, et non plus tôt. Si estimé-je que ce ne sont qu'artifices, et, quand il faudra donner avis aux Etats en public sur les difficultés qui se présenteront, que les députés qui sont ici se garderont bien de dire chose qui puisse mettre en doute les Espagnols de leur amitié. Bien seroit-il à désirer qu'ils le fissent pour les disjoindre du tout d'avec eux; car on en tireroit ce profit, et s'il est bien certain que leur avis ne seroit préféré au nôtre. Je vous ai quelquefois écrit que le roi d'Angleterre pourroit avoir le dessein de porter secrètement les affaires à la guerre s'il peut, voulant néanmoins qu'on le croie désireux de la paix, afin de ne perdre l'amitié d'Espagne, et, la guerre continuant, se montrer affectionné à secourir les Etats, ou faire en effet pour quelque temps, soit ouvertement ou sous main, afin d'en acquérir leur bienveillance, et après les induire à recevoir une paix à son appétit, les retenant seuls en son amitié comme s'il les avoit beaucoup obligés

NÉGOCIATIONS DU PRÉSIDENT JEANNIN.

par cette conduite. Il pourroit encore essayer de persuader tout ce que dessus aux Espagnols, afin qu'ils lui en eussent le même gré, et ne prennent aucun soupçon de ce qu'il fera maintenant; mais il n'a assez de crédit envers les États pour les induire à rompre la paix, n'étoit que les Espagnols, persuadés par lui, se rendissent plus difficiles pour penser l'obtenir après à meilleur marché. Et toutefois ils n'ont non plus assez d'assurance de sa volonté pour s'y arrêter, et tiendroient cette remise plutôt pour une rupture que pour espérance d'avoir mieux.

Davantage, si la paix étoit rompue par cet artifice, il seroit au pouvoir de Sa Majesté, secourant les États aussi bien que lui, d'avoir encore plus de part en la paix si elles se faisoit après, et de se conduire envers les Espagnols avec le même artifice, en sorte qu'ils lui en auroient de l'obligation autant ou plus qu'à l'autre; car ce seroit chose notoire que Sa Majesté, en tout temps, avant et depuis cette rupture, auroit toujours procuré la paix, ou bien le roi d'Angleterre pourroit prendre ce conseil du tout contraire au premier; à savoir, la paix rompue, de ne point secourir les États, et d'en laisser faire à Sa Majesté, comme estimant qu'elle se résoudroit plutôt à les secourir que de les laisser perdre, lui tenant les places qu'il a pour gage bien munies et avec bonnes garnisons pour s'en assurer; et si elle le faisoit, pourroit induire l'Espagnol à nous faire la guerre comme seuls auteurs de celle que feroient les États; promettroit à un besoin de l'assister, du moins d'être spectateur, et faire aussi son possible pour mettre les États en paix avec lui. Mais ces discours semblent n'être que chimères; car si le roi d'Angleterre se conduisoit ainsi, Sa Majesté auroit plus de crédit avec les États que lui, et se pourroit mieux rendre auteur de cette paix.

Néanmoins, il y a près d'un mois que, discourant sur ce sujet avec le sieur de Barneveld, qui avoit déjà quelque sentiment du changement avenu en Angleterre sur la résolution de leurs affaires, il montra d'en avoir quelque appréhension, et m'en déclara dès-lors ses conjectures; mais nous nous étions abstenus d'en parler ensemble, sinon depuis deux ou trois jours, que je lui dis que si le roi d'Angleterre étoit entré en secret discours sur ce sujet avec les ministres du roi d'Espagne ou des archiducs, que cela pourroit gâter leurs affaires, et rendre ceux-ci plus difficiles à la paix. A quoi il fit réponse qu'il y avoit pourvu, et que le cordelier, avant son départ, avoit été bien informé de tout ce que dessus par personne confidente, dont j'ai été bien aise; car cela servira beaucoup pour rendre tels artifices inutiles à l'auteur d'iceux, lequel ne gagneroit par ce moyen que la haine de ses amis sans acquérir celle des autres. Aussi ai-je su que le cordelier dit à son départ au même personnage qu'il n'étoit pas bien satisfait de ses députés, même de ce que, disant adieu à M. Spencer, il lui demanda s'ils ne vouloient pas parler du fait de la religion, comme en essayant de l'induire à le faire; ce qu'il prit de mauvaise part, pource qu'il sait bien que s'opiniâtrer à cette demande est un moyen certain de rompre avec les États. Il y ajouta encore que nous promettions moins qu'eux, mais que faisions plus, et s'en est allé fort bien édifié de nous, au moins ai-je raison de le croire, combien qu'il y ait tant de déguisement en telles négociations, qu'il se faut toujours défier de tout. Le sieur de Barneveld m'est présentement venu voir, et m'a assuré avoir reconnu, par les discours que M. Winood lui venoit de faire à l'heure même, qu'ils étoient du tout enclins à la guerre, et que lui ayant répondu là-dessus que leur maître devoit donc parler clairement du secours qu'il voudroit donner, sans s'en remettre à s'en découvrir après la paix, il dit qu'il n'en a aucune charge, et que c'est aux États d'en faire instance envers lui par Carron, résident près sa personne. Le changement de ceux-ci réveille de nouveau les autres qui désirent la guerre, lesquels essayent de brouiller tant qu'ils peuvent. Je tiendrai néanmoins toujours la main pour la paix, si je ne reçois autre commandement. Il déplaît à ceux-là que le sieur Richardot et moi nous nous soyons vus en particulier, et surtout aux Anglois, lesquels en ont une très-grande jalousie; mais ces visites et conférences avec lui ont servi. Je m'en abstiendrai néanmoins ci-après, sinon que ce soit pour quelque grande occasion qui le mérite, car je craindrois qu'en le faisant trop souvent, on ne voulût essayer de persuader aux États que Sa Majesté désire plutôt la paix en considération des archiducs, ou pour avoir leur amitié, que d'eux. Et encore que je sache qu'elle est si bien ici, et que j'aie donné aussi si bonne odeur de ma conduite, que telles calomnies ne seront bien reçues, si veux-je éviter toutes occasions qui pourroient donner prise à ceux qui désirent le contraire de ce que j'ai charge de faire. Jugez par là, monsieur, si en faisant voyage vers Sa Majesté je passois à Bruxelles, combien ces soupçons pourroient augmenter.

C'est ici, et par notre conduite, que les archiducs peuvent prendre assurance de l'amitié de Sa Majesté, et après, en passant vers eux sur le retour, on les trouvera beaucoup mieux disposés, et en état d'en tirer meilleure résolution et plus de contentement que si on y alloit maintenant, attendu même que M. le président Richardot, auquel l'archiduc se fie le plus, n'y est pas. Je ferai toutefois ce qui me sera commandé, soit pour le voyage ou mon passage; mais je commence à craindre, voyant que le changement des Anglois, s'il continue, ce que je ne pense pas, pourroit échauffer les autres, que mon absence fasse faute ici. Ainsi, quelque désir que j'aie de faire ce petit voyage, j'aurois à regret toute ma vie si, pour avoir pris ce conseil, les affaires se trouvoient empirées de quelque chose lorsque je serois de retour : non que la place ne soit toujours bien remplie de M. de Russy y demeurant, mais nous avons assez de besogne tous deux ensemble, à cause des accidens qui peuvent arriver chacun jour en une affaire si épineuse et sujette à tant de changemens inopinés. Ce ne fut jamais mon intention de faire la remontrance que je vous ai envoyée pour la religion, sinon à toute extrémité, et si on vouloit rompre là-dessus, comme j'en étois en grande appréhension à la venue des députés des archiducs. Et ce fut lors aussi que je dressai ladite remontrance, délibéré de la différer après la paix si je n'y étois contraint, et, en l'un et en l'autre cas, de m'y conduire avec telle discrétion, que si je ne profite rien pour les catholiques, Sa Majesté ait témoigné sa bonne volonté envers eux sans rien gâter envers les autres.

Mais ce que je désirois savoir étoit de recevoir votre avis et le commandement de Sa Majesté sur la substance de la chose, pour changer, ajouter, ou diminuer à cette remontrance ce que me manderez, jugeant bien que la matière en est si chatouilleuse, qu'il est malaisé d'en parler au goût d'un chacun. Encore vous supplié-je me le mander; car il est certain que si on vient à rompre ce sera là-dessus, je le répète encore pource qu'hier nouvelles vinrent ici d'Anvers, qu'on disoit être d'un homme de qualité, et qui peut savoir quelque chose des affaires, que le courrier venu d'Espagne en si grande diligence que vous m'avez écrit avoit apporté lettres du roi d'Espagne aux archiducs, par lesquelles il déclare ne vouloir accorder le commerce des Indes, ni entrer en aucune condition de paix, si l'exercice de la religion catholique n'est rétabli, du moins en quelques villes des Provinces-Unies, à faute de quoi entendoit que les députés fussent révoqués; mais ils traitent leurs affaires si secrètement qu'on ne doit ajouter foi à tels bruits et nouvelles. M. de Châtillon doit partir dans sept ou huit jours, par lequel nous écrirons ce qui aura été fait ès conférences des députés des archiducs avec les Etats. Et cependant je prie Dieu, monsieur, qu'il vous donne en parfaite santé très-heureuse et longue vie.

Votre très-humble et très-obéissant serviteur,
P. JEANNIN.

De La Haye, ce vingt-troisième jour d'avril 1608.

Autre LETTRE *dudit sieur Jeannin à M. de Villeroy, du 27 avril 1608.*

Monsieur, nous avions déjà fait deux dépêches au Roi, et je vous avois aussi écrit particulièrement, pensant envoyer le tout par une voie qui nous a manqué, avant que de recevoir vos lettres du cinquième et huitième de ce mois, que M. de Roques me rendit le jour d'hier avec celles qu'il a plu à Sa Majesté m'écrire pour le particulier d'icelui. Je ferai maintenant quelque réponse, et plus amplement par M. de Béthune qui doit partir dans quatre ou cinq jours pour aller en cour. Elles ne font mention que de vos lettres du 23 et 24 de mars, et vous en aurez depuis reçu du 29 dudit mois, et du premier et septième du présent. Les Etats et les archiducs n'ont été si vigilans qu'ils avoient promis, ayant perdu près de trois semaines sans traiter, et huit jours de plus eussent suffi pour faire mon voyage, à quoi j'ai un extrême regret d'avoir failli; mais je ne le pouvois pas prévoir, et craignois trop en m'absentant de trouver les affaires empirées à mon retour, y ayant assez pour nous employer M. de Russy et moi. Car encore que le loisir m'est souvent ennuyeux, si est-il besoin qu'on soit toujours aux écoutes pour confirmer les uns et rompre les pratiques que d'autres essaient de faire, n'étant possible de les joindre tous en une même opinion : non que cette diversité produise aucun tumulte, mais elle rend toujours les uns désireux d'attirer les autres à leur avis, et se servent de toutes occasions pour le faire, principalement ceux qui préfèrent la guerre comme plus utile à leur Etat que la paix, lesquels ne sont à la vérité en si grand nombre, ni les plus entendus au maniement des affaires; mais si y en a-t-il de qualité et de capables, et qui ont quelque créance, puis M. le prince Maurice y ajoute de l'autorité. Et ceux qui tendent à la paix ont ce désavantage, qu'ils n'osent publier plusieurs bonnes raisons que la prudence veut qu'on cache, et par ce moyen sont contraints, ès demandes qu'on fait de la part des Etats, de se laisser aller à des choses déraisonnables qui aigrissent les esprits des députés des archiducs, et les rendront peut-être à la fin moins disposés à la paix; mais ils deviendroient suspects, et auroient moins de crédit s'ils faisoient autrement. Encore a-t-on remué depuis quelques jours de nouvelles difficultés, pour montrer que la paix doit être cause de la ruine de cet Etat, et au contraire la continuation de la guerre de la grandeur et prospérité d'icelui. En quoi peut-être il y auroit bien de la raison, si toutes les provinces étoient délibérées de suivre cette résolution avec le même courage et ardeur que du passé, et le roi d'Angleterre bien uni avec Sa Majesté pour ensemblement les assister et secourir; mais je doute bien fort du premier, et n'y a apparence qu'on doive espérer le dernier; par ainsi je ne peux aucunement approuver tel avis comme peu convenable à l'état des affaires, et fondé sur de vaines imaginations qui trompent toujours ceux qui s'y fient. Néanmoins, pource que plusieurs en discourent ici autrement, M. de Russy, de son côté, a recueilli ce qu'il a pu apprendre des propos et mémoires à lui donnés par écrit de la part de ceux avec lesquels il en a conféré, et moi du mien, à quoi il ajoutera aussi ce que son propre sens et jugement lui pourra suggérer. Vous verrez les deux à l'arrivée de M. de Bethune qui en sera le porteur.

Je me fusse abstenu d'y mettre la main, mais estimant qu'il pourroit y avoir quelque diversité en nos avis et raisons, il m'a semblé plus à propos de le faire; et à cet effet j'y commence aujourd'hui, afin que Sa Majesté étant mieux instruite nous puisse aussi mieux commander ses intentions. Les députés des archiducs et des Etats confèrent à présent, et disent vouloir continuer chacun jour; mais c'est assez lentement, et n'y a doute que les uns et les autres ne soient fort échauffés, et que leurs conférences ne seront que pour entretenir le tapis, comme vous m'avez déjà mandé, jusqu'à la venue du cordelier. C'est pourquoi, au cas que le Roi doive faire tôt, et avant deux ou trois mois, ce long voyage dont vous m'avez écrit, je penserois qu'il seroit nécessaire de le voir afin d'être instruit, par sa bouche, des avis qu'aurions à prendre sur toutes les occurrences de l'avenir, dont son éloignement nous ôteroit le moyen d'être informés aussi promptement qu'il seroit besoin, lorsque les occasions s'en présenteroient. Mais si Sa Majesté veut laisser passer les grandes chaleurs avant que partir, ce sera fait ou failli ici lorsqu'elle commencera son voyage; car les conférences qu'on fera en attendant le retour du cordelier avanceront toujours les affaires, et les mettront en tel état, qu'il ne restera qu'à dire oui ou non lorsqu'il sera arrivé, au lieu que maintenant chacun retient son dernier mot. Il est malaisé de prévoir quelle en sera l'issue; bien estimé-je que les Etats ne seront si rudes à la fin, et se relâcheront plutôt de quelque chose que de rentrer en guerre, si le secours des deux rois ne les échauffe à prendre ce conseil : mais semble, par ce que mandez et les avis qu'avez du côté d'Espagne, qu'il y a plus à douter de cet endroit. Il est vrai qu'ils sont accoutumés de traiter leurs affaires si secrètement, et de faire courir aussi par artifice des bruits si contraires à ce qu'ils pensent, que je ne mets en aucune considération tout ce qu'on en dit, me souvenant que tous les avis qui venoient d'Espagne avant que la ratification eût été envoyée, étoient que le roi d'Espagne ne la donneroit jamais. Je ne laisse pourtant d'en être en crainte, quand je considère qu'il n'y a rien en tous les articles qui le puisse contenter.

Le sieur Robiano, trésorier général des archiducs, est ici depuis peu de jours, m'a vu en particulier, et m'a tenu plusieurs bons propos de l'espérance que les archiducs ont d'être assistés des ministres de Sa Majesté à faire la paix; et en conférant des conditions, m'a montré que le fait des Indes se pourroit encore accommoder, et qu'il faisoit plus de difficulté sur celui de la religion, et que le roi d'Espagne ne raitteroit jamais autrement; et quoique je lui répondisse qu'on en pourroit avoir meilleure issue après le traité, il ne s'en contenta : ce qui me fait toujours juger, si on vient à rupture, que ce sera là-dessus. Je vois bien que votre désir seroit, par les lettres que m'avez écrites, qu'on laisse cet article le dernier, et que les autres soient conclus et signés, s'il est possible, avant que d'entrer à celui-ci; mais c'est chose qu'on ne peut espérer; car vous savez bien, monsieur, que ce n'est pas la coutume de signer que tout ne soit d'accord, et encore qu'on puisse rejeter cet article sur la fin, que cela n'empêchera pas les archiducs de rompre là-dessus s'ils veulent. Nous ferons bien que les États ne le refuseront du tout, donneront même quelque espérance d'y pourvoir après le traité, sur notre demande et les remontrances que nous ferons ; et jusqu'ici j'avois cru que c'étoit l'intention du Roi, et votre avis qu'il y fût procédé ainsi, lorsque verrions les choses réduites à une rupture. Et me sembloit cette remontrance, faite de la part de Sa Majesté, devoir être utile pour rendre un témoignage public de son zèle à toute la chrétienté, et qu'elle n'a manqué, non plus que le roi d'Espagne, à vouloir procurer ce bien aux catholiques, comme aussi pour l'exempter de calomnie si, en secourant les États après la rupture, le roi d'Espagne venoit publier, pour le rendre odieux, soit dans le royaume ou ailleurs, qu'il prend la défense des hérétiques en une cause qui regarde purement la religion. Toutefois vous jugez, monsieur, par nos dernières lettres, que ce seroit chose inutile de le faire, puisqu'on en doit être refusé, et que cela pourroit offenser les amis. La vérité est bien qu'on n'en doit rien espérer du tout si la paix est rompue; mais j'eusse bien fait que le refus n'eût pas été entier, et qu'on eût seulement remis à autre temps, et avec espérance d'y pourvoir, et que les amis n'en fussent non plus demeurés offensés, y ayant déjà préparé les plus sages; onis ce qu'en les secourant par effet, ils auront plutôt sujet de se louer de la bonté du Roi que se plaindre de cette remontrance.

Considérez-la encore, s'il vous plaît, et je me conduirai sans y faillir selon que vous me manderez, estimant, comme je dois par raison, trop plus votre prudence que mon jugement, quand même vous ne seriez pas près du maître pour en savoir sa volonté. Tous ceux qui retournent de France, et ont eu l'honneur de voir le Roi, publient toujours qu'on ne fera pas la paix, et que Sa Majesté le dit ainsi, sans ajouter que c'est par prévoyance, tant pour les difficultés qu'elle sait être en la résolution de cette affaire, que pour les avis qu'elle a du côté d'Espagne ; mais, au contraire, quelques-uns d'entre eux disent qu'elle tient tels propos, comme si elle désiroit plutôt la guerre que la paix. C'est pourquoi je vous supplie très-humblement, ou elle auroit changé de volonté, comme elle en peut avoir des raisons qui nous sont inconnues, de m'en avertir, afin que je me conduise selon son intention. Ce n'est pas que j'ajoute foi à tels discours, car je sais qu'elle peut déguiser ce qu'elle sent pour plusieurs raisons, respects et considérations, et que les rapports ne sont pas aussi toujours véritables; mais je ne vous mande ceci sans raison, et quand vous nous expliquerez si clairement son intention qu'on n'en puisse douter, soit pour la paix ou pour la guerre, nous en serons plus confirmés et l'en servirons mieux. Le docteur Dick ne m'a encore donné les lettres que Sa Majesté nous écrit touchant le roi de Suède, après que l'aurons vu et conféré avec lui, je ferai réponse. Je prie Dieu, monsieur, qu'il vous donne en parfaite santé très-heureuse et longue vie.

Votre très-humble et très-obéissant serviteur,
P. JEANNIN.

De La Haye, ce 27 d'avril 1608.

LETTRE *de M. Jeannin à M. le duc de Sully, dudit jour 27 avril 1608.*

Monsieur, on fait peu maintenant en beaucoup de temps, et quoique nous pressions pour avancer les affaires, les uns et les autres ne sont fort échauffés, et semble qu'on veuille attendre le retour du cordelier, et couler cependant le temps en conférences sans rien résoudre. Il est vrai que sera toujours autant d'avance, et qu'il ne restera plus lors que de conclure ou rompre, sinon que l'un des deux veuille fuir pour éviter la guerre cette année : à quoi ils sont néanmoins si peu préparés d'une part et d'autre, que la crainte en est vaine; mais si la longueur et les remises viennent du côté d'Espagne, c'est un témoignage certain qu'ils ne feront point la paix; et quant aux Etats, s'ils ne la peuvent avoir, toutes sortes de remises leur plairont plus que de rompre pour rentrer en guerre, sinon que les deux rois offrent de les secourir, et qu'ils s'en voient assurés avant la rupture. Il y en a maintenant qui proposent de nouvelles raisons, pour essayer de persuader que la continuation de la guerre seroit plus utile aux Etats que la paix, et leur avis ne seroit à rejeter si toutes les provinces ensemble en prenoient la résolution, et qu'elles fussent assistées de Sa Majesté et du roi d'Angleterre, unis par une bonne alliance, tant pour leur mutuelle conservation que des Etats; mais toutes les deux sont fort difficiles. M. de Russy a recueilli les raisons de cet avis des propos et mémoires de ceux avec lesquels il en a conféré. J'en ai fait autant de mon côté, et en enverrons les discours au premier jour par M. de Bethune, qui doit incontinent partir, afin que Sa Majesté voyant l'un et l'autre nous puisse mieux commander ses intentions.

M. le président Richardot est en peine de ce que, pour le fait de la révocation des confiscations, on met un article général qui semble causer, comme il fait, la transaction de la comtesse de Ligne avec M. le prince d'Espinoy : il m'en a parlé pour sonder ce qu'en pensois. Je lui ai dit que ledit sieur d'Espinoy n'en fait aucune poursuite, mais que les Etats en prendront sans doute la défense, comme étant leur cause propre; qu'il est aussi vrai cette transaction, la paix faite, ne pouvoir subsister quand les clauses contenues en l'article qu'ai dressé moi-même, dont je vous envoie la copie, ne seroient insérées en icelui traité. Il s'est fort opiniâtré au contraire, mais c'est sans raison, montrant néanmoins désirer qu'un mariage pût faire cesser ce différend : à quoi n'ai répondu autre chose, sinon qu'on le pourroit mieux espérer après le bien rendu qu'en le retenant. Ce n'est encore le temps d'en faire plus grande instance. Je n'y omettrai rien alors, mais en aurai soin comme de tout ce que vous me commanderez, pour vous y rendre très-humble service de toute mon affection. Les Etats pressent et continuent leur supplication envers Sa Majesté pour les secourir jusques au traité; vous en verrez, monsieur, les raisons en nos lettres. Ils ont grand besoin de votre assistance et faveur, et je juge que c'est le service de Sa Majesté d'ajouter cette gratification aux autres, non indéfiniment jusques au traité, mais ce qu'il lui plaira pour toute l'année. Je suis, monsieur, votre très-humble et très-obéissant serviteur, P. JEANNIN.

Lettre de M. de La Boderie à M. Jeannin, du troisième de mai 1608.

Monsieur, il y avoit fort long-temps que je n'avois eu de vos lettres quand j'ai reçu celle du quatorzième du passé; vous l'aurez été bien autant sans avoir des miennes, n'ayant rien reconnu, en tout ce qui s'est passé de deçà depuis mes précédentes, qui m'ait pu faire changer d'avis touchant les humeurs et inclinations de cette cour sur les affaires que vous savez, ni que j'aie cru vous pouvoir servir à la direction ou avancement d'icelles. Si j'y eusse vu quelque chose de plus, je n'eusse manqué à vous en avertir. En effet, il y a une telle défiance aux esprits de ce prince, et de tous ceux de son conseil, telle envie et tels restes de cette inimitié naturelle et ancienne qui a toujours été entre cette nation et la nôtre, que ce sera un grand miracle s'ils marchent jamais avec nous avec la franchise et sincérité qui seroient nécessaires pour en tirer profit. Nous faisons d'ailleurs si peu de notre côté pour les guérir de cette maladie, que ce n'est pas merveille si nous en sentons tous les jours de nouveaux et fâcheux effets. J'ai remarqué depuis quelque temps quelque apparence plus grande que je n'ai encore fait, qu'ils se veulent r'appriviser par-deçà; mais je doute que ce ne soit pour favoriser une nouvelle poursuite qu'ils vont encore faire pour leurs prétendues dettes, sur laquelle, s'ils ne reçoivent contentement, comme notre humeur trop tenante, il faut le dire, m'en fait craindre, j'ai grand peur que ce sera encore pire. S'il étoit possible de bien enfourner cette négociation d'alliance, dont vous m'exhortez par le commencement de votre lettre, et puis m'en dissuadez, je dirois certes qu'il seroit très à propos, et y estimerois ma peine et mon industrie très-bien employées; mais, comme vous jugez vous-même, il faut avoir plus d'assurance de leur disposition que nous n'en avons jusques à cette heure, pour commettre au hasard une affaire de si grand poids.

M. de Barneveld en a écrit à M. Carron, qui, comme il est plein d'affection, en a mû quelques propos avec le comte de Salisbury. Ledit comte y a fait le froid, et a montré par sa réponse que ce n'est pas une affaire de laquelle ils veulent que messieurs les Etats soient les promoteurs. Il voudroit que nous nous laissassions entendre. En quoi qui pourroit être assuré de profiter, il se trouveroit possible bien des moyens qui ne sortiroient pas de la dignité; mais il faut y voir quelque chose de plus que ce qui se voit encore, sur quoi je tiendrai les yeux les plus ouverts qu'il me sera possible. A ce que j'en puis découvrir, leur intention ne seroit pas, s'ils en venoient à mariage, de faire simplement celui du prince avec notre Madame; ils voudroient, par même moyen, tirer en avant celui de monseigneur le Dauphin avec leur princesse d'ici, qui, certes, est pleine de vertus et de mérites, l'âge d'eux y apportant peu d'inégalité; elle vient à treize ans, et encore est fort grande pour son âge. Je ne sais comment on l'entendroit de delà; tant y a que le droit du jeu veut, ce me semble, que nous nous rapprochions peu à peu les uns des autres, comme c'est à quoi je tiens principalement, devant que nous laisser davantage entendre dessus ce fait. Si vous veniez à bout de la paix je le tiendrois bien facile, car il est certain qu'ils redoutent leur Irlande en ce cas-là; et, pour se garantir de cette crainte, et de toute autre qui leur puisse venir d'Espagne, ils tiendront lors notre alliance et celle de messieurs les Etats de Hollande très-nécessaires : mais jusques à ce qu'ils voient ladite paix bien bouclée, ils auront tant de peur de la guerre, qu'ils ne feront rien avec nous qui ait apparence de les y pouvoir tirer. Or, par ce qu'il vous plaît de m'en écrire, j'y vois encore beaucoup de doutes, et crains bien certes que ce commerce des Indes orientales n'y soit une grande pierre d'achoppement. Toutefois le besoin qu'ils ont en Espagne de remettre un peu leurs affaires en réputation, et le grand désir qu'ont l'archiduc et l'infante du repos, me font espérer que, quelque honte et préjudice qu'il y ait en cet article, ils le passeront, soit par forme de paix ou de trève. Je vous envoie l'*Euphormion* que vous m'avez demandé, lequel je me suis fait donner par l'auteur qui est ici; car il ne se vend ni ici, ni en France. Vous y verrez un assez beau style et un assez bon langage, du reste des discours d'un jeune homme qui veut plaire en cette cour, et qui promet plus de jugement avec le temps; mais quand vous l'aurez vu, vous m'en direz, s'il vous plaît, le vôtre. Et je demeurerai, en vous baisant très-humblement les mains, monsieur, votre très-humble et très-affectionné serviteur, LA BODERIE.

A Londres, ce troisième de mai 1608.

LETTRE *de MM. Jeannin et de Russy au Roi, du dixième de mai 1608.*

SIRE,

Sans la contrariété des vents et de la tempête qui ont duré plusieurs jours, le président Jeannin, qui étoit parti de ce lieu dès le second de ce mois, et a demeuré quatre jours sur l'eau en intention de passer outre, seroit maintenant bien près de Votre Majesté, pour lui rendre compte de toutes les choses qui dépendent de la charge qu'il lui a plu nous donner; mais le vent ne s'étant changé que le dixième, le temps perdu a été cause que les Etats l'ont pressé encore plus qu'ils n'avoient fait auparavant d'arrêter, et qu'il perdra cette occasion de la voir pour ce coup, dont il a beaucoup de regret, jugeant ce voyage nécessaire, même que Votre Majesté s'éloigne pour faire le sien de Provence. Nous faisons peu, attendant la venue du cordelier, que les députés des archiducs assurent devoir être ici dans la fin de ce mois pour le plus tard. Chacun se tient couvert cependant, et ne veut dire ès conférences qu'il a fait son dernier mot; et quelques diligences qu'ayons faites pour presser l'avancement des affaires, les uns et les autres montrent de n'en voir pas grand'hâte. Aussi, à la vérité, tout dépend de la résolution que le roi d'Espagne prendra sur le commerce des Indes, n'y ayant rien hors cet article qui puisse rompre le traité, pourvu qu'ils ne prétendent et veulent opiniâtrer le rétablissement de la religion catholique. On fait bien courir ici de mauvais bruits de tous les deux, sur les avis qu'on dit être venus aux archiducs du côté d'Espagne, les députés desquels montrent aussi d'en être en peine, et de craindre que la paix ne soit rompue à cette occasion: mais ce sont peut-être artifices, nous souvenant bien qu'avant que la ratification du roi d'Espagne

...eût été envoyée on faisoit courir les mêmes..., et qu'il ne l'accorderoit jamais.

...est moins dangereux pour ces peuples...rompe sur le fait de la religion que sur...des Indes; car, pour le premier, ils sont d'avis de n'en consentir aucune chose par...; mais ils ne laisseront pourtant de pren-...de bonne part les remontrances de Votre...esté sur ce sujet, si elle est d'avis qu'on les...dont toutefois on n'espère autre fruit, si-...de faire paroître son zèle envers les catho-...ces et à l'augmentation de sa religion. Mais,...nt à l'article du commerce, le danger sem-...nt plus grand, pource qu'il y a quatre ou...provinces qui n'y ont intérêt, dont les dé-...ont montré que la rupture à cette occa-...leur déplairoit. Et cela est cause que les...ne veulent rien arrêter absolument sur...utres articles jusqu'à ce qu'ils voient si ce-...sera accordé ou refusé, pour avoir tou-...moyen de rompre ailleurs s'il en est be-...Mais il leur sera difficile d'ôter cet avantage...autres, de rompre où il leur plaira, au...qu'ils en aient le dessein; et néanmoins,...nd ils le feront, M. le prince Maurice, M. le...Guillaume et plusieurs autres, croient...toutes les provinces ne laisseront de de-...er en leur union, et de rentrer en guerre...même courage et vigueur que du passé,...nt leur opinion sur ce que la plupart des...desdites provinces sont remplies de gran-...rnisons, que le magistrat y est bien affec-...é, et quand quelques-unes viendroient à...parer, au lieu qu'elles ne sont à présent...rontières des ennemis, elles le seroient...deux côtés, et en pire état que de-...Cette crainte n'est pas toutefois du tout...et seroit encore plus grande si on venoit...mpre sur autres articles de moindre im-...nce que celui des Indes, que les plus sages...t bien devoir être utile à tout l'Etat. Quel-...s bien affectionnés au bien de leur pa-...ont mis en avant, depuis peu de jours, des...ons par lesquelles il leur semble devoir être...ommageable à leur Etat que la guerre....les avons recueillies, comme aussi les ré-...es des autres qui ne sont de leur avis, dont...discours ont été faits, que Votre Majesté...ra, s'il lui plaît en prendre la peine. Nous le...ons afin qu'elle soit pleinement instruite de toutes choses, y apporter son jugement, et nous commander mieux ses intentions, que nous suivrons sans y rien ajouter du nôtre que l'obéissance et fidélité, soin et diligence.

Nous lui envoyons aussi l'extrait d'une lettre que l'amiral de la flotte de Zélande, lequel est aux Indes, a écrite touchant le combat avenu au détroit de Malaca. Le fait y est bien simplement déduit, et sans aucun artifice, mais ce n'est pas du tout en la façon qu'on l'avoit publié ici. M. de Collis a eu avis d'Allemagne que les archiducs de Gratz et la veuve, mère de la reine d'Espagne, travaillent pour appointer le différend de l'empereur avec l'archiduc Mathias, que le duc de Bavière s'y emploie aussi, et qu'on en espère bien; que l'empereur ne demande plus en la diète de Ratisbonne des contributions pour la guerre de Hongrie, comme voulant approuver la trêve avec le Turc, crainte que les mouvemens nouveaux en Hongrie ne fussent cause d'un plus grand mal, et qu'il se contente de celles qui seront nécessaires pour munir les places des frontières de bonnes garnisons, afin de les empêcher de surprise, et pour acquitter aussi les dettes qu'il a contractées pour la défense de l'empire en cette dernière guerre. On lui mande encore que le duc de Savoie est maintenant d'accord et en bonne intelligence avec le roi d'Espagne. Nous envoyons à Votre Majesté les ratifications des Provinces touchant la ligue faite avec eux : c'est M. de Bethune qui en sera le porteur, lequel se conduit si sagement par-deçà, qu'il y est en très-bonne odeur et réputation. Nous avons aussi conféré avec lui des particularités dont nous avons estimé que Votre Majesté seroit bien aise d'être informée, bien assurés qu'il lui en rendra bon compte. Sur ce, nous prions Dieu, sire, qu'il donne à Votre Majesté, en parfaite santé, très-longue et très-heureuse vie.

Vos très-humbles et très-obéissans sujets et serviteurs,   P. JEANNIN et DE RUSSY.
De La Haye, ce dixième de mai 1608.

LETTRE *de M. Jeannin à M. de Villeroy, dudit jour dixième de mai 1608.*

Monsieur, ayant reconnu par trois lettres du Roi que Sa Majesté désiroit que je fisse un voyage vers elle, vous aussi me l'ayant écrit par son commandement, pourvu qu'il se pût faire sans le préjudice de son service, j'avois pris ce conseil; et quoique messieurs les Etats m'eussent envoyé par deux fois leurs députés pour me le dissuader, avec plusieurs propos qui témoignoient leur affection à me retenir; que M. le prince Maurice, madame la princesse d'Orange et M. de Barneveld, en eussent fait autant en particulier, comme aussi tous les ambassadeurs des princes qui sont ici; si est-ce que leur ayant dit mes raisons pour le leur faire approuver et assuré de mon prompt retour, s'il plaisoit à Dieu me conserver en santé, ils y avoient tous consenti : étant aussi véritable que mon absence, jusqu'à la venue du cordelier, ne devoit être d'aucun préjudice à leurs affaires, dont ils traitent si lentement aujourd'hui, que c'est plutôt pour couler le temps et s'employer en apparence que pour négocier en effet. Or j'avois pris la mer dès le deuxième de ce mois, du côté de Zélande, pour aller à l'Ecluse et de là à Amiens, pource que le vent, dès-lors contraire pour aller à Calais ou à Dieppe, m'ôtoit le moyen de prendre ce chemin, et, à cette occasion, avois pris un passeport de M. le marquis Spinola, qui en donna pareillement un à M. de Bethune pour faire le voyage ensemblement. Mais après avoir été quatre jours sur la mer, et jusqu'à quatorze lieues de Rotterdam, ayant toujours le vent et la tempête du tout contraires, sans qu'il y eût apparence de changement en un meilleur temps, nous fûmes contraints de retourner en ce lieu, me restant toujours le même désir de faire le voyage si le vent se changeoit bientôt; mais il a continué à être mauvais jusque vers le dixième qu'il s'est changé, et lors les Etats et chacun m'a pressé de demeurer et n'y ai pu contredire : tellement qu'ai perdu avec grand regret l'occasion de voir le Roi pour ce coup, ce que je jugeois fort à propos pour éclaircir son esprit de toutes choses, lui rendre compte de mes actions, et recevoir ses commandemens. Ce sera quand il plaira à Dieu, et que Sa Majesté me le commandera expressément, sans rien remettre à mon jugement.

Je vous ai écrit par M. du Monts, lequel j'eusse retenu deux ou trois jours pour vous envoyer par lui un discours, lequel contient quelques nouvelles objections contre la paix, ce qui me semble y pouvoir être répondu, ayant en opinion dès-lors que M. de Russy, qui en a fait un à part sur quelques mémoires que M. Francques, homme fort affectionné à son pays, et grand ennemi des Espagnols, lui a donnés, le vous pourroit envoyer; mais je n'y avois encore mis la main, et, après l'avoir commencé, je l'avois intermis pour lors, pource qu'il me sembloit, faisant le voyage moi-même, que cela seroit superflu. Or je l'ai achevé, et le vous envoie par M. de Bethune, après avoir su de ce sieur de Russy, depuis deux jours seulement, qu'il vous avoit envoyé le sien par ledit sieur du Monts; car j'estime qu'il sera à propos que Sa Majesté voie les deux, d'autant qu'il n'a mis que les raisons pour faire rejeter la paix ainsi qu'il m'a dit lui-même, et mon discours contient les objections et les réponses, qui sont très-véritables pour le regard de ce qui consiste en fait. Et quant aux raisons, c'est au sens et jugement d'un chacun de les approuver ou rejeter. Il n'y a personne de ceux qui manient les affaires ici, tant les amateurs de paix que les autres qui sont désireux de la guerre, qui n'ait conféré librement et amiablement avec moi. Il est vrai qu'en ces conférences avec eux j'essaie de réfuter les raisons qui me semblent foibles ou contraires à ce que le Roi nous a commandé, et que peut-être aucuns me jugent plus enclin à la paix qu'ils ne voudroient à cette occasion; mais j'estime en devoir user ainsi, pour étouffer divers bruits qu'aucuns de cet Etat font courir avec artifice de la volonté de Sa Majesté, comme si elle désiroit plus favoriser la guerre que la paix, et offroit de les assister d'un grand secours : ce qu'ils font afin de donner courage à ceux qui sont de cette opinion, en accroître le nombre, et étonner les autres.

Vous verrez, monsieur, que le principal fondement recherché et mis en avant de nouveau pour montrer que la paix doit être dommageable est celui-ci : qu'elle n'aura de fonds assez pour supporter ses charges, comme s'il devoit être plus aisé aux Etats de fournir aux dépenses de la guerre qu'à celles de la paix, qui doivent être moindres des trois quarts deux ans après qu'elle sera faite, chose du tout fausse. Je ne vous répéterai rien de ce qui est contenu en icelui discours, mais vous dirai seulement que depuis environ un mois, ceux qui ont toujours montré d'avoir en horreur la paix, comme aussi la compagnie des Indes, sur le bruit qu'on avoit fait courir que le roi d'Espagne ne vouloit point accorder ledit commerce, ont fait tout ce qu'ils ont pu pour traverser la paix sur ledit fondement, et aucuns y ont ajouté que la paix ne pouvoit être faite ici que Sa Majesté et le roi d'Espagne n'eussent moyen à cette occasion de s'unir et allier ensemble, et que cela tourneroit à la ruine de ceux de la religion partout; mais on est tant assuré de l'affection de Sa Majesté envers cet Etat, que tous ces artifices n'ont de rien servi. Il est vrai néanmoins que si Sa Majesté seule, ou le roi d'Angleterre avec elle, vouloient offrir un secours raisonnable, que M. le prince Maurice réduit maintenant à douze cent mille écus, on pourroit espérer, plutôt aujourd'hui qu'on n'eût fait du passé, de les changer au cas que le roi d'Espagne n'accorde le commerce des Indes à leur mot. Je dis espérer, car quoique aucuns le tiennent facile, je n'en juge pas ainsi, et estime qu'il y aura toujours beaucoup de difficultés pour le faire; mais si j'en reçois le commandement, je n'omettrai rien pour en donner satisfaction à Sa Majesté; paix ou guerre, ce m'est une même chose, pourvu que ce soit la volonté et le contentement du maître duquel je désire mériter la grâce en bien servant.

Vos lettres du 17 contiennent que Sa Majesté préfère toujours la paix, puis la trêve à longues années à la guerre, et néanmoins qu'elle prévoit tant de dangers et inconvéniens en la résolution que les Etats prendront, soit de paix ou de guerre, qu'elle aime mieux que les laissions choisir d'eux-mêmes ce que bon leur semblera que de nous en rendre auteurs. Or, j'ai crainte que les affaires n'aillent pas bien si nous y procédons ainsi; car s'ils font un mauvais choix, nous ne laisserons d'en être blâmés, et personne ne nous aura obligation s'ils font bien; puis ce que nous ferons, les députés des autres princes le suivront sans doute : ainsi nous serons tous inutiles, et aura-t-on opinion, demeurant retenus à déclarer nos intentions, que nous désirons la guerre sans nous en oser découvrir, n'y ayant personne qui puisse croire qu'ayons affection à la paix si nous craignons de le dire, pource qu'il n'y a que de l'honneur à procurer ce bon œuvre. Autre chose seroit si nous suspendions notre jugement sur la résolution de la guerre, dont chacun doit fuir d'être tenu pour auteur, à cause du blâme, de la haine, des dépenses et périls qu'on peut encourir en la conseillant. J'en ai encore mis plus particulièrement les raisons en cet écrit que je vous envoie; toutefois si vous ne les approuvez par-delà, je ferai tout ce qui me sera commandé. Je crains qu'on ne représente de quelques endroits les affaires à Sa Majesté d'autre sorte qu'elles ne sont : qu'elle croie, s'il lui plaît, que rien ne lui est déguisé par moi, et que je pense ne devoir céder aujourd'hui à personne en la connoissance des affaires qu'on traite ici, pour y avoir pris tant de peine, et depuis un si long temps, que je ne serois pas digne de la servir si je n'en étois bien instruit, non que je pense pouvoir juger avec certitude ce que feront ces peuples qui ont si peu de crainte et d'appréhension de l'avenir, et sont sujets à des mouvemens si soudains qu'ils se peuvent changer en peu de temps, mais la vérité est que pour le présent le plus grand nombre désire toujours la paix, et crains plus pour moi que leurs ennemis ne la leur veuillent accorder comme ils la demandent, qu'eux soient pour la refuser.

Vous me mandez aussi, monsieur, avoir entendu par-delà que le sieur Barneveld est en danger de perdre bientôt son crédit. Je ne sais qui fait ces contes, mais je vous peux assurer qu'il n'eut jamais plus de pouvoir et de crédit qu'il en a, et que ceux qui tendent à la guerre n'oublient rien pour le gagner, m'ayant été dit en présence de M. de Russy, depuis deux jours, par quelqu'un qui est des Etats mêmes, que s'il vouloit embrasser le parti de la guerre, il y porteroit dès le lendemain toute la province de Hollande, qui peut plus seule ès résolutions que toutes les autres ensemble. Je ne vous ai rien écrit de ce qui le touche et ses enfans que pour le service du Roi, et le désir que j'ai de lui acquérir des serviteurs, non-seulement pour faire passer les affaires qu'on traite à présent selon son désir, mais pour y avoir à l'avenir une telle créance et autorité, que sur les occurrences on y puisse bâtir des desseins qui tournent à l'utilité du royaume, dont on ne vient jamais à bout quand on les veut précipiter tout d'un coup sans les avoir préparés de cette façon, et y en acquérant de loin des instrumens qui soient propres pour les mettre en besogne lorsqu'il en est temps. Je n'y ai autre intérêt; c'est à Sa Majesté d'en ordonner son bon plaisir. Souvenez-vous pour le moins des enfans, et m'instruisez, je vous supplie très-humblement, par votre première dépêche, de ce que j'aurai à faire pour ce regard, afin que je ne vous en importune plus.

M. de La Boderie m'a écrit, du troisième de ce mois, qu'il lui semble que les Anglois se veulent rapprocher, mais qu'il ne sait si c'est à bon escient, ou à dessein d'obtenir le paiement de quelques dettes dont ils prétendent faire poursuite. Il me semble qu'on doit faire tout ce qu'on pourra pour les induire à désirer notre amitié, et à se conjoindre en une bonne alliance avec nous. Il ajoute encore par ses lettres que s'ils entrent en des mariages, ils les voudront doubles; à savoir, du prince de Galles avec Madame, et de monseigneur le Dauphin avec leur fille aînée, et qu'ils ne feront l'un sans l'autre. Je ne suis pas capable d'en donner avis; mais tous les deux ensemble ne sont qu'avantageux, même celui de la fille, qui a droit de succéder à la couronne après les mâles, ces deux liens ensemble étant pour mieux assurer et affermir l'alliance des deux royaumes. Il y a bien quelques considérations au contraire qui vous sont connues, mais elles ne semblent pas assez fortes pour empêcher ce bon œuvre, si l'occasion s'en offroit, dont il y a bien à douter, tant ils se sont montrés peu enclins à nous vouloir du bien jusqu'ici. Leurs députés qui sont en ce lieu, s'étoient imaginés que je devois passer à mon retour vers les archiducs, et que le sieur Richardot et moi, ès conférences particulières que nous avions eues ensemble, avions traité quelque chose dont ils montroient d'être en soupçon. Ceux qui connoissent le naturel de cette nation estiment que ces jalousies sont plutôt moyens pour les persuader que de bonnes raisons. Vous avez toujours mauvaise opinion de l'issue des affaires que nous traitons; et je crois néanmoins, si le roi d'Espagne n'a eu la volonté de tromper dès le commencement de ces conférences, ou qu'il n'ait reconnu quelque chose ici qui l'ait changé, que nous aurons la paix ou la trève à longues années, nonobstant les mouvemens et brouilleries qu'on a essayé de faire en ce lieu pour dissuader l'un et l'autre à ces peuples, dont je serai aussi avec les autres quand Sa Majesté l'aura commandé, et non plus tôt, et vous peux assurer que je ne serai devancé lors de personne. J'ai aussi la même opinion de M. de Russy et de la princesse d'Orange, et que n'aurons tous qu'un même but, qui doit être de suivre le commandement du maître, non notre avis et inclination. J'aurois beaucoup de regret si le Roi faisoit un voyage en Provence, sans que je l'eusse vu premier pour m'éclaircir avant son départ de toutes choses, et être si bien instruit de ses intentions qu'on n'y puisse faillir, combien que j'aie fait du passé, en sorte qu'à mon avis il n'y a rien à douter, si quelque changement n'est advenu depuis en sa volonté dont il soit besoin m'instruire de nouveau. Je désire qu'il plaise à Sa Majesté nous mander ce qu'elle veut faire pour l'argent, avant que le dire à M. Aërsens, qui en avertira aussitôt, afin que les Etats lui en aient le gré, non à nous qui sommes ses ministres. Nous ferons peu attendant le cordelier; mais on me presse tant d'arrêter, que je suis contraint de suivre plutôt la volonté d'autrui que la mienne. M. Franques m'a donné de nouveaux mémoires pour entreprendre sur les Indes d'occident. Je les réserve avec d'autres pour les faire voir quand il sera temps.

Je suis, monsieur, votre très-humble et très-obéissant serviteur. P. JEANNIN.

A La Haye, ce dixième jour de mai 1608.

Lettre *dudit sieur Jeannin à M. le duc de Sully, dudit jour dixième de mai* 1608.

Monsieur, je pensois bien avoir l'honneur de vous voir au même temps que M. de Béthune, mais les vents qui ont été contraires depuis dix ou douze jours m'ont fait retourner, après avoir demeuré sur la mer quatre jours; et maintenant les Etats m'ont tant prié de changer d'avis, qu'avec ce que j'avois perdu de temps pour être ici de retour aussitôt que le cordelier, je me suis abstenu de faire le voyage, encore qu'à la vérité on avance si peu les affaires, que je suis à présent presque inutile, et ne vois pas qu'on doive user de plus grande diligence jusqu'à ce que le cordelier soit arrivé, pour ce qu'on tient que la paix ou la rupture d'icelle doit dépendre de la résolution qu'il apportera touchant le commerce des Indes, lequel étant accordé, il n'y a plus rien qui puisse donner sujet de rompre aux uns ou aux autres, si ce n'est le fait de la religion, duquel les députés des archiducs savent bien qu'ils ne doivent rien espérer, et s'ils s'opiniâtrent que tout est rompu. Encore que le plus grand nombre des députés de l'assemblée générale des Etats soit toujours désireux de la paix, si semble-t-il qu'il y a plus d'espérance de les changer qu'il n'y avoit du passé, au cas que le commerce des Indes ne leur soit accordé selon qu'ils l'ont requis, pourvu qu'ils voient quelque assurance au secours, sans lequel ils ne rentreront jamais en guerre, s'ils n'y sont du tout contraints, et chercheront plutôt toutes sortes d'expédiens pour accommoder les affaires, que de retomber en ce danger. On est entré de nouveau en quelques ouvertures des inconvéniens qu'on craint devoir arriver par la paix, dont vous aurez vu, comme j'estime, un discours avant que vous receviez cette lettre, lequel a été envoyé à M. de Villeroy. J'en ai fait aussi un qui contient les raisons d'une part et d'autre, dont M. de Bethune est porteur. Je sais que vous le verrez aussi, s'il vous plaît en prendre la peine, et donner sur tous les deux votre avis à Sa Majesté, afin qu'elle y puisse mieux asseoir son jugement, et nous commander ses intentions, que nous suivrons précisément, et sans y ajouter autre chose du mien que l'obéissance et fidélité. Je serai aussi affectionné à vous rendre très-humble service, comme étant obligé de demeurer perpétuellement, monsieur, votre très-humble et très-obéissant serviteur, P. JEANNIN.

A La Haye, ce dixième de mai 1608.

Écrit fait en Hollande, et envoyé au Roi le dixième de mai 1608, sur ce que M. le président Jeannin fut averti que M. le prince Maurice avoit écrit à Sa Majesté pour blâmer la poursuite qu'il faisoit pour induire les Etats d'accepter la paix ou la trêve, à quoi le sieur de Russy adhéroit contre l'instruction qu'ils avoient de Sa Majesté.

Depuis peu de jours, quelques personnes bien affectionnées à cet Etat sont entrées en appréhension que la paix, désirée par ceux qui ont la réputation d'être les plus entendus au maniement des affaires, suivis d'un plus grand nombre, ne soit pas le meilleur et plus assuré conseil pour leur pays, mettant en avant des raisons non encore déduites jusques à présent, qu'aucuns jugent dignes de grande considération, et les autres rejettent du tout, préférant toujours la paix au renouvellement des armes, au cas qu'on la puisse obtenir à conditions raisonnables. Or, comme rien ne s'est passé par-deçà dont il fût requis informer le Roi, qu'on ne lui en ait donné avis, ce discours a été mis par écrit, lequel contient les raisons des uns et des autres, et tout ce qu'on a estimé devoir être considéré et représenté sur ce sujet, afin que Sa Majesté y puisse mieux asseoir son jugement, et commander ses intentions.

Les premiers disent que les Etats ont un grand fonds ordinaire et certain durant la guerre, lequel peut suffire, avec quelque aide des princes qui affectionnent leur prospérité, pour la continuer avec espérance de bon succès, et que la paix le fera tarir du tout, ou bien devenir si petit qu'il n'y aura pas assez pour entretenir les garnisons et autres charges que la sûreté et conservation de la paix requiert, par ainsi seront méprisables, inutiles à eux et à leurs amis, et, qui pis est, exposés, à cause de cette foiblesse, à toutes sortes d'injures et périls, même des princes qu'ils ont offensés.

Pour le vérifier, ils déduisent particulièrement en quoi consiste ce revenu, puis ce que la guerre en doit ôter; mettant pour premier lieu et principal article d'icelui revenu les consumptions, c'est-à-dire les droits et subsides qu'on lève sur toutes sortes de denrées qui servent à l'usage et commodité de la vie, lesquelles ont accoutumé de valoir chacun an, durant la guerre, cinq millions cinq cent mille livres, et qu'il n'y a aucune apparence que les peuples et gens de toutes qualités, qui se sont assujétis à les payer durant la guerre, crainte de leurs ennemis, et pour la nécessité de leur conservation, les veulent continuer lorsqu'on sera en paix, et penseront plutôt que les alliances contractées avec deux grands rois, lesquels se sont rendus comme garants de l'observation d'icelle, pourront suffire pour toute sûreté, sans qu'il leur soit besoin d'autres forces ni garnisons dans les places; étant bien vrai que la plupart des peuples ne se réjouissent de l'espérance de ce repos, sinon pour cette seule considération d'être déchargés d'un si pesant faix.

Ajoutent encore, quand ils se disposeroient tous de souffrir, du moins pour quelque temps, ces consumptions, qu'elles diminueront de beaucoup à l'instant que la paix sera faite, et à mesure que les gens de guerre, qui sont à présent de soixante mille de solde, assujétis à les payer comme tous les autres habitans, seront licenciés et réduits à dix ou douze mille hommes, qui est le plus grand nombre dont les Etats puissent avoir besoin après la première ou seconde année de la paix.

Que plusieurs marchands aussi, lesquels avoient avant la guerre leur demeure ès pays des archiducs, voyant le trafic libre et assuré d'une province à autre, et par tous les Pays-Bas indifféremment, seront pour s'absenter de ces pays, et le doit-on tenir comme certain pour le regard des catholiques, si on ne leur donne l'exercice de leur religion, en craignant autant des artisans, qui n'ayant moyen de supporter la grande cherté qui sera aux vivres et de toutes autres denrées, à cause desdits subsides, iront chercher demeure ès lieux et endroits où ils pourront gagner leur vie avec plus de commodité; et toutes ces retraites seront cause de faire des solitudes ès Provinces-Unies, et par conséquent de diminuer de beaucoup le revenu qu'on tire de ces consomptions, contraindront même enfin les États, pour éviter pis, de les abolir du tout, ou de les réduire à bien peu; et par ainsi ce revenu, qui étoit grand et certain, ne sera plus rien après la paix.

Viennent après aux convois, licences et droits d'amirauté, qui étoient en valeur, chacun an, de dix-sept à dix-huit cent mille livres, lesquels demeureront pareillement du tout éteints; ayant les députés des archiducs déjà déclaré et répété souventefois qu'ils ne consentiront jamais que leurs sujets les paient, attendu qu'ils n'ont été introduits sinon durant la guerre, et qu'il n'est raisonnable qu'on leur vende le passage de la mer et des ports, lesquels, en temps de paix, doivent être communs et libres à tous les amis. Or si on les en exempte, comme il sera peut-être nécessaire pour obtenir la paix, il en faudra aussi décharger les habitans des Provinces-Unies; autrement tout le trafic s'en iroit ès pays des archiducs, pource que leurs sujets pourroient donner les denrées et marchandises exemptes du paiement de ce droit à meilleur marché qu'eux, et de là adviendroit que les marchands se retireroient à cette occasion à Anvers et ès autres lieux de leur obéissance; puis les princes, qui sont amis des États, ne les voudroient non plus souffrir, et ne seroit aussi raisonnable d'en charger leurs sujets, tous les autres en demeurant exempts.

Il n'y a point d'apparence non plus que les subsides mis sur les maisons et héritages puissent être continués quand on sera en paix, pource qu'ils sont si grands et excessifs, que chacun les tient insupportables dès à présent du moins, il les faudra diminuer de la moitié : ainsi, au lieu qu'ils souloient valoir deux millions de livres, sera beaucoup si on en peut tirer un million de livres pour l'État; encore doit-on craindre que les plus riches et aisés qui les paient ne s'en veulent décharger du tout.

Le dernier article consiste ès contributions qu'on souloit lever pendant la guerre dans le pays des ennemis, qui pouvoient revenir par chacun an à six cent mille livres, lesquelles, l'hostilité cessant, demeurent du tout éteintes.

On ne met en aucune considération le domaine, d'autant qu'il est fort petit, et sert seulement à payer les gages des officiers ordinaires, et non plus celui des ecclésiastiques, partie duquel a été vendue; l'autre est employée à la nourriture des gens d'église qui sont encore vivans, ou à l'entretènement des ministres; s'il y a quelque chose de plus, les villes l'appliquent à usages pieux, et à leurs commodités particulières.

Ils estiment donc avoir suffisamment justifié par cette déduction de tout ce revenu de l'État, qu'il n'aura aucun fonds après la paix pour soutenir ses charges, au lieu qu'il est à présent grand, et de dix millions de livres chacun an au moins, qu'on peut toujours continuer de lever tant que la guerre durera, pource qu'on en prend la plupart sur les ennemis ou sur les étrangers, lesquels ont trafic avec eux, et ne laissent d'en tirer de la commodité nonobstant le paiement desdits droits, et par ainsi ne font point de difficulté de s'y assujétir; et pour le regard de ce que les originaires et habitans en paient, il ne leur a jamais semblé onéreux, le voyant employé à leur conservation, avec lequel revenu bien peu d'aide suffisoit, non-seulement pour se défendre, mais aussi pour s'accroître; au lieu que si la paix leur ôte ce fonds et revenu, on doit craindre que les moindres ennemis qui voudront entreprendre sur eux ne les puissent ruiner.

Car ils ne sont pas comme les Suisses, lesquels, destitués de fonds et revenu en commun, sont assez forts et puissans en hommes pour se défendre eux-mêmes, et donner de la terreur à quiconque les voudroit assaillir; mais au contraire seront toujours contraints, soit pour se garder ou pour entreprendre sur autrui, d'avoir recours aux soldats auxiliaires qui dépendent de la grâce et bienveillance des amis, lesquels se lassent bientôt d'assister ceux qui sont foibles, et n'ont moyen de se rencherir des plaisirs qu'on leur fait, ou bien de se servir de soldats mercenaires qu'on ne peut recouvrer ni entretenir sans solde ni sans argent.

Et combien qu'ils aient à présent des maîtres de navires, mariniers et matelots jusques à quarante mille, à ce qu'on dit, tous bien exercés aux guerres et combats de mer, ès quels ils se sont rendus formidables à toutes nations, qui peuvent bien être mis au rang de bons soldats, cette vigueur militaire s'alentira et perdra en tout quand il n'y aura plus de guerre, et qu'ils exerceront leur trafic partout, soit en Espagne, aux Indes ou ailleurs, sans hostilité et de gré à gré; se déferont même de leurs navires de guerre, pource qu'elles leur seront inutiles, ou deviendront simples marchands; ou bien le roi d'Espagne, pour les gagner et acquérir, se servira d'eux, et les employera en ses voyages des Indes et ailleurs, les rendant du tout siens par le profit d'une plus grande solde qu'il leur donnera, l'État demeurant par ce moyen affoibli, et lui fortifié d'autant.

On craint encore les divisions qui peuvent arriver parmi eux lorsqu'ils seront en repos, dont les semences déjà trop avant enracinées dans les villes et provinces entières, n'eussent tant arrêté à produire du mal, si la crainte des ennemis et le danger commun ne les eût retenus, lesquelles accroîtront tous les jours par les pratiques secrètes et corruptions qui viendront de la part des princes, qui, ne les ayant pu ruiner par la force ouverte en plusieurs années, penseront gagner davantage en peu de temps par tels artifices; et tous ces inconvéniens leur semblent si grands, qu'à leur jugement, les dangers de la guerre, auxquels ils sont déjà accoutumés ne les peuvent aucunement égaler.

Mais les autres soutiennent au contraire que la grande foiblesse à laquelle on prétend l'État devoir être réduit par la paix, faute de fonds et de moyens pour soutenir ses charges, est une crainte aussi imaginaire qu'il est véritable l'État n'avoir de soi-même les forces et moyens requis pour faire la guerre, n'étant sagesse aussi de s'assurer au secours d'autrui; qu'en jugeant sainement et sans passion du bien et du mal de la paix et de la guerre, il n'y a aucun choix entre l'un et l'autre, et semble même que la nécessité leur enseigne, ou plutôt les force de rechercher le premier et fuir l'autre.

Et pour l'examiner plus particulièrement, disent être bien vrai que le plus grand et plus certain revenu de l'État consiste aux consomptions, mais nient qu'elles vent tarir par la paix, n'y ayant apparence que les peuples en veulent refuser le paiement, d'autant qu'ils sont accoutumés à se laisser conduire par leurs supérieurs et magistrats sans murmurer, ni faire aucun mouvement pour empêcher l'exécution de ce qui est jugé nécessaire pour le salut public, dont l'expérience du passé a donné si grande preuve qu'on n'en doit aucunement douter. On peut bien dire que la guerre servoit lors d'un grand aiguillon pour les rendre plus obéissans; mais il est vrai aussi que la crainte de perdre la liberté et souveraineté qu'ils ont acquises avec tant de dépenses, labeurs et périls, auxquels ils participent tous également, aura encore la même force envers eux pour les induire à supporter, durant quelque temps, la dépense requise pour conserver un si précieux acquêt, pourvu qu'à mesure que la paix viendra à s'affermir, et qu'on se pourra passer de moindres garnisons et dépenses, on diminue aussi telles levées, comme on pourra faire lors sans péril, et en retenir néanmoins assez pour subvenir aux nécessités publiques.

Et quant à ce qu'on ajoute, que le licenciement de la plupart des gens de guerre, et la retraite d'un grand nombre de marchands et artisans, lesquels contribuent tous à ces consommations, les diminueront de beaucoup, ores qu'il n'y eût aucune difficulté à les lever, cela semble être vrai en apparence, mais il ne l'est pas en effet; car, pour le regard des gens de guerre, il faut considérer que le plus grand revenu des consommations, qui est de quatre millions cinq cent mille livres ès provinces de Hollande et Zélande, diminuera de bien peu, d'autant qu'il y a fort peu de garnisons ès dites provinces, en sorte que ceux qui sont bien informés de l'état des finances n'estiment pas que de cent portions, ou au pis aller de cinquante, on en doive diminuer plus d'une à cette occasion. Et quant aux autres provinces, villes et places de l'obéissance des Etats, elles ne s'y lèvent pas sur le pied de celles-ci, mais y sont petites et ne peuvent revenir pour tout qu'à un million de livres, eux ayant mieux aimé fournir leurs côtes par autres levées que de souffrir les consommations à si haut prix. Au moyen de quoi la diminution qui y aviendra par le licenciement desdits gens de guerre, ne sera de si grande considération, y ajoutant que les soldats ont accoutumé d'être la moitié de l'année en campagne pendant la guerre, auquel temps ils ne paient rien de ces consommations.

On dit pareillement, quant aux marchands et artisans, qu'il y a plusieurs raisons et considérations pour croire qu'ils ne se retireront point après la paix; à savoir, que la plupart et presque tous sont étrangers, et des pays des archiducs, lesquels se sont venus habituer en ce pays à cause de la religion, et y ont établi leur domicile dès si long-temps, qu'ils y sont mieux accommodés qu'ès pays de leur ancienne habitation. Puis ils penseront tous avoir plus de sûreté, et vivre avec plus de contentement en une république libre participant aux honneurs et commodités qui viennent de la liberté, qu'ailleurs, même qu'en la ville d'Anvers, qui est le lieu où on craint le plus qu'ils se retirent, pource qu'ils y seroient à la merci des soldats, et asservis à une citadelle qui les tiendroit toujours en quelque frayeur. Chacun considérera aussi que la mer, de laquelle doit venir le principal trafic, est pour la plupart au pouvoir des Etats, et par ainsi que sera à eux plutôt qu'aux archiducs de donner la sûreté au trafic.

Et par effet, on est déjà bien averti que plusieurs bons marchands, lesquels, pour jouir des biens qu'ils ont ès pays des archiducs, s'étoient retirés ès villes de Lubeck, Hambourg, Brême et autres villes anséatiques, comme aussi ès autres endroits d'Allemagne, Angleterre et autres lieux neutres, sont prêts de revenir ici, et qu'à cette occasion, depuis qu'on a parlé de paix, les maisons sont de beaucoup enchéries, tant d'achat que de louage, en la ville d'Amsterdam. Il y a bien quelque crainte qu'on ne perde les catholiques, soit originaires du pays ou étrangers, et que, se voyant privés de l'exercice de leur religion, ils ne se retirent; mais il est au pouvoir des Etats d'éviter cet inconvénient, en leur donnant quelque exercice, comme ils peuvent faire sans danger, et semble même qu'ils y doivent être conviés par raison d'Etat. Néanmoins, quand on leur refusera cette grâce, la plupart étant originaires du pays, il est vraisemblable qu'ils ne laisseront d'y demeurer, et seront pour souffrir à l'avenir ce qu'ils ont enduré pendant la guerre, et lorsqu'il y avoit plus de péril pour eux, plutôt que de quitter leurs commodités, parens et amis. Ainsi en jugent les mieux entendus en cet Etat, assurant, par les raisons ci-dessus déduites, que les consommations qui souloient valoir durant la guerre, ès provinces de Hollande et Zélande, quatre millions cinq cent mille livres, comme il a été dit, vaudront au moins, après la paix, encore quatre millions, les diminuant de cinq cent mille livres; ce qu'ils estiment toutefois ne pouvoir avenir si on les lève pour quelques années sur le même pied qu'on souloit faire durant la guerre; et pour le regard des autres provinces, quelque diminution qui y arrive, elles ne pourront moins valoir que de cinq cent mille livres.

Quant aux convois, licences et droits d'amirauté, qui sont en valeur chacun au de dix-sept à dix-huit cent mille livres, confessera qu'on ne les pourra lever après la paix comme on souloit faire durant la guerre, mais qu'il y a moyen d'en retenir quelque portion par le traité; car les archiducs qui lèvent le même droit de convoi sur les denrées, lesquelles viennent ès Provinces-Unies, et passent avant qu'y arriver par les rivières qui sont dans leur pays, seront bien aises, et feront même, comme on croit, instance de le conserver, pource que c'est le plus clair de leur revenu à ce qu'on dit; et s'il avient ainsi, les Etats auront même raison de demander qu'ils souffrent pareillement ce qu'ils lèvent, du moins en y apportant quelque règlement et modération raisonnable; et quand cela ne seroit pas, et que les archiducs voudroient plutôt s'abstenir de prendre ledit droit que d'en consentir la levée aux Etats, on ne leur pourroit ôter la liberté de mettre quelque impôt sur les denrées qui sont de leur crû, comme beurres, fromages, pêcheries et autres, et qu'en tout événement lesdits convois, quelque réduction qui en soit faite, ne pourront moins valoir que six cent mille livres par an, lesquelles suffiront pour leur armement de mer en temps de paix, au lieu que les dix-huit cent mille livres qui en provenoient durant la guerre n'étoient suffisans pour y fournir, étant vrai que la seule province de Hollande a dépendu en vingt ans quatre millions de plus que ce qui provenoit desdits convois, licences et droits d'amirauté; et partant la dépense desdits convois venant à être diminuée à proportion du fonds, l'Etat n'en recevra aucun dommage.

Ce n'est pas ainsi des contributions qu'on levoit durant

la guerre ès pays des ennemis, car il n'en viendra rien du tout après la paix; mais tout ainsi que les Etats en prenoient dans les pays de leurs ennemis, eux en faisoient autant sur les habitans des pays les plus prochains de leurs frontières, et avec la même violence et hostilité, dont étant déchargés par la paix, les paysans en seront plus aisés, auront plus de commodité de payer leurs cotes, et les pourra-t-on même augmenter de quelque chose en les soulageant d'ailleurs par la paix.

On voit donc que le revenu des consomptions, celui des convois, et le subside des maisons et héritages, tous lesdits subsides réduits ainsi qu'il a été dit ci-dessus, reviendront encore après la paix à un fonds et revenu ordinaire de six millions de livres au moins, qui n'est pas une supputation imaginaire, mais véritable et faite par estimation avec l'avis et jugement de ceux qui ont accoutumé de manier les affaires, et voir tous les jours en quoi consistent les finances de l'Etat. Il est bien vrai qu'après quatre ou cinq années leur avis est qu'on les doit diminuer; mais quand de cinq portions on en ôtera deux, qui est une grande décharge et diminution, ils auront encore près de trois millions cinq cent mille livres, qui ne suffiront que trop pour supporter les charges, lesquelles seront aussi lors moindres.

On ne met point ici en compte d'autres particuliers revenus dont on ne se veut découvrir, ni les grands revenus des villes, lesquels, en cas de nécessité, pourroient servir à l'utilité publique de tout le corps de l'Etat, dont le fonds est tel, qu'en mettant ensemble la moitié, et délaissant l'autre pour l'employer aux usages particuliers de chacune ville, on en feroit une notable somme revenant à plus d'un million de livres.

On n'a mis aussi les consomptions partout qu'à cinq millions cinq cent mille livres, qui valent six millions, et le subside sur les maisons et héritages qu'à deux millions de livres, qui valent communément trois millions, pource que le surplus qui en provient chacun an est employé dans les villes et provinces à l'acquittement de leurs dettes, sans qu'il puisse servir aux charges générales de l'Etat.

Or ce fonds de six millions, composé de ce qui a été dit ci-dessus, peut suffire abondamment pour entretenir vingt mille hommes de garnison s'il est besoin d'un si grand nombre pour la première année, payer les traitemens et appointemens des seigneurs, gentilshommes, et autres personnes de qualité qui servent à l'Etat, comme aussi l'armement de mer et les fortifications, et si il y aura encore quelque chose de reste; et pour la seconde année, et autres suivantes, ce reste croîtra, pource qu'on pourra réduire ces garnisons de vingt mille hommes à dix, qui est bien ce qu'il faut, ayant égard que les archiducs n'en tiendront pas autant dans leur pays, dont une partie sera encore ès garnisons qui sont proches de la France, d'où elles ne sont jamais tirées pour les employer en autres endroits; outre ce qu'ils sont princes si paisibles et désireux du repos, qu'on ne doit craindre aucun mouvement de leur part au préjudice de la paix; puis les Etats auront pour garants et protecteurs d'icelle deux puissans rois, les forces desquels sont plus près d'eux pour les secourir que toutes les autres dont on se pourroit servir pour les offenser; ainsi ne doivent craindre l'inimitié de qui que ce soit. Et voit-on que cette diminution de garnison faite par eux, ils auront de bon plus de deux millions de livres

chacun an, qu'ils pourront employer, avec ce qui a é[té] dit ci-dessus, au paiement de leurs dettes qui sont gra[n]des, et leur seront toujours à grande charge jusques à ce que l'acquittement en soit fait.

Ce n'est pas à la vérité sans raison qu'on craint [que] la paix ne mette des divisions parmi eux, à cause [des] jalousies et différends qui sont déjà nés entre les p[ro]vinces et les villes mêmes les unes contre les aut[res] mais en établissant un bon gouvernement avec un [con]seil d'Etat bien choisi, et suffisamment autorisé, tous [les] inconvéniens cesseront. Et encore que cet ouvrage p[eut] peut-être rencontrer quelques difficultés lorsqu'on voudra mettre la main, si y a-t-il moyen par prud[ence] et bonne conduite de les surmonter, pource que la f[orme] de cet Etat, qu'on peut dire vraiment une république [à] laquelle la souveraineté appartient universellement [à] tous, a néanmoins cet avantage qui doit beaucoup s[er]vir à sa durée et conservation, que le menu peuple n[e] mêle aucunement des affaires, mais en laisse la ch[arge] entière aux principaux et plus notables en chacun[e,] lesquels étant les plus capables et affectionnés à la [con]servation de la liberté, auront aussi plus de soin, et [il] sera plus facile d'établir et faire garder les règle[s] qui auront été jugés nécessaires pour le salut comm[un.]

Et combien que les plus sages aient estimé qu'il [est] à propos de poursuivre cette réformation avant [que] on n'en doit pas mal sentir pourtant, mais croire [qu'ils] l'ont fait pour avoir reconnu quelques contradic[tions] intérêts particuliers qui pouvoient troubler l'œu[vre] principal, c'est-à-dire le traité de paix, et autres co[nsidé]rations de prudence qui leur ont fait craindre de [faire] trop de choses ensemble, et en un temps mal opp[ortun] jugeant l'issue en devoir être meilleure lorsque, l[a paix] faite, les esprits d'un chacun seront plus libres d[e pas]sion, et délivrés de cette diversité d'opinions d[e ce] de guerre qui les sépare maintenant, et emp[êche de] penser d'un même esprit à ce qui est de leur s[alut et] conservation.

Quant aux corruptions, on les doit moins cr[aindre en] cet Etat qu'en tout autre gouvernement populaire, [si on] considère bien le naturel commun de ces peuple[s,] les quels ont témoigné depuis plusieurs années q[u'ils] sont aucunement sujets, mais, au contraire, ont [refu]sé tous les présens qu'on leur peut offrir du co[té d'Es]pagne, qui est le seul endroit duquel on doit crai[ndre ce] poison. Ils sont aussi tellement enclins à la libert[é de] vivant sous leurs seigneurs légitimes, quoiqu'ils [en ont] eu de très-puissans, ils ne les ont jamais pu ass[ujétir] tout, ni contraindre à souffrir, quelques prati[ques qu'ils] aient fait parmi eux, aucune innovation en leu[rs fran]chises et priviléges.

Il y a donc plus de raison de croire qu'ayant [acquis] cette liberté, à laquelle tant les grands que les [petits] participeront, qu'ils ne feront ni consentiront [aucune] chose quelconque qui la leur puisse ôter; puis i[l faudroit] que la corruption fût fort universelle pour [pouvoir] que changement en cet Etat, à la conduite duqu[el tant] de personnes ont part et intérêt.

Car encore que nous voyions aujourd'hui peu [de gens] se mêler de la paix, et que deux ou trois y ont [une] si grande autorité, qu'il semble les autres ne [font] rien bon que ce qu'il leur plaît, on ne doit pas [la ré]duite à une conséquence générale en toute[s...]

étant vrai qu'il va ainsi en cette affaire de la paix, pource qu'ils y sont tous, ou le plus grand nombre enclins et affectionnés, que chacun veut et désire en particulier ce que ceux-ci poursuivent au nom commun d'eux tous, étant néanmoins toujours contrôlés et regardés de si près, qu'ils n'ont pas pouvoir de faillir contre le public, quand même ils auroient quelque mauvaise volonté; mais seroit bien autre chose si aucuns particuliers ayant été corrompus, prétendoient après la paix entreprendre chose qui fût pour les faire retourner à leur ancienne sujétion, étant certain qu'ils seroient incontinent exposés à la haine d'un chacun, puis dégradés de tous honneurs et châtiés.

Pour le regard des maîtres de navires, mariniers et matelots, ès quels semble consister la plus grande force de l'État, il n'y a point d'apparence qu'ils soient pour aller à la solde des Espagnols; car ces voyages des Indes, sans la permission et liberté desquels on ne veut traiter, ceux d'Espagne et d'ailleurs les tiendront assez occupés; joint que ce peuple libre, d'un naturel rude et impatient de souffrir toute domination superbe, ne pourroit jamais endurer la fierté et insolence du commandement espagnol, et aimera toujours mieux se contenter de peu chez soi, vivant à sa guise, que de gagner beaucoup, s'assujétissant à une façon de vivre qui lui déplaît, est contre son naturel, et qui lui ôteroit l'exercice de sa religion.

Ils ajoutent encore, si la crainte de ces dangers et inconvéniens, la plupart imaginaires, ou qu'on peut éviter par une bonne et sage conduite, est de si grande considération qu'il faille détourner les États de se mettre en repos, c'est autant que leur vouloir persuader qu'ils doivent être perpétuellement misérables, puisqu'il n'y a autre sûreté pour eux qu'en la guerre, et que souffrir les maux et ruines qu'elle tire toujours après soi, est le seul moyen de les conserver; car cette guerre est de la nature de toutes les autres, qui ne peuvent finir que par une victoire absolue, ou par composition. Or les États ne peuvent espérer le premier contre un ennemi si puissant que le roi d'Espagne; et quant au dernier, les mêmes inconvéniens qu'on montre de craindre aujourd'hui, à savoir la faute de fonds, les divisions, pratiques et corruptions, lorsqu'ils seront en paix et n'auront plus d'ennemi pour les tenir bien unis, sont dangers que le temps doit diminuer, mais plutôt faire croître; étant certain que la continuation de la guerre contraindra les provinces et les villes de s'engager encore à de plus grandes sommes, tant s'en faut qu'ils puissent acquitter celles qu'ils doivent, et cette nécessité et foiblesse devenue plus grande, les rendra aussi plus enclins à se laisser corrompre, à se séparer les uns des autres, ou à trouver bon à l'avenir ce qu'ils auront inconsidérément rejeté, et ne pourront plus obtenir.

La prudence requiert aussi qu'on considère combien les conditions, sans lesquelles ils ne veulent traiter, sont avantageuses pour eux, et qu'ils ne les peuvent jamais espérer meilleures, quelque bonne fortune qui leur avienne par la guerre.

Qu'ils sont à présent assistés de ministres de grands rois et princes qui favorisent leurs affaires, et sont cause que leurs ennemis condescendent plus aisément à ce qu'ils désirent pour leur bien et sûreté, crainte qu'ils ne se joignent tous ensemble pour les fortifier. Or cette bonne volonté envers eux peut changer par divers accidens que le temps fait naître lorsqu'on y pense le moins. Il en pourra avenir autant du côté du roi d'Espagne, lequel est peut-être à présent disposé d'offrir et consentir à des conditions que plusieurs estiment peu honorables, honteuses et dommageables pour lui, y étant induit par des considérations qui nous sont inconnues, lesquelles peuvent cesser en un autre temps, et le rendre du tout éloigné de cet accord. Aussi est-il bien vrai que les affaires ont des saisons, et qui ne sait connoître ces momens et opportunités pour s'en servir, sa conduite est toujours malheureuse.

Disent encore que ce n'est assez de considérer séparément quelles sont les incommodités de la paix, si on ne se représente quant et quant les dangers et inconvéniens de la guerre, pour, après les avoir comparés ensemble, choisir celui des deux qui en aura le moins, le tenir même pour bien et avantage, et qu'en faisant ainsi, et examinant les deux sans passion, avec le seul respect qui est dû à l'intérêt public des États et de leurs amis, le mal qu'on craint pouvoir arriver par la paix sera trouvé beaucoup moindre que celui de la guerre.

Et pour le montrer, ils mettent en avant ce qui est notoire à chacun : à savoir, que les États ne peuvent faire la guerre seuls et sans l'aide d'autrui; ainsi l'ont-ils déclaré plusieurs fois aux députés des rois et princes qui sont près d'eux, et à cette occasion requis un si grand secours, qu'il est sans exemple qu'aucun prince, en une cause qui n'est sienne, l'ait jamais accordé tel. Et encore que M. le prince Maurice, lequel est sage et expérimenté capitaine, l'ait modéré de beaucoup, si est-ce que la somme à laquelle il l'a réduit est encore si grande, qu'il y a peu d'espoir de l'obtenir des rois auxquels ils s'en sont adressés, pour des raisons dont Sa Majesté est si bien informée, qu'il n'est besoin de les exprimer ici.

Ceux qui ont aussi connoissance du fonds et revenu des États, et des dépenses qu'il convient employer, non pour entreprendre sur les ennemis, mais pour conserver seulement ce qu'ils tiennent, en font le même jugement, et prévoient, le secours étant refusé, que leurs affaires empireront tous les jours, et seront pour tomber bientôt et tout à coup en une ruine certaine et inévitable, et maintiennent à ce moyen, et par la seule considération de ce défaut sans y ajouter d'autres raisons, puisqu'il ne leur est possible de faire autrement la guerre sans se perdre, qu'il leur est nécessaire de recevoir la paix comme un grand bienfait et remède salutaire duquel ils ne se peuvent passer.

Il semble encore à ceux-ci que c'est hors de saison et trop tard de représenter les périls de la paix, lorsqu'on est si avant au traité qu'il n'y a plus aucun moyen de rompre du côté des États sans mettre une grande division parmi eux, au cas que leurs ennemis leur accordent, comme ils montrent en avoir la volonté, la souveraineté de tout ce qu'ils tiennent, avec le commerce des Indes, sans les contraindre de rétablir l'exercice de la religion catholique par le traité; car, pour l'échange des places, il est remis après la paix. Et quant au convoi, qui est aussi un article d'importance, on espère trouver des expédiens pour en sortir, n'y ayant rien au surplus sur quoi les uns ou les autres puissent avoir sujet de rompre. Encore a-t-on bien opinion, quand le roi d'Espagne ne voudra consentir ledit commerce des Indes pour neuf ans aux conditions et selon qu'il en est requis, sinon à la charge que, ledit temps expiré, la paix de ce côté soit réduite à une trève pour même temps si lui et les Etats ne demeurent d'accord de la continuation ou cessation d'icelui commerce, que les Etats seront pour s'accommoder à cette réduction, et consentiront plutôt la trève partout que de rentrer en guerre, moyennant qu'ils soient tenus libres pour toujours : et déjà reconnoît-on que la plupart des députés qui sont en l'assemblée ont ce sentiment; et plusieurs même estiment que cette trève, aux conditions susdites, leur sera plus avantageuse qu'une paix perpétuelle, pource qu'elle les obligera d'avoir plus grand soin de leur conservation, et de vivre avec plus de soupçon et défiance avec ceux qu'ils penseront pouvoir devenir quelque jour leurs ennemis.

Ainsi on peut dire maintenant que la paix ou la guerre dépend plutôt des ennemis que des Etats, qui ne la peuvent plus refuser en l'état que sont leurs affaires sans se diviser, et par cette division se perdre. Ainsi, il n'y a aucune apparence que quelque personne, soit prince ou autre, de quelque autorité et pouvoir qu'il soit, la puisse empêcher si les ennemis veulent consentir à ce que dessus; comme au contraire s'ils le refusent, encore que la raison veuille que soyons retenus à ne leur donner aucun conseil qui soit cause de rupture, et nous fasse tenir auteurs de la guerre, crainte d'en être blâmés et obligés à un plus grand secours. Néanmoins, si les Etats prennent d'eux-mêmes, et par une bonne union et commune intelligence, cette résolution pour n'avoir pu obtenir des conditions assurées, Sa Majesté, faisant connoître qu'elle en a du déplaisir, ne laisseroit pourtant de témoigner qu'elle désire et veut employer ses moyens pour leur conservation, autant et si avant que les affaires de son royaume le lui pourront permettre.

Mais à présent, et aux conditions qu'on offre, les princes qui les assistent se sentent obligés, par le devoir de leur amitié, de les exhorter d'employer leur autorité et prudence pour induire ceux qui contredisent à la paix à suivre leur conseil; en quoi faisant, et montrant ouvertement qu'ils y sont affectionnés, on les tiendra pour auteurs de ce bien, dont ils acquerront la bienveillance des Etats, et le gré des princes avec lesquels elle aura été traitée, et seront cause aussi d'empêcher qu'il n'y ait de la division entre ces provinces, d'où sortiroit leur ruine; au lieu que si leur autorité n'entrevient, ils ne tomberont jamais tous en un même avis ou difficilement. Et néanmoins, ce consentement universel de toutes les provinces est requis pour conclure la paix ou la guerre, s'ils veulent suivre la loi et règle qu'ils ont établies de tout temps en leur Etat pour le maintenir en bonne union.

Et de cette diversité d'opinions aviendroit que ceux qui veulent la paix, lesquels sont toujours en plus grand nombre, porteroient les autres, veulent ou non, à une trève pour toute cette année; mettant en avant que ce loisir seroit nécessaire pour conférer avec leurs amis, s'assurer de leurs secours, et délibérer entre eux-mêmes de ce qu'ils auront à faire. Or les Espagnols l'accorderont volontiers, et que durant icelle, le trafic d'Espagne soit libre, afin d'accoutumer les marchands, par le bon traitement qu'ils y recevront et les profits qu'ils feront, à désirer leur amitié; et s'ils ne se peuvent accorder vers la fin de la trève, comme ils ne feront, les Espagnols se rendant lors encore plus difficiles à faire la paix, ils seront comme forcés de consentir que cette trève soit derechef continuée pour l'année suivante, qui est le plus dangereux inconvénient qui leur puisse arriver; car de cette façon, ces peuples couleront le temps en jouissant des commodités présentes, sans se plus soucier de liberté, souveraineté ni repos assuré; et si on rentre après en traité, leurs ennemis en auront sans doute beaucoup meilleur marché qu'à présent : danger qu'il est très difficile d'éviter si l'autorité des rois ne leur fait prendre à tous ensemble un même conseil, pource que ceux qui veulent la paix, lorsqu'on sera prêt de prendre quelque résolution qui les pourroit porter à une rupture, se serviront encore de ce moyen pour induire les autres à recevoir de la trève : à savoir, qu'il faut prendre l'avis des princes, lesquels ont leurs députés près d'eux, et savoir aussi quels secours ils en peuvent espérer au cas qu'ils soient contraints de rompre; or la prudence veut qu'ils ne donnent pas conseil de rompre. Ils ne voudront plus donner aucune assurance de secours particuliers, mais demeurer sur les offres d'une bonne volonté sans passer outre, n'étant aussi raisonnable qu'ils en usent autrement, d'autant qu'il pourroit avenir que les Etats accepteroient la paix nonobstant leurs offres, ou s'ils prisoient la guerre, qu'on les en tiendroit auteurs; ce qu'ils estiment devoir autant fuir que désirer le contraire, étant certain que cette réponse fortifiera les raisons de la trève et les contraindra tous de prendre ce conseil, et de le répéter encore en l'année suivante, plutôt que de rentrer en guerre si mal préparés et peu assurés de secours, sans lequel ils ne le peuvent faire avec bon succès.

C'est pourquoi il semble du tout nécessaire que Sa Majesté commande à ses ministres de déclarer ouvertement son intention pour la paix quand l'occasion y sera, afin qu'à son exemple chacun l'embrasse; car s'ils ne faisoient lors qu'écouter sans s'ouvrir davantage, leur silence feroit croire à chacun que Sa Majesté ne désire pas la paix, mais plutôt la guerre, et qu'elle ne s'en veut découvrir, ou, si la paix se faisoit, n'en auroit le gré de personne. Or, cette façon de procéder est trop éloignée de la franchise et générosité qui reluit en la vertu et prudence de Sa Majesté, et ne voit-on pas qu'elle en puisse aussi recueillir aucun fruit; mais au contraire, si la résolution de la paix que les Etats prendront sans lui leur doit apporter du mal, qui est ce qu'on peut craindre, elle se laisseroit d'en être blâmée, et diroit-on toujours que si elle l'avoit prévue, que ce n'étoit pas assez de se taire, et que le devoir d'amitié l'obligeroit à la dissuader. Aussi n'y a-t-il point d'apparence que cette paix soit autrement bonne et assurée s'ils sont sages et se veulent bien conduire; mais s'ils font autrement, la coulpe et le blâme en seront rejetés sur eux, non sur les princes qui l'auront conseillée; comme au contraire, s'ils étoient d'avis de la guerre, ou si on leur laissoit prendre ce conseil sans le donner, et qu'ils vinssent après à se perdre, faute d'être puissamment secourus et assistés, le blâme et la haine d'un chacun se tourneroient contre eux.

On reconnoît toutefois que si les deux rois, qui ont montré jusqu'ici d'embrasser la protection et défense des Etats, étoient bien unis ensemble, et résolus de les secourir d'un plus grand secours que du passé, et seroient qu'ils jugeroient la nécessité le requérir, et que les Etats fussent aussi disposés de leur part de reprendre les armes avec même vigueur, courage et union que du passé, qu'on en pourroit espérer tout bon succès, et d'affoiblir tellement le roi d'Espagne du côté des Indes, qu'on feroit perdre en peu d'années la crainte que chacun a de sa puissance, et de l'ambition et insolence de cette nation. Mais Sa Majesté, qui sait bien quelle est son intention sur ce sujet, est incertaine de ce qu'elle doit espérer ou craindre de la volonté d'autrui. Et à bien considérer tout, les Etats souffriront plutôt toutes autres incommodités que celles de la guerre, s'ils ne sont assistés du grand et puissant secours qu'ils ont demandé.

Ainsi, ce qui travaille plus à présent les esprits de ceux qui désirent le bien et prospérité des Etats, et ont quelque connoissance de leurs affaires, n'est pas cette dispute s'il faut faire la paix ou non, laquelle est vaine et inutile maintenant, car il la falloit proposer lorsque toutes choses étoient plus entières; mais on craint avec plus de raison, pendant qu'ils sont en contention pour choisir ce qui est de leur bien, que l'ennemi leur ôte le choix, et les réduise à cette nécessité de reprendre les armes; et c'est lors qu'ils se trouveront beaucoup plus empêchés à pourvoir aux moyens de se défendre. Et pource qu'on prévoit que la faix entier de cette charge doit tomber sur Sa Majesté, sinon qu'elle les veuille laisser perdre, nous employons tout notre soin à l'exécution du premier avis, suivant notre instruction et les fréquentes lettres qu'il a plu nous écrire sur ce sujet, et y continuerai toujours si elle ne commande le contraire; à quoi je serai très-prompt d'obéir, et avec même affection et fidélité que j'ai toujours fait, sans y mêler aucune chose de mon avis qui me puisse détourner de ce devoir.

Lettre de M. Jeannin à M. de Villeroy, du 14 mai 1608.

Monsieur, cette lettre ne sera que pour vous, s'il vous plaît. Je vous ai envoyé un discours par M. de Bethune, lequel je fis à la hâte pour n'y avoir mis la main sinon quand mon voyage fut rompu, auquel j'ai du regret, jugeant bien qu'il étoit nécessaire d'éclaircir de bouche Sa Majesté de toutes choses, pource qu'il me semble, par deux lettres que m'avez écrites, et par ce qu'on essaie de faire ici, à quoi beaucoup de gens mettent la main, qu'il y a quelque changement en sa volonté. Mais quoiqu'on fasse peu maintenant, ces peuples étoient si fâchés de mon départ, et m'ont tant prié de demeurer, que j'en ai perdu l'occasion pour ce coup. Or, s'il est vrai que Sa Majesté ait changé de résolution, je serois bien étonné pourquoi il ne lui auroit plu m'en avertir le premier, puisqu'elle m'a commis cette charge, et que je n'ai autre volonté que la sienne, aussi que je pense m'être acquis quelque créance en ce lieu pour y être autant utile qu'aucun autre. J'ai toujours mandé que le plus grand nombre en l'assemblée des Etats tend à la paix. Je continue à vous dire qu'il est vrai, et que de cent, les quatre-vingts pour le moins sont de cet avis, et de sept provinces les six, encore qu'en chacune il y en ait quelques particuliers contraires, qu'il sera aussi très-difficile, ou plutôt impossible de les changer, si l'ennemi accorde ce que je vous ai ci-devant écrit; et en le refusant, qu'ils aimeront encore mieux faire une trêve pour cette année, avec le commerce d'Espagne qu'on leur donnera volontiers, et la répéter en l'année suivante, que de rentrer en guerre sans assurance d'un bon secours; et qui voudra essayer de les y porter autrement, sera plutôt cause de les diviser ou d'avancer ces trêves, que de faire ce qu'il prétendra. Ce jugement que je fais de leur volonté pour l'avenir, est fondé en si grandes raisons et conjectures, que le prince Maurice même, duquel je désirois prendre l'avis lorsque pensois aller trouver Sa Majesté, m'a dit et reconnu qu'il est bien vrai, en présence de la princesse d'Orange et de M. de Russy; mais il ajoute que ceux qui veulent la paix seront contraints, pour éviter cette division, de se ranger à l'avis des autres qui désirent la guerre, encore qu'ils soient en moindre nombre qu'eux, pourvu que les députés des princes qui sont en ce lieu les veuillent favoriser, et assurer seulement en termes généraux, avant la rupture, qu'ils ne seront abandonnés d'eux, et qu'en effet la rupture étant avenue, ils leur donnent secours, sans lequel il dit ouvertement qu'ils ne peuvent subsister. Il est vrai qu'il le réduit à moins qu'il ne faisoit du passé, savoir à douze cent mille écus. Il nous prie aussi tous les jours de ne vouloir découvrir que nous approuvons la paix, se promettant d'obtenir de ceux d'Angleterre qu'ils joueront le même personnage, que ceux de Danemarck en feront autant, comme aussi ceux d'Allemagne, lesquels sont désireux d'eux-mêmes de la guerre, et par ainsi feront ce qu'il voudra; disant que cette façon de procéder étonnera ceux qui ont affection à la paix, en diminuera tous les jours le nombre, et accroîtra l'autre.

Il est bien certain que les Anglois épieront volontiers notre conduite, et seront bien aises que nous y gouvernions ainsi; car leur désir est que les Etats reprennent les armes, et qu'en soyons tenus auteurs, non eux. Or ne donner aucun avis qui puisse aider à la paix sur les difficultés qui se présenteront, ou bien nous taire au lieu de les conseiller, sera pris pour un témoignage assuré que nous sommes plus enclins à la guerre qu'à la paix; et quand les Anglois et les autres feront comme nous, ce que nous aurons fait leur servira d'excuse, et la faute en sera toujours rejetée sur nous; comme au contraire, si nous aidons ouvertement à faire la paix, nous serons tenus pour auteurs d'icelle, chacun connoissant bien l'autorité du Roi être de si grand poids ici, qu'elle sera cause de l'un ou de l'autre. Davantage, si la paix est rompue, ce que Sa Majesté fera après la reprise des armes, qui est de les secourir comme il sera besoin, sinon qu'on les veuille laisser perdre, fortifiera cette créance ès esprits d'un chacun, et qu'elle a toujours eu ce dessein de porter les Etats à la guerre; et l'Anglois faisant le contraire, c'est-à-dire ne leur donnant aucun secours, prendra cet avantage sur nous d'épargner sa bourse, s'exempter de l'inimitié du roi d'Espagne, et de faire tomber sur nous les charges et périls de la guerre. Souvenez-vous, monsieur, que le Roi nous a mandé du passé de fortifier de son autorité et de son conseil ceux qui veulent la paix, et même de donner courage au sieur de Barneveld, pour résister et s'opposer à toutes sortes de pratiques qu'on voudroit faire pour l'empêcher, pourvu qu'on la pût obtenir aux conditions sans lesquelles lui et tous ceux qui sont de même avis ne la veulent encore faire à présent, et que le conseil que le prince Maurice veut que suivions, est du tout contraire à ce commandement; que Sa Majesté nous a aussi souvent mandé qu'elle ne vouloit être seule au secours, et si les Anglois n'étoient de la partie, qu'elle ne se vouloit obliger aux dépenses et périls de la guerre. Or c'est chose évidente autant ou plus que jamais, et eux en assurent tous les jours les députés des archiducs, qu'ils ne donneront rien aux Etats, et ne feront aucune chose contre le traité qu'ils ont avec le roi d'Espagne. Elle est pareillement informée qu'ils rejettent du tout son alliance et amitié que ses députés avoient au commencement faisant semblant de désirer et rechercher, et s'en étoient même rendus poursuivans, non nous.

Il est aussi bien nécessaire de considérer que nous ne pouvons être tièdes à cette démonstration de vouloir la paix, sans offenser les Etats et perdre la créance qu'avons parmi eux, attendu que le plus grand nombre la désire; puis notre silence ne sera pas cause de les faire rentrer en guerre, s'il n'est accompagné de l'offre d'un bon secours, mais bien de les tenir en division, comme il a été dit ci-dessus, ou de les porter tous ensemble à cette trève qui sera suivie d'une autre, et de toutes sortes d'inconvéniens aussi bien que la division. Je vois bien qu'on craint la contradiction de M. le prince Maurice; mais elle ne sert qu'à montrer son impuissance, non à faire suivre son avis. Et quoique lui ayons remontré souvent qu'il se fait tort, et perd son crédit par ce moyen envers ces peuples, il n'est pas possible de le changer. Il est vrai que cette obstination ne sera suivie d'autre plus mauvais effet, sinon de faire voir que les Etats et lui ne sont de même avis, et s'ils se changent qu'il n'en sera pas cause, mais les ennemis qui auront refusé ce qu'ils estiment devoir obtenir pour leur sûreté, à quoi il eût fait plus sagement de se réserver, et dissimuler cependant. Or, nous sommes sur lieu pour épier toutes occasions, et nous en servir, si le Roi nous mande de le faire. J'en attendrai sa volonté après avoir représenté au vrai comme toutes choses se passent, afin que Sa Majesté ne soit point surprise. Il ne me reste rien que d'obéir, et je le ferai si ponctuellement, qu'elle demeurera satisfaite de mon obéissance et fidélité.

Vous trouverez peut-être étrange que je sois en ce doute, vu ce que contiennent toutes les lettres du Roi et les vôtres. J'en ai toutefois quelque raison, tant parce que me mandez par vos lettres du 17 du mois passé, qu'il ne faut conseiller la paix ni la guerre, qui est contre ce qui m'a avoit été commandé auparavant, qu'à l'occasion de ce que d'autres font ici, que je tiens autant affectionnés que moi à suivre les intentions du Roi. Je ne vous ai rien mandé, ni à Sa Majesté, de la réjouissance publique, et du témoignage d'affection et contentement que montrent avoir ces peuples de la naissance de notre troisième prince [1], pource que M. de Russy, qui en avoit reçu les lettres de Sa Majesté, a désiré

---

[1] Jean-Baptiste Gaston.

faire ce devoir. Sont des bénédictions dont il plaît à Dieu combler la maison royale, qui nous doivent faire croire qu'il en a un soin particulier, et qu'il la veut perpétuer en plusieurs siècles. J'espère aussi qu'il donnera un heureux succès à l'affaire que nous traitons, qui est de très-grande importance pour le repos ou les mouvemens qu'on doit espérer ou craindre de l'avenir. Je vous baise très-humblement les mains, et prie Dieu, monsieur, qu'il vous maintienne et conserve en bonne et parfaite santé.

Votre très-humble et très-obéissant serviteur,
P. JEANNIN.

De La Haye, ce quatorzième jour de mai 1608.

Lettre de M. Jeannin à M. de La Boderie, du quatorzième de mai 1608.

Monsieur, vos lettres du troisième me furent rendues à Rotterdam par le sieur de Vaudrenecq. Je retournois lors de la mer où je m'étois embarqué du côté de Zélande pour aller en France par le chemin de l'Ecluse, estimant, à cause que le vent étoit contraire, que je passerois plus aisément ces rivières que la mer pour aller à Calais ou à Dieppe; mais le vent et la tempête, fort contraires durant quatre jours, me contraignirent de retourner en ce lieu, en intention de me rembarquer au premier vent, si messieurs les Etats, qui ne m'avoient pu dissuader ce premier voyage, ne m'eussent prié si instamment de changer d'avis pour la seconde fois, que je ne leur ai pu dédier, encore que jusques à la venue du cordelier on fasse si peu ici, que je jugeois ma présence n'y être nécessaire, et me sembloit que je pourrois faire ledit voyage, et retourner encore aussitôt que le cordelier. Le Roi, par trois lettres, avoit montré de le désirer, sans toutefois me le commander absolument, ayant remis à moi de juger si je le pourrois faire sans préjudicier à son service ou non. J'ai grand regret d'avoir perdu cette occasion de voir Sa Majesté; mais le bruit étoit si grand de ce voyage, et les Etats montroient en avoir si grand déplaisir, que je me suis laissé vaincre. Vos dernières lettres nous témoignent qu'il y a toujours de la haine et de la jalousie contre nous au lieu où vous êtes, et néanmoins qu'ils semblent se vouloir rapprivoiser, et doute toutefois si c'est à bon escient, ou pour tirer le paiement de quelques dettes. Nous ne devons rien oublier pour les induire à notre alliance et amitié; car notre Roi étant éloigné comme il est de celle d'Espagne, tant par son inclination que par quelques raisons d'Etat qui le mettent en plus grand soupçon de leur puissance et ambition qu'elles ne lui font espérer de bien de leur amitié, la même raison d'Etat nous devroit faire appréhender que la fréquente recherche que le roi d'Espagne fait du roi d'Angleterre, et le peu de soin que nous avons de l'acquérir, ne lui fassent à la fin prendre de mauvais et dangereux conseils pour lui-même et pour nous; car quand la haine y est, et qu'on pense être méprisé, on s'oublie soi-même et son propre intérêt pour se venger d'autrui: puis il y a des moyens d'obscurcir avec tant d'artifice ce qu'on prétend être intérêt, que l'esprit passionné, et qui cherche à se venger, ne voit que ce qui lui plaît. Ce seroit sagement fait, si on lui doit quelque chose, de lui donner contentement, de le gratifier même, et lui faire connoître que nous sommes intéressés en son bien et en son mal, l'assurer encore, si on entreprenoit contre lui, qu'on le voudroit secourir.

Et quant aux alliances dont m'écrivez, j'approuve toutes les deux ensemble, mais je me défie qu'ils n'y soient pas bien disposés; car, encore que la raison et l'intérêt de notre mutuelle conservation veuille que nous prenions ensemble ces conseils, j'y vois plus d'empêchement de leur côté que du nôtre, pour la haine particulière qu'on croit que leur reine porte à notre Roi, et les pratiques et intelligences que le roi d'Espagne a parmi ceux de son conseil: aussi le roi d'Angleterre semble avoir pris ce conseil de demeurer neutre entre les deux rois, se promettant toujours que quelque occasion de débat et querelle naîtra entre eux, qui lui donnera le moyen de se faire rechercher de tous les deux, qu'il sera spectateur, si bon lui semble, ou prendra parti à l'avantage. Mais il ne considère pas que la défiance que les deux rois ont de lui, de l'artifice dont il use, les empêche de se faire la guerre l'un à l'autre; qu'ils se porront joindre en amitié, le Roi n'en ayant que trop de moyens s'il veut, et que si la guerre étoit entre eux, qu'il ne peut arriver mal à notre Roi et à son Etat à l'accroissement et faveur d'Espagne, qu'il n'y ait du péril pour lui, la religion dont il fait pofession lui devant faire croire que le roi d'Espagne ne peut être que son ennemi, et qu'il sera toujours induit par le pape de le ruiner, quand il sera puissant pour le faire, ainsi qu'il n'y a rien pour le garantir de cette inimitié, que le non-pouvoir auquel le roi d'Espagne sera réduit tant que notre royaume demeurera florissant comme il est, et que nos forces, jointes ensemble, seront suffisantes, non-seulement pour égaler les siennes, mais pour les surmonter. C'est lors aussi qu'il les craindra et respectera tous deux, au lieu qu'à présent il fait peur à chacun d'eux, et plus à lui qu'à nous; car nous pouvons lutter seuls contre lui, et faire craindre nos forces, encore qu'elles ne soient aidées d'autrui, et lui non, y ayant même quelque chose dans son Etat qui le doit tenir en crainte, nos mauvaises humeurs étant plus diminuées que les siennes. Vous êtes sage et sur le lieu, et pouvez connoître, entre les principaux ministres, celui qui sera le plus capable et enclin pour avancer cette affaire; mais je sais bien que les presser est les dissuader, et qu'il y faut être fort circonspect, étant chose en laquelle on ne peut prescrire aucunes lois à la prudence et conduite. Vous en saurez aussi, monsieur, bien user opportunément sans rien précipiter, ni perdre l'occasion si elle s'offre, pour les affaires de ce lieu : l'événement dépend de ce qu'apportera le cordelier.

Si le commerce des Indes est accordé, et qu'on ne presse point les Etats de rétablir l'exercice de la religion catholique, la paix est faite, sinon je la tiens pour rompue; et si cette rupture avient, nous serons fort empêchés, ou je suis trompé. Le roi d'Angleterre la désire, mais il n'ose s'en découvrir, crainte d'offenser l'Espagne. Ainsi, il en rejetteroit volontiers la haine, la dépense et les périls sur nous. Je fais bien ce que je peux pour nous en garantir, en quoi je suis combattu de tant d'endroits, qu'il m'est fort difficile d'y bien faire. Il faut attendre le retour du cordelier avec patience, et préparer cependant les affaires au mieux qu'on pourra. Quand vous aurez sujet de m'écrire, je vous supplie très-humblement de le faire, car cela nous sert beaucoup. Je vous baise très-humblement les mains, et suis, monsieur, votre bien humble et plus affectionné serviteur,

P. JEANNIN.

A La Haye, ce quatorzième jour de mai 1608.

LETTRE *du Roi, du vingt-troisième de mai 1608.*

Messieurs Jeannin et de Russy, dès le deuxième de ce mois, je reçus en ce lieu vos lettres du vingt-deuxième et vingt-septième du précédent, sur lesquelles je vous eusse fait savoir mes intentions à l'accoutumée, sans l'espérance que vous, sieur Jeannin, nous donnâtes par un post-écrit de votre main, ajouté à votre lettre particulière du vingt-septième, adressante au sieur de Villeroy, de votre venue par-deçà, laquelle nous fut confirmée quelques jours après par un avis que nous donna le sieur de Berny, que vous étiez pour cet effet parti de La Haye le premier de ce mois. De quoi nous avons toujours été en attente jusqu'au quinzième, que le sieur de Bethune est arrivé, par lequel, comme par vos lettres du dixième dont vous l'aviez chargé, j'ai su que vous n'avez pu faire ce voyage, les vents vous ayant contraint de relâcher en Hollande, et pour les instances et prières qui vous ont été faites de demeurer par-delà, fondées sur les raisons que vous m'avez représentées, de quoi j'ai regret; car j'eusse été très-aise de vous voir et conférer avec vous bouche à bouche, non-seulement des affaires que vous traitez par-delà, mais de plusieurs autres qui se présentent, lesquelles ne peuvent être si bien traitées par écrit, ni par un tiers, qu'en personne. Toutefois, j'approuve que vous vous soyez accommodé au désir et prière de ces sieurs, afin de leur continuer vos assistances et conseils au besoin qu'ils en ont : car en vérité, je les trouve réduits en termes pleins de perplexité, dont j'appréhende fort l'issue pour eux et pour leurs amis. J'ai bien vu et considéré le mémoire contenant les raisons pour la paix et pour la guerre dont il s'agit, que vous, sieur Jeannin, avez recueilli et m'avez envoyé pour, à votre défaut, m'éclaircir particulièrement de ce qu'il faut que je sache, et qui mérite d'être entendu et pesé sur ces affaires, pour fonder ma finale résolution et les derniers commandemens que je vous dois faire. Sur quoi je vous dirai que, tout ainsi que lesdits sieurs les Etats se sont engagés en la négociation de ladite paix, non-seulement à mon desçu, mais lorsqu'ils me faisoient donner des espérances par leur ministre ici résident, bien éloignées de ce dessein, je pourrois aussi, à bon droit, me dispenser de leur départir mon conseil sur la conclusion d'icelle, et d'autant plus que je prévois de quelque côté que le cas tourne, que leur condition peut aussitôt empirer qu'améliorer, étant du naturel qu'ils sont, et leur Etat et gouvernement composé comme il est. Toutefois, comme le juste mécontentement qu'ils m'ont donné de leur première conduite à l'entrée de ladite paix, ne m'a empêché depuis de les assister ouvertement de conseils et des autres moyens que vous savez que je leur ai départis aussi sincèrement et franchement qu'auparavant, je ne veux pas encore leur défaillir en cette dernière action. J'ai seulement regret de leur pouvoir être en cela aussi utile que j'ai toujours recherché les moyens de l'être en toutes autres choses.

Vous dites très-sagement que le choix de la paix ou de la guerre dépend plus aujourd'hui de la volonté de leurs parties que d'eux, tant pour s'être si avant déclarés et engagés à traiter qu'ils ont fait, mais plus encore pour s'être destitués des moyens nécessaires pour profiter de la guerre, voire seulement se maintenir en l'être où ils sont; car vous savez qu'ils ne peuvent faire état en tel cas d'être secourus d'aucun, qu'en paroles bien générales et incertaines, fors de moi seulement; et je ne puis seul fournir aux frais qu'il convient faire pour cet effet: et quand je le pourrois, plusieurs grandes et diverses considérations, qui n'importent pas moins à ma réputation qu'au bien de mon royaume, durant et après mon règne, ne me permettent de le faire. Ce qu'il faut que lesdits sieurs les Etats considèrent comme l'unique et principal fondement sur lequel ils doivent bâtir leur résolution; car, si d'eux-mêmes, et par leurs amis et alliés, ils ne peuvent prospérer ni se maintenir par la voie des armes, il faut par nécessité qu'ils recourent à la paix, et d'autant plus qu'ils peuvent encore l'obtenir à conditions, sinon du tout à leur souhait, du moins tolérables, voire avantageuses, eu égard principalement aux défauts qu'ils ont pour la guerre: il est certain, si l'Angleterre et les autres rois et princes qui sont intéressés en leur conservation, y vouloient contribuer tous ensemble comme moi, que le parti de la guerre seroit peut-être plus sûr pour eux à présent que celui de ladite paix, pour les raisons que j'ai colligées de votredit discours. Mais comme le premier ne peut être, et que ce seroit par trop s'abuser de leur promettre à l'avenir, il faut donc, s'ils ne veulent périr misérablement et honteusement, qu'ils conspirent et se révoltent tous ensemble à ladite paix, ou, au pis aller, à longues années, comme souvent je vous ai mandé.

Vous dites très-sagement que le temporisement en cela peut plutôt leur être contraire que favorable, d'autant qu'ils seront containts tôt ou tard d'entendre à la paix, pour ne pouvoir vaincre leurs adversaires avec les armes, et ne pouvoir aussi toujours continuer la guerre. C'est donc sans doute qu'il est moins périlleux pour lesdits Etats de conclure tôt paix aux conditions proposées et à moindres encore pour eux, que rentrer aux armes, pourvu qu'ils acquièrent et assurent ce titre de liberté et souveraineté qui leur est offert, qu'ils conservent aussi avec leur union les places qu'ils possèdent, et réforment leur gouvernement comme il convient; car ils pourront lors, aidés et appuyés de leurs bons voisins et alliés, maintenir mieux leur Etat, et avec moins de risque que par l'autre voie, quand même ils devroient retrancher de quelque chose le projet de l'article concernant la navigation des Indes qui a été porté en Espagne, au cas que le roi d'Espagne refuse de le passer; car il faut toujours préférer le public au particulier, et si le premier n'a de quoi subsister par la guerre, comme nous ne le reconnoissons que trop véritablement pour les raisons susdites, il sera bien force aussi que la compagnie dudit commerce périsse avec le général: ce que l'on pourra peut-être éviter par la paix, sinon pour toujours, du moins pour un temps durant lequel il peut naître plusieurs choses qui pourront autant servir à le maintenir et faire durer, qu'en avancer la chute. Toutefois, ne leur faites pas entendre ce mien avis; attendons le retour d'Espagne du cordelier, et voyons devant ce qu'il rapportera pour, selon cela, prendre parti et nous conduire; mais ce seroit le pire de tout, pour eux et leurs amis, d'allonger et retarder la résolution de ladite paix, ainsi que vous leur avez souvent déclaré par mon commandement, pour les raisons que vous avez aussi déduites par votre susdit discours.

Toutefois, j'en prévois l'effet inévitable pour trois causes: la première, parce que ceux auxquels ils ont affaire y aspirent, contre les artifices et inventions desquels il leur sera très-difficile de parer; la deuxième est la désunion que chacun sait être entre lesdits Etats, laquelle les empêchera de condescendre à ce parti en saison; et la dernière est leur dureté et obstination en leurs demandes, dont ils ne veulent rien rabattre, tout ainsi que s'ils étoient victorieux de leurs ennemis, ou avoient en leur disposition tous les moyens nécessaires pour encore mieux faire la guerre à l'avenir, et plus heureusement que par le passé, dont s'ensuivra la ruine de leurs affaires: ce que ne reconnoissent déjà que trop leurs adversaires, lesquels fomentent aussi industrieusement lesdites causes par divers moyens, et même par les allèchemins du commerce d'Espagne, auquel ils engagent journellement leurs sujets. Continuez donc à les exhorter d'avancer la conclusion de ladite paix le plus qu'ils pourront, et plutôt se passer maintenant à moins, sans attendre qu'ils soient contraints, par foiblesse et nécessité et par la discorde, accepter non ce qui leur fait besoin, mais ce que l'on voudra lors leur aumôner par compassion. Or, quand je vous ai fait écrire d'aviser à n'engager trop avant mon nom et mes conseils, quand il sera question de prendre une dernière résolution de la paix ou de la guerre, ce n'a été pour ne vouloir être reconnu promoteur de la première; car, pourvu qu'elle leur soit accordée telle qu'elle leur est nécessaire pour leur sûreté et utilité, je m'en déclarerai toujours ouvertement. Je l'ai déjà trop fait aussi pour maintenant m'en dédire, joint que je crois en ma conscience qu'il n'y a plus de moyen de les sauver que par ladite paix; mais s'il faut qu'ils l'acceptent autre, je dis qu'il vaut mieux les laisser faire que les y pousser par nos persuasions; voilà ce que j'ai entendu dire. En tout cas, je ne veux conseiller la rupture de ladite paix, ni faire chose qui me puisse charger de reproche; vous en savez les raisons; partant, je ne les vous répéterai: seulement, je vous dirai que je me fie tant en vous, que je vous permets de vous gouverner en cette action, et y employer mon nom, ainsi que vous jugerez qu'il conviendra faire pour le bien de mon service; car je sais que vous en êtes si jaloux, et êtes outre cela si prudens, que vous ne ferez ni direz rien qui ne me soit honorable et utile.

Pressé par le sieur Aërsens, j'ai enfin accordé de secourir maintenant les Etats de trois cent mille livres, lesquelles on comptera afin de leur être portées par la voie ordinaire; mais je n'entends continuer cette fourniture s'ils prolongent davantage ces affaires; ce seroit les circonvenir et perdre, les flatter et conniver à leurs dilations, remises et irrésolutions, ce que je n'entends faire en sorte quelconque. J'ai reçu la ratification de notre dernier traité, faite par lesdits sieurs, dont je suis content, comme des propos que vous avez tenus à ceux qui la vous ont présentée. J'ai toujours la même occasion de me défier des Anglois, et de ne rien espérer d'eux, que j'ai eu ci-devant, encore qu'ils aient depuis quelques jours mis peine de nous faire croire qu'ils veulent s'entendre mieux que jamais avec moi; car je reconnois que ce ne sont que paroles dont ils se jouent et entretiennent un chacun avec autant d'artifice que de malice. Je n'ai rien à dire sur leur traité, puisqu'il ne contrevient au nôtre; mais les troubles et remuemens de Hongrie, dressés par les archiducs sous le nom et en faveur de Mathias contre l'empereur, sont de conséquence. J'ai appris que cette partie a été conduite et arrêtée il y a long-temps par tous lesdits archiducs, pour le déshériter, du su et consentement même du roi d'Espagne et du pape, combien que les deux derniers fassent contenance d'en être marris, et vouloir s'entremettre de les composer; mais ils s'y conduisent ainsi pour mieux et plus facilement amuser et surprendre l'empereur, ainsi qu'il leur est succédé; car je ne doute point que ceux-là ne contraignent cettui-ci de céder à leurs volontés, et qu'en suite de cela ils ne le privent non-seulement du gouvernement des pays patrimoniaux de leur maison, mais bientôt après aussi de la couronne impériale : à quoi il faudra que les électeurs, bon gré ou mal gré qu'ils en aient, condescendent; par ainsi, ils feront un roi des Romains qui ne sera guère obligé à eux ni à leur élection. Cette procédure est violente et produira des effets, le contre-coup desquels pourra bien tomber sur tels qui ne s'y attendent pas. En tout cas, il est vraisemblable que l'union de tous lesdits archiducs en la poursuite de ce dessein, relèvera grandement la réputation et l'autorité de leur maison en la Germanie, au désavantage des émulateurs et des vieux d'icelle. A quoi il semble qu'il sera mesure bien tard d'essayer à remédier, et le pis est encore que ceux qui y sont le plus intéressés, s'ils en ont quelque ressentiment, manquent d'intelligence et d'union entre eux, comme de résolution en chacun d'eux d'y pourvoir; c'est pourquoi il faut voir quels en seront les premiers effets pour mieux en juger l'issue. Vous m'avertirez de ce que vous en apprendrez, et je prierai Dieu, messieurs Jeannin et de Russy, qu'il vous ait en sa sainte garde.

Ecrit à Fontainebleau, le vingt-troisième jour de mai 1608. HENRI.

Et plus bas, DE NEUFVILLE.

LETTRE *de M. de Villeroy à M. Jeannin, du vingt-troisième de mai 1608.*

Monsieur, le Roi est marri que vous n'êtes pas à la mer, il en veut mal aux vents qui s'y sont opposés : aussi vous ont-ils fait perdre un temps que vous ne pourrez plus recouvrer que la paix ne soit faite ou rompue. Et certes j'en suis le plus déplaisant, pour le désir que j'ai de vous revoir et entretenir, et pour la considération du service du Roi; car vous nous eussiez instruits de plusieurs choses à bouche, que vous ne pouvez nous représenter avec pareille efficace par vos lettres, encore qu'elles soient telles que vous ne nous laissiez rien à désirer en icelles. Or, il ne faut plus penser à cela, Sa Majesté ayant approuvé les raisons qui vous ont fait résoudre de demeurer par-delà, ainsi que vous apprendrez de sa lettre, par laquelle vous saurez aussi ses intentions sur les vôtres des vingt-troisième et vingt-septième d'avril, et dixième du présent. Enfin nous persistons (tout bien considéré) en notre première opinion de préférer la paix et une longue trève à la guerre. Nous sommes bien contens aussi d'être reconnus auteurs des deux premières, mais non de la dernière. Le discours de votre mémoire, qui comprend tout ce que l'on peut dire et imaginer de part et d'autre sur ce sujet, nous a confirmés en ce propos. Il peut avenir du mal de la paix et de ladite trève; nous le reconnoissons, mais il est bien plus certain et inévitable de la guerre pour les raisons déduites par ledit mémoire. Ce que nous craignons maintenant et que les Espagnols, connoissant cela mieux qu'ils n'ont fait, reculent et se rendent plus difficiles. Toutefois, nous devons croire et espérer que les mêmes raisons et nécessités qui les ont contraints de commencer ce traité, les obligeront à le parachever, persuadés par les archiducs; de quoi nous serons faits sages au retour du moine que nous attendons ici à la fin de ce mois, mais plus par conjecture qu'autrement. Bien jugeons-nous et prévoyons que plus les États retarderont la conclusion de leur traité, moins y gagneront-ils; car les autres découvriront tous les jours davantage leur désunion et foiblesse interne et externe. Nous concluons donc qu'il vaut mieux qu'ils retranchent leurs demandes et espérances pour avancer d'autant ce bon œuvre, que d'en retarder la conclusion par une obstination qui soit cause de les tenir en incertitude de toutes choses, et les faire consumer à petit feu; ajoutant encore qu'ils prendront bon conseil s'ils se départent tout-à-fait de cette navigation des Indes, si sans ce faire ils ne peuvent à cette heure achever leur accord; car plus ils retarderont, ils empireront sans doute leur marché, et s'il faudra à la fin qu'ils s'accommodent à ce que l'on voudra, pour les raisons que vous savez mieux que personne.

Vos dernières et le susdit mémoire nous ont fait changer d'avis sur l'entremise du nom du Roi en cette conclusion; car Sa Majesté trouve bon maintenant que vous en usiez comme vous jugerez être pour le mieux. Nous avons considéré les propos qui ont été tenus entre vous et le sieur Richardot, touchant les alliances qui ont été proposées. Nous ne doutons point de la volonté de l'un et de l'autre; mais comme c'est chose qui dépend de celle du roi d'Espagne, il faut voir ce que l'on dira en Espagne. Déjà le duc de Lerme en a discouru avec M. de Barrault, ce semble, plus ouvertement et de meilleure façon que devant. Le pape continue aussi d'en parler, et dit-on que ledit Roi doit faire visiter le nôtre par homme exprès sur ce sujet, par un qui doit comparoître dans peu de jours; mais il faut que vous sachiez que ces recherches me sont suspectes, croyant qu'elles sont faites exprès pour donner soupçon aux États de la foi du Roi, et traverser par ce moyen la paix et leur intelligence. Toutefois, comme un averti en vaut deux, aussi sera-t-il difficile de nous surprendre; et s'il s'y avance quelque chose, vous en serez averti. Les Anglois cependant font parler sous la cape de marier le prince de Galles avec madame Chrétienne, et voudroient attirer à l'escarmouche les parens du dernier. L'on dit maintenant que le roi d'Espagne veut que la dernière sœur de la reine sa femme, que le grand duc poursuivoit pour son son fils aîné, épouse le prince de Piémont : ce sera un affront tout entier que l'on fera audit grand-duc; aussi je ne tiens pas ledit avis pour certain. M. de Vauclas, qui est allé visiter le duc de Savoie sur l'occasion de ces derniers mariages, nous en pourra rapporter des nouvelles, étant attendu de jour en autre, de quoi nous vous ferons part. Ces nouveaux mouvemens contre l'empereur sont de conséquence, et tenons ledit empereur pour perdu si les autres poursuivent leur pointe; car il est dénué de forces et d'argent, et les autres sont puissans, et s'acheminent en Bohême, chacun se joignant à eux parce qu'ils sont les plus forts, et que ledit empereur est peu estimé. A quoi nous ne voyons point que les princes de la Germanie s'opposent, non plus les protestans que les autres, et je serai trompé si le contre-coup n'en tombe à la fin sur ceux-ci, lesquels s'endorment en leur inquiétude.

Quant à la remontrance que vous avez projeté de faire en faveur des catholiques, nous estimons que vous la pouvez différer jusqu'à ce que nous ayons vu quelle sera l'instance que feront pour eux les députés des archiducs, et ce qu'ils y pourront profiter, si d'aventure vous n'êtes secrètement recherché et prié de la part desdits États, ou d'aucuns de leur corps, de l'avancer et de parler à eux, afin que lesdits catholiques demeurent obligés aux autres seuls dudit office, car en ce cas-là il ne faudroit s'y feindre : sinon nous disons derechef qu'il sera bon de voir ce que feront les autres, devant que d'y engager le nom du Roi. Nous trouverons bien toujours le moyen de nous justifier pour ce regard envers le pape, et satisfaire à nous-mêmes, n'étant obligés à ce faire que de la volonté que nous portons à notre religion : il n'en va pas ainsi desdits archiducs. Nous ne pouvons goûter ces doubles alliances du côté d'Angleterre, dont votre dernière fait mention, d'autant que le roi d'Angleterre est un homme duquel l'on ne peut tirer aucune assistance digne de considération; de sorte que, nous attachant ainsi à lui doublement, nous ôterions toute espérance aux autres de notre conjonction, avec peu d'avantage pour nous. Il semble que notre voyage en Provence soit un peu refroidi. Nous sommes bien empêchés ici pour le mariage de M. de Vendôme avec mademoiselle de Mercœur, car les deux mères de la fille et elle-même le rejettent opiniâtrément, et n'y a moyen quelconque de les vaincre et persuader par raison. Nous avons perdu le bon monsieur de Lorraine ces jours passés, au grand déplaisir de Leurs Majestés, et de tous ceux qui le connoissoient. Il favorisoit ledit mariage, comme fait à présent monsieur son fils, et les autres parens de la fille, M. l'évêque de Verdun, tuteur d'icelle, étant venu exprès ici pour cet effet; mais il a été mal reçu desdites dames. Le duc de Lorraine, qui est à présent, veut imiter feu monsieur son père en son affection envers la France, dont le Roi est très-content, et lui en donnera toute occasion. Nous avions déjà déclaré au sieur Aërsens fils ce que nous voulions faire pour les Etats, quand M. de Bethune est arrivé, de façon que vous n'en aurez été averti le premier; mais nous estimons que l'on ne laissera de vous en savoir gré, et à votre maître aussi. Sa Majesté a fait chevalier de sa main le fils aîné de M. de Barneveld, et donnera à l'autre une place de gentilhomme servant. Sur quoi je finirai la présente, après vous avoir assuré de la bonne santé de Leurs Majestés, et de celle de messeigneurs le Dauphin et ducs d'Orléans et d'Anjou, comme de Mesdames; priant Dieu qu'il les conserve, et vous aussi, monsieur, en bonne et parfaite santé.

Votre, etc. De Neufville.

De Fontainebleau, ce vingt-troisième jour de mai 1608.

Lettre *de MM. Jeannin et de Russy au Roi, du vingt-quatrième de mai 1608.*

Sire,

On n'a pas beaucoup avancé ici depuis le départ de M. de Bethune, fors que, depuis cinq ou six jours, les Etats sont entrés en grande contestation en leur assemblée générale sur le fait du renouvellement de la trève, que les uns et le plus grand nombre demandoient jusques à la fin de cette année, et qu'on fît cependant quelque retranchement de gens de guerre pour soulager d'autant les provinces qui font plainte tous les jours et difficulté de payer leurs contributions. Les autres estimoient qu'il ne falloit prolonger la trève jusqu'à la fin du mois de juillet, et leur sembloit ce temps être suffisant pour conclure ou rompre, et cependant qu'on devo[it] retenir tous les gens de guerre, autrement [se]roit faire connoître aux ennemis qu'on ne [se] peut passer de la paix, et qu'on la veut avoi[r à] quelque prix que ce soit. Les provinces de H[ol]lande, Gueldres, Groningue, et Over-Yss[el] furent du premier avis; celle de Zéland[e, au] contraire, de la trève pour deux mois. M. [le] prince Maurice, M. le comte Guillaume, [et le] conseil d'Etat en dirent autant, et les provin[ces] de Frise et Utrecht montroient bien d'appro[u]ver plutôt cette dernière opinion que l'autr[e], et néanmoins avec quelque doute, disant qu[e il] falloit consulter les députés des rois et princ[es] qui sont près d'eux pour en savoir leur avi[s] avant que prendre aucune résolution; [ils] firent enfin toutes les autres provinces, [ensem]ble lesdits sieurs prince Maurice, comte [Guil]laume, et conseil d'Etat, jugeant bien tous q[ue] si l'affaire étoit derechef mise en délibérat[ion] en l'assemblée générale sans que notre avis [y] intervînt, que la première opinion seroit plut[ôt] suivie que la leur. Cette difficulté nous fut [donc] communiquée, et aux autres députés ensem[ble]ment, le samedi 17 de ce mois; et lors on [nous] représenta, pour les raisons du premier av[is,] que si les adversaires venoient à rompre p[endant] les deux mois, les Etats n'étant préparés pou[r] faire la guerre, qu'il y auroit péril pour eu[x], que cette crainte seroit aussi cause d'empê[cher] les députés des provinces de parler librem[ent] et avec l'assurance requise pour montrer qu'[en] désirant la paix ils ont le courage et la réso[lu]tion de renouveler la guerre, s'ils ne se p[eu]vent mettre en repos à conditions raisonnabl[es] et qui aient de la sûreté; et quant au licen[cie]ment de quelques-uns de leurs gens de guer[re,] que la province de Zélande l'avoit déjà fait [en] particulier, et n'étoit pas raisonnable qu'[eux] seuls jouissent de ce soulagement, pendant q[ue] les autres provinces demeureront chargées [de] leurs contributions entières, lesquelles son[t] d'ailleurs si grandes, qu'il n'y a plus auc[un] moyen de les continuer : ainsi qu'il valoit mi[eux] faire quelque retranchement pour éviter [les] désordres que les gens de guerre pourr[oient] commettre faute d'être payés, et la mutine[rie] des peuples qui pourroient aussi à cette occa[sion] prendre tous mauvais et dangereux consei[ls.]

et pour l'opinion contraire, encore qu'elle ait beaucoup de bonnes raisons pour la fortifier, en allégua peu; qui fut cause que M. le comte Guillaume dit qu'il étoit à craindre, faisant une plus longue trève que de deux mois, que les adversaires ne voulussent traîner la conférence jusqu'à la fin d'icelle, et, sans découvrir leur dernière intention, tenir toujours les choses en incertitude, pour contraindre les Etats par tels artifices de rechercher même une autre trève en l'année prochaine, et si l'on entroit une fois en ce conseil, chacun pouvoit assez juger combien il seroit préjudiciable à la sûreté publique des Provinces-Unies; que c'étoit bien encore pis de casser les soldats en cette incertitude de paix ou de guerre, et lorsqu'on est prêt d'en prendre la résolution.

Or ils désiroient avoir dès lors notre avis, et nous en prièrent, se voulant retirer pour nous donner loisir d'en délibérer entre nous. Mais nous leur dîmes que l'affaire étant d'importance, nous en conférerions ensemble le même jour pour leur en faire réponse, non le lendemain, à cause du dimanche, mais le jour d'après. Ce loisir n'étoit pas à la vérité nécessaire pour nous en particulier; car il nous sembloit bien dès lors que la trève pour plus de deux mois devoit être préjudiciable aux Etats; mais nous étions incertains de la volonté des autres députés, même de ceux d'Angleterre, et craignions que pour favoriser les archiducs, et avoir la voix du plus grand nombre des députés en assemblée générale, dont l'inclination penchoit notoirement à l'avis contraire, ils ne fussent pour le suivre aussi et se départir de nous, ce qui nous eût été fort grief, et trop préjudiciable au respect qui est dû à l'autorité et aux conseils qui viennent de la part de Votre Majesté, dont on a toujours montré jusques ici faire plus de compte que des leurs, étant délibéré néanmoins de ne nous point changer, quelque résolution qu'ils eussent voulu prendre: et déjà le président Jeannin l'avoit fait entendre au sieur Barneveld qui l'étoit venu voir par deux fois pour conférer avec lui sur ce sujet, et sentir son avis avant que la proposition en eût été faite en l'assemblée générale des Etats, nonobstant lequel il n'avoit laissé de passer outre. Et cela accroissoit notre soupçon, et qu'il se promit d'être fortifié de l'avis desdits sieurs députés d'Angleterre. Au moyen de quoi eux nous étant venus voir près de deux heures avant l'assignation donnée aux députés de Danemarck et d'Allemagne, qui en devoient aussi délibérer avec nous, nous entrâmes en cette conférence, et après avoir reconnu qu'ils faisoient difficulté de se découvrir, nous leur dîmes ouvertement les raisons de notre avis; comme aussi eux, après avoir mis en avant quelques difficultés au contraire, et entendu nos réponses à icelles, déclarèrent enfin que, si nous persévérions en cet avis, ils feroient de même. Les autres députés y étant pareillement venus, la résolution commune de nous tous fut qu'on ne devoit faire la trève que jusques à la fin du mois de juillet.

Le lendemain, qui fut le dimanche, le sieur Barneveld nous étant venu voir en particulier, nous lui dîmes cette résolution, contre laquelle il proposa derechef tout ce qu'il put pour nous faire approuver son avis; et nous, au contraire, ne pûmes faire autre chose que lui répéter les mêmes raisons qu'il avoit auparavant rejetées, à savoir, que si on faisoit la trève pour toute cette année, que leurs adversaires tireroient sans doute les affaires en longueur par divers artifices jusques à la fin d'icelle, qui seroit cause de faire retirer les députés des rois et princes qui sont ici, et qu'eux étant seuls et destitués d'un si grand appui, au lieu d'obtenir lors une paix bonne et avantageuse, comme ils la peuvent espérer à présent, ils seroient contraints de la recevoir telle qu'on la leur voudroit donner, ou bien se contenter d'une trève pour l'année prochaine, qu'on leur accorderoit très-volontiers, et une autre après en l'année suivante, et ainsi de temps en temps, et que cela seroit le vrai moyen pour faire qu'ils n'aient plus aucune liberté, souveraineté, ni sûreté, que celle qu'il plairoit à leurs adversaires de leur donner, et pour autant de temps qu'ils voudroient; que c'étoit aussi une vaine crainte d'imaginer que les ennemis veulent faire difficulté de renouveler la trève après les deux mois, s'ils en sont requis, car s'ils ne font refus à présent de l'accorder pour toute l'année, la même raison les y fera encore consentir après, étant certain qu'ils craignent autant de rompre, et ont aussi grand besoin de la paix que les Etats. Puis il est notoire que les archiducs n'ont maintenant des forces pour faire la guerre cette année, et que de les attendre d'Espagne ou d'Italie, il seroit trop tard pour y penser après le mois de juillet, auquel temps la trêve des deux mois doit seulement expirer; et quant au licenciement des troupes, qu'il étoit sans exemple qu'on l'eût jamais fait lorsqu'on attend avec incertitude une prompte résolution de paix ou de guerre. Mais il répliqua derechef que le seul moyen d'accourcir la résolution finale étoit de faire cette longue trêve, moyennant laquelle ils auroient la liberté de dire leur dernier mot, et de contraindre les députés des adversaires d'en faire autant. Aussi étoit-ce leur intention de leur déclarer, dès le lendemain même de la trêve accordée, et à la première conférence qu'ils eussent eue par ensemble, qu'ils entendoient achever leur conférence dans deux mois au plus tard, et, ledit temps passé, de se séparer et rompre du tout, au cas qu'ils ne fussent demeurés d'accord. Sur quoi nous lui répondîmes que si les Etats le vouloient ainsi résoudre par un décret solennel et général de toute leur assemblée, et conjoindre les deux ensemble, la trêve et cette déclaration, sans faire cependant aucun licenciement de gens de guerre, sinon au cas que la paix eût été accordée dans ledit temps de deux mois, que cette condition ajoutée à leur délibération pourroit faire cesser les inconvéniens ci-dessus déduits, et les rejoindre tous ensemble en une même opinion. Ce qu'il consentit pour son regard, et déclara dès lors qu'à son avis les Etats l'auroient plus agréable que de restreindre dès à présent la trêve à deux mois.

Cette ouverture ayant encore été faite par nous le même jour aux députés d'Angleterre qui vinrent en notre logis pour en conférer, et le lendemain aussi ledit sieur Barneveld y ayant été mandé pour voir s'il continuoit en même avis, elle leur sembla, et à nous pareillement, meilleure que notre premier avis, pource qu'elle mettoit un but à la résolution de cette affaire; et si les Etats venoient à rompre, ils seroient contraints de recevoir en grâce ce que leurs amis voudroient donner, au lieu qu'ils avoient toujours dit et protesté qu'ils ne romproient jamais sans être assurés d'un bon secours; et cette raison fut retenue entre nous sans la communiquer audit sieur de Barneveld, ni la dire ailleurs. Il ne restoit donc plus que d'en informer le prince Maurice et le comte Guillaume, ce que nous fîmes encore ledit jour, eux ayant été priés de venir en notre logis, où ils se rendirent aussitôt, et approuvèrent tous deux notre conseil, montrant néanmoins à craindre que les Etats ne rompent pas, combien qu'ils le promettent à faute d'obtenir la paix dans ledit temps de deux mois, qui est un inconvénient que nous avions bien prévu; mais eux et nous avons estimé que ce seroit beaucoup de les y obliger par un décret général pris en leur assemblée, et que l'ayant fait, il seroit encore plus difficile d'y contrevenir que d'empêcher qu'après les deux mois de trêve, ils ne fassent, si bon leur semble, une autre trêve jusques à la fin de l'année, comme il étoit à craindre, pour ce qu'on trouveroit toujours assez de moyens pour y parvenir, attendu l'inclination générale du plus grand nombre de l'assemblée, qui désiroient tous la paix avec grande ardeur, et ne craignoient rien plus que la rupture.

Notre réponse ayant été différée d'un jour à cette occasion, et pource qu'il falloit communiquer avec les députés de Danemarck et d'Allemagne ce nouvel avis, non comme une résolution, mais comme une proposition mise en avant pour la considérer et en laisser le jugement libre à chacun, nous ne la fîmes aux Etats que le vingtième, conforme à ce que dessus et avec le consentement de tous lesdits députés, leur disant les raisons de notre avis, et les inconvéniens qu'on devoit craindre si on faisoit la trêve pour l'année entière sans y ajouter ces conditions, et, au contraire, qu'y procédant ainsi, on faisoit des deux avis un, et donnoit-on quelque contentement à chacun, même à ceux du dernier avis qui eussent sans doute été vaincus sans notre intervention, combien qu'ils fussent assistés des meilleures et plus fortes raisons que les autres. Encore y eut-il quelque difficulté sur le fait du licenciement des gens de guerre; car le sieur Barneveld nous demanda hautement si nous entendions les obliger par notre avis à tenir tous les gens de guerre jusques à la fin de la trêve ou seulement jusques à ce que la résolution fût prise de guerre ou de paix.

À quoi fîmes réponse que, si la paix étoit accordée dans ledit temps de deux mois, qu'ils pourroient faire sans péril tel licenciement que bon leur sembleroit; mais s'ils venoient à rompre, qu'en le faisant, lors on jugeroit que la rupture suivie d'un acte si contraire seroit plutôt une feinte ou simulation, qu'une résolution de rentrer en guerre: et lui répliqua encore que leur Etat ne pourroit supporter cette dépense qui seroit aussi bien inutile, attendu que la guerre ne pourroit recommencer qu'au printemps de l'année prochaine. Par la encore du licenciement fait par ceux de Zélande, puis que s'ils en eussent fait autant tous ensemble, comme ils pouvoient faire il y a un an et plus, ils eussent épargné quinze cent mille florins, y ajoutant quelques autres propos qui sembloient avoir de l'aigreur, auxquels M. le comte Guillaume voulut faire réponse; mais notre entremise fut cause de faire cesser cette contention, et d'empêcher qu'elle ne passât plus outre. M. de Brederodes dit aussi qu'on devoit craindre mutineries du côté des gens de guerre, faute de paiement, si ledit licenciement n'étoit fait, et en conséquence d'autres tumultes, confusions et divisions parmi les peuples, qui est le pis qu'on puisse craindre, et qu'il falloit encore considérer que les Provinces ne trouvent plus à qui s'engager pour fournir à leurs contributions, ainsi étoit du tout nécessaire de les amoindrir, ou bien les peuples en rejetteroient entièrement le faix, malgré que leurs supérieurs en eussent. Et le sieur Barneveld ajouta encore auxdits propos, que s'il plaisoit aux rois très-chrétien et de la Grande-Bretagne de les aider à soutenir cette dépense comme ils ont fait du passé, ils feroient de leur côté tout leur possible. A quoi M. Winood répondit que faire ce licenciement n'étoit pas le moyen de les y inviter, mais de leur faire croire qu'en feignant d'avoir du courage et de la résolution pour rentrer en guerre, ils ne cherchent que la paix; et le président Jeannin, que les deux rois auroient toujours soin de leur conservation, soit en paix ou en guerre, pourvu qu'ils demeurent tous ensemble en une même union et volonté, sans se diviser au choix qu'ils voudront faire de l'une ou l'autre, leur représentant ce que Votre Majesté a fait encore depuis peu pour leur secours, et, s'ils se conduisent bien, ce qu'ils peuvent espérer d'elle sans néanmoins les assurer d'aucune chose, pource que par toutes ses lettres et celles que M. de Villeroy a écrites au président Jeannin, il nous étoit défendu de le faire. il est vrai que le sieur Barneveld nous avoit bien dit le jour de devant que le sieur Aërsens fils les assuroit, par ses lettres du sixième de ce mois, que Votre Majesté leur feroit fournir incontinent cent mille écus; mais il nous avoit priés de le taire jusques à ce que les Provinces eussent pris résolution de payer leurs cotes, qui fut cause que nous abstînmes de le dire, finissant notre propos en ladite assemblée par cette exhortation et conseil: s'ils avoient si peu de moyen et de volonté de faire la guerre qu'ils montroient par leurs discours, ils feroient sagement de se rendre plus faciles qu'ils n'ont fait du passé à recevoir les conditions de paix qu'on leur offre; nous étonnant comme, sur le point de prendre leur résolution, ils publient si haut les défauts qui sont parmi eux, lesquels on doit cacher, et faire paroître au dehors tout le contraire, pource que cette conduite fait obtenir de meilleures conditions, au lieu que l'autre, qui les rend contemptibles envers leurs ennemis, est toujours cause de leur faire refuser tout; mais ils nous ont voulu persuader qu'ils ne parloient ainsi que devant leurs amis, et tout autrement quand ils étoient ailleurs, et même en conférence avec les députés de leurs adversaires, comme si les choses proposées et contestées en leur assemblée générale n'étoient publiques et sues d'un chacun.

Cette conférence avec eux, et notre réponse ayant été faite le 20 au matin, fut à l'instant même rapportée à leur assemblée générale qui l'approuva, comme aussi sur les trois heures du même jour, les députés des Etats et ceux des archiducs étant entrés en conférence ensemble, accordèrent ladite trêve, non-seulement sans aucune difficulté, mais avec allégresse et contentement de la part des députés des archiducs. Votre Majesté aura du déplaisir d'entendre ces disputes, et fera à cette occasion mauvais jugement du succès des affaires que nous traitons ici; et néanmoins, nous croyons qu'ils iront tous ensemble, et sans aucune division, à la paix, si l'ennemi accorde le commerce des Indes, quand même il y ajouteroit quelque restriction au préjudice de ce qu'ils ont demandé, pourvu qu'il ne les presse point sur le point de la religion, ayant toujours le plus grand nombre une si grande inclination au repos, qu'il est très-difficile, ou plutôt impossible de les en détourner, si l'ennemi même ne leur en donne le sujet, et que le sieur Barneveld, aux avis duquel ils ajoutent foi comme à un oracle, quelques secousses qu'on essaie de lui donner, qui ne servent qu'à l'aigrir, ou à le rendre plus ferme et résolu à suivre son dessein, n'aide aussi de son côté à les changer ; ce qu'il feroit mieux que personne, au cas que l'occasion s'en présente, si on se gouvernoit avec lui comme il convient pour lui faire prendre tels conseils, et que M. le prince Maurice, feignant de se joindre du tout à ce qu'il voit être approuvé par le général de l'Etat, voulût aussi attendre et épier avec prudence ce qui s'offrira pour porter les affaires à son but, sinon se résoudre à souffrir ce qu'il sait bien ne pouvoir empêcher.

Votre Majesté nous mandera bien clairement, s'il lui plaît, son intention, même touchant le secours qu'elle veut donner pour toute cette année, au cas qu'on vienne à rupture; car il est certain que sans le leur déclarer, ils licencieront partie de leurs gens de guerre. Or, chacun le craint comme un acte du tout contraire à la résolution de faire la guerre. Nous ferons tout ce qu'il nous sera possible pour faire finir cette affaire dans les deux mois, et nous y conduirons selon l'ordre qui nous a été prescrit jusques ici, si nous ne recevons quelque nouveau commandement pour le changer, pouvant toujours assurer Votre Majesté que tout ce qui viendra d'elle sera de grand poids et autorité envers ces peuples. Les députés d'Angleterre semblent être en quelque crainte du nouveau remuement avenu en Irlande, dont Votre Majesté aura été avertie par M. La Boderie, toutefois ils feignent que ce n'est rien. M. Carron, qui est en Angleterre pour les Etats, a mandé au sieur Barneveld que le roi de la Grande-Bretagne a été prié et requis instamment, par l'ambassadeur d'Espagne et celui des archiducs, de ne point faire avec les Etats la ligue dont il est poursuivi, du moins de la différer jusqu'à ce que la paix soit faite, ajoutant des protestations que ce seroit contrevenir à leur traité, et qu'il a fait réponse d'y être engagés si avant, qu'il ne la pouvoit plus refuser. Ses députés la pressent aussi maintenant de façon néanmoins qu'ils semblent vouloir plutôt montrer qu'ils y sont disposés, que de la conclure en effet : et a-t-on opinion, au cas que la paix se fasse ici, qu'au même temps ils la concluront, afin de s'assurer du secours des Etats contre le mouvement d'Irlande, s'il est appuyé de quelque secours par le dehors, sans quoi ils le méprisent; mais qu'ils ne feront aussi cette ligue, plutôt crainte d'offenser les Espagnols.

Ledit sieur Carron écrit aussi que la mort du grand trésorier, qui étoit fort ennemi de leur Etat, leur profitera, et que M. le comte de Salisbury, qui est entré en son lieu, leur est fort affectionné. Les députés d'Angleterre en disent autant. Le docteur Dick nous ayant vus une fois, s'en étoit allé à Amsterdam, d'où il retourna seulement hier, avec un commissaire que le roi de Suède a envoyé, et de l'argent à ce qu'on dit : ils nous doivent voir demain. Nous avons déjà donné de bonnes paroles audit docteur Dick, selon qu'il nous étoit commandé par les lettres précédentes de Votre Majesté, et nous sommes aussi informés lorsque toutes choses, comme nous ferons encore bien qu'ils nous viendront voir. M. le prince Maurice se plaint tous les jours de ce que plusieurs soldats françois, désireux de voir ce nouveau pays, se retirent sans congé de leurs capitaines et fait tout ce qu'il peut pour l'empêcher, estimant que, pendant l'incertitude de paix ou de guerre, il est nécessaire de conserver tous les gens de guerre. M. de Collis a avis d'Allemagne que tous les électeurs et autres princes de l'empire, s'emploient pour composer le différend d'entre l'empereur et l'archiduc Mathias, et qu'on en espère bien. M. de Châtillon, qui s'en va trouver Votre Majesté, et est porteur de cette lettre, a pris la peine de s'instruire de tout ce qui se passoit ici, et lui en avons aussi communiqué, afin qu'il lui en puisse rendre meilleur compte, comme nous sommes bien assurés qu'il fera fidèlement ; et sur ce prions Dieu, sire, qu'il maintienne Votre Majesté et sa royale famille en tout heur et prospérité.

Vos très-humbles et très-obéissans sujets et serviteurs, P. JEANNIN et DE RUSSY.

De La Haye, ce vingt-quatrième jour de mai 1608.

Lettre de M. Jeannin à M. de Villeroy, dudit jour vingt-quatrième de mai 1608.

Monsieur, les lettres que nous écrivons au Roi vous feront connoître l'état auquel nous sommes ici. L'opiniâtreté du sieur Barneveld a été si grande à poursuivre la trêve pour toute l'année, que je ne l'en ai pu détourner, encore que, m'en ayant conféré par deux fois avant que la proposer en l'assemblée générale des Etats, je la lui aie dissuadée, et eu à cette occasion des propos d'aigreur et contention, jusques à lui dire que j'irois en l'assemblée générale pour lui faire entendre mes raisons, et empêcher qu'elle ne se fît, au cas qu'il voulût persévérer en son obstination; ainsi qu'il y devoit bien penser, qu'assez de gens prenoient garde à ses actions, et seroient bien aises d'avoir quelque sujet d'en médire, ou, s'ils ne pouvoient mieux, de le calomnier; et déjà plusieurs disoient qu'on reconnoissoit beaucoup de choses en sa conduite qui ne plaisoient pas à ceux qui aiment le bien de l'Etat, et qu'enfin cela seroit plutôt cause de faire diminuer son autorité que de lui donner le moyen de parvenir à ce qu'il prétend, que Sa Majesté est à la vérité affectionnée à la paix, et la désire autant que lui, mais que le chemin qu'il veut prendre n'est pas pour y parvenir, ains pour s'en éloigner, et semble même la longueur de cette trêve être affectée, afin que les députés des rois et princes qui sont ici se retirent, et qu'il puisse en leur absence faire plus aisément ce qu'il voudra sans être contrôlé de personne. Mais il s'étoit tellement persuadé que le désir qu'il a de faire cette trêve est fondé en bonnes raisons, que je ne l'ai pu vaincre ni empêcher de la proposer, et de faire tout ce qu'il a pu pour l'obtenir à son mot, comme il fût avenu sans notre intervention et contradiction, nonobstant les poursuites de M. le prince Maurice et d'autres, qui, à son exemple, faisoient ce qu'ils pouvoient de leur côté pour y résister; car il s'est acquis une si grande créance envers tous ces députés qui sont en l'assemblée générale des Etats, et ils sont tous aussi si affectionnés à la paix, à quoi ils savent qu'il tend, qu'ils suivent volontiers ses conseils, sans considérer s'ils sont bons ou mauvais.

J'ai aussi eu moins de pouvoir de le persuader à ce coup, pource que depuis un mois il est entré en opinion qu'aucuns essayent de miner la paix, ce sont ses mots; et je ne sais s'il a même eu quelque soupçon que nous soyons de la partie, encore que la vérité soit que, pour n'avoir reçu aucuns commandemens qui tendent à favoriser les desseins de la guerre, j'ai toujours suivi mon chemin, et fait connoître que l'inclination de Sa Majesté est à la paix, estimant que je m'en devois déclarer ouvertement, pour avoir plus de part en tout ce qui se feroit, et rompre de sourdes pratiques qui ne servent qu'à brouiller les affaires, et à diviser ces peuples sans qu'on en puisse tirer aucun fruit. Or, encore que cette difficulté ait été traitée avec animosité et grande contention en l'assemblée générale, tant d'une part que d'autre, néanmoins, aussitôt que les plus foibles ont dit qu'il falloit prendre l'avis des ambassadeurs et le suivre, chacun y a acquiescé, continuant toujours à vous dire que celui du Roi y est en si grande autorité et respect, qu'aurons toujours beaucoup de pouvoir pour les faire incliner où il lui plaira. La résolution prise a été approuvée d'un chacun, et jugée la meilleure, pourvu qu'elle soit bien effectuée; mais on craint, si les Etats ne peuvent obtenir la paix dans ce temps de deux mois, qu'ils ne fassent encore difficulté de rompre sans être assurés d'un bon secours. Ce danger a été prévu, et peut arriver; mais il fût bien avenu aussi, quand la trêve n'eût été faite que pour moindre temps, et si on a cru de plus qu'ils sont obligés à finir : et il y a aussi des provinces qui déclarent que leurs députés n'ont jamais été de cette résolution. Je vous ai si souvent écrit l'état des affaires, et l'inclination de ces peuples pour tout le surplus, que j'aime mieux en attendre les commandemens du Roi, que de plus user d'aucune redite, qui aussi bien serviroit plutôt à vous ennuyer qu'à vous instruire. La poursuite du sieur Barneveld en cette dernière action a donné quelque sujet à ses malveillans pour le décrier. Il y en a même qui, sans animosité contre lui, en sentent mal; mais son crédit est toujours semblable, et pour moi je n'en peux conjecturer autre chose, sinon qu'il est trop passionné, et n'apporte pas la médiocrité qui est requise pour diminuer l'envie que ses pareils et ceux qui sont plus qualifiés ont conçue contre lui, à cause de sa trop grande autorité et de ce qu'il n'est pas porté à leur dessein, sans toutefois qu'il y ait rien de mauvais en ses intentions. Ces partialités vous peuvent donner mauvaise opinion de ce que traitons : aussi y a-t-il bien quelque raison pour en craindre du mal ; et néanmoins, j'estime qu'il n'y aura que du bruit, et que chacun se rangera enfin à l'avis commun, qui sera la paix si l'ennemi veut.

Le sieur Aërsens fils a écrit à M. Barneveld, du sixième de ce mois, que Sa Majesté a accordé cent mille écus aux Etats, suivant la supplication qu'avions faite en leur faveur. S'il plaît au Roi leur accorder quelque chose de plus pour cette année, comme ils espèrent, il est bon qu'en soyons avertis dans la fin des deux mois, pour les en pouvoir assurer lors. Il lui mande aussi que son fils devoit être fait chevalier le lendemain, mais que pour l'autre on ne lui a rien dit, et qu'il croit qu'on attend qu'il parle. Faites, s'il vous plaît, monsieur, que Sa Majesté use envers le second de la gratification dont je vous ai ci-devant supplié, et croyez que ce qu'on fera à l'endroit du père et des enfans, sera utile pour le service de Sa Majesté : c'est ce qui m'en a fait écrire si souvent. Quelques nouvelles sont venues de Bruxelles à M. de Vaudrenecq, que le cordelier est tombé malade en Espagne, et pource qu'il ne pouvoit endurer le travail de la poste, qu'il venoit en litière. Si cela est vrai, un courrier peut apporter sa réponse, et ne vois pas, puisque la trève est faite, pour toute cette année, que les Espagnols aient plus sujet de différer s'ils ont volonté de traiter à bon escient ; et s'ils diffèrent sans rompre, sera sans doute pour faire traîner les affaires de trève en trève, ce qui n'aviendra pas si Sa Majesté nous commande absolument de faciliter la paix autant que pourrons, ou d'aider plutôt à les faire rompre que de souffrir qu'ils tombent en cet inconvénient ; car encore pourroit-on trouver des moyens pour renouer : je n'entends pas toutefois qu'en soyons auteurs. Je prie Dieu, monsieur, qu'il vous donne en parfaite santé très-longue et heureuse vie.

Votre très-humble et très-obéissant serviteur,   P. JEANNIN.

De La Haye, ce vingt-quatrième de mai 1608.

LETTRE *de M. Jeannin à M. de Sully, dudit jour vingt-quatrième de mai* 1608.

Monsieur, la trève pour toute l'année, et pour deux mois seulement, a été disputée avec grande contention et animosité en l'assemblée générale des Etats ; mais le plus grand nombre inclinoit à la faire pour l'année entière jusqu'à ce que les plus foibles ayant dit qu'il falloit en prendre l'avis des députés des rois et princes qui sont ici, chacun se rangea à cette opinion ; et nous, ayant été consultés sur ce fait, et conféré ensemble après quelques disputes, fûmes tous d'avis qu'on ne la devoit faire que pour deux mois ; et cet avis eût sans doute été suivi par les Etats, si M. de Barneveld, qui étoit auparavant de la première opinion, nous étant venu voir pour nous représenter derechef ses raisons, ainsi qu'il les avoit dites en l'assemblée, et auparavant à moi en particulier, ne nous eût fait de nouveau cette ouverture, qu'il avoit l'intention de faire résoudre en l'assemblée générale des Etats, dès le lendemain de la trève accordée, qu'on achèveroit la conférence avec les archiducs, soit pour traiter ou rompre dans deux mois, et qu'il se promettoit encore de le faire ordonner ainsi, et par même délibération, s'il étoit besoin ; car, après l'avoir communiquée particulièrement aux députés d'Angleterre, puis à ceux de Danemarck et d'Allemagne, et après encore à M. le prince Maurice, tous l'approuvèrent, et jugèrent même que cet avis étoit meilleur que le premier, d'autant qu'on contraindroit tant les Etats que les députés des archiducs à dire leur dernier mot.

Notre avis fut donc donné de cette façon en l'assemblée, et approuvé d'un chacun, suivant lequel nous les presserons de l'effectuer, afin qu'on sorte de cette affaire, en laquelle les uns et les autres craignent tant de rompre, qu'ils aimeront mieux traîner jusqu'à la fin de la trève, et la continuer encore en l'année prochaine, que de venir à une rupture, si on ne les presse bien fort en vertu de cette résolution. La longueur fait pour les Espagnols, lesquels accoutument par ce moyen les peuples à la douceur et repos, qui sert à en avoir meilleur marché après, ou pour les contraindre de rentrer en guerre lorsqu'ils en auront moins d'envie, ou y seront moins préparés, et eux mieux. Nous ferons ce qu'il nous sera possible pour éviter cet inconvénient qui nous semble le pire de tous, et aiderons à les porter à la paix ou à la guerre, selon qu'il nous sera ordonné par Sa Majesté, y ayant grande apparence que si, par le retour du cordelier, les États ne reçoivent un contentement entier sur le fait du commerce des Indes, et que Sa Majesté les veuille induire là-dessus à renouveler la guerre, que son avis sera de grand poids pour leur faire prendre cette résolution : comme au contraire, si elle leur conseille de recevoir quelque tempérament sur ce fait, ils seront encore plus aises de s'y accommoder que de rompre. Et, à la vérité, il y auroit danger de le faire sur cet article, auquel il n'y a que les deux provinces de Zélande et Hollande intéressées, et les autres non. La rupture sur celui de la religion auroit moins de péril, étant certain que les catholiques séparés par les provinces ne feront aucun mouvement, et n'y aura point de province entière qui prenne avis contraire, et se sépare des autres à cette occasion. Encore qu'il soit à désirer qu'on fasse quelque chose pour eux, non par le traité, mais à la recommandation du Roi, dont nous ferons instance quand il sera temps, si Sa Majesté continue à le vouloir ainsi.

Vous verrez aussi, monsieur, par lettres que nous écrivons au Roi, le désir que ces peuples ont de licencier partie de leurs gens de guerre pour se décharger de dépense; ce qu'on estime préjudiciable à leur sûreté s'il faut rentrer en guerre. Il est néanmoins difficile de les en empêcher, s'il ne plaît à Sa Majesté leur donner quelque secours pour cette année, outre les cent mille écus que M. Aërsens mandé lui avoir été accordés par Sadite Majesté. M. le président Richardot qui a vu tous les articles dressés pour les confiscations, entre lesquels est celui concernant M. le prince d'Espinoy, en a débattu quelques-uns, mais il n'a encore rien dit contre celui-ci. Rien ne sera omis pour faire qu'on obtienne ce que vous désirez ; et messieurs les États, tant pour la justice de l'affaire que pour votre respect particulier, s'y rendront fort affectionnés, et j'en serai bon solliciteur, comme étant, monsieur, votre très-humble et très-affectionné serviteur,
P. JEANNIN.
A La Haye, ce 24 mai 1608.

LETTRE *dudit sieur Jeannin à M. de Villeroy, du vingt-cinquième de mai* 1608.

Monsieur, depuis vous avoir écrit, nous avons été voir, M. de Russy et moi, les députés des archiducs, estimant bien que, sur ce qui s'étoit passé pour la fin de la trève, on leur pourroit avoir donné avis que nous y aurions été contraires, soit en ayant insisté qu'elle ne se fît que pour deux mois, ou bien en y voulant faire ajouter cette condition que le traité pour la paix seroit conclu ou rompu du tout dans la fin de ce mois de juillet. Entre nos propos avec eux, celui-ci en fut un, que le grand désir que le Roi a de voir la fin du traité nous en fait presser tous les jours l'avancement, et nous sembloit même à cette occasion que la trève pour deux mois eût été meilleure, et pour espérer plus promptement l'issue de cette affaire, qu'une plus longue ; ou bien, si on la vouloit faire jusqu'à la fin de l'année, comme plusieurs estimoient, qu'il y falloit ajouter cette condition, de finir la conférence pour tout le mois de juillet, afin que chacun fût plus enclin à dire son dernier mot, mais que Sa Majesté n'avoit pourtant changé sa première résolution de favoriser la paix en tout ce qu'elle pourroit. Sur quoi le président Richardot nous répondit qu'il savoit bien que nous pouvions tout, m'adressant tout son propos en particulier, et répétant ces mots par deux fois, comme s'il eût voulu dire qu'il doutoit plutôt de notre volonté que du pouvoir, et eût eu avis de tout ce qui s'étoit passé en l'assemblée, qui nous auroit mû de les assurer encore que n'avions autre commandement de Sa Majesté que d'y faire de bons offices, et eux de nous répondre qu'on le connoîtroit à nos œuvres; y ajoutant derechef que si notre volonté se trouvoit conjointe à notre pouvoir, ils devoient espérer tout bon succès de cette affaire. Rien ne se fait dont ils ne soient avertis, et il y a bien apparence, encore qu'on déguise les choses pour leur faire croire que nous sommes plus enclins à la guerre, afin de les induire par cette crainte à faire mieux pour les Etats. Mais, soit pour les favoriser ou dire contre eux, je n'ai qu'une même intention, qui est de suivre les commandemens de Sa Majesté, étant bien certain qu'avant que nous soyons au bout de l'affaire, il y aura trop de moyens de leur faire sentir mieux ou pis. Nous attendons de vos nouvelles en bonne dévotion, et je prie Dieu, monsieur, qu'il vous conserve en bonne et parfaite santé.

Votre très-humble et très-obéissant serviteur,   P. JEANNIN.

De La Haye, ce 25 de mai 1608.

LETTRE *de M. de Villeroy à M. Jeannin, du 26 de mai* 1608.

Monsieur, votre lettre du 14 de ce mois a été vue du Roi devant qu'être tombée en mes mains ; car elle a été portée à Fontainebleau, où elle a été reçue le 23, et je suis en ces quartiers par le commandement de Sa Majesté depuis le 20, ainsi que je vous ai écrit ledit 23, vous envoyant la réponse de Sa Majesté à vos lettres des 23 et 28 du mois passé, et à celles du 10 du présent. Je ne suis pas marri qu'il en soit ainsi avenu, car il a été à propos que Sa Majesté ait su votre peine et sollicitude en l'exécution de ses commandemens, quand vous y remarquez quelque diversité ou ambiguïté. C'est chose que j'ai prédite, et souvent remontrée quand telles occasions se sont rencontrées ; mais nos maîtres quelquefois se mènent par des conséquences et considérations qu'ils tirent de certains avis qu'on leur donne sous la cape, lesquels souvent leur sont administrés artificieusement, plus pour les abuser que pour les servir. Toutefois, Sa Majesté a les volontés si entières en bonté, et le jugement si clair, que facilement elle revient et se rend à la vérité et à la raison. Ainsi l'a-t-elle fait après avoir examiné le discours que vous nous avez envoyé par M. de Bethune, comme vous aurez appris par sa dernière lettre ; car elle dit n'avoir entendu et n'entendre encore changer sa première résolution en faveur de la paix, portée par l'instruction qui vous fut donnée à votre départ, et par ses commandemens réitérés par toutes ses dépêches, je vous prie aussi de croire que si elle eût changé, vous en eussiez été le premier averti, comme il eût été nécessaire pour son service, il étoit dû à vos mérites et à la confiance que Sa Majesté a en vous. Elle veut donc que vous continuiez à favoriser ladite paix, et, au défaut d'icelle, la longue trêve comme vous avez commencé, pourvu qu'elles puissent être obtenues à conditions honnêtes et équitables, reconnoissant tant d'impossibilités et de dangers à reprendre les armes, mêmement pour les affaires de son royaume, qu'elle ne veut aucunement que vous penchiez de ce côté-là, sinon autant que vous jugerez qu'il sera nécessaire le faire paroître pour conserver la réputation des forces et du pouvoir qu'auront les Etats de se défendre en cas de rupture, pour mieux favoriser ladite paix ; n'approuvant aucunement l'ouverture qui vous a été faite par M. le prince Maurice pour affoiblir les partisans de ladite paix, et y engager par son exemple les députés d'Angleterre et des Etats qui sont par delà ; car ce seroit proprement les abuser que d'entretenir messieurs les Etats de telles voies et espérances mal fondées, et mettre Sa Majesté au chemin d'être tenue pour vrai auteur, non-seulement du renouvellement de la guerre, mais, qui pis est, de la ruine desdits Etats : car, comme ils ne seroient assistés ni secourus en icelle ainsi qu'il seroit nécessaire, ils tomberoient bientôt en des accidens misérables et irréparables, qui leur feroient maudire les auteurs d'un tel conseil ; ce que je m'étonne que M. le prince Maurice ne pèse et considère autrement qu'il fait.

Je dis qu'il faut qu'il y ait des personnes qui le repaissent d'espérance que Sa Majesté, quoi qu'elle fasse dire pour vous, leur ouvrira sa grande bourse lorsqu'elle se verra embarquée en ladite guerre, en quoi il est fort trompé. Seulement Sa Majesté désire, s'il faut que lesdits Etats rabattent beaucoup des conditions de la paix qu'ils ont proposées, tellement qu'il y ait apparence qu'ils en soient mauvais marchands, qu'en tel cas vous vous absteniez de leur donner conseil de sa part d'accepter la susdite paix désavantageuse ; car comme elle ne veut être auteur de la rupture, aussi ne le veut-elle être d'une mauvaise paix. Au reste, nous avons su, par lettres de Madrid du cinquième de ce mois, que le cordelier a été très-bien recueilli et caressé extraordinairement du roi d'Espagne, de la reine et de ses principaux ministres, y étant arrivé le vingt-troisième du passé ; qu'il s'est fort loué de la bonne volonté du Roi et de votre procédure ; que l'on parloit encore douteusement de la résolution que prendra le conseil d'Espagne sur l'article de la navigation des Indes ; mais bien a-t-on opinion qu'ils ne le rejetteront du tout, et qu'ils essayeront d'y trouver quelque tempérament ; car ils veulent, s'il est possible, faire la paix, de laquelle l'on reconnoît tous les jours davantage qu'ils ont besoin.

Ils se plaignent de notre dernier traité avec les Etats, et de l'assistance qu'ils disent que nous continuons à leur donner. Et dit-on qu'ils envoient vers le roi dom Pedro de Tolède exprès pour ce sujet comme ambassadeur extraordinaire, qui sera suivi bientôt après de dom Inigo de Cardenas, qui y doit résider. C'est celui qui servoit d'ambassadeur à Venise; et envoient vers l'empereur dom Balthazard de Cuniga sans passer par ici, étant pressé à cause des troubles survenus en Hongrie. M. de Barrault mande que le nonce résidant en Espagne, qui dépend plus d'Espagne que du pape, a publié que Sa Sainteté a entrepris de si bien et étroitement lier le roi d'Espagne avec le Roi, par le moyen des ouvertures que vous savez qui ont été faites, et même par celle qui concerne le frère du prince d'Espagne avec madame Chrestienne, que les Etats ne recevront plus à l'avenir faveur aucune de Sadite Majesté; que ce bruit a été semé en Espagne; que l'on dépêche par-deçà ledit dom Pedro de Toledo exprès pour ces affaires, et demander aussi madame Isabelle pour ledit prince d'Espagne, en quoi ils doivent être autorisés du pape. Ceci est un bon artifice du pays pour mettre en ombrage de nous nos amis, comme, dès le commencement, j'ai remarqué être leur principal dessein, auquel ils seront trompés pour notre regard. Il faut seulement donner ordre d'heure qu'ils y profitent aussi peu en Hollande par votre prudence, secondée de celle du sieur de Barneveld; au moyen de quoi je vous prie d'y penser : non que j'estime qu'il soit à propos que vous découvriez audit sieur de Barneveld ni à autres le particulier et secret desdites ouvertures, quand bien ils les devroient apprendre d'autres; mais il faut absolument qu'il sache, et pareillement ceux qui en sont dignes, que la venue de ce personnage n'opérera rien au préjudice des amis et alliés de cette couronne, afin qu'ils n'en prennent ombrage ni alarme. Je remets le surplus à votre prudence, et prie Dieu, monsieur, qu'il vous conserve toujours en bonne santé.

Votre, etc. DE NEUFVILLE.

De Paris, le vingt-sixième jour de mai 1608.

Lettre de MM. Jeannin et de Russy au Roi, du cinquième de juin 1608.

SIRE,

Les lettres qu'il a plu à Votre Majesté nous écrire du dix-neuvième de mai, qui nous furent rendues le premier jour de ce mois, nous éclaircissent bien particulièrement de son intention, et n'est besoin qu'y fassions autre réponse, que nous suivrons ponctuellement ce qui nous est commandé par icelles, et userons aussi de l'autorité qu'il lui plaît nous donner en la conduite de cette affaire, avec toute la discrétion et tout le jugement qu'il nous sera possible pour en rendre le succès heureux, sans nous en découvrir jusqu'à ce qu'il soit temps, ainsi qu'il nous est prescrit, plus ou moins, selon les occurrences et les personnes auxquelles il en faudra communiquer. Avant qu'avoir reçu les lettres de Votre Majesté, M. le prince Maurice nous avoit promis de se conformer du tout à ce qui seroit de sa volonté, y ayant encore continué lorsque nous lui avons dit sa réponse, et qu'elle préféroit la paix, si on la pouvoit obtenir à conditions raisonnables et assurées. Ce n'est pas qu'il soit toujours en grand soupçon de ceux qui la procurent et s'en rendent auteurs, ne se pouvant persuader qu'ils le fassent à bonne intention; mais il voit bien lui-même qu'il a laissé venir les choses si avant, sans s'y opposer vivement lorsqu'il le pouvoit faire avec effet, qu'il n'y a plus de moyen à présent de changer les volontés de tant de gens qui conspirent au repos, si ce n'est que les ennemis, par un refus absolu du commerce des Indes, que la province de Hollande désire avec ardeur comme y étant la plus intéressée, les précipite, sans autre considération que de l'indignité de ce refus, à prendre d'eux-mêmes autre conseil, qu'ils rejetteroient sans doute s'il venoit d'autrui, au lieu qu'y étant portés par leur passion, il leur semblera bon et salutaire. C'est maintenant ce qui lui reste d'espoir, ayant ferme opinion que, si la province de Hollande prend cet avis, à cause dudit refus qui leur devra être fait par le roi d'Espagne, elle sera suivie par la Zélande, et que les deux ensemble contraindroient toutes les autres provinces d'en faire autant. Et à la vérité, elles sont si puissantes, que, soit de gré ou crainte des incommodités que les autres recevroient en se séparant d'eux, il avient peu souvent qu'ils le fassent ainsi, encore qu'il soit bien vrai qu'on tient à présent pour ennemis du salut public ceux qui essaient de dissuader la paix, ou d'y apporter des difficultés. Si est-il certain que ces gens ici ont si peu d'appréhension de l'avenir, que ce refus absolu, s'il étoit fait, seroit pour les changer du tout.

Nous y prendrons garde soigneusement, pour détourner et empêcher, s'il est possible, que rien n'avienne qui soit contraire au but et au dessein de Votre Majesté, et surtout que la crainte de rompre, qui est trop avant ès esprits de ceux qui veulent la paix, ne soit cause de tenir les affaires en longueur et incertitude, et, s'ils ne peuvent s'accorder, de les faire séparer sans rompre, et remettre encore les choses à une nouvelle conférence vers la fin de la trève; qui seroit un dangereux inconvénient, prévu dès long-temps, mais qui semble presque sans remède, au cas que la trève ou paix à longues années ne soit conclue et arrêtée, si ce n'est que la rupture avienne par un soudain mouvement, comme a été dit ci-dessus, plutôt qu'avec raison et persuasion. Or, nous essayons tous les jours d'imprimer cette créance ès esprits de ceux qui désirent la paix, qu'il faut fuir et éviter ce danger comme le plus grand de tous les autres, leur remontrant le désir et le besoin que leurs adversaires ont d'avoir la paix aussi bien qu'eux, et s'ils les voient résolus à ne point craindre cette rupture, qu'ils l'auront sans doute, pourvu qu'ils s'y aident aussi de leur côté comme il est besoin. Et, au contraire, s'ils les reconnoissent saisis de cette crainte, ils la refuseront du tout, afin d'obtenir cette remise et couler le temps de trève en trève, qui leur seroit un bien plus grand avantage que de faire un traité, quel qu'il puisse être. Ils montrent de reconnoître ce danger, et promettent de s'y conduire ainsi que désirons, mais nous ne laissons d'en douter. Pour le regard de M. le prince Maurice et des autres, qui pensent la guerre devoir être plus utile à cet Etat, nous les avons déjà rendus capables qu'il n'y a rien de pis que cette remise et sommes assurés, quand les choses seront réduites à cette dernière nécessité, qu'ils aimeront mieux aider à faire la paix y voyant incliner Votre Majesté, que de tomber au péril de cette longueur et remise, et pour détourner aussi les députés des adversaires de penser à ce conseil.

Le président Jeannin a dit, depuis peu de jours, au sieur Richardot, avec lequel il a derechef conféré avec même confiance que du passé, que les Etats avoient déjà quelque sentiment, et étoient en doute qu'ils voulussent user de cet artifice; mais, s'ils le faisoient, qu'ils seroient cause de les précipiter à la guerre avec plus de violence et fureur que du passé : au lieu que s'ils veulent entendre à la paix sincèrement, et à conditions raisonnables, nous aiderons à la faciliter avec autant d'affection que nous serons contraires à toutes sortes de remises et longueurs, comme seront pareillement tous les autres députés des rois et princes qui sont en ce lieu; ainsi qu'ils devoient se servir de cet avantage, plutôt que d'avoir recours à autres artifices et conseil dont ils ne doivent aucunement espérer que l'issue fût heureuse. Nous estimons encore être à propos, puisque le roi d'Angleterre fait démonstration par ses ministres près de Votre Majesté de vouloir mieux s'entendre avec elle que du passé, de faire tout ce qu'elle estimera requis pour lui en accroître la volonté, et lui persuader même de faire prendre ce conseil à ses ministres; car nous reconnoissons tous les jours qu'ils désirent de complaire aux députés des archiducs, et à cette occasion ont différé la ligue avec les Etats. Ainsi il y a apparence, s'ils les voient enclins à telles longueurs, qu'ils seront pour les favoriser. Or, il en faut ôter, s'il est possible, toute espérance, tant aux Etats qu'à leurs adversaires, afin que chacun se dispose mieux à la paix; car la rupture avenue, nous pourrions encore faire des ouvertures pour les rejoindre ou remettre les choses à quelque délai, s'il étoit jugé à propos, et les feroit-on lors avec moins de péril, pource que cette remise non prévue n'auroit pas été cause d'empêcher la paix. Nous sommes en peine de ce que les députés des archiducs disent n'avoir aucunes nouvelles du cordelier, encor qu'ils y ajoutent que c'est un témoignage certain qu'il est par les chemins, pource qu'il leur avoit promis, son retour étant retardé, de leur en donner avis par son courrier exprès. On parle diversement de sa réception en Espagne, et il y en a qui assurent qu'il y a été mal venu, les autres du contraire.

Combien que les Etats aient promis d'user tout de diligence pour voir la fin du traité dans tout le mois de juillet, si est-ce qu'ils ne s'échauffent pas beaucoup d'une part ni d'autre; car ils ne se sont assemblés depuis ladite trève que confois, pour conférer sur quelques articles concernant les confiscations, n'y ayant moyen, quelque instance que nous fassions, de vaincre leur longueur. Aussi semble-t-il que cela serviroit de peu jusqu'à la venue du cordelier. Ils en doivent encore conférer au premier jour. Il y a deux articles que M. le président Richardot dit du tout injustes : l'un, en ce que les Etats ont que les ventes par eux faites de quelques biens appartenant aux ecclésiastiques qui étaient sous l'obéissance des archiducs, soient confirmées comme bonnes et valables, et en rendre le prix, ne pouvant approuver ce qu'ils allèguent de consentir que les ventes faites par les archiducs des biens qui soient appartenir aux ecclésiastiques qui de l'obéissance des Etats, soient pareillement tenues pour bonnes, d'autant qu'ils disent archiducs n'en avoir point vendu. L'autre est que les députés desdits archiducs entendent, en quittant la souveraineté, que les terres et seigneuries qui étoient du domaine du seigneur souverain, leur doivent néanmoins demeurer en propriété pour en jouir comme particuliers, et non en souveraineté. La raison est que eux en la première difficulté; mais en cette, puisqu'ils se dépouillent de la souveraineté entière, les Etats ne consentiront jamais qu'ils retiennent leurs domaines, crainte qu'ils ne veulent servir de cette rétention pour couvrir de leur ancien droit, et pour espérer encore quelque jour la souveraineté qu'ils quittent à présent, accordant lesdits sieurs Etats, si les seigneurs anciens des provinces qui demeurent en souveraineté avoient quelques domaines sous l'obéissance des archiducs, de les quitter de même. Aussi n'estimons-nous pas qu'ils soient pour insister à cette dernière difficulté, mais bien à la première; d'autant qu'ils feroient chose préjudiciable à leur réputation, et qu'ils seroient tenus pour déserteurs des droits et intérêts des ecclésiastiques, si ledit article avoit lieu. Ils doivent pareillement conférer sur quelques expédiens et ouvertures pour accommoder le fait des confiscations; mais en tout ceci il n'y a rien qui soit suffisant pour rompre d'une part ni d'autre, et en étant déjà d'accord, comme nous estimons, jusqu'à ce que chacun retient à dire son dernier mot, si le commerce des Indes sera accordé ou non, duquel doit dépendre, ainsi qu'ils disent tous, la conclusion ou rupture du traité. C'est pourquoi nous l'attendons avec impatience. M. de Collis reçoit souvent nouvelles d'Allemagne, et par les dernières, qui sont celles de Prague le 17 de mai, on lui mande que l'archiduc Mathias est à cinq ou six lieues de Prague, que l'empereur en est sorti avec ses plus précieux meubles, bagues et argent, pour se retirer à Ratisbonne où il est à présent; qu'il a déjà offert à son frère la Hongrie, l'Autriche et la Moravie; mais qu'il prétend encore la Bohême, et dit davantage qu'il ne posera jamais les armes, jusqu'à ce que l'empereur lui ait rendu les conseillers qui ont été cause de faire préférer à lui l'archiduc Ferdinand de Gratz, en la diète où ledit archiduc Ferdinand a représenté la personne de l'empereur.

On tient aussi qu'il prétend de se faire déclarer roi des Romains, et exclure même, dès maintenant, l'empereur de l'administration entière de l'empire, comme s'il en étoit incapable, et semble même qu'étant armé, et ayant la faveur des princes protestans, auxquels sa conduite envers ceux de la religion est agréable, que tout lui succédera à souhait. Nous lui avons voulu faire appréhender ce mouvement, comme s'il se faisoit du consentement de toute la maison d'Autriche et du roi d'Espagne même qui est malcontent de l'empereur, et que tout cela les fortifieroit plutôt que de les diviser, pour être l'empereur réduit en tel état qu'il ne pourra plus rien; car dès à présent, chacun l'abandonne, et ne s'y entremettent les électeurs, tant ecclésiastiques que séculiers, sinon pour les composer. Et cette composition sera sans doute aux dépens du plus foible; mais il montre, comme font aussi ses collègues, de n'en craindre aucun mal. Il dit que les trois électeurs protestans sont bien unis ensemble, quoique l'empereur eût auparavant essayé d'en disjoindre le duc de Saxe, mais en vain. En achevant cette lettre, les députés des électeurs palatin et de Brandebourg nous sont venus voir, et nous ont dit avoir reçu des lettres de Prague du dix-neuvième de mai, par lesquelles on leur mande que l'empereur, qui pensoit sortir de ladite ville pour aller à Ratisbonne, a changé de résolution, et toujours à Prague; que l'archiduc Mathias avec son armée est logé à Brandis, qui est un château et bourg distant seulement de trois lieues de ladite ville; qu'il s'est offert en lui donnant des otages d'aller trouver l'Empereur lui-même, et qu'on espère qu'enfin ils s'accorderont; qu'il continue néanmoins à demander que l'empereur lui mette en main deux de ses secrétaires pour les châtier, prétendant qu'ils sont cause de tout leur mauvais ménage. Ajoute encore que le comte de Bellejoyeuse, lequel étoit au service de l'empereur, ayant fait entreprise sur quelques troupes de l'archiduc Mathias, y perdit environ cinquante ou soixante de ses gens, fut pris et mené audit archiduc qui le fit étrangler à l'instant. Ils nous ont dit aussi qu'il s'étoit fait une assemblée en la maison du marquis d'Anspach, où s'étoit trouvé le prince d'Anhalt pour l'électeur palatin, le duc de Wirtemberg en personne, et deux princes puînés de la maison du landgrave de Hessen, et qu'ils l'ont fait, ainsi qu'ils l'estiment, à l'occasion de ce que le duc de Bavière s'armoit, dont ils étoient entrés en défiance pour s'unir ensemble, s'il en étoit besoin, et se promettre assistance l'un à l'autre; que le duc de Saxe, voyant aussi qu'on armoit en Bohême, fait grande levée dans ses pays, chacun commençant d'être en soupçon, pour ne savoir au vrai où tendent les armes de l'archiduc Mathias. Nous prions Dieu, sire, qu'il donne à Votre Majesté et à sa royale famille tout heur et prospérité.

Vos très-humbles et très-obéissans sujets et serviteurs, P. JEANNIN et DE RUSSY.

De La Haye, ce cinquième de juin 1608.

LETTRE *de M. Jeannin à M. de Villeroy, dudit jour cinquième de juin 1608.*

Monsieur, les lettres du Roi et les vôtres, tant à madame la princesse d'Orange, à M. de Russy, qu'à moi, nous ont si bien instruits de l'intention de Sa Majesté, que nous n'en pouvons plus douter. Je tiens aussi que cette certitude sera cause que n'aurons plus tous ensemble qu'une même conduite. J'eusse pu faire mon voyage auquel j'ai beaucoup de regret, encore fussé-je retourné plus content et mieux instruit; car il y a beaucoup de particularités qu'on peut dire de bouche, lesquelles on ne commet jamais aux lettres; mais il n'y a remède. Les prières de messieurs les Etats furent si grandes pour me retenir, lorsque je le pensois faire pour la seconde fois avec M. de Bethune, et je craignois tant aussi que la venue du cordelier fût plus prompte, que j'aimai mieux suivre ce qu'estimois être de mon devoir que mon affection et désir. Et néanmoins, la vérité est que nous avons fait si peu depuis, fors cette trève que peut-être n'aurez approuvée, encore que la condition y ajoutée la doive rendre tolérable, que j'eusse pu faire ledit voyage sans défaillir à rien. Il n'y a aucunes nouvelles ici du cordelier, et crains même que cette trève soit cause de la retarder au lieu de l'avancer, si est-ce que les principaux de l'assemblée des Etats discut toujours, soit qu'il vienne tôt ou tard, qu'ils se sépareront après le mois de juillet, sans plus penser à conférences ni traité, au cas que tout ne soit conclu lors, ou si près de l'être, qu'on soit assuré que le temps qu'on y mettra de plus ne sera perdu. Aussi est-il bien nécessaire que cette croyance soit ès esprits d'un chacun, même des députés des archiducs, afin qu'on emploie mieux le temps, et qu'ils ne s'attendent à aucunes longueurs et artifices. Si le cordelier apporte quelque bonne résolution sur le fait du commerce des Indes, je tiens la paix faite; autrement la province de Hollande et celle de Zélande, qui y sont les plus intéressées, seront pour rompre par un mouvement soudain, sans entrer en aucune considération de l'avenir : ou bien je crains plus encore que le marquis ne parle d'aller lui-même en Espagne, et donne espérance d'obtenir ce qu'on aura refusé au cordelier, pour gagner temps et faire qu'on se rassemble encore vers la fin de la trève, soit pour avoir meilleur marché du traité, lors estimant que les Etats y seront seuls et sans être assistés de leurs amis, ou bien, s'il y a de la difficulté à conclure, qu'on fera encore la trève pour l'année prochaine; car aucuns parlent déjà sourdement de son voyage. Rien ne sera oublié pour éviter, s'il est possible, ces circuits et longueurs, comme nous ferons aisément si les Espagnols ont traité de bonne foi jusques ici, et se veulent accommoder en quelque chose au fait du commerce des Indes; car encore qu'il y ait diverses opinions entre les Etats, celle de la paix tirera sans doute l'autre à soi, et déjà reconnois-je que M. le prince Maurice est prêt, non de changer de tout avis, mais de laisser faire les autres sans plus contredire, et de consentir encore plutôt à la paix que de souffrir aucune longueur ni remise; le commandement de Sa Majesté, auquel il défère bien fort, ayant été de grand envers lui pour lui faire prendre ce contentement, à quoi madame la princesse d'Orange aide de sa part autant qu'elle peut.

Puisque les ministres du roi d'Angleterre sont près du Roi montrent que leur maître a quelque inclination à se mieux entendre avec que du passé, il me semble qu'on doit de toute la conduite qu'on pourra pour le fermer en cette bonne volonté, afin que ses ministres et nous soyons d'un même avis en ce qui se passera ici, comme il est très-nécessaire pour aller au but que Sa Majesté désire; puis il y pourra avoir de l'artifice en la recherche ouverte que le roi d'Espagne montre de faire de l'amitié du Roi, et essayer, au cas qu'il n'y trouve Sa Majesté disposée, ainsi qu'il désire pour mieux faire ses affaires, de donner de la jalousie au roi d'Angleterre, et le rompre par ce moyen du tout avec lui; ce qui pourroit bien gagner sur un esprit foible comme le sien, car il est certain qu'ils ont tous gagné du passé ès propositions de pareilles alliances, encore qu'en celle-ci on puisse voir assurée qu'il n'y a autre profit pour nous, et tout y passeroit à souhait, sinon d'assurer la paix avec eux, du moins pour quelques années. Il en seroit bien mieux si, au lieu de prendre deux de nos princesses, ils se contentoient d'une, et nous en donnoient une autre; il faut faire ce qu'on peut, et ne perdre l'occasion d'être bien avec l'un des deux : et peut-être que l'amitié et alliance du roi d'Angleterre, s'il se vouloit bien conduire et sincèrement, seroient plus utiles et assurées, car il est sans dessein, et nous en aura toujours où nous pourrons être intéressés. Quant aux Etats, je me promets que les rendrons capables que rien ne sera fait par Sa Majesté avec qui que ce soit contre l'amitié et alliance qu'elle leur a promis. Je suis marri qu'il lui ait plu gratifier les enfans du sieur Barneveld selon que me mandez, et desirois encore qu'elle voulût accompagner son fait envers le puîné de quelque bonne pension, pour obliger davantage le père qui peut dire qu'on n'a fait rien sans lui. Je sais bien que j'eusse eu l'honneur de voir Sa Majesté, elle eût approuvé mes raisons, et jugé qu'il est à acquérir pour faire profit de cet Etat. Les députés d'Allemagne, qui sont ici, croient que le mouvement de l'archiduc Mathias finira en le faisant roi des Romains, et que tous les électeurs y seront aisément disposés, pource qu'ils le tiennent d'un esprit modéré qui saura souffrir les deux religions, et faire vivre un chacun en paix, n'ayant aucune appréhension d'autre dessein.

Le comte d'Embden et les habitans de la ville s'aigrissent plus que jamais. Les rois d'Angleterre et de Danemarck désirent le contentement du comte ; mais la ville fait difficulté de le recevoir dedans, et veut secouer le joug du tout ; et les Etats y cherchent quelque tempérament pour contenter le comte, sans perdre l'amitié de la ville, et la commodité du port d'icelle. M. Dufour, qui a une compagnie en ce pays, s'en est allé en France ; il dit avoir quelques inventions pour eaux et moulins qu'il désire faire proposer au Roi. Il est fort honnête homme ; vous le lui présenterez, s'il vous plaît, au cas qu'il s'adresse à vous. Je prie Dieu qu'il vous conserve, et suis, monsieur,

Votre très-humble et très-affectionné serviteur,
P. JEANNIN.

A La Haye, ce cinquième de juin 1608.

LETTRE *de M. de La Boderie à M. Jeannin, du septième de juin* 1608.

Monsieur, j'avois déjà su votre embarquement et votre retour, quand je reçus la vôtre du quatorzième du passé, par laquelle il vous a plu m'en donner avis, et m'étois autant réjoui du premier, quand on me l'avoit dit, comme j'ai été très-marri de l'autre. Vous connoissez maintenant mieux que personne l'état des affaires des Pays-Bas, et par réflexion celles des princes voisins qui en dépendent et leurs desseins ; et comme il fut jamais temps d'y prendre une bonne et ferme résolution, c'est maintenant. Vous eussiez grandement servi par votre présence et vos bons avis pour l'avancer. J'ai peur que nous aimions tant notre argent, et que nous fondions tant d'espoir dessus, que cela nous fasse mépriser tout le monde, qui possible n'est pas le meilleur conseil que nous saurions prendre. Vous me discourez, et très-bien certes, que puisque l'inclination de notre maître et quelques raisons d'Etat empêchent qu'il ne puisse prendre de confiance en Espagne, que pour d'autres raisons il devroit essayer de la prendre et la donner ici. C'est chose, monsieur, que je juge comme vous, et à laquelle à la mienne volonté que je pusse autant servir comme j'estimerois ma peine bien employée. Mais ce que je vous ai autrefois écrit de ces dettes, sur lesquelles on nous presse tous les jours davantage, et où nous montrons tous les jours moins vouloir entendre, est un écueil contre lequel tous les autres offices que je puis ou faire ou conseiller donnent à travers, ne se pouvant, ces messieurs-ci, payer de noisettes pour dire ainsi, tandis qu'on leur refuse ce qu'ils prétendent leur être justement dû en choses solides. De cette heure nous sommes en termes de rendre cette reine commère du Roi pour le baptême de notre petit duc d'Anjou. Je n'attends que le commandement pour faire l'office, ayant voulu Sa Majesté que je sondasse auparavant si ce seroit chose agréable; à quoi j'ai trouvé, et elle et le Roi son mari, assez disposés. Ce commencement seroit très-bon, et à la suite duquel on pourroit attacher quelque cas de plus important; mais à même temps que je travaille de ce côté, l'Anglois qui est de delà crie après le paiement de ces belles dettes, sur lesquelles on lui donne toujours de nouvelles remises, pour dire la vérité, assez mal fondées: de sorte que, tant s'en faut que je me promette rien de bon de ce commérage; j'ai peur qu'il ne produise que du mépris de part et d'autre, comme de part et d'autre il semble qu'on n'y chemine que par manière d'acquit. Il faut, qui veut être aimé, témoigner de l'affection, et entre les grands, les plus certains effets qui s'en peuvent donner, c'est non-seulement de se faire raison l'un à l'autre, mais s'intéresser au bien et au mal l'un de l'autre. Tous autres offices qui se font sans que ceux-là aient précédé, se reçoivent toujours par dissimulation, et n'engendrent jamais de bonne amour. Il seroit donc nécessaire, comme vous le touchez très-sagement, que non-seulement nous leur donnassions quelque satisfaction sur ce que nous leur devons, mais que nous nous offrissions de les assister et secourir aux affaires dont ils sont menacés du côté d'Irlande, comme ils nous ont assistés aux nôtres. Mais à qui avons-nous affaire pour cela, monsieur? à personnes qui, quand on voudra entreprendre de le représenter, en hocheront la tête, ou, en un besoin, croiront que l'on y sera poussé de quelque intérêt particulier. Néanmoins, comme il ne faut pour telles craintes laisser de faire son devoir, en succède puis après ce qu'il pourra, j'en ai écrit mon avis assez librement, et en ai d'autant plus pris l'occasion, que je vois que le roi d'Espagne tient en ces affaires-ci tout autre procédé que nous ne faisons: car, pour s'obliger cette cour, et gagner cette réputation parmi ce peuple, avide d'argent s'il y en a au monde, fait dire qu'il y a à

profiter avec lui, et rien avec nous. Au même temps que nous refusons de payer ce que nous devons, au même temps il fait ostentation de grande dépense, ayant depuis deux mois fait tenir à son ambassadeur, ou par lettres de change ou en espèces, jusques à cent quarante mille écus. Pourquoi faire, je ne le sais point; mais le bruit commun est que c'est pour les bons amis qu'il a ici, plus grands possible que nous ne pensons. Et quoi que ce soit, il n'a tant d'argent à cette heure, ni n'en est si prodigue dispensateur, qu'il jette une telle somme sans en attendre de l'utilité. Nous, au contraire, nous pensons faire assez de donner des paroles, dont j'ai grand peur que nous nous trouvions trompés. Si vous pouviez, monsieur, par occasion, seconder l'office que j'ai fait pour le paiement de quelque partie desdites dettes, je crois, certes, qu'il seroit très à propos; car, sans cela, non seulement je ne vois pas que nous nous devions rien promettre d'ici, ains au contraire, que nous en devons tout craindre, au moins autant que la puissance en donnera de moyen.

Il s'est déclaré deux rebelles en Irlande depuis deux mois, qui montrent avoir du dessein, et augmentent tous les jours de puissance; on n'en est sans alarme, et à la vérité ils pourroient bien faire du mal, attendu le peu de préparatifs qu'il y a par-deçà contre telles choses. Mais les Espagnols assurent tant qu'ils ne seront aidés ni fomentés d'eux, que l'on s'en donne, ce me semble, moins de peine. Enfin lesdits Espagnols font paroître qu'ils peuvent faire du mal et du bien, et nous ni l'un ni l'autre. Je ne connoîtrai rien par-deçà vous pouvoir servir aux affaires que vous conduisez, dont je ne vous donne aussitôt avis, comme je le serai toute ma vie, monsieur,

Votre très-humble et très-affectionné serviteur,

LA BODERIE.

A Londres, ce septième de juin 1608.

LETTRE *de M. de Villeroy à M. Jeannin, du huitième de juin 1608.*

Monsieur, depuis mes dernières, par lesquelles j'ai répondu aux vôtres du vingt-troisième et vingt-septième d'avril, et du dixième de mai, nous avons vu le Roi à Villeroy, où il dîna mercredi dernier, et y fit trouver messieurs le chancelier, de Sully et moi, pour nous dire ses intentions sur la continuation de la poursuite du mariage de M. de Vendôme et de mademoiselle de Mercœur, auquel il a toujours en grande affection, et auquel il a été jusques à présent impossible de disposer les mères et la fille; tellement que j'estime que le Roi sera contraint à la fin d'en faire dire par le parlement, son naturel étant aliéné du tout de la violence et du remède qui dépend de son autorité et puissance souveraine. Mais je prévois que la fin n'en pourra être que malheureuse pour lesdites dames; de quoi je ne vous écrirai pour le présent autres particularités, parce que ce fait n'a rien de commun avec vos négociations de delà, sinon en tant qu'il exerce et occupe l'esprit de Sa Majesté, l'émeut et l'altère un peu plus qu'il ne seroit requis pour son repos et sa santé, qui est toutefois telle que nous la pouvons désirer, grâce à Dieu. M. de Châtillon arriva en cour, avec votre paquet du vingt-troisième du mois passé, le troisième du présent. J'en étois absent, mais Sa Majesté m'a renvoyé vos lettres, et m'a commandé de vous faire savoir qu'elle improuve grandement la prolongation de la trêve; et qu'elle n'attend, par la résolution que les États ont prise, et de la déclaration qu'ils en ont faite aux archiducs, que toute piperie; car Sa Majesté croit que le délai de trois mois étant expiré, ils en accorderont un autre tel que leurs parties adverses voudront, d'autant qu'ils auront lors encore plus d'occasion de le faire qu'à présent, car il sera alors plus dû d'argent à leurs gens de guerre. L'envie et leur nécessité de la paix leur sera encore accrue, et leur division plus enflammée, leurs alliés et voisins plus dégoûtés et mal édifiés de leur conduite; tellement qu'ils seront les premiers à proposer et à poursuivre un autre délai. Les Espagnols, qui les connoissent maintenant jusques aux entrailles, commencent à les mépriser. Ils ne travaillent plus qu'à enjôler le Roi, afin de le retirer du jeu, et m'aperçois qu'ils veulent coucher de leur reste pour l'acquérir. Je n'ai les néanmoins opinion qu'ils y profitent: toutefois Sa Majesté l'a si mauvaise des États, de M. le prince Maurice et du sieur Barneveld; il est aussi si contraire à la guerre, et se défait si mal volontiers de son argent, que, pour ne demeurer à terre entre deux selles, je ne sais ce qu'il fera ou sera conseillé de faire.

Nous avons avis d'Espagne, du dix-neuvième du mois passé, que le cordelier n'étoit pas content du duc de Lerme, ni celui-ci de l'autre; que l'on tiendroit le premier à poste, pource que l'on ne veut contenter les Hollandois, et que l'on veut devant tenter ce que peut produire envers le Roi l'alliance que le pape propose, dont il vous a été donné avis: d'autant que si ce dessein réussit, ils n'auront que faire de contenter lesdits États; et nous reconnoissons déjà clairement qu'ils veulent se dédire du dernier point qu'ils leur ont accordé, se repentant d'avoir franchi ce saut, ce qu'ils ne diront d'abord où vous êtes si ouvertement que le ministre de l'archiduc s'en est laissé entendre à nous; mais ils accrocheront par-delà les affaires à l'article de la religion, qu'ils ont délibéré d'opiniâtrer jusques au bout, et plutôt rompre sur icelui que de s'en relâcher et départir aucunement: non qu'ils affectionnent tant le rétablissement de notredite religion en considération d'icelle, et le contentement des catholiques, que ce soit véritablement leur but de le préférer, mais parce qu'ils se repentent d'avoir lâché le mot de la souveraineté, ils ne savent honnêtement s'en dédire; de façon qu'ils ont délibéré de s'attacher au point de ladite religion, et sous ce prétexte renverser l'autre et s'en libérer, ce qu'ils feront plus librement s'ils peuvent chevir du Roi, et l'amadouer comme ils se le promettent. Mais je ne crains pas tant leurs artifices et ruses, car Sa Majesté et ses ministres sauront bien s'en défendre, sachant la défiance que ceux-ci doivent à bon droit avoir de la constance et union des États, de la foi et société des Anglois et même des gens d'Allemagne, du peu de plaisir que prend Sa Majesté de mettre la main à la bourse, comme il convient, et finalement de la connoissance qu'ils ont des divers accidens qui naîtront d'une rupture avec le roi d'Espagne, telle qu'il est quasi impossible que Sadite Majesté évite, sinon à présent, du moins à la longue, s'il faut qu'il épouse la protection des États et de ce qui en dépend, prenne, comme l'on dit, l'affirmative pour lui et ses associés, comme il convient pour les sauver. Et néanmoins, il est certain qu'il n'y a point d'autre moyen de les garantir que par la paix, avec cette souveraineté, au cas qu'elle ne leur soit retranchée, comme je reconnois maintenant que l'entendent les Espagnols; car ils m'ont parlé en ces termes, comme a fait le ministre du pape, lequel seconde vivement les autres en ce dessein.

Dom Pedro de Tolède, que le roi d'Espagne doit envoyer vers nous, préparoit son partement, ainsi que nous a écrit le sieur de Barrault par sa lettre du dix-neuvième du passé. Il a été fait grand sur cette occasion, et vient avec grand apparat; ils l'ont choisi parce qu'il est parent de la Reine, car la mère du père de ladite dame étoit fille du grand-père de celui-ci. L'on dit que le cordelier viendra avec lui et non devant, et, si plus tôt, qu'il n'aura charge de débiter sa marchandise ni parler clairement où vous êtes, que ledit dom Pedro ne nous ait vus et découvert nos intentions. Il doit proposer deux alliances, celle du prince d'Espagne avec madame Isabelle, et celle du frère du premier avec madame Chrestienne, à condition de faire ces derniers héritiers des archiducs, ceux-ci mourant sans enfans, afin de séparer pour jamais, ainsi qu'ils disent, la Flandre et tout ce qui en dépend, du pays d'Espagne et de son pouvoir : ce qu'ils croient que le Roi doit non-seulement désirer, mais acheter pour lui et les siens chèrement. Et pour ce faire, ils s'imaginent que le Roi ne doit faire difficulté ni conscience, sinon de joindre à découvert ses moyens avec le roi d'Espagne contre les Etats, pour leur faire connoître leur devoir, du moins le faire en secret, ou au pis aller les abandonner effectuellement, et souffrir qu'ils l'entreprennent et l'exécutent à leur aise : de quoi ils disent et veulent que nous croyions qu'en ce cas ils viendront à bout en trois années bien employées, connoissant mieux qu'ils n'ont fait ci-devant la foiblesse des Etats, et par où il en faut venir à bout, qui est le profit et avantage qu'ils ont tiré du séjour que font le marquis et le président Richardot où ils sont. De quoi je vous assure que le ministre de l'archiduc, résidant ici, a discouru avec moi, en se moquant des conducteurs des affaires desdits Etats; mais peut-être en parle-t-il ainsi par artifice. Tant il y a que je reconnois qu'ils veulent faire un effort pour ranger à leur désir les Etats et leur suite par une voie ou par une autre, sans quitter le droit souverain, avec lequel ils ont finement, au commencement, ensorcelé le sieur Barneveld et ses adhérens; à quoi il semble n'y avoir autre remède que par le moyen d'une entière et forte résolution de Sa Majesté en faveur desdits Etats, ores qu'elle soit sujette aux périls ci-dessus cotés. Ce choix sera difficile à faire, et voudrois de bon cœur que vous fussiez ici pour en dire votre avis, y servir le maître et y assister ses bons amis; car ce sera un coup de partie de conséquence pour le présent et pour l'avenir, et veux grand mal aux vents qui nous ont privés de cette consolation.

Nous disons aussi qu'il eût été plus expédient qu'il eût été absent, quand on a accordé cette dernière continuation de trêve attendant le moine, que de butter aux nécessités de ces seigneurs, et modérer aucunement les passions du sieur Barneveld, lequel ayant embarqué son pays en cette négociation, veut la conduire à la poste, et la faire réussir à quelque prix que ce soit. Or je ne doute point que ledit sieur Barneveld ne s'étonne et irrite grandement, quand il s'apercevra que l'on opiniâtrera l'article de la religion avec celui des Indes, exprès pour la souveraineté; car je vous répète que c'est aujourd'hui le but auquel visent ouvertement les Espagnols, et principalement le duc de Lerme, se repentant d'avoir passé si avant, voyant qu'il en est blâmé des autres extraordinairement. Il semble aussi que le roi d'Espagne plus que nul autre s'en plaint, et ait montré le regretter et le sentir. Monsieur, ce sont les termes auxquels nous estimons que sont à présent réduites les affaires, de quoi nous préjugeons qu'il arrivera encore pis, si les Etats se voient privés de leur intention pour la paix, et d'ailleurs sans moyens suffisans de se maintenir par la guerre. Il est à craindre qu'ils ne courent à bride abattue à une division irréparable, et à chercher à prendre des abris et partis pour leur salvation, différens les uns des autres, suivant le conseil de la nécessité ou du désespoir, plutôt que celui de la raison et du salut public de leur république. Quand nous reverrons le Roi, nous en pourrons délibérer plus à plein, comme nous ferons de votre retour en çà, et de ce que Sa Majesté voudra faire cette année pour ces messieurs, prévoyant bien, s'ils ne sont secourus, qu'ils seront contraints de licencier une partie de leurs gens de guerre pour se soulager, et éviter aussi une mutination. Les trois cent mille livres qu'on a ordonné sont comptées et prêtes à partir, ainsi que j'appris hier du sieur Aërsens, qui insiste grandement qu'ils soient bientôt suivies de double pour le moins; de quoi, si l'on résout quelque chose, vous et M. de Russy serez avertis des premiers.

Je ne vous mande rien des affaires d'Allemagne, car je pense que vous en savez où vous êtes autant que nous : tant y a que l'empereur est en piteux état, étant comme délaissé de tous. Le pape et le roi d'Espagne y envoient pour essayer de composer ses affaires, de quoi il semble que l'on commence à avoir meilleure espérance que devant, à cause des grandes soumissions et offres que fait ledit empereur à Mathias, qui est conseillé de les accepter, même par les protestans, afin de désautoriser ledit empereur, qui est mal voulu et mésestimé de tous. L'on dit maintenant que Ferdinand est mal satisfait dudit Mathias, comme s'il avoit publié leur union contre l'empereur à son déçu, et en temps qu'il n'étoit d'accord qu'il le fît, et s'en être aidé pour avancer et justifier son dessein; mais il faut qu'il avale ce calice aussi bien que ledit empereur et les autres, de peur de pire. Dieu, monsieur, qu'il vous conserve en parfaite santé.

Votre, etc. DE NEUFVILLE.

De Paris, ce huitième jour de juin 1608.

Autre LETTRE *du sieur de Villeroy audit sieur Jeannin, dudit jour huitième de juin 1608.*

Monsieur, depuis avoir écrit la lettre en chiffre que la présente accompagne, le Roi m'a commandé de vous faire en son nom celle que je vous envoie, et à M. de Russy celle qui s'adresse à lui, ayant jugé nécessaire que vous le veniez trouver, et même que vous soyez près de lui quand dom Pedro y arrivera. Nous tenons qu'il sera parti de Madrid le deuxième de ce mois, et vient à ses journées, et publie qu'il doit passer de France en Allemagne; et je crois que les affaires et négociations qu'il proposera ici ne l'occuperont ni empêcheront de passer outre, s'il a cette charge et la volonté de le faire. Le cordelier n'a point été malade, il est retardé exprès pour les raisons que je vous mande par mon autre lettre; il n'en faut point douter, comme vous ne ferez, s'il vous plaît, de la puissance que vous avez de me commander. Je prie Dieu, monsieur, qu'il vous maintienne et conserve en bonne santé.

Votre, etc. DE NEUFVILLE.

De Paris, ce huitième jour de juin 1608.

LETTRE *de MM. Jeannin et de Russy au Roi, du treizième de juin* 1608.

SIRE,

Depuis nos dernières lettres qui sont du cinquième de ce mois, les députés des Etats se sont assemblés deux fois avec ceux des archiducs, et ces derniers ont consenti, pour le convoi, qu'il fût pris sur les navires à raison de chacun last, sans déclarer la somme, ou bien sur les marchandises, y mettant une taxe fort modérée dont on demeureroit d'accord, et à la charge aussi que la recette dudit droit de convoi, à le prendre sur les marchandises sortant de Zélande ou Hollande pour aller à Anvers, seroit établie et faite audit lieu d'Anvers, selon qu'on souloit le faire avant la guerre du droit de tolius, auquel on veut ajouter celui du convoi introduit seulement depuis les troubles. Quant au domaine ancien et nouveaux acquêts qu'ils avoient prétendu, après s'être départis de la demande de l'ancien domaine, et avoir contesté quelque temps pour obtenir le nouveau, même celui acquis par le feu roi d'Espagne, en quoi est compris Flessingue et le marquisat de La Vere, il semble qu'ils seroient aussi pour s'en départir, pourvu qu'on voulût acquitter les rentes constituées et assignées spécialement sur icelui, même sur le domaine de Frise une rente de dix-huit mille livres, et les arrérages échus, dues aux foucres d'Allemagne; disant être raisonnable que celui qui prend le bien soit tenu aux hypothèques, et que déjà les Etats avoient durant la guerre payé une année ou deux des arrérages d'icelle rente, reconnoissant par là y être tenus. Pour le regard des villes de Breda, Berg-op-Zoom et Grave, qu'ils en quitteroient la souveraineté, quoiqu'à regret, estimant qu'il étoit injuste de les y contraindre, attendu qu'elles dépendent de Brabant, qui est la principale province et le premier titre des archiducs, et que l'offre par eux faite de n'y prétendre aucune autorité ni supériorité devoit suffire, jusqu'à ce qu'on fût demeuré d'accord d'en faire quelque échange avec d'autres villes; néanmoins que, pour le bien de la paix, ils y consentoient. Mais quant aux villages qui en dépendent, qui sont environ soixante-dix, lesquels contiennent un grand territoire, ils entendent que la souveraineté leur en demeure, sans toucher pourtant aux droits, autorités et revenus des seigneurs particuliers à qui lesdites terres appartiennent, et qu'il n'étoit raisonnable d'entamer la province de Brabant plus avant, et outre ce que la force en a occupé, ni inconvénient aussi que les villes soient sous la souveraineté des Etats, et les villages en dépendant sous celle de archiducs, joint que Breda et Grave appartiennent à M. le prince d'Orange, qui a tout son bien sous les archiducs, et se plaindra plutôt de ce qu'on distrait les villes de leur obéissance que de ce qu'on y laisse les villages, et que Berg-op-Zoom est pareillement à un seigneur qui a toujours suivi leur parti. Firent encore instance pour ravoir le bien appartenant aux ecclésiastiques de Brabant, lequel a été vendu par les Etats durant la guerre.

Les Etats, de leur côté, ne voulurent rien quitter de ce qu'ils avoient prétendu auparavant, fors pour la vente du bien des ecclésiastiques de Brabant, auquel ils ont consenti qu'ils rentrent, et qu'eux rendent le prix aux acheteurs. Il semble néanmoins qu'on pourra accommoder le fait du convoi par l'une des ouvertures susdites, et déjà plusieurs s'en sont déclarés; mais la plus grande difficulté s'est arrêtée sur ces villages que les Etats quitteroient plus volontiers que de rompre à cette occasion, n'étoit que M. le prince Maurice en fait une très-grande instance, se promettant d'avoir Breda et Grave de son frère, soit en partage, ou avec récompense, et que les Etats désirent tant aussi de le contenter, comme nous faisons en particulier pour son mérite, et pour faciliter la paix, qu'il n'y a presque article sur lequel ils soient disposés de contester avec plus d'animosité que sur celui-ci. Bien nous semble-t-il qu'on doit faire ce qu'on pourra pour l'obtenir, y ayant apparence, si on demeure d'accord du surplus, que le traité ne se rompra pour si peu. Les députés des Etats firent aussi instance en la dernière conférence pour savoir si les députés des archiducs avoient à proposer quelques autres articles, et furent même priés et requis de déclarer ce qu'ils entendoient par l'article faisant mention des princes étrangers, celui de la religion, et des monnoies contenues ès articles par eux donnés, afin qu'ils en conférent et essaient d'y prendre quelque résolution, du moins qu'on s'éclaircisse au plus près de l'intention des uns et des autres, et par ce moyen ne reste plus qu'à dire le dernier mot lorsque le cordelier sera de retour : à quoi ils firent réponse que cet article des princes étrangers étoit un article ordinaire, en vertu duquel ils entendoient nommer les princes qui sont leurs amis et alliés, comme ils pourroient faire si bon leur sembloit de leur part ; quant aux monnoies, qu'il en faudra faire un réglement entre eux pour la commodité du commerce, mais qu'il sera aussi à propos de le remettre après la paix que d'en traiter à présent. Et pour le regard de la religion, ils se peuvent souvenir de ce qu'ils leur en ont dit au commencement du traité, et que le retour du cordelier leur donnera le moyen de les en éclaircir plus particulièrement. Leur fut dit encore par les députés des Etats, qu'on les avoit avertis qu'ils empêchent le traité qu'ils prétendent faire avec le roi de la Grande-Bretagne, encore que ce ne soit que pour l'observation de la paix, et que par là ils montrent bien n'avoir envie de la faire ; mais ils leur répondirent que le roi de la Grande-Bretagne ne pouvoit faire ledit traité avec eux sans rompre et violer celui fait avec l'Espagne ; car, encore qu'on mette en avant que c'est pour la paix, ledit sieur roi et les Etats pourroient, quand il leur plairoit, alléguer que la paix auroit été violée, et, s'en rendant juges eux-mêmes, leur faire la guerre sous ce prétexte, qu'ils eussent aussi fait les mêmes déclarations et protestations pour empêcher celui qu'ils ont fait avec Votre Majesté, s'ils en eussent été avertis avant qu'il fût conclu et passé.

Il a semblé à aucuns des Etats que lesdits sieurs députés des archiducs ont plus témoigné qu'ils désiroient la paix en cette dernière conférence qu'auparavant ; et, à la vérité, ils y ont consenti et accordé quelque chose pour le convoi et pour le domaine, dont ils avoient premièrement fait grande instance. Et quant au fait des princes étrangers, on croit, quand ils en firent mention en leurs premiers articles, qu'ils entendoient parler de Clèves et Juliers, et obliger les Etats à ne se point mêler du différend qui pourroit avenir après le décès du duc de Clèves, par la mort duquel la maison d'Autriche prétend droit ès dits Etats, que c'étoit aussi leur intention d'aider à composer le différend du comte d'Embden qu'ils favorisent contre la ville ; et ne pouvons juger qui les a mus à changer d'avis, ou à dissimuler ce qu'ils en sentent.

Chacun entre en soupçon ici de la retardation du cordelier, et qu'elle est à dessein, aussi qu'elle nuira plutôt à la paix que d'y servir. Néanmoins lesdits sieurs députés continuent toujours à dire qu'ils n'en ont aucunes nouvelles, mais on tient cette réponse être un artifice et déguisement, ou bien, si elle est vraie, qu'on les trompe eux-mêmes du côté d'Espagne. Les Etats leur ont fait dire clairement cejourd'hui même là-dessus, qu'après le mois de juillet, ils entendent rompre toute conférence si le traité n'est conclu lors, ou les affaires en tel état qu'on en puisse espérer bon succès peu de temps après. Nous nous conduirons en tout suivant ce qui nous a été commandé pour aider à faciliter la paix, et serons contraires à toutes longueurs et remises, si ne recevons autre commandement. Les Etats se louent bien des trois cent mille livres qu'il a plu à Votre Majesté leur donner ; mais ils espéroient mieux, et voyons bien, s'il ne lui plaît accroître ce bienfait, qu'ils licencieront bientôt partie de leurs troupes, soit qu'il y ait paix ou rupture entière.

Par lettres écrites à Prague le dernier de mois de mai, on a mandé ici que l'archiduc Mathias avoit vu l'empereur, et parlé à lui seul et à loisir dans ladite ville de Prague, où il étoit entré avec mille chevaux et douze cents hommes de pied, puis s'en étoit retourné en son camp; que l'empereur s'est trouvé lui-même en l'assemblée des Etats de Bohême, pour faire déclarer son frère successeur d'icelui royaume au cas qu'il décède sans enfans mâles; que l'archiduc Maximilian son frère avoit été voir en diligence l'évêque de Mayence, puis à Heidelberg, l'électeur palatin; qu'on pensoit la paix devoir être bientôt faite entre eux, et tout le mouvement finir après que l'archiduc Mathias seroit élu roi des Romains. Nous prions Dieu, sire, qu'il donne à Votre Majesté et sa royale famille, en très-parfaite santé, très-longue et heureuse vie.

Vos très-humbles et très-obéissans sujets et serviteurs, P. JEANNIN et DE RUSSY.
De La Haye, ce 13 juin 1608.

LETTRE *de M. Jeannin à M. de Villeroy, du quatorzième de juin* 1608.

Monsieur, notre lettre au Roi est du 13 de ce mois. Le lendemain, le président Richardot me vint voir, et fit entendre qu'ils avoient reçu lettres du cordelier le jour précédent bien tard, écrites à Madrid le vingt-troisième de mai, par lesquelles il leur mandoit sa dépêche être retardée pour quelques jours à l'occasion de ce que le duc de Lerme étoit sorti de la cour, six ou sept jours auparavant, pour aller chez lui préparer sa maison en laquelle le roi d'Espagne se devoit rendre vers la fin du même mois, et cependant séjourner à Orengeris, sans vaquer à aucunes affaires jusqu'à son retour, auquel temps il se promettoit d'être expédié avec contentement, mais non plus tôt; me disant qu'il étoit en peine de cette retardation, crainte qu'elle ne fût prise de mauvaise part, et comme si elle étoit faite à dessein, combien que ce ne fût point à mauvaise intention, n'y ayant personne à qui la longueur soit plus ennuyeuse qu'à eux; s'adressoit à moi à cette occasion, pour leur donner conseil de ce qu'ils auroient à faire, sur l'assurance qu'ils ont de la bonne affection du Roi à faciliter la paix, à quoi il estimoit que Sa Majesté auroit encore plus grande inclination après que dom Pedro de Tolède, envoyé vers elle de la part du roi d'Espagne pour traiter des alliances dont nous avons conféré par ensemble, lequel devoit partir pour ce voyage dès le premier jour de ce mois, l'auroit vu et déclaré la charge qu'il a de son maître sur ce sujet, y ajoutant qu'à son avis on différoit en Espagne le retour du cordelier, pour le désir qu'ils ont d'avancer et résoudre ces traités d'alliance avant la conclusion de la paix en ce pays: ce que toutefois il ne disoit sinon par conjecture; mais quand il seroit ainsi, que cela ne tendoit qu'à bonne fin, et pour faire que Sa Majesté, plus intéressée au traité après ladite alliance, fût aussi plus soigneuse d'y aider et d'en faciliter la conclusion de tout son pouvoir. A quoi je lui dis que j'étois bien fort fâché de cette remise, et que rien ne pouvoit arriver de pis, ni qui aigrît plus les esprits de ces peuples, lesquels commençoient déjà à soupçonner qu'il y eût quelque artifice en cette retardation, et que ce nouveau sujet donneroit un grand avantage à ceux qui désirent le renouvellement de la guerre, le priant de le bien considérer avant que de s'en découvrir, et s'ils avoient moyen par quelque autre instruction d'avancer les affaires, qu'ils en prissent le conseil au lieu de les reculer, le pouvant bien assurer que la longueur seroit plutôt cause de rupture que de laisser quelque espoir de renouer le traité après qu'on se seroit séparé; que nous lui avons dit souvent qu'ils traitoient avec gens qui ne sont aucunement appréhensifs de l'avenir, et qui ont reçu si peu de dommage de la guerre, qu'ils ne se soucient point d'y rentrer; qu'à présent qu'on a disposé non-seulement plus grand nombre des peuples, mais les principaux qui ont le maniement des affaires à vouloir la paix, chacun s'y laisse aller; que nous y aidons aussi de notre part, et rompons tous les jours les pratiques de ceux qui sont ennemis du repos; mais que cette remise rapportée en leur assemblée, chacun criera qu'il faut rompre, et n'y aura plus aucun moyen de les faire rentrer en leur première résolution. Et quant aux alliances susdites, je reconnoissois bien que Sa Majesté y avoit de l'affection, et les désiroit; mais qu'à mon avis, il seroit plus aisé de les faire réussir, la paix étant faite ici, qu'auparavant, d'autant même que Sa Majesté sembloit être tellement engagée avec les Etats, qu'elle ne les pouvoit abandonner sans blâme jusques à ce que la paix ou une trêve à longues années les eût mis en quelque sûreté; qu'on pourroit aussi soupçonner ces alliances, qui ne peuvent avoir aucun fondement ni obligation valable, à cause du bas âge des enfans, être mises en avant à présent sur cette conclusion d'affaires pour les séparer, mettre en défiance les uns des autres et en profiter, non pour se joindre en une vraie et sincère amitié ; au lieu qu'en faisant la paix promptement et sans remise, on évitera tous ces inconvéniens, et si il est certain qu'on ne rencontrera jamais un temps si opportun pour y parvenir. Ayant entendu ces raisons que je lui dis être de moi seul, et sans aucune instruction particulière de l'intention de Sa Majesté, il me pria de retenir à moi ce qu'il m'avoit proposé jusqu'au lendemain, qu'il me retourneroit voir pour m'en parler encore plus ouvertement.

Et de fait, le lendemain matin, sur ce que lui mandai que je me trouverois au bois proche de La Haye, pour, en feignant de me promener, le voir comme par rencontre, il me dit derechef qu'il se trouvoit fort empêché, d'autant qu'on ne prendroit aucune résolution en Espagne sur le retour du cordelier, jusqu'à ce qu'ils aient fait réponse, par le même courrier qui est venu d'Espagne, à la dépêche qu'ils en ont reçue. Il prévoyoit aussi, si les Etats s'opiniâtroient à vouloir obtenir le commerce des Indes selon l'article par eux donné, et refusoient du tout le rétablissement de la religion catholique, que le roi d'Espagne ne consentiroit jamais à la paix, disant que le cordelier avoit donné assurance contraire de l'un et de l'autre, lorsqu'il fit la première ouverture de ce traité, et sans cela que ledit roi n'y fût point entré ; qu'à son avis il seroit expédient de faire encore la trève pour l'année prochaine, montrant de le désirer avec grande affection, afin qu'on eût loisir de traiter les alliances projetées avec Sa Majesté : ce qu'étant fait, et elle se joignant à cette demande de la religion, son autorité et la crainte que les Etats auroient d'être abandonnés d'elle s'ils refusoient une chose si juste, seroit cause de les y faire consentir, et que lors le roi d'Espagne se disposeroit aussi plus aisément d'accorder quelque chose pour le commerce des Indes qu'à présent ; qu'en y procédant ainsi, Sa Majesté seroit cause de ce bien sans y être néanmoins intéressée, pource qu'en ce qui est de la liberté et souveraineté du pays, on n'y vouloit rien changer, mais la leur laisser entièrement, afin qu'ils demeurent séparés d'Espagne pour toujours, qui est ce qu'ils savent bien être désiré et recherché par tous les princes voisins. Ma réponse fut comme auparavant, que je prévoyois par ces longueurs et remises une rupture, le priant bien fort de ne se point attendre à cette trève de l'année prochaine, qui sans doute leur seroit refusée ; qu'il valoit mieux presser le retour du cordelier, ou, sans l'attendre, déclarer ce qu'ils savoient de l'intention du roi d'Espagne, que j'estimois être tout autre que ce qu'il m'en avoit déclaré touchant ces deux articles de la religion et du commerce des Indes, vu ce qu'ils avoient reconnu dès long-temps de la résolution des Etats sur ce sujet, ou bien si elle étoit telle en effet, qu'il n'étoit plus besoin de continuer la conférence, car elle seroit sans fruit, et ne serviroit plus qu'à les aigrir davantage, et rendre du tout irréconciliables. Je le suppliai encore de ne se point déguiser avec moi, et que la grande franchise avec laquelle Sa Majesté procédoit en cet endroit méritoit qu'on traitât ouvertement avec ses ministres. Sur quoi il me répliqua qu'il le faisoit aussi, et me représentoit les difficultés pour chercher ensemble les moyens de les surmonter.

Enfin, après plusieurs discours sur ce sujet, je lui dis derechef qu'il falloit avancer le retour du cordelier, ou du moins la réponse à sa dépêche, et qu'elle soit telle que les Etats y trouvent quelque contentement pour le commerce des Indes, et remettre le fait de la religion après la paix, comme étant le seul moyen pour espérer de la faire ; mais si, ayant fait toutes sortes d'efforts, on n'y pouvoit parvenir, les uns et les autres s'étant rendus trop difficiles sur les conditions, il faudroit essayer lors de faire une longue trève comme de dix, douze ou quinze ans, en quittant la liberté et souveraineté pour toujours, sans quoi on ne la doit espérer. Mais il me dit encore alors qu'il vaudroit mieux faire la trève pour un, deux ou trois ans au plus, sans y ajouter cette condition de la souveraineté pour toujours, qu'on feroit trop grande difficulté d'accorder en Espagne, et qu'il ne seroit aussi raisonnable de le faire ; à quoi je lui répliquai, comme j'avois déjà fait, mon avis une trêve moindre de huit ou dix ans ne seroit point acceptée par les Etats, ni à autre condition que de la souveraineté pour toujours; et lui m'ayant déclaré là-dessus que le roi d'Espagne n'accorderoit jamais le commerce des Indes pour un si long temps, je répondis qu'on le pourroit restreindre à cinq ou six ans, en ajoutant toutefois, et non autrement, que, ledit temps passé, on s'assemblera, selon qu'il est contenu en l'article déjà donné, pour aviser sur la continuation ou cessation d'icelui, et que Sa Majesté, qui seroit lors en meilleure intelligence et plus assurée amitié avec le roi d'Espagne, à cause des alliances susdites, aideroit à y faire prendre quelque résolution au contentement dudit sieur roi. Nos discours finirent là-dessus, et sur l'assurance que je lui donnai qu'avions charge d'aider à la paix en tout ce qu'il nous seroit possible.

Il est certain que le roi d'Espagne, recherche notre alliance afin qu'il puisse mieux faire ce qu'il prétend ici, et, s'il ne peut obtenir que Sa Majesté abandonne les Etats, comme il voit déjà ne le pouvoir espérer, qu'elle l'aide à lui en faire avoir meilleur marché; qu'il en fait autant en Angleterre, et y a envoyé grande quantité d'argent jusqu'à cent cinquante mille écus, à ce qu'on dit ici sur l'avis qu'on en a eu de quelques banquiers, pour les faire distribuer par son ambassadeur entre ceux qu'il pense lui être affectionnés; fait déclarer d'autre côté au roi de la Grande-Bretagne, lequel est en peine et crainte à cause du mouvement d'Irlande, quoiqu'il semble foible à son commencement, qu'il n'assistera et ne favorisera par aucun artifice lesdits rebelles ni leur religion, afin qu'il se rende plus affectionné à favoriser ses affaires, et le séparer même s'il peut d'avec les Etats. Ainsi les longueurs qu'il désire servent à ce dessein, outre ce qu'elles lui donnent le moyen d'accoutumer ces peuples au repos, et de faire des pratiques parmi eux. C'est pourquoi il est bien requis d'y prendre garde; et me semble encore qu'il seroit bien à propos de montrer que Sa Majesté a agréable la recherche que ledit sieur roi fait de son alliance, qu'on doit être plus soigneux que jamais de s'entretenir en l'amitié du roi de la Grande-Bretagne, et de lui donner quelque contentement sur les poursuites qu'il fait pour être payé de partie de ses dettes; qu'il seroit même expédient de lui offrir toute assistance contre le mouvement d'Irlande, s'il devenoit si grand qu'il eût besoin du secours de ses amis; car en montrant de faire cas de son amitié, il se rendra moins facile à vouloir ce dont il pourroit être recherché par le roi d'Espagne au préjudice des Etats: il s'en rejoindra aussi plus volontiers avec nous; et s'il avient que rentrions en meilleure intelligence, le roi d'Espagne sera contraint de faire la paix avec les Etats, ce qu'il ne fera jamais au cas qu'il puisse espérer de les affoiblir de cet appui comme aussi de mettre quelque division parmi eux.

Ce n'est à moi de me mêler de cette affaire; mais je le fais pource que cela touche à la charge qui m'a été donnée, et me semble bien reconnoître qu'il y a de grands artifices en la conduite de cette paix, même du côté des Espagnols, que je craindrois encore davantage s'ils avoient l'intelligence qu'aucuns soupçonnent, et que je ne peux toutefois croire, avec quelques-uns de ceux qui ont plus de part au maniement des affaires. Je vous supplie très-humblement me mander ce que vous sentez, et ce qui est de la volonté du Roi sur tout ce que dessus, afin que nous sachions comme nous aurons à nous y conduire, soit pour accourcir ou allonger; car, encore que vous nous en ayez assez informés, ces projets d'alliances ou autres considérations vous auront peut-être changé, et fait désirer que mettions en longueur ce qu'on a toujours jugé qu'il falloit finir le plus promptement qu'il seroit possible. Le bruit de la recherche que le roi d'Espagne fait de l'alliance de Sa Majesté, et du voyage de dom Pedro de Tolède vers elle pour ce sujet, est venu de tant d'endroits en ce lieu, que chacun le sait, et je fais à cette occasion l'office qu'il convient pour empêcher que les amis n'en prennent aucun soupçon. C'est ce que je vous peux mander, priant Dieu, monsieur, qu'il vous maintienne et conserve en bonne et parfaite santé.

Votre très-humble et très-affectionné serviteur,   P. Jeannin.

De La Haye, ce quatorzième jour de juin 1608.

LETTRE *de MM. Jeannin et de Russy au Roi, du seizième de juin* 1608.

SIRE,

Les députés des Etats sont derechef entrés en conférence avec ceux des archiducs le quatorzième, qui est le jour d'après notre dernière dépêche; et pource que les députés des archiducs firent déclaration de n'avoir plus aucuns articles à proposer, ceux des Etats voulurent examiner les leurs, entre lesquels il y en avoit deux qui furent mis en dispute. Par l'un, ils demandoient que les Espagnols et tous autres étrangers qui sont ès pays des archiducs, eussent à en sortir après la paix. A quoi il leur fut répondu que, puisqu'ils ne vouloient souffrir la loi du roi d'Espagne ni des archiducs dans les Provinces-Unies, qu'il n'étoit non plus raisonnable qu'ils la reçoivent d'eux en leur pays. Or ils avoient fait déclaration de se vouloir servir des François, Anglois, Allemands et telles autres nations que bon leur sembleroit pour leur sûreté; ainsi la même liberté leur devoit demeurer. Par l'autre article, les Etats demandoient que les villes et principaux seigneurs de l'obéissance des archiducs, eussent à promettre et jurer l'observation de la paix, qu'ils refusent aussi; disant les archiducs être seigneurs souverains et absolus, et que les princes de cette qualité n'ont accoutumé de donner leurs sujets pour répondans de leur foi; que telle obligation seroit aussi inutile, pource que les sujets sont toujours tenus d'obéir à ce qui leur est commandé. Les Etats y ayant néanmoins insisté, et remontré que Maximilian empereur, premier de ce nom, avoit tiré une pareille promesse du roi Louis XI, au traité qu'il fit avec lui pour le mariage de Marguerite d'Autriche sa fille, avec Charles VIII lors dauphin, ils ne vouloient pourtant suivre cet exemple, et dirent qu'il y avoit assez de sûreté en la foi qui leur seroit donnée par les princes qui traitent avec eux; outre ce qu'ils ont déjà fait une ligue avec Votre Majesté pour cet effet, et étoient prêts d'en faire encore autant avec le roi d'Angleterre : ainsi que cela leur devoit suffire, ou plutôt étoit superflu et inutile de rechercher telles sûretés contre des princes, lesquels sont religieux observateurs de leur foi. Les Etats ayant encore répliqué que le roi d'Espagne, qui étoit un si grand et puissant roi, recherchoit bien l'alliance et amitié d'autres rois et princes, M. le président Richardot demanda de quelles alliances ils entendoient parler; et eux ayant demeuré quelque peu de temps à faire réponse, y ajouta si ce n'étoit pas du Roi très-chrétien, et quand ainsi seroit, dont toutefois ils n'en voient aucunes nouvelles particulières, que sont grands rois, lesquels ne peuvent mieux allier leurs enfans; mais que cela ne concernoit en rien le traité qu'on faisoit avec eux.

Après s'être séparés sans demeurer d'accord desdits articles, les Etats nous prièrent, et les députés des autres rois et princes qui sont en ce lieu, de nous vouloir assembler avec eux le même jour, pour leur donner avis sur le premier article touchant la sortie des étrangers qui sont ès pays des archiducs. A quoi leur dîmes tous d'une voix qu'ils n'y devoient insister, et qu'en le faisant, les archiducs pourroient avec même raison, requérir aussi qu'ils s'abstiennent de prendre de leur part des soldats étrangers; en quoi ils recevroient plus de dommage, pource que les archiducs ont assez de gens de guerre dans leur pays pour munir leurs places et tenir le pays en sûreté, ce que les Etats ne peuvent faire avec leurs sujets, et sans être assistés de soldats auxiliaires ou mercenaires. Quant audit second article, encore qu'ils nous eussent fait la déduction de la conférence qu'ils avoient eue entre eux sans demander notre avis, nous ne laissâmes de leur dire que la promesse qu'ils requéroient desdites villes et principaux seigneurs nous sembloit inutile, ou qu'elle leur devoit si peu servir, qu'ils ne s'en devoient soucier. Notre avis pour ledit premier article fut suivi, et pour l'autre ils n'ont rien résolu.

Les députés des archiducs étoient fort offensés de la demande qu'on leur avoit faite de mettre dehors les étrangers, et leur sembloit qu'elle eût été mise en avant pour rompre cette assemblée, avec les députés des Etats. M. de Barneveld, qui porte toujours la parole pour eux, fit entendre bien particulièrement les propos qu'ils avoient eus avec les députés des archiducs, touchant l'alliance des mariages dont on parloit, à savoir, de monseigneur le Dauphin avec l'infante d'Espagne, et du prince d'Espagne avec madame Ysabelle, et dit hautement qu'on leur avoit donné avis d'Espagne, et de Bruxelles, que dom Pedro de Tolède étoit envoyé exprès vers Votre Majesté pour en traiter, montrant lesdits sieurs députés, tant des Etats que des rois et princes lors présens avec nous, qu'ils en étoient en soupçon, chacun nous regardant pour voir qu'elle réponse nous y ferions; qui fut cause que nous leur dîmes n'en avoir eu de France aucun particulier avis, et que telles alliances et mariages étoient à la vérité faisables entre les enfans des grands rois, mais que pouvions assurer messieurs des Etats que Votre Majesté ne feroit aucun traité d'alliance et d'amitié, avec quelque prince que ce soit, qui fût préjudiciable à leur Etat, et contraire à l'assistance et amitié qu'elle leur a toujours témoignée et promise; dont ils furent fort contens, et se levèrent de leurs places, mettant le chapeau en la main pour nous en remercier.

Cette réponse fut faite à l'instant, et sans attendre loisir d'y penser, nous ayant semblé, pource que le bruit de ces alliances étoit si commun et public, qu'on le faisoit à dessein, les uns pour mettre les Etats en quelque défiance de Votre Majesté, et les autres pour diminuer l'autorité des avis que pourrions donner pour la paix, comme s'ils procédoient du désir de favoriser les affaires du roi d'Espagne, non pour le bien et avantage des Etats; les députés desquels s'étant assemblés le même jour avec ceux des archiducs, M. le président Richardot leur donna une lettre du cordelier, écrite par lui à Madrid le 19 de mai, et dit que le courrier qui leur avoit apporté d'autres lettres deux jours auparavant ne leur avoit donné celle-là; mais ayant été omise, les archiducs l'avoient depuis envoyée, et faisoient que la recevoir. Cette lettre en langage flamand, reconnue être de la propre main du cordelier, contenoit en substance qu'il étoit arrivé à Madrid le vingt-quatrième d'avril, que le roi d'Espagne étoit lors à Aranjueris où il le fut trouver quelques jours après son arrivée, et cependant essayoit de voir M. le duc de Lerme pour lui faire entendre la cause de sa venue; mais pource qu'il étoit bien malade, ayant été saigné deux fois le même jour qu'il le pensoit voir, et qu'on lui dit qu'il ne vouloit point ouïr parler d'affaires jusqu'à ce qu'il fût en convalescence, il s'en abstint, et alla trouver le roi d'Espagne qui le reçut bien, montra être joyeux de son arrivée, et lui commanda de retourner à Madrid pour conférer avec le duc de Lerme et son conseil d'Etat: ce qu'il n'avoit pu faire, à cause de la continuation de la maladie dudit sieur duc, sinon depuis quelques jours, se promettant d'être expédié bientôt, et avec contentement, pour s'en retourner par-deçà en la plus grande diligence qu'il pourra. Les députés des Etats montrèrent que cette retardation leur déplaisoit bien fort, et répétèrent encore ce qu'il leur avoit dit peu de jours auparavant, à savoir qu'ils entendoient finir cette conférence dans la fin du mois de juillet, et d'avoir lors conclu une bonne paix, ou rompu tout traité; et eux firent réponse qu'ils ne demandoient pas mieux que d'en sortir, et que quinze jours pourroient suffire après le retour du cordelier pour y mettre fin.

M. de Barneveld nous a dit avoir reçu lettres de Prague du premier jour de ce mois, par lesquelles on lui mande que l'entrevue de l'empereur et de l'archiduc Mathias n'a pas été faite; qu'elle avoit bien été délibérée, mais non exécutée; que l'empereur s'est depuis fortifié dans Prague par l'assistance des Etats de Bohême, lesquels ont pris à cœur sa conservation, et ne craint plus les forces de son frère, et qu'ils sont même plus enaigris l'un contre l'autre qu'ils n'étoient auparavant.

L'ambassadeur du roi d'Espagne, qui est en Angleterre, a fait très-grande instance au roi de la Grande-Bretagne pour retenir trois navires de Hollande nouvellement arrivés des Indes, avec charge de marchandises qui sont en valeur de plus de deux millions cinq cent mille livres, lesquels avoient été contraints d'aborder ès ports dudit pays à cause de la tempête. M. Carron l'a ainsi écrit, et ne mande rien de la réponse dudit sieur roi. Bien estime-t-on ici, comme il n'y a point de raison à faire ladite saisie, sinon que ledit sieur roi se voulût déclarer ouvertement ennemi des Etats, qu'il ne le fera point aussi. Ses députés qui sont en ce lieu se plaignent fort de ce que les Etats font refus de confirmer les priviléges de leurs marchands, et, à cette occasion, retardent la ligue pareille à la nôtre, nous en ayant parlé comme si leur maître en étoit fort offensé, et fût pour les révoquer, au cas que les Etats ne leur donnent bientôt contentement pour ce regard. Nous avons cru quelque temps qu'eux-mêmes, crainte d'offenser les Espagnols, cherchoient des prétextes pour différer cette ligue de jour à autre; mais ils nous en ont parlé depuis deux jours comme étant fort désireux de la faire, et nous priant même d'en parler avec les députés qui en traitent avec eux, pour les y induire et remontrer le préjudice qu'ils se faisoient par ce refus.

La difficulté vient de ce que la ville d'Amsterdam désire d'attirer le trafic des draps d'Angleterre, lequel est à présent à Mildelbourg, ou de faire que la compagnie soit divisée en deux, afin qu'ils en aient leur part. Et cet intérêt particulier, joint à la jalousie que ces deux provinces de Hollande et Zélande ont dès longtemps ensemble, les empêche de considérer le grand préjudice qu'ils se font de ne pas contenter le roi d'Angleterre à présent qu'ils sont sur la résolution de leurs affaires, et qu'ils savent le roi d'Espagne n'oublier aucunes sortes de pratiques et d'offres pour le séparer d'avec eux. Nous en avons parlé avec M. de Barneveld, duquel ils se plaignent le plus en cet endroit, qui promet de s'y employer, et dit bien juger que nos raisons sont bonnes, mais qu'il ne peut vaincre l'opiniâtreté des villes de Hollande, lesquelles demandent partie de ce commerce, et disent ne vouloir souffrir que la ville de Middelbourg en jouisse seule; se promettant néanmoins que nos exhortations auront beaucoup de pouvoir de les persuader si nous les y voulons ajouter : ce que nous sommes délibérés de faire, estimant qu'il est besoin apporter de notre part tout ce qu'il nous sera possible pour tenir ce prince conjoint avec Votre Majesté en la défense des Etats, et empêcher que les pratiques des Espagnols et les corruptions dont on use à l'endroit de ses ministres, ne soient assez puissantes pour les débaucher et tirer à eux. Nous prions Dieu, sire, qu'il donne à Votre Majesté, en très-parfaite santé, très-longue et très-heureuse vie.

Vos très-humbles et très-obéissants sujets et serviteurs,   P. JEANNIN et DE RUSSY.

A La Haye, ce seizième de juin 1608.

Autre LETTRE dudit sieur Jeannin au Roi, du dix-septième de juin 1608.

SIRE,

Suivant le commandement de Votre Majesté contenu en ses lettres du huitième de ce mois, qui me furent rendues le seizième sur le soir, je partirai à la première commodité du vent pour me rendre près d'elle, n'ayant besoin que de ce jour et du lendemain pour faire ce qui est requis avant mon départ; et si même il y a moyen que je me puisse embarquer demain, je le ferai pour gagner temps. Nous ne laissons d'envoyer à Votre Majesté une lettre que nous avions écrite le jour d'hier, par la commodité de M. de Vaudrenecq, qui m'a promis de la lui faire tenir sûrement. Et cependant je prie Dieu, sire, qu'il donne à Votre Majesté et à sa royale famille très-heureuse et longue vie.

Votre très-humble et très-obéissant sujet et serviteur,   P. JEANNIN.

De La Haye, ce dix-septième jour de juin 1608.

LETTRE de M. Jeannin à M. de Villeroi, dudit jour dix-septième de juin 1608.

Monsieur, les lettres du Roi, et les vôtres du huitième de ce mois, nous ont été rendues le seizième, sur le soir bien tard, par un maître de navire de Hollande, lequel en avoit donné à messieurs des Etats de la part de M. Aerssens dès le matin, qui furent lues en leur assemblée générale le jour même, et moi averti de ce qu'elles contenoient deux heures après; dont je fus bien étonné, car il y avoit plusieurs choses qui me sembloient devoir plutôt être tues que publiées, du moins jetées au sein de quelque ami discret pour en faire profit, et pour lui, et pour le public, au lieu qu'elles n'ont servi qu'à brouiller un chacun. Je vous supplie néanmoins qu'il n'en sache rien, craignant qu'il n'en arrive pis. Or, ayant vu depuis les lettres qui étoient en chiffres, je connois en icelles partie de ce que les siennes contenoient, ou à vrai dire moins. Nous avions écrit à Sa Majesté le même jour la lettre que nous vous voyons encore par la commodité de M. de Vaudrenecq. J'ai retenu celle que je vous écrivois, et remis à vous dire de bouche ce qu'elle contenoit faisant seulement ce mot pour accuser réception des lettres du Roi et des vôtres, et, suivant le commandement de Sa Majesté, je partirai sans aucune remise au premier bon vent, et me contenterai même qu'il ne soit du tout contraire, car de prendre à présent le chemin par terre, il n'y a aucune apparence. Je verrai M. le prince Maurice, M. le comte Guillaume et le sieur Barneveld, et ceux des Etats qu'il sera besoin pour faire les complimens requis.

Je verrai aussi le sieur Richardot, étant bien requis de le faire à cause des lettres du sieur Jeansens fils, dont sans doute rapport leur aura été fait, qui pourroit donner de l'ombrage s'ils s'étoient rendus capables de l'intention de Sa Majesté, en sorte qu'ils aient plutôt sujet de louer sa franchise et sa prudence à conserver ses amis, que de se plaindre de ce qu'on auroit publié avec quelque mépris la recherche qu'ils font de l'alliance et amitié de Sa Majesté. J'en avois parlé avec occasion en l'assemblée des députés des Etats, et en présence de tous les députés des rois et princes qui sont en ce lieu, le 14 de ce mois, ainsi que vous verrez par nos lettres au Roi, dont j'ai su qu'ils furent à l'instant avertis; et toutefois ils l'ont pris comme une conduite nécessaire pour conserver les amis, non pour un témoignage d'inimitié envers eux. Je remets tout le surplus lorsque j'aurai l'honneur de vous voir, et serai toujours, monsieur,

Votre très-humble et très-affectionné serviteur,
P. JEANNIN.

A La Haye, ce 17 juin 1608.

Or, il est à noter que depuis le 18 de juin, jour du département de M. le président Jeannin de La Haye pour aller en cour trouver le Roi, jusques au quatorzième d'août ensuivant, qu'il retourna au lieu de La Haye, il ne s'est fait aucunes dépêches de part ni d'autre, n'y ayant seulement que l'instruction particulière que mondit sieur le président rapporta de la volonté de Sa Majesté, qui devoit être transcrite en cet endroit; mais elle a été mise au commencement de ce recueil, tome IX, page 495, en suite des autres mémoires et instructions.

LETTRE *de M. de Villeroy à M. Jeannin, du dixième d'août* 1608.

Monsieur, si j'eusse été bien informé des propos que dom Pedro de Tolède tint au Roi hier en son audience, quand vous m'en envoyâtes demander des nouvelles par Barat, je vous eusse vu devant votre départ pour vous en rendre compte, comme je ferai maintenant par celle-ci, que je désire que vous receviez devant votre embarquement à Dieppe. Ledit dom Pedro dit à Sa Majesté qu'il avoit entendu de M. le nonce la dernière réponse que Sa Majesté lui avoit fait faire par lui sur sa proposition, laquelle ledit nonce avoit colligée des propos que je lui avois tenus, suppliant Sa Majesté de lui dire si son intention n'étoit pas telle que ledit nonce lui avoit déclaré. Sadite Majesté lui demanda quelle étoit ladite réponse. Ledit dom Pedro la lui exprima; savoir est que Sa Majesté désiroit que le traité de la paix fût continué sur le fondement qu'il a été commencé, afin de la conclure si faire se pouvoit, offrant d'y contribuer tout ce qui dépendoit d'elle, comme elle avoit fait jusques à présent très-sincèrement, pour aider à accommoder les points qui étoient encore en débat. Sadite Majesté reconnut avoir fait faire par ledit nonce ladite réponse. Quoi fait, ledit dom Pedro lui déclara que le Roi son maître suivroit donc cet ordre, et l'archiduc aussi, donnant charge à leurs députés de poursuivre ladite négociation, accepta les offres de Sa Majesté d'y aider, et la supplia d'en recevoir les effets auxdits princes. Sa Majesté lui dit qu'elle vous renvoyoit en Hollande avec ce commandement, et l'assura que vous en feriez votre devoir. De quoi il baisa la main de Sa Majesté, puis il se retira; et Sadite Majesté m'a commandé vous faire ce discours, afin que vous sachiez en quels termes est ledit dom Pedro. J'ai su aussi qu'il attend d'heure à autre le cordelier, et que le conseil d'Espagne a autant d'envie de la paix que jamais. Leur armée de mer mise sus en Italie est allée à Larache, où ledit dom Pedro n'a pas opinion qu'elle ait bon succès. Nous n'avons rien d'ailleurs qui soit digne de vous, par faute d'avoir rencontré M. de Sully auprès du Roi. Je n'ai rien fait encore pour M. de Lescalle; mais Sa Majesté a accordé quatre cents livres tournois au conducteur des coquilles. Monsieur, je prie Dieu qu'il vous conserve en bonne santé, et me recommande très-affectueusement à votre bonne grâce.

Votre, etc.
DE NEUFVILLE.

De Paris, ce dixième jour d'août 1608.

LETTRE *de M. Jeannin à M. de Villeroy, du quinzième d'août* 1608.

Monsieur, j'arrivai en ce lieu le jour d'hier sur les onze heures du soir, ayant eu le passage si heureux que je n'ai mis que cinq jours et demi à venir de Paris en ce lieu, où j'étois attendu de tous en grande dévotion, comme celui qu'ils tiennent être porteur des intentions du Roi, en l'attente desquelles toutes choses avoient été différées : et si j'eusse retardé davantage, ou que quelque autre ne fût venu avec instruction précise de ce qu'ils auroient à faire de la part du Roi, encore est-il certain qu'ils eussent attendu sans rompre, tant ils portent de respect à Sa Majesté, et sont désireux de la paix qu'ils montrent néanmoins toujours vouloir à leur mot, ainsi que m'a dit le sieur de Russy, que j'ai instruit de la volonté du Roi. J'ai été visité aujourd'hui par M. le prince Maurice, M. le comte Guillaume, M. le comte Henri, puis par les députés d'Angleterre, après par les députés des Etats, et sur le soir par le marquis Spinola et M. le président Richardot. Ces premières visites n'ont été que complimens et témoignages particuliers qu'ils désirent mon retour, et se promettoient qu'on prendroit bientôt une bonne résolution aux affaires. J'ai déjà reconnu que les mêmes personnes et provinces qui désiroient la paix ou la guerre y continuant, et que le bruit commun parmi eux que l'Espagnol ne veut plus accorder la souveraineté a plus fortifié le parti des derniers qu'accru celui des premiers. On les a mis aussi en quelque défiance d'un traité secret entre le Roi et le roi d'Espagne, par la négociation de dom Pedro et l'entremise du nonce du pape, afin que tout ce que nous dirons pour la paix soit suspect, comme s'il provenoit d'un prince qui ne soit plus conjoint à leur cause et intérêt, ni même médiateur et arbitre, qui est moins, mais désireux d'obliger le roi d'Espagne. L'autorité et la créance de Sa Majesté y est néanmoins toujours très-grande, et je tiendrai la mesure qu'il convient autant qu'il me sera possible pour la lui conserver, encore qu'il soit très-difficile de le faire sans laisser quelque soupçon ès esprits de partie des Etats, ou offenser aucunement les Espagnols. Mais les premiers demeurant bien satisfaits de Sa Majesté qui leur en donne aussi tant de sujet, les autres nous rechercheront toujours assez, ou ils nous mépriseroient si nous perdions notre créance ici.

Vous savez ce que je vous en dis à mon départ, comme je fis aussi à M. de Sully, et un mot à Sa Majesté, ne lui en ayant toutefois assez osé exprimer ce que j'en pensois; mais la vérité est que, moins vous promettrez par-deçà pour les Etats, plus nous aurons de pouvoir en ce lieu, et ne laisserons pourtant de suivre ce qui est de l'intention de Sa Majesté. Déjà ai-je appris de la princesse d'Orange que le président Richardot lui avoit dit sur le fait du commerce des Indes, encore que le roi d'Espagne le refuse de tout aux Etats, qu'on ne laissera d'avoir la paix, lui voulant faire connoître que Sa Majesté y apportera son autorité et son avis, et que les Etats n'y oseroient contredire. Or en fera autant de la religion. Nous traitons avec gens artificiels, et est besoin d'y prendre garde soigneusement, crainte que nous ne perdions nos amis en essayant par la paix d'acquérir l'amitié de gens qui ne nous en sauront pas grand gré. Ce mot n'est que pour vous avertir de mon arrivée; étant plus instruits, nous donnerons avis de tout à Sa Majesté. Je prie Dieu qu'il vous conserve, et suis, monsieur, votre très-humble et très-obéissant serviteur,

P. JEANNIN.

A La Haye, ce quinzième jour d'août 1608.

LETTRE *de M. de Villeroy à M. Jeannin, du vingtième d'août* 1608.

Monsieur, cette lettre ne servira que pour vous avertir que dom Pedro de Tolède n'a dit mot depuis votre partement; mais il a fait parler le nonce du pape. Il a dit qu'il désespère de la paix; car il sait bien que les gens d'Espagne entendent obtenir les deux points de la religion et du commerce par leur traité, tels qu'ils les ont demandés, sans modération ni restriction aucune, quoi qui en puisse arriver, chose dont il ne doute point qu'ils ne soient éconduits; de façon qu'il prévoit qu'il faudra descendre au second parti, et faire une trève de douze ou quatorze ans. Nous lui avons représenté que ce sera l'avantage de la religion et la gloire du pape, comme la consolation des catholiques du pays, que ladite religion soit de présent remise en certains lieux, sans ainsi de laisser les choses en l'état qu'elles sont pour le temps de la dite trève, durant laquelle, comme lesdits catholiques seront privés de leur religion, ou ils abandonneront le pays, ou s'accoutumeront à vivre comme les autres; de sorte que le nombre d'iceux se diminuera quand ladite trève expirera, que ce rétablissement sera lors jugé peu nécessaire et profitable. Mais cette raison, ni toutes les autres que l'on lui a dites, ne l'ont ému, et dit qu'il faudroit accorder ledit rétablissement général sans limitation de lieux, sauf à le régler après, ainsi qu'il seroit avisé par les commissaires qui seroient députés pour cet effet; ajoutant que, si les Etats pouvoient être persuadés à suivre ce conseil, qu'ils tromperoient grandement l'Espagne, car ils pourroient après interpréter leur dire, et l'exécuter à leur volonté. Voilà ce que nie ledit nonce, à quoi nous voudrions bien que vous pussiez faire condescendre lesdits Etats; mais je le juge si difficile, que si je n'eusse été chargé de vous l'écrire, je n'en fusse dispensé: vous en userez avec votre discrétion et prudence ordinaire.

Ce même ministre continue de parler de la part de son maître des alliances que vous savez, et principalement, en cas de trève, de celle qui tire après soi l'investiture qui a été proposée; mais il entend, ce faisant, que le Roi promette dès à présent, toutefois secrètement et néanmoins par écrit, que sa Majesté joindra son crédit et pouvoir à celui de la reine d'Espagne pour contraindre les Etats au bout de ladite trève de se remettre sous l'obéissance de l'archiduc, et après lui des nouveaux mariés; chose que j'ai du tout rejetée. Toutefois, aucuns ont opinion qu'il ne faut être conscientieux, pourvu que l'on obtienne que les Espagnols sortent dès à présent de la Flandre; de quoi ceux-ci disent qu'il faut faire toute instance, soit que l'on fasse la paix ou la trève, n'augurant que toute tromperie et désavantage, quoi que l'on résolve, si cet article n'est accordé; et certes, je crois qu'il seroit très-utile, mais je n'ai pas opinion que l'Espagne le presse. Aussi faudroit-il que les Etats se défissent des étrangers qui les servent, de quoi j'ai appris de vous qu'ils n'ont envie ni besoin. L'on dit que, sans cette promesse du Roi, l'on ne fera ladite investiture au préjudice de l'Espagne, ni par conséquent ledit mariage, mais qu'on est content d'entendre aux deux autres: savoir est du prince d'Espagne avec madame Isabelle, et de M. le Dauphin avec l'infante d'Espagne, à la charge que celui-ci renoncera à la succession; condition qui se trouve encore honteuse. Monsieur, nous ne précipiterons rien si j'en suis cru, nous aurons les oreilles plus ouvertes que la bouche. Nos dernières lettres d'Espagne portent que le cordelier a été dépêché, dès le 17 du mois passé; toutefois il n'a encore comparu, et crois qu'ils l'auront retardé jusqu'à l'arrivée du courrier que dépêcha vers eux dom Pedro après ses premières audiences, lequel est attendu d'heure à autre. L'on a signé aujourd'hui l'ordonnance pour les trois cent mille livres tournois, lesquelles l'on fera compter le plus diligemment que l'on pourra. Il n'y a eu moyen depuis votre partement de parler de l'augmentation dudit secours, ni de M. de L'Escalle, pour certaines petites brouilleries domestiques qui ont exercé notre cour. Nous n'avons rien du côté d'Angleterre digne de vous être écrit, et sommes attendant en bonne dévotion nouvelles de votre arrivée par-delà. Je prie Dieu, monsieur, qu'il vous conserve en bonne santé.

Votre, etc.   De Neufville.

De Paris, ce vingtième jour d'août 1608.

Lettre *de MM. Jeannin et de Russy au Roi, du vingt-quatrième d'août* 1608.

Sire,

On attendoit avec impatience le retour du président Jeannin, qui devoit être porteur de vos intentions, pource que la longueur du traité, ennuyeuse à chacun, avoit fait prendre résolution, tant aux Etats qu'aux députés des princes qui sont près d'eux, de ne plus différer la conclusion ou rupture d'icelui, et d'exécuter la délibération prise lorsque la trève fut faite, qui étoit de finir pour tout le mois de juillet; mais il leur sembloit qu'on devoit déférer ce respect à Votre Majesté, et que ce qu'on feroit, après être pleinement instruit de ses intentions, seroit plus autorisé. Nous avons été vus des députés des Etats et des ambassadeurs d'Angleterre et d'Allemagne, et leur avons aussi rendu cette visite, et appris d'eux tous qu'ils ne cherchent que la fin de ce traité de quelque façon que ce soit, et néanmoins que les ambassadeurs desdits rois et princes en désirent plutôt la rupture que le parachèvement, même ceux d'Angleterre, quoiqu'à couvert, et sans vouloir rien contribuer à cette rupture qui puisse être su des députés des archiducs. Les Etats ont pareillement entendu dudit sieur président la continuation de la bonne volonté de Votre Majesté envers eux. Et quant à ce que dom Pedro de Tolède a traité avec elle, il leur en a dit autant qu'on a estimé être requis pour leur faire connoître qu'elle n'a rien de si cher que leur conservation, pourvu qu'ils défèrent aussi autant à ses conseils et avis, que son affection envers eux, sa grande prudence à bien juger ce qui leur doit être utile, et les dépenses et périls auxquels il ne craint point de s'exposer, et son royaume, pour leur bien et prospérité, le méritent. Les a encore exhortés à la paix, déclaré le secours de cent mille écus, et laissé espérance d'être encore assistés en cette année, s'ils se conduisent comme ils doivent pour lui donner contentement, sans leur en faire autre plus particulière déclaration.

Les députés des archiducs ont usé de pareille courtoisie à nous visiter, et nous eux, sans conférer d'affaires que bien peu, fors que le président Richardot, qui a vu par deux fois en particulier le président Jeannin, lui a dit ouvertement qu'ils étoient pleinement instruits de la volonté du roi d'Espagne sur toutes choses, et n'étoit plus en leur puissance d'y rien changer, soit en ajoutant ou diminuant; savoir, que ledit sieur roi consent toujours que la souveraineté demeure aux Etats, moyennant deux conditions sans lesquelles il ne la quittera jamais. L'une, que l'exercice public de la religion catholique soit rétabli par toutes les Provinces-Unies avec entière liberté, et sans aucune restriction; l'autre, qu'ils s'abstiennent, dès le jour de la paix, du commerce des Indes, sans le leur vouloir accorder, sinon autant de temps qu'il sera nécessaire pour leur retourner leurs gens, navires et denrées qui y sont de présent. Et encore que le président Jeannin lui ait fait réponse que cette demande si précise étoit un témoignage évident qu'ils vouloient rompre, n'y ayant aucune espérance qu'ils puissent obtenir l'un ou l'autre sans tempérament ou modération, il a continué à lui répliquer ce que contenoit en mots espagnols le commandement qui leur a été fait, et qu'il n'y a plus rien à traiter pour ce regard, sinon de dire oui ou non. Ne s'est non plus ému de ce qu'il lui a dit que la rupture étoit donc certaine et inévitable, mais a seulement répondu qu'il ne le croyoit pas, que les Etats avoient aussi grand besoin de la paix que les archiducs, et que l'autorité de Votre Majesté étoit si grande envers eux, qu'en l'employant ils ne lui refuseront le rétablissement de la religion non en certains lieux, à

quoi il lui persuadoit de se réduire, et san[s] mettre par le traité, mais partout, et entre conditions d'icelui traité, qui sont chose[s] tout éloignées des premières conférences, quelles il avoit montré qu'ils se contentero[nt] à beaucoup moins, tant au fait de la religi[on] que des Indes : si bien qu'il semble que ce[s] un moyen recherché par eux pour révoque[r] directement la souveraineté déjà accordé[e], l'osant faire autrement de peur d'être ten[us] pour trompeurs; ou bien ils se prometten[t] les Etats n'auront assez de courage pour ro[mpre] et quand ils le voudroient faire, qu'aurons [nous] d'autorité pour les empêcher.

En quoi nous estimons qu'ils se pourro[nt] bien tromper; car en ayant communiqué [à] le sieur Barneveld, il nous a dit qu'indub[ita]-ment les Etats, après en avoir pris l'av[is des] députés des princes qui sont ici, rompr[ont] tout traité, quand même on leur voul[roit] conseiller le contraire, principalement à c[ause] du point de la religion, pour le regard du[quel] ils ne consentiront jamais à aucun change[ment] par traité; qu'ils l'ont dit et répété plusieurs [fois] aux députés des archiducs, lesquels y av[oient] acquiescé, et que toutes les provinces [sont] tellement résolues, qu'il ne voit aucun m[oyen] de les changer. Bien espère-t-il qu'en consid[é]-ration de Votre Majesté et de leurs catholi[ques] ils pourront après la paix rétablir ledit exer[cice] en quelques endroits et non plutôt, selon q[ue] nous ont souvent dit. Aucune raison n'a [été] omise pour lui persuader ce qui est de l'int[érêt] de Votre Majesté, et que si la paix étoit r[om]-pue à cette occasion, elle feroit difficulté de [le] secourir, et ne le pourroit aussi faire sans qu[e] que blâme, et donner un grand méconten[te]-ment aux catholiques de son royaume. [Si] n'auroit qu'à le vaincre il se pourroit [bien] persuader; mais ceux qui veulent la guer[re,] joints aux autres qui disent, plutôt par opi[nion] treté que par raison, qu'on ne doit souffr[ir ce] rétablissement, sont en si grand nombre, q[ue] n'en ose parler pour le présent. Et à la véri[té] la conduite des Espagnols, qu'ils tienne[nt à] présent pour trompeurs, et ce changeme[nt] absolu qu'ils demandent être fait en leur r[eli]-gion, les a fort changés, et a grandemen[t for]-tifié aussi le parti de ceux qui veulent la gue[rre,] lesquels essaient avec artifice de diminuer [...]

rité de nos raisons, comme si Votre Majesté, présent plus conjointe avec l'Espagne que du passé, à cause de la venue de dom Pedro de Tolède, désiroit plutôt la paix pour complaire aux Espagnols, et se décharger de dépense faite pour le bien des Etats.

Le sieur Barneveld nous a fait une ouverture par laquelle il lui semble qu'on pourroit éviter que la rupture n'avienne sur ce fait de religion; assavoir, de déclarer présentement aux députés des archiducs qu'ils sont bien avertis qu'on n'a usé de longueur sinon par artifice, et en feignant d'attendre le cordelier, et que tout cela n'étoit que pour les tromper; par ainsi qu'ils entendent, en exécutant leur première délibération, qui étoit de conclure le traité ou le rompre dans le mois de juillet, lequel temps est passé, rompre dès à présent sans y plus penser, et là-dessus leur donner congé, et les prier de se retirer. Mais nous n'avons pu approuver son avis, encore qu'il s'y soit fort opiniâtré, d'autant que rompre à l'instant de l'arrivée du président Jeannin, étoit autant que faire connoître à chacun que c'est de l'avis de Votre Majesté, qui néanmoins désire et nous a commandé aussi de faire tout le contraire; qu'avant sa venue ils ne l'avoient osé ni voulu faire, encore que le mois de juillet fût passé, et que les Anglois aussi, qui craignent d'être tenus pour auteurs de cette rupture, s'étoient bien gardés de leur laisser prendre ce conseil; davantage que cette déclaration de rupture, faite par les Etats, ne nous garantiroit pas de cet inconvénient, qu'elle ait été faite sur le point de la religion aussi bien que sur celui des Indes; car au même instant les députés des archiducs feront entendre leur charge, et pourront ajouter que la longueur n'est venue d'eux, attendu que depuis un mois on ne leur a aucunement parlé de conférer. Outre ce, nous lui avons dit que Votre Majesté vouloit fuir toutes occasions de rupture, et qu'elle ne pouvoit aucunement approuver de la faire, soit sur le fait de la religion ou sur celui des Indes. Il se laissa enfin persuader à nos raisons, quoiqu'à regret, nous semblant reconnoître qu'il prendroit volontiers ce conseil pour s'exempter du soupçon qu'on a eu qu'il fût porté à la paix avec trop de passion.

Les Etats nous ayant depuis, et le dix-neuvième de ce mois, priés, tant nous que les députés d'Angleterre et des princes d'Allemagne, de nous vouloir assembler avec eux pour leur donner avis de ce qu'ils auroient à faire, ils furent conseillés d'un avis commun d'appeler les députés des archiducs, pour savoir s'ils avoient quelque chose à proposer, pour après y faire telle réponse qu'ils jugeroient convenable; ce qui fut fait par eux le lendemain vingtième. Et lors les députés des archiducs leur firent entendre qu'ils étoient bien avertis des faux bruits qu'on faisoit courir, que le roi catholique ne vouloit agréer ce qu'ils avoient consenti et accordé pour la souveraineté, que ce n'étoient qu'impostures, et qu'ils étoient chargés de leur dire qu'il le confirmeroit et ratifieroit en telle forme et si authentique qu'on voudroit, magnifiant ce don et présent, pour lequel néanmoins il ne requéroit d'eux aucun vasselage, or, argent, ni villes, mais seulement qu'ils rétablissent, par le traité, l'exercice libre et public de la religion par tout leur Etat, et s'abstiennent aussi des voyages des Indes, n'y ayant roi ou prince dont les sujets s'attribuent le pouvoir d'y aller, et qu'ils ne doivent pas être de meilleure condition qu'eux. On demanda lors ce qu'ils entendoient faire pour tous les autres articles dont ils avoient conféré. A quoi ils firent réponse qu'ils approuvent ce qu'ils ont déjà consenti, et pour les articles dont il y a eu difficulté entre eux, qu'ils y sont si bien fondés, qu'ils ne s'en peuvent départir. Or, la vérité est que, hors l'article de la souveraineté qui a toujours été accordé, tous les autres sont presque demeurés en dispute. Les Etats, en ayant ouï le rapport, nous ont priés, le vingt-unième, de leur en vouloir donner notre avis, après avoir assez fait connoître, par le murmure et le mécontentement qui a paru en leur assemblée générale, lorsqu'ils entendoient cette proposition des archiducs, que c'étoit leur intention de rompre ce traité, et que chacun jugeoit le dessein des Espagnols n'avoir jamais été de traiter par effet, mais de les tromper dès l'entrée de la conférence. Nous étant donc assemblés, les députés d'Angleterre et nous, pour leur donner avis sur cette proposition, nos avis ne se sont trouvés semblables; car eux ont dit qu'il ne falloit rien innover au fait de la religion, et s'ils le faisoient, que ce seroit la ruine de leur Etat; et nous au contraire, que vous, sire, êtes obligé, par le devoir de votre conscience, comme prince catholique, de conseiller aux Etats qu'ils doivent donner quelque raisonnable contentement aux catholiques touchant cet article; que vous le jugez encore nécessaire pour affermir la sûreté de leur Etat, et les maintenir tous ensemble en union, amitié et concorde; que par notre instruction, lorsque sommes venus ici, nous fûmes expressément chargés d'en faire instance et poursuite quand nous jugerions qu'il seroit à propos; que nous nous étions néanmoins abstenus jusqu'à présent d'en parler en public, crainte d'interrompre la paix; mais la voyant comme rompue au refus de cette liberté, nous ne pouvions plus différer, mais étions tenus d'en faire une sérieuse et très-affectionnée instance envers messieurs les Etats, pour satisfaire à ce qui nous a été commandé. Quant au commerce des Indes, nous avons dit qu'il touchoit plutôt à la commodité de quelques particuliers qu'à la sûreté publique de l'Etat; ainsi étoit plus expédient d'y chercher quelque tempérament, et qui ne pourroit mieux, de le quitter du tout, que de rompre à cette occasion. Et en ceci les Anglois se sont rencontrés de notre avis, et les députés d'Allemagne n'y ont contredit, sans néanmoins l'approuver expressément.

Notre avis fut rapporté à l'assemblée le vingt-deuxième, non en commun et par notre voix comme de coutume, mais chacun dit le sien en particulier. Et pource que M. de Barneveld, et d'autres qui sont affectionnés à la paix, nous avoient instamment requis de vouloir séparer la prière que Votre Majesté désiroit faire en faveur des catholiques, de celle des archiducs, si nous en voulions espérer quelque bon succès, nous ajoutâmes à votre avis que nous faisions difficulté de joindre notre prière à la leur, pource que nous reconnoissions bien qu'elle étoit suspecte aux Etats, comme venant de la part de princes qui ne sont leurs amis, et que la ferions à part; mais les priions et exhortions de n'y prendre cependant aucune résolution, et de la remettre jusqu'à ce qu'ils aient ouï et mûrement considéré les raisons de ce conseil, qui leur étoit donné par un prince, leur vrai ami et allié, de la foi et amitié duquel ils ne doivent non plus douter que d'eux-mêmes, ni pareillement de sa grande prudence et sain jugement à discerner ce qui leur doit être utile ou dommageable. Les députés des Etats ayant ouï nos avis, firent assez connoître qu'ils n'accorderoient jamais en leur assemblée générale de rétablir l'exercice de la religion catholique par traité, et sur la demande de leurs adversaires, pour ce que ce seroit préjudiciable à la souveraineté qui leur a été accordée purement et sans aucune restriction, et donner au roi d'Espagne, par l'obligation qu'il acquerroit sur les catholiques qui sont dans leur Etat, de faire une faction dont il se pourroit servir à toutes occasions au préjudice de leur liberté et sûreté. Et combien qu'on leur ait dit lors plusieurs bonnes raisons au contraire, et qu'il y avoit moyen d'éviter cet inconvénient en faisant ledit rétablissement à la prière de Votre Majesté, non sur la demande du roi d'Espagne, ils nous ont répondu qu'ils rendroient toujours un grand respect aux conseils qui leur seroient donnés de sa part, et, si la paix étoit faite, qu'ils essayeroient de lui donner le contentement que la sûreté et constitution de leur Etat pourroit souffrir, n'y ayant prince au monde à qui ils aient tant d'obligation, ni pour qui ils veuillent tant faire que pour elle; mais, s'ils le vouloient tenter dès à présent, les esprits de leurs peuples sont si peu disposés à recevoir ce changement, que cela seroit cause sans doute de faire des séditions et mutineries dans leur Etat, et sembleroit toujours, pource que le roi d'Espagne en a fait la demande au même temps, que ce seroit pour le contenter, et par ce contentement mettre des partialités parmi eux, non pour le respect de Votre Majesté qu'ils savent être si affectionnée à leur bien et prospérité, qu'elle ne désireroit rien d'eux en cette conjoncture où tout leur est suspect, qui puisse apporter de l'altération et des mouvemens ès volontés de leurs peuples.

On leur remontra encore, si le roi d'Espagne et les archiducs rompent à l'occasion de ce refus, qu'elle ne les pourroit secourir sans blâme, et sans donner un grand mécontentement aux catholiques de son royaume, lesquels surmontent d'un nombre infini ceux de la religion, attendu que ce secours seroit directement à la ruine de sa religion, et pour accroître la leur. Ainsi il étoit bien raisonnable qu'ils missent en considération l'intérêt d'un ami si utile, puis même qu'ils y peuvent pourvoir, quoi qu'ils aient dit, sans dommage ni péril pour eux. Nous leur fîmes aussi entendre en cette assemblée que M. Spencer, M. de Collis et moi, après avoir délibéré sur l'avis que leur devrions donner, avions été voir les députés des archiducs au nom commun de nous tous pour les exhorter de modérer leur demande, ayant ajouté beaucoup de raisons à cet effet, tant pour les persuader que pour leur faire connoître, s'ils y persévéroient, que la paix étoit du tout rompue, et que M. le président Richardot nous avoit répondu qu'il n'étoit pas en leur pouvoir d'y rien changer ni diminuer; que dès le premier jour qu'ils vinrent à La Haye, leur charge étoit de commencer par le point de la religion, et, s'ils en étoient refusés, de ne passer outre; mais qu'ils avoient d'eux-mêmes changé cet ordre, et, afin de leur donner quelque contentement, et par ce moyen les mieux disposer à l'accorder, commencé par la souveraineté, estimant qu'un don et présent si précieux les induiroient de consentir plus aisément à l'autre, et qu'ils se rendroient plus faciles aux articles qui regardoient le contentement des archiducs, et qu'en le faisant, eux auroient quelque sujet de supplier derechef le roi d'Espagne de n'être si précis en cet article de la religion; mais qu'ayant fait tout le contraire, leurs prières ont été inutiles.

Ce rapport fait aux députés des Etats leur donna encore un nouveau mécontentement, et dirent tous qu'ils avoient donc eu l'intention, dès l'entrée du traité, de les tromper, puisqu'ils savoient la volonté de leur maître dès si long-temps, et l'avoient toujours dissimulée et celée, ou plutôt déclaré le contraire, en ce qu'ils ont protesté plusieurs fois en leurs conférences de ne leur rien demander pour ce regard qui fût préjudiciable à la souveraineté accordée sans aucune restriction, ni dont ils puissent avoir sujet de se plaindre et recevoir du déplaisir. Le même rapport de tout ce que dessus ayant depuis été fait par eux à l'assemblée générale des Etats, chacun commença à murmurer, médire d'eux, et crier hautement qu'ils étoient des trompeurs, qu'il falloit rompre, les renvoyer promptement, et reprendre les armes avec plus de courage et devoir que jamais; et en cette colère personne ne parla s'ils seroient forts ou foibles, secourus ou non, tant la haine et le mécontentement les avoient soudain changés. Ils ont par effet résolu et arrêté de rompre non sur cet article, mais sur tout; car, hors celui de la souveraineté, rien n'a été accordé en toutes les conférences, mais il y a eu dispute presque sur tout. Et néanmoins, quand on a demandé à M. le président Richardot, lorsqu'ils firent cette proposition, s'ils entendoient demeurer d'accord de tous les autres articles, il fit réponse que ce qu'ils avoient accordé tiendroit, mais pour le regard des difficultés faites par eux, elles étoient bien fondées, et ne s'en pouvoient départir. Ainsi estiment qu'en faisant par leur réponse une déduction de tout ce qui s'est passé, on verra qu'ils sont tous demeurés en discord de tant d'autres articles, qu'on ne pourra dire que celui-ci seul soit cause de la rupture.

Plusieurs croient ici que les députés des archiducs se modéreront sur cet article de la religion, mais nous en jugeons autrement. Aussi le président Richardot a montré au sieur Jeannin trois lettres du roi d'Espagne, la première du mois de janvier dernier, l'autre du mois de mars, et la troisième du dernier de juin, par lesquelles il leur mande expressément de ne faire aucun traité, sinon avec cette condition expresse du libre et public exercice de la religion catholique; veut que soit par une obligation mutuelle, et en considération de ce qu'il quitte la souveraineté; leur enjoint aussi d'en parler, et de faire résoudre cet article avant tout autre, et par les dernières lettres les reprend de ce qu'ils ne l'ont fait avec la chaleur et véhémence requise, et en l'ordre qu'il leur avoit prescrit. C'est chose étrange du changement que cette façon de procéder des députés du roi d'Espagne et des archiducs fait ès esprits de ces peuples, et de la mauvaise opinion qu'ils ont conçue d'eux à cette occasion; qui nous met hors de tout espoir de faire la paix, parce qu'ils veulent insister à cet article de la religion, sans même y recevoir aucune modération; en sorte qu'il ne reste plus que la proposition de la trève à longues années, que ces peuples en l'humeur qu'ils sont de présent

26

recevront mal volontiers; et si il semble d'autre côté, par les propos que le président Richardot a dits à M. Jeannin, qu'ils ne soient disposés non plus à l'accorder avec la souveraineté, sans quoi les Etats n'y consentiront jamais. Nous en ferons l'ouverture aux Etats suivant le commandement de Votre Majesté, puisque l'espérance de la paix semble être du tout perdue; mais nous le différerons encore jusques à ce que les Etats aient fait leur réponse aux députés des archiducs, et eux déclaré leur dernier mot là-dessus, dont nous ne sommes plus en doute.

Voyant que nous étions sur le point de cette rupture, nous avons désiré d'être éclaircis des députés d'Angleterre, s'ils avoient charge de leur maître d'offrir en ce cas leur secours, et quel, leur disant qu'ils se pouvoient souvenir de la promesse faite aux Etats, tant par eux que par nous, d'en être instruits lors de ladite rupture pour leur en faire réponse; mais ils nous ont dit qu'ils n'avoient autre charge, sinon d'aider à la paix, et qu'ils en écriroient pour avoir réponse au plus tôt. Nous leur avons aussi parlé de la trève à longues années, et qu'il sembloit être à propos que les ministres des deux rois en fassent la proposition ensemble, pour rendre un témoignage public à toute la chrétienté du devoir qu'ils auront fait pour faire cesser cette guerre : à quoi ils se sont offerts, et nous ont dit qu'ils se joindront volontiers avec nous lorsque nous voudrons faire cette proposition, et qu'ils estimoient aussi qu'elle dût être acceptée par les Etats, pourvu que le roi d'Espagne et les archiducs la veuillent consentir avec la souveraineté; se montrant en cela mieux disposés que n'avions espéré, soit pour témoigner aux Espagnols leur affection, ou pour ne vouloir que nous acquérions seuls la grâce d'avoir fait cette ouverture. Nous différons d'en assentir la volonté des uns et des autres jusques à ce que la paix soit du tout rompue, et que nous ayons vu si du côté des archiducs il n'y a plus rien à proposer qui puisse faire refus de conclure la paix; car il y en a qui ont encore cet espoir, et qui croiroient la proposition de la trève faite trop tôt, leur en avoir fait perdre l'occasion.

Votre Majesté voit ce qui s'est passé, et que la rupture avient du côté d'Espagne; mais leurs ministres ont bien reconnu, depuis le temps qu'ils sont en ce lieu, qu'ils ne pouvoient aucunement espérer ce qu'ils ont demandé sur la fin, et que s'ils l'eussent proposé dès le premier jour de leur arrivée, à l'instant tout eût été rompu. Nous l'avons bien ainsi jugé et écrit souventesfois à Votre Majesté; mais nous avons cru aussi que les archiducs se contenteroient de le proposer, et faire tout devoir de l'obtenir, sans rompre toutefois à l'occasion du refus qui leur en seroit fait, pourvu qu'ils fussent rendus contens du surplus : ce que les Etats eussent plus volontiers consenti, même de venir à quelque modération sur le fait des Indes, que de se relâcher sur ce fait de la religion, auquel ils sont si obstinés, qu'il n'y a moyen d'espérer que le roi d'Espagne et les archiducs en obtiennent rien par traité. Ce dont nous pouvons assurer Votre Majesté, est qu'ils sont fort unis, et que nous ne voyons aucune apparence de division entre eux, encore qu'ils soient contraints de rentrer en guerre. C'est ce que nous lui pouvons mander pour le présent. Priant Dieu, sire, qu'il donne à Votre Majesté et à sa royale famille tout heur et prospérité.

De La Haye, ce vingt-quatrième jour d'août 1608.

Lettre *de M. Jeannin à M. de Villeroy, dudit jour vingt-quatrième d'août 1608.*

Monsieur, le bruit qu'on a fait courir ici que le roi d'Espagne vouloit révoquer la souveraineté, et, s'il ne le faisoit ouvertement, que ce sera par voie indirecte, et en demandant des conditions qui ne lui pourroient être accordées, a été confirmé par la dernière proposition qu'ont faite les députés des archiducs, par laquelle ils demandent l'exercice de la religion catholique être rétabli par traité dans toutes les Provinces-Unies, en récompense de la souveraineté qu'on quitte aux Etats, et qu'ils se départent aussi du commerce des Indes. Ils sont tellement offensés, que je ne vois aucune espérance de la paix, s'il est vrai, ce que M. le président Richardot m'a dit, qu'ils ne peuvent rien changer ni en l'un ni en l'autre; car les Etats perdroient plutôt que de consentir à ce rétablissement général et par traité. J'estimois que l'ouverture faite de la part du nonce, dont sans doute ils ont été avertis, étoit cause qu'ils cherchoient à rompre la paix par laquelle la souveraineté doit demeurer perdue pour eux, et s'attendoient encore de venir à une trêve à longues années, sans quitter la souveraineté, par le moyen de l'intervention du Roi, afin qu'il leur fût plus aisé de rejoindre cette part ici à l'autre, la trêve venant à finir; et cela peut bien être vrai. Néanmoins, il m'a montré trois lettres du roi d'Espagne, par lesquelles il leur est commandé bien expressément de faire instance, surtoutes choses, de ce rétablissement, et de ne s'en point départir. S'ils eussent fait cette demande si précisément dès le premier jour de leur arrivée, dès lors même tout traité eût été rompu, les Etats n'ayant jamais été disposés de l'accorder partout et par traité. Encore ai-je toujours prévu et jugé qu'il seroit très-difficile de les y faire consentir après la paix à la prière du Roi, et en quelques endroits seulement.

Quant à la trêve à longues années, elle aura aussi de très-grandes difficultés, tant du côté des Etats que de l'autre; car les premiers sont si mal satisfaits du roi d'Espagne et des archiducs, et de la procédure de leurs députés, qu'ils tiennent toute leur conduite n'être que vraie tromperie; puis ils y sont fomentés par tant de gens, et avec tant d'artifice, qu'en l'humeur à laquelle ils sont à présent tout y peut nuire. D'autre côté, ledit sieur président Richardot dit qu'ils ne répéteront en faisant cette trêve ces mots, qu'ils la traitent comme avec gens et Etats libres, sur lesquels ils ne prétendent rien, sinon en la narration, non ès mots dispositifs ; et toutefois je crains que cela ne suffise encore quand ils le voudront consentir, s'ils n'ajoutent après ce mot de libres celui de souverains, et pour toujours. Je l'ai fait entendre audit sieur président, qui s'imagine le Roi pouvoir tout ici, et qu'il lui sera aisé de faire conclure cette trêve sans cela; mais enfin je l'ai assuré que non, et s'ils vouloient sortir de cette affaire, et donner moyen à Sa Majesté d'y aider, qu'ils ne devoient pas révoquer ce qu'ils ont ci-devant consenti, même par la première trêve, par laquelle ils ont traité comme avec gens libres sur lesquels ils ne prétendent rien ; autrement on penseroit que Sa Majesté fût plutôt désireuse de procurer le bien des Espagnols que celui des Etats, ce qui lui ôteroit tout crédit envers eux. Et déjà ce soupçon est entré si avant en leurs esprits, qu'il faut plutôt chercher les moyens de le diminuer que l'accroître. Enfin ce que j'ai pu tirer de lui, est que cette proposition de la trêve étant admise par les Etats, et leur étant communiquée, ils demanderont délai pour en avertir, et lui semble qu'on se doit séparer là-dessus, et prendre temps pour se rassembler à la fin d'octobre ou au commencement de novembre. Peut-être que cet avis ne seroit pas à rejeter; mais je suis certain, s'ils n'en veulent traiter promptement, qu'on rompra du tout, et qu'on croira cette remise n'être que pour tromper, tant cette impression est à présent en leurs esprits. Je n'en peux faire la proposition que dans trois ou quatre jours, et après que lesdits députés auront eu la réponse à leur demande, et qu'eux auront aussi dit leur dernier mot, qui ne sera autre chose, à ce que j'ai appris du président Richardot, sinon ce qui est contenu ci-dessus. J'estime, par le discours de M. le président Richardot, qu'ils consentiront à ladite trêve, à condition de traiter avec les Etats comme Etats libres sur lesquels ils ne prétendent rien. Je l'espère du côté des Etats, pourvu qu'ils n'usent point de remise; et néanmoins je n'en ose rien assurer pour maintenant, tant je les vois enaigris et sans considération de l'avenir. Ce qui aide encore à enflammer davantage leur colère, c'est qu'on use de beaucoup d'artifice pour leur persuader que, quoi que je dise, Sa Majesté ne laissera pas de les secourir, soit qu'ils en discourent ainsi par conjecture, ou que d'autres le leur fassent croire. Ils se promettent aussi que les Espagnols se relâcheront, et ils sont pour être trompés en ce dernier aussi bien qu'en l'autre.

Cette dépêche sera suivie d'une autre au premier jour, pour donner avis au Roi de ce qui sera advenu depuis. Je prie Dieu, monsieur, qu'il vous donne en parfaite santé très-longue et heureuse vie.

Votre très-humble et très-obéissant serviteur,
P. JEANNIN.

A La Haye, ce vingt-quatrième jour d'août 1608.

LETTRE *de M. Jeannin à M. le duc de Sully, dudit jour vingt-quatrième d'août* 1608.

Monsieur, vous connoîtrez par notre lettre au Roi que la proposition, faite par les députés du roi d'Espagne et des archiducs, de rétablir par traité l'exercice public et libre de la religion catholique ès Provinces-Unies, est ce qui empêche la paix; et tant qu'ils persévèreront en cette résolution de leur côté, comme ils sont délibérés faire, sans se modérer en rien, ainsi que je l'ai appris de M. le président Richardot, qu'on ne peut espérer de la faire; car il est certain, quand les Etats verroient leur ruine comme inévitable, qu'ils n'y consentiront pas par traité, et sur la demande de leurs adversaires, alléguant, pour raison principale, que s'ils le faisoient seroit établir dans leur pays une faction de catholiques en faveur du roi d'Espagne, auquel ils se tiendroient obligés de ce bienfait. Et quand on leur dit que pour éviter cet inconvénient, ils le peuvent faire d'eux-mêmes, ou à la prière du Roi et supplication de leurs catholiques, sinon partout, au moins en quelques lieux et endroits de leur Etat où il sera jugé nécessaire, ils répondent ne le pouvoir faire à l'instance de la demande faite par le roi d'Espagne, sans que la grâce lui en soit due; davantage, que leurs peuples y sont à présent si peu préparés, que le vouloir entreprendre seroit mettre des séditions et mutineries dans leur Etat, qui pourroient être cause sur le point de cette conjoncture de quelques dangereux inconvéniens. Ceux qui ont plus de part en la conduite des affaires nous promettent bien qu'ils y pourvoiront si la paix est faite, en sorte que Sa Majesté, qui leur fait connoître qu'elle le désire avec affection, en aura tout contentement. J'en doute néanmoins, et sais bien qu'ils ont pris en leurs consistoires, et par l'avis de leurs ministres, auxquels ils défèrent beaucoup en cet endroit, des résolutions toutes contraires, et les plus sages mêmes le craignent, pource qu'ils disent le nombre des catholiques être si grand, que s'ils se pouvoient compter et reconnoître, comme ils feroient par l'exercice libre et public de leur religion, il seroit à craindre qu'ils ne voulussent demeurer les maîtres, et essayer de rejoindre cette partie des Pays-Bas, par la conformité de la religion catholique, à celle que tiennent les archiducs, et qu'en effet faire ce changement est saper et ruiner du tout les fondemens de leur Etat bâti là-dessus, et ouvrir aux Espagnols le chemin d'y rentrer. Nous ne sommes pas sans raisons et répliques, mais l'aigreur en laquelle ils sont à présent contre les Espagnols, les empêche de les bien considérer, et d'en faire profit.

J'ai souventesfois écrit au Roi que si on insistoit précisément à ce point de la religion, comme on fait à présent, que la paix étoit rompue, et qu'il n'y a aucun moyen de gagner ces peuples en cet article; mais nous avions aussi cru qu'ils n'en parleroient que par devoir, et ne romproient pour en être refusés. Le plus grand déplaisir des Etats est de ce qu'on ne leur a proposé d'entrer cet article, disant qu'ils eussent rompu le même jour; sans être abusés si long-temps, et que l'avoir différé est une pure tromperie, ne pouvant approuver les raisons avec lesquelles on veut couvrir et excuser cette longueur. Vous savez, monsieur, comme instruit de tout ce qui s'est passé vers vous, les considérations qui les ont pu induire à rejeter la paix, encore qu'il semble, par les lettres du roi d'Espagne, que M. le président Richardot m'a communiquées, ledit roi n'avoir jamais eu volonté de quitter la souveraineté, sinon à condition qu'il obtiendroit pour récompense ce rétablissement, soit qu'il l'ait ainsi désiré par conscience, ou cru, la religion catholique rétablie, qu'il pourroit espérer de les rejoindre quelque jour aux autres pays avec plus de facilité; sinon qu'ils lui seroient moins ennemis, la religion catholique et le nombre des catholiques venant à s'accroître, que s'il n'y avoit que la religion contraire à la sienne.

Il ne reste donc plus, monsieur, que la trève à longues années, dont j'ai conféré avec aucuns de cet Etat, qui y trouvent de la difficulté par la crainte qu'ils ont qu'on ne les veuille aussi bien tromper qu'on l'espérance qu'ils ont eue de la paix : c'est la réponse qu'ils m'ont faite. Puis en ayant communiqué avec M. le président Richardot, il m'a dit deux choses : qu'ils ne la veulent aucunement consentir avec cette condition, qu'ils soient reconnus pour Etats libres, sur lesquels le roi d'Espagne et les archiducs ne prétendent rien, et sans cela les Etats ne la consentiront jamais, et faut qu'eux se ploient à cette condition s'ils veulent sortir de cette guerre, quoique je juge bien en moi-même les raisons de leur difficulté; l'autre est que ledit sieur président m'a dit ne pouvoir à présent conférer de cette trève, et qu'il valoit mieux remettre à se rassembler au commencement de novembre : or, je sais que si on parle de ce délai, ils la refuseront entièrement. Nous ferons ce qui nous sera possible de ce côté pour surmonter ces difficultés, et vous y pourrez beaucoup par-delà, puisque le sieur dom Pedro de Tolède y arrête, lequel vraisemblablement a connoissance entière des intentions du roi d'Espagne, et aura part en la conduite de toute cette affaire. Je suis sorti d'auprès de vous avec cette assurance que vous me conserverez l'honneur de votre amitié. Aussi suis-je bien résolu de demeurer perpétuellement, monsieur, votre très-humble et très-obéissant serviteur,

P. JEANNIN.

De La Haye, ce vingt-quatrième jour d'août 1608.

Proposition de MM. les ambassadeurs faite en l'assemblée des Etats-généraux, le vingt-septième jour d'août 1608, sur le fait de la trève à longues années.

Messieurs, vous vous pouvez souvenir avec quel soin, affection et sincérité, les rois et princes qui nous ont envoyés ici se sont employés pour aider à vous mettre en repos, et procurer tout ce qu'ils ont estimé être de votre bien et prospérité. Et néanmoins, notre travail et assiduité à demeurer près de vous pour y servir ont été du tout inutiles, à notre grand regret et déplaisir, et, comme nous sommes certains, des princes qui nous y avoient envoyés, lesquels s'étoient toujours promis que l'issue de cette conférence seroit plus heureuse qu'elle n'a été.

Or, comme c'étoit leur premier but et dessein de vous aider à faire une paix qui fût entière et absolue, la jugeant non-seulement utile, mais du tout nécessaire à votre Etat, aussi nous ont donné charge, si ce bonheur ne vous peut arriver tout à coup, de mettre en avant une trève à longues années, lorsque nous verrons la rupture de la paix être certaine, pource qu'ils la jugent encore autant utile pour vous, que la continuation de la guerre leur semble devoir être dommageable. Le temps est donc venu de la proposer; c'est pourquoi nous vous la conseillons, et vous exhortons de toute notre affection de vous y disposer, pourvu que la puissiez obtenir à conditions qui aient de la commodité et sûreté pour votre Etat, sans quoi nos princes ne vous voudroient donner ce conseil; entre lesquelles conditions nous y mettrons celles-ci : qu'elle soit faite avec vous comme avec Etats libres, sur lesquels le roi d'Espagne et les archiducs ne prétendent rien; que, durant le temps d'icelle trève, vous ayez le commerce libre, tant aux Indes qu'en Espagne ès Pays-Bas, et par tout ce qui est de leur obéissance; que vous reteniez aussi tout ce que vous possédez à présent, et qu'on y ajoute encore les autres conditions qu'on peut raisonnablement demander.

Nous prévoyons bien qu'il sera très-difficile d'obtenir ces conditions des princes avec lesquels vous avez à traiter, y ayant grande raison de croire, puisque la paix leur a déplu, que la trève aux conditions susdites ne leur sera non plus agréable; mais s'ils la rejettent, la reprise des armes sera plus justifiée de votre côté, le devoir de nos princes à faire cesser cette misérable guerre mieux connu, et ils auront aussi plus de sujet d'employer leurs forces et moyens pour votre conservation et défense : comme, au contraire, s'ils consentent de la faire, vous prendrez un bon et sage conseil de l'accepter; et seroient aussi très-mal satisfaits de votre conduite, si vous la refusiez, car nous y voyons autant d'avantage et sûreté pour vous en la faisant comme nous vous la désirons, qu'en la paix même, en y ajoutant l'offre que nos rois nous ont donné charge de vous faire, qui est de consentir qu'ils demeurent obligés pour la conservation de cette trève, tout ainsi qu'ils s'y sont soumis et obligés par les traités faits avec vous en cas de paix.

Vous aurez le moyen pendant ce loisir de redresser vos affaires, acquitter vos dettes, et reformer votre gouvernement; et enfin, demeurant bien unis, cette longue trève deviendra paix absolue, et jouirez en effet, par le moyen d'icelle, de toutes commodités et avantages que la paix vous eût donnés.

Au lieu que si vous rentrez dès à présent en guerre, nous y voyons tant de difficultés, d'inconvéniens et dangers, et sommes si bien avertis du grand secours dont vous avez besoin, soit pour faire la guerre avec espoir de bon succès, ou même pour vous conserver et tenir sur la défensive, que vos amis feront très-grande difficulté de vous le donner, si par le moyen de cette trève vous pouvez éviter toutes ces dépenses, ces périls et inconvéniens.

Nous savons bien qu'êtes à présent mal satisfaits des procédures de vos adversaires; mais ce mécontentement ne vous doit empêcher que vous ne preniez par raison et prudence les conseils qui vous doivent être les plus utiles et assurés, sans vous laisser transporter à aucune colère et passion qui soit dommageable à votre Etat.

Suivez, messieurs, le conseil qui vous est donné par des princes qui sont vos vrais amis, lesquels veulent conjoindre leur intérêt et péril avec le vôtre, et considerez, s'il vous faut reprendre les armes, qui ne vous peuvent plus secourir sans se mettre au hasard d'attirer la guerre sur eux; ce que les princes sages ont accoutumé d'éviter tant qu'ils peuvent, et même de n'y entrer jamais s'ils n'y sont forcés par quelque grande nécessité, ou induits à le faire par une évidente utilité. Or, cette guerre n'est pas nécessaire si la trève à longues années vous en peut exempter, et s'il est certain qu'en la faisant il n'y aura pas de la dépense, du dommage et de la ruine, tant pour vous que pour eux.

C'est notre intention de donner le même conseil aux députés des archiducs, et, s'ils font refus de l'accepter, de leur dire ouvertement que nos princes emploieront pour votre conservation tout ce à quoi le devoir d'une vraie et fidèle amitié les oblige envers vous.

Lettre de M. de Villeroy à M. Jeannin, du 28 d'août 1608.

Monsieur, je vous ai écrit le vingtième de ce mois les discours du nonce du pape; il les a depuis redoublés, poussé, à notre avis, de dom Pedro de Tolède, lequel se sert du ministère de l'autre pour ménager son Sociego, selon le style ordinaire du pays. Le premier propose donc maintenant, mais de la part du pape, les mariages du prince d'Espagne avec madame Isabelle, et de M. le Dauphin avec l'infante d'Espagne, insiste que dès maintenant l'on en traite à condition néanmoins, ores que nous en tombions d'accord, que nos marchés n'auront lieu si la paix flamande ne réussit; offre, pour assurer l'effet de cette proposition, de faire passer en France ladite infante, en envoyant en Espagne madite dame Isabelle au temps qui sera convenu ; ce qu'il a déclaré entendre que ces traités demeurent nuls à la discrétion des contractans, si ladite paix ou ladite trêve n'ont lieu, a été pour répondre à l'objection que nous avons faite, que nous traiterions en vain desdits mariages autrement, d'autant que nous ne pouvons abandonner les Etats en cas de guerre. Il veut que nous croyions être besoin, si l'on veut entendre à ces partis, d'en faire déclaration dès à présent, sans attendre la conclusion du traité de La Haye, parce que ledit dom Pedro n'est venu que pour cela. C'est le contraire de ce que du commencement il a dit qu'il sera contremandé, et partira pour reconnoître son séjour par-deçà inutile et honteux si l'on diffère davantage à traiter. Concluant à cela ledit nonce du pape, qu'il faut avancer les affaires, si l'on ne veut perdre une occasion que l'on ne recouvrera jamais. Il accompagne ses raisons des prières du pape, mais tout cela ne nous émeut plus que de raison ; car nous voyons bien que les Espagnols tendent à discréditer le Roi en Hollande, et même en Angleterre et ailleurs. C'est un avantage présent qu'ils espèrent tirer desdits mariages, les accomplissemens desquels étant remis au futur, seront sujets à toute incertitude, quelque précaution que l'on y apporte.

L'on ne parle plus du troisième parti avec l'investiture proposée en faveur d'icelui en cas de trêve, d'autant que Sa Majesté ne veut rien promettre qui donne aux Etats sujet de douter de sa foi. Or, nous n'avons changé d'avis en la substance, ni en la forme, sur ce que vous devez négocier où vous êtes. Nous estimons le parti de la paix le plus sûr et honorable, et, au défaut d'icelui, celui de la trêve à longues années le meilleur, et voulons toujours éviter celui de la guerre, si l'on ne donne très-grand et utile sujet d'en courir le hasard. Vous savez ce que Sa Majesté vous en a dit quelquefois. Nous n'estimons pas que ces provinces passent jamais l'article de la religion en la forme que les Espagnols l'entendent, et dont ils protestent tous les jours ne vouloir rien rabattre; il faudra donc entendre à la trêve, qui sera laisser les choses en l'état qu'elles sont par terre et par mer en tous lieux, et en retrancher seulement l'hostilité. Nous nous souvenons bien que nous avons prédit que lesdits Etats n'accorderont jamais ladite trêve, que l'on ne leur quitte la souveraineté comme par la paix. Nous désirons comme eux qu'ils l'obtiennent, mais nous en désespérons, et de plus disons qu'il n'est pas raisonnable qu'ils opiniâtrent ce point, car ce seroit sortir de termes et effets d'une trêve et devroit se contenter d'en avoir l'effet pour le temps qu'elle durera. Pour le moins jugeons-nous que nous ferions faute de mettre nos affaires en péril pour soutenir une telle cause et opiniâtreté. Mettez peine de nous faire voir clair en ces affaires de paix, trêve ou de guerre le plus tôt que vous pourrez. Cependant nous entretiendrons et ménagerons dom Pedro de Tolède doucement et sans rien précipiter ni rejeter. Mais il faut que vous croyiez que, quoi qui arrive, nous ne ferons rien qui préjudicie à nos Etats, n'étoit qu'ils voulussent par bizarrerie et obstination nous engager avec eux à la guerre, sans toutefois faire que ce qu'ils ont fait ci-devant.

Le roi d'Angleterre est toujours semblable à lui-même : il est content, ce dit-il, de s'unir de nouveau avec le Roi pour la défense de leurs possessions, mais il ne veut point faire mention des Etats. Nous persistons au contraire, et disons que l'un est inutile sans l'autre. Ils répliquent qu'ils l'entendent ainsi, mais qu'ils ne le veulent pas dire ni écrire, ce que nous jugeons impertinent; et quand ils parlent des alliances, ils déclarent qu'ils ne veulent celle du prince de Galles avec madame Isabelle, si quant et quant l'on ne fait celle de M. le Dauphin avec la fille d'Angleterre, de quoi le Roi est mal édifié; car il dit qu'on lui veut donner la loi et le gêner. Toutefois, je serois d'avis de ne laisser l'Angleterre en arrière tout-à-fait ; car il est à craindre, si Sa Majesté et le roi d'Espagne s'accommodent, qu'enfin le roi d'Angleterre, ou après lui le prince de Galles, ne deviennent chefs absolus de toute la faction contraire à celle du pape, qui n'est pas petite ni foible, et avec laquelle ils pourroient un jour donner de la peine à la France, même après le décès du Roi, et lors je ne sais quelle assistance en recevroit d'Espagne. Nous vous écrivons ces choses à part, afin que vous sachiez ce que nous disons et faisons par-deçà, et notre jugement et vouloir sur le tout, pour vous en prévaloir où vous êtes à avancer ce qui peut nous contenter, et nous assister aussi de vos bons avis, lesquels seront toujours bien reçus. Je prie Dieu, monsieur, vous conserver en très-bonne santé.

Votre, etc. De Neufville.
De Conflans, ce vingt-huitième jour d'août 1608.

L'on remet à votre jugement de faire part du contenu de la présente, ou non, par-delà ; mais comme l'intention du Roi n'est de tromper personne, notre opinion est plutôt de s'en découvrir aux plus sages qu'autrement, et même prendre et avoir leur avis sur le tout devant que de conclure aucune chose. Toutefois nous remettons et refions le tout à votre meilleur avis.

Lettre de M. de La Boderie à M. Jeannin, du vingt-neuvième d'août 1608.

Monsieur, ayant appris votre retour en Hollande, j'estime nécessaire, et pour le service du Roi et pour l'observance que je vous porte, de recommencer notre pratique. Sur la réponse que m'a rapportée mon secrétaire, l'affaire pour laquelle je l'avois dépêché en est demeurée là. L'on voudroit que, dès cette heure, on se déclarât par-delà sur la protection de nos amis en cas de guerre. L'on dit que ce seroit intempestivement, y ayant plus d'apparence de paix que de guerre. Je réplique que ce seroit pour avoir la paix plus tôt, plus avantageuse et plus assurée. L'on me dit que l'on ne veut sans sujet offenser qui y aura intérêt, ni pour ce regard-là manquer à sa foi. En somme, il n'y a pas moyen de les amener là tout d'un coup ; mais si nous voulons nous contenter seulement de la proposition que j'avois faite, je sais qu'ils y viendront toujours : et bien que ce ne soit absolument ce que nous désirerions, si seroit-ce un grand pas gagné pour les y amener quand nous voudrions, et en tout cas nous suffisante assurance de leur amitié. L'on n'a pas jugé qu'il se dût faire de cette sorte : c'est à moi à me soumettre, bien que, vu la façon dont on m'en avoit écrit, et vu l'état auquel sont les affaires, je ne pensois avoir peu fait de les avoir portés jusque-là. L'Espagne cherche toujours de s'entretenir bien par-deçà. De nouveau l'ambassadeur a donné toute assurance de ne se mêler directement ni indirectement des affaires d'Irlande, je dis de la part de son maître, et a présenté une lettre que sondit maître a écrite au roi d'ici, réponsive à quelques autres qui lui avoient été écrites sur les affaires des marchands anglois, dont on a reçu beaucoup de contentement. Plus ils reconnoissent que nous négligeons ce qui est d'ici, plus ils le recherchent, ce qui ne doit être sans mystère. On tient votre cordelier de retour ; de sorte que bientôt nous sortirons de l'obscurité où nous vivons depuis si long-temps, comme j'en prie Dieu, et de vous donner, monsieur, en parfaite santé tout contentement.

Votre serviteur, La Boderie.
A Londres, ce vingt-neuvième d'août 1608.

Lettre de M. Jeannin à M. de Villeroy, du vingt-neuvième d'août 1608.

Monsieur, votre lettre du vingtième m'a été rendue le vingt-septième. Les nôtres au Roi, et la mienne à vous du vingt-quatrième, vous apprendront, lorsque vous les recevrez, ce qui a été fait en ce lieu depuis que j'y suis arrivé, et que la paix est du tout rompue sans espérance de la pouvoir renouer, pource que les Espagnols n'y veulent entendre sans le point de la religion, et les Etats ne l'accorderont jamais par traité, quand même leurs adversaires se voudroient relâcher à quelque modération. Ce n'est pas qu'ils aient pris un nouvel avis en cet endroit, car ils ont toujours été en même opinion ; et qui l'eût proposé dès l'entrée de la conférence, on eût à l'instant rompu ; ce qu'ils n'eussent pas fait sur le point du commerce des Indes, pour le regard duquel on les eût pu induire à recevoir quelque modération. Nous travaillons maintenant pour la trêve à longues années, de laquelle ayant parlé avec les députés d'Angleterre, puis avec ceux d'Allemagne, enfin, après quelques difficultés et remises dont ils vouloient user, nous sommes demeurés d'accord de la proposer en l'assemblée générale des Etats, ce qui a été fait le vingt-septième, et le même jour aux députés des archiducs, nous ayant dit, tant les Etats qu'eux, qu'ils en délibéreroient et nous y feroient réponse. Je vous envoie l'écrit que j'ai donné aux Etats, après leur avoir dit, de bouche et de mot à autre, le contenu en icelui au nom commun de tous. Vous verrez en cet écrit trois conditions, sans lesquelles ils eussent sans doute rejeté d'entrée la proposition de ladite trêve : la première, qu'on traite avec eux comme avec Etats libres sur lesquels le roi d'Espagne et les archiducs ne prétendent rien ; la seconde, qu'ils aient le commerce libre partout, même aux Indes ; la troisième, qu'ils retiennent tout ce qu'ils possèdent à présent. Et de tous les trois j'avois communiqué auparavant avec le sieur Richardot, et fait connoître ce qu'il sait comme moi, que les états ont si présent un si grand dégoût d'eux, qu'il a fallu parler et écrire ainsi pour les disposer d'y entendre, et quand il faudra traiter par effet, qu'on ne s'accordera jamais autrement. Aussi n'y a-t-il rien en cette proposition, fors ce qui est du commerce des Indes, qui n'ait été consenti et accordé dès la première trêve par les archiducs, tant en leurs noms que du roi d'Espagne. Et néanmoins, le sieur Richardot a voulu me persuader qu'il suffit de faire cette trêve à la suite de la première, laquelle contient cette expression, « qu'on traite avec eux comme avec gens libres, » et qu'il n'est plus besoin de la répéter.

Mais je sais pour le vrai qu'ils ne s'en contenteront pas, et, s'il y fait tant soit peu de difficulté, que tout sera rompu. Encore crains-je que les Etats n'y veulent ajouter le mot de *souverains* après celui de *libres*, et qu'ils quittent leurs droits pour toujours, ou bien tant pour le présent que pour l'avenir. Et depuis, le sieur Richardot en une autre visite m'a dit que l'archiduc traitera volontiers selon notre écrit, tant il désire le repos, et s'obligera de faire accomplir ce qu'il aura promis, mais non de faire ratifier ledit traité par le roi d'Espagne, qui souffrira plutôt l'exécution en ce qui le peut toucher, soit aux Indes ou en Espagne, que de ratifier nommément. Mais je lui ai répliqué que ce n'est pas encore assez, pource que, si le roi d'Espagne ne ratifie expressément, les Etats n'auront aucune sûreté, ni au commerce d'Espagne ni à celui des Indes, et pourra ledit roi faire prendre tout d'un coup, si bon lui semble, leurs vaisseaux, pilotes, marchands et denrées, sans qu'on se puisse plaindre avec raison qu'il ait contrevenu à sa foi, puisqu'il n'y sera point obligé. Je crains que les archiducs ne puissent faire mieux ; et si cela est, il n'y a moyen d'avoir paix ni trêve : le premier, à cause du point de la religion qui l'empêche, et la trêve, pour ce que les Etats demeureront plus offensés que devant, quand ils verront qu'on prétendra la requérir d'eux à moindres conditions que la première.

Cette conduite des Espagnols, s'ils ne changent bientôt, nous fera croire ce que j'ai souvent entendu du Roi, qu'ils n'eurent onques volonté de faire la paix en quittant la souveraineté, et pour la trêve, qu'ils s'attendent à la négociation du nonce, en vertu de laquelle ils se promettent que Sa Majesté fera accorder une longue trêve ici, sans que les Etats soient tenus pour libres, ni qu'on leur quitte les droits que le roi d'Espagne et les archiducs prétendent sur eux. Mais je vous supplie qu'on les désabuse, et qu'ils croient qu'on ne peut bâtir la trêve que sur ce fondement de liberté contenu en la première trêve. Et si Sa Majesté faisoit quelque poursuite contraire pour le persuader aux Etats, ils entreroient en soupçon que la venue de dom Pedro l'a changée, et qu'elle n'est plus telle qu'elle souloit être envers eux, qui ne serviroit à autre chose qu'à diminuer son crédit ici, sans obtenir néanmoins d'eux ce qu'on prétendroit ; car la menace de les abandonner ne vaut rien pour les contraindre à faire ce qu'ils ne veulent pas, étant gens qui n'appréhendent aucunement l'avenir, et si la haine, qui croît encore tous les jours contre l'Espagne, leur en ôte la crainte. Je vous peux assurer, monsieur, n'étoit le respect qu'on porte à Sa Majesté, les ministres de laquelle témoignent ouvertement, et avec passion qu'elle désire la paix ou la trêve, on leur eût déjà donné congé avec aigreur et paroles injurieuses ; et, s'ils ne s'aident autrement, mais continuent en leurs dissimulations et artifices, ou qu'ils n'aient pouvoir de faire ce qu'on leur demande, personne n'y peut plus servir. Et, à la vérité, je m'étonne de la difficulté qu'ils font de mettre qu'ils tiennent les Etats pour gens libres sur lesquels ils ne prétendent rien ; car si on n'y ajoute *pour toujours*, ils peuvent maintenir par ci-après, non sans quelque raison, que, la trêve finie, ils rentrent en leurs droits sans que cette déclaration de liberté leur soit d'aucun préjudice hors le temps d'icelle, et les Etats en auront néanmoins assez de leur côté, se conduisant sagement et avec une bonne union, tant entre eux qu'avec leurs amis, pour maintenir, je dis avec justice même, qu'ils sont libres perpétuellement.

Or, je vois bien que les archiducs ne se soucient pas de s'obliger, et le roi d'Espagne de souffrir et dissimuler, mais qu'il ne veut rien déclarer et promettre pour quitter ses droits; et c'est ce que les Etats veulent avoir, et qu'on leur a toujours promis, et qui est aussi contenu en la première trève, sans quoi ils ne fussent jamais entrés en aucune conférence. Ainsi faut-il dire, s'ils y persistent, qu'ils ont toujours eu envie de rompre, ou bien qu'ils se sont changés sur l'espérance des propositions qu'on a faites par-delà, qui néanmoins ne peuvent faire obtenir la trève ici sans ce fondement sur lequel tout a été bâti. Essayez donc, monsieur, de les vaincre s'il est possible, en conférant avec dom Pedro, comme nous ferons ici en conférant avec leurs députés, ou n'attendez rien de nous. Encore aurons-nous assez à faire envers les Etats, pour obtenir qu'ils se contentent de ce mot de *liberté*, sans y ajouter celui de *souveraineté*, et de leur faire consentir que le roi d'Espagne et les archiducs déclarent simplement qu'ils ne prétendent rien sur eux, sans y ajouter *pour toujours*, ou bien *tant pour le présent que pour l'avenir*; aussi ne vous en osé-je rien promettre. Bien me semble-t-il que nous devons maintenir ouvertement, de la part de Sa Majesté, que cela leur doit suffire, et n'omettre rien pour leur faire appréhender qu'elle sera très-mal satisfaite d'eux s'ils le refusent, et aura même sujet de les abandonner. Mais s'il avient qu'ils se mettent en ce devoir, et que l'Espagnol au contraire soit rétif de son côté, et ne veuille accorder ce que dessus, la faute de la rupture sera du tout à lui, et n'y a plus personne qui ne les en doive tenir pour auteurs.

Je ne laisse pourtant de prévoir de grandes difficultés la guerre venant à continuer, soit que nous secourions les Etats, ou que nous les abandonnions; car, si nous les secourons, nous sommes en danger d'avoir la guerre ouverte avec le roi d'Espagne, lequel publiera sans doute que la paix a été rompue sur le point de la religion, et n'aura besoin pour le justifier que de l'écrit des Etats que je vous ai envoyé, lequel est très-mal fait, combien que la vérité soit qu'il a insisté si précisément sur ce point de la religion, plutôt pour révoquer indirectement la souveraineté qu'il avoit accordée, que pour autre raison. Or, cette créance peut faire du mal, et servir de quelque prétexte à ceux qui auroient mauvaise intention si un puissant ennemi venoit à se découvrir. Il y a aussi trop de sujet de douter du roi d'Angleterre, les ministres duquel s'entendent ici secrètement avec ceux qui veulent la guerre, et ne cèdent jamais à nos raisons qu'à regret, et après avoir reconnu que nous ne laisserons de faire sans eux ce que les prions de faire avec nous; et néanmoins, ils donnent à découvert toute assurance de leur affection aux députés des archiducs. Je n'oublie pas de faire connoître ces artifices et déguisemens au sieur Richardot; mais il semble qu'il se promet beaucoup de leur amitié, et y ajoute toujours que le roi d'Angleterre n'oseroit rien faire contre eux. Or, quand j'entre en considération qui peut mouvoir ledit roi à désirer cette rupture, je n'en trouve point d'autre cause, sinon qu'il croit, la guerre venant à continuer, que Sa Majesté ne voudra laisser les Etats, mais sera obligé à les secourir et d'un secours qui ne pourra être secret; et quant à lui, qu'il leur peut promettre secrètement quelque chose d'entrée, pour les y embarquer, et le faire si à couvert qu'il puisse nier à l'Espagnol de l'avoir fait; qui procédant ainsi, toute la haine tombera sur nous, et par ce moyen il aura non-seulement gagné ce point de rompre les alliances qu'il craint que la France et l'Espagne fassent ensemble par la paix, mais il nous jettera peut-être en guerre l'un contre l'autre, qui est ce que vraisemblablement il désire le plus, et dont il pense recueillir plus de profit; car, quand il ne voudra être que spectateur, cette guerre assurera son repos; et s'il a volonté de faire pis, il en prendra l'opportunité lorsqu'elle se présentera.

D'autre côté, si nous abandonnons les Etats, au cas que la rupture de la trève avienne par la faute du roi d'Espagne, il semblera que la crainte de leurs armes nous ait détournés de les secourir, et cette créance diminuera notre réputation, nous fera tomber en mépris, et n'ôtera pas le désir au roi d'Espagne de nous attaquer s'il en a envie, et peut-être lui en accroîtra le moyen. Les Etats ne perdront pourtant courage; mais il est certain qu'ils rentreront plutôt en guerre, quelque foibles qu'ils soient, que d'accorder paix ni trève à longues années à autres conditions que celles ci-dessus déduites. Déjà, disent-ils entre eux, j'entends ceux qui veulent la guerre à quelque prix que ce soit, que, s'ils sont abandonnés, il faut perdre et quitter quelques villes et partie des provinces éloignées, qui les affoiblissent plutôt que de les fortifier, à cause des grandes dépenses qu'il leur convient faire pour les conserver, et démanteler aussi quelques places des moins importantes; en quoi faisant, ils auront encore de quoi entretenir quarante mille hommes de pied et deux mille cinq cents chevaux, trente ans durant, outre leur équipage de mer, et qu'avec ces forces ils seront suffisans pour mater celles d'Espagne, épuiser leurs finances, et enfin leur faire venir la volonté d'offrir en autre saison ce qu'on leur aura maintenant refusé. Et je crois même que tous indifféremment prendront plutôt cette résolution que d'accepter une trève qui ne leur donne la liberté, qui est trop avant imprimée en leurs esprits pour la quitter. Il adviendroit aussi, en abandonnant les Etats, qu'ils perdront toute affection envers nous, et oublieront nos anciens bienfaits. L'Anglois sera aussi mieux avec eux par ce moyen; car ils imputeront ce qu'il ne fera pas à foiblesse et faute de moyens, et ce que nous ne ferons pas à faute de bonne volonté, ou pour être de nouveau conjoints d'amitié avec le roi d'Espagne; et peut-être que l'Anglois fera d'entrée quelque effort pour acquérir du tout leur amitié, et les induire après de se mettre en paix avec son intervention, y ayant apparence que le roi d'Espagne consentira volontiers de le faire par son moyen, et en le séparant du tout, ensemble cet Etat d'avec nous, pour nous faire la guerre après avec plus d'avantage.

Je ne vois donc rien de mieux pour éviter tous ces inconvéniens, sinon qu'on essaie de persuader au sieur dom Pedro qu'ils ne doivent refuser cette trève aux conditions susdites, et que Sa Majesté, se maintenant en créance et amitié avec les Etats, et les deux rois faisant aussi les alliances qu'on met en avant, elle aura moyen, la trève étant finie, de les rejoindre par bonne conduite avec les Etats qui sont à présent sous les archiducs, leur en donner grande espérance, et d'y faire par effet tous offices de bonne foi, jusqu'à leur dire qu'on les abandonnera s'ils y contredisent lors; mais de le donner par écrit suivant l'ouverture du nonce, il est malaisé de le faire si secrètement qu'il ne soit su, et que par ce moyen Sa Majesté n'en soit blâmée; et quand nous serions si discrets que de nous en taire, ils le publieront eux-mêmes pour nous mettre mal avec les Etats, et nous y faire perdre tout crédit, ne voyant pas que les alliances qu'on projette, qui ne sont que chimères à cause du bas âge des enfans, soient suffisantes pour nous assurer que ces princes doivent toujours être en bon ménage durant la trève, et lors aussi qu'elle viendra à finir. On y peut encore ajouter le bien qui doit arriver à la religion si cette guerre cesse, laquelle empêche la conjonction et amitié de ces deux grands rois, et au contraire le mal, pour ce que si elle continue à cause du refus que les Espagnols auront fait d'accorder la trève, Sa Majesté ne pourroit abandonner les Etats sans trop de blâme. Et s'ils répliquent que ce seroit donner secours pour établir une religion contraire à la sienne, il y a des réponses : à savoir, que les Etats, pour avoir ce secours, consentiront plutôt de rétablir l'exercice de la religion catholique en quelques endroits, et de laisser par tout leur Etat la liberté aux catholiques en leurs maisons sans y être recherchés; étant bien vrai que sur ce que je leur ai déjà remontré, ceux qui ont plus de part en la conduite des affaires m'ont donné grande espérance d'y faire pourvoir en la façon susdite, ce que toutefois ils ne voudroient aucunement accorder à leurs adversaires par traité, et en faisant la paix avec eux. On leur peut encore dire que le roi Henri en fit bien autant en faveur des protestans contre l'empereur Charles V, lesquels n'étoient en guerre contre lui que pour le fait de la religion, combien qu'au même temps qu'il leur donnoit ce secours il fit brûler dans son royaume ceux qu'on nommoit lors hérétiques, étant induit à leur donner ce secours par raison d'Etat, et pour arrêter l'ambition d'un prince qui cherchoit à s'agrandir au préjudice de qui que ce fût. Les députés des archiducs doivent voir les Etats, et leur dire qu'ils ne peuvent rien accorder pour la paix que ce qu'ils ont dit et proposé, leur faire entendre aussi les raisons qui les ont mus de ne se déclarer plutôt pour le fait de la religion, puis y ajouter qu'ils sont prêts et disposés de traiter sans remise de la trêve à longues années, dont les députés des rois et princes qui sont ici leur ont fait l'ouverture, après avoir proposé aux Etats, sans se déclarer plus avant sur les conditions.

Les députés d'Angleterre nous étant venus voir le jour d'hier, nous firent grande instance d'aller derechef vers lesdits députés des archiducs, pour savoir d'eux s'ils veulent traiter la trêve ou non aux conditions susdites. Or, ils estiment qu'ils feront difficulté de se déclarer si avant, et cela étant rapporté aux Etats, comme ils disent que devrons faire, afin que les choses ne soient plus tenues en aucune longueur, qu'à l'instant ils rompront tout sans en vouloir plus ouïr parler; au contraire, s'ils consentent de traiter sur lesdites conditions. Ceux qui veulent la guerre pensent avoir encore assez de pouvoir pour faire dire qu'on doit renvoyer les députés aux provinces, afin de les consulter sur cette trêve, dont aucuns d'entre eux disent n'avoir eu charge, comme il est vrai, et par ainsi faire par leurs menées que les députés aient assez de pouvoir pour rompre tout, mais non pas pour accepter cette trêve. Il est certain que lesdits députés d'Angleterre nous étoient venus voir à ce dessein, et je sais par qui ils avoient été embouchés et induits à ce faire. A quoi je leur répondis que toutes longueurs nous étoient ennuyeuses aussi bien qu'à eux; qu'il ne tiendra pas à nous que les députés des archiducs ne se déclarent promptement sur le tout; mais quand ils répondront qu'ils sont prêts de traiter sans remise, et de déclarer leur intention surtout de la première conférence avec les députés des Etats, il ne sera pas raisonnable de les presser plus avant; pouvant dire qu'il ne sert de rien de parler des conditions si les Etats ne sont résolus d'entendre à ladite trêve. Sur quoi nous eûmes plusieurs disputes, et fus contraint de leur faire connoître que je voyois bien à quoi tendoit cette proposition.

J'ai bien considéré ce que vous me mandez touchant les alliances de nos enfans avec ceux d'Espagne; je crois que ce n'est pas l'intention du Roi de les faire, que la paix ou longue trêve ne soit arrêtée ici; car seroit un témoignage certain que Sa Majesté veut abandonner les Etats au cas qu'ils ne sortent de cette guerre, et perdre entièrement l'autorité et créance qu'elle a parmi eux. Quand elle les fera, même après la trêve, encore y vois-je cet inconvénient, que les Etats n'auront plus aucune espérance d'être secourus d'elle, si, la trêve finie, la guerre vient à se renouveller, par ainsi se rejoindront du tout avec l'Angleterre, comme avec le seul Etat duquel ils pourront espérer secours, outre ce que la conformité de leur religion rendra leur amitié plus entière et assurée; et ne sais pourtant si nous gagnerons quelque chose par le projet de ces mariages, qui sont toujours incertains à cause du bas âge des enfans, jusques à ce qu'ils soient en âge pour les consommer.

On peut craindre aussi qu'en refusant ces alliances, ou disant qu'il faut attendre le temps, l'Espagnol n'en demeure offensé, et recherche avec plus de soin et d'affection celle d'Angleterre, et s'ils se conjoignent, soit avec mariage ou non, que nous les ayons tous deux ensemble pour ennemis. Mais l'alliance défensive avec l'Angleterre qu'ils offrent, ainsi que M. de La Boderie a mandé, feroit éviter cet inconvénient, ou bien en faisant des mariages avec les enfans des deux rois, Dieu nous en ayant donné assez pour y parvenir; et peut-être même que monseigneur le Dauphin, si on ne veut donner pour lui la fille d'Espagne qu'avec cette clause de renonciation, seroit aussi bien avec la fille aînée d'Angleterre; et quand on ne le voudroit faire sans le mariage du prince de Galles avec la nôtre, il nous en resteroit encore une pour la marier avec le fils d'Espagne auquel on veut destiner la succession de l'Etat que tient l'archiduc, l'infante mourant sans enfans, par lequel mariage on entend faire la séparation projetée. Mais considérez aussi, s'il vous plaît, que ce mariage, avec ladite séparation de l'Etat des archiducs, donnera grande appréhension aux Etats que les deux rois ont dessein de rejoindre avec le temps, du moins la trêve finie, les Provinces-Unies; et, quand on s'en pourroit taire, la chose se fait croire de soi-même. Ainsi notre amitié leur sera dès lors suspecte, et auront recours au même appui ci-dessus déclaré. Et, à la vérité, quand je me représente avec quelles conditions le nonce, ministre en cette action du roi d'Espagne, plutôt que médiateur, propose le mariage de monseigneur le

Dauphin, et le dernier aussi par le moyen duquel on prétend faire cette séparation des Pays-Bas, je n'y trouve que de la honte sans profit; car, au premier, qui pourroit conseiller à Sa Majesté le mariage de monseigneur le Dauphin avec la renonciation qu'on requiert, il vaudroit mieux se contenter de la seconde fille, plus éloignée des successions qu'on craint qui nous puissent arriver par le moyen de ce mariage, pourvu que cette renonciation n'y soit point mise, et si on ne veut faire ni l'un ni l'autre sans cela, s'en abstenir du tout. « Les princes « font bien quelquefois des choses honteuses « qu'on ne peut blâmer quand elles sont utiles « à leurs Etats; car la honte étant couverte par « le profit, on la nomme sagesse, comme au « contraire, si le profit n'y est point, elle est « tenue pour lâcheté au prince, ou bien pour « quelque foiblesse qu'il reconnoît en son « Etat. »

Or, nos affaires sont, par la grâce de Dieu, et la grande vertu et réputation de notre Roi, en état si florissant, que rien ne nous force de prendre un conseil si abject et indigne de notre bonne fortune. Je trouve encore de la honte au dernier mariage, puisqu'on ne le veut point faire si Sa Majesté ne s'oblige et donne par écrit une promesse, qu'on dit devoir être secrète, non-seulement d'abandonner les Etats lorsque la trève sera finie, en cas qu'ils ne veulent consentir à la réunion prétendue, mais aussi d'employer nos forces pour les y contraindre; car il est certain qu'il faudra venir à ce dernier remède, pource qu'ils n'en feront jamais rien de gré à gré, et encore moins à notre prière, si nous faisons ces mariages; car à l'instant qu'ils nous verront alliés avec l'Espagne, nous leur serons suspects, et chercheront d'autres amitiés qu'ils trouveront en Angleterre, et peut-être qu'au bout de la trève le prince de Galles, qui sera lors grand et en âge florissant pour se faire craindre et respecter, aura d'autres conseils que son père, et ne craindra point de venir aux armes pour les conserver.

Le mieux sera donc, à mon avis, de faire un traité secret pour le dernier mariage, lequel contienne cette séparation pour le regard de l'Etat des archiducs, et que, par le même traité secret, le Roi confirme de nouveau le traité de paix de Vervins, par lequel il est expressément dit qu'ils ne pourront assister et secourir les nemis l'un de l'autre, qui est en effet oblig[é] Roi d'abandonner les Etats, s'ils ne se veul[ent] soumettre à la réunion qu'on prétend à cond[i]tions raisonnables, et qui aient de la sû[reté] pour eux; et cette obligation néanmoins, fai[te] en la forme susdite, ne lui est déshonora[ble] mais de désirer plus, à savoir, qu'on le[s pre]lors ses armes contre les Etats s'il ne se p[eut] gagner par persuasion, il n'est pas raison[nable] de l'y obliger maintenant, et suffit de leur d[ire] que, l'alliance effectuée, il y sera intéressé, [et] qu'on doit attendre de lui tous bons offices, [et] son assistance même, sans l'y obliger par aut[re] lien. Mais l'espérance de tirer quelque fru[it de] cette alliance et projet de séparation et réun[ion] est que ce traité demeure secret, afin qu[e Sa] Majesté, conservant la créance et l'autori[té] qu'elle a dans ce pays, puisse mieux aider [à] effectuer ce qu'on désire, et empêcher que [les] Etats, appuyés toujours de notre amitié, ne p[en]sent avoir besoin de recourir à quelque autr[e]; aussi ne serviroit-il de rien de publier ce trait[é] à cause du bas âge des enfans, qui ôte bi[en] moyen d'assurer ce qu'on fera. Je vois bi[en] qu'on pourroit, dès maintenant, faire sortir [les] Espagnols; mais tout cela serviroit de peu, [et] si en le faisant on voudroit aussi faire sortir [les] étrangers de cet Etat, chose difficile à leur fai[re] consentir, d'autant qu'ils n'ont assez de so[l]dats chez eux pour se garder. Et pource q[ue] tout ce que dessus a beaucoup de difficultés, [je] retourne toujours à mon premier avis, qu[e si] on pouvoit induire le roi d'Angleterre à un[e] bonne et ferme amitié, et la confirmer par [al]liances qui ne nous empêcheroient néanm[oins] de faire ce dernier mariage avec l'Espagne, q[ue] ce seroit encore le plus assuré conseil, mais [je] me défie de sa prudence, et que sa mauvai[se] volonté envers nous ne lui fasse prendre d'au[tres] conseils. Je crains aussi, pendant qu'o[n] fait semblant de négocier avec nous par un a[m]bassadeur si solennel, qu'on ne traite sérieuse[ment] avec lui; et cette conjecture doit ê[tre] tenue pour vraisemblable, s'il demeure obsti[né] à rejeter notre amitié, et que les Espagnols [ne] nous veulent non plus accorder la leur, sin[on] à conditions qu'ils n'aient ni honneur ni sûre[té] pour nous. Mais le Roi est trop sage, et as[sisté] de si grands ministres et clairvoyans, qu'il e[st] qu'on le trompe; et pour moi je suis empêché à ma tâche, que je prie Dieu vouloir conduire à bon port.

Je suis, monsieur, votre très-humble et très-obéissant serviteur, P. JEANNIN.

A La Haye, ce vingt-neuvième d'août 1608.

Autre LETTRE *dudit sieur Jeannin audit sieur de Villeroy, du trentième d'août* 1608.

Monsieur, mes précédentes lettres sont du jour d'hier, auxquelles j'ajoute ce mot pour vous informer que la plupart des Etats et enfin tous, fors la province de Zélande, se disposent tant à la trève à longues années, mais ne se contentent pas que la liberté leur soit accordée en la forme contenue en notre écrit, et veulent que l'expression requise, pour en exclure perpétuellement le roi d'Espagne et ses successeurs. J'ai bien prévu que la difficulté tomberait là-dessus, en quoi nous sommes fort empêchés; car, quand on conteste pour faire qu'ils se contentent à moins, il semble qu'on veuille favoriser les Espagnols contre eux; puis ils disent qu'ils n'ont jamais entendu traiter, soit paix ou trève à longues années, que sur cette présupposition, que la souveraineté leur demeure pour toujours, et si les Espagnols n'entendent l'accorder ainsi, qu'ils n'en veulent ouïr parler; comme au contraire, si c'est leur intention, qu'ils ne doivent faire refus de l'exprimer si clairement qu'on ne la puisse jamais révoquer en doute; outre ce que les Etats tombent tous en cette opinion, n'y ayant personne entre eux qui y ose apporter quelque modération, quand cela même devroit être cause de rompre la trève. Les députés d'Angleterre et d'Allemagne les fortifient en cet avis, et jugent raisonnable qu'il soit ainsi fait; et aujourd'hui même nous étant assemblés avec eux, nous avons reconnu ouvertement que c'est leur intention. Nous serions aussi volontiers de cet avis qu'eux, n'étoit que nous voyons que c'est pour venir à une rupture, et néanmoins on couvre ce dessein par une apparence plausible, et comme s'ils le faisoient pour la sûreté des Etats, voulant par là acquérir leur grâce, et faire croire, s'ils peuvent, qu'en donnant des paroles ils leur sont plus affectionnés que nous qui donnons de bons effets.

D'autre côté, quoi qu'on dise au sieur Richardot, il demeure immobile, et pense que j'ai déjà trop gagné sur lui de lui avoir persuadé à moitié de se soumettre à notre écrit; mais je tiens pour certain que ce ne sera rien s'il ne passe plus outre, sans user de circuits et remises sur cet article où ils sont les plus sensibles et moins ployables. Faites ce que vous pourrez par-delà, s'il vous plaît, et nous en ferons autant ici. Et néanmoins, je me suis déjà tant déclaré, que chacun croit que nous poursuivons avec trop de passion cette trève, et semble, qui ne pourra mieux, qu'il les voudra laisser rompre; car après s'être séparés, chacun pensera au péril auquel il se va précipiter, et seront peut-être mieux disposés, d'une part et d'autre, à écouter les bons conseils qu'on leur donne qu'ils ne sont à présent. Je vous supplie très-humblement que nous ayons souvent de vos nouvelles, et que tout ce qui touche la négociation commune soit toujours exprimé par les lettres que le Roi nous écrit. Je suis, monsieur, votre très-humble et très-obéissant serviteur, P. JEANNIN.

A la Haye, ce trentième d'août 1608.

LETTRE *de M. Jeannin à M. de La Boderie, dudit jour trentième d'août* 1608.

Monsieur, je ne vous ai pas encore donné avis de mon retour ici : il y a aujourd'hui quinze jours que je suis arrivé, pendant lequel temps les députés des archiducs ont fait une proposition qui a du tout rompu la paix, comme elle eût fait dès le premier jour de la conférence s'ils l'eussent lors mise en avant : c'est que l'exercice public de la religion catholique soit remis par tout cet Etat, et qu'ils se départent dès à présent du commerce des Indes. Ils se fussent encore accommodés sur ce dernier point; mais, pour le premier, leur volonté n'a jamais été de ne rien accorder par traité et sur la demande de leurs adversaires, se montrent même fort offensés de ce qu'on leur a célé si long-temps cette proposition, en sorte qu'ils sont plus animés et désireux de rentrer en guerre qu'ils ne furent jamais, publiant hautement que les Espagnols n'ont recherché cette conférence que pour tromper. Voyant cette rupture, nous avons mis en avant, suivant le commandement du Roi, une trêve à longues années à messieurs les députés d'Angleterre et à ceux d'Allemagne; nous leur en avons dit les raisons et conditions, qu'ils ont enfin, après quelques disputes, approuvées; puis elle a été proposée, d'un commun avis, à l'assemblée générale des Etats, conformément à l'écrit que je vous envoie. Tous les gens sages, du côté des Etats, la désirent et trouvent bonne de cette façon, et j'espère qu'enfin le plus grand nombre suivra cet avis; mais c'est encore chose fort douteuse et incertaine; car ceux qui ne peuvent approuver que la guerre le traversent, et y apportent toutes sortes de contradictions, et le nombre en est accru à cause de la haine qu'on porte maintenant aux Espagnols, et de la mauvaise satisfaction qu'on a de leurs procédures. D'autre côté, les députés des archiducs s'y rendent fort difficiles, même sur le premier article concernant la liberté, sans lequel toutefois tout le surplus seroit inutile. Nous essayons de persuader les uns et les autres, y sommes fort empêchés, et ne savons encore quel en sera le succès. Si les deux rois étoient mieux ensemble, ils seroient arbitres de tout, et leur avis apporteroit contrainte et nécessité aux deux parties de le suivre; mais nous reconnoissons trop que ce que nous désirons en effet, qui est cette trêve, puisque la paix est rompue, les Anglois feignent de la vouloir, et y apportent seulement l'apparence, crainte d'offenser les Espagnols, mais sous main font tous mauvais offices pour l'empêcher. Pendant que j'étois en France, je n'omis rien pour persuader qu'on devoit rechercher l'amitié du roi d'Angleterre, s'allier étroitement avec lui, et préférer cette conjonction à toutes autres. Sa Majesté n'y est qu'assez bien disposée, comme sont aussi les principaux ministres; mais ils ont toujours très-mauvaise opinion de sa volonté envers nous, et tiennent que tout ce qu'il dit et fait à présent, ne sont que dissimulations pour tromper et rompre ce que dom Pedro poursuit.

La lettre du Roi et celle de M. de Villeroy, que votre secrétaire emporta, ensemble ce qu'on lui en dit de bouche, vous auront pu instruire de leurs raisons, et que si on s'approche sincèrement et sans art de votre côté, Sa Majesté s'avancera encore davantage. Vous y voyez plus clair maintenant, et vous m'obligerez de m'en mander ce que vous estimerez qu'il est à propos que je sache, pour m'en servir en la conduite de l'affaire qui m'a été commise. Si nous ne faisons mourir à ce coup cette longue et misérable guerre, Dieu la réserve encore pour servir de semence et préparatifs à quelque plus grand trouble en la chrétienté, n'étant possible qu'elle se contienne à l'avenir dans l'étendue de ce petit pays. J'en juge ainsi, le prévois et le crains. Si ne mettrons-nous pas de l'huile dans ce feu, et ne l'attiserons nous plus avec l'épée; mais tous ceux qui feignent avoir même volonté n'en usent pas ainsi, plutôt par haine que par jalousie contre nous que pour autre considération. Je vous baise très-humblement les mains, comme fait aussi M. de Russy, et prie Dieu, monsieur qu'il vous maintienne en tout heur et prospérité.

De La Haye, ce trentième d'août 1608.

Lettre de M. Puysieux à M. Jeannin, du dixième de septembre 1608.

Monsieur, il y a cinq ou six jours que M. de Villeroy a été travaillé d'un dévoiement avec tant de violence, que non-seulement le mal l'avoit rendu inhabile à l'exercice de sa charge, mais aussi avoit donné quelque appréhension à ses amis et serviteurs; et comme il a été soudain et véhément, aussi n'a-t-il été durable. Il en est donc heureusement délivré par la grâce de Dieu et la bonne assistance des médecins, ne lui en étant demeuré que la foiblesse. Le courrier Picault nous a apporté votre dépêche du vingt-quatrième du passé en ce lieu, le deuxième du présent, de laquelle j'ai fait au Roi entière lecture, et l'ai depuis envoyée par son commandement à M. le chancelier, pour être communiquée à MM. de Sully et de Villeroy. Sa Majesté dit qu'il n'y échet encore aucune réponse, se mettant à vous faire savoir ses intentions sur celle que dernières rencontres après qu'aurons reçu celle que vous nous promettez. Cependant elle m'a ordonné de vous faire savoir, pour témoigner toujours le soin et la protection qu'elle veut prendre des affaires de messieurs les Etats, qu'elle estime que les Espagnols, reconnoissant avoir offensé et irrité les Provinces-Unies par cette dernière déclaration, et leur avoir donné juste raison de croire qu'ils cherchent prétexte de se dédire de la cession de la souveraineté, et d'éviter autant qu'il leur sera possible de venir à la conclusion du traité de paix, voudront sourdement faire des préparatifs pour surprendre au dépourvu les Etats, en cas que sur ladite déclaration ils se résolvent à la rupture, et s'avantager sur eux par quelque surprise, pour après continuer la guerre devant que les autres soient, ou en état suffisant de se défendre, ou assurés du secours de leurs amis, alliés et autres intéressés en la manutention de leur cause. Elle est donc d'avis que vous représentiez en secret au sieur de Barneveld, sans toutefois lui donner l'alarme trop chaude, qu'elle a quelque opinion que cette armée navale d'Espagne, composée de plus de sept ou huit mille hommes, la plupart Espagnols, vieux soldats tirés des garnisons d'Italie, n'est point dressée directement, ainsi qu'ils le publient, contre Larache en Afrique. Bien estime-t-elle, s'ils jugent que cette entreprise leur puisse réussir, qu'ils la tenteront, et, bien qu'ils l'emportent, ils ne laisseront pour la garde d'icelle place que quinze cents hommes, et pourront tout d'un coup, et sans presque qu'on s'en aperçoive, faire descendre le reste à Dunkerque en peu de temps, pour après s'en servir et prévaloir selon les opportunités et les conseils que l'état et constitution des affaires des Pays-Bas leur donneront, qui ne seroit pas une petite force pour un commencement; car quand ils font venir leurs troupes d'Italie, il en demeure d'ordinaire, pour la longueur et incommodité du voyage, un tiers et souvent la moitié en chemin, et ce qui arrive à bon port quelquefois même assez inutile aux factions pour quelque temps; mais en cette conduite par mer, il ne s'en perdroit un seul, seroient frais à leur arrivée, et prêts à être employés où besoin seroit.

Messieurs les Etats ne doivent donc, pendant qu'on les entretient d'incertitude et les repait de vaines espérances, négliger de pourvoir d'heure à leurs affaires et à la sûreté de leur Etat, autant que leur soin, vigilance et forces présentes peuvent requérir. Mais il suffit de tenir ce langage en particulier audit Barneveld, et même aux autres que vous jugerez en pouvoir profiter à l'avantage et intention du Roi; car d'en faire plus grand bruit, il sembleroit que nous voulussions trop brusquement changer de conseil et de conduite en leur endroit, et les porter à la reprise des armes, ce qui les rendroit ou plus prompts et assurés à désirer d'être éclaircis de la volonté de Sa Majesté pour leur assistance en cas de rupture, et qui seroit encore trop hors de saison en l'incertitude en laquelle nous vivons de l'inclination des Anglois pour ce regard, ou bien étant découvert, feroit redoubler aux Espagnols leur opinion et leur plainte, quelque langage qu'ils aient tenu du contraire à Sa Majesté, qu'elle ne se porte ni ses ministres avec l'affection et sollicitude quelle leur a promis à faciliter et avancer la négociation de la paix. Voilà ce que j'ai eu charge de vous écrire, attendant que l'on le fasse plus amplement sur toutes les occurrences par lesquelles, c'est-à-dire par la conduite des Espagnols, il est facile à juger qu'ils n'ont point accordé la souveraineté qu'en intention de tromper et s'en servir à l'avantage de leurs desseins; car en voulant qu'il soit dit par le traité de paix que l'exercice libre de la religion catholique soit par tout le pays et en tous lieux d'icelui, et que cela est en récompense de la souveraineté qu'ils ont quittée, c'est se préparer le chemin et le prétexte pour débattre ladite souveraineté, d'autant qu'il y aura toujours assez d'occasions de dire que la condition n'est pas accomplie par ceux des Etats, et partant qu'ils peuvent rentrer en leurs prétentions. Nous attendrons votre seconde dépêche avec impatience pour savoir la suite de ce changement. Le Roi fait état de prendre des eaux de Pougues dans deux jours par précaution seulement; du reste il se porte très-bien, la Reine aussi, et toute leur royale famille. Je vous baise bien humblement les mains, et suis, monsieur, votre bien humble et affectionné serviteur,

Puysieux.

De Monceaux, le dixième jour de septembre 1608.

Lettre de M. Jeannin à M. de Villeroy, du 10 septembre 1608.

Monsieur, vos lettres du vingt-huitième du mois passé, qui m'ont été rendues le huitième de ce mois, m'ont mis en grande peine, car je reconnois la résolution d'Espagne être de faire la trève simplement sans y rien ajouter qui puisse confirmer et assurer leur liberté; et je le tiens impossible du tout, car vous savez, monsieur, qu'ils ne sont entrés en conférence de paix ou de trève que sur cette présupposition, sans laquelle ils n'eussent voulu écouter leurs ennemis. La première trève le contient aussi en mots exprès, c'est pourquoi on trouve étrange ce changement; et la haine en est à présent si grande contre les Espagnols, que la conduite dont ils usent nous ôte presque tout moyen de favoriser leurs affaires. Nous avons souventesfois écrit au Roi, je le vous ai aussi mandé en particulier, qu'on ne devoit rien espérer des États en deux points, l'un touchant le rétablissement libre et public de la religion catholique par traité, l'autre au préjudice de leur liberté qu'ils veulent avoir entière et sans aucune limitation. Je l'ai encore répété étant par-delà sur les nouvelles propositions faites de la part du nonce. Sa Majesté a toujours témoigné aussi qu'elle étoit de leur avis en l'un et en l'autre, et jugeoit même que tout ce qu'elle avoit fait pour les États demeureroit enseveli s'ils ne sont souverains pour toujours. Je sais bien qu'elle le désireroit encore s'il se pouvoit faire, mais, s'il n'y a moyen de l'obtenir, qu'elle aime mieux la trêve simple que de rentrer en guerre; et je considère bien les raisons de son désir si les États s'y vouloient accommoder, ce qu'il est impossible d'espérer, n'y ayant prières ni menaces qui soient suffisantes pour le leur persuader. Si nous en ouvrions la bouche, le soupçon qu'on leur donne tous les jours d'un traité secret avec dom Pedro sera tenu pour vérité, quoi que nous disions et fassions pour leur en ôter l'opinion; étant certain que ce sera bien assez de leur pouvoir persuader qu'ils se contentent de la déclaration selon qu'elle est en notre écrit, et qu'on la mette encore au premier article du traité en mots dispositifs. Car, quand je dis à ceux qui conduisent les affaires que les États par sept de leurs députés m'avoient donné charge de faire entendre à Sa Majesté, au voyage que j'ai fait en France, qu'ils suivoient ses avis et conseils pour l'assurance qu'ils ont de son affection envers eux et de sa grande prudence, ils me répondent n'avoir jamais cru qu'elle dût désirer d'eux choses contraires à leur liberté, ni de les forcer en ce qui est de la religion; pour tout le surplus, qu'ils témoigneront toujours les obligations qu'ils lui ont, et le grand respect qu'ils lui veulent rendre par-dessus tous les autres princes de la terre. Le sieur Richardot a eu tant de conférences particulières avec moi sur ce sujet, et il peut-être si bien instruit ici de ce qu'ils doivent espérer des États en cet endroit, qu'à mon avis, si l'affaire dépendoit de lui, il la traiteroit autrement, mais l'Espagne conduit tout. C'est donc à vous d'en parler par-delà, s'il vous plaît, et de les désabuser, s'il y a moyen de la vaine espérance qu'ils ont conçue à l'occasion de leurs nouvelles propositions ou bien s'il est vrai qu'ils n'ont jamais eu autre volonté que de gagner le temps, les diviser entre eux s'ils pouvoient, ou retirer de [...] amis; et je les vois plus unis que jamais, [...] plus enaigris aussi contre eux qu'ils ne [...] jamais.

Les députés qui sont ici ont pris deux [...] pour faire réponse à notre proposition de [...] dite trêve. Enfin elle a été telle, qu'ils l'offr[...] faire pour sept ans à la suite de la premi[...] laquelle contient la déclaration de cette liber[...] mais n'en veulent par ce renouvellement; [...] sentent de ne parler de la religion, et acco[...] dent la trêve ès Indes par hostilité, ou de p[...] à gré, dont ils seront tenus de faire [...] dans deux mois; pour le surplus, promet[...] de s'y rendre faciles. Nous leur avons dit [...] vertement que sans assurer la liberté par cet[...] trêve, les États n'y consentiront jamais, [...] n'ont pourtant laissé de continuer en leur r[...] ponse qui nous fut faite le huitième, au m[...] jour de la réception des vôtres du vingt-huitiè[...] du passé. Il est vrai que le lendemain mat[...] avant que de l'avoir rapporté aux États, [...] sieur Richardot vint me voir derechef, et p[...] mon avis en fit autant à l'endroit des dépu[...] d'Angleterre, pour nous persuader de [...] s'il étoit possible, que les États eussent p[...] agréable de traiter avec eux sur cette répo[...] mais voyant que nous persistions toujours [...] lui déclarer que c'étoit chose impossible, [...] nous pria de faire cet office pour eux entr[...] les États, qu'ils leur veuillent consentir d'é[...] tendre jusques à la fin de ce mois, pource q[...] les archiducs, après avoir vu notre écrit, [...] entendu ce que le sieur Richardot a appri[...] moi et d'ailleurs touchant la résolution de [...] États, ils avoient dès le premier jour de [...] mois, envoyé courrier exprès en Espagn[...] avant la venue duquel ils ne peuvent faire a[...] tres offres que celles contenues ci-dessus: [...] quoi lui ayant remonté que cette nouv[...] demande seroit mal reçue, y persistant néa[...] moins, nous la fîmes approuver, mais avec [...] ficulté, aux autres députés, et, tant [...] réponse que la demande de ce délai, fut prop[...] sée par nous le jour d'hier à messieurs des É[...] en leur assemblée générale, qui n'y ont enco[...] fait réponse: ce doit être pour demain. Je [...]

bien assurer de ce qu'ils feront, car ils sont tous offensés de ces longueurs et incertitudes; si y a-t-il apparence qu'ils l'accorderont pour les raisons que leur avons dites.

La lettre que nous en écrirons au Roi dans deux jours contiendra particulièrement tout ce qui s'est passé sur ce sujet, et la résolution qu'ils auront prise; mais j'ai bien voulu vous donner ce premier avis par ce porteur, homme sûr, qui m'a promis être vers vous dans cinq ou six jours au plus. Je vous manderai par même moyen mon avis, puisque le désirez, sur les propositions faites par dom Pedro, encore que je sache bien qu'il ne doit être d'aucune considération. Je ne peux, quant à moi, approuver à présent les deux traités de mariage dont m'écrivez, encore que soit à condition que tout soit rompu si la paix ou la trêve ne sont faites ici; car cette condition est au pouvoir du roi d'Espagne, qui peut, en accordant la sûreté qu'on demande pour la liberté des Etats, obtenir la trêve, et le Roi ne peut rien envers eux sans cela. C'est donc lui qui pourra rompre, s'il veut, sans que Sa Majesté ait la même liberté: puis tout y est incertain à cause du bas âge des enfans; ainsi montrer qu'on l'a voulu faire, ne servira que pour nous décréditer envers les Etats et les Anglois, comme vous le considérez fort sagement par vos lettres, sans que nous en tirions aucune utilité; car l'offre qu'ils font de faire venir le prince d'Espagne en France au temps qui sera convenu, et lorsqu'on voudra envoyer Madame en Espagne, semble bien donner quelque assurance pour ce mariage; mais on la pourroit encore renvoyer aussi bien que le roi Charles VIII fit la fille de l'empereur Maximilien, après qu'elle eut demeuré en France quelques années, pour épouser en son lieu Anne de Bretagne, plus riche héritière que l'autre. Ils ne disent pas de même qu'ils feront venir l'infante d'Espagne en France, en quoi doit néanmoins consister l'assurance de l'autre mariage, auquel nous avons plus d'intérêt; et quand ils le promettroient, je tiens pour certain qu'ils ne l'accompliroient jamais, ou bien remettront l'accomplissement au loin, prendront temps pour en délibérer à leur avantage, car c'est chose contre le sens commun et la prévoyance de la maison d'Espagne, de croire qu'ils veulent faire un mariage par le moyen duquel il y ait quelque espérance, quoique foible et éloignée, que tant de grands Etats puissent échoir quelque jour à la France.

Je considère aussi qu'ils ne parlent plus du troisième mariage qui devoit servir à faire la séparation d'avec l'Espagne des Etats que tient l'archiduc. Or c'est vraiment ce qui nous doit plus contenter, et ôter la jalousie qui nous intéresse en tous ces mouvemens, et eux-mêmes, en y ajoutant le surplus qu'ils ne peuvent jamais espérer autrement. Je vous ai mandé par mes lettres du 29 du mois passé ce qui m'en sembloit; je l'ai dit aussi au sieur Richardot, et fait connoître qu'en traitant ce que dessus secrètement, et taisant de même la confirmation du traité de Vervins, il y auroit de quoi assurer l'Espagne de ce qu'ils désirent à la fin de la trêve, du moins en ce qui doit dépendre du pouvoir du Roi, et par ainsi qu'on devroit aucunement refuser de faire ladite trêve aux conditions requises par les Etats. Je lui ai encore dit que, pour mieux cacher lesdits traités, il seroit expédient que ledit sieur dom Pedro retournât vers les archiducs comme mal content, et que le nonce seul, instruit par lui de son intention, ou avec Peckius, les achevât; qu'en y procédant de cette façon, le Roi conserveroit son autorité et sa créance parmi les Etats, et les pourroit mieux induire, soit durant la trêve ou icelle finie, à faire ce qu'on désire, n'y ayant que trop de raisons pour prendre cette assurance de la foi de Sa Majesté. Il n'a point rejeté ce conseil, mais je sais bien, si l'Espagne n'approuve telles ouvertures, que personne n'y a pouvoir; il y a néanmoins grande apparence que si dom Pedro continue comme il a commencé, sans vouloir faire la trêve ici, que sa venue a été pour tromper et nous séparer d'avec nos amis, non de faire quelque chose à bon escient. C'est pourquoi sur ce soupçon il faudroit réchauffer les poursuites d'Angleterre, et accepter la ligue défensive avec eux; car, encore qu'aucune mention n'y soit faite du secours des Etats, les deux rois pourroient, par un traité secret à part, se promettre aide l'un à l'autre, au cas que la paix ou trêve n'étant faites, et eux venus à les secourir, le roi d'Espagne voulût entreprendre guerre contre l'un d'eux.

Quand même l'Anglois feroit refus de passer

27

ce traité secret, la ligue défensive seule ne laisseroit encore d'être fort utile, pource qu'il est bien certain que l'Anglois craint autant que les Provinces-Unies retournent au royaume d'Espagne que nous. Or, la trève rompue, les Etats rechercheront du secours en France et en Angleterre; et le Roi leur disant qu'il ne le veut faire si l'Anglois n'y contribue, et ne s'en obligent ensemblement l'un envers l'autre, il sera contraint d'y consentir, ou bien Sa Majesté, pour n'y entrer seule, conseillera plutôt aux Etats d'accepter la trève pour l'année prochaine, afin de voir s'il changera d'avis, ou bien, sur la continuation de son refus, on pourra induire les Etats et les Espagnols à faire une plus longue trève aux meilleures conditions qu'on pourra. Car encore que nous ayons toujours jugé ces petites trèves dangereuses, elles nous empêcheroient de rentrer en guerre pour quelque temps, et peut-être nous donneroient le moyen de la détourner du tout. Cette ligue défensive serviroit aussi pour détourner l'Espagnol de nous faire la guerre s'il avoit ce dessein, et pour l'induire à faire plus volontiers la trève dès à présent, pource qu'il jugeroit les deux rois avoir pris résolution de se joindre ensemble pour le secours des Etats, encore qu'il n'en soit fait aucune mention par icelle ligue. Cette ligue sera cause aussi que l'Anglois ne pensera avoir tant d'intérêt à empêcher la trève que nous désirons, laquelle il essaie de rompre non ouvertement, et crainte d'offenser les Espagnols, mais sous main, pource qu'il croit, tant que la guerre durera ici, que Sa Majesté ne pourra traiter aucune alliance avec l'Espagne. Il me semble pareillement qu'on pourra, avec ce commencement d'amitié, empêcher que l'Anglois ne se sépare du tout d'avec nous, et se conjoigne entièrement à une faction qui sait mieux considérer l'intérêt de leur religion et de leurs amis, que l'Espagne ne fera jamais, quand il faudra le montrer; ce que vous touchez aussi par vos lettres avec grande raison, et j'en fais le même jugement.

Les députés des archiducs connoissent bien maintenant avec certitude, tant par ce que nous leur disons, et ce qu'ils peuvent apprendre de leurs amis qui sont en l'assemblée des Etats, qu'ils ne doivent aucunement espérer la trève sans la déclaration de la liberté selon qu'elle est requise. J'ai même dit au président Richardot, puisqu'ils n'ont pouvoir de faire autre chose que ce qui est contenu en leur réponse, qu'ils feroient mieux de se retirer, qu'il leur seroit aussi plus honorable, et qu'après cette rupture nous demeurant ici pour attendre ce qui viendra d'Espagne, il nous seroit plus aisé, si la réponse est bonne, de persuader les Etats, eux absens, que pendant leur demeure ici, comme il est vrai; mais ils ont toujours insisté à ce délai, et d'avoir permission de demeurer ici pendant, qui montre leur crainte de rompre. Les Etats l'ont aussi bien qu'eux, mais non de tout si grande; car ils sont offensés et moins appréhensifs de l'avenir. Nous l'eussions bien désiré, quant à nous, pour la raison ci-dessus déduite, et pource que chacun pense à présent qu'on lui doit quitter ce qu'il prétend, et si avient après tant de refus qu'il soit accordé à notre prière et par notre conduite, ils n'estimeront point que nous soyons auteurs de ce bien, mais penseront toujours que les précédens refus ne sont que dissimulations, au lieu que la rupture étant avenue tout-à-fait, ils nous en auroient l'obligation entière. M. de Vaudrenecq, fort officieux à l'endroit des serviteurs de Sa Majesté, a une affaire de laquelle M. Bernard, présent porteur, vous parlera; je vous en parlai aussi étant par-delà; je vous supplie très-humblement le favoriser. Je suis, monsieur, votre très-humble et très-obéissant serviteur, P. JEANNIN.

A La Haye, ce dixième de septembre 1608.

LETTRE *de M. Jeannin à M. le duc de Sully, dudit jour dixième de septembre 1608.*

Monsieur, la paix a été rompue pour les causes contenues en nos lettres au Roi dont vous avez eu communication. Nous avons proposé après la trève à longues années, aux conditions qui sont en un écrit envoyé à Sa Majesté. Les députés des archiducs trouvent qu'il y a trop, et les Etats qu'il n'y a assez, en ce qui touche le premier article, mis pour assurer leur liberté qu'ils veulent avoir pour toujours, encore que la trève ne soit qu'à certain temps; et quoique leur ayons dit que les mots, ainsi qu'entendons les coucher au dispositif du traité, sont suffisans pour en inférer que leur liberté ne sera limitée au temps de la trêve, plusieurs y contredisent. Il est vrai que les autres, mieux disposés au repos, y consentiront volontiers, et pouvons espérer qu'avec l'autorité du Roi nous les y tirerons tous. Quant aux archiducs, leur intention seroit de faire une trêve pure et simple à la suite de la première, soit pour huit, dix ou douze ans, sans répéter même la déclaration de liberté qui y est contenue, ayant pris cette espérance par le voyage du sieur dom Pedro de Tolède, ainsi que j'ai reconnu par les lettres que M. de Villeroy m'a écrites du vingt-huitième du mois passé, mieux que par les propos de M. le président Richardot, qui ne s'en est découvert avec certitude que le jour d'hier; mais il est du tout impossible de l'obtenir des Etats, lesquels ne fussent jamais entrés en aucune conférence sans être assurés de cette déclaration, et ne se contenteroient encore à présent de l'avoir selon qu'elle est contenue en la première trêve et en notre écrit, combien qu'elle soit suffisante, n'étoit la grande instance que leur en faisons de la part de Sa Majesté et la crainte qu'ils ont d'être abandonnés d'elle s'ils le refusent. Les députés des archiducs avoient pris deux délais l'un après l'autre pour y répondre, attendant, à ce qu'on nous a dit, des nouvelles des archiducs, lesquels avoient aussi envoyé vers ledit sieur dom Pedro. Enfin ils y ont fait une réponse qui a peu contenté les Etats; car ils persévèrent à ne vouloir donner aucune assurance pour la liberté, sans quoi les Etats ne traiteront jamais : puis enfin ont désiré un nouveau délai jusqu'à la fin de ce mois, au cas qu'on fasse refus de la part des Etats de traiter sur leur réponse, disant les archiducs avoir envoyé en Espagne dès le premier jour de ce mois, et qu'ils n'en peuvent avoir réponse plus tôt, nous ayant priés instamment de leur faire obtenir ce délai; en quoi on voit bien qu'ils craignent de rompre, et n'ont d'autre côté assez de pouvoir pour faire ce qu'ils désirent pour se mettre en repos. Les Etats n'y ont encore délibéré; nous donnerons au premier jour avis de la résolution qu'ils y prendront.

Vous trouverez peut-être étrange, monsieur, que les Etats se rendent si obstinés pour obtenir une assurance entière de leur liberté, attendu que ce n'est qu'une trêve dont on parle; mais quand il vous plaira considérer qu'ils ne sont entrés en conférence que sur cette présupposition, vous jugerez que révoquer maintenant ce qu'ils ont toujours tenu pour accordé, n'est pas le moyen de les contenter; et de croire que la crainte d'être abandonnés soit suffisante pour leur faire quitter entièrement ce qu'ils tiennent si cher, il n'y a point d'apparence. Il est bien vrai que cette crainte, et le respect qu'ils portent au Roi, joints ensemble, les pourront bien induire d'accommoder les autres articles de la trêve, et de se contenter encore pour celui-ci du contenu en notre écrit, qui est le mieux qu'on en puisse espérer, mais non qu'ils s'en déportent entièrement; car ils oublient tout quand on les veut presser là-dessus, et, sans appréhender les dangers de l'avenir, ni considérer s'ils sont forts ou foibles pour se conserver, se disposent de rentrer en guerre avec même courage et union que du passé. Cet article accordé, il n'y a rien aussi dont on ne puisse demeurer d'accord, même pour le commerce des Indes consenti par les archiducs avec promesse de le faire ratifier par le roi d'Espagne, comme aussi de ne point parler de la religion, qui est ce que les Etats craignoient le plus. J'écris plus particulièrement à M. de Villeroy, avec lequel j'ai un chiffre, pour ne l'oser faire avec vous, monsieur, avec qui je n'en ai point; aussi sais-je que tout vous est communiqué, et que cette lettre ne peut servir que pour vous rendre quelque témoignage de mon devoir, et assurer que je serai perpétuellement monsieur, votre très-humble et très-obéissant serviteur, P. JEANNIN.

A La Haye, ce dixième de septembre 1608.

LETTRE *de M. Jeannin à M. de La Boderie, du treizième de septembre* 1608.

Monsieur, vous aurez maintenant reçu, comme j'estime, mes lettres du vingt-neuvième d'août; aussi ai-je fait les vôtres qui sont de ce même jour. Les députés des archiducs ne veulent, ou plutôt n'ont pouvoir d'accorder l'assurance que les Etats demandent pour leur liberté; c'est pourquoi ils ont encore eu recours à un nouveau délai pour tout ce mois, disant que l'archiduc a envoyé en Espagne dès le premier du mois sur ce sujet, et qu'ils n'en peuvent avoir réponse plus tôt que vers la fin d'icelui. Nous en avons prié les Etats; ils en doivent délibérer demain, mais je ne sais s'ils l'accorderont. Bref, sans l'assurance de cette liberté, la trêve sera aussi bien rompue que la paix. Je suis fâché de ce que vous me mandez avoir interrompu, ou plutôt délaissé la poursuite que vous faisiez, pource que je la juge du tout nécessaire, et en fais grande instance par deux lettres que j'ai écrites, tant au Roi qu'à M. de Villeroy, quand même on ne devroit obtenir pour le présent qu'une ligue défensive publique et connue d'un chacun; car on pourroit bien faire à part un traité secret concernant le secours des Etats. Et quand celui-ci ne seroit fait dès à présent, encore peut-on espérer que le roi d'Angleterre sera comme contraint d'y entendre ci-après, au cas que tout traité de paix ou de trêve soit rompu, Sa Majesté déclarant ne vouloir autrement secourir les Etats, d'autant que lui, qui a la même crainte et intérêt, ou plus grand encore que nous, qu'ils ne tombent ès mains du roi d'Espagne, prendra comme par nécessité ce conseil dont il fait refus à présent pour ne vouloir offenser l'Espagne s'il n'y est contraint. J'allègue encore cette raison au Roi, que les Anglois empêcheront toujours sous main la trêve que Sa Majesté désire, jusqu'à ce que cette ligue soit faite, pour la crainte qu'ils ont des amitiés et alliances que l'Espagne poursuit avec nous, qui lui sont à présent plus suspectes qu'elles ne seroient si cette ligue défensive étoit faite; joint qu'elle mettroit un commencement d'amitié entre nous, qui pourroit être cause de faire les mariages dont vous m'avez écrit, qu'il semble devoir être préférés aux autres desquels on parle. Je vous supplie donc de toute mon affection d'entretenir cette pratique comme de vous même, et de la réchauffer plutôt qu'intermettre, attendant que vous ayez quelques nouvelles de France, que j'espère devoir être conformes à ce que je vous mande. Et sur ce, je suis, monsieur, votre bien humble et affectionné serviteur,　　　　　　P. JEANNIN.

A La Haye, ce 13 septembre 1608.

LETTRE *de MM. Jeannin et de Russy au Roi, du seizième de septembre* 1608.

SIRE,

Par lettres à M. de Villeroy du vingt-neuvième et pénultième d'août que le sieur Jeannin lui a écrites, Votre Majesté aura pu connoître ce qui s'est passé, depuis la rupture de la paix, sur la proposition de la trêve à longues années, faite par tous les députés des rois et princes qui sont ici, tant aux Etats en leur assemblée générale qu'aux députés des archiducs, de laquelle nous fûmes à la vérité auteurs, les autres ayant plutôt adhéré à cette proposition pour n'offenser les Espagnols que pour l'approuver. Les Etats et eux ayant pris temps pour considérer l'écrit qui leur fut donné sur ce sujet et en délibérer, les députés des archiducs nous firent réponse les premiers par messieurs le président Richardot et Verreiken, qui vinrent séparément en nos logis à cet effet, et dirent qu'ils étoient prêts d'entrer en conférences avec les Etats pour s'en accorder si faire se pourroit; et, sur ce que nous leur fîmes entendre qu'il ne falloit plus user de circuits et longueurs, mais déclarer ouvertement et tout d'un coup leur intention, et qu'ils ne devoient aussi espérer que cette trêve se pût faire sans accorder par eux les articles contenus en notre écrit, et consentir encore qu'ils soient éclaircis et étendus, comme il convient pour n'y laisser aucun doute, même celui qui regarde la liberté, dirent qu'ils étoient las et ennuyés des longueurs, et entendoient déclarer ouvertement, dès la première conférence, ce qui est de leur charge, et que si les Etats en font autant, que ce sera bientôt conclu ou rompu; mais qu'il n'étoit pas raisonnable de tirer d'eux ce qu'ils sentent sur chacun des articles de cette proposition, jusqu'à ce que les Etats aient déclaré de leur part, aussi bien qu'eux, s'ils veulent entrer en conférence sur icelle ou non : à quoi ils ont persisté, nonobstant que le sieur Jeannin, conféré avec le sieur Richardot en particulier, l'eût fort exhorté et pressé de s'en éclaircir.

Nous étant assemblés pour conférer sur cette réponse, les députés d'Angleterre furent d'avis qu'il les falloit presser de s'ouvrir sur tous les-dits articles avant qu'en faire rapport aux Etats, et savoir d'eux particulièrement s'ils n'entendoient pas que l'article de la liberté soit étendu, et qu'on y ajoute aussi le mot de souveraineté; ensemble que les archiducs, tant en leurs noms que du roi d'Espagne, déclarent qu'ils n'y prétendent rien pour toujours, ou bien tant pour le présent que pour l'avenir. Les députés d'Allemagne en dirent autant, sans y contester néanmoins avec tant de véhémence que les Anglois; et pour notre regard, nous fîmes déclaration que nous avions le même sentiment; mais pour ce que le sieur Jeannin avoit reconnu, par les propos du sieur Richardot, qu'il seroit très-difficile d'obtenir d'eux cet article de la liberté, ainsi même qu'il est contenu en l'écrit; tant s'en faut qu'on peut espérer mieux, il maintint, quand les Etats s'en contenteroient, que leur liberté seroit assez assurée, et pour toujours, pourvu qu'ils soient sages et bien assistés de leurs amis pour la conserver, en alléguant plusieurs bonnes raisons, fit même entendre la forme en laquelle il faudroit exprimer cette déclaration de liberté pour la rendre valable; mais rien ne les contenta pour lors, disant, si les Espagnols n'entendent accorder la liberté qu'à temps, que les Etats ne la doivent accepter, ni traiter cette trêve avec eux, et si c'est pour toujours, qu'ils ne doivent point craindre de l'exprimer en mots si significatifs qu'elle soit hors de doute. Notre réplique fut que les archiducs tiroient avec peine le consentement du roi d'Espagne, plus disposé, de son côté, à faire la guerre qu'à quitter ses droits, et qu'il les falloit aider, pourvu que ce fût sans le préjudice des Etats; qu'on savoit bien y avoir quelques personnes en cet Etat si enclins à la guerre, qu'ils voudront ajouter à cette déclaration de liberté tout ce qu'ils penseront pouvoir induire le roi d'Espagne à la rejeter, et feindront que c'est pour zèle envers leur pays, mais sera en effet pour trouver moyen de rompre, et que nous, qui désirons leur bien, ne devons favoriser cette passion.

Chacun toutefois demeura en son avis pour lors, et fut arrêté entre nous que nous rapporterions aux Etats, le même jour, la réponse des députés des archiducs, sans toutefois mouvoir ces difficultés. Les Etats aussi, de leur côté, prirent résolution de nous faire entendre à leur ledit jour. Ils nous dirent donc les premiers qu'ils avoient délibéré sur notre proposition de déférer beaucoup aux conseils des princes de la part desquels elle vient, mais nous prioient de nous éclaircir avec les députés des archiducs, s'ils ne se départent pas du tout de parler de la religion, s'ils n'entendent pas que le point de la liberté et souveraineté soit éclairci, comme il appartient, pour faire connoître qu'ils l'ont pour toujours, et non pour le temps que la trêve doit durer seulement, et quant au commerce des Indes, que leurs ailliés ès Indes d'orient y soient compris; cela étant fait par eux, qu'ils aviseront s'ils doivent entendre à ladite trêve ou non; qu'ils nous ont bien assurés de ne parler aucunement de la religion, mais que nous n'avons pu découvrir autre chose de leur intention. Eux s'étant là-dessus retirés pour consulter ensemble, ils retournèrent derechef avec la même réponse et prière de nous éclaircir d'eux touchant ce que dessus, avant quoi ils ne pouvoient rien dire, pource qu'ayant été trompés ès précédentes conférences par l'artifice et dissimulation de leurs adversaires, ils n'y veulent plus entrer qu'avec cette assurance : ce qui fut cause que le sieur Jeannin, de luimême, et sans en prendre l'avis des autres, leur dit que cette façon de procéder sembloit fort extraordinaire, et seroit trouvée trop impérieuse, de les vouloir contraindre à déclarer toute leur charge avant que de dire de leur part s'ils entendoient traiter ou non, et qu'en y insistant ainsi, les autres auroient trop de sujet de se plaindre et de refuser ce que nous leur demanderons. Toutefois, voyant qu'ils s'y opiniâtroient, nous nous offrîmes encore d'en faire l'essai pour les contenter, y ayant ajouté de plus, sur la plainte qu'ils faisoient des députés des archiducs, que leur conduite avoit des excuses, lesquelles ils nous avoient fait entendre et connoître, qu'ils tendoient seulement à chercher les moyens de faire la paix, autant désirée par eux que rejetée par le roi d'Espagne, aux conditions que les Etats la demandoient. Or, cette visite fut différée d'un jour à la prière de M. le président Richardot, qui nous dit, et aux députés d'Angleterre, qu'ils attendoient un homme envoyé par eux à Bruxelles, avant le retour duquel ils n'étoient assez instruits de ce qu'ils auroient à nous répondre.

En cet intervalle, le sieur Richardot étant venu voir le sieur Jeannin en particulier, il lui dit tout ce qui s'étoit passé ès conférences susdites, et que s'ils ne s'aidoient à ce coup, que la trève étoit aussi bien rompue que la paix, les Etats étant si sensibles en ce point de liberté, qu'on ne pouvoit espérer de rien faire avec eux s'ils n'en sont rendus contens et assurés, avec l'expression qu'ils requièrent de leur liberté, beaucoup plus grande même qu'elle n'est contenue en notre écrit. Lui au contraire se roidit, et assura qu'il n'étoit pas en son pouvoir d'accorder seulement ce qui est en notre écrit, lequel ils ont envoyé aux archiducs et en attendent la réponse; mais est bien assuré que c'est au plus s'ils consentent à ce qui est contenu en icelui, et ne le peut encore espérer. Aucunes raisons ne furent omises pour le persuader; toutefois, en acquiesçant aucunement à nos raisons pour son particulier, il montroit toujours ne le pouvoir espérer d'Espagne, et que les archiducs ont pour but de suivre ce qui en vient sans y vouloir contrevenir. Le sieur Jeannin l'exhorta de voir les Anglois, et de leur témoigner qu'ils se promettent beaucoup de leur affection, ce qu'il fit; en sorte qu'eux nous étant venus voir le jour même sur le soir, ils nous tinrent des propos tout autres que le jour précédent, et, sans alléguer aucune raison de leur changement, nous firent entendre que le contenu en notre écrit suffisoit pour assurer la liberté des Etats, et qu'il leur falloit conseiller de s'en contenter. Nous fûmes en quelque doute qu'il y eût de l'artifice et dissimulation, ou que leur contradiction étant venue de ce qu'il leur sembloit que voulions être tenus pour principaux conducteurs de cet œuvre, dont les députés des archiducs s'adressoient plus communément à nous qu'à eux; enfin, priés et requis instamment de les y assister comme s'ils y pouvoient beaucoup, ils s'étoient ainsi soudainement changés pour leur plaire et en avoir le gré, étant depuis allés trouver les députés des archiducs pour leur dire ce dont les Etats nous avoient priés. Ils demandèrent derechef trois jours pour y penser et faire réponse, et ledit jour échu, un autre délai de quatre jours, disant avoir bien reçu quelques nouvelles des archiducs qui étoient très-mal satisfaits des procédures des Etats, aussi bien qu'eux disent l'être des leurs; mais qu'ils y faisoient encore une nouvelle recharge afin d'être pleinement instruits, et pouvoir faire une entière réponse tout à coup, pour conclure ou rompre, sans s'en découvrir autrement. Les Etats consentirent encore cette nouvelle remise à notre prière, quoique mal volontiers.

Enfin, le huitième de ce mois, sur le soir, les dits députés nous firent leur réponse; à savoir, qu'en ce qui touche la liberté, ils ne peuvent faire autre chose sinon d'exprimer au préambule la déclaration de liberté, selon qu'elle est contenue en la première trève, sans néanmoins en rien répéter au dispositif, mais que cette nouvelle trève étant faite à la suite de l'autre, la même déclaration y étoit tacitement comprise, et s'en devoient contenter pourvu que le roi d'Espagne avoit ratifié la première trève, et si on requéroit quelque chose de plus d'eux en celle-ci, il faudroit renvoyer vers les archiducs avec espérance fort douteuse du succès, n'étant si bien disposés à la paix en Espagne, qu'ils sont près des archiducs; pour le commerce des Indes, qu'ils l'accordoient, à la charge d'avoir deux mois pour déclarer si sera par hostilité ou de gré à gré, et en ce dernier cas qu'ils consentoient leurs alliés aux Indes pour y être compris, et pour les autres articles, qu'ils y apporteroient autant de facilité qu'il leur seroit possible pour en sortir, quant au temps que devroit durer icelle trève, qu'ils l'accordoient pour sept ans. Après laquelle réponse, nous ayant quelque peu conféré ensemble sur icelle, leur dîmes que les Etats ne se contenteroient jamais de la déclaration de leur liberté, selon qu'elle est contenue en la première trève, si on ne la répète de nouveau en celle qu'on veut faire, et si l'archiduc ne s'oblige de la faire derechef ratifier au roi d'Espagne, pource que la déclaration de liberté contenue en la première trève ne fut jamais ratifiée par lui, étant vrai que l'une d'elles contient rien, et l'autre en fait bien mention, mais c'est avec cette condition expresse qu'ils établiront l'exercice de la religion catholique, ce qui n'étant fait, elle ne sert de rien non plus que la première; qu'ils doivent considérer que les Etats ne sont entrés en conférence avec eux, sinon sur cette présupposition de liberté qu'ils tiennent avoir été accordée, et qu'en la refusant à présent, ils n'en peuvent espérer qu'une prompte rupture; mais ils ne laissèrent à nous dire qu'ils n'avoient charge ni pouvoir de faire autres offres.

Le lendemain matin, qui fut le neuvième,

M. le président Richardot vint voir le sieur Jeannin, essaya de lui persuader que les Etats dévoient traiter avec eux sur les offres susdites; et, après plusieurs propos tenus d'une part et d'autre, ayant reconnu qu'il n'y profitoit rien, lui dit qu'ils avoient envoyé aux archiducs, dès le vingt-huitième du mois passé, notre écrit, lequel contient la proposition de la trève, et eux en Espagne un courrier exprès, dès le premier de ce mois, avec leurs lettres qui contiennent aussi les raisons pour essayer d'obtenir ce qu'on demande touchant le point de la liberté, dont ils ne peuvent espérer la réponse plus tôt qu'à la fin de ce mois, le priant de faire en sorte que les Etats, au cas qu'ils fassent refus de traiter sur leurs offres, leur veulent consentir ce délai. Le sieur Jeannin n'oublia rien pour lui faire connoître que la demande de ce nouveau délai seroit prise de mauvaise part, et du tout inutile, s'ils n'espéroient d'obtenir ce que dessus en Espagne, et qu'il vaudroit mieux, les Etats faisant refus de traiter sur leurs offres, qu'ils se retirent et se séparent, en leur disant que s'ils reçoivent bonne réponse d'Espagne, ils nous l'enverront pour la communiquer auxdits sieurs les Etats, et revenir pour traiter s'ils l'ont agréable; qu'aurons aussi plus de puissance d'y aider de cette façon qu'autrement. Ils ont néanmoins perdit autant délai, et demeurer ici cependant. Il en fut dit autant aux Anglois, qui nous vinrent trouver à l'instant pour nous représenter ce que jugeons bien être vrai; à savoir, que les Etats seront fort offensés de ce nouveau délai, montrant de le trouver bon eux-mêmes, comme nous le faisions non plus qu'eux; et toutefois, que pour mieux justifier la rupture, si elle avient, il nous sembloit que devions exhorter lesdits Etats de l'accorder : ce que tant eux que les députés d'Allemagne consentirent, après avoir pris résolution ensemblement d'en communiquer avec tous les députés des archiducs, et leur dire là-dessus notre avis, et la difficulté qu'il y auroit d'obtenir ce délai avant qu'en faire rapport aux Etats, et qu'il seroit aussi plus honorable pour eux de se retirer sur cette espérance qu'ils ont de pouvoir obtenir encore quelque chose d'Espagne, que de le faire comme ennemis déclarés, après ce délai expiré, au cas que le roi d'Espagne ne veuille accorder ce qu'on demande; étant à craindre que quelques-uns du menu peuple, déjà fort indigné et irrité de leurs longueurs, qu'ils nomment dissimulations et tromperies, ne commettent lors quelques insolences qui ôteroient tout espoir de réconciliation pour jamais. Mais tout cela ne servit de rien, eux ayant toujours continué à requérir cet office de nous.

Cela nous témoigne bien qu'ils craignent de rompre, et semblent avoir quelque espérance du côté d'Espagne; et néanmoins, M. le président Richardot nous dit ouvertement que le roi d'Espagne n'accorderoit jamais la souveraineté pour toujours par la trève ni pour la paix non plus, sinon à condition que les Etats rétablissent l'exercice public de la religion catholique par traité. Sur quoi, lui ayant été répondu qu'il ne falloit donc plus parler de ce nouveau délai, lequel seroit sans doute inutile, ledit sieur roi ne voulant accorder ce que dessus, du moins en la forme contenue en notre écrit, ledit sieur président répliqua qu'ils en espéroient bien quelque chose, mais que c'étoit avec grand doute et incertitude. Nous en fîmes à l'instant même le rapport en l'assemblée générale des Etats, y ajoutant plusieurs raisons pour leur persuader d'accorder ce délai, non de traiter sur leurs offres, dont ils étoient du tout éloignés. Ils se sont assemblés en chacune province, puis tous ensemble, et y ont consumé deux jours entiers en grandes contentions et animosités, estimant, la plupart d'entre eux, qu'il falloit rompre du tout dès à présent, et renvoyer lesdits députés; les autres, qu'il valloit mieux nous représenter derechef les tromperies et artifices dont ils ont usé, pour nous prier de trouver bon qu'on leur refuse ce délai, et qu'ils soient renvoyés sans aucune remise. Enfin ils se rejoignirent tous à ce dernier avis, et nous le firent entendre en leur assemblée générale, où ils étoient près de six vingts personnes, et y assistoient aussi messieurs les prince Maurice et comte Guillaume.

Cette action fut faite le onzième jour de ce mois, avec exagération de paroles aigres et véhémentes, pour nous faire connoître combien ils étoient mal satisfaits de la conduite et des artifices et déguisemens des Espagnols. Ils nous prièrent aussi de leur faire entendre autrement tout ce qui nous avoit été dit par eux, sans s'expliquer autrement; mais nous conçûmes aussitôt ce qu'ils vouloient dire : c'est qu'ils avoient appris que M. le président Richardot avoit tenu les propos ci-dessus mentionnés : à savoir, que le roi d'Espagne ne consentiroit jamais de quitter la souveraineté et liberté qu'on requiert de lui, et par ainsi que tel délai seroit frustratoire. Nous étant retirés, les députés d'Angleterre, d'Allemagne et nous, pour en délibérer et dire notre avis, le nôtre fut d'accorder ce délai, et que les députés des archiducs demeurent cependant ; celui d'Angleterre, au contraire, après qu'aurions fait assez de devoir pour témoigner notre désir à faire demeurer lesdits députés, et qu'il s'en falloit maintenant remettre à l'assemblée générale, qui étoit à dire qu'il les falloit renvoyer ; ils furent suivis par les députés d'Allemagne. Nous leur dîmes là-dessus qu'il seroit trop honteux, et tourneroit à un trop grand mépris à nos maîtres, s'ils n'avoient le pouvoir de faire accorder le délai requis, et que les députés demeurent cependant, attendu que les Etats n'en peuvent recevoir aucun dommage, et que seroit aussi une grande justification pour tous si on est contraint de rentrer en guerre.

Ils persistèrent néanmoins jusques à ce que nous leur eûmes dit, puisque nous ne pouvions demeurer d'accord, que chacun diroit son avis à part. Lors lesdits sieurs députés d'Angleterre et d'Allemagne consultèrent ensemble en la même chambre, et après se remirent à notre avis, lequel fut à l'instant rapporté à l'assemblée générale, avec toutes les raisons qu'on y peut ajouter, pour leur persuader de le suivre. Sur quoi, M. le prince Maurice répartit à l'instant avec grande véhémence et ardeur, et remontra que personne n'avoit plus d'intérêt à la conservation de l'Etat que lui, que son père y était mort, et qu'il y avoit exposé si souvent sa vie, comme il étoit encore prêt de faire, que personne ne pouvoit douter de son affection ; que la demande de ce délai n'étoit qu'une piperie et artifice des Espagnols, pour faire couler le temps de la trève inutilement, continuer leurs pratiques par mieux, et les empêcher de pourvoir à leurs affaires ; qu'il savoit bien que les députés des archiducs, parlant à nous, nous avoient dit qu'ils n'attendoient rien du côté d'Espagne. Le sieur Jeannin lui répondit qu'ils avoient bien montré ne pouvoir assurer de ce qui viendroit d'Espagne, mais que les archiducs y faisoient tous offices et en espé-

roient bien ; quand ainsi seroit qu'on n'en devroit rien attendre, que Votre Majesté a très-grand intérêt, puisqu'on a déjà rompu la paix sur l'article de la religion qui le touche en particulier et son Etat, qu'on n'en fasse pas autant de la trève, en refusant un délai de vingt jours demandé par elle et les autres députés d'Angleterre et d'Allemagne ; et s'ils le faisoient, que ce refus pris l'offenseroit trop, et lui feroit croire qu'elle doit peu espérer de leur amitié, et du respect qu'elle sait être dû à ses mérites envers eux.

Après nous être retirés, les Etats se séparèrent aussi, et remirent la délibération au lendemain, étant les uns et les autres pleins de colère, passion, et désir de se faire suivre, et tous très-mal satisfaits des Espagnols, le nom desquels est devenu si odieux parmi eux, que chacun pense bien faire de leur contredire. La venue du duc de Mantoue, qui passa à La Haye le douzième qu'ils en devoient délibérer, fut encore cause de la remettre au treizième ; auquel jour ils ont accordé ce délai et la demeure desdits sieurs députés, aux conditions contenues en l'écrit qu'envoyons à Votre Majesté, lesquelles sont assez rudes ; et néanmoins, la province de Zélande ne les a voulu approuver, mais ont tous les députés d'icelle province déclaré qu'ils n'entendent plus assister à aucune conférence ni délibération, jusques à ce que les députés des archiducs se soient retirés, et par effet s'en sont allés en leur province. Il est certain que les six provinces aiment mieux la trève, en la forme qu'elle est requise par nous, que la continuation de la guerre. Il est vrai qu'en la province de Hollande, il y a eu quelque contradiction, et qu'on fait encore ce qu'on peut pour l'ébranler, pource que, si elle se joignoit à l'avis de Zélande, qui la rejette du tout, les deux en semble contraindroient les autres, tenues par bonnes garnisons, de faire ce qu'il leur plairoit.

Votre Majesté voit, par ce discours des choses qu'on traite ici, combien il est difficile de faire finir cette guerre, et, si les Espagnols ne se veulent aider, qu'il est impossible du tout d'y mettre le repos ; et quand ils feront même ce qui est contenu en notre écrit, qu'ils n'en pourroient encore rien espérer, si Votre Majesté n'y apportoit son autorité avec ardeur et déclaration ouverte que, si on rejette ses avis, qu'elle en demeurera offensée. Quelque résolution qu'on prenne, soit de trêve ou de guerre, il y en aura de mal satisfaits d'une part et d'autre, étant tous si divisés en leurs opinions, qu'ils ne peuvent approuver que la leur. Nous espérons néanmoins qu'ils seront si sages de demeurer tous en un même corps; nous les y exhorterons aussi, et ferons tout ce qu'il nous sera possible pour empêcher que ce mal n'arrive.

Nous avons été au devant de M. le duc de Mantoue lorsqu'il passa près de ce lieu pour aller à Amsterdam. Il est venu depuis ici, ce que nous n'estimions pas lors, où il a été logé, festoyé et recueilli par messieurs les Etats, visité et accompagné presque toujours par M. le prince Maurice et M. le marquis Spinola pendant qu'il a été en ce lieu, et, durant tout le temps qu'il a été sur les terres de messieurs les Etats, par M. le comte Henri, induit à faire cet office par madame la princesse d'Orange. Il a été aussi salué, non-seulement par nous qui y étions obligés pour l'honneur qu'il a d'être si prochain allié de Votre Majesté, que par les députés d'Angleterre. Il nous a fait cet honneur de nous rendre la visite, et a vu aussi par deux fois madame la princesse d'Orange. Il est prince sage, des déportemens duquel chacun a été fort satisfait en ce pays. Il déclare souvent qu'il est très-humble serviteur de Votre Majesté, et qu'il va passer en France pour l'en assurer lui-même. Il nous a aussi exhorté d'aider à la paix, et, si elle ne se peut faire, à la trêve; que, cette guerre finie, le roi d'Espagne pensera de faire la guerre aux Turcs du côté de l'Afrique, et par ce moyen ôtera tout soupçon aux princes chrétiens d'entreprises contre eux. Nous l'avons bien fort instruit de la volonté de Votre Majesté, et du commandement qu'elle nous a fait d'y aider de tout notre pouvoir. Nous prions Dieu, sire, qu'il donne à Votre Majesté, en très-parfaite santé, très-longue et heureuse vie.

Vos très-humbles et très-obéissans sujets et serviteurs, P. JEANNIN et DE RUSSY.

De La Haye, ce seizième de septembre 1608.

Lettre de M. Jeannin à M. de Villeroy, dudit jour seizième de septembre 1608.

Monsieur, je vous ai écrit le dixième de ce mois par la voie de Bruxelles, et par homme sûr. Nous écrivons maintenant au Roi tout ce qui s'est passé depuis nos dernières lettres jusqu'à présent. J'ajouterai néanmoins ce mot en particulier à vous: les passions et animosités pour empêcher la trêve se découvrent plus que jamais. M. le prince Maurice ne se contente plus de dire son avis comme du passé, mais parle, presse, essaie de persuader un chacun que la trêve est la ruine de cet Etat, que les Espagnols les veulent tromper, et, si la trêve est faite ici, que notre Roi et le roi d'Espagne se joindront en amitié ensemble, et feront les mariages de leurs enfans; ce qu'avenant, cette conjonction sera cause de la ruine de tous ceux de la religion; que le seul moyen de l'empêcher est de renouveler la guerre, et rompre tout traité avec les ennemis; car, cela étant, Sa Majesté sera contrainte par honneur, et pour ne perdre ce qu'elle a mis ici, comme aussi pour empêcher que le roi d'Espagne ne s'accroisse de cet Etat, de les secourir, en quoi faisant, elle rompra toute amitié avec l'Espagne, et se conjoindra plus étroitement avec eux que jamais. Et sur ce que je travaille avec chaleur et véhémence de mon côté, comme font les autres du leur; on essaie de rendre mes poursuites suspectes, comme si c'étoit pour favoriser les affaires d'Espagne, non celles des Etats. Je suis néanmoins contraint d'en user ainsi, pour ce que je sais que d'ailleurs, quand on voit qu'on ne peut diminuer l'autorité et la créance que la plupart des Etats donnent à tout ce qui vient de Sa Majesté, on essaie de leur persuader, par autre artifice, que ce que nous faisons n'est qu'en apparence et par semblant, afin que le Roi ne soit point tenu auteur de la rupture, mais qu'en effet il désire la guerre, et est tout disposé de les secourir plus puissamment même qu'il n'a ci-devant fait. On y ajoute encore que les députés des archiducs, qui ont désiré avec tant d'ardeur de demeurer ici, ont charge d'accorder tout ce qu'on demande pour la souveraineté, et tout ainsi qu'elle avoit été consentie pour la paix, et leur dit-on là-dessus qu'il faut tenir bon. Or il n'y avoit meilleur moyen pour les désabuser de cette dernière opinion qui nuit bien fort aux affaires, sinon qu'ils se fussent retirés, en disant qu'ils nous enverroient ce qui viendroit d'Espagne; mais ils n'ont voulu prendre ce conseil.

Enfin les Etats, après grande contestation, ont accordé le délai requis, aux conditions que vous verrez par l'écrit que je vous envoie assez rudes; et néanmoins c'est encore contre l'avis de la province de Zélande, qui a dit ne pouvoir délibérer sur les affaires publiques, tant que lesdits sieurs députés seront à La Haye. Et par effet, leurs députés se sont retirés, prétendant que, pendant leur absence, les autres provinces ne peuvent rien délibérer ni résoudre. Vous jugerez bien par cet écrit que le mieux que nous pouvons faire, est de disposer les Etats à faire ladite trève selon notre proposition. Le président Richardot le reconnoît bien aujourd'hui; il sait les contentions et contestations qu'on en a tous les jours, et l'affection avec laquelle on s'y emploie, suivant le commandement que Sa Majesté en a fait. Aussi désire-t-il avoir charge de suivre le conseil que nous lui donnons, et fait ce qu'il peut envers les archiducs, à ce qu'il m'a dit, pour les y faire consentir, sur ce que je lui ai remontré qu'ils ont bonne et suffisante procuration du roi d'Espagne pour accorder, s'ils veulent, la liberté en la même forme qu'il est contenu en la première trève, sans qu'il leur soit besoin d'obtenir quelque nouveau pouvoir. Et encore qu'il y ait peut-être quelque chose de contraire en leurs instructions, il y a bien grande apparence que, s'ils veulent prendre ce conseil, le roi d'Espagne aura plus agréable de le souffrir et dissimuler, et de le ratifier même feignant d'en être courroucé, que d'y consentir expressément avant le coup. Et quand les Etats n'auroient que tel traité fait en vertu de ladite procuration, sans autre ratification du roi d'Espagne, ou bien que la ratification d'icelui ne seroit en si bonne forme que messieurs les Etats le pourroient désirer, il ne laisseroit d'être valablement obligé envers eux; car ce n'est pas ici comme en la première trève que les archiducs firent avec promesse de faire ratifier le roi d'Espagne, pource qu'ils n'avoient point lors de procuration de lui pour accorder cette liberté. Il étoit requis d'avoir sa ratification en bonne forme, et celle qui fut envoyée n'étant telle, les Etats firent refus avec raison de l'accepter. Je lui ai fait cette ouverture, crainte qu'on ne vienne à rompre tout à la fin du mois, en cas qu'ils refusent de traiter, faute d'avoir nouveau pouvoir d'Espagne, lui disant néanmoins qu'il sera toujours nécessaire d'avoir ladite ratification en bonne forme, mais qu'en disant qu'on y veut envoyer homme de qualité, on pourra obtenir un plus long temps, comme de quatre mois au moins, et cependant, sans attendre ladite ratification comme non nécessaire, disposer, s'il est possible, les Etats à diminuer leurs garnisons, et les archiducs à en faire autant de leur côté, afin d'effectuer d'une part et d'autre tout ce qui devoit dépendre de l'exécution de la trève.

Je prévois bien qu'on pourra encore rencontrer des difficultés en cette façon de procéder du côté des Etats, lesquels ne voudront donner un si long temps pour ladite ratification, ni peut-être se désarmer avant que de l'avoir reçue; mais si on fait tant que d'y obliger les archiducs et le roi d'Espagne même en vertu de sa procuration, il sera plus aisé après de surmonter tous empêchemens, tant d'un côté que d'autre, et au pis-aller il y aura toujours assez de sûreté pour les Etats; mais qui le leur diroit maintenant, ils ne sont aucunement capables de prendre ce conseil. J'ai aussi dit audit sieur président Richardot ce que je vous ai cidevant mandé pour le traité secret de l'alliance et séparation, comme aussi pour la confirmation du traité de Vervins avec le même secret, et que dom Pedro retourne en Flandre comme mal satisfait, qui l'approuve entièrement, et trouve moyennant ce qu'ils peuvent faire avec sûreté la trève suivant notre écrit, et montre à cette occasion de vouloir faire tout ce qu'il pourra pour le persuader. J'estime en effet qu'ils feront tout ce qui leur sera possible pour conclure quelque chose; aussi le faut-il à ce coup, ou n'en rien espérer.

Quant aux Etats de la province de Zélande, ils rejettent du tout la trève à quelque condition que ce soit. Les provinces de Frise, Gueldre, Over-Yssel, Groningue, et Utrecht, la désirent, et s'accommoderont à tout pour l'avoir. Pour le regard de la Hollande, il y a diversité d'opinions, à cause des grandes brigues que M. le prince Maurice y a faites, mais le plus grand nombre veut la trève; mais ils demandent la souveraineté pour toujours, et néanmoins je sais, par la conduite dont on use, qu'ils s'en contenteront suivant notre écrit.

Cette province a tiré les autres ci-dessus nommées à son opinion, et a obtenu qu'ils ne s'en sont découverts si avant qu'ils eussent fait. Aussi est-il vrai que chacun demeure volontiers coi, crainte de se découvrir inutilement si les Espagnols ne l'accordent de leur côté. M. le prince Maurice et d'autres publieront là-dessus que l'instance qu'on fait pour obtenir cette trêve sera cause de diviser et mettre en confusion cet Etat, et il semble au contraire que la guerre feroit encore pis, y en ayant plus de beaucoup qui désirent la trêve selon notre écrit, qu'il n'y en a de disposés à la guerre; et, si ce malheur arrivoit de la division, qu'il vaut mieux être du côté de six provinces que de celle qui est seule; qu'il y a aussi plus d'apparence de la réduire à l'avis des autres que de la faire suivre; aussi ceux qui connoissent mieux cet Etat en font ce jugement. Nous ne laissons toutefois d'en être en grande peine; car il est certain que cette province de Zélande s'opiniâtrera jusques au bout, plutôt pour ne vouloir contredire à M. le prince Maurice que pour suivre leur propre jugement, d'autant qu'il a la voix de la noblesse qui dépend de lui, comme marquis de la Vere, puis les villes de..... sont à lui, et font ce qu'il lui plaît. Middelbourg, qui est la ville principale, désireroit bien ladite trêve, mais elle ne s'est voulu désunir pour maintenant. Or les députés de cette province se promettent qu'eux rejetant du tout la trêve, les autres ne la peuvent recevoir, et que l'établissement de leur union, et ce qu'ils ont observé jusques à présent, veut que le dissentiment d'une province empêche les autres de conclure aucune chose en affaire d'importance comme est celle-ci. Ils prétendent bien davantage que si en une province, toutes les villes qui ont droit de suffrage ne sont d'un même avis, que le dissentiment d'une seule les peut empêcher de donner leur opinion, et que feu M. le prince d'Orange avoit été auteur de cette police pour mieux conserver leur union, et empêcher de tomber en la sujétion d'Espagne; mais il n'est pas raisonnable que ce qui a été fait pour leur bien soit cause de leur ruine. C'est pourquoi nous leur avons déjà conseillé de vouloir exhorter les députés de la province de Zélande de n'être point déserteurs de la cause publique, et de retourner lorsqu'il sera temps pour délibérer en commun avec les autres provinces de ce qu'il sera requis pour le salut de l'Etat.

Il n'est pas besoin de faire davantage pour maintenant, car seroit en vain si les Espagnols ne veulent condescendre à notre écrit. Nous y ajouterons les autres remèdes quand il sera à propos : tout dépend de tenir la Hollande bien unie en la résolution d'accepter la trêve, et chacun y travaille, qui pour, qui contre, dont j'espère bien : ce qu'avenant, les autres cinq provinces se joindront volontiers, et sera contrainte la Zélande d'en faire autant; comme au contraire, si la Hollande changeoit, les deux ensemble, Hollande et Zélande, contraindroient les autres de faire ce qu'il leur plairoit; car les unes sont tenues par fortes garnisons, et celles qui sont au milieu ne pourroient prendre autre conseil sans trop de péril. Vous voyez, monsieur, combien il est difficile de faire finir cette guerre, encore que les Espagnols s'y veulent aider, et qu'il est impossible du tout, s'ils ne condescendent au moins à faire ce qui est contenu en notre écrit, et tout cela ne serviroit encore de rien sans l'autorité du Roi et ce que nous témoignons avec véhémence et chaleur quelle est son affection à les mettre en repos, qui donne bien quelque prise à ceux qui essaient de persuader que c'est plutôt en faveur des Espagnols que des Etats; mais seroit bien pis si on y procédoit avec moins d'ardeur, car on prendroit notre froideur pour dissimulation, comme on fait celle des Anglois et des Allemands, qui à la vérité veulent le contraire de ce qu'ils feignent vouloir, et par ce moyen les affaires iroient à contrepoil. Je sais que cela me met très-mal avec M. le prince Maurice, et tout ce qui en dépend, dont j'ai du déplaisir; mais mon but est de faire ce qui m'est commandé, à quoi je continuerai de même affection dont je suis, monsieur, votre très-humble et très-obéissant serviteur, P. JEANNIN.

A la Haye, ce 16 septembre 1608.

Autre LETTRE *dudit sieur Jeannin à M. le duc de Sully, dudit jour seizième de septembre 1608.*

Monsieur, les députés des archiducs ont eu délai et pouvoir de demeurer ici jusqu'à la fin de ce mois, avec grande difficulté, et en faveur et considération de la prière qui en a été faite par nous de la part du Roi; c'est pour attendre réponse d'Espagne sur l'article de la liberté contenu en l'écrit donné pour la trève, sans assurance de laquelle, du moins selon qu'il est exprimé par la première trève et notre écrit, il n'y a moyen de la faire; encore est-elle bien fort traversée, et par tant d'artifices, que, sans l'autorité du Roi et l'instance pressée que nous faisions de sa part, nous ne pourrions espérer d'y parvenir, tant ces peuples sont enaigris contre les Espagnols, et craignent d'autre côté que, la trève faite ici, Sa Majesté et le roi d'Espagne ne rentrent en amitié, et fassent des alliances de leurs enfans, par le moyen desquelles ils ne tirent plus aucun secours de la France, au cas que, la trève finie, le roi d'Espagne leur veuille renouveler la guerre, et par ce moyen qu'il ne soit aisé de les ruiner; au lieu qu'à présent ils se tiennent comme assurés que Sa Majesté, qui a témoigné si ouvertement, et par tant de bienfaits envers eux, qu'elle désire leur conservation, ne les voudra abandonner, qu'il lui sera même honteux et dommageable de le faire. La passion fait alléguer d'autres raisons; mais celle-ci met en souci les plus sages; et y en a plusieurs qui, à cette occasion, craignent autant la trève qu'ils étoient désireux de la paix : j'allègue ce que je peux pour leur en ôter l'appréhension; mais le séjour de dom Pedro, et les bruits qui courent ici de ces alliances sont plutôt cause de faire croître ce soupçon que de le diminuer, n'y ayant rien qui nuise tant aux affaires que nous traitons, ni qui empêche davantage le succès que le Roi y désire, que la splendeur de cette ambassade si solennelle, sur laquelle chacun s'imagine et bâtit des desseins déjà comme faits et conclus, encore qu'ils ne soient à grande peine enfantés. Je ne laisse néanmoins d'espérer, s'ils veulent faire de leur côté ce que les archiducs ont toujours promis et assuré au nom du roi d'Espagne dès la première trève, qu'on achèvera encore celle-ci pour sept ou neuf ans; comme, au contraire, s'ils en font refus, il y a grande apparence qu'ils n'ont jamais voulu ce qu'ils ont fait semblant de désirer; car ils ont dès long-temps su que les Etats ne se contenteroient à moins, encore est-il certain que plusieurs y contrediront. Il est vrai que, pour contenter ceux-ci qui désirent la guerre, il en faudroit mécontenter d'autres qui sont encore en plus grand nombre, lesquels préfèrent la trève, et aucuns d'entr'eux, de quelque façon que ce soit, au renouvellement des armes.

Cette diversité ès opinions des villes et des provinces entières nous met en peine, et fait appréhender que quelques divisions ne puissent arriver parmi eux à cette occasion; mais ceux qui connoissent mieux les humeurs du pays, et ont plus de jugement en leurs affaires, estiment que chacun, ayant fait ce qu'il aura pu pour vaincre, suivra la résolution générale de l'Etat sans prendre autre plus dangereux conseil. J'en ai la même opinion, quoi qu'il y ait des raisons pour en douter, à cause de la grande animosité et chaleur avec laquelle M. le prince Maurice, ceux de sa maison, et leurs amis et serviteurs, poursuivent pour rompre tout traité, estimant le devoir faire, comme ils disent, pour le zèle qu'ils ont au public, auquel leur intérêt particulier se trouve concerné; et crois, à la vérité, que si on prétendoit faire la trève sans assurer la liberté, du moins comme il est contenu en notre écrit, qu'ils seroient assez de pouvoir pour mettre tout ce division et confusion, et penseroient aussi avec raison de l'oser entreprendre; comme, au contraire, si elle est faite ainsi que l'avons proposé, ils seront contraints d'y acquiescer. Si le succès de cette négociation est heureux, il sera entièrement dû à Sa Majesté; mais si son autorité et le bonheur qui accompagne sa prudence en toutes ses actions, ne peuvent surmonter les difficultés qui se rencontrent pour empêcher le parachèvement de ce bon œuvre, Dieu aura voulu laisser le feu en ce coin de la terre pour en épancher les flammes partout; car il ne peut plus durer, et être retenu en l'étendue de si peu de pays. Nous ferons de notre côté tout ce qu'il nous sera possible pour l'éteindre, selon qu'il nous a été commandé; et, si je ne me trompe, peu de jours nous feront voir ce qu'on doit espérer du côté des Espagnols, et en conséquence des Etats. Conservez-moi, s'il vous plaît, votre bienveillance, et me tenez toujours pour, monsieur, votre très-humble et très-obéissant serviteur, P. JEANNIN.

A La Haye, ce seizième de septembre 1608.

Lettre du Roi à MM. Jeannin et de Russy, du dix-huitième de septembre 1608.

Messieurs Jeannin et de Russy, ce courrier arriva ici seulement le deuxième de ce mois, avec votre lettre du vingt-quatrième du passé, ayant au contraire le passage de la mer. Déjà j'avois su par la voie de Bruxelles, et des ministres d'Espagne qui sont ici, non-seulement le succès de la déclaration faite aux sieurs les Etats, par les ambassadeurs du roi d'Espagne et des archiducs, sur les points de la religion et voyages des Indes, mais aussi l'ouverture que vous aviez faite depuis avec les députés d'Angleterre et d'Allemagne d'une trève à longues années, vous portant la parole. Ils avoient même un double de l'écrit que vous en aviez baillé auxdits Etats, lequel j'ai depuis reçu avec vos lettres du vingt-neuvième et trentième du susdit mois passé, arrivées ici le dixième du présent. Lesdits Espagnols parloient dudit écrit par forme de plainte et mécontentement, comme si vous eussiez outre-passé la charge que je leur avois dit vous avoir pour ce regard commise ; mais l'ayant vu, non-seulement je l'ai trouvé conforme à mes intentions que vous, sieur Jeannin, avez rapportées par-delà, mais aussi tel que lesdits Espagnols doivent par raison s'en louer, et étoit nécessaire de le construire pour faire l'effet que vous recherchez ; de quoi j'ai depuis rendu capable le nonce, lequel continue toujours de s'entremettre en ces affaires avec la même ardeur et aux mêmes fins qu'il faisoit quand vous étiez ici, cependant que dom Pedro de Tolède se contente de garder la maison et conserver son Sociégo.

Il est vrai, puisque la commission dudit [dom Pedro ne s'étend que pour le fait des alliances qu'il a proposées, ainsi qu'il a déclaré ouvertement, et que je lui ai dit ne vouloir ni devoir y entendre qu'au préalable je ne voie l'issue de la négociation de la paix ou de la susdite trève, d'autant que je ne veux abuser son maître, ni mes amis et alliés, j'estime qu'il a pris bon conseil de surseoir sa négociation, car elle eût été honteuse pour lui et inutile pour tous. Or j'eusse bien désiré savoir la réponse que lesdits Etats et les députés d'Espagne et de Flandre auront faite à votre susdite proposition, devant que vous renvoyer ce courrier, pour être mieux éclairci de leur disposition devant que vous en mander mon avis : toutefois, craignant la longueur à cause de la saison qui rend le passage incertain de la mer, et que vous pouvez être en peine par faute de savoir mes intentions, je n'ai voulu différer davantage à le vous renvoyer chargé de la présente, par laquelle vous saurez que je persiste en mes premières opinions et volontés, dont vous, sieur Jeannin, avez encore été rafraîchi et chargé à votre départ d'auprès de moi, à savoir, au défaut de la paix, laquelle je reconnois qu'il ne faut plus espérer, les choses étant aux termes auxquels elles sont, de promouvoir et favoriser ladite trève à longues années par tous bons et honnêtes moyens, comme vous avez bien commencé ; car j'estime, étant faite à conditions raisonnables pour les uns et pour les autres, qu'elle ne sera moins honorable et utile aux parties et à leurs alliés et amis, qu'une paix absolue. Or, pour y parvenir, je n'estime pas que les archiducs puissent avoir raison faire refus de traiter avec lesdits Etats comme avec gens libres sur lesquels eux et le roi d'Espagne ne prétendent rien, pour les raisons exprimées en vosdites lettres ; mais aussi je suis d'avis que lesdits Etats se contentent de cette déclaration, sans insister que ce mot de souveraineté y soit ajouté, ni qu'il soit exprimé que ce soit pour toujours, ou pour le présent et l'avenir, ainsi que vous m'avez mandé qu'ils demandent ; car les uns et les autres peuvent, par telle déclaration, conserver leurs prétentions avec raison et justice, ainsi que vous avez très-bien représenté par vosdites lettres, et l'ai dit depuis deux jours au nonce de Sadite Sainteté, qui a montré s'en rendre capable, et m'a promis de le rapporter et faire ainsi entendre audit dom Pedro. Je ne puis aussi approuver que l'on se contente de continuer pour quelques années la cessation d'armes qui a lieu maintenant, et d'autant plus qu'elle est limitée et restreinte à certaines bornes qui obligeroient les parties à une continuelle dépense et défiance, et à plusieurs autres nécessités et accidens qui rendroient leur accord très-périlleux et incommode, tant au public qu'aux particuliers.

J'apprends de vosdites lettres que lesdits archiducs seront prêts pour s'accommoder à votre proposition, ainsi que vous avez assenti du président Richardot, mais que le roi d'Espagne fera difficulté de ratifier ce que les autres auront accordé, et néanmoins qu'il souffrira que l'exécution s'en ensuive, qui est une pure vanité qui procède de l'orgueil ordinaire de la nation, à quoi je voudrois que l'on pût trouver moyen de pourvoir ; car si ce scrupule peut être levé, j'estime que l'on tombera après d'accord des autres points plus facilement. Voyez donc d'y trouver quelque expédient. La plus grande difficulté sera d'assurer le commerce d'Espagne au refus de ladite ratification. Je dis au cas que ledit commerce soit accordé auxdits Etats par ladite trève, comme vous l'avez proposé ; car, hors cette considération, lesdits Etats pourroient mieux se passer de ladite ratification, et se contenter que lesdits archiducs stipulent pour ledit roi comme pour eux, en promettant pour lui qu'il observera l'accord. D'ailleurs l'on peut convenir d'une forme de ratification qui assurera ledit commerce et les autres conditions de ladite trève, sans faire mention au dispositif, ou autrement, de cette liberté que ledit roi d'Espagne refuse d'agréer en son nom. En tout cas, je serois d'avis que lesdits Etats s'abstinssent du tout dudit commerce d'Espagne pour quelque temps, voire même pour toujours, plutôt que de rompre pour cela, pourvu que celui des Indes leur demeure. Voilà donc mon opinion sur ces affaires, laquelle vous ferez entendre et valoir par-delà le prix que mérite l'affection que je porte auxdits Etats, et le soin que j'ai de leur conservation, de laquelle tant s'en faut que la venue et le séjour ici dudit dom Pedro doive leur apporter quelque doute, que je dis qu'elle doit servir avec raison à accroître et fortifier leur confiance; car ils connoissent, par ma conduite envers lui, que ma réputation et ma foi me sont plus chères et recommandables que les alliances et recherches auxquelles j'ai refusé seulement de répondre que je ne les voie en repos, ou privés de l'espoir d'icelui; de quoi toutefois j'eusse pu me dispenser si j'eusse voulu, car je puis légitimement entendre à telles alliances comme aux autres, à ma discrétion, sans pour cela rien faire contre lesdits Etats que de m'abstenir seulement de m'entremettre de leurs affaires.

Lesdits Etats savent comment ils en ont usé en mon endroit, quand, à mon desçu, ils ont commencé à prêter l'oreille aux négociations et traités dont il s'agit de présent : ce que je ne dis pour leur reprocher, ni pour vouloir me servir de leur exemple en cet endroit, mais simplement afin qu'ils ne fassent mauvais jugement des conseils que je leur donne, et ne me fassent ce tort, et à eux aussi, que de les attribuer à un désir de contenter lesdits Espagnols, ou faire mes affaires à leur dommage. Mes actions envers tous, et singulièrement en leur endroit, sont si franches et sincères, que si j'avois volonté de pencher du côté d'Espagne, je ne le dissimulerois : personne aussi ne pourroit justement m'empêcher de le faire, puisque je le pourrois faire, sinon sans hasard du tout, du moins légitimement, et non sans apparence d'en profiter. Quand, premièrement, j'ai adhéré aux conseils de leurdit repos, ç'a été parce qu'ils m'ont remontré qu'ils en avoient besoin, et qu'ils pouvoient l'obtenir avec leur liberté et sûreté : lors n'étoit-il point mention de la légation dudit dom Pedro, ni des mariages dont l'on parle; et toutefois vous savez ce que vous leur avez dit, et avez eu charge de leur faire entendre sur ce sujet par mon commandement. J'ai eu devant les yeux, comme j'ai encore, leur bien autant et plus que le mien propre. Qu'ils ne croient point que j'aie autre but, autrement je m'offenserois à bon droit si je m'apercevois qu'ils en fissent autre jugement, et me donneroient juste cause de leur laisser faire leurs affaires sans m'en entremettre davantage.

Lorsque je leur conseillerai d'acheter leur repos à prix déshonnête et dommageable, j'endurerai qu'ils entrent en doute de mon affection; mais tant s'en faut que je tienne cette voie, que je tiens que le conseil que vous leur avez donné par mon commandement leur est honorable et utile, et ne sera moins sûr pour eux-mêmes, engageant ma parole à l'observation de ce qui sera convenu par ladite trève, ainsi que j'ai promis pour la paix et leur avez offert, et, à votre imitation, les députés d'Angleterre de la part du roi leur maître, vous répétant que je ne puis approuver qu'ils se piniâtrent à insérer ces mots de souveraineté pour toujours, ou tant pour le présent que pour l'avenir, qu'ils insistent être ajoutés à ce que vous avez proposé, car ils excèdent les termes et conditions d'une trève; et si les archiducs n'avoient du commencement accordé par écrit de traiter avec eux comme avec gens libres sur lesquels ils ne prétendent rien, il ne seroit raisonnable de rechercher cette déclaration d'eux; car, ne faisant qu'une trève, il suffiroit que les choses demeurassent en l'état et aux termes qu'elles sont; mais, puisque lesdits archiducs ont engagé lesdits Etats à traiter sur la susdite déclaration, je dis derechef qu'ils ne sont plus recevables de s'en dédire, de quoi je pense, ainsi que j'ai ci-devant dit, avoir rendu capable ledit nonce de Sa Sainteté, de sorte qu'il m'a promis de faire cet office envers ledit dom Pedro à même fin; mais je ne crois pas qu'il ait pouvoir de résoudre ce point. Il faudra qu'ils aient consultent en Espagne, où, encore qu'ils aient besoin et désir de sortir de cette guerre, ils sont néanmoins si glorieux et fastueux, qu'ils lâcheront mal volontiers cette parole, principalement au nom de leur roi, comme il a été ci-devant dit. Mais s'ils permettent aux archiducs de la donner pour lui, je dis que lesdits Etats s'en doivent contenter plutôt que de rentrer en guerre, mêmement étant incertains du secours de leurs alliés comme ils sont. Car comme l'Angleterre ne voudra ou pourra les secourir, ni leurs autres alliés, que d'hommes non payés, ou de peu d'autre chose, je ne serois pas conseillé aussi de m'y engager plus avant : qu'étant, il faudra qu'ils se mettent sur la défensive, laquelle est d'ordinaire accompagnée et suivie de très-dangereux accidens.

Quant aux conseils désespérés, tels qu'est celui d'abandonner une partie de leurs places, il seroit encore plus périlleux que les autres, parce qu'ils décherroient trop de réputation, et auroient souvent occasion de regretter celle de leur repos qu'ils auroient laissé échapper. Mais s'ils se soumettent à la raison que vous leur avez proposée pour obtenir ladite trève, et que leurs adversaires la leur dénient, j'ai déjà déclaré et protesté audit nonce, pour le dire audit dom Pedro, que je ne les abandonnerai point, y étant obligé par raison d'Etat, et pour la foi que je leur ai promise : ce qui pourra servir à disposer lesdits archiducs de s'accommoder à la raison ; à quoi vous continuerez à mettre peine de faire par-delà résoudre les uns et les autres, comme vous en avez fait votre devoir jusqu'à présent, continuant à m'avertir souvent de ce qui se passera. Je ne fais ici plus particulière mention de ce que je pourrois désirer desdits Etats et faire aussi pour eux en cas de guerre, pource qu'il sera temps d'y penser quand ladite trève sera rompue, joint que j'entends m'y conduire selon le devoir auquel lesdits Etats se mettront pour ladite trève. Quant à leur envoyer un nouveau secours, comme insiste leur député, j'ai remis à y pourvoir quand je saurai la réponse finale que lesdits Etats auront faite à votredite proposition de trève, ainsi que j'ai dit audit député. A tant, je prie Dieu, messieurs Jeannin et de Russy, qu'il vous ait en sa sainte garde.

Ecrit à Monceaux, le dix-huitième jour de septembre 1608.
HENRI.
Et plus bas, BRULART.

Lettre de M. de Villeroy à M. Jeannin, dudit jour dix-huitième de septembre 1608.

Monsieur, notre dom Pedro n'a pouvoir de rien traiter ni résoudre des affaires des Pays-Bas, mais seulement d'en dire son avis ici, et l'écrire en Espagne et à Bruxelles. Il n'a charge que de nos mariages, au contraire de ce que vous savez que du commencement il en avoit déclaré, de quoi encore n'a-t-il parlé qu'une fois ; car il a trouvé le Roi si roide et résolu, qu'il a reconnu qu'il ne devoit attendre de Sa Majesté autre réponse que générale, jusqu'à ce que l'on soit éclairci de ce qui aura la paix ou la guerre aux Pays-Bas. Et ainsi, sa négociation et nos délibérations sur lesdits mariages sont pendues au croc jusqu'à la fin de votre tâche. Cela sera cause que je ne répondrai par la présente à ce que vous en avez représenté par les vôtres, cotées par celles que le Roi écrit à vous et à M. de Russy. Nous n'avons changé de volonté depuis votre partement, ainsi que vous apprendrez de la lettre de Sa Majesté, laquelle n'a telle envie de hasarder ses affaires pour faire celles d'autrui. Partant, si l'on veut l'engager à la guerre, il faut faire quelque chose plus que d'ordinaire pour lui. Il en a discouru avec vous ouvertement, et se promet que vous n'avez perdu ni ne perdrez l'opportunité d'en parler à M. le prince Maurice et au sieur Barneveld, quand elle s'offrira et que vous jugerez qu'il sera temps de le faire. Le Roi ne veut rien précipiter ni gâter ; il remet et confie du tout cette affaire à votre seule discrétion et prudence : et encore qu'il affectionne cette pratique, toutefois il préférera le repos à ce dessein, et désire fort la trève, comme vous verrez par sa lettre, avec son avis sur les difficultés que vous y rencontrez, bien résolu de balancer et se ranger du côté de celui qui se mettra à la raison pour l'obtenir, et d'abandonner les Etats s'ils s'aheurtent à des formalités et pointilles plus considérables pour l'avenir que pour le présent, et néanmoins non nécessaires pour l'un et pour l'autre temps, pour les raisons que vous avez écrites. Toutefois, s'ils pouvoient avoir mieux, nous en serions très-aises ; mais nous n'estimons pas raisonnable qu'ils rompent pour cela, et moins que nous dansions avec eux ni pour eux : ce que nous ne vous écrivons afin que vous les menaciez, mais pour vous faire savoir notre délibération. Aussi avons-nous dit au nonce, pour le faire entendre à dom Pedro comme à Rome, si, de leur part, ils refusent la raison pour ladite trève, que nous assisterons lesdits Etats ouvertement. Or évitons, s'il est possible, ces accidens : la suite en est très-dangereuse dedans et dehors du royaume. Toutefois, s'il faut y entrer, sachez que nous le ferons courageusement ; auquel cas nous désirerions, pour mieux justifier nos actions, que ces messieurs fissent quelque grâce et faveur en notre considération aux catholiques de leur pays, pour les raisons très-preignantes qui doivent nous mouvoir à ce soin. Nous avons bien considéré ce que vous nous en avez écrit : cela augmenteroit notre dévotion envers lesdits Etats, et serviroit, s'il faut mener les mains, à nous faire résoudre plus volontiers et plus hardiment, car ce seroit fermer la bouche aux détracteurs, et découvrir l'hypocrisie espagnole ; mais il sera temps de parler de ces choses quand nous serons désespérés de notre trève, laquelle, au défaut de la paix, nous désirons toujours être préférée à la guerre.

Quant à la ligue défensive avec l'Angleterre, il a été avisé d'en remettre le traité après votre négociation, encore que j'estime avec vous que le bruit d'icelle ne seroit maintenant inutile ; mais, parce que nous ne voulons à présent ouïr parler de payer aux Anglois ce qu'ils prétendent que nous leur devons, nous reculons à traiter avec eux tant que nous pouvons ; ce que je n'écris toutefois qu'à vous. Mandez-nous en quelle disposition vous avez trouvé le sieur Barneveld envers Sa Majesté, et si vous avez employé la marchandise que vous avez emportée, ce que vous espérez aussi du côté de M. le prince Maurice et de sa suite. Aucuns estimoient comme vous qu'il eût été à propos que le sieur Richardot et ses compagnons eussent été congédiés et renvoyés en leurs maisons, afin que notre maître eût l'honneur de renouer et conclure après les affaires : toutefois, si elles ont bon succès, nous y aurons toujours bonne part. Nous tenons que cette armée de mer qui a séjourné long-temps à Carthagène, a pris la route du ponant pour entreprendre sur Larache, ou autres ports d'Afrique, cependant que les princes dudit pays s'entre-battent; de quoi nous attendons tous les jours des nouvelles, comme dom Pedro publie qu'il fait de son roi pour son licenciement et retour en Espagne, ce qu'aucuns estiment qu'il publie afin de nous induire à faire plus de compte de sa personne et de sa négociation ; mais cela ne nous échauffera pas davantage; et si nous ne croyons pas que, pour notre froideur, il tourne les yeux et engage son maître du côté d'Angleterre pour y faire des alliances nouvelles, à cause de la religion, toutefois nous ne donnerons audit sieur dom Pedro aucun dégoût de nos intentions mal à propos. Ce sera ce que je vous écrirai pour le présent, après avoir encore accusé la réception de votre lettre du 15 du mois passé, écrite à votre arrivée par-delà. Je prie Dieu, monsieur, qu'il vous conserve toujours en parfaite santé.

Votre, etc.   De Neufville.

Ecrit à Monceaux, le dix-huitième de septembre 1608.

Autre LETTRE *dudit sieur de Villeroy, écrite de sa main, au sieur Jeannin, dudit jour dix-huitième de septembre* 1608.

Monsieur, j'ai été absent de la cour dix ou douze jours, lorsque le Roi partit de Paris pour venir ici, que je fus surpris d'une fâcheuse maladie qui m'a plus travaillé et affoibli qu'elle n'a duré. A mon arrivée près de Sa Majesté, elle a incontinent commandé la dépêche que le courrier Picault vous porte, par laquelle vous saurez les intentions et avis de Sa Majesté sur les affaires que vous traitez, auxquelles nous ne pouvons ici donner autre avancement qu'en la forme que Sa Majesté vous mande, et souhaitons qu'elle profite. Comme nous voulions hier fermer notre paquet, le sieur Bernard arriva ici avec vos deux lettres du septième et dixième de ce mois. Nous avons su, par la dernière, la réponse des députés d'Espagne à votre proposition, votre jugement sur icelle et ce que vous en avez dit au président Richardot. Nous nous conformons du tout à votre avis, et désirons que lesdits députés aient pouvoir de changer le leur, et crois qu'il a été à propos de leur procurer, vers les Etats, le délai qu'ils vous ont demandé, car il est certain que l'ordre doit venir d'Espagne, et qu'ils ne goûtent ni ne comprennent la conséquence et le mérite de ces affaires, comme font les archiducs qui y ont plus d'intérêt, et qui en sont plus près. Nous ne pouvons, pour le présent, dire autre chose, sinon qu'il faut poursuivre chaudement l'acceptation et résolution de la trève que vous avez proposée, aux conditions portées par votre écrit, et faire que les parties s'en contentent, sans qu'il y soit rien ajouté par lesdits Etats, si retranché par les autres ; c'est ce que Sadite Majesté m'a commandé de vous écrire, pour le présent, sur le sujet de votre lettre.

Nous vous envoyons ce courrier par la voie de Bruxelles, par laquelle nous serons bien aises que vous nous fassiez savoir ci-après de vos nouvelles, comme la moins incertaine et la plus prompte et courte. Je vous envoie un paquet du sieur Baptiste, il vouloit que le Roi vous écrivît de demander ces messieurs ces cabinets de médailles et antiquités ; mais Sa Majesté n'a été de son avis : bien trouve-t-elle bon que vous vous informiez de la qualité et du prix d'iceux, comme de vous-même et sans que l'on sache qu'elle vous l'ait commandé, ni qu'elle en ait connoissance, pour l'en avertir, sur quoi Sa Majesté vous fera savoir ci-après ses intentions. Je n'ai pas oublié la recommandation de M. de Lescalle, et de ramentevoir à M. de Sully la promesse que vous me dites en partant qu'il vous avoit faite sur cela ; mais j'y ai peu vu dont j'ai estimé devoir vous avertir, afin que vous ne vous y engagiez plus avant. Nous faisons état de partir d'ici demain ou samedi, pour retourner à Paris y attendre le duc de Mantoue, et de là à Fontainebleau, Leurs Majestés et toute leur maison étant en bonne santé, grâces à Dieu, lequel je supplie, monsieur, vous conserver en sa sainte garde et protection, me recommandant très-affectueusement à votre bonne grâce.

Votre, etc.   De Neufville.

De Monceaux, le dix-huitième septembre 1608.

LETTRE *de M. le duc de Sully à M. Jeannin, dudit jour dix-huitième de septembre* 1608.

Monsieur, je reconnois par les procédures de tous que tous ne cherchent que le repos; les uns y sont portés de la nécessité, les autres de l'inclination et du désir de vivre en oisiveté. Je ne sais c'est éviter le mal, mais le temps nous l'apprendra peut-être, lorsque nous ne serons pas si dispos ni si bien munis pour le supporter. Pour moi, je me laisse aller au courant de l'eau, après avoir néanmoins dit mon avis fort franchement, suivant ma coutume. Nous avons laissé passer de belles occasions, dont nos successeurs diront ce que nous disons de ceux qui nous ont précédés. La force d'Espagne ne consiste plus qu'en mines, bravades et réputation du passé. S'ils sont chassés des Indes orientales, comme l'on dit, et que nous fassions ce que nous pouvons aux occidentales, leurs affaires iront mal; et cela seul, qui a été cause de l'établissement de leur grandeur, sera cause de leur diminution. Il ne tiendra pas à moi que l'on n'y frappe coup; puisque le feu ne nous peut plus employer, il faut penser à son contraire. Selon que puis juger par vos lettres, la trève nous sortira d'affaires pour un temps; car je ne vois pas que les choses qui restent à faire soient pour l'empêcher, vu le grand désir que nous en avons tous, et la crainte générale d'en revenir aux mains. Vous aurez tout éclaircissement des intentions du Roi par ses lettres; c'est pourquoi je ne vous écris que mes folles fantaisies. S'il se présente quelque occasion de faire pour mes cousins d'Espinoy, je vous prie ne la laisser pas passer, non plus que je ne ferai aucune de celles par où je vous pourrai témoigner mon affection, et que je suis véritablement, monsieur, votre, etc., Le duc DE SULLY.

A Paris, ce dix-huitième de septembre 1608.

Lettre de MM. Jeannin et de Russy au Roi, du vingtième de septembre 1608.

SIRE,

Nous avons souvent donné avis à Votre Majesté du soin et affection de M. le prince Maurice à séparer cet Etat d'avec l'Espagne, et empêcher qu'il ne puisse tomber ci-après en leur puissance par quelque moyen que ce soit. Or, il a cru long-temps qu'il n'y en avoit point d'autre que par la guerre, et toutefois il s'étoit laissé aller aux raisons qu'on lui avoit remontrées pour la paix; mais, quant à la trève, il a toujours persévéré en cette opinion, qu'on ne la peut faire sans ruiner cet Etat, et le faire tomber sous la domination d'Espagne, à quelque condition qu'elle soit faite, et nous en allègue principalement ces raisons : qu'il ne sait s'ils auront, la trève finie, les mêmes amis pour les secourir qu'ils ont à présent; que le roi d'Espagne aura, à la fin de la trève, plus de moyens pour renouveler la guerre qu'il n'en a de présent qu'il est épuisé de finances pour la continuer; que le peuple, accoutumé au repos dont la trève l'aura fait jouir, aimera mieux souffrir le joug d'Espagne que de rentrer en guerre; que pendant la trève il ne voudra pas contribuer à ce qui est requis pour l'entretènement des garnisons, lesquelles enfin deviendront si petites, qu'on ne pourra conserver ni tenir en sûreté les provinces et les villes frontières, qu'on sait être pour la plupart catholiques, et ennemies de la souveraineté sous laquelle on les tient par force et non de volonté. Ainsi, les garnisons y étant affoiblies, on ne doit rien espérer de leur foi, ou bien, outre les garnisons assez raisonnables pour les tenir en quelque devoir, il leur faudroit donner l'exercice de leur religion : à quoi les Etats se disposeront mal volontiers, crainte de faire chose trop préjudiciable à la sûreté générale et aux lois de leur Etat, bâti sur un fondement qui ne peut souffrir cette diversité d'exercice public en la religion. Il y ajoute encore qu'il y a déjà des semences de dissension entre les provinces et les villes, que l'oisiveté et le repos feront croître et venir à une division ouverte, qui donnera moyen à leurs ennemis d'y faire des pratiques, et corrompre les plus méchans, ou ceux qui ont déjà cette inclination : toutes lesquelles raisons il étend au long, et déduit particulièrement par les lettres qu'il écrit à Votre Majesté, estimant, s'il lui plaît y avoir égard, et apporter son autorité pour aider à empêcher cette trève, du moins ordonner à ses ministres d'être retenus, que chacun la rejettera, et par ce moyen l'Etat sera conservé; sinon il en prévoit la ruine et la juge déjà comme certaine et inévitable, étant néanmoins assuré que Votre Majesté craint autant ce malheur que lui. Nous attendrons ses commandemens là-dessus, et, jusques à ce que les recevions de nouveau, ne laisserons de suivre nos instructions, et la charge qu'elle nous a donnée, avec autant d'affection que nous y sommes obligés par devoir. M. le prince Maurice a désiré que nous accompagnions sa lettre de la nôtre, et nous l'avons fait volontiers. Le sieur de Verrieres, envoyé exprès vers elle depuis deux jours, lui a porté nos dépêches, qui contiennent tout ce qui s'est passé en ce lieu jusques à présent : ce qui nous fera finir celle-ci, en priant Dieu, sire, qu'il donne à Votre Majesté tout heur et prospérité.

Vos très-humbles et très-obéissans sujets et serviteurs, P. JEANNIN ET DE RUSSY.

De La Haye, ce vingtième de septembre 1608.

LETTRE *de M. Jeannin à M. de Villeroy, dudit jour vingtième de septembre* 1608.

Monsieur, depuis quelques jours le président Richardot m'a donné espérance qu'ils auront pouvoir d'accorder autant qu'il est contenu en notre écrit, ne me l'a toutefois assuré. Monsieur le prince Maurice le craint, et continue à dire que si l'on fait la trêve, ce sera la ruine, de l'Etat, et qu'il l'empêchera de tout son pouvoir. Il dit être bien certain aussi que la province de Hollande n'y consentira jamais, sinon à cette condition qu'ils demeurent libres pour toujours, suivant le dernier décret des Etats, et que les deux provinces de Hollande et Zélande, jointes ensemble, contraindront les autres cinq à faire ce qu'il leur plaira, ce qui est bien vrai. Mais je pense que la Hollande sera de notre avis plutôt que de s'opiniâtrer au contraire; il y a toutefois de grandes brigues. Ledit sieur prince écrit au Roi pour lui demander son avis et le dissuader de cette trêve, et obtenir qu'elle me commande de faire le contraire de ce que je fais. Ces raisons sont bien dignes de considération, et tiens pour certain que la crainte qu'il a que cet Etat ne retombe encore quelque jour sous les Espagnols les lui fait croire véritables et certaines; vous en jugerez mieux par-delà : il n'y a rien que vous n'ayez déjà entendu, et qui ne vous ait été représenté de bouche et par écrit. Sa plus forte raison est que les provinces de Gueldre, Frise, Over-Yssel, Groningue et Utrecht, sont pour la plupart catholiques, et ne sont entrées en leur union que par force, ainsi elles n'y seront jamais retenues que par la force même : ce que je tiens véritable, et je ne vois que deux moyens pour les conserver : l'un, qu'il y ait toujours de bonnes garnisons ; et pource qu'il est malaisé de les y voir si grandes qu'il seroit besoin, d'autant que les Etats voudront vraisemblablement diminuer leurs dépenses après la trêve, il sera nécessaire de pratiquer cet autre moyen, qui est d'y rétablir l'exercice de la religion catholique, sinon partout, du moins ès endroits où il sera jugé plus à propos, sans quoi il y a sujet à la vérité de craindre une révolte de ces provinces, qui sont déjà peu affectionnées à reconnoître une souveraineté qui abolisse leur religion ; mais tous les deux sont en leurs mains : le premier, en voulant supporter la dépense requise, et l'autre, donner contentement aux catholiques : ainsi ils peuvent éviter ces inconvéniens, et la guerre, sans ce grand secours qui dépend d'autrui, sera leur ruine certaine. Puis j'estime qu'entre les députés des Etats, il y en a plus qui veulent la trêve qu'il n'y en a de disposés à la guerre, quoi que dise ledit sieur prince.

Il est bien vrai, quant au menu peuple, que la guerre leur seroit plus agréable ; mais ils se laissent conduire à leurs magistrats. Il est vrai aussi que, sans l'autorité du Roi, et l'instance que nous faisons de sa part pour persuader cette trêve, qu'avec la haine qu'on porte maintenant aux Espagnols, il nous seroit aisé de leur faire prendre à tous ce conseil sur la première occasion qu'on donneroit, et c'est ce que ledit sieur prince désire, qu'il requiert de nous, et veut essayer d'obtenir de Sa Majesté, voyant que nous faisons tout le contraire avec véhémence et ardeur, pourcequ'il nous est commandé, comme je ferai d'autre côté si Sa Majesté se change. Je vous supplie qu'elle montre d'estimer ses raisons, son zèle et sa prudence ; qu'elle l'en loue, et y réponde avec les raisons que vous jugerez les meilleures, par l'instruction que vous avez des affaires ; mais n'y mettez rien, s'il vous plaît, qui puisse tourner ces peuples à son opinion, sinon que Sa Majesté l'approuve elle-même ; car il la feroit voir, et cela gâteroit toute notre conduite. Il n'est pas besoin que mettiez entre vos raisons qu'on peut pourvoir au danger qu'on craint de ces cinq provinces, en y rétablissant l'exercice de la religion catholique ; car les Etats ne sont pas encore capables de prendre ce conseil, et il y en a qui estimeroient, ces Provinces ne se pouvant conserver autrement pendant la trêve, qu'il vaudroit mieux ne la point faire que d'y remettre notre religion. Les députés d'Angleterre nous assurèrent, le jour d'hier, avoir reçu lettres de leur roi, par lesquelles il approuve proposition de la trêve en la forme qu'elle est contenue en notre écrit, leur commande d'en faire instance sérieuse, et n'étoit que les États ont fait demande par plusieurs fois d'avoir la souveraineté, qu'il s'en soucieroit peu, d'autant que pour son regard il les tient déjà souverains, sans qu'il leur soit besoin d'autre déclaration pour le croire.

J'estime qu'il n'y aura plus de déguisement à l'avenir, et, si les députés des archiducs s'aident comme il semble qu'ils veulent faire, que tout ira à bon port, et que les Etats aussi ne se perdront pas en faisant la trêve, s'ils sont sages. C'est pour le mieux de faire cette trêve avec la déclaration de liberté; car si les Espagnols ne vouloient faire l'alliance et séparation qu'ils ont mis en avant, cet Etat demeureroit toujours séparé d'Espagne, Sa Majesté y tenant la main; et on ne laissera pourtant de tenter avec autant d'efficace ce qui est désiré que si cela n'étoit pas mis : joint que si on vouloit entreprendre de faire la trêve d'autre façon, il seroit malaisé d'y parvenir sans mettre de la division en ce pays. Je crois même que ce ne sera sans grande poursuite et effort qu'on les fera contenter à notre écrit, comme je vous ai mandé par trois dépêches, l'une du vingt-neuvième et trentième du mois d'août, envoyée par un gentilhomme que M. de Beaulieu m'adressa, lequel alloit à Paris pour avoir l'argent d'un Maure qu'il a acheté ici, de laquelle dépêche je suis fort en peine, ayant vu par les lettres de M. de Puysieux, du dixième de ce mois, qu'il ne les avoit encore reçues; la seconde a été par M. Bernard, du dixième de ce mois, et la troisième du seizième. J'eusse été en grande peine de votre maladie, si par les lettres de M. de Puysieux je n'eusse aussitôt su votre convalescence que le mal. Je prie Dieu qu'il vous conserve en aussi bonne et heureuse santé que je la désire pour moi-même. Je suis, monsieur, votre très-humble et très-obéissant serviteur, P. JEANNIN.

A La Haye, ce 20 septembre 1608.

Lettre du Roi à MM. Jeannin et de Russy, du vingt-huitième de septembre 1608.

Messieurs Jeannin et de Russy, depuis avoir signé mon autre lettre, don Pedro de Tolède m'est venu trouver, lequel m'a fait entendre qu'il attendoit d'heure à autre le retour du courrier par lequel les archiducs ont envoyé en Espagne la proposition que vous avez faite, après la rupture de la paix, pour la trêve à longues années, qui rapportera l'intention finale de son roi sur icelle; qu'il passa par cette ville le deuxième de ce mois, et qu'ayant supputé le temps qu'il a dû employer par les chemins avec celui de la délibération que l'on aura faite, il croit assurément qu'il arrivera ici dedans demain ou mardi au plus tard, pour pouvoir se rendre à La Haye dans le cinquième ou sixième du prochain; mais qu'il craint que les Etats rompent cependant la conférence, et congédient leurs députés : quoi faisant, il prévoit qu'il sera difficile, voire impossible après de la renouer, dont s'ensuivra le renouvellement de la guerre qui doit être évité par tous ceux qui affectionnent le bien de la chrétienté comme il savoit que je faisois; au moyen de quoi il me prioit très-instamment d'employer mon crédit envers lesdits sieurs les Etats, à ce qu'ils veulent prolonger le délai qui expire à la fin de ce mois jusques au dix ou douzième du prochain, sans licencier leursdits députés. Je lui ai remontré qu'il avoit attendu bien tard à me requérir de cela, d'autant que vous ne pouviez plus recevoir mon commencement devant la fin de ce mois, et partant que lesdits députés ne fussent séparés; que vous aviez obtenu à ma contemplation ce dernier délai avec grande difficulté, pour la mauvaise opinion que chacun avoit conçue par leur procédé de leur foi et intention en cette négociation, que je savois que l'instance que vous en aviez faite avoit même donné auxdits sieurs les Etats, sinon à tous, au moins à plusieurs, quelque ombrage et doute de mes intentions, comme si j'avois fait proposer ledit délai plus pour favoriser lesdits archiducs et les fins des Espagnols qu'eux, ou bien que vous aviez fait cet office de vous-même, et sans mon commandement, pour faire plaisir à leurs députés, tellement que j'estimois, si maintenant je les faisois prier d'accorder encore ces dix jours, qu'ils le refuseroient : toutefois, voyant qu'il a redoublé son instance, je lui ai promis de vous en écrire et vous commander de faire votre possible à ce qu'ils soient accordés; à quoi je me suis laissé aller contre mon premier avis, tant pour justifier toujours davantage ma conduite, et celle desdits Etats en cette occasion, que parce que j'estime qu'il n'en peut arriver grand mal auxdits Etats, et néanmoins ils témoigneront en cela combien ils défèrent à mes conseils. Mais si, à la réception de la présente, lesdits Etats avoient déjà licencié les députés desdits archiducs, et se fussent retirés, vous ne leur en parlerez point, encore qu'ils en seront avertis par le sieur Aërsens; car je l'ai averti de l'instance dudit don Pedro, et ai désiré qu'il en ait écrit à sesdits sieurs, comme il m'a assuré qu'il fera. Il est vrai qu'il m'a remontré que c'est chose que lesdits Etats consentiront mal volontiers, si ce n'est pour ma considération. J'ai dit aussi audit don Pedro que je n'approuve que l'on fît cette trêve seulement pour sept ans, et qu'il me semble qu'elle doit être faite pour quinze ou dix-huit au moins. Il a voulu me faire croire qu'il est du même avis, et que toutes ces affaires devoient être traitées plus royalement et rondement qu'elles n'ont été. Ce sont gens qui disent souvent le contraire de ce qu'ils pensent et veulent faire, dont je ne vois pas qu'ils soient mieux servis. Je prie Dieu messieurs Jeannin et de Russy, qu'il vous ait en sa sainte et digne garde.

Ecrit à Paris, le vingt-huitième jour de septembre 1608.   HENRI.

Et plus bas, BRULART.

LETTRE *de M. de Villeroy à M. Jeannin, du vingt-neuvième de septembre 1608.*

Monsieur, je vous écris cette lettre à part, pour réponse à celle que j'ai reçue par la voie de M. de Châteauneuf. Le Roi est très-mal content du procédé du prince Maurice, non de ce qu'il s'oppose à la trêve, mais des discours et du jugement qu'il fait de ses intentions, et du succès des affaires en cas de trêve ou de guerre, disant qu'il se mécompte fort en l'un et en l'autre; car s'ils reviennent aux armes contre l'avis de Sa Majesté, il se trompe s'il croit qu'ils la feront danser par force, et en dépit qu'elle en ait, et, si la trêve se fait, que Sa Majesté ait délibéré de les livrer à leurs ennemis, et préférer le contentement des Espagnols à leur conservation. Sa Majesté est trop prudente et trop bien conseillée pour se laisser réduire au premier, et suivre l'autre. Nous nous apercevons bien que nous en avons parmi nous, comme ailleurs, qui travaillent à renverser ladite trêve, et qui eussent été très-marris de la paix. Nous savons pareillement que les Anglois font sous main des offices, tant en Allemagne qu'en France, pour reprendre crédit avec les ennemis du pape. L'ambassadeur de Wirtemberg, que vous avez vu ici venant ces jours passés d'Angleterre, a semé ce bruit passant par ici pour retourner en Allemagne. Nous avons même su que l'on lui a proposé le mariage de la jeune fille d'Angleterre avec son maître, à quoi je crois qu'il entendra s'il ne se trouve engagé avec l'électeur de Brandebourg, comme si le roi d'Angleterre avoit délibéré se rendre ci-après chef des adversaires du saint-siége; mais j'ai opinion qu'il a plus d'appétit que d'estomac, et qu'il recherche plus la réputation que l'effet d'un tel projet. Toutefois, il faut se défier de tout ce qui vient de côté-là, et s'attendre que ce que ledit roi d'Angleterre ne fera, que son fils le pourra entreprendre quelque jour.

Le sieur Aërsens fils a tenu des propos depuis peu qui visent là, commençant à se défier de sa Majesté et de ses ministres, mais certes il a tort. Il dit ouvertement que la trêve ne se fera si les Espagnols n'accordent la souveraineté, non pour le temps d'icelle seulement, mais pour toujours, et qu'il faut que ce point soit exprimé, et non laissé en doute. Nos raisons n'ont pu le vaincre, au moins en apparence; toutefois j'ai opinion qu'il voudroit qu'elle fût déjà faite sur votre proposition. Il ne laisse de nous demander une nouvelle voiture d'argent, mais il a été remis à quand on verra plus clair aux affaires. Ce même personnage dit, si la conférence se rompt une fois, et que les députés des archiducs se retirent, que jamais les Provinces ne consentiront qu'elle soit renouée, quoi que l'on puisse dire et faire : toutefois je crois qu'ils ne seront si opiniâtres. Nous ne pensons plus à l'alliance qui a été proposée par le ministre du pape, qui concerne la séparation que vous savez; car nous croyons qu'il y a plus à perdre maintenant pour nous qu'à gagner : c'est un traité qui ne peut être secret ni assuré pour l'avenir. Nous disons aussi, si le roi d'Espagne ne ratifie ce que l'archiduc fera, que les Etats ne feront rien. Or il faut prier Dieu qu'il conduise la barque à bon port, et sur ces incertitudes prendre si bien nos mesures, que si la trêve se fait, nous y ayons part, et si elle doit être rompue que nous n'en soyons cause. Continuez donc à favoriser celle-là, et à empêcher celle-ci, comme vous avez commencé, c'est-à-dire par moyens dignes de la bonne foi et réputation du Roi, car c'est son intention comme sera toujours la mienne de vous honorer et servir. Je vous envoie un chiffre particulier, et prie Dieu, monsieur, vous conserver en parfaite santé.

Votre, etc.   DE NEUFVILLE.

De Paris, ce vingt-neuvième jour de septembre 1608.

Autre LETTRE *de M. de Villeroy, dudit jour vingt-neuvième de septembre 1608, écrite de sa main.*

Monsieur, je vous envoie ce porteur si à la hâte que je n'ai loisir que de vous saluer des offres de mon service, et vous dire que ces messieurs feront plaisir au Roi, si cette dépêche arrive à temps, de témoigner à tout le monde qu'ils désirent le contenter, en accordant le petit délai qu'il veut que vous leur demandiez. Certes, ils en recevront plus de bien qu'ils ne se feront de préjudice, car ils obligeront Sa Majesté, comme l'on dit, sans bourse délier. Toutefois, s'ils sont autrement disposés, Sa Majesté n'entend que vous déchiriez leur robe pour faire changer leurs conseils. En tout cas, Sa Majesté aime mieux avoir part en la résolution de la trève au défaut de la paix, qu'en celle du renouvellement de la guerre, et croyez, je vous supplie, que je vous écris la vérité, quoi que l'on puisse mander et discourir au contraire; et davantage, que Sadite Majesté est en ce désir poussée autant du plus de la considération du bien de ces messieurs, que de celle qui regarde celui de son royaume; et si par-delà ils ont autre opinion et en jugent autrement, ils connoissent très-mal Sa Majesté et les affaires publiques : car il est certain que la guerre assure davantage notre repos que ladite trève, comme ils ont toujours cru ci-devant, et l'avons aussi éprouvé; et s'il nous a coûté de l'argent, il a été bien employé, de sorte que nous pourrons encore espérer le semblable à l'avenir, quand Sa Majesté voudra suivre le même conseil. Or, nous aurons au moins fait tout devoir en leur endroit de vrais amis et alliés, et bon voisins, quand nous leur aurons ingénument représenté ce qui nous semble leur être plus utile à notre décharge envers Dieu et le monde, et remettrons le surplus à sa providence divine, laquelle je supplie, monsieur, vous conserver en parfaite santé.

Votre, etc. DE NEUFVILLE.

De Paris, le vingt-neuvième jour de septembre 1608.

Lettre du Roi à MM. Jeannin et de Russy, du trentième de septembre 1608.

Messieurs Jeannin et de Russy, je vous ai écrit si clairement et particulièrement mes avis et intentions par mes lettres du dix-huitième de ce mois sur les vôtres du cinquième, vingt-quatrième, vingt-neuvième et trentième du mois d'août, et dixième du présent, dont a été porteur le courrier Picaut, que j'ai fait passer par Bruxelles afin d'arriver à vous plus promptement, qu'il me reste à présent peu de chose à vous commander sur celles du sixième de ce mois que je n'ai reçues que le 26, par les mains de celui que vous avez rendu porteur d'icelles, qui a trouvé le passage de la mer très-fâcheux. Je persiste donc en mon premier avis sur l'article qui concerne la liberté des Provinces-Unies : à savoir, que les Etats doivent se contenter qu'il soit passé suivant votre proposition, sans y ajouter le mot de *souverain*, ni que ce soit *pour toujours*, ou *tant pour le présent que pour l'avenir*, pour les raisons portées par mesdites lettres. J'estime aussi que les Espagnols et archiducs sont mal fondés à vouloir restreindre cette déclaration aux termes portés par leur réponse à votredite proposition, car, encore que la référant à celle qu'ils ont faite en l'accord de la cessation d'armes qui dure encore, ainsi qu'ils offrent, l'on pourroit, avec raison, entendre et soutenir la même liberté leur être accordée par le traité que l'on prétend faire en suite de cettui-là; néanmoins, s'il n'en est fait expression par ce dernier, c'est chose qui sera ci-après débattue à l'appétit et discrétion de qui le voudra faire. Il est vrai qu'il n'y aura que Dieu et les armes des parties qui pourront décider la querelle quand elle sera émue; mais ces peuples divisés entre eux, et naturellement défians, sont moins capables de cette raison qu'un prince souverain et absolu, jaçoit qu'elle soit forte en soi. C'est pourquoi il est nécessaire que leurs adversaires s'accommodent en cela à leur humeur et condition s'ils veulent finir cette guerre, mêmement s'y étant engagés si avant qu'ils ont fait. Je l'ai dit ouvertement au nonce du pape et à don Pedro de Tolède; mais je reconnois que l'un et l'autre n'ont pouvoir d'y servir. Véritablement, il n'y a point d'apparence qu'ils fassent refus de dire et écrire une chose qu'ils entendent accorder et disent vouloir observer : ce sont des pointilles et formalités qui ne sont dignes que du *Sociego d'Espagne*, pour lequel cette nation a souvent plus perdu que gagné en la conduite de ses affaires publiques et particulières. Or nous saurons bientôt leur dernier mot, puisque leurs députés ont promis le déclarer dedans la fin de ce mois. Ledit don Pedro assure qu'il n'y aura faute; toutefois le courrier qui en doit être le porteur n'est pas encore repassé, que j'aie su. Mais je ne trouve pas tant étrange que lesdits Etats aient fait difficulté d'accorder la demeure desdits députés à La Haye pour ledit temps, que je fais l'instance que ceux-ci en ont faite; car c'est à bon droit qu'elle doit être suspecte auxdits Etats : elle est d'ailleurs peu honorable et profitable aux autres et à leurs princes.

Toutefois vous avez bien fait d'avoir employé mon nom pour l'obtenir, car au pis aller il n'en peut arriver gand mal aux uns ni aux autres, et cela augmentera toujours les preuves de mon affection au repos public, que j'ai désiré rendre en cette occasion; mais aussi contentez-vous de ce que vous en avez fait, sans plus insister et rechercher de ma part que ledit délai soit prolongé, n'étoit que les parties y fussent disposées de part et d'autre, et que vous eussiez sujet de mieux espérer de la continuation de leur conférence ; car en ce cas, ce seroit imprudence d'en permettre la rupture après y avoir employé tant de temps et de peine : et quand bien les députés desdits archiducs se retireroient, nous ne laisserions de moyenner une autre conférence lorsqu'ils nous donneroient sujet d'en mieux espérer. Mais je désirerois que ladite trève fût faite pour douze ou quinze ans, voire pour plus long-temps si faire se pouvoit, et non pour sept ans seulement, comme ont proposé les députés desdits archiducs ; car à peine aura-t-on le loisir en cet espace de temps de se reconnoître, et établir une bonne forme de vivre entre lesdites parties. Vous moyennerez donc que ce terme soit accru, et en parlerez quand et ainsi que vous connoîtrez être à propos ; et s'il avient que le conseil d'Espagne s'opiniâtre de n'accorder ladite liberté suivant votre proposition, vous m'en avertirez en diligence, afin que j'ordonne ce que vous aurez à faire, et cependant vous ne m'engagerez en aucune obligation envers lesdits Etats ni autres, mais mettez peine seulement d'apprendre et me faire savoir les résolutions desdits Etats en quel temps et avec quels moyens ils entendent et pourront recommencer et soutenir la guerre, ce que les Anglois et Allemands leur offriront pour cela, et ce que deviendront leurs députés après la retraite de ceux des archiducs, avec toutes les autres particularités dont vous jugerez être nécessaire que je sois instruit, pour fonder les commandemens qu'il faudra que je vous fasse. En tout cas, continuez à prendre garde et tenir la main qu'ils ne se désunissent sur la résolution qu'ils prendront ; car en ce point consiste leur salut, soit qu'ils fassent la trève ou recommencent la guerre : ce que vous remontrerez, tant au général qu'au particulier, en leur déclarant, s'ils font autrement, outre les accidens inévitables qui en naîtront parmi eux, qu'ils refroidiront entièrement de leur amitié leurs bons voisins ; car personne ne voudra engager ses affaires ni sa réputation avec eux, et dedans leurs divisions et factions. Je prie Dieu, messieurs Jeannin et de Russy, qu'il vous ait en sa sainte et digne garde.

Ecrit à Paris, le trentième jour de septembre 1608.

HENRI.

Et plus bas, BRULART.

LETTRE *de MM. Jeannin et de Russy au Roi, du dernier de septembre* 1608.

SIRE,

Les députés des archiducs ont, après plusieurs difficultés, consenti, sur l'instance pressée qui leur en a été faite par nous, de passer la trève suivant notre écrit, mais sans vouloir aussi expliquer plus avant l'article concernant la liberté qui est contenu en icelui ou en la première trève, qui est en effet une même chose. Cela doit à la vérité suffire pour contenter les Etats, s'ils étoient aussi bien disposés qu'il seroit besoin pour prendre sagement les conseils qui sont nécessaires pour leur salut ; mais les grandes brigues qu'on fait parmi eux pour leur faire rejeter du tout la trève, en quelque façon qu'on la puisse mettre, nous avoient fait désirer et rechercher avec grande instance desdits sieurs députés, qu'ils voulussent déclarer un peu plus ledit article, et le mettre en cette façon : *Que les archiducs déclarent, tant en leurs noms qu'au nom du roi d'Espagne, qu'ils tiennent et reconnoissent les Provinces-Unies pour Etats et pays libres sur lesquels ils ne prétendent rien, et en cette qualité traitent avec eux*; au lieu qu'ils l'accordent seulement comme s'ensuit : *que les archiducs déclarent qu'ils sont contens de traiter avec les Provinces-Unies, comme les tenant et reconnoissant pour Etats et pays libres sur lesquels ils ne prétendent rien, et en cette qualité faire la trève avec eux.* Le premier n'est pas ce que les Etats demandent, car ils insistent qu'on y ajoute le mot *pour toujours* ; mais nous avons opinion de les en faire contenter plus aisément que du dernier, combien qu'il y ait si peu à gagner ou perdre au choix de l'un ou de l'autre, qu'il y a grand sujet de s'émerveiller de l'opiniâtreté de tous les deux, et plus encore des Espagnols qui, étant sages et ne dépendant que du conseil d'eux-mêmes, devroient moins considérer ce pointille qui est du tout impertinent, que les peuples, lesquels étant en grand nombre et moins considérés, jugent que cela leur est nécessaire pource qu'on leur refuse.

Nous avions encore requis les députés des archiducs d'accorder cette trève pour dix ans au lieu de sept qu'ils ont offerts, mais il n'a pas été en notre pouvoir de gagner ces trois ans pour maintenant. La réponse qu'ils nous ont faite n'a encore été communiquée aux Etats, d'autant que la plupart des députés étoient retournés en leurs villes, et ne sont attendus que demain. C'est pourquoi, le temps donné aux députés des archiducs pour se retirer expirant le dernier de ce mois, nous avons jugé, avec les députés d'Angleterre et par le conseil de ceux qui ont plus d'affection à la paix, qu'il étoit expédient de leur donner avis de se retirer, comme s'ils tenoient tout rompu, sur ce qui leur a été dit de notre part que les Etats feroient difficulté de traiter, s'ils n'éclaircissoient davantage l'article de la liberté, et ne consentoient de faire la trêve pour dix ans au moins; les priant, quand ils seroient vers les archiducs, de les y faire résoudre, et de nous en avertir incontinent. Or notre intention est, eux étant retirés, de différer à faire notre réponse aux Etats pour sept ou huit jours, sous prétexte d'attendre le retour des députés de Zélande, qui sont priés par les Etats et nous aussi, de retourner avec pouvoir de délibérer en commun avec les autres provinces de ce qui sera utile pour l'Etat, pendant lequel temps les députés des archiducs ont promis de nous envoyer la finale résolution de leurs maîtres: et quand elle ne seroit autre que ce qu'ils nous ont déjà dit, il y en a assez pour nous donner sujet de faire toutes sortes d'efforts envers messieurs les Etats pour les y faire consentir, suivant le commandement que Votre Majesté nous a fait. Aussi a-t-on déjà assez gagné sur les autres; en quoi les députés d'Angleterre montrent à présent de vouloir travailler avec même effusion que nous, ce que nous croyons véritable, s'il y a moyen de prendre quelque fiance d'eux; et néanmoins, quand nous serions seuls, nous ne laisserions pas de nous opiniâtrer à cette poursuite, ayant déjà dressé quelque projet d'articles pour ladite trêve, qui a été communiqué à aucuns des Etats en particulier, et pareillement aux députés d'Angleterre et à M. le président Richardot, afin de reconnoître au plus près par cette conférence avec eux ce qu'on y doit insérer, faire rendre lesdits articles raisonnables, et au contentement des parties, même des Etats, auxquels nous les présenterons au nom commun des députés des rois et princes qui sont ici, lorsque nous leur ferons la réponse des députés des archiducs, et nous leur conseillerons aussi de s'en contenter. Nous y ajouterons encore les raisons de notre conseil, selon qu'elles sont contenues en l'écrit que nous envoyons à Votre Majesté, qu'il a été nécessaire de faire, et de le présenter aux Etats, pour répondre à plusieurs petits livrets et écrits qu'on publie tous les jours pour empêcher cette trêve, et émouvoir le peuple à sédition et tumulte contre les magistrats, au cas qu'ils la veuillent accepter sans obtenir qu'elle soit faite avec une déclaration précise et expresse de leur liberté, selon qu'elle a été requise par le dernier décret des Etats.

Votre Majesté pourra trouver étrange le départ des députés des archiducs, avant que leur réponse ait été communiquée aux Etats, et la résolution prise sur icelle, et nous-mêmes y faisons très-grande difficulté, craignant qu'après leur départ, les Etats, par les menées de ceux qui veulent la guerre, ne se séparent; mais c'est chose véritable, que l'un des plus grands artifices dont on use pour faire opiniâtrer le peuple à rejeter la trêve, sinon qu'elle soit à leur mot, est qu'on essaie de leur persuader que les archiducs accorderont tout s'ils tiennent bon, et fondent ce jugement sur ce que leurs députés, quoiqu'on leur ait assez fait entendre il y a déjà long-temps qu'on désiroit leur départ, ne se sont jamais voulu retirer. On a eu crainte aussi, non sans raison, qu'aucuns ne se missent en devoir secrètement pour leur faire faire quelque affront par le menu peuple, lequel est du tout porté à la guerre, et ne se laisse aller au conseil du repos, sinon par obéissance et le respect qu'ils portent aux magistrats: puis les plus affectionnés à cette trêve entre les Etats, avec lesquels nous communiquons tous les jours, ont été de cet avis, et font ce jugement, que nous aurons plus de pouvoir de persuader aux Etats qu'ils doivent accepter la trêve, après que lesdits députés se seront retirés que s'ils étoient présens, tant la haine est grande contre eux; joint que la province de Zélande a protesté ne point envoyer ses députés à l'assemblée qu'après leur départ, et disent qu'il n'y a aucun moyen de les faire revenir autrement; ainsi, après avoir balancé toutes ces raisons, nous avons suivi leur conseil. Cette résolution de partir a fâché lesdits sieurs députés, et l'ont pris à regret; mais ils ont bien jugé qu'elle étoit nécessaire, les mêmes avis leur ayant été donnés de tous les endroits auxquels ils peuvent avoir quelque créance, encore qu'ils montrent l'avoir plus grande de nous que de tout le reste ensemble.

Nous avons reconnu, en devisant avec M. le président Richardot des difficultés qui se présentent, que les archiducs aimeroient mieux faire une trève à la suite de la première pour vingt ou vingt-cinq ans, sans faire aucune mention de liberté, laquelle ne laisseroit pourtant d'être entendue et présupposée, à cause des mots contenus en la première. Et nous croyons tous aussi qu'en ajoutant vingt ou vingt-cinq ans, à quarante-deux de guerre pendant lesquels les Etats ont toujours vécu en une entière liberté, que cela suffiroit pour faire oublier au roi d'Espagne la souvenance de son droit, et aux Etats celle de leur ancienne servitude, et que cette longueur de temps leur apporteroit plus d'utilité et de sûreté en effet que la trève pour sept ans, avec la déclaration de liberté selon qu'elle est contenue ci-dessus, même de quelque façon qu'on la puisse mettre, pourvu que Votre Majesté et le roi de la Grande-Bretagne se veuillent obliger à faire garder cette longue trève; mais les députés des Etats, qui sont en grand nombre, ne se rendront jamais capables de ce conseil; c'est pourquoi nous ne la mettrons point en avant. Aussi est-il raisonnable qu'ils se contentent de la première ouverture, comme nous espérons qu'ils feront, tant pour le respect qu'ils portent à Votre Majesté, et la crainte qu'ils auront d'être abandonnés d'elle s'ils s'opiniâtrent contre son avis, que pour le grand nombre de personnes qui sont de l'assemblée générale, lesquelles désirent de mettre leur pays en repos : et néanmoins ils ne se rangeront jamais tous à cet avis qu'avec très-grande difficulté et quelque longueur, et peut-être après avoir envoyé vers Votre Majesté et en Angleterre, pour reconnoître ce qu'ils en pourront espérer, avant que les plus opiniâtres se rendent. Nous y travaillerons de notre part avec tout le soin qu'il nous sera possible, comme aussi pour leur faire connoître la grande obligation qu'ils ont à Votre Majesté, qui rejette toutes alliances et amitiés qui pourroient être préjudiciables à leur sûreté, dont le plus grand nombre n'est que très-bien informé; mais d'autres y apportent quelques artifices, non pour mauvaise opinion d'elle ni de sa conduite envers les Etats, mais pource que cela sert au dessein de rompre la trève qui leur est odieuse, et qu'ils savent ne pouvoir être persuadée que par ses ministres, qui se servent de son autorité et de la créance qu'elle a en ce lieu. Nous prions Dieu, sire, qu'il donne à Votre Majesté, en très-parfaite santé, très-longue et heureuse vie.

Vos très-humbles et très-obéissans sujets et serviteurs, P. JEANNIN, et DE RUSSY.

De La Haye, ce dernier jour de septembre 1608.

LETTRE *de M. Jeannin à M. de Villeroy, dudit jour dernier de septembre* 1608.

Monsieur, ceux qui rejettent la trève, et le prince Maurice surtout, nous travaillent incessamment, et avec toutes sortes d'artifices, pour faire rompre tout. Les députés des archiducs consentent et accordent ce qui est contenu en notre écrit. Nous désirions quelque plus grand éclaircissement d'eux pour l'article de la liberté, et de faire cette trève pour dix ans au lieu de sept; mais ils n'ont voulu faire ni l'un ni l'autre, encore que nous connoissions très-bien qu'ils craignent la rupture, et qu'ils sachent d'ailleurs les grandes difficultés qu'il y a à faire passer les choses ainsi qu'ils désirent; encore sont-ils venus jusques à notre écrit, sur l'ouverture et les raisons que j'ai dites au président Richardot, et que je vous ai écrites par mes dernières lettres, et ne l'eussent jamais fait autrement. Ils doivent sortir d'ici demain, ainsi que nous le mandons au Roi. Ceux qui conduisent les affaires en ce lieu, de la bonne affection desquels je suis assuré, nous promettent que nous ferons mieux, eux absens, que s'ils demeuroient; et encore eussé-je eu cette espérance plus grande s'ils eussent voulu parler, en prenant congé des Etats, comme offensés de leurs procédures, et résolus de ne plus penser à aucun traité; mais M. le président Richardot, disant qu'il est de cet avis, montre de le vouloir faire si foiblement, qu'il laissera une opinion du tout contraire. A la vérité, ils se sont mis à la raison, pourvu qu'ils accordent dix ans au lieu de sept, comme j'estime avoir persuadé audit sieur président qu'il est du tout nécessaire de faire. C'est pourquoi nous ferons de notre côté tous efforts envers les Etats pour les en faire contenter; en quoi il est besoin que nous procédions avec véhémence : autrement ceux qui veulent la guerre, lesquels n'épargnent personne, prendroient trop d'avantage. Le départ de ces députés ne laisse encore cette crainte, que les Etats, à la persuasion de ceux qui veulent tout gâter, ne se séparent aussitôt qu'ils seront sortis. Je l'ai dit au sieur Barneveld lequel en a bien quelque appréhension, mais il croit que l'autorité du Roi dissipera tous ces nuages.

Je vous envoie l'extrait de quelques points contenus en une lettre que le prince Maurice a écrite à toutes les villes en langage flamand, dont la traduction a été faite fidèlement. Il y a un grand nombre de pareils écrits qui courent; j'ai jugé à cette occasion qu'il y falloit répondre, comme je fais par un écrit fait à la hâte dont je vous envoie la copie. Nous entendons le présenter à l'assemblée générale des Etats au nom des députés d'Angleterre et d'Allemagne, aussi bien qu'au nôtre, au cas qu'ils y veulent consentir, comme j'estime qu'ils feront, sinon ce sera en notre nom. Je vous envoie aussi un projet d'articles pour la trève, que j'ai communiqué au sieur Richardot. Les députés d'Angleterre et le sieur Barneveld l'ont aussi vu, et tous l'approuvent, même pour l'article de la liberté, puisqu'on ne peut pas mieux. J'espère toujours qu'après avoir disputé longtemps, et avec grande contention, que les Etats se laisseront vaincre ; au moins on y travaille à cette fin avec autant d'ardeur et de soin qu'on fait de l'autre côté. Le sieur Barneveld y procède aussi d'affection et avec très-bonne conduite. J'ai achevé avec lui, mais après plusieurs refus, ce que je vous avois dit avant mon départ, et que Sa Majesté a trouvé bon, et en usé à l'endroit d'autres ainsi qu'il me conseille, et que je juge être à propos; en quoi je ne ferai rien sans raison, et sans en rendre bon compte.

Je ne suis pas d'avis qu'on promette rien pour les derniers cent mille écus, dont M. Aërssens fait instance, jusques à ce que vous ayez de nos nouvelles ; car s'ils s'opiniâtrent à ne vouloir pas suivre les conseils qu'on leur donne, il me semble qu'on doit retirer le secours, et, s'ils le font, qu'il sera bon de leur faire casser partie de leurs troupes à l'instant que la trève sera faite, et par ainsi qu'il suffira de payer les François pour le quartier qui reste, lequel ne pourroit revenir au plus qu'à cinquante mille écus. J'estime, monsieur, qu'il sera fort à propos que Sa Majesté écrive une lettre à M. de Russy et à moi, en la forme que je vous envoie, du moins en substance, afin que nous la puissions montrer, et qu'elle nous serve contre ceux qui font toujours courir de faux bruits, et que la trève étant rompue de quelque façon que ce soit, Sa Majesté ne laissera de les secourir. Renvoyez-nous, s'il vous plaît, ce courrier au plus tôt, afin que nous en puissions servir pour envoyer et renvoyer à Bruxelles quand il sera besoin.

Je prie Dieu qu'il vous conserve, et suis, monsieur, votre bien humble et plus affectionné serviteur,   P. JEANNIN.

A la Haye, ce dernier jour de septembre 1608.

Autre LETTRE *dudit sieur Jeannin à M. le duc de Sully, dudit jour dernier de septembre 1608.*

Monsieur, vous verrez par les lettres que nous écrivons au Roi les raisons pourquoi les députés des archiducs se sont retirés, avant même que nous ayons représenté aux Etats la réponse qu'ils nous ont faite sur l'acceptation de la trève, qu'ils accordent pour sept ans et suivant notre écrit. Or, nous requérions d'eux l'explication de l'article concernant la liberté, selon qu'il est mis par nos lettres au Roi et que nous l'avons souvent écrit, comme aussi que ladite trève fût pour dix ans au lieu de sept; mais M. le président Richardot m'a dit qu'ils ne pouvoient consentir ni à l'un ni à l'autre, et toutefois m'a donné quelque espérance du dernier et de m'en écrire aussitôt qu'ils seront de retour près des archiducs : et j'aurai loisir d'attendre sa réponse, pource que les députés de Zélande, qui s'en étoient retournés avec déclaration et protestation expresse de ne point retourner jusques après le départ desdits sieurs députés des archiducs, ne seront ici avant sept ou huit jours pour le plus tôt ; et nous différerons jusques à leur venue à dire aux Etats ce que les archiducs ont répondu à notre proposition, qui nous semble suffisant pour les contenter s'ils sont sages ; vous pouvant dire, monsieur, qu'il y a eu très-grande peine à y faire consentir les députés des archiducs. La plupart des députés qui sont en l'assemblée font bien ce même jugement, mais M. le prince Maurice poursuit le contraire avec tant d'instance et véhémence, qu'il a attiré quelques villes de Hollande de son côté, et a déjà la province de Zélande entière qui suit en cela sa volonté, et a même fait une sécession qui est de mauvais exemple. Or ils disent avoir une règle en leur Etat, que toutes les provinces, et les villes mêmes en chaque province, doivent être toutes ensemble d'un même avis ès délibérations d'importance, et sans cette union qu'on ne peut rien conclure. J'espère néanmoins qu'avec l'autorité du Roi et bonne conduite des particuliers de cet Etat, qui tendent à même but qu'elle, nous surmonterons toutes ces difficultés, et qu'enfin la nécessité et la crainte d'être abandonnés les y fera résoudre. J'estime aussi que M. Lambert, envoyé par-delà de la part de M. le prince Maurice, retournera si bien instruit de l'intention de Sa Majesté pour la rapporter audit sieur prince, qu'il connoîtra bien, s'il persévère en son opiniâtreté, qu'elle ne servira qu'à lui procurer sa ruine; non que je puisse croire qu'il se change tant qu'il pourra espérer de rompre cette trêve, car il ne se peut persuader, quoi que je lui dise, qu'ils doivent être abandonnés de la France, et peut-être a-t-il de mauvais avis de ce côté-là, qui fomentent en lui cette opinion; mais bien tiens-je pour assuré, encore que lui, quand il est en colère, et ses serviteurs trop souvent tiennent des langages comme s'il étoit résolu de se jeter à des conseils désespérés, qu'il est trop sage et trop homme de bien pour le faire.

Vous voyez, monsieur, à quelles gens nous avons affaire, combien leurs opinions sont diverses; et nonobstant que les gens sages connoissent assez que sans l'assistance des rois ils ne peuvent durer en guerre, si est-ce que ce peuple, et plusieurs même de l'assemblée, ont si peu d'appréhension de l'avenir, qu'il est très-difficile de les persuader. J'envoie à M. de Villeroy la copie d'un écrit que nous présenterons aux Etats au premier jour, pour répondre aux raisons contenues en plusieurs petits livrets qu'on jette parmi le peuple pour l'émouvoir à sédition contre leurs supérieurs, au cas qu'ils reçoivent la trêve à autres conditions qu'on leur prescrit : il ne mérite pas que vous preniez la peine de le voir, mais c'est pour témoigner que je n'omets rien de mon devoir, pour faire que la volonté du Roi soit suivie. J'ai bien reconnu, aux propos de M. le président Richardot, que les archiducs aimeroient mieux faire la trêve pour vingt, voire même pour vingt-cinq ans à la suite de la première, sans faire aucune mention de la liberté, que d'accorder celle-ci pour sept ans aux conditions qu'on la demande. Et pour moi, je le jugerois meilleur pour les Etats, pourvu que les deux rois voulussent être garans de cette trêve; car après avoir déjà vécu quarante-deux ans en guerre sans reconnoître aucun seigneur, en y ajoutant encore vingt, ce temps me sembleroit plus que suffisant pour conserver le titre et la possession de leur liberté; mais je n'estime pas que les Etats, partialisés entre eux comme ils sont, soient capables de prendre ce conseil, et vous supplie très-humblement que vous continuiez à prendre toute assurance de mon service, comme de celui qui est, monsieur, votre très-humble et obéissant serviteur,

P. JEANNIN.

A La Haye, ce dernier jour de septembre 1608.

LETTRE *de M. de La Boderie à M. Jeannin, du premier octobre* 1608.

Monsieur, vos trois lettres du vingt-neuvième d'août, treizième et quinzième de septembre, me sont arrivées à trois jours près l'une des autres, la première par notre voie ordinaire, qui, ce coup, a été un peu lente, les deux dernières par monsieur votre fils, qui a pris la peine de me venir voir, et me les apporter en ce lieu, où je me suis retiré depuis un mois pour fuir la peste. Je suis très-marri que son peu de séjour en Angleterre et mon éloignement de la ville, m'ôtent le moyen de lui rendre aucun service; mais pour le moins m'y suis-je offert, et vous croirez bien, comme j'estime, que ce n'est avec feintise. Je vois par toutes vos lettres la peine où vous êtes, le désir que vous avez de faire réussir la volonté du Roi, et les divers obstacles que vous y trouvez de ce qui procède d'ici ; je ne m'en étonne point, car outre l'opinion qu'ils ont toujours eue que la paix ou la trêve des Pays-Bas ne sauroit être qu'onéreuse, comme il est certain, et en trop de sortes, ils appréhendent encore, autant ou davantage, que les Espagnols en aient l'obligation au Roi, et de plus, demeurent toujours constans en cette prudence de vouloir se tirer du pair, s'il est possible, et laisser Sa Majesté et les Etats, tout seuls, chargés de la guerre. C'est sans difficulté ce qui les a fait tenir fermes à ne vouloir faire mention de la défense desdits Etats dans la ligue où je les avois amenés; de laquelle résolution, non seulement je ne vois aucun moyen de les faire départir, mais je doute fort que, quand nous voudrions suivre les brisées de ladite ligue, qu'ils fussent pour y rentrer. L'occasion est chauve, comme vous savez trop mieux. Lorsque j'entrai en cette pratique, ils étoient au fort de la jalousie que l'arrivée de don Pedro, et les bruits de ces mariages dont il devoit être le négociateur, leur apportoient. Depuis ils commencent à se rassurer, tant par la lentitude dont ils voient que cela marche, que par plusieurs avis qu'ils ont, et d'Espagne même peut-être; et voyant que nous n'avons pas si franchement correspondu aux propos qui s'étoient mus, entre le comte de Salisbury et moi, sur les autres mariages de deçà, où, pour vous dire, j'avois tant plus volontiers prêté l'oreille que vous m'y aviez exhorté par deux fois, ils prennent lieu de là de se retirer, et non sans quelque mécontentement. Nous marchons les uns et les autres avec trop d'incertitude et trop de défiance pour jamais rien faire de bon. Je connois prou le peu d'assurance et le peu d'affection qu'il y a en eux, mais si pourroit-on, à mon avis, les guérir de ces défauts, ou pour le moins s'éclaircir d'eux de telle sorte, que si tout espoir en soit ôté, tout autre parti seroit nécessaire pour se voir une fois dehors de ces irrésolutions et longueurs accoutumées.

L'on ne m'a encore rien ordonné de notre cour sur ce que vous me dites y avoir écrit : selon ce qui me viendra je ferai ; car, pour vous dire, les derniers termes où nous en sommes demeurés, le comte de Salisbury et moi, a été que nous verrions ce qui s'ensuivroit de la paix ou de la trève, pour selon cela reprendre nos erres, et que jusques-là tout demeureroit en même état. Si vous faites la trève, il ne sera besoin d'autre cas; si vous ne la faites point, et que le Roi veuille continuer à assister les Etats, il faudra voir s'ils voudront y entrer de quelque chose, encore que pour moi j'en espère peu, et faudra bien nous assurer, s'ils y entrent, que ce sera plus pour la jalousie qu'ils auront de nous et desdits Etats, que pour l'amour qu'ils nous portent aux uns et aux autres. Toujours ce point de leurs dettes, sur lesquelles nous ne leur donnons que des remises qui les offensent, et les pratiques que nous tenons avec l'Espagne par le moyen du pape, et, à leur dire, des jésuites, donnent couleur et servent de prétexte à leurs ombrages. Je suis très-marri que nous ne les primes au mot sur l'offre de leur ligue défensive, et les ouvertures de leurs alliances ; j'estimois n'avoir peu fait de les y avoir amenés; et, quand bien on n'y eût fait mention des Etats, cela néanmoins les eût regardés assez, en tant que l'Espagne, nous sachant bien unis ensemble et si intéressés en leur conservation, eût pensé plus de trois fois devant que leur dénier ou paix ou trève. Les plus sages ne l'ont pas jugé ainsi, il me faut soumettre; mais tant y a qu'il nous faut attendre ce qui sera réussi de la trève devant qu'entamer autre négociation, puisqu'aussi bien c'en est fait ou failli à cette heure. J'attendrai ce qu'il vous plaira m'en faire savoir, et cependant vous baiserai très-humblement les mains, comme avec votre permission à M. de Russy, et demeurerai monsieur, votre très-humble et très-affectionné serviteur, LA BODERIE.

A Rochemont, ce premier jour d'octobre 1608.

Depuis cette lettre écrite, j'ai vu le roi de la Grande-Bretagne et le comte de Salisbury, et ai négocié conformément à ce que vous montrez désirer, mais plus pour préparer néanmoins que pour reprendre notre dernière pratique. Je les ai trouvés assez bien, et l'un et l'autre, et crois que sur l'opinion qu'ils ont à cette heure, que nous voulons aussi peu la guerre qu'eux, qu'ils s'accommoderont plus aisément à vos conseils : ils louent que l'on ne rompe point, et montrent désirer qu'il se laisse encore quelque fil pour renouer; mais ils montrent désirer aussi que ce soit chose qui soit recherchée du côté d'Espagne, et d'avoir leur part en leur recherche. J'ai cru vous devoir encore dire ce mot, en vous baisant les mains derechef.

LETTRE *de M. Jeannin à M. de Villeroy, du premier octobre* 1608.

Monsieur, le courrier Picaut est parti aujourd'hui matin, et le même jour les députés d'Angleterre, d'Allemagne, et nous, avons été en l'assemblée générale des Etats pour les prier de mander les députés de Zélande, afin que leur disions, lorsqu'ils seront tous ensemble, la réponse des archiducs sur la proposition de la trève, et ce que nos maîtres nous ont commandé de leur faire entendre sur ce sujet : ils nous ont dit de l'avoir déjà fait, et qu'ils y ajouteront une recharge. A la sortie des Etats, nous fûmes voir, aussi tous ensemble, M. le prince

Maurice pour lui en dire autant, lequel, plein de colère et animosité, nous répondit avec grande véhémence que, proposer la trêve étoit procurer la ruine de leur Etat, qu'il s'assuroit que les provinces de Hollande et Zélande n'y consentiroient jamais, et qu'elles contraindroient les autres d'en faire autant, veulent ou non ; et quand même il n'y auroit que trois ou quatre villes en l'Etat qui se veulent opposer, qu'il défendra la liberté du pays avec eux, disant, quand ils ne seront assistés de personne, qu'ils dureront encore plus, et périront plus honorablement que par la trêve, qui les doit faire devenir Espagnols en peu de mois ; que c'est le dessein de ceux qui ont commencé cet ouvrage, et qu'il est résolu d'y résister par quelque moyen que ce soit, et au péril de sa vie. Je lui dis avec modestie et respect, et néanmoins fermement, qu'il étoit trop sage et trop homme de bien pour se séparer du corps de l'Etat, et qu'il ne le pourroit faire aussi sans se ruiner bientôt, et avec blâme ; que si tout l'Etat prend ce conseil de rejeter la trêve, nous nous contenterons de leur remontrer ce qui est de leur bien, et les inconvéniens qu'ils doivent craindre de cette résolution ; mais tant qu'il y aura quelque espérance de leur faire prendre de meilleurs conseils, que nous sommes obligés d'y insister ; j'y ajoutai plusieurs raisons, et lui des répliques toujours avec même véhémence. Mon propos fut au nom commun de tous ; mais les députés d'Angleterre et d'Allemagne ne dirent jamais un seul mot, dont je me sentis offensé, même de ceux d'Angleterre, qui, deux jours auparavant, nous avoient montré trouver mauvais les déportemens dudit sieur prince ; c'est pourquoi je ne sais s'ils demeureront fermes à ce qu'ils ont promis jusqu'au bout.

La haine dudit sieur prince accroît tous les jours contre le sieur de Barneveld, et n'y a moyen de l'amoindrire, sinon que celui-ci quitte le dessein de la trêve pour se joindre au sien. Chacun espère de son côté, et se promet que la province de Hollande embrassera son avis, duquel tout doit dépendre. J'estime, pour moi, que les opinions y seront divisées, et néanmoins s'il n'y arrive quelque notable changement, qu'il y en aura plus pour la trêve que contre. A la vérité, si la trêve n'étoit à présent soutenue de l'avis et autorité des rois, M. le Prince deviendroit le plus fort. Quand nous le priions autrefois de s'évertuer, et d'employer le crédit qu'il avoit dans l'Etat pour empêcher la paix, lorsque nous craignions qu'elle dût être mauvaise, et que nous lui mettions en avant les raisons et moyens pour y parvenir, il nous répondoit que tous ces peuples désiroient le repos avec si grande ardeur, qu'il n'y avoit aucun moyen de les retenir, et se contentoit lors d'en dire son avis, et de fumer, sans s'en mêler plus avant ; mais quelqu'un a réveillé son esprit, et l'a rendu plus industrieux à ce métier qu'il n'étoit.

Il est encore avenu ici un accident duquel il se pense fortifier, c'est que l'instruction originale des députés des archiducs a été dérobée à M. le président Richardot : on dit qu'il l'a oubliée à son départ, mais je crois plutôt le premier. Elle est tombée ès mains dudit sieur prince, qui, après l'avoir vue et communiquée à qui bon lui à semblé en particulier, l'a fait voir en l'assemblée générale des Etats ; les uns n'y ont rien trouvé de mauvais, les autres au contraire. Pour moi, je fais ce jugement, qu'elle sert beaucoup aux archiducs pour montrer qu'ils ont négocié sincèrement, et ne les ont point voulu tromper, même au point de la souveraineté, encore qu'ils aient donné charge à leurs députés d'essayer d'en obtenir quelque récompense. Il parle en deux endroits de moi pour s'y adresser particulièrement en ce qui est de la religion, et comme s'il sembloit qu'il y eût quelque amitié entre M. le président Richardot et moi. On voit aussi par cette instruction qu'ils ne se fient ni aux François ni aux Anglois, et qu'ils craignent notre ligue avec les Etats ; j'en ai recouvré la copie que je vous envoie. Il y en a qui s'imaginent que M. le président Richardot l'a laissée exprès : à la vérité elle ne contient rien, en ce qui concerne les Etats, dont ils n'aient parlé en leurs conférences ; si n'estimé-je pas qu'il l'ait fait à ce dessein, mais plutôt qu'elle lui a été prise ; vous en jugerez mieux que moi. Trois jours avant le départ du marquis, un apothicaire dit qu'un de ses gens lui avoit demandé du poison à vendre, et on fait courir de mauvais bruits là-dessus. Aucuns ont recours à présent aux artifices, et prévoient qu'un de ces jours on publiera, pour les rendre plus odieux, qu'ils ont voulu surprendre quelque place.

Vous voyez, monsieur, combien de difficultés et mauvaises rencontres il y a en cette affaire: si ne me saurais-je ôter de l'opinion qu'enfin nous ferons la trêve, si les archiducs ne changent rien à ce que le sieur Richardot m'a dit, et que Sa Majesté continue à fortifier l'avis de ceux qui la désirent; car il y a tant de raisons pour l'espérer ainsi, que je n'en peux faire autre jugement; considéré que cinq provinces sont de cet avis, la Hollande pour la plupart, et qu'il y a apparence que les autres villes de ladite province, qui y sont contraires, s'y joindront; ainsi que la Zélande pour ne se séparer du corps de l'Etat, y consentira, les rois continuant en leur avis. Et quant à M. le prince Maurice, il s'est montré si sage et considéré du passé, que je ne saurois croire non plus qu'il veuille prendre de mauvais conseils, encore qu'il tienne à présent d'autre langage par des instructions qui sans doute viennent d'ailleurs que de son inclination. Bien est-il certain, quelque résolution que les Etats prennent, soit de trêve ou de guerre, qu'elle sera sujette à des inconvéniens: je dis même celle de la trêve, qui est la meilleure au cas qu'ils ne rétablissent l'exercice de la religion catholique en quelques endroits; ce que je vois bien qu'ils ne feront pas avouons y resistant par un zèle indiscret, et les autres pource qu'ils estiment que la mort de ceux qui sont à présent catholiques éteindra du tout ladite religion, et s'il y en a quelques-uns ici qui aient dessein de rejoindre cette partie d'Etat avec celle que tient l'archiduc, ceux-là empêcheront de même le rétablissement de cet exercice pour offenser les catholiques, et leur laisser plus d'envie d'y entendre, dont cette instruction, jointe à quelques autres conjectures du passé, m'en donne une grande défiance, mais que ce dessein n'est pas contraire à celui du Roi, au cas que vous traitiez quelque chose par-delà sur l'ouverture de la séparation. Je le dissimulerai pour maintenant: bien est-il vrai que si les Espagnols n'effectuent ce qu'ils vous ont promis en cet endroit, il y faut donner ordre la trêve étant faite; autrement je craindrois qu'eux pouvant faire sans nous ce qu'ils prétendent faire maintenant par notre moyen, ils se soucient peu de nous après: prenez-y garde s'il vous plaît, et m'avertissez à temps, afin que nous ne soyons point trompés par les ruses des Espagnols, qui ne feront jamais rien à notre avantage que par force. J'excuse donc ledit sieur prince s'il a des soupçons, et néanmoins je résiste à son dessein; mais j'aiderai volontiers, la trêve se faisant, à ce que le changement qu'il craint n'avienne, si ce n'est avec la conduite et l'avis même de Sa Majesté, encore que je pense l'instruction susdite avoir plutôt été dérobée que laissée à dessein par ledit sieur président Richardot. Si ne laissé-je d'en faire quelque doute, quand je considère qu'ils veulent que chacun sache que la rupture de la paix est avenue sur le fait de la religion, comme il sera su, car on le fera imprimer ici. J'estime qu'il sera à propos, pour beaucoup de considérations, que le Roi écrive aux Etats une lettre de pareille substance à celle que je vous envoie, et qu'il sera encore meilleur de le faire que de nous écrire celle dont le courrier Picaut a emporté le mémoire. Je suis, monsieur, votre très-humble et très-obéissant serviteur,

P. JEANNIN.

A La Haye, ce premier jour d'octobre 1608.

LETTRE *de M. de Villeroy, à M. Jeannin, du deuxième d'octobre* 1608.

Monsieur, le Roi est à Saint-Germain-en-Laye, où il a mené le duc de Mantoue, et ce porteur s'en va avec sa voiture, de façon qu'il ne vous portera pour cette fois des lettres de Sa Majesté, laquelle vous a écrit aussi naguères par l'homme de M. de Russy. Elle attend pareillement le courrier Picaut que nous avons dépêché dès le dix-huitième du mois passé par le chemin de Bruxelles, où M. de Berny nous a écrit qu'il passa le vingtième; nous estimons maintenant que vous l'aurez retenu jusques au commencement de ce mois pour pouvoir nous avertir par lui de l'effet qu'aura produit l'expiration du délai de la conférence qui devoit échoir le dernier du passé. De quoi je reconnois que les ministres d'Espagne sont en perplexité, croyant, si leurs députés se séparent une fois, qu'il sera difficile après, non seulement de les assembler, mais de renouer leur traité avec l'autorité du Roi; et certes ils n'ont aucune envie de rompre: toutefois, le courrier d'Espagne n'est encore passé, mais j'estime que les archiducs se disposeront et résoudront à la fin de franchir le saut sans davantage l'attendre. Certes ils devroient l'avoir déjà fait. Je crois, quant à moi, qu'ils délivreroient le conseil d'Espagne d'un grand souci, et quand il feroit contenance d'en être marri et le trouver mauvais, que ce ne seroit qu'en apparence et par vanité, car en effet il en seroit très-aise et soulagé. Mais je crains plus maintenant que vous ne puissiez disposer les Etats à se contenter, que la déclaration touchant leur liberté soit faite aux termes que vous avez proposés ; car toute contestation avec un peuple le rend coutumièrement plus opiniâtre et endurci. Je souhaite que vous en veniez à bout, puisque notre maître juge toujours qu'une longue trève est préférable à la guerre. Je me suis aperçu que les gens de l'archiduc appréhendent, quand ils auront fait leur traité avec la susdite déclaration touchant la liberté, que le Roi soit conseillé d'en faire une en faveur des Etats, et à leur requête, par laquelle il dit qu'il tient les Etats pour libres et souverains pour toujours ; mais je n'ai pas opinion que cela soit demandé, ni que Sadite Majesté soit conseillée de l'accorder, mais que l'on devra se contenter qu'il fasse pour la trève le traité qu'il a fait pour la paix, afin que celle-là soit conservée comme elle doit être. Vous prendrez garde, s'il vous plaît, à toutes choses. L'on nous écrit de Provence que l'armée du roi d'Espagne n'a passé Cadix, ayant avis que le roi de Maroc avoit envoyé sur la côte dix mille hommes de pied, et cinq mille à cheval pour empêcher la descente de ladite armée ; tellement que l'on croit qu'elle se séparera sans tenter autre chose : de quoi j'espère que nous éclairciront les premières lettres d'Espagne que nous recevrons. Je prie Dieu, monsieur, vous conserver en parfaite santé.

De Conflans, ce deuxième d'octobre 1608.

Monsieur, j'avois écrit la présente quand la vôtre particulière du vingtième du passé m'est arrivée par la voie que vous me l'avez adressée, ayant demeuré à venir douze jours par le mauvais devoir que nos postes font de servir le Roi, à qui je l'ai soudain envoyée par M. de Puysieux, et ne sais s'il aura encore reçu la remontrance du prince Maurice ; mais vous serez averti de la volonté de Sa Majesté sur icelle à point nommé.

Votre très-affectionné serviteur et intime ami,
DE NEUFVILLE.

LETTRE *de M. Jeannin à M. de Villeroy, dudit jour deuxième d'octobre* 1608.

Monsieur, depuis vous avoir écrit, j'ai su que l'instruction dont je vous ai envoyé la copie a été trouvée en une layette, au dessous de la table qui étoit en la chambre de M. le président Richardot, par un serviteur de son hôte, qui la montra à l'instant au comte Jean qui s'est mis dans le même logis à l'instant de son départ, lequel la retint, puis la donna au comte Henri, et lui à M. le prince Maurice son frère, lequel l'ayant vue et considérée à loisir, la communiqua à l'assemblée générale des Etats, dont les députés de chacune province ont pris copie pour l'envoyer en leurs villes. Il y avoit encore deux autres papiers trouvés en la même layette, l'un d'une remontrance que ledit sieur président vouloit faire aux Etats pour le rétablissement de l'exercice de la religion catholique, et les exciter à se départir du commerce des Indes ; l'autre étoit le projet de la trève, selon que les archiducs la prétendoient faire avec les Etats, lequel projet nous avoit été communiqué, et aux députés d'Angleterre ensemblement ; mais nous ne l'avons pas approuvé, et au lieu d'icelui, je dressai l'autre que je vous ai envoyé, qu'ils ont tous vu depuis, ainsi que je vous ai écrit. Je suis toujours en quelque doute si je dois croire qu'il a été laissé par oubliance, à dessein, ou bien dérobé. Si c'est le premier, ledit président en sera blâmé ; si à dessein, encore qu'il serve en quelques points pour eux, il y a d'autres choses qu'il n'étoit pas grand besoin de faire voir ; quant au dernier, qui est le larcin, son hôte l'a pu faire s'il a voulu, et lui a été malaisé de s'en garder ; et quand il s'en fût aperçu avant son départ, il n'eût peut-être voulu s'en plaindre, croyant bien que celui qui l'auroit pris ne l'auroit fait en intention de le rendre. Le sieur de Barneveld, qui a été fort curieux de s'informer comme cela est avenu, m'a dit présentement que c'est vraiment par oubliance, et que les Anglois se formalisent déjà de ce que les archiducs montrent par cette instruction avoir encore plus de confiance aux François qu'en eux, combien que ce soit de bien peu, que je ne vois pas qu'ils y mettent grande différence. Je suis, monsieur, votre très-humble et très-obéissant serviteur, P. JEANNIN.

A La Haye, ce deuxième d'octobre 1608.

LETTRE *de M. Jeannin à M. de Berny, ambassadeur du Roi près les archiducs, troisième d'octobre* 1608.

Monsieur, le même jour du départ de messieurs les députés des archiducs, on apporta

M. le prince Maurice l'originale instruction qui leur avoit été donnée venant ici, et deux autres papiers trouvés, comme on prétend, ensemblement en une layette qui étoit au-dessous de la table sur laquelle M. le président Richardot avoit accoutumé d'écrire, l'un desquels papiers est le recueil d'une remontrance qu'il vouloit faire aux Etats pour le rétablissement de la religion catholique, l'autre un projet de traité de trève ainsi que les archiducs la prétendoient faire. Cette instruction a été lue en l'assemblée générale des Etats, avant qu'en ayons eu aucune connoissance. Les mieux entendus n'en ont pas été mal édifiés, parce qu'elle les a assurés que lesdits sieurs députés avoient traité avec rondeur et sincérité; mais il y en a d'autres qui n'en ont si bien fait leur profit. Je ne sais si cette instruction a été dérobée audit sieur président, si elle a été omise par oubliance, ou bien laissée à dessein, car il y a des conjectures et des raisons de part et d'autre : mais quant à moi, je n'y vois rien par mon jugement qui doive offenser les Etats. Je vous supplie d'en avertir ledit sieur président, et lui dire, s'il juge à propos que fassions instance pour la retirer, que nous le ferons très-volontiers. Je ne suis pas toutefois que cela doive servir de rien, car elle est à présent publique; nous en userons ainsi qu'il trouvera bon. Je l'ai supplié que nous ayons bientôt de leurs nouvelles, afin que puissions conférer avec messieurs des Etats. Je crois bien qu'il s'en souvient, et qu'il y aura pourvu, étant néanmoins désireux que nous sortions bientôt d'affaires. Je vous supplie le lui vouloir dire. Nous trouvons de très-grandes difficultés ici, et s'ils ne nous aident à les surmonter, y apportant ce qu'ils pourront de leur côté, le succès n'en sera pas bon. Je vous baise bien humblement les mains, et suis, monsieur, votre bien humble et affectionné serviteur,

P. JEANNIN.

À La Haye, le troisième d'octobre 1608.

Lettre de M. Jeannin à M. de Villeroy, du septième d'octobre 1608.

Monsieur, je vous écris ce mot pour accuser la réception des lettres du Roi et des vôtres, du 28 et 29 du mois passé, que le sieur de Ver-
rières nous a rendues le quatrième de ce mois, avec celles aussi qui étoient dans le paquet de M. de Châteauneuf, ensemble le nouveau chiffre. Le courrier Picaut s'en est retourné pour vous avertir du départ des députés des archiducs, et des raisons qui nous avoient mus de le souffrir plutôt que de le conseiller. Vous recevrez encore après d'autres lettres par le sieur de Thurières, qui sont du deuxième de ce mois, avec copie de l'instruction des députés des archiducs, qui a bien fait du bruit et donné sujet d'en discourir de diverses façons, les uns estimant qu'elle a été laissée par M. le président Richardot à dessein, les autres qu'il l'a oubliée, ou bien qu'elle lui a été dérobée : en quoi j'ai eu moi-même diverses opinions, et ne sais encore qu'en penser, combien qu'à considérer tout il y ait plus d'apparence que ledit sieur président l'ait oubliée qu'autrement : j'en attendrai votre jugement. Ledit sieur président nous a priés à son départ de ne point faire leur réponse aux Etats, jusques à ce que nous ayons eu nouvelles de lui que nous attendons de jour à autre. Je ne sais si les archiducs feront difficulté de traiter au nom du roi d'Espagne, car il m'en parla douteusement à son départ. Il a été prié aussi de faire consentir aux archiducs que la trève soit pour dix ans au moins ; s'ils n'accordent les deux, tout se rompra, du moins quant au premier, encore aurons-nous de très-grandes difficultés ; car il est certain que beaucoup de gens travaillent ici et ailleurs pour rompre cette trève, et qu'on n'oublie aucun artifice pour remettre ces peuples en guerre. N'espérez pas que le prince Maurice se change tant qu'il aura quelque espérance de rompre cette trève.

Je travaille de mon côté, et me sers du sieur Barneveld et d'autres qui y ont aussi du pouvoir, et ne suis blâmé, sinon que j'y apporte trop de chaleur au gré de ceux qui la veulent empêcher ; mais je n'en fais pas assez pour contenter les autres. Je serai toujours modéré ou véhément, selon qu'il me sera commandé, car il faut que mon mouvement dépende de celui qui m'est donné. J'espère toujours bien de cette trève, quoique avec crainte, à cause des grandes brigues et partialités qu'on fait au contraire, et crois, après que chacun aura contesté pour faire suivre son opinion, qu'ils ne prendront enfin tous ensemble qu'une même résolution sans se séparer l'un de l'autre ; et c'est à quoi nous tendons, jugeant bien que leur union est du tout nécessaire s'ils se veulent conserver, soit en paix, soit en guerre. L'instruction dont je vous ai envoyé la copie vous apprend l'intention des archiducs et du roi d'Espagne, et qu'en traitant ils veulent séparer du tout cet Etat d'avec nous et l'Angleterre. Or, ils voient bien qu'ils ne le pourront faire par la trêve de laquelle Leurs Majestés doivent être garans; c'est pourquoi je me défie autant qu'elle se rompe de leur côté que de celui des Etats. Vos lettres sont venues trop tard pour faire instance en faveur des députés des archiducs. Ils ne pouvoient plus aussi demeurer ici sans mettre en trop de soupçon les Etats, et nous ôter même le moyen de faire cette trêve, de laquelle nous pouvons plus espérer eux absens que présens, pourvu qu'ils s'y aident. Je vous ai envoyé le projet des articles d'icelle, ainsi que nous l'entendons présenter aux Etats. On m'a dit que l'ambassadeur des archiducs a fait grande plainte au roi de la proposition de cette trêve en la façon que nous l'avons assaisonnée ; mais croyez, monsieur, que si je l'eusse donnée d'autre sorte, elle eût été rejetée à l'instant, sans la mettre en plus longue délibération, et n'eussions fait autre chose que de nous mettre en mauvaise odeur; encore voyez-vous bien que nous ne les y pouvons faire consentir, et que c'est le mieux qu'on en puisse espérer.

Je vous ai pareillement envoyé un écrit que nous devons présenter aux Etats, lequel contient nos raisons pour la trêve, et la réponse aux objections contraires. Je l'avois fait à la hâte, pensant être plus pressé, et y ai beaucoup changé depuis, même en ce qui pouvoit offenser M. le prince Maurice, contre lequel j'étois si aigri lors, pour la résistance ouverte et animeuse qu'il fait contre l'avis du Roi, qu'en ce premier mouvement, je n'étois pas demeuré assez retenu. J'ai estimé n'y devoir aussi rien mettre qui puisse donner quelque défiance aux Etats qu'ils seront abandonnés de Sa Majesté, au cas qu'ils ne suivent son avis; car il y aura toujours assez de temps pour le faire par ci-après si vous me le mandez; puis vous étant maintenant hors l'espérance de l'alliance qui doit servir à la séparation, ainsi que vous me mandez par votre dernière lettre, il faut conserver par-deçà l'autorité et la créance entière à Sa Majesté, sans rien faire qui la puisse diminuer en faveur de gens qui peut-être nous feroient quelque jour du mal. Les Anglois procèdent bien maintenant pourvu qu'ils ne se chargent : il peut bien être que leur maître pense à se rendre chef de tous ceux qui se sont séparés de l'Eglise romaine, car M. Winood a dit depuis peu de jours que le prince de Galles n'épousera jamais une princesse qui ait été nourrie en la religion catholique. On parle aussi du mariage de la fille de l'électeur palatin pour lui, et mis on en considération qu'elle est nièce du prince Maurice, comme si cela pouvoit servir pour eux joindre cet Etat en une plus étroite amitié avec l'Angleterre. M. de Collis dit que l'alliance et union des princes protestans d'Allemagne et des villes, tant de celles qui sont de la confession d'Augsbourg que calvinistes, est fort avancée. La venue de don Pedro a remué bien fort les esprits qui étoient en crainte de notre conjonction avec l'Espagne : elle nuit bien fort aux affaires de ce lieu, et néanmoins je présume qu'il n'en sortira que du vent, et qu'il sera vrai en cet endroit, ce qui a été dit dès long-temps, qu'on n'envoie jamais un ambassadeur solennel et de grande qualité, sinon pour conclure et achever du tout un traité secret qui étoit déjà auparavant bien fort avancé, ou pour tromper. Or il n'y avoit encore rien entre nous, gardons-nous donc du dernier. Nous attendons des nouvelles de Bruxelles, selon que M. le président Richardot nous promit à son départ.

Je prie Dieu qu'il vous conserve, et suis, monsieur, votre très-humble et très-obéissant serviteur, P. JEANNIN.

A La Haye, ce septième d'octobre 1608.

LETTRE *de M. le président Richardot*[1] *à M. Jeannin, dudit jour septième d'octobre 1608.*

Monsieur, je suis merveilleusement affligé d'une chose qui sera déjà venue à votre connoissance; je dis d'un papier qui s'oublia en ma chambre, et qui l'on m'a dit s'être publié par-delà. C'est l'instruction que nous y portâmes, et que j'avois ordonné à un de mes gens de rendre à l'audiencier, ce qu'il oublia, et je fis la faute de ne m'en informer davantage.

[1] Jean Richardot fut président au conseil d'Arras, puis du conseil privé des archiducs à Bruxelles. Il se signala par sa capacité dans plusieurs négociations importantes.

xis que le service de mes maîtres n'y peut être intéressé, et que ceux de delà n'y auront trouvé chose qui les puisse offenser; mais de vrai c'est violer, *u jus hospitii*, et le religieux respect qui se doit aux ambassadeurs, les personnes et biens desquels doivent être en pleine sûreté, et vouloit la raison qu'ils me le renvoyassent plutôt que d'en faire trophée; la honte est mienne dont je me meurs de dépit, et ne sais autre remède que de prendre mon recours à vous, et vous supplier, comme je fais très-affectueusement, d'employer votre autorité pour recouvrer ce maudit papier, et me le renvoyer par ce porteur, que je sais n'être remède suffisant pour éviter mon malheur, mais toujours me sera te partie de consolation. Aussi voudrois-je qu'il vous plût sonder et vous éclaircir s'ils l'ont, ou le veulent publier, car, ou que si, je confesserois ma faute à mon maître, ce qu'autrement je ne ferai et le dissimulerai jusques à ce que j'aie de vos nouvelles; mais pour Dieu ne refusez point ce travail pour un votre très-affectionné serviteur, et, s'il est besoin, en parler et supplier de votre part et de la mienne, et madame la princesse et ces seigneurs, qui verront bien que sera sur moi seul qu'il pleuvra. Et sur cet endroit, je vous baise bien humblement les mains, et prie le Créateur vous donner, monsieur, longue et heureuse vie.

Votre bien humble et très-affectionné serviteur,

Le président RICHARDOT.

De Bruxelles, ce 7 d'octobre 1608.

LETTRE *responsive dudit sieur Jeannin audit sieur Richardot, du dixième jour d'octobre* 1608.

Monsieur, votre instruction est tombée ès mains de M. le prince Maurice, qui, après l'avoir lue et gardée seulement demi-heure, la donna au greffier des Etats qui l'étoit venu demander de la part de l'assemblée générale qui en avoit l'avis, en laquelle elle fut vue et lue à l'instant; puis chaque province en voulut avoir copie, et tout cela fait en deux ou trois heures, avant même que le bruit en fût venu jusques à nous. L'ayant su, j'en eus un très-grand déplaisir pour votre seule considération, bien certain que vous en seriez fâché; car, quant au public et à leurs altesses, il n'y a rien en l'instruction qui puisse donner sujet aux Etats de s'en plaindre, ni de dire non plus que les députés aient procédé autrement qu'en toute candeur et sincérité, et cela doit diminuer votre déplaisir; car je vous peux assurer que le plus grand nombre de l'assemblée en a plutôt été bien édifié que mal. Pour moi, quand je l'ai bien considérée, je n'ai pas été sans soupçon que vous l'eussiez fait à dessein plutôt que par oubliance, et ne suis seul de cet avis. Votre prudence a été reconnue en tant de grandes actions, et par un si long-temps, que votre réputation n'en diminuera de rien, et vous êtes aussi près de grands princes qui sont si sages qu'ils sauront bien considérer que c'est la faute d'un serviteur qui n'est pas excusable en lui, mais en vous qui vous y êtes fié, n'y ayant personne qui ne puisse être trompé de cette façon. Bien vous peux-je assurer que si je l'eusse sçu avant qu'elle eût été publique, j'eusse fait tout mon possible pour empêcher qu'elle n'eût été divulguée; et estime que j'avois d'assez bonnes raisons pour le leur persuader s'ils se fussent voulu rendre capables de les recevoir. J'en ai envoyé la copie à M. de Villeroy, pource que M. Aërsens l'avoit déjà envoyée de la part des Etats à son fils, qui est agent près du Roi. Je ferai demain instance pour la retirer afin de vous la renvoyer, si je la peux obtenir comme je l'espère; mais pour l'avoir d'eux, il n'est pas besoin que vous montriez de la désirer si ardemment. Je n'omettrai rien de mon côté pour faire qu'en receviez contentement. Achevons l'affaire générale, et ce petit inconvénient sera léger.

Je vous baise bien humblement les mains, et suis, monsieur, votre humble et affectionné serviteur,   P. JEANNIN.

A La Haye, le dixième d'octobre 1608.

LETTRE *écrite à M. le président Richardot, au nom de tous les ambassadeurs étant à La Haye, du dixième d'octobre* 1608.

Monsieur, nous espérions à la réception de vos lettres avoir moyen d'achever ce qui a été commencé pour la trève, nous promettant que la réponse de leurs altesses seroit conforme à ce que nous vous avons dit et répété souvent être nécessaire pour en attendre quelque bon succès; mais nous en sommes à présent presque au désespoir, puisqu'elles font difficulté de traiter tant en leurs noms qu'au nom du roi

29

d'Espagne : car, encore que nous sachions bien que ce qu'elles offrent, qui est de faire ratifier ledit sieur roi, est autant en effet que si dès à présent elles s'obligeoient en son nom, les Etats ne le prendront pas ainsi, se souvenant que leurs altesses avoient bien fait la même promesse pour la première trève, et qu'elles ne l'ont toutefois pu effectuer jusques à présent, que dix-sept mois sont coulés depuis; ils croiront à cette occasion ledit sieur roi n'y être disposé, et qu'il ne le sera non plus ci-après, par ainsi que la trève faite de cette façon leur seroit dommageable, et ne serviroit qu'à les tenir en longueur pour les empêcher de donner ordre à leurs affaires, sans que néanmoins ils en tirent aucun fruit. Nous vous avions encore prié de leur faire trouver bon que l'article de la liberté fût expliqué comme il vous fut donné par écrit à votre départ, nous défiant de pouvoir faire agréer ladite trève autrement; et néanmoins vous persistez toujours à ne rien faire de plus que ce qui est contenu en la première trève, qui est moins que ce que vous nous aviez fait espérer, étant tous ensemble chez M. le marquis, et en la présence d'icelui, qui étoit de joindre les mots de notre écrit, qui contient la proposition de la présente trève, avec ceux de la première, en ce qui concerne l'assurance de ladite liberté, qui étoit que les archives traiteroient tant en leurs noms qu'au nom du roi d'Espagne. Or, de remettre les affaires en quelque longueur, il nous est du tout possible, car tous les députés des Etats sont assemblés et en grand nombre, n'y ayant que la seule province de Zélande qui n'a pas encore envoyé les siens; mais ils y sont attendus dans dimanche au soir, et serons contraints d'aller vers eux en leur assemblée générale lundi pour tout le jour; car étant avertis, comme ils sont, de l'arrivée de votre courrier, nous doutons même qu'ils ne veuillent pas laisser passer les deux jours qui sont entrés, sans nous envoyer leurs députés pour apprendre ce que nous avons à leur dire, et craignons aussi qu'après l'avoir entendu ils ne prennent tous ensemble une prompte résolution du tout contraire à ce que nous désirons, et qu'il ne soit difficile ou plutôt impossible de la leur faire changer.

Nous y apporterons, de notre côté, tout ce que leurs altesses suroient désirer du soin, affection et industrie de ministres de rois et princes qui sont très-désireux de faire finir cette guerre, et leur ont commandé bien et pressément d'y faire toutes sortes de bons offices de leur part. Mais vous savez mieux que personne, et M. le marquis en est aussi bien instruit, quand leurs altesses y aideroient de leur côté, suivant la prière très-affectionnée que nous vous en faisons, que nous aurons encore de très-grandes difficultés à surmonter pour obtenir la trève en la forme susdite. Nous sommes très-aises qu'il leur ait plu accorder les dix ans, car il est certain que messieurs les Etats ne se fussent jamais contentés de sept. Nous vous supplions donc de nous renvoyer le plus tôt que vous pourrez, et dans la fin de la semaine prochaine au plus tard, votre dernière résolution; autrement, nous prévoyons que les Etats se sépareront, n'estimant pas qu'ils doivent demeurer la semaine entière à nous faire réponse sur ce que nous avons à leur dire, et de demeurer ici inutiles il nous seroit honteux. Croyez aussi, monsieur, que le temps empire plutôt cette affaire qu'il ne la bonifie, et que les détours qu'on y donne et les longueurs dont on use, ne servent qu'à accroître leurs soupçons et aigrir davantage leurs esprits. Nous nous recommandons très-affectueusement à vos bonnes grâces, et prions Dieu, monsieur, qu'il vous ait en sa sainte grâce.

Vos très-affectionnés serviteurs, les ambassadeurs des rois très-chrétien, de la Grande-Bretagne, de Danemarck et des princes électeurs palatin, de Brandebourg et landgrave de Hessen, et signée de leurs mains.

De La Haye, ce dixième d'octobre 1608, matin.

LETTRE *particulière de M. Jeannin à M. le président Richardot, dudit jour dixième d'octobre* 1608.

Monsieur, votre réponse nous met hors de tout espoir, puisque leurs altesses ne veulent ou ne peuvent traiter tant en leurs noms qu'au nom du roi d'Espagne; car, encore que promettre de le faire ratifier soit une même chose, les Etats ne le prendront pas ainsi quand ils se souviendront qu'il leur fut promis par la nière trève, et que dix-sept mois sont passés depuis sans que ledit sieur roi l'ait voulu faire, au moyen de quoi ils n'en espèreront non plus à l'avenir, et croiront que cette trève, faite ainsi que vous la demandez, ne servira qu'à les tenir en une vaine attente, et pour empêcher qu'ils ne donnent ordre à leurs affaires, laquelle crainte cesseroit aucunement, si leursaltesses traitoient en son nom en vertu de la procuration qu'ils ont de lui, dont les Etats ont copie. Nous ne pouvons tirer l'affaire en longueur, et serons contraints d'aller à l'assemblée générale lundi au plus tard; encore le faudroit-il faire dès demain, n'étoit que nous prendrons prétexte d'attendre les députés de Zélande, qui ne doivent arriver que dimanche; car tous les autres députés des autres provinces sont ici en fort grand nombre, et si désireux de finir cette affaire de quelque façon que ce soit, que je crains bien fort que nous ne les puissions empêcher d'y prendre une mauvaise et prompte résolution; car ceux qui rejettent cette trève, dont le nombre croît tous les jours, auront un grand avantage pour attirer à eux les autres qui sont amateurs du repos, quand nous leurs dirons que les archiducs ne se veulent obliger qu'en leurs noms, et qu'on les veut remettre de nouveau à espérer ce qui leur avoit été promis dès si long-temps et sans effet. Je vous supplie donc, si c'est à bon escient que la trève soit désirée vers vous, que vous surmontiez cette première difficulté, et si leurs altesses ne le peuvent faire, n'en attendre rien, et croyez que tout sera impossible ici. Aussi ne sais-je avec quelle raison nous leur pourrons faire croire que leurs altesses donneront la ratification, puisqu'ils font difficulté d'obliger le roi d'Espagne par le contrat, encore qu'ils aient bonne procuration de lui; car cela montre qu'en leur envoyant la procuration on leur a défendu par instruction secrète de s'en aider.

Je vous supplie donc derechef que nous en ayons leur dernière résolution dans huit jours au plus tard. Il y a encore l'explication de cette liberté, selon que je le vous avois dit, qui n'est en effet que la même chose; mais vous êtes si difficile à tout, que si vous ne la voulez accorder comme je la désire et vous en supplie, pour entreprendre cette affaire avec espoir de meilleur succès, je ne laisserai toutefois de faire tout mon possible, et en espère autant des autres députés, en sorte que leurs altesses n'auront aucune occasion de se plaindre de nous. Vous n'avez besoin de raisons pour être persuadé, après avoir demeuré si long-temps ici; donnez-nous donc le moyen d'achever cet œuvre, ou vous en prenez à vous-même si le succès n'en est heureux, non à nous ni à notre Roi, qui nous le recommande tous les jours avec tant d'affection, qu'on ne peut rien ajouter au soin qu'il en a. Ne tardez point, s'il vous plaît, à envoyer votre réponse, car chacun se veut retirer, et prévois que les Etats seront pour le faire, après avoir rompu sur votre première réponse, si l'autre que nous recevrons avant qu'ils aient pris leur résolution ne nous donne le moyen de renouer l'affaire. Prenez-y garde, s'il vous plaît, et croyez que c'est maintenant qu'il faut faire le dernier effort, hors lequel je n'en espère plus rien. L'adresse de votre lettre n'étoit qu'aux ambassadeurs d'Angleterre et à nous, et j'ai fait ajouter à la superscription, des électeurs et princes d'Allemagne, craignant qu'ils ne fussent offensés de cette omission. J'ai lu moi-même la lettre sans faire entendre, sinon à messieurs d'Angleterre, ce qui étoit de l'autre trève de vingt ans, pource qu'il n'a été à propos de s'en découvrir à présent. Vous ferez donc, s'il vous plaît, l'adresse de cette façon ci-après; et si vous voulez mander quelque chose de particulier, vous le pourrez écrire à messieurs d'Angleterre et à nous aussi, à part ou ensemblement, ainsi que vous aviserez. Je vous baise bien humblement les mains, et suis, monsieur, votre bien humble et affectionné serviteur, P. JEANNIN,

A La Haye, ce dixième d'octobre 1608.

Autre LETTRE *dudit sieur Jeannin audit sieur Richardot, du onzième d'octobre* 1608.

Monsieur, je vous ai écrit par le courrier qui nous avoit apporté votre réponse, laquelle nous met en très-grande peine, je dis ceux qui désirent que la trève soit reçue; car nous n'eussions jamais cru que les archiducs, qui ont bonne procuration du roi d'Espagne, eussent fait difficulté de l'obliger en vertu d'icelle, et de stipuler pour lui, n'y ayant personne qui, à l'occasion de ce refus, puisse rien espérer de la ratification que les archiducs promettront, ni qui s'y veuille fier; aussi ne voyons-nous point de raison pour la défendre et faire croire, considérant le passé. C'est pourquoi, après avoir bien considéré quelle doit être notre conduite pour vous donner loisir de nous envoyer une meilleure réponse, j'estime que nous devons simplement dire que les archiducs donneront les assurances requises pour le point de la liberté, suivant la première trève et notre écrit, et retenir à en déclarer l'explication jusqu'à ce que nous en soyons pressés, vous pouvant assurer qu'aussitôt que nous l'aurons dit tout sera rompu, et que chacun se retirera. Il n'est pas besoin de vous représenter les raisons, puisque avez demeuré si long-temps ici, pour juger ce qu'on doit attendre de telle proposition. Souvenez-vous, monsieur, qu'il n'y a que trop d'autres difficultés à surmonter du côté des Etats, quand vous nous aurez délivrés de celle-ci qui vient de vous, et n'a point de remède ailleurs; mais si vous ne le voulez ou ne le pouvez faire, ne vous attendez plus aux longueurs auxquelles votre première réponse doit faire prendre fin. Je ne vous mande rien encore de votre instruction, mais j'ai opinion qu'à la première que nous en ferons à l'assemblée lundi prochain ils la rendront. La nouvelle dépêche que nous attendons de vous aura, je m'assure, précédé cette lettre; mais, je vous supplie, si elle n'est telle que nous la devons espérer, faites une recharge tôt qui nous puisse donner moyen d'achever ce bon œuvre. Je vous baise bien humblement les mains, et suis, monsieur, votre bien humble et affectionné serviteur, P. JEANNIN.

A La Haye, ce 11 octobre 1608.

LETTRE *de M. de Villeroy à M. Jeannin, dudit jour onzième d'octobre* 1608.

Monsieur, ce Lambert a rempli la cour de brouilleries, et a dit que le prince Maurice, avec tous ses amis et partisans, perdront tous la vie, devant que de consentir à la trève en la forme que vous l'avez proposée et la poursuivez, que son parti est très-puissant: que toute la Zélande ne fera que ce qu'il lui plaira, et que des vingt-sept ou vingt-huit villes ou places qu'il y a en Hollande il n'y en aura que trois qui fassent le contraire, qu'il ne se met en peine des autres provinces, il faut qu'elles prennent la loi des deux premières forcément ou volontairement; que le sieur Barneveld, qui reconnoît cela, reconnoît aussi les fautes qu'il a faites, et recherche maintenant la bonne grâce du prince Maurice par tous moyens possibles; que le sieur Aërsens père fait le semblable, mais que l'un et l'autre avec le sieur Aërsens fils ont trahi et infidèlement servi les Etats, et cela est à présent reconnu du général, duquel ils sont méprisés et haïs mortellement; qu'ils ne sont plus supportés que de vous qui êtes maintenant vu, où vous êtes, d'aussi mauvais œil, depuis que vous avez proposé la trève, que vous étiez auparavant honoré et chéri de tous; que l'on peut croire que Sa Majesté entende que vous vous conduisiez ainsi, pour le préjudice que cela apporte à sa réputation et à ses affaires; que vous n'eussiez proposé et tant affectionné la dite trève, qu'il a appris de la princesse d'Orange que plusieurs villes, voire des Provinces entières eussent levé la bannière de France, et se fussent jetées tout-à-fait entre les bras de Sa Majesté; mais il est très-vrai que ladite proposition a tellement offensé les Etats, et par sur tous la Zélande, que celle-ci est résolue de se donner du tout au roi d'Angleterre plutôt que d'y condescendre; qu'il a été chargé, passant audit pays, de le déclarer ainsi au Roi, lequel s'en est à bon droit fort offensé et indigné. Enfin cet ambassadeur, aussi indiscret qu'impudent, veut que chacun croie que les conseillers de ladite trève sont mauvais serviteurs de la France et du Roi; il diroit volontiers qu'ils sont aux gages du roi d'Espagne. Il lui a été répondu sur cela comme il faut. Il est allé vers M. de Sully, que nous attendons dans quatre jours au plus tard. Ces nouveaux mouvements seront cause qu'il s'avancera, étant certain qu'il faut la guerre contre l'Espagne, de façon que je crois qu'il épousera et favorisera les intentions et desseins du prince Maurice, si la considération de M. le maréchal de Bouillon, qu'il n'aime point, ne l'en détourne, craignant de renforcer le parti de celui-ci. Toutefois j'entends que ledit maréchal n'est à présent en bonne intelligence avec le prince Maurice; mais ce sont choses qui sont sujettes à changement. Il semble, au dire dudit Lambert, que les sieurs de Barneveld et Aërsens père courent fortune inévitable, sinon de perdre la vie, du moins d'être privés de leurs charges honteusement: à quoi Sa Majesté dit qu'il faut que vous preniez garde soigneusement, afin qu'il ne soit trompé au fondement qu'il a fait sur leur rédit et pouvoir, et principalement du premier; de quoi je vous prie de l'avertir, reconnoissant que Sa Majesté en est en peine, comme s'il avoit opinion que vous eussiez trop déféré aux conseils et à ceux dudit sieur Barneveld. Mais je lui ai répondu, et vous l'avez fait, que c'est pour parvenir à la tâche que Sadite Majesté vous a enjointe pour, au défaut de la paix, faire ladite trêve conformément à ses instructions et commandemens, souvent et expressément réitérés; ce qui a été reconnu véritable.

Quand ledit Lambert a vu ne pouvoir disposer Sa Majesté à ses fins, et qu'elle blâmoit constamment la conduite du prince Maurice, présente et passée, il a déclaré au Roi, de la part de celui qui l'a dépêché, que pourvu que Sa Majesté veuille demeurer neutre entre l'Espagne, les archiducs et les Etats, ledit prince Maurice se promet et se fait fort de donner de l'exercice aux deux premiers pour cinquante ans et plus, devant qu'il succombe, protestant à la suite de cela qu'il aime mieux mourir les armes en main que lâchement trahir sa patrie. Bref, il est tout résolu d'empêcher par tous moyens avec ses amis et partials ladite trêve, si leur liberté ne leur est absolument et pour toujours passée ainsi qu'ils ont demandé; mais je crois fermement, quand le dernier point leur seroit accordé, qu'il regimberoit encore. Il est vrai que je ne sais s'il en seroit cru. Or le roi d'Espagne n'est capable de conseil, sa conduite a ruiné les affaires, et notre Roi le blâme et le mésestime grandement. Ce qu'il désire maintenant de vous est que vous mettiez peine d'approfondir ces affaires, pour n'engager son nom plus avant en la poursuite que vous avez entreprise par son exprès commandement, si vous connoissez qu'elle ne doive réussir, ou si elle doit faire naître par-delà plus de mal que de bien. Encore qu'il continue à reconnoître et sentir que la trêve est moins dommageable à tous que la guerre, et partant à désirer l'une plus que l'autre, toutefois le Roi prévoit toutes sortes d'accidens de la désunion de laquelle ces pays sont menacés si le prince Maurice persiste en son dessein: que Sa Majesté estime être meilleur de leur laisser prendre d'eux-mêmes les conseils qu'ils voudront, que d'entreprendre de les faire sages par force; car le roi d'Espagne seul, avec ses adhérens, en profiteroient à la longue plus que tous les autres, ce que Sa Majesté ne désire pas; car, à vous dire la vérité, et j'estime que c'est avec raison, il a très-mauvaise opinion de la foi d'Espagne et consorts.

Nous trouvons un peu étrange ce que vous nous avez écrit par vos lettres adressantes à moi, du vingtième du mois passé, et par vos dernières par Picaut; car il semble que vous ayez toujours espoir de venir à bout de ladite trêve, et néanmoins, si ce qu'a rapporté ledit Lambert est véritable, vous en êtes fort éloigné. L'on infère de là que celui-ci est un grand menteur et infidèle sujet de son prince, ou que vous errez fort en vos jugemens; de quoi le temps et vos lettres nous éclairciront. Sur cela nous concluons donc, si vous connoissez pouvoir obtenir ladite trêve sans renverser sens dessus dessous leur Etat, que Sa Majesté aura à plaisir que vous en continuiez la poursuite ainsi que vous jugerez être nécessaire pour en avoir la victoire, mais, si vous découvrez le contraire, que vous suspendiez toutes choses; et si l'on continue à vous donner sujet de mécontentement, tant pour le respect du Roi que de votre particulier, faites-leur entendre que vous voulez supplier le Roi de vous permettre de revenir, sans toutefois prendre votre fondement et prétexte sur les causes dudit mécontentement, mais seulement sur ce que vous connoissez que votre présence sera dorénavant inutile par-delà. Enfin j'estime que Sa Majesté sera conseillée de ne perdre et du tout désespérer de sa protection le prince Maurice, tant parce que l'on favorise volontiers le parti le plus puissant, et aussi que l'on craint qu'il ait recours à l'Angleterre, et après lui au prince de Galles, et dit-on même que l'on lui pourroit donner la plus âgée des filles d'Angleterre, si l'on le voyoit en train de devenir maître absolu de la Hollande, et de ce qui en dépend; mais ce sont discours lesquels il ne faut mépriser, il ne faut aussi par trop s'y arrêter. Le roi d'Angleterre a proposé à M. de La Boderie qu'il est d'avis que l'on transporte à Calais la conférence tenue jusqu'à présent à La Haye, et que chacun y fasse trouver ses ambassadeurs, afin de redresser les affaires et en faciliter la conclusion au repos. Je ne sais s'il parle sans queue, ce seroit contre la coutume de la nation, mais peut-être aussi suivant son naturel, plus adonné au repos qu'à la guerre. Je n'ai oublié ce que vous nous avez autrefois proposé sur cela. Toutefois, nous défiant de la constance dudit roi d'Angleterre, et plus encore de l'esprit opiniâtre et dur du prince Maurice, nous faisons difficulté de nous embarrasser davantage en ces affaires, même chez nous; car, comme si elles avoient bon succès, la gloire et le gré nous en demeureroient, aussi avenant le contraire nous demeurerions chargés du reproche, et partant plus sujets aux inconvéniens qui en suivroient: joint que notre Roi est certes très-mal édifié du procédé de don Pedro, et de la conduite de son maître, duquel le premier n'a eu aucun avis sur les difficultés qui se présentent par-delà. Il conclut qu'ils sont pleins de mauvaise volonté, d'imprudence, de foiblesse, que Dieu veut les humilier et punir.

Nous n'avons jugé à propos d'écrire la lettre du Roi, adressante à vous et à M. de Russy, dont vous nous avez envoyé un formulaire, parce que don Pedro, ni Peckius, ambassadeur des archiducs, ne nous ont jamais dit consentir que l'article de la liberté fût passé suivant votre écrit; au contraire, le premier a toujours déclaré n'avoir pas seulement pouvoir d'en traiter avec Sa Majesté. Nous faisons conscience aussi de déclarer, étant le point passé en ladite forme, que la liberté desdits Etats est suffisamment assurée pour toujours, car en premier lieu notre jugement, je veux dire celui du Roi, nous dicte le contraire; secondement, nous n'avons pas opinion que notre telle déclaration contente et assure davantage les Etats, au contraire, nous estimons qu'elle ne servira qu'à augmenter leur méfiance et division. Davantage, combien que nous soyons bien contens de leur donner sujet par notre conduite de moins espérer de notre assistance à l'avenir que par le passé, toutefois nous ne voulons pas encore le leur faire dire si avant qu'il est porté par le projet de ladite lettre. Je vous écris ces particularités afin qu'étant informé d'icelles et de nos opinions, comme des discours que nous faisons sur toutes ces choses, vous puissiez mieux prendre vos mesures, et servir au goût du maître, et à votre décharge et contentement. A tant je prie Dieu, monsieur, qu'il vous conserve en bonne santé.

Votre très-affectionné serviteur, et assuré ami,
DE NEUFVILLE.

De Paris, ce 11 octobre 1608.

Autre LETTRE *dudit sieur de Villeroy audit sieur Jeannin, écrite de sa main, dudit jour d'octobre 1608.*

Monsieur, la lettre particulière que vous recevrez de moi en ce paquet, est écrite du chiffre que je vous ai envoyé par La Verrière, que M. de Russy avoit envoyé par deçà, qui partit d'ici le vingt-neuvième du mois passé, l'ayant adressé à M. de Préaux, c'est-à-dire sous sa couverture, pour le faire tomber en vos mains plus secrètement, de la réception duquel je m'attends qu'il ne sera mésavenu, et que vous m'en donnerez avis par vos premières. Je vous ai depuis écrit encore par le sieur de Monceaux, qui a conduit par-delà une voiture; mais nous userons de la dernière suivant l'avis que vous nous avez donné. Ledit Monceaux prit ma susdite lettre le deuxième de ce mois. Je ne dois rien ajouter à mon autre lettre, car je vous ai représenté fidèlement par icelle nos discours et irrésolutions sur les affaires qui se passent en ce quartiers. Nous avons eu avis d'Espagne de la traite de cette armée de mer d'Espagne, laquelle après avoir consommé plus de dix millions d'or et cinq ou six mille hommes qui y sont morts, s'est retirée et séparée sans effet, ce qui n'aide à augmenter la réputation ni les finances et forces d'Espagne. Nous avons perdu aussi le père Ange de Joyeuse; il est décédé à Rivoli, près de Turin, de maladie qui l'a travaillé huit jours, revenant de Rome. Nous allons lundi à Fontainebleau, où se rendra M. de Sully, qui a mis fin à l'assemblée de Gergeau heureusement. Je lui ai envoyé votre dernière lettre apportée par Picaut, qui sera encore porteur de la présente que je finirai, en priant Dieu monsieur, qu'il vous conserve en bonne santé, me recommandant derechef à votre bonne grâce.

Votre très-affectionné serviteur et assuré ami,
DE NEUFVILLE.

De Paris, ce onzième d'octobre 1608.

LETTRE *de MM. Jeannin et de Russy au Roi, du onzième d'octobre 1608.*

SIRE,

Nous reçûmes le jour d'hier des lettres de M. le président Richardot, du septième de ce mois, adressées à tous les députés des rois et princes qui sont ici, selon la prière que lui en avions faite à son départ pour ôter la jalousie, et ne donner aussi sujet de plainte et volonté de nuire aux autres si l'adresse n'en étoit faite qu'à nous. Il y en a encore de particulières, nous les envoyons à Votre Majesté afin qu'elle juge de la procédure des Espagnols, et qu'en fin ils se feront connoître d'un chacun pour vrais trompeurs; et nous craignons, non sans raison, qu'en les favorisant toujours pour obtenir ce qu'ils prétendent, nous ne perdions notre crédit ici. Les archiducs désirent encore tirer l'affaire en longueur, et il n'est raisonnable après tant de délais, ni possible aussi pour la mauvaise opinion que les Etats ont de ceux desquels ils dépendent, chacun jugeant telles longueurs être affectées pour les empêcher de pourvoir à leurs affaires; car les archiducs leur ont fait voir une bonne procuration du roi d'Espagne pour l'obliger avec eux, et néanmoins ils font à présent difficulté de s'en servir, et disent seulement qu'ils s'en feront forts, promettront le faire ratifier, qui est faire connoître qu'il leur est défendu, par instruction secrète, de s'aider de ladite procuration, et qu'elle n'avoit été envoyée que pour gagner temps et abuser les Etats; et quant à la ratification qu'ils promettront à présent, sera comme de celle de la première trève qui est encore à venir, du moins en la forme requise : par ainsi le roi d'Espagne n'étant aucunement obligé, il pourra faire ce que bon lui semblera, et pensera avoir assez fait, s'il souffre l'exécution de la trève en ce qui le touche, sans y contrevenir, ou bien pourra faire pis sans blâme, n'étant point obligé. C'est ce que les Etats prévoient, et que nous devons aussi considérer et craindre pour eux quand ils n'y penseroient pas. puisque Votre Majesté s'y entremet, et qu'elle doit avoir plus de part en tout ce qui se fera qu'aucun autre. Le défaut de cette ratification eût été moins à craindre, si les archiducs eussent voulu traiter au nom du roi d'Espagne, en vertu de la procuration qu'ils ont de lui, pource que ledit sieur Roi n'eût laissé d'être obligé, encore qu'il n'eût ratifié; au lieu que si le traité est fait comme les archiducs prétendent, il n'y sera point tenu du tout, et le traité demeurera en incertitude tant qu'il lui plaira.

Ledit sieur président Richardot avoit assez reconnu, avant sont départ, que ce qu'il requiert à présent de nous étoit du tout impossible; nous le lui avions dit expressément et souvent, et tant lui que les autres députés nous en avoient donné assurance, fors que ledit sieur président, sur son départ, en parla un peu douteusement. Nous ne mettrons toutefois ce point en difficulté, mais désirerions obtenir d'eux un plus grand éclaircissement que celui de la première trève touchant la liberté, s'il eût été possible, dont ils nous avoient encore donné quelque espérance, et maintenant ils rejettent tous les deux. Nous lui avons fait réponse en général, et le président Jeannin en particulier, pour le prier que nous ayons autre réponse des archiducs dans huit jours, autrement qu'ils tiennent tout rompu, et n'espèrent pas que le puissions rétablir après. Nous eussions volontiers différé d'en parler aux Etats jusques vers la fin de la semaine prochaine, pour attendre si quelque meilleure réponse fût venu de Bruxelles, mais chacun sait que nous en avons reçu lettres par courrier exprès. Tous les députés des Provinces sont aussi assemblés en grand nombre, et n'y a d'absens que ceux de Zélande, qui sont attendus dans deux jours; en sorte que tout ce que nous pouvons faire, c'est de différer deux ou trois jours. Nous craignons néanmoins que cette réponse, prise de mauvaise part, ne soit cause d'une rupture entière, et qu'il ne nous soit encore peu honorable de défendre cette façon de procéder, qui semble être pleine de tromperies et artifices. Les affaires étoient bien acheminées, s'ils eussent conjoint notre écrit et les mots de la première trève, ainsi qu'ils nous avoient promis, pour assurance de la liberté, et avions occasion d'en bien espérer, quoique ce n'eût été sans contradiction et difficulté; mais il y a danger qu'à présent, chacun demeurant offensé d'eux, ils se réunissent tous ensemble pour faire le contraire de ce qu'ils désirent.

Votre Majesté voit que les deux mois que don Pedro lui avoit demandés sont écoulés, et qu'il n'y a point encore de nouvelles d'Espagne à Bruxelles. Elle nous commandera, s'il lui plaît, ce que nous aurons à faire au cas que les archiducs continuent de refuser ce que nous avons requis par notre réponse aux lettres de M. le président Richardot, et que les Etats insistent, au contraire, à ne rien faire sans que les archiducs s'obligent au nom du roi d'Espagne, et en vertu de sa procuration; car, encore que nous sachions son intention être que, procurant cette trève, elle a toujours montré qu'elle désiroit fortifier les Etats en ce que le droit seroit de leur côté, sans toutefois se rendre auteur de la rupture, elle verra encore, s'il lui plaît, ce que ledit président nous mande touchant les propos tenus par elle à don Pedro, et à l'ambassadeur de l'archiduc, que nous estimons toutefois n'avoir été proférés si précisément que le contiennent ses lettres. Les archiducs ont, par cette réponse, ajouté trois ans aux sept de la trève, qui, à la vérité, donneront quelque contentement aux Etats. Nous voudrions bien les faire aller jusqu'à douze ou quatorze, comme Votre Majesté montre le désirer par ses dernières lettres; mais ce sont gens si difficiles, qu'encore que nous voyions bien qu'ils ne craignent rien tant que de rompre, on ne peut toutefois rien tirer d'eux, et faut perdre un mois de temps pour gagner un mot ou une syllabe. Par les lettres que ledit sieur président nous écrit en général, il met que les archiducs ont agréable de faire une trêve de vingt ans à la suite de la première, sans répéter les mots concernant la liberté, et nous feroit volontiers accroire que l'ouverture en vient de nous. La vérité est bien que les Anglois et nous étant ensemble, cette proposition fut faite par M. Winood audit sieur président Richardot, pour vingt-cinq ou trente ans, et embrassée par nous tous comme plus avantageuse pour les Etats, qui les eût pu rendre capables de l'accepter; mais on lui dit à l'instant même, voyant qu'il l'approuvoit pour quinze ou vingt ans, que nous ne le pouvions espérer; aussi n'en avons-nous jamais parlé en public, et en lisant la lettre on omit sciemment l'endroit où il en étoit parlé. Nous supplions très-humblement Votre Majesté qu'il lui plaise nous commander au plus tôt son intention, et prions Dieu, sire, qu'il lui donne en très-parfaite santé très-longue et très-heureuse vie.

Vos très-humbles et très-obéissans sujets et serviteurs, P. JEANNIN, et DE RUSSY.

De La Haye, ce 11 octobre 1608.

LETTRE *de M. Jeannin à M. de Villeroy, dudit jour onzième d'octobre* 1608.

Monsieur, je ne connois rien en la procédure des Espagnols. M. le président Richardot avoit consenti, en présence du marquis et des autres députés des archiducs, non-seulement à moi en particulier, mais à tous les autres députés des princes qui sont en ce lieu, de conjoindre les mots de la première trêve avec ceux de notre écrit, pour assurer le point de la liberté, qui est à dire qu'ils traiteroient avec les Etats en qualité, et comme les tenant pour Etats libres sur lesquels ils ne prétendent rien, qui sont les mots de la première trêve, et que, suivant notre écrit, seroit tant en leurs noms que du roi d'Espagne, en vertu de la procuration qu'ils ont de lui, dont je fais expresse mention par le projet de la trêve que je vous ai envoyé; mais au lieu de le faire ainsi, il nous mande, par la dernière lettre que vous verrez, qu'ils veulent simplement suivre ce qui est contenu en la trêve, et sans parler aucunement que les archiducs traitent tant en leurs noms que du roi d'Espagne, et mettre sur la fin qu'ils promettront de donner la ratification et une pareille déclaration du roi d'Espagne dans certain temps. Il me fit bien ce doute peu avant son départ, mais je lui répliquai si rudement, et fis connoître que c'étoit une tromperie qui seroit vue et rejetée d'un chacun, avec blâme de ceux qui la vouloient défendre, que je pensois qu'ils s'abstiendroient par ci-après d'en parler. Aussi n'y a-t-il apparence que les archiducs, qui ont la bonne procuration du roi d'Espagne dont les Etats ont copie, refusent de traiter au nom dudit sieur Roi, et pensent contenter les Etats en leur promettant de lui faire ratifier, car c'est leur ôter l'assurance d'une bonne procuration en vertu de laquelle les archiducs ayant obligé ledit sieur roi, le traité seroit toujours bon à son préjudice, quand même il ne le voudroit ratifier; au lieu qu'on doit craindre, ou plutôt tenir pour assuré, que cette promesse de ratifier sera inutile, et que ledit sieur roi, qui fait à présent difficulté de s'obliger, ne voudra pas plus ratifier par ci-après, attendu que les deux ne sont qu'une même chose.

Je sais bien qu'on dit pour prétexte, que le roi d'Espagne peut couvrir la ratification de l'amitié qu'il porte aux archiducs, et montrer qu'il le fait à leur prière et instance, comme si cela lui étoit moins honteux; mais on en peut montrer autant par la procuration qu'il donnera pour l'obliger. Quand nous pensions avoir surmonté une grande partie des difficultés de ce côté, nous avons rencontré celle-ci, qui est pour rompre tout si les archiducs ne se changent bientôt; et, à la vérité, je ne vois aucun moyen de défendre leur procédure. C'est pourquoi je désire le commandement du Roi et votre avis, non que je ne juge au plus près quelle doit être notre conduite en cet endroit, mais le faire avec certitude de la volonté du maître donne du contentement à celui qui craint de faillir. Je vous supplie donc très-humblement que nous ayons bientôt de vos nouvelles, et cependant je prie Dieu, monsieur, qu'il vous donne en parfaite santé très-longue et très-heureuse vie.

Votre très-humble et très-obéissant serviteur,
P. JEANNIN.

De La Haye, ce 11 octobre 1608.

Lettre dudit sieur Jeannin à M. le duc de Sully, dudit jour onzième d'octobre 1608.

Monsieur, les archiducs désirent la trêve et font ce qu'ils peuvent pour l'obtenir, mais je n'estime pas qu'il soit ainsi du roi d'Espagne. La difficulté qui reste de leur côté est que les archiducs consentent bien de traiter en leurs noms, et se faisant forts pour le roi d'Espagne, avec promesse de le faire ratifier, mais ils ne veulent pas dire qu'ils traitent tant en leurs noms qu'au nom dudit sieur roi, en vertu de la procuration qu'ils en ont, qui est fort bonne et a été vue par les Etats, lesquels en ont copie. Or il semble qu'il y ait peu de différence, et que l'un soit aussi bon que l'autre, et peut-être sans la défiance en laquelle sont les Etats à l'occasion de ce que, par la première trêve, les archiducs firent pareille promesse au nom dudit sieur roi, et ne la purent jamais effectuer, ils s'en pourroient contenter; mais ils croient, si le roi d'Espagne n'est obligé dès à présent, qu'il en fera autant qu'il a fait du passé, et qu'il se contentera, tout au plus, de ratifier spécialement pour le commerce d'Espagne et des Indes, ensemble pour la cessation de tous actes d'hostilité, sans rien exprimer pour la liberté; et entrent encore d'autant plus en ce soupçon, qu'ils savent cette procuration être ès mains des archiducs, s'ils ne s'en veulent aider que c'est pource qu'il leur est défendu; ce qu'étant, ils font ce jugement avec grande raison, qu'ils ne doivent rien attendre de la ratification qui leur sera à présent promise. Et pour moi, je crois que leur conjecture est très-véritable.

Nous ne laissons pourtant de faire ce que nous pouvons pour les persuader, mais je ne sais que répondre pour les assurer contre cette défiance, et suis étonné que les Espagnols ne se laissent vaincre en ceci, qui n'est qu'une pointille, attendu qu'il y a de quoi ès mots qui expriment cette liberté pour dire qu'elle doit finir avec la trêve, aussi bien qu'il y a pour les Etats qui entendent l'avenir pour toujours, selon que l'ai ci-devant écrit, aussi que lui étant loisible de faire la guerre après la trêve finie, l'interprétation dépendra plutôt du succès des armes que des mots du traité. Mais encore qu'ils craignent la rupture de leur côté plus même que ne font les Etats, on ne peut rien obtenir d'eux qu'avec extrême difficulté. Leur refus est sans raison en cet endroit, et contre ce qu'ils nous avoient promis étant encore en ce lieu, et crains, s'ils y continuent, que les Etats ne rompent tout traité inconsidérément et par colère, car ils s'aigrissent tous les jours, et s'offensent de plus en plus par telles procédures. Si les archiducs peuvent, ils surmonteront cette difficulté, sinon ce sera à nous d'essayer à vaincre les Etats, au cas que le Roi le commande et juge raisonnable, ce que je tiens très-difficile en cet article, et espère mieux des autres, quoique rien ne se doive passer qu'avec résistance; mais l'autorité du Roi est de très-grande efficace pour les contraindre à vouloir ce qu'ils ne désirent pas: à quoi les députés d'Angleterre aident à présent à bon escient par émulation, et pour avoir part en la grâce, au lieu qu'auparavant ils y nuisoient sous main. Je reconnois, monsieur, par les lettres du dix-huitième du mois passé qu'il vous a plu m'écrire, que vous pensez cette guerre devoir finir, pource que tous ceux qui y peuvent avoir intérêt montrent le désirer. Cette raison en doit faire juger ainsi comme par nécessité, et néanmoins les parties font tant de difficultés, et s'arrêtent sur des choses de si peu de considération, qu'il y aura toujours de quoi en douter jusqu'à la fin, et vous assure, monsieur, que si vous étiez sur le lieu comme nous, pour voir avec quelle opiniâtreté et passion chacun défend son avis, vous y trouveriez peut-être de quoi suspendre votre jugement. Il me semble néanmoins, comme à vous, monsieur, que l'issue n'en peut être autre, si nous continuons à les presser et forcer de se mettre en repos, comme nous faisons tous les jours, pour suivre ce qui nous a été commandé par Sa Majesté, de laquelle je désire encore le commandement particulier en cet endroit, et de vous rendre très-humble service, comme, monsieur, votre très-humble et très-obéissant serviteur. P. JEANNIN.

A La Haye, ce onzième jour d'octobre 1608.

Propos tenus en l'assemblée générale des Etats par messieurs les ambassadeurs de France, d'Angleterre, de Danemarck, et des princes électeurs palatin, de Brandebourg, marquis d'Anspach, et landgrave de Hessen, le treizième jour d'octobre 1608, M. Jeannin portant la parole.

Messieurs, nous vous avons proposé une trève à longues années de la part des rois et princes qui sont nos maîtres, aux conditions contenues en un écrit qui vous fut présenté dès le vingt-septième du mois d'août dernier, lesquelles conditions nous sembloient si avantageuses pour votre Etat, que nous estimions qu'elles seroient reçues et approuvées d'un chacun, en votre assemblée, avec très-grand contentement. Nous sommes toutefois bien avertis qu'il n'en est pas advenu ainsi, et que cet écrit a excité divers mouvemens en vos esprits, les uns ayant jugé qu'on devoit recevoir la trève comme utile, les autres au contraire, entre lesquels il y a des personnes de grande dignité et mérite envers votre Etat, qui ont fait et font tous les jours, avec grande chaleur et véhémence, tout ce qu'ils peuvent pour la faire rejeter comme si elle devoit être cause de votre ruine; et pour la rendre plus odieuse, ils ont encore ajouté qu'elle avoit été pratiquée par les ruses et artifices de vos ennemis, qui est en effet nous vouloir rendre suspects de quelque mauvaise conduite, puisque c'est nous qui l'avons proposée, ou, pour nous traiter plus doucement, de n'avoir été assez prévoyans et considérés pour nous garder d'être surpris.

Nous ne laissons pourtant de bien sentir de leur zèle et affection envers le public, étant chose assez ordinaire que les gens de bien et sages, encore qu'ils n'aient tous ensemble qu'un même but et dessein, sont néanmoins souvent divisés en opinions et délibérations d'importance; mais nous les prions de faire le même jugement de nous, et croire qu'en proposant cette trève notre intention et désir a été de servir et profiter à votre Etat, non de gratifier vos ennemis. Aussi est-il vrai que les députés des archiducs nous en ont fait de très-grandes plaintes, et déclaré plusieurs fois, ès conférences que nous avons eues avec eux, qu'ils n'accepteroient jamais cette trève aux conditions contenues en notre écrit, qu'ils disoient leur être trop dommageables, et que les archiducs en ont fait dire autant aux deux rois en France et en Angleterre par leurs ambassadeurs, n'y ayant rien qui ait tant aidé à les persuader de recevoir et approuver notre écrit, que d'avoir reconnu ces princes être plutôt enclins et désireux d'y ajouter quelque chose à votre profit, que d'en rien retrancher.

Ils consentent donc maintenant qu'au premier point, qui concerne votre liberté, d'en déclarer autant qu'il y en a en la première trève et en cet écrit, mais n'y veulent rien ajouter davantage, encore que nous les en ayons requis et priés avec très-grande instance pour contenter les plus scrupuleux de votre Etat, nous ayant dit pour réponse qu'ils ne sont obligés à plus, et que c'est aussi tout ce qu'ils ont pu obtenir du roi d'Espagne, encore avec très grande difficulté et après plusieurs refus, son conseil étant plutôt disposé à rompre ce traité que d'aider à le conclure aux conditions par vous requises.

Il nous semble aussi qu'il y a assez pour assurer votre liberté, non-seulement pendant la trève, mais pour toujours, en ce qu'ils vous accordent, étant sans exemple qu'en pareils changemens faits par la force des armes, les souverains, après s'être dépouillés de leurs Etats, aient été contraints de quitter leurs droits honteusement par une confession et déclaration publique, sinon qu'ils soient tombés par quelque malheur ès mains et au pouvoir de leurs ennemis. Or les princes qui le vous consentent ne sont point à vos pieds comme vaincus, ni réduits à cette dernière nécessité de le faire par force.

Les Suisses jouissent encore à présent de leur liberté en vertu d'une simple trève, sans avoir jamais obtenu pareille déclaration à celle qu'on vous offre; et, ès changemens advenus du temps de nos pères en Danemarck et en Suède, le roi Christiern ayant été démis et privé de ses Etats par décret public, les princes qui furent mis en sa place se contentèrent bien de ce décret, sans le contraindre, encore qu'il fût depuis tombé en leurs mains comme prisonnier de guerre, de leur faire cession de ses droits, pensant mieux assurer le titre de leur domination par la jouissance, en se conduisant bien, acquérant et conservant fort soigneusement de grands et puissants princes pour amis, que par tout autre moyen; et par effet ils se maintinrent en leur nouvel acquêt, et ne put le roi, chassé et dépouillé de ses États, jamais recouvrer sa perte, encore qu'il eût pour beau-frère l'empereur Charles V, qui étoit le plus grand et puissant prince qui fût pour lors en la chrétienté.

Et à la vérité vous faites un grand préjudice à votre liberté de la révoquer si souvent en doute que vous faites, en recherchant de vos ennemis le titre d'icelle avec tant de soin et contention, comme si vous ne teniez pas le décret public, en vertu duquel vous en jouissez dès si long-temps, confirmé par le bonheur de vos armes, assez suffisant et valable, sans y ajouter ce que vous prétendez obtenir d'eux, qui sera aussi bien inutile si les mêmes armes avec lesquelles vous avez acquis cette liberté, et la bonne conduite dont vous userez à l'avenir, ne la vous conservent.

Nous ne saurions aussi croire qu'on s'arrête à présent sur cette difficulté, pour estimer que l'explication si expresse qu'on requiert des princes avec lesquels vous traitez soit nécessaire; mais pource qu'on sait bien qu'elle vous sera refusée, ou se veut servir de ce refus comme d'un prétexte plausible pour faire rejeter cette trève, au grand contentement de ceux qui le désirent ainsi, et déplaisir de plusieurs autres de votre État, comme aussi de nous-mêmes, qui la jugeons autant utile qu'eux mêmes et de craindre qu'elle vous soit dommageable. C'est pourquoi nous avons mis par écrit les raisons de notre avis, et la réponse aux objections contenues en quelques écrits qu'on fait courir parmi le peuple, afin que vous les puissiez voir et examiner avec plus de loisir, comme l'importance de l'affaire le requiert.

Après le point de la liberté, qui est le premier en notre écrit, vient celui du commerce des Indes, lequel est aussi accordé; mais les archiducs désirent que temps de trois mois soit donné au roi d'Espagne pour déclarer si sera par hostilité ou de gré à gré, dans lequel temps, si ladite déclaration n'est faite, les choses demeureront comme elles sont de présent, sans qu'à l'occasion des actes d'hostilité qui pourroient être commis ès dits lieux la présente trève soit rompue.

Il n'y a point de difficulté non plus en la jouissance de ce que chacun tient; et quant aux autres articles qui peuvent être ajoutés à la trève pour la commodité mutuelle des uns et des autres, nous en avons pris un mémoire de M. le président Richardot pour le côté des archiducs, et vu aussi le cahier qui contient vos demandes pour la paix, afin d'en extraire et y ajouter ce qui sera jugé à propos pour votre bien et utilité; en quoi nous ne voyons rien qui puisse empêcher le parachèvement de ce bon œuvre si on demeure d'accord des articles susdits.

Pour le regard du temps que cette trève doit durer, les députés des archiducs nous avoient toujours déclaré, avant leur départ, qu'ils ne l'entendoient faire que pour sept ans au plus, mais ils nous ont depuis écrit que les archiducs la consentoient jusques à dix, sur la très-instante prière et instance qui leur en a été faite de notre part. Nous eussions bien encore désiré d'y faire ajouter quelques années de plus s'il nous eût été possible, pource que de cette longueur de temps, et de la paisible jouissance de votre liberté, assistée d'une bonne conduite, doit principalement dépendre votre sûreté, non des mots que vous désirez avec si grand soin faire insérer en votre traité.

Nous vous prions donc de vous conformer à l'avis qui vous est donné de la part de ces princes qui ont un si grand soin de votre conservation, sont très-bien instruits de l'état de vos affaires, et ont une grande expérience pour connoître et discerner ce qui vous doit être utile ou dommageable. Ils savent bien la crainte de ceux qui jugent cette trève ne devoir être exempte de tous dangers et inconvéniens n'être pas vaine, mais ils connoissent bien aussi que les dangers de la guerre seroient encore plus grands de beaucoup, et qu'on peut éviter les premiers par une bonne et sage conduite, au lieu que les autres semblent inévitables; et s'il y a quelque remède pour s'en garantir, il dépend autant du pouvoir et de la volonté d'autrui que de vous-mêmes et de vos propres moyens.

Nous vous exhortons pareillement de ne vous point séparer les uns d'avec les autres, et qu'après avoir défendu vos avis par bonnes raisons, et sans contention et animosité, chacun se laisse vaincre et soumettre en particulier à la résolution qui sera plus communément approuvée, témoignant, par cette prud'homie et sincérité, que vous êtes plus amateurs du bien public et de l'union qui vous a maintenus en prospérité jusques ici, que désireux de faire suivre vos opinions si elles doivent mettre de la division parmi vous, et par ce moyen être cause de la ruine de votre État.

Nous vous dirons aussi en particulier, nous qui sommes députés de la part du roi très-chrétien, être bien avertis qu'aucuns, pour diminuer l'autorité et la créance qui est due aux bons et sages conseils que Sa Majesté vous donne, continuent de faire courir des bruits sourds parmi vous, que la venue du seigneur don Pedro de Tolède, et son long séjour en France, a diminué et changé son affection envers vous, et que cela est cause de la grande poursuite que nous faisons pour obtenir la trêve. C'est une impudente calomnie jetée à tort contre un prince votre vrai ami qui s'est toujours montré tel, sans vouloir entendre à aucune amitié qui fût préjudiciable à votre sûreté et conservation, et continue encore en cette même volonté, pourvu que de votre part vous déferiez autant à ses conseils en la résolution que vous devez prendre sur la proposition de cette trêve, que son affection envers vous et le soin qu'il a de votre bien et prospérité méritent.

Vous vous pouvez souvenir aussi que l'instance et poursuite que nous faisons à présent pour aider à vous mettre en repos, a commencé dès le premier jour que nous sommes arrivés en ce lieu, et qu'après vous avoir dit et répété souvent que ce qui vous seroit le plus utile seroit le plus agréable à Sa Majesté, nous y avons ajouté bientôt après que, nous ayant reconnu l'état de vos affaires, vous ne pouvez prendre un meilleur et plus assuré conseil que de faire la paix à conditions raisonnables, et, si vous ne la pouviez obtenir, qu'une trêve à longues années seroit encore meilleure que le renouvellement de la guerre, et tout cela long-temps avant qu'il fût nouvelle de l'arrivée en France du seigneur don Pedro de Tolède, et par tant d'actions qui ont fait connoître avec certitude l'inclination et désir de Sa Majesté à vous procurer la paix, et au défaut d'icelle la trêve, qu'on nous a plutôt blâmés d'y être trop ardens, que désiré quelque devoir de nous pour y aider. Faites donc cesser et étouffer vous-mêmes ces calomnies et impostures, et témoignez que vous avez de la gratitude et un meilleur sentiment de sa candeur et sincérité; autrement vous lui arracheriez, comme par force, l'affection et le désir qu'il a d'avoir soin de vos affaires.

Écrit fait par M. Jeannin, au nom de tous les ambassadeurs, ledit jour treizième d'octobre, pour répondre à un autre écrit jeté dans les Provinces et parmi les peuples pour leur faire rejeter la trêve, lequel écrit étoit autorisé de M. le prince Maurice, et cet écrit fut mis ès mains de messieurs les États.

Les députés des rois et princes qui sont près de messieurs les États, lesquels, au défaut de la paix, ont, dès le vingt-septième du mois d'août, proposé et mis en avant une trêve à longues années, à certaines conditions contenues en un écrit communiqué auxdits sieurs les États en leur assemblée générale, puis à messieurs les députés des archiducs, avec prière et exhortation aux uns et aux autres de s'y vouloir conformer.

Ayant été avertis que plusieurs, qui sont de l'assemblée des États, la rejettent et condamnent comme si elle devoit être cause de leur ruine; entre lesquels il y a des personnes de grande qualité et mérite, ils ont estimé chose digne de leur soin et affection, de répondre aux raisons qu'on met en avant, tant de bouche que par petits livrets et écrits, et de les représenter à votre assemblée, afin qu'elle puisse mieux choisir, avec prudence et mûr jugement, ce qui est plus convenable à leurs affaires, et doit aussi être plus utile pour leur conservation et le contentement des princes qui sont leurs vrais amis, et n'ont autre but en leurs conseils que de chercher le salut et la prospérité de leur État.

On dit, en premier lieu, que la liberté n'est pas bien assurée, et pour toujours, par les mots contenus tant en notre écrit qu'en la première trêve; et nous répondons, si le zèle de ceux qui sont de cette opinion ne va qu'au public, qu'il y en a assez pour les contenter ; car la liberté n'étant restreinte ni limitée au temps de la trêve, mais accordée en termes généraux et indéfinis, c'est autant que si ces mots *pour toujours* y étoient ajoutés, attendu que c'est un acte qui, de sa nature, ne reçoit temps ni condition, s'il n'est nommément dit et exprimé.

Il faut aussi considérer que ce n'est pas de l'octroi et concession des princes avec lesquels vous traitez que vous devez tenir votre liberté, car vous avez toujours maintenu que vous êtes affranchis de leur sujétion par un décret public et solennel fondé en bonne raison, et que dès lors la prise des armes pour le défendre a été juste et licite, par ainsi qu'on ne vous a pu qualifier, en quelque temps que ce soit, sujets rebelles, ce que toutefois aviendroit s'il falloit rechercher à obtenir d'eux, non une simple concession et déclaration qu'ils vous tiennent pour libres, mais le titre entier et absolu de votre liberté, lequel ne pourroit commencer en ce cas qu'au jour de la concession qui vous en sera faite.

Vous ne devez non plus demander qu'ils vous quittent, cèdent et remettent quelque chose du leur, pource que les souverains ne sont que simples administrateurs de leurs Etats, et ne leur est loisible de les amoindrir au préjudice de leurs successeurs, par quelque traité que ce soit, n'y ayant que la seule force qui leur puisse ôter et faire perdre ce qui leur appartient. Aussi quiconque l'occupe sur eux, soit sujet ou étranger, doit pourvoir à ce que la même force qui le lui a fait acquérir dure pour le lui conserver, du moins par un si long temps, que la possession immémoriale et l'oubliance ou foiblesse de son ennemi l'en rendent vrai maître et seigneur.

Vous n'avez donc à requérir d'eux, sinon qu'ils vous reconnoissent ce que vous êtes sans eux et malgré eux, c'est-à-dire libres, comme un titre et qualité sans lequel, reconnu et avoué, vous n'eussiez voulu traiter avec eux, ni avec autre souverain, quel qu'il soit. Or ce qui est contenu en ladite première trêve et en notre écrit l'exprime si clairement, que personne n'en peut douter avec raison, et, qui plus est, ces mots, ajoutés à la reconnoissance de votre liberté, qu'*ils ne prétendent rien sur votre pays*, seroient même suffisans pour les exclure à l'avenir de tous droits de supériorité et autres quelconques, s'il y a quelque moyen de les quitter et remettre par traité.

Nous fîmes aussi cette déclaration, dès-lors qu'on commença à traiter du point de la souveraineté, qu'il y en avoit assez en la première trêve pour vous maintenir libres au préjudice des archiducs, lesquels avoient fait la reconnoissance y contenue, et qu'on en pourroit autant dire du roi d'Espagne quand il auroit fait la même déclaration, ou ratifié celle desdits sieurs archiducs. Mais nous ayant été dit alors qu'on pouvoit espérer un plus grand éclaircissement, et voyant aussi que plusieurs le désiroient avec ardeur, comme s'il eût été nécessaire pour la sûreté publique, il nous sembla qu'on le devoit tenter, et nous réjouîmes quand vous l'eûtes obtenu, non toutefois quand on consentit de vous quitter les noms, titres et armes ; car cette déclaration, qui nous sembloit honteuse et sans exemple, faite avec si grande facilité par des princes qui n'étoient en état de faire chose indigne de leur grandeur, nous fut dès lors suspecte, ne pouvant imaginer la cause d'une offre si spécieuse, qui depuis nous a été connue.

Mais on objecte, s'il est vrai que les mots contenus en cet écrit soient suffisans pour assurer votre liberté, pourquoi les députés des archiducs font difficulté d'y ajouter l'explication requise. Ils répondent qu'ils ne sont tenus ni obligés à rien de plus, que c'est aussi tout ce qu'ils ont promis au nom du roi d'Espagne, et pu obtenir de lui, encore avec très-grande difficulté, son conseil étant plutôt disposé à rompre ce traité que d'aider à le conclure aux conditions par vous requises ; ainsi qu'on s'en doit contenter sans les presser, outre l'obligation et le pouvoir, attendu qu'en effet il y en a assez, et que ce qu'on prétend y faire ajouter serviroit plutôt pour les offenser que pour assurer davantage votre liberté.

C'est pourquoi nous estimons qu'on fera mieux et plus sagement de s'en contenter, qu'en voulant essayer d'obtenir ce qui n'est pas nécessaire, perdre l'occasion de faire un traité qui vous doit faire jouir d'un bon et assuré repos durant la trêve, et donner aussi l'espérance qu'elle deviendra paix absolue si vous vous conduisez bien.

Si ces raisons ne vous contentent, considérez à qui vous avez besoin de persuader qu'êtes vraiment libres et exempts pour toujours de la sujétion d'autrui. N'est-ce pas aux princes qui sont vos amis et intéressés en la conservation de votre liberté? Or ils vous déclarent, par nous qui sommes leurs ministres, qu'il y en a assez pour leur donner cette créance, et pour contenter même la raison et le jugement de quiconque voudra examiner cette affaire sans passion.

Puis il est certain que les princes avec lesquels vous traitez ne vous mettront jamais en justice pour avoir l'explication de cet article, mais vous feront la guerre, si bon leur semble, après la trêve expirée sans vous en déclarer la cause, ni si c'est comme à sujets rebelles ou comme à justes ennemis; ils ne vous rendront non plus raison de leur victoire si leurs armes sont heureuses, ni vous à eux de la vôtre si l'heur est devers ce côté, mais en userez d'une part et d'autre à discrétion, et ainsi qu'il vous plaira.

C'est donc le sort des armes qui doit être seul arbitre et juge souverain de ce différend, non les mots du traité qu'on interprète toujours au dommage de ceux qui son foibles et vaincus, quoiqu'ils soient couchés si intelligiblement que personne n'en doive douter, et jamais au préjudice de ceux qui ont eu le moyen et la force de prouver la validité de leur droit par les armes.

On dit encore que le roi d'Espagne aura loisir, pendant cette trêve, de faire amas de finances pour renouveler la guerre, quand elle sera finie, avec plus de force et vigueur qu'il ne pourroit à présent qu'il en est épuisé par la longueur de la guerre; mais il avient peu souvent que les grands rois et jeunes, comme est celui-ci, se mettent à thésauriser, étant de leur naturel plus enclins aux prodigalités et dépenses superflues qu'à l'épargne; puis ne vous ayant plus pour ennemis, il en cherchera d'autres qui l'épuiseront aussi bien de finances et moyens que cette guerre-ci; car il commande à une nation fière, ambitieuse et impatiente du repos. Vous, au contraire, qui ne penserez point à vous accroître, mais seulement à vous conserver, vivrez en amitié avec tous vos voisins, et s'il y a grande apparence qu'étant déchargés des dépenses de la guerre, et obligés seulement à l'entretènement de quelques garnisons pour votre conservation, vous éviterez toutes autres dépenses superflues pour acquitter vos dettes, et amasser quelque fonds qui vous puisse servir contre les nécessités de l'avenir, tant pource que le passé vous a enseigné que vous en devez user ainsi, que pour être la coutume des républiques de mettre tout leur revenu à profit.

Aucuns y ajoutent aussi qu'elle lui donnera le moyen de faire des pratiques parmi vous, et d'en corrompre quelques-uns pour vous diviser et enfin assujétir; qu'il y a déjà des semences de division entre les provinces et les villes, même l'une contre l'autre, que l'oisiveté et le repos feront croître, au lieu que, durant la guerre, la crainte des ennemis tenoit un chacun en devoir, union et amitié. Ce mal peut arriver, et est sagesse de le craindre et prévoir pour s'en garantir, non pour le mettre en si grande considération qu'il faille perpétuellement demeurer en guerre pour l'éviter; et néanmoins c'est le vous conseiller que de vous vouloir persuader de rejeter la trêve à cette occasion; car la guerre ne peut jamais finir à votre avantage par une victoire absolue contre un ennemi si puissant que celui auquel vous avez affaire; et vous ne sauriez non plus penser, en quelque temps que ce soit, à vous mettre en repos, soit par la paix ou par la trêve, que vous n'y rencontriez toujours la crainte des mêmes dangers et inconvéniens, et encore plutôt en paix qu'en trêve, d'autant que la paix entière et perpétuelle a presque toujours pour compagne une grande sécurité qui nous rend nonchalans, et par ainsi exposés à toutes sortes d'embûches, surprises et périls; au lieu que la crainte de rentrer en guerre lorsque la trêve sera finie, vous doit servir d'un poignant aiguillon pour vous contraindre à demeurer bien unis, et tenir ensemble toutes les pièces de votre Etat. Elle vous doit rendre aussi plus soigneux, vigilans et affectionnés à contribuer ce qui sera requis pour votre conservation, et vous tenir pareillement en plus grande défiance des princes qui pourroient devenir quelque jour vos ennemis; c'est pourquoi il y a des gens sages, et affectionnés à votre Etat, qui jugent cette voie du milieu entre la guerre et la paix, qui est la trêve, vous devoir être plus utile et assurée que le changement tout à coup d'une extrémité à l'autre.

davantage, quand on considère la constitution de votre Etat, et que corrompre peu de gens parmi vous ne sert de rien, à cause du changement fréquent des magistrats, qui ôte le moyen de s'attacher à plusieurs ensemble qui aient une puissance d'assez longue durée pour conduire quelque trame contre l'Etat, telle crainte semble du tout vaine; ajoutez encore l'amour de la liberté, empreint ès esprits de vos habitans, y ayant à présent peu de personnes qui soient nées du temps de l'ancienne sujétion, ou qui n'aient été nourries et élevées par un si long temps en liberté, qu'ils n'aient en horreur le nom de servitude, et vous jugerez qu'il n'y en a un seul en votre Etat qui veuille ou ose ouvrir la bouche pour vous y faire retourner, sans se mettre en danger d'être à l'instant puni comme traître et ennemi de son pays.

Ce péril des pratiques et corruptions seroit bien plus à craindre durant la guerre, si quelque mauvaise fortune vous arrivoit, laquelle seule feroit un plus grand changement en votre Etat, et ès volonté de vos peuples en un moment, que les pratiques de plusieurs mois et années à l'endroit de quelques particuliers; car lors chacun voudroit sortir du danger en confusion, et sans consulter en commun, avec choix et jugement, ce qui seroit utile pour l'Etat. Ils se plaindroient aussi lors tous, mais trop tard, de leurs supérieurs, qui auroient eu le moyen de les mettre en quelque assuré repos, et néanmoins en auroient trop inconsidérément rejeté le conseil.

Il y en a aussi qui mettent en avant, non sans raison, que cette trève ne peut être assurée si on n'entretient un bon nombre de gens de guerre pour la conservation des places frontières et autres où il sera bon tenir garnison, et, toutefois, que le peuple, ne voyant plus aucun ennemi à découvert, fera difficulté de contribuer ce qui est requis; par ainsi la solde et les gens de guerre venant à défaillir, tout y sera à craindre. Il est nécessaire à la vérité de pourvoir à cet inconvénient avant ou du moins au même temps qu'on fera la trève, et de régler dès lors les garnisons, comme aussi d'obliger les Provinces, par serment solennel et décret public, à contribuer leurs cotes tant que la trève durera; à quoi on les pourra mieux disposer, n'y ayant que trève, que si la paix étoit faite comme il a été dit ci-dessus.

Ils ajoutent encore, s'il est vrai ces grandes garnisons être nécessaires, que la trève ne diminuera en rien vos dépenses, et par ce moyen vous sera inutile; mais on répond qu'elles ne peuvent être si grandes que vous ne fassiez épargne de plus d'une moitié, avec ce que vous éviterez les dangers de la guerre auxquels seriez exposé si n'étiez assistés d'un grand secours outre vos propres moyens, et tel dont vos députés nous ont souvent remontré qu'aviez besoin, quand il ne vous faudroit même que soutenir la guerre sans entreprendre sur vos ennemis, qui est toutefois un commencement de foiblesse auquel si vous étiez réduits, on n'en pourroit attendre autre chose que la perte de votre Etat en peu d'années.

On allègue encore pour raison l'avis de Lipsius[1], contenu en une sienne épître qu'on fait courir maintenant partout, pour montrer que lui, homme sage, affectionné à vos ennemis, et leur sujet, conseilloit de faire des trèves avec vous pour vous ruiner; mais il entendoit de celles qui sont pour peu de temps, et qui devoient servir de préparatifs pour vous faire devenir sujets; car on ne parloit point lors de vous reconnoître pour libres, et de vous exempter du tout de cette ancienne sujétion. Aussi ne pouvoit-il prévoir que vos armes dussent être si heureuses que de vous donner le moyen et pouvoir de traiter avec tel avantage, ni pareillement que deux grands rois, vos voisins et plus proches de vous que ceux qui pourroient avoir le désir et la force pour vous nuire, se dussent obliger envers vous pour rendre cette trève assurée et inviolable, qui sont des considérations de grand poids, et qui sans doute lui eussent fait changer d'avis.

---

[1] Lipse (Juste), savant critique du 16e siècle. A neuf ans il fit quelques poëmes, à douze des discours, et plus tard un grand nombre d'autres ouvrages. Il voyagea dans plusieurs contrées de l'Europe, et adopta constamment la religion du pays où il se trouva. Tour-à-tour catholique, luthérien, calviniste, cette versatilité, qui dans tout autre seroit au moins une inconséquence, étoit système chez lui, et une conséquence du principe qu'il établit dans son *Traité de politique*. On y lit qu'il faut exterminer par le fer et par le feu ceux qui sont d'une autre religion que celle de l'Etat, afin qu'un membre périsse plutôt que tout le corps. Ce savant mourut à Louvain en 1606.

Puis les exemples allégués par lui pour fortifier son opinion en ont tant d'autres contraires, que ce ne seroit pas prudence de les tenir pour règles infaillibles d'Etat.

Vous vous pouvez sur ce sujet souvenir du traité de Gand, fait en l'an 1576, qui fut très-mal gardé, et néanmoins si utile à la province de Hollande, qu'ayant loisir de cinq ou six ans pour établir quelque forme de gouvernement entre eux, et acquitter leurs dettes, elle se mit en état de soutenir le faix de la guerre qui tomba sur elle après que les provinces de Flandre et de Brabant eurent été subjuguées; ce qu'elle n'eût pu faire si les ennemis, occupés à démolir ce rempart qui étoit devant eux, se fussent attachés tout à coup à leur pays.

L'exemple des Suisses sert aussi pour confirmer le conseil que nous vous donnons, qui est d'accepter cette trève; car eux, s'étant élevés contre leurs seigneurs pour causes presque semblables que vous, après avoir soutenu l'effort d'une longue et périlleuse guerre avec divers événemens, prirent ce conseil de la faire finir par des trèves qu'on leur offroit à conditions beaucoup moins avantageuses que celles qu'on vous présente, et que nous vous conseillons, pendant lesquelles ils établirent un si bon gouvernement entre eux, qu'on ne leur fit depuis jamais la guerre, ayant expérimenté avec grand profit que les trèves, après une longue guerre, se convertissent ordinairement en paix perpétuelle sans autre traité, d'autant que les souverains qui sont contraints de souffrir quelquefois la perte de ce qu'ils ne peuvent conserver, aiment mieux s'accommoder à telles surséances et cessations d'armes, qui laissent quelque opinion ès esprits d'un chacun qu'ils pourront encore recouvrer à l'avenir ce qu'ils ont perdu, que de le quitter du tout par une paix absolue qui les assujétit à cette honte et nécessité de confesser et reconnoître qu'il y a de la lâcheté en eux, et mauvaise conduite en leurs affaires, ou de la foiblesse en leurs Etats.

Or vous pouvez espérer de jouir du même bonheur si vous êtes sages; car s'ils ont eu pour eux des commodités et avantages qui ont détourné leurs ennemis de renouveler la guerre contre eux, à savoir un grand nombre de bons hommes chez eux pour se défendre, sans qu'ils aient eu besoin d'en emprunter d'autrui, des montagnes qui les enferment pour la plupart, rendent leur pays inaccessible, pauvre et situé en plusieurs endroits, qui diminue l'envie d'entreprendre, et de rechercher un petit parmi de grands périls, vous avez aussi de votre côté la mer, et de grands fleuves navigables qui vous enferment presque de toutes parts, grand nombre de navires, de pilotes, mariniers et matelots, qu'on peut dire être les meilleurs soldats pour les combats de mer qui soient aujourd'hui en la chrétienté, avec lesquels vous conserverez la vigueur militaire et l'industrie de naviguer, par le trafic et la continuation des longs voyages qu'ils pourront faire comme de coutume. Or c'est de tels soldats qu'avez vous grand besoin, ayant égard à la situation de votre pays; et quant aux auxiliaires, s'il en faut ajouter, vous savez chez qui les prendre, outre ce que vous avez un fonds et revenu ordinaire qui peut suffire pour les entretenir sans l'aide d'autrui, après que vous aurez eu quelque loisir de respirer et d'acquitter vos dettes. Joignez à tout ce que dessus la bienveillance et amitié de grands princes, qui sont tellement intéressés en la conservation de votre liberté, qu'ils auront toujours soin d'empêcher votre ruine, soit en vous aidant de forces au besoin, ou vous assistant de leurs conseils en la conduite de vos affaires, pour des considérations qui doivent durer non-seulement pendant la trève, mais après, en quelque temps que ce soit.

Nous savons bien qu'on publie, contre cette dernière raison du secours d'autrui, que les amis peuvent changer de volonté, et que la trève finie, leurs affaires pourront être en tel état qu'ils n'auront le moyen de vous secourir, quand bien ils en auroient la volonté. Les hommes ne peuvent pas à la vérité juger de l'avenir avec certitude, mais la prévoyance, qui dépend de la raison, nous doit donner ce sentiment, et faire croire aussi que vous, messieurs, qui avez tant dépendu, travaillé et couru de périls pour acquérir la liberté, la sûreté et réputation de votre Etat, aurez encore le même soin, la même prudence, la même foi et intégrité les uns envers les autres, pour vous conserver et garder un si précieux acquêt, plutôt que de vouloir présumer que vous deviendrez méchans et ennemis les uns des autres pour vous déchirer, défaire et ruiner, et par ainsi que cette trêve vous sera profitable, au lieu être cause de votre ruine.

Ne vous arrêtez donc point à ces écrits qu'on fait semer parmi vous pour la faire trouver mauvaise : c'est en votre assemblée, et au lieu auquel on traite des affaires publiques, qu'il faut dire son avis, et représenter de bonnes raisons pour se faire suivre ; car tout ce qu'on fait ailleurs est dangereux, et ne peut servir qu'à émouvoir le peuple contre leurs magistrats et supérieurs sans profiter au public.

On leur a même voulu faire croire par quelques-uns de ces écrits, pour les induire plus aisément à rejeter la trêve, qu'elle avoit été produite par l'artifice et finesse de vos ennemis ; et toutefois, elle vient des rois et princes qui sont vos maîtres, lesquels sont tant affectionnés à la conservation de votre Etat, que personne ne les sauroit devancer en ce soin et désir de vouloir vous procurer du bien : ils sont aussi reconnus pour être si sages et considérés, qu'il n'auroit pas été aisé de les surprendre, ni de leur faire mettre en avant de mauvais conseils au lieu de bons et utiles.

Nous ne sentons point mal pourtant de l'intention et du zèle de ceux qui donnent tels avis ; car il y en a qui ont donné si grande preuve de leur foi et affection envers votre Etat, qu'on n'en doit aucunement douter ; mais il ne fut jamais que les gens de bien et sages n'aient été sujets à se diviser en opinions, encore qu'ils n'aient qu'un même sentiment accompagné d'un bon et louable désir de profiter à leur pays. Nous les prions aussi de faire le même jugement de nous, et votre assemblée, qui doit délibérer du salut du public, de choisir en cette diversité l'avis qui sera fortifié des meilleures raisons sans y apporter autre préjugé ; étant néanmoins bien requis, qu'outre les raisons par nous déduites, vous en représentiez d'autres que la prudence et la considération de votre intérêt veulent que nous laissions au pensement d'un chacun en particulier, sans les exprimer par cet écrit ; autrement ceux qui tiennent l'avis contraire, auxquels il est permis de dire tout sans faillir contre l'Etat, auroient un trop grand avantage, et vous ne seriez suffisamment informés pour y prendre une bonne résolution.

Nous ajouterons encore ce mot pour conclure notre avis, que s'il y a des dangers et inconvéniens en la trêve, comme il y en peut avoir, ceux de la guerre, qui seront encore plus grands, sont aussi plus à craindre, attendu que vous pouvez éviter les premiers par une bonne et sage conduite, puisque le remède est en vos mains, au lieu que les autres semblent inévitables ; du moins est-il bien incertain que le moyen de s'en garantir dépend d'autrui, non de vous, ce que vous devez sagement considérer, et que vous rencontrerez malaisément par ci-après, en quelque temps que ce soit, tant de commodités ensemble pour sortir avec avantage de cette guerre qu'à présent. Les archiducs sont princes qui aiment le repos, et d'une foi entière pour garder sincèrement ce qui vous sera promis. Le roi d'Espagne est induit, à leurs prières, de vous accorder des conditions plus avantageuses qu'il ne feroit sans eux. Vous êtes aussi assistés de la bienveillance de deux grands rois dont la considération et le respect servent de beaucoup pour y apporter de la facilité ; au lieu que le temps peut faire naître des accidens et changemens ès affaires et volontés, qui soient cause de produire des effets du tout contraires.

Lettre *de M. le président Richardot à tous messieurs les ambassadeurs, du seizième d'octobre* 1608.

Messieurs, je ne reconnois que trop l'humeur de ceux avec lesquels vous traitez, et si je sais que vous n'y pouvez tout ce que vous voudriez ; mais pour cela ne laissé-je d'espérer qu'ils s'accommoderont à ce que leur représenterez et jugerez être raisonnable ; et sur cette créance, monseigneur l'archiduc, mon maître, persiste à vous requérir et moi à vous supplier et conjurer, que vouliez les induire, s'il est aucunement possible, à se contenter des mêmes mots et termes de la première trêve. Les raisons qui à ce nous meuvent sont celles reprises en mes précédentes, vous affirmant sur mon honneur qu'il n'y en a pas d'autres. Aussi est la promesse de ratifier de même effet que les mots *au nom du Roi* qu'on voudroit ajouter à ceux de la première trêve, et où la chose ne pourroit s'achever en cette sorte, au moins qu'on patientât jusques à ce que nous ayons nouvelles d'Espagne, qui est ce dont son altesse vous requiert, et que pour l'amour d'elle vous ne vous fâchiez de l'incommodité que vous apportera ce peu de retardement; et sur cet endroit me recommandant bien humblement à vos bonnes grâces, je prie le Créateur de vous donner à tous, messieurs, longue et heureuse vie.

Votre, etc. Le président RICHARDOT.
De Bruxelles, ce seizième d'octobre 1608.

Autre LETTRE *dudit sieur président Richardot auxdits sieurs ambassadeurs, du même jour.*

Messieurs, par la lettre ci-jointe nous persistons au contenu en mes précédentes; et comme je pensois dépêcher ce porteur, son altesse s'est résolue de s'ouvrir et élargir davantage, et en premier lieu vous dire que la vérité est qu'il n'y a autres raisons, sinon celles touchées par mesdites précédentes, et qu'elle n'excéderoit les termes de la première trève, qui en France et en Angleterre sont jugés plus que suffisans. Vous l'obligerez beaucoup et la mettrez en grand repos, si vous pouvez le faire ainsi passer, ou du moins tenir en pied la négociation jusques à ce que la réponse d'Espagne nous arrive. Et toutefois, plutôt que rompre, ou que vissiez apparence de nouvelle altération, elle se contente qu'aux mots de ladite trève première vous y ajoutiez le nom du Roi, c'est-à-dire que lesdits sieurs archiducs, tant en leurs noms qu'au nom dudit sieur Roi, ont déclaré et déclarent, selon qu'ils ont fait par le traité de trève du vingt-quatrième d'avril 1607, qu'ils sont contens de traiter avec lesdits sieurs Etats-généraux des Provinces-Unies, en qualité et comme les tenant pour pays, provinces et Etats libres sur lesquels ils ne prétendent rien; je dis si la pratique ne se peut autrement dilayer, car elle s'en remet à vous. Ores que ce lui seroit fort agréable qu'on pût faire quelque chose pour sa satisfaction, mêmement où le parti contraire n'y seroit en rien intéressé; toutefois, elle s'est disposée à ce que vous avez désiré, et le pourrez ainsi proposer, si vous jugez qu'on ne puisse le faire autrement. Elle vous salue de bien bon cœur, et non sans reconnoître l'obligation qu'elle vous a; et de ma part, je vous baise bien humblement les mains, et prie Dieu de vous donner, messieurs, ce que vous désirez.

Votre, etc. Le président RICHARDOT.
De Bruxelles le seizième d'octobre 1608.

LETTRE *dudit sieur président Richardot à M. Jeannin, dudit jour seizième d'octobre 1608.*

Monsieur, mon maître est si bon, qu'aussitôt qu'il fut averti de la perte de ce maudit papier, au lieu de me châtier, il m'a bénignement consolé, et après, ayant voulu voir la minute, s'est réjoui que cette disgrâce est avenue, pource que par la lecture dudit papier l'on verra avec quelle sincérité y a procédé, et à la confusion de ceux qui pensoient en faire leur profit. Tant y a que ces messieurs en ont très-mal usé, et peu considéré le respect qui se doit à personnes publiques, et qu'ils n'auront pas grand honneur de l'avoir publié comme ils ont fait. Comme qu'il en soit, je vous suis infiniment obligé de la courtoise lettre que vous m'en avez écrite, qui de vrai ne m'a pas été de peu de consolation, et vous en remercie de tout mon cœur, en me recommandant très-affectueusement à vos bonnes grâces, et priant le Créateur vous donner, monsieur, ce que vous désirez.

Votre, etc. Le président RICHARDOT.
De Bruxelles, le seizième d'octobre 1608.

Autre LETTRE *dudit sieur Richardot audit sieur Jeannin, du même jour.*

Monsieur, vous trouverez en ce paquet deux lettres, l'une avec superscription, l'autre sans. En la première nous persistons, ou à suivre les mots d'Espagne la première trève, ou à attendre réponse d'Espagne en conformité de mes précédentes. L'autre est à vous et à messieurs d'Angleterre, n'est que tout viez convenir qu'elle soit aussi commune à messieurs d'Allemagne, auquel cas vous pourrez la faire fermer, y mettre la superscription, et les faire comprendre. Elle vous informera de la résolution de son altesse, qui de vrai eût bien voulu, comme nous tous, que l'on eût pu passer par l'une des deux trèves que je vous avois écrite, et lui seroit nouvelle fort agréable que ces messieurs se fussent contentés de celle que vous devez leur avoir proposée lundi dernier, ou de celle de vingt ans que vous leur proposerez, si vous n'y voyez inconvénient; car elle s'en remet à vous, et se contente que vous en veniez à l'autre s'il ne se peut faire autrement, ou qu'il ne puisse se dilayer jusques à ce que nous ayons réponse d'Espagne. Par la lettre, je mets les mêmes mots de votre écrit, outre tant sans faire semblant le mot *reconnoissans*, que je vous prie faire passer sans que les autres s'aperçoivent que vous en fassiez difficulté, comme m'assure que vous ne ferez, puis qu'il n'est en la première trève, et que vous et messieurs d'Angleterre ne demandez, sinon l'ajoute du nom du Roi, et en somme tout doit venir de vous, et par votre prudente direction, qui saurez bien s'il se peut trouver le moyen de donner quelque goût à mon maître, sans léser le parti contraire, et encore plus tant plus que y voyez porter l'inclination de votre Roi et de ses ministres. Mettez-y donc la main, nom de Dieu, et ne vous étonnez de la dureté de ces gens-là, qui à la fin devront vouloir ce que le roi votre maître voudra ; mais surtout n'oubliez à prendre long terme pour la ratification. Son Altesse m'a commandé vous saluer affectueusement de sa part, à qui j'ai montré votre lettre qui arriva hier, et n'est pas méconnoissante de la peine que vous prenez, et du soin que vous avez de cette affaire. Et pour moi, je vous baise bien humblement les mains, et prie le Créateur vous donner, monsieur, sa sainte longue et heureuse vie.

Votre, etc.   Le président RICHARDOT.
De Bruxelles, le seizième d'octobre 1608.

LETTRE *de messieurs les ambassadeurs audit sieur Richardot, du vingtième d'octobre* 1608.

Monsieur, vos deux lettres nous furent rendues le dix-huitième de ce mois sur les trois heures après-midi. Nous avions déjà été dès les dix heures du matin en l'assemblée générale des Etats, ainsi avant que les avoir reçues, pressés de ce faire par plusieurs instances qui venoient d'eux, et du désir d'entendre l'explication de ce que nous leur avions dit en termes généraux le troisième jour de ce mois, touchant l'intention des archiducs au point de la liberté, les uns ayant déjà quelque sentiment qu'ils se vouloient bien faire forts pour le roi d'Espagne, mais non l'obliger dès à présent, ce que toutefois le plus grand nombre de l'assemblée n'estimoit pas suffisant. C'est pourquoi nous eussions volontiers attendu votre seconde réponse, que nous espérions devoir être meilleure, avant que nous en déclarer. Rien ne fut toutefois omis de notre côté pour leur persuader que l'obligation qu'on leur offroit étoit de même sûreté que l'autre ; mais nous fûmes bientôt avertis qu'ils n'en étoient ni satisfaits ni persuadés : on leur donna par même moyen les articles de la trève pour les voir et considérer. Or, vos lettres étant arrivées le même jour, il nous sembla d'un commun avis que, sans plus différer, il falloit aller à leur assemblée pour leur dire ce qu'elles contenoient, et par ce moyen apaiser, du moins amoindrir autant qu'il nous seroit possible, le mécontentement qu'ils avoient reçu des premières ; mais il ne put être fait ledit jour, pource qu'ils n'étoient assemblés, ainsi remis au lendemain sur les onze heures du matin. Nous étions assurés de ne rien faire avant vos dernières lettres, et maintenant en quelque espérance que cette recharge aura profité envers eux. Nous voyons bien néanmoins qu'il y a encore des difficultés en cet article que nous aurons assez de peine à surmonter ; mais nous y apporterons très-volontiers tout ce qui peut dépendre de notre soin et devoir suivant le commandement des rois et princes qui nous ont envoyés ici pour y servir. En cette volonté nous vous baisons bien humblement les mains, et prions Dieu, monsieur, qu'il vous maintienne en tout heur et prospérité.

Les ambassadeurs de France, d'Angleterre, de Danemarck, et des princes et électeurs du Saint-Empire, et signé de leur main.

De La Haye, ce vingtième d'octobre 1608.

Vos, etc.

LETTRE *particulière de M. Jeannin audit sieur président Richardot, dudit jour vingtième d'octobre* 1608.

Monsieur, vos lettres nous ont été rendues le dix-huitième à trois heures du soir. J'envoyai prier au même instant les députés d'Angleterre de venir en notre logis pour conférer ensemble sur le sujet d'icelles, les reconnoissant poussés de même affection que nous à faire cette trève. Or vous voyez, monsieur, par les lettres qui vous sont écrites en commun, que nous avions été le jour même sur les dix heures du matin en l'assemblée générale des Etats, pressés par eux de le faire avec si grande instance, que nous n'avions pu prendre le loisir d'attendre votre seconde réponse, quoiqu'il fût jugé par nous tous fort nécessaire, où nous leur fîmes entendre bien particulièrement l'intention de leurs altesses touchant l'obligation au nom du roi d'Espagne, leurs raisons, et que, se faire forts pour lui avec promesse de le faire ratifier, étoit autant que l'obliger dès à présent ; mais nous connûmes bien que les plus affectionnés même à cette trève n'en étoient pas contens, et n'espéroient aucunement de le pouvoir faire accepter de cette façon, en sorte que votre seconde dépêche étant venue, lesdits sieurs députés d'Angleterre et nous, prîmes avis de voir dès le soir même les Etats, sur ce qu'on nous avoit avertis que la plupart des députés devoient retourner en leurs maisons pour y délibérer avec ceux qui les avoient envoyés sur notre proposition et les articles de la trève que nous avions donnés par même moyen. Mais celui qui présidoit ne s'étant trouvé en son logis pour les faire assembler, il fut remis au jour d'hier sur les onze heures du matin, où lesdits sieurs députés d'Angleterre, ceux d'Allemagne et nous, nous sommes trouvés ensemble, et y avons dit tout ce qu'il nous sembloit nécessaire pour les induire à recevoir cette trève, sans plus y apporter aucune difficulté; à quoi nous continuerons de travailler avec soin et affection pour en rendre le succès heureux, selon qu'il nous a été commandé par notre Roi.

J'ai suivi entièrement le projet et les articles qui vous furent donnés au logis de M. Spencer avant votre départ : c'est celui même aussi qui a été donné aux Etats, fors que le mot *reconnoissans* y a été omis, ainsi que vous l'avez désiré, comme nous ferons tout devoir de notre côté. Je vous supplie de toute mon affection que si quelque autre nouvelle difficulté survient, que vous apportiez aussi le même soin et la même affection et volonté pour la faire cesser du vôtre. Nous presserons maintenant de moment à autre pour trouver la fin de cette affaire qui a déjà trop duré, et tiendrons notre travail bien employé si le succès en est bon. Je suis bien aise que son altesse n'ait point été courroucée contre vous à cause de la perte de votre instruction : peut-être aussi l'avez-vous laissée pour la faire voir, et puisqu'il y a des conjectures pour en juger ainsi, il n'est pas mal à propos que vous aidiez à le faire croire; mais quoi qu'il en soit, il n'y a point de dommage pour vos maîtres. J'ai fait instance pour la retirer des Etats qui me l'ont accordée, mais cette courtoisie vient trop tard pour l'estimer beaucoup. Je vous baise bien humblement les mains, et suis, monsieur, votre, etc.

P. JEANNIN.

A La Haye, ce vingtième jour d'octobre 1608.

LETTRE *de monseigneur le prince Maurice, écrite aux Villes pour les dissuader de faire la trève, du vingt et unième d'octobre* 1608.

Messieurs, par notre précédente du vingt-unième septembre dernier, nous vous avons, suivant le devoir de notre charge, avertis de ce que vous avez pour votre conservation à considérer et faire en cette proposée négociation de la trève; et combien que nous ne doutions pas ou vous aurez notre fidèle admonition comme faite à votre bien, à bon escient entendu et reçu, aussi sur ce que sur cette négociation vous pourroit plus rencontrer comme bons patriotes avisé, et que partant ne fût pas besoin vous quant à cela en outre informer et exhorter, toutefois, puisque les seigneurs ambassadeurs, leur nouvelle proposition, aussi ont délivré un grand cours, non seulement pour leur première proposition vingt-septième d'août dernier sur l'affaire de la trève faite avancer, mais aussi pour notredite lettre réfuté, en après vos bonnes résolutions sur ce prises énergiques, laquelle fin leurs seigneuries y ajoutent force raisons cieuses, et néanmoins confessent qu'à l'encontre beaucoup de raisons fort remarquables, tellement que sincère amateur de la patrie a droit est ému pour lui contr'ouvrir son opinion, de tant plus pource que sieurs ambassadeurs ne peuvent être pleinement gnées de la constitution de notre Etat, ne de ce que passé d'entre nous; si est-il qu'à cette cause émus pour vous par la présente derechef participer considérations contraires, et à la même occasion, amplement que sommes accoutumés, déduire les que nous avons pour ne suivre nullement le conseil sieurs ambassadeurs.

Il est notoire que, dès le commencement de guerre, les plus experts et plus fidèles de ce pays toujours tenu pour une règle fondamentale de Etat, *ne traiter point avec l'ennemi*, et que nous pourrions, sans la ruine de notre Etat, entrer en traité, encore que nous puissions obtenir tout ce pouvions demander; laquelle règle non-seulement cun a fermement entretenue, mêmement ceux qu'il sent sont d'avis contraire; mais on a aussi, avec moyens possibles, résisté à ceux qui cherchoient règle impugner, jugeant tels inutiles et dommageables notre Etat, et ce avec telle constance, que ni l'intercession de l'empereur, rois de France, Angleterre, Danemarck, Pologne, princes de l'empire, ni de quelqu'autre, n'ont su trouver lieu au contraire, même l'intercession de la feue reine d'Angleterre, de très-heureuse mémoire, en l'an 1587, quand Nimègue, Zutphen, venter, Grave, Breda et Groningue, étoient en la puissance de l'ennemi, et les moyens ordinaires du pays n'emportoient plus qu'onze cents francs par mois, tellement qu'on ne pouvoit mettre en campagne, ni armée, ni artillerie, ni cavalerie, et quand en outre les passages par la clôture du Sund, étoient devenus en extrême difficulté, et que l'autorité du roi de France, en l'an 1598 après la conclusion du traité de Vervins, n'a pu faire voir à changement, nonobstant qu'on voyoit que la paix arrêtée en France, tout le faix de la guerre tomberoit sur ces pays, et que nos moyens étoient beaucoup moindres qu'à présent; qu'aussi nous n'avions par mer fait preuve de notre force par mer, et que par cette preuve nous pouvions contraindre le roi d'Espagne à la raison.

Mais depuis quelque temps en çà, on a commencé à proposer qu'on pourroit traiter quand l'ennemi voudroit quitter ses prétentions sur la domination de ces pays, comme si auparavant on eût eu égard à cela, lorsqu'on avoit forclos tout traité et conditions, et que cessèrent toutes difficultés quand on ne se rendroit sous la domination de l'ennemi : outre plusieurs autres raisons trop longues à raconter, principalement est considéré que le traité étoit vicieux, attendu que notre Etat consiste en l'alliance de tant de membres qui sont différents en opinion, conclusion et intérêt, ainsi que sur ce sont en dispute, et quelques articles étant mis, qui, par nature, pourroient l'un plus toucher que l'autre,

endommagé par la guerre que l'autre, qu'à l'occasion l'on viendroit à tomber en contentions, jalousies et disputes, et, en conséquence, par faute d'autorité pour y pourvoir, se démembrer, et finalement s'en acquérir une irréparable perdition et ruine, ou à moins l'un l'autre à quelque honteuse réconciliation, vu l'ennemi voyant notre désordre toujours reculeroit, et que nous, demeurant bien unis, jamais ne pourrions être rompus, comme l'expérience de la négociation passée avoit bien enseigné; et fut aussi considéré que, combien que furent bonnes conditions arrêtées, elles toutefois, par changement de temps et constitutions, ne seroient entretenues, et même par ceux qu'elles toucheroient; ce que l'ennemi, voyant les armes en tout ou en partie hors nos mains par ses pratiques, et ceux qui lui sont très-affectionnés, voire qu'il tire encore journellement à sa corde, peu à peu pourroit effectuer, sinon pour le moins en divers lieux, n'étant dedans le membre puissance ou autorité pour y pourvoir, ou quelque membre par l'ennemi appuyé contraindre, en voulant renoncer à ses droits acquis par traité. Et puisque ces évidentes difficultés ne sont ôtées par cette proposition, mais plutôt les pays en sont menacés des apparens périls qui se manifesteront plus clair, et que nous n'avons jusques ores eu aucune ouverture de quelque ordre qu'on pourroit opposer contre toutes ces confusions qui pourroient survenir entre nous, pendant et après la négociation, si nous pouvions trouver repos en notre esprit en cette négociation, n'oublier ce que de notre jeunesse nous est empreint, tant par feu notre sieur et père, de bonne et louable mémoire, que par les principaux de notre État, principalement se voyant par les effets que lesdites règles ne sont vaines; tout ce nonobstant seroit venu au traité de paix, non pour ce que lesdits dangers cessoient, mais qu'on y pensoit être pourvu par deux moyens; à savoir, qu'on n'en commenceroit ladite négociation sans préalable assurance par lettres et scel, tant du roi d'Espagne que des archiducs, qu'eux n'auroient à jamais à prétendre quelque droit de souveraineté sur ces pays; secondement, que les provinces, villes et membres d'iceux s'entre-promettroient de n'entrer jamais en aucun traité avant qu'avoir reçu lesdites lettres; sur quoi les archiducs ont dépêché l'acte du vingt-quatrième d'avril 1607, et délivré leurs lettres du onzième juin suivant, avec promesse de le faire agréer par le roi d'Espagne; mais cette agréation n'est jusques ores totalement faite. Les sieurs États-généraux, par ceci entendant que le roi d'Espagne refusoit cette agréation en un acte du dernier de juin 1607, et, en celui du 18 septembre 1607, la faisoit avec telles restrictions, qu'on en pouvoit facilement juger qu'on n'avoit à attendre rien de lui, trouvoient très-grandes difficultés pour consentir d'entrer en ladite négociation. Or, finalement s'est-on si avant, par l'avis et induction des sieurs ambassadeurs, éloigné de ladite résolution, que l'on a, le 24 décembre 1607, trouvé bon d'entrer en traité sans faire ultérieure instance pour ladite agrégation, vu que les provinces s'entrepromettoient unanimement, sincèrement, et en bonne foi, qu'au premier article du traité, tant de paix que de trêve, expressément devoit être mis et accordé la liberté des pays, et que le roi d'Espagne et archiducs sur icelle n'en prétendent rien, et ceci en la meilleure forme; et qu'en cas de refus, le traité sera

rompu, et la guerre, avec commune force, seroit recommencée; pensant ainsi être mutuellement bien assurés puisqu'on ne traiteroit sans le déportement des prétentions de l'ennemi, et que sans cela, unanimement et sans division, la guerre recommenceroit.

En conséquence de quoi, étant venu au traité de la paix, est en un des premiers articles d'icelui, avec l'avis desdits sieurs ambassadeurs des deux parties, après longues délibérations et examination de tous mots, fait un formulaire de ladite déclaration, lequel apporte de quelle sorte les deux parties, pareillement les ambassadeurs, ont jugé que ladite reconnoissance de la liberté des pays, et déportemens des prétentions de l'ennemi, se devoit faire, quand elle seroit suffisante et ferme, contenant aussi que les renonciations à ce nécessaires en un article spécial plus près, et en la meilleure forme seroient mises, d'où donc se concluoit que l'opinion, entendement, et intention des deux parties, quant et quant celui des ambassadeurs, toujours a été que les mots mis audit acte du vingt-quatrième d'avril n'étoient pas suffisans pour éteindre les prétentions de l'ennemi, mais qu'il les falloit mettre en la meilleure forme : c'est de ne porter titres ou armes, et pour eux et leur postérité, avec dues renonciations et promesses de à jamais, pour ce que la paix est perpétuelle, ne prétendre rien sur le pays. Or, puisque cet article est une fois traité et accordé, il ne le faut aucunement tirer en dispute, ni céder aucunement de ce sur quoi ladite pacification continue si longuement, et divers points des deux côtés sont conclus et avoués, et cela si peu de par les provinces, villes et membres d'icelles que par l'ennemi même; car par quelques provinces et membres d'icelles n'en peut être cédé, attendu qu'ils sont, pour s'assurer contre lesdits inconvéniens, inutilement entrepromis, tant par le traité de paix que de trêve, de rompre si ladite déclaration en la meilleure forme ne se pouvoit obtenir. Et sur la forme ne peut-on maintenant disputer, puisque par ledit article la forme si solennellement, comme dessus dit, a été accordée et conclue; car derechef tirer la forme en dispute n'est que donner quelque couleur aux divisions. Toutefois, contre la dispute, quant à la forme, est pourvu par deux résolutions, l'une en date du trentième d'août, suivie sur une résolution de messieurs les États de Hollande, du vingt-neuvième, contenant que ladite déclaration ou reconnoissance sera pour toujours et après l'expiration de la trêve, soit que se fasse paix au principal ou non, et l'autre, en date du treizième septembre dernier, par laquelle les députés des archiducs sont enchargés de se retirer, s'ils ne seroient, devant le dernier dudit mois, chargés, de par le roi d'Espagne, faire ladite reconnoissance pour toujours; dont est suivi, encore que par commun consentement on pourroit anéantir lesdites obligations, promesses et résolutions, ce que ne se peut faire sans hasard de notre État, que toutefois ne se peut céder de cette résolution sans amoindrissement de la foi publique, nonobstant aussi que la pluralité des voix ainsi l'entendoient; car la plus étroite union d'Utrecht, et la confédération faite entre les villes et membres de Hollande, és affaires de telle nature, n'admettent décision par pluralité de voix; et afin que le hasard des suffrages ne nous jette aux susdites difficultés, sont lesdites promesses et assurances faites de n'être obligés à pluralité de voix en cette affaire; mais on peut persister en sa résolution, sans changement, pour ne tomber aux inconvéniens que voyons présentement devant les yeux.

Puis donc que lesdites résolutions sont prises comme obligation, servant pour prévenir toutes divisions qui pourroient soudre, hors la diversité d'avis, quand on voudroit quitter le premier pas, et en conséquence venir aux autres nouveautés, ce qui est surtout en cette négociation à craindre, s'ensuit aussi que ceux qui, sans commun et unanime consentement, viendroient à décliner des susdites résolutions, ou de ce qu'avec si bonne connoissance solennellement avec l'ennemi est accordé, feroient contre leurs promesses, et ainsi donnent occasions de toutes disputes, contentions et divisions, qui en pourroient soudre, comme quittant les résolutions prises pour le maintiennement de la concorde, et au contraire, que l'honneur d'union complète à ceux qui veulent persister en ce qui est unanimement conclu; car si nous commençons, notre résolution prise, à changer, ployer, ou rompre, nous ne pouvons échapper notre ruine. Aussi ne peuvent les députés de l'ennemi, avec aucun fondement par la trève, mettre en doute ce que par ledit article du traité de la paix est avoué, combien que le traité de paix est rompu. Considéré que le déportement de leurs prétentions sur ce pays, n'est que la déclaration d'une même chose en la même forme promise, tant en cas de trève que de paix, et partant aussi, en tous deux cas, doit être en une même forme faite, laquelle aussi ne les encharge plus en honneur, réputation, ou substance, quand elle se fait en trève qu'en paix; tellement que s'ils nous vouloient accorder la substance de ce qu'ils nous ont promis en la négociation de la paix avouée, ils ne se mettront maintenant en peine aux paroles par eux une fois accordées, et tout ce qu'ils mettent à présent en avant ne sont que frauduleux prétextes; mais pour dire la vérité, l'ennemi est à cela seulement ému par espérance de nous, par vaines, obscures et ambigues paroles, mettre en dispute et dissension, et conséquemment en division, et par ainsi finalement contraindre à quelque réconciliation, qui est son unique dessein; à quoi il a, dès le commencement de cette négociation, tâché, sans jamais avoir pensé quitter de bonne foi ses prétentions sur ces pays, comme on est, par tant de bons avis, de tous côtés averti que justement nous devoit donner arrière-pensée, et émouvoir de n'écouter à quelques autres formuliers, assuré qu'on ne refuseroit le formulier, si on vouloit sincèrement accorder la substance, de sorte que tant plus qu'on le tire en dispute, tant plus nous nous en devons assurer, et avec tant plus assurée constance nous affier à l'encontre. Nous nous confions fermement, si les ambassadeurs de cette notre constitution eussent été bien informés, qu'ils ne nous conseilleroient nullement, par changement d'une règle fondamentale de notre gouvernement, et des résolutions et obligations dont nous nous sommes merveilleusement assurés, d'entrer en quelque traité, lequel nous et nos ancêtres ont toujours eu en si grande horreur; tout ceci derechef tirer en dispute, et par cela nous mettre en hasard de désunion et ruine, et ce pour accepter une trève de plusieurs années, laquelle si peu au monde est pratiquée, et les sieurs ambassadeurs mêmes confessent, nonobstant les raisons par leurs seigneuries déduites, être sujette à tant de difficultés et inconvéniens; tellement qu'il est apparent que par ladite trève nous deviendrons plutôt de pire que de meilleure condition. Si est-il, sans doute, que l'ennemi, par là, seroit établi en meilleur et plus sûr état, et, après l'expiration de la trève, auroit plus d'avantage sur nous qu'il n'eût pendant un tel temps de trève, en cas de guerre ouverte, su sur nous gagner.

L'autorité des rois et seigneurs ambassadeurs, ensemble les bénéfices que nous avons de Leurs Majestés reçus, nous obligent à droit à tous possibles respects et gratitudes en tout ce qui est en notre puissance, moyennant aussi qu'il soit honorable et convenable; mais nous nous devons assurer, et en leur intégrité et affection pleinement confier, qu'ils ne demandent rien de nous que nous pourrions entendre autrement : tellement qu'en cette affaire n'est à examiner que si cette trève et conditions nous proposées sont telles qu'avec sûreté et avantage de notre État on pourroit entrer en conférence sur icelle, car si elles se trouvent de telle nature que notre État en pourroit tomber en danger et notable préjudice, on ne nous peut imputer que prenions égard à notre propre conservation : aussi nonobstant notre opinion fut diverse de la leur, parce que cette délibération nous seuls et nullement autrui incombe, étant seulement ici à délibérer si, avec avantage et sûreté de notre État, conservation et prospérité des bons habitans qui pour cela ont autant souffert, on doit entrer en quelque traité de longue trève. Nous semble pour notre avis, réservé honneur et serment, et fidélité mutuellement par tant de résolutions et obligations promise, et sur quoi on s'est mutuellement laissé emmener en la présente négociation, et afin de ne causer quelque division par infraction de qui est unanimement conclu, qu'on ne peut céder du susdit article par le traité de la paix sur la souveraineté des deux côtés accordé, mais qu'en conséquence de cela, on doit avoir une déclaration de la souveraineté, mise en bons, clairs, et nullement doubles ou captieux termes, voire ès mêmes mots contenus audit article, et que pourtant on ne doit entrer en aucun traité avant que les archiducs auront procuré la même déclaration par le roi d'Espagne, tant pour les raisons ci-dessus déduites, que celles que nous avons annotées sur chaque article du discours desdits sieurs ambassadeurs ci-jointes, requérant que vous en veuilliez avoir égard, et résoudre avec tel zèle et sincérité que votre conservation au plus haut requiert. Nous nous confions nous pour la patrie et postérité, pensez-en répondre, et en tous événemens nous voulons excuser par cette envers le pays, et vous devant Dieu et le monde de notre devoir, et de toutes les calamités qui autrement pourroient survenir au pays, remettant le tout à votre prudence accoutumée, zèle, et si souventesfois expérimenté courage et fidélité, et pourtant, messieurs, demeurez recommandés au Tout-Puissant.

En La Haye, le vingt-unième octobre 1608.
Votre, etc. MAURICE DE NASSAU.

LETTRE *de MM. Jeannin et de Russy au Roi, du vingt et unième d'octobre 1608.*

SIRE,

Votre Majesté aura maintenant reçu les lettres que nous lui avons écrites par le sieur de baroques. Deux jours après son départ, nous fûmes en l'assemblée générale des Etats, pour leur faire entendre que les archiducs accordoient, touchant la liberté, de l'assurer avec les mots contenus en notre écrit et en la première trêve, sans leur découvrir la difficulté qu'ils faisoient de s'obliger au nom du roi d'Espagne, en vertu de la procuration qu'ils ont de lui, estimant qu'il seroit assez à temps de le faire lorsque nous aurions reçu la seconde réponse, si elle n'étoit meilleure que la première. On leur dit aussi toutes les raisons qu'on put, puis on leur donna encore un écrit, qui fut lu en notre présence, pour les persuader d'accepter cette trêve, et qu'il y en avoit assez pour assurer leur liberté. Et après que le propos eut été tenu par nous à l'accoutumée, les députés d'Angleterre, sur la prière que nous leur fîmes de vouloir aussi parler eux-mêmes, et confirmer en particulier ce qui avoit été dit en général, et au nom commun de tous, ils y consentirent, et firent entendre bien expressément que, s'ils refusoient cette trêve, ils ne devoient attendre aucun secours de leur maître, mais qui les abandonneroit du tout. Nous y fûmes plus retenus, ainsi que Votre Majesté le pourra voir par l'écrit que nous envoyons, lequel contient de mot à autre le propos qui leur fut tenu de notre part. Quant aux députés des princes d'Allemagne, ils dirent n'avoir eu charge assez particulière de leurs maîtres pour donner le même avis, encore qu'ils aient bien eu commandement de procurer une bonne et sûre trêve, comme encore de ne se point séparer des avis qui seroient donnés par les deux rois, ce qu'ils n'entendoient faire aussi; nous priant néanmoins de les excuser s'ils n'en faisoient à présent plus particulière déclaration. M. le prince Maurice étoit présent en ladite assemblée générale, où nous fumes ouïs avec grande attention, chacun y ayant pris de bonne part ce qui fut par nous proposé, encore que les avis de tous n'y fussent semblables.

Après notre départ de ladite assemblée, ledit sieur prince dit qu'il nous falloit prier de leur faire voir les lettres qu'on nous avoit écrites de Bruxelles, ensemble notre réponse, et que la lecture pourroit servir à les instruire pour délibérer sur cette affaire. Son opinion fut à l'instant suivie par quelques-uns, puis cette délibération sursise et remise à une autre fois. Il avoit été bien informé de ce que contenoient lesdites lettres, et est certain que, si elles n'eussent été vues, l'assemblée en eût pris un grand dégoût, qui peut-être eût suffi pour rompre tout; mais nous avions avisé de leur dire, sans en faire la communication, qu'ils se devoient fier en nous de la conduite de cette affaire, et qu'on leur feroit voir tout lorsque nous serons bien éclaircis de l'intention des archiducs; aussi que leur rapporter, de moment à autre, les difficultés qui se rencontrent, ne serviroit que pour accroître les divisions qui sont parmi eux, au lieu d'apporter quelque avancement en leurs affaires. Nous en avertîmes à cette occasion quelques-uns d'entre eux pour leur faire sentir notre délibération, et départir de cette demande, comme ils ont fait.

Deux jours après être sortis de leur assemblée, il fut aussi proposé de nous prier leur vouloir expliquer comme les archiducs entendent accorder et coucher cet article pour la liberté, et leur donner pareillement tous les autres articles de la trêve, ce que nous avons fait traîner depuis lundi jusqu'au jour d'hier, qui est le neuvième après le départ de ce lieu du courrier envoyé de Bruxelles, par lequel nous avions écrit à M. le président Richardot, avec prière très-instante de nous envoyer réponse dans six jours au plus tard, comme il pouvoit faire, et qu'elle fût meilleure que la première, ou qu'il n'attendît rien de nous: toutefois rien n'en est encore venu. Au moyen de quoi étant pressés avec très-grande instance par lesdits sieurs les Etats, nous fûmes en leur assemblée le jour d'hier, où après leur avoir donné l'écrit qui contient tous les articles de la trêve, nommément celui de la liberté, ainsi que les archiducs l'accordent sans y rien ajouter de plus, nous leur dîmes derechef quelques raisons, et particulièrement celle-ci, que Votre Majesté et le roi d'Angleterre offrant de s'obliger pour la sûreté et garantie d'icelle trêve dès le jour même qu'elle sera conclue et arrêtée, on doit espérer qu'elle sera ratifiée et approuvée par le roi d'Espagne; et, quand il en feroit refus, que leurs affaires seroient toujours méliorées par ce traité, en ce qu'ils auroient deux grands princes obligés à les secourir et assister ouvertement, et avec toutes leurs forces et moyens s'il étoit besoin; au lieu qu'auparavant, ils ne le faisoient que par amitié, à couvert, et comme s'il ne leur eût été licite. Leur réponse a été de nous remercier du soin et de la peine que nous prenons pour eux, et qu'ils en délibéreroient comme l'importance de l'affaire le requiert. Nous envoyons à Votre Majesté les articles d'icelle trève, qui ne sont du tout semblables à ceux qui avoient été ci-devant envoyés à M. de Villeroy. Quant à la préface et l'article qui concerne la liberté, y ayant bien peu de changement au surplus, nous eussions volontiers attendu l'autre réponse de Bruxelles, mais il n'y a pas eu moyen de retarder davantage; puis on a pensé que, s'il vient quelque chose de meilleur du côté des archiducs, qu'on pourroit retourner à l'assemblée pour le leur dire, et qu'il sera peut-être encore lors reçu avec plus de fruit; aussi bien leur faut-il huit ou dix jours pour en délibérer.

Nous prévoyons bien qu'il y aura de grandes disputes en l'assemblée, pour les raisons contenues en nos dernières lettres à Votre Majesté. Nous ne laisserons toutefois de continuer à y faire nos poursuites à l'accoutumée pour les persuader, au cas que nous ne recevions autre commandement d'elle. Si les archiducs eussent seulement fait ce que nous leur demandons à présent, qui est d'obliger le roi d'Espagne en vertu de la procuration qu'ils ont de lui, on pouvoit espérer de surmonter les autres difficultés, nonobstant les poursuites qu'on fait au contraire; mais se conduisant comme ils font, encore que nous croyons que c'est malgré eux, et à cause des empêchemens qui viennent d'Espagne, nous n'osons promettre, sinon d'y faire tout notre devoir. Il est vrai que ce qui nous fait bien espérer du côté des Etats, est l'offre de la garantie que nous leur faisons valoir et considérer, en y joignant l'autorité et créance que Votre Majesté a ici, ensemble la défiance en laquelle ils sont de n'être point secourus s'ils renouvellent la guerre : si ne se laisseront-ils vaincre de cette façon qu'avec très-grande difficulté et à regret, et y aura toujours beaucoup de doute jusqu'à ce que tout soit fait. Aussi ne sauroit-on dire, quand ils se voudroient opiniâtrer, que ce fût avec raison; et toutefois nous ne faisons rien contre le devoir de les presser, car si le roi d'Espagne fait difficulté de ratifier cette trève, la garantie qu'on leur offre les aura fortifiés au lieu de les affoiblir.

Mais si Votre Majesté en juge autrement, et qu'elle nous commande de ne la point faire au cas que le roi d'Espagne n'y soit obligé, nous nous servirons de toutes opportunités pour leur faire prendre le conseil de la rejeter. Nous envoyons à M. le président Richardot la copie des articles susdits, et lui mandons néanmoins qu'on n'en doit rien espérer s'ils ne font, de leur côté, ce dont ils ont été si souvent priés, à quoi nous n'avions pas estimé pouvoir jamais réduire les Etats; tant s'en faut que nous ayons cru de le faire pour ce qu'ils offrent à présent. Il est vrai que c'est parler à des personnes qui n'ont, comme il semble, le pouvoir de faire ce que nous désirons d'eux; il faut qu'il vienne d'Espagne, où encore ils craignent la rupture, ainsi qu'on le peut juger par plusieurs grandes conjectures. Ils ne laissent pas de se rendre difficiles à tout, soit par vanité et pour ne pas voir vaincre leur orgueil, ou, qui seroit pis, pour espérer qu'en tirant ce traité en longueur, les Etats n'auront eu le moyen de pourvoir à leurs affaires à temps, et qu'étant aussi peu assurés du secours de leurs amis, ils seront contraints de recevoir la trève pour l'année prochaine, qui leur seroit beaucoup plus avantageuse que celle qu'on prétend faire à présent. Nous n'omettrons rien de notre côté pour éviter cet inconvénient et la rupture aussi, en admettant les commandemens de Votre Majesté sur plusieurs de nos lettres. Et cependant, nous prions Dieu, sire, qu'il lui donne, et à sa royale famille, tout heur et prospérité.

De La Haye, ce vingt et unième d'octobre 1608.

Et plus bas est écrit : Sire, depuis avoir écrit à Votre Majesté la précédente lettre, le courrier est venu de Bruxelles, qui a apporté des lettres de M. le président Richardot, adressées aux députés d'Angleterre et d'Allemagne comme à nous, par l'une desquelles il persiste à son premier avis, et nous prie de le faire approuver aux Etats, ou bien s'ils en font refus, qu'on essaie à leur persuader d'attendre la venue du courrier d'Espagne; par l'autre, les archiducs consentent de traiter, tant en leur nom que du roi d'Espagne, nous priant néanmoins de ne déclarer ce dernier avis qu'à toute extrémité; mais nous avons estimé que nous devions aller aujourd'hui même en l'assemblée générale pour les en avertir, afin de faire cesser les disputes qui pourroient naître parmi eux sur la présentation des précédens articles, et faire finir plus tôt cette affaire, que la longueur empire tous les jours. Ceux qui désirent la trève en ont été fort aises, jugeant que cette dernière déclaration fera cesser beaucoup de difficultés, ce que nous croyons être véritable, et en espérons mieux du succès de cette affaire, sans toutefois vouloir assurer de rien jusqu'au bout, à cause des grandes pratiques qu'on fait au contraire, et que chacun est obstiné à faire suivre son avis. Nous y ferons ce qui sera de notre devoir et de vos commandemens. Bien pouvons-nous assurer Votre Majesté, si le succès en est tel qu'elle nous a commandé de le poursuivre, que le gré lui en sera entièrement dû, dont toutefois si les uns sont contens, les autres seront mal édifiés; mais chacun s'en louera, et les Etats tous ensemble en recevront le profit, s'ils sont sages et se conduisent bien à l'avenir. C'est du même jour vingt et unième au soir.

Vos, etc.

P. JEANNIN et DE RUSSY.

Lettre de M. Jeannin à M. de Villeroy, dudit jour vingt et unième d'octobre 1608.

Monsieur, vous aurez maintenant reçu les lettres que nous avons écrites par le sieur de Thurières, puis par le sieur de Sarroques, auxquelles nous ajoutons par le sieur de Monceaux tout ce qui s'est passé depuis les précédentes. J'ai aussi reçu les vôtres dernières qui sont du troisième de ce mois. Vous jugerez, monsieur, que du côté des Espagnols, on recule plutôt que d'avancer, car M. le président Richardot avoit une fois consenti de joindre notre écrit avec la première trève pour assurer la liberté, qui étoit à dire d'obliger le roi d'Espagne, car notre écrit le contient ainsi. Or, ils en font refus à présent. Il y a aujourd'hui dix jours que le courrier qui nous avoit apporté les lettres dudit sieur président partit d'ici avec notre réponse, par laquelle il étoit prié et requis très-instamment de le renvoyer dans six jours, comme il le pouvoit faire, et que ce fût avec une meilleure réponse que la première; mais rien n'est venu depuis, et vois bien qu'ils ont recours aux artifies et longueurs pour ne pouvoir rien obtenir d'Espagne, ou bien pour gagner la fin de l'année, et contraindre les Etats, qui seront mal préparés et peu assurés de leurs amis, faire la trève pour l'année prochaine; et ce danger est fort à craindre et difficile à éviter si les Espagnols ne s'avancent pour donner ce qu'on leur demande, afin d'induire les Etats d'accepter cette longue trève, ou bien qu'eux ne se contentent de la trève, ainsi qu'elle est contenue ès articles par nous présentés, ce que je n'espère. Aussi est-il plus juste de presser les premiers, et néanmoins qui ne les pourra vaincre, encore semble-t-il meilleur, puisque les députés d'Angleterre offrent d'obliger leur maître à la garantie de cette trève avec Sa Majesté, de les y induire par bons moyens si on peut, que de laisser tomber les affaires au péril de cette trève pour un an; car il y a bien apparence que le roi d'Espagne, pour lequel les archiducs se font forts, n'osera refuser de la ratifier, crainte d'avoir trois ennemis ensemble pour un; ainsi les Etats n'y auroient aucun intérêt: mais je ne pense pas qu'ils y consentent, et nous devons être retenus, pource qu'en ceci ils ont la raison pour eux.

Les partialités continuent toujours avec grande véhémence. M. le prince Maurice, et ce qui dépend de lui, n'omet rien pour faire suivre son avis. J'use de même diligence avec ceux qui favorisent notre opinion, ou avec paroles et écrits en l'assemblée générale, qui y ont toujours été très-bien reçus. Il y a trois ou quatre jours qu'un messager demeurant en ce lieu, homme qui est reconnu pour être fort simple, trouva, bien matin, à la porte de sa maison, ainsi qu'il vouloit sortir d'icelle, trois lettres bien cachetées, écrites en langage flamand; l'une s'adressoit à l'assemblée de Hollande, l'autre aux Etats-généraux, et la troisième à un bourguemestre de la ville d'Amsterdam, qui est l'un des députés d'icelle ville en l'assemblée des Etats. Par toutes les trois, la trève est condamnée comme proposition faite par l'invention et artifice des ennemis. M. de Barneveld y est fort taxé, comme s'il procédoit trop animeusement pour la faire recevoir, et usoit pour y parvenir de quelques mauvaises pratiques, et contient encore cet écrit qu'il le faut tuer. Il y a aussi de mauvais propos contre le greffier Aërsens. Ces trois lettres furent portées en l'assemblée des Etats et lues, où M. Barneveld fit entendre quelle a été sa conduite depuis le temps qu'il est employé ès affaires publiques, et qu'il voyoit bien la peine qu'il prend pour servir son pays n'être agréable à un chacun, ainsi que les prioit de l'en vouloir dispenser pour l'avenir, et lui permettre de se retirer en sa maison. Il sortit là-dessus de l'assemblée, où, l'affaire mise en délibération, chacun parla de lui avec honneur et respect, et comme d'un ministre très-utile et capable, et particulièrement tous les députés de la province de Hollande dirent tous d'une même voix qu'il les avoit très-bien servis, et qu'il falloit députer vers lui cinq personnes de leur corps pour le prier de retourner et continuer à faire sa charge : ce qui fut à l'instant exécuté, et lui rappelé et reçu avec le contentement de tous ; au moins ceux qui avoient autre sentiment le dissimulèrent, et le prince Maurice même dit qu'il falloit faire pendre l'auteur de ces lettres. On ordonna encore qu'il en seroit informé, en sorte que ce qu'on avoit pensé faire à sa ruine est tourné à son honneur, et a affermi son autorité.

Je juge fort à propos de faire cesser la haine que le prince Maurice lui porte, et le mécontentement qu'il a de lui, qui ne provient d'ailleurs que de ce qu'il est d'avis contraire au sien, et qu'il a plus de créance pour se faire suivre. C'est bien aussi mon intention de l'entreprendre si l'affaire que nous traitons étoit achevée; autrement, eux prenant divers chemins, tout iroit en confusion ici, et n'y a mal au préjudice de cet État et de leurs amis qui ne fût arrivé à cette occasion ; mais d'y mettre la main plus tôt seroit inutilement, sinon que le sieur Barneveld se veuille ranger du tout à son avis, et aider de pouvoir à le faire suivre ; et ce n'est pas ce qui nous est commandé. J'estime même, la trêve étant faite, qu'on doit fortifier l'autorité du prince Maurice au cas qu'on le puisse disposer du tout à ce qui est du service et consentement de Sa Majesté, comme je l'espère :

et me semble ce conseil être du tout nécessaire pour plusieurs bonnes considérations dont il sera assez à temps de discourir à mon retour, même si les projets de la séparation et alliance dont j'ai ouï parler étant vers vous sont du tout rompus, et de joindre aussi le sieur Barneveld avec lui pour le servir en toutes bonnes occasions. Il n'y a rien que ne puissions espérer ici si l'on s'y conduit bien et de loin, comme il faut ès desseins d'importance ; il sera néanmoins bien requis que j'aie quelque lumière des intentions du Roi, surtout avant que je parte, afin que je règle ma conduite suivant ses commandemens. Vous m'écrivez, par les lettres du troisième, que les archiducs craignent que le Roi fasse alliance avec les Etats, non seulement durant la trêve, mais perpétuelle, comme les tenant du tout libres ; c'est bien ce que lesdits sieurs des Etats désirent, et néanmoins aucuns le mettent en avant en mauvaise intention, estimant que Sa Majesté ne la voudra faire que pour le temps de ladite trêve, et que ce refus leur servira de prétexte pour rejeter la trêve, quand ils remontreront qu'à la fin d'icelle, ils sont en danger, d'être sans amis à cause des alliances que le roi d'Espagne procure, qui ne peuvent être qu'à leur dommage.

Or, j'avois prévu cette objection, et y ai répondu par l'écrit que je vous envoie, lequel est maintenant ès mains d'un chacun, et vous puis assurer qu'il a profité, par lequel je fais connoître, et avec bonne raison, que les mêmes considérations d'Etat et d'intérêt qui ont obligé les princes leurs amis à les secourir, durent encore lors, par ainsi qu'ils en doivent attendre la même assistance, d'autant que cet intérêt va toujours devant tous les autres respects, devoirs et obligations. Les gens sages en jugent bien ainsi, et se contentent de notre réponse et à la vérité, une ligue avec eux pour toujours dès à présent donneroit juste sujet au roi d'Espagne de nous faire la guerre dès aujourd'hui, sans attendre la fin de ladite trêve, pource que s'obliger à les secourir quand la trêve sera finie, est en effet se déclarer ennemi au même temps que l'on fait cette déclaration. Or, si cet inconvénient arrivoit, nous les ferions jouir d'un bon et assuré repos pour dix ans, sans qu'ils fussent tenus de s'embrouiller à notre guerre, seulement de nous donner de quatre ou cinq mille hommes, lesquels ne peuvent être de grande considération en une guerre de telle importance. Je sais néanmoins que si Sa Majesté le désire, ceux-ci l'auront bien agréable, et le recevront à grande obligation; au moins j'en juge ainsi par la raison, et y ferai d'affection et soigneusement ce qui me sera commandé. Mais, qui voudroit prendre ce conseil, et ne craindroit point d'entrer en guerre ici, afin d'être deux ensemble contre un; c'est ce que je vous peux mander. Je prie Dieu, monsieur, qu'il vous donne en parfaite santé très-longue et heureuse vie.

Votre, etc. P. JEANNIN.

De la Haye, ce vingt et unième jour d'octobre 1608.

Lettre dudit sieur Jeannin à M. le duc de Sully, dudit jour vingt et unième d'octobre 1608.

Monsieur, j'ai toujours désiré que le Roi fût informé au vrai de l'état des affaires de ce pays, et l'ai fait aussi du passé fidèlement et sans rien déguiser, mais non peut-être au goût de ceux qui, étant d'avis contraire à la poursuite que je faisois au nom de Sa Majesté, ont cherché de moi une dissimulation et apparence de devoir, au lieu des vrais effets d'un homme de bien, qui n'est content de soi-même s'il ne fait sérieusement et à bon escient ce qui lui est commandé. On a présenté par-delà, au nom de M. le prince Maurice, qui se perdra plutôt, et tous ses amis, que de consentir que la trève, aux conditions contenues en notre écrit, soit jamais reçue, que la province entière de Zélande suivra son avis; que de toutes les villes de Hollande, dont il y en a dix-huit qui ont droit de suffrage, il n'y en a que trois qui l'approuvent avec la noblesse qui a une voix; que les deux provinces, jointes ensemble, contraindront les autres de faire ce qu'il leur plaira, veuillent ou non.

Il est certain que ledit sieur prince, et ceux avec lesquels il y a quelque créance, font tout ce qu'ils peuvent pour induire la Hollande à prendre cet avis; mais on n'a pas opinion qu'elle s'y veuille ranger, ou les volontés changeront bien aux députés qui sont maintenant en l'assemblée: on croit au contraire qu'elle se joindra à l'avis des cinq provinces, et que la Zélande, qui se verra seule, sera contrainte d'y retourner, et est déjà délibérée de le faire au cas qu'ils ne puissent induire la Hollande à embrasser leur avis: or, dix ou douze jours au plus nous en éclairciront; et s'il avient que la Hollande suive l'avis du sieur prince, le meilleur sera que l'on fasse, avec l'autorité de Sa Majesté, que les autres s'y conjoignent pour éviter une division qui seroit cause de leur ruine, ce qu'on peut faire si dextrement que le Roi ne sera pourtant tenu auteur de la rupture. Mais aussi, au contraire, si la Hollande veut la trève comme font les cinq provinces entières, il est certain qu'ils ne souffriront jamais que la Zélande seule leur donne la loi; car il y a déjà une si grande émulation entre ces deux provinces de la Hollande et Zélande, que la première, qui est la plus puissante, ne souffre rien qui lui puisse ôter la prééminence qu'elle a par-dessus toutes les autres. Aussi est-on bien averti qu'en ce cas la Zélande se rendra, et ne restera par ce moyen que M. le prince Maurice, qui est sage et fort homme de bien, par ainsi saura bien considérer que les forces des deux rois n'étant à sa dévotion, et non plus celle du pays qui dépendent du corps de l'État, il ne pourroit entreprendre de s'opposer à la résolution générale sans faire du mal à son pays, et se mettre en danger d'une ruine certaine et inévitable. La disposition de l'état des affaires est telle que je vous le mande; chacun soutiendra son opinion sans se laisser vaincre jusques à l'extrémité, mais enfin cette division ne semble pas devoir tomber en faction, y ayant plus d'apparence, en discourant de l'avenir avec raison, qu'elle finira par la résolution générale qu'on doit prendre qu'autrement. Pour moi, si j'ai aidé à fortifier l'affection et le parti de ceux qui ont voulu la trève, j'ai fait ce qui m'a été commandé, et vous le savez, monsieur, mieux que personne. La vérité est aussi que ce parti étoit autrefois si universellement approuvé, qu'y contredire étoit un grand blâme en cet État; mais la mauvaise conduite des Espagnols, les longueurs et artifices dont ils ont usé, et la haine qu'on leur porte à présent, ont plutôt fortifié l'autre que les poursuites de M. le prince Maurice; et si en cette disposition le Roi y eût ajouté son autorité avec l'offre d'un bon secours, il y a apparence, ou plutôt je tiens pour certain qu'il les eût emportés. Mais je vous ai toujours ouï dire, et votre avis me semble très-bon, que donner son argent et mettre notre état en péril, sans espérance d'autre profit que de faire durer la guerre ici, n'est pas sagesse, ainsi qu'il y faut mettre la paix, ou s'y jeter plus avant. C'est à Sa Majesté de commander ce qu'il lui plaît, et j'y obéirai avec soin, fidélité et diligence, et prierai Dieu, monsieur, qu'il vous donne en parfaite santé très-longue et heureuse vie.

Votre, etc.   P. JEANNIN.

De La Haye, ce vingt et unième d'octobre 1608.

Autre LETTRE *dudit sieur Jeannin à M. de Villeroy, du vingt-deuxième dudit mois d'octobre* 1608.

Monsieur, le courrier Picaut arriva en ce lieu le vingtième de ce mois, à la nuit, et j'avois déjà écrit lors les lettres que vous recevrez par le sieur de Monceaux, lequel je retins le lendemain pour voir ce que vous m'écriviez en chiffre, afin d'y faire prompte réponse s'il étoit besoin, comme j'ai jugé après l'avoir vue, vous pouvant dire qu'elles m'ont étonné, quand j'ai reconnu que vous ajoutez par-delà plus de foi à ce que le sieur Lambert vous a dit qu'à ce que je vous ai si souvent écrit de l'état des affaires de ce pays; car j'ai toujours averti le Roi au vrai, et sans lui rien déguiser de tout ce qui se passoit ici, et, je le répète encore, qu'il y a cinq provinces entières qui veulent la trève, dont les voix sont comptées ès délibérations publiques, et n'est si aisé de les forcer qu'on vous fait accroire; que de dix-huit villes qui ont droit de suffrage en la province de Hollande, il y en a douze qui l'approuvent dès à présent, comme fait la noblesse dudit pays, laquelle a pareillement une voix. Ainsi, il y a plus de raison d'espérer qu'ils attireront les autres villes à eux, que de croire qu'ils se changent; au moins le sieur de Barneveld et quatre autres députés de diverses villes de cette même province, avec lesquels j'en confère, en jugent ainsi, et je les ai toujours trouvés plus véritables que ce que M. le prince Maurice s'en promet de son côté. Quant à la Zélande, j'ai aussi mandé plusieurs fois qu'elle rejetoit du tout cette trève, et sévéreroit en son opiniâtreté le plus qu'elle pourroit, mais, la province de Hollande embrassant l'avis des cinq autres, on étoit averti qu'enfin elle se joindroit à l'avis commun. Ce sont conjectures dont on ne peut s'assurer, mais bien dire qu'elles sont fondées meilleures raisons que n'est l'avis contraire. Croyez, monsieur, que ce qu'a dit Lambert par delà, du pouvoir et de la résolution du prince Maurice, pour diviser plutôt cet État et le développer en sa ruine que de consentir à la trève, ne sont que vaines menaces pour étonner, mais en effet il est trop sage et trop homme de bien pour se précipiter à de si mauvais et dangereux conseils. J'y ajoute encore qu'il est trop foible pour l'oser entreprendre, si Sa Majesté ne veut favoriser ouvertement ses desseins; et pour le roi d'Angleterre, qui a été sondé, il est du tout résolu à la trève, et ses ministres y vont maintenant si avant, que nous avons peine de les arrêter. Si Sa Majesté en fait autant, il n'y a province ni ville même qui le veuille suivre; et qui juge autrement de ce que dessus, il ne connoît ni le prince Maurice ni les gens qui il a affaire. Il n'y a que le Roi seul, avec les serviteurs qu'on lui a acquis ici, et l'autorité que ses mérites et bienfaits lui donnent envers l'État, qui puisse faire recevoir ou rejeter la trève; encore osé-je dire, et est très-véritable, que le premier lui est plus aisé, et qu'il sera aussi embrassé avec plus de contentement que l'autre; et néanmoins, s'il le veut, en joignant avec le prince Maurice ceux qui lui sont très et ont été suivis du plus grand nombre jusques ici, on le pourroit espérer.

Que Sa Majesté considère donc, sans se tromper au fait, qu'il y a diversité d'opinions et que personne ne se rendra qu'à toute extrémité; au moyen de quoi, si la division doit avenir sur la résolution qu'il faut prendre, qu'elle est autant à craindre, rentrant en guerre, que si on fait la trève, et qu'il sera toujours plus louable, en ce doute, de choisir le parti qui semble les devoir mettre en repos quant aux armes : puis s'il avient, la résolution étant prise de la trève selon l'avis et la poursuite de Sa Majesté, qu'on s'aperçoive de quelque fâcheuse division en l'État à cette occasion, il sera plus aisé lors de leur faire prendre à conseil de la guerre pour éviter ce mal, que non pas à présent qu'ils sont portés avec violence à ce désir du repos, et se promettent que les plus difficiles s'y joindront à la fin; elle le sauroit aussi sans blâme, autant que sa conduite passée la garantiroit de tout mauvais soupçon; au lieu que si elle montroit décliner maintenant de la guerre, on en pourroit faire un jugement tout contraire, et en outre ce seroit même à craindre qu'il ne l'obtînt, sinon que Sa Majesté s'y voulût opposer ouvertement, sans se soucier d'être tenu pour auteur de la guerre; au lieu que prenant ce conseil de l'autre façon, il y pourroit condescendre. De se désister aussi de la poursuite qu'on a faite de la part de Sa Majesté pour obtenir cette trève, ou bien de poursuivre si mollement, qu'avec les propos qu'on fera tenir au retour de Lambert, on puisse présumer que Sa Majesté ait changé de volonté, cette conduite ne nous fera acquérir la grâce ni des uns ni des autres, et si elle offensera les Espagnols, sans qu'il en avienne autre chose, sinon que, sur la diversité des opinions de faire la trève ou de la rejeter, ceux qui sont d'avis de la faire ne tomberont jamais tous à l'avis des autres, mais diront qu'il faut envoyer vers les deux rois pour savoir leur avis, et, en cas de guerre, le secours qu'on en peut espérer. Or, le temps est si court, que n'étant point préparés à la guerre, et peu assurés du secours de leurs amis, ils prendront sans doute, et comme par force et nécessité, le conseil de faire la trève pour l'année prochaine, qui sera cause d'autres inconvéniens, et néanmoins de ce bien, je le nomme ainsi le Roi désire toujours de mettre le repos en ce pays, que la moitié des gens de guerre étant licenciés, M. le prince Maurice sera le plus foible, et par ainsi plus retenu pour ne se jeter en quelque dessein précipité contre le général du pays. Je suis obligé de parler librement, autrement je trahirois mon maître. Qu'il prenne donc sa résolution sur la vérité du fait, puisqu'il commande ses intentions, et prenne, s'il lui plaît, cette assurance de ma foi, que je ne lui déguise rien, que j'ai pris aussi la peine de m'instruire, et que Dieu m'a donné quelque jugement pour discerner le bien et le mal qui est en cette affaire, après y avoir travaillé avec tant de soin et d'affection par un si long temps, pour n'être pas aisément trompé.

Je ferai néanmoins fidèlement tout ce qui me sera commandé dépendant de mon pouvoir. Elle se peut souvenir que personne ne lui a jamais parlé plus à l'avantage de M. le prince Maurice que moi, et que je l'ai toujours excité d'accroître son autorité en ce lieu, comme je fais encore, pourvu qu'il veuille demeurer son serviteur, et suivre plutôt ses commandemens que sa volonté; mais je ne saurois adhérer à son opinion, pource que je sais bien qu'il ne peut pas ce qu'il désire, et qu'il est trop sage pour vouloir entreprendre ce qu'il juge bien devoir être cause de sa ruine, non de son avancement.

Nous verrons dans dix ou douze jours s'il doit être suivi comme il prétend; car, dans ce temps-là, au plus tard, la province de Hollande aura pris sa résolution, et lors, s'il est besoin, on aura assez de loisir pour prendre nouveau conseil, et ne sera jamais Sa Majesté blâmée d'avoir essayé de faire cette trève, encore que cela n'ait succédé, mais bien si elle avoit pris un avis contraire sans en venir à bout. Sont bien aussi d'impudens mensonges d'avoir dit que je suis mal ici, car je vous peux assurer avec vérité que personne de ma qualité, envoyée pour même charge, n'y fut jamais mieux vue, ni plus respectée et honorée : vous me permettrez, s'il vous plaît, de le dire, puisqu'il sert à me justifier contre telles calomnies. Aussi dit-on tous les jours, si mes conseils eussent été suivis quand l'agréation sur laquelle on a traité fut envoyée, qu'on ne seroit pas en la peine en laquelle on est à présent, comme il est vrai; car je conseillois lors, avec véhémence, qu'on mît par écrit les trois articles sans lesquels on ne vouloit traiter; à savoir, celui de la liberté en la forme qu'il convient, du commerce des Indes, et de demeurer saisi de ce que les Etats tiennent, pour les envoyer par deux personnes de qualité aux archiducs, avec résolution qu'on ne vouloit entrer en conférence s'ils n'étoient consentis, et que pour les autres on en traiteroit. Il est bien vrai que ceux qui se sont toujours opposés à notre poursuite me voudroient bien voir hors d'ici, et qu'ils penseroient en avoir meilleur marché; mais je sais bien aussi que personne ne peut apporter plus d'affection et de fidélité à y faire le service de Sa Majesté que je ferai, et que je me saurai bien rendre agréable à eux quand il me sera commandé de suivre leur avis: car c'est la nature de la chose qui les offense et ce que je fais, ce qui est de mon devoir, non ma personne; et d'en douter maintenant quand je suis presque au bout du travail, ou de vouloir commettre la charge à un autre, sous prétexte de la plainte et des propos de ce gentil ambassadeur, seroit me faire un tort et affront que je n'ai pas mérité, et que je souffrirois avec un extrême regret et déplaisir. Je n'ai failli ni en devoir ni en conduite, et suis trop bien instruit de cette affaire pour croire qu'un autre, quel qu'il soit, y puisse mieux faire que moi. Je ne crois pas non plus que M. le prince Maurice lui ait donné charge de m'embrouiller en cette affaire, car il me communiqua le voyage et ses lettres, et je ne l'en dissuadai pas aussi, estimant qu'après être instruit de la volonté du Roi par personne confidente, il s'y conformeroit, comme il eût fait sans doute qui lui eût écrit en bons termes, et parlé fermement à ce discoureur; mais si on l'a flatté, tout sera gâté.

C'est aussi une impudente menterie ce qu'il a dit le prince Maurice pouvoir faire la guerre cinquante ans des forces de l'Etat, sans l'assistance du Roi; car il m'a dit souvent, en présence de M. de Russy et de madame la princesse d'Orange, que sans secours étranger, ils sont perdus, et ne tient autre langage, sinon depuis deux ou trois mois, pour jeter ces gens-ci à la guerre, leur faisant cependant croire sous main qu'ils seront encore plus puissamment assistés que du passé. Il n'est non plus vrai que la province de Zélande lui ait dit en passant qu'ils se jetteront plutôt ès mains du roi d'Angleterre que d'accepter cette trève. M. Maldrée le peut bien avoir dit, mais il y a grande différence entre son avis et celui de la province. Je ne peux aussi croire que madame la princesse d'Orange lui ait dit que sans la proposition de la trève, on eût déjà levé les bannières de la France en ce pays, car elle sait bien qu'à mon retour de France je dis au prince Maurice, en sa présence, et de M. le comte Guillaume et de M. de Russy, que s'il falloit rentrer en guerre, il n'étoit pas raisonnable que Sa Majesté y mît son argent et ses Etats en péril pour n'y rien gagner, lui proposant même qu'il les faudroit faire devenir François du tout; mais il me répondit qu'il n'étoit pas temps d'en parler lors, et qui le feroit,

cela avanceroit la paix ou la trève, et les feroit plutôt devenir Espagnols que François. Elle sait bien encore que, pour rendre odieux M. de Barneveld, on dit que lui, soupçonné auparavant par ses ennemis d'être Anglois, puis d'être Espagnol, étoit calomnié maintenant pour être devenu François, et que je le pratique à ce dessein, et pour autoriser le Roi en ce pays, non pour la trève, à quoi il n'est pas besoin d'essayer à le disposer, n'y étant déjà que trop enclin; qu'on y ajoute encore Sa Majesté avoit retenu le fils à son service pour obliger davantage le père, et diroient pis s'ils pouvoient. Et encore que je sache bien d'où viennent tous ces mensonges, comme fait aussi madame la princesse d'Orange, je n'en ai rien voulu écrire, pour ne me brouiller mal avec personne, non plus que des lettres et avis qu'on reçoit souvent ici de personnes de qualité, que je sais bien n'être pas contentes.

Je dissimule et souffre, tout allant le droit chemin, pour servir mon maître, et ne me sers du sieur de Barneveld, sinon pource que je le reconnois affectionné à ce que nous désirons, comme aussi au service et contentement de Sa Majesté, qu'il voit être conjoint au bien de son pays, et qu'en effet c'est celui qui a plus de créance pour se faire suivre, comme vous le connoîtrez encore par ma précédente lettre. Je ne sais pareillement comme il a osé dire que, sans la proposition de cette trève, toutes les provinces étoient disposées à rentrer ensemble et d'une même volonté à la guerre; car je vous peux assurer que leur résolution était d'envoyer aux deux rois, pour savoir leur avis et le secours qu'ils en pouvoient espérer avant que rompre, et retourner plutôt enfin à cette trève d'un an, que de franchir le saut sans en avoir autre assurance de leurs amis. Et si vous voulez vous souvenir, monsieur, des choses selon qu'elles vous ont été représentées, je suis certain que vous en ferez le même jugement.

Croyez que tous ces discours ne sont que pures menteries, et qu'il n'y a rien qui puisse faire mal à cet Etat que la mauvaise disposition en laquelle on tient M. le prince Maurice contre son naturel qui est modéré, sage et éloigné de tout mauvais artifice. Mais s'il est vrai, comme on prétend, que la province de Hollande soit de son avis, il ne lui est pas besoin de re-

NÉGOCIATIONS DU PRÉSIDENT JEANNIN.

moyens extraordinaires pour se faire suivre, comme le contraire étant, il s'en doit abstenir. Aussi crois-je qu'il en usera ainsi ; l'honneur et le profit de Sa Majesté, et le bien du pays, sera pareillement de réconcilier plutôt M. de Barneveld avec M. le prince Maurice, et le rendre son serviteur, que d'essayer à le ruiner, comme quelques-uns de ses ennemis, qui ont du pouvoir près dudit prince, désirent et en recherchent tous les jours les moyens. A quoi je penserois qu'il faudroit travailler dès maintenant, si Sa Majesté changeoit d'avis, afin de se servir des deux ensemble; sinon il faut attendre que la résolution soit prise, autrement le prince Maurice ne le recevroit en grâce, sinon en faisant ce qu'il voudroit. Il n'y a aucune affection et passion en moi, que celle que Sa Majesté y a mise ; j'ai suivi jusques ici ses commandemens, sans dissimuler et faire seulement en apparence, non en effet, ce qui m'étoit commandé ; et si j'en eusse usé ainsi, j'eusse été fort honnête homme au gré de ceux qui me veulent calomnier. Qu'on me commande maintenant le contraire, et l'on verra si je ne serai pas bientôt en leurs bonnes grâces, et s'ils ne publieront pas qu'il n'y a rien à désirer en mon devoir. Je suis, monsieur, votre, etc.

P. JEANNIN.

A La Haye, ce vingt-deuxième d'octobre 1608.

Lettre du Roi à MM. Jeannin et de Russy, du vingt-troisième d'octobre 1608.

Messieurs Jeannin et de Russy, je ne veux rien ajouter, répondant à vos lettres du onzième de ce mois, reçues le dix-septième, aux derniers commandemens que je vous ai faits par les miennes aussi du onzième dudit mois, dont a été porteur le courrier Picaut, que j'entends avoir été contraint de prendre de Calais le chemin de Bruges pour passer à l'Ecluse ; car si les archiducs continuent à refuser de traiter pour le roi d'Espagne comme pour eux, puisque l'on sait qu'ils ont pouvoir de le faire, ou veulent prolonger davantage les affaires, vous devez vous contenter de représenter fidèlement aux Etats leur dernier mot, sans engager davantage mon nom ni votre créance et industrie à défendre ou faire approuver leur procédure, car, comme vous dites, ils barguignent et marchandent imprudemment, et peut-être malicieusement et trop artificieusement, une formalité en une chose si importante qu'est celle dont il s'agit. Mais si depuis ils vous ont permis d'offrir et accorder l'article de la liberté suivant votre proposition, ainsi que le sieur de Berny m'a écrit par ses lettres du dix-huitième, et qu'ils vous en ont avertis par courrier exprès, en ce cas, vous continuerez à faire votre effort et devoir envers lesdits Etats, pour les disposer et faire résoudre de s'en contenter ; car, certainement, je crois que ce sera leur bien, pourvu qu'ils s'y résolvent sans se diviser, comme je désire grandement qu'il avienne ensemble mon cousin le prince Maurice et ceux de sa maison, sans se laisser emporter à des conseils désespérés, tels que les a proposés ici Lambert. Selon ce que je vous ai écrit par ledit Picaut, j'ai voulu attendre le retour de mon cousin le duc de Sully, pour être servi de son avis sur la dépêche dudit Lambert devant que de le renvoyer, et verrez à présent, par le double de ma lettre audit prince ci-jointe, ce que j'ai avisé lui faire savoir tant sur la sienne que sur les propos que m'a tenus de sa part ledit Lambert. Je veux croire que ledit prince fera part de madite réponse aux sieurs les Etats, car elle est faite pour eux comme pour lui. Toutefois, s'il en dispose autrement, je vous permets d'user de ladite copie ainsi que vous jugerez convenir au bien de mon service et à l'avancement de mes intentions, qui tendent toujours à préférer la trève à la guerre sur le pied que vous l'avez proposée, et en la forme que vous l'avez projetée, pourvu que cela ne les désunisse irréconciliablement ; car, quoi qu'ils fassent, et quelque parti qu'ils prennent, si la divison se met parmi eux, il ne leur en peut arriver que tout mal, et aurions occasion de leur reprocher leur mauvaise conduite, et que, par leur faute seule, leurs adversaires auront mieux employé leur temps et leur peine en recherchant ladite paix, et envoyant aussi vers moi dom Pedro de Tolède, que moi mes conseils et mon argent, nonobstant la sincérité et bonne foi de laquelle j'y ai procédé par votre ministère et autrement.

Un courrier venant d'Espagne passa par ici lundi, vingtième de ce mois, allant en diligence en Flandre ; peut-être a-t-il été porteur de la finale volonté du roi d'Espagne sur ces affaires. S'il est ainsi, vous en apercevrez bientôt ; et si, par le défaut et opiniâtreté des uns ou des autres, vous ne pouvez obtenir ladite trève et les mettre d'accord, vous m'en avertirez en diligence, afin que je vous ordonne ce que vous aurez à faire. Cependant vous ne vous engagerez pas davantage aux délibérations desdits Etats ni autres, car ce n'est pas la mienne d'épouser les conseils passionnés, ni de protéger une mauvaise cause. Au reste, je vous assure avoir toujours espéré et dit que la trève devoit être faite pour le moins pour douze ans, et n'ai jamais ouï parler qu'elle dût être réduite à sept, que depuis la réception de votre dépêche du dernier du mois passé; par où vous pouvez juger comment j'ai pu dire à temps audit dom Pedro, et à l'ambassadeur Peckius, que cette déclaration de liberté ne devoit durer que ledit temps et qu'il étoit raisonnable de l'exprimer ainsi pour en donner l'avis en Espagne, ni même en Flandre ce qu'a écrit le président Richardot. J'ai bien pu dire qu'étant l'article de ladite souveraineté conçu et écrit en la forme que vous l'avez écrit, que les deux parties trouveroient de quoi contenter leurs prétentions et espérances, pourvu que ce mot de *toujours* n'y fût pas ajouté, lequel je n'ai jamais approuvé; par où ils ont pu colliger que j'entendois que ladite liberté devoit expirer avec ladite trève, et je sais que ledit dom Pedro et Peckius en ont parlé en ce sens, et le nonce du pape aussi. Mais je n'ai passé plus avant, et je sais bien comment je dois expliquer quand il sera temps et nécessaire de le faire; et ne faut s'arrêter au dire de telles gens, ils font profit de tout, mais à mes actions qui auront toujours pour vrai but le bien de mes anciens alliés par préférence aux autres, mêmement quand ils me donneront sujet de continuer à les affectionner, comme j'ai fait ci-devant. Je prie Dieu, messieurs Jeannin et de Russy, qu'il vous ait en sa sainte et digne garde.

Ecrit à Fontainebleau, le vingt-troisième jour d'octobre 1608.

HENRI.

Et plus bas, BRULART.

LETTRE *de M. de Villeroy à M. Jeannin, dudit jour vingt-troisième d'octobre* 1608.

Monsieur, nous avons reçu le seizième de ce mois vos lettres du premier et deuxième, et le dix-huitième celles du septième, un jour après l'arrivée du capitaine Sarroques, porteur des vôtres du onzième, qui a été payé de son voyage. Il nous semble que M. le prince Maurice s'échappe plus qu'il ne doit; le Roi s'en plaint, et d'autant plus qu'il croit qu'il n'amendra pas sa condition par cette voie, pour le moins ne l'attirera-t-il de son côté en ce faisant. Vous verrez la lettre que le Roi écrit à M. le prince Maurice. M. de Sully en écrit une autre à madame la princesse d'Orange, qui est aussi verte que l'autre. Il blâme la conduite dudit prince Maurice autant que personne, et reconnoît, s'il ne change, qu'il perdra ces provinces avec sa réputation; car il croit qu'il ne peut défendre la Hollande s'il laisse passer l'Yssel aux Espagnols, ce qu'il ne peut empêcher s'il est foible, comme il sera si Sa Majesté l'abandonne, et s'il est cause de désunir le corps desdits Etats: chose qu'il faut craindre et empêcher par tous moyens, soit qu'ils fassent la trève ou rentrent en guerre. L'on désire surtout que vous travailliez à ce point, et s'ils sont si animés les uns contre les autres, que vous ne puissiez venir à bout de les réconcilier et accorder, avertissez-nous-en en diligence, afin que nous vous mandions ce que vous aurez à faire. Nous ne pouvons croire que M. Richardot ait perdu ou oublié l'instruction qui a été trouvée par nonchalance; nous estimons plutôt qu'il l'a laissée exprès, et il est tenu pour plus artificieux que négligent. Elle peut servir à un effet et nuire à un autre; mais ici nous n'en faisons mise ni recette, car nous ne gnorions pas ce que nous y avons appris, qui est qu'ils n'ont pas grande envie que nous conservions avec les Etats aucune créance; et ne faut aussi s'ébahir s'ils parlent de vous au fait de la religion, car de qui pouvoient-ils espérer assistance en cela que de vous qui servez un Roi catholique, et qui êtes catholique? Qui s'en scandalise qui voudra, pour cela notre maître ne commandera, et vous ne ferez aussi jamais chose qui ne soit bienséante et considérée comme elle doit être. C'est la coutume de ceux qui favorisent une mauvaise cause, comme il me semble que M. le prince Maurice fait à présent, de mettre toutes pièces en œuvre à tort et à travers pour servir à son dessein: aussi ne parle-t-on que de faire périr le sieur Barneveld et le sieur Aërsens fils avec son père. Ces propos ont été tenus par Lambert trop légèrement et imprudemment, ainsi que je vous ai écrit par Picaut, duquel nous désirons le retour pour pouvoir voir plus clair en ces affaires sur la contrariété que nous remarquons entre vos espérances et les beaux discours dudit Lambert. En tout cas, il ne faut rien faire qui avantage l'Espagne sur les Etats; car je n'ai pas opinion que le voyage de dom Pedro produise aucun effet qui nous contente. Je présume que sa négociation sera renvoyée au pape pour défaire dudit dom Pedro, que nous avons enfin connu plus subtil que grossier, mais beaucoup plus glorieux que sage.

Nous n'avons pas opinion que vous accordiez le prince Maurice avec le sieur Barneveld, si ce dernier ne cède tout à l'autre, car on nous dépeint le premier un homme très-entier en ses opinions; c'est pourquoi nous craignons d'être auteurs d'une résolution qui allume un feu qui réduise en cendres et détruise tout-à-fait ce pays. Je vous prie d'y prendre garde, car, quelque bien que vous fassiez en conformité même des commandemens de Sa Majesté, s'il en arrive une désunion irréconciliable, l'action sera blâmée parce qu'il n'en arrivera tout mal. Il n'y a point d'assurance aux Anglois; leurs gens parlent selon qu'ils connoissent l'humeur de ceux qui s'adressent à eux, remplissant le monde de mille menteries et diversités. Nous avions déjà ouï parler du mariage du prince de Galles avec la fille de l'électeur palatin. M. le maréchal de Bouillon nous en avoit donné avis, mais nous n'y voyons pas encore grand fondement. Bien crois-je que si M. le prince Maurice pouvoit devenir maître absolu du pays où il est, que le roi d'Angleterre et ses suppôts lui feroient la cour à bon escient, et ne lui refuseroient même l'aînée fille d'Angleterre. Je crois davantage que ledit prince Maurice tourneroit son inclination de ce côté-là, plutôt que de celui de la France. Il faut prendre garde à tout, et même à cette union des états d'Allemagne de laquelle vous a entretenu le député de l'électeur palatin; car elle s'avance tant qu'elle peut au préjudice de la personne et maison de l'Empereur; de quoi nous pouvons tirer d'un côté quelque avantage, mais du dommage de l'autre, à cause de la profession que font ceux-là, lesquels ne se confient à présent à Sa Majesté que modérément. L'assemblée de Gergeau s'est passée comme le Roi a désiré, par la bonne conduite de M. de Sully qui en est revenu depuis deux jours, et passe aujourd'hui à Paris. Le duc de Mantoue s'est trouvé si bien ici, et Leurs Majestés ont eu sa compagnie si agréable, qu'il n'a pu partir plus tôt qu'aujourd'hui; et vous assure que Leurs Majestés sont en très-bonne santé, en laquelle, je prie Dieu, monsieur, qu'il vous maintienne longues années. Votre, etc. De Neufville.

De Fontainebleau, ce vingt-troisième jour d'octobre 1608.

Autre lettre *particulière dudit sieur de Villeroy audit sieur Jeannin, dudit jour vingt-troisième d'octobre* 1608.

Monsieur, nous renvoyons Lambert avec la réponse du Roi à la lettre de M. le prince Maurice qu'il nous a apportée, et aux propos qu'il a tenus au Roi de sa part, de laquelle nous vous envoyons copie dans le paquet de Sa Majesté qui s'adresse à vous et à M. de Russy. Vous trouverez dans icelui aussi une lettre de Sa Majesté à messieurs les Etats, dressée sur le projet que vous m'avez envoyé, accompagnée d'une lettre de Sa Majesté pour vous et M. de Russy, et une particulière de moi à vous écrite du dernier chiffre que je vous ai envoyé. Et j'ai voulu par celle-ci vous faire cet inventaire du contenu audit paquet, afin que vous en fassiez la confrontation à l'ouverture d'icelui, et que je sache si vous avez trouvé à dire quelque chose.

C'est le sujet de la présente, à laquelle j'ajouterai derechef mes recommandations, et demeurerai, monsieur, votre, etc. De Neufville.

A Fontainebleau, ce vingt-troisième d'octobre 1608.

Lettre *du Roi à MM. les Etats-généraux des Provinces-Unies, du vingt-troisième d'octobre* 1608.

Très-chers et bons amis, alliés et confédérés, envoyant vers vous les sieurs Jeannin, feu Buzanval et de Russy, nous leur donnâmes des instructions si particulières de nos intentions et des conseils que nous leur commandions de vous donner en vos affaires, qu'il n'a pas été besoin d'y rien ajouter depuis; et ayant encore mandé, il n'y a guères, ledit sieur Jeannin, nous lui avons dit derechef, pour l'entière confiance que nous avons en lui, tout ce que nous estimions pouvoir servir au bien et conservation de votre Etat pour le vous faire entendre de notre part, et vous exhorter à prendre les conseils que nous jugions vous devoir être les plus utiles et assurés, dont nous savons qu'il s'est fidèlement acquitté. Et néanmoins, pource que nous sommes bien informés qu'aucuns font courir des bruits sourds parmi vous, comme si nous désirions autre chose que ce qu'il vous en a déclaré, nous avons bien voulu nous-mêmes le vous écrire, qui est qu'après avoir considéré mûrement l'état de vos affaires, nous avons toujours approuvé, par l'avis des principaux de notre conseil, la résolution que vous aviez prise de vous-mêmes, et avant que nous y eussions pensé, de vous mettre en repos par une bonne et perpétuelle paix si vous la pouviez obtenir avec la conservation de votre liberté, et en défaut d'icelle par une trève à longues années, pourvu aussi qu'elle fût traitée avec vous par les archiducs, tant en leurs noms que du roi d'Espagne, comme avec Etats libres, selon qu'il est contenu en la première trève et par l'écrit qui vous a été depuis présenté de la part de nos députés, de ceux du roi de la Grande-Bretagne, notre bon frère, et des autres princes qui sont près de vous, et que l'une et l'autre, à savoir, la paix ou la trève aux conditions susdites, devoient être préférées au renouvellement des armes.

Nous vous disons encore que c'est notre avis, après avoir derechef entendu et examiné toutes les raisons qui nous ont été représentées au contraire, pource qu'il est en votre pouvoir, par une bonne et sage conduite, d'éviter les inconvéniens et dangers que la trève peut engendrer; ce qui n'est pas de ceux de la guerre, qui néanmoins sont plus

31

grands, et, comme il semble, inévitables, pour des raisons que nous aimons mieux taire que les exprimer. Nous vous exhortons et prions donc de suivre ce conseil tous ensemble, et sans vous séparer les uns des autres, et considérer qu'il vient d'un prince qui a autant de soin de votre conservation que de son propre salut, et qui a aussi rejeté toutes ouvertures qui pouvoient être préjudiciables à votre bien et prospérité, lequel ne voudroit aucunement penser à le vous donner, s'il n'étoit bien certain que c'est le meilleur et le plus utile que vous puissiez prendre. Nous prions Dieu, très-chers et bons amis, alliés et confédérés, qu'il vous ait en sa sainte et digne garde.

Ecrit à Fontainebleau le vingt-troisième jour d'octobre 1608.

Votre, etc.

Et plus bas,

HENRI.
BRULART.

LETTRE *du Roi à M. le prince Maurice, dudit jour vingt-troisième d'octobre* 1608.

Mon cousin, votre lettre du vingt et unième du mois passé, reçue le quatrième du présent, et les propos que Lambert, porteur d'icelle, m'a tenus de votre part, ne m'ont moins étonné que scandalisé, ayant par celle-là entendu la nouvelle résolution que vous avez prise sur les affaires de par-delà, et par ceux-ci reconnu que vous êtes entré en soupçon de ma volonté et de mes conseils, à cause de la proposition de la trève à longues années qui a été faite, depuis la paix rompue, aux sieurs les Etats des Provinces-Unies et à vous, par mes gens, conjointement avec ceux du roi de la Grande-Bretagne, mon bon frère et ancien allié, et de mes cousins les princes d'Allemagne qui sont par-delà. Car comme en cela nous n'avons fait que suivre le même chemin et ordre ouvert et convenu sans moi par lesdits sieurs les Etats et vous, quand ils ont commencé à prêter l'oreille aux traités desquels il est question, je ne vous ai donné sujet aussi de changer maintenant de langage, et moins vous défier de mes conseils. Vous dites que vous tenez pour certain que ladite trève, principalement si par icelle la souveraineté n'est accordée pour toujours, sera cause enfin de la ruine entière du pays, et de les réduire sous la domination de leurs ennemis conjurés : vous deviez prévoir d'entrée lesdits accidens sans tant tarder, car je ne connois pas que le temps les ait rendus plus périlleux.

Vous deviez donc vous opposer à ladite ouverture dès le commencement : au lieu de ce faire quand à l'entrée de ces traités, appréhendant les mêmes périls que vous nous faites entendre que vous craignez à présent, j'ai voulu, affec[...] au bien desdits Etats et au vôtre, vous faire [...] montrer et à eux ce que j'en sentois; non-seu[...]ment l'on en a fait peu de compte, mais on a [...] malicieusement controuver que j'étois ennemi [...] repos et de la liberté des Provinces-Unies, et [...] je n'approuvois lesdits traités, voire craignois qu[...] acquissent par iceux ladite liberté qui leur étoit [...] ferte par leurs ennemis, parce que je profitois [...] leur guerre, et prétendois encore avec le temps [...] piéter leur liberté, supposant plusieurs fausset[...] pour imprimer cette opinion et jalousie dedans [...] esprits desdits Etats, afin de favoriser lesdits trait[...] et en rendre les recherches plus plausibles, à [...] tant s'en faut que vous ni autre ait lors contr[...]dit, comme par raison fondée sur les divers[...] signalées preuves que vous et eux aviez tirées d[...] vraie sincérité de ma foi et de mes intentions, l[...] quelles vous savez être sans reproche ni exemp[...] Cette invention servit à justifier les conseils [...] ladite paix, et à y disposer le général desdits Etat[...] Vous savez ce qui en fut dit, écrit et publié pa[...] tout, et vous confesse, quand je sus cette mati[...] et que vous ne vous en étiez formalisé, je fus tr[...] étonné et mal content. Je crus véritablement q[...] vous en aviez usé ainsi pour avec les autres fa[...] riser les susdites propositions de paix, poussé [...] votre affection et obligation au bien et avant[...] public desdits pays. Néanmoins je pris résoluti[...] mû de la même considération publique, de [...] laisser à leur bien faire en favorisant aussi de m[...] côté ladite négociation autant qu'honnêtement j[...] le pouvois faire, pour en ce faisant faire pér[...] aussi la susdite opinion que je désirois nourrir v[...]tre guerre, et me prévaloir de la nécessité de [...] affaires aux dépens de la liberté desdits Etats, [...] pour bien faire aussi à toute la république chré[...] tienne, comme un roi très-chrétien, tel que Di[...] m'a constitué, est tenu de faire.

Remémorez-vous sur cela les conseils, offic[...] devoirs que vous et lesdits sieurs les Etats av[...] reçus de moi et de mes ambassadeurs, non-seul[...]ment pour aplanir les chemins de ladite paix, m[...] pour en assurer la jouissance après la moisson, [...] maintenir vos affaires en réputation. Ai-je pas é[...] premier chef servi d'exemple aux autres, et au s[...] cond tiré l'échelle après moi? Car qui est celui q[...] a mis la main à la bourse pour cet effet que moi[...] quelle récompense et reconnoissance ai-je pou[...] tant recherchée et tirée de cette cordiale et mie[...] bénéficence? Ai-je prétendu m'en avantager s[...] lesdits sieurs les Etats ni les autres alliés? [...] gens ont-ils séparé mes conseils des leurs? [...] insisté qu'ils fussent plutôt suivis? Ils vous [...] exposé et remontré candidement et franchem[...]

toutes choses ce que je leur ai commandé et ce qui vous être utile et salutaire. Ils n'ont rien avancé d'eux-mêmes; et si vous avez eu autre opinion, vous m'avez fait tort et à eux aussi, voire vous-même. Vous et eux avez les premiers trouvé bon d'entendre à la paix ou à la trève, aux conditions que l'une et l'autre vous étoient offertes. Je m'y suis embarqué après vous pour bien faire le public, et favoriser un dessein auquel ils se sont engagés sans mon su, vous l'approuvant, ou pour le moins ne le contredisant. Les ministres des princes avec lesquels vous avez conféré et traité, ne vous ont pas contenté pour la paix. Les ambassadeurs et ceux desdits roi et princes sont sur cela mis en avant la trève à longues années, conformément au premier projet fait par lesdits sieurs les Etats, et accordé avec les députés des archiducs : quel droit avez-vous de vous absoudre de cela? Quant à moi, j'ai cru et crois encore que ladite trève, faite aux conditions et en la forme que moi, lesdits roi et princes l'avons proposée, seroit auxdits sieurs les Etats et à vous salutaire et moins périlleuse que ne sera la guerre. Vous craignez que le temps empire vos affaires, pour les raisons déduites par votredite lettre, et que ledit Lambert m'a exposées encore plus particulièrement. Personne ne peut répondre de l'avenir, et toutes choses sont en ce monde pleines d'incertitude; les évènemens et succès dépendent de la providence de Dieu, mais les hommes peuvent par prudence et bonne conduite tirer profit et avantage d'un bon conseil. En tout cas les accidens d'une longue guerre, renouvelée par un peuple contre un puissant ennemi, après avoir goûté et après avoir quitté, plus par impétuosité que bonne raison, l'espérance d'un repos, sont encore plus périlleux. Comme je vous ai offert mon intervention et assistance pour l'observation de la paix, j'avois aussi commandé à mes gens de vous donner la même parole pour la trève, et vois que mondit frère le roi de la Grande-Bretagne, et les autres princes vos alliés, s'y fussent volontiers engagés comme moi.

Je ne donnerai jamais conseil aussi auxdits sieurs Etats et à vous, que je ne mette peine de le garantir et faire prospérer autant humainement que je le puis faire, mêmement s'il est reçu et reconnu comme il doit être : les dépenses pour la guerre excèdent par trop celles d'une trève. Vous avez éprouvé celles-là, et connu que lesdits sieurs les Etats ne peuvent d'eux-mêmes y fournir, ni à peine avec l'aide de leurs amis qui y ont contribué ci-devant. Et si, par foiblesse et faute de moyens, il avenoit que vous fussiez contraint d'abandonner à vos ennemis une partie du pays pour

défendre l'autre, comme ledit Lambert m'a déclaré de votre part que vous vous résolviez de le faire plutôt que d'agréer ni admettre ladite trève, sans qu'il soit déclaré par icelle en termes exprès que la souveraineté demeurera auxdits sieurs les Etats pour toujours, considérez, je vous prie, à combien d'accidens et de reproches irrémédiables vous serez sujet avec ceux qui auront suivi avec vous le même conseil. Estimez-vous qu'aucun allié et ami desdits sieurs les Etats et de votre maison, fût pour engager sa réputation et son Etat en un tel parti qui seroit jugé plus accompagné de passion et de désespoir que fondé en raison ou nécessité, vu les offres de ladite trève? Ledit Lambert dit que vous aimez mieux périr les armes à la main que honteusement, en présupposant et tenant pour inévitable la ruine et perte dudit pays, si lesdits Etats reçoivent ladite trève. Je ne vous nierai point que j'ai été et suis encore d'opinion contraire à la vôtre : toutefois peut-être que je m'abuse, pource que je ne connois comme vous la constitution présente des affaires et volontés du pays; mais je puis bien dire aussi que, comme je suis mieux informé de la généralité de celles de la chrétienté, je puis juger pareillement, plus sainement peut-être qu'un autre, que lesdits sieurs les Etats et vous pouvez, par le moyen de la susdite trève étant accordée et bien observée comme mes ambassadeurs et ceux desdits roi et princes l'ont proposée, vous conserver et maintenir plus heureusement et sûrement que par la guerre, étant même incertains, comme vous êtes encore, de l'assistance et faveur de vos voisins; ce qui est cause que j'ai trouvé tant plus étrange la déclaration que ledit Lambert a ajoutée à cela de votre part, c'est à savoir que vous et lesdits sieurs les Etats désirez plutôt que je demeure neutre, et vous laisse faire la guerre à votre mode, que j'autorise et fasse davantage poursuivre ladite trève. Mon cousin, il me sera fort facile, et peut-être plus avantageux et à mon royaume que vous ne pensez, de vous donner ce contentement, quoi qu'il en puisse succéder; car, quand je voudrois suivre ce conseil, je suis, grâces à Dieu, en tel état que je n'ai voisin qui n'ait autant affaire de moi que j'aurois de lui, et partant ne soit bien aise de rechercher et conserver mon amitié; et quand tous conspireroient contre moi, je puis de moi-même, et sans autre assistance que celle du Ciel, qui ne m'a de sa bonté défailli jusques à présent, lutter contre tous ensemble, et leur prêter le collet, comme quelquefois ont fait les rois mes prédécesseurs.

Sachez donc que je n'affectionne point la guerre ni la trève aux Provinces-Unies, pour aucun besoin que j'aie de l'une ni de l'autre pour la défense et manutention de mon sceptre. Je n'ai été porté aux conseils de paix et de trève, et aux secours de guerre que je leur ai donnés, et avez largement reçus de moi et de mon royaume, que de la seule considération du bien et salut desdits sieurs Etats, et de vous en particulier, que j'ai toujours chéri et favorisé, et les autres de votre maison, ainsi que vous et eux avez éprouvé en toutes occasions. Or je veux croire que tout ce que vous m'avez remontré par votredite lettre, et par ledit Lambert, ne vous procède que d'une affection que vous portez au public desdits pays, et du soin que vous avez de votre honneur et de votredite maison; car je ne doute point, comme vous dites, que vous n'ayez moyen d'assurer mieux votre condition, et celle des vôtres par un accord, que tous autres de delà. C'étoit aussi mon but de faire pourvoir à ce point à votre contentement, comme mes gens vous ont souvent déclaré. Mais si lesdits sieurs les Etats et vous n'approuvez que l'on poursuive plus avant la voie de la susdite trève, quand je saurai que mesdits ambassadeurs et ceux desdits roi et princes auront satisfait à la promesse qu'ils ont faite à ceux desdits archiducs à leur départ de La Haye, qui est de faire entendre auxdits Etats et à vous le dernier mot de leurs maîtres, et qu'ils vous auront derechef représenté les raisons motives du conseil que je vous ai donné en faveur de ladite trève, et comme le tout aura été par eux et vous reçu, j'aurai bientôt pris parti conforme à celui que lesdits Etats et vous aurez choisi, et je veux dire de vous laisser faire ce que bon vous semblera, car je n'ai pas entrepris de forcer vos délibérations. Eux et vous êtes maîtres de vous-mêmes pour en disposer à votre discrétion, et dois demeurer dans les bornes d'une vraie et sincère bienveillance, telle que je l'ai toujours portée auxdits Etats et à vous, et désire encore continuer quand vous et eux m'en donnerez occasion.

Mais ce dont j'ai plus à vous prier et conseiller maintenant, est que vous conserviez chèrement votre union au parti que vous prendrez, quel qu'il puisse être; car de ce seul point dépend votre conservation, soit que vous acceptiez la trève, ou que vous recommenciez la guerre. Je désire aussi que lesdits sieurs les Etats et vous ne fassiez ce tort à vous-mêmes, ni à moi, de douter à l'avenir de la sincérité et intégrité de mes conseils, ni des actions de mes ministres et ambassadeurs. Je suis homme de bien et prince de foi, et non du tout ignorant des choses du monde. Quand je voudrai faire mes affaires sans vous, ou m'avantager en quelque chose, ce ne sera jamais, si je puis, injustement et au dommage de personne, et moins encore de ceux auxquels j'aurai promis amitié; puis, grâces a Dieu, faire l'un sans l'autre que je voudrai. Lesdits sieurs les Etats et vous, vôtres, ne devez ni pouvez endurer que ma réputation soient mises en compromis sans la vôtre, et être notés d'ingratitude et mécontentement; ce que je ne dis pas pour reprocher passé, ni vous désespérer de l'avenir, mais défendre la vérité. Or je ne m'attends pas que tombiez en cette faute, vous connoissant je fais. J'ai bien aussi plus d'égard à ce que m'avez écrit par votredite lettre qu'aux heures cours dudit Lambert, et vous connoîtrez toujours par vrais effets que personne n'affectionne votre prospérité, et celle desdits sieurs les Etats ni peut vous être à tous plus utile que moi, prie Dieu, mon cousin, vous avoir en sa garde.

Ecrit à Fontainebleau le 23 octobre 1608.

HENRI.

Et plus bas, BRULART.

LETTRE *de M. Jeannin à M. de Villeroy, vingt-sixième d'octobre 1608.*

Monsieur, par mes lettres du vingt-deuxième j'ai répondu aux vôtres du onzième, et vous mandé au vrai l'état des affaires de ce pour vous ôter l'appréhension que le Lambert, par ses mauvais et mensongers cours, avoit pu donner au Roi, dont averti M. le prince Maurice et madame la princesse d'Orange, ils ont montré tous deux trouver fort étrange, le désavouent, et le premier même m'a fait voir l'instruction qu'il donna à son départ, laquelle ne contient rien de toutes ces bourdes et impostures qu'il mises en avant; ainsi il les doit avoir forgées de lui-même, ou bien chez M. Maldrée passant en Zélande. M. le prince Maurice confesse lui avoir dit qu'il n'omettra rien pour empêcher que cette trève fût reçue, et qu'elle seroit cause de la division et ruine de leur Etat, si on persistoit d'induire ces peuples à la recevoir, faisant au surplus tant de déclaration bonne volonté, que j'ai toute occasion de louer, et de vous répéter derechef, quant menaces qu'il fait, qu'il n'y a aucune apparence que les provinces et les villes se doivent ser lorsqu'il faudra prendre la résolution recevoir ou rejeter cette trève; que chacun tiendra bien son opinion, et essaiera de la faire suivre jusques à l'extrémité, mais enfin se rendront tous à l'avis commun; et M. le prince Maurice en fera autant le premier, et ne voudra entreprendre ce qui seroit indubitablement cause de sa ruine, le reconnoissant trop sage et considéré pour se précipiter à des conseils désespérés tels que ceux-là. Puis ces peuples ont montré jusques ici qu'ils savent bien l'un être nécessaire pour se conserver; aussi se garderont bien de faire une si lourde faute, dont on doit d'autant plus s'assurer, qu'ils se laissent conduire par leurs magistrats et supérieurs, et que chacun voit aussi l'inclination et désir de Sa Majesté et du roi d'Angleterre être de les mettre en repos, et de se déclarer ouvertement ennemis de tous ces mauvais desseins, et de ceux qui en seront auteurs. Huit ou dix jours au plus nous éclairciront de tout, et ne soyez cependant en aucune peine par-delà, car si la province de Hollande entière, ou le plus grand nombre des villes reçoit la trève, l'autorité et l'avis de Sa Majesté y étant conjoints, personne n'y osera contredire, et sera contrainte la province de Zélande de la suivre. Aussi sais-je qu'ils ont déjà pris cette résolution entre eux, et que M. le prince Maurice en fera autant. Mais si la plus grande part de la Hollande la rejette, ou fait refus de la recevoir en cas que ces mots *pour toujours* ne soient ajoutés à la déclaration de leur liberté, qui est une même chose, il y aura plus de difficulté en la trève; et néanmoins pource que je prévois avant que prendre la résolution entière de rentrer en guerre, qu'ils voudront envoyer à Sa Majesté et en Angleterre aussi pour leur rendre raison de ce conseil, et demander secours, il y a grande apparence, si les deux rois, je dis même Sa Majesté seule, continue à les exhorter de la recevoir, et refuse son secours, qu'ils l'accepteront tous, nonobstant leur première résolution, sans qu'aucune province ni ville se tienne de l'avis commun, quoique M. le prince Maurice s'imagine le contraire; car s'il y a quelque opiniâtreté en ceux de Hollande à la rejeter, elle vient des impressions du prince Maurice, qui les assure toujours que Sa Majesté leur donnera secours s'ils rentrent en guerre, dont se voyant refusés, ils se garderont bien de le faire, et le prince Maurice n'y osera penser sans eux; comme aussi il est certain que Sa Majesté fomentant sous main leur opinion, et leur donnant espérance de secours, sans néanmoins se rendre auteur de la rupture, qu'ils se jetteront tous d'eux-mêmes à la guerre.

Le jugement que je fais en l'un et l'autre cas est fondé sur la connoissance particulière que j'ai de l'humeur et inclination du plus grand nombre des députés de l'assemblée desquels doit dépendre la résolution, lequel me fait dire aussi qu'on doit plutôt croire que la province entière de Hollande, ou le plus grand nombre, seront d'avis de la trève que de la rejeter, et que toutes ces vaines craintes de division et partialités, dont le prince Maurice nous veut faire peur, cesseront; osant encore ajouter ceci, que l'autorité et la créance du Roi est si grande en ce lieu, même depuis la proposition de la trève, tant s'en faut qu'elle la lui ait diminuée et à ses ministres, qu'il sera comme seul arbitre et juge souverain de tout le différend qui pourroit avenir entre eux sur cette résolution de recevoir la trève, ou de rentrer en guerre, et néanmoins qu'il y auroit plus de difficulté au dernier qu'au premier, pource que l'inclination du plus grand nombre y est contraire, et que le roi d'Angleterre témoigne à présent qu'il désire avec ardeur cette trève, jusques à déclarer par ses ministres que s'ils la rejettent leur guerre est injuste, et ne les y assistera aucunement, soit qu'il le fasse par émulation, et pour avoir part en la grâce, ou pour être mieux avec les Espagnols et archiducs qu'il n'étoit auparavant. C'est pourquoi si Sa Majesté désire changer de conseil, comme j'en soupçonne quelque chose, pource que vous m'avez mandé qu'elle est très-mal satisfaite de don Pedro de Tolède, j'estime nécessaire de faire toutes sortes d'efforts pour gagner le roi d'Angleterre par alliance et mariages qui le puissent du tout assurer de notre amitié; car avec telle assurance et conjonction la guerre ouverte seroit non-seulement sans péril, mais on pourroit espérer la faire avec très-grand avantage, et d'écorner tellement l'ambition et grandeur de l'Espagne, qu'elle ne feroit peur à aucun potentat ni Etat de long-temps. Je ne doute non plus que cette résolution des deux rois y feroit entrer ces peuples avec allégresse et grande union; mais s'il n'y a espoir de joindre à ce dessein le roi d'Angleterre, et qu'il demeure obstiné à vouloir conserver l'amitié du roi d'Espagne, soit d'inclination, ou à cause de la corruption de son conseil, et de l'affection que la reine y a, c'est à elle de considérer si, étant crainte et respectée de tous ses voisins, son amitié désirée de tous les princes de la chrétienté, à cause de sa grande réputation, et du florissant état auquel sont ses affaires, et lui et ses sujets jouissant à cette occasion d'un heureux repos, elle doit entrer aux dangers d'une longue guerre, de laquelle, quand bien le roi d'Angleterre seroit au commencement spectateur sans s'en mêler, plusieurs accidens peuvent naître qui le pourroient aussitôt faire joindre à nos ennemis qu'avec nous, soit pour crainte de notre prospérité et accroissement, ou, s'il nous avenoit quelque malheur, pour prendre part en notre dépouille : et encore que son inclination au repos semble nous devoir assurer contre cette crainte, si ne la doit-on mépriser, attendu même qu'il commande à des peuples belliqueux qui haïssent notre nation, et que son fils est pour porter les armes dans trois ou quatre ans, duquel on a tout autre espérance, et pourroit bien aider à réchauffer cette froideur qui est en lui.

Quant à ces provinces ici, ayant aussi reconnu combien leur désir et inclination au repos est grande, je craindrois pareillement que cette promptitude de rentrer en guerre, nous voyant prendre les armes, ne fût pas de durée en eux, et que les ennemis leur offrant de grandes et assurées conditions par l'intervention du roi d'Angleterre, qui fera très-volontiers et en tout temps cet office pour en tirer profit et les joindre du tout à son amitié, ils ne fussent pour les accepter ; car les peuples sont souvent ingrats et encore moins souvenans des bienfaits reçus que les princes. C'est à Sa Majesté de considérer le tout par sa prudence, et de nous commander ses intentions. Nous verrons bientôt à quoi les Etats se doivent résoudre, et achèverons la trève s'il y a moyen, pourvu que nous ne recevions commandement au contraire, et ferons ce qu'il nous sera possible pour surmonter les difficultés qui pourroient survenir du côté des archiducs, comme pour la longueur de la trève que les Etats demandent opiniâtrément pour quatorze ou quinze ans, et se contenteront plutôt, quant au commerce des Indes, qu'il soit dit, ainsi qu'il avoit été fait ci-devant, qu'on s'assemblera après neuf ou dix ans pour demeurer d'accord s'il sera continué ou non, qui est toutefois au cas que le roi d'Espagne consente de l'accorder de gré à gré ; mais si c'est par hostilité, il n'y faudra aucune limitation de temps, et si les difficultés sont du côté des Etats, comme elles seroient au cas qu'ils voulussent prendre ces mots *pour toujours* devoir être ajoutés à la déclaration de leur liberté, on leur pourroit conseiller de s'assembler derechef à Calais, s'il plaisoit à Sa Majesté prendre la peine de s'y rendre, et en faire avertir le roi d'Angleterre pour y envoyer aussi de ses principaux ministres, puisqu'il y consent suivant l'ouverture que j'en avois faite à ses ministres en ce lieu : ce que les archiducs et Etats seront aussi pour consentir, ne faisant doute que l'issue n'en fût l'acceptation de la trève pour l'inclination qu'ils y ont tous, si Sa Majesté continue à les y exhorter. Je juge bien aussi qu'il n'en faut pas prendre le conseil seul, ni y voir bien clair pour les raisons contenues en vos lettres. Je retiens encore le courrier Picaut, attendant de mander par lui ce qui sera résolu, ou le premier événement que je verrai à cette affaire.

Je prie Dieu, monsieur, qu'il vous donne parfaite santé très-heureuse vie.

Votre, etc.   P. JEANNIN.

De La Haye, ce 26 octobre 1608.

Autre LETTRE *dudit sieur Jeannin à M. de Villeroy, du vingt-huitième d'octobre 1607.*

Monsieur, le sieur de Monceaux partit de ce lieu le vingt-deuxième de ce mois avec plusieurs de nos lettres, et devoit s'embarquer le lendemain à la Brille, en un vaisseau de guerre prêt à cet effet, où il demeura néanmoins jusqu'au vingt-septième sans nous avertir de son séjour, fors le vingt-sixième qu'il l'écrivit au sieur de Vaudrenecq, qui m'envoya incontinent sa lettre, et moi fis partir aussitôt ledit sieur de Sainte-Catherine pour aller vers lui au lieu de la Brille, afin d'apprendre l'occasion de sa demeure, attendu que le vent avoit été bon trois jours entiers, et, si le vaisseau restoit doit encore à partir, retirer le paquet et me l'apporter comme il fit hier au soir vingt-septième. Je ne sais à quoi attribuer ce séjour et malheur; si ai-je soupçonné que c'étoit en vertu de quelque commandement secret. Je n'en voudrois toutefois affirmer, car le capitaine s'excuse, ainsi que vous verrez par la lettre dudit sieur de Monceaux que je vous envoie. Cela m'a fait résoudre de vous dépêcher promptement le courrier Picaut que j'avois retenu sur l'occasion du départ dudit sieur de Monceaux. Ce que je peux ajouter à mes précédentes dépêches est que les députés de la province de Hollande, lesquels s'en étoient retournés en leurs villes pour prendre conseil sur la résolution de la trêve, et pour donner aussi loisir aux députés de Zélande de venir, doivent être ici dans deux jours. M. le prince Maurice, en allant voir M. le prince d'Orange son frère, se sert de cette occasion pour voir tous les magistrats des villes de Hollande en passant, et n'omet rien pour leur persuader de rejeter la trêve, c'est-à-dire de ne la recevoir sinon à condition que leur liberté soit assurée pour toujours, et en mots exprès qui fassent aussi bien mention de la souveraineté que de la liberté, qui est la rejeter en effet. Il a aussi envoyé en toutes lesdites villes un écrit sous son nom et de M. le comte Guillaume, avec une seconde lettre pour répondre au nôtre, et monter que leur avis est le meilleur, mettant en quelque endroit d'icelui écrit que ce que les deux rois en font n'est pour les abandonner, mais seulement crainte que s'ils faisoient autrement on les tint pour auteurs de la guerre, y ajoutant encore que cette affaire se traite en France près Sa Majesté par le nonce du pape et les jésuites, pour leur rendre toute cette procédure et nos avis suspects. On fait même semer des rumeurs parmi ces peuples qu'il faut paix ou guerre, et que la trêve ne vaut rien, afin qu'ils tiennent ces propos à leurs supérieurs, et les en intimident. Bref, il est devenu homme de faction par le conseil d'autrui, non de son inclination, et disent ses serviteurs qu'il doit plutôt se perdre que de se laisser vaincre en cette poursuite; et je réponds qu'il est plus raisonnable qu'il s'accommode à l'avis de l'Etat, ou du plus grand nombre d'icelui, même de la province de Hollande si elle en est, ou la plupart des villes d'icelle, et pareillement à l'avis des rois qui y est conforme, que de vouloir forcer les autres à suivre le sien.

Ceux avec qui je confère ont toujours la même opinion de la province de Hollande, et que les suffrages légitimes de l'Etat seront contre M. le prince Maurice. Il veut néanmoins qu'on appréhende les mouvemens qu'il peut faire avec les peuples et gens de guerre, et que cette crainte fasse qu'on se joigne à lui; mais ceux qui le connoissent le tiennent pour prince sage et modéré. J'en fais même jugement aussi bien qu'eux; et que si ces menaces, poursuites et pratiques, pour avoir les suffrages de la province de Hollande ne réussissent, il se contentera d'autant, sans se précipiter à des conseils désespérés, èsquels il seroit plutôt abandonné que suivi, soit des peuples ou des gens de guerre : ce que j'en dis n'est que par conjectures, mais tous les plus sages d'ici les estiment très-bien fondées, et en meilleures raisons que les craintes qu'on peut avoir du contraire; et s'il avient autrement, soyez, s'il vous plaît, en repos que nous ne gâterons rien, et que notre conduite fera aimer le Roi, non le haïr, et croître son crédit au lieu de le diminuer, j'entends envers le plus grand nombre et les plus gens de bien, et qu'il sera enfin arbitre de tout. Mais, au nom de Dieu, mandez-nous au plus tôt si vous avez changé d'avis, afin que nous nous y conformions ; et si vous y persévérez laissez-nous faire, et croyez que nous aurons l'œil sur tout, et principalement pour empêcher que ces peuples ne se divisent, quelque résolution qui soit prise entre eux. Nous ferons aussi tout devoir pour rendre content de nous le prince Maurice, autant qu'il nous sera permis, en suivant le commandement de Sa Majesté, et n'omettrons rien non plus pour réconcilier le sieur Barneveld avec lui, et faire qu'il devienne son serviteur. Les Etats feront grande instance pour avoir quinze ans au lieu de dix; nous en presserons par lettres M. le président Richardot. Les députés d'Angleterre ont de nouveau reçu lettres de leur maître, par lesquelles il leur mande faire toutes sortes d'instances de sa part pour faire recevoir cette trêve; et ils nous ont dit qu'ils sont délibérés de le faire, quand ils devroient être seuls en cette poursuite, se promettant néanmoins que nous serons toujours les premiers en la conduite de l'œuvre, et qu'ils n'auront qu'à nous suivre. Si vous n'avez si souvent des nouvelles de nous qu'il est bien requis, excusez la difficulté de la mer et la longueur de l'autre chemin, et ne l'attribuez pas à paresse, car je suis en extrême peine, et ai reçu un très-grand déplaisir de ce que Sa Majesté recevra nos lettres si tard, même en un temps où le contraire est bien requis. Je suis, monsieur, votre, etc.   P. JEANNIN.

A La Haye, ce vingt-huitième d'octobre 1608.

LETTRE *de M. Jeannin à M. le président Richardot, dudit jour vingt-huitième d'octobre* 1608.

Monsieur, nous travaillons toujours avec soin et diligence pour avancer la trève. La province de Zélande n'a encore envoyé ses députés, et ne sais si elle le fera. Les députés de Hollande étoient retournés en leurs villes en les attendant, et pour prendre avis aussi sur les articles de la trève qui leur ont été donnés par nous. Le premier, concernant la liberté, est celui sur lequel chacun s'arrête, et désirent la plupart qu'il soit expliqué plus clairement. Nous faisons ce que nous pouvons de notre côté, tant par paroles que par écrits, pour persuader les plus scrupuleux de se contenter de nos articles, et eux y répondent par lettres et écrits qu'on envoie aux villes, et toutes autres sortes de pratiques qui peuvent servir pour rejeter la trève, du moins qu'elle ne soit reçue sans qu'on couche cet article à leur contentement. On pouvoit, du côté d'Espagne, faire cesser cette difficulté s'ils eussent voulu, laquelle en effet n'est d'aucune considération; mais ne vous ayant pu gagner, nous essayons de l'obtenir envers ceux-ci, à quoi les députés d'Angleterre travaillent de même affection que nous, et ne savons toutefois les uns et les autres qu'en espérer.

Il y a encore une autre difficulté que les plus affectionnés à la trève font aussi bien que ceux qui la rejettent; à savoir, qu'elle doit être au moins de quinze ans, selon le choix donné aux États par leurs altesses, par le traité de la première trève; et, pour ce regard, vous y devez apporter de la facilité, et la surmonter plutôt que de rompre à cette occasion, comme je vous en supplie de toute mon affection, et que le contentement que vous leur donnerez en cet article, nous serve pour les mieux disposer et rendre plus enclins à se contenter de l'article touchant la liberté, ainsi qu'il est couché. On se contentera plutôt, pour le regard du commerce des Indes, qu'il soit limité à tant d'ans, à la charge que ledit temps passé, l'on s'assemblera pour s'accorder de la continuation ou cessation d'icelui, selon qu'il est convenu en l'écrit qui vous fut donné au commencement; ce qui doit être entendu au cas qu'on s'accorde de gré à gré; car si c'est par hostilité, il ne faut aucune limitation de temps. Tous les députés doivent être ici dans deux jours; toutefois ceux de Zélande dont je ne peux assurer. Ils prendront lors leur résolution finale, et nous vous en avertirons aussitôt par homme exprès, afin que nous achevions cette affaire s'il est possible, ou bien que nous sortions de l'incertitude en laquelle on a été si long-temps, que chacun s'en ennuie. Nous avons commandement si exprès de notre Roi d'aider à la conclusion de ce bon œuvre, que nous n'omettrons aucune sorte de devoir pour y servir, comme je vous supplie très-humblement faire de votre côté. Cependant je vous baise très-humblement les mains, et prie Dieu, monsieur, qu'il vous donne en parfaite santé heureuse et longue vie.

Votre, etc.   P. JEANNIN.

De La Haye, ce vingt-huitième d'octobre 1608.

LETTRE *de M. de Villeroy à M. Jeannin, du trentième d'octobre* 1608.

Monsieur, nous attendons Picaut avec impatience; il vous fut dépêché l'onzième de ce mois, et le vingt-troisième nous vous avons renvoyé Lambert, par lequel nous avons répondu à vos lettres du onzième, apportées par Sarroques. Ce sont les dernières des vôtres que nous désirerions être plus fréquentes; le Roi m'a commandé de vous l'écrire, et que vous pouvez adresser vos paquets à M. de Berny, par la voie et couverture duquel vous recevez ceux que M. le président Richardot vous fait tenir. L'on parle diversement des termes de votre trève; chacun en discourt selon son désir; les uns disent qu'elle est désespérée, et les autres contraire; plus de gens souhaitent celle-là que l'autre : je dis par deçà, car nous nous ennuyons de trop d'aise. Notre déplaisir est d'en parler et conjecturer à l'aveu des autres sans certitude que nous n'attendons que de vos lettres. Quant à Sa Majesté, elle persiste en la volonté qu'elle vous a déclarée, et depuis confirmée par ses deux dernières lettres. Si la trève réussit, elle en sera très-aise, et aura bonne part au mérite d'icelle, et, comme j'espère, au fruit qui en sortira. Si au contraire les parties la rejettent, elle n'en sera cause, et sera contre son avis, et ne sera obligée de suivre ni favoriser autre fortune que celle qu'il lui plaira, et sera contente d'avoir justifié ses intentions. Du commencement nous avons blâmé les auteurs de ces traités, en ayant prévu la conséquence; aussi nous ont-ils été cachés. Vous savez les raisons qui nous ont mus d'y engager depuis le nom du Roi ; maintenant nous disons que ce sera mauvais conseil si on les rompt, au cas que l'on accorde l'article de la liberté ainsi que vous l'avez proposé. Ce que nous désirons est que ledit accord soit fait sans division, car autrement il sera périlleux pour les Etats et pour leurs amis. Il est vrai, s'ils rentrent en guerre avec la même division, que ces inconvéniens seront encore plus dangereux. Vous êtes sur les lieux pour en mieux juger, et déférerons grandement à votre jugement.

Au demeurant, Leurs Majestés sont en bonne santé, grâces à Dieu. Elles parlent d'aller à Paris après la fête, et passer là et à Saint-Germain ces quatre mois prochains. Don Pedro de Tolède est toujours aussi à Paris, attendant, ainsi qu'il dit, le dernier acte de négociation de delà, pour voir si Sa Majesté voudra après faire autre réponse à ses propositions, qui est celle que nous vous avons écrit qu'il en a tirée. J'envoie celle-ci à M. de Berny pour la vous faire tenir, et prie Dieu, monsieur, qu'il vous conserve en bonne santé, me recommandant très-affectueusement à votre bonne grâce.

Votre, etc. De Neufville.

De Fontainebleau, ce trentième d'octobre 1608.

Lettre de M. le président Richardot audit sieur Jeannin, dudit jour trentième d'octobre 1608.

Monsieur, suivant ce que vous me commandez par la vôtre du vingt-cinquième de ce mois, que j'ai reçus le jour d'hier, je vous envoie le passe-port pour M. l'ambassadeur du prince Landgrave: et si vous ou lui me commandez autre chose, je procurerai de vous obéir et servir avec toute la promptitude qui me sera possible. Je suis bien assuré que votre négociation vous donne beaucoup de travail, et que par delà ne manquent nouvelles difficultés; que si, sur occasion d'icelles, vous pouviez mettre en avant la trève longue de vingt ans, vous nous donneriez la vie, et seroit ce qui convient pour la direction de ce qui se traite en France. Je vous supplie d'y penser sérieusement, car il vous importe et à nous, et seriez cause d'un très-grand bien; me recommandant sur ce bien humblement à vos bonnes grâces, et de M. de Russy, en priant le Créateur vous donner, monsieur, ce que vous désirez.

Votre, etc. Le président Richardot.

Ce trente octobre 1608.

Propos tenus en l'assemblée générale des Etats, et donnés par écrit le dernier d'octobre 1608.

Messieurs, nous avons eu charge de notre Roi, en vous présentant ses lettres, de vous dire de sa part que plus il s'informe de l'état de vos affaires et des raisons pour et contre la trève, dont il est à présent pleinement instruit, plus il reconnoît le conseil que vous a donné, de l'accepter aux conditions contenues ès articles qui vous ont été présentés, être le meilleur.

Sait que nous avons déjà fait tous bons offices pour le vous persuader, et donné même par écrit les raisons de ce conseil, qu'il a vu, considéré et examiné à loisir; et, pour vous en dire son jugement, il les approuve et tient qu'elles doivent être suffisantes pour vous induire à prendre cette résolution, si vous n'êtes touchés que du seul zèle et affection qui est due à votre pays, comme il le croit de tous, et même d'aucuns de ceux qui y contredisent, lesquels en ont reçu tant de bons et assurés témoignages du passé, qu'on n'en doit point douter : nous enjoint, à cette occasion, de répéter encore les mêmes offices, et les continuer aussi souvent que nous jugerons être nécessaire pour vous aider à prendre cette bonne et salutaire résolution, sans laquelle il prévoit et craint que vous ne reconnoissiez, mais trop tard, que vous vous précipiterez en de très-grands dangers et inconvéniens.

Ce n'est pas son intention pourtant d'entreprendre à former vos délibérations, car il sait que vous êtes maîtres de vous-mêmes pour en user ainsi que bon vous semblera; mais, reconnoissant de quelle importance est l'affaire que vous traitez, Sa Majesté estime que le devoir d'une vraie et sincère amitié, telle qu'est la sienne envers votre Etat, l'oblige de prendre ce soin, et de vous représenter souvent ce qui est de votre bien et salut, déclarer même, au cas que vous ne suiviez son conseil, qu'il en aura un très-grand regret et déplaisir, pour les inconvéniens qu'il prévoit vous en devoir arriver, dont toutefois la coulpe et le blâme ne pourroient être rejetés sur lui, et si il se pourra bien aussi garantir du dommage que vous en recevrez, pource qu'il est, par la grâce de Dieu, en si bon état, qu'il n'a occasion de craindre l'inimitié et les armes de quelque prince que ce soit.

Sa Majesté nous a pareillement donné charge de vous exhorter et prier de sa part, comme nous avons déjà fait, que vous demeuriez bien unis ensemble, sans vous séparer les uns d'avec les autres; et où le plus grand nombre donnera son suffrage, que tous suivent et jugent la résolution la plus communément approuvée être la meilleure, sans que personne veuille tant présumer de soi-même, et de son propre sens et jugement, que de le préférer à l'avis commun. C'est aussi l'ordre qu'on a accoutumé de tenir ès républiques et gouvernemens populaires, sans lequel elles ne pourroient aucunement subsister, mais tomberoient incontinent en confusion, puis en des factions, chacun voulant défendre et faire valoir son avis par dessus l'autre, lesquelles factions sont toujours cause de ruiner les Etats. Ainsi les villes confédérées des Achéens et OEtoliens en Grèce, et celles des Toscans et Latins en Italie, perdirent leur liberté, et furent assujetties à la domination d'autrui, lors même qu'elles sembloient être au plus florissant état de leur grandeur et félicité; et les ligues des Suisses n'eussent pas tant duré, si elles n'eussent toujours soumis les délibérations publiques à cette loi qui les oblige de les conclure et arrêter à la pluralité des cantons. Ce n'est pas que les moindres cantons ne défèrent beaucoup aux plus grands et plus puissans, mais cela se conduit avec telle modestie et témoignage d'amitié les uns envers les autres, que ce respect ne diminue en rien le droit et la reconnoissance qui est due aux petits cantons, non plus qu'elle n'accroît celle des plus puissans. Suivez donc l'exemple de ceux-ci qui se sont conservés par ce moyen, non des autres qui ont perdu leur liberté en faisant le contraire.

Elle nous a encore commandé de vous dire qu'entre les raisons qui peuvent induire aucuns de vos meilleurs patriotes à rejeter cette trève, celle-ci lui semble de grande considération, qu'ils prévoient et craignent que les Provinces feront difficulté, après la trève conclue et arrêtée, de vouloir contribuer ce qui sera requis pour l'entretènement des garnisons et autres charges de l'Etat, et, s'il avient ainsi, que le pays, foible et dénué de forces pour se conserver, sera exposé à toutes sortes d'invasions et périls. Il lui semble donc que cette crainte n'est pas à mépriser, et que vous devez y pourvoir dès à présent et sans aucune remise, en avisant, avec son excellence et M. le comte Guillaume, quel doit être le nombre desdites garnisons, en ordonnant la levée des deniers pour l'entretènement d'icelles, non-seulement durant quelques années, mais pour autant de temps que la trève devra continuer; que vous donniez ordre aussi, par mêmes décret et délibération, qu'à ce chaque province soit obligée et ne puisse refuser sa contribution, crainte que le défaut d'exécution rende votre décret inutile, au dommage et à la ruine du pays. Vous ferez encore fort sagement si vous continuez pour quelque temps les levées que vous jugerez nécessaires pour acquitter vos dettes, et faire quelque fonds qui puisse subvenir aux nécessités de l'avenir.

Lettre de M. de Puysieux à M. Jeannin, du deuxième de novembre 1608.

Monsieur, vous connoîtrez par ce qu'on vous écrit, que le Roi a toujours loué et prisé votre conduite en la charge que Sa Majesté vous a commise, et quiconque lui auroit voulu donner autre impression de vous, auroit plutôt été blâmé d'indiscrétion et malignité, qu'opéré en son esprit plein de bonté et de jugement à discerner les sages actions d'avec les imprudentes; de façon que vous pouvez être en repos de ce côté. Vous verrez aussi qu'il n'a point changé d'avis et de conseil pour la trève, mais s'y est plus confirmée par vos dernières, qui semblent lui donner meilleure espérance que par mais du succès d'icelle, puisque les Anglois se montrent si échauffés, et que la disposition de plusieurs du pays n'en est tant éloignée. Il faut donc finir cet ouvrage à la gloire de Dieu, au service et contentement du maître, et à votre bonheur, ainsi que je souhaite, en qualité, monsieur, de votre, etc. Puysieux.

De Fontainebleau, ce deux novembre 1608.

Lettre du Roi à MM. Jeannin et de Russy, quatrième de novembre 1608.

Messieurs Jeannin et de Russy, vos lettres du vingtième du mois passé, que j'ai reçues par le courrier Picaut le deuxième du présent mois, m'ont appris les offices et devoirs que vous avez faits envers messieurs les Etats des Provinces-Unies, depuis vos précédentes, pour faciliter et avancer la trève que vous avez proposée par mon commandement; en quoi je reconnois que vous vous êtes gouvernés très-sagement et selon mon intention, qui est et sera toujours, ainsi que je vous ai mandé, de préférer ladite trève à la guerre, étant que de sur votre susdite proposition; car je juge qu'elle leur sera à tous plus utile que la guerre, que si qu'aucuns en augurent autrement; mais puisque ceux-ci comme les autres ont souffert que j'ai engagé mon entremise en cette poursuite, et que le général du pays a passé si avant, ce seroit honte à moi et imprudence à eux de s'en départir et se dédire des choses étant aux termes où elles sont. Continuez donc à favoriser ce bon œuvre, car j'espère qu'il sera utile à tous, que chacun m'en saura gré, et se louera du bien qui en naîtra. Je suis très-aise d'entendre que le roi de la Grande-Bretagne, mon bon frère et ancien ami et allié, soit de même avis, et content comme moi d'engager sa parole et les forces de son royaume à la sûreté et garantie du traité qui s'en fera; car cela véritablement doit grandement consoler et fortifier lesdits Etats à ladite trève, laquelle je suis bien d'avis d'être accordée plutôt pour quinze ou vingt ans que pour dix; vous y ferez ce que vous pourrez, toutefois si les archiducs s'opiniâtrent auxdites dix années il faut s'en contenter plutôt que de rompre, principalement puisque les archiducs consentent de traiter, tant en leurs noms que du roi d'Espagne, ainsi que vous avez déclaré auxdits Etats, avec les députés d'Angleterre et d'Allemagne, sur la parole et les lettres du président Richardot, ainsi que j'ai appris par le post-écrit de votredite lettre, ayant pris bon conseil de n'avoir marchandé à le faire entendre auxdits Etats pour les raisons que vous m'avez écrites. Il me semble aussi que c'est mauvais conseil de barguigner en cas semblable, comme fait le conseil d'Espagne, au grand regret, ainsi que j'entends, desdits archiducs, lesquels, ayant une fois obtenu et gagné ladite trève du consentement dudit conseil, s'étudieront ci-après de jouir des effets d'icelle avec soin et diligence, sans s'assujettir tant aux opinions dudit conseil, parce qu'ils pourront mieux se passer de l'assistance d'icelui quand ils seront en repos, qu'en guerre ou en crainte d'y rentrer, comme ils sont de présent; aussi n'auront-ils faute d'amis ni de voisins, lesquels, comme ils sont intéressés en leur repos, aideront volontiers à les y maintenir; tellement que, plus je considère et balance le bien et le mal qu'il faut attendre de ces traités, je juge le premier devoir être préféré à l'autre, et partant ne pouvoir prendre meilleur conseil que de vous commander d'en avancer la résolution autant que vous le pourrez honnêtement et sûrement faire.

Vous aurez aussi pour principal but de maintenir lesdits Etats en union, car d'icelle dépend leur sûreté et conservation, ainsi que je vous ai commandé par mes précédentes. Et combien que mon cousin le prince Maurice ait depuis quelque temps pris l'affirmative contre ladite trève, toutefois je me promets tant de sa prudence et de son affection au bien général desdits pays, et particulièrement du respect qu'il me porte, qu'ayant entendu ce que je lui ai mandé par Lambert, il embrassera avec le général desdits Etats la susdite trève, en laquelle aussi je désire qu'il soit favorisé et reconnu comme ses vertus, sa maison et ses services méritent; et je vous commande d'en faire votre devoir, lui disant que je l'aime et estime tant, que si je ne connoissois qu'il peut, avec ses amis, rendre par ladite trève et la suite d'icelle sa condition très-honorable, avantageuse et sûre, je n'en affectionnerois la conclusion comme je fais. Je le prie donc qu'il se confie en moi, et qu'il préfère mes conseils à ceux qui s'y opposent, lesquels n'auroient pouvoir de le retirer et garantir d'un abîme de calamités, reproches et nécessités auquel infailliblement il tomberoit, si suivant leurs passions il concluoit à la guerre, et si lui seul avec ses adhérens rejetoit ladite trève et les conseils que je lui donne avec le roi d'Angleterre, même contre l'opinion et la pluralité des suffrages desdits sieurs les Etats: joint qu'il doit croire, ce faisant, au lieu de m'avoir favorable, comme je désire toujours être à lui et aux siens, il me contraindra de lui être contraire; et si lui et ceux qui lui donnent tels conseils espèrent autre chose, ainsi que j'entends qu'ils publient, comme si je ne pouvois conserver mon royaume sans défendre lesdits Etats, et m'engager au parti qu'ils prendront, quelque contraire qu'il soit à mes intentions, ils feront un faux jugement, et s'y tromperont; ce que je veux que vous lui déclariez en présence de mes cousins les comtes Guillaume et Henry, et ceux de sa maison qui doivent courre sa fortune, et en affectionnent la prospérité. Ecrivez-moi souvent ce qui se passera, tant par la voie de la mer que par celle de Bruxelles, par laquelle je vous envoie la présente, l'estimant plus courte et certaine que l'autre, à cause de l'incertitude de la mer. Je prie Dieu, messieurs Jeannin et de Russy, qu'il vous ait en sa sainte et digne garde.

Ecrit à Fontainebleau, le quatrième jour de novembre 1608.

HENRI.

Et plus bas, BRULART.

LETTRE *de M. de Villeroy à M. Jeannin, dudit jour quatrième de novembre* 1608.

Monsieur, Picaut arriva ici hier avec vos lettres du vingt et unième, vingt-deuxième et vingt-troisième du mois passé. Nous en étions affamés, comme je vous ai mandé par une mienne particulière, du trentième du passé, que j'ai adressée à M. de Berny. Et, certes, il importe au contentement et service du Roi que nous soyons avertis journellement de ce qui se passe où vous êtes, et que vous soyez consolé et fortifié pareillement des commandemens de Sa Majesté, laquelle véritablement n'a point changé d'opinion depuis votre partement; car elle entend toujours préférer la trève à la guerre. Et encore que je vous aie représenté les beaux discours de Lambert, et aie montré désirer être éclairci par vous de la vérité, voire qu'ils nous aient aucunement ébranlés et traversé l'esprit, pour cela nous n'y avons enfin ajouté foi, ains blâmé le procédé du prince Maurice, et persisté en notre première résolution, comme nous vous avons écrit par Lambert, et bien clairement au prince Maurice. Nous n'avons appréhendé que la division de ces peuples, laquelle néanmoins nous confesserons avec vous devoir être crainte autant en guerre qu'en trève. J'estime que notre réponse à M. le prince Maurice, portée par écrit et à bouche par ledit Lambert, vous aura contentée; car elle aura suffisamment éclairci ledit prince et ceux de delà des intentions de Sa Majesté, afin qu'ils ne s'en promettent ci-après que ce que vous leur en direz, étant certain s'ils font autre fondement qu'ils y seront trompés. De quoi vous pouvez parler ouvertement aux Etats et aux particuliers, quand vous connoîtrez qu'il sera nécessaire pour faciliter les commandemens de Sa Majesté, pour auxquels obéir nous savons très-bien que c'est la seule cause que votre présence et conduite par-delà n'est agréable à tous. Mais nous n'avons point songé vous rappeler, et commettre les affaires à un autre; car nous savons et connoissons que vous servez avec tant de prudence, industrie et fidélité, que tout autre ne pourroit vous égaler, ni si bien faire que vous : n'entrez donc en ces ombrages. Bien prendrions-nous conseil de plutôt vous rappeler que de vous commander d'adhérer aux conseils précipités et mal digérés du prince Maurice, ni d'engager votre entremise et le nom de Sa Majesté en ses fantaisies et passions désespérées. C'est pourquoi nous vous avions écrit d'aviser à préparer votre retraite, si vous connoissiez que l'on voulût préférer telles obstinations aux sages conseils de Sa Majesté, laquelle est fort offensée, et à bon droit, de la malice et ingratitude de ceux qui osent publier que le nonce du pape et les jésuites sont auteurs de sesdits conseils, et qu'elle y procède comme elle fait, crainte plutôt d'être tenue pour auteur de la guerre que pour autre considération, car c'est une vraie imposture.

Notre Roi est, grâces à Dieu, en état que Sa Majesté ne doit rien faire par crainte, mais bien par prudence et bonne raison, comme elle a toujours fait, lors même qu'elle étoit au fort des affaires qu'elle a démêlées. Travaillez donc à la trêve courageusement comme vous avez commencé; et si vous n'y pouvez parvenir, prenez les conseils que vous jugerez les plus honorables et utiles au Roi et à son service, sans toutefois l'engager aux dépenses de la guerre si l'on s'y résout. Quand nous serions contraints ou voudrions ci-après y entrer, vous savez que nous y serons toujours reçus pour notre argent. Certes nous le ferions lors peut-être avec plus d'honneur et d'avantage que sur le point de la rupture des présens traités; mais nous nous défions bien autant de la foi et conduite des Espagnols en cette action que de tout le reste; car encore que le président Richardot ait mandé que les archiducs consentent de traiter tant au nom du roi d'Espagne que du leur, nous avons su toutefois qu'il leur a été mandé, par le dernier courrier venu dudit pays, qu'ils fassent d'eux-mêmes, et en leurs noms, tout ce que bon leur semblera pour avoir ladite trêve, mais qu'ils n'y engagent celui dudit Roi, ce qui les a un peu étonnés, d'autant que ce commandement leur est arrivé depuis avoir lâché la parole, ce que don Pedro de Tolède s'étudie de déguiser par-delà. Ils ont sur cela dépêché un autre courrier en Espagne pour leur faire savoir les termes auxquels ils sont passés, avant qu'ils les approuvent, et ne soient contraints s'en dédire; de quoi, à mon avis, ils attendent réponse devant que de conclure, dont vous vous apercevrez bientôt. Quoi étant, j'augure et crains que vous passiez le reste de l'année en cas que vous soyez forcés de consentir la prolongation de cessation d'armes contre votre désir; mais il est difficile d'éviter les inconvéniens qui procèdent de ces traités. Nous ne ferons difficulté de nous obliger à la garantie de la trêve, et le ferons plus volontiers encore si le roi d'Angleterre le fait, pourvu aussi que les Etats s'obligent respectivement nous assister en cas que l'Espagne nous fasse la guerre, ainsi qu'il a été convenu pour la paix. Nous n'entendons pas pour cela qu'il soit dit que le traité que nous ferons avec eux pour cet effet sera perpétuel et durera plus long-temps que ladite trêve, pour les inconvéniens sagement prévus et représentés par vos lettres; car nous voulons fuir la guerre tant que nous pourrons, principalement après que nous aurons mis les autres en repos.

Nous estimons que les artifices desquels on use par-delà pour décrier et étonner le sieur Barneveld, tourneront à la fin à son avantage, principalement si ladite trêve réussit, comme nous prenons par vosdites lettres qu'il est déjà succédé, et blâmons grandement les conseils que suivent ses contraires; mais nous ne pouvons croire comme vous que le prince Maurice change les siens après la trêve, tant il sera déplaisant d'avoir été vaincu. C'est le fondement de notre appréhension, mais nous espérons que vous en préviendrez et empêcherez les effets par votre sage conduite, et prie Dieu qu'il vous en fasse la grâce, estimant que l'ouverture que vous nous avez faite par votre première lettre, d'autoriser le prince Maurice après la trêve, et disposer le sieur Barneveld à le servir, sera un remède très-propre; car j'espère peu de celle que vous savez qui nous a été faite touchant la séparation des Pays-Bas d'avec la couronne d'Espagne, à cause de la mauvaise foi du roi d'Espagne, et de la minorité de nos enfans, jaçoit que don Pedro de Tolède, depuis le renvoi à Bruxelles des députés des archiducs, ait redoublé ses persuasions envers Sa Majesté pour la lui faire goûter, jusques à lui avoir dit que son maître et les archiducs consentiront que les places qui seront prises sur les Etats, seront mises ès mains de personnes confidentes également au roi comme à l'archiduc.

même que les Etats et villes de Flandre, et des autres pays qui obéissent aux archiducs, s'obligeront dès à présent, et pour toujours, à la garantie de l'accord qui sera fait; mais ce sont toutes choses frivoles, aussi Sa Majesté n'en fait compte.

Achevez ce que vous avez entrepris par le commandement du Roi, où vous êtes, puis nous penserons et pourvoirons au demeurant à loisir; mais si nous voyons que les choses aillent à la longue, ainsi que, pour mon regard, je prévois qu'elles feront, quoique vous fassiez, il faudra que nous licenciions don Pedro, car sa demeure où il est, engendre dé-jà soupçons sans raison, et semble sa demeure ne pouvoir plus servir qu'à donner martel aux ministres d'Angleterre et au prince Maurice, lesquels, soupçonnant que nous nous accordions avec l'Espagne, suspectent peut-être davantage Sa Majesté, laquelle au reste vous prie de lui faire savoir qui sont ceux de delà qui sont de qualité et mal contents, qui donnent des conseils passionnés au prince Maurice, et le fomentent en ceux qu'il suit; car elle dit qu'il importe qu'elle en soit avertie, et qu'elle en usera bien. J'oubliois à vous demander, de la part du Roi, un double de l'écrit envoyé aux villes de Hollande sous le nom dudit prince Maurice et du comte Guillaume, pour répondre au vôtre, lequel a été agréé du Roi; partant vous en aurez souvenance, comme d'allonger le temps de la trêve tant qu'il vous sera possible; car plus il sera long, il sera à Sa Majesté plus agréable, et jugé d'elle plus utile. Mais souvenez-vous, s'il vous plaît, de nous laisser sans vos lettres le moins de temps que vous pourrez. Je prie Dieu, monsieur, qu'il vous conserve en bonne santé.

Votre, etc.   De Neufville.

De Fontainebleau, ce quatrième jour de novembre 1608.

Lettre de M. Jeannin à M. de Berny, du quatrième de novembre 1608.

Monsieur les affaires sont encore en tel état ici, que nous ne pouvons assurer de rien, quoique nous y apportions un très-grand soin, suivant le commandement du Roi qui nous en presse par toutes ses lettres. Le courrier Picaut a passé vers vous, à ce que je vois par les lettres que M. le président Richardot m'a écrites pour réponse à celle que ledit courrier lui avoit donnée de ma part, lesquelles sont tombées, par l'ordre que j'y avois donné, en mes mains, non de celui au paquet duquel il les avoit mises. Je vous supplie lui dire, quand il me voudra écrire chose d'importance, qu'il vous la communique ou la vous donne par écrit, afin que vous la mettiez en votre chiffre, et par les lettres que m'écrirez; vous pouvant dire avec vérité que si celle qu'il m'a écrite eût été vue, elle eût mis le Roi en très-grand soupçon envers les Etats, et du tout ruiné l'affaire que nous traitons. Je n'estime pas qu'il l'ait fait à dessein, pource qu'il sait avec certitude que Sa Majesté et ses ministres y procèdent sincèrement et de très-bonne affection. Dites-le lui, s'il vous plaît, afin qu'il ne fasse rien ci-après qui puisse être cause d'un tel inconvénient; autrement nous le prendrions pour ruse et artifice, qui tendroit à chose dont nous nous saurions bien garantir. C'est à vous aussi de prendre dorénavant connoissance de cette affaire pour nous en écrire à toutes occasions; quand il sera besoin j'enverrai homme exprès, mais sans cela vous me pouvez écrire, et moi à vous. Ledit sieur président communique ainsi avec l'ambassadeur d'Angleterre qui est à Bruxelles, et l'autre écrit ici. Il est expédient que vous en fassiez autant, et je vous en supplie de toute mon affection, comme aussi de lui dire qu'il ne s'attende point à la trêve de vingt ans aux conditions dont il a parlé par deçà tant aux députés d'Angleterre qu'à nous, car il est impossible de la persuader, et ne l'oserois même proposer en l'état auquel on est ici. S'ils ont envie d'en sortir, qu'ils ne perdent point l'occasion sur le pied qu'on traite à présent, dont toutefois je n'ose rien promettre; car ils ne l'auront jamais à meilleur marché, s'il n'avient un grand changement aux affaires, qui pourroit aussi bien être contre que pour eux. Il n'est plus temps de chercher des longueurs qui ne servent qu'à enaigrir les esprits, et à rendre le succès de ce que nous poursuivons plus difficile. Je vous baise très-humblement les mains, et suis, monsieur,

Votre, etc.   P. Jeannin.

Lettre de MM. Jeannin et de Russy au Roi, du cinquième de novembre 1608.

Sire,

Nous écrivons ce mot à Votre Majesté par ce gentilhomme qui s'en retourne en France, craignant qu'elle ne soit en peine de ce qui se passe ici, où il n'y a encore rien de résolu pour le fait de la trêve, à cause de l'absence de ceux de Zélande qui sont attendus tous les jours, et, à ce qu'on dit, doivent être ici après demain, les plus sages ayant estimé qu'il valoit mieux différer cette résolution jusques après leur venue, pour conserver l'union d'entre eux tous, que l'avancer. Tous les députés des autres provinces y sont, il y a déjà quatre ou cinq jours, et n'ont laissé de conférer ensemble en chacune province, d'où on a pu faire quelque jugement dès à présent de leurs opinions, et dire que le plus grand nombre des villes de la province de Hollande, et jusques à quatorze, à ce qu'on tient pour certain, outre la voix de la noblesse, sont d'avis de recevoir la trêve; les autres quatre y ajoutent des conditions, même en l'article de la liberté, qu'on ne peut espérer d'obtenir, mais il y a grande apparence qu'ils se joindront aux autres, et déjà en a-t-on quelque sentiment et conjecture. Pour la province de Zélande, le bruit est qu'ils se doivent opiniâtrer jusques à l'extrémité, et maintenir qu'eux contredisant à la trêve les autres ne la peuvent conclure, encore qu'ils soient tous d'un même avis. Si ne pensons-nous pas qu'ils soient suivis en leur maxime, qui ne fut jamais reçue ni approuvée en cet Etat, sinon pour les empêcher de retourner en la sujétion d'Espagne, non quand il seroit question de traiter pour les en exempter comme il est à présent; ce qui nous fait croire que tous les députés des autres provinces ensemble presseront ceux de Zélande de se départir de leur opinion pour se joindre à l'avis commun. Ce qu'ils feront est encore incertain; bien me semble-t-il qu'ils ne se sépareront point des autres, et chacun l'estime ainsi, pouvant assurer Votre Majesté que ceux qui ont la conduite de ces peuples sont si bien persuadés leur salut dépendre de l'union, qu'ils ne feront jamais cette faute que de se séparer les uns des autres, quelque résolution qu'ils prennent, et que M. le prince Maurice même, quoique du tout ennemi de la trêve, qu'il dit toujours devoir être la ruine de l'Etat, s'y rangera plutôt que de prendre quelque autre conseil, jugeant bien, comme sage qu'il est, qu'il ne le pourroit faire sans blâme et sans se ruiner, et aider à la ruine du pays pour la conservation duquel il a tant travaillé.

Le sieur Lambert nous a dit qu'il lui a fait entendre sur ce sujet tout ce que Votre Majesté lui a commandé; et il semble, sire, que depuis la réception de vos lettres il soit devenu plus modéré et retenu, quant aux conseil de désespoir dont il souloit menacer, mais non au regard des poursuites qu'il pense pouvoir faire envers les Etats, même envers la province de Zélande, pour lui faire contredire opiniâtrement à cette trêve. Nous l'avons vu sur ce sujet pour essayer de le persuader; il n'est pas toutefois encore vaincu, alléguant à présent cette seule raison, que les provinces ne voudront contribuer ce qui sera requis pour l'entretènement des garnisons. C'est pourquoi étant allés en assemblée générale pour leur présenter les lettres de Votre Majesté, nous y avons ajouté qu'elle les exhortoit derechef de recevoir la trêve, et de demeurer bien unis ensemble sans se séparer les uns des autres, comme aussi de pourvoir auxdites contributions. Les députés d'Angleterre y firent pareillement avec nous, et leur firent les mêmes prières et exhortations, en y ajoutant encore de plus que s'ils n'acceptoient la trêve, ils ne devoient espérer aucun secours ni assistance de leur maître: ce que nous n'avons pas voulu faire de notre côté, aimant mieux les persuader par raison qu'intimider par nécessité. Aussi disent-ils tous qu'ils n'ont jamais rien attendu de leur côté, mais bien de Votre Majesté, qui les a toujours assistés au besoin, et tant qu'ils auront sa bonne grâce et son secours qu'ils ne craignent rien.

Nous sommes en quelque crainte que, quand nous penserons avoir fait ici, on ne rencontre des difficultés de l'autre côté, à cause des lettres que le sieur Richardot a écrites au sieur Jeannin, par lesquelles il semble qu'ils ne peuvent persuader l'Espagne. Aussi nous a-t-on dit que le courrier qui en est venu étoit parti le lendemain pour y retourner, et qu'un autre l'avoit encore suivi. Nous ajoutons encore une autre crainte à celle-ci, qu'il semble le prince Maurice, et ce qui dépend de lui, ne pouvant faire rejeter la trêve, aimer mieux, en demandant une plus ample déclaration de la liberté, donner délai aux archiducs pour envoyer en Espagne à cet effet, que d'accepter celle-ci; et que les Etats, qui désirent obtenir quinze ans au lieu de dix, ne donnent pareillement sujet archiducs de prendre cette ouverture, à cause de la longueur du temps qu'il y faudra employer pour de mander la trêve l'année prochaine; et comme tous ensemblement ne s'accordent volontiers, les uns pour rompre du tout la trêve à longues années, les autres pour l'obtenir de quinze ans au lieu de dix, nous n'omettrons rien envers les uns et les autres pour leur remontrer l'inconvénient. Nous donnerons avis de tout ce qui se passera à Votre Majesté, et cependant prions Dieu, sire, qu'il lui donne, et à sa royale famille, tout heur et prospérité.

Vos, etc.

P. JEANNIN ET DE RUSSY.

De La Haye, ce cinquième jour de novembre 1608.

Lettre de M. Jeannin à M. de Villeroy, dudit jour cinquième de novembre 1608.

Monsieur, j'ai estimé vous devoir écrire par la commodité de ce gentilhomme qui s'en retournoit en France. Les lettres du Roi à M. le prince Maurice et aux Etats ont beaucoup servi. Le premier connoît que les menaces de son désespoir et de diviser cet Etat ont été très-mal reçues, et n'a toutefois sujet d'en être offensé; et quant aux autres, ils sont confirmés en l'opinion que je leur ai toujours donnée de la bonne intention de Sa Majesté à procurer leur repos; que le plus grand nombre reçoit avec autant de contentement et d'actions de grâces que les autres montrent d'en avoir de déplaisir. Les choses étant ainsi disposées à présent, qu'on ne peut rien faire qui soit agréable à tous, j'eusse volontiers différé à vous écrire ce qui se passe, attendant quelque résolution pour vous mettre tout d'un coup hors de l'inquiétude en laquelle vous êtes par-delà; mais jugeant par vos dernières lettres et les discours qu'a faits le sieur Lambert, que vous êtes en peine et que vous appréhendez quelque division, je me suis avancé de le faire. Ceux qui conduisent ces peuples ont toujours cette prudence de leur tête de ne se point désunir, et je le juge aussi de ma part si nécessaire et conforme à l'intention du Roi, que j'aimerois mieux leur laisser prendre la résolution de rejeter la trêve, et à un besoin les y fomenter sous main,

que d'aider à la faire, si elle devoit être cause de les diviser irréconciliablement. C'est aussi le conseil que vous me donnez, dont je vous remercie, et vous supplie de croire que je me suis toujours proposé d'en user ainsi, et, si je me fusse vu sur le bord de ce péril, d'en donner avis assez à temps à Sa Majesté pour recevoir de nouveau ses commandemens avant qu'exécuter du tout les anciens. Il est vrai que je n'ai pas voulu prendre l'alarme sans raison, ni croire tout ce qu'on m'a dit pour me faire peur, et, par ce moyen, induire Sa Majesté à se changer, jugeant, par la connoissance que j'ai de l'état des affaires de ce lieu, la résolution qu'elle avoit prise être la meilleure, aussi qu'en la voulant changer je prévoyois qu'on eût encore rencontré de plus grandes difficultés de l'autre côté. Or je ne me repens pas du jugement que j'ai fait, et de ce que vous ai souvent mandé, que, pour être divisés en opinions, ils ne tomberont point en faction, et que M. le prince Maurice, après avoir aussi fait tout ce qu'il aura pu pour faire suivre son avis, se rejoindra enfin à l'avis de l'État; car ce que je disois seulement lors par conjecture, j'estime le pouvoir assurer maintenant. Je n'en dis pas encore autant de la résolution des Etats, jaçoit que de dix-huit villes qui ont droit de suffrage en la province de Hollande, il y en ait déjà quatorze avec les voix de la noblesse qui sont pour la trêve, et qu'on ait grande opinion que les quatre qui restent les suivront lorsqu'on opinera ouvertement, ce qui n'a pas encore été fait pour l'absence des députés de Zélande, lesquels sont attendus ici après demain, ayant même déjà appris que Amsterdam, qui est l'une des quatre, a donné charge à ses députés de se joindre au plus grand nombre, mais qu'ils ne s'en doivent déclarer qu'à l'extrémité. Les plus sages ici ont été d'avis de prendre ce loisir de cinq ou six jours pour disposer pendant ce temps les villes qui restent, et afin d'attendre aussi ceux de Zélande, pour leur persuader, si on peut comme on l'espère, de se joindre à l'avis commun, ce qu'ils feroient dès à présent sans doute, n'étoit la résistance de M. le prince Maurice qui l'empêche tant qu'il peut, et leur persuade qu'on ne pourra rien faire s'ils persistent en leur première opinion.

On essaie aussi de faire rejeter la trêve à

ceux d'Utrecht, qui l'ont toujours désirée avec ardeur, sous prétexte qu'on leur dit qu'il leur faudra rendre les grands biens d'Eglise qu'ils ont occupés, et qu'on fait cette peur aussi à des chanoines qui sont des meilleures familles de la ville, lesquels tiennent ces bénéfices, et sont néanmoins de la religion et mariés; et le dernier espoir dudit sieur prince est maintenant fondé sur ce qu'il dit, la province de Zélande contredisant à la trêve et refusant de traiter avec les ennemis, les autres ne le pouvoir faire sans eux. La vérité est bien qu'ils ont tenu pour maxime qu'on ne traiteroit jamais avec les ennemis si tous n'en étoient d'accord, mais cela doit être entendu pour se mettre en leur sujétion, non pour traiter à l'égal comme ils font à présent. J'y ajoute davantage qu'ils ont tous consenti par la première trêve de traiter une paix perpétuelle, ou trêve à longues années; ainsi on ne le peut plus révoquer en doute, et n'est à présent question sinon des conditions, pour le regard desquelles il est raisonnable de suivre la pluralité, selon qu'il est accoutumé en tous gouvernemens populaires. Cette question n'est encore qu'aux discours des particuliers : nous verrons lorsqu'elle sera traitée en l'assemblée, quel jugement ils en feront ; bien estimé-je qu'ils seront de mon avis. Vous voyez, monsieur, qu'il y a de la difficulté partout, et qu'il faut vaincre pied à pied jusqu'à ce que la résolution soit entièrement prise ; car on ne peut rien espérer plutôt du prince Maurice, encore que nous l'ayons prié de vouloir acquérir le gré de l'Etat et de Sa Majesté avec de si bonnes raisons qu'il en devoit être persuadé. Je ne sais toutefois, quand nous aurons fait ici, si nous aurons fait de l'autre côté ; car ayant écrit au sieur Richardot par un messager de cette ville, et depuis encore bien plus expressément par le courrier Picaut, que nous trouvons beaucoup de difficultés à faire recevoir la trêve, le priant d'aider à les surmonter, même en ce que je prévoyois que les Etats feroient refus de l'accepter si elle n'étoit de quinze ans, il m'a répondu qu'il seroit à propos sur telles difficultés de leur faire ouverture d'une trêve pour vingt ans à la suite de la première, sans aucune expression ni déclaration de la liberté, y ajoutant ces mots, que si je la pouvois faire ce seroit leur donner la vie, et que cela serviroit aussi beaucoup à ce qu'ils traitent avec Sa Majesté qui est en bon état. J'ai été fort étonné de voir cette lettre, et de l'indiscrétion du personnage qui néanmoins est homme sage; car elle eût été vue, les Etats fussent entrés en très grand ombrage, et cela eût ôté tout moyen de servir à l'affaire pour laquelle je suis ici. C'est pourquoi j'ai à l'instant écrit à M. de Berny en chiffre, afin qu'il lui en parle et le prie de me faire dorénavant entendre ce qu'il me voudra mander, et que lui me l'écrive après en son chiffre ; et s'il en use autrement, je croirai qu'il le fait par artifice et à dessein. Je crois néanmoins qu'il n'en a usé pour ce coup de mauvaise intention, pource que le messager qui m'a apporté ses lettres est celui même qui lui avoit été envoyé de cette ville de la part de l'ambassadeur du landgrave, lequel voulant obtenir un passe-port des archiducs pour se retirer en Allemagne, et m'avoit prié d'écrire audit sieur président en sa faveur ; à laquelle lettre il me faisoit réponse, et à une autre que lui avoit donnée le courrier Picaut passant par Bruxelles.

Or j'avois ajouté en cette première lettre par l'avis de M. de Russy qui étoit lors en mon logis, quelques mots pour faire entendre audit sieur président les grandes difficultés que nous rencontrions au fait de la trêve, et le priant de faire de son côté ce qu'il pourroit pour aider à les surmonter, comme nous ferions du nôtre selon l'avis que nous lui en donnerions toutes occasions, laquelle lettre ayant été donnée à un homme de ce lieu fort connu de feu M. de Buzanval, pour la porter audit sieur ambassadeur, puis au messager qui la devoit porter, l'ouvrit premièrement, et fit un extrait de ce qui étoit contenu sur la fin d'icelle lettre, lequel tomba entre les mains d'autres qui étoient ennemis de la trêve, lesquels prirent sujet de dire, à cette occasion, que j'avois intelligence avec ledit président ; ce qui me mut de faire plainte de cette calomnie en l'assemblée des Etats, et leur dire que nous écrivons à toutes occasions audit sieur président pour l'avancement de leurs affaires, dont ils me remercièrent ; et si je leur eusse nommé celui qui avoit fait la faute, ils l'eussent sans doute fait châtier rudement ; mais lui m'en ayant demandé pardon, et su qu'il n'avoit fait cet extrait, si pour mander des nouvelles en Allemagne, qui est le métier ordinaire dont il se mêle sans avoir mauvaise intention, je m'en abstins. Il est vrai que cela me servit d'avertissement pour faire prendre garde au logis du messager lorsqu'il retourneroit, afin que la réponse me fût apportée à l'instant de son retour, me doutant, pource que j'avois encore écrit depuis par le courrier Picauti audit sieur président, qu'il me pourroit écrire chose qui ne devroit pas être vue, dont bien m'en a pris, car mes lettres étoient dans un paquet adressé à l'hôte en la maison duquel ledit sieur président logeoit étant ici, dont il semble qu'il ait quelque fiance; et je sais d'ailleurs que M. le prince Maurice le tient pour son serviteur, et qu'il eût pu lui faire voir mes lettres.

Je vous ai fait ce petit récit pour vous dire qu'un léger accident peut quelquefois rompre une grande affaire; auquel j'ajouterai ce mot: qu'il me semble reconnoître par les lettres dudit sieur président qu'ils sont en quelque défiance du côté d'Espagne, en ce qu'il dit qu'on leur donnera la vie si la trêve se fait ainsi qu'il est contenu ci-dessus. Aussi a-t-on mandé de Bruxelles à quelqu'un de ce lieu que le courrier d'Espagne étoit reparti le lendemain de son arrivée, n'ayant apporté ce qu'on désiroit; vous en pourrez apprendre quelque chose vers vous. Pour moi, je ne pense maintenant qu'à faire ce qui est de mon devoir envers les Etats, où je n'ai que trop de difficultés pour m'exercer. Si c'étoit fait ici, nous tournerions toutes nos pensées de l'autre côté, aimant toutefois mieux que la faute vienne de cette endroit-là que d'ici. Le sieur Lambert m'a fait force excuses à son retour, et n'en a point trouvé de meilleure que de nier tout. Je ne me veux heurter contre personne, et suis content de le dissimuler; il en a fait autant à l'endroit de M. de Barneveld par mon avis. Vous aurez de nos nouvelles à toutes occasions. Ce gentilhomme qui est porteur de nos lettres est lieutenant de la compagnie colonelle de M. de Châtillon, en fort bonne réputation ici, même envers M. le prince Maurice qui m'en a fort bien parlé plusieurs fois. Or il m'a dit qu'il a quelque affaire en cour où il désire votre faveur, et je vous en supplie très-humblement pource qu'il est personne de mérite. Je prie Dieu, monsieur, qu'il vous maintienne et conserve en bonne et parfaite santé.

Votre, etc.   P. JEANNIN.

De La Haye, ce cinquième jour de novembre 1608.

LETTRE *de M. Jeannin à M. le duc de Sully, dudit jour cinquième de novembre* 1608.

Monsieur nous sommes sur le point de faire finir cette affaire, et, comme j'espère, au contentement du Roi, dont toutefois je ne peux assurer, pource que chacun s'opiniâtre toujours à faire suivre son avis, et M. le prince Maurice sur tous les autres ne remet rien de son accoutumée poursuite pour vaincre. Bien me semble-t-il qu'on peut assurer qu'il acquiescera à la résolution des Etats, et, quelle qu'elle soit, que les provinces demeureront unies sans se séparer les unes des autres. La province de Hollande, de laquelle doit principalement dépendre l'entière résolution, accepte la trêve pour la plupart aux conditions de notre écrit, mais ils désirent tous l'obtenir pour quinze ans au lieu de dix; et de cet avis sont quatorze villes, et la noblesse qui a aussi une voix, ne restant plus que quatre villes qui y contredisent, lesquelles semblent se vouloir plutôt laisser vaincre que s'opiniâtrer contre le plus grand nombre. Il n'y a que la Zélande seule qui se rend toujours difficile, et dit que c'est une loi fondamentale de leur Etat de ne faire aucun traité avec l'ennemi sans le consentement de tous; et les autres provinces l'interprètent au cas qu'on voulût traiter pour se remettre en sa sujétion; mais, pour traiter à l'égal, qu'on se doit contenter de l'avis du plus grand nombre des provinces, selon qu'il est accoutumé en tous gouvernemens populaires; davantage, que toutes les provinces, et Zélande même avec les autres, ont consenti, dès la première trêve, de traiter d'une paix absolue, ou d'une trêve à longues années, la liberté étant reconnue selon qu'il est contenu en cette première trêve. Ainsi on ne peut plus révoquer en doute si on traitera ou non; et cela étant présupposé, il ne reste, sinon d'examiner les conditions, en quoi il ne seroit raisonnable de requérir un consentement universel de tous, mais doit suffire celui du plus grand nombre; autrement il seroit

32

impossible d'en convenir jamais, à cause que l'infirmité de nos esprits est telle, qu'il avient peu souvent qu'ès délibérations d'importance, tous soient d'un même avis; chacun en fait ce jugement ici, qui nous donne sujet d'en espérer.

Les députés de Zélande sont attendus après demain. Il n'y aura rien de bon en leur premier avis; mais étant combattus par tous les autres, nous ne pouvons croire qu'ils se veuillent opiniâtrer, et plusieurs en jugent de même que nous. Nous n'omettons rien de ce qui doit dépendre de notre diligence pour les persuader, et faire pourvoir aussi à ce qui sera requis pour leur donner contentement; mais je ne sais, quand nous aurons fait en ce lieu, si, du côté d'Espagne, les archiducs auront pouvoir de faire ce qu'ils ont promis, qui est d'obliger le roi d'Espagne en vertu de bonne procuration, sans quoi tout seroit rompu; car on fait bruit que le dernier courrier qui en est venu ne leur a apporté ce qu'ils demandent, et qu'on l'a derechef renvoyé; aussi me semble-t-il reconnoître de la froideur et de l'incertitude ès dernières lettres que j'ai reçues de M. le président Richardot. Nous donnerons avis à Sa Majesté de jour à autre de tout ce qui s'avancera, et à vous aussi, monsieur, de qui je serai perpétuellement, etc.   P. JEANNIN.

A La Haye, ce cinquième de novembre 1608.

LETTRE *de M. Jeannin à M. de Villeroy, du huitième novembre* 1608.

Monsieur, je vous ai écrit, il n'y a que trois jours, par un gentilhomme lieutenant de la compagnie de M. de Châtillon, lequel retournoit en France, que les affaires pour la trève vont de bien en mieux, et que la province de Hollande, fors quatre villes, étoit lors d'avis de la recevoir. Il n'y en a maintenant plus que deux; à savoir, Amsterdam et Delft, dont la première se doit réduire à l'avis des autres, et je le sais certainement; et quant à celle de Delft, de quarante personnes qui sont du conseil de la ville, il y en a trente-trois qui approuvent la trève, et sept seulement qui s'opiniâtrent à la rejeter; mais ils s'accorderont pareillement ainsi qu'on espère. Les députés de Zélande n'arrivent qu'aujourd'hui; leur premier avis sera ce que chacun dit, d'essayer à faire rejeter trève, et de protester que les autres provinces ne la peuvent accepter eux la refusant; mais autres sont délibérées de les exhorter et prier de se joindre à l'avis commun, et de ne souffrir aucunement qu'ils leur donnent la loi. M. le prince, qui fait toujours le pis qu'il peut, le maintient en cette opiniâtreté; mais on pense qu'ils se laisseront vaincre à la fin, et que lui même suivra la résolution commune, sans se précipiter à des conseils de désespoir, esquels seroit si foible qu'il y trouveroit sans doute ruine et celle de sa maison, sans toutefois faire autre mal au pays; en sorte que je tiens toujours pour certain, quelque bruit qu'il fasse et quelque alarme qu'il donne pour nous mettre en crainte et division, que la résolution générale éteindra tout ce feu, lequel eût été beaucoup plus grand si on se fût voulu joindre avec lui et la Zélande, pour faire continuer la guerre; de sorte que le conseil que nous suivons et a toujours été nécessaire pour éviter pis, quoi que d'autres aient voulu imaginer le contraire. Ce que je crains le plus maintenant est que le roi d'Espagne ne veuille pas consentir que les archiducs traitent en son nom en vertu de la procuration qu'ils ont de lui, dont quelques avis sont venus de Bruxelles, et M. le prince Maurice les publie, et dit hautement partout qu'ils sont certains et véritables, et nous veut dissuader par là de poursuivre la trève, et détourner même, s'il pouvoit, les Provinces d'en plus délibérer jusqu'à ce qu'elles soient mieux informées de l'intention dudit sieur roi, désirant plutôt à présent que l'affaire soit mise en longueur que d'en voir la fin qu'il juge bien ne devoir être conforme à son intention.

Je dis au contraire qu'on doit se fier en nous, et que nous avons toute assurance des archiducs, et, quand il y auroit occasion de soupçonner quelque chose de ce qu'on met en avant, que les Etats ne doivent laisser de prendre promptement leur résolution a la trève, afin que si elle est rompue du côté de leurs ennemis, la faute leur en soit attribuée non à eux, et que les deux rois soient aussi rendus plus enclins à les secourir, ayant reconnu qu'ils se sont mis en devoir de suivre leurs conseils. Il est plus besoin que jamais que nous employions l'autorité du Roi, et fassions toutes sortes de poursuites de sa part pour les faire tomber à cette résolution; car il n'est pas croyable de quels artifices on use pour donner de mauvaises impressions, maintenant que le pape et les jésuites sont ceux qui traitent l'affaire en France; tantôt qu'on veut rétablir la messe avec la trève, et faire des changemens en cet Etat au profit du roi d'Espagne et des princes avec lesquels il est d'accord. Et toutes ces calomnies, au lieu de servir à l'effet pour lequel elles sont mises en avant, à savoir pour émouvoir le peuple contre leurs magistrats, ne servent qu'à rendre odieux le prince Maurice et ceux qui sont de son avis; et néanmoins je sais, quoiqu'il soit fort opiniâtre, que tous ces artifices sont du tout éloignés de son naturel, et, s'il n'y étoit conduit par d'autres qui lui font accroire que la crainte des mouvemens qu'il pourroit faire seront cause de faire changer d'avis à Sa Majesté, il eût attendu la résolution sans se rendre. Mais sans autre contradiction, je ne vois pas pourtant qu'on doive rien craindre de cet endroit; et ceux qui le connoissent mieux, et ce qu'il peut aussi dans le pays, que moi, en ont la même opinion. Je vous écris ce mot afin que vous soyez éclairci de jour à autre de tout ce qui se passe, et prie Dieu, monsieur, qu'il vous conserve en parfaite santé.

Votre, etc.   P. JEANNIN.

De La Haye, ce huitième de novembre 1608.

Autre LETTRE *de M. Jeannin à M. de Villeroy, du treizième de novembre* 1608.

Monsieur, je vous ai écrit du huitième, et n'ai pas beaucoup à ajouter: toutefois ayant trouvé la commodité de ce gentilhomme qui s'en retourne à la cour, lequel a passé par ce lieu venant de Suède, je vous donnerai avis de l'arrivée des députés de Zélande depuis deux jours, qui sont toujours contraires à la trève, et veulent ajouter aux raisons les menaces et la crainte de leur séparation, ce qu'on juge toutefois sans apparence, attendu qu'ils voient toutes les autres provinces autant affectionnées à la recevoir, et à jouir du fruit d'icelle, qu'eux à la rejeter. Aussi suis-je averti, s'ils ne pensent obtenir des autres ce qu'ils prétendent, que leurs députés s'en retourneront pour assembler derechef les Etats particuliers d'icelle province et le leur faire entendre, afin de délibérer de nouveau de ce qu'ils auront à faire. Les Etats-généraux y enverront pareillement quelques députés de leur corps pour les induire à prendre même conseil qu'eux; à quoi on estime qu'enfin ils se réduiront, et dit-on déjà que quatre villes, dont Middelbourg en est une, sont en cette volonté, et en ont fait la déclaration en leur précédente assemblée d'Etat. M. Maldrée, qui m'est venu voir, dit néanmoins le contraire, et que sans faire nul mouvement leur province laissera faire les autres, pensant bien se pouvoir conserver, encore que ladite trève soit faite avec eux. Vous pouvez juger, monsieur, y ayant six provinces pour la trève contre une qui ne la veut pas, combien il eût été plus difficile de les porter à la guerre, et que le danger d'une division y eût été plus grand. Je dis six, car encore qu'Amsterdam et Delft ne se soient jusques ici conjoints ouvertement avec les autres villes de Hollande, on nous assure qu'ils le doivent faire incontinent après que ceux de Zélande auront été ouïs en l'assemblée générale, au cas qu'ils ne puissent induire les autres provinces à changer d'avis; et quant à la province d'Utrecht qu'on avoit essayé de séparer, elle ne l'a pas voulu faire. Quelques serviteurs du prince Maurice ne laissent pourtant de dire qu'il est obligé, par les propos qu'il a tenus, de se joindre avec la Zélande, et se servir des gens de guerre qui le voudront suivre, pour contraindre les autres provinces à être de son avis, entre lesquels il y a des François qui osent bien dire que ce qu'il fera sera pour le service du Roi, par ainsi qu'ils sont tenus d'obéir à ce qu'il leur commandera en cet endroit. Il est vrai que les propos du prince Maurice sont plus modérés, m'ayant dit, comme il a fait plusieurs fois à madame la princesse d'Orange et à M. de Russy, que, ne pouvant empêcher cette trève par ses raisons et persuasions, il les laissera faire sans y consentir en son particulier, afin que chacun sache à l'avenir qu'il n'a point participé à ce conseil. Connoissant aussi quelle est sa vertu et son jugement, j'ajoute plus de foi à ce qu'il dit qu'à ce que les autres présument et publient de son intention; et cela est cause que j'appréhende moins telles menaces, qui seroient à la vérité fort à craindre si ces peuples, poussés par la faveur de quelque homme puissant et de créance, venoient à se mutiner, comme ils pourroient aussi bien faire pour que contre la trève, n'y ayant autre difficulté, sinon que les magistrats et corps des villes qui la désirent sont gens en la tête desquels ces conseils furieux n'entrent pas si aisément qu'en celle de ceux qui font profession des armes, outre ce que les peuples se voulant mutiner contre la trève, sembleroient devoir être plutôt assistés de la faveur des gens de guerre que les autres. Je prendrai garde soigneusement à tout pour n'y laisser faire aucune faute qui me puisse être reprochée, ni apporter du dommage au pays ; ainsi n'en soyez en aucune peine.

M. le prince Maurice m'a encore dit qu'il veut écrire derechef au Roi, parce qu'il lui semble que le lettre de Sa Majesté l'accuse et blâme de ce qu'il ne s'est opposé au commencement de ces troubles, jugeant par là qu'elle n'a pas été bien avertie de tout ce qui s'est passé. La vérité est que la première trève fut faite avec son consentement, et qu'au même temps de l'ouverture faite du côté des ennemis, elle lui fut communiquée avant que l'assemblée des Etats en eût rien su, ce qu'il confesse bien ; mais il dit qu'il fut trompé en ce qu'on lui faisoit entendre lors que ce n'étoit pour traiter en effet, mais seulement pour induire Sa Majesté et le roi d'Angleterre à leur donner un plus grand secours, et qu'ayant connu depuis qu'on vouloit passer plus outre à ce traité, il y avoit résisté de tout son pouvoir, ce qui est pareillement vrai, dont Sadite Majesté a aussi été fidèlement avertie ; car il essaya d'empêcher l'ampliation de la trève, la révocation des navires, qu'on ne traitât sur l'agréation d'Espagne, comme encore tout ce qui a été fait ensuite pour l'avancement de la paix, ayant néanmoins tels efforts été inutiles, quoique nous fissions lors avec lui, sinon ouvertement, du moins assez apparemment pour nous rendre suspects envers ceux qui vouloient la paix, tout ce qu'il désiroit et requéroit de nous pour fortifier son opinion, jusques à l'exhorter de chercher les moyens d'affoiblir l'autorité de ceux qui lui étoient contraires et nous offrir de l'y assister, dont nous ne tirions lors autre réponse, sinon que les personnes qui étoient employées à la conduite des affaires désiroient la paix avec si grande ardeur, qu'il n'étoit [pas] en son pouvoir de les en détourner : ce q[ue] lui ai encore représenté depuis quelques jo[urs] pour l'induire de se ranger en l'avis comm[un] puisqu'il ne les peut vaincre ni changer ; [mais] il veut que nous croyions que le temps a ouv[ert] les yeux à chacun, et que ce qui étoit diffi[cile] lors, est devenu facile, se promettant d'en v[enir] à bout si Sa Majesté vouloit favoriser son av[is] et l'appuyer de son autorité, comme elle fait [en] celui des autres. Je vous représente ce q[ue] dessus, encore que mes lettres précédentes [en] soient pleines, afin que vous ayez de quoi ré[s]pondre aux siennes s'il écrit derechef, comm[e] m'a dit vouloir faire.

M. Aërsens a écrit depuis peu de jours [aux] Etats, et M. Carron qui est en Angleterre en [a] fait autant, que Leurs Majestés ont eu a[vis] certain que le roi d'Espagne ne veut accorder la trève, sinon à condition que l'exercice de [la] religion catholique soit rétabli, et que les Ét[ats] s'abstiennent du commerce des Indes, les[quelles] lettres sont venues en même temp[s], et, comme il semble, pour fortifier l'opini[on] du prince Maurice, dont les Etats ont été trè[s] mal contens, et plus encore de ce que led[it] sieur Aërsens ajoute en sa lettre que Sa Majes[té] et ceux de son conseil disent hautement qu'[il] n'est pas raisonnable que le roi d'Espagne le[ur] accorde la liberté pour toujours, et qu'il suff[it] que ce soit durant le temps de la trève. Ma[is] ces lettres ayant été vues par quelques-uns de[s] plus sages avant que les lire en l'assemblée, o[n] a fait en sorte que cette dernière nouvelle d[u]dit sieur Aërsens n'a été entendue que de peu de gens. Elle ne pouvoit tendre qu'à rendre l[e] Roi odieux parmi ces peuples, et leur fair[e] croire qu'il désire plutôt le contentement de[s] Espagnols que le leur ; mais tout cela ne sert [de] rien, car Sa Majesté est mieux ici, et en pl[us] grand respect et autorité qu'elle ne fut jamai[s] quoique sa conduite en ce que nous faison[s] pour la trève ne plaise à ceux qui désirent [de] la rompre. Je ne laisse pourtant de croire, s'il avient qu'elle soit faite, que nous les rédu[i]rons tous ensemble, Dieu aidant. L'opiniâtre[té] de ceux de Zélande sera cause d'éloigner la r[é]solution finale de douze ou quinze jours, s[ans] qu'à mon avis il en advienne rien de pis. Je suis toujours en quelque doute de l'intention du roi d'Espagne, n'ayant eu aucunes nouvelles de Bruxelles depuis ce que je vous en ai écrit par mes précédentes lettres. J'en attends de votre côté, sinon quand nous enverrons vers eux, qui ne sera avant que la résolution soit prise ici, estimant que nous devons tenir assuré, sans montrer d'en douter, ce que M. le président Richardot nous en a écrit. M. le prince d'Orange est arrivé en ce lieu aujourd'hui, où il montre vouloir demeurer trois semaines ou un mois. C'est, à mon avis, pour ses partages avec ses frères: quelques-uns en discourent tout autrement, et comme s'il avoit quelque charge des archiducs, ce que je ne pense pas être vrai.

Je suis, monsieur, votre, etc.

P. JEANNIN.

A La Haye, ce 13 novembre 1608.

LETTRE *dudit sieur Jeannin à M. le duc de Sully, dudit jour treizième de novembre* 1608.

Monsieur, la trève s'avance toujours, et on en espère mieux de jour en autre; il me semble même pouvoir assurer que les Etats l'accepteront aux conditions contenues ès articles que j'ai ci-devant envoyés au Roi. Il est vrai qu'ils y procèdent plus pesamment et lentement que je ne désirerois; mais la contradiction de Zélande qui se rend difficile en est cause, car il les faut gagner avec longueur et persuasion, afin qu'il n'y ait aucune division entre eux, comme je me promets qu'il n'en arrivera point, et que je ne serai point trompé non plus au jugement que j'ai fait de M. le prince Maurice, qui continuera bien ses poursuites pour empêcher cette trève jusques au bout, mais acquiescera enfin à l'avis commun: à quoi la lettre du Roi a beaucoup servi pour le disposer, joint qu'il est sage et homme de bien pour ne se jeter en un dessein sujet à blâme, et du tout ruineux comme seroit celui-là. Ce que je crains le plus maintenant est que le roi d'Espagne ne veuille faire ce que les archiducs promettent en son nom, et, si cela avient, que notre travail soit inutile. On en fait courir le bruit ici par des avis qui sont venus de Bruxelles, et M. le prince Maurice dit en être averti de si bonne part, qu'il le tient pour certain et véritable, et voudroit sur ce soupçon que la délibération de la trève fût intermise jusques à ce qu'on fût pleinement informé de l'intention dudit sieur roi: mais je lui réponds, quand on seroit bien certain de ce refus, qu'il le faudroit dissimuler, et résoudre néanmoins d'accepter la trève du côté des Etats aux conditions que les archiducs ont offertes, parce que cette conduite servira pour faire que les Provinces rentrent à la guerre avec plus d'union, de courage et d'animosité contre leurs ennemis que jamais, et donnera sujet aussi aux princes qui sont leurs amis, de les secourir plus volontiers. Il juge bien ces raisons bonnes, mais le peu d'espoir qu'il a maintenant de rompre la trève lui fait rechercher ces longueurs. Je ferai tout devoir pour en sortir au plus tôt et au contentement de Sa Majesté, et vous en donnerai avis à toutes occasions; et cependant prierai Dieu, monsieur, qu'il vous donne en parfaite santé très-longue et heureuse vie.

Votre, etc.   P. JEANNIN.

De La Haye, ce treizième novembre 1608.

LETTRE *dudit sieur Jeannin à M. de La Boderie, dudit jour treizième novembre* 1608.

Monsieur, j'ai sursis long-temps à vous écrire, voyant tant d'incertitude en la résolution qu'on doit prendre ici, que je ne savois qu'en juger: je craignois même que M. le prince Maurice, qui est du tout obstiné à faire rejeter la trève, et se promettoit d'être suivi de partie de ces provinces, ne fût pour se porter à des conseils désespérés avec quelque soulèvement des peuples et l'assistance des gens de guerre. Enfin toutes les provinces, fors la Zélande, acceptent ladite trève aux conditions par nous présentées, et espérons encore que cette province se joindra à l'avis commun, et que ledit sieur prince aussi, n'ayant pu faire suivre son avis par le plus grand nombre des provinces, se conformera à ce qu'il voit bien ne pouvoir empêcher, encore qu'il le voulût tenter avec le hasard de sa ruine. Les lettres que le Roi lui a écrites, notre conduite envers lui, et ce que madame la princesse d'Orange y a apporté du sien, ont beaucoup servi pour le rendre plus enclin à se laisser aller au cours du torrent. Et à la vérité, quoiqu'il se soit quelquefois imaginé de pouvoir persuader à ces peuples de préférer la guerre à la trève, il a bien connu enfin que leur inclination au repos étoit trop grande pour les changer: il est vrai que les persuasions du Roi, et ce qu'on leur a dit qu'ils seroient abandonnés de notre secours s'ils rejetoient le conseil de Sa Majesté, sont les plus puissans moyens, et qui y ont le plus aidé. Les ministres du roi de la Grande-Bretagne en ont fait autant, et sont allés encore plus avant, et plus tôt que nous, soit pour en acquérir plus de gré, ou pour autres considérations. Nous ne sommes toutefois au bout, mais au moins vous peux-je assurer que la diversité des opinions n'engendrera ici aucune faction, et qu'il ne tiendra point même aux Etats que la trève ne soit faite. Je crains maintenant que la rupture n'avienne du côté d'Espagne, car tous les avis qui en viennent concourent que le roi d'Espagne ne veut être nommé en ce traité; et néanmoins les archiducs ont promis de l'obliger avec eux en vertu d'une bonne procuration d'icelui, sans quoi je vois tout rompu, et que notre travail aura été inutile. Je crains même que la guerre se renouvelle avec plus d'animosité que jamais, et que le mal qui sembloit n'être que particulier devienne plus général: si ne peux je croire que les archiducs se soient engagés si avant sans avoir assurance de la volonté du roi d'Espagne.

Le long séjour de dom Pedro en France nous a mis quelque temps en soupçon, et a pu donner aussi de l'ombrage vers vous; mais chacun est éclairci maintenant que le Roi n'a voulu entendre à aucune ouverture qui fût préjudiciable et pût mettre en jalousie ses anciens amis et alliés. Si nous faisons la trève ici, peut-être qu'on sera mieux disposé vers vous aux alliances et amitiés dont je vous ai souvent écrit; et M. de Villeroy m'a mandé, il y a déjà quelque temps, que Sa Majesté y étoit très-bien disposée, mais qu'on s'y vouloit conduire de façon que si la même disposition n'est de votre côté, la recherche ne nous en soit point préjudiciable. Les députés qui sont ici montrent bien de désirer l'amitié, mais non les alliances. Je le désire toujours comme un remède qui me semble le plus certain pour contenir en devoir l'ambition d'Espagne, et nous faire vivre en paix; mais je n'y peux apporter que les souhaits, et vous pouvez mieux en entretenant les principaux ministres du roi de la Grande-Bretagne, afin d'y mieux servir quand il sera temps, comme je m'assure que je saurai bien faire, pource qu'il n'est besoin d'aucun commandement particulier pour faire tels offices. Je vous baise très-humblement les mains, et suis, monsieur, votre, etc. P. JEANNIN.

A La Haye, ce 13 novembre 1608.

LETTRE *de M. le duc de Sully à M. Jeannin, dix-septième de novembre* 1608.

Monsieur, votre lettre du vingt-deuxième d'octobre ne m'a été rendue que le sixième de celui-ci, celui qui en étoit chargé n'ayant pu passer la mer plus tôt à cause des vents; mais j'avois eu entière communication de la dépêche que vous aviez faite au Roi par le dernier courrier, où j'ai vu l'état auquel les affaires de ces provinces se retrouvoient pour lors. Je crois que les volontés auront eu le temps de se réunir maintenant à ce qu'il leur convient pour le mieux, et qu'au branle où ils se trouvent, il leur est comme inévitable de pencher bientôt à une résolution générale, de laquelle on attend ici des nouvelles par vous qui aurez su ses toutes occurrences si clairement l'intention de Sa Majesté, qu'il n'y peut rien être ajouté par moi que l'assurance que je vois qu'elle prend de voir soin et affection à la direction de ce qu'elle vous a commis, à laquelle aussi satisfaisant, vous n'avez pas grand sujet de vous émouvoir de ce que tous autres en peuvent discourir particulièrement. Je vous remercie de la part que vous me faites de ce qui se passe, et vous prie d'être assuré qu'en ce que j'aurai moyen de vous servir, ce sera de la même volonté que, vous baisant humblement les mains, je prie Dieu vous avoir, monsieur, en sa sainte et digne garde.

Votre, etc.

MAXIMILIAN DE BETHUNE, duc de Sully.

De Paris, ce dix-septième jour de novembre 1608.

Propos tenus en l'assemblée générale des Etats-généraux par MM. les ambassadeurs de France et d'Angleterre, le dix-huitième de novembre 1608.

Messieurs, étant avertis que messieurs de Zélande rejettent du tout la trève, jusques à montrer de se vouloir séparer des autres provinces qui l'approuvent, et des rois et princes vos amis et alliés qui la vous conseillent nous sommes venus en votre assemblée pour les prier et exhorter de se joindre à l'avis commun, et de considérer qu'il n'y a rien qui ait fait fleurir et prospérer votre Etat, que l'union, amitié et concorde de toutes les provinces qui n'ont toujours eu qu'un même sentiment, et pris une même résolution ès affaires publiques.

Et comme c'est chose louable de dire son avis avec les meilleures raisons qu'on peut pour le faire suivre, que c'est aussi le devoir des gens de bien et sages de se laisser vaincre, et de soumettre leur jugement particulier à celui du plus grand nombre, attendu qu'on ne peut faire autrement ès gouvernemens populaires qui n'ont point de chef et de tête qui ait autorité et pouvoir de choisir l'avis qui lui semble le meilleur, sans y introduire des partialités et factions, lesquelles sont toujours cause de la ruine et subversion entière d'un Etat, nous ne voyons pas aussi qu'il y ait autre moyen de faire cesser la division qui s'offre à présent; car d'appeler d'autres médiateurs que vous-mêmes pour concilier vos opinions, et faire que l'une cède à l'autre, où les choisirez-vous? Ceux qui rejettent la trève ne voudroient pas agréer les rois et princes qui la vous conseillent pource qu'ils ont déclaré leur mouvement, et sont devenus par ce moyen suspects en leur endroit, encore qu'ils n'aient autre intérêt que celui de votre Etat; et d'avoir recours aux seigneurs qui sont gouverneurs de vos provinces, comme on dit avoir autrefois été fait et avisé lors en la naissance de votre république, où chacun croit être désireux du bien et profit commun de tous, les provinces qui jugent la trève leur être nécessaire n'y consentiront non plus; et il y a aussi même raison de les en exclure, pour avoir déclaré par paroles et écrits, avec chaleur et véhémence, qu'ils jugeoient cette trève vous devoir être dommageable.

Que restera-t-il donc pour vous accorder et empêcher que vous ne demeuriez séparés en cette délibération les uns d'avec les autres? Il est certain que les six provinces ne se voudront pas laisser vaincre à une seule, ni souffrir qu'elle leur donne la loi; et dire que son dissentiment puisse empêcher les autres de rien conclure, qui est ce qu'on prétend en disant qu'il y a loi en cet Etat qui l'ordonne ainsi, ce n'est pas à nous, qui sommes étrangers en votre république, de vous donner l'intelligence et interprétation de vos lois; mais le sens commun nous enseigne, si cette loi est véritable, qu'elle a été faite pour empêcher une dédition, et que ne vinssiez à faire quelque traité avec vos ennemis comme sujets, cette caution ayant été jugée nécessaire pour assurer la liberté du pays, non pour empêcher qu'on ne vînt à traiter à l'égal comme souverains, et, ainsi que nous disoient les anciens, *æquo fœdere*. Et qui la voudroit interpréter autrement, et pour exclure même un traité qui seroit avantageux, nous dirions ici ce que fit jadis un sénateur romain d'une loi qui lui sembloit dommageable, que si on ne vouloit ôter du tout le tableau dans lequel elle étoit écrite pour l'abroger perpétuellement, qu'au moins étoit-il nécessaire de le dépendre ou cacher pour quelque temps, afin qu'ils ne fussent obligés à l'observation d'icelle lorsqu'on voyoit évidemment qu'elle devoit être cause d'un très-grand dommage à la république, et mettre en son lieu la plus ancienne et vieille loi de toutes les autres, qui veut que les magistrats et chefs de tous gouvernemens politiques aient toujours pour but et objet le salut universel de tout le peuple.

Or qui suivroit à présent l'état auquel sont vos affaires, la loi qui défend tous traités, au cas qu'une seule province y résiste, seroit la ruine et subversion entière de votre Etat, pource que chacun sait que toutes les provinces ensemble n'ont assez de force et moyens pour soutenir et repousser la guerre sans l'aide et assistance des rois qui vous ont secourus jusqu'ici, et quand ils ne vous donneroient même qu'un pareil secours que du passé, il ne serviroit que pour faire languir, traîner la guerre, vous affoiblir, et enfin consumer au lieu de vous fortifier. Vous nous l'avez si souvent déclaré, non une province ou deux, mais toutes ensemble, et par délibération publique prise en votre assemblée générale, que nous nous étonnons aujourd'hui comme on estime pouvoir faire la guerre à meilleur marché que du passé, attendu que vos ennemis ne sont en rien affoiblis, et que vous n'êtes aussi devenus plus puissans.

Mais on se promet peut-être, et est vraisemblable que c'est l'espérance de ceux qui rejettent opiniâtrement la trève, que les rois sont trop intéressés en votre conservation pour vous laisser perdre, et que par raison d'Etat, ils seront contraints de vous servir.

Ne faites pas une faute irréparable sur un fondement si peu assuré, car vous y seriez trompés. Et, afin que personne n'en puisse douter par ci-après, nous vous déclarons, comme en ayant charge et commandement exprès de nos rois, que si vos adversaires refusent la trève selon les articles qui vous ont été présentés de notre part, c'est leur intention de vous assister et secourir de leurs forces et moyens, non-seulement comme du passé, mais plus puissamment s'il en est besoin, comme au contraire si la rupture avient de votre côté, et que vous méprisiez le conseil qu'ils vous donnent, vous ne devez attendre aucun secours d'eux, pource que le refus que vous aurez fait d'accepter des conditions si sûres, honorables et avantageuses pour votre Etat, rendront votre guerre injuste, et eux ne veulent rien faire qui soit sujet à blâme, et dont ils puissent recevoir du reproche au lieu d'en être prisés et loués.

Et à vous dire la vérité, messieurs, quand on dit parmi les gens sages qui entendent parler de vos affaires, que le roi d'Espagne se soumet aux conditions de ce traité que plusieurs estiment rudes, et, si j'ose dire, qui apportent du mépris et ravalement à cette grandeur dont il s'élève avec jactance au-dessus de tous les autres rois de la chrétienté, ils s'en étonnent, et encore plus quand on dit que vous disputez avec grande contention parmi vous pour savoir si vous les recevrez ou non, pource qu'il leur semble que vous les devez accepter et embrasser avec très-grand contentement.

Et nous qui sommes sur les lieux, et devons avoir quelque plus particulière connoissance de vos affaires, nos maîtres mêmes qui en sont très-bien informés et ont vu tout ce qui a été écrit contre la trève, ne peuvent imaginer les raisons de cette contradiction, ni approuver aucunement celles qui ont été mises en avant ; car nos rois tiennent pour certain et les principaux de leur conseil de cet avis, qu'il y en a assez en notre écrit pour assurer la liberté de votre pays, non-seulement durant la trève, mais toujours : et toutefois, c'est là-dessus que tombe tout l'effort des objections qu'on fait contre ce traité, les uns disant que ce mot de liberté se doit référer à la liberté des personnes, par ainsi qu'il est inutile, attendu qu'on sait assez, sans qu'il soit besoin d'autre expression, que les personnes sont libres ici. Ainsi cet argument n'est aucunement à propos, d'autant qu'il n'est fait mention des personnes en cet écrit, mais seulement, et bien expressément, de la liberté du pays, laquelle liberté ne peut être entendue que de la seigneurie et domination, étant vrai et approuvé par le commun usage de parler, que dire un pays libre et une république est autant que la dire souveraine. Aussi l'historien, voulant exprimer le changement qui fut fait à Rome, lorsque Lucius Brutus chassa le dernier roi et affranchit le peuple de cette sujétion, ne dit autre chose sinon ces mots: *Lucius Brutus libertatem et consulatum instituit*, c'est-à-dire, Brutus établit la liberté et le consulat ; qui n'étoit pas à dire qu'il rendit le peuple romain libre, car tous les Romains étoient libres d'eux-mêmes, encore qu'ils fussent en la sujétion des rois. Nos docteurs aussi, quand ils veulent faire entendre que c'est d'une république libre, disent : *Rempublicam eam censeri liberam, quæ sui juris est, et caput non habet*.

Ce qui est ajouté encore en cette déclaration de liberté, que le roi d'Espagne et les archiducs ne prétendent rien sur ce pays, ôte tout doute, car, par là ils confessent qu'ils n'en sont plus vos seigneurs, étant choses directement contraires et qui ne peuvent subsister de soi, qu'on soit seigneur de quelque pays, et qu'on n'y ait rien.

Mais on dit encore que cette déclaration de liberté doit finir après la trève : d'où vient cette glose ? Si on a attendu qu'elle dût être limitée à certain temps, que ne l'a-t-on exprimé ? attendu que dire un pays libre généralement et indéfiniment, signifie qu'il l'est absolument et sans condition ; et de même dire qu'on n'y prétend rien, est quitter le droit qu'on y pouvoit avoir? Chacun sait aussi que les Etats ayant été recherchés à diverses fois depuis quarante ans pour traiter, n'y ont jamais voulu entendre sans que cette qualité de libres, et de ne rien prétendre sur eux, leur fût accordée comme une qualité préalable et nécessaire pour les rendre capables de traiter à l'égal et comme souverains; et pour le mieux connoître, il ne faut considérer le traité qui contient la première trève, car il est dit par icelui qu'il est fait avec les Etats comme avec Etats libres sur lesquels on ne prétend rien en intention de faire une paix perpétuelle ou trève à longues années; et néanmoins on accorde indéfiniment, et sans aucune limitation de temps, lesdites qualités, aussi bien en cas de trève qu'en cas de paix; qui fait bien juger que la nature de l'acte, qui n'est qu'à temps, ne les doit pas restreindre, puisqu'elle est mise de même façon, et tant pour servir à l'un qu'à l'autre.

On ne doit pas considérer là-dessus la difficulté que fait le roi d'Espagne de donner une plus ample déclaration. Il le fait, à la vérité, afin de pouvoir dire avec quelque apparence de raison ce qu'on dit ici pour lui; à savoir, que la déclaration ne doit durer que pour le temps de la trève, et par ce moyen se défendre contre la licence des hommes, qui bien souvent blâment trop inconsidérément les actions des grands princes, lesquels sont d'autant plus sujets à cette répréhension publique, qu'ils essaient de cacher soigneusement les causes et raisons de leur conduite, qui peut-être en feroit juger autrement si elles étoient connues; mais il vous doit suffire qu'il y en ait assez en cet écrit pour assurer par effet ce que vous prétendez, sans vous rendre ingénieux à rechercher des subtilités contre vous-mêmes, auxquelles personne n'eût jamais pensé si vous ne les eussiez mises en avant.

Il y a d'autres difficultés qu'on allègue contre la trève, comme de pourvoir aux contributions et à la forme de votre gouvernement, s'il est jugé qu'il y faille changer ou corriger quelque chose pour le rendre plus assuré et durable; mais tout cela dépend de vous, et nous désirons de vous y aider et assister de tout notre pouvoir, vous priant d'y procéder au plus tôt et sans remise, ce que nous nous promettons aussi de votre zèle et prudence.

Recevez donc le conseil que nos rois vous donnent, le jugeant non-seulement utile, mais du tout nécessaire en l'état auquel sont vos affaires, et à l'inclination du plus grand nombre des provinces : nous le prions de toute notre affection messieurs de Zélande, et comme leur province est véritablement l'une des plus importantes de cet Etat, qu'ils veuillent aussi être les premiers à se laisser vaincre puisqu'il est ainsi requis pour le salut commun de tous.

Nous faisons la même prière à son excellence, à M. le comte Guillaume et à tous ceux de sa maison qui ont travaillé et couru beaucoup de péril pour établir, affermir et agrandir cet Etat, et qu'à présent que les choses sont réduites à cette nécessité de ne pouvoir choisir autre conseil que celui que nous leur donnons, d'en faire autant avec nous envers la province de Zélande, afin de se rendre auteurs par ce moyen de leur réunion, sans laquelle ils ne peuvent attendre que la ruine entière de leur Etat, et qu'ils puissent dire avec joie et contentement ce que fit Phocion, grand et sage capitaine, à ses concitoyens de la ville d'Athènes, d'un conseil qu'il avoit dissuadé, qui néanmoins entrepris et exécuté contre son avis succéda heureusement, qu'il ne se repentoit pas d'avoir rejeté un conseil qu'il jugeoit en sa conscience leur devoir être dommageable, mais qu'il étoit très-aise que le succès en eût été meilleur et plus heureux qu'il n'avoit pensé.

Lettre *de M. de Villeroy à M. Jeannin, du dix-neuvième novembre 1608.*

Monsieur, M. de Châtillon vient de m'avertir que ce capitaine doit partir dans une heure pour passer en Hollande, tellement que vous n'aurez de moi que cette courte lettre, par laquelle vous saurez la réception des vôtres du cinq et huitième de ce mois, avenues depuis avoir répondu, par la voie de M. de Berny, aux précédentes du 20, 22 et 28 du passé, le 3 et 4 du présent, vous assurant que le Roi a approuvé la remontrance que vous avez faite à ces messieurs en leur délivrant les dernières lettres qu'elle leur a écrites, et persiste aux commandemens qu'elle vous a faits, afin que vous continuiez à faire votre possible pour rendre ces sieurs capables de ses conseils et intentions, qui tendent du tout à leur bien et avantage, et vous assure que ceux qui publient que nous suivons en cela les intentions et persuasions du nonce et des jésuites, font grand tort à Sa Majesté et à eux-mêmes; et ne puis croire qu'ils n'aient regret quelque jour d'avoir abusé de cette façon de la foi et bonté de Sa Majesté par eux tant éprouvée. Or j'espère qu'ils le confesseront quelque jour. J'ai la même crainte que vous : c'est que les Espagnols refusent d'exécuter ce que les archiducs ont promis faire de leur part, quand il sera question de fondre la cloche; car en vérité ce sont des trompeurs et glorieux qui croient que tout leur est dû; mais au pis aller lesdites Provinces mettront le droit de leur côté, et par ce moyen fortifieront grandement leur cause, comme vous leur avez très-bien représenté. Il faut donc franchir le saut de ladite trève sur votre proposition galment et franchement. J'ai appris que, quand on ne sera plus en débat que du temps d'icelle, les archiducs l'accorderont à la fin pour quinze ans, quoi que vous ait mandé le président Richardot : le nonce me l'a ainsi dit, et je vous avertirai pour fin de la convalescence de M. de Châteauneuf, assuré que vous participerez à la consolation qu'en ont ses amis, dont je vous prie de faire part à mon neveu. Je prie Dieu, monsieur, qu'il vous conserve en santé.

Votre, etc.   De Neufville.

De Paris, ce 19 novembre 1608.

Lettre *de MM. Jeannin et de Russy au Roi, du vingtième novembre* 1608.

Sire,

Nous avançons et gagnons toujours quelque chose, mais peu à peu. Les députés de Zélande qui étoient venus en ce lieu n'avoient autre pouvoir, sinon de dire leurs raisons pour empêcher la trève, comme ils ont fait en l'assemblée générale, sans toutefois persuader les autres provinces de les suivre, les députés desquelles leur ont dit aussi leurs raisons, et déclaré qu'ils persistoient en leur premier avis. Les députés d'Angleterre et nous ayant pareillement désiré de conférer avec eux amiablement, ils y consentirent, et furent en notre logis à cet effet le jour d'hier, où ils dirent leurs raisons, et nous y fîmes réponse sans demeurer d'accord, non plus eux, s'étant contentés de nous dire qu'ils portoient un grand respect aux avis de Votre Majesté et du roi d'Angleterre, et qu'ils feroient entendre à leur assemblée, en Zélande, ce qui leur avoit été remontré de notre part. Nous fûmes, au sortir de cette conférence, en assemblée générale pour exhorter derechef lesdits députés de Zélande de se joindre à l'avis commun. Nous fîmes quelque déduction de leurs raisons, et de ce qu'on y pouvoit répondre, les priant tous ensemble de finir cette affaire au plus tôt, et puisque ceux de Zélande n'avoient aucune charge de conférer et en conclure, que le meilleur étoit qu'ils s'en retournassent promptement pour être de retour dans dix ou douze jours au plus tard, afin d'éviter une prolongation de trève pour l'année prochaine, qui seroit suivie de beaucoup d'inconvéniens; que nous les priions de considérer et d'user de la diligence requise pour les éviter, qu'il ne falloit plus disputer sur les articles mais s'en contenter en la forme qu'ils ont été par nous donnés, ou bien rompre, car nous avions tiré le dernier mot du côté des archiducs, et n'y a aucun moyen d'espérer rien de plus. Lesdits sieurs députés de Zélande partent demain, promettent de retourner incontinent et M. de Maldrée nous a dit séparément qu'il seroit dans quinze jours au plus tard. Ils semblent être comme vaincus, voyant la résolution ferme des autres provinces, et celle de Votre Majesté et du roi d'Angleterre à leur conseiller la trève, comme aussi à leur refuser assistance et secours s'ils la rejettent : ce qu'il a été besoin de déclarer plus expressément que nous n'avions encore fait, pour leur montrer qu'ils ne peuvent plus prendre autre conseil sans se perdre, et leur ôter les espérances secrètes qu'on leur pouvoit donner au contraire.

Cette province de Zélande ne désiroit pas plus la paix que la trève, parce que l'une et l'autre leur apporteroient, ainsi qu'ils disent, une grande diminution au trafic, à cause que les ports des archiducs étant ouverts, le commerce s'en ira à Anvers; mais c'est un mal qui est sans remède. Il est vrai qu'il y a des marchands lesquels nous ont dit la perte n'en devoir être si grande de beaucoup qu'ils la crient, pour couvrir de quelque apparence le refus qu'ils font d'accepter la trève. M. le prince Maurice a beaucoup de pouvoir sur eux, car de sept voix qui sont en l'assemblée des Etats de Zélande, il y a celle de la noblesse et de trois villes qui dépendent de lui. Or, les lettres de Votre Majesté, et ce que nous lui avons dit de sa part, l'ont beaucoup changé, avec ce qu'il voit l'inclination et jugement des provinces être à la trêve, en sorte que nous espérons maintenant qu'il y aidera. Nous avons, à cet effet, conféré avec lui fort particulièrement depuis peu de jours, tant en son logis qu'en celui de madame la princesse d'Orange, laquelle s'emploie d'affection avec nous pour le vaincre, ès quelles conférences on a reconnu qu'il craint toujours que cet Etat ne tombe sous l'Espagne, et nous a dit et répété ses soupçons qui ne sont sans raison, mais nous espérons d'y remédier. Nous l'avons aussi tant prié et requis de recevoir en son amitié M. de Barneveld, qui a toujours déclaré qu'il étoit son serviteur, et offroit de l'assister en tout ce qu'il pourroit pour pourvoir à la sûreté de l'Etat, et empêcher que les inconvéniens qu'il craint n'arrivent, qu'il y a condescendu, et hier nous étant allés voir ledit sieur prince, l'autre y survint, par délibération néanmoins prise ensemble. On conféra quelque temps des affaires publiques, puis il pria ledit sieur prince de n'ajouter foi aux mauvais rapports qu'on lui avoit faits de lui, qu'il y avoit quarante ans qu'il servoit l'Etat, et s'étoit toujours montré tant ennemi de l'Espagnol, que personne n'avoit témoigné plus d'animosité contre eux que lui, n'ayant à présent changé de volonté, et ce qu'il poursuivoit la trêve n'étoit pour les gratifier, mais pour le bien et soulagement de son pays.

Il fut parlé lors des contributions pour l'entretènement des garnisons durant la trêve, et du nombre d'icelles garnisons que ledit sieur prince dit devoir être de trente mille hommes pour les premières années; à quoi ledit sieur Barneveld consentit, et se séparèrent d'ensemble contens l'un de l'autre. Nous étant aussi demeurés après lui avec ledit prince, il nous sembla le reconnoître ainsi, nous disant toutefois qu'il craignoit, quand nos articles pour la trêve auroient été accordés par les Etats, qu'on n'en demeurât pas encore là, mais qu'on les diminuât peu à peu sur les difficultés que feroient les adversaires, en sorte qu'il n'y auroit plus aucune sûreté pour eux; qu'il savoit bien le dernier courrier venu d'Espagne avoir rapporté aux archiducs que le roi d'Espagne n'entendoit être nommé en la trêve, et qu'ils fissent ce qu'ils voudroient de leur part sans toucher à ses droits, et si cela étoit, qu'il voyoit bien cette trêve être tant désirée par ceux qui conduisent les affaires, qu'ils se contenteroient d'autant, et le faisant qu'il n'y auroit plus aucune sûreté pour l'Etat; nous prioit à cette occasion de n'y point consentir au nom de Votre Majesté. Sur quoi nous lui dîmes ce qu'elle nous en avoit ci-devant écrit, et qu'elle jugeoit raisonnable, puisque M. le président Richardot nous avoit mandé, de la part desdits sieurs archiducs, qu'ils s'obligeoient au nom dudit sieur Roi, et en vertu de la procuration d'icelui, qu'ils accomplissent ce qu'ils avoient promis, et que nous y insisterions fermement : M. Maldrée nous a aussi aidé à faire ce bon œuvre.

Nous estimons de notre part qu'il n'y a aucune feintise et déguisement en ce que nous a dit ledit sieur prince, qui est homme fort entier et d'un naturel du tout éloigné de dissimulation, combien que d'autres n'en fassent le même jugement, et disent que c'est pour gagner temps, et faire tomber les affaires à une trêve pour l'année prochaine, qui lui pourroit donner le loisir et moyen de faire des pratiques pour rompre la longue trêve; mais cela est sans apparence, car il sait bien que cette trêve d'un an seroit cause de faire licencier la plupart des gens de guerre, ce qu'il craint, et de la faire continuer peut-être en l'année suivante, qui seroit bien pis, et dont les inconvéniens lui ont été représentés si souvent, qu'à notre avis il se gardera bien d'y tomber, pource qu'il est certain qu'il n'a aucun mauvais dessein, mais bien est-il trop entier et obstiné à suivre l'avis qu'il juge le meilleur. Nous connoissons bien que si ceux de Zélande étoient toujours désireux d'empêcher cette trêve, qu'ils pourroient faire perdre beaucoup de temps, car les autres provinces, lesquelles craignent avec raison la séparation de cette province, envoient de la part des Etats-généraux des députés de leur corps, pour se trouver en leur assemblée particulière, afin de les persuader de s'unir avec eux; lesquels ont aussi charge, s'ils ne peuvent rien gagner en ladite assemblée, d'aller ès villes, et parler en particulier aux magistrats qui les régissent pour les persuader; et tout cela ne se peut faire qu'avec du loisir. Nous ne pouvons néanmoins blâmer cette conduite, n'y ayant rien qu'il ne faille tenter et faire pour les joindre tous ensemble et empêcher qu'il n'y ait aucune séparation entre eux. Votre Majesté pourra bien juger de ce que dessus qu'enfin les affaires passeront bien du côté des Etats, et sans division ni faction; mais nous ne sommes pas hors de crainte que le roi d'Espagne refuse de faire ce que les archiducs ont promis pour lui, et s'il avient ainsi, et que nous voulions encore persister à la trève, ceux qui l'ont blâmée jusques ici deviendront plus puissans pour la dissuader, et auront la raison pour eux. Nous ne savons aussi quel langage on leur pourroit tenir là-dessus, attendu que nous leur avons déjà déclaré en pleine assemblée que Votre Majesté jugeoit raisonnable que le roi d'Espagne fût obligé à ce traité, et qu'ils ne le devoient faire autrement. C'est pourquoi, si cela avient, il est besoin que nous ayons de nouveau ses commandemens. Attendant lesquels nous prions Dieu, sire, qu'il donne à Votre Majesté en parfaite santé très-longue et très-heureuse vie.

Vos, etc.   P. JEANNIN et DE RUSSY.
De La Haye, ce vingtième novembre 1608.

LETTRE *de M. Jeannin à M. de Villeroy, dudit jour vingtième novembre* 1608.

Monsieur, les lettres du Roi du troisième de ce mois, et les vôtres du quatrième, avec celles du trentième du mois précédent, m'ont été rendues le quinzième par la voie de M. de Berny. J'ai donné ordre pour lui envoyer dorénavant les miennes ou deux ou trois jours au plus, pourvu que de son côté il ait moyen de les vous faire tenir sûrement, et avec la même diligence, car je juge bien que le Roi a pu être en quelque inquiétude sur l'événement des affaires de ce lieu; mais il en doit être hors de peine, vous pouvant assurer, encore qu'elles ne soient faites, qu'elles sont en bon état de ce côté, et que j'espère l'issue en devoir être heureuse, mais avec un peu de loisir. M. Maldrée qui conduit ceux de Zélande, et est serviteur particulier de M. le prince Maurice, m'est venu voir avant que partir pour s'en retourner, et m'a assuré que leurs députés seront de retour au plus tard dans quinze jours avec bonne réponse, comme il estime, et je l'espère aussi. M. le prince est fort adouci et changé. Les lettres du Roi, et le respect qu'il lui porte, ont beaucoup servi, avec l'état qu'il voit aux affaires, aussi que rien n'a été omis de ce qui peut dépendre de mon industrie pour le gagner, à quoi madame la princesse d'Orange et M. Maldrée ont beaucoup aidé, joint que son naturel n'a jamais été de se porter à des conseils précipités et sujets à blâme. Nous avons aussi réconcilié le sieur Barneveld avec lui, ce que je tiens être sans fiction d'une part et d'autre. Je ferai en sorte, s'il m'est possible, qu'ils soient encore mieux avant que je parte d'ici, afin qu'on se puisse servir de tous deux ensemble pour la conservation du pays et intérêt particulier de Sa Majesté. J'ai toujours espéré de faire ce bon œuvre, et en attendois l'opportunité que j'ai cherché d'avancer autant que j'ai pu; mais il n'y a eu moyen de le faire plus tôt, et c'est assez à temps. Vos dernières lettres, qui m'ont fait connoître que vous n'espérez rien de la négociation de don Pedro, m'en ont encore rendu plus soigneux.

Nous achèverons la trève, s'il plaît à Dieu, au contentement de Sa Majesté, et ferai connoître que tout ce que lui a dit Lambert ne sont que des postures. Quand les affaires seront en état de pouvoir mander la certitude de la résolution qu'on prendra ici, M. de Preaux en sera le porteur, et vous dira beaucoup de choses de ma conduite que j'ai celées jusques ici, dont il a été besoin que je me sois servi pour avancer l'affaire. Je ne lui avois pas communiqué vos lettres sur la maladie de M. de Châteauneuf, mais m'ayant dit depuis deux jours qu'un homme de madame la princesse d'Orange, nommé Fleury, lui en avoit apporté lettres du sieur du Bois, secrétaire dudit sieur de Châteauneuf, qui le lui mandoit, et donnoit néanmoins espérance de sa convalescence, je le lui ai dit. Je prie Dieu qu'il le remette en santé, la lui désirant aussi bonne qu'à moi-même, pour l'honneur et le respect que je lui ai toujours portés, aussi que j'honore tout ce qui vous appartient. M. le prince d'Orange, lequel est ici depuis six ou sept jours, fait ce qui peut envers son frère pour l'induire à la trève. J'estime qu'il sera à propos que le Roi lui écrive et le prie de continuer ses bons offices. Ce que vous me mandez touchant l'intention du roi d'Espagne, et des nouvelles que le dernier courrier a apportées d'Espagne, étoit su ici par des avis venus de Bruxelles, et M. le prince Maurice me l'avoit dit et publié aussi partout. Je ne sais si les archiducs le pourront changer; mais s'ils ne le font, et n'ont le pouvoir de l'obliger et en vertu de bonne procuration, il sera malaisé de porter ces peuples à la trève sans division. Aussi ne me semble-t-il raisonnable de les en presser, car les archiducs l'avoient ainsi promis dès la première trève, et depuis M. le président Richardot l'a confirmé par ses lettres du seizième octobre, et je ne sais avec quel langage nous pourrions maintenant persuader le contraire: vous nous instruirez, s'il vous plaît, là-dessus de ce que nous aurons à faire au cas que ce changement arrive.

Que le Roi ne soit en peine de ce que je vous avois écrit, que quelques seigneurs mal contens aidoient à troubler l'esprit du prince Maurice; il n'avoit été dit, et par personnes qui vouloient rejeter le soupçon sur autrui, craignant qu'on ne l'eût peut-être d'eux-mêmes; mais je sais à présent pour vrai qu'il n'en est rien, et que chacun sert au dessein de Sa Majesté. Je vous envoie le propos que j'ai tenu en l'assemblée générale, le dix-huitième de ce mois, pour exciter ceux de Zélande à suivre l'avis commun. Et pource que quelques-uns de notre métier ont fait des écrits remplis de mauvaises et impertinentes allégations, pour faire croire que la liberté du pays n'est assez assurée par les mots contenus ès articles de la trève, j'ai encore été contraint d'en dire un mot, même pour répondre à ceux de Zélande qui font aussi cette objection; le meilleur eût bien été de n'en point parler du tout, mais puisqu'ils l'ont fait, la défense au contraire sembloit nécessaire. Les meilleures raisons doivent dépendre de leur bonne conduite, et du secours de leurs amis, ce que je leur ai dit souventesfois, et que les docteurs, que leurs pensionnaires alléguent, ne sont pas si savans pour vider cette question que les deux rois avec leurs forces et moyens qui seront à leur commandement, s'ils sont assez sages pour en ménager et conserver leur amitié. M. le prince Maurice, voyant bien que c'est le mieux qu'on puisse espérer que d'obtenir la trève ainsi que nous la conseillons, dit qu'il craint que, sur le refus que le roi d'Espagne fera de s'obliger, qu'on ne les veuille encore presser de la part de Sa Majesté pour s'accommoder à tout, et y ajoute maintenant, outre ce qu'il disoit auparavant, que l'ardeur de ceux qui ont la conduite des affaires dans les villes et assemblée générale des Etats est si grande à désirer cette trève, que si Sa Majesté se lâche de son côté, eux consentiront à tout, et néanmoins, si on suit ce chemin, qu'il y aura sans doute de la division en leur Etat.

Cela me donna occasion de lui répliquer qu'il devoit juger par là combien il se trompoit, quand il nous vouloit faire croire que tous ces peuples étoient ennemis de la trève; mais il répond qu'il y a différence bien grande entre l'affection des peuples et celle des magistrats et conseils des villes, et qu'il ne s'est voulu servir des premiers contre les autres, comme il pouvoit faire, et avec leur soulèvement rompre tout traité. Il n'y a doute que le séjour de don Pedro en France a donné grand sujet de défiance ici, et que beaucoup de gens y ont contribué; mais j'ai donné tant d'assurance que rien n'étoit à craindre de cet endroit, et même fait des propositions et ouvertures sur ce sujet comme de moi-même au prince Maurice, et encore à quelque autre, qui ont beaucoup servi pour leur en ôter la crainte, et aider à l'avancement de l'affaire que je traite. Vous serez averti de tout au voyage de M. de Preaux. Je suis presque en volonté de l'envoyer à Bruxelles, tant de notre part que des ambassadeurs d'Angleterre, pour nous éclaircir sur le doute qu'on fait de l'intention du roi d'Espagne, et leur faire déclarer qu'ils ne peuvent rien espérer de ce que nous traitons si ledit sieur roi ne s'oblige. J'ai su que M. le prince Maurice a écrit au Roi par le sieur d'Ostiège, par lequel je vous ai aussi écrit, et qu'il doit donner ses lettres à M. de Châtillon pour les faire voir à Sa Majesté, sans qu'elles passent par vos mains; c'est du conseil d'ici, et de personnes qui soupçonnent tout ce qui n'est à leur goût; si sais-je bien que vous ni moi nous n'en avons point d'autre que de Sa Majesté. Cela n'aviendra plus ci-après, les affaires étant maintenant en autre disposition; c'est pourquoi il me semble qu'il vaut mieux le dissimuler que s'en plaindre. Je prie Dieu, monsieur, qu'il vous donne en parfaite santé très-heureuse et très-longue vie.

Votre, etc. P. JEANNIN.

De La Haye, ce 20 novembre 1608.

Lettre *de M. Jeannin à M. le duc de Sully, dudit jour vingtième novembre 1608.*

Monsieur, je continue à vous écrire que les affaires sont en bon état en ce lieu, M. le prince Maurice ne poursuivant plus la rupture de la trève, soit que les lettres du Roi auquel il montre porter grand respect, ou bien la grande inclination de ces peuples à la vouloir obtenir, ou les deux ensemble l'aient changé. Ceux de Zélande aussi, qui étoient venus en l'assemblée générale pour y contredire et faire entendre leurs raisons, s'en retournent aujourd'hui, avec promesse de retourner dans quinze jours au plus tard. Nous avons conféré avec eux, ouï en particulier leurs raisons, dit les nôtres pour répondre aux leurs, qui me semblent bien les avoir ébranlés; aussi suis-je comme certain qu'ils seront mieux disposés à leur retour. Les Etats-généraux en avoient avec eux des députés pour se trouver en leur assemblée de Zélande, et essayer de leur persuader de suivre l'avis commun, et s'ils y trouvent encore quelques difficultés, ont charge d'aller dans les villes mêmes qui ont droit de suffrage, pour y assembler les magistrats avec le conseil d'icelles, et leur dire à tous l'intention des Etats-généraux, qui est d'accepter la trève aux conditions de notre écrit, encore que la Zélande la refuse; leur remontrant néanmoins, avec le plus d'efficace qu'ils pourront les inconvéniens de cette division dont la coulpe leur seroit attribuée. Cette conduite fait perdre du temps, mais il vaut mieux y procéder ainsi pour les rejoindre ensemble, qu'en négligeant de faire tous ces devoirs, tomber au péril d'une séparation.

Tout ce que je crains le plus maintenant, est que les archiducs n'aient permission d'obliger le roi d'Espagne en vertu de la procuration qu'ils ont dès long-temps de lui, ou autre qu'ils en auront pu recevoir depuis, ce que toutefois ils ont promis, et si cela avient, que les Etats ne fassent très-grande difficulté de traiter avec eux, quoiqu'ils promettent de le faire ratifier; car ils diront tous, si ayant eu tant de loisir pour avoir ladite permission et procuration ils ne l'ont pu obtenir, qu'ils ne doivent rien espérer de la ratification qu'ils promettront, et allégueront là-dessus, comme ils font déjà sur les bruits qui courent ici, que ledit sieur roi veut être nommé en ce traité, le refus qu'il fait ci-devant de ratifier la première trève au qu'il étoit requis; estimeront à cette occa. que ce traité avec les archiducs seuls ne ser suffisant pour assurer la liberté du pays au é gard du roi d'Espagne, ce qui est vrai, et p ainsi n'aura aucun moyen de les y disposer; ne crois pas même que l'impossibilité de fa la guerre sans leurs amis, qui les devroit va cre, puisse suffire pour les persuader et por tous ensemble et sans division à la trève, cette opinion imprimée dans leurs esprits, q l'intérêt et la raison d'Etat induira toujo les princes qui les ont secourus à y contrib quoique leur ayons dit le contraire jusques i au cas qu'ils refusent la trève ainsi que avons conseillé. Mais ils ne se promettent que les devions encore presser de traite moins, et je ne sais aussi quelles raisons pourroit mettre en avant pour le persuad sinon de leur faire connoître qu'on veut qu du tout le soin de leurs affaires.

Je vous donne cet avis, monsieur, pour supplier très-humblement, si les ministres roi d'Espagne ou des archiducs vous en sol tent par-delà, que vous leur contredisiez remontriez qu'il est du tout impossible de tenir des Etats, afin qu'ils se laissent vain de leur côté, ou n'attribuent la rupture q eux-mêmes. Encore que je vous représent cette difficulté, comme je fais aussi à M. Villeroy, à cause des avis qu'on a eus ici l'intention du roi d'Espagne sur ce fait, qu tient pour certains et véritables, si ne saur je croire que les archiducs se soient tant av cés que de le promettre, comme ils ont fai sans en être bien assurés; et il y a grande a parence, quelque refus que le roi d'Espag ait fait, qu'il y consentira plutôt que de ro pre s'il en est pressé du côté du Roi, et reco noît aussi qu'il ne puisse rien espérer de la d vision de ces provinces, qui est peut-être qu'il prétendoit faire plutôt que de traite comme en effet j'estime qu'ils sont trop sag pour faire une si lourde faute. Nous y pren garde aussi soigneusement, afin que ce qui seroit le pire de tous, n'arrive point. déjà, pour empêcher telle division, nous av réconcilié M. de Barneveld, qui a le princip maniement des affaires, avec M. le prince Maurice, lequel montre s'être dépouillé de toute inimitié en son endroit, et l'autre qui le veut servir et honorer, reconnoissant tous deux la diversité en leurs avis n'avoir été que pour penser mieux faire à leur pays. Je ne désire rien tant que de voir la fin de cet ouvrage au contentement du Roi, et de me rapprocher de vous pour recevoir vos commandemens, et témoigner par toutes mes actions que je suis, monsieur, votre, etc.   P. JEANNIN.

A La Haye, ce vingtième jour de novembre 1608.

LETTRE *de M. Jeannin à M. de Berny, du vingt-sixième de novembre* 1608.

Monsieur, votre lettre du deuxième de ce mois me fut rendue seulement le quatorzième, mais bien sûrement comme il étoit besoin, car elle contenoit des choses qui, étant vues ici parmi quelques-uns qui essaient de mettre en soupçon le Roi sous prétexte du long séjour que don Pedro fait en France, eussent beaucoup nui aux affaires que nous poursuivons, où je vois de jour à autre tant de difficultés par la contradiction de la province de Zélande et de M. le prince Maurice, que je ne peux juger avec certitude de l'événement, encore que j'aie sujet d'en bien espérer. Vous me mandez d'autre côté que les archiducs ne peuvent ce qu'ils désirent envers le roi d'Espagne, et néanmoins, il est certain, s'ils ne consentent d'obliger ledit sieur Roi en vertu de bonne procuration, selon que M. le président Richardot nous a mandé par ses lettres qu'ils feroient, qu'on n'en doit rien espérer du tout, car nous avons affaire à des personnes qui n'appréhendent aucunement l'avenir, et semblent plutôt désirer la continuation de la guerre que leur repos; et n'étoient les poursuites que nous faisons avec chaleur et véhémence au nom du Roi, jusques à les menacer qu'ils en seront abandonnés s'ils ne suivent ses conseils, comme font aussi les députés d'Angleterre de la part de leur roi, et le zèle et sage conduite d'aucuns de cet Etat qui ont le même désir que nous, tout fût rompu il y a long-temps, le menu peuple étant du tout affectionné à la guerre, et enflammé à suivre cette passion par d'autres qui ont plus d'autorité, et avec tant d'artifices et vaines espérances qu'on leur donne pour vérité, qu'il est malaisé de les retenir et leur faire sagement considérer les meilleurs conseils. Tout cela fait une grande division ès opinions de ces peuples, qui toutefois ne tombe point en faction; car ils ont tous cette prudence en leur tête, j'entends ceux qui les conduisent en chacune ville, de ne se point séparer les uns des autres. Nous travaillons cependant de tout notre pouvoir pour avancer et faire résoudre cette trêve, que la Zélande tout entière et deux des meilleures villes de Hollande rejettent du tout, et n'y a doute que le reste les suivra plutôt, quoiqu'ils soient en plus grand nombre et que leur conseil même soit meilleur, que de souffrir qu'ils se divisent. Je ne vois aucune apparence de faire de nouvelles ouvertures sur telles difficultés; car elles seroient plutôt cause de faire rompre tout que de leur persuader de les recevoir, outre ce que changer de chemin mettroit en soupçon qu'on veut entrer en d'autres longueurs; et chacun est si las et ennuyé de celles du passé, qu'on cherche de sortir d'affaire par cette trêve dans la fin de l'année, ou de n'y plus penser. C'est même l'avis des plus sages et des plus affectionnés au repos de cet Etat, lesquels prévoient que la longueur produiroit des effets du tout contraires à leur désir. Je vous supplie d'en avertir M. le président Richardot, et qu'ils s'aident de leur côté pour sortir d'affaire avec autant de soin que nous faisons ici; autrement, je crains que cette guerre ne se renouvelle avec plus de violence et de fureur que jamais, et qu'un mal qui sembloit être particulier ne devienne général.

Le Roi nous excite tous les jours d'y faire tout devoir, et Sa Majesté en a même écrit depuis peu de jours une très-bonne lettre aux Etats pour les induire à se mettre en repos, laquelle leur fut présentée par nous en leur assemblée générale, avec prière et exhortation de se vouloir conformer à son avis. Elle en a pareillement écrit à M. le prince Maurice, mais il ne se rendra du tout que par la résolution générale, quoi que nous ayons fait de notre côté envers lui pour le persuader. Bien est-il vrai qu'il est plus modéré, et que nous avons ôté de son esprit les conseils de désespoir auxquels il sembloit être réduit, au cas que les affaires ne passent selon son désir. J'ai reçu les deux paquets de la cour par votre adresse le quinzième de ce mois; l'un étoit du trentième d'octobre, et l'autre du troisième de ce mois. Si on prend ce chemin dorénavant, il faut, s'il vous plaît, que vous m'envoyiez messager exprès incontinent après la réception des lettres, et que vous accordiez avec lui de son voyage, et je le payerai selon que vous me manderez. Celui qui venoit ici d'ordinaire, lorsque les députés des archiducs y étoient, est fort diligent, sait les chemins, et ne met ordinairement que deux jours de Bruxelles en ce lieu; mais, afin qu'il vienne avec plus de sûreté, je vous envoie un passe-port qui pourra servir pour tous ceux que vous enverrez, lui donnant les lettres sous votre nom, avec un certificat qu'il est dépêché par vous. Ne m'écrivez pourtant qu'en chiffre, s'il vous plaît, car il y a des gens qui sont curieux de savoir tout, et il n'est pas à propos. Je vous baise très-humblement les mains, et suis, monsieur, votre, etc.

P. JEANNIN.

A La Haye, ce vingt-sixième novembre 1608.

LETTRE *de M. Jeannin à M. de Bongars, agent du Roi près de l'empereur, dudit jour 26 novembre 1608.*

Monsieur, c'est trop tard faire réponse à trois de vos lettres; ce n'est toutefois par oubliance, ni faute de respect envers vous, car j'honore votre vertu et estime votre amitié, avec désir de vous rendre bien humble service partout où j'en aurai le moyen; mais j'ai été long-temps incertain du lieu de votre séjour, les lettres mêmes que vous m'écriviez me tenoient en ce doute, et je ne sais encore où vous faire l'adresse de celle-ci, que j'ai prié M. de Collis de vous faire tenir. Nous ne pouvons trouver le bout de notre travail. Des sept provinces, les six approuvent la trêve, la Zélande seule la rejette. Nous espérons toutefois qu'elle se joindra à l'avis commun, et qu'ils seront tous si sages de ne se point séparer les uns des autres. Les conditions principales de cette trêve sont que les archiducs, tant en leurs noms que du roi d'Espagne en vertu de la procuration qu'ils ont de lui, offrent de traiter comme avec Etats et pays libres sur lesquels ils ne prétendent rien, qu'elle soit pour dix ans, que chacun demeure en possession de ce qu'il tien[t] et que les Etats aient aussi le commerce li[bre] aux Indes. Les autres articles ensuite de c[eux] sont communs, ou au profit particulier [des] Etats. Il y a eu de grandes divisions parmi [les] peuples sur la résolution de cette affaire, [qui] ne sont encore du tout assoupies; mais on p[eut] juger, dès à présent, qu'elles ne se tour[neront] point en faction, et que, la résolution pr[ise] ils seront tous si sages que de demeurer [unis] comme ils ont toujours été; c'est à quoi [nous] tendons, et ce qui nous a principalement [été] commandé. L'autorité du Roi sert de beauc[oup] ou pour mieux dire est la vraie cause qu[i les] induira à se joindre tous ensemble en un m[ême] avis, au lieu qu'ils sembloient se voulo[ir divi]ser, les uns pour accepter la trêve, les au[tres] pour la rejeter.

J'ai quelquefois discouru avec vous des r[ai]sons qui ont mû Sa Majesté à prendre ce c[on]seil d'aider à faire la paix, ou en défaut d'i[celle] la trêve, vous pouvant dire que plus je re[con]nois leur inclination et l'état de leurs affai[res] plus je juge ce conseil être comme néces[saire] afin d'éviter pis. Cette trêve, si elle se [fait] ainsi que je l'espère, sans toutefois le po[uvoir] encore assurer, semble devoir être bien as[su]rée, d'autant que notre Roi et le roi d'An[gle]terre en promettent l'observation, et s'en r[en]dent garans. Nous espérons aussi que, se c[on]duisant bien et étant sages pour conserver l[eurs] amis, *eas inducias nihil habituras insi[dia]rum, plura si coram essem.* Aucuns d[isent] maintenant, et le publient comme chose [cer]taine, que le roi d'Espagne ne veut être n[ommé] en la trêve. S'il est ainsi, notre travail au[ra été] inutile, et prévois que les Etats seront [plus] renouveler la guerre avec plus d'[union et] d'animosité, et, comme j'estime, plus f[orts] qu'ils n'étoient auparavant, si cette rup[ture] avient du côté de leurs ennemis. Le séjo[ur] m'est fort ennuyeux, aussi cherché-je le m[oyen] d'en sortir. Je serai partout, monsieur, [vo]tre, etc. P. JEAN[NIN.]

A La Haye, ce 26 novembre 1608.

LETTRE *de M. de Villeroy à M. Jeannin, [du] vingt-septième novembre 1608.*

Monsieur, vos dernières, jusqu'à celle du d[ou]zième de ce mois que nous reçûmes hier, avoient entretenus d'espérance de recevoir bientôt avis de la résolution que ces sieurs auroient prise sur le fait de la trève, de sorte que cette attente nous retenoit de vous écrire et répondre à vosdites lettres plus particulièrement ; mais cette dernière a mis le Roi de me commander vous faire la préface pour, après vous avoir averti derechef de la réception d'icelle, dont je vous ai donné avis dès le dix-neuvième de ce mois par un capitaine de M. de Châtillon, vous faire savoir que Sa Majesté prévoit et craint que cette résolution étant aussi prolongée de jour à autre, ou par nécessité, ou par les ruses de ceux qui abhorrent ladite trève, vous vous trouviez surpris de la cessation d'armes qui expire à la fin de cette année ; et partant que l'on soit contraint de la continuer encore pour cinq ou six mois, ou pour un an, comme sagement vous avez noté expressément par vosdites lettres : car les Espagnols, qui ont toujours profité de telles longueurs, seconderont et approuveront volontiers cette ouverture, si le prince Maurice et les autres la font, et il nous semble qu'il ne s'en peut avenir que tout mal ; car ce temps donnera moyen aux Espagnols de mieux dresser leurs résolutions pour la guerre, et d'entretenir et augmenter la discorde qu'ils ont déjà semée où vous êtes, qui sont les deux buts où ils aspirent, et sera difficile auxdits États d'obvier à leursdites divisions durant leurs irrésolutions, et plus encore de pourvoir aux moyens de faire la guerre ; car chacun fuira la dépense et nul de leurs voisins ne s'y engagera qu'ils n'aient franchi le saut tout-à-fait de la trève ou de la guerre. Toutefois tout considéré, encore vaut-il mieux pour eux, et pour le service et la réputation du Roi, de leur laisser prolonger ladite cessation que de les faire aller à la guerre ; mais le meilleur seroit qu'ils embrassassent unanimement ladite trève devant l'expiration de ladite cessation, si faire se pouvoit. Nous l'espérons pas à cause de l'obstination du prince Maurice, et des menées qu'il fait en Zélande et ailleurs. Le sieur Aërsens dit, plus haut que de coutume, que ladite trève sera la ruine de leur État, et que la partie de ceux qui la rejettent prévaudra à la fin sur l'autre. Si c'est qu'il le croie ainsi, ou qu'il veuille flatter le prince Maurice, vous le pouvez mieux juger que nous, soutenant, si vous en avez autre opinion, que c'est parce qu'on vous déguise la constitution de leur État, et que vous ajoutez foi aux parties adverses dudit prince.

Enfin il déclare et proteste que les États et le Roi se repentiront à l'avenir, s'ils font ladite trève aux conditions qu'elle s'est proposée ; et quand nous lui répondons que les accidens de la guerre sont encore plus périlleux, quand même Sa Majesté y coucheroit de son reste, ce qu'elle ne veut pas faire, il hausse les épaules ; mais il affirme n'avoir jamais écrit par-delà que le roi d'Espagne a dessein de demander le rétablissement de la religion catholique, ni l'abstinence du commerce des Indes par la trève ; car il dit que c'est chose qu'il n'a point entendue, et partant qu'il faudroit qu'il l'eût inventée. Bien avoue-t-il avoir mandé que le Roi et aucuns ses serviteurs lui ont dit n'être raisonnable que les États insistent par une trève qui est limitée que la liberté soit accordée pour toujours. Tant y a que c'est un homme qui craint que le prince Maurice ne débusque son père de sa place, s'il vient à bout de son dessein, et qui sait, si ledit prince en est exclu, qu'il ne pourra que tomber debout avec sondit père ; par ainsi il va flattant ledit prince, et adhérant à ses opinions pour avoir deux cordes à son arc, suivant le style du temps. Au demeurant, j'ai créance du soupçon que vous avez de l'impuissance qu'ont les archiducs d'engager le nom du roi d'Espagne en l'article de la liberté par ladite trève, car nous en avons avis d'Espagne et de Bruxelles, combien que le sieur dom Pedro le cache tant qu'il peut. Si le susdit avis est vrai, il importe aux États qu'ils le découvrent au plus tôt, car il justifiera leur conduite ; mais ils craignent d'être pris au mot, de quoi, pour notre regard, il ne nous peut que bien avenir ; car ou nous aurons ladite trève, qui est ce que nous désirons, ou on attribuera la rupture d'icelle auxdits Espagnols. Le président Richardot vous a écrit malicieusement que la négociation que fait ledit sieur dom Pedro avec le Roi est en bons termes, car cela n'est point, je vous en ai écrit la vérité ; c'est un vieux singe qui montre le derrière, et qui chemine de travers en sa conduite. C'est toute tromperie, mais grossière, témoin les lettres qu'il vous avoit écrites mal dirigées ; il l'avoit fait exprès, et fût avenu ce que vous avez écrit si vous n'y eussiez obvié. Les secondes lettres de M. le prince Maurice n'ont encore corrompu.

Vous nous avez de tout temps et fraîchement si bien instruits de toutes choses, qu'il nous sera aisé d'y répondre, si derechef il le faut faire, de quoi je doute aucunement ; mais nous les jugeons mieux après que nous aurons vu lesdites lettres. Les Espagnols se promettent que l'avis de l'arrivée de leur flotte rendra les Zélandois plus souples : ils publient qu'ils envoient présentement en Flandre un million d'or en espèces ; mais c'est peu de chose pour étancher la soif de leur soldatesque. Enfin cet imposteur qui s'étoit dit fils du pape, a été pendu et étranglé, après avoir reconnu et confessé son imposture. Aucuns eussent désiré qu'il eût été

33

traité plus doucement, mais la conséquence de la personne offensée requéroit que cette punition exemplaire s'en ensuivît. Je vous ai donc averti de la réception de vos lettres des vingtième, vingt-deuxième et vingt-huitième du passé, par les miennes du trentième, et des troisième et quatrième du présent que j'ai envoyées à M. de Berny, et par celle du dix-neuvième, de celles des cinquième et huitième du présent par le susdit capitaine de M. de Châtillon : mais j'estime avoir oublié à vous donner avis d'une particulière du vingt-septième du passé; par ainsi il ne me reste qu'à vous assurer de l'entière convalescence de M. de Châteauneuf, et prier Dieu, monsieur, qu'il vous conserve en parfaite santé.

Votre, etc. DE NEUFVILLE.
De Paris, ce vingt-septième de novembre 1608.

LETTRE *de MM. Jeannin et de Russy au Roi, du dernier de novembre* 1608.

SIRE,

Les affaires demeurent en surséance, attendant le retour des députés de Zélande qui ne seront ici de huit ou dix jours, les autres provinces leur ayant voulu donner ce loisir pour délibérer derechef en leur assemblée particulière sur la trève. Nous espérons qu'ils seront mieux disposés pour la recevoir quand ils viendront qu'ils n'étoient ci-devant. Les députés des Etats-généraux ont cependant conféré par trois fois avec nous et les députés d'Angleterre, assemblés en notre logis, sur le projet de nos articles, et y ont fait quelques difficultés : premièrement pour faire ajouter à la déclaration de leur liberté ces mots *pour toujours,* du moins ôter le mot *comme*, et au lieu que les archiducs déclarent qu'ils traitent avec eux en qualité, et comme les tenant libres, mettre seulement *en qualité, et les tenant libres;* mais nous leur avons dit qu'on n'y pouvoit plus toucher, et que cet article, après être disputé long-temps, avoit enfin été arrêté de cette façon, que le roi d'Espagne y avoit encore consenti avec très-grande difficulté, que Votre Majesté, le roi d'Angleterre et tous leurs amis trouvoient aussi qu'il y en avoit assez pour assurer leur liberté, ainsi qu'ils s'en devoient contenter. C'étoit M. de Barneveld qui faisoit cette difficulté, comme nous estimons, plutôt par l'avis d'autres que par le sien. Ils ont après requis que la trève fût pour q[uinze] ans, du moins pour douze, attendu que, p[ar] la première trève, il est expressément dit q[ue] la longue trève seroit de douze, quinze [ou] vingt ans, au choix des Etats; et nous jug[eons] leur demande en cet endroit raisonnable, n[on] non de si grande considération qu'il fa[ille] rompre si on ne la peut obtenir. La troisi[ème] difficulté a été pour avoir le commerce [des] Indes de gré à gré, et, si on ne peut, [que] moins le roi d'Espagne choisisse par le tra[ité] même lequel des deux il voudra, l'hostili[té] que ce soit de gré à gré, sans les laisser [en] incertitude. Et cela nous semble aussi [rai]sonnable, attendu que depuis le temps q[ue] les archiducs ont demandé de trois mois, d[ans] lesquels le roi d'Espagne devoit déclarer [son] intention, ils ont eu assez de loisir pour [en] être informés. Votre Majesté peut juger q[ue] la première difficulté venant à cesser, les a[utres] autres ne sont pas pour empêcher le trait[é].

Les mêmes députés des Etats nous fir[ent] aussi entendre qu'on disoit partout, et [été] tenu comme certain, que le roi d'Espagn[e ne] vouloit être obligé par ce traité de trève, [et] s'il étoit ainsi, qu'il seroit inutile d'en p[lus] parler, pource que, sans cette obligation, [ils n'] avoit aucune sûreté pour eux ; nous priâ[mes] les en éclaircir, ce que fîmes, les assur[ant] contraire, et que les lettres que M. le prési[dent] Richardot nous en avoit écrites étoient si [ex]presses, et par le commandement des ar[chi]ducs, qu'ils n'en devoient point douter, [sur] quoi ayant encore répliqué que l'affaire m[éri]toit bien qu'on en fût assuré par les lett[res] mêmes des archiducs, montrant qu'aucun[s de] leur assemblée faisoient refus de passer o[utre] autrement, nous prîmes conseil ensemble [des] députés d'Angleterre et nous, d'envoyer [vers] lesdits sieurs archiducs, tant pour cette ra[ison] que pour leur représenter les difficultés ci-[des]sus déduites, et voir si on pourroit gag[ner] quelque chose ès dernières, sans insister s[ur la] première, crainte qu'elle ne leur servît enc[ore] de prétexte pour demander un nouveau d[élai] afin d'envoyer en Espagne, et par ce m[oyen] obtenir la trève l'année prochaine, qui ser[oit] cause de rompre celle que nous poursuiv[ons] et peut-être d'autres plus grands inconvén[ients]. Nous avons aussi jugé ce voyage être à p[ro-] pos, sur ce que nous sommes avertis qu'on fait de la part des archiducs quelques poursuites sourdes et secrètes parmi les députés qui sont en l'assemblée générale des Etats, pour y insinuer la trêve de vingt ans à la suite de la première, sans faire mention expresse de la liberté, dont M. le président Richardot nous parla avant son départ, avec prière et grande instance de la faire recevoir, et nous en a encore écrit depuis avec très-grande affection ; laquelle trêve, encore qu'elle soit peu agréable au plus grand nombre, si y en a-t-il plusieurs qui sont tellement désireux du repos, qu'ils la préféreroient à la guerre. Le roi d'Angleterre même a mandé à ses députés qu'il aimoit mieux la première, mais que celle-ci lui sembloit meilleure que la guerre. Nous savons aussi que Votre Majesté en fera le même jugement ; car, à bien considérer, étant mise à la suite de la première qui fait mention du mot de *libres*, encore qu'il n'en soit rien exprimé après, elle ne laisseroit de suffire pour les tenir tels, et auroit cet avantage de jouir d'un assuré repos vingt ans au lieu de dix ; mais comme nous prévoyons trop de difficultés, et peut-être aussi de longueurs, en cette nouvelle proposition, il nous semble qu'on la doit éviter tant qu'on pourra, et faire connoître aux archiducs qu'ils ne doivent rien espérer. C'est pourquoi une lettre n'étant suffisante pour traiter du tout ce que dessus, nous y avons envoyé M. de Préaux avec instruction particulière de tout ce qu'il aura à faire, dont nous envoyons la copie à Votre Majesté, ensemble des lettres que nous écrivons aux archiducs et à M. le président Richardot, ayant aussi prié ledit sieur de Préaux d'écrire à Votre Majesté de Bruxelles tout ce qu'il aura fait et négocié, afin qu'en étant avertie à temps, elle nous mande aussi plus tôt son intention.

M. le prince Maurice s'accommode maintenant mieux qu'il ne faisoit ; mais au lieu qu'il pensoit auparavant être assez fort pour empêcher la trêve selon les articles de notre projet, il craint maintenant, si les archiducs y font de nouvelles difficultés, ou si le roi d'Espagne refuse de s'obliger, que ceux qui l'ont entrepris ne soient encore assez puissans, et n'aient aussi la volonté de la faire passer à quelque prix que ce soit. Il appréhende même que, la trêve faite, ils ne veuillent venir à une paix telle quelle, qui enfin fasse tomber ce pays ès mains du roi d'Espagne. Nous n'avons pas toutefois cette mauvaise opinion de ceux qu'il soupçonne, combien que la crainte qu'ils ont de ne pouvoir faire la trêve que nous poursuivons pourroit bien être cause de faire donner espérance aux archiducs de parvenir à l'autre qu'ils désirent ; mais il n'y a rien de pis ainsi que nous estimons, et nous soupçonnons encore cela par conjecture sans y voir assez clair pour l'assurer. Ce remède, qu'il veuille lui-même, lorsque la province de Zélande aura envoyé ses députés, faire résoudre en l'assemblée générale la trêve selon notre projet, et que la délibération contienne qu'on n'y changera rien, et à cette fin les députés des princes soient priés et requis de ne les presser d'y faire aucune diminution, ce qu'il approuve, non pour le dire par son avis, mais de le faire proposer par la province de Zélande qui, montrant ne vouloir autrement consentir à cette trêve, fera sans doute suivre son avis ; et, pour nous, nous croyons que cette résolution ainsi prise et sue par les archiducs, et par ce moyen qu'ils ne peuvent plus rien espérer de l'autre trêve, ils surmonteront toutes difficultés de leur côté, et que le conseil d'Espagne en fera autant, ayant assez reconnu par les procédures de leurs députés qu'ils en veulent sortir, y ayant apparence aussi qu'ils font seulement courir les bruits des difficultés qui sont en Espagne pour en avoir meilleur marché. Or, outre ce qui a été dit ci-dessus pour faire cette trêve, nous avons encore proposé audit sieur prince que les députés de Zélande peuvent ajouter à leur avis qu'il soit ajouté et arrêté par même délibération qu'on ne pourra après cette trêve faire aucun traité avec les ennemis, si toutes les provinces, ensemble les deux rois, n'y consentent expressément : ce que nous ne disons pour le regard de Votre Majesté ni du roi d'Angleterre, car le traité par lequel il se rendront garans de la trêve le contiendra expressément, mais cela sert pource que ledit sieur prince dit qu'il y a trois ou quatre provinces qui aimeroient mieux se remettre sous l'obéissance des archiducs, et par conséquent de l'Espagne, que de demeurer en république, au moyen de quoi si un tel traité pouvoit être fait à la pluralité, que ce péril seroit grandement à craindre, et nous jugeons qu'il le faut prévoir et ne rien oublier pour s'en garantir, puisque l'occasion semble s'offrir pour le faire.

Le séjour de dom Pedro près de Votre Majesté accroît toujours les soupçons, et de toutes parts ceux de la religion montrent d'en être en appréhension. Les députés mêmes d'Angleterre nous ont témoigné de croire qu'il y a déjà quelque traité secret entre elle et le roi d'Espagne, nous en ayant parlé le jour d'hier comme s'ils étoient en soupçon que ce fût contre eux, et ajouté que leur roi, celui de Danemarck, tous leurs amis d'Allemagne, et les Etats joints avec eux contre l'Espagne, seront toujours assez forts pour résister à tous leurs ennemis, nous magnifiant leurs forces de mer, et montrant que les nôtres étoient à mépriser, et celles du roi d'Espagne trop foibles pour les craindre. Rien ne fut omis par nous, lorsqu'ils nous dirent tels propos, pour leur en ôter l'opinion, les faisant souvenir de ce qui s'étoit passé entre nous pour l'alliance de Vos Majestés et de leurs couronnes : ce qu'ils confessoient bien être vrai, mais que depuis quelque temps leur Roi s'en étoit montré désireux, et Votre Majesté reculée, ne pouvant attribuer la cause de ce changement qu'à la négociation de dom Pedro. Ils nous dirent aussi que ce soupçon étoit cause du refus que faisoient ceux de Zélande d'accepter la trêve, et tant que ledit dom Pedro seroit en France, qu'ils n'y consentiroient jamais. Il est bien vrai que ce soupçon a été en ladite province et partout ici; mais nous pensions qu'il fût enseveli, et en effet il y est moindre, et ne pensons pas que cela doive empêcher la trêve. C'est ce que nous pouvons mander à Votre Majesté pour le présent, et touchant les affaires que traitons.

Il y a eu une rencontre près de Rhinbergue de trois cents chevaux conduits par le comte Adolf, qui ont défait six cents hommes de pied des archiducs, lesquels étoient sortis des garnisons, comme avoient aussi fait les autres. Ledit comte Adolf y est mort, et quinze ou seize des siens; et de l'autre côté y sont demeurés sur la place de combat cinq cent dix hommes, dont la plupart s'étant rendus furent tués de sang-froid, à cause du déplaisir qu'ils eurent de la mort de leur capitaine, qui est fort regretté ici, et avec raison, car il étoit tenu pour fort courageux, et promettoit beaucoup. Les dépêches d'Allemagne partent après demain pour s'en retourner, disant que depuis la mort de l'électeur de Brandebourg ils n'ont eu aucune charge, et que les uns ne veulent demeurer sans les autres. M. de Collis a reçu nouvelles d'Allemagne, par lesquelles on lui mande que les Hongrois refusent de couronner l'archiduc Mathias, s'il ne donne contentement à ceux de la religion d'Autriche, lesquels demandent instamment l'exercice libre audit pays, que l'autre refuse. On croit, s'il y persiste, qu'ils retournent derechef en l'obéissance de l'empereur. Nous prions Dieu, Sire, qu'il donne à Votre Majesté en parfaite santé très-longue et très-heureuse vie.

Vos, etc.   P. Jeannin et de Russy.

A La Haye, ce dernier de novembre 1608.

Lettre de M. Jeannin à M. de Villeroy, dudit jour dernier de novembre 1608.

Monsieur, la résolution de la trêve est comme en surséance, en attendant le retour des députés de Zélande, qui ne seront ici plus tôt que de dix ou douze jours. M. Maldrée m'ayant dit adieu à son départ, m'a fait espérer qu'ils seront si opiniâtres que du passé. M. le prince Maurice n'y apportera aussi aucune aigreur, ce qu'il m'a dit; il ne les persuadera pas toutefois de se rendre, mais bien de prendre le conseil qui est contenu aux lettres que nous écrivons au Roi. Tous les propos qu'il me tient maintenant sont que ceux qui ont entrepris ce traité n'en demeureront pas à notre projet; mais quand ils auront induit les provinces d'y consentir, si les archiducs font de nouvelles difficultés, ils seront d'avis d'en diminuer, et de quitter autant qu'il sera besoin pour obtenir cette trêve à quelque prix que ce soit : puis il ajoute que ce ne sera pas encore tout, et que, la trêve faite, ils trameront sous main une paix avec les archiducs, puis la feront passer tout à coup à la pluralité des provinces, y en ayant déjà trois ou quatre plus disposées à retourner sous l'obéissance des archiducs qu'à demeurer en république; que leurs amis mêmes ne sauront rien de toute cette conduite et pratique, jusqu'à ce qu'ils soient près de la conclure, et qu'ils s'aient si bien disposé les volontés d'un chacun qu'il n'y ait aucun moyen de l'empêcher. Je crois pour certain qu'il a cette crainte, mais je n'ai pas si mauvaise opinion que lui de ceux qui poursuivent la trève, même de celui qu'il en soupçonne le plus. Je lui propose aussi des moyens de s'en garantir, et premièrement, afin que la trève soit bien faite, qu'ils prennent tous résolution en leur assemblée générale de suivre votre écrit, sans s'en départir ni en rien diminuer ; car je ne fais doute, s'ils en usent ainsi, qu'ils l'obtiendront de même façon du roi d'Espagne et des archiducs, quelque bruit qu'on fasse courir au contraire, n'y ayant aucune apparence que les archiducs se soient voulu engager si avant pour s'en dédire. Ils peuvent aussi faire ce décret conjointement avec ladite résolution que, la trève étant faite, on ne pourra faire aucun nouveau traité avec leurs adversaires sans le consentement exprès de toutes les provinces et des deux rois, et c'est ce que je lui ai dit que la province de Zélande devoit proposer, que les autres provinces accorderont volontiers pour empêcher qu'elle ne se sépare de leur union. Il approuve bien ce conseil, mais la trève ne lui peut plaire pourtant, et ne laisse d'embrasser quelque petite occasion que ce soit pour essayer de la rompre. A la vérité, outre ce qu'il craint qu'elle n'apporte grande diminution à son autorité, il y perdra beaucoup de son revenu et de ses droits casuels ; à quoi je ne vois autre remède, sinon que les Etats l'en récompensent. Je travaille à cet effet avec ceux qui y ont du pouvoir, lesquels me promettent bien de s'y employer, mais je les y trouve plus froids et plus lents que l'affaire et son mérite ne le requièrent, dont j'ai du déplaisir ; j'espère néanmoins qu'ils y satisferont.

Nous envoyons, messieurs d'Angleterre et nous, M. de Préaux à Bruxelles. Je pensois en faire l'adresse seulement à M. le président Richardot, mais depuis nous avons avisé qu'il valoit mieux que ce fût à l'archiduc même. Je vous envoie copie de son instruction générale et particulière, ensemble des lettres que nous écrivons à l'archiduc et audit sieur président. Ce voyage nous a semblé nécessaire pource que la plupart des députés en l'assemblée générale des Etats font grande instance d'être éclaircis de la vérité des bruits qui courent que le roi d'Espagne ne veut point être nommé en ce traité de la trève, et, jusques à ce, qu'il ne faut prendre aucune résolution. Les uns le font pour rompre tout traité si ce bruit est véritable, les autres pour le faire par autre moyen, et par l'ouverture de la trève de vingt ans que ledit sieur président nous proposa avant son départ ; et ceux-ci ont si grande crainte que le premier traité ne soit rompu qu'ils aident et avancent trop précipitamment l'autre : je ne le sais pas à la vérité, mais je le soupçonne et m'y oppose, les assurant que le roi d'Espagne consentira plutôt de s'obliger que de rompre, et, s'ils tiennent bon, sans leur donner espérance de venir à cet autre traité, que le premier se fera ; et cette assurance que je leur donne les retient. Toutefois, crainte qu'on n'y travaille sous main sans m'en avertir, ce que je ne crois pas toutefois pouvoir avenir pour l'assurance que j'ai de la foi de celui qui y peut le plus, j'ai fait le projet de cette trève de vingt ans, de façon que, si elle étoit accordée ainsi, les Etats seroient aussi bien libres et maîtres de leur pays que par l'autre, et auroient gagné cet avantage de vingt ans au lieu de dix ; et pource que ledit projet et les deux instructions vous feront connoître les raisons de notre conseil, je ne vous les répéterai plus particulièrement.

J'ai aussi prié ledit sieur de Préaux écrire au Roi ou à vous ce qu'il aura fait à Bruxelles avant qu'en partir, afin que nous recevions plus tôt votre réponse et les commandemens de Sa Majesté. Les députés des Etats ont conféré par trois fois avec les députés d'Angleterre et nous, excepté que la province de Zélande n'y avoit les siens, car ils s'en étoient déjà retournés ; lesquels députés ont fait plusieurs difficultés sur nos articles, même sur les trois contenus en l'instruction de M. de Préaux, dont au premier, qui concerne la liberté, nous leur avons déclaré qu'on n'y pouvoit faire aucun changement, et crois aussi qu'ils s'en contenteront, et qu'ils ont seulement remué cette difficulté à cause de l'espérance qu'aucuns leur donnent de pouvoir obtenir mieux s'ils pressent, et nous savons bien toutefois qu'il est impossible ; et quant à allonger la trève jusques à quinze ou douze ans au moins, qu'on l'essaiera sans rompre à cette occasion. Il n'y a non plus de difficulté au troisième, à savoir si le commerce des Indes sera accordé par hostilité, ou de gré à gré, puisqu'en déclarant dès à présent l'un ou l'autre de la part du roi d'Espagne, les Etats l'accepteront. Il me tarde trop que je sois au bout, car il n'y a jour qui n'apporte avec soi quelque nouvelle difficulté et de nouveaux soupçon : mais il ne faut croire de léger, ni aux rapports qui viennent de personnes qui haïssent ceux contre lesquels ils parlent : si ne se peut-on garder d'y penser et d'en travailler son esprit, afin que rien n'avienne contre l'intention et désir du Roi, et que je sorte d'ici avec le contentement de Sa Majesté, après avoir fait ce qu'elle a commandé, et laissé les affaires en état qu'elle en puisse tirer du service à l'avenir, comme j'espère, moyennant la grâce de Dieu, qu'il aviendra. M. le prince Maurice a bien reçu en son amitié le sieur de Barneveld, mais il y a toujours de la défiance de son côté, ce qui est toutefois sans raison, le sieur de Barneveld m'ayant donné tant d'assurance de son affection envers Sa Majesté, et communiqué si privément avec moi de toutes choses, que je ne vois rien en lui qui me doive faire appréhender les dangers que l'autre montre de craindre : si ne laissé-je de prendre garde à tout ; mais il faut faire la trève, puis il sera aisé de remédier aux autres inconvéniens, ou bien ils s'évanouiront de soi-même lorsqu'ils seront tous plus contens les uns des autres qu'ils ne sont à présent. Je prie Dieu, monsieur, qu'il vous donne en parfaite santé très-longue et heureuse vie.

Votre, etc. P. JEANNIN.

De La Haye, ce dernier jour de novembre 1608.

Autre LETTRE *dudit sieur Jeannin audit sieur de Villeroy, dudit jour dernier novembre* 1608.

Monsieur, depuis vous avoir écrit on a reçu ici des lettres de Madrid du cinquième de ce mois, par lesquelles on mande que la flotte des Indes est arrivée avec douze millions d'or, dont il y en a trois pour le roi d'Espagne, et qu'il fait état de s'aider de partie de ce qui reste pour continuer la guerre en ce pays ; que le conseil d'Espagne a déclaré tout ouvertement que leur roi ne veut plus de paix ni de trève, à quelque condition que ce soit, avec les Etats ; qu'il envoyoit deux millions cinq cent mille écus à Gènes pour cet effet ; que les seigneurs et toute la noblesse d'Espagne offrent pour entretenir à leurs frais soixante galions pour cette guerre, et prient aussi leur roi de ne faire aucun accord. Ces lettres ont accru les soupçons qui étoient déjà en ce lieu, et le désir d'être éclaircis de la vérité de tels bruits, comme ils seront par le retour de M. de Préaux. Nous ne laisserons pourtant de les presser de prendre résolution, sans la différer sous ce prétexte. J'ajoute peu de foi à ces nouvelles, car les Espagnols sont pleins d'artifice, et ont accoutumé de tenir leurs affaires si secrètes, que personne n'en sait que ce qu'ils veulent publier. Aussi, quand je me souviens de la grande crainte que leurs députés ont montré d'avoir que ce traité fût rompu, je ne me peux persuader qu'ils soient changés, trop bien qu'ils veulent chercher à en avoir meilleur marché, et de toutes s'ils peuvent à cette trève de vingt ans, ou la faire pour l'année prochaine ; et ce dernier me semble le plus à craindre, encore que, de la trève de vingt ans, nous ayons donné charge à M. de Préaux de leur en ôter toute espérance, aussi bien que de celle d'un an, et de ne leur rien montrer de ce qui est en son instruction particulière pour ce regard. Je suis certain qu'il s'en acquittera très-bien.

Le sieur Desloux, pour lequel vous m'avez envoyé lettres du Roi en sa faveur, s'est mis pour trois ou quatre jours en la compagnie de M. le prince Maurice, puis on lui a fait donner une enseigne pour quelque temps, ainsi qu'il a désiré, en la compagnie de M. Allard, qui est capitaine au régiment de M. de Béthune. Il se conduit bien, et est fort content de ce qui a été fait pour lui. C'est ce que j'ai pensé d'ajouter à ma précédente lettre. Je suis, monsieur, votre, etc. P. JEANNIN.

A La Haye, ce dernier novembre 1608.

LETTRE *dudit sieur Jeannin à* M. *le duc de Sully, dudit jour dernier de novembre* 1608.

Monsieur, j'écris au Roi de jour à autre tout ce qui se passe, et plus souvent encore à M. de Villeroy au chiffre que j'ai avec lui, et toutes ces lettres vous sont communiquées, qui vous fait craindre que les particulières que je vous adresse ne vous donnent plutôt de l'importunité que du contentement; mais je sais, monsieur, que vous m'en excuserez, puisque je le fais pour vous témoigner mon devoir. La résolution pour la trève est sursise en l'assemblée générale des Etats, en attendant le retour des députés de Zélande, qui ne seront ici de huit jours. Nous espérons qu'ils seront lors mieux disposés à suivre l'avis commun qu'ils n'étoient au premier voyage. Nous envoyons, attendant leur retour, M. de Préaux vers les archiducs, tant de notre part que des députés d'Angleterre. C'est pour voir si nous pourrons gagner quelque chose sur les difficultés que les Etats ont faites en quelques-uns de nos articles, même touchant le temps de la trève qu'ils demandent de douze ans au moins, au lieu des dix qui sont accordés, comme aussi pour faire ôter les trois mois que le roi d'Espagne veut avoir pour choisir s'il accordera avec hostilité, ou de gré à gré, le commerce des Indes, les Etats disant qu'il doit faire ce choix par le traité même, sans se laisser en incertitude de ce qu'il fera; mais ces deux difficultés ne sont de si grande considération qu'elles puissent empêcher le traité d'un part ni d'autre. Il y en a bien une touchant le point de la liberté, que les Etats voudroient être plus éclaircie; mais nous leur avons dit fermement qu'ils ne doivent espérer autre chose, et crois qu'ils y acquiesceront, pource qu'il est certain qu'on ne peut avoir mieux, et qu'en effet il y en a assez. Le voyage dudit sieur de Préaux est aussi pour nous éclaircir des bruits qui courent ici, que plusieurs tiennent fort certains, à savoir que le roi d'Espagne ne veut être nommé en ce traité, lesquels sont cause que les plus affectionnés au repos s'en refroidissent; et combien que nous leur ayons donné assurance du contraire, nous fondant sur les lettres que M. le président Richardot nous a écrites par le commandement des archiducs, plusieurs disent néanmoins que ce n'est assez, et désirent que lesdits sieurs archiducs nous l'écrivent eux-mêmes, et qu'on diffère à prendre résolution jusqu'à ce qu'on ait reçu leurs lettres.

Ce qui nous met en quelque appréhension de ces bruits, est la grande poursuite que ledit président Richardot a faite envers nous pour obtenir des Etats qu'ils veuillent faire une trève pour vingt ans, à la suite de la première, sans faire aucune mention, nommément en celle-ci, qu'on traitera avec eux comme avec Etats libres, dont il nous avoit déjà parlé avant son départ et l'avions rejeté, y ayant apparence qu'ils y ont encore à présent recours pour ne pouvoir obliger le roi d'Espagne aux conditions de notre projet. Or, encore que la première trève contienne les mots exprès de la liberté, tels qu'on les demande à présent, et que celle-ci étant mise à la suite de l'autre, on puisse dire avec raison qu'ils sont tacitement entendus, et avec autant d'efficace que s'ils y étoient répétés, néanmoins je fais très-grande difficulté qu'on y puisse induire les Etats, lesquels sont si jaloux de ces mots spéciaux de liberté, qu'on ne les peut assez exprimer à leur gré. C'est pourquoi, craignant qu'aucuns de ce lieu en aient donné sous main quelque espérance aux archiducs, nous voulons essayer de leur en ôter du tout l'opinion, s'il est possible, afin qu'ils se disposent à accorder la trève suivant notre projet, se voyant désespérés de l'autre, ne pouvant croire aussi qu'eux et le roi d'Espagne même, lesquels ont tant témoigné de craindre la rupture, refusent de l'accorder si on tient bon : et tout cela ne pouvoit être fait par lettres; ainsi il a été nécessaire d'y envoyer ledit sieur de Préaux avec cette instruction, pour être informé particulièrement et au vrai sur tout ce que dessus.

Outre son instruction générale qui est signée des Anglois et de nous, il y en a une particulière de M. de Russy et de moi, où je les excite de traiter dès à présent des confiscations, sans remettre cet article après le traité, leur faisant remontrer tant de gens y avoir intérêt d'une part et d'autre, que si chacun est remis en son bien, cela facilitera grandement la trève, et les rendra plus amis et désireux de venir à la paix. Je le fais principalement en considération de M. le prince d'Espinoy, cet article étant celui seul du côté des archiducs, avec le revenu des salines du comte de Bourgogne qu'ils retiennent à M. le prince d'Orange, qui les empêche de les consentir; car de ce côté M. le prince Maurice, qui jouit de plus de trente mille livres du bien des ennemis, et qui s'y étoit auparavant montré difficile, con-

offrant à notre prière de l'en récompenser, comme aussi de rendre le bien de l'Eglise appartenant aux ecclésiastiques du pays de Brabant et de Flandre qu'ils ont vendu. Je voudrois bien y servir utilement suivant le commandement que vous m'en avez fait, à quoi je n'omettrai rien aussi. Ledit sieur prince Maurice est à présent si éloigné de croire qu'il puisse empêcher la trève du côté des Etats, qu'il craint, si les archiducs feront encore de nouvelles difficultés, que ceux qui ont entrepris de la faire ne se relâchent autant qu'il sera besoin pour l'obtenir; je n'ai pas toutefois du tout cette opinion, encore que sa crainte ne soit entièrement vaine. Nous serons de notre côté plus ou moins retenus selon les commandemens que nous recevrons, et je demeurerai perpétuellement, monsieur, votre, etc., P. JEANNIN.

A La Haye, ce dernier jour de novembre 1608.

LETTRE *de messieurs les ambassadeurs de France et d'Angleterre à l'archiduc Albert, du dernier de novembre 1608.*

Monseigneur, étant désireux d'achever heureusement l'ouvrage qu'il a plu aux rois nos maîtres nous commettre, qui est d'aider à faire cesser les troubles de ces pays, et voyant que quelques difficultés se présentent de la part des Etats sur le projet de la trève, dont copie fut donnée à M. le président Richardot, avant son départ de ce lieu, pour le communiquer à votre altesse, nous avons estimé devoir envoyer vers elle le sieur de Préaux pour lui en conférer et entendre sa volonté; c'est aussi pour être éclaircis de la vérité de quelques bruits qui courent ici, que le roi d'Espagne ne veut être nommé en ce traité, ni consentir que votre altesse l'y oblige, lesquels bruits, qu'aucuns sèment à dessein et pour empêcher cette trève sont cause que les affectionnés au repos s'en refroidissent, et font à présent difficulté d'ajouter à ce que nous leur avons dit, tant en particulier qu'en l'assemblée générale des Etats, sur les lettres dudit sieur président qui nous mandoit les avoir écrites par commandement de votre altesse; et craignons fort, s'ils n'en sont éclaircis par les lettres mêmes qu'il lui plaira nous écrire, que ce doute soit cause sent à présent de rendre ce qu'il tient, les Etats d'empêcher la résolution de ce que nous poursuivons, combien que nous tenions pour certain et véritable ce que ledit sieur président nous en a écrit, sans qu'il soit besoin d'autre confirmation pour notre regard; mais elle servira beaucoup pour ôter ce prétexte à ceux qui s'en veulent servir pour empêcher ce bon œuvre. Nous supplions donc très-humblement votre altesse nous faire cet honneur que nous en vouloir écrire un mot, et de croire que le faisons à très-bonne intention, et pour le devoir que nous avons d'effectuer ce qui nous a été commandé de la part de nos maîtres, et pour lui rendre aussi très-humble service en cet endroit. Ledit sieur de Préaux a chargé de lui faire entendre les particularités de cette affaire, auquel elle ajoutera, s'il lui plaît, même foi et créance qu'elle feroit à nous, et prions Dieu, monseigneur, qu'il donne à votre altesse en très-parfaite santé très-longue et très-heureuse vie.

Vos, etc.

P. JEANNIN, DE RUSSY, RI. SPENS.
RODOLPHE WINOOD.

De La Haye, ce dernier de novembre 1608.

Autre LETTRE *desdits ambassadeurs à M. le président Richardot, dudit jour dernier de novembre 1608.*

Monsieur, nous envoyons vers vous le sieur de Préaux, pour vous faire entendre l'état auquel sont les affaires en ce lieu, et en conférer aussi, si vous le jugez à propos, avec son altesse et les ministres auxquels il lui plaira qu'il soit communiqué, non toutefois que nous estimions qu'on doive apporter aucunes nouvelles considérations et difficultés aux articles contenus au projet qui vous a été donné, sinon ce qu'il vous dira de notre part. Nous désirons aussi bien fort être éclaircis des bruits qui courent en ce lieu, que le roi d'Espagne ne veut aucunement être nommé au traité qu'on fera, ce que nous ne croyons toutefois, attendu que leurs altesses en ont promis par la première trève, et que vous nous avez depuis confirmé de leur part par vos lettres du seizième d'octobre, sur lesquelles nous en avons aussi donné toute assurance à messieurs les Etats, sans que

il est certain qu'ils eussent dès-lors rejeté la trève et rompu tout traité. Vous nous en éclaircirez donc, s'il vous plaît, par ledit sieur de Préaux, auquel vous pouvez parler avec la même confiance qu'à nous, et nous aiderez à finir bientôt cet ouvrage, de la longueur duquel chacun est si ennuyé en ce lieu, qu'ils sont tous résolus d'en sortir promptement, ou de n'y plus penser. Nous vous en prions de toute notre affection, et de croire que nous y apporterons de la part des rois nos maîtres, tout le soin, affection et diligence que leurs altesses sauroient désirer de princes qui sont leurs amis et alliés, pour en rendre le succès plus heureux. Et en ce désir, et de vous servir où nous en aurons le moyen, nous prierons Dieu, monsieur, qu'il vous donne en parfaite santé heureuse et longue vie.

Vos, etc.

P. JEANNIN, DE RUSSY, RI. SPENCER,
RODOLPHE WINOOD.

De La Haye, ce dernier novembre 1608.

Autre LETTRE *particulière dudit sieur Jeannin audit sieur Richardot, dudit jour dernier de novembre* 1608.

Monsieur, nous avons estimé, messieurs les députés d'Angleterre et nous, que vous devions envoyer M. de Préaux pour vous représenter ce qu'il vous dira de notre part, et vous supplier, comme je fais de toute mon affection, que vous y apportiez ce que vous jugerez par votre prudence être requis pour achever ce que nous traitons, où tant de difficultés se rencontrent tous les jours, que nous ne pensons aucunement le pouvoir conduire à bonne fin si vous ne nous y aidez de votre côté. Ce qui est le plus nécessaire et sans quoi ne pouvons rien espérer de notre travail, et que leurs altesses obligent le roi d'Espagne avec eux en vertu de bonne procuration. Vous nous avez écrit qu'ils le pourroient, et nous en avons assuré les Etats, bien certains que si nous ne l'eussions fait, ils eussent dès lors rompu tout traité. Or, encore que nous n'en doutions point de notre part, tant de bruits courent au contraire, que nous sommes contraints d'en rechercher l'éclaircissement, et vous prier que ledit sieur de Preaux nous le rapporte, afin que nous ôtions tout prétexte à ceux qui essaient par ce moyen d'empêcher la trève. Vous entendrez le surplus de lui, auquel vous ajouterez, s'il vous plaît, entière foi, et lui en conférerez aussi avec pareille confiance qu'à moi-même, qui suis désireux de vous rendre très-humble service de même affection dont je vous baise très-humblement les mains, et prie Dieu, monsieur, qu'il vous donne en parfaite santé très-longue et heureuse vie.

Votre, etc.
P. JEANNIN.

De La Haye, ce dernier jour de novembre 1608.

LETTRE *de M. de Villeroy à M. Jeannin, du premier de décembre* 1608.

Monsieur, Picaut vous a porté notre dernière dépêche, et est parti d'ici le vingt-septième du mois passé. Depuis, dom Pedro a vu Sa Majesté, il lui a dit que son maître a bien reçu et approuvé la sage réponse que lui a faite le Roi sur ses propositions, à savoir, qu'il falloit voir que deviendroient les affaires qui se traitent entre les archiducs et les Etats, devant que de délibérer de celle dont il faisoit ouverture; quoi étant, il espéroit que ledit roi d'Espagne feroit venir par-deçà dedans la fin de ce mois un ambassadeur ordinaire, celui qui a naguères servi au marché, entre les mains duquel il remettroit les affaires qui lui ont été commises, et s'en retourneroit vers son maître, non sans regret toutefois de n'avoir eu meilleure fortune en son voyage pour les considérations publiques et privées, et spécialement pour l'affection qu'il porte à Sa Majesté, mais qu'il n'en accuse que l'obstination bestiale (c'est le terme duquel il a usé) des gens des Etats, et surtout du prince Maurice duquel en particulier il montre être très-mal édifié, lesquels, comme s'ils étoient victorieux tout-à-fait, veulent tout obtenir et ne rien céder; mais que son maître ne consentiroit jamais que l'article de la liberté fût passé en traitant une trève, qu'il ne fût restreint et termoyé, par mots exprès et clairement, au temps pour lequel ladite trève sera accordée, puisqu'ils rejettent l'article de la religion, et ne veulent quitter les Indes. Toutefois son roi avoit donné tout pouvoir aux archiducs, se confioit entièrement en eux, et avoit promis de ratifier tout ce qu'ils feroient, et étoit assuré aussi qu'ils auroient tel égard à lui et à sa dignité, qu'ils n'accorderoient chose qui ne fût convenable. Sa Majesté lui a remontré les raisons pour lesquelles on doit demeurer dedans les termes de la proposition faite pour ce regard, pour être conforme aux premières conventions; mais il a fait contenance de n'approuver les choses passées, comme s'il croyoit que l'on s'étoit par trop avancé, et que son roi y avoit été très-mal servi.

Après ces propos il a voulu donner martel au Roi de la grandeur des Etats et de leur correspondance avec nos huguenots, en lui représentant les accidens qui en peuvent arriver, sinon à présent à cause du pouvoir et de la prudence du Roi, du moins après lui. A quoi il a été répondu ce qui étoit nécessaire pour lui faire savoir Sa Majesté n'avoir besoin de cette remontrance pour lui faire connoître le mal et le bien qui en peut avenir, et être trop assuré de la foi et affection de tous ses sujets indifféremment. Après cela il s'est plaint assez librement de la duplicité du roi d'Angleterre, lequel il a dit savoir très-bien faire sous main toutes sortes d'efforts pour traverser la trève, combien qu'en public il fasse paroître l'affectionner et favoriser plus que Sa Majesté, blâmant son courage et son imprudence, et méprisant son pouvoir, comme il a fait celui des princes d'Allemagne; de façon que, s'il étoit assuré de l'amitié du Roi, il se donneroit peu de peine de tous les autres; et s'est fort arrêté à ce point pour essayer d'y profiter, et d'en tirer quelque parole à son avantage; mais il a été payé de paroles générales, et néanmoins honnêtes. Finalement il s'est découvert de désirer que l'on pût obtenir des Etats la continuation d'une trève forgée sur le moule de la première, sans être contraint de répéter ces mots qui concernent la liberté, comme vous savez que le président Richardot vous l'a proposé, tendant à persuader au Roi qu'il entreprît ce bon œuvre : de quoi non-seulement il s'est excusé, mais aussi lui a dit qu'ils seront tenus pour seuls auteurs de la guerre, s'ils révoquent en doute ce que vous avez eu charge de dire aux Etats sur ce sujet de la part des archiducs, par lettres écrites par M. le président; ajoutant à cela ce qu'il a estimé nécessaire pour le désespérer d'obtenir ce qu'il désire pour ce regard, et exagérer cette mutation de langage. A quoi il n'a reparti que des épaules et de soupirs, comme s'il improuvoit ce changement, et désespérant de l'accommodement des affaires, disant son maître avoir déjà envoyé en Flandre un million d'or, et outre cela une provision de deux cent cinquante mille écus par mois pour l'année prochaine, à commencer du premier jour de mars, et a sur cela discouru des moyens de faire la guerre, comme si l'on ne devoit plus penser à la paix de cette part-là.

Le Roi m'a commandé vous faire savoir ces beaux discours, lesquels doivent servir à nous confirmer en l'opinion que nous avons déjà conçue du non pouvoir qu'ont les archiducs d'accorder ce que Richardot vous a promis de proposer et assurer de leur part pour ce qui touche le roi d'Espagne; quoi étant, il nous faut prévenir d'heure ce qui en succédera. Nous avons juste cause véritablement de nous plaindre, et même ressentir ce manquement, que nous pouvons baptiser à bon droit du nom de tromperie, et sur cela nous vouloir formaliser avec aigreur pour justifier notre procédure, et faire connoître que nous n'y avons aucune part. Toutefois il nous semble qu'il ne faut pas encore faire paroître que nous nous apercevions de cette mutation, mais continuer poursuivre notre pointe envers les Etats, votre qui en réussira, et attendre après que les ministres d'Espagne se déclarent d'eux-mêmes sans que nous nous en mêlions ou les découvrions par avance; mais quand ce masque sera levé, il faudra parler hautement contre eux, et blâmer et improuver leur procédé, et se plaindre d'y avoir été engagés par eux. Néanmoins nous désirons tout cela être fait par vous, de façon que vous n'engagiez le Roi à épouser la querelle des Etats, en cas de rupture procédante du défaut des archiducs ou du roi d'Espagne, car nous voulons en délibérer à loisir et conserver notre liberté pour ce regard. Bien pourrez-vous tenir aux Etats des propos dignes de la bienveillance du Roi en termes généraux, mais non obligatifs, et vous charger d'écrire et ce qui savoir à Sa Majesté tout ce qui se passera et ce que l'on désirera de lui pour recevoir ses commandemens, joint qu'il sera besoin aussi de faire part le roi d'Angleterre et les princes d'Allemagne; car, à vous dire la vérité, le Roi ne veut danser que seul, même sans autre profit et assurance que le passé; et néanmoins il nous semble qu'il faut s'abstenir encore de se laisser entendre que nous avons ce dernier pensement de nous prévaloir extraordinairement du besoin que l'on aura de nous, pour les raisons que vous pouvez mieux juger, et d'autant plus que je reconnois que le Roi n'a jusqu'à présent aucune inclination à la guerre.

C'est pourquoi il aimeroit encore mieux que l'on s'accommodât à la proposition que le président Richardot vous a faite, et laquelle obtiendroit en cas que l'on lui donneroit la vie, que de tomber en une rupture absolue; mais il juge très-bien que cette chose qui ne doit aucunement être à présent proposée par lui ni par les siens, ni seulement être soupçonnée devoir être approuvée de lui, après les offices et devoirs que vous avez faits de sa part; estimant, s'il faut avoir recours à ce dernier remède, qu'il sera besoin que la persuasion en procède de la connoissance et expérience que les

NÉGOCIATIONS DU PRÉSIDENT JEANNIN.

Etats auront de leur foiblesse et impuissance à recommencer et soutenir la guerre, sur l'incertitude et irrésolution de l'assistance de leurs voisins. Je mets ces choses en votre sein, non comme un arrêt final de la résolution du Roi, mais par forme d'avis, afin de vous servir en votre conduite. Assurez-vous que notre Roi, comme prudent, préférera toujours les conseils plus honorables et utiles aux agréables. Je prie Dieu, monsieur, qu'il vous conserve en bonne santé.

Votre, etc.

De Neufville.

De Paris, ce premier décembre 1608.

Lettre de M. le duc de Sully à M. Jeannin, du deuxième de décembre 1608.

Monsieur, je vous rends grâces de la peine que vous prenez de m'écrire si souvent et si particulièrement de l'état des affaires du pays où vous êtes, et de l'acheminement de la négociation où vous êtes employé, laquelle s'achevant avec conditions équitables et supportables de part et d'autre, la gloire en doit être attribuée à votre prudence et sage conduite. J'ai toujours fort estimé la vivacité de votre esprit et la solidité de votre jugement, mais ces dernières actions m'en donnent meilleure opinion que jamais, ayant su vous débarrasser de tant de diversités et opinions différentes, qui tombent d'heure à autre dans l'esprit de toutes les parties avec lesquelles vous avez à traiter; car non-seulement il faut concilier deux ou trois partis fort éloignés de désirs et intentions les uns des autres; mais il semble que vous avez à faire autant de traités qu'il y a de personnes d'autorité de tous les côtés, y ayant autant d'opinions que de têtes. Pour mon regard, j'ai toujours cru que les choses tomberoient où je les vois maintenant, qui est que ceux qui faisoient les plus belles et spécieuses offres viendroient de temps en temps, de degré en degré, et d'occasion en occasion, à en diminuer et retrancher, tellement qu'enfin elles se réduiroient à l'impossible, et seroient trouvées déraisonnables et insupportables, et que ceux qui sembloient les plus difficiles et les plus excessifs se modéreroient et adouciroient tellement, qu'ils mettroient au-dessous de ce qui est juste et leur est nécessaire pour vivre en liberté, repos et sûreté; et pour ces raisons j'avois été toujours d'avis que les rois de France et d'Angleterre, ayant que s'interposer en tels traités, fissent parler françois les Espagnols, c'est-à-dire ouvertement, sur les conditions avec lesquelles ils désiroient qu'ils se rendissent entremetteurs de la paix; car alors ils eussent présenté de très-belles conditions, desquelles se venant à départir, les deux rois eussent eu juste sujet de dire qu'étant entrés à la prière des Espagnols à l'entremise de ces traités et maintenant se départant des conditions apposées, ils étoient obligés, en leur honneur et conscience, de se déclarer pour ceux qui auroient la raison de leur côté; et encore s'ils ne reprennent ce même chemin, les Espagnols par leurs astuces et finesses vous réduiront à tel point, que la conclusion d'une paix ou d'une trêve se rendra du tout impossible.

Or il est certain que nous en avons assez pour parler haut et clair, et bien franchement, et je crois que les Anglois n'en ont pas moins de leur côté; car quand le cordelier, quand l'ambassadeur de Flandre résidant ici, et quand dom Pedro ont parlé au Roi, ils ont toujours protesté que leur maître traitoit sincèrement, et qu'il approuveroit et ratifieroit, voire interviendroit en ce qui seroit traité par les archiducs, chose qui vous a encore été écrite par Richardot; tellement que nous avons sujet de protester que s'ils manquent à ces choses, le Roi demeure obligé pour son honneur de secourir absolument les Etats, et est résolu de le faire en ce cas, lequel avenant il n'y faut pas manquer, et montrer que nous avons du cœur et des nerfs; et si l'on tient ce langage comme il faut, croyez que les Espagnols parleront doux, car ils ne sont mauvais qu'à ceux qui témoignent avoir peur et procèdent avec eux en crainte. Je ne vous recommande point les affaires de M. le prince d'Espinoy, car je m'assure que vous n'y omettrez rien ne l'ayant promis. Sur ce je vous baise les mains, et prie Dieu qu'il vous garde.

Votre, etc.

Maximilian de Béthune, duc de Sully.

De Paris, ce deuxième décembre 1608.

Lettre de M. de Berny à M. Jeannin, du quatrième de décembre 1608.

Monsieur, la dernière que j'ai eue de vous est du quatrième du passé, à laquelle j'ai fait réponse le 17. J'ai, depuis deux jours, vu M. le président Richardot qui dit n'avoir rien eu de votre part, non plus que vous de lui, durant tout le mois de novembre dernier. Il ne laisse d'avoir des nouvelles de ce qui se passe par-delà par certains confidens. Je ne trouve point qu'il soit marri du voyage des députés de Zélande, qui n'en doivent, dit-il être de retour qu'en la quinzaine qui finira demain selon sa supputation; et quand ils séjourneroient davantage, je ne vois pas que l'on soit pour s'en plaindre. Ils recherchent le remède de leurs nécessités dans le temps, qu'ils essaient toujours de gagner peu à peu; mais il y a danger que, cependant qu'ils se reposent là-dessus, ils ne viennent à le perdre par leur mauvaise conduite. C'est à eux à y penser et considérer que nous approchons de la fin de l'année, laquelle avenant ainsi mettra fin à la trève; et il m'a dit là-dessus qu'il se promet que vous saurez bien pourvoir à cela par une prolongation d'un mois ou six semaines, pour ne laisser tomber les choses en une rupture. Je vois bien qu'entre ci et là ils se promettent d'avoir d'autres nouvelles du roi d'Espagne, qui ne veut point ouïr parler de la cession de souveraineté, et, pour cette occasion, sont bien aises que les choses s'entretiennent ainsi sans conclusion. L'archiduc y a dépêché son confesseur en toute diligence, pour essayer de faire changer cette résolution; il partit hier à quatre heures du matin, et promet de faire tout ce qu'il pourra pour être de retour dans trente jours; mais c'est tout ce qu'il pourra faire.

L'archiduc dépêche en Angleterre, par ordre venu d'Espagne, un certain Ferrand de Giron, pour remercier le Roi des bons offices que l'on reçoit de lui par ses ministres en cette négociation, et de plus essayer si par quelque appât on pourroit conduire ce prince à abandonner par effet les Etats, s'ils ne se veulent mettre à la raison, comme on essaie de faire ailleurs. Le dernier courrier venu d'Espagne a apporté une provision de cent quatre-vingt mille écus destinés, à savoir : quatre-vingt mille écus pour les vivres qui étoient sur le point de demeurer par toutes les garnisons avec un merveilleux désordre, et le reste pour fournir à un tiers de paye. L'on dit qu'il doit venir à Gênes un million en masse, pour être ici fabriqué en monnoie, mais cela n'est encore qu'en espérance, et selon le succès de votre négociation, de laquelle j'espère avoir des nouvelles par le retour de ce courrier que mondit sieur le président m'a mandé qu'il vous envoyoit, sans que j'en sache autrement le sujet, non plus que M. l'ambassadeur d'Angleterre. Monsieur, je vous baise bien humblement les mains, et suis vôtre, etc.

BRULART DE BERNY.

De Bruxelles, ce quatrième jour de décembre 1608.

LETTRE *de M. le président Richardot à messieurs les ambassadeurs de France et d'Angleterre, du quatrième de décembre 1608.*

Messieurs, le long temps que nous sommes sans avoir de vos lettres nous fait croire qu'en ce que vous traitez vous rencontrez de la contradiction, dont je ne suis point ébahi, bien sachant que c'est l'ordinaire en choses grandes qui ne se peuvent jeter en moule. Cependant vous devez vous souvenir que notre trève s'achève, et que si l'on voulait de se mettre à repos, il ne seroit pas besoin de rentrer en hostilité, pource que telle pourroit être qu'elle causeroit de l'aigreur. C'est pourquoi je vous dépêche ce courrier pour vous ramentevoir ce particulier, et que puisque le temps est si court et les fêtes si à la main, qu'encore que l'on soit déjà assemblés l'affaire ne pourroit sitôt s'achever, il vous plaise en traiter avec messieurs des Etats, et faire que se résolvant à la continuation, et pour tel temps que bon leur semblera, ils en fassent dresser un acte semblable aux précédens, et le nous renvoyer signé par les sieurs députés; que d'ici nous leur renverrons aussitôt le nôtre en même forme, qui est celle dont nous avons toujours usé, joint que le temps nous presse pour en avertir celui d'Espagne, afin qu'il n'y succède quelque désordre. J'ai vu lettres de La Haye à quelques particuliers, que le bruit y est que l'on fait ici lever quelques régimens walons et de compagnies de cavalerie. Je ne sais d'où telles nouvelles leur viennent, mais vous pouvez les assurer, sur ma parole et sur mon honneur, que depuis que nous sommes de retour, ni plus de quatre mois auparavant, ne s'est ici levé un seul homme. Et me recommandant bien humblement à vos bonnes grâces, je prie le Créateur vous donner, messieurs, longue et heureuse vie.

Votre, etc, Le président RICHARDOT.

De Bruxelles, le quatrième de décembre 1608.

Autre LETTRE *dudit sieur Richardot à M. Jeannin, dudit jour quatrième de décembre 1608.*

Monsieur, la lettre ci-jointe va à vous à une messieurs les ambassadeurs de France et d'Angleterre, mais sans superscription, ne sachant vous voudrez y comprendre ceux d'Allemagne. Vous la ferez mettre, s'il vous plaît, par votre secrétaire, telle que bon vous semblera; je dis pour le regard de ceux d'Allemagne : car pour vos sieurs d'Angleterre, nous entendons qu'elle leur soit commune. Le sujet est sur la continuation de notre trève, pource qu'elle va s'achevant, et qu'à peine aurons-nous temps pour en avertir l'Espagne, et que je n'ai pas espoir que nous puissions cette année avoir sur cet endroit. Vous présenterez mes bien humbles recommandations à vos bonnes grâces, et de M. de Russy, je prie le Créateur vous donner, monsieur, longue et heureuse vie.

Votre, etc. Le président RICHARDOT.

De Bruxelles, le 4 décembre 1608.

LETTRE *de messieurs les ambassadeurs de France et d'Angleterre à M. le président Richardot, du 8 décembre* 1608.

Monsieur, nous estimons que le sieur de Préaux sera arrivé vers vous le même jour que ce courrier est parti pour venir ici, et que vous aurez entendu par lui l'état auquel sont les affaires en ce lieu. Ce n'est sans raison que nous avons différé de parler de la prolongation de la trêve, car les longueurs donnent le moyen de faire naître tous les jours de nouvelles difficultés et empêchemens contre ce que nous désirons faire; et si nous l'eussions fait avant le retour des députés de Zélande, cela eût été cause de les faire différer à venir au lieu qu'ils sont attendus de jour à autre, pendant l'absence desquels les autres provinces ne veulent rien résoudre; car, encore qu'elles aient déjà arrêté d'entrer en traité pour la trêve, si n'ont-elles délibéré particulièrement sur les articles contenus en notre projet, et y a plusieurs villes en la province de Hollande qui y font très-grandes difficultés, ainsi que ledit sieur de Préaux a eu charge de vous dire, lequel nous vous prions de renvoyer incontinent, et avec si bonne réponse, qu'elle nous donne sujet d'aller voir les Etats en leur assemblée générale pour la leur faire entendre, et parler par même moyen du renouvellement de la trêve pour autant de temps qu'il sera nécessaire pour traiter, comme environ six semaines ou deux mois; ce que nous promettons d'obtenir, pourvu que ledit sieur de Préaux nous rapporte la certitude de l'obligation du roi d'Espagne, et non autrement; car avec cette assurance, et le retour des députés de Zélande qui seront lors venus, il n'y aura plus rien qui les doive empêcher de prendre leur résolution, ni de consentir à cette prolongation, au cas qu'ils demeurent d'accord de traiter sur notre projet, qui est le but auquel nous tendons pour finir cette affaire sans remise; prévoyant qu'il n'y en peut plus arriver qu'elles ne soient cause de rompre tout, au lieu de nous donner moyen de le parachever. Aidez-nous donc, s'il vous plaît, à en sortir, et croyez que nous n'omettrons rien de notre côté pour faire que l'issue en soit heureuse, et que le soin que nos rois ont de faire finir cette guerre et notre travail ne soient point inutiles.

Vous aurez de nos nouvelles, incontinent après le retour dudit sieur de Préaux, par homme exprès que nous vous enverrons à cet effet, n'ayant voulu retenir ce porteur afin que si ledit sieur de Préaux n'étoit parti lorsqu'il arrivera, vous le renvoyiez aussitôt expédié, comme nous nous promettons qu'il sera de la prudence de leurs altesses, et du besoin qu'il en est pour espérer bon succès de ce que nous traitons. Messieurs les députés d'Allemagne s'en sont retournés après nous avoir déclaré que leurs maîtres étoient toujours désireux de cette trêve, mais qu'ils s'en remettoient à la conduite et au soin que nos rois en prennent. Nous vous baisons bien humblement les mains, et prions Dieu, monsieur, qu'il vous donne en parfaite santé heureuse et longue vie.

Vos, etc.

P. Jeannin, de Russy, Ri. Spencer, Rodolphe Winood.

De La Haye, ce 8 décembre 1608.

Lettre *particulière du sieur Jeannin à M. Richardot, dudit jour huitième de décembre* 1608.

Monsieur, nous n'avons pu parler encore du renouvellement de la trêve, pource qu'il y a quinze jours que les députés de toutes les provinces se sont retirés en leurs villes, attendant le retour de ceux de Zélande qui ne seront ici que vers la fin de la semaine, et tous les autres en même temps, aussi que si nous l'eussions fait avant le retour desdits députés de Zélande, lesquels sont très-mal affectionnés à la trêve, ils eussent différé de venir sous ce prétexte, et nous voyons bien qu'aucuns cherchent des longueurs pour rompre tout. Davantage, il ne nous a semblé à propos de parler de cette prolongation avant que les Etats se soient résolus s'ils voudront traiter suivant notre projet ou non; car, encore que six provinces aient consenti d'en traiter, ils n'ont toutefois délibéré sur les articles, et y ont fait même de grandes difficultés, selon que M. de Préaux vous aura pu dire. Aussi avons-nous appris que c'est l'intention de plusieurs de l'assemblée de proposer, lorsqu'ils seront tous de retour, qu'on doit être assuré si le roi d'Espagne a donné pouvoir à leurs altesses de traiter en son nom; sans quoi ne voulant rien faire, ils disent être nécessaire qu'ils en soient premièrement éclaircis, et c'est la raison pourquoi ledit sieur de Préaux vous a été envoyé, au retour duquel, s'il apporte bonne réponse, nous nous promettons d'obtenir incontinent cette prolongation, et nous espérons bon succès du surplus; sinon nous tenons tout rompu, nonobstant notre désir et affection à empêcher la rupture pour quelque cause que ce soit. Aidez-nous donc, s'il vous plaît, de votre côté, et vous assure que rien ne sera omis de notre soin et affection pour achever ce bon œuvre. En cette volonté, je vous baise très-humblement les mains, et suis, monsieur, votre, etc.   P. Jeannin.

A La Haye, ce huitième de décembre 1608.

Lettre *dudit sieur Jeannin à M. de Berny*, dudit jour 8 décembre 1608.

Monsieur, je vous avois écrit plus de six ou sept jours avant la délibération prise de vous envoyer M. de Préaux, et après en être résolu j'ai différé de jour à autre à le faire, et enfin jusques à son départ. Je ne sais ce qu'on peut avoir mandé vers vous de la résolution des Etats, mais je vous peux assurer que tout y est encore incertain, et que je n'en espère rien, si ledit sieur de Préaux ne rapporte bonne réponse, et, encore qu'elle soit telle que nous désirons, qu'on ne laissera d'y trouver beaucoup de difficultés. J'estime qu'il sera parti avant que ce courrier arrive; mais s'il étoit autrement, je vous supplie de tenir la main à ce qu'il retourne promptement et expédié comme il est requis pour nous donner moyen de servir à cette affaire, à laquelle messieurs les députés d'Angleterre et nous travaillons avec même soin et affection. Le sujet du voyage du courrier étoit pour faire prolonger la trève, et nous différons d'en parler jusques au retour dudit sieur de Préaux, auquel je n'écris pour ce que je tiens pour assuré qu'il sera parti avant l'arrivée de ce courrier. Je vous baise très-humblement les mains, et suis, monsieur, votre, etc.
     P. Jeannin.

A La Haye, ce 8 décembre 1608.

Lettre *de l'archiduc aux ambassadeurs de France et d'Angleterre, du neuvième de décembre* 1608.

Messieurs, la venue du sieur de Préaux nous a été agréable, et nous avons volontiers entendu qu'outre le contenu en votre lettre du dernier mois passé, il nous a représenté de votre part le sujet de ce qui se passe en Hollande et de la négociation qui s'y traite; et comme il vous fera fidèle rapport de ce que nous lui avons répondu, nous suffira nous en remettre à lui, et vous dire que ce que le président Richardot vous a ci-devant écrit sur la même matière, a été de notre avis et par notre commandement, comme l'est ce qu'à présentement il vous écrit, et à quoi vous pouvez ajouter entière foi et créance; vous remerciant bien bon cœur des offices que vous y avez fait jusques à maintenant, et vous priant de les continuer, ce qui nous sera de particulière obligation en votre endroit. Et Dieu vous ait, messieurs, sa sainte garde!   Rich. V. Alsept. Verreich.
     Et plus bas,
Bruxelles, ce 9 décembre 1608.

Lettre *de M. le président Richardot aux sieurs ambassadeurs, dudit jour 9 décembre* 1608.

Monsieur, le sieur de Préaux arriva devant hier ici avec vos lettres du dernier du mois passé, et amplement discouru, avec monseigneur l'archiduc et moi, sur ce que vous lui aviez donné charge; vous fera fidèle rapport de ce qu'on lui a répondu, vous donnera assurance, avec la lettre de son altesse, que je n'ai rien écrit que par ordre, que m'exempte si je ne vous fais celle-ci plus longue. Seulement vous dirai-je que si son altesse eût changé de résolution je n'eusse failli de vous en avertir; mais de ce côté il n'y a eu changement. Bien vous confesserai-je être véritable que, sur quelques offres ou promesses que l'on dit avoir été faites par le roi de la Grande-Bretagne, ou quelques ministres siens à part, de procurer que la trève se fasse, le roi et sans la déclaration qui est en termes, le roi écrit qu'on y entende. A quoi son altesse n'a voulu du tout s'arrêter ni crûment mettre en avant changement, bien que, pour plus grande satisfaction de Sa Majesté, elle désire que vous le fassiez et en prie signamment si vous, messieurs, d'Angleterre, en avez quelque charge, étant qui plus convient, et qui de vrai seroit plus équitable, comme dès le commencement l'on l'a entendu et en France, et en Angleterre, et partout ailleurs. Ceci est au cas que vous n'y voyez notable inconvénient, dont elle se remet à vous; et quoi qu'il en soit, nous ne faisons ici autre compte sinon que l'assemblée se fera. Mais comme nous avons été huit mois entiers chez eux, la raison voudroit que cette fois ils vinssent chez nous, et vois qu'ils ne voudront y contredire, ni à la continuation de la trève pour autant de temps que bon leur semblera, puisque les fêtes sont si proches et le temps si court, que, quoique nous fussions déjà ensemble, la négociation à peine se pourroit achever avant la fin de ce mois; et vous savez qu'en une livre d'hostilité il n'y a qu'une once d'amitié, joint que le retardement ne vient de nous, ains d'eux qui ont été si long-temps à se résoudre. Sur cet endroit me recommandant bien humblement à vos bonnes grâces, je prie le Créateur vous donner à tous, messieurs, longue et heureuse vie.

Le président Richardot.

De Bruxelles, le 9 décembre 1608.

Autre LETTRE *particulière dudit sieur Richardot à M. Jeannin, dudit jour 9 décembre* 1608.

Monsieur, je n'ai qu'ajouter à ce que vous dira de bouche M. de Préaux, et verrez par les lettres qu'il vous porte; car par l'un et par l'autre vous entendrez à quoi nous en sommes en l'espoir que nous avons que cette femme, enceinte de plus de neuf mois, enfantera heureusement; l'importance est que par la trop hâter nous ne la fassions avorter, et à cela servira votre prudence avec laquelle vous l'avez si bien guidée jusques à maintenant. La trève simple seroit notre salvation, non qu'en substance j'estime l'une plus ferme que l'autre, mais pour donner apaisement à ceux qui ne l'entendent et ne veulent l'entendre. Je vous baise très-humblement les mains, et prie le Créateur vous donner, monsieur, longue et heureuse vie.

Votre, etc. Le président Richardot.

De Bruxelles, ce 9 décembre 1608.

LETTRE *de M. Jeannin à M. de Villeroy, du treizième de décembre* 1608.

Monsieur, le courrier Picaut arriva en ce lieu le huitième de ce mois à la nuit, avec vos lettres des dix-neuvième et vingt-septième du mois passé. Je vois bien que la longueur et incertitude de l'affaire que nous traitons est fort ennuyeuse au Roi, dont j'ai un extrême déplaisir, vous pouvant assurer que je n'omets rien pour en sortir, et que l'on me tient ici plutôt trop soigneux, passionné et précipité, que négligent ou mol et lent à en poursuivre et presser la résolution; et néanmoins je ne pense faillir ni en l'un ni en l'autre, car il est besoin d'y apporter quelque chaleur pour exciter la diligence et le devoir des uns qui pensent ne pouvoir faire ce qu'ils désirent qu'avec du loisir, et ils en ont déjà trop pris. La même vigueur est aussi requise à l'endroit des autres pour essayer de les gagner, ou empêcher leurs desseins qui tendent à faire le contraire de ce qui nous a été commandé, mais c'est toujours avec telle modération, que personne n'en peut être offensé, et en faisant connoître à chacun que le Roi donne aux Etats le conseil qu'il juge le meilleur, sans y apporter aucune contrainte qui leur ôte la liberté de délibérer et résoudre ce qu'il leur plaira, sinon qu'on appelle contrainte leur dire, s'ils négligent et rejettent les conseils de Sa Majesté, qu'elle n'aura pas sujet de les secourir; et, à la vérité, c'est bien quelque espèce de nécessité plus forte que la raison, attendu qu'ils ne peuvent faire la guerre sans son secours; mais outre ce que je l'ai fait par commandement, il étoit besoin d'en user ainsi, autrement ceux qui rejettent la trève avoient si bien imprimé ès esprits d'un chacun que ce que nous faisions n'étoit que par acquit, et afin qu'on ne pût attribuer la rupture à Sa Majesté, que tels artifices et déguisemens eussent plutôt empêché de la recevoir qu'excité et échauffé à reprendre les armes, étant vrai ce que je vous ai souvent mandé de l'inclination de ceux qui manient les affaires en toutes les villes, lesquelles ont droit de suffrage en l'assemblée générale des Etats, qu'ils n'ont rien tant à cœur que de se mettre en repos, et qu'ils veulent essayer d'y parvenir par tous les moyens qu'ils pourront, les uns toutefois avec la sûreté contenue en notre projet, et les autres seroient pour se contenter à moins, si nous voulions favoriser leur désir.

Ainsi quand le sieur Aërsens vous a dit que la partie qui rejette la trève prévaudra et deviendra plus puissante que l'autre, je ne sais d'où lui vient cette opinion: si l'on comptoit les voix des gens de guerre et celles du menu peuple, il diroit vrai; mais tous ceux-là ne sont appelés et n'ont aucune part aux délibérations.

Le peuple se laisse conduire par les magistrats et supérieurs, qui sont trente, quarante ou cinquante, plus ou moins en chacune ville, et des principaux et plus riches citoyens, et tous ceux qui courent au repos. Il vous eût bien pu dire avec plus de vérité que si le prince Maurice vouloit troubler l'Etat avec les gens de guerre et quelques-uns du menu peuple, il pourroit faire du mal; mais ils est sage et homme de bien, et à cette occasion sait juger qu'il ne tireroit aucun profit de tels mouvemens, et qu'en aidant à ruiner le pays il y trouveroit aussi sa ruine et celle de sa maison; c'est pourquoi je vous ai toujours mandé qu'on ne devoit rien craindre de cet endroit. Je l'ai prié plusieurs fois de nous dire s'il avoit moyen d'empêcher cette trève, et de joindre le corps de l'Etat à son avis par bonne conduite et voie légitime, et, si cela étoit, qu'on pourroit espérer d'induire Sa Majesté à approuver son conseil; à quoi il répondoit lors que tout dépendoit de la Hollande et Zélande, et que cette dernière y étoit déjà entièrement disposée, ainsi il ne restoit plus que l'autre, dont il s'assuroit de toutes les villes, fors de trois, et néanmoins de dix-huit il n'y en a eu que deux pour lui. Si je voyois ce que dit le sieur Aërsens, je ne voudrois user de cette infidélité à l'endroit de mon maître que de lui en déguiser la vérité: je ne le pourrois aussi, car tout ce qu'on fait en ce lieu est public.

Or il est notoire que six provinces veulent la trève aux conditions de notre projet, au moins ce qu'ils prétendent d'y changer ne peut être cause de rupture, et n'y a que ces deux villes de Hollande contraires, qu'on croit néanmoins se devoir joindre à l'avis commun. On en espère autant de la Zélande, et les gens sages qui ont plus de connoissance des affaires en font ce jugement. Bien est-il certain que les autres six provinces ne se laisseront vaincre à celle-ci; au moyen de quoi s'il y a de la difficulté à faire qu'une province et deux villes consentent à cette trève, croyez, monsieur, qu'il y auroit de l'impossibilité à faire reprendre les armes aux autres six. Vous le pouvez connoître par ce que le prince Maurice m'a dit, et à M. de Russy aussi, dont je vous ai ci-devant donné avis, qu'il craint que ceux qui veulent la trève ne soient assez puissans, et n'aient aussi la volonté de faire pis; car s'il se défie de les pouvoir empêcher qu'ils ne fassent ce qu'il dit, comment pourra-t-il empêcher qu'ils ne fassent la trève que nous poursuivons, qui leur est si avantageuse et assurée? Nous tombâmes encore avant-hier sur ces mêmes propos, lui, M. de Russy et moi, en présence de madame la princesse d'Orange et de M. le comte Guillaume: mais il nous dit, comme de coutume, qu'il continuoit en cette même défiance, et néanmoins ne pouvoit être d'avis de la trève que nous poursuivons: bien nous promettoit-il de suivre la résolution de l'Etat, et si la province de Zélande vouloit prendre l'avis contenu en nos dernières lettres, qu'il y aideroit plutôt que d'y nuire, sans toutefois se rendre auteur de ce conseil, comme il m'avoit promis de faire la première fois que je lui en parlai. Jugez donc si ce que dit M. Aërsens est vrai, et de quel esprit il est conduit. Je vous répète encore que si le roi d'Espagne accorde de s'obliger aux conditions de notre écrit, combien qu'il y ait quelques difficultés à conclure ce traité du côté des Etats, qu'enfin ils s'uniront tous pour l'accepter, et, encore que nous ayons bien aidé par notre conduite à leur faire prendre cette opinion, si ne laissoient-ils auparavant nous en être déclarés d'y être déjà enclins d'eux-mêmes. Ainsi qui eût voulu les essayer, en quelque temps que ce soit, de leur faire prendre autre conseil, il eût été très-difficile, et à présent seroit du tout impossible, sans user de violence contre l'Etat, et y mettre une grande et périlleuse division: comme au contraire si le roi d'Espagne refuse de s'obliger, on les peut joindre tous ensemble pour la refuser, en leur donnant sous main quelque assurance de n'être abandonnés du Roi; et je le tiens plus facile et plus certain, nonobstant la crainte du prince Maurice, que de leur persuader de faire cette trève avec les archiducs seuls sans ladite obligation du roi d'Espagne; non qu'en tout cela il n'y ait encore des difficultés, tant les uns et les autres sont opiniâtres et passionnés, mais moindres de ce côté qu'à leur persuader le contraire.

Quant à ce que M. Aërsens dit, que la trève sera la ruine de l'Etat, ce sont les propos que tient le prince Maurice tous les jours, pour la grande défiance qu'il a de ceux qui manient les affaires, même du sieur Barneveld, en quoi toutefois je suis certain qu'il se trompe pour le regard du soupçon qu'il a contre ledit sieur Barneveld, que je tiens pur et innocent de tout mauvais dessein, quoique très-affectionné à la trève; et quant aux autres dangers qu'il montre de craindre après la trève, je lui propose des remèdes qui dépendent d'eux et sont bien certains; mais tout cela ne le contente aucunement. Aussi est-il vrai qu'outre les considérations publiques dont il peut être touché, il y a un très-grand intérêt en son particulier; car la trève lui ôtera une bonne partie de son revenu, dont toutefois il ne fait plainte, et je la fais volontiers pour lui, n'y ayant rien de si raisonnable que de l'en récompenser, et seroit même trop grande ingratitude aux Etats d'en faire autrement; aussi ceux à qui j'en parle, et le sieur Barneveld même, m'ont dit et assuré qu'il se fera. Il en a pareillement dit autant à la princesse d'Orange. Ils désirent tous qu'on s'en fie aux Etats, sans les vouloir contraindre de le faire avant la trève, et comme par obligation, autrement il sembleroit que ce ne fût pas un don et gratification, mais plutôt une nécessité de le faire pour obtenir cette trève avec son consentement, comme si on ne la pouvoit faire sans cela. J'ai fort combattu cette raison qui me sembloit impertinente, et pense avoir enfin persuadé qu'on lui en donnera assurance avant la trève, par délibération publique qui contienne que les Etats le récompenseront et dédommageront de tout l'intérêt et de la perte qu'il pourroit recevoir à cette occasion. Si le Roi n'eût su user lui-même de cette prudence, il eût trouvé beaucoup de gens qui eussent toujours eu le public en la bouche, que le contentement particulier a fait taire, et ce seigneur ici, en ce qui le touche, y procède avec tant de modestie et de respect, qu'il mérite qu'on en ait soin. Cela doit aussi apporter de la facilité à l'affaire que nous traitons, dont je ne vous peux mander autre chose que ce qui est contenu ci-dessus, car les députés des Etats envoyés en Zélande ne doivent retourner qu'après demain, et ceux de Zélande deux jours après.

Je vous écrirai lors par le sieur de Colombier qui est prêt de partir plus certainement; mais je n'ai voulu différer cette lettre, pource qu'il me semble par les vôtres que vous êtes en peine; et je le suis bien fort aussi, puisque don Pedro n'a été envoyé que pour tromper, contre ce que le président Richardot m'avoit mandé pour me tromper aussi moi-même s'il eût pu; car c'est chose fâcheuse d'aider à gens si ingrats et peu reconnoissans envers le Roi, lequel seul a tout fait ici, étant vrai que sans nos poursuites, et que j'ai fortifié du nom et de l'autorité de Sa Majesté la partie du sieur Barneveld, il se fût trouvé bien empêché à faire cette trève, nonobstant l'inclination et désir, tant de lui que d'un grand nombre de députés qui sont de l'assemblée, lesquels étant les plus sages, ils se fussent plutôt rangés à l'opinion des autres, crainte de division, que de persister en la leur, si nous y eussions été quelque peu enclins, et j'eusse bien su aussi prendre l'opportunité de rompre tout par le sieur de Barneveld même, qui m'offroit souvent de faire ce que je lui conseillerois. Le prince Maurice, d'ailleurs, y apportoit tant d'artifice, et y avoit mis une si grande défiance ès esprits de ces peuples, qu'en l'aidant sous main, et ne leur ôtant point l'espérance du secours de Sa Majesté, on les eût pu changer, attendu même qu'au commencement, le roi d'Angleterre n'étoit désireux de cette trève, et n'y consentoit, sinon pource qu'il n'y osoit contredire, crainte d'être vu s'opposer à ce qu'il ne pouvoit empêcher, nous y étant contraires; mais en tout cela j'ai fait ce qui nous a été commandé, et à juger sainement des affaires, il semble que ce soit l'intérêt de Sa Majesté de faire cesser cette guerre, tant pour se soulager de dépense que pour éviter d'autres inconvéniens, et qu'elle y gagnera assez pourvu qu'on les sépare du tout d'Espagne par cette trève : ce que je juge nécessaire pour affoiblir d'autant leur puissance, et nous fortifier de cette alliance et amitié, sur laquelle j'espère encore qu'on pourra bâtir quelque chose de mieux, y conservant les amis qu'on a déjà acquis, et recherchant d'en acquérir d'autres. J'estime néanmoins qu'on ne les doit presser de traiter si le roi d'Espagne ne s'oblige, et que Sa Majesté aura assez fait de devoir pour y mettre la paix, sans qu'on puisse rejeter la cause de la rupture sur autre que l'Espagnol; car, en désirant plus d'eux, je craindrois que cela ne servît plutôt à les diviser qu'à faire ce qu'on auroit entrepris. Il ne faut aussi pour cette même rai-

34

son penser à la trêve de vingt ans, selon le mémoire que j'ai donné à M. de Preaux, avec charge toutefois qu'il lui servît seulement d'instruction, sans le montrer à qui que ce soit, et qu'il en mît le président Richardot hors de toute espérance, crainte de trouver de nouvelles difficultés ici, et des longueurs de l'autre côté lorsqu'il faut finir. Je n'eusse même consenti que ledit sieur de Preaux eût écouté sur le sujet de ladite trêve, n'eût été que les Anglois montrent de la désirer plutôt que de rompre, et su qu'ils en ont mandé quelque chose à leur ambassadeur qui est à Bruxelles. A la vérité, si elle étoit de la façon que je l'entends, elle vaudroit bien l'autre, et peut-être mieux, mais il seroit trop difficile de joindre toutes les provinces ensemble pour l'accepter. J'en ai aussi tellement dégoûté M. de Barneveld, qu'il est d'avis de la rejeter du tout, et m'a parlé si ouvertement sur ce sujet depuis le départ dudit sieur de Preaux, que j'en suis demeuré fort content. Je tiens aussi pour certain, si les Etats demeurent résolus de ne traiter autrement, que le roi d'Espagne y consentira.

M. le président Richardot nous a écrit, et aux députés d'Angleterre, le quatrième de ce mois par messager exprès, pour nous prier de faire prolonger la trêve qui étoit prête d'expirer, disant qu'il n'espéroit pas qu'on se pût assembler avant la fin d'icelle, et qu'on n'auroit assez de temps pour envoyer cette prolongation en Espagne, si elle n'étoit faite dès maintenant. M. de Preaux n'étoit encore arrivé à Bruxelles lorsqu'il nous dépêcha ce messager, mais il y arriva le même jour. Notre réponse a été que les députés des provinces s'étoient retirés depuis quinze jours, attendant le retour des députés de Zélande, et que pendant leur absence on n'en a pu parler; que les Etats ne voudront aussi entendre à cette prolongation jusques à ce qu'ils aient résolu s'ils traiteront ou non, et qu'ils voudront être pareillement assurés si le roi d'Espagne entend être compris et nommé au traité, sans quoi il est certain qu'ils n'en voudront ouïr parler; que pour cette raison ledit sieur de Preaux leur a été envoyé afin d'en être éclaircis avec certitude; qu'à son retour nous en ferons volontiers instance, et nous promettons de l'obtenir pour un mois ou six semaines, qui doivent suffire pour traiter, pourvu qu'il rapporte bonne réponse, n'en pouvant espérer autrement. Nous lui faisons aussi connoître par nos lettres que les longueurs sont cause de donner moyen d'empêcher la trêve à ceux qui en sont ennemis au lieu de la faciliter, afin qu'ils n'y aient plus recours, du moins qu'ils estiment que nous cherchons de l'évier à bonne intention, et comme si nous ne voyions pas qu'ils l'affectent avec artifice et mauvais dessein. Nous ferons dans deux ou trois jours suivre cette dépêche d'une autre, après que le dit sieur de Preaux sera de retour, et les députés de Zélande venus. Je suis très-joyeux de la convalescence de M. de Châteauneuf, et prie Dieu qu'il le conserve de longues années. Je suis, monsieur,

Votre, etc.   P. JEANNIN.

A La Haye, ce treizième décembre 1608.

LETTRE *de M. de Villeroy à M. Jeannin, du seizième décembre 1608.*

Monsieur, vous connoîtrez par la lettre du fils le juste mécontentement qu'il a du procédé des Anglois et des Espagnols, lesquels traitent inégalement avec lui ensemble la résolution qu'il a prise sur les mutations et diversités. Certes l'Anglois a grand tort d'avoir donné espérance aux autres qu'il leur fera avoir cette trêve pure et simple, sans renonciation ou expression de la liberté en faveur des Etats, car ils savent très-bien que ceux-ci n'avaleront jamais telle amertume qui détruiroit entièrement le fondement sur lequel de leur côté ils ont bâti la résolution qu'ils ont prise de traiter sûrement, et par laquelle leurs vrais amis ont été persuadés de les conforter en icelle : tellement que nous croyons que lesdits Anglois ont pris cette proposition pour rompre tout-à-fait lesdits traités, et nous contraindre tous, de rentrer en guerre, jaloux des négociations dudit sieur don Pedro, desquelles les Espagnols leur donnent martel à poste, comme ils ont fait auxdits Etats, car nous ne pouvons croire que ceux-ci si soient emportés du désir de leur repos, qu'ils renoncent à leur liberté, après les déclarations et protestations qu'ils ont faites, leurs affaires, et celles de leurs amis et ennemis, étant en l'état qu'elles sont. Nous ne pouvons croire aussi que lesdits Anglois aient assez de pouvoir et autorité envers lesdits Etats pour les disposer par amour ou par force à ce point, quand bien ils les menaceroient de délivrer auxdits Espagnols les places d'otages qu'ils détiennent, comme l'on nous a assuré qu'ils ont promis de faire; joint que j'ai toujours estimé n'être au pouvoir desdits Anglois de disposer desdites places contre la volonté des Etats. Il faut donc que lesdits Anglois aient malicieusement fait ladite ouverture, expressément pour rallumer la guerre et nous y envelopper contre le roi d'Espagne, afin de demeurer cependant arbitres de nos débats, jouissant de leurs aises, ou se rangeant du côté de celui avec lequel il pourra profiter davantage. Voilà un échantillon notable de l'infidélité et duplicité de cette nation, qui offense à bon droit le Roi, et d'autant plus que sa conduite envers eux n'avoit, ce lui semble, mérité cela; mais Sa Majesté s'est moins scandalisée de l'impudente malice et simplicité du conseil d'Espagne, lequel s'est laissé ainsi befler auxdits Anglois, et a porté si peu de respect à Sa Majesté, et aux bons offices qu'elle a faits pour terminer la guerre, contre toute raison et considération d'Etat, voire contre le désir et jugement universel de la chrétienté et leur propre espérance.

Nous concluons donc qu'il faut que lesdits Anglois leur aient fait de grandes promesses contre les Etats, et peut-être contre nous-mêmes, ou qu'ils aient résolu de rentrer en guerre à quelque prix que ce soit, et peut-être s'adresser à nous comme auxdits Etats, assurés de lesdits Anglois, ou sans eux. Quant aux archiducs, nous n'avons telle occasion de nous plaindre d'eux, puisqu'ils ont avoué et confirmé les paroles et lettres de leurs députés, sur lesquelles nous avons fondé la poursuite de ladite trève suivant votre projet; et nous semble qu'eux, et spécialement le sieur Richardot, ont parlé à M. de Preaux assez librement pour nous faire croire qu'ils n'approuvent ces changements et qu'ils ne s'y veulent arrêter, encore qu'ils vous aient prié d'en parler auxdits Etats avec lesdits Anglois, car ils s'en sont remis après à votre discrétion. Néanmoins, ils sont si attachés et obligés aux volontés d'Espagne, et sont d'ailleurs si timides, que nous avons sujet de nous défier de leur résolution, comme du succès de la conférence et prolongation nouvelle de la cessation d'armes qu'ils ont proposée à M. de Preaux, et de laquelle ils vous ont prié par lui et par leurs lettres de faire instance. C'est pourquoi nous avons pensé à l'expédient que le Roi vous écrit, qui est de tirer desdits Etats une déclaration par écrit, signée et scellée, par laquelle ils ont porté qu'ils accordent de faire ladite trève suivant votre projet et le conseil des deux rois, pour obliger le Roi d'en faire une semblable et en pareille forme, devant que d'entrer en conférence, afin d'avoir cette sûreté de part et d'autre, qui aide à nous faire mieux espérer que le passé de ce qui sera demandé et accordé en suite de cela pour terminer et résoudre entièrement les affaires. Toutefois, il touche à vous de mesurer cette ouverture ainsi que vous jugerez être pour le mieux. Bien vous dirai-je, si vous pouvez disposer lesdits Etats à faire ladite déclaration, peut-être sera t-il à propos que vous en soyez le porteur auxdits archiducs, afin de les mieux pousser et faire entrer dans le rets, sans attendre l'agréation d'Espagne, ni même le retour de leur confesseur, du voyage duquel M. de Preaux vous a rapporté qu'ils espèrent beaucoup. Mais nous craignons qu'ils y soient trompés, comme ils ont été des autres, et même de celui du cordelier nouvellement revenu d'Espagne, que don Pedro dit avoir été renvoyé sans charge, encore que ledit cordelier ait dit au Roi au contraire; car je n'estime pas que les archiducs aient assez de force et vertu pour franchir ladite déclaration au retour dudit confesseur, s'il leur rapporte que l'intention du roi d'Espagne y répugne; partant, ils seroient plus excusables de le prégne; partant, ils seroient plus excusables de le prévenir sur la nécessité urgente qui s'offre. Davantage, nous devons désirer que les archiducs fassent ce saut, si faire se peut, contre l'avis d'Espagne, afin de les diviser et donner sujet à ceux-là de rechercher autre appui que celui-ci, dont vous savez qu'ils n'auroient faute, et de le trouver tel qu'ils pourroient se délivrer tout-à-fait de la servitude de laquelle ils languissent, se rendre très-vitude de laquelle ils languissent, se rendre très-heureux et plus honorés du côté d'Espagne qu'ils n'en sont à présent gourmandés; et nous savons de bon lieu qu'ils s'en plaignent maintenant plus que jamais, voire qu'ils en sont comme désespérés, de sorte qu'il fait bon à présent battre le fer, même sur l'occasion de ladite trève qu'ils désirent ardemment, et en laquelle seule gît leur dernière ancre de salut et de consolation; et nous a-t-on rapporté que le président Richardot y est de son côté très-disposé, et même le marquis Spinola, comme gens qui se voient perdus si on rentre en guerre, ce que l'on peut aucunement colliger aussi des propos qui ont été tenus à M. de Preaux, que vous pourriez, étant sur les lieux, mieux reconnoître que tout autre.

Toutefois, je vous écris ceci de mon mouvement, poussé de mon soin et devoir ordinaire au service du Roi, sans lui en avoir parlé; je le remets aussi à votre jugement. Sa Majesté eût préféré la trève pour vingt ans à la guerre, ainsi que je vous ai écrit par ma lettre du dernier du mois passé, au défaut de celle que vous avez proposée, si les Anglois n'eussent traversé par leurs belles offres les affaires comme ils ont fait. Ce dépit donc a fait résoudre Sa Majesté à opiniâtrer sans variation ladite trêve selon votre projet, se promettant qu'il vous sera facile d'empêcher que l'autre soit acceptée desdits Etats à l'instance desdits Anglois contre son avis, qui est un point auquel il importe que vous preniez garde; car il ne faut pas que lesdits Anglois puissent gagner sur nous cet avantage, pour les raisons que vous pouvez mieux juger. C'est pourquoi Sa Majesté vous commande d'offrir ses forces et son assistance auxdits Etats, en cas que les archiducs et Espagnols refusent la susdite trêve, afin qu'ils n'aient sujet de descendre en l'autre contre sa volonté : néanmoins, elle désire que vous ménagiez lesdites offres, de façon que les ennemis de ladite trêve ne prennent sujet et pouvoir de renverser du tout celle que nous désirons aussi bien que l'autre; vous entendez bien ce que nous voulons dire. Il sera besoin aussi d'entretenir le prince Maurice et les siens en tout événement avec plus de soin que jamais; car on peut s'assurer d'eux plus que des autres, comme moins faciles à réconcilier avec l'Espagne : néanmoins, il ne faut pour cela délaisser le sieur de Barneveld, ni lui donner occasion de croire que nous voulions faire plus d'état des autres que de lui; car il peut plus que tous, et cela le feroit cabrer. Vous les connoissez mieux que nous, et pareillement ce qu'il faut faire pour en tirer service : nous nous en reposons donc sur vous entièrement.

Qui pourroit assigner la conférence que lesdits archiducs désirent à Calais, ou en quelque autre lieu de France, comme vous avez autrefois proposé; ce seroit le moyen de nous venger des Anglois : pensez-y, je le vous ramentois, mais sans charge aussi; il faut penser à tout, et s'aider de tous moyens pour sortir à notre honneur et avantage, par une voie ou autre, de ce labyrinthe; il importe au repos de la France pour le présent et pour l'avenir. S'il est vrai que ceux de Zélande aient délibéré de demander que le trafic d'Anvers soit interdit pour trois ans, et qu'il leur soit accordé, icelui passé, de mettre un impôt sur les bateaux et marchandises à leur discrétion, ainsi que M. Richardot a dit à M. de Preaux, il faut qu'ils s'en départent, car telle demande est injuste. Bien approuvons-nous qu'ils fassent instance de ce que vous avez proposé au prince Maurice, afin d'obvier à tous traités et desseins contraires à celui qu'ils auront approuvé. J'ai vu le nonce du pape par le commandement du Roi; suivant sa lettre, il blâme l'imprudence d'Espagne, et la malice d'Angleterre, et loue la conduite de France en toutes ses parties. Il a parlé à dom Pedro, qui a fait l'étonné, des promesses et ouvertures angloises, les dénie ou en fait l'ignorant, mais c'est un trompeur; aussi n'est-il venu par-deçà que pour en faire l'office, duquel il s'est bien acquitté. Ledit nonce lui a dit fermement la résolution du Roi, savoir est de coucher de son reste pour la conservation des Etats, en cas que l'on leur vînt du côté d'Espagne et des archiducs, ce que Sa Majesté leur a offert à la prière et sur la parole de ceux-ci, de quoi il doit donner avis en Espagne. Il en sera dit autant à Peckius dès demain, et conclus comme vous que lesdits Espagnols se lasseront à la fin vaincre au désir des archiducs pour ladite trêve, quand ils verront ne la pouvoir obtenir plus favorable pour eux, ou bien ils auront dressé et assuré leur partie avec lesdits Anglois, à quoi nous verrons clair bientôt, comme nous avons délibéré de faire à la conclusion de ces négociations, sans nous laisser entretenir de remises et dilations, sur des incertitudes telles qu'ont été celles qu'on jusques ici pratiquées, de part et d'autre, trop imprudemment et malicieusement; de quoi je vous Dieu vous faire la grâce d'avoir aussi bonne issue que le méritent l'affection et probité que vous y contribuez. Je prie Dieu, monsieur, qu'il vous conserve en bonne santé.

Votre, etc. De Neufville.

De Paris, ce seizième jour de décembre 1608.

Lettre *de M. Jeannin à M. de Villeroy, du seizième décembre 1608.*

Monsieur, n'ayant trouvé commodité sûre pour vous envoyer la précédente lettre, j'ai différé pour vous l'envoyer avec celle-ci par la voie de M. de Colombier. Les députés des Etats qui étoient allés en Zélande sont retournés, et nous font espérer que ceux de cette province se joindront à l'avis commun; ce qu'on tient comme assuré, d'autant que la charge de leurs députés n'est plus limitée ni restreinte à certaines conditions comme du passé, mais libre et générale, pour résoudre avec les députés des autres provinces ce qu'ils jugeront plus utile pour le bien général. La ville de Delft s'est aussi réduite; et quant à Amsterdam, les Etats généraux y ont envoyé trois députés du corps du conseil de la Justice, pour leur persuader d'en faire autant; ce que chacun tient qu'ils feront. Jugez, monsieur, par ces longueurs et difficultés, s'il sera aisé à quelques particuliers, quelque crédit qu'ils aient en cet Etat, de pouvoir jeter et faire des traités secrets durant la trêve avec les archiducs, qui est autant qu'avec le roi d'Espagne, puisqu'il faut que tant de gens y aient part, et que toutes ces difficultés ne sont provenues que de la crainte qu'ils ont tous de tomber par pratique et artifices sous cette domination : par ainsi on ne doit pas croire que les soupçons du prince Maurice sont vains et sans raison, attendu même que personne n'entre aux magistratures ni au conseil des villes, qu'il ne soit de la religion, c'est-à-dire ennemi de ces princes; joint que s'ils veulent suivre le conseil qu'on leur a donné, qui est qu'on ne puisse faire aucun traité, durant la trève, que du consentement de tous et des deux rois, ils éviteront non-seulement ce mal, mais se garantiront du soupçon même. M. de Preaux est retourné, et m'a rendu vos lettres du premier de ce mois; il a fort dextrement et heureusement exécuté la charge qu'on lui avoit commise : je ne vous écrirai rien de ce qu'il a fait, car il en a donné avis de Bruxelles. Le prince Maurice ne s'attendoit pas qu'il dût rapporter les lettres de l'archiduc confirmatives de ce que M. le président Richardot nous a ci-devant écrit touchant l'obligation du roi d'Espagne, mais il a été trompé. Je ne tiens pas pourtant que l'archiduc soit assuré de pouvoir faire ce qu'il promet, et qu'il s'est avancé de nous écrire ainsi, craignant que tout ne fût rompu s'il eût fait autrement, aussi qu'il est toujours en quelque espérance de l'obtenir par le retour de son confesseur qui y est allé; et pour leur donner le loisir de l'attendre, le président Richardot m'a prié de faire différer les affaires jusques au vingt-cinquième de janvier, de telle sorte toutefois qu'on ne sache ce délai avoir été requis par eux. Il ne sera qu'assez aisé, d'autant que les Etats procèdent en leurs résolutions avec tant de longueur, que, quoiqu'ils soient déjà comme d'accord des articles, si est-ce que la Zélande, laquelle prétend y faire quelque changement, leur donnera sujet de consumer dix ou douze jours inutilement; mais nous ne laisserons pas, après qu'ils auront résolu de traiter en termes généraux, de faire pour tout le mois de janvier sans plus; car si le temps étoit plus long, ils seroient pour demeurer inutiles jusque vers la fin d'icelui. Il vaut mieux faire une autre prolongation lorsque nous serons assemblés. Quoi que don Pedro vous ait dit du roi d'Angleterre, si est-il certain que le roi d'Espagne le fait rechercher par un nouvel ambassadeur, et que la crainte qu'il a de lui, la haine qu'il nous porte, et ce qu'il n'est si bien ici qu'il désireroit, lui pourront faire prendre de mauvais conseils : si me semble-t-il qu'on ne peut rien faire ès affaires de ce pays qu'avec l'autorité et l'avis de Sa Majesté, par ainsi que les Espagnols seront toujours contraints de passer par ses mains et de rechercher son amitié, veuillent ou non. Je me conduirai en tout selon que vous me manderez par vos lettres, même s'il avient que le roi d'Espagne fasse difficulté de s'obliger. Les députés d'Angleterre sont bien fâchés de ce que M. le président Richardot a mis dans ses lettres que leur maître a donné assurance en Espagne de faire résoudre la trève sans la liberté, craignent qu'il ne soit su ici, et il ne peut être secret, le nient du tout, et disent que c'est un artifice dont ils sont fort mal contents; mais leur conduite donne grand soupçon qu'il soit vrai. J'estime, quant à moi, s'ils l'ont fait, que ç'a été lorsqu'ils désiroient de rompre la trève, comme à la vérité telle espérance pouvoit faire rejeter toutes autres ouvertures au roi d'Espagne, et par ce moyen être cause de rupture; mais ils sont du tout changés depuis quelque temps, et poursuivent à présent avec plus d'ardeur que nous la trève suivant notre projet, et avec l'obligation du roi d'Espagne, jugeant bien qu'on ne la peut obtenir d'autre façon. Je retiens le courrier Picaut jusqu'à ce que nous vous puissions mander la résolution, et vous faisons ces dépêches par M. de Colombier qui s'en vouloit retourner en France. Je sais qu'il est connu de vous, et il espère de l'avancement par votre faveur; aussi est-il sage et en très-bonne réputation par-deçà. Je vous supplie de toute mon affection le favoriser, afin qu'il puisse être gratifié de son voyage, et qu'il reçoive cette commodité par votre moyen, dont je vous demeurerai obligé avec lui. Je suis, monsieur, votre, etc. P. JEANNIN.

A La Haye, ce seizième décembre 1608.

LETTRE *dudit sieur Jeannin à M. le duc de Sully, dudit jour seizième décembre* 1608.

Monsieur, votre lettre du dix-septième novembre me fut seulement rendue le jour d'hier. Je ne fais doute que les longueurs et incertitudes des Etats ne vous soient ennuyeuses;

mais ce n'est faute de les poursuivre, presser et solliciter, jugeant bien que la longueur est plutôt cause de faire naître de nouvelles difficultés que de faciliter la résolution de l'affaire que nous traitons. Or ils sont maintenant sur la fin, et ne peuvent plus user de remise de leur côté; aussi me semble-t-il qu'ils en sont las, et que chacun veut à présent voir la résolution qu'on prendra quelques jours après que les députés de Zélande seront de retour, lesquels sont attendus après demain. Les députés des Etats-généraux qui y avoient été envoyés, étant de retour, nous en donnent fort bonne espérance, promettent même qu'ils se joindront à l'avis commun, du moins n'y apporteront aucune difficulté qui puisse être cause de rupture, ayant à cet effet donné charge à leurs députés de délibérer et résoudre avec les députés des autres provinces ce qu'ils jugeront être du bien général, au lieu que leur précédent pouvoir étoit limité et restreint à certaines conditions qu'il ne leur étoit loisible d'outrepasser. Et quant aux deux villes de Hollande, lesquelles contredisoient aussi à cette trêve, à savoir Delft et Amsterdam, la première est déjà réduite, et les Etats-généraux ont envoyé trois députés à Amsterdam pour leur persuader d'en faire autant, ce qu'on espère qu'ils feront, en sorte que toutes difficultés semblent levées de ce côté-là, pourvu que le roi d'Espagne se veuille obliger, selon que les archiducs le promettent derechef par les lettres que M. de Preaux nous en a rapportées, contraires aux bruits qui courent; et, à mon avis, il nous a plutôt fait telle réponse, crainte de rupture s'il l'eût révoqué en doute, que pour l'assurance qu'il en ait; mais bien l'espère-t-il par le retour de son confesseur qu'il a envoyé en Espagne; en quoi, s'il est trompé, nous serons en très-grande peine, n'estimant pas qu'il soit possible d'unir tous les Etats en une même résolution pour leur faire accepter cette trêve avec les archiducs, sans que le roi d'Espagne s'y oblige; du moins y prévois-je tant de difficultés et de longueurs, qu'on doit craindre de l'entreprendre, et n'en a-t-on pas sujet aussi s'il est vrai que le voyage de don Pedro ait apporté si peu de fruit; joint que la rupture avenant du côté d'Espagne, toutes les provinces rentreront en guerre avec la même union que du passé, et plus d'animosité qu'ils n'en eurent jamais, et seront contraints même, si le roi d'Angleterre retire de tout son secours, comme il déclare tous les jours vouloir faire, d'inviter le Roi par offres avantageuses à leur donner le sien, ou bien prendre tels conseils que Sa Majesté voudra pour une autre trêve; et la crainte du premier ensemble le besoin que le roi d'Espagne montre avoir de faire cesser cette guerre, me font toujours espérer que, ne voyant plus autre moyen pour sortir de cette guerre que celui-là, il aimera enfin mieux s'obliger que de rompre, quoi qu'en ait dit don Pedro au Roi : peu de jours nous en feront voir le succès, dont je donnerai aussitôt avis à Sa Majesté, et demeurerai perpétuellement, monsieur, votre, etc.

P. Jeannin.

De La Haye, ce seizième décembre 1608.

Propos tenus en l'assemblée des Etats-généraux par MM. les ambassadeurs de France et d'Angleterre, le dix-huitième décembre 1608.

Messieurs, sur les bruits qu'on a fait courir tant parmi vous qu'en France et en Angleterre, que le roi d'Espagne ne vouloit être obligé au traité de trêve dont nos rois sont entremetteurs, nous avons pris conseil, en semble messieurs les députés d'Angleterre et nous, d'envoyer un gentilhomme vers l'archiduc avec lettres et créance, pour être éclaircis de la vérité ou fausseté de tels bruits, tant par ce qu'il nous en diroit de bouche que par ce qu'il nous en pourroit écrire, dont ce gentilhomme s'est fort bien acquitté, et nous a rapporté que ledit sieur archiduc s'étonnoit et trouvoit étrange qu'après nous avoir fait écrire par M. le président Richardot, dès le seizième d'octobre, son intention sur ce sujet, et le pouvoir qu'il a du roi d'Espagne pour l'obliger en vertu de sa procuration, on lui vienne encore demander à présent si ce que ledit sieur président a écrit de sa part est véritable ou non, pource que personne ne devoit présumer qu'un ministre principal, tel qu'est ledit sieur président, employé en cette affaire dès le commencement du traité, se soit voulu ingérer d'écrire en chose de si grande importance de soi-même, et sans en avoir eu charge et commandement exprès de son maître, ni que le maître l'ait aussi voulu commander sans avoir la volonté et le pouvoir de l'effectuer.

Néanmoins, afin que nous en soyons plus assurés, il a dit à ce gentilhomme et nous a pareillement écrit que ledit sieur président n'a ci-devant rien écrit sur ce sujet qui ne soit vrai, et qu'il l'a fait par son ordre et commandement, et s'il y a eu de la longueur à l'effectuer depuis ledit temps jusqu'à présent, qu'elle n'est provenue de lui, mais par le retardement de messieurs les Etats, qui n'ont fait tir de leur part aucune réponse ni devoir de l'avertir de la résolution qu'ils ont prise, comme ils ne font encore à présent.

Or il n'y a aucune apparence qu'un prince de la qualité de l'archiduc ait voulu avancer un mensonge, qui aussi bien lui seroit inutile, et ne serviroit qu'à lui apporter du blâme; car nous lui avons fait dire que si vous preniez résolution d'entrer en ce traité, que la première chose qu'on voudra voir sera son pouvoir, sans lequel, et cette obligation précise et expresse, il ne doit espérer que vous vouliez passer outre.

Il ne reste donc plus qu'à prendre résolution de votre côté pour achever et mettre la dernière main à cet œuvre, ou n'y plus penser. C'est pourquoi nous vous prions de la faire sans plus user de remises, lesquelles sont trop ennuyeuses à vos amis et dommageables à votre Etat, et ne peuvent profiter qu'à vos adversaires. Considérez aussi que vous êtes sur la fin de la trêve, et qu'il est besoin de la prolonger, ce que nous n'estimons pas devoir être fait pour plus d'un mois, et au cas que vous soyez résolus de traiter sur la substance, et aux conditions de notre projet, non autrement, pource que ce seroit perdre le temps inutilement et en vaines disputes d'entrer en autres ouvertures et propositions pour penser obtenir mieux que ce qui est contenu en ce projet; ainsi il est du tout nécessaire de vous résoudre ou de rompre.

Et si vous choisissez le premier, comme nous vous le conseillons de la part de nos maîtres, de prolonger cette trêve promptement, afin qu'en puissions avertir l'archiduc, et lui envoyer ladite prolongation assez à temps.

C'est bien toutefois notre intention, si vous êtes résolus de traiter sur ledit projet, de faire sérieuse instance, lorsqu'on s'assemblera, à ce que la trêve que nous poursuivons au lieu de dix ans soit faite pour quinze, du moins pour douze, et le commerce des Indes accordé plutôt de gré à gré qu'avec hostilité, afin que rien ne survienne qui puisse troubler la sûreté de votre repos; mais si on ne peut obtenir ni l'un ni l'autre, l'avis de nos rois est que vous ne devez pourtant laisser de résoudre et conclure ce traité, qui ne peut être rompu de votre côté qu'avec trop de dommage pour votre Etat.

LETTRE *du Roi à MM. Jeannin et de Russy, du dix-neuvième décembre 1608.*

Messieurs Jeannin et de Russy, j'eusse bien désiré pouvoir attendre et recevoir de vos nouvelles sur la réponse des archiducs et du président Richardot, que le sieur de Preaux vous a portée, de laquelle il m'a rendu compte par sa dépêche du onzième de ce mois que j'ai reçue le treizième au soir, pour savoir comment elle aura été reçue où vous êtes, devant que vous faire entendre mes volontés sur icelle pour les mieux fonder; mais j'ai été si ému et scandalisé de la duplicité et infidélité de laquelle j'ai appris que procède le roi d'Angleterre en cette action conjointement avec le roi d'Espagne, que je n'ai pu avoir cette patience. La franchise et bonne foi qui m'accompagne en toutes choses, et dont j'ai usé en ce fait, étant indigne d'une telle tromperie de laquelle j'avois bien eu quelque vent venant du côté d'Espagne, comme je vous avois fait écrire, et que mon cousin le prince Maurice l'avoit aussi pressenti; mais il faut que j'avoue que je n'eusse jamais cru que ledit roi d'Angleterre eût voulu être auteur de cette pratique, m'étant en ceci conduit envers lui, et vous avec ses ambassadeurs, comme vous savez que nous avons fait : non que j'aie jamais espéré dudit Roi et de ses ministres une correspondance loyale et assurée, ainsi que je vous ai souvent écrit, mais je n'eusse pas pensé que sa jalousie et sa mauvaise volonté eussent jamais eu sur lui tant de pouvoir que de lui faire faire sous main l'office, que nous apprenons des propos que le président Richardot a tenus audit sieur de Preaux, qu'il a fait en Espagne pour rompre ces traités, ou s'approprier du tout le gré de la conclusion d'iceux, par les promesses et espérances qu'il a données en Espagne de faire accepter auxdits Etats une trêve pure et simple, sans parler de la liberté qui leur a été offerte, et sur laquelle seule néanmoins vous et ses ambassadeurs avez fondé les conseils que nous leur avons donnés, d'entendre premièrement à la paix, et depuis la trêve que vous avez proposée ensemblement, et que vous avez depuis poursuivie avec tant de peine et de labeur, pour vaincre les oppositions et contradictions que vous y avez rencontrées, en quoi vous avez été secondés et fortifiés de mon autorité avec toute franchise et rondeur, mû de mon affection au repos public et au bien particulier desdits Etats, comme des prières et instances qui m'en ont été faites de la part du roi d'Espagne et des archiducs, sur la foi et parole desquels comme j'ai engagé mon nom et réputation en cette poursuite, je ne puis supporter aussi maintenant qu'il en soit abusé, sous quelque couleur et prétexte que ce soit.

C'est pourquoi non-seulement je ne puis trouver bon que vous favorisiez l'ouverture de la susdite trêve, pure et simple, ou sur le pied de la première qui doit finir avec l'année, que je veux que vous demeuriez fermes dedans les termes de celle que vous avez proposée, laquelle vous continuerez donc à mettre peine de persuader et faire agréer auxdits Etats en la forme que les députés des archiducs l'ont accordée étant par-delà, et depuis par la lettre dudit sieur Richardot, que lesdits archiducs ont de nouveau confirmée par celles qu'eux et ledit sieur Richardot vous ont écrites par ledit sieur de Preaux, sans vous arrêter à la prière qu'ils vous ont faite de mettre en avant l'autre, sous prétexte de contenter le roi d'Espagne, ni autre quelconque; car, tant s'en faut que j'entende que mon nom soit engagé en ce changement, que j'ai délibéré d'en empêcher l'effet tant qu'il me sera possible, et tout ouvertement si vous jugez que vous en deviez user ainsi; car je ne veux rien épargner pour conserver ma réputation. J'ai assuré lesdits Etats, sur la parole desdits archiducs, et même des ministres qui ont traité avec moi de la part du roi d'Espagne, qu'ils traiteront au nom de l'un et de l'autre avec lesdits Etats une trêve à longues années, comme avec gens libres sur lesquels ils ne prétendent rien, aux conditions portées par le projet que vous en avez dressé. Si maintenant ils entendent s'en dédire, je n'ai pas délibéré d'y acquiescer ni avaler l'injure et offense qui m'en demeure, laquelle je ressens comme je dois; et d'autant moins le dois-je faire, puisque le coup est sorti de l'invention et infidélité desdits Anglois, lesquels l'ont rué exprès pour rompre ces traités et rallumer la guerre, nous y engager tous, et cependant jouir plus sûrement de son aise; car vous savez qu'il a toujours refusé de promettre assistance auxdits Etats en cas de guerre, ou bien il a cru pouvoir par ce moyen acquérir tout le gré et honneur desdits traités, et m'en priver entièrement, et par cette dite trêve simple, faite sans déclaration de liberté, peu à peu renverser l'union desdites provinces et leur république à l'avantage de la maison d'Autriche ou de Bourgogne, ayant craint que je fisse un traité à part avec ledit roi d'Espagne à leur désavantage, comme les députés dudit roi d'Angleterre vous ont fait entendre par les propos qu'ils vous ont tenus, lesquels ils ont avancé malicieusement, exprès pour commencer à couvrir et justifier l'infidélité de leur procédure du côté d'Espagne voyant qu'elle devoit être bientôt découverte.

Or il semble par les propos desdits archiducs, et principalement dudit Richardot, qu'ils ne soient pas contens de cette mutation, persuadés du désir et besoin qu'ils ont de fournir et trouver ces moyens de finir la guerre, en laquelle je crois certainement qu'ils craignent de rentrer. Toutefois il faut craindre aussi qu'ils s'y conduisent ainsi par artifice, pour vous disposer à favoriser ce parti, et y engager mon nom, sous prétexte d'en faire seulement un essai pour désabuser le conseil d'Espagne, aux volontés duquel ils sont d'ailleurs si liés, qu'il ne faut pas s'attendre qu'ils entreprennent chose qui soit désagréable à icelui. C'est pourquoi je vous dis derechef qu'il ne faut point s'arrêter à leurs prières et instances, mais continuer à presser lesdits Etats qu'ils agréent ladite trêve suivant votre projet, et qu'ils en fassent une déclaration telle qu'il convient, sans plus faire instance que ce mot *toujours* soit ajouté, ou celui de *comme* soit retranché de l'article de la liberté, mais ils peuvent bien persister que ladite trêve soit faite pour douze ou quinze ans, et que la volonté du roi d'Espagne sur le commerce des Indes soit déclarée dès à présent; car j'ai su que lesdits archiducs ne rompront sur ces deux derniers points, aussi n'en sont-ils dignes de part ni d'autre; et quand lesdits Etats auront fait ladite déclaration, j'entends qu'ils la vous baillent, et que vous l'envoyiez auxdits archiducs, pour savoir s'ils voudront l'accepter.

Je ne sais si les Anglois voudront, maintenant que leur mauvaise foi sera éventée, accompagner cet envoi et office de l'entremise de leur maître; mais s'ils en font refus vous ne laisserez de l'accomplir de ma part sans eux, et n'omettrez rien à faire envers lesdits Etats pour leur faire prendre cette résolution, continuant à leur dire, s'ils la rejettent ou y apportent plus de longueur, qu'ils m'offenseront grandement, et me donneront sujet, non-seulement de croire ou qu'ils ont intelligence secrète avec lesdits Anglois, pour faire par leur moyen ladite trêve simple, comme ils en ont donné espérance et promesse en Espagne, ou qu'ils méprisent grandement mes avis, mais aussi de ne mêler plus de leurs affaires. Vous le direz particulièrement audit prince Maurice et au sieur de Barneveld, comme à tous les autres qui en seront capables, et même en public à la suite de ce que vous leur en avez déjà dit; les assurant au contraire, si en cela ils me contentent, que j'épouserai tellement l'agréation et observation desdits articles envers les archiducs et du côté d'Espagne, que j'en ferai mon propre fait, soit pour faire que les dits princes s'en contentent, et quand ils les auront acceptés, ils leur soient observés, et puissent aussi conserver leur république. Mais si lesdits archiducs, après la susdite déclaration desdits Etats, rejettent ladite trève et spécialement l'article de la liberté ainsi que vous l'avez couché par votre projet, ou refusent de faire mention dudit roi d'Espagne, comme ils ont voulu que vous ayez offert auxdits Etats de ma part, en ce cas, comme je ne puis être d'avis qu'ils traitent, d'autant que je crois que l'on ne veut que les tromper, aussi les assurerez-vous qu'ils tireront de moi, en cas de guerre qui aviendra par la faute desdits archiducs et Espagnols, toute assistance et faveur qu'ils peuvent espérer de la volonté d'un prince qui a pareil soin de leur conservation, et de la justice de laquelle ils fortifieront leur cause par cette conduite que de celle de son royaume, ainsi qu'ils connoîtront bientôt par vrais effets, aussi sincères qu'ont été ceux qu'ils en ont tirés ci-devant.

Néanmoins vous prendrez garde à faire cette dernière offre si mesurément qu'elle ne soit cause de renverser parmi eux ladite trève en la forme que vous l'avez proposée; mais je ne puis être d'avis que lesdits Etats prolongent leur cessation d'armes, ni accordent aucune nouvelle conférence, que lesdits archiducs n'aient accepté par écrit la susdite trève suivant votre projet, sur la déclaration que lesdits Etats en auront faite, d'autant que s'ils s'embarquent auxdites prolongations et conférences sans autre certitude de la volonté desdits archiducs, ce ne sera que pour les amuser et gagner du temps à leur désavantage; car comme lesdits Espagnols ont rompu la paix, de laquelle ils avoient donné du commencement grande espérance, et qu'ils auront depuis renversé avec lesdits Anglois ladite trève par vous proposée, ils feront naître encore quelque accroche en cette dernière conférence qu'ils recherchent, qui la rendra inutile, voire préjudiciable auxdits Etats, en la prolongeant, ou en la faisant durer autant qu'ils jugeront nécessaire, pour d'un côté dresser et faire jouer leurs menées parmi eux pour les séduire et diviser, et de l'autre préparer leurs forces et moyens pour leur faire la guerre. Je dis donc qu'il me semble qu'il faut être assuré par écrit de la volonté desdits Etats sur les articles de ladite trève, devant que d'accorder aucune conférence, ni même de prolongation de ladite cessation d'armes. J'ai délibéré de faire dire ouvertement dès demain à don Pedro de Tolède par l'organe du nonce, comme à l'ambassadeur des archiducs, ma délibération sur ces affaires, telle que je le vous écris, afin qu'ils n'en soient en doute, et qu'ils n'aient sujet de se plaindre que je les aie abusés. Ce n'est aussi mon but d'user de telles voies envers eux ni autres; même j'en ferai dire autant à l'ambassadeur d'Angleterre, du maître duquel j'ai plus d'occasion de me douloir, si ce que ledit Richardot a dit audit de Preaux est véritable, que de tous les autres ensemble.

Au demeurant, j'approuve tous les offices et devoirs que vous avez faits envers lesdits Etats en général, et lesdits prince Maurice et sieur Barneveld, tant pour réconcilier ces deux derniers que pour disposer les autres à suivre mes conseils; et je sais bon gré à ma cousine la princesse d'Orange de ce qu'elle y a contribué ainsi que je lui écris, et lui confirmerez; mais je regrette fort le comte Adolphe pour les louables qualités qu'il avoit. Vous vous en condouleurez de ma part avec ledit prince et ceux de sa maison, lesquels vous assurerez toujours de ma bonne volonté, comme je fais aussi état de la persévérance de la leur en tout ce qui sera du bien de mes affaires et de mon contentement. J'ai approuvé pareillement le voyage que vous avez fait faire audit de Preaux vers les archiducs, et suis bien content de sa conduite, ayant très-bien observé et suivi vos instructions, et serai attendant avec impatience votre jugement sur tous les discours et propos que lui a tenus ledit président Richardot et les autres qu'il a vus, comme de ce qu'aura produit la réponse qu'ils vous ont faite par lui, principalement pour ce qui touche lesdits Anglois, et les offres qu'ils ont déjà faites en Espagne, et recevrez la présente pour réponse aux vôtres du vingtième et dernier novembre, que j'ai reçues le septième et huitième du présent. A tant, je prie Dieu, messieurs Jeannin et de Russy, qu'il vous ait en sa sainte et digne garde.

Ecrit à Paris, le dix-neuvième jour de décembre 1608.

HENRI.

Et plus bas, BRULART.

LETTRE *de M. de Villeroy audit sieur Jeannin, dudit jour dix-neuvième décembre* 1608.

Monsieur, nous vous envoyons par cette voie un duplicata de la dernière dépêche que nous vous avons faite et adressée à M. de Berny pour vous la faire tenir, afin que si elle faisoit naufrage par un côté, elle puisse arriver à bon port par l'autre, reconnoissant combien il importe que vous soyez averti des intentions du Roi sur ce que M. de Preaux vous a rapporté du voyage qu'il a fait à Bruxelles. A quoi j'ajouterai que nous étant plaints à M. le nonce de tous ces changemens, et lui à don Pedro de Tolède, nous en avons tiré peu de raison et consolation, et veut-on nous faire accroire que vous, conjointement avec les Anglois, avez proposé quatre formes de trève qui ont été représentées en Espagne : la première, suivant le projet véritable qui est sur le bureau; la deuxième, en suite de la cessation d'armes qui finit avec l'année; la troisième, sans l'intervention et approbation du roi d'Espagne; et la dernière, pure et simple, sans faire mention de l'article de la liberté; ces trois dernières pour vingt ans, et l'autre pour dix. A quoi j'ai répondu ce que je devois et sais être; mais nous apprenons de Rome et d'Espagne que la menée de ce changement se manie il y a long-temps; car le roi d'Espagne en a informé le pape, et nous a fait prier par lui de l'approuver. Sa Sainteté en a parlé à M. de Breves, qui en a blâmé et rejeté l'ouverture, et nous avons ici fait le semblable envers ledit nonce qui depuis nos dernières lettres a encore fait cet office. Nous lui avons répété nos raisons, car il en est informé dès le commencement comme nous : il les prend très-bien, toutefois j'ai quelque opinion qu'il varie selon l'humeur et inclination de ceux auxquels il parle. J'ai vu aussi le ministre des archiducs, résidant ici : il improuve ce changement, en accuse le roi d'Angleterre et ses suppôts, et l'ignorance des ministres d'Espagne, fortifiée de la malice d'aucuns du pays qui n'aiment point l'infante et son mari. Il a été un peu étonné de la liberté avec laquelle le président Richardot a parlé au sieur de Preaux de la pratique des archiducs, et des avis que don Pedro a donnés en Espagne de la disposition du Roi d'entendre à ces propositions, reconnoît toutefois que l'un et l'autre sont véritables, et n'a-t-on plus espérance qu'aux offices que doit faire le confesseur, et à ce qu'il rapportera.

Quant à don Pedro, il veut toujours que l'on croie que le roi d'Espagne ne changera point de propos, et qu'il ne passera jamais en son nom l'article de la liberté, quoi qu'il arrive, s'il n'obtient aussi ceux de la religion et des Indes à son mot. Nous voilà bien loin de compte suivant le pronostic du prince Maurice, ou plutôt son désir. Le Roi se persuade qu'en tenant ferme et faisant le mauvais, le roi d'Espagne changera, mais je n'ai pas cette opinion ; plutôt est-il à craindre que les Etats s'accommodent aux conseils du roi d'Angleterre pour finir la guerre, à quoi l'on dit qu'ils seront servis et confortés par le sieur Barnevelt, que l'on croit s'entendre mieux avec le ministre ordinaire des archiducs qui réside à La Haye qu'a-vec vous. C'a été Aërsens qui m'a dit ceci, mais il m'a prié de le tenir secret et en faire mon profit. Je l'ai dit au Roi, qui m'a commandé vous l'écrire afin que vous y preniez garde. Sa Majesté dit qu'elle veut coucher de son reste en cette action, pour la faire réussir selon son désir, on connoît tout-à-fait le risque des Etats ; mais je doute s'il sera conseillé d'en venir à tels effets en cas de rupture, ni qu'il s'y révolte comme il faut, principalement si les Anglois demeurent unis au roi d'Espagne. Faites-nous savoir de vos nouvelles le plus tôt que vous pourrez pour nous tirer de ces perplexités et incertitudes. Le plus court et sûr chemin seroit de gagner les archiducs, et leur faire trouver bon de franchir le saut qu'ils ont déjà prouvé, sans s'arrêter à l'Espagne ; mais cette sûreté auroient aussi les Etats du commerce et pays obéissant au roi d'Espagne ? Cependant M. de Sully partit hier pour aller en Berry voir ses maisons. Le Roi est toujours au lit de la goutte. M. d'Esguillon, rencontrant hier Balagny par les rues, le chargea pour le tuer, étant suivi de six chevaux, et l'autre étant seul en housse : il a été peu blessé, et vous assure que le Roi est à bon droit très-offensé de cet acte. Ce sera ce que j'ajouterai à ma précédente, priant Dieu, monsieur, qu'il vous conserve en bonne santé, me recommandant très-affectueusement à votre bonne grâce.

Votre, etc. De Neufville.

De Paris, ce dix-neuvième décembre 1608.

Lettre *de MM. les ambassadeurs de France et d'Angleterre à M. le président Richardot, du vingt-unième décembre 1608.*

Monsieur, la lettre qu'il a plu à son altesse nous écrire a beaucoup servi pour ôter les mauvaises impressions qu'aucuns avoient voulu donner, comme si elle n'eût eu pouvoir d'obliger le roi d'Espagne, sur quoi ils pensoient prendre prétexte pour faire rompre ce traité. Les députés de toutes les provinces étant à présent assemblés, ont délibéré d'entrer en conférence sur notre projet, et à cette occasion ont senti la prolongation de la trève, qui doit expirer au dernier jour de ce mois, jusques au quinzième jour de février, selon que vous ver-

NÉGOCIATIONS DU PRÉSIDENT JEANNIN. 539

par l'acte que nous envoyons aux ambassadeurs de nos rois, ledit acte fait par l'assemblée générale qui représente le corps de l'Etat, afin que vous en donniez aussi un de la part du roi d'Espagne et des archiducs, en la même forme que celui-ci. Ils ont suivi la dernière prolongation, fors qu'elle fut faite par les députés d'une part et d'autre; mais n'étant à présent assemblés, elle ne peut être faite que par les parties mêmes. Ce porteur retournera, s'il vous plaît, incontinent, pource que la trêve est près d'expirer. Encore que les Etats aient pris leur résolution pour entrer en traité, ils n'ont toutefois délibéré particulièrement sur nos articles, en quoi ils pourront consumer dix ou douze jours. Nous leur avons néanmoins déclaré bien expressément qu'ils ne doivent rien espérer de plus, quant aux articles principaux, que ce qui y est contenu, afin qu'ils ne perdent le temps inutilement à disputer sur d'autres ouvertures et nouvelles propositions; aussi les avons-nous assurés que leurs altesses y condescendront tant en leurs noms qu'au nom du roi d'Espagne, sans quoi ils nous ont dit qu'ils n'en eussent voulu délibérer. Excusez-nous donc si nous n'avons mis en avant l'autre trêve dont vous nous avez écrit; car, si nous l'eussions fait, il est certain que tout eût été rompu, ainsi l'avons-nous ressenti et appris de ceux qui sont les plus affectionnés à mettre leur pays en repos.

Nous vous supplions donc qu'on achève ce bon œuvre sur le projet commencé, puisqu'il n'y a autre espoir d'en sortir heureusement que de cette façon, non que par notre jugement l'autre trêve ne fût bien aussi bonne pour tous, mais il est du tout impossible de le persuader aux Etats, et le croyez, s'il vous plaît, car c'est la vérité. Quand ils auront pris une entière résolution sur les articles de notre projet, nous vous en donnerons avis, afin de convenir avec vous du temps et lieu de l'assemblée pour conférer et traiter, ce que nous désirons de toute notre affection être au plus tôt; et cependant nous vous baisons bien humblement les mains, et prions Dieu, monsieur, qu'il vous ait en sa sainte garde.

Vos, etc. P. JEANNIN, DE RUSSY, RI. SPENCER, RODOLPHE WINOOD.

De La Haye, ce vingt-unième décembre 1608.

LETTRE *particulière de M. Jeannin à M. Richardot, du même jour.*

Monsieur, tous les députés des provinces sont assemblés; ils ont délibéré de conférer et traiter, mais ils ne sont encore d'accord de nos articles, et je sais bien qu'ils disputeront avec grande contestation avant qu'être tous d'accord et d'un même avis; si leur avons-nous dit qu'ils ne doivent rien espérer de mieux touchant l'article qui a été si souvent débattu. Messieurs les députés d'Angleterre n'ont pas estimé, non plus que nous, qu'on dût proposer l'autre trêve dont vous nous avez écrit, et à la vérité les Etats sont si peu disposés à la recevoir de cette façon, qu'en la proposant, cela n'eût servi qu'à nous mettre en soupçon envers eux, et nous ôter tout pouvoir d'aider à l'avancement de ce bon œuvre, et enfin à rompre tout. Nous n'avons à cette occasion, et pour ne faire tort à messieurs d'Angleterre, jugé à propos de communiquer vos lettres qui font mention le roi d'Angleterre avoir fait dire en Espagne par son ambassadeur, que les Etats consentiroient à telle trêve, eux disant aussi être bien assurés que leur maître ne donna jamais cette charge audit ambassadeur. Tenez donc pour véritable, s'il vous plaît, qu'il n'y a moyen d'espérer cette trêve que sur notre projet, et en faisant obliger le roi d'Espagne; encore est-ce tout ce que nous pourrons faire que de surmonter les difficultés qu'ils y feront. On a cependant fait prolonger la trêve jusqu'au quinzième jour de février, qui est ce qui pressoit le plus. Ce courrier emporte l'acte dressé à la mode de messieurs les Etats, mais sur la dernière prolongation; vous en donnerez un tout semblable, s'il vous plaît, tant au nom du roi d'Espagne que des archiducs, et que ce soit les archiducs qui les fassent eux-mêmes, non messieurs les députés, tout ainsi que ce ne sont les députés des Etats, mais les Etats-généraux qui ont fait celui qui vous est envoyé. Pour le temps et le lieu, je n'ai pressé, estimant que ce sera assez temps après que les Etats auront pris résolution sur nos articles, et c'est pour venir à ce que vous désirez par la lettre que vous m'avez écrite, et ce que m'a dit M. de Preaux de votre part. Pour le lieu, les Etats sont trop de gens pour aller chez vous; je pense même que tous les députés des provinces voudront être au lieu où on traitera, encore qu'il n'y ait que quelques particuliers qui soient commis pour conférer; ainsi il semble que Breda sera le lieu le plus commode qu'on puisse choisir pour l'assemblée; je vous en donnerai avis assez à temps. J'ai entendu depuis deux jours que le père commissaire est de retour à Bruxelles; s'il est ainsi, j'en fais bon augure, et qu'il n'aura attendu à venir si tard pour apporter de mauvaises nouvelles. Achevons, au nom de Dieu, cette affaire qui nous a coûté tant de peine pour la conduire jusques où nous sommes, et toutefois ce n'est pas fait. Je vous baise bien humblement les mains, et suis, monsieur,

Votre, etc.   P. Jeannin.

A La Haye, ce vingt-unième de décembre 1608.

Lettre *de M. Jeannin à M. de Berny, dudit jour vingt-unième décembre* 1608.

Monsieur, nous vous envoyons l'acte de la continuation de la trève fait par messieurs les Etats-généraux jusques au quinzième du mois de février prochain; les Etats en demandent un semblable, tant au nom du roi d'Espagne que des archiducs, et en la même forme sans y rien changer; vous leur donnerez, s'il vous plaît, vous et M. l'ambassadeur d'Angleterre, ledit acte des Etats, eux vous donnant le leur. Les députés d'une part et d'autre ont fait auparavant telles prolongations; mais étant à présent séparés, il est besoin que les parties le fassent elles-mêmes, et, tout ainsi que les Etats-généraux l'ont fait, qu'il soit de même de l'autre part, tant pour le roi d'Espagne que pour les archiducs. Vous nous renverrez donc au plus tôt l'acte de ladite continuation, à cause du peu de temps qui reste. Les Etats ont bien résolu d'entrer en conférence et traité pour la trève, et tous y consentent, aussi bien la Zélande que les autres provinces; mais ils sont encore à conférer sur les articles de notre projet, en quoi ils consumeront dix ou douze jours au moins, et ne peux dire assurément ce qu'ils feront, toutefois j'en espère bien.

Nous leur avons dit aussi qu'ils ne doivent plus perdre le temps en vaines disputes, d'autant qu'ils ne peuvent rien espérer de plus, quant aux articles principaux, que ce qui y est contenu. On a avis ici que le cordelier est venu; ce ne sera sans avoir apporté la dernière résolution d'Espagne, mais si elle est autre que ce que les archiducs nous ont promis, je n'espère rien du traité: mandez-nous, s'il vous plaît, ce que vous en aurez appris, et retenez peu ce porteur. Nous ne mandons encore rien du temps et du lieu de la conférence, car cela est très-jusqu'à ce que les Etats aient délibéré particulièrement sur les articles de la trève; bien estimons-nous que le lieu le plus commode pour s'assembler sera Breda, et que leurs altesses n'y voudront faire difficulté à cause du grand nombre de gens qui s'y doivent trouver de la part des Etats. J'écris à M. de Villeroy; je vous supplie de lui faire tenir sûrement et le plus tôt que vous pourrez la lettre. Sur ce, vous baisant très-humblement les mains, je demeurerai perpétuellement, monsieur,

Votre, etc.   P. Jeannin.

A La Haye, ce vingt-unième jour de décembre 1608.

Lettre *de M. Jeannin à M. de Villeroy, dudit jour vingt-unième décembre* 1608.

Monsieur, nous avons envoyé le courrier Ducaut à Bruxelles, pour porter la prolongation de la trève jusqu'au quinzième de février. Les députés de toutes les provinces, même ceux de Zélande, sont ici, et ont délibéré d'entendre à la trève que nous leur proposons; mais ils veulent, auparavant que prendre le jour et le lieu pour s'assembler et conférer avec les députés des archiducs, conférer entre eux sur nos articles, et avec nous aussi. Je n'estime pas pourtant qu'on y doive rencontrer de grandes difficultés, car nous leur avons dit plusieurs fois, et encore avant hier en leur communiquant la réponse que les archiducs ont faite à M. de Preau, et que contiennent leurs lettres, qu'ils ne doivent rien espérer de plus que ce qui est en nos articles, même pour le regard de la liberté sur quoi ils ont toujours plus insisté. Ceux d'Amsterdam se sont réduits à l'avis commun, qu'on a ces jours entendu être de traiter conformément à nos articles, non de laisser à la liberté d'un chacun d'en proposer d'autres à plaisir. M. Malde-

qui est celui lequel conduit les députés de Zélande, m'est venu voir, et m'a dit que M. le prince Maurice leur a conseillé de se rendre, et que sans cela ils n'eussent jamais consenti à cette trêve. Bien a-t-il ajouté, si on ne peut obtenir du côté des archiducs plus ample déclaration sur l'article de la liberté, qu'ils désirent en leur province un acte des deux rois qu'ils les tiendront libres et souverains pour toujours en vertu de ce traité. A quoi je lui ai répondu que c'est chose déjà faite, et que notre écrit, fait sous le nom des députés d'Angleterre et de nous, présenté à l'assemblée générale, pour répondre à ceux qui contredisent à la trêve, le contient en termes exprès, ainsi que cela doit suffire. Il m'a dit aussi qu'ils ont été avertis en leur province qu'aucuns veulent mettre en avant de traiter avec lesdits archiducs seuls, et, si cela est, qu'ils ont charge de s'y opposer et de n'y consentir en aucune sorte; étoit aussi assuré que la plupart des villes de Hollande seroient de cet avis. Lesdits députés de Zélande ont aussi charge de proposer ce que je vous ai ci-devant écrit, pour s'assurer du tout contre les soupçons qu'on leur donne qu'aucuns pensent de faire pis: par où je juge, avec assez d'autres conjectures et raisons, qu'il sera très-difficile, ou plutôt impossible de faire cette trêve autrement que sur notre projet; c'est pourquoi j'en ai ôté toute espérance au président Richardot.

Les députés d'Angleterre disent qu'ils en font autant, et ceux qui manient les affaires, même M. de Barneveld, m'assurent qu'il faut demeurer fermes en cette résolution, pour ne voir aucune apparence qu'on puisse parvenir à l'autre. Je vois pareillement, par votre dernière lettre, que Sa Majesté a jugé ce conseil être celui auquel on se doit arrêter par les raisons susdites, ayant répondu si sagement, et avec une franchise si louable à don Pedro lorsqu'il lui en a parlé, que je tiens qu'enfin après que les Espagnols se verront exclus de toute autre espérance, ils feront plutôt ce qu'on demande que de rompre. Et toutefois, avant qu'avoir reçu vos deux dernières lettres, par lesquelles je connois que vous n'espérez plus rien de la séparation et des alliances proposées à Sa Majesté, je ne rejetois la trêve dont le président Richardot a parlé, sinon pour la crainte en laquelle j'étois qu'il ne fût trop difficile de la faire approuver aux Etats; mais maintenant que cette espérance est perdue, il me semble qu'on doit insister du tout à la faire suivant notre projet, afin que les Etats soient entièrement maîtres de leur pays, et par ce moyen ne soit si aisé de les faire retourner en la sujétion d'Espagne, comme il seroit s'ils n'avoient qu'une simple trêve sans déclaration de liberté. Il y a encore une autre raison, c'est qu'aucuns estiment, s'ils obtiennent la trêve avec la liberté, qu'on doit changer la république en principauté pour s'assurer du tout contre l'Espagne. Or, si on prenoit ce conseil, j'estime, encore que cette proposition soit faite en faveur du prince Maurice et par ses serviteurs, que Sa Majesté y auroit plus de part que lui pour la bonne opinion qu'on a de sa prudence, de son pouvoir et de son affection envers cet Etat. Et néanmoins, pour ne donner ombrage à personne, et empêcher que ces bruits ne nuisent à ce que nous faisons, j'aide à étouffer tels propos, et dis qu'ils doivent être différés en autre temps, après la trêve, pour y penser lors s'il est jugé expédient pour le bien de l'Etat, n'omettant rien toutefois pour persuader au prince Maurice que Sa Majesté désire son bien et sa grandeur; mais il me semble éloigné de tels desseins, et qu'ils sont plus avant en la tête de ses serviteurs qu'en la sienne; car c'est un esprit retenu et modéré, qui juge de ses forces par la raison et sans passion. Je suivrai ce qui est contenu en vos lettres du premier de ce mois au cas que le roi d'Espagne ne veuille être obligé, et par ce moyen que le traité sur notre projet soit rompu. On dit ici que le cordelier est arrivé à Bruxelles dès le treizième de ce mois: s'il est ainsi, j'espère qu'il aura apporté de bonnes nouvelles, et, quoi qu'il en soit, puisque l'archiduc a bon pouvoir, qu'il passera outre au traité. Je suis fâché que je ne vous peux encore mander que tout est fait du côté des Etats; mais il est toujours de mieux en mieux, non toutefois du tout à couvert jusques à ce qu'on y ait pris la dernière résolution. M. de Colombier est parti depuis trois jours avec nos lettres, mais il a le vent contraire. Picaut vous portera l'avis de la finale résolution aussitôt qu'elle sera prise. Je prie Dieu, monsieur, qu'il vous donne en parfaite santé très-heureuse et longue vie. Votre, etc. P. JEANNIN.

De La Haye, ce vingt-unième de décembre 1608.

LETTRE *de M. de La Boderie à M. Jeannin, du vingt-septième décembre 1608.*

Monsieur, celle qui vous a plu m'écrire le treizième du mois passé ne m'est arrivée que depuis deux jours. Auparavant avois-je déjà appris, par le moyen de M. le comte de Salisbury, les contradictions que vous aviez eues aux propositions de la trève, le courage et dextérité que vous y aviez apportés, et le bon état auquel vous aviez réduit l'affaire sans cette nouvelle difficulté qui est intervenue du côté d'Espagne. Depuis, nous avons su le voyage de M. de Preaux vers l'archiduc, et l'envoi qu'a fait son altesse de son confesseur en Espagne pour empêcher son désaveu. Nous attendons maintenant de quelle façon ses excuses auront été reçues par vous et par messieurs les Etats, pour, sur cela, faire jugement de ce qui se devra espérer du reste. Il y a quelque quinze jours que, sur ce qu'il s'écrivoit de divers endroits que le roi d'Espagne ne vouloit nullement passer à la cession de souveraineté, nous tenions ici que tout fût rompu. Depuis il semble que le voyage de ce certain confesseur laisse encore quelque fil à cette négociation avec ce qu'en même temps un certain Fernando Giron, est arrivé ici de la part du roi d'Espagne, qui vient, dit-on, pour remercier le Roi des bons offices qu'il a déjà contribués à l'avancement de ladite trève, et le supplier d'y continuer jusqu'à l'entière conclusion d'icelle. Il est vrai qu'on y ajoute qu'il a charge de déclarer l'intention du Roi son maître n'avoir jamais été de passer à ladite souveraineté, mais bien que si l'on veut venir à une trève de quinze, voire vingt ans, qui laisse les choses en l'état qu'elles sont, sans exiger de lui autre plus expresse déclaration, qu'il y consentira très-volontiers; ce que je crois n'être du tout désapprouvé de deçà, et qui néanmoins ne se goûtera guère, à mon avis, par ceux qui n'ont jamais apporté de consentement à ladite trève que par l'amorce de leur liberté. Tout ceci ce sont discours qui se font jusqu'à cette heure, plus par spéculation que par autre assurance que l'on en ait, n'ayant encore ledit de Giron été visité de personne, ni vu le Roi à l'occasion de son absence, qui ne sera de retour encore de cinq ou six jours. Mais après son retour, et que ledit de Giron aura commencé à étendre ses denrées, peut-être en saurons-nous davantage, et aussitôt vous en ferai-je part, comme je n'aurois failli de vous écrire plus souvent, si j'avois eu quelque chose qui l'eût mérité.

Quant à l'utilité que vous jugez se pouvoir retirer de l'amitié d'entre ce prince et le nôtre, et de ce que vous pensez que j'y puis apporter, je conviens bien pour ce qui est du premier avec vous, pour l'autre, il y faut plus que des paroles; et s'il m'étoit loisible, je vous dirois certes, monsieur, que nous n'y faisons pas assez de notre côté, et la mauvaise affaire de dettes, sur laquelle se donne que du mécontentement, est principalement ce qui nous gâte. Je ne crois pas pour cela qu'il intervienne aucune rupture, mais d'amitié il y aura toujours moins en effet qu'en apparence, et d'alliance difficilement. Nous l'avons pu et ne l'avons pas voulu, et avons affaire à des gens qui se croient méprisés de nous, et le supportent mal volontiers. J'entretiendrai toujours néanmoins toutes choses au meilleur état que je pourrai; et s'il arrive du mal, ce ne sera par moi si je l'en crois. Au demeurant, monsieur, j'ai une prière à vous faire en faveur d'un gentilhomme écossais qui il y a long-temps par-delà : il voudroit prétendre à une compagnie de gens de pied qui vaque. Son roi écrit pour lui, je vous supplie de l'assister encore de votre recommandation selon la prière qu'il vous en fera. Il est fort honnête homme, et appartient à des personnes d'honneur de deçà, à qui je désirerois bien pouvoir servir. Le paquet inclus est pour lui; je vous prie de mander qu'il lui soit donné, et lui faire connoître, quand il vous verra, que ma recommandation vous a été désagréable. Je vous baise très-humblement les mains, et suis, monsieur, votre, etc.

LA BODERIE.

A Londres, ce vingt-septième décembre 1608.

LETTRE *de M. de Berny à M. Jeannin, du dix-huitième décembre 1608.*

Monsieur, le courrier d'ici est revenu le lendemain du partement de M. de Preaux, avec les lettres du huitième, depuis lesquelles j'entends que l'on a ici avis, par quelques confidens de La Haye, qu'il y a moyen, si l'on veut bien ménager cette affaire, d'avoir encore une prolongation de trève pour toute l'année prochaine, si d'aventure vous et ceux d'Angleterre ne la traversez, que l'on assure bien ne pas approuver cela, mais qu'au premier mot que vous en parlerez pour six semaines ou deux mois, elle sera aussitôt accordée. Le père commissaire cordelier est enfin retourné d'Espagne il y a trois ou quatre jours, venu assez doucement; aussi n'étoit-il chargé que de sa personne et d'une simple de lettre à l'archiduc, portant confirmation de ce que les précédens lui ont apporté sur le point de la souveraineté. Il a rencontré le confesseur par les chemins, qui ne fera pas à beaucoup près la diligence qu'il avoit promise. Il y a eu commencement de mutinerie à Ostende, qui a été réprimée au mieux que l'on a pu pour empêcher que le mal n'allât plus avant. Quant à présent, on y a envoyé Pompée Justinian avec d'autres gens de guerre à qui il n'est pas tant dû qu'à ceux-là. Si ce mal-là avoit pris racine en quelque endroit, il s'étendroit bien loin, car les courages de toute la soldatesque sont fort disposés à une révolte, et ont plus faute de chefs que de volonté et de matière pour susciter une grosse sédition. Je demeurerai, monsieur, votre, etc.

BRULART DE BERNY.

A Bruxelles, ce vingt-huitième décembre 1608.

Autre LETTRE *dudit sieur de Berny à M. Jeannin, du même jour vingt-huitième décembre 1608.*

Monsieur, j'ai fait partir le paquet pour M. de Villeroy deux heures qu'il m'a été rendu avec la vôtre du vingt-unième, et ce qui y étoit joint, par le porteur qui n'a pas fait grande diligence; mais il est plus excusable que l'autre qui porte une dépêche du Roi, qui doit être selon la mienne du seizième; et comme ils sont arrivés ici en même temps, à savoir la nuit d'entre le vingt-cinquième et vingt-sixième, je les vous envoie aussi de compagnie, ayant été d'avis d'en user ainsi pour le mieux. Il est vrai que je les pensois faire partir ce dimanche matin; mais on a été plus long d'une journée en l'expédition de ces actes que l'on ne m'avoit promis, et ne les avons pu avoir qu'à cette heure bien tard, en leur délivrant aussi celui de messieurs les Etats, de sorte qu'ils ne peuvent partir que demain avec la barque. Vous aurez ici enclos lesdits deux actes tout ainsi que vous les désirez, et vous puis dire que je ne puis remarquer ici, ni au prince, ni en ceux qui manient cette affaire, qu'un singulier désir de voir la conclusion d'icelui terminée et arrêtée selon le projet que vous en avez concerté ensemble. Et si je ne me trompe bien, cette proposition nouvelle d'une trève simple ne leur est pas plus agréable qu'à nous, avec le même jugement que, si on la mettoit en avant, il y auroit danger qu'elle ne ruinât l'affaire; et néanmoins, pour le respect d'Espagne, ils désirent bien que l'affaire puisse un peu demeurer en état, comme j'espère qu'il pourra faire de soi-même sans grande aide, afin de leur donner loisir de se voir détrompés de l'opinion qui a été prise légèrement sur l'avis donné, non par l'ambassadeur d'Angleterre qui tenois par dom Pedro, de Tolède, qui est en France, comme M. de Preaux avoit entendu, mais un autre venu d'Angleterre. Pour moi, je me doute qu'icelui dom Pedro, mal satisfait, comme il est, de ce que sa légation ne réussit pas selon son désir, a été bien aise de trouver moyen de traverser cette affaire qu'il voit que nous affectionnons tant, dont tous les Espagnols demeurent émerveillés et en soupçon. L'archiduc, nonobstant tout cela, m'a déclaré ouvertement de sa bouche, sur ce que je lui en ai dit de la part de Sa Majesté, qu'il demeure en sa première délibération sans aucun changement, et qu'il espère que le roi d'Espagne, mieux informé de tout, comme il a donné ordre qu'il soit, reviendra de même. C'est monsieur, ce que je vous en puis dire. Pour le regard du cordelier, il est retourné à vide, et a repris son froc ne se mêlant plus de rien, ainsi que je vous ai mandé par ma précédente. Monsieur, je vous baise humblement les mains, et suis, votre, etc. BRULART DE BERNY.

A Bruxelles, le 28 décembre au soir 1608.

Lettre de M. le président Richardot aux ambassadeurs de France et d'Angleterre, dudit jour vingt-huitième décembre 1608.

Messieurs, nous avons reçu vos lettres du vingt-unième de ce mois avec l'acte de la continuation de la trève, dont ira joint à cette autre, semblable signé de leurs altesses, qui vous remercient de la peine que vous prenez en cette fâcheuse négociation, fâcheuse, dis-je, par l'opiniâtreté de ces messieurs de par-delà, qui, par formalités superflues et de peu de substance, ont retardé le succès de cette besogne. Or, puisque le terme de cette trève est prolongé, nous aurons temps pour nous préparer, et si Dieu est servi que nous nous joignions; j'espère qu'en huit jours le tout s'achèvera en bien, dont je prie Dieu de tout mon cœur, et qu'il vous donne, messieurs, ses saintes grâces, me recommandant bien humblement aux vôtres.

Votre, etc. Le président RICHARDOT.

De Bruxelles, ce 28 décembre 1608.

Autre LETTRE *dudit sieur Richardot à M. Jeannin, du même jour vingt-huitième décembre 1608.*

Monsieur, je fais une courte réponse à votre lettre commune, aussi en étoit le sujet principal sur la prolongation de notre trève, en quoi vous avez été si bon que de nous procurer le terme plus long que nous n'avons osé demander; et, nonobstant notre modestie, nous eussions été aises qu'on y eût mis les deux mois entiers, combien qu'en tous événemens, je tiens qu'il y aura du temps assez, et qu'étant ensemble, nous achèverons en huit jours. Ainsi vous pourrez, s'il vous plaît, ménager de sorte que l'assemblée se fasse le plus tard qu'on pourra, afin qu'avant cela le père confesseur puisse être de retour, et nous éclaircir le surplus. Je prie cependant Dieu vous conserver, monsieur, en ses saintes grâces, me recommandant très-humblement aux vôtres et de M. de Preaux.

Votre, etc. Le président RICHARDOT.

De Bruxelles, le vingt-huitième décembre 1608.

LETTRE *de MM. Jeannin et de Russy au Roi, du vingt-huitième décembre* 1608.

SIRE,

Les députés de toutes les provinces se sont assemblés durant quelques jours pour prendre résolution sur nos articles, ayant à cet effet commis aucuns particuliers d'entre eux pour en conférer avec nous, et nous faire entendre ce qu'ils prétendent y changer ou ajouter. Enfin, après quelques conférences, nous sommes demeurés presque d'accord avec eux, et en doivent faire leur rapport à l'assemblée générale au retour des députés des villes de Hollande, qui pour être près de leurs maisons y sont allés faire les fêtes de Noël. Ainsi si l'assemblée générale n'y fait de nouvelles difficultés (ce que nous ne pensons pas devoir avenir), nous pouvons juger dès à présent qu'il ne tiendra pas aux Etats que cet ouvrage, pour lequel il a fallu prendre tant de peine et de soin, ne soit achevé. Aussi ne craint-on plus maintenant, sinon que le roi d'Espagne refuse de s'obliger, encore que l'archiduc l'ait derechef promis par les lettres qu'il nous a écrites; car tous ceux qui mandent en ce lieu des nouvelles de Bruxelles l'assurent ainsi, et qu'il ne sera au pouvoir de l'archiduc d'effectuer sa promesse. Or, si cela avient, il sera très-difficile, ou plutôt impossible, de persuader aux Etats de passer outre à ce traité; ceux mêmes qui ont plus grand désir de mettre leur pays en repos en font ce jugement, nous disant tous les jours être plus expédient de rompre en ce cas toute conférence et traité que d'y entendre à autre condition, crainte de mettre de la division parmi eux; en quoi, s'ils continuent avec même constance, il y a grande apparence que le roi d'Espagne, lequel on tient n'avoir pas envie de rompre, mais chercher seulement tous moyens pour en avoir meilleur marché, sera contraint de faire ce que l'archiduc a promis pour lui; du moins est-il certain qu'en le refusant ils seroient tenus pour trompeurs, et la cause de la rupture attribuée à leur perfidie, qui rendra la défense des Etats plus juste, et les provinces plus unies et animées qu'elles ne furent jamais à reprendre les armes.

Nous attendrons, pour notre regard, les commandemens de Votre Majesté, pour nous conduire selon qu'il lui plaira. Les députés des Etats qui ont conféré avec nous font grande instance pour obtenir de vous, sire, et de le roi d'Angleterre, déclaration que Vos Majestés tiendront les Etats libres et souverains pour toujours en vertu de ce traité de trêve; à quoi leur a été répondu que nous l'avions déjà fait par la réponse à l'écrit de M. le prince Maurice présenté aux Etats, et signé tant par nous que par les députés d'Angleterre, lequel écrit leur devoit suffire, et néanmoins qu'en faisant avec eux le traité pour garantir la trêve on y pourroit bien mettre quelque chose qui en contiendra encore autant, s'il est besoin. Et en effet, il sera aisé de couler en la narration des mots assez significatifs pour l'exprimer, sans que les princes avec lesquels les Etats traitent aient occasion de s'en plaindre; ce que nous ne ferons toutefois, sire, qu'avec commandement. Ces mêmes députés ont aussi eu charge de nous prier derechef pour le secours, à ce qu'il plaise à Votre Majesté le leur vouloir continuer, et donner les deux cent mille écus qui restent, tout à une seule fois, s'il est imaginé, par les lettres que M. Aërsens leur a écrites, d'être gratifiés de quatre cent mille écus cette année, dont ils n'ont reçu que deux cent mille; car, pour notre regard, nous ne leur en avons assurés; mais ils ont si bonne opinion de la libéralité de Votre Majesté en leur endroit qu'ils prennent toutes les paroles honnêtes qu'on leur tient de sa bonne volonté, pour une entière certitude et assurance d'icelle.

Et à la vérité, sire, ils ont besoin de ce dernier secours, pource qu'il y a tantôt trois mois que la plupart de leurs gens de guerre n'ont rien reçu, et s'attendent la-dessus. Il souvient aussi qu'ils se souviennent de ses bienfaits et du soin qu'elle a de leur conservation avec plus de gratitude et reconnoissance qu'ils ne

NÉGOCIATIONS DU PRÉSIDENT JEANNIN.

bient du passé ; et par ainsi qu'ils se rendent plus dignes de sa grâce et faveur. Ce porteur qui s'en retourne en France est un soldat de Sedan, lequel a servi quelque temps en la compagnie de M. le prince Maurice. Il a plusieurs inventions pour la guerre, et sait faire cette forme de lunettes, trouvée de nouveau en ce pays par un lunetier de Middelbourg, avec lesquelles on voit de fort loin ; les Etats en ont commandé deux pour Votre Majesté à l'ouvrier qui en est l'inventeur. Nous n'eussions emprunté leur faveur pour en avoir, si l'ouvrier en eût voulu faire à notre prière, mais il l'a refusé, nous disant avoir reçu commandement exprès des Etats de n'en faire pour qui que ce soit ; nous les lui enverrons à la première commodité : et néanmoins ce soldat les fait aussi bien que l'autre, ainsi qu'on le connoît par l'essai qu'il a fait ; aussi n'y a-t-il pas grande difficulté à imiter cette première invention. Nous prions Dieu, sire, qu'il donne à Votre Majesté, en très-parfaite santé, très-longue et très-heureuse vie.

Vos, etc.

P. Jeannin et de Russy.

Da Le Haye, ce vingt-huitième décembre 1608.

Lettre *de M. Jeannin à M. de Villeroy, dudit jour vingt-huitième décembre* 1608.

Monsieur, les députés que les Etats ont commis pour conférer avec nous sur nos articles, n'y ont fait aucune difficulté qui puisse être cause de rupture ; ainsi si l'assemblée générale, lorsqu'ils feront leur rapport, n'en fait d'autres nouvelles dont ceux-ci n'ont point parlé, j'estime que rien n'empêchera la conclusion de la trève du côté des Etats. Ils ont bien mis en avant d'ajouter à notre projet un article pour nommer les alliés d'une part et d'autre dans certain temps, dont j'estime que les archiducs pourront faire difficulté, craignant qu'ils ne veuillent nommer tous les potentats qui leur ont rendu quelque témoignage de bienveillance, comme les princes d'Allemagne, le roi de Danemarck, et particulièrement la ville d'Embden, dont les archiducs favorisent le seigneur contre ladite ville, qui, à la vérité importe bien fort aux Etats, et ont très-grand intérêt d'empêcher qu'elle ne tombe entièrement et absolument ès mains de leur seigneur. Pour le regard de Sa Majesté et du roi d'Angleterre, cette clause des alliés n'est pas nécessaire en ce traité, puisque nous en faisons un à part avec eux, le même jour du traité général ; joint qu'il ne me semble pas honorable que notre Roi fût nommé par eux en qualité de leur allié. C'est pourquoi, sans alléguer les raisons susdites, on a dit aux députés qui ont conféré avec nous qu'ès traités de trève on n'a point accoutumé de parler des alliés, sinon qu'ils se soient ouvertement déclarés et aient donné secours, comme ont fait Leurs Majestés, et qu'à leur regard il y est pourvu par traité particulier. Leur principale raison est que cette clause des alliés leur sert pour montrer qu'ils traitent comme souverains, et c'est ce qui le fera trouver mauvais aux autres, qui ont encore plus de vanité qu'eux, et essaient d'ôter, autant qu'ils peuvent, toutes ces marques de souveraineté, le président Richardot m'ayant même fait grande instance que par le traité on ne donne point aux Etats ces titres de hauts et puissans seigneurs, et pour les y faire consentir que les archiducs n'en prendront non plus de leur côté ; mais il n'y a moyen de le leur faire trouver bon, car ils savent bien que leurs titres et leurs qualités ne font que naître, et que les omettre seroit autant que les en dégrader ; et quant aux archiducs, qui sont déjà en une ancienne possession de jouir de toutes ces prééminences, qu'ils n'y perdroient rien : toutefois, les députés des Etats se sont rendus capables de ce qui leur a été dit touchant cet article des alliés, pourvu que l'assemblée générale en fasse autant.

Nous ne laisserons pourtant de persuader, si nous pouvons aux archiducs de souffrir que cet article soit ajouté, et peut-être n'en feront-ils même aucune difficulté. Plusieurs qui ont intérêt à la main-levée des biens confisqués, font instance pour en avoir la jouissance pendant la trève ; et qui le pourroit obtenir seroit bien le meilleur. Nous sommes aussi d'avis de le tenter, en quoi les Etats se rendront faciles de leur côté. J'estime même qu'ils consentiront de rendre les biens qu'ils ont vendus aux ecclésiastiques de Brabant, qui est ce qu'ils refusoient auparavant, et qui m'avoit fait remettre

35

cet article des confiscations à une conférence après la trêve. La plus grande difficulté du côté des archiducs sera touchant la restitution des biens que la comtesse de Ligne retient à M. d'Espinoy, ainsi que j'ai reconnu par ce que M. le président Richardot en a dit à M. de Preaux, auquel j'avois donné charge de l'assentir, d'en faire même grande instance, et de lui dire que les Etats ne consentiront jamais à rendre ce qu'ils tiennent, que ce seigneur ne soit pareillement remis en son bien. Ledit sieur président ne lui fit pas tant de difficulté sur la restitution des salines qui sont dans le comté de Bourgogne, appartenant à M. le prince d'Orange, que l'archiduc a retenues en lui rendant le reste de son bien. Les députés qui ont conféré avec nous ont aussi fait grande instance pour avoir un acte authentique des deux rois, qu'en vertu des mots qui sont contenus en notre projet concernant la liberté des Etats, ils entendent qu'ils sont libres et souverains pour toujours; ce sont ceux de Zélande qui le requièrent, et les autres provinces l'approuvent. Or, j'estime qu'ils se doivent contenter ce que nous en avons dit par un écrit présenté à l'assemblée générale et signé de nous et des députés d'Angleterre, et de ce que nous pourrons insérer ci-après au traité que nous ferons pour garantir la trêve, qui ne sera que le jour même du traité général, ou le lendemain; ainsi ce qu'on fera lors ne pourra plus empêcher ledit traité, au lieu que si on le faisoit à présent, le roi d'Espagne pourroit fonder là-dessus quelque occasion de rupture. Je ne sais même si ceux de Zélande ne le proposent point à cette intention.

On n'a toutefois beaucoup insisté contre nos raisons; mais, s'ils le font encore, je vous supplie que le Roi nous commande sa volonté. Il semble aussi que les députés des Etats désirent après que l'assemblée générale aura pris sa résolution, que nous allions, et les députés d'Angleterre pareillement, à Breda ou à Anvers même, pour conférer avec les députés des archiducs, tirer leur dernière résolution, et par ce moyen mettre les affaires en état qu'il ne faille plus que traiter lorsque les députés des Etats s'assembleront avec ceux des archiducs, ou qu'ils ne s'assemblent point du tout si les députés d'Angleterre et nous ne pouvons faire consentir à ceux des archiducs de traiter aux conditions du dernier mot qu'ils nous aur[ont] dit : mandez-nous, s'il vous plaît, la vol[onté] du Roi là-dessus. Les Etats insistent toujou[rs] que le temps de la trêve soit de douze an[s au] moins, et il me semble, par ce que vous m'a[vez] écrit, que les archiducs y consentent maint[e-] nant que le prince Maurice est radouci, et [que] les Etats se disposent à le contenter par la con[-] duite même du sieur Barneveld. Je vois que [les] aigreurs et soupçons diminuent, et je me re[n-] firme aussi de plus en plus en l'opinion que j'ai du sieur Barneveld, à savoir qu'il a [très] bonne intention en ce qui est du bien de son pa[ys] et qu'il est aussi très-bien affectionné en tout [ce] qui touche le service et contentement du Roi. T[e-] nez la main, s'il vous plaît, au secours dont [nous] faisons instance pour les Etats ; c'est le dern[ier] s'il plaît à Dieu, parce que le traité se fais[ant] ils n'en auront plus de besoin. J'ai appris q[ue] M. Aërsens leur a donné comme assura[nce] qu'ils seront assistés pour cette année de q[ua-] tre cent mille écus, et ils n'en ont reçu q[ue] deux cent mille. Nous ne les avons assurés [de] rien, mais bien donné quelque espérance, a[fin] qu'ils eussent courage d'entretenir leurs ge[ns] de guerre jusques à la fin. Nous n'avons p[oint] reçu de vos nouvelles depuis les lettres du p[re-] mier de ce mois ; j'en suis affamé, et touj[ours] désireux de vous rendre très-humble servi[ce] comme étant, monsieur, votre, etc.

P. JEANNIN.

A La Haye, ce vingt-huitième décem[bre] 1608.

LETTRE *dudit sieur Jeannin à M. le duc [de] Sully, du même jour vingt-huitième dé[-] cembre* 1608.

Monsieur, la trêve est à présent fort ava[n-] cée, et comme résolue du côté des Etats, a[u] moins leurs députés qui ont conféré avec nou[s] n'ont fait aucune difficulté qui puisse être cau[se] de rupture, et n'estime pas que l'assemblé[e] générale y en doive faire non plus lorsqu[e les députés] en feront leur rapport, qui ne peut être [que] quatre ou cinq jours, pource que les dépu[tés] de la plupart des villes de Hollande sont [allés] passer la plupart des fêtes en leurs maisons, [et] il les faut attendre. C'est leur façon de vivre, et n'y a moyen de la corriger. La plus gra[nde] instance de ces députés particuliers a été pour faire ajouter à notre projet qu'ils pourront nommer leurs alliés dans certain temps, ce qu'ils font plutôt pour montrer qu'ils traitent comme souverains et que pour autres considérations; car, quant à Sa Majesté et au roi d'Angleterre, qui les ont secourus ouvertement, cette clause est inutile, attendu que nous faisons avec eux un traité particulier pour la garantie de la trève, lequel nous obligera au secours l'un de l'autre; et pour le regard des autres princes qui ne les ont assistés, et ne se sont déclarés par effet, je leur ai dit qu'on n'a accoutumé de les comprendre en tels traités de trève : ils ont aussi approuvé cette raison, mais je ne sais si l'assemblée générale aura le même sentiment. Cet article toutefois n'est pas si extraordinaire que les archiducs y doivent insister jusques à rupture; et ce que nous en avons contesté n'est pour avoir quelque avis de leur intention en cet endroit, mais pour prévoir qu'ils peuvent faire trop de difficultés, craignant que les Etats ne prétendent nommer entre leurs alliés tous les princes qui leur ont témoigné quelque bienveillance, comme pour les joindre à leur défense après la trève expirée, aussi que cet article des alliés semble ajouter une nouvelle marque d'autorité et de prééminence aux autres qu'on leur accorde déjà très-mal volontiers.

Il y a une autre difficulté pour les biens confisqués dont j'ai toujours essayé de faire consentir la main-levée par le traité de la trève, le jugeant raisonnable à cause du long temps qu'elle doit durer, y ayant aussi une particulière affection à cause de M. le prince d'Espinoy, dont vous m'avez commandé d'avoir soin. Mais, pource que les Etats n'avoient voulu consentir ci-devant de rendre le bien par eux vendu sur les ecclésiastiques de Brabant, sans laquelle restitution il ne falloit rien espérer du côté des archiducs, je m'étois contenté de mettre par nos premiers articles qu'on entreroit en conférence sur ce sujet après la trève, pour s'en accorder s'il étoit possible. Or, depuis, j'ai pressé ceux qui conduisent les affaires des Etats, qui me font espérer qu'on rendra lesdits biens ecclésiastiques; c'est pourquoi je ferai tout ce qu'il me sera possible pour essayer qu'on s'accorde par le traité en cet article : aussi en fis-je assentir la volonté de M. le président Richardot par M. de Preaux au voyage qu'il fit à Bruxelles, et dira de ma part que, sans la restitution entière des biens de M. le prince d'Espinoy, les Etats ne consentiront jamais de rendre ceux qu'ils détiennent aux ecclésiastiques et à d'autres seigneurs qui sont de l'obéissance des archiducs; mais il s'y rendit très-difficile, à cause de l'importunité de la comtesse de Ligne qui a de l'appui, et est si aigre qu'elle ne veut rien quitter, mais dit toujours que si son neveu insiste à la restitution de ce qu'elle a retenu, qu'elle tiendra la transaction rompue et rentrera en ce qu'elle a quitté. Ledit sieur président m'en avoit déjà dit autant lorsqu'il étoit ici et qu'on traitoit de la paix, et je lui répondis que sont les Etats, non M. le prince d'Espinoy, qui poursuivent, aussi que la transaction faite par des mineurs dépouillés de leurs biens n'est d'aucune considération. Ledit président a encore ajouté une autre raison quand ledit sieur de Preaux lui en a parlé, à savoir, que la comtesse de Ligne, au cas que M. le prince d'Espinoy ne se veuille contenter de ce qu'il a eu par la transaction, répétera les fruits des terres dont ledit sieur prince a joui en vertu d'icelle, puis les dettes qu'elle a payées. Je sais bien que du côté des Etats ils tiendront bon en faveur dudit sieur prince, à cause de la recommandation du Roi et de la vôtre, aussi qu'ils sont obligés de le faire, et j'en serai bon solliciteur; mais le meilleur sera, à mon avis, si on peut par traité obtenir l'article général des confiscations, et y faire insérer ces mots : *nonobstant tous traités et transactions qui seront nuls et comme non avenus*, sans lesquels il nous seroit inutile, qu'on doit traiter avec elle de nouveau, et lui en laisser plutôt quelque partie pour avoir le surplus, tant en considération des raisons susdites que pource que la jouissance des biens confisqués ne sera que durant la trève, et on doit craindre, la trève finie sans qu'on vienne à une paix, que la comtesse de Ligne ne voulût prétendre la transaction être rompue, et par ainsi qu'elle doit ravoir tout; puis les trèves se rompent plus aisément qu'une paix, ce qu'avenant, ledit sieur prince tomberoit au même inconvénient.

Je vous avertirai, monsieur, de moment à autre de tout ce qui se passera, pour recevoir vos commandemens là-dessus, et faire tout devoir de vous y rendre très-humble service. Les Etats nous ont envoyé par deux fois sept députés, qui est un de chacune province, pour nous prier d'écrire au Roi en leur faveur, touchant le secours que M. Aërsens les a assurés devoir être de quatre cent mille écus cette année, dont ils n'en ont encore reçu que deux cent mille. Ils n'ont eu de nous jusqu'ici que des paroles honnêtes pour leur en faire bien espérer ; mais la vérité est qu'ils s'y attendent et qu'ils en ont grand besoin, car il y a trois mois que la plupart de leurs soldats n'ont reçu aucun argent. Ils montrent à présent de mieux sentir qu'ils n'ont fait du passé les obligations qu'ils ont au Roi ; et, s'il lui plaît d'y ajouter celle-ci par votre aide et faveur, ils vous en auront très-grande obligation. J'estime que Sa Majesté ni vous n'en serez dorénavant importunés, et que la trève en fera cesser la nécessité : c'est pourquoi, pour éviter cette dépense et d'autres inconvéniens dont la guerre pourroit être suivie, je me suis rendu fort diligent solliciteur des commandemens du Roi, et plus qu'aucuns n'ont désiré, mais c'étoit mon devoir d'en user ainsi. Aussi est-il vrai que l'inclination générale pour mettre cet Etat en repos est si grande entre ceux de l'assemblée générale, qu'il eût été très-difficile, et je tiens impossible, de leur faire prendre autre conseil; mais il semble qu'on se doit arrêter à la résolution en laquelle nous sommes, sans essayer quelque chose de plus, au cas que le roi d'Espagne ne se veuille obliger, crainte de mettre de la division parmi eux. S'il avient aussi que les affaires tombent en cette nécessité, Sa Majesté aura assez de loisir pour y délibérer, et considérer l'avantage ou dommage qu'elle pourroit espérer ou craindre de la guerre, ou de la trève faite à autre condition que celle qu'elle a approuvée jusqu'ici. Le porteur de cette lettre est un soldat de Sedan, lequel est de la compagnie de M. le prince Maurice, tenu fort ingénieux en plusieurs inventions et artifices pour la guerre ; il a aussi depuis peu de jours fait un engin, à l'imitation de celui qui a été inventé par un lunetier de Middelbourg, pour voir de fort loin. Il vous le fera voir et vous en fera à l'usage de votre vue. J'avois prié le premier inventeur de m'en faire deux, un pour le Roi et l'autre pour vous ; mais les Etats lui ont défendu d'en faire pour qui que ce soit, et ils ont commandés eux-mêmes pour me les donner afin que je vous les envoie, comme je ferai au premier jour, vous suppliant très-humblement que vous me teniez pour ce que je vous serai perpétuellement, monsieur, votre, etc.

P. Jeannin.

A La Haye, ce vingt-huitième décembre 1608.

Lettre de M. de Villeroy à M. Jeannin, du premier jour de janvier 1609.

Monsieur, nous eussions bien désiré que vous eussiez reçu notre dépêche du seizième du mois passé devant la résolution que vous avez prise de prolonger la cessation d'armes jusqu'au quinzième du mois de février prochain, ainsi que nous avons appris de la vôtre du vingt-unième, reçue le trentième au soir, que vous avez fait, pour les raisons que vous eussiez colligées des lettres du Roi et des miennes, si vous les eussiez reçues à temps ; mais vous avez été pressé d'en user autrement pour n'altérer les affaires par vous si heureusement et sagement acheminées au repos qui a toujours été désiré, et à vous recommandé par Sa Majesté. Le porteur de nosdites lettres a fait aussi si mauvais devoir, qu'ayant été par nous dépêché ledit seizième, avec promesse de faire pareille ou plus grande diligence en retournant qu'il avoit faite en venant avec le paquet dont vous l'aviez chargé, il n'est toutefois arrivé à Bruxelles que le vingt-sixième, ainsi que nous a mandé M. de Berny en nous envoyant la vôtre susdite du vingt-unième, s'étant excusé sur les grandes eaux et les mauvais chemins ; mais nous savons qu'il y a de sa faute grandement, de quoi Sa Majesté est très-mal contente, et veut qu'il soit châtié, puisqu'il a pris l'argent de son voyage. J'estime que vous aurez reçu le duplicata de ladite dépêche, qui est parti d'ici le dix-neuvième, et vous l'avons envoyé par Calais, où il arriva le vingt-cinquième devant ledit original. Or, puisque ladite prolongation est accordée, il faut en profiter qui pourra.

L'on nous a écrit de toutes parts que le roi d'Espagne et ses ambassadeurs déclarent, hautement et ouvertement, que ledit roi n'engagera jamais son nom en cette trève, ni permettra que les archiducs le fassent pour lui, nommément en l'article de la liberté, même en la forme de votre projet ; ils l'ont protesté au pape qui nous l'a fait dire ; don Pedro de Tolède l'a déclaré à Sa Majesté même, ainsi que je vous ai écrit, avec la réponse de Sa Majesté : les Vénitiens et toute l'Italie, l'Allemagne et l'Espagne, en sont aussi abreuvés, et vous savez ce qui en a été dit à Bruxelles à M. de Preaux, et chacun dit maintenant que les Anglois sont seuls cause de ce changement ; ledit don Pedro même les en mésestime et blâme, leur ambassadeur résidant en Espagne en ayant fait l'ouverture par le commandement de son roi, qui en a été maintenant remercié par don Fernando Giron, naguères passé de Flandre en Angleterre exprès pour cet effet avec une dépêche qui lui a été envoyée d'Espagne : et toutefois, aucuns ministres dudit roi d'Angleterre improuvent et blâment ce conseil ; et ceux de sa nation qui le veulent justifier, mettent en avant la juste jalousie qu'ils disent que leur maître a conçue de l'autorité que le Roi, notre maître avoit acquise en la conduite de ces traités, desquels chacun croyoit qu'il étoit seul arbitre et juge. Vous savez si la conduite de Sa Majesté et la vôtre, pleines de candeur et sincérité en cette action, et même à l'endroit desdits Anglois, ont mérité que leur jalousie ait passé si avant que d'éclore une telle infidélité, ou, comme ils la baptisent, une telle ruse d'Etat ; car j'entends qu'ils en font gloire, mésestimant ceux qui procèdent sincèrement et fidèlement en cas semblable. Toutefois, notre maître n'a volonté quelconque de les imiter ni seconder en cela. Il leur cède volontiers cette industrie en fait d'Etat, qu'ils magnifient et pratiquent ainsi librement, et se contente d'user de la simplicité, vérité et bonne foi qui a jusqu'à présent accompagné ses intentions et actions. Mais Sa Majesté s'est étonnée de quoi, par votre susdite lettre du vingt-unième, vous ne faites aucune mention de cette tromperie angloise, après ce que ledit sieur de Preaux vous a rapporté de Bruxelles à bouche et par écrit. Il l'attribue à la dissimulation de laquelle traitent avec vous les ambassadeurs de ce prince, lesquels, par ignorance ou par malice, vous déguisent et cachent les intentions et le procédé de leur roi. Toutefois, Sa Majesté a loué et trouvé très-bon que vous les ayez portés à tenir avec vous à ces messieurs les propos que vous leur avez proférés le dix-huitième ; car par là vous les avez de nouveau obligés à poursuivre avec vous la conclusion de ladite trêve suivant votre projet, et à rejeter toutes ouvertures nouvelles ; mais les Espagnols s'attendent que ledit roi d'Angleterre, ayant ouï ledit Giron, ordonnera à sesdits ambassadeurs de changer de langage. A cette fin, ledit Giron doit demeurer autant en Angleterre qu'a fait ici notre don Pedro, lequel n'a vu le Roi depuis l'audience de laquelle je vous ai informé par ma dépêche portée par Picaut. Il croit par sa seule présence, sans parler ni agir, conduire et faire cadrer toutes choses au point qu'il désire. Nous verrons si ledit Giron suivra le même style en Angleterre ; mais je vois notre maître bien délibéré, quoi qu'il y traite et fasse, de ne s'en réveiller la nuit.

Partant, Sa Majesté persiste en la dernière résolution qu'elle vous a écrit avoir prise en ces affaires, après la réception de la dépêche dudit sieur de Preaux. Elle désire toujours donc de favoriser et avancer ladite trêve, ainsi que vous l'aviez proposée, c'est-à-dire que l'article qui concerne la liberté soit passé ainsi qu'il a été projeté par vous, sans qu'il en soit rien retranché, et que les archiducs traitent tant en leur nom que de celui dudit roi d'Espagne. Nous savons bien que c'est l'avis desdits archiducs, parce qu'ils reconnoissent que c'est temps perdu d'espérer d'en sortir à meilleur marché ; mais, si lesdits Espagnols sont crus, leur roi n'y prêtera jamais consentement. Lesdits archiducs s'attendent que leur confesseur fera changer d'opinion audit roi d'Espagne et à son conseil, mais nous ne l'espérons pas ; c'est pourquoi nous eussions désiré que l'on eût pressé et comme contraint lesdits archiducs d'accorder et bailler par écrit cet article, devant qu'allonger ladite cessation, car, en franchissant ce saut de cette façon, ils en eussent été plus excusables en Espagne, et eût fallu que ceux-ci s'y fussent accommodés ; ou les en eussent dédits, de quoi il n'eût pu avenir pour nous que bien en une sorte ou l'autre, au contraire, nous prévoyons qu'ils recevront par ledit moine des défenses nouvelles, lesquelles rendront toujours cette résolution plus difficile. Partant, nous voudrions encore qu'on pût gagner ce point avec lesdits archiducs, par le moyen du président Richardot ou autre : je vous prie d'y penser étant certain, si les archiducs vouloient nous croire, que nous les rendrions jouissans bientôt d'un repos très-assuré, et n'auroient cause de redouter le roi d'Espagne ; mais ils sont trop craintifs et engagés au roi d'Espagne pour franchir ce saut : néanmoins, il faut penser à tout, car, certes, je n'espère pas que le roi d'Espagne change de propos, car il s'est trop avant engagé au rejet de cette souveraineté. L'on dit que vous devez prendre garde aux pieds et aux mains de Winood, comme celui qui entretient une entière et fidèle correspondance avec le sieur Barneveld, et qui seul sait les secrets du grand trésorier d'Angleterre qui conduit ces subtilités. Si les Etats quittent l'article susdit, notre Roi ne déclarera les tenir pour libres comme ils désirent ; car il a entendu que la promesse que vous avez faite sur cela soit attachée au conseil que vous leur avez donné de sa part, ne voulant en façon quelconque favoriser la proposition de l'Angleterre.

Quant à celle de laquelle vous faites mention par la fin de votredite lettre, pour, en cas de trève, rendre ces gens irréconciliables avec l'Espagne, il me semble qu'il ne s'en faut aucunement découvrir de présent, pour les raisons que vous jugez mieux que nul autre. Au reste, M. le prince de Condé envoie ce gentilhomme par-delà pour prendre avis de messieurs les princes d'Orange et Maurice, du mariage de lui avec mademoiselle de Montmorency, auquel le Roi a trouvé bon qu'il entende, ainsi que vous dira ledit gentilhomme que Sa Majesté m'a commandé vous recommander. Il vous dira aussi la bonne santé du Roi, qui est si bien délivré de sa goutte, qu'il fit hier vingt tours de sa galerie, non si vite qu'accoutumé, mais sans se reposer. Je prie Dieu, monsieur, qu'il vous conserve en bonne santé.

Votre, etc.   DE NEUFVILLE.

De Paris, ce premier jour de janvier 1609.

LETTRE *de MM. Jeannin et de Russy au Roi, dudit jour premier janvier* 1609.

SIRE,

Le duplicata des lettres qu'il a plu à Votre Majesté nous écrire du dix-neuvième de décembre nous a été rendu en ce lieu le pénultième par la voie de Calais, l'original envoyé par Bruxelles n'étant encore venu. Nous connoissons par ces lettres le grand ressentiment et déplaisir qu'elle a de la mauvaise conduite du roi d'Angleterre, qu'on doit vraiment appeler lâcheté et infidélité, si ce que M. le président Richardot en a dit à M. de Preaux est véritable; mais cela peut avoir été fait à dessein, et pour diviser ledit sieur roi d'avec Votre Majesté, que les Espagnols ont reconnue trop ferme à ne vouloir rien faire qui fût préjudiciable aux Etats; et à la vérité, la trop grande liberté du sieur Richardot à dire et écrire ce qui est contenu en sa lettre nous fut dès lors suspecte. Ce n'est pas que nous n'ayons aperçu, depuis le temps que nous sommes ici, beaucoup de choses en la conduite de ses ministres qui nous ont déplu et fait croire qu'il y a de la haine, du moins une grande jalousie et dépit de ce qu'il voit qu'on défère plus à nos conseils qu'aux leurs, et que l'autorité de Votre Majesté est en beaucoup plus grand respect envers les Etats que celle dudit roi; mais qu'il ait pourtant osé et voulu proposer ce conseil en Espagne de faire une trève simple, se vanter d'être assez fort pour y induire les Etats sans Votre Majesté, ou contre son avis s'il l'a fait, il a mal pris ses mesures et entrepris chose que ses ministres savent bien être impossible; c'est pourquoi il y a raison de douter, ou de croire plutôt qu'il ne l'a pas fait. Ses ministres se sont aussi fort offensés de cette lettre, et nous ont dit en avoir écrit à leur ambassadeur qui est près des archiducs, pour en parler audit sieur président avec aigreur, ils ont encore ajouté ès conférences avec nous que leur maître n'entend point, en l'état où sont les affaires, qu'on parle aucunement de cette trève sans la liberté, mais qu'on s'arrête du tout à notre projet. Que Votre Majesté ne soit donc en peine pour ce regard, et qu'elle s'assure, quand il y auroit de l'artifice et déguisement en leurs paroles, leur intention étant autre, qu'ils n'en oseroient faire ouverture, et, s'ils la font, qu'ils n'en doivent attendre autre chose qu'un refus avec honte, nous contredisant et offrant aux Etats du secours, ainsi que Votre Majesté nous commande.

L'espérance étant donc ôtée au roi d'Espagne de pouvoir parvenir à cette trève simple, et les Etats résolus, comme ils sont, de s'arrêter à notre projet, c'est-à-dire de ne traiter à moins, il y a grande apparence qu'il permettra peut-être aux archiducs de traiter, et fera néanmoins semblant d'en être offensé pour conserver la réputation, et couvrir la honte de ce traité; ou, si le contraire avient, la rupture lui étant attribuée, chacun l'en blâmera, la cause des Etats en deviendra plus juste; ils seront aussi plus animés et unis pour reprendre les armes, et n'y a personne qui ne loue la générosité de Votre Majesté, si elle leur donne secours après avoir fait tant de devoirs pour faire finir cette guerre. Et quant au roi d'Angleterre, il craindra toujours que Votre Majesté étant seule à secourir les Etats, ils ne lui en demeurent entièrement obligés et soient peut-être induits à se jeter du tout entre ses bras, et par ce moyen lui exclus de leur amitié, chose qu'il craint plus que tout autre inconvénient qui lui puisse arriver; et si cette crainte et jalousie n'est suffisante pour l'induire à assister les Etats, du moins elle le sera assez pour le retenir et empêcher qu'il ne se conjoigne avec l'Espagne contre nous et les Etats, outre ce qu'il ne le pourroit faire sans se mettre en danger de voir des divisions dans son pays, où la diversité de religion rendra toujours suspecte toute conjonction avec l'Espagne, pour quelque cause que ce soit. Nous voyons aussi par la lettre de Votre Majesté qu'elle ne désiroit pas la prolongation de la trève ; mais elle étoit nécessaire, parce qu'elle devoit finir avant que les Etats se fussent résolus sur notre projet. Il est vrai que nous ne voulions la demander que pour un mois ; mais après avoir considéré que ce n'étoit pas assez pour donner loisir aux Etats de prendre leur résolution, et envoyer vers les archiducs pour savoir la leur, nous l'avons consentie pour six semaines, en intention d'empêcher qu'elle ne soit prolongée d'un seul jour après ledit temps, et ainsi nous l'avons déclaré en pleine assemblée ; ce que les Etats ont accordé. Pour le regard de la résolution des Etats, ils l'auront prise, comme nous estimons, dans quatre ou cinq jours, laquelle sera conforme sans doute à notre projet, du moins avec si peu de changement que cela ne pourra être cause de rupture.

Nous avions aussi déjà persuadé à ceux qui conduisent les affaires qu'on ne prît jour ni lieu pour s'assembler avec les députés des archiducs, jusqu'à ce que lesdits archiducs aient résolu d'accepter notre projet, et à cet effet, avisé avec les députés d'Angleterre, le sieur Barneveld présent, qu'eux et nous irions, s'il étoit besoin, jusqu'à Breda, où même à Anvers, pour en conférer avec les ministres des archiducs, et leur dire clairement, si nous demeurions d'accord desdits articles, du moins des principaux, que les Etats offrent d'envoyer leurs députés pour traiter au lieu dont on conviendra, sinon qu'ils ne veulent aucunement s'assembler, mais rompre tout traité : c'est presque ce que Votre Majesté nous commande de faire par sa lettre, sinon qu'elle montre désirer que ce projet soit envoyé par quelqu'un sans nous ; mais si ce n'est par nous-mêmes, on ne peut espérer de convenir des articles qui peuvent être sujets à quelque tempérament ou changement ; et si aucuns de nous y doivent aller, il est nécessaire que nous le fassions nous quatre ensemble, ou deux, à savoir : un de la part de Votre Majesté, et un de celle des Anglois : car tant s'en faut qu'ils se veuillent à présent séparer d'avec nous en la poursuite de la trève suivant notre projet, qu'ils s'y échaufferont davantage, et s'y montreront encore plus éloignés que de coutume de la trève simple. Nous en jugeons ainsi par les langages qu'ils nous tiennent tous les jours, et le soin qu'ils prennent d'effacer les soupçons qu'on a pris contre eux, à cause de cette lettre qui est assez sue, quoique nous ne l'ayons publiée en l'assemblée pour n'aigrir davantage les volontés entre eux et nous ; car cela n'eût servi qu'à brouiller les affaires, aussi que nous pourrons toujours, si nous jugeons qu'il en soit besoin ci-après, montrer ladite lettre, et faire connoître leurs artifices et déguisemens qui ont jusqu'ici plus nui que profité à leur maître, et nous essaierons de faire qu'il en tire encore aussi peu de profit à l'avenir ; ce que nous nous promettons faire.

Les Etats font toujours grande instance pour avoir un acte par lequel Votre Majesté et le roi d'Angleterre les reconnoissent libres pour toujours, et le sieur Barneveld en parla en particulier le jour d'hier de grande affection au sieur Jeannin, comme le jugeant nécessaire pour contenter les députés qui estimoient les mots de notre projet n'être assez suffisans pour les assurer, et dit que les Etats estimeront plus cette déclaration que toute autre, en quoi on peut bien juger qu'ils ne sont pas disposés à traiter comme sujets. Le courrier Picaut, qui partit dès le vingt-unième décembre pour aller à Bruxelles porter la prolongation de la trève, n'arriva que le vingt-huitième à cause du vent contraire, ainsi ne peut être de retour de deux ou trois jours. Cela est cause que, sans l'attendre, nous faisons cette réponse, pource qu'il nous semble par les lettres de Votre Majesté qu'elle est en peine, et désire savoir en quel état sont les affaires en ce lieu. Elle aura au premier jour nos lettres de la dernière résolution qu'auront prise les Etats, et cependant nous prierons Dieu, sire, qu'il donne à Votre Majesté et à sa royale famille tout heur et prospérité.

Vos, etc.   P. JEANNIN et DE RUSSY.

De La Haye, ce premier jour de l'an 1609.

Autre LETTRE de MM. Jeannin et de Russy au Roi, du quatrième janvier 1609.

SIRE,

Depuis notre précédente lettre, le courrier Picaut est venu de Bruxelles, lequel a rapporté la prolongation de la trêve jusqu'au quinzième février en la même forme que celle envoyée, fors que les qualités de très-hauts et très-puissans princes qu'on attribuoit aux archiducs, et celles de hauts et puissans seigneurs aux Etats, y ont été omises, les archiducs ayant été contens de se priver de ces titres spécieux, qui ne sont qu'assez reconnus en eux, pour les ôter aux Etats qui en ont plus de besoin en la naissance de leur souveraineté, même ès traités qu'ils font avec ceux qui ont été leurs seigneurs, comme étant marques qui servent pour signifier qu'ils ne sont plus en leur sujétion. Nous avions prévu cette difficulté; si est-il certain que les Etats ne les quitteront pas par le traité de la trêve à longues années si elle se fait. Picaut a aussi rapporté des lettres de M. le président Richardot, qui confirment derechef ce qu'il avoit ci-devant mandé pour la trêve sur notre projet; mais il désire que l'assemblée soit remise au vingt-cinquième de ce mois pour le plus tôt, ce qui aviendra sans qu'il soit besoin d'en parler, car les Etats n'auront encore pris leur dernière résolution de cinq ou six jours, que nous pensions néanmoins devoir être plus tôt, selon que le contient notre précédente lettre. Bien sommes-nous certains que tout y passera suivant notre projet, au moins sans changement qui puisse être cause de rupture; après laquelle résolution des Etats, prise et mise en nos mains, nous enverrons encore quelqu'un vers les archiducs, et, s'il est besoin, en prierons M. de Preaux pour les en avertir et prendre jour et lieu avec eux, afin que les députés d'Angleterre et nous y allions pour nous éclaircir avec leurs députés s'ils la voudront accepter ou non. Or, avant le retour d'icelui et notre voyage vers eux, ce temps sera passé, ainsi ils n'auront plus d'excuse pour dire oui ou non; et nous espérons toujours le premier, car M. de Berny nous a écrit encore que l'archiduc lui a confirmé lui-même qu'il tiendroit sa promesse, et qu'il nous en pouvoit assurer.

L'original des lettres dont nous avons accusé la réception du duplicata par notre précédente lettre a aussi été apporté, par Bauquemare qui est venu avec Picaut; il y avoit des lettres pour madame la princesse d'Orange qui lui ont été données, dont elle est fort contente. Nous fûmes avertis hier que les députés d'Angleterre ont reçu lettres par courrier exprès, par lesquelles il leur est mandé de proposer la trêve simple, sans déclaration de liberté, pour vingt ans, sur la prière que ce nouvel ambassadeur d'Espagne en a faite à leur roi. Ils ne s'en sont point découverts à nous, sinon que, hier même sur le soir, nous étant ensemble au logis de M. Spencer, il nous dit qu'il falloit presser la résolution des Etats, crainte, si elle traîne plus long-temps, qu'ils ne reçoivent quelque commandement de mettre en avant ladite trêve simple. Or nous leur avions déjà fait entendre, trois jours auparavant, que Votre Majesté nous commandoit expressément de l'empêcher, pource qu'elle savoit bien qu'elle seroit rejetée par les Etats, et que cela ne serviroit que pour rompre celle qui est contenue en notre projet, et peut-être pour les diviser: ce qui leur fut encore répété par nous sur le propos dudit sieur Spencer, avec déclaration fort ouverte de l'intention de Votre Majesté en cet endroit, et qu'elle procédoit en sa conduite avec tant de franchise et candeur, qu'elle l'a même fait dire au sieur don Pedro de Tolède, ne pouvant souffrir qu'on cherche des moyens pour sortir de cette affaire sans elle et à son desçu; qui fut cause que M. Winood interrompit ce propos, et dit qu'il n'y avoit aucune apparence de la proposer aussi en l'état auquel sont les affaires, et feignit qu'ils n'en avoient reçu aucun commandement. Cela nous fait toutefois soupçonner que ledit sieur roi s'est pu engager à cette ouverture lorsqu'il pensoit Votre Majesté n'en être éloignée, et qu'elle l'aimeroit mieux encore que le renouvellement de la guerre, s'étant avancé de le dire pour en avoir le gré, combien qu'il sût cela ne pouvoir être fait que très-difficilement, et, s'il le falloit espérer, que c'étoit avec l'autorité de Votre Majesté, non par son moyen. Or se voyant à présent trompé, il est certain qu'il ne l'oseroit faire proposer, et que ses ministres céleront ce commandement, ou, s'ils sont si malavisés de le faire, qu'ils en recevront le retes et la honte. Aussitôt que la résolution des États sera entièrement prise, nous l'enverrons par Picaut, et cependant nous prierons Dieu, Sire, qu'il donne à Votre Majesté et à sa royale famille tout heur et prospérité.

Vos, etc. P. JEANNIN et DE RUSSY.

De La Haye, ce quatrième de janvier 1609.

LETTRE de M. Jeannin à M. de Villeroy, du 4 janvier 1609.

Monsieur, je vous ai ci-devant écrit qu'il se falloit arrêter tout à la trêve suivant notre projet, et rejeter l'autre mise en avant par M. le président Richardot, avec les raisons de mon avis que je ne répéterai point. Je craignois aussi, lorsque sur les bruits du refus que faisoit le roi d'Espagne d'entrevenir ou ratifier la lettre qui fait mention de la liberté, que le roi ne fût pressé et importuné par don Pedro et les ministres des archiducs de la faire proposer, et j'estimois à propos de prévenir Sa Majesté, et la dissuader d'y entendre. Je ne laissois pourtant d'en être en peine et d'appréhender que la crainte de rupture, si on demeuroit ferme sur notre projet, ne fût pour induire ceux qui désirent le repos en cet État d'approuver plutôt ce remède que reprendre les armes; car il y a cinq provinces entières qui seront toujours de cet avis; et en la Hollande, si le sieur Barneveld, notoirement fort désireux de mettre son pays en repos, étoit de cet avis, je prévois que les artifices dont il sait user pour persuader ces peuples, et la créance qu'il s'est acquise parmi eux, pourroient être cause d'en tirer une partie à le suivre; et qui augmenteroit mon soupçon, c'est que M. le prince Maurice me dit tous les jours que les pensionnaires de quelques villes avoient commencé d'en parler en l'assemblée de Hollande, et disoient que c'étoit chose du tout inutile de rechercher leur liberté des ennemis, attendu qu'ils l'avoient déjà sans eux. C'est pourquoi j'en conférai dès lors avec le sieur Barneveld, pour lui persuader qu'on devoit rejeter du tout cette ouverture, l'assurant que Sa Majesté y étoit contraire, encore que je n'en eusse lors reçu aucun particulier commandement d'icelle; mais il me sembloit bien, si l'archiduc avoit quelque avis que l'assemblée y eût de l'inclination, qu'il passeroit par dessus l'autre pour s'arrêter à celle-ci, au lieu que si on demeure ferme à la rejeter, le roi d'Espagne, qui veut la trêve, et en a besoin, quelque mine qu'il fasse, accepteroit à la fin notre projet aussi bien que l'archiduc. Je remontrois aussi au sieur Barneveld qu'il seroit honteux et fort dommageable à leur État de recevoir cette trêve simple, après avoir contesté si long-temps sur la liberté sans l'avoir pu obtenir; car seroit en effet traiter comme sujets, auquel cas demeurant inutiles à leurs amis, personne ne voudroit non plus se mêler de leurs affaires, ni prendre soin de leur conservation.

Je le pressai encore davantage quand je vis la lettre du président Richardot qui contenoit cette trêve avoir été proposée au roi d'Espagne de la part du roi d'Angleterre, et lui dis n'être pas vraisemblable que l'autre l'eût osé faire sans être appuyé et assisté de quelques-uns en cet État, et que chacun soupçonnoit que c'étoit de lui; en quoi je reconnus à la vérité qu'il penchoit du côté de cette trêve plutôt que de rompre, et n'étoit retenu que de la crainte de nous avoir contraires, et de déplaire à Sa Majesté à qui il se tient obligé, jugeant bien aussi que son autorité et notre conduite avec l'appui de M. le prince Maurice, seroient suffisantes pour empêcher son dessein; aussi me promit-il et assura de ne rien faire en cet endroit que par mon avis. Or, ayant depuis reçu les dernières letres du Roi et les vôtres, je lui en communiquai, et lui fis connoître que Sa Majesté prenoit à cœur cette affaire, et qu'elle seroit fort offensée si l'avis du roi d'Angleterre étoit plutôt suivi que le sien. Je le priai de se joindre avec nous, et de considérer que la sûreté de leur État dépendoit, soit en paix, en trêve, ou en guerre, de la bienveillance et assistance de Sa Majesté, et que j'étois bien certain, quand il nous voudroit être contraire, que nous ne laisserions pourtant de l'obtenir. Il continua encore de m'en assurer, et de promettre qu'il feroit du tout rejeter cette trêve simple, et que je n'en devois être en aucun doute. Aussi est-il vrai que depuis mon retour, il a beaucoup déféré à mes conseils, et témoigné en tout ce qui s'est passé qu'il désire le contentement du Roi. Ne vous arrêtez donc point, s'il vous plaît, à ce que M. Aërsens vous en a dit, car toute sa conduite n'est qu'artifice; il le flatte tous les jours par ses lettres, et en écrit à d'autres par lesquelles il le blâme; il fait aussi des gloses sur ce qu'il apprend par-delà, qui nuiroient souvent ici, n'étoit que tout ce qui vient de lui est suspect.

Croyez, monsieur, que je suis toujours aux écoutes pour me garder d'être trompé, et que la confiance que je prends de qui que ce soit n'est sans crainte et souci. M. le prince Maurice, qui étoit en grande appréhension de cette trêve simple, dit maintenant, après avoir vu ce que je lui ai communiqué des lettres du Roi, qu'il ne craint plus rien, méprise le pouvoir de l'Anglois qu'il dit n'avoir aucune créance ici, comme il est vrai, et se promet, puisque le Roi parle si clair, et offre même son secours, que personne n'oseroit s'opposer à son autorité et à son avis, et si le sieur Barneveld le faisoit, qu'il perdroit son crédit et sa réputation. A la vérité, Sa Majesté y a à présent une si grande créance, et sa façon de procéder, qui a du courage et de la prudence, jointe à son affection envers eux, les a tant obligés, que je suis de l'avis de M. le prince Maurice, et néanmoins fort aise, pour mettre cette affaire à couvert avec plus de sûreté, que le sieur Barneveld soit des nôtres.

Je suis encore après à faire résoudre par délibération publique des États, qu'après qu'ils auront pris leur résolution sur notre projet, rien n'y puisse être changé, du moins ès articles principaux, sans le consentement de toutes les provinces et des deux rois, afin que cela ôte toute espérance aux archiducs et Espagnols, comme aussi à ceux qui les voudroient favoriser, de parvenir à cette trêve simple. On pourra trouver étrange, et à la vérité c'est chose qui semble être contre le sens commun, qu'il ait fallu prendre tant de peine, et employer un si long temps pour disposer les États à accepter notre trêve, et à se contenter des mots qu'on y a mis concernant leur liberté qu'on ne pouvoit assez assurer à leur gré, et néanmoins qu'on soit en crainte maintenant qu'ils ne fassent une trêve simple sans parler de cette liberté, de la conservation de laquelle ils se sont montrés si passionnés; mais il faut avoir demeuré et traité avec eux pour en juger. Si vous dirai-je pour vrai, quiconque voudra empêcher quelque délibération ici, qu'il sera toujours plus fort que celui qui persuadera de la faire, ainsi que toutes choses concourent pour rompre les desseins, s'il y en a, de faire cette trêve simple; et que le Roi n'en soit en peine et s'assure, s'il lui plaît, que rien ne sera omis pour faire réussir toutes choses à son contentement. Je sais que la longueur lui déplaît, mais qui les eût pressés davantage, on eût tout gâté et été cause de les diviser: encore faut-il que nous donnions cinq ou six jours aux disputes et difficultés que font ceux de Zélande, qui ne se réduisent à leur intérêt particulier du commerce qu'ils voudroient rendre bien avantageux pour eux, au dommage des sujets des archiducs et par des conditions du tout injustes; mais j'espère qu'ils se rendront, et bientôt.

J'ai traité, il y a dix ou douze jours, avec M. le prince Maurice et le sieur Barneveld séparément, qu'il ne falloit prendre lieu ni jour avec les députés des archiducs pour s'assembler, jusques à ce que nous ayons su s'ils voudroient demeurer d'accord des articles principaux de notre projet, et suivant la résolution que les États y auront prise. Nous en avons aussi conféré depuis, ceux d'Angleterre et nous, avec sept députés des États qui approuvent cette forme, et que ceux d'Angleterre et nous ensemblement, ou un de chacun côté, nous soyons porteurs de la résolution, allions même jusques à Anvers, s'il est besoin, pour en conférer avec les députés des archiducs, pour, au cas qu'ils approuvent ce projet, prendre promptement lieu et jour, auquel les députés des États se trouveront avec eux pour conclure et passer le traité; comme, au contraire, s'ils refusent d'accorder les principaux articles dudit projet, nous retirer sans qu'on fasse autre assemblée, et laisser rompre aux États. Ce moyen est propre pour accourcir et voir bientôt la fin, si nous ne savons pas toutefois encore si les États l'approuveront. Cet avis semble aussi conforme à celui qui est contenu en vos lettres, excepté que ne mandiez pas que nous fussions porteurs ensemblement de cette résolution, mais que ce fût un tiers ou moi seul. Or, nous prenons ce conseil, pource qu'autre que l'un de nous deux peut débattre ni répliquer si bien sur les difficultés, et je ne pourrois aller seul, sans mécontenter et mettre en trop d'ombrage les Anglois qui offrent d'y venir, et se montrent plus échauffés à notre trêve et à rejeter l'autre que jamais de laquelle ils assurent néanmoins leur maître n'avoir jamais fait parler en Espagne, ce qu'ils publient avec grand soin pour effacer le soupçon que les lettres du président Richardot ont donné contre lui. Je ne laisserai de prendre l'occasion de parler au sieur Richardot sur le contenu de vos lettres, encore que nous allions tous ensemble; mais je n'espère rien des archiducs, ils sont trop timides et ne voudront jamais déplaire au roi d'Espagne.

La longueur des Etats nous ôte aussi le moyen de prévenir le retour du confesseur, lequel, ou je suis bien trompé, apportera aux archiducs permission secrète de traiter au nom du roi d'Espagne, qui néanmoins s'en plaindra après le traité, feindra qu'ils l'auront fait contre sa volonté, et refusera même de le ratifier au point de la liberté; mais il ne laissera d'y avoir assez de sûreté pour les Etats, pourvu que les archiducs soient obligés en vertu d'une bonne procuration; et si le contraire avient, le Roi aura justifié sa conduite, et ne pourra être blâmé s'il donne secours aux Etats. Il y aura néanmoins encore quelque moyen, la rupture étant faite sur notre projet, de rentrer en l'ouverture de l'autre trêve, au cas que Sa Majesté le désire, et qu'on voie les Etats y pouvoir être disposés, qui seroit de faire de nouveau l'assemblée à Calais, et y faire trouver en présence de Sa Majesté tous les députés, qui est l'avis dont vous m'écrivez, afin que le Roi fût auteur et comme arbitre du traité, pour en avoir le gré d'un chacun. Mais avant qu'entrer en cette proposition il faut être comme certains quelle en devra être l'issue, pource que j'estime que Sa Majesté ne voudroit, elle présente et en son royaume, consentir à cette assemblée pour rompre, et qu'il faudroit que le roi d'Angleterre y voulût envoyer quelques-uns des principaux de son conseil, bien informés de son intention, pour, en cas de rupture, s'accorder du secours, et faire quelque ligue et confédération pour la défense commune. Or, ce m'est assez pour maintenant que je sois averti de l'intention de Sa Majesté pour me conduire selon les occurrences.

C'est avec raison que Sa Majesté est en colère contre le roi d'Angleterre, s'il a fait ce que contiennent les lettres du président Richardot. Je ne le veux pas excuser, car la conduite de ses ministres n'a eu que trop de déguisement et d'artifice, ayant souvent essayé de traverser et contredire tous nos avis; puis ils les ont toujours suivis par force. Il y a sans doute de la haine, de la jalousie et du dépit en leur maître, qui nous voit mieux ici qu'il ne voudroit; mais si estimé-je que le président Richardot, qui s'est montré si libre à publier cet office de l'Anglois qui devoit être à leur faveur, le fait avec artifice et dessein, tant pour nous mettre mal ensemble que pour le mettre mal avec les Etats. Vous voyez d'ailleurs que don Pedro dit bien que nous avons proposé quatre sortes de trêve, et cela est du tout faux; que le président Richardot m'écrivit des lettres que don Pedro étoit d'accord avec Sa Majesté, et que nous avions autant d'intérêt que le roi d'Espagne même à empêcher que la trêve ne fût faite avec la déclaration de liberté, adressant sa lettre à son hôte pour la faire voir si je ne l'eusse prévenu. C'est pourquoi il me semble que nous nous devons contenter d'empêcher que les Anglois ne fassent rien contre ce que le Roi désire, sans nous aigrir davantage contre lui, et lui en faire plutôt une plainte amiable pour l'induire à nous en faire quelques excuses, que de montrer qu'on tient cette offense comme irréconciliable; car, puisqu'on est mal avec l'Espagne, il faut empêcher, tant qu'on pourra, qu'ils ne gagnent celui-ci, et que cette division et offense ne leur en donne le moyen: vous en saurez mieux juger que moi; mais si on est contraint de rentrer en guerre, il est nécessaire de faire tout ce qu'on pourra pour l'y joindre, ou faire du moins qu'il soit neutre, comme seroit à mon avis son désir, s'il ne craignoit que Sa Majesté, étant seule à secourir les Etats, le rendît du tout siens, et qu'enfin il fût exclu de leur amitié, et cela le pourra induire d'être avec nous, ou de faire pis, nous serons peut-être aussi contraints de chercher les moyens de le chasser de ce pays, s'il ne veut joindre son péril à celui de la cause commune.

Achevant cette lettre, j'ai appris que les Anglois avoient reçu commandement de proposer la trêve simple, ainsi que nous l'écrivons au Roi; mais je suis certain qu'ils ne l'oseroient faire, et, s'ils le font, que nous la ferons rejeter avec peu de peine et beaucoup de honte pour eux. La raison que j'ai dite autrefois, et mandé depuis au président Richardot pour ne point proposer cette trève, a été que c'est le moyen de rompre du tout, et que ceux qui feignent de la vouloir proposer pour les favoriser, les trompent, et le font en effet pour les remettre à la guerre, ce que tant lui que les archiducs jugent véritable; et, si on veut continuer à se servir de cette raison, on rendra l'Anglois odieux, et jugera-t-on que Sa Majesté a bonne intention. Nous nous contenterons aussi d'autant s'il n'est besoin de faire plus. M. de Barneveld m'est aussi venu voir présentement, et m'a dit qu'il avoit déjà fait résoudre par l'assemblée générale qu'on ne traiteroit point, en quelque temps que ce soit, que l'article concernant la liberté et l'obligation du roi d'Espagne ne soit accordé selon qu'il est couché en notre projet, et qu'on n'y pourra ci-après rien changer sans le consentement de toutes les provinces et des deux rois; qu'il en fera déclarer autant pour le commerce des Indes, et, s'il n'est accordé que par hostilité, que les Etats donneront secours de navires et gens de guerre pour la sûreté du trafic, et faire la guerre à ceux qui voudront empêcher les marchands. Ils en feront autant pour la religion à laquelle ils ne veulent point qu'on touche aucunement par la trève. Il est incroyable combien notre déclaration à ne point approuver cette trève a changé tous ceux qui y avoient de l'inclination, pour le grand respect que chacun porte à Sa Majesté; ainsi ne soyez plus en doute que rien ne sera fait que ce que Sa Majesté voudra. Je vous renverrai Picaut aussitôt que la résolution des Etats aura été mise en nos mains. Je prie Dieu, monsieur, etc.

Votre, etc. P. JEANNIN.

De La Haye, ce quatrième jour de janvier 1609.

LETTRE *dudit sieur Jeannin à M. le duc de Sully, dudit jour quatrième de janvier* 1609.

Monsieur, je ne saurois recevoir plus grand contentement que celui que vos lettres du onzième du mois passé m'ont donné, pour avoir reconnu par icelles que ma conduite en l'exécution de la charge qu'il a plu au Roi me commettre est approuvée par vous, de qui le jugement est tant élevé au-dessus du mien, que j'estime ne pouvoir faillir en faisant ce qui vous est agréable. Les lettres du Roi, qui sont du dix-neuvième du même mois, ainsi postérieures aux vôtres, et écrites, à ce que j'ai appris, après votre départ pour aller chez vous, sont pleines de colère contre le roi d'Angleterre, mais avec raison, s'il a donné espérance au roi d'Espagne de pouvoir faire la trève simple, et sans déclaration de la liberté, ainsi que le contiennent les lettres que M. le président Richardot nous a écrites, et aux députés mêmes d'Angleterre conjointement; car il s'attribue la puissance de faire une chose où il n'a aucun pouvoir, le Roi y contredisant, et le fait pour en acquérir seul le gré du roi d'Espagne, au grand dommage des Etats auxquels il ôte, en ce faisant, le moyen d'obtenir la trève suivant notre projet, qui néanmoins est beaucoup plus avantageux pour eux, étant bien certain que le roi d'Espagne la rejettera toujours, quand il aura tant soit peu d'espérance de parvenir à l'autre. C'est pourquoi, par deux lettres que j'ai, le même mois dernier, écrites à M. de Villeroy, que j'estime n'avoir été vues par vous à cause de votre absence, je le supplie faire en sorte que Sa Majesté ne donne aucune espérance de cette trève simple à don Pedro, ni aux ministres des archiducs, encore qu'il en fût instamment prié et requis par eux, prévoyant bien que seroit ruiner ce que nous avons édifié ici avec beaucoup de peine et en si long temps, et entreprendre aussi un œuvre plein de nouvelles et plus grandes difficultés, qui ne serviroit qu'à diviser ces peuples, au lieu que nous étions à la fin de notre travail, et près d'obtenir ce que nous prétendons.

Or, je ne sais si ledit sieur Roi s'est si imprudemment conduit, et contre la foi que Sa Majesté et lui s'étoient promise au maniement de cette affaire: bien est-il vrai que ses ministres ont eu de la jalousie et du déplaisir dès longtemps de voir que l'autorité de Sa Majesté fût plus grande ici, et les conseils qui venoient d'elle mieux reçus des Etats que ceux de leur maître, qui les a contraints bien souvent de les suivre, quoique ce fût à regret et pour ne les pas voir contredire sans être vaincus. J'écris donc à Sa Majesté qu'elle n'en doit être en peine, et que empêcherons bien aisément que le roi d'Angleterre n'accomplisse cette promesse. En-fin que le désir de plusieurs en l'assemblée des Etats seroit de recevoir plutôt ladite trêve au défaut de la nôtre que de rentrer en guerre, si je peux-je assurer, monsieur, qu'ils ont tous si grande opinion et créance de l'affection de Sa Majesté envers eux, et de sa prudence et bon jugement pour les bien conseiller, qu'en ne contredisant et leur offrant secours lorsqu'il sera temps, ainsi qu'elle nous commande bien expressément de faire, nous les changerons, joint que la Zélande entière et partie de la Hollande se sépareroient plutôt des autres que d'y consentir. Déjà nous y avons donné si bon ordre, que j'en peux assurer dès mainte-nant, ainsi que le verrez mieux par les lettres que nous lui écrivons, et celles de M. de Vil-leroy, auquel je mande plus particulièrement tout avec la commodité de son chiffre.

Je crois aussi, monsieur, selon que vous me mandez par vos lettres, qu'en demeurant fer-mes et immuables en cette résolution, nous contraindrons le roi d'Espagne de faire ce que les archiducs ont promis pour lui, et par ce moyen ferons une trêve honorable et avanta-geuse pour les Etats, et digne du soin et de la peine que le Roi a pris pour la leur faire ob-tenir, ou bien, si le contraire avient, que per-sonne ne pourra blâmer Sa Majesté si elle donne secours aux Etats, la cause desquels sera devenue plus juste, et eux aussi rentreront en guerre avec plus d'union et d'animosité que jamais : et pour le regard du roi d'Angleterre, la crainte de perdre l'amitié de ces peuples, qu'il juge lui être fort nécessaire, et qu'ils ne se jettent du tout ès bras de Sa Majesté, s'il est seul à les secourir, le contraindra, ou je suis bien trompé, d'être de la partie, et pour l'y exciter encore davantage, il me semble qu'on ne se doit pas tant aigrir contre lui, à cause de ce qui s'est passé, qu'il pense en être devenu irréconcilia-ble, puisque le voyage de don Pedro a été si peu fructueux que ces belles propositions, dont je fus entendis parler avant mon départ de Paris, n'ont enfanté que du vent ; car l'amitié de l'au-tre en est plus désirable, et semble aussi de-voir être recherchée avec plus de soin. Nos premières lettres seront, s'il plaît à Dieu, de la finale résolution des Etats, et au contentement

de Sa Majesté, ainsi que je l'espère et désire de toute mon affection. Pour le regard de l'af-faire de M. le prince d'Espinoy, elle m'est si chère et recommandée sur le commandement que vous m'en avez fait, que je n'en saurois avoir plus de soin quand elle seroit mienne, comme j'aurai toujours de vous témoigner par toutes mes actions le désir que j'ai de vous rendre très-humble service. En cette volonté, je prierai Dieu, monsieur, qu'il vous conserve en toute heur et prospérité.

Votre, etc. P. JEANNIN.
De La Haye, ce quatrième janvier 1609.

LETTRE *du Roi à MM. Jeannin et de Russy, du huitième de janvier* 1609.

Messieurs Jeannin et de Russy, si le porteur de mes lettres du seizième du mois passé eût fait dili-gence, vous les eussiez eues devant m'avoir écrit la vôtre du vingt-huitième dudit mois, que j'ai reçue le sixième du présent. Je suis très-marri de cette faute ; néanmoins, puisque j'ai appris par votre-dite lettre que vous avez conduit les affaires si heureusement que je dois bien espérer du succès d'icelles de la part des sieurs les Etats des Provin-ces-Unies, j'en suis consolé. J'ai surtout été bien aise d'avoir entendu que les Anglois aient couru une même lance avec vous en cette poursuite sans y avoir varié ni fait contenance de le vouloir faire, contre les espérances que l'on a dit que ledit roi avoit données en Espagne, sur lesquelles on fonde le refroidissement de la trêve, avec l'article de la liberté promis par les archiducs, tant au nom du roi d'Espagne que du leur ; mais il faut croire que lesdits Anglois ont reconnu ne pou-voir faire goûter ce changement auxdits Etats, puisqu'ils n'en ont fait autre démonstration. En tout cas je trouve beaucoup meilleur que les choses aient pris ce chemin par votre prudence et par leur foiblesse, que s'il eût fallu combat-tre une nouvelle ouverture procédant d'eux ; car comme notre conseil en sera toujours plus es-timé, aussi celui dudit roi d'Espagne, s'il refuse de s'obliger, comme les siens continuent à dire qu'il fera, sera tant plus blâmé, que, défaillant à sa parole, il nous offensera également, et nous obli-gera de même à épouser la protection et défense de la cause desdits Etats. J'entends que don Pedro dit que son roi n'en passera jamais ledit article, et qu'il se résoudra à la guerre tout-à-fait. Toutefois j'estime qu'il changera d'avis quand il saura la dernière ré-solution desdits Etats et la nôtre, et qu'il connoîtra ne pouvoir obtenir la trève simple à laquelle il aspire; de quoi il faut que lesdits États se montrent fermes et constans, ainsi que je vous ai commandé leur dire; car si en général, et même en particulier, ils donnent lieu d'espérer que l'on peut les ébranler et faire varier, lesdits Espagnols s'opiniâtreront et les diviseront, auquel cas je serois contraint de retirer mon épingle du jeu; car je ne consentirois jamais qu'ils traitent qu'en qualité et comme États libres, ainsi qu'il a été déclaré et accordé du commencement, car ç'a été sur ce fondement seul que je leur ai conseillé d'entendre auxdits traités.

Mais je désire que vous évitiez, s'il est possible, à leur bailler de présent l'acte qu'ils demandent, par lequel je déclare que tiens les États libres et souverains pour toujours, en vertu de ladite trève suivant notre projet, se contentant de ce que vous en avez ci-devant déclaré en leur assemblée; car, d'un côté je serai bien aise de ne donner à leurs adversaires ce sujet de plainte; d'autre part, je n'estime ladite déclaration nécessaire auxdits États, lesquels doivent se contenter de tirer de moi des effets de l'opinion que j'en ai, tels qu'ont été ceux qu'ils ont ci-devant reçus de ma bonne volonté avec moindre titre et raison pour ce regard. En tout cas, c'est chose dont l'on ne doit parler que ladite trève ne soit accordée, pour la raison sagement prévue et touchée par votredite lettre; car indubitablement, le conseil d'Espagne prendroit prétexte, sur une telle déclaration, de justifier le refus qu'il minute. Et avenant qu'il passe la carrière de ladite trève, lors s'il est jugé nécessaire que moi et le roi d'Angleterre baillions ladite déclaration, de quoi je vous dirai que j'aurai à plaisir d'être déchargé, envoyez-moi la forme de laquelle vous serez d'avis qu'elle soit dressée, afin que je la considère, et vous ordonne sur icelle ma volonté, devant que de m'y engager plus avant; mais j'approuve que vous entrepreniez avec les députés d'Angleterre d'aller à Breda ou à Anvers, s'il est besoin, pour conférer avec ceux des archiducs les conditions de ladite trève, afin d'en faciliter et avancer la dernière résolution, et que ceux desdits États se rassemblant avec les autres n'aient plus qu'à écrire ce qui aura été négocié et convenu par vous. Toutefois, avisez si vous devez vous engager à cela que vous n'ayez tiré devant lesdits archiducs une assurance par écrit, plus expresse encore que celle qu'ils ont déjà donnée, de la volonté du roi d'Espagne sur le susdit article de la liberté, afin de n'y aller à faute. Quant au secours d'argent que lesdits États désirent de moi, sachez que je n'ai jamais promis à leurs députés de le rendre de quatre cent mille écus pour l'année passée; si je l'eusse voulu faire, vous en cussiez été les premiers avertis pour leur faire savoir.

Les débordemens de rivières dont mon royaume a été visité l'année dernière m'ont constitué à des dépenses extrêmes, revenant à près de dix millions de livres, de sorte qu'il faut que je répare cette année par mon ménage et épargne lesdites pertes. Davantage, je veux voir quelle sera l'issue de ces affaires devant que de mettre plus avant la main à la bourse, ainsi que j'ai dit audit député, au moyen de quoi parez-vous de ce coup le mieux que vous le pourrez, et continuez à me donner souvent avis de toutes choses. Au reste, j'aurai plaisir de voir les lunettes dont votre lettre fait mention, encore que j'aie à présent plus grande soin de celles qui aident à voir de près que de loin. Je prie Dieu, messieurs Jeannin et de Russy, qu'il vous ait en sa sainte garde.

Écrit à Paris, le huitième jour de janvier 1609.

HENRI.

Et plus bas, BRULART.

LETTRE *de M. de Villeroy à M. Jeannin, du jour huitième janvier 1609.*

Monsieur, vous nous avez instruits bien clairement par vos lettres du douzième et seizième du passé, que nous avons reçues le onzième du présent par le sieur Colombier, de la disposition des affaires que vous poursuivez par-delà, et de l'inclination et volonté de ceux qui ont plus de pouvoir en la direction d'icelles; de façon que nous ne nous arrêterons plus aux discours que nous fait le sieur Aërsens, lequel souvent nous représente et dépeint les choses d'autre couleur qu'il ne les croit lui-même, pour sonder et découvrir mieux nos intentions, ou nous déguiser les siennes. Il a toujours loué celles du prince Maurice, et magnifié son pouvoir, ainsi que nous vous avons écrit; ce qu'il a fait, à mon avis, plus par art que de créance qu'il en ait eue; et néanmoins nous avons estimé devoir vous informer de tout, bien que nous n'y ayons ajouté foi, afin de vous en servir en votre conduite, laquelle a été accompagnée de si grande prudence et patience, fortifiée d'une sincérité et constance équanimité si conforme aux intentions et commandemens du Roi, que vous avez enfin réduit les choses aux bons termes que nous pouvions désirer, ainsi que nous avons appris par vos lettres du vingt-huitième dudit mois passé, sur lesquelles Sa Majesté vous écrit présentement par la sienne les intentions si clairement que je n'ai rien à y commenter. Les États auront donc la trève telle que nous la leur avons désirée pour acquérir et conserver en repos leur liberté, ou le roi d'Espagne et conseillers découvriront, comme vous savez que leur reprocha une fois durant la ligue en notre présence le feu évêque de Senlis, leur turpitude et perfidie. Vous n'avez pas fait peu d'avoir traîné avec vous les Anglois en cette conclusion; car ils outres s'étoient bien promis de les séparer, et leur faire jouer un rôle à part conforme à leur désir, soit que leur roi en eût donné espérance, jaloux de notre conduite, à quoi il y a grande apparence, soit que les autres aient fait ce compte d'eux-mêmes pour se chatouiller, ou justifier la résolution qu'ils vouloient que nous croyions qu'ils ont prise de ne quitter aux Etats cette benoiste souveraineté, pour une chose qui a été blâmée de toutes parts par leurs partisans, comme honteuse et grandement préjudiciable à leur prétendue monarchie. Or maintenant qu'ils nous verront unis en la résolution que vous avez prise par-delà, certes, ils auront peine à prendre la leur.

Don Pedro n'a vu le Roi depuis l'audience de laquelle je vous ai rendu compte par mes précédentes: il est au bout de son rôle, voyant, quoi qu'il lui offre, que notre Roi n'a qu'une parole, et qu'il n'a jamais varié. Les avis que nous avons d'Espagne s'accordent avec les langages que tient ledit don Pedro, que la résolution de son roi est de l'obliger en ce traité. Toutefois, nous n'entendons point qu'ils fassent encore autres préparatifs pour la guerre que la provision d'un million qu'aucuns marchands génois ont entrepris pour Flandre, payable à divers termes en cette année, à commencer à la fin de février, de sorte que j'estime comme vous que le roi d'Espagne franchira le saut des archiducs quand il connoîtra ne pouvoir obtenir mieux; mais il faut éviter les longueurs et dilations, à quoi sans doute tendront les ministres d'Espagne, pour voir si, avec le temps, ils pourront rompre l'union des deux rois et les Etats, et diviser ceux-ci entre eux-mêmes. Il faut donc conclure ou rompre ces traités le plus promptement que honnêtement et raisonnablement l'on pourra faire.

Sa Majesté approuve que vous et les députés d'Angleterre entrepreniez cette négociation avec les archiducs devant que ceux des Etats entrent en conférence avec eux; mais nous avons opinion que lesdits archiducs attendront le retour du confesseur devant que de joindre, et d'ailleurs il seroit expédient que vous eussiez quelque parole desdits archiducs, encore plus assurée que n'a été celle qu'ils ont donnée par le président Richardot touchant l'obligation du roi d'Espagne, devant que plus engager en ladite conférence, pour besogner plus sûrement, et toujours obliger davantage les archiducs à tenir ce qu'ils ont promis pour ce re-

gard. Toutefois vous pouvez vous dispenser d'en user comme vous jugerez être pour le mieux; mais si vous pouvez exempter, quant à présent, le Roi de l'acte authentique que les Etats requièrent de lui touchant cette souveraineté pour toujours, vous lui ferez plaisir; car, à vous dire le vrai, il ne juge pas raisonnable de tirer cette conséquence en vertu du traité de trève, puisqu'il doit être limité; partant, il estimeroit forcer sa conscience et son propre jugement, faisant la susdite déclaration, et donner juste sujet de l'en blâmer et reprendre; vous y aviserez donc s'il vous plaît. Surtout vous ne permettrez que cela soit proposé que ledit traité, ne soit arrêté, pour la même raison que vous m'avez écrite. Nous approuvons aussi celle qui vous a fait rejeter l'ouverture que les députés desdits Etats qui ont conféré avec vous vous ont faite, pour la nomination de leurs alliés en leur traité, et spécialement de Sa Majesté, car il ne nous semble bienséant qu'elle y soit comprise : il nous est indifférent pour le regard des autres ; mais conservez auxdits Etats tant que vous pourrez ces titres de hauts et puissans seigneurs; car, comme vous dites, ils en ont tout besoin en la naissance de leur république. Quant aux biens confisqués, tirez-en meilleur compte que vous pourrez; nous remettons à vous cet article.

Ç'a été le nonce qui m'a dit que les archiducs se relâcheront sur le temps de ladite trève, et qu'ils ne feront difficulté de l'accorder pour douze ans. Il me semble aussi que nous devons espérer cela de la réponse rapportée de Bruxelles par M. de Preaux ; mais sachez que nous sommes moins disposés que jamais d'octroyer le secours que l'on nous demande. L'on m'a commandé expressément vous en écrire la raison exposée en la lettre du Roi, laquelle n'a été déguisée à M. Aërsens, sans toutefois l'avoir encore désespéré du secours tout-à-fait; nous lui avons dit seulement que nous voulions voir encore plus clair en ces affaires devant que de prononcer sur la demande dudit secours. J'estime que vous devez dire le même où vous êtes, mais faire état que nous nous exempterons de donner ledit secours s'il est possible. Je le vous écris afin que vous sachiez notre disposition. Je vous ai écrit par Calais le premier de ce mois répondant à vos lettres du 21 passé, et vous assurant de l'entière convalescence du Roi, qui vous sera confirmée par la présente, avec les vœux ordinaires de mon service, en priant Dieu, monsieur, qu'il vous conserve en parfaite santé.

Votre, etc.   De Neufville.

De Paris, le 8 janvier 1609.

LETTRE *de M. de La Boderie à M. Jeannin, du dixième janvier 1609.*

Monsieur, je vous ai écrit le vingt-septième du mois passé. Depuis nous avons su ce qu'a dit le président Richardot à M. de Preaux touchant la mutation arrivée en Espagne aux conditions de votre trêve, dont on s'est fort offensé par-deçà; l'on s'en défend à toute outrance, et démentis ne manquent point pour celui qui est l'auteur de ces avis. On se plaint bien un peu de M. de Preaux de ce qu'il a ouvert les lettres à Bruxelles sans y appeler M. Edmonts, et de vous aussi, de ce que vous lui avez ordonné, et de plus, de ce qu'il n'a fait le rapport de ce qu'on lui a dit sur ce sujet qu'à moitié, ayant omis ce que l'archiduc lui a dit que ce changement venoit de ce que don Pedro de Tolède avoit écrit en Espagne, mais, plus que de tout, s'offense-t-on que l'on ait en notre cour donné sitôt créance à cette calomnie et voulu prendre là-dessus sujet de traiter à part. L'envie que l'on porte ici à l'honneur que s'attire notre maître du succès de ce traité, pourroit bien augmenter la croyance de ce qui en a été si franchement proféré; mais si vois-je tout plein de raisons dont la moins forte n'est pas que, quand ils eussent voulu entreprendre ce que l'on dit qu'ils proposoient, il n'étoit pas en leur puissance, qui me font douter qu'il n'y ait eu de l'artifice en ce qui a été dit; vous y devez voir plus clair que moi, j'en attendrai votre avis.

Nous avons ici un certain don Fernando Giron, envoyé du roi d'Espagne et des archiducs pour remercier le Roi des bons offices qu'il a jusqu'ici contribués à la confection de la trêve, et le prier d'y continuer, qui a eu deux audiences, et a été traité dudit roi, en compagnie des ambassadeurs ordinaires d'Espagne et de Flandre, avec toutes démonstrations de faveur. Ils en ont toutefois voulu recevoir une qui a été d'être appelés à un certain ballet que va faire cette reine à l'imitation de ce qui se fit l'année passée, et l'ont demandée et poursuivie avec plus de véhémence que le personnage qu'ils jouent ne devroit permettre. Toutefois, sur ce que je me suis laissé entendre, et ai parlé de leur quitter la place du tout si cela étoit, ils en ont été refusés, avec espérance qui m'a été donnée de me faire obtenir ce que je n'ai point demandé, pour ôter audit don Fernando le regret d'y être présent. On se hâte tant qu'on peut de le renvoyer, et crois que son ambassade aura fait plus de bruit que d'effet. Il n'a nullement parlé de cette rétractation de souveraineté; au moins à ce qu'on m'assure, mais prié seulement de poursuivre sur les erres commencées. On espère ici que M. le prince Maurice donnera quelque satisfaction plus particulière à ce que le Roi, sur ce que lui M. Winood se sont piqués, semblant ce qu'il a écrit jusqu'ici trop général; et moyennant ce tout s'oubliera, qui est tout ce que je vous puis dire pour ce coup, vous baisant les mains très humblement, et priant Dieu, monsieur, vous donner longue et heureuse vie.

Votre, etc.,

LA BODERIE.

A Londres, ce 10 janvier 1609.

Acte contenant la résolution des Etats sur les principaux articles de la trêve à longues années.

Comme ainsi soit que, dès le 23 décembre de l'an mil les sieurs Etats-généraux des Pays-Bas-Unis ont conmement, sincèrement et de bonne foi promis que de progrès du traité pour une paix ou trêve à longues années avec leurs adversaires, au premier article lui seroit accordée clairement et expressément la qualité des Pays-Unis, comme pays et provinces libres, sur lesquels ni le roi d'Espagne ni les archiducs ne prétendent rien, en la meilleure forme, et qu'au même traité ne seroient admis ou accordés aucuns points ès causes ecclésiastiques ni séculières contre la liberté du pays; et cas que de la part desdits sieurs roi ou archiducs on persisté au contraire, que le traité seroit rompu, le roi et archiducs mis en leur tort, et de commune puissance des Pays-Unis, et s'il fût à impétrer desdits rois, tats et Etats favorisant la cause de ces pays, la guerre prise, et par l'aide de Dieu Seigneur tout puissant, bonne conduite, suivant la sincère intention desdits sieurs Etats, seroit menée à une chrétienne, bonne et assurée fin : et que le traité entamé pour la paix par bonnes et bien fondées raisons, en conformité de ladite résolution, étant rompu, les sieurs ambassadeurs des rois très-chrétien et de la Grande-Bretagne, des teurs palatin et de Brandebourg, marquis d'Anspach et landgrave de Hessen, étant, à la sérieuse instance des sieurs Etats, envoyés ici sur le lieu pour re ger ledit bon œuvre à une bonne issue, aient proposé une trêve à longues années sur les conditions contenues en un écrit par eux délivré tant d'un que d'autre côté, avec exhortation de s'y vouloir conformer, et qu'après plusieurs difficultés, finalement les Provinces Unies, se confiant sur la très-grande affection, signalée prévoyance et royale résolution desdits sieurs rois pour l'assurance et liberté desdits pays, leur bien et conservation, ont unanimement accordé et consenti d'entrer en traité sur ladite proposée trêve. Mais craignant que leurs adversaires derechef ne voudroient procéder de bonne foi, mais tâcher de tenir lesdits sieurs rois et Pays-Bas-Unis par longueurs et remises en incertitude, ils ont, en conformité de ladite résolution du vingt-troisième décembre de l'an 1607, de nouveau unanimement, sincèrement et de bonne foi promis l'un à l'autre, et promettent par cette, qu'en cas de progrès dudit traité sur ladite trêve, le premier article d'icelui précédent sera maintenu comme s'ensuit.

Premièrement, que lesdits sieurs archiducs déclareront d'abondant, comme ils déclarent, tant en qu'au nom dudit sieur roi, qu'ils sont contens de traiter avec lesdits sieurs Etats-généraux des Provinces-Unies, en qualité et comme les tenant pour pays, provinces et Etats libres sur lesquels ils ne prétendent rien, à faire avec eux ès noms et qualités susdites une trève aux conditions ci-après écrites; qu'aussi ne seront admis aucuns points ès causes ecclésiastiques ni séculières concernant ladite liberté, ni nouveaux délais sur le trafic et navigation aux Indes, ou autres articles. Et en cas que, de la part dudit sieur roi d'Espagne ou des archiducs, soit soutenu le contraire, et qu'ils y persistent plus que huit jours, le traité sera rompu, les roi d'Espagne et archiducs mis en leur tort, et la guerre reprise avec vigueur et commune puissance des Pays-Unis, et s'il est possible, des rois, potentats et Etats favorisant leur cause, et par l'assistance de Dieu et bonne conduite, suivant l'originelle et immuable intention des sieurs Etats, menée à une chrétienne, honorable et assurée fin.

Fait en l'assemblée générale desdits sieurs Etats-généraux, à La Haye, le onzième de janvier de l'an 1609.

J. OLDEM-BARNEVELD V.

Et plus bas, par l'ordonnance desdits seigneurs les Etats-généraux, AERSENS.

Lettre de MM. *Jeannin et de Russy au Roi, du quinzième janvier* 1609.

SIRE,

Les Etats ont enfin conclu et arrêté tous ensemble de faire la trève et suivant notre projet; du moins ils y ont si peu changé, qu'il n'y a rien qui puisse être cause de rupture de leur côté, comme Votre Majesté connoîtra par ledit projet que nous lui envoyons, s'il lui plaît de le faire conférer avec celui dont copie fut donnée à M. le président Richardot avant son départ de ce lieu, sur lequel il ne fit pour lors aucune difficulté. Les Etats nous ont priés de vouloir être porteurs nous-mêmes de cette résolution, afin de savoir au vrai l'intention des archiducs, et, si elle est conforme à ce qu'ils désirent, prendre jour et lieu avec leurs députés pour y faire incontinent trouver ceux des Etats, et la conclure et passer le traité; comme, au contraire, s'ils y apportent quelque difficulté, du moins en ce qui est des articles principaux, ou bien veulent tendre à nouvelles remises, de n'y plus penser et rompre du tout; ils l'ont ainsi résolu en l'assemblée générale, sur l'instance qu'en ont faite ceux de Zélande, ce qui toutefois n'a été sans difficulté. Il est bien certain, si nous n'eussions parlé clairement de l'intention de Votre Majesté, même à ceux qui conduisent les affaires, pour retenir les uns et encourager les autres, que les affaires n'eussent passé de cette façon, en quoi la vérité est que le sieur Aërsens s'est bien conduit, comme M. le prince Maurice nous l'a dit lui-même, non qu'il y fût présent, mais pour l'avoir appris d'aucuns de l'assemblée auxquels il se fie. Nous pensions envoyer M. de Preaux vers les archiducs pour leur faire entendre cette résolution, et, s'ils veulent traiter, qu'il ne faut plus user de remise, ni mettre en avant aucune ouverture; mais les députés d'Angleterre ont contesté avec véhémence qu'autre n'y devoit être envoyé qu'un courrier, pour porter notre lettre et en rapporter réponse, et, afin qu'il n'y ait aucune longueur, que chacun pourra écrire, nous à l'ambassadeur de Votre Majesté, et eux au leur, pour solliciter cette réponse, laquelle reçue, nous partirons aussitôt pour aller à Berg-op-Zoom, Breda ou Anvers, l'un desdits lieux qu'ils voudront choisir, pour conférer avec leurs députés et apprendre leur résolution. Nous avons été contraints, pour ne leur donner aucun ombrage du voyage dudit sieur de Preaux, d'approuver cet avis.

M. de Berny recevra par le même courrier nos lettres, qui l'instruiront de ce qu'il aura à faire suivant le commandement de Votre Majesté, même pour empêcher toutes remises, attendu que les Etats ne veulent plus continuer la trève après qu'elle sera expirée, sinon qu'on soit entré si avant en traité qu'ils ne puissent plus douter de la conclusion d'icelui. Lesdits sieurs députés d'Angleterre font tout ce qu'ils peuvent pour effacer la mauvaise opinion qu'on a conçue contre leur maître de la proposition faite en Espagne de sa part, et disent que si quelqu'un de ses ministres l'a fait, ç'a été sans charge, et qu'étant découvert, leur maître lui fera trancher la tête. Il est vrai que ce n'est en public qu'ils tiennent tels langages, et les ayant excités de le dire en l'assemblée générale qui sait tous ces mauvais bruits, ils ont refusé de le faire. Nous faisons toujours de notre côté tout ce qu'il nous est possible pour les engager à soutenir notre projet et à rejeter toute autre ouverture; et même hier, en l'assemblée des députés des Etats, après avoir entendu leur résolution, nous leur fîmes cette réponse, qu'ils avoient pris un sage conseil de suivre l'avis de Votre Majesté et celui du roi d'Angleterre sans y rien changer pource qu'en se conduisant ainsi, ils obligent Vos Majestés à les secourir, si leurs ennemis rompent, dont nous les aurions assurés, en y ajoutant que lesdits députés nous avoient dit que c'étoit aussi l'intention de leur maître d'en faire autant, ce qu'ils déclarèrent à l'instant, et qu'ils approuvoient comme nous le décret des Etats, de ne se point départir de notre projet.

Votre Majesté montre n'être contente de la prolongation de la trêve, encore qu'elle soit pour peu de temps : si nous eussions reçu son commandement avant que l'avoir fait, il nous eût mis en très-grande peine, car il n'y avoit aucune couleur pour l'empêcher, attendu que le temps de la précédente trêve étoit coulé inutilement, non par la faute et demeure des archiducs, mais par celle des Etats qui ne prirent leur résolution qu'avant hier, quoique nous les ayons pressés avec toutes sortes d'importunités pour la leur faire prendre plus tôt. Toutefois, comme c'est à nous d'obéir ponctuellement, nous eussions cherché des raisons pour colorer cet empêchement, qui eût sans doute été pris de très-mauvaise part par ceux qui désirent le repos, eussent cru, au lieu que ç'a toujours été son intention d'aider à faire la trêve suivant notre projet, qu'elle tendroit maintenant à une entière rupture. Or nous estimons, sire, si les Etats suivent leur délibération de rompre au cas qu'on ne leur accorde ce qu'ils demandent, comme nous nous promettons qu'ils feront, y étant fomentés et fortifiés par l'autorité et le conseil de Votre Majesté, que ce délai n'aura été qu'à propos. Tout notre soin sera donc dorénavant de faire suivre précisément cette délibération, et d'empêcher qu'on n'ait encore recours à la trêve d'un an plutôt que de rompre; car, encore que chacun dise à présent le contraire, et que ce seroit crime d'en parler aujourd'hui, nous ne laissons de nous défier de tout, et, en prévoyant ces inconvéniens, donner l'ordre que nous pensons être requis pour nous en garantir, et faire par ce moyen que son intention soit du tout suivie. M. le prince Maurice nous aide, et fait à présent tout ce que nous lui conseillons. Le sieur Barneveld a fait aussi tout devoir pour vaincre les empêchemens qui se sont rencontrés en la province de Hollande, touchant l'acte requis par ceux de Zélande. Il est vrai qu'il avoit fait en la même province de Hollande une proposition de casser les gens de guerre dont le paiement est assigné sur la généralité du pays, lesquels sont en nombre de près de huit mille hommes. Cet avis nous mit en peine, mais nous fûmes incontinent avertis que c'étoit à l'occasion de ceux de Zélande et de trois autres provinces qui refusent avec eux d'en payer leur part, encore que la Hollande et deux autres aient offert la leur, et qu'en parlant à eux, et leur remontrant le grand préjudice qu'ils se feroient, attendu qu'ils sont près de finir ou de rompre, on les accorderoit aussi, ce que nous avons fait, et ils y ont acquiescé. La vérité est néanmoins que sans nous cette colère s'échauffait, et les eût peut-être portés à faire une très-grande faute. Nous leur avons aussi à cette occasion donné quelque espérance du secours de Votre Majesté, d'autant que les gens de guerre assignés sur la généralité, avoient accoutumé d'être payés des deniers dont elle les gratifie. C'est pourquoi nous la supplions très-humblement de leur continuer cette grâce pour éviter le désordre que pourroient commettre ces gens de guerre, auxquels la solde est due de près de quatre mois, qu'il n'y a moyen de prendre pour le présent sur ces provinces sans les mutiner l'une contre l'autre ; et sur ce nous prions Dieu, sire, qu'il donne à Votre Majesté tout heur et prospérité.

Vos, etc.   P. JEANNIN et DE RUSSY.

De La Haye, ce quinzième jour de janvier 1609.

LETTRE *de M. Jeannin à M. de Villeroy, dudit jour quinzième de janvier 1609.*

Monsieur, j'ai reçu vos lettres du premier de ce mois, par lesquelles vous accusez bien la réception des miennes du 21 du mois passé, mais non de celles du 13 et 16 que vous aurez depuis reçues de M. de Colombier, qui a demeuré long-temps sur la mer à cause des vents contraires; et néanmoins, ce chemin est le plus sûr et le plus court, car la même difficulté est pour les vents du côté d'Anvers, et on n'y peut aller le plus souvent par terre à cause des eaux.

les États ont pris leur résolution. Celle du Roi a donné du courage aux uns et retenu les autres pour le faire arrêter à notre projet, approuvé enfin par eux tous, sans aucun changement qui puisse être cause de rupture. Il y a délibération qu'on ne changera rien ès principaux articles, et s'ils sont refusés, qu'on rompra, à quoi je vois chacun disposé; et le sieur Barneveld même, sur lequel je jette toujours les yeux pour considérer toutes ses actions, m'en a donné si grande assurance, que je n'en fais plus de doute; aussi soyez, s'il vous plaît, hors de peine de ce côté. M. le prince Maurice aussi, qui y prend garde et veille soigneusement à tout, croit maintenant notre conseil, et juge bien que le mieux qu'on puisse espérer de cette affaire, est de la faire résoudre selon le désir du Roi, sans lequel il se tient foible, et avec lui pense être assez puissant pour rompre tout; et à la vérité, malgré que le roi d'Angleterre en ait, Sa Majesté sera arbitre de tout ce qu'on fera ici.

Vous vous étonnez par vos lettres de ce que je n'ai pas rendu compte assez particulièrement à Sa Majesté de ce qui s'est passé entre nous et les députés d'Angleterre sur le sujet des lettres de M. le président Richardot : je l'ai fait exprès pour n'aigrir davantage la juste colère de Sa Majesté; mais si vous peux-je assurer de leur en avoir parlé fort rudement, et déclaré ouvertement, si leur maître a fait telle promesse, qu'il s'est fort bien mécompté, et que Sa Majesté ne souffrira jamais que ses amis soient ainsi trompés ayant assez d'autorité et de crédit envers eux pour leur faire prendre de meilleurs conseils; joint qu'ils savoient bien être impossible de leur persuader, et que cela ne serviroit qu'à les diviser ou faire rentrer en guerre. Ils ont nié tout, et depuis peu de jours nous ont dit avoir reçu lettres de leur maître qui leur commandent de dire partout qu'il n'y a jamais pensé, et si quelqu'un de ses ministres l'a fait, qu'il lui fera trancher la tête. Car on a aussi écrit à M. de Barneveld que le roi d'Angleterre lui a tenu les mêmes propos, et M. de Barneveld a fait voir cette lettre aux États par mon avis pour ôter toute espérance à leurs ennemis, et à ceux qui les voudroient favoriser, de pouvoir parvenir à cette trêve simple. Il est vrai, comme vous me mandez, que le sieur de Barneveld a de l'amitié avec M. Winood; mais la nôtre est devenue plus puissante en son endroit, et crois qu'il s'y attachera plus volontiers; bien désire-t-il que les deux rois soient mieux ensemble qu'ils ne sont de présent, le jugeant nécessaire pour la sûreté de leur État. J'estime aussi qu'il vaut mieux encore en chercher les moyens que de les rendre du tout irréconciliables, considérant comme vous êtes en Espagne, et que vous trouverez toujours autant de tromperie de ce côté-là, et plus encore de raisons d'État pour nous dissuader de leur amitié que de l'autre.

J'avois prié M. de Preaux d'aller à Bruxelles pour ôter toute espérance au président Richardot de la trêve simple, de celle d'un an, ni de toute autre prolongation, comme aussi pour lui représenter les raisons dont vous m'écrivez pour faire que les archiducs préviennent le retour du confesseur; mais les Anglois y ont contredit avec tant de véhémence que je m'en suis abstenu : tout leur est suspect, et ne peuvent souffrir qu'avec trop grand déplaisir que l'autorité du Roi devance de si loin celle de leur maître. Peut-être leur conduite n'a pas mérité que nous usions de ce respect; mais d'autres considérations me retiennent, où le désir que j'ai de trouver moins de contradiction; car en y procédant ainsi, ils feignent bien souvent de vouloir ce qui est contre leur désir. Or je ne laisse pas de satisfaire à ce que vous me mandez, par les lettres que j'écris à M. de Berny. Il me semble bien encore que vous le pourriez mieux faire à l'endroit de Peckius, lequel est créature du président Richardot. J'espère que nous serons bientôt vers eux, pour le faire moi-même, et néanmoins j'ai toujours quelque crainte de leurs délais, et qu'ils ne soient longs à nous renvoyer leur réponse. M. de Preaux eût aussi beaucoup servi pour les avancer; M. de Berny et les lettres fort pressées que j'écris au président Richardot y suppléeront.

Vous me mandez que le Roi a été mal content de la prolongation de la trêve. Considérez, s'il vous plaît, monsieur, qu'il étoit du tout impossible de l'empêcher, et qu'il n'étoit pas juste aussi d'en faire instance, attendu que le temps de la précédente trêve étoit coulé inutilement par la faute des États, non par celle des archiducs. Nous eussions toutefois suivi le commandement de Sa Majesté, s'il fût venu assez à temps. Il n'y a rien de gâté pour cela ; les affaires ne furent jamais en meilleur état qu'elles sont à présent en ce lieu ; ainsi le surplus dépend d'Espagne, dont j'espère toujours bien, et néanmoins avec quelque défiance pour les langages que leurs principaux ministres tiennent et le jugement que vous en faites. Si les archiducs avoient assez de courage, ils feroient ce que vous me mandez ; mais on n'en doit pas attendre cette résolution. Rien ne sera omis pour persuader leurs ministres, si je les peux approcher. Je ne vous avois pas prié de faire donner le voyage à Bauquemare, car il s'en alloit en France, et ne porta nos lettres que par occasion ; je l'en ai bien repris ; mais il ne pouvoit venir à temps, quelque diligence qu'il eût faite, attendu que vos lettres sont du seizième, et la trève fut conclue et envoyée le vingt-unième. Vous ne me mandez pas précisément votre avis, et la volonté du Roi, touchant l'acte que les Etats ont requis de nous pour assurance de leur liberté ; faites-le, s'il vous plaît ; je vous en ai mandé le mien qui est remis à votre censure. Je n'ai point vu le gentilhomme de M. le prince de Condé, que vous me mandez être porteur de votre lettre, mais elle a été envoyée par la voie de Calais à Flessingue, puis ici. Je suis, monsieur, votre, etc.   P. JEANNIN.

A La Haye, ce quinzième janvier 1609.

LETTRE *de M. Jeannin à M. le duc de Sully, dudit jour quinzième de janvier 1609.*

Monsieur, les Etats ont enfin, à notre très-instante poursuite, pris leur résolution conforme à notre projet, du moins avec si peu de changement, qu'elle ne contient rien qui puisse être cause de rupture de leur côté. Ils ont aussi arrêté, par délibération générale, si les princes avec lesquels ils traitent ne veulent consentir l'article de la liberté, tant en leurs noms qu'au nom du roi d'Espagne, et en la forme qu'il est couché par icelui projet, ou bien prétendre quelque innovation en la religion, de rompre à l'instant, et passé le temps de la nouvelle prolongation, qui doit durer jusqu'au quinzième de février seulement, de n'en plus faire d'autre, sinon qu'on soit entré si avant au traité, qu'on puisse juger avec certitude que la conclusion s'ensuivra. Ils sont à présent tous fort unis et en bonne intelligence, soit qu'ils aient cette trève, ou qu'ils soient contraints de rentrer en guerre. Si on demeure d'accord de quitter les confiscations, j'en ai fait mettre expressément un article en faveur de M. le prince d'Espinoy, dont je vous peux assurer que je serai bon solliciteur. Il ne reste plus qu'à savoir la volonté du roi d'Espagne ; mais si elle est telle que chacun publie, nous aurons perdu le temps. Il est vrai que la conduite du Roi, en ce qui s'est passé, a été accompagnée de tant de candeur et de prudence, que Sa Majesté en sera toujours louée partout, quoi qu'il en avienne. Pour moi, quelques bruits qu'on fasse courir de l'intention du roi d'Espagne, j'en espère mieux, et me semble que les archiducs ne se fussent engagés si avant sans en avoir quelque assurance.

Il peut bien être que ledit sieur roi ait quelquefois espéré cette trève à meilleur marché ; mais les archiducs, qui savoient certainement le contraire, et mieux depuis quelques jours que jamais, l'en auront pu avertir pour lui ôter cette fausse opinion, et persuader de prendre le conseil qui lui semble être nécessaire s'il veut sortir de cette guerre. Je me peux tromper en ces conjectures, et en faut attendre l'événement que nous verrons bientôt ; car messieurs des Etats désirent que nous allions conférer avec les députés des archiducs pour savoir leur dernier mot sur les principaux articles, et en être assurés par eux avant que d'envoyer leurs députés. Nous en avons écrit à l'archiduc, messieurs d'Angleterre, et nous, lui donnant avis que nous nous acheminerons à Anvers, aussitôt que nous aurons reçu sa réponse, pour conférer sur ce sujet avec ses députés. C'est l'état auquel sont les affaires en ce lieu, dont je désire le succès aussi heureux que je suis affectionné à vous rendre très-humble service, comme étant, monsieur, votre, etc.   P. JEANNIN.

A La Haye, ce quinzième janvier 1609.

LETTRE *écrite à l'archiduc par MM. les ambassadeurs de France et d'Angleterre, dudit jour 15 janvier 1609.*

Monseigneur, les Etats-généraux ont enfin, à notre très instante poursuite, et après plusieurs longueurs et difficultés, pris résolution sur le projet de la trève, dont copie avoit été donnée à M. le président Richardot avant son départ de ce lieu, nous l'ayant fait entendre et donné par écrit, avec prière, tout ainsi qu'ils nous ont éclaircis de leur intention pour parvenir à la conclusion finale de ce traité, que nous en voulions faire autant à l'endroit de votre altesse, et nous instruire par conférence avec ses députés de la sienne, afin qu'eux étant après informés et assurés par nous, ils commettent au même temps des députés pour se trouver au lieu dont on conviendra, et par ce moyen finir ce traité. Nous envoyons à cette occasion ce courrier exprès avec nos lettres pour lui en donner avis, et que nous partirons pour aller à Anvers aussitôt que nous aurons reçu sa réponse, désireux d'y trouver ses députés pour conférer avec eux sur ce sujet, ce que nous supplions très-humblement votre altesse être fait sans aucune remise ni longueur, afin que nous puissions mettre bientôt une heureuse fin à cette affaire, qu'il lui plaise nous mander son intention au plus tôt pour ne plus perdre le temps. Cependant nous prions Dieu, monseigneur, qu'il donne à votre altesse, en très-parfaite santé, très-heureuse et longue vie. De La Haye, ce quinzième janvier 1609.

Vos, etc. P. JEANNIN, DE RUSSY, RI. SPENCER, RODOLPHE WINOOD.

LETTRE *particulière de M. Jeannin à M. le président Richardot, dudit jour quinzième de janvier* 1609.

Monsieur, les Etats ont pris leur résolution avec peine, longueur et difficulté, mais elle est telle qu'à mon avis vous n'y trouverez rien qui puisse empêcher la conclusion du traité qui nous a donné tant de peine et de fâcherie. Or, par leur résolution, tout ainsi que nous avons apprises, et à cet effet d'en vouloir conférer avec les députés qui lui plaira commettre. C'est la raison pourquoi nous lui envoyons ce courrier exprès pour lui en donner avis, et que nous partirons pour aller à Anvers aussitôt qu'il nous aura apporté la réponse de son altesse, en espérance d'y trouver messieurs les députés pour conférer avec eux sur ce sujet; car jusqu'à ce que nous soyons instruits de son intention et résolution, du moins sur les principaux articles, les Etats nous ont dit qu'ils n'entendent envoyer leurs députés pour traiter, ni même convenir du lieu et jour. Je vous supplie donc bien humblement vouloir faire expédier au plus tôt ce porteur, afin que nous puissions achever cette affaire avant l'expiration de ladite trève, du moins l'avancer, en sorte qu'on puisse juger avec certitude que la conclusion s'en ensuivra. Je me promets, si nous employons le temps sans remise et avec affection, que l'issue en sera heureuse. On fait courir des bruits, et vous nous l'avez écrit, qu'aucuns ont fait espérer en Espagne la trève simple; mais croyez, monsieur, que c'est chose si éloignée de l'intention des Etats, qu'il est du tout impossible de leur persuader, et qu'il n'y a moyen plus propre pour rompre tout que d'en parler, dont, si vous en jugez ainsi de votre côté, je prévois que nous aurons travaillé en vain. Je le dis à vous qui avez été sur le lieu, et avez reconnu ceux auxquels vous avez affaire pour en mieux juger qu'aucun autre. Notre Roi y a procédé sincèrement et de bonne foi; nous y continuerons par son commandement, et je sais bien que nous donnerons sujet à son altesse de se louer de notre conduite. J'ai aussi la même opinion de messieurs d'Angleterre; j'en écris encore à M. de Berny pour vous en conférer, et vous baise très-humblement les mains, comme étant, monsieur, votre, etc. P. JEANNIN.

A La Haye, ce 15 janvier 1609.

LETTRE *de m. Jeannin à m. de Berny, dudit jour quinzième janvier* 1609.

Monsieur, nous écrivons, messieurs d'Angleterre et nous, à son altesse, et moi en particulier à M. le président Richardot, pour les avertir que les Etats ont pris leur résolution, qui ne contient rien qui puisse être cause de rupture, et que nous attendons seulement le retour du porteur, et la réponse à nos lettres pour partir aussitôt, et nous en aller à Anvers, où nous supplions son altesse envoyer ses députés afin que nous puissions conférer avec eux, et apprendre son dernier mot sur les principaux articles, sans quoi les Etats disent ne vouloir envoyer leurs députés, crainte de s'assembler encore en vain, ayant fermement résolu d'en sortir à ce coup, sans souffrir aucune autre remise, ou de rompre du tout. Vous en avertirez, s'il vous plaît, ledit sieur président, afin qu'il donne ordre que nous ayons tôt leur réponse pour ne laisser couler inutilement le temps de la trève, après lequel les Etats ne consentiront point de la prolonger, si ce n'est qu'on soit entré si avant en traité que l'on puisse juger avec certitude que la conclusion s'en ensuivra. J'estime que les Etats ne feront aucune difficulté d'envoyer leurs députés à Anvers, même lorsque nous les avertirons qu'il sera temps de le faire. Je vous supplie de dire à M. le président Richardot qu'il ne s'attende point à l'ouverture de la trève simple, et, si quelqu'un la met en avant, qu'on les trompe, et que les Etats ont unanimement résolu de n'entendre à aucune autre ouverture qu'à celle de notre projet.

Le Roi désireroit aussi que les archiducs voulussent dès maintenant conclure ce traité avec nous, tant en leurs noms qu'au nom du roi d'Espagne, duquel ils ont bonne procuration, sans attendre le retour du confesseur, pour la crainte que Sa Majesté a qu'il ne rapporte pas bonne réponse; estimant aussi qu'ils pourront s'en excuser envers le roi d'Espagne, sur ce que nous les aurions pressés de conclure, sinon que les Etats vouloient rompre sans remise, attendu qu'on excuse et approuve toujours plus volontiers ce qui est fait qu'on ne donne permission de le faire. Je désirois d'envoyer encore M. de Preaux pour faire cet office avec vous, mais les Anglois y ayant contredit avec véhémence, je m'en suis abstenu pour ne leur donner aucun ombrage. Vous traiterez, s'il vous plaît, avec ledit sieur président seul de ce dernier point, et sans le communiquer à personne; mais il est bon de poursuivre en commun avec l'ambassadeur d'Angleterre la réponse de son altesse, et qu'elle soit prompte, afin que nous ne perdions plus le temps. J'envoie à cet effet un laquais pour la rapporter, à cause que le courrier Picaut doit passer en France. J'y eusse bien envoyé quelque autre, mais n'étant question que de rapporter des lettres, et de venir par eau, un autre n'eût pas fait plus de diligence. Je vous supplie encore bien humblement et de toute mon affection, de le faire dépê[cher] tôt, afin que nous soyons plus tôt vers vous, et que j'aie l'honneur de vous voir, et de vous dire moi-même que je suis, monsieur, votre, etc.
P. Jeannin.

A La Haye, ce quinzième janvier 1689.

Lettre *du Roi à MM. Jeannin et de Russy, [du] dix-neuvième janvier* 1609.

Messieurs Jeannin et de Russy, vos lettres du premier et quatrième de ce mois, que j'ai reçues du quinzième, n'ont contenté, pour avoir su par icelles que les sieurs les Etats en général, et mon cousin le prince Maurice, et le sieur Barneveld en particulier, avec les principaux du pays, sont bien disposés et résolus de ne traiter, si l'article qui concerne leur liberté ne leur est accordé, au nom du roi d'Espagne comme des archiducs, en la forme qui leur a été proposée et promise sans aucunement s'en départir; car il importe grandement à la réputation et sûreté de leur république qu'ils ne varient en ce point, sur lequel seul ils ont fondé la première délibération qu'ils ont prise d'entendre auxdits traités, comme a été l'approbation que leurs vrais amis en ont faite, et les conseils qui leur ont par eux été départis, en suite de cette première ouverture, pour les y conforter et assister. Il seroit honteux et ridicule aussi que nous eussions montré par leur conduite ne s'être laissés aller à ces traités que pour justifier et fortifier par la cessation et approbation de leurs adversaires mêmes, ce titre de liberté et souveraineté au prix si long-temps débattu, et enfin acquis au prix de leur sang, non moins généreusement qu'heureusement, à présent s'ils s'en départoient, après tant de déclarations et protestations si expresses qu'ils ont faites, et les offres publiques et réitérées promesses avec lesquelles ils ont été conviés et entretenus de cette espérance jusqu'à présent, tant du côté d'Espagne que de celui desdits archiducs, lesquelles ont été divulguées et sues, et comme approuvées d'un chacun; tellement que si maintenant ils s'en relâchoient, ils condamneroient eux-mêmes leurs armes passées d'injustice, le gouvernement futur de leur république de rébellion, leur procédé en cette action de légèreté et imprudence trop grande; à quoi participeroient avec infamie leurs alliés, lesquels, pour s'en garantir, seroient contraints aussi de changer de conseil, ainsi que lesdits Etats auroient fait de leur part. Et ne sert de dire maintenant qu'ils sont libres et sou[verains] rins, et qu'aucuns leurs voisins et alliés les tiennent tels, et partant d'avoir besoin pour ce regard que leurs adversaires les reconnoissent et déclarent tels, attendu qu'ils ont montré désirer cette cession, l'affectionner et opiniâtrer, comme ils ont fait, avec tant de chaleur, qu'ils ont donné sujet de croire à tout le monde, et même à leurs plus spéciaux amis, qu'elle leur étoit nécessaire, autant pour fonder et assurer mieux leur Etat à l'avenir, que pour justifier la guerre qu'ils ont faite ci-devant.

Je vous répéterai donc que je ne puis être d'avis qu'ils renoncent à ce point, pour entendre maintenant à une trêve simple qu'aucuns mettent en avant. J'ai donc été bien aise de savoir que les députés du roi de la Grande-Bretagne improuvent aussi comme nous ladite ouverture, et vous en tient fait les déclarations que vous m'avez présentées.

Mon ambassadeur m'a écrit que le comte de Salisbury lui a tenu pareil langage, et qu'il s'est plaint à lui de la lettre écrite par le président Richardot sur ce sujet, l'attribuant à pur artifice. Il lui a dit aussi que ce don Fernando Giron, naguères passé en Angleterre de la part du roi d'Espagne et desdits archiducs, n'en a parlé à son maître, ni à ceux de son conseil, mais les avoit seulement remerciés des bons offices qu'ils ont faits envers lesdits sieurs les Etats pour les porter à la paix; et toutefois, l'on m'a écrit le contraire d'Espagne et d'ailleurs, à savoir que ledit roi de la Grande-Bretagne a fait proposer ladite trêve simple sans parler de liberté; et je sais que, depuis cela les conseillers et ministres d'Espagne ont déclaré et publié partout, comme ils continuent encore, que ledit roi ne passera jamais ledit article. J'ai même appris que don Pedro de Tolède, qui est ici, lequel je n'ai vu ni eu nouvelles de lui depuis lui avoir fait dire par le nonce que je ne pouvois approuver ladite trêve simple, doit passer en Flandre exprès pour empêcher que les archiducs obligent ledit roi d'Espagne en ce premier traité; mais peut-être que lesdits Espagnols font toutes ces mines pour couvrir la honte qu'ils estiment que ce leur est de quitter ladite souveraineté, et traiter avec lesdits Etats, qu'ils ont toujours appelés rebelles, en qualité de gens libres. C'est pourquoi j'ai quelquefois estimé que les archiducs feroient plaisir aux autres de franchir ce saut dès à présent, et y engager le nom dudit roi contre ses propres défenses et déclarations. Or, j'ai voulu faire sonder sur cela la disposition et intention de l'archiduc par le président Richardot; et, parlant audit archiduc même, j'ai reconnu que ledit président se laisseroit aller à cela plus facilement que son maître, qui porte tant de respect audit roi d'Espagne, qui fera tout ce qu'il pourra pour ne lui déplaire en cela non plus qu'en autre chose; mais toutefois le président Richardot a déclaré que, si leur confesseur ne lui apporte des défenses plus expresses d'engager le nom dudit roi que n'ont été celles que ledit archiduc avoit reçues jusqu'alors, qu'il sera d'avis qu'il passe outre et serre le marché; car il avoue qu'il fera le service dudit roi en ce faisant, et que l'on lui en saura, avec le temps, plus de gré qu'il n'en sera blâmé et repris du commencement; mais il faut que nous considérions si les Etats peuvent traiter sûrement en cette forme.

Nous avons vu les pouvoirs que ledit roi d'Espagne a ci-devant envoyés auxdits archiducs pour traiter en son nom. Il faut juger s'ils sont suffisans pour y dûment obliger ledit roi comme il convient; car vous savez que, par lesdits pouvoirs que nous avons vus, ledit roi déclare, si on ne tombe d'accord par ledit traité, tant en matière de religion que de tout le surplus, entendre que la déclaration de ladite liberté demeure nulle et ne puisse préjudicier à ses droits. Il est vrai que c'est une clause ordinaire, et une présupposition et conséquence nécessaire, d'autant que la seule exclusion et rupture des traités que l'on prétend faire, annule et détruit entièrement tout ce qui auroit été auparavant projeté et déclaré en vertu d'iceux et demeurent toutes choses en l'état et aux termes où elles étoient auparavant; mais j'ai ouï que l'on commence à dire, et m'en a-t-on déjà fait parler par le pape, que ledit roi d'Espagne veut faire instance du point de la religion, aussi bien par ledit traité de trêve qu'il a ci-devant fait quand il a été question de la paix, exprès pour avoir ce sujet de rompre. J'ai fait répondre au pape n'être raisonnable de parler du fait de la religion, attendu que l'on ne prétend faire qu'une trêve. Et quand on a reparti qu'il étoit aussi peu raisonnable de passer celui de la liberté par ladite trêve, j'ai soutenu que cette difficulté avoit été vidée dès le commencement par les offres et promesses faites par lesdits archiducs, tant en leur nom que dudit roi d'Espagne, à savoir de faire ladite trêve avec lesdits Etats, comme avec gens libres sur lesquels ils ne prétendent rien, et qu'en suite de ce premier accord, l'on avoit depuis traité ladite trêve, sans faire la susdite difficulté; qu'à présent il étoit hors de saison de la remuer, si on avoit envie de faire cesser la guerre aux Pays-Bas, et affermir la paix publique de la chrétienté. Or j'estime que lesdits Etats ne doivent faire difficulté outre, si lesdits archiducs s'offrent, sur le pouvoir dudit roi d'Espagne, de traiter en vertu d'icelui au nom dudit roi comme au leur, avec promesse de fournir la ratification dudit roi dans un temps qui sera convenu, qu'il faut prendre le plus court que l'on pourra; mais je désirerois que lesdits archiducs s'obligeassent et unissent dès à présent, à faute de représenter ladite ratification dans le susdit temps, avec les deux rois de maintenir et faire observer ledit accord contre ceux qui iroient au contraire; car sans cette clause, il me semble que lesdits Etats ne peuvent avoir sûreté même au commerce d'Espagne ni aux autres pays dépendants dudit roi; mais je doute que les archiducs veuillent passer si avant. J'en ai fait parler ici à leur ambassadeur, qui en fait grande difficulté, disant toujours qu'il espère que ses maîtres seront délivrés de cette peine par l'autorité et pouvoir que leur rapportera ledit confesseur qu'ils attendent à la fin de ce mois.

Or je prévois et crains que lesdits Espagnols et archiducs s'accordent mieux ensemble à prolonger ces négociations, et entretenir d'espérance et de paroles les Etats, qu'à conclure et terminer les affaires; car j'ai divers avis et conjectures qui me donnent sujet de concevoir cette opinion, encore que nous voyions que ledit roi d'Espagne n'a argent ni forces prêtes pour faire la guerre cette année; mais comme lui et les siens n'ont jusqu'à présent véritablement buté qu'à circonvenir les Etats et les diviser, j'estime qu'ils ne changeront de dessein que par une pure nécessité et force; car tout le conseil dudit roi vise à cela, et semble qu'il se soucie fort peu du repos et contentement desdits archiducs, lesquels d'ailleurs sont trop respectueux et moins vertueux pour vouloir faire leurs affaires à part, comme certainement ils pourroient faire honorablement et sûrement s'ils étoient autres. C'est pourquoi j'avois désiré, ainsi que je vous ai écrit, les obliger par acte d'accorder l'article de la liberté devant que de passer cette dernière prolongation de la cessation d'armes; car tant s'en faut que j'estime que la rupture d'icelle rende les choses de la trève à longues années plus difficiles, que je crois que c'est ce qui en avancera la conclusion si lesdits archiducs et Espagnols ont quelque volonté d'y venir.

Lesdits archiducs m'ont de nouveau fait requérir par leur ambassadeur de vous commander de proposer ou favoriser une nouvelle prolongation jusqu'au retour de leur confesseur; mais je m'en suis excusé, et lui ai répondu qu'aimant et affectionnant le repos et contentement desdits archiducs comme je fais, je ne pouvois approuver ladite prolongation, d'autant que ce n'est le moyen d'avancer ladite trève qu'ils montreroient désirer, parce que le conseil d'Espagne ne veut que gagner le temps; pour enfin la renverser à leur d[ésavan]tage. Si donc vous êtes recherchés par[-delà de] faire cet office, non-seulement je suis d'avis [que] vous vous en excusiez, mais que vous en d[éclar]iez lesdits Etats, si lesdits archiducs refus[ent de] bailler l'acte susdit, par lequel ils promet[tent de] traiter avec lesdits Etats, tant en leur no[m qu'au] dudit roi d'Espagne, comme avec gens libre[s sur] lesquels ils ne prétendent rien, suivant votre p[rojet.]

Je ne suis pas d'avis aussi que vous entr[eten]niez avec les députés d'Angleterre d'all[er trou]ver les archiducs, ou leurs députés, pour leur [por]ter la résolution dernière desdits Etats, que [vous] ne soyez assurés par écrit qu'ils entreron[t en] traité en la forme susdite; car ce seroit chose [inu]tile et qui seroit peut-être cause de nous att[irer] la rupture qui s'en ensuivroit. Il me sembl[e aussi] que lesdits Etats doivent demander et [écrire] la déclaration desdits archiducs par [une] bonne forme, devant que vous ni autres [soient] délégués vers eux, ni que ladite cessation d['armes] soit davantage allongée. Bien doivent-ils leur [faire] savoir par quelqu'un qu'ils sont contents de [trai]ter suivant votre projet, et, partant, prêts à [dé]puter et faire trouver leurs gens au lieu qu['ils ont] avisé, sitôt qu'ils auront la susdite assuranc[e des] dits archiducs, leur déclarant que d'envoye[r sans] cela ce seroit les abuser et s'abuser aussi eux-[mêmes,] d'autant qu'ils ne veulent ni ne peuvent t[raiter] sans la confirmation de ladite déclar[ation en la] forme qui leur a été offerte et promise. Ma[is, en] cas de rupture, ne m'engagez à aucune [autre] proposition ni assemblée, soit à Calais ni ail[leurs] que je n'en sois préalablement averti, et ne [vous] aie fait savoir mes volontés; car les choses [me] donnent argument de procéder ci-après en [ces af]faires avec plus de circonspection et retenu[e que] j'ai fait ci-devant: je dis en cas de rupture, [car] anmoins j'entends toujours que les Etats si[tôt qu'ils s'] et croient que, icelle avenant par la faute d[e leurs] adversaires, je ne les abandonnerai point, a[insi que] je vous ai commandé par mes précédentes [de leur] déclarer; mais je n'entends pas leur bailler, [avant] qu'ils s'accordent, la déclaration sur la continu[ation] de leur souveraineté après la trève qu'ils vo[nt m'] demandée; car c'est chose qui leur est inutile, [et] qui pourroit néanmoins nuire à mes affaire[s, et je ne] sais ce que je dois croire de cela, et qu'ils doi[vent] aussi attendre et se promettre de moi en cas [sem]blable. Quand je leur ai donné conseil de s[e con]tenter de la déclaration susdite desdits arch[iducs,] je l'ai fait avec la prévoyance de l'avenir c[omme] avec la considération du présent. Qu'ils se [con]fient donc en mon amitié et en l'expérience q[ue j'ai] des choses du monde, comme en la connoiss[ance]

NÉGOCIATIONS DU PRÉSIDENT JEANNIN.

que j'ai combien il importe au public, et particulièrement à ma couronne, qu'ils jouissent longtemps et particulièrement des effets de ladite souveraineté, et sachent que, quand j'ai désiré qu'ils jouissent de titre par l'aveu de leursdits adversaires, ce n'a été pour le nom seulement, ni pour contenter les autres, ou leur faire plaisir, comme aucuns d'eux ont soupçon sans raison et fondement, mais pour assurer leur Etat, et plus facilement établir et affermir le gouvernement d'icelui pour jamais, ainsi que vous leur direz. Je prie Dieu, messieurs, Jeannin et de Russy, qu'il vous ait en sa sainte garde.

Écrit à Paris, le dix-neuvième jour de janvier 1609.

HENRI.

Et plus bas, BRULART.

Lettre de M. de Villeroy à M. Jeannin, dudit jour dix-neuvième janvier 1609.

Monsieur, le Roi vous a écrit et à présent vous confirme encore bien clairement son intention sur le rejet de la trève simple, de laquelle il ne faut point douter que le roi d'Angleterre n'ait donné quelque espérance, quoi que disent par-delà ses gens, et que le grand trésorier ait dit à M. de La Boderie; mais j'ai bien opinion qu'il croyoit que notre Roi l'approuveroit, d'autant qu'il s'est montré jusqu'à présent si désireux de paix, que chacun a cru qu'il embrasseroit ce conseil par préférence à tous autres. J'ai toujours eu cette opinion, et même ne peux encore la perdre du tout, quoi que nous disions et écrivions, car Sa Majesté changera volontiers l'être présent auquel elle se retrouve, pour les raisons publiques et particulières qui vous sont assez connues, et vous prie, s'il vous plaît, de faire profit du présent avis. Véritablement nous jugeons qu'il seroit honteux que les Etats se réduisent à cette heure à cette trève simple, sans parler de cette benoiste liberté, après l'avoir débattue comme ils ont fait. Il y va aussi de la dignité et réputation de leurs alliés, jaçoit que nous ayons opinion qu'étant bien composée elle pourroit être aussi utile et avantageuse que la vôtre; car il n'y a pas plus de sûreté à l'une qu'à l'autre, comme nous avons souvent dit. Mais premièrement, nous ne pouvons goûter que l'Angleterre en soit l'auteur, et qu'elle en acquière le principal gré. Secondement, nous n'estimons pas qu'elle soit en cette forme aussi honorable pour lesdits Etats et leurs alliés que l'autre. Tiercement, nous doutons avec messieurs les Etats qui tenoient ce langage que l'Espagne traite après plus sincèrement et de meilleure foi avec eux; car ils ne veulent que les désarmer et tromper, comme le témoigne leur procédure. Davantage, il nous semble que le Roi pourroit moins justement assister après lesdits Etats; et néanmoins, je crois en vérité que nous serions bien marris s'il falloit rompre sur cela ni pour cela. Nous espérons, les tenant amis sans aucunement varier, que le roi d'Espagne s'accommodera, croyant qu'en cas semblable, celui qui tient le plus ferme conduit enfin les autres à son avis, joint que nous ne voyons pas que ledit roi d'Espagne puisse cette année faire une guerre digne de lui, et aussi que nous savons que les archiducs crèveront ou ils viendront à bout de leur prix fait. Le Roi veut donc tenir aussi à faire le mauvais pour réduire les autres à son but, mais il sera marri et en peine si ce dessein ne réussit.

Je suis de votre avis, qu'après une rupture l'on peut encore renouer les affaires quand on le voudra faire, et néanmoins, je serois bien d'opinion que le Roi évitât d'être auteur ni principal promoteur d'un renouement; il sera plus honorable qu'il en soit recherché et prié par les parties. Nous ne goûtons l'assemblée et conférence à Calais, que l'on ne soit au moins auparavant bien assuré du succès d'icelle, comme je reconnois que c'est votre intention; mais nous n'approuvons que vous soyez porteur aux archiducs de la dernière parole des Etats, si devant n'êtes assurés de l'article de la liberté et de l'intervention du roi d'Espagne; le Roi vous en écrit les raisons. En tout cas, s'il faut que vous fassiez le voyage, nous approuvons, suivant votre avis, que les Anglois soient de la partie, ou l'un des deux avec vous, qui devez faire état d'être sous main trahi de celui qui vous accompagnera, de quoi vous saurez bien vous garder. J'ai appris par lettres de M. de Berny qu'il ne faut rien espérer du président Richardot et de son maître; c'est pourquoi, s'il faut que vous voyiez l'un et l'autre, nous ne sommes pas d'avis que leur fassiez aucune ouverture par laquelle ils puissent espérer d'exempter le roi d'Espagne de parler en ces traités; car nous voyons bien qu'ils aspirent à cela, et qu'ils seroient bien aises que l'on leur aidât à y parvenir pour contenter ledit roi, que la vanité emporte par dessus tous autres respects. A quoi l'on dit que le connétable de Castille et ses partisans les secondent et confortent tant qu'ils peuvent, et que le duc de Lerme est contraint de s'y laisser aller pour éviter le reproche des autres, qui sont en grand nombre et puissans, parce que les ecclésiastiques sont de la partie. Vous dites qu'il y aura assez de sûreté pour les Etats en ce traité, pourvu que les archiducs obligent le roi d'Espagne en vertu d'une bonne procuration; mais nous doutons de la validité des premières qui ont été envoyées et vues. Nous craignons aussi qu'elles aient été révoquées, et toutefois, si l'archiduc le fait, peut-être approuverez-vous que l'on ne laisse de traiter en promettant de faire ratifier par le roi d'Espagne; mais je voudrois obliger ledit archiduc, à faute de ce faire, de maintenir le traité avec les deux rois et le faire valoir. Je l'ai dit à Peckius, qui n'a pas opinion que son maître passe si avant, tant il craint de déplaire au roi d'Espagne. Nous savons bien que le président Richardot est tout plein d'artifice, comme étoit le maître qui l'a nourri et dressé; mais celui-ci, qui concerne le roi d'Angleterre, seroit trop grossier s'il étoit tout de son intention, comme ledit grand trésorier l'a dit audit sieur de La Boderie, ainsi que ce dernier nous a écrit.

Le roi d'Angleterre n'est content du refus que nous faisons, ou bien des remises dont nous usons à le contenter, sur le remboursement de l'argent que la feue reine d'Angleterre a prêté au Roi en ses nécessités; car notre dernière réponse a été que nous désirons voir l'issue des traités des Pays-Bas, devant que d'en faire une absolue à leur demande, de quoi ils se plaignent grandement. Toutefois, nous n'avons pas délibéré de changer d'avis, car nous ne voulons pas leur bailler des verges pour nous fouetter, ni nous dégarnir de notre argent s'il faut faire la guerre; cela avec leur naturel, et les autres raisons qu'ils estiment avoir de nous haïr et redouter, les a portés à nous faire le pis qu'ils peuvent en derrière. M. de La Boderie nous a écrit avoir su que M. le prince Maurice a eu une forte prise avec Winood, dont l'on est par-delà mal satisfait; toutefois vous ne nous en avez rien mandé, écrivez-nous ce qui en est. Il nous semble que vous avez pris un sage conseil d'avoir engagé le sieur Barneveld à faire suivre celui du Roi par préférence à tous autres; car, étant secondé du pouvoir qu'il a, toutes choses vous seront possibles. Au demeurant, vous saurez la bonne santé de Leurs Majestés, et que nous avons ici à présent M. le connétable, venu par la permission de Sa Majesté pour traiter le mariage de sa fille avec monseigneur le prince de Condé, qui est maintenant sur le bureau comme est celui de M. de Nemours avec la seconde fille de M. d'Aumale. Je prie Dieu, monsieur, qu'il vous conserve en parfaite santé.

Votre, etc.   De Neufville.

De Paris, le 19 janvier 1609.

Autre lettre *dudit sieur de Villeroy à M. Jeannin, dudit jour dix-neuvième janvier* 1609.

Monsieur, vous aurez encore ce petit mot pour vous faire savoir que notre Roi n'a pas opinion que le roi d'Espagne s'accommode à votre projet par la force, et qu'il aimera mieux que les archiducs traitent seuls, et se faisant fort dudit d'Espagne, à la charge de l'en désavouer après. Il est donc d'avis que l'on tienne bon contre la prolongation de la cessation d'armes que l'on prétend ajouter à celle qui a déjà été accordée, s'il archiduc refuse la déclaration par écrit que nous sommes d'avis que l'on lui demande et qu'il la baille avant que vous ni les gens des Etats le voulez; et si cette rupture avient, il estime que le prince Maurice doit faire son exploit, c'est-à-dire, se mettre peine de gagner quelque avantage dans un tel interrègne; mais, en ce cas, il ne faut rien tenter que bien à propos. Nous disons qu'il sera besoin, audit cas de rupture, que vous fassiez contenance; et en effet, vous préparez de revenir en France, sans toutefois rien précipiter, et peut-être sera-t-il à propos que reprenier le chemin par la Flandre, pour voir si sans les Anglois vous pourriez renouer quelque chose. Ce sont discours qui ont été faits ce matin entre le Roi, M. de Sully, M. le chancelier et moi, que je vous représente nûment, non pour vous obliger à les suivre, mais pour les digérer, et faire choix de ce que vous jugerez être plus à propos. Je prie Dieu, monsieur, qu'il vous conserve en santé.

Votre, etc.   De Neufville.

De Paris, ce dix-neuvième janvier 1609.

Lettre *de MM. Jeannin et de Russy au Roi, du vingtième janvier* 1609.

Sire,

Les lettres de Votre Majesté du huitième de ce mois nous ont été rendues le dix-septième au soir; et pour ce que, par nos précédentes lettres, même par les dernières dont le courrier Picaut est porteur, elle aura été informée de l'état auquel sont les affaires en ce lieu, qui ne peut être meilleur, nous n'avons rien à y ajouter fors de la supplier très-humblement qu'il lui plaise vouloir secourir les Etats selon l'espérance qu'ils en ont, et ayant à cet effet conservé leurs gens de guerre, sans casser ni licencier un seul homme depuis la trêve commencée jusqu'à présent, le paiement de partie desquels a toujours été fait ci-devant des deniers qu'il a plu à Votre Majesté leur donner. A quoi s'étant arrêtés dus, il y a trois mois entiers et plus que les gens de guerre assignés sur la généralité du n'ont rien reçu, et font tous les jours instance pour être payés; et les Etats les remettent sur l'attente de ce bienfait qu'ils se promettent obtenir de Votre Majesté, lequel venant à manquer, il est certain que la délibération prise en l'assemblée de Hollande, il y a environ huit ou dix jours, de casser sept ou huit mille hommes de guerre assignés sur la généralité du pays, sera effectuée: ce qui ne peut avenir que leurs ennemis n'en prennent un grand avantage, et conçoivent une ferme espérance d'avoir la trève à quelque prix que ce soit; et néanmoins, à cause des disputes qui sont entre les provinces pour les cotes de ce que chacune d'elles doit supporter de ce paiement, nous ne voyons pas qu'il puisse venir d'ailleurs, pour être fait promptement, que de cette libéralité. Je sais pour vrai que M. Aërsens, qui est par-deçà, leur en a donné grande espérance ou plutôt assurance. Nous le leur avons aussi fait espérer ces derniers jours, lorsqu'il nous a semblé nécessaire pour empêcher cette cassation qui seroit très-préjudiciable à leurs affaires, dont nous nous étions abstenus auparavant afin de faire couler le temps, et enfin en exempter Votre Majesté, s'il eût été possible; et nous ne lui en serions encore importuns, n'étoit pour éviter les désordres qu'on prévoit s'ils ne sont bientôt payés, et d'autres inconvéniens encore aussi grands ou pires, si les Etats font ce licenciement: ce que nous la supplions très-humblement de considérer, et nous en vouloir mander sa dernière résolution au plus tôt, n'ayant pas estimé qu'il fût à propos maintenant de faire entendre ce refus aux Etats, ni même de leur diminuer l'espérance qu'ils en ont. Cette lettre n'étant pour autre sujet, nous prions Dieu, sire, qu'il donne à Votre Majesté, en très-parfaite santé, très-heureuse et très-longue vie.

Vos, etc.

P. JEANNIN et DE RUSSY.

De La Haye, ce vingtième janvier 1609.

Lettre dudit sieur Jeannin à M. de Villeroy, du vingtième janvier 1609.

Monsieur, les lettres du Roi et les vôtres du huitième de ce mois, m'ont été rendues le dix-sept au soir, par lesquelles je connois que vous avez reçu les miennes des treize, seize et vingt-huit du mois passé, et recevrez encore celles du premier et quatrième que j'ai données à un homme de M. de Vic, comme aussi du quinzième à Picaut, avant que celle-ci arrive à vous. Les Etats ont fait tout ce qu'on pouvoit désirer d'eux. Il reste seulement à pourvoir qu'il n'y ait aucune longueur en l'exécution, crainte qu'elle ne serve de prétexte pour faire la trève cette année, que personne n'oseroit proposer; mais en faisant couler le temps inutilement, on seroit comme contraint de la recevoir. C'étoit mon intention d'envoyer M. de Preaux à Bruxelles, pour être derechef éclairci de la volonté des archiducs avant que de sortir de ce lieu, et pour les raisons contenues en mes précédentes lettres, même pour leur dire celle-ci, qu'il faut finir dans cette trève, et ôter toute espérance aux archiducs de pouvoir obtenir autre prolongation, sinon que nous soyons entrés si avant en traité que la conclusion en soit presque certaine: par lequel voyage j'eusse satisfait à ce qui me semble nous être commandé par les lettres du Roi; mais il n'y a eu moyen de le persuader aux Anglois, ainsi que je vous ai écrit, et personne ne l'a aussi trouvé bon avec moi, que M. le prince Maurice, qui craint la longueur et approuve maintenant tout ce qui peut faire finir, soit pour conclure ou rompre. Il est vrai que j'ai satisfait à tout ce que dessus au mieux que j'ai pu par les lettres que j'ai écrites à M. de Berny, et au président Richardot même. Encore désirois-je, ce voyage ayant été rompu, qu'on eût mandé aux archiducs, par le courrier, que nous partirions d'ici quatre ou cinq jours après lui pour nous rendre à Anvers environ le vingt-cinquième, crainte que nous n'ayons réponse à nos lettres de dix ou douze jours, et qu'ils prennent encore temps pour se rendre audit lieu d'Anvers au dix, douze ou quinze du mois prochain, pour contraindre les Etats d'allonger derechef la trève; car, en faisant ainsi que je dis, nous évitions toutes ces longueurs et subterfuges, et nous pouvions colorer notre diligence du désir que nous avons d'achever cette affaire. En quoi je ne vois pas que rien eût été fait contre la décence et dignité de nos maîtres, qui est néanmoins la seule raison que les Anglois, et quelques autres avec eux, ont mise en avant, disant qu'il nous eût été honteux d'arriver à Anvers sans y trouver les députés des archiducs; étant bien certain que leur donnant avis de notre arrivée, ils n'eussent failli de s'y rendre, et, s'ils eussent fait autrement, nous pouvions aller jusqu'à Bruxelles, et témoigner par cette conduite l'affection et le soin de nos maîtres à achever ce traité, lequel étant conclu par ce moyen, on leur eût donné l'honneur de l'avoir fait; comme au contraire, si la rupture en doit avenir, on eût attribué à sagesse de la savoir tôt pour empêcher la trêve de cette année. Mais cet avis ne fut non plus approuvé, et il faut céder quelquefois pour vaincre ès choses qui sont de plus grande importance. M. le prince Maurice étoit encore en ceci de mon avis, non lors, car il n'étoit présent à la délibération, mais depuis quand on la lui a communiquée. Ce qui me fait presser est qu'il me semble déjà reconnoître que les Anglois désirent et affectent la longueur, qui ne peut être à autre dessein que pour la trêve de cette année, dont toutefois je n'ai qu'un simple soupçon, car ils ne s'en découvrent point encore, et si je sais qu'ils sont peu à craindre, pourvu que ceux qui conduisent les affaires éludent les artifices qui pourroient faire perdre le temps; j'entends parler du sieur Barneveld, lequel m'assure tous les jours du contraire, et avec tant de protestations de ne faire que ce que je lui conseillerai, que j'ai sujet de le croire. Or il n'y a que lui seul qui puisse favoriser avec efficacité les prétextes de cette longueur. Les résolutions générales des Etats y résistent aussi, mais je ne laisse pourtant d'estimer que c'est pour le mieux de presser instamment, et, s'il y a quelque remise par la réponse des archiducs, qu'il est expédient d'aller incontinent à Anvers, et de prévenir le temps que les archiducs donneront après avoir envoyé quelqu'un deux ou trois jours devant pour les en avertir, afin que nous trouvions leurs députés, ou allions même jusqu'à Bruxelles s'il est besoin. Je ne sais si vous approuverez ce conseil; mais si je ne reçois commandement au contraire qui m'empêche de le suivre, je le juge utile, et ne vois point qu'il en puisse arriver aucun inconvénient. Peut-être que l'archiduc nous mettra hors de cette peine, car s'il veut traiter à bon escient, il sera aussi aise d'avancer que nous, comme, au contraire, s'il recherche encore des longueurs, il n'en faut rien espérer, et le presser pour en sortir.

Je suis bien aise que le Roi nous commande de différer l'acte que les Etats demandent pour la souveraineté; si les faut-il toujours tenir en espérance que nous le ferons. Je vois, par les lettres du Roi, que Sa Majesté ne peut continuer son secours aux Etats, et néanmoins, ils en ont très-grand besoin, et n'y a doute que s'ils en sont refusés du tout, ou même s'il est encore différé, ils casseront sept ou huit mille hommes de leurs gens de guerre, lesquels sont assignés sur la généralité et ont accoutumé d'être payés de ses deniers, ce qu'ils feront sans attendre la résolution de ce traité. Or, il n'y a rien que M. le prince Maurice craigne tant, ni qui doive donner plus d'espérance aux ennemis d'avoir la trêve, de quelque façon que ce soit, c'est-à-dire simple et pour plusieurs années, ou bien pour cette année seule, que ce licenciement. Aussi sais-je bien que tous ceux qui désirent de sortir de cette guerre seroient bien aises de ce refus, afin de faire approuver ce licenciement comme nécessaire, et faciliter par ce moyen la trêve pour cette année. Je vous supplie très-humblement de le faire considérer, et de croire que cette épargne est hors de saison. Tout ce que je vous ai mandé du prince Maurice et du sieur de Barneveld est véritable; le premier est plein d'affection, toujours ennemi de l'Espagne, par ainsi du tout nécessaire de fortifier et accroître sa puissance, qui à présent est foible, pour empêcher les desseins du sieur de Barneveld, si son intention étoit contraire à ce que nous désirons, ce que je tiens pour certain n'être pas, il l'a montré encore depuis peu de jours, et lors qu'on mit en délibération en l'assemblée générale l'acte pour ne plus rien changer au projet, et, si leurs adversaires le refusoient, de rompre; car le prince Maurice a dit à madame la princesse d'Orange, au sieur de Russy et à moi, les toute la province de Hollande y résistoit, les députés d'icelle alléguant que ceux de Zélande, qui le requéroient se devoient fier à la prudhommie des Etats, et que c'étoit chose indigne de les y vouloir obliger. Mais le sieur de Barneveld seul ayant dit qu'il le falloit faire, attendu même que les ambassadeurs de Sa Majesté le désiroient ainsi, il fut à l'instant suivi d'un chacun sans aucune contradiction. Soyez donc assuré que tout est en bon état de ce côté, et que rien n'y peut arriver de mal qui ne soit déjà prévu avec les remèdes pour s'en garantir.

tant que notre industrie et diligence, soutenue de l'autorité et créance du Roi, qui est très-grande ici, nous donnera moyen de le pouvoir faire. J'espère toujours bien de l'autre côté, mais il en faut attendre l'événement. Je prie Dieu, monsieur, qu'il vous conserve en tout heur et prospérité.

    Votre, etc. P. JEANNIN.

De La Haye, ce 20 janvier 1609.

Lettre de M. Jeannin à M. le duc de Sully, dudit jour vingtième janvier 1609.

Monsieur, ayant par mes précédentes lettres donné avis au Roi de l'état auquel sont les affaires en ce lieu, dont je vous ai aussi écrit en particulier, et à M. de Villeroy, la dépêche que nous faisons à présent n'est que pour le secours dont les Etats nous prient et pressent tous les jours, disant qu'ils n'ont cassé un seul homme de guerre pendant la trève, et qu'ils l'ont fait par le conseil de Sa Majesté, qui sur l'incertitude de trève ou de guerre, dont on pensoit sortir de moment à autre, n'a pas jugé qu'il fût à propos de le faire, et eux y ont consenti, espérant que Sa Majesté leur continueroit ledit secours, sinon entier, au moins suffisant pour payer sept ou huit mille hommes de guerre assignés sur la généralité du pays, le paiement desquels a toujours été pris sur les deniers qui proviennent de sa libéralité, auxquels sont dus à présent près de quatre mois; sur quoi, quelque instance qu'ils nous aient faite depuis trois ou quatre mois, ils n'ont toutefois tiré réponse assurée, mais seulement paroles générales pour leur en faire espérer quelque chose, y ajoutant toujours qu'ils se doivent aider eux-mêmes, et soulager leurs amis pour les employer lorsqu'ils en auroient plus grand besoin, comme ils auroient s'ils sont contraints de rentrer en guerre: ce qui les faisoit surseoir, et nous donnoit moyen de couler le temps, avançant toujours les affaires, en intention d'en exempter du tout Sa Majesté s'il nous eût été possible; mais depuis environ trois semaines, les Etats ont tellement été pressés des gens de guerre, et y a eu tant de disputes entre les provinces, particulièrement entre celles de Hollande et de Zélande, pour les cotes que chacune devoit supporter de ce paiement, que, ne s'en étant pu accorder, ils ont derechef eu recours à nous, et délibéré, si nous leur en faisons un refus absolu, de casser ces sept ou huit mille hommes: dont ayant été avertis par M. le prince Maurice, nous serions allés en leur assemblée générale pour le leur dissuader, et remontrer le grand préjudice qu'ils se feroient de les casser lorsqu'ils sont près de conclure ou rompre, et que cela donneroit assurance à leurs ennemis d'avoir la trève à discrétion, du moins de faire continuer la cessation d'armes pour cette année, qu'eux tous ont jugé devoir être rejetée comme trop dommageable à leur Etat. Ces raisons ne les eussent toutefois persuadés, si nous ne leur eussions donné espérance de ce secours: ce que nous fûmes contraints de faire pour éviter l'inconvénient de cette cessation, arrêtée entre eux plutôt pour le différend des cotes que chacun en doit supporter, que pour autre considération, au moins en ce qui est des provinces de Hollande et de Zélande. Et quant aux autres, il est bien vrai que la plupart eussent bien désiré ce licenciement qui sembloit leur devoir plutôt faire espérer la trève.

Souvenez-vous, s'il vous plaît, monsieur, de l'espérance qui me fut donnée avant mon départ de Paris, que les Etats seroient secourus d'un million ou douze cent mille livres en l'année dernière, dont toutefois je ne leur ai rien déclaré, sinon en cette dernière occasion, ou plutôt nécessité, pour éviter le licenciement ou le désordre des gens de guerre, faute de paiement, sans toutefois leur spécifier de quelle somme, afin que vous excusiez plus volontiers ce que nous avons fait. Aussi ai-je appris desdits sieurs les Etats, que M. Aërsens l'a mandé plusieurs fois, et que M. de Vaudrenecq a eu deux avis de Rouen, que la troisième voiture étoit prête, et ne tenoit qu'à nos lettres qu'elle ne fût envoyée, dont il les auroit pareillement avertis, et tout cela a été cause qu'ils ont redoublé leur instance et importunité. C'est pourquoi nous nous trouvons à présent bien empêchés et étonnés de ce que, par les dernières lettres du Roi, Sa Majesté nous commande de leur en ôter toute espérance: ce que nous avons différé de leur dire, crainte que suivant leur dernière résolution, ils n'empruntent argent pour les payer, puis à l'instant les licencient sans attendre la résolution, ce que je prévois et tiens comme inévitable, si ce secours manque, vous suppliant très-humblement de le faire considérer à Sa Majesté. C'est ici la dernière dépense si on obtient la trève, et si la guerre continue, elle doit être plus grande. L'autorité et la créance du Roi est très-grande ici, pour l'affection qu'il leur témoigne, le soin qu'il a de leurs affaires, et la prudence et générosité dont il use à leur donner conseil. Mais il n'y a rien qui les oblige tant que cette libéralité qu'ils prêchent tous les jours entre eux, et disent qu'il n'y a que Sa Majesté de laquelle ils doivent espérer leur salut; qu'elle y met tout sans craindre leurs ennemis, et que les autres n'y mettent rien, accommodent les conseils qu'ils donnent autant pour conserver l'amitié de leurs ennemis, que pour servir au bien et avantage des Etats. Rien ne m'excite à vous supplier très-humblement de représenter tout ce que dessus à Sa Majesté, sinon le désir que j'ai que toutes choses passent ici suivant son intention, et pour empêcher que cette épargne hors de saison ne gâte ce que nous avons fait avec beaucoup de temps et de peine. Vous le prendrez, s'il vous plaît, de bonne part, et me tiendrez pour être perpétuellement monsieur, votre, etc. P. JEANNIN.

A La Haye, ce 20 janvier 1609.

LETTRE *de M. Jeannin à M. de La Boderie, dudit jour vingtième janvier* 1609.

Monsieur, j'ai reçu vos lettres du vingt-septième du mois passé, il y a quelques jours, et celles du dixième de ce mois le seizième. J'avois déjà su, tant par ce que les ambassadeurs d'Angleterre m'ont dit que par les lettres que M. Carron a écrites ici, que le roi de la Grande-Bretagne étoit fort offensé des lettres de M. le président Richardot, et déclaroit que c'est un mensonge inventé avec artifice et mauvais dessein, et si quelqu'un de ses ministres avoit fait ce qu'il écrit, qu'il lui feroit trancher la tête. La vérité est que si le Roi n'eût reçu copie de cette lettre, que M. de Preaux lui envoya de Bruxelles, que je l'eusse dissimulée sans l'en avertir, pource que j'étois en quelque opinion qu'elle n'étoit que pour nous brouiller ensemble, et mettre en soupçon les Etats dudit sieur Roi, comme on avoit essayé de faire contre notre Roi par une ruse beaucoup pire, qui étoit aussi contre m[oi] en particulier, si je n'eusse découvert et rom[pu] ce dessein. J'ai aussi toujours désiré dimin[uer] plutôt la mauvaise intelligence qui est ent[re] nous que de l'accroître, me contentant de do[n]ner ordre que rien ne soit fait en ce lieu con[tre] l'intention et le désir du Roi : je ne fus p[as] même d'avis de communiquer la lettre du[dit] sieur président à l'assemblée des Etats. M[. le] prince Maurice ne la vit non plus, et quand l[e] bruit en fut éventé, tant par les nouvelles d[e] France que d'ailleurs, j'aidai à le diminu[er] ayant toujours dit hautement que c'étoit [un] artifice des ennemis. J'en ai ainsi écrit au R[oi] et particulièrement à M. de Villeroy, mett[ant] en avant plusieurs raisons pour leur persuad[er] si cette nouvelle eût été vraie, que ledit s[ieur] président ne l'eût écrite, puisque l'offre dud[it] sieur roi d'Angleterre étoit en faveur et au p[as] fit de ces messieurs; y ajoutant encore, qua[nd] il seroit ainsi, qu'il le valoit mieux dissimul[er] par prudence que de s'aigrir en sorte qu'on de[...] vienne irréconciliables. Il est bien vrai [né]moins que le même avis est venu d'Espagne e[t] de Rome, et que les ministres dudit sieur R[oi] se sont toujours conduits en sorte que chac[un] a bien connu qu'il n'y a pas beaucoup d'ami[tié] ni d'intelligence entre nos maîtres; et moi q[ui] suis sur le lieu, en ai beaucoup d'autres grand[es] conjectures pour le croire. Rien n'a toutef[ois] été fait de notre côté dont ils se puissent plai[n]dre avec raison, soit devant ou depuis, car [on] a traité de toutes choses en commun; chac[un] dit son avis librement, et nous toujours les premiers, ès conférences particulières qui on[t] été entre nous, pource qu'ils l'ont ainsi désir[é] feignant de le faire par respect, mais en effet pour découvrir notre intention; et néanmo[ins] est avenu peu souvent que nos avis aient été divers. Aussi vous peux-je dire que nous avo[ns] préparé à toutes occasions les affaires au mi[eux] que nous avons pu pour rendre leur contradi[c]tion, s'ils l'eussent fait, inutile. L'autorité et [la] créance de notre Roi est si grande en ce lie[u] par la franchise et prudence qui accompa[gne] ses conseils, que les Etats y défèrent beaucoup joint qu'ils ressentent tous les jours les frui[ts] de son secours, que Sa Majesté n'a pas cessé [de] leur continuer pendant la trève.

Quant à la plainte qu'ils font de ce que M. d[e]

Preaux a ouvert la lettre de M. le président Richardot, je vous peux assurer que ç'a été sans en avoir chargé de moi : bien l'avois-je prié de mander au Roi tout ce qu'on lui diroit, et le succès entier de sa négociation ; mais je n'avois pas prévu qu'il dût ouvrir cette lettre, et en envoyer la copie. Or, la raison qu'il nous a dite est celle-ci, à savoir que M. le président Richardot lui avoit dit, deux jours avant son départ, que l'archiduc ne nous écriroit point pour donner assurance de faire la trève suivant notre projet, jusques à ce que la trève simple que le roi d'Angleterre avoit mise en avant par son ministre en Espagne, eût été proposée aux Etats et refusée par eux, et que ses lettres ne seroient qu'à cette fin. Sur quoi ledit sieur de Preaux ayant contesté et dit qu'il ne partiroit de Bruxelles avec telles lettres, mais nous les enverroit et attendroit là notre réponse, ledit sieur président lui dit depuis que l'archiduc avoit changé d'avis, et nous écriroit conformément à ce que nous désirions de lui, dont néanmoins ledit sieur de Preaux étant en doute, et craignant que leurs lettres ne fussent semblables à ce qu'il lui en avoit dit, il les ouvrit, estimant ne faire aucune faute, puisqu'on lui avoit commis le secret entier de la négociation, desquelles lettres il envoya la copie au Roi, auquel il manda pareillement ce que l'archiduc lui avoit dit des propos de don Pedro, aussi bien que du surplus. Nous le dîmes de même aux ministres dudit sieur roi, mais non peut-être avec telle expression qu'ils eussent bien désiré. Si vous assuré-je que si ledit sieur président n'eût écrit ce qui étoit convenu en ses lettres, mais l'eût seulement dit, que nous nous en fussions tus, ainsi que du surplus, et que ni eux ni autres ne l'eussent su de nous ; c'est la vérité. Et pour le regard de ce qui a été fait près du Roi, vous connoissez l'humeur du maître, et, comme il est d'un esprit ouvert, sincère et candide, qu'il supporte avec impatience qu'en une affaire commune on use de quelque déguisement ou artifice qui soit sujet à blâme ; et ce qui aigrit sa colère pour lors, fut qu'en même temps il reçut pareils avis de divers endroits. Mais aussitôt que ces premiers mouvemens sont passés, il entend volontiers et reçoit de bonne part les raisons de ses amis, et prend à plaisir que ce qu'on a dit contre eux soit faux. Je sais bien que nous ne ferons rien en ce qu'on traite ici qui puisse donner du blâme au Roi ; que le roi de la Grande-Bretagne donne même charge à ses ministres, et que chacun se dépouille de toute haine et jalousie, pour faire que le succès en soit heureux. Toute la chrétienté regarde cette action, et l'un des deux rois n'y peut faillir qu'avec blâme, honte et dommage.

Les affaires sont à présent du côté des Etats très-bien, et tout ainsi que Leurs Majestés ont désiré ; j'entends si chacun a fait dire par ses ministres ce qu'il a pensé, dont je suis bien certain quant au roi ; mais la conduite de l'autre part a eu tant de variations et de déguisemens qu'il y a raison d'en douter. Notre projet a été approuvé par les Etats, et ne reste plus que de savoir si le roi d'Espagne l'aura agréable : tous ses ministres disent que non, mais l'archiduc nous a écrit le contraire, et nous devons, les ambassadeurs d'Angleterre et nous, aller dans huit jours à Anvers pour en conférer avec leurs députés, afin de savoir au vrai leur résolution sur les principaux articles, en quoi, s'il y a de la difficulté, les Etats ne veulent envoyer leurs députés ni passer outre, mais rompre tout traité ; comme au contraire, si nous en demeurons d'accord, ils les enverront aussitôt au lieu dont on conviendra, que j'estime devoir être Anvers, pour conclure et passer le traité. Ainsi sera fait ou failli dans la fin de février, étant l'intention du Roi d'empêcher de tout son pouvoir que les affaires ne soient encore tenues en quelque incertitude et longueur, ou qu'on essaie d'en sortir par autre ouverture que celle de notre projet. Les Etats ont fait aussi pareille déclaration. Il est malaisé de juger ce que le roi d'Espagne fera ; j'en ai toujours bien espéré, mais le jugement de tous les principaux ministres du Roi étant contraire, je ne m'ose assurer du mien. Je n'entends pas bien ce que vous me mandez par vos lettres qu'on vous a accordé ce que vous ne demandiez pas ; je vous supplie de me le vouloir expliquer à la première occasion, et donner avis aussi de ce que vous apprendrez concernant nos affaires. Je vous baise très-humblement les mains, et suis, monsieur, votre, etc.,

P. JEANNIN.

A La Haye, ce 20 janvier 1609.

LETTRE *de l'archiduc à MM. les ambassadeurs de France et d'Angleterre, du vingt-unième janvier* 1609.

Messieurs, nous avons devant hier reçu votre lettre du quinzième de ce mois, et vu ce que vous avez arrêté avec les Etats de delà, ne pouvant sinon vous remercier que vouliez prendre la peine de venir à Anvers, pour de plus près communiquer avec nos députés sur le fait du traité de nos trèves. Vous y serez les fort bien venus, et ne faudront nosdits députés de s'y trouver le lendemain de Notre-Dame, troisième du mois qui vient, ou au plus tard le jour ensuivant, pour vous y attendre et recevoir quand votre commodité le permettra; et cependant nous prierons le Créateur vous avoir, messieurs, en sa sainte garde.

ALBERT.

Et plus bas, VERREIKEN.
De Bruxelles, le 21 janvier 1609.

LETTRE *de M. le président Richardot à M. Jeannin, dudit jour vingt et unième janvier* 1609.

Monsieur, puisque vous vous êtes résolus de nous venir voir à Anvers, vous y serez tous les très-bien venus, et vous pourrez-vous assurer que vous n'irez jamais en lieu où l'on vous voie plus volontiers. M. le marquis et nous y serons, Dieu aidant, le mardi au soir, troisième du mois qui vient, qui sera le lendemain de la Notre-Dame, où au plus tard le jour suivant, et vous y attendrons pour quand votre commodité le permettra. Et pour moi, je serois d'avis que vous nous donnassiez trois ou quatre jours pour avoir le loisir de vous y faire apprêter vos logis, joint que, pour vous parler à vous confidemment, tant plus tard viendrez-vous, tant mieux sera-ce pour nous qui voudrions que le père confesseur pût arriver plus tôt que vous, comme nous espérons qu'il fera, encore que n'ayons nouvelles de Madrid depuis qu'il y est arrivé, qui fut le vingt-cinquième du mois passé; et me recommandant très-humblement à vos bonnes grâces, et de tous ces seigneurs, je prie le Créateur vous donner, monsieur, tout le bonheur que vous pouvez désirer.

Votre, etc. Le président RICHARDOT.
De Bruxelles, le 21 janvier 1609.

LETTRE *de MM. Jeannin et de Russy [au] Roi, du vingt-cinquième janvier* 1609.

SIRE,

Il n'y a que trois ou quatre jours que nous avons écrit à Votre Majesté pour le sujet dont les Etats nous pressent, et plus ceux qui sont fermes à ne vouloir la trêve suivant le projet, que les autres qui l'aiment mieux à quelque prix que ce soit, que de rentrer en guerre. Cette lettre n'est qu'à même fin, et pour accompagner celle que M. le prince Maurice écrit à Votre Majesté sur ce sujet, et pour la crainte qu'il a du licenciement dont nous avons ci-devant écrit. Et pource que nous ne pouvons ajouter d'autres raisons que celles tenues en nos précédentes lettres, nous la supplions très-humblement de les considérer s'il lui plaît, et nous excuser si nous lui en sommes importuns, puisque c'est pour son service et pour achever plus heureusement ce qu'elle nous commande, à quoi nous nous employons de même affection dont nous prions Dieu, sire, qu'il donne à Votre Majesté et à sa royale famille tout heur et prospérité.

Vos, etc. P. JEANNIN et DE RUSSY.
De La Haye, ce vingt-cinquième janvier 1609.

LETTRE *de M. Jeannin à M. de Villeroy, dit jour vingt-cinquième janvier* 1609.

Monsieur, je vous ai écrit il n'y a que trois ou quatre jours; j'y ajoute maintenant que M. Carron a mandé d'Angleterre, par lettres du dixième de ce mois, que don Fernando Giron a eu deux audiences du roi de la Grande-Bretagne y étant seul, et sans l'assistance de l'ambassadeur ordinaire; que tout son discours a été que pour remercier ledit roi des bons offices qu'il a faits pour la trêve, et le prier de continuer; et qu'étant enquis par ledit roi s'il avoit encore quelque autre charge, il lui déclara que non, fors que si Sa Majesté pouvoit faire obtenir la trêve à meilleures conditions en faveur du roi d'Espagne que celles qu'on propose, il lui en auroit très-grande obligation; à quoi ledit sieur Roi lui auroit répondu qu'il n'étoit plus temps de l'espérer après les offres par les archiducs, avant lesquelles il s'y est très-volontiers employé; mais de le tenter à présent ne serviroit à autre chose qu'à lui faire perdre son crédit envers les Etats sans y en profiter; et qu'en une autre audience, donnée aussi séparément à l'ambassade ordinaire, ledit sieur Roi lui auroit pareillement demandé s'il étoit vrai qu'il lui eût fait écrire en Espagne qu'il feroit accepter la trève simple par les Etats, lequel déclara que non; mais lui ayant été mandé d'Espagne que dom Pedro avoit persuadé au roi de France de proposer cette trève simple, et qu'on le blâmoit de l'avoir négocié si avantageusement en Angleterre, il auroit écrit à son maître qu'il ne devoit attendre de moindres offices dudit sieur que du roi de France, élevant le plus haut qu'il pouvoit sa bonne volonté envers lui et son pouvoir envers les Etats, et s'il avoit failli en cela, désireux de servir son maître et Sa Majesté même, il la supplioit de lui vouloir pardonner; laquelle réponse fut très-agréable audit sieur Roi, qui finit son propos par une plainte contre le président Richardot. Tout ce que dessus est contenu aux lettres dudit sieur Carron. M. le prince Maurice en a reçu d'autre endroit de pareille substance, et le discours qui nous a été fait sur ce sujet par les ambassadeurs d'Angleterre est conforme; en sorte qu'on peut juger que ce qu'on en publie est ce que ledit sieur Roi a voulu qu'il soit su. Les lettres dudit sieur Carron contiennent encore deux choses, l'une que le roi d'Angleterre ne veut donner la déclaration qu'il tient les Etats souverains pour toujours; l'autre, que dom Fernando Giron a apporté des lettres de change pour recevoir en Angleterre quatre-vingt mille livres sterling, qui valent huit cent mille livres. S'il doit épancher cette somme à faire des gratifications, le roi d'Espagne payeroit trop chèrement les bons offices qu'il a reçus du passé, et est raisonnable qu'on en fasse de meilleurs et de plus grande importance pour les mériter. M. de La Boderie vous a pu donner avis de tout ce que dessus; j'ai néanmoins pensé le devoir faire.

Les ministres dudit sieur Roi ne font rien contre ce qu'ils nous ont promis, approuvent même tous ce que je vous ai écrit par ma lettre du vingtième, au cas que les archiducs veuil-

lent user de longueur, mais leur conduite passée me fait défier de tout. Celui avec lequel je suis plus conjoint maintenant est M. le prince Maurice, lequel veille pour découvrir tout ce qui se passe, m'en donne avis, et fait ce que je lui conseille. Ce n'est pas que je me sois séparé de l'amitié du sieur Barneveld, avec lequel j'ai toujours aussi une communication fort particulière, et me tiens assuré de son affection; mais pource que rien ne peut avenir contre ce que nous poursuivons, si ce n'est par son moyen, je veille et suis soigneux de prendre garde à tout pour me servir de lui, et n'être point trompé; car, à vous dire la vérité, quelque résolution que les Etats aient prise de rompre, si les archiducs usent de longueur, ou refusent notre projet, tant de gens désirent le repos en l'assemblée, que si le sieur de Barneveld étoit contre nous, il nous donneroit beaucoup de peine, et nous serions contraints de nous déclarer plus ouvertement de la part du Roi que je ne désire pour rompre leurs desseins: ce que je ferai néanmoins quand il sera besoin, et éviterai autrement tant que je pourrai; mais je sais bien aussi qu'en le faisant nous serons suivis.

M. le prince Maurice dit être bien assuré qu'un courrier envoyé de Madrid par le confesseur, est arrivé à Bruxelles le quinzième de ce mois, et a rapporté que le roi d'Espagne ne veut accorder la liberté ni le commerce des Indes. Si cela est, je crains de nouvelles remises, et faut tendre du tout à les empêcher, afin que nous sortions de ce fâcheux labyrinthe. M. le prince Maurice nous a fait derechef grande instance pour l'argent, crainte du licenciement qu'on fera sans doute, si le Roi continue à refuser le secours qu'ils avoient espéré de quatre cent mille écus pour l'année passée, ou bien au moins d'un million de livres. Ledit prince en écrit à Sa Majesté comme de chose qu'il juge de très-grande importance: j'en fais le même jugement que lui, étant étonné de ce refus en un temps auquel il faut faire mieux espérer de l'assistance de Sa Majesté que jamais, pource que ceux qui désirent le repos à quelque prix que ce soit, s'en sauront bien servir pour persuader aux autres, puisqu'on leur dénie le secours dès à présent, qu'ils en doivent encore moins espérer à l'avenir, et lorsqu'ils seront

37

rentrés en guerre. Il me suffit d'en avoir donné avis et représenté les raisons. J'attends mon homme qui n'est encore venu de Bruxelles avec la réponse des archiducs. Je prie Dieu, monsieur, qu'il vous maintienne en tout heur et prospérité.

Votre, etc.   P. JEANNIN.

De La Haye, ce 25 janvier 1609.

LETTRE *dudit sieur Jeannin à M. de Sully, du même jour vingt-cinquième janvier 1609.*

Monsieur, je vous ai représenté, par mes lettres du vingtième de ce mois, la supplication des Etats pour obtenir la continuation du secours du Roi, et ne vous en serois derechef importun, n'étoit à l'occasion de l'instance pressée qui nous en a été de nouveau faite par M. le prince Maurice, lequel en écrit à Sa Majesté, et nous a priés d'accompagner ses lettres et la supplication qu'il lui en fait, de la nôtre : ce que nous faisons très-volontiers pour les raisons contenues en mes précédentes lettres, qui me semblent pouvoir suffire pour vous persuader, monsieur, que vous ajoutiez votre autorité pour favoriser cette affaire envers Sa Majesté, d'autant même qu'il importe plus que je ne vous saurois exprimer pour conduire ce que nous traitons au but qui nous a été ordonné. Vous le saurez mieux juger que personne, et aiderez à y apporter aussi le remède, comme je vous en supplie très-humblement. L'homme que j'ai envoyé à Bruxelles n'est encore de retour avec la réponse des archiducs ; je l'attends de moment à autre, y ayant aujourd'hui dix jours qu'il est parti : nous donnerons avis aussitôt de ce qu'il aura apporté. Cependant je prie Dieu, monsieur, qu'il vous donne, en parfaite santé, très-heureuse et très-longue vie.

Votre, etc.   P. JEANNIN.

De La Haye, ce 25 janvier 1609.

LETTRE *au Roi écrite par M. Jeannin, ledit jour vingt-cinquième janvier 1609, sur la recherche du passage du Nord.*

SIRE,

J'ai ci-devant conféré, par commandement de Votre Majesté, et sur les lettres qu'il lui a plu m'écrire, avec un marchand d'Amsterdam, nommé Isaac Le Maire, lequel est homme riche et bien entendu au fait du commerce des Indes d'orient, désireux d'y servir Votre Majesté, sur les ouvertures que je lui en ai faites, et de joindre avec lui d'autres marchands, comme aussi des pilotes, mariniers et matelots expérimentés en telles navigations, qu'il dit avoir empêchés de prendre parti dès le temps que je lui en parlai. Or, comme il m'en a pressé plusieurs fois, je lui ai toujours dit que Votre Majesté n'y pouvoit prendre aucune résolution qu'après celle des Etats, et le traité de trève qu'on poursuit à présent fait ou rompu : ce qu'il juge être bien véritable, et s'est aussi contenté de cette réponse; mais il m'envoya ici son frère, il y a quelques jours, pour me faire entendre qu'un pilote anglois, lequel a été deux fois en mer pour rechercher le passage du nord auroit été mandé à Amsterdam par la compagnie des Indes d'orient, pour apprendre de lui ce qu'il en auroit reconnu, et s'il espéroit de trouver ce passage; de la réponse duquel eux étoient demeurés fort contents, et en opinion que cette espérance pouvoit réussir. Ils n'avoient toutefois voulu pour lors faire ladite entreprise, mais contenté seulement l'Anglois, et renvoyé avec promesse qu'il les viendroit trouver en l'année suivante 1610. Ce congé lui ayant été donné, Le Maire, qui le connoît fort bien, auroit depuis conféré avec lui, et entendu ses raisons, dont il a aussi communiqué avec Plancius, qui est grand géographe et bon mathématicien, lequel soutient, par les raisons de son art, et de ce qu'il a appris tant de cet Anglois que d'autres pilotes qui ont fait la même navigation, tout ainsi que du côté du midi on a trouvé en la mer du Sud, approchant le pôle antarctique, un passage qui est le détroit de Magellan, qu'il y en doit pareillement avoir un autre du côté du nord. L'un des pilotes, qui fut aussi, il y a trois ans, employé en cette même recherche, passa jusqu'à Nova-Zembla, qui est à soixante-treize degrés de latitude en la côte de la mer Tartarique, tirant au nord, a déclaré que, pour n'être lors assez expérimenté en cette navigation, au lieu d'entrer avant en pleine mer, elle n'est jamais gelée à cause de la profondeur et de la grande impétuosité de ses flots et vagues, il se contenta de côtoyer les bords, où, ayant trouvé la mer gelée, lui et ses compagnons furent arrêtés et contraints de s'en retourner sans passer outre.

L'Anglois a encore rapporté qu'ayant été du lez du nord jusqu'à quatre-vingt-un degrés, a trouvé que plus il approchoit du nord, moins il y avoit de froidure, et au lieu que vers Nova-Zembla la terre n'étoit couverte d'herbe et n'y avoit sinon des bêtes qui vivent de chair et de proie, comme ours, renards et autres semblables, il avoit trouvé, esdits quatre-vingts degrés, de l'herbe sur la terre, et des bêtes qui en vivent : ce que Plancius confirme par raison, et dit que près du pôle, le soleil luisant sur la terre cinq mois continuels, encore que les rayons d'icelui y soient foibles, néanmoins, à cause du long temps qu'ils y demeurent, ils ont assez de force pour échauffer le terroir, et le rendre tempéré et commode pour l'habitation des hommes, produire herbe et nourrir bétail; alléguant cette similitude d'un petit feu, lequel demeurant long-temps en quelque lieu a plus de force pour l'échauffer, qu'un grand feu qui ne feroit qu'être allumé et aussitôt éteint. Il y ajoute aussi qu'il ne se faut arrêter à l'opinion des anciens, qui estimoient la terre près des deux pôles être inhabitable à cause de sa froidure, et qu'ils se peuvent aussi bien tromper qu'en ce qu'ils ont dit la zone torride être inhabitable à cause de sa grande chaleur, qu'on reconnoît néanmoins par expérience être habitée, fort tempérée, fertile, et commode pour la vie des hommes, et qu'il y a beaucoup plus de chaleur sous les tropiques du Cancer et du Capricorne que sous la zone torride; et par cette même raison, Plancius dit que la froidure croît, et est toujours plus grande jusqu'au soixante-sixième degré, mais en passant plus outre devers le pôle, elle devient moindre, et ainsi l'ont trouvé l'Anglois et d'autres pilotes, lesquels ont ci-devant fait des voyages, dont ils concluent que, pour trouver le passage du nord avec plus de facilité, au lieu de rechercher les côtes de la mer à soixante-dix, soixante-onze, soixante-douze ou soixante-treize degrés, comme les Hollandois ont fait ci-devant, il se faut avancer en pleine mer, et monter jusqu'à quatre-vingt-un, quatre-vingt-deux et quatre-vingt-trois degrés, ou plus, s'il est besoin, ésquels lieux la mer n'étant point gelée, ils se promettent qu'on pourra trouver ce passage, et par icelui, en tirant vers l'orient, passer le détroit d'Anian, et suivant la côte orientale de Tartarie, aller au royaume du Cattay, à la Chine, aux îles du Japon, comme aussi, attendu que l'orient et l'occident aboutissent l'un à l'autre, à cause de la rondeur de la terre, aller par même moyen aux Moluques et aux Philippines; lequel voyage, et toute cette navigation, tant pour aller que retourner, pourroient être faits en six mois, sans approcher d'aucuns ports et forteresses du roi d'Espagne; au lieu qu'à le faire par le cap de Bonne-Espérance, qui est le chemin ordinaire qu'on tient à présent, on y met ordinairement près de trois ans, et si on est sujet aux rencontres et incursions des Portugois.

Il me proposoit donc cette ouverture du passage du nord pour savoir si Votre Majesté auroit agréable de l'entreprendre ouvertement, et en son nom, comme chose fort glorieuse, et qui lui acquerroit une grande louange envers la postérité, ou bien sous le nom de quelque particulier, dont on ne laisseroit de lui attribuer l'honneur si le succès en étoit bon, offrant, de la part de son frère, de fournir le vaisseau et les hommes, sinon que Votre Majesté y en veuille aussi employer quelques-uns des siens avec ceux qu'il y mettra, lesquels sont expérimentés en tels voyages, disant que, pour exécuter cette entreprise, il ne faut que trois ou quatre mille écus au plus, lesquels il désire tirer de Votre Majesté, pource que lui, qui n'est un particulier, n'y voudroit employer cette somme, et n'en ose communiquer à personne, d'autant que la compagnie des Indes d'orient craint sur toutes choses qu'on les prévienne en ce dessein, et qu'à cette occasion son frère n'avoit osé parler à l'Anglois qu'en secret. Il dit encore que si ce passage est trouvé et découvert, qu'il facilitera bien fort le moyen de faire une compagnie pour aller en tous les lieux susdits, et que plus de gens y mettront leurs fonds qu'en l'autre qui est déjà faite, sans que la compagnie s'en puisse plaindre, attendu que l'octroi qu'elle a obtenu des Etats n'est que pour y aller du côté du cap de Bonne-Espérance, non de celui du nord, dont les Etats se sont réservés le pouvoir de disposer au cas que le passage puisse en être trouvé, et, pour inviter quelques pilotes courageux de se hasarder à en faire la recherche, promis vingt-quatre mille livres de loyer à celui qui en seroit le premier inventeur.

J'ai dit au frère de Le Maire, qui m'en a communiqué de sa part, et lui ai aussi écrit que j'en donnerois incontinent avis à Votre Majesté pour en savoir sa volonté, et la lui faire entendre au plus tôt, attendu qu'il dit, si on veut penser à ce voyage dès cette année, qu'il le faut commencer en mars au plus tard pour en espérer bon succès, et que les autres qui l'ont ci-devant fait en juillet s'en sont mal trouvés, et ont été surpris de l'hiver. Ayant aussi été averti que Plancius étoit venu à La Haye deux jours après avoir communiqué au frère de Le Maire, je le mandai aussitôt pour en conférer avec lui, comme j'ai fait, sans toutefois lui faire connoître que Le Maire m'en eût fait parler, ni que Votre Majesté eût aucun dessein d'entreprendre cette recherche; car ledit sieur Le Maire ne désire pas que personne en sache rien : aussi n'en ai-je parlé à Plancius que par forme de discours, et comme étant curieux de m'instruire et apprendre ce qu'il en sait et juge par raison pouvoir être fait; lequel m'a confirmé tout ce que dessus, et qu'il avoit excité feu Amsquerque, amiral de la flotte qui fit l'exploit du détroit de Gibraltar, de faire cette entreprise, lequel s'y étoit résolu, dont il espéroit bien, pource que ledit Amsquerque étoit fort entendu aux navigations, et désireux d'acquérir cet honneur, comme Magellan avoit fait découvrant le passage du côté de la mer du Sud; mais il mourut en ce combat. C'est à Votre Majesté de me commander ce qu'il lui plaît que je fasse en cet endroit. La vérité est qu'on ne peut répondre du succès de cette entreprise avec certitude; mais il est bien vrai que dès long-temps Le Maire s'est informé de ce qu'on pouvoit espérer de telle entreprise, et qu'il est tenu pour homme avisé et industrieux; puis on n'y hasarderoit pas beaucoup. Quand Ferdinand reçut l'avis de Christophe Colomb, et lui fit équiper trois navires pour aller au voyage des Indes d'occident, l'entreprise sembloit encore pour lors plus incertaine, et tous les autres potentats auxquels cet homme s'en étoit adressé s'en étoient moqués, jugeant son entreprise impossible; et toutefois elle a produit un si grand fruit. C'est aussi l'avis de Plancius et d'autres géographes, qui ont écrit que du côté du nord il y a encore beaucoup de terres qui n'ont été découvertes, et lesquelles Dieu peut réserver à la gloire et au profit d'autres princes, n'ayant voulu tout donner à la seule Espagne. Quand même il n'en succéderoit rien, sera toujours chose louable de l'avoir entrepris, et le repentir n'en sera jamais grand, puisqu'on y hasarde si peu.

Cette lettre étant achevée, et moi prêt de l'envoyer à Votre Majesté, Le Maire m'a derechef écrit, et envoyé le mémoire qui est ci-joint, lequel contient un discours assez ample, ensemble les raisons de ce que dessus. Il me mande pareillement qu'aucuns de la compagnie des Indes, ayant été avertis que l'Anglois avoit conféré secrètement avec lui, sont entrés en appréhension qu'il s'en vouloit servir et l'employer lui-même pour découvrir ce passage, qu'à cette occasion ils ont de nouveau traité avec lui pour entreprendre ladite navigation dès cette année, ayant ceux de la chambre d'Amsterdam écrit à cet effet aux autres chambres qui sont de la même compagnie pour le faire approuver, avec déclaration, s'ils le refusent, qu'ils l'entreprendront eux seuls. Le Maire ne laisse pourtant d'exhorter Votre Majesté à cette entreprise, me mandant qu'il a un pilote, lequel a déjà fait ce même voyage, et est plus expérimenté et capable que l'Anglois. C'est à elle de commander son intention. J'ai eu plusieurs conférences avec d'autres, soit pour les voyages des Indes d'orient ou d'occident, et suis assuré, quand il lui plaira d'y penser à bon escient, et pour en tirer du fruit, qu'il y aura moyen de lui faire avoir de très-bons hommes, et fort expérimentés; qu'il y a aussi de riches marchands lesquels seront de la partie pour le commerce des Indes d'orient, et plus volontiers encore si ce passage du nord trouvé; mais, quant aux Indes d'occident, ils tiennent tous qu'il y faut employer un plus grand appareil de forces. Il est vrai que le voyage est aussi beaucoup plus court; et ceux qui ont quelque connoissance des entreprises qu'on y peut dresser, en promettent tout bon succès, dont ils discourent avec de si bonnes raisons, qu'il y a sujet d'y ajouter foi; j'en attendrai ses commandemens, priant Dieu, sire, qu'il donne à Sa Majesté et à sa royale famille tout heur et prospérité.

Votre, etc.   P. JEANNIN.

De La Haye, ce vingt-cinquième janvier 1609.

LETTRE *de MM. Jeannin et de Russy au Roi, du vingt-huitième janvier* 1609.

SIRE,

La précédente dépêche à Votre Majesté a été retardée de trois jours, à cause de l'impétuosité des vents si contraires, qu'il n'y a eu moyen de la faire partir plus tôt qu'aujourd'hui avec celle-ci, que nous y ajoutons pour lui donner avis que celui que nous avions envoyé par le courrier Picaut, arriva le jour d'hier, 27 de ce mois, avec la réponse de l'archiduc, qui nous remercie du soin que nous prenons pour achever cette affaire, et mande que ses députés seront à Anvers le 3 ou 4 du mois prochain pour conférer avec nous; et M. le président Richardot, qui écrit en particulier au président Jeannin, y ajoute qu'il désire que nous leur donnions trois ou quatre jours de loisir après leur arrivée pour y faire préparer nos logis, et y attendre la venue du confesseur, qu'il dit devoir arriver de jour à autre, et néanmoins que les archiducs n'en ont eu aucunes nouvelles depuis son arrivée à Madrid, qui fut le vingt-cinq décembre. Nous envoyons à Votre Majesté les copies desdites deux lettres, afin qu'elle en puisse mieux juger. Il n'y a point d'apparence que le confesseur ait été si long-temps sans les avertir de ce qu'il a fait, attendu qu'il avoit mené avec lui un courrier ordinaire pour le renvoyer en diligence et leur en donner avis; mais ou la réponse n'a été telle qu'ils désirent, ou ils la cèlent pour avoir mieux, s'ils le peuvent, des Etats que ce qui est contenu en notre projet. En quoi nous craignons qu'ils ne soient favorisés par les Anglois, qui semblent déjà affecter la longueur, sans toutefois s'en découvrir ès conférences que nous avons eues avec eux jusqu'ici; non que leur créance soit d'aucune considération pour nous la faire appréhender, mais nous savons qu'il y a cinq provinces entières qui aimeroient mieux la trève, à quelque prix que ce soit, que de rentrer en guerre. Bien est-il vrai que nous avons meilleure opinion de la Hollande et Zélande, et tout dépend de ces deux ici. Nous nous fions beaucoup aussi à l'autorité et créance que Sa Majesté s'est acquises en ce pays, au pouvoir qu'elle nous a donné de leur offrir son secours, au cas que les archiducs fassent refus d'accomplir ce qu'ils ont promis, et pareillement à l'assurance que le prince Maurice nous donne tous les jours, que personne n'oseroit aller contre la volonté et le conseil qui sera donné par Votre Majesté, s'offensant même quand nous montrons d'en douter : à quoi nous ajoutons encore la même assurance que le sieur Barneveld donne de suivre nos conseils; car c'est celui seul qui pourroit faire du mal, s'il en avoit la volonté, pour la grande créance qu'il a parmi ces peuples, et les artifices dont il sait user envers eux pour leur persuader ce qu'il veut : non que lui ni autre ose proposer la trève simple qui seroit à présent rejetée d'un chacun, mais on peut faire couler le temps inutilement pour avoir encore la cessation d'armes cette année; à quoi sans doute les archiducs tendront s'ils n'ont pouvoir de traiter au nom du roi d'Espagne; et c'est à nous de nous garder de cet inconvénient, comme nous ferons de tout notre pouvoir, pour être celui seul qu'on doit à présent craindre, et lequel est aussi très-dangereux.

Nous ne pouvons toutefois être à Anvers que le sixième du mois prochain, ayant un chacun jugé qu'on ne devoit refuser deux jours aux députés des archiducs pour y être ce temps-là devant nous. Nous porterons avec nous l'acte des Etats qui contient leur résolution de ne traiter que sur notre projet, et de rompre en cas de refus, ou de nouvelles remises, afin que cela nous donne sujet de presser davantage les députés des archiducs, et de leur faire connoître, en présence même des députés d'Angleterre, si on leur donne quelque autre espérance, qu'on les trompe, et que c'est plutôt en intention de rompre tout traité que pour espérer d'en pouvoir faire un autre qui soit plus à leur avantage : nous en envoyons aussi la copie à Votre Majesté. Les Etats nous doivent encore donner pouvoir de consentir la prolongation de la trêve jusqu'à la fin du mois de février, pour en user au cas que les archiducs accordent les articles principaux de notre projet, et de traiter au nom du roi d'Espagne en vertu de bonne procuration, et non autrement, laquelle procuration nous demanderons à voir d'entrée, et d'en avoir, s'il est possible, copie signée; au refus de quoi, et si les archiducs se veulent encore servir de quelques nouveaux subterfuges, nous ne passerons outre, mais nous retirerons sans faire aucune prolongation, après avoir averti les députés des archiducs qu'ils ne doivent plus attendre qu'une rupture, et du regret que Votre Majesté en aura. Nous estimons bien qu'ils nous accorderont tout ce que dessus, non par écrit, à quoi toutefois nous insisterons, mais de paroles, pour faire venir les députés des Etats, avec lesquels ils essaieront de gagner ce qu'ils n'auront pu obtenir de nous : c'est pourquoi nous désirons que leur charge soit limitée et restreinte du tout au contenu de cet acte, afin qu'ils n'aient pouvoir de l'outrepasser. Bref, nous userons de toutes sortes de cautions pour conduire les affaires à la résolution prise en l'assemblée générale, et à ce que nous savons être du désir et contentement de Votre Majesté.

Messieurs des Etats nous ont aujourd'hui fait voir en leur assemblée générale un cahier qui contient les rôles des dernières montres de leurs gens de guerre, tant de pied que de cheval, qui revient à quarante-deux mille hommes de pied, et quatre mille chevaux, combien que les montres aient été faites avec une extrême rigueur pour empêcher les passe-volans, et là-dessus ont réitéré leur prière du secours avec une grande démonstration du ressentiment qu'ils ont des bienfaits de Votre Majesté, sans l'assistance de laquelle ils confessent ne pouvoir subsister ; jugeant bien d'un côté qu'il importe beaucoup de retenir tous leurs gens de guerre en l'état auquel sont les affaires, et qu'il est périlleux aussi d'en avoir plus qu'on n'en peut payer, y ajoutant encore qu'ils ont cherché de l'argent à rente au nom du corps des Etats, et avec l'obligation particulière de la province de Hollande ; mais que, sur la certitude de cette résolution, personne ne veut prêter, et quoiqu'ils travaillent tous les jours pour s'accorder de leurs cotes, qu'ils ne l'ont encore pu faire ; ainsi n'ont plus autre espérance qu'à Votre Majesté, qui prendra, s'il lui plaît, de bonne part si nous lui représentons si souvent leur prière et instance pour ce que nous jugeons que c'est notre devoir et service de le faire. Nous prions Dieu sur ce, sire, qu'il donne à Votre Majesté et à sa royale famille tout heur et prospérité.

Vos, etc. P. JEANNIN et DE RUSSY.

De La Haye, ce vingt-huitième jour de janvier 1609.

LETTRE *de M. Jeannin à M. de Villeroy, dudit jour vingt-huitième janvier 1609.*

Monsieur, les affaires sont toujours en bon état, et nous avons occasion de croire que tout passera selon le désir du Roi pour le regard des Etats. M. le prince Maurice, qui est fort soupçonneux, et prend garde à tout, nous assure toujours. Le sieur Barneveld en fait autant, et connoît bien, nonobstant l'assurance qu'il m'a donnée de son amitié, et de servir à la conduite des affaires suivant l'intention de Sa Majesté, que je suis aux écoutes pour considérer tout ce qui se passe, et me garder d'être trompé de qui que ce soit; aussi n'ai-je jusques aucune occasion de me plaindre de lui, mais plutôt de me promettre qu'il continuera de même jusqu'à la conclusion de l'affaire ; M. le prince Maurice néanmoins ne laisse d'en avoir quelque défiance, encore qu'il montre de la mépriser puisqu'il a le Roi de son côté. Pour moi, quand j'en aurois autant de défiance que j'ai d'assurance du contraire, si ne saurois-je faire que ce que je fais pour me servir de son amitié, et me garder de ses mauvais points s'il en vouloit rendre. Ne vous étonnez point si je fais mention si souvent de lui, car chacun a les yeux, et croit que tout le bien ou le mal en doit provenir ; en quoi je reconnois tous les jours combien il a été nécessaire de le rendre affectionné au service du Roi. Les Anglois ne font encore rien dont on puisse se plaindre, et se laissent conduire à nos avis. Je n'ose pas pourtant qu'ils en usent toujours ainsi; car leur conduite passée doit donner du soupçon.

Il n'y a plus rien à craindre que quelque longueur, tant du côté des archiducs, et par article, que du côté des Etats par leur naturelle et ordinaire façon de procéder, quand personne même d'entre eux n'auroit aucun mauvais dessein. Nous ferons tout ce que nous pourrons pour couper chemin à toutes remises et subterfuges. Madame la princesse d'Orange a eu quelques avis de la cour, que le Roi avoit mal parlé d'elle sur le sujet du sieur Barneveld, et comme si elle ne suivoit pas entièrement les intentions de Sa Majesté : elle s'en est plainte à moi, de façon que je craignois qu'elle me tînt pour auteur d'avoir écrit quelque chose contre elle; mais elle m'a bien assuré du contraire, et de n'en avoir aucun soupçon, prié même de vous représenter la vérité de sa conduite, qui est telle depuis qu'elle a écrit au Roi, que j'ai toute occasion de m'en louer et de vous assurer qu'on ne peut rien désirer de mieux que ce qu'elle fait, et qu'à présent nous conférons de toutes choses avec le prince Maurice, et en sa présence, étant tous ensemble réduits à un même avis. L'homme de M. Aërsens, qui s'en retourne en France, est porteur de nos lettres. Les premières que vous recevrez de moi seront, comme j'espère, d'Anvers. Je prie Dieu, monsieur, qu'il vous maintienne en tout heur et prospérité.

Votre, etc.

P. JEANNIN.

De La Haye, ce vingt-huitième de janvier 1609.

LETTRE *de M. Jeannin à M. le duc de Sully, dudit jour vingt-huitième janvier* 1609.

Monsieur, l'archiduc approuve notre voyage d'Anvers, et nous prie de le faire, nous assurant que ses députés s'y rendront le quatrième de février. C'est là que nous devons être éclaircis de sa dernière résolution, soit pour conclure ou rompre; ce que les Etats désirent aussi, et nous encore plus qu'eux. Je connois bien toutefois, par les lettres de M. le président Richardot, que l'archiduc attend ce qui doit venir d'Espagne par le retour du confesseur, ou quelque courrier qu'il enverra exprès. Si est-

ce que nous les presserons, et ne recevrons aucunes excuses qui tendent à nouvelles remises, car il est temps de finir, n'y ayant plus personne ici qui ne juge la longueur et incertitude être autant dommageable aux Etats, qu'elle est ennuyeuse et insupportable à leurs amis. Les Etats nous pressent encore pour le secours, et disent qu'en cette incertitude d'affaires, personne ne leur veut prêter d'argent. Ils nous ont fait voir par les derniers rôles des montres faites fort exactement, qu'ils ont encore quarante-deux mille hommes de pied et quatre mille chevaux. C'est vous, monsieur, qui avez plus de pouvoir de les faire assister que nul autre, et j'estime, pour achever plus heureusement ce que nous traitons, cette gratification être bien nécessaire. Je n'oublierai pas ce qui touche M. le prince d'Espinoy, et aurai toujours même soin de tout ce que vous me commanderez, comme étant, monsieur, votre etc.

P. JEANNIN.

A La Haye, ce vingt-huitième de janvier 1609.

LETTRE *de M. Jeannin à M. de Bellegarde, grand écuyer de France, dudit jour vingt-huitième janvier* 1609.

Monsieur, j'ai vu par lettres que M. de Castille mon gendre m'a écrites, que vous avez toujours souvenance de moi, encore que sois absent, et que vous sachiez bien que je ne peux rien apporter à votre service qu'une bonne volonté inutile et sans effet; c'est pourquoi l'obligation que vous en acquérez sur moi est d'autant plus grande. Si le Roi est content de ma conduite, et de la diligence et fidélité dont j'use pour exécuter ponctuellement ce qu'il m'a commandé, c'est déjà une espèce de récompense qui donne grande satisfaction à un homme de bien; et quand il ne m'en aviendra rien de mieux, j'en accuserai plutôt mon malheur que le défaut de sa bonne volonté. Aussi suis-je si accoutumé à travailler beaucoup et profiter peu, que j'en ai acquis une habitude qui me rend plus capable de souffrir patiemment la rudesse de cette mauvaise fortune, sans m'en plaindre ni murmurer. Je ne peux garantir le succès de la négociation en laquelle je travaille, sinon pour le regard des Etats, qui se sont entièrement disposés à suivre les conseils et la volonté du Roi; le surplus dépend de l'Espagne.

Nous partons dans trois ou quatre jours, les députés d'Angleterre et nous, pour aller à Anvers, où se doivent trouver ceux des archiducs, auquel lieu nous saurons peu de temps après leur finale résolution, soit pour conclure ou pour rompre, leur premier étant désiré, pourvu qu'on le puisse obtenir tôt et sans remise, sinon le dernier ne peut plus être évité, et sera encore moins dommageable aux Etats que de vivre en l'incertitude et défiance en laquelle ils ont été il y a près de deux ans, qui eût été cause de faire naître de grandes factions et divisions parmi eux, si l'autorité du Roi et ses conseils, qu'ils ont en grand respect, ne les en eussent garantis, à quoi il a été besoin de travailler continuellement et avec grand soin. Je prie Dieu qu'il en rende le succès heureux, et me donne le moyen de vous pouvoir témoigner par les effets que je suis, monsieur, votre etc.

P. JEANNIN.

A La Haye, ce vingt-huitième janvier 1609.

LETTRE *du Roi à MM. Jeannin et de Russy, du trentième janvier* 1609.

Messieurs Jeannin et de Russy, j'ai été bien aise de savoir par vos lettres du quinzième de ce mois, que j'ai reçues par le courrier Picaut le 21, avec le projet que vous m'avez envoyé, la résolution que les sieurs les Etats ont prise pour parvenir à la trève ainsi qu'elle a été proposée par vous; car elle aidera à justifier grandement leurs armes et conduite, tant du passé que pour l'avenir, quoi qu'il en succède, qui est une des considérations que j'ai eues quand je leur ai conseillé d'entendre aux ouvertures de ladite trève ou de la paix, auxquelles ils s'étoient engagés d'eux-mêmes. Nous verrons maintenant à quoi se résoudront les archiducs, et s'ils se dispenseront d'accepter et conclure ce marché dès à présent, en vertu des premiers pouvoirs à eux envoyés par le roi d'Espagne, comme il me semble qu'ils devroient faire, ou s'ils continueront à user de remises, et allonger les affaires pour gagner cette année, ainsi que j'entends que le conseil d'Espagne désire, s'il ne peut faire descendre lesdits Etats à autre forme de trève de vingt ans, sans faire mention de la liberté et souveraineté. En tout cas j'estime que lesdits archiducs voudront attendre leur confesseur, ou de ses nouvelles, devant que de s'engager plus avant audit accord. Cependant le roi de la Grande-Bretagne m'a fait par son ambassadeur que lui et les siens n'ont mais proposé la susdite trève sans liberté, seulement donné espérance de l'agréer, se plaignant ouvertement de ce que le président Richardot a dit et écrit. Il l'attribue à pur artifice pour semer entre nous de la zizanie; ajoutant, pour preuve de cela, qu'il a fait dire audit roi que ce changement procédoit de l'espérance que lui a donnée à dom Pedro de Tolède de faire départir lesdits Etats de la demande de ladite liberté, qui est chose controuvée par les uns ou par les autres.

J'ai fait connoître audit ambassadeur que j'ai ajouté foi à la déclaration susdite qu'il m'a fait de l'intention de son Roi, laquelle je lui ai dit avoir été confirmée par le compte que vous m'avez rendu de la conduite de ses ambassadeurs où vous êtes, et l'ai prié d'avertir son maître de demeurer constant en ce propos, avec espoir, ce faisant, que les Espagnols (lesquels ont besoin de repos autant que nuls autres) s'accommoderont enfin au désir du repos commun; ce qu'il m'a promis de faire, en louant mondit avis. Toutefois, vous devrez croire que si ledit roi d'Angleterre connoissoit pouvoir porter les Etats à ladite trève sans liberté, qu'il l'entreprendroit volontiers pour obliger à lui lesdits Espagnols et archiducs, et acquérir sur mer tel avantage. Partant, vous continuerez à y prendre garde, et d'autant plus soigneusement le devez vous faire, que vous avez reconnu que si vous n'eussiez prévenu de mon intention les Etats, quelques-uns d'eux se fussent laissés aller à ce parti plutôt qu'à celui de la guerre: et faut que l'on ne dise que je ne serai délivré de ce soupçon qu'après la fin de ces traités; non que je désire ni veuille conseiller la reprise des armes par préférence au repos desdites provinces, mais parce qu'il iroit de ma réputation et de mon service que la forme de ladite trève fût changée contre mon conseil, et quand bien les Etats s'en relâcheroient, lesdits Espagnols, qui traitent de mauvaise foi, les tromperoient après en cela comme ils ont jusques à présent traité avec eux et nous. J'ai été bien aise de savoir que le sieur Barneveld s'est porté à cette résolution, et que le prince Maurice et lui soient en bonne intelligence pour la faire réussir selon notre avis; mais les députés d'Angleterre n'avoient garde d'approuver le renvoi à Bruxelles de l'abbé de Preaux, car ils se sont persuadés qu'on l'ont ainsi donné à entendre à leur roi, que le président Richardot lui avoit tenus sur cette nouvelle forme de trève, des choses au désavantage de leur

Roi que ledit Richardot ne lui avoit dites, et qu'il avoit même ouvert les lettres de l'archiduc et dudit Richardot dont il avoit été chargé, devant que de les délivrer à vous et à eux à qui elles étoient adressées. Le susdit ambassadeur dudit Roi me l'a dit aussi, traitant avec moi de la part de son maître, de quoi je suis demeuré offensé, car c'est une calomnie trop grossière, et qui se dément et condamne de soi-même, et par la seule lettre dudit Richardot dont ledit de Preaux a été porteur, qu'il n'a pu changer quand bien il l'auroit ouverte; mais lesdits Anglois sont si dépités de quoi leur malice et impuissance ont été découvertes en ce fait, qu'ils ne savent à qui s'en prendre; et faut que vous fassiez état, si vous allez ensemble conférer avec les députés des archiducs, qu'ils vous feront encore quelque frasque, s'ils peuvent, pour cette cause et les autres que je vous ai écrites par mes précédentes.

J'avois désiré que vous eussiez obtenu et tiré des archiducs une déclaration par écrit, comme ils entendent et accordent traiter avec lesdits Etats, tant en leur nom que celui dudit roi d'Espagne, comme et en qualité de gens libres sur lesquels ils ne prétendent rien, devant que vous engager en la conférence que lesdits Etats ont prié, vous et les députés d'Angleterre, entreprendre pour ébaucher les conditions de ladite trève, afin de besogner plus sûrement, et que l'on n'ait sujet de nous attribuer une rupture, s'il faut qu'elle avienne comme il y a apparence de l'attendre, si lesdits Espagnols ne changent de langage. Quant à la prolongation de la trève, je vous en ai écrit mon avis. Ce n'est pas que j'entende précipiter lesdits Etats à la guerre, mais j'ai opinion que quand lesdits Espagnols et archiducs se verront à la guerre, qu'ils avanceront la résolution de ladite trève, autrement ils la reculeront tant qu'ils pourront; car je sais que leur dessein est de gagner cette année, parce qu'ils sont foibles d'hommes et d'argent en Flandre, et mal préparés ailleurs pour s'y renforcer; joint qu'ils craignent merveilleusement que, s'ils tirent leurs soldats aux champs, ils se mutineront, tant ils sont mal contens par faute de paiement.

J'approuve néanmoins les raisons qui vous ont meu de consentir au dernier délai qui a été accordé et suis content encore, quoi que je vous aie écrit, de remettre à votre jugement de souffrir qu'il soit prolongé encore quelques jours, si vous connoissez que le corps desdits Etats y incline et le désire, et que ce soit l'avis des plus sages; mais aussi laissez-leur prendre d'eux-mêmes cette résolution sans y avoir part, car je ne veux être auteur ni fauteur d'un conseil que j'estime leur devoir être

dommageable, comme je prévois que sera à la longue une continuation plus longue de la susdite cessation d'armes, et à laquelle je reconnois que l'on engagera les Etats par degrés comme insensiblement, comme vous avez déjà reconnu par le temps que lesdits archiducs ont demeuré à répondre à vos lettres du quinzième du présent, et au temps du rendez-vous de ladite conférence, que j'ai su avoir été par eux pris et assigné seulement au quatrième du prochain; de quoi j'aurai à plaisir d'être éclairci ponctuellement par vous à toutes occasions. J'ai commandé que l'on mette à part trois cent mille livres pour leur être envoyées; mais s'il faut que la cessation d'armes dure et soit prolongée de temps à autre, ces deniers seront pour moi mal employés, car ils ne serviront qu'à abuser et endormir à mes dépens les Etats, et entretenir le monde en incertitude, au seul avantage de ceux qui affectent tels délais et en profitent. Partant, vous y prendrez garde, afin de me défendre à l'avenir de la continuation de semblables contributions que l'emploi n'en soit plus utile. Je prie Dieu, messieurs Jeannin et de Russy, qu'il vous ait en sa sainte garde.

Ecrit à Paris, le trentième jour de janvier 1609.   HENRI.
Et plus bas,   BRULART.

LETTRE *de M. de Villeroy audit sieur Jeannin, dudit jour 30 janvier 1609.*

Monsieur, plus les Etats s'échaufferont à la trève et feront paroître la désirer, les Espagnols feront contenance de s'y refroidir et d'en être dégoûtés, et crois finalement que le but de ceux-ci n'est que de décevoir les autres par une voie ou par autre, combien que lesdits Espagnols aient en effet autant besoin de repos que ceux-là, ainsi que M. de Barrault, retourné fraîchement de son ambassade, nous l'a confirmé de vive voix; mais ils sont plus couverts et patiens que ne sont ces peuples. Ils n'ignorent aussi notre humeur et disposition présente, et savent naturellement faire profit du temps mieux que nation du monde; s'ils peuvent, ils couleront encore cette année sans résoudre les affaires, c'est-à-dire sans conclure ni rompre la trève, et feront cependant provision d'argent et d'haleine pour les suivantes. Ils espèrent aussi que notre Roi s'ennuiera de fournir à l'appointement et nécessité des Etats; qu'il divisera Sa Majesté et le roi d'Angleterre; lesquels déjà ne sont guère contens l'un de l'autre. Le roi d'Espagne s'attend encore qu'il fera changer d'avis au Roi par l'entremise du pape, en faisant le mariage du second fils d'Espagne avec madame Chrestienne, pour tout-à-fait séparer les archiducs et ce qui en dépend de l'Espagne; car ils ont toujours espoir de l'apprivoiser et persuader par le moyen de cette ouverture, à quoi toutefois je vois encore le Roi peu disposé, non plus qu'à la guerre : ce que je ne dis qu'à vous, car il m'a déclaré depuis deux jours tout le contraire; mais comme il est sage, et qu'il goûte très-bien l'être duquel il jouit, difficilement le changera-t-il à un pire. Je me réjouis de la parole que le sieur Barneveld vous a donnée, car je le tiens homme de bien et si puissant, que l'ayant de notre côté, tout vous sera possible. Vous apprendrez de la lettre du Roi la subtilité grossière des Anglois, qui, pour couvrir leur mauvaise foi, rejettent à présent sur le sieur de Preaux ce dont ils sont cause. Notre maître s'en est moqué et offensé; toutefois, il a voulu que vous en fussiez averti, afin d'ajouter cette preuve aux autres que vous avez faites de leur malice et dissimulation pour mieux vous en garder; néanmoins, votre conduite passée et présente avec eux a été louée pour les raisons représentées par vos lettres. Le principal sera que vous arriviez au port auquel vous naviguez; mais nous n'avons pas bonne opinion du succès de votre voyage à Anvers, et disons qu'il ne servira qu'à entretenir le tapis et les affaires en incertitude, si vous n'avez devant retiré l'assurance et parole par écrit des archiducs, dont nous vous avons donné avis par nos précédentes, et dont la lettre du Roi que la présente accompagne fait mention.

Davantage, nous craignons, si vous trouvez les archiducs difficiles et opiniâtres, que vous deveniez justement porteur de la rupture qui s'en ensuivra, chose que nous serons très-aises n'avenir. Nous nous défions comme vous du courage des archiducs; j'ai sondé sur cela leur ministre; il a le même désir que le président Richardot, mais il a aussi la même opinion et défiance de la résolution et volonté des archiducs que lui, tellement que tout dépend de l'Espagne, où l'on retient le moine exprès pour faire durer la fête. Cependant dom Pedro ne dit mot, attend son congé et l'arrivée ici d'un ambassadeur ordinaire de son maître, pour après se retirer. Le ministre du pape a aussi retiré du jeu son talent, voyant que les desseins du roi d'Espagne ne s'accordent avec le repos public, de façon que chacun laisse aller le bateau à la merci et discrétion du temps, sans davantage s'en formaliser et travailler. Le sieur Aërsens a dit au Roi que le ministre des Vénitiens ici résidant lui a parlé de contracter une nouvelle confédération entre les Vénitiens et les Etats, et de faire que ceux-ci envoient des ambassadeurs vers les autres exprès pour la mettre en avant et la traiter.

Si nous estimions que le sénat eût volonté d'étreindre ce marché, nous approuverions cette ouverture, tant pour la paix que pour la guerre; mais nous avons opinion, le connoissant plus que nous faisons, qu'il en cherche l'ostentation plus que l'effet pour en donner martel à Rome et au roi d'Espagne; car notre Roi a sur cela souvent fait sonder lesdits Vénitiens, sans jamais les avoir pu émouvoir à y entendre effectuellement. Je vous donne le présent avis afin que vous sondiez le sieur Barneveld sur icelui, et nous fassiez savoir ce que vous en apprendrez. L'ambassadeur d'Angleterre qui réside à Venise dit ordinairement et hautement que son maître n'approuve aucunement la trève que vous poursuivez, et que, si les conseils de son roi sont suivis, les Etats rompront tous traités. Il tient ce langage, le pensant plus agréable à ces sieurs qu'un autre. Les Anglois en usent ainsi partout. Au reste, je vous ai écrit clairement que le Roi n'entend donner à ces sieurs l'acte que vous ont demandé sur la continuation de leur souveraineté après la trève, pour les raisons que je vous ai mandées. Partant excusez-vous-en, s'il vous plaît, quand vous jugerez qu'il vous sera opportun de le faire, et me tenez toujours, monsieur, votre, etc. DE NEUFVILLE.

A Paris, ce 30 janvier 1609.

LETTRE *de MM. Jeannin et de Russy au Roi, du premier jour de février* 1609.

SIRE,

Les lettres de Votre Majesté, du 19 du mois passé, nous ont été rendues le pénultième du même mois. Nous lui avions fait une dépêche deux jours auparavant par l'homme de M. Aërsens, lequel s'en retournoit à Paris; néanmoins, cette dernière lettre nous a donné sujet de lui faire promptement celle-ci, et de la lui envoyer par homme exprès pour en avoir plus tôt la réponse à Anvers. Elle montre toujours de rejeter la trève simple, et en déduit les raisons qui sont très-bonnes, et fortifiées encore d'un juste dépit contre le roi d'Angleterre qu'on dit l'avoir mise en avant en Espagne pour en avoir le gré, combien qu'il y puisse le moins. Or nous pensons y avoir si bien pourvu, que personne ne l'oseroit proposer, ou en le faisant espérer de l'obtenir. Le prince Maurice dit en être très-assuré, et le sieur Barneveld nous en promet autant. La résolution des

Etats est aussi expresse de ne traiter que sur notre projet, et, s'il est refusé ou si on veut user de remises, de rompre. Toutes ces causes ont été mises au décret des Etats à notre secrète poursuite, et sans que nous nous en soyons mêlés trop ouvertement, sinon en ce que nous avons fait connoître à chacun que Votre Majesté, en l'état auquel sont les affaires, et après avoir contesté si long-temps sur la liberté, ne pouvoit approuver la trève simple, ni de nouvelles remises, pour quelque cause que ce soit, insinuant les raisons de notre avis si doucement ès conférences que nous en avons eues avec ceux qui manient les affaires, qu'ils ont plutôt cru Votre Majesté leur donner ce conseil pour leur bien, et pour empêcher que telle proposition ne fût cause de mettre de la division parmi eux, comme c'est la vérité aussi, que pour désir qu'elle eût de rompre. Ce que nous craignons seulement est la longueur, à cause des difficultés des archiducs, qui auront sans doute recours à ce remède, si le roi d'Espagne fait refus de s'obliger; à quoi la naturelle lentitude ou plutôt nonchalance de ces peuples, à laquelle ceux qui désirent le repos pourront ajouter quelque artifice, aidera beaucoup. Aussi tout notre soin et travail ne tend qu'à empêcher ces longueurs et à faire finir ce traité, y ayant déjà assez bien pourvu, en quoi nous continuerons avec même soin.

Elle n'approuve pas que nous allions à Anvers, jusqu'à ce que nous ayons déclaration par écrit des archiducs qu'ils accordent l'article de la liberté, tant en leur nom qu'au nom du roi d'Espagne: or, nous l'avons déjà par la lettre de M. le président Richardot, qui le contient ès mêmes mots qui sont mis en notre projet, et l'archiduc par ses lettres signées de lui, contresignées Verreiken, avec le visa dudit sieur président, ainsi en forme authentique, le confirme si expressément, qu'il ne le peut plus révoquer en doute sans déclarer son défaut de pouvoir pour obliger le roi d'Espagne, ou bien passer outre. Quand même il donneroit une nouvelle déclaration, il ne seroit pas plus obligé qu'il est, joint qu'en la demandant, on mettroit en doute ce que nous devons tenir pour assuré, et la résolution des affaires en plus de longueur au lieu de l'avancer. Puis les Etats nous ont instamment priés de faire ce voyage, jugeant que nous devions être éclaircis et assurés de la volonté des archiducs avant que nous envoyer leurs députés: en quoi nous sommes si avant engagés, tant envers les Etats que pour l'avoir mandé à l'archiduc, et reçu réponse de lui que ses députés se rendront le quatrième du présent mois à Anvers pour nous y attendre, qu'il n'y a aucun moyen de changer d'avis sans gâter les affaires. Bien pouvons-nous demander cette nouvelle déclaration par écrit, lorsque nous aurons conféré, avec ses députés avant que mander à ceux des Etats de venir, ni de consentir à aucune prolongation de trève jusqu'à la fin de ce mois de février, que chacun a jugée nécessaire, en cas qu'on voie quelque assurance de traiter, mais non autrement, et, au défaut de ce, ou de nouvelles remises, de nous retirer sans faire ladite prolongation, et rapporter aux Etats ce que nous aurons fait, afin que la rupture, s'il la faut faire, vienne d'eux, non de nous. Bien devons-nous faire cet office, avant que de nous séparer, de remontrer aux députés des archiducs le mal qui en doit arriver, afin que cette crainte et le désespoir d'obtenir d'autres remises, ou la trève à meilleur marché, les contraigne de dire leur dernier mot, à quoi il est nécessaire de venir sans rien craindre, autrement on ne fera rien qui vaille; car il a fallu user de grande conduite pour porter les Etats à ces résolutions précises, dont il y en a trop qui se départiroient volontiers si nous y aidions tant soit peu ou si nous devenions tièdes, n'y ayant que le respect de Votre Majesté, et la créance qu'on a en ses conseils, qui les a conjoints tous à prendre cet avis, que plusieurs d'entre eux, lesquels craignent trop de rompre, eussent autrement rejeté.

Elle voit donc que ce n'est pas notre intention de prolonger la trève pour les quinze jours qui restent du mois de février, sinon aux conditions susdites, moyennant lesquelles on ne la sauroit refuser sans donner soupçon qu'elle tend plutôt à rupture qu'à conclure, encore que la vérité soit bien que refuser toute prolongation serviroit à avancer cette trève, non à la rompre, ainsi qu'elle nous écrit par ses lettres; mais il nous faut contenter le goût de beaucoup de personnes qui n'ont toutes un même dessein, et ôter autant qu'on peut l'opinion qu'aucuns essaient d'imprimer, qu'elle soit à présent plus désireuse de la guerre que de la trêve. Quant à la procuration que l'archiduc a obtenue du roi d'Espagne pour traiter en son nom, qui est du..., elle nous semble très-bonne, et n'estimons pas qu'elle ait été vue par-delà, trop bien les deux agréations qui contenoient pouvoir de traiter avec des conditions plus limitées que celle-ci : c'est pourquoi nous lui envoyons la copie pour la faire voir et considérer à son conseil, afin que, s'ils en jugent autrement, nous suivions ce qu'elle nous commandera. On y peut bien faire cette difficulté, qu'entre les causes que le roi d'Espagne dit l'avoir mû à désirer la paix ou trêve à longues années, il met au narré le service de Dieu, et sur la fin ajoute, en cas que les archiducs ne demeurent d'accord de la religion et des autres articles, et ne traitent par effet, qu'il entend demeurer en ses droits sans que cette procuration lui soit d'aucun préjudice ; mais il n'y a point de clause pour rendre nul ce que les archiducs auront fait au nom du roi d'Espagne au cas qu'ils traitent : car au contraire, le pouvoir leur en est donné sans aucune limitation, et sans y ajouter qu'à faute de faire rétablir la religion ou obtenir autres conditions, ce qui sera fait doive demeurer nul. On pourroit bien dire encore qu'en chose de si grande importance, comme pour consentir à remettre ses droits de souveraineté, il seroit besoin, non d'une procuration en simple placard, mais de bonnes lettres-patentes scellées du grand sceau et expédiées par l'avis du conseil ; et cela a été dit il y a long-temps, et eux ont répondu que leurs expéditions n'ont point accoutumé d'être en autre forme, et n'en doit-on rien attendre de plus si on veut traiter. Aussi est-il vrai que les Etats ont passé par dessus cette difficulté par notre avis même, et sur le commandement que Votre Majesté nous en fit dès lors que les deux premières agréations furent envoyées d'Espagne, n'y ayant en effet personne qui ne juge le traité fait en vertu de telle procuration devoir être bon et valable, si les Etats se conduisent bien et conservent leurs amis, et au contraire, que toutes les formes et solennités qu'on y pourroit ajouter ne serviront de rien si, la trêve finie et la guerre renouvelée, ils sont foibles et sans moyens pour se défendre. Toutefois, si l'inclination de Votre Majesté est qu'on recherch[e] exactement toutes choses, soit en cela et par[-]tout, nous prendrons toutes occasions pour suivre ses intentions.

Quant à ce qu'elle dit que le roi d'Espagne pourroit avoir révoqué cette procuration, [..] que si cela est, le traité qu'on feroit en vert[u] d'icelle ne l'obligeroit pas, telle révocation faite ès mains des archiducs sans être signifié[e] aux Etats, ne leur fera aucun préjudice, b[ien] obligera-t-elle les archiducs à ne la point e[m]ployer, et le roi d'Espagne auroit action contr[e] eux, et juste occasion de s'en plaindre ; ma[is] il ne laisseroit pourtant d'être bien oblig[é] vers les Etats. Autre chose seroit si don Pedr[o] ou autre, venant en Flandre lors qu'on pens[e]roit conférer et traiter, nous déclaroit cette r[é]vocation de la part du roi d'Espagne, ou si e[lle] la faisoit ci-après à l'endroit des députés d[es] Etats avant le traité conclu ; car tout ce q[ui] feroit après seroit sans doute nul : mais cett[e] crainte nous semble vaine ; car les archidu[cs] se garderont bien de rien faire contre la volont[é] du roi d'Espagne, et ne se mettront jamais a[u] danger de son inimitié. La crainte qui peu[t] donc rester est qu'après le traité, le roi d'Espa[g]ne fasse difficulté de le ratifier et approuv[er]. Cet inconvénient peut arriver, mais nous di[..] sons premièrement qu'il sera obligé, veuille o[u] non, encore qu'il ne ratifie point ; puis s'[il] veut faire la guerre nonobstant le traité, o[u] empêcher le commerce d'Espagne, ce trait[é] aura rendu la cause des Etats plus juste et fa[..] vorable qu'elle n'a encore été, et la sienne d[u] tout injuste et odieuse. Les archiducs en d[e]meureront offensés et méprisés s'ils ne s'en ressentent, non que nous espérions pourtan[t] qu'ils se veuillent joindre avec Votre Majest[é] contre lui : et ce qui est de plus grande considération, Votre Majesté et le roi d'Angleterr[e] en vertu du traité qu'on doit faire avec eux l[e] lendemain de la trêve conclue pour la garanti[e], seront obligés de les secourir, et n'y aura plu[s] personne qui vous en puisse blâmer. Le ro[i] d'Espagne même n'aura raison de s'en plain[dre], puisque vous aviez promis de faire le con[..] traité avant la trêve, et pour en faciliter la con[..] clusion. Cette obligation sera aussi de grand[e] efficace pour retenir le roi d'Angleterre [..]

quelque devoir envers les Etats, et Votre Majesté même, duquel autrement on ne doit rien espérer, mais plutôt craindre tout. Ce qu'on peut faire pour ne demeurer pas long-temps en incertitude de la volonté du roi d'Espagne, sera d'accourcir le temps de la ratification.

Nous craignons plus que toute autre chose que les archiducs, n'ayant pouvoir de traiter ni désir de rompre, essaient de faire couler le temps inutilement, et tout cela par intelligence avec le roi d'Espagne, et la faveur secrète du roi d'Angleterre et de quelques-uns dans l'Etat qui craignent la rupture, et néanmoins n'osent proposer ni la trêve simple, ni cessation d'armes pour cette année, qu'ils obtiendroient en effet y procédant ainsi. A quoi, s'il est nécessaire que nous nous opposions ouvertement, nous sommes délibérés de le faire, et nous semble que c'est l'intention de Votre Majesté, pour le grand préjudice qui en aviendroit aux Etats, lesquels à présent sont bien résolus et unis; au lieu que si on vient encore à cette cessation, il y a danger que les défiances entre eux croissent, et enfin y mettent la division : puis si l'archiduc et le roi d'Espagne tendent à ce dessein, sera pour exempter de péril leur flotte qu'ils attendent au mois d'août, sur laquelle les Etats, désespérés du traité, pourroient bien faire entreprise, et pour en tirer d'autres commodités. Nous avons prévu ces inconvéniens et préparé tous les moyens que nous avons pu pour nous en garantir; encore peut-on craindre si les archiducs n'ont moyen de faire couler le temps et gagner la trêve pour cette année, que le roi d'Espagne prendra prétexte de rompre plutôt sur la religion que sur la liberté. Il est vrai que s'il le fait, les Etats s'en remueront mieux, et par ainsi on craindra moins ses pratiques en cet Etat : outre ce que chacun croira que ce n'est qu'un prétexte affecté pour couvrir la révocation qu'il veut faire de la liberté par lui cédée; car par tous les endroits de la chrétienté il a fait connoître que rien ne lui déplaisoit tant en ce traité que de quitter ses droits, et qu'en les conservant, il eût fait bon marché du reste. Pour l'assemblée à Calais en cas de rupture, ce ne fut jamais notre intention d'en donner aucune espérance, sinon après que tout seroit rompu, et au cas que Votre Majesté fût priée de renouer par les archiducs,

non par les Etats, qui le souffriront plutôt que de s'en rendre demandeurs, et qu'on vît aussi toutes choses préparées pour en espérer bon succès, comme il est contenu ès lettres que le sieur Jeannin en a ci-devant écrites à M. de Villeroy, ce qui sembloit lors être approuvé et désiré par Votre Majesté aux conditions susdites. C'est donc chose où il ne faut plus penser, du moins pour maintenant ; joint que si la rupture advient on aura assez de loisir pour adviser à ce qu'il faudra faire. Pour l'acte que demandent les Etats touchant leur souveraineté, le roi d'Angleterre en fait aussi refus; nous en demeurons sur les espérances, et enfin nous garantirons de le faire. Aussi est-ce chose vaine, et qui ne leur pourroit de rien servir, sans l'amitié et intérêt d'Etat, qui doivent plus obliger Votre Majesté que toute autre chose, et à quoi ils se doivent aussi attendre et faire ce qui sera requis de leur côté pour la ménager et conserver.

Nous ajouterons sur la fin de cette lettre une très-humble supplication en faveur des Etats, et pour le secours dont ils nous font tous les jours instance et ont très-grand besoin, ne craignant de répéter avec affection les instances que nous en avons déjà ci-devant faites, pource que nous le jugeons tous les jours de plus en plus nécessaire pour éviter les désordres et confusions dont ils semblent être menacés, faute de paiement à leurs gens de guerre qui ont toujours été assignés et payés de cette gratification. Elle le considérera s'il lui plaît, et que sur le point de la résolution, et pour y avoir plus de pouvoir, il est du tout requis leur continuer ses bienfaits, afin que cette assistance leur relève le courage, et fasse bien espérer de l'avenir, au cas qu'ils soient contraints de rentrer en guerre. Nous jugeons même, quand les archiducs auront fait le traité, tant en leurs noms qu'au nom du roi d'Espagne, avec promesse de le faire ratifier dans quelque bref délai, qui ne peut être moindre que de deux mois, ils ne doivent aucunement amoindrir le nombre de leurs gens de guerre, crainte que si ladite ratification n'étoit faite, ils se trouvent désarmés et sans sûreté pour la trêve ; et toutefois, il est certain que pour se décharger de dépense, et aucuns peut-être à mauvais dessein, ils seront d'avis, dès le lendemain du traité, et sans attendre la ratification d'Espagne, de licencier partie desdits gens de guerre, et le feront par effet, s'il ne plaît à Votre Majesté contribuer encore quelque chose à cet entretènement durant ledit temps; car ils ont trouvé, par les derniers rôles des montres faites exactement et avec grande rigueur, qu'ils ont quarante-deux mille cinq cents hommes de pied et quatre mille deux cents chevaux, qui est une fort grande charge. Nous attendrons ce qu'il lui plaira ordonner par le retour de ce porteur, et cependant prierons Dieu, sire, qu'il donne à Votre Majesté et à sa royale famille tout heur et prospérité.

Vos, etc.   P. JEANNIN ET DE RUSSY.

De La Haye, ce premier jour de février 1609.

LETTRE *de M. Jeannin à M. de Villeroy, dudit jour premier février* 1609.

Monsieur, je tiens véritable ce que vous me mandez du roi d'Angleterre touchant la trêve simple, et qu'il a été mû des considérations touchées par vos lettres, afin d'avoir seul la grâce d'une chose qu'il pensoit être autant désirée par le Roi que par lui. Je ne laisse pourtant pas de craindre les mauvais offices de ses ministres, autant que j'en espère les bons; si promettent-ils de bien faire, et y sont comme contraints, pour n'avoir pu jusques ici contredire à nos avis avec efficace. Tant qu'ils continueront ainsi, nous louerons d'eux et serons bons amis, et néanmoins toujours aux écoutes pour nous garder d'être trompés; c'est ce que nous pouvons faire. Vous nous avez écrit par deux fois qu'il falloit envoyer un précurseur à Bruxelles, soit en notre nom ou des Etats, pour avoir déclaration par écrit des archiducs qu'ils consentent à l'article de la liberté, selon qu'il est en notre projet. Or nous l'avons déjà par les lettres du président Richardot confirmées par celles de l'archiduc, et si expressément, qu'il ne le sauroit donner mieux. Je pensois néanmoins y envoyer M. de Preaux, ainsi que je vous ai ci-devant écrit; mais les Anglois ne le voulurent jamais consentir. Et quant aux Etats, ils nous ont dit et répété plusieurs fois que l'affaire est en nos mains, et qu'ils ne s'en veulent plus mêler, ni envoyer leurs députés ou aucun autre de leur part, s'ils ne sont assurés par nous que les archiducs veulent accepter notre projet en tous ses articles, et à la vérité celui de la liberté accordé, il n'y a rien qui puisse être mis en dispute. Sera donc à nous de prendre notre sûreté avant que la donner aux Etats et mander leurs députés; ce que nous ferons avec tout l'avantage et certitude qu'il nous sera possible. La trève ne sera pas non plus prolongée jusques à la fin du mois de février sans cette assurance, laquelle défaillant, nous nous retirerons sans faire ladite prolongation, y procédant toutefois ainsi qu'il est pour le mieux, nous y voyons cet inconvénient, que les Etats n'enverront pas leur réponse aux archiducs, mais nous la donneront, et par écrit, comme il est raisonnable: ainsi sera à nous de l'envoyer, et semblera par ce moyen que nous soyons auteurs de la rupture. Or, on eût évité cet inconvénient si, après avoir conféré avec les députés des archiducs, et tiré encore quelque déclaration par écrit sur le point de la liberté, qui est ce que vous désirez, on eût fait revenir les députés des Etats pour en peu de jours traiter sur le reste, afin qu'à faute de demeurer d'accord, eux-mêmes eussent rompu. Il est vrai qu'on peut craindre en ceci que les députés des Etats ne traitent avec plus de longueur que nous, et qu'on leur persuade aussi plus aisément d'écouter d'autres ouvertures, au lieu qu'à présent ils remettent tout entre nos mains, et disent leur présence n'être nécessaire, sinon pour passer le traité et signer; nous prendrons conseil sur le lieu, selon les occurrences et l'inclination que nous connoîtrons aux Anglois pour faire bien ou mal; mais je vous ouvre ces difficultés pour recevoir votre avis et le suivre, pour le respect que je sais être dû à votre jugement.

Votre lettre me fait connoître que Sa Majesté craint autant la rupture qu'elle désire la conclusion du traité: si est-ce, puisqu'elle est venue si avant, qu'il est besoin de montrer de la constance et générosité en cette résolution; et il n'y a rien qui doive tant servir pour avoir la trève, ni qui doive plus nuire, que d'en faire voir le repentir et la crainte de rentrer aux armes. Sa Majesté est jusques ici louée d'un chacun pour avoir conduit cette affaire avec une tés-grande prudence et générosité, accompagnée aussi de prud'hommie et sincérité envers ses amis, pour la conservation desquels elle a méprisé la grandeur que tous les potentats de la chrétienté semblent redouter, et cela l'oblige d'y persévérer. Ce n'est pas que je ne tienne toujours la trêve plus désirable et utile pour les États et pour nous que la guerre, dont les uns et les autres sont las, quelque bonne mine qu'ils fassent ; et pour cette raison il est certain que, la rupture faite, ils seront désireux de trouver, et y aura encore moyen de faire que Sa Majesté soit arbitre de quelque traité, si elle le désire ; sinon il faudra essayer de diriger les affaires au conseil qu'elle approuvera le mieux, pour ne plus faire de grandes dépenses, et se précipiter en de grands hasards sans espérance de profit. Je considère bien ce qui est contenu en la lettre écrite de votre main ; j'en ai communiqué au prince Maurice qui est bien disposé, et n'omettrai rien pour en faire profit ; encore n'ai-je perdu l'espérance que le roi d'Espagne consentira de traiter, même si toute autre espérance lui est ôtée, à quoi on doit tendre de toutes parts. Le sieur Barneveld fait toujours bien, et continue de m'assurer de son amitié, et de suivre mes conseils. M. le prince Maurice y veille et moi aussi, et vous assure que je ne serai trompé de qui que ce soit, faute de soin et d'avoir la défiance requise pour me garder de l'être. Encore importunons-nous Sa Majesté pour le secours. Croyez, monsieur, qu'il est besoin de le continuer, ou que le refus fera du mal, soit à cause du licenciement des gens de guerre qui en aviendra, ou de ce qu'on perdra ici l'espérance que chacun avoit conçue de la liberalité de Sa Majesté envers les États, laquelle sert beaucoup pour leur donner courage et les rendre plus enclins à suivre nos conseils, même en un temps où il est nécessaire que cette autorité et créance soit reconnue et respectée de tous. Aussi est-ce presque le principal objet du voyage de ce porteur, que vous nous renverrez, s'il vous plaît, incontinent à Anvers.

Quant à ce qui est arrivé entre M. le prince Maurice et M. Winood, je pensois le vous avoir écrit. Ce fut au conseil d'État où ledit sieur Winood, essayant de persuader la trêve, dit qu'elle ne pouvoit faillir d'être assurée, puisque son maître et le roi de France s'en rendoient garans : à quoi ledit sieur prince Maurice répondit que les grands rois n'épousent pas toujours avec passion la vengeance et réparation des torts et offenses que reçoivent leurs amis, et ont bien souvent des considérations d'État qui leur font dissimuler les outrages qu'on fait à eux-mêmes et à leurs sujets : ce qu'on a bien vu depuis peu de temps au roi de la Grande-Bretagne, lequel a souffert qu'on ait entrepris de perdre lui, sa femme et ses enfans, et les principaux du royaume, et su d'où procédoit cette conjuration, faisant assez connoître qu'il entendoit parler d'Espagne, et néanmoins que ledit sieur roi n'a laissé depuis d'en chercher l'amitié, et de publier qu'il étoit bien assuré le mal n'être venu de cet endroit ; et y ajouta encore de colère, sur les répliques dudit sieur Winood, quelques propos que l'autre interrompit comme s'il eût voulu blâmer son maître de lâcheté et faute de courage, dont ledit sieur Winood donna aussitôt avis en Angleterre. Sur quoi ledit sieur roi écrivit une lettre aux États pour se plaindre dudit sieur prince ; mais elle fut retenue, et ledit sieur prince, pour apaiser la colère de ce roi irrité, requis de lui écrire une lettre pour s'en excuser, ce qu'il a fait, dont il est demeuré aucunement content, mais non du tout. On a essayé de nous céler ce que dessus ; nous en avons néanmoins su l'histoire entière. Les propos ordinaires du prince Maurice entre ses familiers sont que le roi d'Angleterre aime mieux l'Espagne que la France, et seroit tout-à-fait Espagnol s'il ne craignoit la révolte de ses sujets. Ainsi est certain que nous pouvons prendre plus d'assurance de la foi et amitié du prince Maurice que de tout autre, et s'il se veut donner de la peine, et contraindre un peu pour être plus populaire qu'il n'a été jusques ici, et suivre aussi le conseil que je lui ai donné, il surmontera tous les autres en créance et pouvoir envers ces peuples. Je suis si extrêmement désireux de sortir de ce lieu, que si tout est rompu, je suis résolu seulement demeurer quinze jours ou trois semaines au plus ici pour échauffer le courage de ceux qui conduisent les affaires, les faire résoudre aux contributions, et prendre tous les conseils que Sa Majesté jugera pour le mieux. Si au contraire le traité est conclu,

M. de Preaux ira trouver Sa Majesté d'Anvers, pour lui donner avis de ce que nous estimerons devoir être fait, pour recevoir promptement ses commandemens et partir aussitôt; vous assurant qu'en l'un et l'autre cas, il est besoin, avant que partir, y laisser quelque bon ordre, et jeter si avant les fondemens de l'autorité du Roi en ce pays, qu'il ne soit pas aisé de le déraciner après. Je prie Dieu, monsieur, qu'il vous donne en parfaite santé très-longue et heureuse vie.

Votre, etc.   P. JEANNIN.

De La Haye, ce premier de février 1609.

LETTRE *dudit sieur Jeannin à M. le duc de Sully, dudit jour premier février* 1609.

Monsieur, il n'y a que trois jours que je vous ai écrit, et nous faisons à présent cette dépêche au Roi, par homme exprès, depuis avoir reçu ses lettres du dix-neuvième du mois passé qui nous furent rendues le trentième du même mois, tant pour le secours dont les Etats continuent leur instance, que pour nous excuser de ce que nous ne suivons ponctuellement la conduite qu'il nous ordonne par ses dernières lettres, même en ce sens que Sa Majesté désiroit que quelqu'un fût envoyé à Bruxelles, afin d'être assurés par écrit de la volonté des archiducs et de celle du roi d'Espagne sur le point de la liberté, avant que d'aller nous-mêmes à Anvers pour conférer avec leurs députés. C'étoit bien mon intention d'y envoyer M. de Preaux, il y a plus de vingt jours, non tant pour cette considération que pour mettre l'archiduc hors de toute espérance de la trêve simple et d'obtenir nouvelles remises, et par ce moyen le préparer et mieux disposer de dire son dernier mot sur notre traité; mais les Anglois ne le voulurent jamais consentir, et fus contraint de faire cet office par lettres à M. de Berny, et d'autres que j'écrivis à M. le président Richardot. Mais quant à demander derechef cette déclaration par écrit sur le point de la liberté, je ne l'estime pas nécessaire, pource que l'archiduc, en confirmant la lettre que ledit sieur président nous a écrite sur ce sujet, le déclare si expressément, qu'il n'y peut à présent rien ajouter qui soit de plus grande efficace, sinon de traiter. En effet, nous craignions aussi qu'en demandant une autre déclaration, on ne mît en doute la première.

Davantage, il nous sembloit que l'envoi de ce précurseur eût retardé notre voyage et l'avancement de l'affaire que nous voulions finir. Puis les Etats nous ont tellement pressés d'y aller nous-mêmes, que nous ne leur avons pu refuser, et y étions déjà engagés, tant envers eux que l'archiduc, lorsque les lettres de Sa Majesté nous ont été rendues; lesdits sieurs des Etats nous ayant aussi dit qu'ils laissent cette point entre nos mains, avec résolution de ne point envoyer leurs députés que nous n'ayons pris assurance nous-mêmes des archiducs qu'ils entendent accorder non-seulement l'article de la liberté, mais tous ceux qui sont contenus en notre projet, qu'ils ont accordés et consentis de leur part. Et, à la vérité, les archiducs consentant à celui de la liberté tant pour eux que pour le roi d'Espagne, il n'y a difficulté ès autres articles qui puisse être cause de rupture; car ledit sieur président Richardot en eut la copie avant son départ de ce lieu, et en fut conféré fort particulièrement entre nous, en sorte qu'il en demeura content; depuis lequel temps, rien n'a été changé qui soit considérable et nous puisse tenir en dispute. Nous avancerons beaucoup plus si nous pouvons tirer un consentement des archiducs sur tous ces articles, ce que nous essaierons de faire et de prendre le plus d'assurance qu'il nous sera possible, avant que mander les députés des Etats, ni prolonger la trêve jusques au dernier de ce mois, et si nous ne le pouvons obtenir, nous nous retirerons, non en déclarant précisément la rupture que nous laisserons faire aux Etats, lorsque nous serons de retour, mais bien en témoignant aux députés des archiducs notre regret de n'avoir pu achever ce bon œuvre, et leur prédisant plutôt cette rupture qu'en la faisant ou dénonçant. Aussi est-il besoin d'y venir si on ne peut traiter à ce coup, car toute remise seroit dommageable, et ne doit-on plus penser à la trêve simple qui eût été aussi bonne que l'autre au commencement, et la faisant à la suite de la première, si on n'eût point tant disputé sur l'article de la liberté; mais on la doit à présent du tout rejeter en l'état auquel sont les affaires, et pour n'en laisser aussi le gré au roi d'Angleterre, qu'on dit l'avoir fait proposer le premier

NÉGOCIATIONS DU PRÉSIDENT JEANNIN.

en Espagne, et par ce moyen a été cause des difficultés qui sont survenues depuis. Davantage, il est certain que rien ne peut induire le roi d'Espagne et ses ministres qui ont son dernier mot, à le dire et déclarer, sinon qu'ils voient les Etats et leurs amis résolus à ce conseil de conclure sans remise ou de rompre. Puis le roi s'en est déclaré si avant qu'il ne peut plus changer de langage sans amoindrir l'honneur et la créance que sa conduite en cette affaire lui a acquis jusques ici envers un chacun : joint que si cette rupture avient, les uns et les autres ont montré un si grand désir à faire cesser cette guerre, qu'en conservant l'autorité et la créance que Sa Majesté a envers les Etats, il sera sans doute recherché par les archiducs pour renouer, et aura encore le choix de prendre nouveau conseil s'il bon lui semble.

Je vous supplie très-humblement, monsieur, que vous m'excusiez si nous importunons encore le Roi pour le secours dont les Etats nous font une instance fort pressée, et ont aussi très-grand besoin pour conserver tous les gens de guerre, dont ils licencieront sans doute une partie, si ce secours duquel ils avoient accoutumé de les payer vient à manquer, et reconnoissent que Sa Majesté est lasse de leur continuer sa libéralité, lors même que, pour leur élever le courage et les rendre plus enclins à suivre le conseil qu'elle leur donne, il est besoin qu'ils prennent une plus grande assurance de son amitié et assistance. Considérez-le, s'il vous plaît, monsieur, et que ces dernières dépenses sont celles dont on se souvient le plus, et qui rendra l'obligation parfaite et entière. Je sais que vous le saurez très-bien considérer, et nous en attendons la réponse à Anvers par ce porteur, d'où je vous donnerai avis incontinent de ce qui aura été fait, et demeurerai toujours, monsieur, votre, etc. P. JEANNIN.

A La Haye, ce premier jour de février 1609.

LETTRE *de M. le président Richardot à MM. les ambassadeurs de France et d'Angleterre, dudit jour premier de février* 1609.

Messieurs, je vous écris ces deux mots par ce courrier exprès, seulement pour vous assurer qu'en suite de mes précédentes, nous serons, Dieu aidant, mercredi prochain, quatrième de ce mois, à Anvers, où nous vous attendrons pour le temps que nous avons concerté. Et comme il ne restera de notre trêve que sept ou huit jours, je ne fais pas de doute que vous apporterez quant et vous une continuation, pource qu'il seroit mal que, vous étant avec nous travaillant à nous mettre en paix, s'usassent d'une part ou d'autre d'actes d'hostilité. Et en tous événemens, comme la saison ne permet pas qu'on sorte en campagne avant le mois de mai, il seroit mieux, pour ne recommencer si souvent, que l'on la fasse jusques à la fin du mois d'avril. Et me recommandant bien humblement à vos bonnes grâces, je prie le Créateur vous donner à tous, messieurs, longue et heureuse vie.

Votre, etc. Le président RICHARDOT.

De Bruxelles, ce premier jour de février 1609.

LETTRE *de M. de Villeroy à M. Jeannin, du deuxième février* 1609.

Monsieur, puisque M. de Bethune doit être porteur de la présente, je ne vous écrirai pas grandes nouvelles, car il saura vous rendre bon compte de toutes choses, joint qu'il n'y a que trois jours que je vous ai renvoyé Picaut, par lequel je vous ai amplement écrit. Vous saurez seulement que nous reçumes hier au soir des lettres d'Espagne par un courrier qui a passé en Flandre, accompagné d'un autre qui est allé en Angleterre, par lequel l'on nous mande (ces lettres sont du vingtième du mois passé), que les conseils du connétable de Castille et de ses adhérens avoient prévalu sur les autres, nonobstant les raisons et remontrances du confesseur des archiducs, et partant que tout tendoit à la guerre; que l'on avoit créé quatre-vingts capitaines pour lever et assembler des gens en Espagne, dont ils composent trois régimens; l'un sous la charge de don Alphonse Pimentel, l'autre sous celle du fils bâtard du marquis de Las Naves, maître d'hôtel du roi d'Espagne, et le dernier de don Louis Fayardo. Mais on estime que ce dernier passera et sera employé aux Indes, à l'effet de quoi ils font construire à la Havane dix ou douze navires pour renforcer leur armée de mer, qui est composée, y comprenant ceux de l'escadre de Biscaye, et les autres qui sont commandés par ledit Fayardo, de trente-cinq ou quarante vaisseaux avec les particuliers dont ils pourront se servir. Ils font état aussi de tirer d'Italie deux régimens italiens de trois mille hommes chacun, et quatre mille Espagnols, vieux soldats, qui sont au royaume de Naples et en Lombardie, et se promettent que toutes lesdites forces seront prêtes à marcher dans le mois de mars; mais il s'y trouvera du mécompte, tant au nombre qu'au temps, de plus de la moitié de ce qu'ils en publient. Quant à moi, j'ai toujours

38

opinion qu'ils font toutes ces démonstrations pour intimider le monde et parvenir à leur trêve simple. Ledit confesseur étoit encore là retardé, ainsi que l'on écrit, sur l'arrivée de quelques nouvelles dépêches des archiducs, et qu'il doit revenir plus chargé de promesses d'une grande assistance d'argent et d'hommes pour faire la guerre, que de résolution favorable pour la paix ou la trêve; qu'ils ont assuré l'envoi de cinq cent mille écus par la voie d'Octavio centurion, outre le million qu'ils ont fait passer par Gênes, et outre cela donné trente mille ducats pour achever quelques navires commencés à fabriquer à Dunkerque, et néanmoins qu'ils feront tout ce qu'ils pourront pour faire prolonger la cessation d'armes, afin de pouvoir plus commodément dresser lesdits préparatifs, et mieux surprendre leurs ennemis.

Voilà ce qu'on nous écrit d'Espagne, et que les trois derniers courriers que les archiducs y ont envoyés n'ont passé Irun, leurs dépêches ayant été portées par d'autres, afin de mieux couvrir le sujet d'icelles : ce que j'interpréterois, s'il étoit vrai, à signe que ceux qui gouvernent les affaires veulent prendre des résolutions secrètes qui ne désirent être traversées par leurs contraires : à quoi il faut que nous voyions clair dans peu de jours; mais j'ai opinion, ou que lesdits Espagnols changeront d'avis, ou qu'ils permettront sous main aux archiducs de se dispenser de traiter en leur nom, à la charge d'en faire les courroucés et déplaisans au commencement, et cependant d'en tolérer après l'exécution; mais je ne sais si telle voie seroit sûre pour les Etats, et si nous devons leur conseiller de s'en contenter. Le sieur Aërsens fils la rejette fort, et certes je crois aussi qu'elle seroit défectueuse en cette forme, si elle n'étoit récompensée par quelques déclarations de la part desdits archiducs, faites ès mains et sous la foi et caution des deux rois, par lesquelles ils s'obligeassent, en cas de contravention de la part d'Espagne, d'en faire la réparation convenable, jusques à joindre leurs armes à celles desdits rois et Etats pour cet effet, s'il en étoit besoin. Monsieur, il est certain que l'Espagne a besoin de repos autant et plus que les autres, et que le duc de Lerme et ceux qui gouvernent le désirent avec passion; mais la seule honte les retient d'accorder ce qui est nécessaire et a été proposé pour l'obtenir, de façon que si nous ne trouvons moyen de les garantir de cette vanité, il ne faut pas espérer qu'ils s'accommodent. Je prie Dieu, monsieur, qu'il vous conserve en parfaite santé.

De Paris, ce deuxième jour de février 1609.

Monsieur, depuis la présente écrite, j'ai appris que don Pedro de Tolède a reçu commandement par ce dernier courrier venu d'Espagne, de prendre congé du Roi et retourner en Espagne, sans nous faire autres propositions que les premières; sur toutes il doit s'arrêter à celle qui regarde le mariage du second fils d'Espagne avec madame Chrestienne, pour parvenir à la séparation des archiducs et ce qui en dépend avec l'Espagne; mais cette redite sera inutile à l'endroit du Roi, car il est homme à un mot, comme sera toujours quand il sera question de vous obéir et servir, votre, etc.

De Neufville.

Lettre de M. Jeannin à M. de Villeroy; dudit jour deuxième février 1609.

Monsieur, j'ai retardé ce porteur un jour pour obtenir des Etats déclaration au pied de nos articles, qui contienne qu'ils les ont accordés, et donné par écrit leur résolution aux sieurs ambassadeurs des rois Très-Chrétien et de la Grande-Bretagne, afin que les archiducs soient obligés de leur en donner autant, et par écrit aussi ; à faute de quoi ils n'entendoient envoyer leurs députés, ni entrer en aucune conférence pour passer ce traité. Il y a déjà plus de dix jours que j'y travaillois, tant avec les députés d'Angleterre qu'avec ceux qui ont la conduite des affaires ; mais, encore que je n'y fusse contredit ouvertement, on y apportoit tant de longueurs, que je n'en espérois rien lorsque je vous écrivis le jour d'hier. Or, en ayant derechef parlé au sieur Barneveld le même jour, je l'échauffai et animai en sorte qu'il me promit de le proposer le lendemain aux Etats comme de lui-même; ce qu'il a fait de si bonne façon, qu'ils l'ont accordé selon la copie que je vous envoie avec cette lettre. Nous emportons encore l'acte signé par le greffier des Etats, dont je vous ai pareillement envoyé copie par l'homme de M. Aërsens. Les deux ensemble nous serviront beaucoup pour presser les archiducs de dire leur dernier mot, et se départir de toute autre espérance s'ils en ont encore : et qui y doit plus servir aussi que toute autre chose, sera que Sa Majesté continue toujours en la résolution qu'elle a prise, et avec la même constance et générosité, comme elle peut faire sans donner soupçon qu'elle désire la rupture, mais plutôt faire connoître que c'est pour accélérer la conclusion de te traité, qui ne peut être fait autrement ni endurer aucune nouvelle remise pour l'avenir.

Nos poursuites envers les archiducs pour les presser seront fondées sur ces mêmes considérations, qui en effet sont véritables, comme elles ont été en ce lieu sur la crainte de les diviser si on eût admis autre proposition et ouverture : ce que nous faisons pour ne leur donner aucune impression que Sa Majesté soit changée] et désireuse de la guerre, laquelle seroit cause d'effaroucher plusieurs députés de l'assemblée générale, lesquels ne peuvent ouïr parler de rupture qu'avec frayeur et déplaisir, et néanmoins n'osent rien dire au contraire de notre projet, depuis leur avoir déclaré qu'il n'y a autre moyen pour en sortir avec avantage pour eux, et les avoir aussi assurés du secours de Sa Majesté, si leurs ennemis sont cause de la rupture, non eux ; ce qui a relevé le courage aux plus timides, et rendu les autres plus respectueux à suivre nos conseils. Et, à la vérité, sans l'offre de ce secours, j'eusse craint, la trêve rompue, qu'ils n'eussent fait autre chose que demeurer sur leurs gardes sans rien entreprendre ; au lieu qu'étant par le moyen d'icelui encouragés à reprendre les armes avec vigueur, les archiducs en auront crainte, et seront contraints de recourir à Sa Majesté, pour renouer, qui sera ensuite en état de prendre nouveau conseil. Il me semble donc, si la rupture avient, que je dois retourner ici pour juger de l'inclination des Etats, voir le conseil qu'ils voudront prendre, et aider à faire qu'il soit bon ; car qui s'en iroit, lors ils pourroient entrer en appréhension qu'on les veut abandonner, et accepter pis que ce qu'ils auroient refusé. Aussi est-il certain que retourner et passer à l'instant de la rupture vers les archiducs pour essayer de renouer seroit sans profit, et n'en faut rien espérer de bon jusques à ce que la conduite et résolution généreuse des Etats lui donne quelque frayeur ; joint que, sans avoir bien reconnu l'inclination et volonté des Etats pour s'assurer de l'issue de ce dessein, il seroit mal à propos de le faire.

Il me semble aussi que cet avis de votre dernière lettre n'est conforme à celui qui est contenu en celle de Sa Majesté, qui me fait juger que l'événement de cette affaire, et la crainte de la rupture, tient l'esprit du Roi et de ses principaux ministres en grande anxiété et souci,

qui n'est sans raison, pource que le renouvellement de cette guerre pourra être suivi de grands dangers et inconvéniens que la trêve feroit éviter ; mais Sa Majesté n'a pu prendre jusques ici de plus louables et sages conseils qu'elle a fait, et en sortira plus tôt en continuant, que si elle se relâchoit tant soit peu, pourvu que les Etats fassent de leur côté ce qu'ils ont promis, comme je l'espère, qui est de retrancher toute autre espérance au roi d'Espagne, me souciant peu du roi d'Angleterre, qui, à mon avis, n'a assez de créance pour y faire du mal quand il voudroit. Bien me défié-je, quelques bonnes paroles que donnent ses ministres, qu'ils ne procèdent pas sincèrement, puisqu'il y a toujours du malentendu entre Sa Majesté et le roi d'Angleterre, ainsi que je le reconnois par vos lettres, outre la jalousie et haine naturelle qui n'est pas près de cesser. Puis à bien considérer ce que fait Sa Majesté, et l'offre même de secours, elle ne peut être prise par le roi d'Espagne, ni par les archiducs pour un désir de rompre, ni pour déclaration de mauvaise volonté, quand ils seront bien informés de quelle façon elle a été faite ; car ça a été lorsque les Etats refusoient d'accepter notre projet qu'on leur dit les deux ensemble, à savoir qu'elle les abandonneroit s'ils ne suivoient son conseil ; comme au contraire eux s'y soumettant, et les archiducs refusant d'accomplir ce qu'ils ont promis, tant en leurs noms qu'au nom du roi d'Espagne, elle leur donneroit secours, étant obligée d'y procéder ainsi afin d'avoir plus d'autorité et de créance pour leur persuader le premier dont ils étoient fort éloignés, et pour n'avoir jamais cru qu'on dût faire difficulté, du côté d'Espagne, d'effectuer ce que les archiducs ont promis, quelques mauvais bruits qu'on ait fait courir au contraire. Je suis, monsieur,

Votre, etc.   P. Jeannin.

A La Haye, ce deuxième février 1609.

Lettre *de MM. les ambassadeurs de France et d'Angleterre à M. le président Richardot, du 4 février 1609.*

Monsieur, la résolution des Etats est si précise de sortir à ce coup d'affaire, ou de n'y plus penser, qu'on ne doit attendre d'eux aucune prolongation, sinon autant qu'il sera besoin pour conclure et traiter; car sur ce que nous leur avons représenté que la trève étoit près de finir, et qu'il ne restera que sept ou huit jours lorsque nous serons à Anvers, lesquels ne peuvent suffire pour achever cet œuvre, ils nous ont permis d'en faire la prolongation jusques à la fin de ce mois, mais non plus outre, et encore avec prière que ce ne soit sinon au cas que nous ayons la même assurance de leurs altesses pour traiter qu'eux nous l'ont donnée, ainsi que vous entendrez plus particulièrement de nous lorsque nous serons à Anvers, qui sera, Dieu aidant, samedi prochain : auquel lieu, si nous vous trouvons autant enclin et disposé à achever ce traité que nous y apporterons de bonne volonté de notre part, l'issue en sera heureuse; et si le contraire avient, nos rois en auront un très-grand déplaisir, et nous en particulier peu de gré de notre travail. Nous y allons toutefois en meilleure espérance, et avec désir de vous servir de même affection dont nous vous baisons bien humblement les mains, et prions Dieu, monsieur, qu'il vous donne en parfaite santé heureuse et longue vie.

Vos, etc. P. Jeannin, de Russy, Ri. Spencer, Rodolphe Winood.

De La Haye, ce quatrième février 1609.

Lettre *de M. de Villeroy à M. Jeannin, du huitième février* 1609.

Monsieur, depuis vous avoir écrit le 30 du mois passé par le courrier Picaut, et le deuxième et quatrième du présent par M. de Bethune, nous avons reçu lettres d'Espagne du 27 et 29 du mois passé, par lesquelles nous avons appris qu'enfin le conseil dudit pays a pris résolution d'accepter la trève pour dix ans, aux conditions de renoncer à la souveraineté pour le temps que durera ladite trève, sans faire instance du rétablissement de la religion, pourvu que les Etats et leurs sujets se départent entièrement du commerce et des voyages des Indes. Voilà ce que l'on nous en mande, à quoi vous pénétrerez bientôt, après que vous aurez commencé votre conférence à Anvers, à laquelle on dit ici que vous étiez attendu le sixième de ce mois. Et puisque lesdits Espagnols ont franchi le saut de ladite souveraineté, nous voulons croire qu'ils s'accommoderont aussi pour le reste. Mais il faut craindre qu'ils en prolongent et retardent la résolution pour gagner cette année; car il est certain qu'ils n'ont à présent moyen de recommencer la guerre, tant leurs soldats en Flandre sont mal contens par faute de paiement, en peu d'argent pour y pourvoir, et de temps pour en lever d'autres pour les renouveler et renforcer.

Or, nous n'estimons pas ici que ces messieurs consentent que ladite renonciation ou déclaration de liberté soit limitée au susdit temps de la trève, ni de quitter lesdits commerces ou voyages des Indes; sur quoi vous nous ferez plaisir de nous faire savoir au plus tôt leur délibération. Mais comme les archiducs n'auront pouvoir de les contenter en cela, il faudra qu'ils renvoient en Espagne, et que l'on en attende la réponse, avec quoi ils iront prolongeant ainsi les affaires quasi insensiblement, et malgré que vous en ayez. C'est le jugement que nous en faisons, duquel le Roi m'a commandé vous donner avis, sans y ajouter autre chose que mes recommandations très-affectionnées à votre bonne grâce, et la prière que je fais à Dieu, monsieur, qu'il vous conserve en parfaite santé.

De Paris, le huitième jour de février 1609.

Lesdites lettres d'Espagne ajoutent que la trève étant faite, l'on translatera en Portugal les archiducs, et que les Espagnols reprendront le gouvernement entier des Pays-Bas, et veut-on que nous croyons que le confesseur desdits archiducs a accepté de leur part ce parti, mais certes je ne le crois pas; toutefois j'ai bien voulu vous faire savoir ce que l'on nous a écrit.

Votre, etc. De Neufville.

Autre lettre *dudit sieur de Villeroy audit sieur Jeannin, dudit jour huitième février* 1609, *écrite de sa main.*

Monsieur, j'ajouterai ce mot à ma première lettre sur le retardement de M. de Bethune, pour vous confirmer ce que je vous mande par l'autre, du partement de dom Pedro de Tolède; et de la contenance que les Espagnols font de leur résolution à la guerre, de façon qu'il nous semble que ces messieurs doivent aviser à leurs affaires sans y perdre du temps davantage. L'on dit toutefois que le confesseur est en chemin, et qu'il faut en attendre la venue devant que tenir les choses pour rompues. Etant en Espagne, il s'est conduit en habile homme; car, voyant qu'il ne pouvoit leur faire approuver la trève, il les a pressés de donner aux archiducs de quoi faire la guerre comme il convient. A quoi certes il leur est difficile de pourvoir cette année, tant ils sont dégarnis d'argent et d'hommes : ce qui fait croire qu'enfin ils ne seront si mauvais qu'ils publient, et qu'ils promettront aux archiducs d'entendre à quelque expédient qui serve à les délivrer des dépenses de la guerre, avec le moins de honte pour eux et la nation que faire se pourra. Néanmoins, si ces messieurs prennent les choses au pis, ils y seront moins trompés. M. de Bethune vous dira sur cela le conseil que notre Roi leur donne, duquel je vous ai, par mes précédentes, touché ci-devant quelque mot. Je m'en remettrai donc à lui, et vous recommanderai ce qui le touche, c'est-à-dire l'entretènement de son régiment et sa personne, et je salueray vos bonnes grâces de mes très-affectionnées recommandations, en priant Dieu, monsieur, qu'il vous conserve en bonne santé.

Votre, etc.
De Paris, le huitième février 1609.
De Neufville.

Lettre de MM. les ambassadeurs de France et d'Angleterre, écrite à MM. les Etats le douzième février 1609, trois jours après leur arrivée à Anvers.

Messieurs, les vents contraires sur la mer et l'incommodité des chemins et du mauvais temps par terre, nous ont empêchés d'arriver ici plus tôt que le neuvième au soir, où nous fûmes reçus avec toutes sortes d'honneurs et de courtoisies, tant par M. le marquis Spinola et les autres députés des archiducs que par les magistrats de la ville. Le lendemain fut employé à faire et recevoir des visites, sans traiter d'affaires jusques au jour d'après qui fut hier; auquel jour nous étant assemblés sur les dix heures du matin avec lesdits sieurs députés, leur fîmes entendre quelle étoit votre résolution sur les articles de la trève, en quoi elle étoit différente avec le projet donné à M. le président Richardot, ensemble les raisons du changement en quelques articles, et qu'enfin il n'y a rien qui soit de considération pour empêcher le parachèvement de ce bon œuvre; les priant, s'ils désirent qu'on en sorte heureusement, de n'avoir plus recours à aucunes autres ouvertures, ni nouvelles remises, et que vous, messieurs, étiez délibérés d'en sortir à ce coup, ou de n'y plus penser. Vous nous aviez à cette occasion donné par écrit votre consentement au pied des articles, et prié de retirer pareille assurance des

archiducs, avant laquelle vous n'entendiez envoyer vos députés, et que lors vous le feriez non plus pour conférer, d'autant que vous aviez dit votre dernier mot, mais pour conclure et traiter. Néanmoins pource que la fin de la trève approchoit, et qu'on a bien prévu qu'ils auroient besoin de plus de temps pour conférer entre eux, et recevoir aussi les commandemens des archiducs sur ce sujet, vous nous aviez permis de consentir à la prolongation de la trève, si elle étoit requise par eux, jusques à la fin de ce mois, et non plus avant; par ainsi qu'ils devoient bien employer ce temps en sorte qu'ils nous puissent donner par écrit la résolution desdits sieurs archiducs dans le vingt-quatrième du mois, jusques auquel jour nous l'attendrons ici; et si elle est conforme à la vôtre, nous vous enverrons et prierons de faire venir vos députés en ce lieu, pour conclure et passer le traité; mais s'ils en font lors quelque refus, ou demandent nouveau délai, que nous sommes délibérés de nous retirer, pource que nous jugeons bien telles remises être recherchées à dessein et pour gagner le temps, non pour traiter sincèrement.

Leur réponse a été générale et en paroles honnêtes, avec déclaration qu'ils en veulent aussi sortir promptement, ayant avis que le confesseur est parti de Madrid le vingt-huitième de janvier, et devoit arriver à Bruxelles dans le vingtième de ce mois au plus tard; montrant toutefois avoir déplaisir de ce qu'on les presse si fort : et pour leur faire mieux sentir que ce n'est pas feintise, nous avons été d'avis de retenir au port les bateaux et navires, jusques à ce que nous soyons certains de la résolution qu'ils voudront prendre. Nous vous envoyons l'acte de prolongation de la trève signé par les archiducs, afin que vous nous en renvoyiez autant au plus tôt; encore ne pouvons-nous faire jugement au vrai du succès de cette affaire, si semble-t-il qu'il y a quelque occasion d'en bien espérer; au moins saurez-vous bientôt ce qui en doit arriver par la conduite dont nous usons : et cependant nous prierons Dieu, messieurs, qu'il vous maintienne en tout heur et prospérité.

Vos, etc. P. Jeannin, de Russy, Rt. Spencer, Rodolphe Winood.

D'Anvers, ce douzième février 1609.

LETTRE de M. Jeannin à M. de Barneveld, dudit jour douzième février 1609.

Monsieur, les propos que nous tiennent les députés des archiducs nous doivent faire espérer bonne issue de cette affaire, sinon que ce soient artifices plutôt que vérité, dont peu de jours nous éclairciront ; car nous pressons la résolution, jugeant qu'il n'y a rien de pis pour votre Etat que demeurer encore quelque temps en l'incertitude en laquelle vous êtes. En voyant M. le président Richardot, il nous a parlé des contributions, et déclaré qu'on ne les peut plus lever l'un sur l'autre sans hostilité ; et quand nous lui avons répondu que, par le projet écrit de sa main, il consent que les villages et hameaux demeurent au même état qu'ils étoient avant la première trêve, il réplique n'avoir pourtant entendu qu'on y commette des actes d'hostilité, et que telles contributions qui ne sont dues avec justice ne peuvent être levées, sinon par contrainte et avec la force, faisant ainsi ressentir aux plus foibles les injures et violences de la guerre. Souvenez-vous, s'il vous plaît, de ce que je vous en ai souvent dit et répété avant mon départ ; je vois bien qu'ils seront pour insister sur cet article, et si ainsi est, outre l'intérêt général, M. le prince Maurice en aura un particulier ; à quoi il seroit bien raisonnable de pourvoir dès à présent sans attendre la conclusion du traité. Je vous en ai supplié plusieurs fois, je le fais encore de toute mon affection, et le juge autant juste pour la considération de son mérite, que nécessaire pour vous maintenir tous en bonne union. Faites-le, monsieur, et croyez en ceci vos amis. C'est avec une très-bonne intention que je vous en donne le conseil, et de même affection que vous baise bien humblement les mains, et vous dirai de plus que le Roi a ordonné trois cent mille livres. J'écris encore pour faire accroître ce secours, s'il est possible. Je suis, monsieur, votre, etc.

P. JEANNIN.

A Anvers, ce douzième février 1609.

LETTRE de MM. Jeannin et de Russy au [Roi], du douzième février 1609.

SIRE,

Les lettres de Votre Majesté du 30 de janvier nous ont été rendues par le courrier Picart, [le] 7 de ce mois, à Breda, sur le chemin de cette ville, où nous ne sommes arrivés que le [même] soir, tant pour la contrariété des vents [sur] mer, et, après nous être remis en terre, [pour] l'incommodité des chemins et du mauvais temps. M. le marquis de Spinola et les autres députés des archiducs nous vinrent au devant, comme aussi les magistrats de la ville, lesquels nous [ont] fait toutes sortes d'honneurs et de courtoisies et déclaré qu'ils attendent leur repos de ce qu'il plaît à Votre Majesté prendre pour [faire] cesser cette guerre. Le lendemain de notre arrivée fut employé à faire et recevoir des visites, et le jour d'hier à conférer avec les députés des archiducs, auxquels nous avons fait entendre la résolution des Etats, montré ce qu'ils nous ont donné par écrit, et qu'il y a si peu de différence entre leur résolution et le projet mis [ès] mains de M. le président Richardot, qu'ils ne peuvent plus différer ou refuser de traiter sans faire connoître évidemment qu'ils n'en ont [jamais] eu volonté. Nous sommes là-dessus entrés en discours du soin, de l'industrie et patience dont il a fallu user envers les Etats pour les persuader, leur déduisant aussi les raisons du changement qui a été fait en quelques articles, et ajoutant sur la fin que les Etats en veulent tirer à ce coup, ou n'y plus penser, ayant même arrêté entre eux de n'envoyer leurs députés jusqu'à ce que les archiducs nous aient donné par écrit, comme eux ont fait, qu'ils acceptent tous les articles de notre projet. Et pour ce qu'ils nous dirent que c'étoit leur prescrire une [loi] trop rigoureuse, et qu'ils ne pouvoient aussi, si peu de temps que la trêve doit durer, conférer entre eux sur ce sujet ni y faire prendre une dernière résolution aux archiducs, au moyen de quoi il étoit du tout requis de la prolonger, nous ayant jugé leur demande raisonnable, [on] n'a pu empêcher cette prolongation. Il est vrai qu'elle est seulement jusqu'à la fin de ce mois, et après leur avoir déclaré bien expressément que s'ils ne nous donnent la réponse des archiducs par écrit, conforme auxdits articles, de le vingt-quatrième de ce mois, que nous nous retirerions avec grand regret et déplaisir de ce que le soin de Votre Majesté et notre travail auroit été inutiles. Et pour les mieux assurer que ce n'est pas feintise, nous avons fait demeurer au port près d'Anvers nos navires pour nous en servir au retour, ou, s'ils nous donnent la déclaration que nous désirons, les renvoyer pour amener les députés des Etats, lesquels entendent y venir, non plus pour conférer, mais pour conclure et traiter.

Cette façon de procéder si précise nous a semblé nécessaire pour avoir reconnu d'entrée qu'ils affectent encore de nouvelles longueurs et remises. Ce temps en effet doit suffire s'ils ont envie de traiter, non de tromper; car eux-mêmes nous ont dit que le confesseur partit de Madrid dès le vingt-huitième du mois passé, et qu'il pourra arriver à Bruxelles le vingtième de ce mois au plus tard. Puis il est certain qu'ayant eu ces nouvelles le neuvième par un courrier venu d'Espagne, ils sont à présent informés de la volonté du roi d'Espagne; nous croyons même qu'ils la savent dès long-temps, et qu'ils publient le contraire pour gagner temps, et avoir la cessation d'armes pour cette année, qui est le remède auquel les archiducs tendent au cas que ledit sieur roi ne veuille traiter. Ils sont donc réduits maintenant à la dernière nécessité de se déclarer, et faut qu'on découvre les Espagnols pour trompeurs, ou qu'ils traitent, attendu qu'il n'y a rien en ces articles qu'eux-mêmes n'aient consenti et approuvé lorsqu'ils étoient à La Haye. Si on peut juger quelque chose de leurs paroles, il semble qu'ils en veulent sortir, et néanmoins leur conduite passée nous tiendra toujours en crainte et soupçon jusques à ce que tout soit fait. Nous leur avons rendu de si bonnes raisons de l'instance pressée que nous faisons pour achever, qu'à notre avis ils la prennent de bonne part. Votre Majesté trouvera peut-être mauvais la prolongation accordée par nous jusques à la fin du mois; mais en la refusant, on eût fait soupçonner qu'on vouloit rompre, et je sais qu'elle en est du tout éloignée, puisque c'est pour conclure tout. Nous voyons que par ses dernières lettres, aussi bien que par les précédentes, elle continue toujours à juger qu'il étoit plutôt nécessaire d'envoyer ici quelqu'un pour obtenir une déclaration par écrit des archiducs touchant l'article de la liberté que d'y venir nous-mêmes. Nous lui avons fait entendre nos raisons par la dépêche que lui a portée le sieur de Sainte-Catherine, ou plutôt l'impossibilité d'obéir à ce commandement, attendu que nous étions déjà engagés au voyage lorsque nous le reçumes: joint qu'il eût peu servi d'avoir cette nouvelle déclaration sur l'article seul de la liberté, parce qu'on en a déjà autant, et qu'il y a assez d'autres articles sur lesquels on eût pu contester pour remettre l'affaire en longueur ou rompre; au lieu qu'à présent nous prenons un chemin pour obliger les archiducs à tout, et finir tôt d'une façon ou d'autre.

Nous avons aussi mis par ce moyen l'affaire en nos mains, comme il étoit du tout nécessaire pour empêcher les longueurs dont les Etats eussent usé en conférant eux-mêmes, et les fautes que la plupart d'entre eux eussent faites crainte de rompre. En quoi il n'y a danger que d'un tel inconvénient représenté par ses lettres qui, à la vérité, est de grande considération, à savoir que nous ne soyons tenus pour auteurs de la rupture si elle avient; mais en nous retirant, nous ne la ferons pas, bien déclarerons-nous aux députés des archiducs que nous la craignons: aussi est-il certain, quand les Etats eussent conféré eux-mêmes, qu'ils eussent voulu avoir notre avis avant que de rompre. Or chacun sait déjà que Votre Majesté n'approuve point d'autre trêve que celle de notre projet, qu'elle juge de la longueur dommageable, et trouve mauvais qu'on continue la cessation d'armes pour cette année; et néanmoins, si la rupture absolue avient, ce sera pource que les Etats n'auront voulu accorder l'une ou l'autre, dont on ne pourra dire autre chose contre Votre Majesté, sinon qu'elle n'a voulu conseiller infidèlement ses amis, et en attribuera-t-on toujours la vraie cause à la tromperie et aux artifices des Espagnols. Nous insistons un peu à cette défense, afin qu'elle reçoive nos excuses, fondées plutôt sur la nécessité de l'état auquel étoient les affaires lorsque nous avons reçu ses commandemens, que sur nos raisons que nous jugerons toujours foibles et mauvaises quand elles ne seront approuvées par elle. Nous avons occasion de nous louer de la conduite des ambassadeurs d'Angleterre qui n'ont plus qu'un même sentiment avec nous, et veulent qu'un chacun le connoisse et en juge ainsi. Nous ne laissons de veiller et nous défier de tout pour n'être surpris. Nous prions Dieu, sire, qu'il donne à Votre Majesté, en très-parfaite santé, très-longue et très-heureuse vie.

Vos, etc.   P. Jeannin et de Russy.
d'Anvers ce douzième février 1609.

Lettre *de M. Jeannin à M. de Villeroy, dudit jour douzième février 1609.*

Monsieur nous étions engagés, avant qu'avoir reçu le commandement du Roi, pour envoyer plutôt ici que d'y venir : outre ce qu'il eût peu servi d'avoir une nouvelle déclaration des archiducs sur l'article de la liberté, car elle n'eût pas été meilleure que celle que nous avons déjà, et n'eût non plus empêché la longueur et rupture sur autres articles, dont on trouve toujours assez de prétextes. Or, étant venus en ce lieu, nous les réduisons à cette nécessité de dire leur dernier mot, et retranchons toutes remises ; à quoi il faut tendre qui en veut bien sortir. Nous eussions toutefois suivi le commandement du Roi, et votre avis s'il fût venu plus tôt, car je sais que vous voyez plus clair que nous, et que mon devoir est d'obéir sans opposer les raisons aux commandemens du maître.

Je n'ai encore vu le président Richardot en particulier, mais seulement en l'assemblée des ambassadeurs d'Angleterre qui se conduisent très-bien ; si ne laissé-je d'en être en crainte quand je me souviens du passé, et me représente que Sa Majesté et le roi d'Angleterre ne sont assez bien ensemble pour croire qu'ils aient un même but et désir. Rien n'est toutefois omis de notre part pour les induire de continuer en cette bonne volonté, d'autant que cela sert à faciliter le succès des affaires, et ne diminuera en rien la gloire du Roi si elles vont bien, chacun jugeant que c'est lui seul qui fait tout par son autorité, et la créance qu'il a. Il nous faut encore quelques jours pour nous éclaircir de ce qu'on en doit espérer ; mais leurs paroles sont très-bonnes, et me semble que l'instance pressée que nous faisons doit servir d'excuse aux archiducs pour traiter quand ils n'en auroient même la permission expresse. Ce mot est à la hâte. Les trois cent mille livres tournois viendront bien à propos aux Etats, et encore mieux, s'il plaisoit à Sa Majesté faire jusques à quatre cent mille livres tournois. Je suis, monsieur, votre, etc.   P. Jeannin.

D'Anvers, ce douzième février 1609.

Lettre *dudit sieur Jeannin à M. le duc de Sully, dudit jour douzième février 1609.*

Monsieur, je loue Dieu de votre convalescence, que j'ai aussitôt sue que votre indisposition. J'ai senti autrefois et souvent le même mal, puis ne l'ai eu que parfois, et l'âge le diminue toujours ; j'espère qu'il vous aviendra encore mieux, et le désire aussi, ou plutôt qu'en soyez guéri du tout. J'ai écrit au Roi par le sieur de Sainte-Catherine les raisons qui nous ont fait venir ici, et vous en ai aussi rendu compte. Je me promets que notre voyage fera plutôt du bien que du mal, les députés des archiducs voyant bien qu'il n'y a plus moyen de reculer, et qu'il est temps de dire le dernier mot. Leurs paroles sont bonnes, disent que le confesseur est par les chemins, qu'ils ont reçu nouvelles de lui, et espèrent bien du succès de son voyage. Je crois qu'ils en savent plus, et sont même du tout informés de la volonté du roi d'Espagne ; ainsi, s'ils tendent à nouvelles remises, c'est un signe évident que ledit sieur roi n'approuve le traité, et qu'ils veulent seulement essayer, en prolongeant la trêve de temps en temps, d'obtenir la surséance d'armes pour cette année que les Etats doivent faire, pource qu'enfin je craindrois qu'elle ne fût cause de les diviser et brouiller ; comme au contraire, s'ils veulent traiter dès à présent, ainsi qu'ils disent et que nous les en pressons, comme vous verrez, monsieur, par les lettres du Roi, nous en devons bien espérer ; car en effet il n'y a rien en la résolution des Etats qui ne soit au projet donné à M. le président Richardot avant son départ de La Haye, où le changement est si petit, qu'il ne doit empêcher le parachèvement de ce bon œuvre, dont je se père toujours bien. Je suis, monsieur, votre, etc.   P. Jeannin.

A La Haye, ce 12 février 1609.

Lettre de M. de Villeroy à M. Jeannin, du quatorzième février 1609.

Monsieur, don Pedro de Tolède s'en est allé et a pris congé du Roi le douzième après quatre heures du soir, et partit à la même heure, tant il avoit hâte de déloger. Quant à moi, j'ai cru qu'il n'a désiré que le confesseur le trouvât encore ici, et que nous apprissions par lui, en sa présence, que son Roi a changé de conseil sur les affaires des Pays-Bas. Tant y a que ce bon seigneur, après avoir séjourné ici six ou sept mois, et avoir durant ce temps tenté par tous moyens la foi et constance du Roi envers ses alliés pour l'ébranler, s'en retourne comme il est venu; car Sa Majesté n'a eu avec lui qu'un mot depuis sa deuxième audience jusques à la dernière. En celle-ci il n'a parlé aucunement à Sa Majesté ni d'alliance, ni des traités des Pays-Bas. Il n'a pas dit tout ce qu'il en pense, et ne doute point qu'en son âme il ne remporte plus de mécontentement pour son maître et pour lui, qu'il n'a voulu le montrer; cela ne nous étonne et change point. Si en Espagne ils ont cru et espéré, lorsqu'ils l'ont dépêché vers le Roi, faire faire à Sa Majesté un pas de clerc, c'est-à-dire chose indigne d'elle, et préjudiciable à ses affaires, ils ont mal connu notre maître, et se sont fort abusés. Ils ne s'en doivent prendre qu'à eux-mêmes. Toutefois je ne doute point qu'en leur cœur ils n'en soient ulcérés, et partant ne rechercheut ou embrassent les occasions de s'en venger; mais notre réconfort est qu'ils sont foibles, et que nous avons de quoi nous défendre, et même leur rendre ce qu'ils nous prêteront.

Ledit don Pedro n'a pour cela fait contenance à son départ d'être mal satisfait; au contraire, il a voulu que Sa Majesté crût qu'il s'en va très-obligé à elle de la franchise et cordialité avec quoi elle a traité avec lui. J'ai estimé devoir vous informer de ces particularités pour vous en servir où vous êtes. Vos dernières lettres sont du vingtième du mois passé, et les nôtres du quatrième du présent, dont M. de Bethune a été porteur. Nous vous croyons à présent à Anvers, où nous estimons que l'on vous aura d'abord proposé une nouvelle prolongation de la cessation d'armes qui doit expirer demain, de quoi nous estimons que vous aurez peine à vous défendre; et toutefois, nous croyons ici que vous ne tirerez jamais le dernier et bon mot de ceux auxquels vous avez affaire, que vous n'ayez occupé broche auxdites cessations; mais vous êtes sur les lieux pour mieux en juger que nous, et devous nous en rapporter à votre avis. Nous estimons ici que l'on mettra peine de vous persuader la trêve simple pour vingt ans, sans faire mention de la renonciation de la souveraineté devant que de se déboutonner d'autre chose, et au refus de cela, que les archiducs offriront de traiter en leur nom sans parler du roi d'Espagne, et néanmoins vous donner pour lui toutes les assurances nécessaires, et, si vous ne vous en contentez, ils ne franchiront le saut pour ledit roi, mais demanderont que cette déclaration de souveraineté soit restreinte au temps que la trêve durera, et que les Etats s'abstiennent du tout de la navigation des Indes. Voilà l'ordre que nous avons entendu qu'ils doivent suivre en leur négociation présente; mais nous estimons qu'enfin ils s'accommoderont à votre projet si vous tenez bon et que vous abrégiez ladite cessation d'armes, car certainement ils n'ont moyen de faire la guerre cette année. C'est pourquoi ils feront ce qu'ils pourront pour la passer en négociations et remises si vous n'y donnez ordre. Nous avons pourvu à l'envoi de trois cent mille livres, qui a été un peu retardé à cause de l'indisposition de M. de Sully, qui a été fort travaillé de la néphrétique, dont il est sorti depuis deux jours. Au reste je vous envoie un éloge fait sur la vie du Roi, qui a été assez bien reçu de ceux qui l'ont vu, et salue vos bonnes grâces de mes très-affectionnées recommandations, en priant Dieu, monsieur, qu'il vous conserve en bonne santé.

Votre, etc. DE NEUFVILLE.

De Paris, le quatorzième de février 1609.

Lettre dudit sieur Jeannin audit sieur de Villeroy, du seizième février 1609.

Monsieur, vos lettres du deuxième et quatrième de ce mois m'ont été rendues aujourd'hui même par ce laquais auquel M. de Bethune les avoit données à La Haye; et le même jour M. de Berny, qui est en ce lieu, m'a aussi donné celle du huitième. Je n'ai rien pour le présent à vous mander; car, vous ayant écrit le douzième par la voie de M. de Berny, ce qui s'est passé en la première conférence faite entre nous et les députés des archiducs, nous attendons le retour de M. le président Richardot, qui est allé trouver les archiducs à Bruxelles pour savoir leur intention, dont nous donnerons avis au Roi aussitôt par le courrier Picaut que nous lui enverrons exprès. Ceux qui vous ont écrit d'Espagne ne peuvent savoir au vrai leur secret; ils sont trop couverts et ne l'apprendront jamais avec certitude qu'à l'instant qu'il faudra traiter ou rompre. Ainsi il est nécessaire pour en bien sortir, et promptement, de montrer que les Etats ne craignent point cette rupture; les affaires sont aussi en tel état qu'on ne peut plus prendre autre conseil : je ne sais qui en aviendra, mais j'en espère toujours bien. Les députés d'Angleterre continuent en même avis avec nous. Je répondrai plus particulièrement à vos lettres par le courrier Picaut qui partira sans faillir dans deux ou trois jours au plus tard, pour ne laisser l'esprit du Roi long-temps en incertitude du succès de cette affaire. Je prie Dieu cependant, monsieur, qu'il vous maintienne en tout heur et prospérité.

Votre, etc. P. JEANNIN.

D'Anvers, ce seizième de février 1609.

LETTRE *de M. Jeannin à M. de Wandermilen, gendre de M. de Barneveld, du dix-huitième février* 1609.

Monsieur, l'arrivée de M. de Bethune à La Haye aura, comme j'estime, donné l'alarme; car je vois bien par les lettres du Roi, que ledit sieur de Bethune m'a envoyées, que Sa Majesté n'espéroit pas, lorsqu'il est parti de France, que le roi d'Espagne voulût consentir à la trève, et par ainsi qu'il se falloit préparer à la guerre. Mais nous en jugeons à présent tout autrement, et qu'au contraire les affaires sont en état qu'on en doit très-bien espérer; car les députés des archiducs consentent notre projet, fors en deux articles, dont l'un est qu'ils n'accordent la trève, sinon pour dix ans, et nous la demandons pour douze au moins, et y insistons toujours; l'autre est pour les contributions qu'ils veulent faire cesser du tout, ainsi que je l'ai ci-devant écrit à M. de Barneveld, en quoi il y a de la justice; mais j'y vois de l'intérêt pour l'Etat, et pour M. le prince Maurice en particulier, que je supplie M. de Barneveld aider à faire cesser, et nous ferons de notre côté tout ce qu'il nous sera possible ici. Nous écrirons à messieurs les Etats au premier jour pour les prier de venir à Berg-op-Zoom, sans leur représenter les difficultés susdites, crainte que cela ne fût cause de retarder leur voyage; et nous irons nous-mêmes vers eux audit lieu pour en conférer, et les faire résoudre avant même que leurs députés viennent ici. Je vous supplie communiquer cette lettre à M. de Barneveld, et qu'il le sache seul sans en découvrir à personne, ni même que je vous ai écrit sur ce sujet, car je n'écris que cette seule lettre, me réservant de le faire lorsque nous donnerons avis aux Etats de ce qui aura été fait en ce lieu, qui sera dans deux ou trois jours, s'il plaît à Dieu. Cependant je vous baise bien humblement les mains, et suis, monsieur,

Votre, etc. P. JEANNIN.

A Anvers, ce dix-huitième février 1609.

LETTRE *de MM. Jeannin et de Russy au Roi; du vingt-troisième février* 1609.

SIRE,

Votre Majesté aura vu, par notre dépêche du douzième de ce mois, ce qui s'est passé en la première conférence avec les députés des archiducs, et que M. le président Richardot leur allé vers eux à Bruxelles, pour rapporter leur dernière résolution sur l'affaire que nous traitons : d'où étant de retour le seizième au soir, il fut voir le lendemain matin le sieur Jeannin, avec lequel il communiqua fort particulièrement, et lui dit aussi qu'il vouloit aller voir l'après-dînée les députés d'Angleterre, y menant avec lui M. Mancicidor, afin qu'il fût témoin de ce qu'il leur devoit dire et de leur réponse, leur faisant entendre que c'étoit pour la trève simple, et afin de savoir s'ils avoient quelque charge du Roi leur maître de la proposer; ce qui nous fut confirmé le même jour par lesdits sieurs députés, lesquels avoient déclaré qu'il n'y avoit plus autre moyen de finir cette affaire que par notre projet, et sur la résolution de l'assemblée Etats. Le lendemain dix-huitième, l'assemblée se fit sur les dix heures du matin au logis du sieur Jeannin, où ledit sieur président, après les remercîmens faits du soin que Votre Majesté et le roi d'Angleterre prennent pour les mettre en repos, fit lui-même lecture de nos articles, et sur chacun d'iceux déclara l'intention des archiducs et celle du roi d'Espagne, dont il dit qu'on étoit si bien informé, qu'il ne leur étoit plus besoin d'attendre le retour du confesseur. Les difficultés qu'il nous a faites sont celles qui ensuivent :

La première pour ôter la qualité de hauts

puissans seigneurs qu'on attribue par la préface aux Etats, les archiducs offrant de n'en point prendre pour eux, et de n'en donner non plus au roi d'Espagne. Nous avons fait instance pour les conserver, dit nos raisons, et enfin que nous étions tant assurés de leur prudence, que si nous ne pouvions vaincre les Etats pour les en faire abstenir, qu'eux se laisseroient persuader. Ils ont parlé après du premier article concernant la liberté, et montré qu'il leur étoit grief d'y consentir; que tout le conseil d'Espagne y a toujours contredit, mais que le roi d'Espagne, vaincu plutôt des prières, du respect et de l'amitié qu'il porte aux archiducs que de toute autre considération, s'y étoit laissé aller.

La seconde et principale difficulté, sur laquelle ils ont aussi le plus insisté, et dont ils ne sont encore d'accord, a été pour le commerce des Indes; d'autant qu'en feignant de l'accorder de gré à gré ils essaient de l'ôter du tout, disant, en premier lieu, qu'il ne faut point exprimer ce mot des Indes, comme étant te que la trève est générale, sans exception de lieux ni de personnes, et que cela suffit pour faire cesser tous actes d'hostilité aussi bien aux Indes qu'ailleurs, et quant au commerce, que ce ne fut jamais l'intention du roi d'Espagne de l'accorder ès lieux, places et ports qu'il tient èsdites Indes, mais de souffrir seulement que lesdits Etats et leurs sujets puissent trafiquer ès pays, places et ports des autres principautés et peuples qui le leur voudront permettre, sans qu'il leur donne aucun empêchement, et qu'il est encore prêt à le consentir par un traité particulier, ce qu'il n'a fait jusqu'ici pour les sujets d'aucun autre prince. A quoi nous leur aurions répondu que la trève étant générale, et le trafic de gré à gré, il devoit être accordé partout, les Etats l'ayant toujours ainsi prétendu et demandé; mais quand ils se voudroient contenter de trafiquer ès pays des autres princes et potentats èsdits lieux des Indes, ce n'est assez que ledit sieur roi promette de ne leur donner aucun empêchement, si les princes et peuples avec lesquels ils ont fait des traités pour le commerce ne sont compris en la trève comme leurs alliés, crainte qu'on ne leur fasse la guerre à l'occasion dudit commerce, encore que ce soit en apparence sous autres prétextes, et par ce moyen ils ne soient détournés de ce trafic avec eux, attendu même que les marchands n'iront plus dorénavant à ce commerce, à cause de la trève, que foibles et sans être équipés en gens de guerre; au moyen de quoi ils deviendront méprisables, et n'y aura plus aucun prince ni peuple qui se veuille mettre en hasard d'avoir la guerre contre les Espagnols à l'occasion de personnes qui seront sans force pour les défendre. Mais ces raisons ayant été rejetées avec véhémence, et déclaré par eux que ledit sieur roi ne le consentiroit jamais, quand tout traité devroit être rompu, après y avoir encore contesté et persisté à diverses fois, et par trois jours entiers, nous avons enfin proposé cet expédient, que du moins ledit sieur roi promette de ne donner aussi aucun empêchement à ceux qui voudront faire ledit trafic avec eux, non plus qu'aux Etats et à leurs sujets, leur disant néanmoins que nous ne pensions pas le pouvoir faire approuver aux Etats, mais que nous ferions tout devoir de le leur persuader.

Plusieurs écrits ont été faits là-dessus, toujours rejetés par eux ou par nous. Enfin le dernier fait par nous est celui dont nous envoyons copie à Votre Majesté, envoyé aussi par eux le même jour aux archiducs, pour savoir s'ils le voudroient approuver ou non, dont nous sommes incertains, et néanmoins l'espérons ainsi, d'autant que M. le président Richardot a bien reconnu qu'il ne devoit attendre autre chose de nous, et que nous ne l'accordons pas encore pour l'approuver, mais pour y aider envers les Etats; ce n'est plus par un traité à part, mais par un article du traité général, qui nous semble assez exprès pour dire que le roi d'Espagne ne leur pourra donner aucun empêchement à ce trafic, ni à leurs alliés qui le leur permettront. Nous craignons néanmoins que les Etats n'y apportent de la difficulté, à cause que mention n'est faite expressément des Indes, et diront, comme ils faisoient sur l'article de la liberté, si c'est l'intention du roi d'Espagne de n'empêcher le commerce des Indes, qu'il le doit déclarer nommément, et non avec des circonlocutions qui peuvent avoir de l'ambiguïté, et que cette nation, ennemie des Hollandois à cause des offenses passées, l'interpréter toujours à son avantage; puis ceux qui ne veulent la trêve se serviront de ce prétexte, plutôt pour la faire rejeter que pour autre raison, y en ayant assez en effet; car le roi d'Espagne n'a aucun droit d'interdire le commerce des Indes à qui que ce soit, sinon dans ses ports et places qu'il tient, non ès lieux et places d'autres potentats qui ne sont ses sujets. Ainsi suffit qu'il s'oblige de ne leur donner aucun empêchement ni à ceux qui feront le trafic avec eux, laquelle obligation n'étoit encore nécessaire, puisque la trêve doit être générale partout, sans distinction de lieux ni de personnes, et par ce moyen aussi bien en ces endroits-là comme ailleurs. Davantage, il est bien certain que ce trafic, lequel eût servi à l'État par hostilité, leur deviendra inutile étant accordé de gré à gré, ce qu'on avoit bien prévu auparavant; mais les marchands l'ont demandé et désiré ainsi contre notre avis; et toutefois, les hommes entendus en ce trafic croient qu'ils y gagneront si peu qu'ils en seront bientôt dégoûtés; étant vraisemblable que les Espagnols useront de toutes sortes d'artifices et de ruses pour leur y faire recevoir des pertes, soit en mer par leurs gens qu'ils désavoueront et diront que ce sont pirates, ou pour le refroidissement qu'ils trouveront ès gens du pays, s'ils n'y vont toujours avec forces. Or il y a apparence que pour se décharger de dépenses, ils ne le feront pas, et l'État non plus n'y voudra rien contribuer, le commerce étant accordé de gré à gré. Si pensons-nous avoir gagné beaucoup si cet article est accordé par les archiducs de la façon qu'il est mis. Les députés d'Angleterre y ont persisté avec nous, disant avoir charge de ne se point séparer de nos avis, et néanmoins que leur roi ne consentiroit jamais qu'on rompe le traité à cette occasion; ce qu'ils ont dit à part à M. le président Richardot, ainsi que nous avons su. Pour notre regard, nous nous y conduirons selon que Votre Majesté nous commandera, étant bien vrai que nous y avons déjà tant contesté, que les députés des archiducs semblent nous estimer moins affectionnés à leur procurer le repos, encore que nous en usions ainsi pour être bien informés que les États y apporteront de plus grandes difficultés de leur côté.

La troisième difficulté a été pour les contributions, qu'ils disent devoir cesser durant la trêve sur les pays et sujets les uns des autres, attendu que ce sont vrais actes d'hostilité; néanmoins les États prétendoient les lever dans certaines limites, selon qu'il est contenu en notre projet. Nous y avons résisté étant à la Haye, pource que nous trouvions dès lors cet article injuste; mais ceux qui manient les affaires s'étoient promis que les archiducs, qui en levent aussi de leur côté, y consentiroient volontiers. Le pis que nous y voyons est que M. le prince Maurice y a grand intérêt, en quoi il n'y a autre expédient, sinon que les États l'en dédommagent; car, de ce côté, ils ne souffriront jamais la levée desdites contributions, et il n'est pas raisonnable de les en presser, et moins de rompre à cette occasion.

La quatrième difficulté a été pour le temps de la trêve qu'ils accordent seulement de dix ans, et les États la demandent pour douze; mais ceci ne peut être cause de rompre d'un côté ni d'autre, non plus que la levée desdites contributions. Il y a encore eu plusieurs autres moindres difficultés dont nous sommes demeurés d'accord, et par ainsi nous n'en faisons mention crainte d'ennuyer Votre Majesté. Aussitôt que les députés auront eu réponse des archiducs sur cet article du commerce, qui sera dans demain au soir, ils nous doivent donner tous les articles du traité signés, fors celui de la contribution. Ils en ont fait long-temps très-grande difficulté, nous pressant toujours de faire venir les députés des États avec lesquels ils se promettoient être d'accord en peu de jours; mais enfin ils y ont consenti sur ce que nous leur avons dit et répété souvent fois que, s'ils en faisoient refus et ne les donnoient par effet dans le 24 de ce mois, nous partirions le lendemain pour nous en retourner sans prolonger la trêve, qui doit finir au dernier jour de ce mois, ni faire venir les députés des États. Leur signature nous a semblé aussi bonne que celle des archiducs, attendu qu'ils ont leur procuration en bonne forme, dont les États ont déjà eu copie signée, et s'ils nous offrent de la donner encore, outre ce qu'ils nous ont dit qu'ils l'enverroient aux archiducs pour la faire ratifier. Cette signature nous assurera que les États auront la trêve s'ils veulent, et il y a raison d'espérer qu'ils y consentiront si nous les en pressons de la part de Votre Majesté.

par quoi nous attendrons ses commandemens. Nous enverrons vers les Etats pour faire venir tous les députés de l'assemblée générale à Berg-op-Zoom, sans leur donner avis particulier des difficultés qui restent, crainte que cela ne cause de les diviser en opinions pendant notre absence, et de leur faire perdre beaucoup de temps en disputes; au lieu que nous nous promettons, les y allant trouver aussitôt qu'ils seront arrivés, de les mieux disposer, et de gagner sur eux ce qui est encore requis pour achever; ayant été nécessaire d'en user ainsi, crainte que si on les eût mis ensemble avant que d'avoir résolu tout ou restant peu, qu'ils n'eussent consumé beaucoup de temps inutilement, et par cette longueur fait perdre l'année sans rien faire, qui seroit bien le dessein des Espagnols, non comme nous estimons celui des archiducs, sinon qu'ils n'aient pas pouvoir et liberté si entière et absolue de traiter que leurs députés nous ont dit, ayant peut-être été contraints de le publier ainsi sur ce qu'ils ont vu que nous les pressions avec menaces de nous retirer sans faire venir les députés des Etats, ni plus prolonger la trève qui doit expirer à la fin de ce mois. Il est vrai qu'après avoir donné tous les articles signés, ils seront si avant engagés, que nous ne voyons pas comme ils puissent éviter la conclusion sans blâme, et sans donner un trop grand avantage aux Etats et à leurs amis et alliés. En attendant que les députés des Etats viennent, nous emploierons le temps à conférer des limites et confiscations, dont nous avons plusieurs articles, desquels on s'accordera s'il est possible, afin de les insinuer au traité; mais s'il y a trop de difficultés et longueurs, on les remettra à quelque conférence après le traité, afin que rien ne nous empêche d'achever. Nous prions Dieu, sire, qu'il donne à Votre Majesté tout heur et prospérité.

D'Anvers, ce vingt-troisième février au matin 1609.

Sire, cette lettre étoit écrite le jour d'hier, et nous avons différé de l'envoyer, attendant le retour du sieur Verreiken envoyé vers les archiducs, qui retourna hier au soir; et aujourd'hui matin, M. le président Richardot nous a dit qu'il n'a pas rapporté le consentement desdits sieurs archiducs sur l'article du commerce des Indes, nous priant de lui donner loisir d'y aller lui-même, et que pour ce faire et retourner il ne demande que deux jours. Nous y avons consenti, en lui déclarant, s'il ne rapporte ledit article ainsi qu'il est écrit en la copie que nous envoyons à Votre Majesté, que nous partirons le lendemain pour nous en retourner sans prolonger la trève, ni mander les Etats. Ils nous ont bien donné les autres articles signés, selon qu'ils sont mentionnés ci-dessus, en sorte qu'il ne reste que celui-ci, sur lequel ils font tant de difficultés, que nous craignons le roi d'Espagne ne leur avoir donné pouvoir de l'accorder, ou bien c'est afin d'en avoir meilleur marché, et néanmoins il n'est possible d'en rien remettre, et il est encore certain que les Etats ne l'accepteront qu'avec très-grande difficulté. Nous eussions volontiers différé d'écrire à Votre Majesté jusques au retour dudit sieur président, pour lui mander leur résolution entière, sans plus laisser son esprit en incertitude; mais enfin nous avons pensé qu'il seroit meilleur de le faire pour être plus tôt instruit de son intention, et comme nous aurons à nous conduire en cette affaire. Bien jugeons-nous être nécessaire de les contraindre à dire le dernier mot de quelque façon que ce soit, autrement on ne verra jamais clair à leur résolution.

Cette adjonction est du vingt-quatrième de ce mois.

Vos, etc. P. JEANNIN et DE RUSSY.

LETTRE *dudit sieur Jeannin à M. le duc de Sully, dudit jour vingt-quatrième février 1609.*

Monsieur, la trève est enfin réduite à la difficulté qui est sur le commerce des Indes, que les députés des archiducs feignent vouloir accorder de gré à gré; mais quand on a voulu mettre cet article par écrit, ils nous ont dit que le roi d'Espagne ne le consentira jamais en mots exprès, pource que les autres princes avec lesquels il a de l'alliance et amitié lui en demanderoient autant; ainsi qu'on se doit contenter de ce que par le deuxième article de notre projet la trève être générale partout, sans distinction de lieux ni de personnes; et encore que par le quatrième, concernant le commerce, ledit sieur roi l'ait restreint aux royaumes et pays qu'il tient en l'Europe, pour exclure les Etats et leurs sujets du commerce ès lieux, places et ports qu'il tient aux Indes d'orient, qu'il n'entend pas pourtant leur donner aucun empêchement audit trafic ès pays, places et ports des autres potentats et peuples qui le leur voudront permettre en quelque lieu que ce soit, offrant d'en donner une déclaration par écrit hors le traité : sur quoi, pour essayer d'en demeurer d'accord, nous avons fait plusieurs écrits d'une part et d'autre toujours rejetés, jusqu'à celui dont nous envoyons copie, que nous leur avons présenté pour nous accommoder aucunement à leur goût; en leur disant toutefois que nous ne pensons pas les Etats s'en devoir contenter, mais que nous ferons tout ce qu'il nous sera possible pour le leur persuader. Duquel écrit ils ont montré, après plusieurs disputes et contestations, d'être contens, et que le sieur Verreiken le porteroit aux archiducs pour le leur faire approuver : lequel a bien fait le voyage, mais à son retour, qui fut hier au soir, a rapporté qu'ils n'y avoient voulu consentir; au moyen de quoi M. le président Richardot, qui nous en a avertis ce matin, nous a priés de trouver bon qu'il y aille lui-même, et qu'il ne demande que deux jours dans lesquels il nous dira leur dernière résolution : ce que nous avons consenti, après lui avoir déclaré expressément, si ledit article n'est accordé, que nous partirons incontinent, pour ne pouvoir prolonger la trève, ni faire venir les députés des Etats sans cela : et à la vérité nous serons contraints de le faire, n'y ayant autre moyen de tirer d'eux le dernier mot.

Quand ils auront consenti cet article du commerce des Indes, ainsi qu'il a été dressé pour être mis au traité général au lieu de l'article quatrième, encore y aura-t-il de très-grandes difficultés pour le faire passer aux Etats, mais avec l'autorité du Roi nous espérons de l'obtenir. Je n'ose assurer de ce qu'ils feront du côté des archiducs; si sont-ils bien fort engagés et en espère bien. Ils nous ont déjà donné par écrit et signé les autres articles. Nous attendrons le commandement de Sa Majesté là-dessus, et vous supplie très-humblement que soit au plus tôt. S'ils nous donnent encore cet article, nous ferons partir à l'instant nos navires qui sont encore ici, pour aller quérir les députés des Etats,

et attendant leur venue, conférerons des articles concernant les confiscations, entre lesquels il y en a un exprès pour M. le prince d'Orange et M. le prince d'Espinoy, où je vous rendrai service très-humble et très-fidèlement, commettant monsieur, votre, etc. P. JEANNIN.

D'Anvers, ce vingt-quatrième février 1609.

LETTRE *du Roi à MM. Jeannin et de Russy, du jour vingt-quatrième février 1609.*

Messieurs Jeannin et de Russy, vos lettres du douzième de ce mois, reçues le dix-huitième, m'ont appris votre arrivée en la ville d'Anvers, le bon accueil que vous y avez reçu, et les premiers propos que vous aviez tenus aux députés des archiducs sur le sujet de votre voyage. Le vingtième, le sieur de Sainte-Catherine est arrivé avec les lettres du premier et deuxième, qui font mention d'autres dont vous aviez chargé l'un des fils d'Aërsens qui n'est encore comparu; mais j'avois reçu auparavant celles du vingtième du mois passé, ainsi que vous a mandé le sieur de Villeroy par les siennes du quatorzième du présent qui y sont adressées au sieur de Berny. Les déclarations et assurances que vous avez tirées devant que partir des sieurs les Etats des Provinces-Unies, à bouche et par écrit, de leur dernier mot sur la trève résolue, m'ont contenté grandement, les voyant résolus de n'outre passer votre projet. C'est aussi le meilleur conseil, plus honorable et le plus sûr pour eux et leurs amis, qu'ils pouvoient prendre, les choses étant aux termes où elles sont : eux et vous en connoissez les raisons mieux que tous, comme ceux qui sont mieux informés, et ont toujours remarqué la conduite et procédure des ministres d'Espagne, depuis le commencement jusqu'à présent; de quoi il me semble qu'il faut se ressouvenir à cette heure qu'il est question de fondre la cloche et mettre la dernière main à l'ouvrage. J'ai découvert que leur dessein est de n'engager jamais du roi d'Espagne au traité qu'ils prétendent faire, nommément pour l'article de la souveraineté, et partant, qu'ils feront instance que les archiducs soient reçus à traiter seuls en leur nom, comme seigneurs souverains du pays, qui ont le principal intérêt en la renonciation de ladite souveraineté; de quoi ils disent que les Etats doivent se contenter, et d'autant plus qu'il ne s'agit que d'un traité à temps, de l'observation et exécution duquel ils offriront de donner toutes les assurances nécessaires, jusqu'à moyenner et promettre qu'il sera après fait un second accord à part, entre le roi d'Espaque et les Etats, pour régler et assurer le commerce d'Espagne avec la navigation aux Indes, et de tout ce qui touchera ledit roi, non qu'ils entendent donner par ledit accord auxdits Etats la qualité de gens libres, ni même le faire en suite de celui desdits archiducs, ou sur le pied et fondement d'icelui.

J'ai appris aussi que les archiducs doivent, pour expliquer la distraction dudit roi d'Espagne de son traité, offrir et accorder tout ce qu'on désirera d'eux jusqu'à se laisser entendre de prendre les armes avec les deux rois qui doivent être cautions dudit traité, contre quiconque le violera après qu'il sera arrêté. Ces nouvelles ouvertures sont faites exprès pour sauver la réputation dudit roi d'Espagne, ou, pour mieux dire, contenter sa vanité et présomption, ou pour, avec le temps, avoir plus de prétextes de recommencer la guerre sitôt qu'il aura mis ses affaires en meilleur état qu'elles ne sont, et, en ce faisant, circonvenir et mieux abuser lesdites provinces et leurs alliés. Le confesseur des archiducs arriva en cette ville dimanche vingt-deuxième de ce mois au soir, et en est parti aujourd'hui pour poursuivre son voyage. Je l'ai vu, mais je n'ai rien appris de lui, sinon qu'il porte aux archiducs la dernière volonté dudit roi d'Espagne sur ces traités, lesquels il m'a prié au nom dudit roi, et en faveur desdits archiducs, de continuer à favoriser, afin que ces insulaires (ainsi baptise-t-il les Etats) se contentent de raison. Je lui ai renouvelé les assurances de ma bonne volonté pour ce regard, lui disant néanmoins que les affaires ont passé si avant, qu'il ne reste plus qu'à approuver ce qui a été projeté et comme accordé entre les parties. Et combien qu'il ait bien entendu ce que j'ai voulu dire par là, si ne s'en est-il découvert davantage; de façon que je juge qu'ils ont un autre dessein, duquel aussi l'ambassadeur desdits archiducs s'étoit expliqué parlant au sieur de Villeroy deux jours devant l'arrivée dudit confesseur, et ne doute point que vous n'en soyez assez aperçus par-delà devant que vous receviez la présente. Or, afin que vous ne soyez en doute de ce que vous aurez à faire pour mon service sur ces variations et changements, quoique je vous aie mandé par mes précédentes assez clairement ma volonté, je vous ai voulu faire encore cette recharge, que je vous envoie par ce porteur exprès, afin que vous la receviez au même temps que ledit confesseur arrivera par-delà; et sachez que j'entends que vous continuiez à donner conseil auxdits sieurs les Etats de ne se départir aucunement des termes de notre susdit projet, et surtout de l'article qui concerne leur liberté, afin qu'il soit passé par les archiducs,

tant au nom dudit roi d'Espagne qu'au leur, sans en rabattre aucune chose, estimant comme vous que les archiducs peuvent valablement obliger le nom et la foi dudit roi en cela comme au reste dudit traité, en vertu des lettres de pouvoir dont vous m'avez envoyé un double que je n'avois encore vu, avec promesse de fournir et représenter la ratification dedans certain temps, que l'on peut préfire à deux mois. Dont si les archiducs veulent traiter en cette forme, favorisez-en la conclusion en mon nom, tant que vous jugerez le pouvoir faire dignement; car, puisque j'ai engagé ma parole en ce projet, je désire en avancer l'effet pour toutes bonnes considérations, ainsi que je vous ai écrit par mes précédentes, et l'ai dit et écrit à tous et partout. Mais si au lieu de suivre ce chemin, l'on propose et recherche une trêve simple de vingt ans sans parler de ladite souveraineté, ou si les archiducs refusent d'y engager le nom dudit roi d'Espagne, ou font quelques nouvelles ouvertures pour libérer ledit roi de ladite déclaration et obligation, j'entends que vous vous y opposiez, comme à propositions inventées, plus pour abuser lesdites provinces et se moquer de ceux qui les ont assistés et conseillés en cette occasion, que pour bien faire.

Quand je vous fais ce commandement, je présuppose qu'il vous sera facile de porter les Etats à ce conseil, en les assurant, quoi qu'il en succède, qu'ils seront supportés et assistés de moi puissamment, et comme il convient pour obvier à tous inconvéniens, ainsi que je vous ai commandé et vous commande derechef de leur déclarer, en la forme néanmoins que vous jugerez convenir à ma dignité et à mon service; car, comme je ne veux être auteur d'une rupture, je serai très-aise aussi de donner sujet d'être réputé tel; partant, vous aurez égard de ménager en cela mon intention avec prudence. Ceux-là n'éviteront à bon droit ce reproche, lesquels se dédiront infidèlement, au vu et su de toute la chrétienté, de la parole par eux donnée au commencement de ces traités, sur laquelle seule ils y ont embarqué les Etats, et avec eux leurs amis et alliés. Je dis donc que je présuppose que les Etats seront fermes et constans en votre projet, et si l'on entreprend de les en faire départir, qu'il vous sera facile de les en dissuader sur ce fondement et assurance de mon assistance, comme j'ai appris par les avis que vous m'avez donnés par vos dernières : car, s'il en alloit autrement, comme il faut tout craindre d'un peuple, vous savez que ce seroit imprudence d'engager mon nom en ces offres et déclaration si expresse, et nous le ferions à notre honte et dommage. Je me défie toujours aussi de la foi des Anglois; car je sais, d'un côté, qu'ils craignent que j'acquière avec les Etats plus de crédit et autorité qu'eux, et de l'autre qu'ils ne seroient marris de me voir en train d'entrer en guerre avec le roi d'Epagne. Vous prendrez garde à leur conduite, et continuerez à vous méfier, et toutefois à vous prévaloir et servir de leur société, comme vous avez sagement fait jusqu'à présent, autant qu'il vous sera possible de le faire. Si donc l'on vous fait des propositions nouvelles, et que l'on fasse les difficultés susdites sur le susdit projet, suivez notre délibération, et retournez vers les Etats, sans marchander ni temporiser davantage, leur remontrant que le pouvoir que les Etats vous ont donné est limité, que vous ne pouvez vous dispenser de l'outrepasser. Mais sortez-en le plus doucement et honnêtement que vous pourrez, sans leur donner espérance ni parole de faire prolonger la cessation d'armes; car ce sera la dernière ancre de leur finesse à laquelle ils auront recours, s'ils voient ne pouvoir obtenir mieux de vous, afin de gagner cette année, parce que les Espagnols véritablement n'ont argent ni forces préparées pour la guerre sitôt. Quoi étant, c'est sans doute qu'il faudra qu'ils avalent ladite trève suivant votre projet, ou bien qu'ils découvrent leur mauvaise foi par leur imprudence et foiblesse. Vous userez avec discrétion du commandement que je vous fais par la présente, à cause de l'importance d'icelui, afin qu'il soit plutôt reconnu par votre conduite et les événemens que par la communication d'icelui, sinon à l'endroit de ceux que vous en jugerez dignes. Je prie Dieu, messieurs Jeannin et de Russy, qu'il vous ait en sa sainte garde.

Ecrit à Paris, le vingt-quatrième jour de février 1609.

         HENRI.
Et plus bas, BRULART.

LETTRE *de M. de Villeroy à M. Jeannin, dudit jour vingt-quatrième février* 1609.

Monsieur, ce matin l'homme du sieur Aërsens est arrivé avec le paquet duquel vous l'aviez chargé, le mauvais temps qu'il a rencontré passant la mer l'ayant ainsi retardé. Nous n'avons encore lu vos lettres, et n'y répondrons par ce porteur afin de ne le retarder; car nous désirons que vous receviez la dépêche qu'il vous porte devant que vous vous engagiez plus avant en votre conférence avec les députés des archiducs, après l'arrivée par-delà du confesseur. Je vous dirai seulement que nous avons vu et bien considéré l'acte de la résolution que les Etats ont prise sur le sujet de la trève, daté du onzième du mois de janvier, dont vous nous avez envoyé un double par l'homme dudit sieur Aërsens, et nous disons, s'il est suivi, que tout ira bien, car c'est le chemin qu'il faut tenir pour bientôt sortir d'affaires et n'être abusés. Nous avon[s] aussi reçu ce matin votre lettre du seizième de c[e] mois par un laquais de madame de La Trémouill[e], et attendons donc de vos nouvelles par Picau[t], étant nécessaire de terminer ces négociations e[n] une sorte ou autre, afin de prendre parti. Ce[st] l'intention du Roi et le conseil qu'il a pris, c[e] voulant que l'on se joue de sa réputation ni de s[a] parole, comme d'une girouette à tous vents. A[u] reste, vous saurez que nous avons eu avis ce ma[-]tin du trépas de M. le grand duc avenu le septièm[e] de ce mois; un catarrhe l'a étranglé, accompagn[é] d'une fièvre lente. L'on dit que sa femme penche[it] plus du côté d'Espagne que de France. Toutefoi[s] j'estime qu'ils suivront les préceptes du défunt, qu[i] s'entretenoit avec les uns et les autres, mais en di[-]verses manières. Je prie Dieu, monsieur, qu'il vou[s] conserve en bonne santé.

Votre, etc.   DE NEUTVILL[E].

De Paris, ce vingt-quatrième de février au soi[r] 1609.

Autre LETTRE *dudit sieur de Villeroy audit sieu[r] Jeannin, dudit jour vingt-quatrième févri[er]* 1609.

Monsieur, nous ne répondrons autrement à vo[s] lettres précédentes; il nous suffit d'en accuser l[a] réception, car nous ne l'estimons nécessaire. Vou[s] saurez seulement que nous avons approuvé tout c[e] que vous avez fait jusques à votre arrivée à A[r-] vers, et même vos premiers propos aux députés des archiducs, dont vous nous avez donné avis pa[r] votre lettre du douzième de ce mois, ainsi que l[e] Roi vous écrit; mais nous avons estimé vous de[-] voir éclaircir de la dernière intention du Roi sur les incertitudes auxquelles nous sommes entrete[-] nus du côté d'Espagne, afin que vous puissie[z] mieux vous conduire et cheminer plus sûremen[t] au passage où vous êtes, qui a certes une grand[e] suite. Sa Majesté prit hier la résolution qu'ell[e] vous écrit, elle n'est nouvelle. Nous vous avon[s] déjà donné avis fort clairement sur la propositio[n] de la trève simple; mais il faut que je vous dis[e] que j'ai reconnu Sadite Majesté parler plus résolu[-] ment cette fois que les précédentes, soit qu'elle ai[t] plus mauvaise opinion que devant de la foi et ami[-] tié d'Espagne, pour être ce don Pedro parti san[s] rien faire, ou que leur foiblesse lui soit plus no[-] toire, non moins que leur ambition, laquelle ils découvrent journellement en Italie plus grande qu[e] jamais : il y a même apparence d'un nouveau trouble entre Sa Sainteté et les Vénitiens, et le roi d'Espagne. Bien que le Roi appréhende que les Espagnols attendent qu'elle vieillisse pour, ayant restauré leurs affaires et fait provision d'argent, lui tailler de la besogne plus commodément, lorsqu'ils ne le peuvent faire de présent ; elle a bien opinion aussi, si lesdits Espagnols connoissent qu'ils nous puissent faire départir, les Etats et nous, du projet de la trève que vous avez proposé, qu'ils en franchiront à la fin le pas à notre gloire et avantage, et, s'ils ne le font de présent, que bientôt ils nous rechercheront, et prieront de renouer les affaires : et quand tout cela ne succéderoit point, elle dit qu'elle aimeroit mieux soutenir deux ou trois ans de guerre, cependant qu'elle est encore gaillarde et munie de ce qu'il lui fait besoin, que d'attendre que le roi d'Espagne ait recouvré les avantages sur elle et la France qu'elle pense avoir à présent sur lui et ses Etats. Voilà ce que je lui ai ouï dire lorsqu'elle a pris la résolution qu'elle vous écrit. Même il a déjà été parlé de faire une retenue de six mille Suisses, et préparer d'autres forces.

Toutefois, il a été jugé que cela peut être différé à quand votre traité sera tout rompu, et que vous nous en aurez donné avis. Nous ne devons espérer d'être suivis ni secondés en ce dessein des Anglois, et toutefois, nous pensons qu'ils seront contens de nous regarder faire. Enfin, ce sont discours et résolutions du maître, que je vous représente avec ma naïveté et fidélité accoutumée, afin de vous en servir de lumière en votre conduite. Quant aux trois cent mille livres dont je vous ai donné avis, ils sont tout prêts ; mais s'il faut danser le branle que l'on projette, il faudra bien ouvrir notre grande bourse. Peut-être que Dieu nous fera la grâce de nous en garantir. Je le désire certes, pourvu que ce soit au contentement du Roi et de la France. Envoyez-nous M. de Preaux quand il s'offrira sujet qui le mérite. Nous sommes poursuivis par l'ambassadeur des archiducs de décider certains différends que nous avons sur notre frontière de Bourgogne, à cause des terres de surséance dont vous avez ouï parler, et, pour ce faire, commettre quelques-uns de part et d'autre : mandez-nous à qui en Bourgogne il vous semble, soit du parlement de Dijon ou autre, que nous pourrions donner cette commission, car nous déférerons à votre avis ; et nous écrivez de vos nouvelles à plus souvent que vous pourrez. Ce que j'ai à ajouter à la présente est que je crains certes que les Etats refusent le conseil de notre Roi en cas de guerre, ou que l'on soit contraint de les y traîner à force d'argent s'il faut y rentrer, à quoi il faut que vous nous fassiez voir clair. A tant je prie Dieu, monsieur, qu'il vous conserve en bonne santé.
Votre, etc. De Neufville.
De Paris, le vingt-quatrième jour de février 1609.

Autre LETTRE dudit sieur de *Villeroy* audit sieur *Jeannin, du vingt-cinquième février* 1609.

Monsieur, puisque M. de Sainte-Catherine n'est encore parti, non par sa faute, mais pour n'avoir pu plus tôt recevoir son argent pour les frais du voyage, je vous dirai que j'ai lu au Roi ce matin votre lettre du 28 du mois passé, apportée par l'homme du sieur Aërsens, faisant mention du voyage des Indes par le nord, dont le marchand nommé par icelle vous a fait la proposition, à laquelle Sa Majesté a pris tel plaisir, que je la vois disposée de l'entreprendre même en son nom, si telle est votre opinion, et à cet effet vous faire tenir dedans cette semaine les quatre mille écus qu'il faut y employer ; de quoi vous pourrez cependant avertir par avance ledit marchand, afin que de son côté il prépare ce qui sera nécessaire pour faire ce voyage dès cette année, s'il connoît y pouvoir satisfaire dedans le temps qu'il convient. Au reste, nous avons su par M. de Berny, depuis son retour à Bruxelles, que le sieur Richardot, accompagné de ses collègues, vous a déclaré avoir charge de traiter au nom du roi d'Espagne et des archiducs, et en cette qualité avoir déjà accordé l'article de la souveraineté, et sans barguigner : quoi étant, s'ils jouent de bon comme il y a apparence de croire qu'ils n'auroient passé si avant s'ils vouloient tromper, j'espère que vous parviendrez bientôt à votre prix fait. Toutefois, il faut que je vous dise que je crains que l'issue ne réponde au commencement, et que l'on ne vise à gagner le temps, et rendre cette année inutile pour faire la guerre ; à quoi nous espérons que vous nous ferez voir plus clair par vos premières. A tant je prie Dieu, monsieur, qu'il vous conserve en bonne santé.
Votre, etc. De Neufville.
De Paris, ce vingt-cinquième février 1609.

LETTRE *du Roi audit sieur Jeannin, du vingt-huitième février* 1609.

Monsieur Jeannin, j'ai bien considéré la lettre que vous m'avez écrite le 28 du mois passé, sur les propositions du marchand d'Amsterdam nommé en icelle, comme j'ai fait le mémoire qu'il vous a envoyé que vous m'avez fait tenir ; et combien que j'estime son dessein très-incertain et douteux, toutefois il est si honorable, et seroit aussi si utile s'il réussissoit, que je suis content de le faire tenter, et même y engager mon nom, si vous et lui jugez que je le doive faire : pour quoi faire, j'ai ordonné vous être envoyé par ce courrier, ou par le premier qui vous sera dépêché, une lettre de quatre mille écus, assuré que le tout sera par vous et lui ménagé et employé comme il doit être. Vous direz audit marchand que je veux reconnoître son affection et son service, comme l'un et l'autre méritent, et partant le retirer et mettre en besogne en mon royaume, ainsi que vous avez eu charge ci-devant de lui faire entendre de ma part : au moyen de quoi vous aviserez et résoudrez avec lui, la trève étant faite, ce qu'il sera nécessaire de faire pour avancer et faciliter l'exécution de mes intentions, et m'en informerez à part par vos dépêches. Priant Dieu, monsieur Jeannin, qu'il vous ait en sa sainte garde.

Ecrite à Paris, le 28 février 1609.   HENRI.
  Et plus bas,   BRULART.

Autre LETTRE *du Roi à MM. Jeannin et de Russy, dudit jour vingt-huitième février* 1609.

Messieurs Jeannin et de Russy, puisque les députés des archiducs ont passé l'article de la liberté suivant votre écrit, j'espère que vous aurez bonne issue de la trève et de votre poursuite; car j'estime que les mêmes raisons qui ont fait résoudre le roi d'Espagne à l'accorder, et de passer par dessus les déclarations, et comme protestations que ses ministres ont faites en tous lieux au contraire, seront cause que lui et son conseil s'accommoderont pour les autres points. En premier lieu, ils n'ont point de raison, ce me semble, de refuser aux Etats les titres de hauts et puissans seigneurs, puisqu'ils déclarent par le même traité qu'ils les reconnoissent pour gens libres sur lesquels ils ne prétendent rien. Ce scrupule aussi ne sert qu'à donner ombrage à ces peuples, et les rendre plus difficiles aux choses essentielles; mais les uns ni les autres ne doivent, comme vous dites, rompre pour cela, et refuser le repos qui leur est nécessaire. Le point de la navigation des Indes est bien plus important. Les Espagnols ne désirent que le mot des Indes soit exprimé; combien que leurs raisons pour cela me semblent assez foibles, toutefois, je suis d'avis qu'ils en soient contentés, considérant, s'ils sont pressés d'en user, qu'ils voudront aussi expliquer et spécifier lesdites Indes pour faire différence de celles d'occident avec celles d'orient. C'est pourquoi, si les archiducs consentent l'article suivant le projet que vous m'avez envoyé, j'estime que lesdits Etats doivent l'accepter; mais il n'en faut retrancher ces mots (*même hors lesdites limites*) que vous tracez en votre mémoire, car ils sont nécessaires pour éclaircir et assurer davantage la liberté de ladite navigation. Il me semble aussi que c'est à bon droit que vous insistez que ledit article soit compris se traité général, quand ce ne seroit que pour donner quelque sûreté aux princes et peuples avec lesquels lesdits Etats pourront ci-après trafiquer, encore que je sois de votre opinion, à savoir, que les marchands se lasseront bientôt de ce commerce d'autant qu'ils y perdront plus qu'ils n'y gagneront, même s'ils y vont foibles et sont privés des prises qu'ils y faisoient en guerre. Toutefois, puisque lesdits Etats ont trouvé bon de se soumettre audit trafic de gré à gré durant ladite trève, je suis d'avis qu'ils se contentent de votre mémoire. Quant aux contributions, ils n'ont raison de s'y opiniâtrer, car ce seroit une oppression insupportable au peuple si elles étoient levées durant ladite trève; et pour le regard de l'intérêt qu'y a le prince Maurice, tenez la main qu'il y soit pourvu par les meilleurs moyens que vous aviserez.

Obtenez aussi, s'il est possible, que ladite trève soit faite pour douze ans. Toutefois, je le désire plus pour contenter lesdits Etats que pour cet avantage; car ce ne sera le temps dont l'on se viendra qui la rendra plus profitable aux uns et aux autres, mais l'observation qui s'en fera, et la sage conduite des parties. En tout cas, vous aurez bien fait d'avoir obtenu desdits députés qu'ils vous bailleront lesdits articles signés devant que de faire venir à Anvers ceux desdits Etats, afin de besogner plus sûrement. Or, si lesdits archiducs passent lesdits articles, et particulièrement celui de la navigation des Indes, en la forme portée par votre susdit mémoire, j'entends que vous ne nuiez à exhorter et conseiller lesdits Etats de ne part de s'en contenter, et parachever ledit traité sans dilation ou remise, car la longueur ne fait rien pour eux ni pour leurs amis; et combien que les députés d'Angleterre recherchent toujours à se complaire auxdits archiducs, ainsi que vous avez remarqué aux propos qu'ils ont tenus sur l'article susdit des Indes, néanmoins je ne veux pas que vous en usiez ainsi, car je n'ai autre but que de procurer à mes amis et alliés ce qui leur est licite, et régler ma conduite au pied de l'équité. Ledit traité étant fait, il sera besoin que nous ayons soin de faire que lesdits Etats pourvoient comme il convient au gouvernement de leur république, afin de pouvoir profiter de ce repos et mieux se surer et affermir leur Etat. Il faudra aussi que nous sachions comment nous aurons à vivre et réciproquement après ensemble pour le commun et récipe bien de nos pays et sujets; mais il n'en faut parler qu'après que le traité sera parachevé.

J'ai bien opinion que lesdits archiducs demeureront le plus long-temps qu'ils pourront pas rapporter la ratification du roi d'Espagne : au contraire de cela, il faut, ce me semble, que vous le fassiez abréger tant que vous pourrez, afin, si le dit roi y manquoit, que lesdits Etats aient dedans cette année du temps encore pour faire la guerre, puisque lesdits Espagnols y sont mal préparés de leur côté; tellement que j'estime qu'il suffira de leur donner deux ou trois mois au plus pour cet effet, ainsi que je vous ai écrit par ma dernière dépêche, portée par Sainte-Catherine, le sujet de laquelle je me promets que vous aurez ménagé avec votre discrétion et prudence ordinaire, puisqu'elle vous aura trouvés par-delà aux bons termes portés par votre dernière. A tant je prie Dieu, messieurs Jeanniu et de Russy, qu'il vous ait en sa sainte garde.

A Paris, le vingt-huitième jour de février 1609.

Henri.

Et plus bas, Brulart.

LETTRE *de M. de Villeroy audit sieur Jeannin, dudit jour vingt-huitième février 1609.*

Monsieur, votre dépêche apportée par ce courrier nous a fort réjouis, car nous n'avions pas opinion que les archiducs dussent passer l'article de la liberté au nom du roi d'Espagne si librement qu'ils ont fait, après tant de protestations faites partout par ses ministres, que leur maître n'y engageroit jamais son nom; mais la nécessité de leurs affaires a vaincu leur audace; de quoi ils se vengeront quand ils pourront : nous n'en devons douter, mais j'espère que nous leur en ôterons le moyen, en paix comme en guerre. Je ne sais si les archiducs exhiberont un autre pouvoir dudit roi pour traiter, que celui duquel vous nous avez naguères envoyé le double; s'ils n'en ont d'autre, c'est à vous à juger s'il est valable. Nous tenons pour certain que cette navigation amiable aux Indes pour les Etats s'en ira en fumée par ladite trêve, pour le petit gain qu'ils y auront, et les risques qu'ils courront y allant désarmés, comme ils feront par nécessité et pour observer le traité. Davantage, les Espagnols et Portugais traiteront si mal les princes et peuples desdits pays qui affectionneront et recueilleront les Etats, qu'ils seront contraints de renoncer à leur amitié; de façon que le commerce demeurera libre aux Espagnols, avec quoi sans doute ils relèveront leurs affaires. Aucuns ont dit que notre Roi ne doit désirer que les Etats deviennent plus riches et plus puissans qu'ils sont, pour les raisons que vous pouvez mieux juger; mais j'estime que nous devons encore plus craindre la restauration entière des affaires d'Espagne : le temps en fera le jugement. Ces jours-ci est tombé en mes mains un paquet venant des Indes orientales adressé au roi d'Espagne, écrit en portugois, et bien cacheté; nous l'avons ouvert, et avons trouvé en icelui les lettres dont je vous envoie la traduction en françois faite par le sieur Aërsens, qui m'a assuré n'en avoir tiré copie; mais le Roi m'a commandé vous envoyer le tout, afin que vous le voyiez à part, et le fassiez voir secrètement aussi à ceux que vous jugerez en être dignes. Ils sauront par là l'état présent des affaires desdits pays, de quoi ils pourront peut-être profiter : nous faisons état de recouvrer de tels paquets par la même voie, pourvu que celui-ci ne soit éventé. Je vous en recommande donc le secret autant que vous jugez qu'il importe au service du Roi; je n'ai retenu copies desdites lettres. Au reste Sa Majesté a délibéré, ainsi que je vous ai écrit de ma main par Sainte-Catherine, de vous envoyer quatre mille écus pour tenter le voyage du nord proposé par Isaac Le Maire. Peut-être que ce courrier vous en portera la lettre de change, car M. de Sully me l'a promise; sinon assurez-vous que vous l'aurez au premier jour. Cependant vous pouvez hardiment et sûrement bâtir sur ce fondement le susdit dessein.

Nous avons opinion que les Anglois n'affectionnent que les Etats jouissent du commerce des Indes, parce qu'ils désirent l'attirer tout à eux; mais c'est chose que le Roi veut empêcher, car il entend s'en approprier s'il peut; il m'a commandé de vous l'écrire ainsi. Toutefois, je ne sais s'il fera ce qu'il convient pour véritablement s'en bien prévaloir; mais il faut penser et pourvoir d'heure aux moyens propres pour conserver et affermir la république des Etats après ce traité pour obvier à une division entre eux, et une desdite par parcelle auxdits archiducs; car il est certain qu'ils s'attendent à l'un et à l'autre effet; et certes, je me défie de la conduite et constance des Etats tant en général qu'en particulier, à quoi votre prudence et présence pourront obvier. Aussi en faisons-nous bien état; mais nous nous défions grandement de la société des Anglois en ce point, et estimons qu'ils feront ce qu'ils pourront en faveur des archiducs après le susdit accord. Je prie Dieu, monsieur, qu'il vous conserve en parfaite santé.

Votre, etc.
De Neufville.

De Paris, ce vingt-huitième février 1609.

LETTRE *de MM. les ambassadeurs de France et d'Angleterre à MM. les Etats-généraux des Provinces-Unies, du pénultième février* 1609.

Messieurs, après beaucoup de disputes, et avoir déclaré aux députés des archiducs que nous partirions demain, qui est le dernier jour de la trêve, si on ne nous donnoit réponse à vos articles, selon que nous jugeons être requis pour votre contentement, nous l'avons enfin obtenue par écrit cejourd'hui seulement lorsque nous l'espérions moins, et que nous ne pensions plus qu'à notre retour, sans prolonger de nouveau la trève, ni vous mander de venir à Berg-op-Zoom. Les choses étant donc changées en mieux, nous vous supplions de toute notre affection vous acheminer incontinent audit lieu de Berg-op-Zoom, où nous vous irons trouver aussitôt pour vous rendre compte de ce qui s'est passé ici, dont nous sommes certains que vous recevrez contentement, et qu'il ne tiendra plus qu'à vous que la longue trève ne soit faite; et pource que la dernière prolongation expire demain, nous avons consenti qu'elle soit prolongée de nouveau pour vingt jours, nous promettant que vous l'aurez agréable, attendu que vous ne pouvez venir conférer et traiter en moins de temps. Nous vous envoyons l'acte de ladite prolongation signé des députés qui en enverront quérir dès demain la confirmation des archiducs; envoyez-nous en autant, s'il vous plaît, de votre part, afin que nous le leur puissions donner. M. de Lire est porteur de cette lettre par notre avis; il s'est si bien conduit en ce voyage que nous avons occasion de nous louer de lui. Sur ce, nous prions Dieu, messieurs, qu'il vous maintienne en toute heur et prospérité.

Vos, etc. P. JEANNIN, DE RUSSY, RI. SPENCER, RODOLPHE WINOOD.

D'Anvers, ce pénultième février au soir 1609.

LETTRE *de M. Jeannin à madame la princesse douairière d'Orange*[1], *dudit jour pénultième février* 1609.

Madame, lorsque nous pensions tout être rompu, et que nous nous préparions pour partir demain, afin de nous en retourner à La Haye sans prolonger la trève, ni mander à messieurs les Etats de venir à Berg-op-Zoom, nous avons enfin eu, après beaucoup de difficultés et disputes, une réponse par écrit des députés des archiducs, qui est si bonne qu'à notre avis, lesdits sieurs les Etats en recevront contentement. C'est pourquoi nous les prions de se vouloir acheminer incontinent à Berg-op-Zoom, afin qu'on puisse voir la fin de cette affaire, qui sera meilleure conclue tôt que différée pour quelque cause que ce soit : à quoi on eût volontiers tendu du côté d'Espagne, si nous ne leur eussions fait connoître la nécessité à laquelle ils sont réduits, qui est d'achever le traité, ou de s'assurer de la rupture. Nous conférerons dès demain de ce qui touche à la maison de M. le prince Maurice, et n'omettrons chose qui dépende de nous pour faire qu'ils en puissent tous recevoir du contentement, comme aussi c'est notre intention, étant arrivés à Berg-op-Zoom, de procurer envers messieurs les Etats qu'il soit pourvu par eux à l'intérêt de mondit sieur le prince, avant même qu'ils prennent aucune résolution sur les affaires générales : à quoi j'espère apporter tant de soin et d'affection, et en tout ce que je pourrai jamais pour son service et contentement, qu'il aura occasion de me tenir pour son très-humble serviteur. Je sais bien qu'il eût mieux aimé la continuation de la guerre que cette trève; mais l'inclination des peuples étant si avant au repos, et les deux rois si peu affectionnés à favoriser la reprise des armes, s'ils n'y sont contraints par nécessité, et à faute de pouvoir obtenir des conditions raisonnables pour la trève, ce conseil est le plus assuré pour sa maison, et le plus honorable pour lui, puisque le bonheur de ses armes et de sa conduite a été cause de faire obtenir aux Etats des conditions si avantageuses. J'espère que nous aurons l'honneur de le voir à Berg-op-Zoom, et que vous, madame, vous serez aussi de la partie; vous me trouverez toujours autant disposé à vous rendre très-humblement service que je suis désireux de demeurer perpétuellement, madame, votre, etc. P. JEANNIN.

D'Anvers, ce pénultième février 1609.

---

[1] La princesse douairière d'Orange étoit la quatrième femme du prince Guillaume, et fille de l'amiral Coligny.

Lettre *dudit sieur Jeannin à M. de Barneveld, dudit jour pénultième de février* 1609.

Monsieur, je n'ai pas cru que les députés des archiducs nous dussent accorder l'article pour le commerce des Indes en la forme que nous l'avons obtenu, jusqu'à cejourd'hui, qu'ils l'ont fait après beaucoup de difficultés et disputes, et avoir reconnu que nous voulions partir demain sans prolonger la trève, et sans prier messieurs les Etats de se rendre à Berg-op-Zoom. Encore sais-je bien que quelques scrupuleux y pourront trouver à redire, ainsi qu'il est couché, si est-il très-bien, et vous peux assurer qu'ils l'ont consenti avec très-grand regret, et se plaignant bien fort de ce que nous ne l'avons voulu adoucir et en ôter quelques mots pour donner contentement au conseil d'Espagne. Je ne vois donc plus autre difficulté que celle des contributions en quoi je n'espère pas que nous les puissions vaincre, si ce n'est qu'on en demeure d'accord en conférant sur les limites et confiscations, à quoi nous commencerons dès demain. Pensez donc, s'il vous plaît, à cet article et aux moyens requis pour faire que M. le prince Maurice soit mis hors d'intérêt. Quant au temps de la trève, ils opiniâtrent toujours pour le réduire à dix ans, et nous avons persisté aux douze; mais cela ne doit être cause de rompre d'un côté ni d'autre. Les archiducs, à ce que j'ai su de M. le président Richardot, désirent de finir cette affaire, pource qu'ils sont bien avertis que don Pedro est sorti de France très-mal satisfait, et craignent qu'il ne dégoûte le roi d'Espagne de ce traité, duquel ledit don Pedro s'est toujours montré ennemi. Je vous supplie qu'il n'y ait point de longueur pour venir à Berg-op-Zoom, où nous nous rendrons en même temps que vous. Il n'est pas besoin que personne sache qu'il y ait aucune difficulté de reste. C'est à vous seul aussi que je l'écris pour être assuré de votre discrétion et prudence. Nous avons prolongé la trève pour vingt jours, nous faisant fort de messieurs les Etats. Envoyez-nous inprès, l'acte de leur part; M. de Lire vous pourra dire le surplus. Je vous baise bien humblement les mains, et suis, monsieur, etc.

P. JEANNIN.

D'Anvers, ce pénultième février 1609.

Lettre *de MM. Jeannin et de Russy au Roi, dudit jour pénultième février* 1609.

SIRE,

Hier seulement sur le soir, M. le président Richardot retourna de Bruxelles, et nous manda par un des siens qu'il nous feroit aujourd'hui la réponse des archiducs: ce qu'il a fait ce matin sur les dix heures en notre logis, y étant avec lui M. le marquis Spinola et les autres députés, nous ayant premièrement priés d'ôter de notre écrit les mots qui sont enfermés dans les lignes d'icelui écrit, dont nous envoyons encore copie à Votre Majesté afin qu'elle le considère mieux: à quoi, après en avoir un peu conféré ensemble, les députés d'Angleterre et nous, nous lui aurions répondu qu'il étoit nécessaire de désigner par notre écrit ce qui est en l'Europe, pource qu'autrement on pourroit interpréter ces maux, *hors les limites*, qui sont en la clause suivante, à d'autres pays de l'Europe, même pour exclure les Etats des Indes, et que nous étions bien certains qu'en y mettant tout ce qui est en notre écrit, les Etats ne laisseront d'y faire très-grandes difficultés, et insisteront toujours que les Indes y soient nommément exprimées, disant que le refus d'en faire mention est un artifice et dessein pour leur ôter en effet ce qu'ils feignent d'accorder; car ce n'est pas de cet article comme de celui de la liberté, lequel consiste en l'opinion des hommes, et par ainsi chacun le peut interpréter selon son sens; mais faire voyage aux Indes est chose qui dépend de l'action, et faut le souffrir, ou, si on l'empêche, s'assurer que l'empêchement sera pris pour infraction de trève; si donc ils n'ont la volonté ou le pouvoir de l'accorder, ils feront mieux de s'en ouvrir sincèrement. A quoi il répliqua qu'ils entendent par les mots contenus en cet écrit accorder ledit commerce aux Indes, encore qu'on en ôte ce qu'il requiert, nous ayant répété derechef les raisons qui les empêchent de l'exprimer, qui sont celles-mêmes contenues en nos précédentes lettres. Et enfin voyant que nous ne voulions rien ôter de cet écrit, et que nous disions nous défier de le faire accepter par les Etats, ils y ont consenti à regret, et en jetant des paroles de colère, comme si on leur eût mis le pied sur la gorge pour favoriser la passion des Etats. Rien n'a toutefois été omis de notre part pour leur faire connoître que c'est à bonne intention que nous insistons, et que nous aurons encore à surmonter de plus grandes difficultés du côté des Etats pour le leur faire approuver, et, si nos raisons ne sont fortifiées de l'autorité de Votre Majesté, et des menaces de les abandonner au cas qu'ils ne suivent son avis, que nous n'en devons rien espérer.

Il est certain que leur intention étoit de tirer l'affaire en longueur, nous pressant de leur accorder une trêve de quinze jours, et de faire venir cependant les députés des Etats; mais après avoir reconnu que c'étoit en vain, et que nous étions résolus de ne faire aucune prolongation, ni de mander les Etats, mais partir demain s'ils ne nous donnoient par écrit les articles de la trêve, fors celui de la contribution, ils ont été comme contraints d'y satisfaire, et dire leur dernier mot. Nous avons fait partir ce même jour les navires pour faire venir les Etats à Berg-op-Zoom, auxquels nous écrivons toutes choses être en l'état qu'ils sauroient désirer, sans leur représenter ce peu de difficultés qui reste, crainte que cela ne fût cause de les brouiller entre eux, et de remettre leur voyage en longueur; au lieu que nous espérons, le leur disant nous-mêmes à Berg-op-Zoom, où nous nous rendrons au même temps qu'eux, que nous aurons plus de moyen de les persuader que nous n'eussions eu par nos lettres. La vérité est bien qu'ils se rendront très-difficiles sur cet article des Indes, à cause de la contradiction de ceux qui rejettent la trêve; c'est pourquoi, s'il eût été en notre pouvoir d'en obtenir une déclaration plus expresse, nous ne nous fussions jamais contentés de celle-ci; mais l'ayant tenté par deux autres écrits qui doivent servir de traité particulier, et en ayant été refusés avec aigreur, et sans espérance de pouvoir obtenir l'un ou l'autre, nous nous sommes accommodés à cet écrit, pour être inséré dans le traité général sans en faire un à part. Or nous estimons que, pour induire les Etats à s'en contenter, il sera peut-être nécessaire que nous fassions deux choses : l'une, que nous leur donnions un acte signé par les députés de l'Angleterre et nous, par lequel nous déclarions les députés des archiducs avoir expressément consenti et accordé que sous les mots contenus en cet écrit, le commerce des Indes est compris, et que le refus par eux fait d'en faire mention expresse n'a été que pour éviter la conséquence des autres rois et princes avec lesquels le roi d'Espagne a de l'alliance et amitié, qui eussent pu faire de pareilles demandes pour leurs sujets; l'autre, que Votre Majesté et le roi d'Angleterre leur promettent par le traité qui contiendra la garantie de la trêve, que, si aucun empêchement ne leur est donné en ce commerce durant la trêve, ils entendent les assister et secourir, comme en cas d'infraction.

Nous ne croyons pas que ce soit l'intention du roi d'Espagne d'y contrevenir, mais qu'il aimera mieux le souffrir et dissimuler que de le consentir expressément; ainsi que cette promesse ne sera d'aucun dommage à Votre Majesté, et servira beaucoup pour leur persuader de recevoir cet écrit, dont toutefois nous ne leur ferons aucune promesse sans commandement exprès. Les députés d'Angleterre et nous avons conféré sur ce sujet, et en doivent aussi écrire à leur maître. Ils ne se sont aucunement séparés de nos avis, et y procèdent de façon que nous avons occasion de nous en louer. Pourvu que Votre Majesté ait agréable ce que nous avons fait en cet article du commerce des Indes, toutes choses nous semblent être en bon état pour se promettre la conclusion de la trêve. Il est vrai que nous craignons encore les longueurs des Etats; car de leur désir de la trêve, du moins du plus grand nombre, nous n'en faisons point de doute; mais ils sont accoutumés, pour éviter qu'il n'y ait de la division entre eux, de faire toutes sortes de choses avec beaucoup de loisir : nous les presserons pour finir, mais nous la supplions très-humblement de nous commander au plus tôt ce qui est de son intention afin que nous la suivions entièrement. Sur ce, nous prierons Dieu, sire, qu'il donne à Votre Majesté et à sa royale famille toute heur et prospérité.

Vos etc.   P. JEANNIN et DE RUSSY.

D'Anvers ce pénultième jour de février 1608.

LETTRE *dudit sieur Jeannin à M. le duc de Sully, dudit jour pénultième de février 1609.*

Monsieur, nous étions hier en crainte de sortir de ce lieu sans avoir rien fait; car nous jugions nécessaire, pour tirer le dernier mot du roi d'Espagne, de ne plus prolonger la trêve, et de ne point mander les députés des États, si on ne nous donnoit les articles du traité signés et accordés. Or cela a été fait aujourd'hui seulement, de la façon que nous le mandons au Roi: en quoi il n'y a rien qui puisse être en dispute avec les États que l'article du commerce des Indes, qu'il nous a été impossible d'obtenir plus expressément qu'il n'est par l'écrit que nous envoyons à Sa Majesté, lequel a encore été consenti avec très-grande difficulté. Néanmoins, il me semble qu'il y en a assez pour dire que les Indes y sont comprises, et qu'en faisant ce qui est contenu en nos lettres à Sa Majesté, les États auront sujet de s'en contenter; car je sais que le plus grand nombre veut la trêve, nonobstant la contradiction de quelques particuliers qui essaient de l'empêcher. Sa Majesté a aussi tant témoigné par ses lettres qu'elle désiroit le parachèvement de ce traité, comme à la vérité elle ne pouvoit prendre un meilleur conseil en considérant bien toutes choses que j'ai pensé servir suivant son intention, et avancer beaucoup les affaires en obtenant le consentement et signature desdits articles, pour sortir enfin de cette longue besogne, et qu'il valoit mieux s'accommoder en quelque chose au désir des députés des archiducs sur cet article, que de se retirer sans rien faire, et avec danger que tout fût rompu; joint que nous n'avons jamais assuré que les États se contenteroient de cet article ainsi qu'il est couché, mais bien que nous ferons tout devoir pour le leur persuader: et par ce moyen, toutes choses demeurent entières sans que l'acceptation de cet article leur soit d'aucun préjudice.

Nous avons différé jusques à présent de traiter des confiscations et limites, pource qu'il a été jugé qu'on s'en devoit bien accorder s'il étoit possible, et néanmoins où il y auroit trop de difficulté qu'on ne devoit rompre à cette occasion. Nous commencerons d'en conférer demain; bien vous peux-je assurer, monsieur, qu'on ne fera rien du tout pour lesdites confiscations, qui est néanmoins chose en quoi les sujets des archiducs ont plus d'intérêt que ceux des États, qu'il ne soit pourvu au fait de M. le prince d'Espinoy. Je l'ai ainsi fait résoudre du côté des États, et mettre en même considération ce qui le touche que le fait de la maison du feu prince d'Orange. Je sais bien néanmoins que l'article desdites confiscations, en ce qui regarde ledit sieur prince d'Espinoy, sera le plus difficile à obtenir à cause de la comtesse de Ligne qui est puissante et a de grands amis près les archiducs, et d'ailleurs si obstinée à retenir tout ce qu'elle tient, qu'il sera très-difficile de vaincre son opiniâtreté, si le respect de l'utilité publique ne la force de consentir à un nouveau traité. A quoi il me semble qu'il faut plutôt tendre qu'à rompre du tout la transaction, crainte qu'après la trêve, ou durant la trêve même, s'il avenoit qu'elle fût rompue pour quelque cause que ce soit, elle ne voulût prétendre de rentrer en tout le bien qui est, ou peu s'en faut, sous l'obéissance des archiducs. Je vous en ai déjà écrit quelque chose par d'autres précédentes lettres pour recevoir vos commandemens là-dessus et les suivre, vous pouvant assurer, monsieur, que je n'omettrai rien pour vous y rendre très-humble service, comme à ce qui peut toucher M. de Béthune, en faveur duquel vous m'avez écrit des lettres du huitième, que j'ai reçues cejourd'hui même par la voie de Calais, ayant toujours eu désir de lui rendre service pour son mérite et l'honneur qu'il a de vous appartenir. En quoi je m'emploierai très-volontiers, et de même affection dont je veux demeurer perpétuellement, monsieur, votre, etc.

P. JEANNIN.

D'Anvers, ce pénultième février 1609.

LETTRE *du Roi à MM. Jeannin et de Russy, du quatrième mars 1609.*

Messieurs Jeannin et de Russy, vous aurez su, par ma dépêche du vingt-huitième du mois passé, que je vous ai envoyée par le courrier Picaut, mon avis sur l'article de la navigation aux Indes, duquel vous étiez encore lors en doute avec les députés des archiducs. Attendant le retour de Bruxelles du président Richardot, par la vôtre du pénultième du passé, que j'ai reçue le troisième au matin, vous m'avez rendu compte de son rapport et de votre remontrance et contestation sur icelui, qui a été accompagnée de tant de raisons que vous avez dû y demeurer constans et vous y arrêter, comme vous avez fait. Et si lesdits députés ont fait démonstration d'y acquiescer à regret plus que de bonne volonté, je m'assure qu'ils s'en loueront à l'avenir, car vous avez beaucoup fait pour le service de leurs maîtres de les avoir rangés à ce conseil; mais je crains bien qu'il soit rejeté par les Etats, comme difficultés nouvelles, contraires aux espérances que l'on leur a données, et plus propres à nourrir leurs premières défiances qu'à faciliter et avancer une bonne réconciliation. Toutefois vous n'omettrez rien envers eux pour les en rendre capables, et se contenter d'accepter ledit article en la forme que vous l'avez reformé; car, encore qu'il ne soit couché en termes exprès et clairs, tels qu'ils s'étoient promis et peuvent désirer, néanmoins il ne laissera d'être valable en cette forme. Ils auront aussi bien acquis le droit et la liberté de ladite navigation du consentement de ceux qui font profession d'en priver toutes les autres nations, laquelle leur sera très-utile s'ils en usent comme il convient. Je suis donc d'avis qu'ils se contentent dudit article ainsi que vous l'avez accommodé et trouvé bon. Si pour les induire vous jugez nécessaire que vous leur donniez les deux actes proposés par votredite lettre, que vous le fassiez, car je ne reconnois aucune difficulté au premier. Et pour le regard du second, puisque nous avons délibéré d'assurer et garantir l'observation de la trève par un traité qui doit être fait avec eux, et que le susdit article sera compris et couché en leur accord, nous pouvons bien les consoler et fortifier de l'expression et déclaration spéciale portée par votredite lettre; il faut seulement prendre garde que cette notre promesse et obligation ne soit si précise que je sois tenu, au moindre accident qui aviendra de ce côté-là, de faire la guerre pour eux. Je serai bien aise aussi, comme le roi de la Grande-Bretagne et moi avons été compagnons et associés en toute cette poursuite, que nous le soyons encore au traité de ladite garantie générale et particulière, à condition que nous ayons telle part et connoissance des prétendues contraventions et infractions, que le jugement n'en puisse être donné sans notre avis, afin de n'être sujets et obligés de suivre les appétits et volontés des premiers complaignans, à toutes heures et rencontres. A quoi je remets à vos prudences de pourvoir comme il convient au bien de mes affaires. Priant Dieu, messieurs Jeannin et de Russy, qu'il vous ait en sa sainte garde. Ecrite à Paris, le quatrième jour de mars 1609.

HENRI.

Et plus bas, BRULART.

LETTRE *de M. de Villeroy audit sieur Jeannin, dudit jour quatrième mars* 1609.

Monsieur, notre dernière dépêche portée par Picaut vous aura si clairement informé du bon vouloir et avis du Roi sur le point de la navigation aux Indes, et les autres que vous nous avez représentés par les vôtres, qu'il ne nous reste plus rien qu'à vous assurer que Sa Majesté a été bien aise que vous ayez si constamment rejeté les contestations dernières que l'on vous a faites sur cela, pour faire changer l'écrit que vous en aviez dressé; car elles ont été si frivoles et mal fondées, que nous nous étonnons comment elles ont été proposées, ne pouvant servir qu'à augmenter l'opinion qu'ils n'ont déjà donnée que trop grande, qu'ils traitent mal volontiers, et tâchent à tromper ces peuples, et non à les réconcilier. Mais nous avons grande crainte que vous ne puissiez chevir des Etats; c'est pourquoi vous avez bien fait de ne leur avoir écrit cette difficulté, et avoir mandé leurs députés pour vous-même la leur dire. Enfin le Roi trouve bon, s'il est nécessaire que vous leur bailliez les actes dont votre lettre fait mention, que vous le fassiez; mais il désire que le roi d'Angleterre soit de la partie, afin, comme il a bien commencé, qu'il achève de même. Sa Majesté désire aussi que vous ayez égard, faisant ladite promesse, de ne l'obliger à suivre les passions des premiers qui se plaindront de telle infraction, tant pour conserver sa dignité que pour n'être sujette à danser à chaque bout de champ, au premier branle que les complaignans et intéressés sonneront, ainsi qu'elle vous écrit par sa lettre, à laquelle je me remets. Priant Dieu, monsieur, qu'il vous conserve en bonne santé.

Votre, etc. DE NEUFVILLE.

De Paris, ce quatrième mars 1609.

LETTRE *de MM. Jeannin et de Russy au Roi, du sixième mars* 1609.

SIRE,

Le courrier Picaut arriva en cette ville, le deuxième de ce mois sur le soir, avec les lettres de Votre Majesté, et nous avions reçu celles du vingt-quatrième le dernier de février. Elle aura connu

NÉGOCIATIONS DU PRÉSIDENT JEANNIN.

par les nôtres du pénultième dudit mois, que nous avions prévu et jugé ce qui étoit de son intention avant que d'en avoir reçu le commandement, et que du côté des archiducs, la trève semble être comme assurée, du moins ne s'en peuvent plus rétracter sans blâme, et sans fortifier de beaucoup la cause des États. Il n'y a donc plus à craindre maintenant, sinon les longueurs et pointilles qui pourront survenir du côté des États, par la contradiction de ceux qui ont toujours rejeté la trève, et, après le traité fait, que le roi d'Espagne, les ministres duquel ont publié partout qu'il ne consentira jamais la liberté suivant notre projet, ni le commerce des Indes, fasse refus de le ratifier. Quant aux États, ce n'est pas sans raison qu'on y prévoit quelque difficulté, car, encore que le plus grand nombre soit ardemment désireux de la trève, aucuns essaieront de se servir des villes de Hollande qui sont intéressées au commerce des Indes, pour leur faire dire qu'il doit être exprimé ouvertement; et il faudra peut-être du temps pour leur persuader qu'il est mis par notre article en mots si significatifs qu'il ne peut être mieux, comme il est vrai en effet. Mais nous espérons que sept ou huit jours les persuaderont et réuniront tous, même si nous leur promettons de la part de Votre Majesté, et les députés d'Angleterre de la part de leur maître, que par le traité qui sera fait pour garantir la trève, on la tienne pour enfreinte si on leur donne quelque empêchement en ce commerce; ce que Votre Majesté peut promettre sans en recevoir aucun dommage, n'étant vraisemblable que le roi d'Espagne, s'il consent au traité, y veuille donner ci-après quelque empêchement, et que le refus qu'il fait à présent d'en faire mention expresse n'est que par vanité, et pour pouvoir dire, en le dissimulant et souffrant, qu'il ne l'a pas consenti, et se servir même de cette apparence envers les Portugois, qui font grande instance pour le faire ôter aux États, auxquels il persuadera plus aisément de le souffrir pour quelque temps, leur donnant espérance qu'il durera peu, que s'il l'avoit consenti expressément. Et cette raison nous semble plus vraisemblable que celles mises en avant par les députés des archiducs, contenues en nos précédentes lettres.

Aussi peuvent-ils bien juger, comme nous faisons dès à présent, que si ce commerce est accordé de gré à gré aux marchands, et eux n'y allant plus à cette occasion que foibles, ils seront sujets à tant d'inconvéniens, et trouveront les rois et les peuples si peu disposés à continuer ce trafic avec eux, qu'ils s'en dégoûteront bientôt et le quitteront d'eux-mêmes sans autre force ni contrainte; ce que nous prévoyons avec tant de certitude, que nous estimons peu ce commerce accordé de gré à gré, lequel néanmoins eût pu servir aux États continué avec hostilité, comme on faisoit offre de l'accorder au commencement, ou plutôt on le feignoit, si les marchands eussent été si sages de le vouloir accepter de cette façon, comme nous le leur conseillions lors, ayant induit les États à leur offrir quelques vaisseaux de guerre entretenus pour les mieux persuader; mais ils furent toujours opiniâtres pour l'avoir de gré à gré pensant en être refusés, et là-dessus qu'on auroit prétexte de rompre. Pour les autres articles qui restent à accorder, celui qui est du tout injuste, à savoir des contributions, ne laissera pas de causer de grandes disputes, mais non pour donner sujet de rompre, non plus que les qualités de hauts et puissans seigneurs, et les douze ans au lieu de dix, qu'il faut bien essayer d'obtenir si l'on peut, et y contester sans mettre l'affaire en trop de longueur, ni en danger de rupture. Nous avons évité avec peine et grande difficulté le débat sur l'article du commerce de ce pays; mais il étoit nécessaire de le faire pource qu'il eût rendu ceux de Zélande opiniâtres jusqu'au bout, et empêché sans doute la conclusion du traité; au lieu qu'en le remettant après la trève, il n'y a aucun péril, quand même on n'en pourroit demeurer d'accord ainsi que l'article qui en fait mention est conçu. Nous en avons fait autant pour les limites et confiscations, quoique articles nécessaires, et qu'il eût été bien expédient de demander dès à présent; mais cela nous eût tenus deux ou trois mois à disputer, et, comme nous estimons, empêché le traité. Les États nous ont néanmoins promis de ne faire ci-après aucun traité pour les confiscations, que M. le prince d'Espinoy ne soit entièrement remis en son bien : ce que nous essaierons d'obtenir d'eux par écrit avant la conclusion du traité, afin de les y obliger du tout; car nous prévoyons tant de gens avoir intérêt en cet article des confiscations, qu'ils feront instance après le traité pour être remis en leurs biens. Or madame la comtesse de Ligne est si puissante près des archiducs, et a aussi tant d'artifices pour gagner leurs ministres, et ceux mêmes qui manieront les affaires des Etats, qu'on pourroit craindre que sans cette obligation le droit dudit sieur prince d'Espinoy ne fût mis en oubli; et néanmoins cette demande pour lui est très-juste. Nous savons aussi que Votre Majesté l'affectionne, et que les Etats n'en peuvent abandonner le soin sans blâme. Elle jugera, par ce qui est contenu ci-dessus, ce qui reste à faire avec les Etats pour achever ce traité, dont nous espérons avec son autorité venir à bout.

Quant à l'autre difficulté concernant le refus que le roi d'Espagne pourroit faire de ratifier, il y a grande raison d'en juger au contraire, que les archiducs, qui sont princes sages, et désirent que ce traité soit effectué, ne se seront avancés de l'obliger, et en vertu de sa procuration, après avoir temporisé si long-temps, sans être à présent bien assurés de sa volonté: puis, si la rupture du traité avenoit ci-après à faute de cette ratification, leurs sujets en ce pays se mutineroient sans doute, comme nous le reconnoissons aux propos que plusieurs d'entre eux, qui sont même de qualité et gens de créance, tiennent; ayant bien su que cette crainte, jointe à la nécessité dudit sieur roi, l'a plutôt induit de consentir à la trêve que toute autre considération. Ils considéreront aussi que Votre Majesté et le roi d'Angleterre s'étant obligés à la garantie de la trêve, s'ils refusent en Espagne de ratifier, qu'ils auront trois ennemis pour un, et qu'ils conjoindront par ce refus deux grands princes à la défense des Etats, lesquels auparavant le traité ne les assistoient avec obligation, mais seulement par certains respects qui ne les obligeoient pas d'y mettre tout, comme fera ce traité de garantie, et, outre ce, conviendront le roi d'Angleterre par ce lien d'être de la partie, qui néanmoins cherchoit à s'en exempter: joint à toutes ces raisons que ledit roi d'Espagne ne laissera d'être obligé en vertu de sa procuration, si les archiducs l'emploient par le traité, quand même il ne voudroit ratifier; en sorte que s'il peut être conclu, arrêté et passé nous ne jugeons pas qu'on doive beaucoup craindre ce refus de ratification, lequel donneroit sujet de bâtir contre lui avec grand avantage toutes sortes de desseins. Bien nous semble-t-il expédient, selon que le contiennent les lettres de Votre Majesté, d'accourcir autant qu'on pourra le temps de ladite ratification, mais il ne peut être moindre de trois mois, et les Etats l'ont déjà ainsi consenti, et nous sommes certains encore, par les propos que le président Richardot a tenus au sieur Jeannin, qu'ils feront grande instance pour avoir cinq ou six mois, sur ce qu'ils diront être nécessaire que le marquis Spinola, ledit sieur président, ou bien les deux ensemble, y aillent pour rendre le conseil d'Espagne capable, qu'ils n'ont rien fait qu'avec prudence, et pour ne pouvoir obtenir la trêve à conditions plus tolérables pour le roi d'Espagne et pour les archiducs, quoiqu'on leur ait ci-devant voulu persuader tout contraire. Nous ferons bien de notre part tout ce qu'il nous sera possible pour empêcher que le temps ne soit plus long que de trois mois, lequel, à la vérité, peut suffire au voyage et pour rapporter cette ratification; mais il est à craindre, si tout est d'accord, que les Etats pour ne rompre mois ou deux de plus ne veuillent pas rompre.

Nous voyons bien que Votre Majesté désire raccourcir ce temps, pour, au défaut de la ratification dans ledit temps, renouveler la guerre cette année même, afin de prendre le roi d'Espagne mal préparé et au dépourvu; au lieu que s'il gagne l'année entière par cette tromperie, il fera la guerre puissamment l'année suivante. Cette prévoyance est louable, et désireroit qu'elle fût aussi avant en l'esprit des Etats qu'il seroit bien requis pour leur profit et avantage; mais nous en doutons bien fort, et outre ce, ce nous semble, quand on les pourroit disposer de réduire le temps de cette ratification à trois mois, qu'il seroit très-difficile d'en tirer le fruit que Votre Majesté se promet; car, avant l'expiration du délai, si la ratification n'est envoyée d'Espagne, les archiducs prieront qu'on leur donne encore quelques jours, puis feindront après ce délai de l'attendre de moment à autre; et les Etats, qui n'auront pas envie de recommencer ce jeu, recevront aisément toutes sortes d'excuses pour s'en exempter. Si tout fois Votre Majesté continue toujours en même volonté, et juge après le traité fait qu'il les faille préparer à reprendre les armes, à faute que la ratification ne soit donnée dans le temps promis, nous essaierons de les échauffer, et de leur faire connoître dès à présent que s'il y a de la remise sera pour gagner du temps, et enfin les tromper et refuser du tout cette ratification; mais, pour y parvenir, il leur faudra offrir un bon et puissant secours, et outre ce empêcher qu'ils ne licencient partie de leurs troupes dès le lendemain du traité, sans attendre que le temps de la ratification soit expiré, comme ils feront sans doute s'il ne plaît à Votre Majesté leur donner quelque assistance pour aider à les entretenir, et nous mander quoi, afin que leur en puissions donner assurance, comme aussi quelle est son intention touchant la garantie de la trève, au cas que les Etats soient empêchés au commerce des Indes, et croire, s'il lui plaît, que nous userons de discrétion pour ne publier ses intentions, sinon quand il sera temps, et à ceux auxquels nous jugerons être expédient de le faire, y ayant toujours procédé de cette façon, sans aller même si avant qu'elle nous a permis et commandé, quand nous avons jugé pouvoir faire son service en demeurant plus de ce côté des archiducs que des Etats, attendu que c'est à elle seule qu'il sera vraiment dû.

Nous nous apercevons bien néanmoins, depuis ce dernier voyage, que lesdits députés des archiducs reconnoissent mieux notre pouvoir à faire ce traité, qu'ils ne se fient en notre volonté à contenter l'Espagne; et au contraire, il semble qu'ils se tiennent plus assurés de la bonne volonté des Anglois, et moins de leur pouvoir, disant tous les jours que tout dépend de nous, et que nous leur faisons faire ce que nous voulons, comme, à la vérité, nous estimons qu'ils ont charge à présent de suivre nos avis. Quoi qu'il en avienne, s'ils ont plus de gré de ce côté, nous essaierons, en récompense, de le gagner par dessus eux envers les Etats, et nous nous promettons de le faire. Nous n'omettrons rien pourtant de ce côté pour leur donner toute bonne impression de notre conduite et de votre intention, sans toutefois user d'aucune flatterie, ni faire chose indigne de la sincérité et gravité qui accompagne toutes les intentions de Votre Majesté, à laquelle nous prions Dieu, sire, donner en très-parfaite santé très-heureuse et longue vie.

Vos, etc.   P. Jeannin et de Russy.

D'Anvers, ce sixième jour de mars 1609.

Autre LETTRE *de MM. Jeannin et de Russy au Roi, du huitième mars* 1609.

Sire,

Ce courrier nous a rendu les lettres de Votre Majesté, du quatrième de ce mois, le sixième au soir. Nous lui avions déjà écrit le même jour, et nous pensions envoyer nos lettres par un courrier qui partoit de cette ville pour aller à Paris; mais nous les avons retenues jusques au départ de celui-ci pour envoyer les deux ensemble. Nous pensions qu'elle dût recevoir plus de contentement de notre dernière dépêche, qu'elle n'a fait, sur ce qu'elle craint, comme il semble, que les Etats refusent l'article des Indes ainsi qu'il est conçu, et que cela soit cause de nouvelles longueurs et défiances, au lieu de donner quelque avancement au traité; et néanmoins par ses précédentes lettres, elle en faisoit tout autre jugement et le tenoit suffisant pour leur sûreté, dont nous étions bien fort réjouis, pensant avoir satisfait à son désir, avant même qu'en avoir reçu le commandement. Si est-il vrai que nous eussions été contraints de sortir de ce lieu les mains vides, et sans rien faire, si nous ne l'eussions accepté de cette façon; car en tout ce qui s'est passé jusques à présent, soit avec les députés des Etats, ou avec nous en ces dernières conférences, les députés des archiducs n'ont contesté sur aucun article avec plus de véhémence et animosité que sur celui-ci, n'y ayant eu aucun moyen d'obtenir autre chose d'eux que ce qui est contenu en notre article, encore avec colère et regret, ainsi que nous lui avons ci-devant écrit. Il est bien vrai aussi que cet article est suffisant pour la sûreté des Etats, encore que mention expresse n'y soit faite des Indes; néantmoins il n'a été dressé par nous, sinon en rejetant celui de M. le président Richardot, et en déclarant auxdits députés que nous ne l'approuvions aucunement, pource que nous prévoyions que les Etats ne s'en voudroient contenter, mais l'acceptions seulement, crainte d'être auteurs de rupture, et avec promesse de faire ce que nous pourrions envers les Etats pour les en faire contenter, les priant, s'ils en faisoient refus, de ne faire difficulté de mieux éclaircir cet article, puisque c'est leur intention qu'il soit effectué de bonne foi.

Votre Majesté sera aussi avertie que, par les articles que les Etats ont signés, il n'y en a un seul qui fasse mention des Indes, et se contentoient lors de deux articles : l'un, par lequel la trêve est générale, partout, et sans distinction de lieux ni de personnes ; l'autre, par lequel le commerce est général par tous les royaumes, pays, terres et seigneuries du roi d'Espagne, des archiducs et des Etats entre tous leurs sujets ; et ensemble inféroient que la trêve étoit aussi bien aux Indes qu'ailleurs, n'y ayant aucune restriction au commerce qui s'étendoit de même partout. Or cette interprétation pouvoit être sujette à grande dispute, car, encore que par les traités faits entre la France et l'Espagne, le commerce soit général, et de même ès traités entre l'Angleterre et l'Espagne, si est-il certain que les Espagnols n'ont jamais entendu que les sujets de Vos Majestés eussent ledit commerce aux Indes, et, s'ils y vont, que c'est à leurs périls et fortunes, sans que la paix soit rompue ailleurs. Ainsi ils eussent pu donner la même interprétation à cet article ; mais quand les députés des archiducs le voulurent restreindre aux lieux et limites désignés par ledit article, et hors iceux exclure les Etats des lieux, ports et havres appartenant au roi d'Espagne, on leur demanda un consentement exprès pour le commerce desdits pays ès lieux et ports qui n'étoient de l'obéissance du roi d'Espagne, et que durant la trêve on promit aussi de ne faire la guerre aux alliés que les Etats ont èsdits pays : et ce fut lors qu'il y eut grande contention continuée par trois conférences, et jusque sur le point de notre départ, que nous fûmes comme contraints d'accepter l'article aux conditions ci-dessus mentionnées, non autrement ; en quoi nous estimons avoir bien fait, et donné un grand avancement en cette affaire, sans nous obliger néanmoins à ne pouvoir demander mieux, au cas que les Etats fassent refus de s'en contenter. C'est donc à Votre Majesté de nous commander, s'il lui plaît, son intention, et de prendre assurance qu'elle y sera fidèlement servie.

Nous tenons pour certain que dans les Etats aucuns, induits plutôt par les sollicitations de ceux qui ont toujours rejeté la trêve que de l'intérêt des marchands, ou de quelque autre qui en pourroit arriver au général de l'Etat, feront de la difficulté en cet article, mais non de sera cause de quelque longueur, mais non de rupture, et enfin qu'on pourra dans peu de jours surmonter cette difficulté par l'ouverture proposée à Votre Majesté, qui est de garantir ce commerce des Indes de tout empêchement, aussi bien que le reste du traité, tant de sa part que de celle du roi d'Angleterre ; en quoi elle s'assurera, s'il lui plaît, que nous dresserons le traité de façon que tels empêchemens ne seront tenus pour rupture, sinon qu'il soit ainsi jugé par avis commun, et non par les Etats seuls, sur la plainte de quelques particuliers intéressés. Ce à quoi il est plus besoin et raisonnable aussi de pourvoir, est à l'intérêt de la maison de Nassau, et particulièrement de M. le prince Maurice, qui recevra grand dommage par cette trêve. Or il seroit du tout injuste que son mérite fût récompensé par cette ingratitude, et que le public et les particuliers dans les Etats, recevant du soulagement et du profit par cette trêve, lui seul, et ceux de sa maison avec lui, en souffrissent du mal ; et c'est en ceci où nous aurons à travailler le plus, et sans quoi nous prévoyons toutes sortes d'inconvéniens ; mais nous estimons que ceux qui conduisent les affaires se laisseront vaincre à nos raisons et aux prières qui leur en seront faites de la part de Votre Majesté et du roi d'Angleterre. Tous les députés de l'assemblée générale des Etats partiront aujourd'hui même de La Haye pour se rendre le dix ou onzième à Berg-op-Zoom, et nous partirons le lendemain pour les aller trouver, et faire tout ce qu'il nous sera possible pour achever cette affaire selon le désir de Votre Majesté. Le conseil d'Etat y doit être aussi, et pareillement madame la princesse d'Orange, M. le prince Maurice, M. le comte Henri et M. le comte Guillaume. Nous retenons le courrier Picard pour lui mander les premiers avis de ce que nous devons espérer. Priant Dieu cependant, sire, qu'il donne à Votre Majesté et à sa royale famille tout heur et prospérité.

Vos, etc.   P. JEANNIN et DE RUSSY.

D'Anvers, ce huitième de mars 1609.

NÉGOCIATIONS DU PRÉSIDENT JEANNIN.

Autre lettre au Roi, dudit jour, dudit sieur Jeannin en particulier.

SIRE,

Ayant reçu votre commandement par deux fois pour faire effectuer ce que le marchand d'Amsterdam a promis, je lui ai mandé de se trouver à La Haye le douzième de ce mois, où M. de Preaux le doit aller trouver pour convenir de prix avec lui et passer traité sous sa signature, avec promesse, au cas que l'entreprise succède bien, que Votre Majesté pourra, si bon lui semble, publier, et lui-même sera tenu de publier et déclarer que c'est en son nom et de ses deniers. Encore qu'il ait toujours demandé douze mille livres, si estimé-je qu'il se contentera à moins, comme de huit, neuf ou dix mille livres, dont ledit sieur de Preaux prendra le meilleur marché qu'il pourra, et le saura bien faire comme il fait bien tous les jours ce à quoi il est employé ici pour le service de Sa Majesté. J'écris à M. de Villeroy bien particulièrement sur le fait de notre négociation, et ajoute par la même lettre où je prendrai l'argent qu'il faut donner à ce marchand, à quoi je me remettrai pour n'importuner Votre Majesté de redites. Priant Dieu, sire, qu'il lui donne en très-parfaite santé très-heureuse et très-longue vie.

Votre, etc.
                P. JEANNIN.

D'Anvers, ce huitième mars au soir 1609.

Lettre à M. de Villeroy dudit sieur Jeannin, dudit jour huitième mars 1609.

Monsieur, j'estimois que notre dernière dépêche apporteroit plus de contentement au Roi qu'elle n'a fait, pour le moins à ce que j'ai reconnu par les lettres qu'a apportées ce courrier, qu'on étoit en doute de ce que feroit le roi d'Espagne et qu'on craignoit la rupture. Toutes les lettres de Sa Majesté et les vôtres tendoient à faciliter ce traité, et maintenant que ledit sieur Roi et les archiducs accordent tout, et consentent à une trève fort honteuse pour eux, glorieuse pour Sa Majesté qui l'a poursuivie, et qu'on en peut dire auteur, et avec ce, profitable et assurée pour les Etats, qui avoient si grand désir de se mettre en repos, que le plus grand nombre l'eût volontiers acceptée à moindres conditions, et j'ose dire tous, plutôt que de rompre, il semble qu'elle en ait du dégoût. Elle avoit aussi approuvé l'article pour le commerce des Indes par les lettres que le courrier Picaut nous a apportées, jugeant qu'il suffisoit pour la sûreté des Etats; et néanmoins, encore que rien n'y ait été changé depuis, elle en doute à présent, dit que nous avons beaucoup fait pour le roi d'Espagne et les archiducs, d'induire leurs ministres à l'accepter, et craint que les Etats n'aient sujet de s'en plaindre. Si n'ai-je jamais pensé à contenter le roi d'Espagne, mais seulement à faire ce qui m'étoit commandé, en facilitant les moyens de parvenir à ladite trève avec la sûreté des Etats; vous pouvant assurer que les députés des archiducs n'ont disputé en toutes leurs conférences, soit avec les Etats ou avec nous, aucun article avec tant de contention et animosité que celui-ci, jusques à les avoir vus résolus de rompre plutôt que de faire mention expresse des Indes, n'en pouvant toutefois conjecturer autre raison, puisque les Etats en vertu de notre article doivent avoir ce commerce en effet, sinon qu'ils l'ont fait, non pour les raisons contenues en nos précédentes lettres mises en avant par eux, mais pour contenter aucunement la vanité du roi d'Espagne et de son conseil, ou bien à cause des Portugois, qui ont fait très-grande instance au conseil d'Espagne pour ôter ce commerce aux Etats, auxquels peut-être on essaiera de persuader qu'il a été refusé, puisqu'il n'est accordé expressément, les induisant à le souffrir et dissimuler pour quelque temps sous espérance qu'il durera peu, comme en effet il est certain que les marchands s'en dégoûteront bientôt, et qu'il ne sera d'aucun profit à l'Etat, puisqu'il n'est que de gré à gré.

Je ne peux donc imaginer d'où vient ce changement et dégoût en la volonté du Roi, si ce n'est que quelqu'un ait écrit malicieusement ou ignoramment que nous pouvions encore obtenir mieux, et faire coucher cet article plus intelligiblement si nous y eussions persisté avec opiniâtreté sans nous en départir, étant néanmoins vrai que nous avons attendu jusqu'au dernier jour de la trève, prêts à sortir le lendemain pour nous en retourner les mains vides. Or je désirois engager les archiducs à nous donner par écrit les articles du traité, tant en leurs noms qu'au nom du roi d'Espagne. Je voyois que les députés d'Angleterre avoient déclaré hautement que leur maître ne consentiroit jamais à la rupture sur cet article, et je jugeois d'ailleurs qu'il y en avoit assez pour la sûreté des Etats, comme il est vrai en effet, et outre ce que dessus, que par les articles résolus avec es Etats, les Indes n'y sont point exprimées nommément non plus qu'en notre article, eux s'étant contentés de ces deux articles, l'un par lequel il est dit que la trêve est générale, sans distinction de lieux ni de personnes, entendant par ces mots que c'étoit aussi bien aux Indes qu'ailleurs; l'autre article contenant que le commerce devoit être général en tous les royaumes, pays, terres et seigneuries du roi d'Espagne, des archiducs et des Etats, duquel les Etats prétendoient aussi inférer qu'ils l'avoient de gré à gré aux Indes; et ne leur demandons là-dessus, sinon une déclaration à part, au nom du roi d'Espagne, que pendant la trêve il ne feroit la guerre aux princes et peuples qui sont amis et alliés des Etats èsdits pays : en quoi seulement fut la difficulté, et sur ce qu'ils dirent le roi d'Espagne ne vouloir souffrir ledit commerce en ses places, ports et havres, hors les limites désignées par notre article, ce que les Etats n'ont aussi jamais prétendu, consentant de ne donner aucun empêchement audit commerce ès pays d'autrui èsdits lieux, ce qu'ils ne vouloient encore déclarer par le traité général, mais, par un écrit à part, et après de très-grandes disputes, le consentirent, et d'y ajouter qu'ils ne donneroient non plus aucun empêchement à ceux qui feroient ledit commerce avec eux, que nous fîmes ajouter pour comprendre sous ces mots leurs alliés, dont il ne fut possible d'obtenir l'expression. Ce que je vous mande est la vérité : quelqu'un eût bien désiré que nous fussions sortis d'ici sans rien faire, se promettant que cela eût servi pour rompre tout, mais je n'ai pas cru que ce fût l'intention du Roi; ses commandemens répétés par plusieurs lettres me témoignoient le contraire, et que Sa Majesté désiroit autant la conclusion de ce traité qu'elle en craignoit la rupture; et je savois bien aussi que sortir de ce lieu sans rien faire ne seroit pas cause de rompre, car les Etats en sont si éloignés, qu'ils se contenteroient plutôt à moins que de tomber en cet inconvénient, mais eût été cause de mettre les affaires en longueur, et faire couler cette année inutilement ce que les Espagnols désirent avec plus d'affection, et l'estiment de plus grand avantage pour eux que la conclusion du traité.

Néanmoins ceux qui ont toujours rejeté trève, ne la pouvant rompre, seroient bien aise de tomber en cette longueur, pource que leur donne espérance que Sa Majesté est ébranlée pour rentrer en guerre, et, si on a encore quelque loisir, qu'elle pourra être induite à prendre ce conseil; et eux se promettent aussi, quoique vainement, qu'ils pourroient persuader les peuples de reprendre les armes en ayant ce loisir : et déjà on leur avoit donné avis de ce lieu des difficultés qui restent en ce traité, tant pour empêcher la venue des Etats à Berg-op-Zoom, sous prétexte qu'il falloit avant de sortir de La Haye être informé par le menu de toutes choses, et y prendre résolution; mais ce conseil fut rejeté, et arrêté qu'ils se rendroient audit lieu de Berg-op-Zoom mardi prochain, dixième de ce mois, où nous nous trouverons, Dieu aidant, le lendemain, avec espérance de leur faire trouver bon tout ce qui s'est passé; si nous ne recevons autre commandement de Sa Majesté; car s'il lui plaît que nous laissions faire difficulté aux Etats sur cet article du commerce des Indes, et que la fomentions main sous main, nous le pouvons faire, pource qu'encore que nous ayons dressé l'article ainsi qu'il est, ce n'a été qu'en rejetant celui de M. le président Richardot, et en leur déclarant expressément que nous ne l'approuvions de cette façon, pour être bien assurés que les Etats en feroient refus, ne leur promettant autre chose sinon de faire tout devoir de le leur persuader. Je ne vous réponds pas pourtant de l'événement, tenant pour certain, encore que je prévoie bien qu'il y aura de la dispute sur cet article, que tous aimeront mieux le passer ainsi que rompre. Croyez, monsieur, qu'ayant appris le mauvais état auquel sont les affaires du roi d'Espagne, si j'eusse reconnu les Etats pouvoir être disposés tous ensemble de rentrer en guerre avec même courage et vigueur que du passé, que j'eusse aidé à échauffer Sa Majesté en la résolution de ce conseil; mais ayant toujours jugé le contraire, je l'en ai avertie véritablement en homme de bien. Que je sache donc au vrai qui est de son intention, et personne n'apprenra plus de fidélité et d'industrie du côté des États que moi, pour essayer de la faire suivre. J'ai toujours estimé qu'elle préféroit la trève bien faite à tout autre conseil; mais il me semble, maintenant que nous approchons de la conclusion, du moins que les affaires y sont en meilleur état qu'elles ne furent jamais, que Sa Majesté commence d'en avoir quelque dégoût : j'en juge même ainsi par vos lettres, car vous ayant envoyé, par le sieur de Sainte-Catherine, copie de la procuration en vertu de laquelle les archiducs veulent obliger le roi d'Espagne, et mandé les raisons pour lesquelles elle me sembloit bonne, et ce qu'on pouvoit dire au contraire, vous m'avez écrit qu'elle l'avoit trouvé bonne, et néanmoins par vos lettres que le courrier Picaut m'a apportées, vous montrez d'en douter.

Je tire aussi quelque conjecture de ce changement, de ce que j'en ai dit autrefois au président Richardot et aux archiducs mêmes par commandement du Roi et sur vos lettres, qu'en traitant en vertu du pouvoir du roi d'Espagne, le Roi tiendroit la main qu'il ne fût pressé par les États pour faire donner la ratification, et quand elle seroit même refusée du tout, il empêcheroit de tout son pouvoir que la trève ne fût rompue à cette occasion, pourvu qu'en effet le roi d'Espagne ne contrevînt point à ladite trève, ce que le président Richardot m'a dit d'entrée, montrant de vouloir bâtir là-dessus, et passer outre à ce traité sur cette assurance, non autrement. A quoi je lui répondis qu'il ne devoit point penser que les États, à faute de cette ratification, rentreroient en guerre et ne se désarmeroient pas même avant que de l'avoir reçue, n'accorderoient aussi un plus long temps que de trois mois pour la leur donner; et je vois maintenant que le Roi cherche à restreindre ce temps, comme c'est à la vérité le meilleur. Mais cela me fait juger qu'il y a quelque changement en sa volonté, du moins qu'il n'a même affection à ce traité que du passé. Je servirai comme il lui plaira : la conclusion du traité, la rupture, ou la longueur sans rompre, tout m'est égal, pourvu que Sa Majesté soit servie à son contentement. Elle sait mieux juger, et son conseil qui est près d'elle instruit de toutes les affaires de son État, ce qui lui est utile que moi qui n'en sais que par parcelles, et dois seulement obéir sans apporter mes raisons contre son commandement. M. de Preaux doit être le douzième de ce mois à La Haye, pour parler au marchand que vous savez, et là traiter avec lui, et convenir du prix du marché au mieux qu'il pourra; car encore qu'il ait toujours demandé douze mille livres, j'espère qu'il se contentera de huit, neuf ou dix mille livres, et ledit sieur de Preaux saura bien prendre le meilleur marché qu'il pourra. Il en prendra une promesse par écrit, qui contiendra tout ce que dessus, et outre ce, que si Sa Majesté veut ci-après, l'affaire succédant bien, publier que l'entreprise a été faite en son nom et de ses deniers, elle le pourra faire si bon lui semble, n'estimant pas qu'il soit à propos de le déclarer maintenant.

Quant à l'argent, je n'ai employé de celui de Sa Majesté que douze mille livres d'un côté, et quatre mille de l'autre. Le surplus a été mis pour la plupart en ma dépense, et en déduction de l'état qui m'a été donné; mais je prendrai ce qui reste, et emprunterai le surplus par le moyen du sieur de Vaudrenecq, et comme feignant que c'est pour ma dépense, et acheter quelque tapisserie en ce lieu; et suffira qu'on le rende quand et où je me serai obligé de le faire. J'ai toujours retenu M. de Preaux pource qu'il est très-utile ici pour le service du Roi. Il a été parlé souvent pour affaires à M. le prince Maurice, à M. Barneveld et à d'autres, selon les occurrences, dont il s'est toujours très-bien acquitté, et en ce lieu a vu quatre ou cinq fois le président Richardot pour lui communiquer d'affaires; l'ayant prié de demeurer encore jusqu'à ce que la résolution soit prise par les États, afin qu'il retourne lors en France avec créance à Sa Majesté de tout ce que jugerai être nécessaire de faire pour son service, dont je ne la saurois si bien instruire par lettres que ledit sieur de Preaux fera de bouche, avec lequel j'ai toujours communiqué si confidemment, qu'il est très-bien informé de toutes choses, et suis certain que Sa Majesté recevra contentement du rapport qu'il lui en fera, et le jugera capable de le servir en quelque autre bonne affaire que ce soit. Je suis, monsieur, votre, etc.

P. JEANNIN.

D'Anvers, ce huitième jour de mars au soir 1609.

Lettre *dudit sieur Jeannin à M. le duc de Sully, dudit jour huitième mars 1609.*

Monsieur, vous aurez vu, par notre précédente dépêche au Roi, la résolution qui a été prise du côté des archiducs pour la trêve, laquelle est presque conforme à celle des Etats; et néanmoins, il semble, par les lettres que ce courrier nous a apportées, que Sa Majesté n'en soit pas si contente que nous avions espéré, à cause qu'elle craint le commerce des Indes n'être assez exprimé pour en donner satisfaction aux Etats : si y en a-t-il suffisamment pour leur sûreté; puis il n'a été en notre pouvoir de mieux faire, les députés d'Angleterre ayant déclaré ouvertement que leur maître ne sera jamais d'avis de rompre à cette occasion, et ceux des archiducs, qu'ils ne vouloient passer outre, encore que ce fût l'intention du roi d'Espagne d'accorder ce commerce par les mots contenus en notre article sans en faire autre expression; ainsi il s'en falloit retourner sans rien faire, ou accepter ce qui nous a été donné; l'ayant fait toutefois avec protestation de ne le recevoir, sinon pour le présenter aux Etats, et faire tout devoir pour leur persuader de s'en contenter, mais, s'ils en faisoient refus, de presser derechef les archiducs d'éclaircir ledit article si intelligiblement, que les Etats n'aient aucune occasion d'en douter. Il est certain qu'à cause des passions de quelques-uns des Etats qui ont toujours rejeté la trêve, cet article aura de la difficulté, et néanmoins j'espère, après quelques disputes, qu'ils s'en pourront contenter, et, s'ils ne le font, que les archiducs, ayant pouvoir d'accorder ce commerce de la part du roi d'Espagne, aimeront mieux le faire ainsi qu'il sera requis pour les contenter que de rompre. Et, à la vérité, puisque c'est l'intention dudit sieur Roi, il ne devoit faire difficulté de l'exprimer sans mettre ces peuples en nouvelles défiances par cette façon de procéder. Mais il y a tant d'autres choses en ce traité qu'ils passent à regret, et, comme il leur semble, avec quelque honte, que nous n'avons pu jusqu'ici surmonter leur opiniâtreté.

Le fait des confiscations est encore demeuré en suspens, pource qu'il y a tant de difficulté, qu'on n'a osé l'entamer jusqu'à ce qu'on soit demeuré d'accord des autres articles du traité : néanmoins, on en doit traiter, et des limites aussi, avant que se séparer, tant de gens ayant intérêt en celui des confiscations, que chacun presse pour le faire résoudre. Les Etats m'ont promis de n'en rien accorder sans pourvoir à l'intérêt de M. le prince d'Espinoy. J'en tirerai encore une déclaration par écrit afin de les y obliger du tout; mais je désire, pour les y presser encore avec plus d'efficace, que le Roi en écrive un mot aux Etats, suivant le mémoire que j'envoie à M. de Villeroy, pour faire la lettre sur icelui, qui, je m'assure, le fera volontiers. Je vous envoie aussi copie, et vous assure que je n'omettrai rien pour y rendre très-humble service, comme étant, monsieur, votre, etc.
P. JEANNIN.

D'Anvers, ce huitième mars 1609.

Lettre *dudit sieur Jeannin à M. de Barneveld, dudit jour dixième mars 1609.*

Monsieur, nous partirons de cette ville, Dieu aidant, jeudi matin pour nous en aller à Berghop-Zoom, où nous nous promettons que les députés de l'assemblée générale arriveront ce jourd'hui. Je vous envoie copie des articles selon qu'ils ont été signés par les députés des archiducs, ayant noté en marge le changement qui a été fait en quelques-uns desdits articles. Le principal est pour les contributions qu'ils ôtent du tout, et n'y a eu moyen de les y faire consentir. Ils n'accordent aussi que dix ans pour la trêve; mais j'estime, si on insiste pour les douze, qu'ils y consentiront. Quant à l'article du commerce des Indes, nous avons fait tout ce qu'il nous a été possible pour le faire exprimer de façon que les plus scrupuleux n'eussent aucun sujet d'y faire difficulté; mais après y avoir contesté long-temps, jusqu'à montrer de vouloir sortir, comme tenant tout pour rompu, nous l'avons enfin obtenu, avec peine, de la façon qu'il est couché, sans pouvoir mieux faire; leur déclarant néanmoins que nous ne pensions pas que messieurs les Etats s'en dussent contenter, encore qu'en notre particulier nous croyions qu'il y en a assez pour leur sûreté, attendu même que les deux rois leur offriront de promettre, par le traité qui contiendra la garantie de la trêve,

quelque empêchement est donné en ce commerce, qu'ils tiendront la trêve pour enfreinte, tout ainsi que si elle étoit rompue ès autres articles du traité. C'est à ce coup qu'il est du tout nécessaire que vous preniez une finale résolution, soit pour conclure ou pour rompre. Nous vous conseillons le premier par le commandement de nos maîtres. Je vous supplie encore de faire pourvoir à ce qui touche l'intérêt de M. le prince Maurice, et de croire, si on n'en a plus de soin que du passé, que tout ira mal. Ce que je vous mande ne sera que pour vous, s'il vous plaît, et où vous jugerez qu'il sera à propos de le communiquer. Je vous laisse très-humblement les mains, et suis, monsieur, votre, etc. P. Jeannin.

D'Anvers, ce dixième mars 1609.

Etats ne s'en veulent contenter. Si vois-je cette affaire si ébranlée, et les parties en si grande inclination d'achever ce traité, qu'à mon avis l'un ne se voulant laisser vaincre, l'autre s'accommodera, et, par ce moyen, nous en sortirons bientôt. Tous les députés de l'assemblée générale des Etats seront aujourd'hui à Bergop-Zoom, distant de cette ville de cinq lieues seulement, comme aussi M. le prince Maurice y doit arriver avec son frère, et, comme j'estime, madame la princesse d'Orange. Ce que je désire le plus, est de pourvoir à l'intérêt dudit sieur prince Maurice, qui doit perdre beaucoup par la trêve, et il n'est pas raisonnable que son mérite soit si ingratement récompensé; j'espère d'en venir à bout.

Les députés d'Angleterre et nous sommes en très-bonne intelligence, et me réjouis d'apprendre par vos lettres que le prince près duquel vous êtes soit mieux disposé à respecter notre amitié qu'il n'étoit du passé; nous en devons aussi faire compte et nous en approcher de même. Nous partons demain pour aller à Bergop-Zoom prendre le dernier mot des Etats, estimant ne devoir mettre leurs députés avec ceux des archiducs, jusques à ce que nous ayons fait résoudre tout, afin qu'il n'y ait plus à conférer ensemble, mais seulement à passer le traité, et en usons ainsi pour éviter les longueurs et circuits auxquels les uns sont sujets par nature, et les autres à dessein, et pour tirer profit du temps; aussi est-il temps de couper ou défiler le nœud. Je vous baise très-humblement les mains, et suis, monsieur, votre, etc. P. Jeannin.

D'Anvers, ce onzième mars 1609.

Lettre dudit sieur Jeannin à M. de La Boderie, onzième mars 1609.

Monsieur, votre lettre du vingt-sixième février m'a été rendue en cette ville d'Anvers le dixième de ce mois. Notre trêve s'avance, car les archiducs, tant en leurs noms qu'au nom du roi d'Espagne, nous ont donné les articles signés, fors celui des contributions, qu'on prétendoit encore lever sur les pays l'un de l'autre durant la trêve, qu'ils ont refusé; aussi ne vous a-t-il jamais semblé juste. Ils n'ont voulu accorder non plus que dix ans pour la trêve, et les Etats en demandent douze; mais cela ne suffit pour rompre d'un côté ni d'autre. La plus grande difficulté a été sur le commerce des Indes qu'ils ont dit d'entrée vouloir bien accorder de gré à gré; mais quand il a fallu mettre cet article par écrit, j'en ai fait trois; et M. le président Richardot autant, et tous ont été rejetés par eux ou par nous; les nôtres, parce qu'ils faisoient mention expresse des Indes, dont ils ne veulent ouïr parler, craignant, comme ils disent, la conséquence envers les autres princes qui sont leurs amis et alliés et les leurs, pource qu'ils vouloient user de circonlocutions qui avoient de l'ambiguïté. Enfin nous en avons dressé un, non du tout selon notre désir, mais mieux que le leur, que notre roi approuve, et à la vérité, il nous semble suffisant; mais je ne laisse de craindre que les

Lettre de MM. les ambassadeurs de France et d'Angleterre à l'archiduc, du onzième mars 1609.

Monseigneur, nous avons estimé que c'étoit notre devoir d'écrire à votre altesse avant que sortir de cette ville, pour la remercier très-humblement de l'honneur et courtoisie que nous y avons reçu, et pour l'assurer aussi que, suivant la charge et commandement des rois nos maîtres, nous n'omettrons aucune sorte d'office, de soin et diligence, pour achever et conduire à heureuse fin le bon œuvre auquel il leur a plu nous employer pour mettre ce pays en repos, y

40

ayant déjà travaillé avec tant d'affection, que l'affaire est à présent bien avancée; et nous ne voyons plus rien qui y puisse apporter de la difficulté, sinon le commerce des Indes que les députés de votre altesse déclarent bien être accordé par le Roi catholique de gré à gré; mais ils ne l'ont voulu exprimer en termes qui soient assez clairs pour contenter les esprits de ces peuples qui sont en défiance, du moins de ceux qui feindront d'y être pour avoir quelque prétexte de rompre ce traité, auxquels toutefois on ne sauroit que répondre, quand ils diront, puisque ce commerce est consenti, qu'on le doit mettre en mots si intelligibles, qu'il n'y ait aucune ambiguïté, étant la coutume ou prudence des plus foibles, quand ils traitent avec plus puissans qu'eux, d'en user ainsi; aucuns ajouteront même que si on le refuse, c'est leur donner sujet de croire qu'on les veut tromper. Il y en a bien assez à la vérité pour notre regard, et les rois nos maîtres en jugent ainsi. Nous avons aussi très bonne opinion de la sincérité et prudence des princes avec lesquels les Etats traitent, et qu'ils ne penseront jamais d'y contrevenir pour n'être cause d'enfreindre et violer un traité qui aura donné tant de peine pour le bâtir. Nous tiendrons ces mêmes langages en l'assemblée générale des Etats, et aux particuliers d'entre eux qui ont plus de créance et de pouvoir pour le leur persuader, et nous ajouterons même aussi aux raisons l'autorité et les menaces de la part de nos maîtres, au cas qu'ils fassent refus de suivre leur conseil. Mais craignant que tout cela ne puisse suffire pour vaincre leur opiniâtreté, fondée en quelque raison, puisqu'ils ne demandent rien, sinon l'expression et déclaration de ce qui leur est accordé, nous supplions très-humblement votre altesse y vouloir ajouter par sa prudence ce qui est requis pour achever ce bon œuvre, lequel doit prendre fin à ce coup, soit par la conclusion ou rupture, dont nos rois désirent autant le premier, pour être amateurs du bien et du repos de votre altesse et des Etats, comme aussi de la tranquillité publique de la chrétienté, que la continuation de cette guerre pourroit troubler, qu'ils craignent le dernier, jugeant et prévoyant avec certitude que, si on perd à présent l'occasion qui est en main pour mettre la paix en ces pays, qu'il sera très-difficile de la recouvrer par ci-après.

Votre altesse prendra, s'il lui plaît, de bonne part cette remontrance, dont nous avons décla[ré] plus particulièrement les raisons à M. le pré[si]dent Richardot, lesquelles proviennent du dé[sir] voir et affection de ministres qui sont très-désireux que leur travail soit utile, et qu'ils puissent remporter ce contentement à leurs maîtres, d'avoir fait réussir ce qui leur étoit command[é]. En cette volonté nous prions Dieu, monseigneur, qu'il donne à votre altesse tout heur et prospérité.

Vos, etc.   P. JEANNIN, DE RUSSY, Rt. SERCER, et RODOLPHE WINOOD.

D'Anvers, ce onzième jour de mars 1609.

LETTRE *de l'archiduc auxdits sieurs ambassadeurs, responsive à la précédente, du même jour onzième mars 1609.*

Messieurs, c'est un effet de votre courtoisie que par la vôtre d'aujourd'hui, ayez voulu faire [dé]monstration d'être satisfaits du traitement [qui] vous a été fait en Anvers, qui n'aura été si b[on] comme nous l'aurions bien désiré, mais selon q[ue] la saison l'aura permis. Si que nous-mêmes av[ons] occasion de vous remercier, ainsi que nous fais[ons] bien affectueusement, de tel votre contentem[ent], et particulièrement pour les bons offices que v[ous] faites, et la peine que vous prenez pour bien a[che]miner cette besogne de trève. Nous avons vu [par] ce que vous nous en représentez par ladite vôtr[e], et nous croyons que nos députés vous donner[ont] sur tout la satisfaction qu'avec raison vous en [de]vez avoir, puisque de notre part l'on vient en [tout] ce qui est raisonnable; et vous pouvez vous ass[u]rer qu'il sera accompli exactement et avec tout[e] sincérité, et ainsi désirons-nous qu'en suite d[e] l'ordre que, comme vous dites, vous avez de [vos] rois, ne vous ennuiiez à y travailler encore, [que] besoin sera pour achever à conduire cette affai[re] à la fin qui se prétend, qui est le repos de [la] chrétienté et de tous ces Etats en particulier. Pri[ant] sur ce Dieu vous avoir, messieurs, en sa continuelle garde.

ALBERT. PASS.

Et plus bas,
De Bruxelles, le onzième mars 1609.

LETTRE *de M. Jeannin à M. de Villeroy, du douzième mars* 1609.

Monsieur, le lendemain après vous avoir écrit, je conférai avec M. le président Richardot dans le cloître des Carmes, et lui dit tout ce qu'il me fut possible pour obtenir que l'archiduc voulût éclaircir davantage l'article du commerce des Indes : je feignis même avoir reçu lettres de La Haye, par lesquelles on me mandoit que cela pourroit être cause de rupture. Je lui fis là-dessus plusieurs ouvertures; mais je n'en pus tirer autre chose, sinon de me prier qu'on fît venir les députés des Etats, et qu'ils se départiroient d'ensemble sans être d'accord : à quoi je lui répondis, s'ils ne se contentent de la réponse que nous leur portons, qu'ils ne viendront point, et pour nous, que nous leur manderons aussi notre résolution sans venir, pource que nous ne leur saurions dire de meilleures raisons que celles qu'ils ont déjà entendues, et que ce seroit contre la dignité de nos rois d'aller et retourner ainsi inutilement comme simples messagers; dont il montra d'être étonné, et qu'il me verroit le lendemain; ce qu'il fit, ayant toutefois vu auparavant les Anglois, auxquels il se plaignit de moi; mais ayant avisé de tenir tous ensemble le même langage, ils lui firent le même discours, dont il s'étonna encore plus, et depuis consentit d'ajouter quelques mots sur la fin de l'article du commerce qui servent, et après ledit article, d'en mettre encore un autre sous cette considération, que je lui dis que la trève ne pourroit commencer, hors les limites désignées par le traité, au même temps que dans l'Europe, et qu'il falloit du loisir pour avertir ceux qui sont avec navires et forces aux Indes de se désister de toute hostilité; ce qu'après quelque dispute, il nous pria de mettre par écrit, comme je fis à l'instant en sa présence, et lors il prit lesdits articles pour les aller communiquer aux autres députés, puis nous vint trouver étant tous ensemble au logis des Anglois, où il nous dit qu'ils le trouvoient bon pour leur regard, mais n'oseroient l'accorder sans en avoir le commandement des archiducs. auxquels ils alloient envoyer au même instant; et pource que nous voulions partir le lendemain, nous pria de différer pour un jour, ce que nous avons fait; et au retour du courrier, ils nous ont dit que les archiducs l'approuvent, en nous priant de ne les plus presser de rien, et qu'il étoit plus raisonnable de presser les Etats qui obtiennent tout à leur mot, que non pas eux qui ont déjà fait tout ce qu'on a voulu.

Je vous envoie la copie desdits articles, avec lesquels j'estime que les Etats auront sujet de demeurer contens; car, outre ce que le premier article est fort exprès, celui qui a été ajouté sert de beaucoup pour expliquer le précédent, et montrer que le trafic hors des limites y désignées ne peut être entendu que de celui des Indes. Entre les ouvertures que j'avois faites audit sieur président, celle-ci en étoit une, que les archiducs, tant en leurs noms qu'au nom du roi d'Espagne, donnent un écrit pour être mis ès mains de Sa Majesté, et un pareil ès mains du roi d'Angleterre, lesquels contiendront que, sous les mots de l'article du commerce insérés au traité général, ils ont entendu accorder le commerce des Indes, lesquels écrits demeureront secrets sans être publiés, et pour servir seulement auxdits sieurs rois, afin que sur iceux ils puissent donner toute assurance aux Etats, ce qu'il n'approuva pas lors; mais j'ai reconnu depuis par ses propos, que si cela étoit nécessaire pour achever ce traité, qu'ils seront pour y consentir. J'en juge autant des douze ans au lieu des dix, et si les Etats refusent de traiter autrement, qu'ils l'accorderont plutôt que de rompre à cette occasion. Ainsi, je ne vois plus rien qui empêche la conclusion du traité de ce côté, et y a sujet de s'en promettre autant de l'autre, puisqu'on leur accorde tout, fors l'article des contributions, et par ainsi que nous en sortirons à ce coup. Sa Majesté aura incontinent avis par le courrier Picaut de ce que nous devrons espérer du côté des Etats. Je vous en avertirai de même, et demeurerai toujours, monsieur, votre, etc.
P. JEANNIN.

D'Anvers, ce 12 mars 1609.

LETTRE *du Roi à MM. Jeannin et de Russy, du douzième mars* 1609.

Messieurs Jeannin et de Russy, vos lettres du huitième de ce mois, que j'ai reçues le dixième avec celles du sixième, m'ont étonné, ayant reconnu par la première que vous avez colligé des miennes du quatrième que je n'avois reçu contentement de votre précédente, et particulièrement de la réformation de l'article de la navigation aux Indes ; car, comme je sais très-bien que vous m'avez servi en cela très-fidèlement et dignement, ainsi qu'au reste de votre négociation, tant s'en faut aussi que j'aie été mal satisfait de ce à quoi vous avez rangé pour ce regard les députés des archiducs, que j'ai fort loué et approuvé votre conduite et résolution : aussi vous ai-je mandé par madite lettre, comme par la précédente que j'avois jugé ce que vous aviez remontré et opiniâtré sur ce sujet, fondé en raisons si pertinentes, que vous aviez dû y demeurer fermes et constans, ainsi que vous aviez fait ; ajoutant que je me promettois que les députés desdits archiducs, lesquels avoient démontré d'y acquiescer à regret, enfin s'en loueroient les premiers pour leurs maîtres ; mais je ne vous ai pas écrit cela pour estimer que vous ayez voulu les servir et favoriser au désavantage des autres, et surtout de mon contentement et service ; j'ai à bon droit tout sujet d'avoir de vous toute autre créance, mais j'ai voulu vous dire qu'ayant par votre industrie et prudence reformé ledit article, de manière que chacune partie pouvoit avec raison s'en contenter, vous aviez fait beaucoup pour lesdits archiducs d'avoir contraint lesdits députés d'y condescendre. Et quand, à la suite de cela, je vous ai écrit craindre que tel expédient fût rejeté par les Etats, j'ai suivi votre même jugement, car par toutes vos lettres, vous m'avez fait entendre que vous aviez la même appréhension, ce que vous m'avez confirmé encore par votre dernière ; néanmoins, je vous répéterai derechef qu'il me semble que lesdits archiducs et lesdits Espagnols mêmes eussent pris bon conseil si, voulant accorder ladite navigation, ils ne se fussent tant arrêtés aux mots qu'ils ont fait, d'autant plus que la première raison qu'ils vous ont alléguée est trop frivole pour être mise en compte ; et je n'estime guères plus considérable encore les autres que vous m'avez représentées par vos dernières. Mais je suis bien de votre opinion, qu'à la longue lesdits Etats et leurs sujets s'ennuieront de cette navigation et la quitteront d'eux-mêmes pour le peu de gain qu'ils y trouveront, et les hasards qu'ils y courront. Et puisqu'ainsi est que je vous ai ordonné par ma susdite lettre, comme par les précédentes, de faire votre possible envers les Etats à ce qu'ils se contentent dudit article ainsi qu'il a été réformé par vous, le jugeant suffisant et valable en cette forme, c'est signe que j'en ai approuvé la réformation : de sorte que je ne sais sur quoi vous avez fondé l'impression que vous avez prise du contraire, ni l'argument que vous avez tiré de là, que j'aie changé d'avis en faveur de la trève.

Or je veux que vous sachiez et croyiez que je n'avois trouvé bon ce que vous avez négocié pour ce regard, ou si je désirois retarder ou rompre ladite trève, je le vous aurois écrit en termes si clairs et si exprès, que vous les eussiez si bien entendus que vous n'eussiez eu sujet d'en douter, ni de renvoyer vers moi pour en être faits certains. Les mêmes raisons qui m'ont disposé et fait résoudre du commencement de favoriser ladite trève, et vous demander d'y employer mon autorité et votre industrie et diligence, me meuvent et portent encore à en favoriser et avancer la conclusion, ainsi que je vous ai écrit par toutes mes dépêches, étant très-content du bon devoir que vous y avez fait jusques à présent, car vous ne m'avez rien laissé à désirer pour ce regard ; au moyen de quoi vous mettrez la dernière main à cet ouvrage avec toute confiance et assurance de ma volonté, sans y entrer ci-après en doute quelconque, et y user de votre diligence accoutumée. Je me remets à vous d'accorder auxdits Etats, pour la garantie et sûreté dudit commerce, comme pour l'observation de ladite trève, les traités, actes et déclarations que vous jugerez nécessaires, assuré que vous aurez toujours tel égard qu'il convient à ma dignité et à mon service, par préférence à toute autre chose. Je vous envoie la lettre en faveur du prince d'Espinoy pour lesdits Etats que vous m'avez demandée, suivant laquelle vous ferez tous les offices possibles à son bénéfice, et je le tiendrai à service très-agréable. Je vous recommande aussi les affaires de mon cousin le prince Maurice, afin qu'il soit traité ainsi qu'il mérite. Lesdits Etats lui doivent cette reconnaissance, et estime que le devoir qu'ils en feront ne sera moins utile et honorable à leur Etat en temps de trève qu'a été l'assistance qu'ils ont reçue de sa personne durant la guerre.

Vous ne faudrez donc d'affectionner ce point comme important au public, et à mon contentement particulier, le recommandant d'affection de ma part au sieur Barneveld et à tous autres où besoin sera. Pour le regard du temps qui doit être donné pour la ratification d'Espagne, je vous ai écrit les raisons pour lesquelles je désire qu'il soit abrégé. Ce n'est pas que j'estime que le fruit que nous espérons du traité dépende de la, car je sais que valent telles pièces en cas semblables, et comment on a accoutumé d'observer telles promesses ; mais c'est parce qu'il me semble qu'il est honnête et raisonnable que lesdits archiducs, qui se font fort pour ledit Roi, se contentent de pareil

dre un délai compétent pour le représenter, à la charge, s'il y a du défaut, que l'on se contentera de le prolonger s'il est trouvé bon de le faire, et d'en attendre l'effet avec la patience qui sera lors jugé pour le mieux, ou bien de prendre d'autres conseils, sans qu'il soit besoin maintenant de faire pour ce regard d'autres offres auxdits Etats pour leur faire trouver bon que ledit temps soit raccourci. Mais quand je vous mande mon avis sur telles choses, ce n'est intention de les épouser si précisément que je veuille y assujétir les volontés des parties; je me remets à leur meilleur jugement, et au vôtre: ils y ont principal intérêt, et vous êtes sur les lieux pour connoître mieux ce qui en doit être fait. A tant, je prie Dieu, messieurs Jeannin et de Russy, qu'il vous ait en sa sainte garde.

Ecrit à Paris, le douzième jour de mars 1609.

HENRI.

Et plus bas,

BRULART.

LETTRE *de M. de Villeroy à M. Jeannin, dudit jour douzième mars 1609.*

Monsieur, permettez-moi, je vous prie, que je me plaigne à vous de l'impression que vous avez prise, et du jugement que vous avez fait de nos dernières lettres; j'en ai lu et relu la minute plusieurs fois depuis avoir reçu les vôtres; pardonnez-moi si je vous dis que je n'y ai trouvé sujet qui vous ait dû donner cette opinion. Nous vous avons mandé par icelles que vous avez fait beaucoup pour le service des archiducs, d'avoir, par vos raisons et par votre constance, rangé leurs députés à consentir l'article de la navigation ainsi que vous l'avez réformé. Est-il pas vrai? Ce qu'ils débattoient n'étoit que vent et choses frivoles; vous les avez vaincus par votre industrie, et par raisons rendus capables de leur propre bien, ou contraints d'y acquiescer. Avez-vous pas fait beaucoup pour leurs maîtres? S'ils l'ont fait ou montré faire à regret, nous disons qu'ils s'en loueront quelque jour. Le feront-ils pas lorsqu'ils jouiront du bénéfice de la trève que le Roi leur procure par votre entremise? S'ensuit-il pour cela, et en disant cela, que nous croyions que vous avez mal servi Sa Majesté ou les Etats? Nous ne nous en plaignons pas par nosdites lettres. Nous disons bien après vous que nous craignons que l'article ainsi couché soit rejeté par lesdits Etats. Avons-nous pas remarqué par vosdites lettres que vous aviez la même défiance, et pertant avisé prudemment de l'exposer vous-même auxdits Etats sans leur écrire, de peur de les effaroucher? Mais que nous ayons improuvé ou condamné ledit article, tant s'en faut que nous vous avons écrit l'avoir jugé aussi valable pour lesdits Etats en cette forme qu'en la première. Davantage, Sa Majesté vous a commandé faire votre possible envers lesdits Etats pour le faire admettre et accepter, ajoutant qu'elle est contente que vous engagiez son nom avec celui du roi de la Grande-Bretagne à la garantie d'icelui avec le surplus du traité. Encore fortifions-nous notre dire d'une considération qui ne doit être méprisée par lesdits Etats, qui est qu'en acceptant la liberté dudit commerce suivant ledit article, ils l'acquerront du consentement de ceux qui font profession et publient avoir droit d'en exclure toutes les nations du monde. Quoi! est-il possible d'exprimer plus clairement que cela l'agréation que nous avons dudit article? Monsieur, il faut que vous ayez lu nos lettres, préoccupé de quelque autre cause qui vous ait jeté en l'interprétation que vous en avez faite. Or je vous jure qu'elle est très-aliénée de notre conception, et, si j'ose dire, du sujet que nous vous en avons donné tant par nosdites lettres que par celles que vous avez reçues par Picaut, auxquelles celles-là se référoient.

Quant à la ratification d'Espagne, nous désirons et jugeons être à propos que l'on abrège le temps pour la fournir, et nous estimons deux ou trois mois suffisans pour ce faire; car quand elle ne devroit être rapportée dans ledit temps, si est-il bienséant que l'on démontre par un délai équitable que l'on veut la bailler sans fraude, ni, comme ils parlent par-delà, sans arrière-pensée. Toutefois Sa Majesté trouve bon que vous conveniez dudit article, comme des autres qui sont encore en débat, ainsi que vous jugerez pour le mieux. La raison règle et conduit ses intentions; elle n'en tend décevoir personne, non plus les archiducs que les autres. Si les Anglois flattent mieux ceux-là que nous, si ne traiteront-ils plus rondement et sincèrement que nous. Notre but est de bien faire pour le public, et aux intéressés en cette cause. Véritablement, Sa Majesté ne voudroit favoriser les Espagnols en leurs fantaisies et fins au dommage desdits Etats. Elle juge et croit que bien faire en cette action auxdits archiducs par les bonnes voies, c'est procurer aussi du bien auxdits Etats; ainsi veut-elle avancer son contentement. Monsieur, si elle eût changé d'avis, nous vous l'eussions écrit clairement et librement; nous ne l'eussions même déguisé ni caché aux mêmes archiducs, ni à leurs ministres, tant notre maître fait profession de cette générosité royale qui abonde en lui. Prenez, je vous supplie, une autre fois plus de fiance en nos écrits, voire de votre propre probité et fidélité; nous la reconnoissons comme vous-même, et mieux peut-être que vous ne pensez, ainsi que j'ai à regret remarqué par le discours de la lettre que vous m'avez écrite, vous assurant que le Roi a été aussi marri que moi en peine de la vôtre, ainsi que vous connoîtrez par sa lettre.

Achevez donc votre entreprise gaîment et hardiment, vous confiant en la confiance que l'on a en vous, car elle est entière, et demeurant acertainé que notre maître est constant en ses résolutions, et non moins franc et libre en ses commandemens. Au reste, je vous envoie une lettre de change pour recevoir par-delà les douze mille livres dont mes précédentes ont fait mention, et vous saurez que nous avons approuvé la commission que vous avez donnée à M. de Preaux, ensemble tout ce que vous avez avisé et nous avez écrit sur ce sujet. Ayez l'œil seulement que le personnage qui veut servir notre Roi effectue sa proposition. Je prie Dieu, monsieur, qu'il vous conserve en parfaite santé.

De Paris, le douzième jour de mars 1609.

Monsieur, comme vous m'avez écrit librement votre peine, je vous écris de même le ressentiment que j'en ai, et ce qu'il m'en semble : je vous prie le prendre en bonne part, et nous mander si vous avez vu les lettres des Indes que nous vous avons envoyées par Picaut, et ce que vous en avez fait. Nous attendons aussi votre avis sur le choix des personnes que vous estimez propres en Bourgogne, pour être employées à décider les différends que nous avons de ce côté-là pour nos limites avec ceux du comté, car les archiducs nous pressent d'y pourvoir, et le jugeons à propos. Répondez-nous donc à ces deux points, et je salue vos bonnes grâces de mes très-affectionnées recommandations. C'est, monsieur,

Votre, etc.   De Neufville.

Sommaire récit fait en l'assemblée des Etats-généraux des Provinces-Unies, tenue à Berg-op-Zoom le dix-huitième jour de mars 1609, par la bouche de M. Jeannin, tant au nom du Roi que du roi de la Grande-Bretagne, de ce qui s'est passé entre nous ambassadeurs de Leurs Majestés et ceux du roi d'Espagne et des archiducs, ès conférences faites sur le sujet de la trêve à longues années, depuis que nous sommes arrivés à Anvers jusques à notre départ.

Notre plus grand soin a été, ès dites conférences, de faire connoître aux députés des archiducs que vous, messieurs, vouliez achever et conclure la trêve à ce coup, ou n'y plus penser, et si, après tant de remises et longueurs, en rechercheroient encore d'autres, que nos et vous aussi entreriez en soupçon que leur conduite ne tend qu'à faire profit du temps, à votre dommage et à la honte des princes qui sont vos amis et alliés, lesquels se sont employés pour vous assister et aider à mettre ce pays en repos; que pour ôter toutes occasions ou prétextes de longueurs et disputes de votre côté, nous vous avions instamment priés d'accepter tous les articles de notre projet sans y rien changer, et qu'enfin, après plusieurs contestations, vous auriez acquiescé aux conseils qui vous étoient donnés de la part de nos rois, du moins en y faisant si peu de changement, qu'ils n'auroient aucun sujet d'y trouver à redire. Vous nous aviez même donné votre résolution par écrit, avec prière de tirer la leur, en nous faisant déclaration bien expresse que vous n'entendiez plus prolonger la trêve, ni sortir de la Haye pour aller à Berg-op-Zoom, et moins encore envoyer vos députés pour traiter avec eux, jusqu'à ce qu'ils y eussent satisfait et donné aussi leur résolution par écrit conformément auxdits articles.

Et sur ce qu'ils nous auroient répondu à l'instant que les vouloir contraindre de signer les articles ainsi que vous les avez arrêtés sans y rien changer, étoit leur donner la loi trop impérieusement, et qu'ils ne le pouvoient souffrir; joint qu'au peu de temps qui restoit de la trêve, laquelle devoit finir au quinzième de février, et on étoit lors au onzième, il n'y avoit moyen d'aller vers les archiducs pour recevoir leur commandement comme il étoit nécessaire, puis après nous dire leur intention, et en conférer et résoudre s'il y avoit quelques difficultés; ainsi il étoit requis avant toute œuvre de prolonger ladite trêve : ce qui fut enfin, après quelque contestation, consenti par nous pour tout ledit mois de février; y ajoutant néanmoins, s'ils ne nous donnoient la résolution des archiducs conforme à nos articles dans le vingt-quatrième, que nous partirions le lendemain pour nous en retourner, et qu'ils n'auroient pourtant aucun juste sujet de se plaindre que nous leur donnions la loi en les pressant de signer les articles ainsi qu'ils ont été arrêtés par vous, d'autant que vous ne les aviez pas dressés, mais nous, comme entremetteurs et médiateurs, après en avoir premièrement conféré avec eux avant leur départ de La Haye, puis les avoir mis au plus près que nous avions pu de l'intention des uns des autres, et de ce qui nous sembloit raisonnable pour le bien et la sûreté commune de tous. Ils ne firent autre réponse en cette première conférence ni en la seconde, sinon, après la lecture des articles dont copie leur fut donnée, que celui des contributions étoit du tout injuste, et ne le consentiroient jamais; que seroit aussi une trop grande dureté et inhumanité de contraindre les habitans du plat pays, lesquels ont supporté les charges et injures de la guerre plus que nuls autres, à les continuer lorsque chacun jouiroit du repos et de quelque soulagement. Nous déduisîmes nos raisons au contraire, ou plutôt la nécessité de cette levée, du moins pour quelques années, et qu'on les pourroit bien modérer après, mais non ôter du tout; que les archiducs en recevroient de l'utilité de leur côté aussi bien que vous, messieurs, et que les paysans, étant soulagés des autres injures et violences de la guerre, supporteroient aisément telles levées en vertu d'un accord mutuel fait du consentement des deux partis, et non plus avec hostilité; nonobstant quoi ils insistèrent toujours et avec véhémence pour les faire ôter du tout, sans contester pour lors sur aucun autre article.

M. le président Richardot s'étant contenté de nous dire, outre ce que dessus, qu'il s'en iroit trouver les archiducs pour apprendre leur dernière résolution, et nous la dire aussitôt sans user d'aucune remise, d'autant qu'ils étoient lors pleinement informés de la venue de la volonté du roi d'Espagne, et n'avoient même plus besoin de la venue du confesseur, qui néanmoins étoit attendu de jour à autre à Bruxelles; que les longueurs du passé étoient plutôt venues de votre côté, et de la rudesse des conditions par vous requises, que d'eux; que son voyage, pour aller et retourner, ne seroit que de trois jours; et nous ayant dit l'intention des archiducs à une seule fois, sans y apporter aucun déguisement, seroit à nous de faire après ce que nous jugerions pour le mieux.

Il partit par effet le lendemain treizième de février, et retourna le seizième au soir. Le lendemain dix-septième, sur les dix heures du matin, étant assemblés, il nous répéta derechef les archiducs être informés pleinement de l'intention du roi d'Espagne, puis se mit à faire lecture lui-même des articles de la trêve selon votre résolution, accorda la préface, et, venant sur l'article de la liberté, déclara combien il étoit grief au roi d'Espagne de le consentir, mais qu'en considération des archiducs qui l'en ont prié avec tant d'instance et de soumission, il y a consenti contre l'avis de son conseil, et en faisant chose qu'il jugeoit être contre sa dignité et grandeur; insista après, comme il avoit déjà fait en la première et seconde conférences, pour ôter l'article des contributions, et en déduisit derechef les raisons avec même véhémence qu'il avoit fait auparavant, auxquelles fîmes réponse sans rien omettre de ce qui pouvoit être requis pour les persuader; mais ils ne se voulurent laisser vaincre. La difficulté fut après sur le commerce des Indes, qu'il nous déclara d'entrée être consenti par le roi d'Espagne de gré à gré, sur ce que nous leur avions remontré, avant leur départ de La Haye, que vous, messieurs, l'auriez plus agréable de cette façon que par hostilité, et déclaré même qu'il nous sembloit expédient de faire cesser toutes actions qui pourroient être cause de rompre la trêve, et de renouveler les inimitiés et injures passées.

Mais quand il s'expliqua plus avant sur cet article, il nous dit qu'il suffisoit que la trêve fût générale partout, sans distinction de lieux ni de personnes, comme il est contenu en notre article, et, pour le regard du commerce, qu'il fût limité et restreint, en ce qui est des royaumes et pays du roi d'Espagne, à l'Espagne et ès pays qu'il tient en Italie, d'autant que pour le regard des lieux, places, ports et havres qui lui appartiennent hors lesdits pays, et même ès Indes, il n'entendoit aucunement d'y accorder ledit commerce, et pour le regard des autres lieux qui ne sont pas à lui, ne voudroit empêcher que vous et vos sujets n'y puissiez trafiquer si bon vous semble, eux offrant, au nom dudit sieur roi, de faire un traité particulier qui contiendroit son consentement, duquel traité, qu'il avoit minuté ainsi qu'il lui sembloit devoir être fait, il nous donna dès lors copie.

Nous fîmes réponse, puisque la trêve devoit

être partout, par ainsi aux Indes comme ailleurs, il étoit bien raisonnable aussi de rendre le commerce libre et général, sans excepter les lieux, places et ports que ledit sieur roi tient aux Indes ou ailleurs qu'en Espagne et Italie; mais ils répliquèrent que les vôtres n'ont jamais trafiqué ès places et ports qu'ils ont aux Indes, et qu'en traitant la paix, vous ne l'aviez non plus prétendu, et suffisoit bien que le roi d'Espagne consentît de ne vous donner aucun empêchement au trafic que vous pourriez faire partout ailleurs ès pays et Etats des princes et peuples qui vous le voudront permettre : ce qu'il n'a voulu consentir jusqu'ici aux rois de France et d'Angleterre, par les traités de paix faits avec eux, en sorte que s'ils y vont, c'est à leurs périls et fortunes. Nous leur dîmes encore là-dessus que vous aimeriez mieux y aller de même façon, et avec hostilité, que d'avoir le gré à gré restreint en la sorte qu'ils le veulent donner; mais ils firent réponse que l'hostilité des autres nations leur étoit moins incommode et dommageable que la vôtre, d'autant qu'ils n'y vont avec armées et grandes flottes comme font vos marchands, mais à la dérobée, et avec deux ou trois navires seulement.

Nous y ajoutâmes encore qu'il n'étoit aussi raisonnable de restreindre le commerce du côté de l'Europe en ce qui appartient au roi d'Espagne ès royaumes d'Espagne et en Italie, mais l'étendre et dire généralement par toute l'Europe, au détroit de Gibraltar, ès côtes de Barbarie, en celles de la mer Méditerranée et au circuit entier d'icelle mer, comme aussi ès îles des Canaries, d'autant que les sujets des rois et princes qui sont amis et alliés dudit sieur roi y ont le trafic de gré à gré.

Nous étant séparés pour voir leur écrit et leur y faire réponse en la première assemblée, nous trouvâmes qu'il n'étoit couché comme il étoit requis pour votre sûreté, et en fîmes un autre qui fut rejeté par eux, puis un second qu'ils ne voulurent non plus accepter, d'autant que nous faisions expresse mention des Indes; eux nous disant que le roi d'Espagne vouloit bien consentir ce commerce èsdits lieux, mais sans l'exprimer, de façon que les autres rois et princes avec lesquels il a alliance et amitié n'aient raison de lui faire la même demande en faveur de leurs sujets; aussi qu'il lui seroit moins honteux et grief de le souffrir et dissimuler, l'ayant accordé par mots généraux et circonlocutions, que par l'expression du mot des Indes; ajoutant encore qu'il y avoit d'autres considérations qui regardent l'intérêt du roi d'Espagne, sans que vous, messieurs, y ayez aucun dommage, qui l'induisoient d'y procéder ainsi, et qu'il vous devoit suffire que vous en jouissiez en toute sûreté et liberté. Enfin, après plusieurs contestations sur cet article, faites et continuées en deux diverses conférences, nous prîmes résolution de dresser un autre écrit qui nous sembloit désigner et éclaircir assez suffisamment ce commerce des Indes, encore que le mot n'y fût exprimé, pourvu qu'il fût mis dans le traité général au lieu de l'article du commerce, estimant qu'il seroit plus authentique et assuré que d'en faire un traité à part, leur disant néanmoins que nous n'entendions vous obliger à l'approuver pource que nous n'en avions aucune charge ni pouvoir, mais que c'étoit seulement pour vous le faire voir, et remettre le tout à votre jugement.

A la suite duquel article nous leur dîmes depuis qu'il étoit besoin d'en ajouter un autre, d'autant que la trêve ne pouvoit commencer aussitôt èsdits lieux que du côté de l'Europe, lequel sert beaucoup pour éclaircir l'autre, et montrer que le commerce hors les limites y désignées ne peut être entendu que de celui des Indes.

Mais ces deux articles eurent encore de très grandes difficultés; car ils voulurent corriger et changer le premier en plusieurs endroits, et rejeter du tout le dernier, disant que, si après la trêve quelque dommage étoit hors les limites déclarées par le précédent article, il faudroit souffrir d'une part et d'autre ce qu'on ne pourroit réparer, à savoir la mort des personnes et la perte des vaisseaux, mais rendre seulement ce qui seroit en nature : à quoi nous ne voulûmes consentir, ni permettre qu'aucun changement se fît au premier article, ni pareillement que l'autre fût ôté; leur déclarant que vous feriez encore très-grande difficulté de vous contenter des circonlocutions dont nous avons été contraints d'user pour nous accommoder aucunement à leur désir; car les plus foibles ont toujours raison de faire coucher les traités si intelligiblement qu'il n'y ait aucune ambiguïté qui puisse donner sujet au plus fort d'y faire des interprétations à son avantage, contre le sens et la vraie intelligence des traités.

Après plusieurs disputes sur ces écrits, ils prirent résolution d'envoyer M. Verreiken vers les archiducs, lequel retourna le quatrième jour après son départ sans avoir rien fait. Et lors ledit sieur président Richardot nous vint trouver, et nous pria (d'autant que nous étions au vingt-cinquième, ainsi au jour auquel nous leur avions dit que nous devions partir) de leur donner encore deux jours, et qu'il iroit lui-même trouver les archiducs, dont nous fîmes grande difficulté, craignant que ce délai fût recherché à mauvais dessein, et pour gagner le dernier jour de la trêve, afin de demander après une nouvelle prolongation. Y étant enfin allé avec notre consentement, il nous rapporta que les archiducs accordoient l'écrit qui contient le premier article, en ôtant d'icelui quelques mots qu'il nous voulut faire croire n'être substantiels ni d'aucun préjudice, dont fîmes refus. Et après une assez longue contestation qui témoignoit leur colère et déplaisir, il ajouta, puisqu'on ne vouloit rien donner aux prières des archiducs qui le faisoient pour contenter aucunement l'Espagne, et qu'au contraire on leur tenoit le pied sur la gorge pour servir à la passion de quelques particuliers qui s'opiniâtrent à ce commerce, non-seulement afin d'en jouir en toute liberté et sûreté, mais pour l'avoir avec des mots qui aient de la honte, et donnent du déplaisir au roi d'Espagne, ils y consentoient, et qu'il fût même inséré dans le traité général, puisque nous ne le voulions accorder autrement; et quant à l'article suivant, il ne fut accordé pour lors, ni plusieurs jours après, mais seulement peu avant notre départ.

Ils firent mention ensuite de l'article concernant le commerce du pays, et nous voulurent persuader qu'il n'étoit pas raisonnable, et ne pourroient aucunement souffrir qu'on continuât en Zélande les grandes impositions, ni la forme des levées qu'ils ont faites durant la guerre et pendant la cessation d'armes, en quoi tous les princes voisins étoient intéressés aussi bien qu'eux, et si on pensoit continuer cette rigueur, ils s'en sauroient bien revancher avec des moyens qui apporteront autant de dommage à ceux de Zélande qu'ils leur en veulent faire souffrir; mais nous ayant insisté qu'il ne falloit changer aucune chose en cet article, et que la trêve faite ils en pourroient conférer amiablement, et y pourvoir de gré à gré, ils nous surent bien répondre que l'article, ainsi qu'il est couché, demeurant à la discrétion des Etats, ils n'en voudroient rien quitter après, attendu que le traité ne laisseroit de subsister. L'article ne laissa toutefois de demeurer nonobstant leurs raisons, eux se promettant qu'il seroit jugé nécessaire d'une part et d'autre, pour la commodité mutuelle du trafic, d'y faire quelque changement.

Quant à la durée de la trêve, nous avons toujours insisté qu'elle doit être de douze ans au moins, et eux se sont arrêtés sur les dix; et néanmoins, nous avons bien reconnu peu avant notre départ, s'ils ne vous peuvent contenter des dix, qu'ils aimeront mieux accorder les douze que de rompre à cette occasion, dont nous sommes comme assurés.

C'est ce qui s'est passé en nos conférences, dont ayant averti les rois nos maîtres, afin d'en avoir leur avis et le vous faire entendre au même temps que nous vous ferions ce rapport, ils nous ont mandé qu'ils n'espéroient pas que le roi d'Espagne, lequel a fait publier partout qu'il n'accorderoit jamais l'article de la liberté selon qu'il est contenu en notre projet, ni le commerce des Indes, y eût voulu consentir; qu'ils n'estimoient non plus que les archiducs, dont les sujets sont fort intéressés au commerce du pays, voulussent accorder l'article dudit commerce ainsi précisément qu'il a été mis en notre projet, mais puisqu'ils l'ont accordé et signé, comme aussi tous les autres articles, fors celui des contributions, et qu'ils semblent encore vouloir consentir celui des douze ans pour la durée de la trêve, ils ont estimé les affaires être à présent en si bon état, que vous pouvez conclure et passer ce traité avec sûreté et grand avantage.

Attendu même que l'article des Indes, ainsi qu'il est mis dans le traité duquel ils ont vu la copie, est à leur avis si bien et intelligiblement exprimé, qu'il ne peut recevoir aucune ambiguïté, ni mauvaise interprétation à votre préjudice, et conjoignant avec ledit article le suivant, par lequel est dit que la trève ne commencera hors l'Europe et les autres limites désignées au précédent, sinon un an après le traité, pour avoir loisir d'avertir les forces qui y sont de présent de ne plus commettre aucun acte d'hostilité, lequel article ne peut être entendu que des Indes; aussi ont-ils fait par un bien long temps difficulté de l'accorder, et nous ne l'avons obtenu que sur l'instant de notre départ, comme il a été dit ci-dessus. Et néanmoins, nos rois nous ont encore donné charge de vous dire que, pour contenter et assurer ceux qui pourroient faire quelque difficulté, ils offrent de s'obliger par le traité qui contiendra la garantie de la trève, au cas que vous soyez troublés et empêchés audit commerce des Indes, de tenir la trève pour enfreinte, et de vous assister du secours auquel ils seront obligés, tout ainsi que si elle étoit violée et rompue en tous les autres articles du traité.

Nous vous exhortons et prions donc de leur part de ne plus vous arrêter à de vaines disputes et contestations qui ne servent qu'à faire couler le temps inutilement; vous en avez déjà trop perdu. La longueur et irrésolution vous est très-dommageable; elle vous met en défiance les uns des autres, et enfin pourroit diviser votre Etat, et le faire tomber en factions; au lieu qu'une prompte résolution vous réunira tous, et fera connoître à chacun, si vous avez été divisés en opinions, que vos intentions ont toujours été semblables, et n'avez eu tous qu'un même but et dessein, à savoir de conserver votre pays.

Vous ne rencontrerez jamais tant de choses conjointes ensemble pour vous aider à obtenir un traité avantageux comme à présent. Les archiducs sont amateurs de la paix. Le roi d'Espagne se soumet à des conditions qu'il rejetteroit sans doute, n'étoit leur considération. Deux grands rois, qu'on a essayé de séparer de votre amitié, sont demeurés fermes et constans en leur première affection, et n'ont eu ensemble qu'un même avis en la conduite de cette affaire, et outre ce, ont fait connoître clairement qu'ils ne veulent aucunement abandonner le soin de votre conservation; et toutes ces considérations ensemble ont été celles qui ont induit ou plutôt contraint les princes qui traitent avec vous de consentir à cet accord. La plus grande prudence ès affaires d'importance est de se servir de l'opportunité, et de considérer qu'en peu de temps tels changements arrivent en l'instabilité des choses humaines et des volontés des hommes, qui rendent impossible ce qui étoit auparavant aisé.

LETTRE *de MM. les ambassadeurs de France et d'Angleterre à M. le marquis Spinola[1], du vingt-unième mars 1609.*

Monsieur, nous vous envoyons la prolongation de la trève jusques à la fin de ce mois, comme aussi les noms de messieurs les députés des Etats qui doivent aller à Anvers, afin qu'il vous plaise nous faire envoyer par ce trompette un passeport de son altesse pour eux, ensemble un pareil acte pour ladite prolongation de ladite trève. Les députés des Etats par-delà seront pouvoir de la prolonger pour plus de temps s'il est besoin, mais nous espérons, chacun étant bien disposé à faire finir ce travail, qu'il y aura assez de temps pour y mettre la dernière main, et nous le désirons ainsi de même affection dont nous vous baisons très humblement les mains, comme étant, monsieur, vos, etc. P. JEANNIN, DE RUSSY, RI. SPENCER, et RODOLPHE WINOOD.

A Berg-op-Zoom, le vingt-unième mars 1609.

LETTRE *de M. Jeannin à M. Richardot, dudit jour 21 mars 1609.*

Monsieur, nous espérons de vous voir bientôt, s'il plaît à Dieu, avec désir d'achever ce qui est déjà bien avancé, et dont j'espère le succès devoir être heureux. M. de Bethune, qui a la charge d'un régiment françois, désire de voir à Anvers avec moi, lui sixième, pour, après y avoir demeuré quatre ou cinq jours, s'en aller voir les autres villes du pays, et de là passer en Allemagne. Je vous supplie bien humblement lui vouloir faire donner un passeport de son altesse, et que ce trompette le lui puisse apporter.

[1] Ambrosio de Spinola, chevalier de la Toison d'or, mestre-de-camp-général des armées du roi d'Espagne.

s'il vous plaît. C'est une curiosité de jeunesse et un désir de voir. Nous écrivons tous ensemble à M. le marquis pour les passeports de messieurs les députés des Etats. J'estime que si je l'eusse supplié de cette courtoisie pour ledit sieur de Béthune, qu'il me l'eût accordée, mais je m'en suis adressé plus privément à vous, désireux de vous rendre service bien humble de même affection dont je prie Dieu, monsieur, qu'il vous donne en parfaite santé heureuse et longue vie.

Votre, etc.

P. JEANNIN.

De Berg-op-Zoom, ce 21 mars 1609.

Lettre de MM. Jeannin et de Russy au Roi, dudit jour vingt-unième mars 1609.

SIRE,

Étant arrivés en ce lieu de Berg-op-Zoom le vendredi, treizième de ce mois, le lendemain, sur les dix heures du matin, nous fûmes en l'assemblée générale des Etats pour leur faire entendre de bouche la résolution qui avoit été prise du côté des archiducs sur leurs articles, et qu'elle étoit conforme à leur désir, fors en l'article des contributions; puis, après leur avoir déduit sommairement les difficultés qui s'étoient présentées, leur fut donné un écrit qui contenoit tout ce qui s'est passé en nos conférences; duquel lecture faite en nos présences, comme aussi des articles accordés et signés par les députés des archiducs, ils en demeurèrent fort contens, et nous avons bien su depuis qu'aucuns d'entre eux avant que sortir, dirent hautement qu'ils ne pensoient pas que nous eussions tant obtenu, et nous reconnûmes aussi dès lors que chacun se disposoit à recevoir la trève. Outre ce qui touchoit aux affaires générales, nous avions pris résolution entre nous et les députés d'Angleterre, avant que partir d'Anvers, de faire tout ce qu'il nous seroit possible, lorsque nous serions près desdits sieurs les Etats, pour donner contentement à M. le prince Maurice et aux seigneurs de sa maison, tant afin de rendre toutes choses plus faciles que pour faire reconnoître leurs mérites et services, ayant dit auxdits députés d'Angleterre que Votre Majesté nous l'avoit ainsi commandé, et qu'elle le jugeoit même nécessaire pour le bien de cet Etat, ce qu'ils montrèrent d'approuver, et se vouloir aussi joindre avec nous comme en ayant pareil commandement de leur maître. A cette occasion nous fûmes derechef, le même jour sur les quatre heures du soir, en l'assemblée générale, pour leur en parler d'affection de la part de Vos Majestés, et les prier d'y pourvoir avant que prendre résolution sur l'affaire générale, du moins en même temps, eux pouvant faire l'un et l'autre sans remise, attendu le grand nombre de députés qui étoient en leur assemblée avec charge et pouvoir de faire tout ce qui seroit requis pour le bien commun, leur pouvant dire avec vérité que telle gratitude envers les seigneurs de cette maison en faisoit partie : ce qu'ils prirent de bonne part, promirent de s'y employer et de nous y faire la plus prompte et favorable réponse qu'ils pourroient; dont M. le prince Maurice ayant été averti incontinent après et des propos favorables que nous avions tenus de lui et des autres seigneurs de sa maison, nous en remercia, et montra d'être obligé à Votre Majesté, à laquelle il reconnoîtra toujours devoir tout le bien qui en aviendra. Nous avions dès long-temps préparé les volontés de ceux qui ont plus de pouvoir contre les députés, même celle du sieur Barneveld, pour y aider, et, depuis la proposition faite, continué et déclaré particulièrement ce que nous désirions, tant pour ledit sieur prince Maurice, M. le comte Henri, son frère, que M. le comte Guillaume, tout ayant enfin si bien succédé qu'ils en sont demeurés fort contens et satisfaits.

Quant à l'affaire générale, ils y ont fait de nouveau quelques difficultés, mais toutes légères, et qui ne sont d'aucune considération, sinon celle des contributions qu'ils consentent bien de quitter, pourvu qu'on demeure d'accord des limites, non autrement, nous priant de faire en sorte que cela soit éclairci par le même traité sans le remettre après; mais leur ayant fait connoître que l'article, ainsi qu'il est conçu, oblige les archiducs de convenir promptement desdites limites, pource que les contributions peuvent être levées jusqu'à ce que ce règlement ait été fait, ils y ont consenti et laissé à notre jugement et conduite de les faire régler précisément par le traité, ou de le remettre après : ce que nous ferons ainsi qu'il sera trouvé pour le mieux, ayant toujours ce but d'éviter, autant qu'il sera possible, toutes longueurs et nouvelles difficultés. Il est bien requis à la vérité de demeurer d'accord de ces limites après la trêve, si on ne le peut faire devant, afin que quelques disputes ne surviennent à cette occasion, en quoi nous ne voyons pas qu'on puisse prendre autre règle, sinon que les bourgs, villages et hameaux qui dépendent des villes, terres et seigneuries, d'une part et d'autre, suivent le chef-lieu. Nous l'avions aussi mis de cette façon en notre premier projet, quoi faisant tous les villages qui dépendent de Breda, Berg-op-Zoom et Grave, lesquels sont au pays de Brabant, seront du côté des Etats; mais les archiducs en ont toujours fait difficulté, de manière que du passé les uns et les autres se sont accommodés avec quelque confusion, mais sans dispute ni querelle, pource que les paysans ont mieux aimé payer les redevances et contributions aux uns et aux autres que de souffrir pis en les refusant. Le sieur Jeannin ayant ci-devant dit au président Richardot qu'il étoit raisonnable de régler les limites de cette façon, il lui a répondu qu'ils y faisoient difficulté, principalement à cause de la religion, en laquelle aucun changement n'a été fait jusqu'à présent ès dits villages, et s'il est déclaré nommément par ce traité qu'ils doivent suivre les villes tenues par les Etats, ils y établiront aussitôt leur religion, et banniront la catholique, ce qu'eux désirent d'éviter; mais si leur refus n'est fondé en autre raison, les Etats accorderont bien qu'aucun changement n'y soit fait, et ils nous l'ont déjà ainsi promis. Nous craignons toutefois qu'outre cette considération, ils n'en aient encore d'autres; à savoir, de faire ressortir ces villages en cas d'appel à Malines, et d'y prendre les aides, comme ils font ès autres lieux de Brabant. Or s'il est ainsi, il faudra laisser cet article après le traité, ou bien y chercher quelque autre expédient qui n'ait aucune longueur. Ils ne veulent donner que trois mois pour la ratification, et il semble aussi que ce temps doit suffire, Votre Majesté ayant jugé qu'il le faudroit plutôt accourcir qu'allonger.

L'article du commerce des Indes, que nous craignions devoir être le plus débattu, n'a point eu de difficulté, et ont trouvé tous qu'il étoit couché plus intelligiblement par notre article qu'il n'étoit par celui des Etats. Il y a eu quelques autres légères difficultés dont nous ne faisons ici aucune mention, pource qu'ils ont sont remis à nous. Enfin les Etats nous ont priés et requis de vouloir passer dès à présent le traité de garantie pour la trêve, et d'y insérer qu'on les tient libres pour toujours; à quoi leur a été répondu qu'il suffit de faire ce traité après la conclusion de la trêve, l'offrant lors sans remise; mais quant à la déclaration, que les tient libres pour toujours, que c'est chose superflue, et qui ne leur serviroit de rien, étant néanmoins aisé de faire le traité pour la garantie, en sorte que ce qu'ils requièrent pour ce regard y soit compris sans l'exprimer nommément. Ils nous ont encore demandé, au cas que le roi d'Espagne fasse difficulté de ratifier, et par effet n'y ait satisfait dans le temps promis, si Votre Majesté et le roi d'Angleterre ne tiendront pas son refus pour contravention à la trêve: sur quoi il leur a aussi été dit que ledit sieur roi demeure obligé par le traité en vertu de sa procuration, quand même il ne voudroit ratifier; et les députés d'Angleterre ont ajouté que ce refus, s'il le fait, doit être tenu pour infraction, et nous, que ce sera aux Etats de le déclarer les premiers, que les princes qui sont leurs amis feront après ce qu'ils jugeront être requis pour leur bien et sûreté. Ce que nous voyons de mieux est qu'ils se réunissent tous ensemble, et montrent ne vouloir plus retourner d'où ils sont sortis. Nous envoyons demander des passe-ports aux archiducs pour les députés des Etats, avec la prolongation de la trêve pour le reste du mois, dans lequel temps on essaiera de conclure tout, et, s'il faut quelques jours de plus, les députés des Etats auront pouvoir de la prolonger pour autant de temps que nous leur conseillerons. Nous partirons le vingt-troisième pour aller à Anvers, et lesdits sieurs députés le lendemain. Les affaires sont en état que nous en tenons le succès comme assuré, dont nous donnerons avis à Votre Majesté de jour à autre, et cependant nous prierons Dieu, sire, qu'il lui donne, et à sa royale famille, tout heur et prospérité.

Vos, etc.   P. JEANNIN et DE RUSSY.

De Berg-op-Zoom, ce vingt-unième jour de mars 1609.

Lettre de M. Jeannin à M. de Villeroy, dudit jour vingt-unième mars 1609.

Monsieur, si je vous ai écrit avec trop de chaleur par mes précédentes lettres, et sans avoir assez considéré les vôtres, je vous supplie de me le pardonner. J'ai pris tant de peine pour conduire l'affaire en laquelle il a plu au Roi m'employer, et y ai reçu tant de traverses d'où je ne les devois pas attendre, que quelque soupçon me porta lors à vous écrire, au lieu que je devois plutôt souffrir et dissimuler mon déplaisir, peut-être mal fondé, que de m'en plaindre. Tous ceux qui ont contredit à la trève de ce côté l'embrassent maintenant, jugent ce que je leur ai toujours dit de l'inclination du plus grand nombre à se mettre en repos être très-véritable, et me savent gré de la peine que j'ai prise de porter les affaires où elles sont, selon le commandement du Roi, qui, à cette occasion, y est mieux de beaucoup qu'il ne fut jamais. Les Etats, à la prière et recommandation de Sa Majesté, à laquelle les députés d'Angleterre se sont joints, ont très-bien traité M. le prince Maurice; car ils lui assurent tous ses états et appointemens ordinaires et extraordinaires, lesquels reviennent à quatre-vingt mille livres chacun an; et au lieu des contributions et confiscations dont il jouissoit, lui donnent encore pareil revenu de quatre-vingt mille livres, lui promettent outre ce, venant à se marier, vingt-cinq mille livres de revenu pour lui et pour les siens, et, au cas qu'il décède sans enfans légitimes, consentent que M. le comte Henri son frère et ses enfans après lui soient substitués. J'espère encore qu'ils lui donneront ce revenu de vingt-cinq mille livres dès à présent pour lui et pour les siens avec la même substitution, comme nous les en prions, et qu'ils feront mieux, lui se conduisant comme il dit vouloir faire, et que je lui ai conseillé. Je travaille de tout mon pouvoir pour les réunir tous, et particulièrement pour rejoindre le sieur Barneveld avec lui, lequel a beaucoup aidé à lui procurer tout ce que dessus. M. le comte Henri a été bien traité aussi, car ils lui ont assuré et accru ses états jusqu'à trente mille livres chacun an. Ils ont aussi doublé les états à M. le comte Guillaume, qui en tirera près de cinquante mille livres chacun an, et

témoigné, par toutes ces gratifications et reconnoissances, qu'ils veulent donner contentement à leur maison pour la conserver et maintenir en bonne affection envers eux : ce qui me fait juger qu'ils n'ont pas envie de retourner d'où ils sont sortis. Ils savent bien que j'ai été le principal instrument de cette conduite, comme en ayant eu commandement de Sa Majesté, et à cette occasion s'en tiennent fort obligés à elle. Pour les affaires de la trève, elles sont en très-bon état, et espère que nous les achèverons à ce coup, n'y ayant plus que la seule difficulté des limites que nous ferons remettre après le traité, si nous ne trouvons expédient pour en sortir.

Je désire aussi qu'on puisse pourvoir aux confiscations pour le contentement de M. le prince d'Espinoy; les Etats y ont bonne volonté et je n'omettrai rien de mon côté. Nous sommes pressés de faire le traité pour la garantie de la trève; mais j'ai répondu qu'il le falloit différer jusqu'à ce que le traité fût fait. Ils en font autant pour avoir déclaration de Sa Majesté et du roi d'Angleterre qu'on les tient libres pour toujours; mais je suivrai en ceci ce qui m'a été commandé, et ne ferai rien sans vous avoir envoyé la minute pour recevoir commandement avant que passer outre. Vous verrez ce que M. de Preaux mande pour l'affaire du marchand que vous savez : il n'en a pu avoir si bon marché que nous nous étions promis, pour les raisons contenues en ce qu'il vous écrit, encore qu'il y ait procédé sagement, et avec tout le ménage qu'il a pu; car il faut douze ou treize mille livres, dont on a déjà donné dix mille, et il se tient content de la promesse que je lui ai faite de lui donner le surplus dans la fin de ce mois. Je me servirai de votre lettre de change pour autant qu'il me sera besoin, soit pour ma dépense, ou remplacer ce que j'ai pris. Ce marchand désire ardemment d'être employé pour un plus grand dessein aux Indes, où je ne fais doute qu'il ne serve fidèlement, et en cette première affaire pour acquérir créance.

Trois des principaux de la compagnie des Indes, dont il y en a deux qui sont bourgmestres d'Amsterdam, m'ont parlé pour savoir si Sa Majesté auroit encore affection d'en faire une en France, qui fût jointe d'amitié et de profit à la leur, ce qu'ils désirent pour se fortifier; m'ayant néanmoins dit que ce n'est pas leur intention de se désarmer et d'y aller foibles dorénavant, encore que ledit commerce leur ait été accordé de gré à gré. Je leur ai fait bonne réponse en termes généraux, et dit qu'il falloit attendre la résolution finale de la trêve, et que nous en conférerions après ensemble. M. de Russy est fort désireux d'avoir le titre de conseiller d'Etat, et le mérite aussi, car il a déjà été employé en plusieurs bonnes et grandes affaires; sa fidélité est connue du Roi dès long-temps, il est d'âge mûr, et de suffisance pour bien servir. C'est pourquoi je vous supplie très-humblement d'en faire la demande pour lui en envoyer le brevet par la première commodité. Je me tiendrai obligé avec lui à vous en rendre très-humble service. Je sais qu'en le voulant dire seulement à Sa Majesté, vous l'obtiendrez aussitôt, et je vous en supplie derechef de toute mon affection dont je prie Dieu, monsieur, qu'il vous donne en parfaite santé très-longue et heureuse vie.

Votre, etc. P. JEANNIN.
De Berg-op-Zoom, ce 21 mars 1609.

LETTRE *de M. Jeannin à M. le duc de Sully, dudit jour 27 avril* 1609.

Monsieur, les affaires sont à présent en état que nous en voyons presque la fin, et nous pouvons juger avec certitude qu'elle sera au contentement du Roi, ainsi que vous le verrez par les lettres que nous écrivons à Sa Majesté. Ce n'est pas que quelques difficultés ne restent encore, mais il n'y a rien, à mon avis, qui puisse empêcher de conclure ce traité; et dans peu de jours, s'il plaît à Dieu, je ferai tout ce qu'il me sera possible pour M. le prince d'Espinoy. Les Etats m'ont promis toute favorable assistance, et de ne point abandonner sa défense. Sa partie est néanmoins inexorable, et n'y a rien que la contrainte et la nécessité qui la puissent vaincre; car l'ambassadeur d'Angleterre qui est près des archiducs, m'en ayant parlé en sa faveur à Anvers, je lui fis quelques ouvertures pour en traiter amiablement avec elle, et le priai de m'en faire réponse; mais il n'a trouvé aucune bonne disposition en elle. Si ai-je assurance de la part des Etats qu'on ne traitera point du tout des confiscations, ou que ledit sieur prince jouira du bénéfice commun, nonobstant la transaction sur laquelle sa partie prétend fonder son droit. Ce n'est pas seulement en cet endroit, mais partout, que je désire témoigner que je suis, monsieur, votre, etc. P. JEANNIN.

De Berg-op-Zoom, ce 21 mars 1609.

LETTRE *de M. Jeannin à M. de Villeroy, du vingt-cinquième mars* 1609.

Monsieur, nous sommes arrivés d'hier au soir en cette ville. Les députés des Etats, qui sont sept pour les provinces, à savoir un de chacune, et outre ce M. le comte Guillaume, et M. de Brederodes joints avec eux, y doivent arriver après-demain. Il y a quelques légères difficultés dont j'espère que nous demeurerons d'accord aujourd'hui avec les députés des archiducs, et je ne prévois rien qui puisse accrocher, sinon l'article des limites et celui des confiscations, du premier desquels il seroit bien requis de s'accorder avant le traité pour éviter toute dispute à l'avenir, et le dernier aussi pour faire cesser les plaintes de ceux qui y ont intérêt du côté des Etats, lesquels en crient et murmurent bien fort, ce que je désire pareillement en considération de M. le prince d'Espinoy. C'est pourquoi nous essaierons d'y faire pourvoir par le traité; et néanmoins, s'il y a trop de difficulté ou longueur en l'un ou en l'autre, nous achèverons le traité; et aussitôt qu'il sera passé et ratifié par les archiducs et Etats, ce qui peut être fait dans trois ou quatre jours, nous en conférerons derechef, et faudra par nécessité que les archiducs s'accordent de l'article des limites; autrement, ainsi qu'il est touché dans le traité, les Etats pourront lever les contributions comme ils faisoient avant la première trêve, ayant néanmoins fait consentir aux Etats de ne les lever que sur les habitans qui demeurent ès bourgs, villages et hameaux dépendans des villes, places et seigneuries qu'ils tiennent, pourvu que les archiducs s'abstiennent d'y en prendre de leur part; autrement, ils en voudroient aussi prendre sur eux; car il est vrai en effet qu'on ne peut régler les limiles, sinon de cette façon, que les membres suivent d'une part et d'autre le chef-lieu, ainsi que je vous ai déjà écrit.

Ne trouvez pas étrange si nous en usons ainsi pour éviter les longueurs, sur ce que nous reconnoissons bien que du côté d'Espagne, c'est le but auquel ils tendroient volontiers, et forceroient même les archiducs à suivre ce conseil, si nous ne leur en ôtions du tout le sujet. Et du côté des Etats, il est si aisé de juger que s'ils trouvent de la résistance en quelque article, ils affecteront plutôt la longueur, et en craindront moins le danger que de rompre; et toutefois, c'est le pis qui leur sauroit arriver, et qui sembleroit honteux à Sa Majesté, si, après avoir si long-temps travaillé à cette affaire, elle n'en obtenoit la conclusion à l'avantage des Etats, et à son honneur, comme il ne peut plus arriver autrement, au cas que le traité soit fait et passé suivant les articles déjà arrêtés et accordés d'une part et d'autre. Je suis, monsieur, votre, etc. P. JEANNIN.

A Anvers, ce vingt-cinquième mars 1609.

LETTRE *de M. Jeannin à M. le duc de Sully, dudit jour vingt-cinquième mars* 1609.

Monsieur, nous sommes arrivés en ce lieu du jour d'hier, et nous avons conféré cejourd'hui avec M. le président Richardot même sur le fait des confiscations qui ont des poursuivans d'une part et d'autre, lesquels presque pour rentrer en leurs biens, et semble que ledit sieur président ne soit pas éloigné d'en traiter dès à présent; mais il fait très-grande difficulté sur le fait de M. le prince d'Espinoy, pour être désireux de favoriser madame la comtesse de Ligne; sur quoi je lui ai dit que les Etats ne consentiront jamais de rendre les biens confisqués que ledit sieur prince ne rentre au sien. Ladite dame comtesse de Ligne doit venir en cette ville dans deux jours, ainsi que j'ai appris; j'en parlerai avec elle, et n'omettrai rien pour lui faire connoître qu'elle ne peut retenir le bien de ses neveux. Mais pource qu'il seroit expédient de faire quelque traité avec elle, si on l'y pouvoit disposer, j'estimerois à propos que quelqu'un vînt ici bien instruit de toutes choses, et avec procuration pour en traiter, s'il est besoin, ce qu'on ne peut faire sans y perdre; mais cette transaction assurera tout, quoi qu'il arrive ci-après. C'est à vous, monsieur, d'en juger, et de me commander votre intention, à laquelle j'obéirai de même affection dont je serai perpétuellement, monsieur, votre, etc. P. JEANNIN.

D'Anvers, ce 25 mars 1609.

LETTRE *du Roi à MM. Jeannin et de Russy, du vingt-huitième mars* 1609.

Messieurs Jeannin et de Russy, votre lettre du vingt-unième de ce mois, que j'ai reçue le vingt-troisième, m'a été très-agréable, ayant appris par icelle le contentement qu'ont eu les Etats des Provinces-Unies de tout ce que vous avez obtenu des députés des archiducs pour les affaires générales, comme de ce que vous avez procuré d'eux pour le contentement de mes cousins le prince Maurice et les comtes Henri et Guillaume, car j'espère que ce point, qui m'étoit fort recommandé, produira plusieurs bons effets publics et particuliers, qui seront très-utiles à présent et à l'avenir à leur république, et partant, augmenteront à leurs amis la volonté de continuer à favoriser la prospérité d'icelle; car l'exemple de leur gratitude et reconnoissance envers ledit prince et les siens fera priser davantage leur amitié et alliance, et donnera aussi meilleure espérance de leur conduite et bonne foi en toutes choses; vous les en congratulerez donc de ma part aux termes que vous jugerez convenables, tant pour confirmer lesdits Etats en leur délibération pour ce regard, que pour témoigner de plus en plus auxdits princes ma bonne volonté. Si vous pouvez par quelque expédient vider le point des contributions avec le général, vous ferez beaucoup pour les uns et les autres, et je suis de votre avis, qu'il n'y peut être pourvu qu'en convenant des limites, et faisant que les bourgs et paroisses suivent le chef-lieu d'icelles, comme vous avez proposé: toutefois, je me remets à vous d'en faire comme vous jugerez pour le mieux; même j'approuve, si vous ne pouvez faire mieux, que vous remettiez à décider ce point après l'accord de la trève, suivant votre délibération, car vous devez toujours avoir pour but principal d'avancer la conclusion et signature dudit traité. Quant à celui de la garantie que lesdits Etats requièrent que vous passiez dès à présent, j'estime, comme vous leur avez répondu sagement, qu'il suffira de le faire après la résolution de l'autre; mais je continue toujours à désirer que ce soit sans y insérer la déclaration qu'ils demandent, que je les tiens libres pour toujours, pour les raisons que je vous ai écrites.

Quant à la ratification du roi d'Espagne, si lesdits archiducs promettent en son nom, et en vertu du pouvoir qui leur a été envoyé, de la faire fournir dans un temps préfix, je veux croire qu'il n'y aura manquement; car s'ils finissent cette guerre, ce ne sera en intention de recommencer pour un si maigre sujet, et, au cas qu'il en avienne autrement, il sera lors temps de juger et résoudre l'ordre que l'on y devra donner, sans qu'il soit besoin de s'en expliquer davantage à cette heure; car ce seroit hors de saison, ainsi qu'ils ont dû comprendre de la réponse que vous leur avez faite sur cela, de laquelle, comme de toute votre procédure, je vous assure que je suis très-content, me voyant à la veille de recueillir pour le repos universel de la chrétienté le fruit très-heureux de nos travaux et de mes intentions, tant vous les avez bien exécutées. Je prie Dieu, messieurs Jeannin et de Russy, qu'il vous ait en sa sainte garde.

Écrit à Paris, le 28 mars 1609.   HENRI.
   Et plus bas,   BRULART.

LETTRE *de M. de Villeroy audit sieur M. Jeannin, dudit jour vingt-huitième mars* 1609.

Monsieur, ce courrier a trouvé le Roi à Chantilly le vingt-troisième de ce mois, où il a ouvert et entendu vos lettres adressantes à lui et à moi, dont il a reçu très-grand plaisir et contentement, ainsi qu'il nous a déclaré à son arrivée en cette ville et l'apprendrez de sa lettre même. Il a été très-aise de ce que vous avez obtenu pour M. le prince Maurice et les comtes Henri et Guillaume, et du bon office que le sieur Barneveld a contribué, comme de la bonne intelligence en laquelle vous l'avez remis avec le prince Maurice, de laquelle il juge que doit dépendre dorénavant plus que jamais la prospérité de leur république; c'est pourquoi Sadite Majesté désire que vous continuiez à faire votre possible pour l'étreindre et affermir de plus en plus. Sa Majesté a témoigné au fils de M. de Barneveld qu'elle a toute confiance en lui, et le vouloir chérir et gratifier comme ses mérites le requièrent, ainsi qu'elle lui a écrit par lui, et à vous aussi. L'on dit ici que le prince Maurice se mariera difficilement, pour avoir un esprit aliéné de cette sujétion, de quoi il sera à propos que vous vous éclaircissiez; car s'il a dessein de se lier en quelque lieu, il importe que le Roi y ait part, c'est-à-dire qu'il le fasse, s'il est possible, par son avis. Et comme il ne s'offre de présent aucun parti en France qui soit propre pour lui, car il voudra une femme de sa religion, nous devons craindre qu'il ait recours aux filles d'Angleterre, et qu'elles lui soient offertes; car c'est une liaison que nous ne devons désirer : nous approuverions bien plutôt qu'il jetât les yeux du côté d'Allemagne, non avec l'électeur palatin, à cause du maréchal de Bouillon, aussi sont-ils trop proches, mais plutôt en la maison de l'électeur de Brandebourg ou du landgrave de Hessen, pour être l'une et l'autre plus éloignées de la France, et moins factieuses que les autres. En tout cas, il nous importe grandement, s'il faut qu'il franchisse ce saut, qu'il le fasse par l'avis de Sa Majesté, ce que nous vous prions de ménager, et faire le semblable pour le comte Henri, car nous ne devons désirer que nos huguenots soient appuyés de côté-là outre la volonté de notre Roi, et nous avons quelque opinion que madame la princesse d'Orange a dessein d'attacher le prince Henri son fils avec la fille de madame de La Trémouille qui est par-delà, de quoi facilement ils seront dispensés de leurs évêques. On nous vous représentons notre prévoyance en ceci afin que vous nous aidiez à la faire valoir à l'avantage du service du Roi, qui approuve tout ce que M. de Preaux a traité avec notre marchand. Il fera donc fournir les deux mille livres de plus qui ont été promises. Il est content que l'on ce promette vingt-cinq mille de reconnoissance au capitaine du vaisseau et à ses gens, s'ils trouvent le passage, et ensuite de cela qu'il lui soit donné pouvoir de promettre double paye à ses gens, et de récompenser sur cette somme leurs veuves, au cas qu'ils y périssent, et pareillement d'arborer, ayant trouvé ledit détroit, la bannière de France, et même y donner le nom de Sa Majesté; de quoi vous baillerez, s'il vous plaît, audit marchand ou capitaine les écrits et instructions, au nom et comme procureur de Sa Majesté, que vous jugerez nécessaires, même pour l'administration et décharge de la partie desdites quatorze mille livres tournois, suivant la proposition que ledit marchand a sur ce faite audit sieur de Preaux, comme Sa Majesté m'a commandé de vous écrire, étant bien son intention de se servir dudit marchand, après ces traités, ès occasions dont il vous a fait ouverture, et d'entendre aussi à celles que vous nous écrivez vous avoir été faites par d'autres.

Partant, vous lui ferez plaisir d'écouter toutes lesdites offres pour les lui représenter particulièrement quand vous serez près d'elle, et après faire venir par-deçà ledit marchand, et faire réponse aussi aux autres selon qu'il sera résolu par Sa Majesté, n'étant d'avis qu'ils s'y acheminent de pour n'éventer les affaires, si vous ne jugez qu'il soit nécessaire d'en user autrement; de quoi nous remettons à vous, nous ayant été dit que le roi d'Angleterre a dessein de s'accroître et établir en ces pays-là, et que dès à présent il a envoyé des colonies entières pour fortifier les lieux en un lieu qu'ils nomment la Virginia; de quoi notre Roi n'est sans martel qui aiguise son appétit en ces affaires. Au reste je lui ai lu l'article de votre lettre qui concerne M. de Russy, lequel j'ai accompagné des offices que je dois à ses mérites et à votre recommandation. Sa Majesté a pris le tout en bonne part, ainsi que ledit sieur de Russy pouvoit désirer; mais la résolution en a été sursise jusqu'à votre arrivée près de Sa Majesté, qui ne sera, certes, jamais sitôt que je le désire vous y voir pour votre contentement et le bien. Je prie Dieu, monsieur, qu'il vous conserve en parfaite santé.

De Paris, ce vingt-huitième mars 1609.

Monsieur, j'ai remarqué que vous ne m'avez point averti avoir reçu certaines lettres venant des Indes d'orient, adressantes au roi d'Espagne, que nous ai envoyées par ce courrier dès le vingt-huitième du mois passé, encore que je vous en aie écrit depuis par deux fois; partant je vous prie me faire savoir ce que vous en avez fait. J'estime que vos autres occupations vous ont fait oublier celle-ci, et toutefois le Roi m'en a demandé des nouvelles, désirant savoir si vous les avez communiquées, et ce que vous en avez fait.

Votre, etc.

De Neufville.

Lettre *du Roi audit sieur Jeannin en particulier, du même jour, vingt-huitième mars* 1609.

Monsieur Jeannin, encore que j'aie commandé au sieur de Villeroy de vous écrire mon intention sur ce qu'a négocié le sieur de Preaux avec le marchand d'Amsterdam, toutefois je vous répéterai par celle-ci que je suis content d'augmenter de deux mille livres la somme que je vous avois ordonné lui accorder pour l'effet qui a été proposé. J'approuve aussi que vous lui en confiions l'emploi suivant l'ordre auquel il s'est lui-même soumis. Pareillement, je trouve bon accorder les vingt-cinq mille livres de récompense au capitaine du navire, avenant qu'il découvre le détroit, et même qu'il lui soit permis sur ladite somme de doubler les gages des mariniers et soldats s'ils font difficulté de se hasarder au détroit, et promettre sur icelle reconnoissance à leurs veuves s'ils y périssent. Finalement, je veux bien aussi

qu'ils arborent ma bannière, et donnent mon nom audit détroit s'ils le découvrent; de quoi vous délivrerez audit marchand ou audit capitaine, en mon nom, les instructions, pouvoirs et écrits nécessaires en vertu de la présente, que je ne fais que pour vous donner ce pouvoir, remettant le surplus à la lettre dudit sieur de Villeroy. Prian Dieu, monsieur, Jeannin, qu'il vous ait en sa sainte garde.

Ecrite à Paris, le vingt-hutitime de mars 1609.

Henri.

Et plus bas, Brulart.

Lettre *de M. le duc de Sully à M. Jeannin, dudit jour vingt-huitième mars* 1609.

Monsieur, j'ai toujours cru que les Espagnols tiendroient ferme jusques à l'extrémité, mais qu'enfin la nécessité de leurs affaires les contraindroit à rabattre de leurs propositions plutôt que de rentrer en une guerre de si grande dépense. Pour parer leurs coups, sans doute il étoit besoin de leur opposer un fort esprit comme le vôtre, et me réjouis des preuves que cette nouvelle occasion vous a donné sujet d'en rendre, si célèbres et si importantes au bien général de tant de royaumes et provinces; car j'ai aussi beaucoup d'occasions en mon particulier de louer votre industrie en la conduite de l'affaire de M. le prince d'Espinoy, de laquelle je veux espérer tout bon succès puisque vous l'avez entreprise avec tant d'affection. Sa partie a quelque raison d'opiniâtrer son injuste prétention, car la quantité et la qualité du bien le méritent; mais le même sujet aussi nous doit rendre plus ardens à en poursuivre la restitution, de laquelle M. le prince d'Espinoy vous demeurera tant obligé, que tous ceux à qui il appartient en auront un éternel ressentiment, et moi entre autres qui demeurerai pour jamais, monsieur, votre, etc.

Maximilian de Bethune, duc de Sully.

Paris, ce 28 mars 1609.

Lettre *dudit duc de Sully audit sieur Jeannin, du premier avril* 1609.

Monsieur, suivant votre bon avis et conseil, mon cousin M. le prince d'Espinoy envoie ce porteur près de vous, afin d'être prêt en toutes occasions à faire ce que vous lui ordonnerez lorsque les affaires seront aucunement avancées, et qu'ayant quelque ouverture pour en sortir à l'amiable, il sera assez à temps d'avoir les pouvoirs et procurations nécessaires pour autoriser le tout. Je vous prie de ne vous point laisser emporter aux persuasions de

41

madame la princesse de Ligne, laquelle, si elle étoit de bon naturel, feroit dès à présent, et tout franchement, ce qu'elle ou les siens feront aussi bien un jour; car quoi que ce soit, elle occupe les biens de ses neveux et nièces. Si messieurs les Etats tiennent bon, comme je vous prie les en requérir de ma part, je m'assure que nous obtiendrons tout. J'aurai peut-être moyen de leur rendre de bons offices en autre occasion. Quoi qu'il arrive de toutes ces choses, mes cousins et moi vous aurons infinies obligations, dont nous aurons toujours le ressentiment convenable aux peines que vous avez prises pour nous, et vous en rendrons service éternellement. Sur cette liberté, je vous baise les mains.

C'est, monsieur, votre, etc.
MAXIMILIAN DE BETHUNE, duc de Sully.
De Paris, ce premier avril 1609.

LETTRE *du Roi à MM. Jeannin et de Russy, du troisième avril* 1609.

Messieurs Jeannin et de Russy, je vous fais cette dépêche par ce courrier exprès, sur l'avis que j'ai reçu présentement de la mort du duc de Clèves, avenue le vingt-cinquième du mois passé au soir. Vous savez que cette succession est prétendue de divers princes, celui-ci n'ayant eu des enfans de la sœur de mon frère le duc de Lorraine qu'il avoit épousée. Il avoit quatre sœurs; l'aînée, qui a été mariée en la maison de Brandebourg, n'a laissé qu'une fille que l'électeur de Brandebourg qui est à présent a épousée, par le moyen de laquelle il maintient être légitime héritier des duchés de Clèves et Juliers; le duc de Neubourg, oncle de l'électeur palatin, a épousé la seconde qui a des enfans mâles, lesquels il prétend recueillir la succession par préférence aux filles, suivant les lois de l'empire duquel lesdits duchés relèvent; le duc des Deux-Ponts qui est décédé avoit épousé la troisième qui vit encore, il y a aussi des enfans mâles; et le marquis de Burgau, frère du feu cardinal André d'Autriche, et fils du feu archiduc Ferdinand et de sa première femme, a épousé la dernière sœur dudit duc, dont il n'a point d'enfans : de sorte que la dispute sera entre ledit électeur de Brandebourg, qui a pour femme la fille de l'aînée de ladite maison de Clèves, et le fils aîné dudit duc de Neubourg. Or, prévoyant cette mort et les accidens qui naîtroient du différend de ladite succession, j'avois fait exhorter lesdits princes d'en convenir et accorder ensemble devant qu'elle échût; mais il n'y a eu moyen de les y disposer et faire résoudre, la mort du père dudit électeur de Brandebourg, avenue l'année passée, ayant obligé et contraint son fils, à présent électeur de s'occuper entièrement aux affaires domestiques de sa maison, et même de passer en la Prusse ducale, pour disposer le roi de Pologne à lui accorder l'investiture dudit duché, expirée par la mort de son père, à quoi ledit roi lui a donné espérance de pourvoir en l'assemblée des Etats de son royaume, qu'il a commencée à la fin du mois de janvier dernier, que je n'ai su être encore finie; tellement que ledit électeur est de présent absent de son pays, engagé en ladite poursuite qui lui importe grandement.

Je sais qu'il a bonne correspondance et intelligence avec l'électeur palatin, ces deux princes s'étant toujours aimés et déféré assez, joint qu'ils sont en termes de marier aucuns de leurs enfans ensemble : c'est pourquoi j'estime que ledit palatin favorisera plus volontiers la cause dudit duc de Brandebourg qu'il ne fera celle dudit duc de Neubourg, encore qu'il soit son oncle, frère de son père, et aussi que ledit de Neubourg, faisant profession de la religion protestante, n'a pas grande créance envers ledit électeur palatin, l'électrice et ses conseillers; de sorte qu'encore que par les constitutions de l'empire la tutelle, et administration de l'électorat appartint audit électeur Neubourg, comme plus proche parent dudit électeur, avenant son décès, et durant la minorité de son fils, néanmoins j'ai entendu que ledit électeur en a disposé autrement, et qu'il y doit appeler ledit duc des Deux-Ponts, qui est calviniste, ce qui est cause d'accroître et entretenir leur mauvaise intelligence. Un temps a été que ledit de Neubourg s'attendoit d'être favorisé et supporté de l'empereur et de la maison d'Autriche, en l'une et en l'autre desdites prétentions, se déclarant et montrant tout affectionné partial de l'empereur; mais j'ai entendu qu'il est depuis déchu grandement de cette opinion et espérance, même depuis les mutations avenues par le commandement de l'empereur, et exécutées par le duc de Bavière en la ville de Donawert, qui étoit en la protection dudit de Neubourg. Toutefois, peut-être recherchera-t-il maintenant de se rapatrier, car sur l'occasion qui s'offre avec ledit empereur, sa partie est trop faible pour résister audit de Brandebourg, favorisé et secondé dudit palatin. Il ne faut point douter aussi que ledit empereur et les siens n'embrassent tous les moyens qui leur seront offerts, et propres pour se prévaloir et avantager des contentions que ladite succession engendrera; par ainsi voudra-t-il peut-être se fortifier encore de la prétention dudit de Burgau, ou s'emparer comme seigneur de fief desdits duchés qui relèvent nûment dudit empire. Toutefois vous avez que ledit empereur est toujours en mauvais ménage avec ledit roi de Hongrie son frère, et que l'un et l'autre ont en outre cela assez de besogne taillé avec leurs propres sujets de la religion protestante, tant en Bohême qu'en Autriche, et par tant, que ledit empereur n'est de présent en état d'entreprendre et exécuter un dessein de conséquence; mais s'il veut entendre à celui-ci, lequel, à mon avis, lui et les siens ne mépriseront, et principalement l'archiduc Albert, tels pays étant en la bienséance et de très-grande importance aux uns comme ils sont, il y employera les forces et moyens dudit Albert, lequel, avec le nom et autorité dudit empereur, pourra s'emparer des principales villes et forteresses desdits duchés, y établir des personnes et forces à sa dévotion, sous couleur de conserver le tout à qui ladite succession, sera adjugée et sera trouvée appartenir par droit, et ainsi avec le temps en retenir, sinon le tout, au moins la meilleure partie : à quoi j'aurois, comme vous pouvez bien juger, très-grand dommage, tant pour la considération desdits princes qui ont droit à ladite succession, lesquels sont mes amis et alliés, et qu'ils ont été de tout temps des rois mes prédécesseurs et de ma couronne, que pour l'intérêt que mon royaume y auroit, et pour être aussi obligé à défendre la justice, et ne devoir désirer que cette maison s'agrandisse et fortifie, davantage qu'elle est si près de moi, en s'emparant desdits pays au préjudice d'autrui.

Je veux croire que lesdits archiducs, lesquels ont éprouvé ma bonne volonté à leur procurer du repos, seront si équitables et bien conseillés, qu'ils n'entreprendront rien auxdits pays sur cette occasion, soit d'eux-mêmes ou au nom dudit empereur, par voie de fait ni autrement, qui offense lesdits princes et m'intéresse en la défense de leur cause; néanmoins je désire en être éclairci. Partant, je veux que vous, sieur Jeannin, en parliez au président Richardot bien clairement : faites-le comme de vous-même, ou en mon nom, ainsi que vous jugerez pour le mieux; car comme je ne veux désavantager en cas semblable injustement, au préjudice de personne, j'estime être obligé aussi, principalement de ce que je suis, de ne souffrir que autres s'émancipent de le faire, et même à mes yeux et aux portes de mon royaume, contre mes alliés et amis; de façon que s'il avenoit que lesdits archiducs, ou les forces qui sont de présent en leur paye, entreprissent quelque chose audit pays, j'aurois juste sujet, non-seulement de regretter la trève que je leur ai procurée, et la peine que j'y ai employée, mais de m'y opposer ouvertement. Je puis croire pareillement que les Etats des Provinces-Unies voudussent souffrir une telle usurpation pour l'intérêt qu'ils y auroient, tellement que je prévois que ce dessein seroit suffisant de soi-même pour renverser du tout ladit trève, et rallumer le feu de la guerre avec plus d'ardeur que jamais; auquel cas je vous déclare que je voudrois être de la partie, et m'y plonger des plus avant.

Parlez-en à mon cousin le prince Maurice, et au sieur de Barneveld. Outre l'intérêt général desdits Etats, ledit prince y a le sien particulier bien avant, de manière que je serois bien d'avis, si ledit archiduc s'ingéroit de prendre les places desdits pays, que les Etats avec ledit prince l'empêchassent avec leurs forces, sans marchander, devant qu'il s'en rende maitre, sans s'arrêter aux accidens qui naitroient de ce débat, tant au fait de leur trève que pour les autres conséquences qui seroient attribuées aux premiers entrepreneurs; car après on pourroit donner ordre à loisir à toutes choses. Or je désire savoir au vrai, en cas que nous en venions là, quelles forces les Etats et ledit prince peuvent y employer, et ce qu'il leur semble que je doive faire pour les y assister, pour mieux fonder sur cela ma résolution; car sachez que n'omettrai rien à faire de ce qui dépendra de moi, s'il faut venir aux mains, pour empêcher ladite usurpation, et faire connoître à mes alliés, aux yeux de toute la chrétienté, que j'ai désiré et favorisé la tranquillité publique, et le repos de mes voisins, par les moyens dignes d'un prince très-chrétien et équitable. J'ai le vouloir et le courage aussi de m'opposer par les armes à un injuste dessein; c'est ce que vous direz audit prince et audit sieur Barneveld, et m'avertirez diligemment des délibérations des uns et des autres sur ce fait, voire aviserez de retarder la conclusion de ladite trève, si vous jugez qu'il soit nécessaire et le puissiez faire, pour tenir par ce moyen lesdits archiducs en bride, et mieux obvier à ladite usurpation. Je prie Dieu, messieurs Jeannin et de Russy, qu'il vous ait en sa sainte garde.

Ecrit à Saint-Germain-en-Laye, le troisième jour d'avril 1609.
         HENRI.
  Et plus bas,   BRULART.

LETTRE *de M. de Villeroy à M. Jeannin, dudit jour troisième avril 1609.*

Monsieur, nous sûmes hier la mort de duc de Clèves, sur laquelle le Roi a voulu vous dépêcher ce courrier avec les commandemens que vous verrez en la lettre qu'il adresse à vous et à M. de Russy; mais il entend que vous seul parliez de ce fait à M. Richardot. Nous estimons que M. l'archiduc prendra si bon conseil, qu'il ne s'engagera en cette occasion en chose qui donne sujet de retarder ou renverser le traité de la trêve : s'il faisoit autrement, il offenseroit le Roi et ses voisins, et vous assure que je vois le Roi disposé à ne l'endurer pas. Il semble aussi à Sa Majesté que les Etats le doivent aussi peu permettre et endurer qu'elle pour l'intérêt qu'ils y ont. Vous verrez donc ce qu'elle vous écrit sur ce sujet, et vous assure qu'elle a ceci fort à cœur; car il lui semble qu'il y va de sa réputation comme du bien de son royaume, et vous nous ferez plaisir de nous renvoyer promptement ce porteur; car, après votre réponse et l'éclaircissement que nous en attendons, nous prendrons notre finale résolution sur ce fait. Au reste, ayant vu par la lettre de notre marchand d'Amsterdam, que vous m'avez envoyée avec la vôtre du vingt-quatrième du mois passé reçue le dernier, qu'il désire un pouvoir du Roi pour le capitaine qu'il a commis pour commander au vaisseau qu'il faut envoyer pour découvrir le passage du nord, nous vous l'envoyons par ce porteur avec une lettre de Sa Majesté adressante audit marchand, que vous ferez, s'il vous plaît, suscrire, Sadite Majesté désirant que ledit vaisseau parte à temps pour pouvoir plus facilement exécuter son dessein; qui sera tout ce que je vous écrirai par la présente, avec la bonne santé de Leurs Majestés et de toute leur famille, que je vins trouver hier en ce lieu sur le sujet de la mort dudit duc de Clèves. Je prie Dieu, monsieur, qu'il vous conserve en bonne santé.

Votre, etc. DE NEUFVILLE.

De Saint-Germain-en-Laye, ce troisième jour d'avril 1609.

LETTRE *de M. Jeannin à M. de Villeroy, dudit jour troisième avril* 1609.

Monsieur, nous travaillons tous les jours pour achever notre besogne, qui est bien près de sa conclusion, car, outre les articles ci-devant accordés, celui des limites l'a été en la façon que je vous ai ci-devant mandé, à savoir, que les bourgs, villages et hameaux, et leurs territoires, doivent suivre les villes, terres et seigneuries, dont ils dépendent : ce que les archiducs ont consenti avec très-grande difficulté à notre prière, et sur ce que nous leur avons remontré qu'ils entreroient dès le lendemain de la trêve en des aigreurs et contentions, si ce règlement n'étoit fait dès à présent; et néanmoins après l'avoir obtenu d'eux, les députés des Etats, qui ne l'osoient presque espérer auparavant, voyant leur facilité, ont désiré quelque chose de plus, et y a eu de la peine à les en faire contenter. Tant de gens sont aussi venus crier pour les confiscations, même du côté des Etats, qu'on a été contraint d'y toucher dès à présent : en quoi il n'y a eu que deux principales difficultés, l'une sur ce que les Etats ont requis la révocation des confiscations sans réserve, et en sorte que chacun puisse disposer de son bien pendant la trêve ainsi que bon lui semblera, et les archiducs insisté que la main-levée des biens confisqués ne fût faite que pour en jouir durant la trêve, sans pouvoir vendre ni autrement disposer desdits biens, si ce n'étoit avec congé et permission; et sur cette dispute les députés des archiducs ont envoyé vers eux, et ceux des Etats vers l'assemblée générale qui est à Berg-op-Zoom, dont ils doivent avoir réponse les uns et les autres demain. Mais de quelque façon qu'elle soit, la résolution du traité n'en sera retardée, car si les archiducs ne se veulent laisser vaincre en cet article, les Etats céderont.

L'autre difficulté a été pour les biens de M. le prince d'Espinoy, dont madame la comtesse de Ligne jouit en vertu de la transaction faite avec elle par l'intervention du Roi. Or elle est ici, et fait de si grandes exclamations, appuyée que tant de violence en sa poursuite, appuyée de la faveur des députés des archiducs qu'ils n'y dissent plus qu'en aucun autre article du traité, que si je ne m'y fusse opposé avec grande véhémence, il n'y avoit aucun moyen d'en rien espérer. Enfin, après avoir disputé deux jours entiers, matin et après dînée, sur cet article, qui a été débattu vigoureusement par les Etats et par les députés d'Angleterre, aussi bien que par nous, nous avons proposé un expédient dont je vous envoie copie et à M. de Sully, qu'ils n'ont encore accordé, mais envoyé aux archiducs, lequel j'estime être avantageux pour ledit sieur prince d'Espinoy si nous le pouvons obtenir, car les biens du comte de Ligne en Hollande consistent en très-belles seigneuries, lesquelles sont en valeur de vingt-quatre mille livres de revenu chacun an au moins. J'espère aussi qu'en conférant derechef par arbitres, on pourra faire quelque nouvel accord, et sera nécessaire aussi, au cas que les confiscations ne soient révoquées sinon durant la trêve, crainte que si elle vedoit être rompue par ci-après, ladite dame comtesse ne voulût prétendre, ledit sieur prince d'Espinoy s'étant aidé de ce traité, que la transaction est nulle, et par conséquent qu'elle doit sortir de tout le bien. Je ferai tout ce que je pourrai à l'avantage dudit sieur prince d'Espinoy; mais il n'y a rien qui puisse être cause de rompre la trêve, ni d'en faire différer la conclusion. On a fait aussi une demande en faveur de M. le prince Maurice et de ses frères pour avoir récompense du comté d'Alost et de plusieurs bénéfices donnés à feu M. le prince d'Orange par feu M. le duc d'Anjou, lorsque les Etats de Brabant et de Flandre étoient en union avec ceux de Hollande, étant ladite demande fondée sur ce que lesdits Etats de Brabant et de Flandre avoient reconnu devoir leur cote de plusieurs grandes dépenses faites par le feu sieur prince d'Orange pour la cause commune. Or, encore que cette demande ne nous ait semblé juste, si en avons-nous parlé, les députés d'Angleterre et nous, aux députés des archiducs avec grande affection, pour les exciter à donner quelque contentement auxdits seigneurs, dont, après plusieurs refus, ils ont offert jusqu'à deux cent mille livres. Nous les pressons pour passer jusqu'à trois cent mille, et les députés des Etats, qui ont près d'eux les solliciteurs dudit sieur prince Maurice, en demandent le double, non pour rompre le traité s'ils désirent tous, mais ils se promettent d'obtenir des archiducs, qui montrent maintenant trop leur ardeur à désirer la trêve, tout ce qu'ils voudront; en sorte que nous avons assez à faire à tempérer leur chaleur, vous pouvant assurer qu'ils y procèdent de façon que la fin de cette lettre ne sera pas cause de mettre un commencement d'amitié entre eux «s'ils ne changent bien par ci-après, dont je ne suis pas fâché, désirant néanmoins que ce que nous ferons soit stable, et que les archiducs n'aient aucun juste sujet de se plaindre que nous les ayons aidés à les écorcher pour favoriser les Etats en chose du tout injuste. J'eusse différé de vous écrire jusques après la conclusion, qui sera faite, Dieu aidant, dans trois ou quatre jours, pour vous l'envoyer par M. de Preaux; mais ce porteur s'en retournant en France, je lui ai donné cette lettre afin que le Roi ne fût en peine si nous tardions plus long-temps à l'en avertir. J'ajou-

terai encore à la présente la nouvelle de la mort du duc de Clèves, tenue pour véritable : c'est un accident d'importance pour les mouvemens qui en peuvent arriver à cause des prétentions des divers princes. L'empereur a toujours maintenu que les Etats de ce prince sont masculins, par ainsi que c'étoit à lui d'en investir qui bon lui sembleroit, le cas échéant durant son empire, et que le roi d'Espagne, pour être lesdits Etats proche des Pays-Bas, s'étoit aussi promis dès long-temps d'en obtenir l'investiture de lui, moyennant une grande somme d'argent; mais l'empereur est à présent tellement déchu de créance et d'autorité en Allemagne, et en si mauvaise intelligence avec ses frères, et, comme aucuns estiment, avec le roi d'Espagne même, qu'il est vraisemblable cette crainte ne devoir empêcher les autres princes protestans qui y prétendent de poursuivre leurs droits par les armes, s'il en est besoin. Je ne sais si les archiducs, qui apportent à présent plus de facilité à ce traité, et montrent d'en craindre davantage la rupture, n'y sont point induits à cette occasion. Pour les Etats, je n'ai aucunement reconnu que leurs députés qui sont ici aient moins d'affection à la trêve que de coutume, quoiqu'ils pointillent toujours. Bien est-il certain que si le roi d'Espagne et les archiducs se remuent pour empiéter ce pays-là, qu'ils le souffriront mal volontiers; et, à la vérité [1], » ils y ont grand intérêt, comme a aussi Sa Majesté. Ce que j'ai appris de la disposition et inclination des Etats des pays de Clèves, Juliers et autres, lesquels y sont joints, est qu'ils prétendent de se conserver par leurs propres forces et moyens, sans recevoir aucun seigneur, jusqu'à ce qu'il soit connu en justice à qui en appartient le droit; mais leur pays n'est pas fortifié pour résister à un puissant ennemi s'il se présente. Les protestans qui y prétendent, à savoir les électeurs palatin et de Brandebourg, les ducs de Neubourg, seront bien sages s'ils s'unissent tous ensemble contre la maison d'Autriche, sauf à s'accorder après de leurs droits à l'amiable. Si j'apprends quelque chose de plus, j'en donnerai avis à Sa Majesté, qui, je m'assure, en sera mieux avertie d'ailleurs. Je prie

---

[1] Le passage renfermé entre deux guillemets ne se trouve dans aucune des précédentes éditions.

Dieu, monsieur, qu'il vous donne en parfaite santé très-longue et heureuse vie.

Votre, etc.   P. JEANNIN.

D'Anvers, ce troisième d'avril 1609.

LETTRE *dudit sieur Jeannin à M. le duc de Sully, dudit jour troisième avril* 1609.

Monsieur, encore que nous soyons comme d'accord de tous les articles de la trêve, même celui des limites, suivant l'ouverture qui en a été faite de notre part, auquel toutefois nous trouvions beaucoup de difficulté, ceux dont les biens ont été confisqués se sont rencontrés en grand nombre sur la conclusion, et ont fait instance des deux côtés pour rentrer dans leurs biens, en quoi il y a eu deux grandes difficultés dont nous ne sommes pas encore dehors. La première, parce que les Etats demandent la révocation des confiscations, et qu'il soit libre à chacun de disposer de son bien durant la trêve, ainsi que bon lui semblera. Les archiducs ne le veulent consentir que pour en jouir durant la trêve, sans en pouvoir disposer, si ce n'est avec congé et permission des chefs d'une part et d'autre. Je désire le premier avec les Etats, et néanmoins si on ne peut vaincre les archiducs on se contentera du dernier. L'autre difficulté, qui a été traitée avec plus de véhémence et contention qu'aucun autre article, est que madame la comtesse de Ligne veut rentrer au bien de son mari qui est assis en Hollande, lequel consiste en fort belles seigneuries, et de revenu chacun an de vingt-quatre à vingt-cinq mille livres, sans rendre ce qu'elle retient encore à ses neveux, se fondant sur la transaction faite avec l'intervention du Roi : à quoi je réponds qu'elle a été faite avec des mineurs privés de tout leur bien, nécessiteux et sans moyen de vivre, et outre ce comme par force, attendu que le souverain sous lequel les biens sont assis favorisoit sa partie, et n'en pouvoient les mineurs espérer justice, ayant essayé de faire traiter de leur droit par l'autorité du Roi, et comme une dépendance du traité général de Vervins, mais en vain, car les archiducs et la comtesse de Ligne l'ont toujours empêché et soutenu la confiscation avoir été faite, non à cause de la guerre de la France et de l'Espagne, mais pource que le défunt prince d'Espinoy avoit suivi opiniâtrément le parti des Hollandois; et par effet, la transaction le contient ainsi, qui est un grand avantage pour M. le prince d'Espinoy, duquel je m'aperçus bien lorsqu'elle fit insérer en la transaction, et jugeai que cela lui pourroit servir à l'avenir, au cas que les archiducs fussent contraints de faire avec ceux de Hollande ce qu'ils font à présent, étant bien vrai que, si elle eût fait mettre dans la transaction qu'elle étoit faite entre le Roi et les archiducs comme une dépendance du traité de Vervins, les enfans de feu M. le prince d'Espinoy fussent demeurés perpétuellement exclus de la demande qu'ils font à présent.

Ladite dame allègue entre ses raisons qu'elle a payé plus de trois cent mille livres de dettes, qu'elle a des droits comme héritière de sa mère, du marquis de Robais son frère et de sa sœur, et qu'on lui doit rendre les fruits qui ont été perçus par ledit sieur prince d'Espinoy en vertu de la transaction. Je lui répondis qu'après avoir rendu le bien, il lui seroit loisible de poursuivre ses actions par-devant les juges ordinaires qui dépendent des archiducs, lesquels vraisemblablement la favoriseroient plutôt que ses neveux. Elle ajoute encore que ses neveux ne peuvent alléguer lésion contre cette transaction, ayant égard au temps qu'elle fut faite, auquel elle pouvoit retenir tout, n'y ayant pour lors aucune espérance de paix ni de trêve entre les archiducs et les Provinces-Unies, ainsi que l'incertitude de cet événement doit rendre valable ce qui autrement ne l'eût été. Et outre ces raisons, tous ces propos sont pleins de violence, et ne respirent que la ruine de ce qui lui est si proche, étant d'ailleurs tellement favorisée de M. le président Richardot et des autres députés des archiducs, qu'ils ont toujours rejeté nos raisons, quoique cette poursuite ait été faite de la part des Etats, et appuyée de l'autorité du Roi et des députés d'Angleterre, et que j'aie même protesté, en quatre conférences faites sur ce sujet, que nous n'entendions passer plus outre au traité général de la part de Sa Majesté, si on ne faisoit raison sur cet article, comme ont fait aussi les députés d'Angleterre et des Etats : et néanmoins tout cela n'a encore pu vaincre les députés des archiducs, tant cette femme est favorisée par eux, lesquels veulent toujours avoir le bien de son mari qui est en Hollande, et celui du prince d'Espinoy dont elle jouit. Enfin j'ai cherché l'expédient, dont je vous envoie copie, que j'ai fait proposer par les députés d'Angleterre, montrant les Etats et nous de ne l'approuver, sur lequel M. le président Richardot n'a fait autre réponse, sinon qu'ils l'enverront aux archiducs; et, par effet, M. Verreiken part ce matin pour y aller, et la comtesse de Ligne y va aussi, qui avec faveur, prières et toutes sortes d'artifices, fera ce qu'elle pourra pour l'empêcher, et moi ici pour faire qu'il soit reçu.

Je ne sais encore ce qui aviendra; bien suis-je délibéré, si on ne peut mieux, de faire retenir le bien qui est en Hollande par les Etats, lesquels déclareront ne le rendre jamais que la comtesse de Ligne n'ait délaissé tout ce qu'elle tient de ses neveux. Or, elle est ennemie de leur profit, qu'elle montre de ne se pas soucier de perdre la jouissance de ce bien, pourvu que ses neveux n'en tirent aucun profit, et j'espère pouvoir obtenir en ce cas que les Etats donneront chacun an, par forme de pension, quelque somme notable approchant du revenu dudit bien pendant le temps de la trève : je dis par forme de pension, d'autant que si les Etats donnoient la jouissance de ce bien, je craindrois qu'elle ne voulût prétendre la transaction être rompue, et par ce moyen qu'elle doit jouir de tout ce qu'elle a délaissé à ses neveux. Cette affaire est pleine de difficultés, même si la main-levée n'est faite des confiscations, sinon pour le temps de la trève, et sans pouvoir disposer; c'est pourquoi si l'expédient qui a été proposé, dont je vous envoie copie, est suivi, il donnera moyen de faire un second accord. Je lui ai proposé le mariage de sa seconde fille avec son neveu; elle l'approuve bien, mais sans rendre ce qu'elle tient, et donnant seulement mariage selon ses facultés, qui est peu en effet. Il ne faut rien attendre d'elle, que par force; c'est pourquoi je m'opiniâtre de faire prendre ce qui touche audit prince d'Espinoy dans le traité général. Croyez, s'il vous plaît, monsieur, que je n'omettrai rien pour vous y rendre très-humble service, et empêcher la rage et violence de cette femme qui ne tient juste que ce qui lui est profitable. Elle a envoyé vers le Roi, se promettant que Sa Majesté me commandera de me désister de cette poursuite, ce que je ne crois pas; bien ai-je estimé vous en devoir donner avis afin que vous y preniez garde. Je suis, monsieur,

Votre, etc.   P. JEANNIN.

D'Anvers, ce troisième avril 1609.

LETTRE *de M. de Villeroy à M. Jeannin, du sixième avril* 1609.

Monsieur, nous vous renvoyons donc Picaut en diligence suivant votre désir; et nous vous dirons que M. de Sully et moi avons fait voir au Roi l'article qui concerne M. le prince d'Espinoy que vous nous avez envoyé, et que Sa Majesté n'a pas opinion qu'étant passé en cette forme il doive être utile et avantageux audit prince; au contraire, il juge qu'il ne servira que d'une défaite pour faciliter et laisser passer et conclure la trève, sans pourvoir au fait dudit prince, et après se moquer à loisir de Sa Majesté et de lui, en les entretenant de l'arbitrage qui aura été convenu, duquel après l'on ne tombera jamais d'accord, et principalement d'un superarbitre : c'est pourquoi nous jugeons qu'il seroit besoin nommer dès à présent ledit superarbitre, car il faut faire état que les arbitres qui seront commis par Sa Majesté et les archiducs seront toujours apointés contraires, et ne s'accorderont jamais, ni pour la décision du fait au principal, ni du choix dudit superarbitre; et si la comtesse de Ligne n'aura jamais faute de raisons ou prétextes pour justifier sa conduite et fuite en cela, et soutenir que les défauts et difficultés ne procéderont d'elle, ni des arbitres nommés par lesdits archiducs, auquel cas l'hypothèque ou dépôt ès mains de messieurs les Etats des fruits de la maison de Wassenard sera inutile. C'est pourquoi le Roi désire que vous trouviez quelque autre expédient qui assure mieux les affaires dudit prince, les biens duquel n'ont été confisqués que pour avoir son père servi les Etats ou favorisé leurs armes, et s'être depuis retiré en ce royaume sous la protection de Sa Majesté et de ses prédécesseurs, ce qui oblige Sadite Majesté comme lesdits Etats de ne l'abandonner en cette occasion; étant certain, s'ils la laissant perdre, c'est-à-dire si ladite trève est une fois faite, conclue et signée sans qu'il soit pourvu à ses affaires, qu'il ne faut pas espérer en avoir bonne issue par l'expédient qui a été proposé. En quoi Sa Majesté reconnoît aller grandement de sa réputation et de son service, pour avoir entrepris ouvertement la juste cause dudit prince et de sa maison; et aussi qu'elle sait que l'on lui est par-delà si rude en faveur de ladite comtesse de Ligne, exprès parce qu'il a déclaré, sur la recherche que l'on lui a faite de se retirer en Flandre, et au service desdits archiducs, qu'il veut demeurer sujet et serviteur de Sadite Majesté, puisqu'il a pris sa nourriture en France, et qu'elle lui a déjà fait l'honneur et faveur d'avoir entrepris sa protection. Pour ces considérations, monsieur, Sadite Majesté désire que vous fassiez tant, que la condition dudit prince soit avec cette occasion mieux assurée qu'elle ne peut-être par le susdit arbitrage, ne pouvant croire si vous l'opiniâtrez, que les archiducs ni le roi d'Espagne laissent à faire la trêve pour contenter ladite comtesse en une cause inique, puisqu'elle veut profiter d'un bien qui ne lui appartient point, contre son neveu qui n'a jamais méfait contre elle, ni lesdits archiducs et ledit roi d'Espagne, étant recommandé et protégé de Sa Majesté.

Du moins, si vous ne pouvez obtenir mieux, est-il nécessaire et raisonnable de convenir dès à présent dudit superarbitre et le nommer, ou bien arrêter, en cas que lesdits arbitres de Sa Majesté et des archiducs ne pussent s'en accorder étant ensemble dans un terme limité, ou que le Roi le nommera, ou que le prince entrera lors en la jouissance entière et réelle de ladite maison de Wassenard et du revenu d'icelle, sans être sujet à aucune restitution, ni qu'à l'occasion et sous prétexte de ce, ou autre quelconque, les biens qu'il a sous la domination desdits archiducs puissent être saisis jusqu'à ce que ledit différend soit jugé; car s'il faut que les fruits de ladite maison demeurent en dépôt ès mains desdits sieurs les Etats, pour ne les rendre audit sieur d'Espinoy qu'en cas que ladite comtesse fasse refus d'obéir au jugement desdits arbitres, ou bien qu'il soit vérifié que ledit différend n'aura pu être jugé par iceux par la faute des arbitres desdits archiducs, ou de ladite comtesse, comme on ne vérifiera jamais assez suffisamment ladite faute, ainsi ledit prince d'Espinoy demeurera toujours spolié de ses biens, et jamais ledit différend ne sera jugé, car ladite comtesse reculera toujours : et si lesdits Etats, reconnoissant ladite fuite, consentent que ledit prince entre en ladite jouissance, ce qu'ils feront difficilement si ledit article passe ainsi qu'il a été projeté, car ils ne voudront offenser personne, ni contrevenir à la parole qu'ils auront donnée, en ce cas lesdits archiducs s'en revancheront sur les biens dudit prince assis en ce pays, qui empirera encore sa condition. Voilà ce qui m'a été commandé vous écrire sur ce sujet, que Sa Majesté désire que vous embrassiez avec chaleur et affection, comme chose à laquelle elle a intérêt,

et lui est outre cela très-recommandée pour la considération de ceux auxquels cette maison touche. Or quand nous avons discouru du superarbitre, nous n'en avons pas trouvé de plus propre que M. le duc de Lorraine; car le pape est trop éloigné, et puis les jugemens de Rome sont longs et incertains même, à cause des mutations des papes, et des formes et style de cette cour-là.

Toute la maison d'Autriche nous seroit aussi suspecte, comme seroient à elle les princes protestans, et nous ne pourrions bonnement nous confier au roi d'Angleterre. Nous vous écrivons toutes ces choses afin que vous soyez informé de nos conceptions pour en mieux servir le Roi, et, s'il est possible, faire cadrer et résoudre cette affaire au point qu'il désire, qui est de la mieux assurée devant que ladite trêve soit arrêtée et signée, pour ne courre après les autres quand elle sera faite. Au reste, vous aurez connu par notre dernière, que nous vous avons envoyée par le courrier de ville, que nous avons pris l'alarme plus chaude du fait de Clèves que vous n'avez fait par delà, ainsi que nous avons vu par la vôtre apportée par ce courrier, prévoyant que le différend de cette succession engendrera tôt ou tard un tonnerre en nos frontières, et peut-être au reste de la chrétienté, qui sera de conséquence; car nous voyons bien que la maison d'Autriche voudra s'en prévaloir sous les prétextes portés par votredite lettre; et néanmoins, vous verrez, par la pièce dont je vous envoie copie, que les empereurs Charles V et Maximilien dernier ont pourvu à telle difficulté pour eux et leurs successeurs à l'empire; à quoi, si l'empereur refuse maintenant d'avoir égard, ce sera un juste projet de se plaindre d'injustice et d'avoir recours à la force; et Sa Majesté dit qu'elle sera lors obligée de défendre la cause de ses alliés contre la voie de fait. L'on nous a dit que ceux du pays font état de le conserver sans se servir d'étrangers, ni admettre aucuns des prétendans, ni recevoir la loi de personne, jusques à ce que lesdits différends soient entièrement décidés ou accordés.

Ce moyen-là ne peut être que trouvé bon du Roi et des autres, pourvu qu'il soit suivi et observé sincèrement et de bonne foi, mais l'on nous a dit que les officiers principaux desdits pays dépendent entièrement de l'empereur et des Espagnols, et même qu'ils sont la plupart pensionnaires entretenus de longue main des uns et des autres et partant que la contenance qu'ils font du présent de vouloir conserver cette neutralité, est en intention de servir avec le temps lesdits Espagnols et les archiducs; à quoi il faut que nous prenions garde, et sur cela aviser s'il ne seroit point à propos de convenir et accorder par le traité de la trêve que vous faites, qu'il ne sera rien attenté ni entrepris par voie de fait par lesdits archiducs et lesdits Etats auxdits pays, ni par leurs forts et gens de guerre au préjudice de ladite neutralité et de l'ordre établi par ceux desdits pays pour la conservation d'iceux, en attendant la décision desdits différends. Pensez-y, s'il vous plaît, en je prévois, s'il n'est pourvu et remédié à ce point, qu'il en naîtra du malentendu qui nous lèvera bientôt du fruit de tous nos travaux; car je vous dis derechef que Sa Majesté n'endurera point que lesdits pays soient à ses yeux envahis par gens auxquels ils n'appartiennent point, et que ses alliés qui y prétendent justement en soient spoliés. Toutefois, nous attendrons de vos nouvelles sur cela devant que de nous y engager plus avant. Priant Dieu, monsieur, qu'il vous donne en bonne santé heureuse et longue vie.

Votre, etc.   De Neufville.

De Paris, ce sixième jour d'avril 1609.

Autre LETTRE *dudit sieur de Villeroy audit sieur Jeannin, du même jour sixième avril 1609.*

Monsieur, la lettre que je vous écris par le commandement du Roi est un peu expresse pour le fait de M. le prince d'Espinoy; elle a été commandée en la présence de M. de Sully qui l'a fort à cœur, s'estimant obligé à faire protéger par le susdit prince, parce qu'il dit qu'il l'a empêché et diverti d'entendre aux recherches que l'on a faites vers lui pour le faire retourner en Flandre, et lui faire quitter la France et le service du Roi. Depuis mondit sieur de Sully a dressé et m'a envoyé montrer une forme d'article qu'il vous envoie par vous porteur; elle est quasi conforme à ce que nous vous écris. En tout cas, si vous le pouvez faire résoudre suivant son désir et son projet, ce sera le meilleur, et le Roi sera bien aise qu'il en soit content, prince; et de procurer du bien et avantage audit prince; et si les archiducs ont envie de vider ce différend par arbitres, et non tirer les choses à la longue et se moquer du Roi et de sa recommandation, ils ne refuseront ledit article. En tout cas, nous disons que si vous tenez ferme et empêchez la conclusion de la trève que ledit article ne soit passé et accordé, qu'ils le consentiront; car ils ne voudront pas, pour contenter la comtesse de Ligne, rompre ladite trève, puisque notre demande est juste. Quant aux affaires de Clèves, nous les avons aussi fort à cœur, et appréhendons ce qui en peut succéder. J'ai appris du sieur Aerssens fils que ces messieurs ne s'en escarmou-

cheront guère, et qu'ils approuveront que ceux du pays le conservent et gardent pour le prince auquel il sera jugé qu'il appartiendra; mais qui sera le juge, et quand prononcera-t-il son jugement? J'ai opinion qu'il faudra nécessairement que ce différend se vide par les armes tôt ou tard, auquel cas nous désirons de savoir quel personnage joueront les Etats des Provinces-Unies, et, s'il faut que notre maître s'en mêle, quel état il pourra faire d'eux et de leurs gens de guerre et forces pour soutenir le droit de ses alliés, et non pour se prévaloir d'aucune invasion. Voilà ce que j'ajouterai à mon autre lettre, en priant Dieu, monsieur, qu'il vous conserve en bonne santé.

Votre, etc.   De Neufville.

De Paris, ce 6 avril 1609.

LETTRE *de M. le duc de Sully audit sieur Jeannin, dudit jour sixième avril 1609.*

Monsieur, je vous ai beaucoup d'obligation des témoignages d'affection que vous avez rendus en ce qui touche les affaires de M. le prince d'Espinoy, lequel je répute comme mon propre fils : mais ainsi que la vertu est inutile si elle n'est réduite en action, aussi est la bonne volonté si elle ne produit aucun effet. Je vous prie donc n'abandonner pas cette affaire lorsque l'on est près de lui donner sa perfection; et de la terminer par l'expédient proposé, c'est justement la mettre au rang des choses dont les difficultés sont infinies, et je ne crois pas celle qui se présente de cette nature, ni qu'ayant surmonté tant d'autres empêchemens de plus grande conséquence l'on veuille pour une chose quasi de néant interrompre un traité qui importe tant à la chrétienté; car tout ce qui fait contre nous est seulement l'opiniâtreté de la princesse de Ligne. Or s'il ne tenoit qu'à faire les fous et enragés que l'on ne possédât les biens d'autrui, vous verriez bientôt tout le monde courir les rues. J'ai lu et considéré toutes les clauses de l'écrit que vous m'avez envoyé, et par icelles reconnu qu'il ne s'en exécutera jamais rien; car cela se réduit à des nominations d'arbitres, et à des prononciations de leurs sentences qui ne se verront jamais en lumière, tellement que si vous n'obtenez présentement quelque chose, je n'en espère plus rien, si ce n'étoit que l'écrit fût du tout reformé comme je vous l'envoie. J'en ai parlé au Roi qui a commandé à M. de Villeroy de vous en écrire; c'est pourquoi je ne vous en dirai point davantage, sinon pour vous prier de ne laisser pas imparfaite l'obligation que je ressens vous avoir, et dont tous ceux à qui j'appartiens vous rendront à jamais service. Que la princesse de Ligne fasse ce qu'elle pourra, si ne jouira-t-elle jamais en repos des biens qu'elle possède si injustement et indignement ; car, même parmi les nations plus barbares, il n'a point encore été pratiqué qu'une sœur ait demandé la confiscation de son frère ayant des enfans, et n'est point possible que la justice de Dieu ne fasse servir ces biens pour être la ruine totale de sa maison, et que tous ses cousins ne soient un jour réduits à se couper la gorge sur ce sujet. Quant à moi, j'aimerois mieux être tombé sur la pointe de mon épée que d'en avoir usé de même ; je ne dis pas à l'endroit seulement de mes frères, neveux et proches parens, mais aussi du moindre homme du monde. Si messieurs les Etats insistent sur cet article, il n'y a point de doute qu'ils ne l'emportent, ou en tout cas qu'ils ne mettent le prince d'Espinoy en possession de ce que le prince de Ligne a dans les Provinces-Unies. Je remets le surplus à votre prudence, discrétion et affection, et prie le Créateur qu'il vous augmente ses saintes grâces et bénédictions, vous baisant bien humblement les mains.

C'est, monsieur, votre, etc.

MAXIMILIAN DE BETHUNE, duc de Sully.

De Paris, ce sixième avril 1609.

LETTRE *de MM. Jeannin et de Russy au Roi, du septième avril* 1609.

SIRE,

Les lettres de Votre Majesté du troisième de ce mois nous ont été rendues par ce courrier le cinquième à sept heures du matin. La nouvelle de la mort du duc de Clèves avoit déjà été apportée en ce lieu par un conseiller du conseil d'Etat de Clèves envoyé de la part de la duchesse veuve, et puis vers les archiducs pour leur en donner avis, et de la résolution que ledit conseil a prise, attendant l'assemblée générale des Etats de tous les pays du défunt duc, de n'admettre aucun prince ni recevoir aucune force en leur Etat, fors celles du pays même, jusques à ce qu'il fût connu en justice à qui la succession devoit appartenir, priant lesdits sieurs archiducs de n'y faire aucune entreprise par force, et que ladite duchesse et conseil avoient fait la même prière, et donné le même avis à messieurs les Etats-généraux qui sont à Berg-op-Zoom, ayant été avertis de tout ce que dessus avant la réception des lettres de Votre Majesté, comme aussi de la réponse desdits sieurs archiducs et Etats, faite séparément et sans communication de l'un à l'autre, lesquels avoient loué et approuvé la résolution dudit conseil et promis de n'y rien entreprendre, pourvu qu'il fût ainsi fait de la part de tous les princes qui y prétendent droit ; et depuis lesdites lettres reçues, le sieur Jeannin a vu M. le président Richardot, et lui a communiqué particulièrement sur ce sujet l'intention de Votre Majesté, qui est d'aider à empêcher de tout son pouvoir qu'aucune violence ne soit commise au préjudice des princes à qui le droit de cette succession doit appartenir, qu'elle auroit aussi très-grand déplaisir que les archiducs, l'amitié desquels elle désire conserver, ou autres de leur maison, s'y voulussent entremettre, et employer les forces qui sont dans les Pays-Bas pour occuper cet Etat : ce qu'avenant, elle seroit contrainte de s'en mêler aussi, à cause de l'ancienne amitié qui est entre le royaume de France et autres princes qui y prétendent droit ; mais le tout étant délaissé à la justice ou à une conférence amiable, elle s'emploieroit très-volontiers pour aider à les accorder : à quoi ledit sieur président a fait la même réponse qui est contenue ci-dessus, y ajoutant que les archiducs sont éloignés de toute entreprise et dessein, n'estimoit non plus que l'empereur ou autre de sa maison, s'il y a quelque prétention, la voulût poursuivre par les armes ; et pour témoignage de la volonté des archiducs, que voulant envoyer visiter la veuve, et parler audit conseil de leur part, pour leur faire entendre ce qu'ils avoient dit au conseiller envoyé vers eux, ils n'auroient voulu choisir le comte de Bucquoy et Ferdinand de Lopes, que ledit sieur président Richardot leur avoit nommés par lettres, disant que le premier, pour être trop désireux d'énouer guerre nouvelle, n'y seroit propre, ni le second, pource qu'étant issu d'un Espagnol, à leur pourroit être suspect.

Ayant aussi su que ce conseiller envoyé auxdits sieurs archiducs étoit en cette ville, le sieur Jeannin l'a fait chercher, et a parlé à lui, duquel il a appris que l'Etat se vouloit conserver libre autant qu'il pourra pour recevoir et reconnoître le prince qui aura le plus apparent droit, sans néanmoins avoir pu découvrir quelle est l'intention de l'Etat, et ce qu'il sentoit en son particulier du droit des prétendans ; dont il juge qu'il a été ainsi retenu pour ne vouloir rien dire contre la maison d'Autriche qu'il favorise, ayant appris ici que ledit conseil est divisé, et que la plupart a dès long-temps pension du roi d'Espagne pour aider à ses desseins quand le cas écherroit. Ledit sieur Jeannin a aussi fait conseillé sagement d'envoyer vers Votre Majesté, pour la supplier d'aider par son autorité à ce que personne n'emploie la force contre eux. Nous avons pareillement conféré en particulier avec le sieur Barneveld, et reconnu que les Etats sont délibérés de s'opposer à toutes entreprises que la maison d'Autriche y voudroit faire par la force, et que c'est en intention de favoriser le droit de l'électeur de Brandebourg, qu'ils tiennent être le plus apparent, pourvu que Votre Majesté veuille être de la partie, et entreprendre aussi la défense de sa cause. M. le comte Guillaume qui est ici en fait le même jugement, et nous avons appris que M. le prince Maurice qui est à Berg-op-Zoom désireroit qu'on jetât dès à présent des forces dans ledit pays, pour empêcher que d'autres ne s'en emparent, et lui semblent de même que les Etats doivent soutenir le parti de l'électeur de Brandebourg comme le plus juste, et parce qu'il s'est toujours montré leur ami. Il sera malaisé que cette fusée se démêle sans venir aux armes, car c'est un grand Etat. L'Empereur prétend que Juliers est un fief masculin. La ville et citadelle de Juliers sont fortes, et n'y a forteresses audit pays que celle-là seule, laquelle est ès mains d'un gentilhomme qu'on tient être pensionnaire de l'Espagnol; ainsi il est vraisemblable qu'elle sera à leur dévotion. Qui pourroit joindre ensemble tous les princes protestans qui y prétendent, à la charge de vider après leurs différends à l'amiable, seroit un sage conseil, et eût encore été meilleur et plus assuré pour eux, s'ils l'eussent fait plutôt, ainsi que Votre Majesté le leur avoit conseillé, et s'il lui plaisoit encore envoyer vers eux quelque personnage de qualité pour les y induire, son autorité seroit grandement utile pour le leur persuader; car quoique le président Richardot ait dit au sieur Jeannin, il n'est pas vraisemblable que ces princes de la maison d'Autriche laissent échapper cette espérance sans faire toutes sortes d'efforts pour en profiter : et néanmoins, si les princes protestans se joignent ensemble, du moins les deux, à savoir les électeurs de Brandebourg et palatin, eux étant appuyés de l'autorité et des moyens de Votre Majesté et de ses Etats, ils conserveront leurs droits malgré qui que ce soit.

Quant aux Etats, leur intérêt est si notoire, et le danger qu'ils doivent craindre, si l'archiduc ou quelqu'un de ses frères occupent ledit pays, est si certain, qu'à notre avis ils n'omettront rien pour l'empêcher, à quoi la trève ne doit préjudicier; et ne pourront prétendre d'une part ni d'autre qu'elle soit enfreinte et violée, quand les archiducs y entreprendront ou donneront secours à l'empereur, et que le roi d'Espagne, sans lequel il seroit foible, s'en voudroit mêler, et non plus quand les Etats feront le même pour le secours de leurs amis. Le meilleur eût bien été à la vérité, qui eût prévu cet accident, ou s'il fût arrivé plus tôt, de continuer seulement la surséance d'armes pour cette année, et voir quels mouvemens pourront arriver à cette occasion pour là-dessus prendre conseil; car encore peut-on craindre, quelque intérêt qu'y aient les Etats, qu'étant en repos, ils ne se veuillent déclarer ouvertement ; bien assisteront-ils cette cause sous main sans doute, et peut-on espérer mieux, non en assurer. Les affaires sont à présent si avancées, et ces peuples si désireux de jouir du repos que cette trève leur doit donner, qu'il n'y a plus aucun moyen d'en empêcher la conclusion, attendu que tous les articles généraux sont accordés, et ne reste plus que quelques demandes extraordinaires pour M. le prince Maurice et ses frères, qui sont du tout injustes, sur lesquelles néanmoins on leur offre encore quelque contentement, et avec ce le fait de M. le prince d'Espinoy, que nous avons fort opiniâtré, pour lequel on consent aussi l'expédient que nous avons envoyé par-delà, ou bien qu'il soit employé en l'article général nonobstant la transaction.

Ainsi montrer de vouloir retarder la trève ne serviroit qu'à faire connoître une mauvaise volonté sans en tirer aucun fruit : c'est pourquoi nous n'estimons pas qu'il y faille penser, si quelque nouvelle occasion ne se présente qui nous en donne le moyen ; bien nous semble-t-il que les Etats devroient retenir tous leurs gens de guerre, sans en licencier un seul, jusqu'à ce que la ratification d'Espagne soit venue, pour laquelle nous n'avons voulu accorder que trois mois, quelque instance que les députés des archiducs aient faite pour en obtenir six, puis cinq, et enfin quatre; car ces trois mois de loisir suffiront pour reconnoître les desseins et intentions de l'empereur et de sa maison à rechercher cette succession; et s'ils montrent de vouloir remuer, ou le font par effet, seroient des forces prêtes pour les employer aussitôt en ce besoin. Mais lesdits sieurs Etats sont si désireux de se décharger de dépense, et ceux qui ont toujours été trop affectionnés à la paix ont tant d'envie de s'ôter la crainte de rentrer en nouvelle guerre, qu'ils feront ledit licenciement tôt après le traité, si Votre Majesté n'y met du sien pour les en empêcher: c'est à elle d'en juger, et de commander son intention. On a obtenu des demandes extraordinaires de M. le prince Maurice ce qu'on a pu, et plus qu'il n'y avoit de justice en la demande. Et pour M. le prince d'Espinoy, il est remis en tous ses biens pour en jouir durant la trève, tout ainsi que les autres, nonobstant la transaction. Nous estimons que les articles seront signés après-demain, et lors M. de Preaux partira pour les lui porter. Cependant nous prions Dieu, sire, qu'il donne à Votre Majesté, et à toute sa royale famille, tout heur et prospérité.

Vos, etc.   P. JEANNIN et DE RUSSY.

D'Anvers, ce septième jour d'avril 1609.

LETTRE *de M. Jeannin à M. le duc de Sully, dudit jour septième avril 1609.*

Monsieur, depuis vous avoir écrit par le courrier Picaut, et envoyé l'expédient mis en avant pour le fait de M. le prince d'Espinoy, nous sommes encore entrés en grande contention sur cet article; et enfin, au lieu de le suivre, l'article a été accordé généralement de la façon que je vous l'envoie; en sorte que, par vertu d'icelui, les héritiers de feu M. le prince d'Espinoy, peuvent entrer en la jouissance de tout leur bien de leur autorité privée, et sans en requérir la permission à justice, nonobstant la transaction faite avec madame la comtesse de Ligne. Je demandois bien que le nom desdits sieurs héritiers fût exprimé, mais les députés des archiducs ne l'ont voulu permettre, disant que c'est l'archiduc qui a fait faire ladite transaction à la prière et recommandation du Roi, et qu'il lui seroit honteux de défaire nommément ce qu'il a fait, mais non de passer l'article avec la généralité. Combien que ce fait particulier y soit assez compris et désigné, ils l'ont ainsi déclaré en l'assemblée, et les députés des Etats nous ont promis, s'il y a quelque difficulté ou remise en cette restitution, qu'ils ne rendront pas le bien appartenant au prince de Ligne sis en leur pays, mais le délaisseront auxdits sieurs héritiers, qui par ce moyen auront la même sûreté qu'ils eussent eue par le premier expédient, auquel j'avois été contraint de m'accorder pour sortir de ce mauvais passage.

Vous voyez donc, monsieur, qu'ils jouiront de la même faveur du traité nonobstant leur transaction, qui est tout ce qu'on a pu demander pour eux. Si les confiscations eussent été révoquées pour toujours, et non-seulement durant la trève, il eût été beaucoup meilleur, mais n'ayant pu être fait pour les autres, ni même pour les héritiers de feu M. le prince d'Orange, qui ont été contraints de se contenter du bénéfice commun, il n'y avoit moyen ni raison d'en espérer plus. Ladite dame comtesse de Ligne s'attendra, à mon avis, que les confiscations n'étant remises que pour douze ans, lesdits héritiers feront difficulté de rentrer en leur bien, crainte que, la transaction étant par ce moyen rompue, ladite dame soit remise en tout le bien après la trève; mais il est à présumer que les Etats, bien établis et apparus comme ils sont, en obtiendront aisément la continuation à mêmes conditions, et s'il faut rentrer en guerre après que ladite trève sera expirée, ou si elle étoit rompue avant l'expiration d'icelle, le bien du prince de Ligne qui est en Hollande servira toujours de représailles jusques à la somme de vingt-quatre mille livres chacun an de revenu, et M. le prince d'Espinoy, prenant résolution de servir les Etats bien pourra tirer pension d'eux, qui avec ledit bien égalera cette perte; mais il ne tombera pas en ce hasard s'il ne veut, car il est certain qu'ayant l'avantage que ce traité lui donne, ladite dame comtesse sera bien aise de traiter de nouveau avec lui à conditions dont il tirera du profit. Elle pourra faire aussi des disputes et difficultés pour les dettes qu'elle dit avoir payées, et les droits qu'elle prétend en la succession, et les fruits que ledit sieur prince d'Espinoy a perçus en vertu de la transaction ; mais toutes ces demandes ne doivent empêcher la restitution du bien : ainsi elle sera contrainte de plaider dépouillée de ce qu'elle tient, autrement les héritiers auront recours au bien de Hollande pour en jouir avec le leur, et par ce moyen seront toujours mieux. Je vous peux assurer, monsieur, que j'affectionne tant ce qui m'est commandé de votre part, que si j'eusse pu faire quelque chose de plus avantageux pour ledit sieur prince d'Espinoy, que je l'eusse fait très-volontiers, et que ce que dessus n'a encore été obtenu qu'avec très-grande peine et difficulté. Nous signerons après-demain les articles du traité, dont la conclusion a été retardée depuis deux jours pour la seule clause de l'article concernant ledit sieur d'Espinoy. Nous faisons réponse à Sa Majesté sur ce qu'il a plu nous écrire, que je sais vous devoir être communiquée, qui me fera finir après vous avoir encore assuré que je serai perpétuellement, monsieur, votre, etc.

P. JEANNIN.

D'Anvers, ce 7 avril 1609.

LETTRE de MM. Jeannin et de Russy au Roi, du huitième avril 1609.

SIRE,

Nous avions prié M. de Preaux d'aller trouver M. le prince Maurice à Berg-op-Zoom, tant pour lui donner contentement de ce qui s'est passé en ce lieu pour les affaires de sa maison, que pour lui communiquer les lettres de Votre Majesté sur le sujet de Clèves, d'où il retourna hier au soir. Or nous lui avions déjà écrit ce qui est contenu en notre précédente ; c'est pourquoi nous ajoutons maintenant celle-ci, pour lui faire entendre que ledit prince, après être bien informé de ce qui a été fait pour lui, a jugé qu'on ne pouvoit mieux, et nous prie encore pour quelques particularités que nous espérons obtenir des Etats, pource que lui-même reconnoît bien qu'il n'est raisonnable de s'en adresser aux archiducs : et quant au fait de Clèves, il dit en être bien instruit, et que le roi d'Espagne y a des partisans, comme aussi l'électeur de Brandebourg ; qu'il y a peu de villes fortifiées du tout, mais il y en a cinq ou six en très-bonne assiette qu'on a commencé à fortifier dès long-temps, et que le premier qui sera maître de la campagne, et aura loisir d'un mois ou six semaines, les pourra achever et rendre bonnes ; qu'il y a dans lesdits pays quatre mille gentilshommes, tous hommes de guerre, la plupart de la religion, et qui lui sont fort affectionnés ; que les villes ont aussi grande créance en lui, et si les Etats lui veulent permettre de leur écrire qu'elles ne reçoivent aucune garnison étrangère, et, au cas qu'on les veuille forcer, qu'ils leur donneront secours, il s'assure qu'elles n'en recevront point ; mais il ne veut écrire lesdites lettres s'il n'est assuré de l'intention des Etats, pource qu'il ne les voudroit pas tromper. Lui a dit aussi que ceux de Cologne ont surpris une abbaye près d'eux dépendant de Clèves, qui est forte et en très-bonne assiette, et que celui qui est dans Juliers est pensionnaire du roi d'Espagne ; qu'il croit que ledit sieur roi joint à l'empereur feront leurs efforts pour empiéter ledit pays, qui néanmoins appartient à l'électeur de Brandebourg, et qu'il craint, encore que les Etats y aient grand intérêt, qu'il ne soit difficile de les faire rentrer en guerre, les voyant si désireux de la trêve, et contens de l'espérance qu'ils ont de l'avoir bientôt, qu'il ne l'ose promettre, quoique le sieur Barneveld ait dit au sieur Jeannin qu'ils le veulent faire : bien offre-t-il d'y servir Votre Majesté, et de faire tout ce qu'il pourra pour disposer les Etats à se joindre avec l'électeur de Brandebourg contre ceux qui les voudront troubler. Au surplus il estime que le seul moyen d'empêcher qui que ce soit d'y entreprendre, est que les Etats demeurent armés comme ils sont, sans licencier un seul homme jusqu'à ce que le roi d'Espagne ait ratifié ; car dans le temps qui lui est donné pour ce faire, qui est de trois mois, on verra quelle est son intention, et si c'est d'entreprendre sur lesdits Etats, les forces seront prêtes et portées sur le lieu pour les y opposer ; mais il voit les Etats si désireux de se décharger de dépense, qu'ils feront ce licenciement dès le lendemain de la trêve, s'il ne plaît à Votre Majesté leur donner quelques secours pour aider à les entretenir. Ledit sieur de Preaux partira dans deux jours, qui lui fera un plus particulier récit de toutes choses, comme en étant fort bien instruit ; et cependant nous prierons Dieu, sire, qu'il maintienne Votre Majesté et sa royale famille en tout heur et prospérité.

Vos, etc.   P. JEANNIN.

D'Anvers, ce huitième d'avril 1609.

LETTRE *de M. Jeannin à M. de Villeroy, dudit jour huitième avril* 1609.

Monsieur, les lettres du Roi sont venues trop tard pour différer ou rompre ce traité, car, deux jours avant que les avoir reçues, les articles généraux étoient accordés, et ne restoit plus que les demandes de la maison de Nassau, dont celles qui sont fondées en quelque raison étoient aussi déjà consenties, comme de remettre les héritiers de M. le prince d'Orange ès salines du comté de Bourgogne; et pour les autres, quoique du tout injustes, en ont donné cent mille écus à notre prière et recommandation, ayant tant pressé les députés des archiducs sur ce sujet, qu'ils se sont plaints d'y avoir été comme forcés et contraints par nous, et que nous nous étions rendus parties en cela, au lieu d'y être médiateurs. Toutefois, M. le prince Maurice, qui n'en espéroit rien du tout lorsque nous sommes partis de Berg-op-Zoom, montre à présent de n'en être satisfait, ayant écrit à M. le comte Guillaume son cousin qu'il le prioit de ne point signer le traité si on ne fait mieux pour sa maison. Nous y avons à cette occasion envoyé M. de Preaux, tant de notre part que de messieurs d'Angleterre, pour lui faire entendre comme tout s'est passé, lequel à son retour a rapporté assez bonne réponse. Sur ce qu'il a plu au Roi nous écrire, j'eusse volontiers essayé de tirer l'affaire en longueur sous ce prétexte, et comme feignant de chercher les moyens de le contenter; mais on ne peut insister sans honte et sans blâme sur ces demandes: puis, je reconnois bien, quand nous le voudrions faire, que nous serions abandonnés des députés des Etats qui sont ici, et de ceux d'Angleterre, qui tous désirent d'achever. Aussi est-il certain que ce traité ne peut empêcher que Sa Majesté et les Etats ne se joignent ensemble pour secourir leurs amis, qui prétendent droit en la succession du duc de Clèves.

Tout ce qu'il y a à craindre est que les Etats mis en repos ne fassent difficulté de rentrer en guerre à cette occasion; mais ils ont si grand intérêt de s'opposer à tous les princes de la maison d'Autriche qui y voudroient prétendre qu'on doit présumer le contraire; et le sieur Barneveld m'a dit et répété que si Sa Majesté veut prendre la défense de l'électeur de Brandebourg, qui semble avoir le plus apparent droit, ils se joindront avec elle pour faire la guerre à qui que ce soit. Le comte Guillaume à qui j'en ai parlé a aussi la même opinion d'eux; et semble qu'ils ne puissent prendre autre conseil, s'ils ne veulent mettre leur nouvel Etat en péril. Quant aux archiducs, le président Richardot dit qu'ils ne feront aucune entreprise: si je laissé-je de croire, au cas que l'empereur et le roi d'Espagne y prétendent, soit pour joindre ces pays à ce qu'ils tiennent, ou pour en investir quelque autre prince de leur maison, qu'ils les favoriseront sous main sans se déclarer ouvertement, et que le roi d'Espagne se servira aussi des gens de guerre qui sont ès Pays-Bas, lesquels dépendent de lui. On dit à présent que l'archiduc Mathias est bien avec l'empereur, et qu'il s'est aussi accordé avec ceux de la religion en Hongrie et en Autriche; mais ils sont foibles si le roi d'Espagne n'est de la partie, et quand ils seront tous ensemble, comme il aviendra sans doute, s'ils tentent quelque chose par les armes, la partie de l'électeur de Brandebourg ne laissera d'être puissante en Allemagne même, car l'électeur palatin s'y doit joindre, à ce qu'on dit. On a la même opinion de l'électeur de Saxe et du landgrave de Hesse, encore que ce premier soit fort affectionné à l'empereur, d'autant que ces deux princes et l'électeur de Brandebourg ont une loi familière en leurs maisons, pour succéder les uns aux autres en défaut de mâles, par un certain ordre établi entre leurs prédécesseurs qui a toujours duré depuis; par ainsi ils sont intéressés en la grandeur et au bien l'un de l'autre: à quoi, si on ajoute Sa Majesté et les Etats, j'estime que la crainte de cette conjonction, qui sera bientôt sue, les empêchera d'y penser, et que le roi d'Espagne, qui a mieux aimé quitter ce que les Etats ont occupé sur lui que continuer la guerre contre eux, fera difficulté d'entreprendre celle-ci, pour n'avoir encore affaire avec les mêmes ennemis. Ils considéreront aussi que ledit électeur de Brandebourg, qui a épousé la fille aînée de la sœur aînée du défunt duc de Clèves, est le mieux fondé au droit de succession, encore que le duc de Neubourg ait pour femme la seconde sœur qui est vivante, et par ainsi plus proche d'un degré; car la représentation ayant lieu en ce premier degré de la ligne collatérale par les lois de l'empire, la fille de la sœur aînée doit être préférée à la tante, et n'est d'aucune considération que cette tante a des fils, car leur mère étant en vie ils n'y peuvent rien prétendre. Outre ce, j'ai appris que cette sœur aînée a obtenu dès long-temps l'investiture de l'empereur pour elle et ses enfans mâles et femelles, avenant le décès du duc de Clèves son frère sans enfans, et que les Etats mêmes dudit feu sieur duc de Clèves y ont consenti, et, depuis encore qu'en mariant les autres sœurs, elles ont renoncé à sadite succession en sa faveur, moyennant certaine somme d'argent, hors celle qui est mariée au marquis de Burgau qui ne l'a voulu faire, et est demeurée en ses droits; et, si cela est, le duc de Neubourg y prétendant à cause de sa femme seroit mal fondé.

L'empereur ne pourroit non plus prétendre que Juliers soit fief masculin, comme plusieurs tiennent qu'il est, mais sont choses qui consistent en fait, dont je ne suis assez bien informé. C'étoit bien le désir de M. le prince Maurice de faire entrer des troupes dans ledit pays, et avoit mandé à M. le comte Ernest, qui en est le plus proche, de se tenir prêt à cet effet: mais les Etats n'en ont été d'avis, pource que ces troupes ne feroient autre chose que piller et ravager, sans se pouvoir assurer dudit pays qui est ouvert, et presque sans aucune forteresse. Ils ont eu crainte aussi que l'exemple de cette invasion ne fût cause d'inviter d'autres à en faire autant, au dommage peut-être des princes qu'ils désirent favoriser, et que cette entreprise sans en être priés et requis les rendît odieux, et fît soupçonner qu'ils se vouloient approprier ledit pays, et pour ces raisons ont pensé qu'il suffiroit de se préparer et d'être aux écoutes pour prévenir tous autres, sans commencer par les armes avant qu'il soit temps, attendu même qu'ils ne voient encore aucune apparence de remuement ésdits pays. M. le prince Maurice croit néanmoins, ainsi que l'a rapporté M. de Preaux, et que nous l'écrivons au Roi par une seconde lettre, qu'il sera difficile de faire rentrer en guerre les Etats, quoique le sieur de Barneveld me l'ait dit, et qu'ils se soient dès long-temps obligés aux électeurs de Brandebourg et palatin, ce cas échéant, de se déclarer pour eux moyennant quelque somme d'argent dont ils leur firent prêt dès lors; mais il ne voit pourtant aucun moyen d'empêcher que ces peuples ne se mettent en repos, quand même on leur eût offert moins qu'on ne leur donne. Bien, dit-il, ne craindre plus qu'il y ait une trahison bâtie dans l'Etat pour le porter en Espagne, comme il faisoit auparavant. J'avois envoyé une patente à Maire en mon nom, comme procureur et ayant charge de Sa Majesté, et je lui ai renvoyé celle du Roi qui est beaucoup meilleure, lui mandant qu'il me renvoie l'autre.

Je suis, monsieur, votre, etc. P. JEANNIN.
D'Anvers, ce 8 avril 1609.

Traité de la trêve à longues années fait en la ville d'Anvers le neuvième avril 1609, entre les députés des archiducs et ceux des Etats-généraux des Provinces-Unies, par l'entremise et intervention des ambassadeurs des rois Très-Chrétien et de la Grande-Bretagne.

Comme ainsi soit que les sérénissimes princes, archiducs Albert et Isabella, Clara, Eugénia, etc., aient, dès le vingt-quatrième d'avril 1607, fait une trêve et cessation d'armes pour huit mois, avec illustres seigneurs les Etats-généraux des Provinces-Unies des Pays-Bas, en qualité et comme les tenant pour Etats, provinces et pays libres sur lesquels ils ne prétendoient rien, laquelle trêve devoit être ratifiée avec pareille déclaration par la majesté du roi Catholique en ce qui le pouvoit toucher, et lesdites ratifications et déclarations délivrées auxdits sieurs Etats trois mois après icelle trêve, comme il s'est fait par lettres-patentes du dix-huitième septembre audit an: et outre ce, procuration spéciale donnée auxdits sieurs archiducs, du dixième de janvier 1608, pour, tant en son nom comme au leur, faire tout ce qu'ils jugeroient convenable pour parvenir à une bonne paix ou trêve à longues années, en suite de laquelle procuration lesdits sieurs archiducs auroient aussi, par leurs lettres de commission du vingt-septième du même mois, nommé et député commissaires pour en conférer et traiter ès dits noms et qualités, et, à cette occasion, consenti et accordé que ladite trêve fût prolongée et continuée par diverses fois, même le vingt de mai, jusques à la fin de ladite année 1608. Mais après s'être assemblés plusieurs fois avec les députés desdits sieurs Etats, qui avoient aussi procuration et commission d'eux du cinquième de février audit an, ils n'auroient pu demeurer d'accord de ladite paix pour plusieurs grandes difficultés survenues entre eux ; au moyen de quoi les sieurs ambassadeurs des rois Très-Chrétien et de la Grande-Bretagne, des princes électeurs palatin et de Brandebourg, marquis d'Anspach et landgrave de Hesse, envoyés sur le lieu de la part desdits sieurs rois et princes pour aider à l'avancement d'un si bon œuvre, voyant qu'ils étoient près de se séparer et de rompre tout traité, auroient proposé une trêve à longues années à certaines conditions contenues en un écrit donné de leur part aux uns et aux autres, avec prière et exhortation de s'y vouloir conformer, sur lequel écrit plusieurs autres difficultés étant derechef survenues, enfin cejourd'hui, neuvième jour du mois d'avril 1609, se sont assemblés messire Ambrosio Spinola, marquis de Bennaffio, chevalier de l'ordre de la Toison-d'or, du conseil d'État et de la guerre de Sa Majesté catholique, mestre de camp général de ses armées, etc. ; messire Jean Richardot, sieur de Barlen, du conseil d'État, chef président du conseil de leurs altesses ; Jean de Mancicidor, du conseil de guerre et secrétaire de Sadite Majesté catholique ; frère Jean de Neyen, commissaire général de l'ordre de Saint-François ès Pays-Bas, et messire Louis de Verreiken, chevalier audiencier et premier secrétaire de leurs altesses, etc., en vertu des lettres de procuration desdits archiducs, pour traiter tant en leurs noms qu'au nom dudit sieur roi Catholique, la teneur de laquelle procuration est ci-après insérée avec celle dudit sieur Roi d'une part ; et messire Guillaume Louis, comte de Nassau Catzenelleboghen, Vianden, Diets, etc., seigneur de Bilsteyn, gouverneur et capitaine-général de Frise, villes de Groningue, et des Ommelanden, Dreuth, etc. ; messire Walraven, sieur de Brederodes, Vianen, vicomte d'Utrecht, sieur de Ameyden, Cloetinghen, etc. ; le sieur Cornille Degentd, sieur de Loëeven et Mynerswecik, vicomte et juge de l'empire et de la ville de Nimègue ; messire Jean d'Olden-Barneveld, chevalier, sieur de Tempel Rodenriis, etc., avocat et garde du grand scel, chartres et registres de Hollande et West-Frise ; messire Jacques de Maldrée, chevalier, sieur Deheyes, etc., premier président et représentant la noblesse aux États et conseil de la comté de Zélande ; les sieurs Gérard de Renesse, sieur Vander Aa de Streefkerck, Nieukkerlaudt, etc. ; Gellius Hillema, docteur ès droits, conseiller ordinaire du conseil de Frise, Jean Sloeth, sieur de Sallik Drossart, du pays de Wollenhoüe, et châtelain de la seigneurie de Cuyder, et Abel Coenders de Elpen, sieur en Faen et Cantes ; au nom desdits sieurs États aussi , en vertu de leurs lettres de procuration et commission ci-après semblablement insérées, d'autre : lesquels, avec l'intervention et par l'avis dudit messire Pierre Jeannin, chevalier, baron de Chagny et Montjeu, conseiller du roi Très-Chrétien en son conseil d'État, et son ambassadeur extraordinaire vers lesdits États, et messire Élie de La Place, chevalier, sieur de Russy, vicomte de Machault, aussi conseiller audit conseil d'État, gentilhomme ordinaire de la chambre dudit sieur Roi, bailli et capitaine de Vitry-le-François, et son ambassadeur ordinaire résident près lesdits États ; messire Richard Spencer, chevalier, gentilhomme ordinaire de la chambre privée du roi de la Grande-Bretagne, et son ambassadeur extraordinaire vers lesdits sieurs États, et M. Rodolphe Winood, chevalier, ambassadeur ordinaire et conseiller dudit sieur Roi au conseil d'État des Provinces-Unies ; sont demeurés d'accord en la forme et manière qui s'ensuit.

I.

Premièrement, lesdits sieurs archiducs déclarent, tant en leurs noms que dudit sieur Roi, qu'ils sont contents de traiter avec lesdits sieurs États-généraux des Provinces-Unies, en qualité et comme les tenant pour pays, provinces et États libres sur lesquels ils ne prétendent rien, et de faire avec eux, ès noms et qualités susdites, comme ils font par ces présentes, une trêve, aux conditions ci-après écrites et déclarées.

II.

A savoir, que ladite trêve sera bonne, ferme, loyale et inviolable, et pour le temps de douze ans, durant lequel il y aura cessation de tous actes d'hostilité entre lesdits sieurs roi, archiducs et États-généraux, tant par mer et autres eaux que par terre, en tous leurs royaumes, pays, terres et seigneuries, et pour tous leurs sujets et habitans, de quelque qualité et condition qu'ils soient, sans exception de lieux, ni de personnes.

III.

Chacun demeurera saisi et jouira effectuellement des pays, villes, places, terres et seigneuries qu'il tient et possède à présent, sans y être troublé ni inquiété durant ladite trêve ; en quoi on entend comprendre les bourgs, villages, hameaux et plat pays qui en dépendent.

IV.

Les sujets et habitans ès pays desdits sieurs rois, archiducs et États, auront toute bonne correspondance et amitié par ensemble durant ladite trêve, sans se ressentir des offenses et dommages qu'ils ont reçus par le passé ; pourront aussi fréquenter et séjourner ès pays l'un de l'autre, et y exercer leur trafic et commerce en toute sûreté, tant par mer, autres eaux, que par terre ; ce que toutefois ledit roi entend être restreint et limité aux royaumes, pays, terres et seigneuries qu'il tient et possède en l'Europe et autres lieux et mers où les sujets des autres rois et princes qui sont ses amis et alliés ont permis trafic de gré à gré ; et pour le regard des lieux, villes, ports et havres qu'il tient hors les limites susdites, lesdits sieurs États et leurs sujets n'y puissent exercer aucun trafic sans la permission expresse dudit sieur roi : bien pourront-ils faire ledit trafic, si bon leur semble, ès pays de tous autres princes, potentats et peuples qui le leur voudront permettre, même hors lesdites limites, sans que ledit sieur roi, ses officiers sujets et ceux qui dépendent de lui, donnent aucun empêchement qui leur occasion auxdits princes, potentats et peuples qui les auront permis, ni pareillement à eux ou aux particuliers avec lesquels ils ont fait et feront ledit trafic.

V.

Et pource qu'il est besoin d'un assez long temps pour avertir ceux qui sont hors lesdites limites avec forces et navires, de se désister de tous actes d'hostilité, a été accordé que la trêve n'y commencera que d'aujourd'hui en un an. Bien entendu que si l'avis de ladite trêve y peut être plus tôt, que dès lors l'hostilité y cessera, mais si, après ledit temps d'un an, quelque hostilité y étoit commise, le dommage en sera réparé sans remise.

VI.

Les sujets et habitans ès pays desdits sieurs roi, archiducs et Etats, en faisant trafic ès pays l'un de l'autre, ne seront tenus payer plus grands droits et impositions que leurs sujets, et ceux des amis et alliés qui seront les moins chargés.

VII.

Et auront aussi les sujets et habitans ès pays desdits Etats la même sûreté et liberté ès pays desdits sieurs roi et archiducs, qu'elle a été accordée aux sujets du roi de la Grande-Bretagne par le dernier traité de paix, et articles secrets faits avec le connétable de Castille.

VIII.

Ne pourront semblablement les marchands, maîtres de navires, pilotes, matelots, leurs navires, marchandises, denrées et autres biens à eux appartenans, être saisis et arrêtés, soit en vertu de quelque mandement général ou particulier, ou pour quelque cause que ce soit de guerre ou autrement, ni même sous prétexte de s'en vouloir servir pour la conservation et défense du pays. S'entend en ce comprendre les saisies et arrêts de justice par les voies ordinaires, à cause des dettes propres, obligations et contrats valables de ceux sur lesquels lesdites saisies auront été faites, à quoi il sera procédé selon qu'il est accoutumé par droit et raison.

IX.

Et pour le regard du commerce des Pays-Bas, et des daces et impositions qui se lèveroient sur les denrées, s'il est trouvé ci-après qu'il y ait de l'excès, ou qu'il en soit incommodé, à la première réquisition qui en sera faite d'une part ou d'autre, commissaires seront députés pour les régler et modérer par avis commun, si faire se peut, sans que pourtant la trève soit rompue au cas qu'ils n'en puissent demeurer d'accord.

X.

Si quelques sentences et jugemens avoient été donnés entre personnes de divers partis non défendus, soit en matière civile ou criminelle, ils ne pourront être exécutés contre les personnes des condamnés, ni sur leurs biens durant ladite trève.

XI.

Lettres de marque et représailles ne seront octroyées durant ledit temps, si ce n'est à connoissance de cause, et ès cas ésquels il est permis par les lois et constitutions impériales, et selon l'ordre établi par icelles.

XII.

On ne pourra aborder, entrer ni s'arrêter aux ports, havres, plages et rades, ès pays l'un de l'autre, avec navires et gens de guerre en nombre qui puisse donner soupçon, sans le congé et permission de celui sous lequel sont lesdits ports, havres, plages et rades, sinon qu'on y fût jeté par tempête, ou contraint de le faire par nécessité, et pour éviter quelque péril de mer.

XIII.

Ceux sur lesquels les biens ont été saisis et confisqués à l'occasion de la guerre, ou leurs héritiers et ayant cause, jouiront d'iceux biens durant la trève, et en prendront la possession de leur autorité privée, et en vertu du présent traité, sans qu'il soit besoin d'avoir recours à justice, nonobstant toutes incorporations au fisc, engagemens, dons, traités, accords et transactions, quelques renonciations qui aient été mises ésdites transactions pour exclure de partie desdits biens ceux à qui ils doivent appartenir, à la charge néanmoins qu'ils n'en pourront disposer, ni charger, ou diminuer pendant le temps de ladite jouissance, sinon qu'ils en aient obtenu la permission desdits archiducs et Etats.

XIV.

Ce qui aura aussi lieu au profit des héritiers du feu sieur prince d'Orange, même pour les droits qu'ils ont ès salines du comté de Bourgogne, qui leur seront remises et délaissées avec les bois qui en dépendent. Et quant au procès de Chastelbelin, intenté du vivant dudit sieur prince d'Orange en la cour de Malines, contre le procureur général du roi Catholique, lesdits sieurs archiducs promettent de bonne foi de leur y faire rendre justice dans un an, sans autre longueur ni remise, et en toute droiture et sincérité.

XV.

Si le fisc a fait vendre d'une part et d'autre quelques biens confisqués, ceux à qui ils doivent appartenir en vertu du présent traité, seront tenus se contenter de l'intérêt du prix, à raison du denier seize, pour en être payés chacun an durant ladite trève, à la diligence de ceux qui possèdent lesdits biens, autrement leur sera loisible de s'en adresser au fonds et héritage vendu.

XVI.

Mais si lesdites ventes avoient été faites par justice pour les dettes, bonnes et légitimes, de ceux à qui lesdits biens souloient appartenir avant la confiscation, leur sera loisible, ou à leurs héritiers et ayant cause, de les retirer en payant le prix dans un an, à compter du jour du présent traité, après lequel temps ils n'y seront plus reçus; et ladite retraite et rachat ayant été faits par eux, ils en pourront disposer comme bon leur semblera, sans qu'il leur soit besoin d'en obtenir autre permission.

XVII.

On n'entend toutefois donner lieu à cette retraite pour les maisons situées dans les villes vendues à cette occasion, pour la grande incommodité et notable dommage qu'en recevroient les acquéreurs, à cause des changemens et réparations qu'ils pourroient avoir faits ésdites maisons, dont la liquidation seroit trop longue et difficile.

XVIII.

Et quant aux réparations et améliorations faites ès autres biens vendus dont le rachat est permis, si elles sont prétendues, les juges ordinaires y feront droit avec connoissance de cause, demeurant le fonds et héritage hypothéqués pour la somme à quoi les améliorations seront liquidées, sans néanmoins qu'il soit loisible auxdits acheteurs user du droit de rétention pour en être payés et satisfaits.

XIX.

Si quelques fortifications et ouvrages publics ont été faits d'une part ou d'autre, avec permission et autorité des supérieurs, en des lieux où la restitution doit être faite par le présent traité, les propriétaires d'iceux seront tenus se contenter de l'estimation qui sera faite par les juges ordinaires, tant desdits lieux que de la juridiction qui leur appartenoit, sinon que les parties s'en accordent de gré à gré.

XX.

Quant aux biens d'églises, collèges et autres lieux pieux assis dans les Provinces-Unies, lesquels étoient membres dépendans d'églises, bénéfices et collèges qui sont en l'obéissance des archiducs, ce qui n'a été vendu avant le premier de janvier 1607 leur sera rendu et restitué, et y rentreront aussi de leur autorité privée sans ministère de justice, pour en jouir durant la trève, et sans en pouvoir disposer selon qu'il a été dit ci-dessus; mais pour ceux vendus avant ledit temps, ou donnés en paiement par les Etats d'aucunes des provinces, la rente du prix leur sera payée chacun an, à raison du denier seize, par la province qui aura fait ladite vente, ou donné lesdits biens en paiement, et assignée en sorte qu'ils en puissent être assurés. Le semblable sera fait et observé du côté desdits sieurs archiducs.

XXI.

Ceux à qui les biens confisqués doivent être restitués, ne seront tenus payer les arrérages des rentes, charges et devoirs spécialement affectés et assignés sur iceux biens pour le temps qu'ils n'en ont joui; et s'ils en sont poursuivis et inquiétés d'une part ou d'autre, en seront renvoyés absous.

XXII.

On ne pourra prétendre aussi pour les biens vendus ou accordés, afin d'être digués ou redigués, sinon les redevances auxquelles les possesseurs se sont obligés par les traités sur ce faits, avec les intérêts des deniers d'entrée, si aucuns ont été donnés, aussi à raison du denier seize comme dessus.

XXIII.

Les jugemens donnés pour biens et droits confisqués avec parties qui ont reconnu les juges, et ont été légitimement défendues, tiendront, et ne seront les condamnés reçus à les contredire, sinon par les voies ordinaires.

XXIV.

Lesdits sieurs archiducs et Etats commettront, chacun en droit soi, les magistrats et officiers pour l'administration de la justice et police ès villes et places fortes, lesquelles, par le présent traité, doivent être rendues aux propriétaires pour en jouir durant la trève.

XXV.

Les meubles confisqués et fruits qui seront échus avant la conclusion du présent traité, ne seront sujets à restitution.

XXVI.

Les actions mobilières qui ont été remises par lesdits sieurs archiducs ou Etats, au profit des débiteurs avant le premier jour de janvier 1607, demeureront éteintes d'une part et d'autre.

XXVII.

Le temps qui a couru pendant les troubles, à commencer depuis l'année 1567 jusqu'à présent, ne sera compté pour induire prescription contre ceux qui étoient de divers partis.

XXVIII.

Ceux qui se sont retirés en pays neutre durant la guerre, jouiront aussi du fruit de cette trève, et pourront résider où bon leur semblera, retourner en toute sûreté leurs anciens domiciles, pour y habiter en toute observant les lois du pays, sans qu'à l'occasion de la demeure qu'ils feront, en quelque lieu que ce soit, leurs biens puissent être saisis, ni eux privés de la jouissance d'iceux.

XXIX.

Aucuns nouveaux forts ne seront faits durant ladite trève dans les Pays-Bas, d'une part ni d'autre.

XXX.

Les seigneurs de la maison de Nassau ne pourront être poursuivis ni inquiétés, durant ladite trève, en leurs personnes et biens, soit pour dettes contractées par le feu sieur prince d'Orange depuis l'an 1567 jusqu'à son trépas, soit pour les arrérages échus pendant le saisissement et annotation des biens qui en étoient chargés.

XXXI.

S'il y a contravention à la trève faite par quelques particuliers sans commandement desdits seigneurs roi, archiducs ou Etats, le dommage sera réparé au même lieu où la contravention aura été faite, s'ils y sont surpris, ou bien en celui de leur domicile, sans qu'ils puissent être poursuivis ailleurs en leurs corps ou biens, en quelque manière que ce soit; et ne sera loisible de venir aux armes et rompre la trève à cette occasion, mais bien permis, en cas de dénégation manifeste de justice, de se pourvoir ainsi qu'il est accoutumé, par lettres de marque et représailles.

XXXII.

Toutes exhérédations et dispositions faites en haine de la guerre sont déclarées nulles, et comme non avenues.

XXXIII.

Les sujets et habitans ès pays desdits sieurs archiducs et États, de quelque qualité et condition qu'ils soient, sont déclarés capables de succéder les uns aux autres, tant par testament que *ab intestat*, selon la coutume des lieux. Et si quelques successions étoient ci-devant échues à aucuns d'eux, ils y seront maintenus et conservés.

XXXIV.

Tous prisonniers de guerre seront délivrés d'une part et d'autre sans payer rançon.

XXXV.

Et afin que le présent traité soit mieux observé, promettent respectivement lesdits seigneurs roi, archiducs et États, de tenir la main et employer leurs forces et moyens, chacun en droit soi, pour rendre les passages libres, et les mers et rivières navigables et sûres contre l'incursion des pirates, corsaires et voleurs, etc., s'ils les peuvent appréhender, de les faire châtier avec rigueur.

XXXVI.

Promettent en outre de ne rien faire contre et au préjudice du présent traité, ni souffrir être fait directement ou indirectement, et, si fait étoit, de le faire réparer sans aucune difficulté ni remise. Et à l'observation de tout ce que dessus, ils s'obligent respectivement, même lesdits seigneurs roi et archiducs leurs successeurs, et, pour la validité d'icelle obligation, renoncent à toutes lois, coutumes et choses quelconques à ce contraires.

XXXVII.

Sera le présent traité ratifié et approuvé par lesdits seigneurs roi, archiducs et États, et les lettres de ratification desdits sieurs archiducs et États délivrées l'un à l'autre en bonne et due forme, dans quatre jours. Et quant à la ratification dudit seigneur roi, lesdits sieurs archiducs ont promis et seront tenus la donner dans trois mois, aussi en bonne et due forme, afin que lesdits sieurs États, leurs sujets et habitans, puissent jouir effectuellement du fruit du présent traité en toute sûreté.

XXXVIII.

Sera ledit traité publié partout où il appartiendra, incontinent après la ratification faite par lesdits sieurs archiducs et États.

Signé par les ambassadeurs desdits seigneurs rois Très-Chrétien et de la Grande-Bretagne, comme médiateurs, puis par les députés desdits sieurs archiducs, et, après eux, par ceux desdits sieurs États ci-devant nommés.

Traité particulier et secret que les députés des États ont demandé au roi d'Espagne, et qui leur a été accordé en la forme qui ensuit.

Comme ainsi soit que par l'article quatrième du traité de la trêve fait ce même jour entre la majesté du roi Catholique, les sérénissimes archiducs d'Autriche d'une part, et les sieurs États-généraux des Provinces-Unies d'autre, le commerce accordé auxdits sieurs les États, à leurs sujets, ait été restreint et limité aux royaumes, pays, terres et seigneuries que ledit sieur Roi tient en l'Europe et ailleurs, èsquels il est permis aux sujets des rois et princes qui sont ses amis et alliés d'exercer ledit commerce de gré à gré, et que, outre ce, ledit sieur Roi ait déclaré qu'il n'entendoit donner aucun empêchement au trafic et commerce que lesdits sieurs les États et leurs sujets pourront avoir ci-après en quelque pays et lieu que ce soit, tant par mer que par terre, avec les potentats, peuples et particuliers qui le leur voudront permettre, ni pareillement à ceux qui feront ledit trafic avec eux, ce qui toutefois n'a été couché par écrit audit traité. Or est-il que ce même jour, neuvième avril 1609, qui est celui auquel ladite trêve a été accordée, les sieurs marquis Spinola, président Richardot, Mancicidor, frère Jean de Neyen, et Verreiken, au nom et comme députés, tant dudit sieur Roi que archiducs, en vertu du même pouvoir à eux donné, et sous la même promesse de faire ratifier en bonne et due forme ce présent écrit avec le traité général, et dans le même temps ont promis et promettent au nom dudit sieur Roi, et de ses successeurs, pour le temps que ladite trêve doit durer, que Sa Majesté ne donnera aucun empêchement, soit par mer ou par terre auxdits sieurs les États, ni à leurs sujets, au trafic qu'ils pourront faire ci-après ès pays de tous princes, potentats et peuples qui le leur voudront permettre, en quelque lieu que ce soit, même hors les limites ci-dessus désignées, et partout ailleurs, ni pareillement à ceux qui feront ledit trafic avec eux, et d'effectuer tout ce que dessus de bonne foi, en sorte que ledit trafic leur soit libre et assuré, consentant même, afin que le présent écrit soit plus authentique, qu'il soit tenu comme inséré au traité principal, et faisant partie d'icelui; ce que lesdits sieurs députés des États ont accepté.

Fait à Anvers les an et jour susdits.

Ambrosio Spinola, le président Richardot, Mancicidor, frère Jean de Neyen, et Verreiken.

Certificat de MM. les ambassadeurs de France et d'Angleterre, touchant le fait des limites et le commerce des Indes.

Nous soussignés, ambassadeurs des rois Très-Chrétien et de la Grande-Bretagne, certifions à tous qu'il appartiendra que, par l'article troisième du traité fait cejourd'hui entre les députés des sieurs archiducs et États-généraux des Provinces-Unies, on a entendu d'une part et d'autre, et nous l'avons ainsi compris, que tout ce que lesdits sieurs États tiennent en Brabant et en Flandre, aussi bien qu'ès autres provinces dont ils jouissent, leur doit demeurer en tous droits de supériorité, même le marquisat de Berg sur le Zoom, les baronnies de Breda, Graves, et ce qui est joint et uni avec tous les bourgs, villages et territoires en dépendant. Certifions aussi les députés desdits sieurs archiducs avoir consenti et accordé, tout ainsi que lesdits sieurs Etats et leurs sujets ne pourront trafiquer aux ports, lieux et places tenus par le roi Catholique aux Indes, s'il ne le permet, qu'il ne sera loisible aussi à ses sujets de trafiquer aux ports, lieux et places que tiennent lesdits sieurs Etats èsdites Indes, si ce n'est avec leur permission, et, outre ce, que les députés desdits sieurs ont déclaré plusieurs fois en notre présence et des députés des archiducs, si on entreprend sur leurs amis et alliés èsdits pays, qu'ils entendent les secourir et assister, sans qu'on puisse prétendre la trève être enfreinte et violée à cette occasion.

Fait à Anvers, le neuvième jour d'avril 1609.

P. JEANNIN, ÉLIE DE LA PLACE, DE RUSSY, RI. SPENCER et RODOLPHE WINOOD.

Promesse ou certificat de MM. les ambassadeurs de France, fait aux députés des archiducs pour le fait de la religion catholique en Brabant.

Nous soussignés, ambassadeurs du roi Très-Chrétien, employés par Sa Majesté près de messieurs les Etats-généraux des Provinces-Unies pour aider à faire la trève avec leurs altesses, certifions lesdits sieurs des Etats et M. le prince Maurice nous avoir promis et donné leur foi, que rien ne sera innové en la religion ès villages qui sont du ressort des villes des Provinces-Unies situées en Brabant, et tout ainsi que le seul exercice de la religion catholique, apostolique et romaine y a été fait du passé, qu'il y sera continué de même sans aucun changement, et sans qu'on leur donne aucun scandale. Promettons à cette occasion, au nom de Sa Majesté, que si quelque contravention y étoit faite, elle poursuivra instamment envers lesdits sieurs Etats pour la faire réparer, en sorte que ladite promesse soit exécutée de bonne foi.

Fait à Anvers, le neuvième jour d'avril 1609.

P. JEANNIN, ÉLIE DE LA PLACE, DE RUSSY.

Reconnoissance des députés des Etats qu'une promesse des archiducs de trois cent mille florins, payable aux héritiers de feu M. le prince d'Orange, a été mise entre leurs mains.

Nous soussignés, députés de messieurs les Etats-généraux des Provinces-Unies, déclarons par ces présentes que messieurs les députés des sérénissimes archiducs nous ont présentement mis en main une promesse de leurs altesses pour la somme de trois cent mille florins, payable aux sieurs héritiers de feu M. le prince d'Orange en deux termes, à savoir : moitié dans la fin de la présente année, et l'autre moitié à la fin de la suivante, en acquit de certaines sommes que lesdits sieurs héritiers prétendoient être dues audit feu sieur prince d'Orange leur père, laquelle promesse contient qu'en faisant le dernier paiement, tous les papiers concernant lesdites dettes leur seront rendus. Ce que nous députés susdits au nom desdits sieurs Etats promettons de faire effectuer de bonne foi, et, au cas que lesdits sieurs héritiers en fissent refus, de faire rendre à leurs altesses le premier paiement qui leur auroit été fait.

Fait à Anvers, le neuvième jour d'avril 1609.

Signé par tous lesdits sieurs députés.

LETTRE *de MM. Jeannin et de Russy au Roi, du onzième avril 1609.*

SIRE,

La trève fut avant hier conclue et signée au contentement d'un chacun, même de M. le prince Maurice, qui a été satisfait par les archiducs ou Etats de la plupart de ce qu'il désiroit. Et quant aux articles pour le général, ils ne pouvoient aussi être plus à l'avantage des Etats qu'ils sont. Nous avons pareillement obtenu ce que nous demandions pour M. le prince d'Espinoy ; ainsi nous ne demeurerons plus ici que deux ou trois jours pour attendre la ratification d'une part et d'autre, puis conférer un jour ou deux touchant le commerce de Zélande, sur la prière qui nous en a été faite de la part des députés des archiducs, non que nous espérions pouvoir composer sitôt ce différend, mais on le remettra après sur la fin de l'année, et lorsque ceux de la Zélande auront eu quelque loisir de reconnoître le dommage qu'ils recevront eux-mêmes, s'ils ne s'accommodent. Quant au fait de Clèves, il en a été parlé et conféré, et nous assuré les députés des archiducs, pourvu que les Etats ou autres princes n'entreprennent rien par la force, que le roi d'Espagne ni eux ne s'en mêleront non plus ; mais nous laisseront les affaires à la justice. Ils en promettent autant de l'empereur et de tous les princes de sa maison. Les députés des Etats ont aussi donné la même assurance de leur part ; mais ces belles paroles ne doivent pas empêcher d'y veiller, et de prendre garde que personne n'y jette des forces.

On eut avis hier que la noblesse et les villes de Clèves, du moins pour la plupart, reconnoissent l'électeur de Brandebourg, et ceux de Juliers le duc de Neubourg. Les Etats, s'ils sont appuyés de Votre Majesté, favoriseront volontiers l'électeur de Brandebourg, qu'ils estiment avoir le plus apparent droit. Le sieur Barnevelt nous a dit qu'il a par écrit à La Haye les prétentions des uns et des autres, et copie des pièces qui sont justificatives de leurs droits, que nous verrons sur le lieu afin que le président Jeannin en puisse mieux instruire Votre Majesté à son retour. Nous avons écrit à M. le prince Maurice pour faire résoudre, s'il est possible, en l'assemblée qui est à Berg-op-Zoom qu'on écrivît aux villes desdits pays de Clèves et Juliers de ne recevoir aucunes garnisons, mais de se conserver avec leurs propres forces jusques à ce que le droit de celui qui doit être leur prince soit connu en justice, avec offre de secours si on les y veut contraindre, dont nous avons parlé en ce lieu au sieur de Barneveld qui l'approuve, et dit qu'il essaiera de le persuader, s'il peut. Nous le voyons aussi fort affectionné pour la défense de l'électeur de Brandebourg, et nous croyons que les Etats s'y emploieront si on use de force contre lui. M. de Preaux, qui s'en va trouver Votre Majesté, est instruit de toutes choses; c'est pourquoi nous nous en remettons sur lui, qui vous en saura très-bien rendre compte. Priant Dieu qu'il donne à Votre Majesté, sire, en très-parfaite santé, très-heureuse et très-longue vie.

Vos, etc.
P. Jeannin et de Russy.

D'Anvers, ce onzième avril 1609.

Lettre *de M. Jeannin à M. de Villeroy, dudit jour onzième avril* 1609.

Monsieur, le traité de la trève a été signé, et M. de Preaux le vous porte. C'est pour le mieux qu'on ait achevé, en l'état auquel étoient les affaires, en ayant égard à l'inclination de ces peuples qui désiroient ardemment leur repos, joint que ce traité ne peut empêcher que le Roi et les Etats n'assistent leurs amis sur la prétention de Clèves, au cas qu'on use de force contre eux, jugeant plus facile d'induire les Etats à les assister, que de leur faire continuer la guerre ici. Puis quand on eût différé ce traité pour attendre quels mouvemens pourroient arriver à cette occasion, il étoit à craindre que le roi d'Espagne, après avoir gagné la surséance d'armes pour cette année, ne fût moins disposé de faire la trève en l'année prochaine, et que les Etats qui la désirent ne l'eussent requise et acceptée lors à pires conditions que celles qu'on leur offre aujourd'hui. M. le prince Maurice a aussi été rendu content; et pour M. le prince d'Espinoy, j'ai fait ce qu'il pouvoit désirer, dont je suis fort aise, puisque notre expédient n'a été approuvé vers vous, encore qu'il fût fort bon, en y joignant la promesse que les Etats offroient lors de nous faire, dont je vous envoie copie, à savoir, que si les arbitres n'eussent pu juger ce différend pour n'être de même avis, et pour ne pouvoir convenir d'un superarbitre, ou pource que la dame comtesse de Ligne n'eût obéi à leur jugement, ils eussent, sur une simple lettre du Roi qui le leur eût écrit, mis M. le prince d'Espinoy en la possession du bien appartenant au comte de Ligne en Hollande, qui vaut au moins vingt-quatre mille livres de revenu; mais avant qu'avoir reçu vos lettres, par lesquelles vous me mandez qu'on n'approuvoit cet expédient, l'archiduc l'avoit déjà rejeté, non pour gratifier ladite dame comtesse de Ligne, mais pource qu'il jugeoit préjudiciable à son autorité de faire juger, par arbitres députés tant par le Roi que par lui, le différend d'un bien qui est dans ses pays, alléguant M. le président Richardot que Sa Majesté n'a jamais voulu consentir que le différend du duc d'Arscot avec madame de Guise fût jugé ailleurs qu'en son conseil, combien qu'il fût aucunement dépendant du traité de Vervins, et que le roi d'Espagne eût fait grande instance pour le faire juger par arbitres communs, ayant Sadite Majesté fait mettre en avant cette seule considération, que l'affaire concernoit un particulier, non le général, et que le différend étoit pour du bien assis sous son obéissance, ainsi ne pouvoit être terminé ailleurs que devant ses juges. Néanmoins ledit président, après avoir rejeté notre expédient à cette occasion, disputant encore un jour entier avec aigreur que la transaction devoit tenir, enfin ils se sont laissés vaincre avec regret, et, à ce que j'apprends, l'archiduc le cèle encore à présent à ladite dame comtesse pour éviter ses crieries et importunités.

Vous verrez, s'il vous plaît, l'article du traité qui est le treizième, et jugerez qu'il ne peut être mieux. Il est vrai que les confiscations ne sont révoquées pour qui que ce soit, non pas même pour les héritiers de feu M. le prince d'Orange, sinon durant la trève; mais chacun y peut rentrer de son autorité privée et sans ministère de justice en vertu du traité, en sorte que madame la comtesse de Ligne sera contrainte de se dessaisir de tout ce qu'elle tient, sauf à demander après ses droits; et cela la contraindra de venir à un nouvel accord. Et néanmoins, encore que ledit sieur prince d'Espinoy ait sa sûreté par le traité, j'ai pris une promesse des Etats pour rentrer au bien de Hollande sur la première difficulté qu'elle fera de laisser la possession de ce qu'elle tient; ainsi cette affaire est assurée de tous côtés, et n'y pouvoit-on rien faire de mieux. J'ai vu les traités et déclarations que vous m'avez envoyés des empereurs Charles V et Maximilien II, qui semblent favoriser bien fort le droit du duc de Neubourg; mais j'ai appris qu'il y a eu d'autres traités et déclarations faits depuis par l'empereur qui règne à présent, et par le défunt duc Guillaume, père du duc de Clèves nouvellement décédé, par lesquelles, en défaut de mâles, l'aînée fille est appelée, et que, par les traités de mariage des quatre filles, elles ont renoncé à la succession, fors la dernière, mariée au marquis de Burgau, qui ne l'a voulu faire, et que tout ce que dessus a été fait du consentement des Etats du pays. On ajoute aussi que les déclarations desdits empereurs Charles et Maximilien ne servent de rien, sinon au cas que les fiefs soient masculins; mais si de leur nature ils peuvent passer aux filles, que ce n'étoit pas aux empereurs d'en disposer, ainsi que la liberté est demeurée au père pour en disposer entre ses enfans, et qu'il l'a fait depuis avec justice, puisqu'il a préféré les mâles l'un après l'autre, et, eux défaillans, la fille aînée. J'espère en être mieux informé à mon retour vers vous, qui sera dans la fin de ce mois, Dieu aidant. M. de Preaux est aussi à présent si bien instruit de toutes choses, que lui s'en retournant, je me suis dispensé de vous en écrire si particulièrement que j'eusse fait. Je finirai donc en priant Dieu, monsieur, qu'il vous maintienne en tout heur et prospérité.

Votre, etc. P. JEANNIN.

D'Anvers, ce onzième jour d'avril 1609.

LETTRE *dudit sieur Jeannin à M. de Sully, dudit jour onzième avril* 1609.

Monsieur, vous rejetez par vos lettres le premier expédient que j'avois pris au fait de M. le prince d'Espinoy, que vous n'eussiez fait, à vostre avis, si vous eussiez vu la sûreté que je voulois prendre de messieurs des Etats, et qu'ils consentoient de me donner, dont je vous envoie copie, par le moyen de laquelle ledit sieur prince étoit garanti de tous les inconvéniens que vous craignez, et qui me sont représentés par vos lettres. Mais puisque cela ne vous étoit agréable, je suis très-aise que l'archiduc l'ait refusé, de même, non pour favoriser madame la comtesse de Ligne, car elle est bien mise par le traité au plus mauvais état, mais pource qu'il a déclaré cet expédient être préjudiciable à son autorité, en ce que le jugement de ce différend étoit commis à arbitres communs qui seroient choisis et nommés par le Roi et par lui, encore que tous les biens dont il s'agit soient dans ses pays, par ainsi que personne n'en doive être juge que lui seul et ses officiers, alléguant pour exemple le procès du duc d'Arscot contre madame de Caste, que l'ambassadeur du roi d'Espagne résidant près de Sa Majesté avoit requis très-instamment être vidé par arbitres communs, comme étant chose qui dépendoit du traité de Vervins; à toutefois Sa Majesté n'y auroit voulu consentir, d'autant que les biens dont on disputoit étoient assis dans son royaume.

M. le président Richardot, qui nous alléguoit cette raison pour faire rejeter ledit expédient, ne consentit pas pourtant à l'instant à ce que nous avons depuis obtenu, mais insista contre un jour entier, et en deux conférences, que la transaction faite avec la dame comtesse de Ligne devoit tenir; et fus contraint de faire contenance de rompre avant qu'il se voulût rendre, comme il a fait enfin par un article j'ai écrit qu'il ne peut être mieux; outre lequel j'ai encore obtenu des Etats la promesse dont je vous envoie copie, qui assure de tous côtés les affaires dudit sieur prince d'Espinoy, sinon en ce que la révocation des confiscations n'est que pour le temps de la trêve; mais c'est la loi générale que les biens sont contraints souffrir ceux dont les biens avoient été confisqués, même les héritiers de feu M. le prince d'Orange pour lesquels les Etats eussent volontiers fait mieux s'ils eussent pu, ayant encore plus de facilité en leur affaire qu'en celle dudit sieur prince d'Espinoy, d'autant qu'il n'y a que l'archiduc qui tienne leur bien, et ici il y a une partie la plus rude et la plus injuste que j'aie jamais connue, la dureté de laquelle ne peut être vaincue, ni par raison, ni par prière, et n'y a que la seule nécessité et contrainte qui la puisse rendre capable de la raison en cet endroit. Le mieux que je vois contre elle, c'est qu'on la peut dessaisir d'entrée de tout le bien, et, si elle y apporte quelque longueur ou difficulté, que dès lors ledit sieur prince d'Espinoy entrera en la jouissance du bien de Hollande, qui vaut vingt-quatre mille livres de revenu au moins, et de fort belles seigneuries, qui est le seul moyen de la faire venir à raison et de lui persuader de faire un nouvel accord. M. de Preaux, qui va par-delà, vous fera entendre particulièrement comme toutes choses se sont passées, et la peine et le soin que j'ai eu de cette affaire pour vous y donner contentement; et je le suivrai bientôt, Dieu aidant, puisque tout est achevé ici, pour vous assurer moi-même que je serai perpétuellement, monsieur, votre, etc. P. JEANNIN.

D'Anvers, ce onzième avril 1609.

Autre LETTRE *dudit sieur Jeannin audit sieur de Sully, du quinzième avril 1609.*

Monsieur, j'ai reçu les lettres qu'il vous a plu m'écrire, touchant le fait de M. le prince d'Espinoy, par M. le conseiller son ancien serviteur. La résolution avoit déjà été prise sur cette affaire lorsqu'il est arrivé en ce lieu, selon l'avis que je vous en ai donné par les lettres que vous aura rendues M. de Preaux; en quoi il a été satisfait en ce que vous pouviez désirer, puisque la main-levée des confiscations n'a été accordée pour qui que ce soit que durant la trève. Il est vrai que chacun espère qu'elle doit devenir paix perpétuelle, ou, s'il la faut renouveler quelque jour, que la condition des Etats n'empirera pas, par ainsi que cette même main-levée sera lors continuée, ou bien accordée perpétuellement. J'ai dit audit sieur conseiller que, s'en retournant à Bruxelles où il pourra voir madame la comtesse de Ligne, il ne lui doit parler sinon d'accord, pource qu'à mon avis il est besoin d'attendre la ratification d'Espagne avant que déclarer ouvertement ce qu'on veut faire, de laquelle, encore que je ne fasse aucun doute, si est-ce que plusieurs en jugent autrement; et si cela avenoit, il y auroit danger que la trève ne fût rompue à cette occasion, et que la déclaration qu'auroit faite M. le prince d'Espinoy ne lui fût préjudiciable. Je pars présentement pour aller à La Haye, où je ne demeurerai que huit ou dix jours au plus, puis je m'en retournerai vers vous, et vous informerai de toute cette affaire, afin que vous preniez résolution ainsi qu'il vous plaira. J'ai dit audit sieur conseiller que je lui donnerai aussi avis de mon départ, afin qu'il se rende à Paris au même temps. Il veut cependant demeurer à Bruxelles pour s'instruire et apprendre ce qui est de l'intention de ladite dame comtesse de Ligne, à qui personne n'a encore osé dire ce que contient le traité en l'article qui la concerne. Je suis, monsieur, votre, etc. P. JEANNIN.

D'Anvers, ce quinzième avril 1609.

LETTRE *de M. de Villeroy à M. Jeannin, du vingt-unième avril 1609.*

Monsieur, le dixième de ce mois, le courrier de ville arriva avec vos lettres du septième et huitième : il me trouva à Villeroy, où je m'étois retiré avec le congé du Roi pour passer ces fêtes. Sa Majesté, ayant vu vosdites lettres le jour même en ce lieu, prit résolution d'attendre M. de Preaux devant qu'y répondre, voyant que vous nous promettiez le nous dépêcher bientôt. De fait, il arriva audit Villeroy le quatorzième de si bonne heure, qu'il eut moyen de voir Sa Majesté en ce lieu ce même soir, présenté par M. de Puysieux, et vous assure qu'il fut bien reçu, Sa Majesté ayant montré grand contentement de la résolution de la trève, louant Dieu de ce qu'il l'a rendu médiateur par votre prudence et sage conduite d'un si bon œuvre, que Sa Majesté a toujours jugé utile à toute la chrétienté. Sur cela Sa Majesté m'a fait revenir ici auprès d'elle dès le lendemain de la fête. J'y arrivai donc hier. A la même heure, elle a dépêché un courrier à M. de Sully, qui a passé les fêtes à Villebon vers Chartes pour le faire venir droit en ce lieu sans passer par Paris, et a donné ordre que M. le chancelier s'y rendra en même temps, pour répondre par leur sage conseil à tout ce que ledit sieur de Preaux nous a apporté de votre part, étant bien marri de ce retardement qui procède de cette séparation des courtisans, à cause de la saison; car je ne doute point que le temps ne vous dure assez où vous êtes; mais nous n'eussions rien résolu qui vaille sans ces messieurs. Arrivés donc qu'ils seront, je solliciterai le renvoi dudit sieur de Preaux, qui vous est très-obligé avec ses amis de l'honneur que vous lui avez fait en lui commettant la charge qu'il a représentée à Sa Majesté, qui est demeurée contente du fidèle rapport qu'il lui en a fait. Et comme je ne vous fais la présente que pour vous avertir des causes de cette longueur, je la finirai après vous avoir assuré que Sa Majesté est en bonne santé, grâces à Dieu, se trouvant bien d'une petite purgation qu'elle a prise depuis la fête, qui sera demain suivie d'une saignée pour éventer et rafraîchir son sang, sujet à s'émouvoir en cette saison. La Reine et toute la famille se portent bien aussi, grâces à Dieu, lequel je prie donc, monsieur, vous conserver en parfaite santé.

Votre, etc. DE NEUFVILLE.

De Fontainebleau, ce vingt-unième jour d'avril 1609.

LETTRE *du Roi à MM. Jeannin et de Russy, du vingt-cinquième avril* 1609.

Messieurs Jeannin et de Russy, j'ai vu les articles de la trêve que vous m'avez envoyés par le sieur de Preaux. Je n'en suis moins content que ceux qui y ont le principal intérêt. J'espère aussi avoir bonne part au bien qui en résultera, et suis bien satisfait du bon devoir que vous y avez contribué, ayant très-bien suivi et exécuté mes commandemens, tant pour le général que pour le particulier de la maison de Nassau, reconnaissant qu'ils ont tous occasion de s'en louer, et de savoir gré à ceux qui leur ont moyenné le repos et les avantages que les uns et les autres en retirent. Le point principal sera qu'ils en usent comme ils doivent, c'est-à-dire qu'ils entretiennent leur union avec plus de soin que jamais, qu'ils soient jaloux de la conservation et affermissement de l'autorité et liberté qu'ils ont acquise, qu'ils pourvoient à la sûreté de leurs villes et places, et maintiennent leurs forces de terre et de mer en bonne réputation, afin que leur pays soit mieux gardé, qu'ils soient toujours craints, chéris et respectés de leurs voisins. Pareillement, ils doivent être diligens de bien entretenir leurs alliés et vrais amis, comme de faire provision (par prévoyance et prudence) de tous moyens nécessaires, pour en tout cas éviter les accidens d'une surprise ou rupture inopinée ou nécessaire, sans par trop se confier et endormir en la fruition et jouissance des bénéfices et douceurs de ladite trêve; car c'est ce qui la rendra plus assurée.

Or, pour bien pourvoir à tout ce que dessus, il est surtout nécessaire qu'ils prennent prompte résolution, tant sur la forme de leurs contributions pour le temps que doit durer ladite trêve, que sur l'ordre qu'ils tiendront durant icelle au gouvernement de leur république; et comme j'estime qu'en l'un et en l'autre point, ils n'auront moins besoin de conseil et de l'assistance de leurs bons amis, je désire leur témoigner en cette occasion, comme j'ai fait en la poursuite de ladite trêve et en toutes autres, la continuation de ma bienveillance et du soin que j'ai de leur prospérité. C'est pourquoi vous, sieur Jeannin, aviserez, devant que partir pour me revenir trouver, à leur remontrer de ma part sur l'un et l'autre sujet ce que vous jugerez, par la connoissance que vous avez de l'état et disposition desdites provinces, leur être utile, pour, s'il est possible, obtenir qu'ils s'en résolvent devant que vous les délaissiez; car je crains, si vous les abandonnez devant qu'ils aient pourvu à cela, qu'il naisse entre eux des disputes qui leur rendent ladite trêve plus dommageable qu'utile. Vous leur proposerez donc sur ces deux points les expédiens que vous jugerez les meilleurs; et d'autant qu'il sera peut-être besoin, sur la proposition que vous en ferez aux députés des Etats qui ont été assemblés pour ladite trêve, qu'ils retournent en leurs provinces et villes pour en conférer avec les corps et magistrats particuliers d'icelles, pour en avoir pouvoir suffisant d'en résoudre, de façon que cette résolution pourroit tirer à la longue, en ce cas, je trouve bon que vous, sieur Jeannin, reveniez par-deçà pour m'informer particulièrement de toutes choses, à la charge que vous retournerez derechef par-delà s'il est requis, pour assister à la réponse que feront lesdites provinces sur ladite ouverture, et les fortifier de mon conseil en la résolution qu'ils auront à prendre; ce que vous leur direz en prenant congé d'eux; car je m'assure que la promesse que vous leur en ferez les réjouira et consolera grandement, et servira à augmenter et assurer la confiance et créance qu'ils ont en moi et en l'affection que je leur porte: mais il seroit bien meilleur, si faire se pouvoit, que ladite résolution pût être prise devant votre départ, tant je crains qu'il naisse sur cela en votre absence des contentions et accidens qui aventent les fruits de ladite trêve, et ouvrent les moyens aux ennemis de leur liberté de l'entamer; c'est pourquoi, monsieur Jeannin, j'aurai plaisir d'avoir encore votre bon avis sur ces considérations devant que vous preniez congé d'eux tout-à-fait, pour pouvoir vous ordonner après ce que vous aurez à faire avec plus de lumière et de contentement; mais vous m'enverrez votre avis par courrier exprès, afin que vous receviez tant plus tôt mon commandement, voulant quand vous partirez que vous, sieur de Russy, demeuriez par delà pour continuer à m'y servir en ces occasions et autres qui se présenteront, suivant les bon avis que vous aurez pris ensemble au partement dudit sieur Jeannin.

Au reste, j'ai été très-aise de savoir la réponse que le président Richardot a faite à vous, sieur Jeannin, sur le fait de Clèves et de Juliers, comme d'avoir entendu l'avis de son cousin le prince Maurice et du sieur de Barneveld sur icelui; mais je crains bien que la maison d'Autriche, cependant qu'elle fera contenance de ne vouloir rien entreprendre par voie de fait auxdits pays, y dresse une partie si forte par le moyen de ceux qui y ont autorisé, lesquels ils entretiennent de longue main à leur dévotion, qu'ils en privent avec le temps les légitimes héritiers, desquels je n'ai eu aucun avis depuis la mort du duc, non plus que de la douairière et de ceux du pays, de façon que je ne puis pour le présent prendre aucun conseil et résolution que celle que je vous ai écrit avoir prise, qui est de m'opposer ouvertement au dessein et aux armes de quiconque y entreprendra contre la justice et les voies ordinaires d'icelle.

C'est pourquoi je n'approuve pas que ledit prince Maurice jette à présent des forces dans le pays, parce que cela donneroit prétexte à d'autres de faire le semblable, et me semble qu'il est nécessaire d'être devant informé plus particulièrement de la justice des prétendans, comme de leurs délibérations en la poursuite d'icelle, sans innover aucune chose auxdits pays. Mais je trouve bon que ledit prince emploie son crédit envers ceux qui y ont pouvoir, afin qu'ils maintiennent toutes choses en état, ne permettant qu'il y soit entrepris au préjudice desdits prétendans par pratiques, corruptions, et autres surprises, ni par force, les assurant qu'ils seront assistés et secourus de moi et de lui au besoin qu'ils en auront, et qu'ils l'informeront au vrai de l'état du pays, des factions et inclinations d'icelui, et de tout ce qui surviendra et est requis que nous sachions, pour aider à défendre et protéger la justice et le droit de ladite succession à qui il appartient, ayant délibéré me conduire en cette action, principalement par le bon avis dudit prince, tant pour la fiance que j'ai en lui, qui ira tous les jours croissant, pour plusieurs bonnes considérations qui importent au bien de mes affaires, et au particulier avantage dudit prince, que pour le pouvoir et la commodité qu'il a plus grande que nul autre de servir à cette mienne intention; et sitôt que j'aurai nouvelles desdits princes prétendans, je l'en avertirai. Cependant je mettrai peine de les rallier et accorder à un dessein pour mieux s'opposer aux attentats que l'on y voudra faire à leur préjudice: et quand il sera besoin d'y employer la force, nous ne manquerons de gens de guerre, ni de moyens pour cet effet, soit que les Etats licencient dès à présent une partie des leurs, ou qu'ils les retiennent jusques à ce qu'ils aient reçu les ratifications d'Espagne: de quoi je veux me remettre à leur jugement et meilleur avis, reconnoissant, si je leur donnois conseil de les conserver en tiers, qu'ils prétendroient que je serois obligé de les assister d'argent pour cet effet, et je n'estime pas à propos que je m'y engage pour le présent autrement que vous fera entendre de ma part ledit sieur de Preaux, que je vous renvoie bien instruit de mes intentions sur toutes choses. Je prie Dieu, messieurs Jeannin et de Russy, qu'il vous ait en sa sainte garde. HENRI.

Et plus bas, DE NEUFVILLE.

Ecrit à Fontainebleau, le vingt-cinquième d'avril 1609.

LETTRE *dudit sieur de Villeroy audit sieur Jeannin, du vingt-sixième avril 1609.*

Monsieur, je n'ai rien à ajouter aux lettres et mémoire que vous porte M. de Preaux. Il a assisté aussi à toutes les délibérations et résolutions qui ont été faites sur le sujet de sa venue, dont il vous saura rendre bon compte; je m'en remettrai donc sur lui, joint que j'espère, quoi que nous vous mandions, que nous aurons le bien et contentement de vous voir bientôt, et certes je le désire avec passion, ainsi que j'ai prié ledit sieur de Preaux de vous faire entendre. Nous avons reçu votre lettre du quinzième de ce mois, depuis avoir résolu le renvoi dudit sieur de Preaux, et je n'ai point trouvé dedans le paquet de lettres de vous pour moi à l'accoutumée: ce que j'attribue au peu de loisir que vous avez eu d'écrire, ou à la stérilité du sujet qui se présentoit lors: toutefois, j'ai estimé devoir vous en avertir. Nous affectionnons toujours le fait de Clèves, ainsi que nous vous avons écrit, et nous sommes bien disposés d'y porter et favoriser l'électeur de Brandebourg; mais nous désirerions que le duc Neubourg y eût part, parce qu'il est aussi de nos amis, et que nous estimons, s'ils étoient d'accord, que toutes choses succéderoient mieux et plus sûrement et heureusement à l'un et à l'autre. Au demeurant, le Roi a voulu gratifier M. de Preaux et les siens d'une compagnie de gens de pied qu'il entend entretenir par-delà pour son service, ainsi qu'il vous dira, en quoi je vous prie de continuer à l'assister de votre faveur envers ceux que besoin sera. Il vous est déjà si attenu, comme nous sommes tous avec lui, des faveurs et de l'amitié que vous lui avez départies, que nous ne pouvons vous en rendre grâces dignes de notre volonté. Il me suffira donc de vous supplier de croire que vous avez plus de pouvoir sur moi que moi-même; il vous dira toutes les particularités, comme celui qui en est pleinement informé, et de l'avis que je puis vous donner sur toutes occurrences. Je salue donc vos bonnes grâces de mes très-affectionnées recommandations, et prie Dieu, monsieur, vous donner en bonne santé heureuse et longue vie.

Votre, etc. DE NEUFVILLE.

De Fontainebleau, le vingt-sixième jour d'avril 1609.

LETTRE *de M. le duc de Sully à M. Jeannin, du premier mai 1609.*

Monsieur, j'ai vu par vos lettres et copies des actes que vous m'avez envoyées, comme toutes choses se sont passées touchant ce qui concerne les affaires de mon cousin le prince d'Espinoy, par toutes lesquelles choses je juge que votre prudence et fermeté d'esprit étoient très-nécessaires en la conduite et résolution d'une affaire si contestée, et dont nul autre que vous n'eût obtenu un tel avantage. Partant, mondit cousin et moi vous remercions de tant de peines que vous avez prises, et vous en demeurerons à jamais très-obligés, et résolus de nous en revancher par toutes sortes de services. Or, d'autant que je prévois bien qu'il ne laissera pas d'y avoir des disputes et animosités entre ledit prince d'Espinoy et la princesse de Ligne, et qu'étant parent des uns et des autres, j'eusse bien désiré de les réconcilier, et faire en sorte que toutes choses passassent à l'amiable, je vous prie, comme de vous-même, faire quelque ouverture à la princesse de Ligne, soit d'alliances, mariages ou soumission d'arbitrages, telle que vous aviserez pour le mieux, car, quoi que vous résolviez, je m'y soumettrai; mais, je vous prie, que les ouvertures que vous ferez soient si considérées, que cela ne puisse porter préjudice à l'avantage en quoi nous sommes maintenant à cause du traité de la trève. Quant aux prétentions que la princesse de Ligne pourroit avoir après ladite trève expirée, c'est chose où il y aura remède, et que le temps pourra encore faciliter. C'est pourquoi je ne suis nullement d'avis d'être retenu de cette considération et appréhension. Quant aux affaires générales, je ne vous en écrirai rien, remettant le tout sur les lettres de M. de Villeroy, et le rapport qui vous sera fait par M. de Preaux. Continuez-moi la faveur de vos bonnes grâces, et faites état assuré de mon affection et fidèle service qui vous sont entièrement acquis. Sur cette vérité je vous baise les mains.

C'est votre, etc.

MAXIMILIEN DE BETHUNE, duc de Sully.

A Paris, ce premier de mai 1609.

LETTRE *de MM. Jeannin et de Russy au roi, dudit jour premier de mai 1609.*

SIRE,

Il y a deux jours que nous avons fait une dépêche à Votre Majesté par le courrier Picart, pour lui donner avis de ce qui se passe en ce pays, et de quelques autres particularités de ce pays, mais nous l'avons retenu après lui avoir donné ladite dépêche jusqu'à présent, sur le bruit qui est venu ici que M. de Preaux y devoit arriver de jour à autre avec les commandemens de la part de Votre Majesté, en intention néanmoins de le faire partir dans deux jours, soit que ledit sieur de Preaux vienne ou non. Cependant nous lui écrivons ce mot par M. de La Borde, lequel le va trouver pour lui rendre compte de ce qu'il a vu et appris en son voyage de Suède, où il est si bien informé de toutes choses, même des intentions, déportemens, forces et moyens du roi de Suède, qu'il lui en saura rendre bon compte. Nous avons entendu non seulement de lui, mais d'autres qui ont été en icelui voyage, que ledit sieur Roi désire se servir dudit sieur de La Borde en charge honorable, dont il nous a montré les commissions et patentes, et semble aussi qu'il ait volonté d'y retourner, si Votre Majesté ne lui commande de s'en abstenir. C'est à quoi d'en ordonner son bon plaisir. Mais ayant appris par plusieurs qui en sont retournés, le peu de moyen et d'espoir qu'il y a d'acquérir service par personnes qui sont capables de servir en meilleure occasion, comme est ledit sieur de La Borde, nous le lui avons dissuadé, et néanmoins donné conseil de recevoir là-dessus les commandemens de Votre Majesté avant que de prendre aucune résolution. Nous prions Dieu, sire, qu'il donne à Votre Majesté, très-parfaite santé, très-longue et très-heureuse vie.

De La Haye, ce premier jour de mai 1609.

Vos, etc. P. JEANNIN et DE RUSSY.

Autre LETTRE de MM. *Jeannin et de Russy au Roi, du huitième mai* 1609.

SIRE,

Nous avons différé d'envoyer ce courrier à Votre Majesté, attendant la venue de M. de Preaux, pour ajouter à notre dépêche ce que nous jugerons à propos sur le sujet de son retour. Or nous avons entendu bien particulièrement par lui ses intentions et commandemens, que nous essaierons d'exécuter avec le même soin, affection et fidélité que nous avons fait du passé, tenant à grand heur que notre travail et conduite, parmi tant de difficultés qui se sont rencontrées en la négociation qu'il lui a plu nous commettre, lui aient été agréables. Nous sommes demeurés en ce lieu quelques jours presque inutiles pour l'absence des députés des Etats qui viennent de jour en autre, et seront tous ici dans trois ou quatre jours, mais non plus tôt, ayant été nécessaire que les Etats de chacune province se soient assemblés pour délibérer sur ce qui restoit même touchant les contributions, et ce qui regarde le particulier de M. le prince Maurice et des autres seigneurs de sa maison, avant quoi ils n'ont pu envoyer leurs députés à l'assemblée générale. Nous avons cependant employé ce loisir pour essayer de faire le partage, et mettre d'accord les trois frères, qui ont eu de très-grandes difficultés sur ce sujet; mais à présent nous en espérons mieux, et nous promettons de les composer avec l'autorité et le secours de messieurs les Etats, qui offrent d'y mettre du leur pour aider à ce bon œuvre: après qu'ils seront assemblés, nous espérons que peu de jours doivent suffire pour achever ce qui reste, du moins pour faire ce que nous jugerons en pouvoir espérer pour ce coup. Le traité passé pour la garantie de la trêve sera suivant notre minute, et conjointement avec les Anglois, lesquels nous ont dit qu'il leur a été ainsi commandé, et que leur roi approuve tout ce qu'ils ont fait avec nous, même les en loue. La vérité est bien que, depuis environ quatre mois, ils ont entièrement suivi nos avis sans y contrevenir en rien, et semble que leur maître soit mieux disposé envers Votre Majesté, et à rechercher et désirer son amitié qu'il n'étoit auparavant, selon les propos qu'ils nous en tiennent et les lettres que M. de La Boderie a écrites au sieur Jeannin, dont elle saura mieux juger que nous, et y prendre les conseils qu'elle estimera être du bien et avantage de sa couronne. Pour le surplus des affaires, notre soin est maintenant d'unir ensemble tous ceux qui ont part au maniement des affaires de l'Etat; ce que nous estimons avoir fait entre le prince Maurice et le sieur Barneveld, du moins fort avancé, ce qui est du tout nécessaire afin qu'ils n'aient plus tous ensemble qu'un même sentiment ès délibérations publiques, puis de faire résoudre en l'assemblée générale le fait des contributions, sans quoi la trêve ne leur seroit pas seulement inutile, mais dommageable. C'est chose où il y eut de très-grandes difficultés, et du temps même de feu M. le prince d'Orange, dont la décision étoit remise et sursise de temps à autre pendant la guerre, ce que chacun souffroit à cause du péril présent; mais aujourd'hui que cette crainte n'est plus, ils y contredisent avec plus d'animosité.

Les députés de Zélande, qui nous sont venus voir, montrent bien de nous en vouloir croire, et, à la vérité, ce qu'ils demandent est fondé en très-grande raison; mais ils ont affaire aux provinces de Gueldres, Over-Yssel et Frise, dont il faut traiter les deux premières doucement, pour les maintenir dans l'union en laquelle rien ne les a fait entrer que la force. Nous y ferons de notre mieux lorsque les députés des provinces seront tous assemblés, qui ne peut être plus tôt que de trois ou quatre jours, pour les raisons ci-dessus déduites. Nous jugeons bien qu'il ne faut pas sortir de ce lieu sans avoir fait pourvoir auxdites contributions, de quelque façon que ce soit, et sans même avoir fait donner contentement à M. le prince Maurice, et fait aussi, s'il est possible, le partage des trois frères, dont les deux aînés sont aucunement enaigris et mal ensemble, à cause des disputes qu'ils ont à cette occasion, qui pourroient bien être cause, si on ne les mettoit d'accord, de faire des partialités dans l'Etat, y en ayant qui favoriseroient l'aîné contre les mérites de l'autre. Nous avions, long-temps avant la conclusion de la trêve, désiré de faire terminer ces différends pour les contributions, et lors les provinces de Gueldres, Frise et Over-Yssel se fussent soumises à tout ce qu'on eût voulu pour la grande affection et besoin qu'elles avoient d'avoir la trève comme étant les plus exposées aux dangers de la guerre; mais ceux qui désiroient lors d'empêcher cette trève, et pensoient que tel accord faciliteroit le moyen d'y parvenir, l'empêchèrent avec si grande véhémence, que pour n'ajouter cette difficulté à plusieurs autres qui se présentoient, on s'abstint d'en faire plus grande poursuite. Si est-il du tout nécessaire de le faire à présent et jusqu'à ce que le sieur Jeannin demeure en ce lieu, suivant le commandement de Votre Majesté; mais pour le regard de l'établissement du conseil en la forme que M. de Preaux en aura parlé à Votre Majesté de notre part, et dont nous avons conféré en ce lieu avec ceux qui manient les affaires, même avec le prince Maurice et le sieur de Barneveld, jugeant qu'il étoit besoin d'y pourvoir ainsi, nous n'espérons pas qu'on lui puisse donner pour le présent l'autorité qui seroit bien requise, puisque ledit sieur Barneveld n'a pu être induit d'y entrer, quoique en apparence il ne rejette pas l'établissement d'icelui, car nous connoissons bien que c'est le but et l'intention de ceux qui ont plus de part ès délibérations qu'on prend en l'assemblée générale des Etats, et même la sienne, de faire que les Etats soient perpétuellement assemblés en nombre de deux ou trois de chacune province au moins, et par ce moyen que l'autorité pour délibérer et résoudre des affaires publiques réside toujours en eux.

Or, tant qu'ils auront ce désir avec autant de passion qu'ils l'ont à présent, il sera trop malaisé d'établir et autoriser ce conseil comme il convient, et faut nécessairement prendre du loisir et attendre un autre temps pour les y disposer. Leur conduite ne laissera pourtant d'avoir un assez bon ordre et police pour se maintenir sans confusion et sans qu'il en arrive aucun mal à l'Etat, pourvu que le prince Maurice et le sieur Barneveld soient bien ensemble, dont les fondemens sont déjà si bien jetés, que nous n'en devons attendre que tout bien. Cette forme de tenir toujours les Etats assemblés fut prise du temps du comte de Leicester, lequel étant soupçonné de vouloir lors usurper l'Etat, fût pour lui, ou pour la feue reine d'Angleterre sa maîtresse, se servoit du conseil d'Etat, dont il étoit chef, et par ce moyen manioit toutes les affaires, qui fut cause que les gens sages, pour affoiblir son autorité et lui ôter le moyen de venir à bout de ses desseins, prirent cette résolution de tenir toujours les Etats assemblés, afin d'amoindrir l'autorité du conseil, et par conséquent la sienne; car lorsque les Etats-généraux sont assemblés, toute autre autorité cesse, du moins est tellement affoiblie et au-dessous d'eux, qu'elle est sans pouvoir de résoudre quoi que ce soit concernant les affaires de l'Etat; de laquelle forme de procéder s'étant bien trouvés, à ce qu'ils disent, ils s'en soutiendront toujours, et pensent ne pouvoir mieux faire que de la suivre.

Il faut aussi considérer que ceux qui se trouvent à l'assemblée générale des Etats sont les magistrats des villes, de l'avis desquels dépendent les délibérations, et par ainsi sont toujours pour l'assemblée générale contre ce conseil, et de cet intérêt le sieur de Barneveld, qui ne plus puissant en l'assemblée générale qu'il ne seroit audit conseil, se sait bien servir pour y faire apporter de la contradiction. Aussi avons-nous toujours jugé que tout dépendoit de faire qu'il en fût. Nous ne laisserons de tenter encore ce qu'on pourra faire lorsque les Etats seront assemblés; mais il n'est pas besoin que le sieur Jeannin retarde plus long-temps son retour à cette occasion, d'autant qu'il le pourroit faire sans donner trop de soupçon aux députés d'Angleterre, qui sont désireux de s'en retourner, et s'informent tous les jours de son départ, craignant, s'il est différé, que ce ne soit à quelque dessein. Or tout ce qui vient de semble nous pour la conduite de l'Etat, même s'il semble tendre à accroître l'autorité du prince Maurice, leur est très-suspect; car M. Carron qui étoit en Angleterre pour les Etats, lequel est à présent en ce lieu, a fait connoître que le roi de la Grande-Bretagne est toujours très mal-content des propos que ledit prince Maurice a tenus au conseil d'Etat, dont Votre Majesté a été ci-devant avertie, et désire que dans le même conseil il tienne quelque propos qu'il puisse recevoir pour satisfaction, ce qu'il refuse opiniâtrement de faire; et, outre ce, nous voyons bien que son amitié à l'endroit du sieur Barneveld n'est encore assez affermie, et que ce conseil qui le pourroit autoriser donne quelque ombrage à l'autre, et cette raison jointe aux autres nuit à ce dessein; par ainsi faut attendre quelque temps si on y veut pourvoir sans altérer davantage les esprits. Et à la vérité, quoi que nous disions au prince Maurice, il ne se peut vaincre, ni déguiser le mécontentement qu'il a de ce que les choses n'ont succédé comme il désiroit, étant d'un naturel si entier et ouvert, qu'il ne se peut dissimuler qu'avec très-grande peine; et quoique l'apparence de son aigreur diminue tous les jours à notre persuasion, si en a-t-il trop de reste pour le cacher, et cela donne sujet à ceux qui pensent l'avoir offensé ou être offensés de lui, d'empêcher que son autorité ne croisse; mais tout cela cessera quand il voudra user de la conduite qui est requise, et que nous lui conseillons pour se faire aimer autant qu'il a de mérite. Que Votre Majesté n'en soit pourtant en peine, car chacun a si grand désir de conserver l'Etat et la liberté qu'ils ont acquise, qu'il n'en arrivera aucun mal, et s'il est certain que le prince Maurice se changera, sinon tout à coup, du moins peu à peu, la raison le forçant de jour en autre à suivre notre conseil plutôt que son inclination, et lors on pourra faire aisément ce qui seroit à présent impossible.

Nous pourvoirons à l'entretènement des deux régimens, et, comme nous espérons, des deux compagnies de cavalerie, selon que Votre Majesté le commande, étant bien aises de ce qu'il lui a plu mettre l'argent ès mains des Etats, lesquels nous obligerons fort bien au paiement par avance de mois en mois, et en sorte que le nombre qu'elle veut être entretenu y soit toujours, et qu'elle le puisse retirer aussi ici de ce qui se passe à Clèves à cause de la proximité, et de ce que M. le comte Ernest, qui réside d'ordinaire à Arnheim, ville des Etats qui n'est qu'à trois lieues de la ville de Clèves, en avertit de jour à autre. Ce que nous en avons appris est que quelques commissaires de la part de l'électeur de Brandebourg ont fait planter ses armes en divers endroits, que le fils du duc de Neubourg, qui est venu sur les lieux en personne, en a fait autant de celles de sa mère, et en quelques endroits les a mises au dessus de celles dudit sieur électeur. Les habitans ont souffert et dissimulé ce qui a été fait d'une part et d'autre, et se sont contentés de dire que pour leur regard ils n'entendent préjudicier au droit d'autrui, mais laisser l'affaire à justice. Au pays de Juliers, le duc de Neubourg semble être plus favorisé, et partout ailleurs c'est l'électeur de Brandebourg. Les Etats de tous lesdits pays s'étant assemblés à Dingslaken y ont délibéré et résolu, le seizième du mois passé, de ne recevoir ni forces ni garnisons étrangères de qui que ce soit, de demeurer unis, et se conserver neutres, attendant que, par justice ou voie amiable, il soit connu et déclaré qui doit être leur seigneur, et contient leur délibération qu'ils ont pris ce conseil par l'avis de l'empereur, de Votre Majesté, des archiducs et Etats, et toutefois elle nous mande qu'elle n'a aucun avis de cet endroit ni des princes, ni du conseil du pays.

Nous avons aussi vu la copie d'une lettre que l'empereur écrit à la veuve du défunt duc et aux Etats du pays, qui est du deuxième du mois passé, par laquelle il les exhorte de demeurer unis ensemble, et de gouverner l'Etat par l'avis de la veuve, et du conseil qui étoit établi du vivant du duc, attendant qu'il soit connu en justice à qui le droit doit appartenir. Les Etats du pays ont néanmoins ajouté audit conseil six autres personnes de qualité, sans lesquelles rien ne pourra être fait, ayant été induits d'en ordonner ainsi sur ce qu'on tenoit la plupart de l'ancien conseil être trop affectionné à l'Empereur et à sa maison. Jusques ici personne n'a montré de vouloir entreprendre par la force sur ces pays: il est vrai que le fils du duc de Neubourg, lequel parloit au commencement avec douceur et paroles accompagnées de raison pour persuader qu'il a bon droit, use maintenant de menaces, et montre, s'il est refusé, de vouloir venir aux armes, disant hautement qu'il sera assisté pour la conservation de son droit de très-grands princes, sans néanmoins les nommer. On tient aussi que le gouverneur de la ville et château de Juliers, lequel est affectionné au roi d'Espagne et, comme on dit, son pensionnaire, a levé environ trois cents hommes des lieux voisins pour les ajouter à sa garnison. L'électeur de Brandebourg, qui est encore en Prusse bien empêché pour obtenir l'investiture dudit duché, dont le roi de Pologne fait grande difficulté, a écrit à M. le prince Maurice, de Kœnigsberg, ville de Prusse, du onzième du mois passé, le priant de favoriser et assister les siens en la prise de possession et conservation des droits qui lui appartiennent en cette succession. On dit aussi que son frère, qui a autrefois été administrateur de l'évêché de Strasbourg, doit bientôt arriver audit pays de Clèves pour prendre ladite possession, et envoyer vers messieurs les Etats un docteur bien instruit de son droit.

Le sieur Jeannin a mis par écrit en un mémoire à part ce qu'il a appris, tant des droits dudit sieur électeur que du duc de Neubourg, qu'il envoie à Votre Majesté pour s'en éclaircir si elle le désire. Il y aura de quoi disputer entre eux, et venir même aux armes avec péril, s'ils ne sont si sages que de s'en accorder amiablement comme ils peuvent faire en partageant cette succession, qui contient trois duchés et un comité. Il est vrai que, par les dispositions des précédens seigneurs, confirmées par les empereurs et les Etats du pays, toutes lesdites seigneuries ont été unies, et ordonné qu'un seul prince y succédera toujours, en donnant quelque argent aux filles; mais le pays souffrira plus volontiers cette division qu'une guerre dont ils recevront beaucoup plus de dommage. Or, si les choses ne passent ainsi et par accord, il semble que la partie de l'électeur de Brandebourg doive être la plus puissante en Allemagne, car il y a une loi familière ès maisons de Saxe, Brandebourg et landgrave de Hesse pour succéder les uns aux autres, les mâles défaillans en une famille, qui intéresse et oblige le duc de Saxe et le landgrave à le secourir. On tient même que l'électeur palatin, qui a projeté quelque alliance de sa fille avec le fils dudit électeur de Brandebourg, se doit joindre à son parti, nonobstant que le duc de Neubourg soit de la maison et son proche parent. Le roi de Danemarck, qui a épousé la sœur dudit électeur, sera pour en faire autant, et le roi d'Angleterre avec lui. Les Etats montrent aussi avoir le même désir, au cas que son droit soit jugé le plus apparent, et que Votre Majesté se veuille déclarer pour lui, comme ils se promettent qu'elle fera, tant pour l'amitié que cette maison de Brandebourg a eue de tout temps avec la couronne, que pour autant qu'il semble le duc de Neubourg chercher son appui en la maison d'Autriche et du roi d'Espagne, sans lequel il ne peut défendre son droit contre de si puissans sans ennemis : et le faisant, comme il sera contraint par nécessité s'il faut venir aux armes, cette guerre pourra donner moyen au roi d'Espagne de joindre lesdits Etats aux Pays-Bas moyennant quelque récompense; ce que les Etats ont très-grande occasion de craindre, et estimons Votre Majesté y avoir aussi très-grand intérêt. Il semble toutefois que le roi d'Espagne se précipitera mal volontiers à ce dessein, et puisqu'il a jugé devoir faire la paix avec les Etats en quittant quelque chose du sien, que malaisément il se voudra mettre au péril de rentrer avec mêmes ou plus puissans ennemis pour conserver l'autrui.

Votre Majesté pourra être mieux avertie d'ailleurs de l'inclination de tous ces princes et des mouvemens qui se préparent à cette occasion; mais quand il lui plairoit faire quelques offices envers ceux qui prétendent à ladite succession pour traiter de leurs droits à l'amiable, et envers les Etats du pays pour les exhorter à demeurer fermes et unis sans se partialiser, sinon pour celui qui sera jugé avoir le meilleur droit, la grande réputation de sa prudence, et la crainte de son autorité et de ses forces, s'ils ne déféroit à ses avis, pourroient beaucoup aider à leur faire prendre de bons conseils. Il est arrivé cejourd'hui même, nous achevant ces lettres, un gentilhomme allemand, envoyé par le fils du duc de Neubourg vers messieurs les Etats, pour les instruire de son droit, et les prier de le vouloir favoriser, se promettant que sa cause qui est juste sera aussi assistée de Votre Majesté. Sa prétention est fondée sur un rescrit de l'empereur Charles V, sans lequel on dit que les fiefs qui dépendent de la succession de Clèves ne peuvent passer aux filles; et qu'au suivant, sa mère doit être sans doute préférée à la femme de l'électeur de Brandebourg qui n'est que sa nièce, par ainsi plus éloignée d'un degré qu'elle, attendu aussi que les descendans des sœurs du défunt duc ne sont appelés, tant qu'il y a des sœurs vivantes, comme il est plus particulièrement déduit par le mémoire qui est envoyé. M. de La Force, qui a une compagnie au régiment de M. de Châtillon de deux cents hommes suivant sa commission, laquelle est encore à présent remplie de ce même nombre, et de fort bons soldats bien armés, se plaint de ce qu'on la veut réduire comme les autres à cent hommes, et nous a priés de représenter sa plainte à Votre Majesté qui sait les mérites du père, que le fils montre bien de vouloir ensuivre. S'il lui plaît donc qu'il ait quelque chose de plus que les autres, elle nous commandera son intention au retour de ce courrier. Et sur ce, nous prions Dieu, sire, qu'il maintienne et conserve Votre Majesté en très-bonne et parfaite santé.

Vos, etc.

P. Jeannin et de Russy.

De La Haye, ce huitième de mai 1609.

Lettre de M. Jeannin à M. de Villeroy, dudit jour huitième de mai 1609.

Monsieur, le retour de M. de Preaux nous a pleinement informés des intentions du Roi, que nous essayerons d'effectuer de tout notre pouvoir, afin que Sa Majesté ait le même contentement de notre conduite en ce qui reste, qu'il lui plaît nous témoigner pour ce qui s'est passé jusques ici. Le prince Maurice et le sieur de Barneveld sont assez bien, et fais encore tout ce que je peux pour les mettre mieux, le jugeant du tout nécessaire pour empêcher qu'il n'y ait aucune partialité en l'Etat, et pour fortifier aussi le premier, qui ayant celui-ci pour contraire diminuera plutôt en crédit que de croître; mais son naturel est si peu enclin à la dissimulation, et il se représente si souvent avec déplaisir qu'il a été vaincu, qu'il ne se peut tenir de faire voir à toutes occasions qu'il y a quelque reste en son esprit de l'ancien mécontentement, qui est cause que l'autre, soupçonneux et trop sensible, entre aisément en de nouveaux ombrages. J'espère néanmoins de faire en la prochaine assemblée d'Etat que le prince Maurice demeurera satisfait de ce que les députés lui ont comme promis à notre prière, lorsqu'ils étoient à Berg-op-Zoom, et que le sieur de Barneveld y apportera tant du sien, comme aussi au partage des trois frères, pour faire cesser la haine qui commence à se mettre entre les deux aînés, que cette obligation donnera sujet au prince Maurice d'oublier tout le passé. Aussi lui représenté-je tous les jours que cette amitié lui est nécessaire, et que celui qui est le plus grand, joignant un moindre à soi, se fortifie et affoiblit l'autre: il y en a toutefois déjà assez pour ne pas craindre que ce qui reste de malentendu entre eux nuise au public; mais je désire qu'ils soient encore mieux pour la sûreté de l'avenir, et faire que les intentions de Sa Majesté soient mieux suivies et effectuées.

Ne trouvez pas mauvais si je répète si souvent tels discours, car je vous peux dire avec vérité que la bonne conduite doit dépendre de leur commune intelligence. Nous aurons à traiter des contributions en l'assemblée, en quoi il y a de très-grandes difficultés nées dès long-temps, et demeurées comme assoupies durant la guerre; et chacun veut maintenant qu'on fasse ce qu'il tient juste quand il sert à sa décharge; et toutefois, ils sont tous si affectionnés à la conservation de leur Etat et liberté, que je me promets que nous les disposerons à faire ce qu'ils doivent. Quant à l'établissement du conseil, dont j'ai pris beaucoup de peine de dresser les articles et la forme comme il doit être composé pour donner de la réputation à cette nouvelle république, ceux qui craignoient l'autorité du prince Maurice, et les magistrats des villes qui sont toujours de l'assemblée des Etats, et par ce moyen ont plus de crédit et pouvoir, quand ils s'assembleront souvent, que si toutes choses étoient remises au conseil d'Etat, y résistent. Nous surmonterions bien néanmoins tels empêchemens si le sieur Barneveld n'y avoit intérêt, et ne pensoit mieux conserver son autorité en laissant toutes les affaires entre les mains des Etats, parmi lesquels la province de Hollande peut presque tout, et lui doit en celle-ci, que d'aider à cet établissement; mais il a une si grande créance et conduite pour faire réussir ce qu'il désire, qu'il est malaisé de l'entreprendre sans lui; et encore qu'on lui ait proposé d'être dudit conseil, et pour toujours, au lieu qu'on change ceux qui y sont mis des autres provinces de trois ans en trois ans, si est-ce, quand il considère que le prince Maurice en doit être chef, assisté de M. le comte Guillaume et de son frère, puis des ambassadeurs de France et d'Angleterre, et outre ce d'autres personnes qu'on prétendoit d'y mettre, des plus qualifiées et capables qui soient dans les provinces, il juge bien qu'il n'auroit pas le même pouvoir qu'il a à présent parmi les députés qui se trouvent ès assemblées des Etats, lesquels sont presque tous marchands, et gens fort peu entendus aux affaires, et à cette occasion suivent volontiers ses avis. Je vois bien qu'il craint encore qu'étant dudit conseil, on veuille prétendre ci-après sa charge d'avocat de Hollande être incompatible avec l'autre, et que quelqu'un ne fasse dessein pour prendre cette place, qui est néanmoins celle qui le rend plus puissant et autorisé; toutes lesquelles défiances proviennent de ce que le prince Maurice n'apporte pas ce qu'il doit et peut de son côté pour les faire cesser. Mais n'en soyez pourtant en peine; car je sais qu'ils feront mieux avant que je sorte de ce lieu, et que le conseil d'Etat, ainsi qu'il est, avec l'assemblée des Etats ordinaires, ne laisseront de bien conduire toutes choses, et d'empêcher que l'Etat ne retourne sous le roi d'Espagne ou sous les archiducs. Nous avions, trois ou quatre jours avant le retour de M. de Preaux, parlé, M. de Russy et moi, pour faire que l'ambassadeur de Sa Majesté fût de ce conseil, et dit au sieur Barneveld, puis au prince Maurice, que la demande n'en devoit venir de nous, mais des Etats, et j'estime qu'ils s'y conduiront ainsi. Je n'en fais pas toutefois grand cas, si ledit conseil n'a pour l'avenir plus d'autorité qu'à présent. Je suis bien fort aise que le Roi ait laissé aux Etats la disposition de l'argent pour le paiement des régimens. Nous ferons suivre sa volonté, et en sorte que le nombre sera toujours complet, et qu'il les pourra retirer quand il lui plaira pour s'en servir ailleurs.

Vous jugerez bien, monsieur, par ce qui est contenu ci-dessus, qu'après avoir fait pourvoir aux contributions, puis au contentement du prince Maurice, et aidé encore à faire son partage, comme chose nécessaire pour empêcher qu'il n'y ait quelque partialité en cet Etat, que mon séjour en ce lieu sera inutile, et ne servira que pour donner ombrage à ceux d'Angleterre et d'autres, dont ils ne seront non plus exempts du côté des archiducs; car avant que partir d'Anvers, le président Richardot me demanda plusieurs fois l'occasion de mon retour en Hollande, lui semblant, puisque l'affaire pour laquelle j'y étois allé avoit été terminée, que j'y devois être inutile, sinon que ce fût pour aider à former, régler et policer leur Etat, témoignant assez qu'il n'y prenoit pas plus. A quoi je lui fis réponse que la principale [cause] de mon retour par-deçà étoit pour [passer le] traité touchant la garantie de la trêve, et pour faire aussi quelque remontrance aux Etats [en] faveur des catholiques, dont Sa Majesté [me] donna charge au même temps qu'elle nous [en]voya ici, mais qu'elle avoit été différée jusqu[es] après le traité, pour n'avoir connu qu'il [y eût] aucun moyen de rien espérer auparavant; et encore à présent y vois-je tant de difficultés que j'en espère peu. Ce n'est pas qu'on doive [met]tre en grande considération l'ombrage [qui] vient de cet endroit, si mon séjour étoit d[e] leurs utile; ce qui n'étant pas, je vous p[rie] très-humblement procurer mon congé [et mon] retour de ce courrier que j'attendrai en b[onne] dévotion. Ce n'est pas que je sois las de [servir] où il plaît au Roi, vous promettant que [pen]tant de soin que mon travail et l'ouvrage [fait] par le commandement de Sa Majesté soit [utile] et durable, que je ne laisserai rien imparfait [à] mon départ.

J'écris à Sa Majesté ce que j'ai appris [tou]chant les affaires de Clèves, et vous envoie [le] mémoire que j'ai dressé sur ce que j'ai entendu des droits des princes qui prétendent à cette succession. La lettre que je vous avois écrite d'Anvers après le départ de M. de Preaux, [j'ai] oublié à mettre dans le paquet. Deux jours avant notre départ dudit lieu d'Anvers, M. le président Richardot s'adressa aux députés d'Angleterre et à nous, et premier à moi qu'aux autres, me disant que son altesse désiroit de vouloir faire à chacun un présent de la valeur de quatre mille livres, et cinq mille livres de plus à leurs [chefs,] mais que n'ayant eu le loisir de faire mettre lesdits présens en bagues et vaisselle, il nous vouloit offrir de l'argent, ce que je rejetai du tout, et lui répondis que, pour mon regard, je ne [le] prendrois aucunement, mais bien s'il me faisoit présent de quelques tapisseries, jusqu'à quinze cents ou deux mille écus, que je les accepterois, et que cela devoit suffire, le priant de ne penser à rien de plus: ce que je continuai toujours de lui répliquer, quelque instance et prière qu'il me fît au contraire; qui fut cause qu'il ajouta, puisque je faisois ce refus si absolument, qu'il me prioit de n'en rien dire aux autres même aux députés d'Angleterre, et qu'il s'assuroit qu'ils accepteroient lesdits présens. Je m'abstins par effet d'en parler jusqu'au lendemain, que lesdits sieurs députés d'Angleterre et M. de Russy, auquel il en avoit parlé comme aux autres, me vinrent trouver pour entendre là-dessus mon avis. Il fut aussi résolu entre nous, sans contradiction, que nous refuserions cet argent, comme chacun a fait. Or, je n'estimois pas qu'on y dût plus penser; néanmoins il y a quelques jours que M. le président Richardot m'écrivit une lettre que je vous envoie, et envoya par même moyen deux tapisseries, qui sont chacune en valeur de huit à neuf cents écus au plus. Par cette lettre il me mande que leurs altesses nous font faire à tous de la vaisselle, qui sera, comme j'estime de la valeur susdite. J'ai montré ladite lettre aux députés d'Anvers, qui m'ont dit avoir écrit à leur roi, et qu'il a loué leur refus, leur permettant néanmoins de prendre lesdits présens, qu'ils ne soient en argent. Vous n'eussiez rien su par moi de telles offres et de notre refus, s'ils ne m'eussent mandé de nouveau qu'ils prétendent faire lesdits présens que nous n'avons guère bien mérités de leur part, pour avoir plutôt favorisé les demandes des Etats que les refus des députés des archiducs, qui bien souvent étoient plus justes que les demandes des autres. Les Etats, pour lesquels nous avons travaillé suivant le commandement du Roi, prétendent aussi de nous faire quelques présens, mais non en argent, comme j'estime. Je vous supplie très-humblement me mander votre avis de ce que je devrai faire là-dessus, afin que je le suive, voulant toujours préférer le devoir au profit qui ne m'a jamais tenté, et que je peux dire véritablement avoir plutôt méprisé que recherché. Aussi est-il trop tard pour me changer, encore que je sache bien que par les mœurs de notre temps on doive tenir pour niaiserie et simplicité rustique plutôt que vraie vertu cette façon de vivre.

M. de La Force, qui a une compagnie au régiment de M. de Châtillon, se plaint de ce qu'on le veut réduire comme les autres à cent hommes, encore que par sa commission il eût deux cents hommes, et qu'en effet il ait encore à présent ce même nombre, bons soldats, et bien armés. Vous savez, monsieur, la qualité et mérite du père, dont le fils montre bien de vouloir ensuivre la vertu. S'il plaît à Sa Majesté le gratifier de quelque nombre de plus que les autres compagnies, cette gratification sera bien employée. Je sais qu'il vous en a écrit, et il a désiré ce témoignage de moi, que je lui rends très-volontiers. Le Maire et son frère vinrent en ce lieu le jour d'hier, où ils ont conféré avec moi, M. de Preaux y étant présent. Le capitaine que ledit sieur Maire a fait équiper pour le voyage que vous savez, y étoit venu cinq ou six jours auparavant avec le frère pour conférer aussi avec moi sur ce sujet. Il semble par son discours qu'il est homme fort entendu aux navigations, et de grande expérience. Il s'est embarqué le cinquième de ce mois, ayant pris patente de M. le prince Maurice pour la sûreté de son voyage, sans que personne ait su qu'il y fût envoyé par autre que ledit Maire, lequel dit encore l'avoir si bien instruit et équipé, qu'il montre grande espérance du succès de son voyage; dit aussi qu'il a mis en son vaisseau, en argent ou marchandises, la valeur de dix mille livres qu'il y hasarde du sien, et qu'il lui a commandé à son retour, au cas qu'il ait trouvé le passage, de venir droit en France, non en ce pays, si au contraire, de retourner ici. Les frais de ce voyage reviennent à quinze mille livres, selon le mémoire qui contient la dépense par le menu qui en a été communiqué audit sieur de Preaux et à moi, lequel nous ferons voir à Sa Majesté à notre retour, lui nous ayant affirmé ladite somme y être employée, et qu'il y a procédé avec fidélité et tout le ménage qu'il a pu, comme désireux qu'elle demeure contente de lui et qu'il puisse sous son autorité entreprendre quelque plus grand dessein. Je n'en ai pu rien rabattre, mais il a fallu passer par son mot. Ainsi reste à lui payer cinq mille livres, car il n'en a encore reçu que dix mille des douze dont j'ai eu lettres de change, et je fournirai le surplus à l'aide de M. de Vaudrenecq de qui je l'emprunte comme pour ma dépense. Outre ces quinze mille livres, le capitaine étant venu en ce lieu où il laisse sa femme, il m'a prié, comme a fait le frère du Maire, de lui vouloir faire quelque présent et reconnoissance de la part de Sa Majesté. Je lui ai fait à cette occasion donner trois cents florins par Le Maire

43

qui en a retiré sa quittance, comme de tout le surplus; c'est afin qu'il ait meilleur courage et espérance encore d'être mieux gratifié à l'avenir si le succès en est bon.

J'ai discouru aussi fort particulièrement des moyens de faire compagnie en France pour les Indes avec ledit Maire, dont je rendrai compte à Sa Majesté à mon retour. Je vous peux assurer que personne ne sait que le voyage de ce capitaine soit au nom du Roi, dont je vous avertis afin qu'on le tienne secret de même vers vous. La trève a été publiée partout, et jeûnes et prières à Dieu faites par toute l'obéissance des Etats, à ce qu'il lui plaise en rendre le succès heureux, dont chacun montre de jour en autre bien espérer. Les catholiques sont plus rudement traités par-deçà depuis trois mois qu'ils n'étoient auparavant : il est besoin d'en faire quelque sommaire remontrance, non pour espérer qu'ils rétablissent maintenanant l'exercice de la religion catholique, mais pour obtenir, s'il est possible, qu'ils ne soient recherchés en leurs maisons; à quoi je procéderai avec tel respect et modération, que si c'est sans fruit je sais bien que personne n'en demeurera offensé, et que cela servira pour témoigner l'affection de Sa Majesté à procurer le bien et avancement de la religion, dont elle fait profession. Je vous supplie très-humblement me faire donnner deux mille écus sur la dépense de mon voyage, pour me donner moyen de sortir d'ici où j'en dois, et ai besoin de ce secours. M. de Castille, mon gendre, vous en fera souvenir. J'essaie de faire perdre toute espérance aux Etats d'obtenir de Sa Majesté les cent mille écus dont, ayant été bien fort sollicité par eux, j'avois prié M. de Preaux d'en faire instance envers Sa Majesté. Aussi est-il raisonnable qu'ils se contentent de ce qu'ils ont reçu d'elle, puisqu'ils sont mis en repos par son moyen, et qu'elle leur donne les deux cent mille écus entiers pour l'entretenement des deux régimens en cette année. Je ferai ce que je pourrai pour les consulats dont M. de Preaux m'a donné le mémoire de votre part; il a si bien négocié tout ce qui lui avoit été commis, qu'il mérite d'en être loué. J'ai aussi reçu tant d'assistance et de consolation de lui, pendant la longueur de notre pénible et fâcheuse négociation, que je me sens bien fort son obligé.

Je serai perpétuellement, monsieur, votre, &c.

P. JEANNIN.

De La Haye, ce huitième jour de mai 1609.

LETTRE *dudit sieur Jeannin à M. le duc de Sully, dudit jour huitième mai 1609.*

Monsieur, ce m'est un grand contentement d'avoir connu, par les lettres qu'il vous a plu m'écrire au retour de M. de Preaux, que vous soyez satisfait de ce qui a été mis au traité de la trève en faveur de M. le prince d'Espinoy; je dis en sa faveur, car la vérité est que l'article concernant les confiscations n'a été couché ès termes qu'il est, sinon en sa considération. Aussi est-il si exprès qu'il n'y a moyen d'en douter, outre ce qui en fut dit nommément et répété à diverses fois aux députés des archiducs; néanmoins le conseiller dudit sieur prince, qui est à Bruxelles, m'a écrit des lettres par lesquelles il me mande que les archiducs disent toujours qu'ils maintiendront madame la comtesse de Ligne en la jouissance de ce bien : qui sont de vaines peurs qu'on lui donne, et des bruits que ladite dame et ceux qui favorisent ses affaires font courir pour en avoir meilleur marché. Je ne laisserai de pourvoir par deçà, avant mon départ, à ce que la jouissance du bien qui appartient à M. le comte de Ligne en Hollande, demeure audit sieur prince d'Espinoy sur le premier refus que ladite dame comtesse fera de le laisser jouir de ce qu'elle lui retient, selon la promesse des députés des Etats, confirmée par eux, que j'estime qu'elle en puisse faire aucune difficulté, ni qu'elle doive être favorisée en son refus par les archiducs, qui craindront toujours d'enfreindre la trève, pource que l'article dudit traité contient, que chacun pourra rentrer dans son bien d'autorité privée, et en vertu dudit traité, sans autre connoissance de cause, et elle, à quoi il faut tendre de la déposséder, afin qu'étant dessaisie et réduite à faire ses demandes en justice, elle soit contrainte de faire raison à ces neveux; avant quoi je n'espère pas qu'elle y veuille entendre.

Toutefois, pour ce que vous me mandez de la voir en retournant, et d'entrer avec elle en quelque ouverture de traité et d'alliance, je le ferai au retour de ce courrier, si vous continuez en même volonté, pour reconnoître quelle est son intention maintenant que les choses sont changées, et qu'elle peut bien juger ne pouvoir plus conserver ce qu'elle détient si injustement, sauf en le rendant d'avoir recours à ses prétentions, tant pour l'acquittement des dettes qu'autres, si elle en a, qui ne peuvent être si grandes que la valeur de vingt mille livres de rente ne puissent suffire pour y fournir; et néanmoins j'ai appris que le bien, dont on la peut dessaisir en vertu de la trève, vaut plus de soixante mille livres de revenu. Je ne laisse pourtant, monsieur, d'approuver votre conseil pour en sortir amiablement, si faire se peut, plutôt que de traiter les affaires à la rigueur. Je supplie très-humblement Sa Majesté qu'il lui plaise, pour les raisons contenues en nos lettres, me donner congé de retourner en France, lesquelles vous étant communiquées, comme je suis certain qu'elles seront, je me promets, monsieur, que vous m'y aiderez, puisque mon séjour par deçà y seroit aussi bien dorénavant inutile, et que j'aurai plus de moyen, étant près de vous, de vous rendre les services que je dois, comme étant, monsieur, votre, etc.

P. JEANNIN.

A La Haye, ce huitième jour de mai 1609.

Dernière proposition faite en l'assemblée générale des Etats par MM. les ambassadeurs de France et d'Angleterre, M. Jeannin portant la parole, le dix-huitième de mai 1609.

Messieurs, nos rois, qui ont vu les articles de la trève, nous ont donné charge de vous faire entendre qu'ils se réjouissent et se congratulent de ce que le soin et la peine qu'eux et vous avez pris pour vous mettre en repos a succédé si heureusement, estimant ce traité si honorable et si avantageux pour votre Etat, que vous avez grande occasion d'en louer Dieu, et d'en être contens et satisfaits, comme ils sont de leur part, pour être amateurs de votre bien et prospérité.

Nous ont aussi commandé de vous dire que pour rendre ce repos assuré et durable, et par ce moyen conserver ce que vous avez acquis avec tant de dépenses, travaux et périls, il est autant besoin, qu'il fut jamais, de veiller soigneusement, et d'user d'une bonne et sage conduite, dont le principal fondement doit dépendre de votre union et commune intelligence. C'est pourquoi ils vous prient et exhortent que vous demeuriez toujours joints et unis ensemble, sans vous jamais séparer d'alliance et d'intérêt, pour quelque cause que ce soit, et s'il y a eu quelque diversité en vos opinions, lorsqu'on traitoit la trève, qui ait mis de l'aigreur en vos esprits, qu'elle cesse du tout par une réconciliation vraie et sincère, et qui soit sans aucune réserve d'inimitié secrète, faisant tous ce jugement les uns des autres, que chacun a dit et fait ce qu'il est estimé en sa conscience être pour le bien de son pays.

Aussi est-il vrai qu'il y a eu de grandes raisons pour douter et craindre que l'issue des conférences faites pour venir à cette trève ne fût si heureuse qu'elle a été, à cause des longueurs et grandes difficultés qui se sont rencontrées en cette pénible et fâcheuse négociation; mais le contraire étant avenu, et tout ayant mieux succédé qu'on eût osé espérer, chacun en doit être content, et ceux mêmes qui y ont auparavant contredit sur des craintes et soupçons qui n'étoient à mépriser, dire ce que fit jadis Phocion, sage et fort renommé capitaine entre les Athéniens, d'une entreprise qu'il avoit dissuadée avec grande contention et animosité, dont le succès fut néanmoins plus heureux qu'il n'avoit espéré : qu'il ne se repentoit pas d'avoir conseillé ce qu'il jugeoit lors être pour le mieux, mais qu'il ne laissoit d'être très-aise du bon succès avenu contre son avis, prenant très-volontiers part comme bon citoyen à la joie publique.

Après vous avoir exhortés à cette union, qui vous doit être chère et recommandable sur toutes choses, nous vous représentons maintenant le besoin qu'il y a de pourvoir aux contributions requises, tant pour entretenir les gens de guerre qu'il faut mettre en garnison, que pour acquitter peu à peu vos dettes, et tenir quelques fonds en réserve contre les accidens et dangers de l'avenir, qu'on doit toujours prévoir sagement et pourvoir aux remèdes pour s'en garantir, lors même qu'on est en grande sûreté, et qu'il n'y a aucune apparence de les craindre.

Nous savons bien qu'aucuns diront, s'il faut

continuer ces contributions, que la trêve ne leur apporte aucun bien ni soulagement, auxquels on peut répondre avec vérité que vous en recevrez de très-grandes commodités. En premier lieu les princes avec lesquels vous avez traité quittent par cette trêve tout le droit qu'ils pouvoient prétendre sur votre pays, dont vous tirez cet avantage qu'il n'y a plus aucun potentat en la chrétienté qui ne pense pouvoir traiter légitimement toutes sortes d'alliances et confédérations avec vous, sans violer le respect que les souverains ont accoutumé se rendre les uns aux autres. Elle vous fait jouir aussi de tous vos biens en sûreté et repos, vous donne la liberté de trafiquer partout où bon vous semblera, ce que vous ne pouviez faire avant la trêve, sinon avec grands frais et dangers. Elle vous garantit pareillement de tous les autres inconvéniens et dangers de la guerre, et décharge de plusieurs grandes et extraordinaires dépenses que vous eussiez été contraints de supporter si elle eût duré. Or, si tout cela n'est tenu pour rien, profit et avantage pour ceux qui font cette plainte, il n'y a rien qui les puisse contenter. On y ajoute néanmoins que les contributions qu'on prétend lever maintenant ne seront continuées que pour quelques années, diminuées après, et enfin réduites à si peu, après que votre État sera bien établi et affermi, que vous jouirez lors du fruit de votre travail et des dépenses faites auparavant, sans charge et avec grand repos et contentement.

Vous devez donc offrir gaiement ces premières dépenses, puisque c'est pour la conservation commune et le salut particulier d'un chacun, et considérer qu'une république fondée par les armes ne peut assurer son repos et sa conquête, ni se garantir des injures et entreprises d'autrui, et faire désirer et respecter son amitié, sans forces et sans avoir un revenu certain et ordinaire qui soit suffisant pour les entretenir et supporter les autres charges de l'État.

Nous sommes encore bien avertis qu'il y a des différends entre les provinces sur la cote que chacune devra supporter de ces contributions : c'est pourquoi nous vous prions tous de les terminer promptement, et de le faire au moins, si vous ne pouvez mieux, par quelque règlement provisionnel et à temps, en attendant que vous y ayez pourvu pour toujours : à quoi nous offrons de vous assister servir de tout notre pouvoir, jugeant bien, cette dispute demeure du tout indécise, que refus d'une seule province de contribuer cote sera cause que toutes les autres en feront autant à son exemple, et par ainsi il n'y aura aucun fonds pour subvenir à la dépense l'entretènement des garnisons requiert; chacun de vous, messieurs, peut prévoir considérer à part soi l'inconvénient et danger.

Nos rois estiment aussi que cette république qui n'a encore été régie et conduite par autres lois et police que celles qui ont pu servir pour la maintenir et fortifier durant la guerre contre de grands et puissans princes, auroit à présent besoin de quelque nouveaux règlemens qui soient propres pour vous faire vivre en paix, et apprendre à jouir de la douceur des fruits qu'elle a accoutumé de produire ès États qui sont bien policés et régis par un bon et sage gouvernement. Nous nous abstiendrons toutefois de vous y donner conseil, et nous suffira de vous en avoir admonestés en ce lieu, comme nous avons fait autrefois, et long-temps avant que ce traité fût conclu; car vous êtes mieux informés de ce qui est convenable à vos mœurs, à votre façon de vivre, et à la commune inclination de vos habitans, que Leurs Majestés et nous qui sommes leurs ministres. Nous ne refuserons pas pourtant de conférer avec vous sur ce sujet, si vous jugez que nous y puissions aider et servir pendant le peu de séjour qui nous reste à faire en ce lieu.

Il n'y a plus rien que nous puissions ajouter à ce que dessus, sinon de vous prier que vous vouliez effectuer ce qu'il vous a plu nous promettre en faveur de M. le prince Maurice, et des autres seigneurs de sa maison, lorsque vous étiez assemblés à Berg-op-Zoom, sur la demande qui vous en fut faite de la part de nos rois, qui ont estimé ce témoignage public de votre gratitude et reconnoissance envers eux vous devoir être utile, tourner à grande louange, et les obliger aussi de continuer à l'avenir en même devoir, affection et fidélité.

Outre laquelle prière faite par nous en leur faveur à Berg-op-Zoom, nous y en avons depuis ajouté une autre à l'endroit de messieurs vos députés, lorsqu'ils étoient à Anvers, pour la récompense de la terre de Linghen, de la quelle M. le prince Maurice jouissoit pour la plus grande part avant la trève, et maintenant en est privé du tout, les archiducs ne l'ayant voulu quitter, quelque instance que nous en ayons faite ensemblement lesdits sieurs députés et nous; cette prière et nouvelle demande étant fondée sur ce que la seigneurie de Lingben appartenoit à feu M. le prince d'Orange, non comme simple don et pur bienfait de messieurs les Etats, mais en récompense et paiement de la somme de deux cent vingt mille florins qui lui étoit lors due de ses états et traitemens; nous ayant, lesdits sieurs députés, promis à cette occasion de vous en faire favorable rapport quand ils seroient en l'assemblée générale, dont nous les sommons à présent, et vous en prions aussi de toute notre affection, non-seulement en faveur dudit sieur prince Maurice, mais aussi de M. le prince d'Orange, comme étant chose qui peut beaucoup servir à faire leurs partages, attendu qu'au projet qui en étoit fait, cette terre devoit échoir audit sieur prince Maurice, sans laquelle, ou quelque récompense au lieu d'icelle, il est très-mal aisé de faire cesser les difficultés qui s'y rencontrent, dont vous, messieurs, avez bien voulu prendre soin pour ôter tout sujet de dispute et procès entre ces princes, et faire en sorte, comme ils sont frères de nature, qu'ils le soient aussi de volonté. En quoi nous louons grandement votre zèle et bonté envers eux, et votre prudence aussi à prévoir et détourner tout ce qui pourroit être cause de faire naître des partialités parmi vous.

Nous vous pouvons aussi assurer que nos rois vous remercieront, et vous sauront grand gré de tout ce que vous ferez pour eux, feront même jugement de votre affection et désir à conserver la liberté qu'ils vous ont aidé à acquérir par le soin que vous aurez de leur donner contentement.

Nous vous prions donc de prendre résolution le plus tôt que vous pourrez sur les choses susdites, et de récompenser le temps perdu en ce lieu, en attendant la venue de messieurs les députés, afin que rien ne nous reste plus, sinon de venir prendre congé de vous, et de vous assurer de notre affection et désir à vous servir pour l'avenir près de nos rois, en ce que nous en aurons le moyen, comme nous avons fait près de vous en toutes les occasions qui se sont présentées.

Proposé en l'assemblée générale des Etats par les ambassadeurs des rois Très-Chrétien et de la Grande-Bretagne, le dix-huitième jour de mai 1609, et donné par écrit le lendemain, selon qu'il est contenu ci-dessus.

Lettre *du Roi à MM. Jeannin et de Russy, du dix-huitième mai 1609.*

Messieurs Jeannin et de Russy, vous mettrez peine donc de composer les différends qui sont entre le prince d'Orange et ses frères pour leurs partages, ainsi que vous m'avez écrit par vos lettres du huitième de ce mois, reçues le douzième; car je reconnois comme vous que ce point importe grandement, non-seulement à la prospérité et sûreté de leurs personnes et maison, mais aussi à la conservation en général des Provinces-Unies. Aussi suis-je bien averti que les envieux et ennemis de l'un et de l'autre, et des deux ensemble, font ce qu'ils peuvent pour sous main nourrir et fomenter leur discorde; mais je veux croire qu'ils seront tous si sages et raisonnables, qu'ils suivront les conseils de leurs vrais amis, et s'accommoderont amiablement. Continuez d'y faire en mon nom et au vôtre votre possible, vous me ferez service très-agréable et utile. Vous ferez aussi votre devoir d'affermir une bonne intelligence entre le prince Maurice et le sieur de Barneveld; car c'est une chose si nécessaire, que, s'il y avoit du manquement ou de la dissimulation, la ruine certaine de leur Etat s'en ensuivroit : ce que vous devez remontrer vivement à l'un et à l'autre, faisant envers ceux des Etats, tant en général qu'en particulier, tous les offices qui seront requis pour cet effet; et comme le dernier peut par sa conduite obliger le premier à l'aimer, il faut aussi que celui-ci lui témoigne de la bienveillance et confiance. Par tels mutuels devoirs ils assureront leurs fortunes et condition, avec honneur et avantage pour eux et leurs compatriotes; ce qui sera aussi traversé par les mêmes envieux et ennemis de leurs personnes et de leur république, lesquels je sais se promettre de leur défiance et jalousie des avantages non petits; mais j'espère qu'ils y seront trompés par le bon ordre qu'ils y mettront, et le respect qu'ils auront à leur propre honneur et devoir, à leur utilité particulière, et aux records de leurs vrais amis; voulant qu'ils sachent, si je m'aperçois qu'ils se gouvernent d'autre manière, que non-seulement je blâmerai celui qui en sera cause, mais je retirerai d'eux mon affection et sollicitude, et ne m'embarrasserai en leur mauvaise conduite, au lieu que je prétends favoriser leur république, quand elle sera gouvernée comme elle doit être.

C'est pourquoi j'avois désiré, comme je fais encore, l'établissement du conseil que vous avez proposé; et comme les raisons que vous m'avez écrites regardent plus le contentement particulier que le bien public, je ne les trouve suffisantes pour l'empêcher, et d'autant plus que je prévois qu'il en naîtra à la longue des jalousies et envies qui rempliront l'Etat de divisions et partialités très-périlleuses; et néanmoins je reconnois bien avec vous qu'il ne faut pas entreprendre sitôt de forcer en cela la nature de leur Etat, même contre l'avis de ceux qui ont plus de crédit et pouvoir en icelui; car ce seroit sans fruit, et peut-être cause de pis. Je remets donc cette direction à vos prudences, et suis content que vous, monsieur Jeannin, vous licenciiez d'eux, sans attendre que ledit conseil soit formé, si vous connoissez qu'ils ne puissent s'en résoudre à présent, car je serai très-aise de vous revoir, et moi-même vous dire le gré que je vous sais du signalé service que vous m'avez fait en toutes les occasions qui se sont offertes par-delà. Je me refie aussi tant en vous, que je suis très-assuré que ce que vous n'effectuerez devant votre départ procédera seulement de votre pouvoir; car, comme vous avez été principal ministre et instrument, suivant mes commandemens, de la conclusion du repos que nous avons aidé à remettre par-delà, je suis aussi assuré que vous serez très-soigneux de faire ce qu'il vous sera possible pour le rendre parfait et utile à mes amis; mais je désire, et il est aussi très-nécessaire, que le point des contributions soit vidé et accordé devant que vous les laissiez, comme je vois que vous le jugez ainsi et que vous y êtes résolu, vous y pourvoirez donc de façon qu'il n'y ait rien à redire quand vous partirez.

Pareillement vous ferez régler la forme du paiement des gens de guerre que je dois payer, suivant mes commandemens portés par le sieur de Preaux, et serai bien aise que l'enseigne que commande le jeune La Force soit entretenue, sinon à raison de deux cents hommes, dont vous m'avez écrit qu'elle est encore remplie, au moins de cent cinquante, pour marque de l'affection que je porte à son père et de l'honneur qu'il a de servir près ma personne, aux charges desquelles vous savez qu'il est honoré; mais je n'entends pas pour cela augmenter les six cent mille livres que je vous ai mandé vouloir employer à ladite dépense. C'est chose aussi que l'on peut facilement gagner et ménager pour mon contentement sur la susdite somme; partant vous y donnerez ordre, et en parlerez audit sieur

prince, et à ceux que besoin sera, comme de ceux que j'affectionne. Au demeurant j'ai vu ce que vous m'avez écrit des affaires de Clèves, et le mémoire particulier que vous m'avez envoyé, contenant les droits et raisons des prétendans; je prévois qu'il sera difficile que ce différend se termine sans guerre, car l'électeur de Brandebourg et le duc de Neubourg font contenance de ne vouloir rien céder l'un à l'autre, chacun d'eux prétendant avoir tout et que la succession ne doit être divisée. Le premier véritablement est plus d'amis en Allemagne; mais l'autre pourroit par désespoir et nécessité être recueilli et favorisé de tels qui pourroient grandement s'en prévaloir. J'ai écrit et fait écrire aux uns et aux autres par leurs amis pour les disposer à s'accorder.

J'avois commencé devant le décès du dernier duc, prévoyant dès lors les accidens auxquels les choses se trouvent de présent; ç'a été inutilement jusques à présent, combien qu'ils fassent tous démonstration et déclaration de vouloir déférer grandement à mes conseils, requérant mon assistance. Je ne le leur ai promise encore qu'en termes généraux, délibéré d'écouter et voir quel train prendront les affaires et les inclinations et procédés des uns et des autres devant que m'y engager plus avant. Je n'ai point fait visiter la veuve ni les Etats du pays, parce qu'ils n'ont encore envoyé vers moi, comme ils ont fait ailleurs, et notamment l'empereur, sous le nom duquel, comme je reconnois que ladite veuve et ceux du pays prétendent gouverner l'Etat durant tout l'interrègne, qu'ils feront durer tant qu'ils pourront, je vois bien aussi que ledit empereur et ceux de sa maison font état de s'en prévaloir: ce qu'il leur sera facile à faire avec le temps, en quoi ils seront favorisés sous main, et s'il est besoin, à découvert, des archiducs et d'Espagne; car ils maintiennent que le jugement de ce différend appartient audit empereur, et partant qu'ils seront bien fondés à défendre sa cause par préférence à tous autres; et il est difficile d'éviter par autre voie que par celle de la force, qu'étant juge et partie, il ne s'adjuge lesdits pays, et n'en s'en empare. Je sais bien que ledit empereur est si déchu de réputation et d'autorité, qu'il n'est à présent en état de frapper un tel coup. Toutefois il ne laissera d'y acheminer ses affaires avec autant d'audace que s'il étoit en sa prospérité, car il fait profession de mener ainsi les princes d'Allemagne, lesquels redouteront plus grand nom que ne font ceux de sa maison propre, mais qu'il n'a moyen de leur mal faire. Ils joindront à cela le droit prétendu par le marquis de Burgau, et favorisés de ladite veuve, comme de ceux du pays qu'ils ont acquis à leur dévotion, sans doute si l'on n'y pourvoit, ce pays tombera ès mains de ceux de ladite maison.

L'archiduc m'a fait dire récemment par son ambassadeur que si l'électeur de Brandebourg y envoie des gens de guerre, qu'il allumera un feu qui sera difficile à éteindre : ajoutant qu'il seroit d'avis que l'on convint dès à présent d'un prince catholique pour le rendre maître et possesseur desdits pays; excluant ainsi le duc de Neubourg aussi bien que l'électeur de Brandebourg et le duc de Deux-Ponts, et toutefois il n'a nommé ledit de Burgau, il a voulu au contraire me donner sujet de conjecturer et espérer qu'il entendoit me contenter au choix dudit prince. Mais je lui ai fait représenter que mon but n'a jamais été de me prévaloir du bien d'autrui pour moi ni pour mes amis, que si je l'eusse voulu faire, je ne me fusse gouverné comme j'ai fait, depuis que Dieu avoit favorisé la justice de mes armes en ce royaume et ailleurs; que je suis bien délibéré d'empêcher à mon possible nouvelle guerre en la chrétienté, mais que je n'estime point qu'il y ait meilleur moyen de la détourner que de favoriser et fortifier la justice en cas semblable, et la rendre promptement à qui elle est due : ledit ambassadeur est demeuré là; mais je vois, combien que ceux d'Espagne soient las de la guerre, et que les archiducs en soient encore plus recrus qu'eux, que toutefois ils ont dessein de profiter de cette occasion, et surtout d'empêcher que lesdits pays tombent au pouvoir d'un prince allié de ma couronne et des Etats des Provinces-Unies. Quoi étant, je ne doute point que cette guerre n'éclate, et n'engendre à la fin une nouvelle guerre, si nous voulons empêcher la maison d'Autriche de s'accroître desdits pays : et ne faut point douter, si le roi de Hongrie dépose son frère de l'empire, comme aucuns estiment qu'il a délibéré, sous prétexte de favoriser les protestans de Bohême, comme il a fait ceux d'Autriche, ne suive et embrasse le même dessein de sondit frère, après qu'il aura été créé roi des Romains, par le moyen même desdits princes protestans, auxquels il promettra tout pour parvenir à cette dignité, et nommément audit électeur de Brandebourg, de quoi il observera après ce qu'il voudra ; c'est pourquoi lesdits électeurs et les autres protestans doivent bien considérer ce qu'ils auront à faire pour ce regard, et me semble que les Etats y ont aussi notable intérêt. Vous, sieur Jeannin, serez encore assez à temps auprès de moi pour me servir de votre bon avis en ces affaires, du progrès desquelles vous continuerez à vous bien instruire, et pareillement de la délibération desdits sieurs les Etats sur icelles, comme de ce qu'en ressent mondit cousin le prince Maurice, pour en rendre compte à votre retour. Pour conclusion, vous saurez que je trouve bon que vous acceptiez les présens que les archiducs et lesdits sieurs Etats vous voudront faire, pour marque et reconnoissance du bon devoir que vous avez fait en la négociation et conclusion de la trêve; car elle vous est bien due, et veux par là que l'on sache que vous m'avez servi selon mon intention, d'avoir dignement favorisé et fait réussir ce bon œuvre au contentement desdites parties.

A quoi j'ajouterai que j'aurai aussi bien agréable que vous, sieur Jeannin, fassiez en mon nom auxdits sieurs les Etats, devant votre départ une honnête recommandation en faveur des habitans catholiques de leurs provinces, afin qu'ils puissent subsister et résider en icelles, sans être molestés et forcés en leurs consciences, et avec quelque repos et consolation. Je dois cela à la religion de laquelle je fais profession, et à la charité qui doit accompagner un roi Très-Chrétien, tel que Dieu m'a constitué. Davantage je crois fermement que lesdits Etats feront pour eux et pour leur république de n'affliger et désespérer lesdits catholiques; car nous avons éprouvé en nos jours quel pouvoir a dedans les âmes et courages des hommes la liberté de conscience et le soin de la religion; tant s'en faut que la vexation et affliction les en rende plus nonchalans et abattus, qu'elle fait des effets tout contraires : de quoi se sauront bien servir les envieux de leur liberté avec lesquels, ils reconnoissent qu'aucuns desdits catholiques monopolent et cabalent au préjudice de leur Etat, ils doivent en faire un châtiment exemplaire; mais il doit être particulier, et non toucher au général, afin que l'innocent ne pâtisse pour le criminel, et que celui qui vivra comme il doit, gardant les lois du pays, jouisse du repos et de la sûreté publique comme ses compatriotes. Toutefois vous mesurerez tellement cette remontrance à la règle de l'utilité desdites Provinces, et de l'affection singulière que je leur porte, qu'ils la reçoivent comme venant de la part du meilleur et plus assuré ami et allié qu'ils aient. Je prie Dieu, messieurs Jeannin et de Russy, qu'il vous ait en sa sainte garde.

Ecrit à Fontainebleau, le dix-huitième jour de mai 1609.
HENRI.
Et plus bas, BRULART.

LETTRE *de M. de Villeroy à M. Jeannin, dudit jour dix-huitième mai* 1609.

Monsieur, vous pouvez revenir quand il vous plaira, et lorsque vous jugerez le pouvoir et devoir faire pour le service du Roi ; je vous assure que vous serez le très-bien venu, le Roi étant entièrement content de votre conduite et de vos services. Il trouve bon que vous acceptiez les présens que l'on vous voudra faire. Il désire que vous mettiez ces princes d'accord, et que vous les rendiez bons frères et amis, que vous vidiez le point des contributions, que vous régliez et assuriez la forme du paiement des gens de guerre que Sa Majesté entreprend de soudoyer, et sera bien aise que M. de La Force soit favorisé ainsi qu'elle vous mande; mais surtout Sa Majesté désire que vous liiez et étreigniez tant qu'il vous sera possible une bonne et vraie intelligence entre le prince Maurice et le sieur de Barneveld. Elle eût bien désiré pareillement que vous eussiez établi le conseil comme vous l'avez proposé, car elle craint quand vous les aurez laissés qu'ils se divisent et brouillent. Elle sait qu'ils sont fomentés de toutes parts, elle sait aussi que l'envie est glissante et dangereuse entre ceux qui sont égaux en qualité : toutefois peut-être qui entreprendroit maintenant de mieux assurer leurs affaires, les ébranleroit et altéreroit davantage; vous êtes sur les lieux pour en mieux juger, et s'en remet-on du tout à vous. C'est votre ouvrage, de la conservation duquel nous savons que vous êtes et serez toujours assez jaloux, et plus encore du contentement et service du Roi; c'est pourquoi nous ne le vous recommandons pas davantage; nous en reposant sur vous entièrement. Mais si nous n'étions émus d'autre considération que de l'ombrage que les Anglois pourroient prendre d'un plus long séjour par-delà de votre part à consentir votre retour, celle-là ne nous y échaufferoit guère, connoissant trop leur inclination et simulté. Aussi faisons-nous peu d'état de leurs belles paroles, qu'ils sèment aujourd'hui en divers lieux plus libéralement que jamais : nous nous contentons de les payer de même monnoie, poussant ainsi le temps avec l'épaule envers eux, comme gens avec lesquels il y a bien autant à perdre qu'à gagner pour l'envie qu'ils nous portent, épiant incessamment l'occasion de traverser tout ce qui nous peut être utile.

Les ministres d'Espagne ne sont pas plus charitables en notre endroit, encore qu'ils s'étudient de nous donner sujet d'en mieux espérer, proposant toujours les alliances dont vous avez ouï parler, avec lesquelles je reconnois que les archiducs auroient dessein d'envelopper encore la succession du duc de Clèves; mais ce n'est plus qu'artifices pour endormir Sa Majesté, gagner le temps, et attendre un changement, auquel consiste leur principale espérance : toutefois il faut couler et vivre dedans et avec le monde comme nous faisons, doucement, et vous nous aiderez à faire, quand vous serez avec nous. L'on pourvoira r remboursement des cinq mille livres avancées votre crédit pour le surplus du voyage du N et nous avons fait expédier l'ordonnance des mille écus sur le compte de vos frais, ainsi vous avez désiré, ayant jugé bien employ trois cents florins que vous avez fait bailler pitaine dudit voyage pour consoler sa famille de personnes ayant connoissance de cette prise, que je prie Dieu conduire et faire re sa gloire. Messieurs les Etats ont écrit au Roi lettre qui lui a été présentée par le sieur Aers à laquelle Sa Majesté a voulu faire la réponse je vous envoie, et par icelle faire mention de mandement qu'elle vous fait de la revenir trouv ainsi que vous verrez par le double de ladite le tre qui sera ci-joint. Sa Majesté affectionne jours de faire dresser en son royaume une co gnie pour trafiquer aux Indes, de façon que v lui ferez plaisir de lui en ouvrir et facilite moyens à votre retour, où j'espère que vous trouverez en ce lieu avec messieurs du c car ils s'y doivent rendre dans huit jours, et parlons d'y séjourner six semaines ou un m mais nos délibérations sont sujettes à chan ment. En tout cas vous nous trouverez devant nous partions pour Provence, combien que continuions à protester que nous nous nerons dedans le mois de juin ou au comm ment de celui de juillet.

Quant au mémoire qui concerne l'établisse d'aucuns consuls par-delà, que vous a porté Preaux, je le vous recommande, autant néan que vous le jugerez à propos et convenir au gement des marchands qui trafiquent par-delà par conséquent au bien et service du Roi, car tends toujours préférer cette considération à tes les autres, et n'ai de liberté de changer style, non plus que vous, sur l'acceptation présens, qu'un autre auroit reçus sans lice vous prie aussi d'avoir en recommandation neveu de Hauterive, auquel le Roi a comm aller par-delà, pour prendre possession de pagnie de gens de pied dont Sa Majesté J'espère qu'il s'en acquittera dignement homme de bien. Vous avez déjà tant oblige la maison et ceux qui leur appartiennent, par faveurs que vous avez départies à son frère, je me promets que vous voudrez continuer à l'endroit de cettui-ci : aussi disposerez-vous jamais d'eux, et de tous leurs amis, comme vous supplie de croire que vous ferez éter ment de moi. Je m'avise que nous ne vous dons rien par lettre du Roi touchant le trait garantie de la trève que vous prétendez faire jointement avec les Anglois; aussi n'avons-nous rien à ajouter à ce que nous vous en avons mandé. Enfin, nous approuverons tout ce que vous en ferez, comme nous ferons l'office vous y ferez en faveur des catholiques, duquel j'estime devoir faire mention en la lettre commune que le Roi écrit à M. de Russy et à vous, afin qu'il soit su que vous l'avez avancé sans commandement exprès et réitéré; mais nous aurons regret s'il avient, non seulement qu'il soit inutile, mais qu'après icelui ils soient traités plus sévèrement. Je vous prie d'y avoir égard, et prie Dieu qu'il vous donne, monsieur, en parfaite santé, très-heureuse et longue vie. Votre, etc.

De Neufville.

De Fontainebleau, ce dix-huitième jour de mai 1609.

LETTRE *de M. Jeannin à M. le président Richardot, du huitième juin* 1609.

Monsieur, encore que vous n'ayez reçu jusqu'ici réponse particulière des lettres que vous m'avez écrites, si n'ai-je laissé de conférer avec messieurs les Etats du contenu en icelles pour y faire pourvoir, et premièrement sur la plainte de ce qui a été fait par vos officiers à Oldensel et par les leurs à Over-Yssel. Ils prétendent y être bien fondés, et que le trouble et la force est venu de votre côté, non du leur : ils ont néanmoins pris résolution en leur assemblée générale, par notre avis, de mander partout à leurs officiers qu'en ce qui dépend de l'exécution de la trêve ils les consultent ès choses douteuses, sans y rien faire avant qu'avoir reçu leur ordre et commandement, pour empêcher que lesdits officiers, y voulant en particulier donner des interprétations selon leur sens, ne soient cause de troubler le repos commun. Je vous supplie aussi que leurs altesses en fassent autant à l'endroit de leurs officiers, afin qu'il y ait procédé des deux côtés avec même circonspection et respect. Lesdits sieurs Etats jugent bien aussi que, par les lettres qu'on écrit d'une part et d'autre, on ne peut faire cesser et prendre résolution sur les différends qui arrivent, et qu'il sera nécessaire d'entrer en conférence par députés pour y pourvoir, et cependant que toutes choses qui sont sujettes à dispute soient tenues en surséance. Bien me semble-t-il que c'est leur intention de différer l'exécution de ce conseil jusqu'à ce qu'ils aient reçu la ratification d'Espagne, sinon que quelque chose d'importance survienne qui ne puisse souffrir ce délai sans altérer le repos.

Quant au fait de la religion pour le plat pays de Brabant, même ce que le drossart de Bergues a fait contre le nouveau curé du village de......, la vérité est que les Etats n'avoient rien entendu de l'acte qui vous a été donné par M. de Russy et moi. Et encore que nous l'ayons fait avec le su de leurs députés, et après avoir pris la parole de M. le prince Maurice, toutefois, quand la chose est venue à la connoissance de l'assemblée générale par une copie d'icelui acte que les ministres de Breda et Berg-op-Zoom ont apporté, lesdits sieurs députés ont dit qu'ils ne l'avoient jamais vu, bien leur en avions-nous parlé sans qu'ils y eussent contredit, ni qu'ils y eussent aussi donné leur consentement exprès, comme il est vrai. Aussi étoit-ce notre intention que cet acte vous servît seulement de sûreté que rien ne seroit innové au préjudice de la religion catholique audit plat pays, mais que cela se passeroit par dissimulation et souffrance comme du passé, sans en faire autre bruit ni publication de l'acte. Or, ayant entendu qu'aucuns parmi l'assemblée en tenoient de mauvaises paroles, comme de choses faites à leur desçu et contre leur volonté, nous y avons été exprès, messieurs d'Angleterre et nous, auquel ledit acte avoit été communiqué à Anvers, afin de leur faire entendre comme tout s'étoit passé, dont enfin ils sont demeurés contens, et vous peux assurer que ce que nous avons promis sera observé de leur part, comme aussi de la part dudit sieur prince Maurice, qui est gouverneur desdits pays, lequel nous a derechef promis qu'il tiendra la main à ce qu'il n'y soit contrevenu; mais, je vous supplie, qu'on y procède avec modération de votre côté, pour n'aigrir et altérer les esprits de ceux qui n'y sont déjà que trop enclins. J'écris sur ce sujet à M. l'évêque d'Anvers par M. Mireus, son neveu, qui est encore ici, et n'en partira qu'après demain, pour attendre que j'aie fait ordonner que le curé mis hors sa charge par le drossart de Bergues sera rétabli; ce que je n'ai pu faire encore, d'autant que ledit drossart, lequel avoit été mandé pour rendre raison de ce qu'il a fait, ou bien de l'envoyer par écrit, n'a encore satisfait ni à l'un ni à l'autre; si espéré-je, s'il ne vient dans demain, d'y faire pourvoir, sans le plus attendre. Quant au fait de Clèves dont vous faites mention par vos dernières lettres, j'en ai communiqué en particulier avec aucuns de messieurs les Etats, n'ayant pas estimé qu'il fût besoin d'en faire autre récit en l'assemblée. Ce dont je peux vous assurer est que lesdits sieurs des Etats désirent que le différend des princes qui y prétendent soit terminé à l'amiable, non par les armes, et qu'ils ne feront rien de leur côté qui puisse aigrir les affaires, au contraire essaieront de tout leur pouvoir d'empêcher toutes sortes de mouvemens, qui pourroient être cause de rompre cette voie de douceur et amitié : c'est aussi le conseil que nous leur avons donné de la part de notre Roi, qui nous a fait entendre par plusieurs lettres que son intention est telle; à quoi je sais que Sa Majesté travaille tous les jours avec soin et devoir pour assoupir et composer amiablement ce différend. Ainsi, pourvu que de la part de l'empereur, du roi catholique et de leurs altesses, on y prenne les mêmes conseils, et avec même sincérité et rondeur, il est certain que cette succession ne troublera point le repos qui a été établi en ce pays avec tant de peine. Il est vrai que par vos lettres vous prétendez l'affaire devoir être terminée par justice, c'est-à-dire remise au jugement de l'empereur ou de la chambre impériale : chose différente d'une voie amiable, car je prévois bien que cette forme de justice pourra être suspecte à l'électeur de Brandebourg, pour des considérations qu'il n'est pas besoin de vous représenter, d'autant que vous en êtes mieux informé que moi, au lieu que les amis communs le peuvent induire de se soumettre à l'autre, ou l'abandonner s'il la refuse.

Quant à ce que vous me mandez de l'arrivée dudit sieur électeur au pays de Clèves, on tient ici depuis deux jours qu'il est retourné en Prusse, et est à présent à Berlin, qui est la maison en laquelle il demeure d'ordinaire, et que c'est son frère, lequel s'est acheminé audit pays de Clèves, dont le conseil des deux chancelleries ayant été averti lui a envoyé, avant qu'il soit entré audit pays, quelques députés de leur collège pour le prier de ne passer outre, et de s'arrêter en quelque lieu neutre. Ils ont aussi à cette occasion prié le fils du duc de Neubourg d'en vouloir sortir, et d'aller même trouver ce prince pour l'exhorter que leurs différends soient remis à une voie amiable, ce que ledit sieur de Neubourg a senti de faire; mais si le frère de l'électeur sera abstenu d'entrer plus avant audit pays, si cette entrevue aura donné quelque commencement à une voie amiable, nous n'en savons encore rien. Vous jugerez bien par ce qui est contenu ci-dessus qu'il n'y a encore rien de mal, attendu même que ledit prince frère de l'électeur n'a, à ce que j'entends, que son train ordinaire, et n'est en état de faire aucun mouvement qui tende à violence : aussi aura-t-il toujours sujet de dire, s'il a été loisible audit de Neubourg d'entrer audit pays, encore que l'entrée des villes lui ait été défendue, qu'il ne doit pas être traité avec plus de rigueur. J'estime pourtant qu'il est plus à propos qu'ils s'abstiennent l'un et l'autre d'y entrer. J'écrirai à M. le marquis et à vous, lorsque le gentilhomme nous a apporté les présens s'en retournera, pour en rendre les remercîmens dus, avec offre de notre très-humble service de même affection dont je vous baise très-humblement les mains et suis, monsieur, votre, etc. P. JEANNIN.

A La Haye, ce 8 juin 1609.

LETTRE *de MM. Jeannin et de Russy au Roi, du neuvième juin* 1609.

SIRE,

Nous avons vu par les lettres que nous a portées Picaut, lequel arriva en ce lieu le vingt-cinquième du mois passé, ce que Votre Majesté nous a commandé pour achever le reste de notre charge. Tous les députés de l'assemblée générale n'y arrivèrent que le dix-huitième du même mois, et nous les fûmes voir le lendemain matin, messieurs d'Angleterre et nous ensemblement, pour nous réjouir avec eux, et les congratuler du traité qu'ils ont fait, les exhorter de demeurer en union, et de pourvoir aux contributions et au contentement de la maison de Nassau, suivant la réquisition qui leur en avoit été faite de la part de Vos Majestés, lorsque nous étions à Berg-op-Zoom; et pour le regard de la réformation de leur gouvernement, nous nous sommes abstenus d'en faire quelque particulière ouverture, montrant néanmoins que nous jugions à propos d'y toucher, avec offre d'en conférer avec leurs députés, qualifiés et estimeroient que nous les y pourrions assister.

servir pendant notre séjour en ce lieu ; car nous avons bien reconnu que les volontés de ceux qui y peuvent le plus n'y sont assez disposées pour le présent : et encore que cette retardation vienne des intérêts particuliers autant que d'aucune autre considération, si est-ce qu'il le faut souffrir et dissimuler, en attendant que les jalousies et défiances qui diminuent tous les jours soient du tout amorties, et que le prince Maurice et le sieur Barneveld, qui se mettent mieux de jour en autre, soient rentrés en leur première confiance, ce qui ne peut être fait qu'avec quelque loisir. Ce n'est chose nouvelle, mais ordinaire, de rencontrer plus de difficulté au maniement des affaires publiques, à cause des intérêts particuliers, qu'il n'y en a à trouver et inventer les bons conseils et bonnes lois ; et, quand cela avient, qui voudroit essayer de faire bien hors de saison, il attireroit du mal et de la haine sur soi, et seroit cause de mettre de la division et des factions parmi ceux qui doivent être unis, au lieu de profiter au public. Que Votre Majesté n'en soit pourtant en aucune peine : car il est certain qu'avec le gouvernement qu'ils ont à présent, lequel a été continué entre eux depuis vingt-cinq ans, sans qu'ils y aient rien changé, et le désir qu'ils ont tous de se conserver et empêcher que leur Etat ne retourne d'où il est sorti, il n'en peut avenir aucun mal. Ils sont délibérés de tenir les Etats assemblés cette année entière, et d'y être toujours en nombre raisonnable et suffisant pour y traiter et résoudre de toutes affaires : et le sieur Barneveld dit qu'au commencement de l'année prochaine, ils considéreront ce qui leur a été proposé, en public, mais particulièrement à lui, au prince Maurice et à d'autres, pour l'établissement de ce conseil, dont l'utilité est si évidente, qu'il y a raison de croire qu'ils y auront recours avec le temps, et lorsque les esprits seront vides des passions qui les mettent en défiance les uns des autres. Le commencement de leur assemblée a été employé à faire le licenciement des gens de guerre : ils n'ont toutefois cassé aucune compagnie entière, soit de cheval ou de pied, mais les ont réduites toutes à soixante-dix hommes pour compagnie, et continué la paye ordinaire, qui est de huit mois deux tiers chacun an, encore qu'ils eussent auparavant destiné de les payer à raison de dix mois : en quoi faisant, le nombre de leurs gens de guerre revient encore à trente mille hommes de pied et trois mille chevaux sur les rôles. Bien estimons-nous que dans un an, au plus tard, ils y toucheront pour la seconde fois, et les réduiront de temps à autre jusqu'à vingt mille hommes de gens de pied pour tout, y compris même les quatre mille que Votre Majesté leur entretient, et à quinze cents chevaux ; mais ils y procèdent ainsi lentement, et sans toucher aux capitaines et officiers, pour se garantir des mutineries qu'on pourroit faire en demandant les décomptes. Les ambassadeurs d'Angleterre se sont fort plaints de ce que les gens de guerre de leur nation ont été assujétis à la règle générale, ayant allégué là-dessus les mérites de la feue reine d'Angleterre envers les Etats qu'elle a assistés lorsqu'ils étoient abandonnés d'un chacun, et enfin, après plusieurs poursuites, ont obtenu quatre cent cinquante hommes de plus pour les distribuer en trois régimens anglois, ainsi qu'il sera ordonné par M. le prince Maurice, avec l'avis des colonels, nonobstant quoi il y a encore trois mille cinq cents soldats qui sont cassés.

Les Ecossois ont aussi demandé quelque gratification pour accroître et fortifier leurs compagnies, mais elle leur a été refusée jusqu'ici. Lesdits ambassadeurs espèrent que leur roi entretiendra de leurs gens qui sont déjà retenus, pareil nombre que Votre Majesté, sur ce qui lui est dû par les Etats ; nous ne savons pas s'ils l'obtiendront, mais s'il avient ainsi, cette émulation aura profité aux Etats. Il est vrai, à ce que nous en apprenons, qu'ils n'estimeront pas beaucoup ce bienfait s'il est en déduction de ce qu'ils doivent, car ils se promettoient qu'en venant à compte, le roi d'Angleterre leur rabattroit partie de la dette, et ils craignent qu'il ne le veuille compenser avec cet entretènement. Pour le regard des gens de pied françois, les compagnies des deux régimens sont réduites à cent hommes chacune, fors celles des colonels qui sont de deux cents, et celle de M. de La Force auquel nous en faisons ajouter cinquante de plus, suivant le commandement de Votre Majesté, comme aussi vingt-cinq à chacun des lieutenans-colonels sur l'instance qu'ils nous en ont faite, à cause que les lieutenans-colonels des régimens des autres nations ont tous plus grand nombre de gens que les capitaines ainsi sont cent hommes de plus que les quatre mille, outre les deux compagnies de cavalerie des sieurs de Villebon et du Meys, qui seront aussi entretenues au nombre de soixante-dix hommes, et le tout sur l'argent de Votre Majesté. Il est vrai qu'il n'y a eu aucun moyen de faire donner les dix montres auxdits gens de guerre selon qu'elle le désiroit; car nous en ayant fait grande instance, tant envers les Etats que M. le prince Maurice, ils nous ont priés de ne les en presser pour le grand préjudice que cela leur feroit, et les mutineries qui en aviendroient quand les soldats des autres nations verroient qu'on feroit montre aux François en une même garnison, et à eux non, encore que ce fût de l'argent de Votre Majesté non du leur, ce que nous leur alléguions pour raison de différence, eux ajoutant encore, si nous persévérions en cette demande, qu'ils nous prioient de différer l'exécution du commandement que nous en avions reçu jusqu'à ce qu'ils eussent fait entendre leurs raisons à Votre Majesté, se promettant qu'après les avoir ouïes, elle les approuveroit. Cela a été cause que nous nous sommes abstenus de les en presser pour ne troubler leur ordre, joint qu'en donnant dix montres aux gens de pied, il n'y eût eu assez pour payer seulement les quatre mille hommes: au lieu de quoi les colonels et capitaines nous ayant fait très-grande instance d'obtenir dix hommes pour cent, afin d'avoir meilleur moyen de retenir et appointer leurs officiers et soldats, nous en avons aussi voulu savoir l'intention des Etats et dudit sieur prince Maurice, délibérés toutefois, s'ils y eussent consenti, de ne le faire sans en avoir reçu au préalable son commandement, attendu que cet ordre eût apporté diminution sur les gens de guerre de quelques quatre cents hommes; mais ils nous ont ôtés de cette peine, ayant rejeté du tout ce règlement qu'ils disoient leur devoir être de même préjudice et dommage à l'endroit des gens de guerre des autres nations que celui des dix montres.

Enfin le prince Maurice a été d'avis qu'on devoit donner sur l'argent de Votre Majesté augmentation d'Etat aux capitaines, jusqu'à cinq cents livres par an, pour appointer leurs officiers et meilleurs soldats, sans quoi ils déclaroient tous ne les pouvoir retenir et conserver; mais seroient contraints de faire comme les capitaines anglois, qui ont licencié la plupart de leurs meilleurs soldats, faute de moyen pour les appointer, et retenu ceux qu'ils ont peu pouvoir contenter d'une moindre solde: à quoi les Etats ne contredisent si Votre Majesté le désire ainsi, pourvu que cette augmentation leur soit payée, non à la montre et par les mains des payeurs ordinaires pour éviter la conséquence, mais séparément et par les mains de l'ambassadeur, et que lesdits capitaines promettent et jurent moyennant ce de tenir toujours leur nombre complet, et d'appointer leurs bons soldats. Nous jugeons bien, sire, que cela ne servira que pour ceux qui auront soin de leur honneur; mais les voyant tous en bonne volonté, et désireux que leurs troupes soient belles, afin qu'elle en reçoive plus de contentement et meilleur service, nous avons estimé que ce bienfait y serviroit, et que sans cette aide, il leur seroit du tout impossible de prendre quelque chose sur leur entretènement ordinaire pour gratifier lesdits officiers et soldats. Elle considérera aussi, s'il lui plaît, elle n'augmentera pourtant le fonds accordé aux Etats, joint que ce qui reviendroit de bon, ils entendoient aussi bien de le retenir et employer au paiement des cent hommes qu'ils doivent entretenir de plus que les quatre mille hommes de pied, et néanmoins que tout ce que désire peut être fait avec leur gré et contentement, pource qu'ils voient que c'est pour avoir à leur service de meilleurs hommes. C'est la province de Hollande qui recevra les six cent mille livres et sera chargée du paiement, et de le faire par avance de mois en mois, les colonels et capitaines ayant désiré et fait grande instance d'être payés par ladite province, d'autant qu'ils paient bien, et aux termes ordinaires, au lieu que ceux qui sont assignés sur la généralité du pays ne reçoivent le plus souvent leur solde que trois et quatre mois après le terme expiré, étant les capitaines contraints à cette occasion de prendre argent à grands intérêts, pour donner quelque prêt à leurs soldats, attendant les montres. Nous leurs promettons aussi de la part de Votre Majesté de fournir lesdites six cent mille livres tournois en deux termes et par avance, afin que lesdits gens de guerre soient payés de même façon, et commencer le paîment suivant cet ordre, au premier jour du mois de mai dernier, demeurant deux cent mille livres des cent mille écus qu'ils ont reçus présentement, sur la gratification qu'elle a accoutumé de leur faire, et les cent mille livres, à compter sur l'entretènement promis, qui est en effet ce qui nous a été rapporté de son intention par M. de Preaux: et de tout ce que dessus, nous faisons un traité avec la province de la Hollande, que le sieur Jeannin lui portera à son retour, par lequel traité, le fonds nécessaire pour donner l'augmentation susdite aux capitaines est tenu en réserve pour être employé selon l'état que Votre Majesté en fera dresser, étant néanmoins l'intention des Etats qu'il demeure à leur profit, au cas qu'elle ne le destine à cet effet.

Nous commettons aussi à la charge de commissaire le sieur de Frauchemont pour assister à la première montre, attendant qu'il lui ait plu déclarer sur ce sa volonté; c'est ce qui a été fait pour le licenciement des gens de guerre, et l'ordre des François. Les Etats sont maintenant occupés pour délibérer des contributions, afin d'accorder les différends qui sont entre les provinces sur leurs cotes, lesquels différends sont commencés avec la prise des armes, sans qu'on les ait pu terminer sinon par provision, et d'année en année. Or, à présent chacun craint que la provision d'un an ne soit pour toujours: nous nous y entremettons, et ne laissons, quoique chacun eût ci-devant déclaré nous en vouloir croire, d'y rencontrer de très-grandes difficultés, n'y ayant personne qui veuille quitter ce qu'il estime devoir obtenir.

Nous espérons toutefois d'y trouver quelques expédiens, et d'en sortir dans huit ou dix jours au plus tard, comme nous ferons aussi dans le même temps de ce qui touche à la maison de Nassau, où il y a moins de difficulté. Nous ajouterons maintenant à cette lettre ce que nous avons appris touchant Clèves. Les Etats dudit pays ont été assemblés depuis peu de jours en la ville de Dusseldorf, où l'empereur a eu ses commissaires, lesquels ont essayé, avec les pratiques que lui et le roi d'Espagne y ont dès long-temps, de faire mettre le gouvernement du pays en ses mains par forme de séquestre, attendant qu'il soit connu du droit des prétendans; mais cette poursuite a été sourde, et s'est enfin contenté que le gouvernement soit demeuré aux deux chancelleries de Clèves et Juliers, qui est autant à dire qu'aux deux conseils desdits pays; auxquels les Etats ont ajouté quelque nombre de la noblesse, et des plus notables des villes pour les autoriser davantage, et pour ce qu'ils estimoient aussi que l'ancien conseil étoit pour la plupart à la dévotion d'Espagne, comme il est vrai; et pour cette raison, il ne faut pas douter que ce gouvernement ne favorise toujours celui qui aura plus de support de la maison d'Autriche. Les députés de l'électeur de Brandebourg qui sont sur le lieu, ont surpris une instruction que le nonce du pape qui est à Cologne envoyoit à quelques gentilshommes de Clèves, qui contient qu'il faut faire tomber ces pays ès mains d'un prince catholique, ayant envoyé à cet effet esdits pays quatre ou cinq jésuites, issus des meilleures familles de la noblesse, pour pratiquer et persuader, s'il est possible, aux catholiques qui y sont en grand nombre, qu'ils ne reçoivent pour seigneur autre que le marquis de Burgau, lequel est catholique, et, s'ils ne le peuvent obtenir, de favoriser plutôt le duc de Neubourg que l'électeur de Brandebourg.

Le fils dudit duc de Neubourg a envoyé en ce lieu un gentilhomme vers les Etats, pour leur remontrer le droit de son père et le sien en la succession de Clèves, et les prier de le vouloir favoriser, leur faisant entendre que Votre Majesté leur a promis toute assistance. Les Etats ne lui ont fait réponse qu'en termes généraux, et qu'ils désirent que les parties intéressées composent amiablement de leurs différends. Ce gentilhomme nous est aussi venu voir pour nous faire entendre ce qui est de la bonne affection de Votre Majesté envers son maître, et prier de lui faire à cette occasion tous bons offices envers lesdits sieurs les Etats, ayant donné sur ce même sujet lettres de son maître au sieur Jeannin, et fait entendre le droit d'icelui en cette succession. Notre réponse a pareillement été du désir qu'elle auroit d'aider à composer le différend qui est entre ces princes, à quoi il montre bien que son maître entendra très-volontiers; mais il se défie que l'électeur de Brandebourg en veuille faire autant, encore qu'il y soit obligé en vertu d'un traité fait dès long-temps entre son père et le duc de Neubourg, par lequel ils avoient promis l'un à l'autre, le cas avenant de cette succession, d'en traiter à l'amiable, non contentieusement ni par les armes. Ce qu'il met en avant du droit du duc de Neubourg n'est autre chose, sinon ce que nous en avons ci-devant mandé à Votre Majesté, que nous ne répéterons en cet endroit.

Quant à l'électeur de Brandebourg, nous avons avis qu'il est à présent de retour à Berlin, qui est sa demeure ordinaire, et que son frère est en chemin pour se rendre à Clèves, dont les Etats du pays étant avertis, ils lui ont envoyé au devant pour le prier de ne passer outre, et de ne vouloir entrer dans leurs villes, mais de se tenir en lieu neutre, attendant qu'il soit connu de son droit. Et pource que le duc de Neubourg fils étoit en la maison d'un gentilhomme du pays, ils l'ont pareillement prié de se vouloir retirer en lieu neutre, et d'aller même au devant du frère de l'électeur, pour conférer avec lui amiablement touchant leur différend; ce qu'il a consenti de faire, et s'y est acheminé, mais on n'a encore avis de ce qui en est avenu. On dit aussi que le prince, frère de l'électeur, doit venir en ce lieu pour demander assistance aux Etats, selon que ce gentilhomme venu vers eux a déjà fait, en vertu d'un traité fait avec le feu électeur de Brandebourg par M. le prince Maurice, M. le comte Guillaume, M. de Barneveld et un autre député de Zélande, au nom des Etats-généraux: lequel traité contient que les Etats promettent, le cas avenant de cette succession, d'en prendre la possession au nom dudit électeur, moyennant quoi il leur promet aussi donner cinq cent mille livres à certains termes déclarés par ce traité, qui a jusqu'ici été tenu secret. A quoi lesdits sieurs répondent ce traité être véritable, et néanmoins que ledit électeur ne s'en peut aider contre eux, sinon autant qu'il leur plaira, d'autant que la duchesse de Prusse, mère de l'électrice, étoit lors vivante, qui rendoit son droit certain et indubitable; au lieu que son décès avenu depuis, et avant la mort du dernier duc, y met à présent de la difficulté; davantage, que sur les cinq cent mille livres promises par le feu électeur, ils n'ont reçu que cent mille livres; encore que tous les termes soient dès long-temps expirés; qu'ils n'entendent toutefois se servir de telles défenses, mais de prendre résolution en cette affaire par l'avis de Votre Majesté, de suivre ce qu'elle-même fera. Ce gentilhomme nous est aussi venu voir, avec lettres des ambassadeurs de l'électeur qui sont au pays de Clèves, lequel nous a priés de vouloir favoriser la cause de leur maître envers les Etats. Et pour ce que le duc de Neubourg fait courir le bruit partout, même audit pays, que Votre Majesté a promis de l'assister de son autorité et de ses moyens pour conserver son droit, il nous a poursuivis et requis avec grande instance de vouloir écrire aux Etats desdits pays, lettres qui pussent faire évanouir tels bruits, et leur donner quelque opinion qu'elle désire plutôt favoriser ledit sieur électeur que sa partie; mais nous les lui avons refusées, sa demande étant aussi sans raison, attendu que nous n'avons reçu aucun commandement sur ce sujet, y ayant aussi ajouté que ce seroit contre la dignité de Votre Majesté si elle s'entremettoit plus avant de cette affaire en faveur du prince qui ne l'en a encore recherché ni requis, et qu'il nous sembloit que pendant l'absence dudit sieur électeur ses plus proches devoient faire cet office; l'assurant néanmoins qu'elle étoit très-affectionnée envers la maison de Brandebourg, et que nous estimions qu'elle en rendroit tous bons témoignages quand il seroit temps. Nous lui avons encore mis en avant ce traité fait par le duc de Neubourg avec le feu électeur de Brandebourg, dont mention a été faite ci-dessus, pour composer leur différend à l'amiable quand le cas écherroit; mais il a répondu que ce ne fut qu'un projet non conclu ni arrêté et signé, ainsi, son maître n'étoit obligé en vertu d'icelui, et n'estimoit pas qu'il le voulût suivre, mais se maintenir en la possession qu'il a prise avant le duc de Neubourg des pays qui dépendent de cette succession, attendu que par les lois de l'empire, le premier possesseur doit demeurer en jouissance jusqu'à ce qu'il soit connu du droit des prétendans; en quoi s'il est troublé, entend se conserver par les armes contre qui que ce soit; et à cette occasion s'est plaint aux Etats de ce que, par deux lettres écrites par eux au conseil et Etats qui ont le gouvernement desdits pays, ils leur conseillent de demeurer neutres jusqu'à ce que le droit des prétendans soit éclairci, les ayant tant pressés de leur vouloir écrire quelque lettre sur ce sujet pour interpréter les précédentes, qu'enfin ils l'ont fait par notre avis, et de telle substance néanmoins, qu'elle ne peut préjudicier au droit de qui que ce soit, et servir peu en effet à l'électeur de Brandebourg.

Votre Majesté verra, par une lettre que M. le président Richardot a écrite sur ce sujet au sieur Jeannin, que l'avis de l'arrivée du frère de l'électeur au pays de Clèves est aussi venu aux archiducs, et le désir qu'ils ont de faire traiter ce différend par la justice. Or, il y a grande différence de traiter de cette affaire par voie amiable et par l'avis des princes qui sont amis communs, ou de la remettre à la justice; car le premier ne peut être rejeté avec raison des uns ni des autres, et l'autre sera sans doute refusé par l'électeur de Brandebourg, parce que l'empereur ou la chambre impériale en seroient les juges, et il sait que ce prince favorisera plutôt le droit du duc de Neubourg que le sien. Les Etats désirent bien fort que les choses ne viennent point aux armes, mais ils feront sans doute ce que Votre Majesté trouvera bon; et nous estimons aussi qu'en s'y employant avec affection, comme il lui a plu montrer qu'elle veut faire, les princes intéressés rendront un grand respect à son avis et jugement; comme au semblable, les autres qui pourroient désirer d'y profiter sans raison seront contraints de s'en abstenir, crainte que le parti qu'elle prendra, assisté de la justice d'une bonne cause, ne devienne le plus fort. Le retour du sieur Jeannin vers Votre Majesté, lequel partira de ce lieu dans dix jours au plus tard, l'instruira de toutes autres particularités concernant la charge qui nous a été commise. Et sur ce, nous prions Dieu, sire, qu'il maintienne Votre Majesté et sa royale famille en tout heur et prospérité.

Vos, etc.

P. JEANNIN et DE RUSSY.

De La Haye, ce neuvième de juin 1609.

Lettre dudit sieur Jeannin à M. de Villeroy, dudit jour neuvième juin 1609.

Monsieur, encore que j'aie demandé mon congé avec grande instance, et que le séjour en ce lieu me soit à présent fort ennuyeux, si n'en peux-je sortir que je n'aie achevé ce à quoi le commandement du Roi et mon devoir m'obligent pour assurer le repos que Sa Majesté a procuré à ces pays, lequel est vraiment son ouvrage, commencé et rendu parfait par sa prudence, et l'assistance qu'il a eue de vos bons conseils, sans que pour mon regard j'y aie contribué autre chose sinon le soin, la fidélité et diligence pour exécuter ses commandemens et vos conseils, en quoi toutefois j'ai eu tant de traverses et rencontré de si grandes difficultés, que si le bonheur qui accompagne toutes ses actions n'eût été joint au respect et à la créance que ces peuples ont rendu à ses avis, nous n'en fussions jamais sortis à son contentement, ni au bien et avantage de cet Etat; chacun lui en donne aussi l'honneur et la gloire entière. Les princes mêmes avec lesquels on a traité le confessent, encore que je sois bien averti qu'aucuns de leurs principaux serviteurs y ajoutent sourdement, pour diminuer le degré de cette obligation, que Sa Majesté pouvoit faire passer ce traité à meilleur marché pour eux, comme il est vrai en effet; car la générosité avec laquelle elle a parlé quand il a été temps, a donné du courage aux Etats pour oser espérer et demander ce qu'ils ont obtenu, et de la crainte aux autres pour leur faire accorder des conditions qu'ils eussent autrement rejetées. Si n'ai-je laissé de mon côté de faire tout ce que j'ai jugé être requis pour leur faire sentir cette obligation, et le gré qu'ils lui en doivent savoir, afin qu'ils en soient d'autant plus enclins à rechercher son alliance et amitié, m'étant aussi conduit de même façon avec les ambassadeurs d'Angleterre, pour remettre leur maître en meilleure intelligence avec nous qu'il n'étoit au commencement du traité, et par ce moyen aider autant que j'ai pu à faire que Sa Majesté soit recherchée des uns et des autres, pour avoir le choix de l'alliance et amitié qu'elle jugera devoir être plus utile à son royaume. Je sais bien que telle conduite n'est pas toujours heureuse; mais s'il n'en avient mieux, elle laisse au moins un grand contentement à celui qui s'est acquitté de ce devoir. Le fait des contributions nous travaille et occupe entièrement; car, encore que les provinces qui sont en dispute aient montré et déclaré plusieurs fois de nous en vouloir croire, la province de Zélande en fait à présent difficulté, qui me fait craindre qu'il n'y ait quelque longueur à y prendre résolution, et par ce moyen que je ne demeure ici plus que je ne désire. Je me promets néanmoins que l'issue en sera bonne, et que le soin qu'ils ont tous de se conserver vaincra l'opiniâtreté des uns et des autres, c'est pourquoi vous n'en devez être en peine. Il y aura seulement plus de fâcherie pour moi, et quelque retardation à mon retour, mais rien de pis. Nous avions prévu telles difficultés long-temps avant la trêve, et pour cette raison été trois fois en l'assemblée générale pour les prier de s'en accorder sans attendre la conclusion du traité, pource que les provinces de Gueldres, Frise, Over-Yssel et Groningue, qui résistent à présent aux demandes de la Zélande, y eussent lors volontiers consenti, et la Hollande même, pour le désir qu'elles avoient toutes de se mettre en repos; mais ceux qui étoient ennemis de la trêve, et jugeoient que cela apporteroit de la facilité à la faire, l'empêchèrent. Cette même contention a été entre eux, et toujours avec grande animosité, dès le commencement de leur guerre, sans qu'ils y aient jamais pu faire aucun règlement, sinon à temps et d'année en année, encore après avoir disputé long-temps, et fait leur protestation de n'y acquiescer que pour la nécessité du temps, et crainte des ennemis.

Quant à ce qui touche M. le prince Maurice, et au partage de ses frères, il est sursis jusques à ce qu'il soit pourvu aux contributions; mais j'espère que nous l'achèverons aussi. Vous seriez émerveillé combien l'aigreur est grande, et même depuis trois mois, contre les catholiques. On en cache et dissimule la cause, mais je sais qu'elle vient de ce que le prince Maurice et ses amis pensent que cette rigueur doit servir pour empêcher qu'on ne se rapproche d'Espagne, et à cette occasion se lie tant qu'il peut avec les ministres, estimant aussi que cela doit aider à le remettre en crédit, et à reculer son aîné, dont aucuns le mettent en soupçon et lui font craindre l'autorité, et qu'il ne se rende plus agréable que lui, mais sans raison. Pour moi, je tiens au contraire qu'il n'y a rien qui doive tant nuire à cet Etat que de mettre les catholiques au désespoir, ni plus au prince Maurice en particulier que la recherche de l'amitié des ministres, qui deviendra incontinent suspecte à ceux qui le jugent plus ambitieux que peut-être il n'est. Je lui en ai dit quelque chose qu'il a pri de bonne part. Aussi est-il vrai que ces gens-ci sont si amoureux et jaloux de leur nouvelle publique, que l'autorité entre les mains d'autre que d'eux-mêmes ne leur peut plaire; et je n'essaie pas à présent de leur diminuer cette affection, pource qu'elle leur fait d'autant plus craindre et avoir en horreur l'ancienne sujétion de laquelle ils sont sortis; mais il me fâche que l'espoir de faire donner quelque soulagement aux catholiques en soit moindre, ce que toutefois je juge nécessaire pour la sûreté des Etats et la réputation du Roi, lequel fera connoître par ce moyen le soin qu'il a d'avancer et fortifier sa religion : joint qu'il me semble les Anglois se devoir plus promettre de cet Etat, la religion catholique en étant bannie, et les catholiques chassés ou laissés sans exercice, qui est pour enfin éteindre du tout leur nom et pouvoir en ces pays, que si elle y étoit reçue, encore que ce ne fût que dans les maisons et comme par souffrance. Aussi se bandent-ils entièrement pour l'empêcher, et semble bien qu'ils le font autant pour cette considération que pour zèle à leur religion. Ce n'est pas qu'ils soient conjoints en ceci, le prince Maurice et eux, mais ils s'y rencontrent par divers respects, et je me sers aussi de cette raison envers le premier pour lui rendre suspecte la poursuite et le soin que les autres prennent en cet endroit. Je vous présente ce que dessus, afin que vous puissiez connoître le doute auquel je suis sur la remontrance qu'il convient faire en faveur des catholiques, et que je serai bien fort circonspect pour ne rien dire de contraire qui soit hors de saison et puisse diminuer l'autorité et créance que Sa Majesté s'est acquise parmi ces peuples.

Quant aux affaires de Clèves, encore que la maison d'Autriche, et principalement le roi d'Espagne et les archiducs, puissent avoir quelque dessein d'en profiter, si ne saurois-je croire qu'ils s'y veuillent embrouiller, si l'électeur de Brandebourg est appuyé et assisté en cette poursuite des deux électeurs protestans, comme on tient qu'il sera. On dit même que le duc de Neubourg son parent. Ils auront aussi crainte que Sa Majesté s'en mêle, au cas qu'ils se déclarent, et entreront encore avec plus de raison en dé fiance du roi de Danemarck, qui est allié de l'électeur de Brandebourg et des Etats, qui sont déjà aucunement obligés et engagés à sa défense; car l'empereur étant encore mal avec son frère, et déchu de réputation pour le coup qu'il a reçu, et d'autre côté le roi d'Espagne las, recru et épuisé, ils seroient foibles contre un si grand mouvement. Ainsi est vraisemblable qu'ils aimerount mieux aider à composer les deux princes intéressés que s'exposer pour autrui aux dangers d'une si grande guerre, attendu même qu'ils viennent de quitter le lieu pour se garantir d'une et d'autre qui sembloit avoir moins de péril et plus grand espoir de profit. Quant au duc de Neubourg, il montre déjà de craindre cette tempête, et d'être disposé d'accepter les conditions du traité. On en peut autant espérer de l'électeur de Brandebourg s'il y est convié, et comme forcé, par les princes ses amis, qui semblent tous être d'inclination et d'humeur pour prendre ce conseil, et lui d'un esprit assez doux et modéré, à ce que j'entends, pour être persuadé de le recevoir. L'absence de l'électeur qui est toujours en Prusse, et le peu de devoir qu'ont fait les siens jusqu'ici, sont cause qu'il n'y a encore grand avancement en ses affaires. L'empereur fait cependant ce qu'il peut pour mettre le gouvernement ès mains des deux chancelleries de Clèves et de Juliers, c'est-à-dire du conseil desdits pays, qui est composé de personnes qu'on tient pour la plupart affectionnées au roi d'Espagne. Il est vrai qu'on y ajoute quelque nombre de gentilshommes et autres personnes notables des villes, qu'on dit être moins passionnés et plus désireux de tenir la balance droite pour empêcher que le gouvernement ne soit suspect d'un côté ou d'autre. Ce que j'y vois de meilleur est que sont pays ouverts et peu fortifiés, et à cette occasion telles pratiques ne pourront guère nuire à celui qui aura des forces pour se rendre maître de la campagne, pourvu qu'on ne donne loisir au premier occupateur d'y bâtir des forteresses, ce qu'il pourroit faire en peu de temps, à cause de l'opportunité des bonnes assiettes qui se rencontrent en plusieurs endroits ésdits pays. Les députés de Clèves et de Juliers, qui sont venus en ce lieu pour prier les Etats de ne favoriser la force et violence de qui que ce soit, nous étant venus voir, je leur ai fait entendre qu'ils doivent être fort considérés, afin de ne donner aucune jalousie à personne, et rechercher aussi avec plus grand soin qu'ils n'ont fait jusqu'ici les princes qui peuvent aider à les mettre en repos, leur faisant assez connaître de qui j'entendois parler, à quoi il m'ont répondu qu'ils ne s'étoient encore adressés qu'aux archiducs et aux Etats, comme étant leurs plus proches voisins, et ceux qu'ils voient armés, mais qu'ils se promettent beaucoup de l'autorité de Sa Majesté, et de l'affection qu'elle montre partout à vouloir tenir la chrétienté en paix. Et à la vérité, il semble que Dieu l'ait aujourd'hui mise en un si haut degré d'honneur et de réputation, qu'elle peut empêcher, par la créance que chacun a en sa grande prudence, le respect qu'on lui rend, et la crainte qu'on a aussi de son autorité et pouvoir, toutes sortes de mouvemens, en quelque lieu que ce soit de la chrétienté, s'y voulant employer avec soin et affection, qui n'est pas un petit ornement pour l'ajouter à la gloire qu'elle s'est acquise par les armes, ni peu de sûreté pour son royaume et ses sujets.

Messieurs des Etats diffèrent d'envoyer leurs députés, tant à Sa Majesté qu'en Angleterre, pour les remercier du soin et de la peine qu'il leur a plu prendre pour les mettre en repos, jusqu'à ce que le temps de la ratification soit passé : c'est afin de les supplier, comme obligés à la garantie de la trève, de faire instance pour obtenir ladite ratification au cas qu'elle n'ait été envoyée, et, si le roi d'Espagne en fait refus, pour leur demander secours. J'estime toutefois qu'il en est venu trop avant pour la refuser. Voyant les longueurs des Etats, nous avons montré de vouloir prendre congé d'eux, sur quoi ils m'ont prié fort instamment de surseoir encore jusqu'à ce qu'ils soient d'accord de leurs contributions, estimant que nous les y pouvons servir, différant même le traité de garantie qui leur a été promis jusqu'à ce que le reste soit fait afin de nous retenir plus aisément : si estimé-je que nous aurons fait dans huit ou dix jours au plus tard, et que je partirai lors sans aucune remise. J'ai parlé du fait des consuls, et pense le faire accorder. Vous verrez par les lettres que nous écrivons au Roi ce qui s'est passé pour l'entretènement des François qui sont ici. Nous avons donné commission au sieur

44

de Franchemont pour faire la première montre, attendant qu'il ait plu au Roi d'y pourvoir : néanmoins je vous supplierai très-humblement étant par-delà de l'en faire gratifier, et de le préférer à ce porteur que j'estime avoir entrepris ce voyage pour ce seul sujet, encore qu'il me l'eût celé; car nous ne l'eussions envoyé exprès pour porter nos lettres, attendu que du Monceau est ici qui partira dans deux ou trois jours pour s'en retourner, et qu'il n'y a aussi chose qui n'eût bien pu attendre mon arrivée par-delà. J'ai appris, achevant cette lettre, que l'électeur de Brandebourg offre à l'empereur une grande somme d'argent pour obtenir de lui l'investiture de la succession de Clèves, et qu'il est en volonté de l'accepter. Je vous envoie la copie de notre dernière proposition en l'assemblée des Etats, et suis, monsieur,

Votre, etc.   P. JEANNIN.
A La Haye, ce neuvième juin 1609.

LETTRE *dudit sieur Jeannin à M. le duc de Sully, du même jour neuvième juin* 1609.

Monsieur, on ne fait rien ici qu'avec beaucoup de difficulté et de longueur. Ce qui retarde à présent mon retour de quelques jours est le fait des contributions, dont les Provinces sont de tout temps en grande contention, et n'y a jamais été pourvu durant la guerre que d'année en année, et j'y ferois volontiers prendre, s'il m'étoit possible, quelque bon règlement qui fût plus assuré, et pour plus de temps. Toutes les provinces avoient ci-devant montré de nous en vouloir croire; mais elles y contredisent à présent; si espéré-je que nous en sortirons dans huit ou dix jours au plus tard, et qu'il ne restera plus rien qui m'empêche de partir d'ici, ce que je désire de toute mon affection. Les six cent mille livres que le Roi a accordées pour entretenir les quatre mille hommes des deux régimens, doivent être employées selon qu'il est contenu ès lettres que nous écrivons à Sa Majesté. Je ne sais si elle approuvera l'augmentation d'état de cinq cents livres pour chacun des capitaines; mais c'est l'avis de M. le prince Maurice, et notre lettre en contient les raisons. Aussi est-il bien certain, quand cet argent n'y seroit employé, qu'il ne retourneroit pas en la bourse de Sa Majesté; et ce bienfait, que les capitaines promettent employer pour appointer leurs bons soldats, sera cause qu'ils les pourront retenir, ce qu'ils n'eussent pu faire autrement pour être la solde qu'on leur donne trop petite, et eux n'ayant aussi moyen de leur donner quelques appointemens et avantages sur leurs états ordinaires : toutefois c'est chose qui est seulement projetée sous le bon vouloir et plaisir de Sa Majesté; à quoi si elle fait quelque difficulté, je vous supplie très-humblement, monsieur, vouloir faire qu'elle suspende son jugement jusqu'à mon retour, et qu'elle en ait entendu les raisons pour en ordonner plus à loisir, car toutes choses seront aussi bien entières lors qu'à présent. Le frère de l'électeur de Brandebourg s'étoit acheminé au pays de Clèves, mais le conseil dudit pays qui a le gouvernement, étant averti qu'il en approchoit, lui a envoyé des députés pour le prier de n'y point entrer. Ils ont aussi prié le fils du duc de Neubourg qui y étoit déjà d'en sortir, et d'aller au devant de lui pour conférer ensemble, et mettre, s'il est possible, l'affaire en un compromis amiable : on ne sait encore ce qui en aviendra.

Je me suis instruit du droit de l'un et de l'autre, et ai retiré extrait des pièces que leurs ministres n'ont communiquées pour en justifier, afin d'en faire rapport à Sa Majesté quand je serai par-delà. Si elle continue à montrer de vouloir composer ce différend, elle aura grand pouvoir et autorité envers les princes prétendans pour les y disposer, et pour empêcher aussi que la maison d'Autriche n'y entreprenne par force au préjudice de celui qui aura le plus apparent droit. Madame la comtesse de Ligne avoit mandé qu'elle viendroit ici pour se mettre en possession de ce qui appartient à son mari, et je l'attendois pour l'empêcher. Je vous ai écrit, monsieur, qu'elle se rend toujours difficile, et montre de ne se vouloir mettre à la raison, ainsi que j'ai reconnu par les lettres que j'ai reçues de M. de Berny : c'est pourquoi il me semble toujours qu'il n'y a meilleur moyen pour l'y disposer, sinon de se mettre en possession en vertu du traité, ce qui ne peut être refusé par les archiducs sans contrevenir à la trève, ce que je n'estime pas qu'ils veuillent faire; et au pis aller, dès le premier refus le bien qui est par deçà en répondra attendant mieux.

Toutefois, si vous continuez à vouloir que je passe à Bruxelles pour voir ladite dame sur ce sujet, j'obéirai à votre commandement avec même affection que je veux demeurer perpétuellement, monsieur, votre, etc.

P. JEANNIN.

A La Haye, ce neuvième jour de juin 1609.

LETTRE *dudit sieur Jeannin à M. de Puysieux, dudit jour neuvième juin 1609.*

Monsieur, ce que vous me mandez que j'obtienne de messieurs les Etats par vos dernières lettres, à savoir une déclaration d'eux que ce pays n'est en la sujétion d'Angleterre, pour vous en servir en Turquie contre l'ambassadeur d'Angleterre qui publie le contraire, ne me semble nécessaire, d'autant qu'il ne faut sinon prendre le traité de la trêve faite par les Etats avec le roi d'Espagne et les archiducs, par lequel ils traitent en qualité et comme souverains qui ne dépendent point de la sujétion de quelque prince que ce soit. Le roi d'Angleterre même y intervient comme leur ami et allié, non comme ayant quelque droit de supériorité sur eux. Le traité que ledit sieur roi doit aussi faire au premier jour avec eux pour la garantie de la trêve, en rendra un témoignage certain et assuré, attendu que par icelui les Etats traitent une alliance égale et comme souverains, tant avec ledit sieur roi qu'avec le nôtre. J'estime donc que ces deux traités suffisent pour justifier ce que vous désirez; et je craindrois qu'en demandant la déclaration dont vous m'écrivez, les ambassadeurs qui sont ici ne prissent soupçon que la recherche en fût faite à autre dessein. Toutefois, si, nonobstant ces raisons, il est jugé qu'on en doive faire instance, il n'y aura aucune difficulté à l'obtenir. J'en ai encore en ce lieu pour huit ou dix jours au plus, après lesquels je partirai, Dieu aidant, sans plus attendre aucune réponse à nos lettres, et demeurerai toujours, monsieur, votre, etc.

P. JEANNIN.

A La Haye, ce neuvième juin 1609.

LETTRE *dudit sieur Jeannin à M. de La Boderie, du onzième juin* 1609.

Monsieur, c'est avec raison que vous vous plaignez par votre dernière lettre de n'avoir reçu aucun avis de moi de ce qui s'est passé touchant la conclusion de la trêve; mais je vous peux assurer avec vérité que je vous écrivis dès le lendemain de mon arrivée en ce lieu, et que la lettre, qui devoit être envoyée à M. de Vaudrenecq pour la vous faire tenir, fut omise par l'oubliance de celui à qui j'en avois donné charge, dont je n'ai rien su qu'après avoir reçu la vôtre, m'en étant bien fort fâché à lui : recevez donc, s'il vous plaît, cette excuse qui est très-véritable. Or c'est chose trop connue à présent d'un chacun pour vous en faire aucun récit; bien vous dirai-je qu'on commence à s'en réjouir en ce lieu, et à estimer qu'elle sera utile. On en a fait autant du côté des archiducs, et le Roi en a reçu un très-grand contentement, ainsi que Sa Majesté nous l'a témoigné par ses lettres. Je ne sais pas comme il en est au lieu où vous êtes, ni si M. le comte de Salisbury vous en parle selon son sentiment intérieur; mais je vous peux bien assurer que les ministres du roi d'Angleterre ont fait connoître sur toutes les difficultés et disputes qui sont survenues, que leur maître la désiroit ardemment, et, ou je suis trompé, ceux des archiducs qui s'en sont bien aperçus, et ont eu plus de contradiction de notre côté que du leur, lui en savent à cette occasion plus de gré qu'à notre maître qui a parlé librement, et nous a commandé d'en faire de même pour obtenir des conditions les plus avantageuses qu'on pourroit pour les Etats, comme nous avons fait, eux au contraire ayant été plus retenus, et fait voir par leur conduite qu'ils désiroient autant le contentement des archiducs que celui des Etats : et néanmoins il est vrai qu'en faisant ce qui étoit de mon devoir, j'ai apporté au surplus la plus grande modération que j'ai pu pour faire que le Roi, qui a fait le plus pour achever cette œuvre, en eût aussi le plus grand gré des uns et des autres.

Lesdits sieurs députés d'Angleterre et nous avons vécu depuis cinq ou six mois en grande amitié, et, comme il me semble, avec moins de défiance que du passé : je ne sais si cela pourra être cause de quelque plus étroite amitié et intégrité entre les maîtres; je le désire, mais je n'y peux apporter que les vœux. Nous sommes en grand'peine maintenant pour les contributions entre les Provinces, dont les cotes, dès le commencement de la guerre jusqu'à présent, n'ont jamais été réglées avec certitude; mais on y prenoit toujours des expédiens d'année en année, et la crainte des ennemis les y rendoit tous plus faciles pour lors, au lieu qu'à présent qu'ils pensent être en sûreté ils sont plus opiniâtres. Nous espérons toutefois de les composer, et de mettre aussi d'accord M. le prince Maurice avec M. le prince d'Orange son frère pour leurs partages, comme il est bien nécessaire pour ôter toute semence de division en cet Etat; ce que je prévois bien me devoir encore retenir huit ou dix jours en ce lieu, d'où je ne sortirai jamais sitôt que je le désire, étant si las et ennuyé du long séjour que j'y ai déjà fait, qu'il n'est possible de plus. Je vous baise très-humblement les mains, et suis, monsieur, votre, etc.

P. JEANNIN.

A La Haye, ce onzième jour de juin 1609.

Remontrance faite en l'assemblée des Etats-généraux des Provinces-Unies par M. Jeannin, au nom du Roi, en faveur des catholiques desdites Provinces.

Messieurs, nous avons différé jusqu'ici à vous faire une prière et recommandation de la part de notre Roi, en faveur des catholiques qui demeurent dans votre pays, Sa Majesté n'ayant pas jugé qu'il fût à propos de la faire lorsqu'on traitoit de la paix ou de la trève, crainte d'ajouter nouvelles difficultés à infinies autres qui se rencontroient déjà, lesquelles jointes ensemble eussent plutôt été cause d'empêcher ce bon œuvre, que de lui faire obtenir quelque fruit de sa demande; et maintenant nous la faisons en un temps auquel vous en pourrez ordonner en toute liberté et par votre propre jugement, sans que la résolution que vous prendrez en leur faveur vous puisse être dommageable, ni qu'autres que vous-mêmes s'en puissent attribuer la grâce.

Deux raisons l'induisent à vous faire cette prière: l'une, qu'il est prince catholique, obligé par devoir à procurer tout le bien et avancement qu'il peut à sa religion; l'autre, qu'ayant bien et mûrement considéré ce qui vous peut être utile ou dommageable, il prévoit et juge qu'il n'y a rien plus nécessaire pour vous maintenir tous en bonne union, ferme intelligence et sincère amitié, et pour ôter aussi tout prétexte à qui que ce soit d'entreprendre sur vous et contre votre Etat, sinon que vous vous absteniez dorénavant d'user de rigueur contre eux, et que vous souffriez, au moins par dissimulation et tolérance, si vous ne voulez le permettre et autoriser par la loi, qu'ils puissent servir Dieu selon qu'ils ont été instruits, en promettant que vous en ferez le même jugement si vous examinez les raisons qui sont contenues en cet écrit, non avec un préjugé de les rejeter avant que les avoir entendues, mais avec un esprit de mansuétude et charité qui vous invite d'avoir compassion de vos compatriotes qui implorent votre justice, et la recevront de grâce, encore qu'elle leur soit due, et que cela vous doive aussi servir d'un remède salutaire pour vous assurer du tout de leur affection et fidélité.

Considérez donc, s'il vous plaît, en premier lieu le grand nombre de catholiques qui sont chez vous, tant aux villes qu'au plat pays, et qu'ils ont travaillé avec vous, employé leurs moyens, été exposés aux mêmes dangers, et toujours gardé une immuable fidélité à l'Etat tant que la guerre a duré, sans se plaindre ni murmurer de ce qu'ils ne jouissoient de l'exercice de leur religion, estimant que vous en aviez ainsi ordonné pource que la sûreté publique requéroit lors cette sévérité. Mais ils s'étoient promis, la fin de la guerre étant heureuse, et vous rendus jouissans d'une entière liberté, qu'ils auroient aussi quelque part en ce bonheur, comme ils avoient été participans des incommodités, dépenses et périls de la guerre.

Or on ne peut dire libres ni jouissans de quelque heur et contentement ceux auxquels on ôte le pouvoir de servir Dieu selon la religion en laquelle ils ont été instruits: au contraire il n'y a de servitude plus intolérable, ni qui offense ou aigrisse davantage les esprits que cette contrainte et rigueur. Vous le savez, messieurs, et que c'est la principale et plus puissante cause qui vous a fait courir aux armes, et mépriser tous périls pour vous en délivrer; qu'elle a aussi excité pareils mouvemens en plusieurs endroits de la chrétienté, et même dans le royaume de France, avec des succès si heureux partout, qu'il semble Dieu l'avoir ainsi permis pour nous apprendre que la religion doit être enseignée et persuadée par les mouvemens qui viennent du Saint-Esprit, non par la force et contrainte des hommes, et pour induire aussi les rois et princes, par les maux et ruines qu'eux et leurs sujets ont soufferts à cette occasion, comme par un sentiment de leur propre intérêt et dommage, d'avoir plus de soin qu'ils n'ont eu jusqu'ici de faire pratiquer à bon escient les remèdes dont on avoit accoutumé de se servir lorsque l'Eglise étoit en sa plus grande pureté, pour corriger les abus et erreurs que la corruption des hommes essayoit d'y introduire, comme étant le seul et vrai moyen de réunir tous les chrétiens en une même créance.

Or, pendant qu'on ne peut apporter à l'attente de ce bon œuvre que les vœux et prières à Dieu d'y vouloir disposer les cœurs des princes chrétiens, comme aussi du chef de l'Eglise et des prélats auxquels ce soin et devoir appartient, notre Roi travaille chez soi tous les jours autant qu'il peut pour ôter l'aigreur que les guerres passées avoient mise ès esprits de ses sujets, afin de les accoutumer peu à peu à se souffrir, à s'aimer, et à ne plus désirer et rechercher, à cause de cette diversité de religion, la ruine les uns des autres, ayant reconnu par effet que ce conseil, éloigné d'une bonne et sincère réconciliation entre eux, dont les prédécesseurs rois ont usé, n'a servi que pour accroître le mal, rendre les hommes plus opiniâtres, ou sans piété et dévotion, et pour introduire aussi des factions toujours périlleuses en un Etat; et au contraire que sa modération à souffrir et admettre la religion dont vous faites profession par les lois et édits qu'il fait soigneusement garder, au lieu qu'on les faisoit auparavant pour les rompre aussitôt qu'ils étoient publiés, a mis la paix et amitié entre ses sujets, qui est cause qu'aujourd'hui les gens de bien, et ceux qui sont les plus sages de l'une et l'autre religion, désirent et recherchent les moyens de se rapprocher et réunir, au lieu qu'autrefois ils cher-

choient à se détruire, et ne prenoient plaisir qu'à faire croire que cette division en la religion ne pouvoit finir que par la ruine des uns ou des autres. Et pource que Sa Majesté s'est bien trouvée de ce conseil, elle le donne volontiers à ses amis, et lui semble encore qu'il y a des raisons particulières en votre Etat qui vous doivent convier d'en user ainsi.

Car il y a une grande différence entre le refus d'un souverain qui ne veut permettre à ses sujets l'exercice d'autre religion que de celle qu'il a trouvée, reçue et approuvée en son Etat, ou de celui que vous pourriez faire à vos compatriotes et concitoyens pour leur ôter celle dont ils jouissoient avant que la vôtre y fût introduite. Le premier le peut faire avec justice, non toutefois sagement si ce refus met en péril son Etat, étant certain qu'il se doit lors plutôt servir de la prudence que de son autorité, et des moyens qui sont propres pour adoucir et réconcilier que d'user de la force et du pouvoir d'un commandement absolu. Mais vous ayant acquis ensemble et en commun, tant ceux de la religion que les catholiques, la liberté et souveraineté dont vous jouissez à présent, qui vous donne l'autorité et pouvoir d'établir telles lois qu'il vous plaît, il est raisonnable que chacun y ait sa part, et seroit trop rude qu'en la chose en laquelle nous sommes les plus sensibles, les uns fussent tenus pour maîtres et seigneurs, et les autres mis au rang des sujets et esclaves, et par cette rigueur privés, non-seulement des loyers de la victoire et du bon succès qu'il a plu à Dieu donner à la cause commune, mais contraints d'achever leurs jours en plus grande misère et pire condition qu'ils n'étoient auparavant. Jugez donc en votre cause celle d'autrui, et donnez à la raison ce qu'eux-mêmes vous ont aidé à conquérir par la force, et avec leur propre péril, contre les princes qui étoient lors vos ennemis et les leurs.

Considérez aussi combien l'exemple de ce refus, si vous le faites, sera préjudiciable à ceux de votre religion, ès lieux et endroits où ils sont les plus foibles, lesquels implorent tous les jours avec larmes et supplications la grâce des souverains catholiques sous lesquels ils résident, pour jouir de la même liberté que notre Roi vous demande au nom des catholiques qui sont parmi vous. Ne soyez pas cause de remettre ès esprits des souverains et de leurs peuples, qu'un zèle inconsidéré a souvent portés à des violences et fureurs contre eux, que la guerre pour contraindre les plus foibles à suivre la religion des plus forts est juste et licite.

Vous pouvez accorder cette grâce sans aucun péril; car si les catholiques ont été constans et fidèles durant les dangers de la guerre, encore qu'ils fussent privés de l'exercice de leur religion, que ne doit-on attendre de leur zèle et dévotion à conserver la liberté de leur pays quand ils en jouiront, et auront part à l'autorité et aux honneurs que cette union vous a acquis en commun, sinon qu'ils se tiendront grandement obligés à vous de ce bienfait, pource qu'ayant eu le pouvoir de les en priver, comme étant les plus forts et les surmontant en nombre, vous aurez néanmoins voulu user de cette bonté et justice envers eux! Au contraire, que ne devez-vous craindre s'ils demeurent chez vous avec ce mécontentement et désespoir, sinon qu'on essaiera de se servir de leur zèle pour dresser des embûches contre votre liberté!

Il y en a qui allèguent, pour faire rejeter cette demande, que votre État a été fondé sur la religion dont vous faites profession, et par ainsi que cette diversité seroit cause de rompre la loi fondamentale d'icelui, et de vous mettre tous en péril. Si l'un ou l'autre étoit vrai, l'utilité publique serviroit d'excuse, et rendroit tolérable l'injustice contre les particuliers, car le premier soin des magistrats doit être de garder inviolablement les lois sur lesquelles l'État a été fondé, et d'oublier tout autre respect pour le salut public; mais plusieurs restent encore parmi vous qui étoient au temps de la première prise des armes, lesquels savent bien, et les écrits et les histoires qui contiennent tout ce qui s'est passé durant vos guerres en font aussi foi, que vous ne demandiez lors sinon l'exercice de votre religion, demeurant toujours celle des catholiques reçue et autorisée par traités, édits et placards, comme elle étoit avant l'introduction de la vôtre; et ceux qui pouvoient grandement affoiblir votre cause s'ils s'en fussent séparés, s'y joignirent volontiers et firent la guerre avec vous, non-seulement pource que les priviléges communs avoient été violés par un gouvernement trop rude, que vous nommiez tous tyrannique, mais pource qu'ils n'estimoient pas raisonnable de vous priver de la liberté de prier Dieu en la créance en laquelle vous aviez été instruits. Et quant au péril qu'aucuns montrent de craindre si cet exercice est accordé, l'expérience nous apprend tous les jours que cette diversité n'est pas cause de la ruine des États, et que le gouvernement ne laisse d'y être bon, et cent qui y résident de vivre en paix et amitié les uns avec les autres, rendant l'obéissance qui est due aux lois et aux supérieurs aussi bien que s'ils étoient tous de même religion, sans avoir autre pensement que d'aider à conserver la dignité et grandeur de l'État sous lequel Dieu les a fait naître, et par ainsi le danger ne s'expérimente pas en la permission, mais plutôt en l'empêchement; car c'est alors que les hommes se jettent aux factions, et cherchent les moyens d'obtenir par force ce qu'ils se persuadent leur avoir été refusé injustement, dont les exemples de l'un et de l'autre sont si communs et fréquens en diverses provinces de la chrétienté, qu'il n'est besoin de vous les représenter.

Aucuns ajoutent encore à cette raison que les catholiques, se voyant du tout privés de l'exercice de leur religion, seront contraints de retourner à celle qu'ils rejettent à présent; mais il y a plutôt apparence que la géhenne et violence dont l'on usera contre eux, sera cause de les rendre plus ardens et enflammés à désirer ce qui leur aura été refusé, et leur mort même n'éteindra pas cette créance; car ils l'apprendront et laisseront comme par cabale à leurs enfans avant que mourir.

Ou bien, ne leur étant permis de servir Dieu selon le culte et la créance qu'ils approuvent, la liberté de conscience, qui ne leur pourroit être déniée qu'avec trop d'inhumanité, sera néanmoins cause de les faire tomber peu à peu au mépris de Dieu et à l'impiété; car l'exercice de la religion auquel la loi du christianisme nous assujettit est une honnête contrainte qui nous fait souvenir de notre devoir et craindre d'être repris, si, ès action de piété et dévotion exposées à la vue et censure d'un chacun, nous ne faisons connoître que nous sommes chrétiens: mais ce respect et cette crainte n'y étant plus, nous oublions aisément ce devoir, et nous laissons aller à je ne sais quelle nonchalance

lance qui nous ôte le souvenir de la Divinité. Or les plus sages de l'antiquité ont tenu avec grande raison qu'il valoit mieux souffrir la superstition en un Etat que l'impiété, d'autant que le superstitieux craint tout, et croit, s'il évite la punition des hommes, qu'il tombe ès mains de Dieu, ainsi se soumet plus volontiers aux lois de l'Etat, sait mieux obéir à ses supérieurs, et en effet craint toujours plus de faillir que celui qui, n'espérant rien du loyer des bienheureux, pense tout lui être licite s'il peut tromper la vigilance des magistrats.

On peut dire, s'ils ne se contentent de cette liberté de conscience dont j'ai représenté le danger, qu'il leur est loisible de se retirer, de quitter la conversation de leurs parens, amis et alliés, et toutes les douceurs que la charité envers le pays comprend en soi, pour jouir ailleurs de cette pâture céleste qui, à vrai dire, doit être plus chère aux vrais et bons chrétiens que tout autre contentement. Mais avec quelle justice pourroit-on ordonner cet exil à gens qui n'ont point failli, et qui ont aidé à gagner et conquérir le pays dont on les voudroit bannir et chasser? Puis, s'ils y sont contraints, vous ferez des solitudes dans votre Etat, qui peuvent être suivies d'autres grands inconvéniens que j'aime mieux vous laisser considérer que déclarer ici.

Combien que ces raisons semblent pouvoir suffire pour vous induire d'accorder aux catholiques l'exercice libre et public de leur religion, Sa Majesté qui ne l'espère pas, s'abstient de vous en requérir, pource qu'elle sait bien que vous n'y êtes aucunement disposés, et que la trop grande résistance que plusieurs pourroient faire pour l'empêcher, seroit plutôt cause de mettre de la division parmi vous que de vous le persuader. C'est pourquoi elle se contente de vous prier que vous leur fassiez au moins cette grâce, de tolérer et souffrir qu'ils aient quelque exercice en leurs maisons sans y être recherchés, et sans que la rigueur des placards ci-devant faits à cette occasion soit plus exercée contre eux.

A quoi on pourra bien encore apporter telles cautions et sûretés, que les plus scrupuleux et contraires à cette demande n'auront aucun sujet de s'y opposer, ni de craindre que leur religion ou l'Etat en reçoivent quelque mal, comme seroit d'ordonner que les ecclésiastiques qui voudront demeurer au pays de votre obéissance, soient tenus de se présenter devant les magistrats du lieu où ils auront choisi leur demeure, pour faire inscrire leurs noms dans les registres publics, et outre ce de faire certifier, par personnes de qualité et probité connue, du même lieu, qu'ils sont gens de bien et paisibles, et que rien ne sera dit ni fait par eux contre la sûreté publique et l'obéissance qui est due aux supérieurs, dont lesdits certificateurs seront responsables; car, en procédant ainsi, tous les ecclésiastiques seront connus, et aurez assurance de leur fidélité; et s'il y en a d'autres qui se tiennent cachés, vous entrerez tout aussitôt en soupçon qu'ils sont venus chez vous avec mauvais dessein, les pourrez chasser et faire punir même, s'il est trouvé qu'ils aient fait quelque chose qui mérite châtiment.

Vous voyez donc, messieurs, la demande qui vous est faite de la part de notre Roi en faveur des catholiques, être réduite à si peu, qu'en la leur accordant il n'y a point d'apparence qu'elle vous puisse être d'aucun préjudice; et néanmoins ils en recevront une grande consolation, vous en demeureront perpétuellement obligés, et leur affection à désirer et procurer la conservation et prospérité de l'Etat en deviendra plus ferme et assurée. Sa Majesté vous en saura aussi grand gré, et estimera que vous aurez pris un bon et sage conseil : au lieu que si vous faites le contraire, elle craindra toujours que ce refus n'aliène les esprits des catholiques, et soit cause de les faire retirer, ou bien de prendre encore de plus mauvais et dangereux conseils. Elle les exhorte néanmoins de souffrir patiemment ce que vous en ordonnerez, sans faire chose qui puisse troubler la tranquillité et sûreté de votre pays, leur déclarant de sa part que s'ils font autrement, elle les jugera plutôt dignes de punition que de son assistance et faveur.

Traité de la garantie de la trêve, fait et passé par les ambassadeurs de France et d'Angleterre, avec les députés des Etats-généraux des Provinces-Unies, à La Haye, le dix-septième jour de juin 1609.

Comme ainsi soit que les rois Très-Chrétien et de la Grande-Bretagne se soient employés dès long-temps avec grand soin et affection, pour faire cesser la guerre des

Pays-Bas par une paix perpétuelle, et pour n'y avoir pu parvenir, aient depuis proposé une trève à longues années, dont le succès eût été aussi peu heureux si, pour ôter toute défiance aux Etats-généraux des Pays-Bas-Unis, Leurs Majestés ne leur eussent offert de s'obliger à l'observation d'icelle trève, et de leur donner assistance et secours au cas qu'elle fût enfreinte et violée, même s'ils étoient troublés et empêchés au commerce des Indes que les députés des archiducs leur accordoient de gré à gré par ladite trève au nom du roi Catholique, sans néanmoins l'exprimer nommément, ainsi que lesdits sieurs Etats le demandoient pour leur plus grande sûreté, eux faisant à cette occasion refus de l'accepter si ladite promesse de garantie, faite de bouche par les ambassadeurs desdits sieurs rois en présence même des députés desdits sieurs rois, ne les y eût induits; de l'accomplissement de laquelle promesse lesdits sieurs rois ayant été priés, requis et sommés, et y voulant satisfaire de bonne foi, cejourd'hui, dix-septième jour de juin 1609, se sont assemblés messire Pierre Jeannin, chevalier, baron de Chagny et Montjeu, conseiller dudit sieur roi Très-Chrétien en son conseil d'Etat et son ambassadeur extraordinaire vers lesdits sieurs Etats, et messire Elie de La Place, chevalier, sieur de Russy, vicomte de Machault, aussi conseiller audit conseil d'Etat, gentilhomme ordinaire de la chambre dudit sieur Roi et son ambassadeur ordinaire résidant près lesdits sieurs Etats, au nom et comme ayant charge de très-haut, très-puissant et très-excellent prince Henri IV, par la grâce de Dieu roi de France et de Navarre, messire Richard Spencer, chevalier, gentilhomme ordinaire de la chambre privée dudit sieur roi de la Grande-Bretagne, et son ambassadeur extraordinaire vers lesdits sieurs Etats, et messire Rodolphe Winood, chevalier, ambassadeur ordinaire et conseiller dudit sieur roi au conseil d'Etat des Provinces-Unies, aussi au nom et comme ayant charge de très-haut, très-puissant et très-excellent prince Jacques, par la grâce de Dieu roi de la Grande-Bretagne, etc.; et les sieurs Corneille de Gendt, sieur de Loenen et Meynerswijck, vicomte et juge de l'Empire et de la ville de Nimègue, messire Jean d'Olden-Barneveld, chevalier, sieur de Tempel Rodenriis, avocat et garde du grand sceau, chartres et registres de Hollande et West-Frise, messire Jacques de Maldrée, chevalier sieur de Hayes, premier président et représentant la noblesse aux Etats et conseil de la comté de Zélande, les sieurs Gérard de Renesse, sieur de la Aa, de Streefkercke, Nieuleckerlandt, et Ernestus Aylus, Jean Sloeth, sieur de Sallick, drossart du pays de Vollenhoue, et châtelain de la seigneurie de Cuinder, et Abel Coenders de Helpen, sieur En Faen et Cantes, au nom desdits illustres, hauts et puissans seigneurs les Etats-généraux des Pays-Unis, lesquels, en vertu de leurs pouvoirs, et avec promesse de faire ratifier respectivement le contenu en ces présentes auxdits sieurs rois et Etats dans deux mois prochains, ont consenti et accordé ce qui s'ensuit:

A savoir, que les traités faits séparément avec lesdits sieurs Etats-généraux par ledit sieur Roi de France le 23 de janvier 1608 et par ledit sieur roi de la Grande-Bretagne le 26 juin au même an, pour l'observation de la paix qu'on prétendoit lors faire, ensemble les conventions, promesses et obligations réciproques y contenues pour la défense et conservation mutuelle de leurs royaumes, pays, terres et seigneuries, seront en-

tretenues et gardées pour le temps que ladite trève durer, tout ainsi que si elles étoient répétées et insérées de mot à autre au présent traité.

Et auront lieu lesdites obligations et assistance de secours, non-seulement en cas d'infraction de trève ès limites spécifiées par le quatrième article dudit traité d'icelle trève, mais aussi si lesdits sieurs Etats ou leurs sujets sont troublés et empêchés pendant ledit temps au commerce des Indes de la part desdits sieurs roi Catholique et archiducs, leurs officiers et sujets; et sera pour ce entendu ledit trouble et empêchement, tant s'il est fait aux sujets desdits sieurs Etats qu'à ceux qui ont fait ou feront ledit commerce avec eux, ou bien si les princes et les peuples qui leur auront donné la permission d'exercer ledit trafic en leur pays étoient à cette occasion molestés eux ou leurs sujets, pourvu toutefois que, pour obliger lesdits sieurs rois à donner ce secours, le jugement desdits empêchemens soit fait par avis commun d'eux et desdits sieurs Etats. A quoi ils promettent apporter la diligence et sincérité requises pour faire réparer le dommage aux intéressés, et repousser la violence dont on auroit usé contre eux : pourront toutefois lesdits sieurs Etats, à la vue de la longueur en ladite délibération, pourvoir à la sûreté de leurs affaires et sujets, comme ils trouveront convenir.

En reconnoissance de laquelle garantie, et du secours, que lesdits Etats ont déjà reçu desdits sieurs rois, ils leur promettent de ne faire aucun traité durant ladite trève avec lesdits sieurs roi Catholique ou archiducs, sans leur avis et consentement, et pareillement lesdits sieurs rois de ne faire aucun traité avec quelque prince ou potentat que ce soit, au préjudice de celui-ci et de leur Etat et liberté, de la conservation de laquelle et de leur Etat ils auront soin comme de leurs bons amis et alliés. Ainsi fait, accordé, conclu, signé et cacheté par lesdits sieurs ambassadeurs et députés.

A La Haye, l'an et jour susdits.

P. JEANNIN, ELIE DE LA PLACE-RUSSY, RI. SPENCER, RODOLPHE WINOOD, CORNELIS VAN GENDT, JEAN VAN OLDEN-BARNEVELD, DE MALDRÉE, J. RENESSE, ERNESTUS AYLUS, JEAN SLOETH, ET COENDERS.

Et cacheté des armes, tant desdits sieurs ambassadeurs de France et d'Angleterre, que des députés desdits sieurs Etats-généraux.

LETTRE *de MM. les ambassadeurs de France et d'Angleterre à M. le marquis Spinola, du dix-neuvième juin.*

Monsieur, nous avons reçu les présens dont il a plu au roi Catholique et à leurs altesses nous honorer et faire envoyer par ce gentilhomme, lesquels nous ont été d'autant plus agréables qu'ils servent d'un témoignage public qu'elles ont reçu contentement de notre soin, devoir et service, pour aider à mettre ce pays en repos, suivant le commandement de nos rois, dont nous reconnoissons leur être tenus et obligés, et les en remercions aussi très-humblement;

comme nous faisons votre excellence de plusieurs courtoisies qu'elle nous a faites, qui nous viennent en souvenance tous les jours, et nous laissent un très-affectionné désir de lui en rendre très-humble service. Or, comme le traité qui a été fait pour assoupir une guerre de quarante ans a donné beaucoup de peine, et que nous entendons chacun jour de nouvelles plaintes d'une part et d'autre pour les contraventions qu'on prétend y être faites, nous vous supplions encore de toute notre affection de tenir la main de votre côté à ce qu'il y soit pourvu de bonne foi. Nous y avons excité de même messieurs les États, et le ferons derechef lorsque nous prendrons congé d'eux, les priant et exhortant jusqu'à ce que par conférence amiable, tous ces différends soient terminés, de ne rien faire de leur part qui puisse aigrir les esprits, vous pouvant assurer qu'ils sont disposés d'y procéder avec cette modération, et d'observer de bonne foi ce qui a été promis; et nous avons aussi la même confiance du soin et de la bonne foi de leurs altesses. Et pour fin, nous vous supplions de vouloir prendre de bonne part si vous nous faisons souvenir de la promesse qu'il vous a plu faire pour la démolition des forts de Meurs, de l'exécution de laquelle, et dans le temps promis, nous ne doutons aucunement; mais notre affection à désirer que rien n'avienne qui puisse troubler le repos, et donner sujet d'une juste plainte à M. le prince Maurice à qui le fait touche, nous induit de le vous représenter, et vous assurer aussi que nous demeurerons perpétuellement, monsieur, vos, etc.

P. JEANNIN, DE RUSSY, RI. SPENCER et RODOLPHE WINOOD.

À La Haye, ce dix-neuvième juin 1609.

Lettre de M. Jeannin à M. le président Richardot, du vingtième juin 1609.

Monsieur, je pars de ce lieu dans trois jours, Dieu aidant, où j'ai fait ce que j'ai pu pour adoucir les esprits qui s'aigrissent tous les jours à cause des plaintes qu'on leur fait des contraventions au traité, qui sont si fréquentes, que ceux qui ont aidé à mettre le pays en repos en reçoivent souvent du blâme et sont haïs : peut-être y en a-t-il quelques-unes qui ne sont pas justes, mais il y en a d'autres qui n'ont aucun prétexte pour les excuser. Je vous supplie bien humblement d'y prendre garde et faire pourvoir, si vous désirez l'observation et durée du traité. On est disposé ici à le garder de bonne foi, mais non à souffrir qu'il y soit contrevenu. Le plus tôt qu'on pourra entrer en conférence amiable pour terminer tous les différends avenus depuis la trêve, et régler toutes choses pour l'avenir, sera le meilleur. On pourra accorder et régler en la même conférence le commerce de ce pays avec la mutuelle commodité des uns et des autres. Il est vrai qu'ils ne sont délibérés de faire aucune députation de ce côté, ni de prendre jour pour conférer, avant qu'avoir reçu la ratification d'Espagne, que nous nous promettons bien devoir être délivrée dans le temps promis; mais il y en a assez d'autres qui n'y font pas le même jugement, et empêchent à cette occasion qu'on ne passe plus avant pour terminer les différends qui arrivent tous les jours jusqu'à ce qu'il y soit satisfait.

J'estime que messieurs d'Angleterre vous écriront aussi sur ce même sujet, la plainte nous en ayant été faite en commun, même depuis avoir écrit ensemblement à M. le marquis. Messieurs les États me prient de prendre mon chemin vers vous pour en conférer, et je refuse cette charge quand même mon chemin s'y adresseroit, jugeant bien que ce seroit chose inutile d'en parler en passant, et qu'il faut du loisir et des députés qui aient pouvoir de terminer les différends; puis je n'ai aucune volonté de m'embrouiller en ces nouvelles plaintes. J'eusse bien désiré d'y voir madame la princesse de Ligne, et de parler à elle d'un accord avec son neveu; mais étant bien averti qu'elle n'y est aucunement disposée, seroit peine perdue, et la mettre en colère sans profit que d'y passer pour lui en communiquer. Bien eussé-je tenu à honneur d'y saluer leurs altesses, les remercier très-humblement des présens qu'il leur a plu me faire, et offrir très-humble service si quelque occasion se fût présentée de leur en rendre; mais n'y voyant aucun sujet, je le fais avec cette lettre, et vous assure aussi que je demeurerai perpétuellement en volonté d'être, monsieur, votre, etc.   P. JEANNIN.

À La Haye, ce 20 juin 1609.

LETTRE de M. Jeannin à M. de Villeroy, du vingt-unième juin 1609.

Monsieur, le partage de M. le prince Maurice avec M. le prince d'Orange m'a retenu ici depuis huit jours, ayant été prié par eux de m'y employer, ce que j'ai fait très-volontiers, le jugeant utile pour beaucoup de respects. J'y ai toutefois rencontré de très-grandes difficultés; mais dans deux jours nous en sortirons, soit pour le conclure ou le laisser imparfait, et je partirai le troisième sans faillir. Pour les contributions, six provinces en sont d'accord, et n'y a de difficulté que pour la province de Zélande qui a renvoyé quelques-uns de ses députés pour avoir nouvel avis; mais tout s'accordera sans doute, et personne n'en est en peine, de sorte que cette remise ne retardera point mon voyage. Je vous écris ce mot, principalement pour vous donner avis que le frère de l'électeur de Brandebourg et le fils du duc de Neubourg ont fait un accord provisionnel par l'avis du Landgrave de Hesse, par lequel les Etats de la succession de Clèves doivent être régis et gouvernés au nom commun des deux princes de Brandebourg et de Neubourg, en attendant que leur différend soit jugé par des princes, leurs amis, auxquels ils se soumettent, dont je n'ai encore appris les noms. Les ambassadeurs de l'empereur, et quelques conseillers des Etats desdits pays qui étoient à sa dévotion, en ont été bien fort fâchés, et se sont retirés à cette occasion. On dit aussi que ces deux princes se sont promis l'un à l'autre de se joindre ensemble contre tous autres qui voudront prétendre droit en cette succession : cette nouvelle est véritable. On fait courir quelques bruits en Allemagne que le Roi avoit fait rechercher les électeurs catholiques pour être assisté d'eux en la poursuite que Sa Majesté prétend faire pour être élu roi des Romains, que le pape même en a écrit auxdits sieurs électeurs en sa faveur, et que M. de Nevers, en son voyage de Rome, l'en a requis comme en ayant charge de Sa Majesté. Celui qui me l'a dit l'a appris en la maison d'un prince protestant, et que les électeurs protestans, qui désireroient bien favoriser Sa Majesté, n'étoient pas contens qu'elle eût pris ce chemin. On dit aussi que l'empereur se veut retirer au comté de Tyrol, qu'il y a déjà fait transporter la plupart de ses meubles précieux, et se veut dépouiller du tout de la dignité impériale, non pour gratifier aucun des siens, mais pour être mal content et ne vouloir plus prendre le soin des affaires de l'empire; que l'union entre les princes protestans et les villes libres s'avance bien fort. Ce sont nouvelles que j'ai apprises d'un gentilhomme fort avisé, lequel est retourné d'Allemagne depuis peu de jours, dont pour être vous êtes mieux et plus véritablement informé d'ailleurs; mais par la commodité du sieur de Mancieux qui part présentement, j'ai estimé vous en devoir donner l'avis, en attendant que j'aie l'honneur d'être près de vous, qui sera peu de jours après cette lettre, pour vous dire et assurer moi-même que je suis, Monsieur, votre, etc.
P. JEANNIN.

A La Haye, ce 21 juin 1609.

Traité fait par MM. Jeannin et de Russy, au nom du Roi, avec les députés de la province de Hollande, le vingt-deuxième juin 1609, pour le paiement des gens de guerre françois.

Les sieurs Jeannin et de Russy, ambassadeurs pour le roi Très-Chrétien près de messieurs les Etats-généraux des Provinces-Unies des Pays-Bas, ont aujourd'hui vingt-deuxième juin 1609, traité de la part de Sa Majesté avec les sieurs députés, conseillers de messieurs les Etats de Hollande et West-Frise, au nom de messieurs les Etats-généraux susdits ce qui s'ensuit :

Que Sadite Majesté fera mettre par son ambassadeur résidant près desdits sieurs Etats, chacun an, deux ans durant, à commencer au premier jour du mois de novembre dernier, ès mains de celui qui sera commis et ordonné par ladite province de Hollande, la somme de six cent mille livres en deux termes par moitié et égale portion, sur le premier desquels la somme de cent mille livres a été payée, et les deux cent mille livres restant dudit premier paiement le seront dans le premier jour du mois d'août prochain; et pour le regard des termes suivans, seront toujours avancés au commencement de chacune demi-année; par ainsi le second terme de la première année écherra au premier de novembre, et les deux termes de la seconde année au premier jour de mai et de novembre suivant, en l'année mil six cent dix.

Moyennant laquelle somme de six cent mille livres payable aux termes susdits, lesdits sieurs Etats promettent, au nom de la province de Hollande, faire payer et entretenir les deux régimens de gens de pied françois qui sont sous la charge des sieurs colonels de Châtillon et de Béthune, composés les deux ensemble de trente-neuf enseignes, dont celles desdits sieurs colonels sont de deux cents hommes, et les autres de cent, fors celles des deux lieutenans-colonels qui en ont chacune vingt-cinq en plus, et celle du sieur de La Force qui en a aussi cinquante, outre les cent, faisant lesdits gens de guerre compris ésdits deux régimens le nombre de quatre mille tant hommes.

Seront pareillement payées et entretenues les compagnies de chevau-légers des sieurs de Villebon et du Bleys, qui sont de soixante-dix chevaux chacune, et lesdits paiemens faits à même raison et solde qu'ils ont été payés jusques à présent, fors que sera par avance, et sans attendre la fin du mois.

Outre les commissaires qui seront employés de la part desdits sieurs Etats pour faire les montres desdites compagnies tant de pied que de cheval, il y aura aussi un commissaire de la part de Sa Majesté à mêmes gages et droits que ceux desdits Etats, lequel sera tenu mettre les rôles desdites montres, signés et dûment expédiés, ès mains de son ambassadeur pour les lui envoyer, afin qu'elle puisse être assurée que le nombre y soit toujours complet.

Les frais pour faire venir les deniers seront aussi pris sur cette somme de six cent mille livres, et outre lesquels frais et paiemens susdits, Sa Majesté s'est réservé d'y prendre vingt-cinq mille livres chacun an, pour gratifier ceux qui ont charge ésdits régimens, selon l'état qu'elle en fera dresser et envoyer à son ambassadeur, pour leur être distribuées de quartier en quartier, dont le premier écherra à la fin de juillet prochain : voulant qu'il soit usé de cette gratification envers eux, afin qu'avec cette commodité et avantage ils puissent mieux appointer et retenir leurs officiers et bons soldats, et que lesdits sieurs Etats en soient aussi par ce moyen mieux servis et assistés.

Si Sa Majesté a besoin, pour le secours de son royaume, de retirer dans les deux aus les forces susdites, tant de gens de pied que de cheval, elle le pourra faire, et seront tenus lesdits sieurs Etats de les lui renvoyer incontinent, et à leurs frais, jusques à Calais ou à Dieppe, à son choix. Sera la ratification du présent traité envoyée par Sa Majesté dans deux mois, et par lesdits sieurs les Etats dans le même temps.

Fait à La Haye les an et jour susdits, et signé par lesdits sieurs ambassadeurs, et députés desdits Etats de Hollande.

Lettre écrite au Roi par MM. les Etats-généraux, le vingt-deuxième juin 1609.

Sire,

Le sieur président Jeannin, ambassadeur de Votre Majesté, prenant congé de nous pour s'en retourner en France, nous avons jugé être de notre devoir de remercier bien humblement Votre Majesté que son bon plaisir a été d'envoyer de par deçà un tel personnage, qui nous laisse beaucoup de témoignages de sa très-grande expérience, jugement, prudence et bonne conduite ès grandes affaires, et qui, par magnanimité et singulière dextérité, a surmonté toutes sortes de difficultés qui se sont offertes, tellement que tous les gens de bien ont grand contentement de lui et de ses actions, louent et remercient de bon cœur Votre Majesté particulièrement de ce bienfait, comme nous faisons aussi de ses lettres du dix-septième de mai, et de la ligue et garantie de la trêve conclue entre Votre Majesté et leroi de la Grande-Bretagne, et nous conjointement.

Ledit sieur président retourne si bien informé et instruit de la présente constitution de notre Etat, que celle-ci ne portera que son rapport, fors que nous assurons Votre Majesté qu'après Dieu nous tenons la conservation de cet Etat des mains d'icelle, et que nous et notre postérité demeurerons à jamais obligés de le reconnoître avec toutes sortes de gratitudes, et bien humble service, et n'ayant rien plus cher ni plus en recommandation que de suivre ses très-sages conseils et avis, et de les tenir pour règle en la conduite et direction de nos affaires. Nous avons ferme confiance que Votre Majesté nous continuera ses paternelles affections, faveurs et assistances, comme nous l'en prions bien humblement et le Créateur, sire, de vouloir conserver la royale personne de Votre Majesté en très-parfaite santé et très-longue vie.

De Votre Majesté bien humbles serviteurs, les Etats-généraux des Pays-Bas-Unis.

Plus bas, par ordonnance d'iceux, AERSENS.

De La Haye, ce vingt-deuxième de juin 1609.

Lettre *de MM. les ambassadeurs de France et d'Angleterre à M. le président Richardot, du vingt-sixième de juin 1609.*

Monsieur, vous recevez tous les jours des plaintes, et messieurs les Etats en reçoivent aussi de leur côté, des contraventions qui sont faites à la trêve, dont il y en a qui regardent le public, d'autres qui touchent aux particuliers, et de celles-ci le nombre est encore plus grand que des autres, en sorte que si on n'a plus de soin d'entretenir le repos qu'on a pensé établir, nous avons grande crainte que notre travail et le vôtre ne soient pas seulement inutiles, mais deviennent dommageables; car les offenses après un traité et la rupture d'iceluy, laissent toujours plus d'aigreur et d'inimitié qu'il n'y en avoit auparavant. Nous avions désiré, et vous en avions aussi prié par nos lettres, comme nous avons fait au semblable lesdits sieurs des Etats en leur assemblée générale, de s'abstenir de toute violence et voie de fait, et de ne laisser même à la discrétion des officiers dans chacune ville et province l'interprétation du traité, mais de le réserver des deux côtés aux principaux ministres, lesquels y apporteront toujours plus de tempérance, et discerneront avec plus de prudence et de jugement ce qui sera juste et de l'intention du traité que les officiers sur les lieux, qui ne sont si bien instruits, et y ajoutent souvent leur passion. Nous avons aussi toujours estimé que ces différends ne cesseroient jamais, jusques à ce que vous entriez en conférence amiable par députés pour les terminer avec la raison et équitablement, comme il doit être fait, afin d'ôter toute occasion de juste plainte ; mais on n'a pu persuader auxdits sieurs les Etats de faire ladite députation, jusques à ce qu'ils aient la ratification d'Espagne, dont le temps dans lequel elle doit être donnée est si proche, que cette assemblée ne peut plus être guère différée s'il est satisfait à ce qui a été promis, comme nous le désirons, et vous supplions bien humblement d'y vouloir tenir la main. Or, nous ne pensons pas encore à présent qu'il y ait autre remède pour faire pourvoir à ces plaintes que ceux ci-dessus déduits, et principalement le dernier, attendant lequel chacun se contienne avec modération, sans rien entreprendre et faire qui puisse être cause de troubler le repos. Les officiers d'Over-Yssel qui sont en ce lieu nous étant venus voir, ont été aigrement repris par nous de l'insolence commise par leurs soldats : à quoi ils ont répondu que le mal n'est pas si grand que le bruit qu'on en fait, et si les soldats ont excédé que ç'a été sans commandement, les officiers qui les accompagnoient n'ayant eu autre charge, sinon de dire aux prêtres qu'ils ne devoient faire exercice de leur religion ès villages où ils ont été trouvés, attendu qu'il y avoit plus de vingt ans que ledit exercice y avoit été discontinué, et qu'ils l'avoient bien souffert et dissimulé en d'autres villages de la Tuente, pource qu'on avoit accoutumé de le faire pendant la guerre. Encore que tout ledit pays dont on est à présent en dispute soit notoirement, comme ils prétendent, en leur souveraineté, on n'a rien omis pour leur faire entendre que la faute et violence commise par ces soldats est inexcusable, afin qu'ils soient plus considérés ci-après ; mais les vôtres, à ce qu'on nous dit, font pis en beaucoup d'endroits, en continuant de lever des contributions comme pendant la guerre, et de faire autres actes qui sentent encore l'hostilité, dont on doit présager du mal des deux côtés, s'il n'y est pourvu avec plus de soin et sans remise.

Nous en pressons les Etats d'auprès desquels nous partirons après-demain, les ayant admonestés et priés de vouloir entrer en cette conférence au plus tôt, et pourvoir à ce que tous les officiers dans les provinces et les gens de guerre aussi se contiennent en devoir. Ils nous assurent que c'est leur intention d'en user ainsi, mais de ne souffrir aucunement qu'on viole la trêve de votre côté, tant en ce qui touche le général qu'au préjudice des particuliers, en quoi ils seront encore davantage animés si le désordre continue. C'est votre ouvrage pour lequel nous avons travaillé avec vous; aidez donc s'il vous plaît à le conserver et faire durer. Nous espérons qu'en la première conférence vous demeurerez d'accord du fait du commerce; car nous y voyons chacun fort disposé de ce côté, et nous y avons aussi aidé de tout notre pouvoir, comme nous ferons toujours près de nos rois, afin que Leurs Majestés en aient le même soin qu'elles ont eu, et commandent à leurs ministres qui seront près des sieurs Etats d'y tenir la main. Nous vous baisons très-humblement les mains, et prions Dieu, monsieur, qu'il vous ait en sa sainte et digne garde.

Vos, etc. P. Jeannin, de Russy, Rl. Spencer, et Rodolphe Winood.

De La Haye, ce vingt-sixième jour de juin 1609.

Lettre *particulière de M. Jeannin audit sieur Richardot, du même jour vingt-sixième juin* 1609.

Monsieur, je suis sur mon départ, vous pouvant assurer que je n'ai rien omis pendant mon séjour en ce lieu pour faire que la trêve soit gardée de bonne foi : à quoi je vois les Etats fort disposés, et à cette occasion très-mal contens quand aucun des leurs font chose contraire; ont même repris fort aigrement les officiers d'Over-Yssel de ce qui s'est passé en leurs quartiers, encore que ce soit par l'insolence et indiscrétion des soldats, non par leur commandement, et qu'ils croyoient aussi le pays de la Tuente où cet excès a été commis être entièrement à eux, sans qu'il soit permis aux vôtres de s'y entremettre; mais ils se plaignent toujours que la trêve s'observe très-mal de votre côté, et déclarent ouvertement qu'ils ne sont délibérés de le souffrir. Pensez-y s'il vous plaît, et aidez à y faire pourvoir de votre part : si la ratification d'Espagne avoit été donnée, ils entreroient aussitôt en conférence, où tous les différends pourront être accordés amiablement, même celui du commerce, chacun jugeant qu'il est nécessaire de le faire.

M. de Russy, qui demeure en ce lieu de la part du Roi, aura charge de faire tout devoir pour composer les choses doucement. Assurez-vous-en, monsieur, et que notre Roi et ses ministres seront jaloux et désireux de faire durer le repos qui nous a donné tant de peine. Nous avons fait une sérieuse remontrance en l'assemblée générale des Etats en faveur des catholiques, et nous l'avons même donnée par écrit pour obtenir, non un exercice public, car nous ne l'avons jamais espéré, mais qu'on le souffre et tolère ès maisons, et comme en secret, sans qu'on en fasse aucune recherche. Je ne sais si je passerai vers vous, car je n'en vois aucun sujet, bien serai-je partout toujours très-affectionné à vous rendre très-humble service de même volonté dont je vous baise très-humblement les mains, et suis, monsieur, votre, etc.

P. JEANNIN.

A La Haye, ce 26 juin 1609.

Copie du traité de partage fait entre MM. les princes d'Orange, Maurice, et Henry de Nassau, frères, des biens délaissés par le décès du feu prince d'Orange leur père, et ce par l'avis et intervention de MM. les ambassadeurs de France et d'Angleterre.

Comme ainsi soit que hauts et puissans princes, messire Philippe-Guillaume, par la grâce de Dieu prince d'Orange, comte de Nassau et de Buren, etc., messire Maurice, comte de Nassau, marquis de Veere, Flessingue, etc., et messire Henri, comte de Nassau et de Catzenellenbogen, frères, aient désiré dès long-temps de faire partage entre eux, par voie amiable, des biens délaissés par le décès de feu M. le prince d'Orange, de louable mémoire, leur père, ce que toutefois ils n'ont pu jusqu'à présent, à cause de plusieurs difficultés qui s'y sont rencontrées, lesquelles ont tenu en grande contention et diversité d'opinions leurs conseils, et aucuns de leurs parens et amis qui se sont entremis à leur prière pour les accorder ; prétendant ledit sieur prince d'Orange le bien entier de la succession lui appartenir, en vertu du fidéicommis contenu au testament de feu messire René de Nassau, dit de Châlons, fait par lui à Charlemont en l'an 1544, du moins avoir sur icelui bien de grands préciputs et avantages, tant à cause du droit d'aînesse que par la coutume des lieux où les biens sont assis, et le traité de mariage de dame Anne d'Egmont sa mère : à quoi les deux frères contredisoient ensemblement, soutenant ledit fidéicommis être éteint en la personne dudit feu sieur prince d'Orange, et qu'il étoit plus raisonnable de s'arrêter au testament d'icelui sieur leur père, parfait quant à la volonté, quoiqu'il y eût quelques défauts en la solennité, qu'à tout autre droit, et en particulier ledit prince Maurice qu'il se voudroit arrêter au traité de mariage de dame Anne de Saxe sa mère, suivant lequel il devoit prendre sur tous les biens de ladite succession de soixante à septante mille livres de rente et revenu annuel en terres et seigneuries, entre lesquelles le comté de Vianden étoit nommé et compris, avec promesse de le faire ériger en marquisat, et outre ce répéter la dot de ladite dame sa mère. Toutes lesquelles prétentions, qui les eût voulu faire juger contentieusement et par la voie de la justice, eussent tenu en procès lesdits sieurs frères par un bien long-temps, et pouvoient être cause de mettre de l'inimitié entre eux, au lieu qu'ils ont toujours été désireux de vivre en une fraternelle, vraie et sincère amitié, pour rendre par ce moyen toutes sortes de devoirs les uns aux autres, et mieux conserver l'honneur, grandeur et dignité de leur maison. Or est-il qu'après s'être assemblés à diverses fois avec messire Guillaume-Louis, comte de Nassau, leur beau-frère et cousin-germain, messire Walraven, seigneur de Bredercodes, Viannen, etc., messire Jean d'Olgneur de Barneveld, chevalier sieur de Tempel, etc., qu'ils avoient choisis pour amiables compositeurs, et avoir aussi délibéré mûrement de cette affaire avec leurs conseils, auxquels ils ont fait voir lesdits testamens et traités de mariage, ensemble les titres et enseignemens nécessaires pour connoître la valeur, revenu et charges qui sont sur les biens de ladite succession; enfin cejourd'hui, vingt-septième jour du mois de juin 1609, lesdits sieurs princes d'Orange, prince Maurice et prince Henri, établis en leurs personnes par l'avis desdits sieurs ci-dessus nommés, et avec l'intervention de messire Pierre Jeannin, chevalier, conseiller du roi Très-Chrétien en son conseil d'Etat, messire Elie de La Place, aussi chevalier et conseiller audit conseil, ambassadeurs dudit sieur Roi Très-Chrétien près de messieurs les Etats, messire Richard Spencer, chevalier, gentilhomme ordinaire de la chambre privée du roi de la Grande-Bretagne, et messire Rodolphe Winood, chevalier, ambassadeurs aussi dudit sieur roi de la Grande-Bretagne; lesquels, à la prière desdits sieurs princes, se sont très-volontiers employés pour aider à ce bon œuvre, ont traité, accordé et transigé à tous les différends qui pouvoient survenir entre eux, à cause desdits partages, ainsi que s'ensuit :

A savoir, que ledit sieur prince d'Orange aura pour son partage et tout le droit qu'il peut prétendre èsdits biens, à quelque titre que ce soit, la principauté d'Orange, les quatre baronnies, terres et seigneuries sises en Dauphiné, avec les noms, droits et actions qui en dépendent, comme aussi tous les droits et actions qui appartiennent à leur maison dans le royaume de France contre qui que ce soit ; toutes les terres et seigneuries qui sont situées au comté de Bourgogne, y compris aussi les salines, l'action pour le recouvrement de la seigneurie de Châtelbelin et autres terres qui en dépendent, et généralement tout ce qui souloit appartenir, audit comté de Bourgogne, à feu messire René de Châlon, le vicomté de Besançon, les baronnies et seigneuries de Breda, Steenbergen, Rhinberg, Diest, Sichem, le vicomté d'Anvers, les seigneuries d'Herstall, Ruthem, Seelhem et Warneton, et généralement tous les biens sis au duché de Brabant et comté de Flandre, avec les noms et actions qui en dépendent. Jouira encore ledit sieur prince d'Orange, par forme d'usufruit, sa vie naturelle durant, du comté de Vianden, seigneuries de Saint-Vith, Butgembach, Daesborg et de tous les autres biens situés au pays de Luxembourg, ensemble de tous droits, prééminences, autorité, profits et revenus qui en dépendent, sans que ledit sieur prince d'Orange, au partage duquel la propriété d'icelui comté, terres et seigneuries doit échoir, comme il sera dit ci-après, s'y puisse aucunement entremettre ni y prétendre aucune chose du vivant dudit sieur prince d'Orange, sinon ladite propriété nue et simple, pour la conservation de laquelle il pourra néanmoins faire ce qu'il jugera être requis par droit et coutume. Sera tenu ledit sieur prince d'Orange, à cause dudit usufruit, de payer les arrérages qui sont échus et écherront pendant le temps de sa jouissance des rentes constituées, et spécialement assignées sur ledit comté, terres et seigneuries; prendra encore sa part pour un tiers, à la somme promise et accordée par les archiducs à messieurs des Etats, au profit des trois frères, le même jour que la trêve fut conclue et arrêtée, sur lequel partage sera aussi tenu de contenter madame la comtesse de Holler sa sœur aînée.

Et quant audit sieur prince Maurice, il aura pour son partage, et à cause des droits par lui prétendus, les terres et seigneuries qui ensuivent, avec les biens, noms et actions qui en dépendent ; à savoir, le marquisat de La Voere et Flessingue, ensemble les seigneuries de Domburg, avec les autres biens situés en l'île de Walcheren, selon qu'il en jouit de présent, la seigneurie de Nierbaert, la seigneurie et ville de Grave avec le pays de Cuyck, la seigneurie de la Lecque et Pelavan, ensemble la propriété du comté de Vianden et autres terres et seigneuries sises au pays de Luxembourg, dont l'usufruit a été ci-devant compris au partage dudit sieur prince d'Orange, après le décès duquel ledit usufruit sera réuni et consolidé à la propriété, au profit dudit sieur prince Maurice, s'il est lors vivant, sinon de ses héritiers ou qui auront droit à cause de lui. Demeurera encore au partage dudit sieur prince Maurice l'action entière, et pour le tout du pays, baronnie et seigneurie de Linghen Cloppenbourg et autres appartenances qui en dépendent, comme aussi le tiers de ce qui doit provenir du traité fait par messieurs les Etats avec les archiducs en faveur desdits sieurs frères : moyennant quoi sera à sa charge de contenter madame la princesse de Portugal de la rente de deux mille florins chacun an, rachetable au denier vingt, à elle délaissée par la dernière disposition du feu sieur prince d'Orange, comme aussi de payer à M. le comte Guillaume pareille rente de deux mille florins pendant sa vie, à cause de feu dame Anne de Nassau sa femme; et à ce moyen la succession de ladite dame demeurera et appartiendra pour le tout audit sieur prince Maurice et à ladite dame princesse de Portugal sa sœur.

Et ledit sieur prince Henri, troisième fils, aura pareillement pour son partage les biens, terres et seigneuries qui ensuivent, avec les noms, droits et actions qui en dépendent, la seigneurie et ville de Gertruydenberg, la maison et moulins qui sont tant au dedans que hors icelle ville, la seigneurie de la haute et basse Zualierre, celle du Drumeiclem et Waspreh, la seigneurie de Stan-

thase, Almonde, Débelmonde, Twintrich-Hoenen, [...] les pêcheries qui sont près de Saint-Gertruyd[...] pour jouir ci-après desdites terres et seigneuries, [...] charge du douaire de madame la princesse d'Orange[...] mère, et sans qu'il puisse rien prétendre des fruits [per]çus du passé. Aura encore ledit sieur prince Henri [...] tiers en la somme accordée par les archiducs, dont [men]tion a été faite ci-dessus.

Jouiront lesdits sieurs frères, des droits, biens, terres et seigneuries échus à leur partage, comme de leur propre, et en pourront disposer et ordonner en toute [liberté] ainsi que bon leur semblera ; et s'ils avoient quelques actions l'un à l'encontre de l'autre, tant pour les biens paternels que maternels, et pour quelque autre cause que ce soit, elles demeurent confuses et éteintes, moyennant le présent partage.

S'il avient aussi que ledit sieur prince d'Orange, [pour] les actions qu'il a intentées ou pourroit intenter ci-[après], fasse déclarer en justice quelques engagements, ventes [ou] autres aliénations faites par le feu sieur prince d'Orange leur père, nulles, comme le profit en doit demeurer à lui seul, aussi est-il convenu et accordé, si les acquéreurs qui auront été évincés des choses par eux acquises prétendoient avoir recours contre lesdits sieurs princes Maurice et Henri, que ledit sieur prince d'Orange leur frère sera tenu d'entrer en cause pour eux, et les en acquitter et dédommager.

Encore que par la nature du partage qu'ils font [l'un à l'autre], soient-ils respectivement tenus de garantir l'un à l'autre ce qui est échu à leurs partages, ils ont néanmoins accordé, afin qu'ils n'entrent ci-après en nouvelles disputes et procès qui pourroient être cause d'inter[rompre] et troubler leur amitié, que chacun jouira de son partage à ses périls et fortune, et supportera seul les charges réelles qui sont dessus, comme aussi les rentes constituées à prix d'argent assignées spécialement sur les biens avenus à son partage, encore que ladite assignation [spé]ciale l'ait été par œuvre de loi, mais par la seule déclaration dudit feu sieur prince d'Orange faite par contrat ou bien de son ordonnance, ou de celle de son conseil, pourvu qu'en vertu desdites ordonnances les paiements aient été faits et continués au moins cinq années avant ou après son décès. Et pource qu'il y a divers hypothèques spéciales d'une même rente sur [diverses] terres et seigneuries qui peuvent être échues au partage de deux d'iceux, ou des trois ensemble, l'acquittement d'icelles rentes, tant en principal qu'arrérages, sera pris sur la terre du revenu de laquelle les arrérages ont été payés du passé; et si aucuns paiements n'en avoient été faits, ils seront tenus supporter ensemblement le p[aiement] égale portion ladite charge, et à la garantie l'un de l'autre pour ce regard, encore que les terres sujettes aux dites assignations ne fussent de même valeur.

Et quant aux créanciers ou autres qui peuvent prétendre droit sur les biens de ladite succession par ac[tions] tions personnelles, ou en vertu d'hypothèques générales qui n'ont aucune assignation spéciale, ni paiement po[ur] eu la forme contenue ci-dessus, encore que les trois frères y soient obligés chacun pour un tiers, néanmoins lesdits sieurs frères prince d'Orange et Maurice con[sen]tent, pour gratifier et décharger d'autant ledit sieur prince Henri leur frère, de les prendre à leur charge et acquitter par moitié jusqu'à la somme de cent cinquante mille florins, si tant lesdites dettes et actions peuvent monter; mais s'ils excèdent ladite somme, ce qui sera de plus sera supporté par eux trois ensemble chacun pour un tiers : n'entendent toutefois lesdits trois frères s'obliger, par ce que dessus, au paiement des dettes contractées pour le fait de la guerre, mais supplient ensemblement messieurs des Etats de les vouloir prendre à leur charge.

Les titres et enseignemens concernant les biens aveuus au partage de chacun d'eux leur seront délivrés de bonne foi; et quant aux titres communs et qui peuvent servir à l'un et à l'autre, ils demeureront ès mains dudit sieur prince d'Orange pour en faire la garde, et communiquer les originaux quand il en sera prié et requis, et de permettre qu'extraits soient faits pour s'en servir au besoin.

Pour le regard des dames princesses leurs sœurs, elles sont prêtes de se vouloir contenter, à savoir, madame la princesse de Portugal de la rente de trois mille cinq cents florins, rachetable au denier vingt, qu'il a plu à messieurs les Etats lui accorder à la décharge desdits sieurs frères, et les dames princesses issues de madame Charlotte de Bourbon, de la rente de six mille florins chacun an, aussi rachetable au denier vingt, que lesdits sieurs Etats ont consenti leur donner pour même considération, en y joignant les terres qui sont au duché de Bourgogne, lesquelles on délaisse à icelles dames sortes du mariage de ladite dame Charlotte de Bourbon, estimant lesdits sieurs frères qu'à cause des grandes charges, rentes et dettes qui sont sur la succession et leurs partages, les choses susdites devoir suffire pour les droits qu'elles y pouvoient prétendre. Et à cette occasion, s'il avient ci-après qu'elles poursuivent pour obtenir plus grand partage, les trois frères seront tenus de prendre la défense contre elles, et par ainsi l'événement du procès demeurera en commun sur eux.

Promettent lesdits sieurs frères, sur leur foi et honneur, de garder et observer inviolablement le contenu au présent traité, sans jamais aller au contraire, et sans s'entremettre, en quelque sorte que ce soit, au bien du partage l'un de l'autre, ni s'attribuer aucune autorité sur les droits et prééminences qui en dépendent : à l'effet de quoi, et pour l'accomplissement de tout ce que dessus, ils obligent respectivement tous et un chacun leurs biens.

Ainsi fait, conclu et arrêté à La Haye les an et jour que dessus, et en présence des seigneurs y mentionnés, et ledit sieur de Brederodes qui n'y étoit présent; et lesdits sieurs frères, en témoin de vérité, signé les présentes de leurs mains, ce qu'ont fait aussi lesdits seigneurs à leur réquisition, et en outre lesdits sieurs frères y ont fait apposer le sceau de leurs armes.

P. JEANNIN, ELIE DE LA PLACE-RUSSY, RI. SPENCER, RODOLPHE WINOOD, PHILIPPE G. DE NASSAU, MAURICE DE NASSAU, HENRI DE NASSAU, GUILLAUME-LOUIS COMTE DE NASSAU, et JEAN VAN D'OLDEN BARNEVELD.

Nous Philippe Guillaume de Nassau, prince d'Orange, et Henri, comte de Nassau, frères, reconnoissons de bonne foi M. le prince Maurice, notre frère, n'avoir consenti au partage fait ce même jour entre nous, des biens délaissés par feu M. le prince d'Orange notre père, sinon sous l'assurance qui lui a été donnée, que moyennant ledit partage il sera gratifié par messieurs les Etats de vingt-cinq mille livres de rente et revenu annuel pour lui, ses hoirs et ayant cause, rachetable au denier vingt. Au moyen de quoi, consentons que ledit partage demeure nul et comme non avenu, et que chacun de nous soit remis au même droit qu'il étoit avant icelui partage, au cas que ledit sieur prince Maurice ne reçoive d'eux cette gratification et bienfait dans la fin du mois d'octobre prochain ; mais où il le recevroit en la forme susdite, ledit partage tiendra et sera effectué d'une part et d'autre sans jamais y contrevenir, et le présent écrit rendu, rompu et tenu pour nul.

Fait à La Haye, le vingt-septième jour de juin 1609.
PHILIPPE G. DE NASSAU et HENRI DE NASSAU.

Déclaration et certification de MM. Jeannin et de Russy, sur l'interprétation de la promesse par eux baillée aux députés des archiducs en la ville d'Anvers.

Nous soussignés, ambassadeurs du roi Très-Chrétien près de messieurs les Etats, déclarons et certifions que par la promesse donnée par nous à leurs altesses, au nom de notre Roi, qu'il ne seroit rien innové de la part desdits sieurs les Etats en la religion catholique ès bourgs villages et plat pays, qui dépendent des villes tenues par eux en Brabant, nous n'avons entendu que M. l'évêque d'Anvers y puisse à cette occasion exercer aucune juridiction, ni prétendre autorité au préjudice des lois de leur Etat et de l'obéissance qui est due à leurs magistrats qu'il soit loisible non plus aux curés, et autres personnes ecclésiastiques, d'user d'inquisition et recherche pour contraindre ceux qui résident èsdits villages de suivre ladite religion catholique, si bon ne leur semble.

Fait à La Haye, le vingt-huitième jour de juin 1609.
Sous nos seings et scel de nos armes.
P. JEANNIN, ELIE DE LA PLACE-RUSSY.
Et scellé du cachet de leurs armes.

Lettre de M. Jeannin à M. de Berny, du vingt-neuvième juin 1609.

Monsieur, je pars demain, ayant été retenu huit ou dix jours ici pour aider à mettre d'accord M. le prince d'Orange avec M. le prince Maurice son frère, touchant leurs partages. Je ne nomme que ces deux, pource que le différend n'étoit qu'avec M. le comte Henri, qui est le troisième frère, les deux étant bien d'accord de son partage, et lui s'accommodant du tout à leur volonté. Or, enfin, après plusieurs difficultés, cet accord a été fait, dont je suis fort aise, pource que leur division pouvoit être cause de remettre quelques partialités et inimitiés entre eux, qui eussent été suivies d'autres inconvéniens. J'ai fait aussi une remontrance pour les catholiques, dont je vous envoie la copie que je vous prie de voir à part vous, sans en donner aucune copie à qui que ce soit, car les Etats à qui je l'ai donnée ne l'ont voulu envoyer ni publier dans les provinces, et sont délibérés d'y pourvoir plutôt par dissimulation et connivence que par loi et ordonnance : et c'est assez pour maintenant en l'état auquel ils sont, n'y ayant aucun moyen pour le présent d'espérer mieux; au contraire, qui les voudroit presser, ils en feroient moins. Les plaintes sont si fréquentes des particuliers auxquels on fait refus de votre côté de les remettre en leurs biens, et de ce qu'on continue aussi à lever des contributions en plusieurs endroits, que si on n'a plus de soin pour l'avenir de garder la trève qu'on n'a eu du passé, il est certain que nous aurons travaillé en vain, et qu'on rentrera bientôt d'où nous sommes sortis; car je vous peux assurer que les Etats ne sont pas délibérés de souffrir lesdites contraventions. Ils sont fâchés quand les officiers commettent quelques fautes ou insolences de leur côté, et sont soigneux d'y pourvoir, et le feront toujours, ainsi qu'ils nous ont promis sur la prière très-instante que nous leur en avons faite, mais c'est afin que leurs altesses en fassent autant, et, si elles le refusent, que ce qu'ils feront après pour se rendre justice à eux-mêmes soit justifié et mieux approuvé. On attend toujours en ce lieu la ratification d'Espagne, sans laquelle je vois bien qu'ils seront très-mal contens, et ne chercheront le moyen de faire cesser les plaintes et différends qui surviennent tous les jours, par conférence amiable, mais auront recours à leurs amis pour leur demander assistance, et n'y a faute de gens parmi eux qui essaient déjà de leur faire prendre ce conseil; et si de votre côté ils ont autre opinion, ils seront trompés.

Hier vinrent nouvelles ici que l'empereur a fait sortir la garnison qui étoit au château de Juliers, et y en a mis une autre du tout à sa dévotion pour s'en rendre maître comme il a fait. Aucuns disent que c'est pour faire gouverner le pays sous son nom, attendant que les prétendans soient d'accord; d'autres, que c'est au nom du marquis de Burgau, et en haine de ce que l'électeur de Brandebourg et le duc de Neubourg se sont joints ensemble, et accordés sans lui de faire régir le pays sous le nom commun d'eux, et de s'opposer ensemblement à tous ceux qui y voudroient prétendre droit. Ce commencement fait présager que le roi d'Espagne veut être de la partie, pource qu'il n'estime pas que sans cet appui l'empereur se veuille rendre auteur d'un tel mouvement; et si ainsi est, on en prévoit plutôt une nouvelle ouverture de guerre que continuation de paix. Les raisons qui m'ont induit de fuir l'occasion de passer vers vous sont que les Etats me vouloient prier de représenter leurs plaintes à leurs altesses, du moins à leurs principaux ministres, et je ne me veux plus charger de ce fardeau, estimant bien qu'il ne leur eût été agréable, que mon travail eût aussi été du tout inutile, et qu'il n'y a moyen d'en sortir que par conférence amiable de députés d'une part et d'autre. Je sais aussi que madame la princesse de Ligne n'est disposée à aucun accord, et que j'y eusse aussi peu profité. C'est pourquoi ne pouvant servir à personne, et apprenant d'ailleurs par vos lettres que mon passage seroit justement au temps qu'elles destinent employer au pélerinage de Notre-Dame-de-Sichem, je m'en irai par mer, ou, si le vent est contraire, je passerai du côté de l'Écluse. Toujours désireux, en quelque lieu que je sois, de vous rendre bien humble service, comme étant, monsieur, votre, etc.

P. JEANNIN.

A La Haye, ce 29 juin 1609.

LETTRE *dudit sieur Jeannin à M. de Vic, gouverneur de Calais, dudit jour vingt-neuvième juin* 1609.

Monsieur, je pars demain pour m'en retourner par la mer si le vent est bon, sinon je prendrai le chemin de terre. En cette incertitude je vous écris cette lettre pour réponse à vos dernières; je le pensois faire plus tôt, car il y a huit jours que j'étois sur mon départ, et à l'heure même vous vouliez écrire; mais j'ai employé ce temps pour mettre d'accord messieurs les princes d'Orange, Maurice et comte Henri de leurs partages, en quoi il y a eu de très-grandes difficultés, et enfin en sont demeurés d'accord avec amitié et contentement. J'y ai volontiers travaillé, jugeant que ce différend, s'il eût continué, eût pu mettre quelques partialités, non toutefois pour faire des factions en l'Etat, mais en effet pour mettre des brouilleries et inimitiés entre d'autres dont la conjonction et union est requise pour maintenir le repos général.

Pour l'affaire dont vous m'avez écrit, il est certain que la trêve étant faite en ce lieu, le roi d'Espagne ne peut, sans y contrevenir, faire aucun outrage aux Hollandois, lesquels se sont retirés en France, lorsqu'ils iront au commerce dans ces pays, car le crime de rébellion qu'il prétend avoir été commis par eux est éteint par le moyen d'icelle trêve, et n'est sujet à recherche tant qu'elle durera, étant bien raisonnable, si ceux qui sont demeurés en Hollande, lesquels faisoient la guerre, jouissent du bénéfice de ladite trêve, que les autres qui se sont retirés en France, qui est pays neutre, en jouissent pareillement ; aussi y a-t-il article dans le traité qui le contient par exprès. C'est pourquoi tous ceux qui se sont retirés, ou se voudront retirer ci-après en France, ne doivent craindre que le roi d'Espagne les doive ni puisse avec justice maltraiter et se saisir de leurs marchandises et vaisseaux, quand ils iront en Espagne et ès autres pays de son obéissance, et s'il le faisoit, le Roi auroit sujet de s'en plaindre et d'user de représailles. Les Etats en pourroient aussi faire autant ; ainsi cette crainte est vaine, et ne les doit empêcher de demeurer en France, ni de faire ledit trafic.

J'en eusse bien douté davantage si la trêve n'eût été faite avec les Etats ; car en ce cas le roi d'Espagne eût pu dire qu'après le crime commis, le changement de domicile en autre souveraineté ne le devoit empêcher d'en faire justice, les trouvant chez soi, et que le nouveau souverain ne peut donner sûreté et protection contre lui, sinon dans son pays, non en celui du premier seigneur contre lequel ils avoient forfait. Mais la plus grande difficulté que j'y voie à présent est cause d'une publication faite par le roi de la Grande-Bretagne, par laquelle il semble se vouloir rendre maître absolu de la mer qui est aux environs de ces pays, et empêcher que les sujets des autres princes et Etats n'y puissent aller sans sa permission expresse, dont ceux de Hollande s'étant formalisés, et en ayant parlé à ses ambassadeurs, qui étoient lors vers eux et en partirent seulement avant-hier, ils firent réponse qu'ils n'en devoient être en peine, et que leur maître s'en accorderoit bien avec eux ; si bien que cette défense sembleroit toucher principalement aux François qui sont accoutumés d'y aller, et aux Flamands qui sont de l'obéissance des archiducs. Elle est à la vérité étrange et injuste ; car les princes n'ont à eux que leurs ports, havres et rades, et ce à quoi la portée du canon peut atteindre ; mais ce qui en est plus éloigné est commun à tous par le droit des gens, et tient-on pour ennemi celui qui le veut défendre : c'est pourquoi j'estime, cela étant remontré audit sieur roi, qu'il déclarera n'avoir entendu d'y comprendre les François, puisque nous sommes en amitié avec lui. L'électeur de Brandebourg et le duc de Neubourg ont accordé par provision de prendre possession en commun du pays de Clèves, et de se joindre ensemble contre tous autres prétendans ; dont l'empereur indigné, pource qu'il désiroit faire régir ledit pays sous son autorité, attendant qu'il fût connu en justice du droit des héritiers, aussi que ledit accord provisionnel fait préjudice au marquis de Burgau son parent, s'est saisi du château et de la ville de Juliers, qui sont les meilleures forteresses de ces pays-là. On a opinion que c'est par intelligence avec le roi d'Espagne, et, si cela est, que ce mouvement sera encore cause de nouvelles guerres, et de faire finir la trêve de ces pays. C'est ce que je vous peux mander de ce lieu, et qu'on n'a encore aucune nouvelle de la ratification d'Espagne.

Je suis, monsieur, votre, etc.   P. JEANNIN.

A La Haye, ce vingt-neuvième jour de juin 1609.

LETTRE *dudit sieur Jeannin à M. le président Richardot, du vingt-septième juillet* 1609.

Monsieur, vos lettres du treizième de ce mois m'ont été rendues le vingt par M. Peckius. Pour y répondre, je vous dirai le Roi m'avoir témoigné d'être fort content et satisfait de ce que le travail que j'ai pris par son commandement pour aider à faire la trêve a si bien succédé, Sa Majesté continuant toujours en même volonté d'aider de tout son pouvoir à maintenir le repos dans toute la chrétienté. C'est pourquoi je vous supplie bien humblement croire que les bruits qu'on a fait courir de quelques nouvelles levées de gens de guerre sont faux, et n'y en a point d'autres que les gens de cheval qui sont à présent sur la frontière de Champagne, dont vous me donnez avis, lesquels n'y ont été envoyés pour entreprise contre qui que ce soit; mais c'est chose ordinaire de changer les garnisons de province en autre pour le soulagement du peuple, d'autant qu'elles ne peuvent long-temps arrêter en un lieu sans fouler leur hôte. Or celles-ci étoient auparavant en Picardie et autres endroits d'où on les a tirées pour cette seule considération. Aussi pourrez-vous savoir que ce ne sont pas nouvelles compagnies, mais compagnies d'ordonnance et cavalerie légère qui sont sur pied il y a déjà long-temps, et en retenues aussi bien en paix qu'en guerre. Sa Majesté n'a pas non plus changé de résolution en ce qui est du fait de Clèves, mais désire toujours que les princes qui prétendent à cette succession en traitent à l'amiable, ayant envoyé vers eux à cet effet pour les prier et exhorter de prendre ce conseil. Bien a-t-elle toujours dit et déclaré ouvertement, comme elle fait encore à présent, si quelque prince employoit la force au préjudice de ses amis, et pour usurper leur droit, qu'elle s'y opposera de même avec les armes. Vous pouvez donc juger, son intention étant telle comme elle est en effet, si les autres princes y apportent le même respect, et désirent autant que Sa Majesté de maintenir le repos dont on jouit partout, qu'il ne sera point troublé. Aidez-y de votre côté, s'il vous plaît, pour les raisons dont nous avons souvent discouru ensemble, et j'y servirai aussi très-volontiers de mon côté, et de même affection dont je vous baise très-humblement les mains, et suis, monsieur, votre, etc.

P. Jeannin.

A Paris, ce 27 juillet 1609.

OEUVRES MÊLÉES

DE

PRÉSIDENT JEANNIN.

Avis donné au Roi sur la paix de France avec l'Espagne, avant qu'elle fût faite à Vervins l'année 1595.

Le bien que les souverains désirent à leurs amis et alliés, et le mal qu'ils veulent à leurs ennemis, ne doivent jamais avoir tant de pouvoir sur eux que le soin de conserver leurs États et sujets. Le Roi est donc obligé de considérer mûrement si la paix que l'Espagne montre désirer est plus utile à son royaume que la continuation de la guerre, et, s'il est ainsi, préférer leur bien à toute autre passion, assaisonnant toutefois du respect dû à ses amis et alliés. Bien doit-il craindre que l'Espagnol ne feigne la désirer sans la vouloir, pour gagner temps ou prendre quelque autre avantage : ruse assez ordinaire aux souverains, et particulièrement à celui-ci, accoutumé plutôt à suivre la subtilité et finesse des Africains qui l'avoisinent, que la simplicité et franchise des septentrionaux ; mais quand il le croit par artifice, c'est prudence au Roi de faire démonstration qu'il la veut à bon escient : semble qu'il en doive tirer plus de commodité et profit que son ennemi ; car les grandes ruines que ses sujets ont souffertes par la calamité et longueur des guerres passées font qu'ils tendent tous à la paix ; et y en a de si méchans qui calomnient Sa Majesté, comme si elle la pouvoit obtenir à conditions honorables et avantageuses, et en fît refus pour favoriser ceux de la nouvelle religion, qui désirent la continuation de cette guerre pour des considérations qui regardent leur intérêt, non le bien de l'État. Or, elle ne peut mieux leur ôter cette mauvaise impression qu'en se montrant affectionnée à la vouloir par conférences et toutes autres actions qui tendent à leur acquérir le repos, afin que, s'il en avient autrement, la haine en soit plus grande contre l'ennemi, et eux plus prompts et mieux disposés à la servir quand ils seront assurés que la guerre est nécessaire pour la tuition du royaume et leur propre salut. Elle s'est aussi trouvée en tel état après la prise d'Amiens, que, son crédit, tous ses moyens et les bourses de ses sujets, épuisés par ce dernier effort, elle ne pouvoit faire aucune nouvelle entreprise : ainsi le pourparler de paix aura servi pour couvrir cette foiblesse.

Si on dit que les ennemis y étoient aussi peu préparés, il est vrai ; mais après avoir entamé si avant notre frontière, ce leur étoit assez de garder leur avantage. Il a encore servi pour donner loisir et moyen au Roi d'aller en Bretagne contre M. le duc de Mercœur, lequel, étonné de sa soudaine venue, et de ces bruits de paix avec l'Espagnol, qui s'en est aussi montré moins soigneux à le secourir, a eu recours incontinent à sa bonté et clémence, au lieu qu'il sembloit auparavant vouloir finir ses jours en sa rébellion. Voyage de très-grand profit, qui aura éteint, s'il plaît à Dieu, le dernier flambeau de nos guerres civiles, lequel toutefois Sa Majesté n'eût osé entreprendre, se souvenant du mal arrivé en Picardie pendant celui qu'il fit en Bourgogne et à Lyon, quoiqu'il pensât y avoir très-bien pourvu, s'il n'eût bien reconnu que l'espoir de ce traité avoit alenti les préparatifs de ses ennemis, et empêché de faire la dépense requise pour quelque nouveau dessein.

Le seul inconvénient que le Roi en a dû craindre est le soupçon que cette conférence pouvoit apporter à ses alliés, étant l'artifice ordinaire du prince qui est en guerre seul contre plusieurs, de rechercher par traités et autres pratiques à les mettre en défiance les uns des autres. Ce respect aussi l'a retenu long-temps, et lui a fait souffrir de très-grandes incommodités; mais enfin il a été contraint d'y entendre pour les considérations ci-dessus déduites, après en avoir communiqué à ses alliés, qui voient si avant dans nos affaires, qu'ils peuvent bien juger notre conduite être sans artifice et sans aucun dessein de les tromper ni de leur nuire.

On met en avant d'autres avantages que l'Espagnol en aura pu tirer, comme d'acquérir la bienveillance de notre saint père, désireux de faire finir cette guerre qu'il croit préjudiciable à la chrétienté; mais Sa Majesté, montrant de vouloir la paix comme lui, se garantit de ce blâme. L'empereur Charles V, quoiqu'il fût agresseur en la guerre qu'il faisoit au roi François 1er, publioit néanmoins qu'il ne pouvoit avoir paix avec lui, et que cette guerre l'empêchoit de secourir les chrétiens contre les Turcs; mais le roi François s'en sut si bien justifier par ambassades envoyées vers la plupart des potentats de la chrétienté, et par apologies mises par récit, que le blâme de cette calomnie tomba sur la tête de l'auteur. Le Roi en fait autant, se montrant désireux de la paix, ainsi son ennemi ne peut prendre aucun avantage pour ce regard contre lui.

Que ce feint désir de la paix lui puisse aussi beaucoup aider pour contenir en obéissance et devoir les sujets des Pays-Bas qui la désirent, il y a peu d'apparence, pource que le temps en aura été trop bref, et la vérité, bientôt découverte par la rupture du traité, s'il ne doit aller plus avant, lui ôtera le moyen d'en tirer aucun fruit; aussi que les sujets de l'Espagnol du côté de notre frontière sont plus à couvert par l'avantage qu'il a pris, et il est en état qu'il doit moins craindre, et nous moins espérer leur rébellion que du passé, et non plus pour affermir ses Etats et l'autorité du prince d'Espagne, car le père vit encore qui le retient à soi tout entière, et n'y a aucun mouvement présent auquel il soit besoin d'apporter ce bruit de paix pour remède. Si c'est pour leur donner loisir de mettre des forces ensemble, et se préparer à quelque nouveau dessein, l'avantage aura été égal à l'un et à l'autre, ayant ce temps été aussi nécessaire à Sa Majesté qu'à eux, et ne voit-on pas qu'ils se soient encore plus avancés. Ainsi, à balancer leurs commodités avec les nôtres, nous pouvons dire y avoir plus gagné que perdu jusqu'ici.

Reste maintenant à voir si la paix est plus utile à ce royaume que la continuation de la guerre; sur quoi on estime que Sa Majesté écoutera volontiers les raisons et avis de ses alliés, et déférera beaucoup à leur intérêt et contentement, pourvu qu'elle le puisse faire sans le trop grand dommage ou ruine entière de ses sujets, auxquels il a plus de devoir et d'obligation qu'à tous autres.

Les raisons qu'on lui représente tous les jours pour lui faire désirer la paix, qu'il sait très-bien considérer lui-même, et qui se font si bien sentir et connoître, qu'il n'y a point d'artifice qui les puisse cacher, sont l'impuissance et extrême pauvreté de ses sujets, ruinés du tout, et en état qu'ils ne peuvent contribuer aucune chose pour la défense de la guerre, les désordres et pilleries des soldats, lesquels achèvent de consumer ce qui reste de substance au peuple, mal qu'on ne peut faire cesser tant que la guerre ou la nécessité d'argent durera, les partialités secrètes et desseins sur l'avenir, qui sont encore dans cet Etat, que la guerre fomente, contraignant le Roi à dissimuler plusieurs menées et choses mauvaises qu'il pourroit corriger et empêcher par ce seul respect dû à sa dignité, ou sévèrement punir sans crainte d'émotion ou autre mauvais accident, s'il avoit la paix qui seule peut rétablir son autorité, et lui donner loisir et moyen de se mettre en état de se faire craindre et respecter, tant par ses sujets que par les étrangers, émulateurs et ennemis de cet Etat. Il peut aussi recouvrer par la paix toutes les places que la guerre lui a fait perdre, qu'il ne sauroit conquérir par les armes qu'avec une grande dépense, beaucoup de péril et un long temps, dont l'événement et succès en seront incertains.

Outre ce, le roi d'Espagne n'effectuera jamais le désir qu'il a de donner en apanage à sa fille les Pays-Bas s'il n'a la paix, étant vraisemblable qu'entre les raisons qui l'ont pu mouvoir à prendre ce conseil, celle-ci en est une; qu'il a cru que la jalousie de France et d'Angleterre cesseroit, remettant ledit Etat ès mains d'un prince particulier, duquel ils n'auroient rien à craindre, et qui seroit comme forcé de vivre en amitié avec eux ; par ainsi, qu'il en auroit plus aisément la paix, et seroit par ce moyen déchargé de la dépense qu'il lui a convenu faire jusqu'ici, qu'il lui faudroit continuer si la guerre duroit, étant bien certain que sa fille et son gendre n'y pourroient suffire.

Or, que peut mieux désirer Sa Majesté, sinon que le roi d'Espagne exécute ce conseil, et au lieu de l'avoir pour voisin, toujours émulateur et ennemi par raison d'Etat, il ait un prince particulier foible, et moins à craindre s'il devient ennemi ? Entre ces raisons, celles de l'impuissance et nécessité présente, si connues que personne n'en peut douter, semblent ôter le choix de tout autre conseil, sans entrer plus avant en considération s'il est utile au Roi de faire la guerre ou non, puisque les moyens lui défaillent pour la continuer ; car seroit trop grande imprudence au souverain qui tient le premier lieu en une confédération, et par ainsi qui y doit contribuer le plus, de s'attendre aux moyens et aux forces de ses alliés pour se défendre ou entreprendre contre l'ennemi commun, n'y ayant rien de certain en ce qui dépend d'autrui. Il ne s'est aussi jamais vu que le prince qui a le plus à perdre se soit appuyé sur des forces et moyens que l'intérêt ou changement d'affection fait trop souvent manquer, et, s'il le fait, qu'il ne s'en soit mal trouvé.

Davantage, on voit dès aujourd'hui entre nos alliés ce que les uns, qui sont les Etats des Pays-Bas, de la bonne intention desquels nous sommes assurés, peuvent faire pour le secours du royaume, se réservant les forces dont ils ont besoin pour se conserver et entreprendre.

Quant à la reine d'Angleterre, on doit croire qu'elle voudra toujours pour nous ce qu'elle doit vouloir par raison d'Etat, et non plus avant ; et déjà l'expérience nous a appris qu'elle ne désire non plus notre accroissement que celui de l'Espagnol, même dans les Pays-Bas : ainsi elle balancera toujours son intérêt avec le nôtre quand il nous faudra assister, et sera plus ou moins affectionnée, non selon qu'il nous sera besoin et qu'elle en sera requise, mais selon qu'il lui sera plus utile et convenable à ses affaires. On peut donc conclure de notre nécessité, et de l'intérêt de nos alliés séparé du nôtre, que la continuation de la guerre ne sera sans péril pour nous, et néanmoins sans aucun profit.

On dit que le loyer de la victoire sera assez grand pour nous, si l'Espagnol, contre lequel le Roi a tant de justes causes d'inimitié, de l'affoiblissement duquel dépend aussi la sûreté du royaume, souffre de la diminution en ses Etats, encore que sa dépouille ne tombe en nos mains. Je l'accorderois si notre péril n'y étoit conjoint, et que je crains aussi apparent et plus certain que le sien : or, le prince qui est sage se doit mettre en sûreté et à couvert avant que penser à la vengeance ; et plus il est grand et a de quoi perdre, moins il doit commettre à la fortune. Aucuns disent qu'il y a de la facilité à ruiner l'Espagnol, et se fondent sur le mauvais état auquel sont de présent ses affaires dans les Pays-Bas par l'avantage que les Etats ont pris sur lui, sur le mal que ses sujets dudit pays sentent de la guerre, qui les rend enclins à révolte, le nombre et pouvoir de ses ennemis, ses désordres, nécessités, et la vieillesse de leur Roi, la mort duquel peut apporter du trouble.

A la vérité les Etats ont occupé un grand pays sur lui, et si la France et l'Angleterre pouvoient retenir et empêcher ailleurs cet ennemi commun pendant qu'ils continueroient leurs entreprises, le succès en pourroit être heureux ; mais quant à nous, tant s'en faut que nous soyons en état d'entreprendre à le troubler chez lui, qu'il nous faut pour le moins deux années de bon et heureux travail pour recouvrer ce qu'il a conquêté sur notre frontière. Pour la reine d'Angleterre, elle a plutôt regardé nos combats jusqu'ici qu'été de la partie ; ses entreprises, quand elle en a fait, n'ont point eu de durée ; elle est enfermée de la mer qui la garantit des incommodités de la guerre chez soi, ainsi elle n'entreprend qu'avec loisir et commodité ; et dorénavant il lui sera difficile de faire la guerre dehors, pource que la noblesse et les bonnes villes de son pays, accoutumées de contribuer à la dépense de telle guerre dehors, pource que la noblesse et les bonnes villes de son pays, accoutumées de contribuer à la dépense de telle guerre, en espérance aussi d'avoir leur part du butin, y ont tant perdu du passé, qu'ils en sont fort diminués et endettés; outre ce, que la cessation du commerce, qui n'est permis aux Anglois dans l'Espagne, ni en Italie et ailleurs, où ils ne peuvent arriver sans péril à cause que l'endroit est gardé par l'Espagnol, les a fort appauvris.

Nous croyons bien que les sujets du roi d'Espagne ès Pays-Bas reçoivent de grandes incommodités de la guerre, et qu'ils désirent ardemment la paix; mais qu'ils soient disposés d'entrer en rébellion contre lui, il n'y a point d'apparence. A qui voudroient-ils recourir? Ce ne sera pas à nous, car nos guerres ont rendu les habitans des deux frontières si fort ennemis, qu'il n'y a domination qu'ils aient aujourd'hui plus en horreur que la nôtre. De se soumettre volontairement aux Etats? Encore moins; ils craignent et appréhendent trop l'exemple de leur conduite, en ce qu'ils chassent les catholiques, et changent la religion partout où ils établissent leurs conquêtes. Et combien que cette rigueur leur serve pour tenir avec plus de sûreté ce qu'ils ont conquis par la force, elle leur nuit d'ailleurs, et ôte le moyen d'attirer par bienveillance les villes èsquelles le nombre des catholiques est le plus grand et le plus puissant, comme il est partout en celles qui sont de l'obéissance du roi d'Espagne ès Pays-Bas. Les voisins mêmes, sous lesquels la religion catholique est plus universellement reçue, qui ont néanmoins grand nombre de leurs sujets séparés de l'Eglise, et unis ensemble comme en un corps de faction, quoiqu'ils soient ennemis du roi d'Espagne, et autrement désireux de la grandeur des Etats, en peuvent prendre soupçon, et craindre justement que cette faction, devenue puissante, n'en veuille aider d'autres dans leurs Etats auxquels la religion pourroit servir de cause ou de prétexte pour entreprendre contre leur autorité.

Quant aux désordres et nécessités du roi d'Espagne, elles sont grandes aussi bien que les nôtres; mais pource qu'il est puissant, entier et sans être aucunement entamé en tous ses Etats, fors dans les Pays-Bas, il trouve toujours du crédit et des moyens pour en sortir.

Encore ne voit-on rien de préparé dans tous lesdits Etats, d'où lui ou son successeur puissent craindre quelque danger pour l'Espagne. Il n'y a un seul homme d'autorité qui soit capable de remuer; le pays est fort foible par le dedans, par conséquent hors de péril des guerres civiles. En Italie tous les princes sont nourris en l'oisiveté, à accroître leurs trésors, et à garder ce qu'ils tiennent sans penser à l'autrui. Si la guerre de Ferrare eût continué, elle eût sans doute obligé le roi d'Espagne à faire une grande dépense pour la conservation de ses Etats de Naples et de Milan, qu'il tient à présent avec petites garnisons, n'y ayant forces ni ennemi qu'il doive craindre, et cela l'eût rendu moins puissant pour se défendre ou entreprendre contre nous, mais elle est finie.

De croire que la mort du Roi d'Espagne, quand elle aviendra, puisse changer les affaires, son fils est déjà en âge pour commander, est reconnu, aura de l'ardeur, sera plus entreprenant, ainsi plus à craindre. Et y a danger que nous n'empirions plutôt que d'en tirer profit, car le père veut encore manier aujourd'hui toutes les affaires par lui-même, et à cause de sa vieillesse, elles en vont plus lentement : sa froideur le rend plus difficile et considératif à entreprendre; et l'avarice, qui accompagne ordinairement cet âge, rend le plus souvent ses entreprises inutiles, faute d'y employer la dépense requise; au lieu que l'ardeur bouillante du fils lui fera passer par dessus toutes ces considérations, et hasarder plutôt qu'être retenu; et n'en pouvons rien attendre de bon, sinon qu'il fasse des fautes par soudaineté qui nous donnent prise sur lui. Mais ce n'est pas sagesse que de fonder un grand dessein sur les fautes de son ennemi, attendu même qu'il aura le conseil du père, nourri dès long-temps à la conduite de ses Etats, pour modérer et régir avec prudence son ambition.

On dit que la fille, qui est ambitieuse et de grand cœur, le pourra brouiller; elle est sans crédit et autorité dans le pays, et n'a point d'instrumens capables pour le servir en ce dessein; aussi que le père l'en veut mettre dehors, lui donnant les Pays-Bas en apanage, et la mariant avec l'archiduc Albert, dont elle ne sera que trop contente, et se sentira obligée à servir et honorer son frère, s'il approuve cette donation et lui donne secours et assistance pour la conserver.

Ces raisons bien considérées doivent suffire pour nous persuader que ce n'est une entreprise facile, de peu de temps, et d'un succès assuré, que de vouloir conquêter par les armes les Pays-Bas sur le roi d'Espagne, ainsi que ce n'est sans cause si le Roi se trouve empêché en la résolution qu'il y doit prendre, et si la paix lui semble désirable en la grande nécessité où le royaume est à présent réduit.

Il voit bien d'autre côté qu'elle a ses incommodités, et premièrement que la reine d'Angleterre, qui ne voudra supporter seule la dépense et le péril de cette guerre, en fera autant, ainsi que les Etats, leurs communs alliés, se trouveront abandonnés, et en très-grand danger, au blâme, ce semble, de celui qui aura été le premier auteur de leur mal.

Que par ce moyen l'Espagnol ou l'archiduc se pourront rendre maîtres des Pays-Bas, et en devenir formidables à leurs voisins.

Et ce qui doit plus craindre la France, est que l'ancienne alliance d'Angleterre avec la maison de Bourgogne à laquelle l'archiduc aura succédé, ne se renouvelle entre eux contre la France qui en a autrefois ressenti tant de maux. On peut encore ajouter que l'archiduc et sa femme seront toujours partisans de l'Espagnol, et, si le fils venoit à mourir sans enfans, que tous ses Etats seroient derechef réunis ensemble. Cette première considération du danger et des intérêts des Etats doit être de grand poids envers le Roi, prince généreux, accoutumé de mépriser tous périls pour suivre ce qui est de l'honneur; mais il pensera avoir satisfait à l'amitié et protection qu'il leur a promises comme à ses alliés, quand il offrira de les assister pour obtenir conditions sûres et avantageuses s'ils veulent traiter, ou, s'ils sont résolus de continuer la guerre, de les aider sourdement autant qu'il pourra, et de faire mieux quand le royaume sera remis en état de leur être ami utile, qu'il pense avoir d'intérêt et d'obligation à les maintenir et conserver. Quant à la reine d'Angleterre, il n'y a rien qui l'oblige à faire la paix; l'Espagnol ne peut entreprendre sur elle, pour les avantages qu'elle a sur la mer par ses propres forces et celles des Etats.

Ils pourront induire la reine d'Angleterre d'en faire autant, et peut-être joindre en confédération ouverte avec eux les villes maritimes d'Allemagne puissantes en moyens pour les secourir, par ainsi se conserver pour un temps contre un ennemi plus foible que celui qu'ils avoient auparavant; car, encore que le roi d'Espagne ne veuille abandonner son gendre et sa fille, si en sera-t-il moins soigneux, et n'y voudra tant employer que si le pays étoit encore sien, et lui venant à mourir, son fils, qui n'est déjà content de cet apanage, y sera encore moins affectionné. Le temps fera naître cependant quelque occasion plus commode au Roi pour les assister. L'intérêt de l'un des alliés ne doit jamais être considéré seul, mais toujours balancé et mis en comparaison avec celui des autres. Et si les Etats le font, ils ne pourront justement demander au Roi qu'il se mette en péril et ses sujets, pour les conserver et agrandir. Le temps a beaucoup d'occurrences que les hommes ne peuvent prévoir, les délivrant souvent des inconvéniens qui sont loin; mais rien ne détourne le mal qui presse que le remède présent. Or la nécessité nous enseigne celui de la paix, et nous contraint de reconnoître qu'il n'y en a point d'autre pour maintenant.

Minute d'édit pour la publication du concile de Trente, l'année 1595.

Henri, à tous présens et à venir salut : Entre les grâces et bénédictions qu'il a plu à Dieu nous départir venant à la couronne, nous mettons au plus haut lieu celle qu'il nous a faite de connoître notre salut, et rendre l'obéissance due à l'Eglise, pour la défense de laquelle nos prédécesseurs rois ont exécuté tant de grands et mémorables exploits en tous les endroits de la terre, qu'ils en ont justement acquis et mérité le nom de très-chrétiens, et premiers enfans de l'Eglise. Aussi nous n'avons eu depuis autre plus grand soin et désir que de suivre l'exemple de leur zèle et piété, même au devoir et respect qu'ils ont toujours rendu au saint-siège et aux saints pères, qui nous auroit mû de ratifier et approuver très-volontiers la promesse faite en notre nom par nos procureurs au très-saint père Clément VIII, lorsque Sa Sainteté nous reçut en l'Eglise, et reconnut pour vrai et légitime roi de ce royaume très-chrétien, qui étoit de faire publier et observer par tous les pays de notre obéissance le saint concile de Trente; y ayant encore été induit par les saintes et sages exhortations qui nous ont été faites et réitérées souvent de sa part, tant par notre très-cher et amé cousin, le cardinal de Florence, son légat et du saint-siège apostolique dans le royaume, que par le très-révérend évêque de Modène, son nonce ordinaire près de nous, comme aussi par les grands témoignages qu'elle nous a rendus de sa bienveillance, dont nous lui sommes fort obligé ; joint que nous étant soigneusement informé des raisons qui avoient mû les prédécesseurs rois d'en faire différer la publication par tant d'années, nous aurions trouvé que la vraie et principale cause étoit fondée sur ce que les poursuites s'en faisoient lors par faction pour mettre le trouble dans le royaume, et ils avoient déjà quelque sentiment que la force et violence servoient plutôt de prétexte pour fomenter la rébellion que pour édifier les consciences; étant certain que les autres raisons publiées et mises en avant, de ce que plusieurs décrets du concile étoient préjudiciables à leur autorité, et aux droits de la couronne et priviléges de l'Eglise gallicane, ne les en eussent retenus, d'autant qu'il étoit en leur pouvoir d'y apporter le tempérament requis, et les modifications nécessaires pour se garantir de tels inconvéniens, au gré et contentement de tous leurs sujets; au lieu que la plupart d'entre eux n'étoient lors capables de juger de la mauvaise intention de ceux qui, avec ce prétexte, désirent nous porter à la guerre, les uns par erreur, les autres pour être portés à même dessein; mais à présent que l'expérience du mal passé leur a appris que la paix est du tout nécessaire comme celle qui peut faire fleurir la doctrine et les bons exemples, vrais et seuls moyens pour mettre la réformation en l'Eglise, et y faire retourner ceux qui s'en sont séparés, la crainte de ce péril cesse, Dieu nous ayant aussi donné l'autorité et le pouvoir de contenir un chacun en devoir sous obéissance de nos édits. C'est pourquoi nous tenons d'autant plus obligé de rendre ce témoignage public de notre dévotion, pour faire connoître à chacun que nous approuvons la doctrine contenue en ce saint concile, que les catholiques, qui se sont soumis à la foi de l'Eglise, tiennent pour vraie, certaine et indubitable, ensemble les décrets et règlemens faits pour la police et discipline ecclésiastique, dont l'observation est très-nécessaire, afin que les ecclésiastiques retournent à cette innocente simplicité et vraie pitié qui les rendoit si recommandables ès siècles passés entre toutes les provinces de la chrétienté. A ces causes, après avoir mis l'affaire en délibération en notre conseil, où assistoient les princes de notre sang, cardinaux, aucuns princes, officiers de notre couronne, seigneurs et autres notables personnages d'icelui, avons par leur avis, et de notre pleine puissance et autorité royale, dit, statué et ordonné, disons, statuons et ordonnons, voulons et nous plait que le saint concile de Trente soit reçu et observé en tous lieux de notre royaume, pays, terres et seigneuries de notre obéissance, sans préjudice toutefois des droits, priviléges et prérogatives appartenant à notre personne et dignité à cette couronne, aux libertés, franchises et immunités de l'Eglise gallicane et de notre édit de Nantes, fait sur l'observation des précédens édits de pacification, et pour maintenir la paix et le repos dans le royaume, n'entendant aucunement y déroger ni contrevenir aux choses susdites.

Avis donné au Roi par M. le président Jeannin, sur la réduction du marquisat de Saluces à l'obéissance de Sa Majesté, 1599 [1].

Il n'y a point de condition si honorable pour Votre Majesté, ni si utile pour l'Etat, que la réduction du marquisat de Saluces, dont la demande est si juste, que M. le duc de Savoie ne la peut refuser sans faire connoître à chacun qu'il méprise les forces de cet Etat, et la réputation de votre nom, si grande toutefois partout, qu'il n'y a prince en la chrétienté à qui elle ne puisse et doive servir de terreur; ou encore qu'il fasse offre de vous donner autre récompense, on croira toujours, Votre Majesté l'acceptant, qu'elle a eu crainte de lui faire la guerre pour recouvrer le sien, et là-dessus qu'il y a quelques secrets défauts en nous-mêmes qui vous ont forcé à prendre ce conseil; par ce moyen, l'opinion déjà formée en l'esprit des hommes, que ce royaume sembloit devoir monter à son ancienne grandeur par votre sage et heureuse conduite, en diminuera.

D'utilité pour l'Etat, il n'y en a point à quitter le marquisat pour acquérir le pays qui vous est offert; car, encore qu'il joigne à votre frontière du côté de Lyon et de la Bourgogne, le pays est petit, foible, et entre les mains d'un prince qui ne pourra jamais plus en ce qu'il tient déjà les monts, sinon de demeurer bien foiblement sur la défensive, outre ce qu'il y a un grand fleuve qui vous sépare d'avec lui, et de bonnes et grandes villes qui vous couvrent contre son pays; ainsi cet acquêt ajoutera fort peu à cet Etat, ne vous fortifiera de rien; et quant au marquisat, on peut dire qu'il est au dedans du Piémont séparé d'avec nous par de fort hautes montagnes, par ainsi plus difficile à garder, et de grande dépense. Il semble néanmoins que cette pièce de terre, pour l'opportunité même de son assiette, est plus utile à l'Etat que ce qu'on vous offre. S'il étoit dans l'Etat d'un prince aussi puissant que vous, je l'en estimerois moins, mais il y a trop de différence; davantage, quoiqu'il soit de là les monts, il est si proche du Dauphiné, que vous y pouvez aller sans emprunter passage chez autrui, et le fortifiant et tenant bien muni d'artillerie et autres commodités, c'est une entrée pour descendre dans l'Italie sans péril, seul moyen pour y maintenir vos amis en faveur et bienveillance envers nous, empêcher les desseins ambitieux des princes dont la grandeur peut être suspecte à cet Etat, et pour vous éluder la restitution. Henri IV finit par lui déclarer la guerre.

---

[1] Le duc de Savoie, Charles-Emmanuel, l'avoit envahi en pleine paix sous le règne de Henri III, durant les troubles de la Ligue. Il vint en France pour tâcher d'en

donner le moyen, s'offrant occasion, d'y entreprendre; au lieu que la perte de ce petit Etat leur fera connoître que nous abandonnons du tout le soin des affaires d'Italie, que nos amis n'en doivent plus rien espérer, ni vos ennemis ou émulateurs rien craindre.

Je sais bien, sire, qu'il y a de grandes raisons pour persuader Votre Majesté de ne point entrer en guerre, quant à présent, avec qui que ce soit, pource que les plaies que la guerre a faites ne sont encore guéries; qu'il faut du loisir pour préparer et assembler les moyens nécessaires à faire entreprise; qu'on ne peut aussi arracher du tout les esprits des hommes les espérances de remuer et brouiller, ce que la corruption de la dernière guerre y a laissé, que par le moyen du repos et de la paix; que cette guerre, combien qu'elle fût commencée avec un prince foible, en pourroit attirer quelque autre plus périlleuse à sa suite, mettre aussi en considération que Votre Majesté est prête à renouveler l'alliance avec les Suisses, à quoi une nouvelle guerre pourroit faire naître des difficultés et pratiques préjudiciables; et davantage, que traitant avec M. le duc de Savoie, et prenant récompense de lui pour le marquisat, on se peut assurer de son amitié, et s'en promettre aux occasions de l'avenir de l'utilité.

Mais je réponds, quand M. de Savoie verra Votre Majesté affermie en cette résolution de vouloir retirer le marquisat, comme il est convenu à la réputation de cet Etat et à son honneur, qu'il ne viendra pourtant à la guerre, et ne voudra pas mettre en hasard ses Etats, qui valent beaucoup mieux, pour retenir injustement le marquisat qui vous appartient; car il est prince sage qui a déjà expérimenté la mauvaise fortune, qui a devant les yeux celle de son père, et saura bien considérer qu'il est foible de soi-même, sans argent, sans capitaines, sans soldats: qu'il sera contraint, dès le premier jour de la guerre, de se mettre à la discrétion et merci de l'Espagnol, lequel, quoique l'alliance soit fort proche entre eux, se défie déjà de son courage, de son ambition et de son voisinage, et lui fera autant de mal en le défendant que nous, qui serons ses ennemis, en l'assaillant; bref, que toute la guerre avec les forces entières de ces deux grands princes se fera dans son pays sans aucune diversion ailleurs, étant vraisemblable que le roi d'Espagne le secourra comme son allié, sans pourtant nous déclarer la guerre; car ce ne seroit pas prudence à lui de l'entreprendre, après que son père a rendu tout ce que le droit de la guerre lui avoit acquis sur nous pour jouir de la paix, et même à présent qu'il est autant et plus épuisé que nous, chargé de grandes dépenses par la guerre qui continue dans les Pays-Bas, et qu'il n'a aucun juste sujet de venir à cette rupture qu'il doit plus craindre que nous, à bien considérer l'état de ses affaires. Aussi avons-nous déjà recueilli le fruit de la paix par les places qu'il nous a rendues, et lui est encore à l'espérer, s'étant promis que la paix avec ce royaume lui donneroit celle des Pays-Bas qu'il n'a pu encore acquérir.

Quant à l'amitié de M. le duc de Savoie, il n'y a point d'apparence que nous la puissions avoir féale et certaine, tant que le roi d'Espagne et l'infante seront sans enfans, et lui en quelque espérance de pouvoir succéder en ces grands Etats, ou de tirer quelque droit et apanage en corps héréditaire pour le grand nombre d'enfans qu'il a d'une fille d'Espagne. Aussitôt que l'espérance en sera perdue, il cherchera sans doute de nouveaux appas pour, à l'aide d'autrui, acquérir par force ce qu'il n'aura pu obtenir de gré à gré: sans ces liens qui l'attachent maintenant, on en pourroit mieux espérer, l'amitié de France lui étant plus nécessaire que celle d'Espagne, que l'Etat qu'il possède deçà les monts est plus foible et plus sujet à notre invasion que celui de Piémont, qui est plus fortifié, n'est à l'invasion du roi d'Espagne; outre ce, que tous les princes d'Italie ont intérêt d'empêcher que le roi d'Espagne ne s'y accroisse, et personne ne se doit soucier si nous le troublons deçà les monts ès pays du tout séparé d'eux, si ce n'est le roi d'Espagne pour la jalousie qu'il aura toujours de notre grandeur.

Il sembleroit donc à propos, sire, de déclarer à M. le duc de Savoie que vous êtes obligé pour votre honneur, et pour la réputation de cet Etat, de recouvrer la possession et puissance du marquisat, et, après y être reçu et rentré par effet, que vous vous disposerez d'entendre aux ouvertures qu'il vous a faites, dans un an. Fortifiez-le cependant, l'envie lu accroîtra d'autant plus de le retirer, et vous en donner meilleure récompense; et lors vous jugerez mûrement ce qui vous sera plus utile, et la résolution que vous y prendrez ne sera point forcée, mais obligera davantage le duc de Savoie, si vous acceptez récompense, et ne pourra-t-on dire qu'il l'ait fait par force, mais avec choix et jugement.

Propos tenus par M. Jeannin en l'assemblée générale des Etats, afin de leur représenter l'administration des finances pendant la régence de la Reine, en 1614 [1].

Le conseil de la direction pour le maniement des finances fut établi par la Reine régente au mois de février 1611, l'année précédente 1610 en laquelle le feu Roi décéda. M. le duc de Sully faisoit encore la charge de superintendant des finances, et n'y a aucune dépense de ladite année dont il n'ait vu et approuvé les ordonnances; les rôles mêmes de l'Espagne ont été vus, examinés et arrêtés par lui, fors et excepté les quatre et cinquième rôles comptant, et le dernier d'assignation, lesquels ont bien été vus et arrêtés audit conseil, mais la plupart de la dépense contenue èsdits rôles avoit été ordonnée par ledit sieur duc de Sully.

Ainsi ce n'est au conseil de la direction de faire apparoir quelle a été l'administration des finances pour ladite année 1610, puisqu'ils n'étoient encore lors en charge.

Et néanmoins, d'autant qu'ils ont eu la connoissance desdites dépenses et des causes qui les ont rendues si grandes et excessives en ladite année, ils ont estimé devoir représenter que cet excès et augmentation de dépense n'est avenue par le fait de la Reine qui ordonna des finances après le décès du Roi, ni par la faute de M. le duc de Sully qui faisoit lors la charge de superintendant des finances, mais à l'occasion de plusieurs dépenses extraordinaires survenues en même temps; à savoir la guerre de Juliers, le couronnement de la Reine, les préparatifs faits pour son entrée à Paris, les frais du deuil et enterrement du feu Roi, et le sacre du Roi à présent régnant, auxquelles dépenses

Sa Majesté jugea sagement dès-lors en devoir encore ajouter quelques autres en faveur et pour gratifier les princes et plusieurs grands du royaume, afin que, sur l'étonnement de l'assassinat du feu Roi, qui remplissoit d'horreur et de compassion les esprits d'un chacun, et faisoit appréhender aux plus sages quelques dangereux changemens en l'Etat, préjudiciables à l'autorité du Roi, ils fussent mus et excités de continuer en l'affection et fidélité qu'ils montroient avoir de l'assister et servir au maniement des affaires publiques, qui lui avoit été commis durant la minorité du Roi : toutes lesquelles dépenses mises ensemble ayant consommé la plupart de l'argent reçu, outre le courant de ladite année 1610, par M. Puget, trésorier de l'épargne, qui étoit alors en exercice, il ne lui en demeura de reste que la somme de trois millions six cent mille livres, qu'il remit ès mains de M. de Beaumarchais qui entroit en charge l'année suivante 1611.

Sur laquelle somme de trois millions six cent soixante mille livres, ou sur les deniers extraordinaires levés et reçus ès années suivantes, a encore été contraint de payer à l'argenterie, écuyerie et aux menus plaisirs, quatre cent mille livres tournois pour quelques parties des dépenses susdites, qui ne furent arrêtées que sur la fin de l'année 1611, et n'ont même été acquittées que long-temps après.

Le temps de l'administration desdits sieurs de la direction ayant donc commencé en l'année 1611, c'est à eux de faire apparoir et justifier quelle a été la recette et la dépense, tant ordinaire qu'extraordinaire, depuis ledit temps jusqu'à présent, qui sont quatre années entières, quand celle-ci de 1614 sera finie.

Quant au revenu ordinaire, qui consiste en ce qui revient de l'épargne, des recettes générales et des fermes, déduction faite des charges ordinaires qui doivent être acquittées dans les provinces, il peut être vu et vérifié clairement sur les Etats-généraux des finances qu'on dresse au commencement de chaque année. Et pour les deniers extraordinaires, non compris en l'état général, que les trésoriers de l'épargne ont reçu durant lesdites années, ils consistent ès parties ci-après nommées.

A savoir, en cette somme de trois millions six cent soixante mille livres tournois reçue

---

[1] Ces Etats-généraux furent assemblés à Paris, le 29 octobre 1614.

dudit sieur Puget par ledit sieur de Beaumarchais, sur laquelle il convient déduire quatre cent soixante mille livres tournois pour les causes mentionnées ci-dessus, à savoir qu'elles ont été employées pour partie des dépenses de l'année 1610.

Plus environ quatre cent mille livres qui ont été reçues des restes des années précédentes.

Plus a été reçu de messieurs du clergé la somme de trois cent mille livres : on prétendoit bien qu'ils étoient débiteurs de quatre cent mille livres, mais ayant requis être déchargés de la somme entière, ils obtinrent décharge par arrêt du conseil de cent mille livres.

Plus, on a reçu des confirmations jusqu'à présent environ sept cent cinquante mille livres, le surplus, dont on faisoit état par estimation, étant encore dû.

On peut aussi ajouter auxdites sommes environ seize ou dix-sept cent mille livres au plus de deniers extraordinaires levés sans aucune charge sur le peuple, lesquelles pourront être entièrement reçues par le trésorier de l'épargne dans la fin de cette année 1614 : toutes lesquelles sommes se trouveront monter, sans y comprendre le revenu ordinaire et la dépense extraordinaire du dernier mouvement dont sera fait mention ci-après, à la somme de six millions deux cent mille livres, somme grande à la vérité, mais qui ne sera jugée si excessive, si on considère les grandes dépenses que Sa Majesté a été obligée de faire, pendant quatre années de sa régence, pour contenir un chacun en devoir, conserver la tranquillité publique et l'autorité du Roi, toujours sujette à souffrir quelque diminution pendant la foiblesse d'un si bas âge, comme il fût avenu sans doute après la mort précipitée et inopinée du feu Roi, si, par la sage conduite de Sa Majesté, et les moyens qu'elle a tenus pour la tranquillité publique, qui ont été accompagnés du bonheur dont il a plu à Dieu bénir son travail, et le soin qu'elle a pris, tous les dangers et inconvéniens dont le royaume étoit menacé n'eussent été détournés et évités.

Mais afin que chacun puisse être mieux éclairci d'où provient l'excès des dépenses, et pourquoi elles ont été plus grandes que du temps du feu Roi, il convient représenter premièrement, que la dépense des gens de guerre en la campagne, qui ne revenoit par an, lorsque le feu Roi décéda, qu'à la somme de treize cent mille livres, revient à présent à dix-huit cent soixante-sept mille trois cent vingt-quatre livres de plus, sans en ce comprendre trois compagnies de chevau-légers établies et payées en l'année présente, lesquelles reviennent à neuf vingt mille livres.

Plus, les garnisons extraordinaires mises en plusieurs et diverses places, outre celles qui avoient accoutumé d'y être entretenues du temps du feu Roi, ont augmenté ladite dépense chacun an de cent mille livres.

Plus, l'état des pensions, qui montoit lorsque le Roi décéda, y compris celles du petit État et les autres qui étoient payées par le sieur Beringhen, à trois millions de livres, a aussi été accru et augmenté d'année en année selon que Sa Majesté estimoit le devoir faire, en sorte que toutes lesdites pensions mises ensemble reviennent en l'année présente à cinq millions six cent cinquante mille livres ; dépense qui est aussi trop excessive, et que plusieurs blâment aujourd'hui, mais qui étoit lors jugée nécessaire, et par effet a été très-utile, pource que ces gratifications, employées pour reconnoître la fidélité et les services d'un si grand nombre de personnes de qualité, ont beaucoup servi pour exciter leur devoir et les faire continuer en l'obéissance, affection et fidélité envers le Roi.

L'état des deniers en acquit a pareillement été augmenté chacun an, de plus qu'il n'étoit du temps du feu Roi, de cinq cent mille livres en faveur des princes de Sa Majesté a voulu gratifier et contenter, plutôt que d'acquitter les sommes qu'ils prétendoient leur être dues, que le feu Roi n'avoit durant son règne voulu reconnoître ni faire payer ; outre laquelle somme de cinq cent mille livres, on a encore payé plus de onze cent mille livres chacun an à personnes de qualité, soit en acquittement de dettes, ou gratifications employées dans le même État.

Plus, l'état qui a été fait depuis la mort du feu Roi pour l'établissement de la maison de Madame, vient à plus qu'il ne faisoit lors de six vingt mille livres.

Les voyages fréquens qui ont été faits dans le royaume, et les ambassades extraordinaires hors d'icelui, à cause des continuelles brouilleries et crainte de nouveaux mouvemens qu'on essayoit d'étouffer au même temps qu'on en prévoyoit la naissance, ont encore accru de beaucoup les dépenses extraordinaires qu'il a fallu faire à cette occasion chacun an, toutes lesquelles dépenses qu'il eût été malaisé d'éviter sans tomber au péril d'autres inconvéniens plus grands, ont excédé celles qu'on faisoit du temps du feu Roi de plus de quatre millions de livres chacun an, qui ont été trouvés par un bon ménage, ou par des moyens extraordinaires qui n'ont apporté aucune charge sur le peuple.

On avoit accoutumé du temps du feu Roi de faire revenir à l'épargne chacun an des deniers du taillon la somme de trois cent quatre-vingt-dix mille livres, dont on a retranché depuis cent quatre-vingt-dix mille livres, pour accroître d'autant le fonds destiné au paiement des compagnies des gens d'armes; par ainsi il n'y a plus de reste que deux cent mille livres qui est diminution de recette.

Il est encore raisonnable de mettre en considération que Sa Majesté a remis pendant sa régence plusieurs grandes sommes de deniers pour le soulagement du peuple, et éteint du tout d'autres impositions, comme la douane de Paris, dont il venoit par an vingt-six mille livres; et quant aux diminutions, celles de cinquante sous par minot de sel sur les gabelles de France, revient chacun an, au pied que la ferme a été adjugée à quatre cent cinquante mille livres. Plus Sa Majesté a diminué cinquante-trois sous quatre deniers par minot sur les gabelles du Lyonnois, et fait encore autre diminution sur les gabelles du Languedoc, et presqu'un tiers des impositions du convoi de Bordeaux et de la traite foraine d'Anjou; par toutes lesquelles remises les sujets ont été déchargés de plus de deux millions de livres chacun an, dont le revenu de l'épargne eût été augmenté d'autant, sans cette grâce et libéralité de Sa Majesté.

A quoi on peut ajouter que Sa Majesté, incontinent après la déclaration de sa régence, révoqua plusieurs recherches extraordinaires qui se faisoient sur le peuple, dont il provenoit toujours quelques deniers, qui aidoient à supporter les charges de l'Etat, ou étoient employés à gratifier les grands, auxquels il a fallu donner des deniers du revenu ordinaire de l'épargne au lieu de ceux-ci, dont on ne faisoit aucun état.

Et pource qu'aucune mention n'a été faite ci-dessus de la somme de cinq millions de livres qui étoit en réserve au trésor de la Bastille lorsque le feu Roi décéda, il est besoin d'entendre que la Reine n'y a voulu toucher durant sa régence, quelques grandes dépenses qu'elle ait eu à supporter, jusqu'en l'année présente 1614, qu'elle a été contrainte d'en tirer à diverses fois deux millions cinq cent mille livres, pour les employer à l'entretènement des gens de guerre, levés à cause du dernier mouvement, et à l'exécution du traité fait pour mettre le royaume en paix. Outre lesquels deux millions cinq cent mille livres, on a encore employé six cent mille livres prises par emprunt selon qu'il sera vu et vérifié par l'état de ladite dépense mise à part, et séparément d'avec les autres dépenses extraordinaires faites en la présente année.

Il est bien aussi à considérer, pour la décharge des sieurs du conseil qui ont été commis à la direction des finances, que rien n'a été payé à l'épargne, depuis qu'ils sont entrés en leurs charges, qui n'ait été compris en l'état général dressé au commencement de l'année et vu en public, ou qui n'ait été employé en chaque semaine, lu hautement, calculé et arrêté le samedi en la présence de la Reine, des princes, ducs, pairs et officiers de la couronne qui étoient à la cour; et s'il n'a pu être fait à la fin de chaque semaine, à cause de quelques autres plus grands empêchemens, on a joint deux ou trois semaines s'il y en avoit autant, pour les faire voir ensemble, ce qui est arrivé peu souvent.

De ce que dessus on pourra aisément reconnoître et juger, et encore mieux par les états généraux des finances qui ont été faits chacun an, ensemble par les semaines et rôles de l'épargne, qui contiennent au vrai et par le menu toute la dépense ordinaire et extraordinaire faite durant ladite régence, qu'on offre représenter, s'il est de besoin, que la Reine n'a rien fait et ordonné qu'avec prudence et mûr jugement, et qu'eux aussi se sont acquittés de leurs charges avec soin, diligence et fidélité.

Et néanmoins on est bien averti qu'aucuns, par une malicieuse recherche, et des écrits jetés au public, essaient de persuader qu'il y a eu de la malversation au maniement des finances, et que les dons et gratifications faites durant la régence de Sa Majesté reviennent à beaucoup plus que ce qui en a été représenté ci-dessus;

auxquels on peut répondre avec vérité que ses finances ne furent jamais administrées avec plus d'innocence et de fidélité qu'elles ont été, durant la régence de la reine, par ceux à qui il lui a plu d'en commettre la direction. Et quant aux dons et gratifications, rien n'y peut être secret, d'autant que le contrôle qui est un registre public, et la chambre des comptes où les dons doivent être vérifiés, quand ils excèdent trois mille livres, et où les comptes doivent aussi être rendus sans aucune omission, jusqu'à la moindre dépense pour quelque cause que ce soit, en sont une preuve si certaine, que la fraude en seroit incontinent découverte; attendu même que pendant leur administration aucuns comptans n'ont été faits, sinon par certification et pour les sommes qu'on avoit accoutumé d'y employer sous le règne du feu Roi. Or ces comptans par certification contiennent au vrai et par le menu toutes les dépenses qui y sont comprises, en sorte qu'ils ne peuvent servir de prétexte pour couvrir ou déguiser les mauvaises parties qu'on voudroit cacher.

Mais ceux qui veulent tirer en envie et chercher occasion de reprendre les libéralités de Sa Majesté, mettent ensemble, pour les grossir et enfler, tant les dons faits sur l'argent reçu effectuellement à l'épargne, que les autres dons faits sur quelques avis de moyens extraordinaires, que les poursuivans prétendoient devoir revenir à beaucoup, dont toutefois ils ont le plus souvent reçu bien peu, ou rien du tout. Or, il ne seroit pas raisonnable de s'arrêter à cette imaginaire supplication; mais on doit seulement mettre en compte ce qui a été reçu véritablement, et par effet.

Si ces censeurs eussent mieux considéré les raisons qui ont mû la Reine de ménager avec plus de soin les esprits et volontés de ceux qui étoient puissans pour aider à maintenir la paix, et empêcher les mouvemens qui pouvoient arriver dans le royaume, que la bourse et les finances, ils eussent reconnu que le mal qui provient de la perte de l'argent peut être réparé, et au contraire que la guerre et les mouvemens dedans nous, qui n'arrivent que trop souvent pendant les minorités, outre que la dépense qu'on est contraint de faire à cette occasion est plus grande, et ne peut être arrêtée à certaine mesure, sont ordinairement suivis de si dangereux inconvéniens, que l'autorité du Roi et la grandeur du royaume en demeurent affoiblis pour toujours.

Ainsi, la raison et la prudence nous doivent faire juger que la paix dont Sa Majesté nous a fait jouir, ne pouvoit être acceptée avec moindre prix que celui de l'argent pendant le bas âge du Roi, et que ce bonheur doit être estimé d'autant plus grand, que pour l'acquérir une seule goutte de sang des sujets n'a été épanchée, et qu'on n'a aussi perdu aucune amitié et alliance de celles qui étoient acquises à la couronne, tant Sa Majesté a été soigneuse de les cultiver et entretenir; ce qui ne peut être dit des régences qui ont été en grand nombre devant la sienne.

Ce discours ne représente que l'administration du passé; mais il est nécessaire de pourvoir à l'avenir par l'avis des Etats-généraux, qui considéreront, s'il leur plaît, qu'il est très-expédient de remplacer et remettre à la Bastille les deux millions cinq cent mille livres qui en ont été tirés pour employer à la dépense du dernier mouvement, afin d'y avoir recours contre un mal soudain et non prévu, soit qu'il vienne du dehors ou naisse entre nous-mêmes. Et pource que ladite somme de deux millions cinq cent mille livres n'a pu suffire pour fournir à ladite dépense, ayant Sa Majesté été contrainte de faire emprunter encore six cent mille livres, il sera pareillement nécessaire de remplacer cette somme, l'un et l'autre pouvant être fait par des moyens extraordinaires qui seront proposés, et, comme on espère, approuvés par messieurs des Etats, attendu qu'ils ne seront à la charge du peuple, ni à la diminution des finances du Roi.

Sera besoin encore de retrancher par leurs avis les dépenses trop excessives dont on pourra se décharger sans préjudice de la sûreté du royaume et du repos public.

LETTRE *écrite par M. le maréchal de Bouillon à M. le président Jeannin, le neuvième juin* 1615.

Monsieur, je vous avois écrit un mot duquel je n'ai eu réponse. J'estime que la liberté n'est encore du tout perdue, et que ceux qui ont place et office dans le conseil du Roi se peuvent commu-

---

[1] Les princes, mécontens du gouvernement, s'étoient retirés de la cour dès l'année précédente. Le maréchal de Bouillon étoit chef des mécontens.

niquer ce qu'ils espèrent ou craignent dans les affaires de l'Etat, pour, en ces communications, s'éclaircir des moyens qui s'offrent pour se porter aux plus utiles conseils, et s'éloigner de ceux qui peuvent nuire et affoiblir la dignité royale, qui est la base sur laquelle ce grand Etat a son principal appui. J'ai vu les remontrances du parlement, et l'arrêt du conseil en suite de l'arrêt du parlement du vingt-huitième mars et desdites remontrances, par lequel arrêt du conseil Sa Majesté se montre grandement offensée dudit parlement, en ordonnant que l'arrêt et les remontrances soient biffées et ôtées des registres, et commandement au greffier de les porter à Sa Majesté. N'étant pas de la robe pour savoir bien les formes, je prendrai seulement connoissance de la chose, qui est des avis que ce grand et honorable corps donne au Roi de plusieurs choses importantes à son service, cela ne donnant nulle contrainte au temps, ni à la forme que Sa Majesté et la Reine y voudroient tenir pour y remédier. Sa Majesté, par son arrêt, semble remettre ces remèdes à la réponse des cahiers des Etats, lesquels Etats, ainsi que vous et moi le savons, ont eu peu ou point de liberté, et moins de satisfaction rapportée dans les provinces, ce qui laisse peu d'espérance qu'en la réponse des cahiers il y ait du contentement pour le public. L'ouverture faite par ces remontrances donnoit occasion à Sa Majesté, et moyen en les recevant, de satisfaire à plusieurs mauvais préjugés qu'on fait de la suite des affaires, puisque l'ouverture aux remèdes est mal prise et mal reçue, qu'on voit des changemens notables aux résolutions prises, comme en celle du droit annuel et vénalité des offices, qu'on a promis et donné solennellement aux Etats, et depuis confirmé à tout le royaume; et l'une et l'autre laissées ainsi qu'il étoit auparavant, contre ce qui avoit été et promis si solennellement, et commandé aux députés généraux de ceux de la religion de prendre le brevet de leur assemblée à Gergeau, nonobstant leurs justes remontrances et dépêches faites pour empêcher que ceux de ladite religion n'allassent ailleurs, sans autre cause, du soir au lendemain. On trouva bon, comme aussi c'etoit le meilleur, qu'on allât à Grenoble : ces exemples feront foi de la mutation des conseils.

On parle de l'exécution du mariage, en quoi il semble qu'on veuille augmenter toutes les craintes que ceux qui aiment l'Etat en peuvent prendre. On n'en communique le progrès qu'à peu ou point de personnes de celles qui principalement les devroient savoir ; on voit dépêcher et sceller plusieurs commissions; M. de Savoie de jour à autre opprimé, les forces du roi d'Espagne sur pieds en divers endroits, et en même temps celles de la France y seront : à quoi cela, sinon pour violenter le droit du Roi et de l'Etat en faveur de ses plus récens ennemis ? Qui est-ce qui dit qu'il n'est pas bon que le Roi se marie, que l'infante ne soit la plus grande princesse de l'Europe sur laquelle on puisse jeter les yeux ? Qui ne sait que les mariages entre les grands doivent marier les personnes, et non pas leurs Etats, et qu'en cette conduite nul n'a à trouver cette alliance mauvaise ? Mais les procédés et préparatifs susdits font craindre et croire à plusieurs que le but de cette alliance ne soit de nous jeter dans les maux passés de nos troubles, nous faire perdre nos anciens alliés, et nous étreindre avec ceux qui nous tireront de la grandeur de notre Etat à l'exaltation du leur, de notre repos aux troubles, et de la balance qu'a toujours gardée la France aux affaires de l'Europe à une conjuncture forcée et nécessitée avec l'Espagnol. La crainte de ces maux est légitime, le désir des remèdes doit être né dans le courage des vrais François pour prier Dieu d'inspirer dans l'esprit de la Reine le vouloir de les détourner, ainsi qu'il semble qu'il est facile quand on voudra, avec la plus grande partie de l'Etat, délibérer de ces choses, prendre et recevoir les avis pour y remédier, n'épargner aucun qu'on connoîtra auteur de mauvais conseils, et qui portera ceux du public à sa seule conservation, pour dommageables qu'ils soient au général ; et ainsi on connoîtra ceux qui aiment Leurs Majestés et l'Etat, et non pas les fausses couleurs données par calomnies journellement reçues plus que les vérités. Et d'autant que je sais en être assailli autant que nul autre, je désire mes actions au jour.

On dit que je fais des levées, cela est faux, mais quand je m'assurerois de mes amis, que ferois-je qu'un chacun en France ne fasse ? Où puis-je estimer qu'on lève des forces pour le service du Roi, et que je n'y sois employé, et n'y aie le principal commandement ? Que si on ne m'y emploie et autres bons François, n'est-ce pas pour faire croire que ses forces seront jetées à l'appui des factions contraires à l'Etat? Cela étant, pourquoi s'en laisser opprimer sans lâcheté ou trahison? Vous, monsieur, qui aimez le Roi et l'Etat, tâchez qu'on jette avec loisir les yeux sur les remèdes, et sur la longueur et diversité des accidens, afin d'avancer celui-là et reculer cour-ci ; à quoi je contribuerai fidèlement et courageusement tout ce qui sera en moi. Sans qu'il y a de mon particulier, je n'aurois omis le défi de ce qui m'est dû, à cause de la protection de ce lieu, comme servant à montrer qu'on y omet bien le droit du Roi, et en une chose très-importante ;

laquelle, nonobstant ces mauvaises affections, je conserverai, Dieu aidant, au service du Roi et de la France, sans que la fraude ni autre puissance l'en puisse divertir; ne laissant néanmoins plusieurs dedans et dehors à en tirer des conséquences qu'on veut abattre et les bons François, et les plaintes qu'ils ont en leurs mains. C'est ce que j'ai estimé, monsieur, vous devoir écrire en ces occurrences, et en cet endroit vous assurer aussi qu'en votre particulier je serai toujours, monsieur, votre, etc.

HENRI DE LA TOUR.

De Sedan, ce neuvième juin 1615.

Réponse à M. le maréchal de Bouillon, du vingt-sixième juin 1615.

Monseigneur, la copie de la lettre qu'il vous a plu m'écrire de Sedan le neuvième de ce mois de juin, concernant les affaires publiques, a été vue ès mains de plusieurs en cette ville avant que l'original m'ait été rendu. Elle contient des plaintes contre le gouvernement. Vous approuvez les remontrances imprimées et exposées à la vue d'un chacun sous le nom du parlement, et trouverez qu'il y a de l'aigreur en l'arrêt fait pour y répondre. La médisance contre ceux qui sont employés au maniement des affaires publiques, est un doux et agréable poison qui se coule aisément en nos esprits; et quand ils sont une fois infectés, il est malaisé que la vérité pour les défendre y soit reçue. Or, ils sont aujourd'hui en ce malheur que plusieurs par une erreur commune, ou pour être passionnés et mal informés de leurs actions et déportemens, rejettent sur eux la cause des abus et désordres qu'ils disent être crus dans le royaume avec si grands excès, qui est en danger d'une prochaine ruine, si ce mal n'est corrigé par une bonne et prompte réformation. Je n'estime pas toutefois que vous soyez de leur opinion, car vous êtes trop clairvoyant pour être trompé et croire que les ministres dont le feu Roi, prince sage et judicieux, avoit accoutumé de se servir en ses principales affaires, et louer leur affection, fidélité et suffisance, soient telles que ceux-ci les veulent dépeindre, et que dans le bonheur dont toute la France a joui depuis le décès du feu Roi jusques à présent par la grâce et bonté de Dieu, qui a voulu bénir et faire prospérer la sage conduite de la Reine contre l'espérance d'un chacun, il y ait quelque mal caché ou déjà découvert qui puisse être cause de la ruine de ce grand empire; car, hors les défauts qui accompagnent ordinairement la foiblesse des minorités, que les plus sages sont contraints souffrir et dissimuler pour éviter pis, j'ose dire qu'il y a peu à reprendre; mais c'est un vice et maladie d'esprit dont on ne guérit jamais, d'estimer beaucoup la conduite des hommes qui ont été employés au maniement des affaires avant nous, lors même que la mort les a rendus exempts de l'envie, et au contraire de trouver toujours de quoi reprendre en celle de notre temps. Il n'y a pas un an qu'en louant le bonheur et la sage conduite de la Reine, on y donnoit quelque part à ceux qui ont eu l'honneur d'assister à ses conseils : qu'ont-ils fait depuis qui ait donné sujet d'en médire, et de les mettre en mauvaise odeur? Les hommes ne vont pas du bien au mal tout à coup; il faut assembler plusieurs mauvaises actions pour faire croire de gens de bien et sages qu'ils étoient en l'opinion des hommes, ils ne soient plus eux-mêmes; le mal ne vient pas d'eux, il est attaché au mécontentement des grands qui ne pensent pas être assez favorisés, ni avoir assez de part dans les affaires; les intérêts de l'État n'y sont conjoints que comme accessoires, non comme raisons qui sortent de la première et principale intention.

Je confesse bien qu'on ne doit mépriser les mécontentemens des princes et seigneurs, qui par leur naissance ou dignité tiennent les premiers lieux dans le royaume, et que le souverain fait toujours sagement quand il n'omet rien pour les exciter par gratifications, bienfaits et autres témoignages de sa bienveillance, à bien et fidèlement servir; qu'il fait fort bien encore s'il leur donne la communication que mérite leur qualité en la conduite de ses plus grandes et importantes affaires, comme y étant plus intéressés que ceux qui sont au-dessous d'eux. Mais Leurs Majestés ont si abondamment satisfait à l'un, que ceux qui s'en plaignent ont occasion de se louer de leur bonté et libéralité; et pour la communication des affaires, encore que les rois majeurs aient une entière liberté de s'en adresser à qui bon leur semble, si est-il vrai que peu d'affaires concernant le bien général de l'Etat ont été mises en délibération sans en avoir pris leur avis, lorsqu'ils étoient en cour, même de monseigneur le prince, lequel, comme premier prince du sang, doit tenir le premier lieu près du Roi, après la Reine, tant en respect et dignité qu'en la conduite des affaires, attendu que Monseigneur, frère du Roi, qui le précède n'est en âge pour y être appelé; lequel respect lui a toujours été rendu quand il s'est donné près de Leurs Majestés, sinon qu'il s'en soit reculé lui-même, et montré de ne le désirer : et quand il seroit avenu quelquefois autrement, il est trop sage et a trop d'intérêt en la conservation du royaume, et de l'autorité du Roi, de laquelle la sienne dépend, pour vouloir à cette occasion recourir à des remèdes qui pourroient être cause de troubler la tranquillité publique. Il y en a de justes et licites qui lui sont ouverts pour faire corriger tels défauts, s'il pense avoir sujet de s'en plaindre, lesquels seront bien reçus et approuvés de Leurs Majestés quand il s'en voudra servir, comme elles ont témoigné sur l'ouverture qu'il leur a faite d'apporter quelque réformation au conseil, ayant assez fait connoître que c'étoit leur plus grand désir d'y pourvoir très-volontiers avec son avis, et des autres princes, seigneurs et officiers de la couronne, et pareillement aux abus et désordres dont la plainte est publique, combien qu'à les considérer sans passion, ils soient plutôt en l'imagination que les intérêts particuliers mettent en nos esprits qu'en la chose même. Et pour le montrer on crie hautement, afin d'exciter le peuple à rébellion plutôt que pour le soulager, qu'il est opprimé par la multitude des charges qui ont été mises sur lui, et néanmoins la vérité est qu'il a été déchargé de plus de deux millions de livres chacun an, par le bénéfice de la Reine qui l'a fait dès le commencement de sa régence, et qu'elle a encore révoqué plusieurs édits faits avant la mort du Roi, dont il a aussi reçu du soulagement, sans qu'elle ait introduit aucune nouveauté pour remplacer cette perte. Il est vrai qu'elle s'est aidée des deniers qui furent mis ès mains du sieur de Beaumarchais, trésorier de l'épargne, qui entroit en charge l'année 1611, lesquels revenoient à plus de trois millions six cent mille livres; mais qui voudra éclaircir à quoi ils ont été employés, et quelles ont été aussi les dépenses de l'année entière 1610, faites par les ordonnances de M. le duc de Sully, qui ont consommé le plus de ce qui étoit ès mains du sieur de Pommeuse, étant lors en exercice, il se verra au vrai par l'écrit qui fut présenté en l'assemblée générale des Etats au nom du conseil de la direction, et connoître par ici que les sommes qu'on prétend avoir laissé ès mains desdits trésoriers de l'épargne lors du décès du feu Roi, étoient beaucoup moindres qu'on ne les publie, et que Leurs Majestés ont aussi supporté plus de dépense que le feu Roi de quatre millions de livres par chacun an, tant en gens de guerre en campagne, augmentation de garnisons extraordinaires, qu'en pensions, dons, gratifications et autres récompenses, pour reconnoître les mérites et services des grands et d'autres personnes de qualité qui ont aidé à maintenir l'autorité du Roi et la paix dans le royaume.

Je sais bien qu'on blâme en cet endroit la profusion et dissipation des finances; ceux qui en ont eu la charge y ont versé avec entière fidélité, sans y commettre aucun acte digne de répréhension, se soumettant pour faire preuve de leur innocence à la plus soigneuse recherche et rigoureuse censure de quelque juge que ce soit. Et pour ce regard de la Reine aux sous mandemens de laquelle ils ont obéi pendant son administration, tous les gens de bien et bons François avouent qu'on lui doit beaucoup, et qu'on a grand sujet de la louer et remercier de ce qu'elle a conservé la paix, l'autorité du Roi et les anciens amis et alliés de cette couronne pendant sa régence, et, jusqu'à présent, avec une dépense extraordinaire qui ne peut revenir au plus de six millions de livres, je n'y comprends point celle du dernier mouvement qui revient en deniers clairs à plus de trois millions de livres, dont Sa Majesté fut contrainte en prendre deux millions cinq cent mille livres au trésor de la Bastille, des deniers que le feu Roi y avoit mis et réservés, qu'il destinoit lors à des desseins dignes de sou courage et de sa grandeur; et la Reine a employé ce qu'elle a tiré pour garantir le royaume d'une guerre civile qui pouvoit coûter deux fois plus un an que toutes les dépenses extraordinaires faites durant sa régence, sans les autres dangers et inconvéniens auxquels tels mouvemens sont presque toujours sujets : ce qu'on peut aisément juger par la grande dépense faite en ce léger mouvement qui a pris fin presque aussitôt qu'il a commencé. On ajoute encore à cette plainte de la profusion des finances la crainte de l'avenir, et qu'après une si grande disposition, on sera contraint de recourir à de nouvelles charges sur le peuple; et Leurs Majestés se promettent le contraire si les grands demeurent en devoir, et aident à la conservation de la paix, sans troubler le repos duquel tous les sujets ont joui si heureusement jusqu'ici. Or il y aura moyen de diminuer beaucoup à l'avenir les dépenses, et de faire en sorte, dès l'année prochaine, que le revenu ordinaire égale non-seulement la dépense, mais qu'on pourra mettre encore quelque chose en réserve pour y avoir recours au besoin. On dira peut-être que ce bon ménage a dû être fait plus tôt; il étoit à désirer, mais on n'a pu, pource que de jour en autre Leurs Majestés ont été obligées de faire de nouvelles dépenses pour éviter pis. Le commandement n'est pas toujours absolu pendant les minorités. Le soin principal doit être lors de conserver le royaume, la paix et l'autorité royale, plutôt avec prudence en dissimulant, en achetant quelquefois l'obéissance qu'on acquiert par ce moyen à meilleur prix, que s'il y falloit employer la force et les armes qui mettent tout en confusion, coûtent beaucoup plus cher, et si le succès n'en est pas toujours heureux. Qui voudra considérer les régences qui ont précédé en grand nombre celle de la Reine, il n'en trouvera une seule qui ait coûté moins que celle-ci, et peu ou point qui aient conservé la paix sans épancher du sang, et exposer le royaume aux dangers d'une guerre civile ou étrangère.

Voyons encore quels sont les autres désordres, et ne faisons point malades par imagination ceux qui sont en pleine santé, pour les précipiter plus aisément à des malheurs dont ils sont dès à présent exempts, s'ils jugent de leur propre sentiment, non à l'appétit d'autrui. La justice est celle qui fait honorer et obéir les rois ; c'est la principale cause de leur établissement, et dont ils doivent avoir le plus grand soin. Or notre Roi, ni la Reine, durant sa régence, n'y ont rien changé, l'ont laissé en la même autorité qu'elle souloit être, et

l'eussent volontiers accrue plutôt que de la diminuer. Si on allègue que Leurs Majestés n'ont pas bien reçu les remontrances du parlement, elles sont à la vérité dignes de l'autorité et prudence de ce grand sénat ; mais, pardonnez-moi, s'il vous plaît, si, parlant comme particulier de ces premiers officiers du royaume en l'administration de la justice, à qui je dois tout respect et service, et auxquels je le rends aussi très-volontiers, je dis qu'une répréhension si sévère doit être faite à l'oreille ou en présence seulement des grands du royaume, et des principaux du conseil, pour persuader Leurs Majestés de pourvoir à cette réformation qu'ils montrent désirer, sans souffrir qu'elle fût exposée à la vue d'un chacun comme il a été fait, attendu que cette publication ne pouvoit servir qu'à décrier le gouvernement, et fournir des prétextes à quiconque auroit volonté de mal faire. J'estime bien que ce mal est venu sans le su du parlement, rempli d'un trop grand nombre de personnes d'intégrité et suffisance, pour croire d'eux qu'ils y aient participé, et qu'on le doit attribuer à la licence du temps et malice d'aucuns, qui l'ont fait pour favoriser des desseins dommageables à l'Etat. Je suis néanmoins contraint de dire, avec le respect que je dois à cette grande et honorable compagnie, qu'ils ont été surpris et circonvenus en plusieurs articles contenus ésdites remontrances par ceux qui leur ont donné des mémoires et avis de choses dont ils étoient très-mal informés : ce que le parlement eût bien reconnu et en fussent tous demeurés satisfaits, s'ils eussent député quelques-uns d'entre eux pour en conférer amiablement avec ceux du conseil qui en étoient mieux instruits.

Ce sont ces remontrances et l'arrêt de la cour du 28 mars pour révoquer au parlement les grands du royaume, afin de délibérer avec eux des affaires de l'Etat, sans en avoir averti le Roi qui étoit à Paris, qui ont offensé Leurs Majestés, et été cause de l'arrêt qu'on trouve avoir trop d'aigreur. Conférez, je vous prie très-humblement, avec ce que les prédécesseurs rois ont fait en occasion de moindre importance, et qui n'entamoient si avant leur autorité, et vous jugerez, je m'assure, que leur colère en ce premier moment a été juste, et qu'ils ont été obligés d'en user ainsi, s'ils n'eussent voulu

46

laisser tomber à mépris ce droit de souveraineté qui tient les sujets en obéissance et devoir. Ils ne laissent pourtant de se souvenir tous les jours qu'ils ont très-grand intérêt, et plus que nuls autres, même que le parlement, de conserver entière et inviolable l'autorité de la justice qui leur a été commise. Leurs Majestés s'assurent aussi qu'ils sont trop sages pour différer plus long-temps à se réconcilier avec leur Roi, qui désire les recevoir en grâce, et les reconnoître et tenir pour ses bons et loyaux sujets, officiers et serviteurs; ainsi, quiconque se voudra servir de leur mécontentement et de leur appui comme d'un prétexte spécieux pour rendre juste et mieux assisté quelque mouvement dans le royaume, il sera trompé, et trouvera le Roi armé de la justice, aussi bien que de ses forces, pour repousser leurs efforts, et conserver l'autorité que Dieu lui a mise en main. Il semble encore qu'on prenne sujet de reprendre le conseil de légèreté, pour avoir donné avis de révoquer l'abolition du droit annuel, accordée et promise solennellement aux députés des Etats. Il est certain que cette pernicieuse introduction du droit annuel mérite d'être condamnée; que c'étoit l'intention de Leurs Majestés de le faire et exécuter dès lors sans aucune remise, et chercher d'autres moyens pour reconnoître les services de plusieurs officiers qui avoient bien mérité du public; mais les plaintes d'un si grand nombre d'officiers ayant été si fréquentes de divers endroits du royaume, fondées en quelques considérations qui avoient de la justice, du moins qui méritent la grâce du Roi, il leur en a accordé la prolongation pour deux années suivantes avec celle-ci, en résolution de le révoquer, ensemble la vénalité de tous offices avec ledit temps expiré.

Je pourrois bien encore ajouter d'autres raisons à celle-ci, c'est que Leurs Majestés ont bien reconnu que plusieurs se vouloient servir du mécontentement des officiers auxquels on refusoit cette grâce, pour être plus puissante et mieux suivie en des desseins qui eussent été préjudiciables à l'Etat. Plus, il n'étoit pas expédient de faire lors quelque nouvelle imposition pour remplacer la perte des parties casuelles, et par ce moyen charger le peuple, qui a besoin de soulagement : au lieu qu'en prenant ce loisir, on espère qu'il y sera pourvu par diminution de dépense, afin que les Etats du royaume reçoivent lors ce bien gratuitement, et que le peuple n'ait point occasion de le tenir à charge plutôt que pour un bienfait. Je ne puis encore juger où sont les autres désordres dont on veut fasciner les yeux du peuple, quand je considère que les gages des officiers, et les rentes à qui elles sont dues, ne furent jamais mieux payés; que Leurs Majestés ont eu un très-grand soin de conserver les alliances et amitiés acquises à cette couronne, tant par le feu Roi que par les autres rois prédécesseurs, et qu'elles se sont employées courageusement et avec prudence aux occasions qui se sont présentées pour garantir d'oppression leurs anciens amis et alliés; ont fait voir leurs armes pour le secours de Juliers, empêché des entreprises sur Genève, et travaillent encore tous les jours pour faire finir la guerre de Piémont, et celle dont les princes qui prétendent la succession de Clèves et Juliers sont en crainte de la part de ceux même dont ils ont appelé le secours, leur entremise et travail ayant été si heureux jusqu'ici qu'ils s'en promettent un bon succès. Je sais bien que plusieurs, tant dedans que dehors le royaume, eussent bien désiré qu'on eût couru du premier coup aux armes contre celui dont ils estiment la grandeur être suspecte à un chacun, au lieu de chercher les moyens d'apaiser ce mouvement avec prudence, en priant et exhortant comme amis les uns et les autres de poser les armes, et terminer leurs différends par voie amiable; mais Leurs Majestés n'ont pas approuvé ce conseil, au contraire elles jugent sagement qu'il ne peut arriver aucune guerre en la chrétienté qu'elle ne concerne presque tous les princes et Etats, même notre Roi, d'être de la partie, soit pour le propre et présent intérêt de ses Etats, ou pour celui de l'avenir, en souffrant que les uns croissent trop en puissance, ou que les autres, devenus trop foibles, soient injustement opprimés. Or, son dessein principal, sorti du conseil de la Reine, est de conserver la paix dans le royaume, et de faire vivre en amitié tous les sujets que Dieu a soumis à sa domination, d'avoir aussi le même soin du dehors en allant au devant de tous mouvements pour les assoupir s'il est possible, aussitôt qu'ils naissent, et quand ce moyen lui défaudra, se tenir en si bonne et ferme assiette, qu'il se puisse conserver contre toutes sortes d'ennemis, et faire choix avec justice et considération du bien de ses Etats et sujets, du conseil qui sera le plus expédient pour assister les uns ou les autres; se réservant toujours tant qu'il pourra, l'autorité et pouvoir de demeurer neutre et arbitre pour composer les différends, et mettre la paix entre tous, plutôt que d'y entrer comme partie. Or ce conseil, qui est le plus assuré et accompagné aussi de prud'hommie, ne doit être suspect à personne, et ne pourra être blâmé, sinon de ceux qui seront prévenus de quelque mauvais dessein ou mal informés de l'état de nos affaires. Ce qui touche plus vivement au cœur d'un grand nombre de personnes de toutes qualités, sont les mariages d'Espagne, que plusieurs, qui ont une trop grande appréhension de l'avenir craignent, comme si cette alliance devoit non-seulement conjoindre les personnes, mais les forces et puissances de leurs Etats pour les porter à même dessein.

C'est une erreur de croire que les liens de la charité soient mis en même ordre et considération parmi les grands rois, qu'ils sont entre les particuliers, auxquels le sang et la nature font toujours sentir et suivre ce qui vient d'elle. Les rois mettent en bien plus haut degré leurs Etats leur grandeur et la conservation de leur autorité que toutes ces alliances, et même que leurs propres enfans. Ce premier et principal soin leur fait oublier tout, et ne se souviennent plus des devoirs qui procèdent du sang, de l'alliance et de l'amitié quand leurs Etats y sont intéressés. Vous le reconnoissez bien ainsi en un endroit de votre lettre; mais vous ajoutez en un autre qu'il est à craindre que ces deux puissans rois se joignent en un même dessein pour renouveler les troubles du passé, et accroître la grandeur d'Espagne aux dépens de la nôtre. Dépouillez-vous, s'il vous plaît de cette vaine crainte; les lois établies en France pour nous faire vivre en paix, observées déjà par un si long temps, nous feront avoir en horreur tous les conseils qui pourroient tendre à la troubler; ainsi, si quelques mauvais et mal conseillés sujets ne sont cause de rupture, la paix et le repos établi par les édits durera sans fin. Et quant à la grandeur d'Espagne, vous êtes trop sage et trop bien informé des François, pour croire qu'il y en ait un seul qui la veuille élever par dessus

nous: et si quelqu'un étoit si osé que d'en donner le conseil ou faire des pratiques secrètes pour nous y précipiter, il est certain que sa trahison découverte le rendroit coupable de mort. Il y a long-temps que ces mariages ont été délibérés, conclus et arrêtés en présence de monseigneur le prince, de feu monseigneur le comte de Soissons et des autres princes, ducs pairs et officiers de la couronne, entre lesquels vous vous y êtes trouvé plusieurs fois sans qu'un seul ni vous-même n'ayez contredit, ni mis en avant qu'ils pussent être cause de si grands dangers, encore qu'il fût libre lors à chacun de dire ce que bon lui sembloit sans crainte d'offenser Leurs Majestés, qui, au commencement de cette proposition et délibération, n'avoient aucun préjugé en leurs esprits pour approuver ou rejeter les avis qui leur seroient donnés. Les Etats-généraux, en leur assemblée à Paris, les ont pareillement approuvés par un consentement général de tous les députés qui ont supplié Leurs Majestés d'en avancer l'accomplissement.

Souvenez-vous aussi qu'après la résolution solennellement prise de ces mariages, vous fûtes envoyé en ambassade vers le roi de la Grande-Bretagne pour lui faire entendre les raisons qui avoient mû Leurs Majestés d'en prendre le conseil, et que ces alliances étoient plutôt pour aider à la conservation de la paix entre tous les princes de la chrétienté que pour introduire quelque nouveauté préjudiciable à aucun d'eux, et du rapport que vous fîtes en plein conseil de l'approbation dudit sieur Roi, y ajoutant même votre avis comme conforme à tout ce qui en avoit été arrêté. Vous en faites encore autant à un endroit de votre lettre, mais vous y ajoutez qu'il les faut différer. Or, on ne voit point qu'il y ait à présent aucune différence entre la remise et la rupture, étant bien certain, puisque le temps de l'exécution de ces traités a été accordé entre notre Roi et le roi d'Espagne, que la remise venant de notre part sera prise par lui pour un changement de volonté, ou pour une grande foiblesse et impuissance qui a ôté le moyen au Roi d'exécuter et accomplir ce qu'il a désiré et promis. Or en l'un, le roi d'Espagne auroit sujet de nous tenir pour ennemis, et en l'autre de nous mépriser; et les deux sont dommageables et honteux. Il est donc trop tard et hors de saison d'apporter aujourd'hui ce conseil. Ceux qui regardent de si loin les dangers qui peuvent arriver à l'occasion de ces mariages, se trompent à mon avis; car au lieu d'émouvoir des guerres dedans nous ou ailleurs, Leurs Majestés espèrent qu'ils seront cause d'assurer la paix partout, et qu'elles auront plus de moyen de persuader au roi d'Espagne, comme amis et alliés, qu'il n'entre en quelque nouveau dessein qui puisse troubler le repos général, que s'ils essayoient de l'en divertir en cherchant les moyens de l'offenser comme ennemis. Puis ce remède est sans péril, ne nuit à personne, et ne leur ôte l'usage des autres remèdes dont les souverains ont accoutumé se servir au besoin; outre ces considérations, vous savez aussi bien qu'aucun autre avec quelle affection Leurs Majestés ont embrassé la recherche que le roi de la Grande-Bretagne fait de madame Chrestienne pour son fils, héritier présomptif de ses couronnes et Etats, le pourparler duquel mariage est déjà bien avancé, et en aussi bon état de leur côté qu'on le pourroit désirer, ce qui doit faire cesser tout le soupçon du premier, et assurer un chacun qu'elles n'ont autre intention et désir que d'aider à conserver la paix entre tous les princes et Etats de la chrétienté. Cette façon de procéder, si sincère et ouverte, dont elles ont usé en toutes leurs actions et déportemens depuis la mort du feu Roi, vous doit être une assurée protection contre la crainte des armes du roi d'Espagne; elles sont aussi sur le pied pour autre dessein que pour entreprendre sur la France. Or nous tenons Sedan être compris sous ce nom, par ainsi que le Roi a même intérêt à le conserver qu'une autre place qui seroit plus avant dans le royaume. Les grands rois ne souffrent jamais qu'on écorne leurs frontières, et ne donnent aucun avantage à l'alliance et amitié de quelque prince que ce soit qui puisse diminuer leur grandeur et autorité.

Si ce soupçon continuoit encore en votre esprit, il vous faudroit recourir à la puissance et aux armes du Roi pour vous garantir de danger, et néanmoins vous montrez en avoir défiance, et voulez croire qu'on a fait de grandes levées depuis votre départ de la cour sans vous en avertir. Je vous en peux assurer que ces levées ont seulement été projetées, non mises sur pied, combien que leurs Majestés n'eussent qu'assez de sujet de ce faire, attendu les levées qu'on dit avoir été faites ouvertement près de vous et sur votre frontière, et les pratiques et arremens secrets en d'autres endroits du royaume; car le souverain doit toujours être armé le premier, quand il se doute et prévoit quelque mouvement; et s'il n'a été fait jusqu'ici, c'est que le Roi est en bonne paix avec ses voisins, et qu'il ne peut croire, quelques mauvais bruits qu'on fasse courir, que ses sujets, qui n'ont aucun prétexte pour s'élever contre lui, se veuillent précipiter à de si dangereux et injustes desseins; et si quelques-uns s'oublioient tant que de le faire, j'estime, monseigneur, qu'ils ne tireroient aucune assistance de vous, et que vous vous souviendrez toujours que vous avez un office de grande dignité dans le royaume, et que vous êtes seigneur de naissance, qualité et moyens qui vous obligent et intéressent en la conservation de l'Etat et de la paix du royaume, et qui seule peut conserver l'autorité du Roi, et lui donner le moyen de réformer les abus et désordres que chacun montre avoir en horreur. Si cette réponse vous a été envoyée tard, encore qu'elle fût faite peu de jours après avoir reçu votre lettre, j'ai des raisons qui m'en excusent. Elle méritoit bien un plus long discours pour le sujet qu'elle traite. Recevez de bonne part, je vous supplie très-humblement, ma liberté, et croyez, s'il vous plaît, que je n'ai autre passion que de bien faire, et d'être utile au public, qui sera très-bien, si nous voulons oublier tous autres intérêts pour y servir. Quant à ce qui touche à vos affaires particulièrement, je vous y rendrai volontiers très-humble service quand j'en aurai le moyen, comme étant, monseigneur, etc.

Propos tenus en l'assemblée des notables à Rouen, le quatorzième décembre 1617, par M. le président Jeannin, où messieurs des finances sont venus, par le commandement du Roi, pour informer ladite assemblée de l'état des affaires de ses finances[1].

Monsieur Jeannin, superintendant des finances, portant la parole, a dit qu'ils étoient

[1] Cette assemblée des notables, dont le roi Louis XIII fit l'ouverture, fut présidée ensuite par Gaston, frère

venus en l'assemblée par le commandement du Roi, pour représenter l'état auquel étoient à présent les affaires de ses finances, les raisons et causes qui ont porté Sa Majesté aux grandes et excessives dépenses qui ont été faites depuis le décès du feu Roi, afin qu'en étant informée au vrai, elle puisse donner à Sa Majesté son avis sur les moyens et expédiens qu'elle jugera les plus utiles, pour faire en sorte que le revenu ordinaire de Sa Majesté suffise pour l'entretènement de sa maison et de son Etat, selon sa dignité et grandeur, sans avoir recours à des moyens extraordinaires qui sont souvent à la foule et ruine de ses sujets, et qui les font murmurer; qu'à l'instant de la mort du feu Roi, de glorieuse mémoire, qui soit en la gloire de Dieu, la Reine mère, lors régente du royaume, fit assembler les princes et les officiers de la couronne, et avec eux les principaux conseillers dont le feu Roi s'étoit servi en ses plus grandes affaires, pour savoir d'eux ce qu'elle avoit à faire pour conserver l'autorité du roi son fils, et tenir le royaume en paix. Elle fut donc conseillée de renouveler les édits de pacification, entretenir les alliances de la couronne, et surtout obliger, par gratification de pension, et autres bienfaits, les grands du royaumes et autres seigneurs considérables en l'Etat, sans lesquels l'autorité du Roi, pendant sa minorité et la foiblesse d'une régence, soutenue, ne pouvait être soutenue; que ce conseil fut sage et du tout nécessaire pour éviter un plus grand mal à l'Etat, en quoi il s'est fait une grande et extraordinaire dépense, dont se peuvent souvenir ceux qui savent l'état auquel on étoit lors, et ce qu'on devoit craindre pour l'appréhender, qui fut cause d'apporter de nouvelles et extraordinaires dépenses, outre lesquels la reine se trouva chargée de plusieurs autres faites peu avant le décès du feu Roi, mais non acquittées, comme pour son couronnement et des préparatifs faits pour son entrée à Paris, et, la mort du Roi avenue, les obsèques et pompes funèbres, puis du sacre du Roi, de l'armée qui fut envoyée au secours de Juliers; qu'à ces dépenses on pourroit bien ajouter d'autres excessives dépenses faites en faveur des princes et autres du Roi, âgé de neuf ans, assisté des cardinaux Du Perron et de La Rochefoucault. Cette assemblée ne produisit aucun fruit.

grands du royaume, dont la plupart avoient été payées par les ordonnances de M. le duc de Sully, qui a toujours eu la réputation de bien ménager les finances du Roi, comme on estime qu'il a fait en cet endroit; le bon ménage des finances d'un grand roi ne consistant pas toujours à ménager et mettre de l'argent en réserve, mais quand il est requis pour faire mieux et éviter pis, à les bien distribuer et gagner le cœur de ses sujets, y ayant des temps où l'Etat d'un prince se conserve par sa libéralité, et auxquels, si on vouloit user de ménage, on tomberoit en des inconvéniens et dépenses qui consumeroient six fois autant que ce qui se trouveroit d'épargne.

Toutefois, que ces grandes dépenses n'empêchèrent pas que Sa Majesté, désirant le soulagement de ses sujets, ne fît une révocation de tous édits de nouvelle création d'offices, d'attribution de droits et commissions pour recherches extraordinaires qui se faisoient lors, dont elle pouvoit tirer un grand argent, et aussi une diminution sur le revenu ordinaire des finances de deux millions de livres par an; que ces charges avoient continué jusqu'à ce que les mouvemens survenus, avec les dépenses des mariages du Roi et de madame la princesse d'Espagne sa sœur, contraignirent la Reine mère de rétablir la plupart de ce qui avoit été remis au peuple, de se servir non-seulement de cinq millions de livres qui étoient de comptant à la Bastille, mais aussi de plusieurs moyens extraordinaires, tant pour supporter les frais de la guerre que pour acheter la paix et obéissance des sujets du Roi, remèdes foibles à la vérité pour la dignité du Roi, mais les plus assurés pour remettre l'Etat hors de péril; que jusqu'à ce que le Roi eût pris le gouvernement de son royaume, tout était plein de confiscations, de désordres et de profusions; qu'il ne vouloit représenter les causes et prétextes qui avaient excité les premier et second mouvemens, pour ne rejeter le blâme sur personne, puisque chacun étoit en l'obéissance du Roi; mais quant au dernier mouvement, qu'il n'avoit meilleur fondement que la démesurée ambition et avarice insatiable du maréchal d'Ancre, lequel vouloit rendre la guerre immortelle s'il eût pu, pour trouver dans les troubles de la grandeur particulière pour lui à la diminution de l'autorité du

Roi, comme il fut avenu sans doute si Sa Majesté, par une sage et généreuse résolution, n'eût fait finir tout d'un coup sa vie et ses méchans desseins. Ce sont les mouvemens et le désordre commis dans les finances à l'occasion du maréchal d'Ancre, qui ont été les vraies causes de faire consommer tant de levées extraordinaires, et de faire prendre encore par anticipation avant sa mort deux millions de livres sur les deniers des quartiers de juillet et octobre de la présente année, et dix-huit cent mille livres sur les années 1618, 1619 et 1620 : ce qui a contraint le Roi, ayant pris le gouvernement de son Etat, de recourir à de nouveaux moyens extraordinaires pour remplacer cette faute de fonds, et avoir son revenu libre et entier pour supporter les charges de l'Etat, moyennant lequel remplacement et retranchement que le Roi veut faire par les avis de l'assemblée, Sa Majesté se promet de remettre ses affaires en si bon état, qu'elle n'aura plus besoin de moyens extraordinaires, et soulager encore ses sujets, ensorte qu'ils auront plus d'occasion de la louer de sa bonté, et l'aimer pour le bien et commodité qu'ils recevront de sa domination, que de la craindre et redouter à cause de sa puissance et dignité ; que plusieurs se pourront étonner de tant de levées extraordinaires, si on n'avoit moyen de justifier par écrit que la dépense des mouvemens revient à près de trente millions de livres, en y comprenant les non valuirs qui ont été aux recettes et aux fermes à l'occasion de la guerre ; que l'on étoit à présent hors de ces misères, et avoit-on grande occasion d'espérer, s'il plaisoit à la bonté divine conserver la paix dans le royaume, et la personne de notre Roi, au premier âge duquel nous voyons reluire tant de semences de vertu, qu'elles produiront sans doute en leur maturité des fruits qui le feront aussi bien reconnoître le fils du grand Henri son père, que successeur de sa couronne par les lois du royaume.

Il ne reste donc plus sinon lui donner le moyen par vos bons avis de faire le bien qu'il désire et promet à ses sujets, sur les propositions qui leur ont été et seront faites de la part de Sa Majesté, entre lesquels il y en a qui tendent au retranchement des dépenses superflues, comme à l'immensité des états, appointemens et pensions qui reviennent aujourd'hui à plus de six millions trois cent mille livres, l'entretènement des gens de guerre qui monte à plus de quatre millions de livres, et les garnisons extraordinaires à plus de deux millions de livres : ces trois articles excèdent de six millions de livres et plus ce que le feu Roi avoit accoutumé d'y employer quand il étoit en paix ; que les avis de l'assemblée seront très-bien reçus par le Roi, et y aura grand égard, pour l'assurance que Sa Majesté a de leur prudence, fidélité, service et affection à approuver le bien du royaume et le soulagement de ses sujets. Ajoutant un peu après que si l'assemblée désiroit avoir un particulier éclaircissement de l'état de la recette et dépense de toutes les finances du royaume, et quelle a été leur administration, qu'ils sont prêts à le faire voir, et feront reconnoître qu'en tout ce qui s'est passé, ils y ont apporté le soin, la vigilance et intégrité requis pour s'en acquitter en gens de bien.

LETTRE *écrite à M. le président Jeannin par la Reine mère, du dixième mars 1619.*

Monsieur le président Jeannin, je désire que vous disiez au Roi monsieur mon fils ce que vous jugerez en conscience qu'il doive croire, et faciliter la supplication que je lui ai faite de vouloir ouïr la passion que j'ai pour la conservation de son autorité, et pour le bien de son Etat, d'autant que vos offices et vos conseils lui sont plus nécessaires que jamais, puisqu'on le porte aux plus violentes et irrégulières armes que l'on a jamais levées. Je lui écris encore la lettre de laquelle aussi bien que de l'autre l'on vous donnera un double, afin qu'étant bien informé de la justice et candeur de mon procédé, vous contribuiez tout ce qu'il vous sera possible pour le bien de son service, et pour la paix de son royaume, laquelle je tâcherai de maintenir toujours, et tant que je pourrai, au prix de ma vie, et prierai Dieu, monsieur le président Jeannin, qu'il vous ait en sa sainte garde. MARIE.

Votre bonne amie,

D'Angoulême, ce dixième mars 1619.

Réponse de M. le président Jeannin à la Reine mère, du dix-septième mars 1619.

MADAME,

Ce m'est un extrême regret et déplaisir de vous voir éloignée du Roi, et en un état qui me fait assez connoître et juger que vous n'êtes en liberté pour sentir et dire ce que votre conscience et bon naturel vous doivent faire désirer, et procurer la conservation de l'autorité du Roi, qui n'a besoin de votre conseil pour rechercher avec soin et affection le moyen de vous réconcilier, lui y étant si bien disposé de soi-même, qu'il prie Dieu tous les jours, et nous exhorte aussi de conspirer avec lui ce saint et louable désir : ce que je vous peux assurer, madame, être très-véritable, pource que Sa Majesté me fait l'honneur de m'appeler au conseil de ses principales et plus importantes affaires, même de celles qui vous concernent. Aidez donc, s'il vous plaît, madame, je vous supplie très-humblement, à ce bon œuvre, et à faire cesser les mouvemens qui semblent être préparés sous votre nom, lesquels, au lieu de profiter au public, et apporter quelque réformation et soulagement, ne serviront que de prétexte pour favoriser les mauvaises intentions de ceux qui pensent s'accroître dans les ruines de l'Etat ; considérez que vous y avez très-grand intérêt, et que l'honneur et respect qui est rendu au Roi est la vraie cause qui met en l'âme de tous ses bons sujets le désir de reconnoître, honorer et servir sa mère, et si le premier devoir est obscurci, et mis à mépris, qu'il ne vous restera rien que le regret d'avoir cru les méchans et malheureux conseils de ceux qui vous ont jetée en ce précipice.

J'ai eu autrefois l'honneur, en recevant les commandemens de Votre Majesté, de lui laisser quelque bonne opinion de mon intégrité. Croyez, madame, que je ne suis pas changé, et que plus je vieillis, Dieu me fait la grâce d'accroître en moi cette affection et désir de bien faire, et que je n'estimerois pas aussi servir bien et fidèlement le Roi, si je ne désirois par même moyen votre contentement ; les deux ensemble étant si joints, qu'ils ne peuvent être séparés sans produire de très-mauvais et dangereux effets, dont la cause vous sera toujours attribuée, s'il ne vous plaît prendre avec Dieu, votre conscience et bon naturel, le conseil qu'une bonne et sage mère doit prendre pour la conservation de l'autorité de son fils, et le repos de ses sujets qui sont les vôtres. Je m'ose promettre, par la connoissance que j'ai de votre vertu, qu'étant éclaircie des nuages et mauvais artifices dont on a usé jusqu'à présent pour vous surprendre et décevoir, vous prendrez cette bonne et sainte résolution, qui vous fera honorer et reconnoître ce que vous êtes par tous les gens de bien, et m'obligera aussi à demeurer perpétuellement, madame, votre, etc.

P. JEANNIN.

A Paris, ce 17 mars 1619.

LETTRE du Roi à la Reine sa mère, faite par M. le président Jeannin à Tours, le dernier mai 1619.

MADAME,

La lettre qu'il vous a plu m'écrire ne m'a pas apporté le contentement que je m'étois promis, et que ma conduite envers vous méritoit ; car vous blâmez les forces que j'ai mises sus, non contre vous, mais contre ceux qui, abusant de votre nom, faisoient des pratiques dedans et dehors le royaume pour soulever mes sujets, et élever, s'ils eussent pu, les princes étrangers pour troubler la tranquillité de mon État ; lesquelles forces ont à la vérité été inutiles, non pour la raison contenue en vos lettres, mais pour ce que j'ai mieux aimé chercher les moyens de vous réconcilier avec moi, en vous assurant de ma bonne volonté, et oubliant, à votre prière, les offenses de tous ceux qui vous ont assistée, que de les employer. Elles avoient toutefois été levées avec juste sujet, ou plutôt par nécessité, et en suivant l'exemple des rois qui sont bien conseillés, comme j'ai été jusqu'ici par la grâce de Dieu, lesquels n'attendent pas qu'un mouvement, préparé contre leur autorité et le salut de ceux que Dieu a soumis à leur domination, soit fortifié en sorte qu'il puisse mettre leurs affaires en péril, mais vont au devant par prévoyance. Considérez donc, je vous prie, madame, comme j'en ai usé. Aussitôt que je fus averti de votre départ de Blois, j'envoyai vers vous le sieur de Bethune, puis après lui mon cousin le cardinal de La Rochefoucault, avec des offres qui pouvoient assurer que je ne désirois rien avec plus d'ardeur que de vous aimer, honorer et respecter comme ma bonne mère, par tous les devoirs et offices qu'on peut requérir d'un bon fils qui a toujours eu empreint en l'âme ce à quoi la loi de Dieu et celle de la nature l'obligent. Il semble néanmoins que vous vouliez rejeter sur moi, comme une faute commise envers vous, ce que j'ai fait avec si bonne intention, et continué toujours depuis, encore que la foiblesse de ceux qui vous assistent, et les forces que j'avois assemblées, m'aient donné le moyen de pouvoir surmonter toutes difficultés en peu de jours, et d'en user après comme il m'eût plu.

Si vous avez donc au cœur ce que je veux croire de votre bon naturel, n'entrez en reproche des choses passées qu'on ne sauroit réputer qu'avec trop d'avantage pour moi; cherchez plutôt votre contentement en l'assurance que vous devez prendre de mon amitié; vous êtes trop intéressée en mon bien et en mon mal; mes sujets ne peuvent souffrir oppression, ni mon autorité être diminuée que vous ne vous en ressentiez. Il est temps de finir, et n'est déjà que trop tard pour le bien et repos de mes bons sujets, et pour votre liberté, que vous ne pouvez recouvrer avec plus de sûreté et contentement pour vous, que par les offres que je vous ai faites et répétées si souvent, et fais encore à présent par le sieur Berulle, dont la prud'hommie, sagesse et fidélité vous est assez connue; et croyez que j'accomplirai de bonne foi, et avec une volonté immuable, tout ce que je vous ai promis et accordé : il s'acquittera mieux de la créance que je lui ai donnée que n'a fait le comte de Brayne de celle qu'il a reçue de vous, qu'il a retenue à soi sans me l'exposer, s'est conduit en ma cour comme s'il y étoit venu, non de la part d'une mère vers son fils, et après l'accommodement conclu et arrêté, mais comme si c'eût été de la part de quelque ennemi, et au temps de l'hostilité.

Projet de la lettre du Roi aux gouverneurs sur la délivrance de M. le prince[1].

Dès lors que je suis entré au gouvernement du royaume, mon principal soin a été d'avoir recours à la bonté divine pour m'inspirer et enseigner les moyens de le régir et gouverner en sa crainte, et les sujets qu'il lui a plu soumettre à ma domination avec droiture et justice; et pour le faire avec plus de sûreté et facilité, estimé qu'il étoit nécessaire d'y établir un bon, ferme et durable repos, ayant procuré en ce que j'ai pu le même bien aux princes voisins, amis et alliés de cette couronne, pour ce que j'ai cru que c'étoit le devoir d'un prince vraiment chrétien, et qui porte le nom que ses prédécesseurs ont acquis à ce royaume, d'en user ainsi. Je me suis aussi voulu informer particulièrement des causes de la longue détention de mon cousin le prince de Condé; et après m'en être éclairci, jugé avec grande considération pour le bien de mon État et de mes sujets, qu'il étoit expédient de le mettre en liberté et appeler près de moi pour m'assister et servir : ce que je dois espérer d'un prince qui a l'honneur d'être le premier et le plus proche de mon sang après mon frère, et par ce moyen intéressé à la conservation de mon autorité, et obligé à m'aider à maintenir l'obéissance qui m'est due par tous mes sujets; me promettant aussi qu'il le fera volontiers par la souvenance qu'il aura de ce nouveau bienfait, dont je vous ai bien voulu avertir afin que vous soyez informés sur ce sujet de mon intention, et que la fassiez savoir où vous jugerez qu'il en sera besoin.

Ecrit fait par M. le président Jeannin au mois de février 1620, sur le sujet des troubles d'Allemagne, et des moyens d'y remédier.

(Ce fut peu avant l'envoi de M. le duc d'Angoulême, de M. de Bethune et de M. de Preaux en Allemagne.)

La grandeur d'Espagne, en laquelle je comprends tout ce que l'empereur et la maison d'Au-

---

[1] Henri II de Bourbon, prince de Condé, fut mis à la Bastille en 1616, sous la régence de Marie de Médicis, et n'en sortit qu'en 1619.

triche possède en Allemagne, ès Pays-Bas et partout ailleurs, est montée à un si haut degré d'autorité et pouvoir, qu'elle en est devenue formidable, odieuse et suspecte à tous les autres souverains de la chrétienté, et plus encore à ceux qui lui sont de beaucoup inférieurs, n'y en ayant un seul d'entre eux qui ne désire à cette occasion leur affoiblissement, qu'ils jugent nécessaire pour assurer leurs Etats contre cette grande puissance qui cherche toujours à s'accroître, à laquelle ils savent bien ne pouvoir résister sans l'aide d'autrui, qui est souvent incertaine et douteuse, quelque confédération qu'ils aient les uns avec les autres pour leur mutuelle conservation. Le Roi, entre les souverains de la chrétienté, est l'un de ceux qui s'en doit le moins soucier, d'autant qu'il trouve en soi-même et dans ses Etats des forces suffisantes pour s'y opposer sans avoir besoin d'autre assistance. Sa Majesté ne laisse pourtant d'avoir intérêt d'empêcher qu'ils ne croissent davantage au préjudice et à la diminution des autres potentats, crainte, si cette égalité, qui est encore à présent entre la maison de France et celle d'Espagne, n'étoit plus par l'accroissement que prendroit celle d'Espagne, en ajoutant à sa grandeur de nouvelles conquêtes, qu'il n'y ait plus à l'avenir aucune résistance pour garantir d'oppression les foibles Etats contre la violence des plus forts, et que Sa Majesté même ne soit pour en ressentir du dommage en ses Etats.

C'est avec ces considérations qu'aucuns des rois prédécesseurs ont donné secours et assistance aux princes protestans, lorsqu'ils étoient foibles, contre la puissance d'Espagne et des empereurs de cette même maison, et que le feu Roi, prince sage et judicieux, en a fait autant en faveur des Etats des Pays-Bas contre la même grandeur, se souvenant qu'ès querelles des deux maisons, la France avoit été assaillie et endommagée de cet endroit plus que d'aucun autre. Les autres souverains ont aussi usé de même prudence, et d'ennemis qu'ils étoient du roi François Ier, devinrent ses amis, et se joignirent ensemble pour la défense du royaume, lorsque l'empereur Charles V, le tenant prisonnier, et usant trop insolemment de sa victoire, vouloit extorquer de lui des conditions dures et injustes, qui lui eussent apporté trop d'augmentation, et trop de diminution à la grandeur de la France, qu'ils avoient intérêt de conserver.

Nous sommes aujourd'hui en bonne paix avec cette maison, et n'y a rien qui nous doive induire à lui procurer du mal; mais au contraire, si nous voulons suivre ces exemples et user de même conduite, l'empereur étant foible et déjà presque dépouillé de son ancien patrimoine, et de tous les autres ornemens dont il vouloit être revêtu, qu'il n'est que sur la défensive, et encore bien foiblement, Sa Majesté est obligée de le secourir contre un si grand nombre d'ennemis fort puissans, et qui ne peuvent être les maîtres par une victoire absolue, que la religion dont elle fait profession ne soit en très-grand danger, étant vraisemblable que le premier et principal fruit que ces princes, qui sont séparés et hors de l'obéissance de l'Eglise romaine, voudront retirer de leur victoire, sera de chasser et bannir d'Allemagne toute autre religion que la leur; car, encore que les luthériens ne soient si violens que les calvinistes, qui ont toujours usé de cette rigueur et injustice, quand ils ont pensé avoir assez de pouvoir pour l'oser entreprendre avec quelque sûreté, dont les exemples du passé font assez de foi, si est-ce que les uns et les autres seront aisément persuadés et induits à prendre ce conseil, tant pour l'avancement et sûreté de leur religion que pour occuper et partager entre eux dans leurs Etats les biens des ecclésiastiques, qui sont très-grands en Allemagne, selon qu'il fut fait à la première introduction de la doctrine de Luther.

Et ce changement fait en Allemagne, il est bien à craindre qu'il donne facilité et courage à ceux qui font profession de la même religion ès provinces et Etats des autres souverains, où ils ont déjà quelque établissement, d'en faire autant en espérance d'être secourus et assistés des forces et de la prospérité que les protestans auront obtenue en Allemagne; et peut-être que Sa Majesté ne sera exempte de ce danger dans ses Etats, encore qu'elle ait intention et ferme résolution de garder inviolablement les édits faits en leur faveur, sans user d'aucune contrainte pour forcer leurs consciences, si leur rébellion et désobéissance ne l'y contraint.

C'est donc avec grande raison que le Roi doit désirer et avoir soin d'aider à faire finir cette guerre par quelque composition et accommodement qui soit tolérable, plutôt que par une victoire absolue, qui ne peut arriver qu'avec longueur de temps, grandes et excessives dépenses, et sans faire épancher beaucoup de sang, et une dévastation par tous les endroits de l'Allemagne, dont la contagion passera sans doute, si cette guerre continue, en toutes les autres provinces ès Etats de chrétienté, chacun pensant avoir intérêt en cet événement, soit qu'il arrive du côté des protestans ou de l'empereur, y ayant du mal, et à la suite plusieurs dangers et inconvéniens, mais beaucoup plus grands en la victoire des protestans, à cause de la religion, qu'en celle de la maison d'Autriche, qui est trop foible seule pour espérer aucun bon succès, et n'aura assistance que pour les garantir de ruine, non pour leur donner moyen d'entreprendre sur autrui, outre ce qu'il y a peu d'apparence qu'elle puisse obtenir quelque grand avantage sans être tellement affoiblie qu'elle ait assez à faire de se soutenir.

On voit aussi déjà la victoire comme assurée pour les protestans, si l'empereur n'est secouru de ce qu'il lui reste de forces de celles des princes catholiques d'Allemagne qui le voudront assister, et du roi d'Espagne, au secours duquel consiste son principal appui. Quant à ces princes d'Allemagne, il n'y a aucune liaison et intelligence entre eux, ils sont éloignés les uns des autres, et à présent désarmés, ou armés seulement pour la défense de leurs pays et sujets; au contraire, les protestans sont unis, armés puissamment, et ont déjà fait de si grands progrès en faveur et à l'avantage du nouvel élu roi de Bohême, que les princes qui auroient volonté d'assister l'empereur, semblent ne s'oser découvrir, crainte de mettre leurs Etats en péril en allant au secours d'autrui.

Et quant aux forces d'Espagne, il faut considérer, encore qu'il soit très-puissant prince, qu'il lui sera difficile de mettre grand nombre de gens de guerre ensemble, pource que les excessives dépenses qu'il a faites du passé l'ont épuisé d'argent et de crédit, qu'il ne peut faire sortir d'Espagne que bien petit nombre de gens de guerre, et moins encore à présent que du passé, à cause que les colonies envoyées aux Indes de cette même nation de temps à autre en enrichissant l'Espagne d'argent, l'ont affoiblie d'hommes; et le bannissement des Morisques appauvrit et fait aussi de grandes solitudes en plusieurs endroits dudit pays.

Et pour l'Italie, le duc d'Ossonne ayant déjà fait sortir quatre mille Napolitains et trois mille Wallons qui y étoient passés pour la guerre contre les Vénitiens et le duc de Savoie, le roi d'Espagne ne sera pas conseillé d'en tirer plus grand nombre, ou ne le voudra accroître que de peu de gens, parce qu'il sait bien que les Vénitiens et le duc de Savoie sont aux écoutes pour entreprendre sur lui quand ils en verront l'opportunité, l'un et l'autre estimant que de son affoiblissement en Italie dépend la sûreté de leurs Etats; outre ce que, depuis le traité fait avec eux, les premiers se plaignent qu'ils n'ont pu obtenir de lui la reddition des galères et marchandises prises sur leurs sujets, encore qu'il y fût obligé par ledit traité, et le duc de Savoie, à cause de l'échange du marquisat de Montferrat que le roi d'Espagne poursuit être le Crémonois, ce qu'il estime ne pouvoir être fait qu'à son très-grand dommage et au préjudice du différend qui est remis à la chambre impériale, dont il espère bon succès, qui sera néanmoins sans fruit si ce grand prince devient seigneur dudit marquisat, pour la difficulté qu'il y aura de l'arracher de ses mains. Il pourra craindre aussi, s'il laisse ses Etats d'Italie dégarnis de forces suffisantes pour les garantir de toute invasion, que le Turc faisant grand armement par mer en ce printemps, n'y entreprenne et trouve moyen de s'y accroître avec facilité, cette crainte n'étant pas vaine si on considère quelle est son inimitié contre toute la maison d'Autriche et la grandeur d'Espagne, qu'il désire toujours diminuer et ruiner du tout quand il pourra.

Il ne reste donc plus que les forces qu'il pourroit tirer d'Allemagne ou celles qu'il entretient ès Pays-Bas, où est sa meilleure et plus aguerrie milice, de laquelle il a déjà tiré dix mille hommes qui ont été envoyés au secours de l'empereur sous la charge du comte de Bucquoy, qui sont aujourd'hui si fort diminués par la longueur et fatigue des chemins, par les combats qu'ils ont eus, et les maladies qui se sont mises parmi eux, qu'ils sont réduits à présent à peu de gens, y ayant même raison pour croire que le roi d'Espagne, qui voit les Etats armés puissamment, et toujours en volonté de faire entreprise sur lui quand ils pourront, nonobstant que la trêve ne soit finie, y voudra aussi laisser des forces suffisantes pour empêcher leurs desseins, et d'autant plus qu'il sait les intelligences que les Etats ont avec les autres princes et Etats de même religion, qui sont intéressés en la protection et affermissement de la nouvelle conquête du Palatin, lesquels penseront avoir fait beaucoup pour son secours, quand ils seront cause d'empêcher que le roi d'Espagne ne tire nouvelles forces dudit pays. Et quant aux forces d'Allemagne, il ne les faut point mettre en compte non plus, encore qu'il eût accoutumé d'en composer le plus grand nombre de ses armées, à cause du mauvais état auquel est à présent l'empereur et le reste de sa maison, aussi que tous les princes y étant armés pour eux-mêmes, soit pour se défendre ou pour assaillir, tous les gens de guerre ont déjà pris parti avec les uns ou les autres.

Cette énumération de forces fait assez connoître que l'empereur n'en tirera pas du roi d'Espagne de si grandes, et aussi promptement qu'il en a besoin, et par ainsi qu'il en sera en très-mauvais état s'il n'est secouru d'ailleurs, et principalement de la France, qui pourra animer les autres souverains catholiques à suivre son exemple, s'ils voient le Roi se sentir obligé d'employer par effet son autorité et ses forces pour garantir l'empereur de la chute qu'il ne peut autrement éviter; et à la vérité Sa Majesté ne pourroit demeurer neutre et spectateur en cet endroit, sans blâme, et sans être tenu pour déserteur de sa religion, qui sera perpétuellement en très-grand péril par l'accroissement et avantage que l'autre prendra.

On ne laisse pourtant de considérer et prévoir que Sa Majesté ne sauroit prendre aucune résolution en cette affaire qui soit exempte de tous dangers et inconvéniens; car elle doit craindre qu'en faisant sortir du royaume des forces pour le secours de l'empereur que ses sujets séparés de l'Eglise ne se veuillent contenter des édits faits en leur faveur, mais essaient d'émouvoir du trouble en leur faveur au préjudice de son autorité, et de la sûreté et protection qu'il doit à tous ses bons sujets; et cette crainte le pourroit arrêter et tenir en quelque irrésolution, n'étoit qu'il est assez puissant pour donner ce secours, et retenir ses sujets en obéissance et devoir, avec ce qu'il veut mieux espérer d'eux, et qu'ils seront plus sages et mieux conseillés quand ils se représenteront l'affection de Sa Majesté à conserver les édits faits en leur faveur, et la paix du royaume. Elle pourroit encore être retenue de ce respect, que le secours sera pour endommager des princes qui ont autrefois assisté nos rois contre la puissance d'Espagne, et d'aucuns empereurs de cette même maison.

Mais la religion l'oblige à mépriser toutes ces considérations, et en faisant voir qu'il n'a autre dessein que d'aider à la mettre en sûreté par une bonne paix, chacun louera son entreprise et dessein, et jugera que c'est avec prudence qu'il craint que le contre-coup du mal qui peut arriver par la victoire absolue des protestans ne tombe enfin sur ses Etats, et soit cause de rendre plus insolens et moins obéissans ceux qui font profession de la même religion qu'eux.

J'estime donc que Sa Majesté doit commencer son entremise par l'envoi d'une ambassade solennelle, et de personnes d'éminente qualité, tant envers l'empereur et les princes catholiques, que vers ces princes protestans qui favorisent le Palatin; lesquels ambassadeurs seront assistés des principaux et plus expérimentés personnages de son conseil d'Etat, pour obtenir s'il est possible une diète et assemblée générale des deux partis, y compris les princes étrangers qui s'y voudront employer, et qu'on reconnoîtra affectionnés à la paix plutôt qu'à faire continuer la guerre, et pour avoir temps et loisir de conférer ensemble, et aviser quels moyens, ouvertures et expédiens il y aura pour y parvenir par quelque accommodement et composition, poursuivre pareillement une surséance d'armes sans laquelle ladite assemblée seroit inutile, les actes d'hostilité accroissant plutôt l'aigreur ès esprits des princes qui sont en armes, qu'elle ne les adouciroit et disposeroit à la paix.

Cette entremise rendra un témoignage public de son zèle à la religion et à la paix publique; et si elle n'est si heureuse que de faire finir la guerre, elle pourra servir pour retirer quelques-uns des princes protestans, même de ceux qui sont luthériens, afin qu'en affoiblissant quelque peu le parti qui est à présent le plus fort, il soit rendu plus capable d'entendre à la paix, leur remontrant sur ce sujet que la religion des calvinistes leur est autant ennemie que celle des catholiques, et qu'ils sont toujours désireux d'entreprendre par la force d'abolir toute autre religion que la leur, comme on l'a vu et reconnu en leur conduite du passé; que la puissance du nouvel élu roi de Bohême qui suit cette même religion, leur doit être autant ou plus suspecte que celle de la maison d'Autriche, à cause des grands appuis qu'il a tant en Allemagne que dehors, lesquels sont affectionnés et intéressés à maintenir sa grandeur et sa religion; que la maison d'Autriche vieillit, ayant déjà passé le temps de son accroissement, et étant sur le déclin; au contraire, la grandeur du Palatin est en son orient, et n'a pas encore atteint sa vigueur, par ainsi est plus à craindre. On y peut aussi ajouter que l'empereur et les princes qui sont à présent en cette maison, sont plutôt disposés et enclins à conserver la paix qu'à rechercher les moyens de troubler par les armes la tranquillité publique, outre ce qu'il y a peu d'apparence qu'ils le puissent faire quand ils en auroient la volonté, même si en mettant la paix en Allemagne on la fait avec les conditions qui seront jugées nécessaires pour y maintenir la liberté publique, et empêcher que les uns ne puissent entreprendre sur les autres.

Sera pareillement remontré à l'empereur en particulier le mauvais état auquel sont à présent ses affaires, et, si on ne les peut mettre mieux, qu'il lui seroit plus expédient de remettre quelque chose de son droit en cette foiblesse, et de céder un peu à la violence de ce torrent, que de hasarder tous ses Etats en voulant conserver tout, et de considérer aussi comme prince catholique, si les protestans demeurent les maîtres par une victoire entière qui est déjà presque entre leurs mains, les grands dangers auxquels sera exposée la religion catholique.

Et à tous ces princes ensemble, de l'un et l'autre parti, les dangers que doit apporter la durée et continuation de cette guerre, qui ne mettra pas seulement le feu et le sang en Allemagne, mais par toute la chrétienté; étant certain, tout ainsi que les princes et Etats séparés de l'Eglise romaine se sont réunis ensemble pour assister le Palatin et agrandir ses Etats et sa religion, que tous les souverains catholiques qui sont demeurés en l'obéissance d'icelle, seront obligés et contraints, s'ils ont quelque soin de leur religion, d'en faire autant, non par aucune haine qu'ils aient contre lui et sa maison, ni pour désir de s'accroître, mais pour s'acquitter de ce devoir. Car encore qu'on publie à présent que ce n'est à la religion catholique qu'on en veut, les catholiques doivent considérer que ce n'est pas le temps de s'en déclarer, et qu'il faut attendre qu'on soit en état de le faire avec sûreté; cette prudence étant nécessaire pour diminuer le nombre des ennemis, et empêcher que les princes catholiques ne prennent part en cette querelle comme y étant intéressés; mais ils ont trop de raison de craindre que ce qui est avenu souvent du passé, et presque toujours en pareil cas, n'avienne encore en cet endroit.

Et cette crainte qui n'est pas vaine sera cause de faire une guerre de religion que tous les souverains doivent éviter et avoir en horreur, pour ne remettre au sort des armes ce qu'on doit attendre avec patience de la seule grâce et bonté de Dieu qui nous peut réunir quand il lui plaira, et faire entrer son saint esprit en nos cœurs pour embrasser sa vraie doctrine, que nous tenons être en l'Eglise catholique, apostolique et romaine.

Pendant laquelle guerre, qui sera sans doute de longue haleine, et fera épancher beaucoup de sang, le Turc trouvera une grande facilité d'entreprendre sur les pays et Etats des chrétiens, lorsqu'il les verra affoiblis par les plaies qu'ils auront reçues les uns des autres, et de rendre par ce moyen assujétis à sa barbare cruauté et insupportable tyrannie les personnes et notre religion même qui deviendra serve et esclave de l'*Alcoran* de Mahomet.

Si ces raisons ne servent de rien pour induire ces princes à la paix, et que le Roi se trouve obligé, comme il est par la conscience et devoir, à donner secours à l'empereur et aux princes catholiques qui auront aussi en la volonté de rechercher et embrasser les conditions d'une bonne et raisonnable paix, encore faudra-t-il résoudre avec eux comment et en quels endroits on voudra employer les forces. Peut-être que les princes qui assistent l'empereur ne jugeront pas qu'il soit à propos de les faire servir dans les Etats du Palatin, crainte que leurs pays et sujets n'en reçoivent même dommage, et qu'en le faisant aussi le roi d'Angleterre se sente davantage obligé à secourir ouvertement et de toutes ses forces l'ancien patrimoine de son gendre; que le prince d'Orange, qui a grand pouvoir sur les Etats des Pays-Bas, n'emploie à même effet les forces qu'il commande, et y joigne encore bon nombre de François de même religion, lesquels penseront y avoir intérêt; au lieu que si la guerre n'est qu'en Bohême, lieu beaucoup plus éloigné, ils s'en soucieront moins, et le roi d'Angleterre, qui n'a voulu jusqu'ici rompre avec Espagne, estimera y pouvoir envoyer quelque léger secours, demeurant en même état avec Espagne, et sans entrer en inimitié ouverte. Ce qu'avenant, et qu'il faille faire passer les forces qui seront envoyées au secours de l'empereur jusqu'en Bohême, il sera nécessaire d'assembler tout le secours, afin qu'il puisse traverser en sûreté une grande longueur de chemin, et être en état, s'il est besoin, de combattre avec avantage et en espérance de bon succès. Il est vrai que si l'empereur se trouvoit si puissamment assisté qu'il pût être maître de la campagne quelque temps, et assaillir les villes impériales qui sont riches, et néanmoins fort foibles, et les pays aussi d'aucuns des protestans qui ont plus d'animosité contre sa maison, abandonnant pour peu de temps ce qui a été déjà occupé de la Bohême, que l'intérêt feroit bientôt changer de volonté à la plupart de ses ennemis, et leur feroit désirer la paix par un bon accommodement, de même effection que les princes qui la recherchent à présent; mais il ne peut espérer cet avantage, si le roi d'Espagne ne fait quelque grand effort, et veut coucher de son reste pour le garantir de ruine, et par ce moyen conserver la réputation qu'on a eue du passé de sa puissance et grandeur. Or, on ne peut être éclairci de tout ce que dessus que sur le lieu, et après avoir reconnu l'inclination et résolution tant de lui que des princes, dont les armes doivent être employées en cette guerre pour l'un ou l'autre parti: et lors sera de la prudence des ambassadeurs, qui

OEUVRES MÊLÉES DU PRÉSIDENT JEANNIN. 733

savent déjà que c'est l'intention du Roi de rechercher tous moyens de faire la paix, d'y disposer autant qu'ils pourront les députés de l'assemblée, pour après en donner avis à Sa Majesté, et recevoir là-dessus nouveau commandement : car de penser qu'on puisse dès à présent ajouter à leurs instructions tout ce qui est nécessaire pour y parvenir, il est impossible, pour n'être Sa Majesté bien informée du secours que l'empereur peut espérer des forces de ses amis, et des intentions de ceux qui seront en ladite assemblée.

S'il est plus expédient de faire la paix avec ceux de la religion prétendue réformée que de continuer la guerre.

L'insolente et audacieuse témérité de l'assemblée et ville de La Rochelle, qui doit être tenue pour une vraie rébellion, a contraint le Roi de leur faire la guerre, et à ceux qui les ont assistés, contre la résolution qu'il avoit prise de maintenir la paix entre tous ses sujets, et de faire garder de si bonne foi les édits en faveur de ceux de la religion prétendue réformée, qu'ils n'eussent aucun prétexte de troubler la tranquillité publique; et comme son entreprise étoit juste, il a aussi plu à la bonté divine bénir et rendre heureux son travail, sa patience, son courage et les périls auxquels il a exposé sa personne. Mais n'ayant pu jusqu'ici ramener à son obéissance ses sujets qui étoient en rébellion, Sa Majesté a demandé à ceux dont elle a accoutumé se servir en ses principales affaires, si elle devoit continuer la guerre pour mettre ce qui reste de cette faction en état de ne se pouvoir faire craindre à l'avenir, ou bien s'il étoit meilleur et plus assuré d'attendre ce bien par la paix : c'est en quoi les avis ont été divers, encore qu'ils aient tous une même affection de bien et fidèlement servir, alléguant d'une part et d'autre des raisons qui méritent considération.

Ceux qui préfèrent la continuation de la guerre alléguent ces raisons, que le Roi ne pourra jamais rencontrer et trouver ensemble tant de commodités et avantages pour mettre cette entreprise à heureuse fin qu'il y en a à présent : car Sa Majesté a fait amas d'une grande somme d'argent par des moyens extraordinaires, pris en partie sur son revenu ordinaire et à la diminution d'icelui, partie sur son peuple, qui a volontiers contribué et souffert tout pour se délivrer des périls de cette faction, qu'ils voyent renaître trop souvent; lequel argent sera consommé et employé ailleurs, la paix étant faite, sans qu'il y ait aucun moyen de faire à l'avenir un pareil amas pour y avoir recours au besoin.

Que la paix leur donnera moyen de s'accroître et mieux unir ensemble qu'ils ne sont à présent, n'y ayant aucune apparence qu'ils la reçoivent comme une grâce et bienfait provenant de la bonté du Roi pour lui en savoir gré, et les rendre mieux disposés à l'obéissance qu'ils n'ont été du passé, mais plutôt comme une nécessité de finir la guerre pour ne les avoir pu ruiner tout d'un coup.

Qu'ils sont encore autant divisés qu'ils étoient lorsque la guerre commença, et peut-être plus, à cause que les prospérités et avantages que le Roi a pris sur eux les ont affoiblis, le naturel commun des hommes n'étant pas de se précipiter aux périls de la mauvaise fortune d'autrui quand ils les peuvent éviter, comme il sera aisé de faire demeurant en obéissance et devoir.

Qu'ils ne peuvent à présent tirer aucun secours des étrangers, qui sont tous occupés ès guerres d'Allemagne ou des Pays-Bas, lesquelles seront pour durer plus long-temps que la nôtre, attendu les grandes difficultés qu'il y a parmi eux, soit qu'ils les veuillent faire finir par les armes, ou par quelque composition.

Qu'ils ne peuvent non plus espérer que quelques princes, seigneurs, gentilshommes et autres catholiques, se joignent avec eux pour les fortifier, comme il est avenu autrefois; car ils sont tous affectionnés au service du Roi, et désireux que cette faction qui a si souvent troublé l'État soit du tout exterminée, du moins contrainte de se contenter de l'observation des édits faits en leur faveur, et de la recevoir avec obéissance et soumission.

Les autres au contraire qui préfèrent la paix comme un remède innocent et plus assuré, sans péril, sans perte de gens et de finances, et sans la ruine du peuple, ont aussi de fortes raisons. Ils ne peuvent premièrement demeurer d'accord que les raisons alléguées pour fondement de la continuation de la guerre soient véritables et certaines, comme de présupposer que la division qui a été parmi eux au commencement de cette guerre doit encore continuer, si elle n'est plus grande, sans considérer que plusieurs de ladite religion étoient demeurés en obéissance lorsqu'ils croyoient qu'on n'en vouloit qu'à la rébellion. Mais ayant reconnu depuis que ceux-ci avoient été aussi maltraités que les autres qui avoient pris les armes; que les premiers et principaux du conseil publioient hautement que le Roi ne vouloit plus souffrir autre exercice de religion que de la catholique dont il fait profession; que les prédicateurs en remplissoient leurs sermons, essayant de persuader aux peuples que tous autres conseils étoient profanes et sentoient leur impiété, il n'y a point de doute qu'ils auront changé d'avis, et tiendront cette guerre pour une vraie guerre de religion, qui les enveloppera tous en même péril s'ils ne sont assez forts pour s'en garantir par les armes.

Et quant aux étrangers qui sont de leur religion, il est bien vrai qu'ils sont à présent occupés pour la plupart ès guerres d'Allemagne ou des Pays-Bas; mais on doit considérer que l'une ou l'autre, ou les deux ensemble, peuvent finir avant la nôtre; que le roi d'Espagne, conjoint d'amitié, peut-être d'alliance plus étroite, avec le roi de la Grande-Bretagne, montre de vouloir faire finir celle d'Allemagne par le rétablissement de l'électeur palatin en son ancien patrimoine et dignité, lui se départant de ses nouvelles prétentions, tant pour obliger le roi de la Grande-Bretagne, et tirer pareille assistance de lui en affaires qu'il a avec les États, soit en les abandonnant si la guerre y continue ou les contraignant, par la crainte qu'ils auront de n'être assistés de lui, de consentir à une trêve qui soit avantageuse pour ledit roi d'Espagne, que pour obliger aussi l'électeur palatin, en reconnoissance de ce bienfait, à demeurer toujours conjoint à tous les intérêts de la maison d'Autriche, suivant l'exemple des successeurs de l'électeur Maurice de Saxe, investi par l'empereur Charles V de la dignité d'électeur qu'il avoit ôtée à Jean Frédéric après l'avoir vaincu, lesquels, quoique de religion différente à celle des empereurs de la maison d'Autriche, se sont toujours montrés depuis affectionnés à tous leurs intérêts.

On peut encore ajouter que les Espagnols, qui étendent leur prévoyance au loin, estiment, rétablissant l'électeur palatin en cette dignité, prendre un meilleur et plus assuré conseil pour la maison d'Autriche que d'en investir le duc de Bavière, prince catholique, qui pourroit devenir avec le temps assez puissant pour faire sortir l'empire de la maison d'Autriche, et le mettre en la sienne : ce qu'ils ne doivent craindre de l'électeur palatin qui ne peut espérer d'y parvenir tant qu'il demeurera en la religion dont il fait à présent profession.

Or, si ces considérations sont suffisantes pour induire le roi d'Espagne à prendre ce conseil en faveur du palatin, on doit croire que l'empereur, qui tire son principal appui et secours de ses forces, le suivra, soit de volonté, ou comme étant obligé et contraint de le faire.

Puis la raison veut que le roi d'Espagne, ayant ces deux grandes guerres en Allemagne et ès Pays-Bas, qu'il ne peut soutenir qu'avec très-grande dépense, fasse ce qu'ont accoutumé de faire les souverains qui sont sages, quelque grands et puissans qu'ils soient, quand ils ont plusieurs ennemis ensemble en même temps, qui est de traiter avec les uns pour faire la guerre plus puissamment et avec plus de vigueur aux autres, par ainsi qu'il fera finir l'une de ces deux guerres et celle où il trouvera encore plus d'avantage, si ce n'est qu'il s'en veuille délivrer du tout pour le soupçon auquel il pourroit être d'entrer en mauvais ménage avec nous, à cause de l'entreprise qu'il a faite sur la Valteline. Or la cessation de guerre en l'une ou l'autre de ces deux provinces suffira pour donner des étrangers aux ennemis, et quand même elles continueroient, nous devons prévoir qu'ils en pourront tirer d'Angleterre, et même des Provinces-Unies, non peut-être par délibération publique, mais par connivence, et en feignant de ne voir ce qu'ils seront bien aises de souffrir, ces deux derniers y étant affectionnés et intéressés à cause de la religion, tenant pour un bon appui pour leurs Etats que cette faction soit toujours conservée entière et puissante dans le royaume.

Le roi d'Espagne même, quoique prince catholique, ne sera pas fâché de nous voir occupés à cette guerre, et l'empereur ni les princes protestans d'Allemagne n'en seront fâchés non plus, et se rendront spectateurs de nos misères comme nous avons fait des leurs, sans faire paroître que nous en eussions quelque ressentiment et volonté d'aider à leur soulagement, et à éteindre le feu qui étoit chez eux, nous arrêtant à ces conseils du milieu qui sont les pires de tous, d'autant qu'ils n'obligent les amis et nuisent aux ennemis, ne servant qu'à faire connoître la lâcheté, foiblesse et mauvaise conduite des souverains qui les suivent pour n'en oser prendre de plus résolus, qui obligent les uns en offensant les autres.

Ces raisons nous doivent donc persuader que ce n'est pas un fondement bien certain de présupposer que continuer notre guerre, elle ne laissera de finir plutôt que celle qui est parmi les étrangers, et par ainsi que les ennemis ne se pourront prévaloir de leur secours. Or quand ils ont eu des étrangers, chacun sait en quels périls ils ont mis le royaume ; et pour le mieux considérer, représentons-nous ce qui est avenu ès guerres passées qui ont commencé il y a soixante ans contre la même faction et continué à diverses reprises, en sorte qu'on a toujours eu depuis guerre ou paix insidieuse, qui n'a servi que pour se tromper l'un l'autre ; qu'on a donné et gagné de grandes et sanglantes batailles en intention, et avec désir de les ruiner du tout si on peut, qu'étant vaincus ils trouvoient toujours moyen de se remettre sur pied bientôt après, et de se faire assister d'étrangers, en sorte qu'on étoit contraint de leur donner la paix, qui étoit presque aussitôt rompue qu'accordée, pource qu'on ne la faisoit pas pour établir un bon et assuré repos dans le royaume, mais pour chercher les moyens de prendre quelque avantage l'un sur l'autre par ruse et tromperie. Les adversaires le firent voir à Meaux durant la paix, lorsqu'ils essayèrent de se saisir de la personne du roi Charles IX, et depuis encore à Saint-Germain-en-Laye. Le roi Charles de son côté fit encore pis à la journée de Saint-Barthélemy, qui fut cause d'un très-grand massacre pour toute la France, lequel enveloppa un nombre infini d'âmes innocentes avec les coupables, violence et fureur qui ne servit que pour noircir et diffamer l'ancienne candeur et simplicité du nom françois envers toutes les autres nations de la chrétienté, et non de ruiner ceux contre lesquels on avoit exercé cette cruauté. Car le siége ayant été mis incontinent après devant la ville de La Rochelle, puis levé sans la prendre, après y avoir beaucoup perdu de gens et consommé grand nombre de finances, ils se défendirent aussi avec grand courage et opiniâtreté en tous les autres endroits du royaume, où ils furent assaillis en même temps, qu'on fut contraint de leur accorder derechef la paix, et d'accroître le nombre et le temps des villes qui leur avoient été laissées en garde, pour les assurer contre notre perfidie et déloyauté, le roi Charles, la reine sa mère et son frère qui fut roi après lui sous le nom de Henri III, ensemble le conseil qui étoit lors près d'eux, ayant mieux aimé prendre cette résolution, qui sembloit être foible et peu avantageuse, pour ne tenter trop souvent avec péril le hasard d'un combat général contre cette faction, qui étoit toujours assistée d'un secours étranger assez puissant pour leur faire bien espérer de l'issue d'une bataille. Tant de mauvais et peu heureux succès de la guerre faite à feu et à sang, puis par ruse et tromperie, toujours à même dessein de les ruiner, firent prendre résolution au roi Henri III, peu de temps après son retour de Pologne, de mettre la paix dans le royaume, en intention de la garder sincèrement et de bonne foi, en établissant par ce moyen un ferme et assuré repos entre ses sujets, par lequel il se promettoit d'affoiblir et ruiner cette faction avec plus de facilité par douceur qu'avec la violence des armes, et de les faire contenter de l'exercice de leur religion suivant les édits, jusqu'à ce qu'il eût plu à Dieu de les rappeler à son Eglise; et à cet effet prit dès lors un grand soin d'exhorter les prélats, et autres ecclésiastiques ayant charge sous eux, de vaquer avec diligence, chacun en leur ressort, à l'instruction de ceux qui étoient sortis de l'Eglise, et lui-même en parloit aux personnes de qualité dont la conversion pouvoit servir d'exemple et de persuasion aux autres; ajoutant aux raisons qui regardoient leur salut les gratifications, les charges, honneurs et bienfaits, qu'il donnoit largement et très-volontiers à ceux qui retournoient à l'Eglise, ne faisant autre mal à ceux qui vouloient vieillir en leur erreur, sinon de leur faire connoître qu'ils ne devoient rien espérer de lui que la justice et l'observation des édits, sans participer aux gratifications qui devoient dépendre de sa seule faveur et bienveillance. En quoi toutefois il se conduisoit avec si grande dextérité et prudence, qu'il ne leur donnoit aucun juste sujet de se plaindre que les édits faits en leur faveur étoient violés; et cette sage conduite commençoit d'être si heureuse, que plusieurs en toutes les provinces du royaume se réconcilièrent à l'Eglise, et furent si bien traités du Roi, qu'ils servoient d'exemple aux autres pour les inviter à ce devoir; et pour le regard des autres qui vouloient vieillir et finir leurs jours en leur erreur, un grand nombre d'entre eux firent instruire leurs enfans en notre religion, disant qu'ils s'y pouvoient aussi bien sauver qu'en la leur; et, reconnoissant que leur religion sera toujours odieuse à nos rois, et que ceux qui en feroient profession auroient plutôt à craindre leur indignation qu'à en espérer des grâces et bienfaits, ils les vouloient exempter des pertes, incommodités et dangers qu'ils avoient soufferts à cette occasion, cette même raison m'ayant été alléguée par un vieux gentilhomme des meilleures familles de Bourgogne, qui ne se voulant changer fit instruire son fils à la religion catholique au collège des Jésuites à Dijon.

Or la paix ainsi pratiquée fut très-dommageable à ceux de cette faction. Je peux alléguer pour un témoignage certain le jugement que le feu Roi en faisoit lorsqu'il étoit chef de ce parti, lui ayant ouï dire plusieurs fois, comme d'autres l'ont ouï aussi bien que moi, que la guerre ouverte ne leur avoit jamais tant fait de mal que cette paix; car ceux qui faisoient profession de ladite religion se voyant en sûreté, et jouissant de leurs biens et de l'exercice de leur religion, ne vouloient point quitter le repos quand les plus factieux essayoient de les induire à reprendre les armes, sous quelque prétexte que ce fût, et que pour les y contraindre et obliger, comme si c'eût été pour leur propre salut, il avoit quelquefois durant la paix fait planter des échelles la nuit par ses plus confidens contre les murailles d'aucunes de leurs villes de sûreté, lesquelles y étoient laissées par eux comme surpris, publiant après que cela avoit été fait par quelques catholiques qui en avoient eu commandement secret du Roi, et s'ils ne s'y opposoient par les armes qu'ils seroient bientôt ruinés.

Mais cette paix fut interrompue par la simplicité et le zèle indiscret d'un grand nombre de catholiques, et le dessein d'aucuns de plus grande qualité qui pensoient tirer profit de la guerre, publiant contre le Roi, pour le rendre odieux à l'endroit des catholiques, qu'il avoit fait la paix, non pour affoiblir ceux de la religion prétendue réformée, mais pour les fortifier, lui qui étoit si bon catholique, qu'il penchoit plutôt à la superstition, qu'il ne défailloit en la créance d'aucun article reçu et approuvé en l'Église catholique, apostolique et romaine, et qui avoit si souvent exposé sa vie en leur faisant la guerre, que ce soupçon ne le devoit aucunement toucher; et néanmoins cette calomnie eut tel pouvoir sur lui, qu'elle le contraignit à renouveler les armes, qui furent enfin malheureuses pour les auteurs de ce conseil qu'il fit tuer à Blois, et malheureuses après pour lui-même qui fut massacré neuf mois après par un moine, lequel commit cet exécrable parricide lorsque le Roi étoit au milieu de son armée, en espérance d'être bientôt maître par les armes d'une faction très-puissante qui s'étoit élevée contre lui pour venger la mort des deux princes qu'il avoit fait mourir à Blois. Or cette mort ayant fait parvenir à la couronne le feu Roi, appelé à cette succession par les lois du royaume, quoiqu'il fût lors séparé de l'Église, il fut contraint de se servir de ceux de sa religion, aussi bien que des catholiques qui étoient demeurés avec le feu roi Henri III, et de souffrir à cette occasion leur accroissement qu'il a toujours continué depuis, les ennemis qu'il avoit à combattre pour conserver son héritage étant si puissans dans le royaume même, et assistés par le dehors de si grands princes, que sans être favorisé de la bonté divine, qui inspira au cœur du Roi de rentrer à l'Église, et sans son courage, sa prudence et la bonne conduite dont il usa pendant la guerre, le royaume eût été dissipé et mis en pièces, ou occupé par l'Espagnol qui étoit le plus puissant, et prétendoit avoir mérité ce loyer en reconnoissance du secours qu'il avoit donné à la religion catholique.

Il est donc bien aisé, en considérant le peu de profit que les guerres du passé ont apporté, les grandes dépenses, la perte d'un nombre infini de gens, et la ruine du peuple, qu'on a soufferte, à cette occasion, et au contraire les heureux succès de la paix, de juger quelle résolution il faut prendre aujourd'hui, attendu qu'après avoir affoibli cette faction comme le Roi a fait, il peut mettre la paix dans le royaume avec tous les avantages qu'il lui plaira, et achever après sans péril, et par un remède du tout innocent, qui est celui de la paix, ce qui restera de cette faction, y procédant avec le même soin et prudence que faisoit le roi Henri III. Car si ce remède fut lors utile, il y a même ou plus grande raison de l'espérer à présent, pource qu'étant plus foibles qu'ils n'étoient lorsque ledit roi Henri III fit la paix avec eux, ils seront plus capables d'écouter la raison, et de se ranger à l'obéissance et au devoir.

Puis la paix chez nous nous donnera le moyen de persuader au roi d'Espagne, comme à un prince notre ami et allié, l'amitié duquel nous devons désirer de conserver. de nous faire raison de la Valteline, et de considérer que le Roi ne peut souffrir cette injure au dommage de ses anciens amis et alliés, et au grand mépris de son autorité, sans être contraint de venir aux armes, qu'il veut fuir et éviter, prévoyant bien que ce nouveau ménage et ouverture de guerre entre eux deux, qui sont les plus grands princes de la chrétienté, et les vrais et seuls protecteurs de la religion catholique, seroit cause de mettre le feu partout, et d'affoiblir la religion catholique à l'avancement de la religion prétendue réformée, d'autant que, pour résister à la puissance d'Espagne, le Roi seroit contraint de souffrir beaucoup en son royaume de ceux de ladite religion, et de se servir même des princes. États et nations qui en font profession. auxquels la grandeur d'Espagne déplaît et fait peur : raisons que le roi d'Espagne saura mieux considérer et recevoir de nous avec plus grande efficace, nous étant en paix, que si nous avions la guerre chez nous, qui nous rend méprisables et impuissans pour servir à nos amis, ou pour nuire à nos ennemis.

Écrit fait par M. le président Jeannin, peu après la paix faite avec ceux de la religion prétendue réformée, contenant son avis et les moyens de la faire durer.

Le Roi a pris un sage conseil de donner la paix à ses sujets, laquelle à mon avis sera plus utile pour son service et le bien du royaume que la continuation de la guerre, pourvu que nous apportions le soin requis pour en bien user.

Car Sa Majesté a réduit la rébellion à deux places, rendu le reste du royaume libre, et déchargé des forteresses qui pouvoient donner moyen au factieux d'y nourrir la guerre. Elle a fait connoître, tant chez lui parmi les siens qu'entre les étrangers, qu'il est patient, peut supporter le travail, quelque grand et excessif qu'il soit, qu'il est courageux, et sait mépriser les périls, soit du mauvais air, des maladies dont son armée a toujours été assiégée, ou celui même qui lui pouvoit arriver par les armes de ses ennemis : en quoi il s'est acquis une grande réputation, qui le fera aimer par ses bons sujets, craindre et respecter par les plus factieux, et par ses voisins aussi, qui sauront bien considérer qu'on ne le pourra offenser, ayant les forces d'un grand et puissant royaume, accompagnées d'une sage conduite, sans se mettre en péril. Il est vrai qu'il y a encore d'autres sujets, quoiqu'il n'aient pas l'esprit porté à la rébellion, lesquels par une malignité envieuse blâmeront toujours la guerre, quand ils en ressentiront les incommodités comme ils ont fait, et néanmoins blâment aussi de même à présent la paix, n'y ayant rien qui puisse contenter leur goût et sentiment ; mais il se faut peu soucier de ceux-là, et s'arrêter au bien général, sans s'assujétir à leurs fantaisies.

Outre ces raisons qui ont dû induire le Roi à faire la paix, il a considéré que la guerre ne pourroit finir qu'en la continuant au moins toute l'année prochaine, et qu'il lui seroit difficile, sinon en chargeant trop ses sujets, de trouver un fonds suffisant pour fournir à la dépense requise, attendu l'avarice des gens de guerre, qui servent plutôt pour tirer profit que pour acquérir honneur et s'acquitter de leur devoir.

Et s'il faut jeter les yeux au dehors, Sa Majesté a aussi pu prévoir que l'Allemagne, lasse de la guerre, épuisée de moyens, et déjà fort ruinée, essayera de trouver quelque moyen de se mettre en paix en leur assemblée de Ratisbonne, attendu même le soupçon auquel l'empereur et le roi d'Espagne sont entrés, que le palatin, qui sembloit être abattu, montre de se pouvoir relever, en espérance d'être assisté des électeurs de Saxe et de Brandebourg, lesquels pensent avoir intérêt d'empêcher que la dignité de l'électeur ne tombe ès mains d'un prince catholique ; car, encore que les luthériens et calvinistes ne soient pas du tout bien ensemble, si craignent-ils davantage l'accroissement des catholiques qui sont déjà plus puissants par toute la chrétienté, et le seroient plus encore en Allemagne, cette dignité d'électeur étant possédée par un prince catholique.

Puis le roi d'Angleterre fait connoître à présent être offensé de ce que le roi d'Espagne fait rétablir son gendre en son ancien patrimoine et dignité, suivant les promesses qu'il lui en a faites dès long-temps ; et s'il se déclare, comme il y a grande apparence qu'il fera, il sera sans doute assisté du roi de Danemarck et du duc de Brunswick, parens prochains du palatin ; raisons suffisantes pour persuader en l'assemblée de Ratisbonne de mettre l'Allemagne en paix.

A quoi on peut ajouter que le roi d'Espagne, épuisé déjà par tant de dépenses qu'il a faites, y entendra volontiers pour se décharger de la dépense qu'il a faite en cette guerre, et peut-être sera encore disposé de faire la trève ès Pays-Bas, laquelle dépend de lui ; car les Etats la désirent et en ont aussi besoin, et ainsi ils l'accepteront aux conditions de la précédente, combien que ce ne soit pour tant et de si longues années.

Tout ce discours n'est fait, sinon pour montrer, la paix arrivant en Allemagne, ou la trève ès Pays-Bas, avant que d'avoir mis la paix chez nous, que les ennemis n'eussent pas manqué d'être fortifiés d'un grand nombre d'étrangers avec l'avance de peu d'argent, pour nous contraindre lors à faire une paix honteuse et dommageable, comme il est avenu trop souvent du passé : au lieu que le Roi les ayant prévenus par la paix qu'il a donnée à ses sujets à telles conditions qu'il lui a plu, et néanmoins assez avantageuses pour leur faire connoître son inclination à voir un bon et assuré repos entre tous ses sujets, les a obligés à lui rendre une perpétuelle obéissance.

On doit aussi mettre en grande considération pour louer et approuver la paix, qu'elle nous donne le moyen de penser et pourvoir aux affaires du dehors qui sont en très-mauvais état; ce qu'on ne pouvoit espérer durant la guerre qui nous rendoit méprisables, et autant impuissans pour assister nos amis et alliés, que pour nuire à ceux qui eussent voulu entreprendre de nous offenser, et principalement pour faire réparer les usurpations et changemens faits par le roi d'Espagne en la Valteline, aux Grisons et parmi les Suisses catholiques, non en se jetant précipitamment en une guerre ouverte contre lui, que nous devons finir et éviter autant qu'il nous sera possible, mais en lui persuadant comme à un prince sage, catholique, et notre ami et allié, que cette guerre, dont il seroit seul cause, mettroit le feu partout, et accroîtroit l'autorité et pouvoir de ceux qui sont sortis de l'Eglise, contre le vœu et désir de ces deux grands rois et seuls protecteurs de la religion catholique par toute la chrétienté, d'autant que le Roi ne pouvant souffrir l'indignité qu'il reçoit en cet endroit sans un trop grand blâme, honte et mépris, seroit contraint, à son très-grand regret et déplaisir, de joindre avec lui tous ceux de ladite religion. Mais Sa Majesté se promet tant de sa conscience, de son intégrité et prudence, qu'étant convié à ce devoir par notre saint-Père, elle y apportant ce qu'elle fera de sa part pour conserver son amitié, qu'il lui rendra le même respect, et jugera sainement qu'il doit prendre ce conseil, sans mettre en considération quelque présent et léger intérêt qui seroit suivi de très-grands dangers et inconvéniens pour l'un et pour l'autre, tant en la religion qu'en leurs Etats.

Notre premier soin doit donc être de composer amiablement, s'il est possible, ce différend, en remettant plutôt de notre droit, afin d'éviter une longue et périlleuse guerre. Car, encore que la grandeur et ambition d'Espagne soit suspecte à tous les princes et potentats de la chrétienté, lesquels n'oublieront rien pour mettre ces deux couronnes en guerre ouverte, si est-il certain que peu nous y assisteront, bien assurés qu'elle durera long-temps, attendu leurs grandes forces et puissance, et cependant qu'ils demeureront tous en paix, garantis des dangers qu'ils craignent de la grandeur d'Espagne. Etant dé-

chargés de la crainte de cette guerre, il n'y a point de meilleur et plus innocent remède pour achever de ruiner la faction qui est parmi ceux de la religion prétendue réformée, que de suivre le conseil que prit le roi Henri III, lequel après leur avoir fait la guerre à outrance avec des forces qui sembloient être invincibles, donné et gagné des batailles sanglantes, comme lieutenant-général du roi Charles IX son frère, ésquelles il avoit toujours eu l'avantage, employé depuis, durant le règne de son frère et le sien, la peau du renard quand celle du lion venoit à défaillir, en faisant une paix qui auroit toujours été insidieuse tant de leur côté que de celui des ennemis, enfin devenu roi, se résolut quelque temps après de garder l'édit fait en leur faveur, sincèrement et de bonne foi; exhortant les prélats et autres personnes ecclésiastiques ayant charge d'âmes, de travailler incessamment, et avec soin et diligence, pour instruire ceux qui étoient sortis de l'Eglise; et lui-même y exhortoit plusieurs personnes de qualité, les assurant de sa bienveillance, et de recevoir de lui honneurs et bienfaits s'ils quittoient leur erreur; faisoit connoître aux autres qui demeureroient opiniâtres, qu'ils ne devoient espérer aucune grâce et faveur de lui, mais la seule observation des édits, apportant néanmoins une si grande dextérité et prudence en sa conduite, qu'ils étoient privés en effet de se pouvoir accroître par nouvelles charges et honneurs, sans avoir aucun sujet de se plaindre que les édits faits en leur faveur étoient violés. Ce que plusieurs d'entre eux ayant bien reconnu, et considéré que leur religion étoit odieuse à nos rois, et par ainsi qu'ils n'en devoient rien espérer, plusieurs d'entre eux retournèrent à l'Eglise, et un grand nombre des autres qui voulurent persister en leur erreur, auquel ils auroient passé la plus grande part de leur vie, firent dès lors instruire leurs enfans en notre religion, disant qu'ils s'y pouvoient aussi bien sauver qu'en la leur, créance qui est encore aujourd'hui en l'esprit de plusieurs, laquelle pourra beaucoup servir pour les faire retourner à nous, y trouvant leur salut, de la sûreté, du bien et de l'honneur: au lieu qu'en leur erreur ils doivent tout craindre: et le fruit de ce conseil, qui croissoit tous les jours, et commençoit à être fort grand, fut interrompu par le zèle indiscret de quelques catholiques trop simples et peu clairvoyans, et le dessein ambitieux d'autres de plus grande qualité, lesquels, pour les rendre odieux et tromper les vrais catholiques et bons sujets, publièrent partout que le Roi, prince catholique s'il y en eut jamais, et ennemi de cette faction, avoit néanmoins pris ce conseil pour la favoriser. Ce qui le contraignit de rentrer en nouvelle guerre, qui a tant accru le nombre, autorité et pouvoir de ceux qui étoient de cette opinion, qu'enfin ils ont eu moyen de se faire craindre en troublant l'Etat, et de lui faire perdre la vie par un parricide exécrable trop funeste à la religion et à l'Etat, dont le mal eût été sans remède s'il n'y eût pourvu par la valeur et conversion à la religion catholique du roi Henri-le-Grand, qui affermit notre religion par sa vraie et non feinte conversion, et remit l'Etat par sa sage conduite en plus de réputation, grandeur et autorité, qu'il n'avoit été plusieurs siècles auparavant.

Le roi Henri III s'étant contenté de faire la guerre à la faction, non à la religion, voulant persuader ses sujets qui étoient en erreur, plutôt par ces moyens doux, qui étoient le plus souvent ordinaires et accoutumés à l'Eglise, et de plus grande efficace que la violence et contrainte qui procédoit des armes, il mettoit aussi en considération, si la guerre se faisoit pour la religion, que les princes et Etats qui faisoient la même profession pourroient être de la partie pour leur intérêt, et, cela avenant, que la France seroit en danger de servir de théâtre pour décider le différend de la religion, non-seulement pour nous, mais pour toute la chrétienté. Chose périlleuse, attendu le grand nombre des Etats peuples et nations qui sont sortis de l'Eglise, lesquels conviennent aisément ensemble quand il est question de courir sus à ceux de la religion catholique; et eux au contraire mettent plus souvent en considération leur intérêt particulier que le salut de la religion catholique, se confiant en la justice de leur cause, que Dieu abandonne quelquefois par un jugement secret pour nos iniquités.

Outre cette conduite qui servira beaucoup pour tirer profit de la paix, Sa Majesté fera sagement, s'il lui plaît entretenir un corps d'armée de dix mille hommes de pied et environ quinze cents chevaux, qui seront mis et placés en trois endroits au plus, et ès lieux où il y aura plus d'occasion de craindre quelque nouveau remuement. Elle peut faire cette dépense ajoutant peu à celle qu'elle fait déjà, qui est à présent distribuée en tant de menues parcelles, et dont les soldats sont si mal payés, à cause de l'avarice des capitaines et officiers qui tirent à eux leur solde, que cette dépense est presque inutile, y ayant peu de gens en effet, combien que le nombre soit grand en solde.

A quoi il sera aisé de remédier, premièrement quant au nombre, et pour empêcher les larcins, si les paiemens se font au même temps du service, et aux soldats qui seront signalés et connus, et plutôt encore de quinze jours en quinze jours que de mois en mois, or en donnant qu'en chacune troupe il y ait un maréchal de France ou un maréchal de camp qui y commande, à changer de temps en temps pour les soulager, et qu'en chaque compagnie il y ait toujours aussi le capitaine ou lieutenant, et en cas d'empêchement légitime quelqu'un des autres officiers; et pour avoir de bons soldats, et qui soient instruits et accoutumés à la discipline militaire, que le chef qui commandera à toute la troupe, et chaque capitaine en particulier pour sa compagnie, leur fasse faire l'exercice de mois en mois au moins. C'est chose qui dépend du tout de l'autorité et volonté du Roi, et prenant la résolution d'en faire la dépense, cette forme de milice rendra le Roi puissant, formidable, et préparé, tant contre les dangers et inconvéniens du dedans que dehors.

Et comme notre guerre nous a ôté la commodité de penser à ce qui étoit requis pour acquérir de nouvelles amitiés, et conserver les anciennes, au préjudice desquelles le roi d'Espagne fait tous les jours des pratiques pour nous les faire perdre, et particulièrement celle qu'il tient bien avancée entre l'Espagne et l'Angleterre, dont nous devons craindre la conjonction, qui ne peut être qu'au dommage de la France, il sera très-bon, et je dis nécessaire, d'envoyer quelque gentilhomme ou seigneur sage pour remercier le roi d'Angleterre des bons offices qu'il a faits, donnant conseil aux rebelles de rentrer en l'obéissance du Roi, et de perdre toute espérance du secours qu'ils se promettoient obtenir de lui : lequel pourra aussi s'informer sourdement de l'état auquel est la recherche du mariage de l'infante d'Espagne avec le prince de Galles, et par même moyen fera connoître que l'inclination et désir du Roi est de vivre en une vraie et sincère amitié avec lui, et, s'il lui plaît le bien considérer, qu'il jugera cette amitié devoir être stable, et plus utile à leur couronne et sujets que toute autre.

Discours sur les affaires de Hollande, fait au mois de décembre 1622 [1].

Si la guerre du roi d'Espagne avec les Etats des Provinces-Unies des Pays-Bas doit être plus utile pour le service du Roi, le bien du royaume, celui des Etats et des amis et alliés de cette couronne, que le renouvellement de la trêve, si on la peut obtenir aux conditions de la première;

Si le roi d'Angleterre, qui est entré en traité avec le roi d'Espagne pour le mariage du prince de Galles son fils avec l'infante d'Espagne, le conclut suivant son désir, et à cette occasion veut abandonner les Etats, ou se résoudre seul entremetteur à l'exclusion du Roi pour faire la paix entre eux, quelle résolution Sa Majesté devra prendre :

Il est bien vrai que les forces du roi d'Espagne étant occupées à cette guerre, il deviendra plus facile de remettre la Valteline en l'état qu'elle souloit être avant le changement qu'il y a fait ; qu'il sera mieux disposé à la restitution du Palatinat occupé par ses armes, et pensera moins aussi à molester les autres princes et villes franches de l'Empire, sur lesquelles il a déjà fait des entreprises que Sa Majesté a très-semblable qu'un prince sage et bien conseillé ne voudra pas, quelque grand et puissant qu'il soit, provoquer tant d'ennemis ensemble contre lui, et en un même temps, les uns étant contraints de se disposer pour se garantir du péril présent, et les autres qui en sont éloignés pour juger par prévoyance, et avec grande raison, qu'il sera aisé de les vaincre s'ils demeurent séparés, et ne se joignent ensemble pour s'opposer à l'ambition des Espagnols comme à un péril commun qui ne diminuera jamais jusques à ce que, par l'affoiblissement des autres souverains, ils se soient ouvert le chemin de parvenir à la monarchie de la chrétienté à laquelle ils aspirent dès long-temps.

Mais il faut considérer que les Etats, qui ont le présent intérêt en cette délibération, aimeront mieux choisir le renouvellement de la trêve, s'ils la pouvoient obtenir aux conditions de la première, que d'entrer de nouveau en une longue et périlleuse guerre, dont le succès sera incertain, sans qu'ils soient assistés de l'appui et secours des rois de France et d'Angleterre.

Or il n'y a point d'apparence que le roi d'Angleterre, qui recherche l'alliance et amitié du roi d'Espagne pour le mariage de son fils, et pour obtenir de gré à gré la restitution du Palatinat, qui lui sera plus facile et assurée par cette voie que de la chercher par les armes pleines d'incertitudes et de périls, veuille offenser le roi d'Espagne et se déclarer son ennemi ; étant plutôt à présumer au contraire, si le roi d'Espagne entend à ce mariage qu'il avoit toujours auparavant rejeté à cause de la diversité de la religion, qu'il le fera pour en tirer quelque grand avantage, et, tant qu'il le tiendra en espérance de l'accorder, que le roi d'Angleterre ne fera rien qui puisse détourner le roi d'Espagne d'y entendre.

Et quant au Roi, le soupçon qu'il aura toujours des intentions et pratiques d'Espagne avec l'Angleterre, le rendra plus retenu et considéré à ne faire aucune déclaration contraire à l'alliance qu'il a avec le roi d'Espagne, confirmée par le lien d'un double mariage : aussi ne la peut-il rompre et violer sans encourir le blâme de perfidie, au cas que le roi d'Espagne remette la Valteline en l'état qu'elle souloit être, et ne fasse aucune nouvelle entreprise au préjudice de ses amis et alliés, et que Sa Majesté essaiera d'obtenir de lui en le persuadant comme ami, et jugeant plus utile d'y procéder ainsi, que d'entreprendre de l'y forcer par les armes avant qu'avoir tenté ce premier remède, qui est de la bienséance entre princes, amis et alliés. Aussi ne seroit-ce pas prudence de tirer la guerre chez soi pour l'ôter de la maison d'autrui, quand on la peut éviter, et s'acquitter ensemble du devoir qu'on

---

[1] La trêve de 1609 étant expirée, la guerre recommença dans les Pays-Bas.

a à l'endroit de ses amis et alliés; joint qu'étant seul avec les Etats contre le roi d'Espagne, le roi d'Angleterre n'y voulant être aucunement, Sa Majesté seroit contrainte de joindre avec elle autant qu'elle pourroit tous les autres souverains et Etats qui se sont séparés de l'église catholique, et par ce moyen accroître leur faction et créance à la diminution de la sienne même en ce royaume, d'où ceux de la religion prétendue réformée ne perdront jamais aucune occasion de s'avantager, quand ils penseront avoir assez d'appui pour l'oser entreprendre avec espérance de bon succès.

Ce qui fait encore douter davantage des intentions du roi d'Angleterre, et des pratiques qui continuent entre l'Espagne et lui, c'est que l'un et l'autre y pensent trouver du profit et de l'avantage, le roi d'Angleterre pour les considérations ci-dessus déduites, et quant au roi d'Espagne pour obtenir de l'autre qu'il abandonne les Etats, et en le faisant de l'attirer à son amitié, et le conjoindre s'il peut à tous ses intérêts, qui seroit son utilité évidente. Aussi ai-je appris que le feu duc de Lerme estimoit tant la paix avec l'Angleterre, qu'il souloit dire à son roi, lorsqu'il manioit les affaires d'Espagne : « Ayons la paix, bonne intelligence et ferme amitié avec l'Angleterre, et nous ne craindrons point la guerre avec tout le reste de la chrétienté. » Le roi d'Angleterre pourroit encore entendre à cette conjonction avec le roi d'Espagne sans abandonner les Etats, à savoir en procurant par son entremise seule et sans nous la paix entre le roi d'Espagne et les Etats, avec des conditions qui auroient de l'utilité bien certaine pour eux deux et leurs sujets, et quelque apparence aussi de sûreté pour les Etats : je dis apparence, parce qu'il y a bien à douter si la sûreté y sera vraie et entière en effet; mais elle pourroit bien être assaisonnée de sorte qu'ils la recevroient bonne, comme si le roi d'Espagne déclaroit, comme il a déjà fait par la première trêve, qu'il ne prétend plus rien sur eux, qu'il les tient pour république et peuples libres, et qu'ils soient à l'avenir réputés membres de l'Empire et en dépendans, avec mêmes privilèges, autorité et pouvoir que les princes et villes franches qui sont de cette qualité, et reconnoissent l'empereur avec des charges si peu onéreuses, qu'elles n'entament aucunement leur liberté;

déclarant en outre qu'il ne demande rien d'eux, sinon qu'ils se promettent l'un à l'autre un mutuel secours d'Espagne et tous les Pays-Bas, y compris tout ce que les Etats possèdent, et de n'avoir aussi pour l'avenir que mêmes amis ou ennemis : en quoi ils entendoient comprendre le roi d'Angleterre, sans l'exprimer ès conférences que nous avions ensemble, crainte d'offenser le feu Roi qu'ils voyoient n'être disposé à le souffrir. Cette ouverture fut déjà faite lors de la première trêve approuvée par les ambassadeurs d'Angleterre, mais rejetée par nous et par les Etats, sur ce que le roi d'Espagne leur demandoit quelque légère reconnoissance sans l'exprimer autrement; ce qui leur fit craindre que cette réserve fût un moyen pour les faire retourner à leur ancienne sujétion. Ils avoient aussi lors l'appui et l'assistance des deux rois, qui leur faisoient mépriser les armes d'Espagne, puis les inimitiés étoient trop récentes, et tout ce qui provient du côté d'Espagne leur étoit suspect.

Mais aujourd'hui il y a du changement en leurs affaires, qui leur pourroit bien faire approuver ce qu'ils ont autrefois rejeté, les divisions qui sont parmi eux à cause du schisme des Arméniens; les mécontentemens à cause de la mort du feu sieur Barneveld et de la condamnation des autres personnes, que plusieurs entre eux tiennent plutôt être une vengeance que vraie et sincère justice; joint qu'un grand nombre de magistrats ont été déposés en plusieurs de leurs principales villes à cette occasion, dont le ressentiment est encore en leurs esprits. Ils mettront aussi en considération le soupçon qu'ils ont des pratiques d'Angleterre avec l'Espagne, et qu'ils ne s'oseroient promettre que nous entrions en guerre ouverte avec l'Espagne pour eux, et ne leur donnant que quelque petit et léger secours sous main, incertain encore à cause de nos mouvemens qui sont trop fréquens, il ne leur pourra servir qu'à faire durer la guerre, et non pour la faire à leur avantage. Puis ils craindront que le peuple ne se lasse enfin des grandes contributions qu'il leur faudra faire à l'occasion de la guerre qui sera de durée, et d'un événement fort incertain. Au contraire, la paix aux conditions susdites, le roi d'Espagne se départant de la reconnoissance qu'il demandoit sur eux, et le roi d'Angleterre étant conjoint avec eux en cette paix, la sureté leur pourra sembler assez grande.

Peut-être qu'on dira le roi d'Espagne devoir être celui qui apportera plus de difficulté, mais je ne l'estime pas; car si l'obligation est mutuelle entre eux tous de se secourir l'un l'autre, et de n'avoir plus à l'avenir que mêmes amis et ennemis, il en tirera autant de profit que s'ils demeuroient ses sujets, étant bien certain que les pays que les Etats possèdent à présent n'ont contribué à leurs anciens seigneurs que fort peu; et même quand ils étoient en la sujétion des empereurs romains, ils n'étoient obligés à autres charges qu'à fournir armes, chevaux et le service de leurs personnes en guerre, sans contribuer aucune chose en argent; aussi a-t-on vu que l'une des premières causes de leur rébellion contre l'Espagne a été les impositions qu'on vouloit lever sur eux.

Quant au roi d'Angleterre, il n'y a aucune raison de douter qu'il ne désire et recherche volontiers la paix aux conditions susdites; car ce sera en effet renouveler l'ancienne alliance de la maison de Bourgogne entre l'Espagne qui y a succédé, entre lui et tous les Pays-Bas, à laquelle les rois d'Angleterre ont toujours aspiré avec très-grande affection, que ces deux tiendront aussi utile pour eux qu'elle sera dommageable à la France, n'y ayant rien que Sa Majesté ne doive tenter, entreprendre et faire pour l'empêcher.

Il y a encore un scrupule qui pourroit retenir les Etats, c'est l'autorité et créance que le prince d'Orange a sur eux, lequel a toujours la haine et vengeance des choses passées contre l'Espagne, le soupçon des pratiques que les Espagnols pourront faire à sa ruine dedans eux sous prétexte de la paix, qu'elle lui retranchera aussi toutes les espérances qu'il pourroit avoir à cause des longs services que le feu prince d'Orange son père et lui ont faits aux Etats, dont il semble qu'il soit prêt à recueillir quelque fruit; mais comme il est fort sage et judicieux, il pourra considérer qu'avec le temps la guerre et les grandes contributions qu'il faudra faire aux Etats à cette occasion, les lasseront, et leur feront désirer le repos, peut-être en saison qui sera moins avantageuse et sûre pour lui et pour le pays dont il doit désirer la conservation. Puis il a déjà acquis tant de réputation par les armes, qu'il est tenu aujourd'hui pour le plus grand et expérimenté capitaine de la chrétienté : et quand on parvient à ce degré d'honneur, la prudence veut qu'on se mette à couvert, et hors les dangers de la malignité de la fortune, qui bien souvent efface et anéantit par les dernières actions tout ce que les premières avoient fait mériter et acquérir.

Tout ce discours n'est fondé que sur des conjectures et présomptions; mais elles sont tellement accompagnées de raison qu'elles ne doivent être méprisées. Ainsi, pour y prendre une résolution qui ait plus de certitude, il me semble, sire, qu'il sera mal aisé de prendre quelque résolution en cette affaire, qui soit exempte de tous dangers et inconvéniens; car on ne peut renouveler l'alliance avec promesse d'assistance et secours s'il en est besoin, sans laquelle assistance l'alliance seroit inutile aux Etats, et n'y a aucune apparence qu'ils la veuillent autrement désirer. Or cela ne peut être fait sans rompre du tout, et nous declarer ennemis du roi d'Espagne; ce qui sembleroit sujet à quelque blâme, à cause du double mariage fait depuis peu d'années, si nous ne recherchions, avant que nous déclarer ouvertement ses ennemis, d'obtenir de lui par voie amiable qu'il remette la Valteline en l'état qu'elle soulait être, qui est la seule action dont nous avons eu sujet de nous plaindre depuis lesdites alliances, ou bien s'il ne fait quelque entreprise pour s'accroître au préjudice de nos autres amis et alliés.

Je veux présupposer toutefois que nous avons assez de raisons pour nous exempter de ce blâme, et qu'il suffira de considérer si ce renouvellement d'alliance nous sera utile ou non; et pour en faire jugement plus certain, il est besoin de bien considérer si le mariage du prince de Galles se fait avec l'infante d'Espagne ou non. Ne se faisant pas, on peut espérer que les deux rois de France et d'Angleterre demeureront conjoints en faveur des Etats pour leur conservation, et qu'ils s'obligeront encore eux-mêmes et leurs Etats et sujets à secourir l'un l'autre, au cas que le roi d'Espagne voulût à cette occasion entreprendre de leur nuire, selon qu'il fut à la première trêve, et désiré avec grande affection par le feu roi qui m'en fit un commandement très-exprès : ainsi cette alliance aux conditions susdites pourroit être sans péril, ou il y en aura beaucoup moins qu'en abandonnant les Etats. Or comme on ne peut juger ce qui sera de l'intention du roi d'Angleterre, soit pour le mariage ou pour l'alliance, qu'avec le temps, il sera plus expédient de différer la résolution avec les Etats, sans la conclure ou rejeter, jusques à ce qu'on en soit du tout éclairci, et n'y aura que trop de raisons pour persuader aux Etats que cette surséance pourra être utile aussi bien pour eux que pour nous, leur faisant entendre notre intention être d'essayer à disposer le dit roi d'Angleterre à prendre plutôt ce conseil en commun avec nous, que de s'en séparer par une mutuelle et plus étroite alliance que celle qu'il avoit du passé avec l'Espagne.

Si au contraire ce mariage projeté, et que plusieurs tiennent déjà pour conclu, se fait, il est vraisemblable que le roi d'Espagne en pense tirer quelques grands profits et avantages, le premier desquels sera sans doute de lui faire abandonner du tout les Etats, ou bien de traiter avec eux par son moyen et intervention ; or l'un et l'autre sont grandement préjudiciables au royaume et fort à craindre.

Car s'il les abandonne, il y a du péril pour nous de prendre seuls leur défense, même s'il faut entrer en guerre ouverte avec l'Espagne, étant bien à craindre qu'il n'y ait encore une plus étroite conjonction entre l'Angleterre et l'Espagne que celle d'obliger le roi d'Angleterre à ne se plus mêler des affaires des Etats ; ce qui ne pourroit être fait qu'au très-grand dommage de ce royaume ; l'un fournissant gens de guerre à ceux de la religion quand ils voudront entrer en rébellion, l'autre sous main et couvertement de l'argent pour les entretenir, ce scrupule n'étant plus en l'esprit du conseil d'Espagne de se déclarer toujours ennemis irréconciliables de tous ceux qui se sont séparés de l'Eglise : ils ont autrefois suivi ce conseil, lorsqu'ils le jugeoient le plus expédient pour parvenir à la monarchie de la chrétienté à laquelle ils aspirent dès long-temps ; mais ce conseil leur ayant été malheureux, ils l'ont changé, et préfèrent à présent tout ce qui pourra avancer cet ambitieux dessein, se promettant que, devenus les maîtres, il leur sera aisé de pourvoir à la sûreté de la religion. On a déjà quelques conjectures par la conduite dont le duc d'Ossonne a usé au royaume de Naples, et par les propos ordinaires que tient l'ambassadeur d'Espagne qui est à présent en Angleterre, comme aussi par ce mariage qu'ils avoient montré du passé avoir en horreur. A quoi je veux ajouter ce que le duc de Lerme souloit dire lorsqu'il avoit le principal maniement des affaires d'Espagne : « Ayons la paix avec l'Angleterre, et ne craignons rien de tout le reste de la chrétienté, » jugeant que par cette paix et confédération avec l'Angleterre, même si elle étoit offensive et défensive, nous serions retenus et empêchés de rien entreprendre contre les Etats d'Espagne, et par ainsi qu'il lui seroit loisible d'entreprendre et faire tout ce qu'il voudroit ailleurs. Je ne veux pas croire néanmoins que le roi d'Angleterre faisant ce mariage passe si avant avec l'Espagne, que de se déclarer notre ennemi pour aider à la croître.

Que si le roi d'Angleterre s'interpose pour mettre les Etats en paix avec l'Espagne et les archiducs, comme il peut être fait par des ouvertures qui seront agréables aux uns et aux autres, j'y vois encore plus de dommage et de péril pour nous. On proposa déjà cette ouverture de la part du roi d'Espagne lorsque nous traitions la trêve à longues années que le roi d'Angleterre approuvoit : à savoir, que les Etats fussent soumis à l'Empire comme membres d'icelui, et conjoints avec ce que les archiducs possèdent ès Pays-Bas pour vivre en amitié, et se conserver ensemble contre toutes sortes d'ennemis : le roi d'Espagne déclarant dès lors qu'il ne désiroit qu'une légère reconnoissance, les laissant en liberté avec l'exercice de leur religion, ainsi qu'ils sont à présent, sans y apporter aucun changement. Il est vrai que cette ouverture fut rejetée par les Etats ; mais à présent s'ils se voient abandonnés par le roi d'Angleterre, et qu'il se soit conjoint avec l'Espagne, ils pourront changer d'avis, et pour les induire le roi d'Angleterre proposera, comme il a été dit ci-devant, le renouvellement de l'alliance ancienne des Pays-Bas avec la maison de Bourgogne, toujours désirée et poursuivie par les rois d'Angleterre, et jugée utile aussi par les rois d'Espagne pour se fortifier contre nous ; y ayant encore de grandes raisons pour persuader aux Etats qu'ils y trouveront leur sûreté, comme conjoints par ce moyen en amitié avec les rois d'Angleterre, et n'ayant plus sujet de craindre l'Espagne, qui vraisemblablement ne voudra plus entrer en guerre contre eux pour y faire les mêmes dépenses, et courir les mêmes dangers qu'elle a soufferts du passé; et pource que le prince d'Orange est à présent celui qui a plus de pouvoir dans les Etats, le roi d'Espagne pourra consentir qu'il soit gouverneur perpétuel desdites provinces, lui donner de grands Etats et appointemens, et de l'honneur et commandement en ses armées, s'il entre en confiance avec lui.

Ces raisons, qui nous font voir du péril de tous les côtés, apporteront beaucoup de difficultés à cette délibération; mais le meilleur est à mon avis de différer encore notre résolution avec les Etats, sans toutefois leur ôter l'espérance de notre alliance et secours, en leur représentant que ce délai est pour leur bien; que Sa Majesté enverra vers le roi d'Angleterre pour lui persuader de demeurer uni avec les Etats et avec nous, lui fera déduire les raisons de ce conseil, et que c'est son bien, sa sûreté et son honneur; lui offrir, s'il est besoin, secours pour aider à remettre le palatin dans son ancien Etat, offre à laquelle il semble que nous soyons aussi obligés par notre propre intérêt, si nous ne voulons souffrir que l'empereur, et par conséquent le roi d'Espagne, demeurent maîtres et seigneurs absolus de l'Allemagne, comme ils seront après avoir opprimé le palatin, affoibli les autres princes, et ôté la liberté aux villes franches, et deviennent si puissans par la conjonction des forces de l'Allemagne, qui sont très-grandes, à celles qu'ils ont en Espagne, Italie ou aux Indes, qu'ils séduisent tout à leur discrétion.

Si le roi d'Angleterre veut faire ce mariage, et qu'il n'y ait moyen de l'en divertir, lui persuader autant qu'on pourra que ce ne soit à conditions préjudiciables aux Etats et à ce royaume, qui a depuis plusieurs années vécu en amitié avec lui.

Et encore qu'on ait plutôt à désirer que le roi d'Espagne et les Etats rentrent en guerre, que d'aider à renouveler la trêve et à les mettre en paix, néanmoins l'Angleterre ne se voulant joindre avec nous pour leur défense, il sera plus expédient de leur conseiller la trêve que la guerre, afin de n'avoir ouvertement le roi d'Espagne pour ennemi.

Et si on peut tant gagner sur l'un et sur l'autre que de faire continuer la trêve, je ne saurois toutefois conseiller d'abandonner les Etats, étant certain que s'ils sont forcés de recourir à la paix avec l'Espagne, qu'ils nous seront plus rudes et puissans ennemis que tous autres; étant le naturel commun d'un chacun d'avoir plus de haine contre ceux qui nous ont été amis, desquels nous sommes abandonnés, que contre ceux avec lesquels nous avons toujours été en querelle et inimitié.

Je me souviens de la grande affection que le feu roi, qui étoit prince très-sage et judicieux, avoit de séparer ces Etats de la domination d'Espagne, de la grande dépense qu'il y a faite, du mépris qu'il fit lors du péril qui lui pouvoit venir du côté d'Espagne en les acquérant pour amis, et qu'il tenoit leur amitié pour une grande sûreté à son royaume, qui lui devoit servir quand il seroit en guerre avec l'Espagne pour empêcher qu'on ne fît entrer des forces en son royaume du côté des Pays-Bas, qui étoit l'endroit dont les rois ses prédécesseurs avoient reçu plus de dommage, crainte que celle des Etats leur vînssent à dos pour les contraindre de penser à leur propre défense et conservation, et que de perdre aujourd'hui tous ces avantages, ce seroit chose honteuse, d'un très-grand dommage, et un signe évident de foiblesse ou d'une mauvaise conduite.

Ecrit fait par M. le président Jeannin, environ le mois de février 1622, lors du retour du Roi en cette ville, contenant ses raisons pour faire la paix [1].

Sire,

Nous avons grande occasion de louer Dieu de ce qu'après tant de peines que vous avez prises, tant d'incommodités que vous avez souffertes, et tant de dangers auxquels vous avez exposé votre personne, il lui a plu bénir et rendre heureux votre soin et travail; car, encore que vous

---

[1] La guerre continuoit contre les protestans; le Roi, qui avoit marché contre eux dans le Poitou, étoit rentré dans sa capitale.

n'ayez pas achevé entièrement votre entreprise, si est-il vrai que vous avez plus avancé en six ou sept mois que les prédécesseurs rois l'avoient fait en plusieurs années, y employant toutes leurs forces et moyens, et pour comble de bonheur vous êtes retourné glorieux, et en très-bonne santé, qui est le bien que nous devons estimer le plus, d'autant que de la conservation de votre personne dépend celle de l'Etat, et le salut, sûreté et repos de vos sujets.

Tous vos bons sujets ont aussi reçu un très-grand contentement d'avoir entendu que Votre Majesté veut agir et exercer dorénavant toutes les fonctions qui appartiennent vraiment à sa seule personne et dignité, comme à distribuer les charges, honneurs, états et bienfaits; et pour la direction et conduite des affaires principales et plus importantes du royaume, établir un bon et sage conseil auquel elles seront traitées et résolues en votre présence, sans les plus commettre à un homme seul, n'y en ayant point qui soit assez capable pour supporter seul la pesanteur de ce fardeau : outre ce que personne ne peut être élevé en une si souveraine autorité, que la vôtre n'en reçoive très-grande diminution.

Les grands et sages rois en ont toujours usé ainsi, et le feu roi, prince très-sage et judicieux s'il y en eût jamais, ne faisoit rien aux grandes affaires sans prendre le conseil de ceux qu'il lui avoit plu choisir, lui ayant ouï dire plus d'une fois, quand ils étoient d'avis contraire au sien, qu'il aimoit mieux suivre le leur que de s'arrêter au sien.

Vous avez de quoi choisir en votre royaume pour faire l'établissement de ce conseil, en y employant aucuns des grands, et autres particuliers, dont la vertu, fidélité et expérience est connue. Je mets en premier lieu la reine votre mère, princesse sage et vertueuse, qui, outre les affections que la nature donne, s'est déjà acquis de l'expérience au maniement des affaires publiques et à ses intérêts, si conjoints avec les vôtres, qu'ils n'en peuvent jamais être séparés, pour quelque cause que ce soit, puis les princes de votre sang, et entre eux M. le prince qui est en un âge plus avancé, et a déjà fait connaître qu'il est très-affectionné et capable pour vous bien et fidèlement servir; M. le comte de Soissons commence aussi d'entrer en un âge où il se peut rendre utile à votre service : l'honneur qu'ils ont de vous appartenir, et leur intérêt à la conservation de l'Etat, les obligent d'avoir soin de la conservation de votre personne, de laquelle dépend leur salut particulier et celui de l'Etat. Et quant à Monsieur, votre frère, il est bien né; M. le colonel qui est son gouverneur prend grand soin de le maintenir au service qu'il vous doit, lui faisant connoître, comme par la nature il est votre frère, et en cette qualité comme égal à vous-même, que vous êtes ici son Roi et son seigneur, et que si Dieu disposoit de vous, il n'y auroit plus de sûreté pour lui ; vous le conserverez pour jouir après vous et les enfans que nous espérons que Dieu vous donnera, du droit qui vous appartient par les lois du royaume; et si vous l'aviez perdu aussi, sire, votre autorité seroit pareillement mal assurée. On l'a vu du règne du roi Henri III ; autant que son frère le duc d'Anjou a vécu, on n'osa rien attenter contre sa personne et son Etat, encore qu'ils ne fussent pas en bon ménage ensemble. Les autres princes et seigneurs qui sont élevés aux plus grandes dignités de la couronne, y apporteront aussi sans doute la même affection et fidélité, et tiendront à honneur d'être employés et de servir sous un bon et juste Roi, qui a la crainte de Dieu, et ne fait sortir de lui que toutes actions de vertu, courage et générosité.

Bien est-il à désirer, pour rendre leur assistance et conseils plus utiles et exempts de tout mauvais soupçon, qu'il plaise à Votre Majesté les exhorter de bannir et ôter de leurs esprits les secrètes inimitiés, jalousies et divisions qu'on y a entretenues avec grand soin et artifice jusques à présent, plutôt pour intérêt particulier que pour votre service, afin que, n'ayant plus aucune rancune et animosité les uns contre les autres, ils vivent ensemble en une amitié civile, éloigné de toute faction et mauvais dessein, pour vous donner les conseils qu'ils jugeront en leur conscience être les plus utiles pour la conservation de votre autorité, et le bien et soulagement de vos sujets.

Ces divisions entre les plus grands et premiers d'un Etat ont été pratiquées souvent ès petits Etats, où les souverains à cause de leurs foiblesse craignent tout, comme aussi ès grands

Etats occupés par tyrannie contre les lois du pays, et gouvernés encore après l'usurpation avec même violence ; mais ès grands et puissans royaumes, où la loi seule fait recevoir et reconnoître celui qui est le vrai et légitime souverain, comme au nôtre, où nos rois ont pour conduite l'observation des lois et de la justice, ensemble le pouvoir de récompenser ceux qui font bien, et faire punir les méchans, cette division est toujours dommageable, et le sera encore plus en ce royaume qu'ailleurs, à cause de la légèreté et inconstance de notre nation qui est désireuse des nouveautés.

Le gouvernement ainsi établi rendra, sire, votre règne heureux et florissant, et fera cesser avec le temps les désordres qui y ont été introduits et amassés en plusieurs années par la licence et fureur des mouvemens, et à l'occasion d'autres défauts, dont il ne faut plus se souvenir que pour les avoir en horreur, afin de n'y plus retomber ; car, ayant les intentions bonnes et justes, et le jugement sain et entier pour bien discerner entre les conseils qui vous seront donnés celui qui sera meilleur, il n'y a plus rien à désirer que l'assistance du ciel pour conduire vos bons et louables desseins, soit en guerre ou en paix.

Il est bien certain, sire, tant qu'il y aura faction parmi ceux de la religion prétendue réformée, qui soit assez puissante pour troubler l'Etat et résister à vos commandemens, que jamais votre autorité ne sera absolue, ni le repos de vos bons sujets assuré ; c'est pourquoi il est nécessaire du tout de travailler incessamment et avec très-grand soin pour les affoiblir, et les ramener au devoir et à l'obéissance de bons sujets.

La première résolution que vous avez donc à prendre est de savoir s'il sera plus utile pour votre service de renouveler la guerre ou d'entendre à une bonne paix, vous étant demandée par vos sujets rebelles avec soumission, et eux aussi disposés à la recevoir de votre bonté, et aux conditions que Votre Majesté et ses bons sujets la doivent désirer ; car de la faire autrement elle seroit honteuse, dommageable, indigne de Votre Majesté et du bonheur qu'il a plu à Dieu vous donner.

Votre Majesté avoit commencé la guerre en un temps qui sembloit opportun pour en espérer bon succès, car ils étoient tous divisés, et mal préparés pour se défendre ; l'événement en a aussi été heureux par votre sage conduite, patience et générosité, plus même qu'on eût osé espérer, ayant égard au peu de forces que vous aviez en effet, combien qu'elles fussent assez grandes en solde et par vos Etats ; mais il est à craindre en renouvelant la guerre que vous n'en ayez pas si bon marché, et que vous les trouviez tous unis et résolus d'y accourir comme à un péril commun, n'y ayant aucun déguisement ou artifice qui leur puisse persuader, si ceux qui seront en armes sont vaincus, qu'il y ait plus aucune sûreté pour ceux qui seront demeurés en leurs maisons.

Et quant aux étrangers, ils pensent avoir tant d'intérêt à conserver cette faction dans le royaume, qu'ils feront sans doute toutes sortes d'efforts pour les secourir ; et sera malaisé qu'en la longueur et durée de cette guerre ils n'en trouvent quelque opportunité ; et ils l'auront déjà rencontrée, s'il est vrai, comme on publie, que l'empereur ait traité avec Bethléem Gabor, et que le mariage du prince de Galles avec l'infante d'Espagne soit conclu et arrêté ; car l'électeur palatin sera par ce moyen remis en son ancien patrimoine et dignité, et le roi d'Angleterre s'emploiera d'autre côté pour mettre les Etats en paix, ou d'y faire une trêve à longues années, à conditions dont le roi d'Espagne reçoive quelque avantage et contentement, le pouvoir que le roi d'Angleterre a sur eux étant tel qu'ils suivront ses avis, attendu qu'ils ne recherchent plus aujourd'hui autre appui que le sien, méprisant le nôtre qui leur a été si utile en leur plus grande foiblesse et nécessité. Ainsi il n'y aura que trop de gens de guerre, soit entre les protestans et les catholiques, qui chercheront fortune et nouveau maître, et l'argent pour une seule montre les attirera aisément en France, s'assurant bien avant qu'en sortir qu'ils seront entièrement payés et satisfaits, selon qu'il a été fait du passé.

Et quand rien n'aviendroit de tout ce que dessus, si les étrangers entrent en opinion, comme il sera facile de leur persuader, que cette nouvelle prise d'armes est vraiment une guerre de religion, nous avons à craindre que la France ne devienne le théâtre pour y jouer cette sanglante tragédie, qui décidera les différends qui sont en la religion par toute la chrétienté, dont l'événement sera toujours douteux si on le considère par les raisons qui peuvent dépendre de la prudence humaine, d'autant qu'il y a tant de nations, de provinces, Etats et royaumes entiers qui sont sortis de l'église, qu'ils surmontent ou égalent au moins en nombre, en forces et pouvoir, ceux qui sont demeurés dedans, et, s'ils ont cet avantage par dessus nous, qu'ils ont plus de soin et d'affection à se secourir l'un l'autre que n'ont les catholiques. Le roi d'Espagne même, qui est le plus puissant entre tous les princes catholiques, recevra de l'avantage et du contentement quand ce royaume s'affoiblira par une guerre de longue durée et périlleuse pour nous, pource que l'ambition d'Espagne et le désir de s'accroître comme ils le font tous les jours, surmontent le zèle qu'ils ont à la religion, quoique toutes leurs entreprises soient fondées sur cette apparence, qui leur sert plutôt de prétexte pour tromper les plus simples, que de vraies et légitimes causes pour troubler tous les Etats de la chrétienté.

L'exemple des guerres passées, commencées en ce royaume depuis soixante ans contre ces mêmes ennemis, nous doit servir d'instruction pour juger de l'avenir; car, pendant tout ledit temps, il n'y a eu que guerre continuelle ou paix insidieuse. On a donné et gagné de grandes batailles, on a souvent posé, puis repris les armes; et quand la peau du lion n'a pu suffire pour leur faire du mal, on y a employé celle du renard. Mais la force, la finesse et la tromperie ont été si peu heureuses, qu'on a toujours été contraint de finir par des traités et des compositions qui ont accru leurs forces et pouvoir, au lieu de les diminuer.

Ce qu'ayant été sagement considéré par le roi Henri III qui leur avoit fait la guerre à outrance, tant comme lieutenant-général du roi Charles IX son frère, que depuis étant venu à la couronne, il jugea qu'il les affoibliroit, et dissiperoit plutôt leur faction durant la paix que par les armes : ce qu'il fit entendre lui-même, et par sa bouche, en une assemblée solennelle tenue à Saint-Germain-en-Laye, au mois de décembre de l'an 1585, sur la demande qui lui fut faite par aucuns ecclésiastiques qui étoient en ladite assemblée, de renouveler la guerre, chacun ayant approuvé son conseil après avoir ouï les raisons d'icelui; et à la vérité on reconnut par effet, en peu de temps, qu'il étoit très-utile plusieurs de ladite religion étant retournés à l'Eglise catholique, apostolique et romaine, sans qu'il leur fit autre mal que de ne les point gratifier de charges, offices et bienfaits, y procédant néanmoins avec telle dextérité, qu'ils n'avoient aucune occasion de se plaindre que les édits faits en leur faveur eussent été violés.

Mais cette procédure fut interrompue par le zèle indiscret, sans dire pis, d'aucuns des grands, qui firent croire aux plus simples, ou aux amateurs des nouveautés, que ce prince favorisoit les huguenots, encore qu'il fût si religieux qu'il approchoit plutôt de la superstition qu'il ne défailloit en la créance d'aucun article reçu et approuvé en l'Eglise romaine : cela fut cause qu'on vint derechef aux armes, puis à d'autres mouvemens qui agrandirent beaucoup cette faction, et mit ce royaume en très-grand danger d'une entière ruine.

Ce que plusieurs ont aussi bien que moi ouï dire souvent au feu Roi, qu'étant chef de ceux de ladite religion, il ne craignoit rien tant, et n'y avoit rien qui affoiblît davantage sa faction que la paix, même quand elle étoit de durée et observée religieusement, confirme bien le conseil et la résolution qu'avoit prise le roi Henri III. Aussi est-il vrai que cette douceur et de jouir de leurs biens en toute sûreté, et l'exercice de leur religion, leur faisoient avoir en horreur toutes sortes de mouvemens, aimer et respecter le roi sous lequel ils étoient rendus jouissans de ce bonheur, et que c'étoit encore pis contre eux quand on ajoutoit quelques bienfaits et gratifications à l'endroit de ceux qui retournoient à l'Eglise. C'est le premier conseil auquel il faut tendre, que de diminuer et affoiblir du tout s'il est possible la faction; le surplus, qui est de convertir ceux qui suivent cette religion par le seul mouvement de leur conscience, vient après par l'instruction des prélats, curés et autres personnes ecclésiastiques, avec les gratifications qu'on y peut ajouter.

Ces remèdes-là sont innocens, ne consument point les finances, ne font perdre la vie à nul nombre infini de gens de guerre, ne comblent de ruine et désolation le royaume, ne précipitent point non plus la grandeur de nos rois en dangers et inconvéniens qui suivent ordinairement les guerres civiles.

Outre ces raisons et considérations il sera malaisé de trouver de l'argent à suffisance pour faire cette guerre puissamment, et y fournir jusques à la fin; et si nous défaillons au milieu de la course, nous serons en plus mauvais état que quand on a commencé : l'inconstance et légèreté de notre nation, qui ne demeure jamais long-temps en même dessein, aidera aussi beaucoup à nous faire changer d'avis.

Et si nous jetons un peu les yeux au dehors, et considérons les progrès que fait le roi d'Espagne, à notre honte et à la diminution de l'autorité et créance que nos rois avoient acquise par toute la chrétienté, nous jugerons que la paix nous est nécessaire, que la guerre civile chez nous nous fait mépriser et entreprendre contre nous ce à quoi on n'eût osé penser si nous étions en paix. On le peut dire avec certitude, si on se veut souvenir de la réponse que M. de Bassompierre eut de bouche et par écrit au voyage qu'il fit en Espagne de la part de Votre Majesté, afin de faire remettre la Valteline en même état qu'elle souloit être. A quoi au lieu de satisfaire il la retient et fortifie : et pour parvenir à son dessein, il se servoit du prétexte de religion contre Votre Majesté, au même temps qu'elle exposoit sa vie contre les hérétiques. Nous n'avons pas à désirer la guerre contre le roi d'Espagne, au contraire nous la devons éviter autant qu'on le pourra faire sans blâme, et sans souffrir des indignités et les progrès qu'il fait au préjudice de nos alliés, et de la grandeur et autorité de cette couronne : la paix nous donnera le moyen d'y penser, et de nous mettre en état qu'il aura sujet d'estimer notre amitié, et de nous craindre et respecter.

Ayons donc la paix, sire, si elle peut être faite avec honneur, et comme il convient à votre dignité; mais si ce bonheur ne nous peut avenir par l'opiniâtreté et rébellion de vos sujets de ladite religion, il se faut armer puissamment, et y mettre tout pour demeurer maître, envoyer vers les princes étrangers pour les rendre odieux et faire abandonner comme sujets rebelles; leur remontrer qu'il n'est point question de religion, Votre Majesté étant résolue de garder inviolablement les édits faits en faveur de leur exercice; envoyer aussi vers le roi d'Espagne pour le prier et exhorter d'effectuer ce qu'il a promis, et de considérer qu'ils concourent tous deux en un même dessein, qui est de conserver la religion catholique, et d'extirper les hérésies autant qu'ils pourront, et que la prudhomie veut que rien ne soit entrepris au préjudice l'un de l'autre qui puisse interrompre ce louable dessein, ce qui ne pourroit avenir qu'au très-grand dommage de notre religion, et à l'accroissement de ceux qui sont sortis de l'Église.

Préface faite par M. le président Jeannin sur la vie du feu roi Henri IV.

J'ai entrepris de mettre par écrit les faits et actes plus mémorables de Henri IV, roi de France et de Navarre, qui a mérité le nom de Grand après sa mort, séparant de la confusion et mélange des choses avenues en son temps ce qui est vraiment sien, pour avoir été fait et exécuté par ses mains et avec son propre péril, ou conduit et exploité sous ses auspices par son avis, autorité et commandement, afin de faire voir à la postérité, en un seul amas et recueil, tant de belles et grandes actions, èsquelles Dieu s'est servi de lui pour garantir son royaume de ruine, et le remettre de nouveau au plus florissant état qu'il ait été depuis plusieurs siècles; lui donnant la force et le courage, la prudence et le bonheur pour vaincre, conquérir, dissiper et rompre des factions si puissantes, qu'elles sembloient ne devoir craindre que le ciel, et, quand il a été victorieux et au-dessus des périls, la bonté et clémence pour lui faire oublier ses injures, et acquérir encore par bienfaits ce qui étoit déjà sien. A quoi j'ai estimé devoir aussi ajouter quelque chose de ses dits et faits particuliers et domestiques, èsquels on reconnoît mieux le naturel des hommes illustres, et quelle est la vraie teinture de leurs âmes, que par ce qu'ils font en public et à la vue de chacun. Et pour trouver la matière de cet ouvrage, je ne prendrai rien que chez lui, sans inventer de moi-même avec art et industrie, ou emprunter d'autrui quelques nouveaux trophées et ornemens pour les ajouter à ses vraies louanges, délaissant cette façon d'écrire à ceux qui cherchent plutôt à complaire et tirer louange de leur plume, qu'à trouver la vérité qui perd son nom et son lustre, quand, pour lui donner plus d'éclat, on la veut revêtir et enfler de telles vanités; car tels écrits remplis de flatteries meurent presqu'au même temps qu'ils naissent, ou demeurent ensevelis dans les tombeaux des hommes mêmes qu'ils ont voulu consacrer à l'éternité.

Ce n'est non plus mon intention de blâmer avec malignité ceux dont les lois et ses victoires ont condamné la cause et les armes, desquels je serai contraint faire souvent mention au discours de cette vie. Il me suffira d'écrire au vrai, et sans aucun déguisement, le bien et le mal, appliquant l'un et l'autre où il doit être mis, en sorte toutefois que chacun soit plutôt convié de bien faire à l'avenir, qu'offensé ou injurié par le récit des choses passées; car je sais que le but de celui qui veut servir au public par ses écrits doit être de rendre les hommes plus sages et meilleurs, et que la médisance, au lieu de leur mettre ce désir en l'âme, les fait souvent repentir de n'avoir fait pis. Ce n'est plus aussi le temps d'aiguiser son style pour aigrir et ulcérer les esprits, puisque étant tous réunis sous l'obéissance d'un même roi, nous ne devons plus reconnoître ni avoir autres ennemis que les siens et ceux de notre patrie, et considérer toujours qu'en passant trop rudement par-dessus les plaies que la calamité publique a faites, les haines qui nous ont fait sucer le sang et la vie les uns des autres se renouvellent, les divisions rentrent parmi nous, et nous excitent à désirer de nouveaux mouvemens, dont les derniers sont toujours pires que les premiers, d'autant que la malice, qui s'affine et devient plus grande par l'accoutumance à mal faire, fait enfin tenir pour licite la rébellion même qui contient néanmoins en soi tous les autres crimes. Tel étoit aussi du passé, parmi les factions et mouvemens que chacun condamne aujourd'hui, qui faisoit bien, et servoit plus chez les ennemis, accommodant ses vœux, conseils et actions au bien général, éloigné de tout autre mauvais dessein, que s'il eût été près de son roi. Et c'est ainsi que Dieu travaille quand il nous veut châtier sans nous perdre, quand il ne veut pas que la guerre finisse par le feu, le sang, la désolation générale, la ruine entière et changement d'un Etat. Il sépare les gens de bien, fait que les uns se mettent avec joie au parti qu'ils estiment le plus juste, et que les autres se rencontrent ou se trouvent comme ravis et emportés, par certains respects et mouvemens secrets qui sont au-dessus d'eux, dans le parti qu'ils approuvent quelquefois le moins, afin que ceux-ci essaient de tempérer, détourner ou rompre du tout les mauvais et dangereux desseins des autres qui attisent toujours le feu avec l'épée, et jettent plus volontiers du vinaigre que de l'huile dans les plaies.

Tel s'est encore trouvé parmi les partis, qui en faisant mal pensoit bien faire, n'y ayant rien en quoi les hommes soient si facilement trompés qu'en la crainte de faillir ès choses qui touchent à leur salut; de la faute et chute desquels, quand elle avient ainsi, on doit plutôt avoir pitié que leur en faire reproche; et tel avoit dans l'ardeur de ces furieux mouvemens l'intention et les effets mauvais, qui depuis s'est rendu si utile et recommandable par plusieurs bons services, que c'est acte de vraie prudence de louer plutôt en lui la vertu et le bien faire des dernières actions que reprocher le blâme des premières, crainte même qu'en ce reproche les victorieux et les vaincus, qui en divers temps ont fait, dit, loué et blâmé une même chose, ne s'y trouvent enveloppés. Il ne se faut donc plus souvenir que la religion a remué tant de fois cet Etat sous diverses causes ou prétextes, si nous désirons autant la paix parmi nous qu'elle est nécessaire pour le salut d'un chacun, ou bien s'en souvenir pour apprendre et reconnoître en ce tableau plein de misères, que la force et violence n'enseignent jamais le chemin de la piété et du vrai culte et adoration de Dieu, pour nous garder d'y retourner, et avoir en horreur cet écueil contre lequel nous avons si souvent fait naufrage. Je sais bien que plusieurs grands personnages, dont le royaume foisonne, pouvoient mieux et plus dignement que moi venir à chef de cet œuvre, même aucuns de ceux qui ont déjà donné au public l'histoire de ce temps, le labeur desquels eût encore été plus recommandable et utile à la postérité, si les mémoires, instructions et avis particuliers des choses plus importantes n'eussent souvent défailli à leur soin, industrie et suffisance, et par ce défaut été contraints d'avoir recours aux écrits du temps, qui sentoient plutôt la passion des partis qu'un véritable écrit des choses ainsi qu'elles étoient avenues. Aussi leur respect, et la crainte que j'ai eue de repasser sur l'ouvrage d'autrui, m'ont long-temps retenu, encore qu'à vrai dire leur sujet et le mien soient différens; car l'histoire contient un discours diffus et général de toutes choses qui appartiennent à l'état public duquel elle traite, et la vie de quelque homme illustre se restreint, et traite sommairement ses faits et dits plus notables, sans y ajouter rien de plus que ce qui n'en peut être séparé, à cause de la suite et conséquence nécessaire des affaires.

Je considérerai encore que ce travail n'est jamais bien reçu au temps pour lequel il est fait, et qu'il est toujours sujet à l'envie et médisance des hommes du même temps, qui tiennent le récit des vraies louanges auxquelles ils n'ont part pour flatteries ou pour un larcin fait sur eux, et celui des fautes où ils sont enveloppés pour injures et calomnies, trouvant même de quoi toujours reprendre en l'industrie ou au style d'autrui. Car les uns veulent qu'il y ait des pointes et de l'émail qui le relève, sans se soucier s'il est vide au dedans, au lieu que les plus sages et mieux entendus cherchent la vérité en sa candeur et simplicité, assaisonnée toutefois de sentences graves et sérieuses, et de bons et salutaires enseignemens, méprisant tous ces autres ornemens vains et futiles qui n'ont que le soin du plaisir sans utilité. Et pour dire tout à une fois, qui se veut employer au travail que cette sorte d'écrit requiert, ne doit attendre des vivans et pendant qu'il y est le loyer de sa peine, qui doit consister principalement en l'honneur et au contentement d'avoir mérité quelque chose du public, mais de ceux qui viendront après lui, lesquels, pour être souvent exempts de passion et d'intérêt, sont aussi plus justes estimateurs des labeurs d'autrui que les autres auxquels la malignité, l'envie et mauvaise émulation dérobent ordinairement la droiture et sincérité, et ne sont tous si équitables que l'empereur Auguste fut à l'endroit de Tite Live, le plus excellent historien d'entre tous les Romains, qu'il souloit appeler Pompeian, et dire qu'il traitoit trop rudement Jules César au récit de ses faits et entreprises; et néanmoins lui qui avoit recueilli le fruit des victoires de ce grand prince, et étoit par ce moyen obligé plus que nul autre de rendre toutes sortes d'honneurs à sa mémoire, ne se pouvoit lasser d'estimer et louer à tout propos cet auteur, comme célèbre et digne de grande recommandation.

Ces raisons eussent suffi pour me détourner du tout de cette entreprise, si je n'eusse appris par la bouche du Roi même qu'il désiroit ce service de moi, me l'ayant dit avec des propos sur ce sujet de si grande bonté et sagesse, que je me dois sentir autant honoré de ce commandement qu'obligé d'y obéir; entre lesquels je me souviens de ceux-ci : qu'il entendoit laisser la vérité en sa franchise, et à moi la liberté entière de l'écrire sans fard ni artifice, et sans lui attribuer ce qui est dû à la seule providence de Dieu ou à la vertu d'autrui; que ce n'étoit aussi pour acquérir la réputation de quelque vaine gloire qu'il désiroit informer la postérité des principales actions de sa vie, mais pour y faire voir le soin particulier que Dieu a eu de lui, de ses sujets et du royaume, bénissant ses labeurs et périls pour le garantir, et eux aussi, d'une ruine qui sembloit lors être certaine et inévitable, afin qu'ils en rendent grâce à la divine bonté tous les jours de leur vie, et soient aussi plus enclins et affectionnés à lui rendre l'obéissance qu'ils doivent, non-seulement comme à leur Roi, qui a l'autorité et pouvoir de se faire craindre et obéir, mais comme à leur père et bienfaiteur, qui a tant travaillé pour les faire jouir d'une assurée protection et repos sous la grandeur de cet Etat, et en fassent aussi autant, après que Dieu aura fait finir ses jours, à l'endroit de ses enfans, pour être issus d'un père qui aura tant mérité d'eux et du royaume. Lesquels propos me firent à l'instant souvenir de ces hommes illustres de l'antiquité, qui, enflammés du même désir de laisser l'image de leur vie à la postérité, prioient bien souvent leurs plus sérieux serviteurs ou intimes amis, qui avoient plus de connoissance d'eux et de leurs actions, de l'écrire avec vérité et simplicité; et quelquefois eux-mêmes y mettoient la main, comme firent Rutilius et Scaurus, personnes d'une vertu fort entière et épurée de tous vices entre les Romains de leur temps, l'ouvrage desquels fut pris pour témoignage assuré d'une vie vraiment innocente, et non pour arrogance et présomption, et ce qu'ils avoient écrit d'eux-mêmes et de leurs faits tenu pour véritable, tant les vertus connues étoient lors prisées et hors le danger de toute envie et calomnie. Jules César, né en un siècle plus corrompu et d'une vie moins innocente, mais qui étoit aussi revêtu et orné de vertus plus éminentes, et qui lui avoient acquis tant de nom et de réputation par toute la terre, qu'elles pouvoient couvrir et cacher ses vices, en fit autant, et mit par écrit lui-même les exploits et actes plus notables de sa vie, au récit desquels plusieurs ont estimé qu'il avoit été si modeste et retenu, qu'il a plutôt ravalé la gloire de ses faits qu'il ne les a magnifiés et élevés au dessus de leur vrai et juste prix. Etant donc obligé de mettre la main à cet œuvre, je dois bien considérer qu'il porte le titre de sa valeur et dignité sur le front, se fait estimer de soi-même, et ne peut faillir d'être bien reçu, pourvu qu'en la tissure de l'ouvrage il n'y ait aucun défaut qui en diminue le prix, afin que je sois plus soigneux d'employer toutes les forces de mon esprit pour le garantir de ce malheur, moi de blâme, et faire aussi que la postérité qui en doit recueillir le profit m'en sache quelque gré; car j'estime et crains son jugement comme celui qui peut le plus honorer ou diffamer la réputation de notre industrie et travail. A quoi, si je ne suis si heureux de pouvoir arriver pour n'avoir donné à cet œuvre la perfection entière que la grandeur du sujet requiert, si osé-je bien espérer qu'il y aura assez pour lui faire tenir et mériter quelque rang honorable parmi les écrits qui doivent être de durée et passer à plusieurs siècles. Quelqu'un viendra peut-être après moi qui fera mieux; je dis après moi, pour n'avoir su que personne ait travaillé et mis en lumière quelque chose sur ce sujet particulier; et je désire que le nombre de ceux qui seront de cette étoffe et qualité soit si grand, qu'on puisse dire de la vie de ce prince ce qu'a fait l'historien Arrien de celle d'Alexandre-le-Grand, que plus de gens avoient écrit sa vie qu'aucun autre prince et homme illustre n'en avoit eu pour écrire la sienne[1].

Discours apologétique fait par M. le président Jeannin, de sa conduite durant les troubles de la ligue, et depuis sous les règnes du feu roi Henri-le-Grand, et du Roi à présent régnant, 1622.

Je suis obligé, par le commandement que le feu Roi me fit peu de temps avant sa mort, de faire voir au public un discours que j'ai déjà commencé des principales actions de sa vie, m'ayant dit et répété plusieurs fois qu'il vouloit que ce fût par forme d'histoire véritable, sans relever sa vertu et la grandeur de ses exploits au dessus de la condition des hommes mortels, qui sont sujets à faillir, quelque prudence, magnanimité et grandeur de courage qui soit en eux. A quoi je continuerai de mettre la main sérieusement pour achever ce bon œuvre, si Dieu me donne assez de vie pour le faire, afin de m'acquitter de l'obligation que j'ai à la mémoire d'un si grand roi, qui m'a toujours honoré de charges et bienfaits, et d'une très-grande créance en ses principales affaires, et, ce que je dois plus estimer, avec des témoignages si assurés de sa bienveillance qui surpassoient mes services et mérites, non ma fidélité et affection; que je serois ingrat si je manquois à ce devoir; aussi que je dois encore ce travail au Roi qui est à présent, lequel est vraiment héritier de la vertu et grandeur du courage de son père, ayant commencé à gouverner son royaume avec tant de piété, justice et prudence, qu'il méprise tous périls pour se rendre utile à sa religion, et mettre tous ses bons sujets en un assuré repos.

Mais cet ouvrage étant fort laborieux et de longue haleine, j'ai estimé devoir cependant faire un récit particulier de mes actions et déportemens, depuis le temps que j'ai été employé en charge ès affaires publiques, afin qu'il serve d'instruction pour répondre à la malignité de ceux qui voudroient chercher à reprendre et blâmer ma mémoire, même en ce que je me suis trouvé en un parti odieux et vaincu, contraire au feu

[1] Le président Jeannin avoit conçu le projet d'écrire la vie de Henri IV. Il est probable que les affaires politiques dont il fut occupé jusqu'à la fin de sa longue carrière l'ont empêché d'exécuter son dessein.

roi Henri III, duquel j'avois reçu des grâces, faveurs et bienfaits, lui me faisant encore espérer mieux de sa bienveillance, si le sort et les causes qui sont bien souvent au-dessus de nous, plutôt que mon propre choix et jugement, ne m'eussent jeté dans ce mouvement qui commença durant son règne et continua encore plusieurs années depuis sa mort. Car ce grand prince m'avoit premièrement favorisé en la provision de l'office de gouverneur de la chancellerie de Bourgogne, qui fut le premier office que j'exerçai quatre ans; je l'obtins aux parties casuelles pour six mille livres par son commandement exprès, encore qu'on en offrît douze mille livres; ajoutant à cette gratification qu'il m'en feroit rembourser. Il me donna depuis gratuitement un office de conseiller au parlement, de Dijon, que j'exerçai aussi deux ans, et voulut après, ès années 1578 et 1579, que je fusse préféré à deux autres personnes de qualité qui prétendoient un office de président au même parlement pour le prix de la taxe qui étoit de dix mille livres, lequel j'obtins aussi contradictoirement au conseil contre eux, et la confirmation de cet arrêt par lettres expresses de la main de Sa Majesté, qu'elle écrivit sur ce sujet à M. le chancelier de Chiverny : dont l'ayant été remercier il me dit gracieusement, et avec un visage qui témoignoit son affection envers moi, qu'il feroit mieux, et voulut cependant que j'en fusse remboursé, comme je fus quelque temps après. Tous lesquels bienfaits me feroient avec raison juger ingrat envers lui, crime que j'abhorre et déteste, et qui doit toujours être éloigné de la prud'hommie et générosité, si l'on n'étoit informé des défenses qui me doivent faire tenir exempt de coulpe.

On doit donc savoir qu'il y a toujours eu quelques-uns des conseillers, présidens ou autres officiers de Bourgogne, qui ont été appelés au conseil des gouverneurs et lieutenans-généraux pour le Roi dans le pays, entre lesquels j'y fus employé, dès l'an 1571, près de feu M. le comte de Charny, grand écuyer de France, et lieutenant-général audit pays, qui se trouva en charge seul pour l'absence de M. le duc d'Aumale, gouverneur qui étoit en cour lors de la journée de Saint-Barthélemy, qu'on doit plutôt nommer zèle inconsidéré, ou pour mieux dire fureur, que délibération prise avec maturité de jugement. Deux jours après cette sanglante boucherie, ledit sieur comte de Charny reçut deux créances par lettres écrites de la main du roi Charles IX, toutes deux en un même jour, à quatre ou cinq heures l'une de l'autre : la première par le sieur de Comartin, l'autre par le sieur de Saint-Ritan. Je fus appelé à la délibération du conseil qui fut pris là-dessus, avec le sieur de Ruffé, frère dudit sieur de Comartin, les sieurs de Vintimille et deux autres, entre lesquels opinant le premier comme le plus jeune et le moins qualifié, car je n'étois lors qu'avocat au parlement, où j'en fis l'exercice et la fonction deux ans avant que d'être pourvu de la charge de gouverneur de la chancellerie, mon avis fut donc qu'il falloit mander ces deux seigneurs qui avoient apporté cette créance, et savoir d'eux séparément, et l'un après l'autre, s'ils la voudroient donner par écrit et signer. A quoi ils firent réponse que le Roi ne leur ayant rien donné par écrit, ils ne le pouvoient faire, aussi qu'on se devoit contenter qu'étant connus pour gentilshommes de qualité et du pays, ils ne voudroient en chose de telle importance avancer un mensonge dont le blâme et le péril tomberoient sur eux-mêmes. Sur ce refus j'alléguai la loi de l'empereur Théodose qui, après avoir commandé par colère et trop précipitamment la mort d'un grand nombre de chrétiens, fut rejeté de la communion par saint Ambroise qui le contraignit de venir à pénitence, et pour une entière satisfaction faire une loi par laquelle défenses étoient faites aux gouverneurs en l'administration de la justice qui présidoient dans les provinces, de ne faire à l'avenir exécuter tels mandemens extraordinaires qui étoient contre l'ordre et la forme de la justice, sans attendre trente jours, pendant lesquels ils enverroient à l'empereur pour avoir nouveau commandement en bonne et due forme; ainsi qu'il falloit envoyer promptement au Roi, et, s'il continuoit en même volonté, obtenir de lui lettres-patentes pour obéir à ses commandemens. Cet avis fut suivi, fors que le sieur de Ruffé ajouta qu'il se falloit saisir de ceux de la religion, attendant un nouveau commandement du Roi par lettres-patentes.

Avant qu'on eût loisir d'envoyer vers Sa Majesté, on reçut, deux jours après cette première créance, des lettres par lesquelles elle mandoit le mouvement de Paris être avenu tu-

48

multuairement et à l'instigation de ceux de Guise, pour se venger de l'amiral de Châtillon et de ceux de la religion prétendue réformée dont il étoit assisté. Par ce moyen cette violence et fureur fut arrêtée, et la Bourgogne garantie de mal, n'y en ayant qu'un seul de ladite religion, qui fut le sieur de Traves, gentilhomme de qualité, que je trouvai à Dijon : au même temps il fut constitué prisonnier au château, et peu de jours après mis à mort, non par forme de justice, mais en vertu d'un commandement particulier qu'obtint du Roi un seigneur de qualité et de pouvoir qui étoit son ennemi, dont je sais le nom, et néanmoins je le veux taire. M. d'Aumale, gouverneur pour le Roi de la province, ayant été au siége de La Rochelle, M. le duc de Mayenne fut pourvu de la même charge, lequel, me trouvant déjà employé aux affaires du gouvernement, me communiqua toujours depuis, à toutes occasions, ce qui s'offroit pour y servir le Roi. Il n'avoit aussi lors autre pensée que de mériter les bonnes grâces du roi Charles, qui témoignoit lui vouloir plus de bien et avoir plus de confiance de lui que d'aucun autre de sa maison. Le feu roi Henri III ayant lors été élu roi de Pologne, ledit sieur duc de Mayenne l'accompagna en ce voyage, et retourna avec lui après la mort dudit Charles, près duquel il sembloit qu'il eût beaucoup de créance; mais elle diminua depuis tant envers lui qu'envers les sieurs maréchal de Bellegarde et président de Pibrac, qui étoient les trois personnes qu'il montroit plus aimer, et dont il sembloit qu'il se vouloit plus servir au maniement des affaires publiques; mais la reine sa mère l'étant venu rencontrer à Lyon, elle y apporta un si grand changement qu'ils en furent éloignés du tout. Le dit sieur duc de Mayenne étant retourné en son gouvernement, il prit de temps à autre plus de créance en moi. Les Etats de Blois étant convoqués, je fus nommé pour y assister de la part de la ville de Dijon avec les autres députés des villes de la province; la plupart des princes et principaux seigneurs du royaume y furent appelés par le Roi. Ce fut alors qu'on commença à découvrir que MM. de Guise désiroient et faisoient de secrètes pratiques et menées parmi les députés de l'assemblée pour leur faire demander ouverture de guerre contre ceux de ladite religion; le Roi, au contraire, n'approuvoit pas cette violence, et le conseil d'y parvenir lui sembloit être une vraie faction dommageable à l'État et à son autorité. Enfin, des douze provinces, les sept pour la chambre du tiers-état furent d'avis de se servir des moyens ordinaires et accoutumés en l'Église pour y ramener ceux qui s'en étoient séparés, sans venir aux armes, entre lesquelles la Bourgogne, qui tient le premier lieu ès assemblées générales des Etats, et donne la première son suffrage, suivit l'intention du Roi, moi portant la parole pour le tiers-état, ajoutant à mon avis les raisons qui nous sembloient puissantes et de grande considération pour persuader aux députés qui devoient opiner après nous, de suivre le même avis. Et néanmoins, encore que cette résolution fût approuvée à la pluralité, s'étant trouvées sept provinces contre cinq en ladite assemblée du tiers-état, un certain personnage, député pour porter la parole au nom de tout le tiers-état du royaume, usant d'une prévarication infâme et indigne d'un homme de sa qualité, dit et prononça le contraire. Lui et moi avions été nommés en porter cette parole; mais il me surmonta en voix, en ayant obtenu sept et moi cinq seulement; si le sort fût tombé sur moi, je me fusse bien gardé d'user de cette perfidie, et je m'en fusse acquitté en homme de bien.

Les deux premières chambres ayant aussi été d'avis de la guerre, elle fut conclue et arrêtée au grand déplaisir du Roi, qui n'estimoit pas ce moyen propre pour affoiblir les factions qui étoient dans le royaume sous prétexte de religion, et au contraire que la guerre, après avoir été cause de beaucoup de dépenses et de ruine à ses sujets, ne serviroit que pour accroître l'autorité et pouvoir de ces personnes qui lui étoient suspectes, et déjà trop grands et puissans d'eux-mêmes, et par l'impression qu'ils vouloient donner au peuple de leur zèle à la religion catholique : aussi dura-t-elle peu, et ne servit que de levain et semences à nouveaux troubles. Le Roi de son côté travailloit pour affoiblir et ôter le moyen aux uns et aux autres de troubler l'État, et, lui semblant que la faction de la maison de Guise devenoit trop puissante, et qu'elle étoit plus à craindre que toute autre, son plus grand soin étoit de l'affoiblir et de leur soustraire les personnes de qualité, et tous autres qui avoient quelque pouvoir dans les provinces pratiquées par eux, sous prétexte de zèle qu'ils montroient avoir à la religion catholique; ce qu'eux reconnoissant, et tenant cette conduite pour une résolution prise en l'esprit du Roi et de la reine sa mère, faisoient au contraire toutes sortes de pratiques afin de se rendre assez puissans, fût pour oser entreprendre, ou se défendre. Enfin ils prirent résolution à Bar-le-Duc de venir aux armes. J'ai appris que M. le duc de Lorraine s'y trouva, et les trois frères de Guise, assistés de leurs principaux et plus confidens serviteurs qu'ils savoient être de cette opinion. M. le duc de Lorraine fut des plus retenus, et eût volontiers rompu cette délibération; mais tout allant au contraire avec impétuosité, et ayant près de lui deux personnes qui avoient beaucoup de puissance sur son esprit, il suivit ce torrent et le jugement d'autrui plutôt que le sien, comme j'ai su depuis de sa propre bouche, conférant avec lui de cette guerre que je désapprouvois aussi, comme je le fis entendre à M. le duc de Mayenne retournant dudit voyage, sur ce qu'il me dit, encore que ce fût assez obscurément, qu'ils avoient été contraints en leur voyage de prendre des résolutions qu'ils jugerent nécessaires pour se garantir et la religion d'une entière ruine. Mais lui ayant répondu, si ces résolutions tendoient à prendre les armes contre le Roi, prince fort catholique, et autant ennemi des huguenots qu'eux, qu'elles seroient fort dangereuses pour la religion, même pour leur maison et pour l'Etat, dont il me donna lors le loisir de lui déduire les raisons : mais au contraire voyant que j'y voulois entrer, il me répliqua que leur résolution n'étoit encore du tout prise, et qu'ils avoient arrêté de faire derechef une autre assemblée dans quelque temps pour y prendre une entière conclusion, me déguisant lors ce qui étoit de son intention, pource qu'il lui sembloit que je ne l'approuvois pas.

Cependant ils faisoient amas de gens de guerre de tous les endroits du royaume, préparoient levées d'étrangers, tant Suisses qu'Allemands, ce qui rendoit le bruit de la guerre certain et connu d'un chacun. Lors ledit sieur duc de Mayenne, environ six ou sept semaines après le premier propos dont j'ai fait mention ci-dessus, me dit ouvertement, et sans rien déguiser, leur résolution, les préparatifs des forces qu'ils avoient tant du royaume qu'étrangers, pour espérer bon succès de leur entreprise. Je pris aussi lors la liberté de lui représenter au contraire que cette entreprise seroit cause de la ruine de leur maison; qu'elle mettroit la religion en péril, et seroit cause d'apporter beaucoup de dommage à l'Etat; qu'elle les rendroit odieux et si suspects de mauvais desseins, qu'enfin ils seroient abandonnés de la plupart des catholiques, qui se réuniroient avec le Roi qui étoit vraiment prince catholique, et que les catholiques qui se seroient joints à lui leur deviendroient ennemis avec plus d'animosité qu'ils n'étoient auparavant contre les huguenots; oubliant cette première inimitié qu'ils avoient exercée contre eux à l'occasion de cette dernière, qui rendoit le Roi plus puissant, eux haïs, et la religion, qu'ils montroient vouloir défendre et accroître, affoiblie par cette division des catholiques, et parce que le Roi, ayant été contraint de se servir des huguenots pour se fortifier contre eux, auroit par même moyen été obligé de leur accorder des avantages qui les rendroient plus puissans pour s'en servir aux occasions contre la religion, l'Etat et eux-mêmes. Ce discours fut accompagné de plusieurs raisons que je lui représentai durant quatre heures entières, écoutant tantôt ses raisons, puis ajoutant et multipliant les miennes, en sorte que je lui fis changer d'avis, et me pria de mettre ces raisons par écrit pour les envoyer à M. de Guise son frère par un gentilhomme des siens que je lui nommai, à savoir le sieur de Rivauldes son domestique : il approuva ce choix, comme il fit un jour après l'écrit contenant les raisons de mon avis, que ledit sieur de Rivauldes porta à M. de Guise avec une lettre de créance dudit sieur de Mayenne.

Le Roi cependant, averti qu'en tous les endroits de son royaume levées étoient faites en faveur desdits sieurs de Guise et leurs adhérens, qu'on déguisoit toutefois en lui faisant entendre moindres de beaucoup qu'elles n'étoient en effet, pria la reine sa mère d'aller à Reims, et envoya un gentilhomme qualifié vers ledit sieur duc de Guise, et un autre vers ledit sieur duc de Mayenne, avec lettres de créance par lesquelles il leur étoit mandé d'aller trouver à Reims ladite dame reine, qui leur feroit entendre ce qui étoit de leur intention. En ce même temps le Roi craignant que ledit sieur de Guise ne se rendît maître de la ville de Châlons, la plus importante de la Champagne, dont il étoit gouverneur, commanda au sieur d'Inteville, lieutenant-général audit gouvernement, de s'y en aller en diligence, afin de l'assurer à son service, et rompre les pratiques que la maison de Guise y auroit pu faire au préjudice de son autorité. En ce même temps ledit sieur de Rivauldes alla trouver ledit sieur duc de Guise à Joinville, avec lettres de son frère, et l'instruction mentionnée ci-dessus, lequel il trouva au pied du cheval prêt de monter à cheval pour aller à Châlons en poste, sur l'avis qu'il avoit eu que M. d'Inteville y étoit arrivé, n'étant seulement lors accompagné que de sept ou huit gentilshommes; ayant vu lors le sieur de Rivauldes qu'il connoissoit, lequel ne faisoit que d'arriver, lut sa lettre de créance, et prit aussi son instruction. Il entra en une maison particulière proche ledit château, où il lut avec loisir et attention ladite instruction; puis, sans lui faire autre réponse, demanda une plume et de l'encre, et mit au bas de ladite instruction, de sa propre main, ces mots : *Ces raisons sont bonnes, mais elles sont venues à tard; il est plus périlleux de se retirer qu'il n'est de passer outre*, et signa *Guise*. Il dit après au sieur de Rivauldes, qui vouloit parler à lui sur le sujet de sa légation : « Je n'ai pas loisir de vous entendre à cette heure; dites à mon frère que je pars pour aller à Châlons, qui est en danger d'être perdu pour nous si je n'y vais en diligence, et que je n'ai point autre réponse à lui faire pour le présent que ce que j'ai écrit de ma main au dessous de l'instruction que vous m'avez apportée. »

Il partit à l'instant, se rendit à Châlons et assura la ville à son parti, les habitans qui étoient serviteurs du Roi, en beaucoup plus grand nombre que les autres, n'ayant prévu cette entreprise, ni eu assez de loisir pour s'assembler et préparer à s'y opposer. Il alla de là à Epernay au devant de la reine mère, où il désira l'arrêter et empêcher, sous prétexte de respect et devoir de l'exempter de la peine d'aller jusques à Reims, mais en effet crainte, si elle y alloit, que la ville qui étoit affectionnée à son parti ne se changeât à l'arrivée de la reine. M. le duc de Mayenne, qui avoit aussi reçu lettres du Roi pour aller trouver ladite dame reine mère à Reims, se délibéra d'y aller, dont il avertit son frère, qui lui envoya le sieur Péricard, pour l'en dissuader, ce qu'il ne put faire. Outre l'inclination qu'il avoit à faire ce voyage, je l'y exhortois de tout mon pouvoir, suivant les lettres que Sa Majesté m'avoit écrites de sa propre main, par lesquelles elle me commandoit aussi de l'y accompagner; ce que je fis. Il partit donc, fut jusques à Joinville, où son frère, qui étoit lors à Châlons, le vint trouver en poste, et y arriva le même jour presque à même heure, sur les six heures du soir. Son frère s'étant mis au lit, tant pour ce qu'il étoit las que pour parler plus commodément et secrètement avec lui, ils conférèrent bien long-temps ensemble, moi seul étant avec eux, sur le fait des raisons contenues en ladite instruction, que M. de Guise continua de dire qu'elles étoient venues trop tard, et si elles lui eussent été représentées avant qu'avoir fait amas de gens de guerre qu'il les eût approuvées; mais y ayant déjà grand nombre de gens de guerre assemblés en armes de tous les endroits du royaume pour les venir trouver, dont une partie se devoit rendre près de lui en Bourgogne, et outre ce huit mille Suisses et quatre mille reistres en Lorraine, que cela sa fisoit pour les rendre coupables, et, ces troupes se retirant, pour demeurer exposés au courroux et à la vengeance du Roi; que ces mêmes raisons le devoient empêcher de passer outre vers la reine mère, et obliger de retourner en Bourgogne pour recevoir les troupes de Dauphiné, Provence et Auvergne, qui se devoient rendre et joindre à celles de Bourgogne; s'il n'y étoit lors, et que leurs amis les voyant tous deux près de la reine-mère pour traiter, chacun reprendre le chemin de sa maison, et chercher des excuses pour se remettre en la bonne grâce du Roi; qu'il pouvoit écrire à la reine les raisons de son retour en son gouvernement par le président Jeannin, qui assisteroit de sa part aux conférences qui se feroient pour traiter, s'il étoit jugé à propos de le faire. Ce qu'enfin ledit sieur duc de Mayenne accorda, et ledit sieur Jeannin étant prié instamment de faire le dit voyage, tant à cause du commandement que le Roi lui en avoit fait par ses lettres d'y accompagner ledit sieur duc de Mayenne, que pour se trouver esdites conférences, et aider de tout son pouvoir à faire cesser ce mouvement, qui eût été très-dangereux sans le traité qui fut fait à Epernay, car les forces assemblées pour ce parti étoient si grandes, que la reine-mère les ayant fait passer sur le pont de Nemours pour faire connoître au Roi qu'elle avoit traité heureusement, et que le nombre de ces gens de guerre étoit de beaucoup plus grand qu'on ne lui avoit fait entendre, auquel lieu furent comptés, en présence de quelques confidens serviteurs que Sa Majesté y avoit envoyés exprès, trente-quatre mille hommes de pied, et trois mille chevaux françois, sans en ce comprendre huit mille Suisses qui étoient arrivés à Saint-Jean-de-Lône, et quatre mille reistres entrés déjà en Lorraine; troupes si grandes que le Roi étant surpris, et n'ayant lors aucunes forces extraordinaires sur pied, eût eu beaucoup de peine de se garantir et défendre de leur invasion et violence.

Deux ou trois jours après le massacre de Blois, le Roi envoya à M. le duc de Mayenne un gentilhomme à Lyon, où il étoit encore, avec lettres par lesquelles Sa Majesté lui mandoit avoir été contrainte, pour se garantir de la conspiration faite contre sa personne et son Etat par ses frères, de les faire mourir; qu'il savoit bien son innocence, et qu'il n'avoit participé à leurs crimes; qu'il désiroit sa conservation, et de lui donner des assurances si particulières de sa bienveillance, avec des forces pour faire la guerre à ceux de la religion prétendue réformée qui étoient les vrais ennemis de sa maison, qu'il auroit occasion d'en prendre une entière confiance. Sa Majesté m'écrivit aussi en ce même temps lettres de sa main que je reçus à Dijon, lieu de ma résidence ordinaire, par lesquelles elle me faisoit la même déclaration de sa bonne volonté à l'endroit dudit sieur duc, me commandoit de ne le point abandonner, et de lui donner conseil de se contenir en devoir, et de recevoir les offres qu'il lui faisoit pour satisfaction de la mort de ses frères. Ce qu'ayant entendu par moi, et vu même les lettres du Roi que je lui communiquai, il montra en être fort content; car la mort de ses frères lui avoit donné un si grand étonnement qu'il se tenoit pour perdu, et pensoit cette réconciliation être le seul bien et remède qu'il pouvoit lors désirer. C'est pourquoi il me pria, puisque le Roi prenoit quelque fiance en moi, de le vouloir accompagner au voyage qu'il alloit faire à Paris, où il étoit appelé par ses serviteurs; ce que je fis. Il s'y achemina dès lors avec environ deux cents chevaux et mille ou douze cents hommes de pied, toujours en intention de se mettre en sûreté et à couvert par un traité; mais ces troupes qui étoient petites d'entrée grossirent par les chemins. Il entendit aussi qu'en tous les endroits du royaume plusieurs levées et mouvemens se faisoient en leur faveur, ce qui alentit ce premier désir, et enfin le changea du tout, et le fit courir aux armes et à la vengeance de la mort de ses frères, y étant encore induit par les conseils d'autres qui étoient plus violents que lui. Aussi étoit-il malaisé d'arrêter si soudainement l'impétuosité de ce torrent, et de le faire arrêter après tant de nouvelles pleines de prospérités qui lui arrivoient de toutes parts. Le Roi ne laissa pas néanmoins de continuer encore les mêmes offres, et de les accroître par madame de Nemours sa mère, et par d'autres ses serviteurs qui n'étoient suspects audit sieur duc.

Je le pressois aussi au même temps avec les plus fortes raisons que je pouvois pour le disposer à cette réconciliation; mais tout en vain pour lors, me restant toutefois quelque espérance de gagner avec le temps sur lui ce que je n'avois pu emporter tout d'un coup. Cela fut cause que je demeurai à sa très-instante prière près de lui; car, encore qu'il sût bien mon inclination à la paix, et que j'étois obligé à servir le Roi, il ne laissa pourtant de prendre cette assurance de ma franchise, que je ne servirois pas d'un espion près de lui pour le tromper.

La guerre s'échauffa partout, et en furent les commencemens assez heureux pour le Roi; mais enfin il y trouva sa mort par le parricide exécrable d'un moine, lorsque ses affaires étoient en grande prospérité. Cette mort ne mit pas fin à la guerre, pource que Sa Majesté, sentant sa dernière heure approcher, déclara le roi de Navarre son vrai et légitime successeur, excita les princes, officiers de la couronne, seigneurs, gentilshommes, et tous ceux qui étoient dans l'armée, de le reconnoître tel, ce qu'ils firent. Plusieurs des trois ordres dans les provinces, et principalement de la noblesse, le firent aussi; d'autres, et en très-grand nombre, principalement des ecclésiastiques et habitans de toutes les grandes et meilleures villes du royaume, prirent autre résolution, et presque tous pour n'estimer pas qu'il leur fût loisible en conscience de reconnoître pour roi un prince qui étoit séparé de la communion de l'Église; plusieurs aussi qui étoient serviteurs dès long-temps de cette maison de Lorraine, dont il y en avoit qui se pensoient accroître dans les armes, furent encore de la partie : et ce qui rendoit ce parti puissant, et leur donnoit espérance de tout bon succès, c'est que leurs armes étoient autorisées par le saint-siége, favorisées par le roi d'Espagne, et des armes et moyens de plusieurs autres souverains catholiques, dont il y en avoit qui avec le zèle de la religion pensoient recevoir quelque profit de nos armes. Mais enfin ils furent tous trompés, car Dieu bénit et rendit heureux le travail, le courage, la vigilance et bonne conduite du feu Roi, et lui inspira la volonté, après une longue guerre, de se faire instruire et de retourner à l'Église d'où il étoit sorti, qui fut la principale et vraie cause de la paix générale, et de réduire tous les François à son obéissance, et fit perdre aux étrangers les espérances qu'ils pouvoient avoir conçues de faire leurs affaires dans les ruines du royaume, comme pour loyer qu'ils prétendoient leur être dû d'avoir servi à la cause de la religion.

C'est sous l'heureux et sage gouvernement de ce grand Roi que le royaume commença à reprendre sa première vigueur, et la monter à si haut degré d'honneur, de force et de réputation, qu'on le peut égaler ou dire même qu'il surmonte en autorité et pouvoir ce qu'il avoit été plusieurs siècles auparavant. Mais son règne ne fut de si longue durée comme il étoit à souhaiter pour le bien de la France, et le repos de toute la chrétienté, nous ayant été ravi par un paricide funeste, infâme et exécrable, malheur auquel, outre le devoir comme bon François, j'ai encore un intérêt particulier; ce prince m'ayant obligé par bienfaits, honneurs et la confiance qu'il avoit prise en moi de toutes ses affaires plus importantes, ce qu'il commença à me témoigner au même temps que M. le duc de Mayenne entra en son obéissance par la paix générale : car encore que mon indisposition m'eût ôté le moyen d'être lors près de lui, si montra-t-il d'avoir bonne souvenance de moi, aussitôt que feu M. de Villeroy lui eut représenté quelle avoit été ma conduite durant cette misérable guerre. A quoi il répondit l'avoir déjà su par lettres surprises des étrangers, qui se plaignoient que j'étois toujours contraire à leurs desseins, et par les principaux du parti qui étoient venus à son obéissance avant ledit sieur duc de Mayenne, qu'il se vouloit aussi servir de moi et me faire du bien, et dès lors me donna quinze mille écus sur des offices, dont je fus bien payé, et en avois très-grand besoin pour acquitter les dettes que j'avois contractées durant la guerre en menues parcelles pour m'entretenir : ce qu'ayant fait, il m'en demeura peu de reste. Il continua encore depuis en même bonne volonté envers moi, me donna l'appointement de six mille livres pour le conseil des finances outre les deux mille livres du conseil des parties; quelques années après, il y ajouta six mille livres pour faire quatorze mille livres, n'y en ayant qu'un ou deux qui eussent aussi grand appointement.

Quand il se présentoit quelque occasion d'importance, fût-ce dedans ou dehors le royaume, il m'y employoit toujours, comme il fit en m'envoyant en ambassade extraordinaire vers messieurs les Etats-généraux des Provinces-Unies des Pays-Bas pour les assister de sa part, et donner conseil au traité de paix ou de trêve que le roi d'Espagne prétendoit faire avec eux; ouvrage fort laborieux, plein de très-grandes difficultés, où je fus contraint de demeurer deux ans et demi. Enfin le succès en fut très-bon, et j'ose dire y avoir très-bien servi, et que les Etats et le Roi montroient en avoir reçu contentement. Ils me firent des présens qui étoient en valeur de plus de vingt mille écus. Les ambassadeurs d'Angleterre et l'ambassadeur ordinaire qui étoient avec moi en reçurent autant; et néanmoins le présent me semblant excéder ce qui étoit accoutumé, je fis refus de l'accepter, jusqu'à ce que Sa Majesté m'eût commandé par ses lettres de le faire, à quoi elle ajouta encore à mon retour cinq mille écus qu'elle prit dans ses coffres, me disant qu'il le faisoit ainsi afin que je n'eusse à passer par les mains de personne.

Il me témoigna encore un autre effet de sa bienveillance, en ce qu'étant averti que M. le président de Dijon étoit fort malade, il me dit lui-même, s'il venoit à décéder, qu'il me donnoit l'office, non pour l'aller exercer et m'éloigner de lui, mais pour lui donner personne capable duquel je recevrois récompense: ce qui avint, non lors, mais après son décès, en ayant tiré vingt mille écus que je dois attribuer à sa libéralité, encore que le fruit n'en soit arrivé qu'après sa mort. Il ajoutoit encore tous les jours de nouvelles obligations aux premières, qui me faisoient connoître et à chacun la bonne volonté qu'il me portoit, et fit voir enfin qu'il avoit telle confiance en moi, qu'il me rendit participant du conseil des personnes auxquelles il communiquoit les principales affaires du royaume. Cette même affection et confiance de la reine mère du Roi envers moi continua encore durant sa régence, y ajoutant l'emploi principal des finances, dont elle me donna la charge sous le nom de contrôleur général, avec pareil pouvoir que si elle m'eût donné le titre de superintendant, que le Roi qui règne à présent m'attribua aussitôt qu'il fut entré au gouvernement du royaume, lequel toutefois j'exerçois toujours, tant durant la régence de la reine-mère que depuis, non en particulier mais en commun avec M. le chancelier, M. le garde-des-sceaux, quand il y en a eu un, quelques-uns des anciens du conseil, et les intendans, ayant estimé que j'en devois user ainsi sous la foiblesse d'une régence et la minorité d'un jeune roi, pour, en faisant bien, et comme en public, éviter l'envie et médisance qui suit volontiers ceux qui sont employés en pareilles charges, quoique bien souvent innocens: et y ayant apporté tout le soin, la diligence et intégrité qu'on peut désirer en un homme de bien, exempt du tout d'avarice et de corruption (comme j'ai été), jusqu'à ce qu'étant venu à un âge si avancé qu'il ne me permettoit plus de supporter le travail avec l'assiduité requise pour m'en bien acquitter, je suppliai très-humblement le Roi de m'en vouloir décharger: ce qu'il m'accorda enfin l'en ayant fort pressé après plusieurs refus; et pour témoigner qu'il étoit bien content du service que je lui avois rendu en cette charge, il me donna de récompense la somme de quarante mille écus, et déclara par brevet qu'il vouloit que les mêmes états et appointemens que j'avois accoutumé d'avoir me fussent continués ma vie durant. J'ai aussi reçu des bienfaits de la reine mère durant sa régence, qui ont été modérés; non qu'elle fût retenue à me vouloir gratifier, mais je l'étois moi-même par une naturelle pudeur, et pource qu'il y a toujours eu de la nécessité dans les finances pendant mon administration.

En mettant néanmoins tous les bienfaits de nos rois et les siens ensemble, j'ai bien grande occasion de me louer de leur bonté et libéralité, et dire que ma maison seroit beaucoup meilleure en commodités et richesses que je ne la laisserai sortant de ce monde, si j'eusse eu soin de les employer en bonnes acquisitions, au lieu de les consumer en bâtimens superflus et de grande dépense, dont je ne peux alléguer autre excuse, sinon que j'ai suivi mon inclination, et que je m'y fusse aussi bien laissé aller quand Dieu m'eût donné plusieurs enfans, que quand je n'ai eu qu'une seule fille. Ce défaut doit être excusable, attendu qu'en toute autre chose j'ai été fort modeste, et du tout exempt de vanité, et que, laissant à ma fille moins de bien, je lui laisse plus d'honneur, et des biens auxquels Dieu mettra sa bénédiction, puisqu'ils ont été acquis loyalement et sans corruption.

LETTRE *de M. le président Jeannin au Roi, du vingt-troisième avril* 1622.

SIRE,

Le bonheur dont il a plu assister votre vertu, vigilance et générosité, a apporté autant de réjouissance et de contentement à tous vos bons sujets, que d'étonnement à vos ennemis, et nous le devons prendre pour un témoignage certain que votre personne et ce royaume sont en sa protection spéciale, et qu'il en a un soin particulier. Si estimé-je, sire, que cette prospérité, qui doit être cause d'un grand avancement en vos affaires, ne doit pas changer la résolution que Votre Majesté avoit prise de donner la paix à ses sujets, s'ils la demandent avec soumission, et se disposent de la recevoir aux conditions que vous leur voudrez donner, en contant les avantages que vous avez acquis sur eux, plus grands à la vérité en huit mois que les prédécesseurs rois n'avoient fait en plusieurs années, mais aussi avec grande peine, perte de gens, de finances, ruine du peuple, et en mettant votre propre personne en péril. Or il est vraisemblable qu'ils seront à présent plus capables d'écouter la raison, et de se soumettre à leur devoir qu'ils n'étoient auparavant, ainsi la paix sera en vos mains. Prenez donc, sire, cette occasion pour en faire profit, et mettre le repos dans votre royaume, afin que vous ayez le loisir et la commodité de jeter les yeux au dehors, et de pourvoir aux entreprises qui sont faites à la Valteline et en autres endroits au préjudice de vos alliés, et à la diminution de la grandeur et de la réputation de cette couronne; ce que la paix seule parmi vos sujets peut faire sans que vous soyez contraint d'en venir aux armes avec le roi d'Espagne, qu'il faut éviter autant qu'on pourra, et avoir soin de conserver cette alliance et amitié, pource que vous ne pouvez entrer en guerre l'un contre l'autre sans mettre le feu par toute la chrétienté, fortifier ceux de la religion prétendue réformée, et sans vous jeter en de très-grandes et extraordinaires dépenses. Il y a aussi raison de croire que le roi d'Espagne apportera le même soin de conserver votre amitié, et les mêmes considérations pour éviter les dangers auxquels il pourroit tomber par cette guerre, dont il seroit tenu pour auteur et coupable, s'il ne vous faisoit raison comme ami et amateur de justice, au lieu de la refuser comme ennemi; ce qu'il feroit plutôt, quelque bonne parole qu'il donne, s'il voyoit la guerre dans ce royaume, dont il doit désirer la continuation par raison d'État, et par son intérêt particulier, afin d'avoir une entière liberté de disposer des affaires de sa maison en Allemagne, et des siennes propres ès Pays-Bas avec moins de résistance : ce qu'il pensera ne pouvoir faire si nous sommes en paix, craignant toujours que nous voulions prendre part et apporter notre affection et pouvoir à ce qui sera de notre intérêt bien souvent éloigné du sien.

Le roi de la Grande-Bretagne de son côté ne doit désirer, non plus que nous, que le roi d'Espagne ait pouvoir de s'agrandir comme il lui plaira; et il est aussi vraisemblable qu'il craint l'affoiblissement de ceux de sa religion dans le royaume, et que pour ces raisons il conseillera la paix, et emploiera toutes sortes de bons offices pour y exhorter Votre Majesté, sans néanmoins favoriser, comme j'estime, la rébellion de vos sujets. Ainsi l'a fait entendre à M. le chancelier et à moi M. l'ambassadeur extraordinaire qui va trouver Votre Majesté de sa part, lequel a très-bonne intention, en servant son maître avec entière fidélité, de s'employer toujours à ce que vous et lui, avec vos États et sujets, demeuriez en une sincère amitié et bonne intelligence. Il mérite, sire, que vous le voyiez de bon œil, et que vous lui témoigniez avoir contentement de sa conduite : nous l'avons bien assuré que Votre Majesté désire de conserver l'amitié du roi de la Grande-Bretagne, et de donner la paix à ses sujets, pourvu que ce soit en conservant les avantages que vous avez acquis, et en y ajoutant les autres conditions qui sont nécessaires pour la faire durer. M. le chancelier vous écrit souvent de ce qui concerne vos affaires, et je l'assiste à toutes occasions qu'il me le commande pour votre service; c'est ce qui m'empêche d'en importuner Votre Majesté par mes lettres, et me fera finir, en priant Dieu de tout mon cœur qu'il vous donne, sire, heureux accomplissement de vos entreprises et maintienne en entière et parfaite santé.

De Paris, ce vingt-troisième avril 1622.

Lettre *de M. le président Jeannin à la Reine mère, du vingt-cinquième janvier* 1622.

Madame,

Personne ne peut rendre témoignage plus assuré de l'affection avec laquelle j'ai servi le Roi pendant votre régence, que Votre Majesté même. Elle se peut aussi souvenir en quelle opinion j'étois près du feu Roi, prince judicieux, et qui savoit reconnoître le bien ou le mal qui étoit en ses serviteurs et officiers, lequel m'avoit fait du bien et de l'honneur, ce que je représenterai quelque jour au Roi, ce que je n'allègue pas maintenant à Votre Majesté pour en avoir besoin pour moi, mais en faveur du sieur de Castille, mon gendre, que je ne prétends pas justifier par mes services : c'est seulement afin qu'il reçoive cette grâce du Roi de ne le pas déposséder de sa charge, qui noirciroit sa réputation d'une note perpétuelle d'infamie, jusques à ce qu'il ait reconnu en justice s'il est coupable ou innocent. Sa Majesté ne doit pas craindre que ceux qui ont charge aux finances soient épargnés par les officiers des cours souveraines qui leur seront donnés pour juges, car ils sont communément haïs et enviés, dont peut-être aucuns d'eux donnent quelque sujet, et par ce moyen leurs péchés véniels seront plutôt tenus pour mortels et punis avec sévérité, que de présumer qu'ils les veuillent couvrir et en amoindrir la peine. Rien ne me pèse tant sur le cœur, sinon d'avoir appris que le Roi le tient pour un méchant; impression qui lui a été donnée par aucuns de ses malveillans, entre lesquels je mets le sieur d'Andilly, qui avoit déjà essayé de le ruiner pendant que M. Barbin étoit en autorité, non pour autre raison que pour avoir son office d'intendant, duquel il se promettoit le faire priver, et l'avoir pour rien au temps que telles charges se vendoient bien chèrement; mais, la calomnie découverte, il se rendit odieux et ridicule, même audit sieur Barbin, qui le trouva non-seulement exempt de crime, mais de tout autre soupçon. J'ai crainte aussi que feu M. le garde-des-sceaux n'y ait pu ajouter quelque chose du sien à cause de l'envie et jalousie qu'il avoit eue toute sa vie contre moi, fondée sur ce que M. de Sully ayant désiré de l'avancer près du feu Roi, et de m'y reculer pour des raisons que j'aime mieux taire que dire, le feu Roi n'y auroit eu aucun égard, mais au contraire montré une si grande fiance en moi, qu'il ne perdoit aucune occasion de m'avancer, et faire du bien même, de dire partout qu'il avoit pris entière assurance de ma fidélité, et qu'il me jugeoit capable de le servir en toutes les plus grandes et importantes affaires du royaume.

Ledit sieur de Castille a eu aussi soupçon que le sieur Thonnelier, neveu de M. le garde-des-sceaux, lequel s'est défait de sa charge de procureur général en la cour des aides, peu de jours après la promotion de son oncle en cette grande dignité, en espérance de monter à une plus haute fortune par sa faveur, ne lui ait pareillement fait quelque mauvais office. Je supplie donc très-humblement Votre Majesté de le vouloir favoriser envers le Roi de tout ce que vous pourrez. On fait courir le bruit qu'on lui veut laisser la charge d'intendant, et lui ôter celle de son contrôleur général. S'il me veut croire, il ne demeurera pas en l'une après avoir perdu l'autre; car quelle espérance pourroit-il jamais avoir de rendre quelque service agréable au Roi tant qu'il aura cette mauvaise opinion de lui, qu'il ne peut perdre, sinon que par justice il soit déclaré innocent, ou qu'il lui plaise lui-même entrer en quelque connoissance de ce dont on charge et accuse ledit sieur de Castille? Je l'ai prié de me dire, comme à son confesseur, s'il avoit rien sur la conscience qui lui doive faire craindre la justice. Il m'a assuré que non, et que toutes les imputations qu'on fait contre lui sont vraies calomnies. J'attends, madame, ce bon office de votre bienveillance; je n'en peux jamais recevoir un plus grand que celui-ci, auquel il va de l'honneur de toute ma famille, qui me rendra misérable le reste de mes jours, s'il ne plaît à Votre Majesté d'en avoir pitié. Je sais que celui qu'on dit devoir être mis en la charge de contrôleur général est homme de bien et capable. Il est bien vrai aussi qu'il a eu plus d'appui et de faveur que ledit sieur de Castille, qui n'espère plus rien si Votre Majesté ne prend sa protection près du Roi, qui vous en saura gré quand il sera mieux informé de l'innocence de mon gendre qu'il n'est à présent, et vous redonnerez la vie à un affligé vieillard qui ne fera plus que languir le reste de ses jours, s'il ne plaît au Roi d'en avoir pitié. Sur ce je prierai Dieu, madame, qu'il donne à Votre Majesté en très-parfaite santé très-longue et très-heureuse vie.

A Paris, le vingt-cinquième janvier 1623.

Lettre *écrite par M. le président Jeannin à monseigneur le cardinal du Perron.*

Monseigneur, si je ne vous ai rendu quelque témoignage de mon affection et devoir par lettres depuis votre départ de cette cour, ne le prenez point s'il vous plaît pour oubliance; car j'honore trop votre vertu et mérite, et me sens tant obligé à votre amitié, que je me tiendrois pour ingrat et méchant si je ne m'en souvenois tous les jours, ayant même appris par M. de Béthune ce qu'il vous a plu lui dire souventefois de moi, y ajoutant beaucoup du vôtre pour le rendre plus désireux de mon amitié;

mais je m'en abstiens pour être assez informé que j'ai reçu de meilleurs et plus certains avis de tout ce qui se passe en cette cour que je ne les saurois donner, et que mes lettres sans sujet, et d'un homme qui vous est inutile, seroient plutôt importunes qu'agréables. Notre cour est ce qu'elle étoit à votre départ; votre ami y tient le haut bout, et surmonte tout le reste en autorité et crédit. Le maître lui fie tout, et cette grande faveur le rend moins sociable avec ceux qu'il regarde au-dessous de lui, quoiqu'ils soient affectionnés à lui rendre service. Pour moi, comme je suis sans ambition, et ose dire qui la méprise, je compte les jours, et philosophe au milieu du bruit, plus désireux de la retraite que d'aucun accroissement de charges et honneurs, néanmoins avec toutes les sortes de devoirs qui lui peuvent rendre quelque témoignage de la sollicitude qu'une ame libre, et non capable de porter toujours le joug, peut loger chez soi; si je cherchois d'y apporter quelque chose de plus, j'y aurois mauvaise grâce, et cette contrainte me rendroit importun.

Le Roi a eu le soin de faire réconcilier M. Le Grand avec lui, en sorte qu'ils sont bien ensemble maintenant, et ne reste plus que M. le comte de Soissons, qui ne se peut ployer à désirer son amitié. Le temps lui fera peut-être connoître qu'il eût mieux fait de prendre autre conseil. Vous faites si bien où vous êtes, que je crains que nous soyons privés pour long-temps du bonheur de vous recevoir, vous y étant rendu si nécessaire qu'on ne pense plus y pouvoir rien faire de bon sans vous. Je rejette toutefois votre absence de la cour plutôt pour le public, et ceux qui sont vos serviteurs, que pour vous même, qui êtes en lieu pour recevoir plus de contentement, et avoir l'esprit plus tranquille, en quoi consiste la vraie félicité, que vous ne l'auriez ici, quoique vous puissiez trouver en vous même ce bien partout, mais non si parfait et entier que le dehors empêche les fonctions de l'ame qui la doivent donner. J'ajouterai sur la fin de cette lettre une très-humble supplication pour une religieuse de maison illustre; c'est la fille du feu comte de Mont-Ravel, professe en l'abbaye Saint-Andoche-d'Ostim, âgée d'environ seulement dix-sept ans, que je vous peux assurer être d'une vie pleine de dévotion et piété, et vraiment religieuse. Sa tante, qui est l'abbesse, l'eût volontiers choisie pour coadjutrice, mais on nous a dit qu'il étoit si difficile de l'obtenir, qu'elle s'est réduite à lui résigner purement, avec rétention toutefois d'une pension. Moi qui connois les deux, je sais qu'on ne peut mieux faire pour la conduite et direction de cette abbaye que d'en admettre la résignation; je vous en fais cette supplication, qui m'obligera toujours davantage à vous rendre très-humble, etc.

Discours fait par M. le président Jeannin au parlement de Bretagne, sur certaines affaires dont le Roi lui avoit donné charge.

Le Roi étoit venu en ce pays, désiré et attendu par tous ses bons sujets, en intention d'y établir la paix par la force, et parmi toutes sortes de périls, s'il en eût été besoin. Mais il a plu à Dieu rendre sa vertu si heureuse, qu'au seul bruit de son acheminement ceux qui étoient lors ses ennemis ont mieux aimé recourir à sa bonté et clémence, qu'expérimenter davantage la force de ses armes. Il leur offrit et promit aussi très-volontiers de la sûreté et du profit pour les faire devenir sages, ayant jugé ce remède le moins dommageable pour le pays, et plus convenable à son naturel, enclin à pardonner plutôt qu'à châtier. Chacun en faisoit lors le même jugement, et n'y avoit personne entre ses bons sujets dans le pays, qui n'eût volontiers contribué quelque portion de sa substance pour acheter bien chèrement la paix. Et toutefois aussitôt que le péril a été dehors, et qu'ils l'ont eu avec plus de facilité et à meilleur marché qu'ils ne l'eussent osé espérer par la présence de Sa Majesté, son autorité et le soin qu'elle a pris, les Etats ont trouvé les dépenses qu'il faut faire pour en jouir, même celle des traités, trop grandes, sans considérer que, s'il eût fallu faire la guerre, la dépense et les ruines que l'armée eût faites en peu de jours eussent surmonté de beaucoup les sommes promises par les traités; outre ce que la célérité dont le Roi a usé à réduire cette province en son obéissance par ce moyen n'a pas servi peu à la conclusion de la paix générale, dont le pays reçoit ce profit particulier de n'avoir plus auprès d'eux à Blavet un puissant ennemi, qui pourroit s'accroître au grand préjudice de l'État, et à leur ruine.

C'est pourquoi le Roi ayant vu la réponse des États aux propositions qu'il leur avoit faites, par laquelle ils lui offrent seulement la somme de huit cent mille écus pour toute sorte de dépense, qui est moins de beaucoup que ce dont il a besoin pour employer aux charges nécessaires de la province, et acquitter sa foi obligée pour les mettre en repos, en a été très-mal satisfait, et a cru Sa Majesté que la grâce et souvenance du bienfait nouvellement reçu d'elle étoit déjà éteinte et perdue; car elle avoit dit de sa propre bouche aux principaux de l'assemblée des États qui l'étoient venus trouver par ses commandemens, que les traités seuls, y compris la somme accordée aux Espagnols pour la réduction de Blavet, revenoient à huit cent mille écus. Elle l'avoit fait proposer par ses commissaires en l'assemblée même, et donner par écrit; ils le devoient donc tenir pour véritable, comme il est en effet, et par ainsi juger qu'il étoit nécessaire de la secourir de plus grande somme, pour lui donner moyen de supporter les autres dépenses qui regardent aussi le bien, sûreté et repos de la province, non l'utilité particulière de Sa Majesté, encore que ce soit le bien de son service et son contentement pour le soin qu'elle a de ses sujets.

Ne l'ayant point fait, Sa Majesté a eu recours à vous, messieurs, qui êtes ses premiers et principaux officiers de la province, et vous a adressé ses lettres-patentes qui contiennent son intention pour les vérifier, s'étant promis que vous en saurez bien considérer la justice, l'utilité et la nécessité, comme vous avez fait.

La première est pour imposer sur les contribuables aux charges publiques la somme de cinquante mille écus pour les garnisons de cette année, que le Roi ne peut réduire à moindre somme, pource que la paix n'étoit encore bien établie, et que les Espagnols étant à Blavet il ne doit dégarnir les places, n'y ayant autre plus grande sûreté contre un voisin puissant, quoique vous ayez la paix avec lui, que de vous tenir en état qu'il n'ait moyen et pouvoir de faire mal l'année prochaine. Elles seront réduites à si petit nombre de soldats ou mortes-payes, que la province n'en recevra aucune incommodité. Or, s'il n'est pourvu promptement à leur paiement, il est certain que le pays en recevra de la foule et oppression, et qu'ils sortiront des garnisons pour vivre au dommage et à la ruine d'un chacun. Le Roi n'avoit besoin de l'autorité et approbation de la cour pour faire imposer cette somme, et s'en pouvoit bien adresser aux trésoriers seuls, selon qu'il a été fait du passé: il l'a voulu faire néanmoins, afin que vous soyez informés, et, par vous, tous ses autres sujets, qu'il ne veut rien que ce qui est juste.

La seconde lettre est pour le redoublement des cinq fermes de la prevôté de Nantes, jusqu'à la somme de quatre-vingt mille écus, destinée au paiement des prêts dus et promis par le pays au colonel Hard, lorsqu'il y entra pour les servir avec son régiment, outre lesquels Sa Majesté demeure chargée du reste de la solde qui revient à plus. Sa Majesté avoit érigé quatre offices de trésorier, et ordonné une levée de quarante-cinq mille écus pour le payer; mais, sur les avis qu'elle a eus que cette création nouvelle d'officiers étoit fort odieuse, et seroit très-dommageable au pays, et que le peuple duquel Sa Majesté désiroit le soulagement ne pourroit payer cette somme pour être d'ailleurs trop chargé, elle a estimé que ce redoublement pour peu de temps seroit moins sensible et plus à la décharge du pauvre peuple: le colonel Hard, qui avoit son régiment dans la province, en est sorti sous l'assurance que Sa Majesté lui a fait donner qu'il recevroit son paiement, au moins qu'il en auroit de bonnes et valables assurances par cette voie. Son régiment est à présent aux environs de Paris, et lui près du Roi qui poursuit et presse à grande instance. On a été contraint de lui promettre dix mille écus par mois pour son entretènement et la solde de ses soldats, qui ne peuvent être licenciés jusqu'à ce qu'il ait été payé des prêts qui lui sont dus en ce pays. Jugez donc, messieurs, combien il est nécessaire qu'il y soit promptement satisfait, pour faire cesser l'intérêt de ces dix mille écus par mois, et les ruines et dégâts que le régiment fait au lieu où il est, combien il est juste aussi, puisque le pays l'a promis, et que c'est pour service qu'il leur a fait au péril de sa vie et celle de ses soldats; à quoi j'ajouterai une considération pitoyable: c'est que par loi de son pays il est obligé de payer de son propre bien les soldats qu'il a enrôlés sous sa charge, en quoi sa ruine est certaine s'il n'est payé par ceux qui en sont les vrais débiteurs.

La troisième est une jussion pour vérifier l'édit de l'aliénation de trente mille écus pour les impôts et billots. Le Roi a pris de mauvaise part, messieurs, ce que vous avez déclaré, qu'il y avoit partage, attendu les affaires publiques qui regardent l'Etat et son service. C'est chose ordinaire et accoutumée, que l'avis conforme ou le plus approchant de son intention soit suivi; il l'a ainsi jugé en son conseil, et je le vous mande par la jussion. Il semble donc que, sans entrer en nouvelle délibération, l'édit doive être tenu pour vérifié; car l'opinion approchant le plus de son intention, est celle qui vouloit que remontrances lui fussent faites. Or Sa Majesté déclare par la même jussion qu'elle les tient pour entendues, nous commande encore de le vous dire et de vous représenter, messieurs, combien il importe à cet Etat de donner contentement aux Suisses; que cette vente et aliénation à leur profit leur a été promise dès long-temps; qu'en toutes les autres provinces de ce royaume pareilles ventes du domaine ont été faites: le Roi a même vendu de son domaine et patrimoine particulier jusqu'à la somme de quatre cent mille écus pour eux. Nous sommes au temps qu'il faut renouveler l'alliance avec eux, et vous dis, messieurs, que cette affaire met en si grande peine le Roi et messieurs de son conseil, pour être bien informés par les avis de l'ambassadeur qui est sur les lieux, et les lettres et protestations des cautions mêmes envoyées au Roi depuis peu de jours, qu'ils sont résolus de demander et poursuivre ce qui leur est dû avec les piques, s'il n'y est pourvu bientôt de gré à gré. Or il n'est pas besoin qu'ils aient lors une si juste occasion de plainte que celle-ci; leur fidélité et les services qu'ils ont faits à cette couronne, même pendant ces derniers troubles, èsquels ils ont secouru le Roi de leurs personnes et de leurs bourses, doivent bien être de grande considération. Et quand leurs mérites seroient oubliés, ce qui ne peut jamais arriver qu'avec blâme pour notre nation, notre propre intérêt et l'utilité de cette alliance, qui aide à nous faire craindre et respecter, nous doivent exciter à leur donner contentement. Ils sont à bon droit tenus pour le palladium de la France, et trouveront toujours qui les recevra en confédération et alliance pour nous faire du mal, quand ils voudront prendre ce conseil, nonobstant que nous ayons la paix avec nos voisins. Ce n'est point chose nouvelle que d'aliéner les impôts et billots; il a été déjà fait, et jamais pour chose si nécessaire et importante au bien de l'Etat. Rendez-vous-y donc faciles, s'il vous plaît, messieurs, puisqu'il est juste et nécessaire.

Si on dit que ces dépenses des garnisons, du paiement de Hard et des Suisses, sont à la vérité nécessaires, mais qu'elles se peuvent prendre sur les huit cent mille écus, et reculer les traités d'autant, il y a réponse que les traités seuls reviennent à cette somme, et douze mille écus de plus; qu'en la prenant sur les quatre, et deux écus pour pipe de vin, selon qu'il a été avisé par les Etats et ordonné par le Roi, elle ne sera pas levée entièrement en trois ans; par ainsi le paiement des traités, qui devoit être fait cette année et la prochaine, sera assez reculé sans qu'il soit besoin mettre quelque autre assignation devant eux. Davantage, le Roi est fort religieux observateur de sa foi, tant pour sa réputation, son contentement et sa conscience, que par prudence, afin que cette opinion en l'esprit de ses sujets, qui lui a déjà tant servi à rassembler les pièces de cet Etat, lui soit encore à l'avenir comme une ancre sacrée pour retenir chacun en devoir.

Il y en a qui croient que les traités ne reviennent pas à si grande somme. L'affirmation du Roi, et ce qu'il en a dit de sa propre bouche et fait donner par écrit, a dû suffire pour éclaircir un chacun; et s'il eût été bienséant à sa dignité d'en rendre compte plus particulièrement, il l'eût fait: *sed quædam sunt, quæ tam ignorari interest quàm sciri.* Je le dirai toutefois pour satisfaire à la curiosité de ceux qui en pourroient douter.

D'autres ajoutent que ces traités n'ont pas seulement servi au repos de la Bretagne, mais aussi des voisins, par ainsi qu'ils y doivent contribuer à la décharge de la province. Messieurs du conseil ont voulu faire voir à aucuns des députés des Etats, pour en éclaircir leur assemblée, que les voisins étoient beaucoup plus chargés à proportion que ce pays, ainsi qu'il n'y avoit moyen de le prendre ailleurs qu'ici.

Cette somme de huit cent mille écus offerte par les Etats est à la vérité grande, ayant égard aux pertes et ruines qu'ils ont souffertes par la guerre; et le Roi s'en fût aussi volontiers contenté s'il eût pu, ayant désiré de faire jouir ses sujets de la douceur de la paix, et les décharger de tous impôts extraordinaires au même temps que la guerre a fini. Mais c'est la nature de la chose qui fait ce mal; il a fallu acheter la paix, et maintenant en payer le prix, que le Roi ne peut trouver qu'en la bourse de ses sujets. Messieurs, vous êtes les magistrats, qui avez la protection des lois et de la justice en cette province sous l'autorité du Roi. C'est vertueusement fait, et la liberté en est louable, s'opposer quelquefois à leurs commandemens; j'entends par remontrances, *nobis enim tantùm obsequii gloria relicta est*, et lors seulement qu'ils veulent et désirent des choses qui nous semblent injustes, qui tendent à la ruine de leurs sujets, ou qui sont contre leur propre autorité et profit : encore les ordonnances nous ont prescrit des bornes, qui est après les recipe tantum d'acquiescer *idque sub bono principe tantum et justum*; car nous ne sommes pas toujours si bien instruits au parlement que lui et ceux qui l'approchent, de ce qui est utile pour l'Etat et le général des affaires : bien souvent telle chose semble injuste à la prendre séparément, qui est juste et nécessaire en gros.

A plus forte raison quand les commandemens sont notoirement hâtés, les magistrats se doivent rendre faciles, et y apporter la première obéissance, afin d'enseigner aux autres sujets par leur exemple de les ensuivre en ce devoir; car s'ils y résistent, se rendent difficiles, et montrent de le faire comme par force, il en arrive deux grands inconvéniens. Le premier, que les sujets sur ce refus entrent aisément en mauvaise opinion de leur prince, et tiennent injuste ce qu'on requiert d'eux : de là vient la haine contre le souverain, cause bien souvent d'émouvoir des séditions et guerres civiles; l'autre, quand on refuse les choses justes aux souverains, lorsqu'ils les demandent par la voie ordinaire des lois, on leur apprend à user de leur autorité et pouvoir absolu pour en vouloir et prendre d'injustes.

Nous avons, par la grâce de Dieu, un roi *qui scit uti justo moderatoque imperio*, et qui désire se faire connoître aussi bon roi en paix, qu'il s'est montré courageux, patient de travail, et méprisant les périls en guerre; qui veut plutôt acquérir le nom de père du peuple, par le bon et doux traitement que ses sujets recevront de lui, que retenir celui de conquérant et victorieux qu'il a mérité par les armes. Mais il demande aussi une obéissance entière, Dieu lui ayant donné tant de connoissance et de jugement des affaires de cet Etat, et d'affection à soulager ses sujets, qu'il ne croit pas et ne peut souffrir qu'aucun autre montre d'en avoir plus de soin que lui, à quoi Dieu en a donné la protection.

Il sait aussi dépenser avec si grande épargne ce qu'il prend et lève sur eux, qu'on en peut dire comme d'un empereur romain : *pecuniæ suæ parcus, publicæ avarus*; et cette inclination peut être nommée vertu en ce temps misérable auquel l'Etat a besoin d'un prince de cette nature et qualité : *scit tamen donare, non perdere*, au contraire du blâme d'un autre empereur romain, qui par sa grande prodigalité épuisa les trésors de l'empire, et la substance entière de tous ses sujets.

Rendez-vous donc faciles, messieurs, à l'exécution de ce qu'il requiert de vous, et croyez qu'en suivant sa volonté en cet endroit, vous aurez procuré le bien et soulagement du peuple. Car aussi Sa Majesté seroit forcée, par la nécessité de ses affaires, d'imposer et faire lever par autre voie ce qu'elle demande, dont il semble qu'on doive craindre l'exemple pour beaucoup de considérations qui regardent l'autorité de cette compagnie, le service de Sa Majesté et le bien de ses sujets en cette province.

FIN.

TABLE DES MATIÈRES

CONTENUES DANS CE VOLUME.

DÉDICACE. vij
NOTICE SUR PIERRE JEANNIN. ix

LES NÉGOCIATIONS DU PRÉSIDENT JEANNIN.

Sommaire de la négociation faite avec messieurs les Etats-généraux des Provinces-Unies des Pays-Bas. 1
Pouvoir donné par le Roi aux sieurs Jeannin, de Buzanval et de Russy, pour la négociation des affaires des Provinces-Unies. 5
Pouvoir aux sieurs Jeannin et de Russy, pour continuer la négociation des affaires des Provinces-Unies, en conséquence du précédent pouvoir, étant le sieur de Buzanval décédé. 6
Autre pouvoir auxdits sieurs Jeannin et de Russy, pour traiter et conclure une ligne défensive avec les Etats-généraux des Provinces-Unies. ib.
Instruction aux sieurs Jeannin et de Buzanval, allant pour le service du Roi aux Pays-Bas. 7
Seconde instruction. — Articles proposés pour le renvoi en Hollande du sieur Jeannin, conseiller du Roi en son conseil-d'Etat; et la déclaration de la volonté du Roi sur lesdits articles. 14
Instruction baillée à M. de Preaux, allant trouver les archiducs. 16
Instruction particulière audit sieur de Preaux, faite par ledit sieur Jeannin. 17
Narré dudit projet. 18
Copie de l'instruction donnée par les archiducs à leurs députés. ib.
Instruction donnée à M. de Preaux allant trouver le Roi. 20
Dernière instruction apportée de la cour par M. de Preaux. 22
Lettre de M. de Villeroy à M. le président Jeannin, sur le sujet de la négociation, du 23 avril 1607. 25
Autre lettre de M. de Villeroy à M. le président Jeannin, du 26 avril 1607. ib.
Lettre de M. de Villeroy, audit sieur président, du 28 avril 1607. 26
Lettre du Roi à MM. le président Jeannin et de Buzanval, du 11 mai 1607. ib.
Lettre de M. de Villeroy à M. le président Jeannin, du 7 mai 1607. 27
Lettre de M. de Villeroy à M. le président Jeannin, du 14 mai 1607. ib.
Lettre du Roi, du 18 mai 1607. 28
Lettre de M. de Villeroy à M. le président Jeannin, dudit jour 18 mai 1607. ib.
Lettre de M. Aërsens à M. de Villeroy, du 16 mai 1607. ib.
Lettre du sieur d'Aërsens à M. le président Jeannin, du 17 mai 1607. 29
Première lettre de M. le président Jeannin à M. de Villeroy, du 21 mai 1607. ib.
Lettre de M. de Villeroy à M. le président Jeannin, du 22 mai 1607. 31
Lettre de M. de Villeroy à M. le président Jeannin, du 26 mai 1607. 32

Lettre de MM. Jeannin, de Buzanval et de Russy, au Roi, du 29 mai 1607. 33
Lettre du président Jeannin à M. de Villeroy, dudit jour 29 mai 1607. 39
Première proposition faite en l'assemblée générale des Etats, le 28 mai 1607. 41
Lettre de M. de Villeroy à M. le président Jeannin, du 30 de mai 1607. 43
Lettre de M. le président Jeannin à M. Aërsens, résident pour le service de MM. les Etats près du Roi, du premier juin 1607. 44
Lettre de MM. Jeannin, de Buzanval et Russy, au Roi, du 2 juin 1607. ib.
Lettre de M. le président Jeannin à M. de Villeroy, du 4 juin 1607. 49
Lettre du président Jeannin à M. de La Boderie, ambassadeur pour le Roi en Angleterre, du 4 juin 1607. 50
Lettre de M. de Villeroy à M. le président Jeannin, du 7 juin 1607. 52
Lettre de MM. Jeannin, de Buzanval et de Russy, au Roi, du 9 juin 1607. 53
Lettre de M. Jeannin à M. de Villeroy, du 9 juin 1607. 56
Lettre du Roi à MM. Jeannin, de Buzanval et de Russy, du 13 juin 1607. 57
Lettre de M. de Villeroy à M. Jeannin, du 13 juin 1607. 61
Lettre de M. de Villeroy à M. Jeannin, du 15 juin 1607. 63
Autre lettre de M. de Villeroy à M. Jeannin, du même jour quinze juin 1607. 65
Lettre de M. de La Boderie à M. Jeannin, du 15 juin 1607. ib.
Lettre de M. de Villeroy à MM. Jeannin et de Buzanval, du 17 juin 1607. 66
Lettre de M. de Villeroy à M. Jeannin, du 17 juin 1607. 68
Lettre de MM. les ambassadeurs à M. de Russy, au Roi, du 20 juin 1607. ib.
Lettre de M. Jeannin à M. de Villeroy, du 20 de juin 1607. 71
Lettre du Roi, du 26 juin 1607. 72
Lettre de M. de Villeroy à M. Jeannin, dudit jour 26 juin 1607. 73
Lettre de MM. Jeannin, de Buzanval et de Russy, au Roi, du 27 juin 1607. 74
Lettre de MM. les ambassadeurs à M. de Villeroy, du 7 juin 1607. 80
Autre lettre particulière de M. Jeannin à M. de Villeroy, dudit jour 27 juin 1607. 82
Autre lettre dudit sieur Jeannin à M. de Villeroy, du 3 juillet 1607. 85
Lettre du Roi, du 8 juillet 1607. 86
Lettre de M. de Villeroy à M. le président Jeannin, du 8 juillet 1607. 88
Autre lettre dudit sieur de Villeroy à MM. Jeannin et de Buzanval, dudit jour 8 juillet 1607. 89
Lettre de M. de Villeroy à M. le président Jeannin, du 13 juillet 1607. 90

Lettre de MM. Jeannin, de Buzanval et de Russy, au Roi, du 16 juillet 1607. 92
Lettre de M. Jeannin à M. de Villeroy, du 17 juillet 1607. 96
Lettre de MM. Jeannin, de Buzanval et de Russy, au Roi, du 18 juillet 1607. 97
Lettre de M. de Villeroy à M. Jeannin, dix-neuvième jour de juillet 1607. 99
Lettre de MM. Jeannin, de Buzanval et de Russy, au Roi, du 19 juillet 1607. 100
Lettre du président Jeannin à M. de Villeroy, dudit jour 19 juillet 1607. 102
Lettre de M. de La Boderie à M. Jeannin, ib.
Lettre de M. de Berny à M. Jeannin, du 20 juillet 1607. 104
Lettre de MM. Jeannin, de Buzanval et de Russy, au Roi, du pénultième jour de juillet 1607. 107
Lettre de M. de La Boderie à M. Jeannin, du deuxième jour d'août 1607. 111
Lettre du Roi à MM. Jeannin, de Buzanval et de Russy, au Roi, du 4 août 1607. 113
Lettre de M. le duc de Sully à M. Jeannin, du quatrième jour d'août 1607. 115
Autre lettre de M. de Villeroy audit sieur Jeannin, du 5 août 1607. 116
Proposition faite et donnée par écrit en l'assemblée générale des Etats, par l'huissier Verreiken, le 8 d'août 1607. 117
Lettre du président Jeannin à M. de Villeroy, du 10 août 1607. 120
Lettre de MM. Jeannin, de Buzanval et de Russy, au Roi, du 10 août 1607. ib.
Lettre de M. le duc de Sully à M. Jeannin, du 15 août 1607. 122
Lettre de MM. Jeannin, de Buzanval et de Russy, au Roi, du 17 août 1607. 123
Lettre de M. Jeannin à M. de Villeroy, du 17 août 1607. 127
Lettre du Roi, du vingt-quatrième jour d'août 1607. 130
Lettre de M. de Villeroy à M. Jeannin, dudit jour 24 août 1607. 132
Lettre de MM. Jeannin, de Buzanval et de Russy, au Roi, du 26 d'août 1607. 135
Lettre de M. Jeannin à M. de Villeroy, du vingt-sixième jour d'août 1607. 137
Lettre du Roi, du vingt-neuvième jour d'août 1607. 138
Lettre de M. de Villeroy à M. Jeannin, dudit jour 29 août 1607. ib.
Autre lettre dudit sieur Villeroy à M. Jeannin, dudit jour 29 d'août. 141
Lettre de M. de Villeroy à M. de La Boderie, du premier septembre 1607. ib.
Lettre de M. de Berny à M. Jeannin, dudit jour premier septembre 1607. 143
Lettre de M. de Villeroy à M. Jeannin, du 3 septembre 1607. ib.
Lettre de M. de Villeroy à M. Jeannin, du quatrième jour de septembre 1607. 145
Lettre du Roi, du 5 septembre 1607. 146
Lettre de M. de Villeroy à M. Jeannin, dudit jour 5 septembre 1607. ib.

TABLE.

Autre LETTRE dudit sieur de Villeroy, audit sieur Jeannin, dudit cinquième jour de septembre 1607. 147
LETTRE de MM. Jeannin et de Russy, au Roi, du 11 septembre 1607. 148
LETTRE de M. de Berny à M. Jeannin, du 16 septembre 1607. ib.
PROPOSITION faite par MM. les Etats aux députés du Roi, et du roi de la Grande-Bretagne, le dix-septième de septembre 1607. 149
LETTRE de M. de Villeroy à M. Jeannin, du 19 dudit. 150
RÉPONSE à la proposition de MM. les Etats, ci-devant transcrite, faite par les ambassadeurs du Roi et ceux du roi de la Grande-Bretagne, le 22 de septembre 1607. ib.
LETTRE de MM. Jeannin et de Russy, au Roi, du 24 septembre 1607. 151
LETTRE de M. Jeannin à M. de Villeroy, du même jour 24 septembre 1607. 161
LETTRE de M. de Puysieux à M. Jeannin, du premier octobre 1607. 165
LETTRE de M. Jeannin à M. de Villeroy, du 6 octobre 1607. 166
LETTRE du Roi, du 8 octobre 1607. 168
LETTRE de M. de Villeroy à M. Jeannin, dudit jour 8 octobre 1607. 170
LETTRE de MM. Jeannin et de Russy au Roi, du 16 octobre 1607. 172
LETTRE de M. de Villeroy à M. Jeannin, du même jour 16 d'octobre 1607. 174
LETTRE de M. de Villeroy à M. Jeannin, du vingt-deuxième jour d'octobre 1607. 175
LETTRE de M. Jeannin à M. de Villeroy, du vingt-quatrième jour d'octobre 1607. 177
PROPOS tenus en l'assemblée des Etats par le commissaire des cordeliers et le sieur Verreiken, le vingt-cinquième d'octobre 1607. 178
PROPOS tenus en ladite assemblée par le sieur audiencier Verreiken, en suite de ceux du cordelier. ib.
COPIE de la ratification d'Espagne, translatée d'espagnol en françois. 179
AVIS des ambassadeurs de France et d'Angleterre, donné aux Etats, sur l'acceptation de la ratification. 180
DÉLIBÉRATION des Etats sur l'acceptation de la ratification du roi d'Espagne. ib.
LETTRE de MM. Jeannin et de Russy au Roi, du 27 octobre 1607. 181
LETTRE de M. Jeannin à M. de La Boderie, du pénultième octobre 1607. 184
LETTRE de M. Jeannin à M. de Berny, dudit jour pénultième octobre 1607. 185
LETTRE du Roi, du 3 de novembre 1607. 186
LETTRE de M. de Villeroy à M. Jeannin, dudit jour 3 de novembre 1607. ib.
LETTRE de MM. Jeannin et de Russy au Roi, du 6 novembre 1607. 188
LETTRE de M. Jeannin à M. de Villeroy, dudit jour 6 novembre 1607. 193
LETTRE de M. de La Boderie à M. Jeannin, du 17 novembre 1607. 197
LETTRE du Roi, du vingt-troisième novembre 1607. 198
Autre LETTRE du Roi à M. Jeannin, en particulier, dudit jour 23 de novembre 1607. 202
LETTRE de M. de Villeroy à M. Jeannin, du vingt-troisième jour de novembre 1607. 203

LETTRE de M. de La Boderie à M. Jeannin, dudit jour 23 novembre 1607. 205
LETTRE de MM. Jeannin et de Russy, au Roi, du 24 dudit mois de novembre 1607. ib.
LETTRE de M. Jeannin à M. de Villeroy, du 25 dudit mois de novembre 1607. 210
LETTRE de M. Jeannin à M. de La Boderie, dudit jour 25 novembre 1607. 217
LETTRE de M. de La Boderie audit sieur Jeannin, du premier de décembre 1607. ib.
LETTRE de MM. Jeannin et de Russy au Roi, du 2 de décembre 1607. 218
LETTRE de M. Jeannin à M. de Villeroy, dudit jour 2 décembre 1607. 221
LETTRE de M. le duc de Sully à M. Jeannin, du 6 décembre 1607. 223
LETTRE du Roi, du 8 décembre 1607. 224
LETTRE de M. de Villeroy à M. Jeannin, dudit jour 8 décembre 1607. 228
Autre LETTRE dudit sieur de Villeroy à M. Jeannin, dudit jour 8 décembre 1607. 229
LETTRE de M. de La Boderie à M. Jeannin, dudit jour 8 décembre 1607. 230
LETTRE de MM. Jeannin et de Russy, au Roi, du 9 décembre 1607. ib.
LETTRE de M. Jeannin à M. de Villeroy, dudit jour 9 décembre 1607. 234
LETTRE de M. Jeannin à M. de La Boderie, du 10 de décembre 1607. 237
LETTRE de M. de Villeroy à M. Jeannin, du 12 décembre 1607. 238
LETTRE de MM. Jeannin et de Russy au Roi, du 21 décembre 1607. 239
Autre LETTRE de MM. Jeannin et de Russy au Roi, du 21 décembre 1607. 242
LETTRE de M. de Villeroy à M. Jeannin, dudit jour 21 décembre 1607. 243
LETTRE du Roi, du 22 décembre 1607. 245
LETTRE de M. de Villeroy à M. Jeannin, dudit jour 22 décembre 1607. 247
DÉLIBÉRATION des Etats, du vingt-quatrième de décembre, sur l'article de la souveraineté. 248
LETTRE de MM. Jeannin et de Russy, au Roi, du 25 décembre 1607. 249
LETTRE de MM. Jeannin et de Russy, au Roi, du 25 décembre 1607. 250
Autre LETTRE dudit sieur Jeannin à M. de Villeroy, dudit jour 25 décembre 1607. 253
LETTRE du Roi, du 23 décembre 1607. 254
LETTRE de M. de Villeroy à M. Jeannin, du 29 décembre 1607. 256
Autre LETTRE de M. de Villeroy à M. Jeannin, dudit jour 29 décembre 1607. ib.
LETTRE de M. de La Boderie à M. Jeannin, dudit jour 29 décembre 1607. 257
LETTRE de M. de Villeroy à M. Jeannin, du dixième de janvier 1608. 258
TRAITÉ de la ligue défensive faite par MM. les ambassadeurs du Roi, au nom de Sa Majesté, avec MM. les Etats-généraux des Provinces-Unies des Pays-Bas, le vingt-troisième jour de janvier 1608, avec la ratification d'icelui par lesdits sieurs les Etats. 260
LETTRE de MM. Jeannin et de Russy au Roi, du vingt-huitième janvier 1608. 263
LETTRE de M. Jeannin à M. de Villeroy, dudit jour vingt-huitième janvier 1608. 269
LETTRE de M. de Villeroy à M. Jeannin, du deuxième février 1608. 272

LETTRE de M. Jeannin à M. de La Boderie, du cinquième février 1608. 273
LETTRE de MM. Jeannin et de Russy, au Roi, du neuvième février 1608. 274
LETTRE de MM. Jeannin et de Russy, au Roi, du seizième février 1608. 275
LETTRE de M. de Villeroy à M. Jeannin, dudit jour seizième février 1608. 278
LETTRE de M. de Villeroy audit sieur Jeannin, dudit jour seizième février 1608. 280
LETTRE de M. de Sully à M. Jeannin, du vingt-sixième février 1608. 281
LETTRE de M. de La Boderie à M. Jeannin, du vingt-septième février 1608. 283
LETTRE du Roi, du vingt-septième février 1608. 284
LETTRE de M. de Villeroy à M. Jeannin, dudit jour 27 février 1608. 287
Autre LETTRE dudit sieur de Villeroy, audit sieur Jeannin, de même date. 288
LETTRE de MM. Jeannin et de Russy au Roi, dudit jour 27 février 1608. 289
LETTRE du Roi à M. Jeannin, du 3 mars 1608, touchant les princes de Portugal. 290
LETTRE de MM. Jeannin et de Russy au Roi, du septième mars 1608. ib.
LETTRE de M. Jeannin à M. de Villeroy, dudit jour septième de mars 1608. 297
LETTRE de MM. Jeannin et de Russy au Roi, du dixième de mars 1608. 299
LETTRE de MM. Jeannin et de Russy, au Roi, du douzième de mars 1608. 301
LETTRE de M. Jeannin à M. de Villeroy, du quatorzième de mars 1608. 304
LETTRE de MM. Jeannin et de Russy au Roi, du quinzième de mars 1608. 308
LETTRE de M. de Sully, dudit jour quinzième de mars 1608. 309
LETTRE du Roi, du dix-neuvième de mars 1608. 311
LETTRE de M. de Villeroy à M. Jeannin, du vingtième de mars 1608. 314
Autre LETTRE dudit sieur de Villeroy, dudit jour vingtième de mars 1608. 315
LETTRE de MM. Jeannin et de Russy au Roi, du 23 mars 1608. 316
LETTRE de M. Jeannin à M. de Villeroy, du vingt-quatrième de mars 1608. 318
Autre LETTRE de M. Jeannin à M. de Villeroy, du 29 mars 1608. 320
LETTRE du Roi, du dernier jour de mars 1608. 323
LETTRE de M. de Villeroy, à M. Jeannin, dudit jour dernier de mars 1608. 325
Autre LETTRE dudit sieur de Villeroy audit sieur Jeannin, dudit jour dernier mars 1608, écrite de sa main. 326
LETTRE de MM. Jeannin et de Russy au Roi, du premier jour d'avril 1608. 327
LETTRE de M. Jeannin à M. de Villeroy, dudit jour premier avril 1608. 328
LETTRE de MM. Jeannin et de Russy au Roi, le jour de Pâques 1608. ib.
LETTRE de M. Jeannin à M. de Villeroy, dudit jour de Pâques 1608. 330
LETTRE de M. Jeannin à M. le duc de Sully, dudit jour de Pâques 1608. 332
LETTRE de M. le chancelier à M. Jeannin, du deuxième d'avril 1608. 333
LETTRE de M. de Villeroy à M. Jeannin, du cinquième jour d'avril 1608. ib.
LETTRE du Roi, du huitième d'avril 1608. 335

TABLE.

Lettre de M. de Villeroy à M. Jeannin, dudit jour huitième d'avril 1608. 335

Lettre de M. Jeannin à M. de La Boderie, du quatorzième d'avril 1608. 337

Lettre du Roi, du dix-septième d'avril 1608. 339

Lettre de M. de Villeroy à M. Jeannin, dudit jour dix-septième d'avril 1608. 340

Autre lettre de M. de Villeroy à M. Jeannin, du vingt-cinquième d'avril 1608. ib.

Lettre de MM. Jeannin et de Russy au Roi, du vingt-troisième d'avril 1608. 341

Autre lettre de MM. Jeannin et de Russy, au Roi, du vingt-septième d'avril 1608. 344

Lettre de M. Jeannin à M. de Villeroy, du vingt-troisième d'avril 1608. 346

Autre lettre dudit sieur Jeannin à M. de Villeroy, du 27 avril 1608. 348

Lettre de M. Jeannin à M. le duc de Sully, dudit jour 27 avril 1608. 350

Lettre de M. de La Boderie à M. Jeannin, du troisième de mai 1608. 351

Lettre de MM. Jeannin et de Russy au Roi, du dixième de mai 1608. 352

Lettre de M. Jeannin à M. de Villeroy, dudit jour dixième de mai 1608. 353

Lettre dudit sieur Jeannin à M. le duc de Sully, dudit jour dixième de mai 1608. 356

Ecrit fait en Hollande, et envoyé au Roi le dixième de mai 1608, sur ce que M. le président Jeannin fut averti que M. le prince Maurice avoit écrit à Sa Majesté pour blâmer la poursuite qu'il faisoit pour induire les Etats d'accepter la paix ou la trève, à quoi le sieur de Russy adhéroit contre l'instruction qu'ils avoient de Sa Majesté. 357

Lettre de M. Jeannin à M. de Villeroy, du 14 mai 1608. 363

Lettre de M. Jeannin à M. de La Boderie, du quatorzième de mai 1608. 365

Lettre du Roi, du vingt-troisième de mai 1608. 366

Lettre de M. de Villeroy à M. Jeannin, du vingt-troisième de mai 1608. 368

Lettre de MM. Jeannin et de Russy au Roi, du vingt-quatrième de mai 1608. 370

Lettre de M. Jeannin à M. de Villeroy, dudit jour vingt-quatrième de mai 1608. 375

Lettre de M. Jeannin à M. de Sully, dudit jour vingt-quatrième de mai 1608. 376

Lettre dudit sieur Jeannin à M. de Villeroy, du vingt-cinquième de mai 1608. 377

Lettre de M. de Villeroy à M. Jeannin, du 26 mai 1608. 378

Lettre de MM. Jeannin et de Russy au Roi, du cinquième de juin 1608. 379

Lettre de M. Jeannin à M. de Villeroy, dudit jour cinquième de juin 1608. 382

Lettre de M. de La Boderie à M. Jeannin, du septième de juin 1608. 383

Lettre de M. de Villeroy à M. Jeannin, du huitième de juin 1608. 384

Autre lettre du sieur de Villeroy audit sieur Jeannin, dudit jour huitième de juin 1608. 386

Lettre de MM. Jeannin et de Russy au Roi, du treizième de juin 1608. 387

Lettre de M. de Villeroy à M. Jeannin, du quatorzième de juin 1608. 389

Lettre de MM. Jeannin et de Russy au Roi, du seizième de juin 1608. 392

Autre lettre dudit sieur Jeannin au Roi, du dix-septième de juin 1608. 394

Lettre de M. de Villeroy, dudit jour dix-septième de juin 1608. ib.

Lettre de M. de Villeroy à M. Jeannin, du dixième d'août 1608. 395

Lettre de M. de Villeroy à M. Jeannin, du quinzième d'août 1608. 396

Lettre de M. de Villeroy à M. Jeannin, du vingtième d'août 1608. ib.

Lettre de MM. Jeannin et de Russy au Roi, du vingt-quatrième d'août 1608. 397

Lettre de M. Jeannin à M. de Villeroy, dudit jour vingt-quatrième d'août 1608. 402

Lettre de M. Jeannin à M. le duc de Sully, dudit jour vingt-quatrième d'août 1608. 404

Proposition de MM. les ambassadeurs faite en l'assemblée des Etats-généraux, le vingt-septième jour d'août 1608, sur le fait de la trève à longues années. 405

Lettre de M. de Villeroy à M. Jeannin, du 28 d'août 1608. 406

Lettre de M. de La Boderie à M. Jeannin, du vingt-neuvième d'août 1608. 407

Lettre de M. de Villeroy à M. Jeannin, du vingt-neuvième d'août 1608. ib.

Autre lettre dudit sieur Jeannin audit sieur de Villeroy, du trentième d'août 1608. 413

Lettre de M. Jeannin à M. de la Boderie, dudit jour trentième d'août 1608. ib.

Lettre de M. de Puysieux à M. Jeannin, du dixième de septembre 1608. 414

Lettre de M. de Villeroy à M. Jeannin, du 10 septembre 1608. 415

Lettre de M. Jeannin à M. le duc de Sully, du dixième de septembre 1608. 418

Lettre de M. Jeannin à M. de La Boderie, du treizième de septembre 1608. 419

Lettre de MM. Jeannin et de Russy, au Roi, du seizième de septembre 1608. 420

Lettre de M. Jeannin à M. de Villeroy, dudit jour seizième de septembre 1608. 425

Autre lettre dudit sieur Jeannin à M. le duc de Sully, dudit jour seizième de septembre 1608. 427

Lettre du Roi à MM. Jeannin et de Russy, du dix-huitième de septembre 1608. 429

Lettre de M. de Villeroy à M. Jeannin, dudit jour dix-huitième de septembre 1608. 431

Autre lettre dudit sieur de Villeroy, écrite de sa main, au sieur Jeannin, dudit jour dix-huitième de septembre 1608. 432

Lettre de M. le duc de Sully à M. Jeannin, dudit jour dix-huitième de septembre 1608. ib.

Lettre de MM. Jeannin et de Russy au Roi, du vingtième de septembre 1608. 433

Lettre de M. Jeannin à M. de Villeroy, dudit jour vingtième de septembre 1608. 434

Lettre du Roi à MM. Jeannin et de Russy, du vingt-huitième de septembre 1608. 435

Lettre de M. de Villeroy à M. Jeannin, vingt-neuvième de septembre 1608. ib.

Autre lettre de M. de Villeroy, dudit jour vingt-neuvième de septembre 1608, écrite de sa main. ib.

Lettre du Roi à MM. Jeannin et de Russy, du trentième de septembre 1608. ib.

Lettre de M. Jeannin et de Russy, Roi, du dernier de septembre 1608. ib.

Lettre de M. Jeannin à M. de Villeroy, dudit jour dernier de septembre 1608. ib.

Autre lettre dudit sieur Jeannin à M. le duc de Sully, dudit jour dernier de septembre 1608. ib.

Lettre de M. de La Boderie à M. Jeannin, du premier octobre 1608. ib.

Lettre de M. de Villeroy à M. Jeannin, du premier octobre 1608. ib.

Lettre de M. de Villeroy à M. Jeannin, du deuxième d'octobre 1608. ib.

Lettre de M. Jeannin à M. de Villeroy, dudit jour deuxième d'octobre 1608. ib.

Lettre de M. Jeannin à M. de Berny, ambassadeur du Roi près les archiducs, troisième d'octobre 1608. ib.

Lettre de M. Jeannin à M. de Villeroy, du septième d'octobre 1608. ib.

Lettre de M. le président Richardot à M. Jeannin, dudit jour septième d'octobre 1608. ib.

Lettre responsive dudit sieur Jeannin audit sieur Richardot, du dixième d'octobre 1608. ib.

Lettre écrite à M. le président Richardot, au nom de tous les ambassadeurs étant à La Haye, du dixième d'octobre 1608. ib.

Lettre particulière de M. Jeannin à M. le président Richardot, dudit jour dixième d'octobre 1608. ib.

Autre lettre dudit sieur Jeannin audit sieur Richardot, du onzième d'octobre 1608. ib.

Lettre de M. de Villeroy à M. Jeannin, dudit jour onzième d'octobre 1608. ib.

Autre lettre dudit sieur de Villeroy au dit sieur Jeannin, écrite de sa main, dudit jour onzième d'octobre 1608. ib.

Lettre de MM. Jeannin et de Russy, Roi, du onzième octobre 1608. ib.

Lettre de M. Jeannin à M. de Villeroy, dudit jour onzième d'octobre 1608. ib.

Lettre dudit sieur Jeannin à M. le duc de Sully, dudit jour onzième d'octobre 1608. ib.

Propos tenus en l'assemblée générale des Etats par messieurs les ambassadeurs de France, d'Angleterre, de Danemarck, et des princes électeurs palatin, de Brandebourg, marquis d'Auspach, et landgrave de Hessen, le treizième jour d'octobre 1608, M. Jeannin portant la parole. ib.

Ecrit fait par M. Jeannin, au nom de tous les ambassadeurs, ledit jour treizième octobre, pour répondre à un autre écrit jeté dans les Provinces pour leur faire rejeter la trève, lequel écrit étoit autorisé de M. le prince Maurice, et cet écrit fut mis ès mains de messieurs les Etats. ib.

Lettre de M. le président Richardot, à tous messieurs les ambassadeurs, seizième d'octobre 1608. ib.

TABLE.

Autre LETTRE dudit sieur président Richardot auxdits sieurs ambassadeurs, du même jour. 466
LETTRE dudit sieur président Richardot à M. Jeannin, dudit jour seizième d'octobre 1608. ib.
Autre LETTRE dudit sieur Richardot audit sieur Jeannin, du même jour. ib.
LETTRE de MM. les ambassadeurs audit sieur Richardot, du vingtième d'octobre 1608. 467
LETTRE particulière de M. Jeannin audit sieur président Richardot, dudit jour vingtième d'octobre 1608. ib.
LETTRE de monseigneur le prince Maurice, écrite aux Villes pour les dissuader de faire la trève, du vingt et unième d'octobre 1608. 468
LETTRE de MM. Jeannin et de Russy au Roi, du vingt et unième d'octobre 1608. 470
LETTRE de M. Jeannin à M. de Villeroy, dudit jour vingt et unième d'octobre 1608. 473
LETTRE dudit sieur Jeannin à M. le duc de Sully, dudit jour vingt et unième d'octobre 1608. 475
Autre LETTRE dudit sieur Jeannin à M. de Villeroy, du vingt-deuxième dudit mois d'octobre 1608. 476
LETTRE du Roi à MM. Jeannin et de Russy, du vingt-troisième d'octobre 1608. 479
LETTRE de M. de Villeroy à M. Jeannin, dudit jour vingt-troisième d'octobre 1608. 480
Autre LETTRE particulière dudit sieur de Villeroy audit sieur Jeannin, dudit jour vingt-troisième d'octobre 1608. 481
LETTRE du Roi à MM. les États-généraux des Provinces-Unies, du vingt-troisième d'octobre 1608. ib.
LETTRE du Roi à M. le prince Maurice, dudit jour vingt-troisième d'octobre 1608. 482
LETTRE de M. Jeannin à M. de Villeroy, du vingt-sixième d'octobre 1608. 484
Autre LETTRE dudit sieur Jeannin à M. de Villeroy, du vingt-huitième d'octobre 1608. 486
LETTRE de M. Jeannin à M. le président Richardot, dudit jour vingt-huitième d'octobre 1608. 488
LETTRE de M. de Villeroy à M. Jeannin, du trentième d'octobre 1608. ib.
LETTRE de M. le président Richardot audit sieur Jeannin, dudit jour trentième d'octobre 1608. 489
Propos tenus en l'assemblée générale des États, et donnés par écrit le dernier d'octobre 1608. ib.
LETTRE de M. de Puysieux à M. Jeannin, du deuxième de novembre 1608. 490
LETTRE du Roi à MM. Jeannin et de Russy, du quatrième de novembre 1608. ib.
LETTRE de M. de Villeroy à M. Jeannin, dudit jour quatrième de novembre 1608. 491
LETTRE de M. de Berny à M. Jeannin, du quatrième de novembre 1608. 493
LETTRE de MM. Jeannin et de Russy au Roi, du cinquième de novembre 1608. ib.
LETTRE de M. de Villeroy à M. Jeannin, dudit jour cinquième de novembre 1608. 495
LETTRE de M. Jeannin à M. le duc de Sully, dudit jour cinquième de novembre 1608. 497
LETTRE de M. Jeannin à M. de Villeroy, du huitième novembre 1608. 498
Autre LETTRE de M. Jeannin à M. de Villeroy, du treizième de novembre 1608. 499
LETTRE dudit sieur Jeannin à M. le duc de Sully, dudit jour treizième de novembre 1608. 501
LETTRE dudit sieur Jeannin à M. de La Boderie, dudit jour treizième novembre 1608. ib.
LETTRE de M. le duc de Sully à M. Jeannin, du dix-septième de novembre 1608. 502
Propos tenus en l'assemblée générale des États-généraux par MM. les ambassadeurs de France et d'Angleterre, le dix-huitième de novembre 1608. 503
LETTRE de M. de Villeroy à M. Jeannin, du dix-neuvième novembre 1608. 505
LETTRE de MM. Jeannin et de Russy au Roi, du vingtième novembre 1608. 506
LETTRE de M. Jeannin à M. de Villeroy, dudit jour vingtième novembre 1608. 508
LETTRE dudit sieur Jeannin à M. le duc de Sully, dudit jour vingtième novembre 1608. 510
LETTRE de M. Jeannin à M. de Berny, du vingt-sixième de novembre 1608. 511
LETTRE de M. Jeannin à M. de Bougars, agent du Roi près de l'empereur, dudit jour 26 novembre 1608. 512
LETTRE de M. de Villeroy à M. Jeannin, du vingt-septième novembre 1608. ib.
LETTRE de MM. Jeannin et de Russy au Roi, du dernier de novembre 1608. 514
LETTRE de M. Jeannin à M. de Villeroy, dudit jour dernier de novembre 1608. 516
Autre LETTRE dudit sieur Jeannin audit sieur de Villeroy, dudit jour dernier novembre 1608. 518
LETTRE dudit sieur Jeannin à M. le duc de Sully, dudit jour dernier de novembre 1608. ib.
LETTRE de MM. les ambassadeurs de France et d'Angleterre à l'archiduc Albert, du dernier de novembre 1608. 520
Autre LETTRE desdits ambassadeurs à M. le président Richardot, dudit jour dernier de novembre 1608. ib.
Autre LETTRE particulière dudit sieur Jeannin audit sieur Richardot, dudit jour dernier de novembre 1608. 521
LETTRE de M. de Villeroy à M. Jeannin, du premier décembre 1608. ib.
LETTRE de M. le duc de Sully à M. Jeannin, du deuxième décembre 1608. 523
LETTRE de M. de Berny à M. Jeannin, du quatrième décembre 1608. ib.
LETTRE de M. le président Richardot à MM. les ambassadeurs de France et d'Angleterre, du quatrième décembre 1608. 524
Autre LETTRE dudit sieur Richardot à M. Jeannin, dudit jour quatrième de décembre 1608. ib.
LETTRE de MM. les ambassadeurs de France et d'Angleterre à M. le président Richardot, du 8 décembre 1608. 525
LETTRE particulière du sieur Jeannin, à M. Richardot, dudit jour huitième de décembre 1608 ib.
LETTRE dudit sieur Jeannin à M. de Berny dudit jour 8 décembre 1608. 526
LETTRE de l'archiduc aux ambassadeurs de France et d'Angleterre, du neuvième décembre 1608. ib.
LETTRE de M. le président Richardot aux dits sieurs ambassadeurs, dudit jour 9 décembre 1608. ib.
Autre LETTRE particulière dudit sieur Richardot à M. Jeannin, dudit jour 9 décembre 1608. 527
LETTRE de M. Jeannin à M. de Villeroy, du treizième décembre 1608. ib.
LETTRE de M. Jeannin à M. de Villeroy, du seizième décembre 1608. 530
LETTRE de M. Jeannin à M. de Villeroy, du seizième décembre 1608. 532
LETTRE dudit sieur Jeannin à M. le duc de Sully, dudit jour seizième décembre 1608. 533
Propos tenus en l'assemblée des ambassadeurs de France et d'Angleterre, le dix-huitième décembre 1608. 534
LETTRE du Roi; à MM. Jeannin et de Russy, du dix-neuvième décembre 1608. 535
LETTRE de M. de Villeroy audit sieur Jeannin, dudit jour dix-neuvième décembre 1608. 537
LETTRE de MM. les ambassadeurs de France et d'Angleterre au président Richardot, du vingt-unième décembre 1608. 538
LETTRE particulière de M. Jeannin à M. Richardot, du même jour. 539
LETTRE de M. Jeannin à M. de Berny, dudit jour vingt-unième décembre 1608. 540
LETTRE de M. de Jeannin à M. de Villeroy, dudit jour vingt-unième décembre 1608. ib.
LETTRE de M. de La Boderie à M. Jeannin, du vingt-septième décembre 1608. 542
LETTRE de M. de Berny à M. Jeannin, du vingt-huitième décembre 1608. ib.
Autre LETTRE dudit sieur de Berny, à M. Jeannin, du même jour vingt-huitième décembre 1608. 543
LETTRE de M. le président Richardot aux ambassadeurs de France et d'Angleterre, dudit jour vingt-huitième décembre 1608. ib.
Autre LETTRE dudit sieur Richardot à M. Jeannin, du même jour vingt-huitième décembre 1608. ib.
LETTRE de MM. Jeannin et de Russy au Roi, du vingt-huitième décembre 1608. 544
LETTRE de M. Jeannin à M. de Villeroy, dudit jour vingt-huitième décembre 1608. 545
LETTRE dudit sieur Jeannin à M. le duc de Sully, du même jour vingt-huitième décembre 1608. 546
LETTRE de M. de Villeroy à M. Jeannin, du premier jour de janvier 1609. 548
LETTRE de MM. Jeannin et de Russy au Roi, dudit jour premier janvier 1609. 550
Autre LETTRE de MM. Jeannin et de Russy au Roi, du quatrième de janvier 1609. 552
LETTRE de M. Jeannin à M. de Villeroy, du 4 janvier 1609. 553
LETTRE dudit sieur Jeannin à M. le duc

49

de Sully, dudit jour quatrième de janvier 1609. 556
LETTRE du Roi à MM. Jeannin et de Russy, du huitième de janvier 1609. 557
LETTRE de M. de Villeroy à M. Jeannin, dudit jour huitième de janvier 1609. 558
LETTRE de M. de La Boderie à M. Jeannin, du dixième janvier 1609. 560
ACTE contenant la résolution des Etats sur les principaux articles de la trève à longues années. ib.
LETTRE de MM. Jeannin et de Russy au Roi, du quinzième janvier 1609. 561
LETTRE de M. Jeannin à M. de Villeroy, dudit jour quinzième de janvier 1609. 562
LETTRE de M. Jeannin à M. le duc de Sully, dudit jour quinzième de janvier 1609. 564
LETTRE écrite à l'archiduc par MM. les ambassadeurs de France et d'Angleterre, dudit jour 15 janvier 1609. ib.
LETTRE particulière de M. Jeannin à M. le président Richardot, dudit jour quinzième de janvier 1609. 565
LETTRE de M. Jeannin à M. de Berny, dudit jour quinzième janvier 1609. ib.
LETTRE de MM. Jeannin et de Russy, du dix-neuvième janvier 1609. 566
LETTRE de M. de Villeroy à M. Jeannin, dudit jour dix-neuvième de janvier 1609. 569
Autre LETTRE dudit sieur de Villeroy à M. Jeannin, dudit jour dix-neuvième janvier 1609. ib.
LETTRE de MM. Jeannin et de Russy au Roi, du vingtième janvier 1609. ib.
LETTRE dudit sieur Jeannin à M. de Villeroy, du vingtième janvier 1609. 571
LETTRE de M. Jeannin à M. le duc de Sully, dudit jour vingtième janvier 1609. 573
LETTRE de M. Jeannin à M. de La Boderie, dudit jour vingtième janvier 1609. 574
LETTRE de l'archiduc à MM. les ambassadeurs de France et d'Angleterre, du vingt-unième janvier 1609. 576
LETTRE de M. le président Richardot à M. Jeannin, dudit jour vingt et unième janvier 1609. ib.
LETTRE de MM. Jeannin et de Russy au Roi, du vingt-cinquième de janvier 1609. 577
LETTRE de M. Jeannin à M. de Villeroy, dudit jour vingt-cinquième janvier 1609. ib.
LETTRE dudit sieur Jeannin à M. de Sully, du même jour vingt-cinquième janvier 1609. 578
LETTRE au Roi écrite par M. Jeannin, ledit jour vingt-cinquième janvier 1609, sur la recherche du passage du nord. ib.
LETTRE de MM. Jeannin et de Russy au Roi, du vingt-huitième janvier 1609. 581
LETTRE de M. Jeannin à M. de Villeroy, dudit jour vingt-huitième janvier 1609. 582
LETTRE de M. Jeannin à M. le duc de Sully, dudit jour vingt-huitième janvier 1609. 583
LETTRE de M. Jeannin à M. de Bellegarde, grand écuyer de France, dudit jour vingt-huitième janvier 1609. ib.
LETTRE du Roi à MM. Jeannin et de Russy, du trentième janvier 1609. 584
LETTRE de M. de Villeroy audit sieur Jeannin, dudit jour 30 janvier 1609. 585
LETTRE de MM. Jeannin et de Russy au Roi, du premier jour de février 1609. 586
LETTRE de M. Jeannin à M. de Villeroy, dudit jour premier février 1609. 590
LETTRE dudit sieur Jeannin à M. le duc de Sully, dudit jour premier février 1609. 592
LETTRE de M. le président Richardot à MM. les ambassadeurs de France et d'Angleterre, dudit jour premier février 1609. 593
LETTRE de M. Jeannin à M. de Villeroy, du deuxième février 1609. 594
LETTRE de MM. les ambassadeurs de France et d'Angleterre à M. le président Richardot du 4 février 1609. 595
LETTRE de M. de Villeroy à M. Jeannin, du huitième février 1609. 596
Autre LETTRE dudit sieur de Villeroy audit sieur Jeannin, dudit jour huitième février 1609, écrite de sa main. ib.
LETTRE de MM. les ambassadeurs de France et d'Angleterre à MM. les Etats le douzième février 1609, trois jours après leur arrivée à Anvers. 597
LETTRE de M. Jeannin à M. de Barneveld, dudit jour douzième février 1609. 598
LETTRE de MM. Jeannin et de Russy au Roi, du douzième février 1609. ib.
LETTRE de M. Jeannin à M. de Villeroy, dudit jour douzième février 1609. 600
LETTRE dudit sieur Jeannin à M. le duc de Sully, dudit jour douzième février 1609. ib.
LETTRE de M. de Villeroy à M. Jeannin, du quatorzième février 1609. 601
LETTRE dudit sieur Jeannin audit sieur de Villeroy, du seizième février 1609. ib.
LETTRE de M. Jeannin à M. de Wandermilen, gendre de M. de Barneveld, du dix-huitième février 1609. 602
LETTRE de MM. Jeannin et de Russy au Roi, du vingt-troisième février 1609. ib.
LETTRE dudit sieur Jeannin à M. le duc de Sully, dudit jour vingt-quatrième février 1609. 605
LETTRE du Roi à MM. Jeannin et de Russy, dudit jour vingt-quatrième février 1609. 606
LETTRE de M. de Villeroy à M. Jeannin, dudit jour vingt-quatrième février 1609. 608
Autre LETTRE dudit sieur de Villeroy audit sieur Jeannin, dudit jour vingt-quatrième février 1609. ib.
Autre LETTRE dudit sieur de Villeroy audit sieur Jeannin, du vingt-cinquième février 1609. 609
LETTRE du Roi audit sieur Jeannin du vingt-huitième février 1609. ib.
Autre LETTRE du Roi à MM. Jeannin et de Russy, dudit jour vingt-huitième février 1609. 610
LETTRE de M. de Villeroy audit sieur Jeannin, dudit jour vingt-huitième février 1609. 611
LETTRE de MM. les ambassadeurs de France et d'Angleterre à MM les Etats-généraux des Provinces-Unies, du pénultième février 1609. 612
LETTRE de M. Jeannin à madame la princesse douairière d'Orange, dudit jour pénultième février 1609. ib.
LETTRE dudit sieur Jeannin à M. de Barneveld, dudit jour pénultième de février 1609. 613
LETTRE de MM. Jeannin et de Russy au Roi, dudit jour pénultième février 1609. ib.
LETTRE dudit sieur Jeannin à M. le duc de Sully, dudit jour pénultième de février 1609. 615
LETTRE du Roi à MM. Jeannin et de Russy, du quatrième mars 1609. ib.
LETTRE de M. de Villeroy audit sieur Jeannin, dudit jour quatrième mars 1609. 616
LETTRE de MM. Jeannin et de Russy au Roi, du sixième mars 1609. ib.
Autre LETTRE de MM. Jeannin et de Russy au Roi, du huitième mars 1609. 619
Autre LETTRE au Roi, dudit jour, sieur Jeannin en particulier. 621
LETTRE de M. de Villeroy audit sieur Jeannin, dudit jour huitième mars 1609. ib.
LETTRE dudit sieur Jeannin à M. le duc de Sully, dudit jour huitième mars 1609. 624
LETTRE dudit sieur Jeannin à M. de Barneveld, dudit jour dixième mars 1609. ib.
LETTRE de M. de La Boderie, onzième mars 1609. 625
LETTRE de MM. les ambassadeurs de France et d'Angleterre à l'archiduc, du onzième mars 1609. ib.
LETTRE de l'archiduc auxdits sieurs ambassadeurs, responsive à la précédente, du même jour onzième mars 1609. 626
LETTRE de M. de Villeroy à M. de Villeroy, du douzième mars 1609. 627
LETTRE du Roi à MM. Jeannin et de Russy, du douzième mars 1609. ib.
LETTRE de M. de Villeroy à M. Jeannin, dudit jour douzième mars 1609. 629
SOMMAIRE récit fait en l'assemblée des Etats-généraux des Provinces-Unies, tenue à Berg-op-Zoom le dix-huitième jour de mars 1609, par la bouche de M. Jeannin, tant au nom du Roi que du roi de la Grande-Bretagne, de ce qui s'est passé entre nous ambassadeurs de Leurs Majestés et ceux du roi d'Espagne et des archiducs, ès conférences faites sur le sujet de la trève à longues années, depuis que nous sommes arrivés à Anvers jusques à notre départ. 630
LETTRE de MM. les ambassadeurs de France et d'Angleterre à M. le marquis Spinola, du vingt-unième mars 1609. 634
LETTRE de M. Jeannin à M. Richardot, dudit jour 21 mars 1609. ib.
LETTRE de MM. Jeannin et de Russy au Roi, dudit jour vingt-unième mars 1609. 635
LETTRE de M. Jeannin à M. de Villeroy, dudit jour vingt-unième mars 1609. 637
LETTRE de M. Jeannin à M. le duc de Sully, dudit jour 27 avril 1609. 638
LETTRE de M. Jeannin à M. de Villeroy, du vingt-cinquième mars 1609. ib.
LETTRE de M. Jeannin à M. le duc de Sully, dudit jour vingt-cinquième mars 1609. ib.
LETTRE du Roi à MM. Jeannin et de Russy, du vingt-huitième mars 1609. ib.

TABLE.

LETTRE de M. de Villeroy audit sieur Jeannin, dudit jour vingt-huitième mars 1609. 640
LETTRE du Roi audit sieur Jeannin, en particulier, du même jour vingt-huitième mars 1609. 641
LETTRE de M. le duc de Sully à M. Jeannin, dudit jour vingt-huitième mars 1609. ib.
LETTRE dudit duc de Sully audit sieur Jeannin, du premier avril 1609. ib.
LETTRE du Roi à MM. Jeannin et de Russy, du troisième avril 1609. 642
LETTRE de M. de Villeroy à M. Jeannin, dudit jour troisième avril 1609. 643
LETTRE de M. Jeannin à M. de Villeroy, dudit jour troisième avril 1609. 644
LETTRE dudit sieur Jeannin à M. le duc de Sully, dudit jour troisième avril 1609. 646
LETTRE de M. de Villeroy à M. Jeannin, du sixième avril 1609. 647
Autre LETTRE dudit sieur de Villeroy audit sieur Jeannin, du même jour sixième avril 1609. 649
LETTRE de M. le duc de Sully audit sieur Jeannin, dudit jour sixième avril 1609. ib.
LETTRE de MM. Jeannin et de Russy au Roi, du septième avril 1609. 650
LETTRE de M. Jeannin à M. le duc de Sully, dudit jour septième avril 1609. 652
LETTRE de MM. Jeannin et de Russy au Roi, du huitième avril 1609. 653
LETTRE de M. Jeannin à M. de Villeroy, dudit jour huitième avril 1609. 654
TRAITÉ de la trêve à longues années fait en la ville d'Anvers le neuvième avril 1609, entre les députés des archiducs et ceux des Etats généraux des Provinces-Unies, par l'entremise et intervention des ambassadeurs des rois Très-Chrétien et de la Grande-Bretagne. 655
TRAITÉ particulier et secret que les députés des Etats ont demandé au roi d'Espagne, et qui leur a été accordé en la forme qui ensuit. 659
CERTIFICAT de MM. les ambassadeurs de France et d'Angleterre, touchant le fait des limites et le commerce des Indes. ib.
PROMESSE ou certificat de MM. les ambassadeurs de France faite aux députés des archiducs pour le fait de la religion catholique en Brabant. 660

RECONNOISSANCE des députés des Etats qu'une promesse des archiducs de trois cent mille florins, payable aux héritiers de feu M. le prince d'Orange, a été mise entre leurs mains. 660
LETTRE de MM. Jeannin et de Russy au Roi, du onzième avril 1609. ib.
LETTRE de M. Jeannin à M. de Villeroy, dudit jour onzième avril 1609. 661
LETTRE dudit sieur Jeannin à M. de Sully, dudit jour onzième avril 1609. 662
Autre LETTRE dudit sieur Jeannin audit sieur de Sully, du quinzième avril 1609. 663
LETTRE de M. de Villeroy à M. Jeannin, du vingt-unième avril 1609. ib.
LETTRE du Roi à MM. Jeannin et de Russy, du vingt-cinquième avril 1609. 664
LETTRE dudit sieur de Villeroy audit sieur Jeannin, du vingt-sixième avril 1609. 665
LETTRE de M. le duc de Sully à M. Jeannin, du premier mai 1609. 666
LETTRE de MM. Jeannin et de Russy au Roi, du huitième mai 1609. 667
LETTRE de M. Jeannin à M. de Villeroy, dudit jour huitième de mai 1609. 671
LETTRE dudit sieur Jeannin à M. le duc de Sully, dudit jour huitième mai 1609. 674
Dernière PROPOSITION faite en l'assemblée générale des Etats par messieurs les ambassadeurs de France et d'Angleterre, M. Jeannin portant la parole, le dix-huitième de mai 1609. 675
LETTRE de MM. Jeannin et de Russy, du dix-huitième mai 1609. 677
LETTRE de M. de Villeroy à M. Jeannin, dudit jour dix-huitième mai 1609. 679
LETTRE de M. Jeannin à M. le président Richardot, du huitième juin 1609. 681
LETTRE de MM. Jeannin et de Russy au Roi, du neuvième juin 1609. 682
LETTRE dudit sieur Jeannin à M. de Villeroy, dudit jour neuvième juin 1609. 687
LETTRE dudit sieur Jeannin à M. le duc de Sully, du même jour neuvième juin 1609. 690
LETTRE dudit sieur Jeannin à M. de Puysieux, dudit jour neuvième juin 1609. 691
LETTRE dudit sieur Jeannin à M. de La Boderie, du onzième juin 1609. ib.

REMONTRANCE faite en l'assemblée des Etats-généraux des Provinces-Unies par M. Jeannin, au nom du Roi, en faveur des catholiques desdites Provinces. 692
TRAITÉ de la garantie de la trêve, fait et passé par les ambassadeurs de France et d'Angleterre, avec les députés des Etats-généraux des Provinces-Unies, à La Haye, le dix-septième jour de juin 1609. 695
LETTRE de MM. les ambassadeurs de France et d'Angleterre à M. le marquis Spinola, du dix-neuvième juin. 696
LETTRE de M. Jeannin à M. le président Richardot, du vingtième juin 1609. 697
LETTRE de M. Jeannin à M. de Villeroy, du vingt-unième juin 1609. 698
TRAITÉ fait par MM. Jeannin et de Russy, au nom du Roi, avec les députés de la province de Hollande, le vingt-deuxième juin 1609, pour le paiement des gens de guerre françois. ib.
LETTRE écrite au Roi par MM. les Etats-généraux, le vingt-deuxième juin 1609. 699
LETTRE de MM. les ambassadeurs de France et d'Angleterre à M. le président Richardot, du vingt-sixième de juin 1609. ib.
LETTRE particulière de M. Jeannin audit sieur Richardot, du même jour vingt-sixième juin 1609. 700
COPIE du traité de partage fait entre MM. les princes d'Orange, Maurice et Henri de Nassau, frères, des biens délaissés par le décès du feu prince d'Orange leur père, et ce par l'avis et intervention de MM. les ambassadeurs de France et d'Angleterre. 701
DÉCLARATION et certification de MM. Jeannin et de Russy, sur l'interprétation de la promesse par eux baillée aux députés des archiducs en la ville d'Anvers. 703
LETTRE de M. Jeannin à M. de Berny, du vingt-neuvième juin 1609. ib.
LETTRE dudit sieur Jeannin à M. de Vic, gouverneur de Calais, dudit jour vingt-neuvième juin 1609. 704
LETTRE dudit sieur Jeannin à M. le président Richardot, du vingt-septième juillet 1609. 705

OEUVRES MÊLÉES DU PRÉSIDENT JEANNIN.

AVIS donné au Roi sur la paix de France avec l'Espagne, avant qu'elle fût faite à Vervins l'année 1595. 707
MINUTE d'édit pour la publication du concile de Trente, l'année 1595. 711
AVIS donné au Roi par M. le président Jeannin, sur la réduction du marquisat de Saluces, à l'obéissance de Sa Majesté, 1599. 712
PROPOS tenus par M. Jeannin en l'assemblée générale des Etats, afin de leur représenter l'administration des finances pendant la régence de la reine, en 1614. 714
LETTRE écrite par M. le maréchal de Bouillon à M. le président Jeannin, le neuvième juin 1615. 717
RÉPONSE à M. le maréchal de Bouillon, du vingt-sixième juin 1615. 719
PROPOS tenus en l'assemblée des notables à Rouen, le quatorzième décembre 1607, par M. le président Jeannin, où MM. des finances sont venus, par le commandement du Roi, pour informer ladite assemblée de l'état des affaires de ses finances. 724
LETTRE écrite à M. le président Jeannin par la reine mère, du dixième mars 1619. 726
RÉPONSE de M. le président Jeannin à la reine mère, du dix-septième mars 1619. 727
LETTRE du Roi à la reine sa mère, faite par M. le président Jeannin à Tours, le dernier mai 1619. ib.
PROJET de la lettre du Roi aux gou-

verneurs sur la délivrance de M. le Prince. 728

ECRIT fait par M. le président Jeannin au mois de février 1620 sur le sujet des troubles d'Allemagne, et des moyens d'y remédier. ib.

S'IL est plus expédient de faire la paix avec ceux de la religion prétendue réformée que de continuer la guerre. 733

ECRIT fait par M. le président Jeannin, peu après la paix faite avec ceux de la religion prétendue réformée, contenant son avis et les moyens de la faire durer. 737

DISCOURS sur les affaires de Hollande, fait au mois de décembre 1622. 741

ECRIT fait par M. le président Jeannin environ le mois de février 1622, lors du retour du Roi en cette ville, contenant ses raisons pour faire la paix. 745

PRÉFACE faite par M. le président Jeannin, sur la vie du feu roi Henri IV. 749

DISCOURS apologétique fait par M. le président Jeannin, de sa conduite durant les troubles de la ligue, et depuis sous les règnes du feu roi Henri le Grand et du Roi à présent régnant, 1622. 752

LETTRE de M. le président Jeannin au Roi, du vingt-troisième avril 1622. 759

LETTRE de M. le président Jeannin à la reine mère, du vingt-cinquième janvier 1622. 760

LETTRE écrite par M. le président Jeannin à monseigneur le cardinal du Perron. 761

DISCOURS fait par M. le président Jeannin au parlement de Bretagne, sur certaines affaires dont le Roi lui avoit donné charge. 763

FIN DE LA TABLE.

www.ingramcontent.com/pod-product-compliance
Lightning Source LLC
Chambersburg PA
CBHW061729300426
44115CB00009B/1143